U0574526

域外漢籍珍本文庫編纂出版委員會

域外漢籍珍本文庫

第一輯

子部

西南師範大學出版社

人民出版社

新刻天下四民遍覽三臺萬用正宗

提要

《新刻天下四民遍覽三臺萬用正宗》四十三卷，明余象斗編，日本東京大學東洋文化研究所藏明萬曆二十七年（一五九九年）余氏雙峰堂刻本。或稱《三臺萬用正宗》，為明代民用百科全書。全書共有標題四十三門：天文、地輿、時令、人紀、諸夷、師儒、官品、律法、音樂、五譜、書法、畫譜、蹴踘、武備、文翰、四禮、民用、子弟、侑觴、博戲、商旅、演算法、真修、金丹、養生、醫學、護幼、胎產、星命、相法、卜筮、夢珍、營宅、地理、克擇、牧養、農桑、僧道、玄教、法病、閑中、笑謔。書中有各式『活套』，可供參考套用。

子部　第四册

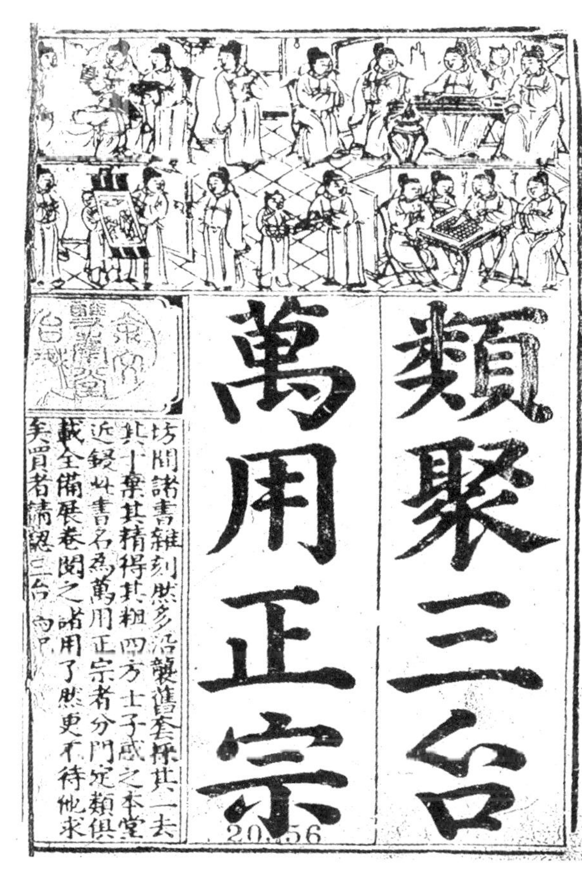
類聚三台萬用正宗

坊間諸書雜刻然多沿襲舊套採其一去其十棄其精得其粗四方士子咸之本堂近鋟此書名爲萬用正宗者分門定類俱載全備展卷閱之諸用了然更不待他求矣買者請認三台爲記

類聚三台萬用正宗引

百家衆技之繁非簡編則孰載孰傳而策藉充汗浩如淵海人亦烏得而徧觀之乃乘餘閑博綜方技彙而集之門而分之纂其要擷其芳凡人世所有日用所需靡不搜羅而包括之誠簡而備精而當可法而可傳也故名之曰萬用正宗請與稽古者公焉

書林三台山人仰止余象斗言

新刻天下四民便覽三台萬用正宗目録一卷

官品門 七卷
俸儀便覽 文武官職衙門 天下州縣田土
醍貪要録 文武品級月俸 文武衣服制儀

律法門 八卷
招擬指南 鳴情均化録論 忌箴歌
串招活套 詞訟體段法套 附結段尾附遺

音樂門 九卷
三絃譜式 勾剔琴譜 抑絃手法
簫笛譜式 鼓經次序目録 樂律本源

五譜門 十卷
棋勢新式 牙牌譜式 雙陸定法
投壺譜 圍棋譜

書法門 十一卷
字學淵源 内閣中書 重訂草决歌
諸家篆式 古拙篆文 隷字十法

畫譜門 十二卷
寫真秘訣 楊補之梅譜 李息齋竹譜
歷代名畫 畫山水秘訣 畫松譜

蹴踘門 十三卷
蹴踘家門 蹴踘序 蹴踘訣要
毬門制度 朝天疊字 圓社錦語

武俻門 十四卷
演武捷要 拳經要訣 棍法諸歌
棒家針法 鎗鈀等法 秘傳觧法

文翰門 十五卷
諸書札式 称呼套語 雜用称呇
餽送小東 請召小東活套 婦女餽送小東

四禮門 十六卷
過聘雜聯 冠婚書式 祭文類
五服宗圖 三父八母之圖 各色雜聯

民用門 十七卷
文契類 分關類 學關類
呈狀類 神呪類 鄉約禁體類

子弟門 十八卷
洞房仙方 採補修身訣 純陽房中秘訣
藥性歌 神聖固臍膏 呂公安樂歌

侑觴門 十九卷
時興酒令 硃窩昔式 急口令
賽色總論 江湖暗令 新正骰令

博戲門 二十卷
奇巧燈謎 藏頭詩總類 各樣詩法
戒惡吟 織錦諸圖 勸善吟

商旅門 二十一卷
風月機関 客商規釜論 雜傳貨物要旨
論世情 論捨客奸弊 占候風度

筭法門 二十二卷
筭法捷徑 筭法源流 九九八十一
九歸九因 金蟬脱殼 鋪地錦法

真修門 二十三卷
卻病金秘 玄關秘旨 藥物歌
明機圖詩 坐煉秘旨 泥丸為谷神

金丹門 二十四卷
金丹詞曲 金丹秘旨 養砂秘旨
脱胎歌 驗神火歌 真種子歌

養生門 二十五卷
食鑑本草 養生去病歌 養生約言
警身纂要 攝生要語 禽獸菜菓

醫學門 二十六卷
經驗良方 秘傳脉訣 五臟脉决等歌
奇經八脉 小兒虎口紋訣 小兒經驗良方

護幼門 二十七卷
秘傳痘疹 婦女痘兇 痘疹驗症用法
痘疹撮要 痘疹食用禁忌 痘疹良方

胎產門 二十八卷
妊娠脉訣 種子奇方 不育女專生男
產後良方 夫婦雲雨忌日 十月懷胎形局

星命門 二十九卷
合婚要旨 五星指南捷要 起八字法
六十甲子 論生肖皇帝詩 陰陽生旺之圖

相法門 三十卷
麻衣摘要 相法秘旨 男女痣訣
人面畐相 眉目畐相 耳鼻畐相

卜筮門 三十一卷
斷易秘旨 求卦祝文 擲錢訣法
陰陽宅賦 秘傳神機 十六字例

數課門 三十二卷
五行灵課 冲天数 諸葛馬前課
論錢断法 淳風六壬課

夢珍門 三十三卷
周公夢書 夢珍故事 禳夢符呪
鎮日夢符 厭禳符書 逐時雜断法

營宅門 三十四卷
營造宅經 魯班經論 定盤詩訣
相宅吉凶 選抄吉凶時 上梁致語

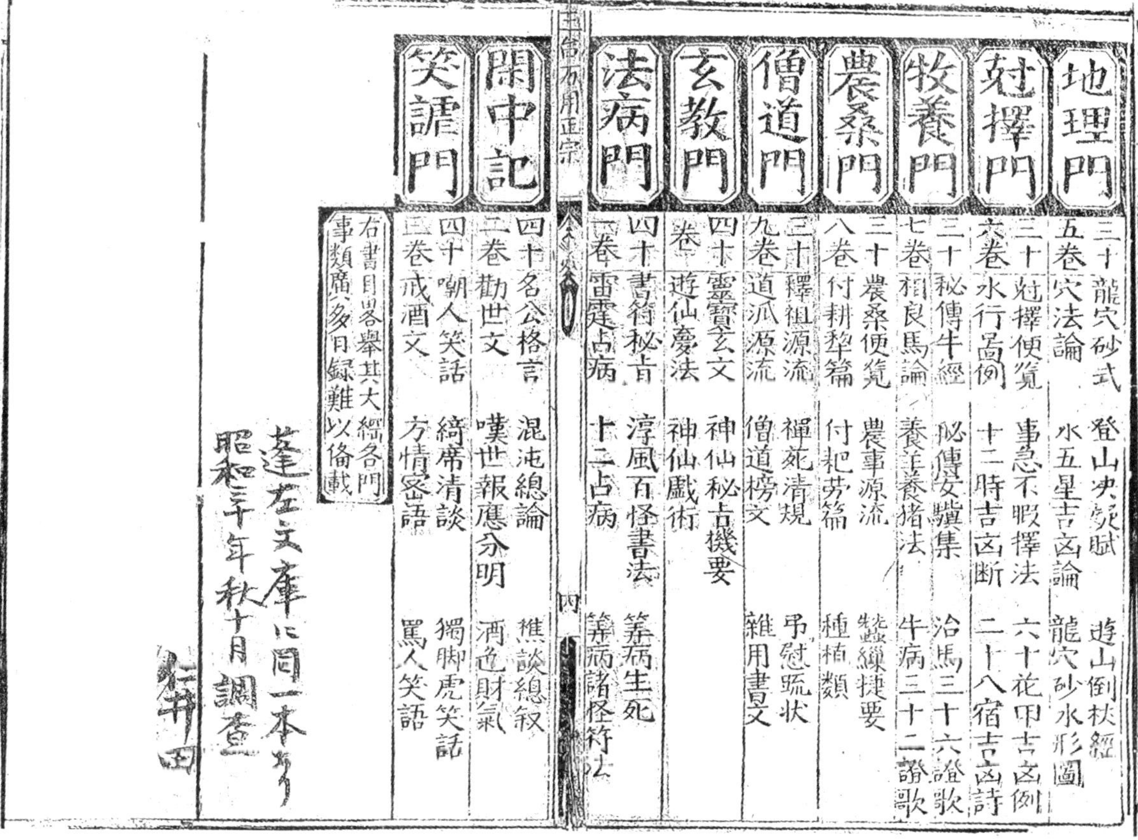

地理門　三十五卷　龍穴砂式　登山史訣賦　遊山倒杖經　穴法論　水五星吉凶論　龍穴砂水形圖

尅擇門　三十六卷　尅擇便覧　事急不暇擇法　六十花甲吉凶例　水行凶例　十二時吉凶斷　二十八宿吉凶詩

牧養門　三十七卷　秘傳牛經　秘傳安驥集　治馬三十六證歌　相良馬論　養羊養猪法　牛病三十二證歌

農桑門　三十八卷　農桑便覧　農事源流　蠶繅捷要　付耕犂篇　付耙劳篇　種植類

僧道門　三十九卷　釋祖源流　禪苑清規　弔慰疏狀　道派源流　僧道榜文　雜用書文

玄教門　四十卷　靈寶玄文　神仙秘占機要　遊仙夢法　神仙戲術

法病門　四十一卷　書符秘旨　淳風百怪書法　筭病生死　雷霆占病　十二占病　筭病諸怪符法

閑中記　四十二卷　名公格言　混沌總論　樵談總敘　勸世文　嘆世報應分明　酒色財氣

笑謔門　四十三卷　嘲人笑話　綺席清談　獨脚虎笑話　戒酒文　方情客語　罵人笑語

右書目畧舉其大綱各門事類廣多目録難以備載

蓬左文庫に同一本あり
昭和三十年秋十月調查
仁井田

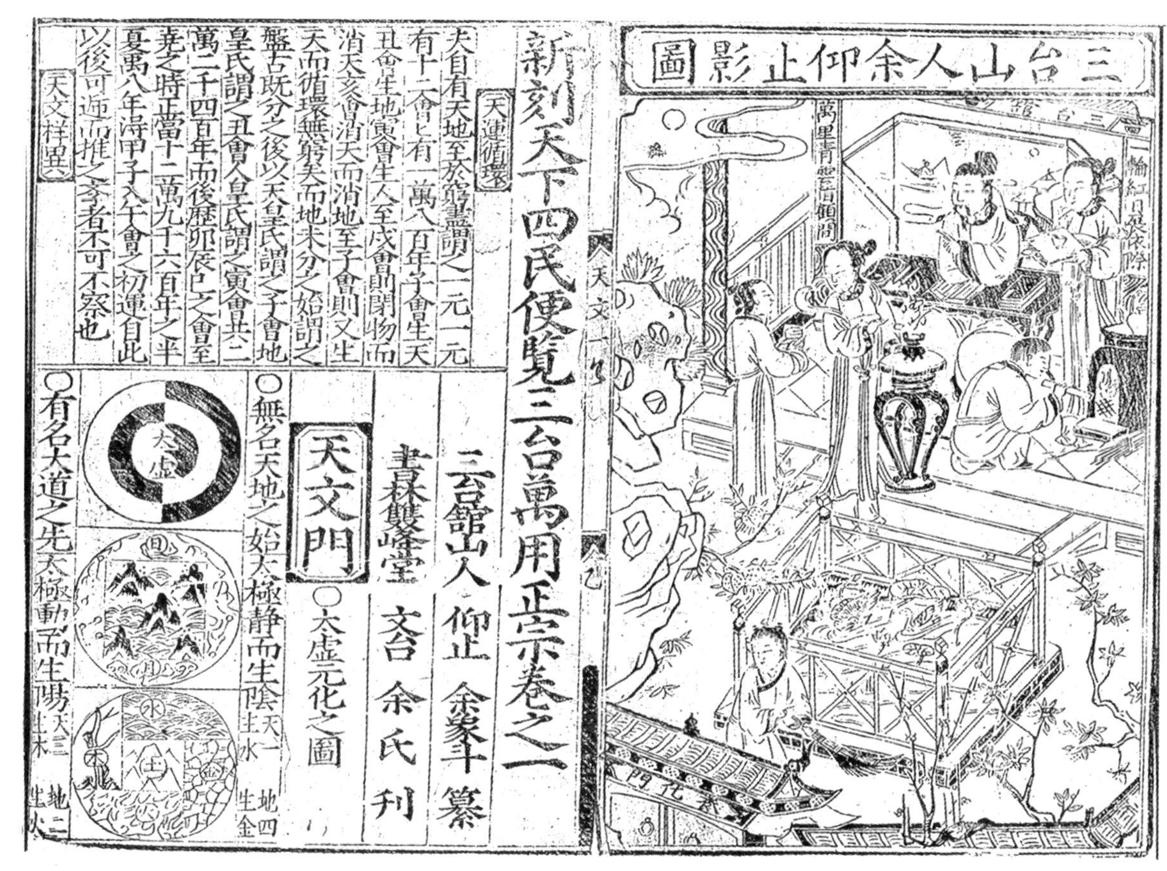

三台山人余仰止影圖

新刻天下四民便覧三台萬用正宗卷之一

三台館山人　仰止　余象斗　纂
書林雙峰堂　文台　余氏　刊

天運循環

夫自有天地至於窮盡謂之一元一元有十二會一會有一萬八百年子會生天丑會生地寅會生人至戌會閉物而消天亥會消天而消地至子會則又生天而循環無窮矣天而地未分之始謂之盤古既分之後以天皇氏謂之子會地皇氏謂之丑會人皇氏謂之寅會共二萬二千四百年而後歷卯辰巳之會至堯之時正當十二萬九千六百年之半夏禹八年得甲子入午會之初運自此以後可逆而推之考者不可不察也

天文祥異

天文門

〇太虛元化之圖

〇無名天地之始太極静而生陰　天一生水　地四生金

〇有名大道之先太極動而生陽　天三生木　地二生火

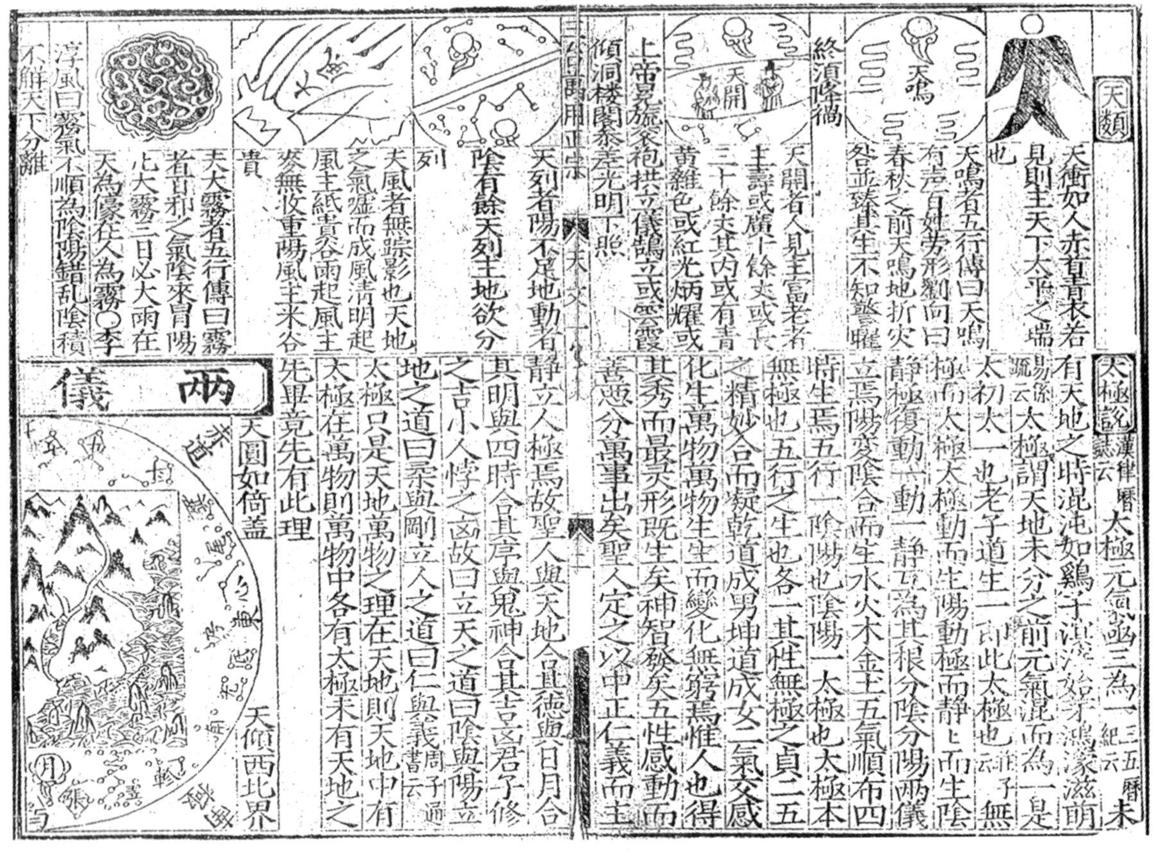

天類

天衝如人赤首青衣若見則主天下太平之瑞也

天鳴者五行傳曰天鳴有声自如芳形劉向曰春秋之前天鳴地折灾咎並臻其生不知警懼終湏降禍

天開者人見主富老者主壽或橫十餘丈或長三十餘丈其内或有青黃雜色或紅光炳耀或上帝冕旒衮袍拱立儀鵠立或雲霞傾洞楼閣參差光明下照

三台萬用正宗　卷之一　天文　十

天列者陽不足地動者陰有餘天列主地欲分列

天風者無踪影也天地之氣溫而成風清明起風主紙貴谷雨起風主麥無收重陽風主米谷貴

天大霧者五行傳曰霧者百邪之氣陰來冒陽占大霧三日必大雨在天為傷在人為霧○李淳風曰霧氣不順為陰陽錯乱陰積不解天下分離

太極說 漢律曆志云 太極元氣函三為一 三五曆紀云 未有天地之時混沌如鷄子溟涬始牙鴻濛滋萌 易繫辭疏云 太極謂天地未分之前元氣混而為一是太初太一也老子道生一即此太極也 莊子云 無極而太極太極動而生陽動極而静静而生陰静極復動一動一静互為其根分陰分陽兩儀立焉陽變陰合而生水火木金土五氣順布四時行焉五行一陰陽也陰陽一太極也太極本無極也五行之生也各一其性無極之眞二五之精妙合而凝乾道成男坤道成女二氣交感化生萬物萬物生生而變化無窮焉惟人也得其秀而最灵形既生矣神發知矣五性感動而善惡分萬事出矣聖人定之以中正仁義而主静立人極焉故聖人與天地合其德與日月合其明與四時合其序與鬼神合其吉凶君子修之吉小人悖之凶故曰立天之道曰陰與陽立地之道曰柔與剛立人之道曰仁與義 周子通書云 太極只是天地萬物之理在天地則天地中有太極在萬物則萬物中各有太極未有天地之先畢竟先有此理

兩儀

天圓如倚盖　天傾西北界

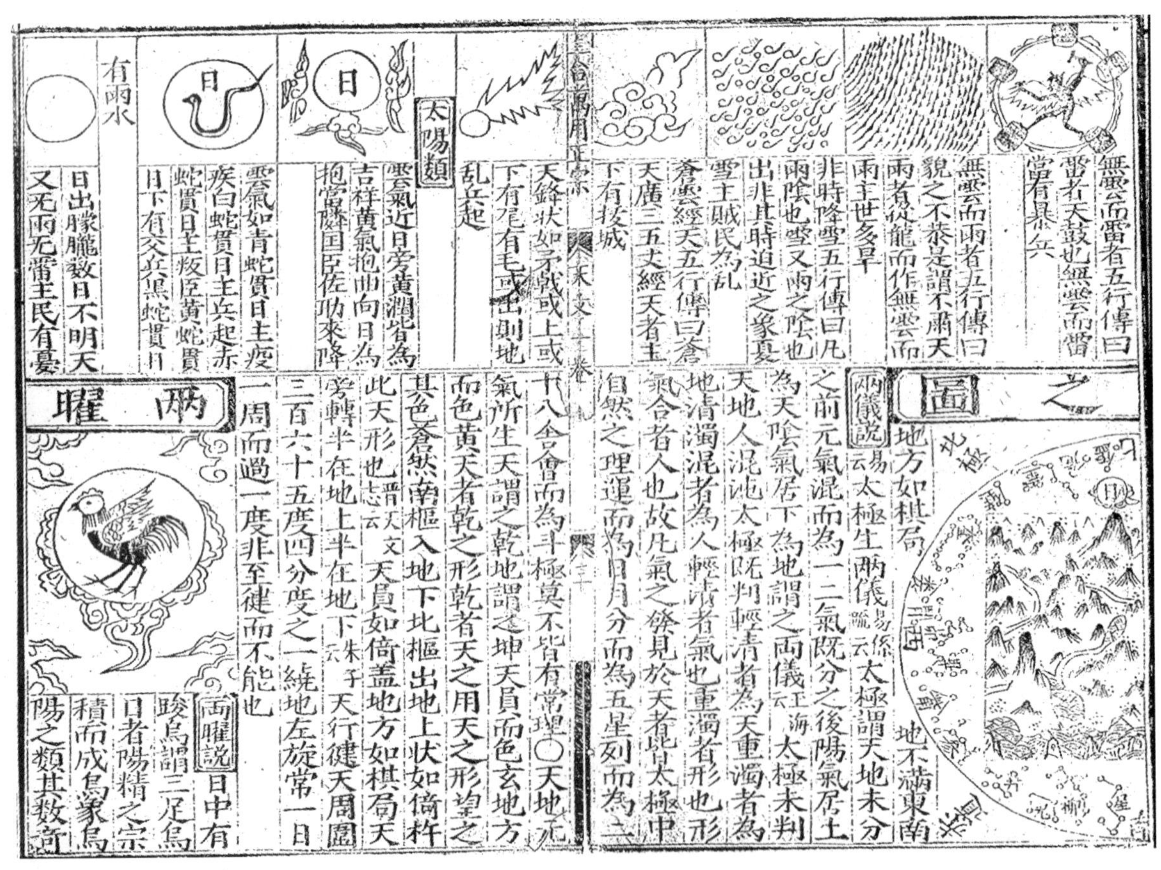

無雲而雷者五行傳曰雷者天鼓也無雲而雷當有暴兵

無雲而雨者五行傳曰貌之不恭是謂不肅天雨者從龍而作無雲而雨主世多旱

非時降雪五行傳曰凡雨陰也雪又雨之陰也出非其時迫近之象憂雪主賊民為乱

蒼雲經天五行傳曰蒼天廣三五丈經天者主下有拔城

三台萬用正宗　卷之一　天文　十一

天鋒狀如矛戟或上或下有尾有毛或出則地乱兵起

太陽類

雲氣近日旁黃潤皆為吉祥黃氣抱曲向日為抱當降國臣佐功來降

雲氣如青蛇貫日主疫疾白蛇貫日主兵起赤蛇貫日主叛臣黃蛇貫日下有交兵黑蛇貫日

有雨水

日出朦朧數日不明天又无雨无雷主民有憂

之圖

地方如棋局　地不滿東南

兩儀說 易云 太極生兩儀 易繫辭疏云 太極謂天地未分之前元氣混而為一二氣既分之後陽氣居上為天陰氣居下為地謂之兩儀 王海云 太極未判天地人混沌太極既判輕清者為天重濁者為地清濁混者為人輕清者氣也重濁者形也形氣合者人也故凡氣之發見於天者皆太極中自然之理運而為日月分而為五星列而為二十八舍會而為斗極莫不皆有常理○天地元氣所生天謂之乾地謂之坤天員而色玄地方而色黃天者乾之形乾者天之用天之形望之其色蒼然南樞入地下北樞出地上狀如倚杵此天形也 晉天文志云 天員如倚盖地方如棋局天旁轉半在地上半在地下 朱子云 天行健天周圍三百六十五度四分度之一繞地左旋常一日一周而過一度非至健而不能也

兩曜

兩曜說 日中有踆烏謂三足烏日者陽精之宗積而成烏象烏陽之類其數奇

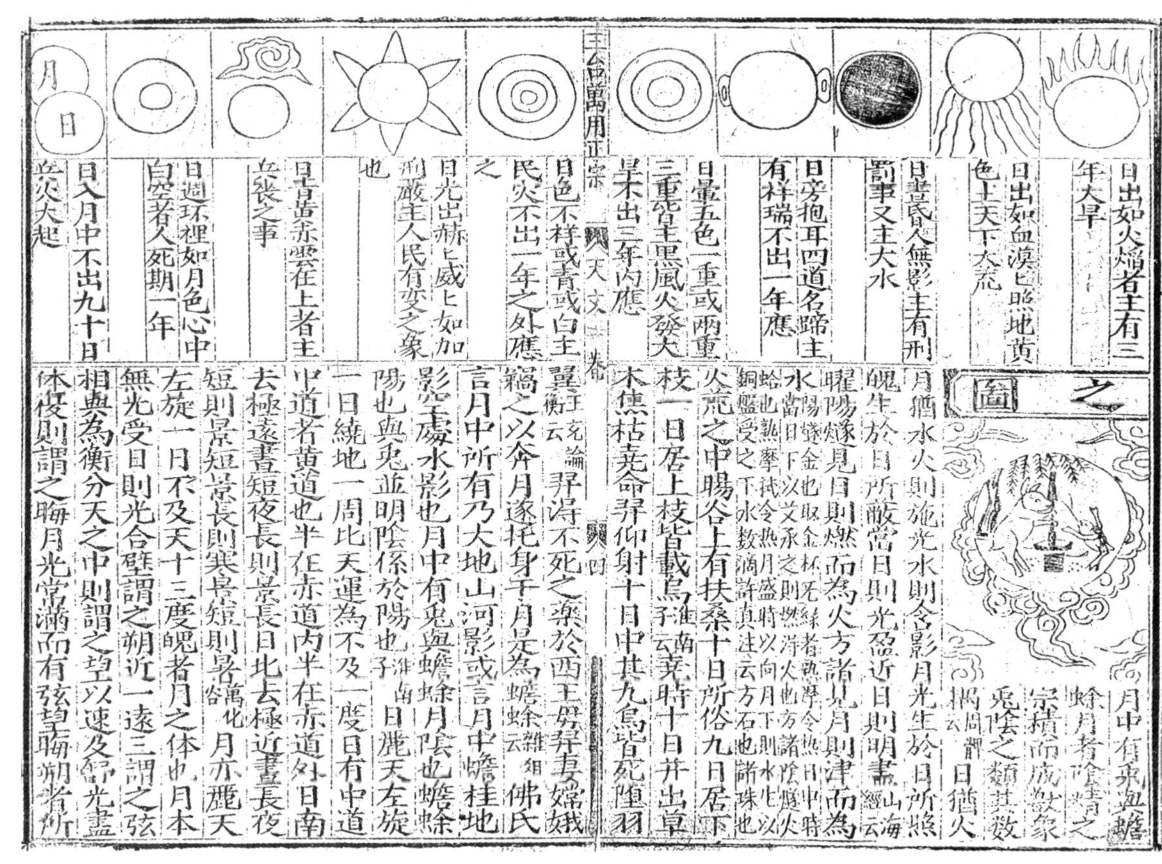

日出如火焰者主有三年大旱

日出如血漠漠照地黃色上天下大荒

日晝昏人無影主有刑罰事又主大水

日旁抱耳四道名蹄主有祥瑞不出一年應

日暈五色一重或兩重三重皆主黑風火發大旱不出三年內應

日色不祥或青或白主民災不出一年之外應之

日光出赫赫威威如加刑蔽主人民有變之象也

日青黃赤雲在上者主兵喪之事

日週环裡如月色心中白空者人死期一年

日入月中不出九十日兵災大起

月中有兔與蟾之圖

月中有兔與蟾蜍月者陰精之宗積而成獸象兔陰之類其數耦周髀云日猶火月猶水火則施光水則含影月光生於日所照魄生於日所蔽當日則光盈近日則明盡山海經云曜陽燧見日則燃而為火方諸見月則津而為水陽燧金也取金杯無緣者熟摩令熱日中時以向日下以艾承之則燃得火也方諸陰燧大蛤也熱摩拭令熱月盛時以向月下則水生以銅盤受之下水數滴許真注云方石也諸珠也火荒之中暘谷上有扶桑十日所浴九日居下枝一日居上枝皆載烏淮南子云堯時十日并出草木焦枯堯命羿仰射十日中其九烏皆死墮羽翼王充論衡云羿得不死之藥於西王母羿妻嫦娥竊之以奔月遂托身于月是為蟾蜍雜俎云佛氏言月中所有乃大地山河影或言月中蟾桂地影空處水影也月中有兔與蟾蜍月陰也蟾蜍陽也與兔並明陰係於陽也淮南子日麗天左旋一日繞地一周比天運為不及一度日有中道中道者黃道也半在赤道內半在赤道外日南去極遠晝短夜長則景長日北去極近晝長夜短則景短景長則寒景短則暑萬化谷月亦麗天左旋一日不及天十三度魄者月之体也月本無光受日則光合璧謂之朔近一遠三謂之弦相與為衡分天之中則謂之望以速及舒光盡体伏則謂之晦月光常滿而有弦望晦朔者所

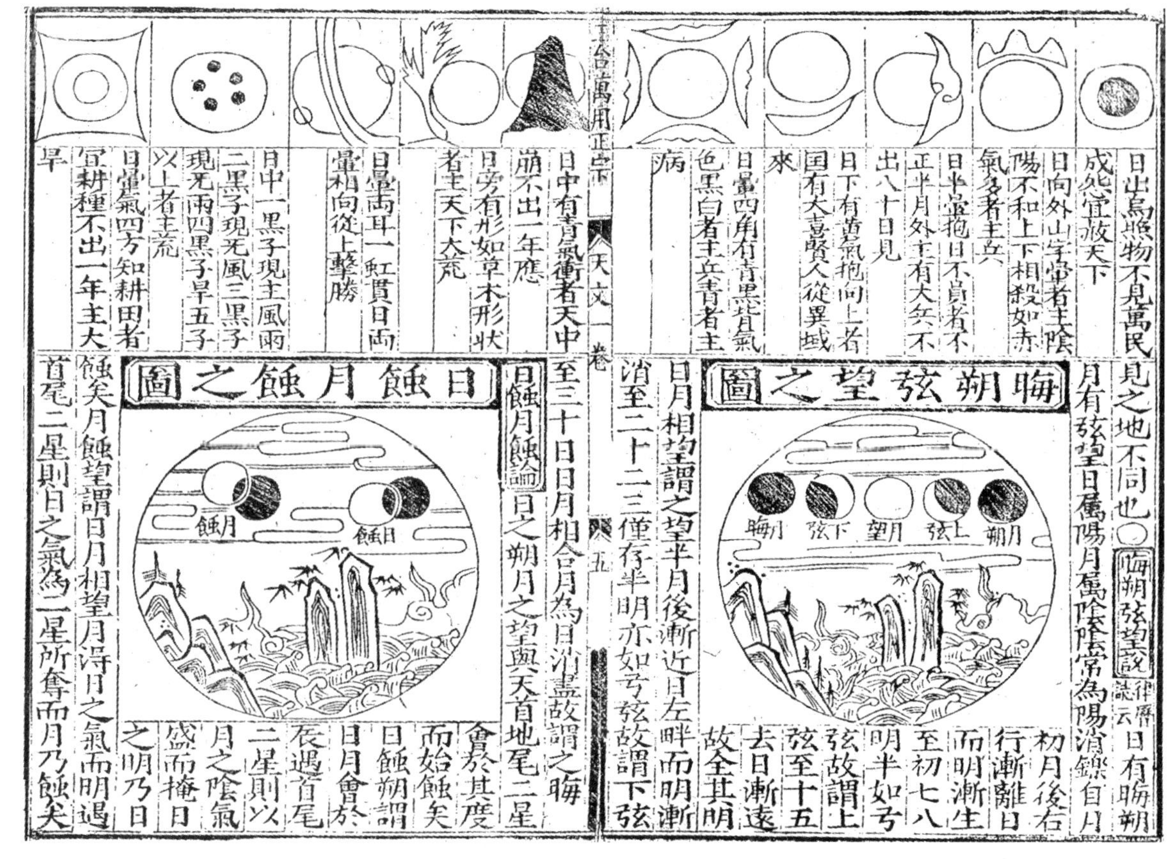

日出烏照物不見萬民成怨宜赦天下

日向外山字常者主陰陽不和上下相殺如赤氣多者主兵

日半暈抱日不員者不正半月外主有大兵不出八十日見

日下有黃氣抱向上者国有大喜賢人從異域來

日暈四角有青黑背氣色黑白者主兵青者主病

日中有青氣衝者天中崩不出一年應

日旁有形如草木形狀者主天下大荒

日暈兩耳一虹貫日兩暈相向從上擊勝

日中一黑子現主風雨二黑子現无風三黑子現无雨四黑子旱五子以上者主荒

日暈氣四方知耕田者宜耕種不出一年主大旱

見之地不同也○

晦朔弦望說

律曆志云日有晦朔月有弦望日屬陽月屬陰陰常為陽消鑠自月初月後右行漸離日而明漸生至初七八明半如弓弦故謂上弦至十五去日漸遠故全其明日月相望謂之望半月後漸近日左畔而明漸消至二十二三僅存半明亦如弓弦故謂下弦至三十日日月相合月為日消盡故謂之晦

晦朔弦望之圖

日蝕月蝕論

日之朔月之望與天首地尾二星會於其度而始蝕矣日蝕朔謂日月會於辰遇首尾二星則以月之陰氣盛而掩日之明乃日蝕矣月蝕望謂日月相望月得日之氣而明遇首尾二星則日之氣為二星所奪而月乃蝕矣

日蝕月蝕之圖

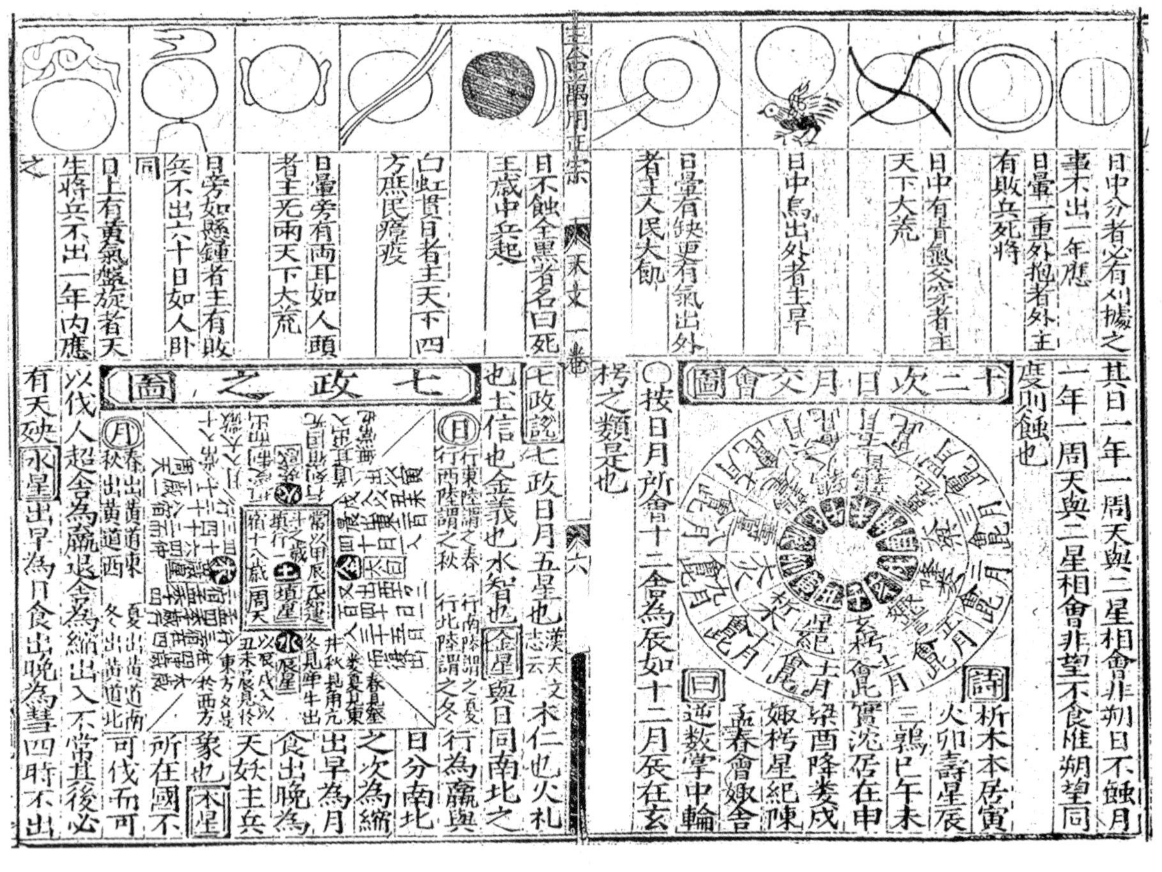

日中分者必有刈據之來不出一年應

日暈一重外抱者外主有敗兵死將

日中有青氣交穿者主天下大荒

日中烏出外者主旱

日暈有缺更有氣出外者主人民大飢

其日一年一周天與二星相會非朔日不蝕月一年一周天與二星相會非望不食惟朔望同度則蝕也

十二次日月交會圖

詩 析木本居寅　火卯壽星辰　三鶉巳午未　實沈居在申　梁酉降婁戌　娵㰂星紀陳　孟春會娵舍　曰 逆數掌中輪

○按日月所會十二舍為辰如十二月辰在亥㰂之類是也

日不蝕全黑者名曰死王歲中岳起

白虹貫日者主天下四方庶民瘡疫

日暈旁有兩耳如人頭者主无兩天下大荒

日旁如懸鍾者主有敗兵不出六十日如人卧同

日上有黃氣盤旋者天生將兵不出一年內應之

七政之圖

七政說 七政日月五星也漢天文志云木仁也火礼也土信也金義也水智也金星與日同南北之行為羸與日分南北之次為縮出早為月食出晚為天妖主兵象也木星所在國不可伐而可以伐人超舍為羸退舍為縮出入不常其後必有天殃水星出早為月食出晚為彗四時不出

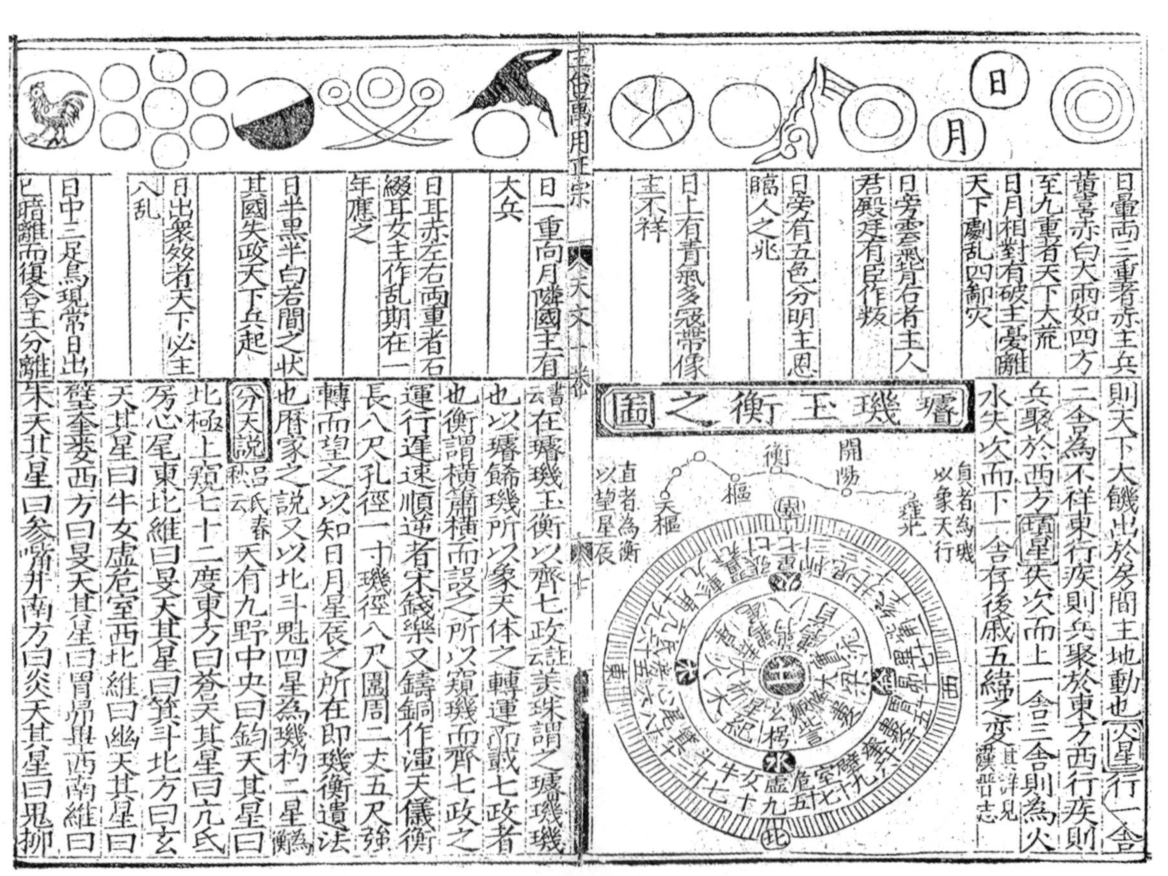

日暈兩三重者亦主兵黃害赤白大雨如四方至九重者天下大荒

日月相對有破主憂離天下劇乱四鄙穴

日旁雲氣背者主人君殿廷有臣作叛

日旁有五色分明主恩賜人之兆

日上有青氣多冠帶像主不祥

則天下大饑出於旁間主地動也火星行一舍二舍為不祥東行疾則兵聚於東方西行疾則兵聚於西方填星失次而上一舍三舍則為火水失次而下一舍有後戚五緯之變其詳見漢晉志

璿璣玉衡之圖

日一重向月隣國王有大兵

日耳赤左右兩重者右綴耳女主作乱期在一年應之

日半黑半白若闇之狀其國失政天下兵起

日出衆效者天下必主八乱

日中三足烏現常日出已暗離而復合主分離

書云在璿璣玉衡以齊七政註云美珠謂之璿璣也以璿飾璣所以象天体之轉運可識七政者也衡謂橫簫横而設之所以窺璣而齊七政之運行遲速順逆者宋錢樂又鑄銅作渾天儀衡長八尺孔徑一寸璣徑八尺圜周二丈五尺強轉而望之以知日月星辰之所在即璣衡遺法也曆家之說又以北斗魁四星為璣杓三星為衡

分天說 呂氏春秋云天有九野中央曰鈞天其星曰北極上窺七十二度東方曰蒼天其星曰亢氐房心尾東北維曰旻天其星曰箕斗北方曰玄天其星曰牛女虛危室西北維曰幽天其星曰壁奎婁西方曰昊天其星曰胃昴畢西南維曰朱天其星曰參觜井南方曰炎天其星曰鬼柳

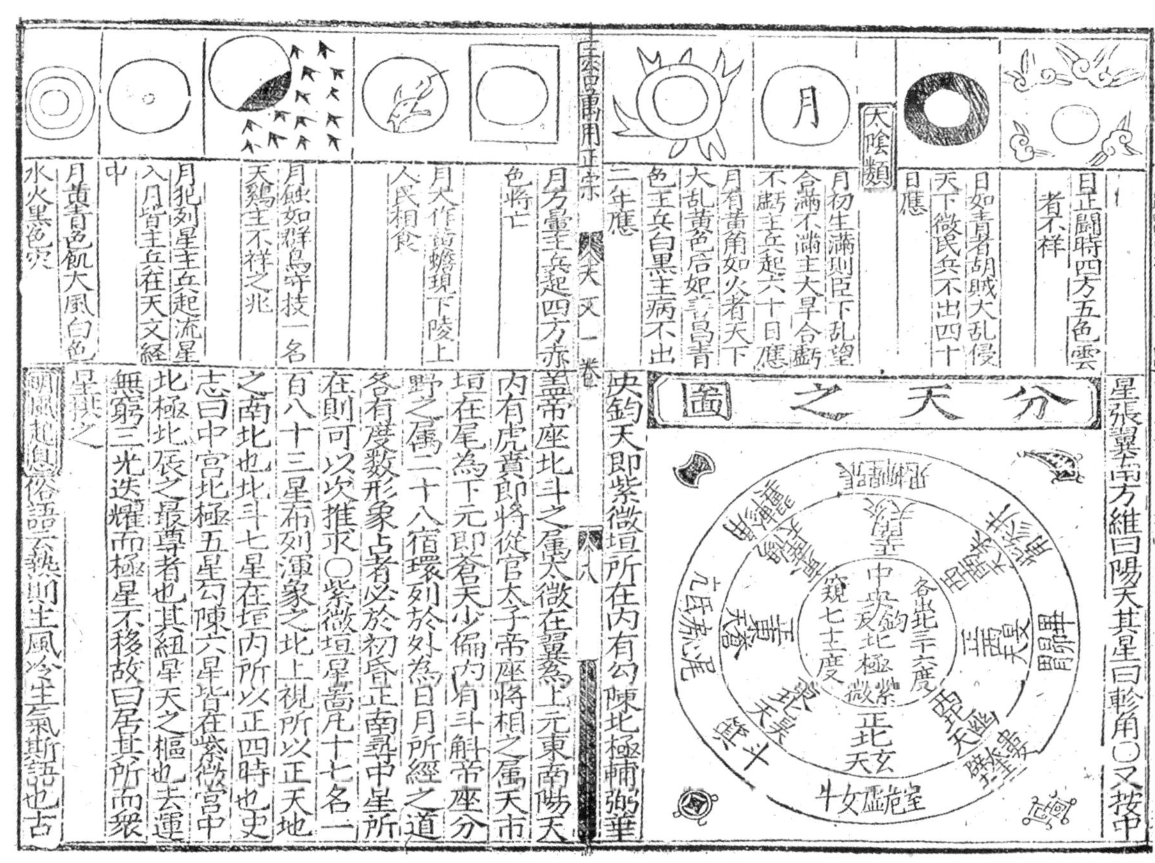

三台萬用正宗　卷一　天文　八

日正闘時四方五色雲者不祥

日如青者胡賊大乱侵天下徵民兵不出四十日應

太陰類

月初生滿則臣下乱望合滿不滿主大旱合虧不虧主兵起六十日應

月有黃角如火者天下大乱黃色后妃喜昌青色主兵白黑主病不出二年應

月方暈主兵起四方赤色將亡

月大作茁蟾現下陵上人民相食

月蝕如群鳥守技一名天鷄主不祥之兆

月犯列星主兵起流星入月皆主兵在天文經中

月黃青色飢大風白色水火黑色災

星張翼南方維曰陽天其星曰軫角○又按中

分天之圖

央鈞天即紫微垣所在內有勾陳北極輔弼華蓋帝座北斗之属太微在翼為上元東南陽天內有虎賁郎將從官太子帝座將相之属天市垣在尾為下元即蒼天少偏內有斗斛帝座分野之属二十八宿環列於外為日月所經之道各有度數形象占者必於初昏正南尋中星所在則可以次推求○紫微垣星凡十七名一百八十三星布列渾象之北上視所以正天地之南北也北斗七星在垣內所以正四時也史志曰中宮北極五星勾陳六星皆在紫微宮中北極北辰之最尊者也其紐星天之樞也去運無窮三光迭耀而極星不移故曰居其所而衆星拱之

明風起息

俗語云熱則生風冷生氣斯語也古

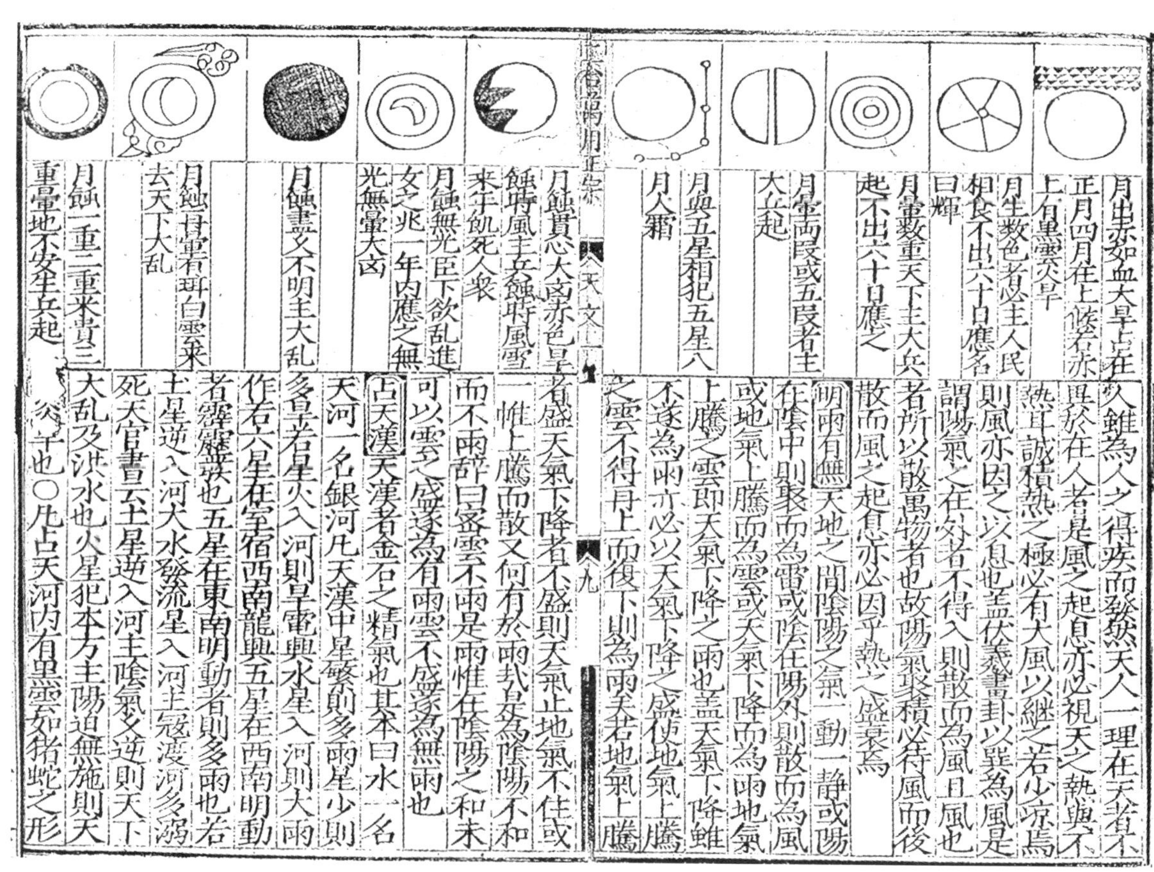

三台萬用正宗　天文　九

月出赤如血大旱占在正月四月在上倏若赤上有黑雲大旱

月生數色者必主人民相食不出六十日應名曰輝

月暈數重天下主大兵起不出六十日應之

月暈兩段或五段者主大兵起

月與五星相犯五星八

月入霜

月蝕貫心大亂赤色是饑將風主兵饑將風雪來年飢死人衆

月蝕無光臣下欲乱進女之兆一年內應之無光無暈大凶

月蝕盡又不明主大乱

月蝕其暈若斑白雲來去天下大乱

月蝕一重二重米貴三重暈地不安星兵起

久雖為人之得疾而發然天人一理在天者不異於在人者是風之起息亦必視天之熱與不熱耳誠積熱之極必有大風以繼之若少涼焉則風亦因之以息也蓋伏羲畫卦以巽為風是謂陽氣之在外者不得入則散而為風且風也者所以散萬物者也故陽氣聚積以待風而後散而風之起息亦必因乎熱之盛衰焉

明雨有無

天地之間陰陽之氣一動一靜或陽在陰中則聚而為雷或陰在陽外則散而為風或地氣上騰而為雲或天氣下降而為雨地氣上騰之雲即天氣下降之雨也蓋天氣下降雖不遂為雨亦必以天氣下降之盛使地氣上騰之雲不得再上而復下則為雨矣若地氣上騰者盛天氣下降者不盛則天氣止地氣不住或一惟上騰而散又何有於雨哉是為陰陽不和而不雨辭曰密雲不雨是雨惟在陰陽之和未可以雲之盛遂為有雨雲不盛遂為無雨也

占天漢

天漢者金石之精氣也其本曰水一名天河一名銀河凡天漢中星繁則多雨星少則多旱若有星火入河則旱電與水星入河則大雨作若六星在室宿西南龍與五星在西南明動者霹靂也五星在東南明動者則多雨也若土星逆入河大水發流星入河主寇渡河多溺死天官書云土星逆入河主陰氣多逆則天下大乱及洪水也火星犯本方主陽迫無施則天災旱也○凡占天河內有黑雲如豬蛇之形

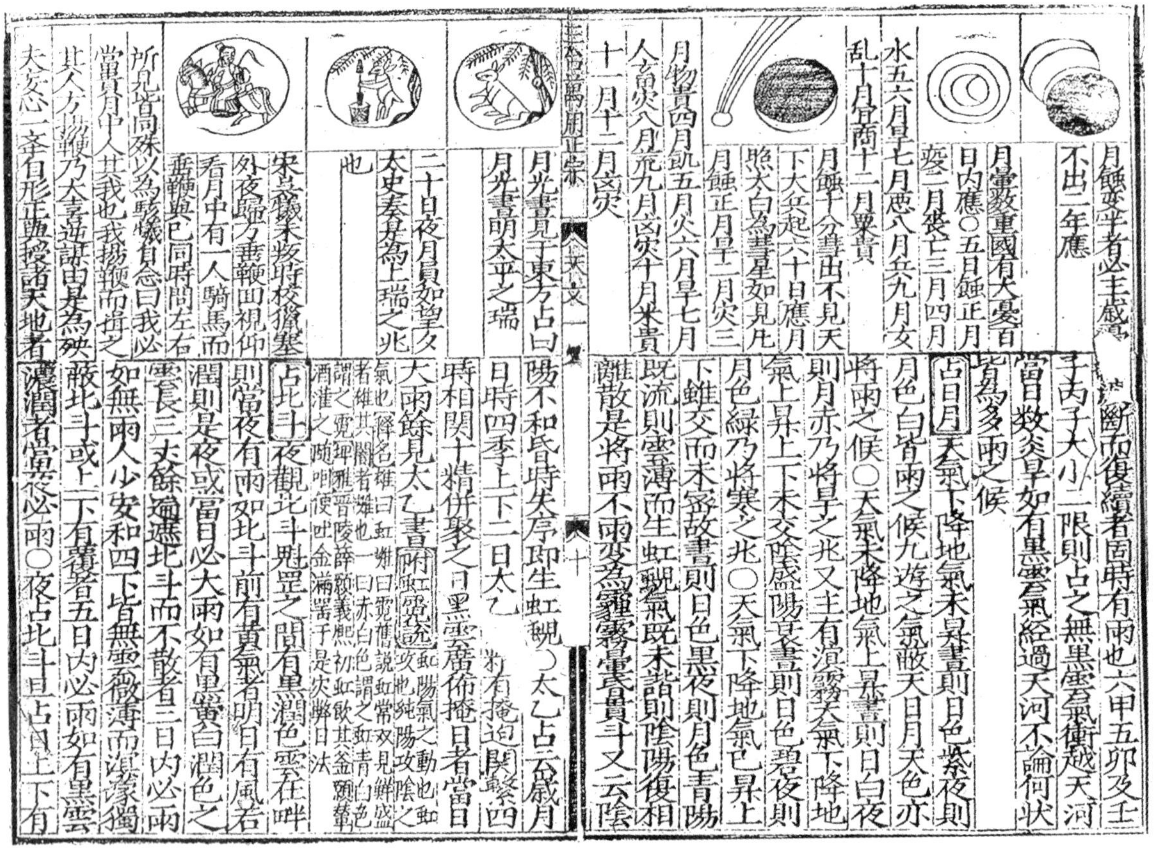

三台萬用正宗　卷一　天文　十

月蝕要半者必主歲凶不出二年應

月暈數重國有大憂百日内應○五月蝕正月麥二月蚕三月四月水五六月旱七月惡八月兵九月女乱十月旱兩十二月粟貴

月蝕十分晝出不見天下大兵起六十日應月照太白為彗星如見凡月蝕正月旱二月災三月物貴四月飢五月災六月旱七月人畜災八月荒九月凶災十月米貴十一月十二月凶災

斷而復續者固時有雨也六甲五卯及壬子丙子大小二限則占之無黑雲氣衝越天河當日數炎旱如有黑雲氣經過天河不論何状皆為多雨之候

占日月　天氣下降地氣未昇晝則日色紫夜則月色白皆雨之候九遊之氣蔽天日月天色亦將雨之候○天氣未降地氣上昇晝則日白夜則月赤乃將旱之兆又主有濛霧天氣下降地氣上昇上下未交陰盛陽衰晝則日色碧夜則月色綠乃將寒之兆○天氣下降地氣已昇上下雖交而未密故晝則日色黒夜則月色青陽既流則雲薄而生虹霓氣既未諧則陰陽復相離散是將雨不雨変為霾霧暈昏貫斗又云陰陽不和昏時失序即生虹霓○太乙占云歲月日時四季上下二日太乙若有掩迫關繫四時相関十精併聚之日黑雲蔭倚掩日者當日大雨餘見太乙書

附虹霓說　虹陽氣之動也虹攻也純陽攻陰之氣也釋名雄曰虹雌曰霓舊說虹常双見鮮盛者雄其闇者雌也一曰赤白色謂之虹青白色謂之霓埤雅晉陵薛願義熙初虹飲其釜澗輦酒灌之随咽便吐金滿罍于是災弊日汰

月光晝見于東方占曰

月光晝明太平之瑞

二十日夜月員如望夕太史奏其為上瑞之兆也

宋太宗雍熙末將校獵塞外夜歸乃垂鞭回視仰看月中有一人騎馬而垂鞭與己同時問左右所見皆同殊以為駭懼負念曰我必當其月中人其我也我揚鞭而揖之其人亦揚鞭乃大喜逆謀由是為殃太宗怒一斧有形正面擬諸天地者

占北斗　夜觀北斗魁罡之間有黑潤色雲在畔則當夜有雨如北斗前有黃氣者明日有風若潤則是夜或當日必大雨如有黑黃白潤色之雲長三丈餘遍遮北斗而不散者三日内必雨如無雨人少安和四下皆無雲微薄而湿濛獨蔽北斗或上下有覆著五日内必雨如有黑雲濃潤者當與夜必雨○夜占北斗旦占日上下有

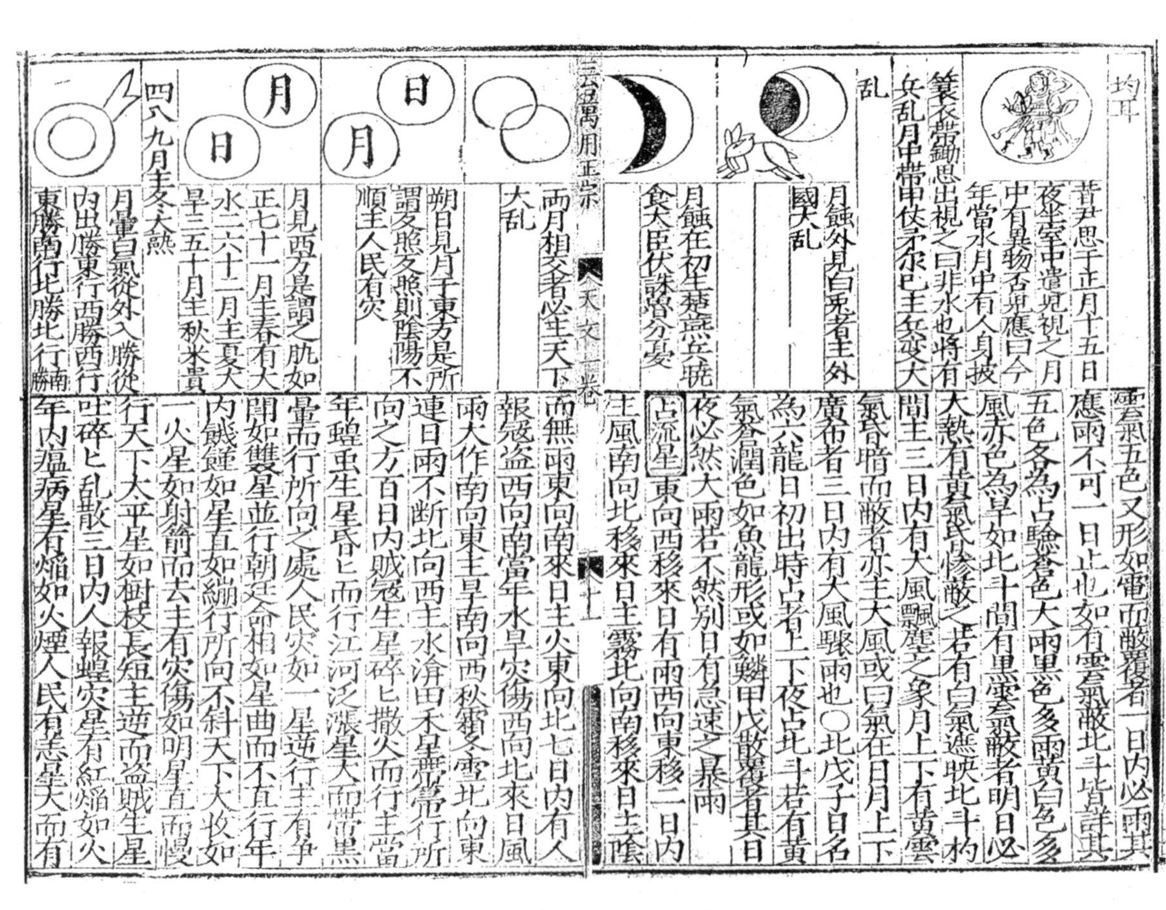

三台萬用正宗　卷一　天文　十一

均耳

昔尹思于正月十五日夜坐室中遣兒視之月中有異物否兒應曰今年當水月中有人身披簑衣帶鋤思出視之曰非水也將有兵乱月中帶伏矛此已主兵変大乱

月蝕外見白兎者主外國大乱

月蝕在初生楚燕兵曉食大臣伏誅宮分憂

雲氣五色又形如電而散覆者一日内必雨其應雨不可一日止也如有雲氣蔽北斗皆詳其五色各為占驗蒼色大雨黑色多雨黄白色多風赤色為旱如北斗間有黑雲氣蔽者明日必大熱有黄氣民災修蔽之若有白氣遮映北斗杓間主三日内有大風飄壅之象月上下有黄雲氣昏暗而蔽者亦主大風或曰氣在月月上下廣布者三日内有大風驟雨也○北戊子日名為六龍日初出時占者上下夜占北斗若有黄氣蒼潤色如魚龍形或如鱗甲戊散覆者其日夜必然大雨若不然别日有急速之暴雨

占流星　東向西移來日有雨西向東移二日内主風南向北移來日主霧北向南移來日主陰雨無雨東向南來日主火東向北七日内有人報寇盗西向南當年水旱災傷西向北來日風雨大作南向東主旱南向西秋霜冬雪北向東連日雨不断北向西主水淹田禾星無常行所向之方百日内賊寇生星碎ヒ撒火而行主當年蝗虫生星昏ヒ而行江河泛漲星大而帶黒暈而行所向之處人民災如一星逆行主有争鬧如雙星並行朝廷命相如星曲而不直行年内饑饉如星直如繃行所向不斜天下大收如一火星如射箭而去主有災傷如明星直而慢行天下太平星如樹枝長短主逆而盗賊生星吐碎ヒ乱散三日内人報蝗災星有紅焰如火年内瘟病星有焰如火煙人民有恙星大而有

兩月相交者必生天下大乱

朔日見月于東方是所謂之朓朓則陰陽不順主人民有災

月見西方是謂之朒如正七十一月主春有大水二六十二月主夏大旱三五十月主秋米貴四八九月主冬大熱

月暈白氣從外入勝從内出勝東行西勝西行東勝南行北勝北行南勝

子部　第四冊

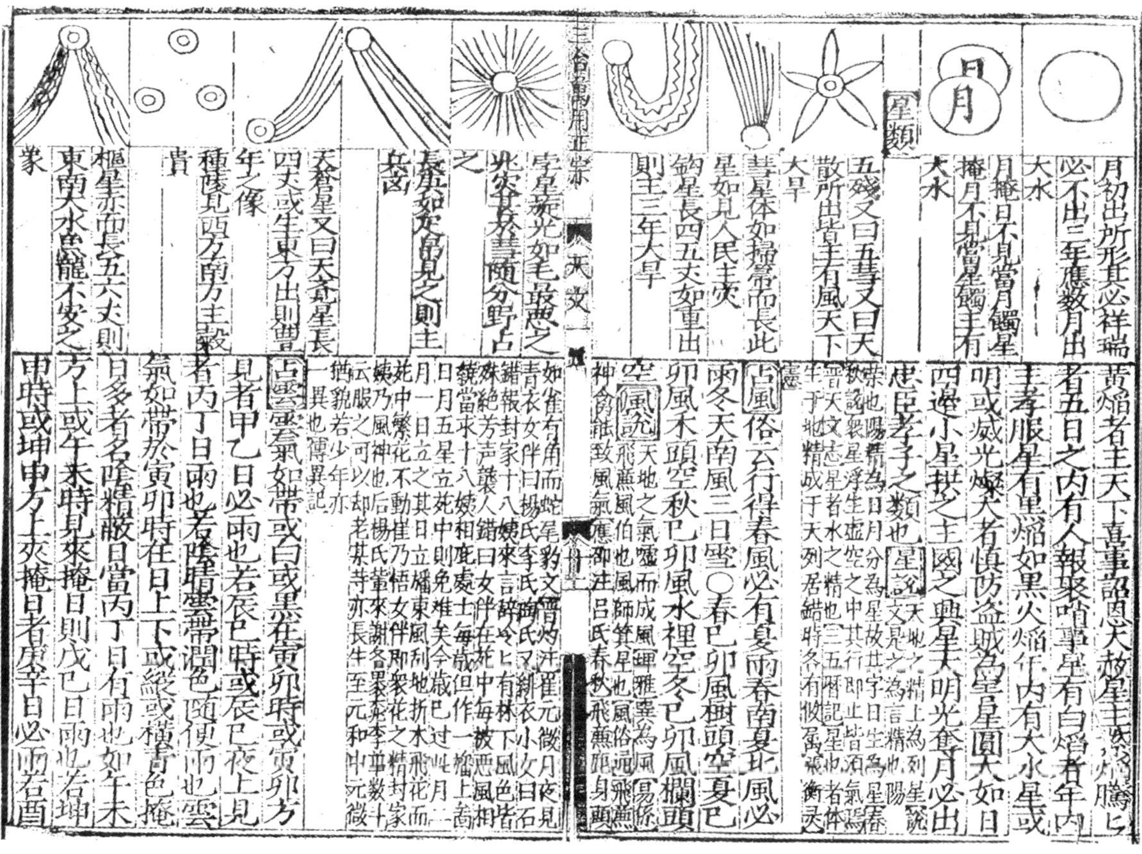

月初出所形其必祥瑞必不出三年應數月出大水

月掩日不見當月蝕星掩月不見當星蝕主有大水

星類

五殘又曰五彗又曰天散所出皆主有風天下大旱

彗星体如掃帚而長此星如見人民主灾

鉤星長四五丈如重出則主三年大旱

孛星旋光如毛最惡之兆容其於彗隨分野占之

長庚如疋帛見之則主兵凶

天欃星又曰天蒼星長四丈或生東方出則豐年之像

種陵見西方南方主穀貴

樞星赤而長五六丈則東南大水魚龍不安之象

黃焔者主天下喜事詔恩大赦星主炎焔騰上者五日之内有人報喜事星有白焔者年内主壽服星有黑焔如黑火焔年内有大水星或明或滅光燦大者慎防盜賊為星星圓大如日四邊小星拱之主國之興星大明光奪月必出忠臣孝子之類也【星說】天地之精上為列星文見之為言精也陽榮也陽精為日月分為星故其字日生為星春秋說題辭星陽浮生虛空之中其行即止皆須氣為晉天文志星者水之精也三五曆記星者体生于地精成于天列居錯時各有攸屬紫衡炎憲

【占風】俗云行得春風必有夏雨春南夏北風必兩冬天南風三日雪○春巳卯風樹頭空夏巳卯風禾頭空秋巳卯風水裡空冬巳卯風欄頭空【風說】天地之氣噫而成風【爾雅】[illegible]為風【易】飛廉風伯也風師箕星也風俗通飛廉神禽能致風氣應劭注呂氏春秋飛廉鹿身頭如雀有角而蛇尾豹文【博物】汴翟元微月夜見青衣女伴曰楊氏李氏陶氏又緋衣小女曰石錯報封家十八姨來言辭冷冷有林下風色皆殊絕芳声襲人錯曰女伴在苑中每被惡風相撓當求十八姨相庇處士每歲但作一緋上畫日月五星立苑中則免难矣今歲已过此月二十一日立之其日立幡東風刮地折木飛花而苑中繁花不動崔乃悟女伴即衆花之精封家姨乃風神也后楊氏輩來謝各果實数斗云服之可以却老某寺亦長生至元和中元微猶貌若少年亦一異也傳異記

【占雲】雲氣如帶或白或黑在寅卯時或寅卯方見者甲乙日必雨也若辰巳時或辰巳夜上見者丙丁日雨也若陰晴雲帶潤色隨便雨也雲氣如帶於寅卯時在日上下或縱或橫青色掩日多者名陰精蔽日當丙丁日有雨也如午未方上或午未時見來掩日則戊巳日雨也若坤申時或坤申方上來掩日者庚辛日必雨若酉

四鎮星出北方主大雨

狗星皆白其声如雷隨則為狗災如光冲天工銳者其色黃出則千日無風雨

彗星背陽四向皆主五谷貴期二年應分野在日月生處

彗星向内刻者向四陽上及四遍近並主豊年之兆

彗星入列宿変異經云月犯太白化為彗見則天下大乱其年火作上年下出没无時占各有分野

彗星入斗四方太平天下平安

彗星入三台天下主大荒

彗星在日月傍主天下大乱

臨星如巨火見則天下有大旱之兆

司危星或云光白出則天下大雪

戌方上或酉戌時見壬丙日雨○凡雲氣五色交雜或赤或黑或青或白或黃者乃天威之震主有雹凍之災害雲者陰贖色主有灾害雲氣不雨稻麥不收也○諺云雲行東雨無踪雲行西馬濺泥雲行南水漲潭雲行北雨便足【雲說】雲山气也說文雲之為言運也触石而起謂之雲春秋說題辭雲師謂之豐隆【爾雅】周保章氏以五雲之物辨吉凶水旱豊衰之祲象鄭司農注冬至觀雲気青為蟲白為喪赤為兵荒黑為水黃為豐【周礼】天降時雨山川出雲【礼記】

【占雷】諺云未雨先雷船去步回大凡雷声响烈者雨雖大而易過雷声殷殷然响者卒不晴又云雪中有雷百日方晴一夜起有雨下三日凡雷声初發和雅主歲内吉声擊烈驚異者有值甲子日尤吉初起艮方糴賤起震方歲豐起巽霜旱降蝗虫起離主旱起坤有蝗起兑金鉄貴起乾民多疾起坎歲多雨禹按方道乾南坤北離東坎西艮西北震東北巽東南兑西南是也

【雷說】陰陽相薄感為雷激為霆【淮南子】仲春之月雷乃發声仲秋之月雷乃收声【月令】又晉人姓周永和中寄宿道過女子家一更中聞有小兒喚阿香云官喚汝推雷車女子辭去忽聞雷雨明朝視宿處乃一新塚搜神記雷州春夏多雷秋日則伏地中其狀如彘人取食之【国史補】【附電說】電謂之雷光【五經通義】有声曰雷無声曰電【公羊】月支献猛獸兩目為天黝雷之炎光太平廣記天公王女投壺梟而脱誤不接者天為之笑所以為電【神仙傳】

【占雨】諺云雨打五更頭行人不須愁病人怕腹脹下雨怕天亮又云日若當晝現三日不見面晏雨晏晴快雨快晴夾雨夾雪無休無歇○凡旺相之日降雨者長生滋潤萬物休囚之日降

二十八宿類 內附星數

彗星入角白色或赤色者主兵起 角二星

彗星入亢主五谷大孰一年內應之 亢四星

彗星入氐主天下大乱 氐四星

彗星入房主天下荒乱 房四星

彗星入心主国不吉 心三星

彗星入尾主大臣被論 尾九星

彗星入箕天下人民飢荒桑谷貴 箕四星

已上七星東方宿

彗星入斗盗賊大乱不出一年應之 斗六星

彗星入牛中国有更政女人 牛六星

彗星入女星者主女人之事三月內應 女四星

雨者降殺萬物焦枯也過可驗○春甲子雨赤地千里夏甲子雨撑船入市秋甲子雨禾頭生耳冬甲子雨牛羊凍死【雨說】雨水從雲下也釋名太平之時五日一風十日一雨【王充論衡】赤松子神農時雨師列仙傳西海上有人乘白馬朱鬛白衣玄冠從十二童子馳馬如飛名曰河伯使者其所至之國雨水滂沱神異記中和三年浙西天鳴声如韓磨死雲而雨是謂天泣五行志梁大同中雜雨殺前社七有雜色宝味梁武帝見之有喜象靈斎因上瑞雨頌云飛甘洒潤王散珠縈而李記作【附露說】陽气散為雨露大戴礼井露一者芦昴道仁澤也其凝如脂其美如飴一名天酒晉中興書漢武帝勝水溢故為有仙掌承露飲之本紀【附霧說】霧子霧胃也气蒙昧覆物也什名九重霧三日必大雨七未降其霧不可冒行也帝王世紀地气發天不應曰霧七謂之晦尔雅張楷能作五里霧裴優能作三里霧后漢栾巴為尚書忽一旦天大霧對尚不見故失巴所在尋問之巴其日不成都神仙傳虫尤作大霧雀豹古今注【附雹說】雹雨雪也從雨包声說文嵩山有大蜥蜴数百吐雹【漢】堅志

【占霞】諺云朝霞暮霞無水煎茶暮霞若有火焰形而乾紅者主晴必主旱之兆朝霞雨後乍有定無疑或是晴天隔夜雖無今朝忽有要看顏色断之乾紅主晴若有褐色主雨唐人詩云朝霞晴作雨○凡十二月節氣之日卅霞氣者一月內多雨○霞如鋪錦國中命相霞連青而不明主年內水霞如柳条其方凶霞大而不明其地人民災霞如長練人民安康短而無彩三日內主火霞如牛卧來日辰時必主大風霞如墨洒來日午時大雨霞如蛇狀民主飢饉霞如猛虎月內有盗賊霞忽然不見而賊自消霞明彩邊有黑氣慎防時下盗賊霞五色明彩月內主天恩詔赦霞五彩不明小人有犯霞五色不全

彗星入虛宿主兵大起四方大乱尸積如山血流成河 虛二星

彗星入危江湖主有大風六十日應之 危三星

彗星入室主国兵大起二年方定 室二星

彗星入壁主不吉之兆 壁二星

已上北方宿

彗星入奎其年大飢大乱之兆 奎十六星

彗星入娄帝主有大兵隨其分野占之或十日或一年內應 娄三星

彗星入胃不出一年主大荒 胃三星

彗星入昴不出一年主大乱凶 昴七星

彗星入畢主大水兵起不出一年或二十日應 畢八星

彗星入觜不出一年主有大乱 觜三星

者月內其地生貴女霞寸寸断絶光艷者年內其地亦生貴女霞連接不断如匹錦年內其地生貴子霞五彩明如虎豹年內出大武臣霞明光四方不開年內出忠臣孝子霞五彩明貞如輪車年內出朝臣賢子霞早晚明彩延聚而延散者安享昇平之兆

【占霜】初一朝謂之孤霜主來年歉連得兩朝以上者主熟上有芒角者吉平者凶春多旱【霜說】秋三月青女乃出降之霜雪青女乃霜神青腰王女司霜雪者淮南子豐山有九鍾霜降而自鳴山海經鄒衍事燕惠王左右讒之繫于獄仰天而哭盛夏為之降霜淮南子駟見而霜隕國語【附水說】積水曰陵水壯曰凍水流曰澌水解曰泮風俗通光武至薊上遣王霸往視滂沱河还曰水堅可渡果可乘本紀

【占雪】諺云臘月見三白來歲主成熟又云若要麥見三白冬無雪麥不結又云江南三尺雪人到十年豐皆言雪降多主豐年之兆也【雪說】露雪雨之微也寒則為雪雨霧凍凝者皆由地数不由天降論衡草木花多五出雪花獨六出韓詩外傳正月三白田公笑赫七西北人諺曰要宜麥見三白【朝野僉載】晉州蕭至忠畋游見一老樂哀請黃冠者若冠曰若令滕六降雪巽二起風即萧召不復獵矣【幽怪錄】【附霰說】霰雨與雪雜下者曰霰尔雅相彼雨雪先集維霰詩經

【占氣】每月朔日占氣占氣者似雲不雲似霧不霧曰氣乃為雲氣之餘煙觀天之氣者如許負相人之氣色即知吉凶正此数端後人滋蔓多而言之非也氣如高楼大殿龍鳳之狀必主明君治世天下寧謐氣如華盖旌旗閭列宰相明臣之氣也氣如熊如虎如獅如豹乃將軍之氣也主國大捷而大克白氣一道攔天孝重黃氣一道

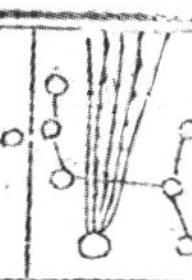

彗入參四方乱　〔參六星〕

巳上西方宿

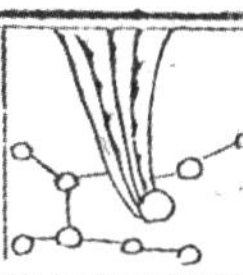

彗星入井不出一年人民飢死大甚　〔井八星〕

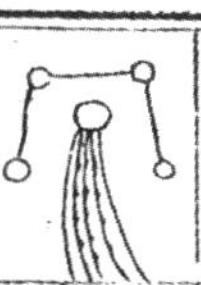

彗星入鬼不出一年必主人民凶灾　〔鬼四星〕

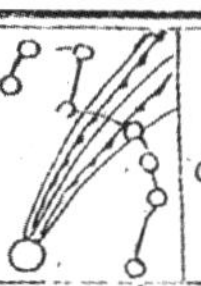

彗星入柳並主人民灾凶之事　〔柳八星〕

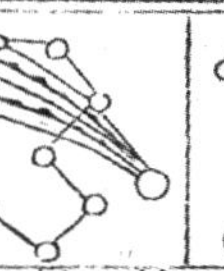

彗星入星人民相殺一年内應之　〔星七星〕

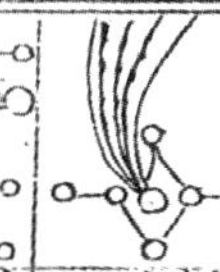

彗星入張主有乱一年内應之　〔張六星〕

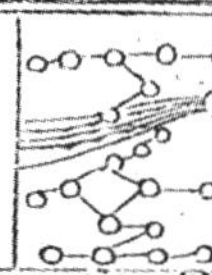

彗星入翼主大民疫十分之一　〔翼六星〕

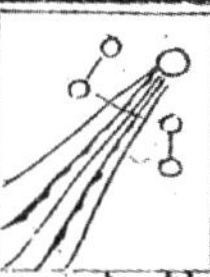

彗星入軫必主乱一年内應之　〔軫四星〕

巳上南方宿

○二十八宿分野

自軫十二度至氐四度為壽星於辰在辰鄭之分野屬兗州 左曹右許蔡東京賤工黃池項潁陳沈即河南地

自氐五度至尾九度為大火于辰在卯宋之分野屬豫州 亳宿與滕徐郯山邾

攔天七日内洪恩大赦君臣宴會青氣一道攔天月内少順青氣如鱗甲聚而不散年内主盜賊青氣園大個ヒ排列來日午時暴雨紫氣瑣碎年内人民饑餓旱魃生赤氣紅而有焰三日内主火赤氣片ヒ乱生午風凶火必然凶也

〔占八節雲氣〕元旦日四方有黃雲氣五穀大熟有青氣雜黃主蝗赤氣主旱黑氣大水○春分日東方青雲麥熟無雲萬物不實人疫其日晴明萬物不成○立夏日巳時東南有青雲年豐如青氣不現歲多灾○夏至日午時南方有赤氣宜百穀無雲氣日月無光五穀不成人灾○立秋日申時西南方有赤雲宜粟如無萬物不成地震牛羊死在來年正月○秋分日日入西方有白雲如羊宜稻年豐不至多霜人多疾在來年二月○立冬日西北有白氣如龍馬宜麻如不至大寒傷物人疫應在來年四月○冬至日北方有青雲來歲吉無雲西赤氣旱黑氣水白氣起疾黃氣兵火

〔占四仲〕四仲者朝中夕半也朝即卯時中即午時夕即酉時半即子時此太乙移宮時也朝中占日上下夕半占月北斗若有雲黃白黑潤濃主有雨淡薄則無雨也若白色如旛彗者多風也青色則陰

〔占六甲風雨〕甲子旬卯初觀薄黑雲不多午時定有西風至赤雲不多申時有南風至黑雲往來蔽日色巳時雨從北風來青雲一條長未時

[illegible]如其地

自尾十度至斗十一度為析木於辰在寅燕之分野屬幽州 小戎幽薊今北京皆其地

自斗十二度至女七度為星紀于辰在丑吳越之分野屬揚州 蘇溫皆相近也

自女八度至危十五度為玄枵於辰在子齊之分野屬青州 紀牟莒在齊密閩今山東地

自危十六度至奎四度為娵訾於辰在亥衞之分野屬并州 酒旬与譚在齊衞閒

自奎五度至胃六度為降婁於辰在戌魯之分野屬徐州 徐子吳子皆其地

自胃七度至畢十一度為大梁於辰在酉趙之分野屬冀州 古北京在晋ヒ在趙之右獵子鮮虞中山肥子赤狄邢滋近趙每鮮虞燐燕在外趙在内

自畢十二度至東井十五度為實沈於辰在申魏之分野屬益州 晋在左秦在右愚考魏在中屬益州在西边以何通也

自東井十六度至柳八度為鶉首於辰在未秦之分野屬雍州 義渠在秦之右

自柳九度至張十六度為鶉火於辰在午周之分野屬三河 意者西京渾陸函谷河華陽中岳去西岳不遠西岳鄰函谷中岳鄰河陽號去西京不遠

自張十七度至軫十一度為鶉尾於辰在巳楚之分野屬荊州 夔子河陽江黃

雨從東方來白雲遮日辰時雨從西方來○甲寅旬黑雲蔽日巳時定有南風至黑雲薄不遮日午時有西風至赤雲成塊未時有東風至黃雲片ヒ酉時有北風至黃雲四起午時雨從北方來黑薄雲日邊微起辰時雨從南方來青雲成條未時雨從東方來○甲辰旬黑薄雲毀ヒ不連巳時有北風至青雲成片午時有雨風至黃雲滿天申時有大東風至赤雲四起辰時有南風至黑雲如斗辰時大雨從北方來白雲成條酉時雨從東方來○甲午旬青雲四起未時有南風至白雲成片午時有北風至黃雲成塊申時有西風至赤雲蔽日午時雨從北方來青雲段ヒ不連者申時雨從東方來黃雲成條酉時雨從南方來○甲申旬黑薄雲滿天辰時有北風至黃雲成團午時有南風至白雲如破絮酉時有西風至黃雲成塊申時有東風至黑雲一蔽日辰時有細雨從西方來白雲似山尖起近日者午時雨從南方來○甲戌旬吉雲貫日辰時有西風至黑雲如破絮午時有大風從北方來黃雲成條長而不斷申時有東風至白雲片片園日未時有西風至黑雲濃而碎ヒ不相連巳時有風雨從北方來赤雲塊ヒ不動申時有雨從西方來○六甲日旦占日上下時無雲則一旬多旱若有雲隨色而定之如有青雲甲乙日雨赤雲丙丁日雨白雲庚辛日雨黑雲壬癸日雨黃雲戊己日雨如雲氣廣佈當日雨是暮擁日映北斗者必有大雨也

新刊天下四民便覽三台萬用正宗一卷 終

新刻天下四民便覽三台萬用正宗卷之三

歷代國都

帝王世紀曰伏羲都陳今陳州宛丘縣是也神農都曲阜今兖州仙源縣是也黃帝都涿鹿今涿州是也少昊邑窮桑在東蒙山屬魯地是也都曲阜魯邑是也顓頊都帝丘今濮陽是也帝嚳都西亳今陝西偃師縣是也堯都平陽在河東今晉州是也舜都蒲坂今河東是也禹都安邑今蒲州禹都縣是也帝相徙都商丘在太華之陽今上洛縣是也少康中興復還舊都湯都南亳今南京大梁谷熟縣是也仲丁遷于囂在開封府陳留浚儀是也河亶甲都相在河北相州是也祖乙都耿河東皮氏縣是也盤庚復歸于亳文王都豐京兆鄠縣東有靈臺武王都鎬在上林昆明北有鎬池去豐二十五里皆在長安南數十里平王東遷今西京是也秦都咸陽今西安府咸陽縣是也漢初欲都咸陽以婁敬之言遂遷長安今西安府長安縣是也東漢都洛陽今西安府是也三國蜀都成都即成都府是也魏都長安吳都鄂尋都建鄴西晉都洛陽東晉都建康即應天府是也南朝宋齊梁陳並都建鄴北朝後魏都平城今雲中即雲中縣是也西魏都長安東魏北齊

地輿門

○輿地紀原

自鰲斷立極三才奠位黃帝疆理南北堯命禹平水土分天下為九州別五服舜分冀為幽州幷州分青為營州是為十二州商有幽營無梁青周有幽幷無徐梁王京居中九州環列於其外至秦始皇幷吞八荒分置三十六郡後平百粵增置四郡為四十郡罷侯置守以治之漢初承秦舊至武帝開西南夷置七郡東四郡西北五郡南八郡凡為十三郡皆置刺史統治之至哀平際新置郡國六十三與秦四十合百有三

分道凡三十有六侯國二百有四十光武中興乃併省郡國十縣道侯國四百餘所明章和順四帝漸加置郡國一百伍仍為十三部漢末三國鼎峙至晉分十九道為郡一百七十二八代分裂卒歸于唐新定權置州郡頗多太宗元年始命併省郡國因山川形便分天下為十道州府三百五十八至明皇又因十道增置五道各置採訪使知刺史之職五季僭亂至宋削平一之撫有四京二十三路高宗駐蹕吳會保守東南至大元南北混一置立三臺十二省宣慰司一十八道至于順帝輿圖悉歸于我大明皇帝誕膺天命統一華夷幅員之廣東盡遼左西極流沙南越海表北抵沙漠四極八荒

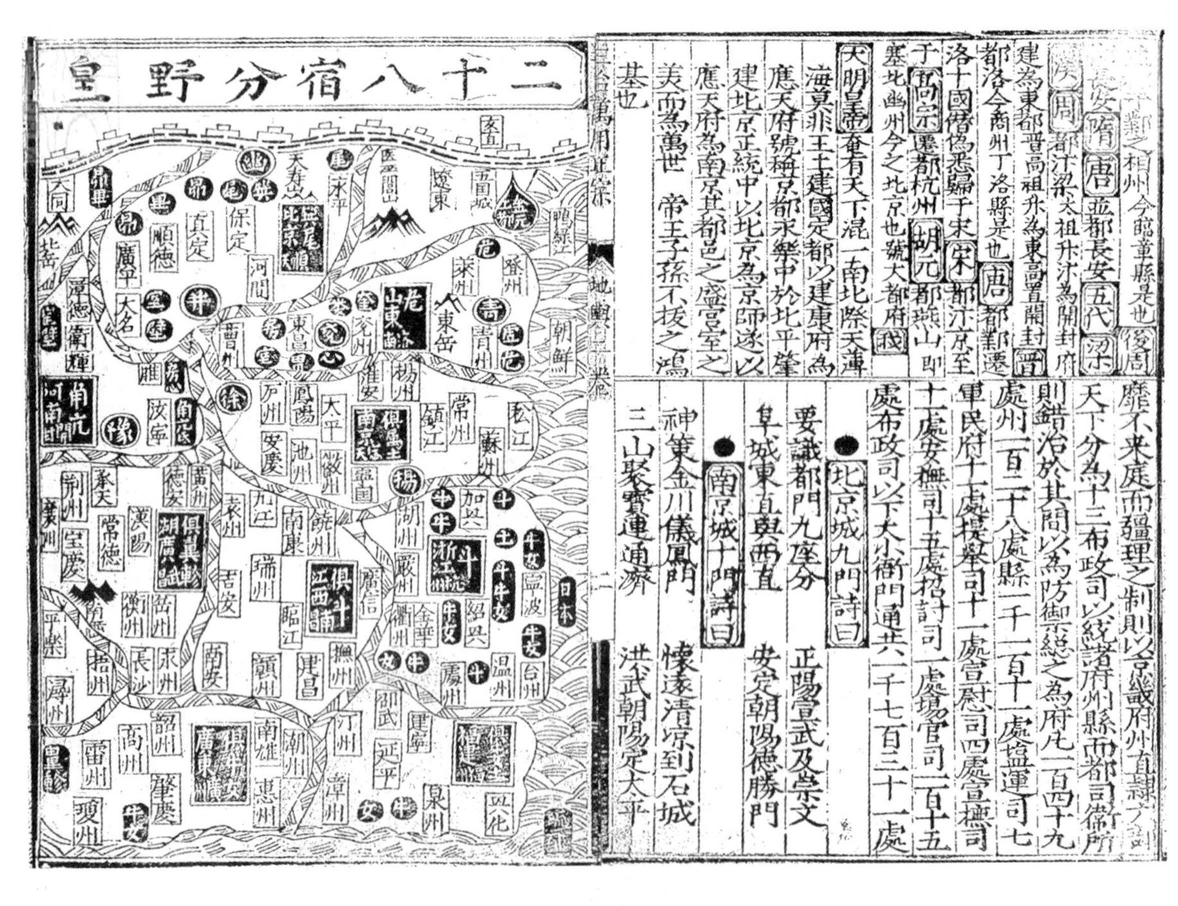

于鄴之相州今臨漳縣是也後周都長安隋唐並都長安五代梁漢周都汴梁太祖升汴為開封府建為東都晉高祖升為東京置開封晉都洛今商州丁洛縣是也唐都鄴遷洛十國僭偽悉歸于宋宋都汴京至于高宗遷都杭州胡元都燕山即塞北幽州今之北京也號大都府我大明皇帝奄有天下混一南北際天蓮海莫非王土建國定都以建康府為應天府號稱京都永樂中於北平肇建北京正統中以北京為京師遂以應天府為南京其都邑之盛宮室之美而為萬世　帝王子孫不拔之鴻基也

靡不來庭而疆理之制則以京畿府州直隸六部天下分為十三布政司以統諸府州縣而都司衛所則錯治於其間以為防禦總之為府凡一百四十九處州二百二十八處縣一千一百十一處鹽運司七軍民府十七處提舉司十一處宣慰司四處宣撫司十一處安撫司十五處招討司一處長官司一百十五處布政司以下大小衙門通共一千七百三十一處

● 北京城九門詩曰

要識都門九座分　正陽宣武及崇文
阜城東直與西直　安定朝陽德勝門

● 南京城十門詩曰

神策金川儀鳳門　懷遠清涼到石城
三山聚寶連通濟　洪武朝陽定太平

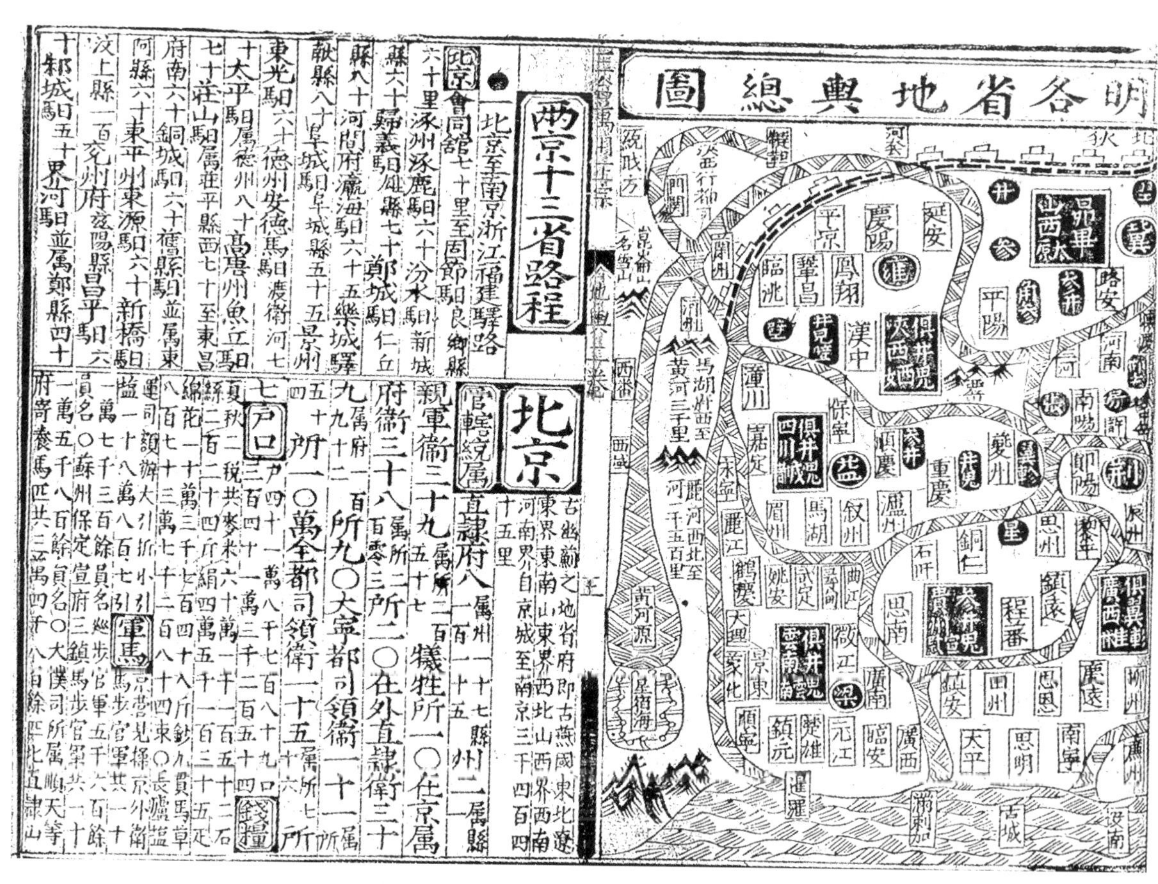
明各省地輿總圖
兩京十三省路程
北京

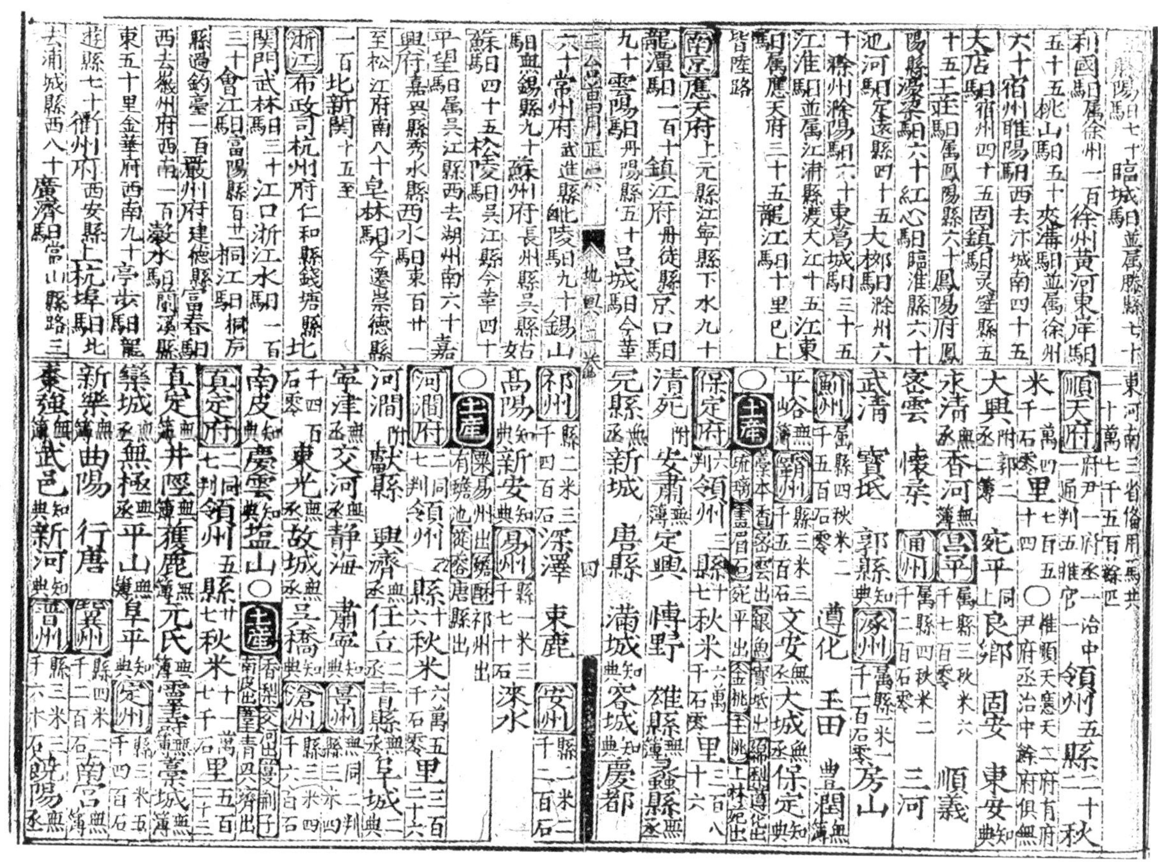

三

十五草平驛江浙界今革三十五懷玉驛玉山縣九十廣信府上饒縣曾陽馬驛八十鵝湖驛六十車盤驛並屬沿山縣四十五大安驛三十崇安縣長平水驛下水三十武夷山四十興田驛並屬崇安五十建溪驛建陽縣七十葉坊驛屬甌寧縣五十五建寧府甌寧縣建安縣城西驛屬甌寧四十太平驛屬建安四十大橫驛屬南平四十延平府南平縣劍浦驛西北六十武府東六十茶陽驛屬南平九十黃田驛五十水口驛並屬古田四十五小箬驛八十五白沙驛並屬侯官六十五芋源驛屬懷安縣二十里至

〔福建〕布政司福州府三山驛

北京陸路至南京自南京至常山縣皆水自常山縣至水口驛水馬並應上杭埠橋仙霞領至浦城縣詳三十九號淮邳至徐州詳十二號自北京至徐州响馬賊時出必須防禦

● 二北京至江西廣東二省水陸

順城門四十盧溝河三十良鄉縣六十涿州三十三甲店三十五新城縣三十白溝河三十雄縣四十茂州三十任丘縣七十河間府三十商家林三十獻縣三十單家橋三十富莊驛三十阜城縣三十漫河店三十景州三十南流三十德州渡衛河陳渡水四十枯樹鋪三十恩縣三十平源驛四十高唐州三十南鎮店三十莊山驛三十三十里鋪三十銅城驛四十東阿縣晚勿去三十五王

萬用正宗　地輿　五

蠡 無薄　武強 無知薄　〔晉州〕縣六 米三千六百石　柏鄉 無薄丞

臨城 丞無典　高邑　隆平 無典　寧晉 丞無典　〔深州〕縣一 米七千三百六

衡水 知典

〔順德府〕判三 屬縣九 秋米四萬二千石零 里一百五十九

邢臺　平鄉 知典　沙河 知典　南和 知典　唐山 知典　任縣

鉅鹿 知典　廣宗 知典　內丘 知典　○〔土產〕磁石 玄精石 鉛王 沙和臺山 本府出

〔廣平府〕判二 屬縣九 秋米五萬九千石零 里二百二十五

永年　曲周　肥鄉　廣平 知典　邯鄲　成安

雞澤 知典　清河 知典　威縣 知典

〔大名府〕判七 領州一 縣十 秋米十四萬九千石 里六百八十二

元城 附　大名 知典　南樂　魏縣　清豐　濬縣

內黃　滑縣　東明　〔開州〕縣一 米二萬一千石　長垣

○〔土產〕枝頭乾 南樂出 七硝 麒麟 紫草 俱本府出 南粉 開州出 白蠟 化山出 賦 知王

〔永平府〕判一 五 領州一 縣五 秋米四萬五千石零 里七十 一百

盧龍 附　撫寧　昌黎 知典　遷安　〔灤州〕三判 縣一 米一萬八千石零

樂亭 無薄　○〔土產〕豹尾 麋 榆城出 鷹鶻 昌黎出 石灰 撫寧出 升棠

羅 遷安出　白芷 樂亭

〔直隸延慶府〕無同 判 屬縣一 秋米四千六百石零 里四十

永寧 知典　○〔土產〕黎米 蘭 蒲 條送 館 麩 州縣俱出

〔直隸保安州〕無同 判 秋米一千八百石 里七

○〔土產〕銀礦石 莊丹 芎藥 猫巢 銀 俱本州出

〔萬全都指揮使司〕東至四海 沿南至廣昌 千戶所 西至山兒嶺 北至良峪口

自都司至京師三百五十里 領衛一十五 守禦千戶所四 堡〇六

宣府左衛 宣府右衛 宣府前衛 已上三衛俱附郭 其餘萬全等衛俱散建於各處

○〔土產〕水晶 宣府城北黃尖山出 沙長石 宣城西青羚羊出 土綠 宣府城東砲沙林出

龍門鎮東獅出 馬腦 宣平縣四角山出

礬紅石 宣府馬鞍山出　大紅石 宣府城東

石店二十五東平州三十沙河驛廿汶上縣四十腰莊驛四十濟寧州三十新店三十魯橋廿南陽四十沙河廿廠道口三十沛縣三十豆腐店廿村站三十茶城三十徐州自汴啟至此閘河岸行五十桃山驛四十五夾溝驛四十五符離橋廿宿州五十進瑤莊廿仁橋四十固鎮驛自灵壁縣五十王莊驛屬鳳陽縣六十渡淮河鳳陽府鳳陽縣濠梁驛六十紅心驛臨淮縣六十張橋驛定遠縣九十里護城驛屬合肥九十廬州府合肥縣金斗驛六十派河驛屬合肥六十三溝驛六十梅心驛並屬舒城縣六十呂亭驛過山六十陶沖驛並屬桐城縣六十青口驛潛山縣六十小池驛太

萬用正宗　地輿　六

湖縣六十楓香驛宿松縣六十停前驛黃梅縣四十渡大江廣十九江府德化縣潯陽驛百廿德安縣百廿建昌縣九十石頭口渡漳江廣十里至

〔江西〕布政司南昌府南昌縣新建縣南浦驛七十市汊驛屬南昌一百劍江驛豐城縣七十樟樹鎮清江縣北藥二十臨江府清江縣蕭灘驛八十金川驛新淦縣八十玉峽驛峽江縣八十白沙驛吉水縣八十吉安府廬陵縣螺川驛百廿淘金驛百六十浩溪驛並泰和縣百廿五雲驛八十皂口驛並萬安縣百攸鎮驛屬府百廿贛州府贛縣水西驛八十九牛驛八十南埜驛並屬南康縣百廿至小溪驛屬大庾百廿南安府大庾縣

〔南京〕古揚州地 蘇州即古吳國 徐州東北山東界 東南大海 西北河南界 西抵湖廣界 西南江西界

京城至北京三千四百四十五里

〔管轄統屬〕直隸府一十四 屬州一十二 縣八十九 州四 屬縣八

親軍衛一十六 屬所一百一十二 儀衛所一〇在京

屬府衛三十二 屬所一百九十六 所一〇在外直隸衛

二十八 屬所一百五十四 所一十五〇中都留守司 領

衛七 屬所四十 〔戶口〕戶一百九十六萬二千八 口九百九十六

萬七十四 夏秋二稅共米麥五百九十九

百三十九 〔錢鈔〕萬五千二十四石 絲一十萬九

千十九 一百十一兩 絹三萬二千四百五十二匹 麻

布二千七百七十 鈔一千七百七十 縫馬草五

百八萬四千二百十七包〇兩淮鹽運司

額辦小引鹽七十萬五千七百三十餘引

京營馬步官軍舍餘夷人共二萬八千九百餘

員名〇在外衛所除中都留守司三司操外

馬步官軍舍共四萬四千八百餘員名〇南京

太僕寺所屬應天等府備用馬七千五百餘匹

〔應天府〕一府尹 一府丞 一治中 一通判 三推官 一 屬縣八 秋米二十一萬五千六百零 里一千六十八

上元 附　江寧 附　句容　江浦 無丞　溧水　溧陽 二簿

高淳　六合 知典　○〔土產〕時魚 揚子江出 雲石 山出 雨花臺石 聚寶山出

〔鳳陽府〕判三 領州四 縣十四 秋米三十萬五千七百零 里六百六十四

鳳陽 附　臨淮　懷遠　定遠　五河 知典　虹縣 知典

〔壽州〕一同 三判 縣二 米一萬二千斗零　霍丘　蒙城　〔宿州〕縣一

米三萬八千二百九十零　靈璧　〔泗州〕縣二 米五十七石零　盱眙

天長 知典　〔潁州〕縣三 米九百六十七　潁上 知典　太和 知典

亳縣　○〔土產〕雲母石 山出 磬石 磬石山出 都梁香 盱眙出 紫色文石

但壽州出

州出石魚 淮水出

〔蘇州府〕四同 二判 領州一 縣七 秋米一百三萬八千 里四百六

吳縣 附　長洲 附 二丞 三簿　崑山 二丞 二簿　常熟 二丞 二簿

吳江 二丞 三簿　嘉定 二丞 三簿　〔太倉〕二同 三判 屬縣一 米一十二萬

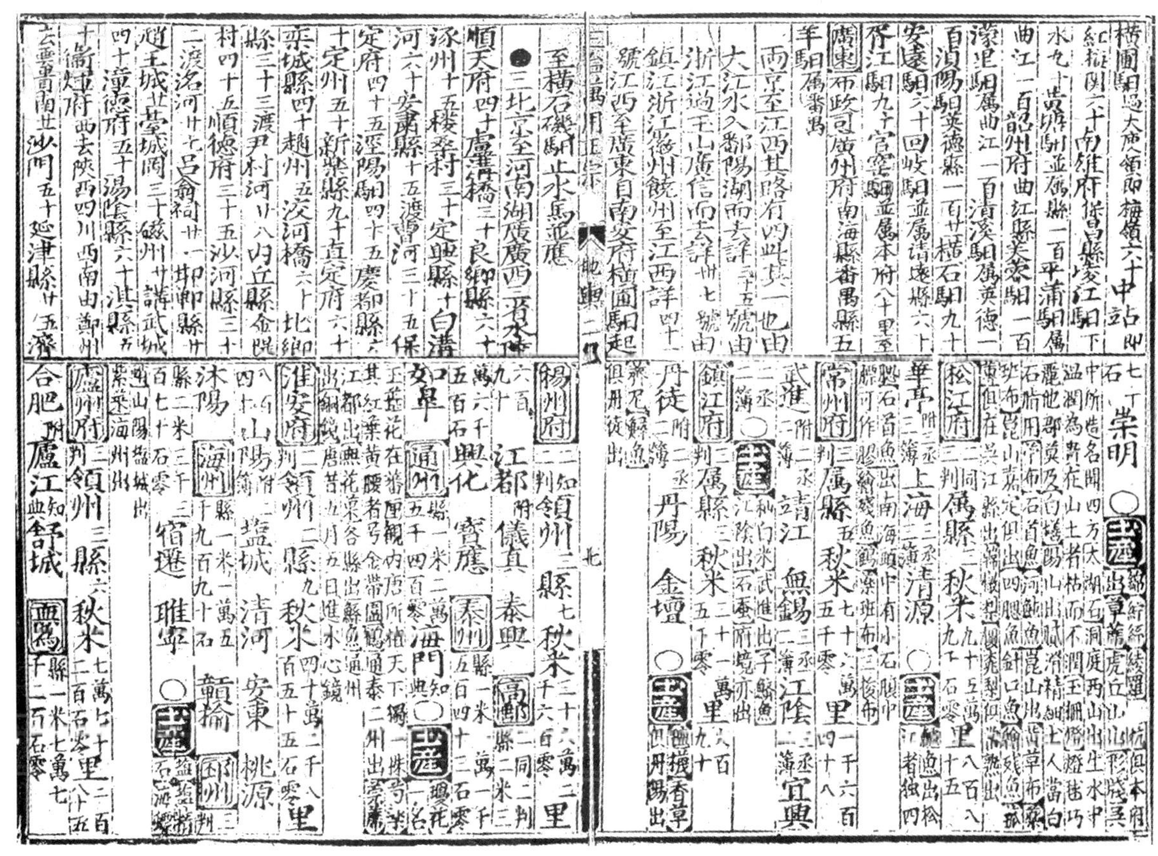

橫圃驛過大庾嶺頭梅嶺六十中站四
紅梅関六十南雄府保昌縣凌江驛下
水九十黄塘驛並屬縣一百平浦驛屬
曲江一百韶州府曲江縣芙蓉驛一百
濛浬驛屬曲江一百清溪驛屬英德一
百湞陽驛英德縣一百廿橫石驛九十
安遠驛六十回岐驛並屬清遠縣六十
胥江驛九十官窰驛並屬本府八十里至
廣東布政司廣州府南海縣番禺縣五
羊驛屬番禺
兩京至江西其路有四此其一也由
大江水入鄱陽湖而去詳二十五號由
浙江過玉山廣信而去詳卅七號由
鎮江浙江徽州饒州至江西詳四十
號江西至廣東自南安府橫圃驛起
至橫石磯驛止水馬並應
●三北京至河南湖廣廣西
順天府四十盧溝橋三十良鄉縣六十
涿州十五樓桑村三十定興縣十白溝
河六十安肅縣十五渡漕河三十五保
定府四十五涇陽驛四十五慶都縣六
十定州五十新樂縣九十真定府六十
欒城縣四十趙州五洨河橋六十北鄉
縣三十三渡尹村河廿八內丘縣
村四十五順德府三十五沙河縣三十
二渡洺河廿七呂翁祠廿一邯鄲縣廿
趙王城廿臺城閘三十磁州廿講武城
四十漳德府五十湯陰縣六十淇縣五
十衛輝府西去陝西四川西南由鄭州
去雲貴南廿沙門五十延津縣廿五濟

七丁石　崇明　○土產 出紵絲綾羅 虎丘山 山形殘缺 俱本府 中所造名聞四方 太湖石 洞庭西山出 生水中溫潤為者 在山土者枯而不潤 玉柵燈 燈巧麗他郡 黃及白鹽 陽山出 賦滑精細 土人當白石 備用布 石首魚 河豚魚 崑山出 草布 紗布 崑山嘉定俱出 四腮魚 針口魚 鱠殘魚 蓮 俱在吳江縣出 絹 梨 俱常熟出

松江府　二同 三判　屬縣三　秋米九十五萬九千石零　里八百八十五　○土產 鱸魚 出松江者獨四腮
華亭 附 三丞 三簿　上海 三丞 三簿　清源
標布 石首魚 出南海 頭巾 有小石腦中 標可作 鶴 藥斑布 三梭布

常州府　三判　屬縣五　秋米七十六萬五千零　里一千六百四十八
武進 附 二丞 二簿　無錫 三丞 二簿　江陰 三丞 二簿　宜興　○土產 江陰出 和白米 武進出 石蚕 子鱘魚 府境亦出

鎮江府　三判　屬縣三　秋米三十一萬五千零　里九百十
丹徒 附 二丞 二簿　丹陽　金壇　○土產 鱸魚 攪香草 但丹陽出 鰣魚 俱丹徒出

揚州府　二知 二判　領州三　縣七　秋米三十六萬三千六百零　里
江都 附　儀真　泰興　高郵州 二同 二判 縣二 米三萬一千六百九十　寶應　泰州 縣一 米五百四十三石零　興化
如皋　通州 縣一 米二萬五千四百零　海門 知典　○土產 瓊花一名玉蕊花 在蕃厘觀內 唐所植 天下獨一株 芍藥 其紅葉黃腰者號金帶圍 鶴 通泰二州出 江都出 菜 各縣出 鯀魚 通州出 銅鏡 唐昔九月五日進 水心鏡

淮安府　二同 判　領州二　縣九　秋米四十萬二千八百五十五石零　里八四
山陽 附 二簿　鹽城　清河　安東　桃源　沭陽　海州 縣一 米一萬五千九百九十石　贛榆　邳州 三判 縣二 米三千三百七十石零　宿遷　睢寧　○土產 鹽 山陽 鹽城出 菜 海州出

廬州府　三判　領州三　縣六　秋米七萬七十二百石零　里二百八十五
合肥 附　廬江 知典　舒城　無為 縣一 米七萬七千二百石零

並四十下店三十里至
河南布政司開封府祥符縣大梁驛屬
府四十朱仙鎮五十尉氏縣八十五鄢
陵縣五十許州三十林漁六十桃城六
十磚橋六十上蔡縣五十汝寧府六十
五郭店五十張五店六十真陽縣四十
五接官亭三十寨河三十渡淮河羅山
縣五十滚皮河四十長嶺廿界河十分
水嶺三十五下福店四十麻城縣五十
沙河舖五十林山河三十團風鎮七十
陽羅二十沙河口五十漢口渡大江廣七里至
湖廣布政司武昌府江夏縣將臺驛六
十東湖驛六十山坡驛並屬江夏縣六
十咸寧驛咸寧縣六十官塘驛六十鳳
山驛並屬蒲圻縣六十長安驛臨湘縣
六十雲溪驛六十岳州府岳陽樓巴陵
縣岳陽驛七十五鹿角水驛屬巴陵七
十磊石驛六十荣田驛六十笙竹驛並
屬湘陰縣七十彤関驛屬長沙縣
同七十長沙府長沙縣善化縣臨湘驛
屬長沙九十湘潭驛湘潭縣百十五淥
口驛東去江西袁州南六十泗州驛並
屬醴陵縣七十五都石驛屬湘潭六十
五驛七十五霞流驛並屬衡山縣
六十七里驛六十衡州府衡陽縣臨蒸
驛九十新塘驛並屬衡陽九十柏坊驛
六十河州驛六十歸陽驛九十二吾驛
並屬祁陽縣九十方歟驛六十永州府
零陵縣湘口驛屬零陵九十石溪驛東
安縣九十里柳浦驛六十山角驛七十

巢縣 知典　六安州 縣二 米一萬四百二十石零　英山 丞典　霍山 知典　○土產 石斛 合肥出 英山出 蠶 廬江

安慶府　屬縣六　秋米十三萬七千八百零　里二百九十七
懷寧 附　桐城　太湖　潛山　宿松 典　望江 典丞　○土產 常春藤 太湖 司空山出 白木 百合 各縣俱出

太平府　屬縣三　秋米四萬九千零　里三百一十
當塗 附　蕪湖　繁昌 知典　○土產 鰣魚 大江出 藥 各縣出

寧國府　屬縣六　秋米一十萬三千二百零　里四百八十八
宣城 附　太平 知典　寧國　涇縣　旌德　南陵　○土產 黃連 桐油 香狸 府境出

池州府　屬縣六　秋米六萬一千九百零　里八十七
貴池 附　銅陵 丞典　青陽 知典　石埭 知典　建德 知典　東流 知典　○土產 銅 黑鉛 鐵 錫 俱銅陵出 紙 青陽也出

徽州府　屬縣六　秋米一十二萬五百零　里六百十五
歙縣 附　婺源　休寧　祁門 典丞　黟縣 典丞　績溪 典丞　○土產 墨 硯 歙縣龍尾山出 黑木 黟縣出 漆 祁門出

直隸廣德州　三判　屬縣一　秋米　里一百一十四
建平　○土產 茶 出鵝山 漆 桐油 州縣俱出

直隸和州　三同 二判　屬縣一　秋米　里一十八
含山 知典　○土產 淮白魚 字布 斑竹 玄參 天鵝 鯽魚 俱本州境出

直隸滁州　屬縣二　秋米　里一十九
全椒 知典　來安 知典　○土產 巴戟子 貝 田 虎杖 女萎 草決明 百

直隸徐州　三判　屬縣四　秋米　里一百一十六
豐縣 知典　蕭縣　碭山　沛縣 三丞 二簿　○土產 鐵 磐 驛山出 文石 碭山出 石灰 白土 鎮出 大戟 沙參 何首烏 威靈仙 芫花 州縣並出

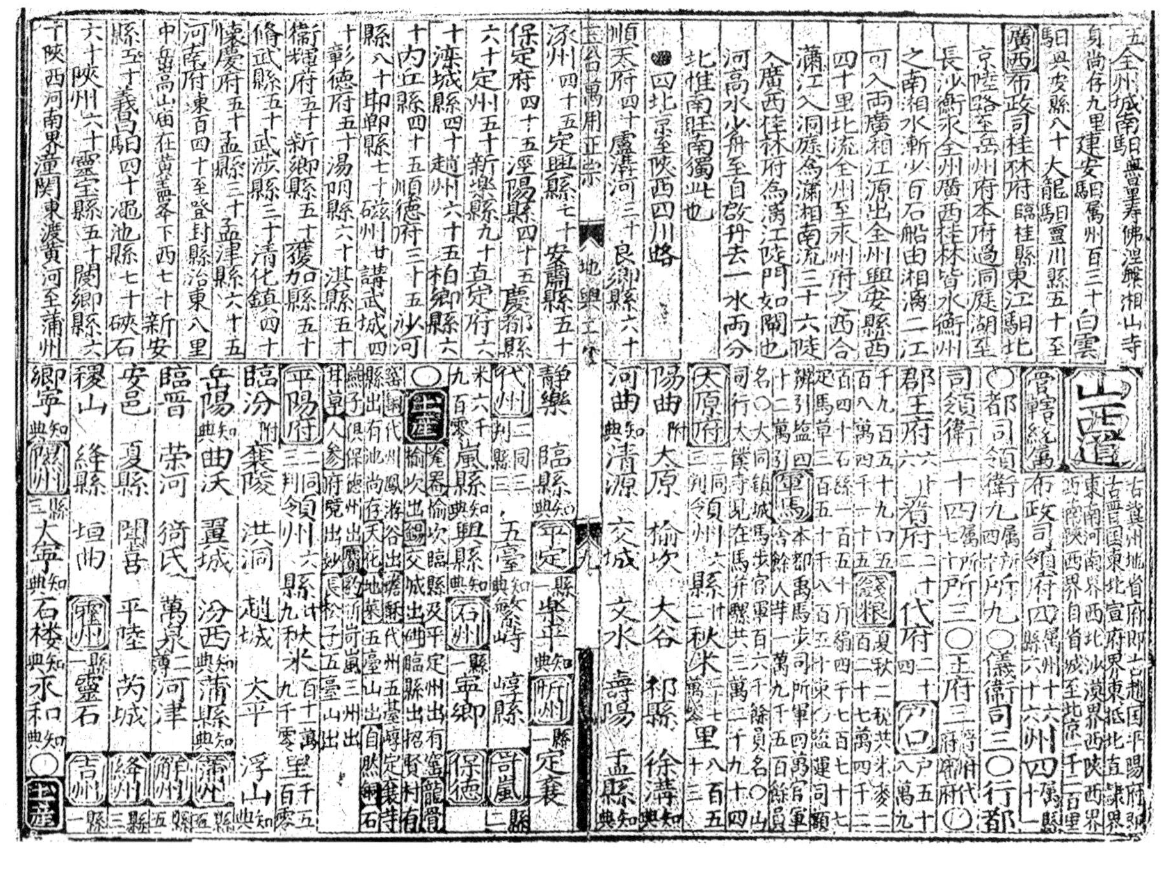

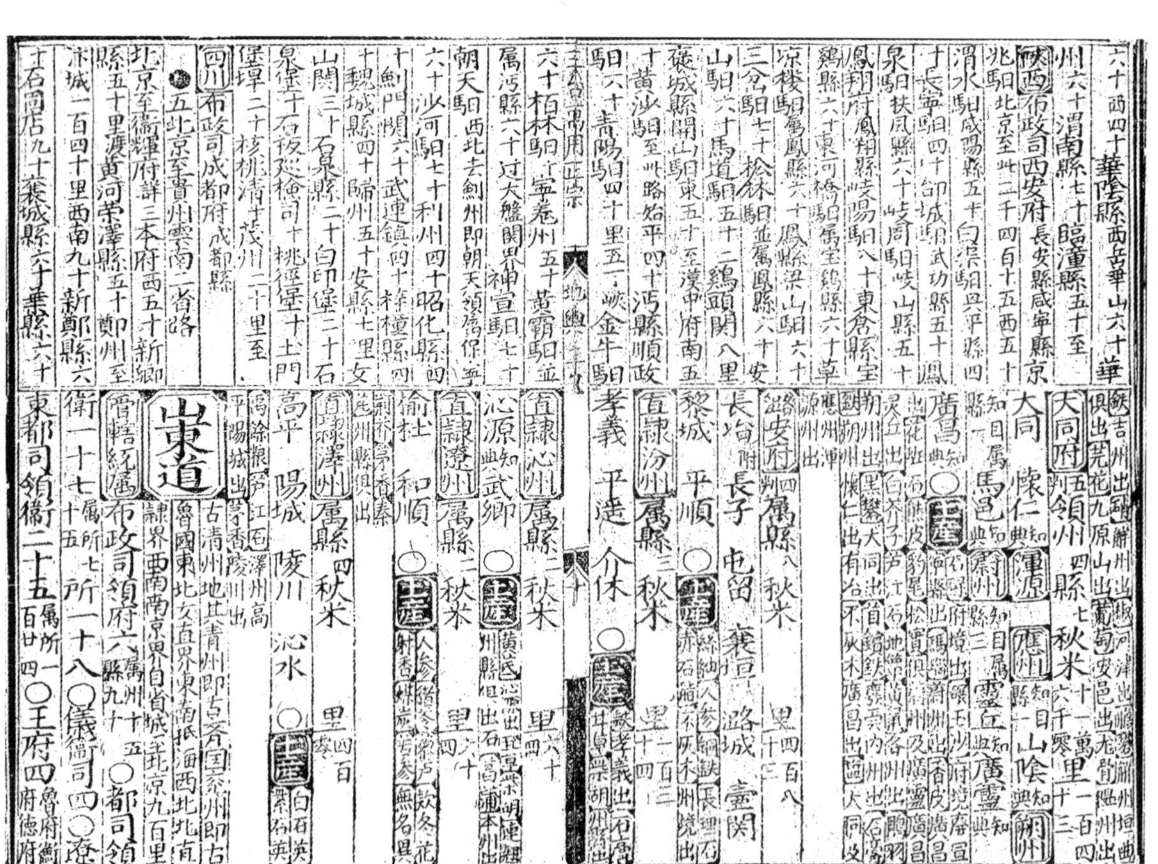

保安驛六十裕州水由唐縣入漢江至
湖廣城出高鈴七十博望驛六十南陽
府六十林水驛七十新野驛七十呂堰
驛四十襄陽府六十潼口驛六十宜城
縣九十鄢陽驛六十石橋驛並屬荊門
州六十荊門州八十建陽驛一百荊州
府渡大江六十公安縣六十孫黃驛兩
京至雲貴陸路至此合七十順林驛六
十澧州渡蘭江七十清化驛七十大龍
驛六十常德府八十桃源縣避秦故迹
六十鄭家驛六十新店驛防虎並屬桃
源縣八十界亭驛六十馬底驛並沅陵
縣渡六十辰州府七十五船溪驛盧溪
縣渡七十五山塘驛辰溪縣渡七十懷
化驛八十沅州羅舊驛八十便溪驛晃
橋七十晃州驛六十平溪衛七十清浪
衛浮橋九十鎮遠府七十偏橋衛六十
興隆衛六十清平衛渡六十平越衛渡
七十新添衛六十龍里衛五十里至
貴州布政司六十威清衛六十平壩衛
六十普定衛渡馬西六十安莊驛過關
索嶺即關嶺黃王巡司共七十查城驛
三十安南衛過土陂三十尾洒驛屬普
安州過江老鴉關七十新興驛八十普
安州普安衛相鴻驛七十亦資孔驛屬
貴州普安州七十平夷驛屬雲南四十
白水驛十字路東西二路至此合西六
十南寧衛四十馬龍驛七十易龍驛七
十楊林驛百里至
雲南布政司雲南府滇陽驛

郡王府二十　魯府十　德府八　衛府六
戶口　戶七十萬五百五十五　口六百七十五萬九千六百七十五
錢糧　夏秋二糧一百八十并米麥二百五十一萬一千一百一十九石　絲二千一百一十一斤　絹四千九百九十疋　綿花五萬二千四百四十一斤
馬草　三百八十一萬四千一百九十束　鹽運司額办一十四萬五千六百一十四引
軍馬　本都司所屬除二班京操外馬步官軍三千三百餘員名　緣用馬共四十餘萬北直隸軍馬項下

濟南府　判七　領州四　縣卅　秋米八十五萬一千七百卅四石零　里一千零
歷城附郭　章丘三簿　鄒平　長山
新城無丞　齊河　齊東　濟陽　禹城　臨邑
長清　肥城　青城　陵縣　泰安二縣　新泰無簿
萊蕪　德州二縣　德平　平原　武定四縣　陽信
海豐　樂陵　商河　濱州三縣　利津
霑化　蒲臺　○土產　三稜草　陽起石　白礓石　鵝管石　俱歷城出　蒼朮
□□俱新泰出　防風章丘出

兗州府　四同五判　領州四　縣廿三　秋米四十四萬石零　里千六十三
滋陽附　曲阜無簿　寧陽無簿　城武知典　鄒縣無簿　泗水無丞
滕縣三簿　嶧縣無簿　金鄉　魚臺一丞三簿　單縣
曹州二同三判　縣二　曹縣二丞一簿　定陶知典　濟寧二同三判　縣三
嘉祥知典　鄆城知典　鉅野　東平二判屬縣五　汶上
平陰知典　東阿　陽谷　壽張無丞　沂州二同二判　縣三
郯城　費縣無簿　○土產　鐵　鉛　錫　包金　出兗州　絨　床子　單　俱出平陰
阿膠陽谷出　兗絲　紫石英沂州出　黑羚羊　蒙山石　俱出

東昌府　四同　判　領州三　縣十五　秋米卅一萬八千五百石　里四百六十三
聊城附　博平　堂邑無丞　茌平　冠縣　清平無丞
莘縣知典　臨清二縣　丘縣　館陶　高唐三縣　恩縣
武城　夏津　濮州三縣　朝城　范縣知典　觀城知典

三台萬用正宗　地輿

北京至雲貴一省鎮遠府必由之路
為雲貴之東路即此也南京至雲貴
或曰太江水至瀘州納溪永寧烏撒
而去為二省之西路詳十四號至於
南寧衛十字路東西二路合往雲南
南京至鎮遠府水路詳卅五號自鎮
遠至貴州陡峻難行貴州以西漸七
寬平直抵雲南
●六北京至山西布政司路
順天府四十盧溝河三十良鄉縣六十
涿州四十五定興縣七十安肅縣五十
保定府四十五涇陽縣四十五慶都縣
六十定州五十新樂縣九十真定府三
十威州九十井陘縣五十故關巡司四
十柏井驛七十芹泉驛盂縣六十平定
州六十壽陽縣九十太安驛五十土橋
五十鳴謙驛屬榆次縣五十里至
山西布政司太原府陽曲縣臨汾驛北
岳恒山古北岳乃在渾源州南二十
里山高三千九百丈七天上方三十
里三代而下秦漢隋唐皆祀于渾源
州北岳之恒山至五代夫河北之地
宋建都於汴以真定府在北移祀於
曲陽縣　國朝亦因之未更曲陽東
至定州六十里渾源州屬山西大同
府西至本府一百二十里
●七北京至山東布政司路
順城門三十五盧溝橋三十五良鄉縣
六十涿州三十五三甲店三十五新城
縣三十五白溝河三十五雄縣四十茂

○土產　各縣俱出　絲綿　棗　枸杞
青州府　三判　領州一　縣十三　秋米　里一千四百七十七
益都附　臨淄　博興　高苑無丞　樂安　壽光
昌樂　臨朐　安丘　諸城　蒙陰　莒州二縣
沂水　日照　○土產　黃丹　白礬　俱益州出　紫石英　出安丘諸城
俱出有鶴　牛黃　諸城　安丘出紫石英
沂水出　沙魚皮　天南星　俱本府出

登州府　領州一　縣七　秋米二十四萬七千零　里五百四
蓬萊附　黃縣　福山　棲霞　招遠　萊陽
寧海一縣　文登　○土產　金　鐵　俱棲霞招遠萊陽出　蓬萊棲霞俱出滑石
蓬萊出硯石　蓬萊海中三島下出名羅紋金
星硯　風名雲浪硯　牛黃　杜仲　各縣俱出　蜂蜜　蝠
山　石膏　蓬萊出
天南星　萊陽出

萊州府　領州二　縣五　秋米三十二萬石零　里五百五十二
掖縣附　平度三縣　濰縣　昌邑　膠州二縣一判　高密
即墨　○土產　海蓮　文蛤　膠州昌邑出　溫石　五色石　依縣出　潤澤可作器皿　烏頭　平度州出　金　海蜡　膠州出

遼東　東至鴨綠江　西至山海關　南至旅順海口　北至開原　自都司至北京一千七百里
行都指揮使司　都指揮使　五掌印　一僉書　二管操　二〇駐遼陽
遼東遼陽鎮　屬指揮　二十關　七十營堡　一百一
錢糧　二子粒二十六萬一千四百六十七石　歲運銀一十八萬五千二十四兩零　米二十二萬四千六十六石
軍馬　馬步官軍九萬九千八百七十五員名　馬九萬九百零九匹
馬草　二歲力草二百四十五萬二百一十一束七萬五十二　二十九石六斗
遼東都指揮使司　領衛二十五　州二　衛定遼中
左　右　前　後　東寧　俱附郭　上六衛　海州　蓋
州　復州　金州　俱在都司城　廣寧在都司城西　廣寧中
左　右　三衛俱在廣寧城內　義州在都司城西　廣寧後屯
在義州衛城內　廣寧中屯在都司城西北　廣寧左屯在州　廣寧右

州三十任丘縣四十新中驛三十河間府三十商家林三十獻縣二十單家橋三十富莊驛三十阜城縣三十漫河店三十景州三十南流六十德州西去南京東七十平原縣七十高城縣七十濟河縣五十里至
山東布政司濟南府歷城縣譚城馬驛
●八南京由東平州至北京路
應天府六十江陵鎮六十釆石驛渡大江三十五當利驛三十五和州陰陵山項羽失道烏江即此四十香泉塘溫泉可洛三十後河三十全椒縣五十滁州瑯琊山醉翁亭係本州三十膚橋三十大柳樹四十池河五十紅心驛三十南總鋪三十鳳陽府濠梁驛渡三十北總鋪三十王莊三十固鎮驛四十仁橋由鄰驛西去路遠二十舊蒼莊五十宿州南門由北門出二十符離橋四十夾溝驛四十桃山驛五十徐州彭城驛三十茶城三十張村驛五十沛縣三十廟道口三十沙河四十南陽二十魯橋三十新店三十濟寧州四十康莊驛四十汶上縣二十沙河驛三十東平州三十五王古店山路晚即此三十五東阿縣四十銅城驛三十三十甲鋪三十莊平縣本縣西至東昌府七十里北三十南鎮店三十高唐州四十平原縣三十恩縣三十枯樹鋪四十德州渡衛河來渡永三十南流三十景州三十漫河店三十阜城縣二十富莊驛三十單家橋三

屯　前屯　寧遠俱在都司城　瀋陽中　鐵嶺　三萬俱在都司城北　遼海俱在開元　安樂州　自在州俱無同判

〇土產　松子　銀　木　三萬出　海州各衛出　海綠菜復州出　人參三萬出　水獺皮　樺木　黃鼠　貂鼠　灰鼠皮　青鼠皮　海州出　八　錦金州出

河南道

古豫州地古周國陳國鄭國宋國俱在此地東北北直隸界東抵南直隸東南北京山東界西北山西界西陝西界西南湖廣界自省城至北京一千五百八十里

管轄統屬　布政司領府八屬州十一州一屬縣四

〇都司領衛一十二屬所四　所一十一　〇儀衛司七　〇王府八周府唐府伊府鄭府趙府徽府崇府汝府　〇郡王府一十

一百五十七　周府四　伊府七　鄭府九　徽府十六　唐府一十　零二　趙府三十　崇府一　汝府一

戶口　戶二十五萬九千六百　口五百九十八萬九千五

錢糧　夏秋二稅兵米麥二百四十一萬四千四百七十七石〇絲綿七千一百四十三斤　絹九千九百五十九疋　綿花三十五萬三千六　馬草二百

軍馬　本都司所四除二班京操外馬步官軍一萬五千百一十八萬八千七百三十四束　馬〇俗用馬匹數俱北直隸軍馬俱下

開封府　四判二同　領州四縣三十　秋米八千萬七九百零　里一千一十四　二百一

祥符　通許無典　杞縣　陳留　太康

陽武　尉氏無典　中牟　鄢陵　封丘　蘭陽

儀封　原武無丞　洧川無典　延津知典　扶溝知典　鄭州四縣

河陰知典　滎陽　汜水無典　滎澤　許州四縣　長葛

襄城　臨潁　郾城　陳州四縣　沈丘　西華無丞

商水知典　項城知典　鈞州二縣　密縣無丞　新鄭無丞　〇土產

紅花延陵扶溝並出　遠志祥符出　麻黃中牟出　瓷器鈞州出

歸德府　三同判　領州一縣八　秋米六萬七千六百零　里一百七十

商丘附　夏邑無丞　永城　鹿邑　虞城知典　寧陵知典

睢州二判屬縣二　考城無丞　柘城知典

十獻縣三十商家林三十河間府七十任丘縣三十茂州四十雄縣三十白溝河三十新城縣三十三甲店三十五涿州三十劉李河三十良鄉縣三十五盧溝橋四十里至
北京順城門
南京至北京陸路有二此其一也東由兗州府詳一號由淮安邳州陸路至徐州詳十二號
●九南京至河南山西二省路
應天府三十五江東驛屬江寧縣大江十五江淮驛三十五東葛城驛並屬江浦縣六十滁州滁陽驛六十大柳樹驛屬滁州四十五池河驛定遠縣六十紅心驛臨淮縣六十鳳陽府濠梁驛六十王莊驛屬鳳陽縣五十五固鎮驛靈壁縣四十五大店驛四十五宿州睢陽驛七十百善道驛宿州六十大丘驛永城縣六十會亭驛夏邑縣五十石留固驛虞城縣六十歸德府商丘驛六十寧城驛寧陵縣六十葵丘驛陳州七十雍丘驛杞縣六十孝城驛陳留縣五十里至
河南布政司開封府祥符縣大梁驛七十固田驛中牟縣七十管城驛七十廣武驛滎澤縣六十雷樓驛六十武德驛六十萬善驛並屬河內縣六十星軺驛六十太行驛並屬澤州六十喬村驛六十長平驛並屬高平縣六十漳澤驛長子縣七十余吾驛屯留縣六十虒亭驛襄垣縣六十沁陽驛沁州七十權店驛

彰德府　領州一縣六　秋米二十五萬七千六百石零　里三百零

安陽附　臨漳　湯陰　林縣　磁州二縣　武安

涉縣　〇土產　紋湯陰出　知母　胡粉府境出　磁石　孩兒魚　自然銅　鐵俱磁州境出

衛輝府　二同一判　領縣六　秋米三十三萬千一百石零　里二百二十

汲縣附　胙城　新鄉　獲嘉　淇縣　輝縣

〇土產　鐵　石炭俱汲縣出　瑪瑙　括蔞根胙城出　石青淇縣出　瓷器

懷慶府　三同判　屬縣六　秋米三十三萬千一百石零　里三百九十一

河內附　武陟　修武　溫縣　孟縣　濟源

〇土產　地黃　山藥　牛膝　皂角　礬　紅俱河內出　器河內修武並出　石綠濟源出　瓷

河南府　三同判　領州一縣十三　秋米五十三萬九千石零　里六百二

洛陽附　偃師　鞏縣　孟津　宜陽　登封無丞

永寧無典　新安知典　澠池　嵩縣　陝州三縣　靈寶

盧氏　閿鄉　〇土產　花桃澠池出　洛陽者為天下第一　牡丹出洛有姚黃魏紫名圖二十四花品時首二十五種　洛陽出栢子仁　陝州出麝香　靈寶出梅

南陽府　三同判　領州二縣十　秋米十萬四千四百零　里五百八十五

南陽附　唐縣　泌陽　南召知典　桐柏知典　鎮平

汝州四縣　魯山　寶豐無丞　郟縣　伊陽無丞　鄧州三縣

內鄉　淅川知典　新野無丞　裕州二縣　舞陽　葉縣

〇土產　鐵鎮平出　鐵南陽內鄉汝州並出　汝二州並出有同　飛生急灵皮　菊花俱內鄉出　綠毛龜唐縣出　香鄧州出　白花蛇南陽出

汝寧府　三同判　領州二縣十二　秋米十七萬一千七百零　里三百八十四

汝陽附　遂平無典　上蔡無丞　西平無典　新蔡知典　真陽知典

信陽三縣　羅山無丞　確山知典　光州四縣無同　光山無丞　固始

商城　息縣　〇土產　蓍上蔡出　聖人幽贊于神明而生蓍　傳曰天下和平王道得而蓍莖長丈其叢生滿百莖下有神龜守之上有雲氣覆之　石斛光州出　紅花西平遂平息縣並出　茶信陽羅山

子部　第四册

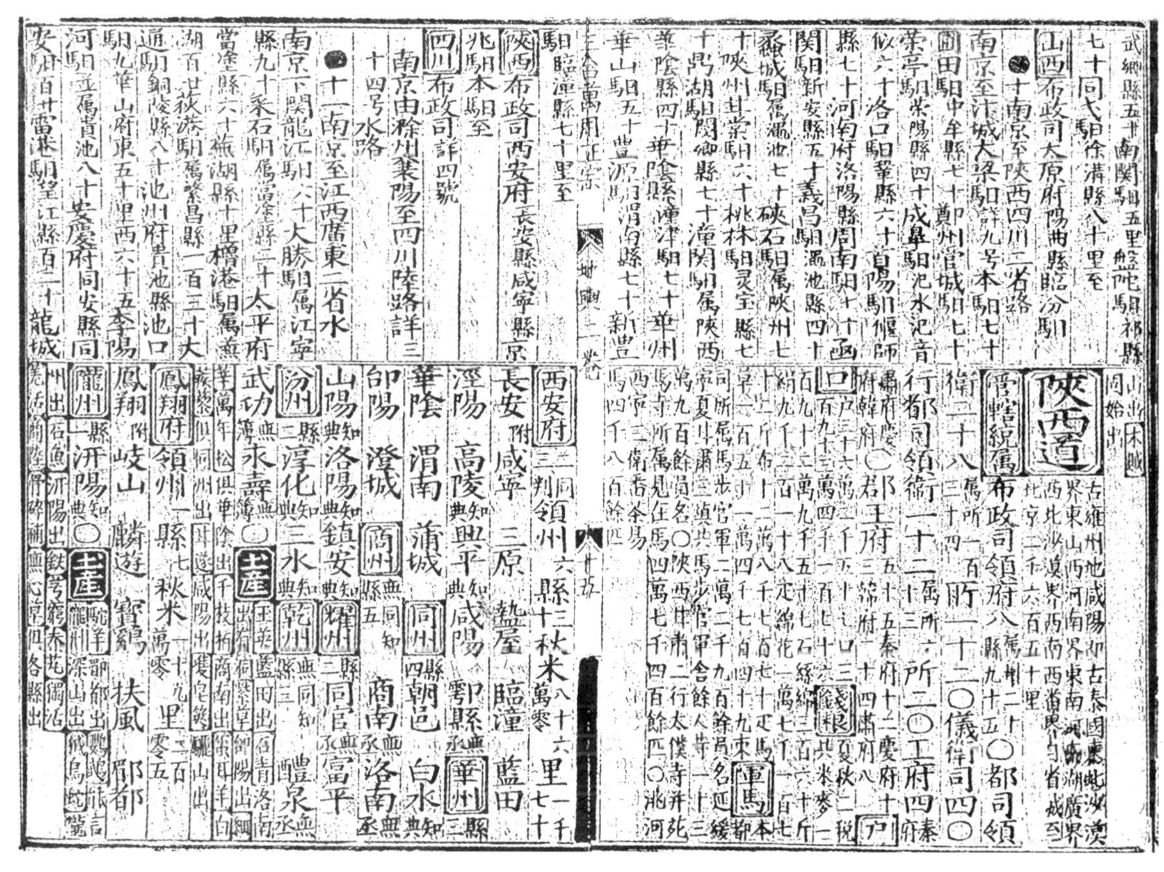

武陟縣五十南關驛五里盤陀驛祁縣七十同弋驛徐溝縣八十里至

山西布政司太原府陽曲縣臨汾驛

●十南京至陝西四川二省路

南京至汴城大梁驛詳九号本驛七十圃田驛中牟縣七十鄭州管城驛七十滎陽驛滎陽縣四十成臯驛汜水汜音似六十洛口驛鞏縣六十首陽驛偃師縣七十河南府洛陽縣周南驛七十函關驛新安縣五十義昌驛澠池縣四十蠡城驛屬澠池七十硤石驛屬陝州七十陝州甘棠驛六十桃林驛靈寶縣七十閿湖驛閿鄉縣七十潼關驛屬陝西華陰縣四十華陰驛潼津驛七十華州華山驛五十豐源驛渭南縣七十新豐驛臨潼縣七十里至

陝西布政司西安府長安縣咸寧縣京兆驛本驛至

四川布政司詳四號

南京由滁州襄陽至四川陸路詳三十四号水路

●十一南京至江西廣東二省水

南京下關龍江驛六十大勝驛屬江寧縣九十采石驛屬當塗縣二十太平府當塗縣六十蕪湖縣十里檣港驛屬蕪湖百廿荻港驛屬繁昌縣一百三十大通驛銅陵縣八十池州府貴池縣池口驛九華山府東五十里西六十五李陽河驛並屬貴池八十安慶府同安縣同安驛百廿雷港驛望江縣百二十龍城

山出木賊

陝西道

晉轄統屬　布政司領府八屬州二十一縣九十五〇都司領衛二十八屬所一百四十所一十二屬所六所二〇儀衛司四〇行都司領衛一十二〇王府四秦府韓府慶府〇郡王府

古雍州地咸陽即古秦國東北汝瀆界東山西河南界東南河南湖廣界西北沙漠界西南西番界旬省城至北京二千六百五十里

錢糧　夏秋二稅共米麥一百七十六萬

軍馬

西安府　領州六縣三十一同三判　秋米八十六萬零　里一千七十

長安附　咸寧　三原　盩厔　臨潼　藍田

涇陽　高陵知典　興平知典　咸陽　鄠縣無丞

華陰　渭南　蒲城　朝邑四縣　白水知典　華州三縣

郃陽　澄城　商州無同知縣五　商南無丞　洛南無典丞

山陽知典　洛陽知典　鎮安知典　耀州二縣　同官無典丞　富平

汾州三縣　淳化知典　三水知典　乾州無同知縣三　醴泉無丞

武功無簿　永壽無簿

〇土產　玉藍田出　石青洛南出

鳳翔府　領州一縣七　秋米一十九萬零　里二百零五

鳳翔附　岐山　麟遊　寶雞　扶風　郿都

隴州一縣　汧陽知典

〇土產

秦州

隴西

騏彭澤縣百卅彭蠡驛湖口縣百廿南康府星子縣匡廬驛百廿吳城驛百廿樵舍驛並屬新建縣六十里至

江西布政司南昌府南昌縣新建縣南浦驛本驛至

廣東布政司詳二號

南京陸路至江西詳十四号黃梅縣渡大江與北京至江西路合避大江者由鎮江浙江廣信府而去詳卅四号

●十二南京由淮邳至山東布政司路

南京百五十儀真縣七十楊州府十五灣頭四十五邵伯驛六十高郵州六十界首驛六十寶應縣六十平河橋四十淮安府十五板閘十五清河浦三十清河縣三十三汊河廿張思仲十里桃源縣三十崔鎮十八古城十三白洋河四十病還縣由劉家閘近十五里有賊三十里岔路口廿七直河多由柳湖三十里至邳州夏往小官路四十五里至邳州若水大由大官路六十里邳州三十五新安三十五雙溝集三十五房村三十五黃鍾集二十小店廿徐州三十茶城三十村站五十沛縣七十臨城驛七十滕陽驛滕縣四十五界河驛五十知城驛鄒縣五十里兗州府昌平驛六十清川驛寧陽縣九十安寧驛六十五道領驛並肥城縣七十東北置驛長清縣七十里至

山東布政司濟南府濼城驛

南京至山東布政司其路有三此其

漢中府　領州二縣十四　秋米三萬零　里一百八十一

南鄭附　褒城　洋縣　城固　西鄉　鳳縣無簿

沔縣無丞　寧羌一縣　略陽無丞　金州六縣　平利知典　漢陰知典

石泉知典　紫陽知典　洵陽無丞　白河

〇土產　降香　石青　石綠

慶陽府　領州一縣四　秋米十五萬零　里九十三

安化　合水知典　環縣知典　寧州一縣　真寧知典

〇土產

平涼府　領州三縣七　秋米十六萬三千零　里一百五十一

平涼附　鎮原無丞　崇信知典　華亭知典　固原無同知

〇土產　靜寧州三判屬縣二　莊浪知典　隆德知典　涇州

鞏昌府　領州三縣十四　秋米十四萬五千零　里二百四十三

隴西附　安定無簿　通渭無簿　寧遠無簿　伏羌知典　漳縣知典

西河知典　成縣知典　會寧無簿　徽州無同知縣一　兩當知典

秦州二縣　秦安知典　清水知典　禮縣知典　階州無同知縣一

文縣知典　〇土產　鹽西和　成縣　當歸

臨洮府　領州二縣三　秋米四百石零　里八十八

狄道附丞　渭源知典　蘭州無同知三判屬縣一　金縣無簿　河州

〇土產

延安府　領州三縣十六　秋米十五萬零　里三百一十二

膚施附　安塞　保安知典　甘泉知典　安定知典　宜川知典

延川知典　延長無丞　鄜州三縣　洛川　中部無簿　宜君無簿

綏德州無同知縣一　清澗　米脂知典　葭州無同判縣三

吳堡知典　神水知典　府谷知典　〇土產

一二一

一也由江浦詳一號由和州詳八號
並至徐州合進京大車止於徐州有
山阻可北而不可南

●十三南京由淮安登萊二府至遼東水陸

南京至淮安府詳十二號本府渡黃河六
十金城驛屬清河縣六十崇河驛六十
僮陽驛沭陽縣七十興國驛海州六十
上莊驛七十東海驛六十五王坊驛並
屬贛榆縣七十五傅疃驛六十白石驛
並屬日照縣六十桃林驛六十諸城縣
東關驛北二百五十里至青州府東一
百廿里高密縣鐵水驛七十五立西驛
七十蘇村驛並屬平度州六十萊州府
掖縣城南驛六十朱橋驛屬掖縣六十

地輿二卷 十七

黃山驛屬黃縣六十黃縣龍山驛六十
登州府蓬萊縣蓬萊驛渡海五百里至
遼東旅順口六十水湯驛六十金州衛
北九十李蘭驛九十復州衛九十五十
寨驛六十熊岳驛九十蓋州衛六十耀
州驛六十海州衛六十鞍山驛六十里至
遼陽鎮東去開原西去山海

南京由登州府至遼東有過海之難
由北京山海關至遼東途有虜驚堡
墩可防海州東北去開原城同無虞
過鴨綠江往高麗此道也客路不必
至諸城日贛榆日照由海岸而去最
近膠萊河在萊州府之西南膠州麻
灣口北萊州府海倉口河長二百七
十里元人所開以便海運不轉尖也

可以然燈療瘡癬 大戟 土硃 硇黃
全蠍 蓯蓉 出黃尾延川神水出

寧夏衛 隸陝西都司 領四衛 寧夏前 寧夏左屯 寧夏右屯 ○ 土產 胡麻 枸杞 木香 硇 子 麝羊 絨 毯

寧夏中衛 隸陝西都司 領千戶所五 ○ 土產 野馬 黃羊 土豹

洮州衛軍民指揮使司 隸陝西都司 領千戶所五 ○ 土產 洮石硯 犛牛尾 鶻鴿 羱羊

岷州衛軍民指揮使司 隸陝西都司 領千戶所四 軍民千戶所一 西固城軍民千戶所 在衛城南

○ 茶 洮州茶馬司 在衛西

○ 土產 麝 豹 狼子 錦鷄 犛牛

河州衛軍民指揮使司 隸陝西都司 領千戶所六 守禦千戶所一 歸德守禦千戶所 在衛城西

○ 土產 青稞 土麝香 青椒 樺 胡桃

靖虜衛 領千戶所 ○ 土產 駝褐 野馬 韋 豹 駝 犛

文縣守禦軍民千戶所 隸陝西都司 ○ 土產 附 熊鹿 紙 門冬

陝西行都指揮使司 領衛十二守禦千戶所二

甘州左 右 中 前 後 五衛俱附郭 肅州 在都司城 山丹 鎮番 西寧 俱在都司城東 永昌 涼州 西 俱在都司城東南 莊浪 在都司城南 古浪 在都司城東南 ○ 土產 毛褐 毯 絨 ... 守禦千戶所 鎮夷 在都司城西 沙棗 白 ... 俱甘州出

石油 肅州出不可食 大者重千斤 俱西寧出 ... 牛 皮可

四川道

管轄統屬 古益州地亦梁州東北陝西界正東 東南湖廣界西北西番界西南貴州 界自省城至北京一萬七百一十里

布政司領府八 屬州十四縣八 軍民府四○州六 屬縣二十四 宣慰司一 屬安撫司二 長官司六 宣撫司二○安撫司一○長官司一○都司領衛一十二 屬所四十九 宣撫司二 安撫司四 長官司廿二 所一十一 屬長官司

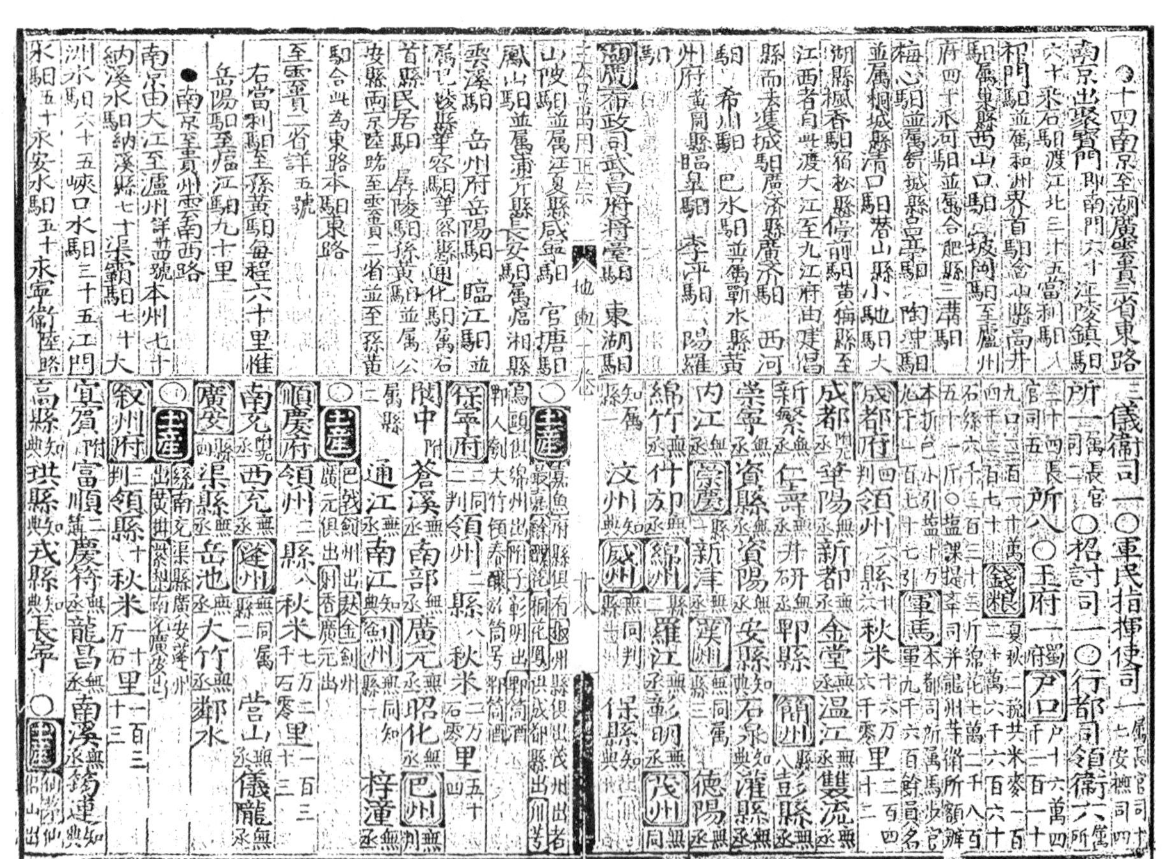

●十四南京至湖廣雲貴三省東路
南京出聚寶門 即南門 六十江陵鎮驛
六十采石驛渡江北三十五當利驛 八
和門驛並屬和州界首驛含山縣高井
驛屬巢縣西山口驛 坂岡驛至廬州
府四十派河驛並屬合肥縣 三溝驛
梅心驛並屬舒城縣呂亭驛 陶沖驛
並屬桐城縣清口驛潛山縣小池驛 大
湖縣楓香驛宿松縣停前驛黃梅縣至
江西者自此渡大江至九江府由建昌
縣而去 雙城驛廣濟縣廣濟驛 西河
驛 希川驛 巴水驛並屬蘄水縣黃
州府黃岡縣臨皐驛 李平驛 陽羅
驛
湖廣布政司武昌府將臺驛 東湖驛

地輿二十卷 廿八

山坡驛並屬江夏縣咸寧驛 官塘驛
鳳山驛並屬蒲圻縣長安驛屬臨湘縣
雲溪驛 岳州府岳陽驛 臨江驛並
屬巴陵縣華容驛華容縣 通化驛屬石
首縣民居驛 房陵驛 孫黃驛並屬公
安縣西京陸路至雲貴二省並至孫黃
驛合此為東路本驛東路
至雲貴二省詳五號
右當利驛至孫黃驛每程六十里惟
岳陽驛至臨江驛九十里

●南京至貴州雲南西路
南京由大江至瀘州詳廿號本州七十
納溪水驛納溪縣七十渠霸驛七十大
洲水驛六十五峽口水驛三十五江門
水驛五十永安水驛五十永寧衛陸路

三 儀衛司一○軍民指揮使司一 屬長官司十七 安撫司四
所一 屬長官司二 ○招討司一○行都司領衛六 屬所
二十四 長官司五 所八○王府一 蜀府

戶口 戶一十六萬四千一百一十 九口三百一十六萬四千三百七十

錢粮 夏秋二稅共米麥一百二十萬六千六百六十石 絲六千三百三十五斤 綿花七萬二千八百五十一斤○ 鹽課提舉司并龍州等衛所額辦本折色小引鹽十萬九千一百七十七引

軍馬 軍九千六百餘員名 本都司所屬馬步官

成都府 四判 領州六 縣廿六 秋米 十六万六千零 里 二百四十二
成都 附郭 無丞 華陽 無丞 新都 無丞 金堂 無丞 溫江 無丞 雙流 無丞
新繁 無丞 仁壽 無丞 井研 無丞 郫縣 無丞 簡州 屬縣二 彭縣 無丞
崇寧 無丞 資縣 無丞 資陽 無丞 安縣 知典 石泉 知典 灌縣 無丞
內江 無丞 崇慶 一縣 新津 無丞 漢州 屬縣三 無同 德陽 無丞
綿竹 無丞 什邡 無丞 綿州 二縣 羅江 無丞 彰明 無丞 茂州 無同
知屬縣一 汶州 知典 威州 縣一 無同判 保縣 知典

○ 土產 魚 府縣俱有 州縣俱出 茂州出者最嘉 蜀錦 桐花鳳 俱成都縣出 川芎
鴨頭 俱綿州出 附子 彰明出 判人 大竹 領春酒 郫筒酒

保寧府 二同 三判 領州二 縣八 秋米 二万石零 里 五十四
閬中 附 蒼溪 無丞 南部 無丞 廣元 無丞 昭化 無丞 巴州 無判
屬縣二 通江 無丞 南江 知典 劍州 縣一 無同知 梓潼 無丞

○ 土產 巴戟 劍州出 麩金 劍州 廣元俱出 麝香 廣元出

順慶府 領州二 縣八 秋米 七万二千石零 里 一百十三
南充 附郭 無丞 西充 無丞 蓬州 縣二 無同屬 營山 無丞 儀隴 無丞
廣安 州屬縣 渠縣 無丞 岳池 無丞 大竹 無丞 鄰水

○ 土產 絲 南充 渠縣 廣安 蓬州出 黃柑 南充 廣安出

敘州府 三判 領縣十 秋米 一万石 十里 一百十三
宜賓 附 富順 二無 慶符 無丞 龍昌 無丞 南溪 無丞 隆昌 知典
高縣 知典 珙縣 知典 戎縣 知典 長寧

○ 土產 荔枝 山出

五十普市驛五十摩泥驛五十赤水衛
四十白崖驛六十疊臺驛七十畢節衛
西去雲南東五十歸化驛五十閣鴉驛
五十金鷄驛五十奢香驛五十水西驛
水銀硃砂産於西溪黄道二司屬水西
宣慰五十里谷里驛五十六廣驛五十
龍場驛五十
貴州布政司
● 畢節衛分至雲南西路
本衛七十周泥驛七十黑章驛五十尾
甸驛七十烏撒衛六十七星関倘塘驛
六十霑益驛六十炎方驛六十松林驛
七十曲靖府南寧驛四十馬松驛八十
易龍驛七十楊林驛一百至
雲南布政司雲南府滇陽驛

三台萬用正宗　地輿　二卷　十九

南京東路至雲貴至於孫黄驛與北
京至雲貴路分南京西路至雲貴自
大江至瀘州由納溪而南至於畢節
其路兩分東去貴州西去雲南爲二
省之西路南京內洞庭湖入沅江辰
州府至鎮遠府陸路而去亦東路詳
三十五號

● 十五南京至廣西布政司水陸
南京至湖廣將臺驛詳十四号將臺驛
至廣西布政司桂林府詳三號
南京水至廣西桂林府詳三号本府
由平樂府水至梧州等府猺賊惡甚
上水舡惟撑不能挐商賈之路由梅
嶺廣東而至梧州等府俱不往桂林
至平樂之北者必由桂林而去避洞

陽妃本府出唐時有妃子園荔枝百餘株陽妃
所喜當時以快馬馳載七日夜到京 秦吉了 閣
見録長寧軍有鳥名秦吉了能人言一日有蛮
人將錢五千買之其人告以貧苦將賣秦吉了
口我漢禽不願入蛮地遂驚
而死今不産矣 節竹 府境出
重慶府 四判 領州三縣十七 秋米三千五百石零 里四百三
巴縣附郭 江津簿二 長壽簿二 南川無丞 黔江無丞 水川簿無
榮昌 綦江 大足 合州 縣四二判属 銅梁
定遠無丞 安居無丞 璧山無丞 忠州 二縣 酆都無丞 墊江無丞
涪州 縣二判属 武隆知典 彭水無丞 ○ 土產 丹砂 彭水出
壽木 松屏 大龜 俱涪州出 花竹簟 江津出 引藤
忠州出大如指中空可吸俗用以取酒 苦藥子
忠州出性寒解一切毒氣
忠州出 蘇黄縻 墊江出
夔州府 二判 領州一縣十 秋米二萬石零 里六十四
奉節附郭無丞 巫山無丞 大昌無丞 雲陽無丞 大寧無丞 萬縣無丞
開縣無丞 達州 五縣 新寧無丞 梁山無丞 東鄉無丞 建始無丞
太平知典 ○ 土產 麩金 萬縣出 太乙玄精石 雲陽出 枫木 各縣出 達州出
龍安府 領縣三 秋米 里二十一
江由無丞 石泉
馬湖府 領長官司四 秋米二千石零 里一十
泥溪附 平夷 沐川 蠻夷 ○ 土產 餘甘 如川棟
子 楄木 年深向陽者結成花紋 杉木 向北者 獨本葱
直隸潼川州 二判 屬縣七 秋米二萬石零 里六十二
射洪無丞 鹽亭無丞 遂寧無丞 樂至無丞 蓬溪無丞 安岳
中江知典 ○ 土產 桃竹 中江出 遂寧出 曾青 空青 潼川出 石蜜
直隸眉州 一判 屬縣三 秋米八千石零 里四十
彭山無丞 丹稜無丞 青神無丞 ○ 土產 鸜鵒 水石 蟹
出 君子 巴州 州境出
直隸嘉州 屬縣五 秋米四萬石零 里四十

庭湖者由湖口縣江西袁州渌口衙
州而去詳三十六号
● 十六南京至浙江福建二省水
南京至浙江福建二省水詳一号
● 十七南京至山海関
南京由北京至山海関自北京六十里
至通州潞河驛五十三河縣三河驛五
十漷陽驛六十陽樊驛六十永濟驛六
十義豐驛七十七家嶺六十永平府灤
河驛六十蘆峰驛六十榆関驛六十至
山海関
南京由淮安至山海関詳十三号
● 十八北京至所属府
順天府至保定真定順德三府詳三号
至河間府詳一號

三台萬用正宗　地輿　二卷　二十

至永平府詳十七號
至廣平大名二府　至山東臨
清州附
順天府至順德府詳三号順德府龍岡
驛七十臨洺驛四十五廣平府永平縣
叢臺驛四十肥鄉縣七十大名府元城
縣三十小灘鋪四十館陶縣七十清水鋪
二十里至臨清州
● 十九南京至所属府
應天府至蘇松常鎮四府詳一号
至太平池安慶三府詳十一
至揚州淮安府邳州徐州詳十二
至廬州府詳十四号
至鳳陽府和州滁州宿州詳八
至寧國府廣德州水陸

夾江 峩眉無丞 洪雅無丞 犍為無丞 榮縣無丞 ○ 土產
山礬花 邛縣出極香 木蓮花 白鶴山出分四色
黑頭魚 本州出形若鱔魚長者及尺惟郭朴臺
前有之世傳朴著書臺上魚吞洗硯之墨故其
魚首黑 蒲江硯 蒲江出其潑墨與端歙不異
直隸邛州 屬縣三 秋米二萬石零
大邑無丞 威遠無丞 蒲江無丞
直隸瀘州 屬縣三 秋米 里一百
納溪無丞 合江無丞 江安 ○ 土產 茶 瀘州出味極佳飲之療風 荔枝
楠木 鮮魚
俱本州出
直隸雅州 屬縣三 秋米八千石零 里二十
名山無丞 榮經無丞 蘆山無丞 ○ 土產 鮑魚 丙穴魚 州南有丙穴産
嘉魚味鹹而美 娑羅花 花蘆上出移之他
處則槁有五色之異如爛錦照映山谷
東川軍民府 通判 經歷 照磨各一 秋米 里二
○ 土產 毡衫 松子 麥麻布
烏蒙軍民府 通判 經歷 照磨各一 秋米 里一
○ 土產 茶 鷄纓 節竹 楷木
烏撒軍民府 同知 經歷 照磨各一 秋米 里二
○ 土產 鉄銅 松子 刺竹 猿鹿
鎮雄軍民府 通判 經歷 照磨各一 秋米 里二
芒部軍民府 通判 經歷 照磨各一 秋米 里二
○ 土產 谷(?)爪樹生堅如石故名善治心痛 楷木極直大者百圍
○ 已上俱山僻地夷方土知府
播州宣慰使司 隸四川布政司 領長官司六 安撫司一
長官司 播州附 餘慶在使司南 白泥在使司東南 容山在使
司東 真州在使司東北 重安在使司東南 安撫司 草塘在使司東
黄平在使司東南 ○ 土產 文龜 斑布 丹砂 俱秦州出 犀角 綏陽縣出
龍州安撫司 隸四川布政司 置青州守禦千户所 隸四川都司

南京龍江驛六十大勝驛九十采石驛
百八十水陽驛九十寧國府宣城縣宛
陵驛一百八十里至廣德州
至徽州府路
南京出南門六十江寧鎮六十采石卅
太平府六十蕪湖縣九十南陵縣五十
涇縣百十里旌德縣八十雄路五十里
至徽州府

●二十山西布政司至所屬府
東北至蔚州路
太原府八十成晉驛屬陽曲七十九原
驛忻州八十原平驛崞縣一百里代州
振武衛雁門關驛關內東至五臺一百
四十里關外西至朔州一百四十里北
六十廣武驛馬邑縣九十安銀子驛應
州八十西安驛懷仁縣八十大同府大
同縣雲中驛八十聚落城驛大同縣五十
上盤鋪驛渾源州二百卅蔚州東南至
紫荊關二百五十
●西北至鎮西衛保德州路
太原府九十凌井驛屬陽曲八十康家
會驛八十五闊堡驛並屬靜樂縣九十
五岢嵐州鎮西衛安定驛二百保德州
●西南至汾州平陽府蒲州路
太原府八十同戈驛徐溝縣五十賈令
驛祁縣六十洪善驛平遙縣西八十里
至汾州汾陽驛南七十義棠驛介休縣
七十瑞石驛三十五仁義驛並屬灵石
縣六十霍州霍山驛八十普潤驛洪洞
縣六十平陽府臨汾縣建雄驛五十蒙

○土產 水銀 葛粉 附子 天雄 烏頭
永寧宣撫司 隸四川布政司 ○土產 思木 馬 苦竹 鹽
黎州安撫司 隸四川布政司置大渡河千戶所隸四川都司 ○土產 牛黃
升麻 花椒 天南星 射
平茶洞長官司 隸四川布政司 ○土產 黃蠟 土降香 花 斑布 班竹 楠木
天全六番招討使司 隸四川都司 ○土產 毡 氈 烏茶 錦 麝
松潘等處軍民指揮使司 隸四川都司 領千戶所一
長官司十七 安撫司四 長官司 占藏先結簇 蠟
匝簇 白馬路簇 山洞簇 阿昔洞簇 北
定簇 牟力結簇 麥匝簇 思曩兒簇 者
多簇 班班簇 祈命簇 勒都簇 包藏簇
阿昔簇 阿用簇 潘幹寨 安撫司 八郎
麻兒匝 阿角寨 芒兒者
○土產 甘松 羌活 朴硝 當歸 毛毯
疊溪守禦軍民千戶所 隸四川都司 ○土產 犛牛 犏牛 馬 鹽
長官司二 疊溪在所城北 鬱即在所城西
四川行都指揮使司 隸右軍都督府 領衛軍民指揮使
司六 守禦千戶所八 長官司五 衛軍民指揮使司
建昌 建昌前 俱附郭 寧番在都司北 越嶲在都司北 鹽井
在都司西 會川在都司東南 守禦千戶所 禮州二 俱在建昌衛城
北 打冲河中前 俱在建昌西 德昌在建昌城南 打冲河中左
在鹽井 冕山橋在寧番城東 迷易在會川城西 長官司 昌
州在建昌南 威龍在建昌東南 普濟在建昌西南 馬剌在鹽井衛
部在越嶲 ○土產 甘松 當歸 毛毯 馬 鷄 白蠟 白銅 寧番衛出

湖廣道 古荊州地 省府即古楚國 東抵江西界 東南廣東界 西北陝西界 西抵四川界 西南貴州界 自省城至北京五千一百七十里

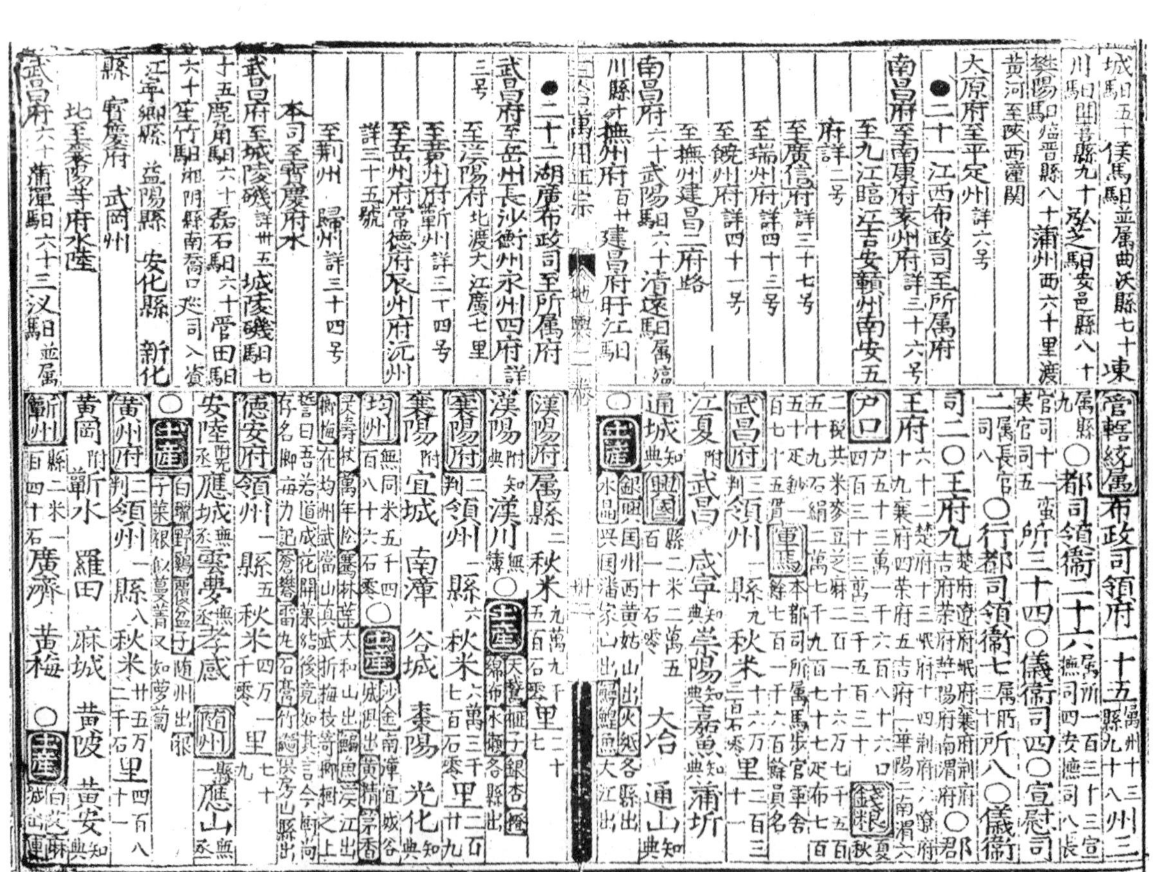

城驛五十侯馬驛並屬曲沃縣七十東
川驛聞喜縣九十泓芝驛安邑縣八十
樊陽驛臨晉縣八十蒲州西六十里渡
黃河至陝西潼關
●太原府至平定州詳六号
●二十一江西布政司至所屬府
南昌府至南康府袁州府詳三十六号
至九江臨江吉安贛州南安五
府詳二号
至廣信府詳三十七号
至瑞州府詳四十三号
至饒州府詳四十一号
至撫州建昌二府路
南昌府六十武陽驛六十清遠驛屬臨
川縣廿撫州府百廿建昌府盱江驛

管轄統屬 布政司領府一十五 屬州十三 縣九十八 州三 屬縣九 ○都司領衛二十六 屬所一百三十三 宣撫司四 安撫司四 長官司十一 蠻夷官司五 所三十四 ○儀衛司四 ○宣慰司二 司八 屬長官 ○行都司領衛七 屬所三十所八 ○儀衛
司二 ○王府九 楚府 遼府 岷府 襄府 荊府 吉府 榮府 華陽府 南渭府 ○郡
王府十六
戶口 戶五十三萬一千六百八十六 口四百三十三萬三千五百三十
錢糧 夏 秋 稅 共米麥豆芝麻二百一十六万七千五百 五十九石 絹二萬七千九百七十七疋 布七百 五十疋 鈔一 百七十五貫
軍馬 本都司所屬馬步官軍舍餘七百一千六百餘員名
武昌府 三判 領州一 縣九 秋米十六万三百石零 里二百三十一
江夏 附 武昌 咸寧 典知 崇陽 典知 嘉魚 典知 蒲圻 大冶 通山 典知
通城 典知 興國 縣二 米二萬五百一十石零
○土產 水晶 興国出 銀 興国州西黃姑山出 火鑛 各縣出 鯿魚 興国潘家山出 大江出

●二十二湖廣布政司至所屬府
武昌府至岳州長沙衡州永州四府詳二号
至漢陽府北渡大江廣七里
至黃州府蘄州詳三十四号
至岳州府常德府辰州府沅州詳三十五號
至荊州 歸州詳三十四号
本司至寶慶府水
武昌府至城陵磯詳卅五 城陵磯驛七
十五鹿角驛六十磊石驛六十營田驛
六十至竹驛湘陰縣南喬口巡司入資
江寧鄉縣 益陽縣 安化縣 新化
縣 寶慶府 武岡州
北至襄陽等府水陸
武昌府六十蒲潭驛六十三汊驛並屬

漢陽府 屬縣二 秋米九萬九千五百石零 里二十七
漢陽 附 知 漢川 典 簿 無 ○土產 天鵝 梔子 銀杏 橙 綿布 水獺 各縣出
襄陽府 二判 領州一 縣六 秋米六萬三千七百石零 里二百廿九
襄陽 附 宜城 南漳 谷城 棗陽 光化 典知
均州 無同 百八十六 米五千四 石零 ○土產 沙金 南漳宜城谷城俱出 黃精 异香
太和山出 鯿魚 漢江出 榔梅 在均州武當山 真武折梅枝寄榔樹之上 誓曰吾若道成花開果結 後竟如其言 今榔樹尚存 名榔梅 萬年松 雷丸 石膏 竹鷄 俱房山縣出
德安府 領州一 縣五 秋米四万一千零 里七十九
安陸 附 雲夢 應城 無丞 孝感 隨州 一縣 應山 丞無
○土產 白蠟 野鷄 覆盆子 隨州出 銀 似蔓菁 知夢菊
黃州府 二判 領州一 縣八 秋米廿五万二千石 里四百八十一
黃岡 附 蘄水 羅田 麻城 黃陂 黃安 典知
蘄州 縣二 米一百四十石 廣濟 黃梅 ○土產 白芷 麻 城山 連

漢陽縣一百八十沙湖驛一百廿候埠
驛一百廿沔陽州漢津驛一百廿副河
驛一百廿深江驛沙湖至此並屬本州一
百廿白伏驛荆州府潛江縣一百廿舊
口驛屬荆州府一百廿承天府石城驛
百廿魚料驛屬荆門州一百廿蘸湖驛
宜城縣水百廿潼口驛屬襄陽縣水一
百廿里至襄陽府漢江驛陸路六十磚
橋六十蔡店三十穀城縣四十石花街
七十界山五十草店四十均州一百廿
鄖陽府
至德安府隨州襄陽府路
武昌府渡江廣七里漢口三十平湖塘
六十龍家渡三十漢川縣三十劉家隔
六十洛陽河卜里雲夢縣二十利塘四
十德安府四十平理市四十光化舖三
十隨州七十唐縣鎮五十紅崖店四十
襄陽縣六十蔡陽店八十襄陽府對江樊城
●二十三雲南布政司至所屬府
本省由各府至金齒路
雲南府西八十安寧州安寧驛五十五
祿豐驛屬安寧八十祿豐驛祿豐縣六
十五捨資驛五十五路甸驛並屬廣通
縣六十里楚雄府峩𡇇驛四十呂合驛
屬楚雄縣北一百五十里至姚安府西
六十五沙橋驛鎮南州七十五普淜驛
屬姚州六十雲南驛雲南縣七十五定
西嶺驛屬趙州南往景東府西七十五
趙州德勝關驛北三十里至大理府洱
西驛產屏石西八十漾備驛屬蒙化府

［麵］［松蕈］［鮮魚］俱本府出　［蘄竹］蘄州出　［瀨菜］蘄州
三角出崇陽有異僧種之而去岩雜以藥物印
無味［白花蛇］頂有方勝尾有指甲入刺破出血
則自死水以指甲洗去其腸麵屈而死長尺餘
能愈大風痺毒［綠毛龜］有綠毛浮水中州
毛灰起置壁間數年不死辟飛塵俱蘄州出
［荆州府］領州二縣十一　秋米十九萬四千石零　里二百七十二
江陵附　公安　石首　監利　松滋
米二千八十七石零　長陽典知　遠安典知　宜都典知　枝江典知　［夷陵］縣四
縣二米一千九百二石零　巴東丞無　興山典知　○［土產］　［歸州］同無　［能尚］［貝母］俱石附
縣俱出［青綠石］松滋鳳凰山出　［荆竹］［芒硝］［杜若］［兜鈴］夷陵州出
［岳州府］判三　領州一縣七　秋米十七萬石零　里二百六十九
巴陵附　臨湘　平江　華容　［澧州］二縣　石門
慈利　安鄉典知　○［土產］　［竹簟］［兜粉］［柑橘］［漆］澧州出　州諸縣出　［鱘魚］［中］陵縣出
［長沙府］判三　領州一縣十一　秋米九萬八千五十二石　里三百五十一
長沙附　善化附　湘陰典　湘潭　湘鄉　瀏陽
醴陵　寧鄉　益陽　攸縣　安化　［茶陵］米四
萬二千六百六十石零　○［土產］　［湘州者佳］［王面］茶陵出　［硃砂］［水銀］安化出　［斑竹］近
［寶慶府］領州一縣四　秋米五萬五千四石零　里一百三十七
邵陽附　城步　新化　［武岡］縣一米五萬五千七十四石零
新寧典知　○［土產］　［黑鵬］新化出　［鸕鶿鮮］府境　出［丹砂］武岡竹子口出
［衡州府］判二　領州一縣八　秋米廿一萬四千七百九十七石　里二百七十
衡陽附　衡山　耒陽　安仁無典　常寧典知　酃縣典知
［桂陽］縣二　米二萬二千一百九十七石零　臨武　藍山　○［土產］
［山磬］各縣出　仙人［條長］衡山出　［陵草］［龍鬚草］俱衡山出　○［衡州］［衛］衡州府在［千戶］
所　鎮守常寧中縣在　守禦桂陽州在　守禦寧溪在盛山西
［辰州府］判四　領州一縣六　秋米五万一千三百石零　里一百五十三
沅陵附　漵浦　盧溪典知　辰溪典知　［沅州］二縣　麻陽典知
黔陽典知　○［土產］　［麩金］各縣出　［水銀］沅陵盧溪出　［朱砂］辰溪出　［丹砂］沅州沅陵麻陽

六十打牛坪驛九十永平驛並屬永平
縣六十沙水驛一百十金齒衛產寶石
至南京八千三百六十五里至北京一
万一千八百三十五里
●定西領南至景東府路
定西領驛屬趙州一百定邊驛六十新
田驛並屬楚雄府定邊縣六十版橋驛
屬景東六十里景東府景東驛
●大理府北至洱江府路
本府六十鄧川驛鄧川州七十觀音山
驛屬鶴慶府百廿鶴慶府在城驛七十
洱江府通安州在城驛
●本司北至武定府路
雲南府七十利浪驛八十武定府　和
曲驛
●本省南至九江府路
雲南府八十儒寧驛晉寧州七十江川
驛徵江府江川縣本驛九十里至徵江
府七十通海驛臨安府通海縣五十至
曲江驛屬建水州八十臨安府建水州
新建驛八十寶秀驛石屏州二百元江
府因遠縣
●本省東南至廣西府廣南府路
雲南府七十湯池驛宜良縣七十和摩
驛屬徵江府路南州八十普陀驛九十
廣西府在城驛八十英武驛六十福德
驛六十癸助驛六十高米驛六十花架
驛屬廣南府一百速為驛屬廣南府六
十廣南府在城驛廣西安隆長官司界
●二十四四川布政司至所屬府

出老鴉井者為上
［永州府］判三　領州一縣六　秋米六萬八千石零　里一百十一
零陵附　祁陽典知　東安典知　［道州］三縣　寧遠　江華典知
永明典知　○［土產］　［石燕］祁陽出　［石磬］零陵出　［青綠］祁州出　［綵線］道州出　［甜茶］零陵出
州［香草］白鹿山出　［零陵香］生相源　所有［異香］開數十里異名可以已大風
［常德府］屬縣四　秋米六萬九千一百四石零　里九
武陵附　沅江典知　桃源　龍陽
［鄖陽府］屬縣七　秋米一萬二千四百石零　里一百四十
鄖縣附　房縣　上津丞無　竹山丞無　鄖西丞無　竹溪丞無
保康典知
［承天府］領州一縣四　秋米十一萬一千八百十一石零　里一百廿
鍾祥附　京山　潛江丞無　［荆門］州二縣　一米三萬二千九百石　當陽
無丞　○［土產］　［綿花］［漆］［麂］［野貓］［花貓］俱本府出　［貓皮］［歲貢］［輸布］［石青］［綠］荆門出
［直隸沔陽州］屬縣一　秋米三萬二千七十五石零　里十七
景陽　○［土產］　［魚］府州縣俱出　○［稚］多本朝置河泊所二十有二沔陽州最
［直隸靖州］屬縣三　秋米　里五十八
通道典知　會同丞無　綏寧丞無　○［土產］　出［鳥布］［金］州縣俱出　［九肋魚］沅江
出［鳥］［熨斗］［桔子］州縣俱出
［直隸郴州］判二　屬縣五　秋米　里六十二
桂陽典知　興寧典知　永興典知　宜章典知　桂東典知
○［土產］　［銀］［鐵］［錫］州縣出
［施州衛軍民指揮使司］隸湖廣都司　領軍民千戶所一
一宣撫司四　安撫司八　長官司十一　蠻夷官司五
大田軍民千戶所在衛城西北
撫司四　散毛安撫司二在衛城西　忠建安撫司二在衛東　［宣撫司］施南在衛東　容美在衛
東南　領長官司四　○［安撫司］　東鄉五路領長官司二
已上俱隸施州衛

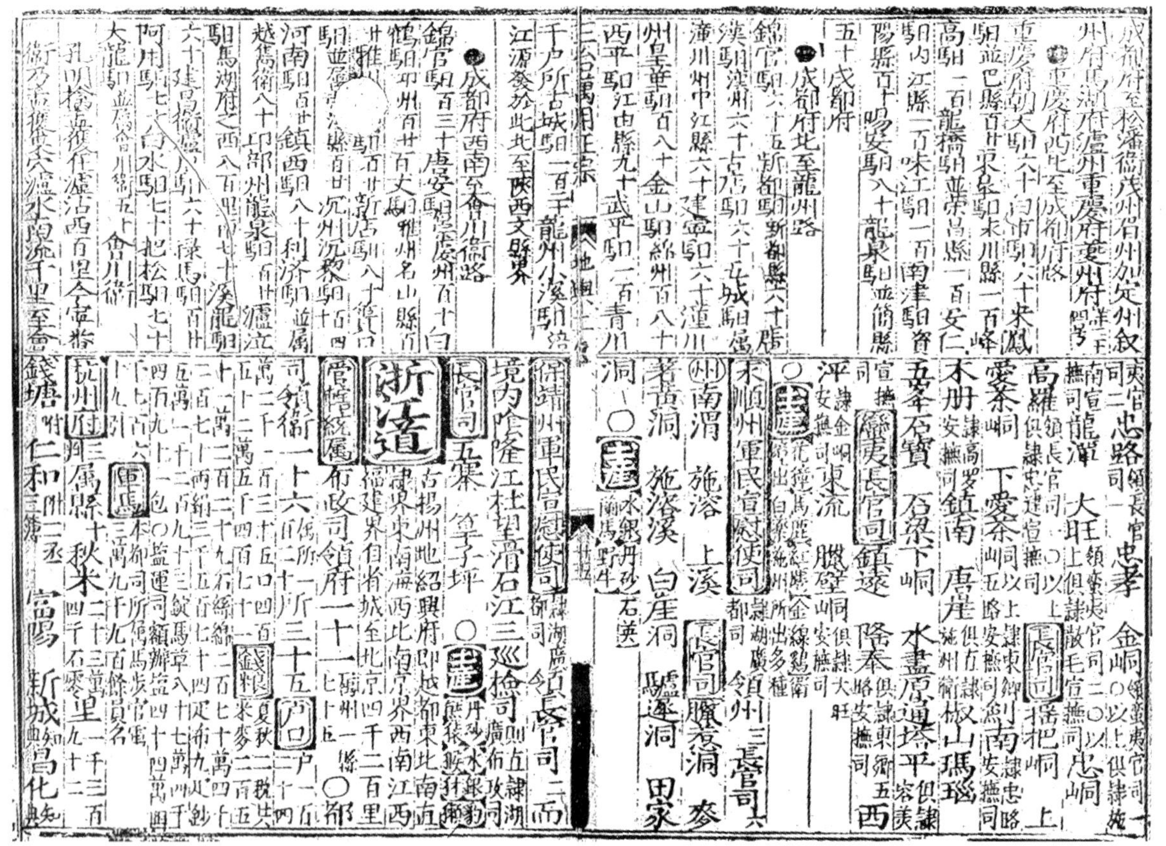

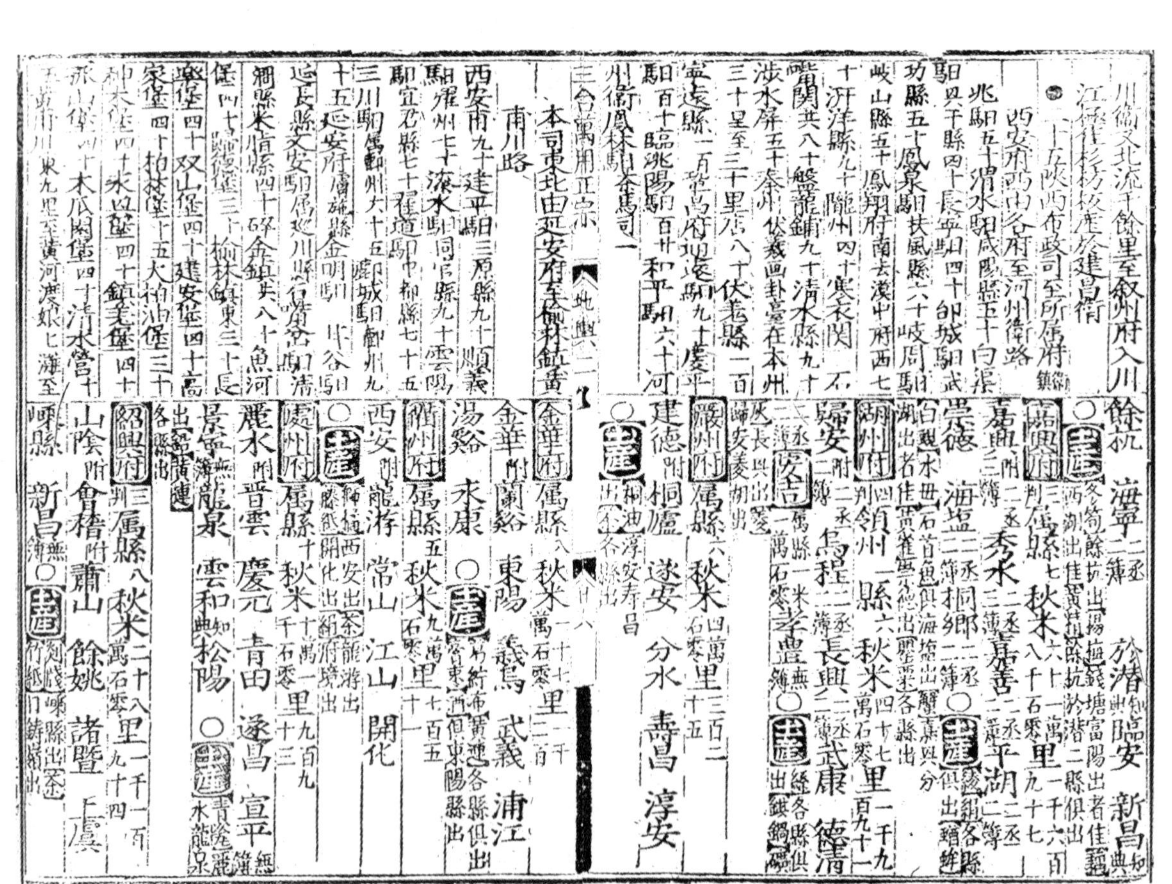

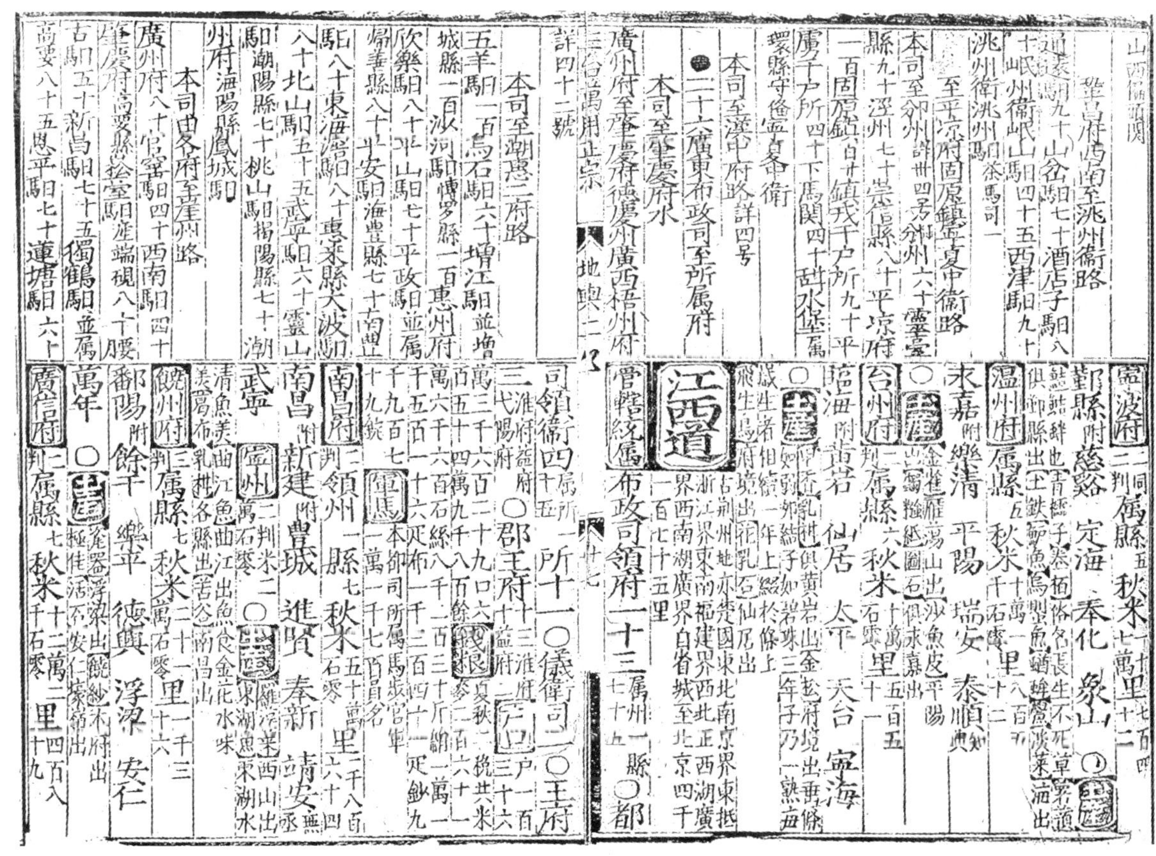

山西備頭關

鞏昌府西南至洮州衛路
通遠驛九十山岔驛七十酒店子驛八十岷州衛岷山驛四十五西津驛九十洮州衛洮州驛〇茶馬司一
本司至平涼府固原鎮寧夏中衛路
本司至邠州詳卌四号邠州六十靈臺縣九十涇州七十崇信縣八十平涼府一百固原鎮百廿鎮戎千戶所九十平虜千戶所四十下馬關四十甜水堡屬環縣守備寧夏中衛
本司至漢中府路詳四号
● 二十六廣東布政司至所屬府
本司至肇慶府水
廣州府至肇慶府德慶州廣西梧州府詳四十二號
本司至潮惠二府路
五羊驛一百烏石驛六十增江驛並增城縣一百泝河驛博羅縣一百惠州府欣樂驛八十平山驛七十平政驛並屬歸善縣八十平安驛海豐縣七十南豐驛八十東海滘驛八十惠來縣大波驛八十北山驛五十五武寧驛六十靈山驛潮陽縣七十桃山驛揭陽縣七十潮州府海陽縣鳳城驛
本司由各府至崖州路
廣州府八十官窑驛四十西南驛四十肇慶府高要縣崧臺驛産端硯八十腰古驛五十新昌驛七十五獨鶴驛並屬高要八十五恩平驛七十蓮塘驛六十

寧波府 二同二判 屬縣五 秋米一十七萬七百四十二
鄞縣附 慈谿 定海 奉化 象山 〇土産 鯗 鮚蚌也 青鯽子 苦䓁 柘鵒名長生不死草 第若道 俱鄞縣出 土鐵 蜃 魚鳥 鷃魚 鱐 蜂蜜 淡菜 海出
溫州府 屬縣五 秋米十萬一千八百石零 里一十二
永嘉附 樂清 平陽 瑞安 泰順知典
〇土産 金漆 雁蕩山出 沙魚皮 平陽出 蜀蠟 紙 甌柑 石 俱永嘉出
台州府 二判 屬縣六 秋米十萬五百石零 里十一
臨海附 黃岩 仙居 太平 天台 寧海
〇土産 乳柑 俱黃岩出 山查 府境出 乖條 如卵 綿子如碧珠 三年子乃一熟 歲生者相續 一年上綴於條上 飛生鳥 府境出 花乳石 仙居出

江西道

曾轄統屬 布政司領府一十三 屬州一 縣七十七
古荊州地 亦楚國 東北南京界 東抵浙江界 東南福建界 西北正西湖廣界 西南湖廣界 自省城至北京四千一百七十五里
司領衛四 屬所一 所十一 〇儀衛司一 〇王府三 淮府 益府 弋陽府 〇郡王府十三 淮府 益府二
戶口 戶一百三十六萬三千六百二十九 口六百五十四萬九千八百餘
錢糧 夏秋二稅共米二百六十一萬六千六百石 絲八千二百斤 絹一萬一千五百一十六疋 布一千三百四十一疋 鈔九千九百七十九錠
軍馬 本都司所屬馬步官軍一萬一千七百員名
南昌府 二判 領州一 縣七 秋米五十萬石零 里二千八百六十四
南昌附 新建附 豐城 進賢 奉新 靖安丞 武寧
寧州 二判 米二萬石零
〇土産 羅漢菜 西山出 東湖魚 東湖水 清魚美 曲江魚 曲江出 魚食金花水味 美蓼 葛布 乳柑 各縣出 苦谷 南昌出
饒州府 三判 屬縣七 秋米二十一萬石零 里一千三百十六
鄱陽附 餘干 樂平 德興 浮梁 安仁 萬年
〇土産 瓷器 浮梁出 饒紗 本府出 極佳 活不安仁 [illegible] 出
廣信府 二判 屬縣七 秋米十二萬二千石零 里一千四百八十九

西平驛六十陽春縣樂安驛六十太平驛陽江縣六十三石驛電白縣一百那夏驛茂名縣七十高州府茂名縣古潘驛西去廉州府南九十陵水驛化州一百十新和驛石城縣一百桐油驛遂溪縣六十城月驛遂溪九十雷州府海康縣雷陽驛六十特呈驛屬海康七十英利驛一百杏磊驛並屬徐聞縣渡海瓊州府六十白沙驛屬瓊山十里瓊州府瓊山縣瓊臺驛東去萬州西四十西峰驛澄邁縣七十朱崖驛臨高縣六十歸善驛儋州四十儋州古儋驛四十田頭驛四十大村驛三十大員驛並屬儋州四十昌江驛昌化縣四十大南驛七十感恩縣八十井泉驛八十義寧驛東六十德化驛並屬崖州一百崖州湖濱驛廣東城至此二千五百五十東去陵水縣陸路三百里
瓊州府東去高州路
本府東七十寧驛四十文昌驛四十長岐驛並屬文昌縣五十五永豆驛合同縣四十溫泉驛四十五多陳驛屬萬州四十萬州萬全驛西一百陵水縣
高州府至廉州府路
本府八十息安驛石城縣九十白石驛石康縣九十廉州府合浦縣環珠驛廣州府至此一千五百十五里
廣州府至南雄韶州二府詳二号
廣東城至雷州府渡海六十里至白沙驛岔十里至瓊州府四百至香海

上饒附 玉山 貴溪 永豐 弋陽 鉛山
興安典知 〇土産 銅 鉛 鉛山弋陽出 石灰 帖紙 俱鉛山出 毛邊紙 玉山出 瓷器 [illegible] 出 各縣出 茶 貴溪上清出
南康府 屬縣四 秋米七萬石零 里一百一十七
星子附丞 都昌 建昌 安義丞
〇土産 石魁 鉛粉 茶 石耳 葛布 俱星子出
臨江府 三判 屬縣四 秋米二十三萬石零 里九百六十二
清江附 新喻 峽江 新淦 〇土産 銀 新喻出 紵布 葛布 銀杏 各縣俱出
建昌府 屬縣五 秋米一十萬石零 里四百二
南城附 新城 南豐 廣昌 瀘溪知典
〇土産 藍葉 麻姑酒 金絲布 時貢 銀珠米 宋時常貢獻
撫州府 三判 屬縣六 秋米三十一萬石零 里一千二百五十七
臨川附 金谿 東鄉 崇仁 宜黃 樂安
〇土産 錢 臨川出 竹簟 朱橘 各縣出
九江府 屬縣五 秋米一十萬石零 里八十二
德化附 德安 瑞昌 彭澤 湖口
〇土産 玄參 雲母石 石魁 俱德化出 鱘魚 彭澤出
吉安府 屬縣九 秋米四十四萬石 里二千二百十六
廬陵附 泰和 永豐 吉水 安福 龍泉 萬安 永新 永寧
〇土産 玉版箋 出白鷺州 水晶 葱 紫苑 廬陵出 浮笆 泰和出 坐奴草 永豐出 龍鬚草 巾子山出 抱石魚 龍泉江出
瑞州府 二判 屬縣三 秋米二十二萬五千一石零 里六百七十六
高安附 上高 新昌 〇土産 石青 石綠 黃丹 俱上高出
袁州府 屬縣四 秋米二十一萬石零
宜春附 分宜 萍鄉 萬載 〇土産 黃坭地 [illegible] 宜春出

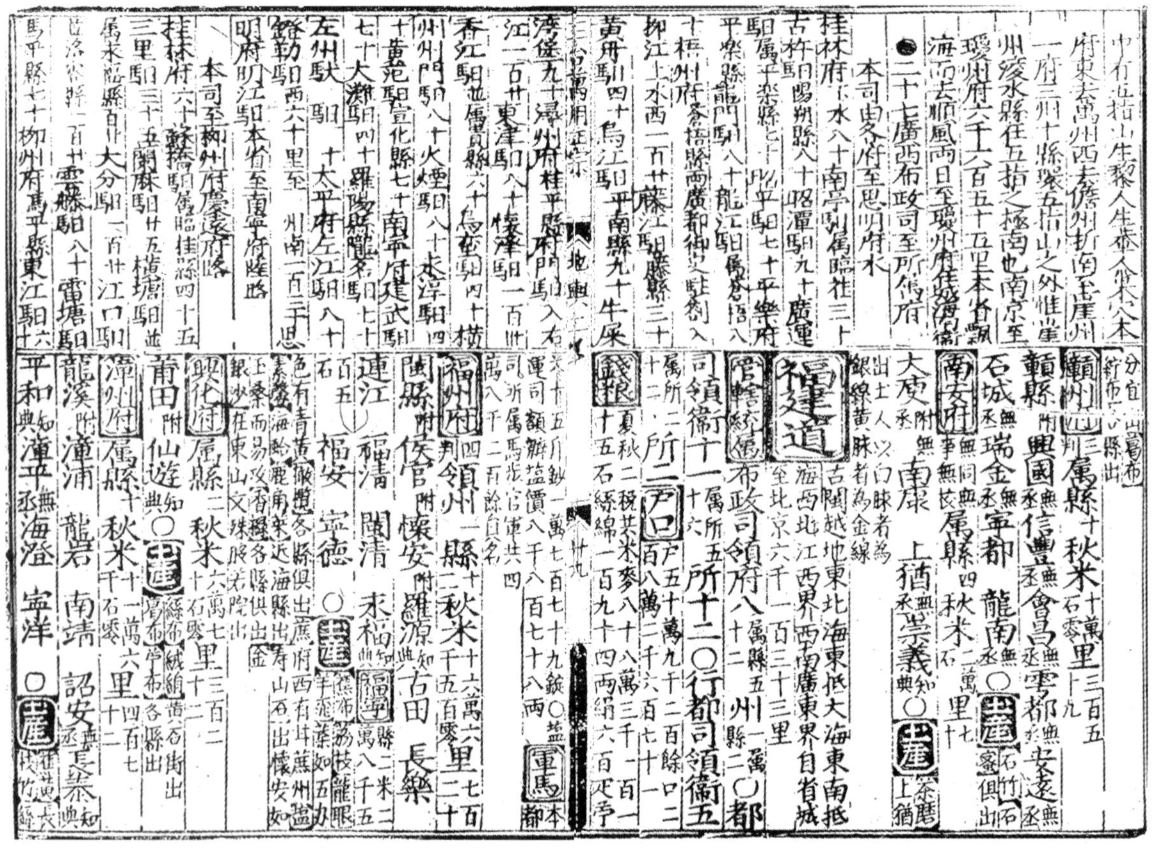

中有五指山生黎人生[illegible]

府東至萬州西至儋州折而至崖州

一府三州十縣環五指山之外惟崖

州陵水縣在五指之極南也南京至

瓊州府六千一百五十五里本省飄

海而去順風兩日至瓊州府往來渡海衛

●二十七廣西布政司至所領府

本司東至府至思明府水

桂林府水八十南亭驛屬臨桂三十

古竹驛屬陽朔縣八十昭潭驛九十廣運

驛屬平樂縣七十昭平驛七十平樂府

平樂縣龍門驛八十龍江驛屬蒼梧八

十梧州府蒼梧縣兩廣都御史駐劄入

柳江上水西一百廿藤江驛藤縣三十

黃冊驛四十烏江驛平南縣九十牛屎

灣堡九十潯州府桂平縣府門驛入右

江一百廿東津驛八十懷澤驛一百廿

香江驛並屬貴縣六十烏蠻驛四十橫

州州門驛八十火煙驛八十太淳驛四

十黃范驛宣化縣七十南寧府建武驛

七十大灘驛四十羅陽驛[illegible]驛七十

左州馱[illegible]驛十太平府左江驛八十

餘勒驛西六十里至[illegible]州南一百五十思

明府明江驛本省至南寧府陸路

本司至柳州府慶遠府路

桂林府六十蘇橋驛屬臨桂縣四十五

三里驛三十五蘭麻驛廿五橫塘驛並

屬永福縣百廿大分驛一百廿江口驛

並洛容縣一百廿雷塘驛八十雷塘驛

馬平縣七十柳州府馬平縣東江驛六十

分宜山出葛布 新布出 縣出

贛州府 三判 屬縣十 秋米十萬石零 里三百五十九

贛縣 附 興國 丞無 信豐 丞無 會昌 丞無 雩都 丞無 安遠 丞無

石城 丞無 瑞金 丞無 寧都 龍南 丞無 ○土產 石竹 石蜜 俱出

南安府 同知無 事無 屬縣四 秋米二萬石 里七十

大庾 附 丞無 南康 上猶 丞無 崇義 知典 ○土產 茶 上猶

出土人以白脉者為銀線黃脉者為金線

福建道 古閩越地東北海東抵大海東南抵海西北江西界西南廣東界自省城至北京六千一百三十三里

管轄衙門 布政司 領府八 屬縣五十二 州一 屬縣二 ○都司 領衛十一 屬所五十六 所十二 ○行都司 領衛五 屬所二十二 所二

戶口 戶五十萬九千二百餘 口二百八十萬二千六百七十一

錢糧 夏秋二稅共米麥八十八萬三千一百一十五石 絲綿一百九十四兩 絹六百疋

十五斤 鈔一萬七百七十九錠 ○鹽 本運司額辦鹽價八千八百七十八兩 司所屬馬步官軍共四萬八千二百餘員名

軍馬 本都

福州府 四 判 領州一 縣十 秋米十六萬六千五百零 里二千七百二十

閩縣 附 侯官 附 懷安 附 羅源 知典 古田 長樂

連江 福清 閩清 永福 知典 福寧 州 縣二 米二萬八千五

福安 寧德 ○土產 蕉布 荔枝 龍眼 手巾

色有青黃[illegible]各縣俱出 蕉府西有[illegible]州 鹽 出懷安

興化府 屬縣二 秋米六萬七千石零 里三百二十二

莆田 附 仙遊 知典 ○土產 絲布 綿紬 荔枝 黃石街出 各縣出

漳州府 屬縣十 秋米十一萬六千石零 里四百七十二

龍溪 附 漳浦 龍岩 南靖 詔安 丞無 長泰 知典

平和 知典 漳平 丞無 海澄 寧洋 ○土產 [illegible]

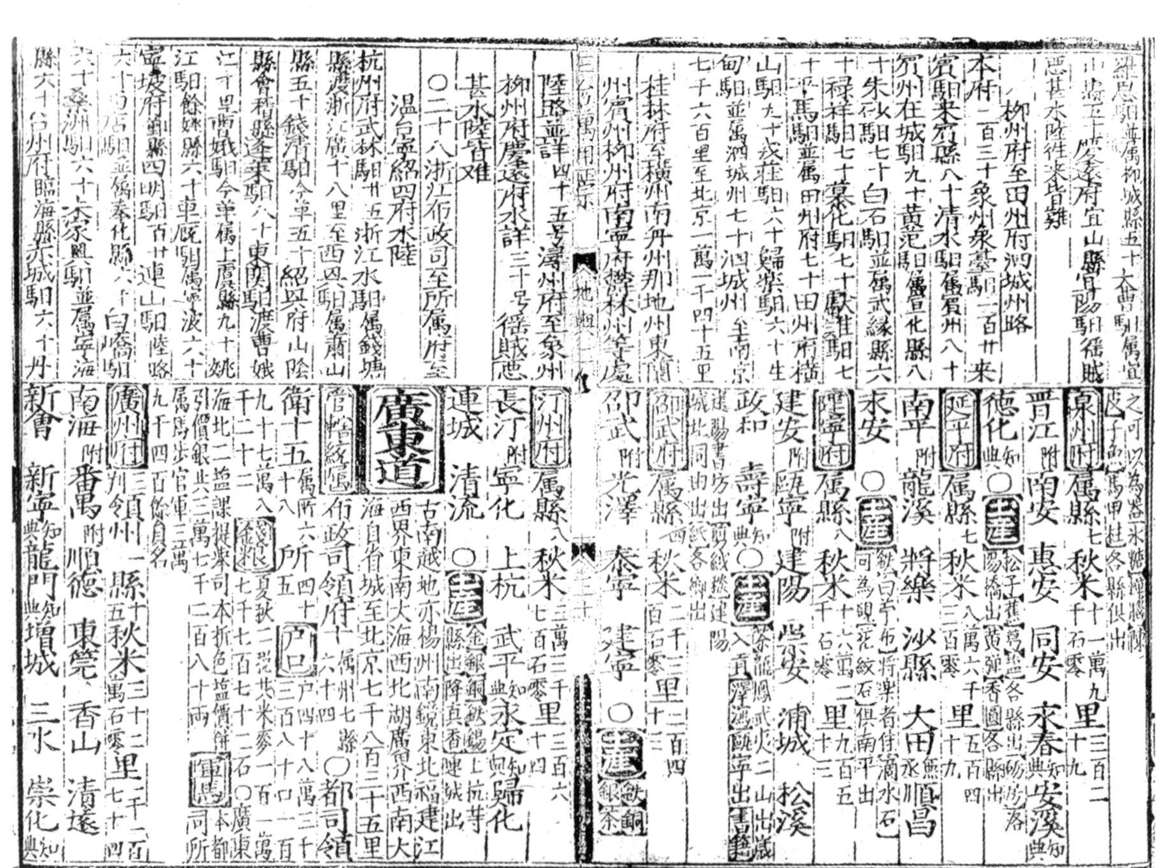

經思明驛並屬柳城縣五十大曹驛屬宜

山縣五十慶遠府宜山縣宜陽驛猺賊

惡甚水陸往來皆難

柳州府至田州府泗城州路

本府二百三十象州象臺驛一百廿來

賓驛來賓縣八十清水驛屬賓州八十

賓州在城驛九十黃范驛屬宣化縣八

十朱砂驛七十白石驛並屬武緣縣六

十祿祥驛七十慕化驛七十獻洼驛七

十平馬驛並屬田州府七十田州府橫

山驛九十戎莊驛六十歸樂驛六十生

甸驛並屬泗城州七十泗城州至南京

七千六百里至北京一萬一千四十五里

桂林府至橫州南丹州那地州東蘭

州賓州柳州府南寧府鬱林州等處

陸路並詳四十五號潯州府至象州

柳州府慶遠府水詳三十號猺賊德

甚水陸皆難

溫台寧紹四府水陸

○二十八浙江布政司至所屬府至

杭州府武林驛卅五浙江水驛屬錢塘

縣浙江驛十八里至西興驛屬蕭山

縣五十錢清驛今革五十紹興府山陰

縣會稽縣蓬萊驛八十東關驛渡曹娥

江十里曹娥驛今革屬上虞縣九十姚

江驛餘姚縣六十車廐驛屬寧波六十

寧波府鄞縣四明驛百廿連山驛陸路

六十白石驛並屬奉化縣六十白嶠驛

六十桑洲驛六十大家園驛並屬寧海

縣六十台州府臨海縣赤城驛六十丹

之可以為器 米糖 皮子 各縣俱出

泉州府 屬縣七 秋米十一萬九千石零 里三百二十九

晉江 附 南安 惠安 同安 永春 知典 安溪 知典

延平府 屬縣七 秋米八萬六千三百零 里五百四十九

德化 知典 ○土產 松子 各縣出

南平 附 尤溪 將樂 沙縣 大田 丞無 順昌

永安 ○土產 紋石 南平出

建寧府 屬縣八 秋米十六萬二千石零 里九百五十三

建安 附 甌寧 附 建陽 崇安 浦城 松溪

政和 壽寧 知典 ○土產 茶 建陽

邵武府 屬縣四 秋米二千石零 里二百四十二

邵武 附 光澤 泰寧 建寧 ○土產 銀 鐵 銅 茶

汀州府 屬縣八 秋米三萬三千石零 里三百六十四

長汀 附 寧化 上杭 武平 知典 永定 知典 歸化

連城 清流 ○土產 金 銀 銅 鐵 錫 上杭等縣出

廣東道 古南越地亦楊州南徼東北福建江西界東南大海西北湖廣界西南大海自省城至北京七千八百三十五里

管轄衙門 布政司 領府十 屬州七 縣 ○都司 領衛十五 屬所四十五 所四十

戶口 戶四十八萬三千三百 口三百八十一萬四千

錢糧 夏秋二稅共米麥一百一萬七千七百七十二石 ○廣東 ... 千二百八十兩

軍馬 本都司所

廣州府 三 判 領州一 縣十五 秋米三十二萬石零 里二千一百七十四

南海 附 番禺 附 順德 東莞 香山 清遠

新會 新寧 知典 龍門 知典 增城 三水 崇化 知典

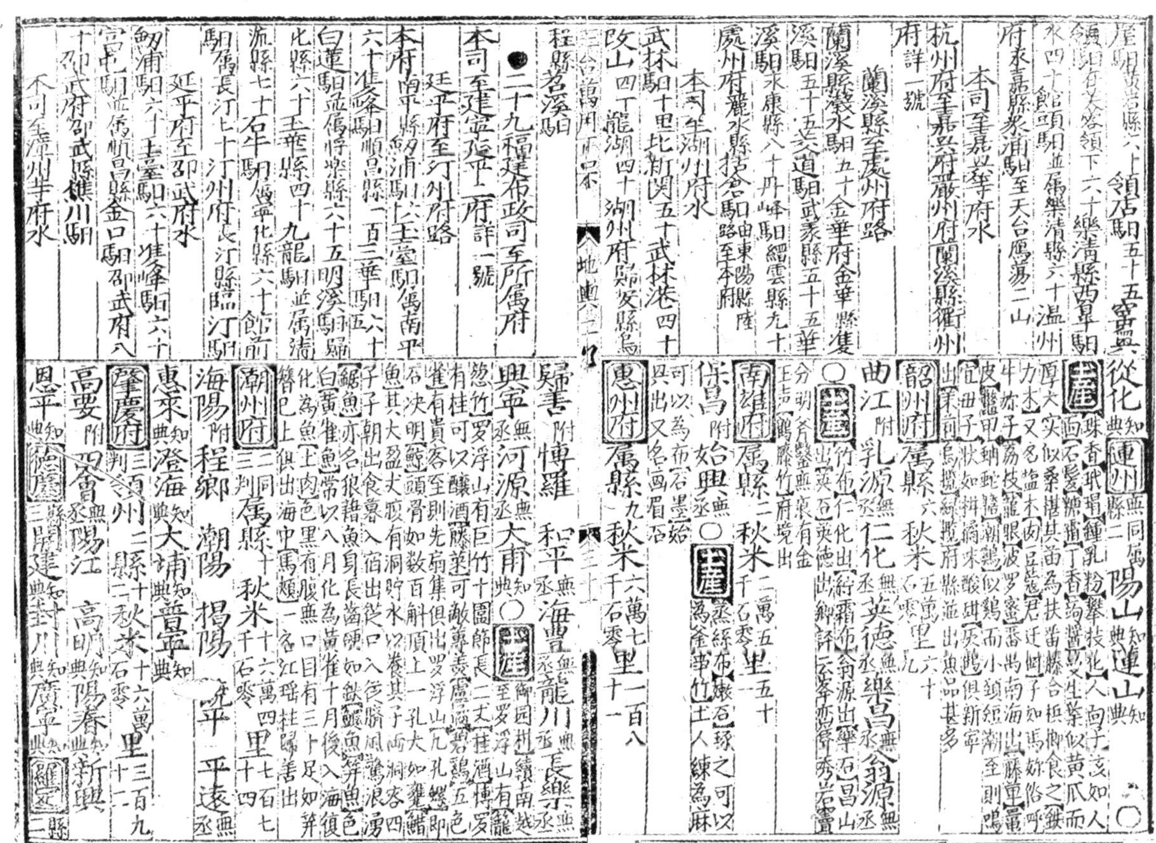

崖驛黃岩縣六十領店驛五十五寧海
嶺驛在天台縣嶺下六十樂清縣西皋驛
水四十館頭驛並屬樂清縣六十溫州
府永嘉縣永寧驛至天台雁蕩二山

本司至嘉興等府水
杭州府至嘉興府嚴州府蘭溪縣衢州
府詳一號

蘭溪縣至處州府路
蘭溪縣瀫水驛五十金華府金華縣雙
溪驛五十五交道驛武義縣五十五華
溪驛永康縣八十丹峰驛縉雲縣九十
處州府麗水縣括蒼驛由東陽縣陸路至本府

本司至湖州府水
武林驛十里北新關五十武林港四十
改山四十龍湖四十湖州府歸安縣烏
程縣苕溪驛

●二十九福建布政司至所屬府
本司至建寧延平二府詳一號

延平府至汀州府路
本府南平縣劍浦驛六十王臺驛屬南平
六十進峰驛順昌縣一百三華驛五六十
白蓮驛並屬將樂縣六十五明溪驛歸
化縣六十玉華驛縣四十九龍驛並屬清
流縣七十石牛驛屬寧化縣六十館前
驛屬長汀七十汀州府長汀縣臨汀驛

延平府至邵武府水
劍浦驛六十王臺驛六十進峰驛六十
富屯驛並屬順昌縣金口驛邵武府八
十邵武府邵武縣樵川驛

本司至漳州等府水

從化知典　連州無同屬縣二　陽山知典　連山知典　○
【土產】珠香【石髮】【玳瑁】【鍾乳】丁香【蒟醬】生蘖似黃瓜而人
厚大實似桑椹其苗為扶留藤合檳榔食之【鉅
力木】又名鹽木【肉豆蔻】【君迁子】如馬妳俗呼
牛妳子【荔枝】【龍眼】【波羅蜜】番出南海出【藤】【箪】【鼉
皮】【鼈甲】【蚺蛇膽】【潮鷄】似鷄而小頸短潮至則鳴
【官佃子】狀如拱橘味酸甘【突鴟】俱新寧
出【茉莉】【烏欖】紹欖府縣並出魚品甚多

韶州府　屬縣六　秋米五萬石零　里六十九
曲江附　乳源無丞　仁化無丞　英德無丞　樂昌無丞　翁源無丞
○【土產】竹布仁化出【英石】英德出【綉霜布】翁源出【翠石】昌山
出分明斧鑿無痕有金
玉志【鶴藤竹】府境出
許云峯峦岩秀岩竇

南雄府　屬縣二　秋米二萬五千石零　里五十一
保昌附　始興無丞　○【土產】【蒸綵布】【嫩石】琢之可以
為釜【苧竹】土人練為麻
可以為布【石墨】始興出又名畫眉石

惠州府　屬縣九　秋米六萬七千石零　里一百八十一
歸善附　博羅　和平無丞　海豐無丞　龍川無丞　長樂無丞
興寧無丞　河源無丞　大埔知典　○【土產】
葱竹羅浮山有巨竹十圍節長二丈【桂酒】博羅
有桂可以釀酒【蕨菜】可啖【御園柑】續南越至羅浮山有龍
雀有貴客至則先翔集俱出羅浮山【孔翠】鷄五色
【石決明】【鰒魚】頭骨如數百斛頂上一孔大如甕即鰌
魚其大盈丈夜有洞貯水以養其子而洞客四
子子朝出食暮入宿出從口入從臍風鷺浪湧
【鰐魚】亦名狼藉魚身長齒硬如鋸【鯊魚】笋魚色
白【黃雀魚】常以八月化為黃雀十月後入海復
化為魚【土肉】色黑有腹無口目有三十足如笄
鰭巴上俱出海中【馬頰】一名江瑤柱歸善出

潮州府　三判　屬縣十　秋米十六萬四千石零　里七百七十四
海陽附　程鄉　潮陽　揭陽　饒平　平遠無丞
惠來知典　澄海知典　大埔知典　普寧知典

肇慶府　三判　領州一　縣十一　秋米十六萬石零　里三百九十二
高要附　四會無丞　陽江　高明知典　陽春知典　新興
恩平知典　德慶州　三縣　開建知典　封川知典　廣寧知典　瀧水　二縣

廣州府至...　福州府三山驛百里大田驛屬閩縣四
十五橫路驛四十五宗領驛並福清縣
六十興化府莆田縣蒲陽驛六十楓亭
驛仙遊縣五十錦田驛惠安縣五十泉
州府晉江縣晉江驛五十康店驛南安
縣七十大輪驛六十深清驛並同安縣
五十江東驛龍溪縣五十漳州府龍溪
縣丹霞驛南京至此三千五百二十里
崇安縣至福州府陸路崎嶇水路多
灘船小灘洪綫急未夢九鯉湖在興
化府西七十里秋冬可往春夏潤水
雜行

●三十貴州布政司至所屬府
本司東至鎮遠府路詳五號
至思州等府路
本司至思州思南石阡銅仁四府俱在
鎮遠府北三百里之內惟黎平府在鎮
遠之東南由沅州羅舊驛靖州銅鼓衛
而去詳　自鎮遠之西皆軍衛都勻
府在平越衛南二百里程番府在本司
南一百里並詳五號

●三十一河南布政司至所屬府
開封府至汝寧府許州詳三號
開封府至磁州彰德衛輝懷慶河南四
府陝州路詳四號
本司至南陽府路
開封府一百四十里至鄭州本州至裕
州南陽府詳五號
開封府至歸德府路詳九號

●三十二山東布政司至所屬府至

東安　西寧　○【土產】端硯高要出【果下馬】【白雲鳥】能
【禁鮭】潛生江中形似牛【鵝】【王鳥】以威為一名皂
鵬鳥【鷓鴣】似山鷄【優曇鉢】似枇杷無花而實
【木蕨】可為扇多木香俗謂蜜香辟邪怪【斷續藤】
又名東風菜以上俱新興出【紫棠果】【磁石】【鵝毛】
【鯤】【鮭】俱陽江出【縮砂】【乾漆】【楓香】
俱高要出鮫魚皮封川出

高州府　三判　領州一　縣五　秋米六萬六千石零　里二百十七
茂名附　電白知典　信宜知典　化州無判屬縣二　吳川無簿
石城知典　○【土產】【孔雀】高梁石城出【鷓鴣】吳川石城出【白香】化州出【梂輪】大以
斫斧之名曰斧口而香氣始聚為【樹石屏】宋洪
邁記祁陽石難人力磨琢為高梁樹石屏混然
天成無斧鑿痕

雷州府　屬縣三　秋米五萬五千石零　里三百三十八
海康附　遂安　徐聞　○【土產】百部海康出名婆婦草可殺蠅
【蚺蛇】思灵島出種後數年收實【縣牛】頂上有
骨大如覆斗日行二百里【浮留藤】合檳榔食之
辣香又名蒌藤俱海康出【界稻】十一月種次年
四月熟【闍提】其花甚香【密魚】首花細如紗縫

廉州府　一判　領州一　縣三　秋米二萬六千石零　里六十六
合浦附　石康知典　欽州無同屬縣一　靈山無簿　○【土產】翡翠
【玳瑁】【鼊皮】【珍珠】合浦東海中有平江寺池產珠
蛋人採之極難每以長繩繫腰携竹籃入水拾
蚌置籃內則振繩令舟人急取之不幸遇
惡魚一線之血浮如水面則已葬魚腹矣

瓊州府　領州三　縣十　秋米八萬四百一石零　里十七
瓊山附　臨高　澄邁　文昌　會同知典　定安知典
樂會知典　儋州一縣　昌化知典　萬州無同屬縣一　陵水知典
感恩知典　○　崖州無同屬縣一　○【土產】【波羅蜜】大如斗剖之若蚕其香
滿室【椰子】州縣皆出文昌出者佳【檳榔】瓊枝文
昌樂惠會同俱出【沉香】萬崖上【蘇木】【翠檀】【花梨
木】【藤】各州縣俱出【海漆】瓊山出【知風草】叢生若
藤土人視其節以占一歲颶候每一節則一颶
【黃揚木】本府出
【牛染】崖州出

廣西道　古百粵地居荊南境東北湖廣界東
南廣東界西北貴州界西南安南界
自省城至北京七千四百六十二里

青州府路
濟南府歷城縣龍山驛五十章丘縣七
十鄒平縣廿長山縣七十金嶺鎮卅五
淄和村三十青州府七十昌樂縣五十
維縣一百八十平渡州百里萊州府掖
縣城南驛六十朱橋驛並掖縣六十黃
山驛六十龍山驛並屬黃縣六十登州
府蓬萊縣蓬萊驛
本司至東昌府詳
●三十三南京由漕河至北京水驛
南京龍江關即下關九十龍潭五十五
儀眞縣四十五楊子橋東去瓜州北廿
揚州府十五楊子灣東百里至泰州北
三十邵伯驛六十高郵州六十界首驛
七十寶應縣一百淮安府五十清河縣
六十桃源縣六十古城五十五宿遷縣
六十直河口去沂州六十邳州六十新
安 房村七十徐州洪西去沛城北九
十金溝九十沛縣九十沙河六十魯橋
七十濟寧州七十閘河汶水至此南北
兩分以濟運船南流徐州入黃河北流
臨清入衛河南旺湖積水以防泉涸七
十安山六十荊門八十東昌府八十清
陽七十臨清州八十渡口四十武城縣
五十甲馬營九十梁家莊六十右城縣
五十五德州七十桑園七十連兒窩三
十東光縣四十新橋七十磚河四十滄
州鐵獅在城內腹下並過騾車二輛四
十興濟縣四十清縣四十流河七十靜
海縣六十楊青百廿楊村九十河西七

管轄總屬 布政司領府十一 屬州三十八 縣五十 長官司一 軍民府一 屬州一 縣九 屬縣三 長官司二〇都司領衛十 衛所十五 所二十一〇儀衛司一〇王府一 靖江
戶口 戶一十八萬六千九十七 口一百五十萬四千七百六十七
錢糧 夏秋二稅共米麥四十三萬一千三百五十九石 鈔二百四十錠
軍馬 本都司所屬馬步官軍一萬二百餘員名

桂林府 三判 領州二 縣八 秋米十二萬五十石零 里三百六十九
臨桂 附 靈川 永福 知典 陽朔 知典 永寧 燕同 興安 知典 義寧 知典 理定 知典 全州 一縣 灌陽 知典 〇 土產 石燕 麝 羽 桂心 鍾乳 各縣俱出 [illegible]

柳州府 二 領州二 縣十 秋米五萬二千石零 里二百零六
馬平 附 知典 洛容 知典 柳城 知典 羅城 知典 來賓 知典 懷遠 知典 融縣 象州 燕同判 米三千石 縣一 宜武 知典 賓州 燕同 米一萬二 縣二 遷江 知典 上林 知典 〇 土產 降香 懷遠出 腰子木 生子形 [illegible] 知猪腎能辟瘴 藥江石 [illegible] 食之令人多壽 夏月置於盤 避中蚊蚋不近 [illegible] 不速 腐爵金 香羅城出

三台萬用正宗 地輿 廿三

慶遠府 領州三 縣六 秋米一萬四千石零 里一百五十七
宜山 附 思恩 天河 知典 忻城 知典 河池 知典 南丹 同無判 貢錫 草藥 縣 荔波 知典 東蘭 燕同判 貢馬 草藥 米一千一十三石 一米七百三十石 那地 燕同判 貢錫 馬草 粟米四百一十石 〇 土產 銀 孟英山出 花皮 天河出 豆蔻 府城出 草蘭 馬 檳榔 俱本府出

平樂府 領州一 縣七 秋米一萬六千石零 里一百一十九
平樂 知典 恭城 知典 富川 知典 賀縣 知典 荔浦 知典 修仁 知典 永安 燕同判米一千石零 〇 土產 紵麻布 筋竹 平樂恭城俱出 可作衫 充暑衣穿

梧州府 領州一 縣九 秋米十萬零 里二百一十二
蒼梧 附 藤縣 懷集 知典 岑溪 知典 容縣 鬱林 判二

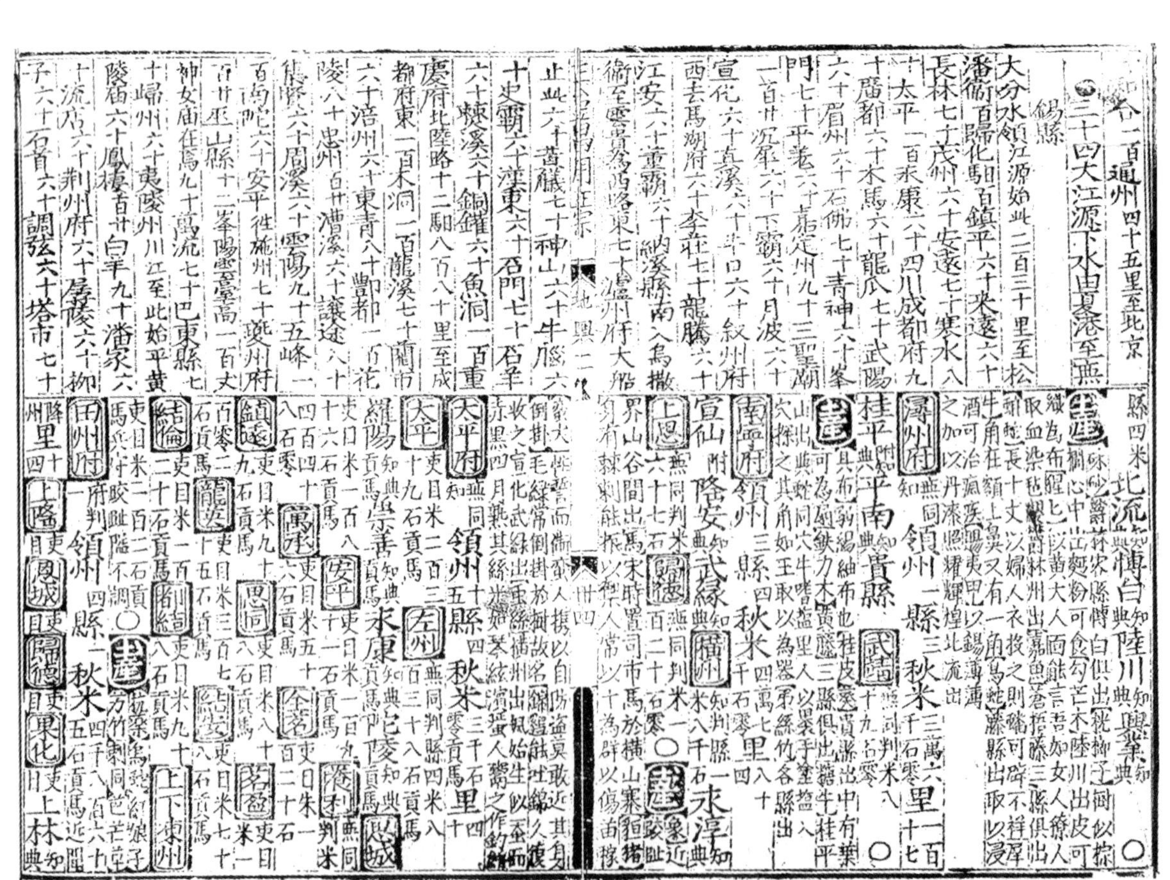

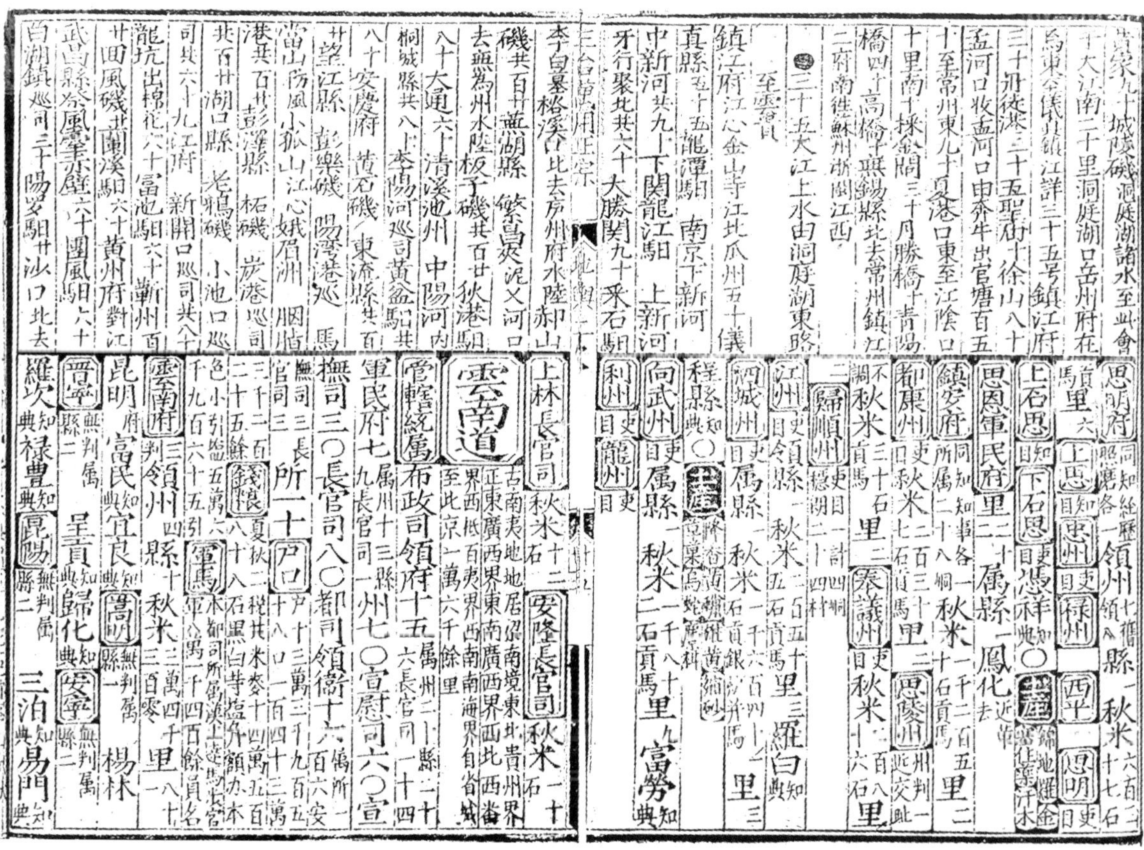

貴縣九十城陵磯洞庭湖諸水至此會
十大江南二十里洞庭湖口岳州府在
爲東去儀眞鎮江詳三十五號鎮江府
三十册徐淮三十五聖府十徐山八十
孟河口收孟河口申午出官塘百五
十至常州東九十夏港口東至江陰口
十里南十採金閘三十丹勝橋十青陽
橋四十高橋十無錫縣北去常州鎮江
二府南往蘇州浙閩江西
●三十五大江上水由洞庭湖東路
至雲貴
鎮江府江心金山寺江北瓜州五十儀
眞縣五十五龍潭驛　南京下新河
中新河共九十下關龍江驛　上新河
牙行聚北共六十大勝關九十采石驛
三台萬用正宗　〈地輿一卷〉
李自墨裕溪口北去廬州府水陸和山
磯共百廿蕪湖縣　繁昌荻港泥汊河口
去無爲州水陸板子磯共百廿秋浦驛
桐城縣共八十李陽河巡司黃盆驛共
八十大通六十清溪池州　中陽河內
八十安慶府　黃石磯東流縣共百
廿望江縣　彭樂磯　陽灣港巡　馬
當山防風小孤山江心娥眉洲　烟脂
港共百廿彭澤縣　柘磯　炭港巡司
共百廿湖口縣　老鴉磯　小池口巡
司共六十九江府　新開口巡司共八十
龍抗出棉花六十富池驛六十蘄州百
廿田風磯共蘭溪驛六十黃州府對江
武昌縣各屬筆壁六十團風驛六十
白湖鎮巡司三十陽邏驛廿沙口北去

恩明府　同知經歷照磨各一　領州七　縣一　秋米六百二十七石
貢馬　里六　上思目知　忠州目吏　禄州　西平　思明目吏
上石恩目知　下石恩目吏　憑祥知典　○土産　錦地羅金佳楽汁木
思恩軍民府　里二十　屬縣一　鳳化近去
鎮安府　同知知事各一　所屬二十八峒　秋米一千二百五十石貢馬　里二
都康州吏目　秋米七二百三十石貢馬　里二
不調　秋米三十石貢馬　里二　泰議州吏目　秋米二百八十六石　里　思陵州州判一　近交趾
二　歸順州吏目　穩朝二十四村　計四峒
江州吏目　令縣一　秋米二百五十石貢馬　里三　羅白知典
泗城州吏目　屬縣一　秋米一千六百四十石貢銀折馬　里
程縣知典　○土産　降香
向武州吏目　屬縣一　秋米二千八十二石貢馬　里九　富勞知典
利州吏目　龍州吏目

上林長官司　秋米十二石　安隆長官司　秋米一十石

雲南道

古南夷地　地居滇南境東北貴州界　正東廣西界東南廣西界西南海界自省城至北京一萬六千餘里
管轄統屬　布政司　領府十五　屬州二十　縣二十　六長官司一十四
軍民府七　屬州十三　縣九　長官司一　州七　○宣慰司六○宣
撫司三○長官司八○都司　領衛十六　儀所一百六　安
無司三　長官司三　所一十
戶口　戶十三萬三千九百五十八　口一百四十三萬
三千二百二十五餘
錢糧　夏秋二稅共米麥十四萬五百八十石　黑白等鹽八色小引鹽五萬六千九百六十五引
軍馬　軍八萬一千四百餘員名
雲南府　判令　領州四　縣十　秋米三萬四千三百零　里一八十
昆明府　富民知典　宜良知典　嵩明無判屬　縣一　楊林
晉寧無判屬　縣二　呈貢知典　歸化知典　安寧無判屬　縣二
羅次知典　祿豐知典　昆陽無判屬　縣二　三泊知典　易門知典

鄖縣水四十五漢口　源出陝西漢中
府漢陽城　鮎魚口巡司金沙洲共六
十金口驛白人磯巡司江家灣　新灘
口巡司老鼠夾共九十牌洲巡司葛洲
共九千嘉魚縣魚山驛　几家洲　六
溪口烏龍磯　清江口共七十五石頭
口　茅埠巡司老虎洲共百十臨湘縣
鴨欄驛　臨湘夾　陽陵磯　道人
磯　穿湖口　旁蠏碗　象湖港共六
十城陵磯西由大江去荊州四川詳三
十四號南廿里至岳州府過洞庭湖南
曰青草湖北曰洞庭湖西北至澧州
湖西二百里南至長沙衡永三府兩
廣全州等處湖西二百里詳三號正
西湖西二百五十里至紅沾口入沅
三台萬用正宗　〈地輿一卷〉
江百廿龍陽縣八十常德府八十桃源
縣避秦故址一百川石一百高都驛六
十清浪驛今革六十北溶驛今革六十
辰州府六十武溪驛六十辰溪縣百廿
江口驛六十銅安驛八十安江驛八十
洪江驛六十黔陽縣七十竹寨驛今革
七十盈口驛一百沅州至麻陽縣百里
八十里至便溪驛七十晃州驛六十平
溪衛驛七十清浪衛九十里鎮遠府
●三十六湖口縣由袁州府至衛州
府水
湖口縣　大孤塘　女兒港共六十青
山廬山共六十南康府至文公白鹿
書院四十里南十里瓜鑫六十珠磯六
十吳城六十昌邑六十鳳皇灘十屯江

○土産　越州縣俱出五色花石瑪瑙可作器皿　紫花木本府出
大理府　領州四　縣三　長官司一　秋米三萬二千八百零
里一百四十　趙州無判屬　縣一　雲南　鄧州無判
太和
一　浪穹　賓川知目　雲龍知目　十二關長官司
○土産　點蒼石其白質青文有山水草木狀人　公魚洱海出似鯉細鱗長不滿味極美
臨安府　領州五　縣四　長官司九　秋米一萬六千石零　里
七十三　建水無判　石屏無同　阿迷無同　寧遠知目　寧州
西河知典　通海知典　蒙自知典　習峨　長官司　納樓
教化　王夫　虧容　溪處　思陀　左能
落恐　安南　○土産　紫梗即紫檀香　騰沉香　安南長官司出　西河
出三泉子　府境出
楚雄府　領州二　縣五　秋米八千九百二十一石　里三十五
楚雄知典　碍嘉知典　定遠知典　定邊知典　廣通知典　南安知目
米七百十七石　鎮南知目　米一千四百六十石　○土産　黑鹽定遠出　磐石楚雄出
石青石綠俱定遠出
徵江府　領州二　縣四　秋米九千六十三石　里九十
江川知典　河陽知典　陽宗知典　新興知目　米一千六百五十石　路南
知目　縣一　米一千三石　邑市知典　○土産　鐵石黃蘗射香胡椒竹箭府境出
景東府　判歷一　秋米一千一百十五石　里八
廣南府　無同推　領州一　秋米一千石零　里四
富州目吏　○土産　麻布白面毯俱本府出
廣西府　知同歷各一　領州三　秋米二千七百十九石零　里三
師宗知目　米一千一百八十石零　彌勒無判　米　維摩知目　米五百七十石
○土産　毡茶　鶏大下小如鶏毗狀　竹每節上
鎮沅府　經歷知事一　秋米一百石外折色　領長官司一　里五
祿谷寨　○土産　孔雀　小鷄　藤

西城三十高家渡三十市汊五十曲港
十豐城縣三十熊家港三十樟樹三十
臨江府三十灘頭三十黃土三十罗家
坊三十中郭市三十新喻縣十楊村六
十坂壁鋪十里水口十綉塘十鍾山洪
十分宜縣十金臺鋪十昌山鋪昌田洞
深十里東烛可游十里濱江石乳洞深
五里亦可游十里潭新鋪六十五至袁
州府六十張家坊四十五芦溪陸路五
十萍鄉縣上小船三十湘東八十醴陵
縣九十淥口巡司六十泗洲灘七十五
都石驛六十五衡山縣七十五霞流驛
六十七里驛六十衡州府

● 三十七湖口縣至廣信府玉山縣
水貴溪縣至建昌府附

永寧府 同知經歷一 領長官司四 秋米一百石外折色 里四
剌次 革甸 毛曾 香羅 ○ 土產 氂牛尾可為帽
順寧府 通判經歷一 秋米一千二百十石零 里二
永昌府 無同 領州一縣二 秋米八千三百萬零 里二十四
保山 永平知典 騰越無目
蒙化府 通判經歷一 秋米四千八百二十石零 里三十五 ○ 土產 石黃 椒 射香
○ 土產 衛 蒙化在府
曲靖軍民府 無同 領州四縣二 秋米三千三百零 里三千二
南寧知典 亦佐知目 霑益知目米三千三百四十九石 陸涼知目米七
白九十七石 馬龍無判米九百五十七石 羅雄知目米四百五十四石零 ○
土產 石燕 大者雄小者雌 馬龍出類若燕有文去療眼疾
姚安軍民府 知府判歷各一 領州一縣一 秋米三千六百廿石
里八 姚州知目 大姚知典 ○ 土產 大青 人參 胡椒 罗布 州縣俱出

本縣六十青山六十南康府西去江西
百廿都昌縣 赤石塘共六十饒河口
東去饒州康山忠臣廟巡湖守備一員
東至表岸口三十里東南至瑞虹八十
里東至饒河口五十里西至團魚州二
十里北至都昌縣六十里山在湖中前
後多盜謹慎共八十瑞虹西去撫州三
十六婆[illegible]江口共九十龍堀 故村
八字[illegible]八十安仁縣一百貴溪縣八
十弋[illegible]八十沿山河口南去福建東
八十[illegible]信府百里玉山縣
十八湖口縣由杉關至延平邵
武二府水陸
本縣至八字腦詳卅七号五十至栢林
四十謝家埠六十清源驛六十撫州府

鶴慶軍民府 知府判歷各一 領州二 秋米一千二百三十六石零
里二十一 順州知目米一百四十二石 劍川知目米一千六百二十六石
○ 土產 馬蹄 鹽 川出 氈 椰子 射 松子 俱出 劒
武定軍民府 無判令 領州二縣三 原秋米二千五百五零二石
里二十二 和曲知目縣米二千五十二石 南甸知典 元謀 祿勸
石舊知目典 ○ 土產 梭羅木 當歸 俱府境出
尋甸軍民府 無同 秋米三千七百九十五石 里五
麗江軍民府 同知一令 領州四縣一 秋米二千一百七十五石
里三十一 通安知目 寶山吏目 巨津知目 蘭州判目 臨西典史
○ 土產 琥珀 松子 氈 滑石
元江軍民府 通判經歷各一 秋米一千九百三十石
○ 土產 蘇木 黃姜 烏木 蟒蛇 土錦
直隸北勝州 流官知州吏目 土官知州同知二 里十五

六十石門驛六十建昌府陸路六十硝
石六十五福三十杉関三十紙馬街十六
光澤縣百廿邵武府八十金口驛六十
富屯馬驛六十順昌縣双峰驛三十上揚
府三十王臺馬驛六十延平府本府至福州府詳
● 三十九衢州府由浦城縣至建寧府
上杭埠水九十江山縣十五清湖路十
五石門街十五江郎山十峽口渡十観
音閣十五安保橋十仙霞嶺巡司十楊
姑嶺十龍溪口十下溪口十南樓閣浙
界十五大風嶺十五顯廟五梨園嶺十
魚梁街十廷陽街三十浦城縣下船八
十水吉巡司七十葉坊驛五十里至建寧府
● 四十徽州府至崇安縣路
本府六十漕阜渡五十五城三十黃菲

○ 土產 白魚如鯉色白者為上等可作 [illegible] 木生于石上府境出
直隸新化州 無判 ○ 直隸浪穹州 無判
孟定府 ○ 孟艮府 ○ 威遠州 ○ 灣甸州
鎮康州 ○ 大侯州
瀾滄衛軍民指揮使司 隸雲南都司 ○ 土產 鹿茸 松子 山雞
金齒衛軍民指揮使司 領安撫司一縣一長官
司二 潞江安撫司 永平縣 鳳溪長官司
施甸長官司 ○ 土產 金 瀾滄出 瑪瑙 哀牢山出 琥珀 生地中
騰衝軍民指揮使司 隸雲南都司 ○ 土產 黃藤 濮竹 硫黃
直隸軍民宣慰司 六 車里 木邦 孟養
緬甸 八百大甸 老撾
宣撫司 三 南甸 千崖 隴川
長官司 八 蒙樂 者樂甸 鈕兀 馬龍他

廿三保橋廿大阪廿大容田三十下鴨
廿方村三十孝塘廿升口廿揭埠廿夜
溪嶺廿毬里出綿紙廿里至三版橋三
十玉山縣五十沙溪三十龍溪廿廣信
府八十沿山縣四十子溪廿車盤驛十
鳥石十分水関江西福建界三十大安
四十里至崇安縣
● 四十一江西城至饒州府
南昌府三十黃家渡四十趙家園七十
團魚洲各有店舍可泊船二十里至康
山湖面五十表岸三十饒州府
● 四十二廣東至安南水陸即交趾
廣州府七十官窯驛四十西南驛三水
縣灵洋峽共百廿肇慶府崧臺驛產端
溪硯崧瀟湘峽共百廿新村驛 越城

郎甸 芒市 孟璉 茶山 麻里
貴州道
管轄統屬 古南夷地居荊梁南境東北四川界正東東南廣東界西北西番界正西百夷界西南抵南海自省城至北京七千六百三十里
布政司 領府八 屬州二縣六長官司五十一 州四
屬縣一長官司六 宣慰司一 屬長官司十 安撫司一 屬長官司三
都司 領衛十八 屬所九十三 長官司十一 所二 戶口 戶四萬五千三
百五口二十三萬一千三百六十五 錢粮 夏秋二稅共米麥四萬七千六百九十七石 ○
洞蠻蕃布二百五十九條 軍馬 本都司所屬馬步官軍三萬二千九百餘員名
貴州宣慰司 領長官司十 秋米八千三百五十石
貴竹 水東 青山 龍里 中曹 劉佐
白納 底寨 乖西 養龍
○ 土產 鐵 鳥 姜 菖蒲 刺竹 俱本司境內出
程番府 無知府 領長官司十三 秋米六千五百零

子部　第四冊

鎮 三洲邑共一百 德慶州寿康驛
都城巡司共百廿 封川縣麟山驛 賀
縣水口 界首共七十 梧州府府門驛
兩廣都御史總兵駐劄 灕江水口源出興安縣海陽山 亦
水巡司共百二十 藤縣藤江驛 潒江口賊有 白
石巡司共三十 黃丹驛四十 白馬堡 將軍灘
共四十 平南縣烏江驛八十 牛屎灣堡
新藤峽水口共九十 潯州府府門驛十四
淹冲堡巡司 秀江堡四七十 東津驛八十 貴縣
懷澤驛州治 香江驛 烏蠻灘 石江巡司
六十 烏蠻驛共四十 橫州州門驛 三
十里 灘共十 南鄉巡司四十里 火烟驛屬永淳縣
十二磯 三洲頭灘共十 永淳縣永淳
驛 修德巡司 舵頸賊 筆硯磯 八尺巡司
共四十 黃范驛宣化縣 南寧府 烏涎灘 豹子

石共七十 南寧府建武驛四十 左右江口
麗江為左 盤江為右 二源並出雲南 左
江口三十 大灘驛四十 羅陽縣隴茗驛
七十 左州馱朴驛九十里至太平府左
江驛百廿 龍州龍游驛陸路四十 憑祥
州憑祥驛三十里至界首關十三 坡唯站
旧名坡叠站 同濮站 不濮站 不慱
站界首起二百四十 卜鄰站一百 濮上
站 不禮站 昌江站 市橋站 㠯
塊站共二百十里渡富良江至交南城
● 四十三 江西城至瑞州府
南昌府三十 豪家渡四十 市汊七十 松
湖六十 瑞州府
● 四十四 桂林府至橫州路
本府東江驛六十 蘇橋驛過竹椒渡四十 三里驛

程番 常番 方番 洪番 小龍番 大龍
番 小程番 卧龍番 盧番 羅番 盧山
金石番 上馬橋
[思州府] 無同判 領長官司四 秋米八百石零 里九
都平附 都素 黃道 施溪
○ [土產] 鉛 鐵 硃砂 水銀 蔥溪長官司出
[黎平府] 無同判 屬縣一 領長官司十 秋米二千六百石零
里二十九 永從知典 [長官司] 西山 洪舟 新化蠻
夷 湖耳 潭溪 赤溪 亮寨 八舟 曹
滴洞 中林驗洞 龍里 古州 歐陽
○ [土產] 洞被以字布為旗用綠 綠挑刺成文 茯苓 葛布
[鎮遠府] 無同判 屬縣二 領長官司二 秋米八百石零 里
十 鎮遠知典 施秉知典 [長官司] 邛水 偏橋 ○ [土產]
方竹 滷蠟 竹箭 芙蓉
[思南府] 無同判 屬縣一 領長官司四 秋米一千八百石零
里七十 婺川知典 印江知典 [長官司] 水德 祐溪
朗溪 蠻夷覊縻州 思州 ○ [土產] 白蠟 葛 府縣出
[石阡府] 無同判 領長官司四 秋米八百五十二石零 里十一
石阡 龍泉 葛彰 苗民 ○ [土產]
[銅仁府] 無同判 領長官司六 秋米四百八十石零 里三十
銅仁 提溪 省溪 頭箐 烏羅 大萬山
○ [土產] 硃砂 桶木 水銀 杉木 葛布 蠟
[普安州] 隸貴州布政司 屬縣一 永寧
[永寧州] 隸貴州布政司 親領寨六 長官司二
[長官司] 慕役四寨 頂營一寨
[鎮寧州] 隸貴州布政司 親領寨六 正官司二

三十五 關麻驛三十 橫塘驛五十 洛容縣三十五
來泉驛六十五 柳城縣由白沙灣過大
大橫驛四十五 宜山縣渡懷遠江四十里至 德勝驛六十
河池州六十 渡東江 本處分各州之路 金城江 本處六十 水
龍坑山路沿村過 領三日至 東蘭州 渡清水江 由
狗遁關約六日至思明府 約一日至橫
州南一百二十里至廣東靈山縣
本處一百四十里至南丹州
本處一百八十里至那地州

● 兩京路程歌

兩京相去幾千程 我今逐一為歌唱
付與諸公作記行 南京首出龍江驛
舟到龍潭同一日 過却儀真閘廣陵
邵伯盂城相繼覔 從茲界首問安平
淮陰乃是驛之名 前途清口桃源渡

古城驛下舟暫停 鍾吾直河下邳轉
新安房村離不遠 仰望高高是吕梁
水勢如奔真介險 彭城漸漸到夾溝
泗亭沙河接魯橋 連綿石佛從頭上
水至南城分兩流 開河河下安山驛
荆門崇武在咫尺 清陽清源渡口來
甲馬梁家傳古昔 此安安得良店過
連窩新橋及磚河 楊阮遂至乾寧下
流河奉新名不靡 輒上楊青楊柳渡
高人道及河西務 莫言和合與通津
此去金臺不多路 已日驛名四十六
江水灣灣盤轉曲 諸公於此驛之名
一路往来宜熟記

[長官司] 十二營二十九寨 康佐四寨
[安順州] 隸貴州布政司 親領寨十四 長官司二
[長官司] 寧谷寨二十九寨 西堡四寨
[金筑安撫司] 屬貴州布政司 領長官司三
木瓜 麻嚮 大華
[都勻府] 無同判 領州二 縣一 長官司四 秋米二千六百
[麻哈] 屬長官二 [獨山] 屬長官三 清平知典 [長官司] 樂平 平
定屬麻哈 合江 豐寧屬獨山
[都勻衛軍民指揮使司] 屬貴州都司 領長官司四
都勻 邦水 平州 平良
[普定衛軍民指揮使司] 屬貴州都司
[新添衛軍民指揮使司] 屬貴州都司 領長官司五
新添附 小平伐 把平寨 丹平 丹行
[平越衛軍民指揮使司] 屬貴州都司 領長官司三
楊義 麻合 樂平
[龍里衛軍民指揮使司] 屬貴州都司 領長官司二
平伐 大平伐
[畢節衛] ○ [安南衛] ○ [威清衛] ○ [平壩衛] 已上俱屬貴州都司
[清平衛] 領長官司二 青平 平定

[北京城]
正陽及崇文 朝陽宣武門 東西連西直
阜城德勝迎 安定總九處 出入照文憑
八方無四海 無處不来行

[南京城]
神策金川儀鳳門 懷遠清涼到石城
三山聚寶連通濟 洪武朝陽定太平

新刻天下四民便覽三台萬用正宗卷之二終

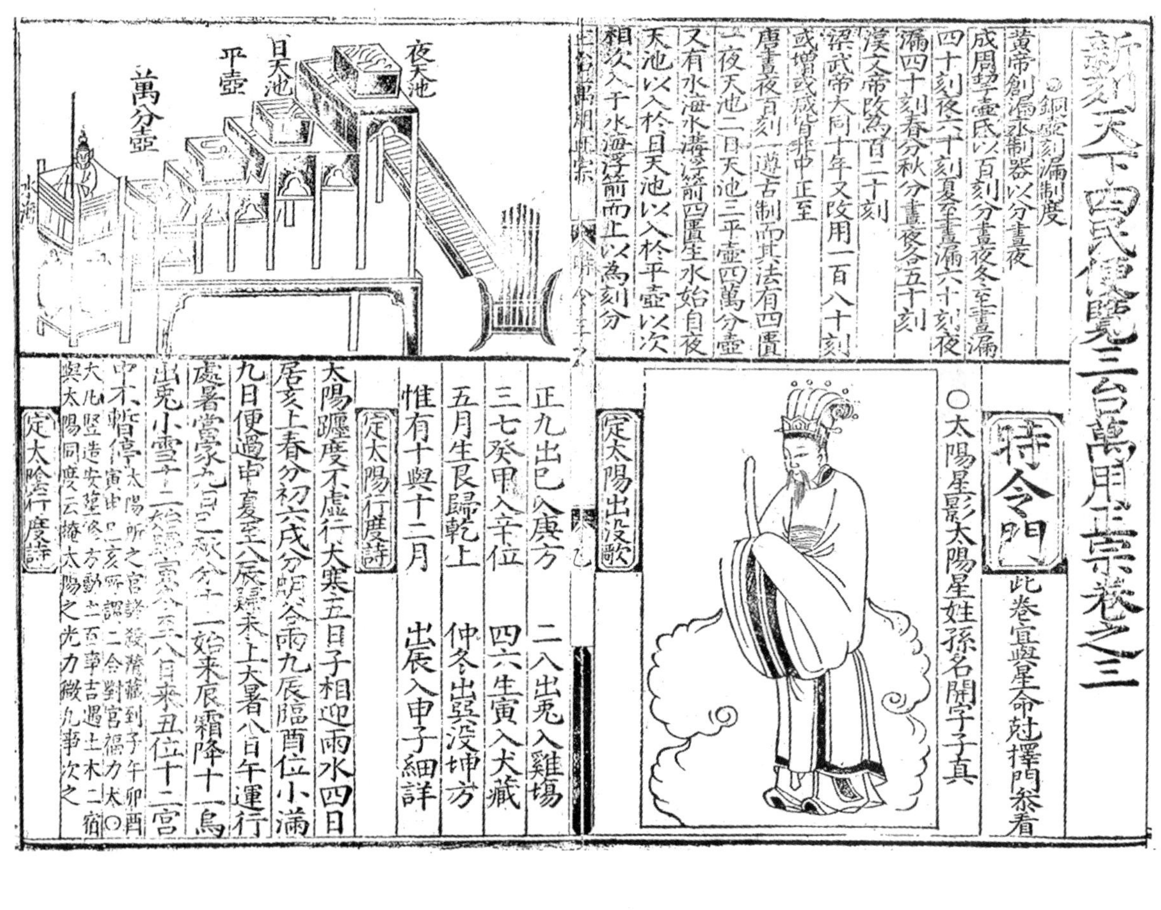

新刻天下四民便覽三台萬用正宗卷之三

○銅壺刻漏制度

黃帝創漏水制器以分晝夜

成周挈壺氏以百刻分晝夜冬至晝漏四十刻夜六十刻夏至晝漏六十刻夜漏四十刻春分秋分晝夜各五十刻

漢文帝改為百二十刻

梁武帝大同十年又改用一百八十刻

或增或減皆非中正至

唐晝夜百刻一遵古制而其法有四匱一夜天池二日天池三平壺四萬分壺又有水海水溝浮箭四匱生水始自夜天池以入於日天池以入於平壺以次相次入于水海浮箭而上以為刻分

時令門

此卷宜與星命尅擇門參看

○太陽星影太陽星姓孫名開字子真

定太陽出沒歌

正九出巳入庚方　二八出兎入雞場
三七發甲入辛位　四六生寅入犬藏
五月生艮歸乾上　仲冬出巽沒坤方
惟有十與十二月　出辰入申子細詳

定太陽行度詩

太陽躔度不虛行大寒五日子相迎雨水四日居亥上春分初六戌分明谷雨九辰臨酉位小滿九日便過申夏至八辰歸未上大暑八日午運行處暑當家九日巳秋分十一始来辰霜降十一烏出兎小雪十二始歸寅冬至八日来丑位十二宮中木暫停太陽所之宮謂殺藏到子午卯酉寅申巳亥所謂二合對宮福力太○大凡豎造安葬修方動土百事吉遇土木二宿與太陽同度云掩太陽之光力微凡事次之

定太陰行度詩

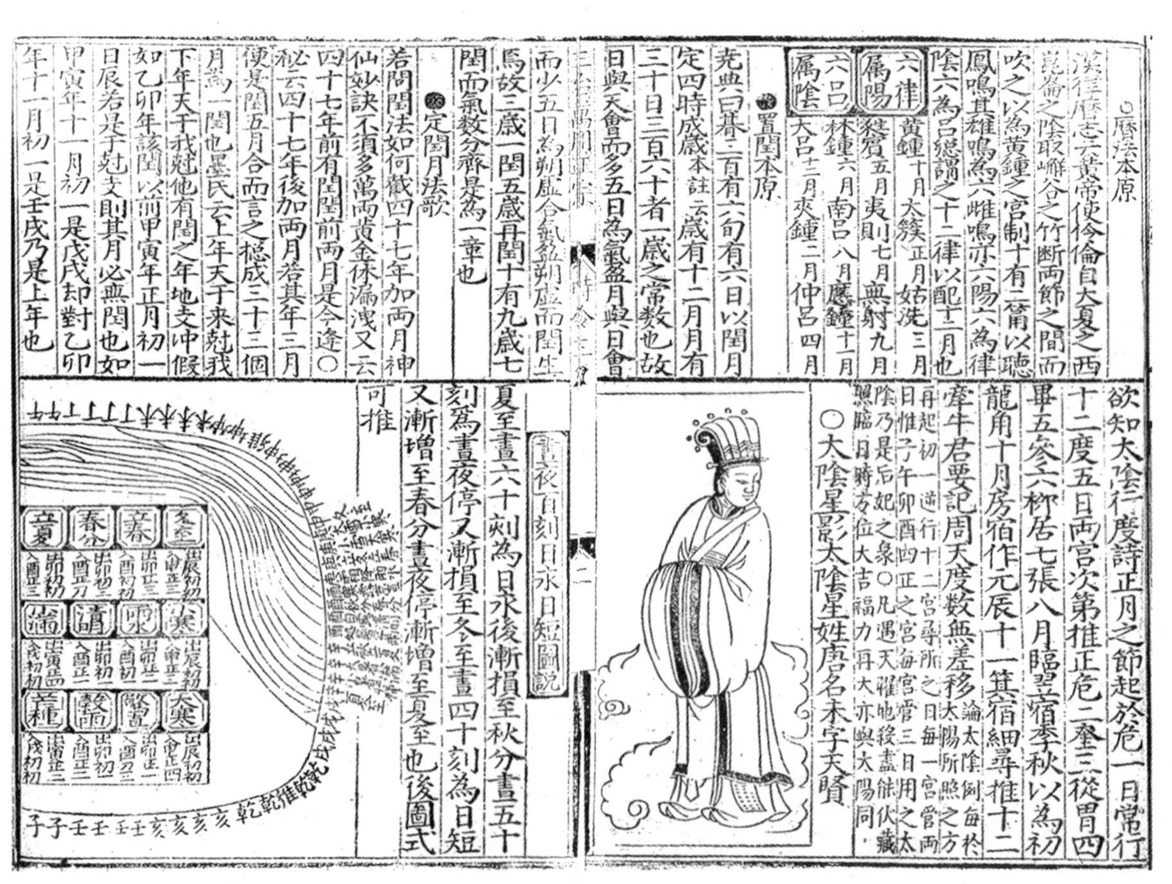

欲知太陰行度詩正月之節起於危一日常行十二度五日兩宮次第推正危二奎三從胃四畢五參六柳居七張八月臨翼宿季秋以為初龍角十月房宿作元辰十一箕宿細尋推十二牽牛君要記周天度數無差移論太陰倒每於太陽所照之方再起初一逆行十二宮尋所之日每一宮管兩日惟子午卯酉四正之宮每宮管三日用之太陰乃是后妃之象○凡遇天罹地殺盡能伏藏照臨日時方位大吉福力再大亦與太陽同

○太陰星影太陰星姓唐名未字夫賢

○曆法本原

漢律曆志云黃帝使伶倫自大夏之西崑崙之陰取嶰谷之竹斷兩節之間而吹之以為黃鍾之宮制十有二筩以聽鳳鳴其雄鳴為六雌鳴亦六陽六為律陰六為呂總謂之十二律以配十二月也

六律屬陽　黃鍾十一月　太簇正月　姑洗三月　蕤賓五月　夷則七月　無射九月

六呂屬陰　林鍾六月　南呂八月　應鍾十月　大呂十二月　夾鍾二月　仲呂四月

置閏本原

堯典曰朞三百有六旬有六日以閏月定四時成歲本註云歲有十二月月有三十日三百六十者一歲之常數也故日與天會而多五日為氣盈月與日會而少五日為朔虛合氣盈朔虛而閏生焉故三歲一閏五歲再閏十有九歲七閏而氣數分齊是為一章也

定閏月法歌

若問閏法如何截四十七年加兩月神仙妙訣不須多萬兩黃金休漏洩又云四十七年前有閏閏前兩月是今逢○訣云四十七年後加兩月若其年三月便是閏五月合而言之總成三十三個月為一閏也○墨氏云上年天干来尅我下年天干我尅他有閏之年地支冲假如乙卯年該閏以前甲寅年正月初一日辰若是干尅支則其月必無閏也如甲寅年十一月初一是戊戌却對乙卯年十一月初一是壬戌乃是上年也

晝夜百刻日永日短圖說

夏至晝六十刻為日永後漸損至秋分晝五十刻為晝夜停又漸損至冬至晝四十刻為日短又漸增至春分晝夜停漸增至夏至也後圖式可推

●定寅時歌
正九五更二點徹　二八五更四點歇
三七平光是寅時　四六日出寅無別
五月日高三丈地　十與十二四更二
仲冬纔到四更初　便是寅時為君記

●看猫眼定時法
子午卯酉一條線　辰戌丑未棗兒形
寅申巳亥圓如鏡　十二時辰為鉄定

●定月大小法
前九之年二月中　今年元旦日辰同　月大月小此為例　次第推求理自通　又云
四十三年大小同　天干相對地支冲　其日丙子對丙午　丁丑丁未一般同　四十七年加兩月　便與今年閏月同

●定節氣日辰法
前九年推後九通　輪食枝衝節氣同　閏月必定無中氣　此訣數君最有功　如己亥年壬戌日立春　則丁未年甲辰日立春　壬水生甲木為食神　辰戌相衝此為輪食枝衝　餘皆倣此

●求龍治水法
自歲旦日數去遇辰日則為龍治水　如正月初一日是辰便為一龍治水

●求牛耕地法
自歲旦日數去遇丑日則為牛耕地　如正月初一日乃丑便為一牛耕地

●求得辛法
自歲旦日數去遇辛日便為得辛

●求二社日
立春後五戊為春社　立秋後五戊為秋

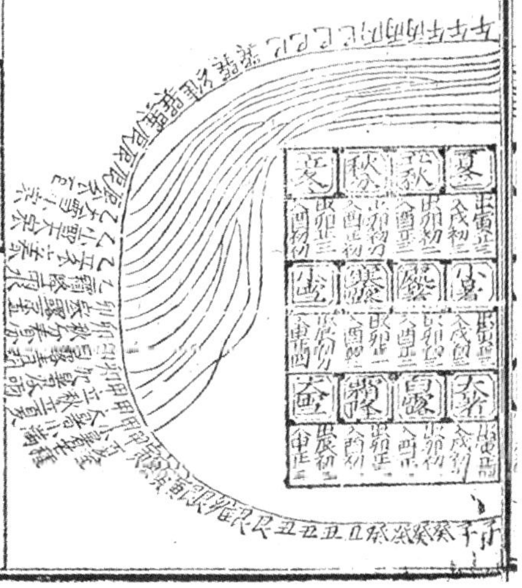

二十四氣節候

立春正月節	東風解凍	蟄虫始振	魚陟負水
雨水正月中	獺祭魚	鴻鴈北	草木萌動
驚蟄二月節	桃始華	倉庚鳴	鷹化為鳩
春分二月中	玄鳥至	雷乃發聲	始電
清明三月節	桐始華	田鼠化為鴽	虹始見
穀雨三月中	萍始生	鳴鳩拂其羽	戴勝降於桑
立夏四月節	螻蟈鳴	蚯蚓出	王瓜生
小滿四月中	苦菜秀	靡草死	麥秋至
芒種五月節	螳螂生	鵙始鳴	反舌無聲
夏至五月中	鹿角解	蜩始鳴	半夏生
小暑六月節	温風至	蟋蟀居壁	鷹始摯
大暑六月中	腐草為螢	土潤溽暑	大雨時行
立秋七月節	涼風至	白露降	寒蟬鳴
處暑七月中	鷹乃祭鳥	天地始肅	禾乃登
白露八月節	鴻鴈來	玄鳥歸	群鳥養羞
秋分八月中	雷始收聲	蟄虫壞戶	水始涸
寒露九月節	鴻鴈來賓	雀入大水為蛤	菊有黃華
霜降九月中	豺乃祭獸	草木黃落	蟄虫咸俯
立冬十月節	水始冰	地始凍	雉入大水為蜃
小雪十月中	虹藏不見	天氣上騰地氣下降	閉塞成冬
大雪十一月節	鶡鴠不鳴	虎始交	荔挺出
冬至十一月中	蚯蚓結	麋角解	水泉動
小寒十二月節	鴈北鄉	鵲始巢	雉雊
大寒十二月中	雞乳	征鳥厲疾	水澤腹堅

右氣候者説因天証人候時皆法用此朱子曰自今年冬至至明年冬至只是一氣周匝把來折做兩截則春夏為陽秋冬為陰分作四截便是四時分作二十四氣七十二候

社　或節時在午前五戊為社　若在午後六戊為社　○春社日雨年豐葉少　秋社日雨年豐秋熟

●定三伏日
夏至後三庚為初伏　第四庚為中伏　立秋後逢庚為末伏

●定梅雨
立夏後庚日入　芒種後巳日出　芒種後丙日進　小暑入後未宮　芒種後壬日入　夏至後庚日去無踪　江南以三月為梅雨　五月為送梅雨　破金云　芒種壬日進　小暑庚日出　日徽天主大熱也

●定液雨日
立冬後十日入液　交小雪節為出液　液雨降　雨來有果　液來無雨來年豐

●年歲荒熟歌
陰陽一氣先造化　總由天常看立春日
甲乙是豐年　丙丁遭大旱　戊己損田園
庚辛　靜　壬癸水盈川

●甲子荒熟歌
甲子豐年丙子旱　戊子蝗虫庚子亂
惟有壬子水滔滔　只在正月上旬看

●立春歌
立春見金菓不稀　低田水災高不宜
春日偶木由苗秀　夏來人疾水難瀰
壬癸水日逢天雨　火年夏旱冬霜雪
春社二日當屬土　麻豆粟麥足門閭

●立春晴日詩
立春天氣晴　百物盡收成　立春一日雨　四時雨均平

六十甲子歌并姓名　內附生尅并吉凶

甲子（支生干）忌火尅（不怕山頭火）義日吉　姓王名文卿（男杜仲　女唐卿）
乙丑　海中金（干尅支　要灯火）制日吉　姓龍名秀卿（男士卿　女文長）
丙寅（支生干）爐中火　忌水尅　義日吉　姓張名仲卿（男文公　女石通）
丁卯（支生干）姓司名馬卿（男朱泊寀　女東元升）
戊辰（干支和）大林木　忌金尅　和日吉　姓李名楚卿（男鄧卿　女成文長）
己巳（支生干）義日吉　姓何名文昌（男范少卿　女樂后陽）
庚午（支尅干）路傍土　不怕木尅　伐日凶　姓馮名仲卿（男林衛公　女辰左子）
辛未（支和干）義日吉　姓王名公章（男楊中衛　女當進卿）
壬申（支生干）劍鋒金　忌火尅　義日吉　姓侯名博卿（男蘇仲家　女汪漢卿）
癸酉（支生干　只怕灯火）（不怕霹靂）義日吉　姓孫名仲房（男丘岳卿　女武姚）
甲戌（干尅支）山頭火　忌水尅　制日平　姓名子江（男喜文卿　女戚公陽）
乙亥（支生干）義日吉　姓龐名明心（男孟飛卿　女衛上卿）
丙子（支尅干）澗下水　忌土尅　伐日凶　姓邢名文卿（男石子通　女昌巨卿）
丁丑（干生支）寶日吉　姓趙名子五（男魏文通　女朱仁卿）

○立春雲色歌

東方青雲小麥熟南離赤色小豆多西方白雲糯谷好北坎黑霧麥苗少若見黃色禾豈盛中央黃霞黍米淂一年雲色在春看至晚不見日色現一歲大訢民歡慶有風一日禾半收風雲聚會人多疾

○立冬荒熟歌

立冬屬火來年旱　逢水來春水必多
遇金來夏豆麥好　遇木次夏水旱灾
值土來年五谷盛　處處田禾足豐盈

○四時丙寅晴

春丙寅晴無水撒秧夏丙寅晴乾死禾娘秋丙寅晴乾晒入倉冬丙寅晴無霜雪

○年歲占雷

子日丑日雷公畜多瘴寅日鳴雷震

戊寅支尅干　忌木尅伐日凶　姓屢名子張　男成文長　女特通卿
己卯支尅干　城頭土　姓石名文陽　男范伯陽　女范少陽
庚辰支生干　忌火尅不義日吉　姓伊名佳卿　男左子行　女郁元仁
辛巳支尅干　白臘金　怕霹靂火伐日凶　姓楊名仲公　男史子仁　女楊仲公
壬午支尅干　怕金尅制日平　姓馮名子明　男江洪卿　女左右宫
癸未支尅干　楊柳木不怕白臘金　伐日凶　姓呂名威明　男宿上卿　女丘孟卿
甲申支生干　忌土尅義日吉　姓扈名文長　男戴少陽　女屯季卿
乙酉支尅干　泉中水　伐日凶　姓孫名利公　男明文卿　女元飛卿
丙戌干生支　忌木尅寶日吉　姓車名元孫　男崔仲卿　女司馬卿
丁亥支尅干　屋上土　伐日凶　姓張名文通　男霍叔美　女魏文公
戊子干尅支　制日平　姓渠名木楊　男時通卿　女和文昌
己丑干支和　霹靂火不怕水　和日吉　姓范名仲楊　男趙文光　女范伯陽
庚寅干尅支　忌金尅制日凶　姓褚名佳卿　男郤元陽　女王文章
辛卯　松柏木　姓趙名子丑　男華文陽　女文子仁

民安米賤高巳日雷震勸田收虫蛇會午日雷声响一年旱多遭禾日雷電聲民疾女沉痾申雷春多旱戌包損田阜酉亥風雷起人民若劳憎

○四時忌雨日

春季丁卯禾苗旱夏中辛卯禾死枯秋季乙卯禾損傷冬遇癸卯無收藏

○歲節晴雨歌

旦日晴和無日色年豐四時人安息上元日出晴明秀芳花茂盛百草就社日下雨年時美樹枝無花菓彫萎三月三日若下雨蠶娘細絲絲細細清明午前一日晴早蚕大旺不須驚午後清明晚蚕好夜雨麥爛蚕脊稿四月四日雲霧雨米谷貴來人嘆息四月八日大雨施

壬辰支尅干　長流水忌土尅　伐日凶　姓孔名仁卿　男左子從　女孫仲房
癸巳干尅支　制日吉　姓史名公来　男樂進卿　女宿上卿
甲午干生支　沙中金　不怕火無寶日吉　姓衛名上卿　男㐂季卿　女厖明心
乙未干尅支　忌火尅制日平　姓范名必陽　男王文卿　女胡斧
丙申干尅支　山下火不怕水尅　制日中　姓朱名伯浪　男司馬卿　女趙子王
丁酉干尅支　姓戚名文公　男張仲卿　女霍叔興
戊戌干支和　不怕金無　平地木　和日吉　姓范名必陽　男何文陽　女石文陽
己亥干尅支　清冒　宝不得上　制日平　姓鄧名都卿　男李楚卿　女從元光
庚子干生支　壁上土忌木尅　寶日吉　姓相名仲升　男王文章　女王仲光
辛丑支生干　義日吉　姓林名衛公　男馬仲卿　女華文陽
壬寅干生支　金泊金忌火尅　寶日吉　姓丘名孟卿　男孫仲房　女良呂
癸卯干生支　姓蘇名他家　男傅卿　女樂進卿
甲辰干尅支　覆燈火忌水尅　制日吉　姓孟名非卿　男厖明心　女孔利公
乙巳干生支　寶日吉　姓庚名文卿　男龐子女　女華文卿

一年豐熟花菓稀四月十二雨紛紛大小麥苗收四門立夏日晴多旱應端陽日色來年盛夏至下雨大豐登立秋晴明半收成小雨吉時大雨凶禾苗虫食無一容秋分日晴物不生天明小雨人吉慶秋社雨報來年豐重陽雨大熟盈光冬至日色盛若明萬家苦惟啼叫叶風寒一日晴陰霾人人吉慶足歡怡

○定龍神行度風颶日

龍神行風○凡龍神朝會大殺逢合之日皆有悪風颶風則雨乘船宜忌此乃許真君秘傳並見神尅必用

正月初三初八十一二十五廿龍神日
二月初三初九十三二十龍神朝帝日
三月初三初七二十七龍神朝星辰日

丙午干支和　天河水不怕土　和日吉　姓魏名安卿　男趙子汪　女張仲卿
丁未干生支　寶日吉　姓石名叔通　男郁孫卿　女張仲郎
戊申干生支　大驛土不怕土　寶日吉　姓范名伯通　男石文陽　女范和卿
己酉干生支　姓成名文長　男虞益　女季楚
庚戌支生干　釵釧金忌火尅　義日吉　姓史名子仁　男仲公　女郭子良
辛亥支生干　不怕霹靂火　姓尹名佳卿　男左子行　女馮仲卿
壬子干支和　桑柘木忌金尅　和日吉　姓宿名上卿　男呂威　女史文夾
癸丑支尅干　伐日凶　姓汪名虞卿　男馬子陽　女侯傳卿
甲寅干支同　大溪水忌土尅　和日吉　姓明名文章　男孔公利　女杜仲卿
乙卯干支同　姓戚名公楊　男邑文長　女夜子江
丙辰干生支　沙中土不怕木　寶日吉　姓霍名叔美　男展文道　女威文公
丁巳干支同　和日吉　姓崔名巨卿　男車元梓　女邢元仲
戊午支生干　天上火不怕水　義日吉　姓從名元光　男范和卿　女鄧都卿
己未干支同　和日吉　姓時名道卿　男樂石陽　女虞子張

四月初八初十二十龍會于大白日
五月初五十三十九天帝朝玉皇日
六月初九二十七地神朝玉皇日
七月初七初九二十諸煞交會日
八月初三初八十五廿七龍神交會日
九月十一十五十九諸神朝玉皇日
十月十五二十七東嶽府君朝天日

○逐月悪風日

正月初十二十乃大將軍下降逢太后之日午後三刻有悪風
二月初九十二十四十七乃諸神交會酉三刻有悪風
三月初二十七二十七日乃神朝上界逢星君之日午後有大風
四月初八十九二十三日乃諸神逢會

庚申干支和　石榴木忌金尅　和日吉　姓葉名文卿　男郭子良　女林衛公
辛酉干支和　姓卯名北五　男城進卿　女尹佳卿
壬戌支尅干　大海水不怕土　伐日凶　姓樂名進卿　男史公来　女蘇他家
癸亥支干同　和日吉　姓左名松公　男雄政　女馮子明

太歲秘號

甲曰閼逢　乙曰旃蒙　丙曰柔兆　丁曰彊圉
戊曰著雍　己曰屠維　庚曰上章　辛曰重光
壬曰玄黓　癸曰昭陽　子曰困敦　丑曰赤奮
寅曰攝提　卯曰單閼　辰曰執徐　巳曰大荒
午曰敦牂　未曰協洽　申曰涒灘　酉曰作噩
戌曰閹茂　亥曰大淵

天干月名

甲月名畢　乙月名橘　丙月名修　丁月名圉

之日午后三刻有惡風
五月初五十二十九天王朝上帝之日
中酉有惡風
六月十九廿七地合日卯辰時有惡風
七月初七初九十五二十七乃諸神交
會見帝日午後有惡風
八月十一十五十七十九乃名歲惡之
日主有惡風
十月十五十八十九二十日乃府君朝
上界日卯後主有惡風
十一月初一初三十九二十乃名天合
之日亦主有惡風至
十二月初二初五初六初八二十二十
六天地交會日辰時有惡風

●定無風即雨訣

正月初十日晦日大将軍下界逢大煞
星午時三刻主惡風無風即雨
二月初九十三十四十七日酉時後三
刻主惡風無風即雨
三月初三十七二十七諸灵祇朝上界
逢星午時后大風無風即雨
四月初七十九二十三日諸神會逢太
白辰時五刻有風無風即雨
六月十六廿九是地合日卯辰時有惡風
七月初九十五廿七西海龍王下魚鬼
登天訴事午時后有惡風無風即雨
八月初二初八十七十八十九二十日
歲星計星月建交會有大風雨
十月十五十七十八二十七日太山府
君上天界卯時后惡風至即雨

戊月名厲　己月名則　庚月名窒　辛月名塞
壬月名終　癸月名極

十二月名

正月為陬　二月為懸　三月為寎　四月為余
五月為皐　六月為且　七月為相　八月為壯
九月為玄　十月為陽　十一月為辜　十二月為涂

十二月建

正月建寅　二月建卯　三月建辰　四月建巳
五月建午　六月建未　七月建申　八月建酉
九月建戌　十月建亥　十一月建子　十二月建丑

二十四時姓名

子姓寫名防　丑姓鄭名衡　寅姓党名唐　卯姓楊名正　辰姓昇名丹　巳姓刀名玉
午姓劉名文　未姓盧名叔　申姓郝名良　酉姓谷名下　戌姓曹名紳　亥姓李名遂
乾姓高名白　坤姓彬名開　艮姓于名高　巽姓高名江　甲姓尚名吉　乙姓楊名光
丙姓秦名膚　丁姓隱名盛　庚姓白名壽　辛姓黃名齊　壬姓尹名素　癸姓陰名精

四時訓釋

春蠢也萬物蠢化廼運動也爾雅云春為青陽
萬物發生月令云盛德在木其帝太皞其神勾芒
夏律歷志云夏假也物假大乃宣平也纂要云
夏曰朱明亦曰長嬴月令云盛德在火其帝炎
帝其神祝融
秋揫也物揫斂乃成就也纂要云秋為素節又
為白藏月令云盛德在金其帝少皞其神蓐收
淮南子云一葉落而天下知秋
冬終也萬物所以成終也物終則藏閉塞成冬
爾雅云冬為玄英月令云盛德在水其帝顓頊

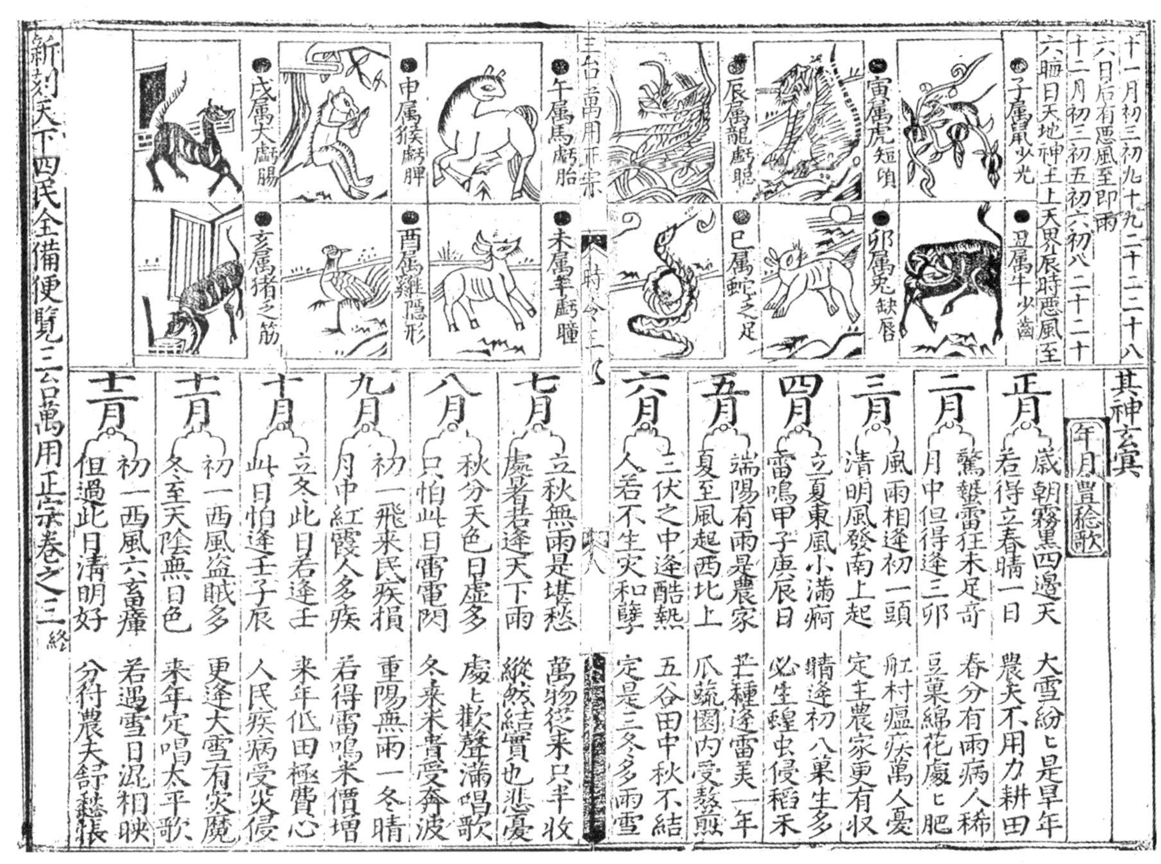

十一月初三初九十九二十二二十八
六日后有惡風至即雨
十二月初三初五初六初八二十二二十
六晦日天地神王上天界辰時惡風至

●子屬鼠少光　●丑屬牛少齒
●寅屬虎短項　●卯屬兎缺唇
●辰屬龍虧聰　●巳屬蛇之足
●午屬馬虧胎　●未屬羊虧瞳

●申屬猴虧脾　●酉屬雞隱形
●戌屬犬虧腸　●亥屬猪之筋

其神玄冥

年月豐稔歌

正月　歲朝霧黑四邊天　大雪紛紛是旱年
若得立春晴一日　農夫不用力耕田
二月　驚蟄雷狂未足奇　春分有雨病人稀
月中但得逢三卯　豆菓綿花處處肥
三月　風雨相逢初一頭　舡村瘟疾萬人憂
清明風發南上起　定主農家更有收
四月　立夏東風小滿痾　晴逢初八菓生多
雷鳴甲子庚辰日　必生蝗虫侵稻禾
五月　端陽有雨是農家　芒種逢雷美一年
夏至風起西北上　瓜蔬園內受熬煎
六月　三伏之中逢酷熱　五谷田中秋不結
人若不生灾和孽　定是三冬多雨雪
七月　立秋無雨是堪愁　萬物從来只半收
處暑若逢天下雨　縱然結實也悲憂
八月　秋分天色日虛多　處處歡聲滿唱歌
只怕此日雷電閃　冬來米貴受奔波
九月　初一飛来民疾損　重陽無雨一冬晴
月中紅霞人多疾　若得雷鳴米價增
十月　立冬此日若逢壬　来年低田極費心
此日怕逢壬子辰　人民疾病受灾侵
十一月　初一西風盜賊多　更逢大雪有灾魔
冬至天陰無日色　来年定唱太平歌
十二月　初一西風六畜癱　若遇雪日混相映
但過此日清明好　分付農夫舒懋(?)張

新刻天下四民全備便覽三台萬用正宗卷之三終

新刻天下四民便覽三台萬用正宗卷之四

人紀誌畧

人紀門

○歷代臣紀
賤人四佐○明由曉升級等差餃所先
後必首受稅俗受賦稅及徭役成傳受
古諸古諸侯戰業隕丘受疋嬪主受此
錄○伏羲九相 共工上相 相皇下相 朱
襄居左 昊英居右 栗陸居北 赤伏居南
昆吾居西 葛天居東 陰康居下 ○六佐
金提主化俗 鳥明主建福 視默主
災惡 紀通爲中職 仲起為海陸
陽侯為江湖○黃帝六相 蚩尤明天道
太常察地户 蒼龍辨東方 祝融辨
南方 風后辨西方 后土辨北方
舜臣五人 禹 稷 契 臯陶 伯益
九官 禹司空 棄后稷 契司徒 臯
陶士 垂共工 益虞 伯夷秩宗
夔典樂 龍納言 十三相 即八元八愷
是也 八元 伯奮 仲堪 叔獻 季仲
伯虎 仲熊 叔豹 季貍 八愷 蒼舒
隤敳 檮戭 大臨 尨降 庭堅
臯陶字 仲容 叔達 禹二相 臯陶 伯
益 湯二相 伊尹 仲虺 商六臣 伊尹 湯
臣 伊陟 臣扈 巫咸 俱相大戊 巫賢
相祖乙 甘盤 武丁臣 周六卿 召公 冢宰
芮伯 司徒 彤伯 宗伯 畢公 司馬 衛侯 司
寇 毛公 司空 十亂 周公旦 召公奭
太公望 畢公高 毛公 閎夭 大

歷代帝王
伏羲神農與黃帝是謂三皇掌天地少昊顓頊
及高辛堯舜以唐虞號五帝夏商周兮曰三代戰
國七雄侯十二秦惟二世有楚王西漢後為莽
篡位東漢誅莽後中興三國魏蜀吳繼至西晉
承魏都洛陽東晉起於司馬極南朝宋齊及梁
陳北號後魏東西魏北齊後周同一隅隋帝興
兮乃楊氏李唐之後有五代梁唐晉漢周相繼
繼周者宋天下平迨宋南遷是胡金元滅胡金
取宋繼南北混一九十歲自堯迄元戕春秋二
千七百二十四帝王神器已有歸 大明接
統萬上歲

甲子說 五帝外紀曰甲子者自軒轅黃帝始有
星官之書乃命大撓探五行之情占斗綱所建
始作甲子蓋所以運年而歷歲紀也乃知黃帝
以前有年而無運黃帝以下有年運而無年號
自堯乃有甲辰元年之諦西漢文帝始有後元
年之名景帝始有中後元年之說至武帝始刱
年號非正統者不書

天曆會元之數 臞仙曰自開闢至予初度之年
皇明洪武之戊午通該三百二十七萬七千八
百七十四年○按帝王世紀云自天皇至燧皇

顛 南宮适 散宜生 文母太姒或
日邑 魯三氏 仲孫氏 叔孫氏 季孫
氏 殷三仁 王子 比干 箕子 晉六卿
趙氏 范氏 智氏 荀氏 魏氏
韓氏 齊四臣 檀子 盼子 黔夫 種
首 魏三師 卜子夏 田子方 段干木
秦李斯 相始皇 趙高 相二世 漢 蕭何
相高祖 曹參 相惠帝 王陵 右相呂后 陳
平 左相呂后 公孫弘 相武帝 石慶 相武
帝 公孫賀 相武帝 田千秋 相武帝 楊敞
相昭帝 韋賢 相宣帝 魏相 相宣帝 邴吉
相宣帝 黃霸 相宣帝 王嘉 相哀帝 孔光
相平帝 宋均 相章帝 陳寵 尚書令章帝
臣 左雄 尚書令順帝 荀淑 相桓帝 三國
蜀 諸葛亮 相昭烈 蔣琬 相後帝 魏 司馬
懿 相曹丕 司馬昭 相曹髦 吳 陸遜 相孫
權 晉 楊駿 太傅 山濤 俱相惠帝 王戎 司
徒 王敦 相元帝 王導 太傅相成帝 桓溫
丞相 大司馬 帝奕 謝安 相武帝 劉裕 為
相受禪為宋 唐 房玄齡 左僕射相太宗
長孫無忌 左僕射 李勣 右僕射相高宗
婁師德 平章事相武氏 狄仁傑 梁惠公
魏元忠 入相 張柬之 平章俱相武氏 姚
崇 盧懷慎 宋璟 張說 李元紘
杜暹 韓休 李林甫 楊國忠 俱相
玄宗 郭子儀 汾陽王 楊綰 俱相太宗 崔
祐甫 楊炎 盧杞 劉從 姜公輔
李泌 陸贄 趙憬 裴延齡 俱相德
宗 杜黃裳 李吉甫 諛佞 裴垍 李絳
宜 皇甫鎛 程异 俱相憲宗 乙 僧儒 相

九十一代凡一百八萬二千七百六十年自
烈王三十三年戊寅起至後周世宗顯德六年
己未止凡一千三百六十八年按春秋玄帝爸
云自開闢至獲麟凡三百二十七萬六千年分
為十紀○堯元年甲辰至元順帝丁未通計凡
三千七百二十四年○按天運紹統自伏羲至
胡元除僭號不載外帝吳蜀遼金開位正統至
我○皇明混一區宇君天下共二百三十二君

三皇紀 三皇者其說始于周禮外史掌三皇之
書其義取天開於子地闢於丑人生於寅之意
其君不一然書契未興無從而考姑以八君之
有攜者紀之也今觀盤古氏之開混沌天皇氏
之作支干地皇氏之定三辰人皇氏之相山川
有巢氏之教民巢居燧人氏之教民火食循其
名責其實則三皇可得而定也

三皇歌 鑿開混沌分天地 天地分從攝提歲是
生萬物人最靈斯人之初盤古氏天皇兄弟十
二頭各歲一萬八千過地皇十一頭兄弟亦各
一萬八千禩人皇氏兮九九頭九兄弟者分九
州相傳一百五十世四萬九千六百秋三皇以
後有巢出搆木為巢食木實有巢氏后燧人來
攢燧改火教民食

太古 洪荒混沌之初分 遠太故稱之義也 天皇氏 兄弟十二人亦各一萬八千歲
地皇氏 兄弟十一人亦各一萬八千歲 人皇氏 兄弟九人頭分長九州凡一百五十世合一萬五千六百年
有巢氏 搆木為巢室以棄為衣裳食木實 燧人氏 教人火食烹炊二百三十年然国都不可考

後唐宗裴度相敬宗李德裕　李訓俱相
文宗武宗向敏中相宣宗僖宗鄭綮
崔徹相昭宗朱全忠相昭宣〔五代〕後梁
敬翔　李振末帝〔後唐〕郭崇韜相莊宗
馮道　崔協相明帝盧文紀　崔居儉
相廢帝〔後晉〕李崧　桑維翰相高祖延
廣相齊王〔後漢〕蘇逢吉　楊邠相隱帝
〔後周〕瀛文懿　廣明相世宗〔宋〕范質
王溥　魏仁甫　趙普　薛居正　沈
義倫俱相太祖盧多遜　曹彬　王顯
宋祺　呂蒙正　李方　張齊賢俱相
太宗呂端　李沆　向敏中　畢士安
寇準　王旦　王欽若　李迪　丁
謂　馮拯俱相真宗王曾　張知白
張仕遜　王隨　呂夷簡　陳堯佐

章德象　陳執中　杜衍　文彥博
宋庠　龐籍　梁適　劉沆　王堯臣
俱相仁宗韓琦　曾公亮俱相英宗富
弼　王安石　呂公著　韓絳　元絳
蔡確俱相神宗司馬光後相呂大防
范純仁　劉摯　章惇　蔡卞　韓忠
彥　曾布　蔡京　何執中　王黼
鄭居中俱相徽宗李綱　劉韐　何㮚
俱相欽宗李綱後相張邦昌　黃潛善
汪伯彥　呂頤浩　范宗尹　秦檜
朱勝非　趙鼎　張浚　万俟卨　姧湯
思退後陳康伯俱相高宗史浩　葉顒
魏杞　蔣芾　陳俊卿　虞允文　梁
克家　曾懷　葉衡　趙雄　王雅
周必大俱相孝宗王藺　葛邲　趙汝

〔五帝歌〕曰昔太昊宓犧氏首畫八卦造書契女
媧共工暨無懷風姓相承十五世後有神農號
炎帝始嘗百草教耒耜帝承帝臨姜姓終八世
五百二十歲黃帝公孫名軒轅衣裳而治法乾
坤金天少昊是其子高陽顓頊是其孫曾孫帝
嚳號高辛玄孫伊祁名放勳放勳是爲陶唐堯
禪子有虞其姓姚重華其名舜其謚舜又禪子
夏后氏

〔太昊〕伏羲氏風姓蛇身人首木德王天下龍紀官畫八卦造書契制嫁娶作瑟樂斷桐爲琴絙絲爲絃在位一百一十五年〔女媧氏〕風姓煉五色石以補斷鰲足以立四極以相繼十五世共一百三十年一云至無懷氏共一千二百六十年或云一萬七千七百八十年

〔炎帝〕神農氏姓姜繼太昊以火德王天下都于陳時有火星之瑞因以名師列廛於國以通貨帛日中爲市以交有無嘗百草始有醫藥立本草書以教民種制耒耜以教民耕故風俗淳厚在位百四十年崩于長沙之茶鄉〔帝承〕在位六十年〔帝臨〕在位八十年〔帝明〕在位四十九年〔帝宜〕在位四十五年〔帝來〕在位四十八年〔帝衰〕在位四十三年〔帝榆罔〕在位五十五年

〔黃帝〕有熊氏姓公孫名軒轅繼炎帝以土德王天下時有景雲之瑞故以雲名師受河圖見日月星辰之象於是制星官之書命大撓作甲子容成作曆隸首作算數伶倫制律呂宮室舟車衣裳文物軒冕名器用皆自此始都軒轅丘在位百年子玄囂立是爲少昊

〔五帝〕〔少昊〕金天氏黃帝子名摯繼黃帝以金德王天下都曲阜時鳳鳥適至因以鳥紀官諸福之物畢至受書鸞鳳立建鼓制浮磬以通山川之風作大淵之樂以諧人神和上下是日九淵元年壬子在位八十四年兄昌意之子高陽立

〔顓頊〕黃帝孫昌意子母曰昌僕有星如虹感而生帝共工氏爲害帝伐之代少昊都帝位即東都濮陽以水德王爲黑精之君號高陽氏元年乙亥在位七十八年以人事命官也有才子八人曰八凱

〔帝嚳〕黃帝曾孫也代顓帝有天下都亳今西京偃師縣以木德王號高辛氏元年甲午在位七十年曆日月以迎送序星辰以著養聚陳鋒生放勳娶娵訾生摯有才子八人曰八元

〔帝堯〕帝嚳子姓伊耆母陳鋒氏遇赤龍感而娠生眉有八彩年十六以

愚　韓侂冑俱相光宗余端禮　京鏜
謝深甫　陳自強　錢象祖　史彌遠
俱相寧宗鄭清之　喬行簡　李宗勉
史嵩之　范鍾　杜範　游侶　趙葵
謝方叔　吳潛　董槐　丁大全　賈
似道俱相理宗程元鳳　葉夢鼎俱
相度宗王爚　章鑑　陳宜中　[illegible]
俱相恭宗文天祥　張世傑俱相帝昺
〔元〕伯顏　阿朮　阿合馬　甕吉剌
阿答海　完澤俱相世宗　劉深　合剌帶
阿難答與俱相成宗哈剌哈孫　答剌海
阿沙不花　三寶奴俱相武宗合散
伯答沙　阿散俱相仁宗拜住　鐵木
迭兒相英宗旭邁傑相泰定帝　曜里帖
木兒　燕帖木兒　帖木兒補化　伯

顏俱相文宗撒敦　唐其勢　馬札兒
台脫脫　阿魯圖　別兒怯不花　朶
兒只　太平答剌罕　哈麻定住　搠
思監　孛羅帖木兒
〔大明〕○〔太祖高皇帝〕徐達右丞相　李善
長右丞相劉基弘文館學士　陶凱禮部
尚書汪廣洋右丞相胡惟庸左丞相詹
同吏部尚書宋濂翰林學士　呂熙吏部
尚書偰斯吏部尚書劉崧吏部尚書阮
畯吏部尚書宋訥翰林學士　吳沉武英
殿學士吳伯宗華蓋學士朱善文淵學
士劉三吾翰林學士詹徽吏部尚書任
亨泰禮部尚書方孝孺侍講〔建文皇帝〕
方孝孺侍講王叔英翰林修撰解縉侍
詔茹瑺吏部尚書　齊泰兵部尚書董

侯升爲太子都平陽在河東郡今晉州元年甲辰在位七十二年茅茨不剪土階三等蓂莢生於庭以順時序調四氣十年命羲和稷契教養萬民以火承木爲火德號陶唐氏棄子丹朱禪位虞舜

〔帝舜〕高陽氏之裔父曰瞽瞍母握登見大虹感而生目重瞳堯崩三年喪畢踐天子位都蒲坂今河中郡河東縣攝政三十年元年丙辰即位六十一年格於父母諧於兄弟孝友之至通於神明耕歷山人皆讓畔漁雷澤人皆讓居陶河濱器不苦窳篤孝意於五弦之琴形威德於兩階之舞以土承火爲土德王號有虞氏棄子商均傳位於禹

○〔夏紀〕傳一十七主禹起丁巳止癸甲午共四百五十八年

〔歌曰〕
禹啓太康與仲康帝相少康杼槐芒泄不降扃
歷孔甲帝皐帝發履癸亡家天下者始夏禹取
天下者始成湯

〔三代〕〔夏禹〕夏之先黃帝之後高陽氏孫曰鯀嘉用治水無功殛之舜舉其子以成父續而抑洪水天下平堯以其功賜姒氏舜爲天子薦禹爲嗣舜崩三年喪畢踐天子位都安邑今蒲州禹都縣國號夏元年丁巳在位二十七年其緯指金其正建寅色尚黑別五服敘五疇薦益於天朝覲訟獄謳歌者不和益而知啓遂踐天子位能繼禹之道〔啓〕元年甲申在位九年崩子自此始

〔太康〕啓之子羿篡之因失國而死元年癸巳在位二十九年〔仲康〕太康之弟羿立之元年壬戌在位十三年〔帝相〕仲康子元年乙亥在位二十七年〔少康〕相之子元年壬寅在位六十二年〔帝杼〕少康之子元年甲辰在位一十七年〔帝槐〕杼之子元年辛酉在位二十六年〔帝芒〕槐之子元年丁亥在位一十八年〔帝泄〕芒之子元年乙巳在位一十六年〔帝不降〕泄之子元年辛酉在位五十九年〔帝扃〕不降之弟元年庚申在位二十一年〔帝廑〕扃之子元年辛巳在位二十一年〔帝孔甲〕不降之子元年壬寅在位三十一年〔帝皐〕孔甲之子元年癸酉在位一十一年〔帝發〕皐之子元年甲申在位一十九年〔帝桀〕帝發之子元年癸卯在位五十二年民怨其虐指日而誓湯受天命而放於南巢天下歸商焉

〔商紀〕湯初號商後盤庚改殷湯起乙未止紂戊寅凡二十八主共六百四十四年

〔歌曰〕湯甲沃丁并太庚小乙雍己太戊承仲丁
外壬河亶甲祖乙祖辛沃甲與祖丁南庚與陽

倫翰林學士 成祖文皇帝 解縉左春坊 黄淮翰林大學士 胡廣文淵閣大學士 楊榮文淵閣大學士 楊士奇左春坊太學士 金幼孜文淵閣太學士 胡儼左諭德兼侍讀 仁宗昭皇帝 楊士奇華盖大學士 楊榮工部尚書 金幼孜禮部尚書 黄淮戶部尚書 楊溥翰林學士 宣宗章皇帝 楊士奇華盖大學士 楊榮謹身大學士 金幼孜卒官 黄淮致仕 楊溥內艱 張瑛華盖學士 陳山戶部尚書 英宗睿皇帝 楊士奇卒官 楊榮卒武林 楊溥武英大學士卒 陳循戶部右侍郎兼學士 曹鼐吏部左侍郎翰林學士 馬愉礼部右侍郎侍講學士卒 苗衷兵部右侍郎兼翰林學士 高穀工部右侍郎翰林學士 張益侍講學士 景皇帝 陳循文淵閣大學士 苗衷致仕 高穀東閣大學士 彭時內艱 商輅翰林太學士 江淵侍講學士 王一寧侍郎學士卒 蕭鎡戶部尚書 王文東閣大學士 英宗睿皇帝 陳循徙邊 高穀致仕 王文死於西市 商輅削籍 蕭鎡削籍 徐有貞華盖大學士 許彬禮部侍郎 薛瑄致仕 李賢吏部尚書 呂原翰林學士 岳正翰林脩撰 彭時翰林學士 陳文礼部侍郎 憲宗純皇帝 李賢華盖大學士卒官 陳文文淵閣大學士 彭時吏部尚書文淵閣大學士 劉定之礼部侍郎兼翰林學士 商輅謹身殿大學士 萬安華盖殿大學士 劉珝戶部尚書謹身殿大學士致

甲盤庚辛乙并武丁庚甲廩辛庚丁繼乙丁帝乙兼受辛盤庚以前爲商號盤庚以後號爲殷

商湯 先有娀氏配高辛氏見玄鳥卵吞之生契 契爲堯司徒教民有功封商賜姓子氏契十二世生主癸主癸生成湯湯名履繼主癸有國用伊尹伐桀踐天子位都亳今南京大梁穀熟縣國號殷其德指木其正建丑色尚白法三聖式九圍出郊祝網以身禱雨元年乙未在位一十三年

外丙 湯之次子元年戊申在位二年

仲壬 湯之少子元年庚戌在位四年

太甲 湯之孫元年甲寅在位二十七年

沃丁 太甲之子元年辛巳在位二十九年

太庚 沃丁之弟元年庚戌在位二十五年

小甲 太庚之子元年乙亥在位一十七年

雍己 小甲之弟元年壬辰在位一十二年

太戊 雍己之弟元年甲辰在位七十五年

仲丁 太戊之子元年己未在位一十三年

外壬 仲丁之弟元年壬申在位一十五年

河亶甲 外壬之弟元年丁亥在位二十五年

祖乙 河亶甲之子元年丙申在位十九年

祖辛 祖乙之弟元年乙卯在位十六年

沃甲 祖辛之弟元年辛未在位二十五年

祖丁 沃甲之子元年丙申在位三十二年

南庚 祖丁之弟元年戊辰在位二十五年

陽甲 南庚之弟元年癸巳在位七年

盤庚 陽甲之弟元年庚子在位二十八年傳

小辛 盤庚之弟元年戊辰在位二十一年

小乙 小辛之弟元年己丑在位二十八年

武丁 小乙之子元年丁巳在位五十九年

祖庚 武丁之子元年丙辰在位七年傳

祖甲 祖庚之弟元年癸亥在位三十三年

廩辛 祖甲之子元年丙申在位六年

庚丁 廩辛之弟元年壬寅在位二十一年

武乙 庚丁之子元年癸亥在位四年

太丁 武乙之子元年丁卯在位三年

帝乙 太丁之子元年庚午在位三十七年

紂辛 帝乙之子名受辛元年丁未在位三十二年因寵妲己虐殘下民無道武王伐之甚大而盡天下歸周焉

○周紀 傳三十七王并東周召始武王己卯終東周召壬子八百七十五年

歌曰 文武成康與昭穆 共懿孝夷厲宣幽 平桓莊釐惠襄頃 匡定簡靈景敬悼 元貞哀思考威烈 安烈顯愼赧東周 威烈以前爲戰國 平王以後爲春秋

仕 劉吉禮部尚書謹身殿太學士 彭華禮部尚書 尹直兵部尚書 孝宗敬皇帝 萬安致仕 劉吉華盖殿大學士 尹直致仕 徐溥華盖殿大學士 劉健華盖殿大學士 丘濬武英殿大學士 謝遷武英殿大學士 武宗毅皇帝 劉健致仕 李東陽華盖殿太學士 謝遷武英殿太學士 焦芳吏部尚書謹身殿大學士 王鏊武英殿學士 楊廷和華盖大學士 劉宇文淵大學士 曹元削籍 劉忠武英大學士 梁儲華盖大學士 費宏武英殿學士致仕 靳貴武英殿大學士 楊一清武英殿大學士致仕 蔣冕文淵大學士 楊廷和華盖殿大學士 毛紀武英殿大學士 世宗肅皇帝 袁宗皐武英殿大學士 石瑤文淵閣大學士 賈詠武英殿大學士 席書礼部尚書武英殿學士 翟鑾武英殿大學士 張璁吏部尚書謹身殿學士 謝遷武英殿大學士 桂萼武英殿大學士 張孚敬華盖殿大學士 方獻夫武英殿學士 李時武英殿學士 夏言華盖殿大學士 顧鼎臣武英殿學士 費宏華盖殿大學士 嚴嵩華盖殿大學士 許讃文淵閣學士 張璧東閣大學士 李本詹事兼翰林學士 徐階建極殿大學士

○歷代人紀

少昊四叔 實能金木及水

重句芒 六該蓐收金 修玄冥水 熙同士

高辛七[illegible] 州選舉眞佐帝德

周文王 姓姬名昌商時爲西伯施仁以治岐者惠以造商居羑里演八卦六十四卦三分天下有其二受命九年

武王 文王子名發西歸作洪範商政虐文王伐商放紂以木德王元年己卯在位八年

成王 名誦武王子元年丙戌在位三十七年

康王 名釗成王之子刑措不用元年癸亥在位二十六年

昭王 名瑕康王之子南征濟漢元年己丑在位二十一年

穆王 名滿昭王之子作甫刑元年庚戌在位二十五年

共王 名繄穆王之子徙都槐里元年乙亥在位一十二年

懿王 名囏共王之子時周道衰元年丁亥在位二十五年

孝王 名辟方懿王之子元年壬子在位一十五年

夷王 名燮孝王之子時諸侯來朝下堂迎元年丁卯在位十六年

厲王 名胡夷王之子禁言監謗國人元年癸未在位三十七年

共和周召二公 共理協和國事元年庚申共十四年

宣王 名靜厲王之子元年甲戌在位四十六年

幽王 名宮涅宣王之子元年庚申在位一十一年

平王 名宜臼幽王之子元年辛未在位五十一年

桓王 名林平王之子元年壬戌在位二十三年

莊王 名佗桓王之子元年乙酉在位一十五年

釐王 名胡齊莊王之子元年庚子在位五年

惠王 名閬釐王之子元年乙巳在位二十五年

襄王 名鄭惠王之子元年庚午在位三十三年

頃王 名壬臣襄王之子元年癸卯在位六年

匡王 名班頃王之子元年己酉在位六年

定王 名瑜匡王之子元年乙卯在位二十一年

簡王 名夷定王之子元年丙子在位一十四年

靈王 名泄心簡王之子元年庚寅在位二十七年

景王 名貴靈王之子元年丁巳在位二十五年

悼王 名猛景王之子凡在位一年

敬王 名匄景王之子元年壬午在位四十四年

元王 名仁敬王之子元年丙寅在位六年

貞定王 名介元王子元年壬申在位二十八年

哀王 名去疾貞定王之子在位三月弟叔襲殺之自立名思王凡五月顏殺之

考王 名嵬定王之子元年庚子在位一十六年

威烈王 名午考王之子元年丙辰在位二十四年時九鼎震命韓魏

安王 名驕威烈王之子元年庚辰在位二十六年

烈王 名喜安王之子元年丙午在位七年

顯王 名扁烈王之弟元年癸丑在位四十八年

愼靚王 名定顯王之子元年辛丑在位七年

赧王 名延愼靚王之子元年丁未在位五十八年

東周君 名班惠公之子考王之後元年丙午在位七年

○春秋戰國紀

風后受金法 能火是非大老受天籙天
數命也五聖受道級級次第也知命受
糾俗糾正也窺紀受變復有禍變能補
復地典受州絡絡維絡也力墨受準斥
凡事也一作力牧
黃帝六術 ○羲和占日 常儀占月
史區占星 伶倫造律呂 隸首作筭
數 大撓作甲子
高陽二正 南正重司天以屬神 火正黎
司地以屬民
羲和四子 孔安云即堯之四子
羲仲春 羲叔夏 和仲秋 和叔冬
堯二女 以妻虞舜爲二妃 娥皇 女英
舜七友 並爲歷山雷澤之遊
雄陶 方回 續牙 伯陽 靈甫
[illegible]
東不訾 一作不識 秦不虛 一作不空
三后 伯夷降典 禹平水土 稷降播種
舜命九官 禹司空 棄后稷 契司徒 皐陶
士 垂共工 益虞 伯夷秩宗 夔典樂 龍納言
四凶 共工 左傳謂之窮奇 驩兜渾沌 三
苗饕餮 鯀檮杌
殷三仁 三人諫紂俱死故曰三仁
微子 箕子 比干
文王四隣 所親近者故爲隣
閎夭 太公望 南宮括 散宜生
周三后 詩曰三后在天 大王 王季
文王 又尚書畢命云三后協心同底
于道 謂周公 君陳 畢公
周三母 太姜王季母 太任文王母 太姒
武王母

歌曰魯乃姬姓繼伯禽尚有齊陳曹燕秦衛宋
楚晉鄭吳國十二分據春秋成
魯 姬姓周公子伯禽所封之國至隱公爲春
秋之始相傳三十四世楚考烈王滅之
齊 姜姓太公望之所封後世至桓公霸諸
侯而國盛凡三十世後齊田和滅之
陳 嬀姓舜之後武王封凡二十五世楚惠王滅之
曹 姬姓乃曹叔之後武王封之凡二十五世後宋
燕 姬姓召公奭之所封至文公嘗納蘇秦
說霸六國又傳至昭王凡三十世七國 景公 滅之
蔡 姬姓武王封弟叔度傳二十二世楚惠王滅之 始 大 張
衛 姬姓成王封弟康叔傳三十七世 秦滅之
宋 子姓商紂庶兄微子啓之所封後世至春秋襄公始霸凡三十二世齊湣王滅之
楚 羋姓至春秋有武王始強至文王成王而國勢愈昌凡二十五主列於七國
晉 姬姓成王弟康叔虞之所封後至文公始伯諸侯而國勢盛凡三十六世韓趙魏滅之
秦 本顓頊之後曰大業者生伯翳舜賜姓嬴氏至襄王封爲諸侯凡三十四世列于七國
鄭 姬姓周宣王庶弟桓公友之所封凡二十二世韓哀佐滅之
○戰國七雄
歌曰秦始嬴姓後滅周韓魏趙氏分晉都更有
楚燕與齊國俱亡於秦誠可羞
咸陽秦王 嬴氏起周武王時至惠武始稱王傳昭襄凡十主始滅周王天下
潁川韓王 韓氏本與周同姓武王子韓侯之後也至景侯與趙魏以周烈王時命韓虔爲諸侯至安王十主始皇滅之
大梁魏王 魏本與周同姓文王之子畢公高之後四世桓子與韓趙共滅智氏而分其地桓子孫文侯斯以周威烈王命魏斯爲諸侯至王假凡八主後秦始皇滅之
襄郢楚王 羋氏起自周成王時傳至王負芻凡十主後為秦始皇滅之
薊北燕王 姬氏起自周武王時傳至王喜凡一十一主後爲秦始皇滅之
邯鄲趙王 趙氏本與秦同姓祖有子孝勝其後造父者事周穆王建用邯鄲以功封趙城由是為趙氏傳及凡十主後秦始皇滅之
營丘齊王 田氏出齊至周安王封田和為諸侯傳及王建七主始皇滅之
○秦紀 凡四主自莊襄癸丑起止子嬰甲午共四十三年後降於漢
歌曰昭宣孝文莊襄王始皇二世三世亡得秦

文王十子 伯邑考 武王發 管叔鮮
周公旦 蔡叔度 成叔武 霍叔處
康叔封 曹叔振鐸 聃季載
周六卿 召公冢宰 芮伯司徒 彤伯宗伯
畢公司馬 衛侯司寇 毛公司空
周八士 伯達 伯适 仲突 仲忽
叔夜 叔夏 季隨 季騧
鄭七穆 穆公之子七人 子罕 子駟
子良 子國 子游 子印 子豐
晉五士 叔向曰生十七年有士五人 孤
偃 趙衰 顛頡 魏犫 司空季子
秦三良 三人皆子車氏之子也 子車奄
息 子車仲行 子車鍼虎
魏三師 卜子夏 田子方 段干木
戰國四豪 孟嘗君齊田文 信陵君魏無
忌 春申君楚王歇 平原君趙子勝
三刺客 曹沫齊人 聶政韓人 荊軻燕人
十一聖師 風后黃帝師 老彭顓頊師 祝
融帝嚳師 務成子帝堯師 紀后帝舜師
墨如夏禹師 伊尹成湯師 呂望文武師
庚秀周公師 老聃孔子師
孔門十哲 顏淵 閔子騫 冉伯牛
仲弓 七上四德行科 宰我 子貢 二人
言語科 冉有 季路 二人政事科 子游
子夏 二人文學科
七十二賢 家語所載七十二子
顏回 子淵 充國公 閔損 子騫 琅琊公 冉
雍 仲弓 下邳公 端木賜 子貢 黎陽公 冉
耕 伯牛 東平公 冉求 子有 彭城公 言偃
子游 丹陽公 顓孫師 子張 宛丘侯 宰予

之號自非子滅嬴之姓自始皇
秦昭襄王 稷襲世爵蓄兵周室四年初爲田開阡陌明年遷周九鼎於秦立五十六年
孝文王 名柱昭襄王之子在位三日而薨傳位於太子楚
莊襄王 名楚孝文王子嗣位使相國呂不韋攻周周盡入其國元年癸丑在位四年傳太子政
秦始皇 始皇名政莊襄王之子始皇立之二十六年滅六國并天下自称始皇帝元年丁巳在位三十
二世皇帝 名胡亥始皇少子元年壬辰在位三年
三世秦王 名子嬰始皇孫殺趙高即位立四十六日降于漢
○漢紀 西漢起高祖乙未終孺子嬰丁卯被王莽篡之凡十三主共二百卅三年
歌曰高惠呂后文景興武昭宣元成哀平光明
章和殤安繼順冲質桓靈獻更西漢高帝起豐
沛東漢光武成中興
西漢高祖 姓劉名邦字季沛豐人元年乙未在位一十二年
惠帝 名盈高祖之子元年丁未在位七年無嗣
呂后 名雉高帝之后臨朝稱制八年元年甲寅在位八年
文帝 名恒高帝次子封於代是爲代王諸呂滅遠迎立之元年壬戌在位二十六年改元者一十六年後元年戊寅七年廟號太宗
景帝 名啓文帝之子元年乙酉在位十六年改元者三元年七中元六後元三
武帝 名徹景帝之子元年辛丑在位五十四年始有年號改元者十一 建元六 元光六 元朔六 元狩六 元鼎六 元封六 太初四 天漢四 太始四 征和四 後元二
昭帝 名弗陵武帝少子元年乙未在位十三年改元者三 始元六 元鳳六 元平一
宣帝 詢武帝玄孫霍光定策立之元年戊申在位二十五年號為中宗改元者七 本始四 地節四 元康四 神爵四 五鳳四 甘露四 黃龍一
元帝 奭宣帝之子元年癸酉在位十六年改元者四 初元五 永光五 建昭五 竟寧一
成帝 名驁元帝之子元年己丑在位二十六年改元者七 建始四 河平四 陽朔四 鴻嘉四 永始四 元延四 綏和二
哀帝 欣元帝庶孫元年乙卯在位六年改元者二 建平四 元壽二
平帝 名衎元帝庶孫元年辛酉在位五年改元者一 元始五
孺子嬰 劉嬰之子元年丙寅在位三年改元者一 居攝三
王莽 篡漢元年戊辰在位十五年改元者三 始建國五 天鳳五 地皇三
新室 王莽為皇太上壽酒毒死平帝弒孺子嬰篡漢立十五年大亂
淮陽王 名玄即更始皇帝元年癸

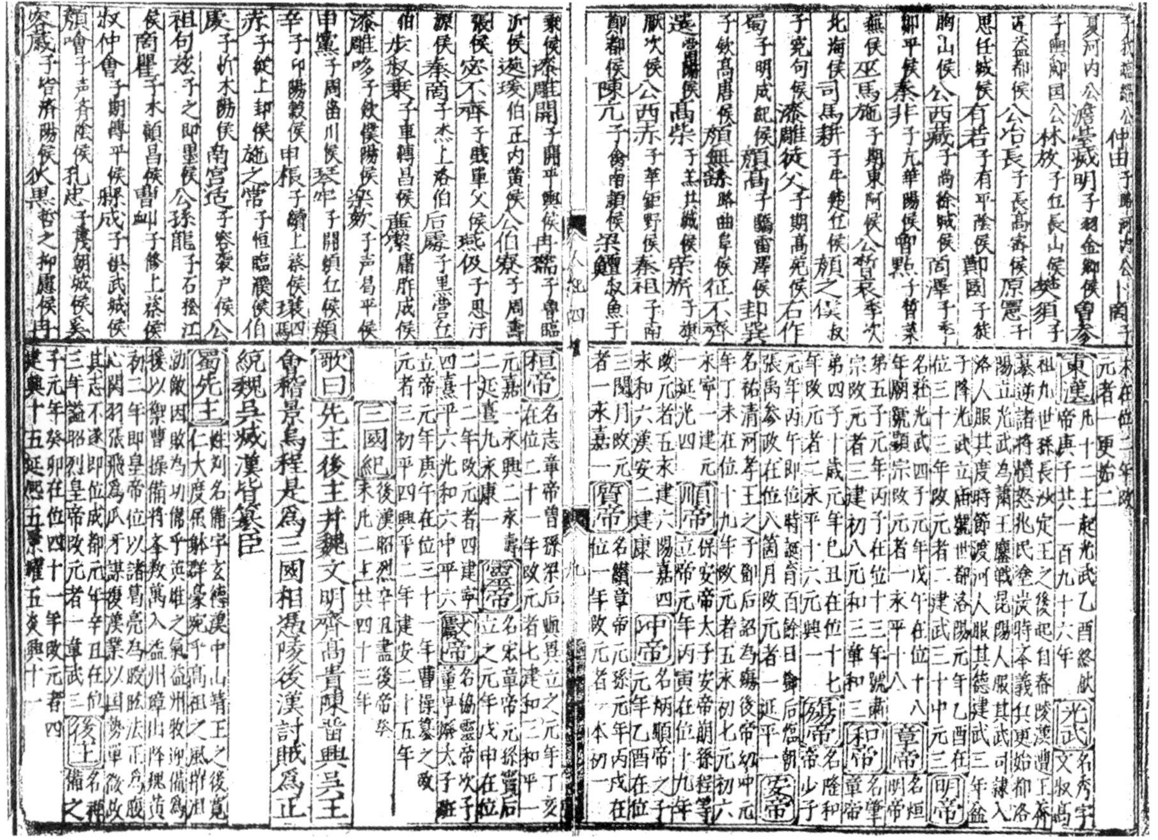

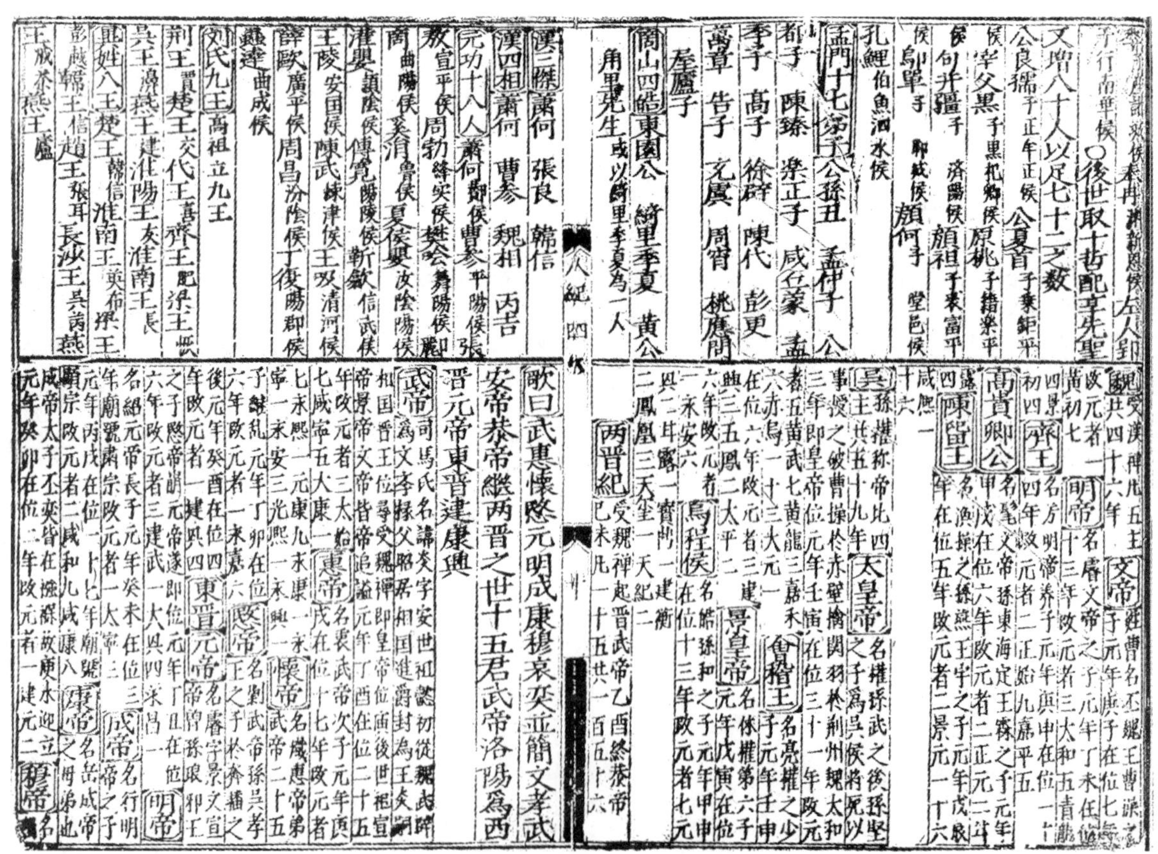

漢宣八王 蘇武 李尚 左吳 田由
雷被 毛被 伍被 晉昌
二疏 宣帝時二人同傳東宮退歸 疏廣仲翁太子太傅 疏受廣兄子也太子少傅
麒麟閣功臣十二人 霍光大司馬大將軍 張安世衛將軍 韓增車騎將軍 趙充國後將軍 魏相丞相 丙吉丞相 杜延年御史大夫 劉德宗正 梁丘賀少府 蕭望之太傅 蘇武典屬國
王氏五侯 王譚平阿侯 王商成都侯 王立紅陽侯 王根曲陽侯 王逢時高平侯
五經博士十五人 施讎長卿 孟喜長卿 梁丘賀長翁 京房 已上易四家 歐陽生和伯 夏侯勝始思號大夏侯 夏侯建長公號小夏侯 已上書三家 后蒼 魯申公 韓嬰 毛萇為獻王博士 已上詩四家 戴德號大戴 戴聖號小戴 已上禮二家 嚴彭祖公子 顏安樂公孫 春秋二

人紀 四

京兆三王 王尊 王章 王駿
二十四孝 古今言孝有此二十四人
大舜 曾參 閔損 江革 陸績
郭巨 董永 丁蘭 孟宗 王祥
老萊子 韓伯愈 曾義姑 姜詩
趙孝宗 王武子 劉殷 田真 陳娥 范宣 王裒 趙咨 仲由 鮑山
新室四輔 王舜 平晏 劉秀 哀章
新室四將 甄豐 王興 孫建 王盛
新室三公 甄邯 王尋 王邑
鉅下二姻 甄邯兄子 馬嚴威卿 馬敦孺卿
雲臺二十八將 鄧禹高密侯 馬成全椒

康帝之子幼嗣位元年乙巳在位十七年崩號孝宗改元者二永和一升平一
哀帝 名丕成帝之子褚后迎即位元年壬戌在位四年改元者二隆和一興寧三
廢帝 名奕哀帝母弟褚太后奉迎元年丙寅在位五年改元者一大和五
簡文帝 名昱元帝少子桓溫奉迎元年辛未在位二年改元者一咸安一
孝武帝 名曜簡文帝第三子元年癸酉在位二十四年改元者二寧康三太元二十一
安帝 名德宗孝武帝長子幼而不惠桓溫子篡位一年劉裕使王韶之謚帝元年丁酉在位二十二年改元者三隆安五元興三義熙十四
恭帝 名德文安帝母弟劉裕廢帝立之嗣元年己未在位一年改元者一元熙一
晉魏間十六國
前趙 劉淵新興匈奴人據平陽稱帝四主二十六年為石勒滅之
前燕 慕容皝昌黎鮮卑人晉時據鄴四主八十五年前秦名曰苻堅者滅之
後蜀 李特巴西人晉時據益州六主四十四年晉桓溫滅之
前秦 苻建略陽氐人晉時據長安六主四十四年后秦姚興滅之
前涼 張軌安定人晉時據梁州九主凡七十六年為前秦苻堅滅
後燕 慕容垂皝第五子晉武帝時據中山四主凡二十五年北燕馮跋滅之
後趙 石勒上黨匈奴人晉元帝時據襄國六主二十一年為閔所滅
後秦 姚萇赤亭羌人晉時據長安三主三十五年晉安帝遣劉裕滅之
西秦 乞伏國仁鮮卑人晉時據金城四主十六年大夏赫連勃勃滅之
西涼 李暠後涼之臣晉時據姑臧三主共二十五年北涼滅之
後涼 呂光略陽氐人晉武帝時據張掖二主二十九年後魏世祖滅之
南涼 禿髮烏孤河西鮮卑人安帝時據廣武三主十八年
大夏 赫連勃勃匈奴後安帝時據朔方二主二十二年
南燕 慕容德皝少子據廣固二主十一年劉裕滅之
北燕 馮跋信都人晉安帝時據昌黎凡二主共二十八年後魏世祖滅之

〇南北朝紀 凡二十八帝起宋武帝庚申止恭帝丁巳共一百六十年

歌曰 宋武少文與孝廢明帝蒼梧及順帝。孫高武明東昏和。梁武簡文元敬。至陳武文臨宣長城。隋文煬帝恭帝繼相傳一十有五君共歷二百有八世

宋 凡八王共六十一年附魏

南朝 宋武皇帝 劉裕漢楚元王交二十一世孫受晉禪元年庚申在位三年改元者一永初三
營陽王 名義符武帝長子元年癸亥在位一年改元者一景平一

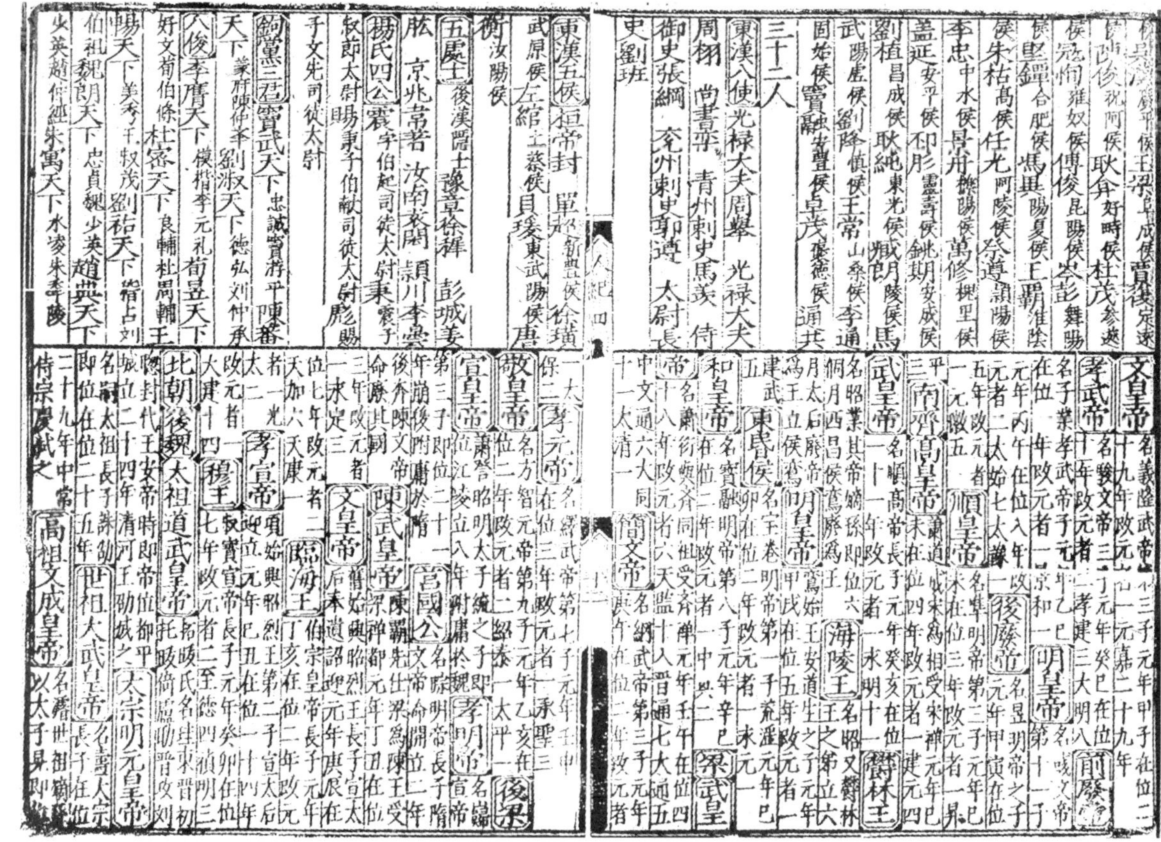

八顧 郭太 天下和雍 郭林宗 劉儒 天下
瑋金 刘叔林 尹勳 天下英藩 尹伯元 巴
肅 天下卧虎 巴恭祖 宗慈 天下通儒 宗
萃孙 夏馥 天下慕時 夏子治 蔡衍 天下
稚志 蔡仲喜 羊陟 天下清若 羊嗣祖
八及 張儉 海內志士 張元節 范滂 海內
謇諤 范孟博 岑晊 海內珎好 岑公孝 苑
康 海內彬彬 苑仲真 劉表 海內所珎 刘
景升 陳翔 海內貴珎 陳子羽 孔昱 海內
才珎 孔世元 檀敷 海內通士 檀文交
八廚 度尚 海內清明 度博平 張邈 海內
岩岩 張孟卓 王孝 海內依怙 王文祖 劉
翊 海內光和 刘子相 秦周 海內貞良 秦
平王 蕃嚮 海內修整 蕃孟景 王章 海內
賀智 王伯義 胡毋班 海內珎奇 胡毋季皮

馬氏五常 馬良字季常 兄弟並有才名
季常 伯常 仲常 汝常 幼常
汝南五龍 周少卿子號五龍 子興 君宗
里子初 君原 覡里子仲 君宜 唐里子明
君西 商里子良 君游 洪里
公沙五龍 北海公沙穆五子號曰五龍
紹 子起 季 元慈 恪 元讓 逵 義則 樊 義起
荀氏八龍 儉 伯慈 緄 仲慈 靖 叔慈 壽 慈
光 正 子慈 爽 慈明 肅 敬慈 專 幼慈
建安七子 獻帝年号 孔融 文舉 陳琳 孔
璋 王粲 仲宣 徐幹 偉長 阮瑀 元瑜 應瑒
德璉 劉楨 公幹
竹林七賢 阮籍 嗣宗 稽康 叔夜 山濤
劉伶 阮咸 向秀 王戎
京兆三休 李金敞 字元休 第五巡 字

立十三年 顯祖獻文皇帝 洪 高宗太子 立五年 傳太子宏 自稱為太上皇
高祖孝文皇帝 名宏 顯祖太子 立二十九年 政元 遷都洛陽 是爲元魏
世祖宣武皇帝 名恪 高祖第二子 在位十六年
肅宗孝明皇帝 名詡 世宗第二子 立十三年 后鴆 立幼子釗 爾朱榮奉迎 即位 沉太后 釗于河洲 在位三年 遇弑
莊宗孝莊皇帝 子攸 彭城王勰
前廢節閔皇帝 恭 廣陵惠王羽之子 爾朱世隆等立位 一年 高歡廢帝 爲閔 尋遇弑之
後廢中興王 朗 章武王融之子 爾朱 相高歡奉迎 即位信都 立六十日 併于孝武帝
孝武出皇帝 脩 廣平王懷之子 高歡奉迎立 三年 宇文泰迎帝入長安 鴆帝 立文帝
東魏孝靜帝 善見 清河王亶之子 孝武奔長安 高歡奉帝即位丁鄴 一十七年禪位於齊
西魏文帝 名寶炬 孝文孫 承相宇文泰鴆孝武 迎立帝于長安 立十七年
廢帝 欽 文皇長子 嗣位二年 宇文泰怒 百
恭帝 名廓 廢帝之弟 宇文泰立之 三年 泰廢帝 禪位于周
北齊文宣王 高洋 丞相歡之次子 受東魏禪 即位晉陽 十年
廢帝 因 文宣帝太子 立一年 常山王演諷李太
后廢之
孝昭帝 名演 文宣母弟 在位二年
武成帝 名湛 孝昭母弟 即位四年 傳位東宮 自為太上皇
後主 名緯 武帝長子 即位 一十三年 為周所虜
後周孝閔帝 名覺 字文泰第三子 受西魏禪 爲晉公護所弑
明皇帝 名毓 泰長子 晉公護迎立 四年 致幽弑之禍
武皇帝 名邕 泰第四子 誅護之後 中外翕然 立十八年
宣皇帝 名贇 武帝長子 在位一年 傳于太子 驕奢淫乱
靜皇帝 名衍 宣帝長子 受內禪 立二年 廟號高祖 元舅楊堅輔政 詔遜位于隋
隋文帝 名堅 太象二年 封隋王 明年受周禪 後滅陳 遂為正統 都長安 華陰人 元年庚戌 在位十五年 改元者二 開皇十二 仁壽四
煬帝 名廣 文帝第二子 立十二年 巡遊天下 弑
恭帝 名侑 唐公李淵奉義兵入長安 為宇文化 所弑 元年乙丑 改元者一 大業十二 煬帝孫 封代王 煬帝南遊梁都 李淵入長安 迎立 即位二年 元年丁丑 改元者一 義寧一
唐紀 受隋禪 凡一十八帝 起唐高祖戊寅 止昭宣帝 共二百八十餘年
歌曰 高太高武中睿玄 肅代德順憲穆傳 敬宗 文武宣宗續懿僖 昭帝與昭宣 高宗以後多

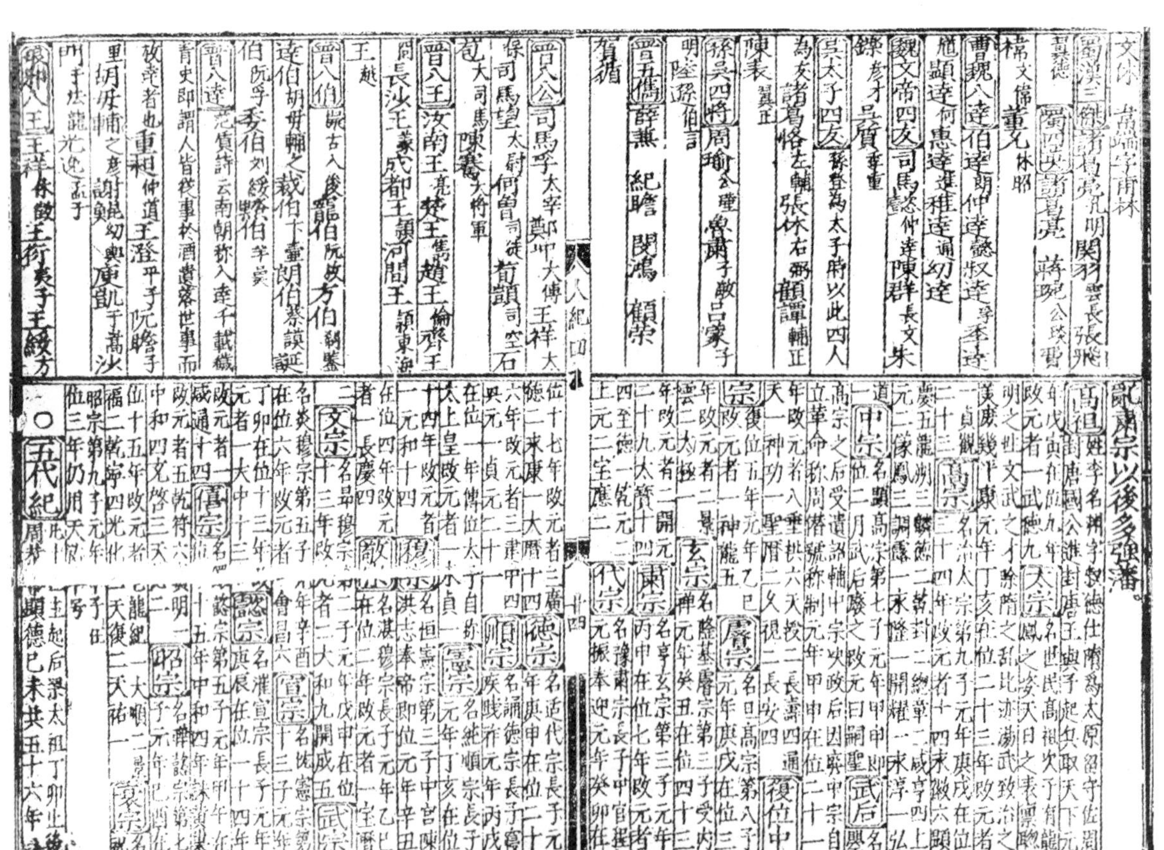

文休 蕭端 字衍林
蜀漢三傑 諸葛亮 孔明 關羽 雲長 張飛 翼德
蜀四英 諸葛亮 蔣琬 公琰 費
褘 文偉 董允 休昭
曹魏八達 伯達 朗 仲達 懿 叔達 孚 季達
馗 顯達 恂 惠達 進 雅達 通 幼達
魏文帝四友 司馬懿 仲達 陳群 長文 朱
鑠 彥才 吳質 季重
吳太子四友 孫登為太子時以此四人 為友 諸葛恪 左輔 張休 右弼 顧譚 輔正
陳表 翼正
孫吳四將 周瑜 公瑾 魯肅 子敬 呂蒙 子明 陸遜 伯言
晉五儁 薛兼 紀瞻 閔鴻 顧榮 賀循
晉八公 司馬孚 太宰 鄭沖 太傅 王祥 太保 司馬望 太尉 何曾 司徒 荀顗 司空 石苞 大司馬 陳騫 大將軍

晉八王 汝南王 亮 楚王 瑋 趙王 倫 齊王 冏 長沙王 乂 成都王 穎 河間王 顒 東海王 越
晉八伯 古人 宣伯 阮放 方伯 郗鑒 達伯 胡毋輔之 裁伯 卞壼 朗伯 蔡謨 誕伯 阮孚 秀伯 刘綏 烈伯 羊曼
晉八達 元賁詩云 南朝称入幸千載 識青史 即謂人皆從事於酒 遺落世事而放者也 董昶 仲道 王澄 平子 阮瞻 千里 胡毋輔之 彥國 謝鯤 幼輿 庾顗 子嵩 沙門 于法龍 光逸 孟祖
琅琊八王 王祥 休徵 王衍 夷甫 王綏 方

肅宗以後多強藩
高祖 姓李名淵 字叔德 仕隋爲太原留守 佐周 封唐國公 進封唐王 與子起兵取天下 元年戊寅 在位九年 改元者一 武德九
太宗 名世民 高祖次子 有龍鳳之姿 天日之表 聰明之世 文武之才 除隋之亂 比迹湯武 致治之美 庶幾成康 元年丁亥 在位二十三年 改元者一 貞觀二十三
高宗 名治 太宗第九子 元年庚戌 在位三十四年 改元者十四 永徽六 顯慶五 龍朔三 麟德二 乾封二 總章二 咸亨四 上元二 儀鳳三 調露一 永隆一 開耀一 永淳一 弘道一
中宗 名顯 高宗第七子 元年甲申 即位二月 武后廢之 改元曰嗣聖
武后 名曌 高宗之后 受遺詔輔中宗 尋廢中宗自立 革命称周 僭號称制 元年甲申 在位二十一年 改元者八 垂拱六 天授二 長壽四 通天一 神功一 聖曆二 久視二 長安四
復位中宗 復位五年 元年乙巳 改元者一 神龍五
睿宗 名旦 高宗第八子 元年庚戌 在位三年 改元者二 景雲二 太極一
玄宗 名隆基 睿宗第三子 受內禪 元年癸丑 在位四十三年 改元者二 開元二十九 天寶十四
肅宗 名亨 玄宗第三子 元年丙申 在位七年 改元者四 至德二 乾元二 上元二 寶應二
代宗 名豫 肅宗長子 中官李振奉迎 元年癸卯 在位十七年 改元者三 廣德二 永泰一 大曆十四
德宗 名适 代宗長子 元年庚申 在位二十六年 改元者三 建中四 興元一 貞元二十
順宗 名誦 德宗長子 寢疾踐祚 元年丙戌 在位一年 傳位太子 自稱太上皇 改元者一 永貞一
憲宗 名純 順宗長子 元年丁亥 在位十四年 改元者一 元和十四
穆宗 名恒 憲宗第三子 中官陳弘志奉帝即位 元年辛丑 在位四年 改元者一 長慶四
敬宗 名湛 穆宗長子 元年乙巳 在位二年 改元者一 寶曆二
文宗 名昂 穆宗第五子 元年丁未 在位十三年 改元者二 大和九 開成五
武宗 名炎 穆宗第五子 元年辛酉 在位六年 改元者一 會昌六
宣宗 名忱 憲宗第十三子 元年丁卯 在位十三年 改元者一 大中十三
懿宗 名漼 宣宗長子 元年庚辰 在位十四年 改元者一 咸通十四
僖宗 名儇 懿宗第五子 元年甲午 在位十五年 改元者五 乾符六 廣明一 中和四 光啓三 文德一
昭宗 名曄 懿宗第七子 元年己酉 在位十五年 改元者五 龍紀一 大順二 景福二 乾寧四 光化三 天復三 天祐一
哀宗 名柷 昭宗第九子 元年甲子 在位三年 仍用天祐年號
○ 五代紀 周共五十六年 起後梁太祖丁卯 止後周顯德己未 共五十六年

王澄平子　王敦處仲　王導茂仲　王戎濬仲　王玄眉子

蘭亭四十二賢　三月三日會稽山陰之蘭亭修禊賦詩　王羲之　謝安　謝萬　徐豐之　王彬之　孫綽　孫統　王凝之　王肅之　王徽之　袁嶠　此十一人各賦詩二首　郗曇　王豐之　華茂　庾友　虞說　魏滂　謝繹　庾蘊　曹茂之　曹平　桓偉　王玄之　王蘊之　王渙之　孫嗣　已上十五人各賦詩一首　謝瑰　卞迪　丘旄　王獻之　楊模　孔熾　劉密　虞谷　勞夷　后綿　華耆　任凝　謝藤　呂系　呂本　曹禮　已上十六人賦詩不成罰酒三觥

潯陽三隱　潯陽江州此三人同居廬山　陶淵明　周續之　劉遺民

敦煌五龍　五人俱詣太學故號五龍　索靖　氾衷　張甝　索紾　索永

一臺二妙　晉人善草書時語曰一臺二妙衛瓘伯玉尚書令索靖幼安尚書郎

宋五臣　文帝之臣　劉湛　殷景仁　謝弘微　王華　王曇

含象亭十八學士　張說　徐堅　李述　趙駋　賀知章　趙冬元　馮德選　康子元　侯行果　毋煚　張會真　咸廙明　李子訓　呂向　東方顥　陳玄太　孫季良　余欽

唐五王　桓彥範扶陽郡王　敬暉平陽郡王　崔玄暐博陵郡王　張柬之漢陽郡王

歌曰　梁有大均唐莊明　愍帝之後廢帝崩　晉者高齊漢高隱　周則太祖世恭承　相傳十有三王　歷代五十有五齡

後梁　凡二主共一十六年　太祖　名朱溫宋州碭山人受唐禪元年丁卯在位六年改元者二開平四乾化二　均王　名瑱太祖第四子與群臣誅友珪在位十一年改元二年仍稱乾化年號改元者一乾化五貞元五

後唐　凡四主共一十五年　莊宗　李存勖克用長子滅梁元年癸未在位三年改元者一同光三　明宗　名亶不靈狄死姓氏克用養為子莊宗遇弒乃立元年丙戌在位七年改元者二天成四長興三　愍帝　名從厚明宗第三子明宗不豫詔帝元年癸巳在位一年改元者一應順一　潞王　名從珂明宗養子弒愍元年甲午在位二年改元者一清泰一

後晉　凡二主共九年　高祖　名石敬瑭本太原人元年丙申在位七年改元者一天福七　齊王　元年癸卯在位三年改元者一開運二

後漢　凡二主共四年　高祖　劉智遠在晉為北平王少帝北狩王因晉亂即位太原入都汴京元年丁未在位二年改元者一乾祐三　隱帝　名承祐高祖第二子在位二年仍稱乾祐年號

○後周　凡三主共十年　太祖　郭威邢州堯山人仕漢為樞密使漢隱帝遇弒遂即位都汴京元年辛亥在位四年改元者一廣順四　世宗　名榮本姓柴太祖養子奉遷制元年乙卯在位六年改元者一顯德六　恭帝　名宗訓世宗長子七歲即位六箇月仍稱顯德年號

○宋紀　受恭帝禪凡九帝起太祖庚申止欽宗丁未凡一百六十七年　北宋

歌曰　太祖太宗真仁英　神宗哲宗并徽欽　高孝光宗寧理斷　度恭端去帝昺臨　太祖太宗成宗業　高宗南度號中興　北宋

太祖　姓趙名匡胤宣祖第二子天資雄偉性沉厚有大度從周世祖征伐積功八望歸之周顯德七年受周禪元年庚申在位十六年改元者三建隆三乾德四開寶九　太宗　名炅宣祖第三子太祖弟元年丙子在位二十二年改元者五太平興國八雍熙四端拱二淳化五至道三　真宗　名恒太宗第三子元年戊戌在位二十五年改元者五咸平六景德

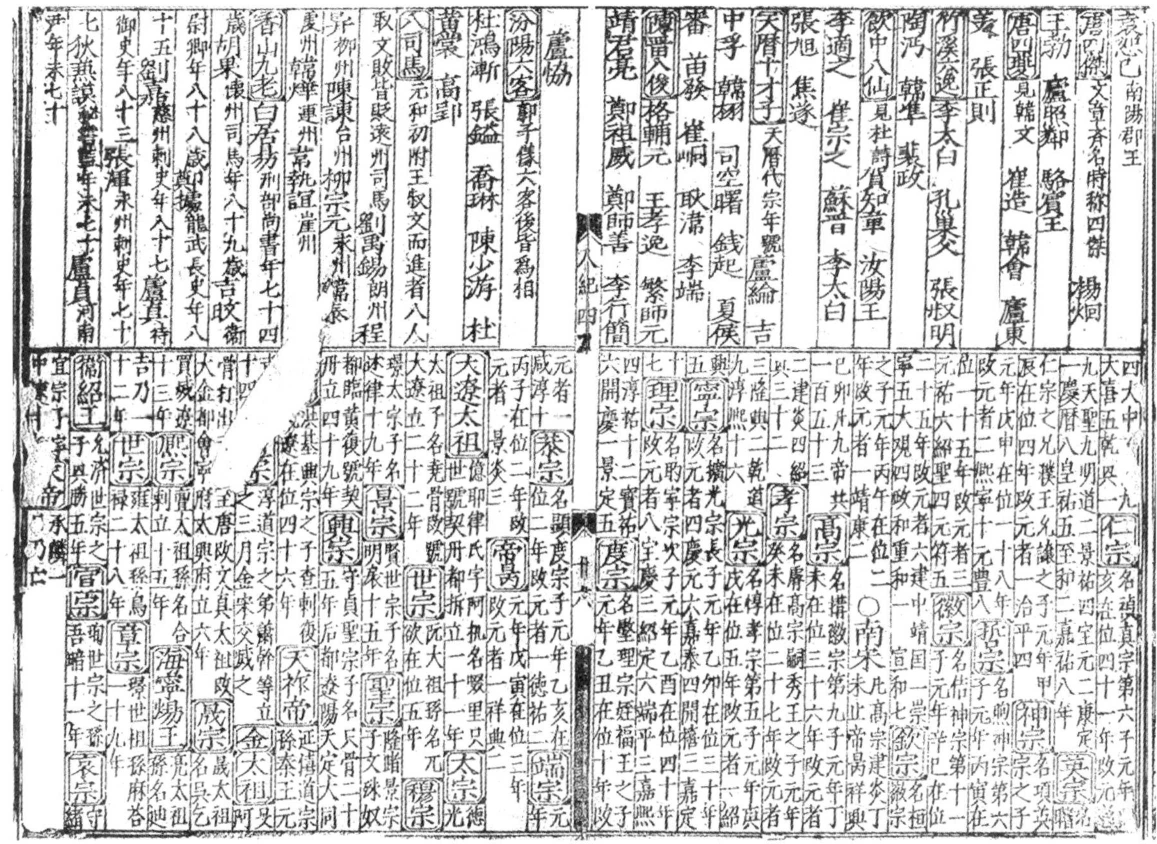
袁恕己南陽郡王

唐四傑　文章齊名時稱四傑　楊炯　王勃　盧照鄰　駱賓王

唐四夔　見韓文　崔造　韓會　盧東美　張正則

竹溪六逸　李太白　孔巢父　張叔明　陶沔　韓準　裴政

飲中八仙　見杜詩　賀知章　汝陽王　李適之　崔宗之　蘇晉　李太白　張旭　焦遂

大曆十才子　大曆代宗年號　盧綸　吉中孚　韓翃　司空曙　錢起　夏侯審　苗發　崔峒　耿湋　李端

咸通八俊　格輔元　王孝逸　繁師元　靖君亮　鄭祖威　鄭師善　李行簡　盧協

汾陽六客　郭子儀六客後皆為相　杜鴻漸　張鎰　喬琳　陳少游　杜黃裳　高郢

八司馬　元和初附王叔文而進者八人叔文敗皆貶遠州司馬　劉禹錫朗州　程异郴州　陳諫台州　柳宗元永州　韓泰虔州　韓曄連州　韋執誼崖州

香山九老　白居易刑部尚書年七十四歲　胡杲懷州司馬年八十九歲　吉旼衛尉卿年八十八歲　鄭據龍武長史年八十五　劉真慈州刺史年八十七　盧貞侍御史年八十三　張渾永州刺史年七十七　狄兼謨秘書監年未七十　盧貞河南尹年未七十

四大中祥符九天禧五乾興一　仁宗　名禎真宗第六子元年癸亥在位四十一年改元者九天聖九明道二景祐四寶元二康定一慶曆八皇祐五至和二嘉祐八年　英宗　名曙濮王允讓之子元年甲辰在位四年改元者一治平四　神宗　名頊英宗之子元年戊申在位一十八年改元者二熙寧十元豐八　哲宗　名煦神宗第六子元年丙寅在位一十五年改元者三元祐八紹聖四元符三　徽宗　名佶神宗第十一子元年辛巳在位二十五年改元者六建中靖國一崇寧五大觀四政和八重和一宣和七　欽宗　名桓徽宗之子元年丙午在位二年改元者一靖康二

○南宋　凡九帝起高宗建炎丁未止帝昺祥興己卯凡一百五十三年　高宗　名構徽宗第九子元年丁未在位三十六年改元者二建炎四紹興三十二　孝宗　名昚高宗嗣秀王之子元年癸未在位二十七年改元者三隆興二乾道九淳熙十六　光宗　名惇孝宗第三子元年庚戌在位五年改元者一紹熙五　寧宗　名擴光宗長子元年乙卯在位三十年改元者四慶元六嘉泰四開禧三嘉定十七　理宗　名昀寧宗次子元年乙酉在位四十年改元者八寶慶三紹定六端平三嘉熙四淳祐十二寶祐六開慶一景定五　度宗　名禥理宗姪福王之子元年乙丑在位十年改元者一咸淳十　恭宗　名顯度宗子元年乙亥在位二年改元者一德祐二　端宗　元年丙子在位三年改元者一景炎三　帝昺　元年戊寅改元者一祥興二

大遼太祖　億耶律氏字阿保機名嘌里只世號契丹都臨潢號契丹立一十一年　太宗　德光太祖子名堯骨改號大遼立二十二年　世宗　阮太祖孫名兀欲在位五年　穆宗　璟太宗子名述律十九年　景宗　明扆世宗子名賢十五年　聖宗　隆緒景宗子文殊奴四十九年　興宗　宗真聖宗子名只骨二十五年后都遼陽天定大同　道宗　洪基興宗之子查剌在位四十六年　天祚帝　延禧道宗孫秦王元[illegible]淳道宗之弟蕭幹等立之三月金宋交滅之

金太祖　阿骨打[illegible]王唐改女真太祖改大金都會寧府太興府立六年　太宗　晟太祖[illegible]十三年　熙宗　亶太祖孫名合剌立十五年　海陵煬王　亮太祖孫名迪古乃十二年　世宗　雍太祖孫烏祿二十八年　章宗　璟世祖孫麻答一十九年　衛紹王　允濟世宗之子興勝五年　宣宗　珣世宗之孫吾睹補十一年　哀宗　守緒宣宗子寧甲之帝承麟[illegible]

耆英會十三人 神宗熙寧 韓國公年七十九 文彥博 潞國公年七十七 王拱辰年七十 席汝言年七十七 王尚恭年七十六 趙丙年七十五 劉几年七十五 馮行巳年七十五 楚建中年七十二 王謹言年七十二 張問年七十 張燾年七十 司馬光温國公年六十四時獨温公年未七十潞公素聞其人用唐九老狄兼謩故事温公入會

唐十八學士 太宗延四方文學之士以此十八人於文學館學士
杜如晦 于志寧 蘇世長 房玄齡
姚思廉 孔穎達 陸德明 薛收
李玄道 李守素 褚亮 虞世南
蔡允恭 顏相時 蘇勗 許敬宗
薛元敬 蓋文達

凌烟閣功臣二十四人 唐太宗
長孫無忌趙公 李孝恭趙郡王 魏徵鄭公
杜如晦萊公 房玄齡梁公 李靖衛公
高士廉申公 尉遲敬德鄂公 蕭瑀宋公
段志玄褒公 劉弘基夔公 屈突通蔣公
殷開山鄖公 柴紹譙公 長孫順德邳公
張亮鄖公 侯君集陳公 張公謹郯公 程知節盧公 虞世南永興公 劉政會渝公
唐儉莒公 李世勣英公 秦叔寶胡公

唐四相 房玄齡 杜如晦 姚崇 宋璟

睢陽五老 杜衍祁国公 馮平礼部郎中 王渙礼部侍郎 朱貫兵部郎中 畢世尹部侍郎

翰林五鳳 宋白 賈黃中 李至 呂

元 [illegible]起自太祖[illegible]至順宗丁未凡一百六十三年[illegible]
太統凡九十三年

歌曰 元之侵宋始太祖。太宗順憲繼光有。世祖混一滅宋君。成宗繼以武仁英。泰定明文寧順絕。八十九年傳十葉用夷變夏古所稀。聖人執策北逐之

太祖 姓奇渥温氏名鐵木真古蒙部人也狀貌奇偉沉默寡言在位二十年自至元十六年己卯宋亡即位改元者一至元
太宗 名窩闊台太祖第三子在位十三年
定宗 名貴由太宗長子在位三年
憲宗 名蒙哥睿宗拖雷之長子在位九年
世祖 名忽必烈睿宗第四子都川山府在位三十五年國語尊稱曰薛禪皇帝
成宗 名鐵木耳世祖孫裕宗真金第三子元年乙未在位十三年改元者二元貞大德十一
武宗 名海山順宗答剌麻八剌之長子元年丁未在位五年改元者一
仁宗 名愛育黎力八達順宗次子武宗弟元年壬子在位九年改元者二皇慶延祐七
英宗 名碩德八剌仁宗嫡子元年辛酉在位三年改元者一至治
泰定帝 名也孫鐵木兒顯宗甘麻剌之長子裕宗之嫡孫元年甲子在位四年改元者二太定四致和一
明宗 名和世㻋武宗之長子即位八月暴崩未改元即天曆元年
文宗 名圖帖睦尔武宗次子明宗立為皇太子明宗崩復即帝位元年戊辰在位五年國語曰札牙篤皇帝改元者二天曆二至順二
寧宗 名懿璘質班明宗第二子即位一月而崩年七歲
順帝 名妥懽帖睦爾明宗長子元年癸酉在位三十六年改元者三元統二至元六至正廿八

○明朝紀

大明太祖至正十五年乙未六月起兵和州渡江取太平由是一征而取荊襄再征而清江浙三征而閩海平從四征而席捲全齊五征而定周及梁遂取秦晉燕趙南平交趾東夷西羌天下賓服一統咸來朝貢矣

太祖高[illegible] 姓朱御名元璋肅將天威戡定群[illegible]

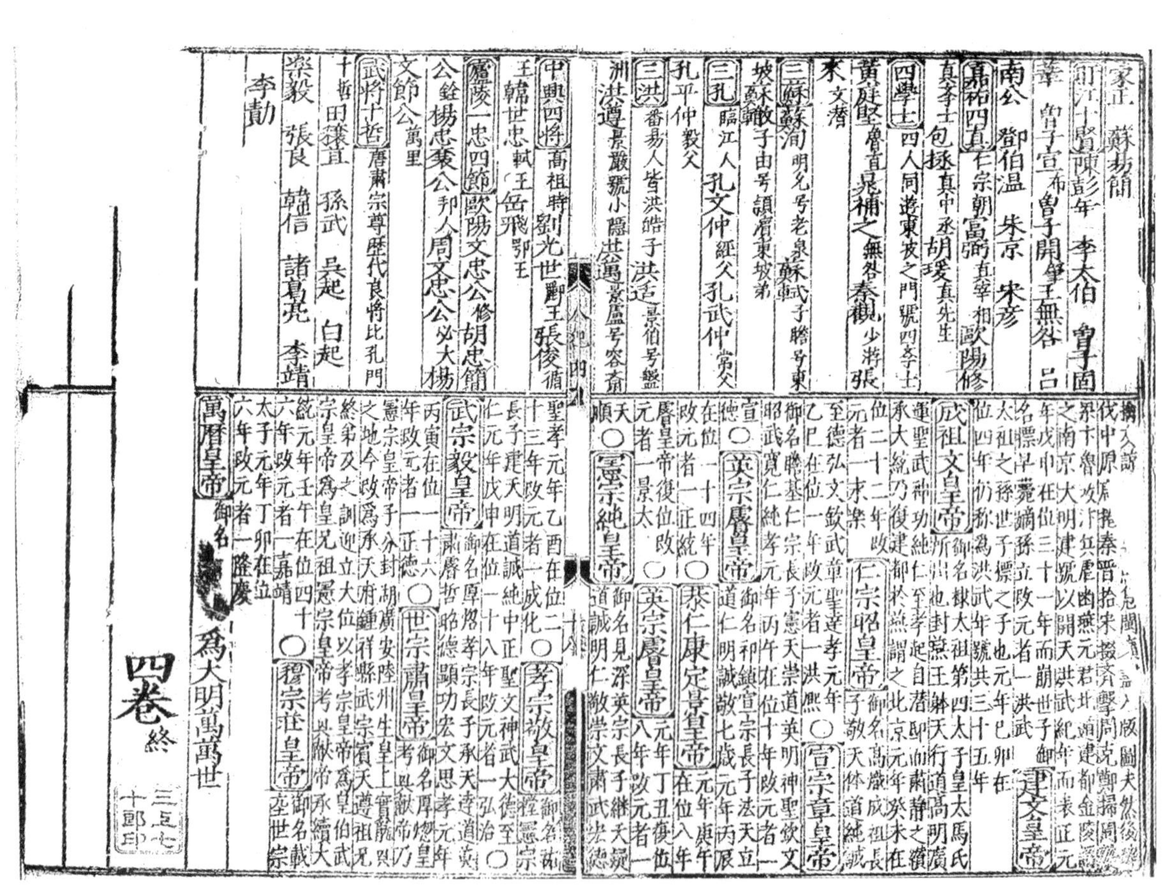

家正 蘇易簡
江南十賢 陳彭年 李太伯 曾子固 曾子宣布 曾子開肇 王無咎 呂南公 鄧伯温 朱京 宋彥
嘉祐四眞 仁宗朝富弼眞宰相 歐陽修眞學士 包拯眞中丞 胡瑗眞先生
四學士 四人同遊東坡之門號四學士
黃庭堅魯直 晁補之無咎 秦觀少游 張耒文潛
三蘇 蘇洵明允号老泉 蘇軾子瞻号東坡 蘇轍子由号潁濱東坡弟
三孔 臨江人 孔文仲經父 孔武仲常父 孔平仲毅父
三洪 番易人皆洪皓子 洪适景伯号盤洲 洪遵景嚴號小隱 洪邁景盧号容齋
中興四將 高祖時 劉光世鄜王 張俊循王 韓世忠蘄王 岳飛鄂王
廬陵一忠四節 歐陽文忠公修 胡忠簡公銓 楊忠襄公邦乂 周文忠公必大 楊文節公萬里
武將十哲 唐肅宗尊歷代良將比孔門十哲 田穰苴 孫武 吳起 白起 樂毅 張良 韓信 諸葛亮 李靖 李勣

[illegible]入詐[illegible]危闖[illegible]入版圖夫然後伐中原除暴秦晉拾宋援齊擊周克鄭掃開[illegible]梁十魯攻汴兵虐幽燕元君北遁建都金陵[illegible]之南京大明建號以開天洪武紀年而表正元年戊申在位三十一年而崩世子御名標早薨嫡孫立改元者一洪武
建文皇帝 太祖之孫世子標之子也元年己卯在位四年仍稱為洪武年號共三十五年
成祖文皇帝 御名棣太祖第四子皇太后馬氏所出也封燕王奉天行道高明廣運聖武神功純仁至孝起自潜邸而肅靖之績承大統乃復建都於燕謂之北京元年癸未在位二十二年改元者一永樂
仁宗昭皇帝 御名高熾成祖長子敬天体道純誠至德弘文欽武章聖達孝元年乙巳在位一年改元者一洪熙 ○
宣宗章皇帝 御名瞻基仁宗長子憲天崇道英明神聖欽文昭武寬仁純孝元年丙午在位十年改元者一宣德 ○
英宗睿皇帝 御名祁鎮宣宗長子法天立道仁明誠敬七歲元年丙辰在位一十四年改元者一正統 ○
恭仁康定景皇帝 元年庚午在位八年
英宗睿皇帝復位改元者一景太 ○
英宗睿皇帝 元年丁丑復位八年改元者一天順 ○
憲宗純皇帝 御名見深英宗長子繼天凝道誠明仁敬崇文肅武宏德聖孝元年乙酉在位二十三年改元者一成化 ○
孝宗敬皇帝 御名祐樘憲宗長子建天明道誠純中正聖文神武大德至仁元年戊申在位一十八年改元者一弘治 ○
武宗毅皇帝 御名厚照孝宗長子承天達道英肅睿哲昭德顯功宏文思孝元年丙寅在位一十六年改元者一正德 ○
世宗肅皇帝 御名厚熜皇考興獻帝憲宗皇帝子分封湖廣安陸州生皇上實與之地今改為承天府鍾祥縣武宗賓天遵祖訓兄終弟及之訓迎立大位以孝宗皇帝為皇兄祖憲宗皇帝考興獻帝承續大統元年壬午在位四十六年改元者一嘉靖 ○
穆宗莊皇帝 御名載垕世宗太子元年丁卯在位六年改元者一隆慶
萬曆皇帝 御名[illegible] 為大明萬萬世

四卷終

三豆七十郎印

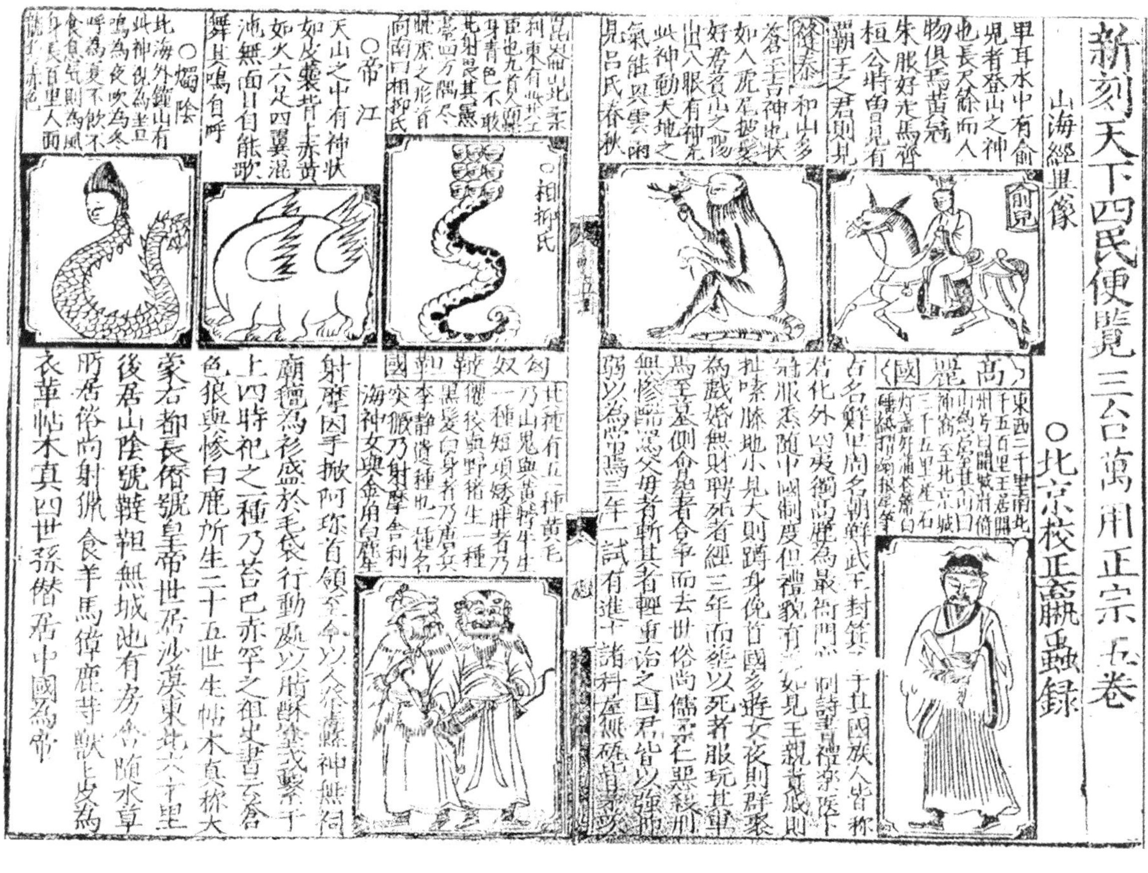

新刻天下四民便覽三台萬用正宗五卷

山海經異像　○北京校正蠃蟲録

卑耳水中有俞兒者登山之神也長尺餘而人物俱焉黃冠朱服好走馬齊桓公時曾見有霸王之君則見

泰逢　和山多蒼玉吉神也狀如人而虎尾披髮好居貧山之陽出入服有神光此神動天地之氣能興雲雨見呂氏春秋

崑崙山北柔利東有共工臣也九首人面蛇身青色不敢北射畏其臺四方隅各一蛇虎之形首向南曰相柳氏

○帝江　天山之中有神狀如皮囊背上赤黃如火六足四翼混沌無面目自能歌舞其鳴自呼

○燭陰　此海外鍾山有此神視為晝瞑為夜吹為冬呼為夏不飲不食息氣則為風身長百里人面龍身赤色

高麗國

東西二千里南北千五百里王居開州号曰開城府倚山為宮室其宮曰神嵩至北京城三千五百里

古名鮮卑尚名朝鮮武王封箕子于其國族人皆称若化外四夷獨高麗為最衛門列詩書禮樂除下輪服悉隨中國制度但禮貌有之如見王親貴戚則扣頭膝地小見大則踞身俛首國多遊女夜則群聚為戲婚無財聘死者經三年而葬以死者服玩其車馬至墓側會葬者各爭而去世俗尚儒柔仁惡殺刑無慘酷惡父母者斬其者輕重治之國君皆以強弱以為愿焉三年一試有進士諸科座號盛貢多

匈奴韃靼國

此種有五一種黃毛乃山鬼與黃牛生一種短項矮胖者乃獲狫與野豬生一種黑髮白身者乃唐兵李靖遺種也一種名突厥乃射摩舍利海神女與金角白鹿生

射摩因手擲阿尕首領至今以人祭纛神無祠廟纛為彩盛於毛袋行動處以脂酥塗或繫于上四時祀之一種乃苔巴赤罕之祖史書云蒼色狼與慘白鹿所生二十五世生帖木真称大蒙古都長僭號皇帝世居沙漠東北六千里後居山陰號韃靼無城池有房舍隨水草所居俗尚射獵食羊馬獐鹿等獸皮為衣華帖木真四世孫僭居中國為帝

蓐收　西方金神也左耳有青蛇乘兩龍面目有毛虎爪執鉞

神陸　崑崙山有天帝之神一云堅吾虎身人面九首司九域之事

天吳　朝陽谷有神曰天吳是為水伯虎身人面八首八足八尾青黃色

肥遺　陽山有神蛇名肥遺一首兩身六足四翼見則大旱陽時曾出

驕蟲　陽虛山有神形似人二首声異

強良　大荒北極外有神御蛇狀虎首人身四蹄長肘

神魃　剛山多赤魃魑魅之類人面獸身一手一足一尾居処無雨

奢比尸　奢比尸神出大人國獸身人面兩青蛇珥貫耳

鼓　鍾山有神名鼓狀龍身人面

鵸神　鵸山之神狀鳥身龍首古祠之列用璧獻之

交阯國

東接欽廉恭蘆南接占城蘇茂北接邕管東西畔大海西有陸路通白木臺自欽州泊船行一日

一名交趾又名安南乃山狙猱犬遺種其性狡猾剪髮跣足皆曰出嗦擯醜惡蠻人称曰鬼者乃漢馬援兵遺種國俗父子不共寢嫁娶不通媒男女自相為合以檳榔為信然後歸家若妻與他人相通即休前夫令別娶其國乃占城之屬郡民為占城之役歲供租稅男子出外為寇女子淫乱占城王遣人子治其國好讀中國大明書蹈襲風化後漢相繼叛中國治為郡縣立交州刺史後漢馬援平之至五代節度使吳昌文始僭王號後皆称王異姓篡奪

瓠犬國

好看老心接羅名字綴以稻記年月葬時以斧向天俗謂刺此手相傳盤瓠初死置於樹以斧刺之下其後為象臨時五手取其父即犬也諸子各執器具刀鉾殺之

帝嚳高辛氏宮中老婦有耳疾挑之其物為繭以瓠瓢盛槃覆之頃化為犬五色名盤瓠時有犬戎寇亂帝欲平寇旨意招募良將帝言能得寇者以女妻之瓠犬銜人頭詣闕下乃吳將軍之首帝大喜欲言未知所從女聞帝令不敢違信帝不得已以女妻之犬負女入南山石室中不三年生六男六女之母狀白帝迎諸子到國言語侏𠌯帝賜名山大澤與眾居住後滋漫長沙今武陵蠻是也

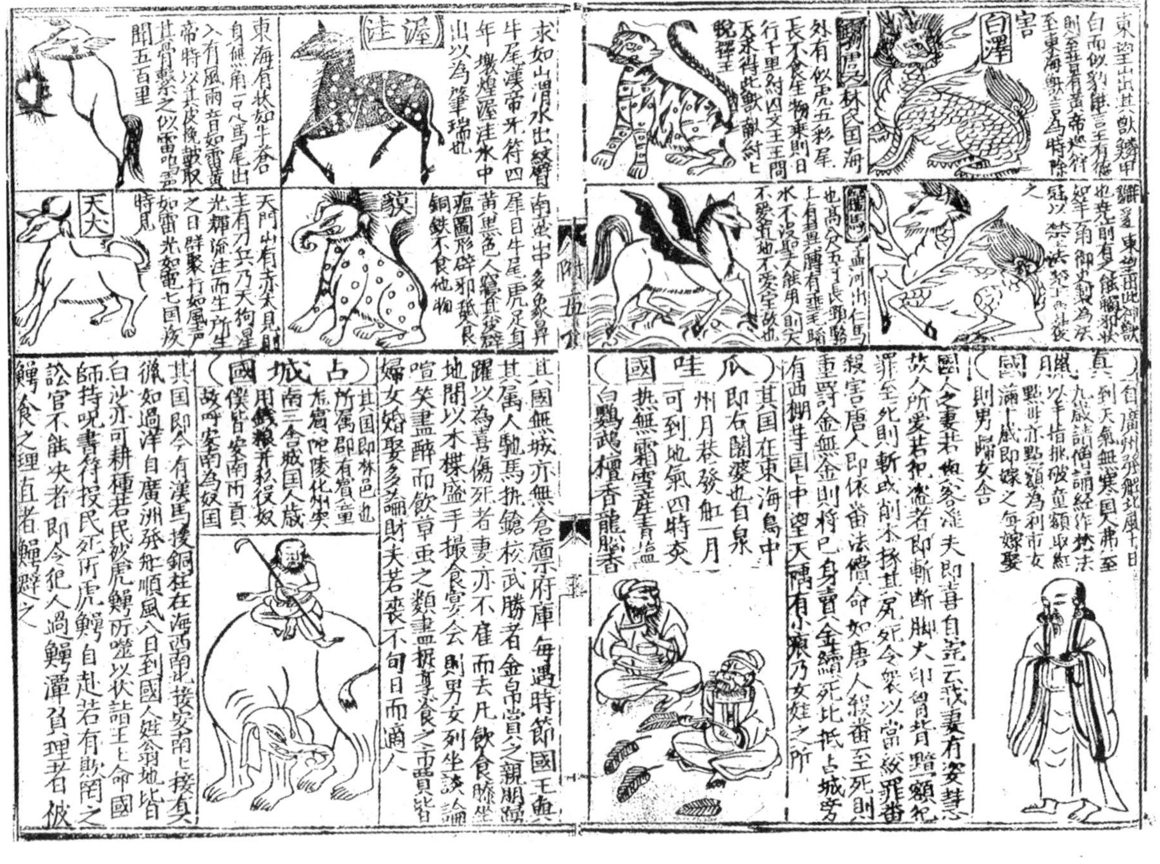

白澤

東望山出其獸鱗甲白而似豹能言王有德則至昔黃帝巡狩至東海獸言為時除害

騶虞

林氏国海外有似虎五彩尾長不食生物乘則日行千里紂囚文王王問天求得此獸献紂乃釋王

獬豸

東望山出此神獸也堯之前有之能觸邪狀如羊一角御史製為法冠以禁法楚王尤好之

龍馬

孟河出仁馬也高八尺五寸長頸骼上有翼傍有垂毛騎水不沒聖人能用則天不愛其道地不愛其寶故也

（真臘國）

自廣州發船北風十日到天氣無寒国人佛至九歲請僧誦經作梵法以手指挑破童額取紅點於亦點額為利市女滿十歲即嫁之每嫁娶則男歸女舍

國人之妻若與客淫夫即喜自誇云我妻有姿慧故人所愛若和尚者即斬斷腳大抵皆點額犯罪至死則斬或削木拔其尻死令眾以當殺罪番殺害唐人即依番法償命如唐人殺番至死則重罰金無金則將已身賣金贖死比抵占城旁有西棚寺国中望天福有小窯乃女娃之所

（爪哇國）

其国在東海島中即古闍婆也自泉州月巷發舡一月可到地氣四時炎熱無霜雪產青鹽白鸚鵡檀香龍腦香

渥洼

求如山滑水出[illegible]牛尾漢帝朱符四年燉煌渥洼水中出以為祥瑞也

貘

南方山中多象鼻犀目牛尾虎足身黃黑色人寢其皮辟瘟圖形辟邪其食銅鐵不食他物

東海有獸狀如牛蒼身無角一足入水則風雨音如雷黃帝特以其皮幔鼓取其骨擊之以雷鳴聲聞五百里

天犬

天門山有赤犬見則主有刀兵乃天狗星光耀流注而生所生之日群聚行如風聲如雷光如電七国叛時見

其國無城亦無倉廩府庫每遇時節國王與其屬人馳馬執鎗較武勝者金帛賞之親朋鄰里以為喜傷死者妻亦不喪而去凡飲食膝坐地間以木槃盛手撮食宴会則男女列坐談論喧笑盡醉而飲草亟之類盡捉享食之市賈皆婦女婚娶多論財夫若喪不旬日而適人

（占城國）

其国即林邑也所屬郡有賓童龍賓陀陵化州在南三舍城国人歲用銭粮并私役奴僕皆安南而貢故呼安南為奴国

其国即今有漢馬援銅柱在海西南北接安南七接真微如過洋自廣洲發舡順風八日到國人姓翁地皆白沙亦可耕種若民被虎鱷所噬以狀詣王王命國師持呪書符投民死所虎鱷自赴若有欺罔之訟官不能决者即令犯人過鱷潭負理者被鱷食之理直者鱷避之

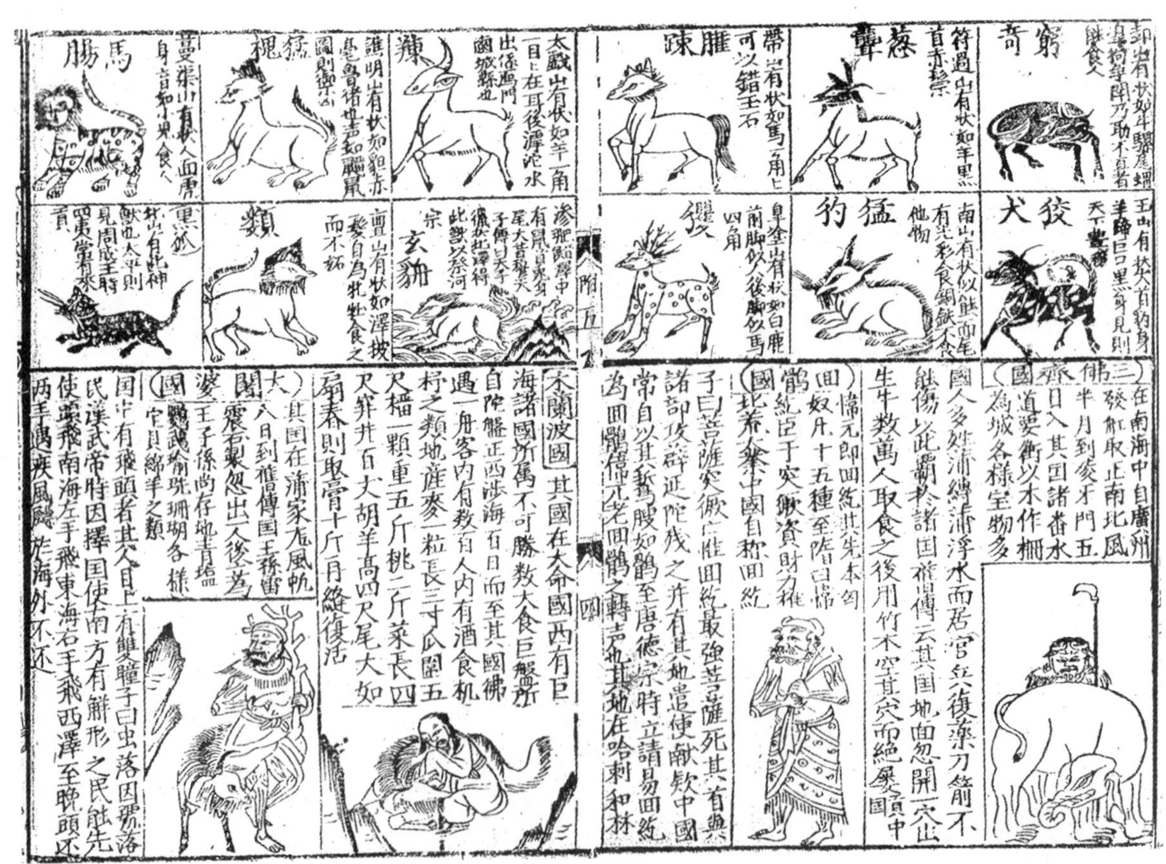

窮奇

邽山有狀如牛蝟毛音如狗嗥聞乃助不直者能食人

蔥聾

符禺山有狀如羊黑首赤鬣

臛疏

帶山有狀如馬一角上可以錯玉石

狡犬

玉山有獸犬首豹身羊角其音黑身見則天下豐穰

猛豹

南山有狀似熊而毛有光彩食銅鐵不食他物

玃

皇塗山有狀如白鹿前腳似人後腳似馬四角

（三佛齊國）

在南海中自廣州發舡取正南北風半月到凌牙門五日入其国諸番水道要衝以木作柵為城各様寶物多

國人多姓蒲縛浮水而居官兵復藥刀箭不能傷以此霸於諸国舊傳云其国地面忽開一穴出生牛數萬人取食之後用竹木塞其穴而絕昊貢中國

（回鶻國）

隋元郎回紇其先本匈奴凡十五種至隋曰鐵勒回紇臣于突厥資財力稚北蕃人乃中國自稱回紇子曰菩薩突厥以其回紇最強菩薩死其首與諸部攻薛延陀殘之并有其地遣使獻款中國常自以其捷鷙如鶻至唐德宗時立請易回紇為回鶻倚兀兒回鶻之轉聲也其地在哈剌和林

馬腸

蔓渠山有獸人面虎身音如小兒食人

孟槐

譙明山有狀如貆赤毫音如榴榴名曰孟槐可以禦凶

辣

太戲山有狀如羊一角一目目在耳後渾沱水出徐鷹門函城縣也

（黑狐）

其山有此神獸也太平則見周成王時黑夷常有來貢

類

亶爰山有狀如狸披髮自為牝牡食之而不妒

玄貘

參卿嶼中有鼠首兎身尾大昔騶虞天子傳曰天子獵此澤得此獸以祭河宗

木蘭皮國

其國在大食國西有巨海諸國所屬不可勝數大食巨艦所自陀盤正西涉海百日而至其國徘一舟客內有數百人內有酒食肌杵之類地產麥一粒長三寸瓜圍五尺榴一顆重五斤桃二斤菜長四尺羊井百大胡羊高四尺尾大如扇春則取膏十斤月縫復活

（大闍婆國）

其国在涌家海風帆八日到舊傳国王孫番震若襲忽出人後為王子孫尚存地生青鹽鸚鵡瑜珠珊瑚各樣宝貝綿羊之類

国中有飛頭者其人目上有雙瞳子曰虫落因號落民漢武帝時因擇国使南方有解形之民能先使頭飛南海左手飛東海右手飛西澤至晚頭還两手遇疾風飄於海外不还

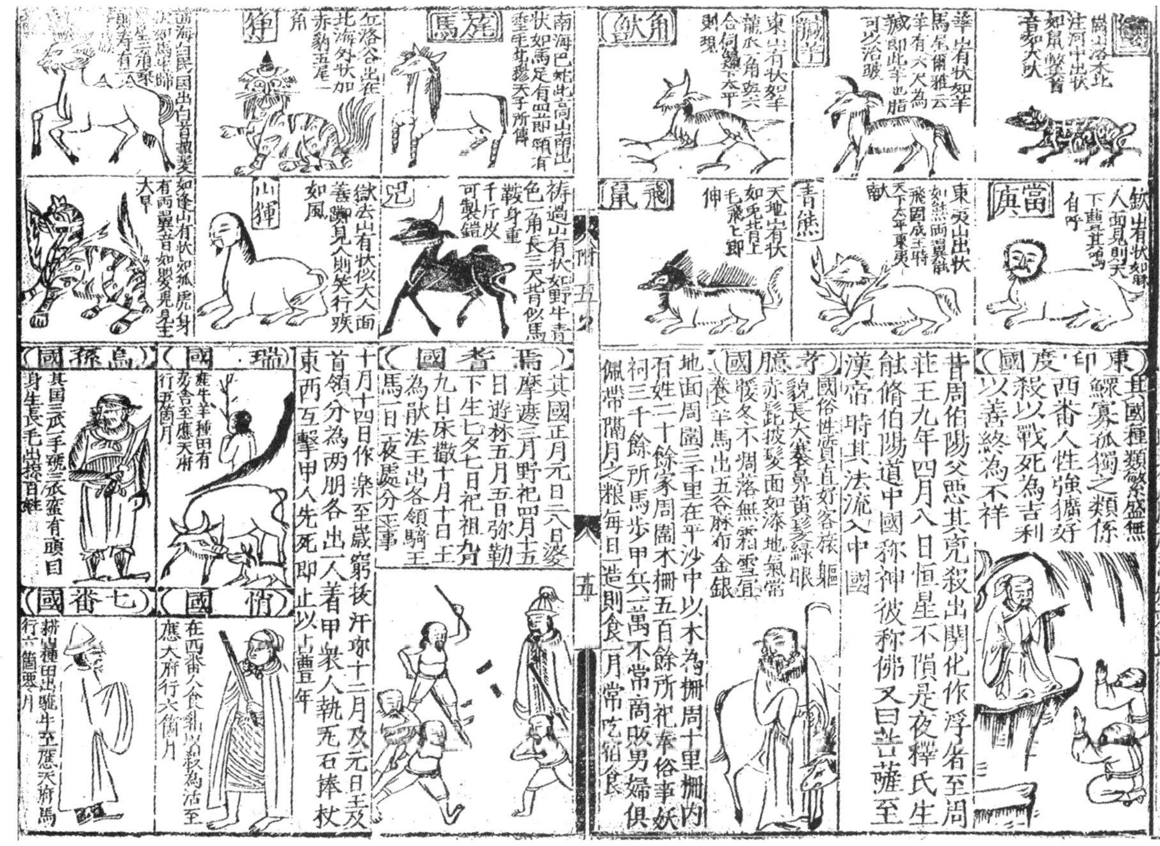

嶓山洛水出注河中出狀如鼠鱉首音如犬吠

羬羊　華山有狀如羊馬尾爾雅云羊有六尺為羬即此羊也脂可以浴皴

欽角　東山有狀如羊龍水一角歆災合何歸天下太平則現

當庚　欽山有狀如豚人面見則天下熟其鳴自呼

青熊　東夾山出狀如熊而黑載飛固成王時天下太平東夷獻

飛鼠　天地山有狀如兔背上毛飛上卽伸

東印度國　其國種類繁盛無鰥寡孤獨之類係西番人性強獷好殺以戰死為吉利以善終為不祥

昔周伯陽父惡其克殺出關化作浮屠者至周莊王九年四月八日恒星不隕是夜釋氏生䏻脩伯陽道中國称神彼称佛又曰菩薩至漢帝時其法流入中國

孝臆國　國俗性質直好客族軀貌長大鬈鼻黃髮綠眼亦髭披髮面如漆地氣常暖冬不凋落無霜雪宜養羊馬出五谷麻布金銀

地面周圍三千里在平沙中以木為柵周十里柵内有姓二十餘家周圍木柵五百餘所祀奉俗事妖祠三千餘所馬步甲兵一萬不常商販男婦俱佩帶隔月之粮每日一造則食一月常吃宿食

旄馬　南海巴蛇出高山南出狀如馬足有四節頸有垂毛此穆天子所傳

猙　五落谷出在北海外狀如赤豹五尾一角

西海白民国出白首被髪[illegible]乘黃[illegible]壽有[illegible]

兕　禱過山有狀如野牛青色一角長三尺背似馬鞍身重千斤皮可製鎧

山𤟤　獄法山有狀似犬人面善投見人則笑行疾如風

如逢山有狀如狐虎身有两翼音如嬰兒見主大旱

焉耆國　其國正月元日二八日婆摩遮三月野祀四月十五日遊林五月五日弥勒下生七夕七日祀祖九月九日床撒十月十日王為猒法王出各領騎馬一日一夜處分王事十月十四日作樂至歲窮拔汗那十二月及元日王及首領分為两朋各出一人着甲衆人執瓦石棒杖東西互擊甲人先死即止以占當年

瑞國　養牛羊種田有茨舍至應天府行五箇月

烏孫國　其国三衣一手號三衣蠻有頭目身生長毛出拔百姓

悄國　在西番人食乳以殺為活至應天府行六箇月

七番國　耕山種田出驢牛至應天府馬行六箇月

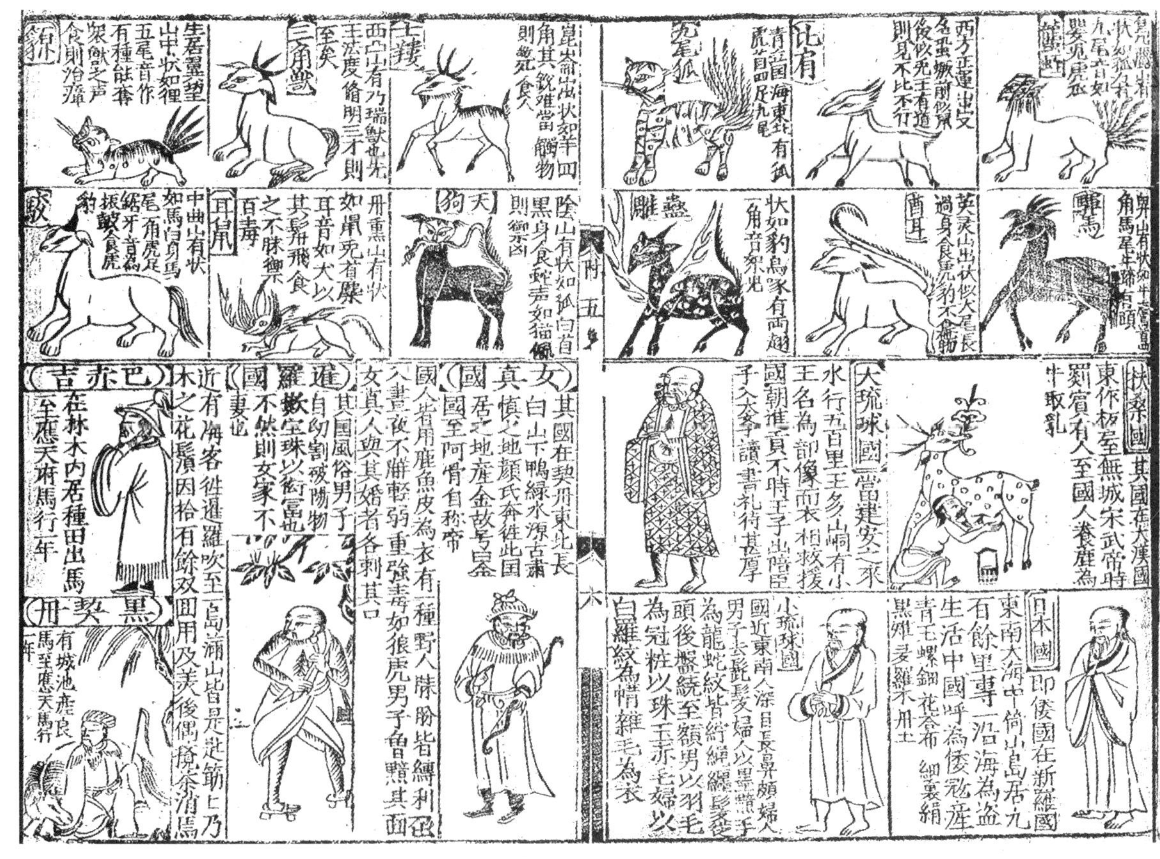

蠪蛭　鳧麗山有狀如狐九首九尾音如嬰兒虎爪

比肩　西方王蓮出獸名蛩蟨前似鼠後似兔王有道則見不比不行

九尾狐　青丘國海東北有狐四足九尾

𩧢馬　[illegible]山有狀如牛蒼[illegible]角馬尾牛蹄有頭

酋耳　英灵山出狀似大尾長過身食虎豹不食生物

蠱雕　狀如豹鳥喙有兩翅一角音如兒

扶桑國　其國在大漢國東作板屋無城宋武帝時劉寘有人至國人養鹿為牛取乳

大琉球國　當建安之東水行五百里王多山峒有小王名為部像而表相救援國朝進貢不時王子出陪臣子入太學讀書礼待甚厚

日本國　即倭國在新羅國東南大海中倚山島居九百餘里專一沿海為盜生活中國呼為倭寇產青毛螺鈿花布細裹絹點雞麦羅不用土

小琉球國　國近東南人深目長鼻頰婦人男子去髭鬚婦人以墨黥手為龍蛇紋皆紵縄纏髮盤頭後盤繞至額男以羽毛為冠粧以珠玉赤毛婦以白羅紋為帽雜毛為衣

土螻　崑崙山出狀如羊四角其銳難當觸物則斃食人

三角獸　西方有乃瑞獸也先王法度脩明三才則至矣

[illegible]　生居翼望山中狀如狸五尾音作有種能奪衆獸之声食則治癉

天狗　陰山有狀如狐白首黑身食蛇声如猫佩則禦凶

耳鼠　丹熏山有狀如鼠兔首麋耳音如犬以其髯飛食之不睬禦百毒

駮　中曲山有狀如馬白身馬尾一角虎足鋸牙音如鼓食虎豹

女真國　其國在契丹東北長白山下鴨綠水源古肅慎之地顏氏奔徙此国居之地產金故号皇帝國至阿骨自称帝國人皆用鹿魚皮為衣有一種野人眼盼皆縛利至晝夜不辨輕弱重強壽如狼虎男子曾黥其面女真人與其婚者各剌其口

暹羅國　其國風俗男子自幼割破陽物嵌寶珠以衒富也不然則女家不妻也

近有海客從暹羅吹至一島滿山皆是芝筋上乃木之花鬚因拾有餘双回用及美後偶擲茶消焉

巴赤吉　在林木内居種田出馬至應天府馬行一年

黑契丹　有城池產良馬至應天馬行一年

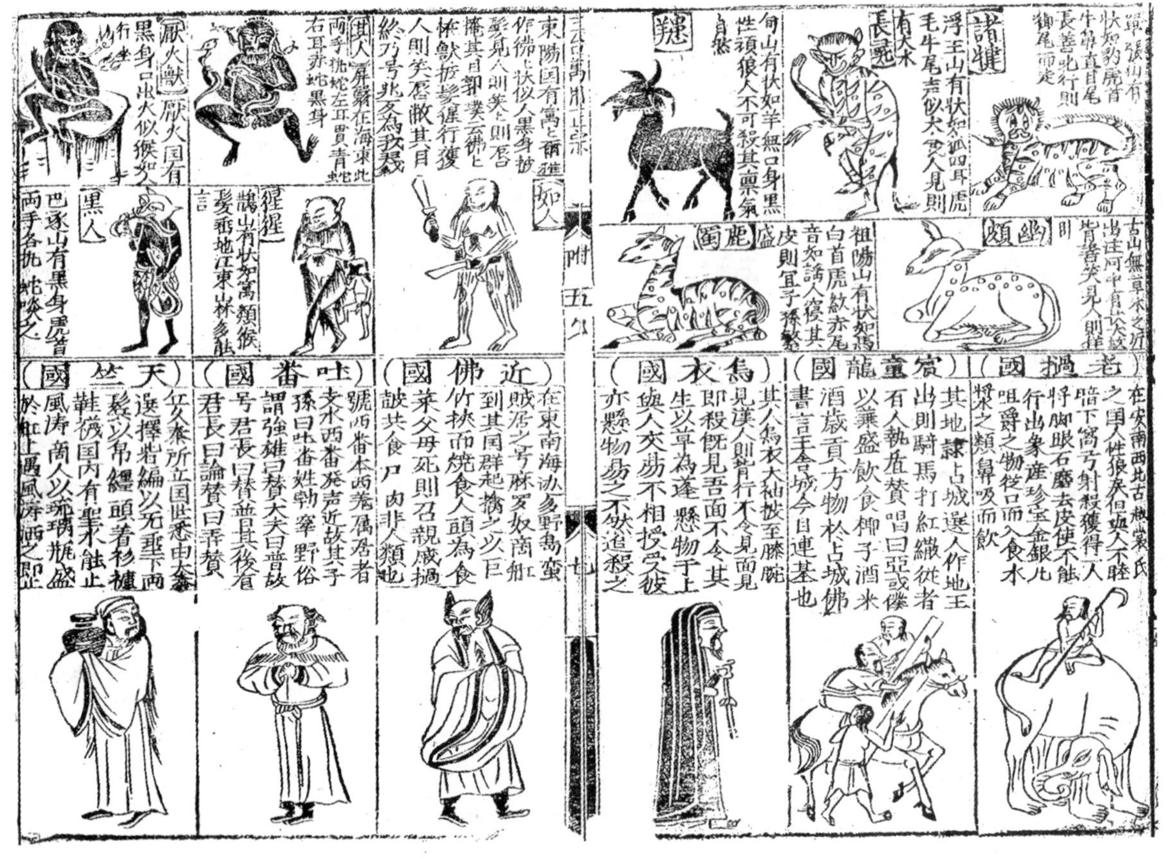

諸犍 單張山有狀如豹虎首牛身直目長尾善叱行則銜尾而走

長彘 浮玉山有狀如狐四耳虎毛牛尾声似犬見人則

羬 句山有狀如羊無口身黑性頑狼人不可殺其稟氣自然

幽頞 古山無草木之所出注河中有狀如猿文身善笑見人則佯睛

鹿蜀 杻陽山有狀如馬白首虎紋赤尾音如謠人寝其皮則宜子孫

如人 東陽国有寓ヒ爾雅作狒ヒ狀似人黑身披髮見人則笑ヒ則唇掩其目郭璞云狒ヒ怍猷披髮迅行獲人則笑唇蔽其目終乃号兆爻為我殘

厭火獸 厭火国有黑身口出火似猴

其人 屏翳在海東北兩手操蛇左耳貫青蛇右耳赤蛇黑身

黑人 巴遂山有黑身虎首兩手各執蛇啖之

猩猩 鵲山有狀如寓類猴髮垂地江東山林多能言

（老撾國）在安南西北古越裳氏之国人性狼戾但與人不睦暗下窩弓射殺獲得人将脚眼石磨去皮使不能行出象產珍宝金銀凡咀爵之物從口而入食水漿之類鼻吸而飲

（賓童龍國）其地隷占城選人作地王出則騎馬打紅繖從者百人執盾贊唱曰亞或僕以葉盛飲食椰子酒米酒歲貢方物於占城佛書言王舍城今日連基也

（烏衣國）其人烏衣大袖披至膝服見漢人則背行不令見面見即殺既見吾面不令其生以草為蓬懸物于上與人交易不相授受彼亦懸物易之不然追殺之

（近佛國）在東南海渺多野島蠻賊居之号麻罗奴商舡到其国群起擒之以巨竹挾而燒食人頭為食器父母死則召親戚擒皷共食尸肉非人類也

（吐蕃國）號西番本西羌屬居者支木西番發声近故其子孫曰吐蕃姓勃窣野俗謂強雄曰贊丈夫曰普故号君長曰贊普其後官君長曰論贊曰弄贊

（天竺國）乃秦所立国世悉由太姦選擇岩編以充垂下兩鬂以帛纏頭着衫褲鞋襪国内有聖水能止風涛商人以琉璃瓶盛於舡上遇風涛洒之即止

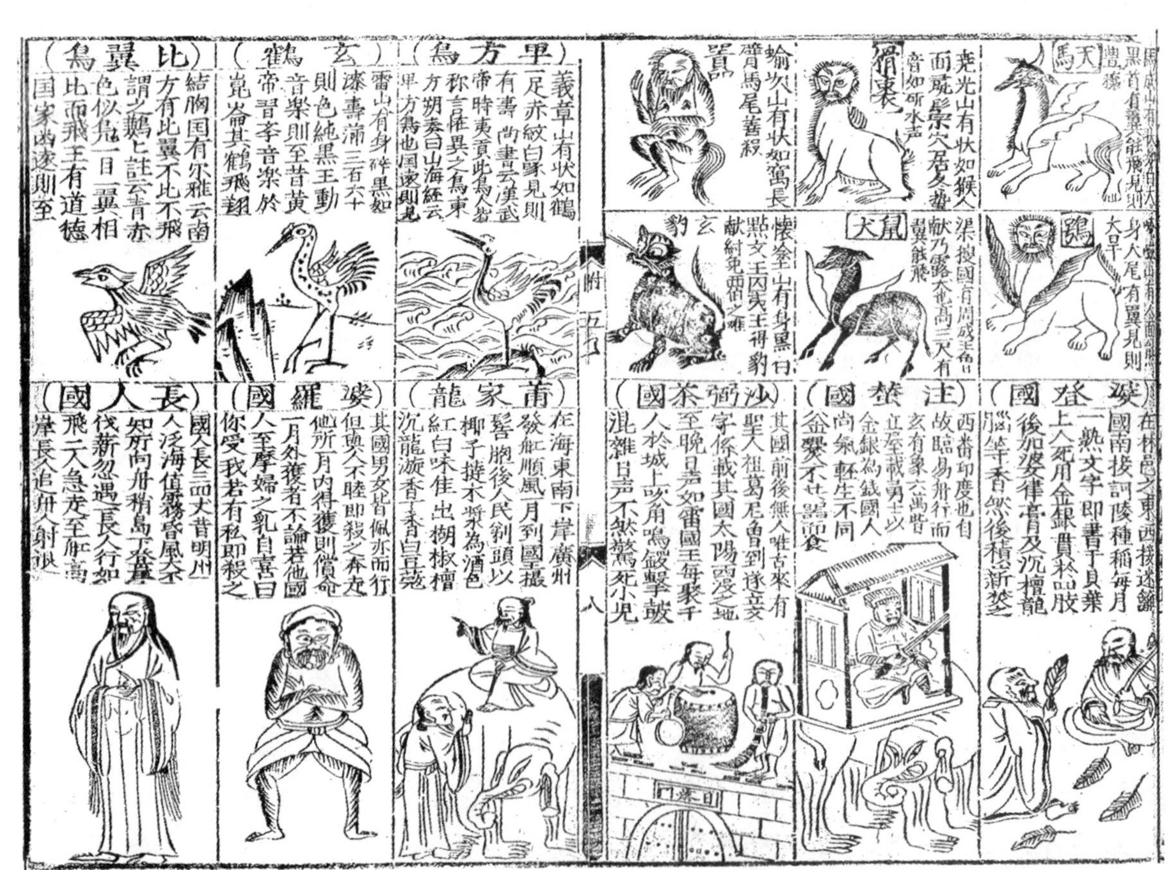

天馬 馬成山有狀如白犬黑首有翼能飛見則豐穰

猾褢 堯光山有狀如猴人面彘鬣穴居冬蟄音如斫木声

䍺 崳次山有狀如寓長臂馬尾善殺

鵸 身犬尾有翼見則大旱

鼠犬 渠搜國有周成王會獻乃露犬也高二尺有翼能飛

玄豹 懷塗山有身黑白點文王囚羑王得豹献紂免西伯之難

（畢方鳥）義章山有狀如鶴一足赤紋白喙見則有書尚書云漢武帝時東貢此鳥人莫称言惟異之鳥東方朔奏曰山海經云畢方鳥也

（玄鶴）雷山有身碎黑如漆壽滿三百六十則色純黑王動音樂則至昔黃帝習奏音樂於崑崙其鶴飛翔

（比翼鳥）結胸国有尒雅云南方有比翼不比不飛謂之鶼鶼註云青赤色似鳧一目一翼相比而飛王有道德国家幽遠則至

（婆登國）在林邑之東西接迷黎國南接訶陵種稻每月一熟文字即書于貝葉上人死用金銀貫於四肢後加婆律膏及沉檀龍腦等香然後積薪焚之

（注輦國）西番印度也自故臨易舟行而至有象六萬皆以金銀為錢國人尚氣輕生不同盆饗不共器而食

（沙𡭄茶國）其國前後無人唯古來有聖人祖葛尼魯到遂差字係載其國太陽西沒之地至晚日声如雷國王每聚千人於城上吹角鳴鑼擊鼓混雜日声不然驚死小兒

（蒲家龍）在海東南下岸廣州發舡順風一月到國撮髻腳後人民剃頭以椰子擠木漿為酒色紅白味佳出胡椒檀沉龍涎香丁香白豆蔻

（婆羅國）其國男女皆佩刀而行但與人不睦即殺之奔走他所一月内得獲則償命一月外獲者不論若他國人至摩婦之乳自言曰你受我若有私即殺之

（長人國）國人長三四丈昔明州人泛海值霧昏風大不知所向舟稍島下登岸伐薪忽遇長人行如飛二人急走至舡高岸長人追舟人射退

精衛
發鳩山有狀如烏白首呼神農之少女名女娃昔遊東海溺而不返化為此鳥常取西山之石以填東海
鳥鼠同穴
爾雅云鳥為鵌鼠為鼵其穴入地三四尺鼠在內鳥在外今隴西首陽縣孔氏傳云共為雌雄同穴而處
太華山鳥狀如梟人面一足冬出夏蟄人以羽毛如衣穿則不畏雷霆
樂鳥
臨海山出狀如鵲五彩冊啄赤首有冠王有德則至
踈斯
灌題山有狀如雉反面見人乃躍
崌山有赤身白首嘴曲頂翠毛冠更有翠山鸛鳥俱可禦火
絜鉤
真山有狀如鳧鼠尾善登木見則国多疾疫
附五
崑崙層期國
在西南海上接海島有大鵬飛則蔽日能食駱駝昔有人拾其羽毛截管作水桶有野人身如黑漆拳鬢国人布食誘捉賣与番商作奴
斯伽里野國
近番国山上有穴四季出火国人扛大石千百斤納穴中須臾爆出皆碎五年一次火出其火流傳海边復回所過林木不燒遇石燒如炭
頓遜國
国在海島人死親戚歌舞送郊外有鳥如鵝飛來萬數人避其鳥食肉盡而去即燒骨骸沉水謂之鳥葬
狗國
人身狗首長毛不衣語若犬嗥妻類人能言穿衣貂鼠皮穴居生女自相嫁娶昔中国人至其国妻使至者逃歸与筯十餘隻教之每走十餘里遺一筯狗見其家物必啣歸其人方逃則追不及至應天府行二年二个月
地穴
白達國
其国王弗必烈勿之子孫雪布纏頭諸国用兵不敢侵犯食酥酪餘肉少魚菜多身著花錦番布產珊瑚諸色異宝
大秦國
西番諸国之都會也番商集此王號麻羅弗以布帛織出金字纏頭地產珊瑚生金花錦幔布碼碯珍珠等物異色宝貝

尾長天下太平則見周成王時西戎曾獻
鸑鷟
丹穴山出此鳥神鳥也似鳳而色而多紫国語云周之興也鸑鷟鳴于岐
鵸䳜
生居基山中形狀似鷄一身三首六目六足二翼食則令人少睡
鴸
長舌山出狀如鴟人面人手如脚鳴則自呼若見国多曠士
鵸鵌
翼望有狀如烏三首六尾自為牝牡善笑服之不眯佩則禦兵
瞿如
禱過山有狀如鵁鳧脚而小延尾白首三面鳴則自呼
附五
默伽國
古俗荒野無人煙因大食国祖師蒲羅吽自幼有異狀長娶妻在荒郊生一男子無水洗棄地母尋水不見回見兒以脚擦地湧出一泉此子立名司麻烟砌成大井逢旱不乾舟遇風濤此水洒之即止
眉路骨國
七重城黑石砌成有塚三百餘所胡日搭高八十丈安三百六十房毛緞為衾肉麵為食金銀為錢產砂摩茨石
無䏿國
即二国蛮在北海無䏿無肚腸食土穴居男女死即埋其心不朽百年復化為人肺不朽百二十年化為人肝不朽八十年復能為人與三蛮国相類
十
訶陵國
在真臘国南竪木為城造大屋重閣以椶皮盖象牙為床椰花為酒以手撮食人有毒當人同宿即生瘡與女人交必死旋液着草木即枯
南尼華羅國
有城三重国人好佛教尊牛屋壁皆用牛糞塗為潔各家置壇以牛糞塗置花木焚香供佛路通西域常有輕騎來刼閉門拒之數日絕糧
大食勿斯離
其国秋露降日曝即成糖霜清凉甘美其露也山有天生樹子如栗一歲名蒲芦可採食次年復生名麻茶澤三年再生名沒石子稍麥開地窖收藏

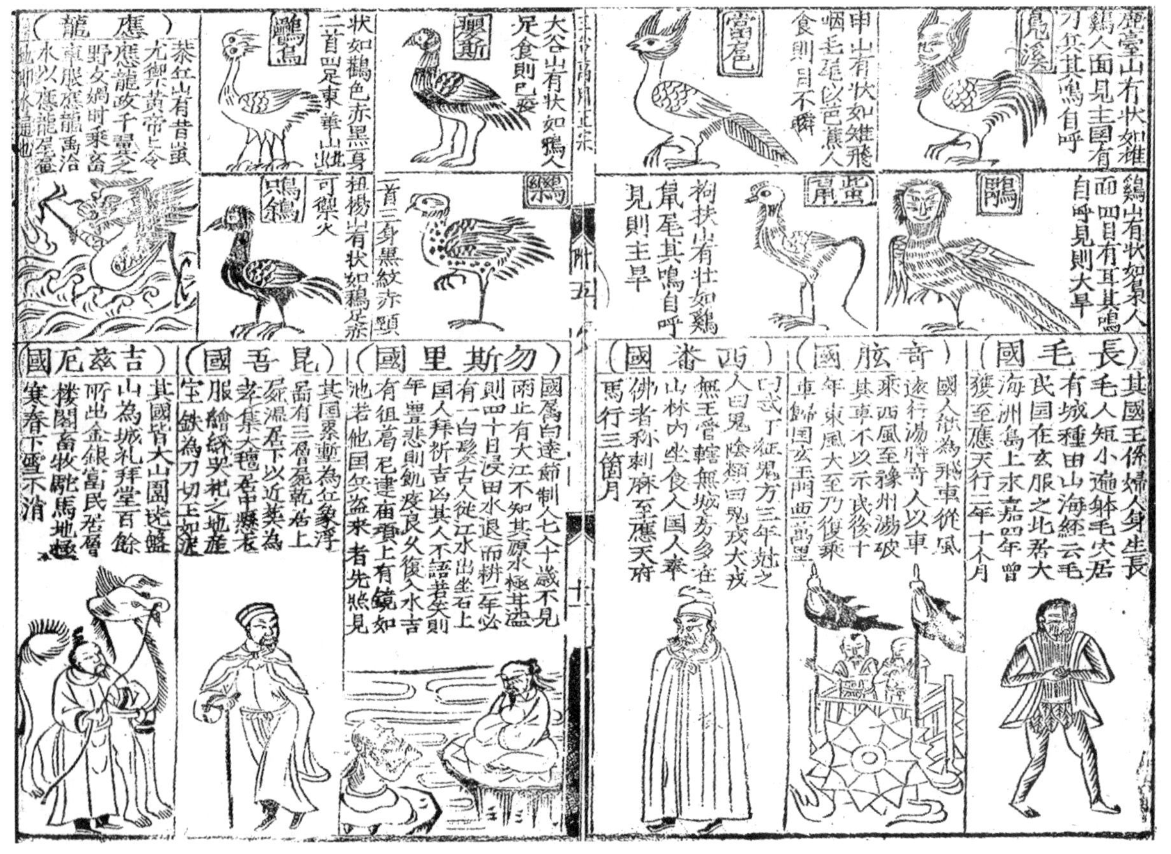

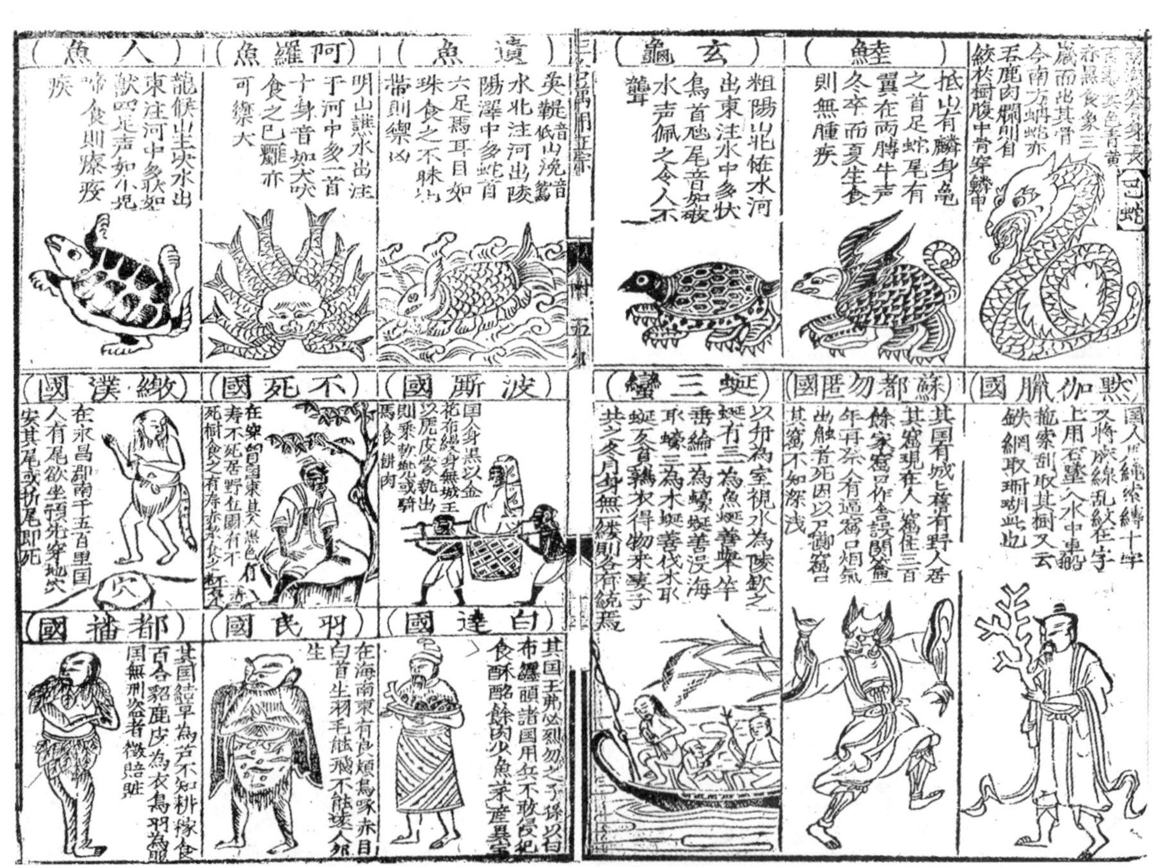

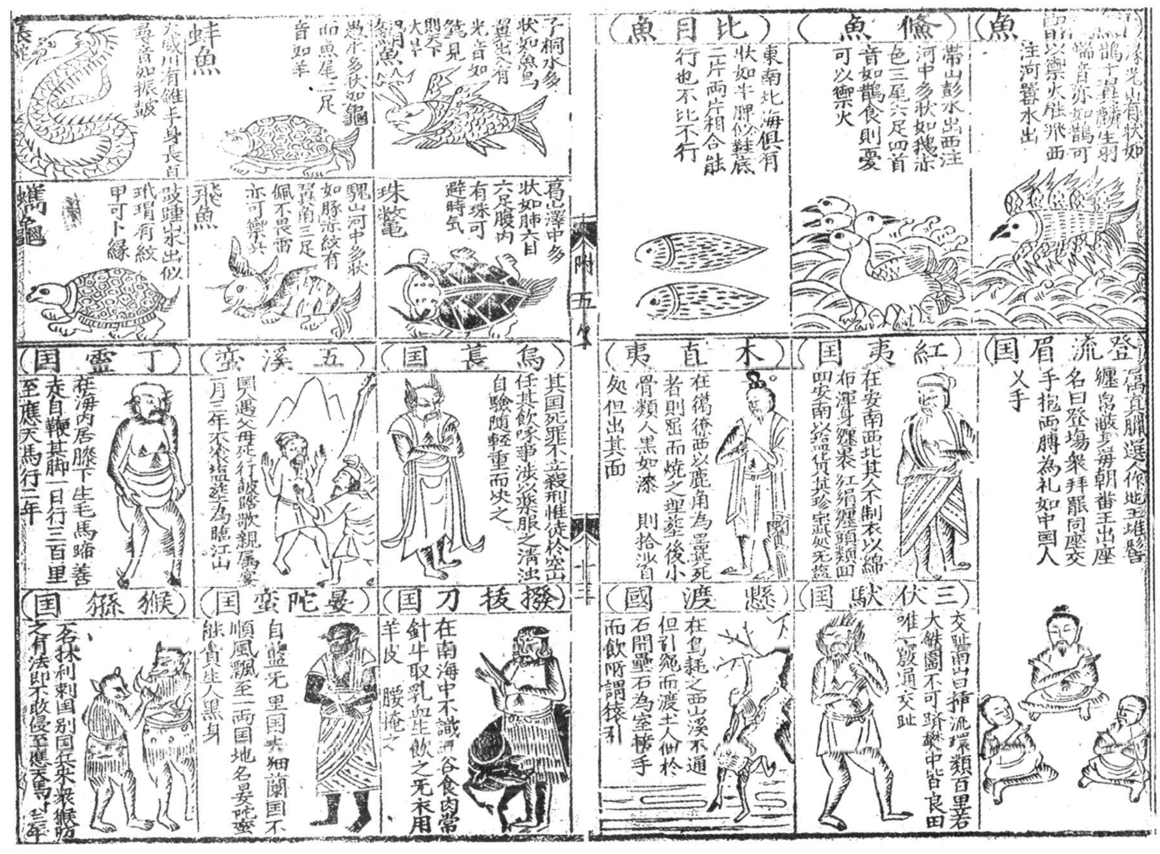

儵魚
比目魚
珠鼈
飛魚
登流眉国
紅夷国
木直夷
烏萇国
五溪蛮
丁靈国
三伏馱国
懸渡國
撥拔刀国
晏陀蛮国
猴猻国

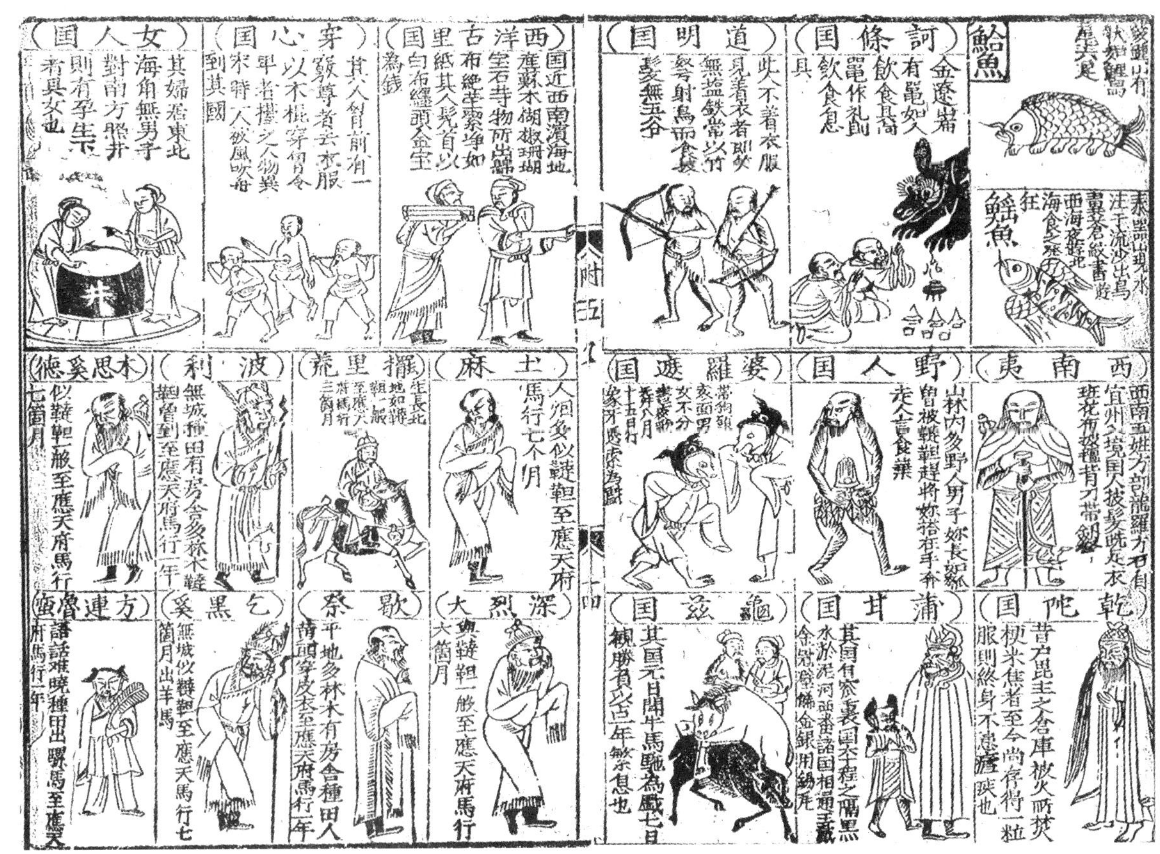

鮎魚
訶條国
道明国
西洋古里国
穿心国
女人国
西南夷
野人国
婆羅遮国
土麻
波利
乾陀国
蒲甘国
龜茲国
深烈大
歇祭
乞黑奚

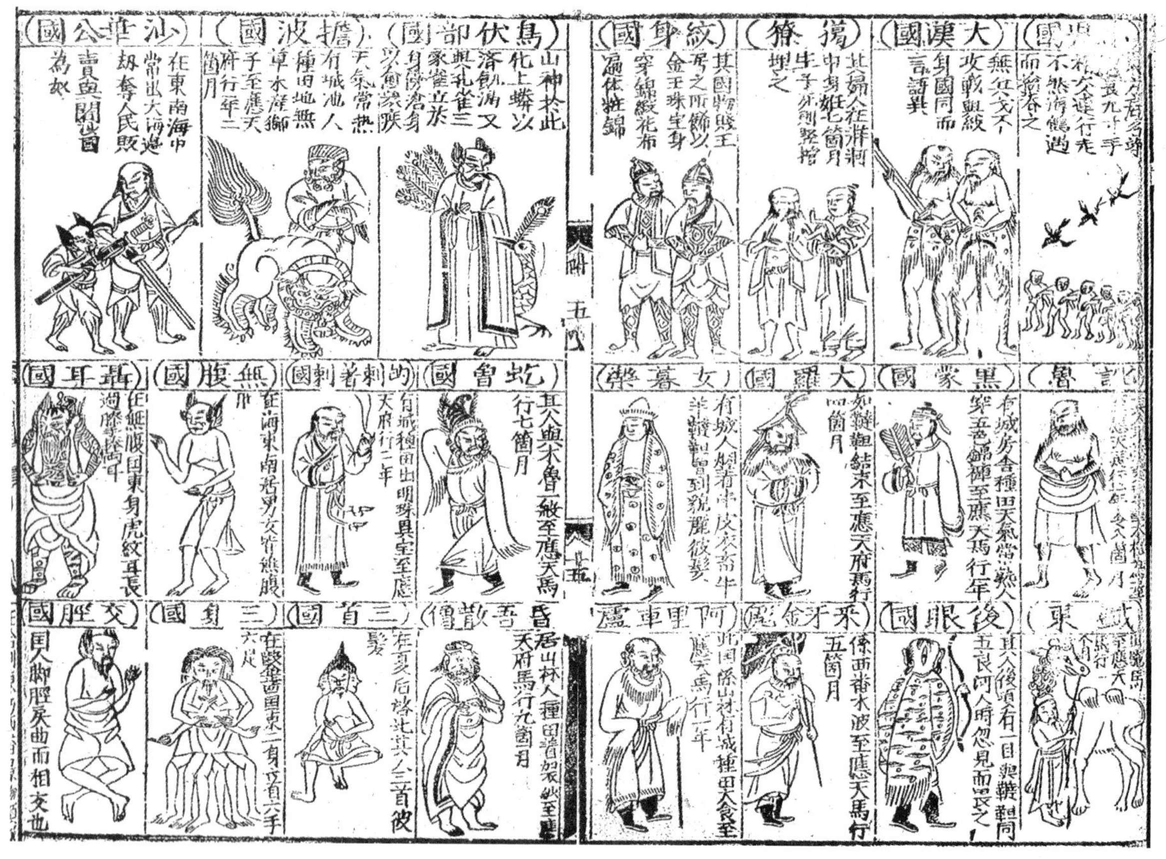
大漢國
無兵戈不攻戰與紋身國同而言語異
獨猿
其婦人在洲洞中身姙七箇月生子
紋身國
其國物賤王居之所飾以金玉珠宝身穿錦繡花布遍体粧錦
鳥伏部國
山神於此化上蟒以濟飢渴又與孔雀三家雀立於身傍
擔波國
天氣常熱有城池人種田地無草木產獅子至應天府行年二箇月
沙華公國
在東南海中常出大海邊劫奪人民販賣與闍婆國為奴
黑蒙國
有城房舍種田天氣常熱人穿五色衣
大羅國
女暮漿
有城人穿牛皮衣
蚖會國
其人與木魯
行七箇月
昀刺者刺國
有城種田出明珠
天府行二年
無腹國
在海東南
聶耳國
在無腹國東身虎紋耳長過膝
後眼國
其人後頂有一目
阿里車盧
昏吾散傳
居山林人種田
天府馬行九箇月
三首國
三身國
交脛國
其人脚脛屈曲而相交也

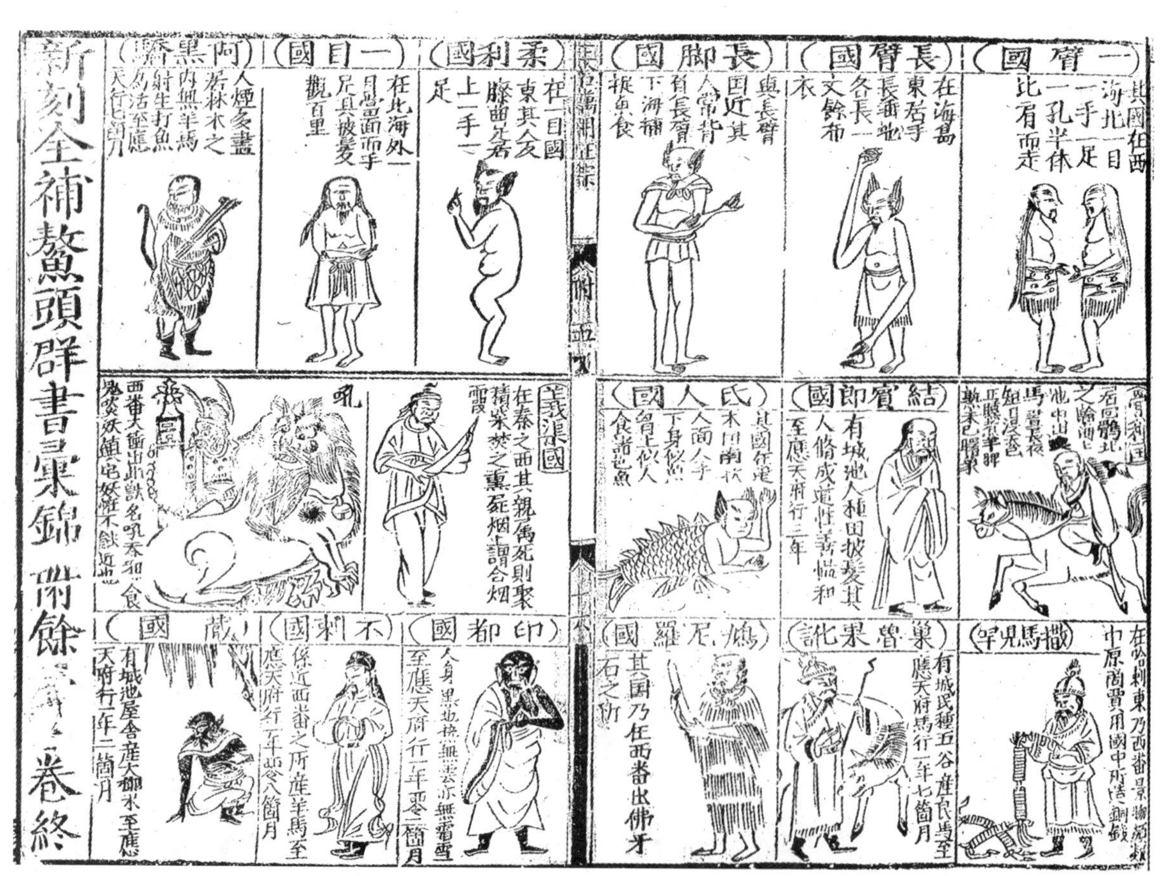
新刻全補鰲頭群書彙錦附餘卷終
一臂國
其國在西海北一目一手一足一孔半体比肩而走
長臂國
在海島東有手長垂地各長一丈餘布衣
長脚國
與長臂國近其人常背負長脚下海捕捉魚食
柔利國
在一目國東其人反膝曲足居上一手一足
一目國
在北海外一目當面而手足具披髮
阿黑驕
人煙多盡若林木之内無羊馬射生打魚為活
結實郎國
有城池人種田披髮
至應天府行三年
氐人國
其國在建木西其人人面而魚身無足
義渠國
在秦之西其親戚死則聚積柴焚之
撒馬兒罕
在哈剌東乃西番地名
巢魯果訖
有城民種五谷產良馬至應天府馬行一年七箇月
鵁尼羅國
其國乃在西番出佛牙石之所
印都國
至應天府行一年零二箇月
不剌國
係近西番之所產羊馬至應天府行
有城池屋舍產大柳木至應天府行一年二箇月

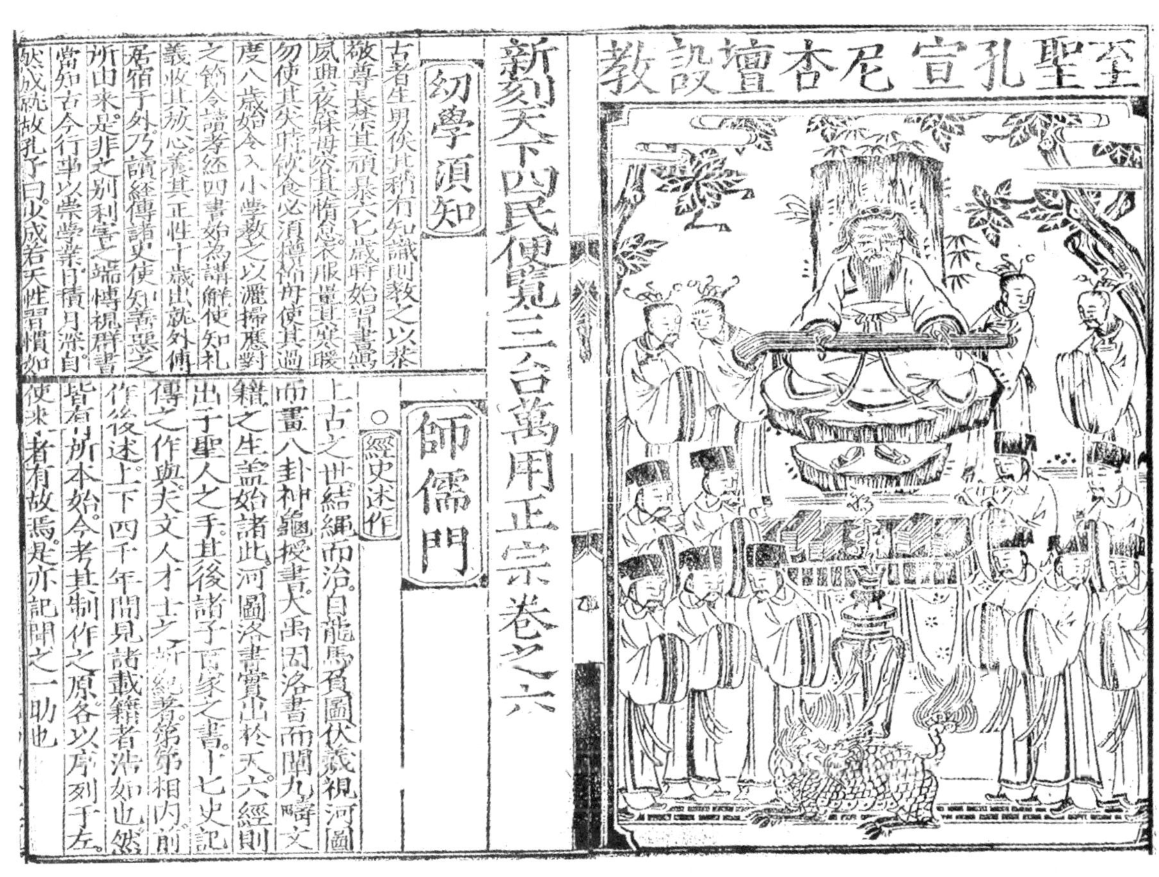

至聖孔宣尼杏壇設教

新刻天下四民便覽三台萬用正宗卷之六

幼學須知

古者生男俟其稍有知識則教之以恭敬尊長柔其頑暴六七歲時始習書寫夙興夜寐毋容其惰怠衣服量其寒暖勿使其失時飲食必須樽節毋使其過度八歲始令入小學教之以灑掃應對之節令讀孝經四書始為講解使知礼義收其放心養其正性十歲出就外傅居宿于外乃讀經傳諸史使知善惡之所由來是非之別利害之端博覽群書當知古今行事以崇學業日積月深自然成就故孔子曰少成若天性習慣如

師儒門

○經史述作

上古之世結繩而治自龍馬負圖伏羲視河圖而畫八卦神龜授書大禹因洛書而陳九疇文籍之生蓋始諸此河圖洛書實出於天六經則出于聖人之手其後諸子百家之書十七史記傳之作與夫文人才士之所紀著第相因前作後述上下四千年間見諸載籍者浩如也然皆有所本始今考其制作之原各以序列于左使來者有故焉是亦記問之一助也

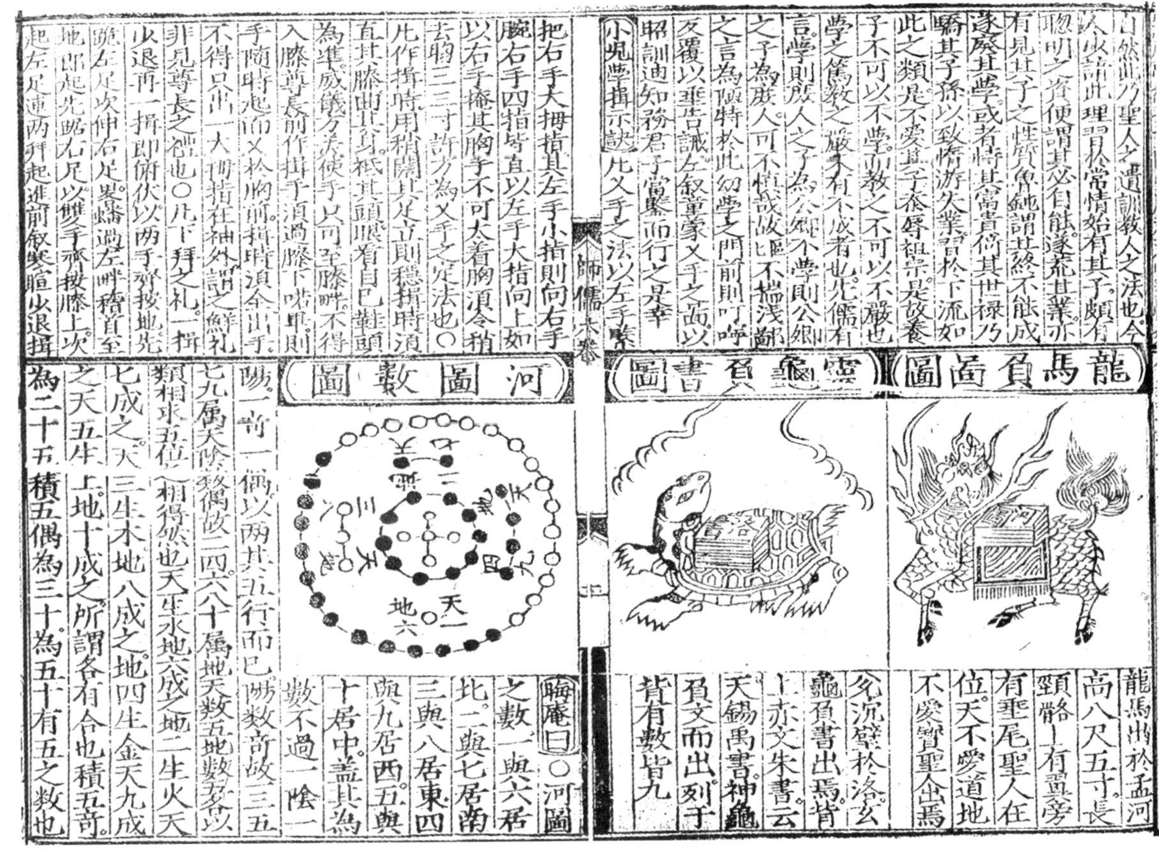

自然此乃聖人之遺訓教人之法也今人必諳此理習於常情始有其子頗有聰明之資便謂其必自能遂荒其業亦有見其子之性質魯鈍謂其終不能成遂廢其學或者恃其富貴倚其世祿乃驕其子孫以致惰游失業習於下流如此之類是不愛其子忝辱祖宗是故養子不可以不學教之不可以不嚴也學之篤教之嚴未有不成者也先儒有言學則庶人之子為公卿不學則公卿之子為庶人可不慎哉故區區不揣淺陋之言為傚特於此幼學之門前則可呼反覆以垂告誡左叙童蒙叉手之訣以昭訓迪知務君子當鑒而行之是幸

小兒學揖示訣

凡叉手之法以左手緊把右手大拇指其左手小指則向右手腕右手四指皆直以左手大指向上如以右手掩其胸手不可太着胸須令稍去胸二三寸許方為叉手之法也○凡作揖時用稍闊其足立則穩揖時須直其膝曲其身低其頭眼看自己鞋頭為準成儀方妙使手只可至膝時不得入膝尊長前作揖手須過膝下啲畢則手隨揖起而叉於胸前揖時須令出手不得只出一大拇指在袖外謂之鮮礼非見尊長之禮也○凡下拜之禮一揖少退再一揖即俯伏以兩手齊按地先跪左足次伸右足要屈過左畔稽首至地即起先跪右足以雙手齊按膝上次起左足連兩拜起進前敘寒暄少退揖

龍馬負圖

龍馬出於孟河高八尺五寸長頸骼上有翼旁有垂尾聖人在位天不愛道地不愛寶聖人出焉

靈龜負書

亢沉璧於洛玄龜負書出焉背上赤文朱書云天錫禹書神龜負文而出列于背有數皆九

河圖數圖

晦庵曰○河圖之數一與六居北二與七居南三與八居東四與九居西五與十居中蓋其為數不過一陰一陽一奇一偶以兩其五行而已陽數奇故三五七九屬天陰數偶故二四六八十屬地天數五地數五以類相求五位相得然也天一生水地六成之地二生火天七成之天三生木地八成之地四生金天九成之天五生土地十成之所謂各有合也積五奇為二十五積五偶為三十為五十有五之数也

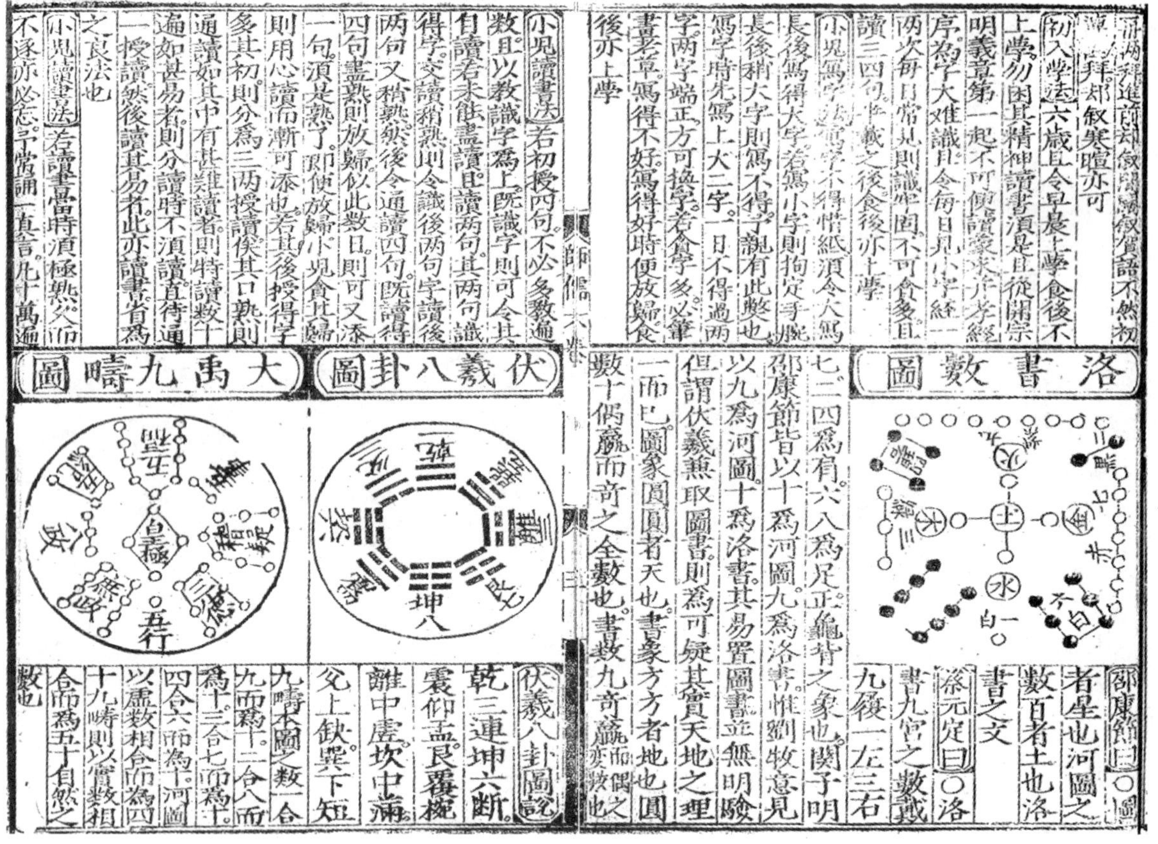

而兩拜進前叙寒暄叙賓語不然初[illegible]拜却叙寒暄亦可

【初入學法】六歲且令早晨上學。食後不上學。勿困其精神。讀書須是且從開宗明義章第一起。不可便讀蒙求并孝經序。為字大难識。且令每日只小字經一兩次。每日常見則識。不可貪多。且讀三四句。午食之後。食後亦上學

【小兒寫字法】寫字不得惜紙。須令大寫。長後寫得大字。若寫小字則拘定手腕。長後稍大字則寫不得字。親有此弊也。寫字時先寫上大二字。一日不得過兩字。兩字端正。方可換字。若貪學多。必筆畫老草。寫得不好。寫得好時便放歸。食後亦上學

【小兒讀書法】若初授兩句。不必多數遍數。且以教識字為上。既識字則可令其自讀。若未能盡讀。且讀兩句。其兩句識得字。交讀稍熟則令識後兩句字讀後兩句。又稍熟。然後令通讀四句。既讀得四句盡熟則放歸。似此數日。則可又添一句。須是熟了。即使放歸。小兒貪其歸則用心讀。而漸可添也。若其後授得字多。其初則分為三兩授。讀俟其口熟則通讀。如其中有甚難讀者。則特讀數十遍。如甚易者。則分讀時不須讀。直待通一授讀。然後讀其易者。此亦讀書省為之良法也

【小兒讀書法】若讀書當時須極熟。久而不遂亦必忘。宇當誦一直言。凡十萬遍

洛書數圖

【邵康節曰】○圓者星也。河圖之數。方者土也。洛書之文

【蔡元定曰】○洛書九宮之數。戴九履一。左三右七。二四為肩。六八為足。正龜背之象也。關子明邵康節皆以十為河圖。九為洛書。惟劉牧意見以九為河圖。十為洛書。其易置圖書並無明驗。但謂伏羲兼取圖書則為可疑。其實天地之理一而已。圖象圓。圓者天也。書象方。方者地也。圓數十偶。贏而奇之全數也。書數九奇。贏而偶之變數也

伏羲八卦圖

【伏羲八卦圖說】乾三連。坤六斷。震仰盂。艮覆椀。離中虛。坎中滿。兌上缺。巽下短

大禹九疇圖

九疇本圖之數。一合九而為十。二合八而為十。三合七而為十。四合六而為十。河圖以虛數相合而為四十。九疇則以實數相合而為五十。自然之數也

[illegible]其溫書之法。若初讀書一卷。則一日溫一溫此一卷。其後讀過二卷。則二日溫一遍。三卷則三日溫一遍。大約一日溫一卷也。若讀過一百卷。則一百日能溫一遍。二百卷則二百日能溫一遍。亦未不忘。如長成者讀過論孟六經。一放下則周年未必溫一遍。所以不能記也。此乃楊子吳秘之家傳溫書之法。如此則初讀時不須四授。以一日之工溫之。亦不須一卷了。又分為兩授溫之。既省工又求不忘。真妙法也

【訓蒙八規】【一學禮】凡為人要識道理。識禮數。在家庭事父母。入書院事先生。並要恭敬順從。遵依教誨。與之言則應。教之事則行。毋得怠慢自任己意。○【二學讀】專心看字。斷句謾讀。須要字字分明。毋得自視東西手執他物。○【三學坐】定身端坐。齊腳斂手。毋得偃仰傾側。○【四學言】朴實語事。毋得妄誕。低細出聲。毋得叫喚。○【五學書】專志把筆。並要齊整圓淨。毋得糊塗。○【六學揖】低頭屈腰。出聲收手。毋得輕率慢易。○【七學行】籠袖徐行。毋得擺臂跳足。○【八學立】拱手立身。毋得跛衣斜款

○【童蒙須知】朱熹先生曰。夫童蒙之學。始於衣服冠履。次及語言步趨。次及灑掃涓潔。次及讀書寫文字。及有雜細事宜。皆所當知。今逐目條列。名曰童蒙須知。若其脩身

【千字文】[illegible]本末。南史文學傳周興嗣傳云。武帝以三橋舊宅為光宅寺。敕興嗣與陸倕各製寺碑。及成。俱奏。帝以興嗣所製。自題及銅表銘柵塘碣檄。繼文王羲之書千字。並使興嗣為文。每奏帝稱善。賜王帛。○劉禹錫嘉話錄。梁武教諸王書。令殷鐵石於大王書中搨一千字不重者。每字一片紙。雜碎無敘。帝召興嗣曰。卿有才思。為我韻之。興嗣一夕編綴進上。鬢髮皆白。賞賜甚厚。國朝寶訓。太宗嘗行草千文。賜李至。至請摸刻。太宗三千文。乃梁武得鍾繇破碑。非垂世立教之道

○【孝經】唐明皇註。○按書序。魯共王好治宮室。壞孔子之宅。以廣其居。壁中得所藏古文孝經。凡十有八章。共一千九百單三字

○【論語】何晏集解。○孔子弟子記諸善言。凡二十篇。成於曾子有子之門人。有齊論。有魯論。又有古論。齊論二十二篇。古論分堯曰下章子張問為一篇。凡二十一篇。孔子魯人。故謂之魯論語。又謂之論語。共一萬五千九百一十六字

○【孟子】趙岐註并序。○弟子公孫丑萬章之徒。記其師弟子難答問為書七篇。二百六十一章。大抵皆言仁義道。乃闢楊墨之異端。明夫子之正學。孟子鄒人也。名軻。故謂之鄒書。又謂之孟子。共三萬四千六百八十五字

○【周易】王弼註○自伏羲氏王天下。龍馬負圖出河。遂則其文以畫八卦。文王重三爻為六爻。推八卦為六十四卦。後夫子作十翼。凡更三聖而成書。其書言吉凶休咎悔吝之象。可以占卜。故秦人焚書。而易以卜筮之書獨全。其經十翼者。上彖下彖上象下象上係下係文言說卦序卦雜卦是也。其書畫于伏羲。謂之羲易。文王作卦辭。周公作爻辭。謂之周易。其書分八十經。其二萬四千一百單七字○

【六十四卦總括歌】易卦八八六十四卦。乾坤屯蒙需訟師。比與小畜覆泰否。同人大有謙豫隨。蠱及臨觀噬嗑賁。剝復無妄大畜頤。大過而後坎離繼。咸恆遯壯晉明夷。家人睽蹇解損益。夬姤萃升困井革。鼎震艮漸歸妹豐。旅巽兌及渙節中孚。小過既濟未濟終焉包括

○【尚書】孔安國序并傳註○舊書有五篇。起於三墳。載伏羲神農黃帝之事。自孔子刪去。斷自唐虞以下迄於周。所存四十九篇。虞書五篇。謂之五典。夏商周之書。皆訓誥誓命之文。秦人焚書。孔子以此書藏于壁。至魯共王壞孔子舊宅。臣得所藏之書。皆科斗文字。舉世無能知者。濟南伏生口以傳授二十五篇。孔安國考其文。又定五十八篇。并序五十九篇。末二篇乃秦誓書。以其上古之書。謂之尚書。共二萬五千七百字

○【毛詩】鄭康成註○古者有采詩之官。天子巡狩。命太師陳詩以

治心事親接物與夫窮理盡性之要自有聖賢典訓昭然可考當次第曉達茲不復詳著云

衣服冠履第一　大抵為人先要身體端整自冠巾衣服鞋襪皆須收拾愛護常令潔淨整齊我先人常訓子弟云男子有三緊謂頭緊腰緊腳緊頭謂頭巾未冠者總髻腰謂以條或帶束腰腳謂鞋襪此三者要緊束不可寬慢寬慢則身體放肆不端嚴為人所輕賤矣○凡着衣服必先提整衿領結兩衽紐帶不可令有闕落飲食照管勿令污壞行路看顧勿令泥漬○凡脫衣服必齊整摺疊箱篋中勿散亂頓放則不為塵埃雜穢所污仍易於尋取不致散失着衣既久則不免垢膩須要勤勤洗澣破綻則補綴之儘補綴無害只用完潔○凡盥面必以巾帕遮護衣領捲束兩袖勿令有所濕○凡就勞役必去上籠衣服只着短便愛護勿使損污○凡日中所着衣服夜臥必更則不藏蚤虱不即敝壞苟能如此則不但威儀可法又且不廢衣服晏子一狐裘三十年雖猶在以儉化俗亦其愛惜有道也此最飾身之要毋忽

語言步趨第二　凡為人子弟須是常低聲下氣語言詳緩不可高聲喧鬨浮言戲笑父兄長上有所教督但當低首聽受不可妄大議論長上檢責或有過誤不可便自分解姑且隱默久却徐徐細意條陳云此事恐是如此何者當是偶

觀民風其□出於婦人女子小夫賤隸之口今沿習里巷歌謠之詞詠之意大抵皆美刺評托物見意多鳥獸草木之名有風賦比興雅頌六義國大雅小雅三頌初有三千餘篇孔子刪錄凡三百一十一篇後亡六篇故藝文志云三百五篇論語所謂詩三百一言以蔽之曰思無邪者蓋言其大數也毛萇訓詁故謂之毛詩共三萬九千一百二十四字○周禮　鄭康成註○乃周成王時周公所作謂之六典蓋其書有六官天官冢宰掌邦治地官司徒掌邦教春官宗伯掌邦禮夏官司馬掌邦政秋官司寇掌邦禁冬官司空掌邦土每官其屬六十共三百六十官是書專言周官之職掌百工技藝纖悉皆具於冬官考工記專言車輿等制或云冬官乃秦火後漢儒所纂起於周故謂之周禮共四萬五千八百六字○禮記　鄭康成註○多言冠婚喪祭射鄉燕享等禮故謂之禮記今其書四十九篇出於一人之手中云則出於孔子之孫子思王制則出於漢儒刺六經而為之緇衣則公孫尼子制月令則出於秦人呂不韋皆因秦火散亡漢儒以稽考今之記出於二戴○大戴德小戴聖○故謂之戴經共九萬九千二十字○春秋　杜預作註○紀周末十二諸侯二百四十二年之行事周衰天子不能任賞罰之權故孔子褒善貶惡尊王黜霸內夏外夷可筆則筆可削則削以匹夫代天子賞罰其書編年月日時錯舉春秋二時以名其書時有獲麟之瑞孔子以麟出非時見傷而絕筆於此故謂之麟經共一萬八千餘字○三傳　○左氏　或以為左丘明者非也單姓左名本魯人受經於仲尼為經作傳○公羊　名高齊人受經於子夏為經作傳○穀梁　名赤受經於子夏為經作傳○又有所謂五傳者乃上三傳并鄒氏傳夾氏傳也○國語　鄭玄訓註○國語者乃左氏擇出本戰國策及述楚漢春秋接其後事和國成敗陰陽律呂天時人事逆順之數以為國語凡五十一篇其文不主於經故號外傳羅天下興衰禍福發啓幽微章表善惡昭然甚明其經藝並陳非特朱子之論也○家語　王肅註○家語者乃孔子二十二世孫孔猛家藏之書皆聖人實事之迹五帝之德三王之謚冠婚喪祭刑政獄訟山川物類與夫門人子之答問成書皆類乎論語凡四十四篇○爾雅　郭璞註○爾雅者周公所作孔子所增子夏所足凡二十篇所以通詁訓之指歸敘詩人之興詠總絕代之離詞辨同實而殊號也誠九流之津涉六藝之鈐鍵學覽者之潭奧摘翰者之華苑可以博物不惑多識鳥獸草木之名莫近於爾雅○離騷　朱文公註○離騷楚屈原所作屈原名平字靈均為楚懷王左徒上官大夫讒之王怒疏平平被王聽之

爾遺忘或曰當是偶爾思省未至若此則無傷忤事理自明至於朋友分上亦當如此○凡聞人所為不善下至婢僕違過宜且包藏不應便爾聲言當相告語使其知改○凡行步趨蹌須是端正不可疾走跳躑若父母在上有所喚召却當疾走而前不可舒緩

灑掃涓潔第三　凡為人子弟當灑掃居處之地拂拭几案當令潔淨文字筆硯凡百器用皆當嚴肅整齊頓放有常處取用既畢復置原所父兄長上坐起處文字紙劄之屬或有散亂當加意整齊不可輒自取用凡借人文字皆置簿鈔錄注名及時取還窗壁几案文字間不可書字前輩云壞筆污墨瘝子弟職書○凡書硯自黠其面此最不雅潔切宜深戒

讀書寫文字第四　凡讀書須整頓几案令潔淨端正將書冊整齊頓放正身體對書冊詳緩看字仔細分明讀之須要讀得字字響亮不可誤一字不可倒一字不可牽強暗記只是要多誦遍數自然上口久遠不忘古人云讀書千遍其義自見謂讀得熟則不待解說自曉其義也余嘗謂讀書有三到謂心到眼到口到心不在此則眼不看仔細心眼既不專一却只漫浪誦讀決不能記記亦不能久也三到之中心到最急心既到矣眼口豈不到乎○凡書冊須要愛護不可損污縐摺濟陽江祿書讀未竟雖有

不聰也故憂愁思慮而作離騷經一篇為經其餘皆傳○太玄經　揚子雲作凡一十九篇太玄者數其書而定之玄首四重首非卦之數也其用自天玄一晝一夜陰陽度數律曆之紀與太初曆相應揲之以三策閱之以休咎緯之以家類攝之以人事文之以五行擬之以道德仁義禮智無主無名要合五經○七書　魏武帝註○七書者乃孫子吳子司馬法唐太宗李衛公問對黃石公三略太公六韜共一百一十四篇皆武經也三略者上略中略下略六韜者文韜武韜龍韜虎韜豹韜犬韜是也國子司業朱服奏聖旨校定合七書為一故謂之七書○老子　傅奕註○老子周末老聃所著上下八十一章凡五千餘文其書微妙難識皆原於道德之意故謂之道德經又曰老子○莊子　郭象註○莊子周末莊周所著有內篇外篇雜篇凡三十三章其言內聖內王之道深根固蒂之理無所不備故謂之南華經又謂之莊子○荀子　楊倞註○荀子戰國荀況所作其書尊王黜霸貴仁義而賤功利韓退之讀荀篇曰其辭若不粹要其歸與孔子異者鮮矣抑猶在軻雄之間荀子嘗作蘭陵令故謂之蘭陵書又曰荀子○揚子　五臣註○揚子西漢揚雄所作其書擬論語問答之意其序云揚子之文簡而奧韓愈讀荀篇曰揚雄書益尊信孟氏則雄者亦聖人之徒揚子設或人之問自謂之法言又曰揚子○文中子　阮逸註○文中子隋季王通所作碑曰孟子亞孔聖而贊其道後十世而可繼孟氏者何人哉先生實述六經數為中說諸生遊於河汾門人自遠而至者千餘人其書曰河汾書又曰文中子○孔叢子　宋咸註○孔叢子孔子八世孫鮒所作謂之孔叢子魚仕陳勝為博士○管子　房玄齡註○管子管仲所作○文子　默希子註○文子姓辛名鈃字文子周平王時葵丘濮上人其先晉公子也嘗南遊范蠡得而事之老子弟子也著通玄真經○劉子　名晝字孔昭梁朝大劉孝標撰○抱朴子　晉葛洪稚川仙道之學○韓非子　韓之諸公子也刑名法制之學而歸其本於黃老作說客解○淮南子　劉安厲王長子也著鴻烈解○公孫龍子　戰國時辨士趙平原之客也○鄧析子　鄭人著名之書○墨子　名翟孔子之弟子也○子華子　名本晉人也○尹文子　周人齊宣王時著稷下與宋鈃彭蒙田駢同學於公孫龍也○商子　名鞅衛人也○鶡冠子　著道家之書○鬻熊子　著敘聲微論聲形者析物之名也著總其之言贊微者述之之謂

[illegible]以待推來整齊。然後起此。是爲可法。○凡寫文字。須高執墨錠。端正研磨。勿使墨汁污手。高執筆。雙鈎端楷書字。不得令手揩着毫。○凡寫字。未問寫得工拙如何。且要一筆一畫。嚴正分明。不可老草。○凡寫文字。須要仔細看本。不可差誤。

【雜細事宜第五】凡子弟須要早起晏眠。凡喧鬧爭鬥之處。不可近。無益之事。不可爲。(為如賭博籠養打毬踢毬放風禽等事)凡飲食有則食之。無則不可思索。但粥飯充饑。不可闕。凡向大勿迫近火傍。不惟舉止不佳。且防焚爇衣服。凡相揖必折腰。凡對父母長上朋友。必稱名。凡稱呼長上。不可以字。必云某丈。如弟行者。則云某姓某丈。凡出外及歸。必於長上前作揖。雖暫出亦然。凡飲食於長上之前。必輕嚼緩嚥。不可聞飲食之聲。凡飲食之物。勿爭較多少美惡。凡侍長者之側。必正立拱手。有所問則必誠實對言。不可妄。凡開門揭簾。須徐徐輕手。不可令震驚響。凡衆坐。必斂身。勿廣占坐席。凡侍長上出行。必居路之右。住必居左。凡飲酒不可令至醉。凡如廁。必去上衣。下必完手。凡夜行。必先鑒燭。无燭則止。凡待婢僕。必端嚴。勿得與之嬉笑。執器皿。必端嚴。惟恐有失。凡危險不可近。凡道路遇長者。必正立拱手。疾趨而揖。凡夜臥。必用枕。勿以寢衣覆首。凡飲食舉匙必置筯。舉筯必置匙。已則置用

也。○【古今字】何楷說○[illegible]

○【史記】(各係一)司馬遷(漢武帝時人續父太史公之業作史記)司馬貞(唐明皇時人撰史記索隱三皇記)裴駰(宋人)徐廣(晉人)譙周(蜀人)虞翻(吳人)王肅(魏人)鄭玄 賈逵

○【西漢史】(係一史)班固(後漢人廣父彪續史作前漢書)蔡謨(東晉人)劉德 荀悅 應劭 文穎 李奇 伏儼(並後漢人)鄧展 張揖 孟康 如淳 崔浩(並魏人)郭璞 劉寶 晉灼(並晉人)蘇林(宋人)臣瓚(不詳所出)張晏 韋昭 李斐 鄭氏 項昭(以上並頭注引用)

○【東漢史】(係一史)范曄(宋文帝時人)章懷太子賢(唐高宗子)[illegible] 劉珍(安帝朝校定東觀記撰建武以來名臣傳)謝沈 薛瑩 華嶠 袁崧 司馬彪(並晉人)謝承(吳人)劉昭(梁人)劉義慶

○【三國志】(係三史魏蜀吳)陳壽(東晉人撰)習鑿齒 孫盛(並東晉人)魏澹 梁祚 環濟 裴松之(宋人註三國志)已上並裴駰註引用

○【東西晉史】唐太宗(御製撰晉書)高希嶠(撰晉書音義)何超(撰晉書音義)王隱 虞預(並東晉人)于寶(東晉人)謝靈運(宋人)朱鳳 已上並晉所引

○【南北史】(南史宋齊梁陳北史魏北齊後周隋係七史)李延壽(唐人追父志作南北史)沈約(梁人)魏收(隋人)徐爰(撰宋史)孫嚴(撰宋書)李德林(撰北齊書)顧野王(陳人)謝吳(撰梁書)蕭子顯(撰齊書)已上並南北史所參附

○【隋史】(係一史)魏徵(唐太宗時人撰帝紀列傳)長孫無忌(唐人撰隋志)王劭(隋人)張太素 已上並隋史參附

○【太史】歐陽脩(宋朝人撰唐書)劉昫(後唐人撰舊唐書)(史通鑑多引用)蔣係(撰舊唐史贊)宋祁(宋朝人撰新唐書列傳)韓愈(唐人撰順宗實錄)王綝(唐人撰魏鄭公諫錄)吳兢(唐人撰貞觀政要唐春秋)實評 董衝

[illegible]○雜細事宜品目甚多。姑舉其[illegible]矣。凡此五者。若能遵守不違。不失爲謹愿之士。必又能讀聖賢之書。恢大此心。進德修業。入於大賢君子之域。無不可者。汝幼學宜勉之。

讀書五戒

【一曰戒遊】孟子謂宋句踐曰。子好遊乎。吾語子遊。古之所謂遊者。尊德樂義。遊於聖人之門。此所謂遊也。今子弟自不觀聖人之書。口不談德行之言。交結狂朋。以爲市井之遊。見紛華靡麗而悅。無所拘檢。放僻邪侈。無不爲之。久不悟。所與遊者。非成業之子。卽營私之徒也。乘其迷惑。爲之引導。已竊視其田廬與之費耗蕩盡而後已。言耳。如體心欲并棄俟其囊橐交情絕矣。不可不爲深哀恥

憤者與遊　何補於吾　黠者與遊
必有所圖　詢我先疇　窺我先廬
祖父艱勤　廣經營殷　胡爲不念
浮蕩虛偃　資產罄竭　交遊絕跡
後園不窺　卓哉仲舒　以此思之
不如讀書

【二曰戒[illegible]】昔洪嗣有博奕之論。方其之戲。尚嗟棄業。何況呼盧之鄙哉也。數令有市衆緇管之條。孝校有出群排斥之法。其可務乎。

驕縱不儉　博奕爲娛　日勝日貪
忘寢與食　微而服用　大而田廬
呼盧不已　委棄須臾　欲觀其效
請驗鄉閭　敗者紛紛　成者誰歟

吳縝○【五代史】(係五代共十七史記)歐陽脩 徐無黨(並宋朝人同撰)○【通鑑】司馬光(撰資治通鑑)劉恕(撰外紀)史炤(撰釋文)朱熹(撰綱目)李燾(撰長編並宋人)○【唐鑑】范祖禹(撰十卷)石介(宋朝人撰五卷並)○【史通】劉知幾(唐中宗時人撰)○【通典】杜佑(唐德宗時人撰)○【編年通載】章衡(宋朝狀元作)○【兩漢刊誤】三劉(劉敞劉攽劉奉世刊誤互註漢唐)(節)朱繪(宋朝人撰歷代帝王年運詮要)○【經籍名數】○【二經】春秋 孝經○【三經】論語 孟子 孝經○【六經】周易 尚書 毛詩 周禮 禮記 春秋○【二禮】周禮 禮記○【三易】連山(夏)歸藏(商)周易○【八卦】乾 坤 艮 巽 震 離 坎 兌(伏羲始畫八卦文王象易作六十四卦)○【十翼】上彖 下彖 上象 下象 上繫 下繫 文言 說卦 序卦 雜卦(孔夫子作所以輔易道也)○【書十例】典 謨 貢 歌 誥 訓 征 範○【二典】堯典 舜典○【三謨】大禹謨 皐陶謨 益稷○【九疇】一五行 二五事 三八政 四五紀 五皇極 六三德 七稽疑 八庶徵 九五福○【四詩】國風 小雅 大雅 頌○【六義】風 賦 比 興 雅 頌○【四始】周南(國風之始)鹿鳴(小雅之始)文王(大雅之始)清廟(周頌之始)○【十五國風】周南 召南 邶 鄘 衛 王 鄭 齊 魏 唐 秦 陳 檜 曹 豳○【二雅】小雅 大雅○【三頌】周頌 魯頌 商頌○【周禮六官】天官 地官 春官 夏官 秋官 冬官○【禮記二戴】大戴

市廛之徒　咸以賊呼　以此思之
不如讀書

【三曰戒飲】尚書酒誥曰羣飲汝勿佚盡執拘以歸于周予其殺聖王之誡羣飲如此其峻焉其亂之所由生也其可乎貪
尊爵俎豆　典禮所須　祭祀賓客
制度不踰　若非典禮　是謂湎于
獻臣勸忠　黍酒惟　衒盃漱醪
眩惑當爐　棄其親養　忘其室廬
聖有明訓　群飲必誅　以此思之
不如讀書

【四曰戒鬭】先聖曰血氣方剛戒之在鬭孟子曰好勇鬭很以危父母在醜而爭是謂不孝而況着令鬭毆之罪不與士齒國有常憲傷人者刑殺人者死其可犯乎
睎顏之人　亦顏之徒　好勇鬭很
狗彘與俱　受之父母　身體髮膚
一朝之忿　忘親喪軀　學有規矩
國有刑誅　束手有司　悔之晚乎
血氣方剛　戒之在初　以此思之
不如讀書

【五曰戒逸】周公戒成王作無逸篇欲成無溺于觀于逸于遊于田祗懼而不敢荒寧也況為士而自暇自逸早夜無為豈不勝可憂哉孟子曰飽食暖衣逸居而無教則近於禽獸矣
士農工商　四民異居　農勤於耕
商勤於塗　工勤繩墨　士勤典謨
皆業而嬉　流為下愚　損者三樂
佚遊之徒　飽食暖衣　禽獸一如

禮 大戴德 小戴聖 ○【春秋五始】元 氣之始 春 時之始 王 受命之始 正 政教之始 即位 一國之始也 ○【三傳】左氏傳 公羊傳 穀梁傳 ○【五傳】左氏 公羊 穀梁 鄒氏 夾氏 ○【五子】老子 莊子 楊子 荀子 文中子 ○【十七史】史記 西漢 東漢 蜀志 三國魏志 吳志 西晉 東晉 晉書 宋史 齊史 梁史 陳史 後魏史 北齊 後周 隋書 唐書 五代史 ○【八書】禮書 樂書 律書 曆書 天官書 封禪書 河渠書 平準書 ○【十志】律曆志 禮樂志 刑法志 食貨志 郊祀志 天文志 五行志 地理志 溝洫志 藝文志 ○【兩都賦】西都賦 東都賦 班固作 ○【兩京賦】西京賦 東京賦 張平子作 ○【三都賦】蜀都賦 吳都賦 魏都賦

○【辭章類】文章緣起

梁太常卿任昉彥升曰六經素有歌詩書誄箴銘之類尚書帝庸作歌毛詩三百篇左傳叔向詒子產書魯哀公孔子誄孔悝鼎銘虞人箴之類是也此蓋取秦漢以來聖君賢士沿著為文之始故因録之凡八十五條抑亦新好事者之目耳

○【三言】晉散騎常侍夏侯湛 ○【詩四言】前漢楚王傅韋孟諫楚夷王戊詩 ○【詩五言】漢騎都尉李陵與蘇武詩 ○【詩六言】漢大司農谷永 ○【詩七言】漢武帝柏梁殿聯句 ○【詩八言】魏高貴鄉公 ○【賦】楚大夫宋玉 ○【歌】戰國荊卿作易水歌 ○【離騷】楚三閭大夫屈原 ○【詔】秦始作之 ○【璽文】秦始皇傳國璽 ○【策文】漢武帝三王策文 ○【表】淮南王安諫伐閩表

日月逝矣　誰之過歟　以此思之
不如讀書

【經驗效應方】

【靈龜吐氣仙香】又名延壽香　詩曰
奇哉玄武妙非常　正是仙家真品香
尾上燃出星子大　口中吐出氣華光
香烟結篆如華蓋　換骨成灰似雪霜
遂着鑑中真可愛　調和龜息壽延長
蘇合油四兩　白芷五錢　乳香三錢　沒藥三錢　沉香三錢　真檀香四錢　樟腦一兩　共為細末　及秤入油內合成　生意如龜外做皮包法用　柳木炭六兩　黃丹五錢　水粉四兩　右三味為○末　白芷一兩煎水搗如泥入前藥在內做龜像中間留一孔通氣

【金龜吐火香】詩曰
寄生玄武果非常　明點仙家上品香
尾後燒着一星火　口中吐出白毫光
飄烟撩成雲綉採　燒骨成灰似雪霜
清氣一時休用意　試看羽意慶源長
松香　芸香　甘松　三柰　藿香　白芷　大黃　白芨　玄參　獨活各五錢　官粉　黃丹少許　右為細末用白芨水為丸用茄根柳木燒灰為衣　如要紫雲加金毛狗脊人參海馬　要陀僧烟結香毬不散加寄生草　白雲加枇杷官粉　雲裏鶴飛來加水秀才　要纏一繞升降加蝸虎一雙好

【合香方】　檀香半兩　木香半兩　甘松酥　三柰半兩　零陵香半兩　芸香一兩　茴香半兩　藿香一錢　丁香半錢　沉香半錢　麝

○ 漢東平王蒼上表而讓驃騎將軍 ○【上書】秦丞相李斯上治安書 ○【書】漢太史令司馬遷報任少卿書 ○【對賢良策】漢太子家令晁錯 ○【上疏】漢中大夫東方朔 ○【啓】晉吏部郎山濤作選啓 ○【奏】漢江都相董仲舒諸公孫弘奏 ○【戒】漢護軍班固說東平王戒 ○【離合詩】漢孔融作四言離合詩 ○【連珠】漢揚雄作 ○【篇】漢司馬相如作凡將篇 ○【歌詩】漢枚皐作麗人歌詩 ○【遺命】晉散騎常侍江統作 ○【圖】漢河間相張衡作玄圖 ○【勢】漢濟北相崔瑗作草勢 ○【約】漢王褒僮約

右文章緣起一卷梁新安太守樂安任公書也按隋經籍志公文章始一卷有錄無書郡之為郡且千歲守將不知幾人獨公至今有名字並城四十里曰村曰溪皆以任著旁有增坊亦借公為則遺愛在人蓋與古循比後公六百年而适為州嘗欲會粹遺文刻識木石以慰邦人亡窮之思而不可得三館有集六卷悉見蕭氏類書中疑後人掇拾傳著於傳官益獨是書僅存可藏去古所傳蓋誌乃東漢人大隸此云始於背蓋立中之刻當其時未露見也紹興三十年四月二日鄱陽洪适識

○【聲律類格】

詩苑類格序略五七言體起于漢極于齊梁始類以聲病前賢著許式論之詳矣宋真宗皇帝御精題詠傳合格範謹取聖製五七言二篇條冊聲律為常格別二篇為變為天下萬世之矜式兼采古賢雜體四十餘篇編為左方以備詩壇之需

常格凡吟詩約此格其平側在右者全叶聲律

香一錢 結香一錢 腦子一錢 香白芷半兩 降真香半兩 丁皮一分 甘草一分 玄參一分 箋香半兩 薰陸香半兩 楮乳香半兩 茴香半兩 右為細末用錦囊盛貯胸前或袖中

【毬衣香方】甘松 藿香 茴香 零陵香各一兩畧焙 檀香搗碎酒浸蒸過焙乾 丁香各半兩 共為麁末紙包近肉或枕中放七日入腦麝少許則香透衣內

【洗衣香方】牡丹一兩 甘松一分 搗為細末每洗衣最後澤水入一錢

【內府香肥皂方】甘松四兩 三柰半斤 白芷半斤 細辛二兩 大黃半斤 丁香五錢 桂枝一兩 廣零香二兩 藿香二兩 肥皂十斤研細炒過為末用蜂蜜五斤後末藥 樟腦五錢 麝香一分 乳香二錢 水片三分 酥合油二錢 黃臘一兩 化開為衣有汗斑酒刺雀斑糟鼻加麗參五錢如無不用如無蜂蜜白糖代之擘末要極細

【德州香肥皂方】肥皂一斤 牙皂六兩 羌活 茴香 甘松 三柰各二兩 白芷 白芨各四兩 樟腦二兩 當歸 地膚子各一兩 右共十一味香料為細末用肥皂搗極細再用棗肉半斤為末搗千餘杵為丸如鷄頭實大任用洗面去酒刺

【香茶餅方】孩兒茶半斤 檀香一兩 沉香五錢 木香一兩半 乳香一兩半 甘松一兩半 三柰一兩半 丁香八錢 角茴一兩 小茴一兩 白芷二兩 紫蘇葉二兩 藿香

在左者亦通大抵偶對上下須平及相黏而為律詩也

〇【明文】漢太山太守應劭作〇【樂府】古詩〇【對問】楚宋玉對楚王問〇【傳】漢東方朔作非有先生傳〇【上章】後漢孔融上章謝大中大夫〇【解嘲】漢揚雄作〇【訓】漢丞相主簿繁欽祠其先生訓〇【辭】漢武帝秋風辭〇【旨】後漢崔駰作達旨〇【勸進】魏尚書令荀攸勸魏王進文〇【喻難】漢司馬相如喻巴蜀并難蜀父老〇【誡】後漢杜篤作女誡〇【弔文】漢賈誼弔屈原文〇【告】魏阮瑀為文帝作舒告〇【傳贊】漢劉歆列女傳贊〇【謁文】後漢別部司馬張超謁孔子文〇【祈文】後漢傅毅作高闕祈文〇【祝文】漢董仲舒祝日蝕文〇【行狀】漢丞相倉曹傅朝幹作楊元伯行狀〇【哀策】漢樂安相李尤和帝哀策〇【哀頌】漢會稽東部都尉張紘作陶侯哀頌〇【誄】漢武帝公孫弘誄〇【墓誌】晉東陽太守殷仲文作從弟墓誌〇【悲文】蔡邕作悲溫舒文〇【祭文】後漢車騎郎杜篤作祭延鍾文〇【哀詞】漢班固梁氏哀詞〇【挽詞】魏光祿勳繆襲挽詞〇【七發】漢枚乘作七發〇【謝恩】漢丞相魏相詣公車謝恩〇【令】漢淮南王有謝群公令〇【奏】漢枚乘奏書諫吳王濞〇【論】漢王褒四子講德論〇【駮】漢侍中吾丘壽王駮公孫弘禁民不得挾弓弩議〇【議】漢韋玄成奏罷郡國廟議〇【反文】漢揚雄作反文〇【彈文】晉冀州刺史王深集有彈文〇【薦】後漢雲陽令朱雲薦伏湛〇【教】漢京兆尹王遵出教告屬縣〇【封事】漢魏相奏霍氏專權〇【白事】漢孔融主簿作白事書〇【銘】秦始皇登會稽山刻石銘〇【移書】漢劉歆移書讓太常博士論左氏春秋〇【箴】漢揚雄九州百官箴〇【封禪書】漢文園令司馬相如作〇【讚】漢司馬相如作荊軻讚〇【頌】漢王褒聖主得賢臣頌〇【序】漢沛郡太守作和熹鄧后序〇【引】古琴操有箜篌引〇【志錄】漢揚雄作〇【記】漢揚雄作蜀記〇【碑】漢惠帝作四皓碑〇【碣】晉潘尼作潘黃門碣〇【誥】漢司隸從事馮衍作德誥〇【誓】漢蔡邕作艱誓〇【露布】漢賈洪為馬超伐曹操作〇【檄】漢丞相祭酒陳琳作檄曹操文

【文房備用】

二兩 檀香三錢 冰片一錢 硼砂四錢 薄荷葉二兩 右為末蒸餅打糊印成錠或用白糖為餅或為丸如栗子大噙化

【[illegible]丸方】沉香 麝香 訶子 丁香 白朮 青木香 安息香 香附子 白檀香各二兩 片腦 薰陸香 蘇合油 烏犀角各一兩 右為細末煉蜜為劑分作十丸用上等黃蠟包之油紙收貯臨用切開隨引下

【梅蘇丸】西江月調 東方搖落時光謹道梅花便放只因獨步狀元郎消息從來說向變化堪須有此調羹自是無雙如今加減有仙方用治人間為樣。紫蘇 陳皮 茯苓 厚朴 薄荷 甘草 右為末烏梅搗爛為丸如彈子大白砂糖為衣每用一丸噙化

【治人忘事多首】詩曰 遠志石菖蒲 每日煎湯服 更加肉豆蔻 能通萬卷書 右各等分合煎常服有効

【製紫霞杯方】服之延年益壽 硃砂一斤 蛤蚧一斤四兩 各研為末共一處擂極細不見砂星入瓦罐內外用泥固濟打火三炷香冷定取出以井花水一桶要新倍子二十斤浸井花水燒滾加熬一日又麥芽三斤又熬一夜又麥芽三斤熬一日夜火完水盡藥乾硃砂自宛聽用〇再用紫粉做成堅厚酒鍾模子再用大麻子油刷過模子將前煉過硃砂高爐溶化傾瀉紫霞杯三日進服一

孔子曰工欲善其事必先利其器蓋器者工之用也事者工之任也利用以盡任工之道善矣審斯言也則文房之友非士君子之器乎故詳述而告焉俾斯文道中俱諳斯文器品亦一助之智耳。

【評紙】新增 上古無紙以竹簡書之所謂汗青是也蓋以火炙簡令汗出取其青易書漢和帝時東陽蔡倫始造紙封龍亭侯今東陽縣北有漢黃門蔡倫宅今西有石臼是倫造紙之臼也〇歙紙今直隷徽州府歙縣其紙有青光白滑水覔凝霜之目今績溪縣界有地名龍鬚者紙出其間〇西山觀音紙江西七山置官局抄紙最厚大而好者曰觀音連七紙尤妙〇廣信紙江西鉛山縣奏本紙最妙〇常山紙常山縣有榜紙并中夾紙奏本紙次於鉛山〇英山紙直隷廬州府英山縣出榜紙好作帳〇撫州紙江西撫州府臨川縣有小箋紙〇連四紙開化縣有連三連四紙亦佳只要白厚無粉者為妙北紙用橫簾造紋必橫其質鬆而厚南紙用竪簾造其紋亦竪〻紋竹紙唐有麻紙其紙厚又有硬黃紙其質如漿光澤瑩潤用以書紙故善書者多取澄心堂紙觀音紙西紙長三丈又有采色其色光滑白籙紙觀音紙清紅紙皆出江西又有倭紙出倭國以蚕繭為之細白光滑之甚皇明內用紙如前元但江西七山紙最貴今時多用福建七陽荊川簾紙金箔紙極妙伏見高

中服之三年延壽一紀服十年與天齊

詩

延壽湯方鷓鴣天 四兩白鹽四兩炒姜十斤炒麵四兩香一斤杏仁和麩炒四兩甘草蜜炙黃枸杞子核桃穬芝麻山藥最為良注顏和血能延壽此藥湯中第一方 白鹽四兩炒川椒四兩揀淨焙干姜一兩煨小茴四兩淨炒甘草一兩去皮蜜炙杏仁一斤煮一次去皮換水煮二次晒乾炒黃色枸杞子四兩淨水洗焙乾山藥四兩核桃仁半兩炒去皮熟芝麻一升除鹽外先將花椒等五味俱為末又將杏仁核桃芝麻三味另搗為羔子與前炒鹽等藥俱和入麵內細篩過如有粗者搓開再篩令淨用滾白湯磁罐調勻熬過加豬油蜂蜜猶佳

神仙法製半夏方 半夏一斤溫水泡洗七次丁皮三兩切片浸炒去絲生姜十二兩切片或搗汁亦可晋州絳礬八兩研末草荳蔻四兩去皮研碎右將半夏泡洗晒乾同前藥入瓦磁內加好酒數碗浸每三日以槐攪之春夏四十九日秋冬浸八十日上取出將半夏濾出清水洗淨晒乾收藏餘藥不用每將半夏二三顆嚼碎津液送下或口乾滾白湯下日服三五顆消風化痰小兒有痰研一丸滾湯送下

上清丸方專治咳嗽痰火 蘇州薄荷半斤白砂糖一斤烏梅肉四兩孩兒茶二兩柯子末四兩白硼砂二兩水片五

羅甸紙細白光滑又勝於倭紙厚又加倍搭襯部咨文可見

評硯 夫硯出端溪有上下巖四坑餘處甚其下也惟北巖為上北巖即上巖色理瑩潤有鋅者不發墨本以紫石為上紫石者在大石中生蓋精石也又有草家黃金線紋惟有眼者最貴謂之鴝鵒眼石文精美如木有節今不知者兼以為石病惟上巖石有眼眼之佳者青綠黃三色相重多者自外至心凡九　其大者尤為希有或希列硯中如北斗心房星之形世人以眼之多少為價之輕重其生於墨池之外者謂之高眼生於內者謂之低眼高眼尤為可尚然又有活眼死眼黃黑相間黑精在內晶瑩可愛謂之活眼四傍浸漬不甚鮮明謂之淚眼形體略具內外皆殊無光彩謂之死眼大抵活眼勝淚眼淚眼勝死眼死眼勝無眼學者須當辨之

洗硯 凡硯須日滌之過二三日即墨色差減從未能滌亦須易水春夏蒸溫之時墨又留其間則膠力滯而不可用尤要頻滌去洗硯不得使熱湯亦不得用毡片故紙惟得枯炭洗之最佳端溪自有洗硯石或皂角水洗亦可或將半夏切平洗硯大去滯墨又黃蠟補硯極佳

脩破硯法 瀝青溶開調石屑補之則無痕或用黃蠟亦可

評筆 番禺諸郡多以青羊毛為筆或用雞鴨毛或以雉毛五色可愛又有豐狐毛虎僕毛鼠鬚

分搗為丸彈子大噙化日進三服

益壽荳蔻丸 此藥在華山碑上出錄神効方一身香潤液氣黑髮延年清上明目堅固齒牙去脾熱口瘡滋肺經而不臭補守心定志安五臟噙化一丸則神清氣爽懸帶則身體馨香研塗液氣去汗富貴之家不可無也

桂枝二兩藿香 檀香 沉香 零陵香各三錢羌活一兩三柰一兩蜘蛛香一兩半細辛七錢甘松一兩甘草一兩麝香少許片腦 兩右為末煉蜜為丸如大豆大每服噙化一丸

神仙延壽一醉烏 槐角四兩用子黑牛膽將槐子入在膽內懸吊陰干取出子蜜炒過用茯苓五錢巨勝子三錢用黑豆皮煮一日自然銅三箇用核桃皮煮一日去皮不用生地黃 熟地黃 甘菊花 旱蓮花 覆盆子 桑椹子 天門冬各三錢右十三味為末每服一錢用老酒一小壺將藥入內封口煮一炷取出用竹筒吸吃不然恐黑齒也七日吸七次漸漸黑矣有能飲酒吸一醉即黑一烏十年再白又服之

還童歌 詩曰 勿言鬢髮白如絲要黑仙方亦易之不用椒牙并柴髮和米五味做工夫亦不貼與川椒同辰砂一味最為功茯苓休補心中血乳香分兩要相從東肉為丸梧子大空心三十溫酒送下服之後君休摘轉白為黑青髮同華狀明目并延壽老翁變作少年童

毛羊毛麝毛狸毛羊鬚胎髮等然未若兔毫亦須取崇山絕仞之兔八九月收之若中秋無月則兔不孕則毫少筆貴夫筆須鋒齊勁健今世筆皆鋒長少損凸禿不中用矣

收筆法 搗薤汁或苦黃汁醮筆曬乾又醮如此三五次晒極乾收過則不蛀〇又東坡以黃連煎湯調輕粉醮筆頭候乾收起黃山谷以蜀椒黃蘗煎湯磨松煤染筆藏之不蛀尤佳妙

洗筆法 以器盛熱湯浸一飯久輕輕擺洗次却用冷水滌之若油膩皂角水佳

評墨 唐末墨工李超與子廷珪自易水渡江居歙本姓奚江南賜姓李氏故世有奚廷珪墨又有李廷珪墨今之言墨者亦以廷珪為第一易水張遇為第二佳復有二品龍紋雙脊為上一春次之遇亦有二品易水貢墨為上供堂次之近世兗州陳朗亦精為墨可以次之又有王君得墨崇珣朱君得小墨皆唐末五代知名者

李廷珪造墨正法

取煙 清麻油十斤先取三斤以蘇木二兩半宣黃連一兩半杏仁二兩碎槌同煎候油變色放溫濾去查傾入餘油內攪勻隨盞大小掘地作坑深淺令與盞平滿添油炷燈安在坑內以瓦盆子約面闊八九寸底深三寸許者覆之仍用方寸瓦磚片搘起三面不可太高又不可太低每一炊久即掃一度只可作十盞盞多則掃不徹每一取煙次即剪燈花勿拋油內仍勿頻揭見

赤石脂　好茶神　川椒　乳香
右四味各等分依法製之不問老少並
服神效
治髭鬚斑白染黑方　用紫茄一畝栽培
長大只留花一朵長結茄子一箇待半
大時帶蓋下取一孔內放膽礬一小塊
皂礬少許茄下放碗一個授盛茄子成
熟有水滴下碗內用鷄素一個翻去食
饌茄水染髭鬢至老不白
勒馬黑鬚方　歌曰　五分倍子炒茶褐
色七厘鹽分半銅末分半礬再加老鉛
二釐半烏黑霜灰即麵與礬同濃茶調
熬如鏡面光似鏡面手撚搽鬚立見功
固牙散方　詩曰　養身不用煉丹砂每
日清晨只擦牙功効不過二八日自然
鬚髮黑如鵶山皂一兩火炮過茯苓五
倍細辛花各另三錢為細末隨時應用
須仙家　皂莢一兩火煅茯苓　五倍
子　北細辛　花椒　各三錢為末擦
華山陳希夷先生擦牙烏髮固齒仙方
豬牙皂角　生姜　升麻　熟地黃
木律　旱蓮根　北細辛　槐角　荷
葉　斗子青鹽右件各等分火煅存性
為細末擦牙令透嗽之為妙
擦牙烏鬚補腎明目白牙散方　熟地
黃一兩焙乾破故紙一兩青鹽五錢
右件為細末刷牙淨然後將藥擦牙上
良久嚥之
治牙疼方　川烏　細辛　巳上二味各
等分為細末擦牙疼處即愈

風恐煙散去
合膠　黃牛皮水浸透揉去毛仰攤在平板上取
生黃上勻撒皮上良久以小刀刮去筋膜換水
頻洗斫碎入無油膩鍋內水煎成膠傾出蒲薦
竹隔子上風乾凡煙四兩用乾膠一兩二分打
作小片以水浸軟却漉出入藥汁內同熬切忌
膠少少則不堅多又着筆不宜添減也
搜煙　每煙四兩半用宣黃蓮半兩蘇木四兩各
搥碎水二盞同煎五七沸候色變用熟灑次用
腦半錢麝一錢半前當水四兩許再濾次用腦
半錢麝一錢輕粉一錢半以藥汁半合研化先
將藥汁入膠同熬不住手攪令容後入腦麝汁
攪勻乘熱傾入煙內就無風處搜和次就案上
圍搥候光可照人方印作錠子先以活石為末
塗墨上灰池頓無風處藏五七日候乾取出以
棕刷子淨刷且收衣笥中旬月後取出不然亦
無害但欲堅勁故也
做硃墨法　用火硃一兩加好水粉一錢半入廣
膠如前做墨調膠搜做法同
做雄黃墨法　雄黃研細用水飛過澄清撇去水
用秦皮梔子皂角各一分巴豆一粒去皮黃明
膠半兩同煎汁和雌黃作錠子陰乾
做靛墨法　好靛花一兩入水粉五錢調膠汁搜
做與前做墨法同
做粉錠子法　白善土一两半滑石半两寒水石
煅過者半兩研極細水飛過入鉛粉半兩研勻

白牙散方　治一切牙痛虛牙出血白牙
牢牙東牙並効　石羔半斤香附子半
斤炒黑升麻　槐角　生地黃各五錢
白芷稍二两巳上右為細末擦牙上為
極効妙不可述
擦牙散方　英治牙痛不止　青鹽三錢
細辛二錢牙皂一錢草撥○香白芷
川烏各五分草烏五分川椒二錢香附
子一錢燒存性石羔不拘多少
右為細末每日清晨擦牙極妙
剃鬚髮不用刀方　石灰煅石黃　樟
腦各三錢　右為細末將水調搽於鬚
髮上一時以竹刀輕輕削下
淨身方　此治飲酒後遍身痒如風瘡抓
至出血作疼痛者　蟬蛻去頭足薄荷
葉各等分　右為細末每服三錢食後
溫酒調服
生眉毛鬚方　皂角刺　鹿角燒灰　沙
參　蘆薈　地蓼燒灰　巳戟煅過
右為各等分為細末用生姜鴨自然汁
調搽一七二七全妙
治頭上虱方　用藜蘆根為末擦在髮
之中經宿其虱皆死自落○又方用燒
酒噴髮內手帕裹之自落○又方細茶
嚼爛將水銀一同搽死入髮內帕包一
夜即死
治身上虱方　九折洗衣服每衣內粉襟內
入水銀一錢研勻襟衣服衣不生又不
點污神効
治陰上生虱方　用檳榔為末煎水洗

裝入鷄子殼內紙糊口坐飯上蒸雞殼黑再換
鷄殼蒸至鷄殼不黑為度用阿膠一兩水一兩
二錢先浸膠軟重湯煮化和作錠子
修壞墨法　墨蒸過者用爐灰燒過却燒炭火於
上待灰熱去火安墨以灰蓋之火時取出如新
藏墨法　用熟艾和墨收之過梅月藏石灰中不蒸
寫字真訣　真行草書之法其源出於蟲篆八分
飛白章草等圓勁古淡則出於蟲篆點畫波發
則出於八分轉換向背則出於飛白簡便痛快
則出於章草然其真草與行書各有體製歐陽
率更顏平原輩以真為草李邕李西臺以行為
草是以古人有專攻正書者有專攻行書者信
乎其不能兼美也或云眞書十字不抵行書一
字行書十字不抵草書一字蓋以為草至易而
真至難豈真知書哉大抵下筆之際盡倣古人
則少神氣專務遒勁則俗病不除所貴熟習兼
通心手相應斯為妙矣○凡用筆不欲太肥太
肥則形濁又不欲太瘦太瘦則形枯多露鋒芒
則意不持重深藏圭角則體不精神不欲上小
下大不欲左低右高不欲前多後少草書之體
如人坐臥行立揖遜忿爭乘舟躍馬歌舞擗踊
一切變態非苟然者又一字之體率有多變有
起有應如此起者當如此應之各有義意唐太
宗云行行若縈春蚓字字若綰秋蛇無骨也
大槩用筆有緩有急有鋒無鋒有承接上文有
牽引下字乍徐還疾或往復收緩以做古急以

之也妙

〔熏衣除虱方〕用百部秦艽搗為末依焚香樣以竹籠覆蓋放衣在上熏之虱自落若用二味煮湯洗衣尤妙

〔治羊皮襖生虱方〕將皮襖鋪露天露一宿其虱俱皆上毛上乘濕拿下燒之

〔治木虱方〕詩曰　華撥烏頭一味停雄黃加倍蜜和勻任他木虱三分大一炷明香永不生　華撥二兩烏頭二兩雄黃三兩右為細末加火硝五錢煉蜜為丸作炷香臨卧時燃一炷於床下其木虱自死矣神效

〔治蚊虫方〕詩曰　木別川芎分兩同雄黃減半結為精煉蜜為丸如皂子一覺鈞鈞睡到明　木別子二錢川芎三錢雄黃一錢半右為細末煉蜜為丸每用一丸燒點香爐內在房中將窗門緊閉不可透風

〔辟蠅方〕臘月內取楝樹子濃煎汁澄清泥封藏用時取出些少先將抹布洗淨浸入楝汁內扭乾抹安用什物則蠅自去

〔辟蚊蟲諸蟲方〕用鰻鱺魚乾於室中燒之蚊蟲皆化為水若熏氈物斷蛀蟲若置其骨於衣箱中則斷蠹魚若熏屋宅免竹木生蛀及殺白蟻之類

〔光古銅器法〕○先將銅器水洗刷淨拭乾搗羅極細浮炭末遍擦了用硬靴刷之然後用新綿揩擦光彩可玩矣

〔磨古劍法〕○磨劍不得用水及飯石磨

出奇有鋒則以耀其精神無鋒則以含其氣味橫斜曲直鉤環盤紆皆以勢為主然不欲相帶相帶則近於俗橫畫不欲太長太長則轉換遲直書不欲太多太多則神痴以擦代入以發代背亦以擦代之惟入則間用之意盡則用懸鍼意盡則再生筆意不若用垂露耳

〔逡延碑法〕此法許道然傳　白芨　白礬各等分　細粉倍之　酸漿草　右件先將白芨白礬為末羅淨以一分入細粉二分再同研勻以酸漿草取汁調如濃墨寫字曝乾用筆蘸墨汁蒲紙塗黑再曝乾去粉即成白字要光瑩用蠟擦之

〔白筆寫黑字法〕用硇砂調水將白筆蘸水寫在紙上以火炙之其字如墨寫的朗然明白如有機密緊急私事家信甚妙

〔去墨留硃法〕白硇砂一兩　鷹糞一兩用白皮　馬蝗鷄一兩　用竹筒一箇去青皮入前藥在內將竹筒塞孔密固不可露孔浸在人糞內一日夜取出竹筒洗淨放在石磏及石板上候霜出掃之磁罐收貯用時將白芨水調擦字上待乾彈去

〔黑裡留硃法〕白硇砂二錢　白硼砂二錢　馬蝗鷄十條　將馬蝗鷄用新瓦焙乾三味共為末入竹筒內用童便浸二七取出藥筒出霜為度磁罐收貯洗字濕掃上其黑自去

〔藥拂去字法〕白硇砂　鷹糞用白皮　白丁香　滴灰霜　龍骨　右各等分共為細末用鷄彈白調或燒酒調尤妙用新筆蘸刷字上待陰乾其

磨以香油磨光賦石慢慢磨去鏽即用鐵爐邊打落鐵屑兒三兩入木炭一兩水銀一錢同為末摻劍上以布片蘸油耐久磨擦其光如鏡綿子拭淨以酥塗之掛壁間永不鏽

〔熬擦古鏡法〕○不磨自明用豬羊犬龜熊五件膽各陰乾合和為末以水濕鏡摻藥末向上覆鏡面向地自然光明

〔磨鏡藥法〕○鹿骨角燒灰和白礬銀母砂共為細末等分和勻先磨淨後用此藥擦磨則人不昏

〔骨做象牙法〕○取驢骨用胡荽爛搗著同驢骨煮勿令火歇兩伏時候骨軟以細生布裹用物壓實令堅白如牙紋

〔造油紙法〕○詩云　桐三油四不須煎白粒蓖麻細細研　定粉一錢相和合木楊一點便鮮妍　用桐三兩　香油四兩蓖麻仁一百粒研極細入定粉一錢相和以柳枝頻攪後用鵝毛刷紙上趁透晒乾自然光明

〔造暖衣法〕詩曰　茯苓狼毒與天仙貝母蒼朮等分全　半夏浮萍加一倍九升水煮不須添　騰騰慢火熬乾淨兩下隨君到處穿　莫道單衫元是布勝如披著幾重氈

〔收氈物衣不蛀法〕○用芫花末摻之或用晒乾黃蒿布撒收捲則不蛀

〔收皮物不蛀法〕○用芫花末摻之則不蛀或以艾捲置甕內泥封固甕口亦可

〔染木作花梨色法〕○用蘇木濃煎汁刷字即落忌油器調藥

〔去差寫字法〕用蔓荊子二錢梔子霜半錢定粉少許同為末龍骨一錢先點水上字次用藥訣摻之候乾拂去

〔刺字去黑法〕用大皂角蒸熟熟貼于其上則黑自去矣照前一樣皮白

〔收書法〕於未梅雨前曬極燥頓櫥櫃中厚以紙糊門及小縫令不通風即不蒸古人藏書多用芸香辟蠹即今之七里香也　麝香亦可　辟蠹樟腦又佳

〔封書蠟汁法〕每用黃蠟一兩入鬱金末少許同熬看顏色深淺隨意加減乘熱綿濾去滓入白膠香明淨者佳一兩皂角子大再熬則不透紙又可省蠟凡上尊位書宜溫蠟淺蘸欲易於開封家封宜熱蠟深蘸可防私拆之患

〔書窗法〕讀書須用明窗淨几須油紙則明凡糊窗以皮紙糊訖用桐油白水等分打勻以刷子刷上令勻則雨不透且明亮或用翎羽刷亦可

〔調硃點書法〕銀硃入藤黃或白芨水研則不落

〔長命燈法〕雄黃硫黃乳香瀝青大麥麪乾漆胡蘆頭焰硝等分為末漆和為丸如彈子大穿一孔用鐵線懸繫陰乾一丸可點一夜

〔點書燈法〕用麻油炷燈不損目每一斤入桐油二兩則不燥又辟鼠耗若菜油每斤入桐油三兩以鹽少許置盞中亦可省油以生薑擦盞不生滓暈以蘇木煎燈心晒乾炷之無燼

〔最子竹書房萬金印色方〕油浸皂角用慢火煎鍋

三次後一次摻石灰在上良久拭去其
紋如花梨若梅木只用水温以石灰摻
之
刷紫斑竹法○蘇木二兩剉碎用水二
十盞煎至一盞以下去粗入鐵漿三兩
同熬少時以磁器或石器收用時點之
硬錫法○凡錫器用硼砂白砂砒鹽同
煎其硬如銀
點鐵爲鋼法○羊角亂髮俱煆灰細研
水調塗刀口燒紅磨之
補瓷碗法○先將瓷碗烘熱用鷄子清
調石灰補之甚牢○又法白芨一錢石
灰一錢水調補
宿火炭法○用好胡桃一個燒半紅埋
熱灰中三日尚不滅

冷用熟文成劑入絹囊兼磁玉器内安沓轉过
度得硃勻若日久油乾復用前油於色囊上自
浸入蠟紙上可用　香油三㪷　黄蠟二錢　花椒二錢
燈心半錢　阿交一錢　白芨二兩　皂角一斤半去皮絲子
又七味於銅器内用柳柴火緩熬三沸容絹濾
過冷定用好文去梗揉稜水煮過晒乾量心紅
多少用前油同文調勻顔色鮮明不变矣
耐點蠟燭法王西岩家傳本方註云醫者之家
倫傳極妙　黄蠟　松脂　槐花各一斤　浮石四兩
共爲一處溶用燈心布洗一晝夜僅點一寸
風前燭法蜀葵稭遇風雨中點不滅　乾漆搗碎
海金泥　硝石　硫黄各一兩　瀝青　黑豆末
白蠟各一兩　右件溶瀝青蠟成汁入前件衮和

新刻天下四民便覽三台萬用正宗卷之七

官家要覽

○俗儀便覽

夫朝廷設官分職所以爲民而樹職等
儀將辨品級故官吏之多寡有職分之
高低今爲官者或膏粱子弟或故官名
家世起而登上第不知民間疾苦勞役
艱難惟躭俸祿之求罔念國家之寄今
將官員品級凡係冠儀服飾規格類次
而成一帙庶稍思乎亦當惕勵而孝
者亦致知之助耳

○文職品第

正一品初授特進榮祿大夫　陞授特進
光祿大夫。加授贈特進光祿大夫上柱國
從一品初授榮祿大夫　陞授光祿大夫
加授贈光祿大夫柱國
正二品初授資善大夫　陞授資政大夫
加授贈資德大夫治上卿
從二品初授中奉大夫　陞授通奉大夫
加授贈正奉大夫正治卿
正三品初授嘉議大夫　陞授通議大夫
加授贈正議大夫資治尹
從三品初授亞中大夫　陞授大中大夫
加授贈大中大夫資治少尹
正四品初授中順大夫　陞授中憲大夫
加授贈中議大夫贊治尹
從四品初授朝列大夫　陞授朝議大夫
加授贈朝請大夫贊治少尹

官品門

○南京文武官職衙門

吏部尚書一　侍郎一　司務一　文選司　考功司
驗封司　稽勳司　郎中一各　主事一各　○戶部尚書
一　侍郎一　司務一　照磨○　十三道浙江　江西
廣東　山東　湖廣　廣西　福建　雲南各道
郎中一各　員外一各　主事二各　陝西　山西　四川
河南　貴州　郎中一各　主事一各　○禮部尚書一
侍郎一　司務一　儀制司　祠祭司　主客司
精膳司　郎中一各　員外一各　主事一各　○刑部尚書一
侍郎一　司務一　照磨一　十三道浙江　廣東
郎中一各　員外一各　主事二各　江西　湖廣　山東
山西　廣西　河南　陝西　福建　四川
雲南　貴州　郎中一各　員外一各　主事一各　○工部
尚書一　侍郎一　司務一　營繕司　虞衡司　都水司
屯田司　郎中一各　主事二各　○都察院都御史二　僉院
操江一　經歷一　都事一　司務一　照磨一　檢校一
十三道御史各一　提學一　巡按四　巡營一　巡江二
巡街一　巡倉一　屯田一　印馬一　○通政司通政
一　經歷一　知事一　○大理寺卿一　少卿一　寺丞
一　司務一　左右寺正各一　左右評事各二　○翰林院
學士一　諭德一　孔目一　○詹事府主簿一　六科
給事各二　尚寶司卿一　寺丞一　太常寺卿一　少卿

正五品 初授奉議大夫 陞授奉政大夫
加授贈奉政大夫脩正庶尹
從五品 初授奉訓大夫 陞授奉直大夫
加授贈奉直大夫協正庶尹
正六品 初授承直郎 陞授承德郎
從六品 初授承務郎 陞授儒林郎 儒
士出身宣德郎 吏員材幹出身
正七品 初授承事郎 陞授文林郎 儒
士出身宣義郎 吏員材幹出身
從七品 初授從事郎 陞授徵仕郎
正八品 初授迪功郎 陞授脩職郎
從八品 初授迪功佐郎 陞授脩職佐郎
正九品 初授將仕郎 陞授登仕郎
從九品 初授將仕佐郎 陞授登仕佐郎
○武職品第
正一品 初授特進榮祿大夫 陞授特進
光祿大夫 加授贈特進光祿大夫上柱國
從一品 初授榮祿大夫 陞授光祿大夫
加授贈光祿大夫柱國
正二品 初授驃騎將軍 陞授金吾將軍
加授贈龍虎將軍上護軍
從二品 初授鎮國將軍 陞授定國將軍
加授贈奉國將軍護軍
正三品 初授昭勇將軍 陞授昭毅將軍
加授贈昭武將軍上輕車都尉
從三品 初授懷遠將軍 陞授定遠將軍
加授贈定遠將軍輕車都尉
正四品 初授明威將軍 陞授宣威將軍
加授贈廣威將軍上騎都尉
從四品 初授宣武將軍 陞授顯武將軍

二 博士一 典簿一 國子監 祭酒一 司業一 監丞
典簿一 典籍一 五經博士 五 助教 六 學正 四
錄 四 光祿寺 卿一 少卿一 典簿一 大官署
珍羞署 良醞署 掌醢署 署正一各 署丞一各
鴻臚寺 卿一 主簿一 司儀署 司賓署 署丞
各一 鳴贊 四 序班 八 ○ 大僕寺 卿一 少卿一 寺丞
二 主簿一 欽天監 監正一 太醫院 院判一 行人
司 行人正 行人副 五城兵馬司 東城 南城
西城 北城 指揮一 正使一 副使二 吏目一
南京文官共 三百二十餘員 ○ 南京武官 宗人府 宗
人令一 經歷一 五府 都督一 右都督一 前都
督一 後都督一 中都督一 經歷一各 都事一各 ○ 公
魏國公 徐 ○ 侯 安遠柳 ○ 伯 誠意劉 錦衣衛 指
揮使一 同知一 僉事一 南京武官共一百零八員
南直隸 領府十四 屬州一十三 縣八十七 又州四 屬縣
八 大小官員共五百八十餘員 總計里一萬三千七百四十三 戶
一百九十六萬二十八百一十八 口 九百九十六萬七千四百三十九 夏秋二
稅共米麥五百九十九萬五千三十四石 絲一十萬九千九百一十兩 絹萬
八十四百五十二匹 麻布二千七十七匹 鈔八千七百七十錠 馬草八萬五百
四十二百一十七包 ○ 欽差總督御史 二 漕運一駐淮安 所在軍務一駐
杭州 欽差巡撫都御史 三 鳳陽一駐揚州 應天巡撫一 操江一 俱駐應天 巡
按監察御史 九 泗州一 太平一 蘇州一 批李一 印馬 巡倉一 上江一 下江一
京識 ○ 南京 大僕寺 所屬應天等府備用馬 七千
五百匹 五 京營馬步官軍舍餘夫人 共二萬八千九百餘員名 在
外衛所除中都留守司 二班京操外 馬務官軍
舍餘 共四萬四千八百餘員名 ○ 兩淮 鹽運司 七 領 分司 小引鹽 萬五千

加授贈信武將軍騎都尉
正五品 初授武德將軍 陞授武節將軍
加授贈武節將軍驍騎尉
從五品 初授武略將軍 陞授武毅將軍
加授贈武毅將軍飛騎尉
正六品 初授昭信校尉 陞授承信校尉
加授贈承信校尉雲騎尉
從六品 初授忠顯校尉 陞授忠武校尉
加授贈忠武校尉武騎尉
正七品 初授忠翊校尉 陞授忠勇校尉
從七品 初授敦武校尉 陞授脩武校尉
正八品 初授進義校尉 陞授保義校尉
從八品 初授進義副尉 陞授保義副尉
○ 在京衙門官員品級
太師、太傅、太保 正一品 少師 少傅
少保 太子太師 太子太傅 太子
太保 從一品 太子少師 太子少傅 太
子少保 正二品 太子賓客 正三品
宗人府 宗人令 左右宗正 左右宗
人 俱正一品 經歷司 經歷 正五品
五軍都督府 左右都督 正一品 都督同知
從一品 都督僉事 正二品 經歷司 經歷 從五品
都事 正七品
吏部 尚書 正二品 左右侍郎 正三品 文選
稽勳 驗封 考功 四司郎中 正五品 員
外郎 從五品 主事 正六品 司務廳 司務 從九品
戶部 尚書 正二品 左右侍郎 正三品 照磨所
照磨 正八品 檢校 正九品 司務廳 司務 從九品
十三司 浙江 湖廣 江西 福建 四川 雲南
貴州 廣東 廣西 河南 陝西 山東 山西 十

一百八十引 鹽運司 揚州九 領 鹽課司 三十 淮安九 通州十一
○ 親軍衛 六十 屬所 一百一十二 守禦千戶所 一 在
京屬府衛 二十二 屬所 一百九十六 守禦千戶所 一 在
外直隸衛 八三十 屬所 一百四十五 守禦千戶所 十五 通
計大小官員共 三千一十餘員
應天府 府尹一 經歷一 府丞一 知事一 治中一 照磨一 通判三 檢校一 推官一 屬
縣八 秋米二十一萬五千六百零 元縣 知縣一 典史一 縣丞一 主簿一 二百
零一 江寧 知縣一 典史一 縣丞一 一百七十四里 句容 知縣一 縣丞一 主簿一
里 典史一 一百五十二里 江浦 知縣一 典史一 主簿一 二十里 溧陽 知縣一 縣丞一
主簿二 典史九 一百三十六里 溧水 知縣一 典史一 縣丞一 主簿一 二百五十五里 高
淳 知縣一 典史一 縣丞一 主簿一 一十三里 六合 知縣一 典史一 一十七里
安慶府 知府一 經歷一 同知一 知事一 通判一 照磨一 推官一 檢校一 屬縣六
秋米 一十三萬七千八百零 懷寧 知縣一 典史一 縣丞一 主簿一 四十六里 桐
城 知縣一 典史一 縣丞一 主簿一 五十九里 太湖 知縣一 典簿一 縣丞一 典史一 六十
五里 潛山 知縣一 典史一 縣丞一 主簿一 五十八里 宿松 知縣一 縣丞一 主簿一 典
史一 四十六里 望江 知縣一 典史一 主簿一 三十二里
徽州府 知府一 經歷一 同知一 知事一 通判一 照磨一 推官一 檢校一 屬縣六
秋米一十二萬五百零 歙縣 知縣一 典史一 縣丞一 主簿一 三百一十五里 婺
源 知縣一 典史一 縣丞一 主簿一 一百六十四里 休寧 知縣一 主簿一 縣丞一 典史一
二百零五里 祁門 知縣一 史一 主簿一 四十六里 典 黟縣 知縣一 主簿一 典史
一十四里 績溪 知縣一 典史一 主簿一 二十五里 典
寧國府 知府一 經歷一 同知一 知事一 通判一 照磨一 推官一 檢校一 屬縣六
秋米一十萬三千三百零 宣城 知縣一 典史一 縣丞一 主簿一 二百一十七里 太
平 知縣一 典史一 一十九里 寧國 知縣一 典史一 縣丞一 主簿一 六十里 涇縣
知縣一 典史一 縣丞一 主簿一 六十四里 旌德 知縣一 典史一 縣丞一 主簿一 四十一里
南陵 知縣一 典史一 縣丞一 主簿一 八十八里

三道清吏司郎中正五品 員外郎從五品 主
事正六品 大通關提舉司 寶鈔提舉司
龍江提舉司提舉正八品 副提舉正九品 典
史未入流 軍儲倉大使從九品 副使未入流 內
府寶鈔廣惠庫 甲乙丙丁戊字庫
承運庫 贓罰庫大使正九品 副使從九品
廣積庫大使正九品 副使從九品 典史未入流
廣盈庫大使從九品 副使未入流 御馬倉大使
從九品 副使 長安門倉 東安門倉
西安門倉 北安門倉 副使 抄紙局
印鈔局大使 副使 龍江鹽倉檢校
批驗所大使 副使 張家灣鹽倉檢
校批驗所大使 副使未入流 已上俱
禮部尚書正二品 左右侍郎正三品 儀制
祠祭 主客 精膳 四司郎中正五品 員外

官品七

池州府 知府 經歷一 同知一 知事一 照磨一 通判一 推官一 檢校一 屬縣六
秋米六萬一千九百零 貴池 知縣一 縣丞一 主簿 典史一 二十七里 銅陵
知縣一 主簿一 典史一 十六里 青陽 知縣一 典史 十六里 石埭 知縣一 典
史一 十二里 建德 知縣一 典史一 九里 東流 知縣一 典史一 七里
太平府 知府 經歷一 同知一 知事一 通判一 照磨一 推官一 檢校一 屬縣三
秋米四萬九千零 當塗 知縣一 典史一 縣丞一 主簿一 百六十九里 蕪湖
知縣一 典史一 縣丞一 主簿一 三十八里 繁昌 知縣一 典史一 十二里 ○ 直隸
廣德州 知州一 州同一 州通判 吏目一 屬縣一 秋米
建平 知縣一 典史一 縣丞一 主簿一 百十四里 中都留守司 二經
歷二 都事二 斷事一 副斷一 各衛經歷司
長淮 留守中 鳳陽中 鳳陽 皇陵衛
留守左 鳳陽右 懷遠 共八
鳳陽府 知府一 同知一 通判三 推官一 經歷一 知事一 照磨一 檢校一 領州五

郎從五品 主事正六品 司務廳 司務從九品
僧錄司 左右善世正六品 左右闡教從六品
左右講經正八品 左右覺義從八品 道錄司
左右正一正六品 左右演法從六品 左右至靈
正八品 左右玄義從八品 鑄印局大使未入流
副使未入流 教坊司奉鑾正九品 左右韶舞
從九品 左右司樂從九品
兵部尚書正二品 左右侍郎正三品 武選
車駕 職方 武庫 四司郎中正五品 員
外郎從五品 主事正六品 司務廳 司務從九品
典牧所提領正八品 大使正九品 副使從九品
典使未入流 會同館大使正九品 副使從九品
大通關大使 副使 大勝關大使
副使 俱未入流
刑部尚書正二品 左右侍郎正三品 浙江 湖

縣二 一十 秋米二十萬五千七百零 鳳陽 知縣一 典史一 縣丞一 主簿一 三十
九里 臨淮 知縣一 典史一 縣丞一 四十里 懷遠 知縣一 主簿一 典史一 縣丞一
史一 四十八里 定遠 知縣一 典史一 縣丞一 主簿一 三十三里 五河 知縣一 典史一
二十五里 虹縣 知縣一 典史一 十九里 壽州 知州一 判三 吏目一 州同二 四十 州
八里 屬縣二 秋米 萬二千 斗零 霍丘 知縣一 主簿一 縣丞一 典史一
二十七里 蒙城 知縣一 典史一 縣丞一 主簿一 三十八里 宿州 知州一 州同一 州判一 州
一 吏目一 七十里 屬縣一 秋米三萬八千二百九十零 靈璧 知縣一 縣
丞一 主簿一 典史一 四十里 泗州 知州一 吏目一 州同一 州判一 五十里 屬縣
二 秋米三萬五千七石零 盱眙 知縣一 典史一 縣丞一 主簿一 三十七里 天
長 知縣一 典史一 十里 潁州 知州一 吏目一 州同一 州判 五十五里 屬縣二
秋米六萬九千七百石零 潁上 知縣一 典史一 十三里 太和 知縣一 典史一
三十里 亳州 知州一 吏目一 州同一 州判 四十里 秋米五十五石零
廬州府 知府一 經歷一 同知一 知事一 通判一 照磨一 推官三 檢校一 領州二

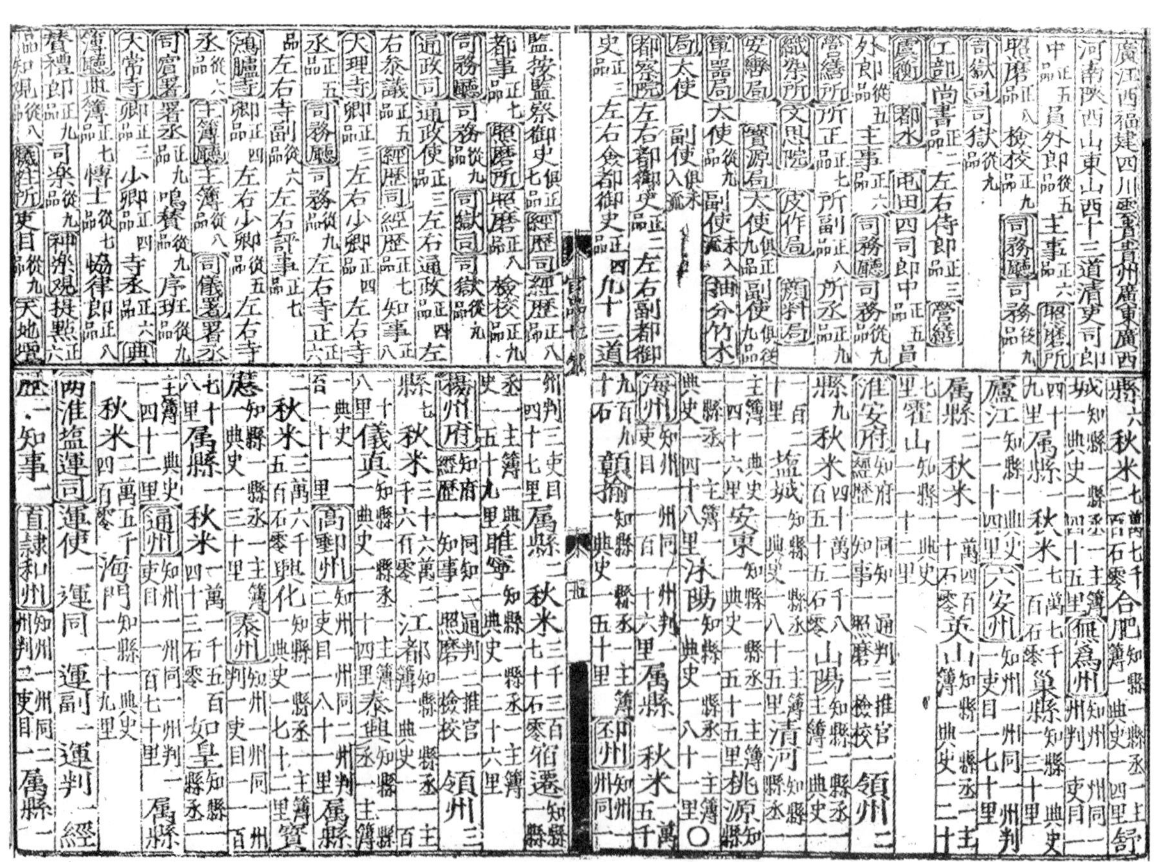

祠祭署　孝陵
祠祭署　山川壇籍田祠祭署
長陵祠祭署　獻陵祠祭署
景陵祠　祭署奉祀俱從七品　祀丞俱從八品
光祿寺　卿從三品　少卿正五品　寺丞從六品　典
典簿廳　典簿從七品　錄事從八品　大官署　珍
羞署　良醞署　掌醢署　正從六品　署丞
從七品　監事從八品　司牲司　司牧局　大使從九
品　副使未入流
太僕寺　卿從三品　少卿正五品　寺丞正六品　主
簿廳　主簿從七品
尚寶司　卿正五品　少卿從五品　寺丞正六品
國子監　祭酒從四品　司業正六品　繩愆廳　監
丞正八品　博士廳　五經博士從八品　典簿廳
典簿從八品　典籍廳　典籍從九品　掌饌廳　掌
饌未入流　率性堂　脩道堂　誠心堂

秋米　含山知縣一典史一十八里　直隸滁州知州一
同知一州判一屬縣二秋米　全椒知縣一典史一十
一吏目一
里　來安知縣一典史一七里　直隸徐州知州一同知一州判三吏目一屬
縣四秋米　豐縣知縣一典史一十九里　蕭縣知縣
一縣丞一主簿一典史一四十六里　碭山知縣一縣丞一主簿一典史一二十五里　沛縣
知縣一縣丞二主簿二典史一二十六里
蘇州府知府一同知四通判一推官一經歷一知事一照磨一檢校一　領州一
屬縣七　秋米八千零一百三萬　崑山知縣一縣丞二主簿二典史一四百
五十一里　吳縣知縣一縣丞二主簿三典史一五百二十里　長洲知縣一縣丞二主簿二典史
二典史一　常熟知縣一縣丞二主簿三典史一六百四十一里　吳江知縣一
七百七里
史一八百二十里　嘉定知縣一縣丞二主簿三典史一九百五十里
里　太倉州知州一同知一州判三吏目一二百三十里　屬縣一　秋米
一十二萬　崇明知縣一縣丞一主簿一典史一二百二十里
七十石零

三台萬用正宗　官品七　六

正義堂　崇志堂　廣業堂　助教俱從八品
學正正九品　學錄從九品
翰林院　學士正五品　侍讀侍講學士從五品
孔目未入流　侍講侍讀正六品　脩撰從六品　編
脩正七品　檢討從七品　五經博士正八品　典籍
從八品　侍書正九品　待詔從九品　中書科　中書
舍人從七品
華蓋殿　謹身殿　武英殿　文淵殿
文華殿　東閣大學士俱太師太傅同　閣門使
正六品　承天門　武英殿　右順門　待詔
從九品　〇　六科都給事中正七品　左右給事
中從七品　給事中從七品　行人司　司正正七品
左右司副從七品　行人正八品
詹事府　詹事正三品　少詹事正四品　府丞正六
品　主簿廳　主簿從七品　錄事從九品　左右春

松江府知府一同知二通判二推官一經歷一知事一照磨一檢校一屬縣二
秋米九十五萬九千零　華亭知縣一縣丞三主簿三典史一八百零四里　上
海知縣一縣丞三主簿三典史一八百二十一里
常州府知府一同知一通判三推官一經歷一知事一照磨一檢校一屬縣五
秋米七十六萬五千零　武進知縣一縣丞二主簿二典史一四百二十里　靖
江知縣一典史一五十五里　無錫知縣一縣丞三主簿二典史一四百
二　江陰知縣一縣丞三主簿二典史一四百二十九里　宜興知縣一縣丞二主簿
二典史一三百四十二里
鎮江府知府一同知一通判三推官一經歷一知事一照磨一檢校一屬縣三
秋米三十一萬五千零　丹徒知縣一縣丞一主簿二典史一二百二十里　丹
陽知縣一縣丞一主簿一典史一二百七十里　金壇知縣一縣丞一主簿一典史一
二百一十里
南直隸所屬衛經歷司　領衛八　屬所四十
守禦千戶所

坊大學士正五品　左右庶子正五品　左右諭
德從五品　左右中允正六品　左右贊善從六
品　左右司直郎從六品　左右清紀郎從八品　校
書正九品　左右司諫從九品　正字從九品　司經
局洗馬從五品　通事舍人從九品
欽天監　監正正五品　監副正六品　主簿廳　主
簿正八品　春夏中秋冬官正正六品　五官靈
臺郎從六品　五官保章正正八品　五官挈壺
正從八品　五官監候正九品　五官司曆正九品
五官司晨從九品　漏刻博士從九品
太醫院　使正五品　院判正六品　御醫正八品　吏
目從九品　惠民藥局　大使副使　生藥庫　大
使副使俱未入流
京府　府尹正三品　府丞正四品　治中正五品　通
判正六品　推官從六品　經歷司　經歷從七品　知

浙江承宣布政使司　左右布政二　左右參政五
一官糧二杭嘉湖一寧紹台一　左右參議二金衢嚴一溫處一　經歷一
都事一　照磨一　檢校一　理問所　正理問一　案牘
一　提刑按察司　按察使一　副使七兵備二巡海一提學一應天一
水利僉事七水利一杭嚴一寧紹一金衢一溫處一　分道五
道嘉湖道寧紹道金衢道溫處道　經歷一　知事一　照磨一　檢校
一　〇欽差總督南直隸浙福都御史一　暫設駐浙江
巡按監察御史一　巡鹽一　或清軍一　俱駐杭州　領府
十一州一縣七十五　大小官員共四百七十餘員　總計里一萬
八百九十九　戶一百二十四萬二千四百五十一萬
廿九　口五千四百七十
夏秋二稅　共米麥二百五十一萬二千百九十九石　絲綿共二百七
十萬二千二百五十一萬　三千五百四十五萬一千二　絹七十四尺　金百九十三錠　馬草
百七十兩　百九十一
八十七萬四千　包浙江都指揮使司　隸左軍都督府　都指
四百九十一

三台萬用正宗　官品七　七

事從八品　照磨所　照磨從九品　檢校未入流　司
獄司　司獄從九品　儒學　教授從九品　訓導未入
流　都稅司　宣課司　各門稅課司　大
使從九品　副使未入流　各門分司　副使未入流
織染局　草場　大使從九品　副使　倉遞運所
金銀場　鐵冶　批驗所　大使副使俱未入流
京縣　知縣正六品　縣丞正七品　主簿正八品　典
史未入流
五城兵馬指揮司　指揮正六品　副指揮正七
品　吏目未入流
上林苑監　左右監正正五品　左右監副正六
品　左右監丞正七品　蕃育署　嘉蔬署　典
署正七品　署丞正八品　錄事正九品　典簿廳　典
簿正九品
〇在外衙門官員品級

揮使三　掌印一　僉書二　經歷一　都事一　斷事一　副斷一
領衛十六　屬所一百零二　守禦千戶所五　三十本都司
所屬馬步官軍三萬九千九百餘員名　大小官員共一千九百
五員　〇兩浙都轉運鹽使司　一在杭州　領鹽課司三十二
六杭州二松江二溫台　歲辦鹽七百六十九引　四十四萬四千
八嘉興五寧
市舶提舉司　一在寧波　通計大小官員共九十餘員　四千四百
杭州府知府一同知一通判三推官一經歷一知事一照磨一檢校一屬縣九
秋米　仁和知縣一縣丞二主簿三典史一三百七十三里　錢
塘知縣一縣丞一主簿一典史一二百七十三里　海寧知縣一縣丞二主簿二典史一
四百八十四里　富陽知縣一典史一縣丞一主簿一七十五里　新城知縣一典史一
十四里　昌化知縣一典史一十里　餘杭知縣一縣丞一主簿一典史一七十三里
於潛知縣一典史一十二里　臨安知縣一縣丞一主簿一典史一四十六里　新
昌知縣一典史一三十二里

各處縣知縣品七 縣丞品正八 主簿品正九 典
史未入流 儒學教諭 訓導 醫學訓科
陰陽學訓術 水馬驛丞 河泊所官
閘壩官未入流 巡檢司巡檢 副巡檢從九
品 天岳太和山 太嶽太和宮 玄天
玉虛宮 遇真宮 清微宮 淨樂宮
五聖五龍宮 太聖南岩宮 太玄紫
霄宮提點俱正六品
句容縣三茅山元符宮 華陽洞靈官
正八品 副靈官從八品 泗州祠祭署 鳳陽
祠祭署 盱眙祠祭署 宿州祠祭署
奉祀從七品 祀丞從八品 遼陽稅課司大使
陝西河州衛庫大使 官德倉大使
副使俱未入流

王府官員品級

長史司左右長史正五品 典簿廳典簿正九
品 審理所審理正六品 審理副正七品 紀
善所紀善正八品 典寶所典寶正八品 典
寶副從八品 典膳所典膳正八品 典膳副從八
品 奉祀所奉祀正八品 奉祀副從八品 典
儀所典儀正九品 典儀副從九品 典樂正九
品 伴讀從九品 教授從九品 良醫所良醫正
正八品 良醫副從八品 工正所工正正八品 工
副從八品 引禮舍人 倉庫大使副使未入流

土官品級

宣慰使司宣慰使從三品 同知正四品 副使
從四品 僉事正五品 經歷司從七品 都事正八品
儒學教授從九品 訓導未入流
宣撫司宣撫使從四品 同知正五品 副使從五
品 僉事正六品 吏目從九品 經歷司從八品 知

秋米十萬石零 臨海知縣一 縣丞一 主簿一 典史一 一百七十三里 [illegible]
一縣丞一 主簿一 典史一 八十六里 仙居知縣一 縣丞一 主簿一 典史一 八十八里 太
平知縣一 典史一 一縣丞一 主簿一 五十六里 天臺知縣一 縣丞一 典史一 三十 上
八里 寧海知縣一 縣丞一 主簿一 典史一 一百一十里
都司所屬衛經歷司領衛十六 屬所一百零二 守禦千
戶所五十
江西承宣布政使司 左右布政二 清軍一 左右參政
三 分守三 督冊一 左右參議三 糧儲一 分守二 經歷一 都事一
照磨一 檢校一 理問所正理問一 案牘一
提刑按察司廉使一 副使六 提學一 清軍一 兵備三 驛傳一 僉
事七 分巡五 屯田一 經歷一 知事一 照磨一 檢校一
欽差巡撫都御史一 駐南昌 提督南贛等處軍務都
御史一 駐贛州 巡按監察御史一 或清軍一 分道五

南昌道 湖東道 湖西道 九江道 嶺北道 領府一十三 州一 縣七十大
小官員共四千十餘員 總計里九千九百五十六里半 戶一百五十
八萬三千七百九十二萬五 九十七 口 千一百八十五 夏秋二稅共米
麥八萬八千五十九 石五升八合三勺 秋粮官民米二百五十二萬八千三百
五十五石八斗二升 絲八千三百九十三斤 絹一萬一千六百三 布十三
四十四 鈔七十九萬九千九百錠 都指揮使司 隸前軍都督府 都指揮
使三 掌印一 僉書二 經歷一 都事一 斷事一 副斷事一 守
備二 會鄱湖一 領衛三 屬所十五 守禦千戶所一 本
司馬步官軍七萬二千七百餘員 儀衛司三 大小官員共
二百四十餘員 王府 三淮府 封韶州 從饒州 益王封建昌 弋陽封臨川
宜春 樂安 瑞昌 石城 建安 鍾陵 附巳上封大 王 寧府 從南昌國除
郡王府十 淮府十 益府二 通總計大小官員共六百餘
南昌府知府一 同知一 通判二 推官一 經歷一 知事一 照磨一 檢校一 領州一

事正九品 照磨從九品
招討使司招討從五品 招討副正六品 吏目
從九品 經歷從七品
安撫司安撫從五品 同知正六品 副使從六品
僉事正七品 吏目從九品 長官司長官正六品
副長官從六品 吏目從九品 教諭 訓導未入
流 蠻夷長官司長官正七品 副長官從七品

○醒貪簡要錄

方今居官者不以爵位為重不以祿食艱難若將所得俸祿養家侭自有餘却乃不守本分俸祿貪贓壞法殺身亡家以致寡妻孤子棄父母者有之其所食俸祿皆出於民供計其頃畝牛具合用人力不勝艱難假如正一品月支米八十七石計歲支米一千四十四石該稻穀二千六百二十石以頃畝論合用田八頃七十三畝以牛具論之每牛具田五十畝合用牛一十七具以人論之每人種田五十畝合用五十七人以挑擔論之每擔稻禾一挑約得四斗共該禾六千五十挑且如田所至場內相去一里復往便是二里通算往回行路一萬三千一百里如此觔骨勞苦方得許多粮米為官者既受朝廷重祿尚無厭足不肯為民造福專一貪贓壞法亡家果可怨乎嗚呼為官之心多不知足且如軍人披堅執銳卧雪眠霜不勝勞苦每月只是關粮一石當承馬驛站人戶其家三丁一丁應役本戶田土已自拋下雖有二丁在家又不時齎送盤纏本戶

三台萬用正宗　官品七卷　十

縣七 秋米五十萬石零 南昌知縣一 縣丞一 主簿一 典史一 五百九十三里
新建知縣一 縣丞一 主簿一 典史一 二百一十四里 豐城知縣一 縣丞一 主簿一 典
史一 三百七十七里 進賢知縣一 縣丞一 主簿一 典史一 二百零八里 奉新知縣
一 縣丞一 典史一 一百四十九里 靖安知縣一 主簿一 典史一 二十八里 武
寧知縣一 縣丞一 主簿一 典史一 一百零八里 寧州知州一 州同一 州判二 吏目一
八十七里 秋米二萬石零
饒州府知府一 同知一 通判三 推官一 經歷一 知事一 照磨一 檢校一 屬縣七
秋米二十萬石零 鄱陽知縣一 縣丞一 主簿一 典史一 三百二十一里 餘干
知縣一 縣丞一 主簿一 典史一 一百五十四里 樂平知縣一 縣丞一 典史一 二百
四十 德興知縣一 縣丞一 典史一 七十二里 浮梁知縣一 縣丞一 主簿一
里 一典史一
百一十三里 安仁知縣一 縣丞一 主簿一 典史一 七十二里 萬年知縣
一 縣丞主簿一 典史一 六十四里
廣信府知府一 同知一 通判三 推官一 經歷一 知事一 照磨一 檢校一 屬縣七
秋米三十一萬二千石零 上饒知縣一 縣丞一 主簿一 典史一 一百一十二里 玉
山知縣一 縣丞一 主簿一 典史一 五十九里 貴溪知縣一 縣丞 主簿 典史一 百一
十三里 永豐知縣一 縣丞一 主簿一 典史一 六十七里 弋陽知縣一 縣丞 主簿
一典史一 七十四里 鉛山知縣一 縣丞一 主簿一 典史一 五十七里 興安知縣一 典
史一 八里
南康府知府一 同知一 通判二 推官一 經歷一 知事一 照磨一 檢校一 屬縣四
秋米七萬石零 星子知縣一 主簿一 典史一 二十八里 都昌知縣一 縣丞一
主簿一 典史一 五十九里 建昌知縣一 縣丞一 主簿一 典史一 八十四里 安義知縣
一 主簿一 典史一 四十六里
臨江府知府一 同知一 通判三 推官一 經歷一 知事一 照磨一 檢校一 屬縣四
秋米二十三萬石零 清江知縣一 縣丞一 主簿一 典史一 二百五十三里 新喻
知縣一 縣丞一 主簿一 典史一 一百六十七里 峽江知縣一 縣丞一 典史一 一百
八十 新淦知縣一 縣丞一 主簿一 典史一 二百二十五里

田土止有一丁耕種人力不敷多有拋荒[illegible]此艱難猶且趨事赴功不敢有遺其各衙門吏員止是書寫夏季冬居矮室此當軍當站的十分安閑當了本戶差役又每品支米二石五斗者二石者一石者心尚不足仍復貪贓壞法百般害民不立文案甚者積惡既深故將衙門卷宗盡行棄毀意在無所稽考得以肆其奸頑及至事發法司究問終莫能逃以致殺身亡家者有之黥刺書寫者有之全家充軍者有之如此犯者連年不已智者鑒之

○文武品級月俸

正一品 每月支米八十七石 每歲該米一千四十四石

從一品 每月支米七十四石 每歲該米八百八十八石

正二品 每月支米六十一石 每歲該米七百三十二石

從二品 每月支米四十八石 每歲該米五百七十六石

正三品 每月支米三十五石 每歲該米四百二十石

從三品 每月支米二十一石 每歲該米三百一十二石

正四品 每月支米二十四石 每歲該米二百八十八石

從四品 每月支米二十一石 每歲該米二百五十二石

正五品 每月支米一十六石 每歲該

建昌府 知府一 同知一 通判一 推官一 經歷一 知事一 照磨一 檢校一 屬縣五 秋米一十萬零

南城 知縣一 縣丞一 主簿一 典史一 百五十三里

新城 知縣一 縣丞一 主簿一 典史一 七十八里

南豐 知縣一 縣丞一 主簿一 典史一 百二十三里

廣昌 知縣一 縣丞一 主簿一 典史一 二十八里

瀘溪 知縣一 典史一 二十里

撫州府 知府一 同知一 通判三 推官一 經歷一 知事一 照磨一 檢校一 屬縣六 秋米三十一萬有零

臨川 知縣一 縣丞一 主簿一 典史一 四百四十八里

金谿 知縣一 縣丞一 主簿一 典史一 百八十三里

東鄉 知縣一 縣丞一 主簿一 典史一 一百二十里

崇仁 知縣一 縣丞一 主簿一 典史一 二百二十四里

宜黃 知縣一 縣丞一 主簿一 典史一 六十五里半

樂安 知縣一 縣丞一 主簿一 典史一 二百一十六里

九江府 知府一 同知一 通判一 推官一 經歷一 知事一 照磨一 檢校一 屬縣五 秋米一十萬石零

德化 知縣一 縣丞一 主簿一 典史一 十六里

德安 知縣一 縣丞一 主簿一 典史一 十八里

瑞昌 知縣一 縣丞一 主簿一 典史一 十三里

彭澤 知縣一 縣丞一 主簿一 典史一 十八里

湖口 知縣一 縣丞一 主簿一 典史一 十七里

吉安府 知府一 同知一 通判一 推官一 經歷一 知事一 照磨一 檢校一 屬縣九 秋米四十四萬

廬陵 知縣一 縣丞一 主簿一 典史一 六百零三里

太和 知縣一 縣丞一 主簿一 典史一 二百五十五里

永豐 知縣一 縣丞一 主簿一 典史一 三百二十五里

吉水 知縣一 縣丞一 主簿一 典史一 四百三十一里半

安福 知縣一 縣丞一 主簿一 典史一 二百乙十七里

龍泉 知縣一 縣丞一 主簿一 典史一 六十七里

萬安 知縣一 縣丞一 主簿一 典史一 九十三里

永新 知縣一 縣丞一 主簿一 典史一 百八十三里

永寧 知縣一 縣丞一 主簿一 典史一 四十二里

瑞州府 知府一 同知一 通判二 推官一 經歷一 知事一 照磨一 檢校一 屬縣三 秋米二十二萬五千石零

高安 知縣一 縣丞一 主簿一 典史一 二百八十六里

上高 知縣一 縣丞一 主簿一 典史一 百六十七里

新昌 知縣一 縣丞一 主簿一 典史一 二百二十三里

袁州府 知府一 同知一 通判一 推官一 經歷一 知事一 照磨一 檢校一 屬縣四 秋米二十一萬石零

宜春 知縣一 縣丞一 主簿一 典史一 四百四十八里

分宜

米一百九十二石

從五品 每月支米一十四石 每歲該米一百六十八石

正六品 每月支米一十石 每歲該米一百二十石

從六品 每月支米八石 每歲該米九十六石

正七品 每月支米七石五斗 每歲該米九十石

從七品 每月支米七石 每歲該米八十四石

正八品 每月支米六石五斗 每歲該米七十八石

從八品 每月支米六石 每歲該米七十二石

正九品 每月支米五石五斗 每歲該米六十六石

從九品 每月支米五石 每歲該米六十石

未入流 每月支米三石 每歲該米三十六石

○王府祿米

周府 親王 每歲支本色祿米二萬石

襲封 每歲支祿米一萬二千石

郡王初封 每歲支祿米二千石

襲封 每歲支祿米一千石俱米鈔中半兼支

鎮國將軍 每歲支祿米一千石

輔國將軍 每歲支祿米八百石

奉國將軍 每歲支祿米六百石

知縣一 縣丞一 主簿一 典史一 百九里

萍鄉 知縣一 縣丞一 主簿一 典史一 百二十里

萬載 知縣一 縣丞一 主簿一 典史一 百四里

贛州府 知府一 同知一 通判三 推官一 經歷一 知事一 照磨一 檢校一 屬縣十 秋米一十萬石零

贛 知縣一 縣丞一 主簿二 典史一 百一十一里

興國 知縣一 主簿一 典史一 七十七里

信豐 知縣一 主簿一 典史一 六里

會昌 知縣一 主簿一 典史一 六里半

雩都 知縣一 主簿一 典史一 十五里

安遠 知縣一 主簿一 典史一 五里

石城 知縣一 主簿一 典史一 九里

瑞金 知縣一 主簿一 典史一 八

寧都 知縣一 縣丞一 主簿一 典史一 百一十七里

龍南 知縣一 主簿一 典史一 五里

南安府 知府一 通判一 推官一 經歷一 照磨一 屬縣四 秋米二萬石

大庾 知縣一 縣丞一 主簿一 典史一 十六里

南康 知縣一 縣丞一 主簿一 典史一 四十一里

猶 知縣一 主簿一 典史一 六里

崇義 知縣一 典史一 七里

都司所屬衛經歷司 領衛四 屬所五 一十

守禦千戶所 二十

福建承宣布政使司 左右布政二 左右參政三 左右參議三 分守二 管糧一 糧儲一 分守二 經歷一 都事一 照磨一 檢校一

理問所 正理問一 案牘

提刑按察司 按察使一 副使四 巡海一 清軍一 提學一 建寧一 僉事五 兵備二 汀漳一 經歷一 知事一 照磨一 檢校一

欽差 提督浙福都御史一 分道四 福寧道 武平道 建寧道 漳南道

巡按監察御史一 或清軍一 領府八 州二 縣五十二

大小官員共三百二十餘員 總計里三千七百九十七里

戶 五十萬九千二百 口 二百零八萬二千六百七十七 夏秋二稅共米 麥八十八萬三千一百一十五石 絲綿 一百九十四兩 絹 六百四匹 苧 六十五斤 鈔 二萬七百九十九錠

都指揮使司 隸前軍都督府 都指揮使三 掌印一 僉書二 經歷一 都事一 斷事一 副斷事一 領衛十

[illegible]中尉　每歲支祿米四百石
[illegible]中尉　每歲支祿米三百石
奉國中尉　每歲支祿米二百石
○宗室祿米
公主及駙馬　每歲食祿米二千
郡主及儀賓　每歲食祿米八百石
縣主及儀賓　每歲食祿米六百石
郡君及儀賓　每歲食祿米四百石
縣君及儀賓　每歲食祿米三百石
郡君及儀賓　每歲食祿米二百石
○王府祿米
秦府　楚府　魯府　蜀府　慶府
寧府　潞府　趙府　鄭府　襄府
荊府　德府　秀府　崇府　吉府
徽府　興府　岐府絕　益府
衡府絕　雍府絕　壽府　汝府　淮府
榮府
親王　每歲支祿米一萬石
郡王初封　每歲支祿米二千石
襲封　每歲支祿米一千石
鎮國將軍　每歲支祿米一千石
輔國將軍　每歲支祿米八百石
奉國將軍　每歲支祿米六百石
鎮國中尉　每歲支祿米四百石
輔國中尉　每歲支祿米三百石
奉國中尉　每歲支祿米二百石
代府本王　每歲支祿米六千石
郡王　每歲支祿米二千石
鎮國將軍　每歲支祿米一千石
輔國將軍　每歲支祿米八百石

屬所六　守禦千戶所　建寧府行都指揮使司
都指揮使三　掌印一　僉書二　領衛五　屬所二十　守禦千
戶所四　本司所屬馬步官軍共四萬八千三百餘員名　大
小官員共一千二百九十餘員　○欽差　都轉運鹽使司　在
福清　領鹽課司七　歲辦鹽價八千八百七十八兩　通總計大
小官員共七千五百七十餘員
福州府　知府一　同知一　通判四　推官一　經歷一　知事一　照磨一　檢校一　領州一
縣一十　秋米十六萬六千五百零　閩縣　知縣一　縣丞一　主簿一　典史一
一百一十八里　侯官　知縣一　縣丞一　主簿一　典史一　六十二里　懷安　知縣一　典史一
四十五里　羅源　知縣一　典史一　十六里　古田　知縣一　縣丞一　主簿一　典史一　五十
三里　長樂　知縣一　縣丞一　典史一　百一十五里　連江　知縣一　縣丞一　主簿一
三十五里　福清　知縣一　縣丞一　主簿一　典史一　一百三十里　閩清　知縣
一　縣丞一　主簿一　典史一　七里　永福　知縣一　典史一　九里　福寧州　知州一　同知
一　州判一　吏目一　五十一里　屬縣二　秋米二萬八千五百五石　福安　知縣
一　縣丞一　主簿一　典史一　三十三里　寧德　知縣一　縣丞一　主簿一　典史一　四十五里
都轉鹽運司　運使一　運同一　運副一　運判一　經
歷一　知事一
泉州府　知府一　同知一　通判一　推官一　經歷一　知事一　照磨一　檢校一　屬縣七
秋米一十一萬九千石零　晉江　知縣一　縣丞一　主簿一　典史一　百五十三里　南
安　知縣一　縣丞一　主簿一　典史一　四十八里　惠安　知縣一　縣丞一　主簿一　典史一　三十
五里　同安　知縣一　縣丞一　主簿一　典史一　四十八里　永春　知縣一　典史一　十四里
安溪　知縣一　典史一　十八里　德化　知縣一　典史一　十三里
市舶提舉司　正提舉一　副提舉一　吏目
建寧府　知府一　同知一　通判一　推官一　經歷一　知事一　照磨一　檢校一　屬縣八
秋米一十六萬二千石零　建安　知縣一　縣丞一　主簿一　典史一　百五十里　甌
寧　知縣一　縣丞一　主簿一　典史一　一百九十九里　建陽　知縣一　縣丞一　主簿一　典史一

[illegible]　每歲支祿米六百石
伊府
郡王　每歲支祿米二千石
郡王初封　每歲支祿米二千石
襲封　每歲支祿米一千石
鎮國將軍　每歲支祿米一千石
輔國將軍　每歲支祿米八百石
奉國將軍　每歲支祿米六百石
鎮國中尉　每歲支祿米四百石
輔國中尉　每歲支祿米三百石
奉國中尉　每歲支祿米二百石
韓府本王　每歲支祿米三千石
郡王初封　每歲支祿米二千石
襲封　每歲支祿米一千石
鎮國將軍　每歲支祿米一千石
輔國將軍　每歲支祿米八百石
奉國將軍　每歲支祿米六百石
鎮國中尉　每歲支祿米四百石
輔國中尉　每歲支祿米三百石
奉國中尉　每歲支祿米二百石
岷府親王　每歲支祿米一千五百石
郡王初封　每歲支祿米一千石
鎮國將軍　每歲支祿米一千石
輔國將軍　每歲支祿米八百石
奉國將軍　每歲支祿米六百石
鎮國中尉　每歲支祿米四百石
輔國中尉　每歲支祿米三百石
奉國中尉　每歲支祿米二百石
唐府親王　每歲支本色祿米五千石
郡王初封　每歲支祿米二千石

三百一十里　崇安　知縣一　典史一　縣丞一　主簿一　八十四里　浦城　知縣一　縣丞一
主簿一　典史一　百五十八里　松溪　知縣一　縣丞一　主簿一　典史一　六十八里　政和
知縣一　縣丞一　主簿一　典史一　五十九里　壽寧　知縣一　典史一　二十五里
行都使司　都指揮使三　掌印一　僉書二　經歷一　都事一
斷事一　副斷
延平府　知府一　同知一　通判一　推官一　經歷一　知事一　照磨一　檢校一　屬縣八
秋米八萬六千三百有零　南平　知縣一　縣丞一　主簿一　典史一　九十九里　龍溪
知縣一　縣丞一　主簿一　典史一　百零九里　將樂　知縣一　縣丞一　主簿一　典史一　六十
四里　沙縣　知縣一　縣丞一　主簿一　典史一　百一十四里　大田　知縣一　主簿一　典史一
一四十里　順昌　知縣一　縣丞一　主簿一　典史一　五十八里　永安　知縣一　縣丞一　主簿
一　典史一　六十五里　寧洋　知縣一　縣丞一　主簿一　典史一　三十一里
汀州府　知府一　同知一　通判一　推官一　經歷一　知事一　照磨一　檢校一　屬縣八
秋米　長汀　知縣一　縣丞一　主簿一　典史一　五十一里　寧化　知縣
一　縣丞一　主簿一　典史一　六十里　上杭　知縣一　縣丞一　主簿一　典史一　五十九里　武
平　知縣一　縣丞一　主簿一　典史一　十九里　永定　知縣一　典史一　十九里　歸化　知縣一　縣丞一
主簿一　典史一　四十五里　連城　知縣一　縣丞一　主簿一　典史一　三十二里　清流　知縣
一　縣丞一　主簿一　典史一　七十九里
興化府　知府一　同知一　通判一　推官一　經歷一　知事一　照磨一　檢校一　屬縣二
秋米六萬七千石零　莆田　知縣一　縣丞一　主簿一　典史一　三百零九里　仙遊
知縣一　典史一　十三里
邵武府　知府一　同知一　通判一　推官一　經歷一　知事一　照磨一　檢校一　屬縣四
秋米二千三百石零　邵武　知縣一　縣丞一　主簿一　典史一　百七十一里　光澤
知縣一　縣丞一　主簿一　典史一　五十二里　泰寧　知縣一　縣丞一　主簿一　典史一　十里
建寧　知縣一　縣丞一　主簿一　典史一　十里
漳州府　知府一　同知一　通判一　推官一　經歷一　知事一　照磨一　檢校一　屬縣八
秋米一十[illegible]萬[illegible]千石零　龍溪　知縣一　縣丞一　主簿一　典史一　[illegible]百六十[illegible]里　漳浦

[某]封 每歲支祿米一千石
鎮國將軍 每歲支祿米一千石
輔國將軍 每歲支祿米八百石
奉國將軍 每歲支祿米六百石
鎮國中尉 每歲支祿米四百石
輔國中尉 每歲支祿米三百石
奉國中尉 每歲支祿米二百石
○靖江府
親王 每歲支祿米一千石
郡王初封 每歲支祿米一千石
襲封 每歲支祿米九百石
鎮國將軍 每歲支祿米八百石
輔國將軍 每歲支祿米六百石
奉國將軍 每歲支祿米四百石
鎮國中尉 每歲支祿米四百石
輔國中尉 每歲支祿米三百石
奉國中尉 每歲支祿米二百石

○儒學監士月俸
教授學正 每員月支米二石五斗
教諭訓導 每員月支米二石
生員 每月支米五斗
曆書監生 每月支米一石
天文生 每月支米六斗
醫士 有家小者二斗無者五斗
醫生 每支米三斗
○吏員月俸
五府提控 六部都吏 都察院都吏
布政使司通吏 每月支米二石五斗
○五府掾吏 六部令吏 都察院令[吏]
通政使司令吏 各布政司令吏

知縣一縣丞一主簿一典史一四十四里 龍岩知縣一典史一縣丞一主簿一六十八里 南靖知縣一典史一縣丞一主簿一二十八里 詔安知縣一典史一主簿一二十二里 長泰知縣一典史一十九里 平和知縣一典史一十二里 漳平知縣一主簿一典史一三十五里 海澄知縣一典史一縣丞一主簿一五十三里

都司所屬衛經歷司 領衛十 經歷一各 知事一各 屬所五十六 守禦千戶所一

廣東承宣布政使司 左右布政二 左右參政二 嶺東 嶺西 嶺南 嶺北 三 左右參議 經歷一 都事一 照磨一 檢校一 理問所 正理問一 案牘一

提刑按察司 廉使一 副使四 驛傳清軍一 兵備 提學一 屯田一 僉事七 屯鹽一 清遠一 分巡道五 經歷一 知事一 照磨一 檢校一

○欽差總督兩廣軍務都御史一 駐劄西 巡按監察御史一 或清軍一 分道五 嶺南 嶺西道 海南道 海北道

領府十 屬州七 縣六十九 大小官員共四百一十餘員 總計里四千二十八 戶四十八萬三千三百八十零 口百九十七萬八千二十二 夏秋二稅 共米麥一百一萬七千七百七十二石

廣東都指揮使司 隸前軍都督府 都指揮使三 掌印一 僉書二 經歷一 都事一 斷事一 副斷一 領衛十五 屬所十六 守禦千戶所八 四十五 本都司所屬馬步官軍共三萬九千四百餘員名

○欽差鎮守太監一 平蠻將軍總兵官一 俱住劄廣西梧州 大小官員共一千六百八十七員

提舉司 領鹽課十四 海北鹽課提舉司 領鹽課十五 二司本折色鹽價并引價銀共三萬七千二百八十兩

市舶提舉司 一在廣州 通總計大小官員共二千二百九十餘員

廣州府 知府一 同知一 通判三 推官一 經歷一 知事一 照磨一 檢校一 領州一

[各都司]令吏 應天府令吏 太常寺令吏 光祿寺令吏 太僕寺令吏 各衛令吏 大理寺胥吏 國子監司吏 按察司書吏 鹽運司書吏 鴻臚寺司吏 各府司吏 內府庫局司吏 司牧局司吏 顏料局司吏 [都]察院典吏 太醫院典吏 欽天監司吏 俱每月支米二石

五府典吏 六部典吏 千戶所司吏 光祿寺典吏 翰林院司吏 斷事司司吏 衛鎮撫司吏 應天府典吏 大理寺典吏 各道書吏 各衛典吏 所鎮撫司吏 各牧監司吏 巡按書吏 典牧所司吏 光祿各署司吏 各部司吏 國子監典吏 欽天監司

曆吏 會同館司吏 織染局司吏 皮作局司吏 鑄印局司吏 各都司典吏 太常寺祠祭署司吏 惠民局司吏 雜造局司吏 鞍轡局司吏 軍器局司吏 龍江提舉司司吏 各州司吏 寶源局司吏 營繕所司吏 內府庫司吏 寶鈔提舉司司吏 按察司典吏 各驛司吏 各布政司典吏 各鹽運典吏 龍江石灰山閘司吏 犧牲所司吏 各長使司吏 理問所司吏 各百戶所司吏 紀善所司吏 五城兵馬司司吏 典膳所司吏 奉祀典寶 審理工正 良醫典儀 各鹽課提舉司司吏 每月支米一石

縣十 秋米三十二萬石零 南海知縣一縣丞一主簿一典史一百三十九里 番禺知縣一縣丞一主簿一典史一百三十九里 順德知縣一縣丞一主簿一典史一百六十四里 東莞知縣一縣丞一主簿一典史一百八十里 香山知縣一典史一三十六里 清遠知縣一縣丞一主簿一典史一十七里 新會知縣一縣丞一主簿一典史一二百十八里 新寧知縣一主簿一典史一四十里 龍門知縣一縣丞一典史一十七里 增城知縣一縣丞一主簿一典史一九十八里 三水知縣一縣丞一主簿一典史一五十一里 崇化知縣一典史一三十里 連州知州一州判一吏目一十七里 屬縣三 秋米 陽山知縣一典史一六里 連山知縣一典史一二里 從化知縣一典史一二十里

市舶提舉司 正舉一 副舉一 吏目一 鹽課提舉司 正舉一 副舉一 吏目一

韶州府 知府一 同知一 通判一 推官一 經歷一 知事一 照磨一 檢校一 屬縣六 秋米五萬石零 曲江知縣一縣丞一主簿一典史一二十六里 乳源知縣一主簿一典史一四里 仁化知縣一典史一主簿一二里 英德知縣一主簿一典史一 主簿一一十里 樂昌知縣一主簿一典史一十五里 翁源知縣一主簿一典史一十二里

南雄府 知府一 同知一 通判一 推官一 經歷一 知事一 照磨一 檢校一 屬縣二 秋米二萬五千石零 保昌知縣一縣丞一主簿一典史一四十四里 始興知縣一主簿一典史一七里

惠州府 知府一 同知一 通判一 推官一 經歷一 知事一 照磨一 檢校一 屬縣八 秋米六萬七千石零 歸善知縣一縣丞一主簿一典史一四十五里 博羅知縣一縣丞一主簿一典史一五十六里 和平知縣一主簿一典史一三里 海豐知縣一主簿一典史一四十里 龍川知縣一主簿一典史一八里 長樂知縣一主簿一典史一十里 興寧知縣一主簿一典史一七里 河源知縣一主簿一典史一十里 大埔知縣一典史一三里

潮州府 知府一 同知三 通判三 推官一 經歷一 知事一 照磨一 檢校一 屬縣七 秋米一十六萬四千石零 海陽知縣一縣丞一主簿一典史一三百里 程鄉

兩院衙門辦事吏 每月支米五斗

各省都察院 布政司 按察司 知印

承差 每月支米三斗

戶部書算 每月支米五斗

○軍月糧

其衛千戶所百戶旗軍一百二十二名

總旗 支米一石五斗 二名

小旗 支米一石六斗 十名

頭軍 支米一石 五十八名

吹軍 支米八斗 三十三名

餘身 支米六斗 一十九名

共支米一百零二石八斗

○吏員出身資格

一品二品衙門 提控 都吏 通吏 出身從七品

掾吏 令吏 典吏 出身正八品

正八品內府門吏 出身正八品

三品衙門 令吏 脊吏 典吏 書吏 出身從八品 典吏及四品衙門

令吏 出身俱正九品

四品衙門典吏 五品衙門司吏

典吏 巡按書吏 各道書吏 出身

俱從九品 六品 七品 八品

一九品并雜職衙門吏典 都察院各

道典吏 俱出身雜職

服飾

○衣服儀制

衣者身之章也自黃帝堯舜氏作取諸乾坤垂衣裳而天下治上衣下裳之制蓋始諸此是以君子正其衣冠尊其瞻

一知縣一典史一縣丞一主簿一十八里 潮陽 知縣一典史一縣丞一百四十

三里 揭陽 知縣一典史一縣丞一主簿一百三十里 饒平 知縣一縣丞一主簿

百四十六里 平遠 知縣一典史一主簿一十里 惠來 知縣一典史一

澄海 知縣一典史一 大埔 知縣一典史一二十七里 普寧 知縣一典史一

肇慶府 知府一同知一通判三推官一經歷一知事一照磨一檢校一 領州一

縣十一 秋米十六萬石有零 高要 知縣一典史一縣丞一主簿一百里

四會 知縣一典史一主簿一典史一六十二里 陽江 知縣一典史一縣丞一主五十

里 高明 知縣一典史一主簿一 陽春 知縣一典史一二十四里 新興 知縣一縣丞一

主簿一典史一五十八里 恩平 知縣一典史一二十二里 德慶州 知州一同州一

判一吏目一 屬縣三 龍水 知縣一典史一縣丞一六十三里

開建 知縣一典史一四里 封川 知縣一典史一四十四里 廣寧 知縣一典史一

高州府 知府一同知一推官一經歷一照磨一通判三 領州一縣五 秋

米六萬六千零 茂名 知縣一典史一縣丞一四十六里 電白 知縣一典史一

四十六里 信宜 知縣一典史一十五里 化州 知州一同州一吏目一三十七里

屬縣二 吳川 知縣一典史一縣丞一三十七里 石城 知縣一典史一四十六里

雷州府 知府一同知一推官一經歷一照磨一通判一 屬縣三 秋米五

五千石零 海康 知縣一典史一縣丞一主簿一二百里 遂溪 知縣一縣丞一主簿

四十八里 徐聞 知縣一典史一縣丞一主簿一九十里

廉州府 知府一同知一推官一經歷一照磨一通判二 領州一縣三 秋

米二萬六千石零 合浦 知縣一典史一縣丞一主簿一二十六里 石康 知縣一典

十里 欽州 知州一吏目一州判一十里 屬縣一 靈山 知縣一縣丞一

典史一三十里 海北鹽課提舉司 正舉一 副舉一 吏目一

瓊州府 知府一同知一通判一推官一經歷一知事一照磨一檢校一 領州三

縣十 秋米八萬石零 瓊山 知縣一典史一縣丞一主簿一百四里 臨高

知縣一典史一縣丞一主簿一六十七里 澄邁 知縣一典史一縣丞一五十六里

文昌 知縣一典史一縣丞一主簿一三十八里 會同 知縣一典史一七里 定安

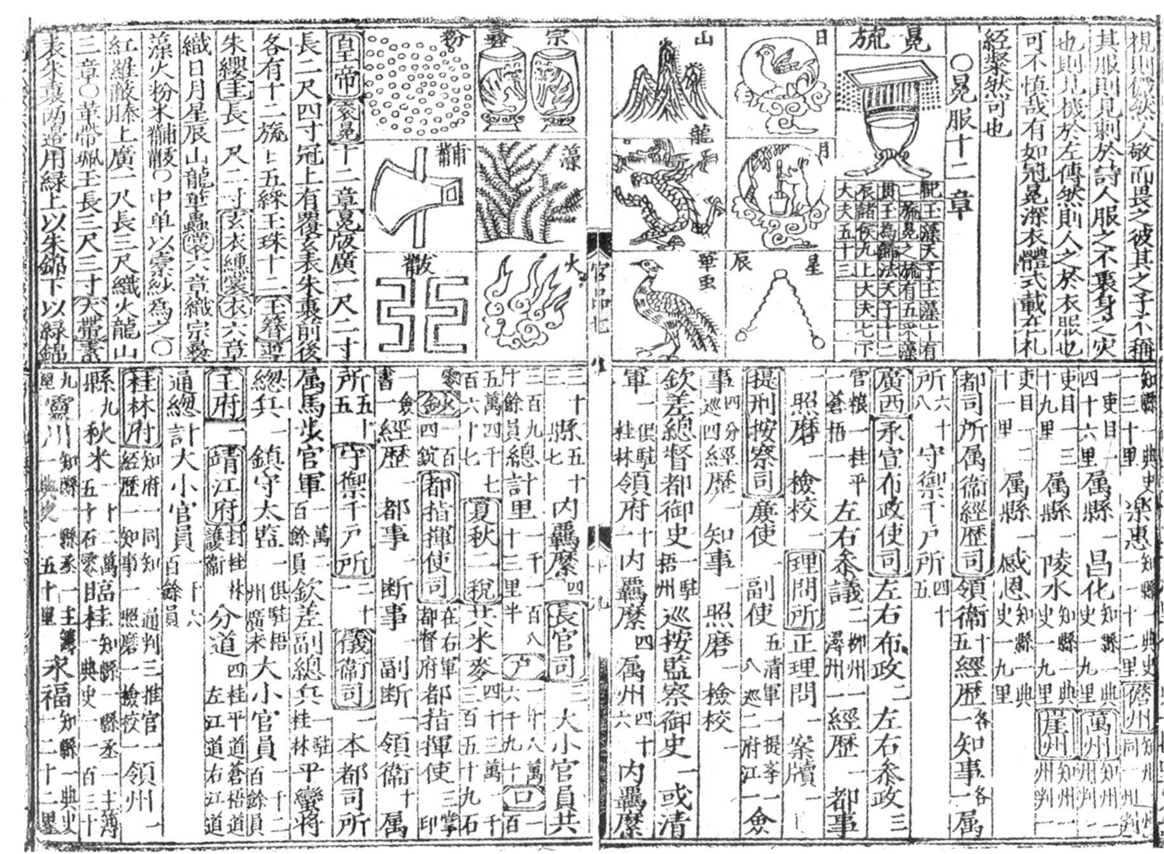

視則儼然人敬而畏之彼其之子不稱其服則見刺於詩人服之不衷身之災也則見機於左傳然則人之於衣服也可不慎哉有如冠冕深衣體式載在禮經粲然可也

○冕服十二章

皇帝 袞冕十二章 冕版廣一尺二寸長二尺四寸冠上有覆玄表朱裏前後各有十二旒旒五采玉珠十二 玉簪導 朱纓 圭長一尺二寸 玄衣纁裳 衣六章織日月星辰山龍華蟲 裳六章織宗彝藻火粉米黼黻 中單以素紗為之○紅羅蔽膝上廣一尺下廣二尺長三尺織火龍山三章○革帶佩玉長三尺三寸 大帶素表朱裏兩邊用綠上以朱錦下以綠錦

一知縣一典史一三十里 樂會 知縣一典史一十二里 儋州 知州一同州一州判一

一吏目一四十六里 屬縣一 昌化 知縣一典史一九里 萬州 知州一州判一

吏目一十九里 屬縣一 陵水 知縣一典史一九里 崖州 知州一州判一

吏目一十一里 屬縣一 感恩 知縣一典史一九里

都司所屬衛經歷司 領衛十五 經歷一各 知事一各 屬

所六十八 守禦千戶所四十五

廣西 承宣布政使司 左右布政二 左右參政三

官糧一 蒼梧一 桂平 左右參議三 柳州一 潯州一 經歷一 都事

一 照磨一 檢校一 理問所 正理問一 案牘一

提刑按察司 廉使一 副使五 清軍一 提學一 八巡二 府江一 僉

事四 分巡四 經歷一 知事一 照磨一 檢校一

欽差總督都御史 一駐梧州 巡按監察御史一 或清

軍一 俱駐桂林 領府十一 內羈縻四 屬州四十 內羈縻

三十 縣五十 內羈縻四 長官司三 大小官員共

三百九十餘員 總計里一千三里半 戶一十八萬六千九十 口一百

五萬四千七百六十七 夏秋二稅 共米麥四十三萬三百五十九石

零 欽 四百一 都指揮使司 在右軍都督府 都指揮使三 掌印

書一 僉書一 經歷一 都事一 斷事一 副斷一 領衛十 屬

所五十五 守禦千戶所二十 儀衛司一 本都司所

屬馬步官軍一萬三百餘員 欽差副總兵一 駐桂林 平蠻將

總兵一 鎮守太監一 俱駐梧州 廣東大小官員百餘員一千二

王府一 靖江府 封桂林 護衛 分道四 桂平道 蒼梧道 左江道 右江道

通總計大小官員 百餘員 一千六

桂林府 知府一同知一通判三推官一經歷一知事一照磨一檢校一 領州一

縣九 秋米五十二萬石零 臨桂 知縣一典史一縣丞一主簿一百三十

九里 靈川 知縣一典史一縣丞一主簿一五十里 永福 知縣一典史一二十二里

大綬六采用黄白赤玄縹綠織成純
赤質五百首○小綬三色同大綬間織
三玉環○朱襪赤舄
東宮 衮冕 九章冕九旒旒九玉金簪
導紅組纓兩玉瑱圭長九寸五分○玄
衣纁裳衣五章織山龍華蟲宗彝火裳
四章織藻粉米黼黻○中單白紗黼領
○蔽膝隨裳色織火山二章○革帶金
鉤鰈玉佩○綬五采用赤白玄縹綠織
成純赤質三百二十首○小綬三色同
大綬間織三玉環○大帶白表朱裏上
縁以紅下縁以緑○白襪赤舄
親王 衮冕 九章冕 五采玉珠九旒紅
組纓青纊充耳金簪 圭 長九寸二分五
釐 青衣纁裳 衣五章織山龍華蟲火宗
彝裳四章織藻粉米黼黻○白紗中單
黼領青褾○蔽膝隨裳色織火山二章
革帶金鉤鰈佩玉○綬五綵赤白玄縹
緑織成純赤質三百二十首○小綬三
色同大綬間織三玉環○大帶表裏白
羅朱緑縁○白襪朱舄
世子 衮冕 七章冕三綵玉珠七旒紅
組纓青纊充耳金簪導○圭長九寸
青衣纁裳 衣三章織華蟲火宗彝裳四
章織藻粉米黼黻○素紗中單青領褾
赤韍○革帶佩白玉玄組綬○綬紫質
用紫黄赤三綵織成間織三白玉環○
白襪赤舄
郡王 衮冕 五章冕三綵玉珠七旒紅
組纓青纊充耳金簪導○圭長九寸

陽朔 知縣一典史一 十三里 永寧州 知州一州判一吏目一 十里 興安
知縣一典史一 二十里 義寧 知縣一典史一 十三里 理定 知縣一典史一 五里
全州 知州一州同一州判一吏目一 八十九里 屬縣一 秋米
灌陽 知縣一典史一 八里
柳州府 知府一同知一通判一推官一經歷一知事一照磨一檢校一 領州二
縣十 秋米五萬二千石零 馬平 知縣一典史一 七里 洛容 知縣一典史一
五里 柳城 知縣一典史一 十二里 羅城 知縣一典史一 五十里 來賓 知縣
一典史一 十里 懷遠 知縣一典史一 九里 融縣 知縣一縣丞一主簿一典史一 七十
里 象州 知州一州判一吏目一 十里 屬縣一 秋米三千石零 宣武 知縣一典
史一 八里 賓州 知州一州判一吏目一 十五里 屬縣二 秋米一萬一千
石零 遷江 知縣一典史一 二里 上林 知縣一典史一 八里
慶遠府 知府一同知一通判一推官一經歷一知事一照磨一 領州三縣
六 秋米一萬四千石零 宜山 知縣一縣丞一主簿一典史一 三十七里 思恩
知縣一縣丞一主簿一典史一 二十二里 天河 知縣一典史一 十八里 忻城 知
縣一典史一 一里 河池 知縣一典史一 十八里 南丹州 知州一吏目一 十九里
貢錫草菓 屬縣一 秋米七百三十石 荔波 知縣一典史一
今為十二甲 東蘭州 知州一吏目一 二里今為二十四里 秋米一千一十三石
六里 貢馬草菓 那地州 知州一吏目一 二里 秋米四百一十石 貢錫馬草菓
永定長官司 六里 村秋米一百八十四石 三十五石 永順長官司 六里
一百二十四村秋米三百五十九石
平樂府 知府一同知一通判一推官一經歷一知事一照磨 領州一縣
六 平樂 知縣一典史一 六里 恭城 知縣一典史一 百里 富川 知縣一典
史一 里 賀縣 知縣一典史一 六里 荔浦 知縣一典史一 三里 修仁 知縣一典
史一 里 永安州 知州一吏目一 里 秋米一千石零
梧州府 知府一同知一通判一推官一經歷一知事一照磨一檢校一 領州一
縣九 秋米 萬石零 十 蒼梧 知縣一縣丞一主簿一典史一 三十三里 懷集

衣三章織粉米藻宗彝裳二
章織黼黻○素紗中單青領褾襈裾玉
珮○綬間織二玉環○襪舄
長子 朝服 ○七梁冠大紅素羅衣白
素紗中單大紅素羅裳及蔽膝大紅素
羅白素紗二色大帶玉朝帶用金紅花
錦綬鷄玉珮象牙笏白絹襪皂皮雲頭
履鞋
文武官朝服 一文武官朝服梁冠赤羅
衣白紗中單俱用青飾領緣赤羅裳青
緣赤羅蔽膝大帶用赤白二色絹革帶
用珮綬白襪黑履 一品至九品俱以冠
上梁數分等第
公冠 八梁加籠巾貂蟬立筆五折四
柱香草五段前後用玉為蟬
侯冠 七梁加籠巾貂蟬立筆四折四
柱香巾四段前後用金為蟬
伯冠 七梁加籠巾貂蟬加籠巾貂蟬
立筆二折四柱香草四段前後俱玳瑁
為蟬俱左插雉
駙馬冠 與侯同不用雉尾
一品冠 七梁不用籠巾貂蟬革帶俱珮
俱用玉綬用綠黄赤紫四色織成雲鳳
四色花錦下結青絲網綬環二用玉笏
俱用象牙
二品冠 六梁革帶綬環用犀餘同一品
三品冠 五梁革帶用金珮用玉綬用黄
綠赤紫四織雲鶴花錦下結青絲網綬
環二用金笏用象牙
四品冠 四梁革帶用金珮用藥玉餘用

史一 四里 岑溪 知縣一典史一 七里半 容縣 知縣一主簿一典
史一 六里 鬱林州 知州一州同一州判一吏目一 四十三里 屬縣四 秋米
北流 知縣一典史一 二十里 博白 知縣一典史一 三十三里 六
川 知縣一典史一 十五里 興業 知縣一典史一 七里
潯州府 知府一同知一通判一推官一經歷一知事一照磨一 領州一縣三 秋
米三萬六千石零 桂平 知縣一典史一 二十四里 平南 知縣一典史一 三十六里
貴縣 知縣一縣丞一主簿一典史一 三十六里 武靖州 知州一吏目一 二十一里
秋米八十九石零
南寧府 知府一同知一通判一推官一經歷一知事一照磨一檢校一 領州三
縣三 秋米四萬七千石零 宣化 知縣一縣丞一主簿一典史一 五十二里 隆
安 知縣一典史一 十里 武緣 知縣一典史一 十五里 橫州 知州一州判一 十州
五里 屬縣一 秋米八千石 永淳 知縣一典史一 七里 上思州 知
州一吏目一 三里 秋米六十七石零 歸德州 知州一吏目一 一里 秋米一百
一十石
有零
太平府 知府一通判一推官一經歷一知事一照磨一 領州十縣四 秋
米三千石零 左州 知州一吏目一 四里 秋米二百三十石 羅陽
知縣一典史一 里 秋米五石 二百五十石貢馬 崇善 知縣一典史一 里 秋米
二百八十六石貢馬 永康 知縣一典史一 四里 秋米一百
六十七石貢馬 太平州 知州一吏目一 四里 秋米二百三十九石貢馬 思城州
吏目一 二里 秋米六百八十石貢馬 安平州 吏目一 五里 秋米一百
九十一石貢馬 養利州 知州一吏目一 二里 秋米四百四十八石五斗六升六勺
萬承州 吏目一 二里 秋米九十六石貢馬 全茗州 吏目一 里 秋
米一百三十石 鎮遠州 吏目一 里 秋米九十九石貢馬 思同州
吏目一 四里 秋米八十八石貢馬 茗盈州 吏目一 里 秋米一百三
石貢馬 龍英州 吏目一 三里 秋米三百七十五石貢馬 結安州 吏目
一 里 秋米七十八石貢馬 結倫州 吏目一 里 秋米一百二十石貢

俱同三品

【四品冠】三梁革帶用銀鈒花綬用黃綠赤紫四色織成盤鵰花錦下結青綬網綬環二用銀鍍金笏用象牙

【六品七品冠】二梁御史加獬豸革用銀珮用藥玉綬用黃綠赤三色織成練鵲花錦下結青絲網綬環二用銀笏用槐木

【八品九品冠】一梁革帶用烏角珮用藥玉綬用黃綠二色織成鸂鶒花錦下結青絲網綬環二用銅笏用槐木

【公服】○一文武官公服用盤領右衽袍或紵絲紗羅絹從宜制造袖寬三尺○一品至四品緋袍○五品至七品青袍○八品九品綠袍○未入流雜職官袍笏與八品以下同

【公服花樣】○一品用大獨科花徑五寸○二品小獨科花徑三寸○三品散荅花無枝葉徑二寸○四品五品小雜花紋徑一寸五分○六品七品小雜花徑一寸八品以下無紋

【幞頭】用漆紗二等展角各長一尺二寸其雜職官員幞頭用垂帶

【腰帶】一品用玉或花或素○二品用犀○三品四品用金荔枝○五品以下用烏角鞓用青革仍垂撻尾於下鞓用皂

【祭服】一文武官陪祭服一品至九品青羅衣白紗中單俱用皂領緣赤羅裳皂綠赤羅蔽膝方心曲領其冠帶珮綬等第並同朝服

【常服】一品官常服用雜色紵絲綾羅

馬【都結州】一吏目一里 秋米九十八石貢馬【上下凍州】一文

里 秋米 兵守啟 一百零二石貢馬 趾隘不調【思誠州】

【思恩府】知府一 二十一里 通判一 推官一 舊縣 經歷一 照磨一 近革去 屬縣

一 鳳化 知縣一 典史一 近革去【田州】府判一 田即府屬州 四 因降州 但他附止

縣 一秋米四千八百六十五石貢銀爐并馬【龍州】吏目一 五里 秋米四百五十

五石貢馬【歸順州】吏目一 計四十四峒 朗二十四村 秋米一百五十○石貢馬

【憑祥州】二里 吏目一 秋米一百六十石貢馬 近交趾不調【奉化州】吏目

一 上林 知縣一 典史一 一里

【思明府】同知一 領州八 壽藥州六 近趾四 經歷一 照磨一 舊 秋米六百三十七石

【上石思州】知州一 改思 石西 二里 吏目一 近 秋米

貢馬【利州】知州一 州判一 里共交趾不調 秋米一百石貢馬【思明州】吏目

里 一 秋米【下石思州】一里 吏目一 秋米

【向武州】七里 吏目一 屬縣一 秋米八百六十八石貢馬 富勞縣 知

一典史一 二里 秋米二百一十四石【上思州】知州 吏目【思州】州同一 吏目一

【忠州】一里 吏目一 秋米二百四十石貢馬【祿州】○【西平州】近俱

安南 攺入 憑祥 知縣一 典史一 一里

【鎮安府】同知一 知事一 里所屬二十八峒 秋米一千二百五十石貢馬○

【都康州】二里 吏目一 秋米七石貢馬 二百三十【思陵州】州判一 二里 近

交趾不調 秋米三十石貢馬【奉議州】吏目一 二里 秋米二百八十六石

貢馬【泗夷州】吏目一 二里 屬縣一 秋米一千六百四十石貢銀爐并

馬 程縣 知縣一 典史一 一里 ○直隸布政司【江州】吏目一 二里

領縣一 秋米一百四十石貢馬 羅白 知縣一 典史一 一里 秋米一十五石

【利州】吏目【歸州】吏目【龍州】吏目【唐州】吏目 上林

【長官司】上甲 五 秋米十二石【安隆長官司】秋米一十一石

【直隸都司】【遷江】古屯堡二十一 五里 五屯 黨州八寨相連 豪州南 西縣北

大藤峽 鳳門灘 一千【都司所屬衛經歷司】領衛十 屬

子巢 僮兵一

□民士用細絹紗布不許別用

【□□】公侯伯附馬麒麟白澤

【文官】一品二品仙鶴錦雞○三品四品孔雀雲鴈○五品白鷴○六品七品鷺鷥鸂鶒○八品九品黃鸝鵪鶉練鵲

【詩曰】

一二仙鶴與錦雞　三四孔雀雲鴈飛
五品白鷴惟一樣　六七鷺鷥鸂鶒宜
八九品官并雜職　鵪鶉練鵲與黃鸝
風憲衙門專執法　特加獬豸邁倫夷

【武官】一品二品獅子○三品四品虎豹○五品熊羆○六品七品彪○八品九品犀牛海馬

【詩曰】

公侯附馬伯　麒麟白澤裘
一二繡獅子　三四虎豹優
五品熊羆俊　六七定為彪
八九是海馬　花樣有犀牛

【儀賓冠服】朝服公服常服俱照品級與文武官同惟笏皆

【命婦冠服】一品官用金事件○珠翟五個○珠牡丹開頭二個○珠半開三個○翠雲二十四片○翠牡丹葉十八片翠口圈一副上帶金寶鈿花八個金翟二個口啣珠結二個○二品至四品冠用金事件○珠翟四個○珠牡丹開頭二個○珠半開四個○翠雲二十四片○翠牡丹葉一十八片○翠口圈一副上帶金寶鈿花八個○金翟二個口啣珠結二個○一品至四品霞帔用雲霞紋銀花金墜子褙子用雲霞紋○五品

所五十【守禦千戶所】一十 桂林中 桂林右○

廣西 潯州一 吏目 慶遠州 吏目 柳州 南丹○

奉議 南寧 馴象等衛 經歷各一 知事各一

【雲南】【承宣布政使司】左右布政二 左右參政四

左右參議三 經歷一 都事一 照磨一 檢校一

【理問所】正理問一 案牘一【提刑按察司】廉使一

副使一 僉事一 分道四 安晉道 臨沅道 洱海道 金滄道 ○欽差

巡撫都御史一 駐雲南 巡按監察御史一 駐雲南 領府十二

六 內羈縻十 屬州八 三十 內羈十 縣三 三十 內羈縻

一【長官司】十【宣慰司】二【宣撫司】三 大小官員共

三百九十餘員 總計里六百二十四【戶】一十三萬二千一九百五十八【口】百

四十三萬三千一百一十【夏秋二稅】共米麥一十四萬五百八十八石

【都指揮使司】隸右軍都督府 指揮使三 掌印一 僉書二 經歷一

都事一 斷事一 副斷一 領衛七 一十 屬所六 一百【安

撫司】三【守禦千戶所】一十 本都司所屬漢土軍

馬步官軍共八萬一千四百餘員 ○欽差征蠻將軍總兵

黔國公 一 世守雲南 大小官員共一千九百七十餘員 ○【鹽課

提舉司】黑白等鹽并額辦本折色小引鹽五萬六千

九百六十五引 通計大小官員共二千二百餘員

【雲南府】知府一 同知一 通判三 推官一 經歷一 知事一 照磨一 檢校一 領州四

縣十 秋米 昆明 知縣一 縣丞一 主簿一 典史一 二十七里 富

民 知縣一 典史一 三里【宜良】知縣一 典史一 四里【嵩明州】知州一 州同一 吏目

一 九里 秋米【晉寧州】知州一 州同一 吏目一 五里 屬縣

二 秋米 呈貢 知縣一 典史一 四里 歸化 知縣一 典史一 二里

【安寧州】知州一 州同一 吏目一 十里 屬縣一 秋米

祿豐 知縣一 典史一 三里【昆陽州】知州一 州同一 吏目一 四里 屬縣三

□冠用抹銀事件　〇珠翟三個
〇珠牡丹開頭二個〇珠半開二個〇
翠雲二十四片〇翠牡丹葉一十八片
〇翠口圈一副上帶抹金銀宝鈿花八
個〇抹金銀翟一個口啣珠結子二個
〇五品鍍金鈒花銀墜子〇六品鈒花
銀墜子〇七品至九品冠用抹金銀事
件〇珠翟二個〇珠月桂開頭二個〇
珠半開六個〇翠雲二十四片〇翠月
桂葉一十八片翠口圈一副上帶抹金
銀宝鈿花八個〇抹金銀翟二個口啣
珠結子二個〇七品霞帔楷子與八品
同〇八品九品霞帔用綉纏枝花墜子
與七品同楷子綉枝團花
生員巾服 洪武二十四年定生員襴衫
用五色絹為之寬袖皂緣皂縧軟巾垂帶
吏員巾服 洪武四年各衙門掾吏令史
書吏司吏典吏穿皂盤領衫繫絲縧戴
四方平定巾〇十四年令吏員皂衣改
用青色〇三十年令吏典等皆服□
□縧不與庶民同
□□戴四帶巾今改四方
□□許用黃〇靴秋
平定巾雜色□□
之士首服鏤金額交脚幞頭用雜色□
邪寶相花裙襖銅葵花束帶皂紋靴刻
期冠方頂巾衣胸背鷹鷂花腰線襖子
諸色闊縧匾條象牙雕花環行縢入帶
鞋〇皂隷冠圓頂巾衣皂衣〇洪武四
年令皂隷公使人穿皂盤領衫戴平頂巾
繫白搭膊帶錫牌〇十六年皂衣同淡

秋米　三泊知縣一典史一三里　羅次知縣一典史一三里
門知縣一典史一三里〇安寧鹽井鹽課提舉司正舉一
副舉一吏目一
大理府知府一同知一通判一推官一經歷一知事一照磨一檢校一領州四
縣三長官司一秋米　大和知縣一縣丞一主簿一典
史一六十六里　趙州知州一州同一吏目一八里　屬縣一秋米
雲南知縣一縣丞一典史一十五里　鄧川州知州一州同一吏目一十二里
屬縣一秋米　浪穹知縣一縣丞一典史一二十五里
賓川州知州一吏目一十二里　雲龍州知州一吏目一二里　十二關長
官司　五井鹽課提舉司正舉一副舉一吏目一
臨安府知府一同知一通判一推官一經歷一知事一照磨一檢校一領州五
縣四長官司九秋米　建水州知州一州同一吏目一
里一八秋米　石屏州知州一州判一吏目一八里秋米

阿迷州知州一州通一吏目一十四里秋米
寧遠州知州一吏目一七里秋米　寧州知州一州同一州判
一吏目一十里秋米　西河知縣一典史一四里　通海知縣一典
史一二里　蒙自知縣一典史一十里　習峨知縣一縣丞一主簿一典史一十里
長官司九　納樓　教化　王弄　虧容　溪處
思陀　左能　落恐　安南
楚雄府知府一同知一通判一推官一經歷一知事一照磨一檢校一領州二
縣五秋米八千九百二十一石　楚雄知縣一典史一十里　碍嘉知縣一典
史一一里　定遠知縣一典史一五里　定邊知縣一典史一五里　廣通知縣一典
史一四里　南安州知州一吏目一五里秋米七百一十二石零　鎮南州
知州一吏目一五里秋米一千四百六十石　黑鹽井鹽課提舉司正
舉一副舉一吏目一
澂江府知府一通判一推官一經歷一照磨一檢校一領州二屬縣四

□□洪武十四年令農民之家許穿紬
紗絹布商賈之家止許穿絹布農民之
家但有一人為商亦不許穿紬紗〇凡僧
道服色禪僧常服茶褐青條玉色袈裟
講僧五色常服綠條淺紅袈裟教僧皂
皂色常服黑條淺紅袈裟僧官皆如之
〇道士常服青法服朝服皆用赤色道
官亦如之惟僧錄司官袈裟道錄司法
服朝服皆綠紋飾以金〇校尉只繫束
帶幞頭靴鞋刻期雕刻雜花象牙條環
〇十四年用金鵝帽黑漆戧金荔枝改
作銅釘樣每五釘攢就四面稍起邊襴
鞋同青吏外餘同庶民
士庶妻冠服 士庶妻首飾許用銀鍍金
耳環用金珠釧鐲用銀服淺色團衫許
用紵絲綾羅紬絹布止用紫綠桃紅及
諸淺淡顏色不許用大紅鴉青黃色〇
凡婢子在室者服飾之制皆作三丫髻
金鈒珠頭箍窄袖褙子〇凡婢使人等
綰高頂髻用絹布狹領長襖長裙小婢
使綰双髻長袖短衣長裙
樂人巾服〇樂藝冠青卍字頂巾繫紅
綠褡褳樂妓則戴明角冠皂褙子不許
與庶民妻同
命服 洪武五年定命婦冠衫之制以
紅羅為之綉重雉二十四年定命婦冠
服〇公侯伯與一品同大袖衫用真紅
色一品至五品紵絲綾羅隨用六品至
九品綾羅紬絹隨用霞帔褙子皆用深
青段匹公侯及一品二品金綉雲霞翟

秋米九千六十三石　江川知縣一典史一二里　河陽知縣一典史一六里
宗知縣一典史一五里　新興州知州一吏目一二里秋米一千八百零五石
路南州知州一州同一吏目一三里　屬縣一秋米一千三石　邑
市知縣一典史一一里
姚安軍民府知府一通判一經歷一領州一縣一秋米三千
六百二十石　姚州知州一吏目一四里　大姚知縣一典史一四里半
白鹽井提舉司正舉一副舉一吏目一
曲靖軍民府知府一通判一推官一經歷一知事一照磨一領州四縣
二秋米　南寧知縣一典史一三里　亦佐知縣一典史一二里
霑益州知州一州同一吏目一十四里秋米三千三百四十九石　陸涼州
知州一州同一吏目一六里秋米七百九十七石　馬龍州知州一州同一
里四秋米九百五十七石　羅雄州知州一吏目一三里半秋米
五十四石零

永昌府知府一通判一推官一經歷一照磨一領州一縣二秋米
保山知縣一縣丞一主簿一典史一八里半　永平知縣一典史
八里　騰越州知州一州同一州判一八里　潞江安撫司　鳳溪長
官二十五里　施甸長官二百里　騰衝軍民指揮司
尋甸軍民府知府一通判一推官一經歷一五里秋米三千七百九十五石
廣南府知府一通判一經歷一照磨一三里秋米一千石有零　富州
一四里秋米
廣西府知府一同知一經歷一領州三秋米二千七百十九石零
師宗州知州一吏目一十六里秋米一千一百八十石零　彌勒州
知州一州同一吏目一十六里秋米　維摩州知州一吏目一五里
秋米五百七十石有零
鶴慶軍民府知府一通判一經歷一領州二秋米一千百三十
六石零　順州知州一吏目一三里秋米一百四十二石零　劍川州

三品四品金繡雲霞孔雀文五品繡
雲霞鴛鴦文六品七品繡雲霞練鵲文

天下州縣田土

○諸司職掌
凡各州縣田土必須開豁各戶若干及
條段田至係官田者照依官田則例起
科係民田者照依民田則例徵歛務要
編入黃冊以憑徵收稅糧如有出賣其
買者聽令增收賣者即當過割不許洒
派詭寄犯者律有常憲其民間開墾荒
田從公自首實三年後官為收科仍
仰所在官司每歲開報本部以憑稽考
弘治十五年十三布政司并直隸府州
實在田土總計四百二十二萬八千五
十八頃九十二畝零
官田共五十九萬八千四百五十六頃
九十二畝零
民田共三百六十二萬九千六百一頃
九十七畝零
浙江布政司○官田五萬四千七百八
十一頃九十三畝九分六釐○民田四
十一萬七千五百六十頃七十七畝八
分一釐
湖廣布政司○官田一十八萬五千八
百九十六頃一十三畝六分○民田五
萬二百三十二頃二十三畝二釐
河南布政司○官田三千八萬四頃四
十六畝○民田四十一萬二千二百九
十五頃二十二畝四分七釐

一吏目一十八里秋米二千六百十六石
武定軍民府 知府一 推官一 同知一 照磨一 領州二 縣原五革二存三
和曲州 知州一 吏目一 七里秋米二千五十二石 祿勸州 知州一 吏目二
元謀 知縣一 典史一 縣丞一 八里 五里石舊 知縣一 典史一 六里近革
南甸 知縣一 典史一 四里近革
曲江軍民府 同知一 照磨一 經歷一 領州四 縣一 秋米二千二
一百七十五石 通安州 知州一 吏目一 十三里 寶山州 吏目一 六里 ○
巨津州 知州一 吏目一 六里 蘭州 知州一 判官一 吏目一 四里 臨西 典史一 二里
直隸北勝州 知州一 吏目一 直隸新化州 知州一 吏目一 州同一
直隸浪滄州 知州一 吏目一 州同一 瀾滄衛一
蒙化府 通判一 經歷一 三十五里 秋米二千四百八十石零
景東府 通判一 經歷一 八十里 秋米一千一百十五石
順寧府 通判一 經歷一 二里 秋米
鎮沅府 經歷一 知事一 五里 秋米一百石 外折色 領司一 谷祿長官司
永寧府 同知一 經歷一 領司四 秋米 剌次 革
甸 瓦魯 香羅
沅江府 通判一 經歷一 直隸宣慰司七 車里 木邦 緬甸
一 八百大甸 老撾 大古 有 孟養 緬甸
剌 ○府二 孟定 五里 孟艮 ○州四 威遠 四里 灣甸 五里
鎮康 六里 大侯 四里 ○宣撫司三 南甸 干崖 隴
川 ○安撫司一 孟密 ○長官司八 蒙樂 者樂
鈕兀 馬龍 芒市 孟璉 茶山 麻里
都司所屬衛經歷司 領衛十七○ 等衛經歷各一 知事各一 屬
所六一百 守禦千戶所二一十
貴州承宣布政使司 左右布政一 左右參政二
清軍一 總理糧儲一 左右參議三 八 貴寧安平二道 新鎮道一 撫苗思仁道一

江西布政司○官田一萬六千八百七
十頃四十二畝九分六釐○民田三十
七萬五千四百八十一頃三畝七分釐
陝西布政司○官田六千八百六十三
頃九十五畝二分四毫○民田二十五
萬三千七百九十九頃八十六畝六分
廣西布政司○官田二千八百四十一
頃五十四畝四分七毫○民田一十萬
五千六頃四十七畝三分二釐七毫
山東布政司○官田二千八百九十二
頃九十畝三分二釐九毫○民田五十
四萬三十六頃四十七畝二分九釐
山西布政司○官田一萬一千九百五
十七頃九十一畝五分七釐○民田三
十七萬八千八百五十一頃四十二畝
三分六釐
廣東布政司○官田一萬七千九百六
十一頃九十六畝二分三釐○民田五
萬四千三百六十二頃四十九畝九分
三釐
四川布政司○官田二千一百三十四
頃一十二畝三分五釐六系○民田一
十萬五千七百二十五頃五十畝三分
三毫
福建布政司○官田一萬二百九十頃
八十五畝一釐八系○民田一十二萬
三千八百七十五頃三十二畝七分八釐
雲南布政司○官田二百五頃五十六
畝四分三釐○民田三千四百二十五
頃七十八畝五分七釐

經歷一 都事一 照磨一 檢校一 理問所正理一
一 架閣一 提刑按察司 廉使一 副使四 驛傳一 提學一
二 兵備 僉事二 貴寧道 思石道 經歷一 知事一 照磨一 檢
校一 ○欽差巡撫都御史一 駐貴州 巡按貴州監
察御史一 駐貴州 欽差清軍兼理雲貴御史一 駐貴
州 分道四 貴寧道 威清道 都清道 思石道 領府八 州一 縣四 安
撫一 長官司六 五十 宣慰司一 屬長官司十州 四
屬長官司 六官解附三衛成內一十二 大小官員共一百五十餘員
總計甲 九七十 戶 九百五十七 一十四萬八千 口 五十一萬二千二百八十
九 夏秋二稅 共麥米 百四十 一十四萬八千 石零 九 湖廣布
政司坐派解納本司糧米 每石折解白銀三錢 一十萬二千四百石
共該銀三萬七 百二十兩正 四川布政司坐派解納本司糧
米 折銀三錢 一十萬九千七百五十二石 內五萬石每石折布二疋每疋折銀
二錢 原運貴寧倉今改豐濟庫布米 二萬九千一百二十二石
每石折布二疋每疋徵銀一錢七分五釐 綦江縣秋米五百二十石每石折銀五
錢五分 四川播州宣慰司坐派解納本省豐濟平
越青平興隆黃平等倉夏秋糧米 共一萬六百石零二斗六升
八合四勺三抄五撮 烏撒倉秋米 九千四百石 烏蒙府起運
烏撒倉秋糧米 三千八百五十石 東川府起運烏撒倉
秋糧米 三千九百石 鎮雄府起運烏撒倉秋糧米 四千
九十二石四十斗 鑾洞麻布 九條零 二百五十一 課程稅鈔金 萬六千 一十三
四十六貫四千三百八十八文 稅銀 三百二十九兩九錢三分三釐九毫
貴州都指揮使司 隸右軍都督府 指揮使 三 掌印一 管屯一 管操
一 經歷一 都事一 副事一 斷副一 領衛 一十八 屬
所九十三 守禦千戶所二 本都司所屬馬步官軍
共三萬七千四百一十七員 ○欽差鎮守貴州兼提督平清

貴州布政司○田地自來原無丈量頃畝每歲該納糧差俱於土官名下認納行認納如洪武年間例

南直隸蘇州府○官田九萬七千七百八十六頃三十五畝三分六厘六毫○民田五萬七千四百六十三頃六十二畝四分六厘二毫

寧國府○官田九千七百七十頃八千八畝六厘三毫○民田五萬九百一十一頃九畝一毫

徐州○官田二百三頃二十五畝二分二厘二毫○民田二萬九千八百八頃八十七畝

滁州○官田二百四十頃六十五畝九分七毫○民田二千六百七十二頃廿七畝九分五毫

池州府○官田一千八百廿三頃五十七畝四分九厘二毫○民田七千九十六頃五畝六分五厘八毫

揚州府○官田七千九百卅四頃五十七畝二分三厘○民田五萬四千三百六十二頃四十一九畝九分三厘

廬州府○官田五百六十八頃七十六畝一分七厘七毫一系○民田一萬四千八百六十一頃六十九畝八分一厘

安慶府○官田四百九十七頃三十一畝三分九厘○民田一萬三千一百九十三頃三畝八分四厘

松江府○官田二萬九千八百五十六頃卅十三畝五分二厘○民田七千三百一頃三十

鳳陽府○官田一千五百八十五頃五十六畝○民田五萬九千七百七十七頃十一畝七分

應天府○官田一萬九千九百八十四頃卅九畝四分四厘○民田五萬九頃八十八畝七分

等衛地方總兵官一總同參將二駐永寧一駐鎮遠一守備三烏撒一都勻一普安大小官員共一千五百餘員○貴州宣慰使司二宋氏安氏績遠宋氏一同知長官司三一十通

總共計大小官員共一千七百餘員

宣慰司領長官司十衛六所四秋米八千三百五十石長官司十　貴竹　水東　青山　龍里　中曹　割佐　白納　底寨　乖西　養龍○衛六　貴州　貴州前　畢節　赤水　烏撒　永寧○所四　摩泥　阿落蔽　白撒已上三所俱屬烏撒　普市府屬

程番府同知一通判一推官一經歷一領長官司十二安撫一衛六州四所四秋米六千五百零　安順州領長官司二　鎮寧州領長官司三　永寧州領長官司二俱屬安莊衛　普安州屬普安衛○所四　關索嶺　鎮寧　安莊衛　樂民　安南　安龍以上屬普安衛○衛二　威清　平垻　普定領州二長官司二　安莊領州一所一長官司四　安順　普定領州二所三長官司二十　程番　常番　方番　洪番　小龍番　大龍番　小程番　卧龍番　盧番　羅番　盧山　金石番　上馬橋俱屬府外亦屬府不知詳不敢載　木官里　克度里　通州里　木瓜　麻嚮　大華屬金筑安撫司　寧谷領寨二　西堡領寨四俱屬安順州　十二營領營三十九　康佐領寨四俱屬鎮寧州　慕役領寨四　頂營領寨三俱屬永寧州　安撫司一　金筑領司三

思州府知府一推官一經歷一領長官司四秋米八百石零　都坪四　都素里　黃道　施溪里

黎平府知府一推官一經歷一領長官司十三屬縣一秋米二千六百石零　永從知縣一典史一二里　司十三　西山里　洪舟里　新化　歐陽一里　湖耳里　潭溪里　赤溪里　亮寨里　八舟里　龍里

新刻天下四民便覽三台萬用正宗卷之八

招擬指南

一問得乃問官之答語也一名某人乃犯人之供稱也招首先以官吏為之無以其犯罪重者若婦人罪雖重不得與也名歲貫址之下如文職則云由進士舉人監生歲貢吏員知印承差除授某官年月日到任軍職則云其都司衛所某官若犯杖以上必須論功云原籍某處人高曾祖父某人或已身從軍履歷出征某處得功歷陞某職或故某人襲職或年老某人替職某年月日到職軍政考選或掌印管操巡捕巡鹽等項如吏則云以農民奉例納銀叅充某衙門某房科司典吏如僧道該還俗者法名下務要即出俗名云自幼捨入某寺觀與某人為徒奉例納銀給領禮部度牒一道剃髮為僧簪為道又有尊卑論犯律該照服加減罪者亦要列叙宗枝其八議之人亦按註開寫故議下定罪話後論功定議及應議八人數之說由此始也狀招下即入所事雖曰萬變無窮則用招首一人統說衆犯盡皆詳悉大抵所犯多繫六贓之罪七殺之刑蓋六贓何所謂也如被人盜財而追悔還或被人毆傷而毆者醫藥或被人毀壞器物各賠償之外受人財者是謂坐贓一也如官吏人等受為事人財物不曾違

律例門

○鳴情均化錄

○總論

古法以結繩為政畫地為牢制事物而相平東人心而咸服蕭何定律以安天下之非夫子明道以法君臣之則是詞訟者由法度之主也蓋詞訟者出於人心不是強弱相併物欲不平乎是故天生不能無慾慾動情勝詭偽日滋強暴愈甚侵凌柔儒無以自立是五刑之法彰著八議之條益嚴用有限之條治無疆之理律令所以頒載大誥所以懲刑理詞訟於爭辯決人心強弱推事物之公平剖詞訟之邪正非詞訟則不能闢理非理則不能治人天下之物莫不有理人心之靈莫不有知知者智也律條有限事變無窮秉法綱以治人究事精以理政使惡者畏懼善者獲寧誠自黎之中而去其砂礫禾黍之中而去其稂莠若非仁者之能何有於此代啞言扶瞎步仲愚志伐強梁鋤塞枉裡不足去有餘辱奸徒磨惡葦砌缺路渡深河濟弱扶危褒善貶惡興利除害筆削不平詞訟強直善人之飾為之訟事乎

○詞訟體製規格

先須觀其事理情勢輕重大小緩急而後用其

法者是謂不枉法贓者二也若有逆理枉斷枉為者是謂枉法贓者三也如潜形隱面穿窬取者是謂竊盜贓者四也如凡人盜官府及倉庫錢粮等物是謂常人盜贓者五也但有職役之人或監管或專主官府及倉庫錢粮等物而自盜者是謂監守盜贓者六也故總名曰六贓乃正條也尚以六律稱以准各贓科算理同一致其強盜得財者乃贓中之罪不待以贓為罪蓋七殺者何所謂也如見人有財肆力刼掠殺人者是謂刼殺者一也與人致讐蓄心不善積慮百端乘其不設用計而殺者是謂謀殺者二也如事有懷恨心無祈謀彼無因鬬之機我有臨時之怒徑情而殺者是謂故殺者三也如兩訟相抱彼此交毆而打死者毋分金刃他物是謂鬬殺者四也如立約相打或水火兵刃相戲兩和相害而致死者是謂戲殺者五也如本害于甲錯中于乙避遁而死者是謂誤殺者六也如因公馳驟或共舉重物或行船使風力不能支持或耳目不及思慮不到而致死者是謂過失殺者七也故總名七殺乃正條也尚有六律稱以各殺者義亦不殊也其無以准自依本條科斷凌剮處死乃法外之刑不待以殺為名也但六贓七殺乃律之樞要貫統以准諸條與凡天下之事舉在其中矣須要開寫名人何年月日所犯先後為序招說殺犯詞理必真只如行路

律意該合其條乃從其條上揀其緊要字眼切于事情者斆達其詞使人一看便知其冤抑誣告或牽連之類務要詳或因一事起一事止或因一事又一事或二罪俱發取其重者為首情輕者輔助正事不可言來言去過捏艱異字眼徒取刁名無益於事明者宜辯之

歌曰

立起先書事由主意貫通律義先寫原因何由簡繁不要失志中間細事變情緊要機關挽起正理當要切言不可糊塗亂擬後段可宜辯別提出一團道理

○體段格式

凡做狀如作文法一般分作三段硃語即破題稱因以下即同講說切思以下如同緞結中間轉換在手心巧前段推寫事因情由來歷分明又要簡切中間或毆打或相言辯或因強占或相騙財某事等類要見證贓仗分明後段切要取理辯別事情言語嚴切題出本理以關前項不可寬疎中間若有不接之處當產飾掩過無妨

○忌箴歌

不可溷沌不緊不可繁亂枝葉不可妄空招回不可中間斷節不可錯用字眼不可狀後無結不可言詞寬慢不可語無緊切不可搜羅事砌不可虛空扯拽

○詞訟體段貫串活套

詞狀書姓名年紀縣都里下有段硃語或四字或二字各因事情而言故云狀告某事如告土

[illegible]因何先從誰處又[illegible]至某處止年日時只合內順行毋逆若遇人犯姓名惟物叙到官者稱在官犯罪時在事發時死者稱先存今故死在先有事干犯者稱已故已獲到官脫走者稱在逃監禁死者稱監故不在稱未到若有罪已到官稱犯人未到官稱罪人已成招禁者稱獄未成招禁者稱罪人連坐父母者稱家口連坐妻子者稱不小照擬者稱前案或別卷在犯死罪者稱已未決雜犯死罪徒以下納贖者稱問結發配與充軍為民者稱問發秋決者稱省發候明者稱省令俱罷姓名之上後實重用所以便省議也不合字樣此係招眼須犯律例者隨人串事用實劳名之下若人死或先案問過或別案有行人犯招眼皆不必用為無議罪故耳如有犯者先不合欢又不合亦不合亦就不合却不合却就不合各又不合仍又不合各不合各又不合若犯有例者則云某不合故違何充軍為民枷號等事例摘引在內以條語下發落使相須應過有贓物各色罪犯各別者須以利之贓若並多者或些少者就隨入招內計鈔若干不必外結矣若止一二事者照詳計結招是云外結得每銀錢物若干伍鈔若干若招首無贓仍要另言結得某人等每銀鈔若干不可混云若遇有職官姓名只稱某職銜不須空名罪人避諱既不敢稱轉達又恐失

豪則云狀告巨豪激變事。○硃語

土豪　巨豪激變　強橫藐法　鋤強勦惡
挾勢凌逼　措當為非　聚衆抄家　抄家勒命
截路打搶　架賊騙害　架賊抄家　不鎖嚇騙
捲擄拐勍　黑天詐騙　土豪欺騙　攔截長抳
強占房屋　謀占田地　打奪粮銀　強奪田產
侵占魚塘　旱覇墓地　強覇墳山　平治墳墓
抛散骸骨　強占妻妾　強占子女　強役子女
奪良為奴

鬬毆　鬬毆緊要見証以傷為重　大率毆為犯兄弟叔姪以服為重　毆打嚇騙
欺孤毆奪　恃尊欺毆　恃頑毆騙　毆打卑親
欺毆伯叔　毆奪卑幼　毆觸父母　欺毆尊長
毆罵親兄　毆繼父母　毆辱業師　毆罵家長
毆罵職官　毆罵生員　凌辱學校　法正尊卑
強家奴毆主　悍奴毆主　奴姦欺毆　酗酒毆奪
干名犯義

婚姻　強奪生妻　謀娶生妻　悔賴婚姻
同姓結婚　良賤成婚　勢占生妻　勢豪奪占
強奪婚姻　謀娶姊妹　強娶閨女　強娶孀婦
強嫁服婦　逐婿嫁婿　因姦計娶　娶良為妾
棄妻買妾　典雇妻女　匹配不均　姑舅成婚

姦情　一男必有一婦女必有一夫人倫風化律法為綱　[illegible]
律法難容　以附娼妓　欺姦幼女　強姦閨女　強姦妻小
欺姦親嬸　欺姦男婦　蒸姦父妾　欺姦繼母
淫姦子女　縱妻賣姦　拐姦誑騙　誘姦幹騙
誣姦欺騙　買良為娼　誣執翁姦　土娼騙害

頗亦緊関也亦忌行移字様儘係罪人陳說言詞亦當問有明白俗狀勿差文詞如依豪近豪承奉依奉等字皆不可用大略如此臨事或異亦須變通不是照提或駁問辯明人犯稱述前案與別卷招情只宜撮其緊要不可全錄也如遇原案稱未到脫逃者今既到官當要稱者變之若原先照眼稱不合已經問說今不用稱者去之其間有該償命者冤必須委官檢驗究傷不該償命者只是相視而已說至見問情節則云致蒙提吊一干人卷到官連日再三研審各情明仍不能隱諱取問實招罪犯外結得每銀一兩值鈔八十貫招結是實

一具各人年貫里址有罪者招與某人招同罪者稱供與某人招同

一議得議當作擬似也欲似諸律故問刑者未敢自以為是稱議者謙詞

一某人等所犯姓名雖多招首者一人為議頭以提綱而項下各依徒流死務必由重至輕五刑之次序也引用條律雖曰有限必須詳認得在案名例律有犯二罪以上者從重論罪是謂除輕各不坐也等者從一科斷是謂去彼留此也數事共條只引所犯罪者聽是謂摘引聽從坐也如云某人除某律輕罪或某律若罪某人不坐外合依非因事受財坐贓致罪各主通算折半科罪幾十貫律某某俱依竊盜已行而但得財者以一主為重併贓論罪幾十貫律又云某依官受財不枉法各主

戶口

拐誘人財 串拐子女 拐帶人口
收留迷失 略賣人口 覇占軍丁 窩隱逃軍
藏匿逃民 強占匠丁 逃躲差役 隱蔽差役
脫軍詐民 冒亂宗枝 師巫邪術 窩匿徒流
書符捨禁 賴佛逃生

錢債田產

重復磊騙 磊債謀業
重利磊債 磊折妻子 折價騙業 挾勢吞業
重復田土 盜賣田產 謀業重價 獻賣基業
誘獻產業 強奪風水 強占山場 閉塞古路
漲塞池塘 棄毀器物 盜竊瓜菓 詭寄錢粮
那移差役 拖欠錢粮 差役不均 逃躲差役

財本

拴串騙客 劉騙財本 欺騙財本
挾奪資本 串騙客貨 拖欠貨物 沉溺財本
沉溺書信 寄受財物 拖陷財本 私充牙行
把持行市

人命

凡告人命以傷為重激切急救死者要致死根原器械物件 因財殺命
毆傷父命 打傷人命 急救人命 打死兄命
致死人命 殺死人命 法究妝命 毒死人命
威逼人命 謀累死弟命 攔私和人命 謀財劫命
詐賴人命 誣陷人命 登時打死 因姦致死
妬姦殺命 劫財傷命 溺死人命

賊情

凡強盜要真贓正犯竊盜要見贓証分明 竊盜害民
勒盜安民 明火劫劫 強劫財命 劫財殺命
巨寇擄掠 誘賊劫本 通賊害民 窩誘強盜
攔路劫財 買賊攀害 指賊騙害 燒毀房屋

吏書皂快

虎吏害民 奸吏瘠民

仍折半科罪有祿人鈔貫同上無祿人減等科罪又云某某俱依常人盜倉粮等物不分首從併贓論罪幾十貫律又云某依受財枉法各主者通算全科有祿人鈔貫同上無祿人減一等至一百二十貫亦擬絞罪又云某某俱依監守自盜倉庫錢糧等物不分首從併贓論罪幾十貫律至滿貫該絞斬者俱雜犯照例准徒五年六律之內猶有恐嚇求索等項稍以准各贓者科罪做此其如七殺者某某俱依謀殺人因而得財同強盜已行但得財不分首從律皆斬俱決不待時又云某某俱依謀殺人命某造意者律斬某從而加功者律絞某不加功者律杖一百流三千里又云某依故殺者律斬又云某依鬬毆殺人者律絞又云某某依同謀鬬毆人因而致死以致命傷最重某下手者律絞某原同謀者律杖一百流三千里某餘人者律杖一百又云某依因戲而殺人以鬬殺論不問手足他物金刃律絞又云某依因鬬而誤殺傍人以鬬殺論不問手足他物金刃律絞又云某依因謀殺或故殺人而誤殺傷人者以故殺律斬又云某依過失殺人者准鬬殺人論律絞依律收贖自謀故以下該斬絞俱秋後處決其餘凡人親屬有犯六律稍以准與鬬毆傷論者亦做此如五七人共招律雖各別而罪相等者併擬之如贓價相同者亦併言之識間有遷徙之律乃折

咬吏問民 權吏蔽冤 積書害民 虎書枉法
賣富差貧 積皂嚇騙 積快詐騙 虎役搏噬
獄卒陷命 指官措騙 聽許財物 軍牢嚇騙
官兵擄掠 嚇官作弊 侮法蔽冤

貪官

枉法虐民 貪贓賣法 賣法殃民
倚法削民 貪酷枉民 聽囑偏枉 酷殘民命
苦刑傷命

鄉宦

土官勒騙 倚官轄騙 勢宦欺騙
恃宦占業 倚宦霸占 縱僕欺騙 恃勢毆命
倚官詐騙 恃宦隱粮 恃宦騙財 土官殺命

地方教唆

黑天騙害 不鎖詐騙
指官誆騙 恃洞欺騙 私置非刑 漁獵鄉村
侮斷鄉曲 把持一方 教唆詞訟 冒名頂替
恃刀拒捕 賄託私和 盤詐害民

硃語以下入某耕讀生理○商買某領資本置買其貨前往某處發賣○坐店某向賃住某人店房做某生理變活下入如人命賊情則云究遇究因如戶婚田土等下則云禍遇禍因土豪某

土豪 勢豪 富豪 權豪 惡豪 奸豪
虎豪 虎惡 狠惡 梟惡 儺惡 勢惡
蠻惡 [illegible]惡 稔惡 積惡 慣惡 叢惡
刀惡 黨惡 兇惡 土虎 喇虎 翅虎
狼虎 翼虎 彪虎 飛虎 虎黨 狼黨
惡黨 群黨 兇黨 強黨 惡棍 虎棍
喇棍 刀棍 積棍 棍徒 遊徒 流徒
積訪 積快 虎快 屢訪 積皂 虎皂

律之法五刑之餘緒或加以誣告議與
當律不同及誣輕為重或輕貫重處與
故出入人罪增輕作重或減重作輕者
徒流兩刑雖皆折杖用法不侔三者律
之難事初學之士誠易恍因取決語以
賦之於篇或有未盡如充軍總徒等項
者須留此　大誥下有無力之後發落
似前云耳引　大誥乃
太祖高皇帝御製昭示天下凡七十四
條開載率皆開過犯人事跡蓋欲後人
懼法向善意也按篇末云一切軍民人
等戶戶有此一本若犯笞杖徒流罪名
每減一等誣者每加一等來法者至今
不廢故必稱有減等亦由重至輕其中
有死刑者不敢槩言減等既後將犯罪
有首容隱免利老小篤疾等項之人並
於此也再敘各犯名色某係官吏軍職
生員監生承差知印陰陽樂舞天文生
或舍人舍餘軍人軍餘民匠竈婦人姦
婦僧道工樂樂戶廚役勇士力士之類
以便發落各當例審充有力次稍有力
并次無力如官吏等項該還職役者與
命婦強竊盜搶奪掏摸犯姦立功軍職口
外為民者不必混叙稍有無力若官吏
已經罷職役者亦得隨叙審也其有力
者在京稱運灰在外稱納米婦人納鈔
各躍罪犯職犯雜犯該立功者發邊方
立功五年滿日還職帶俸差操不許管
軍管事充軍者免其徒杖在京送兵部
定發在外招申知會口外為民者亦免

如土豪之下後入前段

○前段

【土豪】此套告大戶富豪等通用　○某素倚強橫不遵法紀交
結衙門。互為漁獵倚仗隱蔽。○某恃財勢招亡
納叛畜為爪牙。搏噬良民。○某逆刁論蠱引。奸
徒黠黨資為鷹犬夜聚曉散出沒無時窟聚成
家○某威震如雷勢焰滔天故將伊男営充縣
學諸稱生員近官說話契結鄉官。購相往來賄
通衙話○或者伊男営充縣吏勢挾縣權任由
起例把持民訟動輒竄官行移作弊禁縣遵依
後幣轄○某禮親六房濟交吏皂預計後來先
防事發拍摸文卷。禁紮不行。○仗此威勢轉加
虎賁展開鵬翅亂舞遮天蔽日。○倚此威權真
如虎兕哮吼一聲。民驚膽碎風聲播外聞者畏
懾○某日乘高頭駿馬夜卧龍鳳花牀出入鄉
村。烟銃火砲仗此威權真如山嶽火放肆志猛
如狼虎○某倚仗刀家勢無敵敵威震如雷氣
燄若天○倚山恃洞肆惡張威騙財害人如狼
似虎○占人田產姦人妻小發人墳塚事實可
助斷藏強盜坐地分贓以此巨富姦盜詐偽四
犯俱全民被陷溺

【鬬毆】某專究暴習學拳棍交結黨類。一呼百諾
無不響應○某專恃武勇欺壓平民窮交心腹
狠黨四路分截如臂運指莫敢或違○究惡挾
讎張標身往某處陡被邀截嗷聲拟令。四路紛
紛多人圍遶

杖徒解送戶部編發其無力該徒者
京不拘軍民人等免杖俱送工部做工
在外決說所犯杖數民發驛遞擺站軍
發墩臺瞭望調揚頭盔另項結課工
匠樂戶各從本色發落與併罪總徒以
充後數者一體發落各杖的決婦人犯
姦去衣受刑內使有犯招行司禮監從
自發落文武官例該降調者起送吏兵
二部施行其間有緣坐入官賠償贓物
餘罪收贖之數罷職革役從夫嫁賣稱
留離異給親完聚刺字等項者各盡本
法以盡迨斷遣而數目又歸照出云
爲發落各樣如贓盡無科或家人共犯
免科以至餘罪併免罪勿論無罪稍供
明充軍者稱發遣徒罪者稱發配文官
并吏犯罪者稱復職役軍職稱還職知
印承差吏或犯姦犯贓及私罪杖以
上與一應行止有虧者并軍職姦盜者
俱稱罷職革職役為民若監生生員不
畢衣巾者稱黜革僧道犯公罪稱為僧
為道犯經但經決斷稱還俗凡該刺字
者稱充警該離異者稱歸宗貞廢民稱
當家軍着伍在官當差若卑幼與尊
長共犯及婦人與屯軍軍丁之類稱隨
住有參奏者稱參照云云緣某係八議人
數某係比附律條某係軍職論功定議
某係在外五品以上文職某係京官具
係命婦某係重刑合請　旨若係在外
者則稱未敢擅便以候上裁請　旨量
刑轉詳待報會審處決

【婚姻】憑媒傳至某人某女年庚命紙。與男婚配
兩家合吉俗用財禮擇日鼓樂送至伊家隣里
皆知○憑媒說合某人某女與男納聘結案批
間姻作證定何與合禮節次往來無異思
男長大托媒婚娶○憑媒娶到某人之女經今
過門始內消乏不敢聲言指望結髮生育我家○
同姓為婚中華之地安敢同姓為婚服須無序姓則
尚同○良賤成婚良家子弟無錢娶僕賤之奴怎與
良人為配○服婦如某不幸夫故痛極何甚哀痛無
門望天上訴○姑舅成婚姑舅兩姨豈容相為匹配
堂姑姊妹安敢婚娶為親○喪孝成親作樂忘親背
服蔑倫婚娶不思乳哺離容暴逆成親○匿服
成婚頡犯喪親之律拋麻穿紫豈應背服成親
○某女憑媒某人婚嫁某人為妻當至伊家貧
如水洗父將奩儀變賣易盡湊作本錢助夫營
運把積成家續置田等屋宇等項奉待公姑百
年歸土

【姦情】某素肆淫姑不恤彝倫內蒸既有醜聲外
亂又多醜跡○某性本淫蕩成緣天理身人妻
女姿色輒動梟心姦占○某恃富豪濫千金不
惜○某日乘駿馬夜歇娼妻出入鄉村威勢難
敵○人倫顛倒不異禽獸子蒸父妾絕法無規
弟姦兄妻罔欺律令有此奸頑不知楷式風俗壞

【戶口】某弄叨方略拐騙人財誘男女如餌鳥魚
驅人民如縶雞犬○某割人父子而異越異地
拆人夫婦而夷夏殊方刻人心上肉醫已眼前

一照依如火之照物蓋取頭照據之依各犯紙米鈔貫并發官入官給主等項贓物之類不容遺漏誠所謂總結上文之意耳某某名下某贓物紙劄在京多不照在外先查免追後稱應追人犯官民告紙各一分折價不一因華隨時繼而各犯納米贖鈔之類各若干官私等物各若干須先照下落然後總稱俱合追完則又分某物入官還官某物發倉備用某物發庫聽用俱稱作正支銷發物給還某人庶使言順不重入官還官給主按名例律彼此俱罪之贓及犯應禁之物則入官若取與不和用強生事逼取求索之類則給主云若以贓入罪止贓見在還官主已費用者若犯人身死勿徵餘皆徵之又如官物有干者亦還官私物應得者當還主若違法者亦入官若承卷冊則云發某衙門備照餘可類推實收領狀收管如上文還官入官之贓米穀取倉收錢帛銀兩取庫收該兩處者則總言取倉庫實收給主取領狀充軍為民充徒發遣者取收管通云繳照未到人犯查無罪者稱供狀人與誣告贓物俱稱並免追提若有罪者與應參奏官員之類則稱合問某人俱另行提問所謂照提

【串招套式】假如某府某縣民人同弟杜乙先因發塚事發問擬某縣擺站逃回求家販賣私鹽當被里甲張三要行捉拿問罪有甲等俱罪通將前情具首

瘡鄉邑著聞生民受害○其有男女年方幾歲無故出遊當時跟訪係某收留叫明地方執證明白○收留迷失在家冒占為妻轉行賣為臧獲軍民匠籍○賦役雖憑戶籍人丁豈容隱藏○田土屬大明之業人丁係國役之徒普天王土率土王民丁糧里役理在一均○無後為大應當立繼親枝乞養義男宗派豈容紊亂○同宗之嗣理宜繼立傳家別姓之人難容挿入奪產○木上寄生枝葉終須各異同枝根植理當繼立向疎○外來異子無從插入在家遠葉親兒賤物知何作子○人以正道為格心以理性為端假借邪神惑人心于魍魎扶鸞禱聖搧世俗於崇邪○自號端公演閃民間斃病妄稱大保假能驅鬼除邪○僧家彌勒佛白蓮社左道亂正明尊教白雲宗嘯聚人心○道士書符咒水鳴鑼擊鼓降神圖像燒香夜聚曉散崇術○奸黨無知妄作窩藏外郡軍民匠籍異樣奸人充為義男習學武藝○某專倚威勢誘拐人財買販人口良家子女被陷為奴視此可憐心何愍泯○為犯法已問充軍使奸計私逃軍所埋名改姓冒詐為民

錢債田產某平素不仁為富非義害民椎黠圖圖強奪孤兒之業打成草稿單占釐婦之產○其某人初追虛錢實契以成交利人孤孀入千畝百計以豕騙割裂肥已天人共惡○某承祖田園續置產業今與某人地土相連本家傳業

到縣為照官者作何理斷施行

[illegible]直隸徽州府衙門縣為有有販賣私鹽等事據本縣一都民人杜甲等首稱成化八年二月初四日夜為因家貧與弟杜乙發本都民人李四墳塚事發問擬甲與乙各減等徒罪俱發清河縣擺站未滿在彼艱難同弟乙越關逃回本處販賣私鹽當被里甲張三等捉拏問甲等懼罪通將前情連販贓等因某省到官參照杜甲等所首前情未盡虛的緣係販賣私鹽知人捉拿自首律合有罪除將各犯丹三聽審干問取記監辦在官外別無餘問事理擬合引律議擬斷照例發落施行

【一問得】

一名杜甲年三十六歲係本縣一都民狀招成化八年二月初四日夜為家貧糾同合在官弟杜乙去發本都未到官民人李四家墳塚事發問擬甲減等杖一百徒三年弟杜乙杖九十徒二年半俱發淮安府清河縣遞運所擺站未滿在彼因見過後艱難甲與乙各不合越關逃回本處地名魚梁洗遇見不知姓名客人裝載私鹽一船在彼販賣有甲等要得轉利使用與乙又各不合當將綿布二匹問伊買鹽二石吽挑擔回家販賣致被里甲張三等緝知要行捉拿問是甲等聞知俱怕事發有罪通將前情連鹽首告到縣今蒙再三鞫問前情研審明白不能隱諱取問罪犯

一何無異○某續置山園有契存証稅粮在戶過割解納種作租苗自無前與保簿字號四字可查○緣有土地本家經業荒洲荒岸用工開墾廣費資財挑擔砂土堆築堤園栽種樹木工作累年方得成收告官起科累年辦稅○祖代買山向與相連素無過混祖傳父襲已承三代受管無異○天地之間物各有主大明田地稅契為憑承祖田園奸徒無由盜賣本戶稅粮乞查便知見明白○某父手置買田產若干坐落地名某處與惡某業相連覓謀成片未遂鬬父出外身單○朝廷國課水利為本原塘經業保簿字號稅係若干向自洪武丈量額業同納稅粮傳業無異積水澆灌夏秋乾旱○某家蓄千丁庫貯萬鎰放債違禁以取利挾勢吞并以剝民脂額已富不恤他瘠○土豪非法百計害人私債車算滾估家業蓄積巨富財多勢大致壟鄉人做造違禁房屋異勝皇宮殿閣○某極富極豪至奸至詐拘取私債動經捉鎖私獄禁追吊打逼取准賣兒女更改為奴田產基屋任從變賣○富豪大戶專一放債滾估小民騙財濫債違禁起利作節重算利上生利展轉換約利本加混轉作新借原借一文轉加倍還○凡物有主彼此掌管有田凡業有稅必須輸粮辦納○某山養木為納本土之需強徒毀伐不當暗害損人○耕鋤苦力克勤種菜植蔬盜竊難容非理盡被賤踏○農心苦力始因田地輸差種作

一名杜乙年三十二歲招與兄杜甲招內相同

一議得 杜甲所犯除越關輕罪外合依販賣私鹽者緣不犯知人欲告而自首減二等律杖八十徒二年杜乙同兄販賣私鹽係家人干犯免科依越度關津者律杖九十俱有大誥減等杜甲杖七十徒一年半杜乙杖八十查得各犯先為發塚事發門擬減等各徒罪俱發擺站未滿在逃人數今又犯該前罪合依已徒而又犯徒者杜甲加杖一百總徒四年杜乙杖八十照前徒年半决訖仍發配所從新拘役滿各放寧家

一照出 杜甲等不首私鹽合收入官張三等係供狀人免提

串招活套語類

總論 一凡問因串招將罪重者作招頭通將各人事情招出已到者稱在官未到者稱未到官逃後獲到稱先逃今獲未發人先死者稱已故事發行提問死者稱先存今故如題內有官吏罪雖輕而庶民罪雖重必須官吏為招首無官吏以庶民罪重者為招首婦人罪雖重男子罪雖輕亦以男子為招首至于議罪則不論官吏及婦人仍以重罪者為先陵剮斬絞流徒杖笞次序議擬不可淆亂其招轉將句語照後所云者亦不可缺今將各類句語具載于後

官吏監生生員類 不守官箴○不守職

艱難。多為土粮稅解。○種果栽桑絲解本土之差豈容盜竊枉自辜勞農力。○墳塋碑石標社傳于後人詎料奸徒非法故行打毀。○奸徒蹈法。打毀祖立碑石。似此為非何勝。毀人墳墓。○砌石費財用功成于與水防秋備旱。誠為國課救民。○極刁奸惡蠹毀私通船載家奉神主。槩被打毀如泥。

財本 某領父娘資本為利抛家。宿水餐風心勞販趾離鄉別井。勞苦因財挑擔貨物飢渴汗侵。早苦風霜夜眠草偃披星戴月受此艱辛。○交易買賣係于父娘本奸心不遂豈應偽造騙人。○銀面包銅詐作細絲使用。灌鉛車底。偽作行使騙人。○一塊純銅認出火燒似鐵鬼心行使奸刁偽造假銀。○人以信誠為本物以行正為先苟且騙財是為竊用封寄財物豈容擅費物受附寄。託心為義。○事物以中見為議客商以牙行為鑑城市鄉村必立當官經紀船稍埠岸。應有承攬之人。有名者當官之保無名者私係奸人。○買賣必通時價交易切要和同物有行市。難從把持貴賤貨有高低豈許通同奸詐。○經紀欺心把持以貴為賤牙人設法任由以賤作貴。○某結交奸黨做造諸般假銀齎行使用齎貫百般貨物害衆成家明瞞暗騙勝如打劫。

人命 某素性為非不遵法紀。屢次諫言。因而懷根要得泄忿。○某當踰石崇惡過陽虎竊王法若土梗視人命如草芥諫觸成仇。謀害無由。○

罪某志罔為○不顧行止○不惜行檢○不顧名節○不肯篤守學規罔顧儒行○大壞官常存心卑污○心存貨殖志在奸貪○行檢不修貪饕是肆

僧道類 ○有玷清規○罔修戒行○不思喪服祭祀同常人○不顧師同伯叔○不念誼同兄弟

婦人類 ○不守婦道罔顧廉恥○輙肆刁潑○心生毒害○心生妬忌○輙起淫心○心起奸淫○罔顧醜行○誓不改適○志不可奪○不能承順輙發穢言○素無孝敬○被逼無奈○受辱不過○受抑不過○不修婦德

奴婢雇工人等類 ○不顧家長名分○不思恩養年久即同父母子孫忘恩背義○輙忘恩義○明知家長不行容忍○誣告家長如子孫誣告祖父母○背主悖義

鬭毆類 忿氣不平○忿氣相加○常懷忿恨○積恨在心○因懷宿怨○欲要還毆要得毆打一頓出氣○不合逞兇○不合在傍不行勸救○驗已未成形已成某疾○肆行毒打以快私忿○輙行助惡○逞恣肆惡○率領○糾令○囑令○喝令○統令○主令○謀令○領同○糾同○帮同○發怒○逞惡○發惡○醫已平復○醫治不痊

殺人類 ○因而懷恨要得洩忿○要得謀殺杜絕後患○要行殺害○思起前怨要得報復○要得謀害○心生毒害

暴橫鄉村凌轢宗黨恣意妄為世莫敢伍

賊情 某遊手好閒不務生理專一結交外人在鄉鑽營穿窬偷盜財物生民莫不受害○某素不守分結交一類光棍在家不習生業夜來暗去窩毒池魚盜人禾稻損害田場偷砍墳樹百般施為民皆受害○或云夜聚曉散出沒無常動輒嘯言放火燒屋偷猪雞犬輙拐人財○某結黨成群蜂屯蟻聚鳴鑼吶喊公然直進屋廬放火殺人巍然不顧王章一方震動四隣驚惶○某等擄掠良民妻女而次第姦污強執官家而協為從衆勢焰焰天威聲動地○某等橫行鄉村倚山恃洞鳴鑼發喊碎壁穿門車擁進家殺人放火生民受害罪惡滔天

吏書皂快 某不遵憲紀侮弄文法栽紙条以為戈矛假牌票以為釣餌民遭非殃莫敢喘息○登龍斷以網利百般機巧設紙棺以埋人無非變詐○或云招作威福吸民骨髓○書手某屢經訪察積惡不悛丁粮弊病任由捏作奸為民役十年丁粮雖有不報○飛洒錢粮歷空使民受枉欺瞞丁口奸計以死作生○無丁捏作有丁妄空上冊有粮虛作無粮懸天弄弊○某屢訪問徒不悛愈行肆志幾經納贖仍前不改施為虎役噬人指官指騙

告官 故違官箴罔恤民困威福在手賞罰于心媢之者生背之者死○貪婪無厭罔念民命擬情罪之輕重視喜怒為增減非矜情於法中則

○明知謂情○跟至無人去所潛伏候等
偷盜類 ○不務生理○專一為盜○探
知人家有財物○不守本分○不改盜行
○盜心未滿○不改前非○肆惡不悛
○專一糾集為非○窺見某家殷富要
得偷盜分使用○不合輒取起盜心約於某年
月某日二更時分各帶盜具齊到某家
門首探聽人犬睡熟用鐵錐尖刀挖牆
進入家內○要得劫財分用糾合某等
各不合依聽約于某月某日夜各帶器
械齊到本家門首點起火把打開大門
擁入房內齊聲納喊喝殺驚散本家人
口劫去某物出外到於某野地內或某
家將原劫贓物俵分入己器械丟棄無
存各散回家

強盜轉為竊盜 窺見某家積有財物不
合輒取起盜心商議某等齊去打劫分用
某等各不合依聽約於某日夜上盜臨
時遇有事故不得同行只某等齊到本
家門首俱怕強盜事發罪重臨時商議
轉為竊盜伺候人犬睡熟用鐵錐挖墻
進入房內
竊盜轉為強盜 齊到某家門首見得墻
壁堅固難以挖入某卻不合臨時主意
轉為強盜某等亦不合依聽用某物撞
開大門齊擁入內納喊喝殺驚散本家
人口云云
監守盜類 監守官見得錢糧數多要得侵盜
使用○心起奸貪要得乘機侵用○要
得通同侵貸○商同盜用應合正收作

求罪於律外合屬百姓莫不被害
頑佞 專倚官勢欺轄下民動輒稟官嚇吏不敢
聲言每遣虎僕強奴坐家鑽食捉拿提拷監禁
水牢○倚官行威縱僕作惡霸占田地基屋強
奪子女妻奴橫行鄉村黨勢莫敵
地方積年 某但聞民間尋趁挿入起滅生休任
由扒置生死由伊壽手割肉削貧顛倒是非百
般設計無役人員私家放告攬受民詞錢多得
勝錢少遭虧○刁徒健訟教唆捏寫狀詞平白
誣人妄空架橋造害○顛倒是非御捏搜邏聳
告負緣扒志扛幫稱作狀師○龍門刁吏勢倚
衙門舊日人情費恃裝飾繁詞或煩官府奸巧
○刁徒唆民亂詞在以主使挿入扶同專一教
唆百端生事風聞尋趁攬訟興詞○誘人犯法奸徒
詭詐故弄良民犯法本心立意裝捏故陷罪同
○用計教唆調弄誘人犯法因私取忿故行坑
陷良民○罪人拒捕已犯罪慾避刑逃走毆傷拒捕
律有加刑○拒捕打公差欺公抗縣法刁奸不
服覷法 欺公○縲紲相拘尚不容故脫逃走
問成擬罪豈可容拒捕抗官○徒流人逃犯法遷移
逃走回家避役理當具首庸無容隱瞞官○配
所逃回脫避遷徙不役懼人首伏乞仍解加
遷○奸惡罪滿私自逃回配所在家躲匿仍前
依舊害民○為犯法已問充軍祭奸計私逃軍
所○因獨撥拐問經府縣問擬軍流解僉配所
未役半年私自逃回埋名隱跡不悛犯法文卷

數○不思領解即同監守○不思貴專
主守○不思顧役即同監守○不合同
情分受○要得展轉營求取利○希圖
省費不合不運本色輒得財貨○要得
實緣作弊上下為奸○關防○防範不
嚴防閑
犯贓類 ○要得尋覓錢使用○各說要索錢
使用○心生詭計○不合輒取起貪心○
何伊索取常利○詐稱替伊打點使用
○面說替伊幹辦○不合貪圖賄賂○
要得彌縫解脫○見利動心○覬物生
貪○見利忘刑○求貸方便利心愈熾
○利心未滿
毆罵親屬師長類 ○不思有服親屬○
不顧尊親大功小功緦麻尊屬○不思
姨姑舅無服有親○不念親屬情誼○不
顧倫理○不念大功小功緦麻卑幼○
不尊師長○不顧師同伯叔相視○不
行親臨監視卻就朦朧供結回報
干証 ○不合當場不言實情故行供結
其謀殺是實
毆罵官長類 ○罔顧本管官員○不顧
同僚官長○知係職官○逞兇毆罵
相為容隱類 ○都念親識容情藏匿在
家潛住○都念手足至情伊恩至親法
相容隱
縱放軍人類 ○不合不守紀律○不以
征操為重○要得買求歇役○要得包
納月錢○不行鈐束○知係逃軍妻女
○縱放買賣○不合私使出境○不思

尚存○嚇詐騙財被告結問招贓依律家縣關
擬流罪起解配所豈應私逃回家○私置非法事有
枉直當言於官豈可逞兇擅行禁恃強凌弱
威力私擅縛人○威力縛人打捉私家監禁枉
置非刑笞杖任由拷訊○冒名頂替違律教唆奸惡
訟師扛幫健訟蠹惡良民隱真駕偽影射瞞官
虛空駕捏非比泛常○奸惡假財求息撒公嚇
袭返情網告到害賈求以事情托求息復番○
某伊先貧窮衣食不充身心以仁篤思親義已
出本銀出名代借共計若干幇同買賣經今幾
年利益成家
○後畏
土豪 鬻被前惡統聚多兵鋒擁上門盡將住基
房屋家財什物搶扎一空逐趕全家東奔西竄
生死莫保○嘯集狼黨綑綁歸家非刑拷打監
禁絕食勒寫基屋墳地田產屋被拆去塚被發
毀平為地土伊得祖苗坑身祖脈骸骨飄無情
悼不已○奸豪勢惡滔天打死人命廣用金銀
在鄉賣息勢大任然命如砂土當如草芥府縣
人情熟能敢敵但有仇者動輒用奸買通巡捕
財拴刑房衙門人等更將盜賊指使機關指攀
坐陷各執貧民有口無伸冤枉無辜屈遭死地
毆鬬 偶於某時鬬某孤身喝令狼伴鷹犬多人
捉某鎖押伊家私置土牢非法監打遍身青紫
頭面破碎惛憒在地渠得某捨命向前力救扶
歸現今命若懸絲生死罔測○統集兇黨猛如

空歇役

【逃避差役類】○要得脫免差役○要得買求脫戶○要得買求詭計○明知逃避人民○不合隱蔽在戶

【婚姻類】○明知部民子女○知係為事婦女○罔顧風化○不顧人倫○苟合成婚○知係孀婦○不顧夫喪未滿○不顧尊長名分○不思有服親屬○知係應離人散

【姦婦類】○窺見本婦頗有姿色○容貌丰姿○輒起淫心○時日用言調戲○要得勾引出外姦宿○其氏亦不合喜允或笑允與伊姦訖一度之後往來通姦不絕○姦通情熟○其故將本婦拐姦一度

【奸惡類】倚恃慣熟衙門○專一教唆害人○倚恃刁横○一向恣役尋事害人未曾事露

【奸細類】○輒起叛心○輒起離心○輒起異心

【軍職冒功類】○要得貪圖陞賞○希圖要功○要得冒功求賞○希圖冒受世職

【過失類】○失於備慮○失于瞻視○失于關防○思慮不及○失於防閑

【失機類】○不以軍情為重○不思機密大事○應合設策備禦○應合奮勇向敵○不合玩視偷安○不合畏懼退縮○要乘乘機掠擄○見得賊勢猖獗○應合固守○自知有罪奮勇立功

【應捕類】○應合捕告○自合呈送○應

復兇勢若陣獵各執柴棍俱拿器械任打遍身黒紫頭傷肢損痛切肝心傍人畏惡不敢近救看傷倒地暈死不知辛某見兇力救扶回用湯灌醒幾命可憐殘生難保命任須臾呻吟旦夕苦楚難當○或遍身青紫氣浮滿面手脚沉癱生死難期傷重極甚内損吐血血水長流扯去頭髮傷痕可證飛石亂打致傷頭腦穢糞澆潑遍身淋漓亂拳脚踢手執石拳頭上一傷血流遍眼打落牙齒唇喉腫痛不能進食打折手指不能舉動刺瞎眼目終身篤疾兇惡非法鐵尺苦打致傷兩脚骨折肉浮生死未卜○陡被兇惡挾仇張捕身往某處鳩集狼黨半途邀截喊聲拿捉四路圍繞擒揪亂打性命須臾當得某力救方甦○叫令一黨兇暴猛如狼兇將身揪髮脚踢亂拳叢手打傷昏迷倒地扯破衣衫巾帽無有袖包帳簿身上荷包銀兩文引盤等俱被打失混去聲叫地方衆目皆見

【婚姻】勢惡因覩某妻姿色節被起心謀姦未從誆惡公然肆強統衆奪占為妾陷民失配情切何辜○思男長大托媒婚娶不期奸親非法富富棄貧貪財不義又將伊女聽信奸人唆令反悔背理不仁律法絕規親難悔拆一女一夫媒證結定接受聘禮終身不與為有一女豈許二夫媒証尚存婚盟可証○豈婿不仁不自思省得女成殷享富大剩心行不足恃好貪淫娶娼作樂寵妾為妻棄舊恋新貪淫樂禍顛倒人倫

不用心緝捕○自合[illegible]送官○不合故縱不捕○不合不行送官○不合不行捕官

【藏匿類】○知係拐來人口○知係被誘之人○知係來歷不明之人○知係犯罪人不合藏匿在家潛住甜言引誘

【犯罪逃走類】○聞風懼罪○要得脫走○却行躲避○欲行逃罪○畏懼逃方艱苦要得避難解脫

【誣告類】○自恐罪名為當○要得誣伊罪重○要得誣陷報復○思誣被枉不甘○欲要掩飾己非○要藏己過○故自傷殘希圖較賴○隱下真情○曲為辯理○不合隱下壯丁故令老幼疾篤之人或婦人抱告希高難贖○捏情誣陷○无由遮掩○掩飾不過

【教禁故勘類】○懷其目前舊隙○逞肆威怒以濟己私○心生殘忿○心懷仇恨○恣任威福○任情苛刻○心存偏

【故失出入類】○自合歷心詳審○應合禀官究正○明知可疑○失於查明○見得兩相爭論不服招承○任情偏拗○徇情偏向○止據原詞逼令招承○不由分説○不容訴辯任情挾忿○買求捏結曲為回護○被虐不过○受刑不过○自知洮虛○自知非理○阿意曲從○聽從主使

【囑託類】○不顧名節○徇私聽允○承順逢迎○徇情聽囑

【[illegible]致罪類】○不行阻當○救護勸解

旨機作炒將女才落[illegible]詐騙衣不遮身食不充口形如枯木命若懸絲要行將女出賣為奴○豪勢奸徒強奪良家子女姦為妻妾是雖婚配第姪必須所願相從律有法規豈容姦占○只望結髮生育我家何期不守婦道多言多後好食貪淫耗財如土以致家道潛被敗墜不孝公姑背夫造食偷財貪嘴報往接來妯娌不和致傷骨肉累結訟端思知被陷生世難終望無結果恨之不良守如律法思既不從夫嫁賣○殊料奸豪倚伊財寶買衆勢大害人指交奸徒某等貪財壞義強為媒妁糾同不仁某等只欲金銀為愛不思故婿之情將氏許與奸豪為妻寧死不從終身不改思夫存日結髮為親今夫已故柩尚未乾守服三年乃婦之本服雖平滴誓死不從○豈詎某等父死未久肉尚未寒居喪嫁娶律令遠犯

【姦情】殊料勢惡日逐來家見妻美貌豁耳交情倘若不從即生禍變或買賊攀指或架賊騙害威勢難敵情慘黑天○幼女未笄難強宿姦被污良緣玷辱終身有傷親族○縱容妻妾貪財與人通姦敗俗傷風乞法准施治革○先姦後娶賣休賣之情逼勸夫休姦女姦婦之弊○同宗無服豈容姦亂人倫乞治非人顛敗稱呼之義○義父不姦義女如若相通律理甚是難容後女不義通姦母女同夫情若禽獸之甚○私姦義妹犯倫遠理奴姦良婦理犯良賤之條

○首出○首正○檢舉○告冤○自首
○緞段
切恩類 切恩 痛恩 哭恩
豪霸激變良民法律固不縱容况故私
霸情理果何堪忍○橫強貌法架賊誣
陷良民聚衆抄家非法枉民冤穽○勢
豪枉法強占為妻激變人倫乖傷風化
○縛人勢豪奸詐見威擅行綁縛私家
非刑拷打肆无忌憚情法難容
鬪毆激變良民私監鎖縛非法毆民情
理何其○義以為上古訓昭然力以相
角明戒具在罔法毆民律法難縱○某
不事詩書以爭鬪為奇惟罔措礼義以
詐毆以加謀○狠戕相毆賊以事貴上下莫
踰尊以臨卑分定不易強奴毆主情法
何其○某名義竟顧惟血氣之是尚貴
賤倒置恣暋力而自逞肆兇毆主擾法
何堪○毆欺長視期親若秦越待尊長
如寇讎文孫相稽揖入室毆詈相奪
妻子文射恃強欺毆倫理乖傷○惡姪
非人逞兇悖逆毆傷服叔理法何當○
打傷胎胎兩命難保遇全天理何在橫惡倚
勢欺毆律法難容
婚姻 生妻死墓国有定刑匠人[illegible]
痛何堪○違嫁娶之條滅綱常之義袁
術之于呂布是何心哉曹彥之於王褒
尚可言也受聘負約犯律違條○典僱妻女
事婚姻人倫大義受財典僱風化乖
離理蕩然綱常掃地○逐婿嫁女以女配
一定逐婿圖財令女別嫁厭貧

僧道犯姦理實不容風化○父姦義男之婦
犯隣里皆知夫姦妻之母姨乞治親屬不足○
奴姦家長之妻世間異事僻家施治姦刑正綱
常俗○官吏風騷一契姦娼失法吏巾易服貪
淫風世娼家○官吏淫情交娼共挽官吏私慾
愛恋娼妓心或淫聲無此不議
人口 謀某頗起雄心欺隱背賣得價肥已男女
不分天下落陷民骨肉天各一方人分兩地情法
何忍○收留在逃子女價賣出入奴婢情法難
容理行舉首○收留迷失奴婢轉販得賣為私
隱藏背賣謟之設方知情不舉發露貽千○迷
失女子不當姦為妻妾理宜招主送官仍復還
良豈容藏隱姦考情戕○不期某違律逃回照
律加殺遣法充軍辭衛逃軍情甚不敢容隱○
奸徒欺法詭譎若將容隱誠恐惹罪無辜庶免
奸詐仍前不悛依舊為非本縣文卷問軍理宜
具首○某嚇詐騙財被告結問招贓依律家縣
問伊流罪起謫配所豈應私逃回家○刁奸枉
法欺公逃避若是隱情不首恐發貽累相連○
刁惡抗法欺官打傷捕捉差人理宜照例依律
解部○中途邀截打奪犯人抗縣欺公拒捕避
罪○刁豪極惡欺縣不服拘拿拒捕集衆打傷
扯毀批文
錢債田土 瞞父出外身亡每被倚富操奸掯某
挾駕磨錢實契持鍬腹提某為詐繞衆帽佃標
田奪租致陷一家衣食絕望情痛何堪○今被

求富貪利傷倫○一女一夫逐婿豈容
嫁女招婿逐婿一夫又換一夫綱常大
壞於理難容○服親婚姻忍心害理作樂忘
親情甚不堪律有明禁○同姓婚姻曾之于
吳聖人所諱從之于優君子所嫌同姓
匹配亂倫敗常○某無水木本源之思
有內亂瀆之行夫不夫而婦不婦稱是
何名劉配劉而王配王禮義何揚○尊卑
婚姻尊卑有等難結姻親上下有章豈為
夫婦外姻有服成婚同母異父結配敗
壞綱常故違法律○尊卑親屬難容結
婚同母異父理實違例○諸秦晉之約
紊亂尊卑訂朱陳之盟又傷風化○娶
寢妓其但知好色之可好不顧風化之有
乖以妻為妾天理難容以妾為妻情律
何在○律有七出之條有三不去之義
婿先貧窮今幸富貴女何辜以妾為
正律有明條人倫何在○以妻為妾寵
妾賣妻律有明條難容顛倒○勢豪
人不納聘聲婦柳下惠賣為一人勢豪
財大強娶服婦律法何容
姦情 人倫風化律法為綱倚勢強姦婦
女欺條壞法何其○男女有別授受不親
君子別嫌避謗是戒恃強調戲倚勢強
姦敗壞人倫大乖風化○閨門內戒
化端原私約淫奔有傷風化○容縱大
婦風緣一分妻妾嫡庶之原其喪其顛
止縱容妻妾通姦惟圖利賂實與禽獸
何異○夫婦萬化之原妻妾綱常之植
縱姦捉姦跡比狗彘之行賣休買休有

豪惡不察前項先人後業舊界為規覬覦行欺
擅將古額私自鑿毀平空過占奏留兩頭舊跡
明白現存拘審田隣占情可勘○始因謀買奏
為基地恃身不允倒生荊棘尋田兇占欺身懦
善不敢抵敵○強占謀業挾制要買近伊立計
陷害租苗霸截水利不與澆灌百般措勒賤價
貪買累被陷害不得租收致陷粮差被坑虛解
○刁豪一旦平空飛占盜割禾稻踐毀粟苗稱
是典賣強霸耕鋤打毀禾稻農苦一年靠望盡
空粮差虛納業被混占何人盜賣誰人典當既
稱故田豈無賣主○未審何人妄將本家承父
田地朦朧典獻富豪勢耀坑陷家貧告爭無杜
○刁徒奸計賣絕又行重賣貪財重復情犯律
法無規○圖財枉法典價又作賣價奸謀拴串
重復分明奪業○身思一業非是重復貪財切
緣一主俱是謀局争強○兩家忿氣奸心不由
張主扣身逼賣極價豈得受回○奸謀基地勸
作重復之情兩主相争將價拉身租受○陡被
豪惡妄將本家蔭庇墳山戕行盜砍致損不安
陷害墳塚○忽被豪雄侵謀風水懷占無由暗
機詭計害戕將幼男及賤諸骨妄將埋葬本山計
圖謀占事係欄根○却被族惡立心不仁任某
祖墳遺畔挨立生塋占做假堆侵損祖塚誇讋
截脈鉏穆不應或騎墳埋塟命脉相干生亡不
利○刁惡鋤毀墳堆湊為園業上面耕鋤栽種
豕糞下面棺骸思存否○並已損衆無行出

傷風化之體○親屬相姦親屬之分倫理昭
然私通姦宿天理滅絕貪淫恣慾牛馬
同途○天倫分定尊卑分嚴民淫惡而
不守婦道恩離異而誣執翁姦悖亂人
倫大傷風化○買良為娼良賤不以為婚娼
優豈可類論買良為娼違條犯律

戶口

冒買冒賣故違法紀割人供家子
心何安○漏脫戶口心懷詭詐有出入莫測
之神重變難常有指東說西之術丁雖
壯而素不附籍賦雖重而何嘗當差○
強占子女倚勢欺人恃強娶奪良家女子
以為妻妾占婦女在家而配弟姪子孫家人
收留迷失利其迷失何曾入井之憐輒自居
條律昭然而敢違刑法可畏而敢犯○
停妾坐下石之計圖轉嫁實深害隱識
○伊係收買律不宜為妻妾天緣配合
一夫一婦為良○隱蔽差役賦役以紀丁糧
均徭以當差役戶不附籍而躲避當差
丁口隱蔽而相冒合戶受財作弊衙官
民○有田則有賦有丁則有役賦役不
均民安得所○逃避差役賦以定差丁以著
役畏懼差徭而避難躲重脫輕背離鄉
井以逋逃希圖脫免○離鄉背籍希圖
脫免差徭越境逋逃實乃躲避賦役○
立嫡子違法服族別而規疎不齊長幼明而繼
立斷長某廢長幼之節亂嫡庶之倫公
不容私難以僭啓爭辛恩不勝義毋以
泰作季歷○宗道乃人綱之正紊亂乃
是娃之非律有正條理當改立○私創庵院
私度僧道不給度牒擅度服緇黃不請敕書擅

入兩頭顯跡存証可勘雖有私開違還不便遂
近鄉人心皆不服○今被勢豪不以國課救民
為重只此占業陂岸為強盜一己之私失百民
之望或用木石壘出丈餘架造涼亭水閣于上
形影可辯曲直蹤跡顯然被占一丈池塘致旱
數畝粮稅○因被占出塘面狹不能瀦蓄高
上開溝空崩塘埒高流瀉下砂土漲滿以致淺
狹至夏秋乾旱民皆失望農苦無收或致忿相
爭打傷奔告○陡被強惡恃伊勢豪霸截水利
近塘者溢之有餘隔窵者乾枯不已清渠不通
霸上截下強者得利弱者受害○豪惡計着瘋
殘聾跛縱潑賤役病人來家坐逼炒罵撒潑放
尿只得忍氣挽托原中懇求寬限層層轉約利重
債深貧委難還○帶領伴僕虎勢來家親臨取
討勝比官追僅有田土基地幼男被立奸心拉
身前去伊家房禁不放牢吊拷勒任由施展黑
天扣算一錢還十心尤不足逼寫租田賤價騙
佔準折兒女縱為奴婢變賣房屋死轉用計拴
人出名承過價銀不見分毫空手放回痛剜心
肉逐身出屋如鳥失巢家敗流移豪債滾陷恩
要告理勢大難攀若不具告一家無安○遠年
私債父子相傳一倍十倍不敢聲言嘛心不足
惑殺過天准折兒女滾估萬千勒寫房屋揩准
租田豪勢制壓任由算騙絏續還納本利倍餘
貧難抵敵准折難言仍執陳約騙無了年有此
豪惡懇告青天與民作主塗約除冤

管守職正道撫城而可懲其端消天所
當除○術師邪術人以正道為格心以作理
為端重道崇釋道律犯禁師巫邪術理
實難容

錢債田土

收糧違限欺隱錢糧脫隱將精虧
損正稅雖尹繹之保障亦所不容減耗
軍需雖白圭之路道亦所當究用革其
弊以懲其奸○攬納稅粮稅粮國家命脈實
係生民膏脂徵科輸納一毫不敢違取
○虛出通關錢鑿雖曰當出當入理法必須
正收正支那移究納玩法欺公那移支
放懷好作弊○財民生膏
積貯天下大命欲附庫之充實在出納
之得人官豪虛出通關硃票實為監守
自盜○某不知畏法于上惟事欺瞞不
知革弊于下專圖賄賂無而為有虛出
通關實而為多偽標硃票監守自盜律
法難容○庫秤雇役侵欺設倉庫所以備蓄錢
粮每斗庫所以嚴防盜賊奸猾私竊侵
欺攬官那移借貸○猫鼠相眠通同作
弊鵠相視賞祭舉室那借以為故常
侵欺以為無害○收支錢粮錢粮收支自有
定制有司出納必有定期奸惡刁蹬留
難遲延添為民害○盜賣田宅民有居室世
業相傳固有徵輸版圖是貢物既有常
主豈應盜賣○不顧欺公惟圖利已移丘
換段不循禹甸之規以舊作新妄指朱
高之宅土宇版章固同輸也出作入息
民何賴焉○典買田土典私賣准折倍還
復貨復賣恒貞契賣得受當價○田天

財本投洛經紀弄父母托為發賣孰知其關
異鄉孤客人路生疎與眼不識任由展轉措東
搬西兩名影射措拴光棍一路心腹貨物賒去
計價約限依期去取推托哄延自般調弄纏陷
一年當聲不見任由設法○拴通光棍欺騙立
意謊賺負騙推托哄延分文不與憂思父母影
途兩天素手空拳不得還鄉○奸惡明欺坐視
不還上門取討文書不見返嗔催取觸怒層當
將言理辯唱令叢手亂打混失在身銀兩若干
○強惡勢欺孤客怒責挾勢交易不由情願價
為低銀賤價喬賞折本不久明欺異鄉不由分
辯○經紀拴通坐騙如賊作賤作貴欺騙客錢
行止過虧乞嚴禁革○私充交易聯官騙客之
徒自充經紀誠是詐偽之當稱拉客商私充把
持賊心奸詐騙客任由○面目是人中心賊險
把持私抽騙財明為暗賊輯同販鬻皆是以賊
分贓客心叫屈忍痛捉胸○詐言故失如竊如
偷奇之且與心交眛之乃欺天理費用理合賠
還死亦皆無顯跡

人命

某不被究惡於某月某日瞰某隻身往某處
商同與徒某等各執鎗棍隱藏兵戈在於山內
將某眷待頭心或膽門一下打死在地將屍
身藏埋斂跡負冤無伸情痛何堪○奸謀害命
計將毒藥殺人造意圖財違法陰謀過甚○被
奸惡縱勒逼站死人冤族服致傷招命屈情負
枉○因姦致死情犯違律殺人行成勢逼重致

地之間物各有主欺孤吞弱理法何容○田土稅粮為主業被混占錢粮虛納既稱故田豈無賣主○典買其貪心四起奸計百端不稅契書欲使朦朧照證不收籍冊復蓋隱蔽錢粮○山雖可棄祖骨難拋柴木衣毛豈可斷剝○灌塘灌溉不道充民渴望奸豪霸占塘業搶陷衆民○塘稅均納水利當勻恃強欺弱霸截何耳○世今古路通衆往來奸雄枉法閉塞難容○生財大道為富不仁遠禁取息法所難容○勢豪膏利加倍剝民割肉醫瘡經年不了負債傭身顧口辛歲難免饑寒○贓寄人以信誠為本物以行正為先封寄財物豈容擅費心懷奸險法律何堪○憤食八累其慣習

殂死人命○造意謀殺枉傷命危遂究打碎頭腦幾命即刻死亡○同行知有謀殺者是其意圖財暗使巧箭射傷實乃遂意統殺○操生殺害持刀白日殺人毉魅害人甚是主謀同殺○奸惡欺條違法計將毒藥殺人謀害性命律法難容○主意行殺情犯律令何容過失殺傷致使律當處絞○故殺子孫律法難容誣賴妄將奴命抵虛誣告惑官○難容圖賴他人子幼奸心計將親死圖謀設法或將家長死屍誣人○騎馬奔馳馬足踏傷人命推車勢勇以致速急傷人○命強走馬踏死屍于非命擲石拋磚打死命于非法○醫藥殺人奸仇故行陷命鍼醫到穴傷命臍坑殂下○威力專縛拷打致死人命

喻墻鑽穴不嫌納復整冠隱眾首而盜瓜掉猿臂而摘果種作艱難豈容盜竊⊙瓜田納復君子不為李下整冠違人所忌種瓜栽果養贍稅粮苦力勞心豈宜擅取○棄毀器物器物稼穡樹木人民稽以聊生逆心害物棄毀抗法欺公何忍

【財本】朝廷設商天下通行携本出外貿利營家今被盤騙情律難容○以有易無先王之制因人任事古者之常商賈往來財貨牙行為來交通賊心奸詐騙客任由○其抱斗宵之器舐刀錐之腥估計不平至增減乎物價奸惡難監用欺騙乎民財○把持行市買賣貴乎兩實交易全宜和平恃強把持取利通同販鬻高價作貴作賤肆志長奸

綁縛捉於伊家威力打殺人命威權力勢非法綁人打傷肢體篤疾可憐命在須臾生難必死○胎有一性一胎即一命究強勢惡踢傷小腹胎痛將危極惡強梁逞兇踢傷小腹胎痛難安妻命況吟叫哀苦楚○強惡行兇非法打傷胎命妻聲叫苦痛哭幾於命危被陷子母冤屈可憐打傷妻腹胎落存証非法行兇妻危胎死○律然公事不許私和雖售欺終難息訟也私和必有求財之弊求和事有買息之情理不足宜經官判決事遠犯舉憑官施彰○貪財賣放實是奸巧之徒賄托私和無非欺公蹈法○私和人命究無情可圖財買休得其財朋相捺息未得者必自行首○人和私和甚是欺公玩法廣財買息

【人命】人命関天地聚哭閉地方事干宣情望天急救○其素肆兇狠不畏法規視人命如草芥觀骨肉如路人忿氣蓋財殺人害命○揀雖折割其志為盜賊之計敢施折割之謀分解人之肢體視若刈中之蒭劇剮人之面目譬如几上之豚法律難容兇慘黑地○傷人弓箭其弓箭妄射至毀人之體矢石亂投誤中人之耳目雖云偶爾有傷實乃幾乎喪命

【賊情】昔寇若不速勦小民難以安生事関地方非比細務○強黨引類呼衆屯聚郊野鳴鑼哨指刼掠鄉村明火持鎗殺害人命淫姦婦女罪惡滔天○強寇橫行鄉村無不受害動輒殺人放火情慘昏天○強賊聚衆刼掠鄉村殺人放

至死者對究

【賊情】偶於某夜幾更時分忽被一夥強賊將挖掘打開大門各執鎗刀塗黑形貌高舉火把設立公座懸掛旗張盡將家下金銀首飾衣服牛貨等物刼掠一空殺死數命一家婦女盡遭姦污情慘法弛含冤莫伸○鳴鑼吶喊碎壁穿籬車擁進家房財器物掃刼一空吊懸拷打殺傷殘命姦污婦女恥辱風聲燒毀房屋搶擄家財殺人放火遠法盜民○陡於某夜被惡某等帶領多人盜去池魚一塘彼時知風跟踪隨至某家聲喊四隣知証反觸虎怒嗎黨蓋打暈地幾死當得某救扶灌醒匍匐逃回情慘昏天○陡被仇徒行害放火故燒房屋一家老幼裸體逃

火車擁搜尋姦污動地驚天○燒人房屋燒人屋被燒毀財被擄去人被戮傷欺法過天其強太甚

【吏書邑快】恐嚇人財故違法律出入人罪情理何居○權惡欺公侮法作弊瞞官抽詞搭案陷罪無天○奸貪濫污科派侵欽枉法受贓虐民害民○倚勢恃刀懷奸作弊指官嚇騙冤屈無伸

【告官】豺狼當道難大朔寧貪贓枉法已失天朝立官之意故違出入大豈王者刑戮之章徇欲虐民陷弊何辜○居官以廉潔為主守己以道義為先某外飾公直內懷貪婪廣納貨賄枉法受贓法獎不懲貪風肆濫

【勢方積年】恃刀設計用言誘人化去穿

生衣財諸物化燼成灰哭叫皇天可憐釐盡強盜放火故燒民間房屋盜擄家財刼燒情甚

【吏書邑快】某訟誤落惡手承行已被欺公枉法唬詐紙筆禮銀若干嫌少而欲復詐無由就被瞞官作弊移詞改案起滅情罪增輕作重陷民死地冤黑滔天○吏弊官權賣法食民膏肉瞞官作弊抽詞搭案衙究接錢當如送餅枉民身右倒懸權威壓縣起滅貪緣貪財益已罪惡滔天○書手黃冊有錢者生丁不報無錢者死丁不除白般刀詐千計騙錢只得揑從權勢所轄○任由筆下詭計飛粮灑派聽從紙上生亡進出那移○盜剖稅粮私受枉民冤剝貪財肥己欺公紙上栽○素騙民財真如打刼百端設法萬

心不善懼罪枉法害人立意圖財其公利己○刁奸徒訟捏告誣人起滅欺公違條越律○其存心奸詐狐假虎威將無作有千方悚懼平人耳捏小作大百計哄騙平人財大膽欺人謊天謊地○奸徒計策故陷良民說謗誣人豈容造告○刁徒拒捕不服拘拿抗違欺官情難容恕○罪人審補某人應役受遣互推托而不行與惡為援且隱匿而不報抗法違條情何堪忍○奸刁枉法欺公逃避若是隱情不首恐發貽累相連

○結段

賞豪　冒死懇天勦除強惡民得安生陰隲萬代投光上告○告向青天與民作主勦虎穿獎塗納除寃○伏乞准理袪惡除奸深為恩便老幼感恩激切奔告

鬬毆　奔懇青天垂救危亡嚴拘兇惡仍令保限保辜醫治免致臨危難辨上告○懇賜准理急救危命着醫治甘限保辜臨卒難雪哀切上告

婚姻　告乞懲奔以正綱常以安風化上告○告乞准究奔斷給親與男完娶庶不乖傷風化亂法違條哀鳴上告○冒死奔告伏乞正倫以正卑序庶撫枉法免致辜恩○伏乞清判庶免終身失配依律斧斷免致趕逐○告乞青天霜威劈當憫憐獨望乞批嚴終身不嫁存歿感恩哀告

教唆　懇告天臺准提鞫究以彰法紀庶使風化不致乖傷綱常毋[illegible]

言焉財[illegible]民產業賣[illegible]加[illegible]養家暗指糧作弊移山穿大贓官換鈔枉法殃民○放富差貧里長私相作弊丁多粮少只由作故贓官有錢者生無錢者死○恃官指官指騙百般設計害人私置非刑動輒綑綁吊拷枉法欺公民受寃抑○積快奸刁害民無厭駕空設法平地斷船捏計陷人途誣枉害

告官　某不幸寃遇惡隣某恃富操奸懸捏虛詞瞞告惡官某處貪緣鄉官廣行賄賂暗地偏聽一面之詞不容寃民分訴拗曲作直屈打枉招可憐情蔽覆盆無門伸告○琴堂如賭博之房六房如交易之肆受塞一面之詞不許寃民開口聽吏禀或左或右信差人言或抗或拿不恤民酷刑之罪懶理詞訟好酒沉眠告狀一張過年半載監禁犯人滿歲不明如斯貪酷民寃民枉

鄉官　被某乘機執事為由專倚官勢假虎張威欺作勢欺見愚痴孤兒孩婦驚嚇誆騙兩親手接受肥家入己○陡被官豪勢熖利害縱軍擄掠某衛指揮某所千戶百戶某名統領部下贊惡強軍某等下鄉巡捕為由縱容軍徒聚如蜂蟻兇湧來家擄掠財物驚散旋倪無安身所兇民膏血實受其殃下石壓穽何日超生○官官勢利囑託公事留難殃民霸占田產毆打騙害步情奔告人情財賄囑託沉匿不行押拚告詞如石沉淵[illegible]落覆盆難見天日落陷小民無路超生

[illegible]被叫屈詞[illegible]言殺猪擅酒喫[illegible]

恩環識尚知分秩鴻鴈[illegible]不以為重法度甚是難容鈞行正化伏乞彰刑勦奸除惡正俗輔端免致傷政五常顛倒壞風化不顧人倫[illegible]告乞仁天作主追究給與父子重見[illegible]○情遣上告○具情哀哭作主乞賜[illegible]給娶伏判完聚○告乞作主行闗[illegible]役業服役各得其所免致貽累○[illegible]告乞行提爭息異端免致左道惑亂世俗○告乞准提以蘇民困庶得超生○備情奔告乞賜收養甦活殘生庶毋失所匍匐哀告

墳墓田土　懇天訊究詳的毋陷死填溝壑除德彌布望光上告○乞查稅粮灼見虛實庶毋貽累免致欺占○懇告乞委差臨勘着令遷移改正不違○乞煩研究祖宗骸骨存無下落庶免傷殘命脉生亡被陷○告乞檢勘照分均判改正還業墾起華塋庶死安生○懇告乞賜通責令改正照舊便實為民益○懇告乞疏通水利蘇民困阨庶無倚強侵占亦無霸截○告乞垂救斷還田業庶免蕩散流離良善安生得所○奔懇革除頑弊免遭穽陷庶遂更生民得存濟○趨途奔告匡扶小民免被鈎距刺骨吸髓痛情上告○告乞憐憫下民斧斷杜患庶免私債騙害富食貧肉○伏乞准理如黑光天救度小民日離水火禁革豪惡所節放債判還田屋一家安身追還兒女免致坑陷○伏乞[illegible]

[illegible]分付原被謝禮務要加[illegible]得彼依疲[illegible]登門叩首如若不從觸發雷怒被告點頭拳心切切須臾忿氣遭經唆競○地方豪強猛狼似虎扛擡四轎漁獵鄉村來家虎坐開一科十灑派良民詐騙民財害衆成家欺民無厭況沒財物托囑官長說事過錢計囑典吏通同作弊恐嚇財本受贓入己帶領狼僕身騎高馬縱容虎伴各執棍棒竹桿刑條枷鎖齊全紐綁在地私置非法逼拷掇打需索酒食詐騙民財欺壓良善有錢放生無錢毆打苦痛難當受刑不過酷害良民妄生事端排陷細民有屈無伸○豪要科派聞一科十灑派小民黑心毒害酷騙民財多科料錢過徵粮米強拿頭牲準折犧畜勒要金銀三倍作一常行慣便受贓入己禀囑本官賂托人情監禁拷打日夜逼刑只得曲從寃無伸訴害衆成家貪心得志○稔惡屢訪撥志教唆陰謀僥倖文過飾詞教唆扶撥強敦硬証纏告擠陷如石覆穽寃屈難伸昏天黑地○奸徒撥志故陷良民虛空造害毀謗誣人不識不知理宜教於理直奸心奸計何當故誘罪犯○勢梟因公專擅科斂民財損人利己慣惡糧長領票徵收粮料若干不依官價一槩倍徵多收銀兩刻剝肥家私致入己○伊富我貧傍人譏論絕義老無結果人親恥議[illegible]仁攔步得緝[illegible]貧于五[illegible]是思身[illegible]告中[illegible]且條[illegible]詭譎撥忘[illegible]

[illegible]誑恐嚇[illegible]訪強梁[illegible]

殺[illegible]豪惡除奸照察[illegible]美逕

欺官里[illegible]隸某人來家[illegible]衙門某官名色

衛所告乞准提照帳追還起[illegible]冀蘇早

叶[illegible]某件使用後知入己果實不叶○某遵當

狗遼鄉役使客路疏通[illegible]便上告

役某舖舖兵遞送公文並無故悞今被猾吏包

○懇天憐准行提斉斷追還父娘財本

抉舍人故將行李勒要挑送稍若不從逞兇擂

追究還籍免致經紀[illegible]拴通坐騙○

楚毆打貧弱只得聽從○專倚官勢某事下鄉

人命 告乞准提超生憐死除陰萬代上

私役人夫扛擡四轎把傘挑囊遍到民戶索需

告○告乞檢驗傷証明正典刑生死啣

鷄酒誆騙財物托斉陷民○窺人争競則激以

恩九泉感戴○懇告天台乞委清正廉

興狀詞因人病故則唆以使畜賴浸潤官長說

明官員檢驗明白庶使律法昭彰不致

事過錢交通吏典生事害民

冤獄覆盆投光上告

○附結段尾附遺

[illegible]告乞嚴令精兵人役張捕緝拿以

鄉宦 懇告青天勒除強暴追給田土還貧庶使

[illegible]民害上告○告乞准行緝拿應捕救

良善得生法無欺枉陰德萬便上告○奔臺告

民除害庶地方寧謐國法昭彰上告

衷情[illegible]伏 懇天洞揭覆盆蔽除黑弊不

受欺枉投光上告○奔臺[illegible]親提擒

拿剪冤劈奬不致冤[illegible]覆盆庶無欺枉

乞准提剪鋤殘横以正國法救拯塗炭激切告

告官 昧死懇天奮乾用離大彰國法以

地方積年 告乞拘拿麥除民害彰行國法代天

除民害萬代瞻仰上告○冒死懇天代

理物拯救良善含究上告○伏乞准呈差人訪

天行戮剪暴除苛以蘇民困投光上告

察擒拿懲治庶卑法紀彰施民無傚傚○伏乞

准行僉解原流庶免在家愈加民害○依乞准

理行拘逬軍僉解配所免致貽累

卷終

十郎印

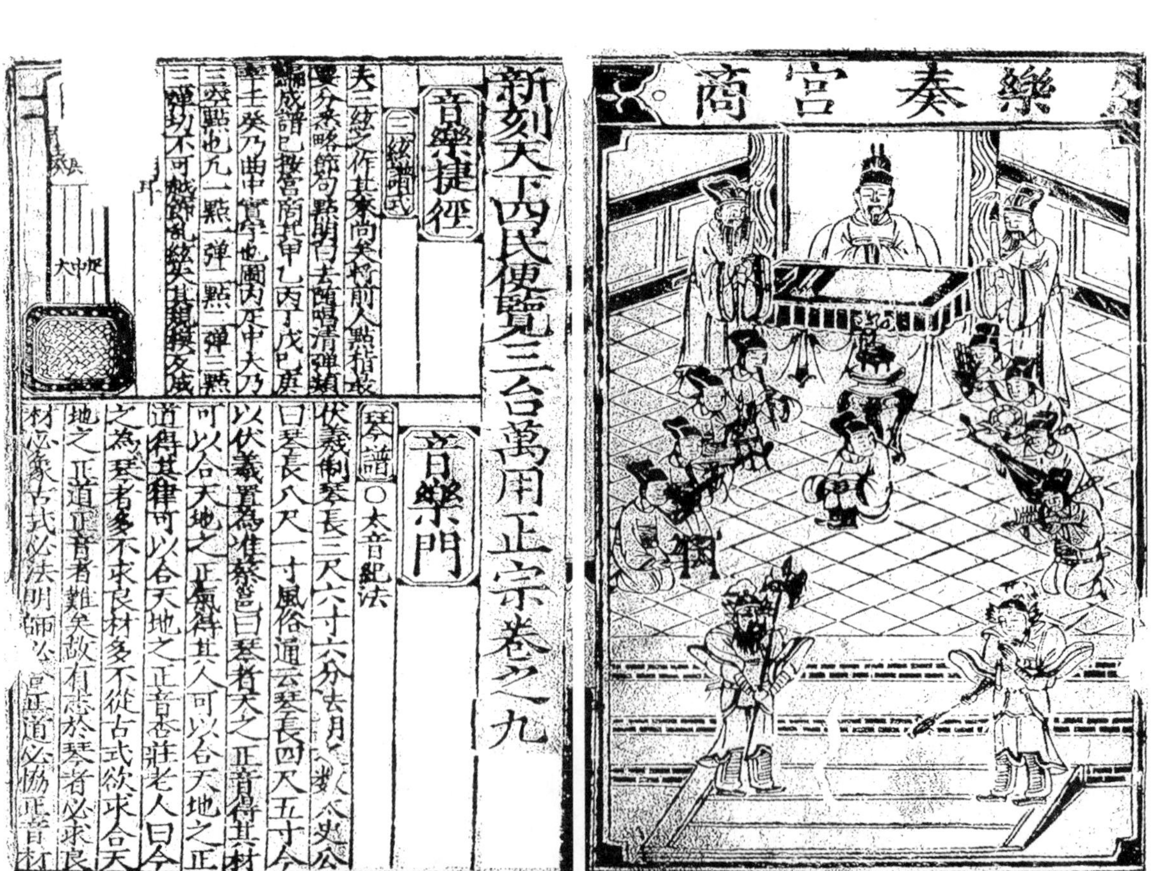

新刻天下四民便覽三台萬用正宗卷之九

音樂捷徑

三絃譜式

夫三絃之作其來尚矣將前人點指成

要分爲略節句點明白去商唱清彈頻

編成譜已徵宫商把甲乙丙丁戊己庚

辛壬癸乃曲中實字也圖內正中大乃

三弦點也九一點一弾一點一弾三點

三弾功不可紊節亂絃矣其規模及歲

音樂門

琴譜 ○太音紀法

伏羲制琴長三尺六寸六分去月之數[illegible]公

曰琴長八尺一寸風俗通云琴長四尺五寸今

以伏羲置爲准蔡邕曰琴者天之正音得其材

可以合天地之正氣得其人可以合天地之正

道得其律可以合天地之正音杏莊老人曰今

之爲琴者多不求良材多不從古式欲求合天

地之正道正音者難矣欲有志於琴者必求良

材必象古式必法明師必合正道必協正音材

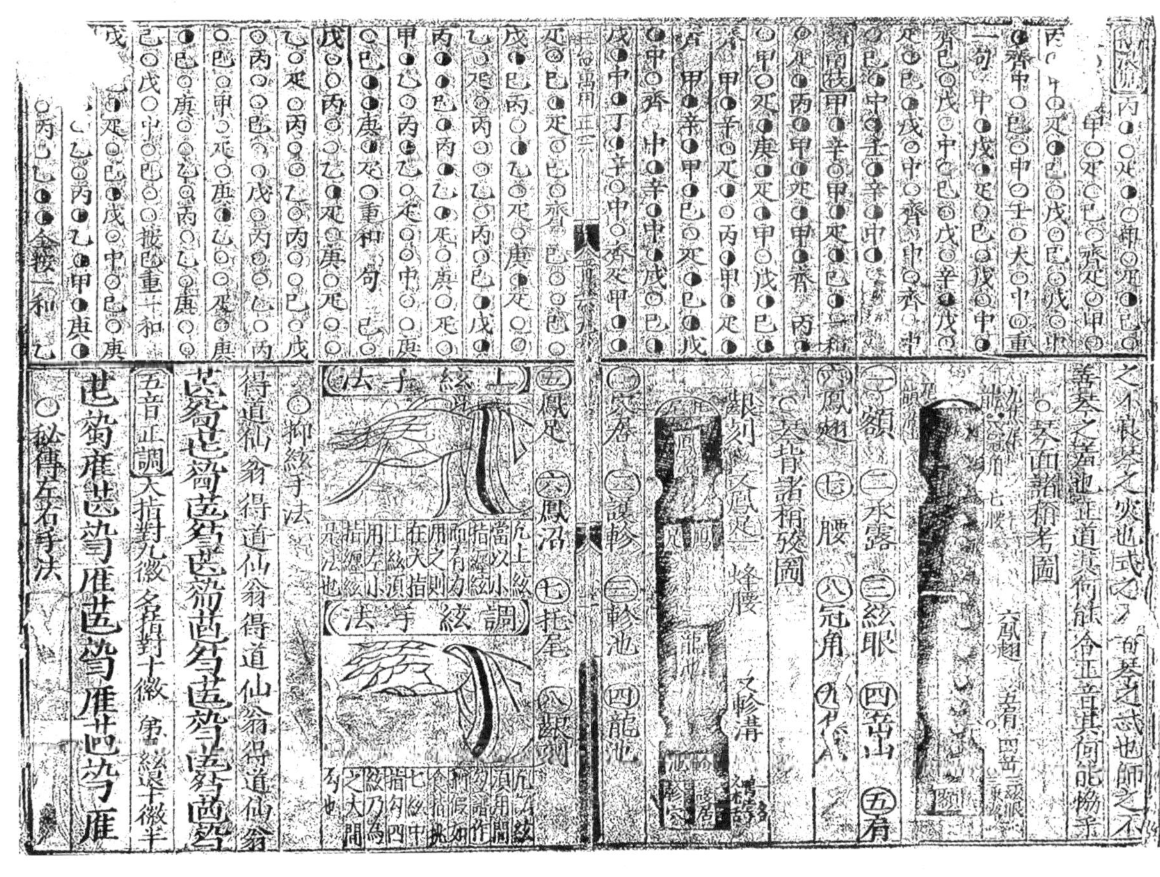

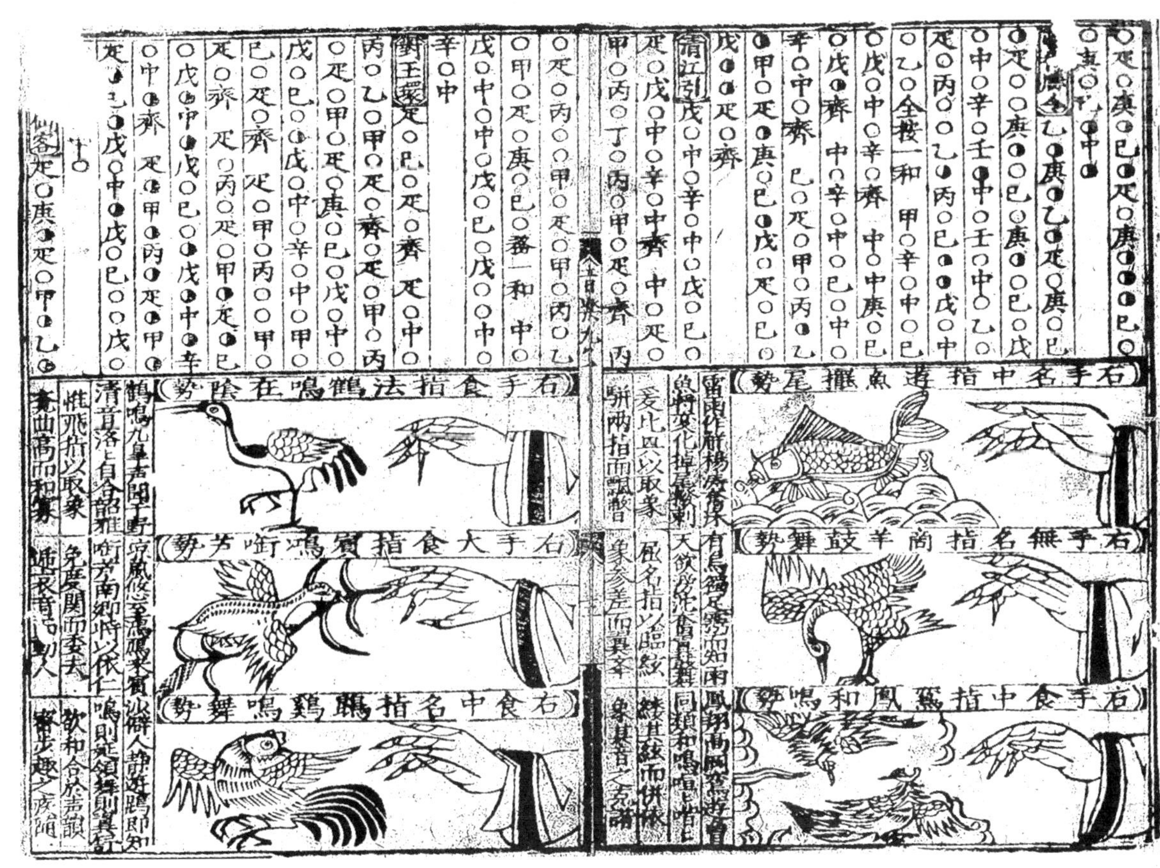

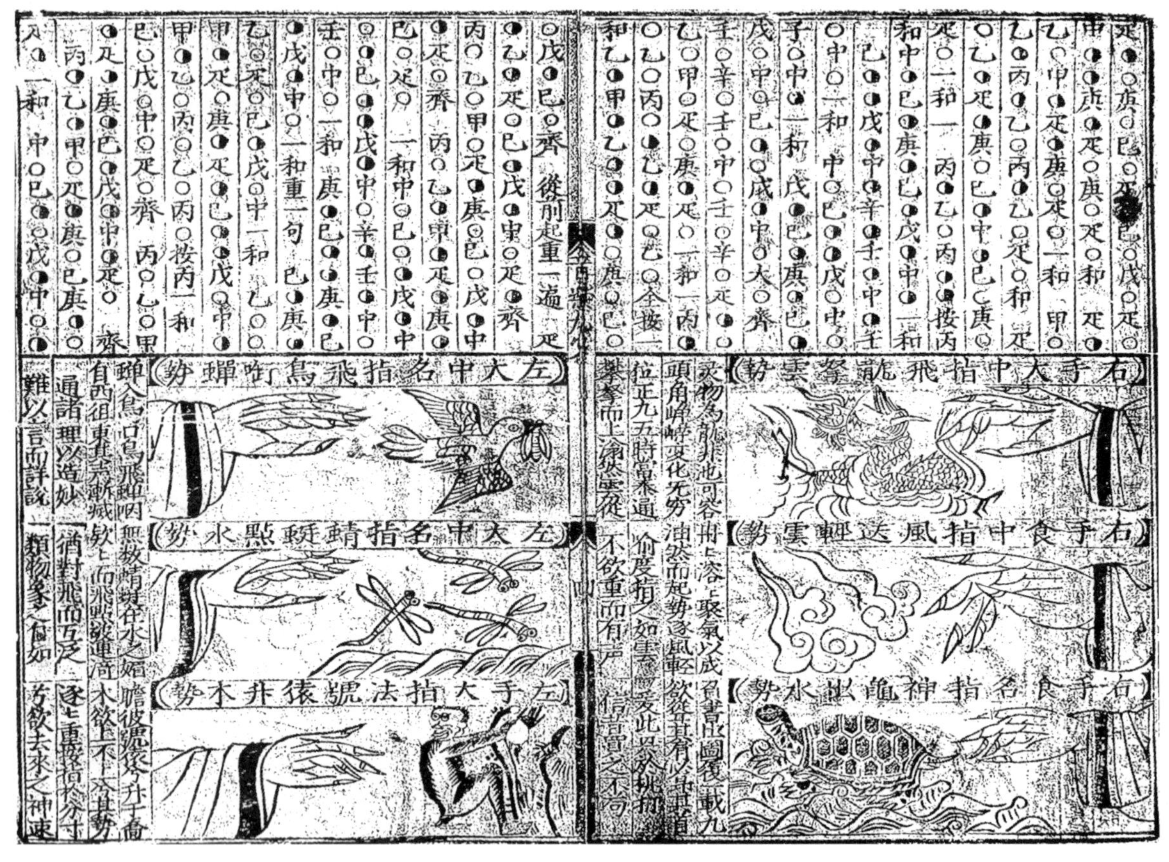
右手大中指飛龍拏雲勢
右手食中指風送輕雲勢
右手食名指神龜出水勢
左大中名指飛鳥啣蟬勢
左大中名指蜻蜓點水勢
左手大指法號猿升木勢

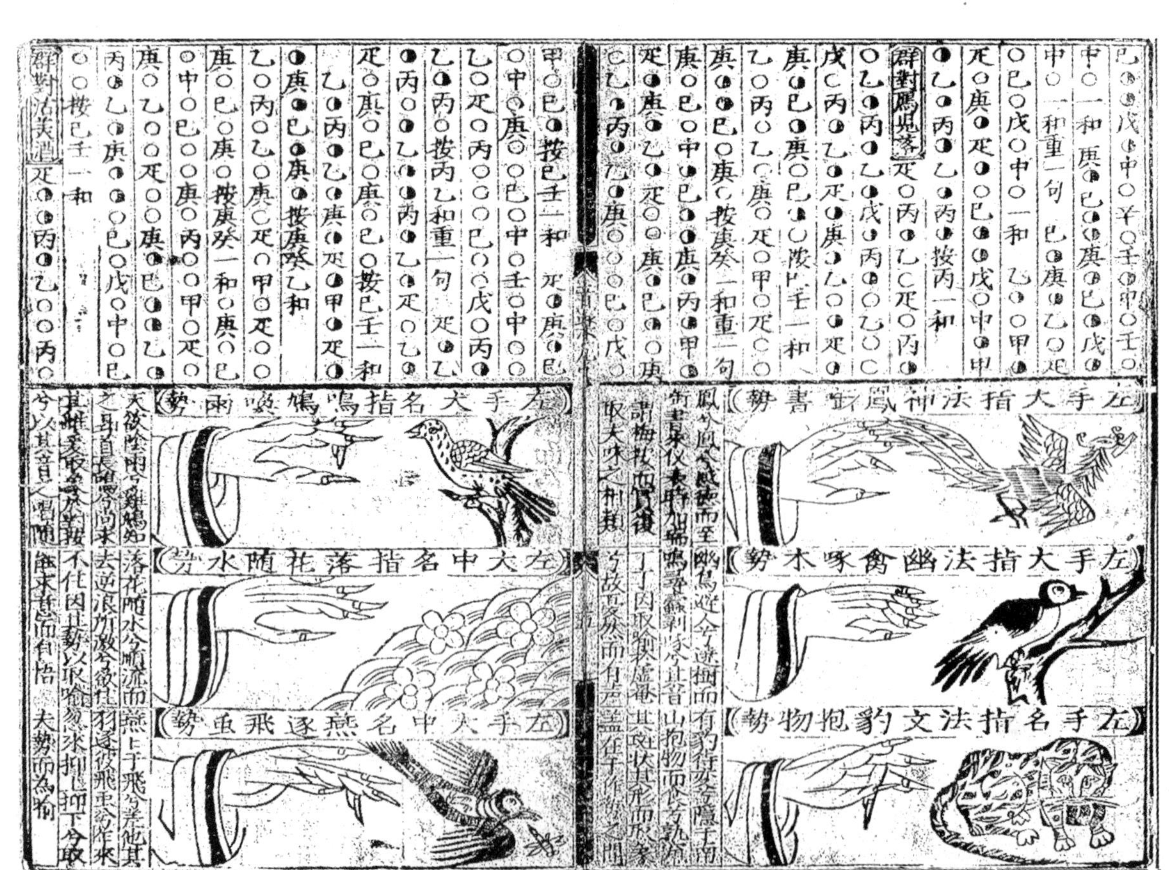
左手大指法神鳳銜書勢
左手大指法幽禽啄木勢
左手名指文豹抱物勢
左手大名指鳴鳩喚雨勢
左大中名指落花隨水勢
左手大中名燕逐飛蟲勢

子部　第四册

三絃譜終

簫笛譜

○十三徽按五為君徽六為臣徽

第一徽	名大簇屬正月，律其音在角
第二徽	名夾鍾屬二月，律其音在角
第三徽	名姑洗爲三月，律其音在宮
第四徽	名仲呂爲四月，律其音在徵
第五徽	名蕤賓爲五月，律其音在徵
第六徽	名林鍾爲六月，律其音在宮
第七徽	名爲君居於中，又象閏月也
第八徽	名夷則爲七月，律其音在商
第九徽	名南呂爲八月，律其音在商
第十徽	名無射爲九月，律其音在商
第十一徽	名應鍾爲十月，律其音在羽
第十二徽	名黃鍾爲十一月，律其音在羽
第十三徽	名大呂爲十二月，其音在宮

○七絃攷

琴凡七絃，其五絃之説，五音之意備矣。辨琴以琴身外大絃為一絃，為宮數，至身邊次第順來。一絃文武之説，乃堯帝加之六絃，柔而為文；七絃剛而為武，剛柔相應，以合君臣之德。世人不知辨詳宿術，誤傳一二絃為文武，所加非也。

絃	説
一絃屬土	為宮，在天符土星，分旺四季，最大，用八十一絲，聲重而尊，故為君
二絃屬金	主商，在天符金星，應秋之節，絃用七十二絲，為決斷，故為臣
三絃屬木	主角，在天符木星，應春之節，絃用六十四絲，以其觸地而出，故為民
四絃屬火	主徵，在天符火星，應夏之節，絃用五十四絲，萬物皆成休，故為事
五絃屬水	主羽，在天符水星，應冬之節，絃用四十八絲，聚清物之象，故為物
六絃文聲	主少宮，在天符文星，於人為文德柔以應剛
七絃武聲	主少商，在天符武星，於人為武功剛以應柔也

○五譜攷

宮屬土，信；商屬金，義；角屬木，仁；徵屬火，禮；羽屬水，智。

○彈琴須知

凡學彈琴之士，先究琴中意義，辨察音律，習試指法，洒掃净室，正其衣冠，嚴肅如對長者，以身

九三

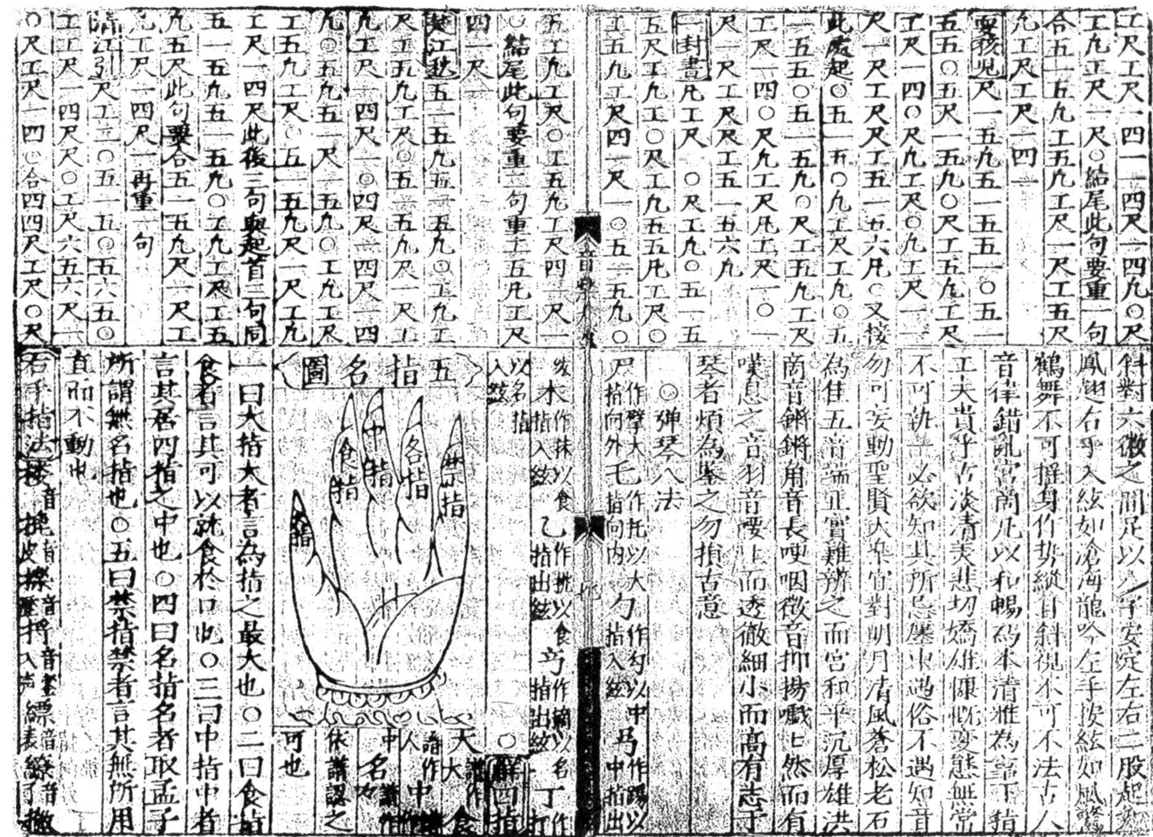

工尺工尺一四一四尺一四九○尺合五一五九工五九工尺一尺○結尾此句要重一句 九工尺工尺一四一 要發兆尺一五九五一五五一○五五○五尺一五九○尺工五九工尺工尺一四○尺九工尺○九工尺一尺一尺工尺工五一五六凡○又接 此處起○五一五○九工尺工九○五 一五五○五一五九○尺工五九工尺 工尺一四○尺九工尺凡工尺一○一 尺一尺工尺尺工五一五六九 一封書凡工尺○尺工九○五一五 五尺工九工○尺工九五五凡工尺○ 工五九工尺四一尺一○五一五九○

五工九工尺一○工五九工尺四一尺一 結尾此句要重一句重工五九工尺 四一尺一○四尺一四 謝江池五一五九五一五九○工九工 凡工五九工尺一四尺一○四尺一四 尺工五九工尺○五一五九尺一尺工 九○五九五一尺一五九○工九工尺 五一五九五一五九尺一尺工九 工五九工尺○五一五九尺一尺工九 工尺一四尺此後三句與起首三句同 五一五九五一五九○工九工尺工五 九五尺此句要合五一五九尺一尺工 九工尺一四尺一再重一句 隋江引尺工五○五一五○五六五○ 工工尺一四尺○工尺六五六尺一 ○尺工尺一四也合四四尺工尺○尺

針對六徽之間，足以八字安庭左右二股，起幾鳳翅右手入絃，如滄海龍吟；左手按絃，如鳳鶯鶴舞，不可擬身作勢，縱目斜視，不可不法古人音律，錯亂宮商。凡以和暢為本，清雅為尚，下指工夫，貴乎古淡，清美悲切，嬌雄慷慨，變態無常，不可執一。必欲知其所忌，塵中遇俗，不遇知音，勿可妄動。聖賢大樂，宜對明月清風，蒼松老石為佳。五音端正，實難辨之，而宮和平沉厚雄洪，商音鏘鏘，角音長嘆咽，徵音抑揚嘅乚然而有嘆息之音，羽音嘹亮而透徹細小而高，有志于琴者慎為鑒之，勿損古意。

○彈琴八法

尸作擘，大指向外；乇作托，以大指向內；勹作勾，以中指入絃；马作踢，以中指出絃；木作抹，以食指入絃；乙作挑，以食指出絃；亍作摘，以名指出絃；丁作打，以名指入絃。

○辨四指

天大諸作大；人食諸作食；中諸作中；名諸作名；依諸認之可也。

五指名圖

一曰大指。大者言為指之最大也。○二曰食指。食者言其可以就食於口也。○三曰中指。中者言其居四指之中也。○四曰名指。名者取孟子所謂無名指也。○五曰禁指。禁者言其無所用直而不動也。

右手指法

擽音 挑音 撥音 撮音 撥音 擫音 揮音 撫音 縹音 繚音 撤

一尺四门合工尺五[illegible]

蘇州歌 五尺工一尺五一〇五一五凡[illegible]

〇五一五凡〇五一尺五五六凡工[illegible]

凡工尺〇尺五凡〇尺五〇五〇凡五[illegible]

尺五尺六〇尺五凡工凡工〇尺五尺

六〇此調從頭再吹一轉即是蘇州歌也

〇皷經

皷板啓蒙[illegible]書今皇上盛世雨順風調民安國泰每過立冬除夕新年喜事賞雪觀梅月夕花朝傳盃壽誕慶七開筵家家慶會古云筵前無樂不成歡[illegible]筵前有樂錦上添花又云脚神好樂近世以來皷板衍中多深欲花哥意增減不遵古體以訛傳訛衆者又多[illegible]者又少孰是孰非誠可笑也今將古林皷板列成一帙與兩京名首皆同文者照此數打萬無一失謹白

錢塘虎跑山人 謹識

〇皷經次序

圈者皷也〇點者腔也〇乂者邊也〇相連者急也〇稀者緩也〇亽者板也從頭至尾打四轉為一套也後皆放此

〇皷經目錄

大德勝〇小德勝〇陣七贏〇急三鎗〇倒上橋〇鷺鷥撇脚 又名老鸛彈牙 曲東樂 又名[illegible] 曲和樂 又名重東[illegible] 摘豆芙〇狗朌咬

〇大德勝

[illegible]

左手指法

[illegible]

小德勝

[illegible]

此套完也

陣七贏

[illegible]

從頭再起

狗朌咬起頭同

[illegible]

琴有七要 (一)曰學琴者欲得風韻瀟洒無塵俗氣而與聖人雅樂相稱者佳 (二)曰[illegible]琴者欲其九德俱備無欲備材九德者奇古透潤静勻圓清芳是也 (三)曰下指沉静而不暴燥勻踢分明勿得乱錯 (四)曰曲調雅正不挾淫哇 (五)曰不為俗奏以培古人之高風 (六)曰聲無映奪欲得純正 (七)曰聽欲静慮不逐声色下指沉静而不暴燥喧貴輕重得中大重無清韻之声大輕無全之韻唯隨琴之強弱施指則取吟臑俱有味也 臑音[illegible] 声之韻也

十指提要 〇(一)心不散亂〇(二)審辨音律 (三)指法向背〇(四)指不鬬争〇(五)指用不疊 (六)指勢輕重〇(七)節奏緩急〇(八)高低起伏 (九)絃調和平〇(十)左右朝揖〇[illegible]右手弾絃不得過第四徽凡按絃如入木凡弾如斷絃

五功 〇(一)指法合宜〇(二)踈繫不雜 (三)吟揉不露〇(四)起伏有序〇(五)作用有勢

十善 〇淡欲今古〇取欲中矩〇輕欲不浮 重欲不麁〇拘欲不推〇逸欲自然〇緩欲不斷 縱欲自若〇力欲不蠢〇急欲不亂

五能 〇坐欲安 〇視欲專 〇意欲閑〇神欲鮮〇指欲堅

九不祥 〇不辯正聲〇乏按失度〇不調入弄 〇五音繁雜〇指曲不直〇緩急失度 〇不分吟徐〇不察音律〇不按法教入

五病 〇布指拙悪〇挑摘混清〇取作不圓

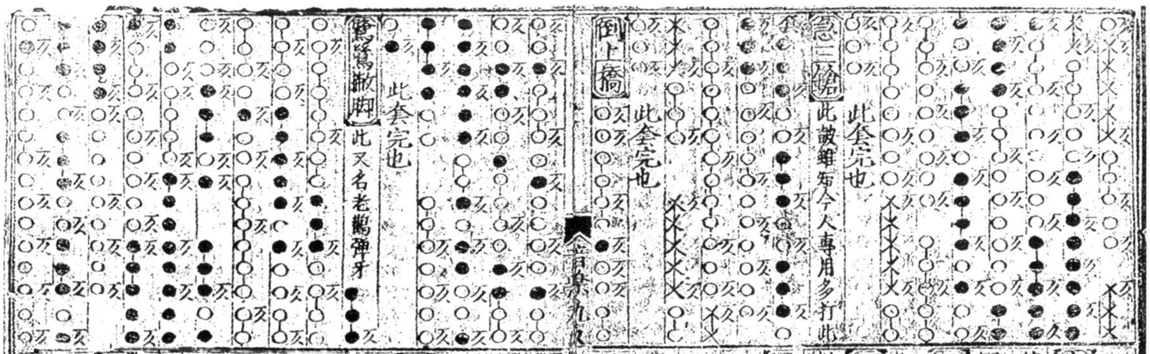

急三槍　此鼓雖無今人專用多打此

此套完也

倒上橋

此套完也

此套完也

鷓鴣斑脚　此又名老鸛弾牙

十病　○爲奏不成○遠作倡狂○太淡而散○多取如雜○其輕如摸其重如擂○繁指而鬧○其拘如怯○其逸若歌用力而艱○其發若昏○其急如昏

五忌　○頭足搖動○妄賜瞻視○錯乱中輟○精神散慢○手指疎懶

五不弾　疾風暴雨不弾○塵市不弾○對俗子不弾○不坐不弾○不衣冠不弾

大病有七　坐無規法搖頭動足一也○開口努目作驟志氣或覷視上下瞻顧左右二也○眼目疾速喘息氣粗進退無度形神散慢三也○面色变易或青或赤如慚四也○攻之歲久取声雜乱不尽五音雖能取声不雅用者手勢頗雜依指不富五也○調絃不知音韻不律動失正意聽無真声六也○弾琴之時吟咏過度節奏失宜而其音韻繁雜反自以為能有失古意七也

小病有五　弾琴之時身側欲偏手勢繁乱絃用指輕重不均一也○若左右總用甲其声焦枯雖有悲思全無韻声不均平二也○左右用肉多其声輕重濁鈍音韻不清取声太重散其清爽三也○左右用甲多肉少音韻不均律声輕重上叠平過上度急燥不較其音韻四也○取声輕而遲緩音律六韻制度不成調律無味也

五士操　(宮)黃鍾土伏羲養德(商)金相許由樂志以自隱(角)木相軒轅運神以樂道(徵)火相孔子養性以致治(羽)水相東方朔以頌仁德

如要殺破即打此遍殺罷了　從頭再起

此套完也

曲裏樂　此又名橋裏陽

吹曲

從頭打共二遍為前半套又吹另打後半套

吹曲

從後半套打起共二轉連前半套二轉總共四轉然後打殺尾

此套完也

曲和樂　此又名裏寒陽

吹曲

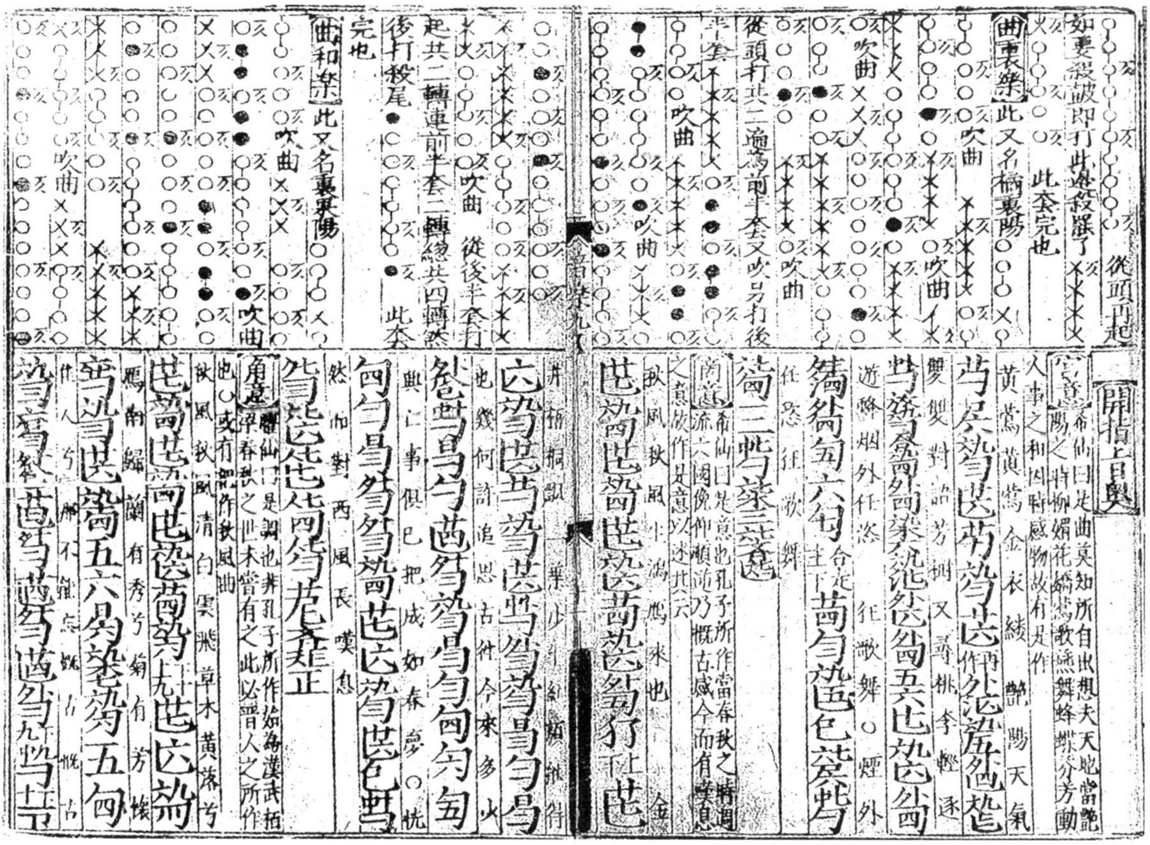

開指上日奥

宮意　希仙曰是曲莫知所自出想夫天地當艷陽之時柳媚花嬌鶯歌燕舞蜂蝶紛芳動人事之和因時感物故有是作

黃鶯　黃鶯　金衣　綫　韶　賜　天　氣

雙雙　對　語　芳　林　又　尋　桃　李　輕　逐

遊蜂　烟　外　任　恣　往　歌　舞　○　烟　外

任　恣　往　歌　舞

商意　希仙曰是意也孔子所作當春秋之時周流六國俛仰順逆乃慨古感今而有嘆息之意故作是意以述其云

秋風　秋風　十　淅　鴻　來　也　金

井　梧　桐　飄　葉　少　紅　顔　非　得

也　幾　何　詩　追　思　古　往　今　來　多　少

興　亡　事　俱　已　把　成　如　春　夢　○　恍

然　而　對　西　風　長　嘆　息

角意　希仙曰是調也非孔子所作始為漢武拓浮春秋之世未嘗有之此必晋人之所作也○或有認作秋風曲

秋　風　秋　風　清　白　雲　飛　草　木　黃　落　兮

雁　南　歸　蘭　有　秀　兮　菊　有　芳　懷

佳　人　兮　不　能　忘　古　古

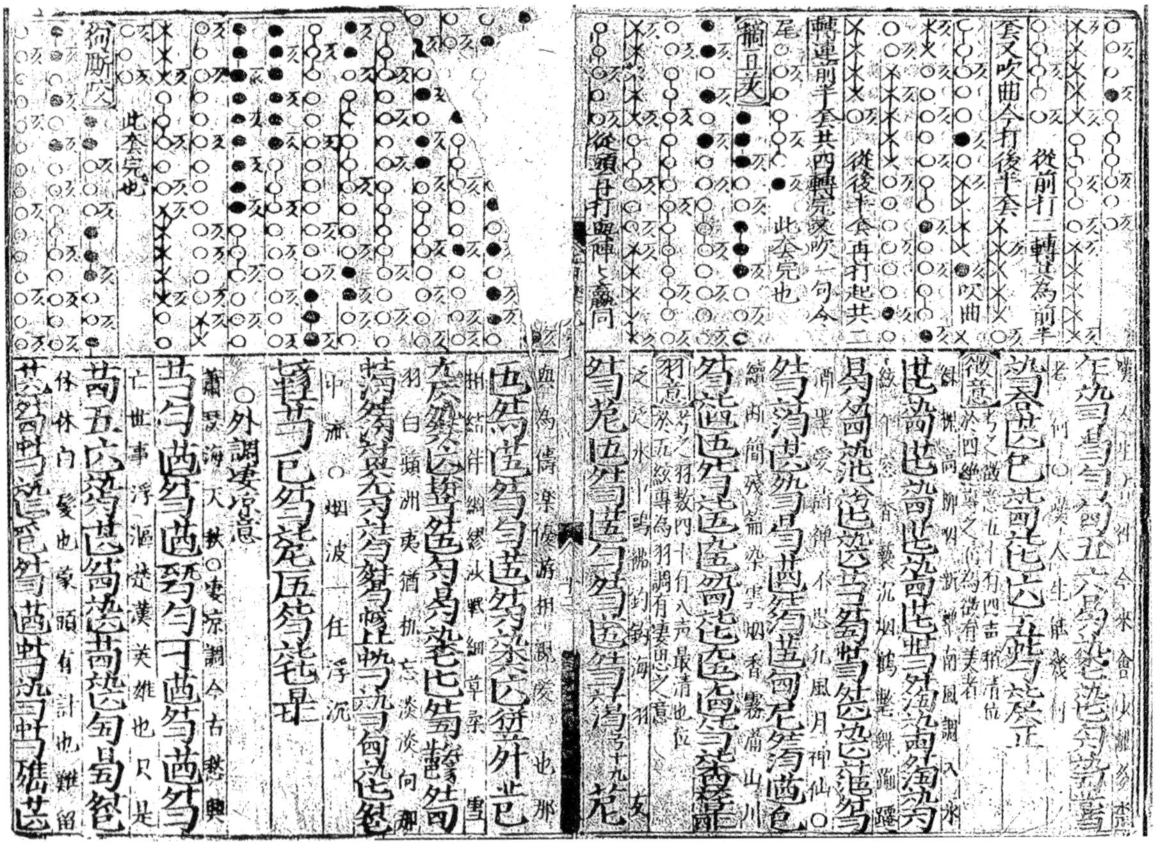

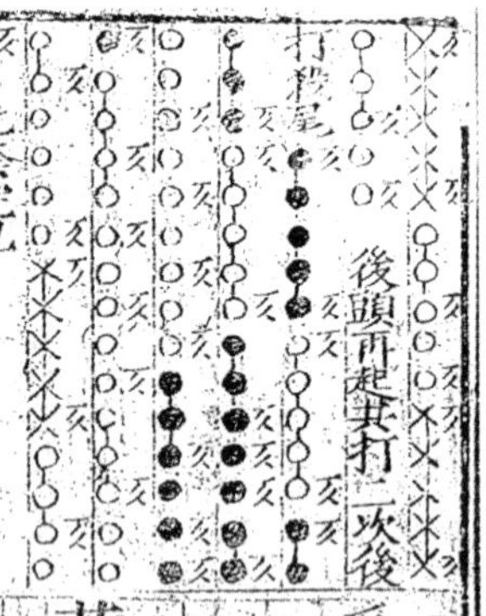

從前打二轉是為前半

從後半套再打起共二

套又吹曲今打後半套 吹曲

轉連前半套共四轉完又吹一句今

此套完也

從頭再打四轉

荷斷咬

此套完也

後意 於四絃專之商為徵者羨者

○外調凄涼意

蕭瑟海天秋○凄涼調今古愁興

亡世事浮漚從漢英雄也只是

休休白髮也蒙頭有計也難留

羽意 於五絃專為羽調有凄恩之意

中流○烟波一任浮沉

羽白蘋洲畔猶抑忘淡淡向

此套完也

○樂律本原

樂生音聲已定於律呂為聲也成文為音比音以為歌曲被之八音之器而樂之及干戚羽旄則謂之樂以陰陽升降之氣數定管以為音樂之法則謂之律所以然者蓋天地之間只是陰陽五行之氣而天地人物皆由是以生有氣則有声十二律之声天地之声也其在於物則出於八音之器其在於人則出於喉牙舌齒脣但天地得其氣之全故其氣之流行於十二辰之間升降進退必有贏縮多寡之數一定而不可易故其發而為声也必有高下清濁之殊亦一定而不可易物則得其氣之偏故必須制造成器而後其声始發又必以七二條為之數度齊過而後其声始正人雖得氣之全然囿於風氣而字音声氣有不能齊者亦必以律声正之而後其声始一合人與器之声均調節奏以成音曲而後樂始成焉是樂之為音也合天地人物而一以貫之也惟其出於一貫是以用之於郊廟朝廷則可以格神

⊜天喪予惜予齡而好學痛傷

○第一段 稷道無傳

杏壇吟 二名思賢操

大哉顏回嗟嗟人哉顏回思憶

顏回賢哉顏回哀哉顏回哀

苦也顏回痛傷情也顏回痛傷

惜道無傳惜乎顏回天喪予惜乎顏回

情也顏回顏回也顏回賢道何存今也則亡天喪斯文斯不長

○第二段 簞瓢陋巷

一簞食也顏回一瓢飲也顏回在陋巷加不改其樂賢哉顏回惜

惜當初在陳在蔡絕糧惜乎顏回

⊜前天喪予一節

○第三段 默識心通

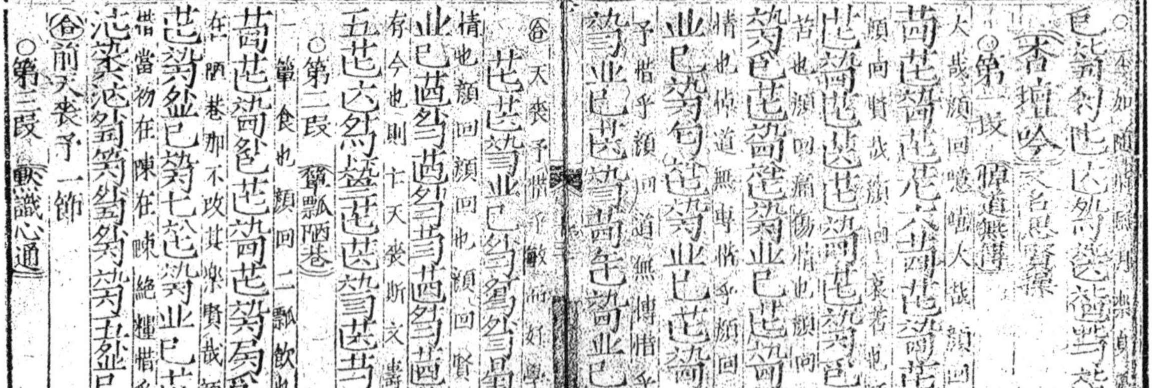

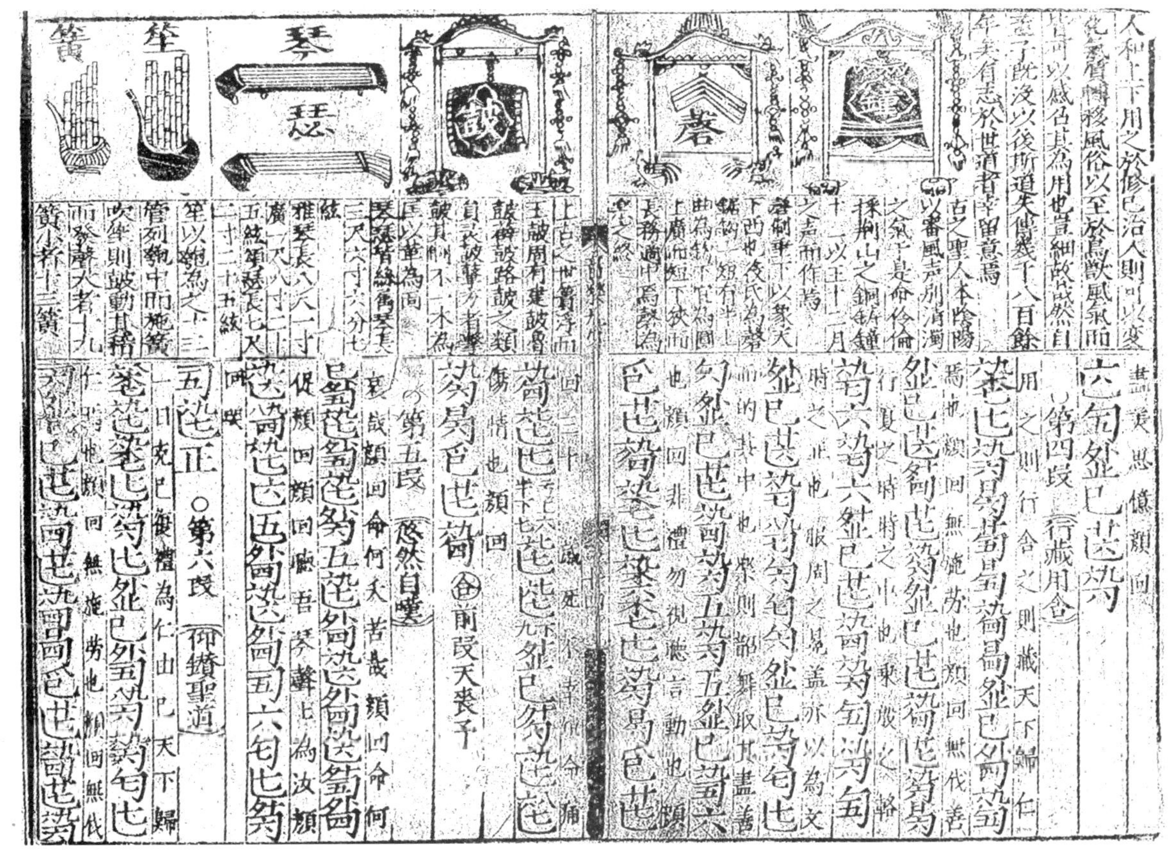

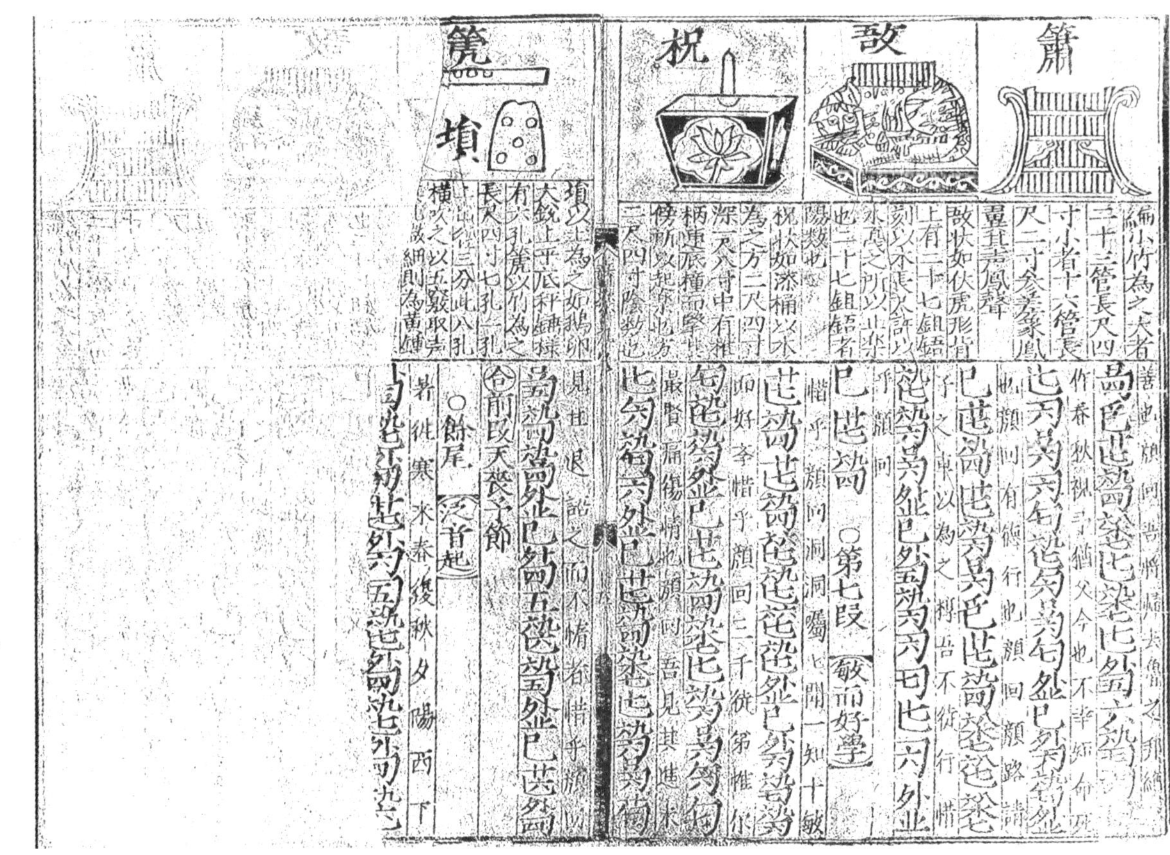

新刻天下四民便覽三台萬用正宗卷之十

牙牌適興

宋宣和二年臣𣅀等上疏謂覘民風而
萬治故設牙牌三十有二扇共計二百
二十七以按星宿布列之位譬天牌二
扇二十四點象天之二十四氣地牌
二扇四點象天地之東南西北人牌二
扇一十六點象夫仁義礼智人性之剛
柔而為惻隱羞惡辞讓是非和牌二扇
八點象夫太和元氣流行于八節之間
其他牌名類合倫理庶物器用因此表
上此煞貯于御庫疑未行及至
高宗仁明納諫聖意如式頒行天下尚
人士子樂敢鬪智輸贏無非忠君孝親
之術以習綱常倫理之正法善懲之類
族辯物繼世傳播其美

○鋪牌体格

九牙牌三人同鋪每人以八片為率信
手抓牌已定即先过左各出一牌餘二
牌要取色牌出若論點数亦要取極多
者為勝其牌勢取二色者為定若合凑
雜色要上四點以上至於十八點方可
成牌如十三點以下則八不搭五十不
搭三謂之亡牌或遇半分及後三綱五
常以下正牌勢不在點数取也或得天
不同地不同者幷八黑不紅一樣該賞
十籌若斷么絕六孤么孤紅并八不就
等牌一樣俱當五籌天地人和四牌一

五譜門

○象棋秘旨

將軍不離九宮内　士止一尖不離宮
象飛四方營四角　馬行一直一尖衝
砲須隔子打一子　車行直路任西東
惟卒止能行一步　過河橫進退無蹤

總括歌曰

中砲局勢

起砲在中宮　棋觀氣象雄
馬常守中卒　士上必相圓　象眼深防塞
卒宜左右攻　居將砲車敵　馬出渡河容

士象局勢

砲向士角安　車行兩路前
過河車包上　砲在後為先　集車拿士象
仍教砲向前　敵人輕不守　捉將不為難

飛砲局勢

砲居邊塞上　臨陣勢如飛
虛嘴并圖像　衝前敵勢危　絕摘尋先子
無語自沉吟　車將車破敵　變化少人知

象局勢

象局勢能安　行車出兩邊
車先河上立　馬在後遮攔　砲急尋常動
上士必相圓　相眼深防塞　中心卒莫行
勢成防動砲　攻敵兩河邊　勸君依此訣
捉將有何難

破車勢

一車在中宮　鴛鴦馬上攻
一車河上立　中卒向前衝　引車塞相眼
砲在後從容

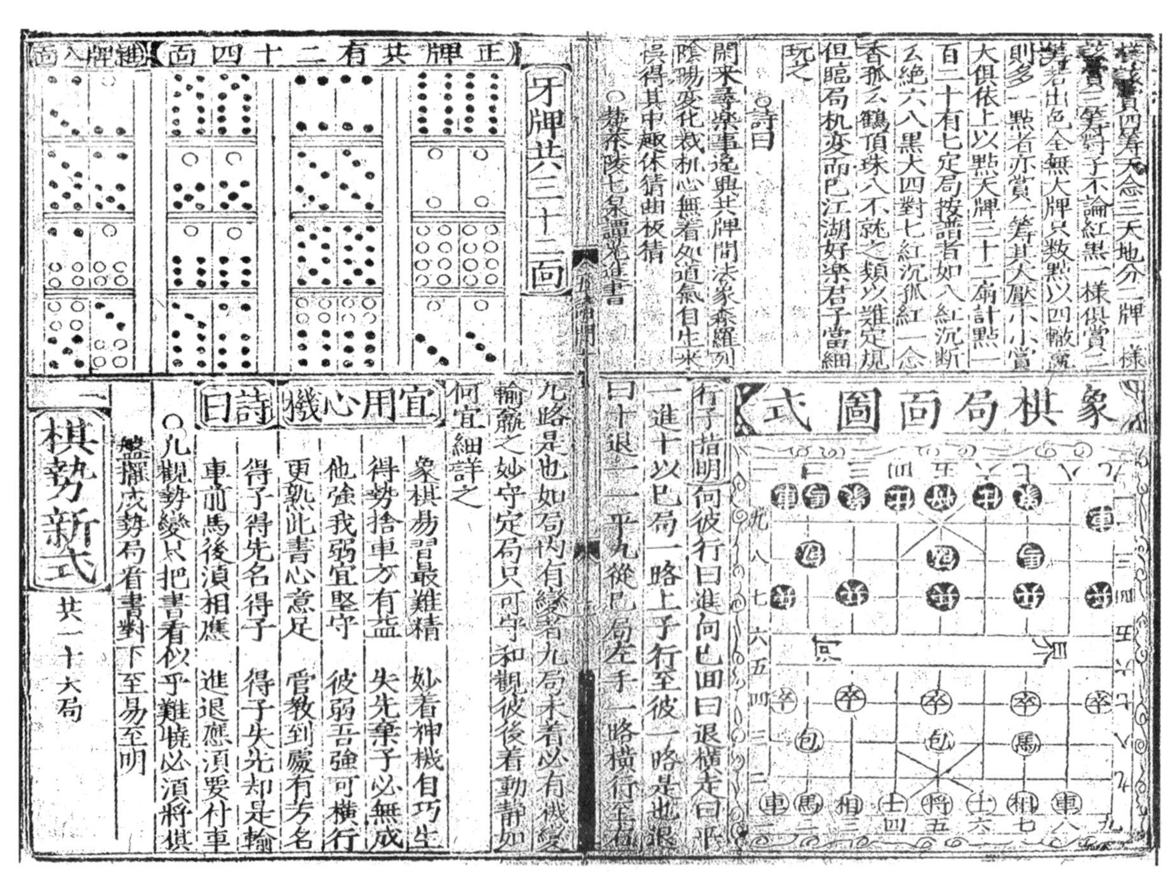

樣俱賞四籌天念三天地分二牌一樣
俱賞三籌若對子不論紅黑一樣俱賞二
籌若出色全無大牌只数點以四轍為
則多一點者亦賞一籌其大壓小小當
大俱依上以點天牌三十二扇計點一
百二十有七定局按譜者如八紅沉斷
么絕六八黑大四對七紅沉孤紅一念
香孤么鶴頂珠八不就之類以難定規
但臨局机变而已江湖好樂君子當細
玩之

○詩曰

閑來尋樂事逸興共牌間法象森羅列
陰陽変化栽机心無着処道氣自生來
湏得其中趣休猜曲板猜

○楚茶陵七泉譚光進書

牙牌共三十二面

正牌共有二十四面　雜牌八面

象棋局面圖式

行子指明　何彼行曰進向巳面曰退橫走曰平
一進十以巳局一路上子行至彼一路是也退
曰十退一一平九從巳局左手一路橫行至右
九路是也如局內有變者九局未着必有機變
輸贏之妙守定局只可守和觀彼後着動靜如
何宜細詳之

宜用心機詩曰

象棋易習最難精　妙着神機自巧生
得勢捨車方有益　失先棄子必無成
他強我弱宜堅守　彼弱吾強可橫行
更熟此書心意足　管教到處有芳名
得子得先名得子　得子失先却是輸
車前馬後須相應　進退應須要付車

○凡觀勢變只把書看似乎難曉必須將棋
盤擺成勢局看書對下至易至明

棋勢新式　共一十六局

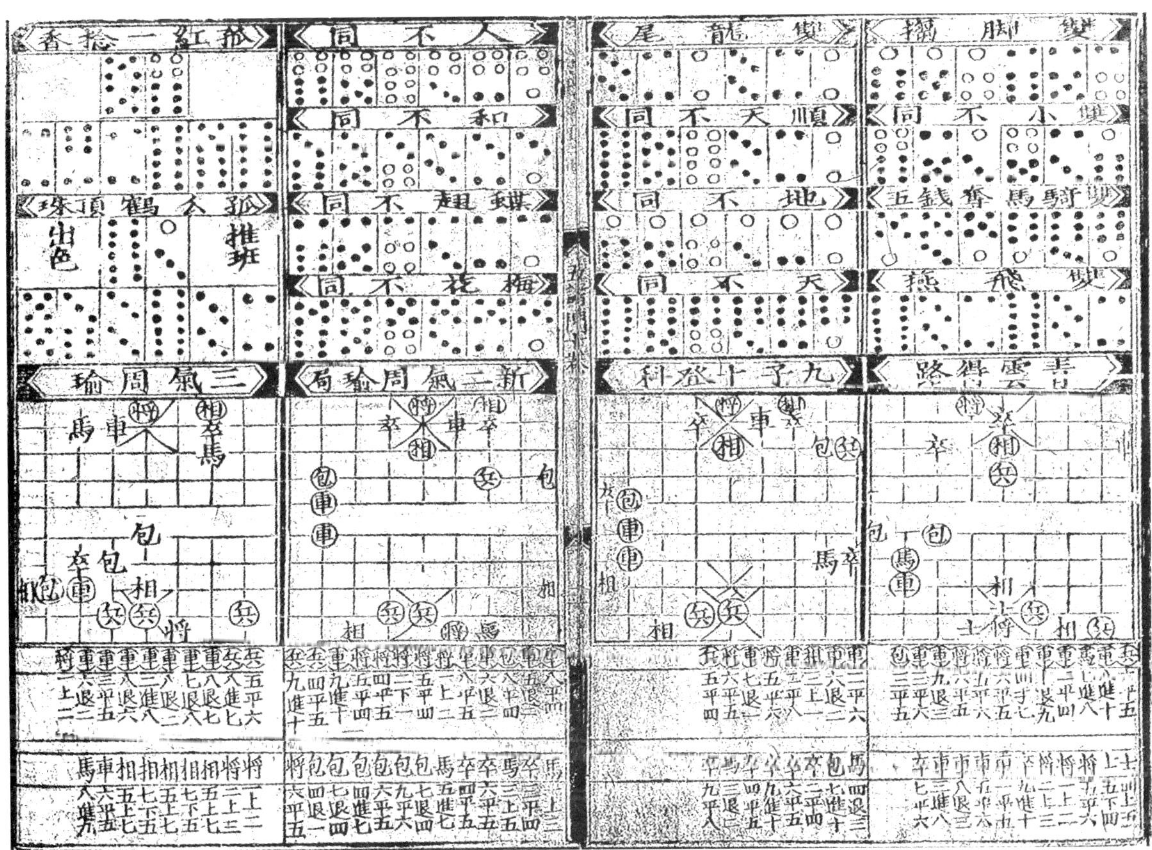

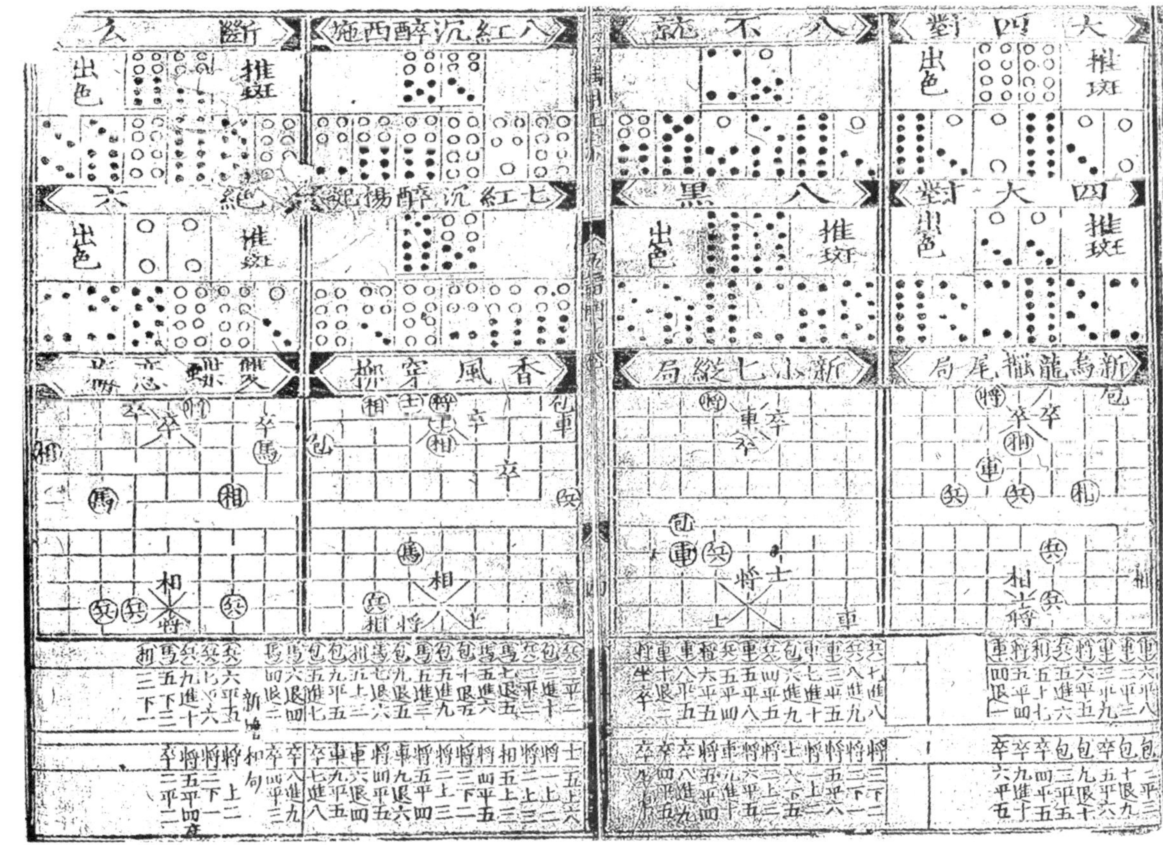

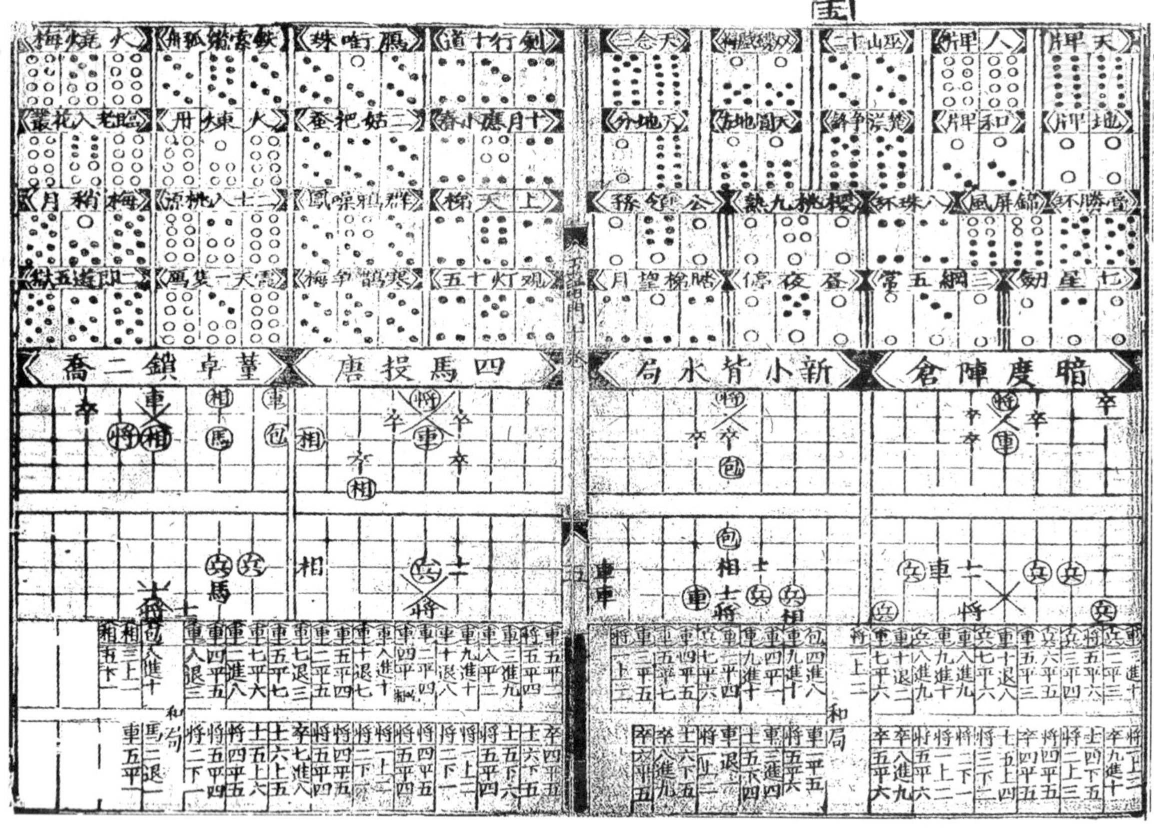
暗度陳倉
新小背水局
四馬投唐
董卓鎖二喬

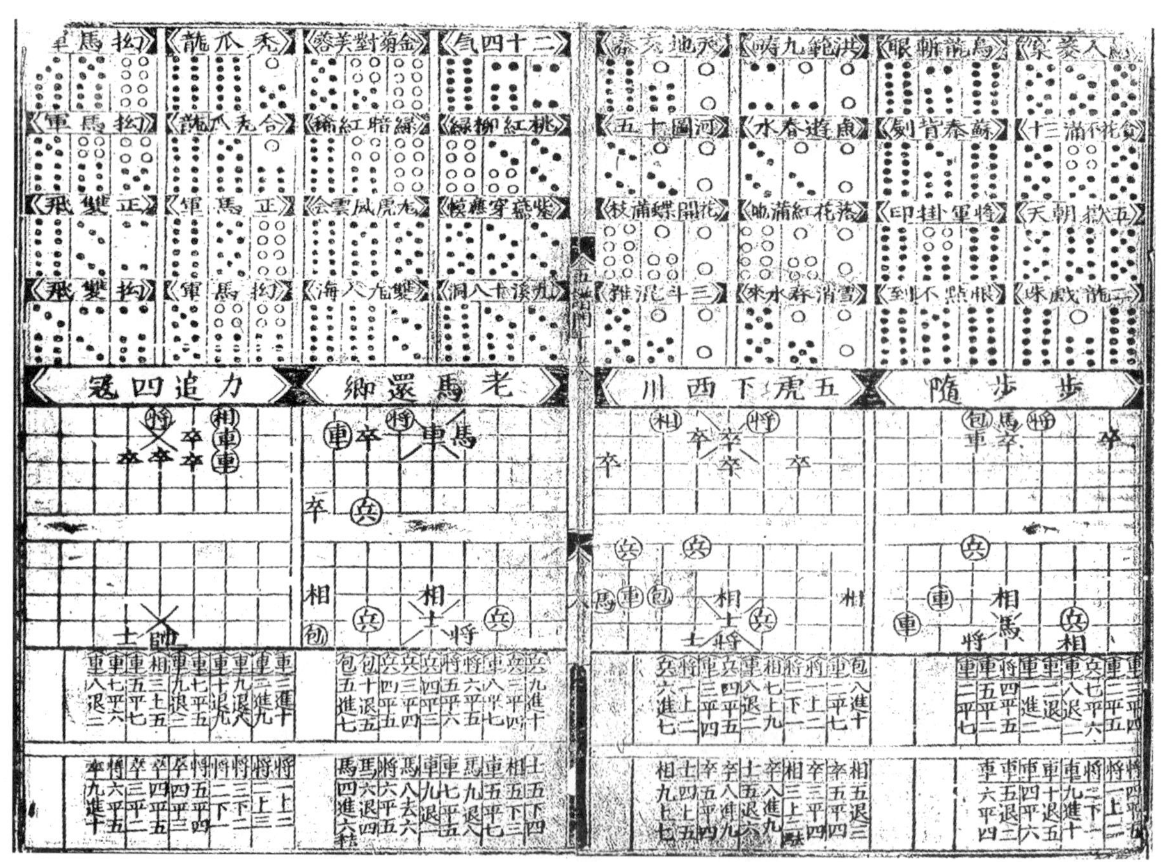
步步隨
五虎下西川
老馬還鄉
力追四冠

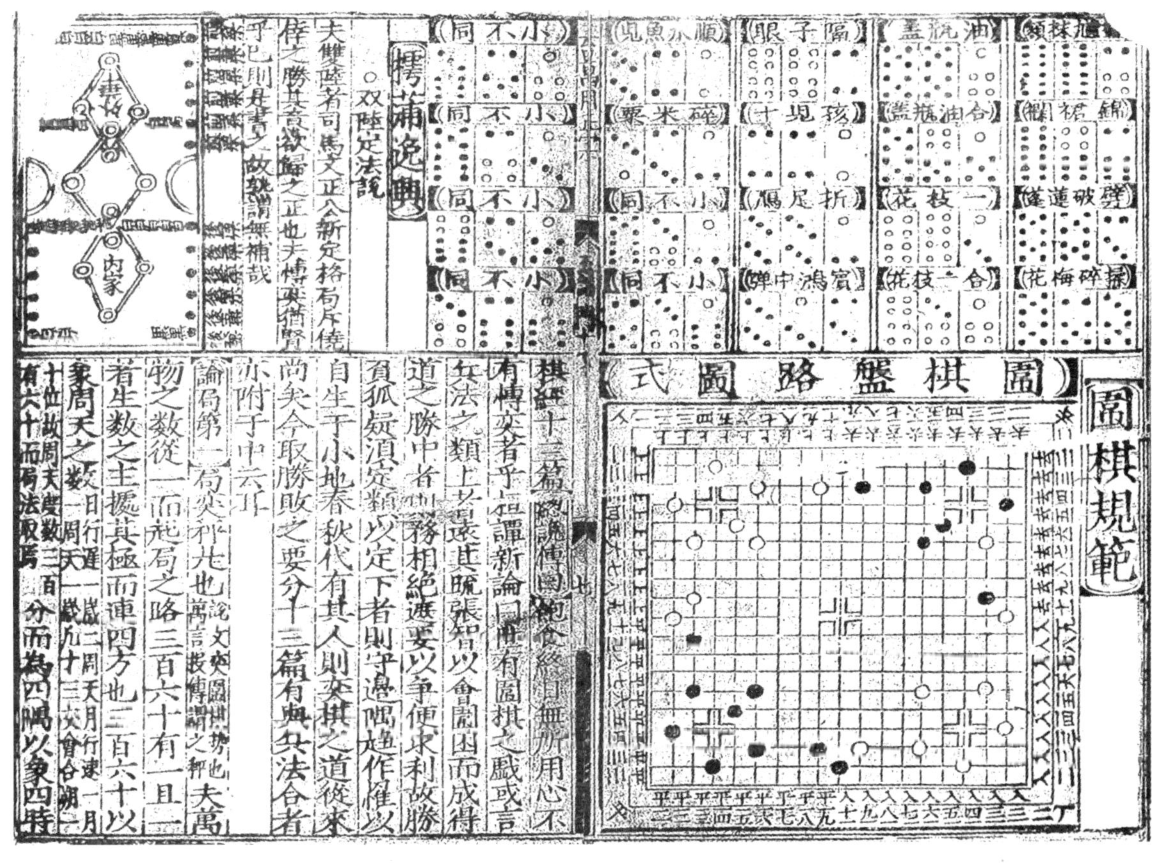

圍棋規範

圍棋盤路圖式

樗蒲逸典

○双陸定法說

夫雙陸者，司馬文正公新定格局，序僥倖之勝，其意欲歸之正也。夫博奕猶賢乎已，則是書也，故孰謂無補哉。

棋經十三篇（總說博圖）

飽食終日，無所用心，不有博奕者乎？桓譚新論曰：世有圍棋之戲，或言兵法之類。上者遠其疏張，置以會圍，因而成得道之勝；中者則務相絕遮要，以爭便求利，故勝負孤疑，須定類以定；下者則守邊隅，趨作罫，以自生于小地。春秋代有其人，則奕棋之道從來尚矣。今取勝敗之要，分十三篇，有與兵法合者，亦附于中云耳。

論局第一

局奕行先也（說文：奕，圍棋也。萬言博謂之奕）。夫萬物之數從一而起，局之路三百六十有一。且一者，生數之主，據其極而運四方也。三百六十以象周天之數（日行遲，一歲一周天；月行速，一月一周天；一歲凡十三交會合朔），分而為四隅，以象四時。

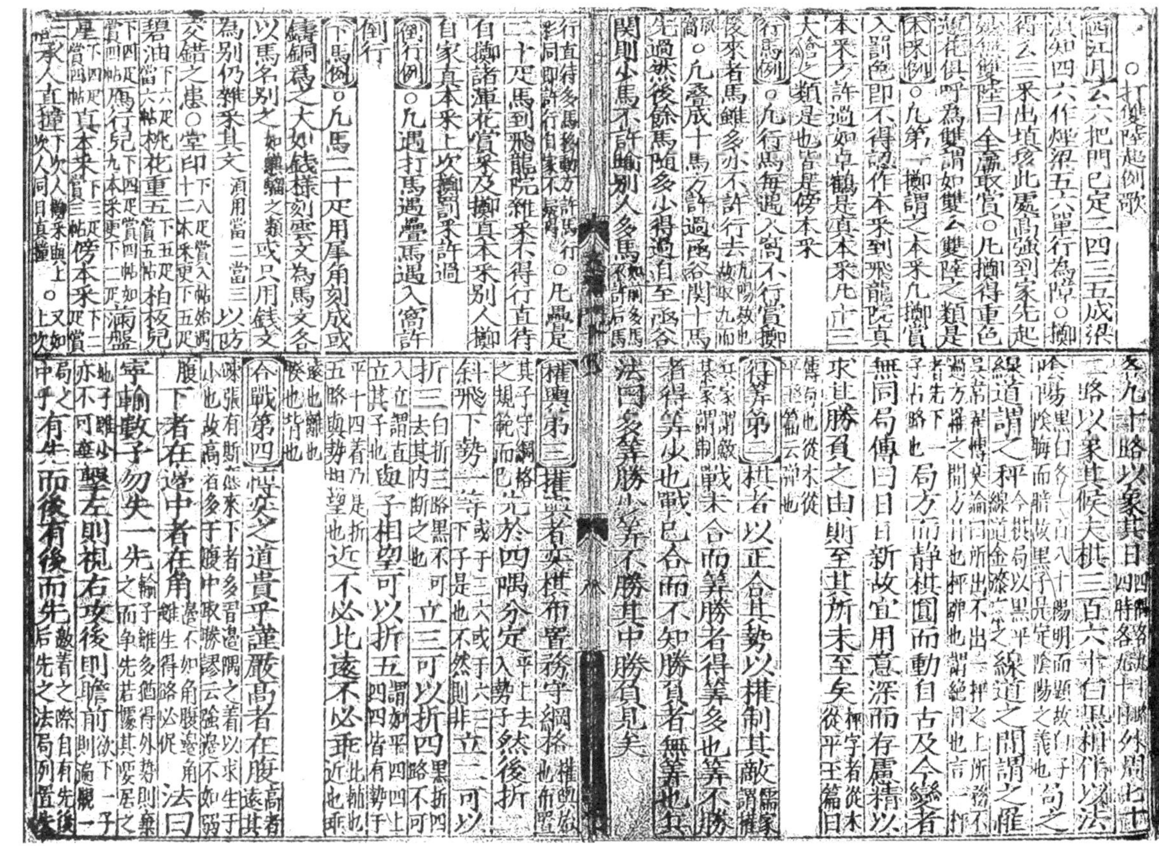

○打雙陸起例歌

西江月云：六把門已定，二四三五成梁，須知四六作橋梁，五六單行為障。○擲得三采出，填孩此處須強，到家先起雙陸，曰全贏最賞。○凡擲得重色花俱呼為雙，謂如雙么、雙陸之類是。

本采例　○凡第一擲謂之本采。凡擲賞入罰色，即不得認作本采，到飛龍院真本采方許過，如卓鶴是真本采。凡么二三大合之類是也，皆是傍本采。

行馬例　○凡行馬每遇入窩，不行賞擲，後來者馬雖多亦不許行去。窩○凡疊成十馬，亦許過函谷關，十馬先過，然後餘馬隨多少得過。自至函谷關，則少馬不許輸別人多馬，行直待多馬移動方許馬行。○凡疊是二十疋馬到飛龍院，雖采不得行，直待自擲諸渾花賞采及擲真本采，別人擲自家真本采上次擲罰采許過。

倒行例　○凡遇打馬、遇疊馬、遇入窩，許倒行。

下馬例　○凡馬二十疋，用犀角刻成，或鑄銅為之，大如錢樣，刻雲文為馬文，各以馬名別之，或只用錢文為別，仍雜采其文，以防交錯之患。○堂印、碧油、桃花重五、柏枝兒、雁行兒、滿盤星、真本采、傍本采……

隅各九十路，以象其日（四時各九十日）。外周七十二路，以象其候。夫棋三百六十，白黑相伴，以法陰陽。局之線道謂之枰，線道之間謂之罫。局方而靜，棋圓而動，自古及今，奕者無同局。傳曰日日新，故宜用意深而存慮精，以求其勝負之由，則至其所未至矣。

得算第二

棋者，以正合其勢，以權制其敵。……戰未合而算勝者，得算多也；算不勝者，得算少也。戰已合而不知勝負者，無算也。兵法曰：多算勝，少算不勝，其中勝負見矣。

權輿第三

權輿者，奕棋布置，務守綱格。先於四隅分定勢子，然後拆二斜飛，下勢一等。立二可以拆三，立三可以拆四，與勢子相望可以拆五。近不必比，遠不必乖。

合戰第四

博奕之道，貴乎謹嚴。高者在腹，下者在邊，中者在角。法曰：寧輸數子，勿失一先。擊左則視右，攻後則瞻前。有先而後，有後而先。

人先擲得好九下次應擲得承人傍撞采九卽從下三疋賞三帖次上次人先擲得好九下次應擲得罰然九采皆是傍撞下三疋賞三帖自擲賞色銀十之類下二疋賞二帖別人擲得自家真本采下三疋賞三帖別人擲得自家傍本采各下二疋賞二帖一上次擲罰采下二疋賞二帖餘散采下一疋○凡下次人未有本采上次人雖擲得賞采不理作賞采

打馬例 ○凡多馬遇少馬點數相及卽打去馬上數同亦許打去任便自下凡打去朶馬作一十疋倒半盆被人打出局如願自下者聽

入夾例 ○凡遇飛龍院下三路謂之夾散采不許行遇諸夾采方許行遇諸夾采足也謂如六么行路么上不行六路之類

落塹例 ○凡上乗局下一路謂之塹不行不打雖有馬到亦同落塹謂之同其患难直待自擲諸渾花賞采真本須要本采別人擲自家真傍本采上次擲罰采下次擲真傍撞方許依元初下馬之数飛良飛盡為倒盆每飛帖定一疋賞一

倒盆例 ○凡十疋先到函谷關半盆倒打去別人全馬倒半盆全馬先至尚乗局為細滿倒倍盆如遇上乗局子分先滿到盆落遇尚盡滿到盆

賞帖例 ○凡謂賞帖者臨時商度用義為帖不過三錢多卽復重以供自擲諸渾花賞真傍本采各隨下馬疋数下十十帖下一疋賞一帖和局人皆供別人擲真傍本采隨手真傍撞上○馬疋数謂如一疋賞一帖犯事人供凡打得一馬賞一帖被打人供○滿塹飛出馬一疋賞一帖

宜則敗矣兩生忽斷皆活勿連彼棊兩處皆生雖斷之何益我棊兩處皆活何必連為一也闊不可太踈密不可太促與其恋子以求生不若棄之而取勝下棊者多惜其子愛其少而失也貪小利不顧失大則敗與其無事而強行不若因之而自補吾巧計之中強欲強也謂不當行而行也于己無益于敵無損又或因無事而行則彼疑上則顧然後彼他境彼衆我寡先謀其生勿與敵抗所謂避彼而必補其虛我衆彼寡務張其勢張吾三軍之勢言取其勢不必專殺兵法曰敵強則用智敵弱則用勢善勝者不爭善陣者不戰善戰者不敗善敗者不亂勝敗棊家之常苟知其敗謹守疆境亦不至於紛亂奔敗夫棋始以正合終以奇勝合奇正之義四顧則能守不可破也中則圖小則攻倍則分敵敗則戰少則逃寡則避此謂善棊士也當敵為一正奇出為一奇是謂迎掩人不備昧者不知其害專圖其利凡敵無事深入敵境戰勝相攻斷不能連救而有神者有侵絕之意也宜防之棄小而不救者有圖大之心也宜熟察之隨手而下者無謀之人也強者計先定方下一子弱者臨手而下不思遠慮若失先後不思而應者取敗之道也應者取其應對之義弱者欲以西北中其計故取敗下子以許敵則先于東南急下弱者不思而急應則必

虛實第五 夫奕棋緒多則勢分緒若練絲有頭緒也傳曰奕忌分勢分則难救強者務格弱者務多起頭緒然後聲東則擊西遂左則救右使奔走之不暇也救棋勿逼逼則使彼實而我虛虛則易攻實則难破實則勿後行宜緩虛則宜急以後行臨時变通宜勿執一執一者如守株待兎是也

自知第六 夫智者見於未萌愚者暗於成事故知己之害而圖彼之利者勝知可以戰不可以戰者勝不知不可以進為之進不知不可以退為之退故取其敗識衆寡之用者勝知衆可以敵寡知寡不能敵衆故宜先求其先也勿擊知寡以虞待

□例 ○凡起初若擲得三五行馬則旋梁二四為成梁么六亦成梁凡馬单行便成梁不成么三二四三五四六皆做得成梁或单行任意

到家例 ○凡行馬須擲本采行馬左行右轉到家右行左轉到家左右一同下盡得起只得人起小如擲采未出仍要依采行凡持馬先後宜擲色用之

双陸格制 雙陸率以六為根其法左右各十二路號曰梁白黒各十五馬右前六梁左後一梁各布十五馬右後六梁二馬左前二梁三馬白黒相偶用骰子二其采行白馬自右歸左黒馬自左歸右或以二骰之数各行一馬或行二馬或移或疊凡馬單立則敵馬可擊兩為相比為一梁他馬既不得打亦不得同途凡遇打必候元入局處空位與采相當始得下謂如第三梁空△為得三采則下聽打者未下則他馬不得行至後六梁謂之歸梁凡已歸梁已滿如打得他馬卽併馬於近下五路只開後一梁為敵人地右不獲他馬即不移歸頭梁之內須擲視其采拈出二馬数有餘則取不足則否采小不取則併移歸下梁常須留兩馬不可移動動則頭破後六梁謂之末梁馬先出尽為勝勝而他馬未歸或歸梁而無一馬出局則勝双籌凡賞罰之籌唯所約元有定数

歌曰 凡推南為外半進門不作

以逸待劳者勝不虞者勝故設術使之虛佯敗使以殺彼以戒己為之備敵來戰必敗也我先活則逸彼未生則劳布棋入格不戰而屈人者勝自知者明不戰自勝

審局第七 夫奕棋布勢務相接連連則棋勢不分分則脉背受敵被攻則齒寒也自始至終着着求先下子必原乃戰人而不戰于人我欲戰彼不得不與我戰此是得先手也臨局交爭雌雄未決毫釐不可以差焉着上入局亦然勝也局勢已羸專精求生局勢已弱銳意侵綽勿謂已弱投子于死地以求僥倖之勢或勢在危疑之間必須死中求生敗中取勝此智也入死不可為沿邊而走雖得其生者敗強者壓弱者尋邊乱走焉能得勝弱而不伏者愈屈躁而求勝者多敗兩勢相圍先促其外從迫也勿欺其中先謹其外者勝勢孤援寡則勿走走則彼棋勢堅固勢堅則後行否則难以施其巧也是故棋有不走之走有不下之下不走則勢強七則後乃存不下者之則死不下則生誤人者多方成功者一路而已奕棋兩敵均焉一着或失終莫能救況多失者乎古今勝負皆因一誤而已棊說本来只許滿六路便是成功明智達此故以百戰不怠古云頭尾只求多一路不須大敗笑傍觀如唐用兵未嘗大勝亦未大敗守法故也薛萬徹若不大勝卽須大敗會殺故也能審局者則多勝

度情第八 棊勝負可得而先驗曰夫持重而廉者多得輕易而貪者多喪不爭而自保者多勝務殺而不顧者多敗因敗而思者其勢進思其所以敗也戰勝而驕者其勢退將心自驕則患生于怠求己弊而不求人弊者益攻其敵而不知敵之攻己者損兵法曰知彼而知己百戰百勝自凝一局者其思周心役他事者其慮散戒在專意孟子曰奕之為数小数也不專心致志則不得也奕秋通國之善奕者也使奕秋誨二人奕其一人專心致意惟奕秋之為聽其一人雖聽之一心以為有鴻

故行遠而正者吉，機淺而詐者凶。

自畏敵者強，謂人莫己若者亡。

通者高，心執一者卑。

語默有常，使敵難量；動靜無度，招人所惡。他人有心，予忖度之。

斜正第九

兵本不尚詐，謀言詭道者，乃戰國縱橫之說。棋雖小道，實與兵合，故棋之品甚繁，而弈之者不一。得品之下者，舉無思慮，動則變詐，或用手以影其勢，或欲言而泄其機。得品之上者，則異於是，皆沉思而遠慮，因形而用權，神游局內，意在子先，

圖勝於無朕，滅行於未然，豈假言辭喋喋，手勢翩翩哉！傳曰：正而不譎，其是之謂也。

洞微第十

凡棋有益之而損者，有損之而益者；有侵之而利者，有侵之而害者；有宜左投者，有宜右投者；有先着者，有後着者；有緊辟者，有慢行者。粘子勿前，棄子思後；有始近而終遠者，有始少而終多者。欲強

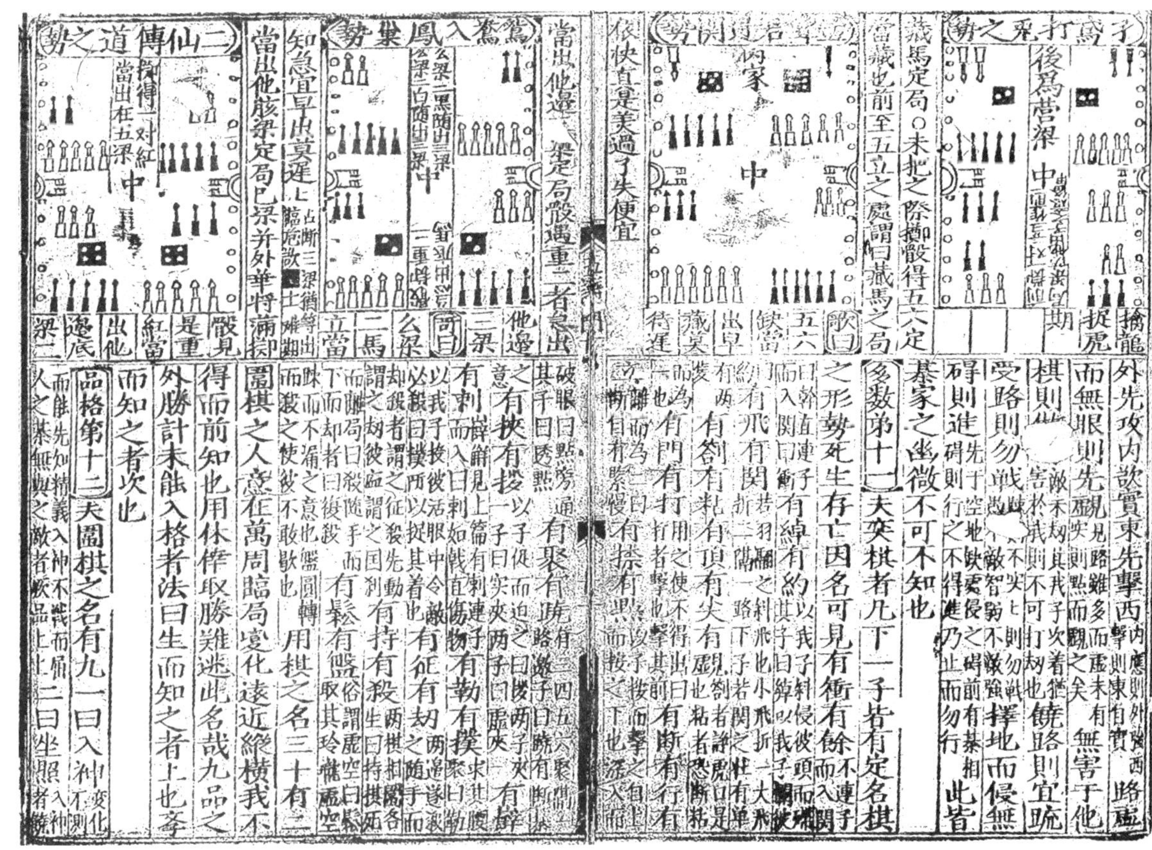

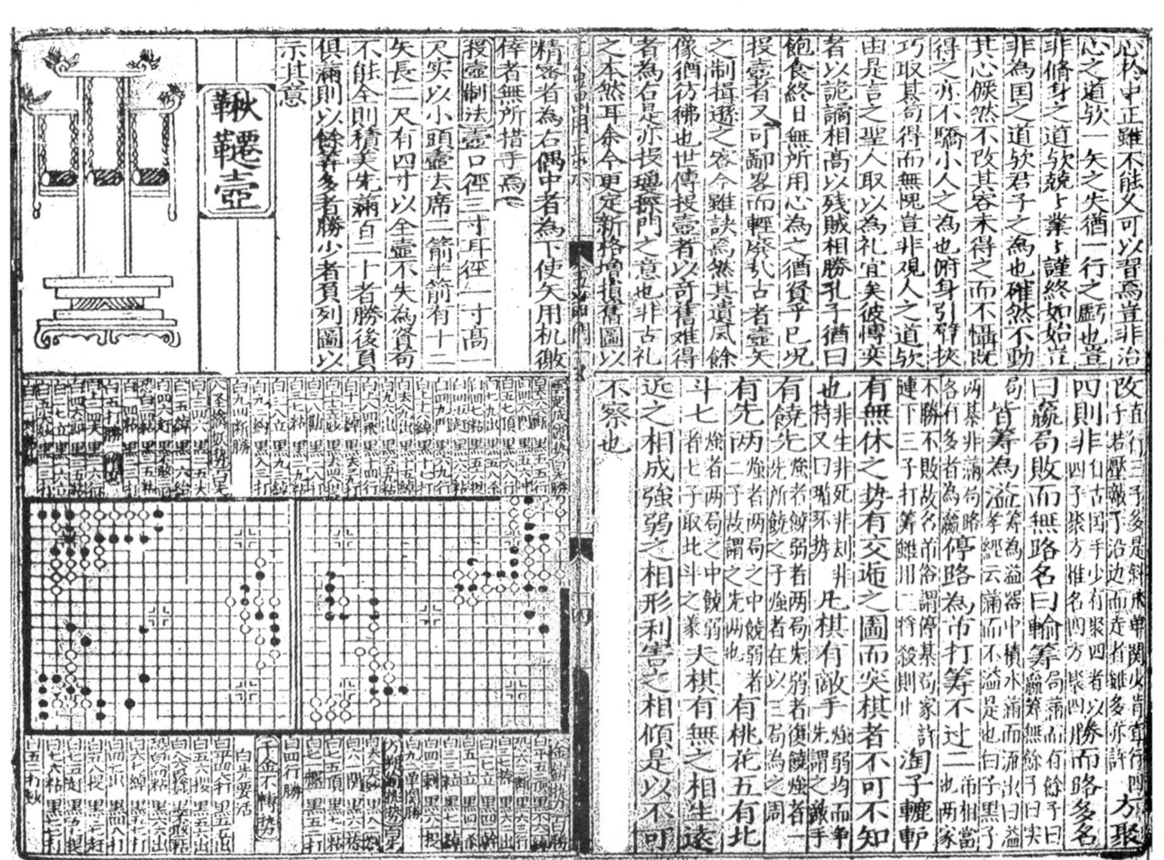

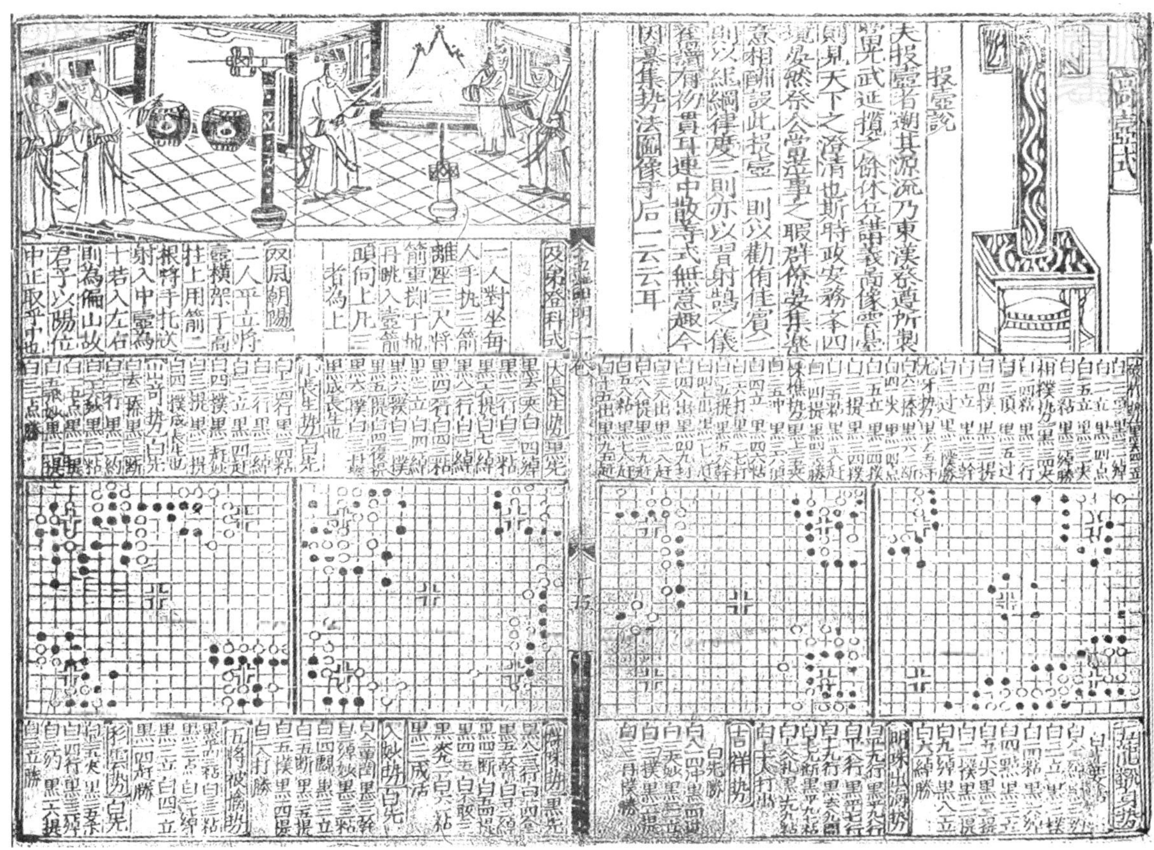
投壺式

投壺說

夫投壺者遡其源流乃東漢祭遵所製覓武延攬之餘休兵講義高像雲臺則見天下之澄清也斯時政安務簡四境晏然祭公當是事之暇群僚宴集興意相酬設此投壺一則以勸侑佳賓二則以紀綱律度三則亦以習射鵠之儀舊譜有紛貫耳連中散等式無意趣今因纂集勢法圖像于后云云耳

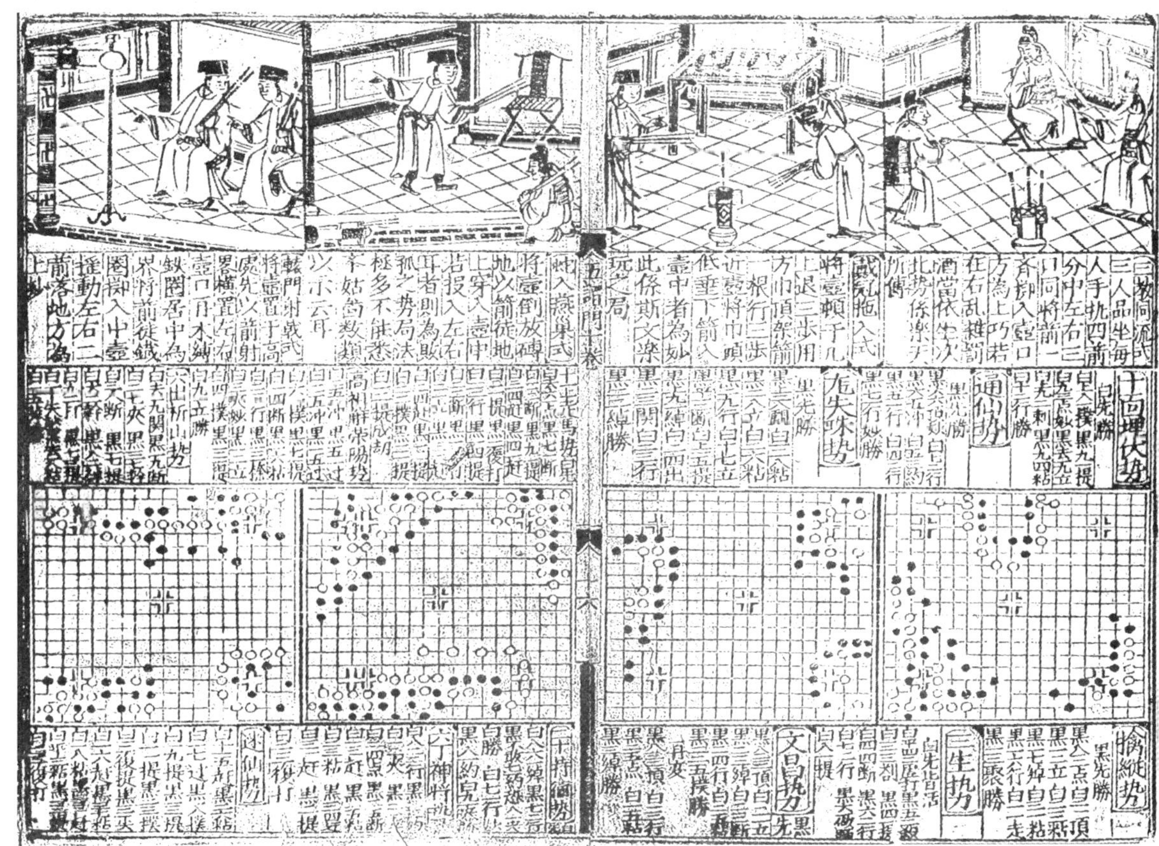

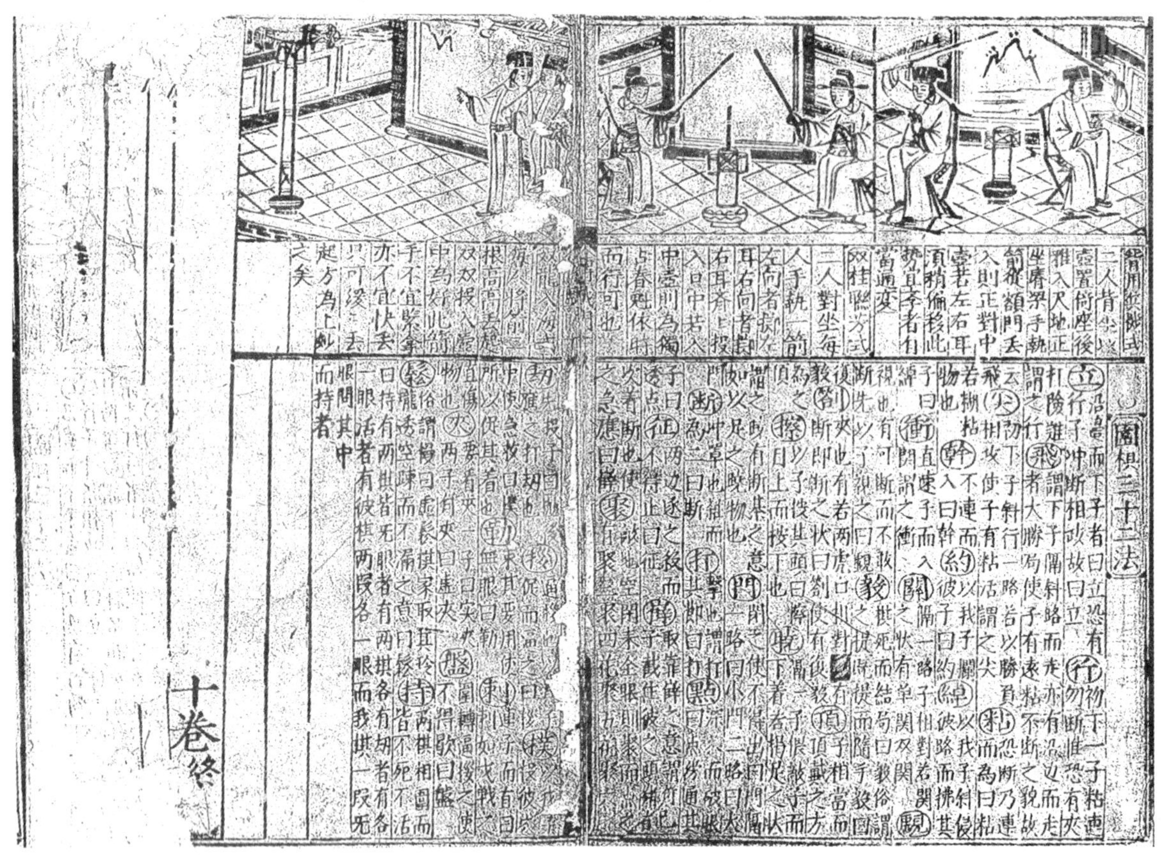

圍棋三十二法

十卷終

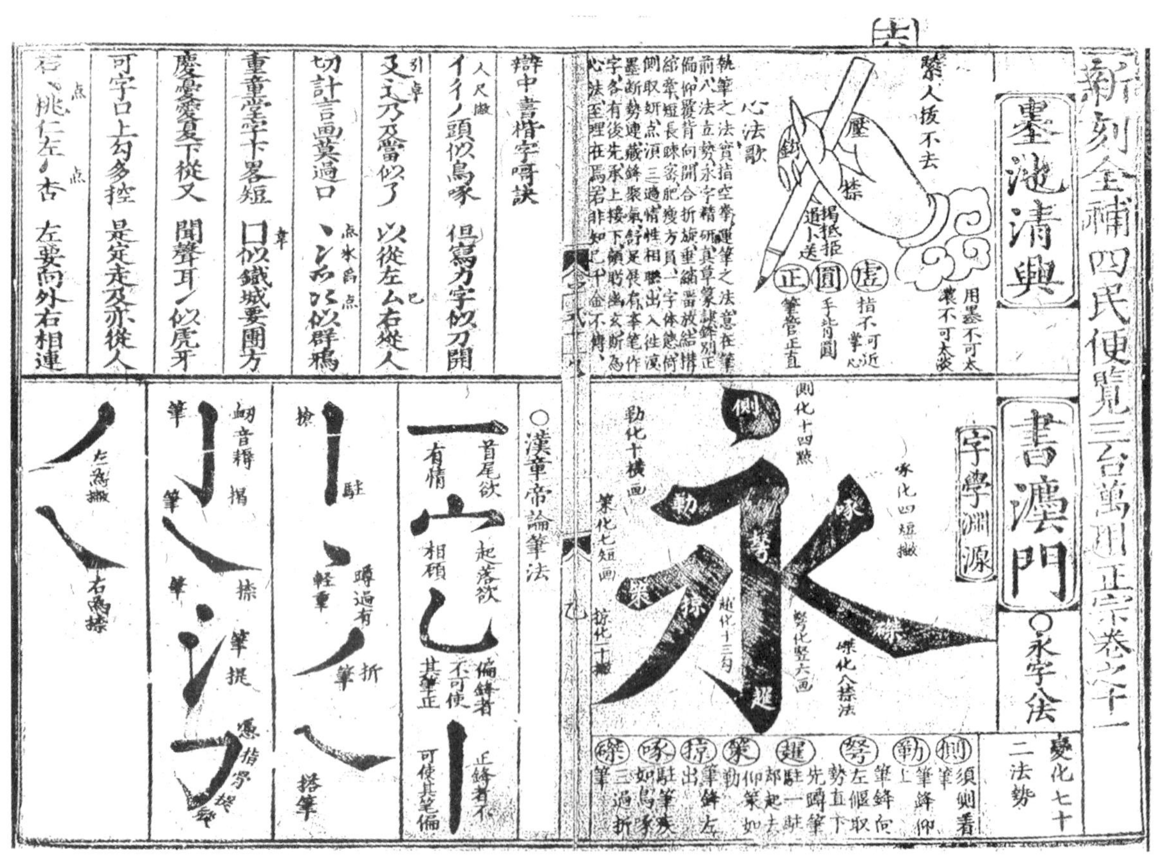

新刻全補四民便覽三台萬用正宗卷之十一

墨池清興

心法歌

書法門

字學淵源

○永字法

辯中書楷字呼訣

イイノ頭似鳥啄　但寫刀字似刀開

又文乃及當似了　以從左厶右從人

切計言畐莫過口　丶氵灬以似群鴉

重童堂生下畧短　口似鐵城要團方

慶憂愛夏下從又　聞聲耳ノ似虎牙

可字口上勾多控　是定走及亦從人

右兆仁左丿杏　左要向外右相連

○漢章帝論筆法

木禾公癶兩仰　七水丁文象鵝頭

卩要二筆卩順筆　鄰卩卵卪七無乚

更史叟更中丨轉　七也橫画要歪邪

但寫扌亻上撇短　倘扌出頭足土挑

水有散氵或聚氵　立亠頭孑作夕

乙乚乙勾有三樣　中丨鐵柱或懸丨

左丿苗刀右乀彗　比用厂丿月初生

若馬依得此筆法　中書之內免求人

◎寫字忌八病

牛頭點　稜角太甚如牛頭　有失龜頭法度

鼠尾撇　細尚以鼠尾失犀角規矩

蜂腰光脚　細勝以蜂腰失浮鵝之法

鶴膝勾努　失舒如鶴膝失蝌爪王鈎之理

折木柴擔　如折木太直失玉案之法似柴担太弯

竹節豎画病　起止如竹節太稜失中努旁楞四法

稜角轉角拙　轉折稜角太尖失玉案轉角之理

如删篰之勢失金刀鳴鵲之法

右八病寫之法最大忌也

儒林證墨

譙國　思敬父　寫

卪 邑字　都郡邳　邦鄭酆　鄉部鄧　㊇從邑者多寫不盡意楷者自明㊉此其理也

卩 節字　叩卿命　卬卻脚　仰御卯　㊇多人混用訛矣與邑不同作卩㊉此奏字

阝 阜字　假如是　陳陽防　隨陋除　㊇此字左傍凡有三辯之說與卩㊉此卩不同

月 越字　覇朋望　朔期崩　朗朋朞　㊇兩點沾左斜些似天上半月之㊉此形

內閣中書

龜頭	龍爪
宸	凍
寬	將

玉案	鐵柱
書	官
筆	宦

垂針	象笏
乖	節
中	鄉

月 丹字　兪服騰　前勝拖　朝騰恆　㊇上諸從點下諸從丿拖恆緪此㊉此三字從亘非

月 肉字　肝肥肌　肺臟胃　脚肩腥　㊇兩點為血凡有肉之物可从用㊉此之

月 丹字　清　靜青　靖　㊇但有青字而出可以從之此字凡有四說之意㊉此

罒 网字　買羅詈　署罪罟　罝罵罜　㊇或作网罔通寫蜀恕襄朿從此㊉此乃橫目

小 心字　恭慕　忝　黍忝　㊇心忄小三心則同慶愛寧憂亦㊉此諸也餘者從小

艹 草字　若　蒙　㊇多人將若字作丗頭非蒙字亦㊉此作丗頭亦非也

艹 羊字　雚夢萈　苟雈萋　蔑善姜　㊇諸書未有立頭訣是羊頭亦作㊉此艹頭央不從立

鬥 音鬥　鬩鬪鬭　鬥鬦鬪　鬧鬨鬮　㊇㊉此鬪鬭同

从 音從　龠傘　夾靈　來齒

火 音熒　瑩榮　熒瑩　塋營　㊇古充字㊉此亦從此

犀角	浮鵝	垂珠	鳶翅
少	光	然	飛
者	元	燕	飜

懸戈	鳴鴉	鐵鉤	飛鴈
鷹	文	鉤	幾
鴈	交	率	戰

羊角	鵝頭	石楷	鳥鶴
弊	寡	躍	駝
綮	戀	謬	蛇

羨米	蝌脚	鉄城	垂針
臯	學	國	牢
泰	韜	圖	羊

目 音具 眞冒 木直 從此 作且非

臼 音旧 寅舊 臾晨 叟申 從此 惟有量字不從

血 音目 犖㲉 蜀夢 恧褱 從此 凡目也

大 音㐲 奢奄夸 從此 作大非奇 作立亦非

宀 音綿 寫寇憲 從此 作冖非也

白 柏伯 習 字諧 從此 從百非習 從日亦非

罒 音總 東墨 會蘭 曾熏 從此 從田非

八 音麦 會奐 胥尊 倄會 從此 酋倄作 丷小非

九 音夂 仇 究 字艽 從此 作九非

彡 音纖 須衫 形顏 彭彥 從此 從氵非 須音會

金刀	遊魚三折腰	鳥啄	新月	飛帶	金錐	龍尾	獅口
大	通	和	鳳	殊	擇	龜	初
皋	進	穆	飄	殢	特	聰	留
玉鉤	漫遊魚	蟠龍	閙鵝	蛇頭	犁梁	虎牙	竹節
篆	越	緣	窈	承	施	職	猴
象	誕	繞	窕	茅	迤	聯	猴

夕 木祭 詳 望 祭蔡將 從此 癸頭非

禾 音秌 秦稟 曆穀 歷磨 從此 多人從 木非

丵 音僕 叢業對 從此 滿從此非

山 音珊 崇崑 嵾峉 嵩巖 從此 與豈耑不同

二 音貳 諮咨次 從此 作冫非

氵 音水 沖渠 鴻潔 凍衍 渠 滦 從此 從冫非

冫 音冰 冷寒冰 馮 從此

示 視字 神視祠 福祥禮 禱祿祇 從此 與衣不同

厶 音私 萬禽离 從此 從内非

𡈼 音挺 聖呈廷 望 從此 淫𡈼婬 不從

直	戲蝶	漫勾	綽勾	聚水	曲尺	瓜種	鉤鐮
及	巡	蘇	手	瀛	鬻	李	史
吸	緇	劉	乎	鴻	鼎	秀	吏
	曲	柳箕	緊勾	散水	馬椿	象芴	群鵲
毋	盈	賜	祭	江	慷	拜	隱
毋	透	暘	景	濫	惟	軍	援

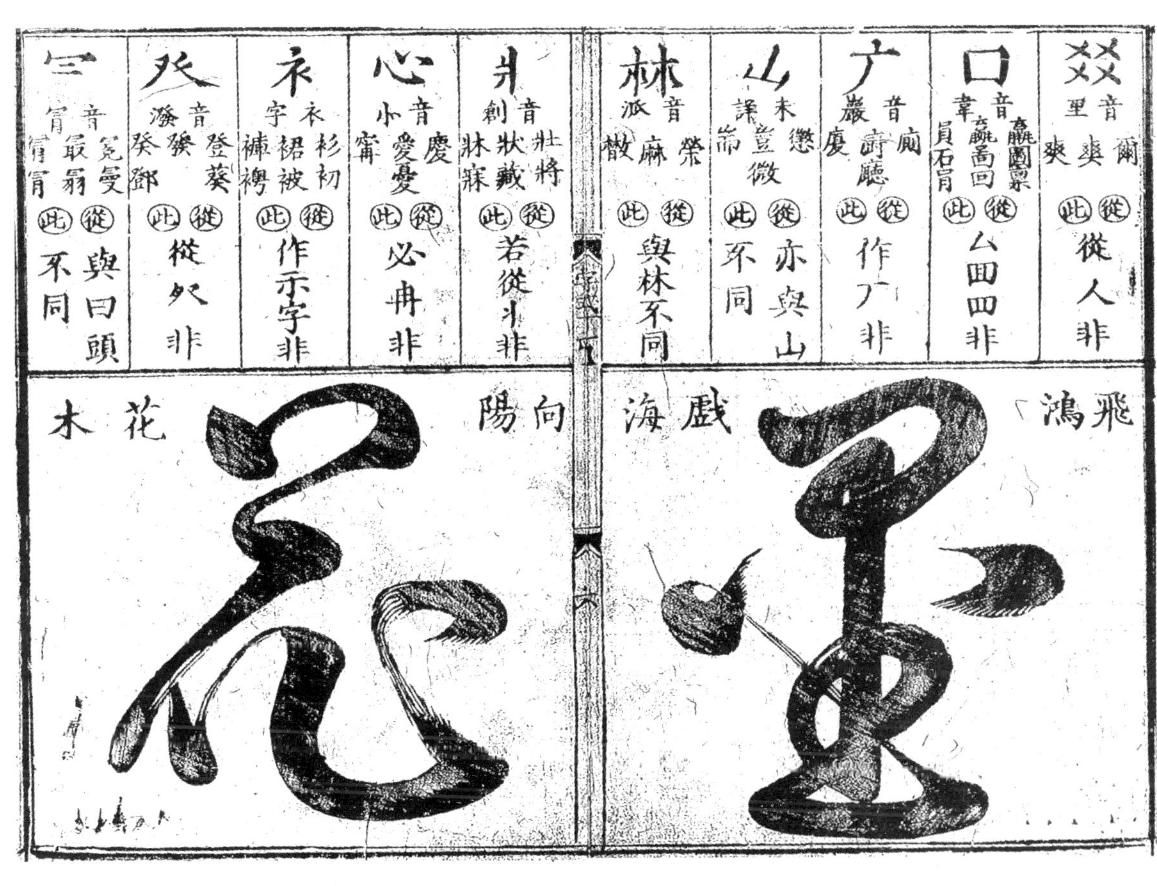

㸚 音爾 里爽 爽 從此 從人非

口 音韋 囂圜 嚚啚回 員石冒 從此 厶田四非

广 音巖 廂 廚廳 廈 從此 作厂非

山 音未 譂 徵 豈微 耑 從此 亦與山不同

林 音派 榮 麻 散 從此 與林不同

飛鴻戲海

丬 音創 壯將 狀藏 牀寐 從此 若從丬非

心 音小 慶 憂夏 甯 從此 必冉非

衣 衣字 衫初 裙被 褲褸 從此 作示字非

癶 音潑 登葵 發 癸鄧 從此 從夕非

冖 音肓 冤曼 最翕 肓冒 從此 與曰頭不同

向陽花木

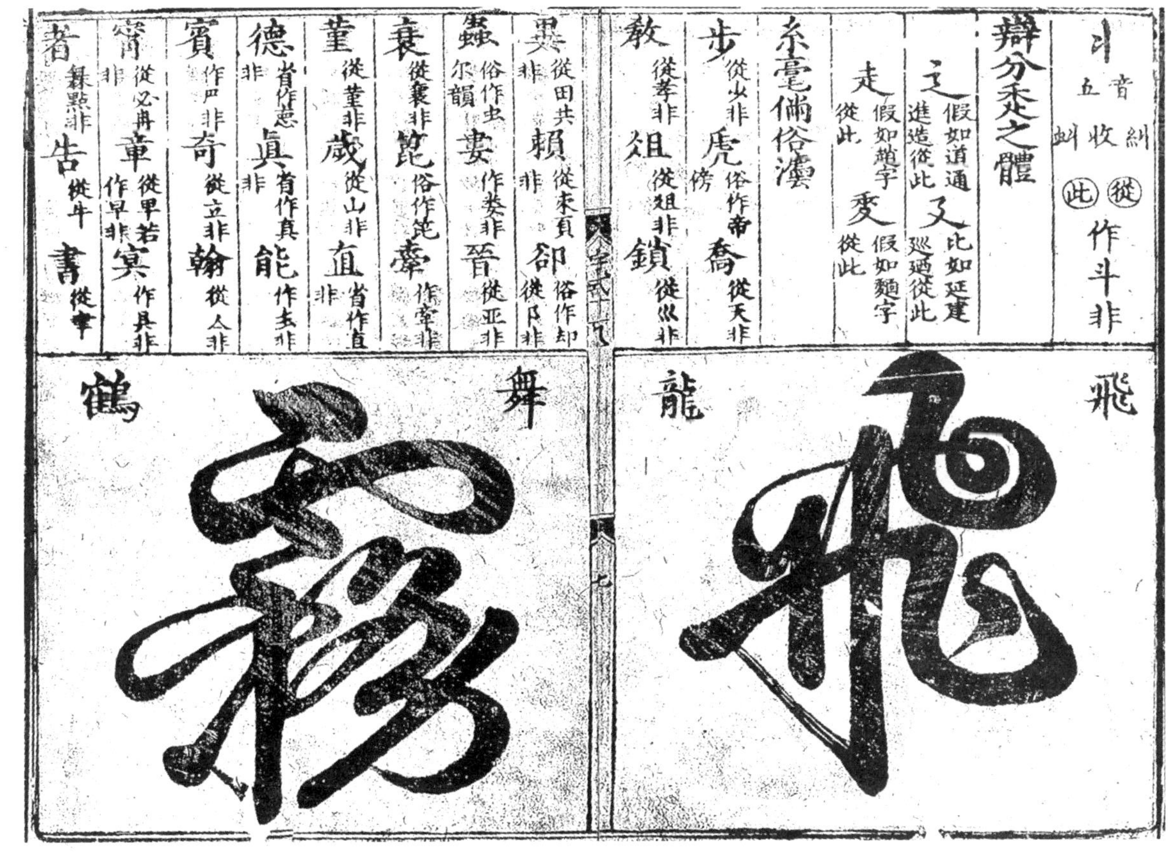

丩 音糾 五收 糾 從此 作斗非

辯分辵之體

辶 假如道通 進造從此 廴 比如延建 廻廼從此

走 假如趙字 從此 麦 假如麵字 從此

糸毫備俗[illegible]

步 從少非 虎 俗作帝 傍 喬 從天非

敎 從孝非 俎 從俎非 鎖 從巛非

飛龍

冀 從田共非 賴 從朿頁非 郤 俗作却 從卩非

蠡 俗作虫 尔韻 婁 作娄非 晉 從亚非

襃 從褎非 毙 俗作笓 牽 作牵非

董 從董非 歲 從山非 直 省作直非

德 省作悳非 眞 省作真非 能 作去非

賓 作尸非 奇 從立非 翰 從人非

甯 從必冉非 韋 從甲若作早非 寘 作具非

者 無點非 告 從牛 書 從聿

舞鶴

甪要出頭 選已共非 助從耳非
顯從㬎非 靈從四王非 皋俗皐字
致從攵非 敁從攵亦非 具從具非
其從其非 閒俗作閑間 査從旦非
軍欠頭非 寫作寫非 弘俗訟非
管俗𥫗非 覽從覽非 凶從凶非隸此寫
量從旧非臼亦非 歸從大非 獻從南犬非
看從手非 私從厶非 虛從亚非
幾從戈非 勇從田非 恥從止非
器俗作工非 出出非二山亦非 從從乏非
宜或作宐馬作宜 背俗作肯 呂隸丿非
應隸丨非 竊作竊非 賊從戎非
習作習非 息俗忽非 勅從来非
曷從匕非 㬎從日非 覆從日亦非
兒從旧非 樣從求非 邦隸手非
漏從尸非 黎從小非 雪俗作雪省用

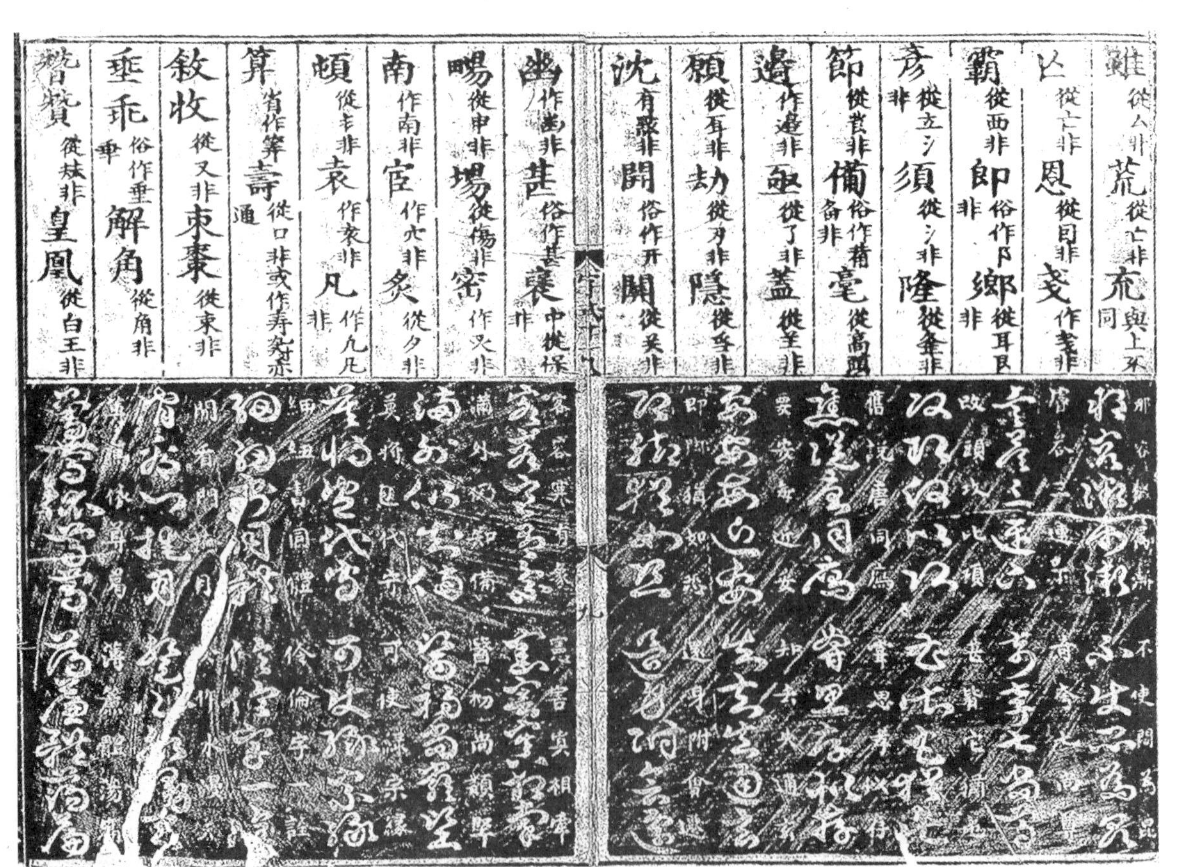

雖從厶非 荒從亡非 㐬與上㐬同
亾從亡非 恩從囙非 㚇作㚇非
覇從西非 卽俗作卩非 鄉從耳艮非
彥從立彡非 須從彡非 隆從夅非
節從𥫗非 備俗作𠈁备非 毫從高頭
邊作邉非 亟從了非 蓋從至非
顧從耳非 劫從刃非 隱從㥯非
沈有㳂非 開俗作开 關從关非
幽作幽非 甚俗作甚 襄中從𠋫非
暘從申非 場從傷非 密作𡧯非
南作南非 宦作宂非 灸從夕非
頓從屯非 衰作衰非 凡作凢凡非
算省作筭 壽從口非或作寿𡕥亦通
敍敘從又非 束棗從東非
垂乖俗作垂𠂹 解角從角非
㸑贊從㚔非 皇凰從白王非

臥 咎 卜非外不同此 齊 齋 中從了非
礼 輒 從又非 兼 廉 從小非
爭 舀 從夕非 蔓 蔑 從𠂇與ᅶ不同
兩 滿 從人非 攜 鐫 二字混用非
兆 切 從並非 姪 淫 從壬非
憲 害 從千非 赤 叔 作止非
臺 高 從世高非 彔 象 俗丑非
船 舡 作公非 單 嚴 作ソ乎非

爵 爵 爵 從艮非 卯 卵 仰 從卩非
再 稱 講 從冉非 典 學 與 三頭不同
啚 員 冐 從厶非 衆 放 癸 從夊非
舍 鋪 捨 諸舌字
虎 慮 處 盧 戶非 於 諮 咨 次 冫非
鬼 懾 腦 媼 凶非
辯二字 彷 拂 體
美 音米下從大 羨 音羨下从火 奥 與同
壬 音人上從一 壬 音挺從

少 音邵 少 即涉 王 音歎 王 音皇一畫加丶土也
朮 即示字 朮 即衣字 佳 音雖 佳 音嘉
商 音傷 商 音的 戊 音循 戊 音恕
壺 音闊 壺 音胡 圭 音歸 圭 音封
㐬 即荒 㐬 即流 胄 音宙 胄 音味
豐 音丰 豐 即禮字 賣 音蜀 賣 云也
旡 即隸字 旡 即旣字 臼 音掬 臼 俗旧
才 音財 才 即手字 夅 音降 夅 峯

門 戶也 門 音封 夲 音滔 本
舀 音鹽 舀 音夭 叟 音叜 叟 音退
邛 音工 卬 音仰 夂 即友字 友 音有
卽 俗即字 郞 音廊 具 日也 具 音則
吉 音極 吉 音譆 尃 音頗 尃 音輔
西 東西也 西 音亞 刃 音總 夗 音婉
辯門四字體
毋 此古作弍用音貫 毋 音舞无

母 音女 即女字 毋 父母之母從女變似婦人有兩乳形

辯當要大寫灋 若寫碑文不可缺之

龝 烁字亦作秋 秊 俗年字 旹 時字

艸 草字 眉 眉字 灋 法字

肎 肯字今俗作此肯非 宵 同上 歈 俗欲字

鍺 諸字 歈 吹字 龢 和字亦作咊

遷 省迁字 僊 同上 僊 仙字

䅋 稽字 譱 善字 䡴 曹字

音 音字 谿 溪字 慊 兼字

其 其字 朙 明字 不 不同

垩 惡字 辠 罪字 䢉 農字

無 無字 墬 古地字 萅 春字

顯 顯字 邨 村字 褎 俗袞

歬 前字 往 俗往字 䁥 俗旺字

昝 昔字 巍 音魏字 魏 巍字

言 言字 忞 死心爲愛 畲 俗塗字

之 加 心 上 忌 旭 戴 焼 頑 龜

點 急 堪 成 壽 冊 千 說 是 畢

壽 宜 圭 下 可 齒 記 止 加 司

右 邑 月 何 異 左 戶 足 亦 為

記 詒 全 象 池 纖 線 乃 憑 姬

虎 鴨 帝 斯 借 極 遊 極 可 負

含 貪 斧 不 偶 退 與 邑 参 差

烏 島 分 頭 處 帛 會 肴 起 時

悒 恒 形 若 楹 豈 體 同 皆

忽 評 劉 如 對 從 來 岳 似 岳

宇 宰 應 會 得 友 綠 須 知

畫 盡 同 貫 談 黨 堂 亦 可 談

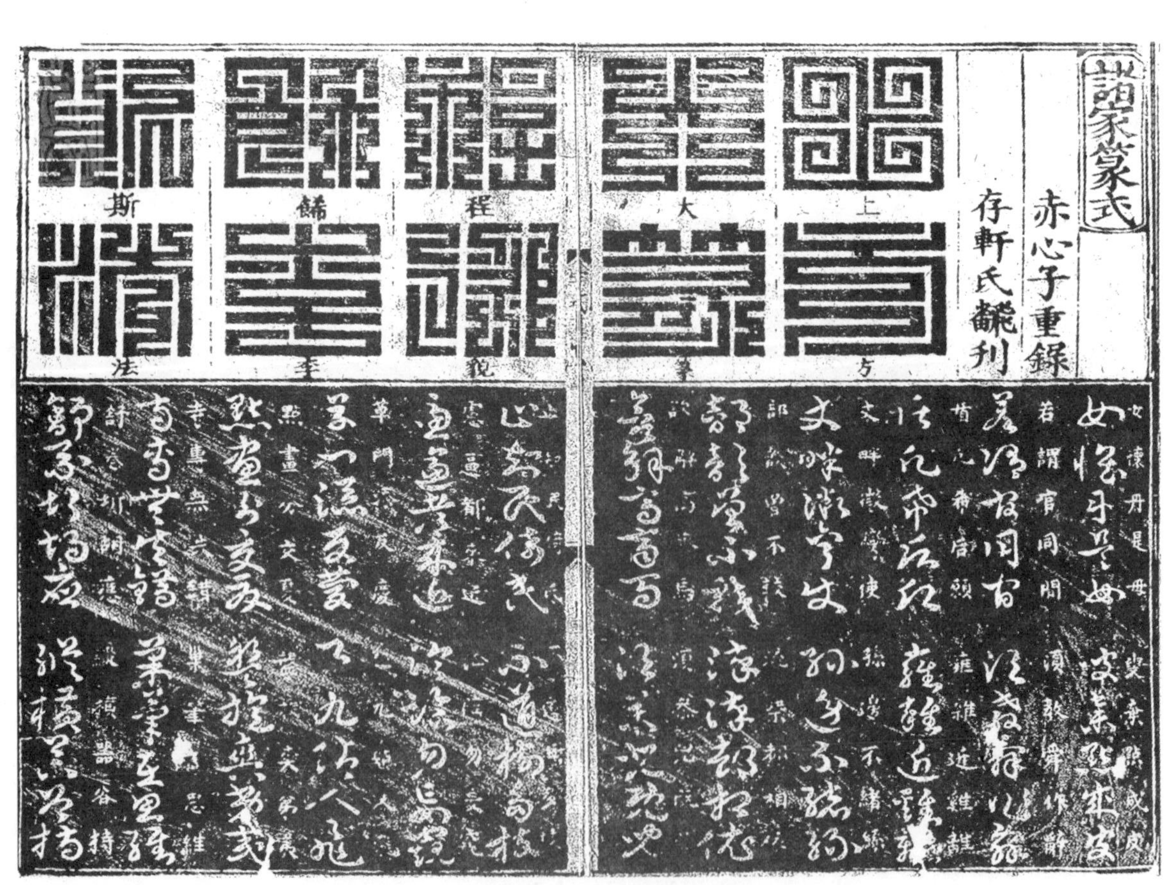
諸家篆式

赤心子重錄

存軒氏龢刊

上方 大篆 程貌 餘李 斯法

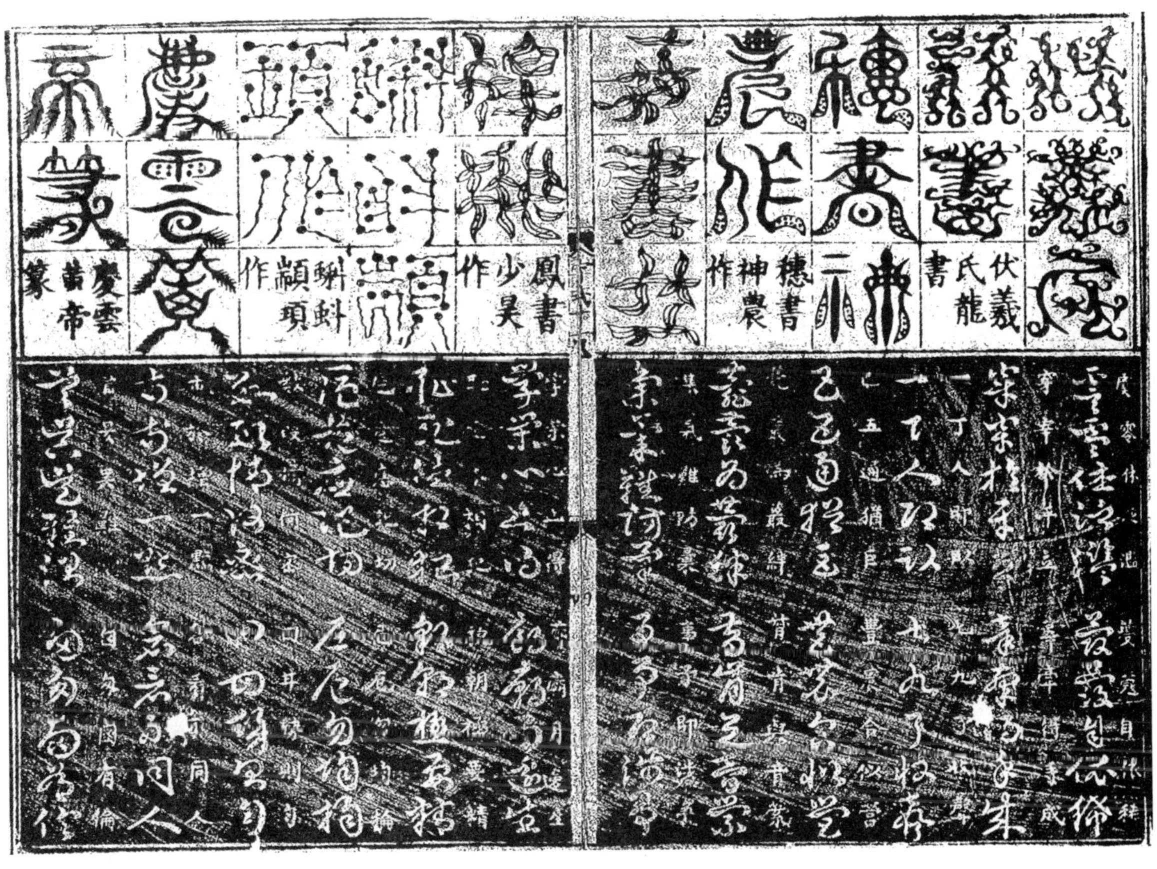
伏羲氏龍書
穗書神農作
鳳書少昊作
蝌蚪顓頊
慶雲黃帝篆

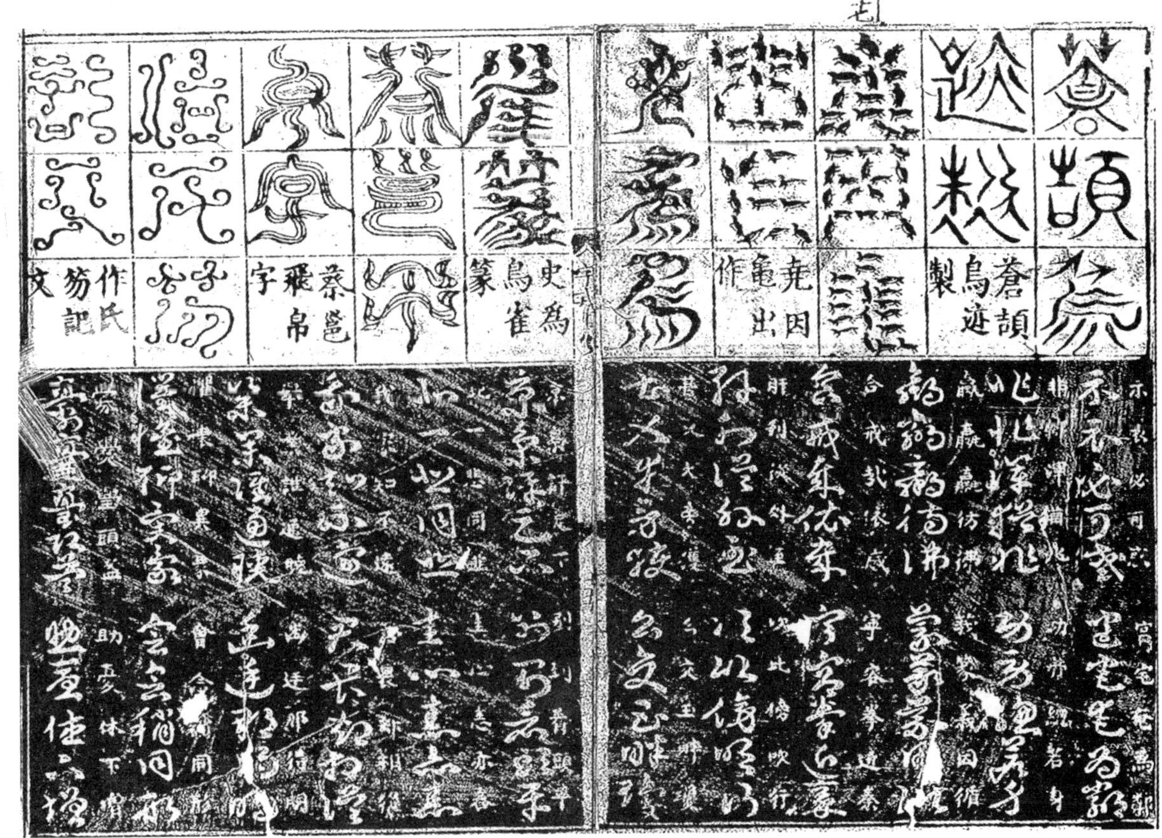
蒼頡鳥迹製
堯因龜出作
史爲鳥雀篆
蔡邕飛帛字
作氏笏記文

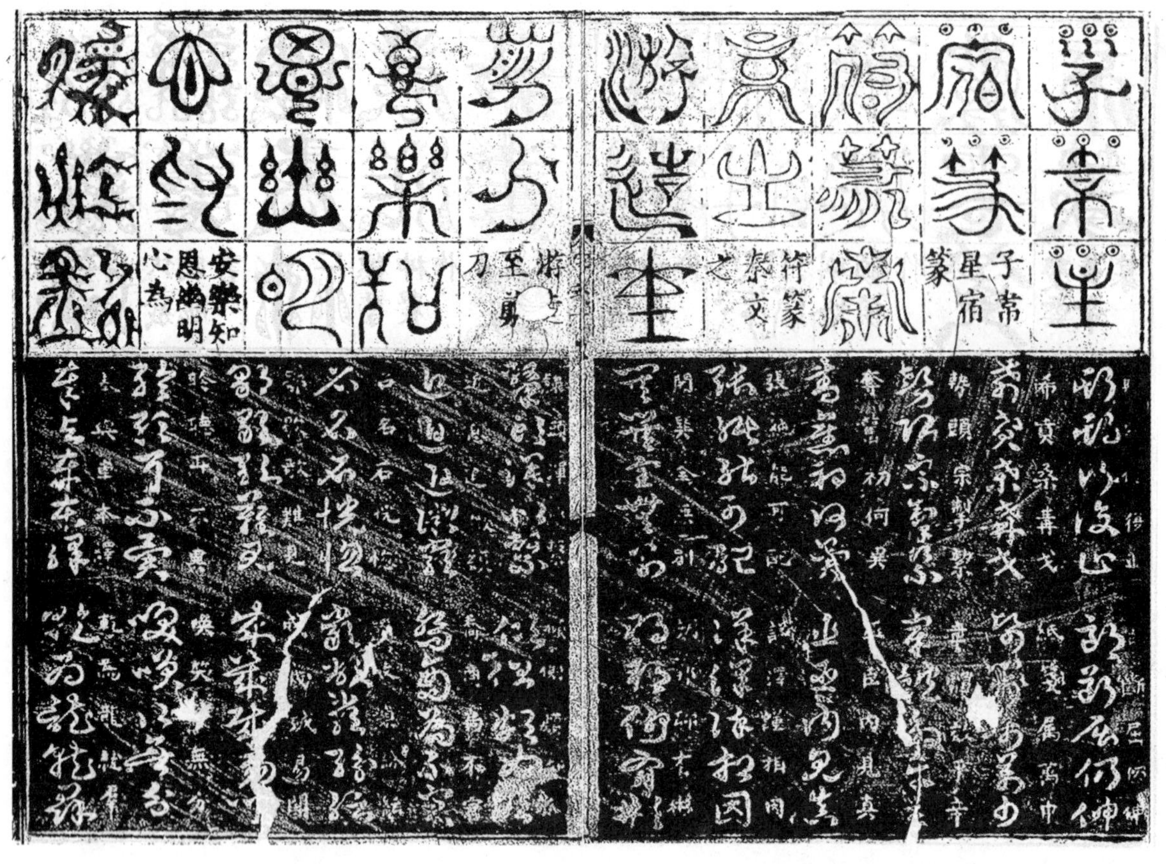

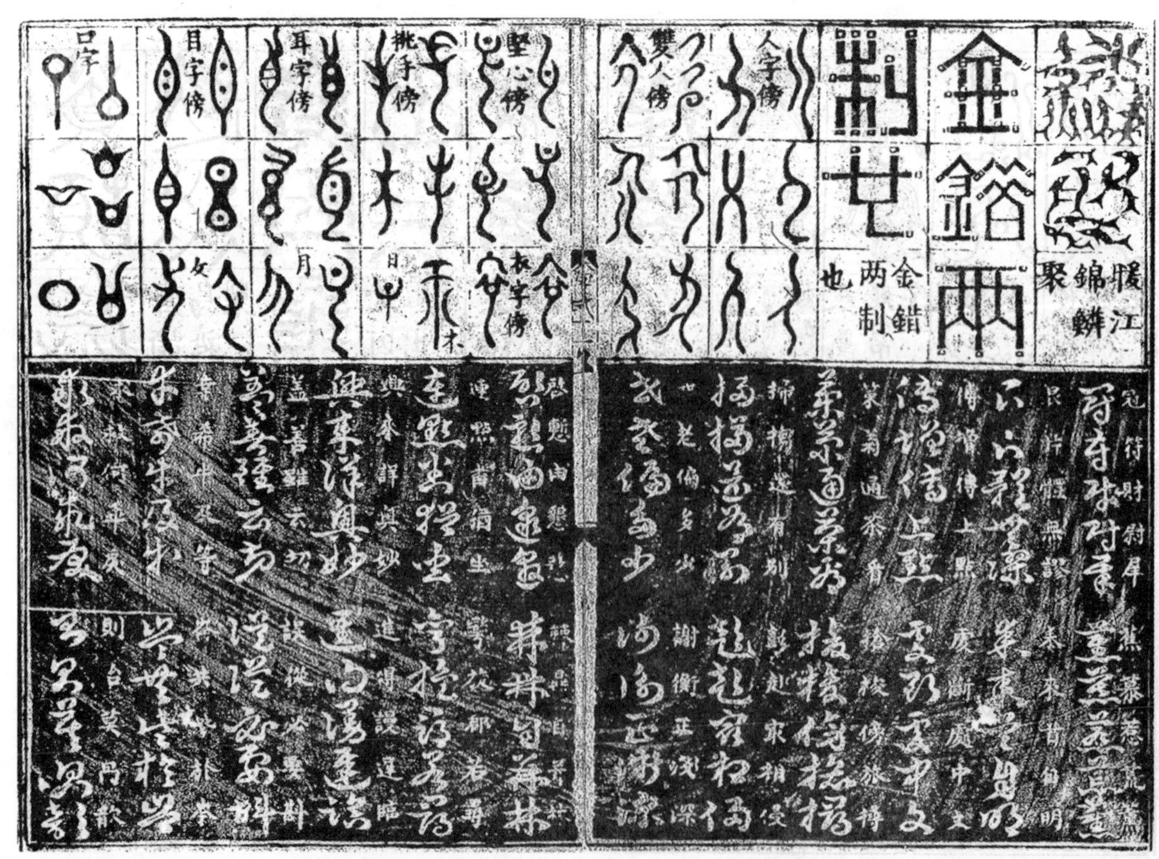

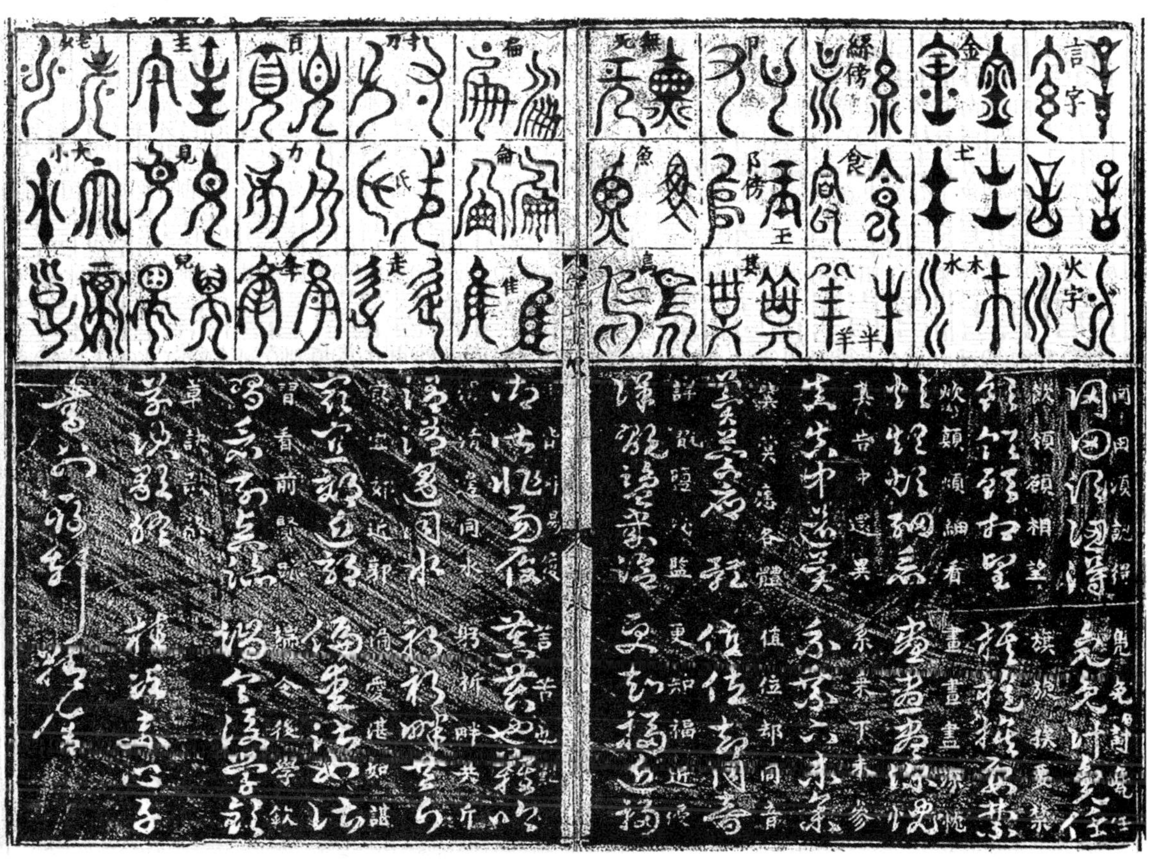

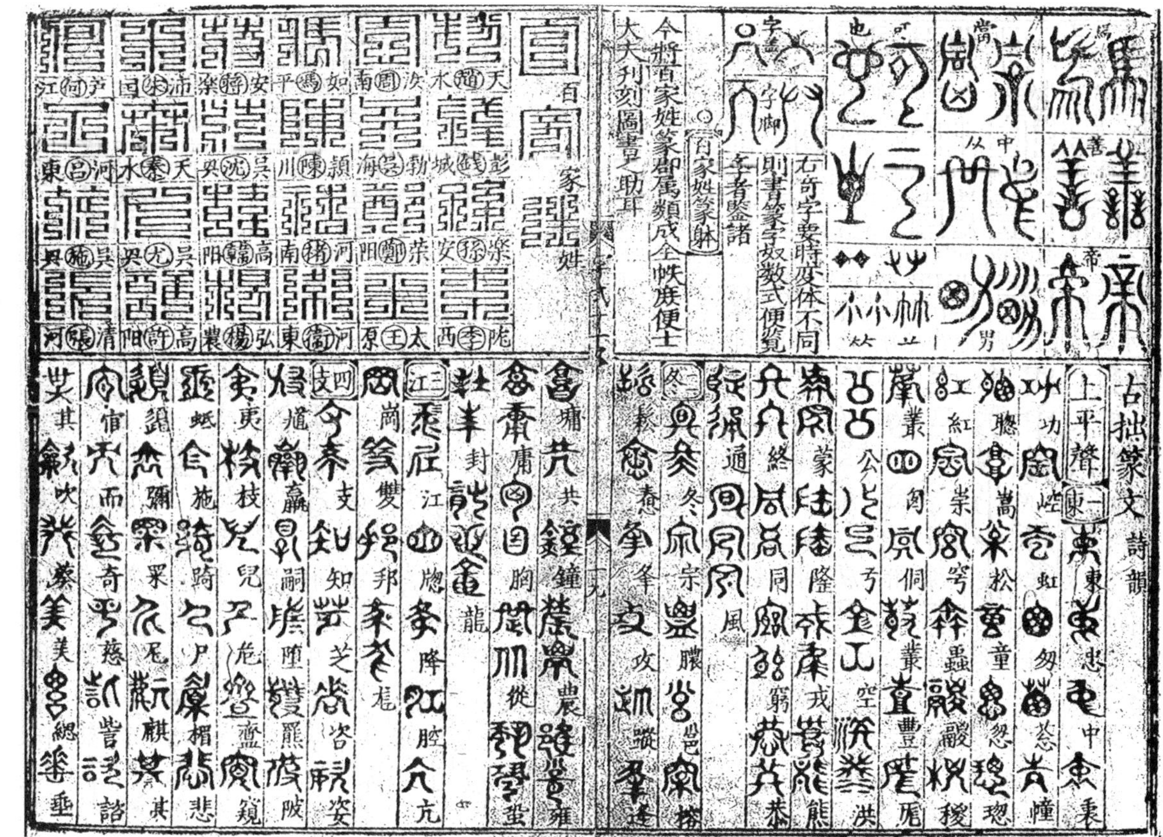

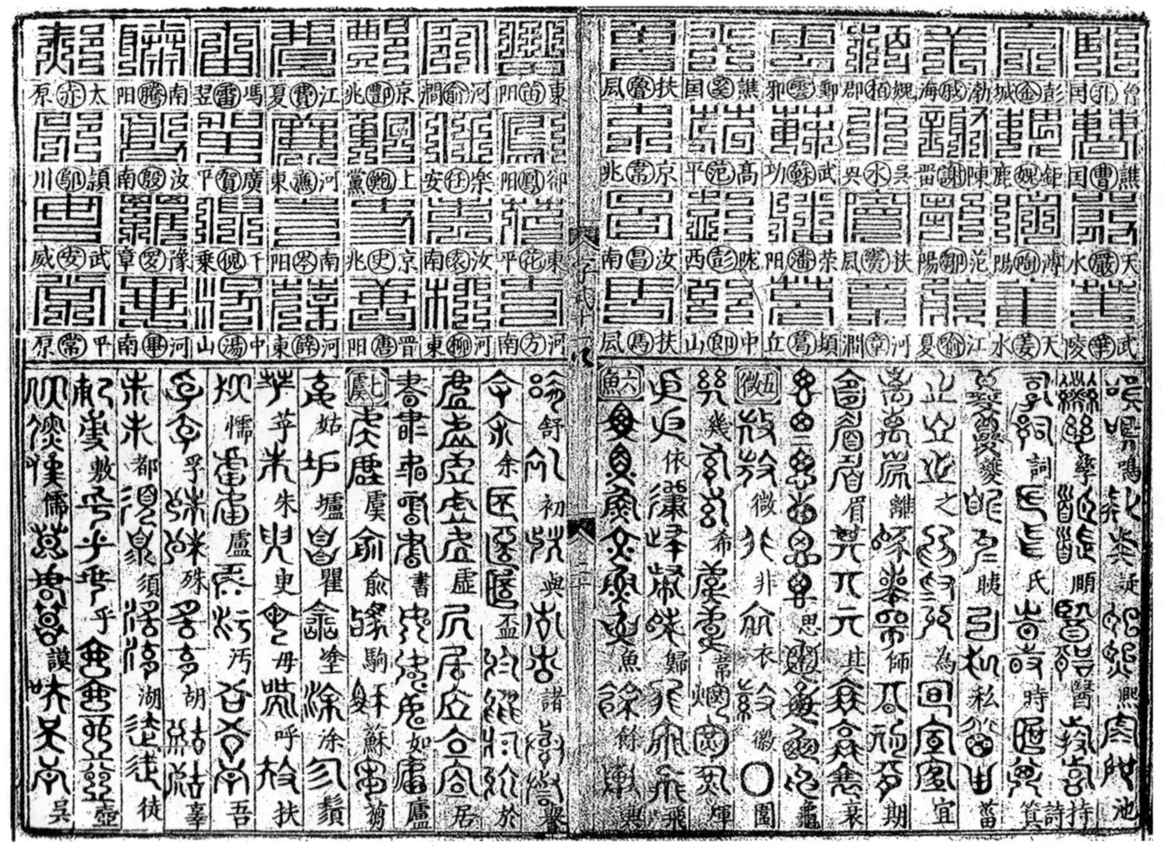

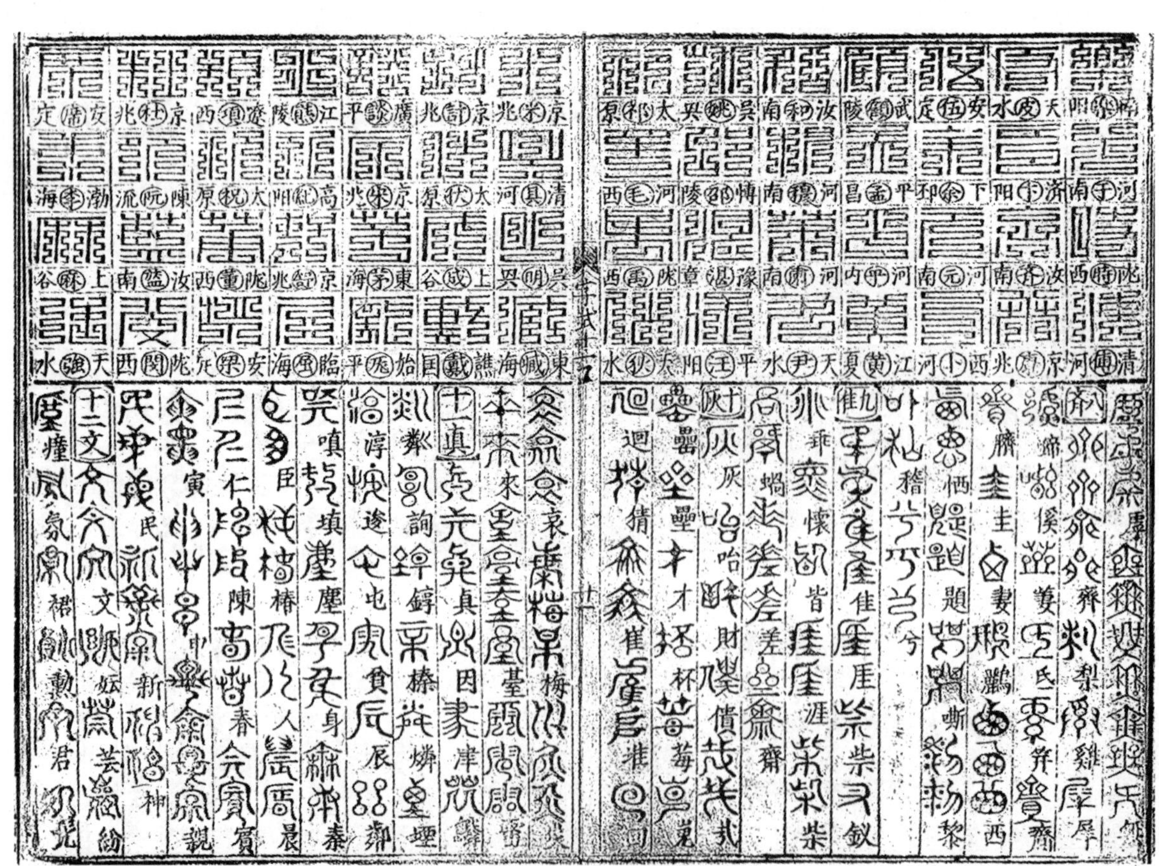

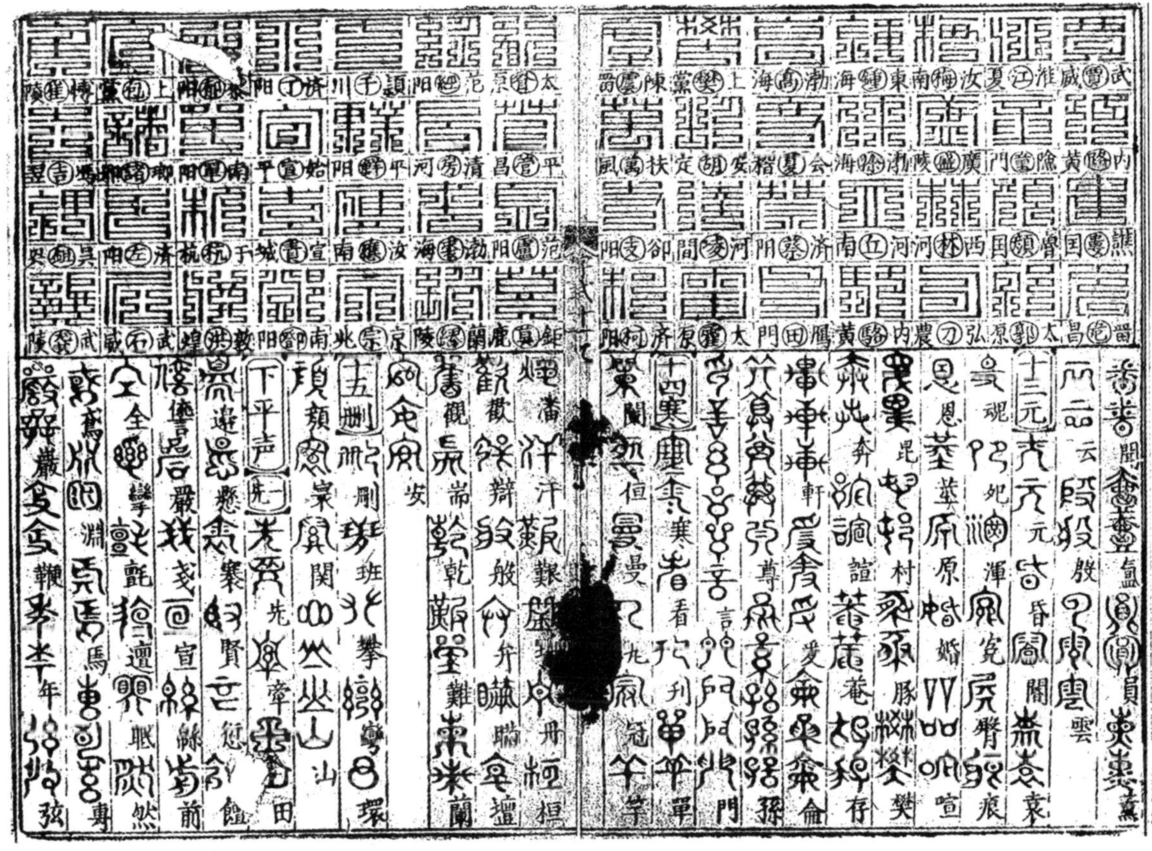

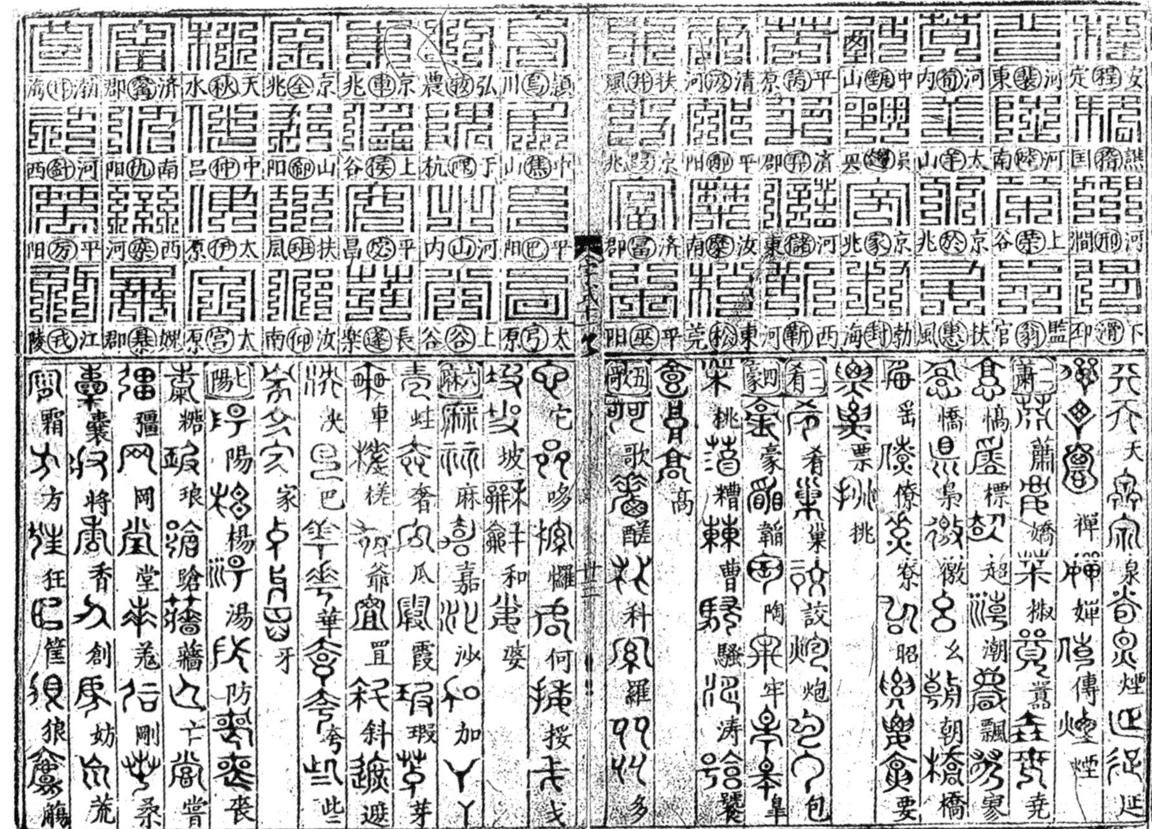

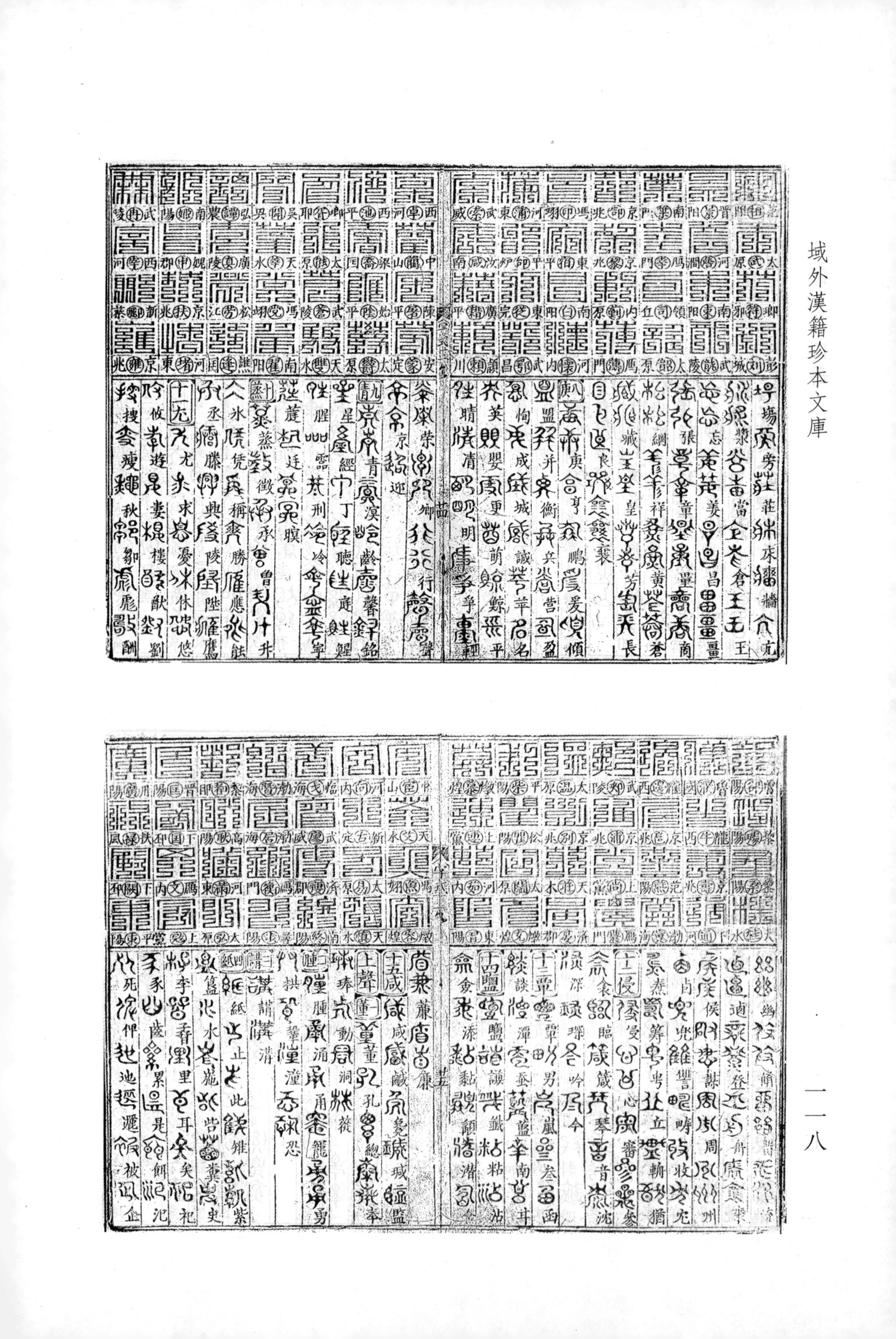

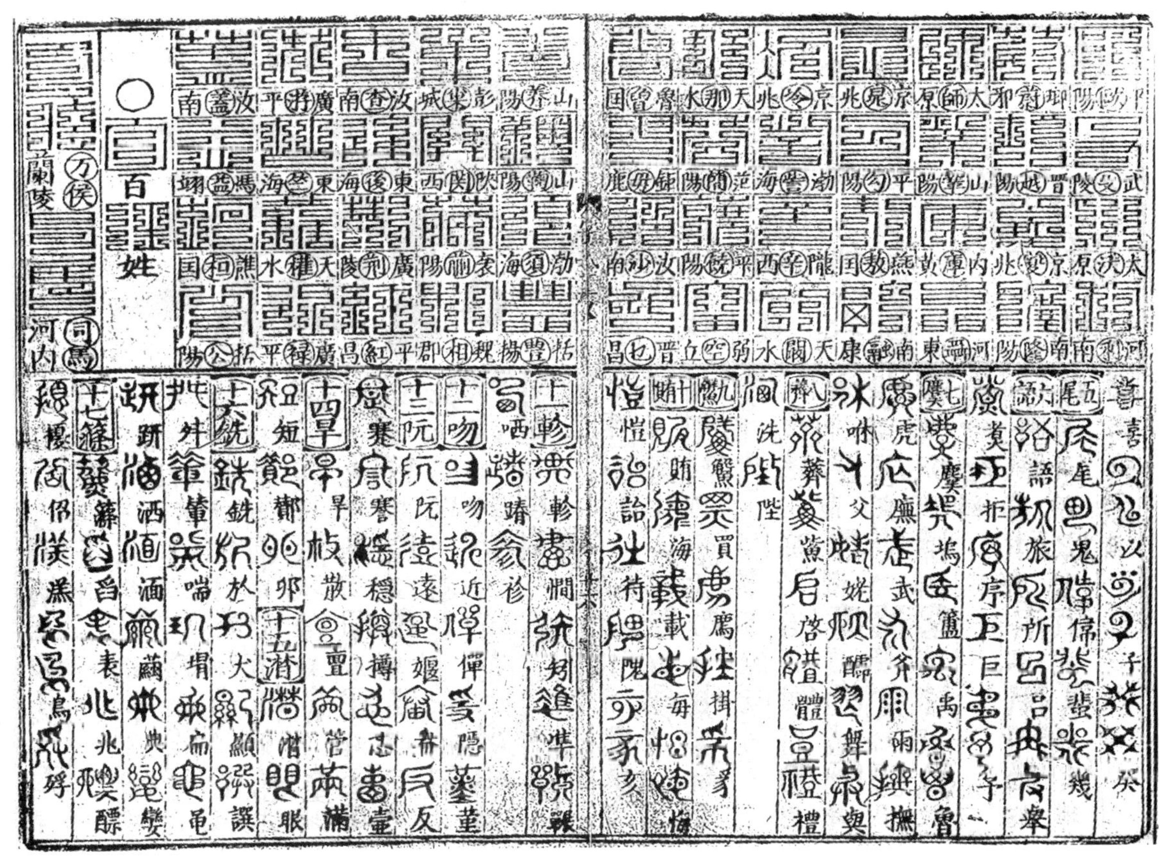

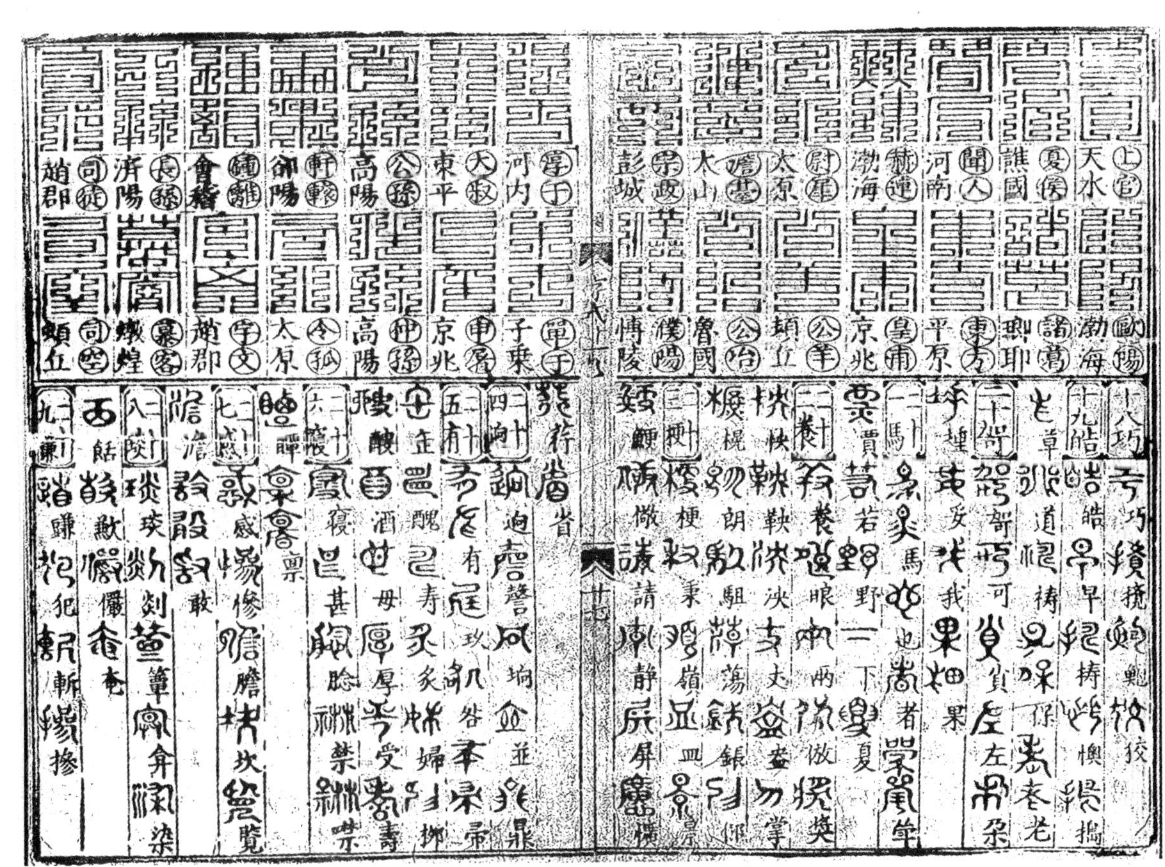

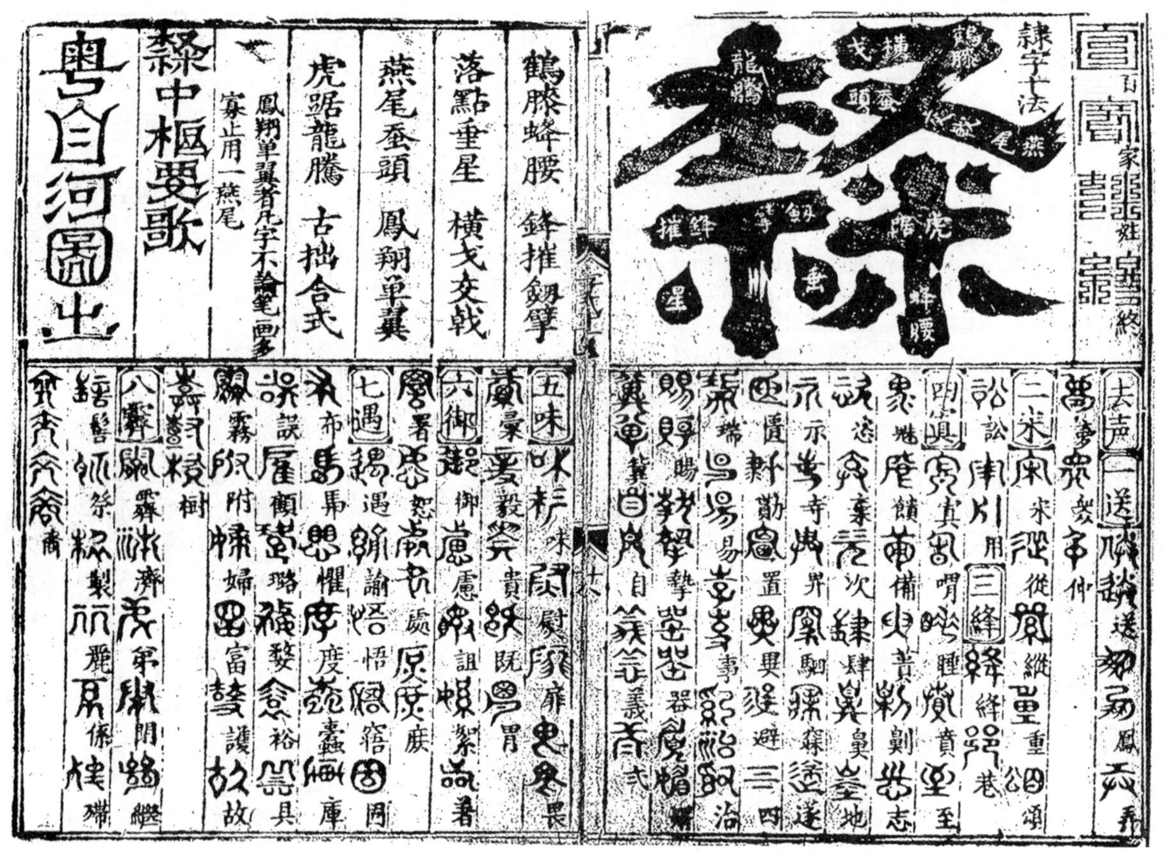

隸字七法

鶴膝蜂腰　鋒摧劍擘
落點垂星　橫戈交戟
燕尾蚕頭　鳳翔單翼
虎踞龍騰　古拙含式
鳳翔單翼者凡字不論筆畫多寡止用一燕尾

隸中樞要歌

粵自河圖出

契書代結繩
文心蓋傑處
文字大成能
六義精微妙
三倉廣大增
秦程工藝苑
篆變隸書興
大抵斯文體
二真八篆述
縱橫番侶楷

標格偏如西
落點星求象
摧鋒劍折倒
綠書無據者
盈祖篆之立

視箴

心兮本虛應
物無迹操之
有要視爲之
則蔽交於前
其中則遷制
之於外以安
其內克己復
禮久而誠矣

聽箴

人有秉彝本
乎天性知誘
物化遂亡其
正卓彼先覺
知止有定閑
邪存誠非禮
勿聽

言箴

人心之動因
言以宣發禁
躁安內斯靜
專判是樞機
興戎出好吉
及榮辱惟其
所召傷易則
誕傷煩則支
已肆物忤出
悖來違非法
不道詒訓辭
動箴

哲人知幾誠
之於思志士
厲行守之於
為順理則裕
從欲惟危造
次克念戰兢
自持習與性
成聖覽同歸

卷之五

子部　第四册

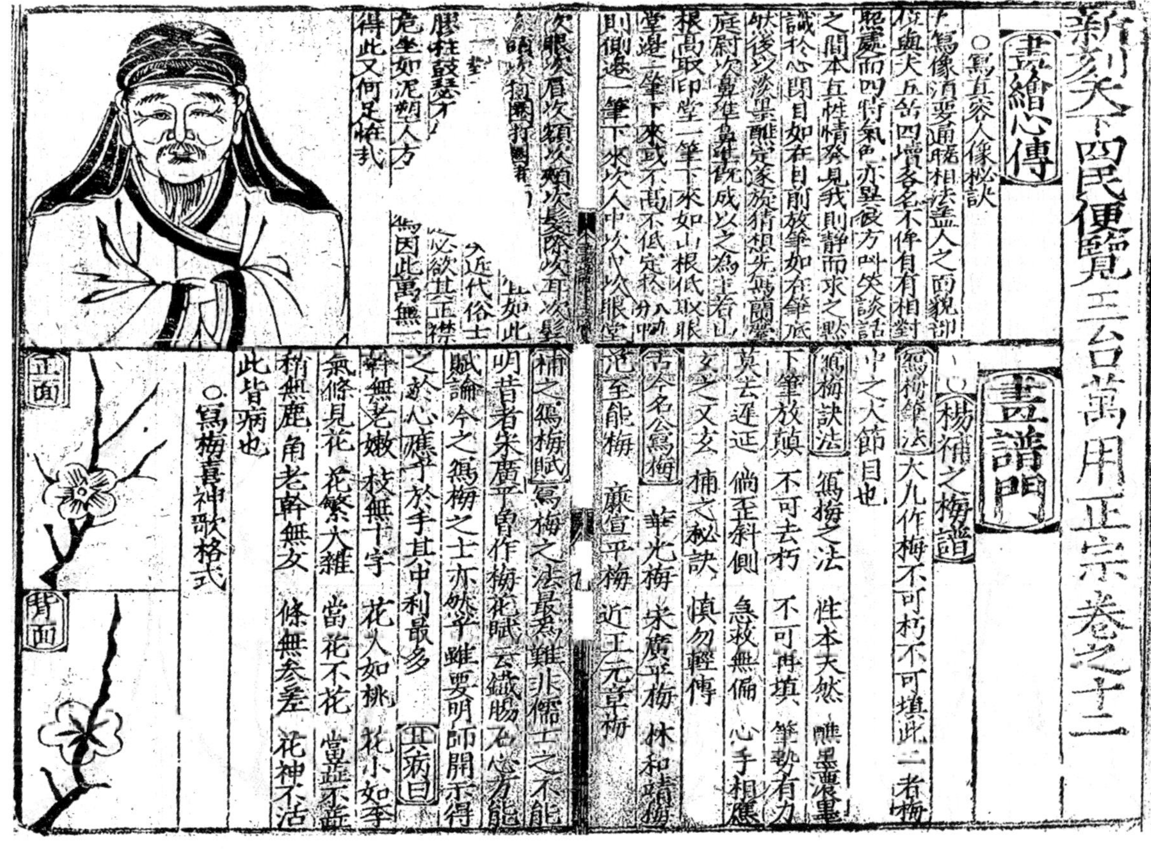

新刻天下四民便覽三台萬用正宗卷之十二

畫繪心傳

○寫真容人像秘訣

夫寫像須要通曉相法，蓋人之面貌部位與夫五岳四瀆各各不侔，自有相對照處，而四時氣色亦異。彼方叫笑談話之間，本真性情發見，我則靜而求之，默識於心，閉目如在目前，放筆如在筆底。然後以淡墨霸定，逐旋積想，先畫蘭臺庭尉，次鼻準，鼻準既成，以之為主。若山根高，取印堂一筆下來；如山根低，取眼堂邊一筆下來；或不高不低，定於八分中，則側邊一筆下來。次人中，次口，次眼堂，次眼，次眉，次額，次頰，次髮際，次耳，次髮，次頭[illegible]……如此。近代俗士……必欲其正襟危坐，如泥塑人，方……膠柱鼓瑟，不……得此又何足怪哉。

畫譜門

○揚補之梅譜

寫梅筆法　大凡作梅，不可朽，不可填，此二者梅中之大節目也。

寫梅訣法　寫梅之法，性本天然，醮墨濃淡，下筆放顛，不可去朽，不可再填，筆勢有力，莫去遲延，倘至斜側，急救無偏，心手相應，文之又玄，補之秘訣，慎勿輕傳。

古今名公寫梅　華光梅，宋廣平梅，林和靖梅，范至能梅，廉宣平梅，近王元章梅。

補之寫梅賦　寫梅之法最為難，非儒士之不能明。昔者宋廣平曾作梅花賦，云鐵腸石心方能賦。論今之寫梅之士亦然乎，雖要明師開示，得之於心，應乎於手，其中利最多。

其病曰　花大如桃，花小如李，幹無老嫩，枝無十字，氣條見花，花繁大雜，當花不花，當蕊不蕊，稍無鹿角，老幹無文，條無參差，花神不活，此皆病也。

○寫梅喜神歌格式

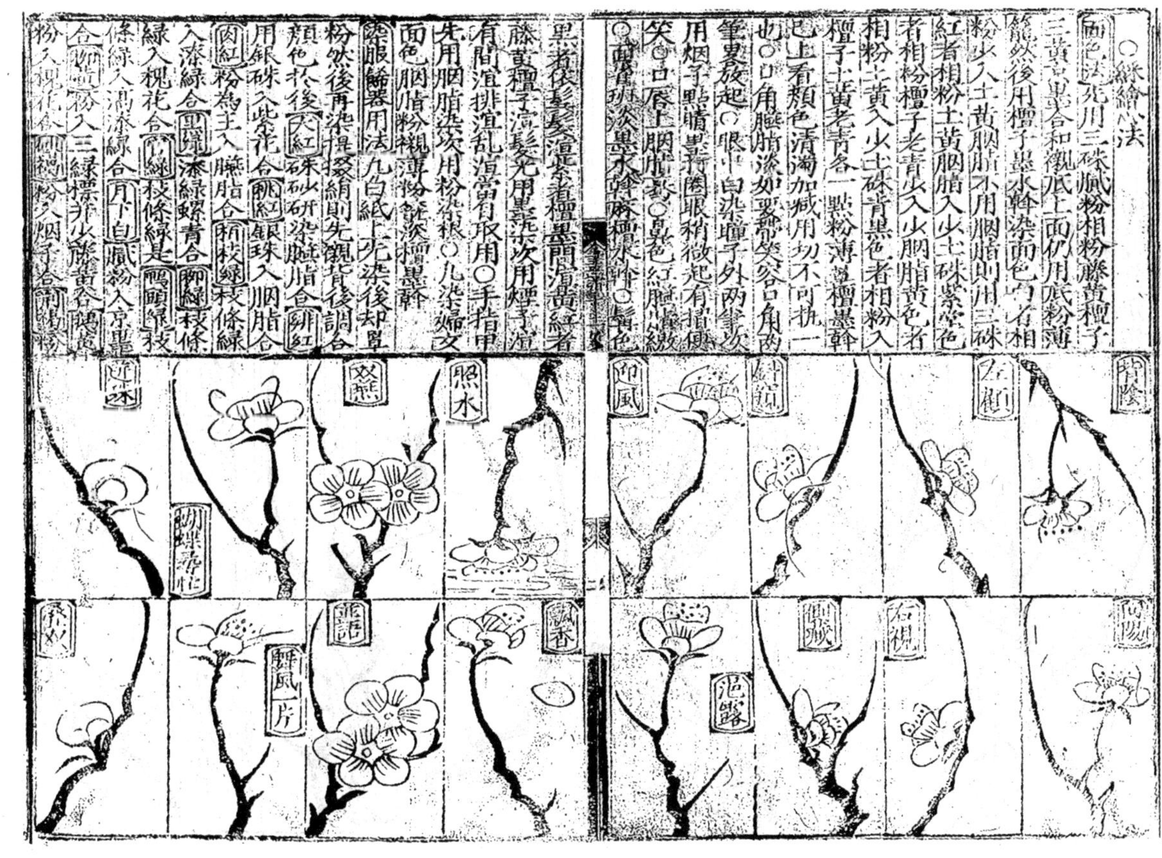

○繇繪之法

面色法　先用三硃、膩粉、相粉、藤黃、檀子、三黃合，墨合和，襯底上面，仍用底粉薄籠，然後用檀子墨水幹染面色。若相粉少，入土黃、胭脂；不用胭脂，則用三硃。紅者，相粉、土黃、胭脂入少土硃。紫堂色者，相粉、檀子、老青，少入少胭脂。黃色者，相粉、土黃入少土硃。青黑色者，相粉入檀子、土黃、老青，各一點粉，薄籠檀墨幹。已上看顏色清濁加減用，切不可執一也。○口角，臙脂淡，如要帶笑容，口角兩筆畧放起。○眼中白染瞳子外，兩筆次用烟子點睛，墨圈眼，稍微起有指痕。○唇上胭脂、粉。○鼻色紅臙脂……○頭髮用淡墨水、藤黃……○鬚色黑者，依鬚髮渲，紫者檀墨間渲，黃紅者藤黃、檀子渲，鬢先用墨染，次用煙子渲，有間渲排渲亂渲，當得取用。○手指甲，先用胭脂染，次用粉染根。○凡染婦女面色，胭脂、粉襯，薄粉籠，淡檀墨幹。

染服飾器用法　凡白紙上，先染後却粉，然後再染，提揆絹則先襯背，後調合顏色於後。大紅，硃砂研染臙脂合。緋紅，銀硃入胭脂合。桃紅，銀硃入紫花合。肉紅，粉為主，入臙脂合。柏枝綠，枝條綠入漆綠合。墨綠，漆綠螺青合。柳綠，枝條綠入槐花合。官綠，枝條綠是。鴨頭綠，枝條綠入漓漆綠合。月下白，膩粉入京墨合。……粉入三綠標，并少藤黃合。鵝黃，粉入槐花合。……粉入烟子合。

一二三

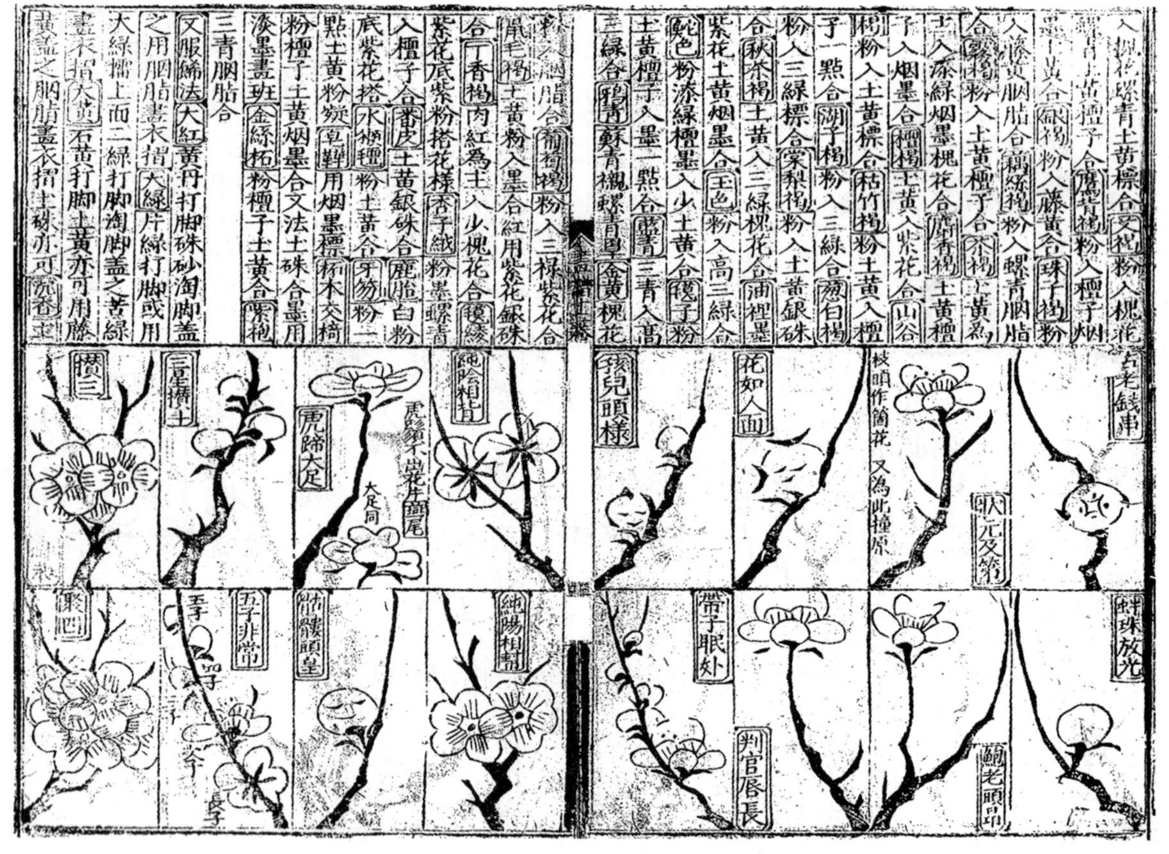

孩兒頭樣
花如人面
狀元及第
蚌珠放光
帶子眼灶
判官唇長
鶴老頭昂
虎蹄大足

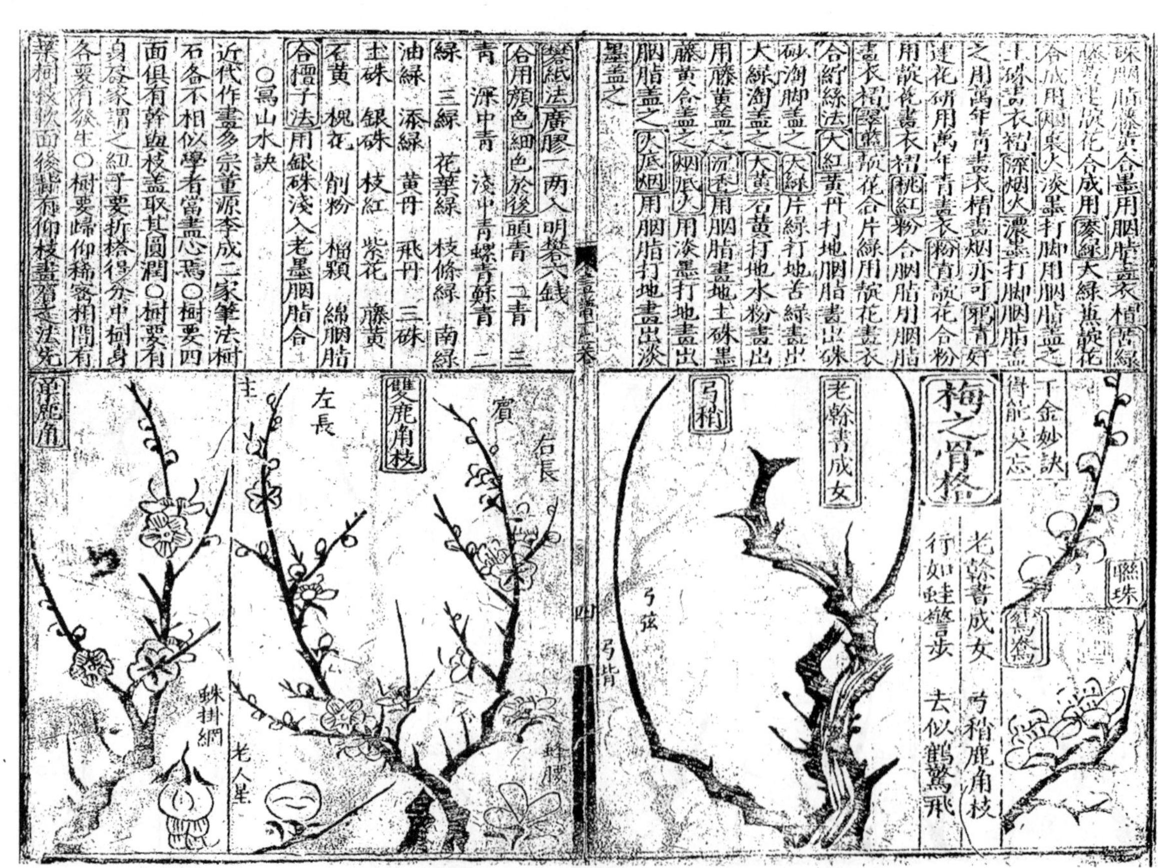

梅之骨格
老幹青成女
弓梢
老幹青成女　行如蛙聲步
弓稍鹿角枝　去似鶴鷺飛
雙鹿角枝
單鹿角
左長
右長
弓弦
弓背

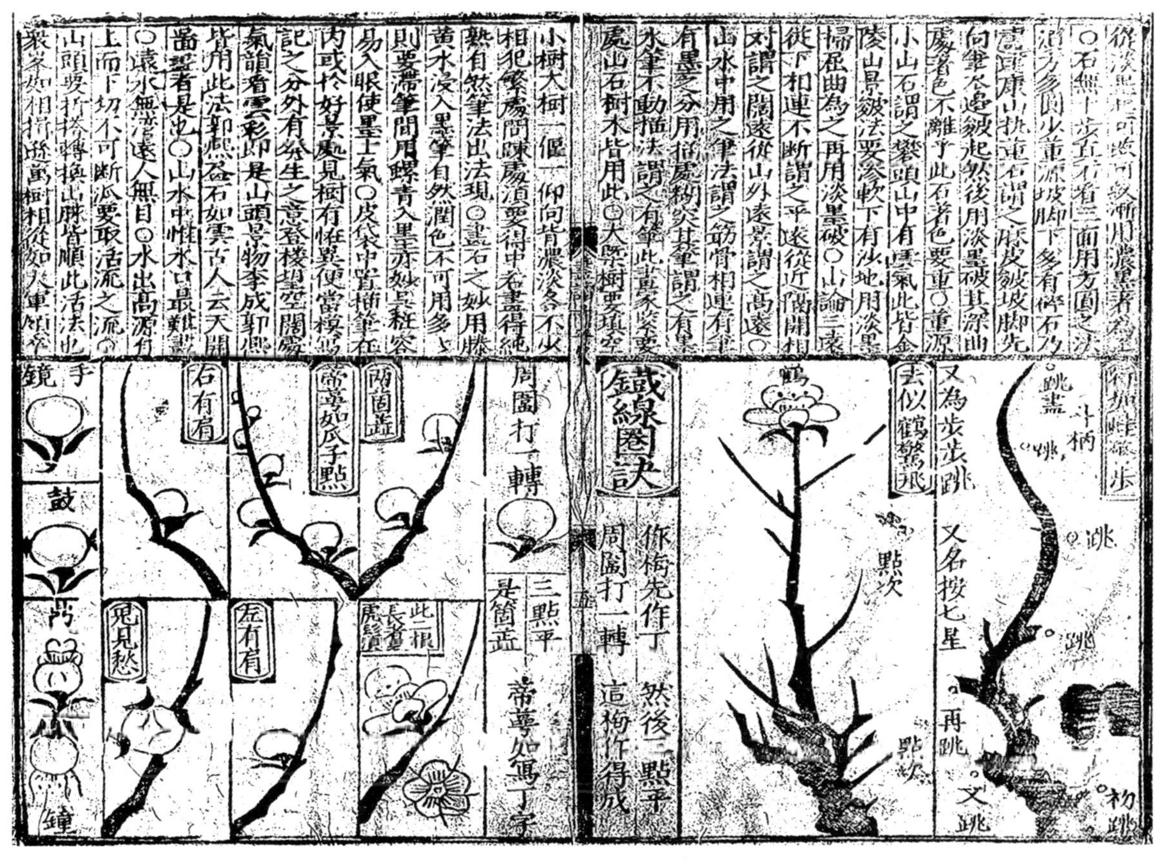

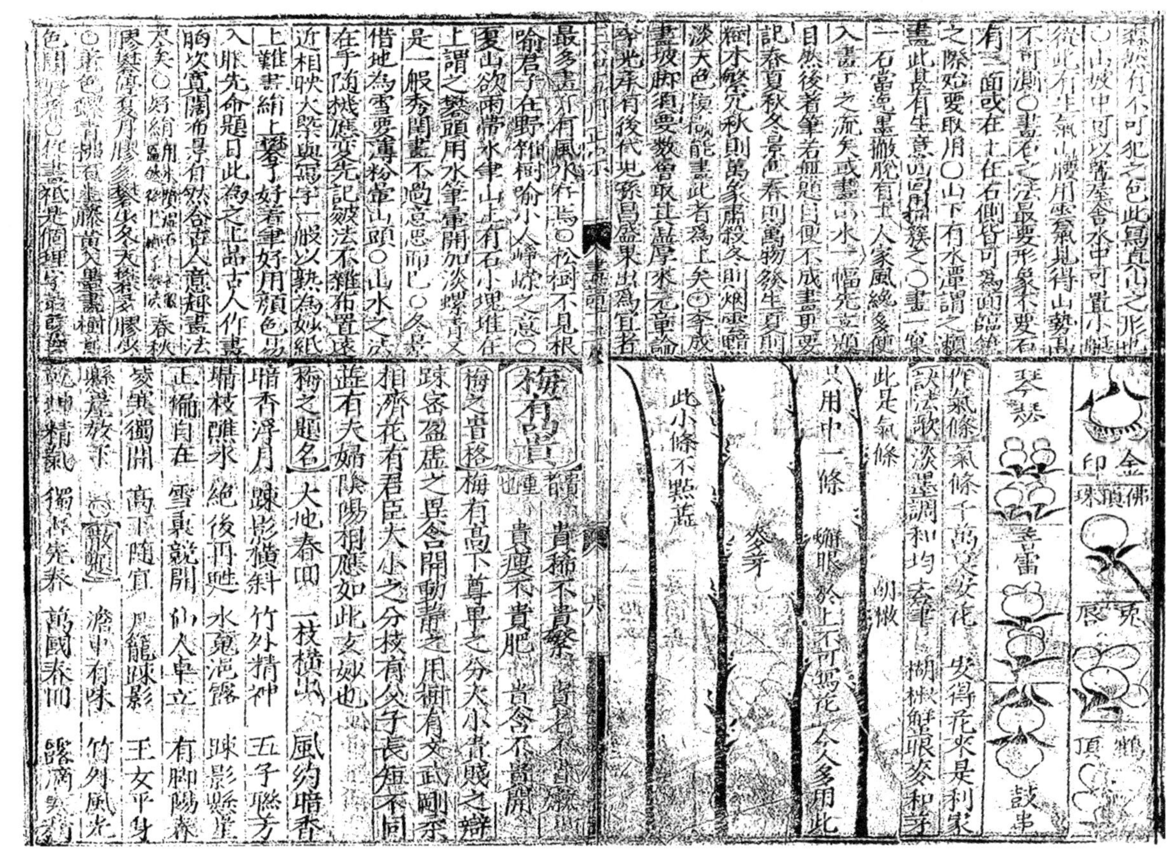

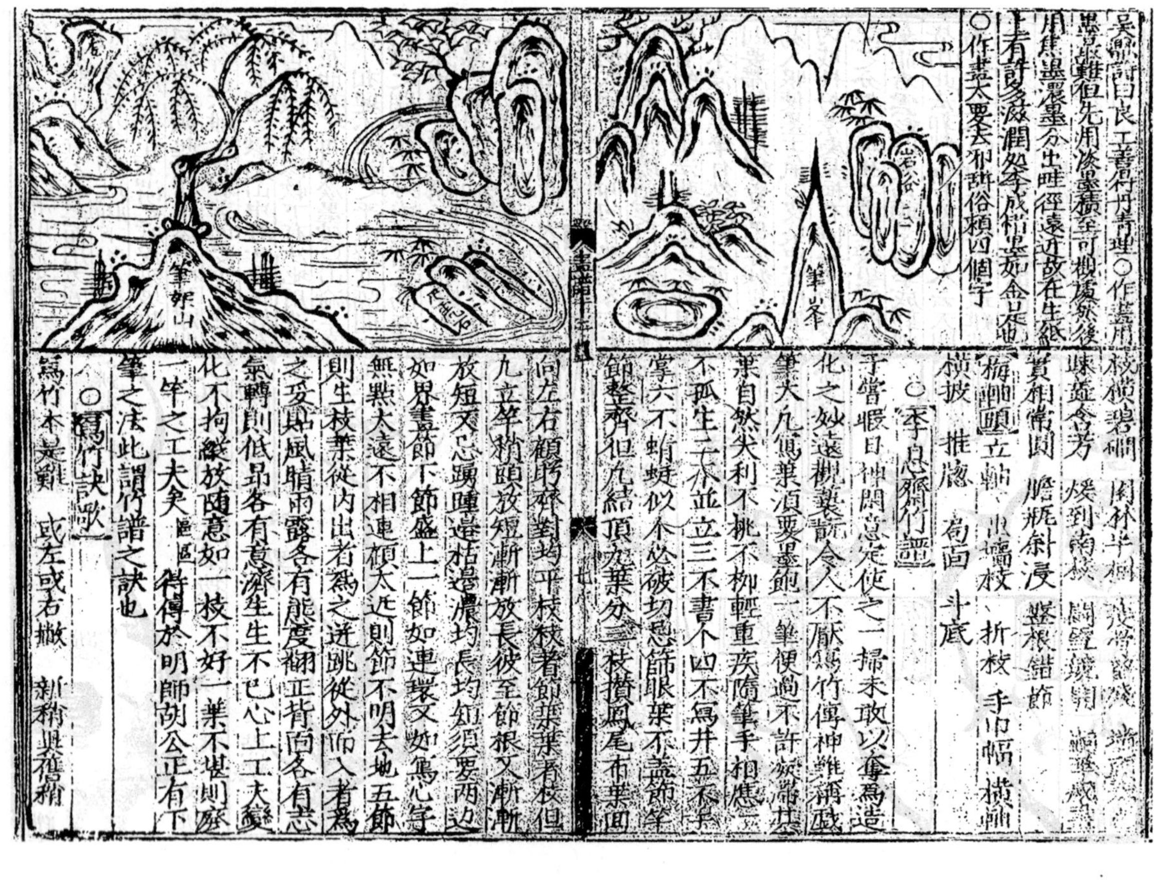

吳歙詩曰良工善得丹青理○作畫用墨最難但先用淡墨積至可觀處然後用焦墨濃墨分出畦徑遠近故在生紙上有許多滋潤處李成惜墨如金是也

○作畫大要去邪甜俗賴四個字

枝橫碧磵　閑林平樹　……
蛛蓋含芳　燦到兩枝　鬪經鏡翔　……
貫相常閩　膽瓶斜浸　竪根錯節
梅柳頭立軸　小幅枝　折枝　手巾幅　橫軸
橫披　推窗　扇面　斗底

○李息齋竹譜

予嘗暇日神閒意定使之一掃未敢以奪為造化之妙遠觀業許令人不厭寫竹傳神難稱威筆大凡寫葉須要墨飽一筆便過不許凝滯其葉自然尖利不桃不柳輕重疾隨筆手相應一不孤生二不並立三不書个四不寫井五不手掌六不蜻蜓似不必被切忌節眼葉不蓋節竿節整齊但凡結頂九葉分三枝攢鳳尾布葉向向左右顧盼飛對均平枝枝着節葉葉着枝但九立竿梢頭放短漸漸放長彼至節根又漸漸放短又忌踴踵邊枯邊濃均長均短須要兩边如界畫節下節盛上一節如連環又如鳥心字無點太遠不相連頻太近則節不明去地五節則生枝葉從內出者為之迸跳從外而入者為之受此風晴雨露各有態度翻正背面各有志氣轉則低昂各有意滋生生不已心上工夫變化不拘縱放隨意如一枝不好一葉不堪則廢一竿之工夫矣區區得傳於明師訓公正有下筆之法此謂竹譜之訣也

○寫竹訣歌

寫竹本是難　或左或右撇　新梢與舊梢

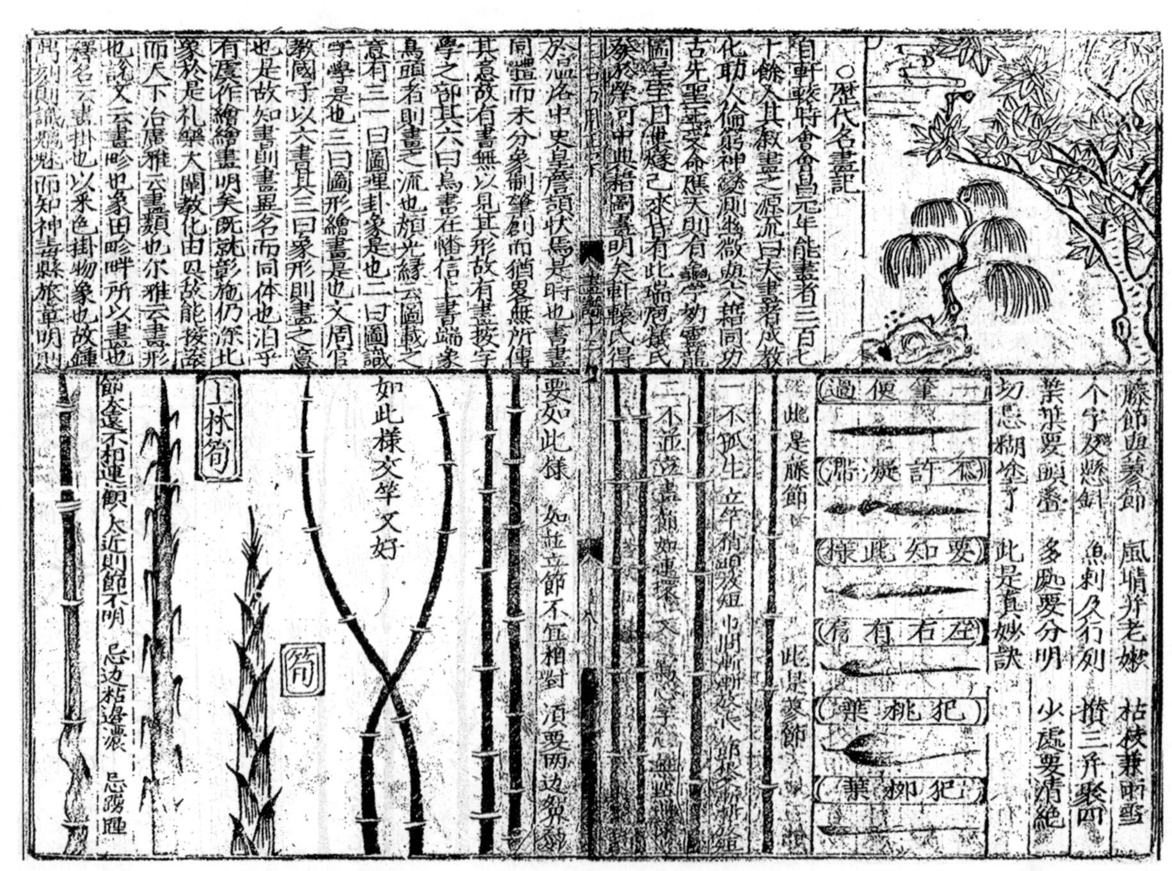

藤節與蓼節　風晴并老嫩　枯枝兼雨雪
个字及懸針　魚刺及行列　攢三并聚四
葉葉要顛番　多處要分明　少處要清絕
切忌糊塗了　此是真妙訣

竹筆便過　不許凝滯　要知此樣　左右有病　犯桃葉　犯柳葉

此是藤節　此是蓼節

一不孤生立竿稍頭放短中間漸漸……

二不並立畫節如連環又……

要知此樣　如並立節不宜相對須要兩边參錯

節若遠不相連頻太近則節不明　忌边枯边濃　忌踴踵

○歷代名畫記

自軒轅時倉頡元年能畫者三百七十餘人其敘畫之源流曰夫畫者成教化助人倫窮神變測幽微與六籍同功古先聖王受命應天則有龜字效靈龍圖呈寶自巢燧已來皆有此瑞跡暎氏象於時可中典籍圖畫明矣軒轅氏得於溫洛中史皇蒼頡狀焉是時也書畫同體而未分象制肇創而猶略無所傳其意故有書無以見其形故有畫援字學之部其六曰鳥書在幡信上書端象鳥頭者則畫之流也顏光祿云圖載之意有三一曰圖理卦象是也二曰圖識字學是也三曰圖形繪畫是也又周官教國子以六書其三曰象形則畫之意也是故知書畫異名而同体也洎乎有虞作繪繪畫明矣既就彰施仍深比象於是礼樂大闡教化由以故能揆務而天下治廣雅云畫類也尒雅云畫形也說文云畫畛也象田畛畔所以畫也釋名云畫掛也以采色掛物象也故鍾鼎刻則識魑魅而知神姦旂章明則

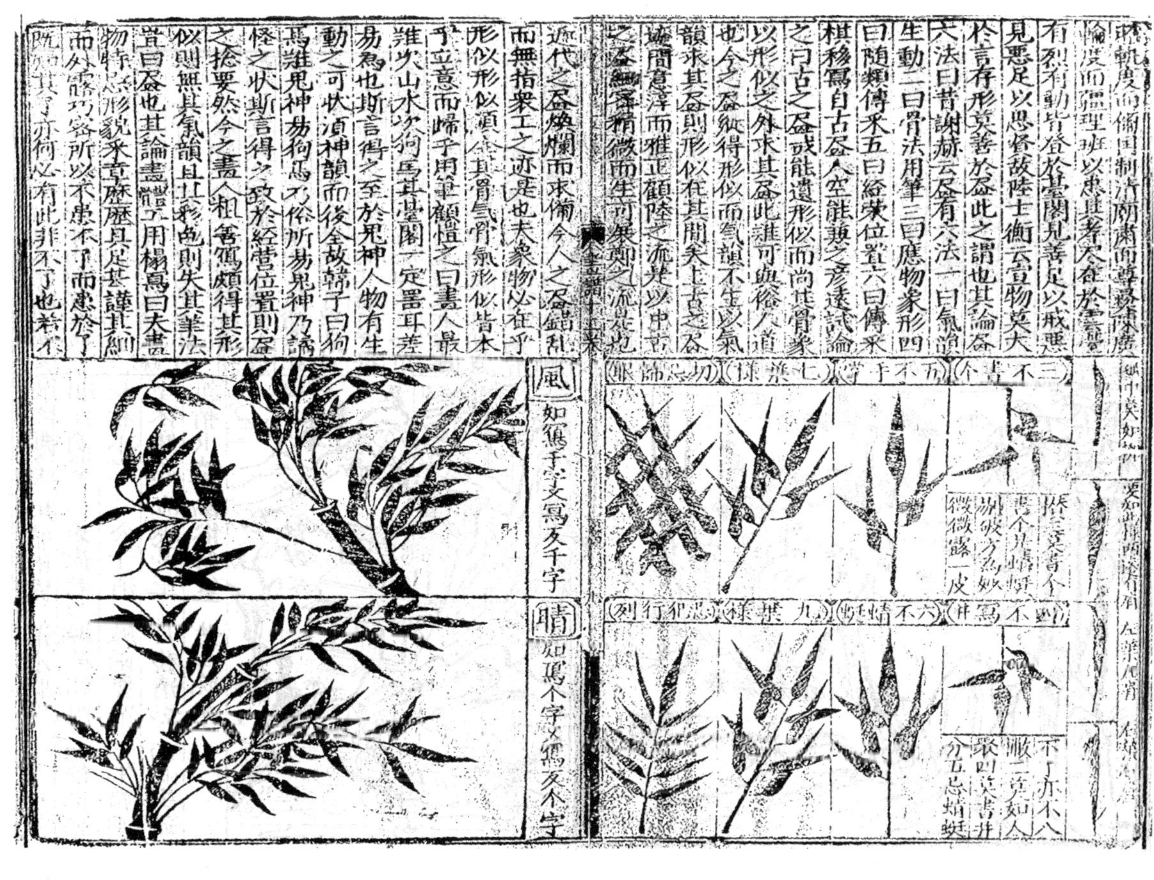
昭軌度而備國制清廟肅而尊彝陳廣輪度而疆理班以忠以孝盡在於雲臺有烈有勳皆登於麟閣見善足以戒惡見惡足以思賢故陸士衡云宣物莫大於言存形莫善於畫此之謂也其論畫六法曰昔謝赫云畫有六法一曰氣韻生動二曰骨法用筆三曰應物象形四曰隨類傅采五曰經營位置六曰傳模移寫自古畫人罕能兼之彥遠試論之曰古之畫或能遺形似而尚其骨氣以形似之外求其畫此難可與俗人道也今之畫縱得形似而氣韻不生以氣韻求其畫則形似在其間矣上古之畫迹簡意澹而雅正顧陸之流是也中古之畫細密精緻而臻麗展鄭之流是也近代之畫煥爛而求備今人之畫錯亂而無旨眾工之迹是也夫象物必在於形似形似須全其骨氣骨氣形似皆本於立意而歸乎用筆顧愷之曰畫人最難次山水次狗馬其臺閣一定器耳差易為也斯言得之至於鬼神人物有生動之可狀須神韻而後全故韓子曰狗馬難鬼神易狗馬乃俗所易鬼神乃譎怪之狀斯言得之至於經營位置則畫之總要然今之畫人粗善寫貌得其形似則無其氣韻具其彩色則失其筆法豈曰畫也其論畫體工用搨寫曰夫畫物特忌形貌采章歷歷具足甚謹甚細而外露巧密所以不患不了而患於了既知其了亦何必了此非不了也若不

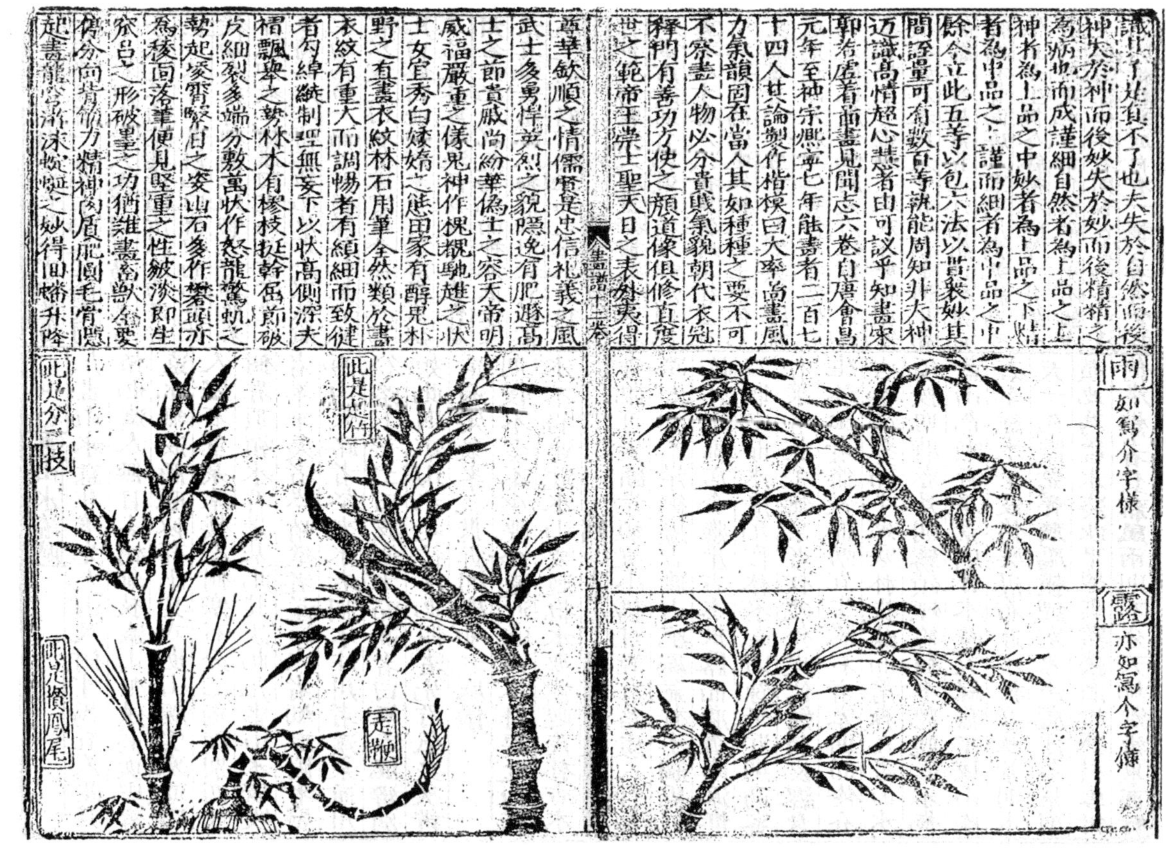
識其了是真不了也夫失於自然而後神失於神而後妙失於妙而後精精之為病也而成謹細自然者為上品之上神者為上品之中妙者為上品之下精者為中品之上謹而細者為中品之中餘今立此五等以包六法以貫眾妙其間詮量可有數百等孰能周知非夫神迈識高情超心悟者由可議乎知畫宋郭若虛著圖畫見聞志六卷自唐會昌元年至神宗熙寧七年能畫者二百七十四人其論製作楷模曰大率圖畫風力氣韻固在當人其如種種之要不可不察畫人物必分貴賤氣貌朝代衣冠釋門有善功方便之顏道像俱修直度世之範帝王崇上聖天日之表外夷得尊華欽順之情儒賢是忠信禮義之風武士多勇悍英烈之貌隱逸有肥遯高士之節貴戚尚紛華偽士之容天帝明威福嚴重之儀鬼神作醜覗馳趡之狀士女宜秀白婉婿之態田家有醇兒朴野之真畫衣紋林石用筆全然類於書衣紋有重大而調暢者有縝細而致健者勾綽縱制理無妄下以狀高側深大帽飄舉之勢林木有樛枝挺幹屈節皺皮細裂多端分數萬狀作怒龍驚虬之勢起凌霄聳日之姿山石多作礬頭亦為稜面落筆便見堅重之性皴淡即生窊凸之形破墨之功猶難畫畜獸全要停分向背筋力精神肉質肥圓毛骨隱起畫龍必瀠沫蜿蜒之妙得回蟠升降

之宜畫水湯湯有波使觀者有浩然之思畫巖木折竹無斷筆勻乎深遠淡墨畫花竹有四時景候陰陽向背筍條老嫩苞萼先後自然豔麗閑野逮諸園蔬野草咸有出土體性畫禽鳥識形體名件之異俟翔舉飛集之態其論氣韻非師曰謝赫六法精論萬古不移然而骨法用筆以下五法可學如其氣韻必在生知固不可以巧密得復不可以歲月到默契神會不知然而然其論用筆得失曰凡畫氣韻本乎游心神采生於用筆意在筆先筆周意內畫盡意在像應神全夫內自足然後神閑意定神閑意定則思不竭而筆不困也畫有三病皆係用筆一曰版二曰刻三曰結版者腕弱筆癡全虧取與物狀平褊不能圓混也刻者用筆中疑心手相戾勾畫之際妄生圭角也結者欲行未行當散不散似物凝滯不能流暢也其論古今優劣曰佛道人物士女牛馬近不及古山水林石花竹禽魚古不及近何以明之且顧愷之陸探微張僧繇吳道元及閻立德立本皆純重雅正性出天然吳生之作為萬世法號曰畫聖張萱周昉韓幹戴嵩氣韻骨法皆出意表後之學者終莫能致故曰近不及古若李成關同范寬董源之迹徐熙黃筌居寀之迹前不藉師資後無復繼踵假使二李三王之輩復起邊鸞陳庶之倫再生亦將何以措手於其間哉故曰古不及近御椿

竹之題名

風情雨露 渭水晚風 二女爭竿
湘江滴翠 二孫扶老 鳳尾朝陽 老節化龍
長春不老 三公子清 風雨雙清 一竿瀟灑
煙抹寒梢 金飈戛玉 月移清影 雨滴生孫
新梢出牆 幽谷脩篁 楚江晚翠

畫繼一卷自熙寧七年至孝宗乾道三年學畫者一百九十九人其論遠曰畫之為用大矣夫天地間者萬物悉皆含豪運思曲盡其能而所以能曲盡者止一法耳一者何也曰傳神而已矣世徒知人之有神而不知物之有神此若非淤鄙衆工謂雖曰畫而非畫者蓋止能傳其形不傳其神也故畫法以氣韻生動為第一而若非獨歸於軒冕岩穴有以哉又曰自昔鑒賞家分品有三曰神曰妙曰能獨唐朱景真撰唐賢畫錄三品之外更增逸品其後王休復作益州名畫記乃以逸為先而神妙能次之景真雖云逸格不拘常法用表賢愚然逸之高豈得附於三品之末若休復首推之為當也又有畫繼補遺一卷不知誰所譔則自乾道以後至理度間能畫者八十餘人尓後陳德輝者續畫記一卷再自高宗建炎初至幼王德佑乙亥能畫者一百五十一人然與畫繼補遺則相出入者耳二書僅可考閱姓名無足觀也趙希鵠洞天清錄集云古畫多直幅至有畫身長八尺者雙幅亦然橫披始於米氏父子非古制也河北絹經緯一等故無背面江南絹則經麤而緯細有背面唐人畫或用搗熟絹為之然止是生搗令絲褊不礙筆工非如今者加漿也古絹自然破者必有鯽魚口與雪絲偽作者則否古畫色墨或淡黑則積塵所成自有一種古香可愛若

○畫山水論賦

凡畫山水意在筆先丈山尺樹寸馬豆人此其格也遠人無目遠樹無枝遠山無皴高與雲齊遠水無波隱隱似有此其式也山腰雲塞道路人塞石壁泉塞樓臺樹塞石分三面樹別兩岐樹看頂𩕄水看岸基此其訣也凡畫山水峻岭者峯平夷者岑峭壁者崖通穴者岫形圓者巒兩山夾路者壑夾水者澗水注川者溪泉通川谷路下平土曰坡似土而高者曰坂若能辨別如此則知山水之彷彿也觀者先看氣象次辨清濁定衆峯之拱揖列群岫之威儀

則慢不多不少要分遠近遠山不得連近山遠水不得連近水山要迴抱水要縈迴茂林古木寺觀可安斷岸頹堤小橋可置有路處人行無路處林木岸絕處古渡山絕處荒村水闊處征帆林密處居舍懸崖古木根露而藤纏臨流怪石嵌空而水浪凡作林木遠則疎平近則高密有葉者枝柔無葉者枝硬松皮似鱗栢皮纏身生於土者脩長而勁直生於石者拳曲而伶仃古木節多而半死寒林扶疎而蕭森凡畫山水須按四時春景則霧鎖煙籠樹木隱隱遠水拖藍山色漸青夏景則林木蔽天綠蕪平坂山陰蒼翠綠水平波倚雲瀑布近水松亭秋景則水天一色霞鶩齊飛鴈橫煙塞蓼渚蘆汀冬景則積地為雪水淺沙平凍雲黯淡酒旗孤村客舟倚岸樵者負薪風雨則不分天地難辨東西行

作者多作黃色而鮮明不塵暗此可米芾畫史云古畫若得之不脫不須背標若不佳換標一次背一次壞屡史云深可惜蓋人物精神髮采花之穠艷蜂蝶只在約畧模淡之間一經背多或失之也古畫至唐初皆生絹至吳生周昉韓幹後來皆以熱湯湯半熟起如銀版故作人物精采入筆今人妝唐天必以絹見紋麄便云不是唐非也張僧繇閻令畫皆生絹事唐畫皆麄絹徐熙絹或如布絹素百破必好風裂紋各有辨長幅橫卷裂紋橫幅幅直卷裂紋直各隨軸勢裂也直幅不當一縷歲久卷自兩頭蘇開斷不相合不作毛掐亦蘇不可偽作其偽者快刀直過當縷兩頭林當生作毛起掐又堅紉也溫紫者色成綫間乾黑者烟臭上深下淺古紙素有一般古香真絹色淡雖百破而色明白精神采色如新惟佛像多經香熏損本色紫絹作濕香色棲陳文閣易辨仍盖色上作一重古不直裂須連兩三經不可偽作大國朝東楚湯垢字君載號采真子著畫鑒一卷論歷代名畫悉有依據其雜論曰古人作畫皆有深意運思落筆莫不各有所主况各下無瑕士相傳既久必有過人處今人看畫自出且見不經師授不閱記錄但合其意者爲佳不合其意爲不佳及問其如何是佳則茫然失對僕自十七八歲時便有迂闊之意見圖畫愛玩不去手見鑒

人傘笠漁父簑衣有風無雨枝葉斜披有雨無風枝葉下垂雨霽則雲收天碧薄霧依稀山光淺翠網縱斜暉晚景則千門欲瞑輕霧霏霏朦朧殘月氣象蕭條暮景則山啣落日大吠疎籬僧投遠寺帆卸江湄行人歸急半掩柴扉或烟斜霧橫或遠岫雲歸或秋江古渡或荒塚斷碑或洞庭春色或瀟湘霧迷如此之類謂之畫題筆法布置更在臨時山形不得犯重樹頭不得整齊樹藉山而爲骨山藉樹以爲衣樹不可繁要見山之秀麗山不可亂要顯樹之光輝若能留意於此者須心會於玄機

〇畫有六法

一曰氣韻生動　二曰骨有用筆　三曰應物象形　四曰隨類賦彩　五曰經營位置　六曰傳模移寫

〇畫有八格

一石老而嫩俏　二水淡而明潔　三山要爲林　四泉宜灑落　五雲烟出没升騰　六野逕迂迴曠遠　七松偃相龍虬　八竹節藏風雨

〇畫家十三科

佛菩薩相　玉帝君王道相　金剛神鬼羅漢　鍾僧　風雲龍虎　宿世人物　全境山水　花竹翎毛　野騾走獸　人間動用　界畫樓臺　一切傍生　耕種機織　雕青嵌綠

〇畫分數科

風　雲　水　石　水墨　林　嶺　歸行　壑　竹　一界畫　一人物　一花果　一鱗毛　草虫

之手便加禮問徧借記錄參考成誦其言歷觀名跡參考古說始有少悟若不留心不過爲聽聲隨影終不精鑒也燈下不可看畫醉餘酒邊不可看畫俗子猶不可示之卷舒不得其法最爲害物至於庸人孺子見畫必看妄加雌黃品藻本不識物亂訂真偽令人短氣古人畫藁謂之粉本前輩多寶蓄之蓋其草草不經意處有天然之妙宣和紹興所藏粉本多有神妙古人作畫有得意者多再作之如李成寒林范寬雪山王詵烟江叠嶂不可收舉看畫如看美人其風神骨相有肌體之外者今人看古迹必先求形似次及傳彩次及事實殊非賞鑒之法也元章謂好事家與賞鑒家有是兩等家多資力貪好名勝遇耕收置不過聲此謂好事若鑒賞則天資高明多閱譜錄或頗能畫或深畫意每得一圖終日寶玩如對古人不能奪也觀六朝畫先觀絹素次觀筆法次觀氣韻大槩十中可信者一二御府有題印者猶不可信古畫東移搨補成章比擊自高宗朝莊宗古始也餘友人吳興夏文彥字士良號蘭渚生其家世藏名蹟鮮有此者朝夕玩索心領神會加以游於畫藝慎入厥趣是故鑒賞品藻萬不失一因取名畫記圖畫見聞志畫繼續畫記爲本參以宣和畫譜南度文朝畫史[illegible]錄及傳記雜說百氏之書稽有關秘網

〇評說時畫

夫山尺樹寸馬豆人裝闌不會畫會畫不傳神

〇識畫訣法

夫識畫之訣在乎明六要而審六長六要者氣韻兼力一也格制俱老二也變異合時三也彩繪有澤四也去來自然五也師學格知六也此六要宜當辨慎六長者麄鹵求筆一也僻澀求才二也細巧求力三也狂怪求理四也無墨求染五也平畫求長六也

〇觀畫訣法

夫觀畫之法見短勿詆破求其長見巧勿譽反尋其拙大凡觀釋老者尚莊嚴慈覺觀羅漢者尚四像四像者謂有四國王之子有四婆四或四胡夷或四比丘僧步寒夷門觀道流者尚孤閑清古觀人物者尚精神體態謂有貴賤中外也仍觀折筭衣紋停分形象觀畜獸者尚馴擾獷厲觀花竹者尚艷麗閑瑞觀禽鳥者尚毛羽翎舉觀山水者尚平遠曠迴觀鬼神者尚筋力變異觀屋木者尚壯麗深遠凡上拆下筭一斜一直大率與匠人橫作一同

〇背書畫糊法

取白麵量所用多寡先以元盆貯淨水却欵欵以麵傾向水上聽其自沉不可攪動攪則有塊置淨室中夏七八日冬半月候極臭吸乃徐徐擠去水即換水入白芨半兩白礬三分[illegible]去打成濃糊或入桐油黃蠟芸香各分等就鍋打作一

新刻天下四民便覽三台萬用正宗卷之十三

書林黃梅齋著

蹴踘門

齊雲軌範

○蹴踘家門

夫古曰蹴踘者儒名也今曰齊雲者俗名也實晉時壯士習運之態乃皇朝豪傑戲遊之學士夫稱喜子弟偏宜能令剛氣潛消頓使旁心散矣雖貴衣而食最欺村而減強身雖肥盤常習此氣如飛單乃高者愛斯能令交社猶上無你衣我衣囊中無我錢你錢方可做圓社如有參者全在明師指教而賜不明法者實乎鈞之誰得法者如參掌之易凡教徒弟者有三不可教一者村沙不常性二者不聽師教不達圓情三者人無礼樂失其信乎此三者不可教也一性格溫柔為人常情一身材雅俊三達道務知進退此三者可教也

詩　齊雲家数少人知　學妙中間實是奇

曰　場中公子須然有　規矩家風識者稀

○求師法

凡有來參蹴踘者皆名家巨室之子弟初來當要於圓友商議必須先備三牲盤筵祭献等礼陳于祖師清源妙道真君仙師陸陽真人齊雲會上前亡後化先生時或備酒筵兼礼物然後行師徒之礼次方開場是日先撇右膁次後卻撇左膁兩膝兩拐兩搭八踢有准方可下場更看立作身一樣子當日輪定每日令弟子哨水後日下場再設席會友此謂之新人會又名圓會如不做圓會亦是不會得師開法一般被人笑話謂之不出汗雖上盤子更看立作動靜如見外郡圓友務必徇禮氣毬手執徒色作揖對上手言老先生帶挾二踢作對下手言膁膝冲撞少罪將氣毬撇於下手先以右膁三兩踢次後方使襍踢踢務要相讓如有急幹不可下場如無師友更看那些身分捐背踢時不許占參事踢毬候衆各散謂之齊集場忌不可先供果有急幹手執脟錢送於老先生處說不及陪少備薄儀奉老師表情作揖汗衫揖而退於諸子弟言列位自在優踢辭別方行不可空去被人談論師不明也或對衆言大挾此者全在明師開法莫道一場兩場便會須要經千場萬場方牢以熟為妙無演日功又言公子同席吾兄我弟王孫在場寺董春有秋冬無寒春夏無熱若依此論真心指訣不依此論師者拜别不可視為圓友也圓社以要酒礼點圓根氣切不可失議各請知之

詩　齊雲有妙實難圖　規矩家風不可無

曰　若遇明師真口訣　參成須用琢磨工

○蹴踘訣要

凡做子弟蹴踘乃是人中顯衆貴闊裡套尊以俊為奇也場上須要古鳴要樣子要誠實要動靜要家数要知其非言或人衆校尉力卷不可貪踢不在一

○蹴踘序

昔黃帝之王天下也生而神靈嘗制蹴踘之器以遺介士蹴其蹴之以習戎事其間坐立進退之法攻殺擊制之度莫不畢備于此矣時炎帝之裔有蚩尤者弄兵施演荼毒海內帝赫怒爰舉干戈絶戀之野遂安天下此帝之所以制為蚩尤乱豈徒爾也降迨後世間有浪跡之流昧蹴踘之義更改名圓社曰情附會經言指為故典假此以通賄賂而為美蹴之清慾習俗之移率多用此其誣聖人甚矣嗚呼古為挑戰今為資利之謀吾惧聖人之道荒遂因鋟梓以傳用矯時弊使世之智者翫而觀之不可徒樂欲也宜見其器而顧改弊名称其名而思改義得其義而又諸古庶乎聖人制作之本意不失而君子蹴之不為誣聖矣余豈無意哉

○初學蹴踘法

夫蹴踘者拐搭膁辭踢毬之祖其餘踢搭皆外而生也拐搭膁辭既真何患外踢而不生也須要腰不曲身背脚不拗不穿場不失位要格樣而美老期好矣此法全在専心急中用意眼親步活方知得也又須量毬色大小輕重如勢開參鞋韈者衣冠齊楚佳移柔耐容儀溫雅遜言為□□□少多知如此方為圓社

詩　圓社江湖雅氣多　風流富貴是如何

曰　王孫公子來相踢　少年勤李莫蹉跎

有是蕭數演

○鷓鴣天

虎掌攢花六錠銀全憑巧匠弄精神裹膁外拐知高下過拐如天月一輪欺強傲壓村人其間多妙幾世承不問國戚公候子魯者區區並馬行

○仁者心之德愛之理衆人失之古之聖賢之所全也凡王孫公子士宦豪俊皆要以仁存心不可咨學輕師示達圓情閉塞賢門阻窒相識以失其仁愛之心焉

詩　風流自古是齊雲　壓強欺村果出群

曰　豪俊貴人偏見愛　一團和氣衆皆欣

義者心之制利之和古今聖愚人所同也凡王孫公子仕宦豪傑但遇圓情相識要皆解衣推食仗義睞才不可慳嗇鄙恪棄賤嫌貧以失其相周之義焉

詩　春風習習最堪誇　約友托朋會一家

曰　義氣相投能事者　千金莫惜任繁華

礼者教而已矣凡王孫公子仕宦豪俊遇圓情朋友要皆忘其勢分之貴禮儀勤渠如會大賓以施圓情之禮不可傲慢輕忽踈畧恭敬以廢乎圓情之禮焉

詩　既來圓社中　除卻胸襟傲

曰　王候一並肩　愚人何足道

智者盡□□□之神也事至物來皆能順應

一場便会須經千萬場方熟一等不知
礼者在他人場中若要撇膁与盤子說
言語說歡譁使搀越誇強賭勝枉用力
而不入論踢搭此乃精神有限此等乃
偷儁盜學之徒為師者将上比下以手
代脚用之精神持付更教其節病就裡
身分立作那些踢搭則撇千百般场不
可輕易須要啃水點道若無不可撇踢
如不下場先俻酒礼之数比是欺村滅
强踢罷空散閑家當表損乃將於何故
一分使錢一分踢十分使錢十分踢中
啃水為之補汗又名添氣做子弟先礼
楽不可失其家数如遇寺觀亭臺衙院
少中有閑家請踢氣毬答言義踢不可
應着膁如校尉可回着膁二字下場先
以右膁三四踢說使便集踢不許近踢
不得泛上双手如提重物要口鳴不得
又占場不得空去若先去了被人講論
取名呼為野圓果子無命孩兒又人大
發譫〻蹴鞠氣毬要衆人齊散全其始
終乃為礼也如啃水筵席二三盃酒後
将氣毬送於年老先生根氣就将酒一
盃衆皆飲又曰古之人快将銀去謝之
此非今之動靜乃古人之家風不可不
知來早訪望圓友一遭乃是十分全會
者未免先施仁義者也不可不依古語

詩　礼数家風不可無圓情須要此規模
曰　江湖子弟能知者堪入塲中作畫圖

○小唱下禁

冷打左搶拐　頭拐更毒　右有順下

但唱明〻[illegible]之於脚即應之於心規矩家
風不差毫髮昔黃帝曉以裁華為圓以為戎具
討破蚩尤也盖可見其智矣

詩　聖上來宣我　長着要踢毬
曰　名園歡散後　又向玉階遊

信者心之主宰氏無信則不立也凡圓情君子圓
友相交不拘富貴貧賤要皆慥慥篤實言行相
顧不可咨声躁妄大言不慚以致能言而不能
行之謂使人而無信吾又不知其何如也

詩　子弟從來不畏羞　更無火性更無憂
曰　一團和氣逢人美　六片香波到處遊

一踢氣毬處不拘寺观廟宇亭臺衙院未踢之
先必有酒食宴會所樂止于圓情耳酒席不過
飲情非正目也切不可太過以致相争身遺笑
恚然本為圓情而反為失情矣有失躰面令人
笑話切戒此乃酒也

詩　玉楼金勒賞芳菲　酔日偏多醒日稀
曰　歸晚玉人陪笑問　汗衫猶帶氣毬泥

一場户上有諸子弟蹴踘不許歌唱嘌喨或有
良家婦女或官宦娘子在閨門多有未見此戲
或有要看者切忌不可将氣毬踢去惹事亦不
可言語嘲戲一時不謹誠恐患禍及身臨特難
赦又為不美而已此乃是色也

詩　金明池上一氣毬　一两〻三〻遊冶郎
曰　料却帽簷原不見　一姮娥莫怪少年狂

詞　泛妹〻[illegible]眠化食堪誇更吉一續

左尖順下　右膝順下　兩踢從上
右膁泛上　右拐右撇　順風拐
右拔右

○十二格様

身如筆直　手如提石　心當旋安
脚要活立　身要直　不要曲
手要垂　不要飛　脚要低
不要起　踢要遠　不要疾
肩尖脚尖　牙側眼微偏

○齊登

格様　一捷扎　三行頭　四鞋韈

一人場户名轉花枝

圓　子　茶

三人各依格様皆以相立
順子弟茶頭過泛週而復
始只許一場到泛無方要
踢不許泛上如校尉兩踢於子弟〻〻
於茶頭不可泛上

詩　蹴踘須當揀地塲花前景館傍垂楊
曰　平地更無磚沙石有心踢踏敢施張

又　初塲要清氣　中塲嘗啃水
詩　末塲須打散　古今圓社礼

○十不許

膁上抛毬　頭踢泛上　短衣下場
子弟撇膁　双手抛膁　離䆠請踢
子弟褪氣　塲分兩塲　踢罷乾散

○十緊要

要和氣　要信實　要行止　要志誠
要温良　要朋友　要尊重　要謙讓
要礼法　要精神

○又廿二緊要

為住肥風百〻分都罷兼且時光似箭更加景色
雖然餘名園寺處楽繁華一任佳人評要
一做子弟圓情非銭而不行雖費衣而憚食且
窮而威強富貴之餘也圓社中安有無錢而自
學無財而徙楽哉雖不論財而亦不可廢礼下
場蹴踘必須將錢贈於閑客以攏汗衫子弟使
鈔謂之出汗此乃是財也

詩　蹴踘連朝習　打徹千百場
曰　若要諸般會　黄金休要惜

○一凡場中踢處不可久占見外來子弟看他
要時必是會踢者雖不甚會踢恐知家数初切
須要請踢如或不請踢便有相怪或時爭尋有
犯言語雖是磨滅家風亦要省事嗑牙打諢不
可太緊氣場中恐有受不得氣者必成相爭以
起禍此乃是氣也

詩　世間圓友尽英豪　[illegible]食豐衣[illegible]
　　更有一般堪貴處　王孫公子盡交朋

蹴踘塲中年少鞦韆架上佳人三〻两〻初芳
塵共賞風光美景日暖和風明媚更加花草香
馨紅顏私步出閨門偷揭綉簾評称

○律色

俗說氣毬社號徤色風流多少嫜嫩搔縫侵道
不露角皺縫滑鬆圓實料梨花可觀房學堪觀
倒金銭縫短六兼花様兒偏矣砂様銀帒小圓
五角蒸花多病得知者切莫勞心用知者必須闊
就水傷痴重乾怕輕狂亦必須氣脉調匀方始
踢上穩當〻時識者不也前人徤色正撞十四

[illegible]勤　踢要頻　着搭真　躲占身
左右分　要着人　朝〻新　日〻親
泛要真　口要鳴　知勸斷　滿懷春
戒多言　戒賭賻　戒是非　戒傲慢
戒詭詐　戒爭鬧　戒猖狂　戒訟事
戒輕薄　戒消色

詩　來時毬打脚　去時脚打毬
曰　搜尋兩行字　機関在裡頭

一踢氣毬須撇出者為家數自踢出於不是撇一場踢一場看一場論一場踢路要着人方為踢路不乾凈也徒然第一要踢第二要踏第三要樣子第四要泛真第五要相讓第六要耶碌第七要講明第八要口鳴第九要勤靜第十要出汗江湖先生開家各有會場會踢不會踢教法各有别也。

右膝順下　兩踢泛上　順風拐
右拐左撇　有披肩

○十不賽
剜剪　弦子　馬前　䠀傑　五角
無師　過道　後局　扑膂　格法
辮袖直身　慢踢其真　膲辞拐打
歷練須頻　踢多即熟　認論自停
若怕損力　詧惡順情　左右稜步
入力要輕　行步立作　切莫身傾
踢時四臺　不可犯人　又恐王癸
謹裡中心　穿場失位　補踢為尊

○十不踢
網先裡　莫下網　燈光裡　圓光踢
泥水處　筵席前　飲酒後　風塵大

兩只目四〻看運動頻〻照點乾則指表必須安
要好盤子踢罷不亂動入網內不可踢有犯社
矩。

○健色名
六錠銀　虎掌　人月圓　金錠古老錢　十二枘　葵花　天凈沙　龜背　旋羅虎掌
芰兼菊　十月春　五角　曲水萬字　鑽子
菊　側金錢　靈花虎掌　雲臺月　斗底
轉宮爽　十二月梨花虎掌爪　鼻世虎掌
鏡把兒　兩國和　一對銀　菊花心　兼底
挑　鵓鴿頭　香烟篆　一炉香　落花葵
滿園春　不斷雲　一紙　一瓶花　為天
下太平　風調雨順　雙六如意

詩　料鬆䕺盡拍兒端　角斂釘平经〻
曰　一時様必須還四虎　須者借就十八圓

一人場户
聽拐　肩　身
躡拐捻沙　卧魚　䄂拐　畫
眉　鎖腰　諺拐　弾搭　雙
捻　校樓

詩　肩尖對脚尖　身側腿微偏
曰　脚眼身挺出　平撞便是膲

圓光
披肩　身　背劒
䄂拐　畫眉　鎖腰　踏拐　弾
搭　不秋　肩　走馬膝　拐捻

趴　卧魚

詩　膝高三丈二　一拐打十三間
曰　脚頭手萬踢　解數百千般

二人

㊀

兩人對立各用左右膲一來一往
三五百遭不許襍踢亦不許兩名

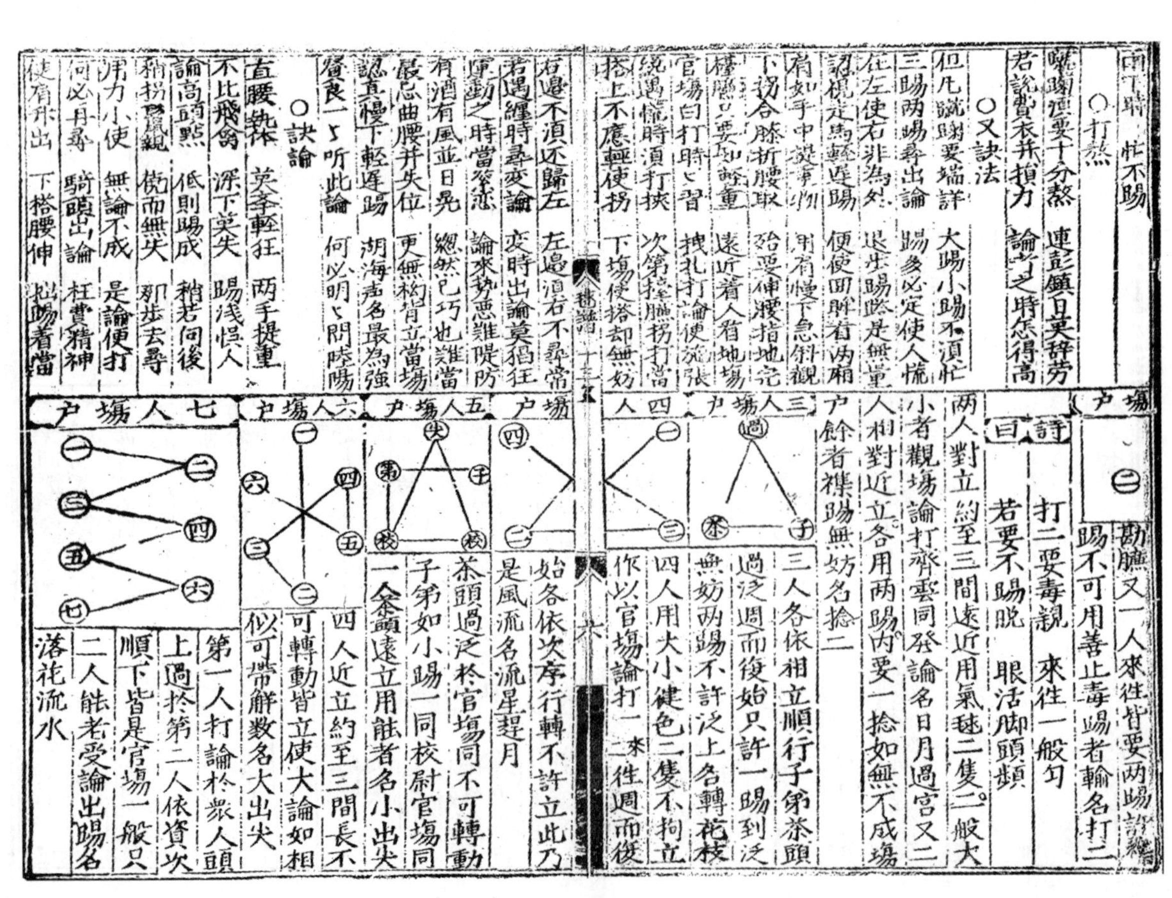

南下時　杜不踢

○打熱
蹴踘須要十分熱　連彭鎮日莫辞勞
若說贊衣并損力　論些之時怎得高

○又訣法
但凡蹴踘要端詳　大踢小踢不須忙
三踢兩踢尋出論　踢多必定使人慌
在左使右非為外　退步踢踏是無量
認視走馬輕延踢　便使兩脚看兩廂
肩如手中提拿物　開肩慢下急斜觀
下拐合膝折腰取　始要伸腰指地完
樓膝只要知輕重　遠近着人看地場
官場白打時〻習　拽扎打論使旋張
繞過慌時須打挾　次第搭膲拐打當
搭上不慮輕使拐　下場使搭却無妨
右邊不須还歸左　左邊須右不尋常
若遇纏時尋變論　变時出論莫猖狂
運動之時當祭怒　論來勢惡難隄防
有酒有風並日晃　縱然巴巧也難當
最忌曲腰并失位　更無稍背立當場
認真慢下輕遲踢　湖海声名最為強
餐良一〻听此論　何必明〻問畴踢

○訣論
直腰莫縱　莫𦣝輕狂　兩手提重
不比飛禽　深下莫失　踢浅悮人
論高踢點　低則踢成　稍若向後
稍拐驚覷　倦而無失　邪步去尋
用力小使　無論不成　是論便打
何必再尋　騎頭出論　枉費精神
使肩飛出　下搭腰伸　拙踢着當

場户

㊁

勘膲又一人來往皆要兩踢詳[illegible]
踢不可用善止毒踢者輸名打二

詩　打二要毒親　來往一般勻
曰　若要不踢脫　眼活脚頭頻

兩人對立　約至三間遠近用氣毬二隻二般大
小者觀場論打齊雲同發論名日月過宮又二
人相對近立各用兩踢內要一捻如無不成場
户餘者襍踢無妨名捻二

三人場户
三人各依相立順行子第茶頭
過泛過而後始只許一踢到泛
無妨兩踢不許泛上各轉花枝

四人場户
四人用大小健色二隻不拘立
作以官場論打一來一往週而後
始各依次序行轉不許立此乃
是風流名流星趕月

五人場户
茶頭過泛於官場同不可轉動
子弟如小踢一同校尉官場同
一人茶頭遠立用能者名小出尖

六人場户
四人近立約至三間長不
可轉動皆立使大論如相
似可帶解數名大出尖

七人場户
第一人打論於衆人頭
上過於第二人依資次
順下皆是官場一般只
二人能者受論出踢名
落花流水

[illegible]頭扮踢路　本事[illegible]

[illegible]當要隄防　大小健色

踢而覧詩　或打大論　鞋韈相當

○官場七踢臁詩

須要有尖對變　更宜身側腿微偏

腰直身挺脚根出　方可平撞便是臁

○膝詩

論來最善膝承當　用力輕々不在忙

入步不時依古式　不住退步謾誇強

○拐詩

論到偏深將拐下　腰身輕可惜相宜

幇牢躡々無蹤脫　退步低平慢最奇

○肩詩

論至高身關肩受　須分左右認交真

上前退步都無碍　若遇當場不要頻

○搭詩

論及當而須當搭　脚放低垂眼用親

右要踢牢輕入力　却思步活内中尋

○椿詩

脫踢須當用宝椿　認親退步不須忙

五指朝天高向上　踢時人覷兩相當

○捻詩

魁論先將捻去當　勿令頭點莫心慌

來時必用毬打脚　次踢莫交二踢双

○健色詩

料鬆宜盡揞而端　角歉斜平縫不偏

時樣三虎并三指　須㨾棒就得交圓

○打韃詩

打韃容易又言難　少則寬而多則堅

堅則損脚寬難踢　直須停當十分圓

八人場戶

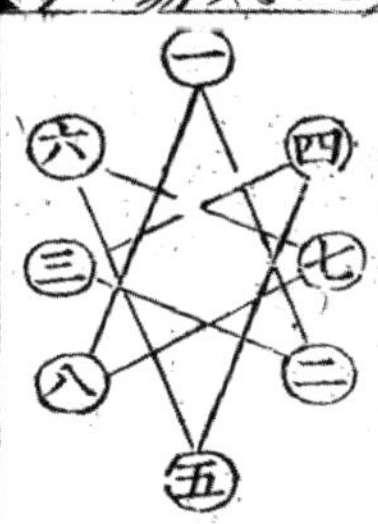

[illegible]破同或小場或官

場依資次序順行

不可亂[illegible]免八仙

过海

九人場戶之所

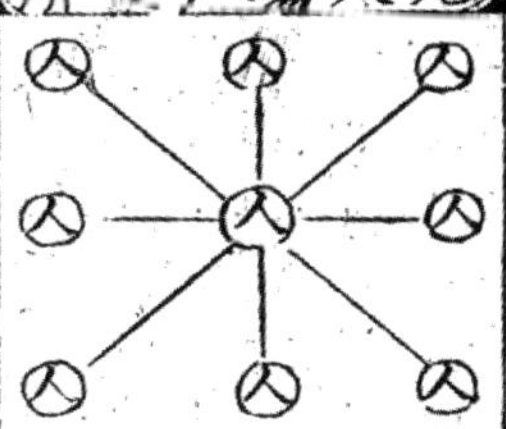

九人名花心一人居中

為心八人皆在邊厢

為花心依資次順轉

四邊皆跟花心花心

逐一人順分付於衆

人如控一人或二人

皆要補踢一下須是頭場補轉身不可第二

遭逐一遭補如補不到者即是花心一人之

過也

毬門制度

○左軍一行人並着排

毬門柱高三丈二尺

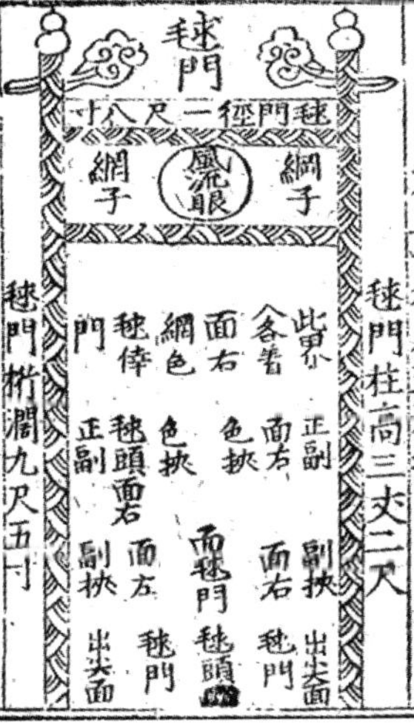

毬門桁濶九尺五寸

○右軍一行人並着排

○右題三女蹴踘瘋詩曰

蹴踘方塘遍地圓　三人相戲在湖邊

○施礼詩

下場須要先施礼　健色絕方撇下臁

最是有礼風流日晃　莫教失位定喝偏

○下場詩

下場無非看地立　拐打分明要伶俐

[illegible]詩來往要着人　當時防取立拗背

[illegible]詩　打二詩　打狹詩　又詩

早晨踢花市　飯後踢花心

日中須大厦　到晚趁花陰

打二要乖親　眼活步頭頻

若要不脫場　來往一般同

若要打狹住　回頭便眼覷

走身劳立脚　挾着無不住

面浅封微瘦　根深掠草長

頭圓叠更緊　底闊有何妨

○抛毬詩

逢場蹴踘逞英豪　低者低來高者高

不問齊前於齊後　江湖官客醵先抛

○請礼詩

場中運動礼莫失　驀然來到閑相識

不問倫扒不曾人　捧住氣毬便請踢

○村夫詩

王孫公子日々親　輕裘肥馬逐時新

風流富貴誰能比　不識皮丸一世村

○村强詩

欺村滅强是皮圓　不許人呼作苹鬧

自古顯達先聖治　看時容易踢時難

○穿場失位詩

下場立地且休移　搶起穿珠是不宜

只可口鳴叫後踢　自然不犯社家覷

○合軌範

汗凝粉臉花含露　座拂蛾眉柳帶烟

尋袖低垂籠玉笋　紅裙高拽露金蓮

幾番踢罷嬌無力　恨煞刑青美少年

扨起頭脚尖挑起於膝入挾作過毬門頭右手

足傾毬門下毬頭膝上毬頭用膝一築々過毬

門如不過撞在網子攧下來着網人踢住於燒

色々挾住仍燒傾毬在門貫上築去左右同或

賽三籌先招卷子分先後築去過數目數多者

贏正副等七人自後那一邊從毬裡過來看落

何處踢住於挾副々踢於正副々踢於燒色挾

住過色頭右毬於正副々踢於尖頭毬貫上築

去如挾副住於正副々踢於燒足々仍前挾住

於毬頭築住如燒踢出依前挾毬頭築去是也

○正賽天下子弟官筭

滿庭芳　君說風流無過圓社拐臁蹬躡搭齊全

門庭富貴曾到御簾前灌口二郎為首趙皇上

下脚晋傳人都道齊雲一社三錦獨爭先前花

并柳下全身繡帶偷側双肩更高而不遠一搭

打鞦韆毬落處圓光臁拐双背勦側躡相連高

上處番身結伴天下總呼圓

詩　氣毬本是側脚法　側的脚活踢不煞

曰　退步進步不須忙　認定從頭下踢搭

○官場不許

不許入步拐　不許入步膝　不許退步拐

不許退步肴　不許臁下辭　不許直臁出

不許下搭拐　不許占身　不許轉身

範矩不來宜速進 左開右濶步橫加
倘逢高大要先退 若是平腰放過拿

○對範

着打要活浄 發落要伶俐 遠近要着人 剛柔要兼濟 近踢即禁也 頭踢左臁休泛上 一踢右尖休順下 順過打拐并並頭 此禁切於學者活

○打熬

蹴踘場中要打熬 諸般補踢要堅牢
高衝毒撞金無用 巧妙輕低方是饒

○入妙

氣毬作戲古人留 低蹴輕拋巧處搜
玄妙工夫誰參透 拈花摘果是風流

○出外詩

圓外休愁不識人 他鄉朋友自盈門
一團和氣逢人美 六片香皮到處親

○成功詩

蹴踘成功難盡言 消食健身得安眠
本來撇演神仙法 此妙千金不易傳

○仁義礼智信

無仁者不可同行〻則有睞〻則有惡
無義者不可同商〻則有損〻則有害
無禮者不可同居〻則有醜〻則有毒
無智者不可同謀〻則有拙〻則有敗
無信者不可同談〻則有失〻則有亂

○齊雲十三場八字包藏活盡矣

上頭踢數並係官場直減輕 鬆低
毒 抄 縐 慢

內有四字皆無人用之尋自然妙處可取 ○蹴毬要論則當對此出論自

不許拗背

○齊雲戒文

天下称圓人間最美毬性格踈浪門庭往家子弟可消閑公子王孫能樂興風流陣裡英豪庚士盡誇奇花錦叢中才子佳人争喜歡一生快樂四季優游非同泛〻之徒不許區〻之輩快樂飲酒豈言酒少會賭錢不在錢多敗業亡家不為齊雲作表争名奪利焉如蹴踘清閑蹬爭有忙渾若魚蝦跳躍人生最苦有若牛馬奔馳白日易過青春難再近覩晚進名師多失社規少依躰格偏方避處三〻兩〻若無人處令色巧言口〻声〻惟我第一出外處便称圓社在家中不見雖刀馬騾穿斜子弟粧模作樣帽兒側帶閑家內捲身藏閃抱声如鱔鑽泥愛徒色如蜂採蜜胡踪亂踢難辨高低錯認背場不分左右下搭到躬身退步便踢處轉騰馱有騎頭出論不知手下在何方對面撞臁後去左邊歸十字補踢全然顛倒穿場不顧存亡一隻手恰似牽纏兩隻脚如跎尾礶既學踢場中圓情學欺人不知莫若不為孤掌難鳴単絲不線羞時爲罷恰如坐井觀天怕則休踢只好閉門吃飲合朋勝已壯閭里之風聲革故鼎新免江湖之耻笑斯文可鑒後學益知

○齊雲圓社規模場戶

四海齊雲社當場蹴氣毬作家偏愛惜圓社最風流况有青春年少同輩朋儕向柳巷花街翫賞

令朝天 ○迎頭拐論正中側右脚身倒下左拐 ○出鬂拐論泛右鬂落那左步下左拐 ○合劍拐論右那開右使左脚左使右拐下○鴛鴦拐先下左拐再下右拐不可高○背劍拐論泛右有落使左拐後出右有○急料拐下一右過頭在使一搭過頭尋出論○[illegible]下左使面如叉一般○十字拐先右拐後向左使左拐從後出○[illegible]〻拐不問左右一拐過頭再一拐過頭出○日上三竿拐不問左右一邊連三拐出論○鶴鬼拐左有後落那開左脚後使右拐○和拐左有後落轉身使左拐○鯉魚搭漏拐一膁一路一搭出論○鳳搖身右拐下後使左拐出論○所拐下左拐頭眼飄右下右拐飄左○鞦韆論泛之搭来使膝相迎起脚論至下搭○拈搭論来先使脚决論至方下○夜叉收搭論来左拐眼飄那開左使右搭○請搭用手執礼請下搭○和尚按高拄論来用两手作圈下双捻證○回論拐如稍拐用高起出論霊搭或使用魚正面呼用或使正騎○一字搭左脚從右邊倒出下右搭花有左有放下白住右有放下白住搭右論○背拍當心上住拍急低頭伶俐列使搭使出○騎搭先用有相迎後低頭使膝左右一般

○右十踢詩

有如手中提重物 用背慢下急回胖
拐要合膝折腰取 搭腰身脚不起頭

在紅塵紫陌追遊脫了樽來憑眼活認真惟有準毬兒挾住惟口鳴識踢九無憂左踏右花踢似鳥龍擺尾左側右虛捻似卅鳳擡頭下住處全在低美打着人雖伏誰收使力藏力以柔取禁集閑中名為一絕决勝負分作三籌使也綵韃羅襪短襖輕裘襟沾香汗濕襪污軟塵浮背劍仙人時側目撩梭玉女細凝眸粉鉗兒前後似身〻稜不動金剪刀往來稜步〻過頭低兒乎奢華治世豪富皇州春風喧鼓吹化日沸歌謳歡笑對吳姬越女繁華勝楚館秦樓湖山風物花月春秋四聖觀柳邊行樂三天竺松下優游樂事賞心誰并四美勝友良朋無非五侯心向閑中着人於悼裏求踢圓者必不是方頭

○鷓鴣天

巧匠圓縫異樣花輕身健躰實堪誇能令公子精神爽善使王孫禮義加宜富貴逞奢華一團和氣遍天涯漢王昔日曾習占断風流第一家

○凡蹴踘在場中如校尉打透茶頭或茶頭打過校尉各以酒禮肯水又或王孫公子仕宦豪傑之士在場踢者或拐膝尖打過校尉茶頭透者或銀或靴韈衣務必當以酒禮物贈之此為着是豪傑之餘也一團和氣到處相親若無你我總為齊雲軟款溫柔入其圓情此古人之風不可失其禮也

○滿庭芳

十二香皮裁成圓錦無非年少堪收綠楊深處

繡時必使双晴顧　搭來有尖微指頭
[illegible]論出放身斜倒　左脚左手路徹高
脚指使之低頭覷　膁辭遠近着人僥

○又詩

踔袖要有要立身　那有褑步旋安心
高低遠近如參線　門闌横加步里尋

○下脚文

風流運動戲要歡欣昂頭取巧須尖入[illegible]便朋天直下便宜鞋又靴脫并入字[illegible]拐挑膝氣要鬆勻偷頭十字拐纏脚[illegible]人飜身有孤微隱番成轉頭燕歸巢白綵綠倚夾化背粘花脫膝搭妙處樁鮮覓巧元何以鮑老有尤勝花脚跳争似剪刀股豈知雙繡帶於中風範須由遶項粉鈕兒喝釆工來撚指斷成急料

恣意業追逐低拂花稍慢下侵雲漢月滿當秋堪覷處使偷頭十字拐無袖掛鋃釣有尖並拐睢武陵公子恣意忘憂戲回運動低蹴傍高撥最親近文章高貴分左右曾對王侯君知否開中第一占断最風流

香皮十二形象地而圓象天勢若奔雲高冲上而低下降香脆一套每令有氣歸其中巧樣五般但自家爐燃蒸杏花陰處或王孫公子或青春年少狂客尋一段清幽地各侍立於四圍即作大小要場不要挽而大轉山場拐搭佩劍揹腰有偷閑低首猶如喜鵲踏枝垂勢番身來若流鶯褁翅四旋恋就大臁斯打小臁順左右垂肩短繡帶三峯尖上逞耍兒出衆的陳狂十字街頭

拐鎖腰拐行家怕踢拗面搭疊字圓浪子難施論來高使花有刺有倫比有論來低使虛蹋笑蹋双蹬蹋論來浅便鼻花搭膝搭粘頭搭論來深使正騎背騎斜飛騎論踢時四面不背論打後遠近着人膝高二丈二臁打十二間脚頭方踢鮮数千般○最要認得覷更要下得輕穿可饒處脫不可醜而活

【又訣】

一要以鼻為界　二要在左使左　三要右邊取右　四要不得拗背　五要不得夾氣　六不許背場膝　七不許四廂不顧　八要遠近着人　九忌風大不踢　十忌酒後不踢　總下場頭須要拱任氣秋於同場圓友言大挾一揖先小小踢次後官場高而不遠或打

下戲個驚人的鮮数孤高力徤逆冲天朝天拐勢輕折虛蹋黄金臺畔也曾喜動龍顏白王堦前累次得聞奉詔綵揚高筑使風流才子樂追遊花榭曾拋令歡笑佳人有時偷眼覷

詩曰

鞦韆臺畔畫楼西　一築高兮一築低
高侵雲漢垂有久　低拂花稍下脚遲
小挑五尺非為妙　白打三間總是奇
總有黄金千萬两　終須難氣七毬泥

山岳正賽

凡賽社迎神立案必揀寬所要有踢處可官場白打或寺观廟宇宅院須請本處年高有德江湖全輩商議會中不可自專先備香爐花瓶香燭昏馬三牲請祖師廟神衆神等位及各家堂

六火小場比踢打花心諸般樣場然後拽脚白打收鮮再踢踢鮮謝攢挾一揖

○詩曰

六片香皮製作毬　工夫全在脚尖頭
長安紫陌繁華地　滾遍天涯足未休

○又詩

臉浅眼深撩草長　頭圓低闊更何妨
縫眷鯽肚瓜根帶　占断風流第一場

○訣法

遠不可撇　近不可毒　拐不可驚　敢膝不要荒　穿踢一踢是　莫要千場錯　任教風流死　英着[illegible]亡

一人場戶鮮数必用三截下截先卸搭

一對脚頭　一對轉官　一對賓捻
一對虛捻　一對騎捻　一對側捻

香火有神先亡後化案前開予後

○香案前

祖師清源道真君　和合童子　部署住　先師陸陽真人　號註云齊雲會上先亡後化真君　招財郎君　教正住

○社中合用

綵帛紅綠絹或綾羅文類結綵各照戰爭旗引旗腰揷帶紅纓銅鈴大小竹子二把鋪陳盞果品果盒燕盞香爐紙馬全数○江湖校尉到案凡諸郡先生到來不為衆圓友行其禮直到聖前捻香拜畢方見小鄭級引之賓所相待茶敵後社司部署問其姓名仙鄉何處師者何人季識幾年李無先後達者為先十分全會者以仁義禮先行教正寫下名目約定至案宿歇每日

一對剪騎　一對側騎　一對鳳啣珠
一對正騎　一對脚面住　一對兼底毬　一對復還魂

○中截鮮数

一對两棒巧　一對膝孤　一對三棒
一對捲綉簾　一對燕歸巢　一對蹺
一對急三棒　一對膝踏　一對下珠簾　一對風擺荷　一對滑油膝

○上截鮮数

一對獅金鈴　一對大過橋　一對拗挾　一對入鬢　一對接疊鬢　一對十字鬢　一對照山　一對五花兒
一對畫眉　一對三點金　一對斜插花　一對風擺花　一對滿盤珠　一對[illegible]水燕　一對仙人過橋　一對鶯

在案大挾子弟待比賽完對白打

○撞案十一踢

两臁一　两膝　一两拐　一两搭　一两肩　一朝天

○閑客撞案十踢

【歌曰】

上肩供拼至下肩　撞就輕輕使一臁
三踢便能成十一　書名上簿得抽拈

○撞案社規

旣為閑客必占校尉之名自古齊雲占断風流第一同衆圓友須以義為先旣叨三錦之風必播芳名之声譽若過過名師撞案先供单子上都部署教正社司或脚頭或鮮数或十一踢須

桒　一對穿破桃　一對飛猍　一
對飛髮　一對野馬跳澗　一對綉髮
一對挾上綉帶　一對十字錦帶　一
對五花騎　一對脚面住　一對佛頂
珠　一對鄧〻高收住
〔一套捻〕　一對実捻　一對㞜捻　一
對椿捻　一對挠脚捻　一對跟捻
一對双實捻　一對急踼実捻　一對
急三踼実捻　一對急三踼側捻　一
對双㞜捻　一對卧捻　一對裡外捻
○一套膝踍
脚面裡住外膝踍　挾上裡外膝踍
脚背裡外膝踍　朝天子裡外膝踍
○一套鳳御珠
一對白住鳳御珠　一對双捧鳳御珠
一對下珠簾鳳御珠　一對疊椿鳳御
珠　一對瞞捻鳳御珠　大三點金鳳
御珠　○一套騎
膝孤正騎　膝孤拗騎　挾上剪騎
朝天子拗騎　白住騎　剪騎　拗騎
朝天子正騎　膝孤剪騎　朝天子剪
騎　朝天子背騎　朝天子燕歸巢背
騎　○一套瞞捻
一對瞞捻　一對鞜瞞捻　一對虛瞞
捻　一對側瞞捻一一對急三踼虛瞞
捻　一對急三踼捻
○一套疊脚
左右叠脚　左右瞞叠脚　左右側瞞
叠脚　三叠脚　膝孤裡叠脚　叠〻
喜　○一套綉帶

要依单子一踼不可前為後〻為前差錯少許
三次撞案先脱下山不賽
今月　日社司稟白
○西江月
請知諸郡子弟盡是湖海朋今年袖手賽齊
雲别是一般風韻來時向前參聖然後𨁽上書
名千金不惜訪前人必是毬中取勝
○毬門格範
亦七八尺已上不許堆增每闊四小步
左軍右軍踼左右軍圍内左軍踼便輸一籌如
使襟踼得活亦輸一籌上許脚搭踼住
右軍左軍踼左右軍圍外軍在圍外使踼瀍左
軍两籌踼便不輸不龎使襟踼活亦無輸贏
○撞案社規
一執事立案之後係敬奉　神明不得易輕易
慢守戢管案不許拋離至晚酌獻了畢安神下
宿方許從便如有公幹即関同上執照庭前行
遠則㘓戢旗號花逐一點名遠則議罰
一執事於社官對案不許議祖既色祼躰襪不
許喧閙醉酒賭博争競是非自有上直不許借
令乱序遠則擊鼓出去一社官子弟執事人凡
溥書點喚不許以他事推托仍不許逞強壓衆
遠者逐出凡遠來社官子弟单叅知客許見會
主神前戢事請禮畢方可撞案酌酒獻毬須要
祀社規方許上牌取賽〻一如見遇官員子弟撞
案先許拈香就對神前保戢觧数開客有踼十

左右綉帶　左右外綉帶　左右裡綉
帶　挾上千字綉帶　挾上剪股綉帶
挾上滿綉帶　左右王頂群綉帶
○一套搭着火
白住内外查着火　膝孤裡外搭着火
膝上裡搭着火　朝天子裡外搭着火
○一套白住
左右脚白住　步〻随白住　两棒巧
白住　三棒巧白住　相唤白住　王
尖拍白住　大三棒巧白住　兼扺桃
白住　王女攛梭白住　大三點金白
住　○一套挾
一對呀金領　一對大過橋　一對拗
挾　一對鴉落架　一對粉餌兒　一
對野馬踏澗
○一套入髮
一對斜插花　一對接叠髮　一對拗
髮　一對透髮　一對十字髮　一對
錯認髮　○一套朝天子
五花兒　掉木燕　風擺荷　掩眼兒
穷破桃　滿盆珠　活三點金　半繳
腦　鄧〻高收住
○大套燕歸巢
挾上燕滿巢　髮上燕滿巢　朝天子
燕滿巢　燕歸巢
○一套活觧數
白住右刺肩　錯認挾右刺肩　錯認
右刺肩　左髮右刺肩　右髮左刺肩
右髮右刺肩　左髮左刺肩　朝天子
左刺肩　滿樹花　脚面住

一踼或逞脚頭五十箇方許入挾色開無師子
弟并稅行敢看不賽
○蹴踘訣法
肩如手中提重物用背慢下急擡頭要使肩開
坐腰取背拍使之急低頭拽時且要身先倒控
把双胯只在腰左膝右肩須顧左左拐右膝折
左脚搭來身倒那後步應膝去後急擡頭四廂
不背方為美千古流傳豈易休○刺肩　論來
右肩上高急追左脚左手微高左脚尖虛〻放
右肩腋下如挾物迎頭下右肩尋論○花肩
先起左肩後退右肩用左脚横開下右肩如小
踼用右肩過於下手急虛招應阑要喝○偷扎
肩　論來本是右肩脚稍深急使頭低着眼覷
右脚尖使右肩扎起從右肩上出論○鮑老兒
肩　先使左肩後使左脚次使右尋論○小字
肩　先使右肩從頭上過後使左肩却使一額
尖尋論○三點金　使一右肩直上使左脚向
右使肩右後直上急轉身再使一右肩發論〻
來合使右肩脚轉身側向左使一左肩急大轉
身後一右肩直上依前轉身再使一右肩從腦
右後過頭急使頭過輕一右肩後落付住尋論
○正背　論來高肇急轉身背塲两手膝論打
正直起大高急回頭轉身微論白打中用○倍
料背　論來嗍高則两手捺膝下背正頭後直
上起尋論腦根相似亦不塲中用論來正中心
急使身畧偃當心拍住急低頭緩〻付踼○拽

○一大公活解數
肩住拐呼食三棒巧　扶上棒巧　扶
上繳帶旱水磨　十字綉帶旱水磨
鳳啣珠旱水磨　背上十字綉帶白住
右住肩上旱水磨　白住朝天子旱水
五花騎旱水磨　白住背劒旱水磨
脚面住○詩曰
當場蹴鞠更重肩　運動渾如陸地仙
守道齊雲無好處　金門曾被帝王宣

○後十踢
使三個氣毬週而復始依順行之

七人場户

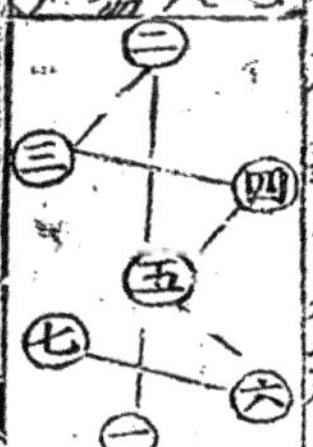

七人場户
名落花流
水官場

類　上手論來微高左肩之下先故身略倒毬
打肩上拽起同○捺類　論來高緊側右肩低
頭毬打肩後捺起○懷控　上手論深入懷内
急轉身腰懷内控住急使眼看懷内控住○勒
馬控　毬來落者右膝上深急轉身左手於右
手相迎撒收如勒馬樣控攞開手論或使一膝
亦○花脫膝　背場横使一膝於下手急轉身
撲頭右臁吆喝
○雙虛膝
毬來微打而高急使雙膝承毬聳起尋論○圓
光膝　使一膝過頭使一左膝出論○拗背膝
毬本當下左膝却使一膝一冲過右做論○
迎頭拐　先退後脚下右拐次退左脚下左拐

八人場户

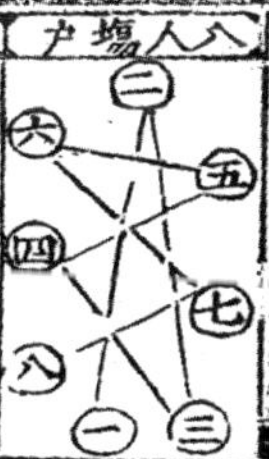

八人場户

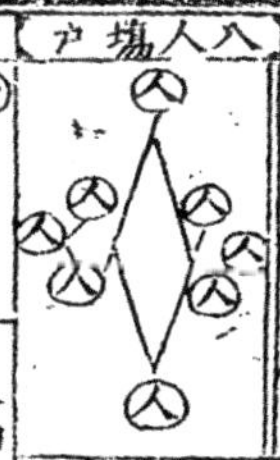

論八人場户
名京念児
三箇鬧家
五箇子弟
週而復始
相称帶扶

八仙過海

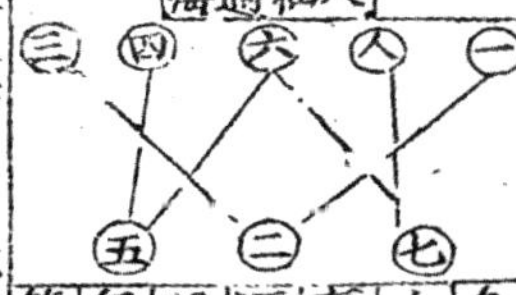

名八仙過海官場論
小踢〻此者名作斗
底週而復始如落花
流水鬧家小踢得小
踢者乃官場皆可最
無人知之計用三十
箇氣毬

二人場户　名不打梁　名日月過宫

並居前面○鴛鴦合拍板拐　却不退步先使
左拐從頭上過下右拐起尋論不可先下右拐
須先生方順○正鎖脚拐　右肪住輕〻使左
拐從後腰過回頭使一右拐付住尋論○入鬢
稍拐　毬從後右肩後落轉身向左使右眼看
左拐上使一左拐輕〻臁住不過腰○背劒十
字拐　毬從右背後落轉身向左使右眼看左
拐一使左稍從肩出後用右拐一稍從右肩上
出尋論○翻身倍料拐　右拐住急側身使左
拐大轉取論高者名大倍料不過腰者小倍料
○稍拐　毬從後右肩落側身仰面使左拐一
稍從右肩出之○正倍料　右搭奪〻遠方搭
之間却轉身向左使右拐直上拐○鳥覷鵲望

用五間廊　用两箇氣毬　下打亦妙
一上不論

五人場户

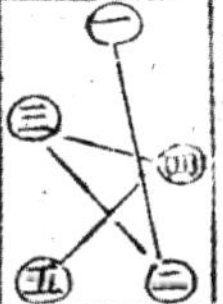

名皮破或當場或
小踢又两踢不泛
上亦忌禁踢

三人場户

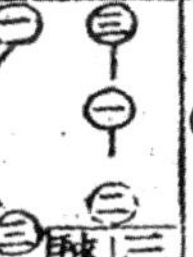

三人名一担月两个氣
毬如官場名落花流水

三人場户

名王尖担用一個氣
毬官場論

四人場户

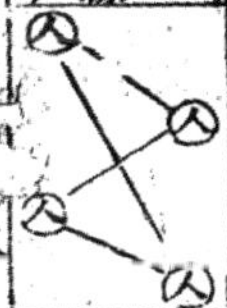

名流星赶月用氣
毬二箇

○足[illegible]花幹
右脚尖一挑戲起做論○足幹披肩
論落在左邊脚微曲用脚尖一挑足起

拐　論來合使搭却不使左搭大轉身使一右
拐名就論倍料急轉身回頭取論○鳳翻身拐
論落左拐稍遠高使使一左拐上遠急轉身
回頭取論○後後臁拐　論落左拐上使一右
拐高而直上先轉左脚歸右大轉身使左眼看
右肩上落至右肩後落至右拐上用搭輕臁住
○就論鎖腰拐　上手論來落右拐上脚轉身
向左拐輕〻拐從後腰過急轉身過○白倍料
拐　論來落右拐後大轉身使一左拐剪起住
急轉身回頭論○背臁拐　上手論來左上使
左拐下住後使一左拐直上從右肩後落用左
拐輕臁住却回頭取論○掣拐　論來左拐上
使左拐一掣直上緩〻回頭看右肩上尋論○

從肩上謙從肩上出　○足幹臁　左
搭使用左脚頭上一幹直上落右拐上
右起右眼覷左肩背用左　○足幹鎖
腰　論在左拐具棧而偏用左脚尖一
幹横從腰过急轉貫覷右拐上略出復
用一右拐付住尋論

○觧數類
脚尖挑起正額尖上住須要眼覷仰面
披肩却被腰脚那趂額住　○朝天
入鬢仰貫挑起入鬢上住毬轉膝住
○披鬢　用脚一挩入鬢往毬直上復
鬢内左右同之　○透鬢　輕天住下
入鬢往一譲從貫上過入右鬢往下左
額角鬢往旋鬢　○脚貫挑起入鬢内
毬轉膝往　○捲眼　朝天住閃下鼻

聽拐　上手論來右拐先認回頭看左背上用
右拐輕〻下住如高使取論猶在右同○磨拐
論來右拐上起右脚面上劃過復下右拐左
右同○挩拐　論落右拐上後一挩毬旋過方
住左右同○圓光拐　論落左拐上稍淺用左
拐一使直上向後隨轉頭看右肩後用左拐
稍從右肩上出尋論○十字拐　右拐上住剪
起直上使右肩後使一　肩出尋論○纏身
拐　先使右拐從右肩上轉過左肩傾下左拐
起尋論○招拐　先使脚尖向毬落處待毬落
脚使直上面下搭○夜丫杈勤拐　論來使是
左搭深不下左搭曲左脚轉過右同右脚從脚
根後一搭一幹住去左右同○䠆搭拐　一上手

鼻入左眼內往上往 ○拂鼻兒 天庭閃下鼻梁上住 ○額角醬往 右挾住滚從胷前心間逆上左挾住 ○鵲山子 右滚于左挾往復滚過右挾住 ○令鬓 天上往滚過後心當復出右鬓上朝天往左右同

○白日朝面

上手論來脚起迎毬入脚面往 ○繞帶兒 左挾住滚下懷內從脚至膁上用脚尖一拚上起 ○裹帶兒 論來帶內從內襠下付住左右同之 ○短帶兒 論來自懷中輕腔滚下或左右膁用脚尖搭起 ○外繞帶兒 論來右身滚下從外臁下至右左脚拐上住 ○剪刀繞帶 左挾住滚從肩下至右邊懷內作繞帶下用脚拚起用挾住深下左懷內至脚左脚住 ○實蹦 論來急而低脚直看隨毬放下路地打鞋尖上蹦起 ○虛蹦 論來急一二尺高落脚根着地毬打鞋尖於軟脚候蹦起 ○側蹦 試實蹦使脚蹦起便打大相拐蹦起 ○拜蹦 論來急肩入懷內用脚隨毬內入脚使一蹦 ○拐蹦 論來急而低往拐上落外往地使拐棟毬打小梅脂上蹦起 ○双虛蹦 兩脚兩並毬打脚尖上蹦起架後付住 ○雙實蹦 兩脚論就地來緊双退步相並脚跟微起使一蹦起 ○蹦住 用虛蹦或實蹦上起用脚面住脚挑起出論不許蹬踢 ○閃蹦 本

論來浅向急着深面脚尖挿地用搭閃住○膺搭請啓 先起膝曲随毬放下脚面不搭○鞦韆搭 先起膝略曲脚尖向毬落左右同脚略上起排閃住下搭如足幹樣搭上使踢稀○如奪搭急使鞋粧椿起做論○斜挿花 毬從後肩後過左搭邊稍拐速使右脚頭搭撥○金鈎掛倒 毬從後肩過後去急轉身背眼使脚背拐住○臁類 脚脛骨裡正臁上折出須鎗住脚尖手招去於下手○着當 論來深下及搭上深略揣腰攔脚上當住恰似臁樣却不抬脚○騎頭臁氣毬落在拐上不下右拐轉身便使一臁從頭上過下手吆喝○風帶 論來右邊使左脚[illegible]劃於下手須要串道吆喝

○論曰襟踢作

左右臁 左右分臁 左右踐臁 左右攝泊臁 左右膝 左右分膝 左右完膝 左右空膝 左右擺膝 左右磕膝 左右攝膝 左右呀鼓膝 左右坐膝 左右走馬 左右膝膝 左右錯認膝 左右拐 左右副拐 左右捽拐 左右聽拐 左右掣拐 左右不秋拐 左右鎖腰拐 左右畫眉拐 左右肩鋤 左右脇肋拐 左右稍拐 左右錯認拐 左右出鬓拐 左右鴛鴦拐 左右兩搭 左右彈搶 左右剪搭 左右攝搭 左右入步搭 左右入字 左右拗入字 左右校娄 左右蹬 左右虛蹬 左右斜蹬 左右展蹬

背使脚拐背退使一蹦不拘左右處蹦不要拘背 ○流星火 右拐直上至右肩綫落使右眼左肩上候論落放脚跟着地毬打脚背上蹬住回頭付跟尋論 ○花脚尖 論來臁上微低用脚使走尋論 ○花脚跟 論來左拐上使走左脚跟從後腰過敲出尋論左右同之 ○正騎 論來深左正中使左脚跟着地用脚跟足氣毬右兩脚間住却來許着地用左脚剪出尋論 ○背騎 論來腦后正中直下退步使左脚就毬用右脚根挾住用右脚挨歸左入脚面住 ○斜飛騎 論落右拐深使右脚向前左脚着地氣毬騎住就用右脚一掣出付住 ○金鷄獨立 脚面住用左尖挑正中直上而落用脚跟抓起住毬於膝偏却放下或足幹剪出背可 ○鯉魚上灘 右脚面用脚子左邊挾出於右脚面住如此面數回 ○復到灘 右脚面住挑过右肩後落用左拐一稍付右肩出住 ○出墻花 右脚面住挑起肩右肩後用右拐稍從右肩出不要高 ○四貫膝 論來高落後右肩後左拐上起左眼處右肩上背左拐蹬臁住急回貫尋論 ○蝶戀花 左拐從腰過右拐從上眼數回不許過腰方為作家 ○滿樹花 脚貫挑起左懷內用脚搓擺毬內外膝下至內外臁入脚面住方可 ○一担月 右脚面住使過右拐一挑上起從右肩

左右流星踢 左右兩抄 左右聽抄 左右走馬抄 左右兩捻 左右側捻 左右虛捻 左右實捻 左右瞞捻 左右目魚捻 左右張捻 左右指板捻 左右刈脚捻 左右兩實捻 左右肩 左右足幹 左右碾足幹 左右彈足幹 左右拗足幹 左右分幹 双足幹 左右多穩足幹 步步隨足幹 足幹鎖腰 鎖拗 僥蹬 側搭 畫眉蹬 披肩畫眉抄 披眉蹬 披眉抄 披肩捻 披肩拐 披肩膝 圓光抄 圓光捻 圓光拐 圓光肩 圓光膝 左右背抄 左右背抄 左右肩抄 十三場 轉花枝 夕不踢 火下 花心 勘脚 打二捻

官場

三人場

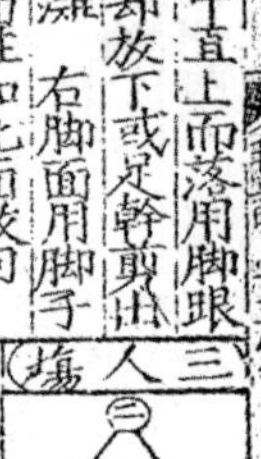

相對為火家兩踢對面相對要在任踢三在左右如於左到泛在右邊拿兩踢

於他火家相對要補他右火家

二人場

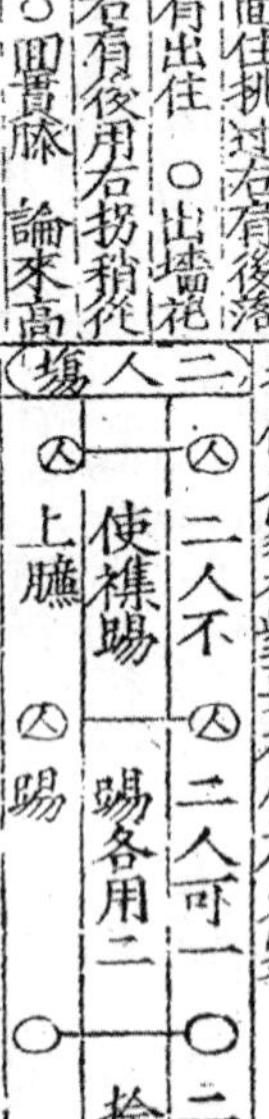

二人不 二人可一 二人一

使襟踢 踢各用二 捻二踢

上臁 踢

小出尖

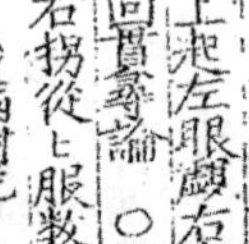

如官場同行

如官場論用遠一間相立二人賽高不可央位

白字

官場四人

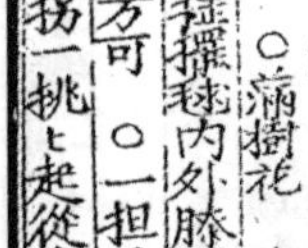

皆用高論以踢拐各捻襟踢下依次順行不可要拗背騎頭

壓左

下落入脚面住　○拐孤　右脚面住
滚過右拐上住左右同控內滚下膝下
孤　○鶯落架　右挾住頸下右肩後
用左一稍匕從右肩住鯉魚攛刺一名
鵲踏技　無使正騎背毬直上使左右
捺数過脚實邊一踢向後過　○額角
朝天微側肩上額尖掉住亦使眼顧
○掛鼻
朝住撞下鼻梁上住後朝天　○鳳啣
珠　脚面住挑起用脚面掉住起　○
笑靨兒　鬢子上一閃便微口穿閃匕
過　○鳳搖頭　右脚掉起從胃上過
下左脚頭上　○金鈎掛　笑靨兒過
是急閉口仰面数尖避住　○磕羅兒
右脚挑起上臁上一捻入脚面住　○
鶯踏粟　左右一邊一踢同前行　○
白拾　用脚尖指頭打毬閃住　○麥
穗兒　脚頭小踢左右一挑緊住一百
数妙　○涌橋　一膝一躡入使實躡
○逆流水　脚面住坐腰滚上流下
脚面左右同　○踏着火　脚頭挑起
須用右脚踏毬左右脚面住用右脚滚
起踏左右脚面上生数面　○兼裡挑
右脚面住用脚實毬從上滚從脚底
下後上面住　○大繳腦　朝天入鬢
從耳邊過後腦入左鬢後朝天　○三
鮑敲　挾住頸下一膝脚面住用脚閃
毬轉動高無十許
○朝天疊字
面拘挾朝天住疊至三箇十箇住　○

九人場

三人官場

白打三間

花心
邊廂人皆踢為花心匕存兩
踢邊相只一踢如少一箇氣
毬同補一塲
順行皆使掩撇臟打短忌禁踢
白字三塲不掩

挑踢
盡是挑起兩踢圓光畫眉披肩
皆是僥踢

大論十三間　打如圖院裏
下場要分明　踢住方為美
打論不入圖　下場有拗背
摠然踢得窄　兩箇都不是

如小踢同兩踢亦不泛上官
場大解数

○官場下作　兩拐下作
畫眉拐　迎頭拐　放過拐　披肩拐　鎖要
拐　背翻拐　变疊拐　变三竿拐　入鬢拐
鴛鴦拐　急料拐　十字拐　臁拐　稍拐
不楸拐　聽拐　擔鎗拐　錯認拐　屛風拐
○謗口搭
招搭　鞦韆搭　披肩搭变　屛風搭变　佁料搭变
直搭　退面搭　放過搭　拗面搭　畫搭
兩相宜　或勝有　錯認搭　一字搭　兩膝
下作　曉勝　鞦韆膝　可鼓膝　披肩膝

拘挾　認右挾却用左肩挾住　○大
烏龍擺尾　右脚面住一椿起過腦後
用左拐一稍從右肩出入脚面上住
○小烏龍擺尾　右脚面住聽過右拐
邊用左花眼敲出入脚面住　○板勸
大踢用脚要直毬打臁之下搭之上
○燕歸巢　右挾住用右肩挾住須窠
裡住須發兩肩頭方住　○鴛鴦腄
右膝孤住臚右脚頭未放下右脚右膝
上傾出毬向外不住　脚尖上做一箇
盧躡　○小纏脚　右脚高過剪住用
右脚挾起毬從左脚後過剪住用左脚
拋住　○大纏脚　右脚面住滯至右
拐功匕纏過左脚踢起右腕踢入兩膝
挾住存腰放下右脚着地曲左脚放毬
從右腕溜至脚跟轉過拐上右纏至上
左脚面收住

詩曰
蹴踘塲中古有言　不分庶士與官員
但求圖社依規矩　富貴貧窮總亦然

詩曰
蹴踘當一入帝都　從回承寵掛金魚
今湖海高人敬　此箇風流定不虛

兩肩　山字肩　疊肩　三點金　復還京
足幹　披肩　金鈎掛　畫眉　圓光足幹
實椿　足幹實椿　搭椿　蹬椿　膝椿
蹬　膝蹬　步匕隨　鶯穿柳

詩曰
蹴踘妙奧實難圖　千百人中一二無
要拜明師得傳受　學成須下死工夫

○圖社錦語
一解数　二勘臁　三轉花枝　四火下　五
皮破　六大小尖　七落花流水　八斗底
九花心　十殘塲　補踢事幹　錦脚齒牙　順行從眼
徤色氣毬　添氣吃飯　宿氣酒中　挾氣相爭　單脬無錢　聽拐耳聾
挾脬有錢　裕拐靴鞋　惹管陽物　字口陰物　脬聲言語　逆氣采声
莫串不中　朝天中竺　侵雲長大　表子婦人　用脬如使　尖長道士
光夫和尚　……
足脉飽了　五角村　入步來　脉透子辭　受論肯　水脉酒
調脉承　網兒衣　獐木孕　嵌角子瞎　粉皮白　臁辭去
遣数老　撞用黑　侵茄床　脱踢死　謄表耐　虎掌手
旋道眼　膴覷看　掣脬產　脬兒女　揷脚坐　稍拐后
水表　無下網衣底　歪不好　圓正好不

新刻天下四民便覽三台萬用正宗卷之十四

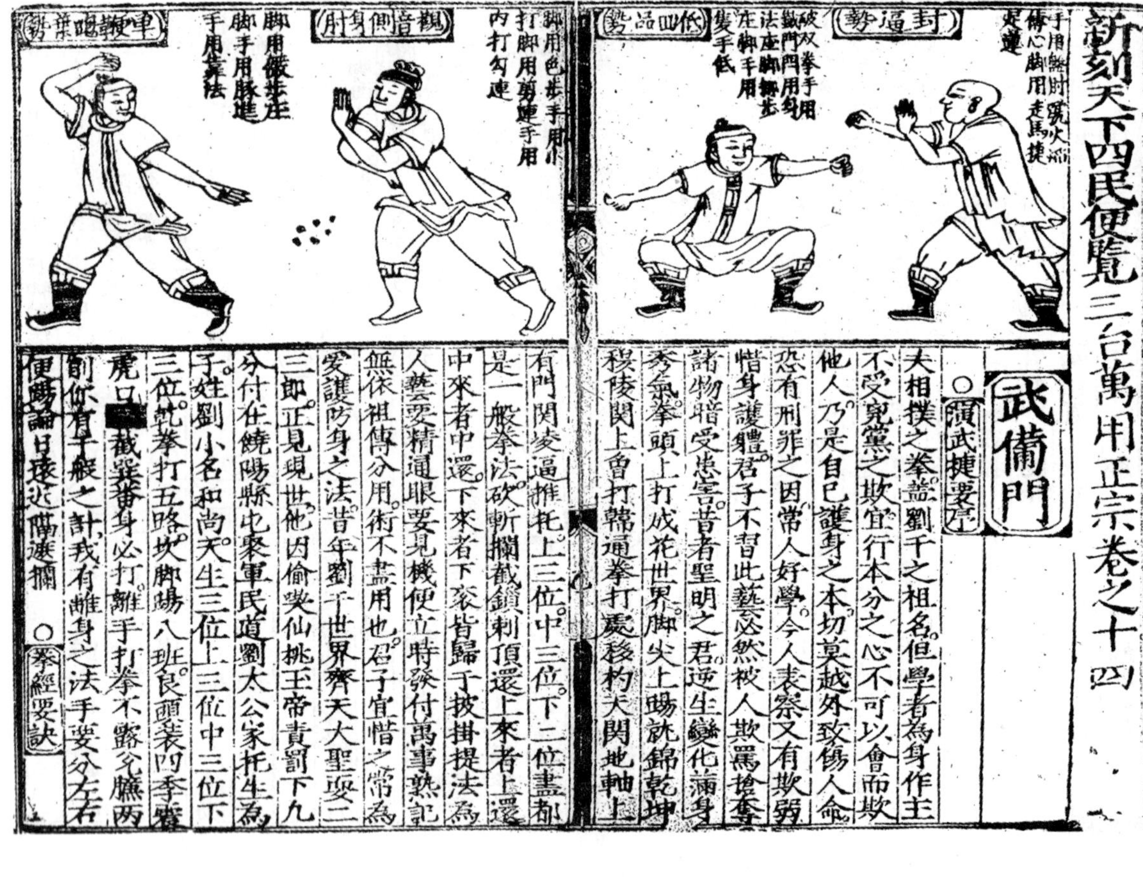

武備門

○演武捷要序

夫相撲之拳蓋劉千之祖名但學者為身作主不受兇黨之欺宜行本分之心不可以會而欺他人乃是自己護身之本切莫越外致傷人命恐有刑罪之因常人好學今人表察又有欺弱惜身護體君子不習此藝必然被人欺罵搶奪諸物皆受患害昔者聖明之君逆生變化滿身秀氣拳頭上打成花世界脚尖上踢就錦乾坤稷陵関上曾打韓通拳打處移杓天関地軸上有門閃凌逼推托上三位中三位下二位盡都是一般拳法砍斬攔截鎖刺頂還上來者上還中來者中還下來者下滚皆歸于披掛提法為人藝要精通眼要見機便立時發付萬事熟記無依祖傳分用術不盡用也君子宜惜之常為妥護防身之法昔年劉千世界齊天大聖要二三郎正見現世他因偷喫仙桃王帝責罰下九分付在饒陽縣屯衆軍民道劉太公家托生為子姓劉小名和尚天生三位上三位中三位下三位乾拳打五路坎脚踢八班良頭裝四季巽虎口[illegible]截巽番身必打離手打拳不露兌臁兩創你有千般之計我有離身之法手要分左右便勝論日遠近隔遮攔

○拳經要訣

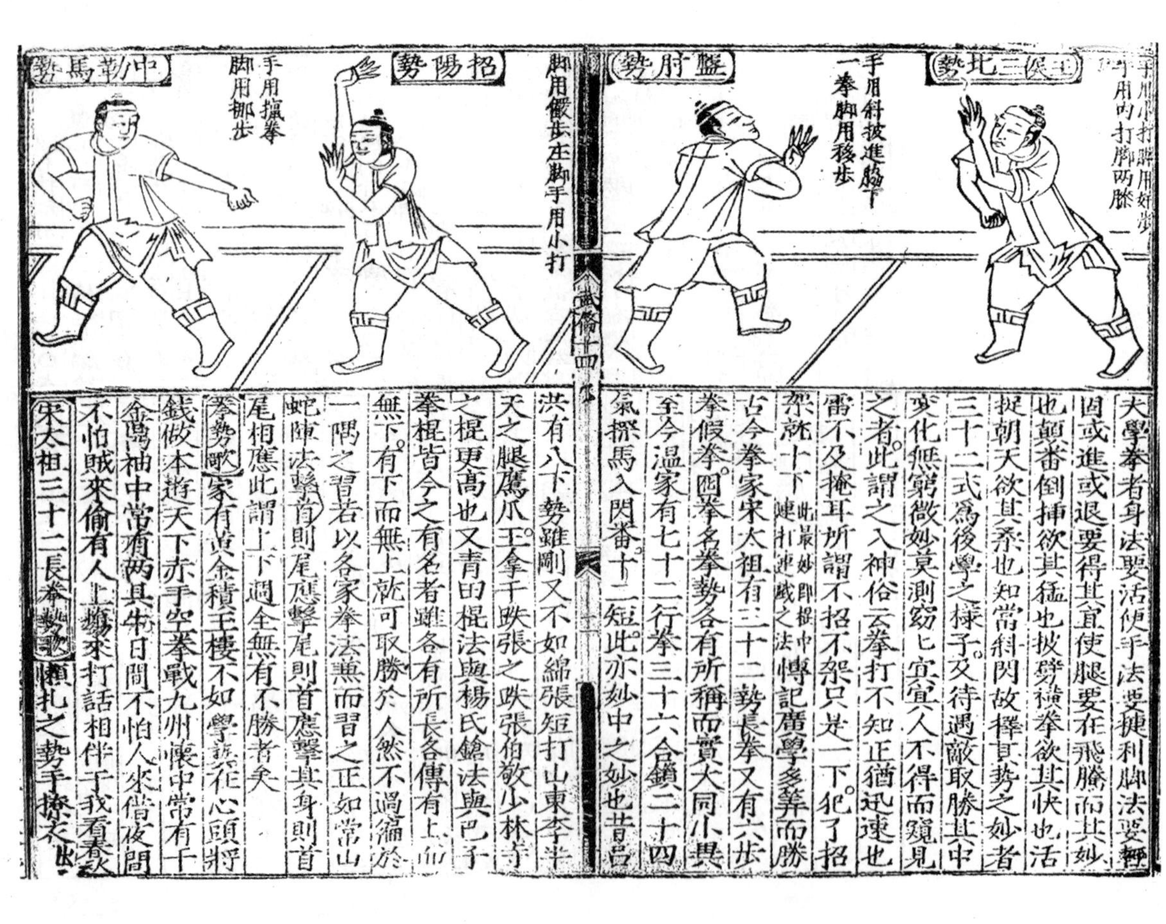

夫學拳者身法要活便手法要捷利脚法要輕固或進或退要得其宜使腿要在飛騰而其妙也顛番倒插欲其猛也披劈橫拳欲其快也活捉朝天欲其柔也知當斜閃故擇其勢之妙者三十二式為後學之様子及待遇敵取勝其中變化無窮微妙莫測窈窈冥冥宜人不得而窺見之者此謂之入神俗云拳打不知正猶迅速也雷不及掩耳所謂不招不架只是一下犯了招架就十下（此最妙即楊中速扎速戳之法）博記廣學多筭而勝古今拳家宋太祖有三十二勢長拳又有六步拳猴拳囮拳名拳勢各有所稱而實大同小異至今溫家有七十二行拳三十六合鎖二十四氣探馬八閃番十二短此亦妙中之妙也昔呂洪有八下勢雖剛又不如綿張短打山東李半天之腿鷹爪王之拿千跌張之跌張伯敬少林寺之棍更高也又青田棍法與楊氏鎗法與巴子拳棍皆今之有名者雖各有所長各傳有上而無下有下而無上就可取勝於人然不過偏於一隅之習若以各家拳法兼而習之正如常山蛇陣法擊首則尾應擊尾則首應擊其身則首尾相應此謂上下週全無有不勝者矣

拳勢歌

家有黄金積玉樓不如學藝在心頭將錢做本遊天下赤手空拳戰九州懷中常有千金寶袖中常有兩具牛日間不怕人來借夜間不怕賊來偷有人上塲來打話相伴于我看春秋

宋太祖三十二長拳勢歌

懶扎之勢手撩衣出

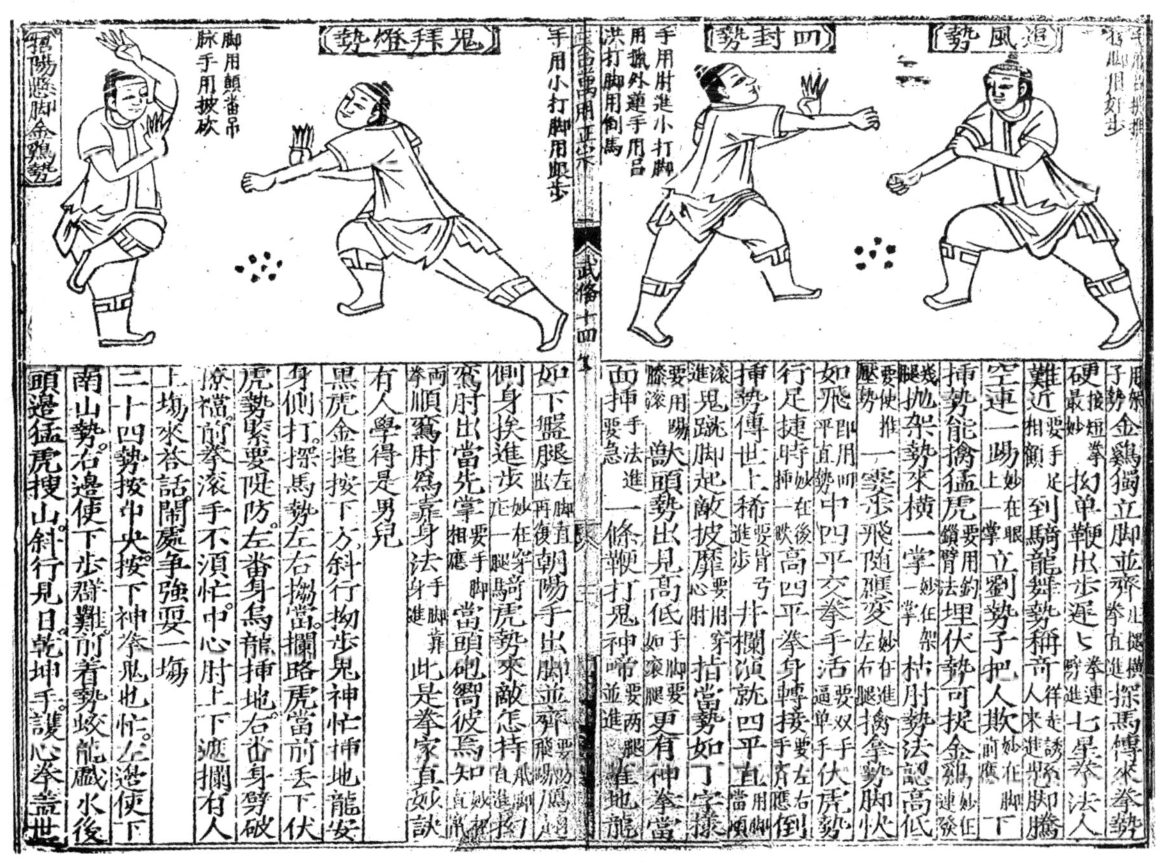

用架子勢金鷄獨立脚並齊（止腿横拳直進）探馬傳來拳勢
硬（挨短拳最妙）拗单鞭出步遲ヒ（拳連脚進）七星拳法人
難近（要手足相顧）到騎龍舞勢稱奇（佯走誘人來進）起脚騰
空連一踢（妙在眼上）一掌立劉勢子把人欺（妙在脚下前應）
揷勢能擒猛虎（要用鈎鎖臂法）埋伏勢可捉金鷄（妙在連發）
栈腿拋架勢來横一掌（妙在架一掌）枯肘勢法認高低
（要使推壓勢）一霎步飛隨應変（妙在左右腿進）擒拿勢脚快
如飛（即用四平直勢）中四平交拳手活（要双手逼单手）伏虎勢
行足捷時（妙在後挿一跌）高四平拳身轉接（要左右手齊應）倒
揷勢傳世上稀（要背弓進步）井欄須就四平直（用脚當頭）
滚進鬼蹴脚起敵披靡（要用穿心肘）指當勢如丁字搽
（要用踢膝滚）獸頭勢出見高低（手脚要如滚腿）更有神拳當
面揷（手法進要急）一條鞭打鬼神啼（要兩腿並進）雀地龍
如下蹲腿（左脚直出再復）朝陽手出脚並齊（要[illegible]）
側身挨進步（妙在左一腿）騎虎勢來敵怎持（飛脚直進）拗
鶯肘出當先（要手脚掌相應）當頭砲嚮彼焉知（[illegible]）
兩拳順鶯肘爲靠身法（手脚靠身進）此是拳家真妙訣
有人學得是男兒
黑虎金搥按下分斜行拗步鬼神忙揷地龍安
身側打探馬勢左右攔當攔路虎當前丟下伏
虎勢緊要隄防左番身烏龍揷地右番身劈破
撩襠前拳滚手不須忙中心肘上下遮攔有人
上場來答話鬧處爭強要一場
二十四勢按中央按下神拳鬼也忙左邊使下
南山勢右邊使下步難前着勢蛟龍戲水後
頭邊猛虎搜山斜行見日乾坤手護心拳蓋世

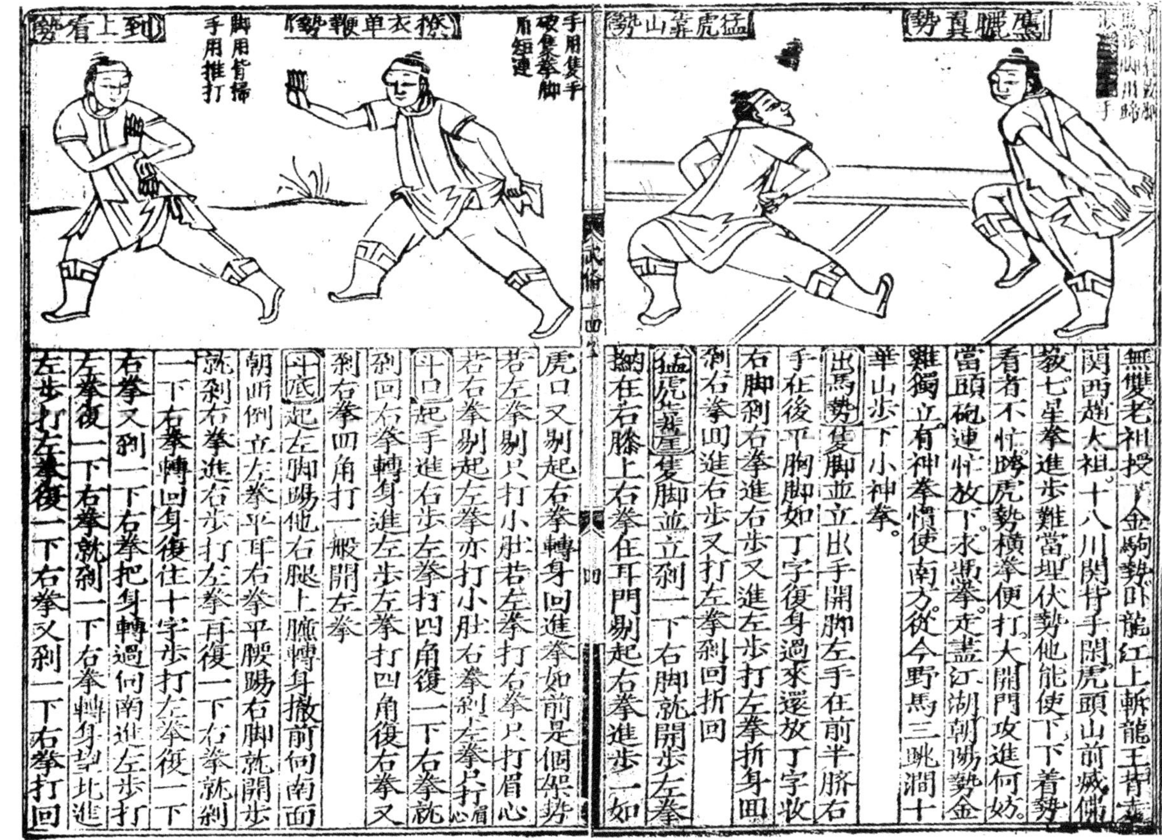

無雙老祖授下金駒勢叶龍红上斬龍王背去
関西趙太祖十八川閃背手開虎頭山前滅倘
毅七星拳進步難當埋伏勢他能使下下着勢
看者不忙跨虎勢横拳便打大開門攻進何妨。
當頭砲連忙放下求歌拳走盡江湖朝陽勢金
雞獨立有神拳慣使南方從今野馬三跳澗十
華山步下小神拳。

出馬勢　隻脚並立出手開胸左手在前半脐右手在後平胸脚如丁字復身過來還放丁字收右脚剎右拳進右步又進左步打左拳折身回剎右拳回進右步又打左拳剎回折回

猛虎靠山　隻脚並立剎一下右脚就開步左拳拗在右膝上右拳在耳門剔起右拳進步一如虎口又剔起右拳轉身回進拳如前是個架勢若左拳剔只打小肚若左拳打右拳只打眉心若右拳剔起左拳亦打小肚右拳剎左拳只打眉心

斗口　起手進右步左拳打四角復一下右拳就剎回右拳轉身進左步左拳打四角復右拳又剎右拳四角打一般開左拳

斗底　起左脚踢他右腿上膝轉身撤前向南面朝西側立左拳平耳右拳平腰踢右脚就開步就剎右拳進右步打左拳再復一下右拳就剎一下右拳轉回身復往十字步打左拳復一下右拳又剎一下右拳把身轉過向南進左步打左拳復一下右拳就剎一下右拳轉身望北進左步打左拳復一下右拳又剎一下右拳打回

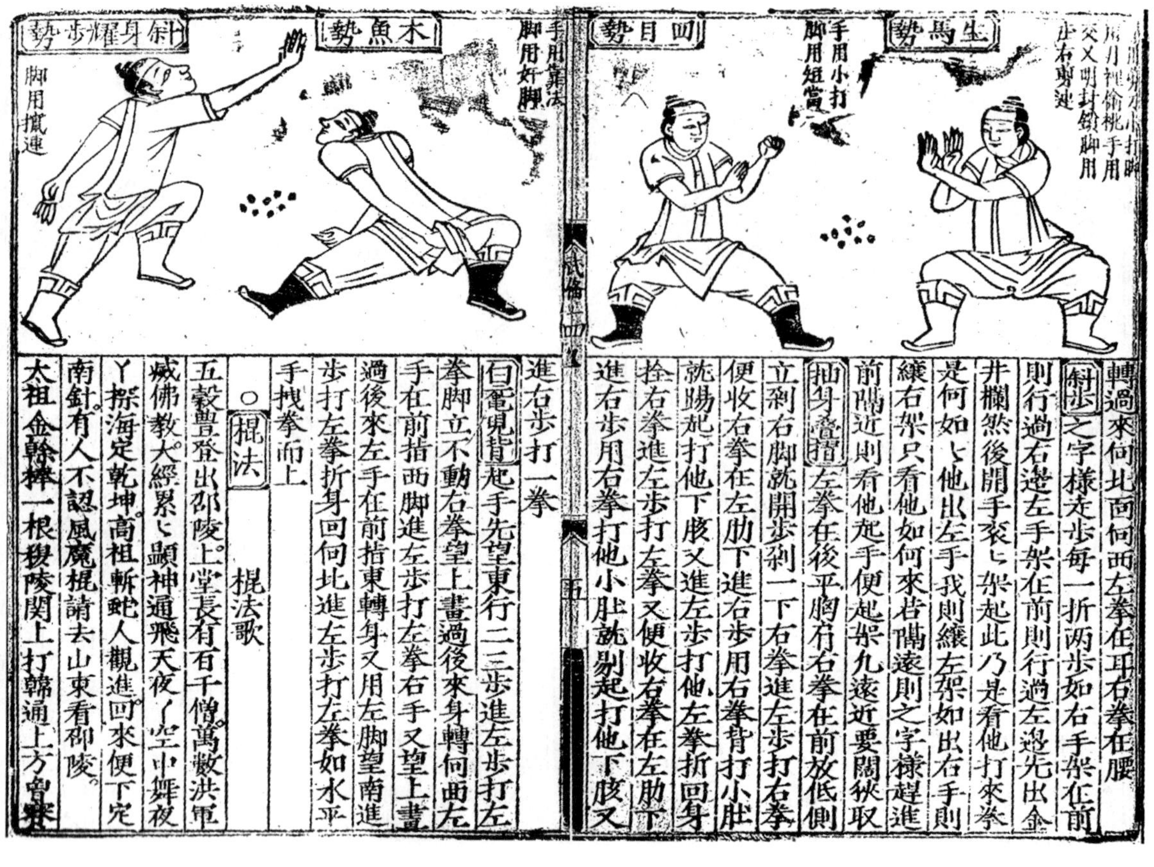

轉過來何北面何西左拳在耳右拳在腰

【斜步】之字樣走步每一折兩步如右手架在前則行過右邊左手架在前則行過左邊先出金井欄然後開手紮々架起此乃是看他打來拳是何如々他出左手我則纏左架如出右手則纏右架只看他如何來若隅遠則之字樣趲進前隅近則看他起手便起架九遠近要闊狹取

【抽身叠指】左拳在後平胸右拳在前放低側立剎右脚就開步剎一下右拳進左步打右拳便收右拳在左肋下進右步用右拳背打小肚就踢起打他下胲又進左步打他左拳折回身拴右拳進左步打左拳又便收右拳在左肋下進右步用右拳打他小肚就剔起打他下胲又進右步打一拳

【白毫現背】起手先望東行二三步進左步打左拳脚立不動右拳望上畫過後來身轉向西左手在前指西脚進左步打左拳右手又望上畫過後來左手在前指東轉身又用左脚望南進步打左拳折身回向北進左步打左拳如水平手拽拳而上

○【棍法】

棍法歌

五穀豐登出邵陵上堂長有百千僧萬數洪軍滅佛教大經累々顯神通飛天夜丫空中舞夜丫探海定乾坤高祖斬蛇人觀進回來便下定南針有人不認風魔棍請去山東看邵陵

太祖金鎗棒一根復陵関上打韓通上方曾拜

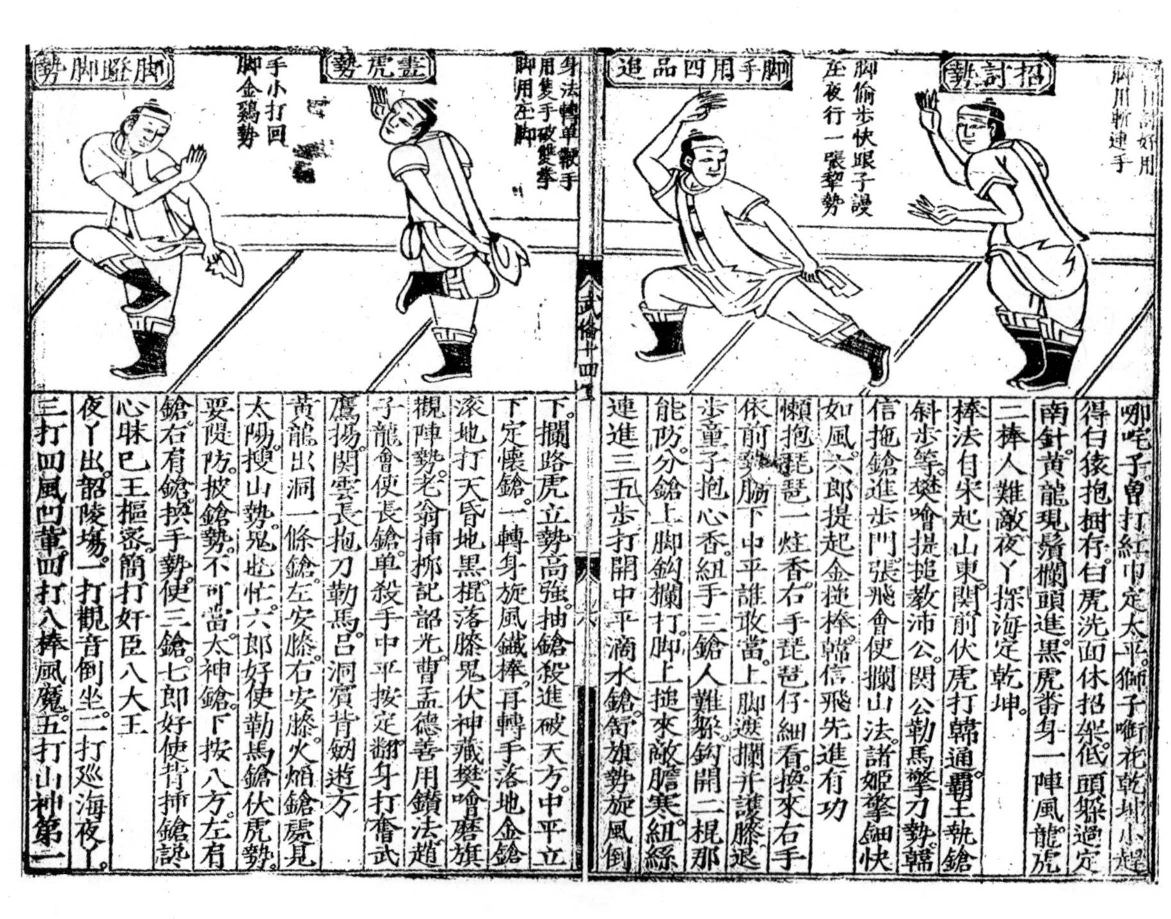

哪吒子曾打紅巾定太平獅子嚙花乾坤小趕得白猿抱樹存白虎洗面休招架低頭躲過定南針黃龍現鬚欄頭進黑虎番身一陣風龍虎二棒人難敵夜丫探海定乾坤

棒法自宋起山東関前伏虎打韓通霸王執鎗斜步等樊噲提撾教沛公関公勒馬擎刀勢韓信拖鎗進步門張飛會使攔山法諸姬擎細快如風六郎提起金撾棒韓信飛先進有功

懶抱琵琶一炷香右手琵琶仔細看換來右手依前架脇下中平誰敢當上脚遮攔并護膝退步童子抱心香紐手三鎗人難躲鈎開二棍那能防分鎗上脚鈎攔打脚上撾來敵膽寒紐絲連進三五步打開中平滴水鎗銜旗勢旋風倒下攔路虎立勢高強抽鎗殺進破天方中平立下定懷鎗一轉身旋風鐵棒再轉手落地金鎗滚地打天昏地黑棍落膝鬼伏神藏樊噲磨旗棍陣勢老翁摔掷記部光曹孟德善用鑽法趙子龍會使長鎗单殺手中平按定翻身打奮武鷹揚関雲長拖刀勒馬呂洞賓背劒遊方黃龍出洞一條鎗左安膝右安膝火焰鎗處見太陽搜山勢鬼也忙六郎好使勒馬鎗伏虎勢要隄防披鎗勢不可當太神鎗下按八方左有鎗右有鎗換手勢使三鎗七郎好使背摔鎗訣心昧巳王樞密簡打奸臣八大王

夜丫出韶陵場一打觀音倒坐二打巡海夜丫三打四風四華四打八棒風魔五打山神第一

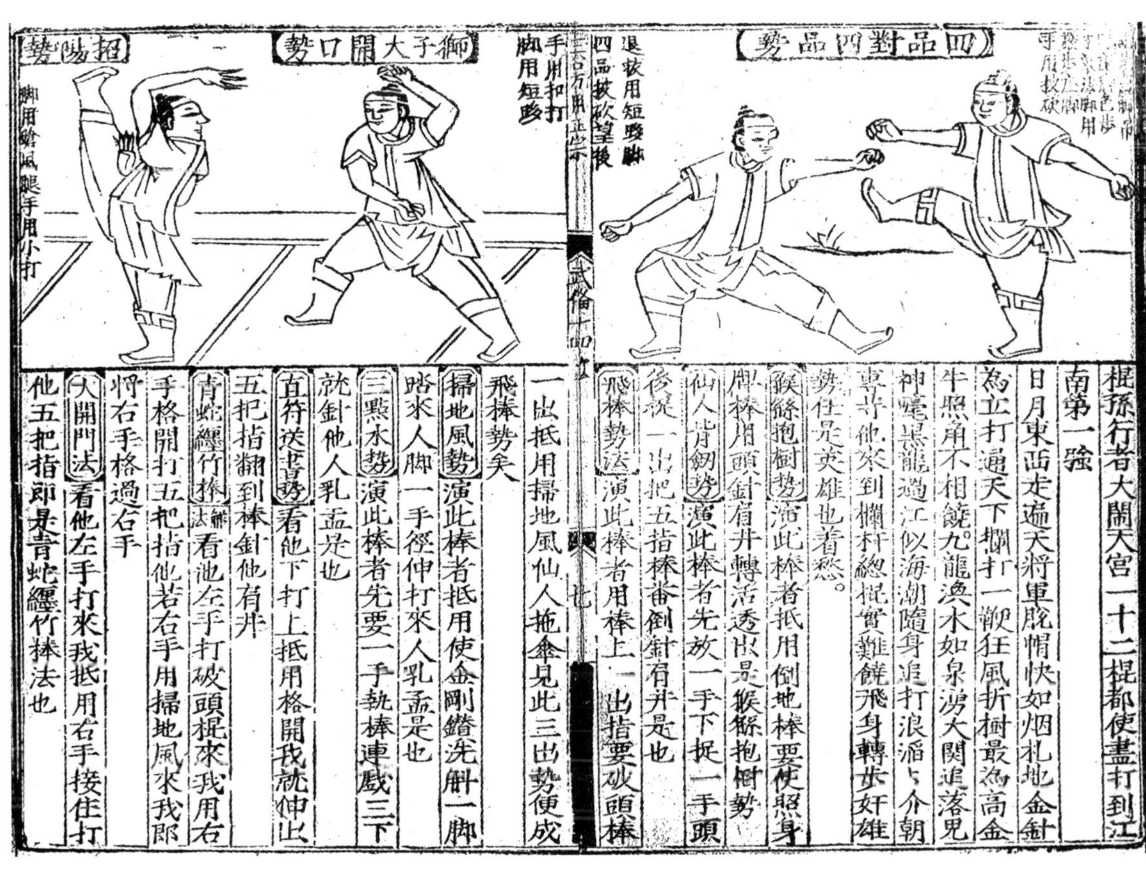

棍孫行者大鬧天宮一十二棍都使盡打到江南第一強

日月東西走遍天將軍戕帽快如烟札地金針為立打遍天下攔打一歡狂風折樹最為高金牛照角不相饒九龍滾水如泉湧大閃追落兒神鼉懸龍過江似海潮隨身追打浪滔滔介朝專等他來到攔杆總棍實難饒飛身轉步奸雄勢任是英雄也着愁。

猴猻抱樹勢　演此棒者抵用倒地棒要使照身脚棒用頭針有井轉活透出是猴猻抱樹勢

仙人背劍勢　演此棒者先放一手下捉一手頭後提一出把五指棒番倒針有井是也

飛棒勢法　演此棒者用棒上一出指要破頭棒一出抵用掃地風仙人拖傘見此三出勢便成飛棒勢矣

掃地風勢　演此棒者抵用使金剛鐕洗斛一脚踏來人脚一手徑伸打來人乳盃是也

三點水勢　演此棒者先要一手執棒連戳三下就針他人乳盃是也

直符送書勢　看他下打上抵用格開我就伸出五把指翻到棒針他有井

青蛇纏竹棒法　看他左手打破頭棍來我用右手格開打五把指他若右手用掃地風來我郎将右手格過右手

大開門法　看他左手打來我抵用右手接住打他五把指郎是青蛇纏竹棒法也

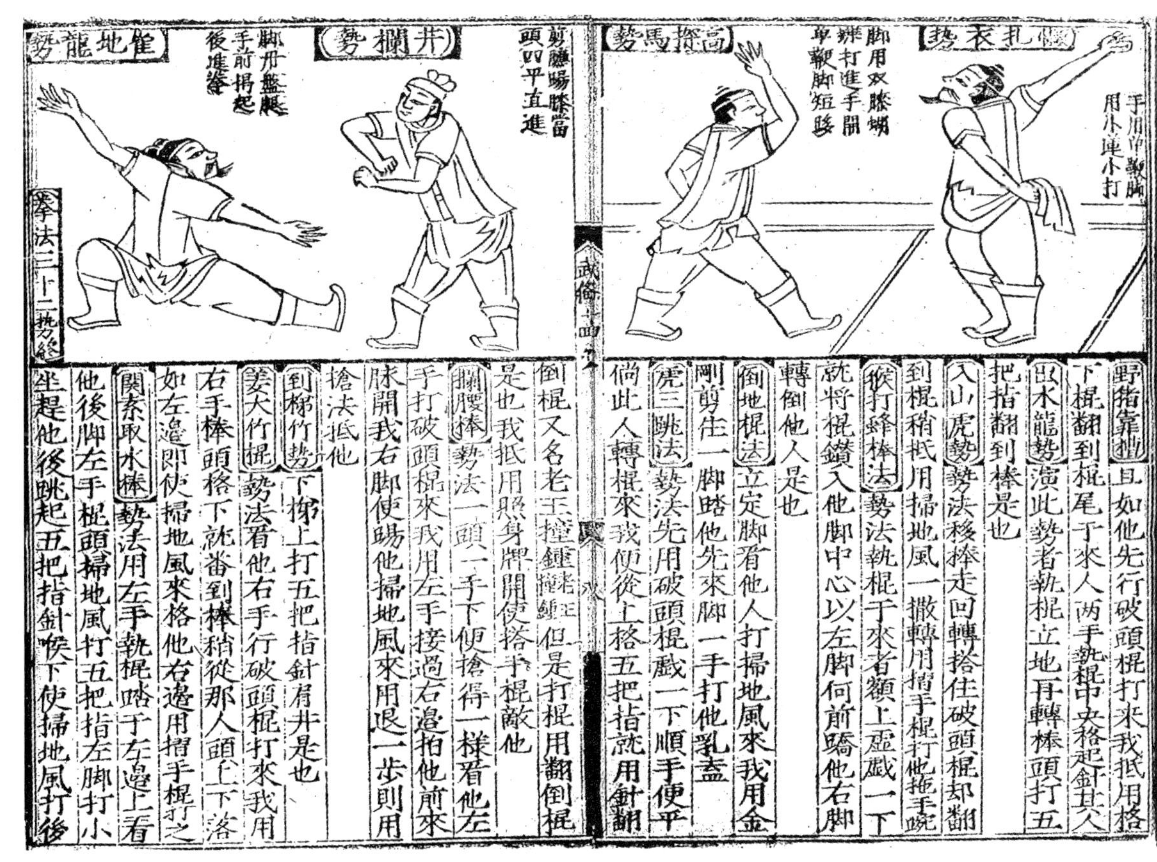

野猪靠掛　且如他先行破頭棍打來我抵用格下棍翻到棍尾于來人两手執棍中央格起針其人

卧水龍勢　演此勢者執棍立地再轉棒頭打五把指翻到棒是也

入山虎勢　勢法移棒走回轉搭住破頭棍却翻到棍稍抵用掃地風一撒轉用揩手棍打他拖手跷

猴打簳棒法　勢法執棍于來者額上虛戳一下就将棍鑽入他脚中心以左脚向前騎他右脚轉倒他人是也

倒地棍法　立定脚看他人打掃地風來我用金剛剪住一脚踏他先來脚一手打他乳盃

虎三跳法　勢法先用破頭棍戳一下順手便平倘此人轉棍來我便從上格五把指就用針翻

倒棍又名老王撞鍾撞鍾老王但是打棍用翻倒棍是也我抵用照身牌開使搭手棍敵他

攔腰棒　勢法一頭一手下便搶得一樣着他左手打破頭棍來我用左手接過右邊拍他前來脉開我右脚使踢他掃地風來用退一步則用搶法抵他

到㨂竹勢　下㨂上打五把指針有井是也

姜大竹棍　勢法着他右手行破頭棍打來我用右手棒頭格下就番到棒稍從那人頭上下落如左邊即使掃地風來格他右邊用揩手棍打之

關索取水棒　勢法用左手執棍踏于左邊上看他後脚左手棍頭掃地風打五把指左脚打小坐趕他後跳起五把指針喉下使掃地風打後

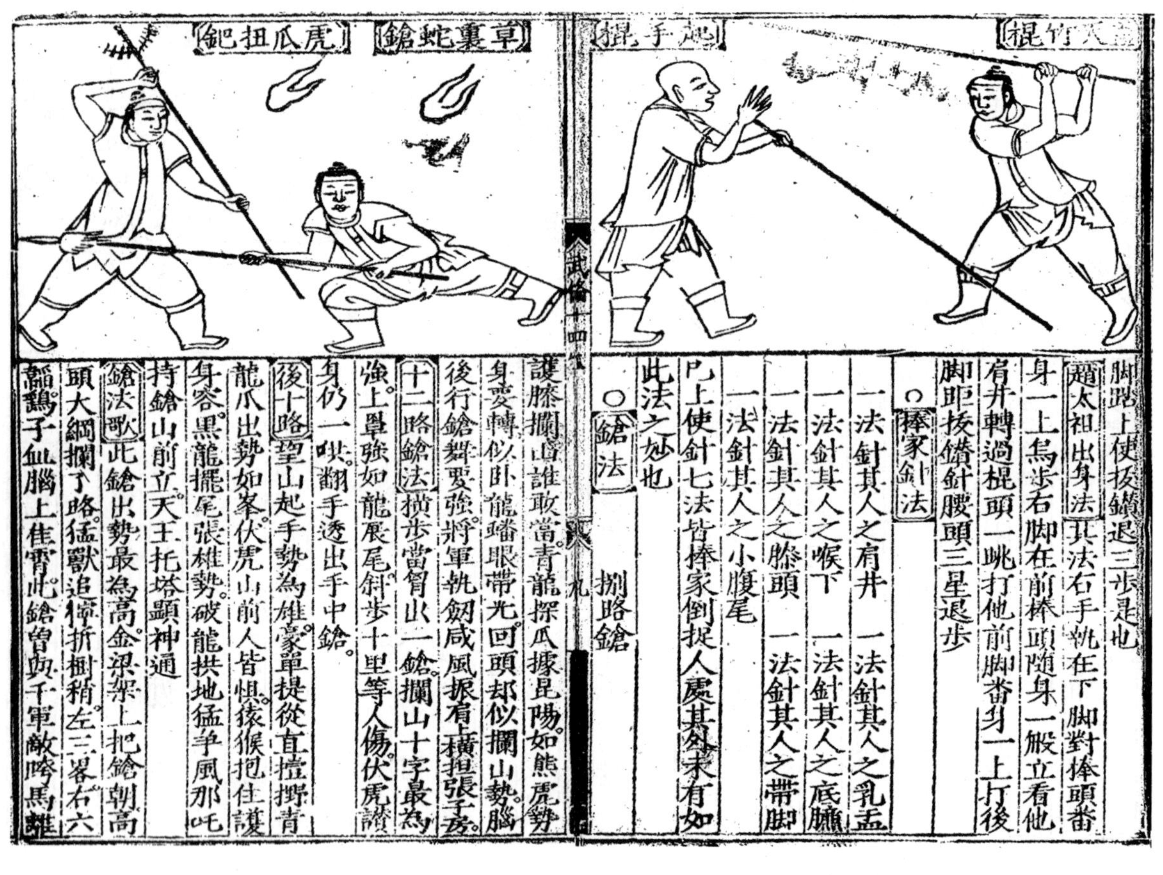

脚跳上使按鑽退三步是也

【趙太祖出身法】其法右手執在下脚對捧頭畨身一上烏步右脚在前捧頭随身一般立看他肩井轉過棍頭一跳打他前脚畨身一上打後脚即按鑽鍼腰頭三星退步

○【捧家鍼法】

一法鍼其人之肩井　一法鍼其人之乳盂
一法鍼其人之喉下　一法鍼其人之底臁
一法鍼其人之膝頭　一法鍼其人之帶脚
一法鍼其人之小腹尾

已上使鍼七法皆捧家倒捉人處其外未有如此法之妙也

○【鎗法】　捌路鎗

護膝攔山誰敢當青龍探瓜據昆陽如熊虎勢身要轉似卧龍蟠眼帶光回頭却似攔山勢腦後行鎗䩫要强將軍執劍咸風振有橫担張子房

【十二路鎗法】横步當胷出一鎗攔山十字最為強上卑強如龍展尾斜步十里等人傷伏虎讃身仍一哄翻手透出手中鎗

【後十路】望山起手勢為雄豪單提從直擅撑青龍爪出勢如峯伏虎山前人皆惧猿猴抱住護身容黑龍擺尾張雄勢破龍拱地猛争風那吒持鎗山前立天王托塔顯神通

【鎗法歌】此鎗出勢最為高金梁架上把鎗朝高頭大綱攔了路猛獸追獐折樹梢左三略右六韜鷂子鈎腦上佳宵此鎗曾與千軍敵跨馬離

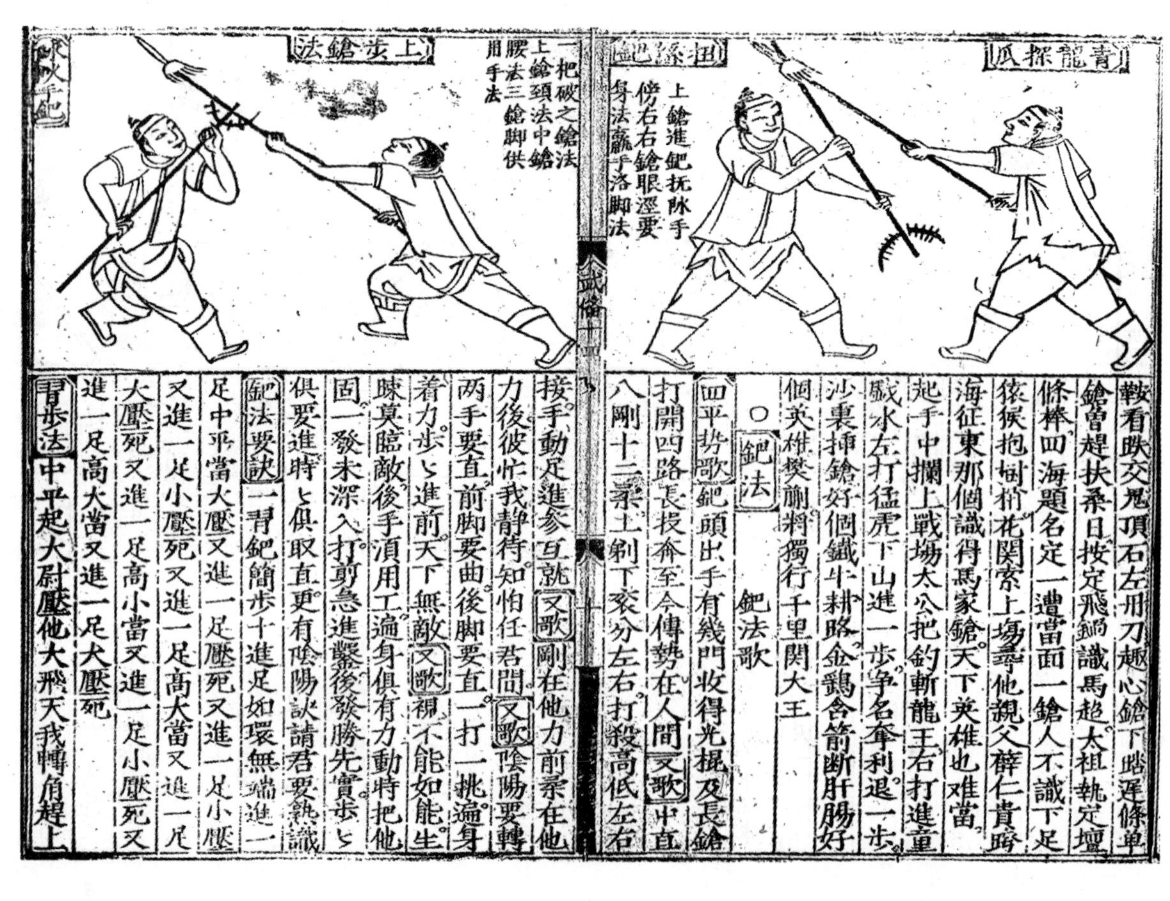

鞍看跌交鬼頂石左用刀趣心鎗下踏遲條单鎗曾趕扶桑日按定飛鎗識馬超太祖執定壇條棒四海題名定一遭當面一鎗人不識下足猿猴抱樹梢花関索上塲尋他親父薛仁貴跨海征東那個識得馬家鎗天下英雄也难當起手中攔上戰塲太公把鈎斬龍王右打進童駄水左打猛虎下山進一步争名奪利退一步沙裏揀鎗好個鐵牛耕路金鷄含箭斷肝腸好個英雄樊噲將獨行千里関大王

○【鈀法】　鈀法歌

【四平勢歌】鈀頭出手有幾門收得光棍及長鎗打開四路長𢪛奔至今傳勢在人間【又歌】中直八剛十二楽上剁下衮分左右打殺高低左右

接手動足進參互就【又歌】剛在他力前柔在他力後彼忙我静待知怕任君閗【又歌】陰陽要轉兩手要直前脚要曲後脚要直一打一挑遍身着力步步進前天下無敵【又歌】視不能如能生睐莫臨敵後手須用工遍身俱有力動時把他固一發未深入打剪急進緊後發勝先實步步俱要進時時俱取直更有陰陽訣請君要熟識

【鈀法要訣】一背鈀簡步十進足如環無端進一足中平當大壓又進一足壓死又進一足小壓又進一足小壓死又進一足高大當又進一足大壓死又進一足高小當又進一足小壓死又進一足高大當又進一足大壓死

【背步法】中平起大尉壓他大飛天我轉肩趕上

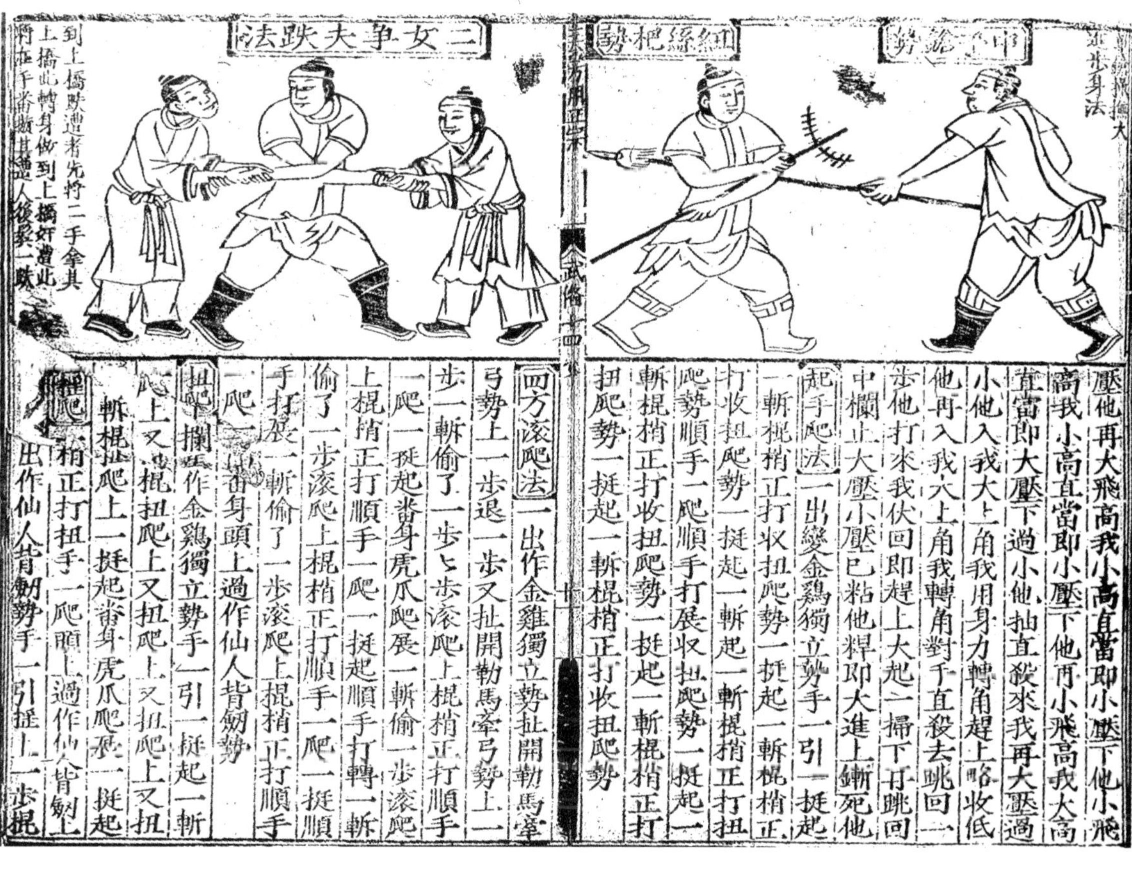

壓他再大飛高我小高直當即小壓下他小飛高我小高直當即小壓下他再小飛高我大高直當即大壓下過小他抽直殺來我再大壓過小他入我大上角我用身力轉角趕上略收低他再入我六上角我轉角對手直殺去跳回一步他打來我伏回即趕上大起二掃下打跳回中攔止大壓小壓已粘他粿即大進上鏟死他

起手爬法　一出變金鷄獨立勢手一引一挺起一斬棍梢正打收扭爬勢一挺起一斬棍梢正打收扭爬勢一挺起一斬起一斬棍梢正打扭爬勢順手一爬順手打展收扭爬勢一挺起一斬棍梢正打收扭爬勢一挺起一斬棍梢正打扭爬勢一挺起一斬棍梢正打收扭爬勢

四方滚爬法　一出作金雞獨立勢扯開勒馬牽弓勢上一步退一步又扯開勒馬牽弓勢上一步一斬偷了一步〻步滚爬上棍梢正打順手一爬一挺起翻身虎爪爬展一斬偷一步滚爬上棍梢正打順手一爬一挺起順手打轉一斬偷了一步滚爬上棍梢正打順手一爬一挺順手打展一斬偷了一步滚爬上棍梢正打順手一爬一[illegible]翻身頭上過作仙人背劍勢

扭爬　攔[illegible]作金鷄獨立勢手一引一挺起一斬爬上又扭棍扭爬上又扭爬上又扭爬上又扭斬棍扭爬上一挺起翻身虎爪爬展一挺起

搖爬　棍梢正打扭手一爬頭上過作仙人背劍上出作仙人背劍勢手一引搖上一步棍

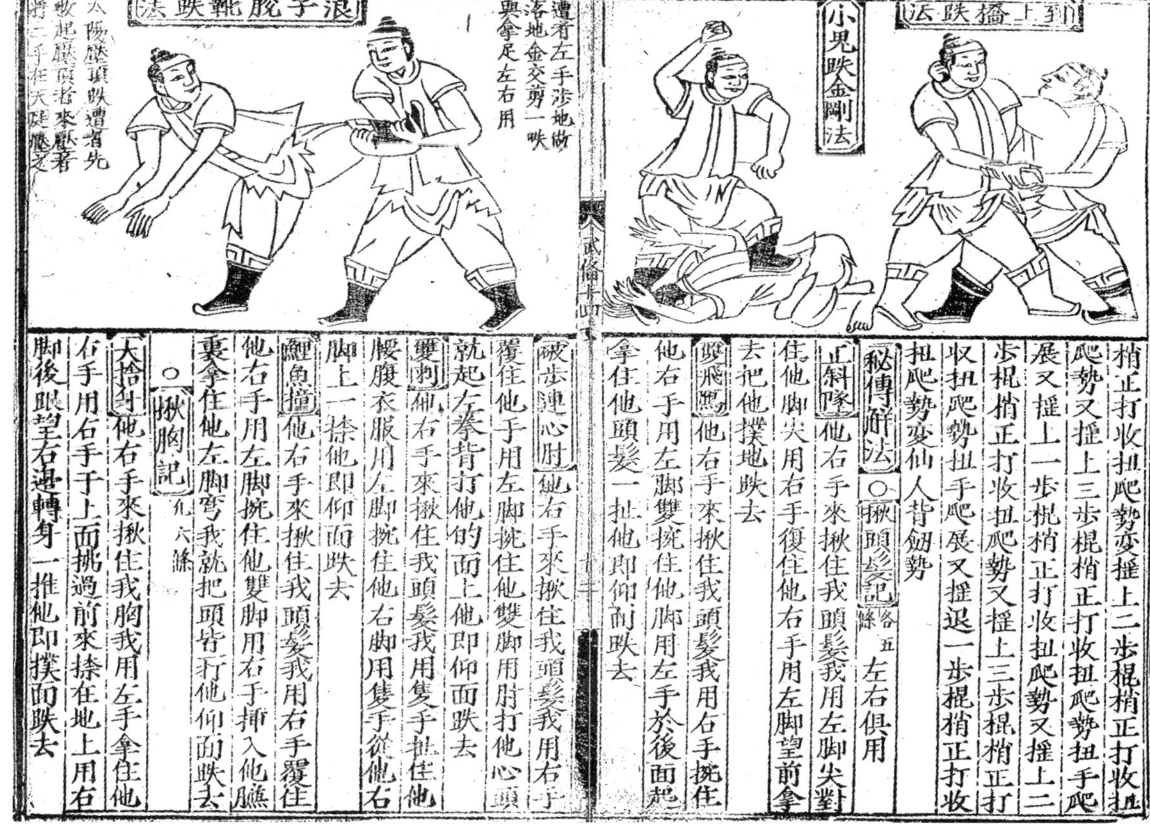

梢正打收扭爬勢變搖上二步棍梢正打收扭爬勢又搖上三步棍梢正打收扭爬勢扭手爬展又搖上一步棍梢正打收扭爬勢又搖上二步棍梢正打收扭爬勢又搖上三步棍梢正打收扭爬勢扭手爬展又搖退一步棍梢正打收扭爬勢變仙人背劍勢

秘傳解法　○揪頭髮記　各五條　左右俱用

正斜墜　他右手來揪住我頭髮我用左脚尖對住他脚尖用右手復住他右手用左脚望前拿去把他撲地跌去

雙飛鴈　他右手來揪住我頭髮我用右手挽住他右手用左脚雙挽住他脚用左手於後面趕拿住他頭髮一扯他即仰面跌去

破步鎚心肘　他右手來揪住我頭髮我用右手覆住他手用左脚挽住他雙脚用肘打他心頭就起左拳背打他的面上他即仰面跌去

雙封　他右手來揪住我頭髮我用雙手扯住他腰腹衣服用左脚挽住他右脚用雙手從他右脚上一捺他即仰面跌去

鯉魚擋　他右手來揪住我頭髮我用右手覆住他右手用左脚挽住他雙脚用右手插入他臁裹拿住他左脚彎我就把頭皆打他仰面跌去

○揪胸記　凡六條

大捨身　他右手來揪住我胸我用左手拿住他右手用右手于上面挑過前來捺在地上用右脚後跟望右邊轉身一推他即撲面跌去

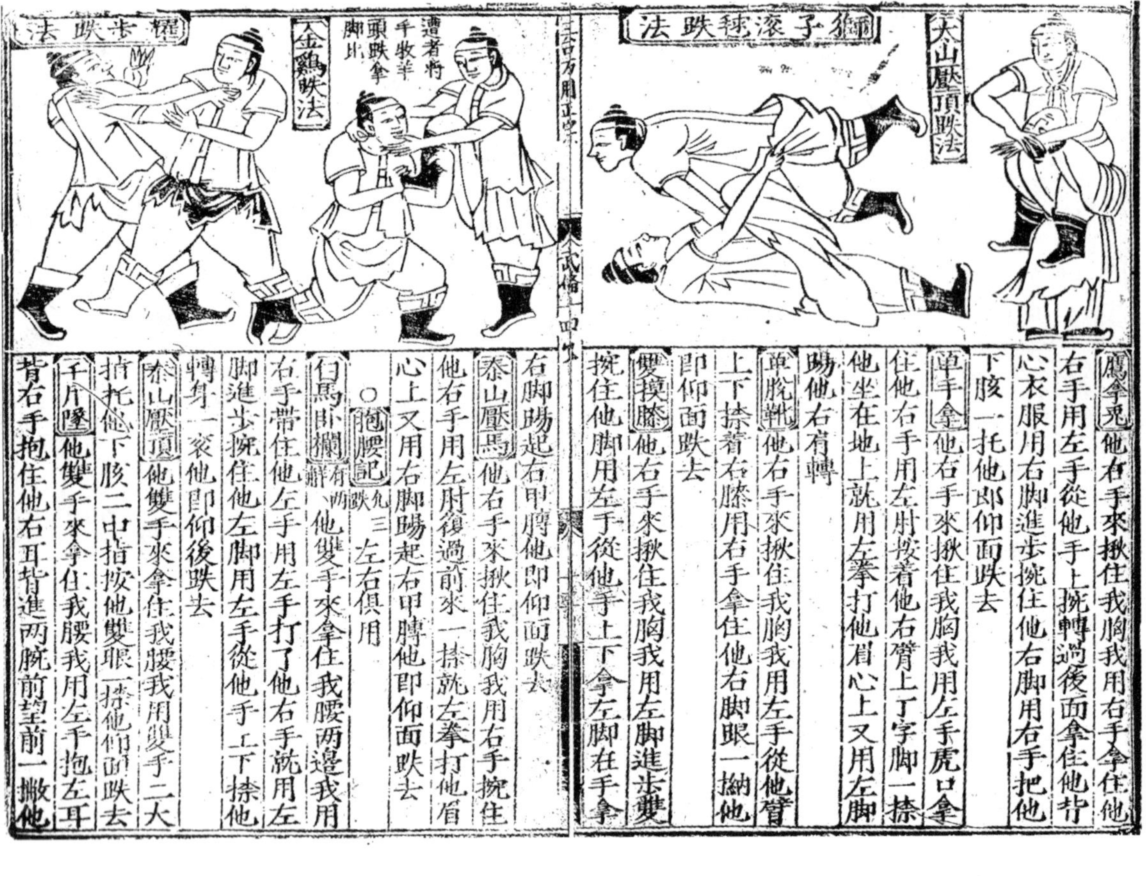

鷹拿兔他右手來揪住我胸我用右手拿住他右手用左手從他手上挽轉過後面拿住他背心衣服用右脚進步挽住他右脚用右手把他下胲一托他即仰面跌去

单手拿他右手來揪住我胸我用左手虎口拿住他右手用左肘按着他右臂上丁字脚一捺他坐在地上就用左拳打他肩心上又用左脚踢他右肩轉

单脫靴他右手來揪住我胸我用左手從他臂上下捺着右膝用右手拿住他右脚跟一擲他即仰面跌去

雙換膝他右手來揪住我胸我用左脚進步雙挽住他脚用左手從他手上下拿左脚在手拿右脚踢起右甲膊他即仰面跌去

泰山壓馬他右手來揪住我胸我用右手挽住他右手用左肘復過前來一捺就左拳打他肩心上又用右脚踢起右甲膊他即仰面跌去

○抱腰記九三跌左右俱用

白馬卧欄有兩𨂢他雙手來拿住我腰兩邊我用右手帶住他左手用左手打了他右手就用左脚進步挽住他左脚用左手從他手上下捺他轉身一衮他即仰後跌去

泰山壓頂他雙手來拿住我腰我用雙手二大指托他下胲二中指按他雙眼一捺他仰面跌去

千斤墜他雙手來拿住我腰我用左手抱左耳背右手抱住他右耳背進兩腕前望前一撇他

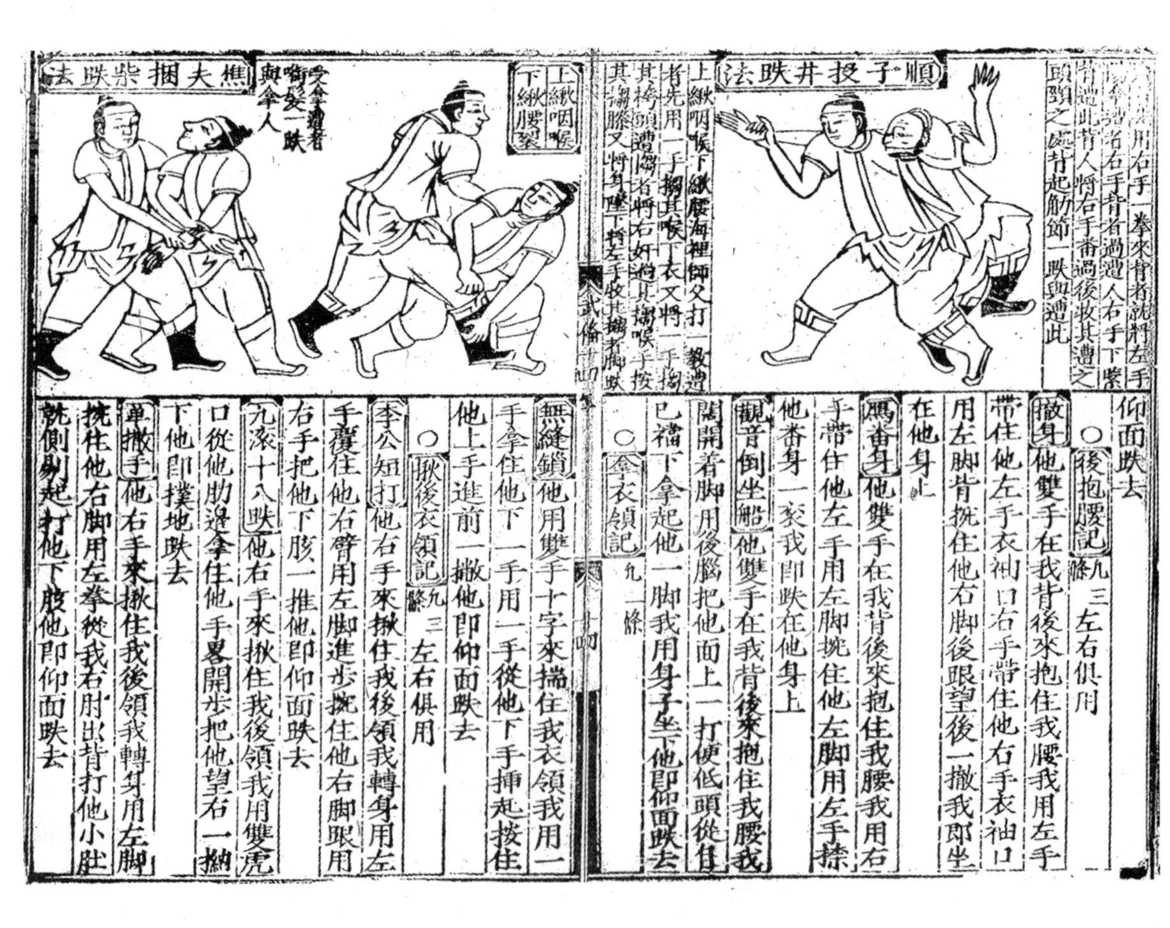

用右手一拳來背者就將左手……者右手背者過遭人右手下緊背遭此背人將右手番過後收其遭之頭頸之處背起觔節一跌與遭此

上鍬咽喉下鍬腰海裡師父打 教遭者先用一手搦其喉下衣又將一手搊其襠遭搊者將右好過其搦喉手按其搦膝又將身墜下將左手收其搦者脚跌

仰面跌去

○後抱腰記九三條左右俱用

撒身他雙手在我背後來抱住我腰我用左手帶住他左手衣袖口右手帶住他右手衣袖口用左脚背挽住他右脚後跟望後一撒我即坐在他身上

鷹番身他雙手在我背後來抱住我腰我用右手帶住他左手用左脚挽住他左脚用左手捺他番身一衮我即跌在他身上

觀音倒坐船他雙手在我背後來抱住我腰我闔開着脚用後腦把他面上一打使低頭從巳襠下拿起他一脚我用身子坐下他即仰面跌去

○拿衣領記九一條

無縫鎖他用雙手十字來揣住我衣領我用一手拿住他下一手用一手從他下手揷起按住他上手進前一撇他即仰面跌去

○揪後衣領記九三條左右俱用

李公短打他右手來揪住我後領我轉身用左手覆住他右臂用左脚進步挽住他右脚跟用右手把他下胲一推他即仰面跌去

九滚十八跌他右手來揪住我後領我用雙虎口從他肋邊拿住他手畧開步把他望右一擲下他即撲地跌去

单撒手他右手來揪住我後領我轉身用左脚挽住他右脚用左拳從我右肘出背打他小肚就側身起打他下胲他即仰面跌去

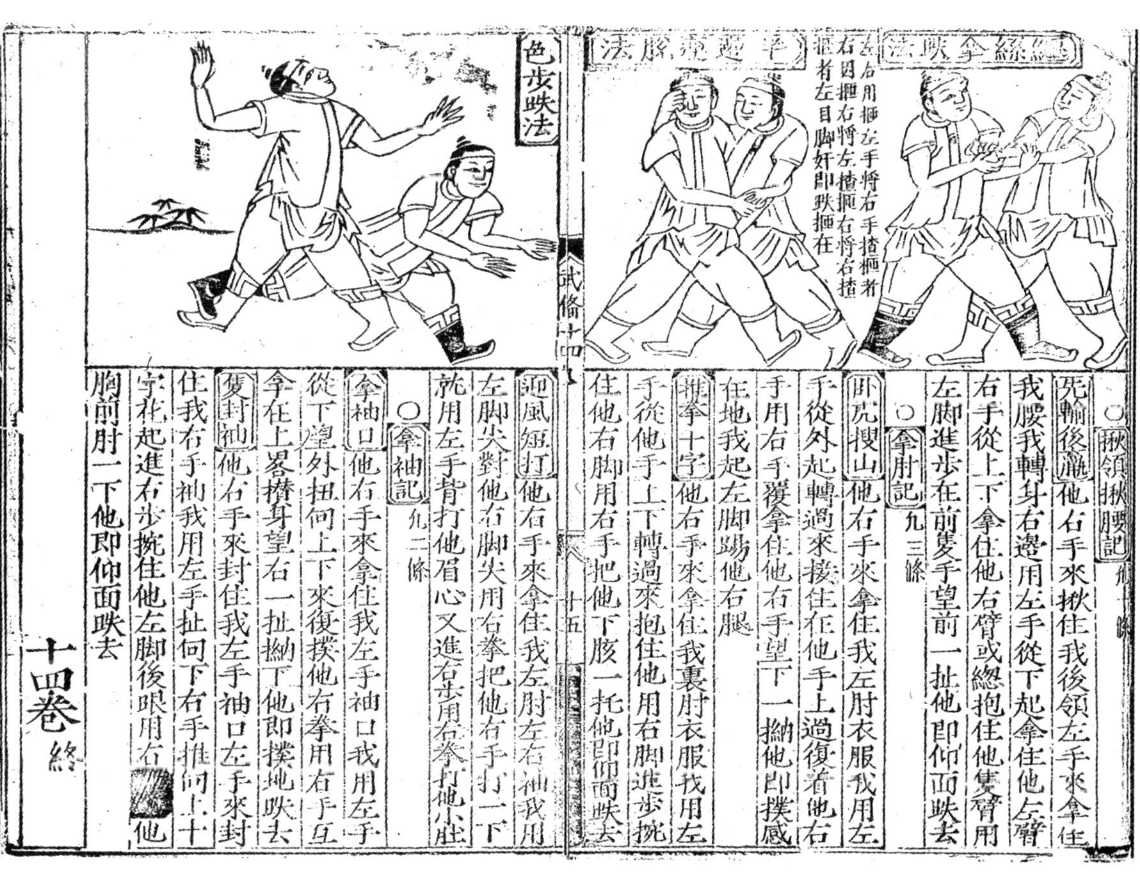

〇揪領揪腰記

死輪後瀧　他右手來揪住我後領左手來拿住我腰我轉身右邊用左手從下起拿住他左臂右手從上下拿住他右臂或總抱住他雙臂用左脚進步在前雙手望前一扯他即仰面跌去

〇拿肘記　九三條

卧虎搜山　他右手來拿住我左肘衣服我用左手從外起轉過來接住在他手上過復着他右手用右手覆拿住他右手望下一拗他即撲感在地我起左脚踢他右腿

推拳十字　他右手來拿住我裏肘衣服我用左手從他手上下轉過來抱住他用右脚進步挽住他右脚用右手把他下胲一托他即仰面跌去

迎風短打　他右手來拿住我左肘左右袖我用左脚尖對他右脚尖用右拳把他右手打一下就用左手背打他眉心又進右步用右拳打他小肚

〇拿袖記　九二條

拿袖口　他右手來拿住我左手袖口我用左手從下望外扭向上下來復撲他右拳用右手互拿在上畧側身望右一扯一拗下他即撲地跌去

雙封袖　他右手來封住我左手袖口左手來封住我右手袖我用左手扯向下右手推向上十字花起進右步挽住他左脚後跟用右[illegible]他胸前肘一下他即仰面跌去

十四卷終

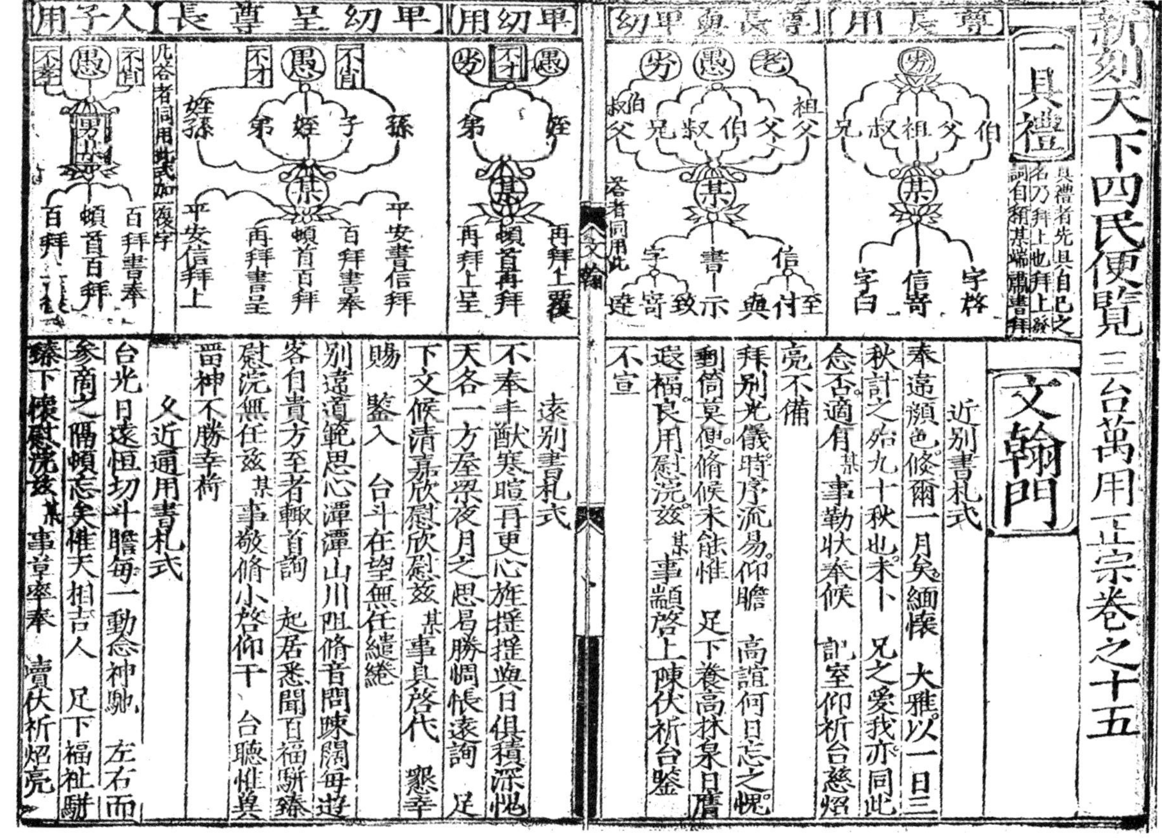

新刻天下四民便覽三台萬用正宗卷之十五

文翰門

尊長用

一具禮　具禮者先具自己之名乃拜上也拜上啓詞自稱某端肅書拜

尊長與卑幼　卑幼者同用此

卑幼用

卑幼呈尊長　凡卑幼者同用此式如復字

人子用

近别書札式

奉違顏色倏爾一月矣緬懷　大雅以一日三秋計之殆九十秋也未卜　兄之愛我亦同此念否適有某事勒狀奉候　訃室仰祈台慈炤亮不備

拜别光儀時序流易仰瞻　高誼何日忘之愧劉倘莫便脩候未能惟　足下養高林泉日膺遐福良用慰浣兹某事顓啓上陳伏祈台鑒不宣

遠别書札式

不奉手歖寒暄再更心旌搖搖與日俱積深悃天各一方屋梁夜月之思曷勝惆悵遠詢　足下文候清嘉欣慰欣慰兹某事具啓代　懇幸賜　鑒入　台斗在望無任繾綣

别違道範思心潭潭山川阻脩音問睽隔每遇客自貴方至者輙首詢　起居悉聞百福駢臻慰浣無任兹某事敬脩小啓仰干　台聽惟冀晋神不勝幸椅

又近通用書札式

台光日遠恒切斗瞻每一動念神馳　左右而參商之隔頓忘矣惟天相吉人　足下福祉駢臻下懷慰浣兹某事草率奉　瀆伏祈炤亮

交友用　宗族通用　親眷通用　婿甥用　舅岳用　婦人書啓用　學生

不接手度鄙吝復萌傾注之私莫可云喻緬惟
足下福履亨嘉下懷欣慰茲某事具書上達
記室面晤何期中心悵結筆言不盡惟冀鑒存

未接見書札式

久欽名論未遂瞻依竹仰　風猷不勝馳戀愧
雲泥懸絕無階上進於有道之門令人徒切絕
塵之想而已　明公高才逸思海內人望顧某
匪人未卜何時得覲　清光慰此懸懸也匪後
茲以某事謹東上陳干冒　威嚴不勝悚息

儒者　某詮伏荒陬馳慕盛名久矣頗劣謫無繇
徒切登龍之想山斗在望會晤何期得傾倒夙
抱也真切真切恭惟　足下宏才遂養待價明
時來秋香馳雲衢追風掣電一息千里不知駑
駘亦能附驥否也茲以某事具啓　伏
惟　台照幸甚

監生　恭惟　執事卓犖奇才蜚聲太學蜚芝
于將鎮鉶光焰上燭牛斗豈久埋塵土中耶預
羨預羨茲以某事具啓　上瀆惟冀照亮不宣

吏役　某久仰高風日切馳戀但恨未由識荆
悵徒傾滿目風塵耳　足下讀書讀律才軼蕭
曹他日叙用　大庭穩九章之藴建循良之績
拭目以俟矣欽羨欽羨茲某事伏楮仄駐仰祈
照察幸甚

醫家　久景仰　大雅心切登龍紹介未逢徒
羨瞻山斗耳恭惟　老大人碩德重望文章司

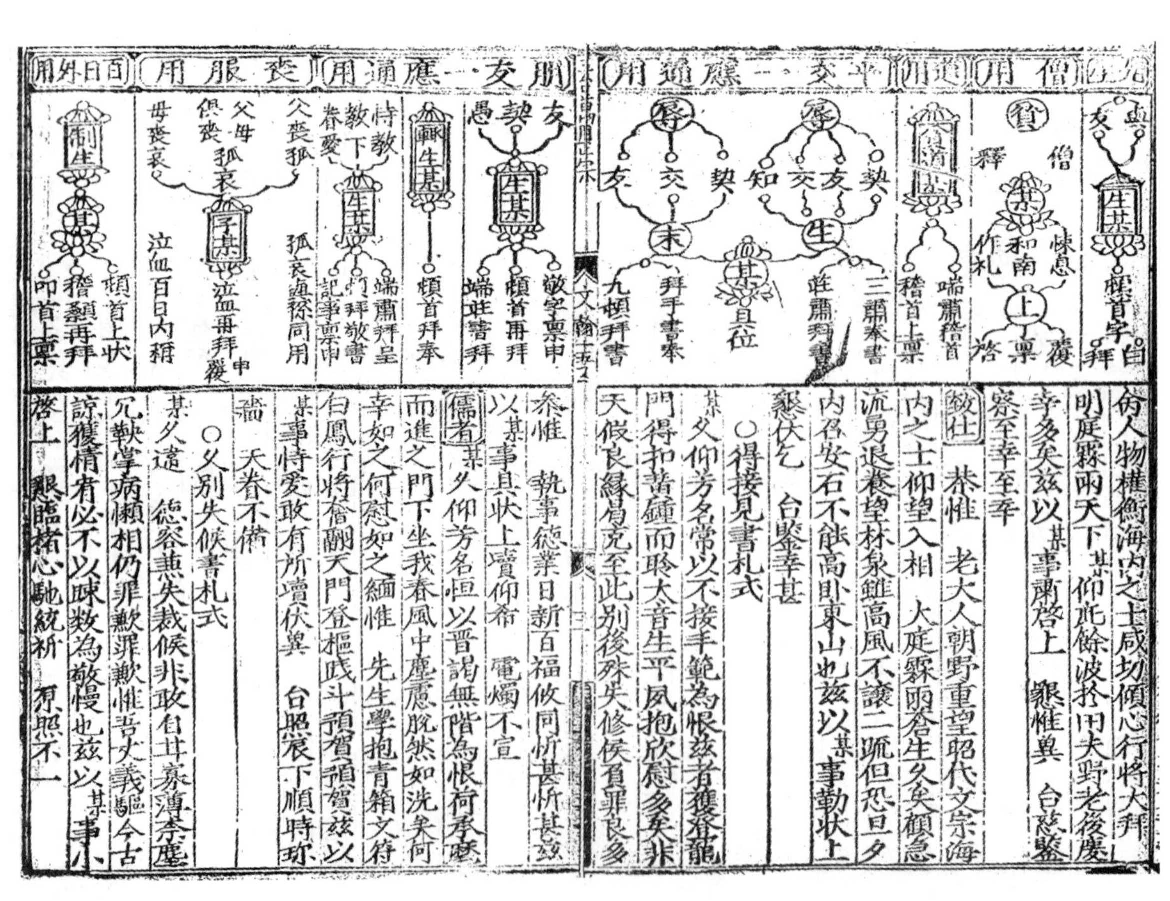

孤哀 承重 杖朞 期服 孫

所言承重者孫祖
父母喪無父母自
身承重者用父母
在則不稱曰杖朞

〇家屬稱呼類
稱人父母令尊令堂令椿府令萱堂或喪則云令先尊令先堂
自稱家父家母家尊家堂或喪則云先父先母
下親屬喪皆依此稱〇稱人祖父祖母
令祖令祖母自稱家祖家祖母〇稱人伯叔曰令伯令叔
自稱家伯家叔稱人伯母叔母曰令伯母令叔母自稱家伯
家叔母〇稱人兄弟令兄令弟自稱家兄舍弟〇稱人
兄嫂弟婦曰令嫂令弟婦自稱家嫂舍弟婦〇稱人子
令郎令嗣令器自稱小兒小豚大豚〇稱人女令愛閨秀自稱
小女〇稱人孫孫女曰令孫令孫女自稱小孫小孫女
〇稱人姪令姪令姪婦自稱舍姪舍姪婦〇稱人妻令政令閫自稱
山妻拙荊房下〇稱人媳婦令子婦令息自稱小兒婦〇稱
人兄弟賢昆玉昆仲賢兄賢弟自稱愚兄舍弟〇稱人
宗族盛族自稱寒族賤族〇稱人家眷寶眷自稱賤眷賤累

〇親戚稱呼類
稱人親戚令親自稱舍親〇稱人妻家父母
令岳令岳母自稱妻父妻母〇稱人妻兄弟令舅自
稱妻舅〇稱人母家兄弟令母舅自稱家舅
稱人姨夫令姨夫自稱襟兄襟弟〇稱人妻家伯
叔令妻伯令妻叔自稱妻伯妻叔〇稱人外祖
祖母曰令外祖令外祖母自稱外祖外祖母〇稱人母
姊妹令母姨自稱家姨〇稱人姨之夫
姊妹夫令姨夫自稱〇稱人婿之父令親家自稱
舍親家〇稱人婿令婿令坦自稱小婿〇稱
人姊夫妹夫曰令姊夫令妹夫自稱家姊夫舍妹夫〇稱人
外甥甥女曰令甥令甥女自稱舍甥舍甥女〇稱人

甚自慚擾擾風塵久失故人音問劣顧禮
罪何可言緬惟執事雅情高誼未嘗一日不在
心目間也馳戀馳戀諒惟德厚福隆展下拜膺
天寵為慰茲以某事下情耿耿筆言難盡伏惟
亮炤不宣
又 奉違台儀幾更裘葛遐憶盛德撫景悵然
奈雲山修阻面晤無期徒切神馳而已幾欲裁
候又乏便鴻耿耿鄙衷不知可傾倒於何日也
注望注望恭惟 閣下英聲茂實遐邇揄揚福
祉之膺未可涯涘慰甚慰甚茲某事良啓上達情切
詞戀幸賜 照亮不一
又 別 執事久矣不能一致書於記室非相忘
也塵務蝟集山城僻左竟無便翔坐視負心然
精神夢寐未嘗一日不在左右耳執事紆朱紫
步承明其無憶及天涯鄙人否耶但昔月下飛
觴花前舉白鄙人追陪不倦形影相隨然其情
刋金石誼並阜陵區區之念則別去猶對面也
交好如執事可謂厚矣弟昔懶成癖會晤 執
事尚不知何日何地也萬里遐思有懷莫盡順
風便翩惠我德音伏紙悵悒

〇久別得書式
某 別違 文候不覺幾寒暄矣正仰間忽辱翰
教捧誦之餘交朋相愛之情藹然溢於言外令
人心神飛越恨不能縮地面晤少罄衷曲也奈
何匕匕恭惟 閣下德膺天眷福祉咸臻欣甚
欣甚茲 某事承來諭已領悉嗣容俯謝不一

廿

姑夫 曰令姑夫令姑 自稱家姑夫家姑〇稱人表
兄弟令表兄令表弟自稱表兄表弟〇稱年幼者
賢郎茂才英畏〇稱兩姨大喬小喬

二稱呼

稱呼諸書 古帖或末或首無定式今人倒或稱首尾並用
凡奉家養尊者不稱姓名同宗不書
姓若達家人卑幼者宜稱名或稱排
行亦不書姓氏〇今將內外親眷尊
卑平交士俗例于后以便初學法則
〇稱祖父母 自称不肖孫ム百拜
祖父祖公老大人 膝前〇祖母老孺人 懿座
〇稱父母 自称不肖男ム百拜
嚴君老大人 膝前〇母親老孺人 侍前
〇稱伯叔 自称愚姪ム頓首拜
伯父叔父大人 台座〇伯母叔母孺人 尊前
〇稱伯叔公 〇称不才姪孫頓首拜
伯公叔公祖老大人 台座〇伯叔婆老孺人 台座
〇兄與兄嫂 自称愚弟ム頓首拜
長兄大兄大人 侍右〇尊嫂夫人 粧次
〇称弟及弟婦 自称劣兄書復
賢弟 賢弟婦 收
〇称子姪孫 自称老祖父字復老父信復劣叔書復
賢姪 開緘 子ム 孫ム
〇称夫及妻 自称劣夫賤妾
夫君良人 案下齊眉〇賢妻芳卿 粧次足下
凡外親戚宜書姓尊于已者不敢
道名卑于已者道名無妨
〇称外公外婆 自称外孫ム百拜

又 謝侍 公將至離也其為別幸旣也惟公不
以其悲而映愁之尚念其離而垂恤之此仁人
之厚施於不報顧倘何修而敢當哉追昔年分
袂懷念高誼淵岳深重何嘗忘哉正欲脩候適
為未論所先捧誦已心領矣仰旋謹附片言申
復把握何時千萬自愛
又 別違久矣頓不能卓馳介通刺 門下以申
感悰之寄 翰教遠頒豈敢習懶而自處於薄
哉塵鞅俗絆 公必有以諒我矣來諭ム事已
領悉凡可盡力處當委曲効勞不敢負所托也
使旋草草奉覆握手未期寸心如結臨書無任
悵惘

〇拜訪承接書札式
日者因俗事趨候貴地其情甚非得已也辱承
清誨疑致優渥盛德盛情何敢當此久稽裁謝
諒忘度汪洋弗譴耳
又 頃緣塵務晉謁 台端聆玄論之悲承亨嘉
宴之優渥醉酒飽德銘鏤心骨何日忘之勤狀
上謝仰祈鑒察

〇拜訪不遇書札式
別久思深適動山陰夜訪之興晉謁 門下叩
之閽人則 文從外出賓主去來如避有懷如
海弗克傾倒令人惆悵而歸奈何匕匕特愛敢
有ム事干瀆伏祈斡旋以慰顒望不宣
又 晏者晉謁自分得愛于且仰惟 執事德隆
望重鄉邦景仰庶事可否皆屬權衡茲有ム事

外祖ム老大人侍前○外祖母老孺人粧前
○称母舅ヒ母自称愚甥ム百拜
母舅ム老大人侍前○妗母老夫人侍前
○称妻父母 自称愚壻ム頓首
泰山岳父老大人門下○岳母老夫人粧前
○称妻兄嫂 自称眷生某頓首
尊舅ム号先生門下○令舅八才賢表姪
○称壻甥 自称忝眷ム 忝母舅ム 青彼
大德配ム賢婿契○大宅相ム 英畏
○称姐夫妹丈 自称眷生ム頓首
ム堂ム姓尊姐丈侍右某若賓妹丈大人翰右
○称姨夫 自称眷末 小弟 眷侍生
ム堂ム姓尊姑丈侍前ム號尊姨丈先生文几
○称表兄弟 自称眷侍生 眷生
ム號表兄先生文右○ム號表弟先生文右

欲紀近有道以堂不中之爲人魏生從也諸令
人抱快而回圖欲附中面書欲言深祝以遺未
果償壹念通家左顧孜盧問所願也忩忩是祷
○承訪失欵
文軺過敝居適爲頓生雅矣千擬論名顧疏以
供筆墨爲文字飲奈歡不終日駕言行邁此情
何如諒 足下必能不以吝見咎呵呵
(又)城市用 山城僻左忽承 長者之車門閭頓
生色矣顧僕塵累縈掌自迴牛馬走中弗充倒
屣候迎道左其爲詘失何可以更僕數也無由
會面式表書寂心
(又)鄉居用 村居荒僻辱足下枉玉趾而臨之僕
得接席而談多要妙之論若處空谷覺然而聞

○称親家親母自称眷末 忝眷 眷生頓首
堂侍聘尊親家 姻家翁相閤下或碩德
ム堂親家母老孺人粧前
○称師傅 自称門生 門弟 頓首百拜
大教諭ム號ム姓尊師老大人函丈 文席
○特常称用 侍生○友生○眷生○琴樂生○眷晚生ム拜手
ム號執事英畏英彥 或排行第幾官削
○長者称通用 自称晚侍生○晚生 侍教生○晚眷生頓首
大鄉望 德望 碩德 大侍聘
○称有子者
大封君 大儲封 大嗣封 待封君
○商賈称用
鄉尊ム号ム姓先生行台 行軒
大朝奉 大肆長 大財望
凡書奉外姓親戚各宜書姓尊於也

足音也何幸如之愧山肴野饌不能少淹 駕
從賒慢殊多勒狀謝罪
○途中未接見書札
某無似側聞 執事名舊矣而未嘗得三接顏
面千里神交何翅十年豈造化將以是遺區ヒ
之恨耶恭惟 執事文章重望充蔚宇内而高
古之才豪邁之氣又足以翕名一世之雄而凡
負才長者皆在所與此僕之所以耿ヒ不寐也
嘗想像其人品矣如醇醪盤珠中和明堂金
人醉心奪目鉛松怪柏盤錯屹立於懸崖絕壁
之上令臣氏不得爲用而識古探奇之士往ヒ
模之而不得其真仰攀迴答側嘆賞而不能去
者也若是者謂天下之實非耶茲以道紀 貴

者不敢道名卑於己者称名無害
○称有職官 大人二字通用
國公 某國大人○ 侯伯 某爵府
駙馬 都尉○ 儀賓 國賓 賓相
三公 三府 鼎司○ 少師 保傅公副國孤
公侯領兵 總兵 柱石○ 元戎 大將軍
內閣 內相 閣列○ 宗人 正八宗正 佐貳宗正
宰相 大賚元○ 大參 理
吏部尚書 天官大冢宰○ 侍郎 少宰 亞冢宰
戶部尚書 地官大司徒○ 侍郎 亞卿 亞司徒
禮部尚書 春官太宗伯○ 侍郎 亞卿 亞宗伯
兵部尚書 夏官大司馬○ 侍郎 亞卿 亞司馬
刑部尚書 秋官大司寇○ 侍郎 亞卿 少司寇
工部尚書 冬官大司空○ 侍郎 亞卿 少司空
六部郎中 署長 尊司長○ 六部主事 署正 主政
三台爲用正宗

甲欲 越謝不得以何哉途不任隨從湔刷
龍之想何幸入聚會不常而稍慰予其誼遊耶
旅寓閒聊中片楮用舒積悃餘愛順時爲道以
慰傾仰之私不既
○承欵裁謝小札
不肖晉謁 門下蒙 翁禮遇加尋常百倍不
肖當以心胃銘之非直醉酒飽德而已感悰種
種已而陳之茲不具悉
(又)握別經時芳草撥綠春華如此客意何堪憶
昔從 足下朝夕花前解佩湖上持橈弄月放
歌採蓮高酹晴雲徵鳥漁笛滄浪筆句一垂江
山共峙高樓兩召卮豆如雲瑤琴獨遺山水在
聽鈞之足下之情稠渥矣衛巳難堪寸心如結

咨司務 司德○ 照磨檢校 部照 部校
五府 會府 都督○ 五府幕官 蓄賓 贊書
都察院 都憲 憲臺○ 柱國 邑雅 御臺
經歷知事稱烏府幕賓
察院 御史 侍御 大巡按史 繡衣 烏臺 柏臺
通政 言綱○ 經歷知事 司經司事
大理寺卿 廷尉 糾憲○ 少卿寺丞 貳正
大理寺正 廷正○ 大理寺副 廷佐
大理寺平 廷評○ 鴻臚寺卿 大鴻臚 典客
鴻臚少卿 亞鴻臚 介卿○ 主簿 鴻簿
署丞 司儀 司賓○ 鴻臚序班 司賓 序班
太常寺卿 清卿 宗官○ 少卿 宗佐 介班
典簿 大簿 博士 大博 司邑
光祿寺 清歷 奏理○ 光祿寺卿 光祿 崇爵
典籍 光典○ 光祿佐二 旨精元甚

爾啓代謝不盡欲言
(又)待燕爾日豁我神情輒飄然有凌雲氣視世
之東縛桎梏懃顏其形者天淵矣感結在心顏
此申謝
○與業師書札
某侍教黌堂立雪數載旦夕聆太玄琳論愧駕
駘下乘鞭策莫前不能如侯芭之闡揚師說也
吾師其終教之何如
○久未與師通問札式
令之問謁若近則日至遠則月至其甚者歲至
在莫醜且然矧師弟子之間也某日任牛馬走
中不能以自謁者五年而筆牘又不達於 函
丈某之爲罪莭百口何辭我師無所將過日弁

太僕寺卿　御伯
尚寶寺卿　掌符
中書舍人　中舍　外制
國子祭酒　大司成
國子博士　西行　祭教
國子大堂　監傳
國子典籍　監籍
翰林　玉堂　金馬
學士以下　內翰　內制　國史
詹事府詹事　大詹　東宮端尹
詹事府主簿　司序
行人司正副　司導　掌議
太醫院官　國醫　上醫
府尹　大京兆尹
治中　贊治　佐守

太僕佐二　卿佐　亞閑
六科給事中　給事中　掖入
內史
國子司業　少司成
國子監丞　東刑　膠丞
國子典簿　監簿
國子監饌　司饌
翰林　大述作
孔目　翰幕
詹事府佐　小詹　亞尹
春坊官　東寮
行人　大行　掌史
欽天監　太史璣　觀政
府丞　京郡丞兆尹
通判　京判　通府

其疏節而忘之師之心即天地父母之心也感刻又當何如副啓有言統祈　台炤不宣

○邀友同請師書札式

某嘗聞道由師授德須友成故游楊立雪程門明道有吾道南矣之嘆師友之功大矣蘊惟某老先生斈究天人文侔韓柳實後學之模範也某欲延之西塾執經絳帳敢拉　足下同事尚冡不鄙則冀旨一燦光分太乙藜火繼史萬卷勉同伊洛心傳共竭三餘之功兼顧三益之助他日得托蠅驥尾附鳶椽枝受賜多矣書不盡言餘惟面悉

○答允同師書札

僕聞易垂金蘭之訓詩咏谷風之篇友道廢弛久矣吾　兄敦尚古交辱召不才同事某老先生門下明師良友師資麗澤固所願也但愧非直諒多門有孤來諭不免蕪負倚玉之誚耳揮翰見示旨爰相從謹復

推官　京推　即豸
京府知事　事府　在外府亦同
京府檢校　司校　外同
京縣知縣　京尹　宰君
京縣縣丞　亞京　少尹　贊典
主簿　運幕　外同　長史
儒學　掌教　師傅
訓導　司訓　分教
兵馬正副　司馬　同副
上林苑官　司園
布政　大方伯　大參輔
參議　大貳　省亞參
理問　潘幕　贊理
都事　潘校　長司
按察　憲長　大司寇

京府經歷　經府　在外府亦同意
京府照磨　京贊　在外同
通判　府幕長貳理相公
京縣典史　即豸史　大執戟
京縣主簿　判簿　外同　掌簿
京外　皆倣此意
學正　翊傳　模範
教諭　外翰　司教
吏目　司幕
營繕所官　工亞大工尹
參政　大參　大政輔
經歷　司經　司贊
照磨　潘照
提問　潘訊
副使　大憲副

○請師書

某嘗聞記曰師尊而後道尊道尊而後民知敬斈故必能自得師然後小子有造　恭惟先生斈貫天人筆參造化誠文章之宗工後斈之山斗也小兒輩景仰高名矜式久矣勒狀上請仰祈賜教絳帳霞褰候侍春風之几席青衿雲集拱立暮雪之門墻下榻以迎命駕爲幸

○答赴

竊惟趨庭詩禮夙仰家教之有方用世文章必

僉事　僉憲
都事　憲幕
檢校　憲校
鹽運使　運使稱運同
判官　運判
知事　知運
提舉　稱太僕
經歷　司經
吏目　司幕
同知　同府　別駕
推官　推府　即豸
知府職官等　俱稱府幕長貳理相公
知州　郡侯　郡牧
州判　郡判
知縣　大尹　邑宰

經歷　憲經
照磨　憲照
都轉運司　運使稱都運
副使　運副
經歷　運經
鹽課提舉司官　提擧　鹽臺
司官　司斷
都事　司事
知府　太守　黃堂
通判　通府　判府
經歷　府幕長貳贊理
州同　二守
吏目　州幕
縣丞　二尹　少府

額鴻儒之矜式使非道宗濂洛才駕歐蘇者不能任其責也某　學未通方佩茲氏好爲人師之戒　貿卽菲心知進取明商書能自得師之言自慚成己未能焉敢以成人自任耶但以師不必賢於子弟而子弟亦未必不如師顧兩端之竭雖假師傅而一貫之旨必由心悟耳荷承簡命汗顏由從責考子衿報知已于群彦渠々厦屋仰大庇于萬間謹復

○父寄子勉讀書

嘗聞父子之間不責善責善則離蓋父子主恩若以善相責必賊夫恩矣故愛子者擇師而教之汝性質明敏良師益友日相漸磨當及時努力以求前進昔大禹寸陰是惜尼父愛編三絕生知聖人勤勵如此況中人之資隋驕易過尤宜百倍其功如孫敬之閉户季子之刺股司馬光之下帷可也他日擢魏科躋膴仕顯親揚名慰父母教子之心厥孝大矣若區々口體之養非所望于吾子合家寧謐汝内無慮并此示知

○父寄子爲商書

客路風塵吾子良苦但陶朱計然轉輸貿利白圭居積致富敵国吾子當商時俗之好尚計貨物之豐約覓什一之利如陶白二子則爲良賈矣若翠館烟花秦樓風月宜禁戒之家室平安毋慮遠念便風附報以慰吾心

○子外奉父書

光陰迅速瞬秋復秋別親膝下倏忽一載瞻依

主簿　判簿　掌簿
提學　大文宗　大宗師
儒學　掌教　司教
巡檢　巡司　隱德
陰陽　仙術
司牧　牧宰
場官　場宰
署官　署宰
閘官　閘宰
王府長史　王相
紀善　国史
藩府官通稱曰　大藩相
狀元　大殿撰
舉人　大春元　殿撰
貢員　大秋元　解元

典史　蓮幕
郡學　郡傅
武學　掌教
驛丞　驛宰　督動
醫學　大醫
倉官　倉宰　掌粟
庫官　庫宰
河泊　河宰
堤官　堤宰
奉祀　都宗
教官　藩丘
藩相　藩轉藩正
進士　大觀　未觀政　即殿撰
監生　天國學監元
士子　大養元文英

府尹 大府 張邦振 ○ 縣令 大邑 張提控
御史 大京 擢大都 ○ 賓主 大賓 興賓 貢元
知印 掌符 ○ 承差 大承
書辦 筆傳 ○ 儒士 英才
詩士 大詩伯 吟伯 ○ 商賈 大泉伯 肆長
鄉紳 大鄉親 鄉望 ○ 商望 孔方伯
鄉官 大柱石 ○ 官父 大封君
隱者 大待詔 待徵 ○ 顯者 大名望 德望
居喪 大孝 喪父曰前 或至孝 至孝 喪母曰次
星士 洞微 玄機 ○ 醫士 大國醫
木匠 工師 班師 ○ 已上每用大字平交皆待生
命婦 郡君 縣君 ○ 婦女 夫人 恭人
和尚 禪師 上人 監院 首座
僧官 總攝 總統 僧錄 僧判 僧綱
道士 真人 高士 法師 鍊師 羽師
道官 大師使 道錄 道判 道正

○稱人品

受業 先生 師傅 ○ 門客 西席 西賓
主人 東君 東家 ○ 門生 青君 美莊
朋友 金蘭 君卿 ○ 父執 父載
同年 同庚 ○ 同科 年兄 年弟
老人 長者 ○ 賢人 明哲
學生 高徒 ○ 詩人 才手
老婦 老嫗 ○ 賢女 貞女 烈女
寡婦 孀君 節婦 ○ 媒妁 冰人 柯人

○稱武職

都督 都府 帥府 ○ 指揮 揮使
總兵 典兵者 總戎 ○ 鎮守 鎮臺
同知 揮同 ○ 僉事 揮僉
千户 户侯 千兵 ○ 百户 户侯

二人天涯阻隔今□前漂泊江湖遠違色養旁雖萬狀利養什一固足以慰不肖遠涉之懷亦足以慰父母家延之望也銜竭鳶断尺素難傳未審家中大小安否及家務用度何如不能不係于念諒有大人綜理自有調度今因人便附報平安餘俟抵家面懇不既

○父外寄子書

自起程後在旅寓朝夕惟懷家中大小未卜安否切如饑渴我幸天佑身躰如常不須遠慮汝理家事切莫懶散須勤謹提督耕治田畝稽管門户勿以我不在家視為泛常其親交往來禮數務要斟酌輕重不可苟簡怠慢此皆子職所當自盡也母親宜竭力奉養不可恃頑流于不孝倘有不雅事情得聞回日斷不輕恕歸期未卜便中一字先知不盡

○子家奉父書

自別親顏屢移歲月此心瞻望朝夕神馳未審大人在外安否極目益切切也承發命理家夙興夜寐罔敢荒廢家中大小幸安度日不須懸念况大人遠涉湖海跋歷艱辛無非為子孫貽燕之計子安敢不以父之心為心哉倘貨物發盡帳目收完望回家勿俟隆冬沍寒水陸不便今因人便特脩問安二字遠附餘情難盡

○弟外奉兄書

自離剃度不聆誨音心恒怏怏幸承訓箋披閱如面則所叮嚀告戒無非中養不中才養不才

衛所 諸衛 ○ 錦衣 禁衛
將軍 虎士 鼎子 ○ 將子 將種
○稱同年 自稱忝親 忝契 眷末 眷下 忝眷 交末
年兄 庚兄 年契 庚契 庚翁

○稱朋友

賢友 親友 同志 同袍 契兄
至契 尊契 仁契 賢契

○稱人書簡

尊翰 華翰 采翰 雲翰 瑤翰
琅翰 珍翰 ○自稱曰
尺素 尺紙 尺楮 片楮 寸楮

○雜用稱答 録之以答愚俗非斈者之所用也

都邑 貴郡 貴縣 ○ 自答 敝郡 敝縣
宅舍 盛宅 潭府 ○ 自答 寒舍 寒家
齋舍 盛齋 盛館 ○ 自答 敝齋 小齋
庄園 盛庄 名園 ○ 自答 敝庄 小園
客舍 行館 行寓 ○ 自答 敝寓 小店
寺觀 盛刹 宝觀 ○ 自答 山寺 野觀
他鄉 貴鄉 貴處 ○ 自答 敝處 賤處
店坊 寶肆 ○ 自答 小店
房屋 大廈 華廈 ○ 自答 蝸居 敝廬
僧房 方丈 方室 ○ 墳墓 佳城
造棺 壽器 ○ 稱謝 肯綮
自答 賤恙 ○ 拜人 敬拜 奉拜
自答 多承下顧 ○ 多言 饒舌 便言
多疑 狐疑 猶豫 ○ 羞愧 厚顔
名者 久欽香名 ○ [illegible]

○稱賀謝問答

賀歸 榮歸 晝錦 ○ 拜家慶
賀□ [illegible] 令旦

之語使愚弟樂有賢父兄也敢不奮迅激昂耳于暴棄哉因人回便敬此以復

○兄外與弟書 長上與卑下皆書排行 東萊

小三弟七四弟近收書欣聞侍奉多勝出仕之久年還縣下當甚可樂免於事役而就閑暇讀書亦當有味也每思往年相聚時為學既有未有工夫而世事多未諳歷所講者多未當理五六年來方自漸知蹊徑念欲復款曲商確而不可得徒慨然也夫凡人資質各有利鈍規模有大小此難以一律齊要須當不失故家氣味所何者正所存者實信其所當信耻其所當耻持身謙遜而不敢虚驕遇事審細而不敢容易則雖所到或遠或近要是君子路上也小三弟所談讀書作數太多今當看一經一史為常課而以詩文之類為餘課乃是耳相見之日尚遠故縷縷以代面言他惟力學自愛

○又

承上接下最是親切工夫呂與叔所謂嚴而不離寬而有閑此兩句殊有味大抵範一書須當置几案時時觀省所補不小也持養之久則氣漸和氣和則溫裕婉順望之者意消忿解而無招咈取怒之患矣躰察之久則理漸明理明則諷導詳款聽之者心諭慮移而無起爭見卻之患矣更須參觀物理深察人情躰之以身揆之以時則無偏蔽之失也

○又

文定　設帨今旦
[?]　宗請佗儺
[?]　眞納[?]龍
作子　弄璋掌珠
[?]　締姻結璃
[?]　華房落成
[?]　承相餞
餞行　家荷飲
[?]　仰勤嘗接
[?]　荷蒙推轂
見責　鄙荷無讓

有客　戒降初度
有答　叨食喜
[?]　得遂采陳
回文　弄瓦
[?]　喬遷
相訪　仰辱左顧
[?]　承茶
[?]　仰勤下榻
[?]　重蒙投轄
觀[?]　辱賜誨言
回[?]　伏蒙賜騎

○雜用

丧子　丧明之憂
久別　久闊調
同行　不附驥尾

出喪　何日發引
相會　邂逅
不遇　失迎迓

大凡親戚或有未中節正當勸誠規勸不可責望心若胸中有一毫責望□辭色之間必有不可掩而昕人者矣此尤是緊切用功處

○與二弟書　荊川

行者居者形跡各別然道理無二致也日用工夫無二致也汝兄在山中若不能謝道世緣澄徹此心或止遊山翫水矣做度日是以有限日力作却無益虛擲即與在家何異汝在家若能忍節嗜慾痛刻俗情振起十數年懶氣苦將精神歸併一路使讀書務為心術則山中何異哉哉々各々努力若常只見人過不見過此學者切骨病痛亦學者公共病痛此後讀書做人雖苦切檢點自家病痛蓋所惡於人許多病痛

不允　恕方命
受物　拜嘉
送行　臨敬
改文　乞賜斧正
感人恩遇　銘刻不忘
謝罪　荅當負荊
兄弟不睦　閱墻之變

蒙許　謝金諾
無報　愧乏瓊瑤
賀客　乞為包荒
[?]　望斧玉跳
[?]　在陳之厄
和事　感承釋解
夫婦不睦　反目

○文物問答

文章　斐然才
有客　寫小詞
詩經　葩經
春秋　麟經
[?]　授筆
作文　發源
硯曰　端石

有答　拙作
[?]　華翰
書經　壁經
禮記　禮經
手卷　牙籤
筆曰　管城子
墨曰　陳玄墨精

詩詞　佳句
寫字　妙筆
易經　羲經
婚書　鴛牒
丹畫　丹青
紙曰　楮先生

若真知反身則色々有之也

○與從弟書　虞翻

省衛議我以養鶴乃戒以衛懿滅亡之禍斯言亂矣吾未之取衛懿之好民無役事之載鶴有乘軒之儀禍敗之由由乎失所若乃開闐之於於靈囿沃沚矩乎神詔文魚躍於仃水素鳥翔乎神淵豈非周公之德大雅所脩哉夫嘉肴旨酒非不美也夏禹惑以陶宜殷紂時以玉盃而此聖以與彼愚以滅蓋置之失所如其無失來難可施乎

○叔與姪書　范文正公

京師交游慎於高議不同當言之地且溫習文字清心潔行以自樹立平生之稱當見大節不

○衣冠

朝服　公服
常衣　常服
[?]　微服
[?]　烏紗
[?]　峩冠
荷包　香囊
紵布　綢絲

綉衣　綵服
綵衣　綺羅
征衣　戰袍
[?]　貂對
儒冠　進賢
素服　素帛

織文　錦袍
紗衣　輕衣
[?]　藍裝
[?]　鑾[?]冠
手帕　香羅
花段　錦段

○飲食

飯曰　雲子
麵曰　玉塵
白酒　玉液
蔬菜　宿根
卵曰　春覓
海味　鹹醬

米曰　玉粒
茶曰　黃金芽
醋曰　聚蚋
葱曰　白頭翁
膾曰　玉縷
豬首　豚元

麥曰　夏登
酒曰　魯醞
鹽曰　海沙
餅曰　玉拳
鱔曰　海鮮
豬腳　豚肩

公[?]論曲直取小名招大悔矣京師少往還凡見利者便須思患老夫屢經風波惟能忍窮故[?]免禍

○又

三郎官人昨得書知在官平善此中亦如常只是純佑公改付未全安汝守官處小心不得欺事與同官和睦多禮有事只與同官議莫與公人商量莫縱鄉親來部下興販自家且一向清心做官莫營私利汝看老叔自來如何還曾營私否自家好家門各為好事以光祖宗頻寄書來言彼動息將息不具叔押報十五日新婦孩兒各安好十叔房下如何弟兄還漸識好惡否

魚曰　江鱗
雞曰　德禽
鵝曰　家鴈
鴨曰　家鶩舒鳧

○飛禽

鴈　來賓
鸚鵡　[?]錦羽
鴉　孝鳥
[?]　寒臯
鴛鴦　文禽

雉　朱鳥
鴿　飛奴
鵲　靈鵲
鷗　海翁
翡翠　翠羽

百舌　報春
[?]　錦翼
雀　嘉賓
鷺　霜衣
[?]　綉毛

○走獸

麒麟　聖瑞
貓　狸奴
熊　[?]
狼　滄浪君
老馬　識途
羊　柔毛

獅子　獸王
駱駝　山精
兔　望月
虎　山君
馬　良驥
豬　剛鬣

象　白牙
豹　霧隱
野[?]　蒼兕
鹿　班毛
牛　大牢
犬　逐兎

○姪寄叔書

自叔父離家往京日某尚齠髫今忝受成人之責僭指來歷十八九載矣想像儀容極切覃懷但自京來者不憚遠涉亦奔走往問知叔父貴體清嘉甚喜慰而家中少長相將瞻日惟朝夕引領叔父回鄉不啻大旱之望雲霓也今因人行敬脩寸楮并土儀附貢表敬問安之誠惟冀保重德躬尚乞寧家風鴐旋車以慰人懸望是幸也

○姪寄伯書

自拜違之後倏爾經歲忝以関河脩阻而家音絕乎所聞未審尊伯合家大小安否心切饑渴忝祖宗默佑苟延歲月不須遠慮但負責大抵

猫　御庫象牙

○花木

[illegible]州御苗袍　芍藥金帶圍　桃花錦浪

[illegible]煎蓉　[illegible]花仙　[illegible]花遲色

[illegible]一枝香　蘭花國香　[illegible]錦衣

[illegible]忘憂　[illegible]第一香　[illegible]推霸

[illegible]合英　蓮花淨友　[illegible]剪絳綃

[illegible]天香　[illegible]雪珠　[illegible]花柬園

[illegible]香紅錦　菊花隱逸　[illegible]花乘霞

[illegible]花寶藥

○果品

[illegible]驪珠　荔枝絳囊　柿子紫囊

核桃胡桃　白果銀杏　栗子員栗

[illegible]鳥乳　櫻桃珠櫻　金橘洞庭霜

橘子金囊　梅子聖僧　楊梅加實

枇杷金丸　石榴瑪瑙　蓮子菩提珠

[illegible]青蓋　雪梨冰團　蓮藕青棠

檳榔玉液　[illegible]玉蘭班　[illegible]桑實

椰子矮胡　[illegible]葵　[illegible]草髮

[illegible]通神　西瓜綠衣使　木瓜[illegible]

茄子落酥　蔓菁諸葛菜　芋子光武宝

筍　犢角玉版

時常請召小柬活套

○即日套

即日　即時　即辰　即旦　晝午

即叙　明午　来午　即晚　明晚

晚刻　詰早　明早　来早　早刻

即刻

[illegible]陳設套

着於收拾方知利息多寡今雖卜之而歸途諒在隆冬今因鴻便先脩數字以代問安餘不悉

○伯寄姪書

曾送我姪登程之後已經二曆雖然音問往来而忡忡之心豈能怡哉且男女老少縈愛予爾饔不廢寢忘食若一回書信抵家勝值萬金則萬種愁情庶减一二今因人便專茲來諭可作急收拾回家不必留恋江湖蹉跎歲月使彼此悠思了無紀極况我白雪盈頭安能一一抵當門户惟亮之

○弟奉兄書

弟拜違手足每起鴒原之嘆昔日同遊而共樂豈今異域而殊鄉所以思慕之心拳拳不忘也惟願　行藏叶吉動止安康和睦親族天倫攸叙此弟之素望於兄者願留意焉弟侍兄之日未卜拜奉素書以表問安之敬伏乞倍加調護以膺福祉不具

○又

自違藥石之誨幾聽花柳之新伺候既疎懷人惟切未審高堂椿萱暨昆季大小安否拳拳仰心無日不在於左右也弟雖守法公門弗獲瞬息閒暇所恨者徒忠以事官而不能者以事親[illegible]以敬兄苟延人世罪負滔天使後來身有寸進猶之可也或中道失錯正所畫虎不成反類狗者也然亦顧其天命何如耳今因人行敬此天素以代問安餘情尚冀　尊照不備

聊陳　敬陳　謹陳　寅陳　聊具

敬具　謹具　寅具　敬設　聊設

謹備　寅備　聊備　敬潔　薄具

輕具　薄陳　敬備　特備　特陳

○觴酌套

觴酌　小酌　薄酌　菜酌　豆觴

小觴　一觴　清樽　芳樽　茶樽

草酌　杯茗　非酌　清酌　椒觴

一樽　新正春酌春酒　端午蒲觴　七夕[illegible]

中秋[illegible]酌　重陽[illegible]酌　除夕[illegible]觴　社日[illegible]酌

○奉扳套

奉扳　敢扳　敬扳　奉屈　敢屈

敬屈　奉邀　敢邀　敬邀　奉迓

敢迓　敬迓　特迓　特請　敬請

敢勞　敢煩　敢拉　仰屈　扳請

○高軒套

高軒　高車　高駕　尊駕　玉趾

玉步　大駕　車駕　文旌　文旆

文輿　文駕　文車　命駕　鄰駕

御騎　華軒　大德　碩德　貴步

麟趾　龍步　華裾　行旆　文賓

大賓　旌旆　車從　騎從　葱裾

○過叙套

過叙　清叙　少叙　一叙　奉叙

少款　抵舍　過舍　抵寓　抵齋

過廬　過会　過話　過寓　過齋

○伏冀套

伏冀　惟冀　伏乞　伏蒙　伏願

伏祈　惟願　万望　萬乞　萬冀

切願　得沐　得蒙　幸乞　幸蒙

○兄與弟書　在外寄

自別後朝思暮想不知家中大小安否心極憫然湖海漂泊豈其得也弟以家道未成故也凡諸巨細務令內外各供乃職男勤耕而女勤織切莫與交頭接耳遊手好閒莫為人所笑也但事親當孝小當以慈婢僕當教代子姪當嚴訓門户當謹檢粮差當先輸賓客當豐待鄰里當和睦親故莫疎淑朋友當善交處家宜勤儉此則吾門之大幸而千里外之所深囑者也其于買賣之事惟我在焉不必掛慮只此宜念諸

○夫與妻書　奉寄

不能養志當給群使隨俗順時俺勉當去知所苦故耳未有瘳損想念悒悒勞心無已當涉遠路越走風塵非志所甚慘慘少樂又計往返將彌時節念發同然意有遲遲欲暫相見有所屬記今遣車往想必自力

○妻與夫書

知屈珪璋應奉歲使策名王府觀國之光雖無高素鴻然之業亦是仲尼執鞭之操也自初承問心願東还遲疾惟宜抱嘆而已日月盡行有半側想[illegible]裝已辦發在近誰謂未遠企予望之室邇人遐我勞如何深谷逶迤而君是涉高山岩岩而君是越斯亦難矣長途悠悠而君是践冰霜慘冽而君是履身非形影何得動而輒俱躰非比目何得同而不離于是詠萱草之喻以消兩家之恩割今者之恨以待將來之歡今適

如蒙　萬祈　仰祈　願祈　幸沐

○惠然答

悲然　憮然　幸然　笑然　榮然

俯賜　欣然　肯然　下逮　過訪

○臨降答

賜降　光降　光臨　貴臨　降臨

既臨　俯臨　清顧　光顧　惠顧

枉顧　光賁　惠臨　光榮　下降

下臨　光照　光訪　肯臨　肯顧

○御拒答

勿御　不御　勿外　不外　勿拒

毋拒　他拒　見外　見拒　他辭

他外　他御　見辭　不近　見御

○榮幸答

榮幸　萬幸　欣幸　是幸　為幸

樂乜便游京邑觀王都之壯麗窮天下之奇觀得無目眩意移往而不能出耶

○夫寄妻書　通用

自別之後日月如梭不覺許久矣每念賢妻之情帶帶于心未嘗有置也遠想賢妻在家必勤家業顧盼男女和睦親族守貞婦道必不使我念慮也吾身處千里兩地相想如河漢之在天可望而不可仰也竊謂夫婦之道乃五倫之常吾不能全夫婦之義也抛妻棄子離鄉別井僻居一方鬱鬱于懷未知何日得遂其情惟望賢妻早晚奉事舅姑允諧妯娌嘗有書至未知到否家音望寄以慰彼此可也歸期的於冬末歸省效舉案之樂茲聞便中謹此以表結髮之情

幸甚　幸孔　幸万　欣躍　欣榮

為榮　是荷　是禱　是感　是祈

是望　忻忭　忻喜　為愛　為感

為諾　為感　幸幸　為喜　為禱

○十一套請召帖式

詰旦敬陳疏酌奉扳　尊駕少敘惟冀概然枉顧勿卻方幸

答不赴　○茲辱寵招荷愛尤篤適拘俗冗趨侍未遑方命罪深總祈原宥

○九套請召帖式

翼午敬潔一觴敢屈　高車過舍幸賜賁臨是感

答不赴　○適承佳召礼宜趨赴奈為他務所羈遂違方命宥感感

○明午請人六帖套

伏惟　心照不宣

○妻寄夫書

自君離別之後于今寒暑已更矣每遇雲行雲歸之時未嘗不陟高岡而望之思采卷耳不盈傾筐嘗記臨岐至囑之言夢寐豈敢忘乎舅姑在堂朝夕奉養自愧不能如崔家之孝婦兒幼在家早晚訓誨實慚不克似孟軻之賢母今夫子在外恨不能如姜女送衣之懇勤薄情鬱鬱嗟我懷人莫之一遂其願何如伏望我郎早整歸鞭以遂夫婦齊眉之樂毋忘白頭之吟實妾之願也今因鱗便敬附尺素以申微悃伏乞庶照不宣

○與親情書　唐駱丞

明午流酌敢扳　過舍光賁為榮

答不赴　○伏蒙華翰見招奈絆他務有辜盛愛勿罪為尚

明晚請人四帖套

明晚一敘勿外幸孔　其他請人帖套倣此

答不赴　○伏蒙尊召敢不趨赴專此拜伏餘容面謝不宣

完親請人　○茂聯王樹藉庇弘多有酒縹紅薄謹治其再拜以請拱候惠然

回　○文定厥祥天作之合未遑展先辱寵呼當趨坐隅以承雅意

完親請媒　○顧我豚兒獲姻望族非叨冰語曷遂加盟草酌聊酬揮鞭是幸

回　○問緣月老前定之祥碌碌言輕因人成事過賞維召趨領高情

風塵一殊山河萬里或出仕未果或登宦界每存殁叙寒吉凶俱絕無由聚談每積後京近經之官佐任海畔便還故里與叔宗明遊有所懷未能如願不意遠方折簡屢達遼諭維末叙言題了彼面晚妄參贅並相履宜　某　初至鄉閭言尋舊交者牟者化為異物少壯者咸為老翁山川不改舊時佳麗多為陳迹感今懷古撫存悼亡不覺涕淚之無從也詢問子姓彼亦凋零未言傷情增以悲慟雖死生之分同書此途而存亡之情豈能無根終期展接以申闊情取此月廿日極桐成禮事過之後始可得行祗叙尚盼傾係何極各頓珍衛遂無所諮

○與岳父書

新娶請人　○為養蘋蘩聊爾婚姻不腆殽核敢扳佑珮藉酒為絆揚鞭是祈

回　○喜溯蘭房光生花燭未遑申賀先辱寵招趨侍賓筵抗顏以赴

子娶請人　○子偕聊完幸身釋累酒漿是議肅使奉邀冀賜惠然光增花燭

回　○有子克家及時受室未遑買賀先辱寵招當侍賓筵觀光花燭

生子請人　○累重添丁敢云事足會開湯餅謹碗瓊啼竹賜臨豕愛誠豫矣

回　○瑞氣充閭庆生人夢幸璋未傷湯餅先招雅命敢辭撫顏趨赴

生孫請人　○子舍添孫瓜瓞有兆老懷覺釋酌酒奉邀幸賜光臨不勝光籍

回　○蘭芽呈秀孫枝挺秀慶有徵信

久不聆教音仰德殊甚所恨者屢感漂泊湖海不能朝夕侍側徒負半子之名何足道哉每有人到詢及貴體寧喜慰慰　某　在旅邸為利所關其於風晨月夕之際每思利名牽絆何日得脫況往來水陸無限關心安有片時樂意於胸中哉家中子女乞煩過訪回日扣謝今因人便敬修數字先附問安餘情伏惟　尊照

○與母舅書

別後時序如流歲星更始企仰門牆實勞夢寐恭惟　舅氏大人泊諸賢弟安否憂心如醉　某湖海傳時不須掛懷詩蝸毛利小名不得已踐涉之勞茲當在堂家以府日不離母氏之事而甥亦感恩萬萬謹此遠祝惟冀存珍

非酒[illegible]深依親借聽借觀

冠禮請人 ○小子有年三加做義如賓儀則所賜詞言其愧坐邀尚祈惠肯

回 ○吾君有子頭角峥嵘首服爰加成人此備辱招推命敢不趨承

除生請人 ○碌碌浮生一年一度光陰易過德業未脩藉酒論心聊樽以符

回 ○初誕令辰日新德業獻斤未及詣席光寵感刻無涯厚顏趨赴

父壽請人 ○嚴君初度敬祝九觴邀我親朋同登壽域降臨蝸舍共慶花鶴車

回 ○庭闈瑞藹逢父粹生祈舉壽觴且班綵服人間至樂敢不拜膽

母壽請人 ○北堂老母喜値生辰隨分伸情鷄黍為枕敬投親族一顧為榮

回 ○婺宿光芒北幃高照荣邀進賀先辱寵招拜手登堂禮領華宴

建屋請人 ○具合數椽訂垂燕翼落成此言敬潔一樽願借德星來光新室

回 ○曷新甲第大展經綸承召觀光於時慶旅欲伸燕賀敢不鳧趨

起墳請人 ○杯土初封寸心少慰誰情家貿一酌敬酬聊表衷悃毋吝賁趾

回 ○告地神司善人天相喜君协應情事獲伸拱候台階不遑辭召

商歸請人 ○利鎖難縻江湖遠涉親情間阻草酌邀談聊趾為祈引領以俟

回 ○腰纏十萬千里榮歸未及灑塵先家館召開樽良慰不俟駕行

[illegible] ○商途得意滿載榮歸會酒三盃行洗塵接俗餚器以俟左顧幸多

回 ○歸來滿索寸意之將重愛辱招令人增報對使姑謝領誨如期

新正請人 ○鳳曆頒新桃符換旧天時人事今又更端斗酒叙隣洗年以待

回 ○鄉容餞臘梅信傳香頌獻椒花杯浮栢葉既先召命敢後承顏

元宵請人 ○院落笙歌臺燈月喜觴宴笑共慶鰲山草酌聊談清輝敬挹

回 ○千金一刻半璘百年適辱先招飛星馳報設催玉漏攜月信來

端午請人 ○畫鼓鳴鼍楚鄉旧俗王杯浮蚁越調新詞痛飲此時離騷忘慨

回 ○角黍包金蒲觴切玉政愧無聊忽蒙先召少刻即當趨赴以聽使役何如

中秋請人 ○六合无塵一輪金滿此心真鉢對景益明北坐消團幸杯暢飲

回 ○明月當空君雲在手辱招綺席示我德言顯耀光輝開暗塞

重陽請人 ○重頭酒熟雛籬落花開紗帽風吹當登有登高願共佇候開樽

回 ○秋氣當菊陶與猶存籬下清樽敢人辱召趨當趨侍不負良辰

[illegible]小柬活套

謹具　聊具　寅具　敬具

特具　謹陳　聊陳　寅陳　敬陳

[illegible]　謹脩　聊脩　寅脩　特脩

特[illegible]　謹貢

[illegible]不腆　微儀　芹儀　薄儀

○與外兄書

不睽金石之言復覩星霜之變久疎問候益切懷衰近來人道尊親治家巨細事皆經手吾恐食少事煩無乃不可况人生塵世如白駒過隙何必汲汲區區進聽其自然林泉風月可娛琴書只案可列白酒黃雞可味妻孥可樂山樵水魚此數者足以為歡翁輩驅馳碌碌如昔正所謂天地間不肖人也謹奉手札起居不一

○外弟與姊夫書

某弗見德容幾何矣渴仰之私時在左右想文候動履多福為慰某在旅邸為利所牵其于風前月下時愁懷無可遣也舉目天涯關心梓里安有片時暢情于胸臆哉家下敢煩過訪使双親懷內子之心亦得外子而少慰也便中敬字問安餘容回日面陳不一

○奉姨夫書

何自華君拜別之後荏苒逾年矣仰德之心又豈不使人有暮雲春樹之思樽酒論文之慕哉辰下春和諒惟親候四時清泰百事順為田蚕樂業福祉倍加為慰念區區在家淡蒙欵待臨行又蒙厚贈此情此意不能忘也良會未期裁脩尺素以代問安之敬尚與　善加調護以膺景福不具

○師與弟子書

有解惟之後每憶諸友在門之時過承推尊弟無道以相傳不知能有一字之益於賢輩否也臨行時又重承厚儀感佩曷勝自行束脩未嘗無誨豈必專處其厚而不從其薄哉在貧賤不失其降師之心而生則不可以是而望於人也多致意於東館主人雖然人惟其情不惟其物嗣是果能以心照亮之以學加勉之此則區區所望賢輩之至意也

○弟子奉師書

某親炙門下有日矣感蒙德教之深情愛之厚奚啻春風之長育化雨之相視誠非泛泛者之可比論始信義則師生恩同父子惟於先生足以追配古人矣生篆刻肝腸雖以云論啣環之報矣在他日但愧駑駘之材不足鞭策有負先生之教而不敢自畫也百尺竿頭擬進一步尚期以負先生之望矣茲因風便盟手拜緘敬候問安之忱外奉微儀聊伸遠意仰冀　尊照不具

○寄友人張文山書

伏自遠道乾餱經再春翹目台光豈任眷恋緬維年丈文章華国經綸贊天若某雖叨榜末久滯下僚白首為郎僅得黃金橫帶緋衣蔽體不免亦面仰人顏影自憐拊膺增慨雖業脩本敢傾廢而歸興日奮其長是以良晤難期眷懷惟永而已茲因風便敬託尺素奉候興居葵衣既新珍攝是祷

○訪友不遇見寄

奉違不意春旋新恨重重已盈愁懷又未審老胸次無何清朗日欲叩庭階聞有彩彩

菲禮　薄禮　賀儀　俗儀
〔謝送禮物〕
小伸（此不入小）　仰伸　聊伸　用伸
聊表　菲表　略表　敬表　庶表
聊旌　潤酬　聊旌　少旌　奉旌
致效　少充　用充　少效　聊充
用酬　小酬　奉酬　略酬　小盡
〔引敬套〕（用此則不用聊伸套）　引敬　質敬
芹曝　獻敬　獻意　下忱　微忱
寸忱　卑忱　微意　鄙意　芹意
寸意　卑意　薄意　寓意　賤意
寸褒　節敬
〔伏乞套〕伏乞　萬乞　幸乞　伏冀
惟冀　幸冀　萬冀　千冀　切冀
仰冀　伏希　統希　伏祈　幸為
懇為　得沐　伏願　伏望　幸賜
幸惟　願為　願垂　惟希　萬望
〔笑留套〕笑留　莞留　哂留　叱留
笑納　叱納　鑒納　莞納　叱入
照入　麾入　檢入　鑒入　哂收
鑒收　俯收　笑納　照納　俱納
海納　海容　總納　洞鑒　照鑒
笑納　哂存　台鑒　照亮　賜覽
賜答　目照　目覽　賜目〇拜受
拜領　敬領　祇領　拜加　拜存
拜入　拜登　拜珍　謹領
〔勿卻套〕勿卻、不拒　勿拒　弗郤
勿麾　勿光　毋拒　不郤　不叱
不麾　無任　不勝　不任　不罄
〔是荷套〕（与請召帖齊套通用）　是荷　是幸

君子在當田趨而弟果徒惟悵惘茲因來价小啓
私衷惟貺照亮

〇與朋友論文

某不肖荷蒙吾兄惓惓教愛不啻弟昆比來一別逾爾隔歲仰念何如兄去秋入試某以有百戰百克之術必策殊勳間與朋友人論吾儕之必捷者惟惟以兄為稽首不為兄竟失利大用驚愕天下事竟非人所能計耶某學兄之文如晴日流霞麗景百出而意態圓轉又如明珠走盤汪洋振逸之氣則雖纖騎長驅大江流注未可以擬勢而爭雄即觀之淺夫庸児當辨為希世之宝主司得以文知人者竟爾不識耶可歎第久速自有定時兄豈寸莖縕坱非久居人下願挾精摛華及求吾兄之塋然者充之剛千仞之翔九衢之騁必有不可測者區區之愚適以為兄弘發之基耳萬萬自愛某碌碌小就大不足言然䟽謭末材謬爾有此固已非分矣便間布悃統在心照

〇又論文書

僕嘗謂虎豹之文不得不炳於大羊鸞鳳之音不得不鏘於烏鵲金玉之光不得不炫於瓦石非有意先之適自然也必雀鬼然後為岳必涵天然後為海明堂之棟必挽雲霄驪龍之珠必固深淵　足下以少年氣盛故當以此接為意夸文之粉且未盡其才何遽稱力不能哉幸勉而思進之

是感　感幸　感激　感戢　感佩
忻忭　忻幸　忻慰　幸荷　榮幸
已上八套出式餽送
啓札紙式用伸賀敬幸乞莞留勿拒是荷
〔禮儀套〕（用此則不用緞儀套）　羔酒（即羊）　豕酒（即猪）
羽酒（即雞鵝類）　羔儀（即羊）　魯酒一尊
小猪一口　羔羊一羫　鮮魚幾尾
草鵝幾掌　小雞幾隻　家鴨幾翼
草鴨幾掌　豚肉幾方　菓品幾筐
角黍（即粽）　團酥幾事　饌盒幾楪
京香幾束　兎毫幾枝　松烟幾笏
其書幾部　綾帕幾方　白金幾錠
尺素一緘　壽軸一幅
〔專人套〕（用此則不用小伻套）　專人　遣人
走价　命僕　命童　走倈　遣倈
命价　命伻　遣伻　遣僕　遣童
〔馳上套〕（用此則不用引敬套）　馳貢　敬貢
馳獻　奉獻　敬獻　馳賀　奉賀
馳上　奉上　貢上　納上　貢獻
貢上　敬上　浼瀆　芹獻　浼獻
備上　備獻　獻上　聊以效芹
譾盒區區　聊實左右　率易拜獻
〔再上套〕再上　再獻　再貢　再馳
再奉　再申　再納　續上　續獻
續奉　續呈　重上　重獻　重奉
重納　重貢
〔不受套〕返璧　完璧　歸璧　歸趙
返趙　附返　附歸　附還　附上
附回　返納　回納　璧納　拜納
無所報受　受之無名　實難拜領

〔婚姻類〕〇托外翁

婚先媒妁誼篤本源纏為接高玉樹依恭於玉潤柯承任大冰言托重於冰清

〇托母舅

渭陽誼重宅相親隆惟舅甥之間為肺腑之至戚則甥依之下自心氣之相投

〇托兩姨

誼屬連襟姻資引線大喬作小喬之伐東風祈借便於周郎新好聯舊好之親北斗覬望光於韓父

〇托表兄弟

姻屬天緣事資眷庇緬惟執事為中表兄弟之親仰仗甄陶締東西秦晋之好

〇托斯文

經綸康濟之猷佇覩大行於邦国參贊舟成之化先期小試於家庭寅賁無擬拜干柯任贊襄

〇托兄

震暘上器姻誼司權男望女家惟大蘇能叶小蘇之議氣求聲應則伯氏自孚仲氏之心

〇托弟

仲奕親隆季考德美緣諧道韞仰東山叔父之親庇伏宣尼祈南容兄子之妻

〇托叔

仰德晋隆徽婚齊大隲林日求與弘數照亮之光謝砌風高祈廣沛吸噓之澤

〇托姪

不敢祗受　僕以拜納　例不敢受
（識時節套）作者　前日　昇日　他時
中時　瞬息　俞忽　日者　外日
彼日　昇時　月外　轉眄　倏忽
鄉者　曩日　他日　嚮時　信宿
其眼　田肸
（伊人套）若人　其人　吾人　吾儕
伊誰　夫君　此曹　斯人　渠人
彼人　吾徒　阿誰　之子　渠儂
（回敘套）侑儂　伴儂　伴僉　侑僉
侑儕　同儂　同僉　實僉　荅儂
荅儂　實儂　荅僉
（惠賜套）珍貺　厚貺　珍惠　頒賜
頒貺　寵貺　厚惠　寵賜　貽餉
饋　餽　遺　惠　賙　贈　賮　賜

親乎小阮賢協阿宜槐府牽絲祈引郎脉之赤
竹林褒首俾垂阮聆之青
○托尊長
不揣寒微敢扳閥閱雖姻緣為月書默定因由
月老之傳頓眷丈乃天分尊親尤仗天成之賜
○托士夫
大丈夫意氣相期側陋小嫌祈脫略於壺屨包
容之下士君子斯文相與姻緣大義冀申詳於
朱櫻聚首之間
○議姻邀諸托友維持
仗蘭金之契聯葭玉之姻作砥柱於流中賜千
金於片言之下運姻娅於掌上回萬鈞於一挽
之間

（受納套）祗受　拜賜　祗領　拜領
敢不拜嘉　七拜登受　不敢拒卻
謹以拜嘉　拜而受之　當醉醇德
（旋使套）旋使　勞使　謝使　奉使
醉使　勞從　賞從　旋從　謝從
犒從
（串餽送禮儀套式）謹具魯酒一罇羔
羊一羫專人馳　賀伏乞海容不勝萬感
（串答受套式）過家眷蒙寵以多儀祗
領以來慚赧益厚
（串答不受套式）伏蒙珍貺足仞愛存
未敢拜領敬此返璧
（串答減受套式）卻之不恭受之有愧
對使拜領其某物件餘厚禮謹當返璧
顧此申謝不宣

○托斯文
以名家之頌袖為陋室之屏幪一呼而袒左叶
謀坐取安劉之勝兩言而堂上定討行成妥趙
之功
○托尊長
曾将每揆於三至楚從常央於兩言仰眷仁德
望之俱隆家邦攸賴雖令厶心情之猶豫意氣
可乎
○托議聘禮
君子仁人不以浮華是尚大家世族惟取氣味
相投邁古道於赤繩之中超今情於白璧之外
○托媒定聘
鳳卜徽姻深荷嵩言之賜鸞書請命敢祈金諾

（串謝餽送套式）茲具薄禮不恭冒
瀆聊見外誠此專人再　獻伏乞叱
納不勝感之至
○餽送小東
（元宵送禮）燈月交輝一年雖再佰茲
嘉會無貧良宵敢推侑觴時燕一較
（回）九天送月萬戶開燈對此之故人
酉頭酒過良宵奇奇遇拜領陶然
（端午送禮）蒲節送參荊楚遺風隨俗
獻儀聊將節敬仰祈笑納勿呵薄絺
（回）清酒細葷自甘澹薄倘來佳惠
喜慰何如稽首珍嘗如此申謝
（重陽送禮）九節喜逢對花莫助山園
蔬菜敬奉旅陳希賜微忱賜存幸荷
（回）花酒方衰無我為悅樂賞滿徑

之頌專小僕以有興仰大人而即駕乎希首諾
萬冀心涵
○訂盟啓
詩首關雎朱傳明三綱之始禮先昏鵰戴經謹
二姓之交許允千金娟聯百世
○托媒催親
宜家宜室桃夭欲賦新詩善始善終柯伐當緣
舊德爰脩鄙梁仰賴天成
○星期啓
天道立陰陽周易蔽資始資生之義人倫始夫
婦齊詩記侯堂侯著之文故鴈奠之儀欲陳於
旭旦而鴛書之稟當貢於先期
○托斯文作伐啓

笑人知已惠來謝出幸外
（定親送禮）鳳卜開祥魚書締好修緣
二姓定偶百年馳慶非儀仰祈麾須
（回）未解龍吟幸占鳳作曰已庇
局訂嘉盟辱既多儀不勝惶謝
（賀人新娶）二星良夜喜近乘龍燕爾
新婚閑家可卜薄儀將賀不御是祈
（回）剏婦初歸刑于尚歉辱既嘉貺
足仞愛陳感刻不勝如此申謝
（賀人嫁娘）樂諧桂庭惟傳梓里佳兒
佳婦昌熾預占引賀洞房薄儀一筐
（回）老矣迫人甫償兒債方慚見哂
辱賀荷甚祈領豐儀特謝頒賑
（賀人生子）一索得男試啼斯足聞歡
無任喜忭為弄璋物仰其儀漫言致賀

恭惟　耀乘家邦鵾鵬超三千之運　聯芳科
第鵬搏奮九萬之程厶光仰　斗中幸承　風
下震家并學携楝庸材疑垢蘭馨喜孳偕好敬
率脩楮仰仗　主柯量已量人雖懸遊蔦松之
判　與進與紫敢借陰槐棘之光斯文骨肉大
一家幸　無千里以拒人也有道襟懷色四海
頒　擴萬間而庇我焉　欲伐柱之餘斧柄為
作伐　轉調梅之巨手俯賜和調倘蒹葭之微
得依　荣於　玉樹則葵藿之念當效祝於桂
椿結草將恍　仰　荊軫念厶　無任千冒之至
謹啓
○托外翁作伐
恭惟　憲度天寬智水仁山府限界　願懷月

回　為子未能居然生子雖云寬厖
是念無任欣荷家賜有愧謝不當
賀人生日　生申今日喜有幾旬等而
上之輒述末文春月致祝壽入幸多
回　久生無狀浪得虛年一善無聞
何足言賀惠頒恍感再拜領嘉
賀建新居　北宇落成輪奐並美謹貽
堂構光裕備周稱此辞人斯于周祝
回　上築誅茅聊蔽風雨敢云輪奐
准辱祝言尊惠既來不敢不拜
賀人遷居　吉卜新居喬遷華廈光分
鄰燭借重弘多敢冒賀忱仰惟濂鑒
回　擇里處仁幸依德宇志希出谷
敢謂遷喬辱賀殷勤光生蓬蓽
○歸女饋送小柬

要禮門義路養心田某某　間精深識　剃頰
切愚頑仲推恭能登雲窈窕期吟齊傳求宜愛
茲斗膽敢脩霜染之書仰伏　天姿明詮月嫂
之牘女有家男有室竊有志焉草求可功求成
固所願也伏望　明垂便臨　俯賜冰言倘美
陋之家得東光於日照則報稱之念當並戴於
乾元
○托外母作伐
恭惟　秀毓名門　懿德協春融之雅　孝傳
婉教　慈闈聯晝永之光　妾　崔曜馳情爲麻望
幸季頑深慚鶯劣方承孔鯉之趨庭甥爱番協
鶯占欲效梁鴻之受室鶼鶼小鳥期附翅於
倚觀觀細鱗敢揚鬐於鯉沼爰脩准扎仰叩

叢組格升羅奉遠德又復累月此恍已
劇連閨之仰幾姐茲有小意入事
送族段子　近得遠方信物輒以香箸
段子一端倫為令愛閨房之獻輕尠可
笑切希莞留
答謝育段子　伏承尊慈特有表色緞
金成段子為小女之服何以當克下拜
以還宜勝感篆
送賻段子　偶得段子一端單紿一
段老嬸惟練多布裙耳無所用此輒敢
為獻得蒙叱留見幸
答謝段子　伏蒙尊愛特貽錦文米
緞龍何以當克祇領外宜勝愧感
送緞綵梅　不揆花絲一端梅羅一
端各具原欵聊花箱甚富不特此耳聊

惠軒　角出中闈諾訂鸞盟之牘　吉申內閫
祥呈鳳卜之緣因親致親欵雀魼諾中自以德
報　德得兎詎敢忘歸
○頌德套語
瑞　鳳毛麟角將為瑞世之奇王色金聲風著出
塵之表　某　心懈謝勞念切瞻依
商　風月襟懷高邁塵囂之表江湖意趣群收肺
腑之間　某　待兎懈心依鳶彰念
隱　德重家庭廿分彝倫之樂心怡里閈忘情勢
利之榮　某　深愧乎株幸前依柏
老　德年天修分擅一門之尊唯諾人乎言符九
禹之重　某　忝姻自昔叨愛脈今
幼　鳳產丹山預養叫霄之翮駒生渥水行成坐

以寓愚忱之意得叨受留且勝榮耀
答緞織梅羅　那緞梅羅非上產所有
送物且既仰仞愛厚下拜登嘉不勝銘刻
送河北綾段　輒有河北綾一段容易
晚賣小奉半臂之用輕鮮愧甚得辱賁
留幸荷之至
答河北綾段　伏蒙米綾之既殊非散
花之比厚意所臨敢不祗領惟重愧汗
送時樣冠梳　近來京華冠樣其小梳
樣亦別偶小姪生帶得起歸輒以青魚
鮓一頂玳瑁梳一副容易奉塊
答時樣冠梳　伏承領既青魚片鮓玳
瑁與花樣樣時新製造精巧誠非舊樣
之比祗領愧感
○書尾旬朔套

俺之才　某　拭目觀崇竊心仰德
○叙事套語
猥為震頑微姻孫愛雖臨屏射雀愧非中目之
才而愛姪及烏祈賜沃心之語依崇有地感德
如天
鶯虞錫龍鳳卜呈祥吉氣味之攸同敢萌拔附
幸憑依之有在仰仗維持
蔦蘿上倚雖知松栢之維喬瓜葛聯姻或幸雖
對之無下況人倫大誼固君子所慎重焉而天
偶至親右吾今所倚仗也
仙凡迹迥竟遂鳥之難通叔姪親隆幸桃源之
可覓愛顧貌牘仰仗綱維
柯伐巨任冰言固賴於冰翁崇棟聯芳天緣尤

朔越幾日　如初十日則云朔越十日之類　幾朔　三十日
幾望　十四日也　既朔　初二日也　既望　十六日也　望前　說
日　望後　說　日　朔日　即一日　上弦　初八以上
下弦　廿三以后　上浣　即上旬　哉生明　初三日也　始生
明　初二　既明　既生魄　望後　後也　哉生魄　廿六日也
人日　正月七日　朕明　即朔日也
○書尾附空套
慎餘　存敬　左冲　左地　後素
空白　餘地　某又言　某又頓首
○封緘套
己封　拜緘　固封　格封　謹封　敬
緘　拜封　固完　格緘　敬封謹封
未封　謹封　恕封　越緘　之緘
○書尾年月歲舍稱呼
十干　甲　閼逢　乙　旃蒙　丙　柔兆　丁

仗於天性惟家庭唯諾之際荷辱片言則彼此
姻婭之間必成萬幸
○托諸眷
星辰可摘須憑百尺危樓蓬島難通在仗人風
迅楫爰陳小柬仰叩多賢王振金聲折奏大成
之集管唱塤和異聯相應之孚倘承一德之色
遷實切二天之感識
○謝作伐
蔦附嬰枝深籍栽培之力葭聯玉樹實叨援引
之功謹貢菲儀聊申芹意寒家無開閣局面另
作眼着盛德有容蓬襟幸毋心卻
○謝賛襄
屢為推愛荷大人一視之仁屏雀諧緣成小子

旃 戊著雍 己屠維 庚上章
辛重光 壬玄黓 癸昭陽 此乃十天
干所稱之名也竒巧用之
十二支名 子困敦 丑赤奮若 寅攝提格
卯單閼 辰執徐 巳大荒落 午敦牂
未協洽 申涒灘 酉作噩 戌閹茂
亥大淵獻
如甲子歲則云歲次閼逢之治困敦哉
言困敦之事閼逢之類所謂治者以上
臨下之詞所謂事者如臣事君之義故
以此二字以別干在上而支在下也今
書軸者年月歲多用之故録此以俟
好奇古之士又得以啓初學子弟者

三生之幸依松依栢覩上得加親焉采菲采葑
愛中又荷愛矣葵心無限楮面莫罄搃仗色容
不勝翹首

○送滿月啓

長懷為息托在名門富眼憐貧不棄荆釵之賤
新人既舊又看萱荄之更未能忘兒女之　懷
敬當致室家之問相從友睦相看閨堂上之風
加與圓圓願長似天邊之月
回顧我貧家得君愛女稽諸天月惟滿而催明
睠是家人日相親而相熟是或者見桃之福宜
勉於父母之懷厚惠爲來高情泰過既肅登加
之拜重增懷感之慚俗諺有云已不是三朝之
新婦自今以往可無煩屢還於

廿六

十五卷終

新刻天下四民便覽三台萬用正宗卷之十六

婚禮附遺

男家納采告文 維年歲月朔日孝
某某官某敢昭告于皇某親某官封謚
府君皇某親某封某氏某某之子某若
某之某親之子某年已長成未有伉儷
已議娶某官某郡姓名之女今日納采
不勝感愴謹以酒饌用伸虔告謹告

納采女家告廟祝文 維云云某之第幾
女君某親之某之第幾女年漸長成已
許嫁某官某郡姓名之子君某親某今
日納采謹以酒饌用伸祭告謹告

○過聘雜用聯句

化鯉浪方生擬向龍門騰碧漢
迓輪春正暖喜從月窟會嫦娥
舉案締成歡庭院東風飛燕子
登科成小試廣寒夜月會姮娥
蘿蔦附松喜此日雀屏中選
蒹葭倚玉賴他年鳳侶宜家
鸞鳳雙隨百歲綢繆同地久
鴛鴦一對千年繾綣與天長
月老傳言判合鴛鴦山海固
天緣默定結成鸞鳳地天長
納采爲門敬與天孫機上錦
投簪入館煩開銀鹿撤頭紅
寶璿啓陽春今日喜雀屏中選
金繩調玉軫異時會仙子良緣
兔絲生柔要鳳帖　陳寶百日為關秋

四禮門

冠禮

男子年十五至二十皆可冠必父母無期以上
喪始可行之用功未葬亦不可行合用之人 儐 贊
通贊二人引贊二人者主人擇子弟親友嫻于禮者爲之執事者用子弟爲
之合用之亦可 頭須 掠 網巾 大帶 靴子 深衣 幅巾
大身圓領 巫定 絲縧 鞵 ○前期三日主人告于祠堂
主人謂冠者之祖宗家禮冊亦爲家長者不以成人主人再拜四拜四拜贊禮
啓首 出主 前期之禮伏興前期再拜
前 辦 焚香 拔前 主人再拜 士伏興亦前期士
身 復位 叅神 衆拜 鞠躬 拜 興 凡四 平身
主人斟酒 主人執酒注斟酒盞中先正位次附位畢少退立 平遂位神主前 主
婦點茶 主婦執茶瓶斟茶行位前畢當行主人並立 平各正 鞠躬 拜 並兩
興 平身 主婦復位 主人再拜 跪 主人以下
諸 讀祝 跪

祝文 維○○某年歲次某幾月干支朔某日干支
孝以孫某官姓名敢昭告于 顯高祖考某官
府君 無官隨所稱神主 顯高祖妣某封某氏 顯曾祖
考某官府君 顯祖妣某封某氏 顯考某官
府君 顯妣某封某氏某之子某年漸長成將
以某月某日加於其首謹以酒果用伸致 告
謹告 若宗子自冠則云某年漸長成將以某月某日加冠於首 祝畢 俯
伏拜凡興 平身 復前 辭神衆鞠躬拜

奮成致敬於龍門　秦晉今朝締鳳羅
今激紅絲傳佳信　茲憑柯斧之一言
眞試情於好音　永結絲蘿于百世

○聞雞催聯

每日窓中催士子　喔喔鶗鷄稱五德
今朝堂內聘新人　嗈嗈彩鳳聘三從
冠距鏘鏘早報鸞鴦之偶
羽毛整整先呈鸞鳳之祥
五彩成文養在窓中稱五德
三鳴有道將來堂內聘三從
鳳凰于飛行協和鳴之兆
琴瑟在御求言靜好之多

○回聘通用聯句

從此親親合秦晉百年之契
期于世世結朱陳二姓之歡
此時奠雁既堅金石之盟
異日乘龍當溢門闌之喜
采葑不遺下體既承將意之勤
標梅得以及時預卜宜家之慶
授雁奠辭既幸遂松蘿之託
結縭申戒期早奉箕帚之勤

○新婚聯

靈香花深鴛鴦並立　帳前新綰鴛鴦帶
梧桐枝穩鳳凰棲　堂上今開孔雀屏
洞房昨夜春風暖　共結絲蘿山海固
攀桂來秋姓字香　永諧琴瑟地天長
孔雀屏開射中堪誇真手段
鴛鴦枕合和諧還喜好姻緣
花燭交輝結百年載山盟海誓
鳳鸞叶吉諧偕萬年夫唱婦隨

興俯伏平身　焚祝文　奉主入櫝禮畢　退位

戒賓（擇朋友中賢而有禮者一人前期三日主人詣其家請之遂則遣子弟致書）

○書式　某郡某姓再拜奉啓

某官執事（稱呼隨宜）某有子某（或某親之子某）年及成人將以某月某日加冠于其首求所以教之者僉曰以德以齒咸莫吾子宜至日不棄寵臨以惠教之則某之父子感荷無極矣未及躬詣門下尚祈炤亮不宣（若宗子自冠則前去有子某三字後去之父子三字）　某郡某姓再拜（有請書）

○回書　某郡某姓再拜奉復

某官執事（稱呼隨宜）某無似伏承吾子不棄召為冠賓深恐不能其事以病盛禮然嚴命有加敢不勉從至日謹當躬造治報弗虔餘需面既不宣　某郡某姓某再拜奉復

○書式　某上

某官執事（稱呼隨宜）某將以來日加冠於其子（某）執事既許以惠臨矣敢宿

○同式　某復

某官執事（稱呼隨宜）承○命以來日行禮既蒙九宿敢不夙興（某再拜上）陳設（略將冠者席與賓主位次行禮置冠巾衣服於西階之下）○厥明夙興陳冠服（盛之以盤合用之物用案如前陳設）○主人以下序立（若宗子自冠則服如將冠者而就位之位）○賓至主人

今宵合卺燈花燦戶牖之光
此日乘龍喜氣溢門闌之慶
花燭豔洞房永結百年偕鶴筭
詩書勤螢窓還期一舉奪龍標

攔門致語　伏以　天開地闢始有人民女嫁男婚方為夫婦茲値才子小登科之日正當新人大車駕之時朱門深鎖夜迢迢銀燭高燒光炯炯佳三星之在戶喜百輛之盈門佳気雲屯歡聲雷動閑玉關封金鎖小人少佇于階前乘紫鳳驂彩鸞玉女暫停于門外銀河水闊全憑烏鵲填橋蓬島路遥須仗彩雲從駕願見花紅傳信息便歸洞府会神仙

○攔門詩曰

今夜攔門第一重　玉関金鎖不開封
籃輿要入桃源路　莫惜纏頭利市紅
廣寒宮裡降嫦娥　子弟攔門志氣佗
不費胸中詩百首　要求一疋剪春羅
新人簪裡坐徘徊　莫怪朱門又不開
與我天孫機上錦　便教仙伕入蓬萊
牛郎今夜會天孫　吉日良時好合婚
何事媒人無利市　大家攔住不開門
良宵之子喜于歸　正是歡聲合卺時
况值漏催銀箭急　簪門揭起莫教遲
五夜乘鸞昨到時　客和香飯吃些兒
朱唇含入紅羅帳　把個夫君百歲期
熒煌花燭影搖紅　孔雀屏開喜気濃
敬請新人歡下轎　輕移蓮步入堂中
新人一出轎門初　忽覩嬌姿世上無
腳小鞋弓行不動　安排玉女兩邊扶

迎入升堂（行始加再加三加禮乃降階命子）

儀節（贊唱）序立（贊者自門外入告主人）外　賓至（唱）請迎賓（引主人出門外迎賓）賓主相見（賓西主東）揖○平身　主人見贊者○揖○平身　主人揖賓請行（主人舉手讓賓者隨行）升階（主由東階賓由西階三讓而升）（唱）通贊　賓主各就位　主拜賓再拜興平身　冠者拜贊者拜興平身（主人子弟自為贊不必拜）　贊者盥洗（立跪詣由西階升立于房中西向）儐者布席（子擯）布冠者之席　贊者奠櫛（于席左用箭盛櫛子帽中置將冠之左）將冠者出房（南向立）　賓揖將冠者即席　跪（將冠者西向跪）贊者亦即跪　櫛髮（贊者櫛而掠之其爲紒）合紒（贊者起立）始加禮　賓請盥洗所（若宗子自冠賓降階洗主人從之）復位（主揖賓俱復位）執事者進始加服（以盤盛帽子）至階　賓降受（賓降二級）請冠者前　祝辭（賓祝曰）吉月令辰乃申爾服謹爾威儀淑慎爾德眉壽萬年享受胡福（祝畢贊者徹冠者之首以帽子加　賓起復位）冠者興　賓揖冠者適房易服（入房解深衣服員領衣絲縧）冠者出房　賓揖冠者即席　跪（冠者跪）行三加禮　執事者進三加服（以盤盛幞巾餘人平定巾）進　賓降受（三降階三級）詣冠者前　祝辭曰（賓祝）以歲之正以月之令咸加爾服兄弟俱在以成厥德黃耇無疆受天之慶（祝畢贊者徹帽了）跪（跪賓）加巾（以巾加冠者之首）冠興（起賓復位）冠者興　賓揖冠者適房　徹櫛（執事者收櫛筍入房）設醮席（儐者設醮席若裂子仍舊席不用唱此句）冠者出房（行醮禮）　賓揖冠者即席（南向立席右）贊者酌酒（自房中酌酒於盃于）賓受酒　詣醮席　北向祝辭（賓祝曰）旨酒既清嘉薦令芳拜受祭之以定爾祥承天之休

花燭迎即出洞前　澤ㄣ華奏艷神仙藍橋路　此去方諸月老緣

夫婦拜堂致語　切以礼重婚姻茲實人倫之大義當配偶爰思宗祀之承張設清爐燚煌花燭祀供蘋藻肴蔌薦見之儀贄脩棗捧聊講拜堂之礼集珠瓔纓簪之客環金釵玉珥之賓慶會良宵覌光盛事炉爍空鴨已拈沉木之香㳘擁金蓮請下寅君之拜

○鷓鴣天

婚礼今朝講拜堂　誠心今伏玉爐香
神祇上下同昭格　王母王公共降堂
魚得水　鳳求凰　怨ㄣ喜氣藹蘭房
百年夫婦今宵合　夢叶熊羆早弄璋

請新人新郎下拜　拜興礼九四　徹香案

夫婦交拜　切以男遵乾道女順坤仪禮有尊卑拜無先後男先下膝女畧沾裙須相見之如賓效齊眉而到老可無拙句少贊容仪拜仪已畢禮意云週伏願管管奉祀格祖觸以垂恩籌禱麀事舅姑而盡礼閨門雍肅琴瑟和諧夢叶熊羆即見多男之喜吉占鸞鳳永傳百世之昌暫別佳賓退歸香閣

撒帳致語　伏以華筵艷神仙樽俎已嚴于陳設洞房燦花燭琴瑟將遂于和諧綺羅帳裡共慶佳期珠翠叢中洞觀盛禮况今乃唱隨之始適交合巹之初繼祀継宗宜家宜室流蘇帳煖已夢鸞鳳下瑶臺孫羽扇開須信嫦娥近月桂敬陳善頌聊誦餘詞

撒帳東　鴛被添龍氣濃香透綉衾

天之休壽考不忘　冠者再拜興 賓不荅 冠者亦啇受酒 立南向　賓復位 東向荅冠者再拜興 冠者不荅拜是制先生及尊者不用此　贄者薦脯醢 以楪盛脯醢門有房中　冠者進席前跪　祭脯醢 冠者左手執盞右手執脯醢置于席前空地上　祭酒頓酒少許于地上　興　退就席末後席跪　啐酒 少飲酒許　興　贊者受爵徹脯醢　遂復位　冠者拜賓　賓荅再拜興　拜贄者 贄者立于賓左東何少退荅拜　再拜興　賓主俱降階 賓西主東　冠者降階 降自西階少東南何立　賓字冠者　祝辭 賓祝曰　禮儀既備吉月令日昭告尔字爰字孔嘉髦士攸宜宜之于嘏永保受之曰伯某甫 或仲叔季惟所當　冠者對辭　曰某不敏敢不夙夜祗奉　再拜興　冠者拜賓 賓不荅　禮畢 賓揖主人曰　盛禮既成請退 主人揖賓曰　某有薄酒敢禮從者 曰 賓辭　某不敢當 主人請曰 姑少留賓 曰 敢不從命 主人乃揖賓至客次贊從之　賓主對揖 主人乃命執事治具　○主人以冠者見于祠堂

儀節　同前告祠堂但點茶後改讀祝為告辭　進香案前跪曰　某之子某 或某親之子某 宗子自冠明止曰某　今日冠畢敢見　俯伏興　平身　復位　冠者見 立兩階間拜　鞠躬　拜興 凡四　平身 宗子自冠則不用冠者見只立兩階間拜　辭神 衆拜　鞠躬　拜興 凡四　平身　奉主入櫝　禮畢　冠者見于父母尊長 父母堂中南向坐其餘親戚依次序坐冠者四拜父母父母為之起重成人也平時則否 同就有尊長則父領冠者詣其室拜之尊長為之起還就東西序每列皆二拜或請尊長就父母堂中拜亦可宗子自冠有母拜如仪族人宗之者來并於宗子從西向拜其尊長受甲者拜

禮賓　主人以酒饌延賓及儐贊者酬之以幣而拜謝之親朋有來觀礼者待之也　○

儀節　主人至客次迎賓主人先行客從之儐贊以礼生及諸親朋各以序隨至堂階主人以升揖賓請升賓辭讓主人先升自東階就位主賓升自西階贊以下各以序升之　賓

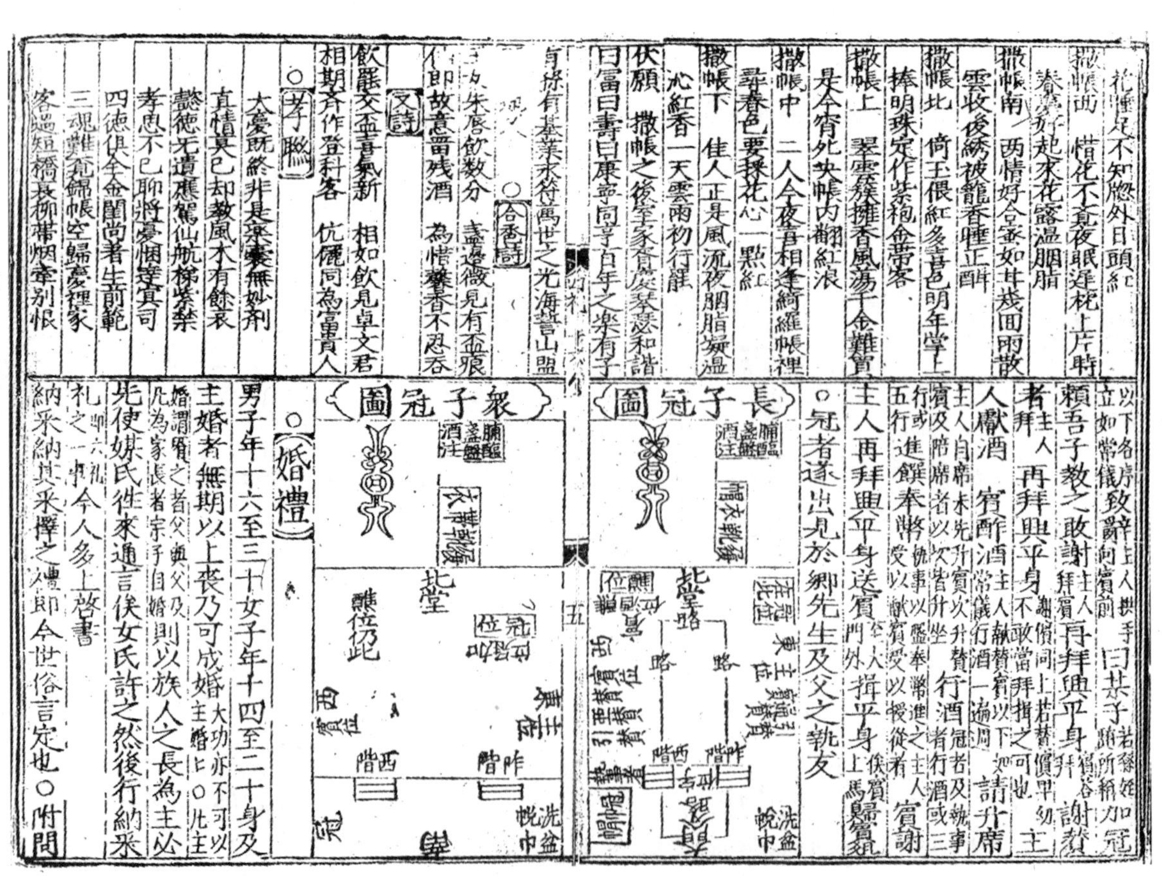

花燭足不知牕外日頭紅

撒帳西　惜花不覓夜眠遅枕上片時春夢好　起來花露濕胭脂

撒帳南　兩情好合衾如井戔面雨散雲收後綉被龍香睡正酣

撒帳北　倚玉偎紅多喜色明年堂上捧明珠定作紫袍金帶客

撒帳上　翠雲簇擁香風蕩千金難買是今宵外央帳內翻紅浪

撒帳中　二人今夜喜相逢綺羅帳裡尋春色要採花心一點紅

撒帳下　佳人正是風流夜胭脂凝温沁紅香一天雲雨初行罷

伏願　撒帳之後至家夜琴瑟和諧日富日壽日康寧同享百年之樂有子有孫有基業永符萬世之光海誓山盟

○合巹詩

玉女朱唇飲數分　盞邊微見有盃痕
仙郎故意留殘酒　為惜馨香不忍吞

○又詩

飲罷交盃喜氣新　相如飲見卓文君
相期齊作登科客　伉儷同為富貴人

○孝聯

大憂既終非是樂衰無妙剤
真情莫已却教風木有餘哀
懿德无遺悲駕仙航棹紫禁
孝思不已聊將憂悃達冥司
四德俱全金閨尚著生前範
三魂難覓錦帳空歸夢裡家
客遠短橋長柳帶烟牽別恨

以下各序立如常儀　致辭 主人拱手向賓前　曰某之子 若孫甥姪隨所稱　加冠賴吾子教之敢謝 主人拜賓　再拜興平身 賓荅拜　謝贄者 主人拜　再拜興平身 不敢當拜揖之可也 謝儐同上 若贊儐卑幼　主人獻酒　賓酢酒 常儀 主人獻贄賓以下如前 行酒一遍　請升席 主人自席末先升賓次升贊賓及陪席者以次皆升坐　行酒 冠者及執事行酒者行酒或三五行　或進饌　奉幣 執事以盤奉幣進之主人受以獻賓賓受以授從者　賓謝　主人再拜興平身　送賓門外 主人揖平身　上馬歸賓 侯賓

○冠者遂出見於鄉先生及父之執友

○婚禮

男子年十六至三十女子年十四至二十身及主婚者無期以上喪乃可成婚 大功亦不可以主婚 ○凡主婚謂冨之者父與父及凡為家長者宗子自婚則以族人之長為主 必先使媒氏往來通言俟女氏許之然後行納采礼之一 即六礼中 今人多上啓書

納采納其采擇之禮 即今世俗言定也　○附問

人[illegible]鏡破殘花墜露泣餘香

生寄死歸幾日光陰如幻夢

魂升魄降一朝富貴似浮塵

賢士相過更無烏帽塵前席

人能脫去只有芳名著口碑

寂寂春歸杏林頓覺花推色

忙忙人去橘井空餘水噴香

三世理明一夜頓亡醫國手

八關通重千年難得活人心

情割離兄臨訣無從傾共語

心懸猶子應言善為折三孤

大志難酬恨無姓字顯金榜

真才不泯空有文章寄玉樓

椿樹凋殘一陽未動秋風慘

菊花已破九日先迎曉露凝

冊桂香飄年少獨孤登第志

青燈花影夜深無覓讀書声

孝子長思恨晚北斗情難已

良人永訣泣對西風淚不乾

迷殘鴛鴦香夢一時驚蝶花

問安無復孤兒幾度候鷄鳴

行失來儀尚留禮樂三遷教

德刑中饋已著家人六二爻

祭文類

子祭父文　傷哉我父素稟無偏胡何蒼蒼以齒其年九百人子以父為天人皆有天吾奚不然孀居我母婦道能全柏舟自誓內外稱賢遺腹我弟僅離母[illegible]年[illegible]千載出傅師甄歲運甲子八月

名[illegible]主人真書主人即主昏者其禮[illegible]

盒或用羊酒

○書式

某郡某官執事 稱呼隨宜 伏承　某郡某姓某啓 不稱親者方議而未成也

尊慈不鄙寒微曲從媒議許以令愛貺室僕之男某或某親之子某茲有先人之禮謹專人納采因以問名敢請令愛為誰氏出及其生年月日將以加諸卜筮伏惟　尊慈俯賜鑒念不宣　是月　日某啓

○回式　某郡某姓某啓復

某郡某官執事 稱呼隨宜 伏承　尊慈不棄寒陋過聽媒氏之言擇僕之第幾女某作配　令似弱息愚蠢又弗能教既辱采擇敢不拜從重蒙問名謹具所出及其生年月日如別幅伏惟尊慈特賜　鑒念不宣　是月　日　某拜復

名帖式　父某　母某氏　女某行幾

某甲子年某月某日某時生

○納吉　過聘新式　四大行格

貫某府之某邑某鄉某都某里某姓名

曾大父某大父某父某母某氏

右本宅小女某名命屬某年某月某日某時

今憑媒議與某都某姓

某親家有子者加俟封翰相閣下令愛為百年偕老者

皇明○○某年歲次　某月某日

忝眷生某姓某名頓首拜啓

[illegible]

我父賢生前積德常獲吉[illegible]敬具[illegible]俎陳列柩前昭告我父萬惟恩慈爾歆既設爾文既宣伏惟采納鑒此衷衷柩前児女淚淚漣漣歌訴衷曲無路通焉惟冀安後永永綿綿昌我雲仍祀典千年嗚呼哀哉伏惟尚饗

子祭母文　嗚呼懿之生也懿德溫良治家御衆勤儉慈祥執婦道而無玷誠婣儀之有方勞閫庭之以禮睦族黨之以常風配君子效比鸞凰育子育孫孜孜不懈正宜享眉壽無疆之奚期遘有不測之殃嗚呼天喪善人孰不悼傷哀吾子女欽報無方痛幽冥之永隔陳薄奠之一觴魂其不昧來格洋洋嗚呼哀哉伏惟尚饗

女祭父文　嗚呼痛哉我父生我我母訓我卑我成人歸我名門匪我玄纁從我雲格奉母訓勞勞辛勤歸寧饋門歲時一仰何父棄我中路而分嗚呼痛哉今而後何以寒溫勸渠繼慈奉問何恩嗚呼痛哉生我之天形臧訓我之天泪竭何天之為天也青蝴使我之盡盡于心也腸裂卮酒一鐏進薦乎千秋之訣我父不昧來鑒乎九原之別

祭母文　嗚呼我母育秀名門四德克循于歸我父早夜辛勤孫蒸孝奉姑嫜溫存孟光比職從姑等倫嗚呼我甲生我如豚犢我如琨教我就學與我鈷文不能與其前髮延寶貴我不偶吞母志

[illegible]

貫[illegible]府[illegible]都[illegible]里

某宮[illegible]尊[illegible]敘首　[illegible]某名端肅書拜

某堂[illegible]尊姻家

伏承

不鄙寒微俯從冰議允以舍弟姪房長次男某名與令姪女為百年偕儷者茲值过聘之期謹具家譜年庚如左物儀另緘

○○一三代曾太父某大父某父某　母某氏

一年庚　某年某月某日某時

大明　年　月　日吉旦　某端肅書上

忝眷生某姓名端肅狀上

某號某姓尊姻家

聘儀

聘書一緘　婁帕一幅

銀燭頭一對　金指鐲一雙　自礼書以下皆一涵付

剛千条毛　王塵家器　金耳環一雙

白金若干　銀指戒二　龍團特菓

右不腆輕微專人馳　貢萬冀

親慈俯垂昭格

皇明　年　月　日　忝眷某端肅謹狀

司成利市　掌判利市

○第一復式

貫某府之某邑某鄉某都某里

忝眷生某某姓某名頓首書復

某堂尊伯侍翁　諭學

某堂某尊姻家　侍右

仰家

不陋過聽媒言上納舍弟姪房長次女某名與令姪孫為百世偕老者茲承締定之來謹具家譜年庚如左回儀再狀

○○一三代曾大父某大父某父某　母某氏

一年庚　某年某月　某日某時

大明　年　月　日吉旦某頓首書復

忝眷生某姓名端肅狀復

某號某姓尊姻家　諭孝侍右

回儀

回書一緘　原護書帕　金圈一雙

銀絲環雙　青絲縧一　皂麂皮靴

紅絲宗攬　白金馬瓜　龍團特菓

白金若干

右不腆微專人馳　復萬乞

親慈　俯賜容納

大明　年　月　日忝眷某　書復

司成利市　掌判利市

嗚呼我母ㄷ儀可式婦道尋可銘彤
管同組福祉宜膺恩光宜得豈天不仁
奪我母遽命嗚呼我母棄我何黠使我何
賜ㄷ天無閒躋地無告哀ㄷ傍偟蓋辛
勤艱備傷心裂腸次血傾目ㄷ矢已矣泣
聲吞堂恨不九鼎今母幽潛哀哉愁何
熊盤恨不三釜眞母何因百肉一几卮
酒二鐏哀告我母來格來歆
〔女祭母文〕嗚呼我母生我鞠我教我
訓我育我無瑕顧我宜家奈我婦戒之
言旣頷而歸寧之禮遂陳女恨女子有
適人之道深抱膝下無終身之嗟豈知
後春之不仁遽忽奪我母之鶴化舟
遐號天躃地而不反如疑如夢之交加
嗚呼薤露朝晞今根殺我心酬罔極之
恩於帶麻居堊夜移今痛念我父傾失
望之恨於世涉我兄我弟我妹我妹今
又將何撫而何依地彷徨聊腦神頻夢
倒之無涯嗚呼巵酒一鐏淚攬心剝蠹
其來歆是饗是冀
〔夫祭妻文〕嗚呼宜人毓秀名門于歸
于我相敬如賓宜家宜室百爾聿興旣
生旣育萬事足申百年夫婦齊眉共珍
豈期一呟散魄飛魂嗚呼哀哉我心獨
苦恨不同木我兒彷徨願以死贖何天
不可以言告命不可以力扶嗚呼哀哉
徒使我之神魂夢逐徒使我之傷心泪
目徒使我抱悠ㄷ無窮之憂切茫ㄷ如
見之欲究哉究哉幽明隔別在斯末箴
酷哉酷哉子母也[illegible]

〇第一書式
貫某謹之　某鄉某都某地名某職拜書
茲有木宅某第三院幼小兒某某宅
恩冰語議與同邑某都某隣某宅
某堂尊伯翁　閣下
某堂尊姻家
令姪女為百年鸞鳳友茲當迎聘之期
寅具三代年庚如左物儀力緘
〇一三代曾大父某大父某父某　母某氏
〇一年庚某年某月某日某時
右締姻盟
大明〇〇某年某月某日吉旦某端肅書上
聘儀狀式　黍眷生某端肅狀上
一定儀
先春二角　定書一緘　護書匣對
銀指環雙　金環一雙　金指鐲一雙
司裝二異　劉絲一圈　柔毛一控
圓酥茂百　家雁二掌　王塵一帖
時花茂朵　時菓茂品　魯醞一樽
右不腆輕微專人　聘金銀錠　數目若干
締定之儀　伏冀　馳上聊充舍某
親慈俯垂容納　不宣
皇明〇〇年月日某　姓名　謹　定狀
司儐利市　掌判利市

〇第二復式
貫某州之某邑某都某地名　某百拜書復
本宅合弟房第幾女某名
茲憑紅葉作好議與同邑某處某姓
某堂比翁呼要看他書上是何人書
某堂
令器為百年佳偶茲承緒定者
謹具世系年庚如左
〇一世系曾大父某大父某父某　母某氏
〇一年庚某年某月某日某時
右締姻盟
皇明〇〇年月日吉旦某頓首謹復
回儀狀式　黍眷生某端肅狀復
某堂某姻家　閣下
一回儀　回書一緘　護書匣對
先春二圭　金箱頭袋　銀箸一對
包爽皮鞋　兎須十枝　松煤四笏
藤楮百葉　仁風二握　劉鬣柔毛
王塵家雁　團酥時菓　白金錢錠
右不腆輕恥專人馳復聊充姪女回
蓮之儀　伏祈
親慈俯納　容納　不宣
皇明〇〇年月日　某姓名謹狀
[illegible]某姓某啓上謹緘[illegible]

情此恨眞難雪敢告于靈
〔女文〕嗚呼我父終身之托百年
胡為棄我一疾徂落嗚呼我夫君
幼子蒙養未孝何忍夫之遽使我之
肝腸殞裂嗚呼我夫君有孝女母訓未
君君何別之確使我之血泪傾落嗚呼
我夫君眞有靈令使我子之成而才緯
君眞福後令使我女之有歸而不錯嗚
呼我夫所君之遺言令德音之在耳者
洋ㄷ何以魂昇而魄降視君之遺像令
衣裳之交身者焚ㄷ何以形沒而影藏
嗚呼我夫觀物興思今切如生之慕于
遑ㄷ對時傷感今抱終天之恨于茫ㄷ
痛哉ㄷㄷ一去不歸君何之在前在後
爰地久天長情難盡衹今奠我
恰將巵酒濇瀝報君知君其鑒我來歆
斯嗚呼哀哉
〔弟祭兄文〕嗚呼讀書取于此其身吾
兄之身已苟庶矣名實孚於上下而無
瑕治生取于足其家吾兄之家已苟足
矣統緒善于繼述而不差宜吾兄之以
福以祿恭膺錫寵之無涯宜吾兄之曰
德曰壽篤厚哉培之稱加何天道之無
據也忽一旦而不穀竟爾遠涉而乘槎
致吾心之如割也苦追挽之無路空抱
長慟而帶麻嗚呼念歸然之千里今渺
渺沾ㄷ矢陳情之一點今盡ㄷ遑ㄷ想
宜漠之如在今巵酒是將惟我靈之不
昧今來格來歆

〇第三書式　凡祖與父存用家祖家父
某邑某里親末某頓首載拜啓
某堂碩德尊親家　閣下
某之子某乃家先祖某之曾孫先父某之孫
也係某正室某氏所出以某年某月某日某
時生茲以媒妁之言衆以　令愛與小兒締
百年鸞鳳友者自念小兒詩禮少聞未嘗佐
儷輒敢采擇　名宗閨秀伏蒙俯從惠從大
爲謹效鳳凰于飛協吉之兆茲有聘儀具于
左方專人馳上因以問名且納吉焉　伏惟
親慈　謹啓　俯賜　鑒納
聘儀　禮書鴛緘
金鳳釵環　花銀表裏　王胥先春
曾〇某年月日　眷末某　再拜　啓　另柬
掌輪利市　紅緞一端　掌判利市
紅綃一端　啓箧利市　花銀若干

〇第三復式　某邑某里親末某拜回啓
某堂碩德尊親家　閣下
某之女某乃先祖某之曾孫父某之孫也係
某正室某氏所生以某年某月某日某時建
生茲憑紅葉之傳以令郎與小女同百年姻
好者自念小女出自蓬門未沾姆訓辱使擇
之以配　名家國器荷蒙採擇顧相誠爲謹
效雎鳩和樂配德之歡敬有回儀具于左方
以復問名之意不亦宜乎　伏惟
親慈　俯賜　鑒納　回啓
回儀　回書鴛封　金緞若干
金花表禮　文方四寶
曾〇某年月日　眷末某拜　回啓
另柬
掌輪利市　紅緞一端
掌判利市　紅綃一端

祭姊文　嗟〻深甫具奚而先乎孰
謂深甫之生而吾可以長年乎繼吾者
自幼予之手嶮言予之所為以受命于
吾母曰如此人乃與為友吾母知予过
於予物終于成德多吾不如焉呼既长
吾母又奪吾友雖不即死吾何能久拊
胸一慟心摧志朽泣涕為文以薦食酒
嗟〻深甫予尚知否

孫祭祖文　木之有根枝盛亦亭水之
有源流遠益湍遐思吾祖木本源正
擬樂乎重慶奈乎倏尔去年今兹卜穸
使我心酸噫三荛渺〻兮去不返七魄
茫〻兮再作雖孤孫莫攝兮血泪漣冀
我祖之英靈兮啓佑乎玄玄庶寘寘之
常在續一脉之末傳嗚呼哀哉伏以尚饗

祭祖母文　嗚呼祖母之德撫我弥劬
兮任童稚悦仰教存今焉云逝胡報遏而
兮風起兮白晝莫吾悵恨乎對別
兮說兮送九原涕泪飛兮可盡言

祭叔祖文　曰嗚呼崇禮守道晦迹家
庭處士之德褒仰儀刑年間八袠日飫
參冬處士之壽方樂康寧矧有賢子嗣
其德馨亦有哲孫繼其世経正宜遐福
進享脩齡云胡遺疾大夜難醒敏政出
仕夕在　朝廷忽聞訃報两涕交零嗚
呼敎言从矣孰予箴銘族尊盡矣孰予
使令吉壤之下有靈若高遺像之存有
弗丹青有醴在豆有酒在卮靈其不昧
来格来歆嗚呼哀哉伏惟尚饗

祭姊文　維年月日謹于逆旅備時羞

〇納幣帖　即過衣式　忝眷某端肅狀上
某堂尊姻家　翰次
一引盤　禮狀一緘　剛鬣一圈
一家雁八翼　王醴一頭　時菓幾品
一首飾　百花冠領　紫羅盖頭
金掩插梳　銀花倒插　小鬟二件
銀釵一雙　銀頂花朵　金看鐶雙
净管一對　銀花二枝　寶結一付
一身章　緑紵絲團襖　大紅紵絲襖
官緑紵絲裙　天青羅衫　鵝黄羅裙
翠青紗衫　桃紅紗裙
右不愧輕聊專人馳上聊為小兒娉
令愛促粧之儀　伏以
赤繩繫足曾伸一朴之書紅葉題詩將合二
家之好禮陳雁奠期促鸞粧孟冬之月惟良
戊寅之日是吉壐雲鬟于子刻參旁廟于寅
時幸毋刻之遠永結百年之好適所願也不
亦樂乎　伏冀
海容　不宣　親慈　俯垂
忝眷某　端肅狀上

〇回衣式　忝眷某　端肅狀復
某堂尊姻家　侍右
回儀　回狀一緘　彘肩一腐
家雁四翼　王醴四帖　時菓幾品
凌雲方巾　紬段衫襖　紵絲鸞帶
麂皮皂靴　清水氊襪
右不愧輕微專人馳復聊充回禮之儀
伏以　兼上題詩三載之墨香猶潤梅春索
喚小春之暖氣重催正誦難嫁之詩忽拜夕
時之請謹復　嚴命何敢違期宜室宜家伉
儷百年偕老俟堂俟着絲蘿五世其昌適此
須兮誠為美矣　伏冀　親慈
俯賜　亮鑒　不宣
忝眷某　端肅狀復

之冀首拜稽首敢昭告于六嫂崇陽鄭
大人之靈嗚呼天禍我家降集百殃我
生不晨三歲而孤家幼未知鞠我者九
在死而生矣維嫂息未亂一年兄宦王
官提携負任去洛歸秦念寒而衣念飢
而飧疾疹水火無不及身劬劳閔〻保
此愚庸年方及紀存及亡屯兄懽読口
承命遠迁窮荒海隅天閼百年万里孤
絅幼孤在前相顧不歸泣血號天微嫂
之力化為夷蛮水浮陸走舟旆翩然至
誠感神返葬中原既兄及姪遭時乱难
百口偕行避地江濆春秋霜露為敬讀
蘩以享藩氏之祖考曰韓氏之門視余
猶予訶化諄〻爰及京師年在成人屡
貢于王名通有闻念兹顗頑非訓曷恩

感謁褒歸損涕薰心苟容躁進不顧其
弟徐而返以為家榮奔走及假東西
南北孰云此來遄赌靈車有志弗及長
負慇懃嗚呼哀哉昔在韶州之行受命
于元兄曰尔幼养于嫂丧服必以期今
其敢忘天实临之嗚呼哀哉日月有時
歸合塋封終天永辞絶而復蘇伏惟尚饗

祭姊文　嗚呼我姊同兄与我三人共
産我父我母教愛一道我姊幽閑我兄
安坦我父我母心樂笑莞及姊于歸儆
戒為餞我輩克類毋訓酷限宜家之風
形管可撰我姊歸寧團圓笑欸豈天不
造毋兄弟倏惟我与姊相看泪攬豈天
不遺奪姊又早使我与我傍徨無微使
我与父舅哭告昊嗚呼毋去父在惟姊

星期俗啓　兹憑媒議敬頃昏訂謹擬陰陽術
家曆按三元正經詳具于後
一愛玉華乘某甲子　一思頑年造某甲子某
月某日大吉某月某日小吉今消選某年月日
某甲子有不犄星周堂大利某時利宅某刻入
門一綵時某時令喜天道之協吉緣俗礼之是
循謹肩　芹意用侑鳥書　仰冀
眷慈　俯垂　鑒納　不宣
忝眷生某　薰林拜啓

星期又啓　伏以　書觀齊降始知嫁娶之源
易繫咸恒必先夫婦之道姻訂已盟于昔日親
迎敢請於今冬男女及時星期宜邇月值大吕
日取庚寅上魚軒于寅時下鸞臺于午刻礼行
合巹樂奏関雎　萬祀
尊慈　俯垂　昭鑒

〇親迎　近迎於其家遠迎于中途
張陳詳儀即醮辞詳家礼

〇奠雁　雁用生者左手以生色繒交絡之如無雁以鵝代之
賓至揖讓請升階婿跪奠雁俯拜畢姆奉女登
車婿揖請新人行婿奉蕭女升轎婿乘馬先婦
車至其家導婦以入室行交拜合巹礼

〇喪礼
疾病迁居正寢　正寢即今人家正所也若疾病勢不可起則設床于正廳中惟家長為然餘人則各
戒内外　内外各安靜毋得近于所寢之室中喧擾仍令人坐其傍視之男子不絶于婦人之手婦人亦不絶于男子之手
書遺言　問病者有言則書于紙
加新衣　無則否新衣貧則不必被去舊衣換新
属纊　置新綿于口鼻之間

與父存念飢飽姊棄我去獨我與父何以相抱父痛斷腸我痛碎腦究哉究哉已矣已矣臨風一奠求訣之表靈其我歆與今兆親

祭姊夫文 嗚呼公我之姊夫也誼若姻親恩深骨肉地之相去雖逾遠而非同室情之相爱則彼此而共一律歲時節景之徃來饋問存念之周密有無取與之通融安危憂喜之休恤我父視之父子均不肯倚之兄弟一不幸際我毋之云亡公痛之所長尽又尋念我父之榮孤公蔘之而長恤孝友無間于家庭慈惠克諧于里族嗚呼以公之德之篤宜與我姊而共寡斉眉膺昊之遐隆厚福豈我姊有負于巾櫛之供而我公常抱夫鼓盆之哭可謂究矣天道之無知痛哉吾人之莫贖公何亦一疾之淺嬰遂棄我而就木嗚呼公子公女誰依誰主我公我孤誰與誰語撫柩叫天傾泪如雨公其我知來歆來與

祭妹文 嗚呼哀哉寒徃暑來日月屢暁祭塵委積庭草荒蕪寥寥獨室哀哀遺孤殺觴薦奠人逝爲如誰無兄弟人亦同生嗟我與爾特自常情慈妣早世時尚孺嬰我年二六爾纔九齡愛從所識撫鬈相戚咨爾令妹有徳有操靖恭解言閑善則樂諧正餂和惟友惟孝行止中閨可象可傚我聞為善慶有已晒彼蒼何偏而不斯報昔在江陵重罹天縦兄弟宗唇亞隔楚越但我與爾百哀

以俟氣絕纊不動則是○廢牀寢地鋪薦席于地俟氣則扶尸其上以彼蓋之○楔齒以一箸橫口中使不合可以含○擧哀于左右男女哭擗○奠終以酒奠于尸前以為送別餘見家礼○訃告于親戚僚友護喪司書為之發書

○祭文式 維

○○幾年歲次某幾月某朔某日某親某謹以清酌庶羞之奠致祭于某官某公之柩前而言曰云云 尚饗

靈座尸前設衣架上覆以被架前置椅椅上置衣服衣服上置魂帛椅前設桌桌上設香爐香盒燭臺酒注酒盞茶瓶菓盤藥櫛侍者朝夕設櫛類奉養之具皆如生時○魂帛以絹二丈為之如世俗所謂同心結者士出其首旁出兩傍下垂其餘為兩足之狀○銘旌以絳帛為之廣終幅三品以上九尺五品以下八尺六品以下七尺以粉筆大書曰某官某公之柩無官則隨其生時所稱日某公某府君之柩以竹為杠比旌長一尺以木架立于靈座之右

服制○斬衰斬用極粗麻布為之斬不緝也凡衣裳旁及下際皆不緝腰冠如家礼圖制三綿蓋者為闕耳目声色腰經用繩為之○齊衰布比斬衰次等衣裳皆緝腰經略小冠亦少異○杖父用竹為之母用桐削上圓下方其長俱斉心闕九寸木在下履用菅草或麻為之○不杖期服制同杖期布亦次等○大功布比斉衰少熟服制亦同○小功布比大功稍熟細耳○細麻用細熟布為之按大功九月為暘之終緦麻三月為季之終三年之喪二十七月

○律內喪服條欵歌

本宗九服正五服斬衰三年父母獨爾祖期年杖期絶兄弟正子在堂姑在室姊妹并姪女長子之父無叔伯又有姪兒與嫡孫俱各期年一等服大功九月堂兄弟衆孫姪婦及出姑嫁出姪女衆子妻在室堂姊并妹服小功五月曾祖喪再從姊妹堂姑娘從祖祖堂姪女姪孫

先切照照高雲靄靄冬月白雲捲晨長風悲餘感惟崩號岀言泣血尋念平昔觸事未遠書牘記存遺孤滿眼如何一往終天不返寂寂高堂何時復睹親親孤女焉依焉侍焭焭遊魂誰生誰祀奈何程姊于此永已死如有知相見高里嗚呼哀哉伏惟尚饗

祭妹夫文 昔我叔父少失其配㷀然二女誰恤誰侍先君翔之盖猶出已伯長且賢以配君子維時君子好孝務慎方少而剛在窮不恤孝于鄉而輙不偶布衣儒冠以至白首后生紛紛或登而先昔也納履公而自賢先生皤然志節弥厲奔走四方以至于死嗚呼哀哉某兄弟幼孤且愚先生教之讀以詩書獲游序紳則維公賜我圖報之而乃如此嗚呼哀哉想公平生孝曰呼廬儀公疇昔慷慨將翁湧泣陳觴叙訣梓里猶有諸孤敢不終始嗚呼哀哉

祭外舅文 青州流芳济水衍慶奕襄繼續詩礼潘詠公之家世如何其盛既明而敏危果而剛曰仁曰厚以慈以祥公之賦性何如其良著早孝友中勤公務晚逸林泉教善厉俗公之制作何如其篤家世若彼性行若茲榮辱兩遠豈倦適宜楼指千百誰能及之桂子蘭孫森森競秀而色而康謂躋上壽胡天不仁遽奪黃耇哀訃所及痛哭紛紛吾父半子吾母至恩訃惟諸弟伺侖匪門惟恩二人遽富京匣平成宅惘敢忘所出

女在室方出嫁之服堂姊妹祖堂伯叔姪孫婦兄弟妻及嫡孫婦再從兄弟堂姪行三月之服父祖先族曾祖及孫曾玄族祖伯叔族伯叔從祖祖姑堂姑連再從姊妹堂姑女姪孫女各有夫䝴族曾祖姑族祖姑再從姪女族姑傳曾姪孫女姪姊妹堂姪孫女在室緣堂兄弟妻族兄弟姪孫衆孫婦亦然堂姪孫次曾姪孫再從姪子緦麻全族兄弟婦斷服姐堂姪孫婦曾玄孫再從兄弟再從姪曾姪孫婦與堂姪再從姪女族姊妹族曾祖姑堂孫女族祖姑娘并族姑曾姪孫女嫁斷恩

本宗五服之圖

嫡孫父卒為祖父母承重服斬衰三年若曾高祖父母承重亦同祖在為祖母止服杖期

男為人後者為本生親屬孝服皆降一等惟本生父母降服不杖期父母報服同

高祖 齊衰

曾祖 齊衰 曾祖伯叔祖父母 緦麻

祖 齊衰 伯叔祖父母 小功 從伯叔祖父母 緦麻

父 斬衰 伯叔父母 期 從伯叔父母 小功 再從伯叔父母 緦麻

己 為主 以此 兄弟不杖期 妻小功 從兄弟 大功 妻小功 再從兄弟 小功 妻緦麻 三從兄弟 緦麻 妻无服

長子衆子 期 嫡孫期 姪 不杖期 姪婦 大功 從姪 小功 妻緦麻 再從姪 緦麻 妻无服

孫 大功 衆孫 小功 婦緦麻 姪孫 小功 妻无服 從姪孫 緦麻

曾孫 緦麻 曾姪孫 緦麻 婦无服

玄孫 緦麻

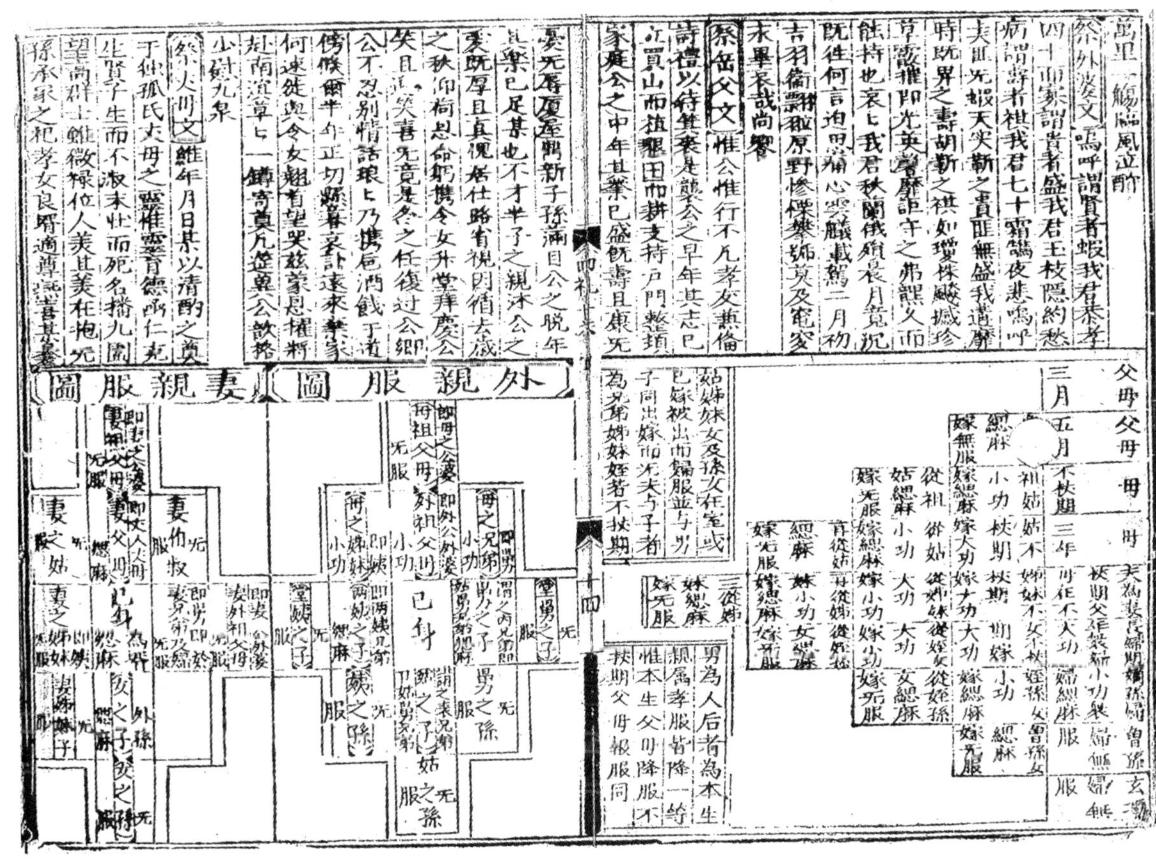
萬里一觴臨風立酹

祭外婆文 嗚呼謂賢者蝦我君恭孝四十而家謂貴者盛我君玉枝隱約愁病謂壽者祺我君七十霜鷴夜悲嗚呼夫匪光蝦天奚靳之責匪無盛我遺靡時既畀之壽胡靳之祺如瓔珠颷撼珍草霰摧即光英聲靡詎干之弗懟久而能持也哀哀我君秋蘭俄殞長月竟沉既往何言迫思痛心雲輀載駕二月初吉羽衞翻翻原野慘慄攀號莫及窀穸永畢哀哉尚饗

祭岳父文 惟公惟行不凡孝友兼倫詩禮以待鮮衰是襲公之早年其志已立買山而植墾田而耕支持戶門整頓家庭公之中年其業已盛既壽且康宄憂无辱頃遲鸇新子孫滿目公之晚年且樂已足甚也不才半子之親沐公之愛既厚且真愧居仕路省視因循去歲之秋仰荷恩命鶴攜令女升堂拜慶公笑且言笑喜无竟是冬之任復过公鄉公不忍別情話琅琅乃攜巵酒餞于道傍候爾半年正切懸望哀訃遠來举家何速從與令女翹首望哭慈豪恩權將赴南消草草一罇寄奠凡遊奠公歆格小尉九泉

祭丈人文 維年月日某以清酌之奠于外孤氏丈母之靈惟靈育德函仁克生賢子生而不淑未壯而死名播九圍望尚群上雖微祿位人美其美在抱光孫承家之祀孝女良婿適尊甚甚

外親服圖

妻親服圖

頭子重道契義均知心為貴實在斯人奈何逝矣繼將致其勤竟催禍謫逾紀渠淪風志斯阻微衷莫申莫㬥未路私願獲陳遂此承計天胡不仁嗚呼哀哉昔也高堂世悲其獨今茲玄室孝道當復神感昭融不速而孩鑒識適濡承歡載稜式致其安寧寔其毒顧言有知以慰嚴

祭母舅文 嗚呼哀哉吾母之黨獨吾舅存骨肉之喜豈惟似人壯別天闕睨歸玉門聚散欣戚餘三十春今忽棄我吾疇與親哭不憑棺弟不繞墳寧我愁心我殁在身公則諒我九泉有聞曷以慰公視我而歸一奠永訣哀胡可云嗚呼哀哉

祭親家文 嗚呼天地之正氣其生也不數其死也不沒傳觀公之為人也早憼魏科聯登顯仕桓裘主榮特其餘事所尤難者初列諫垣官竪屏迹善迂僕寺權倖沮柳抗疏而弗撓掐軀而弗恤阨窮而莫之羞氣逐而莫之測遂使世之拱默自全其于形勢者厚顔而俱與之識嗚呼玆非有得于天之正氣能然我憐聞復起簡命撫巡再典邦教百度維新方拭目斬公以伊周之業而一夕捐館公其何為乎夙志難酬人壽無幾意者忠魂未泯與吅馬之士同遊乎勁節不叩與鳴鳳之徒並列乎或為霖為雨潤澤萬物乎抑為雷霆以濟明罰所弗逮乎或為星為曜臨照下土乎抑為山嶽以信天下之大觀乎皆未可知也

三父八母服圖

同居繼父 兩有大功親 謂繼父有子孫伯已亦有伯叔兄弟之類 齊衰三月 期年

不同居繼父 已身亦無伯叔兄弟之類 謂繼父無子今不同居者 兩無大功親

從繼母嫁 謂繼母隨他人去者

繼母 斬衰三年 謂父娶之正妻

嫡母 斬衰三年 謂妾所生子謂父之正妻

養母 斬衰三年 謂自幼過房與人

慈母 斬衰三年 謂所生母死父令別妾撫育者

嫁母 齊衰杖期 謂親母父死再嫁他人

出母 齊衰杖期 謂親母被父出者

庶母 謂父妾乳哺者

乳母 緦麻

○妻為夫族服之歌

妻為夫族服制編翁姑夫孝斬三年夫親妻服齊杖期父母在堂杖不前長子及稀并衆子夫姪々女在室全以上五等期年制大功太祖父母先夫之伯叔衆子婦夫姪夫孫女嫁言小功之親姑娘起兄弟及婦連姊妹夫之孫姪與堂姪夫堂姪女在室喪又有姪孫女在室服皆五月無偏倚高祖曾祖緦麻親伯祖叔祖與玄孫夫堂伯叔堂兄弟祖姑堂姑在室尊再從姪女在堂是夫堂姊妹曾姪孫曾姪孫女堂姪女俱各嫁出不斷恩堂姪婦類姪孫姊堂姪孫與孫婦均堂孫女同再從姪曾姪孫女緦麻真夫族曾祖訖五服族叔伯叔亦同圖曾祖姑聯族娌

嗚呼[?]挫批鱗玉堂[?]意公之死幾矣然不于昔而于今者豈亦有物為之主之而莫得其故乎敘誼閱聯感得衔同朝訃音倏至其何能抑招遞路以奠之以椒精爽在天庶幾孔昭

【祭親家母文】嗚呼孺人之性寬裕溫良治家勤儉御眾慈祥克全婦道賢動鄉邦閨閫之秀姆儀之端夙配君子[?]鳳效翔撫字子姓以義以方正期坐享彌壽於無疆胡為一旦奄入黃梁嗚呼喜人云歿孰不悲傷脉大沐惠報之無方恨隔幽冥莫覩行藏注情誼寓此一觴靈其有知來格洋洋哀哉尚饗

【祭友人文】嗚呼平甫央江河不足以為子之誼椎[?]吞雲夢不足以為子之博問強記至君操紙為文落筆千字猶[?]恣肆如不可窮秘怪詭惚亦莫之條皆足以高視古今傑出倫類而況好學不倦垂老愈專自信獨立在約彌厲而志屈于不伸材窮而不試人皆待子以將昌神胡速子于長逝嗚呼平甫念昔相逢我壯子稚問託婚姻相期道義每心服於超軼亦情於樂易何堂堂而山立忽泯泯而[?]颰訃欲泯泯而猶疑淚氿泯泯而莫酬聊寓于一觴祭斯言而見意嗚呼哀哉尚饗

【祭先生文】嗚呼有道之喪學乃以分或執私見或流空文或雜異端僭託紛紜門開戶列[?]未聞于惟先生幼抱偉識逈世背俗凝然特立絕去多歧

妹及族姑同堂祖姑族從兄弟族兄弟一類無服不必圖

○三父八母服之歌

三父八母圖同居繼父先兩有功三月兩無功期年不同居繼父先同今不完服制齊三月不同無服皆從繼母嫁父齊衰杖期年前列三公制後續八母編嫡斷慈養母斬衰皆三年嫁出庶杖期乳母細麻全

○祭禮

【祭祀】禮之[?]也父矣即祠堂之祭先祖[?]家禮[?]以先一月主人入祠堂預告祭期前二日齊戒若然今人多厭其繁而不行于故除冬[?]節之以倣[?]較之意觀幸毋以此咎焉

廟儀節 是日主人主婦詣祠堂前 ○盥洗○啓櫝○跪○焚香○告辭 讀曰孝孫某等今仲某之月有事于高曾祖考妣敢請神主出就正寢恭伸奠 ○俯伏○興○平身 執事者以盤盛主人前導諸子從之至正寢 ○奉主就位 主人奉考主主婦奉妣主子弟奉附食主畢皆降于階下而立 ○通贊唱 序立 主人以下序立如圖 ○參神○鞠躬○拜興 九四 ○平身○降神 唱引贊 盥洗○詣香案前○跪○上香○酹酒 子弟二人一進盤盞一執酒注斟酒跪進于主人受之盡傾茅沙上 ○俯伏○興○拜興 九二 ○平身○復位 唱通贊 進饌 主人主婦遂位自進子弟進附位畢 ○初獻禮 唱引贊 詣高祖考妣神位前○跪○祭酒 少傾于茅沙上 奠酒 執事者受之置高祖考主 祭酒 傾少許于茅沙上 奠酒 置高祖妣前 如高祖考妣之儀 ○俯伏○興○平身○詣曾祖考妣神位前 如高祖考 詣祖考妣神位前 前儀 詣讀祝位○跪 唱通贊 主人以下皆跪○讀祝 祝取版跪主人之左讀畢起 俯伏○興○拜興 九二 ○平身 唱引贊 復位 唱通贊 分獻 兄弟[?]之不為[?]者

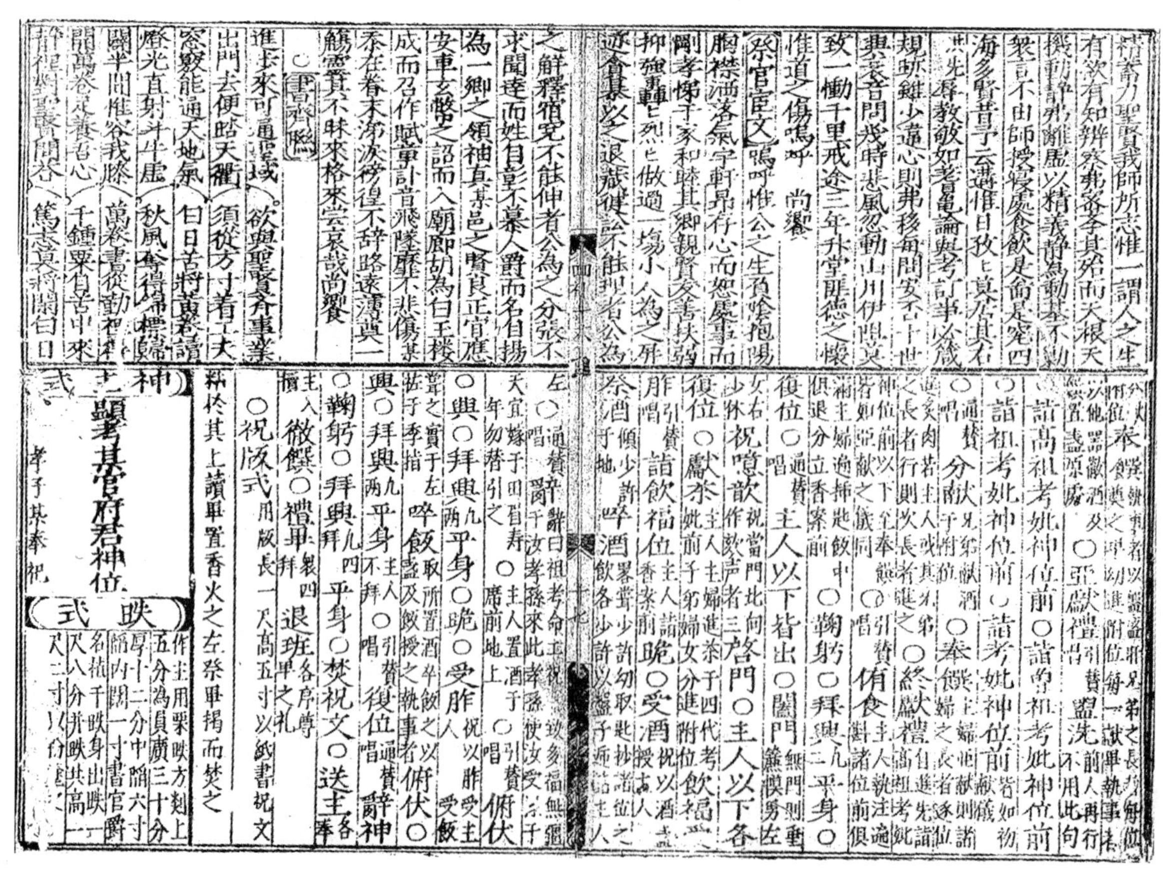

精[?]力聖賢我師所志惟一謂人之生有欲有知辨[?]其[?]其始而天根天幾動靜必離慮以精義靜為動基不[?]發言不由師授寢處食飲是命是寵四海多賢昔子云邁惟日孜孜莫居其右惟先尊教敬知老竟論與考訂事必箴規跡雖少違心則弗移每問安否十世典[?]音問幾時悲風忽動山川伊阻莫致一慟千里戒途三年升堂匪德之懷惟道之傷嗚呼 尚饗

【祭官宦文】嗚呼惟公之生負陰抱陽胸襟灑落氣宇軒昂存心而恕處事而剛孝悌于家和睦其鄉親賢友善扶弱抑強轟轟烈烈做過一場小人為之弭迹貪暴以之退藏健訟不能抑者公為之解釋宿冤不能伸者公為之分張不求聞達而姓自彰不慕人爵而名自揚為一鄉之領袖真某邑之賢良正宜應安車玄幣之詔而入廟廊胡為白玉樓成而召作賦事訃音飛墜靡不悲傷某忝在眷末涕淚彷徨不辭路遠薄奠一觴靈其不昧來格來嘗哀哉尚饗

○【書齋聯】

進步來可通聖域　欲與聖賢齊事業

出門去便踏天衢　須從方寸着工夫

[?]竅能通天地氣　白日苦將黃卷讀

[?]光直射斗牛虛　秋風奪得綠標歸

闢平川推谷我膝　萬卷書從勤裡得

開萬卷且養吾心　千鍾粟自苦中來

[?]祖[?]對[?]晝閒[?]　篤志莫將閑白日

[?] ○奉饌 執事者以盤盛[?]兄弟之長[?]附位每一獻畢執事者以他器撤酒 及盞置盞原處 ○亞獻禮 唱引贊 盥洗 不用此句 前人再行 ○詣高祖考妣神位前○詣曾祖考妣神位前 ○詣祖考妣神位前 ○詣考妣神位前 皆如初儀 ○通贊唱 分獻 子弟献酒附位 ○奉饌 主婦之長者則諸 進炙肉若主人或其兄弟之長者行則次長者進之 ○終獻禮 自進 俱如神位前以下至奉饌之儀同 ○引贊唱 侑食 主人執注諸位前俱添酒主婦適挿匙飯中 ○鞠躬○拜興 九二 ○平身○俱退分立香案前 復位○通贊唱 主人以下皆出○闔門 無門則垂簾幕少佐 復位 女右少休 祝噫歆 祝當門北向作噫歆聲者三 啓門○主人以下各復位○獻茶 主人主婦進茶于四代考妣前子弟婦女分進附位 飲福胙 引贊唱 詣飲福位 主人詣香案前 跪○受酒 祝以酒盞授主人 祭酒 傾少許 啐酒 祝取匙并盤取諸位之飯各少許以盤子[?]主人左 ○通贊唱 嘏辭 祝曰祖考命工祝承致多福無疆于汝孝孫來汝孝孫使汝受祿于天宜稼于田眉壽永年勿替引之 ○引贊唱 俯伏 主人置酒于席前地上 ○興○拜興 兩九 ○平身○跪○受胙 祝以胙授主人 受飯 嘗之實于左袂挂于季指 啐飯 取所置酒卒飲之以盞及飯授之執事者 俯伏○興○拜興 九兩 平身 主人不拜 ○引贊唱 復位 唱通贊 辭神 ○鞠躬○拜興 九四 ○平身○焚祝文○送主 各奉主入櫝 ○徹饌○禮畢 四拜 退班 各序尊卑之禮

○祝版式 用版長一尺高五寸以紙書祝文粘於其上讀畢置香火之左祭畢揭而焚之

神主式

顯考某官府君神位

孝子某奉祀

【趺式】

作主用栗趺方刻上五分為員廣三十分厚十二分中陷六寸陷內闊一寸書官爵名諱千趺身出趺一尺八分并趺共高一尺二寸[?]分[?]

閒中何天地徘徊　倚身只欲步青雲
萬卷詩心滄歲月　克己須從難處克
三場得策雲霄　收心必自放時收

萬卷青燈灼見聖人之底蘊
清風明月豁開天地之襟懷
借天地胸襟收盡江南春色
認聖賢道理敬田太古淳風
芸窗下不了工夫詩書萬卷
草堂前無邊光景風月雙清
潑硯窗勾引四時風月趣
澄清志歷搜萬卷聖賢書
門牆下幾樹桃李着意栽培
几案中萬卷詩書用心點撿

○登科錄聯

今秋已折蟾宮桂　十年黃卷胸中蘊
來歲當簪御殿花　一旦青雲足下生
折桂今秋登月窟　擬作鳳凰池上客
探花來歲步天墀　先題龍虎榜中人
鵰鶚飛騰搏起九天風雨
蛟龍變化中開萬里雲霄
雲路風高秋鶚趁時騰萬里
桃花浪暖春雷乘勢躍千層
志氣軒昂今日喜為攀桂客
才華卓越來春擬作探花郎
萬里會風雲龍虎榜中題姓字
九天大日月鳳凰池上展經綸

[illegible]覽十六卷終

妣　考　祖妣　祖考　曾祖妣　曾祖考　高祖妣　高祖考

祠神廚器祭物衣書遺　神位　香案　中門　中門　主人拜位　主婦拜位　阼階　西階　香案　外門　外門

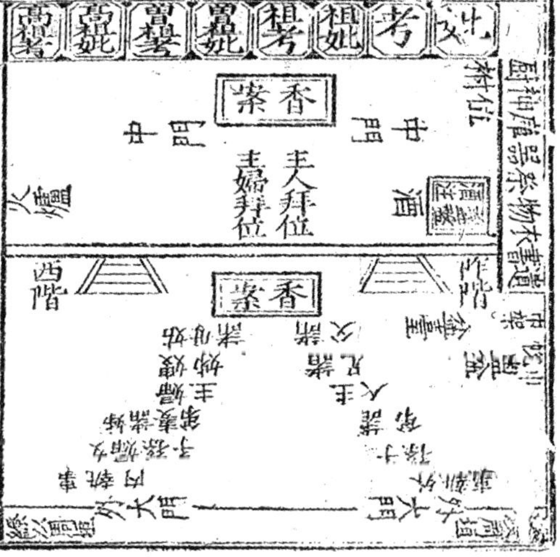

右朱子祠堂神主位次以西為上今品官士庶祭祀通用將制本高祖居中東第一倫曾祖而下則以次而列云

祝文式　利成即此

維　○○某年歲次干支幾月干支朔幾日干支孝玄孫某官姓名敢昭告於
顯高祖考某官府君　顯高祖妣某封某氏
曾祖考某官府君　曾祖妣某封某氏
祖考某官府君　祖妣某封某氏
考某官府君　某妣封某氏
歲律將更時維季冬追感歲時不勝永慕謹以
絜牲粢盛庶品祗薦歲事以
某親某官附食尚饗　家礼四代各一祝文今併之以從簡便

春秋二祭　立春祭先祖　程子曰初祖以下高祖以上之祖也立春生之始故象其類而祭　季秋祭禰　程子曰季秋成物之始亦象其類而祭之

新刻天下四民便覽三台萬用正宗卷之十七

民用須知

○文契大類

買屋契　某都某里某人承祖置有房屋一所坐落本都地名某處計開房屋幾椽幾植幾間基屋即日東至某人西至某人南至某人北至某人為界已上具出四至明白今來不成改業情愿托到某人為中將上項四至界內房屋上連瓦蓋下連基土門窗乙一任齊全寸土木石不許拆損出賣與本里某人名下為業當即三面言定時值價銀若干歸身應用成契之後一併交還足訖不欠分厘自賣之後且得業人一任前去掌管居住所賣其屋係自己分定物業與內外親族房伯叔兄弟姪人等各無干涉及無重復典賣之理所有上手砵契一併繳付今恐無憑立此賣契為照用者　○計開單帳于後

門道屋幾間　大廳　前廳　夾廂　翁廳
祠堂　後堂　遊堂樓幾間　穿堂
縣堂　繡堂　儒齋　書塾　過路
照牆　天井　明堂　亭榭　閒閣
後槽　披廈　灶廚　井竈　茶房
酒房　廠屋　庫房　棧房　倉廳
囤廩　柴房　碓房　機房　佛堂
油車　碓房　猴屋　行廊　拉撒
坑廁　豬圈　馬院　牛欄　承溜

民用門

○四民常業

管子齊桓公問曰處士農工商若何管子對曰昔聖王之處士也使就閒燕處工就官府處商就市井處農就田野

士　今夫士群萃而州處閒燕則父與父言義子與子言孝其事君者言敬其幼者言悌少而習焉其心安焉不見異物而遷焉是故其父兄之教不肅而成其子弟之學不勞而能夫是故士之子常為士

農　今夫農群萃而州處察其四時權節其用耒耜耞芟及其寒也擊草除田以待時耕及耕深耕而疾耰之以待時雨時雨既至挾其槍刈耨鎛以旦暮從事於田野脫衣就功首戴茅蒲身衣襏襫霑體塗足暴其髮膚盡其四肢之功以從事於田野少而習焉其心安焉不見異物而遷焉是故其父兄之教不肅而成其子弟之學不勞而能夫是故農之子常為農

工　今夫工群萃而州處安其四時辨其功苦權節其用論比協材旦暮從事施於四方以飭其子弟相語以事相示以巧相陳以功少而習焉其心安焉不見異物而遷之焉是故其父兄之教不肅而成其子弟之學不勞而能

并坐人街承水溝　船臘　開拉
滴水　桁磚　石窓　槅門　揚方　物搭　次板壁
帳歆頂　滑脊　重簷　開拱　抖
科栱斗　雕栱　連飾　梳棟　桁椽　桷
傳角脊　條椊　栟窓　槅欄杆
擔牧　方牖　站穆　[illegible]便照扉
望板　合霤　斜清　闌閣　門桯
窓櫺　門檻　山桁條　柱磉　駝梁
矮柱　吊窓　接搨　挾壁　磚牆
地栿　門樞　水梘　兒鎦　巴碣尾　同
甎磚　磚坯　土墼　吉腰門　地板
階條　道礓磜　姜嚓　井欄　井管　巴
上共屋若干共門幾扇長槅若干短
槅若干槅若干隨契收領到絕賣屋價
白銀若干足倫無欠所收是實

收銀人某　在見人某

【典屋文書式】某鄉某都某甲立典屋文書人某人今將自己坐落某處房屋一所情愿出典與某鄉某人居住當日憑中三面議定時值典價白銀若干整立文書日一頓交收足備無欠所典其屋的係自己產業並無盜典重疊交易諸般違礙亦無門房上下一應人等前來言稱有分如有此等出典人自行理直不干得業人之事地上粮差得業人自行辦納其屋議定三年爲滿仍將原價收贖不許執占如無原價任從居住銀不起利屋無稅租係是二邊情愿故非相逼各不許悔如先悔者甘罰契面加一與不悔人用恐后無憑立此典屋文

夫是故工之子常爲工

【商】今夫大商群聚而州處察其四時而監其鄉之資以知其市之賈負任檐荷服牛軺馬以周四方以其所有易其所無市賤鬻貴旦暮從事於此以飭其子弟相語以利相示以賓相陳以價少而習焉其心安焉不見異物而迁焉是故其父兄之教不肅而成其子弟之學不勞而能夫是故商之子常爲商

○【分關類】

【分關式】昔者堯舜敦九族九族既親平章協和俾四海樂雍熙之治其始未有不本於親親也世降日趨淳粹不同求張公九世同居之義蓋亦鮮矣某郡某氏有偉人傳及某公資業之盛厥嗣某人長曰某次曰某俱各婚娶已畢及各養育諸幼蓮萼之繁雖有田郎之友愛而姜公共被之仁恭則於世代先後風雅不恒一旦聚於族衆咨于家長將先人蓄積之業產薄二扇號曰恭敬二房長曰恭幼曰敬即於屋舍田畝器物資畜之類對衆鬮求爲定額呼易不云乎山下水泉蒙之謂也地中生木升之謂也惟積少以成多廼居下而覲上因先人之舊業增百堵之家敢兄弟怡怡塤篪迭奏使其處之人咸稱爲仁人長者則恭敬不磨重光奕葉也遂援筆而道其實云

【又式】嘗聞有人無土胡可以之有土無人誰其[illegible]爲續世之[illegible]以厚其[illegible]土之爲

賣爲照用　計開單帳與前同式
隨契收領典價白銀若干收足無欠所收是實　收銀人

【典屋下手契】某鄉某都某甲立文書人某人今情愿用價白銀若干整典到某人房屋一所其銀立契書日一頓交足無欠所典其屋憑中議定三年爲滿如有原價即便出還不致執占在上門扇長短槅扇數交還不致廢壞如無原價任從居住銀不起利屋無滿年係是二邊情愿故非相逼恐後無憑立此爲照

【賃屋文書式】某鄉某都某甲立賃屋文書某人今自情愿賃到某宅房屋幾間屋下窓槅門扇戶扇俱全議定每歲時值賃屋租白銀若干先備到壓契銀洽干餘銀按月送還不致推捱拖欠如有此等本主就壓契銀內扣除足日起移所賃其屋須管添備不敢毀傷如有毀壞甘當備補完備如本主取起即便搬移出還不敢妄有推故恐後無憑立此賃屋文書爲照　某年某月　賃屋某人

【買田契】某里某人承祖父置有晚田某段坐落某里某處原計幾畝年供前米若干擔即目東至西至南至北至爲界已上俱出四至分明今來不成次叅情愿托得知識人某人爲中將前項各至內田寸土水石不留盡底出賣與某里某人爲業當日三面言定時值價銀若干兩正自立契書之日一任交完不欠分厘自賣之後買主一任前去管業交

塊壤之區必得人以[illegible]二者不容以偏長兩事難[illegible]其并具今某[illegible]大眷幹予之譽著其人夙稱資斧資身之策有其地始妻某氏育有二男長曰泰次曰玄甫成人以擇配殊厥居異厥食係養歲以分烟嗣業均平若符節之合一爬磽品致維稱鍾之符同以嘉靖某年盡所夙創者命二子各照鬮以拘收自嘉靖某年初所新立者留老身與繼室共享餘之樂田有定分各安其居有土有人爲後何慮繼然詳于律者有法外之遺奸于謀者有術中之隱禍夫業田已剏道途遠近之殊方過割推收歲月後先之不一佃田者累年取其租苗而子孫未精夫坵塅之大小紹業者常供其公家之稅未盡究夫來歷之根源在吾一人所經歷者則明後之述繼者或昧使不周悉以開明必昧子孫于幽暗故指人尤存百世之澤田舍翁豈無几席之憂是小大備爲纖悉成編使田之遠近廣狹悉具載而詳明糧之原委因由咸體悉于有自佃人姓字斑斑可觀或有狐疑斯無扞格賦隨畝貢勤王之役有度子不啻舉定主紹兼併之私無隙而可入被閱間炳若日星之易見委曲內煥然經緯之分明二子循定之規萬世爲不拔之業克謀諸始斯裕子終厥子厥孫欽爲永鑒

【代人分關】承家之道厥爲子弟惟先導後之謨不越詩書之實吾周氏之族自國初而始從徙成[illegible]吾世之業[illegible]明時而守於僭郡貂璫

祖所賣其田的係承祖置下物業與內外親房伯叔弟姪人等各無干涉亦無重復典當準折錢債之類此係已行交易其愿自賣其田該載糧米若干候在大造黃冊之年自用收割入户當差遞年津貼糧役與買業人了納糧差不致留難向後再無異說執占之理所有上手條契與別段相連難以繳付今恐毋憑故立契書爲照

【佃田文約】某里某人置有晚田某坐落某里地名某處原係若干畝年該苗米若干桶鄉原有四至分明今憑某人作保引進某人出賠價紋銀若干當日交收足訖明白自給曆頭之後且佃人自用前去掌業小心耕作亦不得賣弄界至移坵換段之類如遇冬成備辦着一色好穀挑送本主倉所交納不致拖欠過限年月佃種不願耕作將田退還業主接取前銀兩相交付不致留難今給曆頭一扇付與執照

【僱田文書式】某鄉某都某啚立僱田書人某今將自己坐落某處民田若干畝情愿出僱與某人耕種一年二熟爲滿當日憑中三面議定每畝時值僱田價白銀若干立文書之日一併收足無欠所有田上糧租出僱人自行辦納不干得業人之事如有車傷風秕水旱災荒恨同佃平半分收欠年補種係是二比情愿故非相逼恐後無憑立此僱田文書爲照　某年月立僱田文書某人

姿秉毅名播厥四方詩禮傳仁厚流於一脉肆吾治質衰之業每自特克愛之心卷繼歷於年華悠也久也况教育爾諸子恩斯勤斯幸爾曹馨稍能成立嗟予期髦已僃經營特分數畝荒圃聊代食之惟好各房幾椽升室審容膝之易安所遺者雖之籯金所藏者惟多簡牘仁義爲珠玉積德而俟天休命經訓乃留畲燕功而待彼有秋噫夫歲月遠而世愈遷子孫十而家始恭苟非敦睦之義曷以聯骨肉之親伯仲送奏壎篪求者於韡之花萼叔孫每愷康樂恒秀發聯之竹林〇爲人作分關

嘗謂三家之親父子兄弟而已矣父子者天性之恩也兄弟者同氣連枝之愛也以古人同衾同被之義及灸艾分痛之情觀之則友于之愛雖百世之遠亦不可得而分也但今人多不知其義有一世之長成必有一世之分異是以今之不如古從可知矣雖然樹大則枝分流長則派別物無一致之理氣有闔闢之殊玆勢然也吾何獨不然乎吾昔承先君遺命勤儉治家充拓基業僅能立門户娶室生幾子長曰某次曰某引各娶婦咸亦以藝自樹雖曰衣食頗有餘饒竊恐人口繁庶則用度亦不能相忍吾亦年邁幾壽矣安能善保始終而不求分異耶今則拆之俾其自便於是將房屋基址田園山地家貲器皿以新舊濶狹貴賤肥瘠輕重大小相配具各器搭幾股均分拋鬮立定自分之後須各

【贖田式】某里某人今有缺少田土耕種情願托人爲中引到某里某姓某人邊當荷到晚禾田一段坐落地名某處原計田幾畝年供苗谷幾桶鄉立字之後其某人前去耕作不得拋荒田頭時因其苗穀如遇冬下辦還不敢拖欠今難憑信故立當荷一紙爲照用

【僱佃田土文約】某里某人置有晚田某段坐落某里某處原計幾畝年該苗米幾桶鄉原有四至分明今憑某人爲保引進某人出賠價紋銀若干當日交收足訖明白自給曆頭之後且佃人自用前去管業小心耕作亦不得賣弄界至移坵換段之類如遇冬成備辦好谷挑送本主倉所交納不致拖欠不限年月佃主不愿耕作將田退還本主接受前銀兩相交付不至留難合給曆頭一扇付爲憑人執照

【賣船文書式】某鄉某都某啚立賣船文書人某人今將自己雜木某舡一隻力勝幾拾料情愿出賣與某鄉某啚某人永遠常用得業當日憑中三面議定時值絕賣船價白銀若干整立文書日一頓交收足備無欠所賣其船的係自己船隻一色正行交易並無以貨準折亦無重復交易公私債准諸般違碍如有一應人等前來言稱有分出賣人自行理直不干買主之事其船新舊買主自行看過係是二邊情愿故非相逼各不許悔如先悔者甘罰契面加一與不悔

以父命爲尊共守天倫爲重毋得兄弟鬩墻爲弓起怨惟以饑寒是給幹蠱是期則子克家考無咎是言喜也如以德色秤鋤誶言箕帚以致乙普明之爭則頹伏家長呈官公論以不遵父命有喪天倫執律治以不孝之罪惟此遺囑

【兄弟分關】某邑某都某父某母某氏親生兄弟幾人各已娶妻生子誠恐人多事冗難令一爨今同兄弟商議請明期親尊長到家將祖父業屋宇基地家私上件等項高低好歹肥磽濶狹去行配正三分均分判立鬮書一樣幾本串某字號　當日普同順天立誓拈鬮爲定中間並無偏黨瀰落欺瞞讓長挾幼及私自擇揀從今分拆以後產業各照鬮書執管兄弟不得妄生異端捏故爭競如有此等幽則質諸鬼神明則經官剖斷即同父母在日以作不孝條論今恐無憑故立串號鬮書爲照

【繼後遺囑】蓋聞不孝有三恪守孟軻之訓棄兒存姪恒稱伯道之賢今有某里某啚某人娶到某里某氏爲妻自于歸之日隨嫁奩田若干衣粧頗盛夫婦勤儉治家充拓基業年躋四十尚無一息雖有側室亦無所出緣恐箕裘無托後絕宗枝有負孟軻之訓類伯道之名矣故會族衆喻養外父某末子某以爲己子從我姓氏名曰某值某年造冊名登板籍然某自登我籍之後應當某户差役繼續某氏宗枝典祀某門祠墓有弟某正若某氏生子名某某妾亦生一子正

入用恐後無憑立此賣船文書為照者

計開船上什物家生等件

頭桅 船檣 桅盤 絞窗門 馬腋 梢槽 取梢 梢棚

鋪倉 舵樓 船板 抛浪 湯舵 船風

釗平基 雞跳板 難迎縫 縴索 縴鎖

向所 鐵錨 櫓舵 魯迺 篷檣 溜頭

桅縴 縴篙 脚索 篷篷 楫架造

隋梭木 舵牙 櫓臍 艙艙

艙撞 櫓移 湯檣 撓銃灣

搶篙 絞車 洪閘 倚木 船亂

籬頭 欄杆 櫓頭 櫓鐶 槳拐

篙脚 則押栿 塡 艙

轆石 衆竹 食琴 纜

縴梭 造斗 倚杓 拖舲 竹竿

篙子 高丫 篙鴉 文篙 撓篙

披水 批石 錠定 棕芟 三猫纜 布帆

篷筌 篷衣 斗蓬 縴搭 填槽般

提頭板 帆纜孔 魚腮板 檣夾

板 捺風繩 ○船稍動用家生

行灶 鑊子 鍋 碗碟 飯盆

碧鉢 搯匙 拘杓 飲 箸筐

刷帚 洗帚 箕 水桶 淺盆

撇鉢 淘籮

【船名】 龍舟 鳳舸 馬舡 艬船

站艬 艟艨 邊江 划子 灘淺 舡

梳渡船 釣艇 河舡 艫 座舡

艖船 船 網船 海 海鰍

剝船 舡 河舡 廣舡

顆船 柴舡 湘船 鹽舡 糟舡

擺子 紅 採蓮船

母即欲戕其生棄夫婦思惟不忍二人潛中血中抱養亦爲親子名其今則二子俱各長大婚娶以畢然而事有先預無致後悔况宋賢司馬光曰爲人後者爲人子不敢復顧私親吾亦恐後日二子各私其親遺忘哺養之義則我夫婦從前劬勞頓無所望也於是會衆族長立此遺囑子恒有曰二子無我何以至今日夫婦無此二人何以終餘年况吾族內三房應當軍伍原有定規然予親在固循規而行乎一不諱之后恐族人欺瞞某乃外家之子冒報獨當軍伍之後此事之大不可不言也是亦附於其內茲觀二子雖生不共母實不與於同胞顧知孝友當思上古張公同居九世後世亦未免分拆列其常人乎今將田宙房屋山林池塘器皿等物新舊貴賤大小相匹俱各搭配二股均分鬮定乾坤二字為號書入徵籍一簿二人各收其一照幾自分之後強者不得擅奪弱者有所定規須各以父命為尊共守天倫為重毋得兄弟鬩墻角弓惟以箕裘是紹幹蠱是期夫然則春秋祭掃不失門戶應當有常我之宗嗣不斷而繼續未有其人矣然則孟軻之訓劉子之言吾其不兩盡乎如有不守吾言以致乙背明爭有各私顧其親之說則願族長將此遺囑呈官公論于以治其不尊父命天倫之罪責其不孝忘義之耳惟此遺囑

【學開式】 家塾學盟

○船上便用物件名目

【飛禽】 雞公頭 野雞篷 鴉窠

燕窩 鴈池 鵲竿 老鴉巢

【走獸】 兎耳朶 獅子口 水老鼠

猪嘴 龍口 象鼻 馬門 鐵猫

狗子朶

【花木】 浪槽板 鎖栿板 艎板

跳板 縴板 燒香板 撼篷板

牆夾板 魚腮板 草索木

【船戶攬載貨物文書式】 某州某縣某鄉某都某甾船戶某人今得埠頭某人保○就某處河下承攬到某客人某貨并行李若干載至某處交卸議定每擔水脚銀若干先借銀若干餘銀沿河支借待載到地頭結算清足所載貨物須當小心看管搭蓋不致上漏下濕或遇盤灘批剝鈔船戶自當如有疎虞船戶甘當照依地頭實價賠還無辭恐後無憑立此攬載文書為照

某年某月　日攬載船戶某人

【雇脚夫契】 某處脚夫甲頭姓某今得某處行李某人保委承攬到某人貨物裁担挑至某處店內交卸議定每担工食銀若干每名先借上期銀若干餘者俟在挑到地頭算明奏足自上路後一心看管物貨不致失落損害如有一名挑不到并將乙銀另顧人夫前到地頭如有閃走且保人跟尋落賠依地頭價價賠還今恐毋憑故立文約為照

【僱牛契】 某處某人有家備某色牛一頭

養正蒙泉易著聖功之本工勤樸斷書明册濬之文蓋大學以豫為先故古人以漸而入希賢希聖以培其根為楨為榦先明其體家有塾黨有庠為藏脩游息之區月斯征日斯邁求漸染熏陶之益設教者既有成法為學者豈無成材雖云弐敎似之又曰不親教也知茲吾族詩禮相傳忠孝勤儉祖宗成立既難文物聲名孫子纘承勿替某齒齡之質檮杌之材群季將有待於惠連吾人實當慚於康樂厚以存心頗能自信勤於敎教亮亦克當始而始終而終與君共守大成大小成小在我非私亦求有一心勿蹈踰盟之誚咸有一德毋貽名教之羞養就龍鱗覩異日禹門變化脩成鵬翮看他年桂闕飛騰

○此象經綸雖開其行之用蒙泉養正實先幼學之功然必傳習以親師方可藏脩而游息某學漸儕俚任悅學比簡編曠弛於奚愆不奐時髦之選子弟群聯於家塾奚堪後輩之模第情義之相孚久而益篤況予心之自揣嚴則必勤先於甲後乎庚振山風之蠱慎厥終惟其始求堅金石之盟

伏以一卷之書必立師宜弘開於絳帳十室之邑必有好故必召於青衿既濟濟而能當循循而善誘大則脩齊治平之道小則灑掃應對之方和靖觀梅且約歲寒而共守吳剛折桂佇看秋色以平分凡在同盟請題芳字

伏以立館招書生敢效韓公之大學讀書破萬

見年幾歲今來要得銀兩用度托得某人為牙將前項牛某樣賣與某人耕田得時價銀若干其銀當立契之日交足所賣耕牛的係自己家欄所養牛隻倘若來歷不明係某自認知當不涉買主之事恐後無憑故立文約為照

計開牛名　牯牛　犍牛　牸牛　水牛　犁牛

羊名　羯羊　羦羊　羝羊　羚羊　羖羊　綿羊

賣馬契　某處某人有掾已某色騸馬一疋見年幾歲今來要得銀兩用度托得某人為牙將上項馬匹賣與某處某人為主得時值價銀若干其銀隨此交足其馬好歹買主自管知當不涉賣主之事恐後無憑故立賣契為照

馬名　騎馬　騍馬　驪馬　騾驢　騂騮　騅馬　駒馬　銀騣　烏騅　分騣　鬆毛

呈狀類

錢糧呈子　某都里長某排年幾甲賦役某人等呈為恃頑不服催辦錢糧事本下甲首某人拖欠本年錢糧若干家案轉限比較前去催趲某不行交納反被恃兇辱罵情原不甘只得具情呈受如家准呈乞拘到案追納庶免本身受責實為便益理合具呈須至呈者

賊盜呈子　某都某役某人或里長總甲小甲火夫等　呈為被盜牛隻事有本都某人役於本月某夜三更時分魆被賊人來家挑開牛欄門鎖盜去耕牛幾頭當時帶領失主沿門搜至地方某處某人卧房內搜獲本牛皮頭蹄是的係於賊盜事情不敢擅便私和理合具呈須至呈者

衆願同杜甫之少年固知患好為師亦曰以文會友蓋亦無長無少但當有敬有才今日辛勤且向雞窗之燈火他時際會即搏鵬翮之風雲道重丘山盟堅金石

鄉約體類

鄉約　夫國以民為本本固則邦寧民以食為天食足則信孚此農事至重實王政之首務也切照本鄉居民稠密別無經營惟資耕種以充歲計是以既殫東作庶有以望西成茲當禾苗盛長之時不許縱放牛馬踐傷鵝鴨啄食各家務宜牢固關閉爰自某月某日會衆議約以後倘有無籍者不依條約照例懲罰如有抗拒不遵定行呈首官府衆共攻之以一科十縱律無正條其情可惡必敬必戒故論

禁六畜作踐禾苗約　嘗謂國以民為本本固則邦國咸寧民以食為天天順則人民均富理固然也切照本境僻處遐陬民居稠密不務工藝以營生罕作經商而覓利惟藉播穀以給贍家之衣食種植以供上國之稅糧日用巨細所需分毫悉賴斯方春之時載耕澤澤則千伯侯亞而竭力於耕播也可謂勞矣至於當夏之際徂隰徂畛其麃綿綿則強以俟旅而心勤於耕耨也厥惟艱哉誠以耕播耘耔之勤勞預望倉廩豐富之饒裕使八口之家無啼饑哭寒之苦一鄉之內有含哺鼓腹之樂嗟夫俗有淳漓民有純駁知稼穡之艱難者固多徇一己之私欲者亦有或縱牛羊踐踏或放鵝豕蹂食若不設禁誠為有害夫既往者不可追而未來者尤可救早晚禾苗之吐秀乃感天意而垂榮牛羊鵝豕之踐實由人心而不謹是則憂之良可惜哉爰會鄉衆僉謀嚴立禁約求仰週知苗約以某月日為始各家人等務令遵守畜養禾苗牲口俱要謹慎嚴固關攔毋得故意縱放踐食怨視遇見登時殺死不必賠償亦無爭競倘有無籍之徒恃強之輩出首言爭即投申明亭上從公斷治罰依鄉例庶使人知所警物遂其生殆見由苗而秀芃芃然于東阡之內由秀而實栗栗然西陌之中惟願五穀豐登共享太平之盛世四民樂業同于至治之雍熙謹示

農民呈子　某都里長某等　呈為舉報農民事蒙案著落該都選報識字農民今審得本都內有某人能通書算亦無公私過犯人才頗堪擬用理合具呈須至呈者

客商引狀　某縣某都某商某為照給文引事今因前往某處買賣恐為路途阻滯理合告給文引庶免關津留難為此給引是實

認狀　某都某人等今當本縣老爺處承認識字農民某人幾名不係父子相繼兄弟出入娼淫子弟出入隸學書手亦無公私過犯今蒙審閱執結是實

保狀　縣坊某隅某總居民某今當本縣爺爺處承保到在官犯人某等出外聽候不敢遠颺所保狀是實

領狀　某都某面某人等今當本縣爺爺處實領到某事云云中間並無冒領所供是實

舖行領狀　縣坊某行某人今當爺爺處承領到家硃票討過某件計價銀若干正中間不敢冒領所領狀是實

童生執結　某都某面某里為歲考童生事本生自幼在家隸業讀經書並無刑喪過犯又非曾經黜出人數今蒙取錄所結是實〇計開某名童生係某圖

禁田園山澤約　古者田圃山澤俱有厲禁所以樽節愛養之道收天地自然之利今茲青苗蔽野綠陰連山一等不良之徒輒肆狗鼠之行以致生者熄成者耗而厚生之道荒矣是用會集一方宰豬置酒歃血預盟從新禁畜日加巡邏之功月有交牌之會凡我同盟之人皆在所禁之中令有條例戒于後故示

禁盜雞犬約　夫犬司夜而雞所以司晨者也物雖出於至微實則所關甚大豈可以泛乎視哉且孟軻有云雞鳴犬吠相聞而達乎四境則雞犬大有所關知二南之風直文戒恭之言則曰無使尨也吠又有賢妃告戒之辭則曰雞既鳴矣是雞可以關風化之盛矣是物也愛養之宜

試教諭某經三代某名◎保結生員某
里長某甲
〔執結〕某都某甫里長某今於流執結爲某事云云勸得某人云云並無逆硬情弊執結是實

〔地方執結〕某都某甫里老總甲某等今於與執結爲地方　遵依結到守本里地方並無生面之人在於地方蝟歇如違甘罪所結狀是實

〔神呪類〕

〔請爲神呪〕伏以神道不遠處懸酒全聖德非遙禱求即應爐焚心香一心拜請今年今月今日今時年值功曹月值使者日值公事時值使者傳言奏事仙官九天玄女仙娘傳遞等神下赴門軒聽今日意以今奉爲某道某府某縣某鄉某都某里某社居奉神還賽平安良作願祈福信士某姓某名某妻某男領家眷等茲當某年某月某日宰殺全豬還賽平安良願一中以此爲某姓某名一家男女叨恩福庇得獲平安以此昭謝天恩蓋爲某名下祿順凶星昆和歲煞再祈某次祈門迎瑞氣户納千祥什件等事總賴扶持向來情悃壹白云週諒沐神威必垂聽鑒卻煩賫此心香上意遙空攀請天地三界四府萬靈真宰麗空過往太道神仙水府太洋洲上得道神公侯王水府一界真仙普降香筵受沾供養再焚心香一心拔請本處某省省城隍主者之神某府府城隍主者之神某縣城隍主者之神當降來臨再焚心香一心拜請本處所祀各廟神祇及各社社神土地等各壇三聖公王俱要請同受今供養再焚心香一心拔請家堂香火當今皇帝觀音祖師家堂奉祀儒釋道三教明神中庭土地十二禁神東廚司命六神府君普降香筵受今供養今日今時虛空高往大道神仙閒今拔閒賜額來臨擲筊已蒙到座龍來使鶴足馬到御金鞍東來東坐西來西坐南來南坐北來北坐中央而來五方而坐信士虔誠明香上獻無以精專虔備心香全燭等殺全豬齋飯普伸上獻具僚淨茶用伸致敬大茶者仙[illegible]團鑿面一甌輕泛碧雲生滴滴香沾香三巨乃用正示醴氣何仰秦伏諒沐鑒沾再有清樽開靈酌酌酒對物獻一獻二獻自古三盃通大道一醉解千愁解使神仙留王珮朕令卿相解金貂向來酒斟三獻禮不升陳伏請諸位神聖鑒領所供凡儀具有口詞謹當百白今為某道某府某縣某鄉某都某里某社奉神還賽良願祈福信士某領家眷等即日拜下○神造所伸意者詞為某一家名下叨恩福庇得獲平安取今某月某日宰殺全豬奉請諸位神祇還賽年願祈為今歲某名下酬恩謝過請禳消災禳順星辰祈和歲煞保管某人凡在時中全干吉字諒沐神恩必垂洞察具有錢財風傳火化化紙祝　南極宮中開火殿陰陽煉[illegible]

則必顧之當導性之為用則鷄之祭祀者此也豬者亦此也犬之御暴者此也正奸者亦此也然吾家所養爾家亦然爾心所愛吾心亦然奈何有等無知之徒僥倖之輩不思物各付物之心悍之利已損人之計貪圖口體之奉縱故肯慾之心或掩藏以變鬻單民或屠戮以恩市妻子所肆非輕爲害不淺緣自今日爲始會衆禁約如有仍前浪蕩貪饕之輩不思人家蓄養之勞忍心害理不仁孰甚焉許同約之人究察或捉獲贓証送亭問理輕則隨情發落照例責罰重則送官懲治問罪如此則人心有所警畏物性得以安全人人有士君子之行此屋有可封之俗矣凡我同盟各宜鑒諸故示

〔禁盜田園瓜菓菜蔬約〕某保爲禁約事切照本保民居四散率在田園故于東作方興之時雨露沾濡之際其于蔬菓等物四時靡不種我於中預備急濟日食之今蔬菜成熟不亦禁戒因離家窩遠怨顧不過卻被連近居民多有鼠竊狗偷之輩輒起貪心擅入田園之中採取蔬菓以爲己有甚於強徒擾掠鄉村人人無不受害然此惟圖一時之小利以順口腹之所欲損物害理不仁孰甚理合給約而禁仰各洗心滌慮中間再有仍前偷盜不悛者方許被害之人緝過擒拿赴亭從公參治仍罰某物若干入於本境某處究會以禁其餘的不虛示

〔禁偷盜筍竹約〕某境爲禁約事户有竹林一所坐落某處木竹成林今當春筍發生之際因鄰家窩遠以致巡視不常卻被鄰近居民鼠竊狗偷之輩縱令男婦人等類覬覦輒起貪心或三五成群或八九為黨逕入林中擅自盡掘惟肆一己之私欲圖充一時之口腹損人害物不仁孰甚本欲告究懲治緣無指實姓名姑得含容隱忍豈期貪起究頑某某所犯情由實無擅取且關瓜菓之律同科又何異哉今給告明仰各洗心滌慮如有稔惡不悛仍前盜取許令諸人察緝捉獲其賞銀兩以酬其功仍將盜犯人役投明里老著令充會以警後來如此使人心知所忌憚而物性得遂其生成為此故約

〔○文類〕

〔賀進士上梁文〕一水護田占浮山之佳致兩山排闥開天地之奇觀棟宇竇飛里閭出色恭惟某新君翰相闕下。行義達道不忘繼述之心捧日扶天遂展經綸之志材既掄於株株松柏法當盡乎規矩準繩第宅嶌新規模勝舊雕梁畫棟勝觀山水之奇素壁珠扉杜絕塵埃之迹完矣美矣輪焉奐焉接親朋以道義教子孫以詩禮爰居爰處宜室宜家脫俗離塵故賢者而樂此怡情適趣惟君子以居之不亦甚乎復何言矣梁飛虹景歌應鴻声〇〔梁之東〕東風淡淡日融融　滿樹鶯花紅勝錦　馨香百和藹盈籠〇〔梁之西〕　西風凉氣入池塘　八面窓開天氣爽　倚欄吟眺送斜輝〇〔梁之南〕　南風

成錢一錢化作萬千錢陽間但有燒錢寄于陰間自有領財卽佔領歸神內多則多分少則少張燒紙畢餘稅者冷無炯肉冷無柴伏請神聖退散留恩降福大王請工馬夫人請上轎有轎馬有無車駕馬天神還天地神還地水府神祇各歸龍宮上下神祇各歸廟宇家於香火坐鎮家堂來當按請去當奉送稽首神威伏為珍重

【沿江祭祀請神文】伏以神通浩浩聖德昭昭凡有叩祈立彰感應謹具清香度誠拜請〇天地水府四界神祇船房侍奉儒釋道三教香火有感福神方三保請佛如來大慈大悲觀世音菩薩天地水府三元三品三官大帝北極鎮天真

武玄天仁威上帝水府扶桑丹霖大帝蓬萊水國浪新仙官水府沿江廟貌五湖四海龍王洞府尊王順濟侯王洪山得道八位公王水府顯化斬龍楊四將軍宗一宗二宗三舍人蕭公晏公李公真人天下正神五通五顯靈官大帝盤存七寶先賢龍虎玄壇関趙二大元帥招財童子和合利市仙官本身隨行香火歷代過往神祇此間城隍大王土地之神上至源頭下至水尾一河兩岸洲頭料尾古往今來新添旧額沿江廟貌一切有感神明焚此清香願垂昭鑒今據大明國某道某府某縣某鄉信士某人在于某處駕到某人船隻裝載某貨前往某處發賣今在此間地名某處經

排樹綠蔭蔭　花萼聯輝兄弟樂　塤篪迭奏縱歌酬〇【梁之北】　北堂凝梅同一色　鏘金振裡飲羊羔　咲彼霸橋驢背客〇【梁之上】雲間碧樂星垂象　廣厨書史教兒孫　太乙青藜乘夜相〇【梁之下】　光非彩燈燃圖畫山川鍾秀蓬蒙英　玉堂金馬增聲價

伏願上梁之後倫屬五福樂此一新虎豹遠而蛟龍藏鸞鳳儀而燕雀賀怡怡奉雙親滾滾生公侯式副芻言無任致祝

【酒清楼上梁文】伏以空中樓閣品題敢擬前修物外烟霞踪跡已成癖好根買山之無日若商墻以多言爰收人棄之材聊作天游之室念某貧居屬籍心慕高明幼讀父書好誦十二樓五

成之句。長聞師訓。恩承七有業治數之傳。被緼袍以升堂。抃簞瓢而在巷。自其雙屐不處鶯栖架上。才籤盡千年之墳典。座中清佩來四國之家英。五陵車馬雖不至門。百首風花尚能援筆傾茲偪仄莫遂徜徉。余無暮夜之金。難攤朝雲之棟。掃除露地。移置風簷。尺椽片瓦。稍置不加剝水殘山。會情有待。雲霞漸近。可安絕粒之軀風雨不驚。聊擬為巢之俗。時倚闌干望。或欲林泉歌焚爐篆。以清齋洗冬塵。而招隱覩二儀之清濁。余茲窺萬類之枯榮。誰為受者。月明千里。尚思瓊樓玉宇之高寒。春色滿園。無復野草閑花之愁悲。路傍塵起。去馬來牛。天外霞飛斷鴻孤鶩。歲寒獨守。賴三友為相知。日晏閑眠

[illegible]攜但度備牲儀敬伸奉祭請祈神補佑保平安稱船穩載纜堅牢船頭無浪船尾生風好人相逢惡人遠避順風相送買賣亨通官非消滅盜賊潛藏一動百為千和萬合今日利馬錢將用燒火化七財有咒語為誦持吾秉一氣神化無方以咒化財燦爛祥光神歸洞府伏降吉祥南方丙丁火德之属焚楮化財飛符登錢百萬吏兵七千官属疊奏參名當愿降福賜禧百般依從珍重

【謝土祭文】伏以天高地厚莫如道資之鄉日往月來痛切亡魂之念清香散屬賓壞逍遥以今爐焚心香先中按請此間某頭土地引魂童子揚魂將軍年月日時四值功曹使者聞今有請願賜來

臨勞煩符使賫此信香達此口意謹陳心香一心拜請上府九壘至德尊神青皇上帝土家眷屬東方青帝某龍神君西方白帝某龍神君南方赤帝某龍神君北方黑帝某龍神君中央黃帝某龍神君左青龍右白虎前朱雀後玄武某龍神君二十四向某龍神君青烏白鶴仙人進寶掛錢使者文武列大神金鷄玉犬大神塚中守禁張堅固先生再焚真香一心拜請亡過先考某位神魂聞今有請暫伸來臨有酒在樽開壺酌奠伏以亡魂受祭出獄鍾靈萬載塚塋[illegible]一千年棺槨長命富貴金玉滿堂九龍御殊下有八龍朝拱山山皆朝節節以應[illegible]鶴仙人笑口設宴

似一僊之术起座可移而攜參悄不落于登言惟茲吾之所求豈知老之將至暫近繩床不煩書蹟之工且喜兒童共和繞梁之韻〇【梁之東】　不說相如四壁空夜半月華侵戶牖枕邊身在碧霄中〇【梁之西】　茅屋鷄聲月正低借問此時塵夢裡幾人奔走逐輪蹄〇【梁之南】　預蛸光影碧嵐已識無心為道體年年只與水雲參〇【梁之北】　千峰萬峰數不得紫微夜夜月中天乘槎不用探消息〇【梁之上】　八萬四千甘露常中間寒暑任推遷不遺絲毫塵度量〇【梁之下】　世界誰為具眼者却笑觀場喜共悲主人一一能拚捨〇

伏願上梁之後安居不曠大道當聞弟子忘言

當對典衣晋某雪小兒鮮語莫將談笑傍星辰轍跡漸深究來長者琴絃未絕必遇知音者槃以弗諼終墟埃之未謝太清可倚無極為期

【元尚書省上梁文】龍蟠虎踞近依天闕之九重鳥革翬飛肇啓文昌之八座昭風雲之慶會登華夏之壯觀麟鳳來遊燕雀共賀欽惟聖朝鑿天張宇覆地開封混六合以為象攬群英而入彀周鄉有六家宰統百官唐省分三曰尚書總庶務喉舌典樞機之密股肱資輔佐之良惟政事之有堂是熙朝之盛典載消吉地爰築新基聳落落之奇材構堂堂之仙府左帶鳳池之水右瞻鰲峯之峯聽鷄有使於趨朝待漏不煩於他所三槐論道端居上相之尊一筆為霖簷作於丕

貢憑仙人化頭道好孝眷虔誠消罰一
真伏以琉璃鍾琥珀盃小糟紅真珠濃
始出杜康傳于李白牧童遥指杏花村
豪客醉歸芳草岸三盃斟灔四邑醺香
無任虔誠消行三奠諒沐諸位聖神必
垂昭鑒今據大明國某省某府某縣某
鄉某社居奉神醮謝祈福保安孝祀某
通家眷等即日拜干詞狀伏為亡過尊
魂原命生于某年某月某日某時因病
身故於今年某月某日某時十分之
吉安塋于此切念育傾人世未闋生方
欲神追墓之誠當盡酬酌之禮于今某
月某日謹脩九儀福獻一中恭就此間
特伸醮謝山神土地護佑地脉降危俾
亡者常樂常安使魍魎無擾無恐朝听
命鷄鳴夜聞玉犬吠降子孫而越富越
貴益家門而愈吉愈昌高大門閭容子
孫之車馬恢弘閥閱崇世代之声華乃
積乃倉爰居爰處今則挑辦筭少薄儀
供獻不敢久留奉請山龍各居位府垂
恩接引亡魂柴發墓所外有錢財以憑
火化仰煩土地賞此錢財一會奉送亡
過尊魂伏請各各回歸聖境亡魂樂
慶享堂承此善功消遣宿積自虔誠
伏惟珍重

代人祈十保福疏 大明國某道某府某
縣某鄉某都某社居奉某人近於某月
日間出往東南西北仡自時氣災某不
常致身沾某疾慶服藥餌未見愈瘳今
有衆信弟子某某人等思惟神恩可賴神

之福兮協角第某樂虹梁樑采欲謡膺申善頌
歌闋
伏願上梁之後三辰即序庶政惟和和幾務崇
足之安輔相協棟隆之吉二十四考休聲中令
之賢才萬八千年共祝天王之聖壽

新年拜天地祝文 切以香烟象翠騰三界之雲
烟燈焰搖紅燦一年之好景時維萬曆某年正
月初一日信士某掃開逢重薦獻蘋繁奉請
天地三界四府萬靈遐空過往有感神祇下赴
門庭拜賀年節拜 興四礼
伏願一年之內有吉有慶八節之中無災無害
出而作入而息個個沾息老者安少者懷人人
獲所作所為豐牧牲財大旺私宅遂燕安之好官
司免虎政之苛未盡祝祈悉皆匡息今則謹遠
新火特首稽錢稽首皈依伏惟尊重

新年拜祖先香火祝文 切以寶香藹藹騰瑞氣
以氤氳燈燭煌煌燦祥光而燁燿時維某年正
月初一日堂下嗣孫某等汛掃几席薦陳菲供
奉請 祖堂先遠男女宗親家君香火福德明
神下赴中堂拜賀新春拜 興四拜
伏願龍神獲福祿燕壽申天五福均盈一曰壽二
曰福平分不姤千斯倉萬斯箱禁止堅牢起居
寧謐凡百未露悉伏悱憐今則貢紙錢而安奉
憑田蘇以煉成稽首皈依伏惟尊重

祭清明文 伏以時逢寒食春雨濡濡節届清明
和風細細香烟繚繞透天堂酒氣氤氳浮玉盞

力可祈求端欲誠謹于是日虔脩牲儀
敬書投狀拜請于某神壇前祈保某人
身宮清吉壽命延長四体安康如雲開
見月百疴消散似雪點紅爐伏願大顯
神通廣施靈驗驅邪毒離家庭默相
病軀增福慶倘蒙全安之祥即日拜謝
酬賽衆等不勝懇切之至

鼋谷子響卜法 夫龜者五祀之首也吉
凶之柄悉歸所主凡有疑慮候夜稍靜
洒掃幾室滌金注泉令滿以木杓一箇
頓竈上燃燈二盞一置竈内一置竈上
安鏡一面于竈門邊炷香叩齒祝曰
今據大明國某道某府某縣某都某鄉
某社居奉神祀竈祈福信民某領合家
眷等詢卜今月今日今時特為家下某
事謹具投詞虔脩信香明燈淨茶是夜
洒掃斋戒恭就本家敢昭告于司命竈
君之神切聞禍既有某發豈无徵事之
先兆惟神是司以今某伏為某事表心
營營罔知攸指敬于靜夜移新息爨滌
釜注泉求趨響卜之途恭候指迷之柄
情之所屬神實鑒之某不勝聽命之至
禱畢以手撥鍋中水令左旋執杓祝曰
四縱五橫天地分明神杓所指禍福攸
分祝畢以杓置鍋水中任其自旋自定
值杓所指抱鏡出門不得回頭密聽傍
人言語即是響卜事應後驗無有不應
或于柄指處無路則是有阻宜再占又
看杓柄所指方向去所在擇日最忌月
厭黑道神隔如朔望日不祀此卜有驗

正孝子追遠之時乃先人享祀之日今則知恩
有自報本當然敷陳醮祭之牲儀仰預符官而
召請承祀孫男虔誠拜請拜請直年直月直日
直時四直功曹使者把墓童子守墓童郎口御
香信速去速回敬詣土府界内引出墓主尊魂
某公某婆衛出墓門受今供養得蒙金榮拜請
左青龍右白虎前朱雀後玄武山家將相二十
四位弄頭木奴苑婢玉犬金鷄本山土地來龍
風水護蔭神君遠近新墳舊墓上至源頭下至
水尾香烟起處虗空過往一切神祇凡在山內
之神同降醮筵之請位分上下坐列尊卑有酒
在樽開壺酌獻 奠酒詩曰
一巡清酒祭宗枋感荷尊魂降墓堂自此門庭
多吉慶官職萬頃足田庄
二奠金洋玉液香靈魂昭格享蒸嘗山川毓秀
生人傑代代為官輔帝王
三巡清酒味馨香捧盃傳盃罄意嘗庇佑兒孫
多福祉春秋祀典地天長
四奠盃浮玉色光神靈默處布禎祥隱陰融着
真風水濟楚衣冠入帝鄉
五巡竹葉綠浮盃灌獻懇懃悅且康伏冀神祇
全樂盞徘徊暢飲謾斟斝
六奠金樽注玉漿兒孫濟濟列貞堂司神一點
靈系地玉帶金魚佐廟廊
七巡盃面長瓊漿德澤流光不忘世代書香
繩祖武永垂來葉慶重光

【新鐫仙螺卜法】天螺者海濱之精也生九十九子变化無窮預識人間禍福凡有疑慮以憑所泊之處決後以定吉凶今人屢卜屢驗凡有所求必須沐浴其身更换衣服夜静焚香先置潔淨水盆一個注水少許將螺放在盆内假如占某事先書可否紙票貼在兩傍度脩淨菓品錢財香燈誠心拜禱【乃祝曰】寂然不動感而遂通大音希声叩之即應【又祝曰】至驗至靈是此螺神謹發誠心以獲靈應拜請五方五螺神君本坊神祇之類同作証明【再祝曰】神君神君報應昭彰所栖所泊禍福攸張祝畢將財焚化待明日看其所泊何方以定可否卜後將螺放在池中不可残害則有所准

【七夕祭文】兹遇星回斗柄時際新秋銀河耿耿玉宇悠悠天孫賜巧于今朝牛女幸歡于此夕西河嫁後獲子美之高詞玉兒搗成借謫仙之佳句欣逢勝景喜值良宵瞻光皎而實蟾開金風生而青蘋發設靈鵲而駕銀橋賴神官之召集令牽牛以配織女感天帝之垂怜側聽天韶嘹喨恍疑仙伎臨凡途聽鶴拱翻鶴頻覓天孫降巧送錦書生丐資百智之聰紅樓淑女讨想七針之貫望垂古風續成今列浮瓜沉李皆五菓之誠擕滌獻斉致八珍之美伏丐徽悠皆垂庇佑乞被國脩之愚祈賜清明之質五經三史頼開七竅字濠庇四書六術伏剔三毛于默識貞女綉成橋鵲利理之辨光曹吞就江楓池草之句各沾福惠俱獲成恒書吞有待科甲期登四時無險無危八節綏康綏慶一念惟誠恭陳短疏百拜上援鵲橋會上牛女二星君賜巧何姑星君鴻儒教主大成至聖文宣師三千徒弟子七十二賢人

入冥流霞泛玉觴神明歆曲自攸揚重斟二美酒相酌献料得壺中日月長九巡清酒注金觴勸侑尊魂喜氣洋雲仍後裔家祖德簪纓滚滚継書香十奠將終意未央慇懃只在此盃將今朝祭後蒙華庇代代児孫福禄昌向來酒有数巡已畢礼意雲週有事通陳無意不敢今據某道某府某縣某鄉某社承代嗣孫某兹遇清明佳節美景良辰感動怵惕之心興起追思之念劬劳莫報哀感奚窮敬具粗酌拜掃墳塋雖不見慈親之歡樂小盡孫子之誠心伏望墓主尊魂大開笑顔一涌聖筶領受醮筵然後回言而保佑擲筶領受已訖其實分明墓前等静風水回還青龍君左伴白虎鎮右行山家將相斉擁護金雞玉犬守墳堂蔭益児孫官與貴家門利益進田庄逝子逝孫斉安樂是男是女揔安康営謀得遂産業增崇一年清吉四季保平安官非杜絶口舌沉埋火盗消滅諸縁降吉祥六畜衆盛五穀豊登買賣一錢為本萬錢為利男似青松而不老毋如蕙蘭而馨香添福添寿如南山北海之無窮注禄注生似水湧源流之不息但是登山者不論是男是女是老是幼人人清吉個個咸安來有明香召請去有財儀奉送謹當火化燒紙此一分財儀拜墓主尊魂某山家將相二十四位神君在此一分錢財恐謝某神某君向者請來諸位神祇各各騰雲駕馬回歸金闕橋道方隅各鎮本方凡在祀勵家庇祐所有墓主尊魂一魂請歸天堂逍遥快樂二魂引歸家堂永享春秋祭祀三魂請歸墓堂蔭子蔭孫昌隆後代再有所請望賜降臨伏惟珍重

新刻天下四民便覽十七卷終

新刻天下四民便覽三台萬用正宗卷之十八

洞房春意門

○藥性歌

洞房何藥可興陽，海馬相兼石燕強。蛤蚧丁香并巴戟，熟地茱萸五味良。堅強更有破故紙，能令快美蛇床硫黃性熱宜輕用，木香併丁香茶詳入龍木鱉絲瓜子，乳香沒藥是奇方，遠志蓯和甚助，與桂心兒腦白礬添梢子，鹿茸香附子，洞房徹夜可追歡。蜂房細辛地龍等，陰陽並美乃仙傳，狗骨乾姜和定粉，相思美婦不能忘，花椒沉香兔絲子，杏仁草麻共茴香，石灰糊椒烏魚骨，金狗脊肉蓯蓉當入參，茯苓能大補，并松三柰菊花涼淡蓯蓉，青木香龍骨石榴皮，要用心前全蝎紅苔，乾山藥荷子砂仁與薑蚕，狐心乾海憑陽起石，硃砂五倍丸松全蚕蛾韓香，川牛膝川芎并蓫白砒霜，封臍紅蜻蜓二個，更無絕妙麝香。此是洞房神妙藥，春方配合若通仙。

○神聖固臍膏

西江月調 二首

弄月追風才子，偷香竊玉佳人。若還有意洞房春，倒鳳顛鸞着守。常思千合開要，金鎗不倒尤宜，留教雲雨到天明，兩下歡娛難盡。○細想歡中之意，果然賽過仙丹，常常一見便心歡，於得孫生心亂，能使才郎情動頻數

子弟門

碧雲真人房中採補修身訣

夫修真者修其身也。人之一身，一曰精，二曰氣，三曰神。氣乃養精，精乃養神，精氣聚然後神從之。夫人不能修真養氣，氣衰則精耗，精耗則神散，神散則病生，可不戒歟。凡欲學者脩真養氣，當閉精全神，則延年益壽，返老還童，百病不生，觔力壯健。以後謹身慎行，濟物利人，功行完成，至於仙道亦可躋矣。今將秘術列為十三章，慎勿輕泄，如昧師傳，必獲陽誅陰譴，慎之秘之。

○脩真養氣章第一

凡脩真養氣者，情欲養肉氣也，寡慾養精氣也，嚥津液養肺氣也，美飲食養脾氣也，少思慮養心氣也。若有世人但能依此行之，當得氣壯神全，得其真道矣。

○寶神補益章第二

房中之術，若能行者，可以延年益壽，昇仙道矣。凡人年少雖知，多不能行；老而行之，亦不能延年；況少而行之，必得仙矣。一陰一陽精髓為人之至寶也，謹而守之。房中之術，知而能用者，可以養生；不能用者，多夭壽矣。夫我命在我不在乎天，脩真養氣，實得延年益壽。更能行此術者獲壽無窮矣。故有男不可無女，有女不可無男。若強而閉之，則意動，意動則神勞，神勞則壽損。雖得易矣，若與女交則不泄可矣。昔者黃帝、容成、巫炎、彭祖皆得房中之術，閉精引氣，還精補髓。此法仙家之秘，不可傳非人，慎之慎之。

○擇鼎煉丹章第三

夫鼎者，煉真丹溫真氣之爐也。須要不曾生產美婦，眉目清秀，鬢黑唇紅，肌體細膩，光澤無口臭、體氣、崩帶、白濁者為佳。切忌口大唯聲，鬢髮黃，骨體粗硬，此等決不與交，行功有損無益，而傷男子之陽氣也。

○戲天女精章第四

夫仙人玉女陰陽配合之道，何曾泄漏真氣？今之世人不務女情之感動，男子只知自己之快樂，不曉戲女之道，玉莖納入陰門，女情未動，男情先泄，真氣自取衰敗，終身不省，豈不悞哉。凡與女人交合，先須溫存相抱，輕憐痛惜，嗚咂唇舌，玩弄胸乳，令女人手弄玉莖，男子以手指探陰戶至琴弦，微有滑津，此女人淫心動矣，方可交合行功，則不輸矣。訣曰：緩緩施功，令氣不喘，其精自兮矣。

○男察四至章第五

夫玉莖不強者，和氣未至也；強而不長者，肌氣未至也；長而不硬者，骨氣未至也；心欲與不美者，意氣未至也。凡男女交合，當察四至而行之。若一氣不足，不可以交也。勸君臨陣休輕敵，恐喪

玉女思凡風流子弟莫辭閑縱有千金不換

○詩曰

戰戰兢兢一把拿，渾身上下盡酥麻。古人留下仙丹藥，採盡人間百朵花。

大附子 一個，要二兩六錢者佳，一兩三四錢者次之　甘遂　甘草各一錢伍分　母丁香七個

右將附子開一孔，剜空，入三味於其內，用南京堆花燒酒半斤，將瓦罐乘此入附子，用綿紙封罐口，以粘米數顆放紙上，以米熟為度，取出前藥，搗杵如泥，成餅上蒸，將入麝香二釐，於臍內貼，臍上用絹帛係住。

○興陽丹

雄狗膽 一個　麝香 用當門子一錢

右將麝香入狗膽內攪勻，線懸於當風處陰乾，每用少許津調塗龜頭，行事耐久不泄，甚妙。

○金鎗不倒丹

人龍 一條，瓦上焙乾　苦參子 十五個　乳香 五分　沒藥 五分　杏仁 七個，去油　麝香 五分　鼎腦 五分

右為末，油胭脂和為丸，如麥子大，行事用一丸放在馬口，大能堅龜長大，堅硬甚妙。

○選緣如燒爐丹

青木香　枯礬　牡蠣各七分　川椒五分　木鱉子 一九子去殼　麝香 三分

右為細末，煉蜜丸，蓮子大，每用一丸，先納陰戶內，待藥自化，陰戶窄緊，男女美快。

○保安宮土熱燥方

川椒　白枯礬　吳茱萸　蛇床子各等分

右為細末，交接之時，用少許納陰戶，男女與陽俱美。

○[illegible]方

細辛　川椒　甘松

丁香　三奈　蛇床子　肉桂　藿香
辛夷　菟絲各等分　右為末煉蜜丸
桐子大每將一丸納陰戶內覺自身熱
陽事興妙

【雙美丹】　五味子　遠志　蛇床子
兔腦　龍骨各等分　右為末津調少
許納入陰戶男女歡洽雙美不敗

【固腦膏】　陽起石　蛇床子　香附子
韭子已上各一錢大風子五分去殼土
狗七個去翅足煅過麝香五分硫黃五
分　右為細末煉蜜丸如指頂大以油
紙蓋護貼臍上用絹帶子縛住戰十女
不泄倦即去藥冷水一口解

【金鎖玉連環】　雄狗膽一個　肉蓯蓉三
錢酒浸先上焙乾　川椒五分　紫稍花一
錢　硫黃五分　韭子十個　右為末將膽
汁流盞內將藥攪勻線扎吊當風處四
十九日陰乾每用一分津調塗莖上
行事交鎖不脫冷水解

【窄陰方】　没石子三個　乾薑一錢　蛇床
子一錢　桂心一錢　狗骨燒灰一錢
右為末煉蜜調為丸梧子大每一丸津
調入陰戶待熱行事緊窄妙如童女

【長相思】　定粉　蛇床子　川椒去目
狗骨燒灰各等分　右為末津調少許
塗莖上行事初交一次令婦人朝思暮
想不已

【[illegible]】　松香　甘松　青皮　[illegible]
[illegible]

男家無價珍

○【交會九到章第六】

夫默咽津液者意氣到也將身抱人者肝氣到也強力動人者筋氣到也搓弄玉莖者血氣到也摸男兩脇者肉氣到也兩鼻氣粗者肺氣到也身不動搖者腎氣到也滑津多出者脾氣到也四肢不收者淫情極到也九竅交人九到俱全方可交合百病不生也

○【六合取勝章第七】

凡遇美色婦人心雖愛戀按定身心用玉莖於丹田緩緩淺深往來行功五七十次至百次當可歡住得其心定再依前法五七十次其婦人愛意難禁溫存先泄也其時可依功取採自然覺精動自身如龜藏六物法掩氣一提自然不泄還精補髓乃為陰偷陽勝也慎勿急速太深若進之急速太深或傷五臟強忍欲情攝精入腎令人外腎痛陰汗津潤更有小腸氣發奔豚氣諸般疝氣是矣訣曰九行功與內微微引氣為妙但覺喘息急時便可斟量歇住候收喘息再依法行功大丸戰不厭緩採不厭遲如此則陽勝陰輸矣

○【採煉太和章第八】

道不可不論人交氣而生陰陽皆一理候之往長齡世人自錯嫌天道無經[illegible]復收其氣鳩[illegible]氣神保命得長生丸訣行開[illegible]津液

[illegible]

戶行事[illegible]

【四時雙美散】　龍骨　胡椒　[illegible]
獐腦　枯礬各等分　右為末[illegible]
許津調納陰戶或塗龜頭入戶兩情美

【鐵鈎丸】　熟地黃　肉蓯蓉　獐腦各
三錢　海馬一對炙　滑石　雄雀肉一個
去嘴爪鹽酒浸焙乾　右為末酒糊丸
桐子大每服三十丸空心乳香湯調酒
送下日進三服玉莖漸長大九日行事
百戰不衰

【立效丸】　石燕一對　蝦海馬一雙焙　龍
骨　南木香　丁香各三錢　右為末
每服五分空心酒下以乾物壓之大興
陽或少許津調入戶後行事不倦堅
欲泄水一口解

【固精丸】　肉蓯蓉酒浸新瓦焙乾　兔絲
子　柏子仁各五錢　青鹽一錢五分　熟
地黃酒浸新瓦焙　桂心　五味子　川
牛膝　遠志　蛇床子各三錢　右為
末煉蜜為丸梧桐子大每服二十丸空
心溫酒送下行事晝夜不衰不困服至
七日似鐵不損長至七寸妙不可言

【滋陰壯陽丹】　木香二錢　無明異一錢
五月蚕蛾用公母三對　胡椒五分　桂心
一錢　丁香一錢　右為細末煉蜜為丸
梧桐子大每服十丸或十二丸臨睡薑
湯送下入陰中巨大不可當欲解呵氣
三口如不解飲冷茶一口即解

【千金秘精方】　旱蓮蓬　雞頭粉　蓮
花蕊　蓮子心各等分　右為末煉蜜

[illegible]液上[illegible]在其[illegible]男子精欲動動氣莫奔騰淺深三五度以手按腰間吸噓氣勿逆和氣須停勻納之為欲久出入莫遲延草木若衰折含精融其春百脈俱調暢首尾若龜身頭指如虎口手足皆如鈎脇腹縮其氣精液並皆收玉莖按其上胎息自鈎留非為閉精澀黃河水逆流此術莫輕傳秘之金玉求返老為童顏百病不生若能行此術壽算百餘秋

○【遇應還流章第九】

凡男女交合女人先泄者目瞋身顫面赤舌尖微冷鼻孔開張四肢不舉神體恍惚陰之脈動滑津流溢此其驗也男子當此之際心寧神靜抱定女人上採其舌津中採其乳下採其月華採而得之提運行功自尾閭穴兩道運氣串上夾脊透過雙關起昇泥丸宮流轉入口化作瓊漿咽下重樓於丹田起火煅煉此為黃河水逆流也此術益壽延年輕身壯骨力百病不生老子曰玄牝門是謂我天地之根也

○【惜氣保真章第十】

夫惜氣保真者精也天有三奇日月星地有三奇乙丙丁人有三奇神氣精若能存神固氣保精者則百病不生須要保守精氣不可輕開泄漏術曰保精惜氣如明珠碧玉無價人精豈可有價乎君將精氣等閑棄泄如將珠玉投於污泥之中豈能再得可不慎乎

為丸如雞頭子大一丸口噙化下不泄
若泄車前子擦手心便泄

【惹意牽情散】 牡丹花 天茄子花
天仙子各等分 右為末彈在茶酒內
與婦人食之其女婦即有意也

【綠珠進石崇延壽補益湯】 夜有房事
勞神明早服此大有補益 人參 黃
芪蜜水拌炒 白朮炒 杜仲炒去絲 牛膝
白芍炒各一錢 甘草六分 當歸酒浸
焙乾 陳皮七分 柴胡五分 五味子十二
粒 知母八分 熟地酒浸焙乾二錢
右為一劑水二鍾紅棗二個煎七分空
心服大有補益

【安祿山徹夜恣情散】 蟬酥二錢 胡椒
二錢 乾桂五分 麝香三分 右為細末
以二三厘用唾津未前午後調塗莖上
至晚臨行洗去一夜不泄久久藥力自
散不必解

【隋煬帝幸群女遍宮春】 阿芙蓉二錢
蟾酥一錢 硃砂五分 右為細末以二
三厘津調如前法妙亦無窮

【秦宮呂后浴盆雙妙丹方】 細辛 川
椒 蛇床子 槐花 甘草 茱萸
附子各一两 右為末水五碗煎濃連
根葱一握搥碎投入無風處添水男女
盡身並洗大壯陽縮陰

【太平宮主萬般嬌】 遠志去心二錢 蛇
床子二錢 五倍子二錢 右為細末以
二三厘津調塗抹玉莖壯陽久戰堪美

【羅仙秘妙方歌曰】 七粒丁香八粒椒

○【心與隱秘章第十一】

夫人之根本氣為主若不能保養惟務貪淫色
多服興陽之藥百合百泄強入弱出精去氣衰
諸病皆作天命夭矣如狂風吹樹枯枝先折精
敗之人遇病先死世人不知此術乃保養精氣
能使體壯身肥精滿氣聚耳聽目明行走輕快
返老還童延年益壽生生無窮經曰無勞爾形
無刑爾神能收此術可得長生彭祖云崩墻頹
岸土能培之老木朽樹異枝接之破車漏舡木
能補之折甑穿釜鐵能補之又有言曰竹破竹
補木破木補以精補精以氣養氣以人療人乃
其修真此術可活衰男弱女實神仙延年之術
不可妄傳輕薄不成不實小人若將容易得便
作等間看有人來問者也說好不難謹之秘之
不是知心之人莫傳焉交接之時要心定不亂
不可不得之如金得之如糞

○【且固守勿泄章第十二】

已精動時勿令口動少歇半時即定閉口緩息
吸氣慎勿言語勿要強勝氣力勿要深入陰戶
深則傷氣上吸口之氣咽之中吸乳之氣津咽
之下吸月華內黃津入身中補之陽勝也縮手
足而俱如鉤腸腹皆如龜縮頭尾之狀吸急氣
一口谷道一緊縮閉少停一時其精自逆

【詩】房中有術採金丹 陽勝陰輸大駐顏
【曰】補得真精填骨髓 二三百歲有何難

○【呂純陽修養訣】

細辛 龍骨 海螵蛸 石膏少許 煉蜜合十
八嬌娘閃斷腰 右為末煉蜜為丸梧
桐子大行事納一丸入陰戶快美甚妙

【高僧內秘錄自送佳期求配方】 藿香
三柰 川芎 丁香各一錢 麝香五
分 臘貝拆心一個為上焙乾存性
右為細末少許彈在婦人身上即至

【元順帝御製金鎗不倒方】 丁香 姜
蠶各一錢 海馬一對 陽起石 木香
乳香各三錢 乾葱二根 右為細末酒
糊為丸梧桐子大每服三丸溫酒吞下
當夜不泄冷水解

【史國公廣嗣方】 良姜 蛇床子 木
別子去殼各等分 右為細末煉蜜為
丸梧桐子大臨交時放一丸入於陰戶
不過三次有孕

【秦始皇識嫪毐操守方】 硃砂 蜜陀
僧 乾胭脂各等分 右為細末蝙蝠
血調搽身上遠年不退與人偷交其色
即退驗如神

【樂安宮主如花夜夜香】 木香 沉香
甘松 合香 牡蠣 龍腦 龍骨
附子 飛礬 烏魚骨各五錢 胡椒
百圭 零陵香各一二錢 麝香一錢
右為細末煉蜜為丸桐子大每服一丸
入陰戶內行房如室女

【隋煬曹進武則天皇后自美方】 韶粉
一錢二分 蛇床子一錢 紫梢花一錢 白
芨一錢五分 木香五分 川椒五分 吳茱
萸一錢 右為細末煉蜜為丸如梧桐

真人曰男子如渴得漿女子如熱得涼一十女
可度百夫一夫安能度十女故曰陰道常勝
陽道者是也愚人不知此理勉強有為至於
損身喪命是可哀也

真人曰可惜許可惜許可惜元陽宮無主元陽
盡隨人慾散百神哭逐真陽去七魄喜三尸
怒我今發慈悲說與汝說破凡恐泄天機略說
此兒君記取男子修成不漏精女子修成不
漏經不漏精兮養聖胎不漏經兮神氣凝精調
血理無走失卻作長生不老人

真人曰男子易動而易安女子難動而難安故
簪九到以人補人以氣補氣銀器破補之以
銀以銅鐵補之非禮也人亦如之油盡燈滅
精竭人亡切慎之或問曰人以泄精為樂今
閉而不泄何為樂乎答曰子知陰動陽靜之
理乎夫陰動陽靜是內實外虛也一泄其精
四肢不舉二次泄精神昏氣亂十次泄精
性命反覆號曰行尸所樂妄在問者敬服

真人曰一度不泄一次火滅是一次添油君知
之乎人再拜受教而退復以詩喻之

【詩】精養根兮氣養神 此真之外別無真
【曰】丹田幸有菩提子 不與人間種子孫

凡攻城破壘必須堅固之鋒按馬當關猶戒
奔馳之急奪得陰中真造化方知花裏有神
仙不懈口中抽玉液也知酒底作真人昔齊
大夫褚澄論曰彭祖壽八百餘易妻三百人

丸大每用一丸入陰戶極美甚快

漢武帝御製遍宮丸　川芎　南木香
山梔子　薄荷　細辛　天麻　白
芷　防風去芦　砂仁各等分　右為細
末煉蜜為丸每一兩分做二十九每服
一丸空心溫酒送下連服七日歇一日
再服以絹袋固莖慎不可行房至七日
後任意行之莖硬如鐵不倒用紅棗湯解

媚婦潤戶方　石榴皮　菊花　白礬
各等分　右三味水二鍾煎一鍾洗戶
數次極緊不可言

林靈素進宋徽宗素女丹　沒藥　白
礬　蓽澄茄　右等分為末蜜為丸如
櫻桃大一丸入陰戶極美

陶真人青蛾丸　治腎虛腰痛大益陽
事　破故紙一兩炒　杜仲剉碎五錢炒
令黃色枯用　核桃肉五十個去皮
右為末丸如梧桐子大每服三十丸空
心炒米湯送下

宋徽宗李師師命和劑局製龍戲珠方
美蓉一錢　蟾酥三分　麝香三分　母丁香
三對　大附子五分　鎖陽五分　紫稍花
淫陽合　花椒　硃各五分　共為細末
葱汁為丸如黃豆大每服或用三四厘
酒調搽龜頭片中上藥至晚溫水洗過
入爐任行

貂蟬對爐入戶丸　柯子皮炮黃二錢
枯礬一錢　川椒末二分　兒腦三分　桃毛
一分　母丁香　個　共為細末煉蜜為
丸如黃豆大每夜一丸入陰戶內亦美

得子者七十二皆強兵戰勝知者鮮矣曰種樹必固其根養生必厚其本未有不固本而得長生者也兵法云欺敵者亡可不慎耶

素女曰男子以泄精為樂若此閉精不泄有何樂哉彭祖曰泄精之後玉莖衰弱身體困倦不能再舉有何樂哉若能固濟根蒂受持功法閉而不泄則玉柱金鎗徹夜不倒交接長久一夜可戰百女亦不能倦也女子愛色之情不能少息始終快美至終不忘也此所謂之無窮也

○呂純陽房中秘術、運用六門

○安置爐鼎篇第一

夫安置爐鼎者乃廣成子授黃帝補虛之法也爐鼎者何擇陰人十五六歲以上眉清目秀唇紅齒白面貌光潤皮膚細膩聲音清亮語言和暢者乃良器也若元氣虛弱黃瘦經候不調及四十歲上下者不可用也凡與之交擇風日暄和之候究息調停戰之以不泄之法待其情動昏湯之際舌下有津而冷陰液滑流當此之時女子大藥出矣上則緊咂其舌以左手搠其右脇下則神驚精氣泄出吸其氣和液咽之則玉莖亦能吸其陰精入管如水逆流直上然後御劍則神妙矣夫上採舌者謂之天池水中採乳者謂之先天酒下採陰者謂之後天酒崔公云先天氣後天氣得之者常似醉豈虛語哉依法採其三次若其陰實不過候其情甚緊咂其舌退龜少出如忍大便狀則其陰精自泄矣此術

緊亦趣

武三思進韋后快女丸　五味子不拘
多少　柿子皮酒浸三宿陰乾　右為末
吐津為丸如指頂大送入陰戶令女癢甚

南都宮主千金不易方　栢子仁五錢
附子　鹿茸各三錢　右為末每服五
分溫酒送下日進三服夏用蜜為丸玉
莖堅硬妙不可言

楊妃小浴盆　官桂　木別子各一錢
白礬七分　右用水五碗煎三碗男女
洗莖戶快美不可盡述

牽情繭斛珠　此方周府秘藏之者不
可妄示非人慎之慎之胡燕待作巢生
小燕長毛晚間候二燕入用蚕繭頭塞
巢口一七毀巢取啣口交翅而死者用
交感皮二樹相靠並生取其所靠之皮
蒲公英即黃花用雙花並蒂者連根鬚
全苑松三科用雙根並生者石蓮蓬成
雙者一個牽情草即杏条草對溝岸相
牽者用七狗七個用新瓦二片合狗於
中兩頭泥封固用桑柴火炙三炷香水
蔭開瓦取二狗相抱者用　右七味各
等分燒灰存性俱為極細麪末遇美婦
以少許彈於身或酒食內令吃之雖貞
烈節婦亦有情相合也

助陽丹歌　附子青新尖草芽茴香沒
藥共天麻海馬麝香石燕子蝎稍十個
不須加丁香川椒兔絲子臨丸可漾好
硃砂若是鼻中聞此藥不是黃花是家
底　右分兩製法吃法俱載素女交戰

巧妙功用極大不可輕傳以泄天機慎之

歌曰　採陰須採產芝田十五纔交二八年不破不肥顏似玉能紅能白臉如蓮胎息有真都是汞命門無路不生鉛煉成鉛汞歸无海大藥能為陸地仙

○大鎖方閉篇第二

夫大鎖方閉者乃撒手過黃河之法也凡性急燥之人須半月方可閉住性緩者數日便閉若一月之後金關永閉玉戶常和自然不泄一點初下手時未便慣熟倘或精泄只是清水行之五七日後清水亦不泄也初交之際用三淺一深漸漸至九淺一深往來扇鼓三百餘次但覺欲泄急退玉莖按陰額以右手三指毅道前閘住把一口氣提起丹田嚥氣一口澄心定慮不可動作少項將玉莖復振依前扇鼓若情動躍身抽出玉莖如忍大小便狀運氣上升自然不泄矣夫精氣乃一身之寶只圖快樂泄盡元陽警將來王投于淵海之中安可再得每遇交合之際閉口定息使氣轉運化為津液而歸丹田不得出氣但微微于鼻中放出如口不閉則精氣易泄也若氣流入膀胱諸處反成諸疾可不慎歟至于交戰勿令大醉大飽每于戌亥二時之間乃陰盛陽生之候去却裏衣正坐右手握腎莖堅挺左手于丹田上搓摩九九之數方向陰戶却照前扇鼓三淺一深次以九淺一深往來扇鼓數百欲泄急抽身起以鹽柯按陰額縮

祕傳

【[illegible]壯陽丹】乳香 丁香 木香 巴戟各二錢 麝香五分 沒藥 辰砂各一錢 茴香一錢五分 柏子仁三錢 川山甲三錢火存性 陽起石一錢五分 右爲末酒糊爲丸桐子大隨人年數服空心酒送下壯硬非常

【一度終身想】鹿茸酒浸一宿丸上焙乾 檳榔 紫花稍 牛膝酒浸丸上焙乾各一兩 紅豆二兩 右爲末加遠志不拘多少煎至七分去渣用汁打糊丸桐子大每服三十九細嚼茴香湯吞下忌猪肉魚雞不可食忌房事七日後行

【一捻丹】甘黃 丁香 牡蠣 母丁香各三錢 海馬一錢 地龍去土七條 麝香三分 右爲末每用三錢縛於紙上固臍然後酒調少許搽玉莖上以熱爲度方行大有神効

【神仙至妙訣】扶金龍佐腎水秘精不泄 半夏一兩 猪苓五錢 茴香炒 川山甲醋浸三錢 木香一兩五錢 金櫻子一兩 葫蘆巴一兩 木通三兩 酸棗仁 栢子仁 乾山藥 熟地黃 乾姜各五錢 遠志一兩 甘草五分炙乾 右爲末每服一錢五分空心溫酒吞下服此扶陽固精至妙要藥

【玉節鞭】宣孫 猫兒眼花 紫稍花各等分 右爲細末津調少許搽於莖上妙不可言

龜縮氣存想少時扇鼓如法覺精動依前提出澄心定志扇鼓倍之或至一千八百之數如彼此不倦依法爲之行之久久自然不走泄一點矣

【歌曰】欲君於中埋溫煖補靈坷靈坷既堅硬撒手過黃河靈坷被陰縮黃河水逆流閉思真氣定終夜勝金鈎

【又曰】空字明書八下工下工到處是真空真空穴下能施巧直入長生大道中

○【回躬御女篇第三】

房中術行至一次身体不倦至三五次扇鼓至一萬二千八百之數依前提身縮龜噏氣一口至丹田急縮下部不令走泄第一上峰始採女子口津液噏之第二中峰復採女乳汁吞之第三下峰閉氣蹲身如龜狀急縮下部採其紅鉛從尾閭運上崑崙頂散于四肢返老還童諸疾不生矣真人曰欲採下峰且先學運氣法得王莖巨壯可塞陰户然後隨吸陰中之氣從王莖管逆入丹田此三峰法也

【歌曰】水鎮金關口長爲玉户秋施功如到此御女復何憂

【又曰】欲解回躬秘身形似縮龜三峰如累奶二者覺先知

【又曰】萬千數畢至回躬四大安然百脉通皺紋舒盡紅顏美存想凝神大有功

○【從心求味篇第四】

自初下手須緩緩施工按撩不可性急已上運用貫天地交姤夫婦和暢全美之道也既不損陰又不斷陽交感百日之後陰亦不倦是乃体不交而神自交意不合而氣自合端然靜坐漠然舒暢内外神氣自然翕合每日有三十二般真味是乃從心求味也

【歌曰】大鎖金關一回躬御女收精神如到此真味稱心求緩慢施工閉精神夜夜修和鳴夫婦美任意暢千秋

【又曰】慎勿狂躬身又高百千度了氣雄豪果然靜坐思真味体不交而神自交

【又曰】伺其真味來爐中自交姤一宵能百度黃河水逆流

○【還精採氣篇第五】

若論成功止其不泄未足爲奇要在還精採氣斯爲大道或曰何謂還精採氣答曰凡扇鼓至千百之數女有陰交三穴一兩乳二兩脇三兩腎是也往來扇鼓之際候其發嬌色變眼慢口合手冷心煩彼時急縮下部蹲身如龜其乳中津液自我靈坷吸入故曰飲黑龍妝也一合吾自己元陽二待混而爲一從尾閭夾脊透上泥丸宮再降入丹田滋養真氣豈小補哉蓋女人一身屬陰惟津液屬陽故曰水中鉛陽數也又名爲紅娘子男子一身屬陽惟精氣屬陰故曰沙中汞陰數也又名爲白頭翁紅乃爲鉛白乃爲汞以真液相合搬上泥丸則齒髮不落面顏如童矣

【〇回歌】一粒丁香七粒椒麝香少許龍骨蛇更用白礬三柰子姮娥見了遂嬌嬈各等分 右爲末每用少許津調搽玉莖上陰户此至妙方也

【金槍丹歌】搽玉莖大美 虵床三柰紫稍花 樟腦硫黃及斤鷄 爲末待用津調抹 少間長大似稍爪

【蒲床嬌歌】藿香檀腦與參苓 撖月茴香肉桂勻 末更三柰微微炒 甘草滇交各等分 煉蜜爲丸指頂大 津調付入玉爐中 恰少年方二八 若逢八十也歡欣

【四戰立陽丹】石燕炒七次三錢 陽起石三錢 海馬一對 全蝎十個炒 鹿茸三錢 蛤蚧酒浸黃色三錢 天麻子三錢去油 肉蓯蓉二錢酒浸一宿丸上焙乾 腦麝各三分 右爲細末以甘草熬膏爲丸如梧桐子大每服七九鹽酒空心送下大能久戰不敗至妙之藥

【四時入門歡】石燕二個 陽起石 磁石 硃砂 右爲末雀腦弁糊爲丸梧桐子大每服七九空心酒吞下欲泄茶解

【固真膏】貼臍法 甘遂 甘草 乾姜 白砂霜 龍骨 附子 海螵蛸 白礬 虵床子 乳香 木別子去殼炒赤各等分 右爲末生蜜爲餅子臨行事用油單紙貼臍中紬帶縛定候藥力到方可行事陰陽雄壯二人快美

【[illegible]門鎖】辰砂 肉蓯蓉酒浸焙乾三錢 地龍去土焙丸上焙乾 麝香五分

者不用龜血調爲丸麥子大用一丸下於馬口行事玉莖粗長陰門漲滿不脫吃水即脫

【龜爲粉】安息香　麝香　硃砂　乳香各一錢　紅蜻蜓二個　右研細用活鮮魚取血和藥如欲龜頭大微長加搽子肉用新研器盛固封埋地下七日取出待九日後方用以一粒塞耳久不泄欲泄砂糖水解

【滋陽快活丹】硫黄　廣木香　蛇床子　茱萸各五錢　紫梢花　龍骨　細辛各二錢　右爲細末津調少許入陰户妙不可言

【固本丹】龍骨一兩炮　柯子五個去皮　砂仁五錢　硃砂五錢　右爲細末糯米糊爲丸菉豆大每服一丸酒吞下可戰十婦不泄炙茶一盞解

【一度十年恩】良姜　飲礬　桂心　木別子　地龍上白泥焙乾各等分　右爲細末煉蜜爲丸如梧桐子大每用一丸陰户内良久行事刻不可言女子十年恩之

【金鎗方】用附子二枚　母丁香五分　麝香一分　右將附子分作兩片將丁香剮空入射香於其納於附子中間要生姜搥爛裹定綿紙包七層水濕煨一炷香取出用好肉蓯蓉爲丸如梧桐子大每服三丸燈心湯下

【神仙一粒金丹】用初生雞子一個頭上取一小孔頭大黄加入後人

歌曰天鎖向躬龍施工真味周還精方採氣飲海黑龍收

又曰還精仍補腦採氣復丹田此道行之熟端然作地仙

又曰陰裡田身是属陽腎宮紅液起蟬蜍時方認得真鉛不漸入長生不老鄉

○赫赫金丹篇第六

採戰時先用綵線折回耳門此之鼻竅然多又將綵線周圍頸項恐不大一米未發也研半錢乳香調好酒一盞吞下煮羊肉四兩令久先服三五日一浴或半月日一浴候天氣晴明將行之于此一意誘合候其情動用綿鵝翎二寸二分將綵線扎縛一端温存搭定緩入陰户向前進一寸二分其液自吾靈柯穴入腹内定門名曰返聖胎産出嬰兒長生久壽雖寒暑疾病亦無害也

歌曰欲識水中金紅娘二八陰温府經歲久方可採其真

又曰黄衆仙頂辯東西不向陰宮路止迷靈雀雨頭千里羽聖人三轉九霄梯

又曰龍降虎伏玄關啟虎動龍吟玉管風擺水中金液動還回誰肯戀空枝

○爐中呼吸訣第一

凡採戰先須端坐凝神定氣以鼻引清氣口内呵出濁氣一口節次叩齒以手攪華池嚥津液行導引法然後把玉鼎徐徐進步候其精動搐音倍取彼右手子紋咂住其舌取他津液一口

參三錢細研紙封口頭雞抱伏二七日取出丹入　甘松五錢　三賴子五錢　射香一錢　右爲細末米糊爲丸如蓮子大每用一丸火酒送下解用紅棗煎湯服

【玉陰丹】胡椒三分半　花椒三分半　丁香二分半　官桂二分半　射香二分　紫梢花四分　蟾酥四分　右爲末用津唾調金玉莖上一時用水洗入納陰内妙不可言用水或紅棗解之

【百戰丹】黄狗膽一個　雄雞腎一雙　射香　龍骨　海螵蛸　胡椒　右各等分爲細末入狗膽内陰乾爲末米糊爲丸如菉豆大每用一丸噙口内極妙

【春意妙方】卯陽魚膽一個　調研黄末一兩入黄鱔魚肚内鐵線緊扎住待鱔魚枯乾取出細黄聽用　再用卯陽魚膽一個　九製附子四錢　母丁香四錢　甘松四錢　麝香一錢四分　右爲細末用陽雀腦髓爲丸如黄豆大每服一丸燒酒送下解用棗子一枚即解不解仍用冷水洗手即解大妙

【金閨總與漢武帝房中撮要】按巫炎外傳云元封三年帝封泰山登鼎過渭橋忽見侍從之臣一人頭上紫氣高丈餘帝驚異即召東方朔問曰此人有異術即宣炎至問曰何術劉曰臣不敢賣聖聽臣術乃養生保命之秘臣先年六十時勞瘁百出身倩人扶因遊終南山有隱士授臣此訣依法行之有驗後生

仍吸其氣嚥送存神定氣緩緩入爐若要滿爐以聚氣爲法次搐其第三中指又用九淺一深二疾入進之法進百餘步再依前法搐取之嚥下再進百餘步又取之如是數次其妙不可言也若要不漏頻頻出爐縮脇提呼各呼氣一口再提再呼倘若緊急提呼不住即於尾閭關用手截住自然不漏玉柱金鎗通宵不倒矣非獨陽剛抑且陰權凡採取候其情動陰户開張津液流溢他動我靜不可深入咂住其舌吮華池神水嚥之自然陽氣壯盛欲退即搐第三指吸取真氣三四口嚥下然後出户既退不可就眠且端坐世納三十餘口用黄河逆流法運歸四肢待安靜方眠欲再戰依前法爲之若女子精液不損罷戰還他五口呵每一口令彼三次嚥之如不還則黄病夭喪不信但行此法十日半月之上見面目痿黄精神短少是其驗也慎之慎之

○展龜秘訣第二

夫欲展龜身長大者於子時後午時前乃陰消陽長之時靜室披衣端坐凝神屏慮腹中常令飢空則氣脉流通飽則氣塞不通仍用中乘導引法閉氣嚥津送下丹田運至玉莖兩手搓熱如火用一手兜托陰囊握莖一手於丹田臍腹上摩九九之數換手依前法右轉再摩九九之數單洗根捻住於左右腿上敲打不計其數久久行之自然長大矣

○進火還元訣第三

數子皆今壽一百二十歲矣帝命傾囊竭試錄進依訣行之帝大悅明年七月避暑甘泉宮召巫炎謂曰朕依卿所進之術果然驗應行步漸覺輕健形體自然光澤面上皺紋重舒此卿之力也鈎弋夫人已有娠可先賜卿關內侯后乃生昭帝載考西京惟武帝壽至九十七此術秘傳即金液還丹之道也余遊東海上遇異人授此遂提其要與同志之士共之

【丹補論要上】經曰以人療人真得其真夫欲求長生者雖知房中之道若知而未能行者由其立志不堅因循歲月精竭命殞惜哉老子曰欲得長生之道雖能損人多能生人故能行者必不絕命保精養氣上則可以昇仙中則可以益壽下則可以却疾此上古真仙秘傳可妄授非人禍及其身矣

【丹補論要中】廣成子曰天不可[illegible]天人稟天地之氣而生陰陽不可偏枯故二氣相交而萬物生焉若夫孤陰寡陽則偏枯為害矣今人不得心傳遇敵即敗陰勝陽衰故也是故房術誠非妄談乃水火既濟之法運之為龍虎行之為陰陽以氣補氣以精補精保養精氣返老還童斯為戰勝之道今人以慾色迷其心喜怒哀樂奪其志難成功也昔日軒轅與素女一論而昇天孫景華殊途而造道廣成子能托金石鮑真人妙論鉛汞長生論真補嵬谷子論增減

凡房戲情動左手結印於玄關用印指定直到極樂撮口含唇腸腹提呼微微呼氣一口此三花聚頂五氣朝元也

【歌曰】手提金印倒騎牛一指黃河水逆流能用坎離顛倒法直到崑崙頂上遊

【又曰】舌拄上腭眼觀頂手持寶印提金井夾脊雙關躬欵收吸提直上崑崙頂

○【玉泉無漏訣第四】

凡欲戰以手握玉莖舌拄上腭先調自己神氣均勻進功時鼻內微微出氣不可口中出氣恐心氣不與腎氣相接況神不離目氣不離口目亂則神去氣喘則精出戒之戒之虛心實腹弱進強出自然無漏矣

【歌曰】在欲而無欲居塵不染塵往來宜緩慢百病不能侵

○【運精填腦訣第五】

凡交媾意情動將三指緊如玄關歛腹縮頸至極樂之地用七返還陽法運金精以填腦髓也

【歌曰】手指似鋼鉤縮身皺眉頭睁目緊歛腹海水向東流

【又曰】三指緊將玄關扣歛腹縮頭水逆流更將七返還陽藥運向崑崙頂上頭

○【搬運秘訣第六】

凡行事畢每平旦直伸兩足左右壓定開眼用兩手扳兩足指九次撮忍閉氣將身搓動止許鼻息微微出氣令勻行三五次面如火炙乃是

之法列子立搬運之術皆不出乎三峰採戰之法其法有三乘上乘則存神見形中乘則富國安民下乘則強兵戰勝上乘者則依周天八卦合象五行交會離坎煉成九轉丹砂道備飛昇乃上仙矣中乘者陰陽配合龍虎交媾五行相成神炁內合煉成金液脫殼功成亦上昇矣下乘者運精補腦閉陽無漏百脈調和三峰若採陰陽順序神炁交合功成果滿作地仙矣凡欲採戰但依口訣可以立馬成功蓋人心屬火火氣盛則陽物剛火氣衰則陽不興雖欲交戰入爐便倒有何益哉大抵此法要在善於閉精為第一入手工夫今人既知閉精之術又不知精聚歸于何處若久久不能運轉必有所損為害非輕若得真訣交合之時精固結成如法吸氣存想令散四肢則為髓入于元海則為精使不能結聚而益我也倘不知訣留停于丹田氣海之間日久致腰腫腎火諸疾作損於身命則曰採戰之罪所以真人傳棄不傳人者恐悞后人而泄天造也

【丹補論要下】老子曰玄牝門之是謂天地根何謂也採時雖待陰家先泄其目瞑身戰面色赤紅舌尖微冷鼻孔開張四肢不收脉動津流陰寒之驗也此時正要心定神靜拘定孫子採其太和提運成功採其陰左自尾閭穴直透夾脊三關次第入泥丸宮此是黃河逆流之妙行畢仰臥直伸腰以頭着枕脚

真氣上升泥丸矣即以兩手搓摩面及兩耳面熱則放開爲度也

【歌曰】華池金液入丹田配合須歸造化源河車搬上崑崙頂能教老變童顏

○【取火煮海訣第七】

凡行必戌亥二時乃陰盛陽衰之際披衣正坐右手攬外腎左手於丹田上擦摩九九之數換手右轉亦如前數久則純熟補益於身矣

【歌曰】一擦一兜左右換手九九之數真陽不走

○【子午流通訣第八】

凡器具既成則用黃河逆流之法而采戰毋與之交則先行子午十次使氣脉通暢入爐行九淺一深之法進退遲速具至縮起腰身閉氣不出捲舌拄腭以睛上視用手扳拏如鈎鈎樣頻頻嚥氣以候心定自然不泄若氣極輕呵出之掩耳閉氣存想氣從夾脊上腦後入頂門則散於四肢百脉若數次不泄則強矣却用消息散氣法

○【消息散氣訣第九】

精不可散散者氣也凡以不泄之精作於未萌之先可也閉口曰閉天門舌拄上腭曰塞華池以手摩兩脇向上九次復手轉轆轤九次以手摩天柱九次掩耳鳴天鼓九次兩手左右上下摩天庭九次兩手搓熱摩熨兩眼二七次然後叩齒三十六嚥華池津液吸東方清氣嚥下復以手摩足掌心二七次久久乃慣熟掩閉雙關

服着床以身極力懸虛五七次然后進鼎藥人以鼻引清氣精亦昇上此乃長生久視之道非爲常碌碌者比矣務道之士全在固精精健則自秘矣

【寬皮湯洗龜法】 甘草 當歸 官桂 地骨皮 大茴香 木通 露蜂房 蛇床子已上各五錢 蓮衣 五松 礞末 青核桃皮 秋皮已上各一兩 蟾酥一錢爲末 右爲粗末用水六碗煎至五碗熱洗 一鍾茶時日洗三次每次行氣三十餘口行氣之時須要正身端坐存神定意嚥津納氣一口以意使下丹田直至玉莖頭上如此三十餘遍畢將手捉根下用手拿住左右打腿左打八十一右打八十一畢又將玉莖拏住頭上用手撫摩不計其數大妙

【訣曰】鼓來一氣到中元一湧先須至下關展腰縮背運身努氣果龜頭大似拳

【興陽蜈蚣袋】 蜈蚣一條去頭足爲末 甘草三分爲末 甘遂末三分 共一處用素白絹作成袋扎于玉莖下方行前功三七日可成此時觀形勢完備舒展長大粗不可言其龜卷老后不須用藥以固定元陽了方可入炉戰採取勝無厭此訣爲人不可不知也知者樂一生不但延年而廣后嗣矣

【武則天花心動房術】 天雄三錢 蛇床子二錢 沒石子一兩用雄雌 遠志去心三錢 川椒三錢 右爲細末每用一錢臨時以唾津手心內調塗玉莖頭上入

緊其精血不致輕泄也

○【六字延生訣第十】

【一曰存者】交姤之時存心遊於物外須交合不可着意體交而神不交若着意是神交而精易泄矣不存不着意縱然走泄亦是去濁留清當此之際急用縮腸提呼存久不倦則無漏矣

【二曰縮者】交接時縮氣上行不令順下氣下則泄又當如忍大小便狀靈柯漸退半步口噓氣出嚥定女舌取他津液嚥之接定吸他氣一口送下丹田直入靈柯三五次或七次漸漸龜形森旺不泄矣

【三曰抽者】當緩緩進步不可急躁當抽半步採接津液以我鼻吸他鼻中所出之氣候其氣喘急吸嚥之不可用口吸口吸則傷腦抽吸數多玉莖自固神氣壯實愈久愈堅也

【四曰吸者】以我玉莖吸他津液如受氣之管採取之時上以鼻吸其氣脉下以玉莖吸其陰精存想入我玉管之中上下齊吸勿令顛倒一抽一吸如管吸水仍接口內津液嚥之依此而行顏色光澤神氣壯實也

【五曰閉者】交時須當緊閉人門人門通齊々通腎腑天門若閉則腦氣下降至命門腎堂流進瓊珠求無泄也自然堅固雖百度無倦矣

【六曰展者】交時接用如前五字法漸覺龜身長大森然堅耐似覺陰户窄小是其效也既滿玉爐只宜緩慢不宜急躁使他情懽意暢諸疾不

[illegible]時行事雙美男婦不宜甚妙

【錦帳生春丹】 黑雄狗膽一個焙乾 鱉魚焙乾爲末 右以鱉末入胆內攪勻麻索扎緊半當風處陰乾或加射香五分行事時津調少許入爐良久陰户漲滿欲泄吃冷水便泄

【固本壯陽丹】 乳香二錢 丁香二錢 木香一錢 射香五分 沒藥 辰砂各一錢 茴香五分 血竭五分 栢子仁一錢 陽起石一錢 川山甲一兩火燒存性 右爲末麵糊丸如梧桐子大隨人年歲數服射香酒空心吞下壯硬非常

【延壽固精丸】 兔絲子一兩酒浸一宿 肉蓯蓉一兩酒浸一宿 栢子仁一兩 青塩一兩 熟地黃一兩酒浸一宿 桂心去骨一兩 北五味一兩 遠志去心一兩 川牛膝一兩去心酒浸一宿 蛇床子一兩酒浸一宿 右爲細末煉蜜爲丸如梧桐子大每服三十丸空心溫酒送下行事尽夜不衰十遍不困服至七日似鉄不損服一月通宵不倒長七寸此藥能添精髓常服延年益壽

四民便覽十八卷終

生採之既久漸斎參色銷減即須更換新鼎再可強行也

○【鍊爐鑄劍訣第十一】

凡與女交隨其爐鼎之大小入爐之初先取進火氣一口嚥下次以子午氣一口壓之則陽自內發然後施龜御之其功不淺矣

附錄 ○呂公安樂歌

雙托一度理三焦 左肝右肺如射鵰 東脾西腎須單托 元海華池內額朝 搓頭擺手袪心病 手攀湧穴理胸腰 每宵如法三度作 方總把火遍身燒 請君子後午前行 管取延年百病消 又曰行則措於坦途住則凝於太虛坐則調鼻息之氣臥則守臍下之珠此上真之口授乃奪造之神機

○【孫真人金丹歌】

金鎗有金鎗有不忌暈腥不忌酒說下手於中醜教君大笑不合口太乙壺中携日月覓斎頭上橋星斗元來只是這些兒往往交人天下走踏破鐵鞋無覓處算來全不費工夫

新刻天下四民便覽三台萬用正宗卷之十九

碎高酒令

○賽色總論

凡擲碎高用骰子六隻以一個紅為主擲在碗內坐起一個紅為主然後將三各箕数若有兩個紅即是強紅或有五六不為強紅如別色即是強紅仍要擲過若擲九點至十二點俱是賽色色假如左擲九點客賽九點謂之兩平贏左一盃客若賽八點俗云踏脚客自輸三盃正色三盃外踏脚加一盃客賽十點謂之壓倒贏左三盃左擲十一點客賽十點客自輸二盃擲十一點贏左一盃左若擲得十二點客賽十三點正骰三盃外加壓倒一盃共贏左家三盃客若擲得三紅十八點俱贏左三盃十七點并紅對子四五六俱贏二盃若擲得四個俱一樣俗云四色贏四盃假如十四十五十六點謂之老色止贏一盃擲得黑對子贏一盃已上前骰十三起至黑對子以左擲得贏客得贏左前俱是贏色假如客擲得麼二三俗名老鼠尾客自輸三盃擲四點俗名小四輸二盃擲八點輸二盃擲得五六七點止輸一盃後八點以下俱是輸色客擲得此色客自輸左擲得左自輸○一凡賽色除八點以下俱輸色如得少一點謂之踏脚罰客擲者二盃擲得點数相同謂之兩平

侑觴門

○時興酒令

○上要二字作七字念下要俗語承上意

○日新日新日日新　乾坤不老

○萬歲萬歲萬萬歲　泰嶽山呼

○萬世萬世萬萬世　大明天下

○一令要詩四句天字在頭

○天子金鑾動笑顏謀臣功建不為難旌旗萬里山河動甲冑三軍奏凱還

○天風吹我上南樓為報姮娥得出遊寶鏡臺光開玉匣桂花沉影入金甌

○天為羅帳地為氊日月星辰伴我眠看來氣象真煊赫開刱鴻基萬萬年

○上要按景以天地三陽泰為主要二曲牌名湊成巧語押韻合意

○天地三陽泰乾坤萬象新街頭沽美酒堂上集賢賓

○天地三陽泰衣冠色色新齊賀普天樂同來醉太平

○天地三陽泰笙歌括耳新輕敲三棒鼓齊唱降都春

○上要論語二句中間添二曲牌串合意

○有朋自遠方來[illegible]姑美酒飲得沉醉東風

本先擲者一盃擲得多一點謂之壓倒

本先擲者二盃

○碎高普式

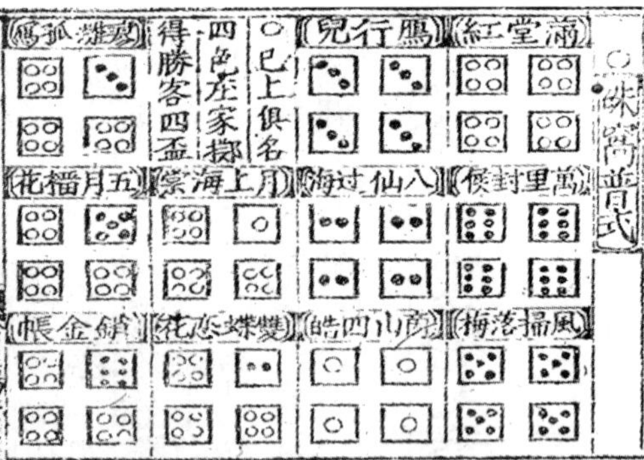

滿堂紅

鴈行兒

萬里封侯

八仙過海

風掃落梅

商山四皓

○已上俱名四色左家擲得勝客四盃

[illegible]雛孤鴈

月上海棠

五月榴花

雙蝶戀花

鎖金帳

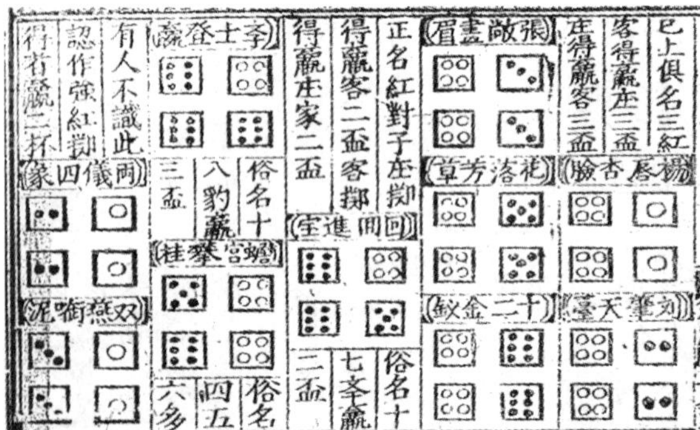

已上俱名三紅客得贏左三盃左得贏客三盃

張敞畫眉

櫻唇杏臉

花落芳草

十二金釵

劉阮天臺

正名紅對子左擲得贏客二盃客擲得贏左家二盃

回門進室

俗名十七孝贏二盃

李士登瀛

俗名十八豹贏三盃

蟾宮攀桂

俗名四五六多

有人不識此認作強紅擲得者贏二杯

兩儀四象

雙燕啣泥

○上要論語一句中間添二曲牌串合意(續)不亦樂乎

○入公門去繳進朝天子撞遇着二學士陶[illegible]

○與朋友交修下封書約定去赴佳期言而有信

○上要論語一句下一句律條貫串合意

○大車無輗小車無軏　造法不如法

○其父攘羊而子証之　干名犯義

○乘桴浮于海　私渡関津

○上要四書二句下說二句要與上二句本字相[illegible]

○若成湯文武之為君阜陶伊傳周召之為臣有是君有是臣

○以王季為父以武王為子有是父有是子

○周公乃管叔之弟管叔乃周公之兄難為弟難為兄

○上要律一句下要四書一句皆要四字相承

○斷罪不當則民不服　妻妾失序治家無法

○褻瀆神明無所禱也　男女婚姻古之道也

○居喪嫁娶於女安乎

○上要易經上二卦名下要論語句斷之合意

○大過卦小過卦　其父攘羊而子証之

○大畜卦小畜卦　犁牛之子騂且角

○上要俗語一句下要論語一句二字重疊結尾斷之合意

○世人貪花戀酒色　戒之戒之

○滿縣人民沾瘴氣　時哉時哉

○三歲孩兒喪爹娘　觚哉觚哉

○要四書二句上句要古人名中間俗語下

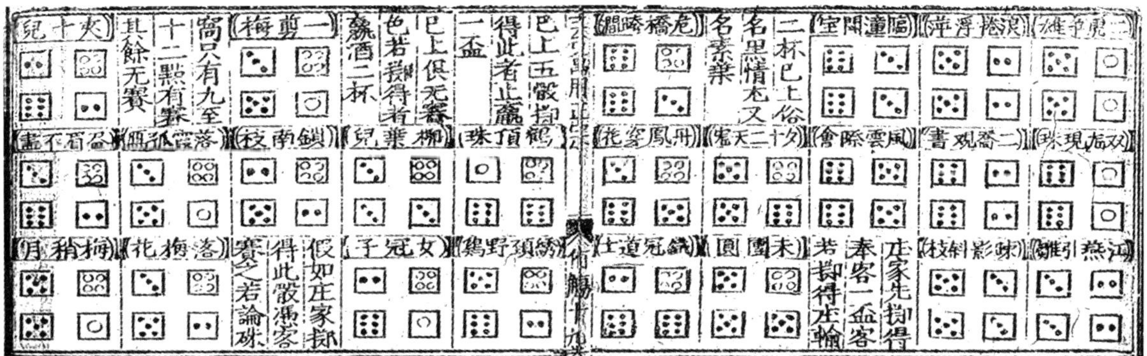

〖二兒爭雄〗〖浪捲浮萍〗〖臨潼闘寶〗二杯已上俗名思情太又名素葉〖危橋踦闔〗

〖雙龍現珠〗〖二喬觀書〗〖風雲際會〗〖夕十二天寃〗〖丹鳳穿花〗

〖江燕引雛〗〖球影斜枝〗在家先擲得奉客一盃客若擲得在輸〖末團圓〗〖錦冠道士〗

句結尾合意

○太公避紂居東海之濵為何如此非其君不事

○陳文子有馬十乘去而違之為何如此擇其善者而從之

○舜之居深山之中與木石居與鹿豕遊為何如此樂亦在其中矣

○要三個曲牌名上中下二字相同結尾四書一句貫串合意

○人月圓　稱人心　虞美人四書三人同行

○子規啼　柰子花　風流子四書三子者出

○月兒高　人月圓　猴山月四書三月不知肉味

○上要千文一句下要四書一句頂真

○磻溪伊尹伊尹耕于有莘之野

已上五骰擲得此者止贏一盃　已上俱无賽色若擲得者飲酒二杯〖一剪梅〗寄只有九至十二點有賽其餘无賽〖夾十兒〗

〖鶴頂珠〗〖柳葉兒〗〖鎖南枝〗〖落霞孤鶩〗〖盃看不盡〗

〖繡頸野鴛〗〖女冠子〗假如在家擲得此骰憑客賽之若論殊〖落梅花〗〖梅梢月〗

○庶幾中庸中庸何謂而作也

○說感武丁武丁朝諸侯而有天下

○上要千文一句下要四書一句二字頂真

○九州禹稷禹稷顔回同道

○資父事君事君能致其身

○川流不息不息則久久則徵

○上要蒙求一句中間俗語下要古文句合意

○堯遂勸農因何勸農有田不耕倉廩虛

○文公興學因何興學有書不教子孫愚

○二疏散金因何散金千金散盡復還來

○要蒙求一句接古文一句合意

○匡衡鑿壁蒙求燈下𥚃書義古文

○蘇武持節蒙求牧羊邊地苦古文

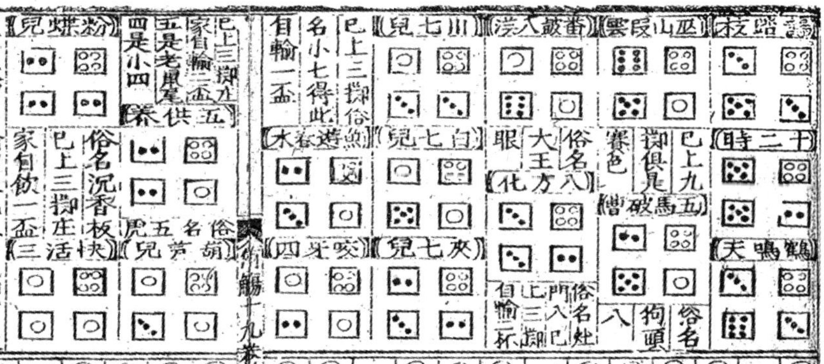

〖鵲踏枝〗〖巫山段雲〗〖番鼓入滂〗〖川七兒〗已上三擲俗名小七得此自輸一盃

〖十二時〗已上九擲俱見賽色　俗名大王眼〖八方化〗〖白七兒〗〖魚遊春水〗

〖鶴鳴天〗〖五馬破曹〗俗名狗頭八　俗名灶門入已上三擲自輸一杯〖夾七兒〗〖咬牙四〗

○孫敬閉戶蒙求門雖設而常関古文

○要古文四句相連每句三字

○薄々酒勝茶湯麄々布勝無裳

○一片石数株松遠又淡近又濃

○吹龍笛擊鼉皷皓齒歌細腰舞

○六王畢四海一蜀山兀阿房出

○要古詩一句下要古文一句頂針

○道院迎仙客客從遠方來

○色間小桃紅々顔勝人多薄命

○日々醉春風々飄々而吹衣

○要曲牌名接下古文一句

○風入松々下問童子○後庭花々下一壺酒

○鷓鴣天々若不愛酒

〖五供春〗已上三擲在家自輸二盃五是老鼠尾四是小四〖粉蝶兒〗正名殊窩自輸四盃已上十二擲見賽自飲

〖葫蘆兒〗俗名五虎　俗名沉香板〖快活三〗已上三擲在家自飲一盃

江湖令俱要作手法

○探馬令凡令官行此令用枚馬三枚或二或三納於碟中用盞覆之乃唱曰

一封書江湖令少人知你道盤中有幾枚猜令者唱曰江湖令我也知我道盤中有二枚或三或一如猜着令官乃喝曰竹籬笆舍香醪兒斟茶薑先生道得

○上要曲牌名一個下要古文一句解意

○賀新郎娶个好姐々美𡖖如面挪如眉

○虞美人嫁个天仙子天子紅顔美少年

○銷金帳裡兩个訴衷情夜半無人私語時

○要千文二句上一句設問下兩句觧出

○如何是馳譽丹青答曰畫寫禽獸畫彩仙靈

○如何是弦歌酒讌答曰肆筵設席鼓瑟吹笙

○如何是用軍最精答曰誅斬賊盜捕獲叛亡

○要千文三句上二句起頭結尾二字共成

三句結尾一字

○白駒食場率賓歸王白下王乃皇字鳥官人皇

○戶封八縣賴及萬方戶下方乃房字市山惟房

○上要一骨牌名中要千文一句下川州以

其如猜者猜不着令官乃唱曰竹籬茅舍香醪滿斟羞殺先生道不真
○孟浩然踏雪尋梅令
訣 尋梅見雪則自飲 見梅則免飲
曰 見花則與花同飲 梅自飲二盃
皂羅袍 踏雪郊源尋遍問梅花何處笑然玲瓏裝芳探落獨鮮妍等閑識得東風面 合 橫斜疎影山邊水邊晴光浮動風前月前直須探向前村轉 前腔 路不是水玉深藏寒艷問梅花消息須訪逋仙風情占斷伴孤山尋常未得時人見 合 前腔 老圃欣逢流盻看手姿清秀不類塵凡粉豔嬌嬈過嬋娟笑枝纖幹堪留戀 合 前
○孟嘗令看令官手勢
五雲從天降三星足下迎懸鍾無滴泪花落不聞声此令要盡飲盞中酒無殘滴下來又放盞不要响
又 禹門三汲浪平地一聲雷此令要一盞酒作三口吃盡放落盞要响餘者又不可响言雷止有一聲元第二聲也
又 兩鶴池邊立池乾鶴縮頭覆州人飲 覆州人犯令此令盞要底飲酒盞盞
一人犯令 鷺鷥立池畔乾塘宜乾半後園採來依前又來乾看令官手勢
雞炎浪點淡灘前人遭了水後人着 卻此令只許令官盞盞餘人不得
○此一要看手法笑者罰酒
[illegible]把瓶內酒滿斟吹着玉笛坐共

名俱要頂真
○雁銜珠 千文 珠稱夜光〻光作
○五岳朝天 千文 天地玄黃〻鶯兒
○折足雁 千文 雁門紫塞〻塞鴻吟
○要二曲牌名中間千文一句俱要頂真
○鷓鴣天 天地玄黃〻鶯兒
○降黃龍〻師火帝〻臺春
○滴〻金 金生麗水〻仙子
○上要千文一句中間一藥名下要二曲牌 牌名結尾相貫合意
○肆筵設席使君子沽美酒飲得沉醉東風
○孝當竭力貝母上小樓飲盡那沽美酒
○誅斬賊盜將軍破陣子幸喜得勝令
○上要家來一句中要千文一句下要曲牌 名俱要頂真
○二疋散金 金生麗水 水仙子
○孔明卧龍 龍師火帝 帝臺春
○女媧補天 天地玄黃 黃鶯兒
○上要二骨牌名中間千文一句結尾一曲 牌名俱要頂真
○靈天一隻雁〻啣珠〻稱夜光〻光作
○觀燈十五五岳朝天天地玄黃黃鶯兒
○上要一骨牌名中間一曲牌名下要千文 一句貫串頂真
○霞天一隻雁〻兒落〻兼飄颻
○梅稍月〻兒高〻冠陪〻

前令〻散〻三更元宵夜整玉琴弾的正春〻又錚箏此銀瓶莫停留付與君前 總令行
○凡作者要魚是屈指論價是伸指 不可雜亂〻者罰酒
張哥造 小〻船兒忙擺着繫住柳梢枝賣魚阿賣的是甚么樣魚賣的是鯿鯉鯿鯿鯿斤魚要多少價錢一斤魚要三錢五分五釐五毫賣了賣了我不買〻不買且有搖船回去眠用篙作櫓搖去
○此令做臨江人說話
清江引 小〻船兒柳樹下稍我買魚阿甚人叫買魚我是臨江王小官我方裡鯖鯿鯿鯿鯿任君來看讓我不要鯖鯿鯿鯿鯿我只要買個鯉魚回家去養親你既不買鯖鯿鯿鯿鯿我慢〻的搖船歸家去眠以篙作櫓以做搖櫓之声回轉又此令但有笑者罰酒三大盃
又 清江引 一年四季十二個月一起掛年用掛研月作團圓之狀餘皆數目四時兼八節節掛〻節餘皆手作數目好酒兩三壺要邊插紅葉酒掛〻酒數目紅葉手插要狀要得醉醺〻回家去也 要作醉人回去之狀
○此令要做各樣手法者罰酒
又 清江引 吹簫笛彈琵琶搊罷了箏鼓兒打得格〻的枝鼓兩頭敲枝兒隨声復要得醉醺〻撞醒了鍾
又 清江引 香醪滿斟花在手〻把花枝要花插少年頭醉舞春衫袖當這有

曲牌名頂真
○孩兒十〻月景〻行惟賢
○上要百姓一句中要一古人故事下要一
○趙錢孫李〻打戲兒〻兒高
○何呂施張〻顯隨鵲〻踏枝
○和毛禹狄〻青平〻河柳
○上要二藥名中間百姓一句頂真
○費金魏陶姜〻黃〇山查〻後荊紅〻花
○半夏〻侯諸葛〻花
○上要家來一句中間曲骨牌名結尾有姓 一句俱要頂真
○劉晁返火〻燒梅〻盛林刁
○直長望月〻兒高〻夏祭田
○上要一曲牌名中要百姓一句結尾家來 一句俱要頂真
○一塊金 金魏陶姜 姜肱共被
○渡江雲〻蘇潘葛亮顧蘆
○月兒高〻夏祭田田橫感歌
○要千家詩一句下取官名合意
○一為仙客去長沙 行人○一枝紅杏出牆來 外
○蜂蝶紛〻過牆去 花 探○夜半鍾聲到客船 河泊
○兩個黃鸝鳴翠柳 同知○秋藜扶我過橋東 [illegible]
○一行白鷺上青天 都堂
○上要骨牌名下要千家詩一句貫串合意
○臨老入花叢 詩千家 將謂偷閑學少年
○踏梯望月 千家詩 卧看牽牛織女星

泥方的酒字不可說出只飲酒便是
(又)清江引 此花解愁插在鬢後在手提
壺右斟酒ㄥ到手莫停留酒在盃乾左
手提壺傳下手
○急口令
六歌傳示六舅問六舅借六斗六升菉
豆等待來年有熟還六舅六斗六升菉豆
○南京一個都司北京一箇都司兩個
都司賭家私不知南京都司家私大過
北京都司家私不知北京都司家私大
過南京都司家私
○出門撞着四秀才一個姓焦一個姓
蕭一個姓郭一個姓霍焦蕭郭霍四秀才
相邀直上麥隴閣麥隴閣上剝麥角呼
童掃去麥角殼莫來刺了焦蕭郭霍四
秀才腳一個那咭ㄥ一個咧ㄥ的老婆左手拿
着一個黃豆巴斗右手拿着一條綿布
叉口袋前只管跑去撞着一個黃花白
狗那狗咬着那綿布叉口那咭ㄥ咧ㄥ
的老婆放下那左手提着黃豆巴斗佝
前打那咬住綿布叉口的黃花白狗
○上坵一個麻鵝婆下坵一個麻鵝婆
要那鵝婆打做一坨不知是上坵田那
麻鵝婆去打下坵田麻鵝婆不知是下
一坵田那麻鵝婆去打那上坵田麻鵝婆
○蘇州一個蘇鬍子湖州一個胡鬍子
蘇州蘇鬍子問湖州胡鬍子借梳ㄥ鬍
湖州鬍子問蘇州蘇鬍子借梳ㄥ鬍子
○天上一隻鶴學飛地下一隻鶴學舞
不知是那地下鶴學天上鶴飛不知是

○紫燕穿簾幕詩 家飛入尋常百姓家
○上要字求一句中要千家詩一句下要一
曲牌名俱要頂真
○丁覺易東ㄥ風嫋ㄥ泛崇光ㄥ先作
○范蠡泛湖ㄥ光瀲灩晴光好ㄥ如ㄥ
○真長望月ㄥ落烏啼霜滿天ㄥ仙子
○取曲牌名一個詩一句曲牌名一個下用
一鴿名頂俱要合意
○要孩兒觀燈十五行至烏衣巷口踢破靴頭
○倘秀才看魚遊春水獨立朱雀橋邊遇着鵝鬉
○出陣子去看楚漢爭鋒行至雲橫秦嶺只見
雪裡拖鎗
○三學士去看綠暗紅稀只見枝紅杏個點指
○上要古詩一句解破是一個古婦人名
○風吹柳絮滿空飄 解破是 楊妃
○天邊五色烟霞燦 解破是 綵雲
○丈夫出去休煩惱 解破是 莫愁
○孩兒卻是瓜哇人 解破是 小蠻
○上要詩一句中用三字轉文下要古人名
承上不拘字
○為我掃除天下熱　除非是夏禹
○燈下尋書義　光不明游酢
○城中寸土而寸金　往來人許衡
○要兩個曲牌名下二字相同又要兩個二
句貫串合意
○油葫蘆醋葫蘆 油葫蘆光泚ㄥ濯花人又醋葫

那天上鶴飛地下鶴舞
(骰子令) 骰子自么至六一枚自七至
二兩枚○此令不得爭競憑骰數飲酒
○請一位紅娘子來陪客擲下或是三
點大姐二姐三姐不在家四姐你陪那
一位官人擲下得四數至第四者飲四
姐你陪他飲盃擲下得四飲四盃得五
五盃得六ㄥ盃餘倣此
○韓信撈軍類定第三位飲酒
左手除三右手順數凡擲得六從令官
左手逆數至第六位止除下三箇從第
三位順數至第六者飲酒即該令官右
手第三的飲酒餘倣此
○此後俱唱擲ㄥ得者不飲
(西江月) 一自情人去後兩行珠淚常
抛三番四覆嘗蹺號五服六親難靠坐
卧七思八想春光九十將間十一十二
夜迢ㄥ不得成雙不了
(浪淘沙) 一箇俏人兒ㄥㄥㄥㄥ兩
葉秀眉三柳梳頭四件齊身穿五綵梅
花襖六幅裙兒
(清江引) 骰兒擲來碗內丟五左五六
右四紅勸客飲么ㄥ自飲酒二三且過
下家手○此令一句一擲ㄥ着者免飲
(卜算子) 春風花草香ㄥ二遊賞過池
塘ㄥ二踏花歸去馬蹄香ㄥ二邀士女
飲霞觴ㄥ二 一曲滿庭芳ㄥ二
(又)首夏待清和 四六 四五 魚戲動新荷 四六 四五
西湖十里好烟波 四六 四五 銀浪裏擲金梭
四五 六 人唱採蓮歌 六四 五

蘆酸溜ㄥ整得牙疼痛
○月中花 雨中花 花月中 顫巍ㄥ花稍弄影 花 雨中
亂紛ㄥ落紅堆徑
○紅娘子七娘子 紅娘 隔窗兒咳嗽一聲 七娘子
啓朱唇連忙答應
○要三個曲牌名中間俗語問答末用西廂
一句貫串合意
○紅娘子罵王郎沉醉東風 王郎如何答應他
陪着笑臉兒相迎
○倘秀才朝天子賀聖朝 那天子如何道答曰
在瓊林宴上擲
○鮑老催香柳娘好事近 香柳娘開有何事 新
婚燕爾安排定
○要曲牌名三個合意相串上下字相同末
用西廂結尾合意
○好姐姐穿一雙紅綉鞋端正好料應來小腳
兒難行
○香柳娘戴上一枝花金菊香恁當他傾國傾城貌
○三學士要得沉醉東風快活三席而兒暢好
是嗚合
○要曲牌名三個相連合意下要俗語一句
相承結尾
○風流子脫布衫沽美酒顧口不顧身
○紅娘子上小樓別銀燈照上不照下
○香柳娘罵王郎趁地遊思外不思家
○要曲牌名四個相串合意

秋宗入郊墟九七八　簡編可捲舒九七八
十年詩書五車書九七八　出白屋步雲衢七八
九潭七相府居九七八
冬嶺秀孤松十一十二　飛雪舞嫁七十
二十　鳥鵲爭梛井上桐十一十二　梅影瘦十
月朦朧十一十二　人在廣寒宮十一十二
○十度來朝金闕轉過九重鳳闕八寶
殿珠簾半捲七星臺龍燭光明六曲欄
杆列着武士五鳳樓簫鼓齊鳴四百員
文武官僚專聽靜鞭三下响兩邊羽扇
拂聲開一座明王登寶殿
○此令自呼自應記色飲酒
春有花滿園爛熳景堪誇么二三
夏有風來時無影去無蹤四五六
秋有月幾度團圓幾度缺七八九
冬有雪亂舞鵝毛飛粉蝶十十一十二
春風郊野綠楊影裡聽鶯啼么二三
夏日園林沽酒樓前堪繫馬四五六
秋光將老看東籬菊蕊包金七八九
冬雪將消何處江梅破玉十十一十二
春遊芳草地杜甫騎驢至三夜煩憂君
情覩見君意么二三自飲
夏賞綠荷池茂叔酌金卮思量今古事
安樂是便宜四五六自飲
秋月揚明輝太白采石歸夆盃邀月飲
劉影成三人七八九自飲
冬吟白雪詩和靖折梅枝一般清意味
料得少人知十十一十二自飲
張生醉倒在西廂吃了多少酒一大壺
兩小壺多謝鶯鶯扶上床甚么時候三

○吴十四有挑沽美酒手牽山羊同去賀新郎
○好姐姐頭戴夜花身穿十樣錦粧扮赴佳期
○三學士身穿皂羅袍手捧封書敬去朝天子
○要曲牌名四箇相串合意
○六娘子鎖金帳抱着耍孩兒
○好姐姐燒夜香拜告月兒高
○香柳娘罵王郎為甚悞佳期
○虞美人羅帳裏坐候太平歌
○上要曲牌名三個串意結尾西廂相承又
嘲東家慳恪
○沽美酒集賢賓不得沉醉東風西廂請將來
着人不快活
○香柳娘哭相思不肯上象牙床西廂坐不安
睡不穩
○虞美人羅帳裏坐不見貨郎兒西廂顛來倒
去不害心煩
○要曲牌名二個內一字相同下要一骨牌
結尾合意
○降黃龍混江龍骨牌二龍戲珠
○賀新郎罵王郎骨牌二郎遊五岳
○上馬嬌駐馬聽骨牌雙騎馬奪錢伍
○粉蝶兒至蝴蝶骨牌雙蝶戲梅
○要曲牌名二個結尾要一骨牌起頭頂上
二字
○混江龍下山虎骨牌龍虎風雲會
○金菊香玉芙蓉骨牌金菊對芙蓉

又西廂當下金釵為表記有多少重五
錢六分七釐夫人詰問打紅娘打多少
下八九十下問取姻緣何日就十一十
二月得團圓
月明如晝一捻香三更半夜想張郎飛
虎六軍圍普救五戒和尚戰一塲不是
紅娘提柬帖二人怎的得成雙
○鶯鶯後園燒夜香甚么時候一更盡二更
初勾引張生跳粉墻墻有多少高四丈少三
尺餘一股金釵為表記有多少重五錢六分
七釐八毫九絲十忽夫人聞知打紅娘
多少打了十十一十二
○一子攻書夜不眠三更讀熟猶滿天
三塲文字真饗戰四海名揚天下傳五
花官誥朝天子六部尚書賀狀元
○蘇秦一去往秦邦唐二回來說短長
遠下三科皆不中四經熟讀遇商鞅大
賊贈銀五十兩六國金印轉還鄉
○一出門到西廊下撞見兩個姐姐同
描畫手裏拿了三四五六七八九十枝
花紅緑筆描出十一十二朵紅粉又又
一統山河屬大明兩京文武輔明君三
邊皆屬皆臣服四海黎民樂太平五軍
都督懸金印六部朝官沒龍恩
○大明天下一統兩京文武忠臣三塲
會試選文人四爕贊良弃進五鳳樓前
掛榜六科取士分明緋衣七品按巡行
八鄉九重明聖
○春有百花開爛熳么二三杜甫因此
去遊春么二三夏有涼亭水閣遮四五六

○楚江秋漢宮春骨牌楚漢爭鋒
○上要一曲牌名寓意下要一古人名同俗
語合意
○水底魚兒不用醃劉先主留鮮羹
○二郎神共一胎桑生雙生
○要孩兒不會行閔子騫憫子牽
○上要一曲牌名暗猜出地名合意
○脫布衫汴梁　○江兒水清流
○浪淘沙吉水
○上要西廂一句中間俗語一句末用西廂
一句斷之
○淋漓襟袖啼紅淚不是啼紅淚眼中流血
○風魔了張解元不是風魔了他魂靈兒飛在半天
○我搭伏定鮫鮹枕兒上盹不是枕兒上盹病
染沉疴
○要西廂二句上一句有趣下一句無趣
○笑吟吟一處來有趣哭啼啼獨自歸無趣
○昨日成親有趣今日別離無趣
○昨日個綉衾香煖留春住有趣今夜個翠被
生寒有夢知無趣
○要西廂一句內有一醉字要不是真醉是
假醉
○未飲酒心先醉西廂不是真醉是假醉
○意似痴心如醉西廂不是真醉是假醉
○不堪醉顏如酡西廂不是真醉是假醉
○要一骨牌名拆開中間添一曲牌名合意

[illegible][illegible]姿在此間六四五秋有一輪明月
[illegible]九八家々玩賞繁華遊七八冬有六
出雪花天十十一十二　踏雪尋梅孟浩然十二
○十二十一十月朝八九七月秋風飄
六五四月炎天熱三二正月賞元宵
○春燕飛來紅杏樹么二三　夏蟬高噪
綠楊枝四五六　秋天客飲黃花酒七八九
冬月人吟白雪詩十十一十二
○一輪明月家々照惟有梅花獨占春
綠柳垂絲分兩岸二上三下四東君
○春耕試畝草花紅么二三　夏到騎牛
納晚風四五六　秋至共嘗黃菊酒七八九
冬來惟見雪濛々十十一十二
○曉星一點有聲鐘五六梅花謝主翁
二三左右鄰人飲將軍掛印滿遊紅

○知縣々丞主簿三四衙典史首領官
五更清早堂上坐六房抱卷盡來參
○蘇家一子名秦至親兄弟兩人三場
文字不中四水四頓無親再把五經書
讀后來六國榮身
○一舟二櫓三人搖出四川河五音六
律七人齊唱八仙歌九十春秋齊玩賞十一
十二慶豐年
○一個將軍三畧六韜俱曉二員舉上
四書五經皆通
○五福祿雙全商山四皓仙三盃不老
酒壽筭一千年
○一子去攻書二更三點讀四書五經
遇全家食天祿
○此令自呼自應記盃飲酒

○踏柳上小楼望月○七紅液美酒沉醉
○將軍得勝令掛印
○要三箇骨牌名相串合意
○臨老入花叢使了奪錢五塊了三綱五常
○七紅沉醉楊妃落了八珠環汚綉裙襴
○二士入桃源看了桃紅柳綠飛散花開蝶滿枝
○楚漢爭鋒折了恨點不到頭傷了正馬軍
○要三個骨牌名相貫串合意
○折脚雁叫破蓮蓬去看魚遊春水
○公領孫孩兒十齊去觀燈十五
○蘇秦背劍正馬軍去征力溪十八洞
○上要蒙求一句下要二古人名承上貫串合意
○文公與學古子萬章○韓信升壇姚期昭君
○呂虔佩刀牢我司馬牛
○上要蒙求二句下要一字同下要蒙求一
句斷辨合上意
○伊籍一拜鄭衆不拜酈生云長短
○宓賤彈琴蔡琰辯琴伯牙云絕絃
○甯義送金端木辭金謝安云高潔
○要蒙求三句俱要下一字同又要下句承
上奏成兩句俗語
○鄧通錢山叔夜玉山郭文遊山不知去遊鄧
通錢山不知去遊叔夜玉山
○蕭史鳳臺太真玉臺燕昭築臺不知去築蕭
史鳳臺不知去築太真玉臺
○茅遵布被王他綉被姜肱共被不知去共茅

一跌天無大一呼正是天無大　該當自飲
二跌夫無人二呼正是夫無人　該當自飲
三跌王無直三呼正是王無直　該當自飲
四列非無非四呼正是非無非　該當自飲
五跌吾無口五呼正是吾無口　該當自飲
六跌衮無衣六呼正是衮無衣　該當自飲
又
關公獨行千里路　甘糜二嫂下徐州
曾記桃園三結義　四冊城裡好興兵
五關斬將稱關羽　六出祁山是孔明
七擒孟獲南蠻洞　八陣圖中陸遜驚
九犯中原姜伯約　十常侍亂害朝廷
十一曹操篡漢位　十二司馬併西川
又
百萬軍中捲白旗　天邊豪傑少人知

秦王去了余元帥　罵得將軍沒馬騎
輸得吾今無口應　衮々街頭脫去衣
毛女犯刑腰上斬　分屍不得帶刀歸
一丸妙藥無人點　干戈一去水無留
又
一朝天子賀新年　兩班文武擁皆前
三島神仙來祝拜　四方夷狄貢時鮮
五鳳樓前齊舞蹈　六街聲頌太平遊
又
一輪明月正天中　萬壽花燈滿市紅
三五少年皆闊賞　六街簫鼓響鼕々
又
一隻龍船下碧波　二邊搖槳盡施威
三篙人旗招引動　四聲軍鼓鬧相追
五日端陽真好趣　六龍爭競奪標歸

遵布被不知去共王他綉被
○上要三個古人名做成一句巧語下要一
女人名結尾合意
○杜康造酒　洞賓鐵拐仙姑
○孔子撫琴　子路顏回觀音
○陳希造枚　漢王韓信昭君
○要一古婦人名并實事下一句關意
○孟軻母為子斷機以成三遷之教
○陶侃母剪髮沽酒是客不可有慢
○衛共姜作詩自誓寧死不更二夫
○頭尾要二個官名中間要一藥名貫串合意
○御史過連橋防風吹動綉衣
○知府過常山滑石跌了太守
○站官騎海馬蓯蓉提上驛丞
○起頭結尾要二藥名中間要官名貫串合意
○玄胡索吊郎中不打半夏
○黑牽牛繫員外不吃甘草
○紅娘子穿綉衣不住防風
○要三個官名貫雙關合意
○殿下攻書侍講必須伴讀
○薦使丁憂副使就要主事
○知府患病吏目便請郎中
○取三四個府縣名上下貫意
○順天與應天萬年興國○秀水出曲江東流
長清○玉山鎮金陵長安太平
○要一州名產一物移來一州一個所在

蟾宮册桂一枝芳　兩點飄來貢院香
文宗開掛三場選　四書題內獻佳章
考試五經直絶妙　鹿鳴遙上會元郎

又

一家權樂慶新年　二祝椿萱福壽綿
三願夫婦同諧老　四保兒孫遶膝前
五伏蒼天相庇佑　滿家骨肉永團圓

又

一封書二郎神三學士四朝元五供養
六麽歌七娘子八宝粧九月菊十九桃

又

一分金二陳湯三物湯四物湯五苓散
六和湯七氣湯八正散九宝飲十神湯

○要子家一句起頭二字合成一字

眖字　月光如水水如天
枯字　古木陰中繫短蓬
袅字　烏衣巷口夕陽斜

○新正骰令

皇王正坐長春殿　兩班文武賀新年
三舞蹈　四傳宣　五鳳樓前謝御筵
六部歡声歌萬歲　人〻齊唱太平年

二月骰令

二月艷陽天氣二點二　桃紅柳緑鮮妍
三五遊蜂浪蝶　一鶯飛撲花前

三月骰令

九十春光聚飲同　緑暗紅稀謝酒東
左二右三輪着飲　曉星花下自擎鍾

四月骰令

立夏喜初逢　鄉村盡務農

末要一藥名結尾
○蕭州籬移來八州所上掛好防風
○栁州栁移來一州池畔栽好藏鶯粟
○藤州藤移來[illegible]州槽裏抄好做白芷
○上要一物中間要一官名如何不去做將何物就行
○一物是個酒杯名官祭酒如何不去做進到就行
○一物是個燈盞名官照磨如何不去做給油就行
○一物是個足杖名官主簿如何不去做身動便行
○上要一妓名中間要一物事末用西廂一句結尾斷之
○金蓮兒妓名　做紐扣物事　緊〻的繫住心頭
○美玉兒妓名　做網巾圈物事　撇他在腦背後
○桂花兒妓名　做茶餅物事　糟口搵香腮
○寶石兒妓名　箱耳環物事　引動俺姐〻鶯〻
○上要俗語一句下要一地名相合意
○下灘船兒不摇櫓　逐着吉水
○三板船兒篾絞頭　難過洞庭
○漁人撒網兩頭牽　因為蘭溪
○要一俗語下要拆開斷之合意
○有客到館騎不知是官人舍人
○半夜産孩兒不知是子時亥時
○窓下好明亮不知是日光月光
○要一姓氏字拆開呼令顛倒貫串成字
○吳先生飲酒到口　便是吞字
○趙大醫〻撞走去　便是肖字

不假吵〻令　擲対滿堂紅

五月骰令

一朶榴花自飲鍾　二三左右賞花紅
四六平分〻上下　正五當時謝酒東

六月骰令

炎熱難行令　惟歡一陣風
若还逢六點　普席不拿鍾

七月骰令

梧桐飄一葉　塞鴈兩三声
四五六月容易過　七八九数正逢秋
十點十一并十二　又見梅花報早春

八月骰令

蟾宮册桂一枝芳　兩點飄來貢院香
文宗開掛三場選　四書題內獻佳章
考試五經貞絶學　鹿鳴遊上解元郎

九月骰令

黄葉無風自落　秋雲不雨長陰
天邊双鴈正來臨　月下聲〻應所
呼口双鴈來賓

十月骰令

九十秋光已滿　又逢十月小春
登黄橘緑一時新　且飲盃中酒尽

十一月骰令

一所書斋可避寒　二扇門兒緊閉關
三脚圓炉添獸炭　四邊窗畫水云山
五香老酒頻〻酌　六花飛不到筵間

十二月骰令

古木寒鴉山徑　小橋流水人家
看看明月照梅花　昨夜窓前[illegible]下
呼曰月照梅花也　么五

○謝大人要銭抽身　就是討字
○要一樣人三様稱呼
○外郎又不是伯父因何叫他做太爺
○收生媽〻又不是母親因何叫他做老娘
○醫士又不是文官因何叫他做郎中
○要一樣人有三樣執三樣物事
○和尚撞鍾僧打鼓長老誦經
○粉頭對鏡妓拏梳[illegible]搽粉
○外郎沽酒吏提壺[illegible]控飲酒
○說一件無手足[illegible]所在能動
○風無手足過園林[illegible]草木動揺
○日無手足懸天上[illegible]晝夜循環
○水無手足入河海[illegible]翻沙倒岸
○要一物做成俗語下句相承上一字音同字不同
○風中點燭流半邊[illegible]半邊
○雨下築墻搗一堵[illegible]一堵
○麥裹得珠拾一顆[illegible]一顆
○要天上物與人間物相似合意
○團圓月似青銅鏡天上人間物相同
○大小星如金彈子天上人間物相同
○白雪花飛如栁絮天上人間物相同
○東升日似紅臙脂天上人間物相同
○要一大一小一件物同响不同
○樵樓鼓賣貨鼓同响不同声
○陣前鑼賣糖鑼同响不同声

○除夕散令　可用一個骰子擲

一門除夕送殘年　二祝椿萱福壽全

三祈夫婦齊偕老　四願兒孫個個賢

五伏上蒼全庇祐　滿家骨肉永團圓

可用一雙骰子擲呼曰

一對一家齊樂　成雙合室安康

可用三個骰子擲呼曰

君擲天紅一對　唱飲奉上高堂

春要勤耕勤讀　夏須可樂可嘉

秋方有收有望　冬乃宜室宜家

補遺酒令

○要席上一物相似所用物下要一曲牌名合意

節似箭射不得下山虎

梅似彈打不得黃鶯兒

酒似醋飲不得醉扶歸

盤似鏡照不得紅娘子

卵殼似船渡不得江兒水

○要席上物各說一物　要曲牌名貫串合意

煮熟的魚遊不得江兒水

煮熟的菜開不得一枝花

煮熟的雞報不得五更轉

○巡夜鈴念經鈴同响不同声

○上要兩字合成一字下要將上結尾字分開合意

○門口問信人言不久而回

○食欠飲泉白水爲能得飽

○八刀分肉内人談儀不均

○八厶公田十口之家足矣

○要一句俗說頭首二字尾一字合成一字

下句表出合意

○東門頭上一叢草非草即蘭

○白巾邊傍一絞絲非絲即綿

○白水池邊一紐絲非絲即線

○上要三字合成一字下要古詩一句起頭承上字

○王白石　碧波亭上迎仙客

○言身寸　謝家有酒相呼喚

○耳口王　聖明天子坐朝堂

○上要曲牌名中要菓名下要古人名合意

○三學士切鵝見孔明○雲美人切瓜遇李白

○要孩兒剝開石榴逢子路

新刻天下四民便覽十九卷終

新刻天下四民便覽三台萬用正宗卷之二十

新增奇巧燈謎

四書類　○咏張良　四書三句

晉侯輔漢君　運籌帷幄中　廷諍皆忠直

君王盡樂從　仁恩佈天下　德愛播群工

爲殺淮陰輩　投簪伴赤松

議古　四書二句

○詠行言聽膏澤下於民有故而去

梁惠王糜亂其民　臧文仲山節居蔡

管夷吾亦樹塞門　楚陳相反背其師

嘆世　四書一句

○不仁不智無禮無義

消消逝水從東去　相接相承不斷頭

田園阡陌皆枯槁　百姓惟懷死喪愁

○流連荒亡　隱遯　四書一句

臣賢君聖樂時雍　獻策長門入帝宮

主若荒淫貪酒色　解組歸來隱跡蹤

懷古　四書二句

○治則進亂則退

箕子當年佐紂王　見紂無道自悲傷

只因屢諫遭囚獄　後來披髮自徉狂

臣戒　四書二句

○事君數斯辱矣

出入禁闈輔昭宣　進止殿廷豈越班

安樂造謗辯諛媚　免冠待罪實爲難

嘆時世　四書四句

○事君盡禮人以爲諂也

博戲門

○藏頭詩總類

棋枰九市式

愚又參棄埋兒斷義餘

巳不見妻巨割恩爲有

嘆天士皆由此君何福

自號善要知根不如尊

反處臣須讀起見只能

雙親忠底書只舜因佛

然有先到難有何要活

並未爲最弟孝兒得樂

廪多遭井浚廪焚雙親

讀法　○孝悌歌

讀書難到底須要

知根起只有孝悌

最爲先忠臣善士

皆由此君不見舜

何兒焚廪浚井遭

多廪並未有怨雙

親處反自號天歎

巳愚又不見參棄

妻巨埋兒割恩斷義爲

何如只因要得雙

令字旗式

親樂活佛能尊福有餘

仙中羽我諒誰有處此居翎

酒順意過平生今暫修

酒此類渾時得若人

滾浪銀花賽白珩

海洋東到歸看

夜達溪坑看

晝分無行

天一氣

先本

水

讀法

水本先天一氣行

無分晝夜達溪坑

看看歸到東洋海

滾浪銀花賽白珩

人若得時渾類此

酒酒順意過平生

今暫修翎居此處

有誰諒我羽中仙

左右各分　仙期

仙府長春景

一個孤鴻帶箭來　嗷嗷唳唳過樓頭
老翁病鵲留些氣　口中還說要修行
○鳥之將死其鳴也哀人之將死其言也善

有感 四書四句
捉得魚兒活潑鮮　往人不肯下油煎
聽得厨中刀砧響　情願長齋繡佛前
○見其生不忍見其死聞其聲不忍食其肉

蝶戀花詞 四書二句
軍人農父共屯田器也週全粮也週全
言乎德惠已多年老也懷恩少也懷恩
○足食足兵民信之矣

譏世 四書四句
餘丁數煩惱　煩惱運限倒　煩惱上司來
煩惱夫子說不好
○君子有三畏畏天命畏大人畏聖人之言

誚世 四書序四句
黄昏臨子阻長途　文公名說憶當初
記得當初挽孁日　乾坤高掛斷人扶
○晦盲否塞喜自早歲為兒嬉戲天地懸隔

對聯 四書二句
巒峯秀麗靈芝喬樹長萌連草木生之
苑圃繁華瑞鶴仙羊棲止並禽獸居之

折字 四書一句
群羊失散竟何之　後學無丈不見系
一個人兒頭頂板　二三四口自相親
○君子不器

勸學 四書二句
書勤學　書勤學　功夫務要相繼續
自朝至暮莫離　心中自然多快足
○學而時習之不亦悅乎

群仙聚會

藏頭詩

仙老翁池
仙無盡理踏許
仙人花宴其外仙棋
仙府酒開分中仙鶴
仙長書浪著妙
仙春子苑

斜安念下　仙景

讀法
仙人無老期
仙花開浪苑
仙酒宴理池
仙畫其中妙
仙書分外許
仙翁踏仙鶴
仙子著仙棊

珊瑚枕式

○七言四韻

如別人妻心
恰戀勸使裡
非休君盡空
是惹來錢似
底到不圓圓

讀法
勸君休戀別人妻
使盡錢來惹是非
恰如綉毬撇在江
心裡空似團圓不
到底

雙合文式

○勸善吟

善全鄉里
善能本分行人
善心耿耿有終公欽
善事當行天報君始道仰
善人積惡蔭兒孫臻倫春
善果綿綿福祿五萬
善樂安居效萬
善繼芝蘭

讀法
善事當行天報君
善人積德蔭兒孫
善心耿耿存忠始
善矣綿綿福祿臻
善能本分行公道
善果安居效五倫
善全鄉里人欽仰
善繼芝蘭萬萬春

雙合

山僧
山鳥偷請
山雲飛片僧山
山遠路又深片飯客

讀法 五言
山遠路又深
山花接樹林
山雲飛片片
山水綠澄澄

瓜精 四書一句
瓜精一出好驚人　舉出千斤若羽輕
擾害良民常不静　出没之時不見形
○怪力亂神

開咏 四書序二句
吹口氣塞於天地間○放之則彌六合
吸口氣斂跡而無形○卷之則退藏於密

小學類 上元 小學二句
元夕遊街嬉　全憑燈火輝 夜行以燭
燒盡銀蠟炬　往步且回歸 無燭則止

譏世情 小學四句
撫掌堂中嬉笑語　休想昔日聖人言
聽他忠孝心懷妒　總說淫奔到處傳
○惟樂箴語莫思古道聞人之善疾之
聞人之惡揚之

古文類 自述 古文四句
鄉舍養兒我也養　聰明覺敏一般身
或作朝廷金紫客　或作先驅後擁人
○兩家同生子賢愚同一初一為公與
相一為馬前卒

大明律類 惜別 律語四條
墮水失爹音信無　自作紅粧篆字符
潛過重門江口去　驀地乘舟泛五湖
○沉溺公文　私造印信　越渡関津
私船下海

對聯 律語二條
信陵君竊符救趙○擅起官軍
馬幼常失陷街亭○主將不固守

俗語類 他鄉遇故人 俗語二句
邂逅同君會　乘騎共語談 相逢不下馬

文式

山花接樹林澄吟尋
山水綠澄樹山
山猿抱進
山客

八句

讀法
山鳥偷僧飯
山猿抱樹吟
山僧請山客
山客進山尋

雙合文式

○戒惡吟

惡事勸人
惡人幾見飡都
惡言出口惡聲刀莫
惡人自有惡人磨入劍作
惡作源來受惡多過鍋磨
惡意加人惡業冊人
惡者曾聞下惡
惡人自有

讀法
惡人自有惡人磨
惡作源來受惡多
惡言出口惡聲入
惡意加人惡業過
惡人幾見飡刀劍
惡者曾聞下鬯鍋
惡事勸人都莫作
惡人自有惡人磨

火焰文

山
開 滿
桃 山 杏
山 好 景 山
來 山 客 看 山
裏 山 僧 山 客 山
山 中 山 路 轉 山 涯

讀法 ○七言四句
山中山路轉山涯
山客山僧山裏來
山客看山山景好
山桃山杏滿山開

水勢

○七言八韻

山併又無
山有有有是非
山西深遠洒水無深
山對望家住溪消清開源
山相迷月明人佪騎難彼

讀法
山山相對望山西
家住深山有遠溪
消洒有山併有水
清閑無是又無非
深源彼處風光美

背西我東去　急□走陽門　各自奔前程

【懷古】俗語二句

兩下行兵共一營　用青把筆到天明
孔明敗則誦兵策　覇王文戰不曾贏

○共君一夜話　勝讀十年書

【偶題】俗語二句

十人擡付紙棺材　不讀經書便中來
負重一牛耕壠上　江心造起摘星臺

○衆輕易舉　獨立難成

【對聯】俗語二句

造化妻全痴憐亦能生萬貫　命好不用乖
仁恩方寸慈悲何用素三喰　心好不要齋

【兵書類】【咏孔明】發武兵書二句

將終尚有禳天星　曾向長沙識□津
入陣堂堂能制敵　屢出屢捷奏佳音

璇璣文

山被高不徘宿馬處意儒難騎宿帳幃　山識路帳意風　山幃美光

○七言八韻

【讀法】

山路徘徊人不識
山高明月被山迷

竹林春鳥叫提壺
借問誰家有酒沽
神仙飲罷歸山去
放下詩篇當也無
詩書禮義最艱難
留下藏頭在世間
若有秀才來念得
勸君除石更除山

○知己知彼　百戰百勝

【詞曲類】【送行】西廂二句

登途携手且停驂　謾把花言蜜語談
準擬回程黃菊綻　前三三與後三三

○臨行將摂聯人的巧舌頭指歸期約定在九月九

【憶別】香囊一句

一別夫君已九秋　雲山遥遠見無由
魚沉鴈杳空懸望　何事忘家滯外州

○人迢迢書未歸

【閨怨】伯皆四句

海棠不比舊容光　脾□無心對鏡粧
只因張敞留京兆　致使何君往建康

○朱顏非故緑雲懶去梳奈畫眉人遠傳粉郎去

璇璣文

【讀法】

鶯梭弄柳日初長
停針懶繡憶才郎
五行自憐如紙薄
何日與君效鸞凰
青鸞無處傳消息
空害相思恨夜長
若要知奴身内病
除之不道解愁腸

○拆念藏頭詩

機時得到桃源洞（此字拆念）
投鍾鼓便源方與（此字拆念）
不聞星稀朗見仙（此字拆念）

【讀法】

夜來數點星稀朗
月下高歌太白傳
寺寺不聞鐘鼓便
更源方見斗星移

【旅懷】伯皆三句

高堂雪鬢步難行　荊室青春總妙年
千千嶺險程途遠　鱗鴻絶跡没人傳

○親衰老妻又嬌萬里關山音信杳

【曲牌名類】【閨怨】四曲牌名

寄語飛瓊勿冤娘　因何失約在西廂
蝦鮹孤枕難成夢　玉簫声斷夫忙忙

○傳言玉女　慢佳期　羅帳裡　憶春娥

【昭君怨】四曲牌名

金蓮款步出宫難　可憐紅粉去和番
暴想芳容難再會　簇擁征駞出漢關

○步步嬌　惜奴嬌　憶多嬌　上馬嬌

【春思】四曲牌名

桃花落殘紅滿徑鮮　沉吟懊恨不成眠
鏡奩塵掩頻頻倚　聆有長安各一天

璣文

背不無夜下十人（此字拆念）　多少神仙來聚會
我寺數下高望下（此字拆念）　人無我甚不投機
無傳白太歌移象（此字拆念）　幾將得到桃源洞
會聚來仙神火棋（此字拆念）　同與仙人下象棋

會意詩

【讀法】

夜長横枕意心歪
斜月三更門半開
短命到今無口信
肝腸望斷没人來

會意詩

【讀法】

黑日長空到火燒
横塘斷水到河橋
偏舟到入長江裡
破扇横風又手搖

○鋪地錦　怨相思　傍粧臺　望遠行

【宫情】二曲牌名

得待君王寵幸時　美容如面柳如眉
君情消怯姿容瘦　無復當年美貌持

○惜奴嬌　泣顔回

【□□】四曲牌名

趙公園内過鉏麑　唐主欣然撥子儀
月下乘舟蘇子樂　呈祥胎鳥洞賓騎

○燒夜香　歸朝歡　夜行船　瑞鶴仙

【□朝】四曲牌名

翰林臣宰早朝回　龍顔咫尺拜金鑾
大會天下才能客　酕醄簇擁轉家來

○三學士　朝天子　集賢賓　醉扶歸

【自咏】四曲牌名

簷前喜鵲噪喧喧　報道佳期在目前

會意詩

【讀法】

小道踊林山半斜
到看曲徑草開花
長吁短嘆無心聽
目斷天邊雲落霞

拆字

謝吳愁符　親問飄胡

【讀法】

言身寸謝口天吳
禾火心愁竹付符
立木見親門口問
西示風飄古月胡

吊讀文

謝　步難行千里地　在他鄉未得歸　問誰家有美酒　家樓上飲三盃

【讀法】

寸步難行千里地
身在他鄉未得歸
言問誰家有美酒
謝家樓上飲三盃

喜見東籬黃菊綻　便邀佳客飲華筵

○生查子　好事近　金錢花　集賢賓

思情　四曲牌名

金屋嬋娟影在東　情人有約總成空

記得少年騎竹馬　看看又是白頭翁

○錦堂月　惧佳期　耍孩兒　鮑老催

對聯　二曲牌名

幼女緣分看惟喜蘭麝藏罥篋　香柳娘

佳人紅襯臉不勝卮酒倚欄杆　醉嫦娥

鳥獸名類　嘆時　二鳥名

蜀國兵來計已非　至今千載尚含悲

輕薄忽然穿柳巷　揄逆專等賣花兒

○杜宇　蝴蝶

咏物　二鳥名

挺挺手標渠雪霜　平生托跡水雲鄉

識破茅君論道處　華表歸來日已長

○鷺鷥　白鶴

懷古　四獸名

隨行曾運蜀若糧　燒尾齊城一陣強

蜀道不通因齧鑿　東風纔起苦鞭牃

○木牛　火牛　金牛　土牛

州府縣類　咏懷　四府名

盤旋蟠踞半天飛　合家天佑得康寧

祖父在堂添福壽　鋪兵路上拆公文

○鳳翔府　吉安府　重慶府　開封府

詠咏　四州名

霹靂船頭響一聲　征倭巨艦用梯登

買紙做漿船上用　乾河水漲梢堪行

○雷州　高州　湖州　通州

思古　四縣名

吊鐘文

恩

分敬人人不知　中無水莫開池　下不曾行惡事　畫天地不相虧

讀法

十分敬人人不知

田中無水莫開池

心下不曾行惡事

恩畫天地不相虧

四大部十字文

山字起　端字拆念　花字止　六字成章

讀法

山裏先生

修道

而今不見

回家

立地燒香

拜佛

端然正坐

蓮花

照天燈

人排得甚分　才行字正明　成不讀能賢壹從包　不是向心羅　古今通狀萬

讀法

壹何心從正字行

才人排得甚分明

包羅萬狀通今古

不是賢能讀不成

酒壺詩文

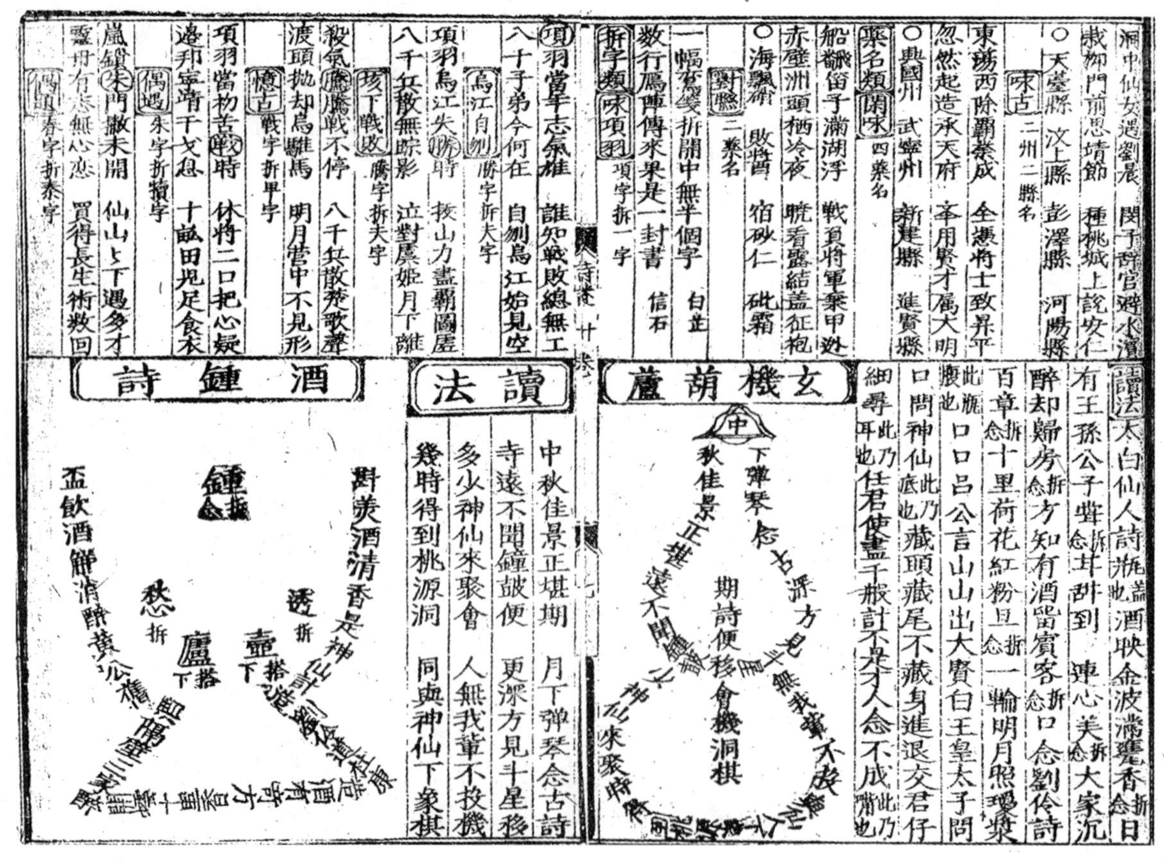

洞中仙女遇劉晨　閔子爲官避水濱

栽柳門前思靖節　種桃城上說安仁

○天臺縣　汶上縣　彭澤縣　河陽縣

咏古　二州二縣名

東蕩西除霸業成　全憑將士致昇平

忽然起造承天府　奉用賢才屬大明

○興國州　武寧州　新建縣　進賢縣

藥名類　閑咏　四藥名

船艤留子滿湖浮　戰負將軍棄甲逃

赤壁洲頭栖冷夜　曉看露結蓋征袍

○海飄　敗醬　宿砂仁　砒霜

對聯　二藥名

一幅萬箋拆開中無半個字　白芷

數行鴈陣傳來果是一封書　信石

拆字類　咏項羽　項字拆一字

項羽當年志氣雄　誰知戰敗總無工

八千子弟今何在　自刎烏江始見空

烏江自刎　勝字拆夫字

項羽烏江失勝時　拔山力盡霸圖虧

八千兵散無蹤影　泣對虞姬月下離

垓下戰敗　騰字拆夫字

殺氣騰騰戰不停　八千兵散楚歌聲

渡頭拋却烏騅馬　明月營中不見形

憶古　戰字拆早字

項羽當初苦戰時　休將二口把心疑

邊邦寧靖干戈息　十畝田兒足食衣

偶遇　朱字拆犢字

嵐鎖朱門撒未開　仙山上下遇多才

靈丹有志無心戀　買得長生術救回

偶題　春字拆泰字

玄機葫蘆

讀法

太白仙人詩瓶也　酒映金波滿甕香折念日

有王孫公子折念共酣到　連心美折念大家沉

醉却歸房折念方知有酒留賓客折念口念劉伶詩

百章折念十里荷花紅粉旦折念一輪明月照環

此瓶腹也　口口呂公言山山出大賢白王皇太子問

口問神仙此乃底也　藏頭藏尾不藏身進退交君仔

細尋此乃耳也　佳君使盡千般計不是才人念不成此乃蒂也

讀法

中秋佳景正堪期　月下彈琴念古詩

寺遠不聞鐘鼓便　更深方見斗星移

多少神仙來聚會　人無我輩不投機

幾時得到桃源洞　同與神仙下象棋

酒鍾詩

準擬今春樂事濃　誰知此日竟成空
三分人事相繼斜　立國咸陽一木中
〔恐情〕正字折肯字
正想鶯鶯又一空　偶然月下得重逢
共約他時來省救　竹林之下語從容
〔花影〕特字折附字
時刻移陰一漏催　十分春色下瑤臺
剛被太陽收拾去　却教明月送將來
〔待漏〕斗字折个字
星斗躁動更漏殘　露珠點點滴闌杆
一退金門思故苑　人生忠孝兩全難
〔嘆儒〕儒字折要字
才高道大一鴻儒　爭奈無人肯薦賢
忽然一朝雲霧起　管教士女下蓮除
〔新秋〕秋字折粟字

織錦璇璣圖

〔讀法〕重斟美酒清香透乃是神仙計造壺金盃
飲酒解消愁心醉黃公舊酒壚身也此蝕〔鯽足五言〕劉伶
道杜康造酒有奇方隔壁三家醉開罈十里香

露竹殘蟬昨夜秋　長空大火適西流
從今撤却炎蒸氣　漸覺西風又到頭
〔字謎類〕〔自述〕勤謹和緩四字
生來衣食不求人　素行檢點好持身
五湖四海皆兄弟　萬事須教忖度行
〔君德〕天官賜福四字
五穀豐登抵上蒼　朝中文武列成行
領受明君恩寵愛　願教有德效陶唐
〔閨情〕風花雪月四字
夜靜無端綉戶開　起看嬌艷逞姿容
冰肌玉骨斗爽素　疑是嫦娥宮裏來
〔女德〕西江月　言行工容四字
○說話務要誠實　爲人作事仁慈
拈針挑綉用心機　對鏡梳粧華麗
〔懷古〕西江月　富貴貧賤四字

〔讀法〕君承皇詔安邊戍。送君遠別河橋路。含悲挽淚贈君言。莫忘恩情便長去。何期一去音信斷。遣妾殊幃春不煖。琴瑟階下碧苔生。珊瑚帳裡紅塵滿。此情通別每銷魂。將心何托更逢君。一心願作滄海月。一心願作嶺頭雲。嶺雲歲歲逢西海。月年年照得遍。飛來飛去到君傍。千里萬里還相見。追思路遠關山隔。恨君塞外長爲客。去時送別蘆葉黃。誰信已經柳花白。百花散亂逢春早。春意催人何誰道。垂楊滿地爲君攀。落花滿地無人掃。庭前春草正芬芳。抱得秦箏向畫堂。爲君彈得江南曲。附寄情旅到朔方。朔方迢遞山河越。萬里音書長斷絕。銀裝挽上淚沾衣。金縷羅裳絲皆裂。三春鴻雁渡江聲。此時離人

○石崇珍寶[illegible]王[illegible]戚權臣
范丹昔日飯生塵[illegible]盛
〔述古〕忠孝[illegible]四字
圍城自盡齊王燭　不[illegible]連
琴鶴相隨趙抃　抱石投江[illegible]
〔懷古〕仁義禮智四字
成湯解網施禽獸　雲長封庫卻黃金
交接陳蕃曾下榻　七擒孟獲孔明心
〔合字〕龍字
不行不坐不成眠　立　有夜相虧有夜圓　月
休使他人來問卦　卜　非干己事莫相連　邑
〔閨情〕門字
惜花間紅日西墜　閉朱戶不見多才
倚闌杆東君去也　悶無心懶傍粧臺
〔千文類〕〔咏張良進履〕千字文一句

漁翁得趣文

斷腸情箏絃未斷。腸先斷怨結先成曲未成。君今憶妾重如山。妾亦思君不暫閑。織將一本獻天子。願放兒夫及早還。

圯橋春水漲長川　進履淩巡聽所言
五日平明須早會　授書一本贈英賢
○何遵約法〔西江月〕千字文一句
○堂上八音之樂　聽來難得相同
連城趙璧價無窮　不直一文何用
○樂殊貴賤〔對聯〕千字文二句
鼓瑟吹笙天子與庶民有異　樂殊貴賤
立綱陳紀小人於君子不同　禮別尊卑
〔對聯〕千文二句
商山老叟挽正劉朝儲位　綺迴漢惠
傅岩賢士夢叶殷室高宗　說感武丁
〔物事類〕〔[illegible]〕一物鏡
我向君家尋自家　自家先得到君家

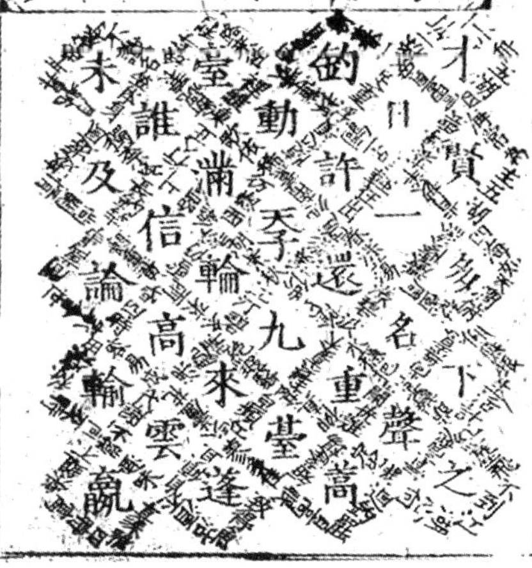

織錦璇璣圖

稚夫適情文

君家不說自家事　見了君家見自家

【言志】一物　起帝北卅天箭

平生抱負許英才　願是英豪吐出來

滿紙文光收不住　夜來耿耿逐三台

【述懷】一物事　風車

本是江南一老叟　身迷有個量天斗

能推貴賤無高低　轉路須憑三分口

誠當君子請歸來　輕薄小人急逐走

若還不信且回家　明朝另請人分剖

【自味】一物事　筆

生身堅𥂕心又聰　欲逞英雄路未通

有志金臺呈表策　無能邊塞立奇功

指日龍顏持拔起　擬將心事獻重瞳

【述古】二物事　書硯葉碟

昔日人稱虞世南　胸藏萬卷好兒郎

誰知思邈留仙跡　遺下當年一鐵舡

【自味】一物事　鍘藥刀

自從煅煉到如今　費盡先生一片心

常倚東方星斗照　朝朝臺上見君臣

【述志】一物事　路引

解神在命得安康　縱有關時也不妨

若遇正官并正印　經由險地又何傷

【咏月】一物事　鏡子

當空皓魄出塵寰　對面無言指笑顏

廣寒昨夜風波蕩　掛懸臺上映鳴鸞

【表將】一物事　門神

身披金甲氣昂昂　凛凛威風誰敢當

膠內無能難赴敵　皇王勅命禦關防

【咏述】一物　磨子

生來短短兩身材　鴛鴦配合任拘推

織錦璇璣圖

耕者自叙文

織錦璇璣圖

牧子散誕文

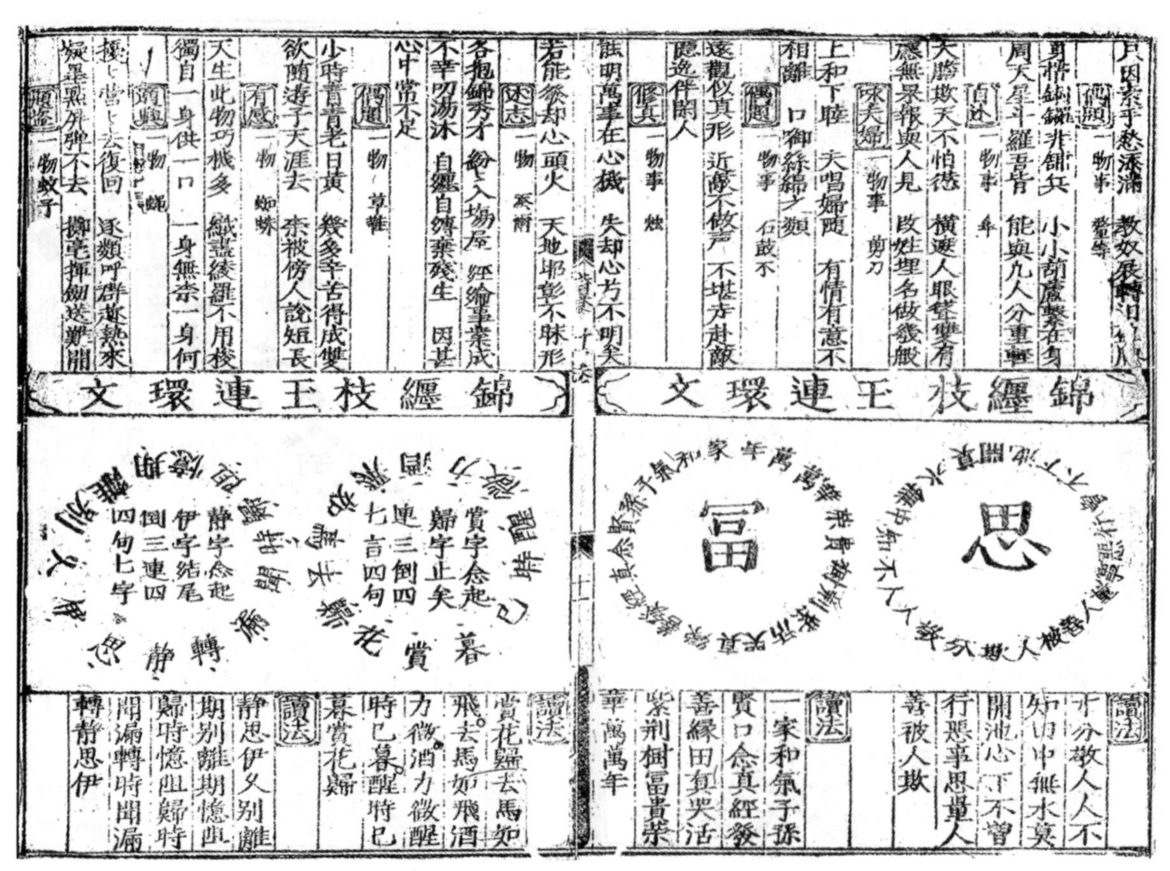

小兔鳴錚樂下存　磨牙吮血待□□
身細脚長西夏至　燕王一到使驚尝

遣興　一物箕子

天生一對好夫妻　暮暮朝朝未不離
有特一旦分別散　也被傍人說是非

千家詩類

時賞　千家詩一句

驕人攜筆慢尋芳　明媚韶光賽洛陽
佳致已收膽夾裡　忽聞梅蕋暗銜香
○詩家清景在新春

月夜遊約　千家詩一句

出門又怕惹閒情　去到梵宮月已沉
赴約海棠頻立久　醉魂不離夢中人
○只恐夜深花睡去

閒情　千家詩一句

紅紫芬芳映畫樓　栈欲登臨又帶愁
夢魂却到陽臺下　驚醒相思在兩頭
○春色惱人眠不得

誤佳期　千家詩一句

會郎曾許赴花陰　誰想冤家別恋親
南楼雁唳声悲慘　無眠又是月三更
○有約不來過夜半

夜坐　千家詩一句

睡林黯淡值黃昏　剪燭吟哦傷詠文
頃刻槐梢漢外　後飄凍雨細紛紛
○日暮詩成天又雪

客情　千家詩一句

燈殘滴盡滴壺銅　青漢霏霏下九[illegible]
酩酊玉山渾自倒　東窓日上大[illegible]

玉連環　讀法　玉連環

藏頭
折字
三字
雙呼

圖者
雙呼

機字
起結

幾木林中清像誰　佳言還是要精思
田心勝似庄田好　女子當從君子儀
仁義但存忠信志　上心休聽巧言辭
辛苦難得黃連藥　草落忘憂了事機

花字藏頭雙呼三喚
五七成章左右貫串

讀法

草化飛螢聚亂麻　六林野澗撥平沙
水少纖灘露荻稿　高禾微翠近開花

油瓶盖

五行中

在俱人六短
廾發早窮命
羅崇石冊顏
晚豪富范高
太公彭祖壽

讀法

石崇豪富范冊貧
早發廾羅晩太公
彭祖壽高顏命短
六人俱在五行中

○雙油瓶盖詩

油瓶盖

洞庭湖

是不缸酒去
賒若你沽賒
時家吾人休
半有酒要買
縣無現錢來

讀法

吾家有酒要人沽
你若賒時半點無
現錢來買休賒去
酒缸不是洞庭湖

○夜游傚而醉初醒

賞月　千家詩一句

皎皎明明月一輪　望中端正在天心
忽然曙色東方白　讒把菱花手內擎
○皓魄當空曉鏡昇

玩月　千家詩一句

天河如練界空間　黃鶴樓中鐵笛閑
天運循環常不息　一輪宝月正團圓
○銀漢無声轉玉盤

寄友　千家詩二句

折梅寄友到江南　祝付殷勤切莫忘
別後倏經春未幾　不期復見蕋飄香
○一年好景君須記　今日花開又一年

閒然　千家詩二句

東京城裏暮春晴　萬紫千紅襯馬蹄
巧女將來機上弄　何時經緯作緇衣
○洛陽三月春如錦　多少功夫織得成

傷春　千家詩二句

幽齋懶步意沉吟　細把河圖義理尋
徒爾未聞此個事　紅英飛盡久因循
○閑坐小窗讀周易　不知春去幾多時

玩賞　西江月　千家詩一句

○偶值好天良夜　休辜美景芳辰
○許今夜會姻親　勸罷同郎再飲
○但逢佳節約重陪

織錦迴文詩

讀法

月過十五光明少　人到中年萬事休　老去
年高心內愁　平生不見下場頭　自知身邊十件
老　聽我從頭說根由　頭老髮邊生白髮　眼老如
常冷淚流　牙老喫飯難得碎　口老言開語不收
耳老不聽無言語　舌老談話語不真　手老難拿
三五兩　身老曾全見骨頭　腿老骨乾難行步　背
老腰彎低了頭　曾聽古人說幾句　時間記得我
心頭　明知合眼空回首　一旦無常萬事休

三台七十郎印

廿卷終

趙大郎打构欄

青樓

朱字は蓬左本による本虫蝕にて不明の処多し

新刻天下四民便覽三台萬用正宗卷之二十一

青樓軌範

男女雖異愛慾則同男貪女美女慕男賢○男女身体雖異而其心性愛慾則同男子貪乎女人顔色之美女人慕乎男子德性之賢

鴇子創家威逼佳人生巧計撇丁索鈔勢推女子弄奸心○鴇者深山水中有鳥名曰鴇形象類雞而足稍長其性最淫諸鳥與之交合字畫七十鳥故將人比為妓者之母撇丁者即五幡也五幡者乃於仁义礼智信尚幡頃也又名忘八忘却孝弟忠信礼義廉耻又名烏龜或為烏歸以其白晝羞見人則他出黑夜則帰家一說烏龜不能交精鴇者欲交則咬其雄而雄鴕竄遶吗不止則雄鴕来交撇丁不知何本不敢稱鮮妓者字畫十奴言其此等人比奴还亞十倍又名豨旦能為虎搔痒虎死尚不知以其能暗害人又名粉頭謂其將脂粉粧於頭面子弟者為人子人弟之稱大凡敲嫖皆少年所為也凡女人与男子交往豈無真情因鴇子要創家撇丁要攢錢所以威逼使弄奸巧耳

且如尋常識見皆由繩準之中設若奇巧機関更出筌締之外○繩準者規矩準繩也筌締者取魚用筌獲兎用締且如尋常識見由乎規矩之內設若奇巧机関又出乎筌締之外人豈能知也

若不運籌定遭設網○運籌者大將行兵運籌算於幃幄之中決勝負於千里之外設網者獵人張罗設網以待飛走設不運籌料敵以相待定遭彼網罗矣

調情須在未合之先凡物不待已索之後○風月之中以情為先軍武之內以操為最情未調而求合譬之三軍未曾操練馴熟而臨大敵其敗必矣嫖之凡物如魚之設餌不得餌則他往妓之索物不得物則他求後總與之亦何益焉

初䠞花柳要老成久歷風塵豈宜勢念○初䠞嫖之人要在老成而猾妓不敢逆視久在風塵之客若鼓唇搖舌及至少年之人使妓家視為輕薄子也

商旅門

○客商規鑒論

夫人之於生意也身携萬金必以安頓為主資囊此必當以疾進為先但凡遠出先須告引搭伴同行必須合契若還遠拗定有爭張好勝争強終須有損重財之托須要得人欲放手時先求收斂未出門戶須僕妾不可通言既出家庭奔程途貴乎神速若搭人載小船不可出頭露面恐船夫相識認是買貨客人陸路而行切休奢侈囊況低重亦要留心下跳上鞍必須自登岸宜相托舟子車家早歇遲行逢市可住宿前檐下最要関防半路逢花慎勿沾惹中途落伴切記妨閒小心為本用度休狂慎其寒暑節其飲食到彼投主須當揀擇不可听邀接之言須要察貌言行动靜好訟者人雖硬而心必險交面無情會飲者性雖和而事多踈見人有義好賭者起倒不常終有失喜嫖者飄逢不定或遭顛巳上之人恐難重寄驕奢者性必懶富盛者必托人此二等非有弊而多误營生直實者言必怍勤倹者必自行此二般擬着實而多成買賣語言便佞撲綽者必是誑徒行動朴素安藏者定然誠實預先訪問客中还要臨時通变莫說寒家要尋行户切休刻剥公道隨鄉義利之交財命之托非恒心者不可賞任買賣雖與議論主意實由自心如販糧食要察天時既走江湖須知豐歉水田最怕秋乾旱地却嫌秋水上江地方春佈種而夏收成江北江南夏佈種而秋收割若逢旱涝荒歉之源冬月凝寒暮春風雨菜子有傷殘夏初秋狂風苦雨花麻定損小滿前後風雨白蠟不收立夏之後雨多蚕絲有損北地麥收三月雨南方麥熟要天晴水荒尤可大旱淮當荒年藝物賤豐歲米粮遲黑稲種可備水荒蕎麥種可防夏旱堆垛粮食須在收割之時換買布疋莫向農忙之際須識運中有快當窮好處藏低再看緊慢决断不可狐疑貨賤極者終雖轉貴快極者决然有遲迎頭快者

商旅二十

商旅二十

若要認真究然着假○妓者以色［…］以情招人事色爲本投情爲末亦彼之經營也痴心君子不辯而認爲真必落在圈套矣故云若要認真定然着假

對新妓勿談舊妓之非則新妓生疑謂舊姬勿憐雛姬之小而舊姬失意○對新相與之人勿言故舊人之得失則起新人之疑悔聖俞詩云莫打鴨打鴨恐驚鴛鴦飛正謂此也既有謂舊之心勿起憐雛之念二者不可並有不然則舊姬失望矣

痛酒勿飲寡醋休嘗○酒誰不飲飲不可太酣酣則失禮乱性至於嘔床吐蓆多使嫖懲大抵俏妓正在枕席之間調覰既飲大醉焉能爲也醋之一字何所本註之古者爭奸曰妒今之俗呼曰醋食醋之心人皆有之量其厚薄可也如食厚中之醋不醋則不厚矣設在薄中則爲寡醋耳

寧使我支他莫教他閃我○凡與妓漸竟情踈料不能久必生計較支持則不遭彼閃矣

初厚决非本心久濃方爲實意○此二句乃常情也不待解釋而自明有等溺愛之徒常言予與某妓止一二宿便厚誠可笑也

欲買其心先投所好○調妓則易買心甚難以其所好者好之其所惡者惡之貪者賂之以財淫者動之以慾攛聽裸者施之以声色好踈散者任之以自然

賣迎頭賤者可停價高者只宜趕疾不宜久守雖有利而貨不多一跌便重價輕者方可熬長却宜本多行一起而利不少縱折却輕堆貨處要利於水火賣貨處要論之去頭買要隨時賣毋固執如逢貨貴買處不可慌張若遇行遲脫處暫須寧耐貨有盛衰價無常例放帳者縱有利而終久虧虛無力量一跌不可現做者雖吃虧而許多把穩有行市得便又行得意者志不可驕驕則必然有失遭跌者氣不可餒餒則必無主張買賣莫錯時光得利就當脫手

○船夫

且以顧船一事必須投牙計處詢彼虛實切忌愛小私顧此乃爲客之第一要務也雖江湖老奸巨猾尚難逃其術何况篤實之人哉如新下水新成買什物不整衛還舊船失於油洗人事很衰必少債船也其看船之法須是估杂頭粧什數看灰縫試軟硬方可成交諺云雇船如小買誠哉是言如裝粮食務要仍慎後倉馬門梁眼梁縫尤有死夾梁更加雙夾隘并穿頁簿數御亦如之受載之時須要看其水脚難以盡其貪心各倉俱記小數不可聽其混裝至中途者或做假印更改斛制或乾或潮攙和各色稍脚千貫千斃有欲百奸若裝之麻菜子粟米眼縫要使紙糊麻餅破兩片而鬪成三片臉楮將小楮而抵換大楮桶油鑽眼得油而使橇楔篾油簍縫得油而稱烋調猶有使針捌眼得油而揷

如此則何必不買也

志誠感默叫跳動狂○默者老成之妓端莊沉靜不妄發言以志誠感之狂者青春之妓形似迎風之柳笑如向日之桃以叫跳投之方隅類聚斯言信哉

愛飲酒盃當備劉伶之具擅知詩句多談杜甫之才○愛飲者與之酬酢壺觴知吟者與之唱和音律亦須其所好也

伴黒者休言白者之瑩對貧者勿誇富者之盛○伴黒妓勿誇他妓之白使黒妓而慚對貧妓勿誇富妓之盛使貧妓色赧

大家規矩自是不同科子行藏終須各別○捧紅袖以無言褲湘裙而不語此大家規矩也未曾走動裙先開方纔坐下褲便脫此科子行藏也

駑駘遭遇必藏其驥之良蚌蛤生輝決蘊貝珠之貴○駑駘下馬也騏驥良馬也蚌蛤水虫也貝珠珍寶也下馬遭際遇其中必有良馬之德水蚌吐光輝其中必有珍寶之蔵此言喻以下妓際遇上客其間必有可取不勞見請

合意人出言便及忤情客失口不談○男女彼此不過一箇情字果是合意之人開口不覺言語便相及犯設若逆情之客則失口亦不談矣

敬事而及主覩物以思人○珍重玉郎覩紙筆幾回讀了又重封此詩便是敬事及主也長共短又沒箇樣子窄和寬想像着腰肢此曲便是覩物思人也

偷眭惹訕剖帕見情○有等好動之人

猶舉用火燒頭即爲閉塞綿布用竹火攛心掣出包帶用蘆管而斜插溜焉紙劄鬆頭而整刀抽取包魚鮮索而逐箇偷拈棉花因裝卸而動手有人不能省盤故盤動而掠偷無包不斡至於雜貨藥材見機而作猶有盜貨價倍於船鑿船沉水棄船而逃常有未至地頭預支下脚及卸少原裝數目却使暴奸或加圖賴不肯全賠發誓告饒高低折色賊智千般難於枚舉機心疑設防慎爲先完契之時下脚必推不足中途支使須將賣貨爲由倘有餘貲切休露白諺藏誨盜古聖良言船户總使無心客作豈能保得

○脚夫

至於脚夫無所不至先指脚價後設偷心穿長裙而打腰包勒腰帶而穿夾袖扱襘揎要隨手做印大籮交換小籮大袋交換小袋籮底明安蓆片口袋暗縫倒挽瓶酒釘鑿眼而謄換果包鉤分開而任摳麻餅中途破湊醃豬便處使鉤擄隽百般用計混處便挑沒斃隨手拈走七先入後而沿路分投空處偷油之法將油與土和攪待闕挖去用水而浮摩雲嶺福建閩盤山脚夫到可寄托張家灣河西務車家脚剝甚是能偷若夫船脚之奸照律罪充徒理所當也又容收贖而輕宥情法何堪掌法之官又焉得而知如此之弊哉雖曰船脚之奸可惡間有善良之輩客人亦不可加之於刻剝也船户以外財而裝内財用人工而使盤費一船千繫豈小小哉

倂以脚門口常入得妓家不分厚薄飽
袖其鞋或時澆皆致成訕矣剖帕者㒳
情陂浪欲尋表記遂將帕子剖為兩開
各執其一以見其情
答問不言由意背綠呼即應為情親○
再三詢問終無一答皆由意之相背呼
未出声應即相隨皆由情之相親
膠漆既投尚遇言差休見責雲泙初聚
如逢礼失莫生嗔○昔陳雷交情愈厚
時人以為膠漆相投言情人交往既厚
雖有言語差錯則不可責雲泙聚散不
常之物喻以暫聚皆合之人其情必疎
如礼貌失節亦不責見罪
憎中曾致憂訕久知成非○憎者嫌也
有等妓者平素可嫌或因一時有一德
可取而交往逐成恩愛也訕者譏訕也
情人因一言彼此譏訕譏誚者則當稍
解不然訕久成反目矣
行事太寬却為寬中而見悔存心積窄
多因窄処反投机○此乃妓家迎合子
弟所為大凡鼓嫖者使錢當以適中不
可太寬亦不可太窄見其寬則奢移之
見其窄則減省之終不能出其圈子耳
逢人誇盛德乃是常為對友數歸期亦
是熟套○逢傍人感以厚恩誇以盛德
此乃妓者之常為因遠別則对友訴歸
情数歸期此亦妓者之熟套正所謂回
頭稍好音也
自薄漸厚者久初重後輕者疎○自薄
漸厚者必因為情投初重后輕者必因

脚夫一擔在身百骸俱動加之斷刻於理何當

○銀色

至於等法乃買賣之正經目有書傳心授銀色
實生涯之本領過眼須要留心九程本色微ゝ
細絲重八正銀粗絲兩道九二三者細絲底白
而面青九五六者絲粗而光而底亮九七八青
絲青暗不堪九七八水絲瞟白好看上江文銀
但火銷者只在九八上江水絲邊青絲隱只銷
九程南京揩銷青絲九三九七邊薄者身高北
京乾搭敲絲八程九程黑面者就弱北京多有
挿香幹上江多淮客陀僧乾発汗边光而臉平
者約有八程無光而臉突者不足六色鋼汁銀
九二三者絲却粗而底面亮白九程下者雖無
絲而邊厚有光邊薄而黑七程也火面生雞脚
口只在六程九六七乾者猪鬃絲口九六七鋼者
姜木色絲九四五乾者芦花之絲九四五鋼者
粉紅絲口九程上下乾者刀口白而絲紫鋼者
絲口細而粘白重八者刀口硬燥八五者刀口
黃而絲粗鋼者刀口黃而絲細七程乾者刀口
青而絲有黴梅鋼者刀口青而兼黃潤既六程
乾者刀口小而絲死紅鋼者口潤黃而絲紅嫩
五程鋼者比六程而絲愈嫩五程以下青黃紅
嫩相兼对冲老火邊允如釘片六程死汁邊渾
似九程淖鬪荅子邊声猶如銅磬聾土中白臉
一似鐵皮九五荅子。一臉金光九程荅子末香
絲口八程荅子雖白無光七程荅子只看滿迷

倂欽蜂

若逆乘機言當串節○子弟追歡買俏
之時倚翠偎紅之際事要見机而為言
要中節而發事不乘机过后無益言不
中節真成妄談
倫宜多置酒莫怪不陪茶○酒色二事
每每相隨既為子弟未聞有不飲者且
如設東还帮生辰蒲月接風送行月夕
花朝飲宴亦不厭重復也妓者之家迎
送最廣此茶不陪是其定例
串可頻而坐不可久言宜應而債不宜
詢○無事之時同友輩往妓家討茶一
家總出仍又一家俗呼為串門子大抵
不过拉閑不可久坐以妨彼事彼雖不
言背后嗟怨鴇子見子弟與扮頭漸怠
使言索物係為沤差為子弟者便當承
應不然則先人物矣門户之家借債者
多倘遇債主臨門伴作不知如細問之
必來若訴不久代还則先意思耳
舉止輕盈終須賣俏行藏穩重乃可從
良○体態輕盈形容嬝娜未語先笑未
歩先蹓如此之人終於賣俏行藏穩重
作事端嚴言不路唇咲不路齒是謂从
柳後必從良
初會處色久會處心困妓幕財待妓幕
俏○人之初会在色不在心既而久交
在心不在色妓在困窮之時敝衣淒冷
粗食充飢其心惟慕財妓在從容之際
飾以珠翠着以綺罗其心惟慕俏也
情不在貌色要擇人為情者嫫毋可以

色五程荅子黃白灰絲對冲鑽銀水紅絲色八
程絲色如艹草七程絲色却粘青淖穰絲色蕩
色凋紅三程絲色比銅略淡白銅絲色青而死
凹銀絲色白而拈北京稐兒打净銷者也有九
程陝西餅子敲淨砂者也有九色北京板錠獅
子頭者九三九四瀨杓頭者八程七程馬鞍轎
亦有低的獅猻頭亦有假者夾糖餅兩邊是食
中間是假夾開時寶色相映嗄孫方知竹葉花
者九程之上麻布心者是色之銀汴梁荷葉迸
八程上下大同骨灰底不足九程江西鷄瓜臉
八程之上杭州龜背兒不足七程霧露天者七
程之下磚珠窩者身分還潮鏡面照光六程之
下嗟鉛底者難辨高低大抵刀口白而絲燥者
身分還高鑿口潤而絲鋼者終須急迫各處出
山餅子金花晃者每兩還入一二分銅仍有出
山鏪銀青絲平臉下大也須入銅絲現真雲南
十似水絲自然發亮假雲南九程之上絲隱絲
灰水絲底似瓦青燒粉最重官銀蜂窩若浅便
是倒鏪北京假黃贊一是倒鏪九程以下之銀
仍多有凸松江鋼剛子也稱黃贊高者不足九
色仍有低的淮鉛銀色必高其鑽眼多在厚頭
并两腋弹飛邊必定啞声成塊須看底角鑽眼
必貼石羔飛銀吊角多有絲歪臉飽弹之也有
些啞除是燒紅照亮更兼斜鑿方知銅銀却似
青絲鑿口自有鏽色凸銀如同白臉絲口紫色
銀星官銀凸是壓手不經火果是難知欽絲凸

同者為色者西施纖嫫並處○嫫母者黃帝之妃也德嘉貌醜帝愛幸之西施著春秋時美貌之婦也約以明朝定知有客問乎昨夜決對無人○今孤老明日來會則知今日有客問表子昨夜誰宿決然答以無人走死哭嫁守饒假意莫言易得抓打剪刺燒撚屠情其實雖為○妓為孤老條目有十曰走曰死曰哭曰嫁曰守曰抓曰打曰剪曰刺曰燒走者有情走有計走情走者與孤老既厚懶於迎送被鴇子打罵撇丁凌辱拋棄重大收拾細軟而與孤老逃之他方也計走者欺其呆弱設其圈套假說有情與之同竄纔食未安鴇撇俱至ㄩ說到官得財遂止是也死者有真死有口死真死者子弟因父母在堂不敢娶粉頭為鴇子要錢撇丁不放不得嫁二人無可奈何所以要同死為一處也口死者其容甚多其情甚寡以死為由而動人意但欲稍開便言自盡也哭者有情哭有貪哭有被哭哭情哭者既不能嫁又不能走恐怕不得久處而常悲啼也貪哭者孤老臨別送至長亭二唱陽關巳歌兩行玉筯不休旁客愈勸號呼愈高人皆面覷似此柰何贈以白金方纔哭止也被笑哭者昔日有一妓送情人至十里長亭撫衣痛哭孤老亦悽然忽聞刻外二牧童践掌大笑曰吾見這個姐姐未經兩月至此五哭矣嫁者有真嫁有暫嫁有詭嫁真嫁者子弟指金粉頭洗心二人婚合妹諧伉儷也暫嫁者未嫁之前收其放心斂其汚跡既嫁之後難蓋不能守放蕩不能除猶恐胡為只得善遣也詭嫁者懼其勢要不能廻避見乎錢鈔欲其置買只以口許延調不成諺云粉頭不說嫁子弟無帶掛也守者有自守有逼守自守者與孤老情厚不改前盟杜客閉門專待嫁娶也逼守者本無心於守被孤老錢多買轉鴇子移於靜室止待一人雖拘其身難拘其意也抓者與孤老取訕之時抓摘痕於臉上咬齒跡於項上使朋輩識者曰此其人之來約也厚中如此薄者不然打者有訕打有要打訕打者乃厚中奪趣之所為孤老入門揪耳問曰連日如何不來久在那家行走一一從頭與我招出拳頭剛欲巴掌又隨變臉起打賠笑則休也要打者不在厚中惡其吃醋或因索物不得或因一事不遂借打為由以雪其恨也剪者有真剪有拒剪真剪者事雖古有今亦效顰分當頂之青絲借情人之口為繫以絲繩永為表記也拒剪者但言燒剪以言強拒一燒則絕一剪則斷你我情長何須如此也刺者計雖苦肉而難為情三針一排為之畫五針一排為之刺鮮血既出以墨接之口雖言而不痛實掩乎至夜瘡腫脫去筆畫方真非至情別不能也燒者古人之病入膏肓則灸今人情連肺腑則燒胭脂為壯其

無有蜂窩其絲自然死現發燒點察似豆渣硃砂點察如九色點銀首飾聲响如銅紋銀首飾身柔聲啞好錫雖有淺絲蜂窩必然假鑽白銅自無寶色鏨口必有青光光銅邊瑲々之响色與燒銀相類只愁七擦點銀邊噹噹之声色與青絲相防只怕火燒毛銀雖是色鋼口硬汞銀有是放光縱使行家不能盡識銅銀自是支牙真銀自是性軟兩京裡外掛錫多是兩服兩頭再看邊脚之間若是粘青再無疑似一等首飾簿皮一等點紅醮汁隨用而隨擦藥頭上黃上擦來便見一等白銅扳錠底面如入程餅銀任你鏨來識他不出除非下火始得知之一等銲臉尤難辨認彈邊如卷子之响臉如欲化之絲再看邊脚銲藥何如便知端的一等根頭包皮柵為四堵墻亦難辨認一等芝麻碎點名曰香橋銀仔細觀看首飾銀最恐皮面燒而銲藥重子母銀最妨大塊好而碎塊低大抵看銀之法必須四面參看程色相同方纔真正若還不一必定蹺蹊各宜詳察仔細觀之

○煎銷

大煎銷之弊實難盡言縱使明人怎逃奸弊下爐時全憑眼緊動鏨處先上天平入銅的鉛多火矮鎔必寡入銅的最燋火邊看乾潮重八以上難以驟閃八五以下就奸施為低銀勝倒还有砒盆着是炒銀難離爐口動鉗處就要留心添炭時其間多弊常防爐後仔細鉗火結面者必有銲藥白銅錫鐵要青者除是油髮加燒脫下銷其內必肥燒下錫其小有物銷黑者肥銷黃者寡煎銀之法底緊為先不動撥鉗却無他術但恐爐中暗藏紙團隔炭一縷引之直至其下畧說肌膚未能洞見

○秤捶

若夫秤捶準處不題只評大小閘河一路花秤都是虛名也还實許江南若賣棉花足拚加一暗裏除銷湖廣各處大小不一河南各處有重無輕有沽一帶魚麻有半節合子之規江南杭州醃臘有加二加三之弊綢行俱是十七兩麻餅却要看行情荆州川貨也有秤頭各處果行無輕有重猶有毫釐腦箍下開長眼或前或後輕重隨心

○天平

蕪湖天平輕則一錢之重窯溝法子每包五分之輕潁州亳州山河也重三四分不等徐州邳州一帶俱有三四分之沉各處集場俱重七八分不等杭州常州無錫足有五六分之輕及你買時又要準數若還新豆還要加此各處鹽行法子俱有六七分之重臨清正陽湖廣也有八九分之零

○斛斗

至於斗斛與鐵制差不多者沿江一帶湘潭江右蕪湖六合與南京南照正陽徐呂清河淮郡蘇州與瓜渚小一升者城零漢陽嘉興無錫大

疤紅䒭紙為壯其疤黑絲綿為壯其疤白香頭為壯其疤陷若以文為壯决非風月之事乃灸病耳有单燒有双燒有後燒有妬燒有合同燒有豆瓣燒有鸡足燒有桌脚燒有梅花燒有金雞燒有騙燒有村燒有無情燒有萬星拱月燒若单燒者我燒你不燒你燒我不燒也双燒者男從女順彼此心同正當會合之際方設山海之盟聯膊共若二壯齐明也後燒者恩愛至痛燒不盡情疤痕未痊從而復火也妬燒者猜人懸絶形跡尚存事雖已徃罶則嫌疑如其不毀不恐情踪舊跡既滌釋地新燒也合同燒者男左女右兩手環抱安壯於中未燒先誓人各咒口之上痕如缺月之形也豆瓣燒者或膊之上或胷之間两痕相並形如卧蚕也鸡足燒者上一下二勢若㕚珠也桌脚燒者ㄇ字之角各安一壯也梅花燒者疤痕攢簇形若梅花也金雞燒者壯數最多其燒最苦額間纓絡耳畔排環左右手之連珠鐲前後心胸背花通袖而过膊結帶以懸腰也騙燒者薄情之輩賣俏奪弃一時之誤以至如此也村燒者有一庄家與一妓人交徃妓因使大錢無以奉承或一日妓曰你我雖厚未見有情我與你燒一壯何知庄家曰可妓行安壯燒罷庄家蹺起脚来指以孤拐上曰可安壯於此妓失色曰何謂庄家曰連我脚氣灸除了罷也無情燒者壯刺蜂窩乳填鉄礦

一升者儀真寶應揚泰用常湖西諸集俱大七升只因短溢不相同關河北路俱大一斗以為鷄窩而不準廬州與化邵伯高郵俱有斗升之大淮坊新站留城沛縣俱大一斗五升济寧二斗之外汴梁一斗有零北五都集與郯城約大加二比龍王廟與儀封三斗五升沂州亳州呂家潬加三而矣歸德曹縣各道口加三有零小窰不過加二五穀亭却有三斗三滕州足大五斗零杭州獨小三升半潁州寧波三升之寬巢縣河中四升之外山東東路俱划華五斗西淀店棗去不及加三天津衛臨清州不及加一張家灣河西務準數畧差南京三牌樓嶸尖加一天長各集場饒四四升無錫米斛却大三升常州米斛二升之外但出根食之處水次便者差池不多入棗地方斛斗就大已上三事聊記於斯更改輕重豈能常一要識方斛之大小只雖直棒一根點角比齐便知端的若將水濕还張大此右手低而速者輕傾手高而緩者重糶糴地方甚多不可盡言且論看貨之方須評詳細

○穀米

且如斷稻糙米須看糠之細粗皮之厚薄開手軟硬穀嘴有無至分數者要估糠之多少稻之肥瘠别再加開手便見椿頭最燋老艮身熱稗敗子拖鎗芒稻一秤無土珠一斗六升細糯稻一石重九四五斗五升舂胚江北秈稻百尸五斗五升之熟江南白稻两斛五斗五升之舂

臍膏之上抹以硼砂一燒爛膚一寄見骨只可耳聞豈宜目視人雖笑談世安有也萬星拱月燒者渾身排以筋頭般萬星當心突乎宛口般孤月萬星圍上孤月輝上或問曰豈不燒延也答曰不燒毀庭雜情奴才要他何用

小非當釋徽愿須從小非不釋則巨患必興徽愿不從則大事難成○彼有小非須當解釋彼有小愿須當屈從小非不能釋必成巨患耳徽愿不能從形期大事耳

傻友若携愁奪趣餘錢多帶定遭弄○聰俊之友不宜相携有餘之錢豈宜多帶若携聰俊之友其趣定被平奪知帶有餘之錢遇物必遭乎浚諺云莫携俊友火帶餘錢斯言信矣

村客遇俏姬而俏姬情不在中人請下妓而下妓心反專○村俗之客而請俏麗之姬總使錢其情不及如鴇魁之遇蘇卿鄭恒之遇崔氏还當像友配夫也以其中等之人而請下等之妓而下妓有攀高之念其心反專欵待諺云飲高酒宿低娼正合此耳

其趣在欲合未合之際既合則已其情在要嫁未嫁之時既嫁則休○男女初見彼此相調眉頭鎖恨眼角傳情約以後前期以月下千般致意萬種思量在此有不傳之趣既交合之後男心已厭女意必敗從前與致皆廢矣兹若表子兩情既濃娶意已决嫁期在近鴇子争

有輥𧰼打者稻光而有舂頭攢床打者稻生面無味伐數江南糯米無糟有酒江北糯米有酒有糟金寶圩圓高郵邵伯湖西高者可也六合縣湖廣淮西江右未足稱之臙脂糯米肥而多汁粉皮糯米長而多糟所尚者衡鱗粗肥有酒所賤者陰花尖細無漿面柳條米瑩白而香豊潤杭稻米香而有味鎮江官塘橋白米在次徐州豊縣泊紅米為尊泰州雞潮米粒作整煮飯交淡寶應毋猪林團而且芺壯作粥却甜高郵糯米有瘦有肥碾房舖家最猾與化晚米又肥又芺船家脚子最村無錫白米煮飯雖嬌蒸糕似雪氏州晚米作粥多味舂粉甚細無錫飯米玉色别處俱是白臍廬州府黄花秈多有舂頭無爲州竹芽秈甚無蹤數陶城柘皐廬州之類運漕裕溪巢縣相同穀裏陳稻類蒸稻米蒸稻米則又漲飯班秈米相類竹芽秈竹芽秈則又紅嬌外河旱稻米漲飯而不稠湯江北火蛾秈稠湯而又漲飯斬水米似江南嬌而有石膠州米如泰州熟而多砂日照米不及膠州湘潭米芺於湖廣巢縣米細似湖西南昌米碎於漢口贛州米老艮而多砂建昌米粗肥而好看過大江慣于使水猶有凉山隱貫入南河慣于攙糠亦有無湖泥以川陽米或有水而或無水熟糙不同水陽米或有砂而無砂顆粒却匾官銀秈而且白龍爪秈細而且緇八月白甚是嬌香稻米長而細猶有海南閩廣雲貴兩川只堪彼

[illegible]男不能撇女女不能捨男處撇運不必具言。所情無可柰何矣此有無限之情既嫁娶之後收其放蕩心其風情叙以夫婦處以家常從前意思尽無閑矣譬如古今傳集戲文初則有許多出数搬演至會合則收場矣。

托朋友以寄意頗漸訕以調情○子弟在表子前討好取信全在知己之友傳言寄語以誘其心漸訕而問趣取笑以調情真叢嫖之事耳設若坐如尸立如齋之人或曰此非夫子講堂也。

孤老表子嘗有偷期才子佳人豈無密約○孤老者世稱老公郎私寡老公也表子者表外也即如外边事文字相似有等妓人濫於淫慾避母與孤老偷情以討好播之於外人則輕之孤老表子尚且有偷期才子佳人豈無密約耳。

小信勿失私語當聽○此小信行洪不可失陰私言語切須要听。

雛性易馴一馴而易失惹心難好一好以難灰○少年之妓世事不諳人若調之其性易馴稍有爭差亦易於敗長年之妓世事多經人若親之其性頗猾既而情好容易了既嫖必妓我去勝他嫖老妓他來供我所以調雛堅易其道不同

磨額皆苦家事艱知其相宗鎖眉訴苦借貸廣欲其相償○妓者之家鎖眉蹙額苦之以家事艱難則知何我相求也如訴之以借貸甚廣則知欲我替償也

休認有意追陪爲有意莫將無心言語

○大小麥

且夫稻穀通天下之精糧言之難盡至於菽麥亦人間之至實論之至當大麥者飽離青白短莭寡净為良細長芒粮倉黄盛為賤江北碾仁两頓抵三飡之飽江南作糊二合充一人之餓小麥滿深皮厚者麪少倉混者不堪粗粜皮薄者麪多子實者有粉猶嫌衣穩鑽飾鑽眼則又分数不同小麥高者須是小灘東邑大麥低者除是宜陵一帶晒堆須是伏天若經秋風蛀多

○黄黒豆

至夫豆者膠州鵝黄海白海青乾净精神可謂上等徐州山黄水白早豆肥圓寡净却在次之江南襄河沂河郯城粜者可類鵞黄汴河小窑歸德道口净者就同徐郡濟寧襄河顆粒圓小而精神殺亭沛縣身分相類而多纏顆州豆肥大而多黒間却乃多油汝河豆子毋而有精神不在其下比五都集可以相同老種南墩則在其次閘河亳州諸集舖家豆則多脚皮邳迦架南河諸汉販子豆高低不等亳州粒作匾而閘河圓邳迦粒作有而無火色已上若買成庄一様精神寡净襄豆肥圓咬開瓣兒有四陳豆色混咬開瓣兒通紅閘河黒豆一蜂窩江南黄豆漫山滚臼龍王廟高似過鍋河淮汝等河山河之首西河黒豆肥圓亳州黒豆碎粃芳村吕梁青豆黒豆雖大而匾南河江北青豆黒豆既大

作無心○下氣追陪虚心欵待莫認為有意思息惰語言失錯休作為無心

虚意者易跌尊重者難調○虚意子弟本止好動作事不実其性易於跌尊重之妓者行藏沉黙作事安靜其情最難調

誇已有情是設掙家之計説娘無状是施索鈔之方○表子誇獎自已有情非有情也乃掙家之計策也粉頭告説搗子無狀非無狀也乃要錢之方子也

留意於顧盻之内發情於離别之間○筵前席上不顧盻不顯留意車東馬西不離别無以見真情也

只須應馬呼牛最要手長脚短○大率為子弟者不可認真呼之以牛應之以馬事無大小從俗可也凡走妓家亦須中節使錢稍寬為之手長拉朋數少為之脚短斯可爲長也。

彼若傳情須接應不然失約伊如逆意要知機否則遭閃○彼若留心於我或對彼厚密客之際或在於歌筵舞席之間眉來眼去我亦當識其機括暗暗與他酧答方為知趣之人不然則孤所望矣我每順情於他他每逆意於我我不識其局面痴心溺愛久則遭彼閃矣

交愈久而敬愈衰此其本意年漸深而情漸密乃是真心○相交日久其敬反衰譬如夫妻處乎家常一般乃是本情設若還如初會之間必以禮節則為詐也年漸深遠恩情愈密彼雖如此我豈不察此其真心也

而圓襄陽黄豆匾小全江皮白肥圓汚陽匾大而潤帯胎紅者多腐荊河小豆細硬皮厚充兑眼者為高又有一等青豆南京甚作已上只伯身潮交春發白還有進賢青豆一半猶其更無湖西益河两路青花碎雜只堪腐豆之行所貴者肥大精神乾净所賊者土珠花死損重傷鮮者油香嫩者油臭肥者油多傷者油少發白衣者無油。

○雜糧食

若夫蜀秫紅白者可以充腸晩黒者只堪燒酒雞云可食多則饋人小米稷米閘河膠州者多砂衞河南河者不好小米着水者有土灰之氣蕎麥潮温者而折耗最多菉豆全青者皮厚芽菉最高蛾皮者皮薄磨粉為最菉豆豇豆作飯作半抵一升之米黒豆黎豆煑熟一升抵一升之粮菉豆白者粉多青者皮厚蟲者黒色不堪大斷在菉豆之次蕎麥飽離黒色者為良青白偃癟者無麪紅瓦粉多去頭最細經年却硬不可陳堆已上雜糧若是年荒南方遍作若還豐歳便就難行。

○芝麻菜子

若論芝麻菜子須詢油價何如辰州麻纏多碑州麻寡净東流一帶白净名曰被单麻三湘河中所産有紅黄黒白上江各山河細白而多砂南北各山河粗肥而有纏飽蘸净裝者東猶四十五六斤渺秉纏黄癟者再却佑其分数只怕

便敍倘宜慷慨討情全在工夫○使用錢鈔最宜慷慨慳而且吝則被彼小看取討好情最要工夫暫來暫去則受彼打發諺云一要工夫二要錢理或有之潘安孔方同路而伊妓歡喜彼未消並驅不遭人議○潘安晉之美貌者孔兄古稱錢為孔方兄蜀張飛字翼德性如烈火唐蘇味道嘗入祖其性最緩凡子弟有人物又要有錢二者兼之方使妓者歡喜性格有剛又要有柔二者兼之乃不遭人誹議也

只可以片時之樂而難保日久之仇不可以一朝之訕而廢平昔之好○章臺之路是非之門也歡娛不第未嘗不窺見非者如為是非所縛彼此反臉倘遇片

蕰而不悄陳不嫩細而只嫌土陳者不堪佐糖炒熟則紅上者不作入榨打油被纏天暗無風開斛不折天陰風大折耗多此要識新陳皮包洗擦至於乘不長以高者三十四五連稍河南高者三十六七正數所貴者乾淨潤所賤者嫩蕰爪移要知好歹擇筒滑順到底者必乾界尺一推兩箱不存黄者為上南北两河米種都是大倉來子但凡藥中巨勝俱是襄河鉄麻也巳上糧食如堆垛者須晒要乾潮則要蒸耐久者稍穀方麻次則綠豆雜者二麥黑豆次則來子堆米之倉難堆豆麥堆麥之倉不宜堆米若要堆舖須打掃乾淨者板靠壁俱是草舖平中嶙一尖用草蓋頂方得新鮮四五月出倉者

時會合則當使辟往日之是非若要調情須當罵訕兩情厚久不可因一朝取訕而反目以廢乎昔之情好也

寄謎擬往統汝聰明多費想後爐雖好任君伶俐也遭虧○妓者盼孤老日久不采或闌珊禮別則必遣僕人賫奉物謎以達其情磚者謂磚何厚死者謂死何薄二炭不齊者謂之長吁短嘆乱絲一把者謂之千思萬想糖餅者從今後口內皆甜蓮實者自此來心中欲苦如此多般不能枚舉子弟闊久從新又來謂之復爐復爐一節人之所難比前之情加倍而待比前之錢加倍而使似此行之舊踪雖掩豈不為之遭虧也

妓鑽龜而有玷朋截馬以無瑕○妓者

二升之折六七月出倉者三升之折。

○田本

陸陳難備其詳田本必言其旨皮屑有二年之力角屑有一年之功豬毛乃浙西之用骨灰乃海南之壅皮屑有刮屑切屑之辨豬毛有揀砂拌土之奸論之麻餅好歹不同不是行家不能識此汝寧豫州襄河縉繡以為上等南河汴梁諸處繩緶卞高低不同正陽六安似汝餅而衡(而)汴梁河南與綠州而最雜荊山長淮麻分有土而又有砂徐州邳州麻分畧畧有此砂土張秋七級德州駝了雖真正而夾大麻實應楊州高郵單分亦真正而夾萊子安慶以下稍草分却真洞庭湖西巴陵兼分不一宜州涇縣又多夠

人倫掛失行止尚存若鑽龜則為有玷莫邪㑊爻古之為戒遭其截馬是歟無瑕

寧結無情標且不嫖有意龜婆○結標且戀無情其名近美嫖龜婆任有意亦不為佳。

討好則千日不足攪過則一時有餘○討好一節世之所難容貌驚人使錢出衆抗席能調言語皆順彼宗即與彼戀即除溫柔軟款下氣虛心如此總千日尚不足若攪其過此事極易隱其所長攻其所短刺削乎言語投擲乎失錯彼之是以為非彼之善以為惡如此雖一時而有餘。

爭人惟奪趣痴客定爭鋒○伶俐之人惟求奪趣痴呆之客屢見爭鋒。

餅衡州一帶却又多砂湘鄉紅鉄麻餅雖黑而却真又有桐子肉餅雜自而臭氣湖廣以下雖無桐餅却多砂常德以上好歹高低都不一常州蘇州豆餅無假淮安清河草分却真桐子餅殺草做地極堅焦子餅不壯料牛多熱大麻餅糞田多肥萊子餅只肥席草棉子餅打成片兒隨水飄砂子餅壓秧科而無壯氣粟殼餅一味糠皮花子餅一團種殼着棉子餅上有青衣砂子餅日光有亮桐肉餅一似真餅桐殼餅相類大麻有土者自是糖心夾砂者打開口咬菜餅自是紅色大麻自是黑灑砂土偏重真餅自輕新餅過手折耗最重若還堆久折耗幾輕糖心甚者終是無力若過水者便是銷邊若言田本

諛言疊至知相索訕語頻來定要開○阿諛之言疊疊而至則知要需索也譏訕之語頻頻而來則知要蹬開也

跳槽難求實好梳籠惟慕虛名○雛情之客慣於跳槽欲求情好何可得焉好強之士尚於梳籠相從未久不過虛名

貴以勢壓當以情親○風月場中不可以勢相壓花柳叢內最要以情相親以勢壓者勢敗則休以情親者情深愈密

頻頻喚酒不來厨房中之久坐叠叠呼茶甚急廳堂上之速行○在於妓家置酌之際盤食將闌壺觴不續彼呼以酒久之不來是厨客之久坐也在於妓家閑𧺆之時賓主已分茶溫則擬頃刻之間呼茶茶來[illegible]未已[illegible]聲又隨是逐

詳論雖焙是以皮屑有二年之力角屑有一年之功豬毛乃浙西之用骨灰乃海南之壅皮屑有刮屑切屑之辨豬毛有揀砂拌土之奸大抵麻餅看辨之法於斯盡矣田本畧說其屑不必具言。

○棉花

是以北花布包亦有秫席之包襄花竹簍亦有蘆席之簍北花衣輕而絨細襄花衣重而絨粗北花好紡因性長襄花難紡因性急衛河棗鄗家口運兒窩桑園斷路泊頭武城廣平景州北花第一郓城縣蕭皮口潘家渡嘉祥鉅野荏平水保張封龍古閘河頭椿五營集五里口崔橋祀縣河南之首太康縣緑綺縣新站老岸則又

子之速行也古云點湯逐客盖指此耳

口頭寄信非無意　眼角傳情實有心○寄常之間在於人前口邊寄信致意其人非無意也相對衆客眉頭眼角獨向一人傳情寓意實有心也

題詩而寄意　歌曲以伸情○崔氏西廂之句韓姬紅葉之詩彼此賡和遂成美好歌咏以養性詞曲以伸情君子頼此發声知音者必傾聽之

三年一歲添　半載兩逆遇○彩雲易散美妓易老天天饑容不过十年人間云青春幾何答云十八過二年又問亦云十八計筭三年總添一歲但凡鴇子生日孤老必置買衣服打簪與鴇上壽鴇子愛錢貪心無厭未及半載間則做兩季生辰是可笑也

贈香茶乃情之所使　投果核則意欲相調○相對衆客欲贈香茶情有所欲於斯人也酒席之間以菓投人外雖取訕內實以相調矣

數四相求方見面　欲擡高價再三反焼　要拔情別防有因○有等妓家竟粉頭有貴客來尋便生計較而立規矩使人數四來求方得一面欲人傳播不容易得與人相接而擡高價也毛詩云窈窕淑女君子好逑亘古至今皆如此也再三反焼言其女人再三反與焼男子而要拔情防有別因或曾生反瘡以致身體不潔或曾有玷名以致行止不端人皆惡之所以反悔決不出此微事不然

次之張秋開河沛縣閘河却低曹縣楊山六安南河最弱魚泛洪老人倉尖刀嘴白羊堤汨羅山白里洲龍坑斷腰盤塘九江洞庭各州襄花道地皂角埠城陵谿富池口黄陂縣荆河裏平塘湖黄盗安陸荆山石牌察昌舊縣襄花却低九江以下楊家穴小池口孔家壠湖口鄧口東流太湖潛山安慶八都山張家灘湯家灘宗陽攔江溪土橋殷家會池口青溪桐廬着中花色九江以上龍開河興國州簰市馬口蘄州道士伏散花料巴河南溪黄州團峯武昌縣青山楊羅竹筒河乾灘子白伏蔡店漢口高低不同湖廣以上至荊州魚埠頭荊河裏俱是山花好騐不一洞庭湖裡至常德也有山也有洲花色不一銀色好用平重秤輕龍坑沿江花色雖高秤棒只划七五管家奁裏各色雜貨只划八五秤頭漢陽口買各色貨猶慎小人賺哄劉家格買過河花弊多秤小人奸道州花看雖碎而衣却重江南花囊頭大而衣更多大倉上海高者六兩多衣浦江楊灘高者不讓其次大斷衞河一帶高於閘河閘河北路高於南路南路則又次於南河南河則又次於汴省若去北方買花預先踏地便要買錢買倘花者賢愚不等秤頭是實零收花者好騐不一秤棒却虚所慮路遠車推難於防範將包高吊繩却鬆扳過掀頭任其所取如往長江大斷洲花衣重山花碎軟較之地道好騐如斯但恐天年所宜未知頭噴者

人物醜陋行藏粗俗矣

痴心男子廣　水性婦人多○男子痴心婦人水性古亦皆然也譬如孤老表子兩人既設盟之後男子守其規矩再遇美妓則不相親如兩下反目女人心已水男子猶未捨豈不是痴心或婦人之性隨波逐流易於高下實難摸摹豈不是水性也

他奸要識　鄰美休誇○他施奸詐必要識破不識則被他瞞彼鄰美貌切勿休誇若誇則被他知此二者並可知

又於舞榭易結好縁　纔入歌臺便生惡悔○風情之士舞榭歡遊識趣知音人皆仰望但叙交情好縁易結與奔之徒豈諳嫖趣好醜不分惟圖恣色未幾生瞞真成惡悔

枕席雖盡乎情　彼此各了其事○男因心事多端借此以遣懷女為家用不辦藉此以獲利枕席雖盡乎情彼此各了其事此端可與有鼻皺者識之若傳溺愛之徒真是向痴人前說夢

入門來大小皆驚　相見時僕僮亦喜○有等地虎在於妓家不施恩義專一豪強見無人獨攔截欣纔有客便生惱怒覓趕蒲之利償花柳之縁錢鈔且怪鬱食亦甚稍不遂心便生反意或指贓攀或與官訟似此之輩在處有之此之謂狼虎嫖使錢應手出言合局不論老幼相見欣然此謂之和合嫖

最嫌鴇歡　豈惟徐悅○懶嫖者先將鴇

子大而衣輕二噴者子小而衣重鷺鷥毛衣輕成大團者衣重露子者衣輕捌手者衣重一朵八九子者衣輕多衣五六子者三兩之外紙頭飛起而碎軟者三兩之下稍花迎霜者身軟而黄若還遭雨者殭而又爛所以白净老硬者為上葉脊虫口者為中黄囊強辮者為下過水花有清水渾水之分最恐晒未乾而龠腋衣者無用裝花去路江陰常郡嘉興北花去頭上海松江各鎮殭辮雨花打織毯坦經粗毯所去者蘇州松江黄花過水紡織斜紋染色所去者婁塘狹石江西一帶子花止句江西之用廣東織布之用尤來湖廣搬盤若說净花只看片張春白最嫌光頭破子所去者陝西甚多次則山西北直隷再次者四川廣東福建各府子花交易甚過瓜州南北相通公平便益

○**棉夏布**

至於布匹真正松江天下去得但凡別處去則不同東重尤墩大布總然利重去頭微致閣四涇本名縱使利輕百家貨常熟稀鬆小販刮裝之用江陰厚實當大一例通行周庄蔣橋連華市名曰道地江陰所去者各鹽場與江南江北常州無錫與沙頭號為江陰埜路所去者止邳州及淮北淮西山東河南二省只作松江埜路與嘉興臨清河西都下也用上海松江俱正道濟寧一帶松江邪正都行熟眼敲㩐惟去臨清向北所以出平機布之處只作僥細長頭兩淮

手買粉頭無不服從朝來暮去任意
縱橫此謂之作家嫖不善嫖者扣數使
錢不救人事止知與表子調情更不顧
攜手總望此謂之雛嫖
乘空借錢因戀色其意安乎披羅帶月
為按情是誰迷也○棄祖產之旁結親
朋之債傾貲至斯尚貪美貌此謂之痴
嫖朝則披羅而出暮則帶月而歸跋涉
吾負幾利按情此謂之苦嫖
移春向幽僻逐絮任飄颻○惡他人來
往之類要自家獨擅其美移向幽密尚
恐人知古為小嫁今稱曰包此謂之自
在嫖情濃不捨意熱難開搬乎吳則隨
乎吳搬乎楚則從乎楚拋家業棄妻子
而不顧此謂之遊方嫖
堆䤥入秦樓經營遊楚館○堆黃金而
供樂事擲白金以作纏頭惟買笑顏更
無吝色此謂之死嫖身在江湖心存營
運故遺悶懷恐妨正事而偷閑暇之期
以償風流之債此謂江湖嫖
營運多方已拚經年遊衍陌行裝剛促
始知今夜宿花街○放構欄之債一月
加三欺軟弱之人獨專無二近還止收利
息久欠又換文書如此施為娼家每待
計籌秀金以銷債帳此謂之乾嫖經年在
外常無放蕩之心擇日還鄉忽起倡狂
之念今宵歡會明早別離謂之解纜嫖
銀海邊許多美貌朱唇中無限嬌姿○
銀海者眼也出道藏書者華麗之衣裝
後俏之友平康街市逐日經行此謂之

江北地方作江陰只為平機無有嶺南頁貨
粗細都行湖廣四川細粗都用山東路多去
斜洛涇江西西路客去松江貨還東口外貨同
河西務臨清山西陝西即去汴梁之貨北粗布
多去九邊江西布多去嶺表豐年多快歉年遲
脫手雖難終把穩收時全憑眼力賣時最要操
心一到本行還向別行打聽何行出貨何行價
值高低初到主家先較秤斗子花糧食價錢丈
尺划數在心喝布價錢分明打號少停再看價
錢不值須退還伊廢使伊家親厚隣族好獎難
施若論高低須知地道大小丸墩身分緊而匹
實東門大布頭臉闊而細單新改本名身分雖
好不若劉家莊紫賞新村松隱名勝燒香山身
材三林塘身分闊長勝似南翔珠淫差池不多
烏泥涇比江陰而較軟章練塘次常熟而多漿
嘉興各行細者不及松江野路粗者軟似江陰
常州各行闊者莫如溧水厚實小者硬似無錫
各行江陰鎖老闊而匹實次則蔣家橋長涇周
庄則在其次再次華家市已上雖有大小別行
終不能如平機布頭臉闊而尺稍長軟似江陰
比粗布身分鬆而紗線壯於常熟夏布雖出
於太倉晒白莫過於楊郡楊州晒白硬而累細
江南洗白漂依行錫歡刮白腰機粉青大號高
者皆在太倉沙頭常熟崑山雙鳳中小皆由此
出色青鬆實方堪買線匾稀鬆總不堪年歲若
荒甚難脫手縱然遲快賣在殘春收時卻要趁

謊嫖對人談妓箇箇有情及至相逢曾
無一宿此謂之口嫖
蒼生好色偏花銷老妓開門定貼錢○
印匪之客此心不休倍使錢鈔專尋小
娼此謂之強嫖老年妓者設若開門裝
雖白而態度存年雖近而風情在下橋
子躬方有斯緣欲無名之酒得倒貼之
錢客到則替股勤置買事出則辛苦安
排靡得少娼呼為老身此謂之當家嫖
買心多費鈔得趣便抽身○初到業林
不知機見若貪美好恐怕生心不顧費
鈔但要買心謂之小官嫖伶俐之士豈
肯久貪纔得其趣即便抽身謂之乖嫖
雜情頻換色堅意不生心○昨朝抱李
妓今夜宿張娼如此頻換俗稱跳槽此
謂之嘗湯嫖其性既投其情定岳不忍
他為百中有一此謂之定門嫖
一日三番酬厚意十朝半月絜交情○
情既相厚蓋不由人不走三番真成脚
蹟謂之照卯嫖十日一會合半月一歡
娛卻似謁廟參神專期朔望謂之燒香嫖
隔年償宿債間日抱花眠○去年實食
曾相會今春清明始叙情如鵲橋之約
一年一逢此謂之下文嫖一日兩頭眠
妓館五番三次宿章臺如人之病瘧間
日一轉此謂之瘧疾嫖
揭短逞強投計氣急鬨填起釁為殃○
有等相好之人見其與妓情厚言揭孤
老過失或家事不齊或行止有虧大抵
妓家多欲察此故對孤老面說使子弟

乾重用蒲包包裹若還賣之不盡收時最要透
風燕縣雖以重漿竹布豈堪出洗羅山葛身重
久而變黑福建葛身輕浙則羊羶廣東慈谿徒
然好看永新洪郡終有漿頭木瀆麻布粗而真
六畝麻布真而細水潮廣生粗類六畝真麻福
生青山闊狹高低不等無錫麻布次草不堪各
處真麻只緣緇黑諸暨湖州又加細白書坊小
號漆器之材福建沙縣只堪帽襯梅園粗闊較
帳方宜

紗羅段匹

若論紗羅段匹好騎不同要知真假高低略言
其旨南京紗段雖多高低不等只有黑綠出名
鎮江段絹雖少身分卻高最有大紅出色蘇州
紗段有名或碌或紛帽料獨尚杭州段絹重漿
少於清水輕羅可也蘇州織手卻高別處織手
不及絨錦貴而絲錦低潮絹碌而衢絹脆漳州
絹可四川錦高嘉興絹也有高低王江涇綾亦
有好者松江綾最高更有抹絨雲布杭州綾在
次湖州絕好紬綿紬之偽惟怕絲經絲緯雜
情口織粉石山東生絹乃乾絲南京生絹衙漿
粉杭州吐絲紬新好看而無出洗蘇州合線紬
數不載而也不拔潞紬輕燒而禁穿綿紬輕軟
而飄逸兩樣惟愁霧露毛褐不畏油水泥默絨
脫俗富貴像二般只怕蟲傷聳肩校褐不久臨
洮線褐禁穿大抵紗有膠水者為低絹有油粉
者為下段子清水軟熟者為佳綾褐光細厚密

領■不顧以共■既謂之登志嫖或遇紗疤之姬合〃鴇乃計多端待子弟留戀之際。袈言用愛舍甚。或稍待未與要誕生日。或薦送某〃物件。於此紛紜取之■枚多徑。〃旁人以饗相尚因而乘夫財耶要或務嘗用謂之鬪志嫖無越賞音復多與賞來朝旨與人知。○嫖風塵之意。暫賞絲竹之佳音。豈肯獨專必替友朋此謂之鼓嫖為懼內不帶僕人圖吃醋不推朋友暮則遮面而來朝則抱頭而去。如此不謂之嫖乃借宿也酒逢歌唱勿久他談致啟猜疑朋遊休言矣易○凡席間遇歌唱但有人屬言家事與朋友妓歡相尚若俗子是談貨殖。此非識事者。久易所知趣者識之

談朋過失。方是好音。誇其賢良。決非佳兆。○子弟敲嫖。未有不接朋友在於妓家同樂者。自古婦人多系性。其間有人材德性言談為作勝於己者。婦人必留情相待則己之趣被彼奪。可不誤哉。如談其過失。方是好音。每誇其賢良。必非佳兆耳

縣■■下徐孺留賓猶於是禮酒不設穆生去古亦皆然。○徐稚字孺子。南州高士也。陳蕃不接賓客惟稚來設榻以待去則懸之。穆生魯人也。為楚元王大夫王禮敬之。穆生不嗜酒每置酒常為設醴。及王戊嗣位乃忘設穆生曰可以逝矣。醴酒不設。王之意怠。遂去。妓家以子弟如陳蕃之待徐孺。則可留如王戊

者為上細布經緯相均粗布惟宜緊密紗線燥緊與衣而不久長。棉花雖係做襪子而最堅速有帽有紗絲絲紗之殊。包頭有粗細真假之異。纏貨細緊。均静於為高粗鬆有皺者為次。一

○竹木板枋

至夫竹木板枋。今則貿易其選。上江竹子。皮薄而軟。江南竹子皮厚而堅。箭竹大於水竹。可以為篙。苗竹大於管竹。諸般可用。木有泛竹節稀而節低。堪破篾編絲。馬蓍象牙節高而窩深則不堪作用。香杪與香楠。一般百年不朽。木杪與水楠相等。遇濕就霉。有陰杪。雖然好看。新開一味。樑脈見水就爛。毛溪杪一般好看。初開也有香氣見風散。謝起新建昌不如老建昌。一般直

柳新鬆白而老堅紅。蓋井板不如桃花洞兩條花紋。井板大而洞板小。出處不同。節苑坪植最要留心。柏木堅而世少。紫檀香而世稀。堅實者桑榆槐櫃。棗栗翻爛者楓楊。酸棗山桃。祁門杉木堅似婺源。太平杉木鬆如婺縣。婺源木頭稍均而身分長。太平木身分皺而皮多裂。祁門木頭尾鑽而占紅色。建■■木頭尾停而青更鬆黃松木可作樑。栗有松木要生白蟻。紅潤者為上。木色者最低。看板片須分尺寸厚薄。最嫌蛇背節疤。瘡心猶忌。買木植須看長短圓圓。更忌蛇枝亦嫌

○鞋履

至於鞋履好船不同。草心鞋。汇李宮橋。河橋粗

之絲毯生則可去。

醜匿相迎。真是厚情。致意豈為疎。○妓者愛孤老有情。有情在乎平素動靜之間亦可察之。一見則踊躍來迎。言容可掬。此真厚矣。或久不見而向人前區叠呼嗟頻頻。致意亦不為疎

他人之異。從媒說乃指買奸之路。〇妓之私向。友言是開引賊之門。〇他人之異過於常人而苛媒說必慕其奧。乃指賣奸之路也。自己交往之妓。倘席■■可取而向朋友言之。朋友必求與美旅其形跡。謂之是開門引賊也。

朝則茶暮則酒。只為孤老貪能周察能濟乃是情人。〇茶酒殷勤。雖嫖夕只為孤老貪周濟繼來稀乃是情人。嫐嫖者不可不察焉。

初撥是其體面。久處決必真情。〇此撥字非之乎者也。撥者今欄中以妓人扭捏為之撥。玉容不撥無以見嬌紅粉不展無以奪俗。初會當撥。是其休面。久會尚撥。決必真誠。

呼氣多因心不慨。已神定有事相關。〇無事之時。長吁短嘆。開服之際。默坐此神吁氣者。必不慨心。神者事有相關

鴇子來陪是然有故。友人替否必受其私。〇入妓之館。不見粉頭。徐鴇子來陪定然有故。若非待客決不在家。向行朋友更不為吾。替伊來念曲盡其情。不因虜嗜必受其私也。

若■佳人翻作道年梁子弟或成纔。○

而且壯。周鐵橋■樹村。細而又堅。陳橋鞋身分及江陰鞋。粗而且硬。江橋穩經粗壯而脫俗。江陰穩經草經不禁穿。火石橋澤州楊州布底細鞋甚緊。鳳翔府汾州潞州緶底絹鞋却鬆。南京絲鞋高低不等。蘇州絲鞋總是中中。南京■鞋材高襯軟終耐穿。楊州襪鞋襯硬材低終不久江陰稽草鞋亦是一撩生理。初春收下。曬乾圍堆門窗封以紙。況不可令其風入。風入者恐其變色。遭梅雨便要斑黃。暮秋以後加與湖廣去得大多穩有五分之利。氏州麻鞋亦是一行生理。正二臘月收下。風亮乾。細粗品搭用包打成南北通行。自有客商收去

○酒麴

至夫酒麴不敢盡言。是以黃封酒適天之祿。不必論之。各處酒不能出境。何須載也。諸村泡酒只堪野老醉昇平。各集酸酒只好村夫陶至治新安白酒却有高低。無錫清酒亦分好歹。北方黃米酒相類臘黃。北方雜燒酒高低不等。湖廣細酒不過於斯。江西秋露不過如此。壽州罈酒味雖醇而不禁擱。鎮江罈酒味雖寡而却禁舞常州老酒清而作渴。南京罈酒甜而飽人。樂蒸黃酒沒擾頭。蘇州瓶酒最頭痛。江陰酒高于常州揚州酒高于京口。南京燒酒有堆花鏡面之分。紹酒有橘酒。官酒之異。味俱高美。甚是傷人。蘭谿鄉頭。興武更硬而味雜。金華府與東陽縣。則又高些。儀真瓜洲惜乎不久。儀真罈酒味

有效者老年以来自知過悪欲求懺悔有經念佛食素施僧扮作道人形状以修来世誠為老虎項中掛数珠也痴心子弟貪恋情人事業不顧生意不理却將有限之銭而買無涯之趣欲婦不得遂成久住奉此一端雖傷風化事或有之

寄信寄書乃發催錢之檄贈巾贈扇真拋引玉之磚○寄之以書信非書信也乃催錢之檄贈之以巾扇非巾扇也乃引玉之磚

薄倖者雖日近而不親有情者雖日遠而不踈○日近日親日遠日踈世態之情此其通論薄倖之人雖日近而不親有情之客總日遠而不踈也

交客千箇假如也情在一人真有之○粉頭不接一客子弟不走一家此常情耳大抵粉頭以色事人總接千個不過承應而已不然無以養生果有合意之人投機之客則身陪他客而心待斯人諺云接客千個情在一人斯言理亦有之

他有嫁娶之人我不解為伊填隔我有剪燒之妓他不識替我坫垓○彼有厚人已期嫁娶我如不辯總使錢鈔只如坊墻之中填隔耳我有厚妓亦嘗剪燒伊如不識雖然替我却似双陸之間坫垓也

久念不馴會着閃緣調即順恐非真○人之調情必先於念不念無以為由久念不馴定會過閃緣調即順者恐非本心哉

多情頻見面薄倖少相逢○多情孤老腳勤工夫到必頻會面薄倖即君心怠

美多醇淮安苦蒿酒清苦而凉菉豆酒燥甜而熱秋露白雪酒甜瓜清而且甘蜜淋漓金橘羊羔醇而更美膨黄大酒處處相同安東春封一名而實襄陵酒金盤露清甘美味再不能如麻姑酒真蘭谿香雪醇醲無般可及已上四品真似仙漿總量不加終須入口造酒之法無非米麴正經禁久收藏莫過臘醅短水未低变味麴臭味邪調和冷熱順時春水不能耐久堆放所宜透風高燥且如麴塊畧言其因淮安麴名為大小三淮鎮江麴稱為長條鑵底泰州呼為牛腿麴正陽名號麩觔頭南北两河只作紫葉南京巢縣只作熱心江北江南凉花為上北京一帶不管高低沿頭鎮也去好貨大石橋難去低的新麴打開擲手便是伏天陳麴蛀眼若粗便知秋极早馬頭多數皮頂早伏麴却有黄黴隔年陳者不論局心白心惟嫌其臭三年陳者總然伏貨秋貨色重力微無麩色者必換寡麩弹得响者必然好貨高郵做麴得法價自不同毋陽箱极不知数多可也亳州潮土清小清河一帶條長造處雖多出名者少不成行市載之何為發麴之時要人防看恐他路上串造膽那造法最要細磨麩麪水漿調匀看風仔細麥好終好麥低終低早伏為上晚伏次之春秋不及寒麩力微天時凉熱慎要調理收藏之法切宜高燥不宜透風

茶盌果品

而輩絆定少相逢

離合有期憂同戚而笑同歡索求無厭少則與而多則許○別離將近必憂會合在邇必笑彼憂我當戚戚焉彼笑我當歡歡焉人之嫖妓以財為先倘逢貪者索求无厭少則与之多則諾之此良法也

探實言於倉卒勘虛意於尋常○欲討伊之实言可於倉卒之間驟然問之伊未整備必無心而荅斯可得矣情之虛实不能逆知要在平常之間用心察之留意究之久則自明也

對主面前是亦可嫌抱李呼張此尤可恠○有等婦人慣於揀客口雖相留心實不爽談笑之間口應於此目視於彼心不在焉听而不聞此之謂也妓者留客多不由己懼怕鴇子不敢逆辭勉強留之不遂己願總是枕席之間相按失呼意中人之諱此為抱李呼張耳

眷友殷勤為探使為花牽引嫁東風○圖經中有撮合山道經中有黄婆說嫖中有馬不六俗呼為撵馬雖君子有成人之美識者多鄙之誠為採得百花成蜜後到頭辛苦為誰甜是可笑也

近離尚恐情疎久別豈無心變○近日相離尤恐情疎久之相別豈无心变昔人以遠日疎之故也

愁日色之遲遲以寬人意恨雞聲之報早乃誘客心○與人期約欲天速晚同衾歡宿恨天亟明此二事乃誘人心也莫把為有情耳

且夫茶盌果品亦有麁細高低是以蒙山茶細似蒼苔沽而回甘六安茶粗細不等香而苦食北河俱作杭州紹興間或也行武夷金府江右建溪長興陽羨各處通行所貴者蓮心雀舌在次者一旗一鎗着中者盧峰之翅長行者金字為上金字為中謂之軟枝條王字為下个字為低皆老梅條也春茶者色黄而香梅茶者黑色欠味廣東茶燈大如柿葉陽羨茶磚大片而香江西茶細於廣德廣德茶香似江西長興名目攤茶別處却茶之號浙盌遼松最高其餘有灰在次盤盌只嫌斷草青白乾燥為高長盧山東只嫌潮濕盌磚味苦不堪井池淮北皆晒盌也悉惡砂土之攙拌灰之弊木石山有五色之殊雖聞未的不敢妄言若論盌行繫千最重差池一步便犯憲條三邊種引後危涉險甚崎嶇各處支掣良法愁官防盗賊買求販賣水程引目亦然干涉衙門盖為本多難作別行却有許多尊重且如果品出處不同好駘高低貴賤難辨蜜煎豆蔻砂仁廣東所出其餘各色湯煎皆自蘇閩糖精水糖福建所製片糖欖仁廣東而来果单産於甘蘭州蓮心出自金華府枝有真鳳圓有孤魁榛松自於遼東葡萄産于西路密雲小棗核小肉堅金華南棗大而更美鳳陽白棗雖美肉鬆濟寧肉来肉堅味美山東圓棗東[illegible]比河南糧奮治頭宣州大鵝梨難比蕭縣秋梨白瓶梨善似開州開州甜如別種秋露[illegible]

[illegible]蓋不已由發誓拈香聽其自
[illegible]○誠此閣之言認無形之謊蓋不由己乃內戶中胥染成風耳表子既厚如膠漆誓拈香央不可強之強則勞本心逆聽其自然順之則妙

大凡着意終是虛工若到無言方為妙境○兩情既厚何必故向人前顯出孤老表子態度此為之著像不足論之人之巧嫖初則假意交而既久其情漸密若到十分田地外不以情相調內不以色相挨淳然如夫婦之與家常此即為無言妙境也

眉與目雖是相拈口共心央然不應○眉來眼去雖是挨情只是心非央然不對

梳洗尚新想適間之寢起杯盤排列知刻下之邀賓○妓者忽梳洗異新必適間同客之寢起杯盤已安排定知刻下邀賓之飲酒也

坐起不常央心中之事忤驚疑不定恐意內之人來○妓者待客起起坐坐不常央然有事相忤驚驚疑疑不定恐意內之人來也

外僕忽來知探信家人屢至必相召○與客正坐或飲宴閒門外僕者愴惶而至彼之情人使來細作此必探聽信息也伊家之人屢得外來面面相視不言而立此必有事相傍彼也

攢眉而嘆總是傷情揉眼而悲卻非本意○攢蹙兩眉本乎憂狀強做笑顏此其痛傷也揉非痛腸為強墮淚揉眼豈

開州黎耐久紅綃黎還可為蹄黃味酸萱州柿餅鮮白大而欠甜胡桃亦大而欽肉河南柿近雖黑小而有味胡桃亦皮厚而肉肥瓶紅棗不堪晒紅棗方美南栗大而無味北棗小而多甜白果有梅核佛指之分其味則一梅子有烏梅鹽梅之異所用不同撫柑皮鬆肉甜衢柑皮厚肉苦臨江洞庭一般酸味糖即橘紅則又鮮甜蘇州雞頭大而有味賣時難離原水山東芡實小而不堪收時卻要晒乾榧子產於蘇杭蓮肉多於湖廣河南瓜子滿堂紅雖好殼硬江西瓜子金黃色殼軟反佳江南紫蘇味淡江西青蘇味甜裝船者長澆水荸薺紅者不久鐵箍頭者熬長收拾者不論水泥乾晒風姜全要晒乾透風栗子沙收不折柑子梨兒最嫌米酒風中子要甚好折多南方樹果淡似北方北方西瓜甜於南地其餘鮮果難以具陳猶有不知不敢妄議但凡果品俱不宜陳若販賣時必須得法鮮果之間甘蔗荸薺有半載之虧撫柑開剝有數月之久其餘收鮮之法各書俱有載之就是乾果之行也要隨時發脫本少性燥者方可跑鮮性慢本多者別為營運

○商稅

既為客旅要知商稅來由身在江湖豈可抗違王法凿貨全憑官票引鹽自有水程茶引與鹽引相同白礬同茶鹽之例新小錢非敗賣之貨醃牛肉有盤詰之由硫黃焰硝豈宜販賣凡

為本心哉

潤九片時稱子建不可一日無鄧通○曹植字子建七步成章才子也譬喻嫖嫖中能文者只可片時誇之鄧通鑄以銅山鑄錢者譬以錢鈔章臺間不可一日無也

黑頭鴇子偏多事黃面佳人最沒情○中年之妓有女接人俗呼為黑頭鴇子誇乖賣俏款客邀賓幷幷有條般般有製人若遭之晋心隄備有等妓人本來好慾貪濫無厭以致面黃暮則索婚朝則索致人若親不定遭其手

好色親三代盛容僅十年○嫖為貪婬之所致初則嫖其母次則嫖其女再次之嫖其孫大抵妓家親生之女願少故也若以情禮責之則不為箇中人也女人之美貌盛容譬之春花雖壯其觀為能常好古云女子二七天癸至乃血氣方全所以容顏強盛自十四至二十四僅有十年矣如過此時呼為下橋也

蒼頭子弟世上多聞白髮花娘人間少見○俗諺云只有七十歲子弟沒有七十歲粉頭

棲枯令以報酒仇認真情遂為嫖縛○子弟當酒筵之間正要提防聰明誇自豪富有等妙妓之友行酒令奉以鼓摟求枯濫之令罰之謂之報酒仇敬嫖之違與奕棋相類譬之初因悶懷借棋消遣至於賭博利物淪喪廢綴此不為之豈淺棋子所博且如子弟亦因利名

違禁切莫希圖北京賣貨有稅錢而又謂錢河西交關有稅錢而又船料臨清戶部鈔稅兩兼若上北京照引條結而不稅若於他處四六過稅而不饒淮安抽分雜油雜鐵雜麻竹木板枋柴炭香油處處不抽亦難免於報稅南京少異荊州亦差蕪湖止免柴炭不讓黃藤杭州鈔稅抽分無船可免板閘九江揚州許墅只干船料商稅無干正陽湖廣亦是鈔關不是欽差卻原無委梧州亦有鎮守抽分三原亦有本縣鈔稅其餘商稅各處有司律有明條官無同性應有抽分之貨二十里外就可停船但遇買賣之時到彼先詢上俗須防船戶之奸凡事自家斟酌

○客途

至於客途艱苦亦當具布其言巴蜀山川險阻更防出沒之茴蠻山東陸路平夷猶慎剋強之響馬山西陝西崎嶇之路遼東口外究險之方黃河有溜洪之險閩廣有峻嶺之艱兩廣有食蠱之毒又兼瘴氣之災陸路有吊白之徒船中多暗謀之故浙路上江西亦多辛苦中原到處貴多少顛危長江有風波盜賊之憂湖泊有風水漁船之患川河愁水勢湧來又恐不常之変閘河怕官軍之阻更兼走溜之憂鑛賊當方有之鹽徒各處難靜荊州到四川生而擇死廖州收六奎死裏逃生為名者君命難違為利者財心肯息已上乃明知而故為也又有可避之不慮卻要人心之準備

稍來俗事縈絆偷得片時章臺游遊至於淵情既熟一意不回剪髮燒香認真食嗌父毋止之而不休朋友勸之而不省此亦為嫖之所縛耳

聲名出於衆致使眼高顏色不如人慣將物賂○声名出於衆時裝也有貴客食有珍饈着綺羅如布帛視錢鈔如糞土其眼界不由不高大抵顏色不如人醜妓也自揣其材姿容不及風塵數年更無友人贈物授情誘伊交往若不如斯門生苔蘚此亦行軍遺物誘敵之術也

誘多方見厚勸久交為疎○子弟當花貪柳戀之時討好抜情之際行奸友人誘而架之迷中不省便以為厚或行詭友知其着陷不忍坐視必言勸之如難愛善內甚不平初尚諾諾次則迴避此乃勸久成疎耶

棍嫖常議四王雛妓亦稱五虎○無狀之輩不務本等要含富翁來遊柳陌初入門大呼小叫不循規矩就似個大王纔坐下搜求妓者與罵奴僕就似個霸王吃了酒眼細而皮紅就是個閻王少了宿錢影也不見郎似個遊毛初成人者飲食不知飡飽就是個餓虎脈卧不知顛倒就是個睡虎脫了衣服就是個瘦虎問孤老要錢就是個饞虎再過三年就是個老虎

燒香剪頭而必濫費囊當思空貧○燒剪之事遇情人間而有之設若頻繁其人必濫費章臺之家費用之地總受敵錢亦

○占候

若夫行船須看天上之風雲停泊要知河中之水利連朝陰雨溪河口不可停船隄防水發終夜星搖湖泊中豈宜解纜恐風來外河守東最怕地姿應湖中西風最惡參宿閃於西南晚星見於日後皆主大風燈焰明而有声日月昏而有暈大風準擬白雲繞日禽鳥亂飛雲腳黃而相接連日色紅而升與落已上數等皆主狂風雲起處天光明淨更無雲必定無風頭臉熱而必生風形蜷倦而終下雨東南早起黑雲午前必然有雨西北黑雲暮起半夜風雨必然早起天頂無雲晴明是驗晚間明淨來日晴和遊絲飛天必久晴海雲起要時風雨風靜熱蒸必然風雨東風勢急雨不移時雲起南山昏暗風雨速來西風起得若遲定然狂大日出遇雲天多陰晦雲隨風疾風雨多停雲對風行必然風轉黑雲接日風雨無移雲起龍門颶風急雨魚鱗雲勢來日風狂夏日鉤鉤內生風秋雲鉤鉤颶風起天頂乱雲風雨惡濃雲開闔颶風來日出紅雲天有雨日沉紅靄却天晴信頭風短信後風狂夏風力輕秋風力勁夏風連夜天曉那休雨過東風晚來越大早日生珥風耶狂中後生珥明日雨午前日暈起北風午後日暈風勢大暈門開颶風色輕早行暮赤飛砂石朝日烘天晴有風朝日燭地雨必至返照黃光明日風午後雲遮夜間雨虹下雨乖晴可知斷虹晚

須近往如有些囊富者其人定貪

手口未能全總設誓言最是枉矣性情不相合雖成交往也徒然○為妓之家衣食在此設有孤老慳而且吝口雖相許而不放手總設山盟海誓亦皆枉矣男情女性如不相合彼体面而狗以成交往縱然日久事亦徒然

子弟錢如糞土粉頭情若鬼神○為子弟者買俏追歡之日賞音贈錦之時潑使錢鈔更無吝色豈不如糞土也情之一字無形之物信之則有不信則無豈不若鬼神也

頑凶物擔水填井不使巧攙耳偷鈴○痴心之人不擅嫖事欲討好情頻頻丸物此乃擔水填井誇逞之徒不諳世事恐人褒貶先塞其口雖然風月並不使錢正是掩耳偷鈴

聰俏更無虛度日村愚常有悶時○聰俏之姬人多競之張客纔去李客又来篙馬臨門更無虛日村愚之妓人多憎之串門頗有晋宿却無名雖娼妓當有悶時

人物醜而家業興理無丈足形容美而情性愚事不十全○有等妓者人物醜陋家事却甚灑水熬簽攻精製接物待人凡百不俗此其理無太足也更有一等形容雖美情性雖愚本言此語有識媿立謂事不十全

有百年之夫婦無一世之情人○夫婦者乃五倫之一也男有室女有家須相

見天必変初三有颶初四九加十五二十三颶風可畏二月八日風雨之期十三十九有二十一五月端陽划船風信三月十八四月期同六月十二彭祖忌期七月之內風潮雨水八月半旬潮候雨風重九十三少有風信十月之內五風信期順風若大帆宜少張陡過逆風急須回轉兩頭何處可停船忖度路途之遠近風波不常終須平息路途有盡何必匆忙在船人衆酒不宜貪華麗之衣且須收起

○論世情

官法已具之敬畏世情再論之沉浮北方經紀直而慢客江南經紀一味虛僥杭州夾帳名曰詩文不夾不做無錫市語年年更換不夾不成淮安蕪湖看人下手南京吳郡得手就為六合蕪湖陝西敬客江北一路待客常情湖廣荊州夾帳雖無人却狡猾臨清吳郡滑銀看過始開盤蕪湖正陽五錢算用瀟瀟無夾河例五錢六合下河稻米一錢取用高郵一帶買米裏外一錢大斷欺待薄者用錢終久輕此客人若要奉承終要看此紙補淮安州陽買賣糧食倘有高低寸分精細外河兩路封足開倉自淮以南兩平交易北京青貨搭頭最低一見之間全憑眼力爵瀟亦有貨色南京還看高低蘇州青貨看銀在于主家楓橋糴賣全徒自家眼色閶闔環會之處零用高低不同山野之方全要新鋳包臉不行錢處用銀低用錢之方使銀不便淮

守而厭相離魚水和同百年契合情人者不過心情中所欲之人也山海尚有麥更心情豈無久固所以有百年之夫婦無一世之情人

填還滿而客便去緣法盡而人自開〇當數家言孤老爲表子痛使錢鈔俗謂之生前少欠填還滿則去矣又以孤老表子開交謂之緣法盡也

抱枕晝眠非傷春即病酒挑燈夜坐不候約便思人〇人之於晝不當眠而眠非爲傷春即爲病酒更殘不當坐而坐不是候約便是思人

声氣相應方是一心彼此懷疑定然反目〇同声相應同氣相求如此待客方是一心彼此兩家稍有不愜日久懷疑定然反目

纔飲便呼巨盃是催客去倚門皆望歸聆爲盼人來〇人之飲酒先小鍾而後巨盃一定之理若纔飲便呼巨杯是發客起身也子弟進妓家粉頭必隨進款待自然規矩如倚門盼望呼之方來必候有約之客耳

門户早閉必今宵之有客尊卑晏起决昨夜之無人〇勾欄本於夜中若門户早閉必然有客如無客更深亦開子弟宿妓早起定違鴇撥置買梳洗必早没若本家晏起决然昨夜無人矣

王顏容易得何可比之摘花紅粉最難馴右亦謂之縛虎〇王顏紅粉皆婦人女子之稱人之爲妓今賤至低子弟欲

西一帶都用乾紅糟餸江浙湖廣通用淖鉛餅子世事難盡之炎涼客途當作之類若

〇保攝

意既舉於遠行心當存乎保攝合宜飲食須可備之水上反宜選須訪問早合煨生姜通神辟瘴身帶真雄黃解毒辟邪魚膘燒灰服酒能醫角弓反張吳茱萸加青鹽能治腹裏寒疼平胃散加味諸疾可治玉樞丹調引路毒能消枳朮丸建脾寬中補陰丸固精養血感應丸可醫瀉痢神靈散能治心疼惡寒發熱非冬月出汗隨宜瘧痢不寬非夏天也宜行下秋石丹黎汁同服能醫喘急痰火京三稜並便加鹽可洗成漏痔瘡大黃甘草灰砂血碣酒下一二鐘瘡毒能消續隨子甘草五味子茶清一二碗取吐毒藥丹礬末鎔黃蠟丸如莞豆姜湯下三二丸可醫胃脘作痛五棓子燒成灰透明白礬各等分同爲末可敷金刃傷瘡金銀牙器能試諸毒豬骨燒灰能解果傷魚鱠器盛物遇毒便裂深穿中夏月有毒傷人酒之害人節飲可也色之傷命寡慾何如人汗入肉食之生疔山澤水泉飲之成瘕飲食生冷南北人調理隨宜土俗民風異鄉者剛柔量處春服不宜輕薄夏衣有汗頻更久行者傷筋勞于肝久立者傷骨損于腎大風人窮不要緊暫且停停大熱大寒將就得權時歇歇山行者鴉鵲聚鳴必然有虎夜行者掠髮啄齒自却精邪江南溪中有射工之虫射人影

之即時可得如伸手摘花之比與宿最易馴心最難古之娶妓最小爲哉如上山打虎之喻古人娶妓有歌一篇名縛虎行娶妓娶妓儉娶妓云云

通宵快樂猶如馬上執鞭頃刻歡娛却似江中撒溺〇言粉頭接人甚多歡宿一夜會合一面不能備記諺云歡一夜如馬上拱拱手任一房似江中撒撒尿

爲財者十常八九爲情者百無二三〇爲妓之道兩全最難不爲財無以養生不爲情無以着人大抵爲財者多而爲情者少斯言信以哉

精神有限難以久勞聚散不常且宜混俗〇少年子弟多者或習旁術而貪父樂多者劾難而害易見子弟嫖妓要調情久後必離留心以待討好弄乖如遇聚散不常之人只宜隨時混俗而已

遭溺丈夫不解墮於陷內着迷君子豈知落於彀中〇人之着色迷如舟之遭水溺舟之溺尚有救色迷人不省悟任是坎烈丈夫亦不能自救耳

搜引姿態不能有窮玩味是編未必無補〇風塵態度妙豹不時任是披引窮求不能有盡蔽嫖子弟若勿厭諸熟誦此書未必無補

而即死渡河者以物擊水且宜急渡深山草中有黃花蜘蛛螫人身而即傷露行者慎宜防之渡江河先書禹字藏身畔入山林衣裙三褶插腰間大霧中飲些酒好總遇起風吹血凝遠行人駐下不可高懸其足且須濯以温湯大雪中跣足不可便浴熱湯且須飲些熱酒坐卧處且忌風湿更兼墳墓遇神祠不可輕入進必恭誠水有沙風處勿浴室有隙風者勿眠遠行觸熱逢河勿洗因汗入水即成骨痺聊陳一二緊要扶持未盡天年更有所宜又當預立

〇論搶客奸弊

如去松江客人先于閶門外搭雙塔船而去如去杭州先搭人載而行到于主家以候貨船可也若坐本船松有沉湖泖知湖杭有吳江塘上搶客之患來則十數小船百餘人衆先以禮接順則徇情逆則便搶各持器械猶強盜一般雖有武藝豈能敵衆哉將客捉拿各分貨物客淹禁在家縱有擬天手段週迴是水將欲何之至於數月方將稀鬆不堪小布準籌高價勒寫收票方縱放行雖則屢問軍徒未嘗慘啟船户受賄覓不爲客傳音似此之徒天刑誅戮何足過哉船户知情通同作弊未必無之還有嘉定崑山太倉諸處亦空亦各有之

卷之二十一　終

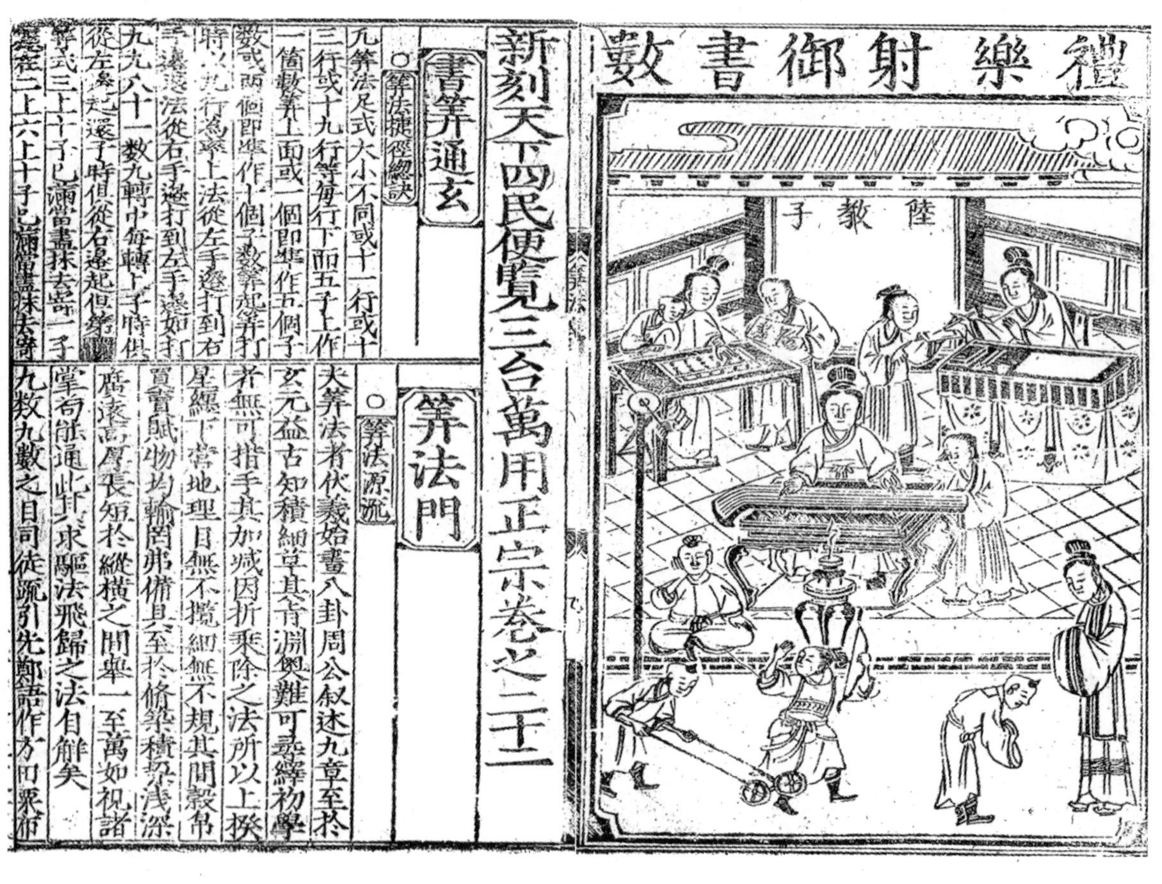

新刻天下四民便覽三台萬用正宗卷之二十二

書筭通玄

○筭法捷徑總訣

凡筭法足式大小不同或十一行或十三行或十九行等每行下面五子上作一箇數筭上面或一個即準作五個子數或兩個即準作十個子數筭起筭打時以九行為率上法從左手邊打到右手邊退法從右手邊打到左手邊如打九九八十一數九轉中每轉下子時俱從左邊起退子時俱從右邊起但筭子筭式三上十子已滿當盡抹去寄一子還在二上六上十子已滿當盡抹去寄

筭法門

○筭法源流

夫筭法者伏羲始畫八卦周公叙述九章至於玄元益古知積細草其肯淵奧難可尋繹初學者無可措手其加減因折乘除之法所以上揆星纏下稽地理目無不攬細無不規其間穀帛買賣賦物均輸閭弗備具至於脩築積塹淺深廣遠高厚長短於縱橫之間舉一至萬如視諸掌苟能通此其求驅法飛歸之法自解矣

九數九數之目司徒疏引先鄭語作方田粟布

差分少廣商功均輸方程贏朒不是旁要又云今有重差夕桀句股保氏既云此漢法也

[illegible]六酒寄此二處方才得合局

○[illegible]長短之法謂之度起於忽者蚕為絲絲為忽也若有若無

十忽成一絲　十絲為一毫　十毫成一釐　十釐成一分　十分為一寸　十寸為一尺　十尺成一丈　四丈成一匹　五丈為一端

斤秤物輕重之法謂之衡起於黍黍者輕之末也　十黍為一絫　十絫為一銖　十六銖為一分　十四分為一兩　十六兩為一斤　一斤二兩為一裹　十五斤為一秤　三十斤為一鈞　四鈞為一石

斛粟數名少之法謂量起於粟之一粒　六粟為一圭　十圭為一撮　十撮為一抄　十抄為一勺　十勺為一合　十合為一升　十升為一斗　十斗為一石

方田　以御田疇界域○即今方量田地畝角之法

粟布　以御交質變易○粟是米布是錢謂以多少錢糴得多穀之類交是買賣質是退約變易是撞法

衰分　以御貴賤稟稅○此是理會官員俸禄多少之法如上士倍中士中士倍下士之類稟謂稟禄稅謂米地所收之稅

少廣　以御積冪方員○積冪如今倉然積粟米其中外面遮蔽了方美以其器多少方器作如何筭名有法也

商功　以御功程積實○商其功程如打土論方子打筭一方上便會記得合用幾多人工如做屋亦可筭幾間幾架合用幾多人工

均輸　以御遠近勞費○均其道里遠近之旁與費勞是力費是果足如自某州到某州用力幾何果足幾何之類

盈朒　以御隱雜互見○盈是多朒是少數之顯者可見隱者不可見至雜則尤不可見由其顯者以推其隱如人有財物失去一半或大半或小半失物者道多無可放究隱雜互見是因其所存以驗其所失之多少

方程　以御錯揉正負○今作曆者用此法謂如筭錢逐件除下零細底絶長補短湊得齊整便好筭如一年十二月有月大者小者日干不齊便作閏月來補湊每月作三十日又如日月星

鈔數

一文至十文　十文至佰文　十百文為一貫　五貫為一錠

大數

一　十為十　十十為百　十百為千　十千為萬　十萬為億　十億為兆　十兆為京　十京為垓　十垓為秭　十秭為穰　十穰為溝　十溝為澗　十澗為正　十正為載　十載為極　萬極為恒河沙　阿僧祇　那由他　不可思議　無量數

古人云正所謂天下不可盡地莫之算數雖以勞盡之數頑有此名亦難至此謂之無量數

(小数) 十厘為分　十毫為厘
十絲為毫　十忽為絲　十微為忽
十塵為纖　按本沙下塵埃渺漠模糊
逡巡須臾瞬息彈指剎那六德虛空清
淨等名須有此名亦不可用

(田畝數法) 十寸為尺　五尺為一步　闊一百步
長二百四十步為畝　今以百畝為
一頃　三百六十步為一里　計一百八
十丈　約人行一千步也

(秘傳鋪地錦) 數代因乘法更奇　鋪地錦名捷徑篇
置實先當橫上位　相為法者右傍添
縱橫格定仍斜界　九九相因上下羅
遇十須施斜格上　逢單即向下傍宣
數來單手作成數　有十還當趲向前
筭者從斯能解類　厘毫絲忽亦去焉

此法等粮最捷法置粮数從左至右列
于圖上為實以每石徵銀則例施于右
下與粮銀数呼因曰因畢從右邊下角
数起遇十数就書于圖下若有十数或
二十三十四十　十壹一圈○即攅何
前斜格上作零散筭粮之法莫善於此
其餘交軍需物價求数官民田地山塘
求米麥分物還原筭畝田地但是因者
乘者俱倣乎此○假有民米四十六石
七斗九升三合八勺每石徵銀五錢六
分三厘四毫六絲問共銀若干○答曰
共該二十六兩三錢六分六厘三毫二
絲一忽八微五纖六塵

○(鋪地錦指明圖式)

○則五錢六分三厘四毫六絲

展之不同却要筭箇行之會都相合一

(勾股) 以御高深廣遠○橫為勾直為股斜為弦
三者可互相求也以勾股方直之積求之
則山之高井之深城邑之廣道里之遠可以測
知此筭術之極致也勾股之術如今木匠曲尺
尺頭為勾尺稍為股尺頭尺稍盡處相去為弦

(定数展省) 一加二　二加六　三加九　四加
十二　五加十五　六加十八　七加二十一
八加二十四　九加二十七　十與一同

(筭法歸足) 一七七　二五四　三三三十
四三十八　五三八五　六四六二　七五三
十九　八六一六　九六九三十　十與一同

(筭法口訣) 九上法者止是絲数也若總銀数則
要先記兩錢分釐位次明白兩加兩上錢加錢
上分釐毫絲各加于各位次上則無訛矣若類
總米豆則記石斗升合位次若共布絹要記丈
尺寸位如稻花麻肉各項務要排列幾百幾十
幾斤幾十幾兩位次兩要類多則進一斤除去
一十六兩其退法亦與上法理同俱要記得位
次清白撥無差訛

○分物歸法口訣

一分數之法但二人分物用三歸四人分物用
四歸五六七人至八九各用各歸其十人則與
一人同至於百千萬億者同一也故有一歸不
須歸之說如十二人或十三人分物故用撥法
則不差矣

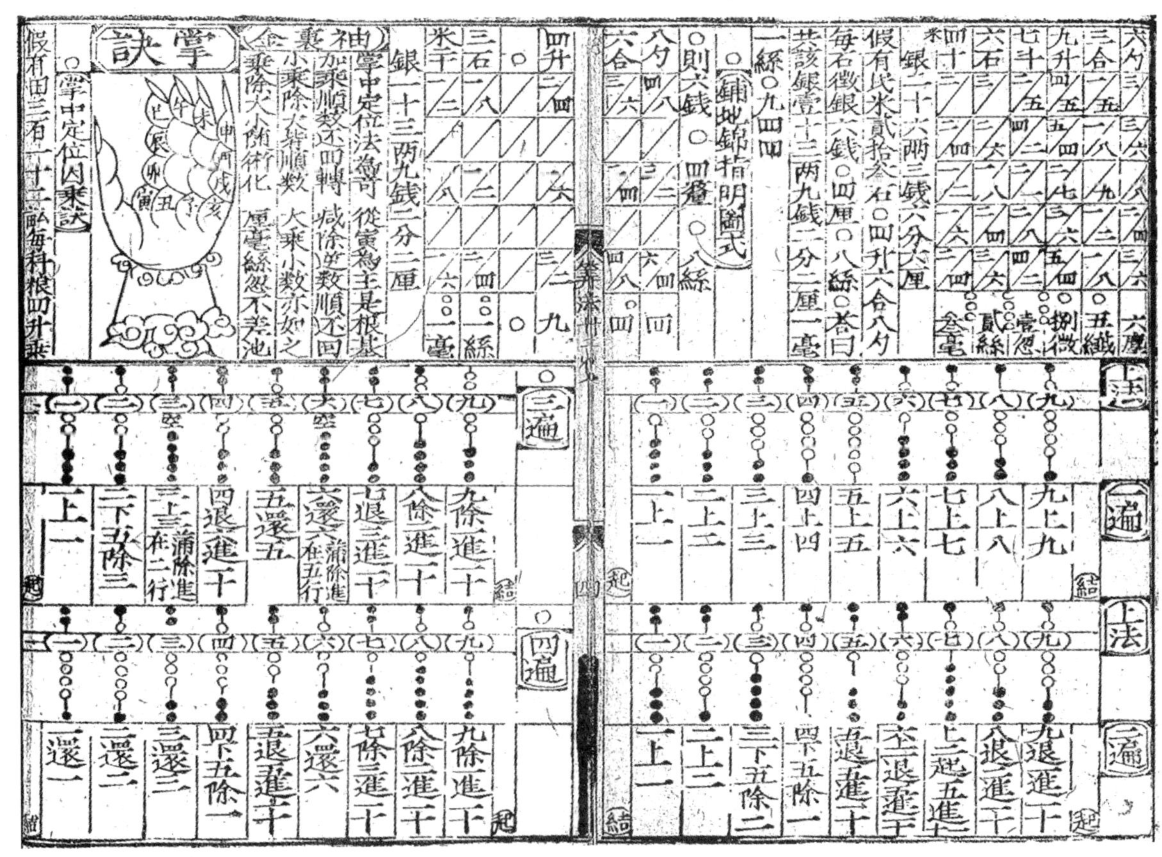

畢竟動先從寅上起石畝以卯得十畝以石得一畝就以畝変升復向卯上得斗以寅為石又約法實看位相呼成十者再加一位得十石也○或以口說亦好假有田長二千步濶五百步就以濶一步化長二千步以十步化萬步以百步化十萬步又約法實看位相呼成十者再加一位得積一百萬步也

○學中定位歸除有一條

假如有米四百石每米二石五斗糴銀一兩或云每銀一兩糴米二石五斗無異以總米為實以每兩價二石五斗為法除之得數莫動却從寅上起石以卯上得十石以辰上得石就以石変兩回卯上得十兩寅上得百兩又約實看乃是四數也法看二數也此為滿法不須降位即曰百兩○假如有米四百石共糴銀三十兩問每石該銀若干訣曰此為有物而又有價所云每石者就以米為法以銀為實如法除之得数莫動先從寅上起米四石以卯上為十石以辰上為一石就以石変共銀三十兩復回卯上得兩以寅上得錢又約實看乃是三數也法看乃是四數也所謂實不滿法者有退一位為分之數也故曰每石該銀柒分五厘

○金蟬脫殼秘法

夫金蟬脫殼者不用歸除減法只以此術代之但布筭未免繁重終不若歸除減法之妙其用雖難其用則簡易也從

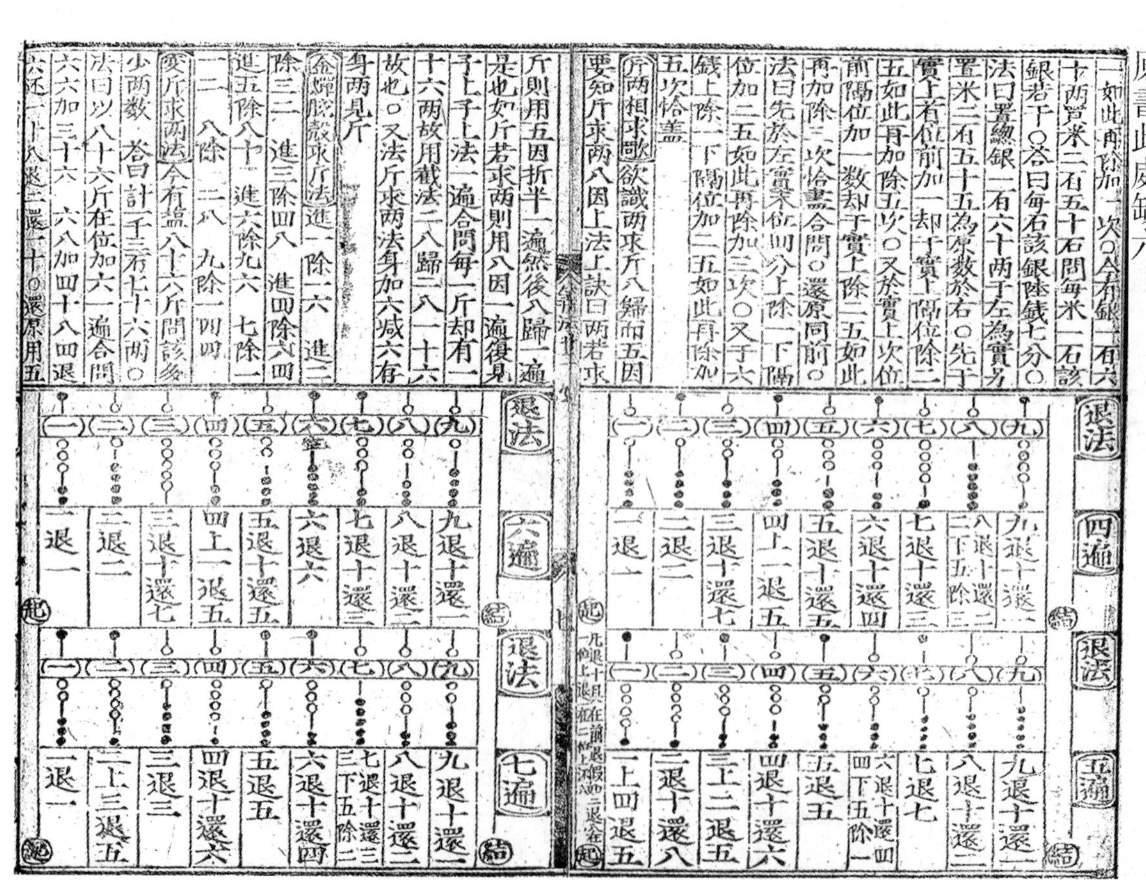

原書此處缺六

因八歸各一遍
此法隨人所用或用八因五歸撞者五歸即與上法同故又云八因上法上也先以八十六斤在位用八因六八四十八八八六十四隸後用上法六上六五还一十　八退二還二十　八退二還二十

〔変兩求斤法〕今有銖三百八十四兩求減殘斤　答曰該二十四斤　法曰以三百八十四兩在位用八歸五因合問
八二下加六　逢八進一十　歸完
用因法五八成四十　五四成二十
或用金蟬脫殼法則以三百八十四在位進二除三十二進四除六四就是若十六混歸法則曰　逢二逢二十　二六除去一十二　逢四進四十　四六除二十四　若用定身除法　二六減除一十二　四六減除二十四法見數

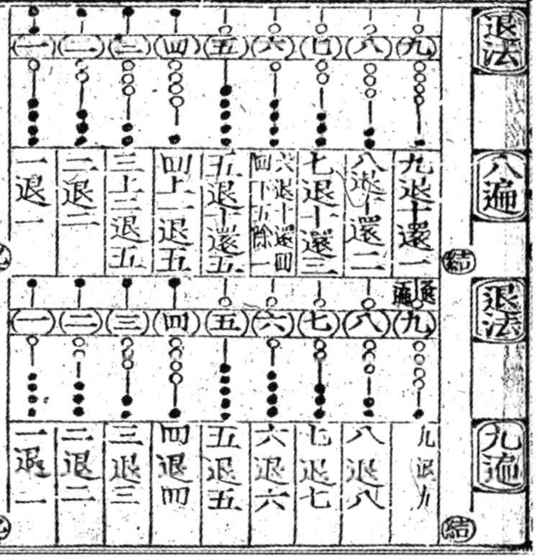

退法　八遍

一退一　二退二　三上二退五　四上一退五　五退十還五　六退十還四（四下加六除一）　七退十還三　八退十還二　九退十還一

起　結

退法　九遍

一退一　二退二　三退三　四退四　五退五　六退六　七退七　八退八　九退九

起　結

一歸

一歸不須歸　其法故不立

○秘傳亥字算法

亥字算法

六十　六百　六千　二萬

左傳絳縣老人曰臣生之歲正月甲子朔四百四十五甲子矣其季于今三之一也師曠曰七十三年矣史趙曰亥有二首六身下二如身是其日数也士文伯曰然則二萬六千六百有六旬也法云亥上二畫竪置身傍乃二萬六千六百六十之数也是知老人七十三歲矣

〔當位加減因折法〕横千竪百　卧十立一　五不單張　六不積聚　因從上因從下折　加從下加　減從上

○二歸　二人分用二歸

九　二一添作五　逢八進四十
八　逢八進四十
七　二一添作五　逢六進三十
六　逢六進三十
五　二一添作五　逢四進二十
四　逢四進二十
三　二一添作五　逢二進一十
二　逢二進一十
一　二一添作五

○二因還原

五　二五一十　本位去四存一
四　二四如八　下位加八　本位俱去
九　二九一十八　下位加八本位去八存一
三　二三如六　下位加六　本位俱去
八　二八一十六　下位加六本位去七存一
二　二二如四　下位加四　本位俱去
七　二七一十四　下位加四　本位去六存一
一　二一如二　下位加二　本位俱去
六　二六一十二　下位加二本位去五存一

假如銀一百二十三兩四錢五分六厘七毛八絲九忽　每人該銀六十一兩七錢二分八厘三毫九絲四忽五微

次五洋　横千竪百之法皆出于亥字之微意細而微塵渺洋皆一横篆五一竪而算也上洋為秒一秒為塵十塵為微十微為忽十忽為渺十渺為絲十絲為毫十毫為厘十厘為分十分則為一錢也

○〔獅子滾毬算法〕

一九五三一二五　五一二因
今有田壹千玖百伍拾叁畝壹分貳厘伍毫○每畝科正米伍升一合二勺問該米若干○答曰該米壹百石整
法曰以田一九五三一二五在位却以米科五一二在後乘之
○一五得五　加二　五一　千加
五身破本　一一得二　加一二　二得四　四退六　还一十
二五一十　破本　一一得一　加一　一二得二
加二退八　还十　一五如五　破　三得三　加二
三得六　六退四　还一十　三五一十五　破　五得
五五去五　还一十　二五得一十　加五　五二一十五
破　一九得九　九退一　还一十　一九一十八　八退二　还二
十　五九四十五　破　一得一　加一　二得
二二退八　还一十　一五如五　五去五　还一十　〔還原〕以来數百石在位用五歸一除二除〔合問〕五
一倍作二　有歸若是無除數起一　还將元數隨起還五一
一除一　退九　还一十　一除二　二退八　还一十　五四
倍作八　逢五進一十　九除九　退九
一十二　还　九除一十八　八退二　还十　五二倍作
四　逢五進一十　五除五　五退五　还十
二五除一十　五一倍作二　逢五進
二十二　三除三　一三　三除六　逢五

○三歸

九　逢九進三十
八　三下五除二　逢九進三十
七　三一三十一　逢六進二十
六　逢六進二十
五　逢六進二十
四　三一三十一　逢三進一十
三　逢三進一十
二　逢三進一十
一　三一三十一

○三因還原

空
三　三三如九　下位加九　本位俱去
六　三六一十八　下位加八　本位去五存一
二　三二如六　下位加六　本位俱去
二　三二如六　下位加六　本位俱去
五　三五一十五　下位加五本位去四存一
一　三一如三　下位加三　本位俱去
一　三一如三　下位加二　本位俱去
四　三四一十二　下位加二本位去三存一

三人分銀　每人分得四十一兩一錢四分一釐二毫六絲三忽　數同前

○四歸

九　逢八進二十　下位四下五除　四二二十二
八　四二添作五　逢八進二十
七　四三七十二　逢四進一十
六　逢八進二十
五　四一二十二　逢四進一十
四　四二添作五　逢四進一十
三　四三七十二　下五除三
二　逢四進一十
一　四一二十二

四歸還原

二　四二如八　下位五四二十　八退二進一十
七　四七二十八　下位加八　本位存二
九　四九三十六　下位加六本位去六存三
一　四一如四　下位加四四下五除本位俱去
四　四四一十六　下位加六本位去三存一
六　四六二十四　下位加四四下五除一本位存二
八　四八三十二　下位加二本位去五存三
空
三　四三一十二　下位加二　本位存一

令四人分之　銀數同前
每人該銀三十兩零八錢六分四釐一毫九絲七忽二微五塵

進一十　一除一　二除二還八退十
五一倍作二　二除二　二除四
四退十還六　五二倍作四　逢五進一十
一五除五　二五除一十
歌　截法須知先定身　得其身數始為真
曰　法須有何曾用　身外除零妙入神
此減法名曰定身除法前輩師惟用此
今有混歸法更之極妙故此法不須用
乃古人所立不敢廢故書于此憑人所用

十一定身除法
一除一　一除一　一除一
二除二　二除二　三除三
三上法五　三除三　三去五上　三除三
三上去五　三除三　法五三上　四除四上四
五一去　一四除四　四退六還四　還原用加法
四加四　四退六還四一十　四加四　四下五還四除一　一四
加四除四一下五　三加三　三除三下五　一三加三
三下五除三　一二加二　三除三下五　一二加二
一加一　一加一　一加一
十二定身除法
二加二　二除四
四退十還六　一十二八除一十六大退十二還四　二八除
一十六　二六除一十二　二五除一
十　二七除一十四四退十還六　還原用加法
法二　二七加一十四還四退六一十二　二五加一十
二六加一十二　二八加一十六　二
八加一十六還六退四十二　加四還四退六十
一二加二
歌　截法之根却是因　勸君勞記在其心
曰　二歸併處如神妙　記取先生秘傳恩
訣曰如十二人分物則用二歸六歸各一遍　因法者二六一十二故也○又法一遍九二歸只用五因更妙
十四人分物者用二七歸各一遍因法

伍歸

九	八	七	六	五	四	三	二	一
五四倍作八　逢五進一十	五三倍作六　逢五進一十	五二倍作四　逢五進一十	五一倍作二　逢五進一十	逢五進一十	五四倍作八	五三倍作六	五二倍作四	五一倍作二

五因還原

八	七	五	三	一	九	六	四	二
五八得四十　四上一去五	五七三十五　下位加五本位去四存三	五五二十五　下位加五本位存一	三五一十五　下位加五本位存一	一五如五　下位加五本位俱存	五九四十五　下位加五本位存四	五六三十　本位存二	五四二十　本位存二	二五一十　去一存一

五人分之　每人該銀二十四兩六錢九分厘三毫五絲七忽八微
銀數同前

六歸

九	八	七	六	五	四	三	二	一
六三添作五　逢六進一十	逢二六進二十　四下五除一	六一下加四　逢六進一十	逢六進一十	六三添作五　逢六進一十	六四六十四	六三添作五	逢六進一十　四下五除一	六一下加四

六歸還原

五	一	三	一	六	七	五	空	二
五六得三十　三位一去五	一六如六　下位加六本位俱去	三六一十八　下位加六本位存一	一六如六　下位加六本位俱去	六六三十六　下位加六本位存三	六七四十二　下位加二本位存四	五六類三十		二六一十二

假如銀一千二百三　每人該銀二百零五兩七
十四兩五錢六分七　錢六分一釐三毫九絲五
厘八毫九絲六八分　忽

其餘倣此○十五人用三歸五歸各一遍
[illegible]十八人用二歸九歸
二十七人分三九歸○三九二十七故也　二十八人四七歸
三十二人四八歸　三十五人五七歸
六人歸四九歸○六四十二人六七歸
五人歸五九　四十八人六八歸　四十九人七七歸
吹五十四人六九歸　五十六人七八歸
三人歸七九　六十四人八八歸二吹○此名撞歸
截法最少最妙但遇此數不着則用歸除法

○銀求肉法歌
將銀求肉價居西　加六化兩法乘之
乘了十六混歸法　便是斤數不差移
今有銀三錢五分五厘買肉假如每銀
一錢買肉六斤問該肉若干○荅曰該
肉二十一斤四兩八錢○法曰以肉價
六斤加六化作九十六兩在後為法却
以銀三錢五分五厘在位相乘得三百
四十六兩八錢却用兩求斤法見數

○肉求銀法歌
以肉求銀價居西　肉居東位不須疑
兩頭俱要斤化兩　價兩為法歸除之
今有豬肉八十九斤半每六十三斤價
銀一兩該銀若干　荅曰該銀一兩四
錢二分六毫三絲○法曰以肉八十九
斤半加六化作一千四百三十二兩在
位却以價六十三斤在後化作一千零
八兩為法用混歸合問
逢一進一十　一八除八八退十還
二其除要在第四位逢四進四十

七歸

九	八	七	六	五	四	三	二	一
逢二七進二十	七二下加六　逢七進一十	七五七十一　逢七進一十	七四五十五　逢七進一十	七四五十五　逢七進一十	七二下加六　逢七進一十	七四五十五	七五七十一	七一下加三

七因還原

一	四	八	六	六	三	六	七	一
在位一數	四七二十八　下位加八本位存二	七八五十六　下位上六本位存五	六七四十二　下位上二本位存四	六七四十二　下位上二本位存四	三七二十一　下位加二下五除四本位存二	六七四十二	七七四十九　九退一進一十	一七如七　七退三進一十

七人分其銀　每人分得銀一百七十六
兩三錢六分六釐八毫四
絲一忽
數同六歸法

八歸

九	八	七	六	五	四	三	二	一
八五六十二　四下五除逢八進二十	八六七十四　逢八進一十	八七八十六	逢八進一十	八一下加二　逢八進一十	八二下加四　逢八進一十	八三下加六	八四添作五	八一下加二

八因還原

五	二	六	八	九	空	二	三	四	五	一
五八得四十	二八一十六　退四進一十	六八四十八　退二進一十	八八六十四　下五除一	八九七十二	六上六	二八一十六	三八二十四　下五除一	四八三十二	五八得四十	一八如八　八退二進一十

假如有米一萬二千　每人分得一千五百四十
二百四十五石六斗　三石二斗零九合七勺六
七升八合九勺八人分　抄二撮五圭

四八除三十二第四位除二又除一
作十二退十还八逢二進二十　二
六除一十二第四位六退十还四逢
六進六十　六八除四十八四退十
還六八退十還二逢三進三十　三
八除二十四二退十還八四退十还六
又法上將肉八十九斤半在位用六十
三歸除者更妙或七歸九歸各一遍極
玄但恐有兩数零頭者若不化兩則数
不明故立此式令學者詳之

合本買賣法　今有甲乙丙丁四人共本
銀四十五兩同做買賣共總得利錢一
十八兩問各人照本利分各該若干

甲　原本銀一十五兩九錢七分　該
分利六兩三錢八分八厘
乙　原本銀一十四兩三錢二分　該
利銀五兩七錢二分八厘
丙　原本銀九兩五錢三分　該利銀
三兩八錢一分二厘
丁　原本銀五兩一錢八分　該利銀
二兩七分二厘

法曰先以利銀一十八兩在位却以本
銀四十五兩為法分之用截法五歸九
歸各一遍分得每本銀一兩該利銀四
錢為則然後却以各人本銀在位以利
四分乘之合問

合夥買賣法
今有趙錢孫李四人共出本姜一千三
百二十石共賣得銀三百一十六兩八
錢問各人若干

九歸	九	八	七		六		五	四		三		二	一
	逢九進一十	逢九進一十	九一下加一	逢九進一十	九三下加三	逢九進一十	九六下加六	九一下加一	逢九進一十	九六下加六	三下五除二	九三下加三	九一下加一

九人分之其
米数同前

九因還原	空	一	二	四	七		一		七	三		一	
	九上九	一九如九	二九一十八	四九三十六	七九六十三	三下五除二	一九如九	九退一進一十	七九六十三	三九二十七	七上二去五進一十	一九如九	九退一進一十

每人該米一千三百七十
一石七斗四升二合一勺
九歸畢

分物要訣　九九人以下分物則用九歸十人以上分物則用定身除常以一定身除之若二十人以上分物則用歸除法若遇無除常將本位起一下位化十用之謂用乘還原也而歸除法有智者遇某則以一分若干自一分數倍增至九另作捷法紙寫出末位起逐梁脫可代歸除法也

歸歌訣　混歸法者前師用定身除名為成愚見後人多有心拋不明遇行數者往上應于差錯故立此歸法與歸除同學者精之

逢一進一十　逢二進二十　逢三進三十
逢四進四十　逢五進五十　逢六進六十
逢七進七十　逢八進八十　逢九進九十
見一無除作九一　無除起一仍還一
此二句即同歸除上云有歸若是無除數起一还將原數施理一同也此法起一还一起二还二起三还三起四还四起五还五其餘做此

乘法歌訣　乘法者即是因法但獨行乘者名曰因法過行数多者名曰乘法

趙　原出姜二百九十三石二十斤
該分銀七十兩三錢六分八厘
錢　原出姜三百五十六石七十斤
該銀八十五兩六錢八厘
孫　原出姜三百七十九石八十斤
該銀九十一兩一錢五分二厘
李　原出姜二百九十石三十斤
該銀六十九兩六錢七分二厘

法曰以銀三百一十六兩八錢在位却
以總姜一千三百二十石用一三三
混歸法分之得每姜一石該銀二錢
四分為則然後却以各人本姜在位
以二四乘之合問

○筭病死生訣
西先下年庚歲數　次加病月日期
江　三因九除見安危　此乃神仙做的
月　逢三便是病活　逢六不死淹延
若還逢九見來催　盧醫扁鵲難治

今有一人甲子七月生人至癸丑年十
二月初六日得病來問吾安否若何
筭得是三數後果不死
法曰甲子生人至癸丑是四十歲加上
十二月初六日得病共得四一八數在
位却用三因　三八二十四　一三如
三　三四一十二　共得一二五四
數在位復用九除初位順除至末
九除九九退十還一　三九除二十七
七退十還三　八九除七十二　一九
除九九退十還一餘剩三數也
又如學嘗戊午生至癸丑年十二月初

下乘之法此為真　位數先將第二因（其乘法不拘後位幾行但從第二位上挨身乘法起是也）三四五來乘遍了（即將後面或三或五不拘看幾位俱要位上乘過一遍完）却將本位破其身（然後却將頭一位破本身破此一位又乘次位次位俱要照樣乘過始盡方是○如童蒙不明此說但看後面有幾位即將左手按位生本位後數十幾位挨位乘亦如各位俱要照樣乘過方是但其法後而俱要照依呼数）

詩曰
挑心乘法號連珠　起手先從（末位）第二呼
十上不得重下十　如中不得更加如
留頭破頭兩般乘　毋數為子亦同推
下十挨排若呼遍　過梁仔細破身軀

歸除歌訣　惟有歸除法更奇　將身歸了次除之
有歸若是無除數　起一還將元數施（元者首也如首位有）
（先將本身用歸法其餘則不拘幾行只是除歸而後位無子可除則于前位起一還元若是二歸則起一还二三歸起一還三若四歸起一還四五歸起還五若六歸起還六其餘做此但還元務只還歸數不可还除數還後人要照數除之）
若遇本歸歸不得　撞歸之法莫教遲（若遇二歸則用見二無除作九二若遇三歸則用見三無除作九三見四無除作九四見五無除作九五見六無除作九六見七無除作九七見八無除作九八見九無除作九九其法只依歸數為主其後還依數除之若遇無除則又起一還將原數施還原已後仍要照數除之則有子可除其理最明譬如銀二兩令二十二人分之用二歸二除前呼逢二進一十後位該除呼一二除二則後位無二可除故曰見二無除作九二當歸後呼二九除一十八却方總有子可除也）有人
識得中間意　筭法雖深盡可知

拾壹混歸法　指曰混歸與歸除者要一歸又一除故往還重復不便照盤具錄九學者先將梁上粘寫一二三四五六七八九逢數在梁後照吾声說位上動子則易明白也
一進一十一（頭一位上去一子　頭一位下加一子）一除一（第二位上一）
除去一子　逢二進二十（三位去二　二位去二）二除二（第四位除一）
逢二進二十（第三位除二　第四位除二）二除二（第五位除二上三）

七門牟村名積塘村失火被爆筭得五
數未然死矣先下五十六歲加上十二
月㓜七共得五七三七數在位三因得
一七一八一数復用九除　一九除九
九退十還一八九除七十二退十還
八九九除八十一　一九除九九退十
还一八九除七十二退十還八　餘
剩九數也其法甚驗吾筭人多矣並無
差謬故書以知學者

○筭量舡隻法

船倉腰廣先加倍　面底併來為一位
四歸見數却乘深　長又乘之斛法退
若還首尾不般者　兩位相併又何異
併來折半以深乘　再把長乘為積是
却又四因見米數　筭者留心莫疑猜

去五逢三進三十第五位除三第四位加三一三除三第六位除三三
上一去五逢三進三十六位去五位加一一三除三第七位除三逢四
進四十七位除六位加一一四除四入位除四上一去五逢四進
四十八位上逢去第七位加四一四除四九位上除逢五進五十
有歸若是無除數起一下位加一數施一丁本位起一还將元一四除四退
十還六第十位加六第九位除一

還原用壹拾壹乘法

一四得四四退六還一十第十位退六還九位一十
一四如四破本身四九位加四第一四得四第九位加四下五除一
一四如四破七位上本身四下八位上加四一四
得四第八位加四下五除一一四如四破六位身七位加四一三得
三第七位上加三下五除二一三除三破本身五位三下第六位加三一三
得三第六位上加二下五除二一三除三第五位上加三破本身四位三三一
二得二第五位上加二下五除二一二除二破本身三上二下四位加二

今有船一隻　兩頭面廣六尺五寸
中腰廣七尺五寸底廣六尺　長一丈
八尺　深二尺五寸　問載米若干
荅曰載米一百二十三石七斗五升
法曰以中腰廣七尺五寸倍作一丈五
尺却以面底二廣併作一位共得二丈
七尺五寸四歸得六尺八寸七分半在
位又與長一丈八尺乘之得　丈二尺
三寸七分半又與深二尺五寸乘之得
三十丈九尺三寸七分五復以四因乘
之合問○今有船一隻　面廣八尺
底廣六尺五寸　長二丈九尺　深二
尺　問載米若干　荅曰裝米一百六
十八石二斗　○法曰以面廣底廣併
得一丈四尺五寸折半作七尺二寸半

一二得二第四位加二一二如二破三位本身二第三位加二一一
得一第三位加一一一如一破本身一一得一

拾貳混歸法

逢一進一十本位除一前位加一一一除二第二
位除二逢二進二十第三位除二第二位加二二除四四退十還
六四位加六三位除一逢八進八十第四位逢第三位加二二八除一
十六六退十還四本位除二五位加四第逢八進八十五第
位去八四位夫八第二八除一十六五位除一六位除六逢六進六
十七位逢六位加二六除一十二七上除一八上除二逢五進五
十八位除七上加二五除一十第八位除逢七進七十九上加八
上除二二七除一十四四退十還六九上除二空位上加六逢
五進五十空上除九上加二五除一十空位俱除得數一空
二八八空六五七五

還原用二十一乘法

二五得一十空位加一一五如五

[illegible]五寸却用斛法四因乘之合問○勾
二寸五又與深二尺乘之得四十二丈
股圓徑方斛相求法○員求徑方用三
因○徑若求員三歸真方求斛方五歸
七因　斛若問方二七歸成
問木鋸板方○今有梓一柯圍抱一丈
二尺　鋸寸厚板問該若干　荅曰該
板三十六塊　俱厚一寸濶三尺六寸
○法曰以木圍一丈二尺在位三因一
遍是也○今有員圍　口　周匝七尺
三寸　求徑若干　荅曰徑二尺一寸
九分○法曰照前將圍七尺三寸在位
三因合問○今有竹籥一個　徑有四
尺五寸　求員若干　荅曰周員一丈

一十空上加六九上又加一一七如七八去九加二五得一十八位
加一一五如五破七位本身八位上加五一六得一十二七位加一
八位加二一六如六破六位本身七位加六一八得一十八五位加一
六上加六一八如八破四位五上加八一八得一十六第五位上
退四呼退四还一十一八如八八退二還一十破三本身却于四位
上進二于本位加还一十二二得四四位上加一一如二破身一二
得二二位加二一一如一破本身下位加一

十三混歸法

譬如銀一千二百三十四两五錢
六分七釐八毫九絲○令十三人分之各該若
干用此法見一無除作九一物位加八作九二位加一共三九
除二十七七退十還三三下五除二第三位余又除一第
三位還三下五除二逢四進四十第三位逢去三下位上加四十四

五尺○法曰以徑四尺五在位三歸是
也○今有方井一穿　每方一丈六尺
求斛若干　荅曰該斛長二丈二尺
四寸○法曰以方一丈六尺在位五歸
七因各一遍是也　今有斛量五丈四
尺　求方若干　荅曰以斛五四在位
五因七歸各一遍合問

○筭堆垜法

缸瓶𤬪垜法推詳　腳底先將濶减長
餘數折半添半個　併歸長内與濶乘
要將濶添一乘實　三歸取一數方乘
[illegible]添一箇　乘來折半法如常
[illegible]堠知　腳底先求個數齊
[illegible]過　六歸取一不差池
果　添半仍添一個隨

除一十二第三位除三第四位除二見一無除作九一第三位加三
八作九第四位加一共三九除二十七七退十還三四位上除
二又一五位加三逢六進六十四上除五上加三六除一十八
八退十還二五上除二六上加二逢六進六十六上除三五上加三
六除一十八退十還二六上除二七上加二逢七進七十
七位除七六位加七三七除二十一七上除二八上除一逢六進六
十八上除三七上加三三六除一十八八位除一九上除八○荅曰每
人該銀九百四十九两六錢六分七釐六毫。忽

還原用十三乘法

三六得一十八八位加八九位加一
六如六七位破八位加六三七得二十一七位加一八位加二
一如七七位除六位加七三六得一十八退二還一十六十
一位加一却於七上一退二復还六十一六如六五除六加三六一十八
八退二還一十五位先加却六上退二又还五位一十一六如六

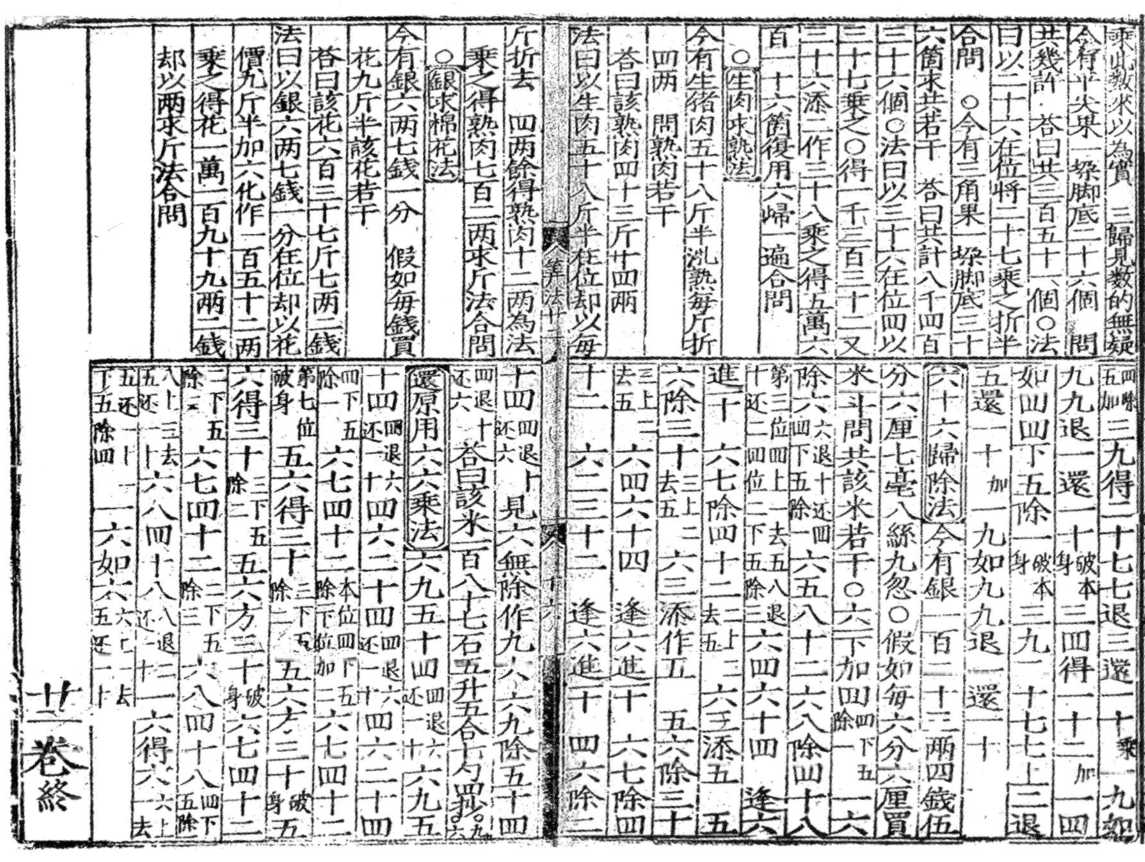

乘此數求以為實　三歸見數的無疑

今有平尖果一垜脚底二十六個　問共幾許　答曰共三百五十一個○法曰以二十六在位將二十七乘之折半合問　○今有三角果一垜脚底三十六箇求共若干　答曰共計八千四百三十六個○法曰以三十六在位四以三十七乘之○得一千三百三十二又三十六添二作三十八乘之得五萬六百一十六箇復用六歸一遍合問

○生肉求熟法

今有生豬肉五十八斤半泚熟每斤折四两　問熟肉若干

答曰該熟肉四十三斤十四两

法曰以生肉五十八斤半在位却以每斤折去　四两餘得熟肉十二两為法乘之得熟肉七百二两求斤法合問

○銀求棉花法

今有銀六两七錢一分　假如每錢買花九斤半該花若干

答曰該花六百三十七斤七两二錢

法曰以銀六两七錢一分在位却以花價九斤半加六化作一百五十二两乘之得花一萬一百九十九两二錢却以两求斤法合問

四除五加三九得二十七七退三還一十乘一九如九九退一還一十身破本三四得一十二加一四如四四下五除一身破本三九一十七七上二退五還一十加一九如九九退一還一十

六十六歸除法　今有銀一百二十三两四錢伍分六厘七毫八絲九忽○假如每六分六厘買米斗問共該米若干○六下加四除一四下五一六除六六退十还四四下五除一六五八十二六八除四十八第三位四上一去五八退十还二四位二下五除三六四六十四逢六進十　六七除四十二三上二去五六三添五　五六除三十三上二去五六三添作五　五六除三十三上二去五六四六十四　逢六進十　六七除四十二　六二三十二　逢六進十　四六除二十四四退卜还六見六無除作九六六九除五十四四退十还六答曰該米一百八十七石五升五合七勺四抄九六

還原用六六乘法　六九五十四四退六还一十六九五十四四退六还一十四六二十四四退六还一十四六二十四四下五除一六七四十二本位四下五除二加二六七四十二第七位破身五六得三十三下五除二五六得三十破身五六得三十除三下五五六方三十破身六七四十二二下五除二六七四十二除三下五六八四十八四下五除八上一三去五还一十六八四十八还一退二六得六六上一去五还一十五还一十下五除四一六如六五还一十

廿二卷終

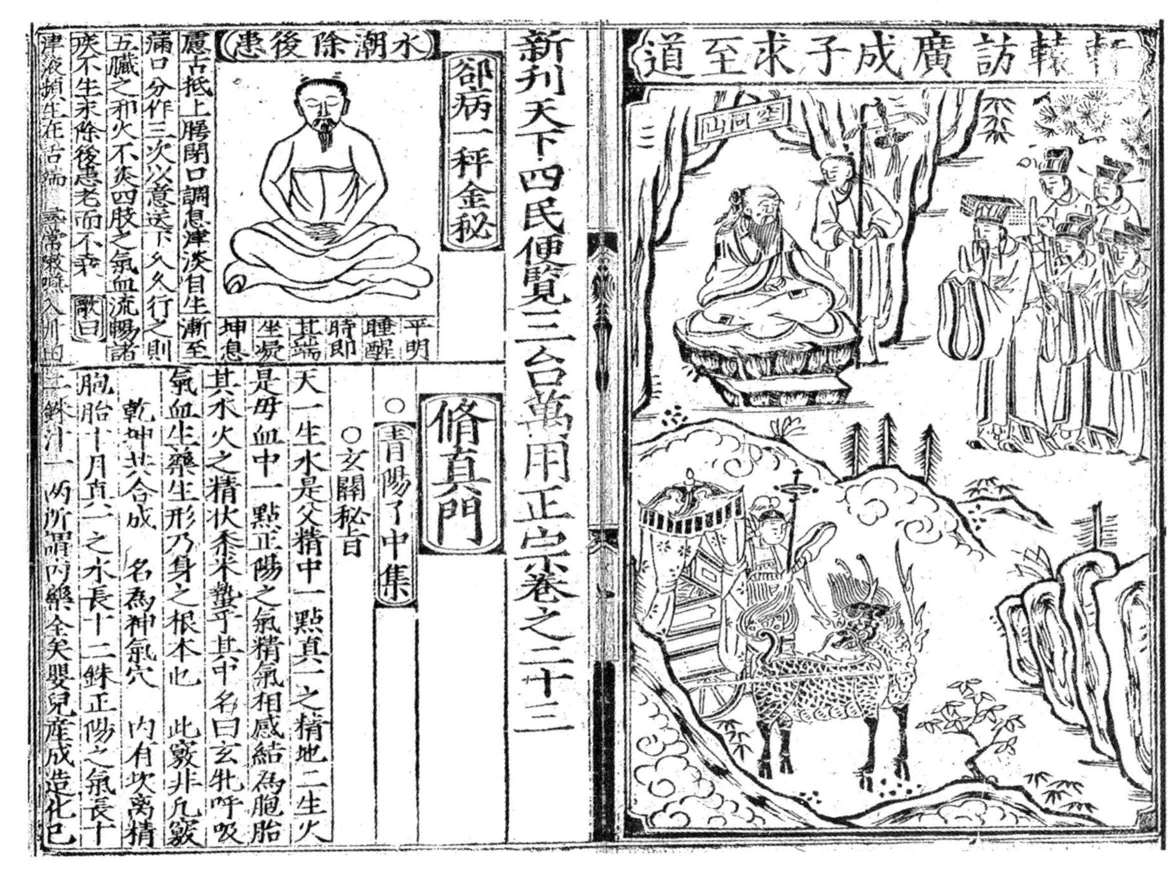

軒轅訪廣成子求至道

新刊天下四民便覽三台萬用正宗卷之二十三

脩真門

○青陽子中集

○玄關秘旨

天一生水是父精中一點真一之精地二生火是母血中一點正陽之氣精氣相感結為胞胎其水火之精狀黍米藏乎其中名曰玄牝呼吸氣血生藥生形乃身之根本也　此竅非凡竅乾坤共合成　名為神氣穴　內有坎离精胞胎十月真一之水長十二銖正陽之氣長十二銖汁一两所謂丹藥全矣嬰兒產成造化已

卻病一秤金秘

水潮除後患

平明睡醒時即其端坐凝神息舌抵上腭閉口調息津液自生漸至滿口分作三次以意送下久久行之則五臟之邪火不炎四肢之氣血流暢諸疾不生永除後患老而不衰

歌曰

津液頻生在舌端　尋常嗽嚥入丹田

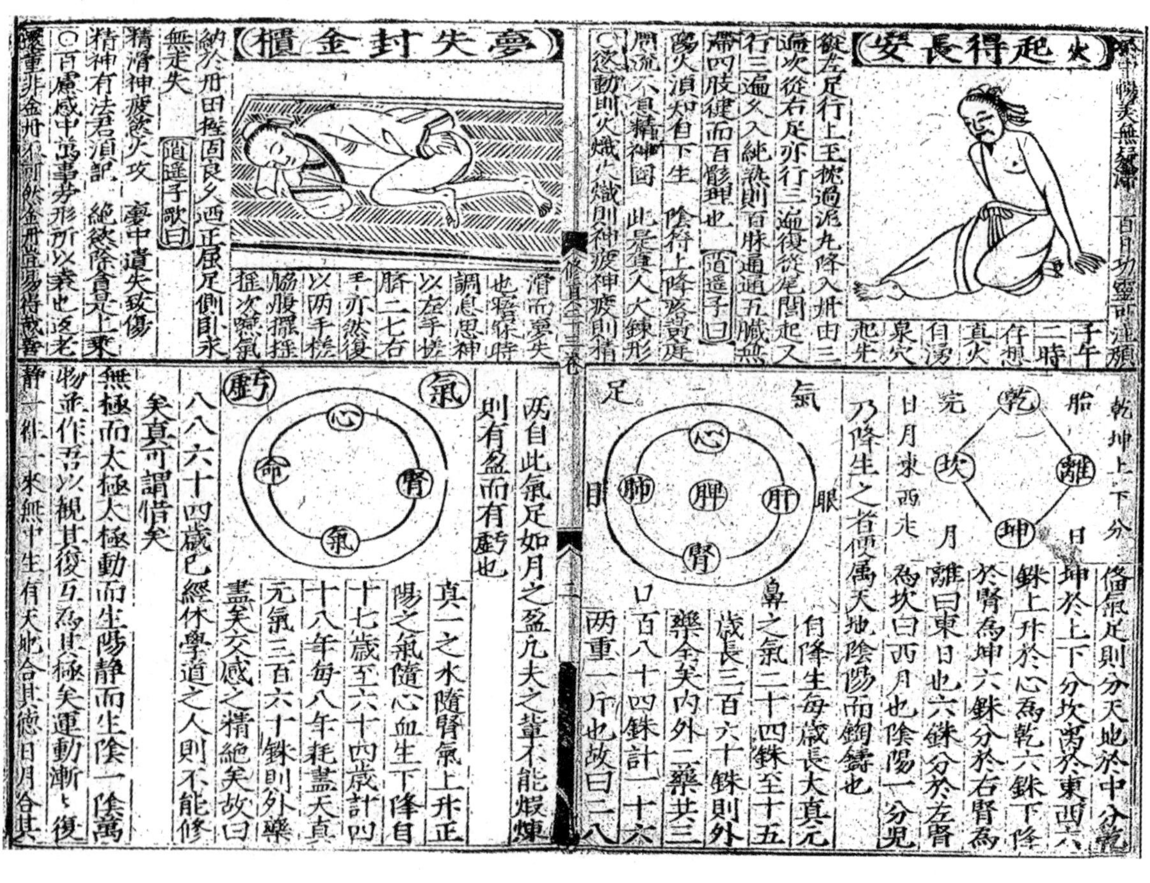

火起得長安

暢矣無疑滯 百日功靈可注顧

子午二時存想真火自湧泉穴起先

從左足行上玉枕過泥丸降入丹田三遍次從右足亦行三遍復從尾閭起又行三遍久久純熟則百脉通過五臟無滯四肢健而百骸理也 逍遥子曰

陽火須知自下生 陰符上降落黃庭
周流不息精神固 此是真人大鍊形

○從動則火熾火熾則神疲神疲則精滑而夢失也宜保時調息思神以左手搓臍二七右手亦然復以兩手搓脇腹擺搖搓次嚥氣納於丹田握固良久而正屈足側臥永無走失 逍遥子歌曰

精滑神疲欲火攻 夢中遺失致傷精
神有法君須記 絕欲除貪是上乘

夢失封金櫃

○百慮感中萬事勞形所以衰也返老還童非金丹不可然金丹豈易得哉蓋

修氣足則分天地於中分乾坤於上下分坎離於東西六銖上升於心為乾六銖下降於腎為坤六銖分於右腎為離曰東日也六銖分於左腎為坎曰西月也陰陽一分兒乃降生之者便屬天地陰陽而鎔鑄也

自降生每歲長大真元之氣二十四銖至十五歲長三百六十銖則外藥全矣内外二藥共三百八十四銖計一十六兩重一斤也故曰二八兩自此氣足如月之盈凡夫之輩不能煆煉則有盈而有虧也

真一之水隨腎氣上升正陽之氣隨心血生下降自十七歲至六十四歲計四十八年每八年耗盡天真元氣三百六十銖則外藥盡矣交感之精絕矣故曰八八六十四歲已經休學道之人則不能修矣真可謂惜矣

無極而太極太極動而生陽靜而生陰一陰萬物並作吾以觀其復互為其極矣運動漸漸復靜一往一來無中生有天地合其德日月合其

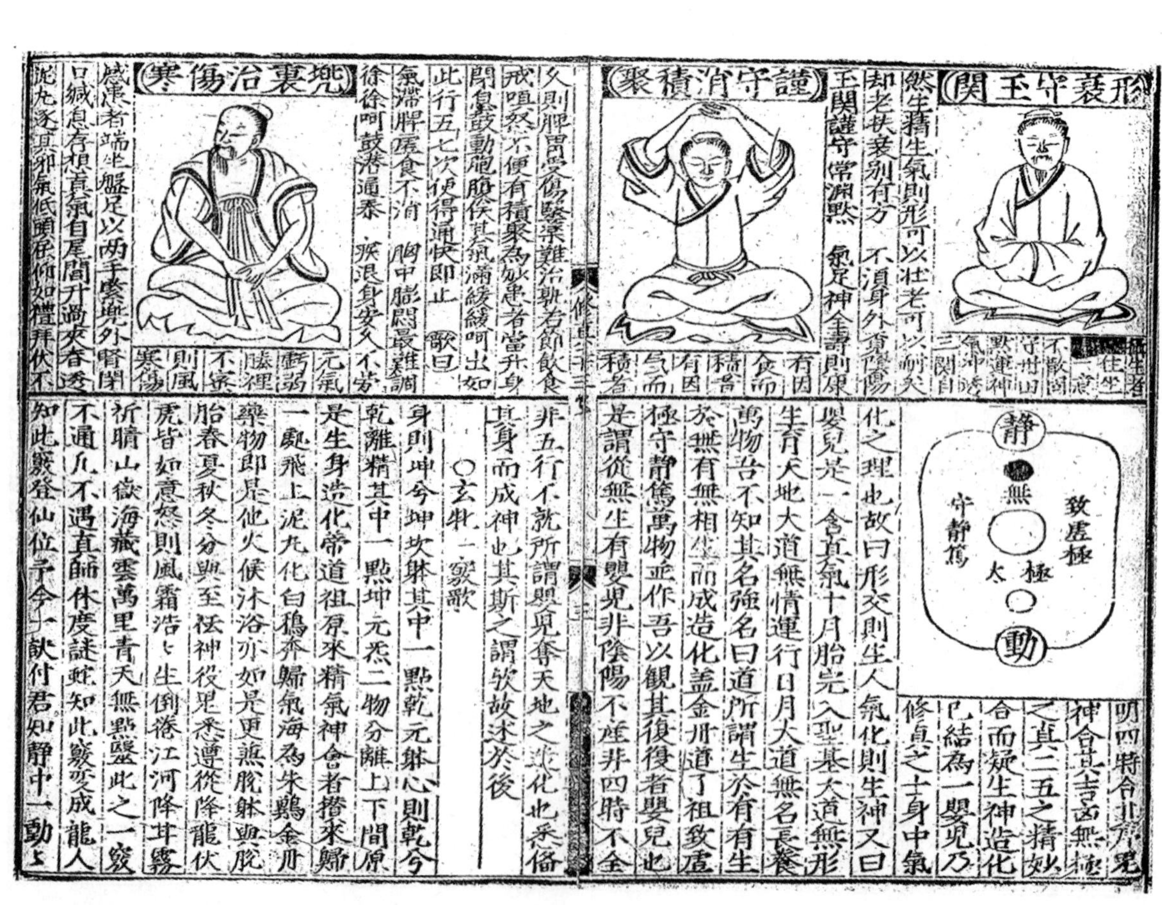

明四時合其序鬼神合其吉凶無極之真二五之精妙合而凝生神造化已結為一嬰兒乃修真之士身中氣化之理也故曰形交則生人氣化則生神又曰

嬰兒是一含真氣 十月胎完入聖基

大道無形生育天地大道無情運行日月大道無名長養萬物吾不知其名强名曰道所謂生於有有生於無有無相生而成造化蓋金丹道了祖致虛極守靜篤萬物並作吾以觀其復復者嬰兒也是謂從無生有嬰兒非陰陽不產非四時不全非五行不就所謂嬰兒奪天地之造化也柔脩其身而成神也其斯之謂歟故述於後

形衰守玉關

然生精生氣則形可以壯老可以耐矣

却老扶衰别有方 不須身外覓陰陽
玉關謹守常淵默 氣足神全壽則康

謹守消積聚

有因食而積者有因氣而積者久則脾胃受傷醫藥難治孰若節飲食戒嗔怒不使有積聚為妙患者當升身閉息鼓動胸腹俟其氣滿緩緩呵出如此行五七次便得通快即止 歌曰

氣滯脾虛食不消 胸中膨悶最難調
徐徐呵鼓潛通泰 疾退身安久不勞

兜裏治傷寒

元氣虧弱腠理不密則風寒傷感患者端坐盤足以兩手緊兜外腎閉口緘息存想真氣自尾閭升過夾脊透泥丸逐其邪氣低頭屈仰如禮拜伏不

○玄牝一竅歌

身則坤兮坤卦其中一點乾元射心則乾兮乾離精其中一點坤元烝二物分離上下間原是生身造化帝道祖原來精氣神會者擒來歸一處飛上泥丸化白鴉乔歸氣海為朱鷄金丹藥物即是他火候沐浴亦如是更兼脫胎與脫胎春夏秋冬分與至祛神役鬼悉遵從降龍伏虎皆如意怒則風霜浩浩生倒卷江河降甘露祈晴山嶽海藏雲萬里青天無點翳此之一竅不通凡不遇真師休度謎若知此竅變成龍人知此竅登仙位予今一訣付君知靜中一動動

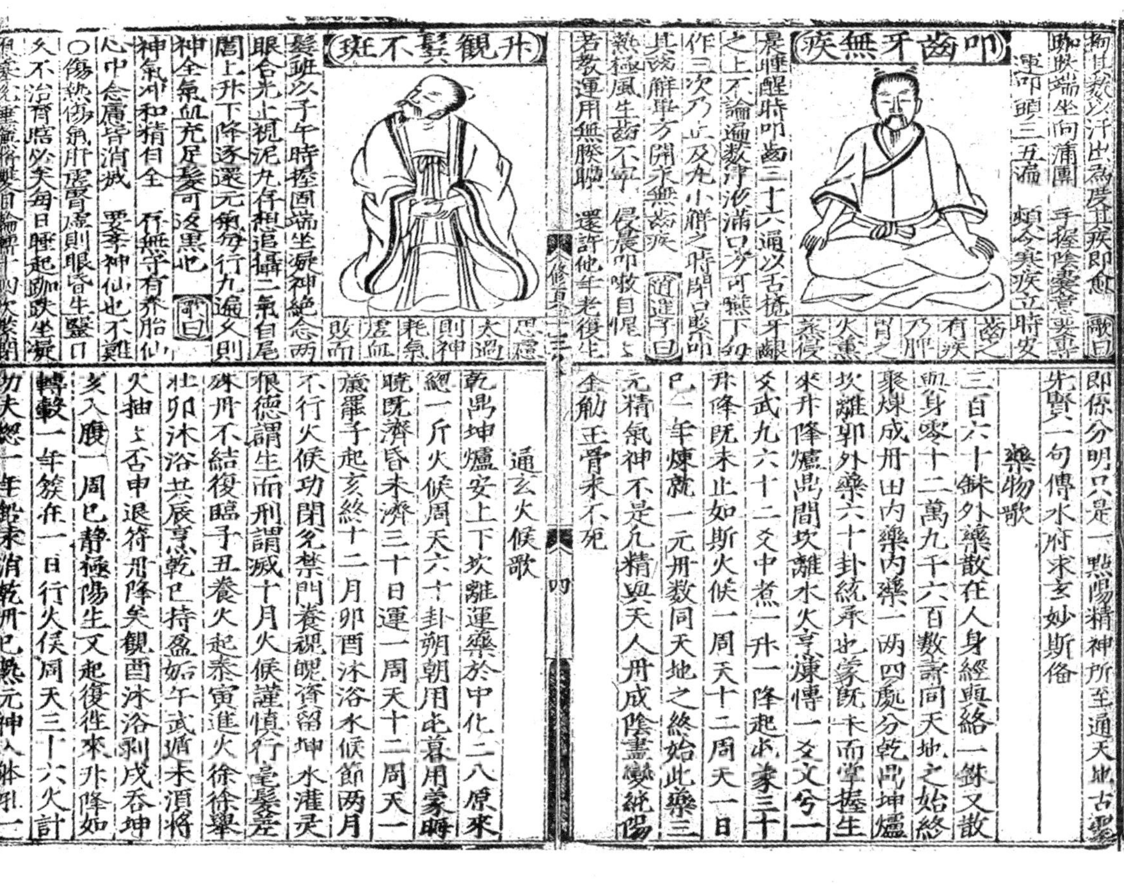

物其效以汗出爲度其疾即愈 歌曰 跏趺端坐向蒲團 手握陰囊意要專 運叩頭三五遍 頓令寒疾立時安

叩齒牙無疾

齒之有疾乃脾胃之火熏蒸侵晨睡醒時叩齒三十六遍以舌攪牙齦之上不論遍數津液滿口方可嚥下每作三次乃止及凡小解之時閉口緊叩其齒解畢方開永無齒疾 逍遥子曰 熱極風生齒不寧 侵晨叩漱自惺惺 若教運用無朕聽 還許他年老復生

即係分明只是一點陽精神所至通天地古靈先賢一句傳水府求玄妙斯脩

藥物歌

三百六十銖外藥散在人身經與絡一銖又散爲身零十二萬九千六百數計同天地之始終聚煉成丹田内藥内藥一兩四處分乾鼎坤爐坎離卯外藥六十卦統承也象既卞而掌握生來升降爐鼎間坎離水火烹煉傳一爻文兮一爻武九六十二爻中煮一升一降起水象三十升降既未止如斯火候一周天十二周天一日巳二年煉就一元丹數同天地之終始此藥三元精氣神不是凡精與天人丹成陰盡變純陽金觔玉骨永不死

升觀鬢不斑

思慮太過則神耗氣虛血敗而鬢斑以子午時握固端坐凝神絕念兩眼合光止視泥丸存想追攝二氣自尾閭上升下降逐還元氣每行九遍久則神全氣血充足鬢可返黑也 歌曰 神氣沖和精自全 存無守有養胎仙 心中念慮皆消滅 要學神仙也不難

○傷熱傷氣肝虛腎虛則眼昏生翳日久不治盲瞎必矣每日睡起跏趺坐凝息塞兌垂簾將雙目輪轉十四次緊閉

通玄火候歌

乾鼎坤爐安上下坎離運藥於中化二八原來總一斤火候周天六十卦朔朝用屯暮用蒙晦曉既濟昏未濟三十日運一周天十二周天一歲羅子起亥終十二月卯酉沐浴水候節兩月不行火候功閉兌禁門養覩㫰資留坤水灌灵根德謂生而刑謂滅十月火候謹慎行毫髮差殊丹不結復臨子丑養火起泰寅進火徐徐舉壯卯沐浴共辰烹乾巳持盈姤午武遯未須將火抽抽否申退符刑降矣觀酉沐浴剝戌吞坤亥入腹一周已靜極陽生又起復往來升降如轉轂一年簇在一日行火候周天三十六火計功夫總一年鉛汞消乾丹已熟元神入體吼一

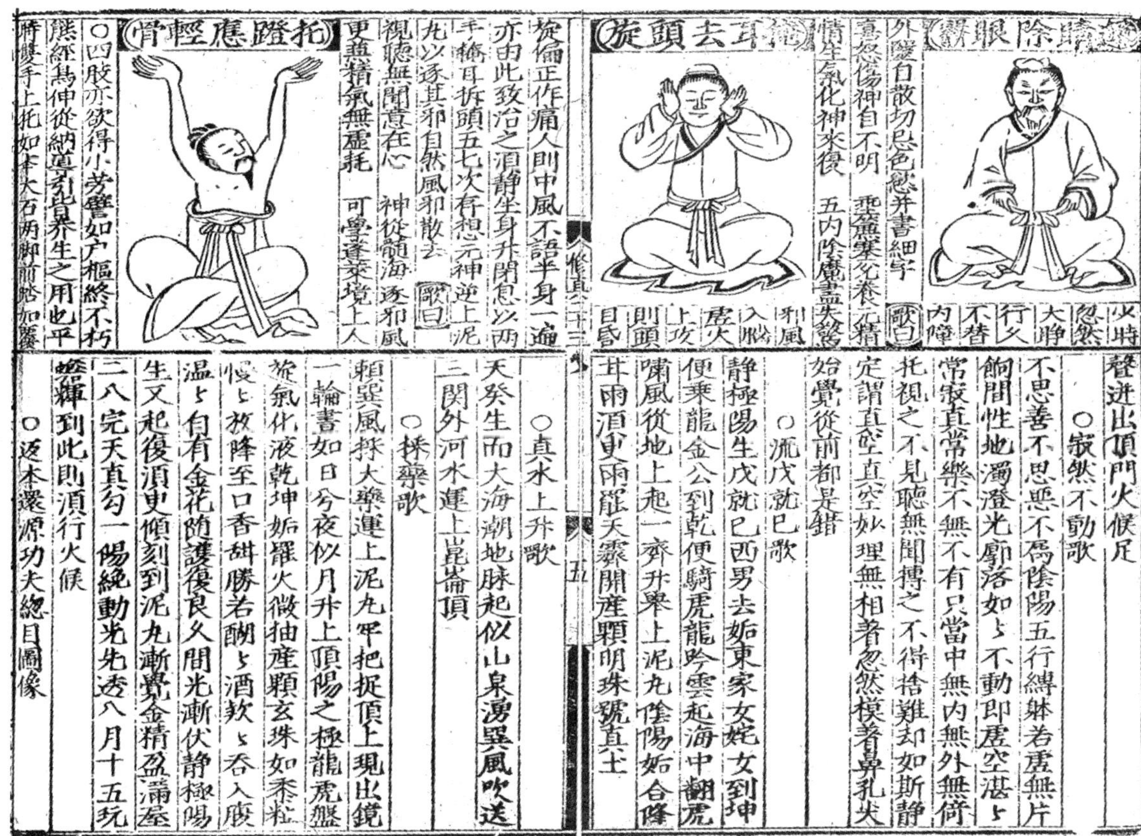

運睛除眼翳

火時忽然大靜行久不替內障外翳自散切忌色慾并書細字恚怒傷神自不明 歌曰 垂簾塞兌養元精 精生氣化神來復 五內陰魔盡失驚

聲迸出頂門火候足

○寂然不動歌

不思善不思惡不爲陰陽五行縛軀若虛無片餉間性地澄光廓落如如不動即虛空湛湛常寂真常樂不無不有只當中無内無外無倚托視之不見聽無聞搏之不得捨難却如斯靜定謂真空真空妙理無相着忽然模着鼻孔尖始覺從前都是錯

○派戊就己歌

靜極陽生戊就己西男去姤東家女姹女到坤便乘龍金公到乾便騎虎龍吟雲起海中翻虎嘯風從地上起一齊升舉上泥丸陰陽姤合降甘雨須臾雨罷天霽開產顆明珠號真土

掩耳去頭旋

邪風入腦虛火上攻則頭目昏旋偏正作痛久則中風不語半身不遂亦由此致治之須靜坐升身閉息以兩手掩耳折頭五七次存想元神逆上泥丸以逐其邪自然風邪散去 歌曰 視聽無聞意在心 神從髓海逐邪風 更兼精氣無虛耗 可學蓬萊境上人

托蹬應輕骨

○四肢亦欲得小勞譬如戶樞終不朽熊經鳥伸從納道引皆養生之用也平肘雙手上托如舉大石兩脚前蹬如履

○真水上升歌

天癸生而大海潮地脉起似山泉湧巽風吹送三關外河水運上崑崙頂

○採藥歌

頼巽風揉大藥運上泥丸卑把捉頂上現出鏡一輪晝如日兮夜似月升上頂陽之極龍虎盤旋氣化液乾坤姤羅火微抽產顆玄珠如黍粒慢慢放降至口香甜勝若醍醐酒欵欵吞入腹温温自有金花隨護養良久間光漸伏靜極陽生又起復須臾傾刻到泥丸漸覺金精盈滿屋二八完天真勾一陽絕動光先透八月十五玩蟾輝到此則須行火候

○返本還源功夫總目圖像

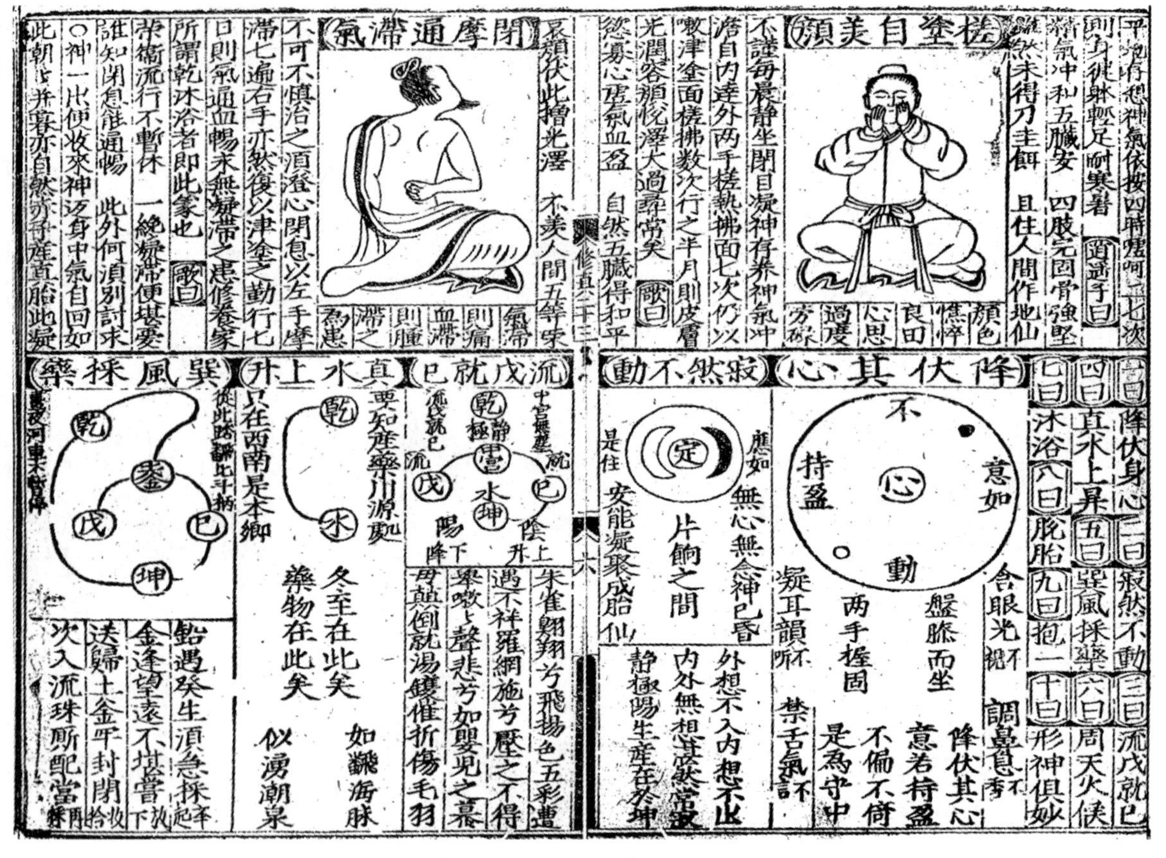
平淡存想神氣依按四時嘘呵二七次則身快躰輕足耐寒暑 逍遥子曰
精氣冲和五臟安 四肢完固骨強堅
蕭然未得刀圭餌 且住人間作地仙

搓塗自美顔

顔色憔悴良由心思過度勞碌不謹每晨靜坐閉目凝神存養神氣冲澹自内達外兩手搓熱拂面七次仍以嗽津塗面搓拂數次行之半月則皮膚光潤容顔悅澤大過尋常矣 歌曰
[illegible]寡心虛氣血盈 自然五臟得和平
[illegible]須伏此增光澤 不美人間五等榮

修真六十三

閉摩通滯氣

氣滯則痛血滯則腫滯之為患不可不慎治之須澄心閉息以左手摩滯七遍右手亦然復以津塗之勤行七日則氣通血暢永無凝滯之患修養家所謂乾沐浴者即此象也 歌曰
榮衛流行不暫休 一纔凝滯便堪憂
誰知閉息能通暢 此外何須別討求
○神一此便收來神返身中氣自回如此朝朝并暮暮亦自然兮守産真胎此凝

一日 降伏身心　二日 寂然不動　三日 流戊就己
四日 真水上昇　五日 巽風採藥　六日 周天火候
七日 沐浴　八日 脫胎　九日 抱一　十日 形神俱妙

降伏其心

含眼光不視　調鼻息不香
盤膝而坐　降伏其心
意若持盈
兩手握固　不偏不倚
是為守中
凝耳韻不听　禁舌氣不訴

寂然不動

應如 無心無念神已昏
片餉之間
是住 安能凝聚成胎仙
外想不入内想不出
内外無想甚然常寂
静極陽生産在於坤

六

流戊就己

朱雀翱翔兮飛揚色五彩遭遇不祥羅網施兮壓之不得舉嗽々聲悲兮如嬰兒之慕母顛倒就湯鑊摧折傷毛羽

真水上升

要知產藥川源處
只在西南是本鄉

冬至在此矣　如龖海脉
藥物在此矣　似湧潮泉

巽風採藥

從此踏翻北斗柄

夢夜河車不暫停
鉛遇癸生須急採起采
金逢望遠不堪嘗執下
送歸土釜牢封閉收拾
次入流珠厮配當再停

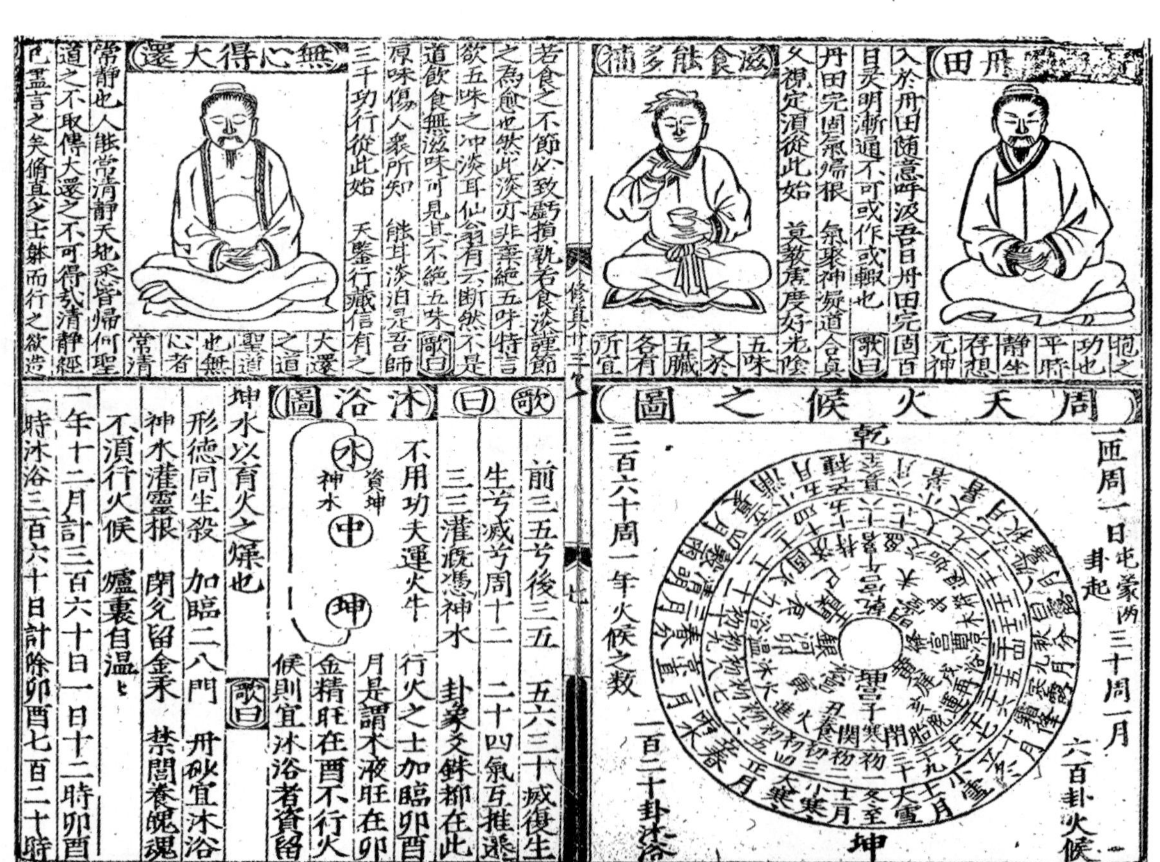
丹田

抱之功也平時靜坐存想元神入於丹田隨意呼吸吾日丹田完固百日炁明漸通不可或作或輟也 歌曰
丹田完固氣歸根 氣聚神凝道合真
久視定須從此始 莫教虛度好光陰

滋食能多補

五味之於五臟各有所宜若食之不節必致虧損執若食淡謹節之為愈也然此淡亦非棄絕五味特言欲五味之冲淡耳仙翁有云斷然不是道飲食無滋味可見其不絕五味 歌曰
原味傷人衆所知 能甘淡泊是吾師
三千功行從此始 天鑒行藏信有之

修真廿三

無心得大還

大還之道聖道也無心者常清常靜也人能常清靜天地悉皆歸何聖道之不取傳大還之不可得式清靜經已盡言之矣脩真之士躰而行之欲造

周天火候之圖

一匝周一日屯蒙兩卦起　三十周一月　六百卦火候

三百六十周一年火候之数　一百二十卦沐浴

七

歌曰
前三五兮後三五 五六三十滅復生
生兮滅兮周十二 二十四氣互推遷
三三灌溉憑神水 卦象爻銖都在此
不用功夫運火牛 行火之士加臨卯酉月是謂木液旺在卯金精旺在酉不行火候則宜沐浴者資留

沐浴圖

坤水以育火之燥也 歌曰
形德同生殺 加臨二八門 丹砂宜沐浴
神水灌靈根 閉兑留金汞 禁閭養魄魂
不須行火候 爐裏自溫々
一年十二月計三百六十日一日十二時卯酉一時沐浴三百六十日計除卯酉七百二十時

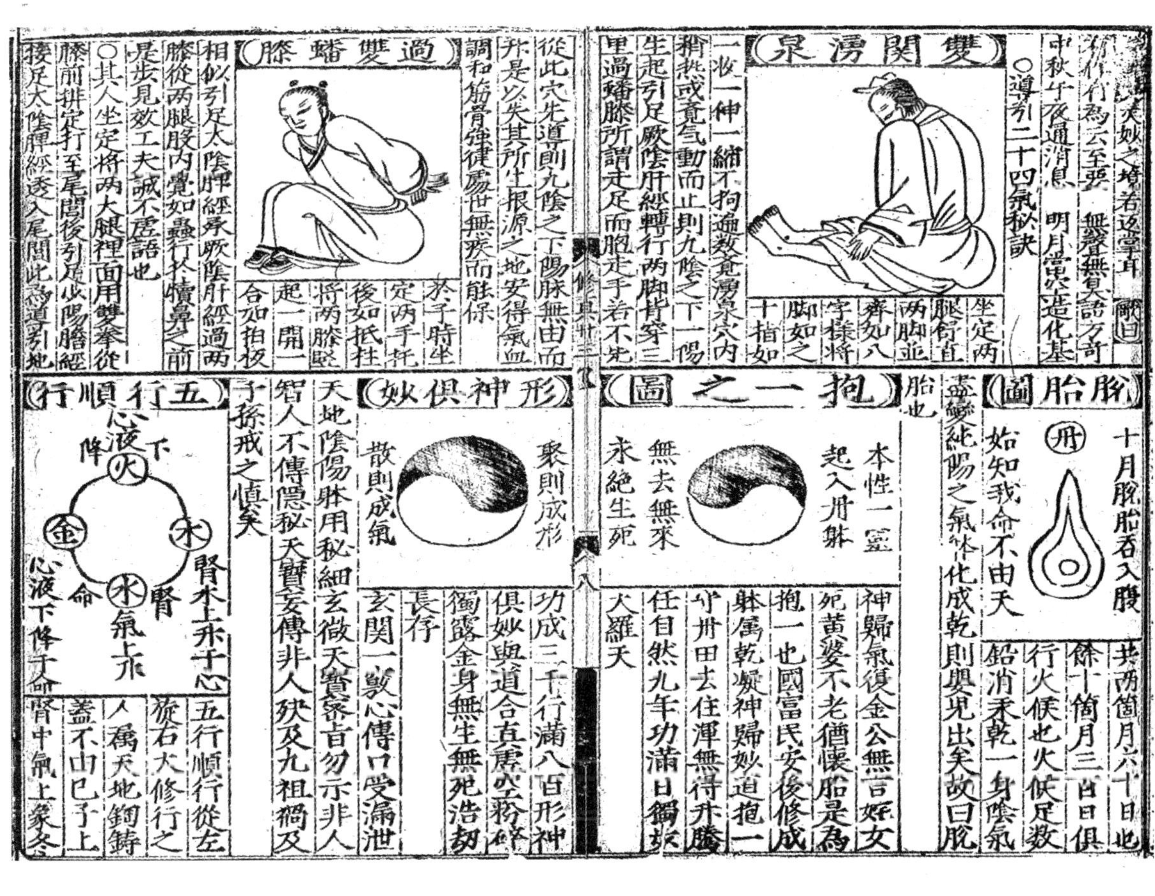

……大妙之境若返掌耳　歌曰

休作行為云至要　無聲無臭語方奇

中秋午夜通消息　明月當空造化基

〇導引二十四氣秘訣

雙關湧泉

坐定兩腿舒直兩脚並齊如八字樣將脚如之十指如

一收一伸一縮不拘遍數覓湧泉穴內稍熱或覓气動而止則九陰之下一陽生起引足厥陰肝經轉行兩脚背穿三里過膝所謂走足而胞走手若不先

從此穴先導則九陰之下陽脉無由而升是以失其所生根源之地安得氣血調和筋骨強健為世無疾而能保

過雙蹻膝

於子時坐定兩手托後如抵柱將兩膝竪起一開一合如拍板

相似引足太陰脾經歷厥陰肝經過兩膝從兩腿股內覺如蟲行於犢鼻之前是步見效工夫誠不虛語也

〇其人坐定將兩大腿裡面用雙拳從膝前拼定打至尾閭後引足少陽膽經接足太陰脾經透入尾閭此為導引地

胞胎圖

十月胞胎吞入腹

始知我命不由天

共兩箇月六十日也餘十箇月三百日俱行火候也火候足數鉛消汞乾一身陰氣盡變純陽之氣於化成乾則嬰兒出矣故曰胞胎也

抱一之圖

本性一靈　起入丹躰

無去無來　永絕生死

神歸氣復金公無言姹女死黄婆不老循懷胎是為抱一也國富民安後修成躰屬乾凝神歸妙道抱一守丹田去住渾無待升騰任自然九年功滿日獨跨大羅天

形神俱妙

聚則成形

散則成氣

功成三千行滿八百形神俱妙與道合真虛空粉碎獨露金身無生無死浩劫長存

玄關一竅心傳口受漏泄天地陰陽躰用秘細玄微天寶祭吉勿示非人智人不傳隱秘天寶妄傳非人殃及九祖禍及子孫戒之慎矣

五行順行

五行順行從左旋右大修行之人爲天地鉤鑄蓋不由己子上腎中氣上象冬……

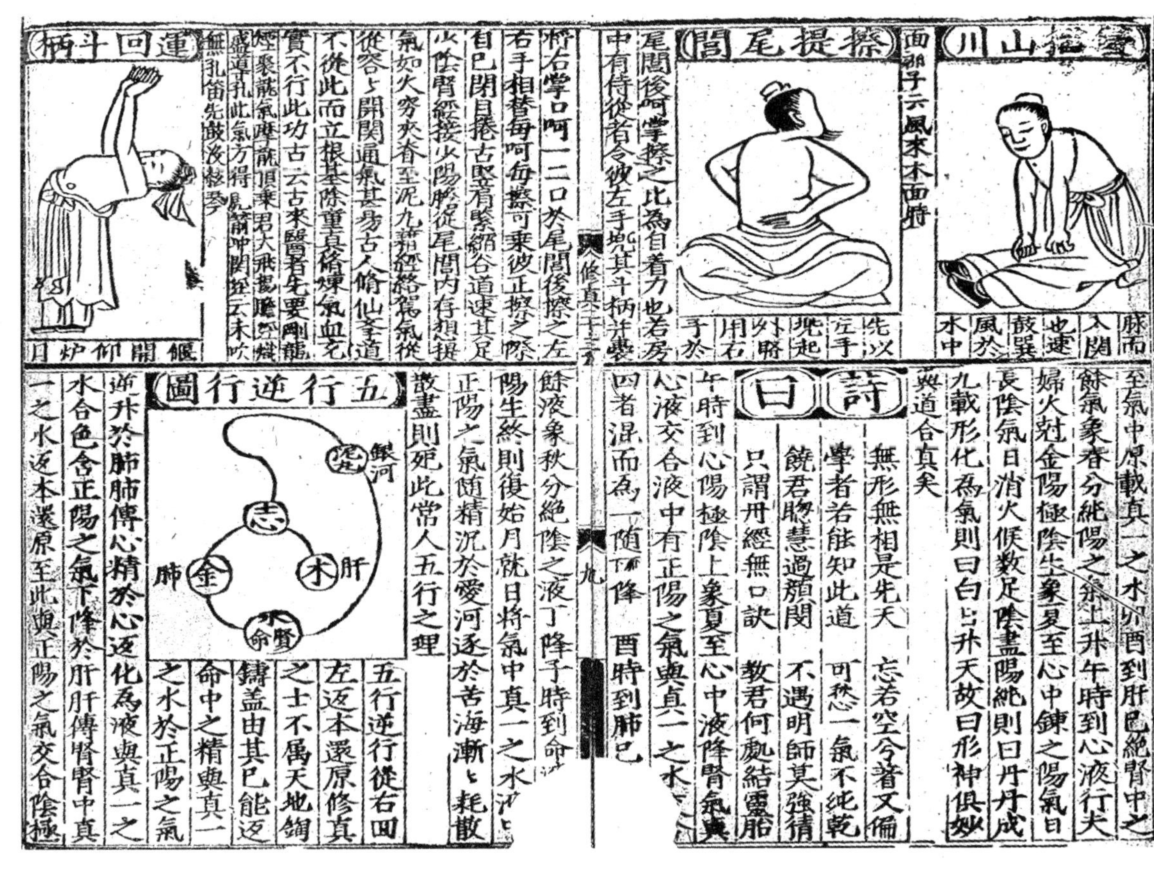

[illegible]搖山川

脉而入關也運鼓巽風於水中

邵子云風來水面時

擦提尾閭

先以左手兜起外腎用右手於

尾閭後呵掌擦之此為自着力也若旁中有侍從者令彼左手兜其斗柄并要

將右掌口呵一二口於尾閭後擦之左右手相替每呵每擦可乘彼正擦之際自己閉目捲舌堅着緊縮谷道速其足少陰腎經接少陽膀胱從尾閭內存想提氣如火旁夾脊至泥丸九節經絡驚氣從從容開關通氣其易古人脩仙至道不從此而立根基除童真修煉氣血充實不行此功古云古來醫者先要剛龍煙聚龍氣壓龍頂乘男大飛揚應穴煉盛道孔此氣方得見脳冲關經云未吹無孔笛先敲沒縫參

運回斗柄

偃開仰炉日

至氣中原載真一之水卯酉到肝已絕腎中之餘氣象春分純陽之氣上升午時到心液行夫婦火尅金陽極陰生象夏至心中鍊之陽氣日長陰氣日消火候數足陰盡陽純則曰丹丹成九載形化為氣則曰白日升天故曰形神俱妙與道合真矣

詩曰

無形無相是先天　忘若空兮著又偏

學者若能知此道　可愁一氣不純乾

饒君聰慧過顏閔　不遇明師莫強猜

只謂丹經無口訣　教君何處結靈胎

午時到心陽極陰上象夏至心中液降腎氣與心液交合液中有正陽之氣與真一之水四者混而為一隨下降　酉時到肺已

餘液象秋分絕陰之液丁降子時到命陽生終則復始月就日將氣中真一之水正陽之氣隨精沉於愛河逐於苦海漸漸耗散散盡則死此常人五行之理

五行逆行圖

五行逆行從右回左返本還原修真之士不屬天地鉤鑄蓋由其已能返命中之精與真一之水於正陽之氣逆升於肺肺傳心精於心返化為液與真一之水合色含正陽之氣下降於肝肝傳腎腎中真一之水返本還原至此與正陽之氣交合陰極

如前月內有祖氣烏其竅在一寸三分急口銚源乃五臟津液六腑血氣一身總竅閉口通丹田兩腎中夾脊貫泥丸流四足暢百脉但交感間彼家口鼻之中未免氣壯呼吸慌忙加衆喘風行洩動蒲身元氣噴出此穴如仰箭射空之狀雖彿人吹箭合弹打雀稚莫過此男子雖乾一身屬陰而閉竅被陰神守閉非陽氣不開有人開閉須以陽氣冲開喫恁麽化用龍入虎穴一寸二三分止如用篙而撼重布相似引足太陰膀胱經助龍對抵桃源洞口吞吸精氣血二者曰龍吟雲起虎嘯風生乃陰朝陽衣對牝是龍虎交媾玄微至極之處到此洩漏盡矣若他呼乃牝中氣血射我龍口如磁石吸針自然入竅乘陽出洞一提吸開我陰閉之關如順水推舟我則盜吸彼家氣血誠有傾山倒海之狀極口難閉此妙他若吸時我將斗柄深入七分恐他虎口氣回吸我龍口氣出侍他呼時復急提出速幹斗柄仍前又提正謂呼吸深淺之中再用彼一人從尾閭用右手望上擦送玉枕閉函其斗柄深入之後令彼卻從玉枕閉前着奉從上打下望尾閭此為導引易升降之法且如虎嘯風生彼龍抵合洞口其氣自無發泄去處此時龍口一吸自行孔竅中行佛氏云一箭射透千里鐵鼓即此是也此時後飛金積口口相傳之秘訣未敢犯於文墨乃古今歃血盟誓累如等

陽生腎中氣生木呼冬至巳絕心之中之液氣育載真一之水正陽之氣自尾閭上升至於銀河已絕腎中之氣象呼春分正陽之氣混合真一之水至於泥丸結成黍米之珠陽極陰生頂中髓降象呼夏至包黍米之珠自泥丸下降於口嚥送歸中已絕頂髓象呼秋分黍米之珠脫髓歸坤陰極陽生周而復始矣

詩曰

洩破機關書的由　學人休着象思周
中間只把心降定　自已天然造化深

學仙之士參通玄竅顛倒陰陽躰天之道則天之行儘萬化生乎身宇宙在乎手奪天地一年之造化攢簇一日之內煉身中大藥而成丹火者心中正陽之氣藥者身中真一之精心中正陽之氣天中之日也太陽之火者天中之日也一日十二時太陽東升西降行天一度一年三百六十日四千三百二十時一升一降行天三百六十度五日六十時終一甲子為之一候三候為一氣二氣為一節十二節為一年之計二十四氣七十二候故曰火候人身中亦同此矣天地相去八萬四千里冬至一陽生地中氣升春分氣到天地之半上下相去四萬二千里至此際陰陽兩停不進火候是為水候故曰沐浴氤氳一月發生萬物二月卯乘生長德生之時也過此日又進大陽氣上升到天又上四萬二千里陽極陰生氣化為液至此夏至一陰生天中液降秋分液到天地之半上下相去四萬二

關紐事九龍朝虎不宜深入深則通其氣精虎口使陰不朝陽玄對牝入於酆都鬼戶兩氣不接雷風不捲橐籥不鼓使乘氣提吸如嘴靴擡擧正謂差之毫釐失之千里也然則採收鑄劍開關步氣而千載不能見其效驗此乃大惟大法作用巧作功為行持守精休怠固氣無踈自然蒲日春光一天月色是降龍活計伏虎生涯待其月桂花開正是下功巧處但得肘後飛精訣便是延生不死鄉云何作用手不叉腰九重跌鼓難開鼻不吸氣兩道精閉不過喉鼻吸氣時通夾脊昏包齒乃接陰陽

○兩腎之間乃足陰陽胃經穴是內裡精氣發泄去處並同太陽膀胱經交會於此最宜製乃養生之急務不可忽畧

雙摩腎堂

用彼頻頻呵擦保固命門煖煉精關使精凝結戰而不溶搖而不動況三焦又為外腑之宮而與命門互相通氣蓋氣者男女之精在內曰氣出洞在外曰精精喪神隨切宜慎之仙詞云拔翻玉爐走丹砂拽倒玲瓏七寶塔

○左右手擎定兩肘堅着上翻二三十次引足陽明胃經接於太陽經自沸然後撼徑天柱腎水自升膀胱是為川都

千里至此際陰陽兩停不進火候是謂水候故曰沐浴肅殺一月凋零萬物八月酉雖收藏形殺之時也過此日又退火陰液下降到地又四萬二千里陰極陽生液化為氣一升一降周而復始天地之氣候也日之氣候子時日在地中上升是謂冬至陽生卯時到天地之半陰陽兩停春分沐浴午時到天中陽極陰生下降是謂夏至酉時丁天地之半陰陽兩停秋分沐浴子時到地陰極陽生周而復始此日之氣候也學仙之士身中氣液一升一降象日之氣候一日身中三百六十升降象天地中氣液一升一降象日之氣候一日身中象天地之氣候一年三百六十升降小則象一年中則象三十年大則象三百六十年大則身中一周象一年中則身中一周象一月小則身中一周象一日此身中之氣也

謌曰

兎雞之月及其時　形德臨門藥象之
到此金丹宜沐浴　送還加火必傾危

斯言者年中有二八月沐浴日中有卯酉二時沐浴也學者知此可行火候

詩曰

契論經歌講至真　不將火候著於文
要知口訣通玄處　須共神仙仔細論

○七言絕句

本來真性是元神　元氣元精是命因
三寶煉來成一塊　更無生死壽長春

又詩

神仙長壽為何因　自得金剛不壞身

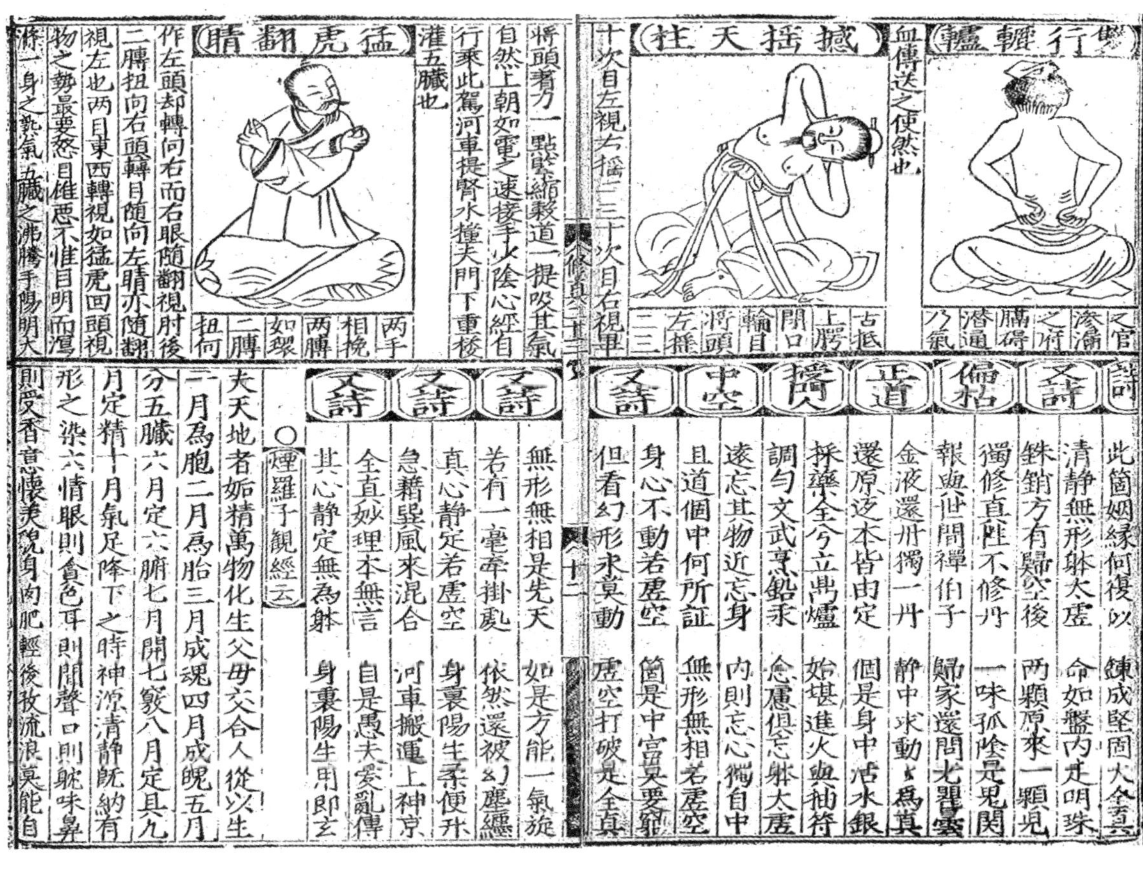

又官滲滴之府膈碍滲通乃氣血傳送之使然也

[illegible]行轆轤

撼摇天柱

古抵上腭閉口輪目將頭左摇二三十次目左視右摇二三十次目右視單

將頭著力一點緊縮穀道一提吸其氣自然上朝如電之速接手少陰心經自行乘此駕河車提腎水撞夫門下重樓灌五臟也

猛虎翻睛

兩手相挽兩膊如環二膊扭向作左頭却轉向右而右眼隨翻視肘後二膊扭向右頭轉目隨向左睛亦隨翻視左也兩目東西轉視如猛虎回頭視物之勢最要怒目推惡不惟目明而瀉滌一身之熱氣五臟之沸騰手陽明大

詩　又詩　偏枯　普道　擒門　中空　又詩

此箇姻緣何復以　錬成堅固大全真
清靜無形躲太虛　命如盤内走明珠
銖銷方有歸空後　兩顆原來一顆兒
獨修真性不修丹　一味孤陰是鬼関
報與世間禪伯子　歸家還問七瞿曇
金液還丹獨一丹　静中求動々為真
還原返本皆由定　個是身中活水銀
採藥全今立鼎爐　始堪進火與抽符
調匀文武烹鉛汞　念慮俱忘躲太虛
遠忘其物近忘身　内則忘心獨自中
且道個中何所証　無形無相若虛空
身心不動若虛空　箇是中宮莫要窮
但看幻形求莫動　虛空打破是全真

又詩　又詩　又詩

無形無相是先天　如是方能一氣旋
若有一毫牽掛處　依然還被幻塵纏
真心靜定若虛空　身裏陽生柔便升
急薅巽風來混合　河車搬運上神京
全真妙理本無言　自是愚夫妄亂傳
其心靜定無為躰　身裏陽生用即玄

○煙羅子觀經云

夫天地者姤精萬物化生父母交合人從以生一月為胞二月為胎三月成魂四月成魄五月分五臟六月定六腑七月開七竅八月定其九月定精十月氣足降下之時神源清靜既納有形之染六情眼則貪色耳則聞聲口則躭味鼻則愛香意懷美貌身肉肥輕後牧流浪莫能自

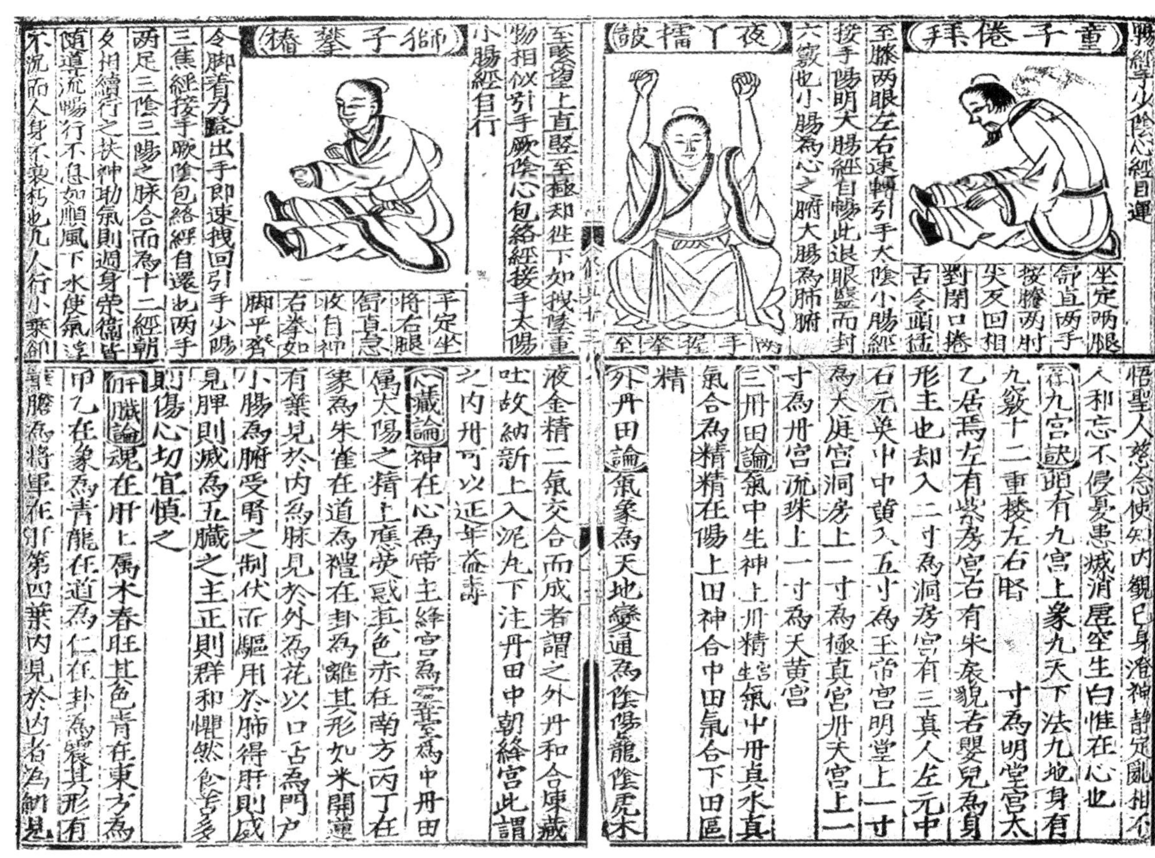

腎經手少陰心經自運

童子拜佛

坐定兩腿舒直兩手按膝兩肘尖反回相對閉口捲舌令頭猛至膝兩眼左右速轉引手太陰小腸經接手陽明大腸經自暢此退眼竅而封六竅也小腸為心之腑大腸為肺腑

夜丫擂鼓

兩手握拳至

至眼望上直竪至極却從下如拽墜重物相似引手厥陰心包絡經接手太陽小腸經自行

獅子攀樁

手定坐將右腿伸直急收自神右拳如脚平蹬令脚着力蹬出手即速拽回引手少陽三焦經接手厥陰包絡經自還也兩手兩足三陰三陽之脉合而為十二經朝夕相續行之扶神助氣則週身栄衛皆隨導流暢行不息如順風下水使氣澄不流而人身不衰朽也凡人行小乘卻

悟聖人慈念使知内觀己身澄神靜定亂相不人和忘不侵憂患焚消履空生白惟在心也

【存九宮訣】頭有九宮上象九天下法九地身有九竅十二重樓左右腎　寸為明堂宮太乙居焉左有紫房宮右有朱衣親右嬰兒為身形主也却入二寸為洞房宮有三真人左元中右元英中中黄入五寸為玉帝宮明堂上一寸為大庭宮洞房上一寸為極真宮丹天宮上一寸為丹宮流珠上一寸為天黄宮

【三丹田論】氣中生神上丹精宮生氣中丹真水真氣合為精精在陽上田神合中田氣合下田區精

【外丹田論】氣象為天地變通為陰陽龍陰虎木液金精二氣交合而成者謂之外丹和合煉藏吐故納新上入泥丸下注丹田中朝絳宮此謂之内丹可以延年益壽

【心藏論】神在心為帝主絳宮為[illegible]為中丹田屬太陽之精上應熒惑其色赤在南方丙丁在象為朱雀在道為禮在卦為離其形如未開蓮有葉見於内為脉見於外為花以口舌為門户小腸為腑受腎之制伏而驅用於肺得肝則感見脾則滅為五臟之主正則群和懼然食言多則傷心切宜慎之

【肝臟論】魂在肝上屬木春旺其色青在東方為甲乙在象為青龍在道為仁在卦為震其形有三膽為將軍在肝第四葉内見於四者為魁是

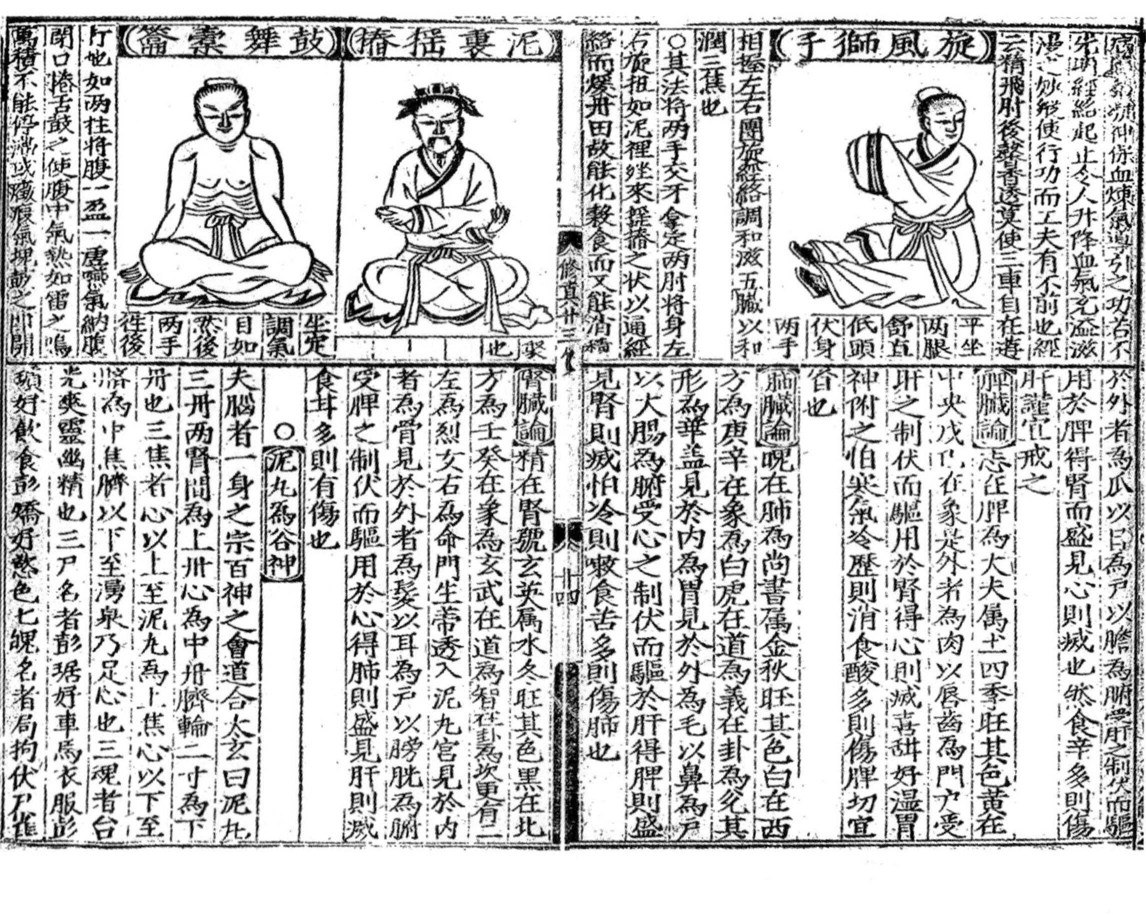

癒長氣號神係血煉氣導引之功若不先明經絡起止令人升降血氣充溢滋潤之妙縱使行功而工夫有不前也經云精飛肘後聲香透夾使三車自在遊

旋風獅子

平坐兩腿舒直低頭伏身兩手相搖左右圜旋經絡調和滋五臟以和潤三焦也

○其法將兩手交牙拿定兩肘將身左右旋扭如泥裡婎來搖擺之狀以通經絡而爆丹田故能化穀食而又能消積聚也

泥裏搖擒

鼓舞囊籥

坐定調氣目如然後兩手往後打也如兩柱將腹一盈一虛嚥氣納腹閉口捲舌鼓之使腹中氣熱如雷之鳴萬積不能停滯或癥瘕氣塊鼓之即開

於外者為瓜以目為戶以膽為腑受肝之制伏而驅用於脾得腎而盛見心則滅也然食辛多則傷肝謹宜戒之

【脾臟論】志在脾為大夫屬土四季旺其色黃在中央戊己在象是外者為肉以唇齒為門戶受肝之制伏而驅用於腎得心則滅喜甜好溫胃神附之怕寒氣冷歷則消食酸多則傷脾切宜省也

【肺臟論】魄在肺為尚書屬金秋旺其色白在西方為庚辛在象為白虎在道為義在卦為兌其形為華蓋見於內為胃見於外為毛以鼻為戶以大腸為腑受心之制伏而驅於肝得脾則盛見腎則滅怕冷則嗽食苦多則傷肺也

【腎臟論】精在腎號玄英屬水冬旺其色黑在北方為壬癸在象為玄武在道為智在卦為坎更有二左為烈女右為命門生帝透入泥丸宮見於內者為骨見於外者為髮以耳為戶以膀胱為腑受脾之制伏而驅用於心得肺則盛見肝則滅食甘多則有傷也

○【泥丸為谷神】

夫腦者一身之宗百神之會道合太玄曰泥丸三丹兩腎間為上丹心為中丹臍輪二寸為下丹也三焦者心以上至泥丸為上焦心以下至臍為中焦臍以下至湧泉乃足心也三魂者台光爽靈幽精也三尸名者彭琚好車馬衣服彭瓆好飲食彭蟜好慾色七魄名者局拘伏尸雀

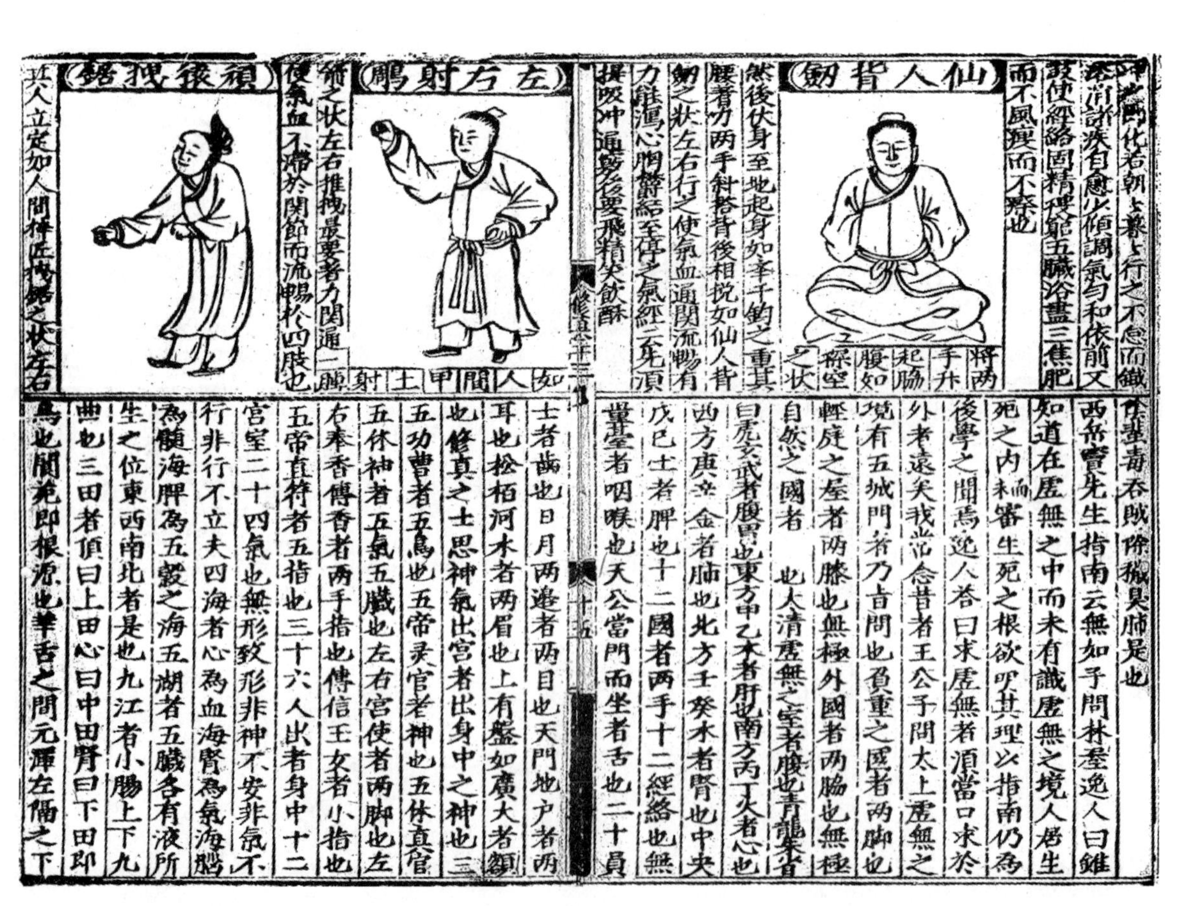

沖虛而化若朝朝暮暮行之不怠而鐵石消諸疾自愈必須調氣勻和依前又鼓使經絡固精補髓五臟浴盡三焦肥而不風瘦而不瘵也

仙人背劍

將兩手升起脇腹如懸空之狀然後伏身至地起身如舉千鈞之重其腰着力兩手斜搭背後相挽如仙人背劍之狀左右行之使氣血通關流暢有力能瀉心胸鬱結之氣經云兌須提吸沖通夾脊後要飛精失飲酥

左右射鵰

如人開弓射鵰之狀左右推挽最要著力関通一使氣血不滯於關節而流暢於四肢也

猿猴扳鎖

其人立定如人間掙匠扳鎖之狀左右

除蛊毒吞賊除穢臭肺是也

西岳實先生指南云無如子問林巷逸人曰雖知道在虛無之中而未有識虛無之境人居生死之內而未審生死之根欲明其理以指南仍為後學之聞焉逸人荅曰求虛無者須當口求於外者遠矣我常念昔者王公子問太上虛無之境有五城門者乃吉問也負重之國者兩腳也輕庭之屋者兩膝也無極外國者兩脇也無極自然之國者　也太清虛無之室者腹也青龍朱雀白虎玄武者腹胃也東方甲乙木者肝也南方丙丁火者心也西方庚辛金者肺也北方壬癸水者腎也中央戊己土者脾也十二國者兩手十二經絡也無量臺者咽喉也天公當門而坐者舌也二十員

士者齒也日月兩邊者兩目也天門地户者兩耳也松栢河木者兩眉也上有盤如廣大者額也修真之士思神氣出宮者出身中之神也三五功曹者五鳥也五帝靈官者神也五休直官五休神者五氣五臟也左右宮使者兩腳也左右奉香傳香者兩手指也傳信玉女者小指也五帝直符者五指也三十六人出者身中十二宮室二十四氣也無形致形非神不安非氣不行非行不立夫四海者心為血海腎為氣海腦為髓海脾為五穀之海五湖者五臟各有液所生之位東西南北者是也九江者小腸上下九曲也三田者頂曰上田心曰中田臍曰下田即爲也關苑即根源也華舌之間元潭左偏之下

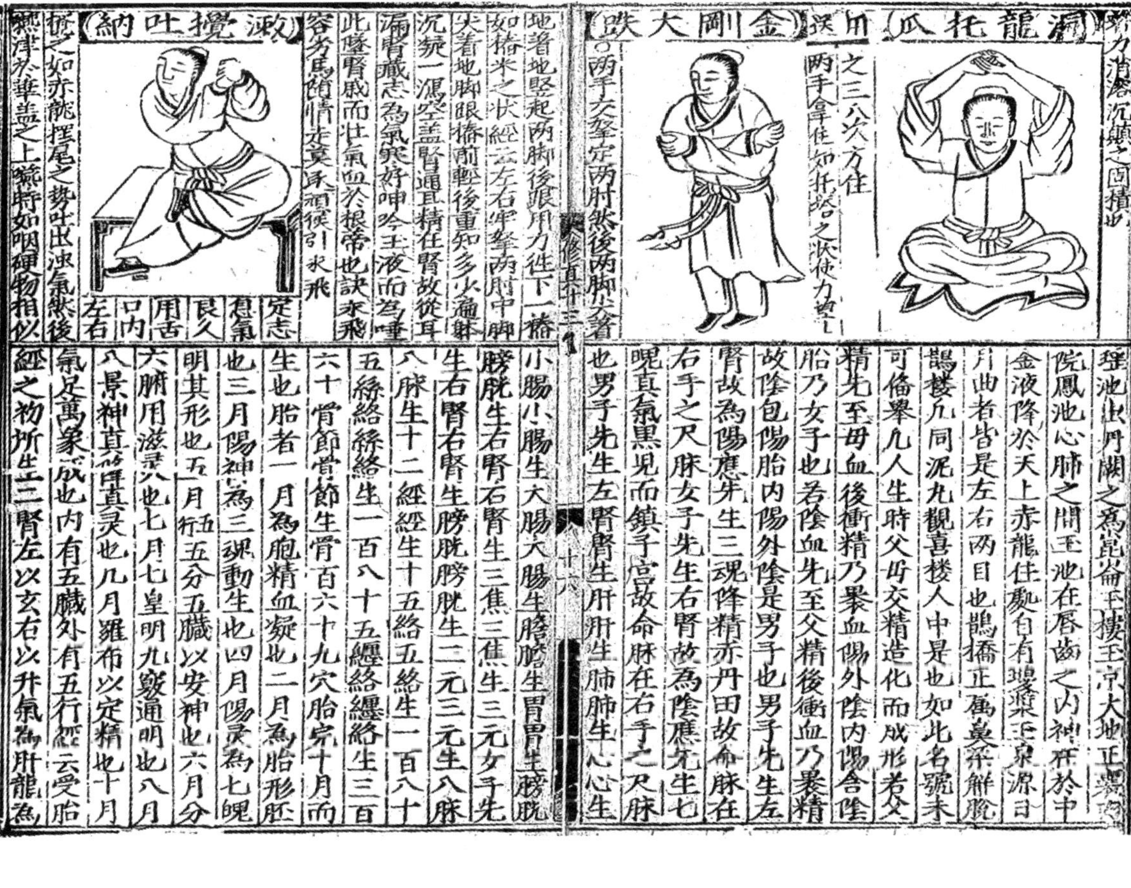

□力消磨沉積之固積也

（洞龍托爪）用法

兩手拿住如托塔之狀使力遮七之三八次方住

（金剛大跌）

○兩手交叉定兩肘然後兩脚尖着地着地堅起兩脚後跟用力往下一蹾如搖米之狀經云左右手拳兩肘中脚尖着地脚跟搖前輕後重知多火逼射沉痰一瀉空蓋腎通耳精在腎故從耳漏腎藏志爲氣穴府呻吟玉液而爲唾此壯腎臧而壯氣血於根帶也訣云飛容易馬隨情左莫承須候引求飛

（漱攪吐納）

定志息氣良久用舌口内左右攪之如赤龍擺尾之勢吐出濁氣然後嚥津於華蓋之上嚥時如咽硬物相似

瑤池出丹闕之爲崑崙玉樓玉京大地正湧內院鳳池心肺之間玉池在唇齒之內神在於中金液降於天上赤龍住處自有瓊漿玉泉源日月曲者皆是左右兩目也鵲橋正爲鼻竅解脫鵲樓凡同泥丸觀喜樓人中是也如此名號未可備舉凡人生時父母交精造化而成形者父精先至母血後衝精乃裹血陽外陰內陽含陰胎乃女子也若陰血先至父精後衝血乃裹精故陰包陽胎內陽外陰是男子也男子先生左腎故爲陽應先生三魂降精赤丹田故命脉在右手之尺脉女子先生右腎故爲陰應先生七魄真氣黑兒而鎮子宮故命脉在右手之尺脉也男子先生左腎腎生肝肝生肺肺生心心生小腸小腸生大腸大腸生膀胱生胃胃生膀胱膀胱生右腎右腎生三焦三焦生三元女子先生右腎右腎生膀胱膀胱生二元三元生八脉八脉生十二經經生十五絡五絡生一百八十五絲絡絲絡生一百八十五纏絡纏絡生三百六十骨節骨節生骨百六十九穴胎完十月而生也胎者一月爲胞精血凝也二月爲胎形胚也三月陽神爲三魂動生也四月陰靈爲七魄明其形也五月行五分五臟以安神也六月分六腑用滋靈也七月七皇明九竅通明也八月八景神真降真靈也九月羅布以定精也十月氣足萬象成也內有五臟外有五行經云受胎經之初所生二腎左以玄右以升氣爲肝龍爲

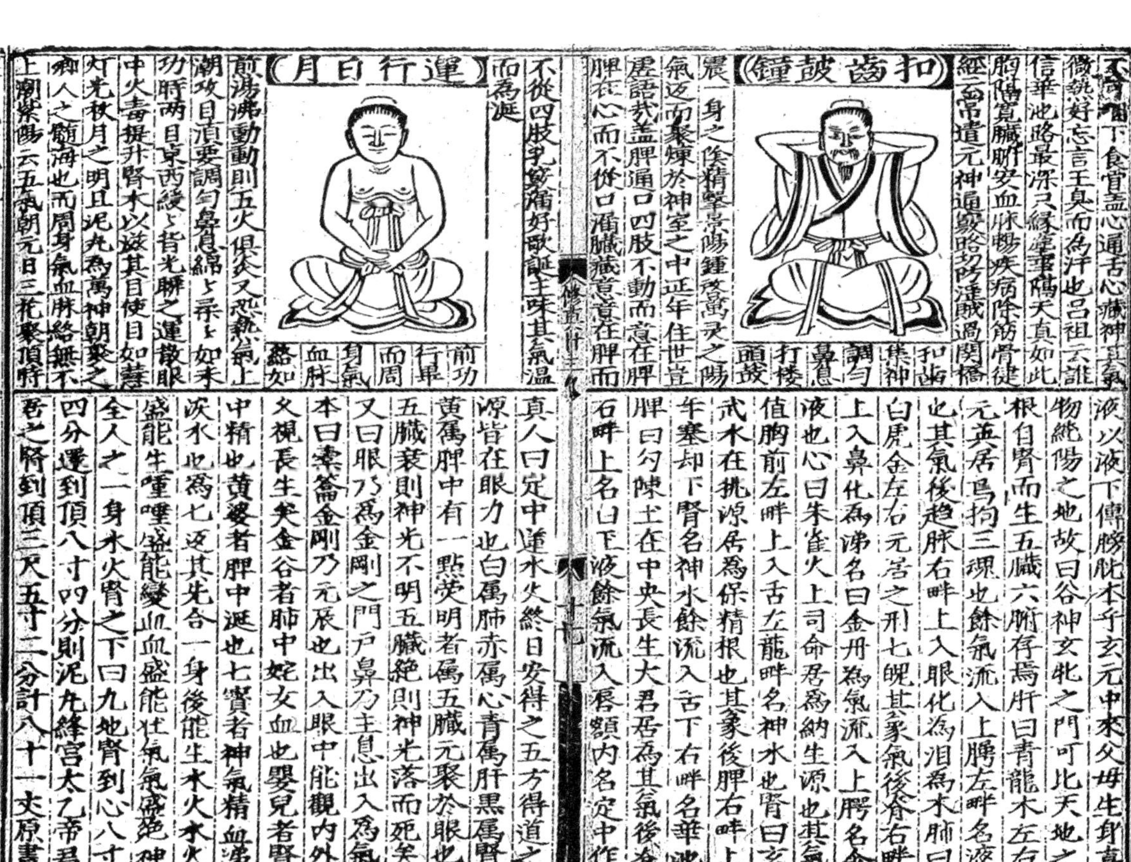

不從咽下食管蓋心通舌心藏神其氣微熱好忘言王臭而爲汗也呂祖云誰信華池路最深只緣堂事隔天真如此胸膈寬臟腑安血脉暢疾病除筋骨健經云常遣元神通竅路切防淫賊過關橋

（扣齒鼓鐘）

和齒集神調勻鼻息打樓頭鼓震一身之陰精擊宗陽鍾發萬靈之陽氣返而養煉於神室之中延年住世豈虛語哉蓋脾通口四肢不動而意在脾脾在心而不從口漏臟藏意意在脾而不從四肢乳竅漏好歌涎主味其氣溫而爲涎

（運行日月）

前功行畢而周身氣血脉絡如煎湯沸動動則五火俱炎又恐熱氣上潮攻目須要調勻鼻息綿綿柔柔如未功時兩目東西綫綫背光聯之運轍眼中火毒提升腎水以滋其目使目如慧燈光秋月之明且泥丸爲萬神朝聚之鄉人之髓海也而周身氣血脉絡無不上潮紫陽云五氣朝元日三花聚頂時

液以液下傳膀胱本乎玄元中來父母生身真物純陽之地故曰谷神玄牝之門可比天地之根自腎而生五臟六腑存焉肝曰青龍木左右元英居焉拘三魂也餘氣流入上騰左畔名液也其氣後趨脉右畔上入眼化爲淚爲木肺曰白虎金左右元居之形七魄其象氣後脊右畔上入鼻化爲涕名曰金丹爲氣流入上腭名金液也心曰朱雀火上司命居爲納生源也其氣值胸前左畔上入舌左龍畔名神水也腎曰玄武水在挑源居爲保精根也其象後脾右畔上午塞卻下腎名神水餘流入舌下右畔名華池脾曰勾陳土在中央長生大君居爲其氣後脊石畔上名曰下液餘氣流入唇頰內名定中作真人曰定中運水火終日安得之五方得道之源皆在眼力也白屬肺赤屬心青屬肝黑屬腎黃屬脾中有一點熒明者屬五臟元聚於眼也五臟衰則神光不明五臟絕則神光落而死矣又曰眼乃爲金剛之門戶鼻乃主息出入爲氣本曰橐籥金剛乃元辰也出入眼中能觀內外久視長生矣金谷者肺中姹女血也嬰兒者腎中精也黃婆者脾中涎也七寶者神氣精血涕淚水也爲七返其先合一身後能生木火木火盛能生嘡嘡盛能變血血盛能壯氣氣盛絕神全人之一身水火腎之下曰九地腎到心八寸四分還到頂八寸四分則泥丸絳宮太乙帝君吾之將到頂三尺五寸二分計八十一丈原畫

眼不視而䰟在肝肝通目䰟在肝而不
從眼漏〻藏䰟其氣凉好叫呼主色而
為泪此為降火安神動中生靜如魚飲水
冷煖自知嗅水向右边流出令風從花
裡過來香

垂簾塞兌

塞兌口也垂簾是眼半閉也閉

口捲舌以眼觀鼻〻觀丹田其脊自直
腎水自升存想丹由合眞谷裡存養守
和如火煉毬養納元精調息綿〻混合
其神如龜納息似鶴藏胎循〻騰〻消
消洒〻（訣）靜若寒潭秋夜月動如虔嶺
早朝烟易二六與中通理美在中也鼻不
香魄在肺而不從鼻漏肺通鼻腑臓魄
好哀哭主聲而為涕老子云天地之間
其猶橐籥乎

○逍遥歌

崑崙車〻〻擒鉛制汞自然結有縁幸
遇明師訣丹成未作逢萊客煉就灵丹
不等閑是必莫與非人說
獨脚蓮〻〻深山幽谷住吾眠有ノ材
下來尋我莫砂煉汞不非凡有縁若得
明師指丹成傾刻去朝元养就灵砂無
可比九霄雲外作神仙
還童子〻〻此藥生在萬物始追風除
患有神功從來留與仙家伴三生一宿

夜漏水下一百刻每一刻十分人息出入有十
二息半凡百刻天左旋而地右轉人之血氣以
合三才榮衞皆通天地之正氣一呼一吸謂之
一息經絡開闔呼吸往來晝夜之間一萬三千
五百息以之元辰自内而出吹者天地之正氣
自外而入根源元陽無損呼吸之間可奪天地
之正氣矣清者榮濁者衞息乃流通横者絡縱
者經盡歸於陽然後寒暑不能侵虎兕不能害躰强而骨健矣

○坐鍊秘旨妙在心傳

每於十二時中入室寛衣上坐先轉三車一次
方移兩膝交盤舌拄上腭而塞兌垂簾手握心
攻而足踵王户聳身竪脊端然正坐調鼻息以
綿延冬多入而少出萬緣放下一念寂中目視
於黄庭意觀於玄竅黙想黍珠一粒朗〻居中
忖念不多一情自住此為擒簇五行以情而攝
性也鼻息先閉谷道輕提專氣致柔定心存坐
所以神氣混合情性歸源坐至一時功周百刻
次以雙手擦生門於九九搓秘户而亦同摩面
百多拍頂三八轉睛四六扣齒四九通謹以閉
氣行持每畢嗽津三嚥青交送直至海中如
此行功晝夜無間心火下降腎水上升陽長陰
消四風混合矣
如遇中秋一陽生時仍前竪脊端坐手揷金鍬
於氣海一念黙想於尾閭鼻息漸匀谷道輕縮
上下相應内外分明意在尾閭脊間左右赤白
二氣徐徐升上徑度三関直至泥丸青女而

祖師言煉汞烹鉛我為最
交孤章〻〻我是山中第一寶人若服
之能助顔丹着用心立便好有縁若受
仙師訣飛騰經赴蓬萊島

○明機圖詩　抱膽子集

〔功夫〕
乾金剛健墜為躰　坤土和時可造爐
其下與君通一語　身心端的是功夫

〔下手〕
桃唇弄舌人人會　論是談非個個能
不曉眞鉛能下手　妙來有内海潮生

〔抽添〕
離中赤烏為珠未　坎内烏龜是黑鉛
取坎塡離還會得　鉛凝汞結作純乾

〔交結〕
眞鉛眞汞是丹頭　各在身中莫外求
此子神机能造妙　兩般靈物獨相投

〔温養〕
尋常賤體皆清淨　日用功夫便就中
息息綿綿無間斷　瑩然如鏡在身宮

〔加功〕
金花入鼎要加功　若不加功就落空
旦夕綿〻常不寐　胎嬰形躰透爐紅

〔野戰〕
静中不許一毫動　有動還須用惠剛
賞罰明宜更號令　何愁賊盜不歸降

〔守城〕
煉精化氣〻成胎　慎勿功夫莫等閑
知此朝〻并暮〻　自然打破上頭関

〔持盈〕

燕歸於北海如此者三次即柱藥配合之功依
前再運六遭而作行大烹煉之訣共成九轉同
就一工我接靈根還精補腦凝神入竅絕念忘
情精定多時是為沐浴也故云修丹不用尋冬
至身中自有一陽〻生此吾身之活子也其
此前後之上下晝夜修煉不問百日之後功効
難言自然神氣混融陽炁返復雷轟海底火發
丹田甘露洒於頂礀瓊跟降於神室纎消肢躰
香觸渾身氣結神凝歸根復命遂得三華聚頂
自然五氣朝元常聞天籟之音黙飲長生之酒
一百日之後功倍於偶然虚空生光夜明如晝
此吾心　發現之功泥物執認愈進其功静
中見一對金蟬上下飛舞再加猛力逼至人法
雙忘勿見紅光一輪方圓丈餘此天然之真火
候也即猛開口一吸嚥入中宫以接吾身之神
炁也又加精進追鍊工程直至萬里青雲一陽
天大地山河皆無影此時太虚同躰身外有身
方合合精功之成果到此之際須求口訣而收
入若不能收歸於臍内不遭風疾而喪身耗散
前功成道難矣既到此地以結仙胎三十日終
嬰兒出現愈加謹慎不可縱之即煉移爐換鼎
之功超神接氣之訣也　且如晝坐欽手握固
而依前坐静工一念手平亥朏之中遂使神凝
氣眼〻手炁穴時宜静定法像勿疑自能萬化
生平身也次於夜際生鍊行持左手掩手生門
右手撹乎外腎觀天正坐黙守泥丸存想大陽

[illegible][illegible]絪縕神胎備　陰剝陽前火候周
若花持盈不知止　火亭焰上水漂流

脫胎

養火如同雞覆卵　時時刻刻要溫和
雖然鼎爐掀翻了　自在逍遙出大羅

[illegible]常

一粒靈丹吞入腹　頂門具後法身全
更宜再攀拈花手　接物隨机度有緣

○七言律詩

返本還原已到乾　能升能降號飛仙
一陽生是興功日　九轉周爲得道年
煉藥但尋金裡水　安爐先立地中天
此中俱是還丹理　不遇奇人誓不傳

又

獨處乾坤萬象中　從頭歷歷運元功

一輪懸空咫尺須臾變化光耀太虛景像現前皆須掃蕩如斯趁接晝夜循環與道合真自然升降是以宇宙在乎手也功成有日嬰化通神欲超王質元神先要金鼎而脫殼嬰兒出洞幻化陽神來去無拘以証神仙之果若得丹成而服食色成即化於陽神白日冲霄永登仙品隱顯莫測變化形同日月以齊明壽等乾坤而並久修仙之士可不慎歟亦雖福德以雙修猶假陰陽而相助潜心志道努力修真他日成功超凡入聖其或前功不及力量未週非病少而多哉百年壽所歸何處他日魂沉於泉下即後悔於生前差毫釐失千里求訣功名富貴總是空

新刻天下四民便覽三台萬用正宗卷之二十四

金丹詞曲

○黃鶯兒　八首咏大丹

真鉛水中煎把金花銀要乾黑中自有白金現謝尊師口傳見人生有緣真莫把渣質亂祖氣鉛逢戊去癸氣閉嬉

○真汞火龍精脫衣衫已土成流戊就已能乾汞孤陰不生寡陽不成姹女不與金郎共土居中鉛銀砂汞四象五行同

○子母打成團脫紅衣各自眠真汞昇出銀再煉作丹時點關二八又兩金池中妙理誰能辯猜先天董蒸母氣配合總相連

戊土制砂功要時間作藥靈一粒能乾一兩汞接制時須明生熟藥再融七七共接一斤汞性歸情三家相見送入鑪中

○已土法多端取戊土實雖全硬池粧把銀鉛煉接金花体九重濁是枯鉛那怕你取出如金片不相干土色紅紫過真火上青天

銀基坎填離汞凝鉛托真水世間無此難成器也不用關基也不要藥室擒鉛真土誰能會地天机真鉛制汞土是良媒

○武火片時功施文時一日同三文三武能乾汞文火要紫紅武火要爆濃金丹十五如懸鏡甚分明金花五彩長見月當空

○火候要真傳想世人心不端相逢鉛

金丹門

金丹秘旨

起貧讚

予因丹道　二十餘年　奔波勞役
億萬百千　傾家蕩計　子怨妻嫌　受盡宿孽
頻悞真玄　汞用真汞　鉛用真鉛　鉛與汞合
汞與土眠　三家相見　一爲封堅　朝僧暮道
子午抽添　三五數坎　七八週全　胎完子產
老大成僊　待母養子　子即母焉　再煎再配
無量無邊　起貧之本　致富之源　有緣得遇
不可妄傳　還丹起首　總在斯言

[illegible]文論

常觀真人曰以金種金以銀種銀斯言也愚者毀以爲妄哲者信以爲真嗚呼何愚哲之相反耶予因自得之後恐愚者執於愚而見異於哲哲者貴於哲而見拒於愚迨見妄者爲妄而真者亦得爲之感動耳故作打透歌自得歌爐火賦數篇思表金丹鉛汞之旨然其微遠致使愚者悔之爲妄卒老而終不信哲者信以爲真又煉而不能成就則愚者妄爲之言而搖動人之耳目吾知丹道由此而湮微哲者由此而喪志矣予生斯世篤信斯術竊不爲愚者傳而爲哲者竊矣故作真指序於諸錄之首嗚呼至道不難行之最難哲者勿以愚者之見必實堅其造道之心由小成而臻夫大成之域其必愚

取長語騙道心也不堅修行路更遲[illegible]天豈肯遂諸心願命難全三官考較雷火滅好頑

○黃鶯兒七首　咏煉鉛

乾坤始鴻濛冥陰陽造化功一生二易相兼併三才内供奉等隔着五行寒溫就裡八門應審丹成覆釜九孔五氣更通靈

○九九煉真鉛取汞鉛一處煎鉛含五彩霞光現看金液浪翻見玉髓轉旋龍蟠虎踞金花綻此玄關急急退火交媾體産金蓮

○靈父九胎分向逍遥釜内溫独存聖母神學靜汞見父休心子見母更親周天火足為丹祖妙通神汞成真母猶此産金蓮

○黑白理幽玄性通靈聖更堅擒砂乾汞金花現煉陽氣有鉛壹金精体全黃芽白雪依法煉係仙傳丹成九轉做一個大羅仙

○池内採先天藥生時有的端西南坤地花初現臨池時細觀癸水他自乾抽添符火真堪羨産嬰孩神仙妙訣切莫與人言

○白雪採來看點紅銅把汞乾可憐燮尺多魔誰想光陰漸短家常事不管這些些功妙誰能見好景煎將龍虎護煎從一個大羅仙

○一鼎萬千千不經營不種田五湖四海都遊遍閑彈着七弦醉枕着書眠清

者爲之感動亦得以化愚而爲哲也予思予曰愚者進於明斯言豈欺我哉

○鉛汞金丹起首秘訣

真鉛歌　鉛要真　鉛要真　真鉛只向水中尋　再把丁公頻煅煉　金自浮兮水自沉

訣曰　欲煉還丹須求真鉛鉛從何來蓋自水中産出真從何産必須水裏尋來金水不分生熟混雜用火煅煉定浮沉入水漂流分上下浮上爲真沉下爲[illegible]

真汞歌　汞要真　汞要真　真汞便向火中求　只因營固人難識　條被鬼兵活捉擒

訣曰　既煉真鉛當求真汞汞居離位雌雄固結難分用在坎宮紅日交加煮取丁公奮武癸將施威卸却緋衣於帳内露出素體於帷中本體既真勿勞再別

真土歌　土要真　土要真　真土性烈最難擒　識得真鉛相制伏　丹成反掌不勞心

訣曰　既死真汞當求真土土旺四季而分春夏秋冬攢簇五行而配東西南北性雖猖狂鉛可制伏未濟爐中養三週水火鼎中升半日清者爲真濁者莫用

夫婦歌　鉛爲夫　汞爲婦　夫婦相交情意久　黃婆作主鎮中宫　末日成親別在丑

訣曰　鉛汞已倫配合當行用鉛爲夫托黃婆而達意用汞爲婦托丁公以傳情三家相見一鼎封堅未濟爐中頻養育水火鼎内立分胎要識

泉白石盤桓笑倨真爲露研硃點誤了許多賢

○黃鶯兒十一首　咏九鼎

鉛汞祖同源判分時先後天只因營固人難見金木交纏汞來烹煎碧潭飛起光泉劍電光寒真功下手決須要至德

○立鼎可安炉採先天造化功擒歸鉛汞同一處無無有無進火退符雖然氣姤形難固莫糢糊常觀渾象法婆著鑿

○初鼎煉庚辛臨炉時銖兩分抽添進退休靡問五分水有灵三分火傷金靈說就虎爲姹嫂虎龍吟三家合愛變化狀如神

○二鼎現美容逞嬌姿色變紅天天灼灼精神弄用火要加功慮險又防凶莫教洩出先天汞虎擒龍刀圭氣鎮成就了片時功

○三鼎用功夫氤氳時養子珠三開三闔龍珠吐霞光透鼎炉現五色蟠珠時時刻刻牢封固志如初守城野戰玉兎会金烏

○四鼎露仙机見紅梅綻玉枝猶如果在枝頭戲龍津虎液鉛呼汞吸牢固上下初弦氣少人知鐵鞋跌破不識這兒

○五鼎變純陽显驪珠散赤光消磨陰虎騰風浪不青又不黃胭脂又巧粧一輪紅日炉中現事非常黃芽滿鼎合宅壽年長

○六鼎轉鴻濛小金郎作老翁金粟粒粒能乾汞點錫又化銅八石皆總從黃

戲盈當明老嫩

母子歌　銀爲母　汞爲子　子母同胞護相守　遇朔還胎至望完　一胞分胎原始有

訣曰　夫婦既離子母配合母抱子身章釐不相間隔子藏母腹須臾難以分胎真土爲營用而爲匱黃婆作主是以相守未濟爐中恩愛足煅煉鼎内而別離母躰稍虧子身乃足

○已上之法因貧而設自得之後試驗無差乃大丹起首之至要也一銷一配助道救貧而已欲煉大丹不過用此黃芽養砂乾汞煉成九轉修至點化服食飛昇皆由此基而作也此乃無上至真之妙道授之者宜當珍重

詩　玉陽丹熟號黃芽　龍虎稱名上品佳

曰　憶昔淮南煉秋石　軒轅黃帝美金花

煉鉛起首歌　神仙丹法古今同　誰肯真傳下手功　憐我道心堅似鐵　天機洩在此篇中　此篇中究戊己俱在鉛砂身上取砂鉛身上取虛無有真有假難思議須知假以是硃砂真戊是金已無耳洩之無耳知是金硃砂取配金之類不是几砂及水銀好把斯言細詳味又云壬癸水中精若是識得戊己土壬癸之精不是砂乃是水銀真一氣水銀一味分為二煉黃煉白為鼎器黍透分鉛火候功混元鼎上飛春絮兩弦玄妙叫神機金霞紫霧騰騰起金丹至簡又至易又要將黃與白配與白配奈若何歸根同入鳳凰窠鳳凰窠水火結一團混沌難分別實要浮沉

余滿地誰敢用一炉紅神光射斗不与
世人同
○七返好精神紫金膏真上真開炉啓
鼎神光暈點銀化金雞鳳大麟功夫到
此起凡聖撞崑崙雜凴俗論無限鬼神驚
○八返復乾元有先天無後天明珠星
朗懸空現灼灼的天然紫粉兒生團紅
炉白雪飛揚羡火功全天仙接引擬定
駕鶴奮
○九返號黃童明燃塵滿返飛人吞一
粒凡超聖似琅玕紫芝如馬牙霜今遐
齡壬遊運天際點枯屍歸魂復醒平步
上雲梯
○山坡羊四首　味金水
金木含光黙黙混沌未分天地鉛精黑
黑內隱先天氣入仙池煉真鉛合聖基
南離火發漸漸金波沸雲霧迷急急風
浪催雲時間浪息雲收也尸見北海漠
卉紅日頃刻間開闢鴻濛也見金蟬上
下飛形迹浹黃金滿玉池螢飛看鵓光
映水底
○水生在先天先地無極前太極後鴻
濛一氣鉛枯水盡宝月懸天地理趣微
妙奪天地机真汞式子莫把琉意退只
見汞藥頻天也點化時在咫尺君為汞
伏汞方知不知稀奇此中丹熟香滿室
○銀制鉛鉛制銀銀鉛相制龍兒虎虎
真龍三家相配洞房火矮兩下裡交歡
會三種池董??三次畢配合母养生仙
子五下聖一基傳流着五子三孫也個個

分兩儀混元內成光烈此是先天真太陽靈
化無窮金鼎製金鼎製少知音煉士誰將真父
母神仙隱下這一着何人誰說水中金水中金
只一味一味偏枯砂起濟你欲不死求丹成認
得兩弦龍虎氣龍虎氣要取巳誰識硃砂不破
射烈火炎炎爐內紅金烏飛入滄波裏這樣硫
珠認不真休言真父真種子真種子要取戊仔
細安爐休胡做裏面風雷不暫停三十文爻七
十武三百六十数無差曾曾楼臺飛雲霞這個
戊這個巳二上成圭漿無比借假得真點五金
代天行真聖灵異聖灵異是真已只在水中金
内取實言戊土非天硫本是乾金性剛励神仙
秘密不傳人只借硃砂對人語因此世人知弄
砂不思入石非金類經云爐內有黃金赫赫日
魂飛萬里此藥乃是赤龍精煉成點入金龜裏
這金龜生真母曾在硫硃池內煮上下熏蒸水
火交爐安池上尺餘高曉夜洞房息定兩弦
真氣化冲霄着意翻騰三兩遍聖胎産出紫金
苗任养砂任乾汞百日功夫丹入聖三七硃砂
玄胎胎爐內呈瑞蟠龍鳳养成膩扮作丹頭一
分能乾四兩汞如此接轉制法神符白雪能延
命能延命非孟浪神室金胎有式樣以有報無
入此中玄妙難書于紙上這神符待後訣且把
種池與君說煉鉛妙訣硫硃池枉他池中神火
烈神火烈種池訣聖胎聖父不可缺池中安立
地中天式樣中得厚且堅厚且堅池無此此是

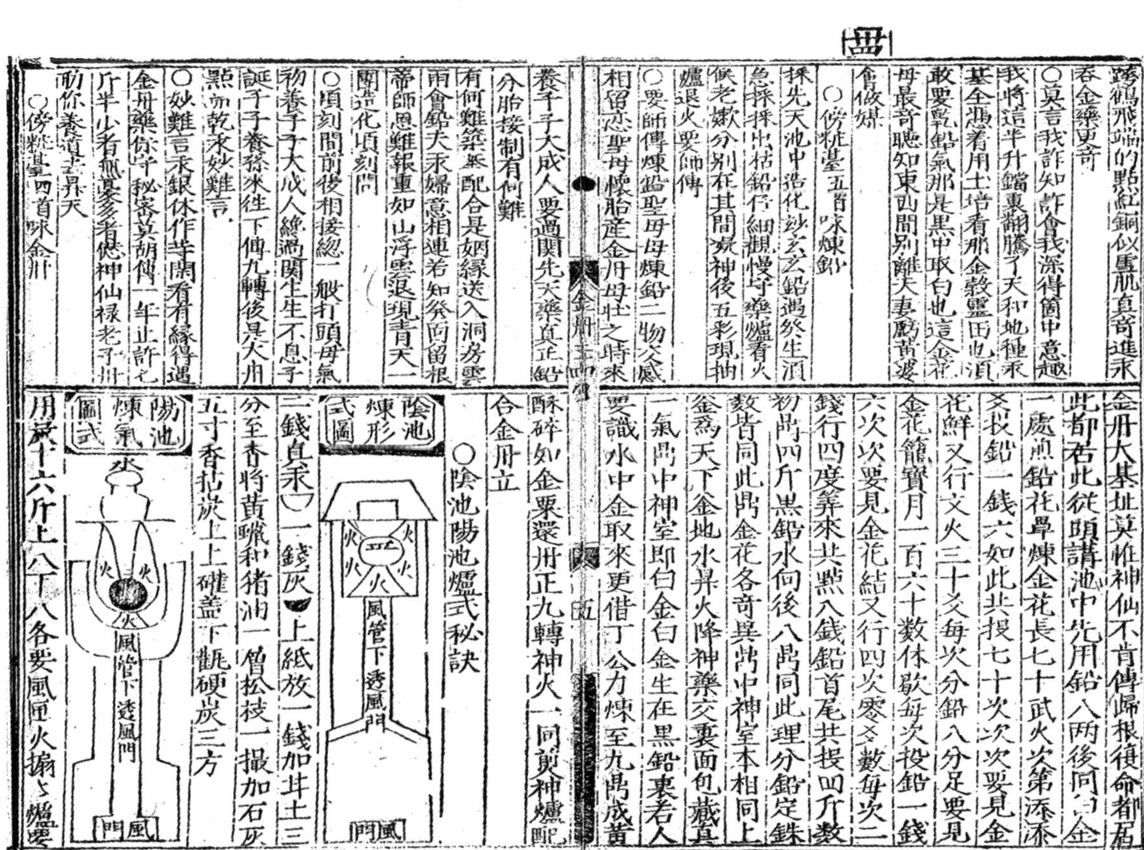

跨鶴飛端的點紅銅似馬肌真奇進汞
吞金藥更奇
○莫言我詐知詐會我深得箇中意趣
我將這半升鐺裏翻騰了天和地種汞
基全凴着用土培看那金穀靈田也須
敢要乾鉛氣那是黑中取白也這金花
母最奇聽知東西間別離夫妻勵黃婆
會做媒
○傍粧臺五首　咏煉鉛
採先天池中造化妙玄玄鉛遇癸生須
急採採出枯鉛仔細觀慢守藥爐看火
候老嫩分別在其間煉神後五彩現抽
爐退火要師傳
○要師傳煉鉛聖母母煉鉛二物交感
相留戀聖母懷胎產金丹母壯之時來
養子子大成人要過關先天藥真正鉛
分胎接制有何難
有何難築基配合是姻緣送入洞房雲
雨會鉛夫汞婦意相連若知癸酉留根
帝師恩難報重如山浮雲退現青天一
團造化頃刻間
○頃刻間前後相接總一般打頭母氣
初養子子大成人經過關生生不息子
誕子子養孫來往下伸九轉後是大用
點而乾汞妙難言
○妙難言汞銀休作等閑看有緣得遇
金丹藥你守秘密莫胡傳一年止許乙
斤半少者無憂多者懲神仙祿老子卅
助你養道去昇天
○傍粧臺四首　咏金丹

金丹大基址莫惟神仙不肯傳歸根復命都石
此都若此從頭講池中先用鉛八兩後同乙金
一處煎鉛花皐煉金花長七十武火炎第添添
爻投鉛一錢六如此共投七十次次次要見金
花鮮又行文火三十爻每次分鉛八分足要見
金花篭寶月一百六十数休歇每次投鉛一錢
六次次要見金花結又行四次零爻數每次二
錢行四度算來共點八錢鉛首尾共投四斤數
初爐四斤黑鉛水向後八爐同此理分鉛定銖
數皆同此爐金花各奇異爐中神室本相同上
釜為天下釜地水昇火降神藥交裏面包藏真
一氣爐中神室即白金白金生在黑鉛裏若人
要識水中金取來更借丁公力煉至九爐成黃
酥碎如金粟還丹正九轉神火一同煎神爐配
合金丹立
○陰池陽池爐式秘訣
二錢真汞一錢灰上紙放一錢加井土三
分至杏將黃蠟和豬油一簡松枝一撮加石灰
五寸香拈炭土上礶蓋下瓶硬炭三方
用炭十六斤上八斤下八各要風匣火搧搧爐要

甚稀奇金丹玄妙少人知萬[illegible]紐金
殻最鉛丹便是這根基有[illegible]喃能吟
後果然夫唱婦相隨三文武內外修不
明造化總成非
○甚稀奇金丹情性少人知一子太極
初分後陰陽得配互相依白虎本是龍
之子得感真氣以成質名雖異體實一
不明造化總成非
○甚稀奇金丹火候少人知文養姹女
相交併武煉嬰兒又成質文乃便知生
發火武乃便知要結實文共武並兩齊
不明造化總成非
○甚稀奇金丹容易少人知但看男女
生成理即此造化是玄機鉛汞土意家
家有都緣學者自痴迷目前事何用疑
不明造化總成非
○駐馬聽六首 詠金丹
道在先天一氣生來汞土鉛那虎藏北
海土居中央龍隱南山三般兒交姤產
金丹其中妙理人希見教外別傳（又）未
明玄旨都休胡亂
○丹不離鉛那識鉛名有數般將凡鉛
烹煉礦裡銀砂汞死為鉛三般兒端的
為誰先知如何汞土成姻眷怎麼抽添（又）
不明玄妙都休胡乱
○汞不離間產自砂中有白金全憑紅
爐煆出無体有形總號為真汞兒端的
為誰覩知如何汞土諧秦晋怎麼成銀（又）
不明土理都休胡論
○土本難明怨得真鉛爭夠成脩以離

於好安火不可完了
【陰池鍊鉛法】取山澤真鉛白金半斤即水中金黑汞半斤即硃砂用灰池煎出復取黑汞八兩與白金相對頓
造紫泥土盒一枚底築灰池納二物於中用砂
片蓋定用六乙泥鑄固大火煉一伏時冷定取
出辨色此為陰池煉神養氣之法
【辨色歌】開看陰池內有由　瓊林玉樹結獅頭
如斯造化陰符退　方進陽池煉赤虬
如入陰池煉過開看見有瓊林玉樹獅頭者乃
陰符已退方入陽池煉凡取土如無此色再煉
一伏時為妙 一伏時者從寅至亥是也
【陽池煉氣法】用白磁碟一個外以塩泥固濟曬
乾照前器固用土蓋頭封固再用熟泥固濟坐
於爐上四圍炭火焙乾以物入其中煎之再加
火一伏時勿令稍緩火功若到造化自生此為
陽池感氣吞精之法冷定開看辯色
【辨色歌】開看陽池見聖情　絳霞籠月寶珠明
秋蟾蟹吐金櫻沫　方是中央真土生
如入陽池煉畢開看見有絳紅琥珀色倒懸籠
月如寶珠玉盤相似又云秋蟹噴沫似金櫻顆
顆明珠方是土
【歌曰】陰陽二池實稀奇　池外爐高有作為
上下火安十六兩　巽風囊籥顯神機
【採藥真秘訣】將鉛汞陰陽二池煉過畢真氣未
足乎亦難成功夫全在於此前煉息火鉛不受
燥迸泛而上浮銀吞氣足隱隱而下沉初如昌

平分終定旺在四季位獨為中三般兒
端的為誰能如何制伏擒鉛汞怎麼加
功（又）不明就裡都休歪弄
○汞本枯鉛實是鉛枯汞自乾若要枯
鉛有法乾汞有訣妙裡求玄可憐真匕
实難言枯鉛乾汞由他便須假師傳（又）
若無真訣終歸邪見
○用母之法幾個学人會得他自古兒
靈母產母壯兒肥埋本無差愚夫不識
這根苗講鉛説汞為虚話仔細詳察（又）
土鉛並用丹成無價
○平沙奏凱歌 四首
【鬧兒落】這丹方雖上難提起來滿身汗
迷濛了數十年總端着些兒奔【得勝令】
聞君説破膽心寒原來金石不相干減步
無他事鉛枯汞自乾仙丹萬兩金不換
扒闕師恩重似山
【鬧兒落】這丹方數十年玄妙理何曾見
若是我嫌疏添恁得遇明師面【得勝令】
蒼天不負道心堅果然得遇妙中玄識
破雜中汞殺坎裏先天傾刻金花
現何難分明在眼前
【鬧兒落】這丹方實可誇造化有天來大
三家兒配合成火候識抽添【得勝令】
開爐滿鼎汞黃芽煎成一塊紫金花子
母無虧耗分胎轉制加因他受了些傍
人罵虧咱成一個老作家
【鬧兒落】這丹方真妙奇得之者非容易
早遇我真心思老起來貪名利【得勝令】
還命不了煉異寫黑着白髮故人稀內

蟹之噴沫畢若老鮮之含珠須如浪息波平頃
刻雲收天霽冷定取之外若狂夫內爲真土一
名真鉛被褐懷玉中藏先天真一之氣名曰黄
芽伴令吸汞如磁石吸針嬰兒見母兩情眷恋
利刃難分其神異玄妙造化通靈自然無比矣
【歌曰】
一看花　二看色　三看天邊月皎潔
紅白消面紫霞生　金水澄清好追攝
好追攝　天地根　水火烹煎日月精
識得這此顛倒意　乾汞成銀上秤称
○養砂雖難得配訣法秘旨
【丹砂歌】東方甲乙是丹砂　產在離宮是祖家
得個金郎成匹配　覆翻天地轉河車
【訣曰】丹砂木精得金乃併丹砂外赤而內青內
青為汞外赤為砂青乃木父赤乃火女木火同
鄉故曰父母木火之性易搖易動故制之必以
黄芽伏之必以金水也黄芽内白而外黑外黑
為鉛内白為銀白為金丹黑為水子金水同途
故曰丹子金水之情至真至静故構之必以情
性吸之以水火也是知以動吸静以性攝情饒
他為主我反為賓故斯丹道惟砂可制餘皆非
類乃取黄芽丹砂以為用黄金紫粉為真鉛文
曰黄芽八兩丹砂半斤二物同炒片時揀揆分
明銀鍋釜底土灰中宮砂安土上如法固之以
入神爐依法温養用五斤土取結秀精美者真
鉛上下用一斤真土每池内煉出黄芽真土不
拘多少入礶封固加大火煆三炷香採取重獨

外金丹理聚修要兩斧鼎詩姓名登仙
錯認為爐期悔是遲
○桂枝香 四首
師恩深重終身欽敬他教我出内安排又教我池中作用明察真配合(又)識内丁衰盛誰知大道感易見他日要功成熟諳明師指教功
○金丹玄妙人都胡道他不知真土真鉛怎敢去人家承造他全憑假法(又)誰人錢鈔將來業報苦難逃若認得真三五仙丹兒任意燒
○栢鉛乾汞人家常弄怎教你下手臨爐錯把那砒硇不正弄喫天机妙理(又)不过金本交併千方萬草豈能成得類得交感还丹指日成
○虎龍交会难擒易縱若不是慣手作家难得他夫歡妻愿論三文三武(又)不過降伏子性孫兒生下已成形养得他通人事还将他作母生
○清江引 五首
鉛土池中更種鉛此池人難見池中器氣生白虎疑光采錯認(又)鉛池兒事不全砂點化通神聖九轉完(又)這靈丹點五金
○一點化為千万點化生死窮及永死又养財俱了他人命万劫囊(又)那輪迴做畜止
○罵妄言天不容誆騙神作証費了他人
○忍得屎來方出家任他人笑罵人低首成人交甚南北到頭來(又)真的真假的还是假
○要清閑忍一個安樂窩辞别了纏身禍名利兩相忘立志修仙道再不去(又)

者不用輕清者為土所用

火候歌　火候中殊首尾同　始分八两得從容
歸來屈指九十日　奪盡三週造化功

訣曰　周天火候訣要師傳火生於寅旺於午暮於戌故起火在於寅初自寅到戌乃九個時辰每一時管一旬一旬之節管一月九旬以代九月之功一日十二時管十二旬九旬共計一千八十時以足三週之火候運三方一頂初旬每方火五錢以倍加之至午時大旺之鄉每一旬加火五錢為足過午時減火五錢逐時減至成時火如寅初故曰中殊首尾同也火計四萬八千銖周天火候足矣待爐寒日啓取看赤紫為上紅黃次之

傳神歌　初産嬰兒氣未純　仍歸母鼎復元真
待看三五薰蒸透　送入離宮去養神

訣曰　取砂換母养之以為乳哺又名曰傳神火候二七每方火三两亦不用神炉只下灰缸养之火候之法只依四時下火待三五火足熏透肌躰始得氣足神全然後煉神空養脫胎交度過矣

煉神歌　丹砂伏火始為真　秋月光浮絕點塵
妙把鼎炉收拾起　何愁乾汞不成銀

訣曰　將前砂摘去母再入別鼎以火排神空养七七日足取出其砂老純黑入火燒試無烟乃誠為真死從自脫胎然後乃過天池始見元神

胎歌曰　初子脫胎却為紬着練袍　碧天雲散月輪高
昨宵因赴瑶池會　阿母乘宵上九霄

塵世中生煩惱
○綿搭絮 三首
一元造化妙難言汞土真實成箇丹人認得全火裏綻金蓮匹配姻緣周天火候子午抽添若到卯酉門中除是温之養自然
又還丹神變妙難言金水相逢產下兒來理未玄長子奪兆天戊己功全取坎填離変化純全若退了陽火陰符點化成丹作半年
又河車秘密妙難言誠心温養除此九鉛與世鉛至極最幽玄九九三三排情合性此是根源直得河車轉到黃芽血老救貧頃刻間
○南呂一枝花
臨爐下手功謹守遵師訓白金為鼎器下手採乾金坎内根因先究陰陽理功
梁州第七　方識戊己門細尋思六百篇火候一銖銖進要把金水均停月缺時金花卸止火行水月圓時玉蕊生溢水安金感師恩臨別際祝付叮嚀他教我未济炉中求木汞既济爐中採得白硃砂性返通靈抽添火候加精進陽火陰符仔細看三十六気合半斤與硫硃含内頃刻成親虎躍龍蟠交姤罷風恬浪靜産子生孫把陰陽顛倒金木交併九轉金丹指日成待火候功全服一粒永寿延年為聖境
○山坡羊 二首
玄中玄妙中有理奇爽子留下穀食後

訣曰　將炒神過熟砂振下黑衣仍入天池煅煉過方可總用起脫之功其振下黑衣名為黑鉛變收積聚火成多以養粉霜用之其功亦與砂同却起脫出前得汞銀作母配砂養之火候如初轉制之功日足取出更不傳神燒試成珠徑自起脫以畢作母後生二子此初子之功稍異仍無點化之功

次子歌　次子功成足可誇　珠離老蚌吐光華
有人問我黃金種　笑指辰州是祖家

訣曰　揀出頭子不用只將二子作母配砂入鼎温養亦不用神爐只下灰缸内養之三方一頂初旬火每方五錢逐後以倍加之五日為一候加至二十五日減火五錢逐後減至五錢計積四十九日寒定取開揀出二子不必起脫而自光明每靈砂二錢點銅一两入鉛池煎成至寶此為二子之功

三子歌　三子光明妙若神　不須超脫自含真
功至到此人知少　試點紅銅立化銀

訣曰　揀出三子作母配砂養之初旬火每方五錢三日一倍加之加至十日減火五錢減至十八日止火至二十一日取開揀出四子只用靈砂五分點銅一两成寶

四子歌　四子成龍変化多　擎珠初出白雲窩
任教大地九砂変　萬古靈明永不磨

訣曰　揀出四子配生之養砂火無分两大小不妨七日功成揀出五子只用靈砂三分乾汞一

汞人怎除透玄機石碑上留下詩句天生我的聰明方緣參透玄妙理柳條兒輕輕擲天龍地少少徽用鉛非用凡鉛也吹用汞須要用汞液聽知說穀食非是凡穀食差池石碑上又刻雷霆不

○得口訣辭歸山去非人若不可枉為得之者宜當謹守切莫要漏洩天機此是無上至真妙道祖師與理非容易嘗天下人人喘理怎知道火候真秘抽添義五十日之功一頂銀也吸送入丙丁黃金堆滿室聽知點化雖臻造化其所知真汞真鉛綠是妙理

○要孩兒 六首 詠內外金丹

要知採藥川源凱不在坎離中黝寄手攢日月安爐鼎鉛遇癸生須急採月源

兩成寶點銅一兩亦成寶也

五子歌

五子英華體正充 消磨虎氣一團龍

誰知個裏溫溫火 養就爐中赫赫紅

訣曰 揀出五子點化通靈無比故無虎氣而配龍精則赫赫矣將此五子配其靈砂養之只消火功三日其砂即伏此乃以靈青聖其之化之則也

六子歌

六子功成氣轉靈 霞光射出鬼神驚

明珠萬斛憑無價 留得娉兒養性情

訣曰 六子功多氣愈靈也配砂養之只消二日之功砂能伏火絕死猶妙矣若轉七子只消半分點化五金成寶

七子歌

朝種胡麻暮即收 功成七子復何憂

等閒莫與時人見 獨對嫦娥笑未休

中秋下手進此句話君須記若到聖爐鼎上自有真實

○這功夫造化微妙神通濟世機安爐立鼎相當對 第一 調停火候陰陽數二溫養靈胎護聖基兩件事非容易若見了本來面目方知是烏兎高飛

○嬰兒手內提姹女身邊立黃婆媒合姻緣事節 那时 水中金能呈素体珠底汞須教下鳳池誰解得其中意若是坎離顛倒方知是水火相持

○火記六百篇也彖十月裏充滿震兌乾坤定按先天火候陰陽数兩儿宗源坎實離休覷着嬰兒戲這些個最無数妙能有幾誰知

○霜興震位中空飄飄兌岸西虎龍

訣曰 揀出七子將砂配砂不消一日之功猶靈猶聖若轉八子只須朝暮之功或養砂或乾汞或開節任意為之

八子歌

八子生孫孫復孫 紅鉛黑汞魄歸魂

好將玉鑰開金鎖 一跳出長生不死門

訣曰 功夫到此妙理難明神功須刻將養出八子熟砂配五砂配對養之只消半日之功砂執只用半分點化五金成寶火候同前

九子歌

功完九子妙通玄 一粒能教汞立乾

造化始知命在我 任他滄海變桑田

訣曰 九子之成通靈神化黍米刀圭能乾汞成寶點節五金盡成至寶信乎大地皆黃金矣有緣得遇宜謹慎秘密藏之若洩非人必遭譴

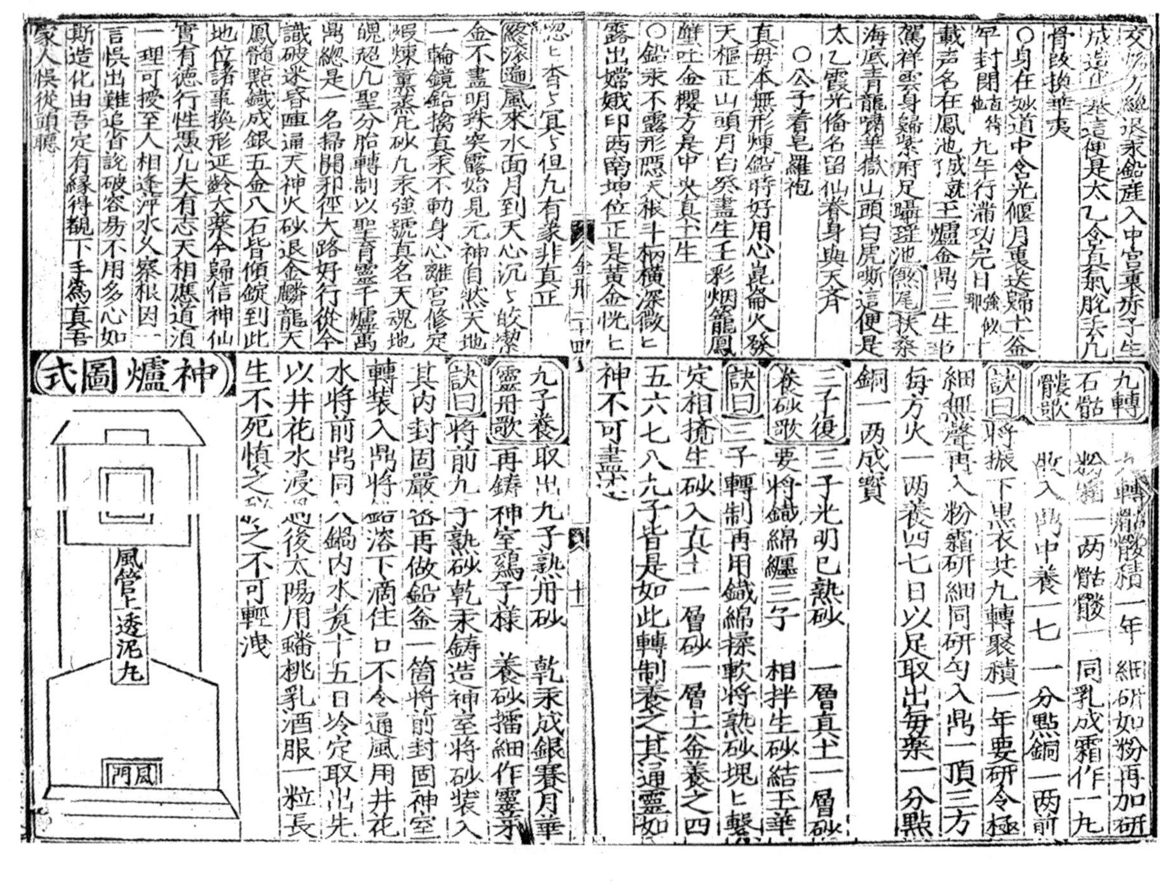

交媾乃總退汞鉛離入中宮裏亦子生成造化造化這便是太乙含真氣脫去凡骨改換華夷

○身在妙道中含光偃月裏送歸土釜牢封閉 直待 九年行滿功完日 卿 餘 似 載声名在鳳池了成就王爐金鼎三生也駕祥雲身歸紫府足躡瑤池 熬尾 扶桑海底青龍嘯華嶽山頭白虎嘶這便是太乙霞光倫名留仙眷身與天齊

○公子着皂羅袍

真丹本無形煉鉛將好用心崑崙火發天樞正山頭月白癸盡生壬彩烟籠鳳雛吐金櫻方是中央真土生

○鉛汞不露形隱天根斗柄橫深微微露出嫦娥印西南坤位正是黃金恍恍惚惚杳杳冥冥但凡有象非真正

總滲遍 風來水面月到天心沉沉皎潔金不盡明珠寶露始見元神自然天地一輪鏡鉛擒真汞不動身心離宮修定煆煉薰蒸凡砂凡汞強號真名天魂地魄超凡聖分胎轉制以聖育靈千爐萬鼎總是一名歸開邪徑大路好行從今識破迷昏匯通天神火砂退金麟龍天鳳髓點鐵成銀五金八石皆傾錠到此地位諸事換形延齡大藥今歸信神仙實有德行性憑凡夫有志天相憑道須一理可授至人相逢洴水久察根因一言娯出難追省說破容易不用多心如斯造化由吾定有緣得覩下手為真吾家人娯從頭聽

九轉石髓歌

九轉精髓積一年 細研如粉再加研

粉霜一兩髓一 同乳成霜作一九

散入鼎中養一七 一分點銅一兩前

訣曰 將振下黑衣共九轉聚積一年要研令極細無聲再入粉霜研細同研勻入鼎一頂三方每方火一兩養四七日以足取出每藥一分點銅一兩成寶

三子復養砂歌

三子光明已熟砂 一層真土一層砂

要將鐵綿纏三子 相拌生砂結玉華

訣曰 三子轉制再用鐵綿揉軟將熟砂塊塊盤定相攙生砂入真土一層砂一層土釜養之四五六七八九子皆是如此轉制養之其通靈如神不可盡述

九子養靈丹歌

取出九子熟用砂 乾汞成銀賽月華

再鑄神室雞子樣 養砂擂細作靈芽

訣曰 將前九子熟砂乾汞鑄造神室將砂裝入其內封固嚴密再做鉛釜一箇將前封固神室轉裝入鼎將鉛溶下滴住口不令通風用井花水將前鼎同入鍋內水煮十五日冷定取出先以井花水浸過後太陽用蟠桃乳酒服一粒長生不死慎之秘之不可輕洩

神爐圖式

○駐雲飛十八首

自古仙流家住福塘山下修想先父曾勞究到老來空年受(仙)決不信有斯訣遇高師指示金丹九轉親傳授邪法旁門一筆勾

○得訣歸來情性相通復又猜旋把丹房盖爐內無損壞(仙)鉛汞結成胎火裡安排產下嬰兒還與他親娘奶喂的成人教養孩

○自得真傳九轉功夫總一般三子靈光現點銅鐵無拘絆(仙)宗祖是枯鉛妙難言墮者深明達者求難見端的師恩重若山

○普濟貧窮多感真鉛真土功火龍能熟汞點銅鐵皆通用(仙)九轉道無窮妙

難逢自是先人積德多深重待我今朝遇上乘

○若問金丹得此玄微理最難門戶有千千萬萬為者無一件(仙)若要水銀乾有何難火裏金蓮匹配成姻婚皆是神仙煉大丹

○若問金丹多少學人得最難邪法有千千萬萬成者無一伴(仙)鉛汞結成胎有何難產下嬰兒匹配求姻婚九轉丹基一樣看

○若問金丹顛倒玄微理要嚴金水竟貫漢水火成爐畔(仙)正是水銀乾有何難此子微玄如隔千山邪訣破教人一笑須

○若問金丹一二原來總教三獨五無駒絆須刻功期週遭(仙)那妙訣在師傳妙

神爐歌

神爐造要有規模　風氣須教上下蘇　一箇裏調和其火候　自然龍虎兩相扶

訣曰　造神爐之法先以鐵線為骨後用紙觔泥塑之爐高一尺二寸七丁三停傍開三竅與爐脉絡爐留四孔以踈風氣爐蓋安一管直透泥丸以導引其火一孔外出灰二三孔令勿灰閉塞其眼孔仍用禾稈草時時撥視若覺其火力太大即將灰缸下孔稍塞片時待火少頃乃去其塞若過三七之後胎息已定不須時時探視

驗神火歌

試驗神爐九日間　須將生麪二十錢

將來爲丸入土釜　九日如前火數堅

此是乾坤神息火　如鷄抱卵自天然

訣曰　神爐試火用生麪二兩水調和作和團水

和放入土釜内試火九日取出麪熟可食方知其真火息也

真鉛讚

夢魂顛倒不識真鉛糊弄多半世混沌四十年如今方識得却是這猿猿大丹之祖大藥之先不黑不白不脆不堅性似一團火情如一縷烟擒土釜内夫婦兩團圓不用他人指教只用自己熬煎得之者功完行滿失之者破蕩家筵踏破草鞋無覓處若來只在眼根前得此神仙路稽首謝蒼天

○靈田歌　五言古句

我有一坵田團團似月圓可移坐卧間可置書案前耕牛出灰色出入不拘牽膩土燒作聲工力二八全播種白石水漲又一脉全乾坤甚窄使日月上下旋依指經幾時晝夜三十旬收拾

難言火足通靈滿門金花現做一個逍遥物外仙

○母氣初傳燕雀難將比鳳凰若有金丹現好把九鉛燥(仙)汞土是姻緣妙難言火候無差十五團圓滿用了真鉛也棄捐

○母氣初傳池内黄芽却賴鉛在把丹經玩妙理分明要(仙)黄芽豈離鉛妙難言金鼎金爐水火如天煉姹女熟時號大丹

○母氣初傳骨肉相親体自然盲師無識見任意胡猜亂(仙)不究理根源故難全硬子硫兒那個推得轉池裡天丁會者難

○母氣初傳比地花開顏色鮮二物相留戀子母無虧欠(仙)四象在爐旋妙難言果漢兒財就裏卒君平識破浮沉顛倒顛

○宗祖醫廛誰識天机遠更深徒說無

憑信除是親搬弄(仙)此外更無真要汞銀總你燒煉東西戊己爲媒娉便是還丹第一人

○不敢虛言得遇真人親口傳鉛土重相見汞死桃花片(仙)迈本復還元作丹田再撓赤龍長養孫枝現轉轉無窮號大丹

○萬論千經多講金中真性情間隔難牽併賴黄婆絕將用(仙)此事不難成豈無憑只要學人誠意將師敬一句真傳萬劫通

○奉道諸人聽我從頭說與君正道理功夫近用雜類生歪弄(仙)要審汞鉛根訪知音切莫強猜聽信盲師引日久無成退道心

○乾汞枯鉛實死枯鉛汞自乾妙訣金

數十粟光媚明珠娟未曾打穀粟每見烹銀煎秋糧不用納夏稅常見蠲心志無所苦枕書任高眠身鍋君在市高静如棲蟬可以濟人貧可以扶人顛周給以仁義借餽以義捐守之獨以道不食性自然何必絕齋素豈宜列珍鮮布衣聊遮躰者華惹禍愆動靜及語默念念存乎天此田果是好不與愚人佃常有春風煖更無水旱偏有錢無買處賣之無價錢不論分與文不討萬與千不問名和利不擇綺羅筵富者來問我鉗口慎勿言貴者來相問閉口須索堅俗子來相問視之如糞船道門來相訪問荅其因緣初觀福與德再觀愚與賢我賣將口說再賣將口傳無文亦無契講盡汞與鉛誠言鑒天地付

與藏心淵從頭學耕種効如舟濟川此物非凡物道理妙玄玄賢者常不及得者是神仙九田数百頃兒孫守綿綿此田無處買走得鐵鞋穿惟天慕德士有得靈田爲靈田世不悟乃作詩成篇

破貧歌

莫煉鉛莫煉鉛不是鉛真是先天先天一味尋不得別有玅化代其玄莫煉汞莫煉汞不識真汞總胡弄砂硫雌雄硇礬硝壓伏假死皆無用無用之中不可為可為妙理人知否不是破家銀煉成此法安可等閑推今時之人雖好慕三两五两窺師做但守無偷更聰明於中真假安能悟大抵真鉛妙最奇千爐萬鼎不差移真能妙合内丹理死若夫妻養嬰兒交姤結胎離母腹產下嬰兒美如玉光明皎潔無纖塵

难換妙理分明現仙端的在師傳妙难
言乾汞成真自有金花現識破這玄關
天外天
○乾汞枯鉛這點消息難上難再把金
花煉煉出桃花片仙世上少人傳妙難
言待他養就嬰兒想是親娘面長大成
人別是天

○真種子歌

死砵砂　得鉛氣　栽接汞苗自配對
砂得鉛氣為真土　不是鉛黃花不是
爐ヒ作　鼎ヒ同　真鉛種入真土中
二八春秋宜沐浴　自然陰覌婦陽覌
寒暑往來運真土　河車搬運翻金溶
水火長子堅心思　思得毋氣意情濃
三十功滿日時足　看ヒ大地是黃金
用草藥　俱是錯　八石配對枉張羅
水銀一味玄中妙　陰陽匹配用黃婆
听虎嘯　聞龍吟　夫婦配對合懽情
千鼎萬鼎同一樣　九鼎方能點五金
一轉濁　二轉拙　三轉光明點銅鐵
四轉五轉砂最奇　朝種暮收無休歇
六七轉煉如汞珠　愚夫服作天上客
七八轉　生子孫　靈砂澆汞靈又靈
劝種之時無別藥　只須一味水中金

片月離雲照人目此景鉛汞不相干超然神氣
塵褒出黃紅色褐轉青紫斯知火候號靈丹成
銅化錫煎成宝鉛鐵將來無不好獨有乾汞道
無窮萬代兒孫天地老朝種暮收無價寶此人
非是世間人此物本是汞鉛結只要汞真鉛更
真鉛汞由來世間有煉得成丹世間少古今燒
丹無数少皆因好利無成就不知此寶是天緣
若不求仙總不傳不與常人架高屋不與常人
置廣田廣田高屋別有命神仙造化不相併不
由風水與墳山不入限途與手鏡幾世道緣心
孔殊天機宿性無昧物積功累行脩陰德方能
顯悟超凡徒請君試看燒丹士豈肯誠心孝仙
志未識砵砂與水銀便要明乾富無比笑言此
輩萬千ヒ聲名須如道亦偏黃冠大帶聲名重
便謂師明未得傳異法奇言先入耳將謂長生
真可擬不越三年五載間丹不成丹師亦死又
且忽者如洞賓巨卿貴人難笑親貴家富室得
從侍倉者竊聽詢其因我思此道侔天地尊高
富貴力難致苟非道德合天心每拜丹師實難
倚更有一樣人嘴誑江頭捉月不知底君若不
信請君思至今滔ヒ天下昇

卷之廿四終

新刻天下四民便覽三台萬用正宗卷之二十五

食鑑本草

酒　唯酒無量不及亂○飲酒過多成
血痺之疾○久飲酒者腐腸爛胃潰髓
蒸筋傷人損壽○酒味苦甘辛大熱有
毒行藥勢殺百邪惡氣○食生菜飲酒
莫炙腹令人腸結○飽食訖多飲水及
酒成痞癖○勿飲濁酒食麵使塞氣孔
○酒漿照上看之不見人影者勿食之
○飲酒不欲使多ヒ則逆生之為佳○
酒不可合乳飲令人氣結○飲酒食紅
柿令人心痛至死亦令人易醉○飲酒
食生蒼耳令人心痛○飲白酒食生韭
令人病增○飲白酒以桑枝貫牛肉炙
食生寸白蟲○凡飲酒忌諸甜物○酒
後不可食芥辣物緩人筋骨又不可食
胡桃令人嘔血○飲酒不可食羊豕腦
大害人○飲酒之法自溫至熱若於會
散時飲極熱酒一盃則無中酒之患○
麵後如飲酒須以酒嗽去口漢拔三兩
粒即不為疾○銅瓶器不可久貯酒能
殺人時暫則無害○飲酒熱未解以冷
水洗面令人面發瘡輕者皺皰○飲酒
人飲水成酒癖嘔吐疾○淫酒于酒色
者將以為虛憊黃疸腸澼痔漏之疾○
醉當風臥以翁自教成惡風○醉以冷
水洗浴成疼痺○大醉汗出當以粉傅
之令其自乾發成風痺○醉不可當風

養生門

○養生訣解去病歌　陶真人著

世言服靈丹餌仙藥白日飛昇者但聞而
未見也至于運氣之術甚近養生之道人稟
血氣而生故攝生論云攝生之要在去其害
生者此名言也予所編去病歌蓋採諸家養
生之要而為言能依而行之則獲安樂若盡
其妙亦長生之可覬今著其歌于后

萬物惟人為最貴百歲光陰如旅寄自非留意
脩養中未免病苦為心累何必餐霞餌火藥妄
意延齡等龜鶴但於飲食嗜慾間去其甚者將
安樂食后徐ヒ行百步兩手摩脇并腹肚須臾
轉手摩腎堂謂之運動水與土仰面仍呵三四
呵自然食毒氣消磨醉眠飽卧俱無益渴飲飢
飡猶戒多食不欲粗并欲速只可少飡相接續
若教一飽頓充腸損氣傷脾非汝福生冷粘膩
筋韌物自死牲牢皆勿食饅頭閉氣宜少飡生
膾偏招脾胃疾鮓醬胎卵兼油膩陳臭醃藏盡
陰類老衰莫欲更食之是借寇兵無以異炙煿
之物須冷吃不然損齒傷血脉晚食常宜申酉
前何夜徒勞滯胸膈（脾好音樂夜食則脾氣不磨為音聲斷絕故也用礼樂以脩食蓋脾好音声聞声即磨是以声音皆出于脾而夏月夜短尤宜忌之恐難消化故也）
飲酒莫教令大醉大醉傷神損心志渴

何傷令人發狂○醉不可強食或發癰疽或發瘖或生瘡○醉飽不可以走馬及跳躑○飲酒大醉濕地而卧或立當風衝廚下露坐成癩病○澀癩者飲酒大醉不覺卧黍穰中經夜方起遂即成疾眉鬚墮落○飲酒者嚼雞舌香則量廣漫半天明則不醉○醉不可露卧令人面發瘡皰○酒之毒在齒每飲一盃即吸水漱滌則不醉○欲醒酒食橄欖○宿醒未解用蜜浸烏梅多咬清醒也

【茶】除煩去膩不可闕茶然暗中損人不少○若茶久食羽化與韭同食令人身重○茶吃多則滯在腰背故令人自腰而下多黑但吃茶常須投少鹽緣鹽遍利自然無滯○飲真茶令少眠睡○苦茶久食益意思○茶以湯澆覆之用蔥薑芼之其飲醒酒令人不眠○取荷片為末于茶飲中吃不但麤痰抑不損人如要復吃醋則復長肌肉也○茶茗久服令人有力悅志

【湯水】冬日則飲湯夏日則飲水○食熱物勿飲冷水○凡水照見人影動者不可飲之○凡諸飲水療疾者取新汲清泉不用停汙濁者損人○飲水忽急咽久成氣疾或成水癖○盛夏暑月雖以全斷飲冷但刻意少飲勿與生硬果菜油膩甜食相犯亦不至生病也○銅湯瓶湯飲之損声○伏熱者不得飲水衝寒者不得飲湯○凡山水甚強若飲之皆令人病○飲不欲過多謂未厭先來飲水兼吸茶腰脚自茲成重腿酒雖可以陶情通血脉自然招風敗腎爛腸腐脇莫過于此飽食之后尤宜戒之飲酒不宜粗及速恐傷破肺肺為五臟之華蓋尤不可傷當酒未醒大渴之際不可吃水及啜茶多被酒引入腎臟為停毒之水遂令腰臟重墜膀胱冷痛兼水腫消渴攣躄之疾大抵茶之為物四時皆不可多吃令人下焦虛冷唯飽食后吃一二盞不妨盖能消食故也飢則尤宜忌之常聞避風如避箭坐卧須當預防患况因食后毛孔開風縱一入成瘫瘓凡坐卧處始覺有風宜速避之不可強忍且年老之人体竭內疎風邪易入始初不覺久乃損人故雖暑中不可當風取凉醉后操扇昔有人季得壽之道于彭祖而苦患頭痛彭祖視其寢處有穴當其腦户遂令塞之后即無患五劳七傷從此有久視傷心損血久坐傷脾損肉久卧傷肺損氣久行傷肝損筋久立傷骨損骨孔子所謂居必遷坐以是故也人体亦欲得小勞譬如戶樞終不朽人之劳倦有生于無端不必持重執輕仡仡終日於是閑人多生此病盖閑樂之人不多運動氣力飽食坐卧經脉不通血脉凝滯使然也是以貴人貌樂而心劳賤人心閒而貌苦貴人嘗慾不時或昧於忌犯飲食珍羞便乃寢卧故常須用力但不至疲極所貴荣衛流通血脉調暢譬如流水不腐户樞不朽也卧不厭側覺貴舒飽則入浴飢則梳梳多浴少益心目默寢暗眠神晏如卧宜側身屈膝益人心氣覺宜舒展則精神不散盖舒卧則招魘引魅孔子寢不尸盖謂是歟髮多梳則去風目明故道家晨梳常以百二十為数浴多則損人心腹令人倦怠寢不言者為五臟如鍾磬然不懸則不可發声睡留燈燭令人神不安四時唯夏難將攝伏陰在內腹冷滑精腎湯藥不可無食物稍冷休哺啜夏一季是人脫精神之時心旺腎衰腎化為水至秋乃凝及冬始堅尤宜保惜故夏月不問老少悉吃煖物至秋即不患霍亂吐瀉腹中常煖者諸疾自然不至盖元氣壯盛也心旺腎衰何所忌特忌疎通泄精氣寢處尤宜綿密間宴居靜慮和心氣月令仲夏之月君子齋戒處必掩身毋躁止声色毋或進薄滋味毋致和禁嗜慾定心氣沐浴盥漱宜煖水卧冷枕凉俱勿喜雖盛暑衝熱若以冷水洗面手即令人五

止也或欲酸甘梅漿務漱口而非為渴則不免為痰飲之疾

【鹽】鹽醎走血故東方食魚鹽之人多黑色走血之驗病嗽及水者宜全禁之齒縫中多血出常以鹽湯漱于則已益齒走血之驗也○鹽多食傷肺喜欬○鹽不可多食傷肺令人失色膚黑損筋力○食甜粥已食鹽即吐○食甜瓜竟食鹽成霍亂○漱口以鹽揩齒少時含浆水便洗眼朝朝洗之可夜見字○齒疼斷開血出以鹽每夜厚封齒斷上有汁瀝盡乃卧汁出時叩齒勿住不過十夜疼血止○鹽忌安竈頭上

【醋】米醋最釅殺氣全也産婦房中常得醋氣則為佳釅益血也○多食醋損人骨能理諸藥消毒熱○醋合酪食之令人血瘕○凡醋不可與蛤同食○米醋多食不益男子損顏色○服諸藥不可多食醋○醋多食損人胃○飲熱醋尤能辟寒勝如酒

【醬豉】雷不作醬俗說令人腹內雷鳴○小豆醬合魚鮓食之成口瘡○麥醬和鯉魚食之成口瘡○醬無毒殺一切魚肉菜蔬蕈毒○榆人醬多食落髮○豉食中之常用春夏天氣不和蒸炒以酒漬服之至佳○熬豉和白朮浸酒常服之辟瘟疫○豉湯豉本性太冷只辟麵毒傷臟腑傾元氣特宜忌之

【糖蜜】糖蜜不可與蝦同食令人暴下食多尤為害○鮓瓶不可盛蜜及蜜更臟乾枯小津液况沐浴乎凡批冷物大損人目瓜茄生菜不宜食豈獨秋來多瘧痢茄性至冷菜瓜雖治氣又能昏人眼目驢馬食之即日目爛此等之物大抵四時皆不可食不獨夏季老人尤宜忌之伏陽在內三冬月切忌汗多陽氣泄天地閉血氣藏縱有病亦不宜出汗陰霧之中無遠行暴雨震雷宜速避昔有三人冒霧早行一人空腹一人食粥一人飲酒空腹者死食粥者病飲酒者健盖酒能禦霜露辟邪氣故也路中遇暴雨震雷晦暝宜入室避之不不損人當時未覺久則成病不問四時俱熱酒太熱不須難入口五味偏多不益人恐隨臟腑成殃咎五味稍薄令人爽神稍多隨其臟腑各有損傷食酸多傷脾辛多傷肝鹹多傷心苦多傷肺甘多傷腎此乃五行自然之理初傷不覺久乃成患道家更有頤生旨第一令人少嗔恚秋冬日出始求衣春夏雞鳴宜早起春夏宜早起秋冬任晏眠晏忌日出后早忌雞鳴前子后寅前寤覺來瞑目叩齒二七四吸新吐故無人悟漱玉泉還養胎水之在口曰華池亦曰玉泉黄庭經曰玉泉清水灌靈根子若修之可長生達摩胎息論曰凡服食須半夜子時床上瞑目盤坐面東呵出腹內舊氣三兩口然后停息便于鼻中微納清氣数口舌下有二穴通腎竅用舌拄上腭存息少時津液自出灌漱滿口徐徐嚥下自然灌注五臟此為氣歸丹田矣如子后丑前不及但寅前為之亦可卧中為之亦可但枕不甚高可也漢蒯京年百二十歲且甚精壯言朝朝食玉泉扣齒二七名曰練精后漢王真常漱舌下玉泉嚥之謂之胎息孫真人曰髮宜多櫛手宜在面齒宜数叩津宜常嚥氣宜精練此五者即黄庭經所謂子欲不死修崑崙耳熱摩手心熨兩眼每熨二七遍使人眼目自然無障翳明目去風無出于此亦能補腎氣仍更揩擦額與面顙抵額上謂之脩天庭連髮際二處遍面上自然光澤有汗点者宜頻拭之兩手特將摩鼻莖鼻莖兩邊揩二三十数令表裏俱熱所謂灌溉中岳以潤于肺左右耳根筌數遍筌耳即摩耳輪也不拘数遍所謂脩其城郭以補腎氣以防聾聵更能乾浴遍身間按胜特須紐兩間縱有風勞諸冷氣何憂腰背復拘攣按胜大凡人坐常以兩手按胜左右紐肩数十

食之損氣○食糖蜜後三日內食著生葱韭令人心痛○沙糖多食生長虫消肌肉損齒發疳䘌不可長食之○沙糖不可與笋同食々之笋不消成癥身重不能行履○沙糖不與鯽魚同食々之令人成疳虫○沙糖不與葵同食生流澼○白蜜不可合黍米食之○白黍米不可與餡糖蜜食之○食餳多飲酒大忌○飴糖即餳是也多食動脾風

【脯腊】茅屋漏水陷諸脯肉上食之成瘕結○凡暴肉作脯不肯乾者害人○暴肉不乾火炙不動見水自動者不可食○羊脯三月以後有虫如馬尾有毒殺人○脯藏米瓮中有毒及經夏食之發腎病○凡脯生食之不消化為虫○凡生熟脯肉以器蓋密使氣不泄者食之殺人○市脯不食

【鮓鮝】頭髮在魚鮓內殺人○貯蜜瓶不可貯鮓必害人○青魚鮓不可合葫荽食之○青魚鮓不可合生葵及麥醬同食之○鯉魚鮓不得和豆藿葉食之成瘦○鱸魚作鮓食之循良○魚目赤作鮓食之害人○鱉為臛蝦食可長髮○凡魚醬及肉醬多食落髮為陳久也

【總禽】白鳥玄首玄鳥白首不可食○凡鳥日生吞之令人見諸魅或以目睛研注目中夜見鬼○鳥三足四距殺人○鳥六指不可食○鳥死足不伸不可食○鳥卵有八字不可食○凡鳥飛投人其口中必有物拔毛放之吉○凡鳥

噓呵呼嘻吹及呬行々之人分六字果能依用口訣中新舊有疴皆可治聲色雖云屬少年稍知樽節乃無愆閉精息氣宜聞早莫使羽苞火中然盃以盛湯羽苞以畜火古人以色慾之事辟之氷有能操履長方正于名無貪利無競縱向歌中未能行百行周身亦無病老子云善攝生者陸行不遇兕虎此道德之助也

【養生約言】 蘄陽 日岩 頑 問集

善養生者先渴而飲飲不過多先飢而食食不過飽○肝精不固目眩無光肺精不交肌肉消瘦腎精不固神氣減少脾精不堅齒髮浮落若耗散真精不已疾病隨生死亡隨至○仲夏宜止聲色薄滋味節嗜慾仲冬宜夫聲色禁嗜慾此兩月陰陽相爭之時俱當謹而冬至一陽初生其氣尚微易于傷伐故彼言此声色而此言去彼言節嗜慾而此言禁見㳂當謹也 在家在外忽逢大風暴雨震雷昏霧皆是諸龍鬼神經過宜入室燒香靜坐以避之過后方出吉○大寒與大熱切莫貪色慾○謹守精室勿妄泄閉而保之可長活○油盡燈滅髓竭人亡添油燈壯補髓人強○道不在煩但能不思衣食不思聲色不思勝負不思得失不思榮辱心不勞神不極自然可得百歲○氣清則神暢氣濁則神昏氣乱則神勞氣衰則神去○夏之一季是人脫精神之時心旺腎衰液化為水至秋而凝冬始堅不問老少皆宜食暖物獨宿養陰无勝服藥○大汗勿遽脫衣極醉勿令人扇○坐卧處忌濕風賊風○久視傷心損血久坐傷脾損肉久立傷腎損骨久

自死口不閉翅不合者不可食之○諸鳥自死若食之殺人○凡飛鳥投人不可食○鳥若開口及手有瘡並不可食之

【鴛鴦】食鴛鴦肉令人患大風○夫婦不相愛私煑死央肉食之當相愛也

【鵜鶘】鵜鶘不可與笋同食令人腹脹○鵜鶘自死者不可食也

【鴈】勿食鴈肉損人神氣○鴈脂可和豆黃末服令人肥白

【雀】雀肉不可合醬食之○雀肉不可合李子食之○雀肉不可合雜生肝食之○雀肉和乾姜末蜜丸服之令人肥白又和天雄乾姜為丸令陰強又卵和天雄為丸服起陽事

【鶉】鶉和生姜煑食止洩痢酥煎偏令下焦肥○鶉肉與猪肉食之令人生黑子○鶉肉不可和菌食之令人發痔○鶉四月已後八月已前不堪食○鶉患痢人可煑食良

【鳩】斑鳩多食益氣助陰助陽

【鴉】鴉瘦病嗽骨蒸者可和五味淹炙食之○鴉眼睛研注人目中令夜見鬼神

【雉】雉不與胡桃同食令人發頭風眩心痛○雉不與木耳菌子同食發五痔立下血○雉不與豉同食殺人○雉肉不可和蕎麥麵食之生肥虫○雉卵不可與葱同食生寸白虫○雉肉久食令人瘦○丙午日食雉肉丈夫燒死目盲女人血死妄見○鷩雉一名山雞養之禳火

卧傷肺損氣久行傷肝損筋○寡思慮以養神寡嗜慾以養精寡言語以養氣○五味淡薄令人氣爽氣清少病酸多傷脾鹹多傷心苦多傷肺辛多傷肝甜多傷腎○切忌空心茶飯后酒黃昏飯○人年四十陰氣自半矣五十肝氣衰六十筋不能動精氣少須當自慎自戒少知調和攝氣寧不為養生之本七十以上最宜自養不可勞心苦形衝冒寒暑若能順四時運氣之和自然康健延年樂色不節則耗精輕用不止則精散○冬月天寒陽氣在內已自鬱熱若更加炙衣重衣近火醉酒則陽氣大盛春夏之交恐發時行熱疾○凡冬不欲極溫夏不欲極凉慎起居忍嗜慾薄滋味可以却病延年益寿○戒滿意之食省爽口之味○暮無大醉恐酒毒停聚害人臟腑○大飢不大食大渴不大飲恐血氣不常卒然不救○食欲少而數不欲頓而多常令飽中飢々中飽為善○食須用暖善脾胃喜溫不以冷熱犯之心如眼也纖毫入眼々則不安小事関心々必動亂○口中言少心頭事少肚裏食少自然睡少依此四少神仙訣了全在養氣○悟道之人如農家積粟自一合以至萬斛又如世人積財自一文以至萬貫如此惜氣不損則積氣成神矣○虛靈之府神明所居不可以他物雜之他物雜之則神明不守神明不守則身無所主身無所主則危矣他物思想憂愁之類也○俗語有可采者處窮賤易耐富貴難安労

【竹雞】唐崔鉉鎮渚宮有富賈舶居中夜暴亡迫曉氣猶未絕鄰房有武陵医工梁新聞之乃與診視曰此乃食毒也某常嗜食何物僕夫曰好食竹雞每年不下數百隻近買竹雞併將充饌梁新曰竹雞喫半夏必是半夏毒也命生薑擣汁折齒而灌由是方蘇崔聞而異之資以僕馬錢帛入京

【雞】玄雞白頭食病人○雞有六指亦殺人○雞有五色殺人○老雞能呼人姓名殺之則止○雞有四距重翼者龍也殺之震死○雞肉合魚肉汁食之成心瘕○雞并子不可合李子食之○雞肉或子不可合胡蒜食之令人喘氣○雉雞肉不可合生葱芥菜食之○雞子不可合鯉魚食之○雞死不伸足爪此種食之害人○雞子白共蒜食之令人短氣○雞子共鱉肉蒸食之害人○雞肉共獺肉共食作遁尸注藥所不能治○食雞子啖生葱變成短氣○雞肉犬肝腎共食害人○生葱共雞犬肉食令人穀道終身流血○烏雞肉合鯉魚肉食生癰疽○雞兔犬肉和食必泄利○野雞肉共家雞肉合食之成遁尸亡鬼纏身四肢百節疼痛○雞子多食動風氣○半夜雞啼則有憂事○雞生子皆雄者必有喜事○烏雞最暖可補血產婦可食○鬬雞善啼雞毒○路雞子殺令人得癡風

【鵝】鵝肉性冷不可多食令人易霍亂

苦易安閒逸難忍痛易忍痒難人能耐富貴閑逸忍痒真有道之士也○人生天地間貧賤者多貴而富豈易得哉倘能戒夜飲順陰陽之寢寐保精氣使一身神氣安享百邪不侵安享天年豈不樂歟○大凡世人之壽悉可致百歲而以喜怒哀樂汨沒心源愛惡嗜慾戕伐性根而又揚已之能掩人之長顛倒方寸頃刻萬變神倦思怠難全天和如彼淡泉汨於五味欲其不壞其可得乎○人日間意思多忙何也大凡應接事務要有個主宰故不先不后不緩不急雖千緒萬端主宰常是從容自在所謂天君泰然百體從令若無主宰便只隨氣奔放如何不忙得便宜事不可再作得便宜處不可再往○譬如對棋且饒一着譬如爭路且退一步便無事矣○積丘山之善尚未得為君子貪絲毫之利便陷于小人○天下無不是底父母世間最難得者兄弟○莫放過了合做親切底工夫莫虛度了難得少壯底時日○閨門嚴謹若朝廷夫婦相敬如賓客○以愛妻子之心事親則無往不孝以保富貴之心事君則無往不忠以責人之心責已則寡過以恕已之心恕人則全交○惟儉可以助廉惟恕可以成德○莫大之患起于斯須之不忍禍莫大于縱已之欲惡莫大于言人之非○人非賢莫交物非義莫取念非真莫舉事非見莫開言○天有三寶日月星人有三寶精氣神○願天常生好人願人常

○老鵝善嫩鵝毒○鵝毛柔暖而性冷選絨毛衣以布帛絮而為被偏宜覆嬰兒而辟驚

【家獸】家獸自死共鱠汁食之作疽瘡○野獸自死北首伏地不可食○獸赤足者不可食有歧尾不可食○獸自死無傷處不可食○甲子日勿食一切獸肉大吉○凡六畜五臟著草自動搖及得鹹酢不變色又墮地不汙又與犬犬不食者皆有毒殺人○六畜卒疫死及疫病者腦不中食喜生腸癰

【羊】羊有一角食之殺人當頂上龍也殺之震死○羊肉同鱠酪食之害人○羊肝共生椒破人臟○羊肉共鮓食之傷人心共生魚酪和食之害人○一切羊蹄甲中有珠子白者名羊懸筋食之令人癲○白羊黑頭食其腦作腸癰○羊肚共飯飲常食久久成反胃作噎病○甜粥共羊肚食之令人多唾喜吐清水○青羊肝和小豆食之令人目少明○羊腦男子食之損精氣少子○獼忌水中柳木及白楊木不得銅器中煮炙羊肉食之丈夫損陽女子絕陰○羊肉其有宿熱者不可食○青羊肝食之明目○羊心有孔者食殺人○羊肝不可合豬肉及梅子小豆食之傷心○凡羊肉不可久食病人○羊肉以桑柘木炙食之令人腹生蟲○白羊肉不可雜雞肉食之○山羊肉不可合雞子食○羊肝不可合烏梅鹽梅食○山羊肉不可

行好事○人有不及可以情恕非意相干可以理遣○住世一日則做一日好人居官一日則行一日好事○治生莫若節用養生莫若節慾○凡不可與父兄師友道者不可為也凡不可與父兄師友為者不可道也○不飢以當飽不寒以當溫無辱以當榮無禍以當福○口腹不節生疾之由念慮不正殺身之本○戒酒后語忌食時嗔忍難忍事順不明人○富時不儉貧時悔見時不學用時悔醉后狂言醒時悔安不將息病時悔○良田萬頃日食二升大廈千間夜眠八尺○積德累行不知其善有時而用棄義背理不知其惡有時而亡○處心當如青天白日應事當如流水行雲○退一步行安樂法道三個好喜歡緣○凡人傷巧則可悔之事多傷拙則可悔之事少○君子對青天而懼聞雷霆而不驚履平地而恐涉風濤而不疑作福不如避罪服藥不如忌口○避色如避仇避風如避箭服藥千朝不如獨宿一宵飲酒一斛不如飽餐一粥○欲人無知莫若勿為欲人無聞莫若勿言○聲莫聞山虎遊其間影莫映水蛟在其內君子立身于市朝若之何而無畏○今人誰肯降心都是縱心做事如人毀我打罵盡是送福如人面諛稱揚卻是人來要福○心若意亂地獄門心清意靜天堂路○只是空小二字心空天上去得心小天下行得○造物勞我以生逸我以老少年不勤是不知勞也年老奔馳

合豬肉同食○羊肝有穀者食害人○羊不醬薑之久而閉氣發癇疾

〔牛〕牛肉和黍米白酒食之生白虫○牛自死者血脉已絕骨髓已竭不堪食○獨肝牛肉食之殺人牛食蛇者獨肝○患病牛肉食之令人身體痒○牛肉共猪肉食之必作寸白虫○一切牛乳汁及酪共生魚食之成魚瘕○疫死牛或目赤或黃食之大忌○青牛腸不可合犬肉食之大忌○牛肺從三月至五月其中有虫如馬尾割去之勿食損人○食牛肉不可食栗子○食牛肉損齒用薑不甚○花牛最毒患眼人與及盲○食牛肉過多不腹脹却服食藥者服者但欲水自消

〔馬〕白馬玄頭食之殺人○白馬自死食其肉害人○白馬黑蹄青蹄不可食○患疥馬肉食之令人身躰痒○白馬鞍下烏色徹肉裏者食之傷人五臟○一切馬汗氣及毛不可入食中害人○馬脚無夜眼者不可食○馬肉不可熱喫傷人心○馬鞍下肉食之殺人○馬肉㹠肉共食飽醉卧大忌○馬肝有毒食之殺人○馬肉不可與蒼米同食必卒得惡疾○食駿馬肉不飲酒殺人○馬肉不可與蒼耳同食傷人○白馬人騎於郊外驟馳直待白馬出汗將一布巾連收汗数次將布巾晒乾或人害其婦女待雲雨之時已畢將此巾在陰門纔之即爛若醫將京巾燒灰搽之即愈

是不知逸也天命我逸而我自勞可乎

〔警身纂要〕十八條

言行要留好樣與兒孫心術不可得罪于天地○毋以嗜慾殺身毋以貨財殺子孫○積金以遺子孫子孫未必能守積書以遺子孫子孫未必能讀不如積陰德于冥冥之中以為子孫長久之計○留不盡之巧以還造化留不盡之福以與子孫○萬事隨緣即是安樂法○但知義命在我不知勢利在人○但行好事莫問前程○人有不及可以情恕非意相干可以理遣○與其巧持于末不若拙戒于初○寧人負我毋我負人○莫使滿頂蓬長留轉身地○不作風波於世上自無氷炭到胸中○平生不作皺眉事天下應無切齒人○爽口味多終作疾快心事過定為殃○一失脚為千古恨再回頭是百年人○覺人詐而不形于言有餘味○聞人之謗當自脩聞人之譽當自懼○自輕而望人之我重自欺而望人之我信何可得也○渴不飲盜泉之水熱不息惡木之陰

〔攝生纂要〕二十八條

○天地之元氣歲有升降自冬至后漸升至于九天夏至后漸降至于九泉人身元氣亦有升降子時生于腎中自腎脉漸漸上升泥丸此即天地一陽初動感而遂通乃復卦也子時自泥丸下降于心戌亥歸于腹中此即天地六陰窮極百蟲閉關草木歸根寂然不動乃坤卦也靜

〔驢〕驢肉同食之動風○驢病死者不任用○驢肉合猪肉食之成霍乱

〔麞〕麞肉不可合鰕及生菜梅李果實食之病人○麞肉不可多食令人消渴○麞肉不可同鵠食令人成癥病○麞肉八月止十二月食之勝羊肉自十二月止七月動氣

〔麂〕麂多食動人痼疾

〔猪〕白豕白蹄青爪不可食○㹠肉不可久食令人遍體筋肉碎痛乏氣○㹠腦損男子陽道臨房不能行事○猪腎不可久食令人少子○猪腦男子食之損精氣少子○猪肝肺共魚鱠食之作癰疽○猪肝共鯉魚腸魚子食之傷人神○猪肺及飴和食之發疽○猪心肝不可多食無益○猪肝鵪鶉同食令人面生黑點○猪肉共羊肝食之令人心悶○猪肉不可合龜鼈肉食之害人○猪肉和葵食之令人氣少○猪肉不可合烏梅食之○食猪肉飲酒卧秫稻穰草令人發黃○猪不同薑喫之中年氣血衰面生黑䵟○野猪青蹄者不可食之○江猪多食者令人体重○豪猪不可多食發風氣令人虛羸○凡煮猪肉用桑白皮高良薑皂莢黃蠟各数小塊同煮即食不發風

〔犬〕白犬虎文南斗君畜之可致萬石也○黑犬白耳犬王犬也畜之令富貴○黑火白前两足宜子孫○白犬黃頭家大吉○黃犬白尾代有衣冠○黃犬

極復動循環無端其至妙又在坤復之交一竅一靜之間即亥末子初之時故屈原遠遊篇曰一氣孔神兮于中夜存虛以待之兮無為之先朱子曰此言廣成子告黃帝不過如此○陰符經曰自然之道靜故天地萬物生朱子曰此二句極說得好靜能生動若不是極靜則天地萬物不生養生者當順其時而行坤復二卦之功○人身元氣出入目中五臟精亦聚于目故陰符經曰機在目道德曰不見可欲而心不亂是以內養之法常要兩目垂簾返光內照降心火于丹田使神氣相抱故太玄養初一曰藏心于淵美厥靈根測曰藏心于淵神不外也○心牽于事火動于中○有動於中必搖其精○心靜則息自調靜久則息自定○死心以養氣息机以死心○精氣神為內三寶耳目口為外三寶常使內三寶不逐物而流外三寶不誘中而擾○呼吸要綿綿深入丹田○常要使呼吸為夫婦神氣為夫婦蓋夫婦云者欲其相合而不相離也○毋勞汝形毋搖汝精毋使汝思慮營營○寡思慮以養神寡嗜慾以養精寡言語以養氣○久視傷心損血久坐傷脾損肉久立傷腎損骨久行傷肝損筋坐處不可太明太明則傷魂不可太暗太暗則傷魄尤忌溢風賊風○心有所愛不可深愛心有所憎不可深憎○髮多梳則令人明目去風休多浴則令人倦怠○遇小燕八可行五良錦或用去病六字氣法俱載活人心

白前兩足利人○人家養犬純白者畜○大黑色者養之能辟伏屍舌青斑者識盜賊則吠之○白犬合海鮋食之必得惡病○白犬自死不出舌者食之害人○犬肉不可炙食令人患消渴病○犬肉不與蒜同食損人○犬懸蹄肉有毒殺人○犬肉不熟食之成瘕○喫狗肉人減壯年壽○白犬膽青犬為妙和通草桂為丸服令人隱形○犬春月多狂若鼻赤起而燥者此欲狂其肉不任食

虎　虎肉不可熱食壞人齒

兔　兔至秋深時則可食金氣全也○兔肉和獺肝食之三日必成遁尸○兔肉共白雞肝心食之令人面失色一年成癉黃○兔肉共薑食變成霍亂○兔肉與薑橘同食令人卒患心痛不可治○兔死而眼合者食之殺人○兔肉不可與鴨肉同食令人血氣不行

魚　魚目有睫殺人○魚目得開合殺人○魚白目不可食○魚目赤作鮓食之害人○魚頭正白如連珠至脊上食之殺人○魚無腮者殺人○魚赤鱗者不可食○凡無鱗者有毒○魚有角食之發心驚○魚無腸膽食之三年丈夫陰萎不起婦人絕孕○食黃顙魚後食荊芥湯即變生他魚亦宜禁之○魚無腮須者食之發癩○魚身有黑點者不可食○凡魚羹以蔓菁煮之蔓菁能去魚腥又萬物腦能消身所以食鱠食魚頭羹也○魚不熟食之成瘕○食河豚羅不

○五味淡薄令人神爽氣清少病酸多傷脾鹹多傷心苦多傷腎辛多傷肝凡忌生冷硬物○春夏宜起早秋冬宜晏眠晏忌日出后早忌雞鳴前○大小便宜緊閉口齒目上視使氣不泄○飲食不可過多不可大速○切忌空心茶飯后酒黃昏飯○夜深不可醉不可飽不可遠行○怒后不可便食ヒ后不可發怒○軟蒸飯爛煮肉少飲酒獨自宿此養生之妙法也○凡早行須飲酒一甌以禦霜露之毒無酒嚼生薑一二片亦可○飯后要徐ヒ行數十步以手摩面摩脇摩腹仰面呵氣四五口能去飲食之毒○傷食飽脹可緊閉口齒聳肩上視復氣至咽喉少頃復降入丹田如此升降四五次即消化矣○臨睡用石膏花椒或青鹽為末擦齒用好茶漱之叩齒數遍則一日飲食之毒不留齒間終身無齒疾

孫真人枕上記

清晨一碗粥　晚飯莫交足　撞動景陽鐘
扣齒三十六　大寒與大熱　切莫貪色慾
醉飽莫行房　五臟皆反覆　艾火謾燒身
爭如獨自宿　坐臥坐當風　頻于煖處浴
食飽行百步　常以手摩腹　莫食無鱗魚
諸般禽獸肉　自死禽與獸　食之多命促
土木為形像　求之自恩福　父精母生肉
那忍分南北　輪迴借身人　六白光如玉

陳希夷導引法

可發菊頭茶○魚肝及子有毒入口爛舌入腹爛腸○凡食魚不可轉頭恐為骨所鯁○魚投地塵上不污不可食○魚不可合鸕鷀肉食之○一切魚共菜食之作蛔虫蟯虫

鯉魚　炙鯉魚切忌煙不得令煙着眼損人眼光三兩日內必見驗也○食桂竟食鯉魚害人○鯉魚不可合犬肉食之○鯉魚子不可合豬肝食之害人

鯽魚　鯽魚不可合雉肉食之○鯽魚宜合蓴作羹主胃弱○食鯽魚不得食沙糖令人成疳虫○鯽魚不可合烏雞食之令人發疽○鯽魚不可與麥門冬同食殺人

鱸魚　鱸魚肝有毒食之中其毒面皮剝落○鱸魚食之宜人不甚發病○鱸魚多食宜人作鮓尤良一云多食發痃癖○鱸魚不可與乳酪同食

白魚　白魚新鮮者好食若經宿者不堪食令人發冷生諸疾

青魚　青魚服术人勿啖○青魚不可同葵蒜食害人○青魚不可合小豆藿食之

黃魚　黃魚發諸病不可多食亦發瘡疥動風○黃魚不宜和蕎麥麵食令人失音

鱘魚　鱘魚小兒食結癥瘕及嗽大人久食令人卒心痛并使人卒患腰痛○鱘魚不可與乾筍同食發癱瘓風也

鯊魚　鯊魚多食發疥

比目魚　比目魚多食動氣

鰍魚　鰍魚益氣力令人肥健仙人劉

閉目冥心坐（冥心盤趺而坐）握固靜思神　叩齒三十六　兩手抱崑崙（叉兩手向項後數九息勿令耳聞自此以後出入息皆不可使耳聞）左右鳴天鼓　二十四度聞（移兩手心掩兩耳先以第二指壓中指彈擊腦後左右各二十四次）微擺撼天柱（搖頭左右顧肩膊隨轉二十四次先須握固）赤龍攪水渾（赤龍者舌也以舌攪口齒并左右頰待津液生而嚥）漱津三十六（一云鼓漱）神水滿口勻　一口分三嚥（所漱津液分作三口作汩汩聲而嚥之）龍行虎自奔（液為龍氣為虎）閉氣搓手熱（以鼻引清氣閉之少頃搓手令極熱鼻中徐徐乃放氣出）背摩後精門（精門者腰後外腎也合手心摩畢收手握固）盡此一口氣（再閉氣也）想火燒臍輪（閉口鼻之氣想用心火下燒丹田覺熱極即用後法）左右轆轤轉（俯首擺撼兩肩三十六想火自丹田透雙關入腦戶鼻引清氣閉少頃間）兩脚放舒伸（放直兩脚）叉手雙虛托（叉手相交向上托空三次或九次）低頭攀足頻（以兩手向前攀脚心十三次乃收足端正）以候逆水上（候口中津液生如未生再用急攪取水同前法）再漱再吞津　如此三度畢　神水九次吞（謂再漱三十六如前一口分三嚥乃為九也）嚥下汩汩響　百脈自調勻　河車搬運訖（擺肩并身二十四及轉轆轤二十四次）發火遍燒身（想丹田火自下而上遍燒身體想時口鼻皆閉氣少頃）邪魔不敢近　夢寐不能昏　寒暑不能入　災病不能迍　子後午前作　造化合乾坤　循環次第轉　八卦是良因

訣曰其法于甲子日夜半子時起首行時口中不得出氣唯鼻中微放清氣每日子後午前各行一次或晝夜共行三次久而自知蠲除疾疫漸覺身輕若能勤苦不怠則仙道亦不遠矣

○養生妙訣

水之在口曰華池亦曰玉泉黃庭經曰玉泉清

[illegible]食之

黃顙魚　黃顙魚醒酒亦無鱗不益人

石首魚　石首魚和蓴菜作羹開胃益氣

河豘魚　河豘眼紅者獨肝者不可食

鮀魚　鮀魚即鼉也老者多能变化為邪魅自非急勿食之○鮀魚能吐氣成霧致雨梁周興嗣常食其肉後為鼉所噴便為惡瘡此物靈強不可食

鰍魚　鰍不可合白犬食之

鱓魚　鱓魚腹下黃者世謂之黃鱓此本動風氣多食令人霍乱○鱓魚不可合白犬血食之○食鱓折人壽祿作事不利

鰻鱺魚　鰻鱺魚者羹食之能治瘵疾○治蚊虫以鰻鱺魚乾者於室燒之即致子化為水矣○鰻鱺魚燒之燻氈中斷

水灌靈根子若脩之命長存○胎息論曰凡服食須半夜子後床上瞑目盤坐面東呵出腹內舊氣三兩口然後停息便于鼻內微納清氣數口舌下有二穴通腎竅用舌拄上腭存息少時津液自出灌漱滿口徐徐嚥下自然灌注五臟此為氣歸丹田矣如子後丑前不及但寅前為之亦可卧中為之亦可但枕不甚高可也

○漢蒯京年百二十歲日甚壯言朝朝服食玉泉叩齒二七名曰鍊精○後漢王真常漱舌下玉泉嚥之謂之胎息孫真人曰髮宜多櫛手宜在面齒宜數叩津宜常嚥氣宜精鍊此五者即黃庭經所謂子欲不死脩崑崙爾○熱摩手心熨兩眼每二七遍使人眼目自然無障翳明

蛀虫置其骨于箱衣中斷白魚諸虫咬衣服　又燒之燻舍屋免竹木生蛀虫

鮎魚　鮎魚赤目赤鬚無腮者食之並殺人○鮎魚不可與牛肝合食令人患風多噎○鮎魚不可與野猪肉同食令人吐瀉

蛇　巳年不宜殺蛇○見蛇莫打損壽○凡見蛇交則有喜○若被蛇咬不得用口呵恐毒氣入口能害人

龜　龜肉共猪肉食之害人

鱉　鱉腹下成王字不可食○鱉三足食之害人○鱉肉共莧蕨菜食之作鱉瘕害人○鱉肉多食作癥瘕亦足者殺人獨目者殺人目白者殺人腹下有卜字五字不可食○鱉肉與雞肉食成瘕疾○食鱉須看腹下有蛇盤紋者是蛇

目去風無出于此亦能補腎氣也頻拭額上謂之脩天庭連髮際二七遍面上自然光澤如有點點者宜頻拭之又以中指於鼻梁兩邊揩二三十數令表裏俱熱所謂灌溉中嶽以潤於肺以耳摩耳輪不拘遍數所謂脩其城郭以補腎氣以防聾聵也○大凡人坐常以兩手按膝左右紐肩數十則血氣通暢不生諸疾○古人以色慾之事譬之凌盃盛湯羽苞畜火可不慎乎

治心　臞仙曰心者神明之舍中虛不過徑寸而神明居焉事物之滑如理乱棼如涉驚浸或怵惕或懲創或喜怒或思慮一日之間一時之頃徑寸之地炎如火矣故神弗留則穢明弗留則耗休休焉常與道謀而自不覺或曰謹于為善

不可食○若買鼈須縮頭者頭若伸皆先死後煮不可食

鱟魚　鱟魚而小者謂之鬼鱟食之害人○鱟多食發嗽并瘡癬

蟹　蟹目赤者殺人○蟹腹下有毛腹下有骨不利人○蟹目相向足班者食之害人○食蟹食紅柿及荊芥令人動風緣黃者下有一風虫去虫食之不妨○蟹八月腹內有芒真稻芒也未被霜食有毒○秋蟹毒者無藥可療目相向者尤甚○蟹極動風体有風疾人不可食

蟛蜞　蟛蜞不可食蔡謨初度江不識而啖之幾死

牡蠣　牡蠣火上炙令沸去殼食之甚美令人細肌膚美顏色

若嗜慾一萌即不善也歸而勿納是與良心競也必有忿懥之心起而與我敵以我矜顏之意接彼滑滑之心何為不鬪鬪不止而害生矣凡七情六欲之生于心皆然故曰心靜可以通乎神明事未至而先知是不出戶知天下不窺牖見天道也蓋心如水之不撓久而澄清洞見其底是謂靈明宜乎靜可以固元氣則萬病不生故能長久若一念既萌神馳於外氣散于內血隨氣行荣胃昏乱百病相攻皆因心而生也大槩怡養天君疾病不作此治心之法也

長生引導歌　子午彼衣煖室中凝神端坐面朝東澄心閉目鳴天鼓三十六局声亦同兩手向腮勻赤澤七回摩掌慰双瞳須知吐納二十四

蛤蜊　蛤蜊性冷甚與丹石相反服丹石人食之令腹內結痛

螺　螺大寒療熱醒酒壓丹石不可常食○螺不可共菜食之令人心痛

蚌　蚌冷無毒明目除煩壓丹石藥毒

蟶　蟶與服丹石人相宜天行病後不可食切忌之又云主胸中煩悶邪熱止渴須在飯食後食之佳

蜆　蜆多食發嗽

蝦　蝦無鬚及腹中通黑煮之反白者不可食○蝦動風發瘡疥○不可食生鰕鱠○鰕不可合雞肉食之損人

總菜　葱多食昏人神○葱韭初生芽者食之傷人心氣○生葱和雄雞雉白犬肉食之令人竅經年血流○生葱合

舌攪華池三嚥終

張三丰火候訣七篇　踵息端坐意誠心握固思神念不生脚拄脉根舌匕腭上弦細細吸清風少出多入真火候平關地户夜難客夾脊豎起群魔起伏虎降龍学握中○精氣開関下苦功減煩除情慮莫侵晝夜真息無間斷下元九竅便開通尾閭提擕夾脊撬玉枕點頭不虛陳三車搬運無休歇修行道理不虛因○修舍築室委實難聞隔水火徹心寒嚨吽五次貫不納希夷兩字倒歸還精進着力三五度坎离交會白圈圓玄珠滚上泥丸去降下分明在目前○到此煉巳守中黄七日來復一點陽霹靂一声休恐懼泥丸宮裡放毫光巨闕猛提起兩手將

葉令人病○生葱不可共蜜食之殺人○生葱和雞子食令人変嗽○葱味辛能通利肺壅

【蒜】九食小蒜不可與生魚令人奪氣陰核疼○小蒜不可久食損人心力○獨頭蒜不可共蜜食之殺人○啗蒜多令人眼暗昏沉好睡

【韭】韭味酸補肝治百病○韭春食則香夏食則臭多食則昏神未出糞土為韭黄最不益人食之即滞氣○霜韭凍不可生食動宿飲盛必吐水○韭能充肝氣○韭多食昏神暗目酒後尤忌不可與蜜同食○食韭後楊枝皮擦牙用冷水漱之即不作氣息

【薤】薤味苦補心心病宜食治百病○薤韭不可共牛肉作羮食之成瘕疾○薤白色者最好雖有辛氣不葷人五藏學道人長服之可通神安魂魄益氣續筋力

【薑】生薑去痰下氣止嘔除風邪寒熱久服通神明不可多食○夜食薑損人心

【芥菜】紫芥多食之動風○芥大葉者良煮食之動氣生食發丹石其子有辛氣能通利五藏其葉不可食多又細葉有毛者殺人

【茄子】茄子不可多食動氣及痼疾熱者少食無畏

【菘菜】菘菜有小毒不宜多食能殺魚腥多食過度惟生薑可解其性○菘菜多食發皮風瘙痒

【莙薘】莙薘不可多食動氣先患腹冷

金水配柔剛慈府煆煉三清劍曲直方圓作戰場○八室採藥用真鉛要識前弦與後弦立鼎安爐方下手乾坤相對片時間彼至我必真火候天機洩盡豈非得用房器無須拋棄造化陰陽合自然○沐浴潛藏便收心守城戰龍不刀兵寧靜已安国已富八方四面少塵烟慮險莫聽嬌與態防危莫見美色形息然火候六百就十月胎完産箇神○九年面壁絶非情換鼎移胎造化成只待三千功滿日出入無々拘漸遠行看若保守三五動遍遊天下做真人一朝功滿諸神保飛上三青太上翁

【周天火候】先從尾閭穴往上兩邊開尾門穴九竅兩邊双行重十八節為來春中關至王枕上關上為泥丸九宮下明堂旋々鵲橋下降重樓仔細秘之○行功之時諸塵不染萬緣放下正身端坐待陽生之時驅四十柄倒捲黄河揭海底二十四過尾閭關轆轤二十四仍過夾脊混元控頭二十四過玉枕關上鵲橋過重樓入絳宮流入黄庭安爐立鼎性停命住氣交合嬰姹匹配行火功煆煉子時發陽火二百一十六午時退符之妙訣沐浴防危慮險行百日功靈三關開透升降往來與太陽同体身入無為與道合真月行出神之法○神仙貫乃用陰陽缺少丹財漏杏辛口訣雖傳無善地丹經看把枉塗章可怜身老鬚如雪六枯年衰鬢似霜有人助吾千々貫同赴長生不死卿○孝道觧要尊貴

食必破腹

【蘿蔔】上床蘿蔔下床薑蓋夜間蘿蔔消酒食早起薑開胃也○蘿蔔能解麵毒○蘿蔔根消食利關節理顔色練五藏悪氣解麵毒凡人飲食过度生噯噫之便消研如泥和麵作餅飢佳○蘿蔔和羊肉食下五藏一切氣令人肥白如無羊肉諸魚肉亦得用也

【蔓青】蔓青菜中之最有益者常食之通中益氣令人肥健

【莧菜】莧菜動氣令人煩悶冷中損腹不可與鱉肉同食生鱉瘕其鱉甲剉以莧菜封裹置于土坑内上以土蓋之一宿尽成鱉兒也

【菠稜】菠稜久食令人脚弱不能行發腰痛不與鱓魚同食發霍乱吐瀉

【瓠子】甜瓠患腰脚腫氣及歷腫者食之永不差（大者為瓠小者為瓠芦）

【蕨】蕨久食令人脚弱不能行消陽氣縮莖多食髪落頭皮痒鼻塞眼暗腸中冷氣食之當時肚脹小兒不可食（立行无力）

【胡荽】胡荽不可久食令人多忘○胡荽病人不可食

參訪要識賢愚休將蜜隱洩天機只恐天雷不恕包朴七返天遣紫陽三被囚事人心且大父相过方把天机洩與○金丹大藥神仙有世人得之當保守富而無德不可傳貧而有志須當受妄洩非人身遭殃忘人不傳返有咎天要與君立便成天勿與人定非走内外金丹總一般妙在抽添明火候三百神仙不妄傳得之便是逢萊叟○未煉還丹隱市塵々々大地探真鉛鉛多便是長生藥何必名山去奉仙人都未底丧身命吾正求他結大丹用中無用人多少莫道三峯丧寿年惟有金丹理最親先天一點少人行不論貧富家々有○豈識愚々種々生騰何腹中原有物將來掌上看無形有人問我難同落直指天邊月出庚○採鉛須要採真鉛十四絲交十五全不肥不瘦顔如玉能紅白臉生遣胎思有形但是水命門無日不生鉛此是先天真壽命調歸元海得神仙○二八誰家女眉端粉色光人間貪愛慾我見是親娘一點靈丹出渾身粉汗香要時乾巳乘九体化純陽

二十五卷終

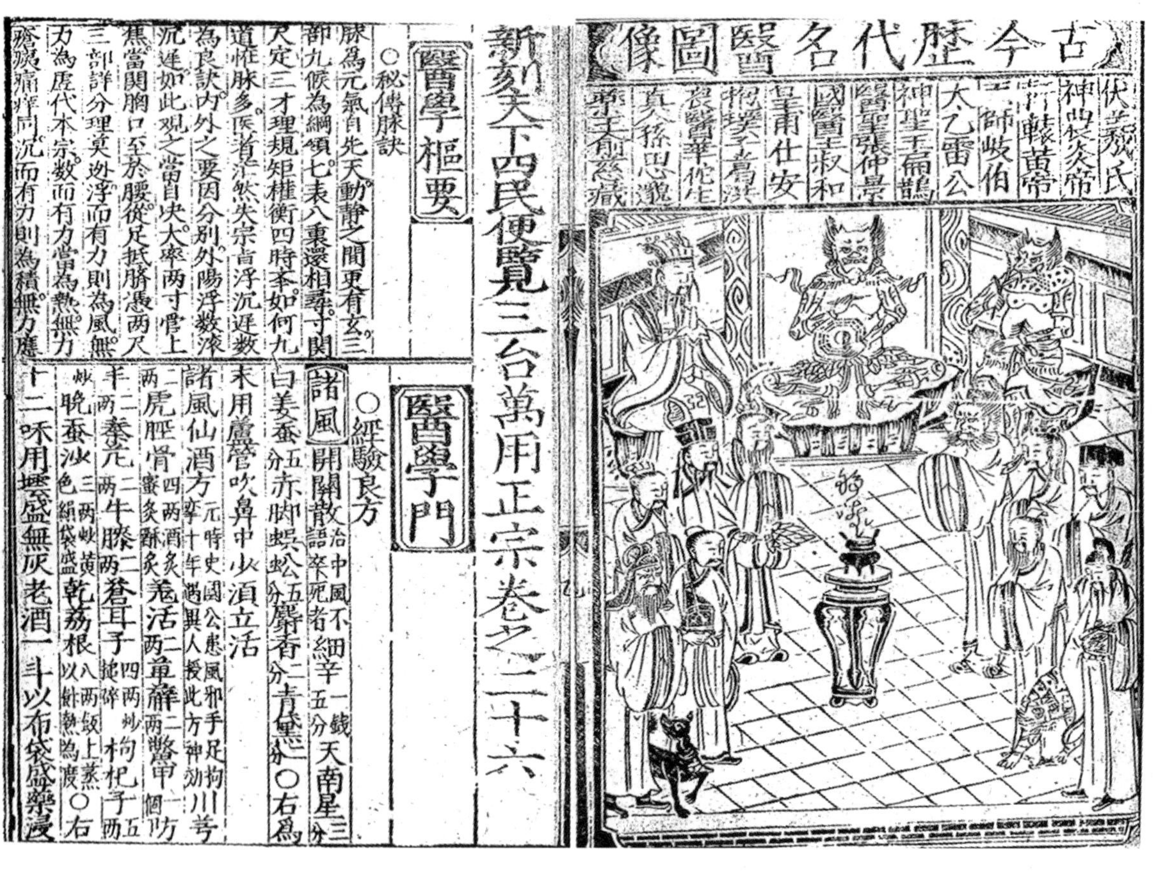

新刻天下四民便覽三台萬用正宗卷之二十六

醫學門

醫學樞要

○秘傳脉訣

脉為元氣自先天，動靜之間更有玄。三部九候為綱領，七表八裏還相尋。寸關尺定三才理，規矩權衡四時參。如何九道惟脉多，医者茫然失宗旨。浮沉遲數為良訣，內外之要因分別。外陽浮數滑沉遲，如此觀之當自決。大率兩寸管上焦，當關胸口至於腰，從足抵臍憑兩尺，三部詳分理莫逃。浮而有力則為風，無力為虛代木宗。数而有力當為熱，無力瘡瘍痛痒同。沉而有力則為積，無力應當為氣逆。遲而有力痛難禁，遲而無力為寒痰。胗得心浮神不寧，語言錯亂夢多驚。肝家得此成癱瘓，痿癖拘攣身更疼。脾浮瘧痢氣喘急，嘔吐泄瀉不進食。肺浮常咳大便風，面腫生瘡吐血膿。腎脉浮虛遺血多，齒牙疼痛背腰疙瘡生。足膝無多力。循主風搏風不利，沉脉主氣鼻於心，崩痛淋淋血，侵睛各血又兼流。氣結夜多不寐，目慢慢怒氣傷肝。肝脉沉臑痰氣痛，眼睛昏疼來脾部。成中滿吐瀉身黃及不仁。肺沉喘咳肺癰生，嘔吐慈痰與失声。腎脉若沉腰背疼，陰頹經閉腹心膨。心脉來遲小便頻，悸惕嘔吐及心疼。肝遲七疝兼諸疾，木氣又傷痛在咽。冷氣傷脾上脉遲，腹中雷鳴濁泄無時。肺遲氣痞寒痰盛，飲食難消氣漸衰。滑精不禁小便多，腿膝痿疼憂涉河。及自喜夜多有汗，都因遲脉腎家痾。心家脉数發狂言，口舌生瘡小便難。頭目昏眩風熱甚，又因數脉見方肝。脾數中消好嗜眠，胃翻口臭及心疼。肺經脉数上焦熱，喘嗽痰腥大便難。水渴陰消相火生，癃瘕遺溺兩相侵。只因尺脉多來數，女子逢之或姙娠。五臟明時六腑同，何須物外覓神功。若還自把心融會，妙理都歸掌握中。更看形容把脉求，肥人沉細瘦長浮。小兒脉疾老人澁，矮促長疎人不侔。男子關前脉必充，女人尺脉定浮洪。絃洪毛石分時序，四季平常胃氣冲。兩儀四象既包含，星死何常……

○經驗良方

諸風 開關散 治中風不語卒死者 細辛一錢五分 天南星三分 白姜蚕五分 赤脚蜈蚣五分 麝香二分 青黛一分 ○右為末，用蘆管吹鼻中，少頃立活。

諸風仙酒方 元時史國公患風邪，手足拘攣十年，遇異人授此方，神効。川芎二兩 虎脛骨蜜炙酥炙四兩酒炙 羌活二兩 萆薢二兩 鱉甲一個 防風半兩 秦艽二兩 牛膝二兩 蒼耳子四兩搥碎 枸杞子五兩炒 晚蚕沙三兩炒黃色絹袋盛 乾茄根八兩飯上蒸以飲熟為度 ○右十二味，用無灰老酒一斗，以布袋盛藥，浸酒中，封固過十四日開壜，勿令面向壜中，恐藥氣冲人面目。隨量時時飲酒，勿令藥力間斷。飲酒一升，手能梳頭；二升，手足屈伸有力；三升，言語舒暢，行履如故；四升，肢體皆暖，百節俱通，牽步如飛。酒盡病全。取藥渣曬干為末，酒糊為丸，如梧桐子大，每日空心酒送五十丸。忌食動風之物。凡癱瘓、口眼喎斜、四肢疼痛、筋骨痳痺、七十二般風、二十四般氣，服此無有不效。

治風疾 落陽花用火酒浸三日 加鵝片三釐 右為細末，滚酒調下，出汗為度。

蜈蚣一字散 治三十六般風證 金頭蜈蚣二個 白蛇頭尾一兩 天麻一兩 頭尖一兩 何首烏一兩 白芍一兩 甘草一兩 白芷一兩 五靈脂一兩無蛀者好 並不炮煉，搗羅為末，每服一字，好酒冷調，日進三服。遠年風證十日半月見效，近者一二日除根。

三帥丸 治三十六種風及肚中積塊，乃祕傳之仙方也。光草烏三兩作三分：一兩黑豆煮去豆，一兩生用，一兩煨去皮。右為細末，醋糊丸以綠豆大，每服七丸，鷄鳴時葱頭姜湯下，用衣被盖，一日不見風。此丹丸修合之際，至誠默念神呪七遍。呪曰：華表柱。如此七遍，自然神效，秘之。

此方治大風証及半身不遂 ○草烏八兩 蒼术一斤 秦歸二兩 杜仲四兩 茯苓二兩 雄黃二兩 白芍一兩 大附子一兩 嫩黃耆一兩 栢子仁二兩 人参一兩 白苓一兩 小茴香一兩 川牛膝二兩 宣木瓜一兩 羌活一兩 白芷一兩 獨活一兩 石斛一兩 五加皮一兩 虎脛骨一兩 右為末，用鹿角栢子仁煎成羔為丸，如梧桐子大，每服四十九半……

另有玄浮散遲來沉一點數神數病難瘥歌罷殘陽閃暮鴉半潭秋月浸梅花依稀一枕羲皇夢又夢軒轅教煉砂

○五臟脈訣切要歌

【心脈歌】

心脈洪大心家熱 頭腦昏疼血氣結
脚板心內似火燒 口燥心煩渴不歇
心脈微小主心虛 心中驚悸流汗隨
頭腦昏沉多困倦 夢魂常在水邊歸

【肝脈歌】

肝脈洪大不調血 背痛頭強痛左脇
手酸脚軟目赤紅 行路昏暈常怕跌
肝脈微小四肢酸 膽冷汗枯血氣寒
頭眩眼花雙足軟 背間常有汗漫漫

【腎脈歌】

腎脈洪大主腰疼 背痛頭強小腹膨
膀胱暑熱小便赤 咽乾口苦舌無涎
腎脈微小下傷精 耳內嘈嘈風雨聲
頭痛腰疼雙足腫 背間盜汗出無停

【肺脈歌】

肺脈洪大心頭緊 咳有風痰常壅盛
腰疼背痛脚又疼 口渴氣急時時併
肺脈微小肺家氣 悶悶憂愁口又乾
手寒腹內多虛弱 咳嗽時時背上寒

【脾脈歌】

脾脈洪大心膨脹 飲食不思常喜困
頭疼腦痛嘔頻頻 食後傷風精氣損
脾脈微小兩眉愁 悶悶憂憂唇口焦
手足軟痿多氣急 無情無意過長宵

【命脈歌】

命脈洪大心胸熱 潮渴三焦氣血結
四肢倦怠少精神 食後傷風精氣別
命脈微小號平和 腎氣虛寒嘔噁多
手足冷寒脾胃冷 口淡無味不調和

○【奇經八脈】

脈有奇經八脈者陰陽各有維蹻之候

錢用酒送下

此方專治口眼喎斜及手足頑麻○廣陳皮三兩 大半夏三兩五錢 白茯苓二兩五錢 蒼术一兩半 防半一兩半 羌活六錢 天麻三兩半 姜蚕二兩 川烏六錢 粉草六錢 南星一兩半 臨吃生姜自然汁三匙

【萬方神仙換骨丹】治癱瘓中風口眼喎斜半身不遂一切風癇暗風並服

頌曰我有換骨丹傳之極述秘踈開病者心扶起衰翁臂氣壯則延年神清自不睡南山張仙翁三百八十歲槐桑芎朮並仙人防首蔓子竹各停勻苦味香減半龍射即少許硃砂作衣纏麻黃煎膏丸大小如指彈脩合有深房勿令陰人見夜臥睡一粒遍身汗津滿萬病自消除神仙爲侶伴○麻黄煎膏二十斤 仙术 白芷 槐角子取 川芎 人參 防風 桑白皮 苦參 威靈仙 何首烏 蔓荊子 木香 龍腦研 硃砂研 麝香研 五味子右爲末桑白單擣細稱以麻黃膏和勻杵一萬五千下每兩分作十丸每服一丸以硬物擊碎溫酒半盞浸以物蓋不可透氣食後臨卧一丸就之應蓋覆當自出汗即瘥以和胃湯調補及避風寒忝下半丸蓋出汗入膏時如稠再入水少許煎動入藥惟少爲其麻黃膏不可多煎法用東流水三十三升

【虛弱】滋陰大補丸即衛生寶鑑還少丹無牛楮實而分兩亦不同

牛膝酒浸 山藥各一兩五錢 杜仲酒浸和姜汁炒斷絲 巴戟去心 山茱萸去核 五味子 肉蓯蓉酒浸新瓦焙乾 白茯苓去皮 茴香炒 遠志甘草水去心 黄栢 知母 枸杞 麥門

要有冲督任帶十二經絡非其貫條脈有奇經八脈者俱離經上的至不能復拘也又云奇者異也此之八脈與十二經不相拘制別道而行與正經有異故曰奇經也其數有八故曰八脈也

其奇經八脈者既不拘於十二經皆何起何繼也督脈者起於下極之俞並於脊裏上至風府入屬於腦任脈者起於中極之下以上毛際循腹裏上關元至咽喉冲脈者起於氣冲並足陽明之經夾臍上行至胸中而散也帶脈者起於季脇迴身一周陽蹻脈者起於跟中循外踝上行入風池陰蹻脈者亦起跟中循內踝上行至咽喉交貫冲脈陽維陰維者維絡於身溢畜不能環流溉灌諸經者也故陽維起於諸陽會也陰維起於諸陰交也此於聖人圖設溝渠溝渠滿溢故聖人不能拘通也而人脈隆盛入於八脈而不環周故十二經亦不能拘之其受邪氣畜則腫熱徙射之也

○【陰陽維主病歌訣】

陰陽脈病不相維 失志溶溶不自持
病在陽維苦寒熱 陰維心痛不須疑

經云陽維維於陽陰維維於陰陰陽不能相維則悵然失志溶溶不能自收持又曰陽維爲病苦寒熱陰維爲病苦心痛

○【陰陽蹻主病歌】

陽蹻爲病陽偏急 若在陽蹻陽不寬
緩急陰陽何處是 踝之內外可尋看

經云陰蹻爲病陽緩而陰急謂陰蹻在內踝病即其脈當從內踝以上急外踝以上緩陽蹻爲病陰緩爲陰急謂陽蹻在外踝以上即其脈當從外踝以上急

冬去心各一兩○上 石菖蒲五錢 熟地黄二兩 右爲細末紅棗煮取肉和蜜爲丸如梧桐子大每服八十丸空心好酒送下如虛熱極弱加人參 黄耆 山藥 鎖陽 虎脛骨 兔絲子各等分名加味虎潜丸加此數味補陰和陽生血益精潤肌膚壯筋骨其性味清而不寒不溫不熱不強能達造化之精微末足以議於斯已上極妙

【補天丸】治氣血虛甚者 紫荷車一具即胞衣本草及古方不同不分男女今則男用女胎女用男初胎者爲上若壯盛婦人者俱可用加以補腎丸藥 川黄栢酒炒 龜板三兩酥炙各 杜仲炒 牛膝二兩酒洗各 陳皮一兩 乾姜五錢 五味子一兩 右爲細末將紫荷車洗淨布絞乾入藥擣勻焙乾再爲末酒打米糊爲丸將紫荷車蒸熟擣末但虛勞者當以骨蒸藥加減下部虛用補血藥猶妙○十一方用側葉烏藥俱酒浸蒸熟曝乾爲末丸亦名補腎丸同紫荷車爲丸服之

【滋陰百補丸】生血益精潤肌膚強筋骨性味清如不寒不溫而不熱能達造化之精微補五勞七傷潤肺嗽獻男婦之瘦形壯萬精之味氣

人參 黄耆 白芍 黄栢酒炒 當歸酒洗 山藥 牛膝去蘆 五味子 杜仲酒和姜汁炒斷絲 山茱萸去核用紅 肉蓯蓉酒浸新瓦焙乾 白茯苓去皮 茴香炒 遠志去心各一兩 石菖蒲 枸杞 鎖陽 破故紙炒黄各一兩半 熟地黄 知母各二兩 虎脛骨酥油炙黄酒浸一夜 龜板同上製 加楮實子一兩各宜精製右爲細末好紅棗肉爲丸如梧桐子大每服八十丸空心或酒或鹽湯送

內景以上綫○【衝督任帶主病歌】

冲脉為急氣冲胸 冲脉為病氣逆而裏急謂冲脉從關無上至咽喉故其脉為病逆氣而裏急也

脊強根從督脉中 督脉為病脊強而厥謂督脉在背則其脉急故令脊強矣

任脉病當為疝瘕 任脉為病其內留結男子為七疝女子為瘕聚謂任脉起於胞門子户故其脉結為七疝瘕聚之病也

帶填腹滿體溶溶 帶脉之為病腹滿腰溶溶若坐水中謂帶脉迴帶人之身躰病則其脉緩故令腰溶溶也

○【小兒辨虎口手紋訣】

命 氣 風

小兒三歲已前若有患須看虎口脉次指表節為命關次氣關次風關古人所謂初得風關病猶可傳入氣命定難醫即是此也

三關若青鳥獸驚 浮為風受驚 沉為食受驚

三關若赤水受驚 浮為傷風受驚 沉為傷吟受驚

三關若黑是人驚 浮潮熱不治 沉潮熱在內

○【虎口脉紋總歌】

虎口亂紋多須知氣不和色青驚積聚下亂瀉如河青黑慢驚發入掌內吊多三關通度此病必沉痾虎口有三關風氣命相參青紅驚悸病黃黑命傷殘紫色生驚搐紅青熱在肝關中仔五色節〻見紋班風關通九竅色〻是風紋關中青與白究是食傷生氣關從氣論因氣便成形過了三關節命關生死路因氣便成形過了三關節

下但服之佳所謂補陰和陽宜煉蜜為九內有兎絲子五錢塩酒炒少

【傷寒類】傷寒為病不一仲景方法具載明白故錄此尙者以備用之效

【神仙粥】專治傷寒凡陰陽兩感初起發熱發寒用葱七根連青帶鬚并帶皮生薑一兩搗碎加白糯米一撮水三碗煎熟一碗方好臨少許乘熱飲之待汗大出即愈如人肚飽不思飲食者此是傷食之証又不宜飲此粥湯也記之〻〻如傷寒犯內傷積食畜血小腹硬脹不能言語神思盡昏兩目直視手足僵仆難以下藥者急將紫蘇滚湯用手巾泡熱取起絞乾攔在肚腹及小腹上令人將手在手巾上與他輕〻揉運如手巾漸冷即再換泡熱手巾連〻再三揉運待他宿糞硬塊或積血自下纔可看脉下藥如肛門口糞結不通再將蜜箭導之須待宿糞或積血下後看脉察症醫之庶不悞用了藥此法最穩當屢試屢驗

治傷寒初起用生姜帶皮者三兩搗爛將熱酒炮飲出汗即愈

【中暑類】治人中暑忽然仆地氣欲絶者用大蒜頭四五個剥淨并取路上熱土一塊一同研爛以新鮮井水和勻濾粗渣幹開其口灌之愈凡夏間人在途中忽被傷暑頭運心煩或仆在地無如之奈急取車輪上之土五錢故在碗內將鮮井水調和澄清飲盡覺心神爽徤可以行動如車輪上及井水不便即央請傍人取適便

候□絲是受

○【虎口脉紋總訣歌】

虎口左右驗嬰兒 紋在風關疾可為
若在氣關知重病 命門紅透病傾危
青驚黃積紅感寒 紫風黑惡白為疳
痰黃若是脾傷胃 紊亂須知氣不安
鼻紊唇上白如珠 瘡疹無光識氣虛
內外兩焦榮衛弱 毒深血熱色光枯
更兼欬証目中紅 咳嗽生風数感風
丹毒口唇皆屬火 頭青唇爛祗因虫
夜啼臉上似塗珠 顱解多因毋氣虛
臍溫因知風內入 大頭猶忌色形殊
孩兒生下紅一月 有病如何分為裂
男左女右虎口中 若有表脉貼骨驚
青黑受貼氣不全 兼有驚積助於脇
赤白多因類目前 驚因木火亦自然
孩兒三四五歲周 虎口兩邊看脉氣
若過初關長一粒 半寸定是驚紋起
若然又過第一關 病同驚積一般說
似虫不出隱〻紋 此驚傷脾臟是結
若看實紋紫难醫 青色皆因驚入脾
如此呼為慢脾風 妙手醫人須急為
或紅或赤本心肝 用藥調和立便安
將過三關逆指看 孩兒死候分明現
不想顏色赤白紅 萬死一生休要变

○【小兒脉訣歌】

小兒五歲一指看 十歲方將兩指看
十四五歲三指齊 更量長短旋排端
左手人迎以候外 右手氣口以候內
外候風寒暑溫并 內則乳食痰積害

之土填在肚臍上并與他撒尿在臍上澆之承土之氣一入臍內其人即甦

【濕痰類】治溫氣流注之處痛不可忍將金銀花并葉和酒糟研爛用净瓦攤放火中烘熱敷患處立愈○又方用白金鳳花每朝取九朶尸嚼將溫酒送下又治遍身溫痛又膏藥方將帶皮生姜自取汁一碗并葱汁一碗葱連青帶鬚用加牛皮膠半斤慢〻火熬成膏入麝香一錢在內用布攤膏藥貼痛處收出他濕水如汗即愈

治溫氣退腫如斗大者用艾灸足大栂脂連二指中了各大壯穴灸七炷即消

【肺癰】此証人咳嗽吐膿吐血腥臭不可聞者是此方治之神效 黃耆 川牛膝 大防風 金沸草 金銀花 忍冬藤 桔梗各等分 右將鴨一隻係死開破入前七味於鴨肚內用好無灰酒煮酒盡為度吃鴨渣晒乾為末酒調服後服净膿方○【淨膿湯】服鴨後服 甘草四兩 剉散作一大罐煎作三四大碗服盡納不得絶吐後服化痰止嗽九○【化痰止嗽九】白礬一兩枯過 百草霜一兩 右二味為末滴水為九每服三五十九用人參三錢 五味子三錢 煎湯下前化痰作三日效

【瘧疾】此証但要表解分明先服二香散或柴苓湯一二貼分別陰陽方服截藥

【神效方】治三年二年初發者神效 恒山二錢五分 檳榔一個雌雄 當歸一錢半 知母一錢 貝母一錢半 右作

其餘一一依前法　大暑不得重引截

○小兒指下主病歌

小兒有病須憑脉　一指三關定其息
浮洪風盛数多驚　虛吹沉遲實有積
脉法三歲至十歲　呼吸須至看詳徵
九至不到十至困　短長大小有邪干
小兒脉緊是寒風　沉細須知乳食難
腹痛緊弦牢實秘　沉而数者骨中寒
小兒脉大多熱風　緊数驚風四肢掣
弦長多是痛肝風　沉細原因乳食結
浮沉胃口似火燒　沉緊毋腹痛不歇
虛濡有氣更兼驚　脉浮多痢大便血
前大後小童脉順　前小後大必氣咽
四至洪來若順滿　沉細腹中痛切切
滑至露温冷所傷　弦長客脉分明說
五歲熱甚浮大晝　六歲熱甚浮又別
息數平和八九歲　此是金人傳妙訣

○小兒生死候歌

小兒乳後輒嘔逆　更兼脉亂無憂慮
弦急之時被氣纏　脉緩即是不消乳
緊数細快亦少吉　虛濡邪氣驚風助
痢下宜腸急痛時　浮大之脉歸泉路

治傷寒法　○治傷寒者先須識經絡觸途宜行不知邪氣之所在徃病在太陽反攻少陰證是厥陰又和少陽實熱未除其氣受弊又况傷寒證候非一未診先問最為有準孫真人曰問而知之別病淺深名之為巧病家云發熱惡寒頭項痛腰脊強則知病在太陽經也身熱目疼鼻乾不得卧則知病在陽明經也

大貼隔晚煎露一宿臨發日清早煖熱服渣再煎近者一二服三年者五六服立愈

一分金　細茶五錢炒　白扁豆三錢　白砒三錢　右研細末大人一分小伺半分臨發煎時冷茶送下

治瘧疾三五年服藥不愈者　大常山二兩老酒浸半日　不油白蒼术四兩米泔浸一宿　右二味焙乾為細末用浸常山酒打麵糊為丸如梧桐子大每服二十丸漸加至五六十丸好酒下空心日三服

又治大人小兒不肯服藥者用鐑毋猪花腸陰乾遇患者縛脉上男左女右手不許令人知之札二五日解之留再用

治瘧蒸方　用桃柳枝葉各一束煑水一鍋令滿脚盆乘貯令患人先喫牛肉酒或牛血酒令飽上脚盆竹椅坐定用草薦遮圍定用被或管箬蓋之蒸待水温洗浴净後即愈神效

治瘧疾不能愈者於五更時取大蜘蛛一個用絹或包頭捲了蜘蛛縛於病人背膊上起大泡一個猶止得快但許一人知見不可四眼見

又符呪方　臨發瘧日早五更雞犬不聞聲之際令病人朝東方立將硃砂書符符於病人背上口念　呪曰　天火燒太陽地火燒五方雷火執常法燒死諸不詳急急如律令勑立愈就是久瘧亦只消二次即止

碧霞丹　治瘧疾塞鼻立效　東方甲乙木巴豆去油　南方丙丁火官桂去皮　中央戊巳土硫黄　西方庚辛金白礬　北方壬癸水青黛　俱另研

胸脇痛耳聾口苦舌乾往來寒熱而嘔則知病在少陽經也腹滿咽乾手足自温或自利不渴或腹滿時痛則知病在太陰經也引飲惡寒或口燥舌乾則知病在少陰經也煩滿囊縮則知病在厥陰經也然後切脉以辨其在表在裏若虛若實以汗下之經云問而知之為中工切而知之為下工若經隨文絡情然不分按寸握天妄尋疾豈知生扱明堂藏室金蘭之秘者耶宜察矣

用藥賦　傷寒證　萬物有生惟人最灵四時有変百病乖生欲察陰陽之証必須天地之句於寒温表裏之候須明根本施補吐汗下之法實究身形甚或始自皮毛次開腠理惡風自汗者桂枝湯之原喘熱惡寒者麻黄湯之候陰陽俱虛而身必痒桂麻各半同功寒熱更作而脉上洪一二俱勝於提助以姜棗褷宜鼓愈便利悪風者干葛湯心悸腹痛者建中熱極而煩置人參於白虎湯煩燥而喘加杏子於青龍湯恍惚下痢陰痛柴胡功效赤石脂禹餘糧振理水濕心悸真武當攻苦梗寛咽甘草平苦梗甘草湯也腹中脹滿厚朴湯生姜心中懊憹梔子湯涉豉小便不利者利以猪苓湯陽明欲吐者吐者瓜蒂湯若乃寒熱作心脇痛裏餅見表未除必用乎大小柴胡或往安發潮熱攻小便澁大便閉宜叙以大小承氣結胸者義在陷胸譫語者先攻調胃青龍十棗芍水有表裏三黄四逆考利

各等分右件於五月一日脩治了各包一盤盛貯依前方位排定勿令婦人雞犬見之三日安神佛前至五日午以五家粽尖和匀合丸如梧桐子大每用一丸綿裹塞鼻中男左女右於未發之日先安立

香椿散　治久痢將香椿根之皮向東者用三錢切碎煎濃湯半盞空心飲之即愈

治赤白二色痢　初起而未甚者用好茶葉一兩并帶生姜五錢一同搗碎泡濃茶服極效甚者服二三次亦效裏急後重者加檳榔五七片枳殼五七片腰痛者加艾葉五七葉同煎

治禁口痢　不受藥并不受飲食者用田螺數枚連殼搗爛加些麝香在内調匀填滿於肚臍内引火下降服藥再不吐矣飲食須慢慢進之

又方　用石蓮肉搗碎為細末每服一錢空心將清粥湯調

治腸滑久痢　以石榴一個帶皮子劈破將炭火來燒晷待烟盡即便取出勿使燒作白灰以致無力仍用碗蓋在地上過一夜次早為細末每服二錢以生石榴酸皮一片水一盞煎湯服之亦治濕泄

治紅白痢疾　初起用白芍藥二錢酒炒當歸尾一錢酒洗黄連一錢黄芩一錢厚朴一錢此三味俱姜汁炒枳實一錢炒青皮一錢炒枳殼一錢炒　大黄三錢檳榔一錢甘草二分水二碗煎至一碗空心及食前熱服須先將廣木香磨汁

有寒溫不渴者加甘草煩渴者伏苓脈絕弦者加當歸亡血者加人參四者別於四逆多汗者加附子惡寒者加黃芪脇下水氣者加乾姜心中嘔逆者加人參四者同歸於瀉心溫寒溫而下結胞三物之功妙即三白散生精液而逐水道五苓散之超浙若青龍與柴胡有加減之餘豈二者之獨專以發藥而同類汗多者小柴胡湯加附子奔豚者加桂枝下後腹滿者芍藥以湯增大黃腹痛者大黃可倍喘者杏仁嗽者五味瓜蔞則胸煩未除豬苓熱者主小便不利內寒者乘道外腫者防己外有餘熱者桂枝內發潮熱者芒硝外証惡寒者桂枝生姜止嘔半夏痰嗽有枳殼兮滿氣散胞[illegible]

有黃梔兮衄血令出鼻梔子所以湯也其有吐血者黃芪便膿者桃花噫氣者旋伏可止湯大補嘔血者桃仁可加承氣湯也黃連茵陳必求瓜蒂斑毒紫雪宜用升麻湯玄參溫濕桂附之中蒼朮可入霍亂理中之內附子宜加或將人參以除煩或取茯苓而愈悸頭如破者葱白連鬚噫氣欲絕者丁香柿蒂身痛者枝子豉五苓撰願四十四証之變異最妙者當推如是

藥性賦 ○藥性多办醫當要知分貴賤之殊品察陰陽之異宜賦無蔑俱是殺重之使三稜莪朮皆為破氣之師五款花寧主嗽之功而半下有除痰之力沙苑紫菀均可理嗽乾姜良姜大能進食止血莫如花蕊石赤亦同途益心無過

臨服食加三四茶匙入藥服之行積三四次即愈

又痢疾方 赤石脂末二錢搜白麵二兩切三刀令軟煮調和羊清汁服胡給方云虛弱人不過二服即成臟腑矣

河魚丸 治痢 人川芎二兩 神麴二兩炒 為細末湯浸蒸餅丸如桐子大每服五十丸姜湯下

又方桃紅丸 赤石脂二兩細研 炮乾姜末二錢 和句湯浸蒸餅丸如梧桐子大每服一百丸濃粥飲送下日三服

治痢疾驗方 木通 粟殼七個 甘草七寸 棗子七個 烏梅七個 燈心七根 右剉散酒水各半煎空心服如吃了常服反証荷葉燒灰煎水吃效

香連丸 治痢疾臟腑虛弱 黃連一錢 胡茱萸一兩 共一處炒黃色去萸用黃連 廣木香一兩 胸隔不寬加枳實一兩 腸腑不寬加枳殼一兩麩炒 澤瀉一兩 豬苓一兩 右為細末醋糊為丸如梧桐子大每服三十丸米湯吞下

錢半散 治裏急後重紅痢臟毒酒毒並前後紅諸熱肚痛膈熱痰脹赤眼四肢煩熱及諸熱核疥毒一切並治神效 龍腦薄荷葉三兩 粉草二兩 芒硝各一兩 山枝子二兩 連翹一兩去心 黃芩二兩 宣黃連一兩半生一兩半酒炒 庄郎大黃三兩一兩半生一兩半酒炒 均為細末每服一錢半食後茶調下

火龍丹 治痢疾 白砒三錢為末 松脂四兩 將二味入礶封固火昇煉一炷香候冷取上面靈藥一錢 乳香五錢 沒藥 沉香各五錢 巴豆霜三錢 黃丹一兩 黃

麥門冬菖蒲共成白芨安瘀黃芩取涼滋若丸不熱加硇霜去風化瘀羌活獨活和氣止氣丁香木香黃連清於耳目防己利於小腸側柏定疼何異補虛於捲柏雄黃解毒發散宜表於麻黃風痰不化惟有賴於南星心氣不通便當加於遠志補骨脂壯筋補燥朮通草利便通腸草果檳榔皆為治瘧之祖川烏附子俱是逐風之帥瀉渴止於活石食停消於益智赤白芍藥破血補血實有性味不同生熟地黃行榮補衛其用功之可宜丑夫愈四肢之瘡者白斂白芨補五臟之虛者茯苓茯神當歸芎身能補血須破血一巴豆芎制能生人生殺人鐵母水銀無假誰知阿魏無真活石通便瞿麥無用縮仁化食胡椒與均解涼枝子寬胸杏仁六腑既安前持禹餘粮之力三焦未煖必用天台烏之親寬中潤肺功必藉於人參利產滑胎力歇於葵子澤蘭散血牛膝同攻龍腦通關麝香兼使可信牡丹服而瘀血行柳安疏黃連而瘀瘧止熱退宜去於枝子心涼便加於蒼耳要除筋急五加皮地骨皮目去昏黃蕨梨子決明子亦常論升麻乾葛解肌熱而無比荊芥蕪荑頭疼而有功鱉甲治勞傷之疾鹿茸補虛耗之宗陳皮青皮雖各下氣檀香乳香並皆去風止渴莫如豆蔻壯髓實賴芎藭稿本柴胡起傷寒於掌上大黃巴豆破積現於胸中白朮以安胃氣黃精返老還

蠟一兩溶開入前藥和勻每兩作一百丸只用一丸治病赤痢甘草湯下白痢姜湯下赤白相兼甘草枳殼湯下水瀉井花水下

泄瀉類

水瀉方 生姜三錢 細茶三錢 煎服效

又方 用礦灰 灰麵 枯礬各等分 右為末滴水為丸如桐子大大人十丸小兒五丸冷水送下

治水瀉方 用蚊蛤一錢灰 枯礬一錢 右為末米糊丸陳艾煎湯送下

治清水瀉 用車前子一味揀淨炒燥研碎為粗末或一二錢或二三錢空心及食前滾白湯送下一二次即愈甚者只消二三服

治脾泄瀉久者 用黃連一兩 生姜四兩 俱切碎慢慢火同炒待姜枯即取起去姜將黃連為細末每服二錢空心茶調或陳黃米清粥湯調下即愈食前亦可服

治老人并小兒脾虛人作溏瀉○用白朮一兩 蓮肉一兩去心 陳皮五錢 白茯苓 乾山藥各一兩 人參一兩上蒸 山查五錢 甘草伍錢炙 澤瀉五錢 共為細末煉蜜為丸如彈子大每服一丸空心清粥湯化下如要速愈食前并食遠亦可服

又方 治小兒老人脾虛易飽溏瀉○用白朮三兩東壁土拌炒 白茯苓一兩半去心 大麥芽五錢炒 陳皮一兩 共為細末加白沙糖二錢在內每服二錢空心或食前食遠俱滾白湯調服此方補脾助元氣最令人能食止瀉

霍亂類

治乾嘔欲死者○半夏湯泡七次一兩二錢半 生

薑草解諸藥使賓嘗有用之功，從衆法精誠。甜無偏之寶，至於解和百毒，隨用隨宜，則有甘草一味兮，見之美之。

【用藥捷徑賦】○人參健脾，附子回陽。用木香而止氣，加枳殼以寬膈。半夏化痰不外粉麴，桑白桂枝發汗，兼今甘草麻黃。瓜蒂吐痰，鬱金退熱，升麻乾葛最宜解渴。檳榔大黃善能通泄，白朮乾姜而止嘔。荊芥甦風，黃芩芍藥以涼心。苦參散血，且夫消毒者白蘚，瀉心者青蒿。雄黃能消於五臟，麝香通關於百竅。茯苓定魂魄以除熱，黃芪調中而補損勞。心腹痛兮，豆蔻與蓽澄茄；頭疼腦痛兮，川芎白石羔。桔梗柴胡治傷寒，而神功香薷蒼朮療疫癘以功高。川烏草烏非何以行風，丁香木香安茴香而止氣，紫蘇治喘。白礬潤肺，常山草果大攻瘴疾之戰攻。香附硇砂解肚腸之滯氣，行經消積無非莪朮三稜。喘咳火聲，更加杏仁五味。生姜阿子能取聲，厚朴陳皮而潤肺。知母貝母定氣喘而為妙，羌活獨活治頭痛之眼花。竹瀝出聲，草豆破瘕壯癘止汗。葛蒲治邪，退肺熱平和百部，去骨木當於五加。治脈去血，黃柏蘆薈養味，進食青皮麥芽。明目兮谷精草，淋痛兮海金沙。除風滌痛以全蠍，五臟宣通必用巴豆。膜遮精瞑，粗青箱烏賊骨。咽喉腫痛，細辛牛角紫河車。肖知姜雞石羔，解手足之拘攣；薏苡木通，散胸中之積聚。乳香沒藥治腰痛之紫蘇年勞防手。

姜兩 右㕮咀，每服五錢，食後服。

【治霍亂吐瀉方】藿香 砂仁各二錢 莪朮五錢 麴 香附子一兩半 丁香兩 甘草炙兩 山松一錢 益志仁六錢 右為末，生姜自然汁調服，累效。姜湯下可。

【四逆湯】治霍亂四肢厥冷，用附子 乾姜 甘草 後用真武湯，生姜引。

【四君子湯】治小兒霍亂 人參 白朮 茯苓 甘草 加藿香 陳皮 重則加丁香 半夏 如冷泄加訶子 豆蔻 丁香

伏暑嘔吐不止，用五苓散加人參 藿香 姜汁煎，或香茹散。

受溫體虛，或胃兩嘔吐，用【治中湯】加半夏 藿香 姜棗引。

治吐瀉腹痛，用綠豆四十九粒 胡椒四十九粒 搗爛，滾湯泡作一服立效。

【陸一散】治霍亂吐瀉 甘草一錢 滑石六錢 右為極細末，將水來飛過，晒乾，每六錢。

【又方】在淨地上掘一小潭，如有水，傾水在內，取泥漿不飲之，如無水，即撒尿在內，取其泥尿飲之，俱可愈。

治乾霍亂，即今之絞腸沙，用飛鹽放冷水中飲下即止。如不止，將針來剌少商穴，於指頭出血立止。穴在十個指頭上，指甲之兩傍與爪指甲處相齊，只離指甲兩邊各一韭葉之地位就是。

【咳嗽】【靈飲散】治遠年近日咳嗽，冷嗽 飲冬花四錢 旋伏花三錢四分 鵝管石二錢三分 井泉石三錢 [illegible]

消腫則少能殊，五靈脂治血止痛。百草霜有功同倍。豬苓澤瀉分陰陽而利心經。狗脊蓯蓉生津液而補腎臟。況且木賊洗肝，滿洞胡桃注顏益精，枝子涼心。可無乎通草瞿麥，菊花醫眼必用於炉甘。决明胡椒伏氣以為妙，海藻消癭而有名。巴戟鹿茸治耳聾而與人延壽，地黃犀角止鼻衄而命即長生。戒之曰：麻黃桂枝不可妄投，大戟芫花更宜斟酌。表裏虛實俱在察脈陰陽，疑事最難用藥。如指下分明，且胸中之活法，能起人間之疲癃，乃當世之扁鵲。

【用藥須知賦】○天雄附子救陰助陽，肉桂乾姜治冷退疾。人參健脾，枳殼寬腸化痰。天南星桔梗寬胸，發汗須用麻黃前胡乾葛赤芍紫蘇。霍香下氣，人合用沉香。退熱柴胡石羔枝子薄荷黃芩黃連。枳實寬胸厚朴。滿腸風疵，羌活獨活防風荊芥。羌蠶氣內木香丁香，腹皮烏藥茴香。天花粉止渴，地骨皮退潮熱。瀉用白朮肉豆蔻訶子阿膠。嘔吐宜生姜陳皮竹茹半夏。桃仁下血，茵陳退黃。白芷川芎蒿本能治頭疼腦痛。木瓜牛膝杜仲善醫腰脚氣疾。門冬蓮子清心。川烏破紙補腎。芫花大戟甘遂黑牽牛退消水腫。神麯青皮麥芽香附子進食，赭桔定咳嗽。杏仁烏梅五味子，破積聚巴豆莪朮京三稜。石羔竹葉除煩，草果常山治瘧疾。砂有鎮心之妙，鹽砂有止泄之功。滑石車前及木通，通小便而有效。朴

石八分 青蒙石四分 白石羔六分 桔梗三錢 枯礬二錢 粉草六分 鍾乳粉八分 右末，竹筒吸之，茶下。

【養元散】治咳嗽 桑皮 款冬 連翹 黃芩 石羔 款冬花 杏仁 麻黃 烏梅 各等分，白水煎服。

【治咳嗽燒藥方】井泉石八分 鵝管石[illegible] 款冬花五分 牛黃半分 雄黃二分 桂皮 甘草 右為細末，斷艾燒紙捲燃燃入口，米湯送下。

【治遠年咳嗽】將款冬花為粗末，於無風之處燒之，用筆管吸其烟入口，頻頻嚥之，三四次即愈。

【治咳嗽】人不愈者，用知母 貝母各等分為細末，食後將蒂皮老生姜切小片，蘸其藥細細嚼咽，滾白湯慢慢過口，常服自然除根。

【又灸方】治遠年咳嗽不愈，將本人乳下大約離一指頭，看其低陷之處，與乳直對不偏者，此名為直骨穴。如婦人，即按其乳頭直向下，看其乳頭所到之處，即是直骨穴之地位。灸艾三炷，其艾只可如赤豆大。男灸左，女灸右，不可差錯，其嗽即愈。如不愈，則其病再不可治矣。

【治咳嗽痰多】服藥久不愈者，用完全瓜蔞一個，要蒂子，又須要經霜者，搗爛，水二茶鍾煎八分，露一夜，五更空心溫服即愈。其嗽痰甚者，亦只消二三服。

【治咳嗽】寒水石二錢 冬花蕊九分 鵝管石二分 白礬一錢枯六分 大粉草九分半 鍾乳石一分半 青蒙石二錢硝煅 冷加肉桂，熱加滑石，為末，每服八釐，茶送下。忌

硝大黃烏頭根瀉大腸以無涯猪苓澤
瀉分利五穀茯苓甘草和合陰陽川芎
當歸地黃蒲黃[illegible]艾葉專治婦人川
烏黃芪續子益智山藥鹿茸能補男子
小兒驚癇全蝎天麻白附子女人經閉
紅花蘇木牡丹皮牡礪治腸腰痛最奇
玄胡索治氣刺猶如陳皮寬中快膈良
姜治冷驅寒更有皂角麝香開通關竅
治暑香茹厚朴黃連要使君臣佐使本
草藥性奈焉

○引經藥報使

小腸膀胱屬太陽　藁本羌活是本鄉
三焦膽與肝包絡　少陽厥陰柴胡強
太陽陽明并足胃　葛根白芷升麻當
太陰肺脉中焦起　白芷升麻葱白鄉
脾經少與肺部異　升麻兼之白芍詳
少陰心經獨活主　腎經獨活加桂良
通經用此藥為使　豈能有病到膏肓

○六陳

枳殼陳皮并半夏　茱萸狼毒及麻黃
六般之藥宜陳久　入用方知功効良

○十八反

本章明言十八反　逐一從頭說與君
人參芍藥與沙參　細辛玄參及紫參
苦參丹參并前胡　一見藜蘆便殺人
白及白斂并半夏　瓜蔞貝母五般真
莫見烏頭與烏喙　逢之一反疾如神
大戟芫花并海藻　甘遂已上反甘草
若還吐蟲用翻腸　尋常用之都不好
蜜蠟莫與葱相覩　石决明休見雲母

生冷熱物煎炒醎物

又方　冬花蕊(一錢五分酒洗)頭鵝管石(一錢火煆七次)(三分)枯
礬　粉草(各五分)　活石(一錢冷不用)　肉桂(五分熱不用)　白石
羔(枯過五分)　青蒙石(五分)　同前用之

哮喘類　治哮喘　川白菓(二十一個)去殼留衣炒黃色
又用枯黃芩切片將姜汁拌炒一錢五分　桑
白皮(蜜炒三錢)　半夏法製者三錢　甘草(一錢)　麻黃(三錢)　杏
仁(一錢五分)去皮研碎　蘇子(炒三錢)末　款冬花(三錢)　水三鍾
煎二鍾不拘時常常細細慢呷之効

治哮除根方　桑樹灯虫屑(炒一升)　蘿蔔子(炒半升)　杏
仁(去皮尖半升)　甘草(二兩)　右為細末湯浸蒸餅為丸如
梧桐子大每服五七丸空心淡姜湯送下

治吼氣神効方　人言(一錢赤者)　白礬(三錢煉過者)　淡豆豉
(一兩)共搗爛為丸如菉豆大老人小兒只用五丸
小壯者用七丸不可過用姜湯白湯下吐出腥
臭痰即愈

治吼喘不得睡　白石羔(一兩煆過)　白砒(三錢)　右為細末
米糊丸如菉豆大每服五丸或七丸臨睡之時
冷水送下

痞塊類　治痞塊方　三稜　莪朮　檳榔　草菓
(各五錢)　陳皮　青皮　枳殼(水浸各二兩)　山查(二兩)　小茴
香(炒)　甘草(各一兩)　砂仁　木香(各七錢)　厚朴(酒浸四兩)　蒼
朮(米泔浸四兩)　針砂(火五錢)　右為末酒糊丸黃豆大每服
十五丸生姜湯送下

灸癥瘕痞氣方　用真天麻為末不拘多少將水
調如氣大用艾放於藥上一般大用火發起每
日灸七壯如腹響不散復灸之至七日無不愈
者　用皮硝(一兩)　獨蒜(一兩)　同搗爛如泥加大黃
末(一錢)　攪和做膏敷於癖上自愈

藜蘆莫與酒來侵　人若犯之都是苦

○十九畏

硫黃原是火之精　朴硝一見便相爭
水銀莫與砒相見　狼毒最怕密陀僧
巴豆性烈最為上　便與牽牛不順情
丁香莫與鬱金見　牙硝難合京三稜
川烏草烏不順犀　人參又忌五靈脂
官桂善能調冷氣　石脂相見便蹺蹊
大凡修合看逆順　炮爁炙煿要精微

用藥凡例　上焦有寒桂枝麻黃○中焦
有寒肉桂乾姜○下焦有寒沉香附子
○上焦有熱黃芩赤芍○中焦有熱黃
連梔子○下焦有熱黃栢知母○頭風
痛須用川芎○血枯亦用○頭痛須用
藁本○遍身肢節痛須用羌活○風溫
亦用○腹中痛須用白芍厚朴○臍下
痛用茴香青皮○心下痛須用吳茱萸
○胃脘痛須用草荳蔻○脇下痛須用
柴胡○日晡潮熱寒熱亦用○脛中痛
須用生甘草稍○氣刺痛用枳殼○血
刺痛用當歸○心下痞用枳實○胞中
寒痞用白陳皮○腹中窄須用蒼朮○
破血用桃仁○活血用當歸○補血用
川芎○調血用玄胡索○補元氣用人
參調諸氣用木香○破滯氣用枳殼青
皮○肌表熱用黃芩○去痰亦用○去
痰用半夏○去風痰用南星○諸虛熱
用黃芪○盜汗亦用○脾胃受溫用白
朮○去痰亦用○下焦溫腫用漢防己
草龍膽○中焦溫熱用黃連○下焦溫

膈食類　膈食方　用胡椒(四十粒)　巴豆肉(九粒)　斑猫(七個去頭足)
粟米同炒過米黃為度去斑猫不用將前
胡椒巴豆共為細末用雪梨一枚切開去子及
穰梗取孔入前藥用燒紙包固七重水濕火煨
過冷水退火毒然後用竹刀細切任意服二三
次後即開

後服煎藥方　白桔梗　廣陳皮　蔓荊子　麥
門冬　條小草　條黃芩　貝母　尾參　烏
藥　右藥各等每服老姜三片棗五枚煎服不
拘時服忌生煎炒房事即效

咽喉類　治喉痛雙蛾單蛾效方　皂角(三錢猪牙者)
北細辛(一錢五分)　右剉散同醋煎噙口內三四次吐
痰即神効

治鎖喉方　青魚膽(一個陰乾研細用)　雄黃　皂角子(三十個)
右為細末用竹管吹入喉中忌生冷

治咽喉痛方　馬錢子(不拘多少)　或為末或用磨井水
或茶磨亦可

黃龍膽　錦紋大黃為末竹筒盛之要青魚膽七個
陸續聚積取汁於內待乾研末聽用吹入鼻中
或喉中立效

治喉癰風　閉難治者惟此極效　用猪牙皂角
切一劑用蜜調和水煎如急立服緩則露一宿
猶妙倘口緊者剪刀擘開灌下須將危者後甦

熱用黄芩○煩渴用白茯苓葛根○嗽
者用五味子○咳有声無痰者用生姜
杏仁防半○咳有声有痰者用半夏枳
殼防手○喘者用阿膠天門冬麥門冬
○諸瀉泄用白芍白朮○諸水瀉用白
朮白茯苓澤瀉○諸痢疾用當歸白芍
藥○上部見血用防手○中部見血用
黄連○下部見血用地榆○眼暴發用
當歸黄連防手○眼久昏暗用熟地黄
當歸細辛○解痢傷氣用防手爲君白
朮甘草爲佐○解利傷寒甘草爲君防
手白朮爲佐○凡諸風須用防手天麻
○諸瘡瘍用黄柏知母爲君連翹黄芩
爲佐○小便不利須用黄柏知母爲君
茯苓澤瀉爲佐○瘧疾用柴胡爲君隨

慎勿輕之

消風散 治喉風腫痛飲食不進及初發者神效
桔梗　疾藜　黄柏　黄連　黄芩　荊芥
羌活　独活　當歸尾　各等分剉碎放在罐
内煎後放上等好牙硝 兩 同煮濃再將絹帕濾
出候等結成硝出起烘乾研後入七寶用同研
爲細末　硃砂 一錢　辰砂 五分　硼砂 一錢　海金砂 一錢　麝
香 五分　片腦 半分　後用竹管吹在起發之處方吐出
涎痰即愈

心氣類 湯和演氣丹 治心氣肚腹疼　沉香 紙炒
木香 各三錢　丁香　官桂　三柰　人參　蘿蔔
子 炒　牙皂 各四錢　右爲末每大人服一分半小兒
七八厘燒酒送下

所發之時所屬經部分以引經藥導之
○已上諸藥此大畧言之以爲處方之
階欲究其精於後諸藥品性歌訣内求之
○四友歌
柴胡遠志麥門冬　此藥從來大有功
更兼牛膝加增味　良醫調合莫匆匆
○六陳歌
枳殼半夏莫宜新　狼毒茱萸喜見塵
麻黄十載方堪用　橘皮須是要年深
瀉五臟 ○黄連 心 ○大黄 肝 ○牽牛 腎
葶藶 肺 ○巴豆 脾
補五臟 ○辰砂 心 ○黄芪 肝 ○山藥 腎
人參 肺 ○白朮 脾
通五臟 ○木通 心 ○麥門冬 肝 ○茅根
腎 ○通草 枳殼 肺 ○硼砂 脾

五仙丹 治諸氣上下攻心肚腹膨脹浮腫水氣
背治　香附子　紫蘇　乾姜 各一兩　陳皮　烏
藥 各二兩　右爲細末每服一錢酒調下白湯亦可
痢疾久不愈者加胡椒同服
治心脾腰痛方 大凡胃口痛非勞即食是在胞
膈間痛不是心上痛也將尖刀頭入火燒紅用
好鹽放在刀頭上煉燥取水大半碗連刀鹽投
水中飲其鹽水效
治胃脘火痛 將山枝揀肥大者九个帶殼搥碎炒
至褐色川芎一錢陳皮二錢用水一盞煎半盞
食後服之立效
治心脾痛 將高良姜 炒一兩　香附子 炒一兩　共爲末
每服二錢空心陳米粥湯調服

行五臟 ○腦麝薄荷 心 ○朴硝 肝 ○狸
參活石 腎 ○茵陳 肺 ○畢澄茄生地黄 脾

六腑 六腑者猶府也之府取其受物之
義故曰腑也藏者各是一質而共藏於
身故爲臟也言三焦者未的其真蓋心
肝肺三臟之上係管之中爲三焦黄帝
經云肺首三焦是也

脉之所主 心合小腸主血脉○舌縮不
能言血壅々驚也○舌不知味脾虛也
○多忘則神離也○重語則神亂也○
多悲則神傷也○好食苦味々不足○
而色青黑停水也○容色好而無疾也
其証主呵々者心受病也
肺合大腸主鼻○鼻塞容色枯乾也○
鼻癢々有虫也○多怖々魄離外也○

治心脇痛 如錐刺者用　陳皮 二錢　枳殼 二錢　甘草 一
錢　共爲末以槐條煎湯服之即愈
治男婦心痛口禁不開欲死 用隔年老葱根白
五七根搗爛取汁將病人之口用銅茶匙
挑汁入口中以香油送汁入喉其人即甦少停
其腹中虫積盡化爲黄水從大小便出立効若
葱乾無汁畧加水在内取汁
失笑散 治急心疼腹痛小腸氣痛不可忍者
五靈脂 醋炒五錢　蒲黄 炒三錢　右爲末每服一錢或二
錢好酒調下
應手散 治心痛腹痛　五靈脂 炒六錢　良姜 炒四錢
陳皮 四錢　右爲細末每服一錢用醋一中和同煎
至五分温服

不耐寒々勞也○多聲氣々盛怯也○
好食辛味不足○鵬鳴瘂息也○顏色
鮮白無病○怒塡塞胸臆則長咽而浅
之盖不咽必致傷欬嗽喘也
肝連肺主目及筋○筋急皮枯々熱也
○肌肉斑點々風也○色青則盛也○
好食酸不足也○髪枯焦虛也○手足
多汗無疾也○肺邪入入則多哭々有
疾亦當嘔之
脾連胃主口○熟食不消不轉也○食
堅物磨不盡則爲食積○不欲食々中
有不化之食○多惑不安也○多食虛
也○食不下寒也○無顏色々傷也
○好食甘不足○肺邪入入痰而呼○
呼聲者氣也

治腹痛用阿魏丸如粟米每服五七丸用姜湯
下熱用米飲送下
頭風類 治頭風痛　蓽撥 四錢　川芎 二錢　雄黄 一錢　右
爲末每服三錢薄荷湯調下
九龍丸 治頭風疼痛　川芎　石羔　川烏頭
白芷　草烏　半夏　南星　細辛　全蝎 各二
錢半　右爲末韮汁爲丸梧桐子大每服五十丸食
後清茶送下
治遠年近日偏正頭風痛 用白芷 三錢　川芎 三錢　共
爲末將黄牛腦子一個擦七藥在上入磁器内
加酒二碗頓熟乘熱連酒食之盡量極醉睡後
酒醒即愈
牙痛類 治牙痛方　草烏　川烏 各二錢　川椒 一錢

腎臓神主骨又主耳〇齒痛傷也〇不
聲辨則虧虛也〇骨痛虛也〇齒髓ㄷ
風也〇耳痛氣壅也〇多呵欠邪入也
〇腰不伸水也〇色黃黑衰也〇骨鳴
痛也〇容色有光無疾〇肺邪入多呻
呻之疾用吹能抽之疾
膽合膀胱主毛髮〇髮枯落者竭也〇
爪乾虧也〇髮焠有風也〇毛焦熱也
〇目無光有泪者熱也〇顏色青光白
者無疾〇膽生金ㄷ主武多勇宜呬少
主陽陰從陽出故泼亦從目出也

〇附得效方

紅膏藥 治遠年近日臁瘡神効　黃丹四兩將水洗飛過不用净者焙乾二兩無油去除蠟二兩上等大片好輕粉四錢

皂角一錢 枯礬五分 右爲細末用茶葉同煎吃在口內嗽口或吞一口三五日即愈

治牙痛方 用北細辛二錢 川羌活五分 川椒二錢 胡椒一錢 右爲細末搽患處效

又方 歌曰
半勺黑豆數莖蔥　同艾川椒一處從
濃茶一碗通口嗽　牙疼不怕有蟲風

外治方 川黃蠟五錢 老陽子七個 同爲丸每用一丸重綿裹之塞耳內立效

吹鼻散 雄黃　荊芥穿　胡椒各等分右爲細末吹鼻中

治蟲牙方 雄黃五分 棗肉五分 搗碎爲丸塞入牙蛀孔內即出

吹鼻方 蓽撥　細辛　皂角各一錢 牙硝五分 右爲細末用竹管吹入鼻中効

乳香一錢 沒藥一錢 真麻油一盞 上等豬油煎一盞 女頭髮一團 先將麻油胶煎熱入髮花溶後將蠟同煎溶然後拿起放在地上冷之際方入藥末桃柳枝不住手攪溶

黃膏藥 治臁瘡婦人裙尾瘡　真降蠟一兩 好麻油一盞 乳香一錢 血竭五分 輕粉五分 水龍骨一錢即是舊缸底石灰燒過 用頭髮燒灰五分 海漂硝五分 右[illegible]用　黃連　黃柏　枝子　木鱉子　連翹　蟬退　當歸　沒藥各等分爲末入油煎出濾過査再入細末加鳳凰胎五分

白膏藥 治杖瘡用綿片開併刀斧傷摻傷處神驗　上等真豆粉五錢 水銀五二錢用酒調下七日立愈

走馬牙疳方 爛牙齦者　米糖灯上燒成灰 莧菜梗燒灰存性 絲瓜殼燒灰存性 雄黃三四厘 和勻共爲細末搽牙上神效

偏墜氣類 治偏墜方　馬蘭花二兩用蘿蔔子要揀淨黃色者一同炒 三合 川練子一兩半淨肉用橘核同炒取橘核不用 吳茱萸要淨一兩用酒浸過同炒用 木香二錢不見火 右爲末每服一二錢用好酒空心調服即愈

治偏墜氣仙方 用韭菜一握水酒一鍾同煎熱服出汗爲度

治小兒疝氣方 吳茱萸四兩 小茴香　青木香　檳榔各一兩 黑豆　白牽牛各一兩炒 右爲細末每服

分用豬油攪勻

綠膏藥 治遠年臁瘡其方如神傳効　松香半斤溶七次瀝去查 孩兒茶三分 乳香二錢半 沒藥一錢半 杏仁去尖一錢半 萆麻子去殼二錢半 血竭一錢 銅綠一錢半 麻油二兩 乳汁二盞 右將細料藥爲末同松香等搗亂捉一千下用絹片開貼

黑膏藥 治諸風傷損瘡癬等証神効　黃芩　黃柏　黃連各二兩 防手　松香　黃丹　白芷　羌活各一兩 獨活　木鱉子　麻油　荊芥　赤芍各一兩 枝子　連翹　當歸各二兩 蒼朮一錢 川山甲五錢 水粉十兩 香油二斤 將前藥同浸一宿再用淨鍋煎藥赤色后將

治小腸氣腫大如升斗者 荔枝殼燒灰 青皮炒 小茴香不拘多少 共爲末每服二錢鹽湯調下

雜方 治時疫發寒發熱將黑豆二合炒香甘草二寸炙黃俱切碎用水二茶盞煎至一茶鍾時時呷之效

治癲病 狂言心燥結胸將死將苦參二三兩切碎用好酒二斤頻得滚熱服之或汗或無汗或吐或不吐俱愈

治瘟毒熱痢 將松花篩細爲末每服二錢用薄荷葉煎湯入蜜調服

治陰虛大旺五心煩熱 用童便去頭尾半茶盞或食前或食後服之每日服一二次降火滋陰最速其童便切勿用黃色

粽漏渣又入鍋文武火用桃柳枝不住手攪滴水成珠帶鍋拿起放在地上攪候入細末藥　黃蠟一兩 樟腦三錢 龍骨二錢 孩兒茶五錢 血竭一錢五分 乳香　沒藥　雄黃各一錢 右爲細末攪勻收在罐內

〇附小兒方

慢驚風 真珠五錢綵綿裹住搗碎 琥珀一錢 真牛黃二錢 蟬退三錢 人參一錢 沉香一錢 辰砂五錢 麝香二分 乳香一錢 天麻一兩 南木香一錢 藿香　防風　荊芥各五錢 白附子三錢 川芎二個 蘇合香油三錢 右爲末煉蜜二盞爲丸圓眼大或用蜂蠟封之薄荷燈心金銀磨湯送下吐者姜湯心神不定遠志湯下

治人身上火痛移動不定手按不疼者 用生山枝搗爛水浸濃汁調麵如膏藥貼痛處稍乾即以水潤之又要頻將山枝汁調麵換

治發狂跳叫如着鬼崇一般者 用蚕退紙即蚕蛾退下在紙者燒灰存性將溫酒調服即愈

治體氣方 金鳳花搗爛同金公花搗封夾腋下一夜或二三夜叫人看腋下有烏黑眼處用艾灸之艾丸如菉豆大灸爛了好巴蓋住毒氣只在小便出妙

又方 用豬腰一個同甘松搗勻放在兩腋下用甘草煎服

治便毒方 姜蚕　大黃各五錢 俱爲末用蜂蜜一小鍾調露一宿以利爲度

小便不利車錢湯下

急慢驚風丸　天竺黄　寒水石　清蒙石　石羔煅過　白附子　僵蚕　天麻　木香各三錢　南星　皂角水煮　全蝎酒洗　猪牙　荊芥　桔梗　羌活　獨活　釣鈎藤用刺　白芷　川芎　陳皮　活石煉過　烏藥　蟬退　赤芍　甘草　連喬　防風　杏仁各五錢　厚朴一兩　硃砂一錢　黄丹二錢　射香五分　研爲末煉蜜爲丸如黄豆大金箔硃砂爲衣燈心薄荷湯下

四聖氣丸　治慢驚風吐瀉　沉香　肉桂　木香　梹榔　豆蔻　莪藥　三稜　乳香　玄胡索　五靈脂各三錢　丁香二錢　白猪苓　澤瀉　白朮　藿香　黄芩　厚朴姜汁製過　白芍　山查　半夏　桔梗　活石煉過末　歸尾　烏藥　白芷　皂角　甘草　砂仁各五錢　射香五分　同前爲末青黛爲衣薄荷燈心湯下　渴木瓜湯　氣証燒酒下

蘇合丸　治男婦小兒吐瀉　香附子五錢　沉香　三柰　木香　藿香　胡椒　白朮　丁香　薄荷　檀香　柯子各三錢　乾姜二錢　甘草五錢　右細末煉蜜爲丸姜湯送下

截風湯　治小兒潮熱感冒風邪咳嗽等証変爲驚風　防手　羌活　桔梗　枳殼　柴胡　黄芩　甘草　白芷　荊芥　茯苓　天麻　有咳加杏仁　半夏　姜三片薄荷煎湯下

治便毒方　用核桃殼一邊去肉用大蒜搗爛塡於内灰麵水調得宜敷四圍莫令洩氣用艾丸灸之至大痛即止

治癬瘡方　銀硃　鉛粉　鏡銹各等分右爲末搽上患處即愈

治血箭痔及腸風下血方　烏梅净肉四兩　大枝子仁水淘净仁四兩　用新瓦二片乘貯鐵線札縛兩頭仍用瓦掩黄泥封固上下用炭火煅二炷香存性冷定取出爲末黄蠟溶化爲丸菉子大每服十五二十九好酒送下

治楊梅爛藥方　水銀一錢半　七紅　白錫各一錢五分　右爲細末作十四條後燻一條引藥　川芎　牙皂　連喬　當歸各三錢　右爲末作七條先燻半條後燉前藥

治楊梅瘡神方　杏仁十五個　蟬退大的十二個小的十四個用　皂角八錢　金銀花二兩葉不用　土茯苓半斤　肥皂子七個去黑殼用肉　用白水煎服効

治雞冠痔瘡方　老陰子四十九粒去皮尖　輕粉一錢　右爲末公猪膽調搽

治臁瘡方　用川黄栢一兩去粗皮　取十個猪膽取汁塗栢上炙之以過栢心爲度用地龍糞三錢共前味爲末臨搽時芝麻一把炒熟研爛和末搽之七日立愈

治膝下一切急瘡及臁瘡神方　黄連末　黄栢末　黄芩末各一錢　輕粉二釐　銀硃三分　右件爲細末用公猪膽取汁調做隔紙羔貼之洗用葱白花椒塩茶煎湯洗七日見效

金箔鎮風丸　急慢驚風諸証並治之　人參　白芷各三錢　伏神去蘆五錢　防羊去芦三錢　羌蚕三錢炒　粉草三錢　白附子　僵瓜　天麻各三錢　北柴胡去芦五錢　山藥一兩炒　右爲末煉蜜爲丸如龍眼大金箔硃砂爲衣薄荷燈心湯用金銀磨調丸下

六神丹　治小兒潮熱風痰氣喘急驚等証　天花粉　白石羔　白附子　沽石各三錢　青黛　硃砂各一錢　右爲細末薄荷燈心細茶煎湯下

小兒重舌　名雀舌　用巴豆半粒　飯粘五粒共搗爛爲餅貼在眉心印堂中待四圍起泡去之即愈

治小兒撮口風荷包風鵝口風臍風等並牙跟白點名爲牙作痛啼泣不吮乳即看口内壁變處或牙跟白点將針挑破用经墨調薄荷湯以手指蘸过再用其母髮蘸墨遍口擦之仍用青绢蘸井水展口即愈

治小兒夜啼用燈草之竹名爲仙人杖取三根放睡處不使人知即愈

治楊梅筋骨疼痛方　當歸　揀參各七分　木瓜　牙皂各四分　白鮮皮　意苡仁　防巳　木通　防風　金銀花各五分　白硬飯二兩　生頭酒兩碗煎熟服微汗立效

治癬毒黒末方　用羊角連骨肉燒存性　爲末酒調三錢服立效

治吐食翻胃　諸藥不効　胡椒四十九粒　杏仁四十粒　共爲末用細花燒酒調服立安

安痛丸　治腰痛不可忍者不問男婦室女老幼並服　威靈仙五錢去土　金嬰子一兩去核炒　川烏梅　角茴香一兩　右爲細末酒煮面糊爲丸如桐子大每服五十丸塩酒送下

治腰痛得效方　木香　破故紙　茴香各等分　右爲細末空心酒調温服如腎氣虚弱爲風湿所傷流注腰膝或拘攣掣痛不可屈伸或緩弱冷痺行步無力

十六卷終

新刻天下四民便覽三台萬用正宗卷之二十七

痘疹撮要

觀痘歌 小兒痘疹假如何，啾喘潮涎似又痾，發熱發驚兼嘔吐，看人定合眼光多，喉內自鳴如鼾鮯，忽然氣促不安和，譫語發驚加搐搦，唇紅臉赤脉又離，口渴心煩頭面熱，耳寒足冷見瑳跎，骭骨如同冰水樣，定知三日痘來過，只此欲為瘡疹候，莫將寒熱藥攻，多解表補攻為妙手，必須淺托藥平和，良工用此施意巧，依此從頭更不訛。

經驗死痘日數歌 初出頂病連肉紅，過至九日一場空；又如血點帶紅紫斑痘，死在六日中；發斑黑者在旦夕；斑青頭刻去匆匆；無膿痒塌期二日；不治腰疼氣貫胸；報痕似沸如雞閃；舌捲囊縮命不留；紫泡刺出黑血者；飲食嗆喉症俱凶；難療面腫痘不腫；青色黑陷及無膿；二便流利下腸垢；更有吐瀉出蛔虫；頭溫足冷好飲水；痘先驚后藥難攻；氣促痘先驚后悶煩燥；吝焦命必終；氣促泄瀉渴不止；目無神者魄歸陰；声啞失音啼與哭；痘色縱好也難終；有種氣急亦難治；如灌膿時傷風；見此宜當服參蘇飲；餘症条詳須用功。

痘疹食用禁忌 乳食幼者乳，長者日食宜如常 茶茗宜少飲，不宜入鹽 醬湯嘔吐者可飲 粟殼 陳倉米湯 煎宜消 雞肉汁 肉補中 汁行 皮痘 酒宜與 漿黑者不宜食

護幼門

秘傳痘疹

痘疹生發總論 內經曰：諸痛痒瘡瘍，皆屬心火。痘疹亦屬瘡類，最為酷害，不日之間，死生所係，蓋因淫火之毒藏于命門，遇歲火太過，熱毒流行之年，則痘必應時而生發矣。經云：少陽客勝，則丹疹外發，及為丹熛。少陽者，相火也。又云：陽氣早動，春必痘疹。龐安常云：冬若溫暖，至春必發痘疹。皆以火動而言也。然而發動之機，必有所由，或因傷風傷寒，中寒中暑，或因傷食嘔吐，或因勞役，或因跌蹼驚恐，此諸動屬火，與天運相感而發故也。至於傳變鄉邑，亦一氣感通之理也。夫痘疹一發，則出于心肝脾肺腎，然其症多歸於脾肺二經，以脾主肌肉，肺主皮毛，故遍身為之痘疹也。其形宜發達，不宜鬱滯；宜紅活尖聳，不宜紫乾黑陷。醫者當察色詳証，以辨陰陽寒熱表裏虛實，氣血盈虧，用藥為當，不可執一，以致束手待斃。如陳文中之木香異功二散，純用峻熱之劑，則與內經病機不合；丹溪發揮其悞，亦有用得其當者，屢獲捷効。若刘張董悉用芩連大黃等寒凉之剤；丹溪亦曰酒炒芩連，各解痘毒，依法用之，而獲安者亦不少也。今之醫者往往不同，依陳氏而行者多用熱剤，宗刘

同飲 在房勝人不可飲 猪肉汁俱宜食 猪腦食之能動大便 魚宜食 犬野物不可食 鵝鴨羊牛肉不宜多食 雉色目人必飲 井蔬宜食 鵝蓮宜熟食 乾棗 荔枝 龍眼 柿餅 沙糖 飴糖俱宜食，多食不 瓜 柑橘 梨 桃李 枇杷 杏 柰俱生冷，陽症者可食，陰症者不可食 栗不宜多食 糍粿 粽 糖俱宜少食 梅有者不可食，烏梅入藥用 食鹽宜少用 蜂蜜不宜食，入藥用 惟銀杏食戒 醬 醋 椒 薑及葷腥鹹等物俱不宜食 諸菜宜忌食，惟蘿葡菜可食 香宜燒 楓子 松子 木香 大黃 梔子 稻草 速香 無香者宜燒 粗糠俱能逼穢 芻火宜二件過用不 房帳中帳俱宜避風寒 衣被綿褥宜随天氣，不可大過 檳子宜戒食 往來男婦經及脈氣血穢產諸穢之宜避之 已上禁戒，舉世知者相半，平居宜誦讀傳聽于善人善婦，能切記甚好。

痘疹驗症用方之法 凡痘瘡氣血虛者內托散送下保生散治之○凡痘如灰色此爲虛，灌膿之時內補方送下保生散治之○凡痘收靨之際紫黑陷獨聖散或回生散治之○凡痘煩燥譫語狂渴飲水者六一散治之○凡痘黑陷而外面起得遲者五日前參蘇飲，五日后內托散治之○凡陷伏倒靨無價散或回生散治之，黑陷紫草膏或蟬酥丸治之○凡痘吐泄不分冷熱五苓散或理中湯治之○凡痘痒塌內托散，重者異功散或無價散、豬溫敗草散治之○凡痘大便不通五苓散枳殼，小便不通加木通，咽喉疼痛甘桔湯治之○凡氣壅若傷風參蘇散治之，遍身作痒瓜蔞蟬花散主之◎凡痘收靨之時全白色不

張而治者多用凉藥，是故不偏於寒，則偏於熱，不偏於熱，則偏于氣血，此刻舟求劍之道也。故經曰：寒者熱之，熱者寒之，微者逆之，甚者從之；逆者正治，從者反治，從小從多，各觀其事也。陳氏用熱剤，從治之法，權也；刘張用凉剤，正治之法，常也。然皆不能外乎參朮芪草芎歸茯苓芍藥等補氣血藥為主，醫者當看時令寒熱緩急隨症施治，切不可徒執己見，以致悞人之太甚也。

痘疹傳經論 痘之為症，其初發乃壬癸水也，既流出則不必乾後必作渴，且三者金木土也。先毒發達者無可生乃為吉哉。傳于心者其瘡紅容，是也。傳於肝者其毒少也，傳於肺者其瘡稀也，傳于脾者其瘡味也，傳於小腸者其瘡小不能起泛也，傳于大腸者其瘡必大，亦稀，此五行辨五臟所傳，亦要隨症用藥，熱者凉之，加酒炒芩連防風荊芥連翹之類，寒者溫之，加人參白朮茯苓甘草木香之類，虛者補之，四君子湯倍加人參黃芪之類，實者平之，平胃散加解毒藥及活血藥，先看人之氣色，明其五行，辨其五臟，以察用藥之性，醫者再無一失，亦使患者而易愈也。

觀痘總論 夫痘疹者，乃五臟六腑胎結淫火之毒，發于皮肉之間，人生皆發一次，但初出之時，症候多端，不可妄投藥餌，以致殺人。大抵其証初類傷寒之狀，自然憎寒壯熱，身體疼痛，昏睡俱紅，體骨耳冷，以驗之，蓋謂痘疹屬陽，先陽後

是內補方送下保生散〇欲出未出及前后發搐紫草膏或蟬酥丸〇四肢逆冷自痢理中湯或四苓散豆蔻丸〇牙疳雄黃散蠶蛻散甘露飲〇二便流血犀角地黃湯〇黑陷不起白花蛇散或獨聖散〇發疔者疑豆散或一苓散〇痘紫色化毒湯加酒炒芩連〇痘夾疹升麻葛根湯〇痘發斑化毒湯或麥門冬湯或升麻葛根湯加減〇痘紅紫色不分四聖散加酒炒芩連紫草〇當靨不靨咬牙寒戰泄瀉異功散〇靨后疤紫色化毒湯治之疤白色內補方送下保生散〇九發熱一日即出紅點解毒湯送下稀痘小靈丹〇眼內痘疔菊花散或蛤粉或柿餅治之〇欲出未出不現形者參蘇飲或人參羌活散或麥門冬治之〇腹脹一神散治之

〔初發〕痘疹始出之症與傷寒無異而煩躁赤目吮赤呵欠煩悶乍凉乍熱咳嗽嚏噴足稍冷或耳後有紅筋赤縷則為痘疹疑似之間可服惺々散熱甚則痘盛熱輕則痘輕身熱不甚出身凉則出此其大畧也必足上有發然后為出齊初發用護眼法可免入目之患又冬月温煖或一時痘疹盛發家有小兒未出者用三豆飲亦能輕

〔惺惺散〕治小兒傷寒時氣痘疹發熱

白茯苓　白术　細辛　人參　桔梗　瓜蔞根即天花粉　甘草　川芎各等分　右為片入薄荷葉三片生姜三片煎服

陰故陽熱而陰冷耳骯與足俱屬胃腎乃足少陰經故其部位獨冷如疑似之間覩其耳后有紅脉赤縷為真及兩手脉大弦數診脉之際身畧戰動或腹痛眼澁生翳鼻明氣急口出粘痰大便黃稠煩燥譫語或頭痛身疼腮赤胞紅呵欠煩悶乍凉乍熱或噴嚏咳嗽如見鬼神驚風搐搦或嘔吐霍亂跌蹼驚惶夾食受邪是其症也治法首尾俱不可下但宜解毒和中安表實裏而已凡虛不可驟補恐正氣已竭邪氣及勝實不可驟祛恐實不祛反致成毒熱不可太過太甚最宜斟酌虛者益之實者損之冷者温之熱者平之是為權度如妄汗則榮衛並開轉致瘡爛妄下則正氣內脫反為枯黑身体振寒耳骯反熱眼合肚脹其毒反入也不勝水變成異症何者痘隨五臟不發則五臟之症悉具已發則歸重一臟受毒多者見之肝經發為水泡色青而小肺經發為濃泡色白而大心經發為斑疹色赤如血脾經發疹子色黃如粟腎經為基頂色黑紫々乾然痘屬陽本無腎症以陽取火也陰取水也以水制火豈不殆哉

〔痘疹生死總論〕姚氏曰痘瘡生死全看氣血顏色四者而已蓋氣血潤活顏色明亮故痘雖危而可生氣血枯燥顏色晦滯故痘雖好而或死雖然症有寒熱死有緩急焉故淡白灰黑陷伏屬虛寒者直可延至十一二日方死蓋自報痘至八九日方貫膿十一二日當結靨成就若虛寒之症氣血虛弱脾胃虛冷七八日當貫膿而不能貫膿灰白陷伏或外雖起脹而內則乾空或畧有清水而不甚滿足十一二日當結靨而不能結靨遍身痒塌爬破臭爛喘渴而死矣故曰虛寒者十一二者方死若頂紅紫黑屬熱毒者不過七八日即死蓋自報痘一日至三日當出齊毒氣尚在內至六日則當盡發于表熱症毒氣太盛不能盡出過六日後毒反內入臟腑變黑臂則死矣故曰熱毒者不過七八日即死此斷痘瘡虛寒熱毒死期緩急之定法也然治熱毒之要在六日以前急服凉血解毒之藥以驅去之六日以後醫無及矣治氣之症亦要在六日以前常服凉補之藥調理脾胃滋助血氣々足則送毒得出且易貫膿成就若至十一二日毒反攻于內醫何及哉

〔護眼黃蘗膏〕用此塗面痘疹不入眼　黃蘗去皮一兩　新綠豆粉二兩　甘草四兩　俱為末油調塗耳前及眼胞日三次或用乾胭脂蜜調護眼

〔驚搐〕小兒痘疹未形忽然發搐不可妄投驚劑乃毒氣自心經而出也心火生肝風故發搐若誤服寒凉則毒氣陷伏不能發透蓋心竅　寒則血凝不行痘瘡欲出不可得也但以惺々散導赤散等藥治之若痘疹後手足厥冷口噤涎響非特發搐則有三症一則毒留於心熱盛生風其人必喉中有痰目直上視面赤好飲宜導赤散或小柴胡湯加生地黃之類一則病后胃弱傷食謂之食蒸發搐其人必潮熱大便酸臭秘泄不調或嘔吐腹痛宜小承氣湯或牛黃通膈丸之類一則痘疹方愈榮衛未密風邪乘虛中入以消風散治之凡欲乳嬰兒痘疹當服藥者俱與乳母服之能食童子則斟量大小令自服惺々散見初發條

〔導赤散〕治痘疹心經蘊熱煩燥不寧小便不利面赤多渴小兒多食乳者渴也

人參　木通　麥門冬去心　生地黃　甘草各等分服之

〔小柴胡湯〕治狂燥煩熱或發搐者柴胡

人參　黃芩各一錢　甘草五分　半夏湯泡七次　生地黃各七分　姜三片棗一枚煎服上二條痘初出即發搐者宜服之

〔小承氣湯〕治痘疹愈后昏悶譫語大便不通目睛黃赤喘急手心腋下有汗或傷食壯服少　厚朴五分　大黃一錢　枳實五分

〔痘瘡始末日期定論〕熱蒸三日則熱運於肌而紅斑生惟紅斑生至足心為出齊不拘多少重者遍身輕者數枚而已紅斑生血疱々起如痘在肌皮之上故以痘名焉血疱結膿疱々結痂死方為愈也紅點既見慎不可用升麻湯蓋升麻湯實肌多致害人已見而出遲者用紫草飲子欲出速用胡荽酒如症候平和者勿妄服藥惟嚶讓安養之紅點出齊之後作血疱七日結膿窠々結定七日悉成痂死此皆大畧之言耳病人虛實不等不可一切拘以日數古人云熱三日而生班今有熱七日或至十餘日而生班

右水調下小兒大小與服以利為度

牛黃通膈丸 治小兒一切停積平日傷食皆可服 黑牽牛 大黃 木通 各另取末水為丸如黍米大量兒大小或三五十丸或用半兩百丸滾水送下 若加枳殼半兩用大黃湯生姜湯下

消風散 治痘後氣促声如拽鋸 人參 羌活 川芎 甘草 荊芥 防風 白茯苓 蟬蛻 厚朴 姜蚕 陳皮 藿香各等分 俱為末臨服之時入生姜薄荷汁及酒各數點清茶送下

調攝 痘瘡始終調攝之法但以溫良之劑熏而柔之不過解毒和裏安表而已若或妄汗則表虛風邪乘間易生変証或妄下則裏虛毒氣內入不能復出故治之之法虛者益之實者損之冷者溫之熱者平之是為權度借喻而言如烝食之法但欲起發鬆泛火氣不致間斷耳先當謹避風寒以護其外飲食以壯其內苟風寒侵襲穀氣虧少則為患可勝言哉又須子母忌口即不可食葱韭薤蒜醋醬雞魚胡椒姜辣等物世俗不知以為發本往往誤傷者多也蓋發物太多瘡必稠密後必难于充膿當諸証作矣然非熱蒸則無自而出故又不可食冷水瓜蜜及升麻葛根湯一切峻厲之劑蓋投以藥如以水濟水虧損胃氣血脉凝滯不能發榮使已出者陷伏不起未出者不能復出故欲其寒勝不若熱勝古人製木香散用丁香肉桂厚朴附

者亦有熱一二日而即生者自紅斑出齊之後當盡成血疱若血疱之中又尚有紅斑點相夾而生則不可拘定日期待其皆作血疱為齊如紅斑出齊生血疱疱七日結膿疱疱七日結痂此乃榮衛調和內外無諸感感方能如期且如血疱正作之際遇天令寒暑燥溼氣候乖変遲速因而失序又豈可拘以日數哉但以紅斑皆為血疱日為齊若出血疱七日病人氣虛尚有紅斑未能皆生成血疱者毒氣為未盡當此合宜溫血快榮衛藥以托之且以皆出血疱七日為期膿疱如期結痂死矣如當結膿疱而不結者此是毒氣弥盛而不斂用豬尾膏以解之此為急務然豬尾膏是治毒氣大盛血疱脹不結膿窠膿已成不結痂死熱極毒熾恐復入於心令兒昏悶而死故也非若外感風寒而倒靨內陷吐瀉而陷伏者之可比學者更宜詳之

痘疹圖式序 醫法有望聞問切四者所以審証也惟痘在觀其形色浅深且痘出於淫火以氣血而中以氣血而守以氣血而發以氣血而解治者要當留心於氣血之間遇氣虛必先補其氣遇血虛必先養其血氣血和平則邪毒自散痘瘡自勿藥治有喜矣若曰治痘有外于氣血則吾不知也今以痘瘡初出起脹貫膿收靨痂落日期形症吉凶之象分順逆險三症以明可治不可治之症畫為圖式凡圈內之白者○氣也圈內之黑者◉血也圈內之圈者◎陷也圈

手雖過偏熱往往取効者以其能補脾土以制水伏火以勝水故也自初出至十三日又須避狐臭房事月經葬歲及醉酒油脂硫黃麝香葱蒜等氣勿令生人輒入房中常宜用胡荽酒以避穢惡

胡荽酒法 胡荽不拘多少以熱酒沃之數使翻動令氣發揚或噴床帳四壁勿噀

形狀 痘疹既出當觀其形狀以辨虛実寒熱而調停之若色白頂不堅实不礙指者屬氣虛宜補氣四君子湯主之色淡而根窠不紅換過即轉色者屬血虛宜助血四物湯加紅花主之若氣血俱虛宜十全大補湯色黑紫屬血熱凉血為主四物湯用生地黃酒炒芩連治之或狀如蚊蚤所嚙而色黑者亦屬血熱蓋毒氣壅遏故也宜消毒飲加酒洗紫草或只以四聖散活血散治之虛而有寒瘡色灰白或在冬月可用木香散丸吐瀉不食為裏虛不吐瀉能食為裏实灰白不紅綻為裏寒灰黑陷頂為表寒而虛宜溫養脾胃補助氣血可用大補湯木香散之類紅紫焦陷為表熱而实大便閉小便赤澁發熱口渴裏熱而实宜凉血解毒可用消毒飲四聖散之類裏实而補者結癰癤表实而補者或斑爛令皴逐日形狀于后

一日二日初發之時頭面稀少大小不一等如水珠明淨者為佳若一齊併出稠密無縫者重

三日四日根窠紅光澤明淨者輕若頂

外黑散者◎血不附也圈內黑圈者◉血乾也

驗順逆險圖

面部 太陽 太陰 天庭 司空 印堂 山根 年壽 承漿

右頭面經絡部位圖式務要仔細精詳不可輕忽苟簡恐差之毫釐則繆以千里矣况頭面者諸陽之首一身之主宰而五臟六腑所條係焉欲察痘者先看頭面部位次察顏色則不惟有以知一身四肢痘症之吉凶而五臟六腑之症亦皆可以不言而自辨矣欲察何經所發先觀何部出起如左臉出起乃知肝經之所發也右臉出起乃知肺經之所發也年壽人中腮頰出起乃知脾經之所發也額骨耳骶出起乃知腎經之所發也印堂方廣出起乃知心經之所發也又看口鼻腮臉年寿之間忽出二三點淡紅潤澤者吉之兆也若太陽太陰印堂方廣之間有三四點紅潤者乃心脾二經熱極之故也若兩耳前後左右額骨眼堂上下風池寿淚之間有數點如麻斑之樣熱極唇紅大凶之兆也又看印堂稀少則心胸亦少印堂稠密心胸亦然印堂焦茁心胸黑陷痘皆壯而印堂不光澤三日內必定変凶兩太陽稀少則兩脇亦少兩臉心初起之時紅大名火尅金恐灌膿時發渴生痰急預治之如肝上焦左手膊上必有黑疔鼻上

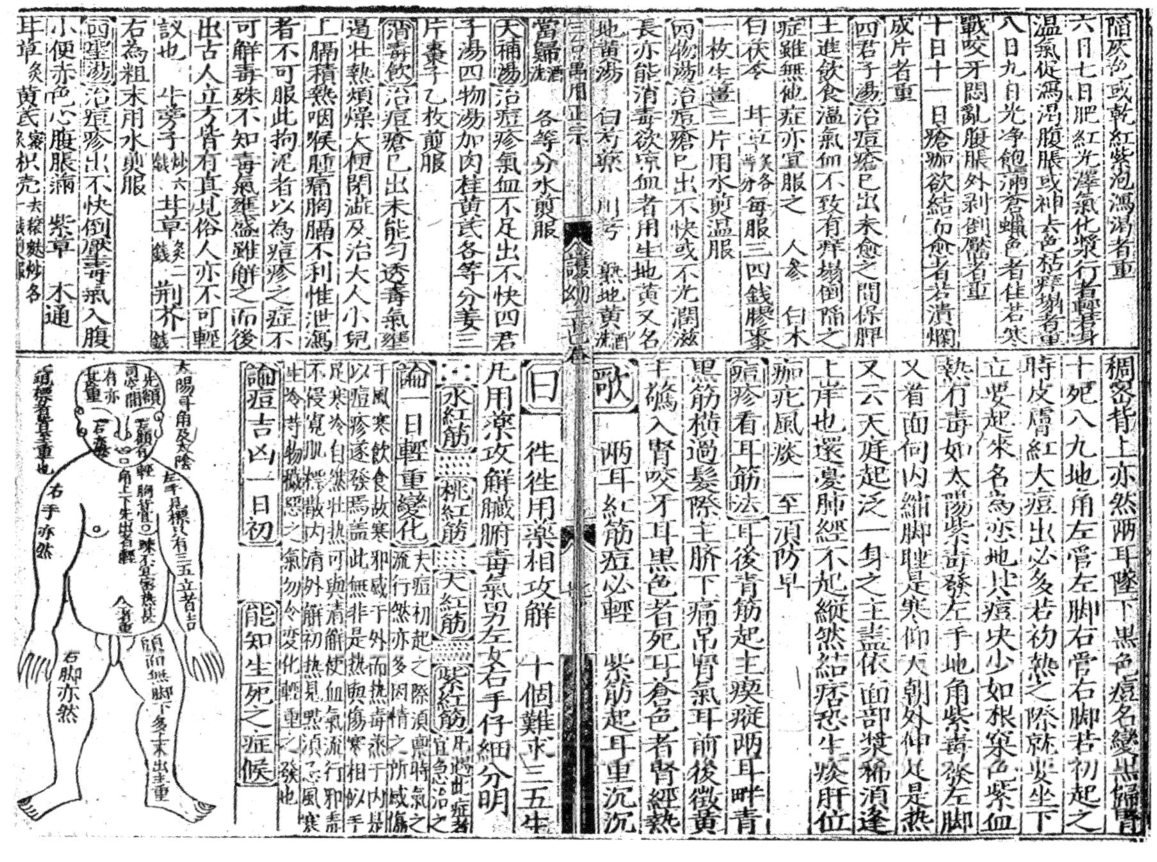

陷灰色或乾紅紫泡瀉渴者重
六日七日肥紅光澤氣化漿行者輕身溫氣從瀉渴腹脹或神去色枯痒塌者重
八日九日光凈飽滿蒼蠟色者佳若寒戰咬牙悶亂腹脹外剝倒靨者重
十日十一日飱痂欲結而愈者若潰爛成片者重

四君子湯治痘瘡已出未愈之間保脾土進飲食滋氣血不致有痒塌倒陷之症雖無他症亦宜服之　人參　白朮　白茯苓　甘草炙各等分每服三四錢膠棗一枚生薑三片用水煎溫服

四物湯治痘瘡已出不快或不光潤滋長亦能消毒欲涼血者用生地黃又名地黃湯　白芍藥　川芎　熟地黃酒洗　當歸酒洗　各等分水煎服

大補湯治痘疹氣血不足出不快四君子湯四物湯加肉桂黃芪各等分姜三片棗子乙枚煎服

消毒飲治痘瘡已出未能匀透毒氣壅遏壯熱煩燥大便閉澁及治大人小兒上膈積熱咽喉腫痛胸膈不利惟泄瀉者不可服此拘泥者以為痘疹之症不可解毒殊不知毒氣壅盛雖解之而後出古人立方皆有真見俗人亦不可輕議也　牛蒡子炒六錢　甘草炙二錢　荊芥一錢
右為粗末用水煎服

四聖湯治痘疹出不快倒靨毒氣入腹小便赤色心腹脹滿　紫草　木通　甘草炙　黃芪蜜炙　枳殼去穰麩炒各一錢煎服

稠密背上亦然兩耳墜下黑色痘名變黑歸腎十死八九地角左骨左脚右骨右脚若初起之時皮膚紅大痘出必多若初熱之際就要坐下立要起來名為恋地此痘決少如根窠色紫血熱有毒如太陽紫黑發左手地角紫黑發左脚又看面向內縮脚腿是寒仰天朝外伸足是熱又云天庭起泛一身之主蓋依面部獎稀須逢上岸也還憂肺經不起縱然結痂恐生痰肝位痂疕風痰一至須防早

辨痘疹看耳筋法　耳後青筋起主瘈瘲兩耳畔青黑筋橫過髮際主臍下痛吊胃氣耳前後微黃干犢入腎咬牙耳黑色者死耳蒼色者腎經熱

歌　兩耳紅筋痘必輕　紫筋起耳重沉沉
日　往往用藥相攻解　十個難求三五生

凡用藥攻解臟腑毒氣男左女右手仔細分明

水紅筋　桃紅筋　大紅筋　紫紅筋　凡遇此症者宜急治之

論一日輕重變化　夫痘初起之際須稟時氣之流行然亦多因情之所感觸于風寒飲食故寒邪感于外而熱毒蒸于內是以痘疹遂發焉蓋此無非是熱與傷寒相似手足寒冷自然壯熱可與清解使血氣流行邪毒不侵寬肌潔散內清外解初熱見點須忌風寒生冷等物職恐之氣勿令變化輕重之發也

論痘吉凶一日初　能知生死之症候

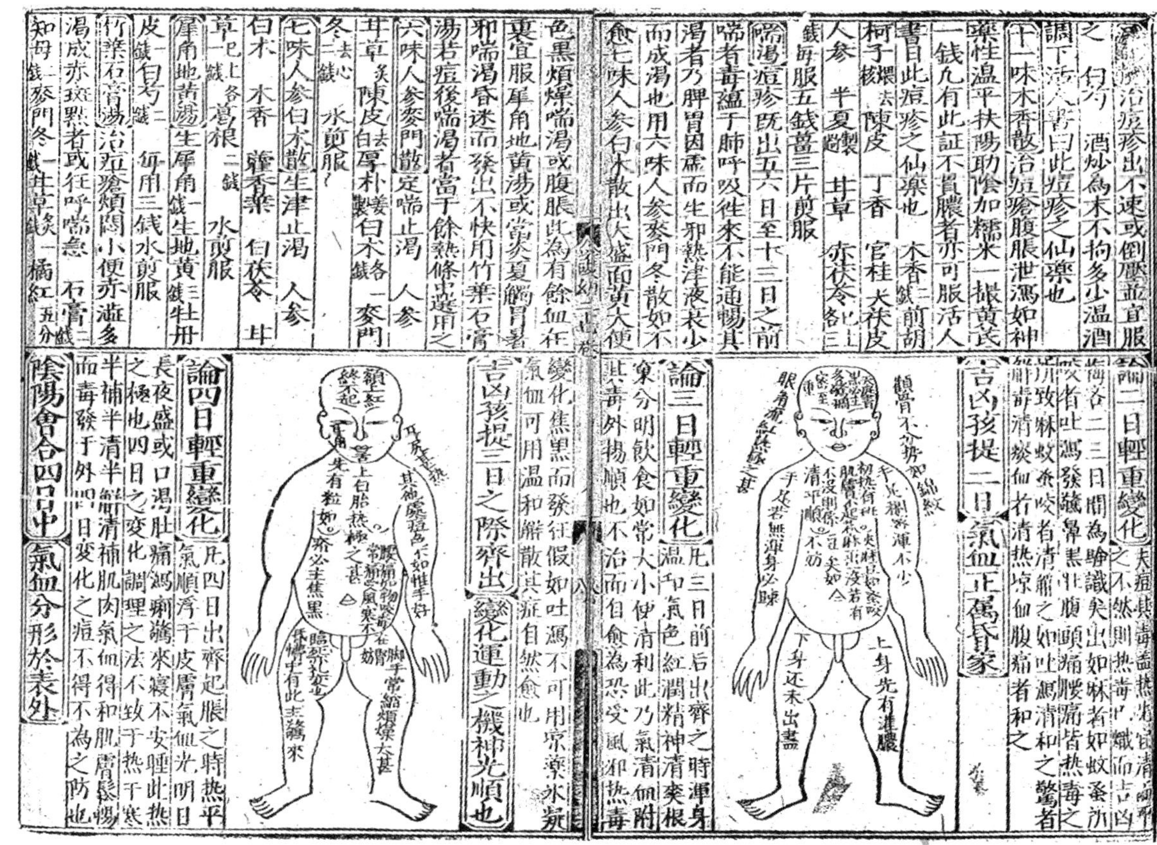

治痘疹出不速或倒靨並宜服之　白芍　酒炒為末不拘多少溫酒調下活人書曰此痘疹之仙藥也

十一味木香散治痘瘡腹脹泄瀉如神藥性溫平扶陽助陰加糯米一撮黃芪一錢凡有此証不貫膿者亦可服活人書曰此痘疹之仙藥也　木香二錢　前胡　訶子煨去核　陳皮　丁香　官桂　大茯皮　人參　半夏製過　甘草　赤茯苓各一錢三錢每服五錢薑三片煎服

喘渴痘疹既出五六日至十三日之前喘者毒蘊于肺呼吸往來不能通暢其渴者乃脾胃因虛而生邪熱津液衰少而成渴也用六味人參麥門冬散如不愈七味人參白朮散出大盛面黃大便色黑煩燥喘渴或腹脹此為有餘血在裏宜服犀角地黃湯或當參夏麯胃暑邪喘渴昏迷而發出不快用竹葉石膏湯若痘後喘渴者當于餘熱條內選用之

六味人參麥門散定喘止渴　人參　甘草炙　陳皮去白　厚朴姜製　白朮各一錢　麥門冬去心二錢　水煎服

七味人參白朮散生津止渴　人參　白朮　木香　藿香葉　白茯苓　甘草已上各一錢　葛根二錢　水煎服

犀角地黃湯　生犀角一錢　生地黃三錢　牡丹皮一錢　白芍二錢　每用三錢水煎服

竹葉石膏湯治痘瘡煩悶小便赤澁多渴成赤斑點者或狂呼喘急　石膏二錢　知母一錢　麥門冬一錢　甘草炙一錢　橘紅五分

論二日輕重變化　夫痘其毒蓋熱乘宜清而解之不然則熱毒□熾而吉凶指各二三日間為驗識矣出如麻者如蚊蚤所咬者吐瀉發熱鼻黑壯腹頭痛腰痛皆熱毒之所致麻蚊蚤咬者清解之如吐瀉清和之驚者解毒清痰血若清熱涼血腹痛者和之

吉凶孩提二日　氣血正篤昏家

論三日輕重變化　凡三日前后出齊之時渾身溫和氣色紅潤精神清爽根窠分明飲食如常大小便清利此乃氣清血附其毒外揚順也不治而自愈為恐受風邪熱毒變化焦黑而發狂假如吐瀉不可用涼藥冰凝氣血可用溫和解散其症自然愈也

吉凶孩提三日之際齊出　變化運動之機神光順也

論四日輕重變化　凡四日出齊起脹之時熱平氣順秀于皮膚氣血光明日長夜盛或口渴肚痛瀉痢驚來寢不安睡此熱之極也四日之變化調理之法不致于熱于寒半補半清半解清補肌肉氣血得和肌膚鬆暢而毒發于外四日變化之痘不得不為之防也

陰陽會合四日中　氣血分形於表外

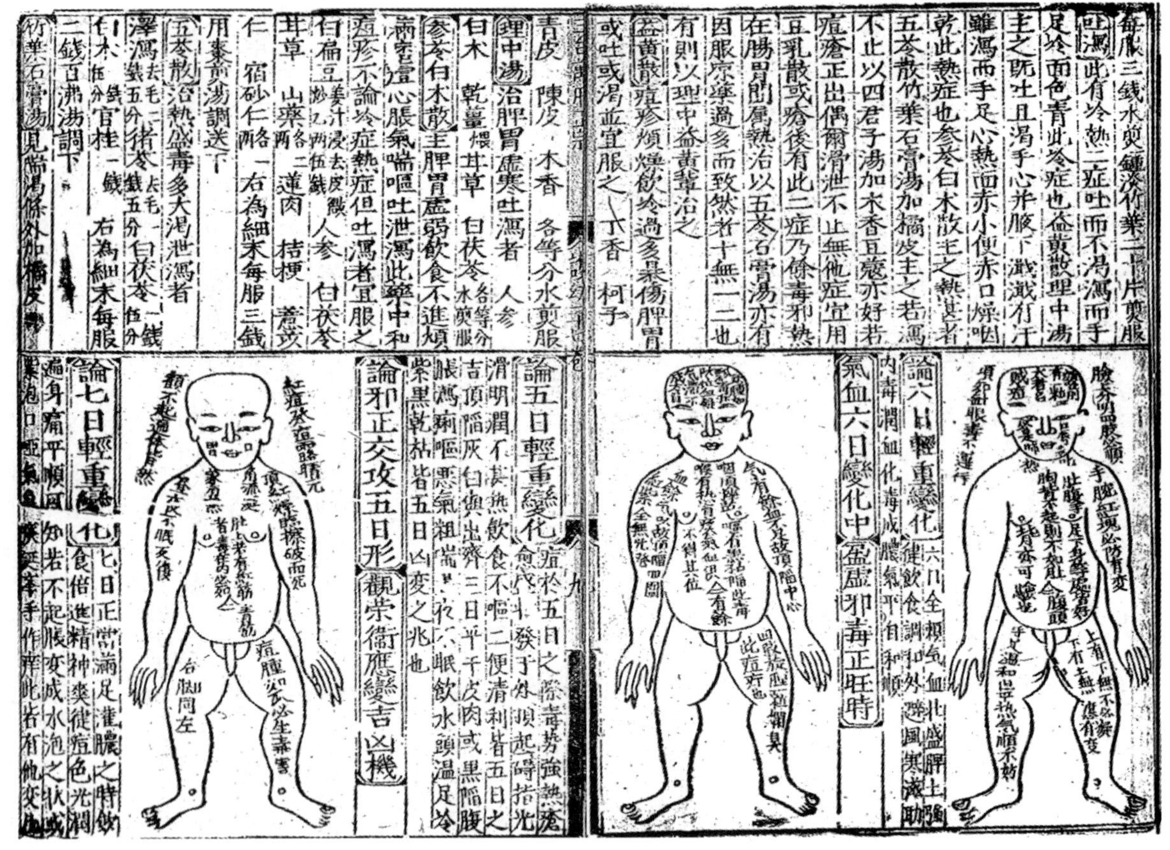

每服三錢水煎鍾淡竹葉二十片煎服
吐瀉 此有冷熱二症吐而不渴瀉而手足冷面色青此冷症也益黃散理中湯主之既吐且渴手心并腋下濈濈有汗雖瀉而手足心熱面赤小便赤口燥咽乾此熱症也參苓白术散主之熱甚者五苓散竹葉石膏湯加橘皮主之若瀉不止以四君子湯加木香豆蔻亦好若痘瘡正出偶爾滑泄不止無他症宜用豆乳散或瘡後有此二症乃餘毒邪熱在腸胃間宜熱治以五苓石膏湯亦有因服凉藥過多而致然者十無一二也有則以理中益黃輩治之
益黃散 痘疹煩燥飲冷過多果傷脾胃或吐或瀉並宜服之 丁香 柯子
青皮 陳皮 木香 各等分水煎服
理中湯 治脾胃虛寒吐瀉者 人參 白术 乾薑煨 甘草 白茯苓 各等分水煎服
參苓白术散 主脾胃虛弱飲食不進煩滿噎心腹氣喘嘔吐泄瀉此藥中和痘疹不論冷症熱症但吐瀉者宜服之
白扁豆姜汁浸去皮微炒一兩伍錢 人參 白茯苓 甘草 山藥各二兩 蓮肉 桔梗 薏苡仁 縮砂仁各一兩 右為細末每服三錢用棗煎湯調送下
五苓散 治熱盛毒多大渴泄瀉者
澤瀉去毛二錢五分 猪苓去毛一錢五分 白茯苓伍分一錢 白术伍分 官桂一錢 右為細末每服二錢百沸湯調下
竹葉石膏湯 見喘渴條外加橘皮

論六日輕重變化
六日全賴氣血化盛脾土強健飲食調和外避風寒滋助內毒潤血化毒成膿氣平自和順
氣血六日變化中 盈虛邪毒正旺時

論五日輕重變化
痘於五日之際毒勢強熱盛愈盛必發于外須起齊指光滑明潤不甚熱飲食不嘔二便清利皆五日之吉頂陷灰白與出齊三日平千皮肉或黑陷腹脹瀉痢嘔惡氣粗喘[illegible]衣[illegible]眠飲水頭溫足冷紫黑乾枯皆五日凶變之兆也
論邪正交攻五日形 觀榮衛應變吉凶機

論七日輕重變化
七日正當滿足灌膿之時飲食倍進精神爽徤痘色光潤遍身痛平順可知若不起脹變成水泡之狀或渠泡口啞氣急痰[illegible]手作癢此皆有他變[illegible]

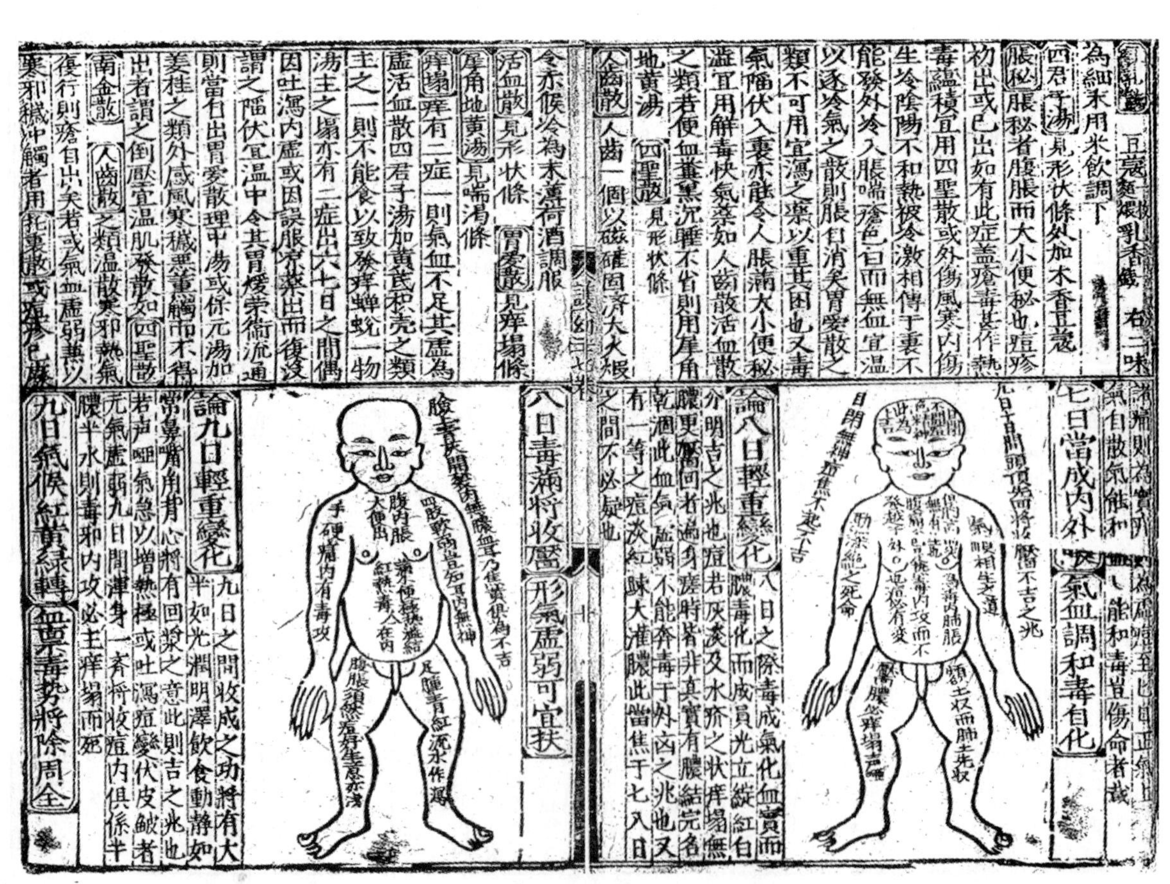

[illegible] 豆蔻麪煨 乳香各二錢 右二味為細末用米飲調下
四君子湯 見形狀條外加木香豆蔻
脹秘 脹秘者腹脹而大小便秘也痘疹初出或已出如有此症蓋瘡毒甚作熱毒蘊積宜用四聖散或外傷風寒內傷生冷陰陽不和熱被冷激相傳于裏不能發外冷入腸喘瘡色白而無血宜溫以逐冷氣之散則脹自消矣胃愛散之類不可用宜瀉之藥以重其困也又毒氣陷伏入裏亦能令人脹滿大小便秘澁宜用解毒快氣藥如人齒散活血散之類若便血糞黑沉睡不省則用犀角地黃湯 四聖散見形狀條
人齒散 人齒一個以磁礶固濟大火煅令赤候冷為末薄荷酒調服
活血散見形狀條 胃愛散見痒塌條
犀角地黃湯見喘渴條
痒塌 痒有二症一則氣血不足其虛為虛活血散四君子湯加黃芪枳殼之類主之一則不能食以致發痒蟬蛻一物湯主之塌亦有二症出六七日之間偶因吐瀉內虛或因誤服凉藥出而復沒謂之陷伏宜溫中令其胃煖榮衛流通則當自出胃愛散理中湯或保元湯加姜桂之類外感風寒穢惡觸而不得出者謂之倒壓宜溫肌發散如四聖散 南金散 人齒散之類溫散其邪熱氣復行則瘡自出矣若或氣血虛弱甚以寒邪穢觸者用托裏散或痘疹已癢

諸痛則為實[illegible]氣自散氣能和[illegible]能和毒豈傷命者哉
七日當成內外[illegible] 氣血調和毒自化

論八日輕重變化
八日之際毒成氣化血實而膿毒化而成員光亞綻紅白分明吉之兆也痘若灰淡及水疥之狀痒塌無膿更兼回者遍身瘡皆非真實有膿結完名乾涸此血氣虛弱不能奔毒于外凶之兆也又有一等之痘淡紅疎大灌膿此當焦于七八日之間不必疑也
八日毒滿將收靨 形氣虛弱可宜扶

論九日輕重變化
九日之間收成之功將有大半如光潤明澤飲食動靜如常鼻嘴角背心將有回漿之意此則吉之兆也若声啞氣急以增熱極或吐瀉痘變伏皮皺者元氣虛弱九日間渾身一齊將收痘內俱係半膿半水則毒邪內攻必主痒塌而死
九日氣候紅黃綠轉 無事毒勢將除周全

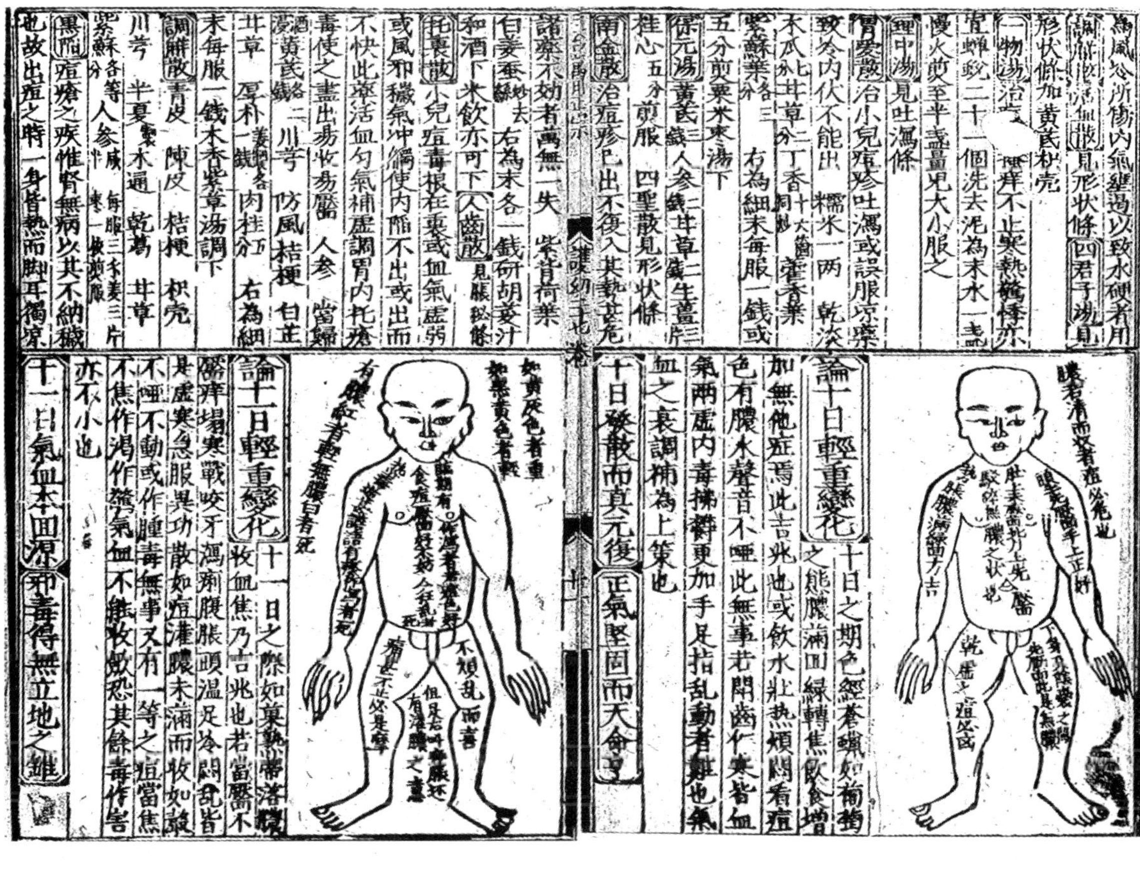

為風冷所傷內氣壅遏以致水硬者用調解散見形狀條四君子湯見形狀條加黃芪枳殼

一物湯治痘□□癢不止哭熱躁悸亦宜蟬蛻二十一個洗去泥為末水一盞慢火煎至半盞量兒大小服之

理中湯見吐瀉條

胃愛散治小兒痘疹吐瀉或誤服涼藥致令內伏不能出　糯米一兩　乾淡木瓜七分　甘草二分　丁香十大箇　藿香葉　紫蘇葉各三分　右為細末每服一錢或五分煎粟米棗湯下

保元湯　黃芪二錢　人參二錢　甘草二分炙　生薑三片　桂心五分　煎服　四聖散見形狀條

南金散治痘疹已出不復入其勢甚危諸藥不効者萬無一失　紫背荷葉　白姜蚕炒去絲　右為末各一錢研胡荽汁和酒下米飲亦可下　人齒散見脹秘條

托裏散　小兒痘毒根在裏或血氣虛弱或風邪穢氣冲觸使內陷不出或出而不快此藥活血匀氣補虛調胃內托瘡毒使之盡出易收易靨　人參　當歸酒浸　黃芪各二錢　川芎　防風　桔梗　白芷　甘草　厚朴薑製各一錢　肉桂五分　右為細末每服一錢木香紫草湯調下

調解散　青皮　陳皮　桔梗　枳殼　川芎　半夏製　木通　乾葛　甘草　紫蘇各等分　人參減半　每服三錢姜三片棗一枚煎服

黑陷　痘瘡之疾惟腎無病以其不納穢也故出痘之時一身皆熱而脚耳獨涼

論十日輕重變化

十日之期色怨蒼蠟如葡萄之態膿滿回綠轉焦飲食增加無他症焉此吉兆也或飲水壯熱煩悶看痘色有膿水聲音不啞此無事若閉齒作寒皆血氣兩虛內毒攻擊更加手足指乱動者難也氣血之衰調補為上策也

十日發散而真元復　正氣堅固而天命立

論十一日輕重變化

十一日之際如葉熟帶落膿收血焦乃吉兆也若當靨不靨痒塌寒戰咬牙瀉痢腹脹頭溫足冷悶乱皆是虛寒急服異功散如痘灌膿未滿而收如敲不啞不動或作腫毒無事又有一等之痘當焦不焦作渴作驚氣血不能收斂恐其餘毒作害亦不小也

十一日氣血本回源　邪毒得無立地之難

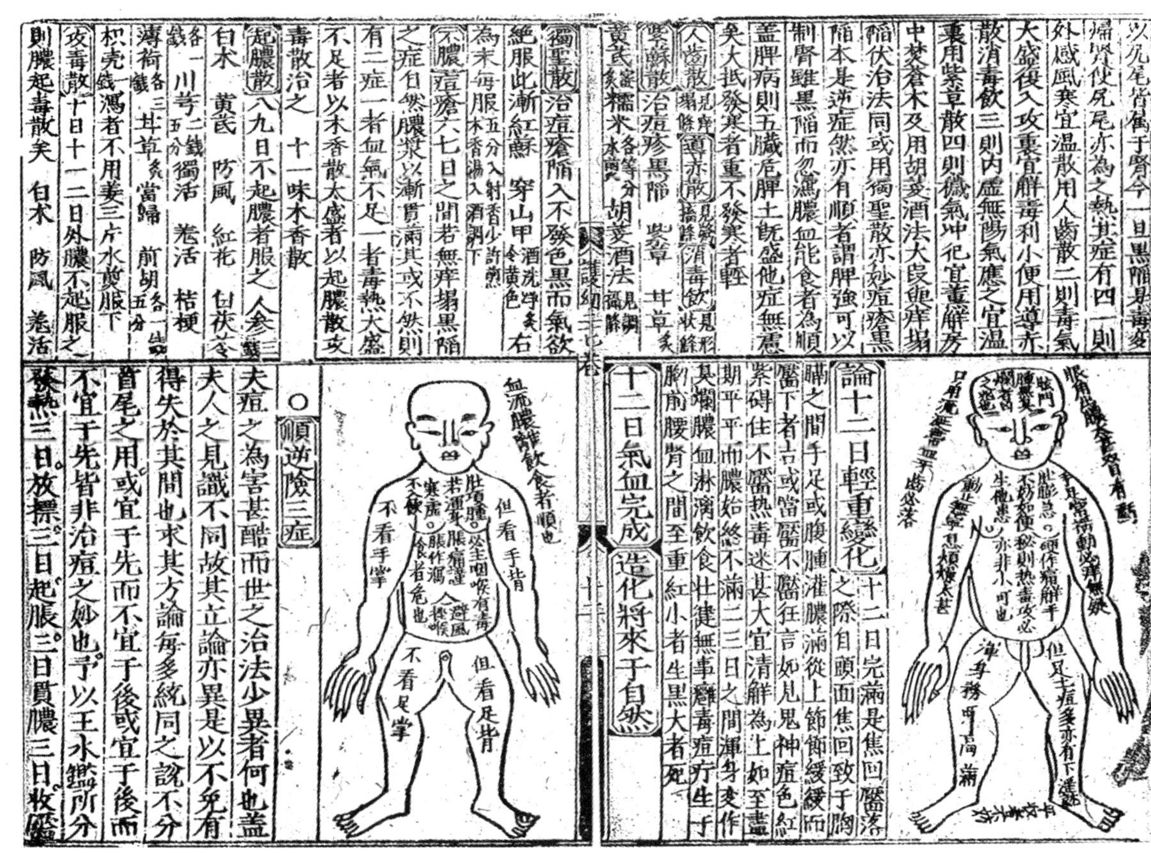

以凡尾皆属于腎今一旦黑陷是毒変歸腎使凡尾亦為之熱其症有四一則外感風寒宜温散用人齒散二則毒氣大盛復入攻裏宜解毒利小便用導赤散消毒飲三則內虛無陽氣應之宜温裏用紫草散四則穢氣冲犯宜薰解房中焚蒼朮及用胡荽酒法大良與痒塌陷伏治法同或用獨聖散亦妙痘瘡黑陷本是逆症然亦有順者謂脾強可以制腎雖黑陷而忽瀉膿血能食者為順蓋脾病則五臟危脾土既盛他症無慮矣大抵發寒者重不發寒者輕

人齒散見痒塌條　導赤散見發熱條　消毒飲見形狀條

紫蘇散治痘疹黑陷　紫草　甘草炙　黃芪蜜炙　糯米各等分　胡荽酒法見調護條

獨聖散治痘瘡陷入不發色黑而氣欲絕服此漸紅蘇　穿山甲酒洗炒炙　右為末每服五分入射香少許煎木香湯入酒調下

不膿　痘瘡六七日之間若無痒塌黑陷之症自然膿漿以漸貫滿其或不然則有二症一者血氣不足一者毒熱大盛不足者以木香散太盛者以起膿散攻毒散治之　十一味木香散

起膿散　八九日不起膿者服之　人參三錢　白朮　黃芪　防風　紅花　白茯苓各一錢　川芎二錢五分　獨活　羌活　桔梗　薄荷各三錢　甘草炙　當歸　前胡各五分　枳殼一錢瀉者不用　姜三片水煎服下

攻毒散　十日十一二日外膿不起服之則膿起毒散矣　白朮　防風　羌活

論十二日輕重變化

十二日完滿是焦回靨落之際自頭面焦回致于胸膈之間手足或腹腫灌膿滿從上節節緩緩而靨下者吉或當靨不靨狂言如見鬼神痘色紅紫礙住不靨熱毒迷甚大宜清解為上如至盡期平平而膿始終不滿二三日之間渾身変作臭爛膿血淋漓飲食壯健無事癰毒痘疔生于胸前腰背之間至重紅小者生黑大者死

十二日氣血完成　造化將來于自然

○順逆險三症

夫痘之為害甚酷而世之治法少異者何也蓋夫人之見識不同故其立論亦異是以不免有得失於其間也求其方論每多統同之說不分首尾之用或宜于先而不宜于後或宜于後而不宜于先皆非治痘之妙也予以王水鑑所分發熱三日放標三日起脹三日貫膿三日收靨

獨活 桔梗 柴胡 前胡 升麻
葛根 人參 白茯苓 枳殼各半
每服五錢姜三片水煎服

不靨 膿泡既充當結痂而愈十一二日從口唇頭面以漸收靨自上而下為順自下而上為逆當結不結是為難靨乃陽氣大盛內外貫注無陰氣以斂之若不速解毒入攻心為害極大治法以猪尾膏或犀角磨汁飲之不爾以宣風散利導之皆須十日以後用之不可太早初覺難靨即于房中燒紅棗令其氣薰亦斂

猪尾膏 治九日十日十一日瘡泡不結痂疵者神效特用龍腦半兩研細旋滴猪尾血為丸辰砂為衣紫草湯或木香湯下

宣風散 檳榔二个 陳皮五錢 甘草五錢 黑牽牛四兩半生半炒 每服錢蜜湯調下量兒大小服之

痘疔 小兒痘疹毒熱太甚者內有斑疔汗此不治十死八九今當于瘡中認出灰黑色或大者紫者有黑疔線者痛者以四聖湯治之

四聖丹 治痘疔
珍珠七粒 豌豆四十九粒 乱髮不拘多少燒灰 右為細末用乾臙脂水調成膏用簪挑撥疔口將藥点入疔內即時變紅白色

斑爛 痘瘡既靨遍身皮肉斑爛者則由于不當發散誤用發散之藥使毒熱暴出以至潰爛若復再生乃因靨後失于解毒毒氣流滯于肌肉之間而然也甚者用乾黃土羅為細末付之敗草散貼之若誤抓成瘡則用百花膏有瘢䵟瘡則用熊膽膏綿繭散其或痂久而不落者以肥猪油一塊切碎白水煮熟令兒

三日後以理辨所分。三日之內。又分順逆險三症然痘之順者多。逆者少。險者介乎其間要知氣血有厚薄之不一故痘疹有輕重之不同夫氣血盛則毒易解氣血損則毒難愈惟氣血少弱者。雖毒不能頓解然生意未始不藉損其中故必加以補益扶持之功。則庶乎有以起死而回生矣雖然順者不必治。治則反凶。逆者不勞治。治之無益惟險者則宜治。而不可緩矣。

○ 痘瘡始出之圖

順症 初出于鼻口兩耳年壽之間先發兩三點淡紅潤色者順之兆也不治自愈為氣得其正血得其行其毒不得妄行肆虐也

詩曰 順痘初出色形明 紅淡圓尖似水晶
起自年壽鼻兩耳 单疎幾點自然輕

逆症 初出于天庭司空太陽印堂方廣處者逆也為氣滯血澁致毒妄參陽位如蚕種紫黑乾枯决死勿治

詩曰 逆痘初出客無縫 紫黑乾枯不潤紅
太陽方廣處先發 妄參陽位决多凶

險症 痘雖稠密而紅潤光澤成箇者險之兆也此為毒雖盛大而氣血未離俟其交會之後治之自愈謹防氣泄血散將無救也

詩曰 險痘稠密形圓潔 色明分箇不牽連
最危未判難加治 氣血交會論勝偏

○ 痘瘡圓混之圖

順症 二三日根窠圓混氣之充滿也氣既充

食之則臟腑滋潤瘡痂自落瘢䵟滅亦可用

生肌散 見膿疱條

硝膽膏 瘡口不收膿血潰流塗之即愈 猪膽汁 芒硝二味研膏塗患處

敗草散 以蓋墻屋多年爛草善解瘡毒小兒瘡破膿水不絕粘黏衣服難以坐卧燒灰二三升攤席褥上令兒坐卧如無敗草以麥麩亦可

百花膏 治誤抓成瘡痂不落白蜜塗瘡上自無紫黑瘢痕

綿繭散 治因痘疹抓上生瘢蝕瘡膿水不絕用白礬搗碎塞繭內令滿以炭火燒化為細末貼之

癰癤 痘後發癰癤者痘瘡之毒留滯經絡壅于支節之間而發者也亦有既平之後失於解利而生者惟小柴胡湯加生地黃最妙或清涼飲子大連翹飲消毒飲犀角地黃湯皆可用也

小柴胡湯 見驚搐條加生地黃或大黃

清涼飲子 治項頸頭面瘡瘍痰壯熱
大黃 連翹 芍藥 羌活 當歸 防風 甘草 山梔仁 已上各等分煎服

大連翹飲 連翹 瞿麥 荊芥 木通 車前子 赤芍藥 當歸 防風 柴胡 滑石 蟬蛻 甘草 山梔 黃芩 紫草 已上各等分煎服

犀角地黃湯 見喘渴條

生肌散 治瘢蝕不斂痘後膿血雜流
地骨皮 黃連 五味子 黃栢
右為細末乾擦瘡上自愈

餘熱 痘疹既平餘熱不除者當量其熱

滿血必歸附順之兆也不治自愈此乃氣血之得其正道也

詩曰 三日四日順痘式 根窠圓混交會明
血附氣充紅活潔 陰陽順道養其形

逆症 根窠無暈氣離血散逆之兆也逆者氣血交會不足致毒乘機而犯內也紅筋散從矣

詩曰 三日四日逆痘症 綿密夾出紫疱症
刺疱血紅尚可醫 血黑不治死症候

險症 根窠雖圓而頂陷者血亦難聚為險之兆也險者為氣弱不能領袖其血也

詩曰 三日四日險痘形 根窠淡紅頂心陷
光潔有神血不聚 保元加桂芎助營

○ 痘瘡形色之圖

順症 四五日觀痘勢之形色則知氣血之壯弱受毒之淺深此治法之大要其形尖員光澤大小不一氣血調和順之兆也

詩曰 四日五日痘順式 形明色澤圓暈成
發動揚揚血附焰 榮衛相濟兩盈乃

逆症 其形如蚕種綿密乾紅黑陷紫泡者逆之兆也不治為氣血相離縱毒內攻而死

詩曰 四日五日逆痘症 六會不及無潤色
根窠血不暈圈闊 氣血散漫醫不得

險症 其形根窠雖起色不光潔險之兆也此為氣弱血虛勢雖挾毒氾上然得交會分明上意猶在可治而愈

詩 四日五日險痘形 根窠雖起不光圓

之輕重而治之大熱則利小便小熱則宜解毒蓋利小便使心火有所導引雖不用涼藥熱亦自除小熱解毒者蓋小熱不解大熱必生利小便又恐損氣但止解毒亦可也利小便用導赤散解毒用犀角地黃湯消毒等劑若誤用血互丸藥則大損胃氣熱毒又得深入其熱不除或致便血或生癰癤或為腫毒變生諸症矣若身熱無他証者用六味柴胡麥門冬散咽喉口舌生瘡不能吮乳者用如聖麥門冬湯　導赤散見驚搐　犀角地黃湯見蝕瘡　消毒飲見形狀條

六味柴胡麥門冬散　治痘疹收靨之後渾身作熱經日不除別無他症者　柴胡　甘草　玄參　人參　麥門冬去心各二錢　龍胆草減半　煎服

如聖麥門冬湯　桔梗　牛蒡子炒　麥門冬去心　甘草各二錢　右為末每服二錢用淡竹葉十片水煎服或消化湯調

傷目　痘後傷目者多因目中生瘡或食發物或毒熱太甚上薰肝膈故為目患切不可點藥但以谷精草散人參牛蒡子散蟬菊散羌活防風散治之以蓁皮散洗之痘瘡平復不可與雞鴨卵食食則傷目神應也若腫脹不能開者用雞子清調黃連末塗兩太陽穴手足心以引熱毒

谷精散　谷精草兩　生蛤粉三錢　生黑豆皮二錢　右為末以公猪肝竹刀切片摻藥于內以草繩縛吊罐內煮大熟食

蟬菊散　治痘疹入目或病後生翳障　蟬蛻洗淨　白菊花各入蜜少許水煎食后溫分服

人參牛蒡子散　人參　牛蒡子炒各一兩　同

曰　交會分明氣道虛　保元加木香制血

○痘疹起發之圖

順症　五六日氣盛血榮披內則發揚于外順之兆也此為氣血豐厚毒受制也不治自愈

詩曰　五日六日順痘式　衛氣充實血附紅　發動豐揚色光潔　毒受制化漸行膿

逆症　氣雖旺而血不歸附其色灰陷或紫陷或發為水泡痒塌逆之兆也此為氣弱血衰毒氣下陷而外剝也决死不治

詩曰　五日六日逆痘疹　線血附痘無起與　只因氣不充其形　振揚不動血不應

險症　氣雖旺而血不歸附其色光白不榮險之兆也宜保元加木香歸芎助血歸附氣位以全中和之道也

詩曰　五日六日險痘形　氣旺血弱色皖白　薄紅附痘急助榮　保元加木芎歸盡

○痘瘡漿行之圖

順症　六七日氣盈血附其毒自化化則成漿順之兆也此為氣血得中毒自解也不治自愈

詩曰　六日七日順痘式　疱起玲瓏毒漸漿　血拘血附根窠活　形色光凸勢發揚

逆症　氣陷血虛其毒內伏伏則不成漿逆之兆也此為氣血相離不能制毒而外剝故難治也

詩曰　六日七日逆痘症　根窠雖暈漿無影　神去色枯氣道虛　陰陽兩失交互致

險症　氣交不旺血雖歸附不能成漿險之兆

研為末每服一錢糯米薄粥調吃

羌活防風散　日三服一切翳障皆去　羌活　防風　川芎各二錢五分　甘草一錢　木賊　蒺豆　荊芥各二錢　蟬蛻二錢　谷精子錢　蛇蛻　雞子殼內薄皮各三錢　右為細末茶調下每服一錢食後服

秦皮散　治大小人風毒赤眼痛痒澁酸多淚羞明　秦皮　滑石　黃連各等分湯泡服

失音　痘疹既愈因毒盛上攻于咽以致腫痛乾澁宜甘露飲甘桔湯天花散如聖麥門冬湯若上焦熱泄瀉少食者當以清上溫下藥調之如以甘桔湯加參朮陳皮柯子之類

甘露飲　治痘疹發後餘毒壯熱齒根發腫不能嚼物咽痛煩燥不欲食　甘草　山茵陳　石斛　枳殼炒　黃芩　枇杷葉　生地黃　麥門冬去心各等分每服二錢煎服牙齒宣腫者嗽服

甘桔湯　甘草　桔梗　防風各等分煎服

如聖麥門冬湯見餘熱條

天花散　天花粉　桔梗　茯苓　柯子煨過去皮　石菖蒲　甘草炙　右為細末用水調在碗內小竹七莖小荊芥七莖縛作一束點火就內煎臨卧服

瘰疹　小兒出疹有斑疹水泡膿泡名狀之不同蓋自初出為斑五六日為水泡七八日為膿泡一病而異名總名豌豆瘡是也治法具悉于前此云瘰疹俗所謂瘰瘡又曰疹子是也初出之症亦與痘瘡相似但痘自裏而出于臟疹自表而出于腑疹則熱盛嗽多為差異耳其症惟欲發表出透為妙否則毒氣壅遏

也此為氣血少寒以保元湯補氣加桂壯寒糯米助胃成漿而收濟惠之功也

詩曰　六日七日險痘形　血雖附痘漿不成　漿不成因氣不旺　保元加桂急難行

○痘瘡漿足之圖

順症　七八日氣旺血附其毒化漿順也此為氣旺拘血化漿之故

詩曰　七日八日順痘式　自頭至身漿滿溢　血附氣旺神色全　疱裏光黃惟第一

逆症　氣血乖離毒不化漿逆也疱雖脹而無漿殼皺如橙皮者難治

詩曰　七日八日逆痘症　虛疱無漿殼紋皺　乾枯色紫坐毒名　攻托不起終難救

險症　氣血少緩毒雖化漿而不滿險也此為氣血有凝不能大振宜急治之

詩曰　七日八日險痘形　毒雖化漿漿不成　氣血緩因寒有凝　保元加桂米依行

○痘瘡漿老之圖

順症　八九日漿足充滿而氣血之功成矣氣血功成如無他症順之兆也不治自愈

詩曰　八日九日順痘式　氣血功完漸收結　面毒收斂四肢漿　泛脹紅活真妙絕

逆症　毒化半漿忽頂陷而乾枯痘根全無血暈者氣血盡逆之兆也

詩曰　八日九日逆痘症　漿貫未半反坐陷　痘根苗無線血紅　氣血兩盡臨大難

為禍不小若發熱咳嗽三五日不出者以胡荽酒噴之或炒胡荽子以薄綿包裹熨熱身上亦即出其喘渴吐瀉等症以前方治之大段赤者易治黑者難治若毒氣入胃疹色亦又黑如蚊蚤所嚙可用黃連杏仁湯或梔子湯花斑湯

黃連杏仁湯 治小兒邪熱斑疹喘嗽煩悶嘔逆清水眼赤咽喉口舌生瘡泄瀉

黃連一兩 陳皮 杏仁麩炒去皮尖 麻黃去節 枳殼去瓤麩炒 葛根各五錢 每服二錢煎服瀉者加甘草厚朴各一兩

山梔子湯 梔子仁 白鮮皮 升麻 赤芍藥 絡石 寒水石 甘草各五分 入紫草 薄荷各少許煎服

化斑湯 人參 石膏 知母 甘草 冬等分 水一盞糯米半合煎米熟為度溫服

險症 漿不充滿血附線紅氣弱少冲險之兆也以保元湯加薑米以助氣而駕其毒斯成矣

詩曰
八日九日險痘形 氣不充旺漿不滿
根窠一線血附紅 保元薑米加扶轉

○痘瘡血盡之圖

順症 十一二日血盡盡則毒解氣調漿足此生自然之理順之兆也

詩曰
十一二日順痘式 邪正明而氣質平
血盡漿足光色斂 君臣道濟兩相成

逆症 或血淡而漿薄或血凝而漿滯以見氣虧而毒不解為逆之兆也

詩曰
十一二日逆痘症 身痘無漿虛亮應
面目蕭條漿乾枯 毒未去盡難逃命

總論 治痘之法業已節分而縷析之矣然病有虛實寒熱時有冷暖順逆藥有溫涼補瀉在人觀形審勢因病投藥各中其宜而已若虛々實々損不足而益有餘禍不旋踵傳曰如保赤子心誠求之斯言得之矣其至藥無伐于炮制如黃芪甘草生用則寒寒炙則補痘瘡七八日之后生用或可在前非寒炙則不可蓋恐其寒而瀉也舉此餘可類推矣雖其症有多端方有數十手之用藥未嘗之前止以四君子湯隨其寒熱而為之加減既嘗之后止以消毒飲量其虛實而為增損未嘗舉諸方而盡試之也古人云醫者意也此志在治人者所當知

附方 小兒生下本身臍帶收了及初落

險症 血盡漿足溫潤不斂者內虛也為險以保元加苓朮助其收斂結痂

詩曰
十一二日險痘形 血盡漿盡溫不斂
保元茯苓白朮加 行溫利潤自收斂

○痘瘡結痂之圖

順症 十三四日氣血歸本毒既盡滅漿老結痂順之兆也

詩曰
十三四日順痘式 熱平神化毒殄滅
漿老遍身已結痂 氣血復原在調燮

逆症 毒未脫形諸邪並作雖云結痂實為逆也

詩曰
十三四日逆痘症 漿回至項下住定
毒未脫形氣血虧 盡美翻然又盡命

險症 毒雖解漿老結痂之際或有雜症相兼

臍亦收了臨出痘疹之時將臍燒灰將乳和鉛同燒為末用蜜作丸人參湯下此方神効可用

又方 又一方發表不起三日表外不發者取蚕上蛋焙乾為末砂糖調服

絲瓜硃砂丸 治痘后生腫毒并治痘稀少 大硃砂三錢 絲瓜近蒂帶子三寸燒存性 右為細末或煎砂糖或煉蜜為丸如豆大每服五丸溫水送下量兒大小加減一方用菉豆五合煮汁同二末嚥 一方加升麻芍藥酒炒紫草黑豆赤小豆犀角水磨或煎服

保嬰丹 治痘未種之先預服解毒已發熱之時服之能解散 紫草茸去蘆酒洗忌見鐵器四兩淨 防風要川者去蘆二兩 天竺黃上點舌尖大麻者真一分 升麻取新者鹽水炒二兩 [illegible]燒存性四兩

蟾酥自取者為真七七赤眼酥者有毒一錢二分 荊芥穗去梗二兩 牛黃磨爪甲上透黃者真一錢二分 牛蒡子炒二兩 甘草去皮一兩 大硃砂[illegible]三錢 [illegible] 赤小豆 黑泥豆 菉小豆各四十九粒略炒勿焦

又方 外又將紫草三兩入水三碗煎熬半碗入砂糖半碗將前各藥共為細末同紫草羔丸如赤豆大飛過硃砂為衣未痘之先濃煎甘草每兒磨一九服之大人二九而已發熱之時生姜湯磨服厚蓋表之多者可少々者可無大有神効

附秘傳小兒麻疹論法 夫小兒麻子是肺腑蘊積熱毒或以時氣所作熏發于皮膚状如蚊蚤所咬故赤斑遍身甚則發腫丸發赤斑者生黑斑者死赤屬陽遇清冷而消白屬陰遇溫暖而減黑者

仍以保元湯隨症加減不可用寒涼大熱之劑恐致內損之患也

詩曰
十三四日險痘形 漿老毒解痂未成
氣血兩虛加雜症 險中加險急扶傾

○痘瘡還元之圖

順症 十四五日氣血功收痂落而無他症順也

詩曰
十四五六日順式 渥邪脫盡盡焦痂
氣血功收全造化 瘢明疕脫順無加

逆症 痂未易落寒戰咬牙言語狂煩疔陷黑枯者無可生之路逆也

詩曰
十四五六逆痘症 痂未易落潮不淨
寒戰咬牙狂譫語 到此嗟乎又不幸

險症 痂落潮熱唇紅口渴不食者險也其症宜服參苓白朮散加麥門冬以調之

詩曰
十四五六日險形 疕落口渴潮進退
不食唇紅調理宜 痘後餘毒見另載

○痘瘡頂陷之圖

◉ 陽虛陰實性好下陷 七日前後陷者氣不足也氣不足不能收血而毒不能成漿蓋氣不勝毒故也七日前後此宜治以保元湯加芎桂糯米溫胃助氣又以水楊柳洗之血不榮加當歸至十一二日漿足或有之如血氣光澤有起動者亦不可過于治或血死灰漿不足其血雖附不榮而熏有內症者生命不保矣

○痘瘡倒陷之圖

◎ 內[illegible] 七日前後倒陷者氣血

內外熱甚血結矣其症初類傷寒身大熱五六日方出或有熱七八日出或乍寒乍熱患者多咳嗽泄瀉不思飲食面赤眼光如水生胀或噴嚏痰涎因熱而乾嘔因傷食而吐或大便急而小便澁因熱之所傷矣治療之法吐瀉不可溫切勿用豆蔻木香乾姜之類初發不可汗只可用升麻葛根湯微表之發宜酌量而用藥首尾當滋陰養血為主不可以至動氣當從經治人參白术半夏燥悍之劑首不可用麻症初發熱時亦與傷寒相似宜服升麻葛根湯見麻亦可用如咳嗽參蘇飲或防風通聖散俱可如見麻未見麻瀉者用五苓散熱者去桂渴者將四苓散調益元散同服見麻後白虎湯加人參一名化斑湯最妙其症多渴如渴不止熱不退化斑湯數貼亦不妨渴止熱減住服如嘔吐五苓散加化斑湯能治乾嘔加竹茹麥門加黃連滑石如脹悶加紫蘇香附如火熱盛譫語煩燥用黃連解毒湯調辰砂益元散如熱盛腹泄者是熱泄用五苓散調益元散因傷食者加消導藥有所泄穀米不化是傷食加消導藥如泄清黃水者是熱極加黃連解毒湯合涼膈散治之如喉痛用桔梗湯痛盛者加玄參鼠粘子或磨山豆根水下如失血不治吐衄血俱用犀角地黃湯聲啞者桔梗湯加防風荊芥玄參如先發熱喘用三拗湯加石膏微渴茯苓又名五虎湯咳嗽痰

表也七日後根窠起發漿行之次因泄氣而毒即隨氣血而又陷也護衛之力猶在治其血則氣亦不夾毒內攻矣

○痘瘡陽毒之圖

外實內虛陽之象也故性外班

一七日前陽毒者凡瘡也或瘡未痊及初結瘢處內外必虛毒受氣血相擊周流百脉必趨虛處而出也陽瘡陰毒混雜一出其毒溫潤氣血俱盛其毒乾燥枯紅氣血俱弱如枯轉潤紅白其漿自溢

○痘瘡疔毒之圖

●　中實外虛陰之象也　故性犯內復形凶象九

內潰圖

日後發疔者釘也陰之象也毒參陽位聚而有成窠穴也盖氣位弱而血分不足其毒惟不能自散故聚結而成其形氣血盛固則毒受制歸附豈有是疔耶結于四肢或小或大不近臟腑雖抵穿觔骨者易治若結于頭面腹背近于內者其勢必攻穿臟腑難治如不穿者切不可針只以保元湯加大力子歸荆芥助氣逐毒待盡潰膿自穿○七日前內潰者胃爛也盖因風寒所中腠理不密陰陽不分壅塞不通其毒內攻氣既不能拘血血不能載毒臟腑之間毒入泡熾則潰而成膿口舌皆白是其驗也如此克害生靈何其慘毒識者知痘毒未出之時或有風寒阻塞氣悶熱盛身必戰動肚腹急痛謹防此患以和解湯升麻湯逐散寒邪開泄腠理縱毒而出則無此患矣

不出發散後宜服瓜蔞仁黃連枳殼貫衆草名小陷胸湯服如麻無別症但餘熱不除只用黃連解毒調益元散調理此症大率先發散此分利在後清熱道無一失麻未愈不可輕服溫熱藥多致牙齒腫爛待疾愈后虛弱少[illegible]血調理脾胃之藥此治麻之[illegible]

麻疹問答　或曰麻疹之症亦能害命乎不具本末何如曰世人輕視此病多不服藥致此方悟乎已具暨誠有未備盖此症自內出外因熱積受風寒時氣傳染而發略似傷風傷寒發自脾肺二經初沾宜清肺金散風熱瀉心火免致金受火剋則病輕不然必生咳嗽重則結胸不知者食酒雞魚等腥物毒入脾胃是肺之母受病必至痰後生痰亦下流大腸為泄瀉白痢等症心火未散或為咳血衄吐血或傷目流入小腸則小水赤澁為血痢等症俗謂血痢屬熱白痢屬冷甚失其旨所謂瀉心火清肺金散風寒也欲知此病通前視之得治法矣初沾是麻宜服升麻葛根湯或荊防敗毒散各加山梔子又宜双解散有痰加杏仁無汗加麻黃後生瘡疥及眼目紅白痢宜黃連解毒湯加減如水瀉黃白宜五苓散加減如黃去桂加木瓜如上吐乳下瀉白以蘇合香丸治之○發熱之初增寒壯熱鼻流清涕身躰疼痛嘔吐泄瀉症候未明是否便服參蘇飲升麻葛根湯去砂仁陳皮腹痛用厚盖表

痘瘡臁毒之圖　七日後發癰者陽毒也痘之毒并聚一處而假其名也氣血不能拘載其毒氣弱血盛載毒傳注四肢曲池委中是也七日前後發者則其毒從此而出若治其毒必從痘而散必攻臟腑無可生之理痘毒已解血氣豐盛宜解其餘毒以保元湯加解毒湯主之為妙

前後不治死症辨　先發腫毒或生惡瘡及諸疾後犯痘而重者必凶○凡未出痘聲啞嗽喉者不治若已出五日內聲啞嗽喉者亦不治○未壯遍身抓破無氣血者不治舊有瘡瘍數藥不愈者不治○痘上身無根窠下身縱有根窠內症又重不食者凶之兆也○痘無根窠縱色徵有紅潤內症重者亦凶○見痘後大熱日夜不退者不治亦有痘色正而愈者皮膚赤色不退者不治○未出神昏氣促者不治腹痛泄瀉膿血者不治○痰涎壅盛氣急者不治肌肉黎黑如被杖者不治○痘已出而譫語不定者不治痘已出而吐利便血不乳食者不治○一出全無起發密如蚕種平片花搭者不治漿水粒米不入口者不治○夾痘生癰毒膿熱喘粗者凶或足冷過膝者不治○痘夾麻疹出者凶先疹而後痘者凶○喘急痰盛腎九黑縮腹脹口中作爛肉臭者不治○瘡黑面焦風攻顋頷唇項腫硬或胸高而突者並不治○昏沉又增寒四肢逆冷者凶四肢如氷不轉者凶○困倦甚全不能食者凶頭溫足冷昏悶如痴渴飲者凶○

之得汗自頭足方漸減衣被則皮膚通暢腠理開豁而痲易出縱不出亦不可再汗恐致有変宜常服葱白湯其痲自出矣服此自無發搐之症○發熱之時既表之后切戒風寒冷水并生冷如犯之則皮毛閉塞毒氣難泄遂変紫黑而死矣如渴只宜葱白湯以滋其渴必須使毛竅中常微汗潤澤可也○痲疹既出如色紅紫乾燥暗晦乃火盛毒熾急用六一散解之或四物湯去地黃加紅花炒黄芩進之○痲疹既出已過三日不能没者乃内有虚熱宜用四物湯進之如失血之症加犀角汁解之○痲疹前後燒熱不退飲食不進等症並屬血虚血熱宜四物湯按症照常法加減渴加麥門冬犀角汁嗽加瓜蔞仁有痰加貝母去白陳皮切忌人參白术半夏之類尚誤用為害不小戒之戒之盖痲疹屬陽血多虚耗今滋陰補血其熱自除所謂養陰退陽之義○痲症退後若有牙根腐爛鼻血横行並為失血之症急服四物湯加山茵陳木通犀角之類以利小便使熱下行外用神授丹如法治之不可遲也如痲疹色白者為胃爛此不治之症也○痲疹泄瀉須分新久寒熱新瀉熱瀉者用四苓散加木通寒瀉者十中無如傷食傷冷不得已以理中湯一服而止久瀉者只宜豆蔻丸或五倍子罌粟殼燒灰調下澁之○痲退之後須避風寒戒水濕如不謹遂終身咳嗽患

不時努氣如大便者不治直視吐涎鴉聲者不治○目睛露白無神者凶齧齒閉目黑睛蒙昧無神者不治○目閉無魂腹脹足冷至膝者凶○眼内黑珠起浮油混濁者不治目中神光不明珠色轉綠轉赤者不治○目閉聲啞唇青肌黑二便秘者凶○舌黑鼻有黑氣者凶舌捲囊縮治之不轉者凶○咬牙寒戰而渴不止或吐瀉者不治○先如瘫後發渴血死而色黯者凶○痘盛時發驚不止者虚弱而驚者凶○痰喘心煩頭有汗或傷痢不解者凶○如哭泣咳嗽聲啞如色好者不妨色不好者死○熱不解譫語煩燥悶亂不止二便秘者凶○煩燥腹痛不止痘氣大臭者凶上下失血不止者不治○飲食錯喉不已者凶瀉而氣喘汗不止或煩渴者凶○忽瀉膿血黑如死肝豆汁者凶吐瀉不止四肢逆冷者凶○吐痢不止二便流血食不化者凶泄瀉迷惑或狂悶不食者凶○腹脹氣虚鳴不已者凶腸脹而喘氣粗者凶○泄瀉棄食不停化直下者及肛門如竹筒者不治○婦人因熱月經來不止者凶或墮胎血不止者凶胎不墮大熱不退亦凶○痘後傷風傷食肌肉脫瘦者不治○一發熱時極悪寒者重○一發熱時腰脇肚腹極痛不止者重○一發熱時脉浮大而數者輕○一發熱時脉沉細而遲者重○一熱時耳後紅筋色淡者輕男在女右看○一熱時耳後筋紫色者重○一發熱暴烈煩燥喘渴吐

漸熄有愈日○痲疹痊后忌猪肉魚酒雞子之類忍恚終身之咳○孕婦當以四物湯倍加白术條芩艾葉安胎清熱為主則胎無危痲易出如胎氣上沖急用苧根艾葉煎湯磨枳椰服之以四物湯進之○痲症之時雖不進食但痲色淡白潤澤真正無害也盖熱毒未解不必食也退后若不食當用四物湯加神麥砂仁如胃氣弱忌少下也○痲既出日而没者乃為風寒所中痲毒内攻若不治痒爛而死可用消毒散如痲見三日退后若有被風之症亦用消毒飲神効

潮熱　初起潮熱　升麻葛根湯加紫蘇葱頭二枚
○出潮熱　升麻葛根湯加黄芩地骨皮
○没潮熱　升麻葛根湯加黄連地骨皮

煩燥　初潮煩燥　升麻葛根湯加紫蘇葱頭一枚
○出潮煩燥　黄連解毒湯加白虎湯
○没潮煩渴　黄連解毒湯加麥門冬地骨皮

譫語　初潮譫語　升麻葛根湯○調辰砂益元散
○出潮譫語　黄連解毒湯調辰砂益元散
○没潮譫語　瀉心湯調辰砂益原散

咳嗽　初潮咳嗽　升麻葛根湯○加麻黄
○出潮咳嗽　涼膈散加桔梗地骨皮
○没潮咳嗽　涼膈散加桔梗地骨皮五味子

泄瀉　初潮泄瀉　升麻葛根湯○加五苓散去桂
○出潮泄瀉　黄連解毒湯加五苓散去桂
○没潮泄瀉　黄連解毒湯加導赤散

大便　初潮便血　升麻葛根湯○加犀角地黄湯
○出潮便血　黄連解毒湯加犀角地黄
○没潮便血　全前出潮

瀉昏沉不食者重○一熱時口唇破裂者重紅活者輕○一發熱初出時聲啞者重○一熱未退而出或未熱先出或一齊湧出者重○一出太密痘色雖正亦重○一先出于口鼻腮耳地角者輕○一先出于天庭司空太陽印堂方廣者重一出陽分多者輕出陰分多者重○一上下有中間無者重○一痘與肉色紅白分明者輕○一瘡肉不分或一片紅或一片白者重○一痘色明潤者輕慘黯者重○一痘有根窠者輕無根窠者重○一痘色微紅者輕或帶紫色不明者重○一初出有紫黑青斑如疵者極重○一痘出頂中有黑點如針眼者重○一痘出起頂摸之礙而硬者輕○一痘出頂不起摸之不碍手而軟者重○一痘出無内症者輕有内症者重○已上凶痘固言不治然痘色根窠尚有微紅雜症或作或退或漸漸減輕者猶有生意亦不可不治

女婦痘説　凡女子痘疹治法俱與男同惟年二十上下行經受孕治痘有異古方治法局方甚不多見故後人云妊婦不可服藥坐視胎下十無一生且痘先自内發臟腑壯熱而後出其月水胎孕在内如花于樹枝不預防之風雨驟至花實落矣凡未痘女子調血氣固月經妊婦調氣血安胎孕微微初熱急服阿膠散或罩胎散之類先安其胎次治本病胎動者獨聖安胎散之類保全子母二命待熱蒸三日血行胎下醫藥何

小便赤濇升麻葛根湯○加木通
○[illegible]黃連解毒湯加木通
○[illegible]如壯濁者五苓散加車前子木通
鼻口出血升麻葛根湯○加梔子仁
○吐出血黃連解毒湯加梔子童便
○瀉出血消滑散加梔子生地黃童便
咽喉痛甘桔湯加玄參○腹痛宜山查子煎水服之
聲啞宜用訶子煮水服之
吐斑宜用小柴胡湯加當歸生地黃
吐丹宜用涼膈散加當歸生地黃
斑瘡治法詳載于疳後餘症條內
麻風瘡宜大連喬飲○加牛蒡子防風金銀花
咳痢宜黃連解毒湯○加枳殼白芍藥
○愚謂麻症如出類傷風寒頭疼咳嗽熱盛目赤頰紅三日內即出者輕必須解表忽見風寒宜屋厚味如犯之恐生痰嗽變成驚搐不可治矣初起吐瀉交作者順乾霍乱者逆欲出不出者危亡立至大抵麻症其原本淺故暴熱而歩出必要紅活顯露現三四日方收者為佳若身體極熱或隠伏不出或帶紫不明或一二日就沒或不起突與肉一平或嗽或痢俱以發散為主緩則用葛根湯加石羔黃芩以解之急則用麻黃湯以發之用胡荽酒以擦之有雜症隨症治之麻症最急緩則悟焉

又卵故子夯拳言之曰治法在于初沾之時不在于見形之後業醫君子誠留于此苟能預治之庶乎免夭折之患矣○凡女子年至經行沾痘身熱先已服溫經湯而月水均匀無他病症必稀少或大熱虛煩吐瀉俱依男治但不可去調經藥○凡孕婦沾痘初服阿膠散以參蘇飲又宜單胎散若胎動不安宜獨聖安胎散身熱宜木香參蘇飲或敗毒散加四物湯或用稠密宜十奇散倍加芎藥當歸香附為藥減桂如胎巳六七月半夏多洗如桂心之屬俱不必禁凡男子二十以上成配者多有不醫之証十幾八九何也蓋年至此必有慾心慾心巳熾則血氣衰弱而陽裊火盛必難起發或難痂收為黑陷延日久而斃治法在於未沾之時多服十全大補湯虛冷者加附子理中湯二三服壯其氣血祛其寒邪如熱而火盛者宜服少桂五苓散四物湯加黃栢知母之類或有房事以致感傷必補氣血為主用參苓芎歸以補裏熱用防手羌活以解表有等不惜身者臨巳沾未發之時樂于房事引惹三積液毒瘡重必死保命者戒之慎之○凡孕婦沾痘失于安胎熱蒸胎下甚為重症急宜服大料補功散女人失血者亦宜服之

卷之　終

新刻天下四民便覽三台萬用正宗卷之二十八

種子奇方金精直指

◎☰乾為天為父為陽為金為精乾健不息資始萬物

◎☷坤為地為母為陰為土為血坤順而柔資生萬物

乾坤二像法則天地形器夫父母陰陽之造化非坎離配合無以成胎而化育万物也

其一曰

乾陽為父母為陰　伏希畫卦到如今
世人不解其中意　故畫坎離相比論

☵坎為水為精為魄是云天一生水陰中陽月中兎雌裏雄此夫之道宜實不宜虛

☲離為火為坤為魂是名地二生火陽中陰日中烏雄裡雌此婦之道宜虛不宜實○坎離者水火精血是也故坎藏天一真精之水故宜實離藏地二真陽之火故宜虛故曰取將坎內中心實來填離中腹內陰

其二曰

抽將坎內中心實　送入離宮去補陰
十月胎完生貴子　此書端的是黃金

陽虛所以冷宜補養使其純陽完實方可施也坤陰宜養其靜少陰者積積已去新血初生老陽者積積完實冲射大虛

其三曰

陽虛精冷莫投陰　煉補純陽似火溫
直待坤陰純靜後　少陰老陽自相親

胎產門

○妊娠脉訣歌

妊娠之脉如何認要辨陰陽衰與盛陰陽俱盛滑而和兩手調勻数相應其人能食身無苦容飾如常是妊定左手脉盛是男娠右手偏洪是女孕真帶嘔頭昏悶此是停痰惡阻病急宜正胃與消痰固血安胎全两命若還腰腹俱脹痛日夜咽乾潮熱盛多眠惡食倦昏疲此屬經凝却非妊大綱妊脉是如此在意消詳審安靜

又歌訣

肝為血兮肺為氣血為榮兮氣為衛陰陽配偶不参差兩臟通和皆類例血衰氣旺定無妊血旺氣衰應有体尺微関滑尺滞数流利往來并雀啄小兒之脉巳見形数月懷躭猶未覔左疾為男右為女流利相通速來去兩手関脉大相應巳形亦在通前語左手帶縱兩個男右手帶横一双女左手脉逆生三男右手脉順还三女寸関尺部皆相應一男一女分形証有時子死母身存或即母亡存子命往來三部通流利滑数相三皆替〻陽盛陰虛脉得明遍滿胸膛皆逆氣左手太陽浮大男右手太陰沉細女諸陽為男諸陰女指下分明長記取三部沉正等無疾尺内不正真胎婦夫乘妻兮縱氣霧妻乘夫兮横氣助子乘母兮逆氣參母乘子兮順

夫人之一點元陽真精無價明珠豈可妄授下淵水之中必候大靜之際以真陽強盛之精投入靜陰為主故曰天一生水也以新血為主其精為客包真精故曰地二生火也精血混融結成胎嬰半月过期經脉不行是其候也

其四曰

一點真精無價寶　不遇空虛莫妄施
半月过期無血至　便知端的結嬰兒

且夫人身中精氣神三宝雖曰人人俱足個々完成亦無欠缺但患不知存養一旦貪歡妄施所以陰實陽虛而不結嬰胎矣若以陽之実投之之虛則無不中以実投実是名不時以名投虛是名無度則精不凝胎不結斲丧元陽敗其本根失其至實可不戒哉

其五曰

莫要枉用精神氣　貪歡樂棄陰實種
存養按時去投虛　管取兒孫傳萬世

精氣神於此為三品上藥

論曰精實則氣壯氣盛則神全三合一一合三此為身中之至實雖金玉之實過于太山豈比此身之實也此實者上秉天然之真性中結靈臺之金丹下傳子孫之蕃衍可以延年益壽可以入妙升玄若能深根固蒂終身保爱毋令丧失斯健壽康陽々順施可以為人倫之大本萬世之規模

陰宜虛屬坤☷◎

論曰夫坤為地為土表離中之虛則能

氣護小兒日足胎成聚身熱脉亂無所苦汗出不食吐逆時精神結備其中住消疾不散胎三月但疾不散五月母弦緊牢強滑者安沉細而微歸泉路

妊娠漏胎候歌　血下如同月水來漏極胞乾主殺胎亦損妊母須憂慮爭遣神丹救得迴

妊娠心腹急痛歌　心腹急痛面目青冷汗氣絕命必傾血下不止胎衝上心腹冷悶定傷身

妊娠倒仆損傷歌　墮胎倒仆舉重輕致胎死在腹中居已損未出血不止衝心悶痛母魂孤

產難生死候歌　欲產之婦脉離經沉細而滑也同名夜半覺痛應分誕來日日午定知生身重躰寒熱又頻舌下之脉黑復青及舌上冷子當死腹中須遣母歸冥面赤舌青細尋看母活子死定應難唇口俱青沫又出母子俱死總高判面青舌青沫出頻母死子絕定知真不信若能看應驗尋知賢哲不虛陳

新產生死候歌　新產之脉緩滑舌實大弦急死來侵若得重沉小者吉忽若牢堅命不停寸口澁疾不調死沉細附骨不絕詳審看此候分明記長須念此向心經

妊婦傷寒歌　傷寒頭痛連百節氣急衝心弱如血上生班點赤黑時壯熱不止致胎殞嘔吐不止煩熱甚腰背俱強腦痛逆六七日來熱腹中小便不通大便結

產後傷寒歌　產後因得熱病臨脉細四肢暖者

承餓血之精月滿則盈經血太泄真根田頭大靜之後陳積已去新血方生乘太虛會遇元陽一點真精交媾射滿太虛以其新血方生投以完實雖盛真精精血混融日就月將結為嬰胎十月滿足產育為人賢明端正壽命永長靜虛◎之際常以每月但以前三日之中一日大有準成後三日少準六日之後子宮收閉經血聚凝陰實不容受精則不結胎矣

陽宜實屬乾☰◉

夫陽屬乾表坎中之實乾則能施但凡交精之後借玉戶為爐鼎採佳丹之英華更相別有他受交相混煉初未結实精滑難以必至多以成慢隨心調攝謹慎閉防不可急燥如正在此際運氣轉換妙用难言隨宜採戰勿令太过得意而退隨心量意均調慎勿輕泄務在完实如此則自然下部溫煖九轉丹成陽精滋湧神氣充融煉久則為金丹身康体健射虛定為人倫以傳後世矣

陰不宜實屬離☲◎

論曰陰實不可承但凡受精之後復運交樓有損前胎感受風邪致令落產臍風疾死命促实由于此世之夫婦不知避忌誤交誤令產育一世难存一二是也果欲情愛必待過月而後并月过六日陰実之交只可空綢慎勿輕泄閉养歡恋必得丹成道備氣候完實後陰射虛便有子也

生脉大忽然肢逆冷須知其死莫能停

調元　陽虛右尺命門脉微細陽痿精清還少丹巨勝子丸治陰虛左尺腎脉洪大或数遺精尿血淋濇等症丹溪大補陰丸補陰丸加味虎潜丸○治相火妄動陽事数舉右尺命門脉洪大此為水不勝火與陰虛同治法補陰則火自降也陰陽俱虛兩尺脉微弱無力真精消薄八味丸補天丸

調經　先期者血熱四物加芩連之類○過期者血虛四物加參芪白术陳皮之類○過期而色淡者有痰二陳加芎帰之類○經水紫黑色及有塊者血熱四物加芩連香附之類○若見腎肝脉遲微小腹冷痛者屬寒四物加炒乾姜之類○將行而作疼者血實氣滯四物加醋炒莪术玄胡索木香挾熱加黃連柴胡或四物加桃仁紅花香附之類○行後而作疼者氣血俱虛八物湯○經行不止四物加阿膠地榆荊芥穗之類

安胎　胎痛乃血少四物加童便製香附共為末紫蘇湯調下有所激觸而痛者芎歸湯探之○胎動屬火四物加條芩之類○胎動不安及下血集驗方秦艽湯○胎動下血或因房室不節有所觸動四物加膠艾條芩白术之類○妊娠惡阻肥人有痰瘦人有熱胃氣不安人參橘皮湯保生湯集驗青竹茹湯懷胎不問幾個月日但覺胎氣不安腰腹微痛飲食不美安胎飲

便產　妊娠七八個月恐胎氣展大难產宜服束

[illegible]不宜[illegible]三◎

論曰陽虛不可施從欲而泄日後一日歲月將仍不知禁止滑順如水清冷如水流而不射多不結胎少或有成精不完矣神氣不全胎終損落或疾厄命夭錯愆緣分不該分定遲元遠之遠矣孰不知皆由己身虧損元陽真氣不足且又不可久無姿色若或離久則勞思損神乍見而忽生愛欲畧交而心不奈久則停而步走泄亦且精氣妄投無用之處不若常合佳配採取英華閉精養氣以補完實全此三宝驗其虛實以期而見效應不期年而廣後嗣矣

○用不應時

論曰年少之時不按虛實不應時候用時不到ㄣ時不用誤交誤合不知存息耗散太過虧損元氣不若採其英華以補元陽直待功愈深而精愈堅煉愈久而陽愈實見其效驗真氣不足多加栽日古者人生二十三十歲五七日一泄四十者十日一泄五十者半月一泄六十者閉精養壽大槩有量己身稟氣厚薄存養安息何如耳難同一例而比也

○不育女專生男

論曰先下母年本然之數四十九除去母之年看當何月有假若母年若干歲將四十九除去若干加上某月若干數同前轆成零若干是單則男是双則女再倒除七遍剩單是男双是女則無疑矣欲要求男專交單月按臨万無一失

胎九○姙娠八九個月肥厚膏梁之人胎氣擁隘宜服枳殼散間二三日一服或達生散救生散臨月用神寢丸三合濟生湯○難產用催生丹遇仙丹如聖膏豬肝蜜酒法○胎衣不下或血乾或血冷凝滯須用奪命丹牛膝湯或前方如聖膏一方用紅花一兩酒煮濃汁服之一法令產婦自啣髮尾在口嘔噦即下

○胎前諸証

生水之劑 紫河車（即胞衣男用女胎女用男胎俱以初胎為佳若不可得即壯盛婦人者亦可） 黃蘗（酒炒） 龜板（酒炙各三兩） 杜仲（酥炙） 牛膝（酒洗各二兩） 陳皮（一兩） 冬加乾姜（五錢） 夏加五味子（一兩） 巳上共為細末右以河車水洗淨布絞乾或用酒煨熟入諸藥末共搗勻焙燥再為末酒糊丸梧桐子大每服百丸空心溫酒或白沸湯ㄣ

四物湯 治婦人血氣或寒或熱經事或前或後或多或少以至崩帶積塊諸症用此加減
當歸　川芎　芍藥　熟地黃　右等分水煎

芎歸湯（一名佛手散） 補血活血生新逐敗婦人胎前產後皆可服　當歸（酒浸）　川芎（各等）　右剉每服四五錢入酒一鍾煎令欲乾加水一鍾再煎二三沸去渣溫服

安胎飲 治婦人懷娠不問幾个月日但覺胎氣不安腰腹微痛飲食不美此湯主之　白术　白芍藥　熟地黃　當歸（各一錢）　人參　川芎　黃芩　陳皮（各五分）　甘草　縮砂　紫蘇（各三分）○右剉作一服加生薑一片水煎溫服

[illegible]論曰腦麝之香能害物命而熏至及諸異香皆射透開竅而走真氣不可多用令人乏嗣

濟生產宝論 夫天地造端於夫婦乾坤配合于陰陽雖清濁動靜之不同而成象效法之有類原茲婦人之病与男子不同者亦有数焉古方以婦人病比男子十分難治不亦言之深乎但三十六病產育一同男子無之其如外傷風暑寒溫內積喜怒憂思飲食房勞虛實寒熱悉與丈夫一同也依原治療可得而知之惟古書治婦人別着方論者以其胎姙生產崩傷之異故婦人之病比之男子十倍難療盖女子嗜慾多于丈夫感病倍于男子加之慈戀愛憎嫉妬憂恚染着堅牢情不自抑所以為病根深治之難瘥況懷胎姙娠而狭病也不特避其毒藥仍須審其虛實冷熱而調治之無使妄投湯劑以致失之

產實病源論 大率治病先論其所主男子調其氣女子調其血氣血人之神也不可不謹調護然婦人以血為基本氣血宣行其神自清所謂血室不蓄則氣和血凝成孕此乃調變之常其血不來則因風熱傷於經血故血不通或外感風寒內受邪熱脾胃虛弱不能飲食ㄣ既不充榮衛抑遏肌膚黃燥而无光澤時發寒熱腹脹作痛難于子息子藏冷熱久而勞損必挾帶下便多淋瀝忽致崩漏經云腹中如塊忽聚忽散其病乃

集驗方 治婦人胎動不安及下血　艾葉一　阿膠　川芎　當歸（各三錢）　甘草（一錢）　右剉水四鍾煎至二鍾取渣納膠令化分三服一日用

秦艽　阿膠（蛤粉炒）　艾葉（醋炒）　右等分為粗末每服五錢水二鍾糯米百粒煎至一鍾去渣溫服

人參橘皮湯 治始姙娠惡心阻食和中安胃之藥也　白术　麥門冬（去心）　橘紅　人參（去芦各二分）　白茯苓　厚朴（姜製各二分）　甘草（三錢）　右為粗末每服四錢水一鍾半淡竹茹彈子大一枚生薑三片煎至七分去渣汀清溫服空心食前服

保生湯 治婦人惡阻養胃調氣之要藥也　人參（八分）　甘草（五分）　白术（一錢）　橘紅（一分）　烏藥（二分）　香附子（各一錢）　右剉水一鍾半生姜五片煎至七分去渣溫服無時　嘔吐加丁香

集驗青竹茹湯 治婦人惡阻清痰止嘔之藥　竹茹（一枚彈子大）　橘皮（一錢五分）　生姜（一錢）　白茯苓（一錢五分）　半夏（二錢湯泡七次）　右剉水二鍾煎至七分去渣溫服忌羊肉餳鮓等物

束胎丸 治婦人姙娠七八個月恐胎氣展大難產用此扶助母氣緊束兒胎　白术（三兩）　陳皮（二兩）　白茯苓（七錢半忌火）　條黃芩（酒炒夏一兩春秋七錢半冬半兩）　右為末粥糊為丸梧桐子大每服五六十丸白湯米飲任下食前服

枳殼丸 治婦人姙娠八九個月稟質肥厚胎氣壅隘服此以寬和母氣令兒易產　商州枳殼（五兩麸皮炒赤）　粉草（炙二兩半）　香附子（炒一兩）　右為末每

瘕血凅不流而轉腹脹特寒熱此乃成或先或後來期雖通而或多或寡究源竟本於此

【論】飲食五味養髓骨肉血肌膚毛為陽〻中必有陰〻之中數八八而陽精升二八而陽精溢女子為陰〻中必有陽〻之中數七故一七而陰血升二七而陰血溢皆飲食五味之実秀也方其升也智慮開明齒髮更始長黃者黑筋弱者強暨其溢也凡充身體手足耳目之餘雖針芥之歷無有不下凡子形肖父母者以其精血嘗于父母之身無所不歷也是以父一肢廢則子一肢不肖其父母一目虧則子一目不肖其母缺雖鳥牝獸元天癸而成胎何也為歡精血往來尾間也精未通而御女以通其精則五躰有不滿之處通日有难狀之疾陰已痿而思色以降其精則精不出而內敗小便通澁而為淋精已耗而復竭之則大小便通牽疼愈疼則愈欲大小便愈便則愈疼女人天癸既至踰十年無男子合則不調未踰十年思男子合亦不調不調則舊血不出新血誤行或潰而入骨或變而之腫或雖合而难于合男子多則瀝枯虛人產乳衆則血枯殺人觀人而精血之思過半矣

【月經不調論】論曰經者常候謂候其一身之陰陽愆伏知其安危故其來必以月大過不及皆為不調過于陽則前期

服二錢空心沸湯點服日三次

【一方】加炒糯米同為末白湯點服令兒易產初生微黑百日肥白此為古方之冠若妊婦稍弱恐胎寒腹痛胎弱多鷩於內可加當歸一两木香半两不見火則陽不致強陰不致弱二氣調和有益胎嗣

【達生散】治婦人妊娠八九個月服此以扶正氣散滯氣妊婦稍虛者得此尤佳　大腹皮姜製　白术　白芍藥　當歸各一錢　陳皮　人参各五分　甘草一錢半　紫蘇莖葉五分　右作一劑水煎服夏加黃芩或黃連五味子春加川芎防風秋加澤瀉冬加宿砂或通加枳殼宿砂胎動加苧根金銀石器同煎上氣加紫蘇地黃性急加柴胡多怒加黃芩食少加宿砂神麯渴加麥門冬黃芩能食加黃楊腦有痰加半夏黃芩

【救生散】治妊娠婦禀受瘦弱不宜服枳殼散破氣之藥此方安胎益氣令子緊小易產　人参　神麯炒　麥芽炒　訶子煨去核　白术炒　橘紅炒　右六味各等分為細末每服三錢水一鍾煎至七分空心食前温服議者謂今時入月合進瘦胎易產之藥多用枳殼散非為不是但妊婦肥實者可也若本瘦怯不宜服此藥惟救生散安胎益氣令子緊小無病易產最為穩當

【神寢丸】治妊婦臨產月日破滯氣瘦胎易產　通明乳香五錢另研　商州枳殼一两麩炒　右為末煉蜜丸梧桐子大空心温酒或米飲吞下臨月用之

不來過於陰則後時而至其矣乍多乍少斷絕不行崩漏不止亦由陰陽衰盛寒熱為邪若寒温乖適經脉則虛若有風冷虛則乘之邪搏于血或寒或温寒則血結温則血消故月水乍多乍少故為不調也

【婦人論】夫產育一科診脉用方不可輕忽盖產前之病其脉貴乎實產後之病其脉貴乎虛產前則為之順氣安胎產後為之扶虛消瘀此其要也抑產育之後血衰氣弱宿瘀未盡飲食起居梳洗解脫一有不謹得病猶甚易焉凡婦人血氣諸疾但用四物湯加以炒吳茱萸主之陰臓加多陽藏加少無不效者若產难胎衣不下若胎損腹中則入醋炙煎或生料五積散加川芎當歸縮砂煎之以水醋或局方黑神散用乳香煎湯調下皆其類耳外此則有芎歸湯佐以縮砂調理胎婦痛或胎動下血更以炒阿膠并艾葉濟之至若胎婦喘咳則縮砂川芎阿膠等分入生姜烏梅紫蘇梗最良胎婦艱食則調氣散枳殼散等分入縮砂為妙大小產後津液凋燥滯血停流易至大便秘結枳殼散加砂仁用蜜水同煎入醋數沸可也縮胎之臍枳殼縮砂為藥所不可無安胎之劑阿膠縮砂桑寄生又不可謂婦人多因怒氣傷胎所以安胎尤莫先於順氣其于產後消瘀黑神散須多服餌至一七以後腹中畧無疾痛方可与四物建中湯

瘦胎易產極効

【三合濟生湯】以枳殼芎歸達生三方抽其精粹而合成此湯治臨產艱難雖一二日不下者服此自然轉動下生　枳殼二錢麩炒　香附子一錢五分炒　粉草七分　川芎二錢　當歸三錢　蘇葉八分　大腹皮一錢半姜汁洗　右用水二鍾煎至一鍾待腰腹痛甚服之即產

【催生丹】療產婦生理不順產育艱难或橫或逆大有神効宜天醫日合　十二月兎腦去膜研如泥　通明乳香一錢研細　母丁香一錢為末　麝香一字研細　右以乳麝丁香拌勻入兎腦髓和丸雞頭大陰乾油紙密封固臨產服一丸温水送下立產男左女右手中握藥出神驗

【催生不傳遇仙方】治婦人坐草艱難　萆麻子十四顆去殼　硃砂　雄黃各一錢半　蛇蛻三尺煅　○右為細末粥糊丸彈子大臨產時先用川椒湯淋洗臍下納藥一丸臍中仍以蠟紙數重覆藥上軟帛拴繫產則急取藥去一丸可用三次

【如聖膏】治証同前　用萆麻子七粒去殼細研成膏塗脚心立產急洗藥去遲則腸出却以此膏塗項上腸自縮入

【一方】用萆麻子百粒雄黃末一錢同研用法如前

【猪肝蜜酒法】治婦人胞衣早行胎澁不下　猪肝　白蜜　醇酒各一升　右三味共煎至二升分作二三服不能服者隨多少緩〻服之

【奪命丹】治婦人血冷凝澁胎衣不下　大黃一两釅醋熬膏　黑附子一个炮去皮　牡丹皮一两　乾漆一錢炒煙盡

營服之太早則補佐敗血為害非輕

【求子論治】論曰素問云天地者萬物之父母也陰陽者血氣之男女也夫有夫婦則有父子婚姻之後則有生育生育者人倫之本也且男女之合二情交暢陰血先至陽精後衝血開裹精陰外陽內陰含陽胎而男形成矣陽精先至陰血後參精裹血外陰內陽含胎而女形成矣若夫受形之易者男女必當其年男子二八精氣溢瀉必三十而娶女子二七天癸至必二十而嫁歡其二氣充實然後交合交而孕孕而育育而壽倘若嫁娶不時真氣早泄未完而傷是以交而不孕孕而不育育而不壽者多矣以此觀之男女婚姻貴乎及時夫婦貴乎益莊則易于受形也且父少母老生女必羸母壯父衰生男必弱誠有斯理或男子真精不濃婦人血衰而氣旺是謂夫病婦疹若使人死子治療之法女子當精血抑氣以減喜怒男子益腎生精以節嗜慾依方調治陰和平則婦人亦有子矣

【惡阻論治】論曰內經云陰搏陽別謂之有子三部脉浮沉正等無病者乃知有妊也妊既受矣多病惡阻惡阻者俗諺所謂惡食是也此由婦人本虛平時喜怒不節當風取冷中脘宿有痰飲受妊經血既閉飲血相搏氣不宣通遂致心下憤悶頭暈眼花四肢沉重懈怠惡聞食氣喜食鹹酸多卧少起則吐逆不自

右為末以大黃膏同鷄子白搗勻梧桐子大溫酒急吞五七丸如未下再用後方

【牛膝湯】治婦人生理不順用此滑利水道令兒易產　牛膝一錢酒洗　瞿麥一錢　滑石二錢　當歸酒洗　木通各一錢　葵菜子一錢二分半無葵菜子用黃蜀葵花　右剉分三服水二鍾煎至八分溫服須先合備用

【綵子衍宗丸】男服此藥添精補髓疏利腎氣不問下焦虛實寒熱服之自能平秘舊稱古今第一種子方有人世世服此藥子孫蕃衍遂成村落之說嘉靖丁亥于廣信鄭中丞宅得之張神仙四世孫子及數人用之殊驗　甘州枸杞子八兩　兔絲子八兩酒蒸搗餅　遼五味子二兩研碎　覆盆子四兩酒洗　去仁車前子二兩淨　右各藥俱擇道地精新者焙曬乾共為細末煉蜜丸梧桐子大每服空心九十丸上床時五十丸白沸湯或鹽湯送下冬月用溫酒送下脩合日春取丙丁巳午夏取戊巳辰戌秋取壬癸亥子冬取甲乙寅卯忌師尼鰥寡之人及雞犬六畜見之

【百子附歸丸】女服此藥調經養血安胎順氣不問胎前產後用事參差有餘不足諸證悉皆治之殊益胎嗣比太僕吏鮑璧台州人其妻年三十不生育忽經事不至者十月腹鼓大無病咨皆謂妊娠一日忽產惡物盈桶視之皆敗痰積血後服此丸不期年生一子張云彼嘗以此二方與諸人服無不應者　真阿膠蛤粉炒成珠　蘄艾　懷慶熟地黃去腦取沉水者　香附子赤心者去毛杵成米水各浸一宿焙乾

勝持治療之法順氣理血豁痰導水然後平安也

【子煩論治】論曰妊娠四月六月多苦煩悶按醫經四月受少陰君火氣以養精六月受少陽相火以養氣所以如是又有不拘此兩月而苦煩悶者由母將理失宜七情傷感心驚膽怯而然也

、○【保產須知】

【嗣續論】婚姻者人倫之本王化之基有夫婦則有父子聖人謂不孝有三無後為大世曰有子萬事足矣是嗣續者至重也所宜介意毋忽

凡婦人有子其事有三

年命相尅　墳墓不嗣

右二者非藥之可療若夫病婦亦而用藥方有效

勞傷血氣　月候不調　將理失宜
飲食不節　乘風取冷　冷氣怯虛
結于子臟　以難有孕　但少有疾
多服熱藥　天癸早耗　終身無子
女人血弱　子臟冷滯　久不生育
丈夫勞傷　風寒目暗　精氣不濃
精清如水　精冷如冰　不能施化

已上皆當服藥

【禁忌】人家園圃有萎萱花婦聞其氣不孕

婦人無孕及經生子久不再孕及懷孕不成者灸法以女人右手中指節文一寸又指何上量之用草一條量九寸舒足仰卧所量草自臍心直垂下至草盡處以筆點定此不是穴却以原草平摺

十三兩　川芎去芦　白芍藥肥長者　當歸酒洗去蘆　蘄艾去梗醋煮乾○右除香附其餘各二兩俱為細末用大陳石榴一枚連皮搗碎東流水三升熬去渣打麵糊為丸梧桐子大每服百丸空心陳米醋點沸湯下日一服○右二方亦俞子所別傳者

【治有孕咳嗽】用貝母去心麩炒令黃麩皮為末研砂糖拌勻丸如鷄頭大含化神効

【治胎漏】用葱白一把濃煎汁飲之甚效

【治觸動胎氣】腹痛下血用硃砂不拘多少于鷄斗內炒透去皮取仁研為末每服二錢熱酒調下

【治難產】用清油一盞水一盞對和用銀簪行和飲之○又取法袴帶五寸燒灰存性酒服又以皂角末少許吹鼻即生

【難生】用鳳仙子二錢研碎水送下

【治難產】破水三五日不下將死未絕者神效用魚鰾即魚膠　用大者三寸香油浸過燈上燒之滴下油入酒內灰為末調酒服之立下

【治逆生】須臾不救母子俱亡用蛇殼一條蟬殼十四個頭髮一握並燒為灰分二服酒調併進二服仰卧霎時或用小綃針于小兒脚心刺三七刺用鹽少許擦刺處即時順生母子俱活

治橫逆手足先出或子死腹中用竈心中對鍋底下土細研每服一錢酒調

【治下死胎】用麝香半錢另研官桂末三錢和勻作一服溫酒調下須臾如手推下未效再服

又用鬼臼不以多少黃色者去毛研為末每服

以猪脂揉安前點處其草兩頭是穴按之有動脉各灸三壯如筋抄大神驗

○夫婦交會宜旺相日

春甲乙　夏丙丁　秋庚辛　冬壬癸

○宜避忌日

晦朔弦望　虹霓地動　日月薄蝕

雷電霹靂　天地晦冥　大風驟雨

大霧大寒大暑　日月星辰之下

神廟寺觀之中　井竈圊廁之所

冢墓尸柩之傍

此受胎非止百倍損於父母及生子或有聾瘖癡頑愚癲狂瘤跛多疾不仁不義不孝不壽

交會如法則生福德智人　家道日興

交會違法則生愚痴惡人　家道日否

二錢酒一盞煎至八分通口服立效如神

治胞衣不下　用半夏白歛各一兩為末酒服一錢難產一服橫生二服倒生三服兒死四服神効○又用萆麻子十四粒去殼搗爛以白麵和成羔貼脚心胞衣下速洗去如腸出即以此膏塗頂心回腸神效○治產後血暈心悶氣絕腹內惡血不盡者○用紅花酒煎或以藕汁二碗飲之神効○治產後子腸出不能收者用枳殼去核二兩煎湯浸良久即入

○治產後一十八證

產後歌曰

妊娠產後病難醫　我有良方付與傳

重羅大黃為細末　醋熬三遍作膏[illegible]

紅花炒浸加美酒　蘇木煎湯世所稀

更加黑豆汁三碗　重復煎熬和藥飴

問第一子死腹中如何　答曰娠母因染熱病六七日間經傳臟腑熱極以致子死母身墜在臍下不得分離命在須臾急服回生丹三九胎氣轉熱便生

問第二產難如何　答曰緣胎氣已成子食母血臨月足餘血成塊俗呼為兒枕臨產特兒枕先破血裹其子故難產但服此藥逐敗血期須自生其橫生逆生胎衣不下等同

問第三產胎衣不下如何　答曰母子分觧已訖母受其產血入於衣中被血所脹因此胎衣不下令人脹悶湯水不進急服回生丹三九逐去衣中惡血自然而下矣

○歌曰

三十時辰兩日半　蓋婦人月信譬天上月天月三十日一圓月信三十日一滿月信一滿則預天月一圓則缺其兩日半乃月信未滿已前兩日半而非月信過後兩日半也

二十八九均須算　此時為因年壯血盛女子不待三十日足二十八九日亦有滿者恐泥於三十日之說故設以明但種子者二廿八日前須預先算之

落紅滿地是佳期　周易云婦人象坤〻為地也女子月信一滿血滴過匈譬如落紅滿地此仙人不傳密語也月信既滿血氣充足經水平分與男精百發百驗而非下血在地之說女子行經俱用布片揩之豈有落于滿地之者

經水過期休灌溉　若月信过後氣盛血虛之際天地不交之時血脉灌

灌亂之時枉費心　乱縱所用動不及也經过之後血氣失中百脉沸騰此際用功非枉費心而何

樹頭樹尾覓殘紅　月信已過在此用心譬人往樹頭摑尾尋殘花一般何異不枉費心矣

識得開花方下種　月信將滿之特癸盡生血中真陽充足譬果木開花之論

何愁丹桂不成叢　若人依其月信得滿一盡也

始生之時下手何疑不成胎也

交詞曰　看經須看月圓時　如太陰至望受太陽之光大明天下月信三十日足血信迸身即為月朔人際或人鮮云月信已过兩日半此月充滿缺之時其明漸減難以准驗○乃丹經云月圓時癸

蓋生月缺特金光卸此之謂也

此是人間活子時　活子時世人罕知正是兩日半中間子宮開闢之候聰明女子自知必有能施內工採取之者方識也

要識他家消息事　癸盡陽生而可耳一月信滿即癸盡一陽生若得男子一交受胎為子無男交媾其癸水也

領休急慢莫延遲急忙下手便施為　三十時中來造化二十八九奪天機　註見上詳

一粒信香羞噴鼻莫教冷落海棠枝　香信之說實有道意正是藥生時刻順則種之成人逆則採之爲仙非生自作聰明用經亦有道意經云鉛遇癸生須急採金逢望遠不堪嘗月信過後如冷落海棠枝矣

○十月胎形

初月胎形

初月胎形如珠露　未入宮羅在裩戶

猶如秉燭在風中　風緊之時留不住

劉五妹云初月受胎一點精華如草上露珠凝未有宮羅也在裩戶之所鄭玄注云裩戶是繫裩之處未入腹內其形或散或聚如住月信報之

導胎散　如本婦禀氣薄及病後受者須用此方他者只是氣不和通用安胎和氣散專調理懷胎一月滿足少婦害羞時醫家不識誤作阻經此胎常有頭暈惡心不思飲食六脉浮緊可進此藥

當歸　白芍各三錢　枳殼四錢　砂仁　川芎各二錢　甘草六分　○右剉散為末作二大服每服用水一鍾半煎至七分空心溫熱

問第四產後血暈起止不得眼見黑花如何　答曰產後三日血氣未定還入五臟奔䦨于肝醫人不識呼為惜風依此方治之即愈

問第五產後口乾心悶如何　答曰產後七日以後血氣未定緣三日後食麪〻與血結聚在心是以煩渴醫人不識呼為胸膈壅悶但服此藥萬無一失

問第六產後寒熱似瘧如何　答曰產後虛羸血入于心肺則熱入脾胃則寒熱極反渴醫人不識呼為瘧疾悞損產婦不知其數宜依此方則急急救之

問第七產後四肢浮腫如何　答曰敗血走注五臟轉滿四肢停留回轉不得乃化為浮腫遂致四肢俱腫醫人不識呼為水腫水腫與血腫不同水腫氣急而小便澁血腫氣滿而四肢寒先服回生丹去敗血後服利水氣藥

問第八產後血邪如鬼神顛狂言語無度如何　答曰產後敗血熱氣冲心因物觸動所以心煩燥熱言語顛狂醫人不識呼為風邪宜急服回生丹救之

問第九產後失音不語如何　答曰心有七孔三毛敗血冲心流入孔中被血所悶言語不得醫人不識呼為脫陰脫陽失音雖是難治無方下藥殊不審視娠婦經脉行與不行順與不順今血流妄行流入心孔却乃反為難治宜服此藥

問第十產後瀉痢痛如何　答曰娠婦未滿月誤

服後惟吞一再貝

二月 胎形 二月胎形北極中
如花初綻蓋珠紅
分枝未有宮羅内 氣受陰陽血脉同

二月胎形似花崔氏云其胎受一月滿足以受血近陰形似桃花分枝兼在母北極中鄭玄註云北極者陰戸六寸也其胎入腹未入衣裹

安胎和氣散 凡慣墮胎者一月問須兩服保過五個月則不用也專治胎前二三個月多有人家挑礙換石移床鋪席場觸胎氣不安虛弱之人多有此證頭暈目花惡心嘔吐不思飲食宜進此藥

藿香 陳皮 蒼朮 砂仁 黄芩 桔梗 益智仁各二錢 陳枳殼三錢 厚朴 甘草 紫蘇各一錢 小茴香炒一錢半 ○右剉為散分作三服每服用水一鍾半煎至七分空心溫服以渣再煎服之

三月 胎形 三月胎形似血凝
有宮無室味無真
娘思食味千般愛 苦辣酸鹹並納成

三月胎形似蚕繭崔氏云其月胎形漸漸長如蚕一頭大一頭小形漸漸欲圓未入宮羅劉五妹云已至臍下漸漸有果其形薄薄胞之此三月胎形與二月俱同症一問虛弱胎氣不和惡心嘔吐或觸動胎氣兼秋天時氣寒極熱相兼無所禁照前次第加减用

有瘧疾加青皮 草菓各二錢 不可用恒山有咳嗽加杏仁 五味子各二錢 有潮

食酸冷堅硬之物與血相傳流入大腸不得尅化或瀉膿血或作汚痛不得安穩宜服此藥

問第十一 產後百節酸疼如何 答曰生產娘婦百骨支節開張產後敗血流入諸處停留日久結聚不散經滯虛張是以百節酸痛庸醫不識呼為風濕下藥誤損娘婦多矣但服回生三五服去其凝血即瘥

問第十二 產後小腸尿血似雞肝如何 答曰娘婦月中將理失宜飲食不得應心兼以惱怒以致血流入小腸閉却水道是以小腸澁結似雞肝流入大腸遂使大便澁難庸醫人不識呼為五臟淋滴傷損心肺以至瘀血成塊形似雞肝殊不知敗血入腸閉澁水穀等道以至如此但服此藥三九必得全美而無差矣

問第十三 產後崩中如何 答曰產後敗血惡露未止之間宜當服藥調五臟或食酸鹹之物寒熱不一因此榮衛不得調和以致宮中便作崩漏形色如肝渾身潮熱背膊拘急胸中煩悶醫人不識察其情一槩云為崩下且婦人癸水將至暴下不止愆期過度故曰崩漏今娘婦血氣正行失于保養以成此疾但服回生三四丸止其病源萬不失一

問第十四 產後胸膈氣滿嘔逆不定如何 答曰產後血停于脾胃食滿冲心心氣不平胸膈脹滿嘔吐遍多醫人不識云謂翻胃且人以穀氣為主胃口青容受而不進乃傷胃口而不容受

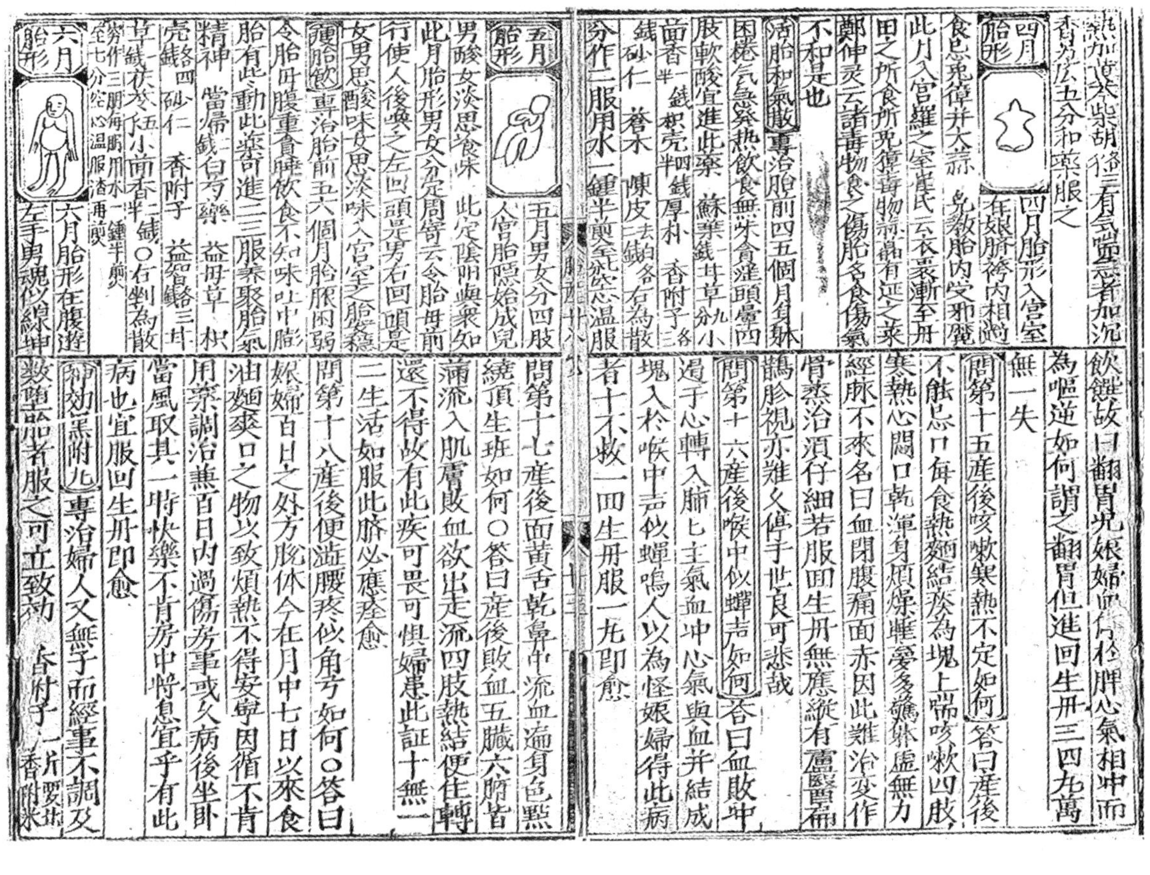

熱加黄芩柴胡各三 有氣喘者加沉香乌藥五分和藥服之

四月 胎形 四月胎形入宮室
在娘臍袴内相遇
食忌兎獐并大蒜 免教胎内受邪魔

此月入宮羅之室崔氏云衣裹漸全丹田之所食所兎獐毒物常有延之來鄭伸灵云諸毒物食之傷胎多食傷氣不和是也

活胎和氣散 專治胎前四五個月身躰困倦氣急發熱飲食無味貪睡頭暈四肢軟酸宜進此藥 蘇葉一錢 甘草九分 小茴香一錢半 枳殼四錢 厚朴 香附子各三錢 砂仁 蒼朮 陳皮去白各二錢 右為散分作二服用水一鍾半煎至七分空心溫服

五月 胎形 五月男女分四肢
入宮胎隱始成兒
男酸女淡思飲味 此定陰陽與衆知

此月胎形男女分定周晉云令胎母前行使人後喚之左回頭是男右回頭是女男思酸味女思淡味入宮室之胎穩

穩胎飲 專治胎前五六個月胎脹困弱令胎母腹重貪睡飲食不知味吐中膨胎有此動此藥可進二三服養聚胎氣精神 當歸一錢 白芍藥 益母草 枳殼各四錢 砂仁 香附子 益智各三 甘草一錢 茯苓五錢 小茴香半錢 ○右剉為散分作三服每服用水一鍾半煎至七分空心溫服渣再煎

六月 胎形 六月胎形在腹遊
左手男魂似線牽

飲饌故曰翻胃兇娘婦血氣在脾心氣相冲而為嘔逆如何謂之翻胃但進回生丹三四丸萬無一失

問第十五 產後咳嗽寒熱不定如何 答曰產後不能忌口每食熱麵結痰為塊上喘咳嗽四肢寒熱心悶口乾渾身煩燥羸瘦多飡虛無力經脉不來名曰血閉腹痛面赤因此難治変作骨蒸治須仔細若服回生丹無應縱有盧醫扁鵲脉視亦難久停于世良可悲哉

問第十六 產後喉中似蟬声如何 答曰血敗冲過于心轉入肺肺主氣血冲心氣與血并結成塊入於喉中声似蟬鳴人以為怪娘婦得此病者十不救一回生丹服一丸即愈

問第十七 產後面黄舌乾鼻中流血遍身色點繞頂生斑如何 ○答曰產後敗血五臟六腑皆滿流入肌膚敗血欲出走流四肢熱結便往轉還不得故有此疾可畏可懼婦患此証十無一二生活如服此藥必應痊愈

問第十八 產後便澁腰疼似角弓如何 ○答曰娘婦百日之外方脫体今在月中七日以來食油麵爽口之物以致煩熱不得安寧因循不肯用藥調治兼百日内過傷房事或久病後坐卧當風取其一時快樂不肯房中將息宜乎有此病也宜服回生丹即愈

神効黑附丸 專治婦人又無孕而經事不調及數墮胎者服之可立致効 香附子一斤要甘 香附米

女動者手[illegible]搖動　却在臍中漸漸浮

六八胎形男動左女動右崔氏云男魂陰動其左女魂陽動其右故在母臍中漸漸浮動如魚食水一般

護胎飲　調治六個月胎大此乃多有變弱之婦可服護胎飲一二服護養胎母之苦臨產之時令其脉自然調和易養易生更無憂慮之危○一有腱壯之夫免服甘藥胎孕安穩臨產之時自然滑易

七月胎形

七月胎形定不邪　男在左脇動此、女於右手無射動　行步艱難母嘆嗟

劉五妹云此月胎形男向左脇動女向右邊期呂傳雜經云七月已定亦有降生者成人所以胎母行步艱難也

去毛淨者分作四分內一分醋浸一分酒浸各浸一宿　米泔浸一分童便浸一分　艾綿四兩要緊淨光細梗及艾塵者用醋二大碗同香附子一處煮乾石臼內杵約三千下以搦為度搗如餅子只錢樣厚大用新瓦炭火焙乾搗羅為末　白茯苓淨去皮　當歸去蘆酒浸一宿　人參去蘆　川芎去土　要京墨火煅　熟地黃酒浸去土仍以酒浸一宿蒸過各一兩　木香五錢廣南者佳　右九味各為細末醋糊為丸如梧桐子大每服五十丸此方好酒下此方乃聞人道長所傳

琥珀調經丸　治婦人無子令經正　香附子一斤半斤童便浸半斤好醋浸各浸七日　好艾擇去枝梗淨者四兩　加入香附子內攪勻再加好醋五碗入砂鍋內煮乾為度日中曬乾碾為細末另加　沒藥一兩　當歸酒洗　芍藥煨　川芎各二兩　熟地黃酒蒸另杵入　生地黃酒蒸另杵入各二兩　琥珀另研一兩　右件為細末共一

知母補胎飲　調理胎前七八個月胎動如石尖跟雜脾胃虛弱時有氣急衝心胸前脹滿咳嗽誤飲熱毒所以胎氣不安名曰子懸證　知母　蘇葉各二錢　枳殼麴炒　益母草　黃芩　滑石　香附子　甘草各三　○右剉為散分作二帖每服用清水一碗半煎至七分空心溫服用酒煎服之亦妙

八月胎形

八月形容漸見成　毛生髮長定精神娘眠思食難吞下　困弱憂愁號悶行

此月胎形毛髮生崔氏云又胎八個月始生胎髮令人心悶煩燥欲食不止劉五妹云食美味如食糠皮令母困弱胎氣傷脾胃不和也

為搗細同為丸用醋糊丸如梧桐子大每服一百丸空心艾醋湯送下

濟陰丹　女人服　赤芍藥去蘆　川芎去蘆　生乾地黃去蘆　當歸去蘆各四兩　香附子　好大艾葉去梗各一斤　右分為四分一分醋浸一分童便浸一分酒浸一分鹽水浸俱各過一宿用醋三壺拌勻以砂鍋煮乾醋為度取出曬乾為末醋打麵糊為丸如梧桐子大一日三餐飯前每服五六十丸令人躰壯經調有孕且服久諸病不作

雞鳳丸　用頭窩烏骨雞雌雄各一隻置放一處不可與群雞相混候生卵時將初生頭卵記放待生卵數足將初生卵頂上開一竅用辰砂三錢當歸芍藥川芎熟地各二錢為細末將

和氣平胃散　專治婦人胎前八九個月胎兒長髮以致胎母脾胃虛弱而不調和濕熱相攻五臟六腑不和或變痢疾雜患之病可服此藥安胎和氣也

厚朴　黃連　朱苓　澤瀉　地榆各五錢　蒼朮　白芍藥各三錢　升麻　豆蔻各一錢五分　陳皮四錢　甘草一錢　柴胡二錢半　○右剉為末分作三服每服用水一鍾半煎至七分空心溫服渣再煎

九月胎形

九月胎模重似山　七精開竅不非凡一夜一升三合血　母胎欲產得齊全

九月胎七精者眼有光鼻有氣耳有聞口知味各道俱全方能轉身左右脇大動胎母覺知憂悶煩積飲食不快矣

卵黃傾出和藥末仍入殼內以厚紙封之衆卵內覆之待群雞生將藥卵出殼以蜜丸之空心好酒服三四十丸此極見效藥盡就有孕此方宣府鎮兵馬儀都督所傳

香附丸　專宜妾婢蓋妾婢多鬱情不宣暢經多不調故難孕此方最妙不須更服他藥

以香附子不拘多少去毛粗皮米泔水浸一宿曬乾用上好米醋砂鍋內同煮之旋添醋旋煮以煮透極爛為度取出焙乾為末仍用醋糊為丸如梧桐子大每服五七十丸經不調者即調久不孕者亦孕

加味養榮丸　此方女人服之有孕且無小產之患　當歸酒浸二兩　芍藥煨一兩五錢　熟地黃酒浸二兩

活生如聖散　專治九月胎欲產期忽然肚痛先行其水嬰兒不降為因胎前悞食熱物之物傷胎不順嬰兒不降宜服此藥　益母草二兩　大枳殼一兩　當歸四錢弱者　縮砂仁二錢　陳艾一錢　甘草六分　白芍藥四錢　益智仁去皮三錢　右剉為散分作二服每服用水二碗至一碗半不拘時溫服查再煎服不降產鯉魚一尾酸一匙烏金丸一枚同煎服

十月胎形

十月滿足欲生胎　四肢鎔縫骨情開產下要緊加防慎　莫令兒下客風吹

此月胎形滿足四肢開骨鎔縫俱開方許降生劉五妹云總方降生莫令嬰兒在地恐直賊風衝吹嬰兒崔氏云初生

白朮二兩　川芎一兩五錢　茯苓　人參　麥門冬　貝母　陳皮去白各一兩　香附子炒　黃芩炒各一兩五錢　甘草炙五錢　阿膠七錢　黑豆大者炒去皮四十九粒　右為細末煉蜜丸如梧桐子大每服七八十丸食前空心鹽湯溫酒任下忌食諸血物此方調經養血順氣健脾信服有孕

益母草丸　單一味為末不犯鐵器煉蜜為丸如彈子大每服一丸久服亦令人有子其婦人胎前產後諸疾治無不效服法備載于婦人門濟陰返魂丹方中　○妊婦五忌　一勿飲燒酒一應燒酒切不可飲黃酒有藥者亦不宜多飲也　一勿睡熱炕南方火牆亦同　一勿食煎炒炙煿之物　一勿食葱韭蒜薤胡椒茱萸　一勿星月下卧、久當風洗浴坐卧

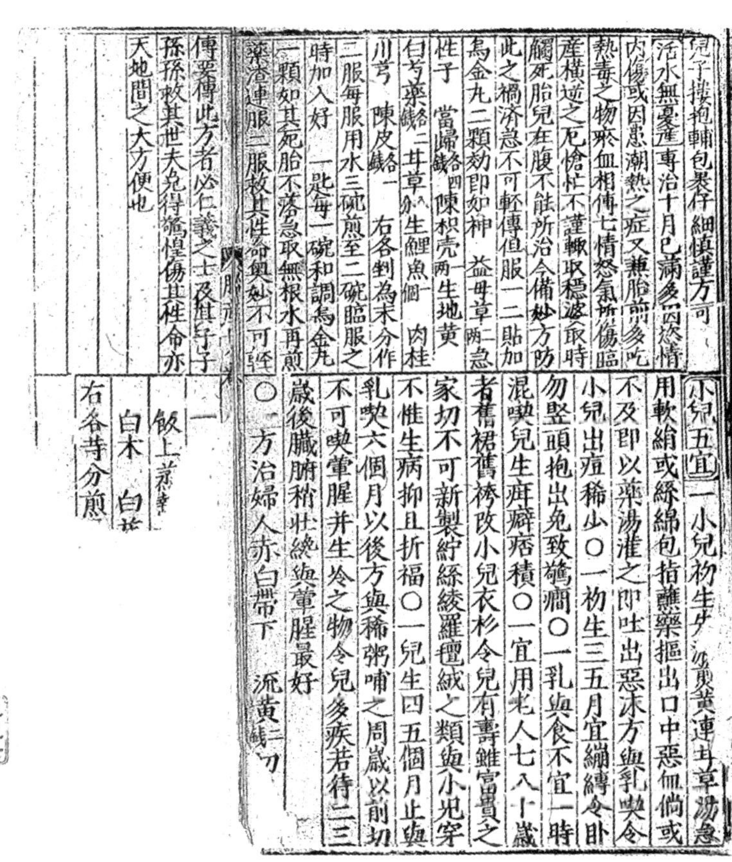

兒子接抱輔包褁仔細慎謹方可

【活水無憂產】專治十月已滿多因恣情內傷或因患潮熱之症又兼胎前多吃熱毒之物聚血相傳七情怒氣所傷臨產橫逆之厄倉忙不謹輙取穩婆取時觸死胎兒在腹不能所治今備妙方防此之禍濟急不可輕傳但服一二貼加為金丸二顆効即如神　益母草二兩急性子　當歸各四錢　陳枳殼一兩　生地黃　白芍藥各二錢　甘草八分　生鯉魚一個　肉桂　川芎　陳皮各一錢　右各剉為末分作二服每服用水三碗煎至二碗臨服之時加入好　一匙每一碗和調爲金丸一顆如其死胎不落急取無根水再煎藥滓連服二服救其性命與劫不可輕傳要傳此方者必仁義之士及其子子孫孫救其世夫免得驚惶傷其性命亦天地間之大方便也

飲上煮

白朮　白茯

右各等分煎

【小兒五宜】一小兒初生先以黃連甘草湯急用軟絹或絲綿包指蘸藥摳出口中惡血倘或不及即以藥湯灌之即吐出惡沫方與乳喫令小兒出痘稀少○一初生三五月宜繃縛令卧勿竪頭抱出免致驚癇○一乳與食不宜一時混喫兒生疳癖痞積○一宜用老人七八十歲者舊裙舊袴改小兒衣衫令兒有壽雖富貴之家切不可新製紵絲綾羅氈絨之類與小兒穿不惟生病抑且折福○一兒生四五個月止與乳喫六個月以後方與稀粥哺之周歲以前切不可喫葷腥并生冷之物令兒多疾若待二三歲後臟腑稍壯纔與葷腥最好

○一方治婦人赤白帶下　流黃二錢

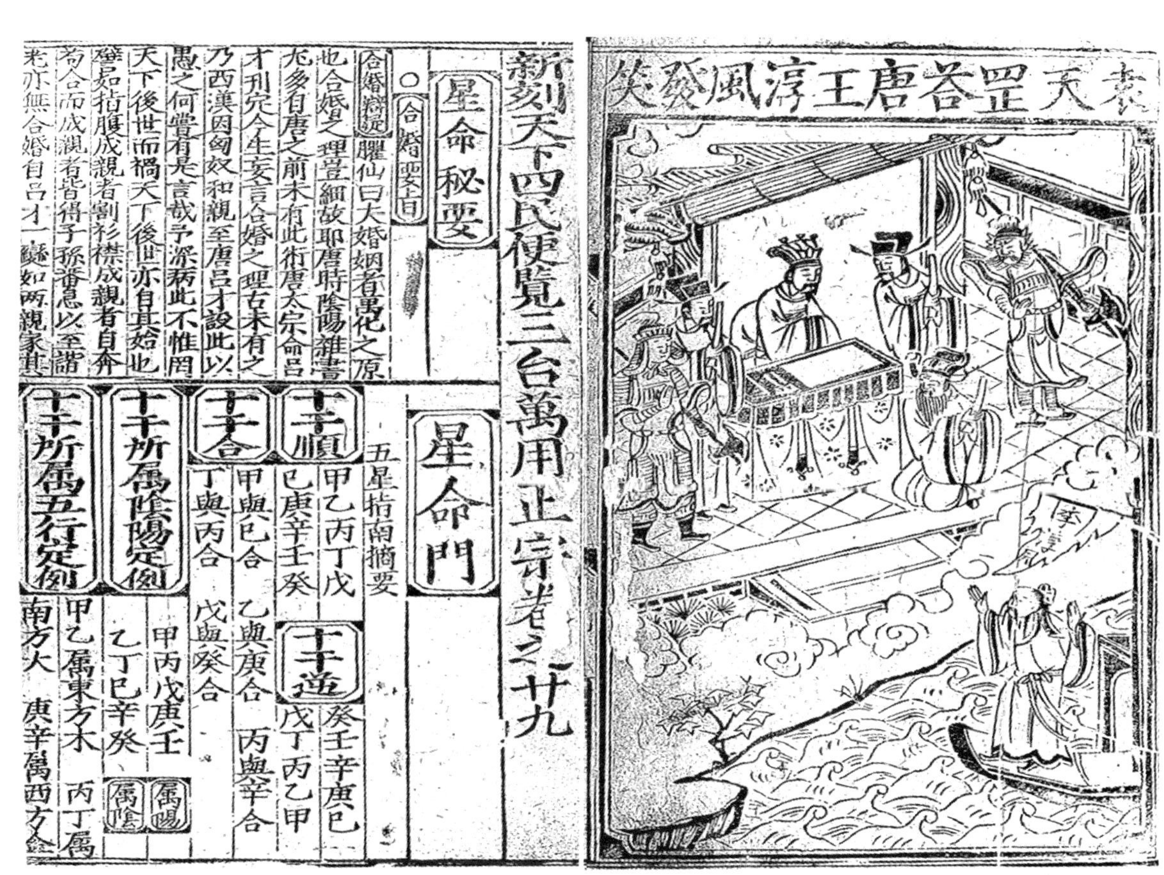

新刻天下四民便覽三台萬用正宗卷之廿九

【星命秘要】

○【合婚要旨】

【合婚辯疑】臞仙曰夫婚姻者萬化之原也合婚之理豈細故耶唐時陰陽雜書尤多自唐之前未有此術唐太宗命呂才刊究今生妄言合婚之理古未有之乃西漢因匈奴和親至唐呂才設此以愚之何嘗有是言哉予深病此不惟罔天下後世而禍天下後世亦自其始也㜑如指腹成親者割衫襟成親者自奔者合而成親者皆得子孫蕃息以至諸老亦無合婚自呂才一變如兩親家其

【星命門】

五星指南摘要

【十干順】甲乙丙丁戊　己庚辛壬癸

【十干逆】癸壬辛庚己　戊丁丙乙甲

【十干合】甲與己合　乙與庚合　丙與辛合　丁與丙合　戊與癸合

【十干所屬陰陽定例】甲丙戊庚壬【屬陽】　乙丁己辛癸【屬陰】

【十干所屬五行定例】甲乙屬東方木　丙丁屬南方火　庚辛屬西方金

若婚合欲以子女配之，一用此術則破之矣。百無一成，反為破人之婚姻，其罪爲不小。豈有子年正月生者，男皆是鐵掃帚？二月皆是骨髓破，水消瓦解，子年十二月生者，女皆是鐵掃帚，男火命四月生望門鰥，正月生妨二妻，女木命正月生者皆是望門寡，妨三夫。又如屬猪屬羊屬犬生於春三月者，皆犯大敗狼籍，入敗豈有此理？今因世俗皆尚之，故取之於書，使智者辨之，愚者任其取捨之義也。

【合婚總論】論檢婚書之法，先檢男女生命要合宮，次檢生月，或值狼籍入敗骨髓破、鐵掃帚、退財、望門等煞。凡男女合婚年月大抵無全吉之理，但要兩家男女神煞消相抵敵，則無妨。今人多將年命藏匿，怕聘反成自害。○論男女生月看節氣。假如男命是十二月二十八日生，先一日已交立春節，以後生命並作次年正月，以求年月吉凶。論男女退財：凡男女生命值退財之年，則男退妻家，女退夫家，常見人命犯之，惟有九年、十八年、十九年最壽，餘退財年數多者則亦不驗。○論骨髓犯之，男破女家，女破男家。詩云：蛇鼠牛猴兔犬猪馬羊虎雞龍十二位，此是破家子。余訂其殺與逐月魁罡方同，別本作犬馬猪羊虎者非也，今用改正。○論死墓絕妨者：男命犯之妨三妻，女命犯之妨三夫。假如甲子生人，納音屬金，金能尅木，木死於午

壬癸屬北方水　戊己屬中央土

【十干天元化運歌訣】
甲己化土乙庚金　丁壬化木盡成林
丙辛水運分清濁　戊癸南方火炎侵

【十二支順】子丑寅卯辰巳　午未申酉戌亥

【十二支逆】戌亥酉申未午　巳辰卯寅丑子

【十二支合】
子與丑合　寅與亥合　卯與戌合
辰與酉合　申與巳合　午與未合

【十二支三合定局】
申子辰合成水局
亥卯未合成木局　寅午戌合成火局
巳酉丑合成金局　辰戌丑合成土局

【遁月何寅上起】
甲己之年丙作首　乙庚之歲戊為頭
丙辛之歲逢庚上　丁壬之位起壬寅
若問戊癸[illegible]　甲寅之上好追求
假如甲己[illegible]於寅上起丙寅順行
餘皆倣此

【遁時倒子上起】
甲己還加甲　乙庚丙作初　丙辛從戊起
丁壬庚子居　戊癸何方起　壬子是真途
假如甲己之日子時生，便從子上起甲子
子時；乙庚日子時生，便從子上起丙子時
餘倣此，俱順行

【五行相生】
金生水　水生木　木生火
火生土　土生金

【五行相尅】
金尅木　木尅土　土尅水
水尅火　火尅金

【五行生尅】
尅我者為官鬼　我尅者為妻財
生我者為父母　我生者為子孫

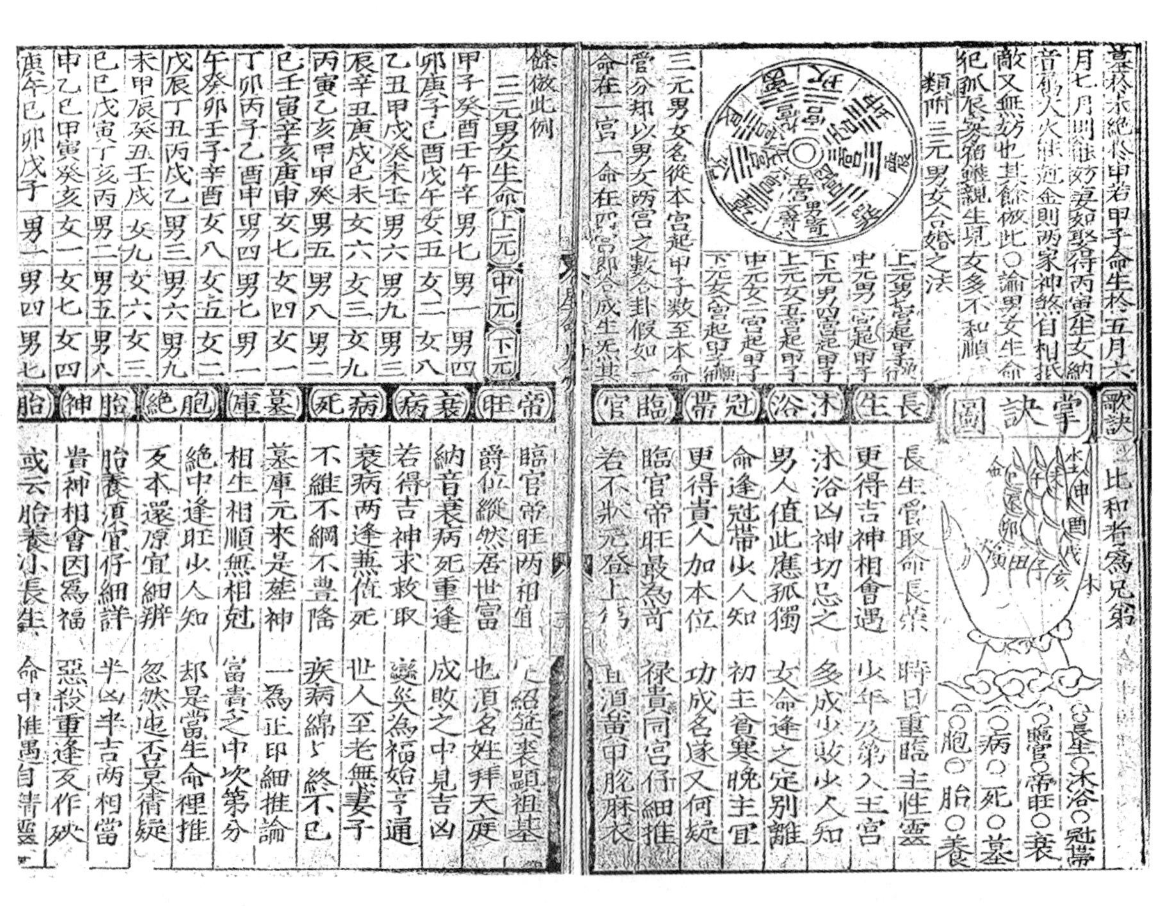

墓於未，絕於申。若甲子命生於五月、六月、七月，則犯妨，妻如娶得丙寅生女，納音屬火，火能尅金，則兩家神煞自相抵敵，又無妨也。其餘倣此。○論男女生命犯孤辰寡宿，雖親生兒女，多不和順。

類附三元男女合婚之法

上元男七宮起甲子逆行
中元男一宮起甲子
下元男四宮起甲子
上元女五宮起甲子
中元女二宮起甲子
下元女八宮起甲子順行

三元男女名從本宮起甲子數至本命宮分，却以男女兩宮之數合卦。假如一命在一宮，一命在四宮，即合成生氣，其

三元男女生命	上元	中元	下元
甲子癸酉壬午辛	男七	男一	男四
卯庚子己酉戊午	女五	女二	女八
乙丑甲戌癸未壬	男六	男九	男三
辰辛丑庚戌己未	女六	女三	女九
丙寅乙亥甲申癸	男五	男八	男二
巳壬寅辛亥庚申	女七	女四	女一
丁卯丙子乙酉甲	男四	男七	男一
午癸卯壬子辛酉	女八	女五	女二
戊辰丁丑丙戌乙	男三	男六	男九
未甲辰癸丑壬戌	女九	女六	女三
己巳戊寅丁亥丙	男二	男五	男八
申乙巳甲寅癸亥	女一	女七	女四
庚午己卯戊子	男一	男四	男七

餘倣此例

【歌訣】比和者為兄弟

【掌訣圖】
長生〇沐浴〇冠帶〇臨官〇帝旺〇衰〇病〇死〇墓〇胞〇胎〇養

【長生】長生會取命長榮，時日重臨主性靈。更得吉神相會遇，少年及第入王宮。

【沐浴】沐浴凶神切忌之，多成少敗少人知。男人值此應孤獨，女命逢之定別離。

【冠帶】命逢冠帶少人知，初主貧寒晚主宜。更得貴人加本位，功成名遂又何疑。

【臨官】臨官帝旺最為奇，祿貴同宮仔細推。若不狀元登上第，也須黃甲脫麻衣。

【帝旺】臨官帝旺兩相宜，[illegible]紹箕裘顯祖基。爵位縱然居世富，也須名姓拜天庭。

【衰病】納音衰病死重逢，成敗之中見吉凶。若得吉神求救取，遂災為福始亨通。

【病死】衰病兩逢兼值死，世人至老無妻子。不繼不綱不豐隆，疾病綿綿終不已。

【墓庫】墓庫元來是產神，一為正印細推論。相生相順無相尅，富貴之中次第分。

【胞絕】絕中逢旺少人知，却是當生命裡推。反本還原宜細辨，忽然地否莫猜疑。

【胎神】胎養須宜仔細詳，半凶半吉兩相當。貴神相會因為福，惡殺重逢反作殃。

【胎】或云胎養小長生，命中惟遇自崇[illegible]

丁酉丙午乙卯　女二　女八　女五

辛未庚辰己丑　男九　男三　男六

戊戌丁未丙辰　女三　女九　女六

壬申辛巳庚寅　男八　男二　男五

己亥戊申丁巳　女四　女一　女七

生	氣	絕	體	五	鬼	絕	命
一四	六七	一九	六二	一七	六四	一二	六九
二八	七六	二六	七八	二三	七一	二一	七三
三九	八二	三四	八七	三二	八九	三七	八四
四一	九三	四三	九一	四六	九八	四八	九六

天	醫	游	魂	福	德	歸	魂
一八	六三	一六	六一	一三	六八	一一	六六
二四	七九	二九	七四	二七	七二	二二	七七
三六	八一	三八	八三	三一	八六	三三	八八
四二	九七	四七	九二	四九	九四	四四	九九

男寄二女寄八陰乾陽坤左右相分

吕才云合德生氣天德月德爲上吉子孫昌盛不避冲刑害絕綱綏歲星惆悵夾角及胎胞有犯月內諸凶並無忌也如遇絕體游魂歸魂者稱之中等可以較量輕重而言之合取命卦通和月中少忌然後可以成婚姻姻之事理無十全但得中平之上者用之亦吉若遇五鬼之婚於男女多主撓撓口舌相連若遇絕命之婚禍必深重於男女各有喪亡使命卦和悅又得尤吉相當亦不宜爲其婚也

○附合畫法論年月

子午卯酉生 二畫　寅申巳亥生 三畫

辰戌丑未生 四畫　正九四十月 三畫

二五八十一月 二畫　三六九十二月 四畫

四畫成五字 主多利子孫吉

五畫成五字 主枷鎖夫妻相剋凶

六畫成田字 主倉庫牛馬大吉

七畫成有字 主田宅牛馬大吉

八畫成同字 主男女和合吉

九畫成空字 主耗財破物夫妻相剋

十畫成問字 主一生富貴夫妻相益

十一畫成迴字 主夫妻相剋魂魄不吉

十二畫成貪字 主辛苦前富後貧

十三畫成富字 主一生富足才帛足用

十四畫成賊字 主少子辛苦相剋凶

十五畫成豐字 主多子孫老來富貴

十六畫成隔字 主離別貧苦不益子孫

○男命進退財以生命納音論

金命　七月至十二月生　進十七年財

　　　正月至六月生　退九年財

木命　七月至十二月生　進五十年財

　　　正月至六月生　退九年財

水命　正月至六月生　進四十年財

　　　七月至十二月生　退五十年財

火命　四月至九月生　進三十年財

　　　十月至三月生　退十九年財

土命　五月至十月生　進三十年財

　　　十一月至四月生　退二十九年財

橫看

	金命	木命	水命	火命	土命
望門守寡	七月	四月	十月	正月	四月
妻多危 三妻	五月	二三月	八九月	十一十二月	二三月
死	五月	二月	八月	二月	十一月
墓	六月	三月	九月	十二月	三月
絕	七月	四月	十月	正月	四月
鬼歸	火女	金女	土女	木女	水女

養

若也修文應循逐　不然殃運亦光亨

五行發用

	火	金	水土	木
生	寅	巳	申	亥
沐浴	卯	午	酉	子
冠帶	辰	未	戌	丑
臨官	巳	申	亥	寅
帝旺	午	酉	子	卯
衰	未	戌	丑	辰
病	申	亥	寅	巳
死	酉	子	卯	午
墓	戌	丑	辰	未
胞	亥	寅	巳	申
胎	子	卯	午	酉
養	丑	辰	未	戌

虛訣

年月日時爲四實　四柱旬空見四虛

用神坐實斯爲美　凶煞逢虛作吉推

五行生旺定例

自生	自旺	自臨官	自墓
辛巳金	癸酉金	壬申金	乙丑金
甲申水	丙子水	癸亥水	壬辰水
己亥木	辛卯木	庚寅木	癸未木
丙寅火	戊午火	乙巳火	甲戌火
戊申土	庚子土	丁亥土	丙辰土

五行敗病定例

自敗	自病	自死	自絕
甲午金	辛亥金	甲子金	壬寅金
乙酉水	甲寅水	乙卯水	癸巳水
壬子木	己巳木	壬午木	庚申木
丁卯火	丙申火	丁酉火	乙亥火
己酉土	戊寅土	己卯土	丁巳土

五行不生不旺定例

	不生	不旺	不臨官	不墓
水	戊申	庚子	丙辰	丁亥
火	甲寅	丙午	壬戌	癸巳
金	乙巳	丁酉	己丑	丙申
木	辛亥	癸卯	乙未	壬寅
土	庚申	壬子	戊辰	己亥

五行不敗不絕定例

	不敗	不病	不死	不絕
金	庚午	丁亥	庚子	戊寅
水	癸酉	壬寅	癸卯	辛巳
木	丙子	癸巳	丙午	甲申
火	辛卯	庚申	辛酉	己亥
土	丁酉	丙寅	丁卯	乙巳

○凡命中帶自生自旺多者無不富貴不然亦主高壽帶自敗絕多者無不貧賤不然亦主夭折及不生旺不敗絕者尤宜仔細推之至于自冠帶自衰自胎自養禍福稍輕更不贅

五行旺相定例

	旺	相	休	囚	死
春	木	火	水	金	土
夏	火	土	木	水	金
秋	金	水	土	火	木
冬	水	木	金	土	火

○凡五行當時者旺所生者相所剋者死生我者休剋我者囚凡命中值旺相多者則吉值囚休死多者則成其禍也

新增地支藏遁

子宮癸水在其中　丑上癸辛己土同

寅宮甲木兼丙火　卯宮乙木獨相逢

辰藏乙戊三分癸　巳宮庚金丙戊叢

午宮丁火并己土　未宮乙己丁共宗

申未庚金壬水在　酉宮辛己獨豐隆

財婦　木女土女火女金女水女
富貴多子　土女水女金女木女火女
不娶同居　金女木女水女火女土女

金命　殺壬午癸未壬子 木妻
殺辛卯己戊辰 夫母　殺辛酉戌己亥 夫人

木命　殺庚子辛丑戊寅 夫母
殺丙午亥己酉 夫人　殺丙辰丁巳卯 土妻

水命　殺丁酉甲戌乙亥 火妻
殺甲辰乙巳丁卯 夫人　殺戊午己未丙申 夫母

火命　殺壬申癸酉辛亥 金妻
殺癸卯庚辰辛巳 夫母

土命　殺壬辰癸巳乙卯 水妻
殺丙子丁丑甲寅 夫母　殺丙午丁未甲申 夫人

○女命進退財以生命納音論

金命　六月至十一月生　退十九年財
十二月至五月生　進二十九年財

木命　九月至二月生　退二十五年財
三月至八月生　進二十九年財

水命　正月至六月生　退十八年財
七月至十二月生　進三十七年財

火命　十二月至五月生　退二十九年財
六月至十一月生　進三十九年財

土命　四月至九月生　退三十五年財
十月至三月生　進五十年財

合婚一節雖以盡述今正取婚元正經所載者為正次添男女命進退財例録之其餘皆不取雖載之於書智者識之

揣瞀

	金命	木命	水命	火命	土命
望門守寡	十月	正月	四月	四月	七月
夫多厄 三夫	八九月	十二月	三月	三月	正四月

歌　戊宮藏金并丁戊　亥藏壬甲是真蹤

令且四柱干支暗藏五行定三元根苗花果圖

	年為根	月為苗	日為花	時為實
天元取用	甲	丙	丁	庚
地元取用	子	寅	酉	戊
人元取用	癸水	甲木戊土丙火	辛金	戊土丁火辛金

男女順逆行假如

假如甲子生男陽命乙丑生女陰命則該順行即從提綱丙寅起運初行丁卯戊辰己巳而行若是甲子生女陽命乙丑生男陰命則該逆行即從月提丙寅起初運乙丑甲子而行但陽年男命陰年女命則順行陽年女命陰年男命則逆行餘倣此

起大運幾歲假如

凡大運陽男陰女數節候未来日辰以三日為一年陽男陰女順行陰男陽女逆行假如甲子二月初五日生男乃陽年男命即於本順數三日為一歲數至本月十二日京直即止未滿九日借一日准作三歲運行若女命從本生初五日逆數三日為一歲數至正月十一日立春節止共二十五日多一日即去一日作八歲運行又如甲子命人三月十五日生是陽男當數未来日辰此看何日立夏若是四月初二日立夏自三月十五日順數去數至立夏則十有七日三六一十八少了一日借一日湊數即是六歲運再從甲己之年丙作首遁起正月丙寅二月丁卯三月戊辰即六歲戊辰運十六己巳運二十六庚午三十六辛未運其餘倣此又如甲子女命謂之陽女當數過去日辰即看清明是何日若是三月初二日交清明節自十五日逆數至清明十有三日多一日除一日四三一十二即是四歲運也四歲戊辰十四丁卯二十四丙寅三十四乙丑其他倣此其法論節不論氣順行者就從生日順數起三日為一歲數至未来之節則止逆行者亦從生日逆數起三日為一歲數至過去之節則止或只零二日可收作一歲用或零一日則可棄之不足取用又有說如本生之日辰時生者子時交節不論順逆皆起一歲運也若丑時交節順行者以時辰就作一歲運也逆者作十歲運也照依此法而取無悮

死　五月二月八月十一月二月
墓　六月三月九月十二月三月
絕　七月四月十月正月四月
絕子　三月九月六月九月正月

金命　殺辛酉戊戌己亥 木夫
殺壬午癸未甲申 木姑　殺甲子乙丑壬寅 金公

木命　殺辛卯戊辰己巳 木媒人
殺庚子辛丑戊寅 土夫
殺丙辰丁巳己卯 土姑　殺壬午癸未甲申 木公

水命　殺丙辰丁巳己卯 土媒人
正殺丁卯甲辰乙巳 火夫
殺丁酉戊戌己亥 火姑　殺壬辰癸巳 木公

火命　殺戊子己丑丙寅 火媒人
正殺癸卯庚辰辛巳 金夫
殺甲子乙丑壬寅 金姑　殺己巳庚戌乙亥 火公

土命　殺甲午乙未壬申 金媒人
正殺丙午丁未甲申 木夫
殺乙丑壬辰癸巳 木姑　殺乙卯酉辰丁巳 土公
殺乙酉壬戌癸亥 木媒人

○推男女十二生命所犯神煞

	子	丑	寅	卯	辰	巳	午	未	申	酉	戌	亥
骨髓破	二	三	十	五	十一	正	八	九	四	十	六	七
鐵掃帚 男	正	六	四	二	正	六	四	二	正	六	四	二
鐵掃帚 女	十一	九	七	八	十一	九	七	八	十一	九	七	八
六害	六	五	四	三	二	正	十二	十一	十	九	八	七
大敗	四	七	十	十	四	四	十	正	七	七	正	正
天狼籍	五	八	十一	十一	五	五	十	三	八	八	二	二
八敗	六	九	十一	十二	六	六	十一	三	九	九	三	三
孤辰	二	正	五	五	三	三	五	十	正	正	十	十
寡宿	三	七	六	六	二	二	六	十一	七	七	十一	十一

推男女受胎并坐命宮

假如甲子年四月戊申日寅時生甲己遁起丙寅至四月是己巳月又戊申日戊癸遁起壬子至甲寅時四柱既成却看是何月受胎其法不問男女以本生月前四位是如己巳月即申上是胎數退午一位於未上再喚起己未即庚申是胎也此乃是隔年七月受胎至次年四月胎四箇月日足乃生産也年月日時胎為之五命五命既成却看在何方泊命其法不問男女每從子起正月逆數至本生月便住却從本生月住處起本生時倒轉順數至亥終再於下位起子丑寅卯即是安命宮也又如四月寅時生

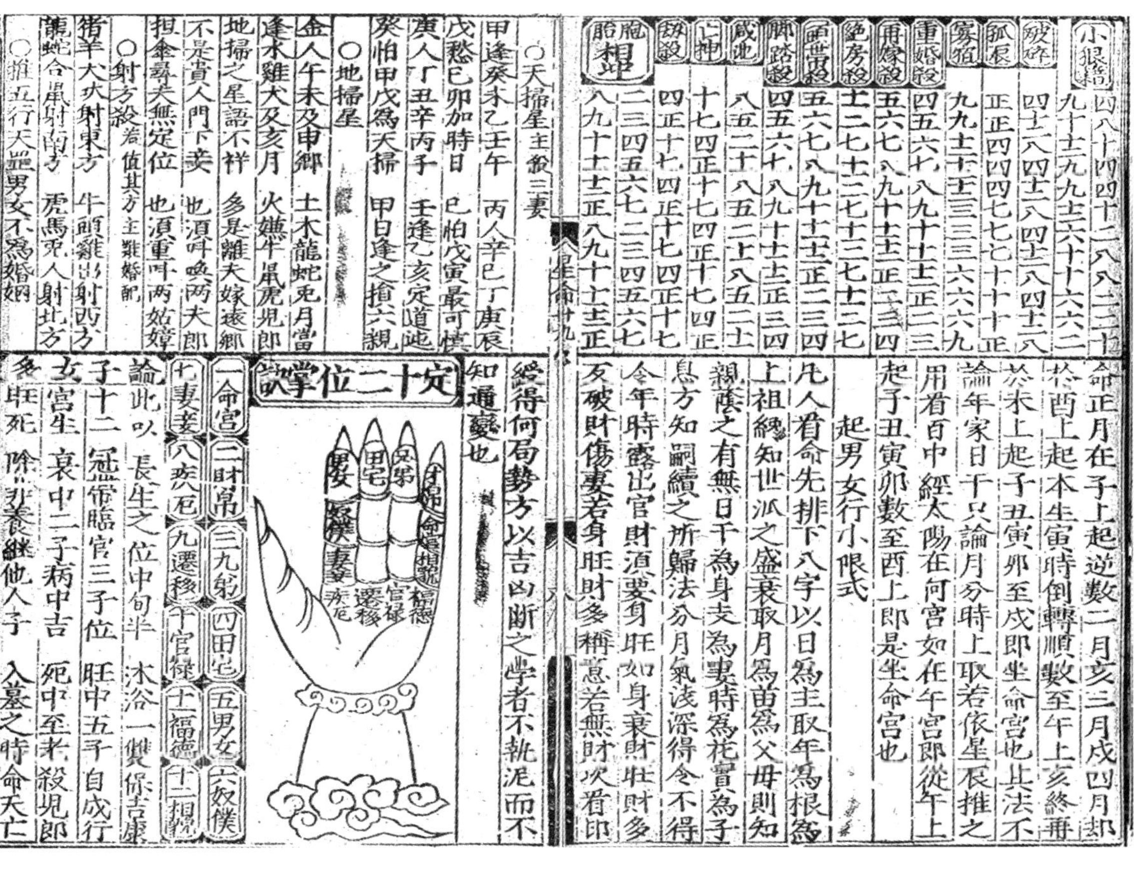

小限	破碎	孤辰	寡宿	重婚殺	再嫁殺	絕房殺	絕世殺	腳踏殺	咸池	亡神	劫殺	胞胎 相逆
四八十四四十二八八二十二 九十土九九土六十十六六二	四土八四土八四土八四土八	正正四四四七七七十十十正	九九土土土三三三六六六九	四五六七八九十土土正二三	五六七八九十土土正二三四	土二七土二七土二七土二七	五六七八九十土土正二三四	四五六七八九十土土正二三四	八五二十八五二土八五二土	十七四正十七四正十七四正	四正十七四正十七四正十七	二三四五六七二三四五六七 八九十土土正八九十土土正

○天掃星主殺三妻

甲逢癸未乙壬午　丙人辛巳丁庚辰

戊愁己卯加時日　己怕戊寅最可嗔

庚人丁丑辛丙子　壬逢乙亥定遭迍

癸怕甲戌為天掃　甲日逢之損六親

○地掃星

金人午未及申鄉　土木龍蛇兔月當

逢水雞犬及亥月　火嫌牛鼠虎兒郎

地掃之星語不祥　多是離夫嫁遠鄉

不是貴人門下妾　也須呼喚兩夫郎

担傘尋夫無定位　也須重叫兩姑嫜

○射方殺若值其方主難婚配

猪羊大犬射東方　牛頭雞兒射西方

龍蛇合鼠射南方　虎馬兔人射北方

○推五行天罡男女不為婚姻

命正月在子上起逆數二月亥三月戌四月酉於酉上起本生寅時倒轉順數至午上亥終再於未上起子丑寅卯至戌即坐命宮也此法不論年家日干只論月分時上取若依星辰推之用看日中經太陽在何宮如在午宮即從午上起子丑寅卯數至酉上即是坐命宮也

起男女行小限式

凡人看命先排下八字以日為主取年為根為上祖總知世派之盛衰取月為苗為父母則知親蔭之有無日干為身夫為妻時為花實為子息方知嗣續之所歸法分月氣淺深得令不得令年時露出官財須要身旺如身衰財旺財多反破財傷妻若身旺財多稱意若無財次看印綬得何局勢方以吉凶斷之學者不執泥而不知通變也

定十二位掌訣

一命宮　二財帛　三兄弟　四田宅　五男女　六奴僕

七妻妾　八疾厄　九遷移　十官祿　十一福德　十二相貌

論此以長生之位中旬半　沐浴一雙保吉康

子十二冠帶臨官三子位　旺中五子自成行

女宮生　衰中二子病中吉　死中至老殺兒郎

多旺死　除非養繼他人子　入墓之時命夭亡

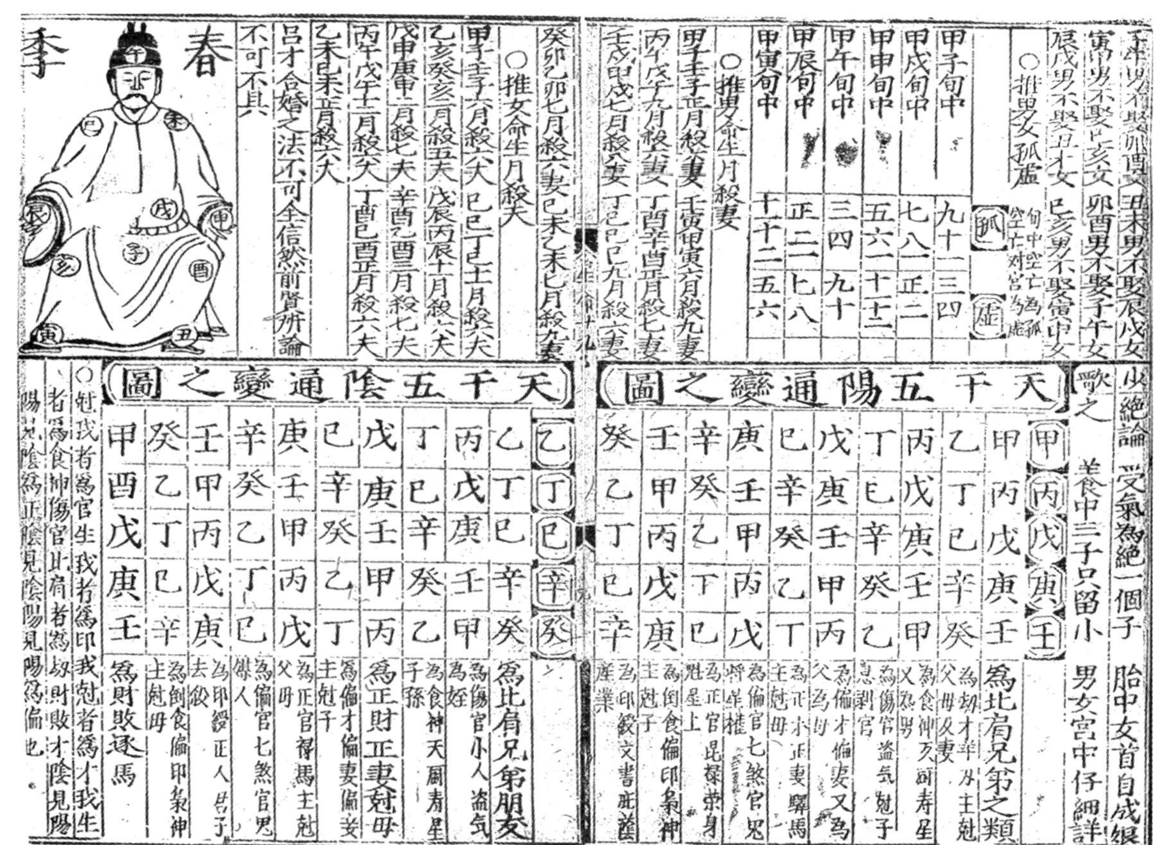

子午男不娶卯酉女　丑未男不娶辰戌女

寅申男不娶巳亥女　卯酉男不娶子午女

辰戌男不娶丑未女　巳亥男不娶寅申女

○推男女孤虛　旬中空亡為孤　空亡對宮為虛

	孤	虛
甲子旬中	九十	三四
甲戌旬中	七八	正二
甲申旬中	五六	十一十二
甲午旬中	三四	九十
甲辰旬中	正二	七八
甲寅旬中	十一十二	五六

○推男命生月殺妻

甲子壬子正月殺六妻　壬寅甲寅六月殺九妻

丙午戊午九月殺五妻　丁酉辛酉三月殺七妻

壬戌甲戌七月殺八妻　丁巳己巳九月殺六妻

癸卯乙卯七月殺六妻　己未乙未七月殺九妻

○推女命生月殺夫

甲子壬子六月殺六夫　己巳丁巳十一月殺六夫

乙亥癸亥二月殺五夫　戊辰丙辰十一月殺六夫

戊申庚申二月殺七夫　辛酉乙酉三月殺七夫

丙午戊午十二月殺六夫　丁酉己酉正月殺六夫

乙未己未正月殺六夫

呂才合婚之法不可全信然前賢所論不可不具

火絕論　受氣為絕一個子　胎中女首自成娛

養中三子只留小　男女宮中仔細詳

歌之

天干五陽通變之圖

甲	丙	戊	庚	壬	
甲	丙	戊	庚	壬	為比肩兄弟之類
乙	丁	己	辛	癸	為劫才辛乃主剋父母及妻
丙	戊	庚	壬	甲	為食神又為壽星父為男
丁	己	辛	癸	乙	為傷官盜氣剋子息剝官
戊	庚	壬	甲	丙	為偏才偏妻又為父為財
己	辛	癸	乙	丁	為正才正妻驛馬主剋母
庚	壬	甲	丙	戊	為偏官七殺官鬼將星權
辛	癸	乙	丁	己	為正官旺祿榮身魁星上
壬	甲	丙	戊	庚	為倒食偏印梟神主剋子
癸	乙	丁	己	辛	為印綬文書旺蔭產業

天干五陰通變之圖

乙	丁	己	辛	癸	
乙	丁	己	辛	癸	為比肩兄弟朋友
丙	戊	庚	壬	甲	為傷官小人盜氣為姪
丁	己	辛	癸	乙	為食神天厨壽星子孫
戊	庚	壬	甲	丙	為正財正妻剋母
己	辛	癸	乙	丁	為偏才偏妻偏妾主剋子
庚	壬	甲	丙	戊	為正官祿馬主剋父母
辛	癸	乙	丁	己	為偏官七煞官鬼傷人
壬	甲	丙	戊	庚	為印綬正人君子去殺
癸	乙	丁	己	辛	為倒食偏印梟神主剋母
甲	酉	戊	庚	壬	為財敗逐馬

○剋我者為官生我者為印我剋者為才我生者為食神傷官比肩者為劫財敗才陰見陽陽見陰為正陰見陰陽見陽為偏也

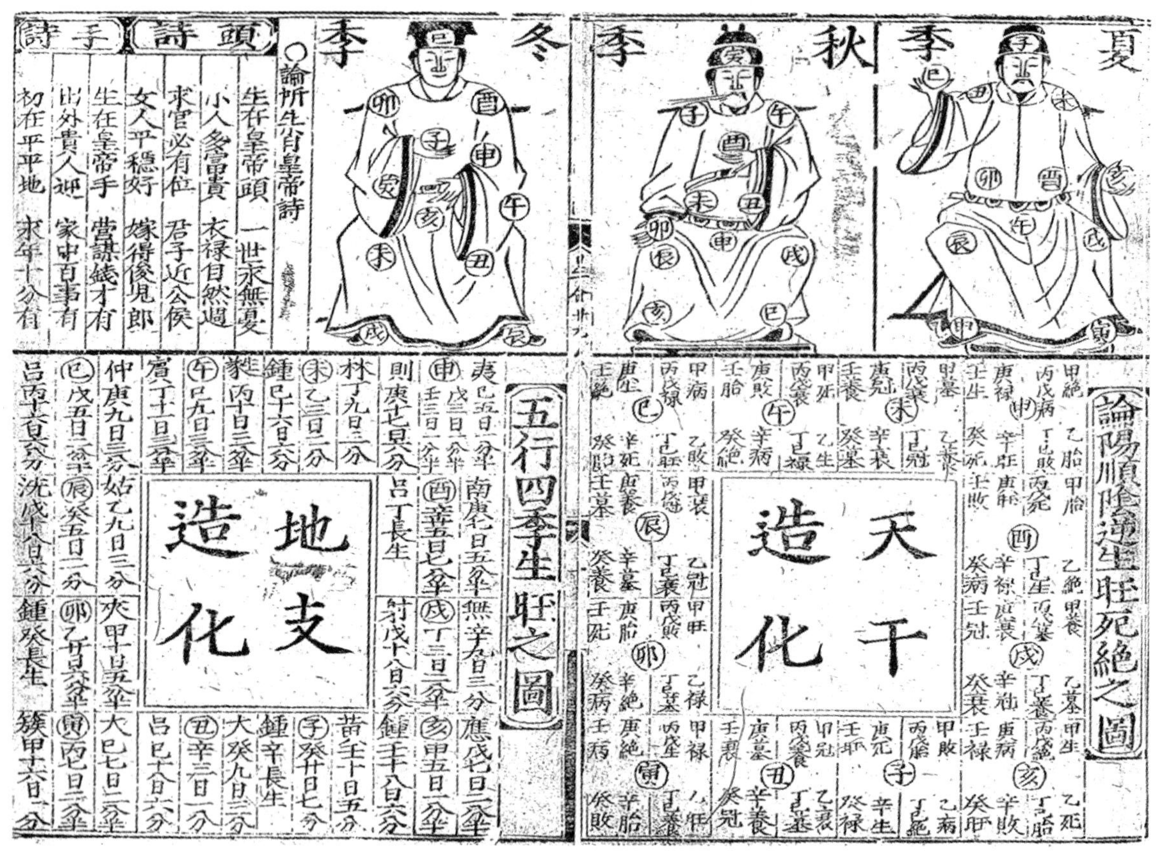

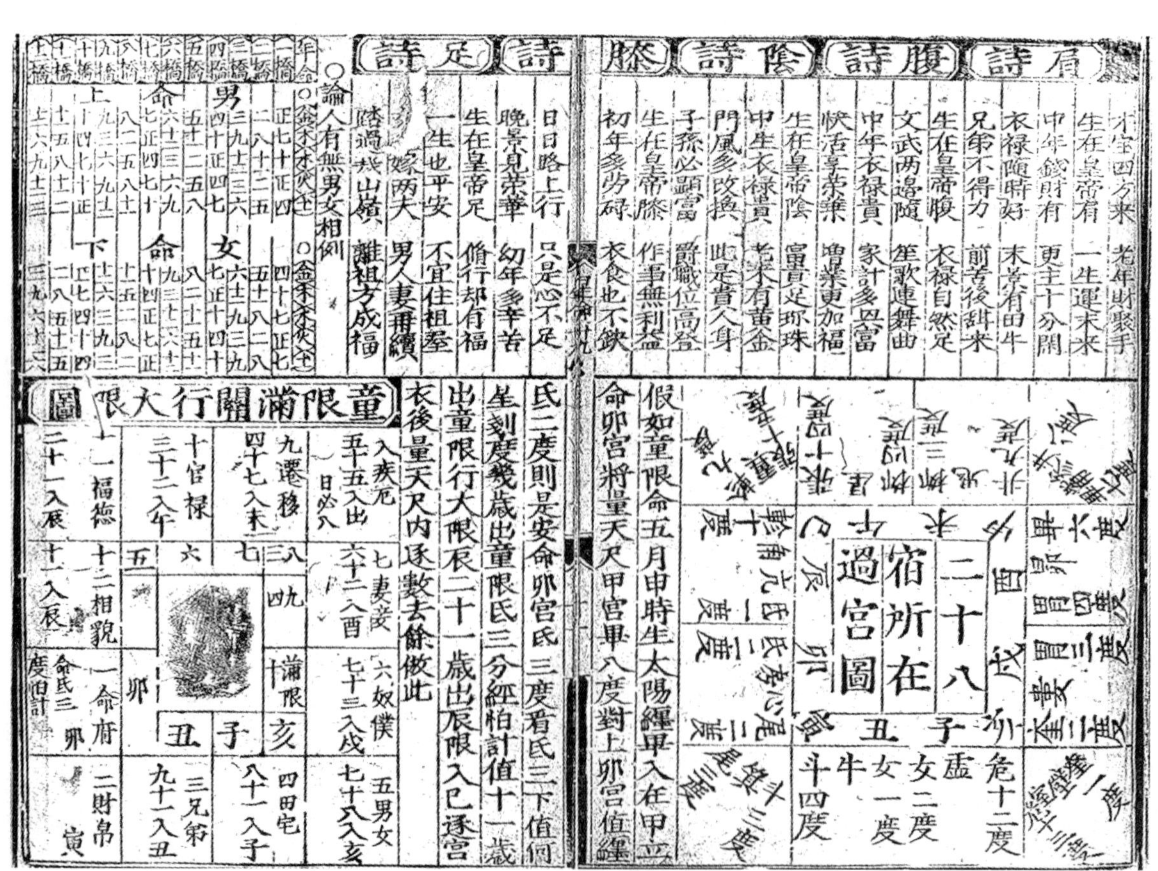

子部　第四冊

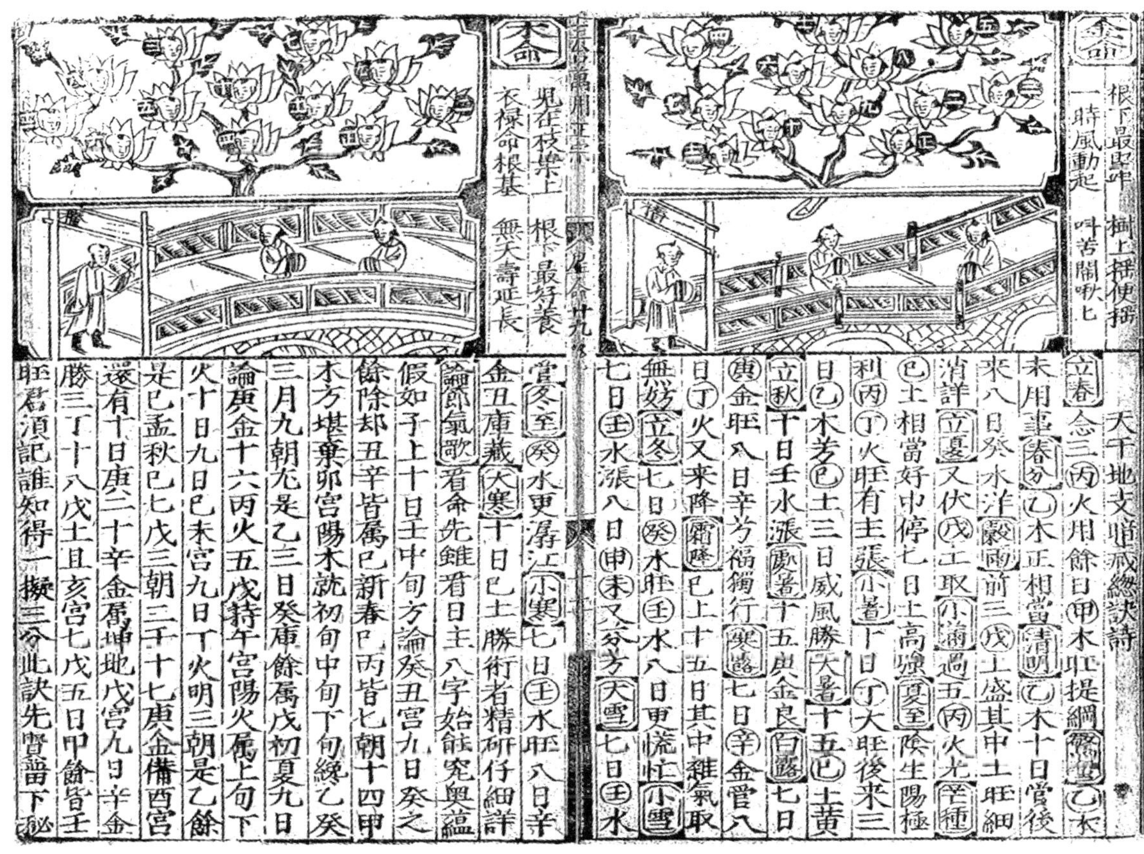

金命 根下最堅牢　樹上搖便搖　一時風動起　叫苦鬧啾啾

天干地支逆戒總訣詩

立春念三丙火用餘日甲木旺提綱驚蟄乙木末用事春分乙木正相當清明乙木十日當後来八日癸水洋穀雨前三戊土盛其中土旺細消詳立夏又伏戊土取小滿過五丙火光芒種巳土相當好中停七日土高燥夏至陰生陽極利丙丁火旺有主張小暑下日丁大旺後来三日乙木若巳土三日威風勝大暑十五巳土黃立秋十日壬水漲處暑十五庚金良白露七日庚金旺八日辛兮福獨行寒露七日辛金管八日丁火又来降霜降巳上十五日其中雜氣取無妨立冬七日癸水旺壬水八日更慌忙小雪七日壬水漲八日甲未又分兮大雪七日壬水管冬至癸水更潺江小寒七日壬水旺八日辛金丑庫藏大寒十日巳土勝術者精研仔細詳

木命 兒在枝葉上　根下最好養　衣祿命根基　無夭壽延長

論節氣歌

看命先雖看日主八字始能究奧蘊假如子上十日壬中旬方論癸丑宮九日癸之餘除却丑辛皆屬巳新春巳丙皆七朝十四甲木方堪乘卯宮陽木就初旬中旬下旬繞乙癸三月九朝尤是乙三日癸庫餘屬戊初夏九日論庚金十六丙火五戊持午宮陽火屬上旬下火十日九日巳未宮九日丁火明三朝是乙餘是巳孟秋巳七戊三朝三千十七庚金備酉宮還有十日庚二十辛金屬坤地戊宮九日辛金勝三丁十八戊土且亥宮七戊五日甲餘皆壬旺君須記誰知得一擬三分此訣先賢留下秘

二八一

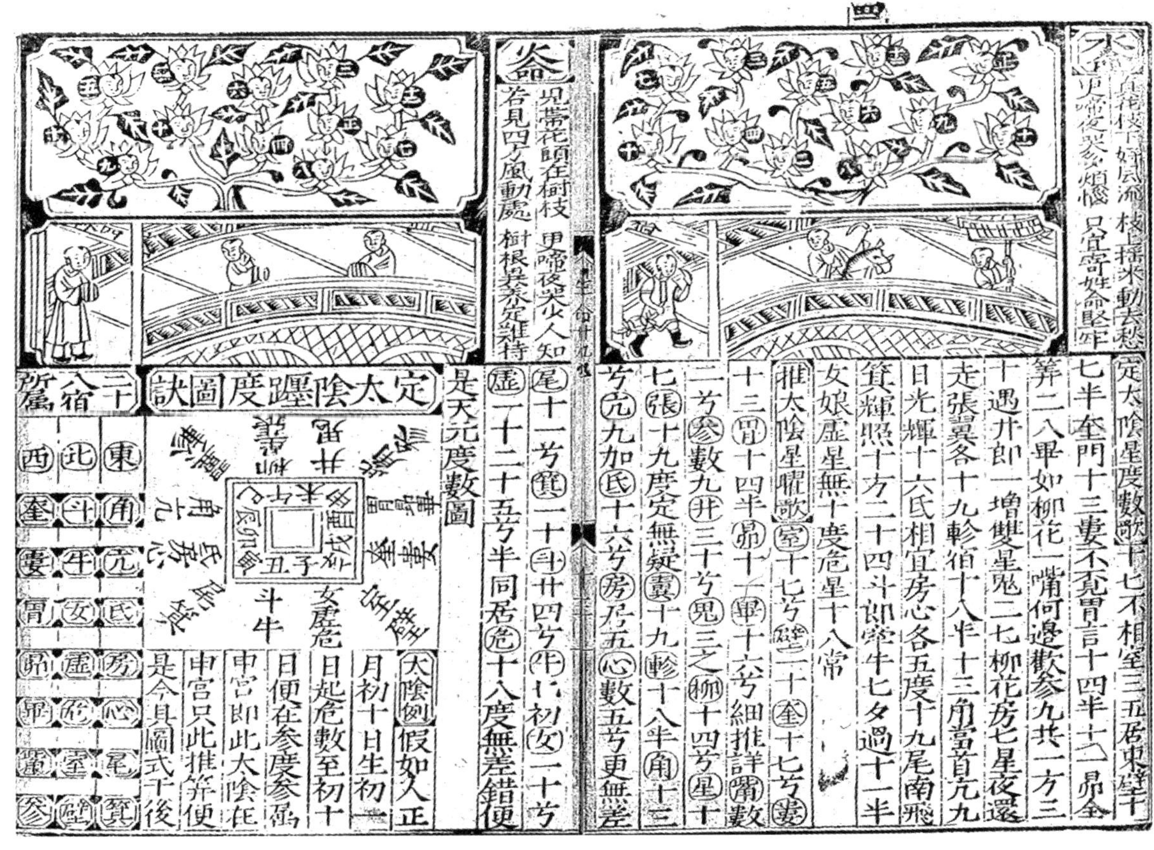

水命 在花枝下好風流　枝上搖来動去愁　更啼夜哭多煩惱　只宜寄姓命堅牢

定太陰星度數歌

十七不相室三五居東壁十七半奎門十三婁不覓胃言十四半十一昴全算二八畢如柳花一觜何邊歡參九共一方三十遇井郎一增嬰星鬼二七柳花房七星夜還走張翼各十九軫伯十八半十三角當首亢九日光輝十六氐相宜房心各五度十九尾南飛貧輝照十方二十四斗郎牽牛七夕過十一半女娘虛星無十度危星十八常

推太陰星躔歌

室十七兮壁二十奎十七兮婁十三胃十四半昴十一畢十六兮細推詳觜數二兮參數九井三十兮鬼三之柳十四兮星十七張十九度定無疑翼十九軫十八半角十三兮亢九加氐十六兮房居五心數五兮更無差尾十一兮箕一十斗廿四兮牛七初女一十兮虛一十二十五兮半同居危十八度無差錯便是天元度數圖

火命 兒當花頭在樹枝　更啼夜哭少人知　若見四方風動處　樹根要養定維持

定太陰躔度圖訣

二十八宿所屬

東	角	亢	氐	房	心	尾	箕
北	斗	牛	女	虛	危	室	壁
西	奎	婁	胃	昴	畢	觜	參

太陰例 假如人正月初十日生初一日起危數至初十日便在參度參屬中宮即此太陰在中宮只此推笄便是今具圖式于後

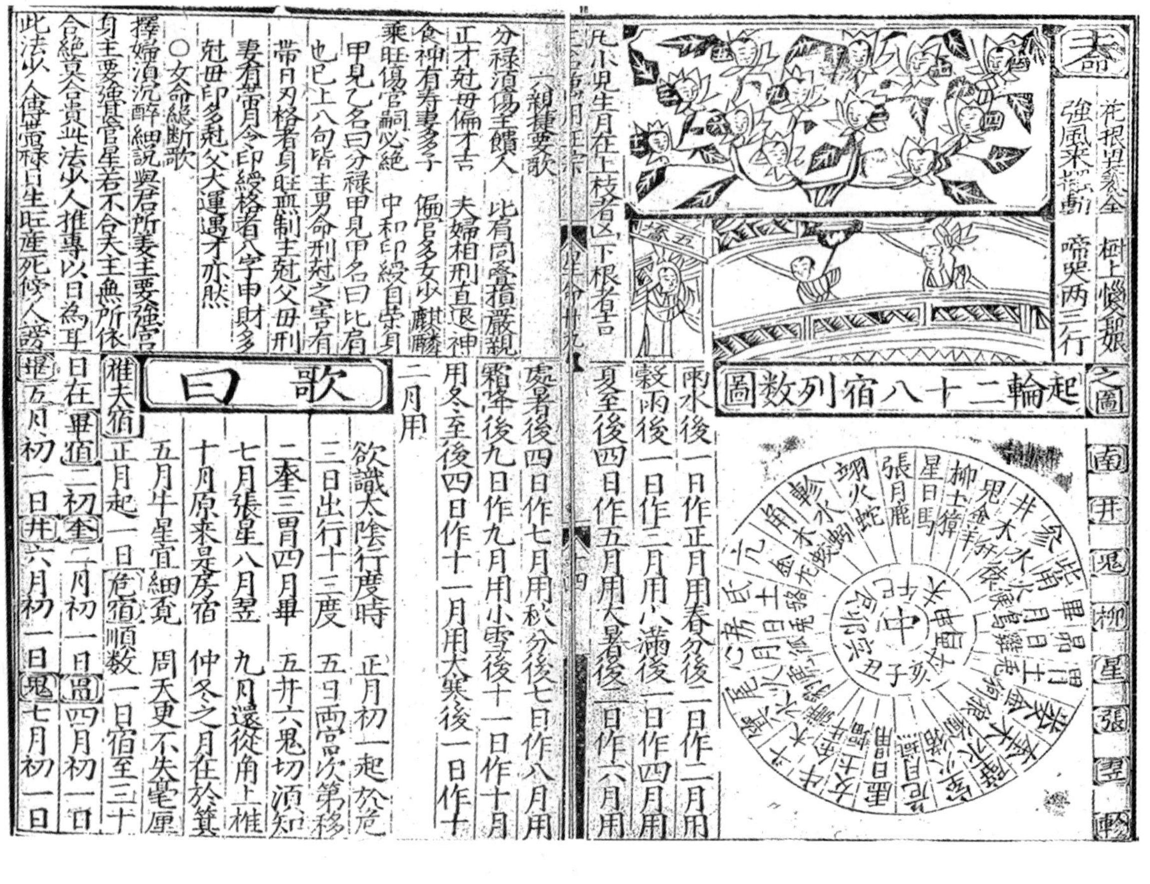

凡小兒生月在上枝者凶下根者吉

雨水後一日作正月用春分後二日作二月用
穀雨後一日作三月用小滿後一日作四月用
夏至後四日作五月用大暑後一日作六月用
處暑後四日作七月用秋分後七日作八月用
霜降後九日作九月用小雪後十一日作十月
用冬至後四日作十一月用大寒後一日作十
二月用

六親捷要歌

分祿須傷主饋人　比肩同參損嚴親
正才尅毋偏才吉　夫婦相刑直退神
食神有寿妻多子　偏官多女少麒麟
乘旺傷官嗣必絶　中和印綬自榮身

甲見乙名曰分祿甲見甲名曰比肩也已上八句皆主男命刑尅之害有帶日刃格者身旺無制主尅父毋刑妻看官印綬格者八字中財多尅毋印多尅父大運遇才亦然

○女命總斷歌

擇婦須況醉細說與君所妻主要強宮身主要強甚官星若不合夫主無所依合絶莫合貴此法少人推專以日為耳此法少人傳帶祿日生旺產死傍人謗

歌曰

欲識太陰行度時　正月初一起於危
三日出行十三度　五日兩宮次第移
二奎三胃四月畢　五井六鬼切須知
七月張星八月氐　九月還從角上推
十月原來是房宿　仲冬之月在於箕
五月牛星宜細覓　周天更不失毫釐

推太陰宿　正月起一日危宿順数一日宿至三十日在畢宿　二初奎二月初一日胃四月初一日
畢五月初一日井六月初一日鬼七月初一日
張八月初一日氐九月初一日角十月初一日
房十一月初一日箕十二月初一日牛

驛馬帶貴人終父落風塵有辰休見戌有戌休見辰辰戌若相見多是淫破人有煞不怕合無煞却怕合合神若是多非奴亦謳歌貴人一座正一方三作寵定羊刃帶傷官驛雜事多端總盤都是印積手必須定二德作正財富貴自然來四柱帶休囚封贈福寿增金水若相逢必招美麗容寅申巳亥全孤淫賤使乙子午逢卯酉定是隨人走辰戌逢丑未婦道之大忌酉貴一位煞稙家富貴說才官若藏庫沖破豈不富天干一字連孤破福綿乙地支連一字兩度成婚事

一增補十段錦

一甲　二己　三乙　四庚　五丙　六辛　七丁　八壬　九戊　十癸

○甲從己合賴土化生遇乙兮妻才暗損逢丁兮衣祿成空貴顯高門蓋得辛金之力家殷大富皆因戊土之功見貴兮平生發福逢壬兮一世飄蓬遇庚金家徒四壁時逢丙戊祿享千鍾○己能化甲秀在於寅逢丁兮他人凌辱遇乙兮自已遭迍陽木重重奔走紅塵之客庚金鈍鈍孤寒白屋之人丙內藏辛必得其貴戊中隱癸不至於貧若要官職迁榮先須見癸家殷大富務要逢辛○乙從庚化氣禀西方寒難苔生逢丙地華華兮長在壬鄉丁火當權似春花之遭日辛金遇世若秋草之逢霜最喜巳臨蒲堂金王偏宜申向麻衆盈倉日日勞神蓋為公神作乱時時賣力只因玄武為殃○庚從乙化金質

節氣	宿度	節氣	宿度	節氣	宿度
立春	虛四度	雨水	危十求	驚蟄	室九度
春分	壁六遊	清明	奎十一	穀雨	婁九留
立夏	胃十一	小滿	昴十留	芒種	畢十四、
夏至	井一頭	小暑	井十八	大暑	井初消
立秋	柳十二	處暑	張十週	白露	翼五度
秋分	排軫頭	寒露	軫十八	霜降	角十二
立冬	氐五度	小雪	房五求	大雪	尾火九
冬至	箕六要	小寒	斗十三	大寒	誇五牛

論十一曜行度數

太陽一日行一度有虛危太陰一日行十三度木星或一日行三度或五日行一度火星三日行一度木星三日一遲十三日一留金星與水星同三日一退七二一留土星遇寅申巳亥晋孛星見太星留五星見皆伏藏三合逢陽且是留火星三日行一度木星一日行一度八分四叠氣星二十日行一度金水星一日行三度孛星九日行一度羅計星十八日行一度

論生用

生我者為恩　我生者為用
我尅者為仇　尅我者為難　同數者為忌
命宮　我則命主星是也

九曜喜忌

横着	主	難	仇
子丑	土計	木炁	木孛土計
寅亥	木炁火羅	金	金
卯戌		木孛火羅土計	
辰酉	金	火羅土計	木炁火羅
巳申	水		
午	太陽	木炁土計	土計火羅
未	太陰		

弥堅乙辛金蹈損偏嫌丙穴相煎遇丁官兮似蛟龍之得雲雨〇己卯兮若鵬鶚之在秋天癸水旺兮崑崗破蕩壬水盛兮才祿增遷遇戊相侵兮不成巨富逢壬助為兮永保長年〇丙為陽火化水逢辛有福兮戊土在位成名兮乙木臨身官貴迎榮生逢癸巳家門顯赫長在生庚強精起於甲午禍敗發於壬辰丙遇陰丁從富貴能有幾日重逢己土浪榮華一似浮雲〇辛能化木滑丙方成四柱最喜見成一生冣喜逢庚見己兮何年發福逢壬兮何日成名癸水旺兮縱困而不困甲木旺兮須榮而不榮富貴榮華重々見乙傷殘窮迫疊々逢丁〇丁為陰火喜遇陽壬見丙兮百年要逢逢辛兮一世優游富貴双全喜甲臨於天種祿封蔭美欣己共於金牛居計消蹤皆因戊敗生涯發覺盡為癸丑乙未重々財祿決無成就庚金燦々功名切莫妻求〇壬從丁化秀在東方遇甲兮多初僕馬逢辛兮廣置田庄丙火相逢乃英雄之豪傑癸水相会為辛苦之經商佩印乘軒己臨官位飄蓬落魄戊帶殺來皓首無成皆為漢金乘旺青春不遇壽是乙木為殃〇戊從癸合化火成功見乙兮終能顯達逢壬兮亦自豐隆衆貴拱持喜丁臨於乙位六親不睦祿甲旺於寅宮丙火炎炎難尋禍祿庚金爍々丑見辛歸妻不損兮皆因巳旺難為從癸宮為辛雄〇癸從戊合

定恩 火羅木字木炁土計金金水金

局用 金火羅土計水字木炁火羅木炁

九曜所屬

太陽火 太陰水 月字金

羅睺火 紫炁木 計都土

神煞提要

天赦 春戊寅 夏甲午 秋戊申 冬甲子

進神 甲子 甲午 己卯 己酉 此四位是也

三奇

天上三奇甲戊庚 地下三奇乙丙丁

若人命值三奇貴 三元及第冠群英

天乙妙經 乙丙丁甲戊庚午局相生午復生不作蓬萊三島客也應金殿玉階行

十干官貴 陽干用陰干尅 陰干用陽干尅 陽數八陰數八 其法取尅我者為官

甲用辛為官 乙用庚為官 丙用癸為官

丁用壬為官 壬用庚為官 癸用戊為官

戊用乙為官 己用甲為官 庚用丁辛用丙為官

歌曰

甲官辛兮己官庚 丙癸丁壬壬己亨

癸戊戊乙己甲上 庚丁辛丙自光榮

〇桃花殺 又名咸池殺

寅午戌兎從茅裡出 申子辰雞叫亂人倫

亥卯未鼠子當頭忌 巳酉丑躍馬南方走

多情多慾少人知 六丙逢寅辛見雞

癸臨申上丁見未 眉開眼笑樂嬉嬉

甲乙午申庚見戌 世間只是衆人妻

戊己怕辰壬怕子 祿馬相逢作路妓

紅艷殺

任是富豪官宦女 花前月下會偷期

化〔?〕當臨丙內藏辛一世多成多敗甲申穩己百年勞力勞心倉庫豐肥欣逢丁火因財致富喜得庚金官爵顯榮兮連綿見己資才兮重々上下逢壬財源得失兮綠辛金之大旺仕途蹭蹬兮蓋巳上之相侵

〇繼善篇

人稟天地命合陰陽生居覆載之間盡在五行之內欲知貴賤先觀月令乃提綱次斷吉凶專用日干為主本三元要成格局四柱喜見財官用神不可損傷日主最宜健旺土干名為主本不利歲月時中大怕殺官混雜取用憑於生月當推究於淺深發覺在於日時要消詳於強弱官星正氣忌見刑沖時上偏財怕逢兄弟生氣印綬利官運畏入財鄉七殺偏官喜制伏不宜太過傷官復行官運不測災來羊刃沖合歲君悖然禍至富而且貴定因財旺生官非夭即貧定是身衰遇鬼六壬生逢午位號曰祿馬同鄉癸日坐向巳宮乃是財官雙美財多身弱正為富屋貧人以殺化權定顯寒門貴客登科甲第官星臨無破之宮納粟奏名財庫居旺相之地官貴太盛纔臨旺處必傾印綬被傷倘若榮華不久有官有印無破作廊廟之財無印無官有格乃朝廷之補用名標金榜須還身旺逢官得佐聖君貴在沖官逢合非格非局見之爲得爲奇身弱遇官得後徒然費力小人命內亦有正印官星

水消尾解

一蛇二鼠三牛走 四猴五兎六月狗

七豬八馬九羊當 十月龍蛇凶日守

十一金雞梁上叫 十二虎兒當路吼

詩曰

寅午戌亥上不須說 亥卯未申上勿遭值

甲子辰巳上化為塵 巳酉丑寅上休開口

甲雞乙狗丙羊加 丁是猴卯戊見蛇

巳馬庚龍辛逐兎 壬豬癸虎是流霞

男主他鄉死 女主產後亡

〇埋兒殺 論生時犯之主尅嗣繼有亦不肖

寅申巳亥生人申時是 子午卯酉生人丑時是

辰戌丑未生人卯時是

〇揹背殺 論生月日時犯之主招是非口舌

[illegible]子辰生人有申是 亥卯未生人有亥是

[illegible]生人有寅是 巳酉丑生人有巳是

[illegible]巳刑申申刑寅 日恃勢之刑

丑[illegible]戌刑未未刑丑 日無恩之刑

子刑卯卯刑子 日無禮之刑 辰午酉亥自相刑

三刑殺

詩曰

寅刑巳上巳刑申 丑戌相刑未與辰

子刑卯上卯刑子 辰午酉亥自相刑

孤辰寡宿 前為孤辰 後為寡宿

寅卯辰人怕巳丑 巳午未人怕申辰

申酉戌人嫌亥未 亥子丑人寅戌嗔

若人值此多孤寡 刑害兼離損六親

男遇孤辰危切忌 女逢寡宿獨房眠

羊刃 祿前一位為羊

甲祿寅卯為羊刃 乙祿卯辰為羊刃

丙戊祿巳午羊刃 丁己祿午未羊刃

庚祿申酉為羊刃 辛祿酉戌為羊刃

路中也犯七殺羊刃為人好殺羊刃必犯於偏官慈食慈心印綬遂逢於天德生平少病日主高強一世安然才命有氣官刑不犯印綬天德同宮少樂多憂論因日主有弱身弱殺淺假殺為權殺重身輕終須有損衰則變官為鬼旺則化鬼為官月生日干運行不喜財鄉日主無倚却喜運行財地時居月祿生平不喜官星陰若朝陽切忌丙丁離位天藏乃衆殺之主入命限未必為災若遇戰鬬之鄉必主刑於本命歲傷日干有禍必輕日犯歲君災殃必重五行有救其年反必為財四柱無情故論名為剋歲庚辛來傷甲乙丙丁先見無危丙丁亥剋庚辛壬癸遇之不畏戊己愁逢

刃殺

壬祿亥子為羊刃　癸祿子丑為羊刃
男逢羊刃必重婚　女犯傷官須再嫁
在天為紫暗生專行誅戮在地為羊刃殺
專主字剝命吉則吉命凶則凶

吞陷殺

猪犬羊逢虎必傷　蛇猴相會樹頭亡
大逢雞子遭徒配　兎赶蛇歌走遠鄉
鼠見太須當惡死　牛馬逢虎定相傷
兎猴逢犬難迴避　龍來水上水中央
亢人若值此時日　三合為災仔細詳

鬼限歌

鬼限元來最可憂　欲知壽夭向斯求
金哥出去休騎馬　火翁歸來莫跨牛
木遇兎神須遠避　水逢雞位實堪愁
土人切忌臨猪上　雞係年光到白頭

甲乙干頭須要庚辛壬癸處遭戊己甲乙臨之有救壬來剋丙須要戊己當頭癸人傷官如喜己來相制庚得壬男剋丙夭作長年甲以乙妹娶庚凶為吉兆官元須旺若無依倚是常人日主衰弱總遇財官為寒士女人無殺逢二德名為兩国之封男命身強遇一重為一品之貴甲逢巳而生旺定懷中正之心丁遇壬而太過必犯淫訛之乱丙臨申位逢陽水難護延年巳入亥宮見陰木終為損壽庚值寅而遇丙主旺无危乙遇巳而見辛身衰有禍乙逢庚旺長存仁義之風丙合辛生須掌威權之職一木疊逢火位名為氣散之文徒水三犯庚辛號曰休全之象水愈多旺生平樂事

剋妻歌

兩甲兩庚俱壽促　三庚切忌妻無衬
二庚續娶是良緣　三癸一辛火燒至

伏吟

年頭為伏吟　對宮為返吟　忌行運到
三刑併六親　書云返吟伏吟淚漣漣

三垃五墓

三垃五墓得人愁　爹娘妻子盡無周
春丑夏辰秋即未　三冬逢犬是三垃
欲知五墓對宮是　運行到此功須忌

陽差陰錯歌

陽差陰錯是如何　辛卯壬辰癸巳多
丙午丁未戊申位　辛酉壬寅癸亥過
丙子丁丑戊寅日　十二宮中仔細歌
好風流處不風流　花燭迎即不自由
不是寒房因孝娶　賤房入舍兩家仇
女人逢者亦依然　真假公姑或續絃

無憂木向春生處世安然必壽金若遇火炎之地血疾無疑土虛逢木旺之鄉脾傷定論筋疼骨痛蓋因木被金傷眼暗目昏必是火遭水剋下元冷疾只緣水值土傷金逢艮而遇土號曰退魂水入巽而見金名為不絕土臨卯位未中年便作灰心金遇火鄉雖少壯必然挫志金木交差刑戰仁義俱無水火遮互相傷是非日有木從水養水盛而木則漂流金賴土生土厚而金遭埋沒

○喜忌篇

四柱排定三才次分專以日干為主天元配合八字支干有見不見之形無時不有神殺相絆輕重較量若乃時遇七殺見之未必為凶月制干強其殺反為

星

否則有刑多務合　外家零落是前緣

破碎殺

子午卯酉蛇頭開口　寅申巳亥鷄頭粉碎
辰戌丑未牛頭天忌　主破財刑沖短耗害
人命若逢破碎殺　破財恰似湯澆雪
行年運限更加臨　官事連綿無休歇

大耗殺

名元辰殺　鼠忌羊頭上　牛嗔馬不耕
虎憎雞嘴短　兎怨猴不平　龍嫌猪面黑
蛇驚犬吠聲　有人犯此殺　財殺散伶仃

劫殺

寅午戌亥上不須說　亥卯未申上勿遭值
甲子辰巳上化灰塵　巳酉丑寅上休開口

天羅地網

辰為天羅戌為地網書云辰戌名為羅網
天乙不臨之地祿馬不致之鄉卯行運到
此主剋陷乙辛生人忌之尤甚行限至辰

權印財官印綬全備藏於四季之中官星財氣長生鎮居於寅申巳亥庚申時逢戊日名云食神干旺之方歲月犯甲丙卯寅此乃遇而不遇月生日干無天財乃印綬之名日祿居時沒官星號為青雲得路陽水疊逢辰位是壬騎龍背之鄉陰木獨遇子時為六乙鼠貴之地庚日全逢潤下忌壬癸巳午之方時遇子申其福減半若逢傷官月建如凶處未必爲凶內有倒祿飛忌官星亦嫌羈絆六癸日若逢寅位歲月怕戊巳二方甲子日再遇子時畏庚辛申酉丑午辛癸日多逢丑地不喜官星歲時逢子巳二宮虛名虛利拱祿拱貴填實則凶時上偏財別宮忌見六辛日逢戊子嫌午

殺

戊壬有牢獄之災

取立神

寅午戌巳上動紙筆　巳酉丑逢申須欽手
申子辰亥上不堪言　亥卯未逢寅切須忌

四季廢神

春遇庚辛不可當　夏逢壬癸亦堪傷
秋生甲乙君須忌　三冬切忌丙丁鄉
供造拚施如值此　暑慾雨澤臘無霜
人命若還逢此日　有頭無尾謾辛苦

天休廢

孟月不須逢四九　十三十八仲先悲
四季廿二并廿七　人生值此盡休為

天地轉殺

書云韓信被誅只傷天地轉殺
（春）乙卯　（夏）丙午　（秋）辛酉　（冬）壬子

[illegible]敗殺

猪羊犬吠春三月　蛇鼠龍遊夏月當
甲酉丑人秋必敗　虎馬兎人季冬然

位還喜西方五行遇月文德宜歲時中亦宜制伏類有去官留殺亦有去殺留官內杞純雜有制完居一品之尊畧見一位正官殺混雜反賤戊年午月勿作兩看時歲火多却為印綬月令雖逢建祿切忌會殺為凶官星七殺交殺却以合殺為貴柱中官殺太旺天元羸弱之名日干旺甚無依若不為僧即道印綬生月歲時忌見財星運入土鄉却宜退身避位刼財羊刃切忌時逢歲運併臨奐殃立至十干背祿歲時喜見財星運至比肩號曰背祿逐馬五行正貴忌衝刑剋破之宮四柱干支喜三合六合之地日干無忌時逢羊刃不為凶官殺兩停喜者存之憎者棄之地支天干合

年月取十惡大敗

甲巳年 三月戊戌七月癸亥十月丙申十一月丁亥 乙庚年 四月壬申九月丁亥 丙辛年 三月辛巳九月庚辰一月甲辰 丁壬年無 戊癸年 六月巳丑

干支取十惡大敗

甲辰乙巳與壬申　丙申丁亥及庚辰
戊戌癸亥加辛巳　巳丑原來十座神
國家用兵須大忌　龍蛇出穴不能伸
人命若還逢此日　倉庫金銀化作塵

叠殺

取空亡對宮是也經云時值孤虛生子多不肖

四柱関

正七休生巳亥時　二八辰戌不堪推
三九卯酉生人忌　四十寅申主大悲
五十一逢丑未死　六十二子午非宜

多亦云貪合忘官四柱殺旺運純身旺為官清貴凡見天元太弱內有弱處復生柱中七殺全彰身旺極貧無殺女人之命一貴可作良人貴衆合多定是師尼偏婢官時遇制伏太過乃是貧儒四柱傷官運入官鄉必敗五行絕處即是胎元生日逢之名曰受氣

○造微論

兩儀肇闢六甲攸生將三元而作三才建四時而為四柱干為祿本定一生職位高低支作命基布三根壽必終始年生為根月建為苗日管經營斷中年之休咎時為結果定晚歲之榮枯先推胎息之由次入䟽通之道為官為貴祿上下以咸和多滯多危本根元而枝苑是

百日関

寅申巳亥月 忌辰戌丑未時
辰戌丑未月 忌子午卯酉時
子午卯酉月 忌寅申巳亥時

急脚関

三春亥子不過関　夏月卯未實堪嗟
秋寅戌位還須忌　冬丑辰宮死弗難

撞命関

子唱丑羊寅犮宮　卯瓶戌蟹巳羊同
申馬未坐磨竭地　辰午酉亥白嫌宮

雷公打腦関

此命不亡須夭折　巳用過房就別宗
甲乙逢牛馬不行　丙丁忌鼠有災殃
戊巳生人逢犬位　庚辛又怕虎年傷
壬癸生人雞猪是　更兼逢著見閻王

鐵蛇関

金戌化為鐵　火向未申絕
木辰枝葉枯　水土丑寅㓕

短

寅午戌龍當　巳酉丑虎鄉

故格清奇正當為廊閣之臣印經官生必作鈞衡之任馬頭帶劍鎮壓邊疆印綬逢遊學姓翰苑祿雖多而有害福不為祥殺雖重而無傷刑當不禍三奇忽遇才高立鮮成名六合正逢榮當又能增業空亡臨於寡宿孤獨龍鍾長生臨於空亡貧寒寠促桃花若遇帝座困危亡身咸池更會官星緣妻致富根源淺薄逢生旺而不榮本主與陰遇休囚而不敗羊刃臨於五鬼定須重犯徒流勾絞疊於三刑應是姻遭編配是以登仕途者莫逢吞陷罰祿爵停當立權者忽遇天中身權退失標懷淡微蓋因水濟江湖學問淵源本是水若壬癸戀祥嵤梯木乘甲乙之鄉曝燥炎陽火盛丙丁

命関

甲子辰蛇上　亥卯未尋羊

閻王関

春巳午羊水上波　夏逢辰戌見閻王
秋逢子午君須忌　冬季生人雞兒磨

深水関

春忌寅申夏忌羊　秋生雞嘴實堪傷
三秋切忌羊牛角　十個孩兒九個亡

金鎖関

於戌上起年順行遇生年住又將正月從年上逆數至生月住又將初一從日上順行遇生日住又於日上起子時逆數遇生時住丑未主病辰戌主死

沐浴関

子午卯酉忌辰戌丑未　辰戌丑未忌子午卯酉
寅申巳亥忌寅申巳亥　論坐推命便為関

雞飛落

甲巳巳酉丑　父母徒勞守　庚辛亥卯羊
爹娘哭斷腸　乙戊丙丁子　不過三歲死

之地名高祿重乾金早會庚金當朽粟廢鎮土重親戊已木繁而無金斷削縱榮而晚歲孤弱火災而無水潤洽縱貴而早年夭折與若水之浮泛惟憑土以隄防土重而無水疏通遂歸愚濁金堅而無火鍛鍊終是凶頑至若金旺火炎多則損已木柔金重剛則傷身水清而不可土多土弱而不禁木旺火炎燥而微濕水多濟以寬和須將勻配為佳亦以均調為上大顯者貴客潛隱大抱者貴守巴仰游揚年高皆是祿臨帝座職崇位顯為綠馬會官生旺逢空偏宜僧道學堂遇貴催利師儒五行若也蕭索五命因而低弱日逢空零其妻多致生雖時值孤虛其子多生不肖絕宮為

井関

壬癸寅午戌　生下不見日

斷橋関

正寅二卯三從申　四戌五戌七防辰
八巳九午十月未　十一十二亥子真

金鎖匙

正七逢申人必死　二八雞歌命必危
二九犬兒尋聲吠　四十逢猪是鎖匙
五十一逢子必死　六十二與丑非奇

鬼門関

子嫌酉上午嫌丑　寅未申卯不須安
亥怕辰宮戌怕巳　古賢立號鬼門関
人命生時莫犯此　六月災天也道寒
忌兩位全犯只一位不為関名兩頭関是也

四季関

春関牛與蛇　夏怕龍猴嗟
秋怕羊猪位　冬犬虎交加

急

甲乙命人申酉是　丙丁亥子實堪悲

鼓盆之殺胎宫為白虎之神天才臨嗣息之宫未歲損成家之子運逢吉宿無本主則未定惟娱限守凶神特根苗則不畏懼歲君若臨悪弱一歲迍邅生特若值休囚一生愁嘆源清者其流必遠本濁者所作無成八字超群不貴即當大富五行駁雜居安可不慮危臨炎若身性卑微旺相者名位實先強後弱必先急而後凶始弱終強亦始凶而終皆吉乃若初逢貴局未可使作貴推中遇凶強豈可便為凶兆大抵文星好長生之地刑殺宜死絶之宫是以當憂不憂聞喜不喜詳其本末察躰盈虚宗尋窮通不言而喻吉凶悔吝可考而知名曰造微豈云小補

脚殺

戊巳相逢寅卯上　庚辛巳午不相宜

壬癸切須防丑未　更加辰戌命遭迍

將軍箭

酉戌辰時春不旺　未卯子時夏中亡

午寅丑時秋併忌　冬季亥申巳為殃

一箭傷人三歲死　二箭須教六歲亡

三箭九歲兒能死　四箭十二便身亡

直難星

正二太陽三四陰　五六火星君休説

七八水孛更為殃　九十木炁為難絶

十一十二是金星　此是神仙真口訣

七殺歌

六冲生處有貪寒　若值凶神不足觀

一種邪心偏作賊　更無促壽在其中

生旺連綿見吉神　更兼一七又為憐

須知旨力無人敵　掌握兵權作帥臣

新刻天下四民便覽二十九卷終

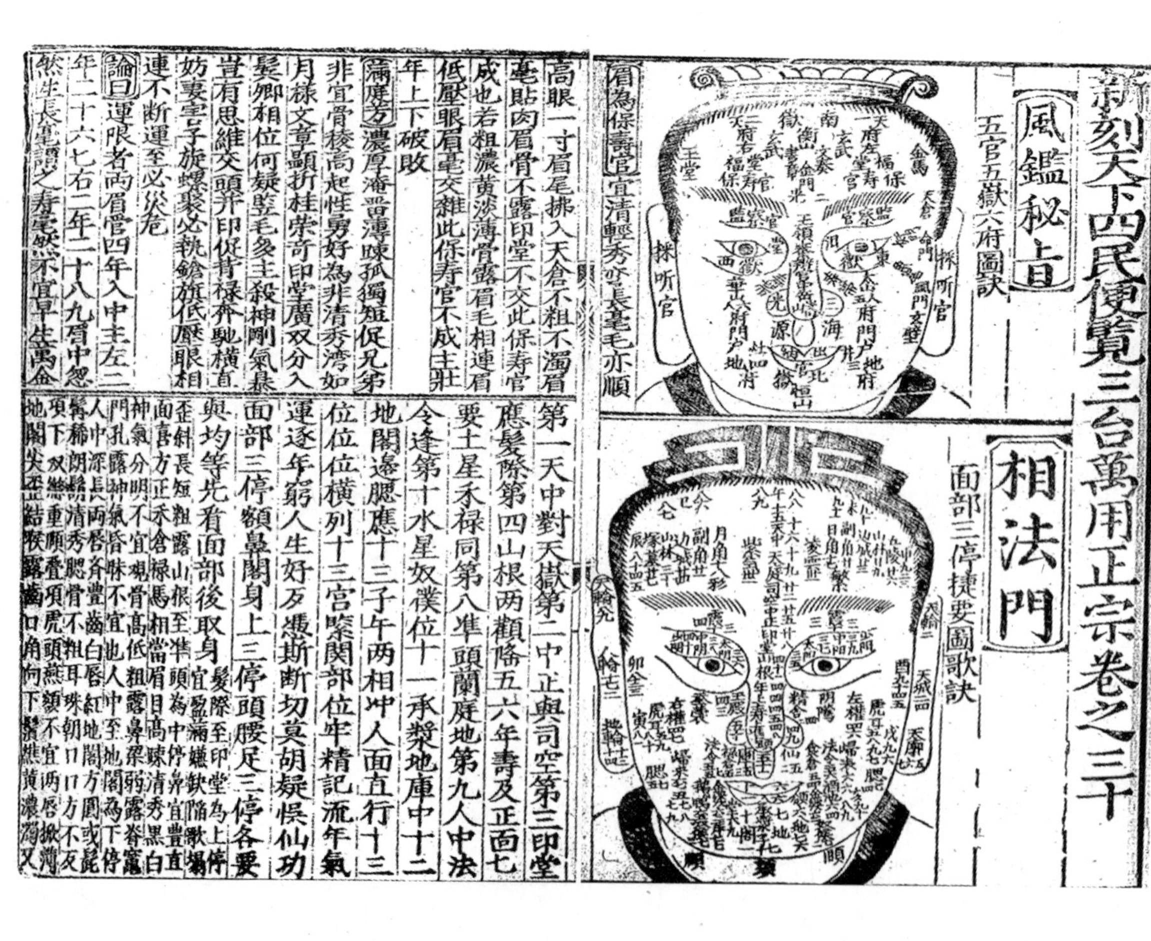

新刻天下四民便覽三台萬用正宗卷之三十

風鑑秘旨

五官五嶽六府圖訣

相法門

面部三停捷要圖歌訣

【眉為保壽官】宜清輕秀灣長毫毛亦順高眼一寸眉尾拂入天倉不粗不濁眉毫貼肉眉骨不露印堂不交此保寿官成也若粗濃黄淡薄骨露眉毛相連眉低壓眼眉毫交雜此保寿官不成主壯年上下破敗

【滿庭芳】濃厚淹晋薄踈孤獨短促兄弟非宜骨稜高起性勇好為非清秀灣如月祿文章顯折桂榮奇印堂廣双分入鬢卿相位何疑豎毛多主殺神剛氣暴豈有思維交頭并印促背祿奔馳橫直妨妻害子旋螺聚必執鎗旗低壓眼相連不斷運至必災危

【論曰】運限者两眉管四年入中主左二年二十六七右二年二十八九眉中忽然生長毫謂之寿毫然不宜早生為金

第一天中對天嶽第二中正與司空第三印堂應髮際第四山根两顴隆五六年壽及正面七要土星禾祿同第八準頭蘭庭地第九人中法令逢第十水星奴僕位十一承漿地庫中十二地閣邊腮應十三子午两相冲人面直行十三位位位横列十三宫㮣閲部位牢精記流年氣運逐年窮人生好歹憑斯断切莫胡疑悞仙功面部三停額鼻閣身上三停頭腰足三停各要與均等先看面部後取身

髮際至印堂為上停宜盈滿孅缺陥欹塌歪斜長短粗露山根至準頭為中停鼻宜豊直面喜方正禾倉祿馬相當眉目高聳清秀黒白神氣分明不宜觀骨高低粗露鼻梁弱露脊竅門孔露神氣昏昧不宜也人中至地閣為下停人中深長两唇齊豊齒白唇紅地閣方圓或髭鬚稀朗髭鬚清秀聰骨不粗耳珠朝口口方不反項下双縧重頤疊項虎頭燕頷不宜两唇掀薄地閣尖歪結喉露齒口角向下鬚髭黄濃為又

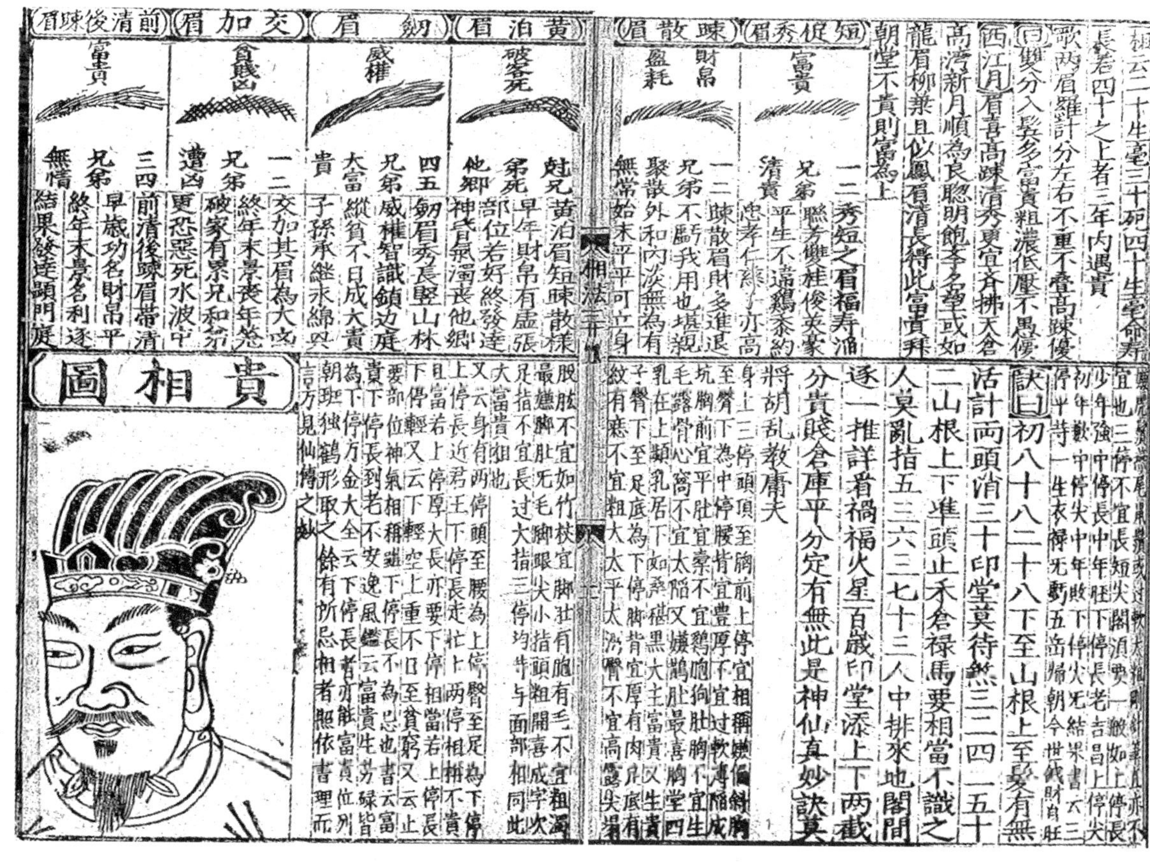

相云二十生毫三十死四十生毫命寿長若四十之上者三年内遇貴

歌曰兩眉雖許分左右不重不疊高踈優雙分入鬢多富貴粗濃低壓不愚傻

西江月　眉喜高踈清秀更宜齊拂天倉高灣新月順為良聰明飽學多學或如龍眉柳葉且似鳳眉清長得此富貴异朝堂不貴則富為上

短促秀眉　踈散眉　黄泊眉　劍眉　交加眉　前清後踈眉

訣曰　初八十八二十八下至山根上至髮有無活計兩頭消三十印堂莫待然三三四一五十二山根上下準頭止禾倉禄馬要相當不識之人莫亂指五三六三七十三人中排來地閣間逐一推詳看禍福火星百歲印堂添上下兩截分貴賤倉庫平分定有無此是神仙真妙訣莫将胡乱教庸夫

貴相圖

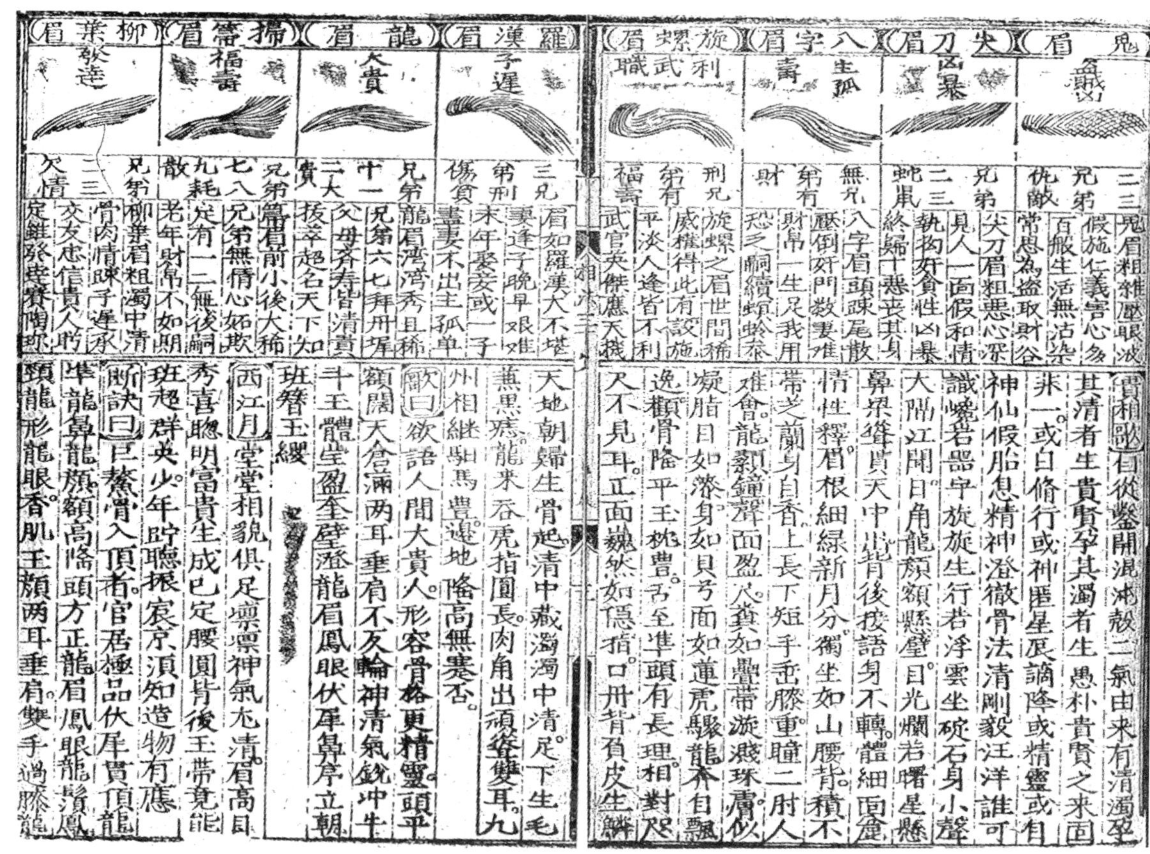

鬼眉　尖刀眉　八字眉　旋螺眉　羅漢眉　龍眉　掃箒眉　柳葉眉

貴相歌曰　從鑿開混沌散二氣由來有清濁至其清者生貴賢孕其濁者生愚朴貴賢之来固非一或自脩行或神匿星辰謫降或精靈或有神仙假胎息精神澄徹骨法清剛毅汪洋誰可識巉嵓器宇旋旋生行若浮雲坐硋石身小聲大闊江開目角龍頞額懸璧目光爛若曙星懸鼻梁聳貫天中出背後接語身不轉體細面龍情性釋眉根細綠新月分獨坐如山腰背積不帶芝蘭身自香上長下短手垂膝重瞳二肘人难會龍顙鐘聲面盈尺龔如璺帶漩澱珠膚似凝脂目如漆身如貝兮面如蓮虎驟龍本自飄逸額骨隆平王枕豐舌至準頭有長理相對咫尺不見耳正面巍然如隱指口卅背負皮生鱗天地朝歸生骨起清中藏濁濁中清足下生毛兼黒痣龍来吞虎指圓長肉角出頂聳雙耳九州相繼駟馬豊邊地隆高無寒否

歌曰　欲語人間大貴人形容骨格更精靈頭平額闊天倉滿兩耳垂肩不及輪神清氣鋭冲牛斗玉體尘盈全壁潔龍眉鳳眼伏犀鼻厚立朝班簪玉纓

西江月　堂堂相貌俱足凛凛神氣尤清眉高目秀喜聰明富貴生成已定腰圓背後王帶竟能班超群英少年蚤聽振宸京須知造物有憑

斷訣曰　巨鰲骨入頂者官居極品伏犀貫頂龍準龍鼻龍顴額高隆頭方正龍眉鳳眼龍髮鳳頸龍形龍眼香肌王頦兩耳垂肩雙手過膝龍

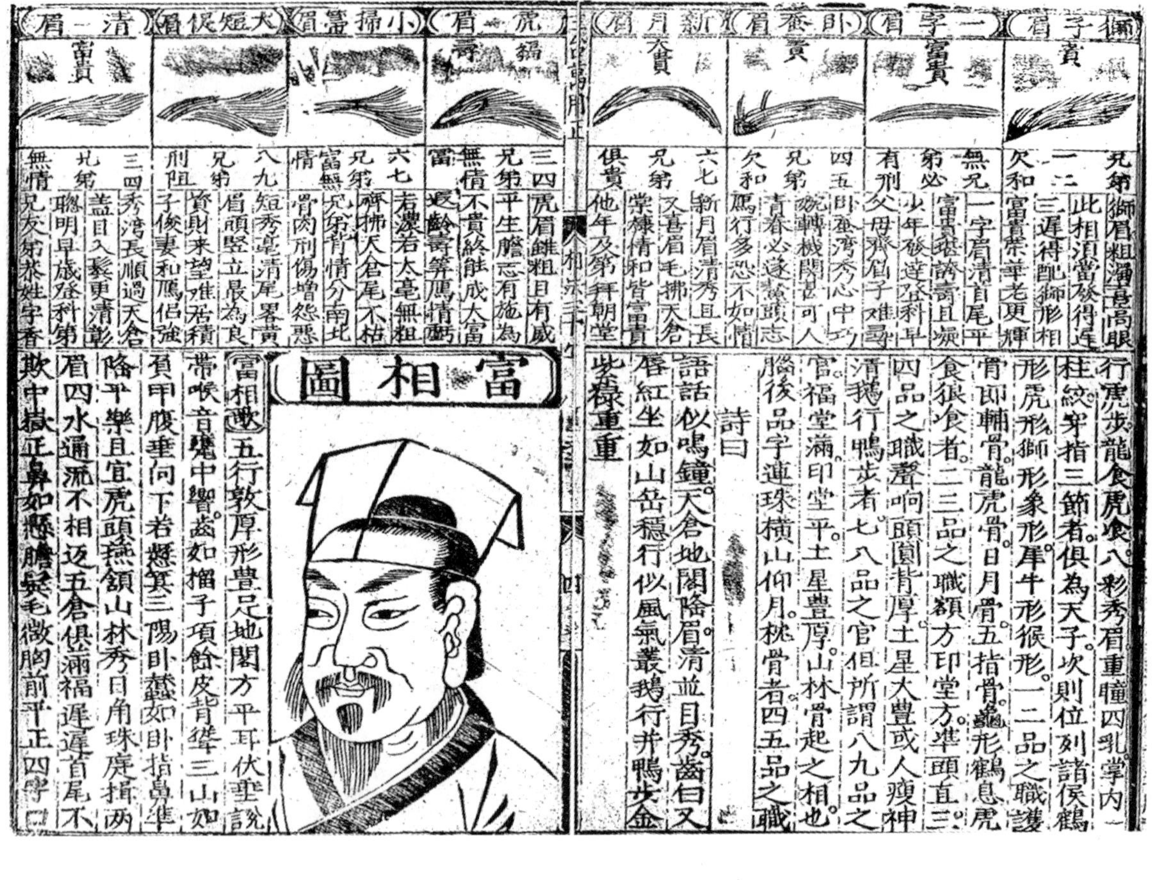

行虎步龍食虎食。八彩秀眉重瞳四乳。掌內一柱紋穿指三節者。俱為天子。次則位列諸侯鶴形虎形獅形象形犀牛形猴形。一二品之職護骨即輔骨。龍虎骨日月骨五指骨。龜形鶴息虎食狼食者。二三品之職額方印堂方準頭直三四品之職聲响頭圓背厚土星大豐或人瘦神清鵝行鴨步者七八品之官但所謂八九品之官。福堂滿印堂平。土星豐厚。山林骨起之相也。腦後品字連珠橫山仰月枕骨者四五品之職

詩曰

語話似鳴鐘。天倉地閣隆。眉清並目秀。齒白又脣紅。坐如山岳穩行似風氣叢鵝行并鴨步金紫祿重重

富相圖

富相歌 五行敦厚形豐足地閣方平耳伏垂[illegible]帶喉音聲中響。齒如榴子項餘皮背聳三山如負甲腹垂向下若懸箕三陽卧蠶如卧指鼻準隆平樂且宜虎頭燕頷山林秀日角珠庭插兩眉四水通流不相返五倉俱滿福遲遲首尾不欺中嶽正鼻如懸膽鬓毛微胸前平正四字口

間斷眉 刑

耳為採聽官 不論大小輪郭分明高眉一寸又喜堅硬對面不見耳垂珠朝口。輪郭不飛不反採聽官成矣若反無輪[illegible]薄開花低眉一寸。輪郭不相顧鼠耳木耳箭羽耳此官不成主千載破敗

滿服歌 成敗須歌聰明。聳皮粗青黑飄蓬。如耋三年少作三公貼肉垂珠紅潤自然旺財禄。尖若小。直如箭羽安得不孤窮命門雖入損壽元天短志淺愚家无輪兼反薄家破蒙空厚大垂肩極貴天年過八十歲終今生七十

牛嘴三合悉有儀虎耳龍蟠息不聞眉毬有彩眼藏神山根不断年壽潤輪郭分明貼肉羊三停端正聳角起五嶽隆高八卦盈鵝行鴨步身腰厚肉滑欲識貴清欲識始終……骨法成

歌曰 欲識人間巨富人腰身端厚福米臨天倉隆起多財禄口角珠庭抱兩眉背聳三山如負甲臍深納李腹垂笠堆金積穀家肥潤看取牛龜鵝鴨行

又訣曰 骨重皮寬豐隆接地倉口方齒齦白金玉滿倉豬頭小額顴光神凝體骨實語聲沉見遠珠玉掌中看端聳平如砥蘭臺闊更長雖然神氣濁其奈富金寶貴骨連金櫃豐隆寶走端掌紅如猩血帳幔擁金寶鳶大抵身形瘦聲高

者毛生竅内頭白老龍鐘

論曰 渾限者上古之壽一百二歲為終今七十者稀萬金相法三主七十五歲為約左耳七年右耳八年男左女右又天部十年共二十五年

歌曰

兩耳金木二星評 最取輪郭俱分明
上高眉弓君得位 眉低於耳正為臣
君臣若宜相朝対 富貴榮華遠傳名
垂珠朝口太公位 其羅耳白早馳聲
更有長毫生耳内 曰富曰貴壽更長

西江月 郭硬輪紅色潤或白過面馳名土木金耳貴非輕亦喜君臣相稱或如棊子大盛或如虎耳威鎮對面不見耳為求貴立朝班行聽

氣韻舒耳朝方口正積聚自愉如

西江月 聳天庭高廣盈盈地閣方圓準頭豐正面如蓮牛步鵝行穩厚坐似太山釘石洪鐘肚腹便便堆金積玉富無邊福壽綿綿悠遠

窮相圖

窮通歌 骨重皮肩慢天倉接地倉口方齒齦密潤兮肉紅黃體膚光細膩眉高眼神藏語聲沉更兼齒壁平光亮神暫濁蘭臺閣更長日

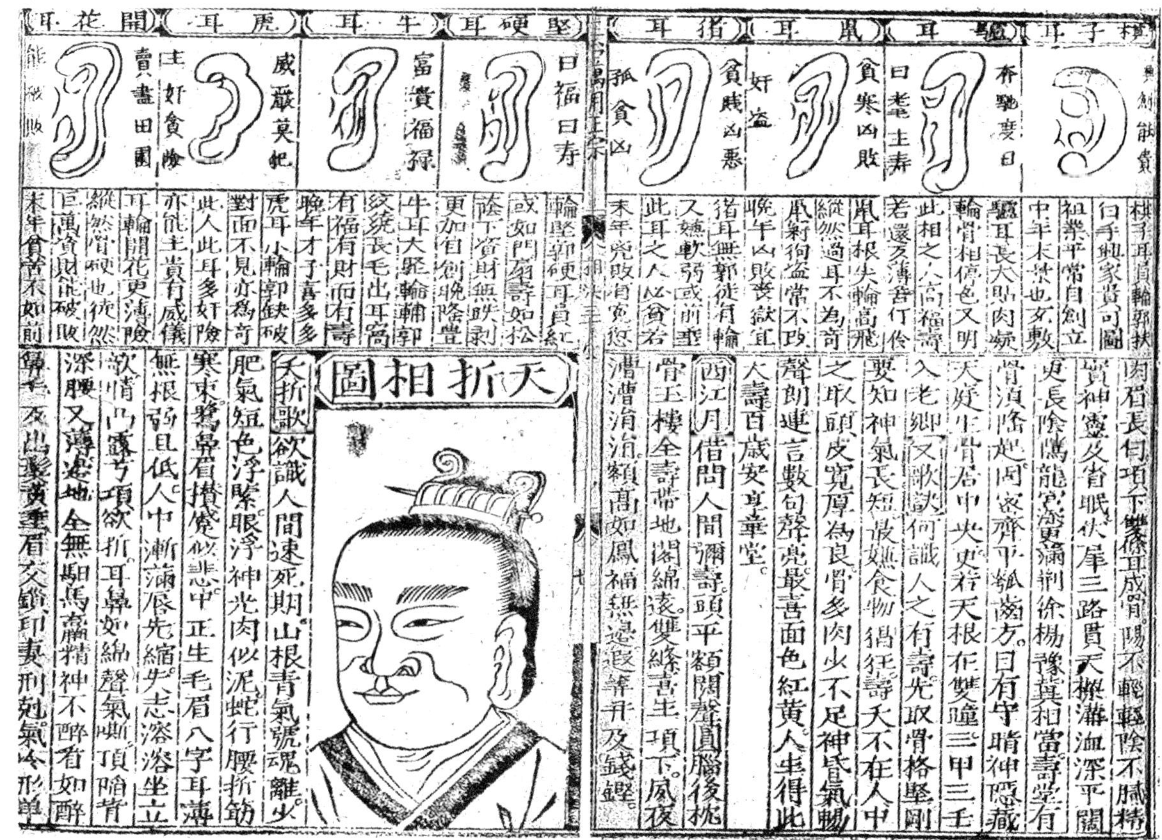

垂肩耳　貼腦卓立耳

天下第一人　大貴　福祿並臻　福壽

耳厚敦豐珠垂圓　過得潤澤色明鮮　頭圓額闊形容異　九五之尊奪尚然　兩耳貼腦郭輪堅　壓眉壓眼是高賢　六親家門皆富貴　流芳百世福綿長

口為出納官　口要唇紅齒白又兼四方。如彌子王牙。金牙。鐵齒。方牙。弓仰月。兩唇齊整口角明潤而兼豐。兩唇不掀不反。出納官成也。最忌尖掀露齒。猪口羊口鯽魚口。有鬚無髭。覆船口。此皆不成。五十五六上下破敗

滿庭芳　短促唇掀色青。齒露偏斜骨肉相煎闊而不正。虛詐並堪言。偏邪淺是非謗譏如砵抹。名譽相傳。唇裡常貪嘴干里衣食自天然。覆載多紋理。掩人過惡得子孫須貧食時多哽咽必主速遭官向膝中不合。泄元氣夭促天年。觀者見低垂兩角。常被世人嫌。

論口　運限者。口管十五年。為末主五十六至六十四。口有三聚。歌曰

石榴金齒為銀牙　齒白唇紅亦可加
人中深長如破竹　當門二齒齊堂華
口角向上食祿足　不掀不反似珠砂
聰明奪堂為第一　孫達馳名貴財誇

西江月　唇紅齒白仰月。龍口牛唇四方。人中破竹甚深長。官祿術謀明朗。高該何句樓所志出冊[illegible]

壽豈宜　歌曰　髮重身輕最可憐。面如繃鼓上唇掀。面嫩身粗腰又軟。腦骨不容亦如綿。坐視言語神帶睡。眠泄元氣憂狂言。形容青藍頻頻頭。此人不久喪黃泉

西江月　未言而色先變。言長而氣先絕。氣短神枯尤更別。必肥氣短聲竭。久坐身體過軟。立且倚門傍壁。又嫌骨少肉濫。滑早赴幽冥之客。

貧賤相圖

貧賤歌　欲知貧賤人。形貌鼻歪無梁。齒露牙雀腹下輕空上重。擡肩髮額髮交加。背陷成坑臀骨露乳細如鹹。額削乳腰闊露臂肩壓眼身瘦截黑面如塗。開口欲言涎巳墜。膝挙有卑步動斜口尖一撮如吹火。掉臂搖頭喜歎嗟。四水返傾神似困三停。上短鼻門除食。遲混速如豬睡縱紋入口號騰蛇。蜂腰步速及聲乾。氣短未從肝腸間形。過於神。神不足氣。內其色色。奚變準頭垂肉。顛尖短壽上懸鍼口。縮囊苛藍滿面生塵垢皮若枯柴。祿食慳眼堂指陷姦門。嫌笑語無規身束。鼠行雀鼠聲雄濁。蝇面毬頭法主姦口臭生髭無鬚。顴步勻紋。鼻上切須看

歌曰　五行不正。缺偏斜笑語唇掀露齒。牙頭小

四字口　方口　仰月口　灣弓口

四字口：福祿　千鍾
四字口角潤唇齊　兩角略仰不垂低　必主聰明又多學　須知富貴點朱衣

方口：食祿　千鍾　富貴　榮華
口方唇齊不露牙　兩唇整密似硃砂　笑不露根齒且白　必主大貴更榮華

仰月口：富貴　食祿　豐盈
口如仰月向上灣　齒白唇紅似抹朱　滿腹文章奇且妙　竟能富貴壽非凡

灣弓口：特達　名揚　福祿　及時
口似灣弓牛上絃　兩唇齊密青含丹　神清氣秀皆福祿　中年富貴且綿綿

額小頂尖面容憔悴髮交加。悲聲鳴似喉聲流額直眉尖腦又斜此相應知始終薄。仍須防害破人家

西江月　頭尖額窄神短。聲粗眼露骨枯。三停五嶽但偏斜鼻竅仰天多詐。身如雞胸狗肚。面多維滯無華。此相定知破人家。一生勞碌波查

孤苦相圖

牛口　龍口　虎口　羊口

牛口：富貴　祿壽　悠遐
牛口兩唇厚且豐　平生衣祿更隆充　濁中帶清心機巧　須知祿壽享無窮

龍口：珠發　簪纓　燕　節
龍口兩唇且豐[illegible]　口角明潤壽為奇　呼聚喝散權通變　王帶圍腰世罕稀

虎口：德威　富　益濟　堆金　積玉
虎口闊大有收拾　容拳端正無偏側　不貴必須有大富　金玉富盛增彩色

羊口：衍年　虛度　貪　苦
羊口無鬚長且尖　兩唇又薄得人嫌　含物角尖如鼠樣　不貧必賤妨逃願

孤獨歌　人生孤獨事因何。頭骨高兮氣不和。更兼魚尾枯無肉。喉結眉交鼻骨露。耳薄無輪唇異綿淚堂坑陷及肩聳。立理人中應抱子。山根斷折六親孤。行如馬驟頭先進。食似豬飱淋濁多項短齒疎顴骨聳。突胸削額皮如繭。眉揭露稜羊目很弔庭低窄。髮生過色帶桃花。仍不立喉音焦細走奔波。輔骨露筋年上紋。準頭常赤汗何頻舉步腳跟不至地。眉短何曾覆眼輪。日角欲陷足橫平。絲髮薄驚弱冠人。天陽紋理無甲賤背陷成坑易主貧。耳白於面光擬脂聳過交眉若挈時腹若抱兜。臍納李學堂豐潤。頰相宜日角光隆騎馬肥。司空平滿神光威將軍案生紅紫骨堅肉食走如飛請知黑漆耳門寬書

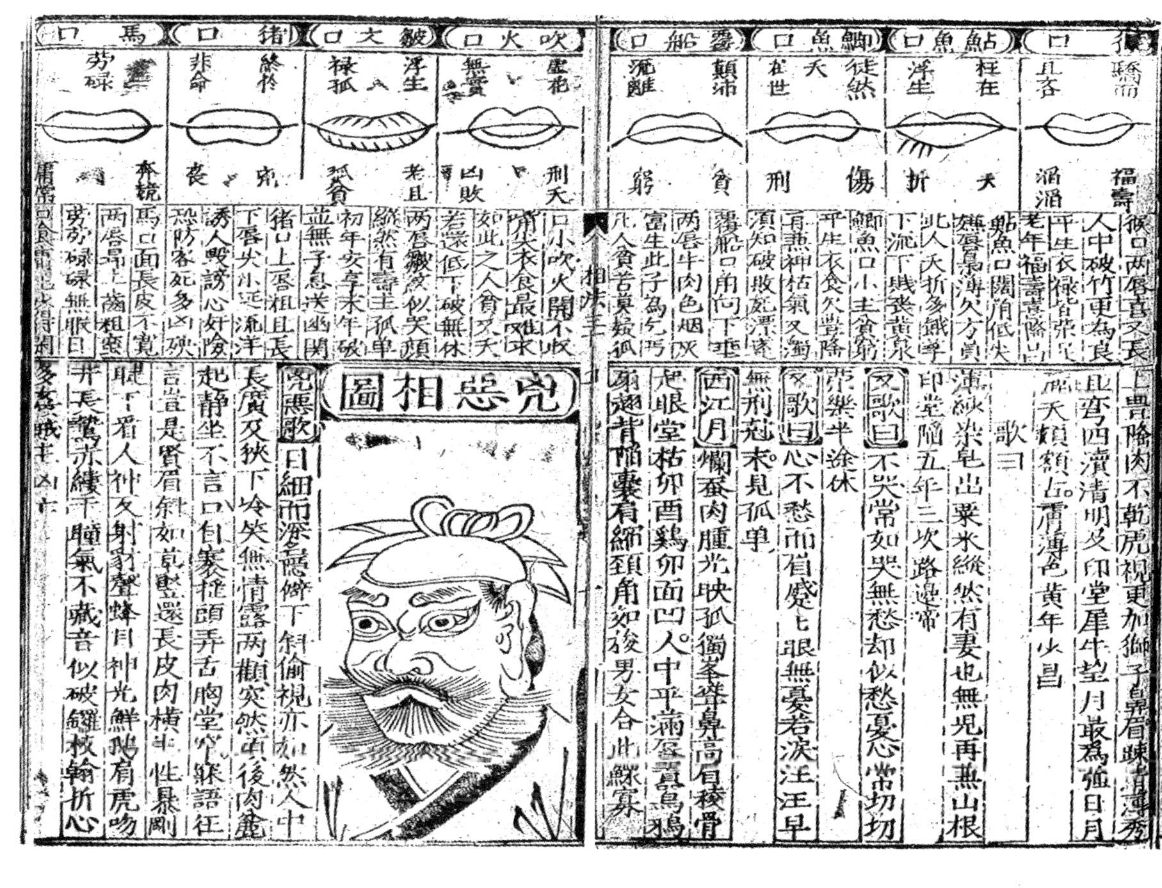

猴口兩唇長又長，人中破竹更為良，平生衣祿皆榮足，老年福壽喜除災。

鮎魚口闊角低尖，無官晝海欠方員，此人夭折多饑苦，下流下賤喪黃泉。

鯽魚口小主貧窮，平生衣食欠豐隆，有無神枯氣又濁，須知破敗死漂蓬。

覆船口角向下垂，兩唇牛肉色烟灰，富生此子為乞丐，凡人貧若莫嫌孤。

上豊隆肉不乾，虎視更加獅子鼻，眉疎目清秀，且有四瀆清明，又印堂犀牛望月，最為強，日月角天頰顴高，唇薄色黃，年少昌。

歌曰

濃然粟皂出粟米，縱然有妻也無兒，再無山根印堂陷，五年三次路邊啼。

又歌曰　不哭常如哭，無愁却似愁，憂心常切切，苦樂半途休。

又歌曰　心不愁而眉蹙，七眼無憂若淚汪汪，早無刑尅，末見孤單。

西江月　爛蚕肉腫光映，孤獨峯聳鼻高，眉稜骨起，眼堂枯，卯酉鷄卯面凹，人中平滿，唇青鳥鴉，項翅背陷，囊有縮，頸角如後，男女合此鰥寡。

口小吹火開不收，嘴尖衣食最難求，如此之人貧又夭，若還低下破無休。

兩唇皺紋似笑顏，縱然有壽主孤單，初年安享末年破，並無子息送幽關。

豬口上唇粗且長，下唇尖小延流洋，誘人毀謗心奸險，恐防客死多凶殃。

馬口面長皮不寬，兩唇昂上齒粗臺，奔波勞碌無眠日，眉常口食衣食得閒。

兇惡相圖

兇惡歌　目細而深，德儕下斜，偷視亦如然，人中長廣又狹，下冷笑無情露，兩顴突然，頂後肉鹿起，靜坐不言口自裹，搖頭弄舌，胸堂窄，躁語往言，豈是賢，眉斜如草豎，還長皮肉横生，性暴剛，腿下看人神又射，豺聲蜂目神光鮮，鴟肩虎吻井長，鷹赤縷千幢，氣不藏，音似破鑼，枝翰折心，多怒賊害凶亡。

櫻桃口小唇似脂，齒似榴子密且豊，笑如含蓮情和暢，聰明俊秀紫袍衣。

眼為監察官　宜黑白分明，黑如漆，白如玉，精神光彩，又真神藏，不流不露，眼忌波變分入眉，影映神光，射入眼目，又無混雜，監察官成矣。若黃而帶赤侵睛，光如淚，或蛇睛雞眼羊睛豬馬魚等之眼，無神光，波短睛圓露四白，又無神氣，暗昧不明，此官不成，主中年十載破敗。

滿庭芳　兩眼浮光，雙輪噴火，殺人賊寇，奸謀睛如點漆，流不息，當流眼大者，多攻藝業，上視者多，猶斜視狠目，獨然怪吝更貪求，圓大神光露，心懷歹，很訟欲堪憂，似鷄蛇鼠目不端，須偷瞥，深藏毒害，頻偷視，定無良，若神清秀長如鳳目，身顯作王侯。

○論曰　運限者兩目管六年，左目三十三，右三十四，五目有四神。

○歌曰　鳳睛龍睛及象睛，虎睛牛目要神清，眉蓋眼長眼射鬢，波長秀氣威儀形，貌然在目聰明性，不讀詩書也可人，人生得此簪纓貴，獨壓朝班為上卿。

西江月　眉清目秀機巧，龍睛鳳睛可辨，黑多白少甚分明，截神光射日映，得此文章秀士，光流於外畢名，眼為日月喜光明，貴顯三公可定。

又歌　髮如燃焦黑，悉羊眉見重重，頭仰如般剥行，路多不平，面青似驚駭，黑氣似煙塵，術脂研光現，赤黄亦侵睛，此相遭十惡，輕者歲從流，昏黑白牛肉，晦暗壓睛，黑白赤砂重，頭痕面露筋，蹇頭雞眼凸，凶敗喪其身。

西江月　敗人利己，面黑殘害性命，睛紅見人歡喜，太陽空斜窺，眼仰轉動昏泊，好生言語，青藍滯氣重朦，面肉横綳，性強凶九死，喪身無哄。

流賊相圖

流賊歌　語話多不定，近前亦倉忙，金木無輪郭，骨格面無顴，喫飯如吞刺，令聲似嘻磚，眼黃神氣昏，兩肩聳行步，斜如豬嘲，貪餞不堪言，雪下塞鷄立，睛黃怒氣強，鼠目赤紗睛，縮頸又昂肩，形容粗，促俗面黑氣塵烟，斜視心毒害，流賊之相全。又歌　口角向下又高低，食如羊食，腰擺柳身，位薄筋虬蚓，脚掌弯七，背無肉，手掌無紋，粘蹄粗，有胸無肚，如鵲腹，頭尖額小，口鼻尖，背陷背薄，軟小腰，神色昏沉，神色黑，髮鬆粗黄，粗骨露，金木水火土不稱，合食而言，又倡緩氣大，聲粗似破鑼，蟲憂，往言如語，譫妬食，偷視喚邪窺，行步脚動，疾如電，頭低氣局，身小短骨節粗，露形枯，黄黑如烟塵，青彩華結，喉露齒，耳反，又太倉太陷，山根折，面大無鼻，面向骨粗，神昏，面上多紋，皺未言，变色，食慳，悯貪食，恨少渾不飽，額筋盤，斑剝很恶，面部偏，害人圖利己，死不有棺前。

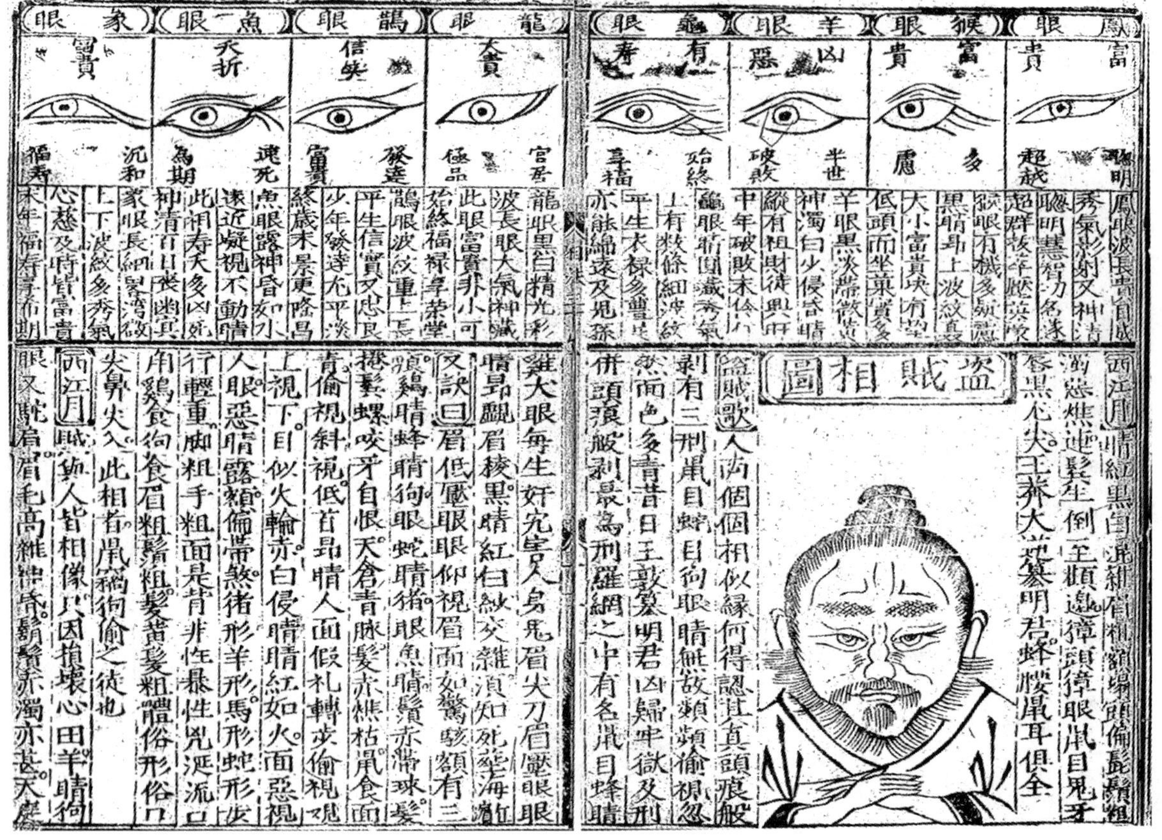

鳳眼 富貴 聰明超越

猴眼 富貴 多慮

羊眼 凶惡 半世破敗

龜眼 有壽 始終享福

鳳眼波長貴自成，秀氣彩射又神清。聰明慧智功名遂，超群拔萃壓英豪。

猴眼有機多疑慮，黑睛昂上波紋真。大小富貴決有望，低頭而坐菓實多。

羊眼黑淡帶微黃，神濁白少侵害睛。縱有祖財徒典府，中年破敗末休行。

龜眼精圓藏秀氣，上有數條細波紋。平生衣祿多豐足，亦能綿遠及兒孫。

西江月 睛紅黑白混雜，眉粗額塌頭偏，鬚髮粗濁澁燥焦燥，鬢生倒至頂邊，偉頭偉眼，鼠目鬼牙，參黑心尖。王莽大逆篡明君，蜂腰鼠耳俱全。

盜賊相圖

盜賊歌 人內個個相似，緣何得認其真。頭尖腰剝有三刑，鼠目蛇目狗眼，睛無敬，頻頻偷視，忽然而色多青。昔日王敦篡明君，凶歸牢獄及刑。併頭尖腰剝，最為刑羅網之中，有名鼠目蜂睛。

龍眼 大貴 宮居極品

鵲眼 信實 發達富貴

魚眼 夭折 速死為期

象眼 富貴 沉和福壽

龍眼黑白精光彩，波長眼大氣神藏。此眼富貴非小可，始終福祿享榮堂。

鵲眼波紋重上長，平生信實又忠良。少年發達尤平淡，終歲末景更隆昌。

魚眼露神昏如醉，速近凝視不動睛。此相壽夭多凶死，神清百日喪幽冥。

象眼長細眾灣紋，上下波紋多秀氣。心慈及時皆富貴，末年福壽享祿期。

雞大眼，每生好究，害人身兇。眉尖刀眉，蹙眼眼睛昂翻，眉棱黑睛，紅白紋交雜，須知死葬海濱。

又訣曰 眉低壓眼，眼仰視，眉面如驚駭，額有三紋，鷄睛，蜂睛，狗眼，蛇睛，豬眼，魚睛，鬚黃赤帶，球髮捲鬈，螺咬牙，自恨天倉青脈，髮赤焦枯，鼠食面青，偷視，斜視，低首昂睛，人面假礼，轉步偷視，視上視下，目似火輪，赤白侵睛，睛紅如火，面惡視人，眼惡睛露，額偏帶煞，豬形，羊形，馬形，蛇形，步行輕重，脚粗手粗，面是背非，性暴性兇，涎流口角，鷄食狗食，眉粗鬚粗，髮黃髮粗，體俗形俗，口尖鼻尖入。此相者，鼠竊狗偷之徒也。

西江月 賊與人皆相像，只因損壞心田。羊睛狗眼又鼠肩，眉毛高雜相牽。鬚髮赤濁亦甚，天庭

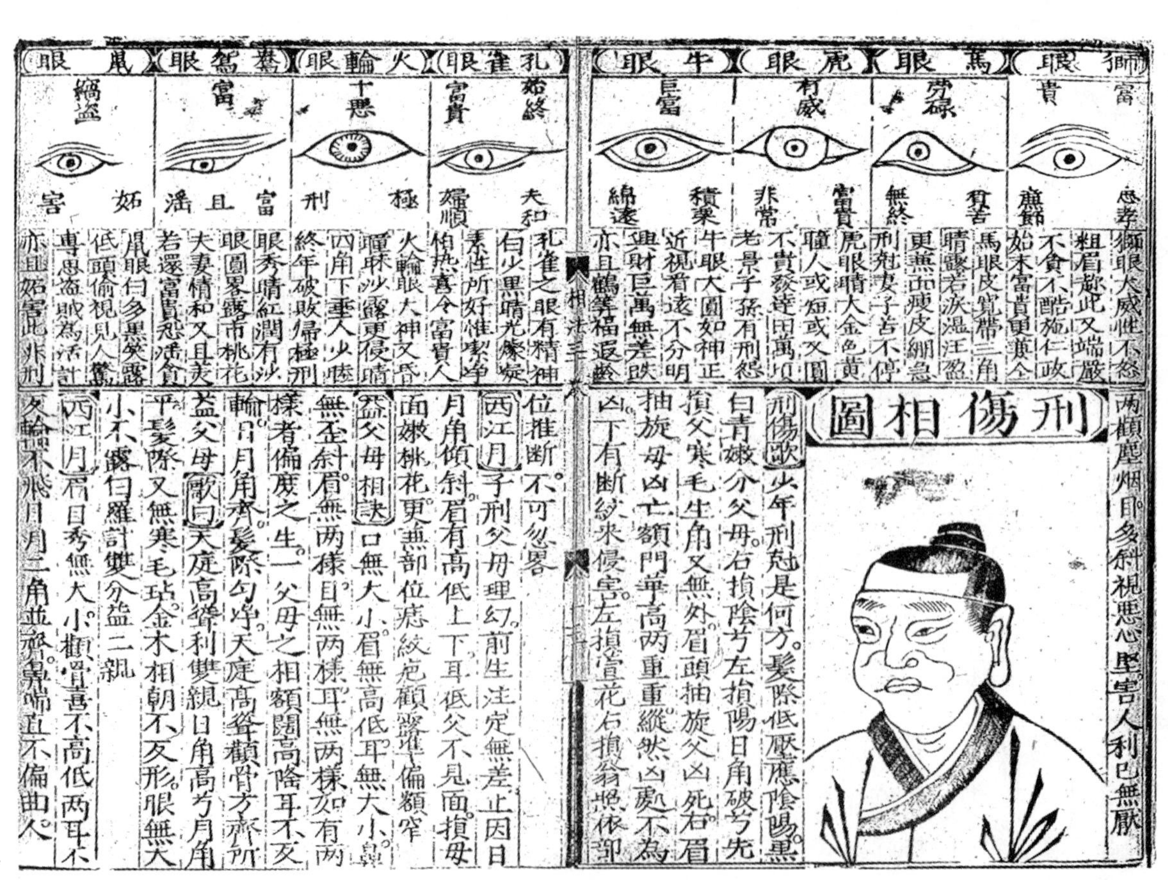

獅眼 富貴 忠孝廉節

馬眼 勞碌 刑害無終

虎眼 有威 富貴非常

牛眼 巨富 積聚綿遠

獅眼大威性不怒，粗眉趣此又端嚴。不貪不酷施仁政，始末富貴更兼全。

馬眼皮寬帶三角，睛露若淚濕汪盈。更兼面瘦皮繃急，刑剋妻子苦不停。

虎眼睛大金色黃，瞳人或短或又圓。不貴發達田萬頃，老景子孫有刑煞。

牛眼大圓如神正，近視看遠不分明。興財巨萬無差跌，亦且鶴筭福遐齡。

兩顴壓烟，目多斜視，惡心堅，害人利己無厭。

刑傷相圖

刑傷歌 少年刑尅是何方，髮際低壓應陰陽。黑白青嫩分父母，右損陰兮左損陽。日角破兮先損父，寒毛生角又無外。眉頭抽旋父凶死，右眉抽旋母凶亡。額門華高兩重重，縱然凶處不為凶。下有斷紋來侵害，左損宣花右損翁。照依部

孔雀眼 始終富貴 夫和婦順

火輪眼 十惡 極刑

鴛鴦眼 富 富且淫

鼠眼 竊盜 妬害

孔雀之眼有精神，白少黑睛光燦凝。素性所好惟潔淨，怕熱喜令富貴人。

火輪眼大神又昏，瞳外沙露更侵睛。四角下垂人少睦，終年破敗歸極刑。

眼秀睛紅潤有沙，眼圓露露市桃花。夫妻情和又且美，若還富貴恐淫貪。

鼠眼白多黑突露，低頭偏視見人驚。專思盜賊為活計，亦且妬害此非刑。

位推斷，不可忽畧。

西江月 子刑父母埋幻，前生注定無差。止因日月角傾斜，眉有高低上下。耳低父不見面，損母面嫩桃花。更兼部位痣紋，疤額露堆偏額窄。

益父母相訣 口無大小，眉無高低，耳無大小，鼻無歪斜，眉無兩樣，目無兩樣，耳無兩樣。如有兩樣者，偏喪之生。一父母之相，額闊高隆，耳不反輪，日月角齊，髮際勾淨，天庭高聳，顴骨方齊。

益父母歌曰 天庭高聳利雙親，日角高兮月角平。髮際又無寒毛玷，金木相朝不反形。眼無大小不露白，羅計雙分益二親。

西江月 眉目秀無大小，顴骨高不高低。兩耳不反輪不飛，日月二角並齊。鼻端直不偏曲。

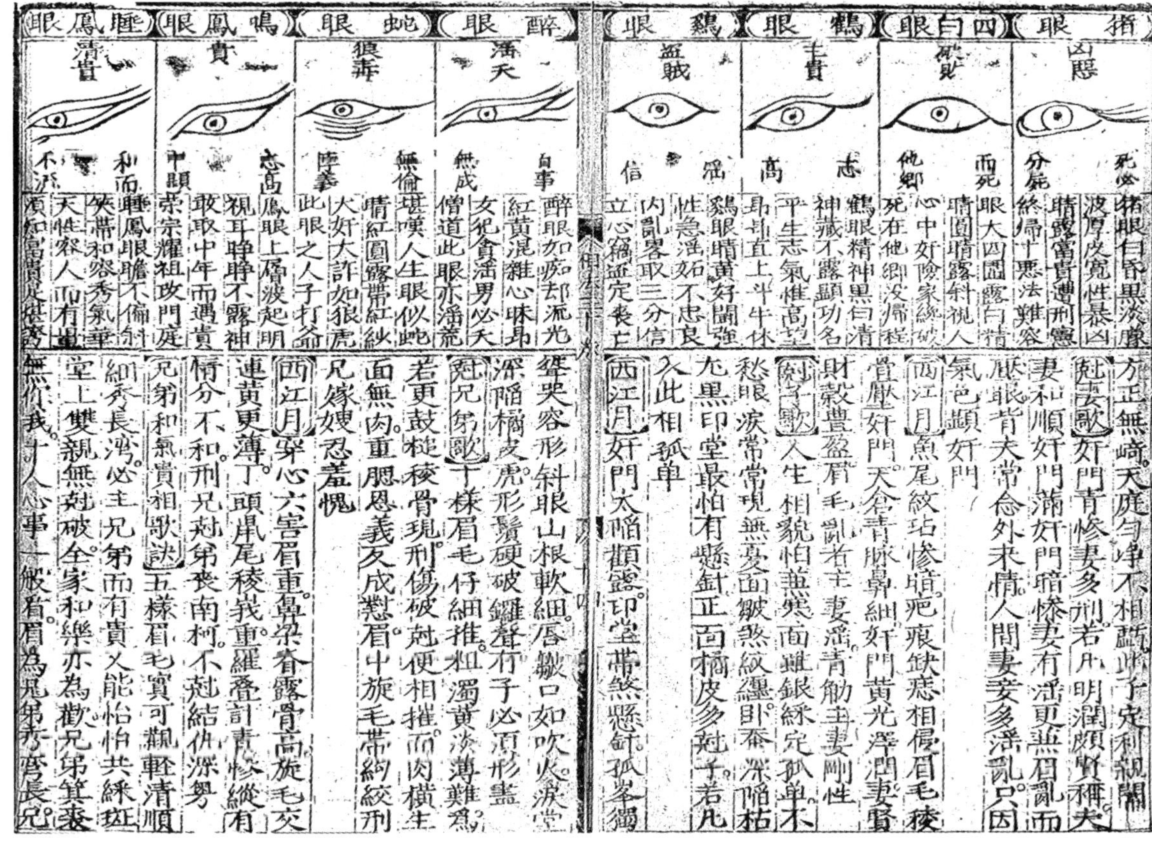

猪眼　凶惡　死必分屍

猪眼白昏黑淡朦，波厚皮寬性暴凶，睛露富貴遭刑憲，終歸十惡法難容。

四白眼　破敗　而死他鄉

眼大四圍露白睛，睛圍睛露斜視人，心中奸險家終破，死在他鄉沒歸程。

鶴眼　上貴　志高

鶴眼精神黑白清，神藏不露顯功名，平生志氣惟高望，身出直上斗牛休。

鷄眼　盜賊　無信

鷄眼睛黃好鬪強，性急淫妬不忠良，內亂客取三分信，立心竊盜定喪亡。

方正無崎。天庭匀净，不相觸。此子定利親闈。

【尅妻歌】奸門青慘妻多刑，若是明潤賢稱夫。妻和順，奸門滿，奸門瘤慘妻有淫，更無眉亂而壓眼，背夫常念外求情，人間妻妾多淫亂，只因氣色顯奸門。

【西江月】魚尾紋沾慘暗，疤痕缺陷相侵，眉毛稜骨壓奸門，天倉青脉鼻細，奸門黃光潤澤，妻賢財穀豐盈，眉毛亂者主妻淫，青筋主妻剛性。

【尅子歌】人生相貌怕無兒，面雖銀絲定孤單，不愁眼淚常常現，無憂面皺煞紋纏，臥蚕深陷枯尤黑，印堂最怕有懸針，正面橫皮多尅子，若凡人此相孤單。

【西江月】奸門太陷顴露，印堂帶煞懸針，孤峯獨

醉眼　淫夭　無成　白事

醉眼如痴却流光，紅黃混雜心昧昂，女犯貪淫男必夭，僧道此眼亦淫荒。

蛇眼　狠毒　無倫　陣拳

堪嘆人生眼似蛇，睛紅圓露帶紅紗，大奸大詐如狼虎，此眼之人子打爺。

鳴鳳眼　貴　志高　中顯

鳳眼上層波起明，視耳睁睁不露神，敢取中年而遇貴，榮宗耀祖改門庭。

睡鳳眼　清貴　和而不淫

睡鳳眼朧不偏斜，笑帶和容秀氣華，天性容人而有量，須知富貴足堪誇。

聳哭容形，斜眼山根軟細，唇皺口如吹火，淚堂深陷橘皮，虎形鬚硬破鑼聲，有子必須形盡。

【尅兄弟歌】一樣眉毛仔細推，粗濁黃淡薄難為，若更鼓槌稜骨現，刑傷破尅便相摧，而肉橫生面無肉，重腮恩義反成讎，眉中旋毛帶約絞刑，兄嫁嫂忍羞愧。

【西江月】穿心六害眉重，鼻梁脊露骨高，旋毛交連黃更薄，丁頭鼠尾稜我重，羅疊計青慘，縱有情分不和，刑兄尅弟喪南柯，不尅結仇深男。

【兄弟和氣貴相歌訣】五樣眉毛實可觀，輕清順細秀長灣，必主兄弟而有貴，又能怡怡共綵斑，堂上雙親無尅破，全家和樂亦為歡，兄弟算喪無你我，十人心事一般看，眉為兄弟秀灣長，兄

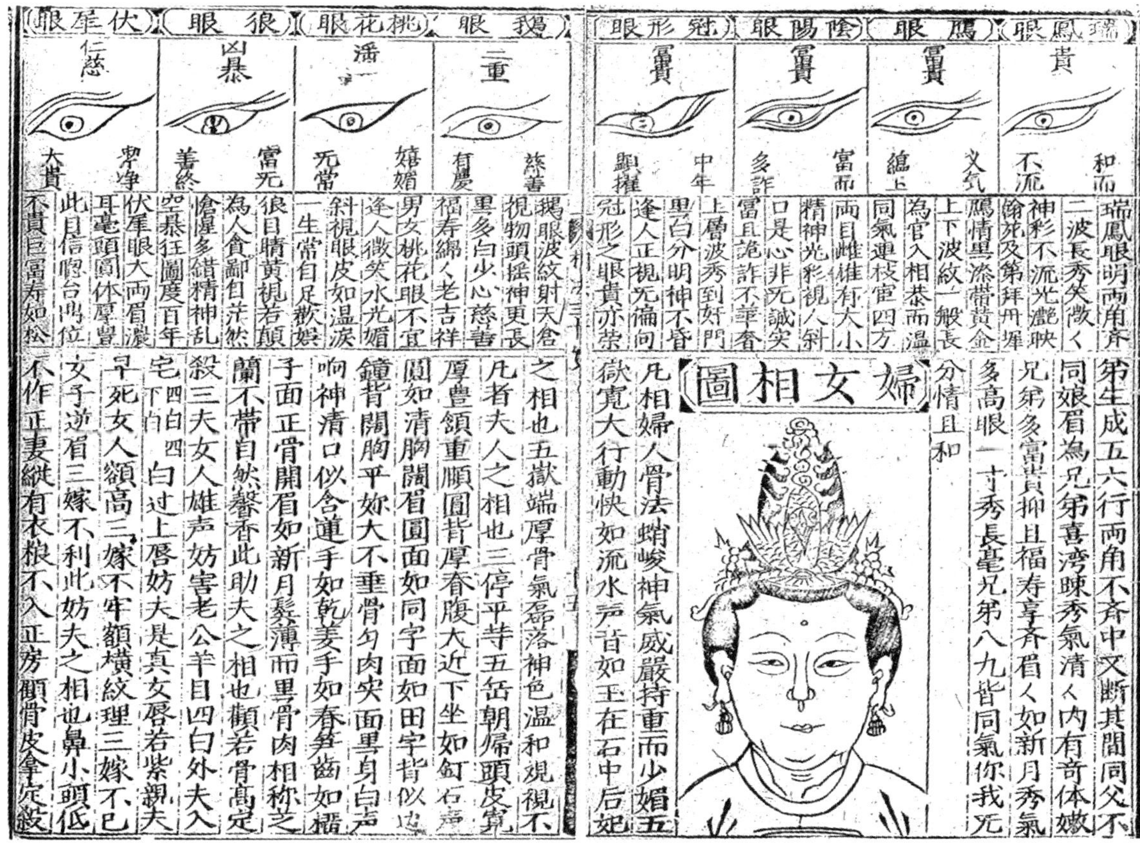

瑞鳳眼　貴　和而不流

瑞鳳眼明兩角齊，二波長秀笑微微，神彩不流光艷映，倫死及第拜丹墀。

鳫眼　富貴　父氣總上

鳫情黑漆帶黄金，上下波紋一般長，為官入相恭而溫，同氣連枝宦四方。

陰陽眼　富貴　富而多詐

兩目雌雄有大小，精神光彩視人斜，口是心非无誠实，富且詭詐不華奢。

冠形眼　富貴　中年勤權

上層波秀到奸門，黑白分明神不昏，逢人正視无偏向，冠形之眼貴亦崇。

弟生成五六行，兩角不齊中又斷，其間同父不同娘，眉為兄弟喜灣睞，秀氣清清內有奇，体嫩兄弟多富貴，抑且福寿享齊眉，如新月秀氣多高眼一寸，秀長毫兄弟八九皆同氣，你我无分情且和。

【婦女相圖】

凡相婦人骨法峭峻，神氣威嚴，持重而少媚，五嶽寬大，行動快如流水，声音如玉在石中，后妃

鵝眼　二重　慈善有慶

鵝眼波紋射天倉，視物頭搖神更長，黒多白少心慈善，福寿綿綿老吉祥。

桃花眼　淫　嬉媚无常

男女桃花眼不宜，逢人微笑水光媚，斜視眼皮如溫淚，一生常自足歡娛。

狼眼　凶暴　富无善終

狼目睛黃視若顛，為人貪鄙自茫然，愴惶多錯精神乱，空暴狂圖度百年。

伏犀眼　仁慈　實净大貴

伏犀眼大兩眉濃，耳毫頭圓体厚豐，此目信聰台閣位，不貴亦富寿如松。

之相也。五嶽端厚，骨氣磊落，神色溫和，視視不凡者，夫人之相也。三停平等，五岳朝歸，頭皮寬厚，豐頷重頤，圓背厚脊，腹大近下，坐如釘石，声圓如清，胸闊眉圓，面如同字，面如田字，背似鐘背，闊胸平，妳大不垂，骨匀肉实，面黑身白，声响神清，口似含丹，手如乾姜，手如春笋，齒如榴子，面正骨開，眉如新月，髮薄而黑，骨肉相稱，之蘭不帶自然馨香，此助夫之相也。顴若骨高，定殺三夫；女人雄声，妨害老公；羊目四白，外夫入宅（四白四下白）；白过上唇，妨夫是真；女唇若紫，覩夫早死；女人額高，三嫁不牢；額横紋理，三嫁不已；女子逆眉，三嫁不利。此妨夫之相也。鼻小頭低，不作正妻，縱有衣粮，不入正房；顴骨皮拿，定殺

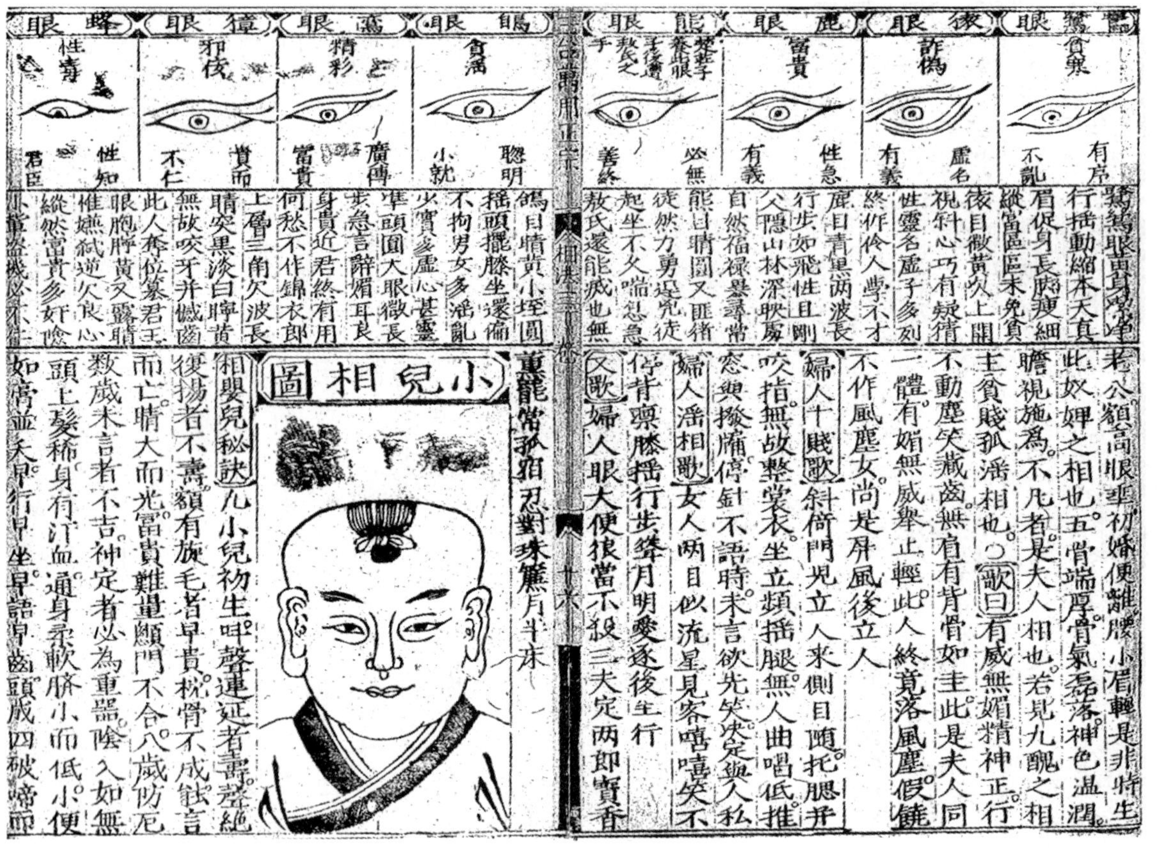

三台萬用正宗 卷 相法 十六

鷺鷥眼　貪泉　有序　不亂

猴眼　詐偽　虛名　有義

鹿眼　富貴　性急　有義

熊眼　熊眼之子孫當養此眼教之　必無　善終

鷺鷥眼貴身 行搖動縮本天真 眉促身長腰瘦細 縱當區區未免貧

猴目微黃以上關 視斜心巧有疑猜 性靈名虛子多刻 終作伶人學不才

鹿目青黑兩波長 行步如飛性且剛 自然福祿豐尋常 父隱山林深映房

熊目睛圓又匪猪 徒然力勇逞兇徒 起坐不久喘忽急 敖氏還能殀也無

老公額高眼垂 初婚便離 腰小眉輕 是非特生 此奴婢之相也 五骨端厚 骨氣磊落 神色溫潤 瞻視施為 不凡者 是夫人相也 若見九醜之相 主貧賤孤淫相也 ○【歌曰】有威無媚精神正 行不動塵笑藏齒 無肩有背骨如圭 此是夫人同一體 有媚無威舉止輕 此人終竟落風塵 假饒不作風塵女 尚是屏風後立人

【婦人十賤歌】斜倚門兒立 人來側目隨 托腮并咬指 無故整裳衣 坐立頻搖腿 無人曲唱低 推窗與撥簾 停針不語時 未言欲先笑 決定與人私

【婦人淫相歌】女人兩目似流星 見客嘻嘻笑不停 背膝搖行步 登月明愛逐後生行

【又歌】婦人眼大便狼當 不殺三夫定兩郎 實香蕙龍常孤猖 忍對珠簾月半床

鶻眼　貪濁　聰明　小就

鸞眼　精彩　廣傳　富貴

獐眼　邪佞　貴而　不仁

蜂眼　性毒　性知　君臣

鶻目睛黃小短圓 搖頭擺膝坐還偏 不拘男女多淫亂 少實多虛心甚靈

準頭圓大眼微長 步急言辭媚耳長 身貴近君終有用 何愁不作錦衣郎

上層三角欠波長 睛突黑淡白睥黃 無故咬牙并齘齒 此人奪位篡君王

眼胞脬黃又露睛 惟嫌弒逆欠良心 縱然富貴多奸險 [illegible]

小兒相圖

【相嬰兒秘訣】凡小兒初生 啼聲連延者壽 聲絕復揚者不壽 額有旋毛者早貴 枕骨不成 能言而亡 睛大而光 富貴難量 顖門不合 八歲防厄 數歲未言者不吉 神定者必為重器 陰入如無 頭上髮稀 身有汗血 通身柔軟 臍小而低 小便如膏 並夭 早行早坐 早語早齒 頭成四破 嫡而

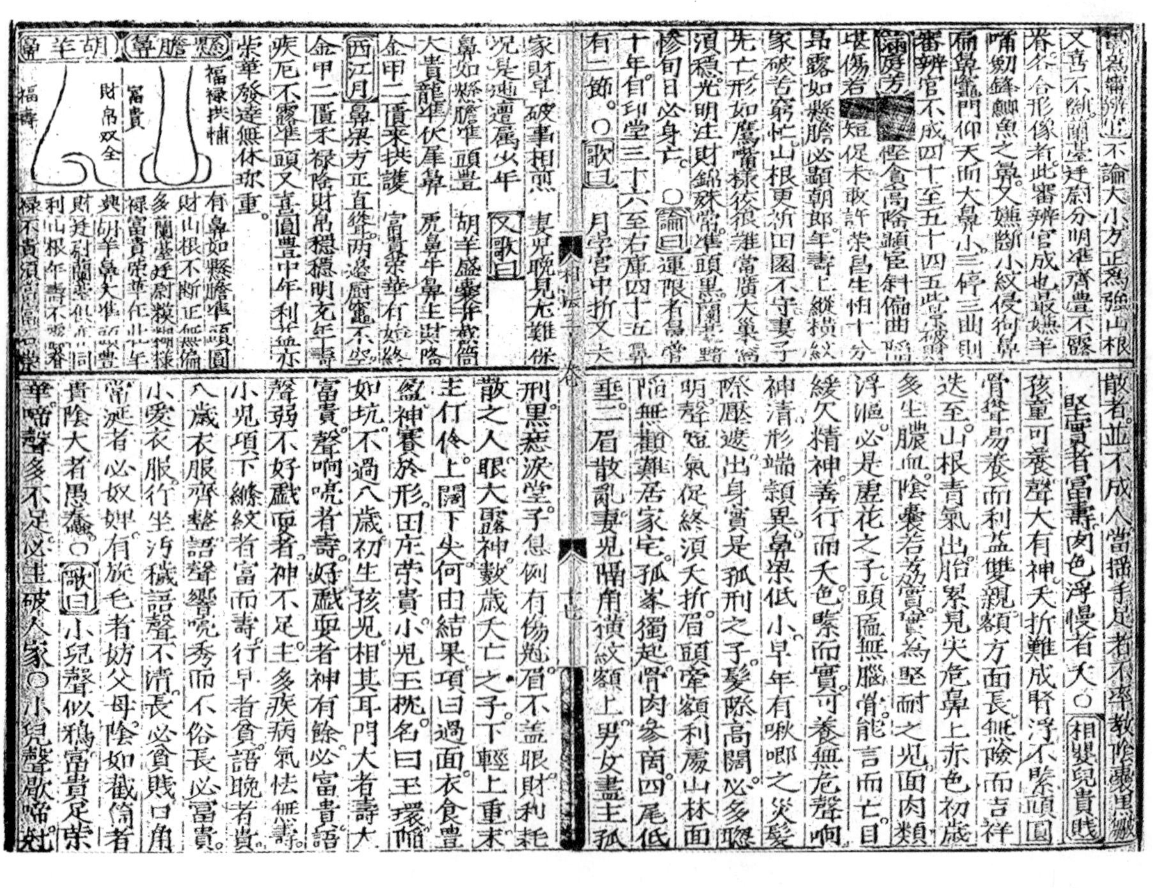

三台萬用正宗 卷 相法 十七

【論鼻辨正】不論大小 方正為強 山根又高不斷 蘭臺廷尉分明 準齊豐不露 脊各合形像者 此審辨官成也 最嫌羊嘴 刻鋒鯽魚之鼻 又嫌斷小紋侵 狗鼻偏鼻 竈門仰天 而大鼻小 三停三曲 則審辨官不成 四十至五十四五 此皆被患

【論鼻病】[illegible]短促 未敢許榮昌 生怕十分堪傷者 怪食高隆 頭官斜偏曲陷 鼻露如懸膽 必顯朝郎 年壽上縱橫紋 家破苦窮忙 山根更祈 田園不守 妻子先亡 形如鷹嘴 據係狼雖 當廣大巢 須穩光明 注財錦殊常 準頭黑 蘭臺暗 慘旬日必身亡 ○【論曰】運限者 鼻當十年 自印堂三十六至右庫四十五 鼻有二節 ○【歌曰】月字宮中折又夫 家財早破事相煎 妻兒晚見尤難保 况是迍邅厲少年

【又歌曰】胡羊盛囊存嵗借 鼻如懸膽準頭豐 大貴龍準伏犀鼻 兎鼻牛鼻主興隆 金甲二匱來拱護 富貴榮華有始終

【西江月】鼻梁方正直聳 兩邊廚竈不空 金甲二匱禾祿陰 財帛穩穩明克年壽 疾厄不露準頭 又喜圓豐中年 利祿亦紫華發達無休 亦重

懸膽鼻　福祿拱輔　富貴　財帛双全

胡羊鼻　福壽

有鼻如懸膽準頭圓 財山根不斷正無偏 多蘭臺廷尉相操[illegible] 祿富貴榮華任少年

胡羊鼻大準頭豐 財廷尉蘭臺[illegible] 利山根年壽不[illegible] 祿不貴須[illegible]

散者並不成人 當搖手足者不學 教陰囊黑縐堅實者富壽 肉色浮慢者夭 ○【相嬰兒貴賤】孩童可養 聲大有神 夭折難成 腎浮不緊 頭圓骨聳 易養而利益雙親 額方面長 無險而吉祥迭至 山根青氣出胎 累見尖危 鼻上赤色 初歲多生膿血 陰囊若荔實 為堅耐之兒 面肉類浮腫 必是虛花之子 頭扁無腦骨 能言而亡 目緩欠精神 善行而夭 色紫而實 可養無危 聲响神清 形端額異 鼻梁低小 早年有啾唧之災 髮際壓遮 出身實是孤刑之子 髮際高闊 必多聰明 聲短氣促 終須夭折 眉頭牽額 利鄉山林 面陷無顴 難居家宅 孤峯獨起 骨肉參商 四尾低垂 二眉散亂 妻兒隔角 橫紋額上 男女盡主孤刑 黑痣淚堂 子息側有傷 兇眉不蓋眼 財利耗散之人 眼大露神 數歲夭亡之子 下輕上重 末主伶仃 上闊下尖 何由結果 項曰過面 衣食豐盈 神賽於形 田庄榮貴 小兒玉枕 名曰玉環 陥如坑 不過八歲 初生孩兒相 其耳門大者壽 大富貴 聲响亮者壽 好戲耍者神有餘 必富貴 語聲弱不好戲耍者 神不足 主多疾病 氣怯無壽 小兒項下縧紋者 富而壽 行早者貪 語晚者貴 八歲衣服齊整 語聲響亮 秀而不俗 長必富貴 小愛衣服 行坐污穢 語聲不清 長必貧賤 口角常涎者必奴婢 有旋毛者妨父母 陰如截筒者貴 陰大者愚蠢 ○【歌曰】小兒聲似鵝 富貴足榮華 啼聲多不足 必主破人家 ○小兒聲歇啼妣

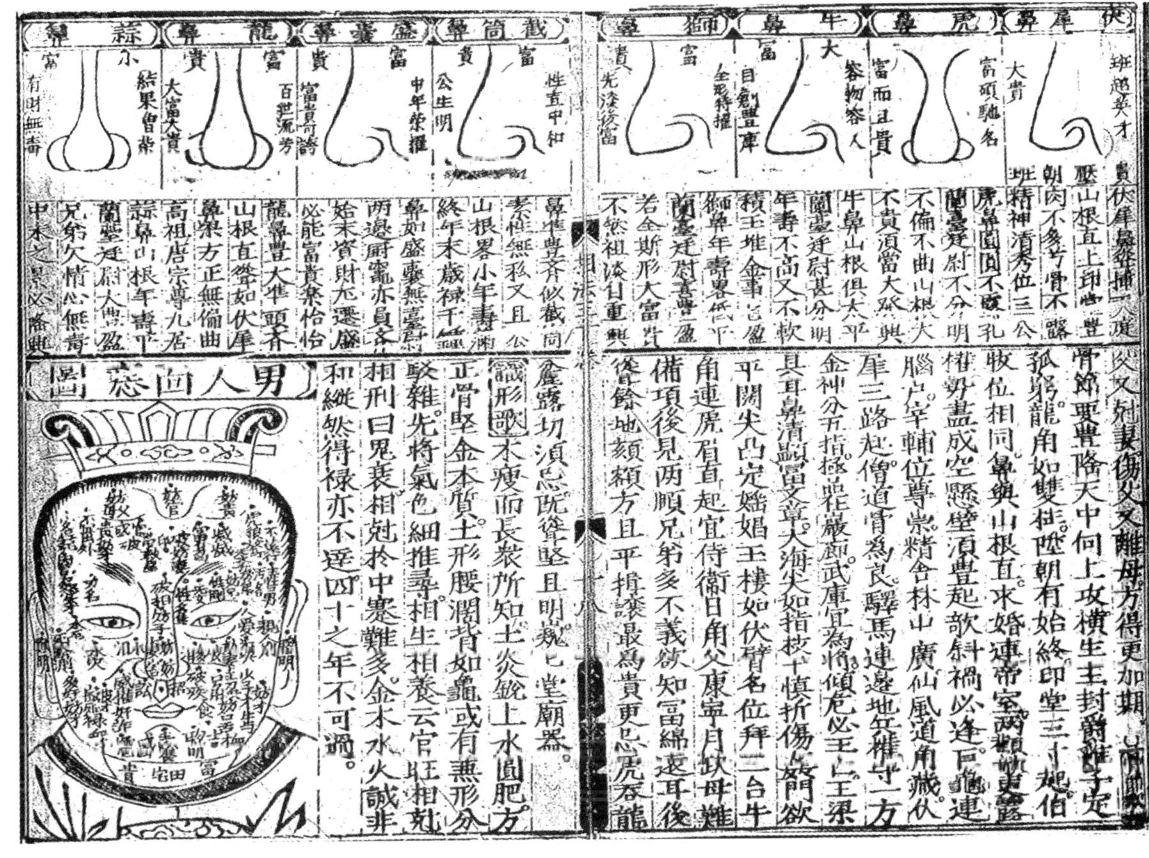

伏犀鼻聳插入庭
壓山根直上印堂豐
朝肉不多兮骨不露
此精神清秀位三公

虎鼻圓圓不露孔
蘭臺廷尉不分明
不偏不曲山根大
不貴須當大發興

牛鼻山根俱大平
蘭臺廷尉甚分明
年壽不高又不軟
積玉堆金事事盈

獅鼻年壽畧低平
蘭臺廷尉喜豐盈
若全斯形大富貴
不然祖業自重興

鼻準豐齊似截筒
素性無私又且公
山根畧小年壽潤
終年末歲祿千鍾

鼻如盛囊無臺尉
兩邊厨竈亦員齊
始末資財无遷敗
必能富貴樂怡怡

龍鼻豐大準頭齊
山根直聳如伏犀
鼻梁方正無偏曲
高祖唐宗尊九居

蒜鼻山根年壽平
蘭臺廷尉大而盈
兄弟欠情心無毒
中末之景必高興

父又剋妻傷父又離母方得更加期。
骨節要豐隆天中何上攻橫生主封爵子定
孤弱。龍角如雙柱，陞朝有始終。印堂三十趣伯
牧位相同。鼻與山根直，求婚連帝室。兩顴遮更露
權勢盡成空。懸壁須豐起，歆斜禍必逢。巨鼇連
腦戶，宰輔位尊崇。精舍林中廣，仙風道角藏。伏
犀三路起，僧道胄為良。驛馬連邊地，等雖守一方
金神分五指，掇龍花嚴面。武庫宜為將，傾危必王亡。王梁
具耳鼻清顯，當文章。大海尖如指，枝千慎折傷。分門欲
平闊尖凸定婚娼。玉樓如伏骨，名位拜三台。牛
角連虎眉，直起宜侍衛。日角父康寧，月缺母難
備。項後見兩顴，兄弟多不義。欲知富綿遠，耳後
豫餘地。額頰方且平，揖讓最為貴。更忌虎吞龍
盦露切須忌。既聳堅且明，巍已堂廟器。
【識形歌】木瘦而長裝所知，土炎銳上，水圓肥方。
正骨堅金木質。土形腰潤背如龜，或有無形分
駁雜。先將氣色細推尋，相生相養云官旺，相剋
相刑曰鬼衰。相剋於中寒難多，金木水火誠非
和，縱然得祿亦不逆，四十之年不可過。

鼻有三灣為反吟
曲者三灣為覆吟
覆吟相見自絕嗣
反吟相見淚淋上
見財必喪命相連

劍鋒鼻脊如刀背
兄弟無緣子無靠
勞勞祿祿主孤單

猿猴鼻上露骨堅
蘭臺亦小準頭尖
帶此紫紅無餘肉
雖然平穩也奸貪

狗鼻年壽起骨疊
廷尉準偏不堪言
雖然貧賤三分義
只嫌竊摟度時年

年壽高起如魚脊
山根細小準頭垂
骨肉無情財甚緊
平生衣食多遭擢

鼻梁露脊準頭尖
名為鷹嘴奸貪堅
啄人心髓無休歇
假笑惡根暗中生

鼻頭高向孔竅大
須知家無隔宿糧
雖辛苦楚多勞碌
未發他鄉實可傷

年壽低塌山根小
鼻面相生差不多
準頭臺尉此須見
不貪不夭疾如麻

【黑子歌】天中貴位不宜居，男妨父母女妨夫。若見
庭憂市死，印堂官事或財儲，壽上妨妻兄自得
承漿若有醉中殂，女人地閣須憂產訟獄或見
死因拘橫事相妨，左廂出若臨高廣二親無又
陽主徃他鄉，没魚尾姦門姦盜妻，華盖暴亡天
井水，太陽官舍外，陽道武庫主兵邊地遠將軍
亡陣或兵誅，或生書上憂蘇孝，井部宜防井厄
震小使伎堂并內閣，生無侍養自區區，不修幃
帕看門閣，祖宅如生没故廬，命門作事無終始
孝館看來孝豈餘，山根準頭兼廷尉，家業飄零骨
肉睐，眼下悲啼常不絕，耳根雙出倒商途，正面
所為命不遂，人中或有立身孤，坑塹陂池并大
海，諸方不見始安舒，攤権杖節何由得，有痣深
藏足底膺，五彩如龍下達臂，梁武貴嬪生赤痣
七星左脇貴為郎，术若班班七十二。

○【面部骨氣秘訣】

【天中】為正氣之主，潤平消吉，一生不犯徒刑。黑
子剋父母，瘢紋毋死。【天庭】骨起官祿光明貴，缺
陷破敗，青氣凶。不尖不削，黄色紅潤有光主五

孤峯鼻 榮祿无終 孤壽
露脊鼻 奸窮下流 貧賤
獐鼻 貪妬背情 薄義
猩鼻 富貴好樂 有義

鼻大無肉竈門開
兩顴低小鼻巍巍
此鼻縱大無財積
若為僧道免哀哉

鼻瘦露脊山根小
形容粗俗骨神昏
無土萬物皆零落
縱然平穩也貧孤

鼻小準尖庭脊露
金甲二櫃內綳纏
徒授遺蔭難居守
三返四復主迍邅

猩猩之相鼻梁高
眉眼相近髮粗毛
唇掀面闊身豐厚
德重寬懷貴亦褒

鹿鼻 富貴好義 仁慈
猴鼻 妬忌暗欺 莫交

其鼻豐齊準頭員
步急情寬性義全
坐起不久疑驚慮
自然添祿永綿綿

鼻竅窄小口頰尖
猖狂輕燥不尊嚴
性靈嗔怒多憂慮
愛喫花菓好為先

○辨氣色歌訣

夫氣色者發于五臟隱於六腑朝則見於面容暮則歸于肺腹隨年隨月隨日隨時氣色升降各分五色白青黑紅黃接金木水火土形氣者出于青壁又如烟霧忽于何位有成有敗有吉有凶氣色其形一寸二分接一年十月一日十二

十日遷職遠方[中正]骨起貴連天庭眉毛相侵日角形貌金木水火土相剋主父刑家有青龍如祥雲瑞氣橫貫主秋拜陞二三品應六十日九十日有青龍角起主四品[帝座]上黃紫主一千日進官大喜[司空]骨起貴惡色多驚恐紋低不貴赤色貫印堂主一百日凶死紅色潤澤如王印紋有美除官南地應三七日有騰蛇氣居之一千日不利[印堂]濶缺陷不吉眉接不貴青氣不吉川字紋尅妻紫氣紋橫亂凶平如鏡面富貴雙全紫氣貫山根見主夏秋進官應南方朱雀氣居之主去職[山根]主有勢潤澤吉坑陷妨親眷狹低貧賤黃光寸潤平生火炎為疾厄宮連額起貴斷絕主少子息黑氣連班駁貫之主病不可療不然財折傷[鼻端]端正圓平上連山根豐起極貴赤色浮雲如草根紋應三日赤色黑氣相乘如蟲紋主火盜[中部]赤白氣散點點如梅花紋應六十日主大人服動[年上]隆尖病低陷妨妻斑慘惡[壽上]高壽高陷缺凶青色死白色點點如梅花上貫根印五七日死輕一年內死[準頭]中嶽豐大與人無害圓潤官祿醜小薄尖俱貧鷹嘴性毒巧計奸貪[蘭臺]色慘主凶應半月之內福去禍來之兆白氣連準圓光主應年內水厄[人中]赤光青黑氣乘之主應暮月內脫職[承漿]為酒池其中有肉謂之酒海黑痣因酒亡又主落水死喜容指而最嫌尖窄偏陷骨起因酒成疾堅起因酒名喧競官必[illegible]

時年年各有興廢月月亦有成敗日日生發禍福時時不測憂喜欲觀人者先要定知所居部位若得知之吉凶无不應矣

○辨四季色歌

春要青兮夏要紅　秋間白色喜重重
冬時黑色乘來往　若不相刑應有終

三五日或十日內見準頭上黑白色主孝服并自主災

○辨口色歌訣

口角并腮有黑紋　須憂臟腑不調勻

口角及腮上有青黑氣防一月或半月內臟腑內暴患在牀

病人口畔如斯色　縱是靈丹未保身
口角紅黃紫色多　此般氣象最安和
怨然口角青青色　飲食侵刑沒奈何

口角有黑色謂之死氣入口遠至一百日內定死口角有紅黃紫色者自身安樂口角有黃有青飲食之恨

○辨眼色歌訣

眼邊黑色切須知　百事施為亦不宜
災禍之來看十日　更防小輩暗欺軀

眼下黑色百事不利小人相撓在十日內應蓋望不成事宜守舊

眼下青青是樂軀　心中不樂暗嗟吁
白色切須防父母　兄弟還同二日餘

眼下青色有憂心中不樂白色防父母兩日內有厄無父母防兄弟有災

眼下紅黃紫色生　最宜求望事皆成
神仙留下通玄術　凶則無災吉則榮

○辨眉色歌訣

左右眉頭赤色凶　定遭公事在官中
眉頭見得常明澤　所作施為百事通

左眉上有赤色防官中公事右眉上有赤色應在一月內兩眉常要光明潤澤吉

兩耳焦黑暗氣虛　紅潤丹田病不除
須信形神玄且妙　運通氣色日光舒

兩邊有骨起中心成坑深窖主有百祈之量謂之海[中嶽]厚隆自置田宅兩邊如削忍餓之兆[地閣]為水星主田宅基主祿位如月者主大賢人肥而厚必田宅發中末之年衣食有蓄積瘦而薄破祖業不得父祖之力身貧下賤[卑獄]平光滿終身不被刑囚乾枯坑陷枷鎖之兆[尺陽]豐厚吉官福缺嫵班凶[邊地]隆高貴或武職法司黑子多為奴婢青氣路死不滿無貴赤氣如刃劒紋武職因功進爵文則守邊城之職赤氣如雲行月出主遠動之兆[驛馬]眉頭兩邊驛馬唱唱交友之部眉頭寬主有鞍馬之分狹窄無奴從乾枯隆傷豐起主財陷缺不宜[道路]見紫氣三七日內進僕馬肉起一分主發財祿青黑貫之主落馬成疾見紅黃紫氣動吉[唱唱]是交易買賣之部骨起黃色不日見喜乾枯平生不得財[交友]豐光紅黃吉紋低惡色俱不吉光起一生好朋友兄弟有心腹黑連起及低陷不得交朋友力[印信]色白如梨花主凶惡之事亡父母[承漿]豐起官超一品骨起進官祿缺陷主溺水[額頭]豐吉交低不貴黑子偷盜而已[重眉]知人有勇健也骨起狠如狼缺陷貧賤色惡主累[山林]能匿事眼眉橫過髮際名山林開則至貴狹則主貧破財女人至賤光濃起主有山林之利乾枯黑色主虎驚無山林之力[龍角]豐隆官居八座女人則嬌態貴人紅黃色貴得恩寵有賜色惡不吉[虎角]豐起將軍之相分明吉黑子

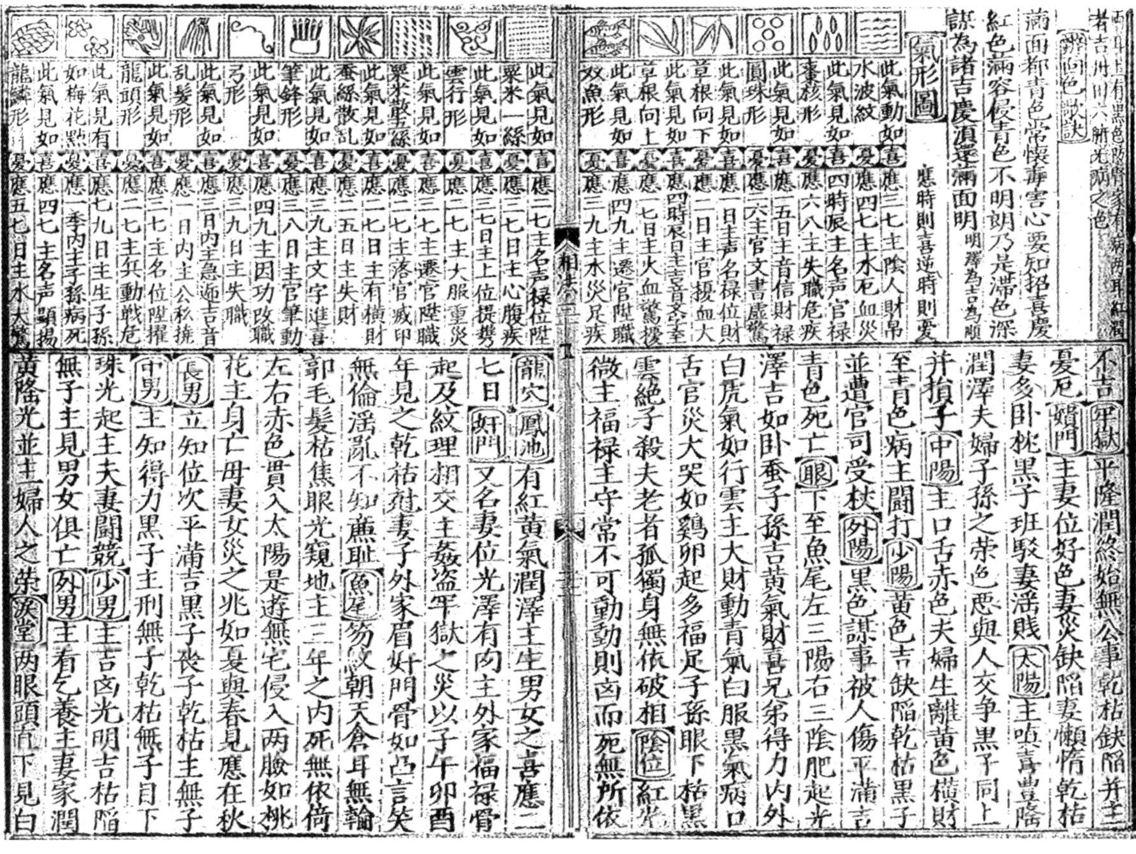

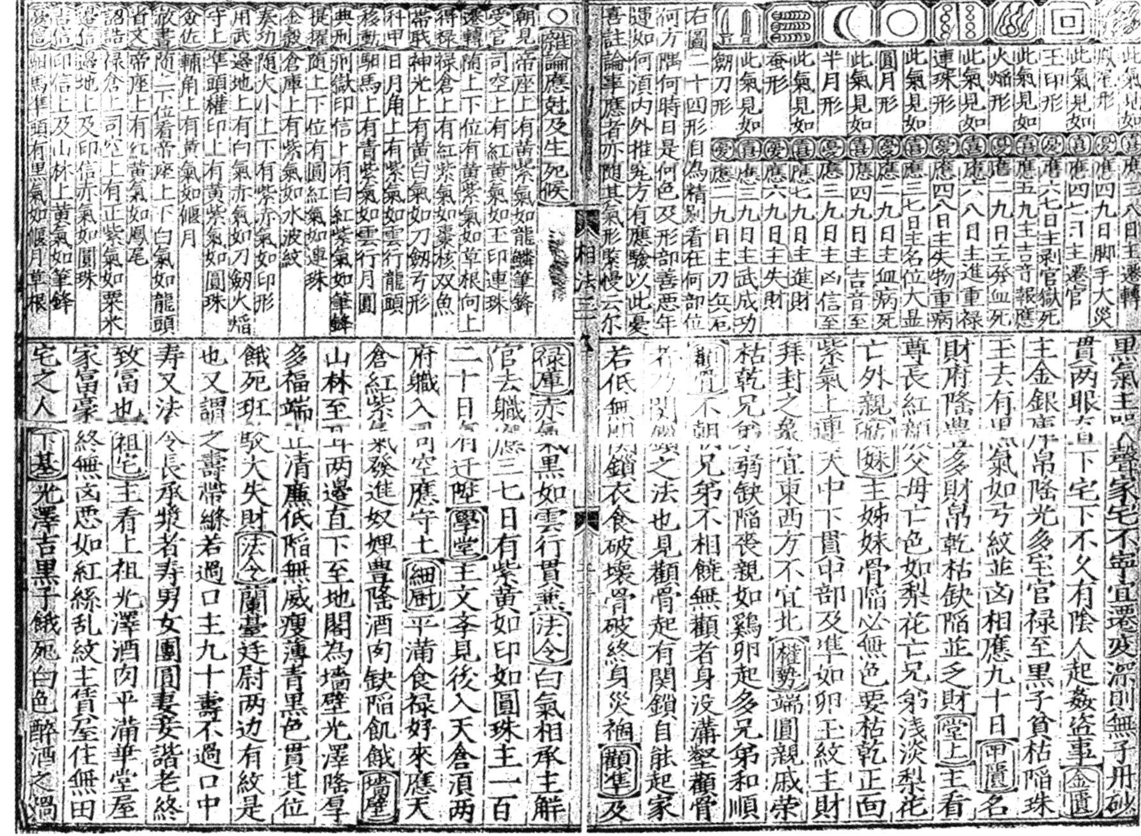

刻印 印堂至司空有赤氣如粟米五絲
急病 食倉上有青赤氣如亂髮
削官 祿庫權印上有赤黑氣如雲行
名戲 神庭金匱上有青黑氣如弓形
外服 中部有赤氣如梅花下部有赤白氣如蚕行
祖墳 冢墓上有赤氣應則動
屋宅 地閣有青赤氣應則迁動
公訟 準上唇唱有赤氣如筆鋒
私撓 準上眉毛有赤氣如圓珠草根
刑獄 食倉刑上有青氣主下獄
山林 上有赤青氣主火燒山林
陂池 上有黑氣入口主死及水災
父母 內外三陽有氣動則應
兄弟 年上寿上有氣動則應
伯叔 司空上有氣動則應
子孫 正面上及人中有氣動則應
妻妾 左右眼尾及眼下有氣動則應
奴婢 承漿傍有氣動則應
六畜 食倉去二分有氣動則應
進財 準上連年寿間黃氣動如雲行
退財 倉廩準上有青赤氣如蚕行
庄麥 家堂上有氣如絲散乱隨即凶應
見怪 陂池上有赤氣如水波草根
水災 下部及準上有青黑氣如烟
馬驚 眉上二分有赤氣如刀劍弓形
血火 印堂左右墻壁赤氣如絲散乱
刀劍 兩眉頭尾有白氣如弓刀形
發斷 準頭上有点如粟米瀨間
心病 赤氣浮暗不貼肉如草根向上
肺病 白氣浮淡白燕蜘蛛皮膚燥
肝病 青氣浮枯如烟成條如線主恐懼
腎病 黑氣如烟凝散主勞倦神不安
脾病 黃氣凝滯不通如舊服見日
心絕 唇如紅裂白眼黑炳一季青一年
肺絕 毛髮乾枯皮膚无神黑一年青三年
肝絕 眼忽元光頭低黑一月青一季
腎絕 面如黑水淡白壁耳上粥衣黑月青半年
脾絕 面眼口鼻齒爪乾黃黑半月青三月

終能訥。庄田 平滿富貴，青黑色憂官事，乾枯塵土俱不吉。鵝鴨奴婢 細厨兩边直下是二部，肥厚內起下圓足，奴婢多鵝鴨；瘦枯薄不吉，紅紫氣發王進益奴僕。井竈 承漿下橫出是井竈之部，乾枯黑色一生無水分，肥厚光澤百事歡无有破損。

○石大陽武庫巳上至天中俱主貴，只要額廣是福，如窄狹傾斜，天中左右俱不吉，黑氣并年運主之，一生不快活，破敗孤獨而已。

○驛馬全生喜有餘，懸壁左邊迁官職，山林精舍喜相須，陂池位上增餘福，中嶽橫紋貴所知。

紋理歌

覆月司空家富盛，小車紫亭守藩垣，橫過中墓瘟火厄，斜飛入眼極刑，平浪痕耳珠憂水厄，山紋額角列朝班，地閣縱橫財穀散，年上山根仔細看，山根細斷誠多難，印肉如絲恐沒官居，準自然爭權望，祖宅若有見貪窠，掌中橫紋心無智，立理人中子息艱，龍角天庭須伯牧，交勾鼻上盜仍姦，法令過頦知寿考，縱紋入口死無粮，古上縱紋身必貴，濕紅在掌福崢嶸，三壬居腹且天寿，八字寬宏主少亨，姦門乱理多淫蕩，魚尾修長老不閒，井字陰陽終自縊，酒池縷縷喪衣，波瀾懸針入印刑妻位，破厭侵顴權位艱，亭帯刃今人好殺，若臨紫氣性無寬，祖墓墳塋還復破，必然四墓亂縱橫，驛馬定應游宦子，口如裙稚亦孤單。

三十終

新刻天下四民便覽三台萬用正宗卷之三十一

斷易秘旨

五行 金 木 水 火 土
亥子屬水 寅卯屬木 巳午屬火
申酉屬金 辰戌屬土 丑未屬土

五行相生 金生水 水生木 木生火 火生土 土生金

五行相尅 金尅木 木尅土 土尅水 水尅火 火尅金

五行比和 金見金 木見木 水見水 火見火 土見土

六神所屬 青龍木 朱雀火 勾陳土 騰蛇火 白虎金 玄武水

○逐日六神起例

甲乙起青龍 丙丁起朱雀 戊日起勾陳 己日起騰蛇 庚辛起白虎 壬癸起玄武

○六親起例

生我者為父母 我生者為子孫 尅我者為官鬼 我尅者為妻才 比和者為兄弟

○安世應法例 應為他人世為我

卦分八宮，一宮所管有八卦。凡八純卦世安在六爻，應居三；第二卦世安在初爻，應居四；第三卦世安在二爻，應居五；第四卦世安在三爻，應居六；第五卦世安在四爻，應居初；第六卦世安在五爻，應居二；第七卦名為遊魂，世安在四爻，應居初；第八卦名為歸魂，世安在三爻，

卜筮門

○求卦祝文

叩齒六丁神，文王卦有靈，吉凶含萬象，切莫順人情。夫卦者與天地合其德，日月合其明，四時合其序，鬼神合其吉凶，皇天無私，卦靈有感。謹運真香，虔誠叩請八卦祖師伏羲、文王、周公、孔子五大聖人，鬼谷先生、袁天罡先生、李淳風先生、陳希夷先生、邵康節先生，前傳後教演易祭師，再仲閔請卦內六丁六甲神將、報卦童子、擲卦童郎、值日傳言玉女、奏事功曹、本境土地、祀典明神、本屬府縣城隍大王、本家門中宗祖、隨來香火福神、虛空過往一切神祇，咸望列聖下赴香筵，監今筮卜。今據大明國云云求卦信人某上不占天，下不占地，為占自下某事吉凶休咎，難以預知，敬就聖賢門下八八六十四卦內求一卦，三百八十四爻內求六爻，爻莫乱動，卦莫乱移，莫順人情，莫隨鬼意。吉則吉神上卦，凶則凶神上卦；吉則用神出見，凶則用神空亡；吉則吉神發動，凶則凶神發動。伏望諸位聖賢存細點勘。古云：人有誠心，卦有靈信，爻通天地，卦通鬼神，諸位先生靈彰報應。

祝畢即將錢擲，口念云：乾元亨利貞。如擲完即云：第一爻擲得某爻，又求當二爻。一乾元亨利

□居六凡安應從每與世爻隔四位若世在卦上六爻則應在下三爻若世在下三爻則應在上六爻遊魂卦世應與四世卦同歸魂卦世應與三世卦同

○起身例

子午持世身居初　丑未持世身居二
寅申持世身居三　卯酉持世身居四
辰戌持世身居五　巳亥持世身居六

○六親持世詩訣

父母持世身憂否　身帶文書及官鬼
夫妻相剋不同床　到老用求他姓子
子孫持世事無憂　官鬼從他便了休
求物此時應未得　營謀作事有來由
鬼爻持世事難安　占身不病也遭官
財物此時防失脫　骨肉分離會合難
財爻持世益才營　若問求財事稱心
更得子孫臨應上　官鬼從他事不成
兄弟持世剋妻才　要官未了事還來
鬼旺正當憂口舌　身強必定損其才

○六親持世應併用六爻詩訣

公婆最怒小孩兒　惟喜見即掛綬歸
求利一番休要去　更教屋宇四重圍
此是父母爻用斷凶
念我同胞不可離　田園爭占罵詈妻
行藏嫉妬還遭謗　奪我家才說我兒
此是斷兄弟爻法凶
妻主中饋謹守家　相生相合足榮華
縱然焦燥吾視悶　縱好文章不必誇
此是斷妻才爻用法
我兒子事在堪誇　買賣生財百事佳

貞　第一爻又喜其神臨爻又求第二爻　乾元亨利貞　第三爻又喜其神臨爻內象三爻象賜其卦 有動則云　前卦並無發動再求外象三爻圓成一卦庶知禍福以定吉凶 擲錢　乾元亨利貞　第四爻其神臨爻 又擲錢　第五爻其神臨爻 又如前擲　第六爻又蒙其神臨位　適來月實諸位聖賢列位先師卦已圓成謝賀先生各歸原所他時有叩再望降臨稽首奉送伏惟珍重禮畢一如再要問其事隨再加香上祝云香烟未能聖賢未散千聖一聖萬聖一心再求再應再卜再靈今時再有求卦信人其 以今為其事 云　云如前法祝曰擲錢再占

○擲錢訣法

兩背由來拆 屬少陰　無變
一背看本是單 屬少陽　無變
又渾看定交位 屬老陰 單爻變少陽是也
○總背是重看 屬老陽 拆爻變少陰是也

○八卦正象

☰乾三連　☷坤六段　☳震仰盂　☶艮覆碗
☲離中虛　☵坎中滿　☱兌上缺　☴巽下短

八八六十四卦

乾

乾為天　天風姤　天山遯　天地否
風地觀　山地剝　火地晉　火天大有

坎

坎為水　水澤節　水雷屯　水火既濟
澤火革　雷火豐　地火明夷　地水師

產婦嘶啼皆吉慶　獨嫌仕官剝身家
此是斷子孫爻用法
鬼在陰中辨吉凶　六神殺貴認來蹤
求名婚娶皆為福　生產行人種蚕空
怪異官非長疾病　戶門古冢盜奸同
家宅香火并壇社　盡在其神掌握中
此是官鬼用爻法

○六神詩訣

青龍好事入門來　喜事重重笑臉開
才爻若臨同位上　交關和合得錢才
又云青龍入鬼人來請　酒食杯盤事事諧
朱雀臨身口舌來　若逢鬼位定官灾
子貴相冲爻中法　文士高人送才來
又云朱雀鬼爻用發動　小為口舌大為灾
勾陳發動阻前途　若值爻動本氣呼
才若生身牛馬退　如逢發動有如無
又云勾陳入鬼田牛退　發動傷身主殺回
螣蛇主事本虛驚　夜夢分明對鬼神
四季怪爻高着眼　巳蛇午火戌屬驚
又云螣蛇鬼入怪爻裡　怪物虛驚仔細推
白虎臨身事主凶　能招孝病在門中
猪羊雞鴨常防損　動剋當爻總是空
又云白虎鬼入來剋世　若非疾病損妻才
玄武臨身主失才　合逢鬼位斷然來
逢與更看飛來建　數盡爻中的轉同
又云玄武鬼來防失脫　咸池同位主私奔

○推四季旺神

春木　夏火　秋金　冬水
土旺四季 辰未丑戌月是
當生者旺　所生者相　生我者休

艮　艮為山　山火賁　山天大畜　山澤損
火澤睽　天澤履　風澤中孚　風山漸

震　震為雷　雷地豫　雷水解　雷風恒
地風升　水風井　澤風大過　澤雷隨

巽　巽為風　風天小畜　風火家人　風雷益
天雷无妄　火雷噬嗑　山雷頤　山風蠱

離　離為火　火山旅　火風鼎　火水未濟
山水蒙　風水渙　天水訟　天火同人

坤　坤為地　地雷復　地澤臨　地天泰
雷天大壯　澤天夬　水天需　水地比

兌　兌為澤　澤水困　澤地萃　澤山咸
水山蹇　地山謙　雷山小過　雷澤歸妹

○八卦所屬五行

乾兌屬金　震巽屬木　離屬火　坎屬水　坤艮屬土

○渾天甲子

宮						
乾宮	甲子水	甲寅木	甲辰土	壬午火	壬申金	壬戌土
坎宮	戊寅木	戊辰土	戊午火	戊申金	戊戌土	戊子水
艮宮	丙辰土	丙午火	丙申金	丙戌土	丙子水	丙寅木
震宮	庚子水	庚寅木	庚辰土	庚午火	庚申金	庚戌土
巽宮	辛丑土	辛亥水	辛酉金	辛未土	辛巳火	辛卯木
離宮	己卯木	己丑土	己亥水			

尅我者囚　我尅者死　永為是規

【春】寅卯木旺　巳午火相　辰戌丑未土死
申酉金囚　亥子水休

【夏】巳午火旺　辰戌丑未土相　申酉金死
亥子水囚　寅卯木休

【秋】申酉金旺　亥子水相　巳午火囚
寅卯木死　辰戌丑未水休

【冬】亥子水旺　寅卯木相　巳午火死
辰戌丑未土囚　申酉金休

【論十干】甲與己合　乙與庚合
丙與辛合　丁與壬合　戊與癸合

○論十二支六合
子與丑合　寅與亥合　卯與戌合
辰與酉合　巳與申合　午與未合

○推五行生旺例
長生　沐浴　冠帶　臨官　帝旺　衰
病　死　墓　絕　胎　養
占求財看財在何爻若在金爻就巳上起長生沐浴午冠帶未臨官申帝旺酉順數一宮一位木生在亥火生到寅水土長生居申順輪十二位如遇長生臨官帝旺之地凡事則發也如遇衰病死絕之鄉凡事則廢也逢墓則凶胎養則

【月建】正二三四五六七八九十十一十二
寅卯辰巳午未申酉戌亥子丑

【月破】正二三四五六七八九十十一十二
申酉戌亥子丑寅卯辰巳午未

○論元祿例
甲祿在寅　乙祿在卯　丙戊祿在巳
丁己祿居午　庚祿居申　辛祿在酉

【离宮】己酉金　己未土　己巳火

【坤宮】乙未土　乙巳火　乙卯木
癸丑土　癸亥水　癸酉金

【兌宮】丁巳火　丁卯木　丁丑土
丁亥水　丁酉金　丁未土

○渾天甲子捷法

【歌曰】
乾金甲子外壬午　坎水戊寅外戊申
艮土丙辰外丙戌　震木庚子庚午臨

○此四卦屬陽從子上數起順行

【歌曰】
巽宮辛丑及辛未　離火己卯己酉尋
坤宮乙未加癸丑　兌金丁巳丁亥神

○此四卦屬陰從丑上數起逆行

○起例

凡占家宅以第五爻為宅長一爻為宅母假如宅長爻屬金以水為子孫水一數即六爻為子位兄弟看比和者金主四數是第三爻為兄弟官兄弟無同位跳一位數去假如宅母爻屬木以火為女火得二數是第四爻為女位也餘倣此凡家宅人口本命何年若本爻遇生旺帶合扶墓身臨財鬼不尅財尅身大吉若鬼尅身無生旺遇死絕無氣又值空亡又兼斷數冲併凶如五十三又得三數為終數身逢死氣為殺如問小妻身位定從二爻為宅母位三爻為小妻位有合爻將入五爻定或退借二爻是小問大從上退下如弟占兄世為下人如世屬土比肩上為兄土主五數若世在六爻從上退下即初

壬祿在亥　癸祿在子

○論驛馬　君卜行人遇日辰尅行人爻馹馬動立至
寅午戌馬居申　申子辰馬居寅
巳酉丑馬居亥　亥卯未馬在巳
假如寅午戌日申爻是馹馬酉六害戌華蓋亥刦殺子大殺丑天殺寅地殺卯年殺辰月殺巳亡神午將星未是攀鞍

【論天乙貴人歌】
甲戊兼牛羊　乙己鼠猴鄉
丙丁猪雞位　壬癸兎蛇藏
庚辛逢馬虎　此是貴人方

○論福星貴人
甲丙相邀入虎鄉　更逢虎穴最高強
戊申己未丁宜巳　乙癸逢生福日昌
庚稱馬頭辛帶巳　壬騎龍背喜非常

○定天喜
春戌夏丑為天喜　秋辰冬未三三止
世上遇之必懽欣　百事得之皆有理

○論紅鸞天喜
紅鸞天喜遇中過　凶殺少時吉更多
男子有妻生貴子　女子無夫改嫁夫

○論天月二德歌
正丁二坤宮　三壬四辛同　五乾六甲上
七癸八寅同　九丙十居乙　子巽丑庚中

○論月鮮
月鮮正二起於申　三四還從酉上輪
五六之月居戌上　七八能行亥上存
九十之月臨午未　子丑兩月未宮尊

○論日鮮
凡占病遇此即痊也

爻為兄身位假如子位如一爻為長子身位二爻為二子身位三爻為三子身位女亦同法假如奴婢位定從二爻為奴婢身位初爻為第一奴身位二爻為第二奴身位如宅長癸亥宅母甲子男癸巳媳甲午孫男癸丑女孫乙未婿甲申甥男甲寅甥女甲子

○定六親身位
乾稱父坤稱母震坎艮為男巽離兌為女則父父子子夫夫婦婦之道皆本乎此卦以五爻為尊二爻為卑男修外治故五爻為宅長女修內治故二爻為宅母君有源必有流有宗必有派故生我之爻為父爻尅之爻為母夫尅之爻為妻尅妻之爻為夫我生之爻為子妻生之爻為女子尅之爻為媳尅女之爻為婿子生之爻為孫婿生之爻為甥我比肩之爻為兄弟父比肩之爻為伯叔長子之次爻為二子二子之次爻為三子遂一而去長兄之次爻為二兄長弟之次爻為二弟皆以所生之爻所尅之爻為妻室于踈房有踈之親皆可分析井井若綱之綱有條而不紊矣一生水地六成之天五生土地十成之皆禀天地生我之德故係占生人水一火二木三金四土五之類及復起配亦爻之內以所臨之爻為身以本生之爻為命身命相生相合如龍德貴人魁元祿馬在長生官旺之鄉者多吉身命相冲相尅加亡刼破耗空刑等殺在死絕休囚之位者多凶以世應日辰動爻分休

甲己逢雞乙庚猴　丙辛逢虎丁壬牛
戊癸雞喻官事散　病人無藥不宜憂
凡占官訟若得旺相發動即散也

○論天醫

天醫正卯二猪臨　三月隨丑四未尋
五蛇六兎七辰亥　八丑九羊十巳存
十一再來尋卯上　十二亥上作醫人
凡占病遇有爻上卦必主明醫下藥有驗也

○論天赦

春戊寅　夏甲午　秋戊申　冬甲子

論喝散神　春巳夏居申　秋猪冬到寅
官事若遇此　喝散不由人

天解　春寅　夏巳　秋申　冬亥

○論內解神

甲乙蛇頭戊巳寅　庚辛酉位丙丁申

因吉凶悔吝皆以理而推之前毋一失

○六神論

若言官鬼之亨危　當認子孫之動靜 凡占功名疾病不宜子孫爻動占病動則福神不安占功名為剝官殺　虎伏南山終是爪牙之退縮 南山屬火鄉白虎屬金遇之無氣不能為禍一云主外孝　龍眠北海必然頭角之崢嶸 青龍屬木水爻臨之主財大獲春夏得時最盛秋冬平利
朱雀起火而招禍 朱雀屬火又南方火鄉其禍愈大官災立見春夏尤忌　螣蛇抱木以興災 螣蛇屬火入木受生主人口有災家宅不寧亦降災禍
失財因玄武之燒身 身世屬火玄武臨之水火主才失脫盜賊勾連之尅　事退產為勾陳之隱樹 勾陳屬土所主田產之事入木受傷主退產或
因川七可畏銜刀之白虎 白虎屬金入金才盛必主災禍主刀　之事可喜戲水之青龍 青龍屬木得水主喜事添人
外血光跌損傷之患　財進產業婚姻六甲名成利遂　朱雀投江塞翁失馬 朱雀屬火入水受制

壬癸但從卯位是　官事消除百事寧

○論外解神

正五九月居子上　二六十月在巳宮
三七十一辰上是　四八十二居申中

日解　甲巳日亥　乙庚日申　丙辛日午　丁壬日未　戊癸日辰

○論赦文星

正戌二丑三辰昌　四未五酉六卯強
七子八午九寅位　十月巳上大吉昌
十一申上十二亥　此神持世求無妨

○論天赦神

正五九月在戌方　二六十月在丑場
三七十一居龍位　四八十二到于羊
卦中若得臨唯位　縱有大難也無妨

○論天官赦

則禍變為福而大事成若小事則先失後得又云除人防疾病　螣蛇入穴狀人憂魚驚家宅妖怪之兇 螣蛇入土不能為毒乃主人口憂賊盜陰謀受小成憂　玄武之臨河 玄武入水爻則盛主賊盜陰謀受小人侮弄子侵凌又主災衍不利六甲
病怕勾陳之獻寶 勾陳屬土入金受生主所病遲延服藥無效又主口舌　卜商喪子若因虎渡南河 白虎屬金入水受生不利小口又主喧嘩
莊子鼓盆為龍翻麗水 青龍屬木入金受傷不利陰人主婚姻六甲　朱雀銜金憂唇吻 朱雀屬火入金相尅之事主口舌仍得詞訟財損
物因才起事主防官非口舌　螣蛇入火害嬰孩 螣蛇屬火上火勢烈主小口災憂忌湯火　莫逢探海之勾陳 勾陳入水主相尅主遲
大血光之厄也　於牒血成為田塘山河之事如有氣主進業　勿遇按枝之玄武 玄武屬木入木逢生主產婦
災忌樹木之厄　見龍在田陶朱見喜 青龍入土主進才物　一老虎嘯岩馮婦添憂 白虎入土則重有官事
和螣蛇鼓浪以施威 螣蛇入水則不靜主孕婦災不利忌水惡夏秋冬

甲己東方兎　乙庚犬求　丙辛居西上
丁壬未上流　戊癸蛇爲穴　萬事不須憂

○論鐵火

正月寅官二月亥　三申四巳可相尋
五月輪還又到寅　週而復始定其神

凶神類　論六甲空亡

甲子旬中空戌亥　甲戌旬中空申酉
甲申旬中空午未　甲午旬中空辰巳
甲辰旬中空寅卯　甲寅旬中空子丑

古云　火空則發　土空則陷　金空則響　水空則流　木空則朽

大抵空亡之說不可一例而推忌神空則吉用神空則凶若遇四時生旺不可以作空斷假如春月甲子旬中占卦空戌亥戌守屬土土空則陷乃為真空蓋春木旺而無土所以為土空也

平　朱雀銜泥而作壽 朱雀入土逢生主公門文書春平夏盛秋冬事小　勾陳吹火揚妃有害齒之憂 勾陳入火主婦人疾病遲延或爭山林之事　玄武貪財郭巨有得金之喜 玄武入金主才在外與旺又云主女人口舌　渴龍燒尾父母多憂 青龍入火主災父母應子孫災驚進六畜入巳爻謂之退主子孫不和謀事有始無終　餓虎入林門庭災變禍 白虎入木宅長生橫衰服血光之厄　訟怕勾陳之塞墓 勾陳入土主公家文書田園山林起事爭訟　病嫌玄武之登壇 玄武入土主病苦遲滯并忌盜賊　螣蛇貪寶以非宜 螣蛇入金女人病有慈病家中目疾　朱雀穿林而尚可 朱雀入木逢生或得之藥林入巳謂乘風可貴入寅辛卯謂之衙花主不寧之事小可不防之可免　考言貫
煞須當審乎輕重殺在空亡高祖有脫威之厄 刑煞遇空而不驗災殃等煞可脫　貴逢生旺蘇秦受六國之封 貴逢生旺名成利遂如入空亡無氣不吉　合殺合刑准陰受戮 刑殺參本凶

○論截路空

甲巳申酉最為愁　乙庚午未不須求
丙辛辰巳君休去　丁壬寅卯一場憂
戊癸子丑高堂坐　時犯空亡萬事休

○論地支六冲

子午相冲　丑未相冲　寅申相冲
卯酉相冲　巳亥相冲　忌神冲則吉
用神冲則凶

○論三刑

寅刑巳上巳刑申　丑戌相刑未與辰
子刑卯上卯刑子　辰午酉亥有自刑

○論六害

六害子未不堪親　丑害午兮寅巳嗔
卯寅辰兮申害亥　酉戌相逢轉見深

如帶合尤其 主百事不吉　破財破鬼李廣不封 木果不遂如遇破主難求功名不遂也　不宜合裡逢刑 三合六合對合皆吉如帶刑主事不利為事和成　最喜空中有氣 凡吉神空皆不宜如空中有氣遇旺又主百事成就也
世逢鬼對文王悲羑里之時 世逢鬼對門者不利訟病　與身同韓愈去藍關之日 世與身同位主利于出人建推日
月貴怕刑冲要知生死之由 卦先見月建日建何辰最怕與世位刑冲占病不宜棺槨全如不全不為凶要為棺槨　性審柳棺之象 凡占
棺槨俱全終不保塚棺同見不為凶 凡有棺無有冢無棺不為凶冢為墓棺為槨家亦主死
壯年憂沐浴之神 春辰夏酉秋卯冬午為沐浴神　幼歲怕對見之殺 小兒大忌對見之殺少壯者忌卦逢滅
沒龍入吊喪倘非綠珠之墜樓必定丁蘭之刻 木四墓秋節冬臨凡占病得六凶四滅四沒卦春當夏入吊喪門併動主凶家有孝服如入口吉凶入喪門吊客不利女人吊客不利喪門不利

○論劫殺
申子辰兮蛇開口　亥卯未兮猴速走
寅午戌嫌猪面黑　巳酉丑兮虎哮吼
○論鰥寡殺 占婚姻遇發動主不久
春牛不下田　夏龍飛上天
秋羊草枯死　冬犬厭殘年
○論咸池殺
寅午戌兎從茆裡出　巳酉丑躍馬南方走
申子辰雞叫乱人倫　亥卯未鼠子當頭忌
○論塞門刑殺
甲乙見金塞門関　丙丁鼎水哭哀哀
戊己見木有防厄　庚辛見火孝服來
壬癸會土難迴避　縱不死是也損才
○論三丘五墓殺 占病大忌
春丑夏辰秋即未　三冬逢戌是三丘
却與五墓到宮取　病人作福也難當
○論喪車殺 占病不利
喪車春雞夏鼠來　秋馬冬羊好安排
人來占病斷然哭　討錢火急買棺材
○論鬼門官符 占家宅主凶
正七虎行村　二八鼠當門　三九居戌位
四十兎猴孫　五十一騎馬走　六十二透龍門
○論天獄殺
正月逢亥二月申　三月臨蛇四月寅
五月猶還又到亥　週而復始定其神
占官事不利遇有此殺宜和解大吉
○論四神 占失物遇發動主難尋
正七月在亥　二月酉與碍　三九尼羊頭
四十蛇頂位　五十一兎疑　六十二馬嘷
失物如逢此　難覓出于外

黃泉一殺兩季中求六凶之卦亦分節氣詩曰 明夷蠱剝大壯同六卦那堪占病逢才鬼二爻俱發動長門占客闘匆匆又當分四季別其輕重無有不驗……已上諸卦為黃泉殺占病者不宜遇之
孕婦雙生八純 純陽卦生男陰卦生女交變陰陽全一男一女 子孫重動亦主雙胎 ……
吉龍吟海島喜氣洋 匕龍透天門利源綿綿 青龍外三爻動主有諸般喜事入丑寅艮宮為海島 內三爻動求謀大順財利如意乾亥為天門
降職之勾陳可畏 勾陳在內三爻動有氣主為事升進……
持權之玄武當憂 玄武在內三爻動……
騰蛇外戰以傷人 騰蛇外動剋世本命者主傷損事及與妖怪
朱雀低飛而損物 朱雀在內三爻生世若火臨文書家人不利口舌
争闘兇事 虎嘯山頭惟蔣氏之遭殃 白虎如動入艮寅爻主大傷外孝等事
虎餓山場惟伯牛之有疾 白虎在內三爻動入丑艮寅三宮主血疾孝服事
騰蛇伏氣不憂亦驚 騰蛇在內爻動入巳爻非惟憂亦驚小人恐災
朱雀飛空非書即訟 朱雀在外事口舌或行人有信
莫遇當權之玄武 玄武本不吉如冬賊失脫占生旺剋世防盜
休逢進位之勾陳 勾陳主為事勾連孕婦災病如會殺及剋身命
世必主 若論六神之吉凶須察事意之輕重要
分金木水火土之更審休囚生旺墓絕之鄉此
理熟明禍福斯驗
○黃金策陰陽二宅賦
乾道行健元亨利貞坤道無疆含弘光大重離
麗正習坎剛中震艮有上下動靜之機巽兌兼
內外剛柔之濟易有六十四卦事分百千萬端

○論天獄 占求財忌發動
正龍二雞三虎鄉　四羊五猪六蛇藏
七犬八兎九猴的　十牛子馬丑猪忙
○論天哭殺 占病症發動主大凶
哭声正五九羊神　二六十月猴上真
三七十一雞虎處　四八十二犬吠声
世臨身世憂哭泣　定知下淚淚沾襟
○論陰殺 占生產忌動
正七寅兮二八辰　三九馬頭四十申
五十一逢犬伴立　六十二月鼠為臨
○論受死 占諸事發動不吉
正戌二辰三亥死　四巳午子六午同
七丑八未九寅是　十申子卯丑酉宮
○秘傳斷易神機
乾卦 亢龍御天之課　廣大包容之象

西江月
龍得雨而興旺　求名就得遷除
一朝運至望佳期　専等春雷一氣
君子官高貴顯　常人災難消除
遠近行程有人知　幹事諸般稱意
詩曰
蛟龍困在秋凹　遇求升騰有路
若得雲雨來変化　普施膏雨潤農家
姤卦 風去相濟之課　或聚或散之象

西江月
三春過一融和　暖氣吹將花開
狂風一陣暗生災　宅生憂驚不快
失物登程取討　爭差反覆無財
先憂後喜得逢來　好事從頭必壊
詩曰
花正迎春已放開　豈知風雨暗生災
當初守退施之便　誰知相被天降來
遯卦 豹隱南山之課　守舊安常之象
西
卦過龍潛於水　韜光晦迹安閑

君正變六爻之道理貫通則陰陽二宅之吉凶
灼見當明生剋沖合刑墓空扶次看動靜往來
有無真假凡占事理先定用爻 ……
宅外為人詳審爻中之凶吉 ……
合為門衢為路不論卦內之有無 ……
門鬼路半吉半凶住宅逢財盡善盡美 ……
…… 二位偏門曲折之路也
宅基臨世應互爻交相換易之爻 ……
龍德貴人帝旺岳侯門官星父母
長生渾渾相 …… 門庭新氣象六爻德合青
龍 …… 堂宇舊規模宅舍重交白
虎 …… 土金發動開闢之
母空亡祖債之宅 ……
運祖合乃祖門戶闖熱財官臨帝旺之鄉

（西江月）防小人暗來傷　惡煞休來都禁
若論資財多聚　災殃病染痾沉
逃亡失物定難尋　幹事無成多悶

（詩曰）
枯木逢春能被禍殃　無端魚鱉轉飛張
有朝運顯功名旺　躍出風雲耀四方

（否卦）天地不交之課　人口不圓之象

（西江月）
爭差口舌遇凶陷　宅舍家庭難寧
猛虎遇坑值陷　纏身不快憂愁
若論婚姻不濟　提防六畜人災
經商出外事和休　不如於閑守舊

（詩曰）
猛身遇任多勞苦　何終勞碌枉苦心
饒君縱有千般力　用盡機關出不來

（觀卦）雲掩晴空之課　百花競發之象

（西江月）
鳳出丹山顯化　高人接引升騰
資財吉慶無邊　若說婚姻喜慶

貴人帝旺長生之位臨宅生身命世爻主家門熱鬧家道興隆福祿在長生之地　福乃福德祿乃祿元同龍德貴人在長生之位臨宅生身命世爻身命主家宅興隆

同宮鬼龍旺臨宅生身命世爻主一家熱鬧君交重發旺亦美善　交重主進益

新換廳堂　生為父母為堂亂為宅鬼爻所且如乾卦金以土為父母為堂以火為鬼為聽帶爻為重交主更改再換且如日下得大過卦變咸卦辛亥水為父母變動乃亥以原所之象乙巳日卜得蒙卦正且如爲乙巳火為官鬼變動乃更改堂之象也比

和一合兩般門扇　比和者兄弟爻也世應俱臨宅爻或世應合宅爻又臨兄若爻主一合兩般門扇也且如大畜卦變賁卦卦甲寅持世變卦庚寅持世更兄弟臨之乃兩般門扇之

世與日辰沖宅破祖不臨　同世與日辰沖不臨也

宅臨月破傷身主災　月建沖為月破動臨世宅主及所占之爻身命爻主生災未已且如癸亥生人宅長九月建戌占得師卦變謙卦戌帶鬼月破鬼癸亥宅長身命之水是識疑作　惹飛入坤宅長臨月破傷身主生災未已也

宅合招各姓同居　大凡互卦皆以應飛人宅主有異姓同居合戶住也

（西江月）
出外行人大吉　爭差理必周全
求財失物總團圓　若去西南立見

（詩曰）
鳳出丹山顯吉祥　百禽之內我為王
若逢久困今逢吉　進用求財大吉常

（剝卦）去舊生新之課　群陰剝盡之象

（西江月）
卦遇香獐失麝　災危病險艱難
心中久後皆能安　若要求財難幹
病疾如人刴砍　憂愁身體難安
無邊受苦有誰看　人口都兩財散

（詩曰）
信步奔行野外遊　獵人捕捉有憂愁
不爭取了身遭害　煩惱官災不自由

（晉卦）龍劍出匣之課　以臣遇君之象

（西江月）
春至萌芽出土　升騰喜事非常
求財大吉事榮昌　卦遇遂心旺相
病去福生禍滅　求官轉職名彰

動生身必主近年遷往　宅爻動日辰生世身爻主近年遷居是也

門逢三破朽壞崩頹　三破者宅歲破月破日破故動爻臨宅主破損額臨官鬼主腐破損臨父母主堂破臨子孫主房舍破損臨財身主廚柱破損臨兄弟主門戶破

宅遇兩空荒閑處　宅爻休囚與宅爻在日辰旬空且主荒閑處或是死亡絕之處自虛也刑又刼殺衰門吊客大煞又宅大凶也

外宅離祖分居　宅爻為世臨之爻相同二爻巳丑為宅世臨第四爻癸丑土為例如世臨外宅若動主離祖分居不動即主偏宅

應入中庭外人共住　應臨宅爻或宅爻值世應臨之相同且巽卦變離卦內卦辛亥水為宅外卦應臨巳亥水為應又庭又如剝卦內坤應臨二爻乙巳火土外人居日辰同臨為寄居也

宅合有情之女武抑陌花街　之輩花若動爻主女人若臨無氣之騰蛇淫慾如花街柳陌之人

逢戶騰蛇木爻臨宅爻又鬼有功而無制鬼旺扁主落單之居也

入墓為鬼木能生火而鬼有助　且如木命人占得乾兌二宮卦屬金以火

（西江月）行年遇此置田莊　凡事遂心的當

（詩曰）
運逢造化已成功　出土萌芽即漸生
時遇災先有損　後家富貴兩滋榮

（大有卦）金玉滿堂之課　日麗中天之象

（西江月）
大有靈鷄化鳳　求官轉職陞遷
交財仗義喜團圓　自有高人舉薦
在外求財稱意　途中高人顧盼
出門六合得安然　萬事平安通泰

（詩曰）
化鳳靈鷄獨出群　超然一舉上青雲
從頭顯達皆容易　官非私為百事吉

（坎卦）船涉重灘之課　外虛內實之象

（西江月）
驚險逢凶難免　爭差口舌災危
求財難得利去　病体難全可議
公訟爭差難理　婚姻諸合休提
出行在外枉空思　失物逃亡難會

命為鬼制土鬼旺人衰若卦無子孫官無救而才兒兩重動者亦鬼而無制也

逢生宅與財　生日歲月日辰三破不臨宅爻更逢旺有氣又得青龍驛馬財年月建動爻生宅爻與才爻福福共旺為宅興旺之地

有財有鬼耗散多端　有才無鬼才爻無鬼為宅無氣主才物耗散

有鬼無財生災不一　不鬼宜動才不可無若鬼動無才爻旺無動世世剋宅爻主生災咎不已

有人制鬼鬼動何妨　且如木命人占得坎卦以七為鬼是則制坤艮宮木鬼但以本命剋鬼為制乃無害也

帶鬼傷身財多何益　如木命人占得乾宮卦以火為鬼以木為財能生火火能剋金木命動鬼傷身縱然才多何益兜鬼動才散其餘做此即兜鬼財卦之例也

鬼爻動臨白虎須防人春傷刑　忌鬼爻動乃剋身之鬼并白虎騰蛇交重發動值喪門吊客為人眷災殃也

催屍殺入黃泉大忌墓門開合　鬼剋身為催屍殺逢死氣為黃泉鬼剋身命逢死氣忌身命沖動墓門日辰動爻合墓為墓門開合凡卦中不必見墓爻若臨與中合是也○假如甲子占得剝卦之例也

木金年命最忌乾兌之火爻　如命木年命入占得乾兌二宮卦以火

（詩曰）
鵝鴉能言出隴西　致令籠罩不能飛
只因口巧招災害　財失爾鄉怨恨誰

（節卦）船行風攬之課　寒暑有節之象

（西江月）
蝶戀梅花喜慶　眾人就裡相傷
饒君無事要提防　出外求財休望
匹配婚姻大吉　錢財人口相將
病人不快怎當床　守舊安閑為上

（詩曰）
蜂蝶戀花近小池　誰知美麗後隨機
喜中暗裡生煩惱　受怕擔驚只自知

（屯卦）龍居淺水之課　萬物始生之象

（西江月）
卦遇遊蜂作網　今來沾惹難飛
身遭病疾漸衰微　若要求財不濟
公訟須官直說　爭差講說人聽
婚姻地上不分明　遇此心間多悶

（詩曰）
欲行貪戀百花香　損去官災又受殃

之火爻為鬼木能生火助鬼有力火能剋金為煞傷身但木命人生鬼為助鬼金受鬼剋為傷身如木命忌震巽宮金鬼水命忌坎宮土鬼火命忌離宮水鬼

水火生人不怕震巽之金鬼　且水火命宮以金為鬼金能生水火能剋金故水火命人不怕二宮之鬼

官星佩印居玉堂乃食祿之人　官星乃甲以辛為官為綬之類臨天乙貴人太歲生身合必登金榜而步玉堂之人鄉相之貴也受制主先龍後虎月建生之州郡之官日辰生之縣宰之屬有印無祿有官無祿之人也有官無印乃有官無位之人也日辰并子孫動有傷刻之失日辰并才爻動有汗擬升職之喜也

貴刃加刑控官馬必提兵之將　貴人加羊刃三刑將星印馬太歲之生傍爻有馬亦必提兵之將帥也

財爻化福入公門多主淹留　日辰三合得才爻而為上送子孫以剝官殺蓋才爻生鬼子孫制鬼若才化子孫主淹留停剝不剝仕宦公門之人也加升卦爻恒卦是也

貫印加官在仕途必然遷轉　官鬼臨處帶貴人臨鬼在世爻并日辰在旬中動主仕途有官職升轉遷職之喜者也

子臨父位子

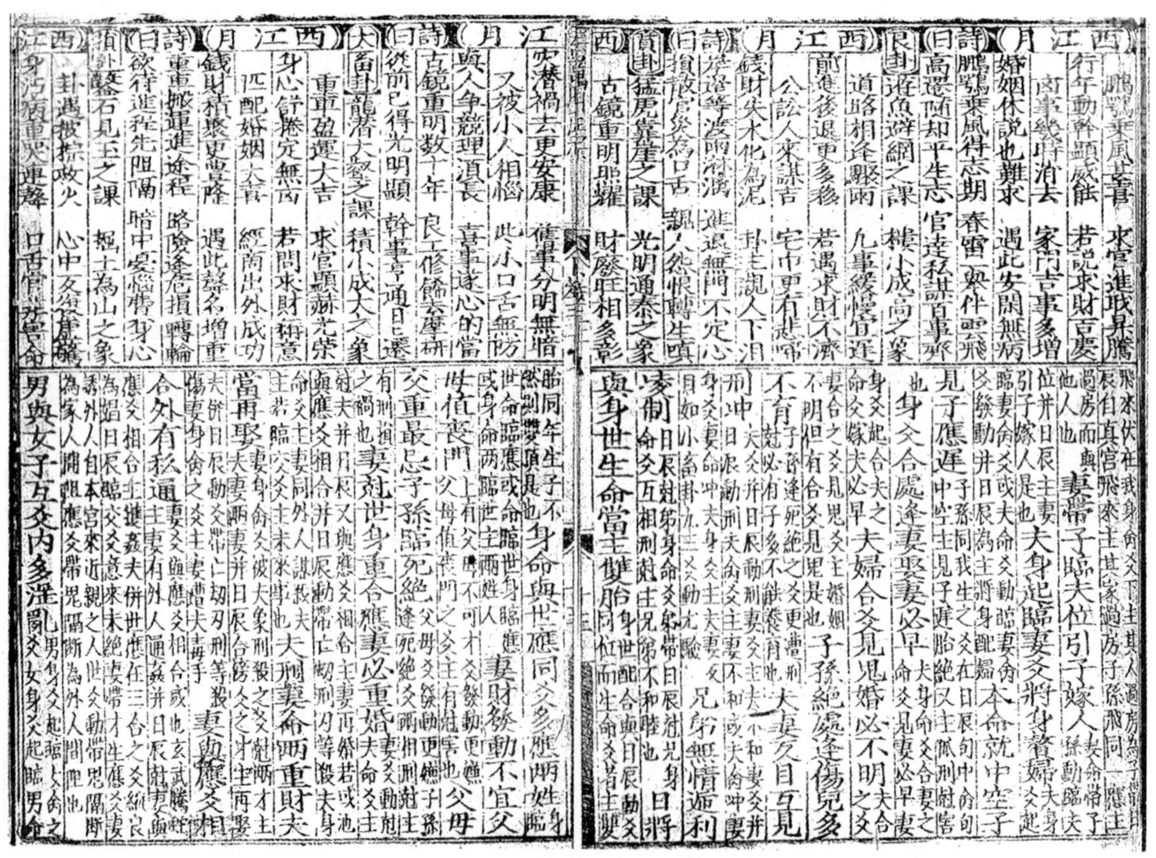

（月）上山推車努力　他鄉在外難行
宅中悽慘不安寧　若說婚姻休問
（詩）救災救火為他人　宮神使作有災迍
（曰）未待救人災與難　誰知惹火到燒身
（睽卦）猛虎陷穽之課　二女同居之象
喇蚓同穴數日　暗中多惹成愁
人口災難又數贊　若問求財有患
官訟是非少理　其中損害不全
懷中小劍更休言　萬事從天必免
（西江月）
死向高中燦又溫　慈烏冷悯在窠中
（詩曰）當初卯有千人意　誰想其間反害心
（履卦）如履虎尾之課　安中防危之象
馬困鹽車難去　先憂後喜求達
行年遇此好爭差　又有親人罵詈
交易難成不就　求財失本回家
（西江月）

妻臨青龍水木多淫奢
妻才命帶玄武桃花淫酒色（身命帶玄武桃花主淫酒色）
世應妻爻二合當招偏正之女（則水性楊花）
夫身命爻主有偏正之夫也　財爻世應六沖定
主生離之婦
世應與妻爻隔斷逢沖必外郡之人
夫妻與福德相連
相合必近親之女
子孫主因誘說為媒　命逢死氣最嫌殺忌當頭
鬼入墓鄉尤怕身爻
惡莫惡於三刑叠刃
全帶殺並身臨官鬼主犯官符刑憲之事

（月）先凶後吉有人誇　此小災禍休怕
（詩）誰知奇驗淹留　久困鹽車遂旅愁
（曰）幸喜貴人相接引　先前破損後團圓
（中孚卦）鶴鳴子和之課　事有定期之象
鴻雁傳書有信　稱心喜事相逢
經商買賣可東行　若說婚姻吉慶
公訟官非有理　移居動作安寧
人情和美甚分明　千里投人必應
（西江月）
（詩）寒鴉啼得紙書　平生正直盡無虛
（曰）兩頭消息明知了　憂慮從前盡掃除
（漸卦）高山植木之課　積小成大之象
早苗初逢得雨　前程動幹成名
高人携手直相迎　禍去災消無病
六畜逃亡小損　失財出去休尋
（西江月）
安閑守舊得心寧　若說婚姻不應

朝爻日辰帶殺並身世爻主他人殺傷我
凶莫凶於四虎咬牙（月破白虎日破白虎六沖）
四鬼貼身防生瘡疾（帶破碎）
三傳並世易惹災危（三傳者太歲月建日辰三傳殺）
傷身青草墳頭之鬼（爻者主有死亡之患也）
身命雙空遇殺黃泉路口之人（身命爻逢死絕在旬中空亡者）
占三代穴法有定爻九四墓庫例無名位（二爻五爻）

（詩）昔日為初早已成　災憂悔先宜破損財
（曰）幸逢天公施化雨　自然禍滅福重來
（震卦）震驚百里之課　有聲無形之象
卦遇金鍾出土　求官姓顯名揚
光騰閭里改門墻　若問求財興旺
守舊安閑有福　官非口舌埋藏
求謀百事快心腸　疾病災消福降
（西江月）
（詩）金鍾暗掛數千秋　不識從前豈有聲
（曰）今遇貴人相接引　自然和氣滿門庭
（豫卦）鳳凰生雛之課　萬物發生之象
卦遇遊魚戲水　安閑快樂心寬
行年遇此好求官　買賣經商財旺
官訟非非得理　謀為喜慶多端
無災無病更心歡　自有開懷歡判
（西江月）
（詩）遊魚戲水喜無休　不測人來放網鈎

正龍真穴（帶來龍入穴更無龍臨穴爻相生相合龍抱而有情為龍真穴正又若龍穴）穴騎龍入穴穴
水連山山環水抱（山帶水為朝帶來山為穴相合是山環水抱也重合生氣）山帶水
交動逢旺氣聞雞鳴犬吠之聲（動逢生氣）
世應拱穴有虎踞龍
蟠之勢（世應帶龍虎穴居世應之門生合有情主有龍蟠虎踞之勢也）三合更
無六合聚氣藏風（此占日辰動逢三合六合穴爻若合主有藏風聚氣之象）
來山翻作朝山回龍顧祖（世在朝山帶來山主有回龍顧祖之勝）
死絕之鬼傍有荒墳（鬼逢死絕無氣主近邊傍有荒墳古墓也）
長生之爻中存壽穴（穴中有長生主有壽穴中有生墓之法也）合
處與應爻隔斷內外之向不同穴中與日辰分

（曰）當初悔任難進上　小心無知不自
（解卦）春雷行雨之課　憂來喜去之象
卦遇否極生泰　官災憂悔消除
錢財動幹有盈餘　占此從前禍去
出入通達無阻　宅中安貼安寧
先凶後喜更無虧　若為勿陳注命
（西江月）
（詩）憂慮消除福更來　貴人接引到庭階
（曰）行藏用合俱如意　病苦安痊又得財
（恆卦）日月常明之課　四時不貳之象
客旅憂心遭困　煩惱憔悴傷懷
一天好事總成乖　惹起狂心作怪
在外憂疑恍惚　在家暗昧多災
只宜棲福免凶災　過後自然通泰
（西江月）
（詩）綠帆順水更乘帆　客旅回程遇貴鄉
（曰）萬里洪波水欠盡　更無阻隔到家鄉

開左右之穴有異（內為穴外為墓台為向假如巳未丑為穴未為向吉）
（日辰合酉為向凶午酉之向為應爻並）道
得山形之正重逢本象之生（穴重逢本宮卦象）
世應把水口之關宜見有情
之合（主有關鎖有情）
之勢　坐山有氣怕穴臨空亡之爻
本命逢生忌
運入刑傷之地（凡占墓要本人生年得穴爻生旺之氣）
龍頭尾就中泄氣之子孫
白虎昂頭落處遇生身之父母（若白虎爻遇父母重）
後龍餘氣未盡看玄武吐
舌之形（來龍併日辰入穴明堂無礙）朝案動爻

觀卦　飛鳳翱翔之課　顯達光輝之兆

西江月

鳳出用山吉慶　為人輔世光明
君臣有分定功成　富貴高人欽敬
婚姻匹配宜早　求財必定豐盈
遠行出入顯才能　一舉芳名情性

詩曰

鳳出用山百事成　利官見貴有人欽
居官吉慶增人口　進用求財必稱心

井卦　珠藏深淵之課　守舊安常之象

西江月

不知井中暗昧　多年塵土沉埋
出行在外惹非災　又有親人相怪
今年遇此口舌　災過喜慶還來
求官顯達稱心懷　得遇高人提拔

詩曰

棄沉埋歲月深　幾年暗昧到如今
爭奈淘出甘泉水　潤養群生濟萬民

大過卦　枯木生花之課　本末共弱之象

西江月

鼠遇蹻蹶不吉　出外進退難行
災殃官事有虛驚　口舌相連爭競
更有官方連累　住居家宅不寧
求財買賣盡都傾　若說婚姻難定

詩曰

鼠遇明夕不可行　為人智量過于人
若遇此時還改動　自然禍去福來臻

隨卦　良工琢玉之課　如水推車之象

西江月

金闕鳳樓顯貴　營謀事〻依從
前程萬里自成功　拔類超群出衆
錢財交易更吉　婚姻目下難逢
出行大忌向東行　若說門庭吉慶

詩曰

行人略〻正迷蹤　不便東西怎得通
若待貴人相指引　所求先損後終同

蠱卦　風行草偃之課　上行下效之象

西　巽為金鐘古木　求財買賣亨通

逢沖為朱雀開口之象　朝山上爻發動併日辰逢沖則害主有朱雀開口之象

世坐勾陳之土局坡坦田園　世為穴若臨勾陳之爻或臨土局必有坡坦田園

應臨玄武之水爻溝坑塘井　若應臨玄武之爻或併水局主有泉源清坑之水也

白虎在破碎之位古舊墳塋　若臨日破白虎之位主是古舊墳塋在歸魂卦或鬼飛入宅為遷窺墳址

螣蛇臨父母之爻交加產業　螣蛇主產業牽帶交加為文書契字主重疊買賣產業

勾陳土鬼墓塚纍纍　勾陳戊己土鬼逢死絕為吉墓遊魂動逢帥墓有改葬之地日辰剋白虎月爻有崩頹之墓青龍爻動主有新墳歸魂飛入宅主有遷窺改塋

玄武金神岩泉滴滴　金為石玄武為水主有自出之外乘旺主穴中之地有水宜有池井白虎臨亥子水爻主有水或近岩泉

青龍發動臨子孫主新遷　若青龍臨交爻動或臨子孫必主新遷近來之象

朱雀飛入帶官鬼必然爭訟　朱雀鬼併動爻日辰或臨官鬼主有爭訟之事應得塋剋世失理穴爻之內見朱雀若官鬼等煞帶日辰動飛入穴亦依此斷之

應加木臨玄武前有溪橋　若應爻併木爻臨玄武日中土爻逢沖剋主有溪橋也

螣蛇遇通道路　螣蛇為路併辰戌丑未土爻遇日辰動剋主近道路又云動爻帶來山日辰帶來山動爻沖為牽龍路子午為來山卯酉動來沖為要路子卯見午酉子卯沖為曲尺路破穴為插腸路亥子為穴丑亥見巳午沖午為穴巳午見丑亥沖為牽拖路辰戌見卯酉沖卯酉見辰戌沖為午路辰酉見卯戌沖卯酉見辰戌沖為閃路沖穴為當胸路沖馬為驛馬路橫直沖為十字路又為四沖路交為新路重為舊路震為大路艮為瀉路沖穴之交為白虎帶索之路也又如子孫穴爻巳為動爻亥為日辰為攀枷路辰為穴爻卯日酉動為略

朱雀火爻發動廚房竈釁之旁　朱雀火爻發動臨財交加或朱雀穴主為廚庭之際

青龍財墓相生店庫倉廒之畔　青龍逢財相生有氣為茶舖酒肆又云癸酉金丁酉金為倉庫之財

玄武世飛入宅暗地偷埋　玄武併日辰動飛入穴主偷葬或暗地偷出殯

勾陳土動落空依山淺葬　勾陳土動或空必是依山淺葬

日合鬼爻有氣近神廟社壇之旁　鬼旺有氣或臨青龍貴人之上與日辰相合主近神

江

災消禍散更無凶　守舊無錢可動
詞訟官方有理　婚姻會合難同
出行急〻向東行　失物休行求認

詩曰

古木吹嘘不可逢　驚慌憂懼更虛怨
若還要脫身逃難　除是清波送遠程

小畜卦　匣藏龍劍之課　密雲不雨之象

西江月

鷹鵲同林共宿　心中恍惚不寧
求財營運更難行　進退悔吝不定
失物埋藏不見　家宅口舌虛驚
人來相謁不相爭　反復憂愁有病

詩曰

鷹鵲同林暗損樓　只因多口惹非殃
遲疑難決任得本　無奈不飛騰遠隊來

家人卦　大海求珠之課　開花結子之象

西江月

卦遇炎秋菊秀　開花結子折欽
家財謀幹多端　失物必定得見
婚姻成就大吉　消災散禍心寬
行年過此好求官　出外高人舉薦

詩曰

早是乱絲不可尋　卯堆萬事禍相侵
日在家親着少爭　外憂逢路不平

漸卦　鴻鵠遇風之課　滴水添河之象

西江月

酒知平船得水　先憂後喜成功
東西南北盡皆通　交易求財有用
君子災難將害　出行在外過通
婚姻稱意和同　進喜添人歡悅

詩曰

早船得水任西東　改舊更新萬事通
往日淹留多阻滯　從前顯達得財盈

無妄卦　石中蘊玉之課　守舊安常之象

西江月

卦遇水中捉月　求財恐見虛驚
家門人口定遭凶　疾病憂心久困
六畜逃亡損失　官非口舌相沖
婚姻多月不相從　又有親人調弄

詩曰

霧散雲收向夜晴　漫空月色至團明
水中也有團圓操　一手拿來不得成

噬嗑卦　日中為市之課　頤中有物之象

西江月

捕影拏花照耀　隊人口舌交爭
是非口舌更休聽　自己心懷端正
信至人來有喜　行年好辦行程
求財出外喜東行　與人相爭必勝

詩曰

六合逢之喜氣和　求官買賣喜增多

古蹟靈壇之所　動臨華蓋逢沖傷佛剎琳宮之所　穴華蓋逢盛旺有氣主近寺觀華蓋帶殺刃主為匠藝人家有向應之處

世應逼左右之山欺穴龍虎嗑頭　穴在龍虎之爻青龍臨辰爻白虎臨寅爻為虎嗑頭也

交重併內外之水傷身瀉河掃脚　水爻動在日辰旬中之水併動爻若穴之前主有掃脚之水

生〻福合三傳上有子孫　生更在三傳有福德逢穴爻之生主有子孫之位相合有氣主有子孫

重〻墓在一爻中二墳四穴　六爻見世應日辰動爻重〻墓在一爻之內主有二墳四穴兄同墓主父與祖同塋財兄同墓主侍祖與父同塋或公姑同塋財父同墓主侍祖與父同塋或為男陰為女財為侍姐又為孫為妻兄為公祖兄世同爻主家人同塋應兄同爻外人同塋中間事未詳又為管陰臨應內以詳斷

鬼不入墓遊魂之鬼逢空亡命作鬼逢空穴爻作鬼逢空鬼爻墓爻主空冷滋遊魂主神不入墓又云外卦應爻主客死或外葬絕鄉空穴主無鬼理墓之所帶死鬼身主惡死

魄已歸山本命之爻遇合　亡命與穴爻相生相合鬼爻逢墓為鬼已歸山外卦遊魂鬼動穴爻逢空墓在

外卦世爻主招魂安葬外卦歸魂鬼動穴爻逢空墓在外卦應爻主附葬也　日帶應爻

玄武入穴主劫塚開棺　日辰併玄武應爻入墓煞飛入穴或動爻破墓亦主劫塚開棺沖穴亡命基散世爻併日辰亦主自家起塚開棺若鬼亡命主基壽

不同併世爻發動剋應主侵人作穴　日辰與世爻併應主侵人地作穴動與應爻併日辰剋世剋穴主他人侵自己之墳墓

客土動而墓爻合搭土為墳　客者外卦爻應上是也與穴爻墓爻發動相合相生

朝山尊而穴法空貪峯失穴　朝山為土上是祖土為墳貴人之前主有貴峯聳秀若穴空主有貴峯失穴之患不在朝山聳秀之美也

子孫日辰之後穴在平洋　若子孫空日辰之後逢空或勾陳臨戊己土爻為穴有明堂寬大在平洋之地者也

兄弟落世應之間墳遷兩界　兄弟世應同臨穴爻更有兄弟之爻或在世應之間主墓邊土墳迂兩界或生日辰前後兩辰之爻所依此斷之

日辰與動爻破穴破墓必主重埋世應　日辰發動沖破穴墓或沖尅沖棺或

併穴道沖棺沖尅亦當改葬

曰……

漸卦……之課　守寡遂恩之象

西江月：於家為國立功勳，誰想有家難奔。錢……辛苦，徒勞反被無恩。隄防小人侵害，除人口舌相爭。鳴兒成器兩離分，拋閃孤窮不定。

詩曰：鷄抱鴨兒漫心勤，用盡勤勞養育恩。一朝毛翅生全体，隨波逐水不相親。

□卦　三頭食血之課　以惡害義之象

西江月：擒鵝遇棘掛惹，制行惡事災生。鷄戲有害更屈驚，病者閻王見請。在外行人有阻，官災口舌憂心。隄防暗裡小人侵，病体看來難救。

詩曰：路上荒雞吞夜行，不知誤入棘叢林。行來反為無休止，……不肯休。

□卦　……之課　大明當天之象

西江月：濃雲推月見明，中間暗裡憂愁。求則折本盡蹭蹬，守舊安閒免氣。病体災危陵唆，先憂後吉歡忻。逃亡失物便休疑，手內錢財休論。

交重生穴經營非一日之功（交重兩動皆生穴，交併日辰主加功，用非一日之可成也）

龍德臨財遷造盡十分之美（交青龍臨才爻子孫爻生旺有氣與穴相合主遷造之美也）

應飛入宅客塟他人（卯爻應爻飛入穴爻或是他人之地，不然是他人蓄墳之說也）

亥鬼凶亡殺動中亡凶亡（凶殺犯亡神死絕之位，吏鬼亡命主少鬼火土鬼帶日辰主瘟疫死，金帶刃主刀兵死，水鬼帶浮沉殺主水溺死，水鬼并蛇勾絞殺主縊死，金鬼帶白虎帶殺主虎咬死，金主膀上鬼主咽喉肝腎黃腫死，坤土主火鬼主燒死或熱症死，或火牽木鬼冲刑，彼物打死交跌橫死，白虎持鬼并騰蛇鬼併，交結身穴主被人打死，木鬼帶三刑鬼身及朱雀鬼官符詞訟身主刑杖死，金刃併專刃主自死，可以詳刻詳斷之，如胎養為傷子，壯為中年人，衰為老年人）

老年人犯天地四大空亡之煞骸骨不明（甲午乙丑甲申乙亥甲戌乙酉壬子癸未壬寅癸巳壬辰癸卯十二位乃天地空亡，子午無水，寅申中不見金，乃四大空亡也。且如乙卯日占得坤卦，甲子生人亡命穴臨巳穴，癸酉金癸酉乃旬中之空金，甲子天干中從乾上起順飛到乾上，係癸地支子從坎上起順飛到酉天干，乃遇乾，地支乃遇坎，故乾中有子壬，子乃坎地空亡之位也，數至乾卦起乾有甲丑，數至坤有中乃甲中為空，三傳滯刑乃凶殺傷，夫命爻在日辰旬中空者骸骨不明屍身有損，乾宮卦忌甲午，只有壬午甲午為天地空，甲子旬中占見水為四大空亡，乙酉見穴巳丑亦是）

人地空亡傷命穴三傳刑刃之空屍身有損（三傳乃太歲月建日辰是也，三刑羊刃，且如乙卯日占得坤卦，甲子亡命穴法，癸酉金乃旬中空亡，乃甲寅旬中之空，甲子日從乾上起順至乾同前遇酉住宜做前數）

洛書圖

逢坤逢乾怕犯凶神（但用爻與凶神或逢刑剋之凶煞之兆）

合相生真為吉兆（青龍福德為吉神，相生爻生相合或扶持為吉兆）

子孫逢官逢貴臨三傳必作官人（穴生六爻臨子孫逢官星）

貴人臨三傳生本命作印綬主官職之榮，穴臨旺氣合祿合財若逢……

詩曰：團團皓月出天邊，恰似初更明鏡懸。暗被黑雲遮慢了，暗中為究禁災愆。

□卦　好鳥被……之課　樂極生哀之象

西江月：飛鳥哭巢傷怕，憂愁反復難安。前程休問好艱難，宅化家中災患。人口相傷阻隔，逃亡失物傷殘。婚姻交會未相看，出入求財利遲。

詩曰：利鈍皆心且自閑，何須計較更心煩。從來富貴皆前定，萬事由天實是難。

□卦　調和鼎鼐之課　去舊添新之象

西江月：有德然後有用，自然凝命天公。何須計較苦求通，事業門新可頌。福祿隨緣自種，謀為稱意無凶。功名富貴重重，必作皇家梁棟。

詩曰：鴻鵠……，積德功深慶澤長。名成時……財祿遠，功名生貴總榮昌。

□卦　……之課　憂中望喜之象

西江月：命舛遭逢不偶，勸君切莫憂愁。安心守舊且逍遙，遠大前程在後。謀望先難後得，功名未後相投。

……尾……輪頭……有時來輻輳

詩曰：未濟初年事且凶，天時人事兩無功。但存守信可呻吟，謀望終須萬事同。

豫卦　人藏煙火之課　萬物始生之象

西江月：萬象初回大地，前牙漸次生春。且露濕兩細紛紛，且喜化生滋潤。自此亨嘉有日，從今事物和同。得君提拔出塵寰，動作無往不順。

詩曰：家財骨肉未遂時，貴人提拔出塵泥。逃亡可捕官非散，孕育功名沒險危。

渙卦　順水行舟之課　大風吹物之象

西江月：黃鵠爭巢驚鳴，心中反復生悲。詠眼陰謀盡消散，若談婚姻難配。與人爭競失理，宅中不得安寧。出門在外更相宜，動作前程休論。

詩曰：黃鵠鵲噪窩巢裡，有人相惱不相饒。鴉能銜得窩巢就，小輩之人暗暗謀。

訟卦　後高逆兒之課　天水相違之象

西江月：剛強私伺來險，爭險暗爭剛強。两人各立每相妒，謀望有些阻當。利見貴人相論，不宜自作主張。

全當為財主（穴臨旺氣有子孫及才爻在五常主極富金寶之人也）

遊魂福德空冲主流蕩遊移（子孫逢動逢空併日辰一冲值遊魂卦主出外逃离之人，逢空亡主遊蕩不歸鄉，生旺見財貴吉神亦上人發福之人也）

惡鬼凶神變動見死亡凶橫（凶神白虎騰蛇身世為鬼神發動臨爻主凶橫死亡之禍，用神帶凶神爻動亦為不吉）

之財鬼鰥寡孤停損父母子孫（世爻中父母受傷無不上卦出，孤兒子孫受傷無不上卦主，絕嗣妻才受傷無不上卦出，大官鬼受傷無不上卦主寡婦，要指引明白不可一槩論之）

疊刼刑鬼破之刼亡瘵療殘疾（鬼臨破碎婁無以三刑疊刃亡刼同妨用爻帶宮主頭面欬嗽之疾，坎宮主骨而背耳小便氣血腰脇之疾，艮宮主鼻手指足跛疾之疾，震宮主骨足肝膽之疾，巽宮主頭髮腰膝血氣風邪之疾，兌宮主口齒之疾，離宮主心脾目瘡眼耳痲痺，缺唇皮膚之疾，乾宮主肺腸咽喉血瀉痢黃腫，經熱証，坤宮主脾胃火氣疾勞嗽疾，木鬼主風邪疾，火鬼主熱小兒主吐瀉上吐下泄黃腫疾，不能盡述也）

玄武咸池并刼殺既盜且娼（玄武無頭并刼煞，共位臨世爻在坎，宮主賊盜或因盜致死，玄武併咸池帶合主淫風，蓋或淫奔併胎神受剋主有墮胎難產續生之死也）

青龍華盖值空亡非僧即道（神值空亡有青龍華盖孤氣定是為僧為道之人）

月卦勾陳之土鬼瘟疫相侵（是月卦勾陳亡鬼臨土爻主時災瘟疫之相侵）

陽宮朱雀之火神火災頻數（陽宮乃離宮也，怕逢朱雀火爻或臨天火殺，疑有火災之患也）

父母臨子孫之絕氣後嗣伶仃（父母本為孤絕殺，且如子孫屬火火絕在亥，父母臨亥，父主後嗣伶仃）

福德臨兄弟之旺宮假宮興盛（若子孫爻臨本命或在兄弟爻臨旺相自假宮來主假枝興盛也）

動併旬中之凶殺立見災危（亡刼刑刃喪門吊客月破等殺在日辰旬中發動被刑冲傷剋生命若主見災危之事也）

穴臨日下之進神當臻吉慶（進神若甲子甲午己卯己酉是也，假如戊寅日占得己卯，進神逢之主人口興進常自來寧）

看巳刑之既逝察過去之未來（見禍福巳非可見之形，蓋徳則福若主人口興進常自來寧，察吉凶遇玄未來之兆）

無有不驗也

事與世應互同可見卦中之體用（世為卦之……）

人間凡事要勞心　謀望再去相應
前程必然阻滞　官非反復見侵
恐亡賊盜急艰辱　婚事重成合卺
詩曰時逢陽生子月中　與人謀事始和同
曰不然多後難成就　全在優游始見功

臨卦　鳳入鷄群之課　以上臨下之象
西江月
鳳凰飛入鷄群　君子來臨小人
光明正大以持身　不為奸邪讒佞
謀望雖求難得　官事須防不仁
前程蹭蹬免勞心　婚事心口不稱
詩曰此卦坤成兌悅和　謀為修重称心多
曰治教待勢臨人下　又為碩彩鈍太阿

泰卦　天地交泰之課　小往大來之象
西江月
運際亨嘉勝會　時逢民物雍熙
謀為動作称心機　南北東西皆利
六甲麒麟之子　婚姻鸞鳳齊飛
功名早遂拜丹墀　衣錦榮歸故里
詩曰否極應知復泰來　熙熙景運称心懷
曰接身征吉前程路　平步應教上玉臺

大壯卦　羝羊觸藩之課　先強後順之象
西江月
時勢雖然在己　休教動作胡為
若還持力失時宜　便是觸藩之羝
謀事擇交為美　婚姻遲娶為奇
青雲得路摶鵬程　管取功成名就
詩曰中陽剛壯可施行　須慎奸邪中禍名
曰但惧正人行正道　功名事業日崢嶸

夬卦　神劍斬蛟之課　先損後益之象
西江月
寶劍經年未試　今朝出匣光芒
蛟龍撐拄到頭降　凡事不宜妄想
謀望狐疑未决　功名定立朝堂
官非消散孕呈祥　失物隨時現象
詩曰一陰決盡是陽明　名利營謀事事成
曰先損不多終有益　任行險地也安寧

需卦　密雲不雨之課　密雲不雨之象
西江月
文早顒望霖雨　西郊密密興雲
終須甘澤降來臨　且自從容待聽
財利待時可得　功名遲緩稱心
若言失物可追尋　六甲生男已定
詩曰無災徐徐持有功　若還妄動致泥凶
曰三人來敬終須吉　一任謀為必協從

躰應為躰之用者躰用動與日辰相應乃吉
發動係于事躰何如
內之吉凶　動爻與日辰互相剋應則吉凶悔吝可知矣　一不可拘二
須要斷躰往古聖人之意未足發明望後學君子之心自宜斟酌

○十六字所例

（生）金生水為例凡生有四有卦躰之生有卦爻之生有動爻之生有日辰之生假如寅卯木命人占得坎屬水此卦躰之生也辰戌丑未命人身爻起值卦中巳午火此卦爻之生也亥子水生人為用爻中酉金為動爻乃動爻之生也申酉日占得卦中亥子水為用爻此日辰之生也餘若我去生者為泄氣本元生我者為朝元貫福凡生生之態其理無窮動臨長生尅旺者吉

（尅）金尅木為例凡尅有四有卦躰之尅有卦爻之尅有日辰之尅太歲月建同假如寅卯木命人占得乾宮卦屬金此卦躰之尅也辰戌丑未土命人身爻起值寅卯木此卦爻之尅也申酉日辰占得卦中寅卯木為用爻此日辰之尅也餘倣此吉神加則福尅我者有財利之進有人眷之喜凶神加官鬼尅我者輕則有災疾官事之憂重則有孝服死亡之禍凡我尅者為用之鄉尅我者皆謂而之仇也

（官貴）官乃官星貴乃貴人官無貴不為官貴無官不為貴同位更臨父母秉旺有氣在太歲月建日辰之上上人遇之有宣勅之恩常人遇之有利公之吉臨財有無心之過臨兄弟有始終

比卦　衆星拱北之課　水行地上之象
西江月
在我至誠無偽　人皆誠信未孚
謀為放肆往前高　名望鵬程有路
家宅幸臻貞吉　婚姻喜遇良媒
出行求利貴人扶　六甲生男無阻
詩曰水行地上順流旋　尊貴如星拱北垣
曰若得衆賢相護佑　功名事業可留傳

兌卦　江潤養物之課　天降雨澤之象
西江月
才弱無能自逞　因人可以成名
只將和悅與人同　福澤如天降寵
若問功名未動　官非疊疊相逢
失物難尋孕女童　婚非關雎之頌
詩曰嫩柳輕柔烟鎖迷　嬌花艷麗雨傾隳
曰好中不足因身弱　惟賴劉系作倚隨

困卦　澤中無水之課　守己待時之象
西江月
彩鳳王籠牢繫　蛟龍金鎖拘縻
任他有志要冲天　爭奈時乖運蹇
謀利未成坐斷　求名且守寒窗
只宜修省養鱗堅　有日風雲會遇
詩曰菊蕊籬籬熟檻中　董生帷下守寒逢
曰有時澤水通津日　滾起龍頭上九重

萃卦　黃鳥遷喬之課　鳳凰來儀之象
西江月
兩兩黃鶯出谷　雙雙彩鳳呈祥
花紅柳綠正芬芳　春色鮮妍可賞
婚事調和宅瑟　妊娠弄弄之璋
行人細載轉家鄉　一路功名直上
詩曰月正圓時花正開　花前月下称心懷
曰難教花月常如此　分付遊人仔細猜

咸卦　山澤通氣之課　至誠感神之象
西江月
男良下咸有道　女兌上悅無私
婚姻匹配兩相宜　相應相求一氣
商可近利三倍　士可際遇明時
產育燕山桂一枝　訟事見官有理
詩曰一點靈臺見性真　至誠相感動神明
曰人心若合猶天合　萬合千和事事成

蹇卦　飛鴈銜蘆之課　背明向暗之象
西江月
兩久泥中納履　風狂浪裏撐篙
須歷峻嶺險尤長　萬里前程難到
名利兩皆阻滞　謀為必是空勞
官非失物與逃亡　婚事尽無倚靠

之榮已上不以尅我為嫌只恐我生為泄難子孫尅我不利仕途中人生我頗吉無品祿之人又為吉亨之兆凡生我大吉尅我次之比和恩義相半大忌刑冲空尅併臨爻秉旺有氣能壓諸凶殺若得用方為吉象

（祿馬）祿乃養命之源馬乃扶身之具此命家之說也若祿馬臨爻相生相合秉旺有氣併子孫財用生堆金積玉潤屋肥家併日辰父母托蔭上人併官鬼耗破不一鬼祿宜師道藝術士才行鬼馬主飄蓬遊蕩併兄弟進退不寧凡食神官祿貴人御馬皆吉若祿逢冲主破祖馬逢冲主離鄉祿加刃主成敗多馬鞭冲是主逸變劫出我福各有所至一

（亡神劫殺）亡神劫殺宜靜不宜動宜冲不宜合若加刑帶鬼變動出見併世爻尅應主我傷他人併應爻尅世主他人傷我重則有殺身之事輕則有鬥毆之失臨身尅命亦主有凶或災失之撓亡神官符主訟鬼同劫殺併玄武主盜尅妨世方斷加龍德為神藏殺沒官貴凶為吉用爻主威福逢空牙僧匠藝中見之主為人神鬼機關凡官貴祿馬臨爻而神殺不聚亦非有福有權之士也

（破耗）耗乃大耗破乃碎破并日破為真破耗殺大忌臨方若臨身尅命主貪不抑生飢寒尅托或變臨宅或尅宅爻主屋破舊不整尅我我生皆非吉兆生我我尅不為我我朱雀官鬼因訟

[詩]…辛勝去路長　挽舟蜀水在瞿唐
日暮教退處西南地　守舊安常返故鄉

【謙卦】地中有山之課　抑下龍宮之象

西江月

有德内含章美　如天蘊畜山中
人無不服量寬洪　凡事可行可動
產業家財興旺　功名官取登科
婚姻鸞鳳協諧　六甲麒麟有種

詩曰
有功不伐禮言恭　福祿增榮吉有終
畢不可喻尊益顯　管教百事喜相逢

【小過卦】飛鳥遺音之課　上逆下順之象

西江月

雨濁上林春暮　微微殘月光輝
雖逢好事不為佳　蹇貧好天良夜
名利只宜小就　官非少有咨嗟
婚姻佳配孕生男　捕捉宜上宜下

詩曰
鴈過留声古語道　只宜守舊不宜新
曰勸君安分隨時过　專待春雷發一声

【歸妹卦】浮雲蔽日之課　陰陽不交之象

西江月

麗日當空正照　忽然雲霧重迷
實心樂事總成虛　出入營謀不利
口舌上林頻噪　婚姻許汝遲遲
只宜守舊待其時　依舊風和日麗

詩曰
求謀水火不相交　車喪輪轉鳥喪巢
君子從期須有待　管教時到待春鼇

【起例假如】

假如乾卦大問小从下數至上小問火從上退至下

戌父申兄午官　辰父寅妻財　子水孫

世　一　一　應　一　一

癸巳男　癸亥長女　癸酉孫　甲子女甥　甲寅宅　甲辰媳婦

乙未孫　癸亥中女婿　甲寅男甥

破臨喪門弔客騰蛇主亡破臨玄武主盜賊破
父母主祖破臨妻財因妻破臨子孫因子孫破
臨兄弟主兄弟破臨六畜主牲財破臨世剋應
我破他人併應剋世主他人破我巳上剋身方
斷破碎帶鬼臨剋身命亦主破相之疾

【刑刃】三刑專刃羊刃之類刑無刃不能殺人刃無刑裁亦不大若刑刃同位變動臨六親凡受刑皆主人眷傷剋官訟刑責併亡劫主破傷鬪毆之事併鬼貴主疲癃傷殘之疾屠倫漁獵匠藝之人見之則及此掌殺權者遇之大吉

〇飛伏　如鬼動又冲是飛出方為飛　卦無動無冲只尋伏

【歌】
伏神起訣妙難知　八卦陰陽互換推
爻不動兮専論伏　卦中冲变且尋飛

【曰】
世飛出去無真祖　應伏歸來有假兒
真假兩般多少事　聖賢留下泄天机

生旺泄氣最怕刑冲死絕得時惟宜扶合得生宮為不死絕受剋宮為不生兆出見為真伏藏為假伏如金命人占得乾宮卦巳爻為真生得離宮卦巳爻為不生又如金命人占得坤卦子孫爻為真死得坤卦子孫爻為不死

假如宅長癸亥生人占以五爻為宅長二爻為宅長爻亥属金金能生水水為子水主一數亡池水大即六爻是戌巳男命爻巳生是戌十能剋水水主初爻為甲午媳婦又特癸巳男命爻七十能剋水四數第四爻為癸丑孫假如宅用甲子生二爻為宅位寅属木木能生火火主二數第四爻為女身土土主五數第三爻為男手女甥水剋乙未女人水為婿小明大從上退下木剋火乙未土身位婿爻土土生金金主四數從下數上即初爻為男甥身位

卷之三十二終

新刻天下四民便覽三台萬用正宗卷之三十二

【五行靈課序】

何全　四川綠兵

五行者五行之首也在天為五星在地為五常五色五方在人為五臟在教為五德蓋以寒燥著濕風為五氣酸鹹苦辣辛為五味宮商角徵羽為五音此其數也夫在天地之中萬物之内膠膠擾擾紛紛錯雜不離乎五行之揩人之禍福影響不能無過若人心有所感意有所冕祇獻丹誠堅求一卜無不應驗凡占之者宜敬而信之

〇【造銅錢法】用甲子造銅錢五個每錢一錢二分重將一面刻金木水火土一錢一字刻之祭之如若卜時須竭誠净口持呪祝畢必將錢放在手中心擲之或吉或凶方能感通否則不驗矣知之

【五行靈課啓祝】天地神祇萬物皆知吾今下課善惡扶持五行之主六甲之師天陰風雨斗轉星移行兵發馬勝敗何如三十二課变測玄機先賢先聖來顯靈報凶應凶兆吉應吉期判斷生死決定無疑有功之日立証天樞

(金)(木)(水)(火)(土)　純陽五成課　主有喜之兆

天地造化品物孳生求官得貴動即咸亨爭訟有理喜慶臨行高人接引喜事皆諧險阻横至交易俱成人离在外即有回程千災總退百福來增行軍决勝征討無遠

〇判曰　占卦得五成

數課門

〇【冲天數】

註男女年月日時總筭定數訣

六甲			六乙			六丙			六丁		
甲子二百五十	甲戌二百	甲申二百一十	乙丑二百九十	乙亥一百四十	乙酉一百九十	丙寅二百四十	丙子二百二十	丙戌二百一十	丁亥一百四十	丁丑一百五十	丁未一百六十
甲午二百二十	甲辰二百二十	甲寅二百五十	乙卯一百八十	乙巳一百八十	乙未一百九十	丙申二百	丙午二百八十	丙辰二百九十	丁巳一百四十	丁卯一百五十	丁酉一百四十

六戊			六己			六庚		
戊辰二百二十	戊寅二百一十	戊子二百	己巳一百九十	己卯一百五十	己丑一百四十	庚午一百九十	庚辰二百九十	庚寅一百四十
戊戌二百五十	戊申二百四十	戊午二百三十	己亥一百九十	己酉一百八十	己未二百八十	庚子一百四十	庚戌二百一十	庚申一百一十

六辛			六壬			六癸		
辛未一百六十	辛巳一百四十	辛卯一百五十	壬申二百五十	壬午一百六十	壬辰二百三十	癸酉一百五十	癸未一百九十	癸巳一百[illegible]十
辛丑二百五十	辛亥一百四十	辛酉二百四十	壬寅二百四十	壬子一百五十	壬戌二百	癸卯一百八十	癸丑一百九十	癸亥一百四十

災殃總出門所求皆稱意官祿自來尋

(金)(木)(水)(水) 四象課 主守舊不宜動用之兆

上梯下閉病患相纏口舌詞訟慎勿開言所求遁滯買賣遅延憂疑不决官事相連鬼賊臨門出入迍邅固守其舊饒忍為先切勿飲酒方免災咎出軍征討去必難全 ○判曰 四象應難進多因幹事遲但能謹守分方可免災危

(金)(木)(火)(土) 四和課 百事吉慶之兆

遊魚得水萬物逢春天地既濟華啟從新公平吉泰福祿駢臻行人即至災禍消身出逢君子入遇良星陞遷職位牛馬成群行軍决勝 當百人所求稱意九百無迍 ○判曰 如魚躍水中優游得意濃求財皆逢祿日日漸亨通

(金)(木)(水)(土) 隱遁課 主謹慎災危之兆

隱遁之課未見還崇前有虎貌后有顛坑荊棘歸路出必難行口舌横起横爭不寧財物虛耗作事變更內外損壞守慎和平行兵下寨軍馬困窮若能罷戰即免災迍 ○判曰 課下未亨通當年忌遠行在家行孝道守慎敬神明

(金)(水)(火)(土) 破祿課 主爭訟不利之兆

課見九月謹慎隄防盜賊臨門財物分張若行遠路必有災殃在家則吉忍事為良慎勿飲酒痛損肝腸陰人阻滯更惹官方焚香積德方保安康行兵戰敗如草沾霜 ○判曰 和氣最為良剛強必有傷遠行須切忌愼終更隄防

(木)(水)(火)(土) 昌利課 主明白升騰之兆

以上即六十甲子先將男女四柱檢出年月日時照註下幾百幾十數目筭成總數查下項數下斷語驗其貴賤窮通壽夭禍福萬無一失亦須四柱真正乃可通神應驗 ○前定貴賤貧富男女八字通用判

○斷歌訣

五百六十

此數之中命運竒　壽得東來又少西
滿腹藜前何誰說　傍人門戶且充饑

五百七十

命中定主受孤單　苦薄衣衫任冷寒
幸喜外人來顧代　抛離家業受艱難

五百八十

他鄉寄旅望相知　所被傍人講是非
尋得十文失一貫　晨昏不悅強支持

五百九十

祖業飄零財難管　節儉常為積不滿
心中煩惱不自閑　只是貧長衫袖短

數目六百

胸中煩瑣事難全　一日勞辛似一年
欲把青錢強趲積　耗散渾如焚紙錢

六百一十

憂坐過日祿平平　難靠親人獨自成
伏侍上人緣可取　微權近貴有虛名

六百二十

他鄉強立有資財　別境憂前後已災
衣祿要榮勞用力　不為誰肯送將來

六百三十

數中應主壽清高　行住他鄉身自淘
偶得上人垂顧後　吉星臨遂禍星消

六百四十

家業飄零財漸消　縱有金銀守不牢
日下頻頻分散去　用盡不來命神招

六百五十

數中財祿有陰晴　難聚人間鈔萬文
努力成家方見盛　傍觀誰論事無成

香橋謝恭暗久主明大鵬展翼万里飛騰官司進退居官即陞出入任用無咒若有口舌無撓非是難生和合交易動變不成如遇危急即有救兵占得此課利見公卿 ○判曰 昌利两相同于身喜事重臨危逢救濟何去自争通

(金)(木)(水) 受祿課 主百事和慶之兆

安居樂業家計榮昌吉無不利動則遂人方遠行信至自絕災殃困人免難安隱為禁遊人在外衣錦還鄉坐受爵祿金玉滿堂貴人接引壽命延長家營下樂將吉兵強 ○判曰 受祿最為強行人返故鄉門庭增吉慶困病免災殃

(金)(木)(火) 三財課 主災退生吉進起之兆

吉慶重重福祿依同青龍前頭上下相通官幹私用無不和從行人即至占病不凶婚姻已動食祿豐增添僕馬職位高崇行兵大利决勝即功占得此課利見三公 ○判曰 占得三財課重重有喜來求官須得謀事動有錢財

(金)(木)(土) 得志課 主宜進用之兆

日出扶桑漸覩輝光求官遷祿决用施張婚姻和合行旅還鄉人財並至利見公王病患痊愈牛馬安康爭訟得理不用憂懼出兵發馬千戰千強若得此課百事榮昌 ○判曰 從前多蹇阻今日漸亨通所求皆稱意喜事見重重

(金)(水)(土) 平安課 主安靜亦可求進之兆

上下安寧禍去福生出入無滯乘暗投明初有小惱后必歡欣月明星朗萬里

六百六十

成家立業若嗟吪　數招勞祿柰如何
尋得財來難作已　有興有敗遇人挨

六百七十

前程分定莫枉然　交結磕花義不全
雖多富足財難守　覓得舟來却欠船

六百八十

田房外業有餘財　作業奢華內苦哉
命裡自招衣祿旺　空門活計得和諧

六百九十

此數之中雨立身　近官近貴有奇名
堪作清閑儒士客　巧妙機關出衆群

七百之數

快樂無憂日漸高　平地登雲上九霄
家門福祿財門望　定取朱衣着錦袍

七百一十

數主清閑祿漸加　躰像鴛鴦受碧沙
中年安穩無凶禍　晚歲榮華福自香

七百二十

事業微微難靠親　营求貴賞踏紅塵
他鄉創立人欽敬　落得聲名遍世聞

七百三十

祿重山高數不低　機關深奧有誰知
財來財去終還聚　運轉榮華駿馬騎

七百四十

性氣錚鉶數不強　田園縱有豈能長
逍遥快樂興遨客　蹭蹬之時空自忙

七百五十

人眷平安牛馬完　榮家遠戶不須言
清雅無虞康泰樂　自有經營接續錢

七百六十

營運求財分須難　六親義意不相關
皆因八字生成定　鎖眉愁眉不得歡

七百七十

此數之中最氣高　清名遠望福相招
小職威權應合顯　運通月影上仙橋

七百八十

豐衣足食自然有　宅舍興隆望人口
快樂清閑命所招　囊裡資財安分

天□不求自至奉動皆成占病得愈客旅師移行兵下寨千戰千勝占得此課和合皆平　○判曰　占得平安課功名漸漸成求財方遂意福禄自然生

(金)(水)(火)　漸泰課　主動用吉慶之兆

内外皆吉居官即陞疾病皆痊遠程獲信所作俱成亦無爭競孳畜榮昌爻邪歸正財帛堪求貴人欽敬上可隄防奴僕易分若行軍師戰無不勝占得此課上下均慶　○判曰　從此福星臨災殃總不侵官事皆可進又得貴人欽

(金)(火)(土)　升進課　主顯達之兆

榮顯之相吉慶之占財帛並至官禄榮遷行人立至病者安痊青龍待位福禄綿綿公私並吉喜事相連和合交易財若流泉兵屯細柳盡設喧天君子道長金榜名傳　○判曰　此課多逢吉公私百事宜高人常接引陞進更無疑

(木)(火)(土)　三奇課　主有喜之兆

無滯之兆災退福生遷官升禄上下亨通凶返為吉轉敗為成婚姻和合疾病痊安行人信至利見公卿經商交易財帛豐盈孕生貴子改換門庭兵師對戰時奏凱聲　○判曰　無滯號三奇占之百事宜自心還動用福禄自相隨

(木)(水)(土)　三師課　主先憂后喜之兆

課見三師先憂后喜改換從心遷移之美出入無災所求遂意物須小阻后即容易利見三公宜進勿退疾病無憂行人立至財帛交關和平無滯軍旅征討

七百九十
櫃裡珍珠瑪瑙金　憂愁恐怕外人侵
守已營為門首吉　成敗須來不費心

八百之数
家業須當用力成　慈懃和順不憂貪
牛馬田庄人口望　財雖易得少留停

八百一十
數内清高主貴妻　錢財多聚有時餘
須防外物人侵取　外意交加當自知

八百二十
前程註定有家業　命主他鄉人口安
小職虛名終有望　迎門財寶自招來

八百三十
紗羅衣綉足金銀　牛畜成行馬作群
箱裡珍珠並寶玉　滿堂人眷盡皆亨

八百四十
平地虛名鄉郡傳　身閑心樂有盈錢
官門合顯為官職　富貴何須倚杖權

八百五十
獨幹家園小職名　提携合象貴人欽
他鄉並立庄田業　舉步時從吉路行

八百六十
此数身高難靠親　或居雲外踏紅塵
家資漸就從人望　福禄悠悠自太平

八百七十
不靠姻親不仗親　空門過日衆才珎
牛馬豬羊皆命有　何勞辛苦弄精神

八百八十
此数公門可立身　清廉生來不餡貪
財帛金銀非德積　官中成就自然榮

八百九十
数主其人最氣高　求官進步不須勞
自有貴人相扶助　家豐晚景福滔滔

九百之数
清高情性顯門楣　福禄悠悠旨有財
美職徽權人贊羨　命招人物自然來

九百一十
仙鶴穿林小職名　碧雲家業獨為尊
命作九流儒士客　雍雍俊雅樂門庭

經不吉利　○判曰　占得三師課偏宜見貴人先難而後易不可自因循

(木)(水)(火)　建禄課　主進用成就之兆

冊桂月中求之必得利見大人財帛豐盈所求皆成凡事稱意福禄自來無不吉利遠戚相逢喜之又喜正可施為不可少退文字印綬可以立至軍旅驅征日行千里　○判曰　課下有歡心災殃自不侵所求皆遂意常有福星臨

(水)(火)(土)　避災課　主隄防災危之兆

時災逼滯禍患隄防進退可決獨牆紙平人財顛陷動用多防遊人在遠未見還鄉占病即困多惹官方酒中會飲口訟招傷征討戰敵必見驚惶正宜謹守免惹災殃　○判曰　作事好隄防於心恐有傷所求皆阻滯謹守免災殃

(金)(木)　賢遁課　主惡災之兆

金則剛硬木有曲直金木相逢生象必尅不利小輩可成大德白虎持爻所求閉塞疾病浸成行人閑絲口舌相干慎之則吉日精月華逢人乃鐲軍士安營守門勿出　○判曰　門前但有尅憂患事未通憂人多損己安静免災迍

(金)(土)　福禄課　主利益動達之兆

公幹私為無事不過行人信至占禍無憂人財豐富命享千秋多招僕馬利見公侯孕生貴子如水乘舟若行軍旅彼我俱收桑陽歸馬桃野放牛占得此課主絕憂愁　○判曰　福禄自然來家庭喜氣開妻賢生貴子夤夜見三臺

九百二十
有日虛為着顯權　物年莫不似良田
運限亨通財帛發　他鄉獨立足心田

九百三十
微官不職印無牌　衣禄豐盈自外財
若見官星崇顯處　曉歲方弄禄自來

九百四十
英雄豪氣顯清奇　望着青袍若紫衣
腰繫黃金萬人上　須當循法免災危

九百五十
朱衣旗捧傑中豪　脫却藍衫掛錦袍
命載威權多變化　紫羅半是鶴衣高

九百六十
数註奇方有異名　四遠超群出類名
莫使牢籠圖分外　自然天賜福綿綿

九百七十
馬上英雄展玉鞭　清高名譽世間難
逍遙快樂神仙客　衣錦榮華羨少年

九百八十
珠寶金門貴莫當　庫滿珍珠谷滿倉
金鞍玉蹬英華著　此數登科入醉鄉

九百九十
數滴精神顯上方　大明稱讚一朝綱
峥嵘富貴安邦子　便是天仙樂畫堂

此數之中斷盡平生衣禄妻財子貴貧夭看者詳其斷語推之無不神驗

○玄機數

子宫	丑宫	寅宫	卯[宫]
甲子一兩零四分	乙丑五錢零五分	甲寅一兩零六分	乙卯二兩零三分
丙子一兩零三分	丁丑一兩零一分	丙寅九錢零五分	丁卯九錢零三分
戊子一兩零六分	己丑八錢零四分	戊寅一兩零三分	己卯七錢零三分
庚子一兩零四分	辛丑七錢零三分	庚寅一兩零三分	[illegible]
壬子九錢一分	癸丑一錢零一分	壬寅九錢零三分	[illegible]

○相生課　主進用亨通之兆

金水相生動無不成上下和睦有利有名婚姻得就買賣和平行人信至人口皆柔官私所幹必得亨通陰財横至祿馬來迎疾病即愈遇暗重明陳師戰討乘機可征　○判曰　金水好相生　公私事可成　勸君宜守舊　進用自亨通

（金火）強勝課　主不宜動用之兆

金火相尅作事遲延進方有阻退則安然求名求利到底難全白虎持爻口舌相連行人在外音信相傳堪憂小口疾病牽纏正宜守静免得災衍若將對戰必棄戈鋋　○判曰　金火為陰勝　相刑必損身　錢財終失散　忍慎免災迍

（木土）大牢課　主進用利達之兆

木尅于土萌芽始生利有攸往宜見公卿舉動得就人財並亨遊人在外立見回程陞遷職位病得安寧春遇膏雨品物咸亨官幹私為百事皆成陳師鞠旅時報凱聲　○判曰　萬物遇三陽　花開滿路香　舉為皆遂意　正可倒霞觴

（木水）辟消課　主否極泰來之兆

木水相生先憂后喜貴人接引必遷重職凡事皆消喜事漸至爭訟官司决然得理在外可求所求如意走失俱獲亦無災滞占病即痊交関和會戰敵出師彼軍即退　○判曰　從前災已退　今日福臻來　官事皆可進　暗裡得錢財

（木火）廢德課　主憂滞之兆

羝羊觸藩進退兩難若行河路必遇河

宮

辛卯 六錢　癸卯 七錢

辰宮

甲辰 一兩零四分　丙辰 九錢零五分　戊辰 一錢零二分

庚辰 七錢零三分　壬辰 一兩零五分

巳宮

乙巳 一錢零四分　丁巳 九錢零三分　己巳 八錢零五分

辛巳 五錢零五分　癸巳 一兩零五分

午宮

丙午 一兩零二分　甲午 一兩零五分　戊午 八錢零二分

庚午 一錢零七分　壬午 九錢零三分

未宮

丁未 一兩零九分　乙未 九錢零三分　己未 一兩零五分

辛未 八錢零一分　癸未 九錢零一分

申宮

戊申 九錢零三分　丙申 六錢零五分　甲申 七錢

庚申 一兩零三分　壬申 九錢零一分

酉宮

己酉 五錢零五分　丁酉 九錢零五分　乙酉 一兩零一分

辛酉 九錢零五分　癸酉 七錢零五分

戌宮

庚戌 九錢零五分　壬戌 一兩零一錢　甲戌 一兩零四分

丙戌 七錢　戊戌 九錢

亥宮

乙亥 二兩　丁亥 七錢零九分　己亥 一兩零五分

辛亥 一兩零二分　癸亥 一兩零五分

右法不拘男女只在八字排定如年甲子得一兩零四分月是乙丑得五錢五分日是丙寅得九錢五分時是丁卯得九錢三分通計三兩四錢七分其七分或八九分即收起準作一錢筭此八字共得三兩四錢之數依后條断詩断之其人富貴貧賤壽夭無不應驗如神若有一等數内或零三分四分不滿五數者即除去不在總數筭餘倣此

○論錢兩富貴貧賤壽夭定局歌断法

瀰行旅在外決困飢渴財帛耗散罷職休官家防賊盜惡事來投慎火停水小口多殘休飲醉酒夜食莫貪出軍征討決困深山　○判曰　課下有遲滞　守心勿遠遊　所行防患難　守分即無憂

（水土）否塞課　主淹延不足之兆

水土相防惡事難防君子傷損小輩招殃夜逢賊盜身心遭傷病者難愈口舌憂惶遊人在外未見還鄉如飲醉酒决悲官方閉門静坐方可相當行兵下寨終是不祥　○判曰　水土正相冲　淹延運不通　所求皆阻滞　終日帶憂容

（水火）臨陣課　主憂疑暗損之兆

鬼賊縈牽外勾裡連上下不睦疾病相纏官司宜止口舌招愆行人在外未見團圓僕馬多失財物難全累功積行遠惡親賢謹慎饒忍疾犇倒懸出軍發馬必受迍邅　判曰　鬼賊正相牽　衰哉病不痊　錢財應有損　積善得安然

（火土）將星課　主利益榮昌之兆

春雨紛紛景物芳菲人財横至百事皆通行人在外衣錦還歸災殃已退吉慶相随遷官進禄百無惑疑回凶返吉痛遇良醫青雲得路金榜名題如遇軍旅功立巍巍　○判曰　春雨潤如膏　求官不用勞　貴人相接引　飲得醉酕醄

（金）陰財課　主昌盛利益之兆

金星下照太白之祥所求吉利宜見貴人衣禄自然返睞為親迁移有喜華故從新脩賣造屋獲寶收錄行人信至患

一兩一錢

下賤衣食不足之命断曰

為人命裡主孤栖　父母雙全福禄齊

尅子妨妻財耗散　弟兄無倚鴈鴻飛

一兩二錢

下賤無衣禄之命断曰

人生値此不為奇　命帶孤星難娶妻

六親無倚身難靠　出外交朋好作為

一兩三錢

休窮受苦勞碌之命断曰

生來八字甚凶危　尅子刑妻事々非

十轉營謀九不就　奔波到老又孤栖

一兩四錢

孤寡尅害六親衣食奔波之命断曰

人生遇此宜出家　祖業猶如浪深沙

空門度活離家宅　晩歳依然景物華

一兩五錢

困窮貧賤衣食浮沉之命断曰

此命生來刑害多　離家出外笑呵呵

不為僧道居禪丈　藝術營身禄不磨

一兩六錢

下賤奔波貧苦之命断曰

孤獨無依命苦哉　六親刑害受迍災

囊空篋罄親無賴　身傍人門逐日捱

一兩七錢

勞碌奔波尅害之命断曰

人情淡薄少情悰　家業漂流畫落空

父南子北難相顧　夫妻各自去西東

一兩八錢

勞苦孤獨僧道之命断曰

離祖興家志氣豪　他鄉創立逞機謀

六親兄弟情皆薄　獨創庄田勢漸高

一兩

僧道出家遊蕩之命断曰

平生輕薄日飄零　好向林中悟道真

……貴和平行軍必勝
二宮…… ○判曰 大石號金星
不求財自尋遷官併轉職還得貴人欽

㊍ 良才課　主成就安悅之兆

登天大柱架海良材延年益壽甲子之魁高人俱仰百事和諧婚姻成就疾病無災官事詞訟凶去吉來求官進祿加登三台孕生貴子秀貌英材軍陣爭討如虎平淮 ○判曰 旺氣生東方 延年福壽長人財俱相至頂帽坐公堂

㊌ 大喜課　主用涉吉祥之兆

水自潤下固蒂深根雨露之象萬物沾恩人事共悅金玉來迎動逢良友行遇貴人吊民伐罪勇冠三軍 ○判曰 課下有遷求從心萬事周行兵多得勝無可謁王侯

㊋ 道成課　主文明進用之兆

炎赤之象利見公侯占病即愈求官即陞顯耀利物衆仰声名人若在定心主回程人財散失必獲其形經營所幹一問通亨但防腫痛良醫須遇行兵出陣千戰千贏 ○判曰 此課名道成 家和萬事成利官由近貴求謁見公侯

㊏ 乾亨課　主安靜生成之兆

萬物之祖發生之宗相位鎮土長泉津出入利用如不遇春尤宜脩造財物濟身貴人援引致富快貪官跡私用和合無嗔休貪美食恐惹災迍安營下寨必利三軍 ○判曰 此課終須吉 求名必利身貴人相接引喜事自來尋

九錢

斷道心苦杳火力　還在未免日西沉

二两

貧窮辛苦不足之命斷曰

一生辛苦一生愁　後有賢良不回頭
子媳六親相剋破　晚年苦淡草空休

二两一錢

衣食奔波勞碌之命斷曰

為人心巧又多謀　妻子相隨到白頭
主作磨兒并手藝　一生衣食不須愁

二两二錢

初年勞碌中末清泰之命斷曰

脚踏紅塵日日忙　身衣口食覓妻涼
須然創立微家業　後役浮生不得閑

二两三錢

先難後易離祖過房之命斷曰

平生辛苦更勞神　好事多難心事成
須有六親皆冷落　只宜巧藝立前程

二两四錢

為人巧智作賤求食之命斷曰

骨肉難招出遠鄉　只宜脩道度時光
妻兒雖有防刑剋　凡事奔波日日忙

二两五錢

身閒心不閒九流藝術之命斷曰

此命生來六害全　先難後易事方圓
中末運交平等過　好景應須在晚年

二两六錢

吏員近貴幹辦公事之命

命似荷盤不住財　東邊去了又西來
末限交來時漸泰　呵呵快活永無災

二两七錢

超群聰明之命斷曰

此命平生近貴人　聰明處事日增新
若為僧道興禪寺　若是常人積實珍

二两

自卓為人近貴之命斷曰

純陰課　主憂滯之兆

陰盛陽衰萬物不諧光明威烈雲翳難開功名未遂衣祿何來人離財散必惱心懷沉疴之患日久難痊爭訟惹起饒恐無災只宜守舊乃是妙機兵師出戰住必不回 ○判曰 可惟純陰課 安藏災自無但能過百日自有貴人扶

表天罡覆射時課

起月法例歌

正九尋牛五月鷄　二八子上畫蛾眉
三七亥宮君須記　四六戌上好尋推
十月十二寅宮起　十一山中打兎歸
此是天罡神妙訣　人間萬事已先知
只尋酉正宮中取　加取天門三宿奇
登明神后并大吉　祇將此訣以為期
若逢子午并卯酉　便是神仙覆射時

起日例

正九五上起初一　二八子上起初一
四六戌上起初一　五月酉上起初一
十十二寅上起初一　十一卯上起初一
天罡時數年上起月月上起日日上起時時上退一位起天罡

天罡十將

天罡　太乙　勝光　小吉　傳送
從魁　河魁　登明　神后　大吉

以上十將止是登明數遇子午卯酉為流神后數子午卯酉為仲大吉數遇子午卯酉為季餘皆不係

退天罡

退一天罡為妙訣　君須從此莫遲疑
當子月下加一日　更子日下加一時

掌訣

巳　午　未　申　酉　戌　亥　子　丑　寅　卯　辰

八錢

延馬單刀自卓為　百般技藝出倫夷
囊中廣積財和實　福祿双全永不虧

二两九錢

才能客商守權多學智慧之命斷曰

命裏聰明藝術多　披堅執銳佩干戈
骨肉本宜分別去　喜逢吉慶免遭磨

三两

衣食有餘卓立為人近貴技立之命斷曰

一招親業與田庄　自成自立在他鄉
惟有氣剛艱難立　妻兒重見始無殃

三两一錢

近貴得財衣食足之命斷曰

作事有頭却無尾　初主平常宜守已
中限自然家道昌　末有妻房無有子

三两二錢

心巧過人百事精通近貴之命斷曰

心巧過人百事能　夫妻到老子双全
晚年得壽身榮貴　南北東西日日增

三两三錢

衣食豐厚有根基之命斷曰

運泰時通富貴全　四方衣食命該然
文章滿腹多才學　巧術求財積滿箱

三两四錢

有才學晚年富貴之命斷曰

生來智慧得賢妻　子孫榮華兩利宜
此命勞心并費力　不愁食祿不愁衣

三两五錢

有福祿先難後易財富之命

家道漂零日漸非　父母兄弟不和情
不是過房須借姓　末注妻兒方保身

三两六錢

超群出衆智巧之命斷曰

獨自謀為家業成　田庄廣置勝他人
妻賢子孝心常樂　智慧聰明號俊英

且如正月初二日有人來占說辰時就
丑位上起正月初一日丑初二日寅初
三日卯就卯位上起子時辰宮是丑巳
宮是寅午上是卯未宮是辰時作就未
宮上退一位到午上便起天罡未宮是
太乙申勝光酉小吉戌傳送亥從魁子
河魁丑登明寅神后卯位是大吉依大
吉元來屬季然後斷之
右前起例掌訣看將值子午卯酉以后
項歌斷括之無有不驗但恐值空亡日
時則不為吉也

（今具空亡）
甲子旬中見壬戌癸亥日及戌亥時
甲戌旬中見壬申癸酉日及申酉時
甲申旬中見壬午癸未日及午未時
甲午旬中見壬辰癸巳日及辰巳時

（訣）
甲辰旬中見壬寅癸卯日及寅卯時
甲寅旬中見壬子癸丑日及子丑時

（孟仲季三合日法）
（登明屬木）加孟　亥卯未三合　求財一五七日應
（神后屬火）加仲　寅午戌三合　求財二四八日應
（大吉屬金）加季　巳酉丑三合　求財三六九日應

（求財）
天罡加孟求難得　加仲求得也須遲
加季之時求立得　財向東來更莫疑

（行人）
天罡加孟身不動　加仲之時半路來
加季之時即便至　君如占此稱心懷

（失物）
天罡加孟永不失　加仲壽得也遲遲
加季之時多失却　賊人盜去不須疑

（失）
天罡加孟在南方　加仲之時東處藏

三两七錢
富貴厚重之命断曰
一平生近貴又招財　性巧牢籠會主來
衣食不虧還有壽　運行到老事和諧

三两八錢
財禄豐厚官職之命断曰
性巧為人多伶俐　家道興隆生貴氣
微權小職受恩榮　財穀豐盈自天至

三两九錢
近貴扶助得官之命断曰
衣食自然不須勞　無剩無餘藝術高
有子有孫遲見好　貴人提拔掛羅袍

四两
生涯進益富貴利達之命断曰
從來此格貴天成　福壽榮華萬事亨
運泰時通家業富　恩榮二字顯門庭

四两一錢
多能文武權職之命断曰
禀性剛強才調施　安和定國事方偶
縱然富貴難為子　做到榮華總是虛

四两二錢
有財谷福壽双全之命断曰
囊積金珠穀積倉　夫妻子媳永成双
壽星高照遐齡美　福禄無虧到鬢霜

四两三錢
白手成家之命断曰
利妻益子性温和　近貴招財得富多
中限交來添喜氣　中興家業笑呵呵

四两四錢
近貴智巧得財之命断曰
此命豐財福禄餘　平生穩當不虛花
妻財子禄全雙璧　晚景榮華壽益加

四两
福禄豐厚撰官之命断曰
此命生來富絕倫　生財智慧有声名

[illegible]文官西與北　君須依訣去推詳

（[illegible]貴人）
[illegible]貴人定應真　天罡加孟不相親
加仲之時須等候　加季應能周急人

（文書科甲）
文書之事最難量　須將掌訣細推詳
天罡加孟猶未動　若逢此候未為強
加仲須然為次吉　也須和合利名揚
只有季時為第一　若問文書大吉昌

（官事）
欲問官司吉與凶　加孟無理兩和平
加仲他輸宜矣破　季上淹晋我必贏

（買賣）
經營利息有兼無　臨孟難求意不如
加仲平平季滿意　君能依此定無疑

（出遇）
天罡加孟遇良朋　加仲必然從配人
加季之時定惡賊　莫與交談惹禍侵

（交易）
天罡加孟應不遂　加仲之時或可謀
加季之時可遂意　阻滯應無萬仞愁

五錢
妻賢子孝相和順　九事謀為最稱情

四两六錢
富貴福壽之命断曰
生來衣食不相虧　須然足富費心機
六親從來不得力　末限施為喜有依

四两七錢
富貴學職之命断曰
命中此格近黄堂　必主文章藝術強
不作秀才僧道類　也為巧性色衣郎

四两八錢
才禄武職之命断曰
生來有官職　四方足衣食
終末甚吉昌　財穀多進益

四两九錢
性巧精神倉庫之命断曰
人生掌倉庫　衣食有四方
貴人常欽仰　財禄更無傷

（買物）
天罡加孟買不得　加仲之時人破來
加季之時便買到　必然無事細推裁

（走失）
天罡加孟終不去　加仲五十里內遊
加季之時五里內　時辰君慎不須求

（人去否）
天罡加孟人欲去　加仲之時上路行
加季之時人未去　依此斷不悞君行

（人在家）
天罡加孟在家真　加仲在路或在鄰
加季之時定不在　必然出外不須尋

（會人）
天罡加孟不來到　加仲半路片時來
加季之時人便到　君須仔細把時裁

（合伴）
天罡加孟真大吉　加仲凶人來相侵
加季賊人同伴侶　必須依此好推尋

（過大水）
天罡加孟且莫過　加仲微浪半心驚
加季之時任便往　任君過去得安寧

（渡）
天罡加孟在東岸　加仲之時人過來

五两
文武才能富貴之命断曰
此命最聰明　為人拜紫宸
一人沾寵命　孫子受恩榮

五两一錢
榮華富貴之命断曰
此命最賢良　資財福壽昌
若有官鬼歷　父母早年亡

五两二錢
長握兵權榮貴長壽之命断曰
此數大吉昌　權柄入朝堂
初年多富貴　晚歲有參商

五两三錢
青衣貴人近貴之命断曰
此命尅六親　僧道可安身
為官多進職　威名震漠沙

五两
有勇助威權威柄之命断曰

（□）……必等候　君須依此莫疑猜

（手物）天罡加孟是右手　加仲之時左手中　加季之時兩手有　神仙留此不言空

（占求財）天罡加孟求財有　加仲求得也無多　加季之時定惡賊　莫與交關免禍危

（出行）天罡加孟大吉昌　加仲出行為災殃　加季之時多平穩　君須依此定何方

（三路）天罡加孟上路去　加仲中間是坦途　加季必然行下路　行人安穩且無虞

（宿泊）天罡加孟必平安　加仲宿泊得清寧　加季之時防有賊　勸君莫往急登程

（猜物）天罡加孟是青白　加仲赤黑斷無差　加季之時必黃赤　試把時辰月將加

（碗水）天罡加孟成碗水　加仲半碗把將來　加季之時碗無水　君須依此去推裁

（倒杖）天罡加孟杖必直　加仲倒地更無疑　加季之時定斜側　交君方信此三時

（猜盃）天罡加孟盃定仰　加仲倒側不須疑　加季之時必翻覆　君宜依此莫遲遲

（物浮沉）天罡加孟定深沉　加仲之時水上真　加季之時半沉水　時真決不悞來人

（物高低）天罡加孟必在上　加仲之時在下真　加季之時中間放　決然不悞問時人

（有酒無）天罡加孟必然無　加仲有酒不盈壺　若遇季時內大吉　定須酒物甚豐腴

（酒好歹）天罡加孟酒新開　加仲馨香撲鼻來　加季之時必舊醞　主賓酬倡樂徘徊

（天晴）欲占雲雨幾時晴　便將月朔望登明　天上丙子是晴日　巳午加臨天始晴

（□）天罡加孟未見雲　加仲有雨不須驚

四錢　此衿足財豐　日下自上[illegible]　為人多巧智　財祿自榮華

五兩五錢　八品官貴財祿之命斷曰　此命有貴合陰陽　福壽堅牢入印堂　士庶財多饒產業　為官入幕見君王

五兩六錢　七品官貴豐財之命斷曰　此命生來宜顯榮　官員士庶盡皆通　一路清平無阻滯　財祿豐餘勝石崇

五兩七錢　六品官貴文職亨通之命斷曰　此命貴星在本位　身居高堂直及第　若還士庶值此生　長命富貴無阻滯

五兩八錢　六品官貴才能性直之命斷曰　生逢此命主文章　富貴榮華大吉昌　剛介立朝無阿諛　麟閣留題姓字香

五兩九錢　五品財祿厚重之命斷曰　勤學有文章　平居穀滿倉　士民生值此　名譽播鄉邦

六兩　四品官職榮華福壽之命斷曰　祖業淺根源　獨力掌機權　白手成家計　榮華在晚年

六兩一錢　法司掌風憲之命斷曰　人身居遠鄉　富貴必相當　祖宗宜改變　出外置田庄

六兩二錢　三品相公有權之命斷曰　此命近公卿　施為盡稱情　是非難得惹　為官徹底清

（□）加季小雨如膏脉　一聲霹靂震非輕

（天晴雨）天罡加孟雨淋漓　加仲之時半晴陰　加季之時紅日照　青天萬里更無雲

（病重）天罡加孟人病重　加仲病輕不用作　加季之時难得好　急宜禳謝早圖謀

（生死）天罡加孟人必死　加仲之時保安康　加季之時定不死　時人依此決無傷

（捕獲）天罡加孟定是有　加仲之時有不多　加季之時真可失　兩手空歸總奈河

（之是非）迴避凶人是與非　孟東為吉仲宜西　安知南北加之季　此是仙人妙術机

（生產）天罡加孟是男兒　加仲女子定是真　加季之時產婦死　急宜求福得安寧

（賭賽）賭戲休誇我甚精　天罡加孟我無贏　若臨加仲些子勝　加季場中逞獨能

（博）天罡加孟立南方　加仲北方立身強　加季之時東西位　君須依此細推詳

（婚姻）天罡加孟事難成　加仲成得隔幾春　加季之時為第一　冰人月老便成親

（客來）天罡加孟無客至　加仲半路尚徘徊　加季之時門外等　急往迎之勿怠哉

（遷居）天罡加孟不為吉　新宅如何守舊房　加仲亦堪安分好　縱欲遷居不若初

（賊去）天罡加孟去無蹤　加仲之時必逐逢　加季近來向東去　時辰斷定在其中

（賊方）占賊去來問吉凶　天罡加孟走無蹤　加仲之時必遠去　加季還來在望中

（報信）天罡加孟斷非真　加仲虛實兩相均　加季之時定實信　君須依此莫逡巡

（詞）若遇仲時須吉利　也須五里內經營

六兩三錢　指揮萬戶將軍之命斷曰　此命多富貴　為人心性剛　仕宦公侯吉　庶人萬事昌

六兩四錢　二品六部尚書之命斷曰　身居在朝堂　為人性忠良　若不為官宰　亦是發財郎

六兩五錢　掌兵權之命斷曰　福祿榮華壽有齡　更加富貴亦天然　晉取娶妻生貴子　滿堂白玉與黃金

六兩六錢　公侯附馬丞相之命斷曰　袞袞公侯壽命長　腰金衣紫侍君王　聰明姿逸多謀智　世代朝廷作棟梁

六兩七錢　英名冠世萬國來朝之命斷曰　壽高無阻福無疆　貴格天生聖德彰　夷夏共尊呼萬歲　參天贊地振綱常

李淳風六壬課

六壬掌訣

留連　速喜　赤口　大安

從月下起日　日下起時假如三月初五日辰時乃就

速喜上起初一順行一日一位數至初五日大安就上起子時順行一位數至小吉上推占

大安身不動時屬木青龍主事正七月起

大安歌曰

大安人吉昌　求財在坤方　失物去不遠　宅舍保安康　行人身未動　病者不為殃　將軍還舊鎮　仔細與推詳

□□季之時宜急討　必然利益值千金
天罡加孟不為奇　加仲求財也宜遲
加季之時為大吉　必然利益更無疑
老遇仲時宜守舊　縱然遷從亦平平
季上逢之當改作　自然得利更安榮
見怪加孟是生氣　身形高大更高飛
有声叫喚人不見　必憂官事主災衰
加仲不高又不低　着衣青白更無疑
占來憂病斷非吉　急須求福不疑遲
天罡季上要先知　此物黄白連地隨
全家大小見憂禍　亦須求福免災危
月將加時仔細辨　天罡加孟在家中
加仲近來季必遠　此是神仙驗應功
夜間鼠子如鴨聲　天罡加孟官事刑
加仲之時逢口舌　加季有賊要來侵

留連卒去歸時屬木玄武主事二八月起

留連歌曰

留連事難成求謀日未明官事只可緩去者未回程失物巽上住急說方稱心更須防口舌人口且平平

速喜人便至時屬火朱雀主事三九月起

速喜歌曰

速喜喜來臨求財離上尋失物坤午未逢人路上尋官事有福德病者無禍侵田宅六畜吉行人有信音

赤口官事凶時屬金白虎主事四十月起

赤口歌曰

赤口主口舌官災亦用防失事急去討家人有驚防雞犬多妖怪病者出坤方更須防咒咀切恐染瘟黄

小吉人來喜時屬木六合主事五十一月起

見蛇相會好推詳　天罡加孟大非祥
加仲之時逢疾病　加季憂患剋人宮
天罡加孟乇大吉　加仲之時定是凶
加季之時須有喜　君須依此定分明
天罡加孟好客至　加仲各到亦無疑
加季之時須有喜　君須依此定分明
天罡加孟主口舌　加仲賓主兩相宜
加季須憂三兩日　定應從此自分離
天罡加孟司命禍　加仲親客有財迎
加季祖宗香火隆　急宜報謝得安寧
見蛇入屋要推詳　天罡加孟有火光
加仲之時諸事吉　加季宅舍見災殃
天罡加孟定非祥　必憂災禍主外鄉
加仲之時親客至　加季求財且不難
耳[illegible]輪當訣到孟時　必出有客要相邀

小吉歌曰

小吉最吉昌路上好商量陰人來報喜失物在坤方行人立便至交關最是強凡事皆和合病者告玄蒼

空亡音信稀時屬土勾陳主事六十二月起

空亡歌曰

空亡事不長陰人少乖張求財無信息行人有災殃失物在上裡官事有損亡病人逢暗鬼解愿保安康

○又夾竹梅花六壬課斷法

大安時屬木木動亥卯未失物終須在行人却不至病人主無事六甲便是女家墳生吉祥功名更不遂求財雖稱心官非却難息婚姻大吉昌妙訣須勞記　又曰　大安身不動
失物去不遠　宅舍保安康　行人難得至

加仲失財非不吉　若逢加季外財招
天罡加孟神在廟　加仲次第欲騰雲
加季之時定不在　急圖歸計早回程
天罡加孟有火光　加仲之時大吉昌
加季之時見災禍　憑歸時上好推詳

諸葛馬前課

其法皆從年上起月月上起日日上起時時止處前四位便作某時推斷如子年正月初二日打丑時初一起子初二在丑丑時在寅已上係前四位屬蛇名曰雙蛇聚會餘做此

掌訣

留連時屬水水動申子辰行人來便來不來三日臨病人未得好失物實難尋六甲定生女功名不遂時家墳有起倒求財無半分官事未得了婚姻也不成　又曰　留連事難成
求謀却未明　留留連連　只在眼前

速喜時屬火火動寅午戌行人來即來不來三日至失物却難尋病人不全吉六甲生貴子功名隨手得家墳大吉昌求財更昌吉官事却難消婚姻成匹配　又曰　速喜喜來臨
求事未上尋　行人即便至　不必再憂心

赤口時屬金金動巳酉丑行人即到家病人有凶咎官事容易散功名即在手六甲便是男求財十分有婚姻更稱心家墳多庇祐失物良方

○馬前十二時斷法

（子時）金貓捕鼠妙時頭　占得之時也帶憂
早辰占得為大吉　晚間占得莫進求
解曰　行人不來求財有失物難尋
官事六甲俱不利求名大利

（丑時）犀牛望月好難詳　半虛半實半盈昌
月未圓時占得吉　終然月缺不為良
解曰　行人不來失物難尋求財宜
再官事不成六甲生女吉

（寅時）猛虎出林不可求　半凶半吉事堪愁
渡水登山俱吉利　請君仔細察原由
解曰　求財有失物見行人至官事
凶六甲生男

（卯時）玉兎東生有缺形　晝夜相隨不住停
若然占得主大吉　便與犀牛望月同

尋宅舍無災咎　又曰　赤口主口舌
行人路上走　凡事肯三思　終須無悔失

小吉時屬木木動亥卯未行人實不來病者無大災官事寬寬散功名足稱懷六甲是男子求謀不易討婚姻必定好家墳平等排六畜多蕃息宅舍保和諧　又曰　小吉終須吉
你繫他不繫　作事去尋他　終久得安穩

空亡時屬土土動申子辰行人來即來不來遇半旬失物皆遠去病人主多災官事無頭尾功名莫強為六甲便是女求財却又非婚姻不成就家墳不可依　又云　空忙空忙
路上走忙忙　暮空亡　坐高堂

（占鴉鳴）聖賢明著占鴉經　認取來方細聽声

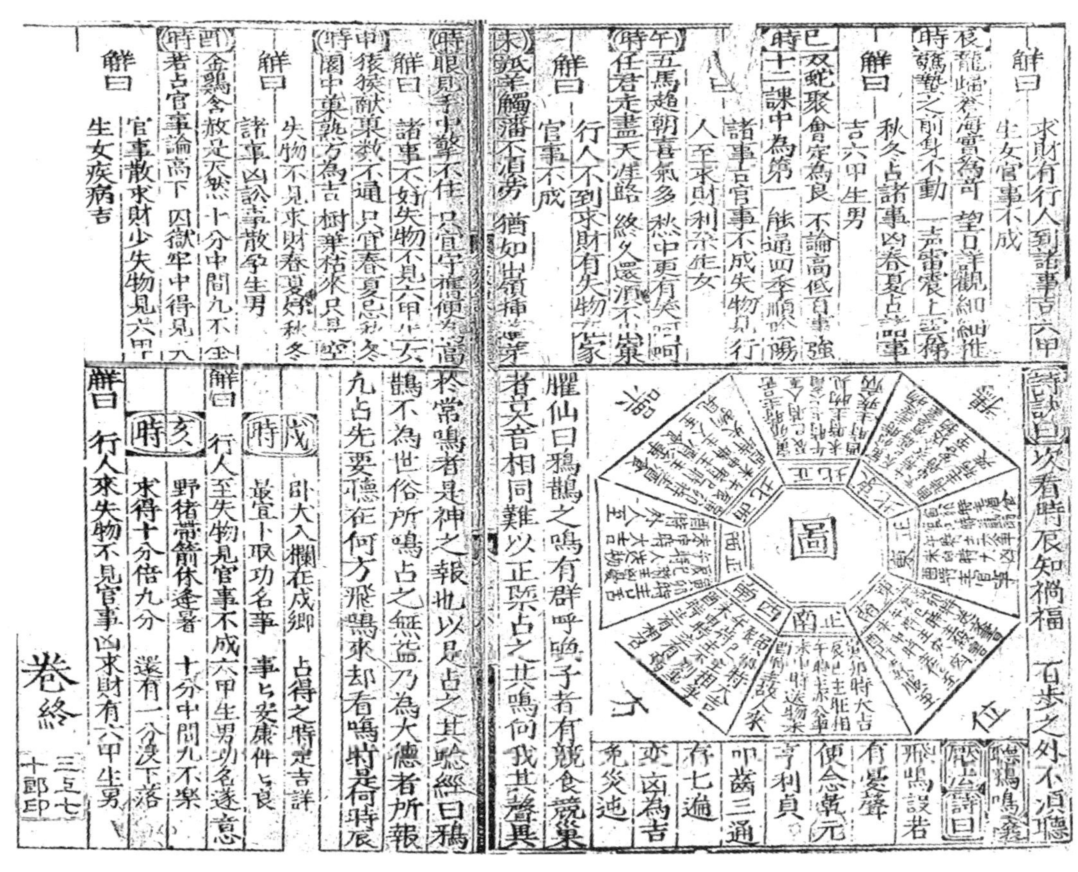

解曰　求財有行人到諸事吉六甲生女官事不成

夜龍蛇衣海實為奇　望日詳觀細細推
時鵲聲之前身不動　一声雷震上云梯
解曰　秋冬占諸事凶春夏占諸事吉六甲生男

巳　又蛇聚會定為良　不論高低百事強
時　十二課中為第一　能通四季順亨通
解曰　諸事吉官事不成失物見行人至求財利六甲生女

午　五馬趨朝喜氣多　愁中更有笑呵呵
時　任君走盡天涯路　終久還須不奈何
解曰　行人不到求財有失物在家官事不成

未　羝羊觸藩不須勞　猶如出嶺捕茅
時　眼見手中擎不住　只宜守舊便為高
解曰　諸事不好失物不見六甲生女

申　猴猿獻菓最不通　只宜春夏忌秋冬
時　園中菓熟方為吉　樹葉枯來只是空
解曰　失物不見求財春夏好秋冬諸事凶訟事散孕生男

酉　金雞金敖是天然　十分中間九不全
時　老占官事論高下　因欲平中得見
解曰　官事散求財少失物見六甲生女疾病吉

詩曰　次看時辰知禍福　百步之外不須聽

鵲鳴鵲聲　詩曰
飛鳴設者有憂聲　使念乾元亨利貞
叩齒三通存七遍　變凶為吉免災迍

臞仙曰鵐鵲之鳴有群呼喚子者有競食競巢者是大音相同難以正㝡占之其鳴何我其聲異於常鳴者是神之報也以是占之其驗經曰鵐鵲不為世俗所鳴占之無益乃為大德者所報凡占先要穩在何方飛鳴來却看鳴時是何時辰

戌　臥犬入欄在戍鄉　占得之時是吉詳
時　最宜干取功名事　事事安康件件良
解曰　行人至失物見官事不成六甲生男功名遂意

亥　野猪帶箭休逢著　十分中間九不樂
時　求得十分倍九分　還有一分淚下落
解曰　行人來失物不見官事凶求財有六甲生男

卷終

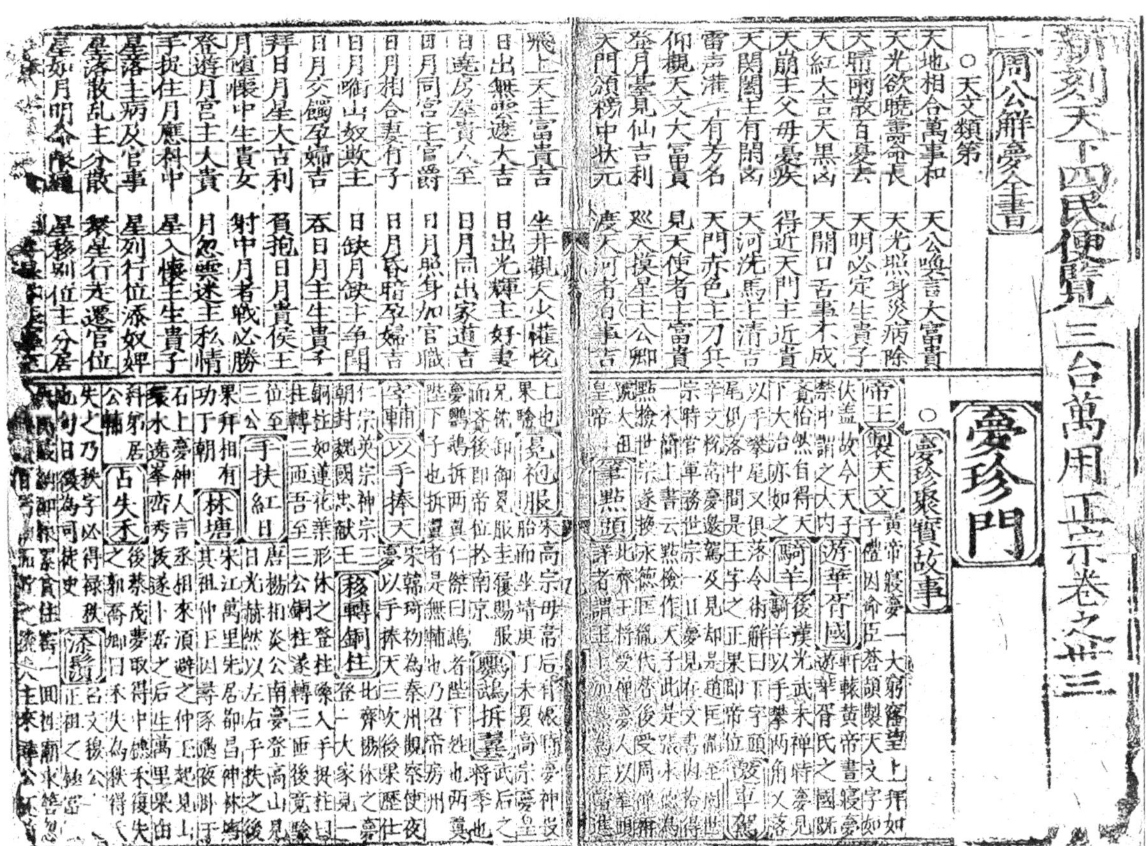

新刻天下四民便覽三台萬用正宗卷之卅三

周公解夢全書

○天文類第一

天地相合萬事和　天公喚言大富貴
天光欲曉壽命長　天光照身災病除
天晴雨散百憂去　天明必定生貴子
天紅大吉天黒凶　天開口舌事不成
天崩主父母憂疾　得近天門主近貴
天闕閣主有閒凶　天河洗馬主清吉
雷声灌耳有芳名　天門赤色主刀兵
仰視天文大富貴　見天使者主富貴
登月臺見仙吉利　夢天摸星主公卿
天門頒榜中狀元　渡天河者有事吉
飛上天主富貴　坐井觀天少權悅
日出無雲遮大吉　日出光輝主好妻
日遶房者貴人至　日月同出家道吉
日月同宮主官爵　日月照身加官職
日月相合妻有子　日月昏暗孕婦吉
日月崎山奴欺主　日缺月缺主爭閙
日月交觸孕婦吉　吞日月主生貴子
拜日月星大吉利　負抱日月貴侯王
月墮懷中生貴女　射中月者戰必勝
登遊月宮主大貴　月忽雲迷主私情
手捉住月應科中　星入懷主生貴子
星落主病及官事　星列行位添奴婢
星落散乱主分散　衆星行走遷官位
星如月明　星移別位主分居

夢珍門

○夢珍聚寶故事

帝王製天文　游華胥國　騎羊　見袍服　以手捧天　移轉銅柱　手扶紅日　林塘

[illegible]

雲霧四起交易剎　雲青黑凶赤白[illegible]
雲霧生百事權柄　赤雲夏吉秋白祥
春雲青利冬黑吉　黃雲生四時皆吉
夢五色雲大吉利　見浮雲作事不成
雷霆作声官位至　雷從地震主遂志
雷電光明事顯達　雷打燒生富貴子
身被霹靂主富貴　雷落山中諸事散
電光照人有吉慶　陰雨晦晴主凶事
行路逢雨有酒食　赤虹吉黑虹主凶
大雪下者主喪事　霜露落下百事散
庭中堆雪主喪事　雪霜降日消百病

○地理類第二

平地開田家業增　地下黑氣冲天凶
地裂諸侯病大凶　地震動主遷移居

其入必[illegible]刘氏媳婦人義[illegible]招發後益文饒公【還帶】裴度讀經[illegible]一日過僧指之云臆蜂入口必遭餓死僧辞去明日裴度求神遇拾玉帶三包當有婦啼泣來尋度即还前帯其婦拜泣曰此帯欲救父犯之物願公登極品也有度夢神人取去口邊騰蛇及滏陰德後【虎頭】唐李勝美拜荊州太守忽夢已登祖位首乃虎首明日不出堂黙坐不語夫人問之相公悶々不悦敢是夢変虎頭者勝美鶯問何以知之對曰我夜來亦夢見𢴈粉對鏡照妾頭是虎頭妾之歎也又曰君乃龍臣乃虎必後有封贈不旬日朝取右相【帝賚良弼】商高宗夜夢上帝賚以良弼夫婦諾命使人畫像旁求于天下得傅說于版築之間遂立為相置諸其左右【金甲神】黃世金欲進乾道夜夢一金甲神喝曰欲問前程歸問母親想功名必死也我母乃繼母問他必害不得已歸家繼母果在門首問言何歸只得以道言母曰十七八品不到你止有一二品世金拜受【夢與帝[illegible]】果應宋周必大以婚庫藏己任免[illegible]臨行去辞為

入地土穴中大吉　卧於地上主喜事
堂上地陷主母憂　堂上白地主母疾
人與土塊主大吉　取土來家主得財
行上土堆病不痊　抱物上山生貴子
身入土中百事安　自身擡土被耻辱
宅上起土重祿至　山中得財主福祿
山上有山出外吉　山色雲籠事不明
山林行者大吉利　山谷崩裂大凶惡
在山林穴中大吉　行过山陂病患除
春山青利夏亦吉　遊看高山春夏吉
見大石柱主進財　大石安宅益錢財
大石安穩主大吉　登岩上石官職迁
峯峦挺出中魁舉　道途平坦買賣快
水似燕尾主離別　水流洋々主新婚
大水澄清主大吉　水流有声[illegible]泣

婦翁々先夢人曰掃雪迎宰相而必大適至忽曰必大夢至一所見殿上語曰彼貌雖陋以帝[illegible]與之[illegible]而頑瘵遂生美鬚后竟居台[illegible]相者諳之莫知所貴良久將其鬚曰帝王鬚【夢腹生松】丁固夢松生腹上松字十八公后十八年為公也【官職八翼上天】晋陶侃字士行少時夢生八翼飛上天門九重登其八闇擊之墜地折左翼後果都督八州而止【武曲星】漢韓信未遂垂釣河邊飢睡于松下忽夢武曲星墜加身々驚醒遇河邊人辭曰他日必登將相后果漢拜為元帥滅楚興漢封為楚王【夢見皆字】杜牧須于宰執求小代秋皆不遂夢人曰辭春不小及秋果與皆頭果得比部員外尚丞故實【人安鼻】徐郎中夢神人携一竹籃其中皆人鼻視徐曰形相不薄但鼻曲而小剔之乃于籃中擇一鼻安之神笑曰安止即鼻也徐鼻自觧當直歷官正郎之括異志【神換頭】蜀遂寧府士人岳某并州士人李某祈夢于七曲山梓童帝君之二人者素不相識然其所祷皆功名之事夢至一宮殿見宮王者冠冕坐于殿上七八人傍有持湯者從道辯問曰某前程

[illegible]水流主長命　手弄小石主無子
過河水主有酒食　江海漲漫大吉昌
波濤洶湧憂驚事　身生水中主獄事
開通河渠名事通

○道路橋市類第三

大道往來通吉利　道泥荊棘事不成
大道崩陷財亡凶　橋上呼喚訟得勝
橋壞主有官事凶　橋斷者作事不成
橋道上生草並凶　橋柱折者子孫凶
橋上人接有扶持　登寶塔者有高望
入市上主大富貴　遊市中飲酒吉利
從市出主散財事　去路不得回別吉
開溝開路開山吉

○佛道鬼神類第四

佛賜彩衣事々加　佛在雲頭召應吉

何木殘又見李進前亦以前程中之一執簿者簿覽姓名畢上殿言于王者之前[illegible]傳旨曰汝二人皆可貴但身與頭不相稱必從兩易其頭岳聞之驚恐其人曰汝長換頭無之貴矣言畢忽有一人手持斧鉞引岳至廊廡之下須史又引李至使二人瞋目立竟易其頭醒須問有微痛早起人見其面目不以怪之然其声不改且歷言非日僕具面以及歸妻子各驚駭然問平日家庭之事祈夢之故遂備說夢中換頭因妻子之心事[illegible]明年登科[illegible]【舌生毛】[illegible]【日落四事】[illegible]獻狐花謝野園父將奏上大樹宣羅入朝賜官

仙聖到家福德至　見夫子賜坐有財
遇神仙者主大吉　見仙聖來家吉利
仙人講話妻外心　仙女交者主大吉
新塑佛像大吉利　諸佛菩薩大吉利
佛共人言有福助　法師登座主病除
堂上神佛大吉利　畫神佛者主欽敬
看神佛者妻有子　神廟大者主大吉
鬼打門者有陰事　入廟神動行事吉
見鬼嗔責主大吉　被神鬼打大不祥
得門神必魁登第　迎神賽社得外財
祭祀神道大吉利　見鬼魔者大富貴
與鬼鬪者延壽吉　燒香禮拜大吉利
家中祭祀者大吉　僧佛教人誦經言
自身齋戒大喜吉　人祭奠庭前主死
道士女冠吉事運　僧尼誦經主悶憂

【狀元鬼斗星】[illegible]【迎狀元】[illegible]【探花】[illegible]【會元】[illegible]【食犬肉】[illegible]【入剡縣】[illegible]【乘龍起】[illegible]【頭出角】[illegible]【夢生瑞】[illegible]

待人符書病安康

身軀類第五

頭被割去中亞魁　頭白長命大吉利
頭生兩角主爭競　頭生一角刀下死
脚上生瘡大吉吉　頭禿落髮主事凶
頭髮再生主長命　梳頭洗面百憂去
被人割口是非險　殺道血出主大利
洗口齒主口舌散　披頭在市百事吉
披頭蓋面詞訟至　髮白落毛憂子孫
偏髮撒亂妻妾危　洗頭髮光百惡去
手洗耳者事明白　剪剃頭髮家内凶
面生黑子遭逃亡　牙落無血父母喪
露牙齒者主詞訟　舌上生毛添是非
自口出毛大吉利　洗身被跌事有緩
身生兩翼飛大吉　自身肥潤必主死

求樂初廬陵歲辛酉解南省首冠及將廷試夢頭生羊角同年曰頭角峥嶸在此辛文傍人曰非也羊角乃解字也恐有解姓者復居首卯及抓榜特夢屋上梁上得解紹也【[illegible]繫天】古水羅倫初讀書特夢上神立下墻傍以赤竿一片係大曰此像弟上人臨試化丙中戌狀元【龍神】辈用鄉懷安人臨試一人減化丙中戌狀名明頭上加諸丙戌果中狀元【羊角置几】日夢以羊角置几上而拜明日正請人解之曰羊角是解字在几上乃第一奏成元字鄉試榜首元疑果秋第一【兔咬蟹】御名棋正統丁卯甚試夢漁推赤毛遂曰蟹去足置諸首及開榜則棋居弟一蓋解去之【龍飛】驗也四明楊守陳嘗夢龍飛白馬揹遂跳上板其頭至景泰元年秋試中弟一【開榜】徐州華琦癸酉春有人夢南京放榜見其姓名解元但未之識是秋果中弟一【見龍頭】神浮梁李禮卿試一畢以科場題目傳夢見龍頭隨來其家及揭子弟【前度劉郎】求福建陳謙登邪科件九仙觀神曰前度劉御令人來夢神曰劉度閨試求知其事者是科果中解元蓋前科解元【迎解元】曉則中解元也是科果中解元戊子乃劉汝楠中解元料余殺中三日前有一皂隷姓余名義中夢見中解元迎街赴鹿鳴宴及揭榜日乃余殺中解元

手指出血主得財　遍身膿血出大吉
手指折者子孫凶　兩手足折兄弟凶
鑿破心胸怨氣散　被針出血授官職
洗腸胃者事心明　脚傷出血大富貴
男女裸躰大不祥　婦人赤身主大吉
女人陰戶主口舌

○夫妻產孕類第六

夫妻相打欲和合　夫妻會宴主別離
夫妻相罵主病至　兄弟分別主口舌
兄弟同飲主歡悅　嫁娶孝婦主亡凶
兄弟相打主大吉　婦人共行主失財
抱婦人主有喜事　婦人共飲主大吉
婦人交泄邪大凶　與婦人通姦事凶
妻出嫁必主妻亡　婦人懷孕令人好
夫妻相拜主別離　婦人化為男子吉

【眾人撐鐵船】吉水鄧壽揚其政和間赴舉丐夢果老撐鐵船南祠夢神告云汝欲請舉須待張撐鐵船之理乃可既而竟度再不第宣有張果老仙遺其火者建炎渡江廣事草創詔天下貢闕揚其入試習推就寺試而吉州通在能仁寺乃張果老作於此地應問坐定忽見壁間所畫竊自喜後撐鐵船故事心【先入試】有二子將赴試至選書而撤樑果領鳶至齋而語諸孝先進場秋大比之時乃知其始也魯論曰先進乃第十一非其耶夏曰非也子不億今也及撤闈視榜果然【玉子霞光入戶】李老君母王女嘗晝寢夢五色霞光入戶結如彈丸流入口中吞之遂有孕懷胎八十一年因遊花園攀李樹之下拔左脇下而生遂姓李【絳宵繞身】閔息為令尹夢絳宵流繞其身懷良久乃散【捧日令吞】孕遂生漢景帝坐崇芳閣上有赤龍盤棟使王夫人名之帝夢神女捧日令王夫人吞之十四月孕至七夕日遂生太子徹【日入懷】漢武帝晉王皇后夢日入懷孕生武帝【房脫上衣】晉索紞善占家有婦懷孕夢人脫去上衣紞曰房字去上當生男也後果應【祈祠得男】西門豹祠所求子得男

抱夫主得大財吉　女人與夫入水吉
他人會合主喜成　新婦有酒食凶
生男子者病大吉　新生子孫錢財吉
抱小兒女主口舌　盤托小兒娶氏吉
婦人觀星斗者凶　小兒死者口舌散
女人梳粧百事成

○呼召覲見類第七

帝觀天相主大吉　帝王宣喚有驚喜
帝妃呼喚欲有疾　君臣朝天大富貴
見王侯者主大吉　凡拜者皆大吉利
覲近天官主大吉　自稱石崇不久貧
見官眠魂魄不安　見貧窮者主大吉
拜父不起即主病　與聖人說話大吉
與人交易主病至　人云還汝物得理
人云死者主長命　天上接成請作記

【與神交】二月而生堅后為秦王子繪觀音像以祈嗣其妻夢白衣婦人以鑑繫冠來人來遂生男【繪畫觀音】崔揖年五十無子【天羅前身】宋欽宗至京州城外石刻二胡婦寺嘯女報奏日明曉有天羅王衣青袍從者十七人至此是知前身天羅王也宋揚億字大年生身乃天羅王也【楚王山人】羽土自稱懷王山人至其家半夜生大年後官至學士威人無嗣晚歲祈求城隍衣夢與人曰你要者主簿姓任諸城隍府名夢神授其簿孕生一男【覲類判官】李景果授其主簿學生一男名覲鄉試及第及長登第【天秤】同年夢祥心中謂我建生之年相照壁前狀貌相類詢其類錢年以經二十六同遂再塑立則是日夢祥之年昭容上官毌鄭氏將誕夢人與秤曰持此稱量天下氏自疑生男及產乃女因言秤豈天下女嵇啞耶後選入後宮【吞燕】帝節宇龍任壁壁至是職後果驗【日兩端】告曰當生桂儒乃生霓夫　神令以玉筋授吞蓋一　夢日入懷而娠生之夕光照室之夢神人來日置于腹上誕太宗　宋太祖母杜太后夢日觀皇后有崇龍有娠蕙嬪之驗也

人爭鬪主官厄事　先祖考言求食吉
與惡人言主口舌　請君入門主大吉
授職上官財物吉　新授官爵生貴子
遠客來主有酒食　家人餞送別主死
向人叩頭百事吉　合伴行者凶事至
我欲共汝去大吉　人在外招呼大吉
召女人來家大凶　女人呼者自身病

○哀樂病死類第八

與人哭泣主慶貴　床上哭泣主大凶
放聲大哭歌樂生　街中流淚大不安
弔問他人生貴子　自打自者凶後吉
自身病大吉利市　家中歡樂病除去
堂上歌樂主喪事　拍手歌舞主火病
自歌舞者口舌至　吹笛打鼓主吉事
坐水上歌者大吉　貴人上床歌有凶

【日墜懷】仁宗母章懿皇后夢二日在喬隷中未過省時父諫嘗事普庵甚顯朝夕禱之忽夜夢見紫衣僧至堦前指庭之東見日物出甚近而光明不可正是後【初見明】英宿登極遂得第以仕御政名從日【天忽墜而承之有娠而誕聖】洪恩妻杜氏忽夢吞日遂生　匡胤聽明過人後登帝位【吞日】宋甄皇后母夢花園瑰景仰頭觀天吠吞月因而孕胎果生皇后聰慧無過目無所不知【悟吞月】唐季白之母夢長庚星入懷而生因命名字太白諡太白即長庚星也【長庚星】王朝國夢人領一線衣童子曰尔有婁氏之沁上贈此王童與字相是夕夫人孕生賡之【賜童生】張說母夢一玉燕飛入懷中因而有孕生說後為宰相放人有邪燕【玉燕投懷】徐陵母夢五色雲化為鳳集左有上已而誕陵宝誌摩其【鳳集左肩】頂曰天上石麒麟也【飛鵲】宋岳和妻姚氏有娠當分娩飛鶴如鴻鵠作勇狀立以生岳鄂王飛以為名　孝經之要懷娠將出尾為獄主【賜繞吳門】孫鍾之妻懷娠將出繞吳閶門籍俱告知　婦曰安知非吉兆乎後生堅而堅生權並國江東　【神入脇】嘗尋宗在東宮時張

他人作鬥訟有理　他人與坐主名聲
與人拍板主口舌　懷中琴瑟夫婦和
病人服藥主病瘥　病人穿好衣大吉
病人穿好衾衣吉　病人夢撲輸大凶
病人來往走必死　身病退出複重職
重病者主有喜事　頭上生瘡主昌盛
手足膿血出大吉　死人同食主大吉
死人哭泣主口舌　死屍見爛主得財
死人出血有財來　死人去者主大凶
死人活了主信至　死人笑者病疾除
死人出指外客至　抱死人哭主大吉
抱死人笑者大凶　與人死者主長命
父母死者主折傷　自死者主大喜事
子死者主喜大吉

○沐浴廁穢類第九

洗手洗足舊患除　沐浴還官病立除
見沐浴病除大吉　廁上屎尿污衣吉
淘廁者欲主橫財　架造廁屋主大財
失大小便主失財　大便滿地富貴至
大便于籠下口舌　屎尿污身主有財
糞中坐者主大凶　人與糞主得大財
糞中行畏主得財　擔糞與婦主獲財
洗口不洗面外增　掃地除糞家欲破
糞土堆者主財聚　泥污身上主幽事

○殺鬥罵辱類第十

殺死他人大富貴　與人相打主財吉
被人打傷皆大吉　被人亂打主衣服
家中人鬪主分別　打妻者夫失力凶
被妻打者主大凶　被人脚踢主求財
殺人血污衣得錢　殺人者官位大吉

后忽寢厭不寤太子問之曰夢神降我介而刀決我脅以入殆不能堪觸至其隱然後生代宗

【連生五葉】宋忠愍韓公王夫人初未有子夢一僧貌甚異手持蓮花曰汝欲生男乎擷五葉餌之后生舍人五子並貴

【賜蘭】春秋時鄭文公有妾曰燕姞夢天使與己蘭以有國香人服媚之遂生公子蘭

【吞玉】[illegible]附君祈州人父諱世為巨農無嗣與妻祈於北嶽是夜夫妻夢二仙童子擎一盒詣門曰帝賜盒中之物令君夫人吞之言訖啓盒蓋觀之若玉二枚夫妻各吞一枚醒然而覺自后有娠生一子因名子玉凡事過人卿以為天賜也

【婚姻生夫妻】古水東林寺一僧姓熊名道瑄忽夕有一婦人入室自言與爾前生夫妻宣州謝伯玉年十八溺死今侯甚乃是後身緣未斷故來與你同棲僧正色待之無日不至並絕交合之事常于宣州訪問謝伯玉侯甚二人姓名者如前言訂定果子則十五年矣又來夢吟詩云宣州城下古松邊悦惚塵寰六十年此別夫君三萬日月明依舊再中天含泣而去送行半里到長家炎日生子越二日僧視之笑為驗

【破鏡】劉文龍朝官以十八載忽夢銅鏡破花道圓次日推故奏請歸里果妻被朱靜娶其妻貞烈不事文龍吏繼圓

【成冰泮】令狐策寮中夢人立冰上與冰下人語索紞解曰媒介事也冰泮婚成

【名望吞五色雲】南唐張迥苦吟夢吞五色雲遂精雅道郡閣雅談病唐野史

【吞易爻】盧郡奏曰郡吏陽桃夢與一道士布爻爻撓其二以飲臣乞畫吞之道士曰易道在天三爻足矣

掌而笑後見孟郊乃夢中傍笑者

【吞丹篆】韓文公夢人與丹篆一卷吞之傍一人撫

【吞沙篆】王仁裕好為詩嘗夢剖腸胃以西江水濯之見沙石皆為篆籀文因吞之文思益進因號詩集為西江集五代史

【遺墨】王勃夢人遺以貝墨盈袖自此文章日進酉陽雜俎

【青鏤管】梁紀少瑜夢陸倕以一束青鏤管筆授之其文因此大進青箱雜記

【筆如椽】王珣夢人以大筆如椽與之既覺占者曰此當大手筆事俄武帝崩哀冊謚議皆珣所草本傳

【筆生花】李白夢筆生花自是才思日進遺事

【五色筆】江淹夢人授五色筆由是文藻大進

持刀殺人小單吉　持刀自殺主得財
被殺害吉伏藏凶　斷頭而行主大吉
持刀相殺見血吉　被人夢辱主得錢
伏持見致主大吉　罵人打人皆大凶
怒罵他人人罵吉　被罵詳頭大貴至
被辱罵主惹詞訟　殺虎豹主得重印
殺牛食肉主得財　殺牛憎軀出酒食
殺鹿麂獐大吉利　殺猪打羊主大病
殺猪羊者大吉利　殺雞鴨鴨主病吉
殺鳥雀者有災難　殺龜者主喪事至

○捕禁刑罰類第十一

獄崩壞主有赦吉　獄中死者官事散
坐獄中必主恩赦　賊盜自入獄大凶
地獄臭污百事吉　枷鎖折損口舌散
枷鎖在身重病至　枷鎖入宅主大凶
繩索繫身大吉利　被人捆住疾病至
官亂打身主衣服　司獄官罵主大吉
入官司訟主大吉　雙枷打者主肉食
罪人脫枷大吉　自被杖打辱主生
身被羅網主官事　吏引入司主大吉
邀人入官主酒食　罪人脫走疾病除
身逃得脫主病去　逐人走者主有姦

○水火賊盜類第十二

身在水中大吉利　水上行者主大吉
立在水者主凶事　飲水不休主得財
溺水出吉沒主凶　人家大水兒子亡
火燒炎炎主大財　火燒山野大顯達
火從地出疾病至　火燒自屋主興旺
火烟黑色主疾病　執火乘行步步明
把火行路大通達　身在火中貴人扶

後夢郭璞曰吾筆可見還探懷中得五色筆還之爾後無美句本傳

【西堂春草】梁謝惠連十歲能屬文靈運云每有篇章對惠連輒得佳語嘗于永嘉西堂思詩不就忽夢見惠連即得池塘生春草之句大以為異

【拔馬鬣】後魏劉兆謂入洛[illegible]手無盡出故兆謂以克[illegible]馬鬣可為席者也史

【五色芝】[illegible]祖夢五色芝[illegible]以為文章之兆

【遊蓬萊第一宮】蜀張命[illegible]遊蓬萊[illegible]川中不妨[illegible]入御[illegible]宮中第一花又[illegible]云金玉樓臺[illegible]碧空[illegible]入天[illegible]國色[illegible]春色[illegible]不童子[illegible]海仙之侍者[illegible]排徊[illegible]云感君詩妙[illegible]引入[illegible]

【遊仙府】[illegible]海中樓[illegible]金碧[illegible]見海[illegible]詩[illegible]文章[illegible]人間[illegible]一家有仙人曰子詩絕佳[illegible]

【到】[illegible]

許瀛[illegible]作詩云[illegible]入埋[illegible]中[illegible]見[illegible]月明後[illegible]夜夢到[illegible]改二句不欲世間知有我也[illegible]

【入宗錦】[illegible]江淹[illegible]嘗夢張[illegible]以錦[illegible]見江淹[illegible]中得數尺與之[illegible]

【召書】[illegible]群仙[illegible]召書新宮[illegible]

【入槃心】[illegible]座主欲擇[illegible]

【軍執火】[illegible]持火乃[illegible]

【入前古】[illegible]蔽其心[illegible]

【青燕】[illegible]若剪舌[illegible]遂止[illegible]宋徽宗[illegible]

【老叟】[illegible]而去直至天門[illegible]道士着[illegible]陳堯咨遊[illegible]凹堯咨[illegible]

【忍蟹】[illegible]害獨堯咨不[illegible]矣覺[illegible]

【神女】[illegible]蜀夜夢[illegible]王夢一婦人哭[illegible]太[illegible]

室中光明大吉利　見燭火者大吉利
廚中火出主急事　殺人鬪殺和合吉
燒人宅織主大旱　賊趕入市不出凶
強賊入宅主家破　與賊同行大吉利
見趕賊行主大吉

○宮室屋宇類第十三

拜朝廷主大富貴　入王侯宮府庫吉
行道宮見仙大吉　城郭頹大事無憂
城中行吉出城凶　登城上土大吉利
高樓飲酒人富貴　高樓上坐大吉利
家起高樓事安穩　上臺閣牆皆大吉
行上高樓結良姻　柱頭煙起有愛事
入新宅主遠行至　上高堂大富貴至
堂上有棺身安樂　正堂倒陷家長凶
修造堂屋大吉利　屋中坐掌家歡樂

曰武王召太公三日後灌壇神女滅之【幄中】宋忠定公在成都日掌事一夕夢紫府真君接至正殿接談與敬亦厚又令吏卒引至殿上觀中道服者真降階揖之張公請問真君此人何故真君答曰其人乃黃漁濟也平昔好善濟人艱苦致是敬之公醒覓乃夢也即訪其人果有【得粟】昔劉殷年七歲喪父哀毀三年卒服至孝一夕夢有神人指籬有粟十五鍾銘而掘之果有【旱祀湖雨】后周達奚武為同州刺史時大旱武祀華岳廟山高人迹罕到武年踰六十跋涉附葛而上稽首而宿夢一白衣人其形甚偉執武手曰汝辛勤誠敬甚可嘉尚武遂驚覺旦日即澍雨下【鎮宅神】唐人鍾馗武德中應舉不第觸殿階而死一夕明皇夢之曰臣今得為終南山進士頒除天下妖孽之孽後人以為鎮宅之神【胡僧取殿】宋理宗夢二胡僧曰二十餘年後當以此殿還我既覺宣問馬廷鸞對曰胡僧乃[illegible]類也二十年來必主夷狄于殿下稱藩上命御詰之遂立碑記事至元間果歸附有僧官楊總攝以宋殿基為佛寺因高宗南渡都杭遂為殿是知前夢果應有數【得夢山神候監】為江臬令與勝緣寺僧居約有舊每訪之寺中必為具一日忽至無倫監怪問之約曰公每來土地必先見夢以知公也日當至此嘗不報是以失于祗迎監使約伏罪其所以是夕夢神告曰侯監必合于相吾係終掘是以當報近吳胡氏緣六十兩狂斷其唐天曹已制宰相名籍弟作監司千吾無所【菜園疏】有人常食蔬忽食羊肉夢五臟神曰羊踏破菜園矣【陳州事佛】宋張成憲監陳州不欲擾成疑缺以及無辜之民後因詣熙茅山夜宿而夢至一殿庭主者曰陳州之事尚記憶否此問文牘甚明命一使者各抱一錦卷與之曰以此相報是歲果生一男妻生一女後皆貴富又一年轉大夫直秘閣而卒【茅房相對】冠山米淑人之夫犯罪被因忽夜夢前鄰給茅房相對然淑人自辭曰茅房乃草舍也與赦同音然我門者必有其赦什我良人未幾數曰後遇天恩而後家也【神車至門】建昌熊舜年咸熙乙巳夜夢土色面神車至門曰張相公來從者一人陞自立在階熊問相公下訪有何鈞旨其人答以前以相過訪說未報然因階前許一願未酬齋恩鄉里祈祠張王皆臨面百次諸熊安隨謝而則祠第三位像儼然如夢中所見之神因記詩云白日門無長者車夢張王枉駕吾廬此生須恨無人識猶幸明神駕乘與後塡鄭什【脩造橋道】陝州程夷伯年二十九忽夢父曰爾今年當死可問竟海夷伯詳然無知此有蜀僧寶銓字竟海善相術夷伯往問我等我何僧曰果年甚促但求其樹病氣入水不

屋棟折者主家破　屋宇更新大吉利
棟梁破壞家人病　移居舊宅吉主事
正屋破爛家大凶　上屋者當出園吉
與人爭屋主大凶　搬移破屋齊醜婦
火燒自宅主發達　新蓋舍屋牆大吉
事人入宅主本吉　睡宅坑下主死亡
灑掃宅舍遠人來　與婦人爭宅大吉
遷入他人新宅吉　宅中生松柏益壽
正梁自折主大凶　起造倉庫東鄰興
寺舍誦經病人瘥　遷移尼姑寺病至
鴛鴦飛落婦爭鬧　踰牆度危險事去
墻下掘土主更移　妻男在墻下官至
人或與旁毛官位

○門戶井竈第十四

門戶高大主富貴　門戶忽開主大吉

門戶破裂主大吉　戶內無人主大凶
門戶閉塞事不通　門戶破壞作大凶
門戶自折奴婢走　門前燃滑事不成
新開門戶大富貴　宮城閉門口舌出
修移門戶大吉利　天火燒門主凶事
夜開小門妻外情　門戶口舌開戶止
井中沸溢主得財　庭前竹葉森上吉
門上火燒宅舍興　井中取泥出得財
井中水漲事必成　井中照身祿位至
井中忽枯家欲枯　井中崩壞家大破
井中有魚身貴吉　窺井有水遠信至
墜井坐井不起凶　窺井見天得官祿
視井水出主人至　取井水清吉濁凶
取池水井水並吉　伏藏井中主刑獄
醉落井中官事生　自淘井造井大吉

棠伯歎曰今夜吉夢相報問[illegible]中丞一宮府官少婦服飾皆甚精此從偏橋路之入右公常命劉聊新近此足要興道路之人亦要福壽自可譬取夫伯悟遂發心修造橋道年九十二歲卒后五世昌盛子孫繁衍其盛也【遊寺擲瓦】劉者來李使婦未久家夢十餘里佛寺中聞吹冷聲寺垣矮見妻在坐內者求闞免擊之既散既覺馳抵其家妻方寢聞者求婦起叙其極泣妻語夢遊一寺會有人自外以瓦擲遂覺者來亦與陳所見相同【身禮紫霞巡岳】揚州東陵聖母廟主女道士東紫霞自言少時夢中被人錄了三處言天府令職將巡南岳遂隈以金鑠州令騎道從千餘人馬濟南去須臾至岳神拜迎馬前遊夢州如有勝遊嶽中峯嶺溪谷而無不歷也既覺而返遂為女冠修自是生壽數十載【黃頭郎】漢鄧通大灌船與着黃帽者以上勝求也謂之黃頭郎即文帝嘗夢之久見乃鄧通也遂愛幸之賞賜累鉅萬相云當貧餓死帝曰能富通者在我乃賜蜀銅山得自鑄錢後有罪沒入家竟餓死如相言【人易頭】貴鄉夢人易其頭遂能半面笑半面啼文旁四諸【換鬼眼】蜀郡少時夢數吏云奉符換眼吏求錢十萬答第一眼殺不應又云錢五萬答第二眼復不答史曰止安第三眼即以二丸入眼中既覺眼深碧後相者曰好貴人骨但一双鬼眼何必不至大位乘異記

修造廚竈大吉利　廚下旺相家道興
器皿落井主急事　竈下水流主獲財
竈下燃火主聲名　竈釜破敗主死亡
竈門炊者家破亡　竈釜破鳴主口舌
屋下二竈事不成

○冠帶衣服第十五

簪冠登堂官欲遷　燒冠燬帽欲更加
脫冠去帽主失財　脫冠露頂免官職
新脫衣冠官位至　貴人與之衣冠吉
有帶襆頭巾帽吉　失帽頭巾退官位
夢失冠帶祿位至　笏破憂凶主不祥
執笏見貴人大吉　衣服忽破妻外心
衣帶自解百事吉　新衣攢彩百事凶
洗衣服多主酒食　裁衣上文書至吉
與人衣服者患至　穿新衣主添妻妾

【死後鸚鵡鷹搏】開元中嶺南獻白鸚鵡能誦詩呼雪衣娘一日貴妃曰昨夢雪衣娘為鷙鳥所搏死使宮嬪以多心經精熟若與死折禳者后果為鷹傷棄死中[illegible]后謀殺夫大有久詠者持數多總夢大咬雞啄腈射抱仗而斷【犬飛】妃夜夢後宮既飛宮親微解之曰必主宮人相撻至死者妃變色推故曰無夢矣戲對公言耳微奏曰貴人無戲言已而夢成之如退宮果見宮人過撻至死明皇遂竟【兩犬言】宋武穆王岳飛發州湯陰人與金國戰勝佑朱仙鎮相守忽夢兩犬言次日謁故人道月納遂獄夜夢兩犬對言事僧曰兩犬言獄字也此人因此行避之飛有盡忠之意不記避禍果遭秦檜獄岳死【半身熱】南齊東昏將軍張敬兒好信夢初為南陽守妻夢一手熱為雍州夢一髀熱為開府夢半身熱敬兒意欲無限謂人日吾妻將夢通身熱矣齊主惡殺之也【[illegible]】惟江下命事名華弘治間守備嚴州行司內二大樹各有巢見五色衣婦人來出入自命院家數次後聞其命工伐之忽夢一老叟二人號所不來諸告道有無樹人如名意號說知二大樹乃樟梓為崇遂成病賦詩云樂夢分兩勿勞功名未業為依何姓字與

穿襴衣主大吉　何人衣裳衣服沒
失却衣服妻难產　着麻衣服添官位
着裘衣大恩人至　穿錦衣服主貴子
被油汚衣失恩澤　織作絹主壽命長
人賜絹帛大吉昌　人與絲綿主大凶
得他人麻布衣凶　與人麻衣主分離
紡績者主長命吉　孝服執杖大哭吉
脫羅衣換破衣凶　穿短衫長事必緩
見女着衣長短凶　青綠衣主大吉
女人着衣大吉利　女人穿衫平無事
穿犬身衣生貴子　繫玉帶者父母吉
穿鞋衣帶主大凶　靴子得時奴婢吉
襪破子孫失散凶　着鞋失履無終始
履破者子孫妻病　麻鞋百事和合成
木屐脫時已出厄　失履奴婢主逃走
鞋破親戚多別離

○床帳供器類第十六

床自破損妻欲亡　床脚折者奴婢死
上床掛者大凶惡　舒展床帳大富吉
血在床上妻有姦　見安新床得美妻
帳幔壞者妻子病　入幃中坐新官來
蓆薦主吉將出凶　蓆單者主有力助
換蓆吉將出者凶　破蓆者主失官位
氊得鋪陳萬事穩　好被自蓋主富貴
蓆破不坐身事吉　得手帕者主口舌
新薦者主更好妻　屏風倚障主人力
毛扇忽得官事吉　鍋釜破主喪事來
釜溢者主得大財　毛石磁碗主人助
磁碗者主酒食至　磁碟者主是非至
火炉無火主退氣　桶漏者妻主外孝

物死後文章記于樓流水落花兩恨去久賜尚未使人然可憐予幼喪年少争奈緣慳不到頭隋華而卒【荷梲立】廣陵王克淵夢着衣倚梲立湯元慎曰廣陵死矣梲字木旁兕果【歲在辰】鄭玄夢孔子告之曰起起今年歲在辰明年歲在巳云云知命當終也讖云歲在龍蛇賢人嗟作嗟嗟【奠兩楹】孔子曰丘也殷人也予疇昔之夜夢坐奠于兩楹之間云予殆將死也檀弓【兩疋絹】宋沈慶之年八十夢人以兩疋絹與之曰此絹足度諸今年不免矣兩疋八十尺也【食萬羊】李德裕嘗問僧休符僧曰公決當万里南去平生常食萬羊今食九千五百矣公異曰吾師至人吾常夢行晋山有牧羊者十數迎拜曰此侍郎平日所食羊吾識此夢不淺千人今果如師之說郎然旬日來置遣使饋羊四百公大驚曰吾不食之僧曰羊至此已為相公所有矣全句日貶潮州司馬連貶崖州司戶卒太平廣記【臼中炊】王生善卜賀客張瞻將歸夢炊臼中生曰君歸不見妻矣臼中炊無釜也雜俎【生死之交】范式字巨卿山陽人張劭字元伯汝陽人二人為友前歲約重陽日壽拜母雞黍會至期巨卿果千里奔赴而不爽後別文巨卿夢中見元伯報言今年九日特死相期于後五日葬永家祖塋專待托母妻之事巨卿寬來即素車白馬趕至元伯方長葬殯柩重不能行而停遂哭執紼為挽周養其母妻子人稱生死之交【白玉樓】唐李賀夢緋衣人駕赤虬召賀曰上帝白玉樓成召子為記不數日而卒【汝陰】後漢邛攸字伯道夢行水邊見一女子虎在後來濕新幣古者曰水邊有女乃汝字也當任其地斷擊夢者新虎頭代謝虎頭也后遷汝陰太守也【益州】張亮武定初拜大夫辭叔常夢亮下山下掛絲以告亮曰山下絲絲守也子其守益州數日果遷益州【三刀益州】晉王濬夢三刀懸于梁上又益一刀李毅賀曰明府其守益州乎盖三刀像州字果如其言【狼咬脚】晉張說嘗奉使夢狼咬一脚索紞曰肉破咬為卸字於果不行【東井中衣錦】費應進士舉夢衣錦在井中貢吉曰及第衣錦還鄉井闌後果應驗【翁簿入訓】沈慶憂之翁簿入訓中甚是汚惡古者以予必大富貴然不在旦夕之間翁簿貴富貴容阿所謂後帝也知爾富貴不在今王慶之果至孝武時出仕【財物得銀】閱何求至此仍予大兵入充官司餘理楯路何應夫毀禍得禍械中一斤其十隱隱有盜鋼二字遣盜為累入骨足夕夢見以手捷而曰我甚着悄騰為我埋免暴露罪五十步於桐下有銀十斤生前藏彼可掘之報其恩次日如言以瘞果得銀十斤因以致富

撥盆脫底主財分　火盆發器大富貴
盆散合整家重興　大小盆者主團圓
撻盤合者求事成　盤盆進門事得理
大盤柳者求不成　盒打開吉不開凶
桶無水者主爽來　桶盛水主大吉利
人送大桶主得地　桌架於宅事不成
鋸主有決斷之事　碾磑石從居大吉
鎚鑽者主侵害事　挺欲動斧主人扶
人賜碗筯家發隆　甕主被人驅使吉
熨斗盛火好事成　燻籠者益增產業
人與秤主宰制權　繩索斷者主凶惡
繩索主長命大吉　針線得時百事吉
人與金者主失金　人送箒者主得位
五色經書大貴吉　書被人奪主無能

○文武器械第十七

五色紙者大貴吉　就人卜易主疾病
凡上有書主祿位　封書信者有通達
讀文書寫字大吉　見讀書者主聰明
有人教書大富貴　文書使印有名香
看大赦陳事去吉　待大赦者家宅凶
得曆日者吞黃印　人與墨者進文章
筆上生花文章進　人將已筆去退孝
于弄筆硯主遠信　新授官爵生貴子
受職上官財物來　佩印執笏主移居
用印主名發吉凶　恭子主添丁進口
受人紙錢主大吉　兵馬入城主福祿
卒衆破賊所求得　整點大軍免禍亡
征人回者疾病退　征人去吉往主凶
見軍兵散主凶事　見軍行主得財吉
已射人主必遠行　人惠弓弩得人力

【銅鐘】後唐慧聚寺僧紹明居半山齒樹閣一夕夢神言簷前古銅下有石夫王豫與銅鍾詰旦掘地果得其此物【有人】宋桶夢內一人着赤衣桶把兩杖極打之索紞曰內有人乃肉字也朱衣肉亦色也兩杖者箸色也極打飽肉食也後果驗【其篡】【日環城】晉明帝私行察王敦營敦正晝寢夢日環其城驚起曰此必是黃鬚鮮卑奴也帝母鮮卑也函遣人追之不及遂較【一木中天】晉王敦謀反夢以一木沖天而破次日問於郭璞璞曰即未字也未可動作且待從容後竟彼誅【蠅集鼻】魏何晏夢問管輅曰吾夢有青蠅數十集鼻止輅曰鼻者天中之山青蠅臭惡之物而集其此仙峻者顛也後果被誅【三馬同槽】曹操夜夢三馬同槽命謀士賈詡詳之乃曰馬者祿馬之類也吉兆也何必疑後應司馬懿司馬師司馬昭三人篡位也【雲霧迷】曹操至赤壁過雲夢澤中夢見大雲霧昏迷不能前進遂敗於周瑜之手【脫難奔二山】宋楊文廣被番兵所困為柳州百日一夜夢奔二山衛軍云二山者乃出字也明日果脫【河去衣】宋主有疾夜夢河水乾涸形子色以為君人者龍之相今河無水是不獲水居矣既而詢諸学輔對曰河無水乃可字也陛下之疾瘳可矣帝欣然疾果愈【三夢芻狗】晉劉宣善占卜有人三夢芻狗其占不同皆驗宣曰芻狗祭神之物故始夢云當得美食祭訖則為車所轢故中夢云當折車軸其後必以為薪故後夢云當失火也【分梨】楊進賢任南陽刺史登舟暮夜風濤失子難壽忽夢與兒分一梨令人解夢曰分梨乃是分離者主不見夫婦悲慕不息別令一人解曰梨開見子果不旬日而稱子送來【火免】宋邵昱徐州人一夕夢人告曰汝有大厄紹知其事端午日石門橋將斷昱備鐵鍊度三百餘人忽有著衣神云禍過矣乃一善故能免大災【石拜】吳旦忽夢三卒人報拜旦曰問之答曰始石石萬卿之三子也旦曰何意答曰君旦汝當炭爐旦知攻脆【牛二尾】黃巢與李存孝戰夜夢騎兩尾牛出陣軍解之曰牛有二尾皆是失字也果之大敗唐與【青雀】李正巳被囚執夢云青雀即報喜也是旦果有青雀來得什因名青喜【結草】晉魏顆輩之子也輩有嬖妾一日輩染病命顆曰我死之後可嫁此妾病革又曰以為殉葬及卒顆嫁之宣公十五年秦伐晉顆敗秦師于輔氏獲杜回以歸顆夜夢見老人結草以抗回回顛而躓被獲老人曰吾爾所嫁婦父也爾用先人治命吾是以報耳【馬舞拍手】吳含夢問索紞曰我作夢舍馬舞數十人何馬拍手紞曰馬火也舞為火起拍手以救果應

弓弦斷主大凶　弓無絃者志不加
弓弩相鬬主爭訟　弓矢損折疾病至
持弓矢者主大吉　弩絃斷者兄弟散
弩弦難上兄弟分　披甲伏劍主高官
打毬者主競爭吉　戲彩毬主有火事
在軍陣中事大吉

○船車遊行第十八

船飛行主大富貴　船中有水財帛吉
行船被阻得渡吉　船行泥中是非吉
船浅在岸是非厄　乘船風帆大吉利
乘船渡江河得官　乘船飲酒遠客至
與人同船主移居　乘船橋下過大吉
病人乘船必主死　家中乘船沒錢財
身卧船中其人死　車船破碎主死亡
車輪破夫妻相別　車輪折倒主破敗
車載不起厄事去　車不行主求不遂
駕車遊行祿位至　夜車過往災散吉
病人上車主大凶　後旁有車事不成
以羊駕車事不成

○刀劍儀節第十九

刀落水中妻妾凶　拔刀出行主大吉
磨刀鋒利大吉利　得人刀斧行人利
自彈琵琶主凶事　女人帶刀主吉慶
剪刀主分財之事　剪刀拆股妻妾凶
剪刀剪物主得財　劍在床頭大吉利
得斧鉞官位至吉　旌節受寵大吉利
旌旗引入山大凶　旂旛迎接大富貴
幢帷所求遂大吉　抱旌節主貴恩至
見作新旛大吉利　羽蓋七身大富貴
開傘主得大人遮　繪綉主官位吉利

夢遊南柯　淳于棼飲槐下醉卧夢二使曰安國王曰南柯郡不理屈卿為守累日達郡古槐下穴明朗可容一榻有二大蟻是乃王也二穴直上南柯乃南柯郡也

夢蝴蝶　莊子齊物論云莊周夢為蝴蝶栩栩然化蝶也俄而覺則遽遽然周也不知周之夢為蝴蝶歟蝴蝶之夢為周歟

夢周公　孔子少時志欲行周公之道故嘗夢之及其老也嘆曰甚矣吾衰也久矣吾不復夢見周公

夢華胥　黃帝晝寢夢遊華胥氏之國所竟怡然自得黃帝得之天下大治如華胥之國

夢鈞天廣樂　秦繆公夢至帝所觀鈞天廣樂帝錫以策秦遂昌

夢高唐　楚襄王遊雲夢望高唐之觀上有雲氣王曰昔先王遊高唐夢一婦人曰妾巫山之女也朝為行雲暮為行雨朝朝暮暮陽臺之下

夢黃粱　開元中呂翁於邯鄲逆旅遇盧生同邸主人方蒸黃粱盧生言生世困厄翁取囊中枕以授之曰枕此當榮適如願生夢中娶崔氏女將相五十年榮盛無比忽欠伸而寤呂翁在傍黃粱尚未熟

夢尋友　夢中往尋行至半道即迷不知路

夢蕉鹿　鄭人有薪于野者遇駭鹿擊而斃之恐人見之也遽而藏諸隍中覆之以蕉喜甚俄而遺其所藏之處遂以為夢焉順途而詠其事傍有聞者取之歸告室人曰向薪者夢得鹿而不知其所吾今得之彼直真夢者矣室人曰若將是夢見薪者之得鹿耶詎有薪者耶今真得鹿是若之夢真邪夫曰吾據得鹿何以知彼夢我夢邪薪者歸夜其夢藏之某處又夢得之者主訟而爭之士師曰若初真得鹿妄為之夢真夢得鹿妄為之實據有此鹿請二分之以聞鄭君鄭君曰嘻士師將復夢分人鹿耶

飛熊入帳　周文王夢中見飛熊入帳後果得姜太公武王拜為師伐紂以興周朝繼之

果報蛇得珠　隋侯姓祝字元暢往齊見一蛇頭上有血隋侯以杖挑放水中而去後回至蛇所乃見含珠來侯不受夜夢腳踏一蛇驚覺乃得雙珠

泣婦　高彥真赴舉及第狀元丞相招贅不放回歸父母與妻李氏生事死葬墓壽大被丞相謀故泣夢與彥真知覺方亦究譬

錢塘　宋司馬猷遊錢塘江偶遇骨俎一付猷命裝葬之夜夢一美人執贄曰感君葬骨之恩恩劾來世于飛之報言盡不見後世果應

○禳夢符呪

夜夢惡早起于此文內驗吉則無事凶則驗曰神書符一道或戴或貼含水漱口左手持刀叩

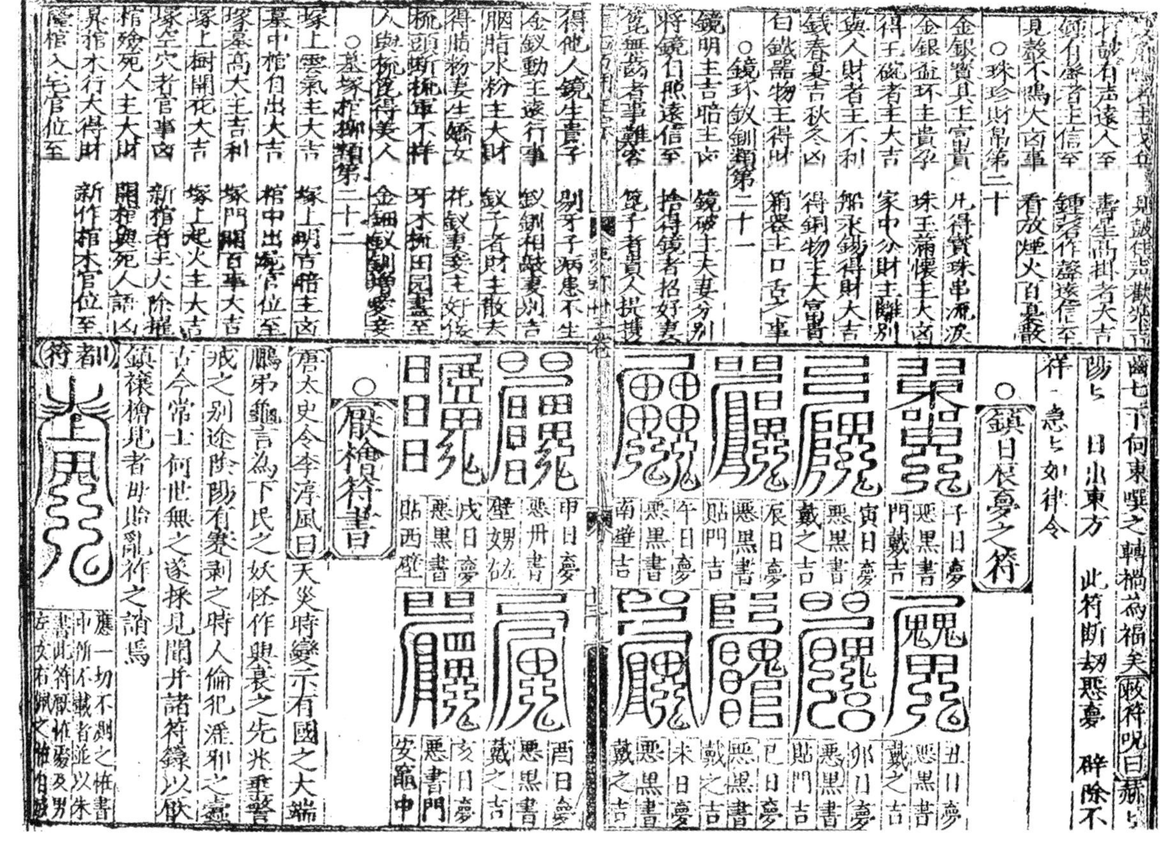

[illegible]者主戈兵　見鼓倡者歡樂言
打鼓有志遠人至　壽星高掛者大吉
鐘有聲者主信至　鍾聲作聲遠信至
見鼓不鳴大凶事　看放煙火百事散

○珠珍財帛第二十

金銀寶貝主富貴　凡得寶珠串流淚
金銀盃环主貴子　珠玉滿懷主大凶
得子碗者主大吉　家中分財主離別
與人財者主不利　船來錫得財大吉
錢春夏吉秋冬凶　得銅物主大富貴
白鐵器物主得財　箱器主口舌之事

○鏡環釵劍類第二十一

鏡明主吉暗主凶　鏡破主夫妻分別
將鏡自照遠信至　拾得鏡者招好妻
篦無齒者事難容　篦子者貴人提攜
得他人鏡生貴子　別牙子病患不生
金釵動主遠行事　釵劍相對妻別吉
胭脂水粉主大財　釵子者財主散失
得胭粉妻生嬌女　花釵妻妾主好後
梳頭斷梳事不祥　牙木梳田園盡至
人與梳篦得美人　金鈿釵劍贈妻妾

○墓塚棺槨類第二十二

塚上雲氣主大吉　塚上明吉暗主凶
墓中棺自出大吉　棺中出死官位至
塚墓高大主吉利　塚門開百事大吉
塚上樹開花大吉　塚上起火主大吉
塚空穴者官事凶　新棺者主大除擢
棺殮死人主大財　開棺與死人語凶
見棺木行大得財　新作棺木官位至
擡棺入宅官位至

齒七下何東嚶之轉禍為福矣　敕符呪曰　赫赫陽陽日出東方　此符斷絕惡夢　辟除不祥急急如律令

○鎮日辰夢之符

子日夢惡黑書門戴吉
丑日夢惡黑書戴之吉
寅日夢惡黑書戴之吉
卯日夢惡黑書貼門吉
辰日夢惡黑書貼門吉
巳日夢惡黑書戴之吉
午日夢惡黑書南壁吉
未日夢惡黑書戴之吉
申日夢惡卌書壁娚姑
酉日夢惡黑書戴之吉
戌日夢惡黑書貼西壁
亥日夢惡書門安龍中

○厭禳符書

唐太史令李淳風曰天災時變示有國之大端鵰鳥龜言為下民之妖怪作興衰之先兆垂警戒之別途陰陽有變剋之時人倫犯淫邪之應古今常士何世無之遂採見聞并諸符籙以厭鎮禳禬見者毋貽亂祚之誚焉

都符

應一切不測之怪書帖中所不載者並以朱書此符厭佑男及女布服文帳內

○草木果品類第二十三

與人分花主分散　樹木枯死宅不安
樹木凋零尊長凶　枯木再生命運至
冢上生蓮主偶然　松樹枯時父有災
大樹忽折大凶惡　種樹木者大吉利
上樹忽折主死傷　面仰樹上去大凶
燒墳木者主大吉　火焚樹木主大吉
在李樹下交有喜　枯木開花生貴子
斫伐大樹必得財　門中生棗樹有子
堂上木生憂父母　梅樹枯者母有病
種木來家更得財　草木茂盛家道吉
松木竹林百事吉　家中生枯大吉利
庭前竹木大吉利　蘭生砌上主添孫
冬瓜在石上生凶　葫蘆出墓惡事連
瓜生墓上主妻凶　菓林中行主財帛

推十二支見日怪圖

十二支逐日見怪式

建日見行人至　除日見防毋　滿日防子孫　平日見家興旺
定日得財　執日主退人口　破日怪自不成　危日防產毋
成日見吉　收日見得財帛　開日防主凶　閉日憂行人

推逐時見五色怪圖

朱雀日　初四　初九　十七　廿五　見怪者　主口舌防失火事
虎頭日　初二　初十　十八　廿六　見怪者　主悲泣喪服凶事
虎脇日　初三　十一　十九　廿七　見怪者　主得橫財大吉利
虎足日　初一　十二　二十　廿八　見怪者　主遠行人不還凶
玄武日　初五　十三　廿一　廿九　見怪者　主女人是非官事
龍頭日　初六　十四　廿二　三十　見怪者　主失財口舌事凶
龍腰日　初七　十五　廿三　見怪者　主得財進添丁吉
龍足日　初八　十六　廿四　見怪者　主行人疾病半吉

菓木多熟子孫安　入菓園中主大財
人送李子主生男　樹上掛錢有望事
摘琵琶食主應時　桂花新生早得興
筍生籬邊主美事　桑生井上主亡事
折筍到家女有子　見筍者主生子孫
入園種菜主生子　林中坐卧主病災
林中漁獵主無事　竝頭蓮開產雙子

○田桑五穀類第二十四

田中生草主財吉　買人田產主遷職
破賣田產主遷職　破賣田產主大吉
有種田禾主出行　五谷茂盛主得財
見禾麥豐賞貴至　割收田禾家已安
穀穗齊秀大吉利　穀麥堆聚主大吉
米穀堆吉散主凶　得米穀者主大吉
見食稻主收大財　手中把穀如衣祿

子日見怪

乃人神司命為妖主父母衰患九十日至凶○蛇怪主官事口舌○狐狸怪主有死亡○鼠雀怪有行人信至○飢鳴主欠家神願○母雞啼主春蚕旺○犬怪家有不明事○鵲屎汚衣主孝服○六畜怪牛馬興旺○猪狗怪防失大財○虫鳥鼠怪主得財○鼠咬衣服主得財吉

丑日見怪

是北陰神為妖主血光口舌八十日內至凶○蛇怪主客喪憂心○狐狸怪主有舊願○鼠雀怪家有死亡○飢鳴怪主退大財○毋雞啼主男女興旺○犬怪欠神愿不明○鵲屎汚衣家有死亡○鼠咬衣主女人口舌○百虫怪主小口有灾

廣倉米穀大吉祿　屋上生禾官至吉
粟米有主獻物至　粳糯米者主財吉
大小麥主得私心　蕎麥麵飲官事至
大豆麥苗子孫凶　小豆堆積主散亡
麻生如林大吉利　麥糠相交家散喪
稻禾穗秀子孫旺　人教耕種遠行至

○設食瓜菓類第二十五

與人設食富貴至　與人飲酒主口舌
人請飲酒主長命　飲酒至醉主疾病
貴人賜飲主病至　與貴人對食大吉
人請吃酥酪喜至　食乳者主大吉利
食蜜錢者主大凶　死人食者主病至
食水土得財大吉　食羊肉千堂者吉
食猪狗肉主病至　食生肉凶熟肉吉
食犬肉主有爭訟　食鵝肉主妻妾病

寅日見怪

大陰神為妖主女人有傷七十日至凶○蛇怪主有虎大驚○狐狸怪主家母死○鼠鳥怪主得外財○飢鳴主賊盜侵害○毋雞啼主夫妻分別○犬怪主六畜興旺○鵲屎汚衣欠香花願○鼠咬衣主遠客至○六畜怪主百事不安○鼠怪主有橫才進○百虫怪主婚姻事

卯日見怪

是太陽神為妖主損六畜小口六十日見○蛇怪主家有疾病○狐狸怪主百事憂○鼠雀衣主香花愿○毋雞啼主行人至○釜飢鳴欠天神愿○犬怪主得橫財吉○鵲屎沃衣財散人離○六畜怪主不祥之兆○鼠咬衣遠年信至○百虫怪婚姻進財

食雞鴨鵝等肉吉　食餅者所求皆遂
食饅頭主口舌散　食茄子主妻有子
食蘿蔔主妻大吉　食蔥韭與人爭競
食仰合梨主分離　食蕹者主重甚死
食蒜主有災苦事　食清茶主遷官吉
食一切瓜者病凶　食栗者有別離吉
食林檎主有官事　食柿子主生疾病
食梨主失大財凶　食桃李主有口舌
食葡萄主離復合　食棗者生貴子吉
食桑椹主生貴子　食菜蔬主多名譽
食鹽油醬醋主吉

○龍蛇禽獸第二十六

龍眠水中事未通　潭龍翻身人通泰
龍入井中官被辱　龍死亡主貴位失
見龍飛主貴位吉　乘龍者諸事並吉

辰日見怪

乃產妖鬼求食主失財奴婢之憂凶○蛇怪主孝服災凶○狐狸怪主百事興○飢鳴主得橫財吉○毋鷄啼主牛馬興○犬怪主遠行信至○鵲屎沃衣主凶事○鼠咬衣主百事凶○六畜怪主小人侵○百虫怪主賊盜侵

巳日見怪

是家先為妖主人家不安失火之事○蛇怪主家長有災○狐狸怪主橫財進○釜飢鳴主有官事○毋雞啼主有凶事○犬怪欠木下神願○鵲屎沃衣主有凶○鼠咬

鵲噪者貴人扶　見金龍主大吉利
龍蚪入門主得財　龍蚪入竈主官事
蛇起身主生貴子　蛇多者主陰私事
蛇逐人去妻外心　蛇行水中祿遷來
蛇咬人主得大財　蛇生足將有大顯
蛇赤黑白主清吉　蛇黃白主有官事
吞金龜主入翰林　鳳凰主有貴人助
孔雀者主大官至　雀啄人肉凶變吉
孔雀飛舞主文章　鶴啣人祿位大顯
蛇變龍者主事通　白兔含花諸事美
燕作巢者主居位　燕子至家遠客至
被鶴者主得大財　鴛鴦者主有祿位
鶯鶩散去主妻凶　見群鴉百事散吉
鴉鵲亂噪酒食至　鬼入人宅主大凶
鵓鴿者主婦人吉　鶯飛出林主還職
雀相鬬交主官事　鵝鴨同遊添好妾
鳥啣蛇來人薦舉　見鶴啣珠主貴祿
雞在樹上有財吉　鳥折翼必主失子
飛鳥入懷宅並吉　空中群鳥鳴妻吉
麒麟名振動天下　獅子叫吼官有政
虎狼不動見官吉　虎入宅中官勢重
猛虎大吼主非驚　騎虎行主惡事去
熊羆生身主貴子　牛生兩尾主失財
白象扛豬官位至　獐鹿在家益官職
群兔上天主貴位　猴猻主有爭訟事
鼠走主大喜事　猫捕鼠者主得財
鼠咬衣主所求得　鹿來入家主酒食
惡虎者主有大凶　白猴猻主得官位

○牛馬六畜類第二十七

牛上山坡大吉昌　牛出門主官事至

衣服白禾吉○百虫怪主火厄事

午日見怪

是南斗為妖主女人口舌疾病六十日至○蚯怪主有失火災○狐狸主有產亡凶○釜甑鳴主宅興吉○母雞啼主官祿至○犬怪火神廟願事○鵲屎汙衣主疾病○鼠咬衣主妻厄事○百虫怪主不測事

未日見怪

乃東王公神為妖主失財火盜八十日至○蛇怪主有酒食吉○狐狸主有疾病至○釜甑鳴主進人口○母雞啼欠天曹願○犬怪主有疾病至○鵲糞汙衣主孝服○鼠咬衣主防火災○百虫怪主火凶至

申日見怪

是社司神為妖主家長姙婦憂七十日至○蛇怪見死亡之厄○狐狸怪男女疾病○甑鳴欠下天神愿○母雞啼主牛馬興○犬怪主瘟神入宅○鵲屎汙衣欠神愿○鼠咬衣服主有凶○百虫怪主欠齋願

酉日見怪

是太山神為妖主卒暴事六十日至○蛇怪主遠行人至○狐狸怪主有酒食○甑鳴主有喜事吉○母雞啼主爭鬭凶○犬怪主欠下神願○鵲屎汙衣有分火○鼠咬衣手足有災○六畜怪主有公事○百虫怪主退田地

戌日見怪

乃三道神為妖主宅孝服哭泣五十日至○蛇怪主有小口災○狐狸怪主有公事○甑鳴怪小人公事○母雞啼主有客至○犬怪主欠下神愿○鵲屎汙衣有酒食○鼠咬衣內有虛耗○百虫怪主有憂愁

牛瘦入山事不成　牛生犢主所求得
水牛來者主喪事　水牛主先祖來食
人牽牛來主富貴　騎牛入城主事臨
牽牛羊來主喜樂　羊入園者主相扶
羊被火燒生災竟　馬入室主祭神事
馬馱錢物添官位　馬舞尾前凶禍至
馬鞍合者事得成　馬走千里大喜至
馬生角者主遠行　被馬咬主祿位至
見馬奔馳主慶賀　乘駿馬吉騎馬凶
被洗放馬主吉事　見驢者所求不成
子母羊益命大吉　群羊來家主遠信
人送豬來主大吉　犬相咬主疾病至
犬咬人兒來求食　喝犬者主飲食吉
豬家自死子孫凶　豬上[illegible]口舌至
豬入宅主官事散　豕死在池中大吉

六畜與人語大凶

○龜鱉魚蟲類第二十八

龜者得財男子吉　龜者得官女人貴
龜入井宅主富貴　龜蛇相會主得財
魚多者主豐年吉　魚子多者主疾病
綵魚者妻有子孕　群魚遊水主得財
乾魚下水命復通　捕魚作食貴人引
將網捕魚白事吉　水裡釣魚主大吉
蝦蟆變魚主火物　身上生虱病除吉
螃蟹主自消除　蝦蟆鳴者主口舌
得蛤蚌者主吹泣　魚脫網鉤病即痊
飛蛾入燈他人敗　蠕絲纏身有貴人
見蚕者主有酒食　蜂螫人腳主財喜
驊蛀双戲事和合　蜻蜓對飛妻女來
蚕眠不出主大吉　蜘蛛結巢主大吉

亥日見怪

乃河泊神為妖主父母病及官事四十日至○蛇怪主不寧事凶○狐狸怪北方財至○甑鳴主婚姻事吉○母雞啼主有客至○犬怪主六畜有災○鵲屎汙衣主死亡○鼠咬衣廟神作亂○百虫怪舊然有災

逐時斷面熱法

子	卯	午	酉
主貴大喜　和合有喜	主有酒食　行人至	主婚姻　相見喜	主僧道相　會

丑	辰	未	戌
主有姻婚　凶惡之事	有遠人至　相見大吉	主口舌是　非事	主酒食不　可聚米

寅	巳	申	亥
主有遠憂　人來	主有爭事　人相見	主有喜事　有招財	主聚事口　舌不利

逐時斷嚏噴決

子	卯	午	酉
主有酒食　大吉	主大喜客　人至	主有遠客　酒食相請	主人來酒　食

丑	辰	未	戌
女人相思　客人來至	主有酒食　大吉	主有酒食　和合	主女人相　合之意

寅	巳	申	亥
主女人相　通會酒食	主有人請　吉	主有酒食	主有喜自　來吉

逐時眼跳訣法

子	卯	午	酉
左主有貴人　右主飲食	左卞有來　右主大吉	左卞酒食　右有凶事	左主客來　右主親至

丑	辰	未	戌
左有憂人　右主人思	左主客來　右主官事	左主吉利　右有病苦	左有酒食　右主長命

寅	巳	申	亥
左主遠行　右有酒食	左主酒食　右主官事	左主得財　右有女患	左主客至　右主官事

逐時斷心驚法

子	卯	午	酉
主女子思　喜事	主有酒食　外人來至	主酒食　來吉	主喜信至　大吉

丑	辰	未	戌
主惡夢不　吉利	主成合吉　憂事	主有信至　人吉	有遠人至　有吉

寅	巳	申	亥
主有客來　相會	主女人思　大利吉	主女人思　吉利	主惡睡夢　有凶

逐時斷火迎法

子	卯	午	酉
主有外心　頭偶憂事	主爭財　事憂	主相爭官　哭之事	主凶吉凶　宜小兒事

丑	辰	未	戌
主外人至　有外心	主憂心損　小口	主財入宅　家道吉昌	主憂心見　宜和合吉

寅	巳	申	亥
主大吉平　交有財	主有喜酒　食吉	主有才祿　合事	主身有病　無事吉

蜘網有人來病至　蠨蛸作堆主失財
促織多聲主小惱　蜣蜩者主不明事
蝙蝠飛群陰事良　蛾子盤火災去吉
蜈蚣咬人主命長　蒼蠅在身主凶事
蟧汚衣被人言論　蚊虫咬人主女災
螻蟻咬人主大吉　身上虱行病患至
蛆虫滿身得人財　蚯蚓者主田宅吉

○六甲占夢第二十九

甲子他人有遠行　丙子東家主失財
戊子自家有官職　庚子自家有酒食
壬子東家有口舌　乙丑自家大吉利
丁丑南家中欲衝　己丑自家酒食事
辛丑西家酒食吉　癸丑北家大吉利
丙寅東家爭訟吉　甲寅他家送菓來
戊寅西家有酒肉　庚寅有宅爭訟事
壬寅他人相思事　丁卯西家使官事
乙卯西家欲財吉　己卯主得財大吉
辛卯東家有口舌　癸卯北家欲貴客
戊辰北家有口舌　甲辰北家女來得財
庚辰自家遠人來　丙辰北家山行飲酒
壬辰自家夢有吉　癸巳東家主得財
己巳東家小斷凶　丁巳北家主口舌
乙巳南家遠客來　辛巳南家主酒食
丙午欲有變官事　庚午東家有相會
甲午自家有酒食　戊午神位祭祀酒肉
壬午南家有相養　乙未北家小口惱
丁未自家有爭事　癸未西家女來酒至
己未自家主有財　辛未欲有聚酒肉
丙申自家有客來　戊申北家嫁娶事
壬申自家有嫁娶　庚申遠人酒食至

逐時斷耳熱法

時	占
子	主飲食來有凶
丑	主有喜客至
寅	主有酒食至吉
卯	主有遠人來大吉
辰	主喜事大吉利
巳	主添進財物大吉
午	主有書信來大吉
未	主有遠客來吉
申	主有酒食安樂吉
酉	有女子相會吉
戌	主有爭鬪口舌凶
亥	主有爭訟口舌凶

逐時斷耳鳴法

時	占
子	左女思右主大吉
丑	左主口舌右主爭訟
寅	左主失物右主人至
卯	左主女思右有客至
辰	左右皆有遠客至
巳	左主凶右大吉
午	左右主遠親信來
未	左右主遠人至
申	左行人至右大吉
酉	左主失財右大吉
戌	左右人送物食來
亥	左吉主酒食

逐時斷衣留法

時	占
子	主女子食思喜事
丑	主遭之交交財
寅	主親人信至吉利
卯	主酒食會親友
辰	自身有憂頭腦疾病
巳	主女有憂男吉
午	主遠信見財吉
未	主有血光之災
申	主男有財女大吉
酉	主有客至防小人
戌	口舌散主大吉
亥	主有貴人至大吉

逐時斷目顫法

時	占
子	主親人來大吉
丑	主喜慶本身吉
寅	主凶事遠大吉
卯	主得財帛大吉
辰	主有惡事大凶
巳	主客人來大吉
午	主喜事占身吉
未	主吉事占身吉
申	主口舌詞訟凶
酉	主失財災心凶
戌	主有貴人來至
亥	主人吉利

占燈花吉凶兆 夫燈者乃一家照鑒之主開花結蕊吐焰燦光可知人事之吉凶先定天時之晴雨仔細觀者皆有應驗凡燈有花任其自開自謝不可剪并吹滅如此則亦能為災燈二次不滅亦不可以吹切宜戒之○燈有花至更不滅來日主有喜至天明不滅不落主喜事五日不絕○燈開花何邪上必為大人處得書若七夜如此則君子加官進祿富商者萬倍利息○燈二吹吹不滅更結花主來日有喜位存之郎獲大吉○燈焰忽外作分兩矩主有天恩爵邱

甲申夢西家酒食　癸酉夢北有口舌
己酉南家口舌事　丁酉北家口舌凶
癸酉北家有口舌　乙酉夢東家女私事
甲戌鬼作禍之事　戊戌遠來人報喜
壬戌東家男口舌、丙戌南家爭訟口舌
庚戌東家遠客至　乙亥東家酒肉和會
己亥南家有客至　癸亥夢北家私事
丁亥兄弟和會事　辛亥西家千里外

○十干占夢第三十

甲乙日夢大吉利、戊己日夢東家女奸事
丙丁日夢有疾病　庚辛日夢主酒食來
壬癸日夢主失財

綬遷官吉慶富人即有天官委令貴人援引○燈花連珠下垂主遠行有財○燈子中心結花如豆四何無花主有酒食孕則生子○燈花何上員大者主客至○燈無故自滅主喪服○繞點燈燈內連々爆出火星主口舌○燈焰而昏々矩無光彩者則主憂煩○若旱多時忽燈焰紅花矩小而頻々點滴者則三日有雨若天陰日久忽燈結花光彩明瑩者來日晴○若燈黑煙上起紅焰下垂昏者主來日雨○若燈無煙但紅焰左右擺拽不定主來日有大風○燈若紅焰光而長明不動搖者則必晴也○燈若有黑烟微々光色不搖者則主天晴而有風○燈若有花忽跳去吹滅者即有耻辱之事○燈自明而焰响者有遠信來

新刻天下四民便覽三台萬用正宗卷之二十四

營宅備覽

○營造經

周書秘奥云 營造宅舍宅字人得居之宅者人之根本從宅中而生宅旺人榮宅敗人衰也故聖人將欲納民於富壽使趨利而避害令遍採宅經以其可否創其制究攷諸秘要以濟物利民不亦美歟

宅舍云 宅欲左有流水謂之青龍右有長道謂之白虎前有汙地謂之朱雀後有丘陵謂之玄武為最貴地若無此相凶不然種樹東種桃柳南種梅棗西梔榆北柰杏○宅東有杏凶宅西有桃皆為淫邪宅西有柳為被刑戮宅東種柳益馬宅西種棗益牛中有槐富貴三世宅後有榆百鬼不敢近○凡宅東下西高富貴雄豪前高後下絕無門户後高前下多足牛馬凡宅地欲平坦名曰梁土後高前下名曰晉土居之並吉西高東下名曰魯土居之富貴出賢人前高後下名曰楚土居之凶四面高中央下名曰衛土居之先富後貧○凡宅不居當衝口處不居寺廟及祠社爐冶處不居草木不生處不居故軍營戰地不居正當水流處不居山脊衝處不居大城門口處不居對獄門處不居百川口處○凡宅東有流水達江海吉東有大路貧北有大路凶南有大路富貴○凡樹木皆欲向宅吉背宅凶凡宅地形卯酉不足居之自如子午不足居之大凶子丑不足居之口舌南北長東西狹吉東西長南北狹初凶後吉○凡人居洪潤雅澤陽氣者吉乾燥無潤澤者凶○凡宅前低後高世出英豪前高後低長幼昏迷左下右昂男子榮昌陽宅則吉陰宅不強右下左高陰宅豐豪陽宅非吉主必奔逃兩新夾故死須不住兩故夾新光顯宗親新故俱半陳粟朽貫東空西家無老妻有西無東家無老翁壞宅留屋終不斷哭宅材非新人丁子孫爲屋柱人散無主間架成隻潰貲衣食接棟造居三年一哭○凡住祖父母之宅而欲脩造即依祖上作陽宅陰宅進用方隅如是則累代富貴子孫隆盛如居處不利即宜轉陽作陰或移徙為陽吉○凡人居止之室必須周密勿令有細隙致有風氣得入小覺有風勿強忍之久坐必須急急避之○居處不得綺靡華麗令人貪恋無厭乃患害之源但令雅素淨潔○蓋屋布椽不得當柱頭梁上者須是兩邊騎梁者云不得以小壓大也○凡造屋切忌先築墻圍并外門必難成○凡起新屋防木匠放木筆於屋柱下令人家不吉更防有倒木作柱令人不吉○起宅畢君門俐以醇酒及散香米謝神之至也○人家不可多種芭蕉久而招祟文云人家房户

營宅門

○魯班經畧論

魯班仙人乃周世之人也居於江西路陸興府地名市鮀其妻乃雲氏今見傳代者乃滕氏之子孫也不計其數爲幼童時自能工巧不待習學而知規矩準繩真所謂良匠豈不爲天下匠人之師今遇月朔望日香花供養祭祀不闕但遇有創立佛殿鐘樓寺觀其師必來彼處則凡人不識也臨去之時方留記見其神通之處人方知之凡營造王宮太廟爲一也但寺觀宮殿樓臺天宮寶藏樓閣此爲世間之大規模其次則人家廳堂住坐屋宇橋亭或創造寶藏千升萬斗彫龍刻鳳其間萬聖千賢佛像非一日之工也規模造屋將師難爲或是四柱或是六枝先看地基深淺闊狹不可走生二視或是二超二結或是四超五殺五超六殺則止也有內作平棊頂殺又有光棟結果一自仙人留下殿宇條鍾子頂今人云是古格此在人所能爲自可變易格式凡起造用事自用選時爲住也斗有斗棟尺寸升栱皆有時式樑柱方桁桷皆用相稱乃襲目所視方好皆爲大畧也

○人家起造立木上樑式

凡人營造立木上樑候吉日時至先用立一香案於中亭將宅上香火神爐備列香花燈燭三牲供養之儀先啓請三界及地主宅神魯班大匠神仙其匠人將丈竿一曲尺繫放香棹上弁廻官羅金安頓照退宿符三煞將人打退神殺居住者不吉也

○請設三界地主魯班仙師文

那日吉時良天地開張金爐之上五分明香虔誠拜請今年今月今日今時直符使者伏望光臨有事冒懇即據有某鄉某里奉大道弟子某人某官據術人選到今年某月某日時吉方大利架造未敢自專仰仗直符使者賫持信香速去速來必當恩幸拜請天地三界四府高真十方賢聖諸天星斗十二宮神五方地主明師住宅香火福德靈聰魯班真仙公輸子先賢弟子帶領前後行師父人名 有名称 伏望諸聖躋鶴駕暫別官席之內修車抹馬來臨場屋之中既沐降臨酒當三奠初奠似斟聖道降臨已祭已祀鼓瑟鼓琴布福乾坤之大受恩江海之深仰憑聖道普降凡情酒當二酌人神喜樂大布恩光享來祿爵三奠杯觴求滅災殃百祿是荷萬壽無疆自此門庭常見泰從茲男女永安康仰冀聖賢流恩降福上來三奠已訖供養云週於是日有事冒懇今為某府某縣某鄉某里某社奉大道弟子某人今據術人下元吉年月日吉方造作謹備香燭茶菓清酒之儀拜獻三界萬靈十方賢聖再備財像牲酒之禮拜献五方地主

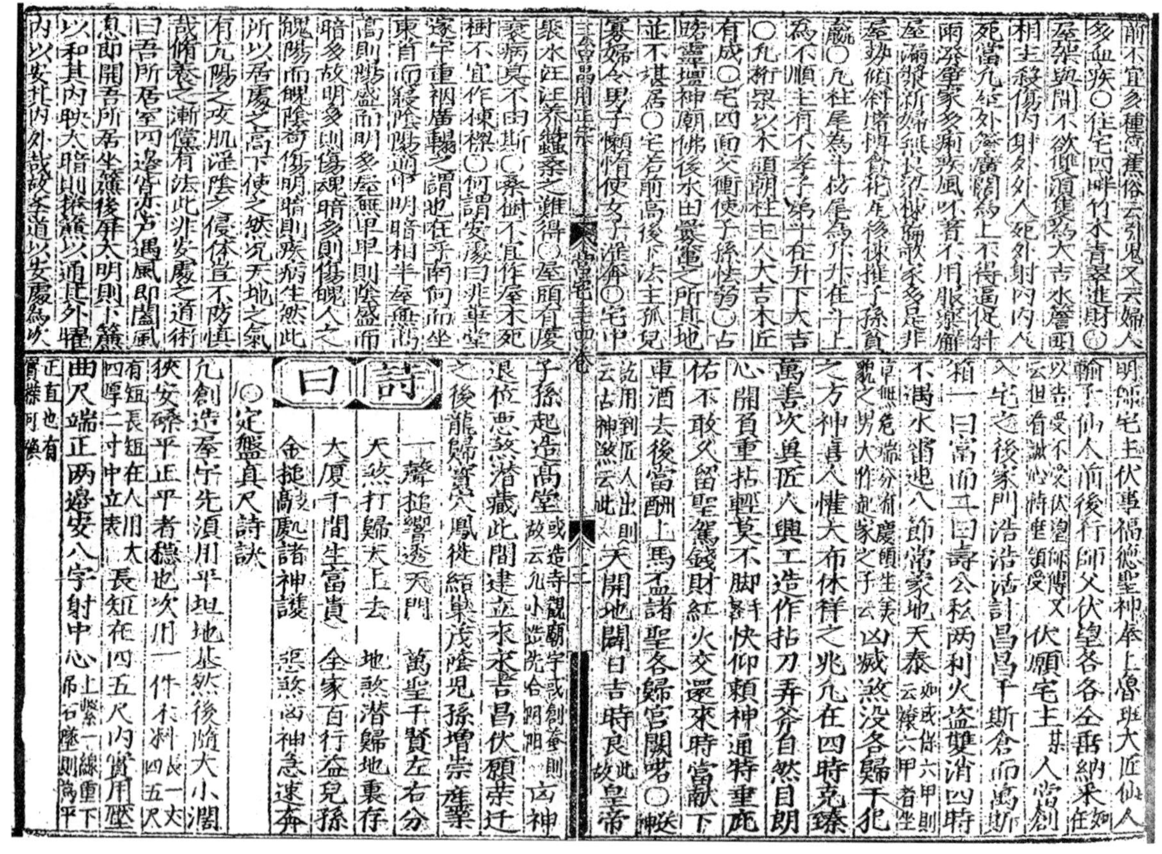

前不宜多種芭蕉俗云引鬼又云婦人多血疾○住宅四畔竹木青翠進財○屋架與門不欲使須復為大吉水簷頭相主殺傷內射外外人死外射內內人死當九紅外簷齊開約上不得過促斜兩滴筆家多癩疾風吹著不用服藥癬屋滿壁新婦紙長流樹歌家多是非屋勢傾斜常悔貧耗在後頭推子孫貧窮○九柱尾為汁梲尾為水汁在汁上為不順主有不孝子弟汁在升下大吉○凡新梁以木須朝柱主人大吉木匠有成○宅四面交衝使子孫怯弱○占睹靈壇神廟佛後水田竈之所其地並不堪居○宅若前高後下法主孤兒寡婦令男子懶惰使女子淫奔○宅中聚水汪汪蠱桑之難得○屋頭有慶衰病莫不由斯○桑樹不宜作屋木死樹不宜作棟樑○何謂安處曰非華堂邃宇重裀廣韆之謂也在乎南向而坐東首而終陰陽適中明暗相半屋無高高則陽盛而明多屋無卑卑則陰盛而暗多故明多則傷魄暗多則傷魂人之魂陽而魄陰茍傷明暗則疾病生然此所以居處之高下使之然況天地之氣有亢陽之攻肌淫陰之侵体豈不防慎哉循養之漸儻有法此非安處之道術曰吾所居室四邊皆牕戶遇風即闔風息即開吾所居坐簾後屏太明則下簾以和其內映太暗則捲簾以通其外曜內以安其內外以安其外故常道以安處為吹

明師宅主伏事禍德聖神奉上魯班大匠仙人輸子仙人前後行師父伏望各各全爭納采任如以告受不淡伏望師傅又云但看誠心時世須受伏願宅主某人當創入宅之後家門浩浩諸昌昌千斯倉而萬斯箱一曰富而五曰壽公私兩利火盜雙消四時不遇水訓也八節常家地天泰如或係六甲則云犧六甲者坐向無危禍分有慶頻生矣親之男大作起家之子云凶滅煞沒各歸千犯之方神喜人權大布休祥之兆凡在四時克臻萬善次與匠人與工造作拈刀弄斧自然目朗心開負重拈輕莫不脚輕手快仰賴神通特垂庇佑不敢久留聖駕錢財紅火交還來時當獻下車酒去後當酬上馬盃諸聖各歸宮闕嗎○送神說用到匠人出則云古神煞云此天開地闢日吉時良故皇帝子孫起造高堂或造寺觀廟宇或創蓋則故云凡小造先合開肋凶神退位惡煞潛藏此間建立永永吉昌伏願榮迁之後龍歸寶穴鳳從結巢茂蔭兒孫增崇產業

詩曰

一聲槌響透天門　萬聖千賢左右分
天煞打歸天上去　地煞潛歸地裏存
大厦千間生富貴　全家百行益兒孫
金槌敲處諸神護　惡煞凶神急速奔

○定盤真尺詩訣

凡創造屋宇先須用平坦地基然後隨大小闊狹安磉平正平者穩也次用一件木料長一丈四五尺有短長短在人用大四厚二寸中立表長短在四五尺內實用壓曲尺端正兩邊安八字射中心上繫一線重下吊石墜則為平正直也有實樑可換

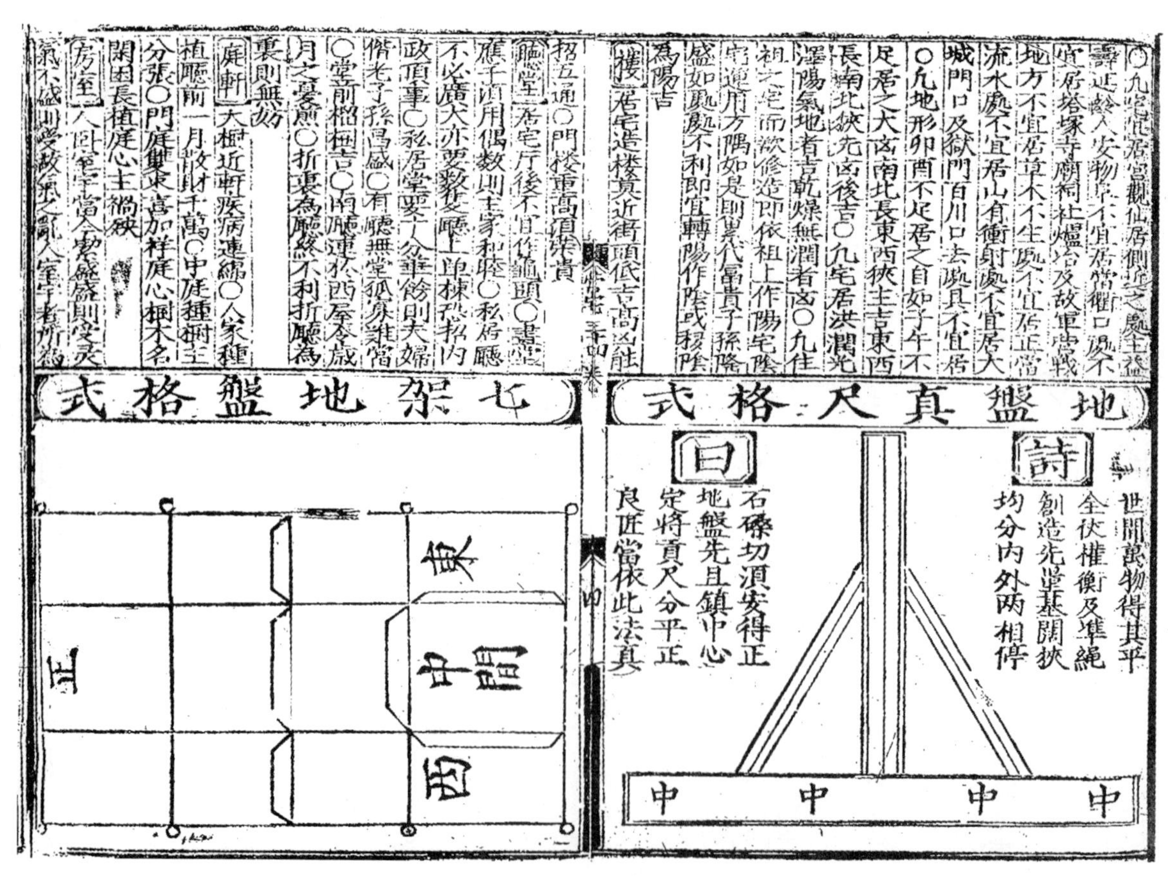

○九宅居宮觀仙居側近之處主益壽近齡人安物不宜居當衢口處不宜居塔塚寺廟祠社爐冶及故軍營戰地方不宜居草木不生處不宜居正當流水處不宜居山有衝射處不宜居大城門口及獄門百川口去處具不宜居○凡地形卯酉不足居之自如子午不足居之大凶南北長東西狹主吉東西長南北狹先凶後吉○九宅居洪潤光潤陽氣地者吉乾燥無潤者凶○凡住祖之宅而欲修造即依祖上作陽宅陰宅逆用方隅如是即累代富貴子孫隆盛如處處不利即宜轉陽作陰或移陰為陽吉

〔樓〕居宅造樓莫近街頭低吉高凶招五通○門樓重高須損貴

〔廳堂〕居宅厅後不宜作龜頭○書堂應千須用偶數則主家和睦○私居廳不必廣大亦要緊要廳上單棟恐招內政頂重○私居堂要十人分華餘則夫婦偕老子孫昌盛○有廳無堂孤身難當○堂前檻梔吉○兩廳連於西屋冬歲月之憂煎○折裹為廳終不利折廳為裏則無妨

〔庭軒〕大樹近軒疾病連綿○人家種植廳前一月散財千萬○中庭種樹主分張○門庭雙棗喜加祥庭心樹木名閑困長植庭心主禍殃

〔房室〕人臥室宇當令寬敞則受灵氣不盛則受故氣之亂人室宇者所為

地盤真尺格式

詩曰

世間萬物得其平　全仗權衡及準繩
創造先量基闊狹　均分內外兩相停

石磉切須安得正　地盤先且鎮中心
定將真尺分平正　良匠當依此法真

七架地盤格式

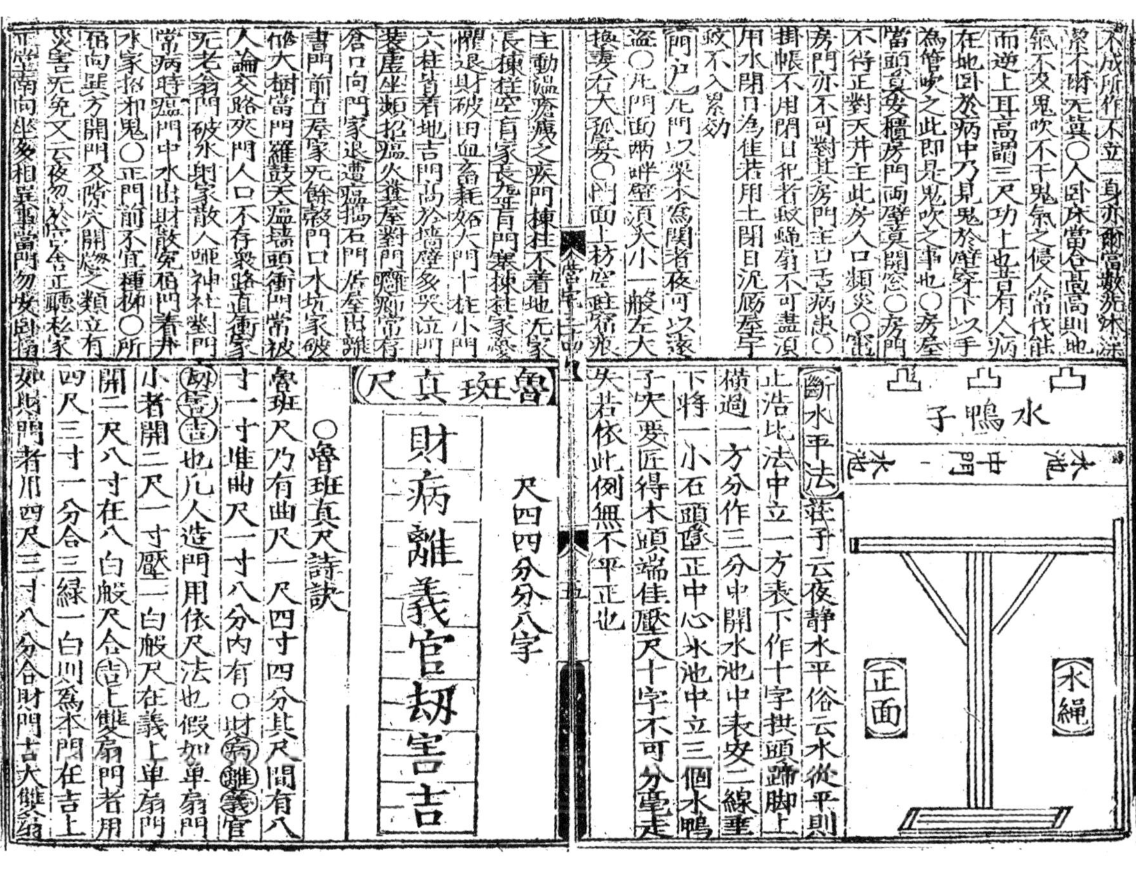

不利○寅日不可作開門大夫死出入家門左右不可安神堂主三年一次哭○論脊當門下令人患白虎病東人呼為歷蠱風白虎鬼刻猫在春碓中亦云養神療法以鷄子揩痾入痛咒願送着巷頭勿久頓○凡宅門下水出財物不聚○東北關門多招怪異之盛重○宅戶三門莫相對○門前青草多愁怨門外垂楊非吉祥○水路衝門悖逆子孫○門邊有窓招橫事○凡造屋切忌先築墻圍并外門主難成○巽方開門及隙穴開窓之類主有災異東北開門多招怪異重重○凡人家門前忌有雙池為之哭字頭西有池謂之白虎開口皆忌之

門用廣五尺六寸六分合兩白又在吉上令匠人則開門闊四尺二寸乃為二黑般尺又在吉上及五尺六寸者則吉上二分加六分正在吉中為佳也皆用依法百無一失則為良匠也

○魯班真尺詩八首

財字詩

財字臨門仔細詳　外門招得外財良
若在中門常自有　積財須用大門當
中房若合安於上　銀帛千箱與萬箱
木匠若能明此理　家中福祿自榮昌

病字詩

病字臨門招疫疾　外門神鬼入中庭
若在中門逢此字　災須輕可免危聲
更被外門相照對　一年兩度送靈
於中若被無凶禍　廁上無疑是好親

井竈勿跂井古今大忌○凡露井莫窺探壽○俗以清明日淘井為新○以鉛十餘斤安之井中水清而甘○凡開井匠江近海處須擇江風順日開則吹江水入泉必脉甘若海風順日則吹水入泉脉必鹹謂如江在井之西方是日有西南風則鑿之○擇井沸取東向三百六十步內見一青石以西者放井中立上○卯不穿井井泉不香○勿塞故井令人耳聾目盲○凡堂前不可穿井男子越井婦人上竈皆招口舌食忌之禍○勿越井越竈○井於竈邊虐疾年年○井竈相看法主男女之內亂井竈不可令相見文子祭竈事不祥○凡北窗向家五步井畔栽花物業荒○聽

離字詩

離字臨門事不祥　仔細排來在甚方
若在外門并中户　子南父北自分張
房門必主生離別　夫婦恩情兩處忙
朝日主家常作鬧　悽惶無地禍誰當

義字詩

義字臨門孝順生　一安中户最為良
若在都門招三婦　廊門淫婦戀花聲
於中合字雖為吉　也有興災害及人
若是十分無災害　只有厨門實可親

官字詩

官字臨門自要詳　莫教安在大門場
須防公事親州君　富貴中庭房自昌
若是房門生貴子　其家必定出官郎
富貴人家有相壓　庶人之屋實難量

刼

刼字臨門不足誇　家中日日事如麻

闪分刑進誚旁主人堂後莫開泉○乃犯不宜安竈上○飯食於竈前合人家不安○凡於廳屋安竈病火煌煌主有災殃○毀壞竈主令人患瘡○竈堂无礼家必破竈前歌笑要鶴煌○養生元令離竈前○竈中午夜絕燒烟午夜乃是后帝竈君交会之夜宜避之即安○婦人勿跨竈坐大忌○向竈罵詈不祥○不可對竈吟詠及唱○不可竈火燒香○作竈法長七尺九寸上象北斗下應九州廣四尺象四時高三尺象三才口闊一尺二寸象十二時安兩釜象日月突大八寸象八風須備新磚淨洗土和合香水合泥不可用壁泥相雜大忌之以豬肝和泥令婦人孝順○凡作竈泥先除地面上土五寸而取下面淨土以井花水香合泥大吉○凡竈面向西向南吉向東向北凶○竈神每日歸天白人罪○竈主食壽得食○子孫滿堂竈在明堂徵音明堂在午宮音明堂在子羽音明堂在戌商角音明堂在申也○丙丁作竈引火光○凡遇釜甑鳴鬼曰婆交但呼其名字亦不為災刦犯吉利○釜鳴不得驚呼須一男子作婦人拜亦止○釜鳴甑虛氣衝則鳴非怪但揭去蓋則已○凡人家廚下頭鍋遇夜須刷洗淨滿注水不可今乾如空則使主人心焦又云鍋釜夜深且停水家井吉方竈方出吉壽卯辰巳方出富貴○餘凶

字詩

更有害門相照着　凶來疊疊禍無差
兒孫行劫身遭害　作事因循害却家
四惡四凶皆不吉　偷人物件害其他

害詩

害字安門用細尋　外人多被外人臨
若在內門多血禍　家財必被賊來侵

吉字詩

吉字臨門最是良　中門內外一齊強
子孫夫婦皆榮貴　年年月月旺蠶桑
如有財門相照者　家道興崇最吉昌
使有凶神在旁位　也無災害亦風光

本門詩

本字開門大吉昌　尺頭尺尾正相當
量來尺尾須當吉　此到頭來財上量
福祿乃為門上致　子孫必出好兒郎
時師依此先看造　千倉廳原有餘粮

| 一白 | | | | | 六白 | | 八白 | | |

曲尺之圖

曲尺者有十寸一寸乃十分凡遇起造經營開門高低長短度量皆在此上須當奉對魯班尺八寸吉凶相度則吉多凶少為佳匠者但用傚此尺圖

詩曰

一白當如六白良　若然八白亦為昌
不將班尺來相湊　吉少凶多必主災

[illegible]其神狂惡中即有禁剩○上廁不可吟咏廁中并唾於西壁及四面廁神怨惕生瘡殘其神凡事護佑不敬不信四恐災損其身○凡有三二歲已下男女撒粪於廁中多有觸犯緣有嬌膩氣并外來深糞惡氣犯其廁神并受糞穢之人立有災咎○凡男子上廁不得科頭跣足若有此犯公私之人遭刑獄之厄○凡置得新廁即便除却舊廁舊物之內糞亦盡除恐遭殃禍當除之時以水安廁中令滿莫言除廁只言除水○凡人家不得以灰棄廁中蓋不利於人令家宅有大凶○廁神姓郭名登是遊天飛騎大殺將軍不可觸犯能賜人災福所祭祀不憑呼神名避之吉○每逢六夜莫登廁○竈灰撒廁招官事○廁中生蛆以縛柔一把投於廁甑中即無

天井 凡四向堂屋前着過道中亭有二天井象日月為屋有眼目主大發少災若只作一大天井亦發只是多出愚眼及招少下少婦○天井着花欄主淫沃又云天井置欄主病必着癰瘡眼者在蘭小口患○凡人家天井方為上不可直長主喪禍○廳前天井停水不出主病患父子相拗有下溢腸風之疾及痛肛傷孕之厄○天井栽木大凶○天井內不可種花婦人淫亂

墻滿溝渠通後屋宇潔淨死穢氣不生瘟疫病○水路九門停逆兒孫水寄

○推起造向首人白吉星

魯班經云凡人造宅開門一須用準可不準及起造宮院修緝車箭須用準合陰陽然後使尺寸量度用合財吉星及三白星方為吉其白外但則九紫為小吉要合魯班尺與曲尺上下相同為妙用尅定插人連宅及其年向者大利

○凡伐木擇日辰興工

凡伐木日辰及起工日切不可犯穿山殺匠人入山伐木起工且用看好木頭根數具立平坦處斫伐不可潦草此用人力以所為也如或木植到場不可堆放牛黃殺方又不可犯皇帝八匠九天大座餘日皆吉

○推匠人起工格式

凡匠者與工須用按祖留下格式好不焉先放在吉方然後將後步柱安放馬上泥手動作合有脫學不匠則先將棟柱用工則不按魯班之法後步柱先起手者則先後方且有前先就低而後為自下而上此為依祖也凡造宅用深淺闊狹高低相等尺寸合格方可為之

○推造宅舍吉凶論

造屋其淺在市井中人猥之亂或外闊內狹或內闊外狹但得隨地基所作若內闊外側乃名為蟒穴屋則衣食自豊也其外闊內側則名為槭口屋不為奇也造屋坊不可前三直後二直則為穿心栿不吉如或新起屋栿不可與舊屋棟齊过俗云新屋插舊棟不久便相送須用放

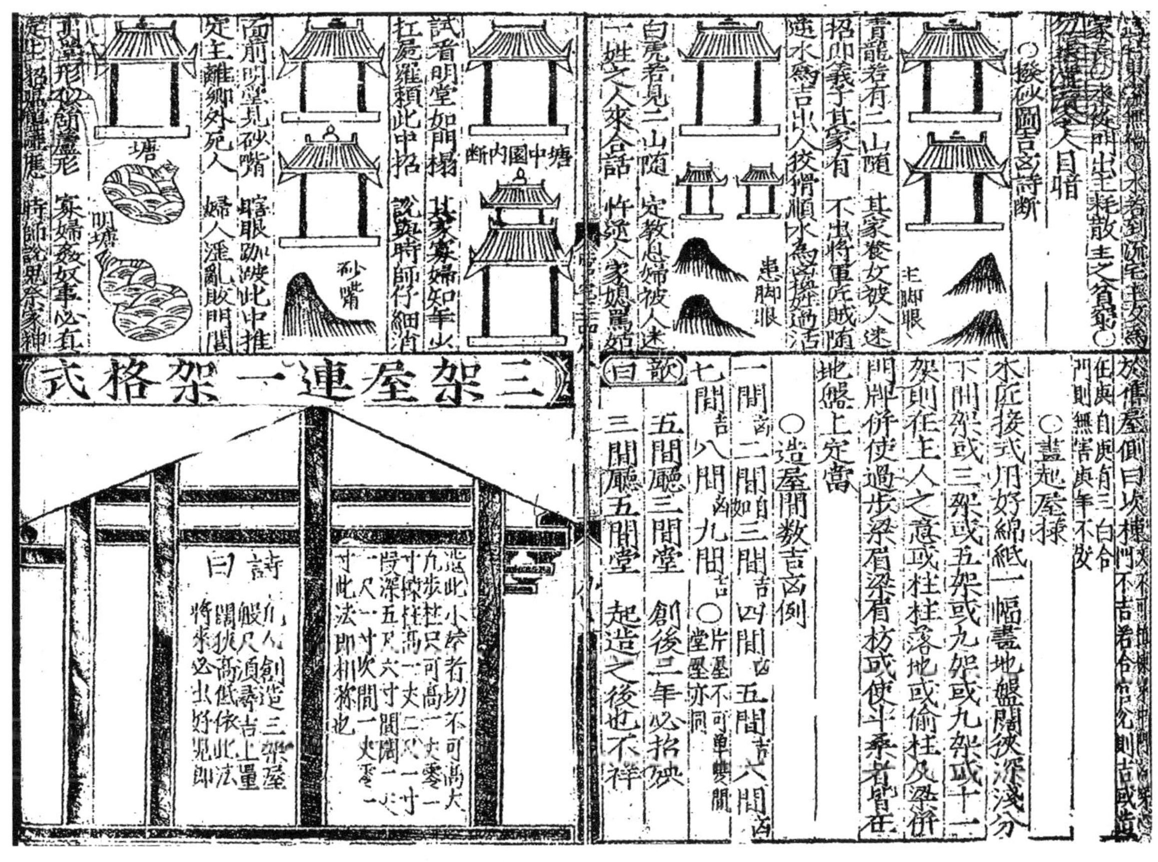

○撥砂圖吉凶詩斷

青龍若有二山隨　其家養女被人迷
招帥義子其家有　不出將軍旅賊隨
逆水為吉出人狡猾　順水為凶撥姤逃活

白虎若見二山隨　定教恵婦被人迷
一姓之人來合話　忤逆人家媳罵姑

任與自與有三白合　門則無害與年不效

○蓋起屋樣

木匠接式用好綿紙一幅畫地盤闊狹深淺分下間架或三架或五架或九架或九架或十一架則在主人之意或柱柱落地或偷柱及梁併門脚併使過步梁眉梁看枋或使斗乘者皆在地盤上定當

○造屋間數吉凶例

一間凶　二間自如　三間吉　四間凶　五間吉　六間凶　七間吉　八間凶　九間吉

○片屋不可單雙間　堂屋亦同

歌曰

五間廳三間堂　創後三年必招殃
三間廳五間堂　起造之後也不祥

試看明堂如門楊　其家寡婦知年少
扛屍羅賴此中招　說與時師仔細消

面前明堂見砂嘴　瞎眼跛腳此中推
定主離鄉外死人　婦人淫亂敗門閭

形似葫蘆形　寡婦姦奴事必真
定主招　時師說鬼祭家神

三架屋連一架格式

造此小屋者切不可高大凡步柱只可高一丈零一寸棟柱高一丈二尺一寸段深五尺六寸間闊一丈一尺一寸次間一丈零一寸此法即相稱也

詩曰

凡人創造三架屋　般尺須尋吉上量
闊狹高低依此法　將來必出好兒郎

左右龍虎共條路　男女弟死此中詳
兄弟相爭去法場　太歲向到便為殃

面前龍虎兩腳飛　退田父子各東西
更主出人生忤逆　兄弟相打兩分離

面前若見生土堆　墮胎患眼也難開
寡婦少亡不出屋　青盲暗啞又生災

五架屋拖後架格式

正五架三間拖後一二三步用一丈零八寸中高一丈二尺八寸棟高一丈五尺一寸每段四尺六寸中間一丈三尺八寸次間一丈二尺一寸地基闊狹則在人加減此皆壓白即吉也

詩曰

三間五架屋偏奇　按白量材實利宜
住坐安然多吉慶　横財入宅不拘時

門前坑井樹相堆　大姨去了小姨來
入門又見木中木　寡母淫哭無棺材

門前木路捲向前　家中淫亂不堪言
孤寡少亡傷敗事　家中動火又瘟纏

門前若有此尖砂　投軍做賊夜行家
出人忤逆眼疾有　兄弟分居餓死爺

正五架拖二架格式

門前水分八字面 賣盡田土離鄉故
淫乱其家不用媒 定主長小分離祖
八字水
若有此塘當面前 代代孀寡不堪言
一塘便斷一人丧 何勞不與外人傳
大池
明堂有塘在面前 三四房婦閙喧天
時師不識其中病 此殺便為災禍原
五架梁栟格式
面前若有綠帶水 高官必定容易期
出人代代讀書声 清貴出貴權間
綠帶水
此樹門前人不知 家招寡母哭声悲
二姓同居招女婿 血財損丧又遭迷
正七架屋格式
七架堂屋大九架造合式 前後柱高一丈二尺六寸 棟高一丈六尺令六寸中 間用闊一丈四尺三寸次 闊一丈三尺六寸段四尺 八寸地基闊狹高低深浅 隨人意加減則為之
詩曰
經營此屋好華堂
並是工師驗主張
富貴本由繩尺得
也須合用按陰陽

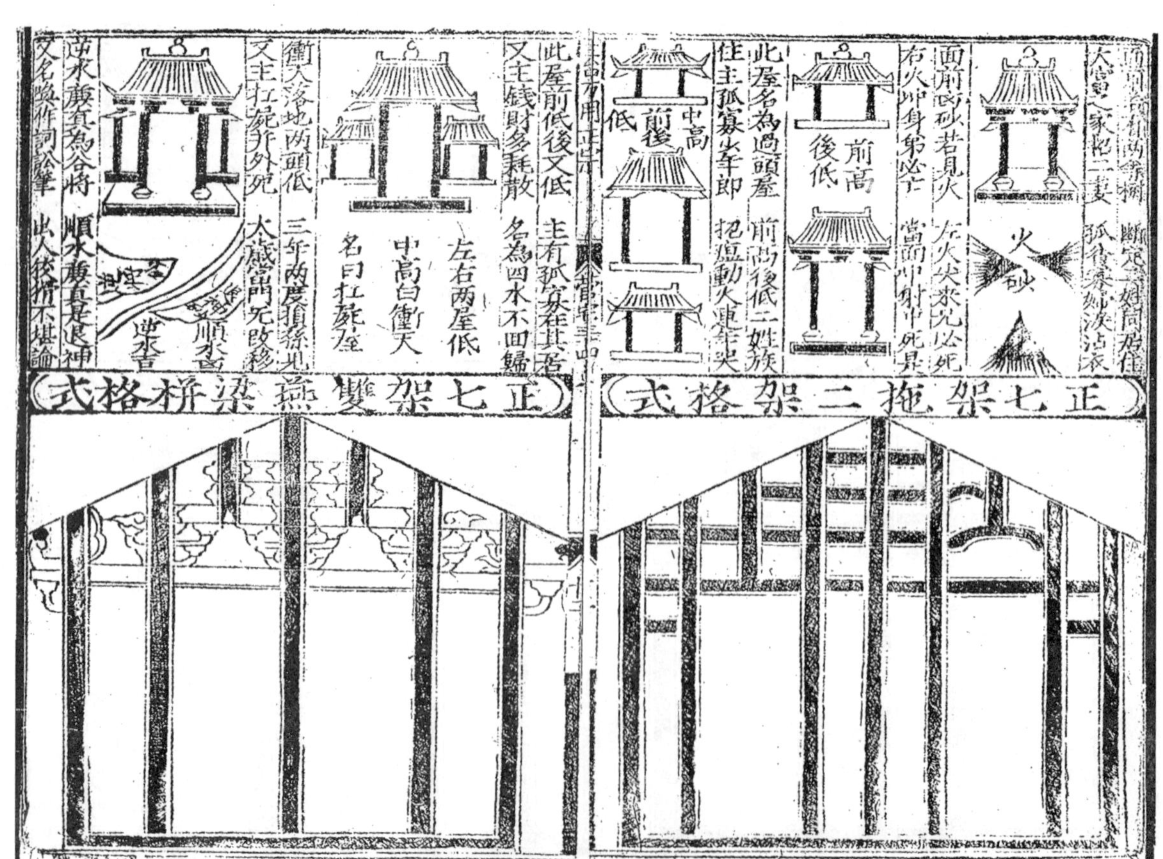
斷定二婦同房住
孤作寡婦淚沾衣
面前砂若見火 左火尖來兒必死
右火冲身弟必亡 當面冲射中死是
火
砂
此屋名為過頭屋 前高後低二姓族
住主孤寡少年郎 抱瘟動火連年哭
前高
後低
中高
前
後
低
正七架拖二架格式
此屋前低後又低 主有孤寡在其居
又主錢財多耗散 名為四水不回歸
左右兩屋低
中高曰衝天
名曰扛屍屋
衝天落地兩頭低 三年兩度損孫兒
又主扛屍并外死 大歲當門死敗移
逆水蕨食為谷將 順水蕨食是退神
又名喚作詞訟筆 出人狡猾不堪論
逆水
順水
正七架雙燕梁栟格式

两傍直

此屋名為推車屋　定主財錢都不足

名為龍虎不有齊　退田少亡無衣祿

正屋

樓

屋

門

屋

此屋名為孤寡屋　主有寡婦二三人

一紀十六年間見　遭瘟動火敗伶行

九架屋前後合橑格式

九造此屋步柱用高一丈三尺六寸，棟柱或地基廣闊宜一丈四尺八寸，段淺者則八尺三寸成十分，深高二丈二尺，棟為妙。詩曰：

陰陽兩字最為先，尚創[illegible]前

九架五間堂大夾，萬代富[illegible]

謹按仙師真尺寸，管教富貴足[illegible]

時人若不依仙法，致使人家[illegible]

此樓各為五不好　又出寡婆并寡嫂

少年媳婦守空房　二姓招郎仁義巧

天井

若見人家兩屋夾　中間天井裡兒殺

當招產難及招瘟　眼疾紛紛氣疾發

塘

路

塘

門前有路似火字　兩邊有塘半山死

[illegible]斷其家連淚哭　歲歲加[illegible]禍至

鞦韆架偷棟格式

鞦韆架今人偷棟柱為之，吉人以如此造，其中創閑要坐起，則可依此格佟好

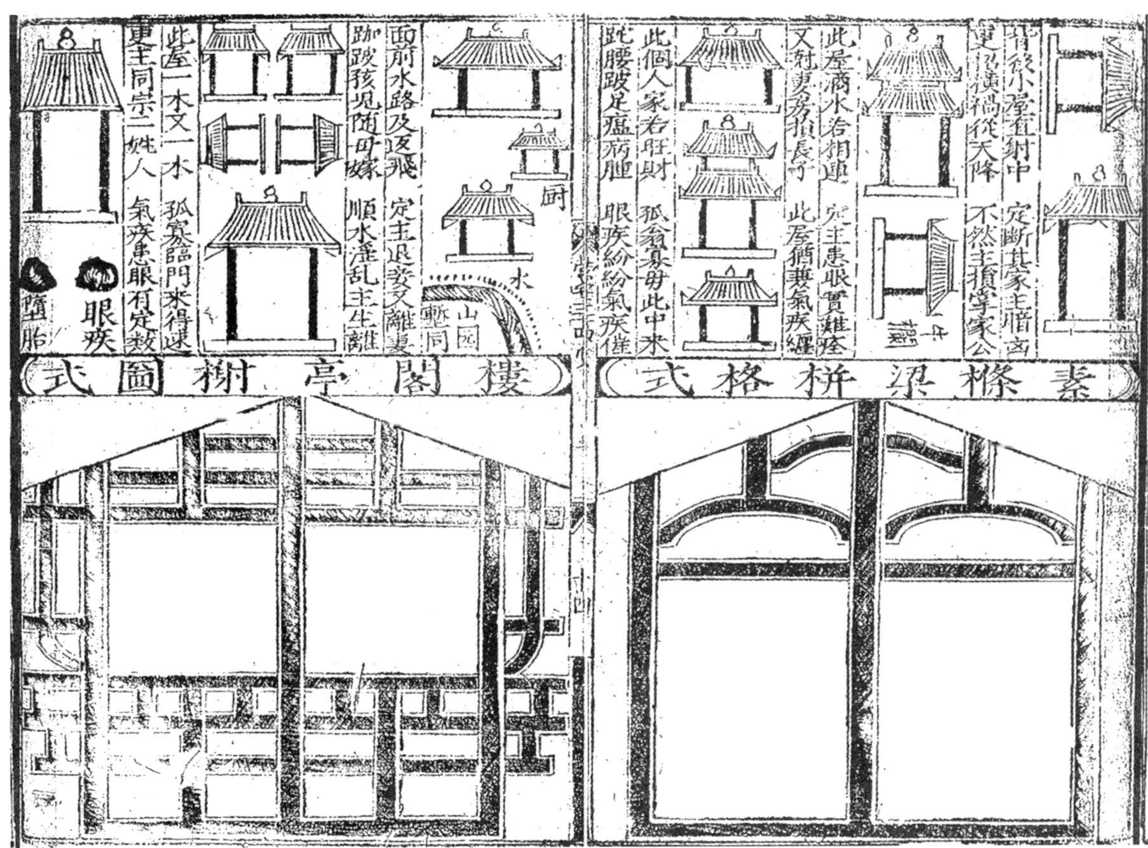

背後小屋在射中　定斷其家主瘤凶
更招橫禍從天降　不然主損宰家公
此屋滴水沿相連　定主患眼貫雖痊
又射長房損長子　此屋猶妻氣疾纏
此個人家若旺財　孤翁寡母此中來
此腰跛足瘟病腫　眼疾紛紛氣疾催
素橑拼梁格式
面前水路及返飛　定主退妻又離妻
跏跛孩兒隨母嫁　順水逆乱主生離
廚
水
山
此屋一木又一木　孤寡臨門來得速
更主同宗二姓人　氣疾患眼有定數
眼疾
墮胎
樓閣亭榭圖式

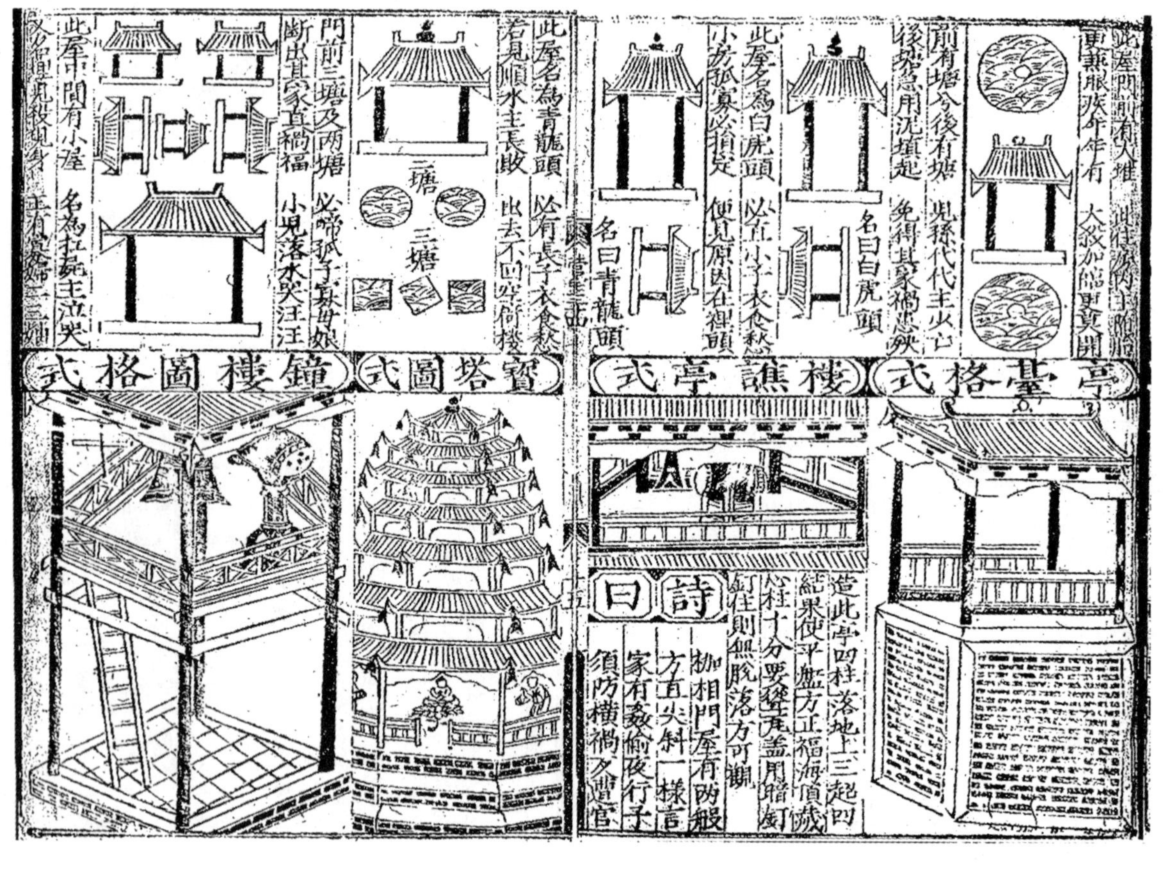
此屋門前有大堆
更兼服疾年年有　大殺加臨更莫開
前有塘兮後有塘　兒孫代代主火亡
後塘急用泥填起　免得其家禍患殃
此屋名為白虎頭　必主小子衣食愁
小房孤寡必損定　便見原因在虎頭
名曰白虎頭
名曰青龍頭
亭臺格式
樓譙亭式
詩曰
造此亭四柱落地上三起四
結果使平盤方正福海頂鐵
柱十分要從後蓋用暗釘
釘住則無脫落方可觀
枷相門屋有兩般
方直尖斜一樣言
家有姦偷夜行子
須防橫禍及遭官
此屋名為青龍頭　必有長子衣食愁
若見順水主長敗　出去不回死何樓
三塘
三塘
門前三塘及兩塘　必啼孤子寡母娘
斷出其家直禍福　小兒落水哭汪汪
此屋中間有小屋　名為扛屍主泣哭
又名埋兒殺兒身　主有寡婦二三
寶塔圖式
鐘樓圖格式

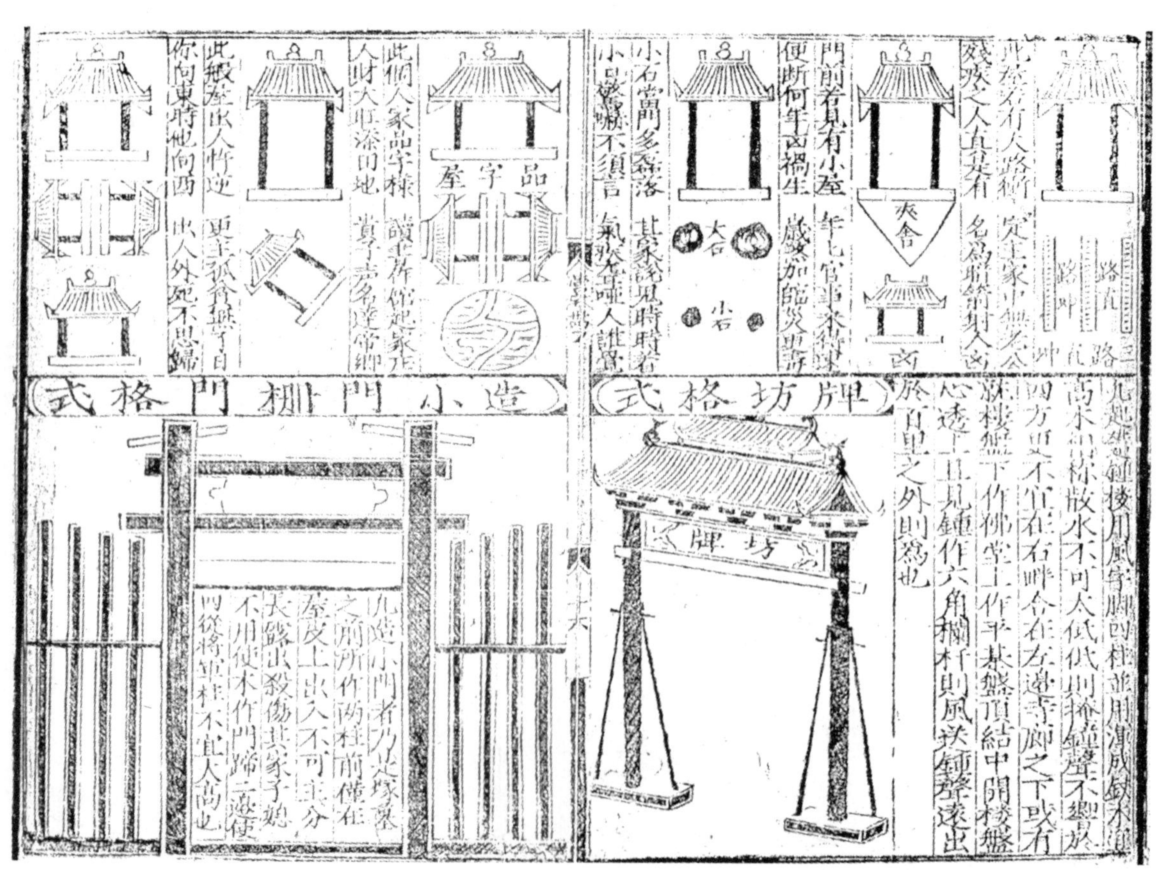
此屋有大路衝　定主家中無老公
殘疾之人真是有　名為箭射人凶
路衝
路冲
路衝
門前若見有小屋
便斷何年凶禍生
夾舍
凶
小石當門多落落　其家說鬼時時有
小兒驚嚇不須言
大石
小石
牌坊格式
凡起造鐘樓用風字腳四柱並用渾成的木
高木為棕散水不可太低低則掩鐘聲不響於
四方更不宜在右畔合在左邊寺廊之下或有
就樓盤下作佛堂上作平基盤頂結中開樓盤
心透上直見鐘作六角欄杆則風送鐘聲遠出
於百里之外則為也
牌坊
此個人家品字樣
人財大旺添田地
品字屋
此般屋出人忤逆
你向東時他向西　出人外死不思歸
造小門柵門格式
凡造小門者乃是塚墓
之前所作兩柱前傍在
屋皮上出入不可主分
大凶出殺傷其家子媳
不用從木作門蹄一邊使
門從將並柱不宜人高也

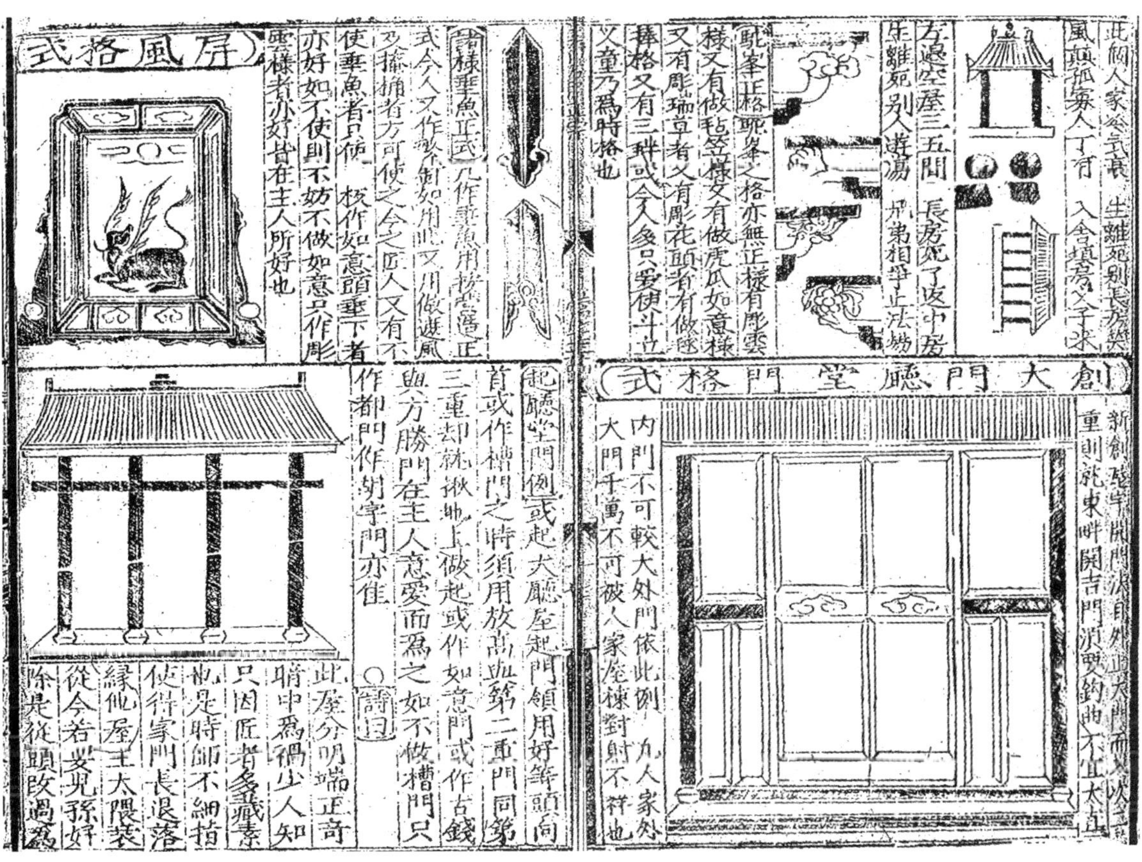

此閣人家必受長生離死別長號哭
方退空屋三五間長房死了次中房生離死別人遊蕩兄弟相爭止活擲
駝峯正格 駝峯之格亦無正樣有彫雲樣又有做氊笠樣又有做虎爪如意樣又有彫瑞草者又有彫花頭者有做毬捧格又有三蚪或今人多只要使斗立又童乃爲時格也
詩棣垂魚正式 凡作垂魚用按營造正式今人又作繁針如此又用做遮風及擡搏者方可使之今之匠人又有不使垂魚者只使板作如意頭垂下者亦好如不使則不妨不做如意只作彫雲樣者亦好皆在主人所好也
屏風格式
創大門廳堂門格式
新創屋宇開門須用外大門而次二重則就東畔開吉門須要鈎曲不宜太直
內門不可較大外門依此例 凡人家外大門千萬不可被人家屋棟對射不祥也
起廳堂門例 或起大廳屋起門須用好筭頭向首或作槽門之時須用放高些第二重門同第三重却就湫地上做起或作如意門或作古錢與方勝門在主人意愛而爲之如不做槽門只作都門作胡字門亦佳
詩曰
此屋分明端正奇
暗中爲禍少人知
只因匠者多藏素
也是時師不細推
使得家門長退落
緣他屋主太隈衰
從今若要兒孫好
除是從頭改過爲

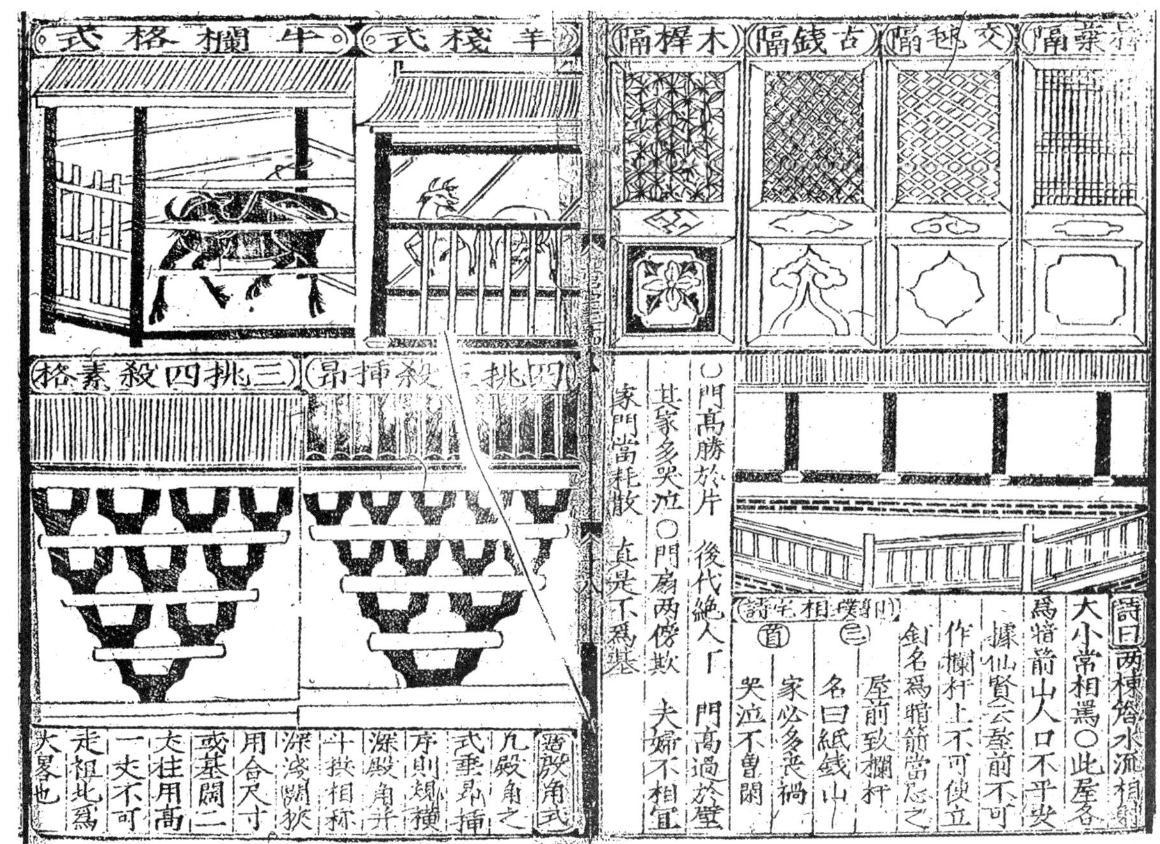

葵隔
交椅隔
古錢隔
木樨隔
羊棧式
牛欄格式
四挑三殺插昂
三挑四殺素格
詩曰 兩棟脩水流相射 大小常相罵 ○此屋名爲暗箭山人口不平安 據仙賢云屋前不可作欄杆上不可使立 剑名爲暗箭當忌之
詩曰 屋前致欄杆 名曰紙錢山 家必多喪禍 哭泣不曾閑
○門高勝於壁 其家多哭泣 ○門扇兩傍欺 家門當耗散
門高過於壁 後代絕人丁 夫婦不相宜 真是不爲基
搜殿角式 凡殿角之式垂昂插序則規横深殿角斗拱相稱深淺闊狹用合尺寸或基闊二丈柱用高一丈不可走祖此爲大畧也

○五音造牛欄法

夫牛者本姓李原是大力菩薩切見凡間人力不及特降天牛來助人力凡造牛欄者先須用術人揀擇吉方切不可犯倒欄殺及刀砧殺牛皇殺用左畔是坑右畔是田主生牛犢必得長壽

○造欄用木尺寸法度

用壽向陽木一根作棟柱用近在人屋在畔牛牲怕寒使牛溫暖柱長短尺寸用壓白不可犯在黑上合下作欄者用東方採株木一根作左邊角柱用高六尺一寸或是二間四間不得作單間也人家各別樣子用合四隻則按春夏秋冬陰陽四氣則吉不可犯五尺五寸乃為五黃不祥也千萬不可使直壞係作

倉廒格式圖

凡造倉廒並用術士選擇吉辰興工匠人先將一好木為柱安向北方

合處匠人却歸左邊立執斧向內斫入則吉或大小長短高低闊狹皆用按二黑雖然留下十寸八白則各有用處其他者合白但與做倉廒不同此用合二黑則屎耗不侵此為正例

牛枓開門用合二尺六寸大高四尺六寸為六白按六畜為好也若八寸係八白則為八敗不可使之恐損群隊也

○詩曰

魯班法度造牛欄　先用推尋吉上安
必使工師求好木　次將尺寸細詳看
且須不可當人屋　實要相宜對草山
時師依此規模作　致使牛牲食祿寬

○合音欄詩

不堪巨石在欄前　必主牛遭虎咬邊
切忌欄前大水窟　主牛難使鼻難[illegible]

○又

牛欄休在污溝邊　定隨牛胎損子連
欄後不堪有行路　主牛必損欄蹄有

○牛皇殺詩

造倉禁忌并擇方所

造倉其間多有禁忌造作場上切忌將斗斛在口中御又忌在作場之上喫食諸物其倉成後安門匠人不可着草鞋入內只宜赤腳凡依此例無不吉慶豐盈也凡動用尋進向年方吉大有進益如遇背田破田之年非特退氣又主荒却田園不稔

○木匠上梁致語　新增

伏以天開洪運地鞏皇圖水秀山明蛟騰鳳舞誠垂綿萬古之基競產多男之地恭惟新居閣下爰居爰處肯構肯堂曆盡惟爾協吉般師着我上梁唱梁一聲雄再聽西梁歌頌伏以乾剛震動大壯斯名松茂竹苞悅懌有遂占人間不貳之奇樂太古萬世之庇○伏惟東君執[illegible]

牛皇一十起於坤　二十還歸震巽門
四十中宮歸乾路　此是神仙妙欲根

○定牛入欄刀砧殺詩

春天大忌亥子位　夏月須在寅卯方
秋日休逢在巳午　冬時申酉不硬壯

○起欄日辰

起欄不得犯空亡　犯著之時牛必亡
癸日不堪行起造　牛瘟必定兩相傷

○占牛神出入

三月初一日牛神出欄九月初一日牛神歸欄宜修造大吉

牛黃八月入欄至次年三月方出不可修造大凶

○五音造羊棧格式

按圖經云羊本姓朱人家養羊作棧者用選好木生菓子如楳相之類為好四柱乃像四時四季生花結子長青之木為最切忌不可使枯木柱子用八條乃按八節祿子用二十四個乃按二十四氣前高四尺一寸高三尺六寸門口闊一尺六寸高二尺六寸中間作羊枅並用就地二尺四寸高主生羊子綿綿不絕不可不信實為大驗

三十四卷終

堂高聳大廈落成鯔鯔鸞鳳和鳴源源燕雀相賀諸賓暫過凱歌聲聽祝爾長生富貴

左執瓶祝　手執東君一把瓶　萬兩黃金打成　上是獅毛獅子蓋　下是團花托手巾

右執盞祝　手執東君一隻盞　葡萄春釀滴珠　今朝灑向雲霄下　化作甘霖遍帝都

○五酌酒　一酌東方甲乙木人間構爾成華屋震鳳麥兩未無驚積玉堆金衡是富○二酌南方丙丁火神仙預積金蓮奈願君鶴算八千秋夫婦齊眉諧到老○三酌西方庚辛金傳流國器買光陰心田飽浸三冬足換沐君恩似海深○四酌北方壬癸水貽謀沃潤芝蘭茁馬暈秋色共聯芳香藹庭階花竹最○五酌中央戊己土安貞不動占王母

東君住此產賢郎異日潭潭居相府

上梁文六律

上梁東巍然日貫錦霞紅朱簾畫翼相輝映均圓乾坤五福中○上梁西炯炯長庚耀太虛擁秋東君雙眼碧怡然歡笑壽山齊○上梁南文峯高聳碧巘嵩來科撥作三場筆一掃龍蛇映聖顏○上梁北激灩紅霓拖五色門闌喜氣自天來九族怡怡沾慶澤○上梁上蟾宮丹桂高萬丈東君折取第一枝飛黃早副蒼生望○上梁下百斛龍煙書滿架文才直射斗牛墟衣錦歸來榮駟馬○伏願東君上梁之後富如陶朱壽比錢鏗戶衍螽斯之蟄蟄慶延瓜瓞千祥雲集五福駢臻天從人願永聽匠言

卷七終

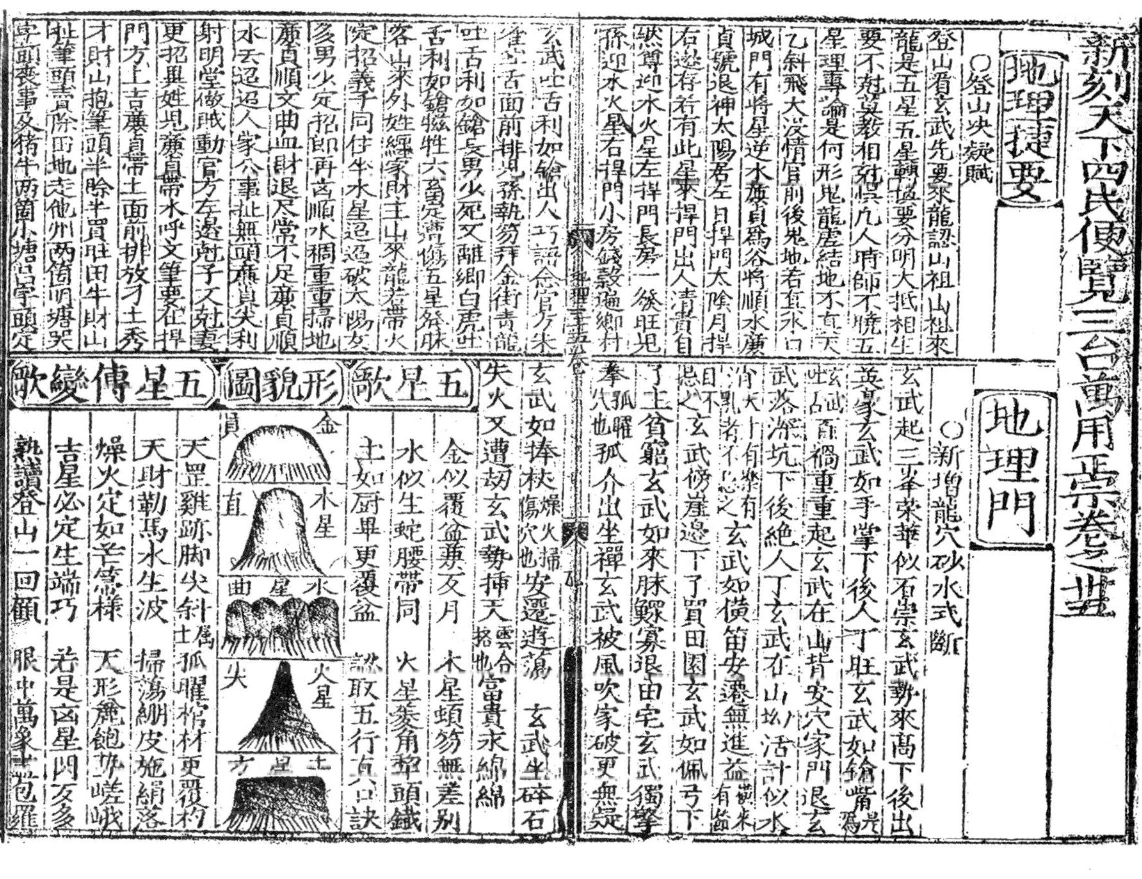

新刻天下四民便覽三台萬用正宗卷之二十五

地理提要

○登山決疑賦

登山看玄武先要來龍認山祖山祖來龍是五星五星轉换要分明大抵相生要不尅莫教相尅惧凡人時師不曉五星理專論是何形鬼龍虚結地不真天乙斜飛大没情官前後鬼地若真永口城門有將星逆水旗貞爲谷將順水廉貞號退神太陽居左月捍門太陰月捍右邊存若有此星來捍門出人清貴自然尊迎水火星左捍門長房一發旺兒孫迎水火星右捍門小房錢穀遍鄉村

玄武吐舌利如鎗出人巧詐訟官方朱雀空舌面前排兒孫執笏拜金街青龍吐舌利如鎗長男少死又離鄉白虎吐舌利如鎗蹤牲六畜定遭傷五星發脉客山來外姓經家財主山來龍若帶火定招義子同住水星迢迢破太陽女多男少定招郎再主順水禍重重掃地廉貞順文曲血財退尽常不足廉貞順水去迢迢人家公事扯無頭廉貞尖利射明堂做賊動官方左邊兒子又尅妻更招異姓兒廉貞帶水呼文筆要在捍門方上吉廉貞帶土面前排放了土秀才財山抱筆頭半賒半買旺田牛財山扯筆頭貴除田地走他州兩個明塘哭字面喪事及猪牛兩箇小塘呂字頭定

地理門

○新增龍穴砂水式斷

玄武起三峯榮華似石崇玄武勢來高下後出英豪玄武如手掌下後人丁旺玄武如鎗背是爲玄武吐舌禍重重起玄武在山背安穴家門退玄武落深坑下後絶人丁玄武在山坳活計似水消大上有樂有玄武如横笛安穩無進益有遊目不乳者不忌之玄武傍崖邊下了買田園玄武如佩弓下了主貧窮玄武如來脉鰥寡退由宅玄武獨拳孤曜孤介出坐禪玄武被風吹家破更無疑

玄武如捧杖燥火掃傷穴也安還遊蕩玄武坐碎石失火又遭刼玄武勢插天雲合招也富貴永綿綿

五星歌

金似覆盆兼反月　木星頓笏無差別
水似生蛇腰帶同　火星麥角犂頭鐵
土如厨單更覆盆　認取五行真口訣

形貌圖

金星　員
木星　直
水星　曲
火星　尖
土星　方

五星傳變歌

天罡雞跡脚尖斜土屬孤曜棺材更覆杓
天財勒馬水生波　掃蕩綳皮施絹落
燥火定如倒竹樣　天形飛鮑並嵯峨
吉星必定生端巧　若是凶星凶又多
熟讀登山一回覩　眼中萬象一包羅

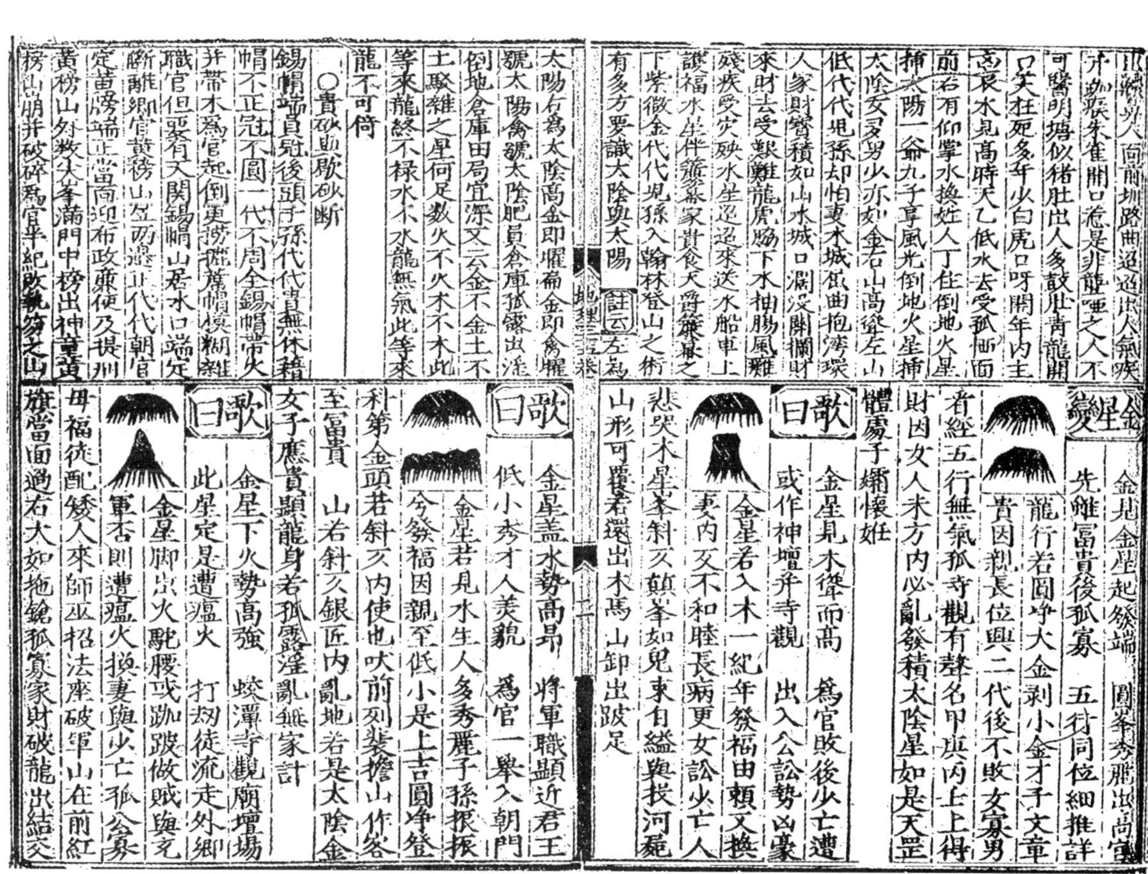

以螣出人面前圳路曲迢迢出人氣疾不如粜朱雀開口惹是非聾啞之人不可醫明塘似猪肚出人多鼓肚青龍開口笑狂死多年少白虎口呀開年内主哀喪水見高時天乙低水去受孤恓面前若有仰掌水换姓人丁住倒地火星插太陽一翁九子享風光倒地火星插太陰女多男少亦如金右山高聳左山低代代兒孫却怕妻木城低曲抱湾環人家財富積如山水城口濶没關攔財來財去受艱難龍虎脇下水抽腸風癱殘疾受灾殃水星迢迢來送水船車上護福水星件簇家貴食天爵禄之下紫微金代代兒孫入翰林登山之術有多方要識太陰與太陽

註云左爲太陽右爲太陰高金即曜兩金即禽曜號太陽禽號太陰肥員倉庫孤露出淫倒地倉庫田局宜深又云金不金土不土駁雜之星何足数火不火木不木此等來龍終不禄水不水龍無氣此等來龍不可倚

○貴砂與賤砂斷

錫帽端員冠後頭子孫代代貴無休錯帽不正冠不圓一代不周全錫帽帶火并帶木爲官起倒更奔波帽模糊雜職官但要有天關錫帽山居水口端定斷離鄉官黄榜山在兩邊出代代朝官定黄榜端正當尚迎布政兼使及提刑黄榜山外数尖峯滿門中榜出神童黄榜山崩并破碎爲官半紀敗執笏之山

金星變

金見金星起發端　圓峯秀麗出尚寶
先雖富貴後孤寡　五行同位細推詳
龍行若圓峰大金剥小金才子文章
貴因親長位與二代後不敗女寡男
看經五行無氣孤寺觀有聲名甲與丙上上得
財因女人木方内必亂發積太陰星如是天罡
體扇子孀懷姙

歌曰

金星見木聳而高　爲官敗後少亡遭
或作神壇并寺觀　出入公訟勢凶豪
金星若入木一紀年發福由賴又換妻内又不和睦長病更女訟少亡人
悲哭木星峯斜又顛峯如兒東自縊與投河死
山形可覆若還出木焉山卸出跛足

歌曰

金星盖水勢高昂　將軍職顯近君王
低小秀才人美貌　爲官一舉入朝門
金星若見水生人多秀麗子孫振振
今發福因親至低小是上吉圓净登
科第金頭君斜又内使也吠前列裴擔山作答
至富貴　山若斜又銀匠内亂地若是太陰金
女子應貴顯龍身若孤露淫亂無家計

歌曰

金星下火勢高強　蛟潭寺觀廟壇場
此星定是遭瘟火　打刼徒流走外鄉
金星脚出火駝腰或跏跛做賊與兇
軍否則遭瘟火損妻與少亡孤公寡
母福徒配發人來師巫招法座破軍山在前紅
旗當面過右大如拖鎗孤寡家財破龍出結交

帶回來定者羅袍拜御街執笏砂山朝
不正有官無印職所為官不久長半
年一載便還鄉唱喏山朝如覆杓水受
皇家爵唱喏歪斜不正朝一任小官除
武官之星何以斷旗鼓便要排衙布
陣列延兵將相公侯鎮萬營牙刀斜劍
聲鎗起指揮千户職布陣山高征戰據
任任布加巫羅城佈陣山低小征戰便
輸了若有旗鼓沒延兵為官不當軍務
山磊落魚鱗樣便是延兵點軍帳位陞
都將幾兵官水代鎮邊疆貴人錫帽當
面朝中子作官僚若居坐下青龍出長
子貴為的坐下傳轉右邊來小位達金
臺此是楊公親口訣千金莫要度凡材

○望龍斷貴

天馬南方出大貴府佐位居北主簿縣
丞看居東縣令及州官白虎山外起尖
峯女蔭出陰官青龍山外數尖峯男蔭
官為的太陰案外見太陽太監并內官
火星插太陽因軍出民官若見太陰傳
太陽不生女兒只生男坐下太陽傳太
陰只生女兒不生男面前木星似藤枝
勾當公門旺面前木星似管筆放才討
飯喫筆前若還無吉星詞訟定充軍筆
前秀麗山水正太使倉官定吏典之筆
仔細詳筆頭指水長火星若見出辛酉
庚宅水流坤祸患連定主庚戌辛亥歲
木星飛火到坍前火星若出丙午丁水
流乾巽火殃侵要知何年月日發甲寅
乙卯當斬為天關亀為地軸木為天關

潭寺觀廟堂播

歌曰

小見金星土在前　不文不武富天然
廣置庄田開貨庫　堆金積玉產人賢 
金星若見土巨富人多度兩金夾土
星獨立無龍虎過房子登科男孤女
寡母

木星變

重重見木發龍行　兩虎兩制與雙名
低小文為縣令職　英雄代代有聲名 
兩木峯天麗雙子登甲第斜蕩破軍
脚離鄉打刼地孤木一發絕抱養孤
寡室

歌曰

木星見水出將軍　護國英雄天下名
尖秀文章美貌子　為官一子拜朝廷

木星若見水外鄉　財富貴人壯子登
科正路人親差　若見山低小讀書良
有美前後列樓臺更點一般取生涯日日增盡
在他鄉置出人破形敗蓋因帶蕩體

歌曰

木星見火有相傷　驚天一發富名揚
英雄當後遭瘟火　今日得官明日亡

木下火星也師巫與孤寡自縊并投
河瘀病隨娘嫁但把火星分左男右
女話斜叉犯徒流二姓同一舍

歌曰

木星見土出師姑　石跡神壇廟可居
起得外人將仰拜　尅身帶殺出虛無

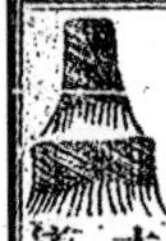

木若入土宮其龍主大凶內叉軍僧
道英雄死其戎木土龍高大因親軍

來為地軸土太陽居左日捍門太陰月
捍右邊存要識明堂是何位譬如天子
之明堂取以天下四海朝萬民俱拱何
堂如天上有北辰衆星旋拱譬如地
理明堂位四水盡朝聚謂有明堂更跡
結方取天心穴若無明堂更循瀉此龍
為鬼刼三個金星一個偏火星傳下出
神仙此是楊公真妙訣

○步步斷

先賢砂斷有明且看來龍傳換星五七
火星端正拱定生宰相掌權衡三尖筆
架不欹倒知州刺史狀元鰲華蓋三台
燕王業兒孫執笏任朝廷騰騰寶蓋侵
雲勢定出尚書坐玉京肥員似釜如覆
鐘滿門中榜探花榮當面三台如几坐
三台宰輔朝正宗

參遷知府任磚城陽下一陰知縣職金
前三月郡官名鳳樓寶閣學士廊平天
之冠出郡王上殿劍山功臣位啄木魚
形魁甲即龍鳳二樓出學士前如繡衣
坐藩堂面前奮筆兩頭開赴舉心空面
華蓋之山出府帥蹈爐把口自官來貴
人下見飛山現監斬奏金臺馬山帶旗
鼓無文定出武前山磊落連珠勢先富
後魁衆前衆似橫琴知縣正廉清飛星
君東應西貴居南應北地如鍾如釜出
文官帶火拖鎗武職至要知羅星生更
死四圍要有水無水便是死羅星即是
香爐出師人無水又有何不足又獻花
出淫慾銅魚出西亦應東飛星斷法同
曜星把口出貴高禽星只富蒙錫帽帶

發窮此星若叉尅寺觀顯神通平地正出貴斜
叉跡跛翁

歌曰

木見金星主受傷　為官一發便身亡
尅退有人論訟敗　後人外死在他鄉

木金形端正為官便喪命一發跡蹤
生退敗旋踵應出匠更換妻傳染酒
色病

水星變

水星若見火星昂　尅身帶殺不須詳
求名求利不長久　瘟瘽枉死主孤寡

水火兩相形賊首使人驚奴婢內叉
訟投河自縊身求官不得任男女有
私情

歌曰

水星見土發龍行　一發後來損少年
流離失所他鄉去　瘟火私情在此星

水星入土宮一發人巧秀後出遊蕩
人生離更私醜投河自縊亡軍賊發
不久內叉遭徒配聾啞世代有大脚虎蛇傷長
病因花酒

歌曰

水星秀麗蓋金鑾　少年科甲做文官
若然低小還安者　便出文章舉子看

水形正麗少年登甲第低小出舉人
因親置田地子孫聰明世代長富貴

歌曰

水星入木侍郎臣　雙舉同科拜紫宸
更有發龍多秀麗　後頭輕重定來形

水木星峯端正落科第官若見兩木
星兄弟同一榜低小他鄉富後龍發

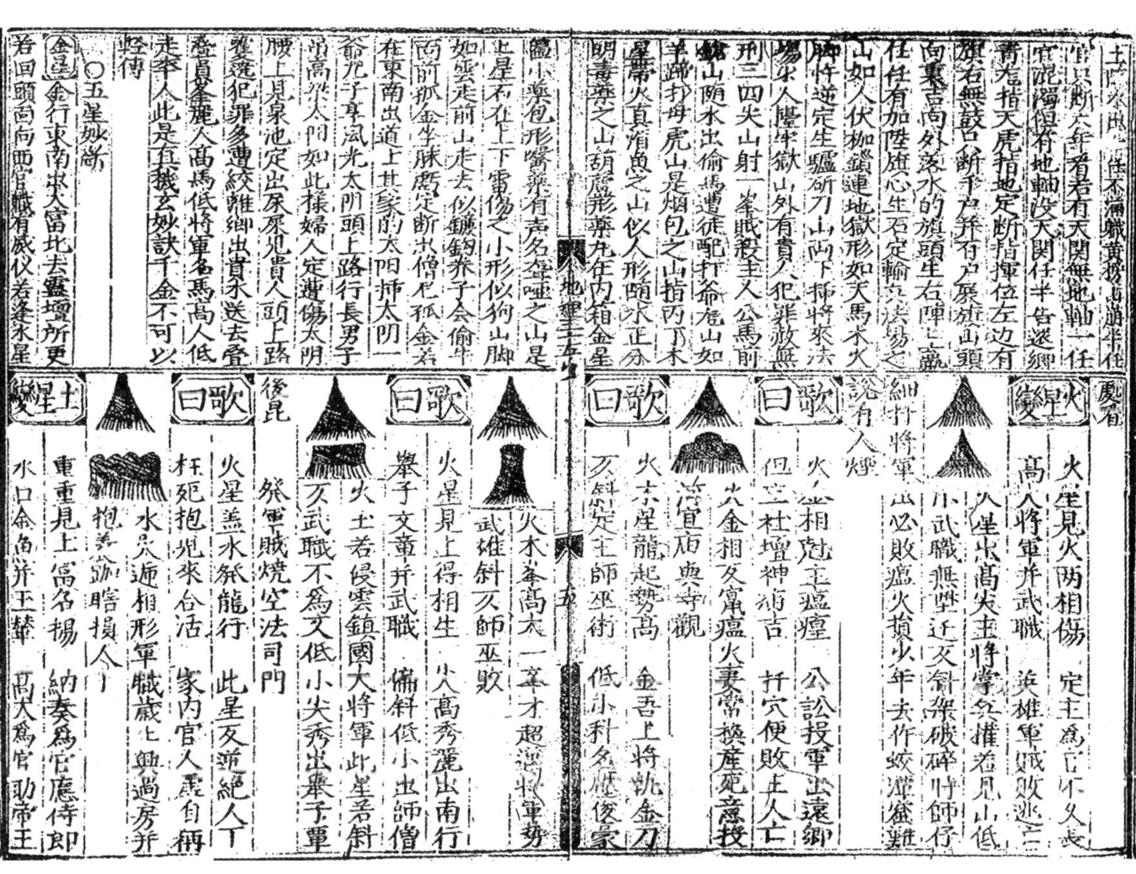

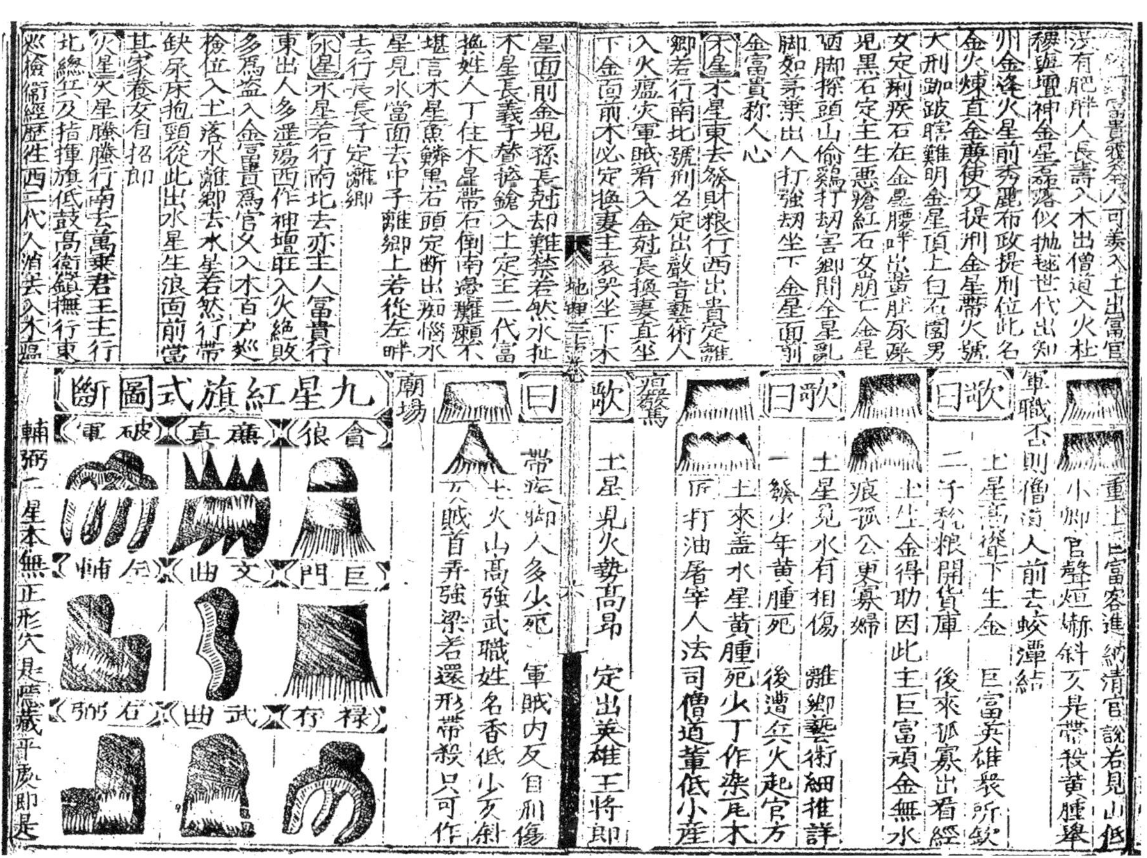

底小口災水入禍常來入金兩秀主富貴入土肒如灰高秀狀元文武㭍定斷中榜探花名低秀聰明藝術士更兼貴提子平火尖巧銀鐵匠丹青尖峯亂下入山火若指南家宅年年被火燃帶土必出人喑啞逢金跏跛及痴𤸎

土星 土星若行南北去代代人開庫土星行東人丁絶行西觀寺別形如屛帳面前橫積庫狀元登土星垂帶如綉木侍讀兼府尹土星帶火面前長偷牛偷馬夜行郎入水寺觀入木貴入金滿開入火絶隨水出去主投河更主離鄉賊

○遊山倒杖經

遊山經遊山經神仙妙訣与君傳行通尚山知禍福人人有分遇神仙山若貴面前翻弓地恰如半月見大集更回頭轉明堂寬方大水口不容針壽尤易點穴雖若遥遥一指如陽方重山若遥左虎不回頭兒孫代代然第一法兩山夾第二法兩邊山塔第三法水口狹水口兩開富貴自何來水口裏面有山堆內面有鑼財前宮後鬼不真從此悞凡人無脉來龍緩處穴要識聚明堂東畔來龍西畔迎此訣是真言衣祿盡在明堂內將師難逃會西畔來龍山水聚此是真龍住水口城門不動風富貴求無窮前山聳起一峯端護萬人安天馬鎭羅城爲表奏朝廷水城屈曲抱灣環財寶積如山羅星神壇把水口富貴終須有看去地要尊貴文筆尖峯在面前其

九星總式歌

貪狼頑劣筝出生　巨門走馬屛風列
文曲排衙似柳枝　惟有祿存豬屎節
廉貞梳齒掛破衣　武曲饅頭圓更凸
破軍破傘拍板同　輔弼雌雄如滿月

○貪狼星斷訣○

貪狼一木勢尖強兒孫秀麗足文章或然丫角野丫起明經料選細推詳七峯八峯至登落去龍圖出學士讀文章左穿右博列筆陣行旄旌節似旗鎗其間定有仙靈應或然世代生侯王若作天馬行曜起富須萬斛盈千倉若將才筝攢地面文武官顯居若廊不為富貴馳名耆更兼福祿壽而昌

○巨門星斷訣○

穫月出天外有時有將隱ㄴ往平夷挺生英傑事明主忠良正直如阜變懸鐘頓鼓高從起富貴兼全声聞馳斗奔象舞勢勇猛授官職外無復疑忽然叠ㄴ凌空碧小更良兮骨堉更奇斷地勿論富與貴神異出世同安期肥源逢長子孫秀勢若短尖多盈斷

○武曲星斷訣○

武曲之星號一金阜圭立笏首戶千尋定主兵權富豁罗登壇既拜夷狄欽移砥高聳立屛幛文華秀發稱儒林簇ㄴ樓臺高官狀危岩古恠當天心此地葬之怨猶豫世代榮貴輝古今便似方魁青目巧三五相連羅碧峯子孫聰明俊秀譽之蘭庭砌何森森

○祿存星

祿存二七忍切忌醜惡崩欹不綿媚高峯孤挺如攢拳低小单流如牛或若棺材如水流或若死屍臥平地自然虧缺不足看疾病

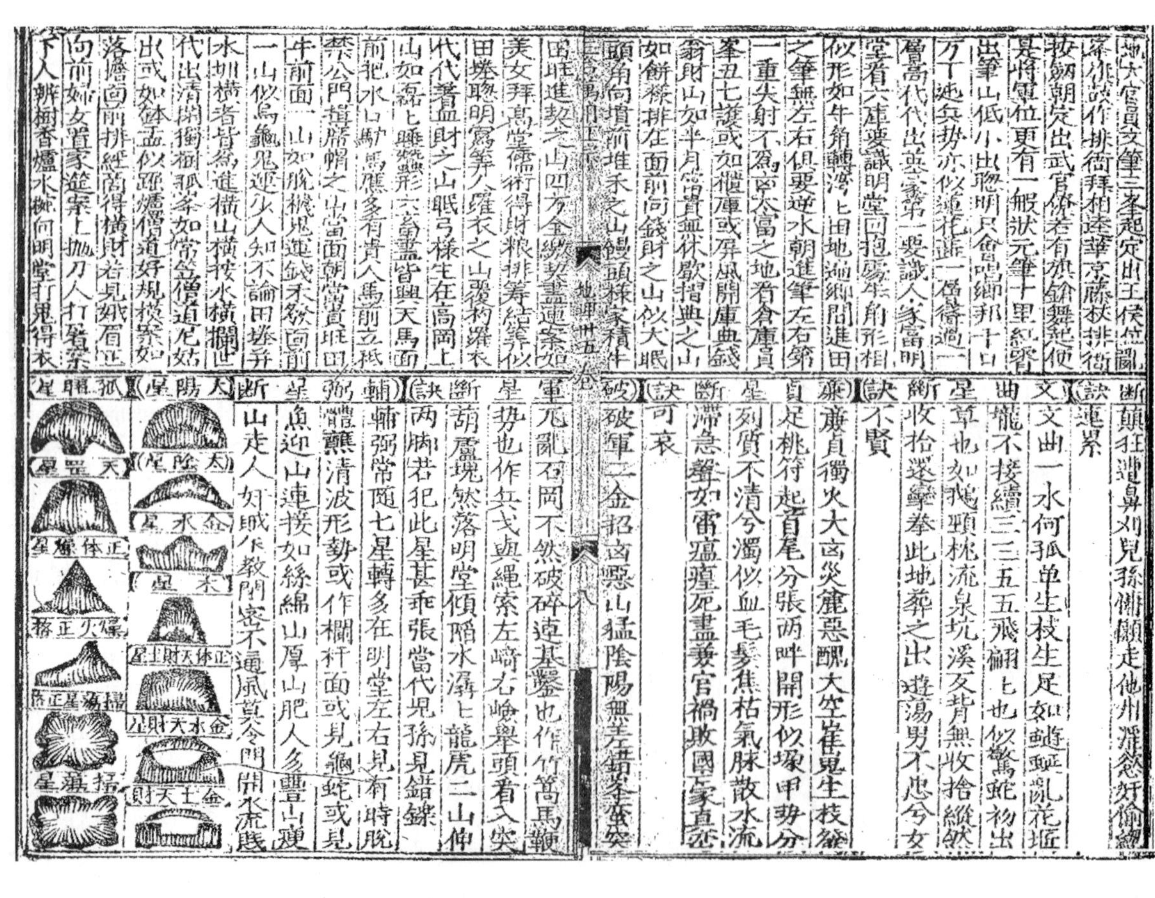

出吠官員文筆三峯起定出王侯位圖㝏作鼓作排衙拜相逢華京藤杖排衙按劍朝定出武官倘若有旗鎗舞起使是將軍位更有一般狀元筆十里紅暨出筆山低小出聰明只會唱鄉邦十口万丁趁兵勢亦似蓮花誰一個擒過一疊高代代出英豪第一要識人家富明堂看六庫要識明堂回抱處牛角形相似形如牛角轉灣ㄴ田地遍鄉間進田之筆無左右但要逆水朝進筆左右第一重尖射不爲官太富之地看倉庫員峯丑七護或如櫃庫或屛風開庫典錢翁財山如半月富貴無休歇指典之山如餅樣排在面前向錢財之山似大眠頭角向增前堆禾之山饅頭樣家積仟囤庄進契之山四方金紗契盡逆案如美女拜高堂儒術得財粮排筭結筭似田塍聰明寫筭人羅衣之山覆杓羅衣代代着盈財之山眠弓樣生在高岡上山如磊ㄴ曬燃形六畜盡皆與天馬面前把水口馱馬膴多有貴人馬前立秖禁公門𩕳席帽之山當面朝當貴旺田牛前面一山如臥機鬼運錢不發向前一山似烏龜鬼運少人知不論田拳弁水圳橫者皆爲進橫山橫按水橫攔世代出清閑獨樹孤峯如常爲僧道尼姑出或如鉢盂似蹤燭僧道好規模祭如落擔前排經商得橫財若見娥眉近向前婦女置家逆案上抛刀人打着案下人斬樹香爐水樹向明堂打鬼得衣

斷訣

顛狂逃鼻刈兒孫懶惰走他州淫慾奸偷絕連累

○文曲星斷訣○

文曲一水何孤单生枝生足如蛐蜒亂花斑瓏不接續三三五五飛翩ㄴ也似驚蛇初出草也如飛頸桃流泉坑溪叉背無收拾縱然收拾遂彎拳此地葬之出遊蕩男不忠兮女不賢

○廉貞星斷訣○

廉貞獨火大凶災麄惡醜大空岩見生枝發足桃符起首尾分張兩畔開形似塚甲勢分列質不清兮濁似血毛髮焦枯氣脉散水流滯急聲如雷瘟瘴死盡兼官禍敗國亡家直恐可哀

破軍星斷訣

破軍二金招凶惡山猛陰陽無差錯峯奔突凡亂石岡不然破碎連基鑿也作竹篙馬鞭勢也作兵戈與繩索左崎右嶮舉頭看又尖葫蘆塊然落明堂傾陷水瀉ㄴ龍虎二山伸兩脚若犯此星甚乖張當代兒孫見錯鏃

○輔弼星斷訣○

輔弼常隨七星轉多在明堂左右見有時脫體蘸清波形勢或作欄杆面或見龜蛇或見魚迎山連接如絲綿山厚山肥人多豐山瘦山走人奴賊作教門寒不通風莫令門開水流賤

根要識人家吹禍殃破碎茅葉與叢横屍靈骨向墳前下了見憂煎若見元辰手脚長退敗主離鄉離鄉之山頭向外落水遭徒配瘟瘽之山如覆杓頭大尾尖落傘裙帶袴向前朝淫慾不知羞高山破碎山頭起歲歲遭瘟鬼面前亦白山相應妻主多崩病山背小峯不出頭為賊夜行遊又曰尋龍捉脉仔細消詳或戰走禽飛或冲天而列陣遺跡過硤莫令鱗甲損傷出障換星勿使頂偏歌側要尖方員三者為尊得孟仲季牽連為上五七火星端正定生宰相權天三三尖筆架撫歌定出賢人刺史娥眉山高出巧女蛾筆山高出狀元死蛇死鱔竹篙橫當頭一穴切莫安葬了當頭穴

太陽星辰何形狀端正覆鐘樣生眉展翅近江河長子便登科上格郎官近九重中格出知通覆鍾覆金勢相連鮮典定放錢要會此星元屬長長位多興旺聰明美貌好兒孫財穀遍鄉村

太陰 半月近江河皇后與宮娥何知生女不生兒重疊見娥眉

太陽金水同度行男女盡皆榮女人營運置田庄家富足風光要會此星元屬小小子多奇奴

○龍家金水聚為先脚動頂頭員飛蛾展翅及瓜藤便是貴龍行上格入朝佐聖明中格縣州稱此星福地屬中男田土歲時添百子千孫從此生個個說聰明

便斷見孫絕脚踏白虎嘴下後官安起青龍開白虎兄弟相論若上山看水口入穴看明堂聚方可去消詳來龍出身巧四畔要生瓜護送三枝出中心第一真點穴不怕看取脉如何端的砂水皆朝聚便可其中取高山行龍意起伏飛鵝勢或如戮行護送要朝迎平地去尋龍草蛇灰線縱爀水或臨泥石脉度江溪平洋高一寸即是脉根基高要不露風低要不脫氣龍要來又來穴要隈中隈砂要堆擁聳水要之玄排脉不要離棺棺不要離脉棺脉兩相就恰如傳花木正龍或尋頭横龍或取腰點穴各倒伏盡粘并倚撞山水朝迎好葬後無煩惱山水走西東下了得場空立破天罡

木星端員如頓笏穴中平陽出上格宰相及神童中格出知通身上渾結大石起太尉官軍地此星原主小男強四外置田庄子孫個個讀書人久遠不教貧

九個天財何者是兩頭覆鐘係聯名科甲及雙登發福少人知又因興敗得奢華納粟進皇家上格兄弟同及第中格多田地此星中長發田庄最是長男強更將傳變論星辰此法妙如神

○高金架火號天罡徒配外州亡女人帶血上牽崗瘟火又離鄉為軍為賊更多凶子息散西東羅頓公事災非起賣盡田和地此星敗長甚分明長位盡仃伶更出屠兒刹剪人由此見家貧孤曜架木不生水男鰥女寡是師巫香火旺一

頭不死一場然守可龍欺虎莫要虎欺龍 相安墳接屋安居有傷惧犯立見有安危神仙妙訣有最般水口城門要緊閉風摇地户終須敗水破波浪不要安左缺右空非吉地土牛直去不須宥

○穴法論

大凡穴法最玄機千丈來龍八尺推生死動靜看急慢應朝護托便須知避凶就吉來財揖截氣尋真穴最奇應在左邊穴居左應朝右右邊推案高使就高處取案低低處是真機瓜藤堆卵疊層起生氣之勢貴龍蹤但認聳高便是祖抽枝布局換形容天馬頓旗尖秀起此是山家大龍祖真龍行動須擺撥節目分枝對對同扳耦斧絲并鶴膝蜈蚣

場久後絕兒孫為僧為道亦由此女子風騷起若分公位中男敗禍福無移敗兒孫枉死見重重瘟火又相逢龍若有情營護至可下開孤地記取廖公口訣詩內外合天機

星辰到火倒如鎗壟後動瘟瘴軍賊刑名上塲場跏跛出兒郎子孫又見火燒屋枉死歸泉速若護吉星為後主堂氣來相聚可依剪火法安墳脫殺是真文

掃蕩渾水不生金又出女人淫難保離鄉并賣屋枉死少年哭落水全屍定有之醉酒更相隨女人公事見官方寡母坐高堂若分公位先敗小中長休言妙二節若逢五吉星証應又分明記得廖公此妙文截滅為安墳

脚手是真龍恰似龍舟鬪上水水波之勢認其中脉似蛇形真貴地驅羊勒馬武人雖蒼筍筆架蓮花勢出歸宰相朝官聚雲堆似卵水波去卧牛壓虎富千般合旗仰鍋馬鞭節偏座神壇佛塔場提刑安撫知州位朝真奉道旺兒即頓襆襆旗為太守黃龍出洞在溪邊若是鼓角并旗起旗鎗華蓋縣州門華蓋濠波陣雲勢此龍定出相公卿更出寺基并道觀萬年香火有神靈頓鼓員峯為大富家有金銀積寶珍山似走旗帶刀劍帶茅飛箭出將軍生石龜鼠出賊首不然香火鬼神壇落如鎗竹直尖去播惡不利鬼神壇一星四樣分形狀只是脈直去無峯無形無勢何勞看便為鬼

龍穴砂水形圖

造微論砂形

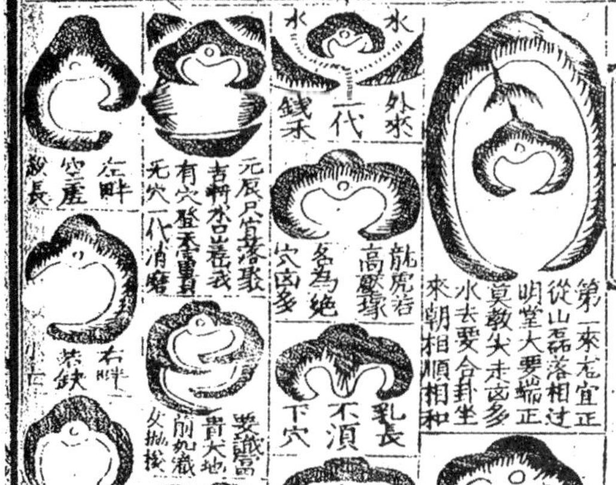

第一來右宜正從山磊落相过明堂大要端正莫教尖走凶多水去要合卦坐來朝相順相和

龍虎且要貼身

龍虎若高壓塚各為絶穴凶多

乳長不須下穴

乳短要好難窩

水　水　外來　一代　錢禾

元辰只宜落聚吉將水口差衣有穴登科富貴无穴一代消磨

要識富貴大地前如纖女拋梭

龍虎不拱為主搶腰絶穴凶多

左畔空虛秘長

右畔空缺

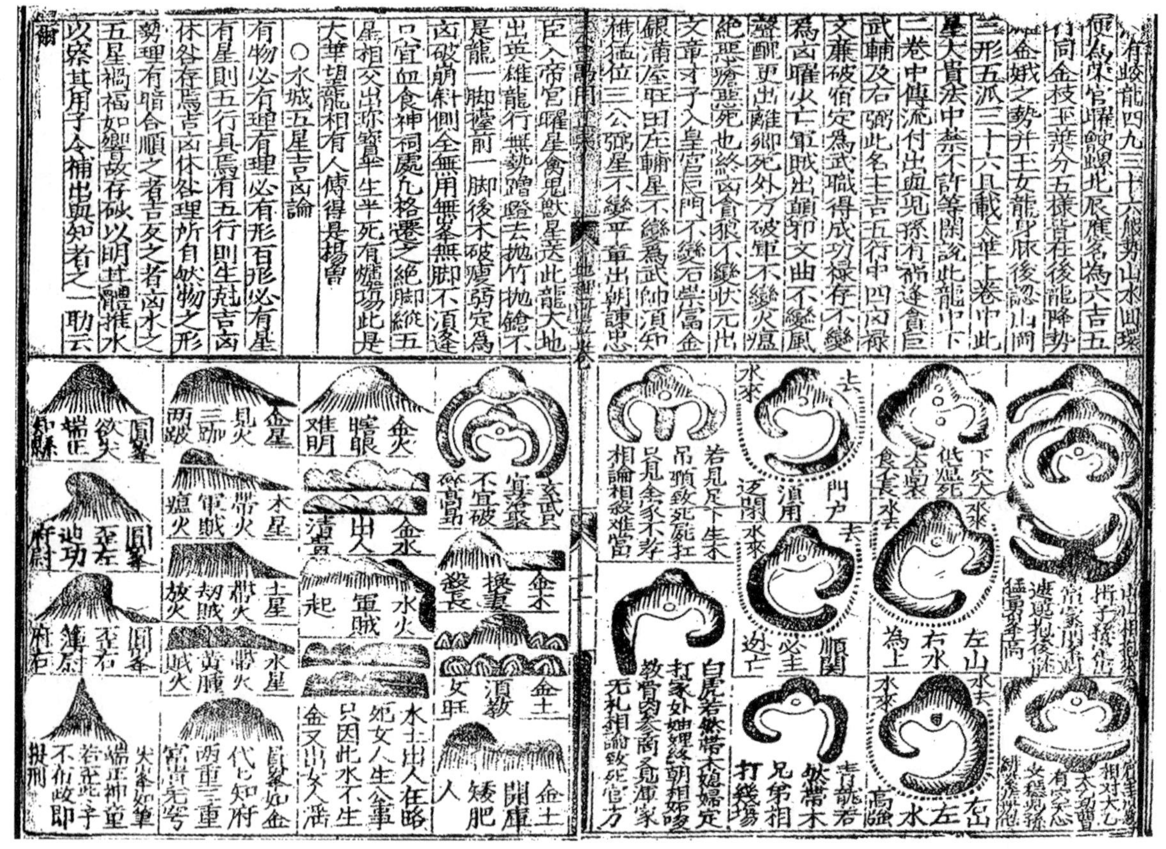

有峻龍四九三十六般勢山水回環便爲榮官曜鮫螺此辰旗名爲六吉五行同金枝玉葉分五樣皆在後龍降勢金娥之勢并玉女龍身脉後認山岡三形五派三十六凡載太華上卷中此星大貴法中禁不許等閑說此龍中下二卷中傳流付出與兒孫有福逢貪巨武輔及右弼此名七吉五行中四凶祿文廉破宿定爲武職得成功祿存不變爲凶曜火亡軍賊出顛邪文曲不變風聲醜更出離鄉死外方破軍不變火瘟絶器瘖啞死也終凶貪狼不變狀元出文章才子入皇宮巨門不變石崇富金銀滿屋耳田左輔星不變爲武帥須知推猛位三公弼星不變平章出朝諫忠臣入帝宮曜星禽鬼獸星共此龍大地出英雄龍行無勢蹭蹬去抛竹抛鎗不是龍一脚襟前一脚後木破瘦弱定爲凶破崩斜側全無用無峯無脚不須逢只宜血食神祠處凡格遷之絶脚縱五星相交出亦寧生死有爐場此是太華望龍相有人傳得是楊曾

○水城五星吉凶論

有物必有理有理必有形有形必有星有星則五行具焉有五行則生尅吉凶休咎存焉吉凶休咎理所自然物之形勢理有順合順之者吉反之者凶水之五星禍福如響故存砂以明其體推水以察其用予今補出與知者之一助云

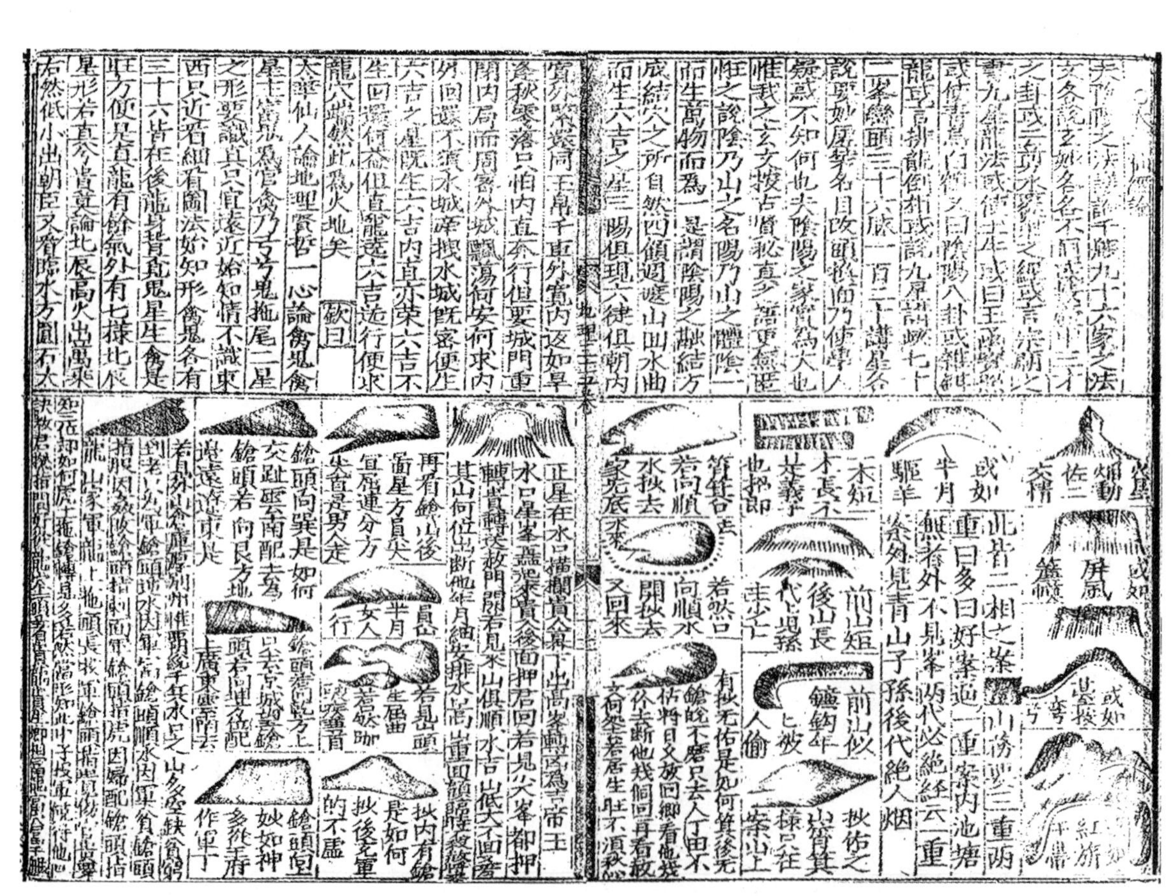

○[illegible]論

夫砂之法許千般九十六象之法交各說玄妙各不同或[illegible]二十之封或云穴砂水[illegible]之經或言宗廟之書九星龍法或傳十八或曰王[illegible]武伏青龍白虎又曰陰陽八卦或雜糾龍或言排龍倒杖或說九星論数七十二峯變頭三十六底一百二十譜星名說要如屋宇名目改頭換面乃使學人疑惑不知何也夫陰陽之家氣爲大也惟我之玄文披古賢秘真多語更無匿性之說陰乃山之名陽乃山之體陰而生萬物而爲一是謂陰陽之聯結方成結穴之所自然四顧週遮山田水曲而生六吉之星三陽俱現六律俱朝内寶外寶穴同王帛千重外寶内返如阜逢秋零落只怕内直奔行但要城門重閉内局而周密外城飄蕩何安何求内外回環不須水城牽拽水城既密便生六吉之星既生六吉内直亦榮六吉不生回環何益但直龍遠六吉遠行便求龍穴端然此爲火地矣

歌曰

太華仙人論地理賢哲一心論禽鬼禽星土宿爲官禽乃方号鬼拖尾二星之形要識真只宜遠近始知情不識東西只近者細看圖法始知形禽鬼各有三十六皆在後龍身背為鬼星生禽是旺方便是真龍有餘氣外有七揲比辰星形若真今貴莫論北辰高火出萬乘右然低小出朝臣又看臨水方圓不太

小高低不同體或為官爲貼墳或為禽鬼後頭生太乎真形覆釜頂上係閑閑水口山或作螺生或作獸並出公卿已上官此是各有分形狀尖圓徑形水口関城門若生奇怪石大小高低有高般一石合形一人福二石合形兩箇官但求端正尊重厚自然端顯旺千般只怕近山臨水際雖然享福不趨群或近路行多口舌爐噩侵破有爭喧左邊推執牽連起右邊因及女色山大者押小方圓貴不分大小不仁生或為官曜墳前出或為禽鬼後頭連千般萬狀求真淨只恐倚斜破不全六吉盡是龍精結莫把鎗刀作禍看左邊生來執笏様短是木分長是象右邊生來魚袋形瘦是

金分肥是銀若是横拖帶劒勢文武功名統萬兵須要明師親指訣不差分寸驗如神

○賓主論

前山是賓本是主主若有情客來顧如何知得主有情只是禽鬼特來作地若無禽不出當四圍空有千山聚爲頭無鬼不為官面前空有萬重山有禽有鬼是大地無鬼無禽揔是閑要識禽鬼真形像尖員二字辨龍上員為禽尖是禽齏尖為鬼爲真龍旺或然穴居龍虎安或乳或餅仔細看大地須尋[illegible]遂穴後如弓抱最推賓主東西分左右但看形勢抱何邊抱處主人分坐位[illegible]處為賓西客主錯認客人為主位將主位

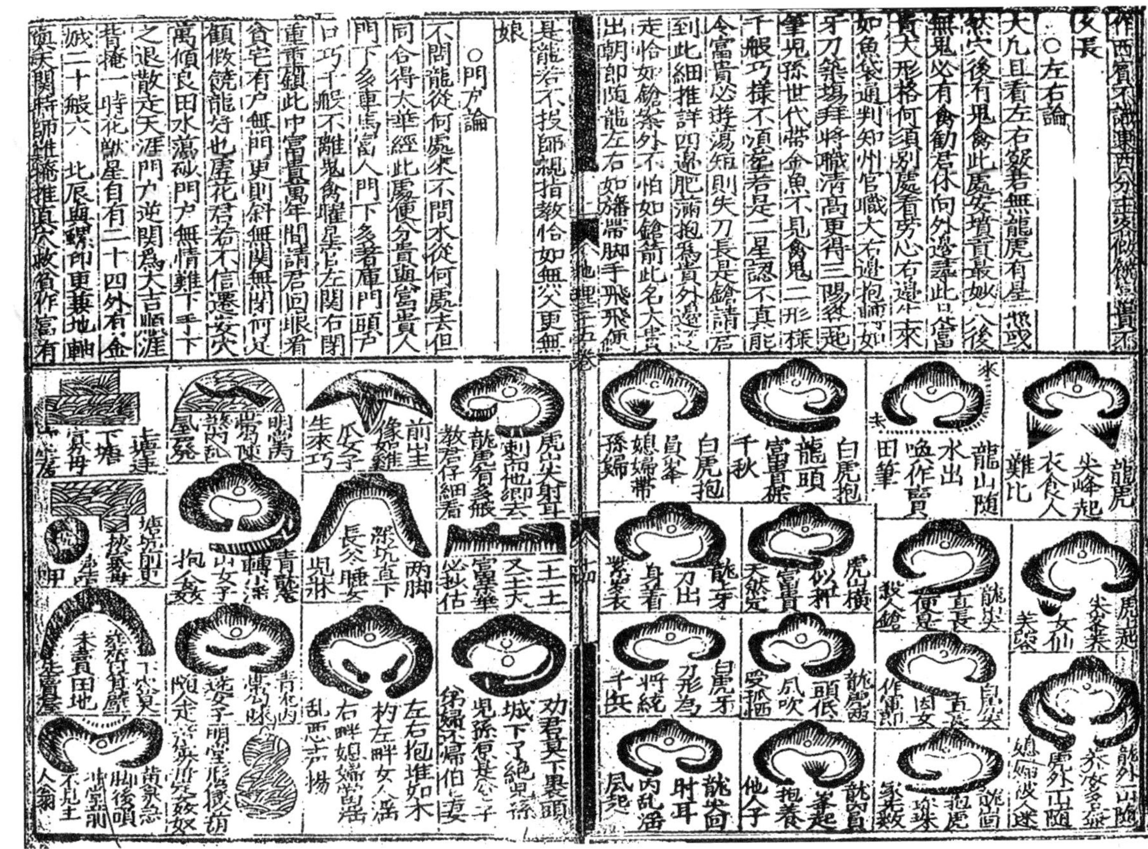

作西賓不識東西分主客徒然錯[illegible]貴不役長

○左右論

大凡且看左右邊若無龍虎有星或然穴後有鬼禽此處安墳貴最妙入後無鬼必有禽勸君休向外邊尋此是富貴大形格何須別處看旁心右邊來如魚袋通判知州官職大右邊抱歸如牙刀錦場拜將職清高更得三陽發起筆兒孫世代帶金魚不見禽鬼二形様千般巧様不須輪若是二星認不真能令富貴必遊蕩短則失刀長是鎗請君到此細推詳四邊肥滿抱為貴外邊之走恰如鎗案外不怕如鎗前此名大貴出朝郎隨龍左右如旛帶脚手飛飛便是龍若不投師親指教恰如無父更無娘

○門戸論

不問龍從何處來不問水從何處去但同合得太乎經此處便分貴與富貴人門下多車馬富人門下多著庫門頭戸口巧千般不離鬼禽曜是官左閑右閉重重鎖此中富貴萬年間請君回眼看貧宅有戸無門更則斜無関無閉何足顧假饒能好也虚花君若不信還安穴萬傾良田水蕩砂門戸無情難下手下之退散走天涯門戸逆関為大吉順灌背捲一時花獸星自有二十四外有金城二十般六　北辰與螺印更兼地軸與天関特師推真穴救貧作富有

何雖門戶只是龍與虎左右閑攔不可開若見重關三五折更生奇怪不千般此處榮華為大貴子孫定出去朝天官曜見今堪省眼交牙有右是龍眠露石森羅龍虎口不怕交羅逆木生若見不低情有意芳年榮顯是正田此是楊公論門戶但求賢客莫容寬

○水城論

太華仙人論水法認富認貴認貧窮論送論纏論朝揖認飛認射認直衝認曲認斜認欹側論慢論急論富貴大凡吉凶皆在水源愆水勢去壽龍送龍之水左右夾真氣不散出英雄夾到龍頭盡處是龍盡水盡是真龍水若盡兮要過官織女拋梭九折同一折一代為官好狀元榜眼受王封纏龍之處抱墳灣此地富貴出高官須要寬平為第一重勝過萬重山朝來之水入滔滔曲折生蛇福更多雖朝左右學堂水文職兒孫著錦袍一水朝來平慢至太為官職小田禾水城一穴恰如弓代代榮華產秘豐子孫興旺人清秀世世相傳祿萬鍾一字之水前橫流源頭平慢最難逢此名號曰拋枝水知州通判坐衙中牙刀之水一邊彎名曰毬捧抱墳關急慢皆名官職印遷之定是出朝官大城朝入小城迎此名推官進拜城但滿平臺為第一不要如[illegible]代代入朝推節使術官少天主孤貧逐坑欹側直斜飛射入明堂損絕兇作賊貪花並帶疾動

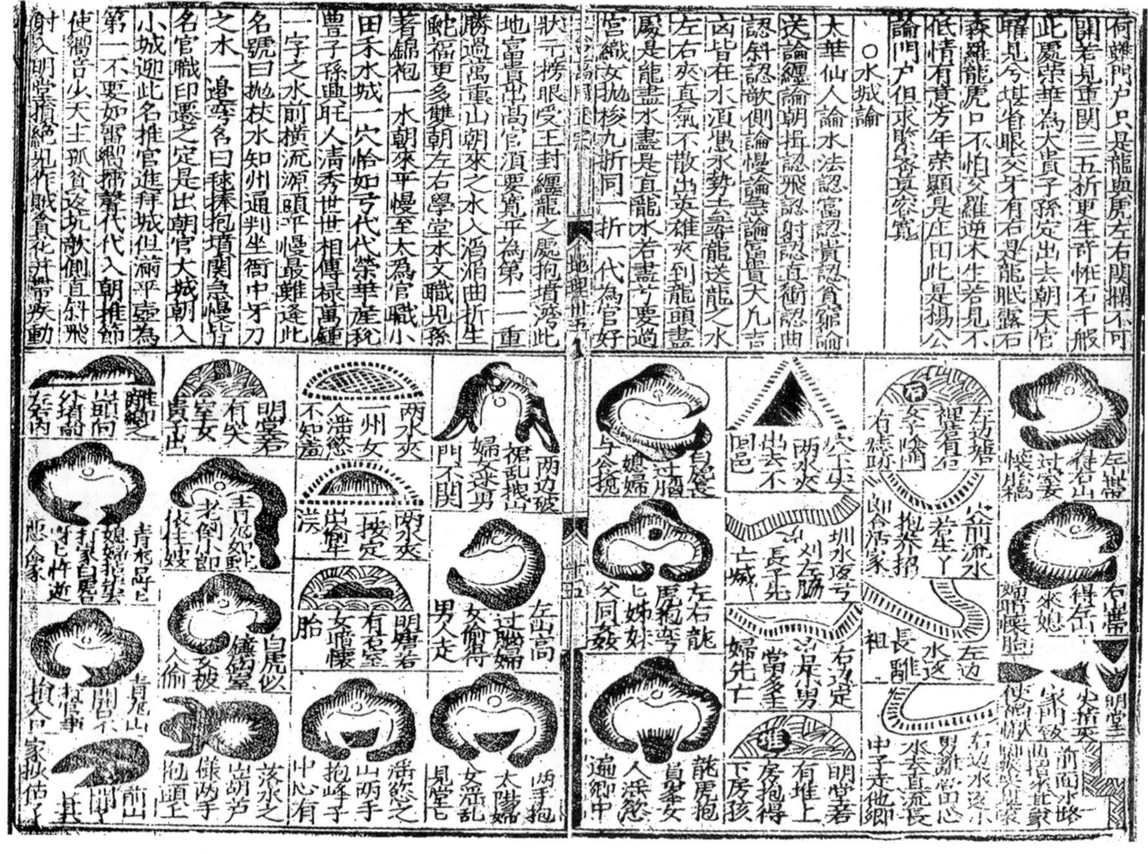

官打枝要扛戶木城打棒火燒死水主顛狗淫亂胎金返射來遭賊死土返黃腫屋塌火城交木吊喉死吐紅癆症水潭雄長河産死交流照返城之水欹風吹頭面窠來路水射崩破定有懶人來此曰太華論水城莫與愚人講論貫

○主龍論

太華仙人論主龍請君舉步上高峯大山高聳真龍祖或然生石是龍宗或是石山奇怪聳或如執笏在雲中春筍筆架如又起屏風頓鼓躍馬奔火焰仰踞尖匕去便如真龍怎力雄真君坊兄下中穴有鬼前頭便是龍大底怪形須有對無對還須有水城無對後龍看六吉羅城水口要山關識得真形并怪穴何愁無地不富更無官

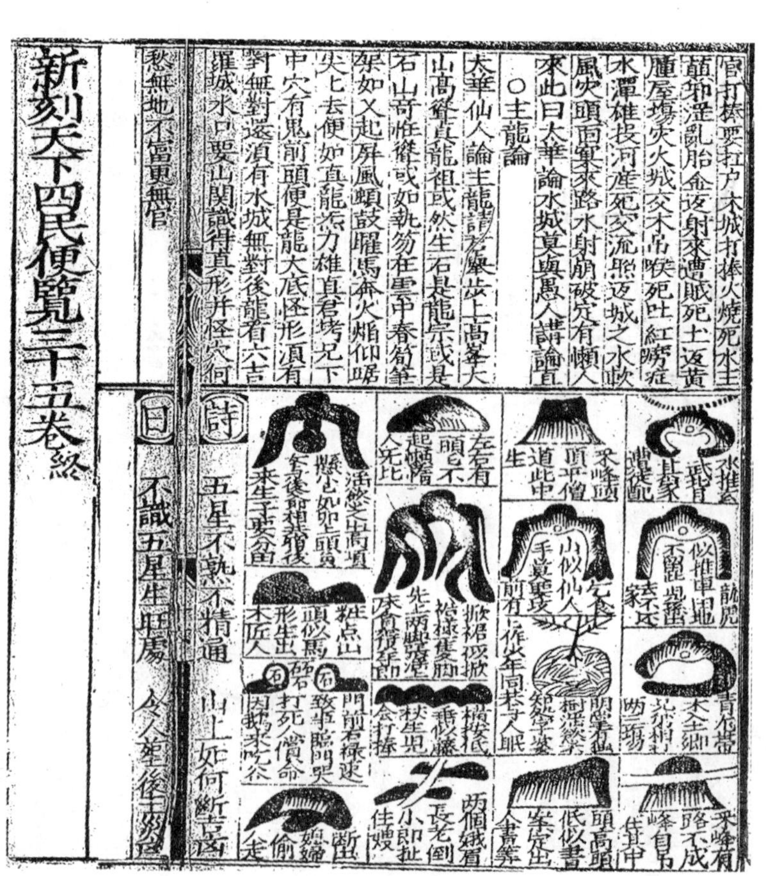

詩

五星不熟不精通　山上如何斷吉凶

曰

不識五星生旺處　令人葬後主窮凶

新刻天下四民便覽三十五卷終

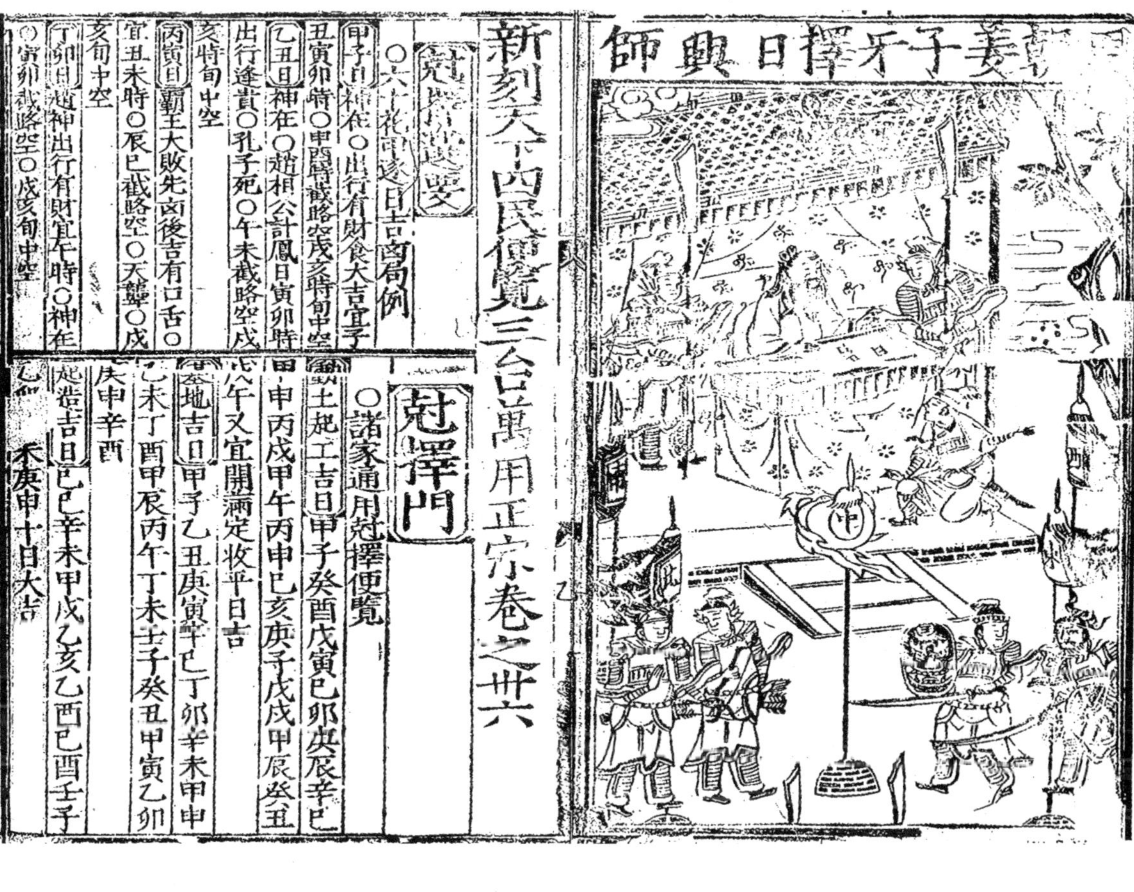

新刻天下四民便覽三台萬用正宗卷之卅六

出行選要

○六十花甲逐日吉凶局例

甲子日 神在○出行有財食大吉宜子丑寅卯時○申酉時截路空戌亥時旬中空

乙丑日 神在○趙相公討鳳日寅卯時出行逢貴○孔子死○午未截路空戌亥時旬中空

丙寅日 霸王大敗先凶後吉有口舌○宜丑未時○辰巳截路空○天聾○戌亥旬中空

丁卯日 趙神出行有財宜午時○神在○寅卯截路空○戌亥旬中空

冠擇門

○諸家通用冠擇便覽

動土起工吉日 甲子癸酉戊寅己卯庚辰辛巳甲申丙戌甲午丙申己亥庚子戊戌甲辰癸丑戊午又宜開滿定收平日吉

平地吉日 甲子乙丑庚寅辛巳丁卯辛未甲申乙未丁酉甲辰丙午丁未壬子癸丑甲寅乙卯庚申辛酉

起造吉日 己巳辛未甲戌乙亥乙酉己酉壬子乙卯[illegible]庚申十日大吉

戊辰日 神在○將軍出行見孤[illegible]虎頭鞍馬○宜辰巳時○子丑截路空○戌亥旬中空○天聾地啞

己巳日 [illegible]案○樊噲收征歸天下無對○不宜出行○宜丑辰未時○申酉截路空戌亥旬中空

庚午日 漢王登殿天下出行大吉有財○宜子午時○辰巳截路空○戌亥時旬中空

辛未日 大明○神在○堯舜朝天出行則吉○宜卯寅申時○辰巳截路空○戌亥旬中空

壬申日 神在○大明地虎不食○十惡大敗○寅卯截路空○戌亥旬中空○江河離雜窠

癸酉日 大明○五通說日出行人家有酒有緣○宜寅時○子丑截路空○戌亥旬中空○江河離

甲戌日 神在○志公和尚生天東南方大吉宜寅亥時○申酉旬中空截路空

乙亥日 二郎神出遊○宜丑辰戌時大吉○午未截路空○申酉旬中空

丙子日 天聾○文王坐殿○十去九回不宜出行○天轉地轉傍四廢

丁丑日 神在○大明日○大殺白虎入中宮天上空亡李援陀日不宜出行

戊寅日 人民合○宋王受職敕○宜辰未戌出行大吉○天上大空亡雜窠

己卯日 大明地啞人民合○楊六使戰番九田無對大吉○破群五不歸

築屋吉日 甲子乙丑己巳壬申癸酉乙亥辛巳戊子庚寅乙未丁酉庚子壬寅癸卯甲辰乙巳壬子癸丑乙卯庚申

蓋屋吉日 甲子戊子壬子乙丑辛丑甲寅戊寅庚寅己卯癸卯甲辰戊辰己巳乙巳癸巳癸未乙未甲申戊申癸酉乙酉己酉己亥辛亥

拆屋吉日 甲子戊子庚子乙丑癸丑壬寅乙卯癸卯庚辰壬辰乙巳辛巳癸巳甲午乙未辛未癸未庚申癸亥建日除日破日

[illegible]修吉日 壬子癸丑丙辰丁巳庚申辛酉六日八方無忌從便修造只要六日內了畢更逢天德月德天恩天赦無徃

修忌日 甲子乙丑丙寅丁卯戊辰己巳六日

方 甲戌乙亥丙子丁丑四日東方禁 甲午乙未丙申丁酉戊戌己亥六日南方禁 甲辰乙巳丙午丁未戊申五日西方禁

作門吉日 甲子乙丑辛未癸酉甲戌壬午甲申辛卯癸巳乙巳壬子甲寅丙辰戊午

門光星 大月從下逆上逆行 小月從上數至下順行

○○●●●○○●●●○○●●●○○●●●○○●●●○○○

白字大吉 丫字損畜 黑字損人

作厠吉日 癸巳己未丙戌庚辰壬子

修厠吉日 己卯壬午壬子乙卯戊午己巳

作竈吉日 甲戌乙亥癸未甲申乙未己巳辛亥癸丑甲寅乙卯己未

庚辰日 神在不將○霸王坐天受苦不
宜出行○八絕十惡河治
辛巳日 地啞○五通漢法日出逢天官
貴人大吉宜未成曆○離窠十惡八絕
壬午日 神在大明○地虎不食趙六禾
退大尉日出大吉○九醜離窠
癸未日 韓信將軍大戰日出行大吉宜
寅卯時
甲申日 神在大明○地虎不食日○文
王陰人受罪大凶不宜出行○天地離
乙酉日 地虎不食○文殊菩薩數珠日
○十惡大敗不宜出行天地離傍四廢
丙戌日 神在○太公歸文王日卯時大
吉○大殺入中宮○五不歸傍四廢
丁亥日 神在大明日○漢王受恩出行
大利○十惡大敗八絕
戊子日 黃帝生日○李廣篤漢王先凶
後吉○離窠敗亡九醜
己丑日 張大郎百敗日○十惡大敗不
宜出行○離窠十惡孤辰
庚寅日 金石合○周文王坐天日出行
吉○離窠
辛卯日 神在金石合不將○宋王配后
妃日兇話大吉○九醜
壬辰日 大明○地虎不食○鶴神不食
○十惡大敗破群天上空亡百事忌
癸巳日 天上空亡○不可出行九土鬼
甲午日 神在○楊六郎使東京得勝回
日○出行主有大財吉利○九土鬼
乙未日 神在大明地啞○出行大利○

逐月作竈吉日 正月丑戌子二月丑戌三月卯
子寅四月卯子五月巳寅辰六月巳寅七月未
辰八月未辰九月酉午申十月酉午十一月亥
申戌十二月亥申宜相日民日開定成滿平並吉
安碓吉日 甲戌乙亥庚申辛未庚寅庚子庚午
造倉庫吉日 (春)己巳丁未丁巳(夏)乙巳甲午(秋)
乙亥壬午(冬)辛未庚寅壬辰乙未乙亥丙辰壬
戌宜成開日吉
起倉吉日 乙丑己巳庚午丙子己卯庚辰辛巳
壬午庚寅壬辰甲午乙未戊戌庚子甲寅壬寅
戊午壬戌
修倉吉日 甲子乙丑丙寅丁卯壬午甲午甲辰
己未滿日
蓋倉吉日 甲子乙丑辛未乙亥甲申辛卯乙未
己亥庚子乙巳癸丑
泥倉吉日 己巳乙亥庚辰庚寅壬辰甲午乙未
乙酉乙卯
五穀入倉吉日 庚午己卯辛巳壬午癸未乙酉
己丑庚寅癸卯甲辰
塞鼠穴吉日 壬辰庚寅滿日閉日又正月壬辰
鼠當日死穴天狗日宜塞孔穴
穿井吉日 甲子乙丑甲午庚子辛丑壬寅乙巳
辛亥辛酉癸酉
修井吉日 庚子辛丑甲申癸丑乙巳丁巳辛亥
作陂塘吉日 甲子乙巳庚午甲戌戊寅己卯辛
巳癸未甲申乙酉庚寅丙申己亥庚戌壬子癸

此處缺葉

○[illegible]
壬子日[illegible]○裴相公鶴神在天大吉
天地轉○五不歸九醜
癸丑日 地啞○張九郎相公得花日出
行大吉○大殺白虎入中宮
甲寅日 日月合○漢王開對辰巳時出
行封大吉○破群
乙卯日 日月合○孟姜女哭倒城墻日
口舌事吉○神在四耕
丙辰日 大明天韓○覇王歸洞出行大
吉○五不歸傍四廢
丁巳日 神在○趙文良文帝春出行先
凶後吉○九土鬼○赤帝死
戊午日 神在○不成○九良星上不宜
出行先凶後吉○九土鬼○離窠
己未日 神在大明○延相公出行大吉
利主有大財
庚申日 大明○太子遊月宮出行主大
財○破群金石離
辛酉日 大明○楊文廣受赦日出行大
吉○離窠天上空亡大殺入中宮
壬戌日 赴公結親日出行大吉○離窠
○天上空亡大殺入中宮
癸亥日 神在○不宜出行主見血光○
離窠天上大空亡十惡大敗
○十二日値
建 宜泥飾舍宇修置產室解安宅舍出
行祭祀入學冠帶作事求人參官謁貴
上書 忌 起工動土開倉祀竈新船下水
行船装載競渡

壬午乙未辛酉辛亥[illegible]

嫁娶周堂　納婿周堂

大月從夫向姑順數小月從婦向竈逆數擇第堂廚竈日用之若遇翁姑而無翁姑者亦可用

大月初一從夫向姑順行小月從戶向廚逆行一日一位遇門戶竈廚第吉餘凶並忌之

納奴婢吉日 甲子丁卯戊辰壬申乙卯戊寅甲申
甲午丙午辛卯甲午丙午

冠笄吉日 甲子丙子癸巳丙午甲寅乙卯

男冠女笄 宜天月德天恩月恩生炁福生益後
續又宜用孟仲月内建成日吉

商賈興販吉日 巳卯丙戌壬寅丁未己酉甲寅
宜天德合月德合滿成開日

造酒吉日 丁卯癸未庚午甲午己未 春氐箕 夏
危 秋奎 冬 宜滿成開日忌滅沒日

出財吉日 乙酉庚辰辛酉丙戌辛亥丁丑癸巳

納財吉日 甲子乙丑丙寅庚寅丙午庚子壬子
甲寅宜天恩天德月德上吉收閉日

放債吉日 己卯庚子巳亥宜滿成日

收債吉日 春戊 夏丑 秋辰 冬未 宜除滿成開日

還債吉日 癸亥日還自不火人物

債	不	
自如	爵祿	福壽
債不		平等
財帛	興旺	爭訟

小月初日起財帛逆行向債來
大月初一日起爵祿順行向自如
大月初三十一十九廿七日是也
小月初二初十十八廿六日是也

行船吉日 甲子丙寅丁卯戊辰己巳辛未戊寅

[illegible]宜祈福祭祀納表進章解安宅舍出
行装祭交易立券求醫治病服藥有不
行者可以除破交徙修造種葬栽種移
接花木合藥祀竈逐邪除服除靈 忌 移
徙并出行
[illegible] 宜歸舍修置產業安室牧養栽衣經
絡出行移徙祈福[illegible]入宅開倉店求
財出財祭祀祈福合帳修倉塞鼠穴 忌
動土肥[illegible]月忌經商興販移徙動土豎造
平 宜泥飾垣墻平治道路修置產室置
器祀[illegible]取土修作吉 忌 開溝渠種
植耕揚釋絡
定 宜入學祈福栽衣祭祀結婚姻納采
問名求嗣牧養納畜安置碓磑冠帶交
易 忌 詞訟出行栽植
執 宜祈福祭祀納表進章求嗣敗獵捕
捉結婚姻捕魚立券契 忌 入宅移居出
行遠廻移徙開倉庫出財納財新船下
水主招蟲耗修作六畜欄枋主招狐狸
豺狗
破 宜求醫治病破屋壞垣服藥破賊 忌
起工動土出行遠廻移徙種蒔新船下
水行船装載嫁娶進人口祀竈立券契
置產室納六畜○仲月起出行動土遠
廻移徙豎造修葺
危 宜祈福納表進章納采結婚問名捕
魚畋獵捕捉安床交易立券吉 忌 登高
渉險入山伐木行船装載
成 宜祭祀祈福入學栽衣結婚納采問
名[illegible]防納表進章解安宅舍牧養安

壬午乙酉戊子辛卯癸巳甲午乙未庚子辛丑
壬寅癸卯丙辰戊午己未辛酉已上並吉

○出行圖例

昔日孔子問天老曰今有人白手出行求財而回如何又有人將本錢出門求財本利都折了却是何如天老答曰大凡出行切忌天番地覆凶惡二時若人出門犯此二時買賣不遂空手歸家不可用也

每月天番地覆時

正月午亥時	二月辰戌時	三月午酉時
四月午申時	五月丑卯時	六月丑午時
七月亥卯時	八月辰戌時	九月卯酉時
十月巳未時	十一月午辰時	十二月子午時

論六合例歌曰

子午皇恩并大赦　丑未排來鴈入雲
寅申登程扶上馬　卯酉麻繩自縛身
辰戌帶枷并入獄　巳亥弓弦半損身

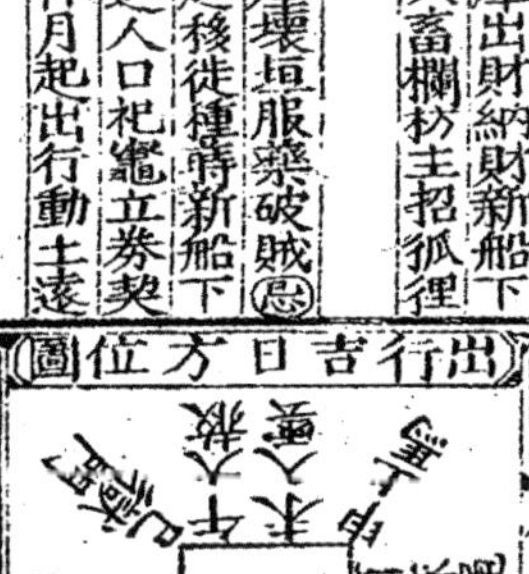

其圖皆從月建上起假如正月寅起初一至卯順行一日一位遇吉則吉逢凶則凶出行數之萬無一失

出行吉日方位圖

子皇恩　丑双鴈
不可離也

出行袪鎮法 凡百事各驚法用硃砂書字帶之男左女右切勿令人知之

凡人若欲見官長硃書天字手中藏出軍敵征強字好。戰兵得勝賊他亡。深病之時何字好。硃書鬼字手中藏。若要遠行到字好。強中獲寶易回鄉。若遇他人戰爭鬥。硃書勝字手中強更有

碓磑交易立契養六畜治病服藥修置產室種蒔栽植移接花木出行遠迴入宅移居嫁娶納財放債冠帶納畜百事吉利（忌）詞訟

（收）宜捕捉畋獵收斂貨財修置產室種蒔栽植祭祀移接花木入寮娶婦修倉捕魚納畜納財取債（忌）造墳安葬喪事出行針刺經絡

（開）宜祈福祭祀納表進章入學裁衣結婚牧養修安宅舍開塘穿井砌階安置碓磑立養交易修置產室種蒔栽植出行開庫見貴豪技起造入宅移居娶婦祭祀治病開渠决水起工動土百事大利（忌）季月忌經商興販

（閉）宜祈福祭祀求嗣牧養交易立券收斂貨財修倉補垣塞穴築隄防移接花木修陂堰防水利安牀塞門路作廁（忌）針刺出血火灸出行醫服種蒔祀竈季月忌出行遠迴竪造移徙動土俱不利

小兒夜啼哭，硃書（田）字肚臍傍。若入喪家書（罡）字，任君行坐亦無傷。博戲之時何字厭？火書（軋）字手中央。若是自家行夜路，硃書（兇）字鬼神藏。避責之時書（利）字，必獲財寶到身傍。若遊水過河書（土）字，任君浮戲亦無妨。若入山林曠野處，師字便是戰中王。求婚說事書（合）字，必然和合得成雙。後世遇師得此法，廣傳方便與人揚。

此法記得臨出門之時，却書魁罡法在手中，勿令人知。又念玄女符法，撚拳面南，默念神呪三遍驗也。

魁陽之丈，孤虛之娘，亭亭天將，與吾支張，軍陣相敵，伏者為強，傳戲相殺，勝者為良，靈符掌中，誰人敢當，當吾者死，敵吾者亡，敵吾者擒，傷吾者傷，聽吾統令，依吾口方，急急如律令。

念此呪了，便步斗罡，次畫四縱五橫。

○二十八宿吉凶詩斷

（角木蛟）角星造作主榮昌，外進田財及女郎，嫁娶婚姻生貴子，文人獻策見君王，惟有埋葬不可用，三年之後主瘟癀，起工修築墳墓地，堂前立見主人亡。

（亢金龍）亢星造作長房當，十日之中有禍殃，田地消磨官失職，投軍尤是虎狼傷，嫁娶婚姻用此日，兒孫新婦守空房，埋葬若逢於此宿，當時災禍主重喪。

（氐土貉）氐星造作主災凶，費盡田園倉庫空，埋葬不可用此日，懸繩吊頸禍重重。

○奇門藏身之法圖

凡出門丁字步口念

足躡

巳上禹罡，每以左足先步。凡出行筭事，先適合奇門，尋三奇吉門行，就望吉門出步，北罡乘呪，如值乙奇，就默念乙奇呪，出一百二十步外，不可回頭顧望。

○事急不暇擇日，當作縱橫法

門　四縱五橫　定心　正身　叅足　作用

正立門內，叩齒三十六通，以右手大拇指先畫四縱，後畫五橫，訖即呪曰：四縱五橫……

（房日兔）[illegible]嫁娶婚姻別離夜，浪子入房中，[illegible]姻必定遭沉沒，更主聾啞子孫窮。房星造作田園進，血財牛馬遍山岡，更招外處田庄宅，榮華富貴福壽康，埋葬若然依此日，官高日進謁君王，嫁娶婚姻月殿三，年抱子至朝堂。

（心月狐）心星造作大為凶，更遭刑獄在內中，忤逆官非田宅退，埋葬卒暴死相從，婚姻不可逢此日，子死兒亡淚滿胸，三年之內連遭禍，事教君沒始終。

（尾火虎）尾星造作得天恩，富貴榮華福壽寧，招財進寶招田地，和合婚姻貴子生，埋葬若然依此日，男清女正子孫興，開門放水招田宅，代代公侯遠播名。

（箕水豹）箕星造作最高強，歲歲年年大吉昌，埋葬修墳大吉利，田蠶牛馬遍山岡，開門放水進財穀，倉滿金銀穀滿倉，福蔭高官加祿位，六親豐祿足安康。

（斗木獬）斗星造作主招財，文武官員位鼎臺，田宅錢財千萬進，墳堂修築富貴來，開門放水招牛馬，旺蠶男女主和諧，遇此吉星來照護，時時福慶永無災。

（牛金牛）牛星造作主災危，九橫三災不可推，家宅不安人口退，田蠶不利主人衰，嫁娶婚姻皆自損，金銀財穀盡無之，若是開門并放水，牛豬羊馬亦傷悲。

（女土蝠）女星造作損婆娘，兄弟相嫌似虎狼，埋葬生災逢鬼怪，顛邪疾病更瘟癀，為事遭官財失散，瀉痢留連不可當，開門放水逢斯日，全家散敗主離鄉。

令出行，兩王衛道，蛇虎辟兵，賊盜不得，蛇虎狸不得行。遠歸故鄉，當吾者死，背吾者亡，急急如九天玄女律令。○呪畢便行，慎勿返顧。每出行將呪念七遍，畫地，早以土塊壓之，便行勿返顧，自然大吉矣。

天老出行吉日：甲子、丙寅、庚午、壬申、甲戌、丙子、丁丑、戊寅、己卯、壬午、癸未、丁亥、戊子、甲午、乙未、丙申、庚子、辛丑、丙午、壬子、壬戌大吉。

○六十花甲吉凶日

甲子	是何陽日出行大吉	乙丑	日出行大凶
丙寅	是和合日遠行有財	丁卯	是朱雀日出行大凶
戊辰	是五非日出行大凶	己巳	是陰日出行破才大凶
庚午	是華日百事大吉	辛未	是天空日出行主大凶
壬申	是離窠日出行大凶	癸酉	是陷日大凶
甲戌	是和合日有財大吉	乙亥	是九愁日主妻落大凶
丙子	是天德日貴人接引	丁丑	是和氣日有財大吉
戊寅	是離窠日主大凶	己卯	是三合日百事大吉
庚辰	是悲泣日行有哭聲	辛巳	是五鬼日行香官事
壬午	是離窠日出行半吉	癸未	是入遠日主有財喜
甲申	是天地變日半凶半吉	乙酉	是空亡日主大凶
丙戌	是五開日行有口舌	丁亥	是喜神日遠行有財
戊子	是离窠日主大凶	己丑	是災殃日行害自己凶
庚寅	是天禍日主大凶	辛卯	是爭訟日主大凶
壬辰	是逢賊有口舌大凶	癸巳	是勾陳日牢獄大凶
甲午	是陰德日出行大吉	乙未	是道德日主大吉
丙申	是帝旺日主有財喜	丁酉	是五非日主大凶

(虛日鼠)
虛星造作主凶殃，男女孤眠不一雙。內亂風聲無禮節，兒孫媳婦伴人床。開門放水招災禍，虎咬蛇傷又卒亡。三三五五連年病，家破人亡不可當。

(危月燕)
危星不可造高堂，自吊遭刑見血光。三歲孩兒遭水厄，後人出外不還鄉。埋葬若還逢此日，週年百日臥高床。開門放水招刑杖，三年五載一悲傷。

(室火豬)
室星修造進田牛，代代兒孫近王侯。富貴榮華天上至，壽如彭祖八千秋。開門放水招財帛，和合姻緣生貴兒。埋葬若能依此日，門庭興旺長孫枝。

(壁水㺄)
壁星造作進田庄，絲蠶大熟福滔天。奴婢自來人口進，開門放水出英賢。埋葬招財官品進，家中諸事樂淵然。婚姻吉利生貴子，早播聲名著祖鞭。

戊戌是□□日犯離窠大凶　庚子是通達日百事大吉　壬寅是悲泣日大凶　甲辰是大敗日主大凶　丙午是陽德日主大吉　戊申是中元日有財大吉　庚戌是反復日主大凶　壬子是六合日遠行有財　甲寅是天坑日主大凶　丙辰是龍會日主大凶　戊午是離窠日主大凶　庚申是天牢日主大凶　壬戌是帝旺日離窠大凶

己亥是□□日離窠大凶　辛丑是暢日大凶　癸卯是血光日不宜大凶　乙巳是破日口舌大凶　丁未是九空日口舌大凶　己酉是瘟疾日主大凶　辛亥是滅孝日離窠大凶　癸丑是四敗日不出行凶　乙卯是隘日大凶　丁巳是厚禍日主大凶　己未是悲泣日主大凶　辛酉是反吟日主大凶　癸亥是窮日百事大凶

(奎木狼)
奎星造作得禎祥，家下榮華大吉昌。若是埋葬陰卒死，當年又見兩三喪。看看軍令刑傷到，重重官事主瘟瘟。開門放水招災禍，三年兩次損兒郎。

(婁金狗)
婁星豎造起門庭，門旺家和事事興。外境錢財百日進，一家兄弟播聲名。婚姻進益生貴子，玉帛金銀箱滿盈。放水開門皆吉利，男榮女貴壽元寧。

(胃土雉)
胃星造作事如何，富貴榮華喜氣多。埋葬進臨官祿位，三災九禍不逢他。婚姻遇此家富貴，安婦齊眉永保和。從此門庭多吉慶，兒孫代代拜金坡。

(昴日雞)
昴星造作進田牛，埋葬官災不得休。重喪二日三人死，賣盡田園不記坵。

○論逐日吉時出行例方位法

子日　用寅辰未三時向西方見貴人主有生氣物件大吉
丑日　用辰申亥三時向西方行逢貴人說好愁去心事吉
寅日　用子酉二時向西方出行四十里一人家有哭聲大吉
卯日　用丑午戌時向東行有婚姻成就見官貴人百事吉
辰日　用午戌時向南方行三百里外見穿皂衣人皆大吉
巳日　用子辰申時向北方行見官有理酒食相逢百事吉
午日　用辰巳酉時向南方行逢貴人求財大吉
未日　用寅巳戌時向南方行逢貴人求財大吉
申日　用寅卯午時向北方行三五里逢青衣人大吉
酉日　用子辰未時向南方行逢小兒哭聲大吉
戌日　用巳丑申時向西方行逢貴人相見大吉
亥日　用寅午酉時向東方行二五里逢僧道大吉

開門放水招災害，三歲孩兒白了頭。婚姻不可逢斯日，死別生離實可悲。

(畢月烏)
畢星造作主光前，買得田園有粟錢。埋葬此日添官職，田蠶大熟作豐年。開門放水須吉慶，合家人口得安然。婚姻若還逢此日，生得孩兒福壽全。

(觜火猴)
觜星造作主徒刑，三年必定見伶仃。葬埋卒死多因此，取定寅年便殺人。三喪不止皆由此，一人藥毒二人身。家門田地皆退散，倉庫金銀化作塵。

(參水猿)
參星造作旺人家，文星照耀大光華。只因造作田蠶旺，埋葬招疾卧黄沙。開門放水加官職，房房子姪見田加。婚姻許定相刑剋，男女朝開暮落花。

(井木犴)
井星造作旺蠶田，金榜魁名第一先。埋葬須防驚卒死，忽沾風疾入黄泉。開門放水招財帛，牛馬豬羊旺莫言。寡婦田塘來入宅，兒孫興旺有餘錢。

(鬼金羊)
鬼星起造卒人亡，堂前不見主人郎。埋葬此日官祿至，兒孫代代近君王。開門放水須傷死，嫁娶夫星不久長。修土築墻傷產女，手扶雙女淚汪汪。

(柳土獐)
柳星造作主遭官，晝夜偷不暫安。埋葬瘟瘴多病死，田園退盡守孤寒。開門放水招聾瞎，腰駝背曲似弓彎。更有棒刑宜謹慎，婦人隨客走盤桓。

(星日馬)
星宿只好造新房，進職加官近帝王。不可埋葬並放水，凶星臨位女人亡。生離死別無心戀，自要歸休別嫁郎。孔子九曲珠難度，放水開溝妖壽傷。

○十二大吉良時

子時　東行吉，西酒肉，南吉，北凶。
丑時　東不利，西吉，南凶，北得財。
寅時　東不行得財，西吉，南北得財。
卯時　東行南行得財，西北不利。
辰時　東吉，西吉，南得財，北不利。
巳時　東不利，西吉，南得財，北不利。
午時　東南西行俱不利，北得財。
未時　東西行不利，南北得利。
申時　東得財，西不利，南吉，北凶。
酉時　東行口舌，西得財，南北凶。
戌時　東得財，西吉，南不利，北酒食。
亥時　東西行大吉，南北得財。

南賈興販出行吉日　宜己卯丙戌壬寅丁未乙酉甲寅，忌赤口空亡虛耗凶，宜六合及成滿開日，忌咸池赤口。

上官赴任吉日　甲子丙寅丁卯戊辰己巳庚午乙亥丙子己丑壬午甲申乙酉丙戌戊子癸巳己亥庚子壬子癸丑庚申辛酉，忌建破平定滿閉滅沒日。

入學吉日　丙寅己巳戊寅丁卯辛卯癸巳丙申己亥壬寅癸卯，宜用開日，忌四廢。

裁衣吉日　甲子乙丑丙寅丁卯己巳癸酉甲戌乙亥丙子丁丑己卯庚辰己丑甲午乙未丙申庚子辛丑癸卯甲辰戊申己酉癸丑甲寅乙卯丙辰辛酉

文珠星耀裁衣日
角安穩　亢得食　氐親女　房益食　心盜賊　尾必壞　箕得病　斗美食　牛進喜　女得病　虛得糧　危遭毒　室水厄　壁獲寶　奎得財　婁增壽　胃减服　昴火燒　畢多事　觜口舌　參逢盜　井傷刑　鬼吉祥　柳喪服　星喪服　張逢催　翼得財　軫長衣

宗[illegible]好造龍軒年年便見進田庄
埋葬不久陞官職代代為官近帝前
開門放水招財帛婚姻和合福綿綿
（張）月（鹿）田蚕大利倉庫滿百般稱意自安然
（翼）火（蛇）翼星不利架高堂三年兩載見瘟癀
埋葬不須用此日子孫必定走他鄉
婚姻此日不宜利歸家定是不相當
開門放水家須破少女貪花戀外郎
（軫）水（蚓）軫星臨水造龍宮代代為官受敕封
富貴榮華增福壽倉盈禾滿日昌隆
埋葬文星來照助宅舍安寧不見凶
更有為官沾帝寵婚姻龍子出龍宮

○邵康節選用秘書
凡一切人等出行之時可選吉日良時中仔細推詳何方有財出行吉利昔有賢人問天老云有人空手出去求財却得財回又有人將財出去求財本利俱無何也天老答曰出行不選吉日時中有犯天狗地覆凶神惡煞之時以此不利又主官司口舌之危賢人又問曰何名為天狗地覆天老遂將十二月日時答之

紅紗日歌 孟月逢酉 ○仲須怕巳蛇 ○季月逢丑 ○犯此是紅紗 ○出行犯紅紗 ○到老不回家 ○起造犯紅紗 ○白日火燒他 ○得病犯紅紗 ○必定掛緦麻 ○嫁娶犯紅紗 ○百日敗人家

○十惡大敗空亡日歌
甲申乙巳與壬申 丙辰丁亥及庚辰
戊戌癸亥加辛巳 己丑都來十座神
國家用事須大忌 龍蛇出穴不能伸

開帳吉日 甲子丙子戊子丙戌癸卯甲辰戊申又八月申申水閉日用合帳更值安帳合收吉入

安床吉日 甲子乙丑丙寅丁卯己巳庚午辛未甲戌乙亥丙子丁丑庚辰辛巳乙酉丙戌丁亥戊子癸巳丁酉戊戌乙未己亥庚子壬寅癸卯甲辰乙巳丙午甲寅乙卯丙辰丁巳戊午己未首歲

移床周堂
富 吉 病 凶 凶 大月從子向富順行
子吉 地吉 小月從地向凶逆行
疾凶 安 到凶 宜天德天月德合三合六合天喜益後續世青龍黃道金匱生炁三白

新增歌曰 仙人留下一張床 心昴奎婁箕尾參
造床若犯此星宿 十個孩兒九個亡

小兒剃頭吉日 初一受福 初二官事 初三歡悅 初四富貴 初五若剃胎髮一生面黑 初六飲食 初七大吉 初八長命 初九福善 初十採職 十一明眼 十二事多 十三若剃胎髮主少白 十四得食 十五吉 十六大利 十七一生多病 十八犯盜 十九吉慶 二十活 廿一離悲 廿二福食 廿三大吉 廿四爭訟 廿五財福 廿六瘡 廿七病患 廿八官事 廿九吉祥 三十若剃胎髮主兒亡

凡初生小兒女剃頭胎髮之日依此圖中可得長生福壽百病不生若遇枯焦十惡大敗冰消瓦解受死丙丁火日前件凶日俱不可剃胎頭不依此日定主不利用事之家切忌避之

小兒斷乳 宜伏斷卯日忌五月七月斷乳

女子纏足吉日 宜黃道生炁天成吉慶活曜要天德月德及成收開閉日

世人若選用此日 倉庫金銀化為塵

○枯焦日歌
正月逢龍二月牛 三戌四未五兔頭
六鼠七雞八在馬 九寅十亥不風流
十一却來申上坐 十二巳上定根由
出行若犯枯焦日 十人生死九人愁
嫁女娶婦無子媳 養蚕種地總不收
耕牛羊馬全無用 上官赴任不到頭
若是此人回來路 也到閻王殿角頭
蓋房若遇枯焦日 必定火燒家屋休

○截路空亡日時歌
甲己申酉最為愁 乙庚午未不須求
丙辛辰巳何勞問 丁壬寅卯一場憂
戊癸子丑高堂坐 時犯空亡萬事休

○冰消瓦解日歌 即鐵掃帚是也
正月忌巳二忌子 三[illegible]忌丑四忌[illegible]
五月忌卯六忌戌 七忌亥八忌[illegible]
九月忌未十忌寅 十一[illegible]十二[illegible]

○楊公忌一年十三大凶日百事不祥不可用也
正月十三 二月十一 三月初九 四月初七
五月初五 六月初三 七月初一 二十九
八月廿七 九月廿五 十月廿三 十一月廿一 十二月十九

歌曰
神仙留下十三日 舉動須防遭凶失
一切起造及興工 不逢火燭須防去
行船商旅逢此日 本利頭尾都無益
埋葬若還逢此日 後代兒孫多夭亡
求官赴任逢此日 在任須防多[illegible]
人生去世逢此日 [illegible]

[illegible]月忌月厭血忌何支每月十五日

釋氏剃披日 宜天德月德合天恩黃道福生益後續世滿定執成開日

服藥吉日 凡服藥者務選相生之日服藥則癒
金命人用土日服 木命人用水日服
水命人用金日服 火命人用木日服
土命人用火日服

○遊禍月日不宜服藥忌之則可
正五九月忌巳日 二六十月並起寅
三七十一月兼忌亥 四八十二月忌申
又忌滿日未日俱不可服藥不依者返復不效

開日吉日 乙丑己巳庚午辛未癸酉乙亥丁丑戊寅辛巳壬午乙酉丙戌丁亥己丑辛卯癸巳甲午己亥辛丑壬寅甲辰乙巳丙午己酉癸丑癸丁巳己未庚申辛酉

納穀吉日 甲戌乙亥壬午乙酉壬辰乙卯

種田吉日 種五穀下五穀同 甲子乙丑丁卯己巳癸酉乙亥丙子己卯庚辰甲申乙酉己丑辛卯壬辰癸巳乙未丙申戊戌己亥庚子辛丑壬寅癸卯丙午戊申己酉癸丑丙辰戊午己未庚申辛酉癸亥癸未又一月三卯種稻為上

下秧吉日 種秧同 辛未辛酉壬午癸未庚寅甲午甲辰乙巳丙午丁未戊申己酉乙卯辛酉

耘田吉日 丙寅丁卯庚午辛未丙子丁丑庚辰辛巳丙戌丁亥庚寅辛卯丙申丁酉庚子丙午辛丑丁未庚戌辛亥丙辰[illegible]

婚姻嫁娶遇此日，夫妻不久終不吉
良師擇日要知因，故畱下十三日
得知傳與付他人，庶使避忌皆陰騭
○萬年曆內推算雄受死日，百事不
利，立見凶禍也。
正月忌戌　二忌辰　三月忌亥　四忌巳
五月忌子　六忌午　七月忌丑　八忌未
九忌寅日　十忌申　十一忌卯　酉十二
歌曰
雄受死日江河皆斷絕　不但瀟山川
平源成窟穴　造葬用此日　不久逢火燭
出官用此日　萬事皆不吉　上官用此日
公訟無休歇　婚姻用此日　生離并死別
出行用此日　[illegible]　行船用此日
波浪遭沉沒　經商用此日　本利盡消折

又丙丁壬辛日吉
種麻吉日　辛巳己亥戊申壬申甲申申辛亥庚申
又正月三卯種麻為上
種麥吉日　庚午辛未辛巳庚戌庚子辛卯又八
月三卯種麥為上
種豆吉日　甲子乙丑壬申丙子戊寅壬午壬寅
又六月二卯種豆為上
種黍吉日　戊戌己亥庚子庚申壬申
種蕎麥日　甲子壬申辛巳壬午癸未
種芋吉日　庚子壬戌壬申辛巳壬午辛卯戊申
種菜吉日　壬戌辛卯戊寅庚寅
種瓜吉日　甲子乙丑庚子壬寅乙卯辛巳
種薑吉日　甲子乙丑辛未壬申壬午癸巳辛卯

每月有三日　[illegible]　世人若知避
代代逢吉昌
○伏斷日，此日不宜用事
子日虛　丑日斗　寅日室　卯日女
辰日箕　巳日房　午日角　未日張
申日鬼　酉日觜　戌日胃　亥日壁
○歌曰
起屋傷人嫁娶凶　上官赴任不堪逢
埋葬損并充宜忌　行船走馬定無功
赴遠行程皆不可　冠帶裁衣亦不中
種植求財皆休望　買賣交關亦脫空
服藥求神并學業　開神賽愿事如風
君來捕捉休開口　公訟無理血光中
○滅沒日天地二氣沒絕，上官出行
起造入宅婚姻俱忌【歌曰】

種葱吉日　甲子辛未己卯[illegible]辛巳辛未
種蒜吉日　戊辰辛未丙子辛巳壬辰癸巳辛丑戊申
種果吉日　種竹木百物同　丙子戊寅己卯壬午
癸未己丑辛卯戊戌庚子壬子癸丑戊午己未
本有己亥丙午丁未乙卯戊申己巳
栽木吉日　甲戌丙子丁丑己卯癸未壬辰
栽竹吉日　甲辰　竹醉日五月十三日　竹迷日自正月一日二
月二日至[illegible]三月十二日
之類栽[illegible]不活者
○吉凶蛀[illegible]蟲日
【歌曰】白星斫伐盡皆通　遇黑應知有蛀蟲
黑白兩邊分木竹　木歸西畔竹歸東
甲子●乙丑◐丙寅◐丁卯◐戊辰○己巳●
庚午○辛未○壬申○癸酉○甲戌●乙亥○

天地滅沒用何求　正七月閉二八收
三九危逢四十執　五十一月何平遊
六十二月除日是　若人犯此破家休
修方若還遇此日　必然定有賊來偷
○四季有病輕重得病日歌
春逢戊己癸庚辛　秋遇甲乙冬丙丁
四季若遇壬癸日　須是黄泉路上人
天地荒蕪日　春巳酉丑　夏申子辰
秋亥卯未　冬寅午戌
總訣歌曰　正蛇二雞鳴三牛四騎龍五猴并六鼠
七兔八羊兒九猪十一犬十虎結為妻
十二鼠頭上逢之禍不廷以日諸事
不宜用切忌之
天賊　孟月滿日　仲月破日　季月開日
正辰　二酉　三寅　四未　五子　六巳　七戌
八卯　九申　十丑　十一午　十二亥
○天地爭雄日
正巳午　二亥子　三午未　四子丑　五未申
六丑寅　七申酉　八寅卯　九酉戌　十卯辰
十一戌亥　十二辰巳
天瘟日訣　正未　二戌　三辰　四寅　五午　六子
七酉　八申　九巳　十亥　十一丑　十二卯
歸忌日訣　正月丑日　二月寅日　三月子日　四季俱同丑寅子日
咸　正月卯　二子　三酉　四午　五卯　六子　七
池　酉　八午　九卯　十子　十一酉　十二午
亡　正月申寅　二甲午　三甲戌　四丁卯　五
嬴　丁巳　六庚辰　七庚寅　八庚子　九戊辰
日　十癸亥　十一癸巳　十二癸亥
陰　正[?]庚戌　二辛酉　三庚申　四丁未　五丙午

丙子○丁丑●戊寅●己卯○庚辰○辛巳●
壬午●癸未○甲申◐乙酉●丙戌●丁亥○
戊子○己丑○庚寅○辛卯●壬辰○癸巳○
甲午●乙未○丙申●丁酉○戊戌○己亥○
庚子●辛丑○壬寅○癸卯○甲辰○乙巳○
丙午●丁未○戊申●己酉◐庚戌○辛亥○
壬子○癸丑○甲寅◐乙卯○丙辰○丁巳●
戊午◐己未●庚申◐辛酉○壬戌○癸亥○
不星右邊黑蛀木　左邊黑蛀竹　全黑竹木皆蛀
全白不蛀
買田吉日　甲子辛未甲戌庚辰辛巳壬午乙酉
壬辰丙申癸卯甲寅辛酉成日
立契吉日　庚辰辛巳壬午壬辰癸巳庚子戊申
辛酉癸卯丁未甲寅
納六畜吉日　戊寅壬午辛卯甲午戊戌己亥壬
子宜天月德定成開日大吉，切忌鶴神方入大凶
造牛屋吉日　甲子丙寅丁卯癸酉庚辰甲申乙
酉乙未丁酉甲辰丙午丁未壬子甲寅乙卯庚
申辛酉吉，忌土瘟日天賊日凶
買牛吉日　丙寅丁卯庚午丁丑癸未甲申辛卯
丁酉戊戌庚子庚戌辛亥戊午壬戌大吉又正
月忌午戌六月亥卯未宜成收開日吉
造馬房吉日　丁卯庚午甲申辛卯壬辰庚子壬
子及天德月德日
買馬吉日　乙亥丙寅癸未甲申乙酉丁亥戊子
壬辰甲辰乙巳壬子己未庚申又收成日吉

陰錯日　六丁巳　七甲辰　八乙卯　九甲寅　十月　日癸丑　十一壬子　十二癸亥

陽錯日　正甲寅　二乙卯　三甲辰　四丁巳　五丙午　六丁未　七庚申　八辛酉　九庚戌　十月　日癸亥　十一壬子　十二癸丑

天地亡敗日　正月初七　二月初四　三月初一　四月初九　五月十五　六月初十　七月初八　八月初二　九月　十月　十一月　十二月初九廿五日

天休廢日　正月初四初九　二月十三十八　三月廿二廿七　四月初四初九　五月　六月　七月　八月　九月　十月　十一月　十二月

長星日　正初七　二初四　三初一　四初九　五十五　六初十　七初八　八初二初五　九初三初四　十初一　十一　十二初九

短星日　正廿一　二十九　三十六　四廿五　五廿五　六廿　七廿二　八十八十九　九十六十七　十十四　十一廿二　十二廿五

四離日訣　春分前一日是　夏至前一日是　秋分前一日是　冬至前一日是

四順日訣　建宜行　成宜離　寅宜往　卯宜歸

四逆日訣　申不行　酉不離　七不往　八不歸

四不祥日　每月初四日　初七日　十六日　十九日

○彭祖百忌日

甲不開倉財物耗亡　乙不栽植千株不長
丙不修竈必見火殃　丁不剃頭頭必生瘡
戊不受田田主不祥　己不破券二比並亡
庚不經絡機織虛張　辛不合醬主人不嘗
壬不決水難更隄防　癸不詞訟理弱敵強
子不問卜自惹災殃　丑不冠帶主不還鄉
寅不祭祀鬼神不嘗　卯不穿井水泉不香
辰不哭泣必主重喪　巳不遠行財物伏藏
午不修蓋屋主更張　未不服藥毒氣入腸
申不安牀鬼祟入房　酉不會客醉坐顛狂
戌不吃犬作怪上牀　亥不出猪再養難償

建可出行不宜開倉　除可服藥針灸亦良
滿可市肆服藥遭殃　平可塗泥安穩吉昌
定可進畜入學宜良　執可捕捉盜賊難藏
破可治病必獲安康　危可討漁不利行船
成可詞訟道理成章　收宜作吉却忌行藏
開可求仕安塋不祥　閉不治目只許安牀

教馬駒吉日　己巳甲戌乙亥丁丑壬午丙戌戊子己丑癸巳乙未丙申壬寅丁未己酉甲寅丙辰丁巳辛酉癸亥宜建收日

造猪欄吉日　甲子戊辰壬申甲戌庚辰戊子辛卯癸巳甲午乙未庚子壬寅癸卯甲辰乙巳戊申壬子

買猪吉日　甲子乙丑癸未乙未甲辰壬子癸丑丙戌上戌大吉忌破群日

買羊吉日　甲子丙寅庚午乙丑庚辰辛巳壬午癸未甲申己丑甲午乙未庚子丁巳戊午吉

作羊棧吉日　戊寅己卯辛巳甲申庚寅甲午乙未庚子甲辰　棧下深埋銀少許枉相大吉

取猫吉日　甲子乙丑丙子丙午丙辰壬午庚午庚子壬子又宜天德合月德合大吉生炁日切忌飛廉日

【買猫兒契式圖】

東王公証見南不去

西王母証知北不遊

一買法用斗桶等物以袋盛之毋令人見至其家討筋一根和猫置于桶內盛犬每過水溝鉄處將石置之使不返家從吉方歸猫出拜堂竈待畢將猫筋插于土堆上使不在家和尿然後復入床上睡勿令走往為法也

詩曰

猫兒定時有其方　子午卯酉一線長
寅申巳亥棱棗様　辰戌丑未盡皆光

看猫形狀

猫兒身短最為良　眼用金銀尾用長
面似虎威聲要㺜　老鼠聞知立便亡
爪能翻尾腰長會過家　面長雖種絕尾大懶如蛇

又云　口中生三坎捉一季　生五坎捉二季　生七坎捉三季　生九坎捉四季　花面貌咬頭斜耳薄不怕寒　全白全黃全黑若有此様毛色猫兒不用揀　十分妙哉　身上有花又要四足及尾遆得過方好

買犬吉日　壬午甲午又取犬辛巳乙酉壬辰乙未丙午丙辰戊午

○毋倉日宜栽種

正二三月亥子日　四五六月寅卯日　七八九月辰戌丑未日　十月十一月十二月申酉日　土旺用事巳午日

○鶴神方　己巳忌栽種并安放六畜

己酉庚戌辛亥壬子癸丑甲寅東北方
乙卯丙辰丁巳戊午己未正東方
庚申辛酉壬戌癸亥甲子乙丑東南方
丙寅丁卯戊辰己巳庚午正南方
辛未壬申癸酉甲戌乙亥丙子西南方
丁丑戊寅己卯庚辰辛巳正西方
壬午癸未甲申乙酉丙戌丁亥西北方
戊子己丑庚寅辛卯壬辰正北方

○金符經三奇紫微鶴駕常與遇此值日宜成萬事吉利

玉皇帝星　天皇帝星　紫微帝星

正月　丁卯丙子戊辰丁丑辛未庚辰

作鷄鵝鴨棲吉日　乙丑戊辰癸酉辛巳壬午癸未庚寅辛卯壬辰乙未丁酉庚子辛丑甲辰乙巳壬子丙辰丁巳戊午壬戌成日滿日作棲宜用梅李木更吉

買鷄鵝鴨吉日　甲子乙丑壬申庚寅甲戌壬午癸未壬辰甲午丁酉甲辰乙巳

結網吉日　戊辰己巳丁酉甲辰己酉

漁獵吉日　甲申丙戌丁未甲寅己未上朔執日危收日又田獵宜用寒露後立春前執收日吉

張捕吉日　戊辰己巳庚午甲戌庚辰戊戌己亥甲辰乙巳壬子丙辰丁巳戊午丁卯

捕魚吉日　取魚同　丙寅辛巳乙酉戊子辛卯壬辰丙申又宜用雨水後執收日吉

[四月] 乙酉卯亡亥戌乙未巳丑戊戌
七月 癸卯丙辰丁未
十一月 壬子辛酉癸丑壬戌丙辰
二月 丙寅丁卯庚午乙亥丙子巳卯
五月 甲申乙酉戊子癸巳甲午丁酉
八月 壬寅癸卯丙午
十月 辛亥壬子巳卯庚申辛酉
三月 乙丑丙寅巳巳甲戌乙亥戊寅
六月 癸未甲申丁亥壬辰癸巳丙申
九月 辛丑壬寅乙巳
十二月 庚戌辛亥甲寅庚申癸亥

○喜神方
甲巳日 東北方
乙庚日 西北方
丙辛日 西南方
丁壬日 正南方
戊癸日 東南方

○亡人柩中記式
男一十起坎卄艮卅巽四十離五十坤數至順行女一十起離卄巽卅艮四十坎五十乾六十坤聚年逆行月從年下生看亡人年月到處遇吉即吉遇凶遷更改移如落枕即停喪候吉用之

坤勾陳凶　離玄武吉　巽騰蛇凶
乾餓鬼凶　坎青龍吉　艮祿庫吉

安葬吉日 今攷六甲圖中只有壬申癸酉壬午甲申乙酉丙申丁酉壬寅丙午巳酉庚申辛酉十二日十全大吉庚午庚寅二日地理新書方年俱注以為大吉壬辰甲辰乙巳丙辰巳未申寅六日百忌總集以為可用有戊寅六甲圖以為吉是前十二日乃十全大吉後合乃次吉日也

正月 未日西南方
二月 戌日西北方
三月 辰日東南方
四月 寅日東北方
五月 午日正南方
六月 子日正北方
七月 酉日正西方
八月 申日西南方
九月 亥日西北方
十月 巳日東南方
十一月 丑日東北方
十二月 卯日正東方

出葬宜大月三十小月廿九日無忌

新刻天下四民便覽三台萬用正宗卷之三十七

牧養門

秘傳賈相公牛經

論古來有異相生

郭子横頭真記曰秦時有獻花斑牛高六尺尾長當角生四耳于宝搜神記曰晉大興元年有牛生一犢一頭八脚雙尾而共一腹又云昔有人曰叔宝時患病垂死醫者曰此病須得大白牛獻為藥病方得痊時楊子玄有大白牛求之不得後一日有大白牛從西而來欲見叔宝叔宝闔之驚惶其疾即愈又函谷關令尹喜傳曰周昭王二十五年老子度關先誡門吏若有乘青車來者勿令過去忽一日果有乘青牛拳車而来吏白喜曰乘青牛車者果至喜曰我遇聖人矣即朝服帶印綬而出迎之設弟子之礼以見焉

論務牛保

朴聞古今聖帝明王賞祚延太之道莫先於耕種若以勸課耕桑為急務則其富有天下者也兆民以力稱為勞而耕牛者又以其力之代民之勞者也如此則为田者可不知放牧飯餵之宜哉苟或放牧違時飯餵失度則致多傷損或承飢而懸使或身患而冲風自此暴病卒生不知應病處方及尋医療却信巫師託言鬼祟或燒錢而祭醮或厭禳而書符不但轉加療疫且亦死損頭𠀋

秘傳安驥集

養馬法 陶朱公曰子欲速富當畜五牸五牸之中惟馬爲貴馬者火畜也其性惡濕利居高燥忌作房於午位日夜餧飼中春放淫順其性也季春必啗恐其退也盛夏必浸恐傷於暑季冬必溫恐傷於寒啗以猪脂及犬膽汁煮粥則肥

李伯樂相馬金篇歌

三十二相眼爲先次觀頭面要方圓眼似垂鈴鮮紫色滿睢口出不驚然白縷貫瞳行五百斑如撒豆不同看面顱側擊如鐮背鼻如金盞可藏拳口又須深牙齒遠舌如垂劍色如蓮口無黑靨須長命唇似垂箱蓋一般食槽寬闊腮無肉咽要平分筋有欄入肉分兮弯左右龍會高兮上古傳項長須彎曲鬃毛茸細要如綿膝要高兮員似擲骨細筋粗節要攢蹄要員實須卓立身平充闊要正寬筋骨蛋兮須緊密排鞍肉厚穩金鞍三峯壓〻須藏骨卧如猿落重如山鵝鼻曲直須平穩尾似流星散不連膏筋大小須勻壯下節攢筋緊一錢羊髭有距如鷄距能奔急走日行千已前貴相三十二萬中難選一俱全

李伯樂相良馬之圖

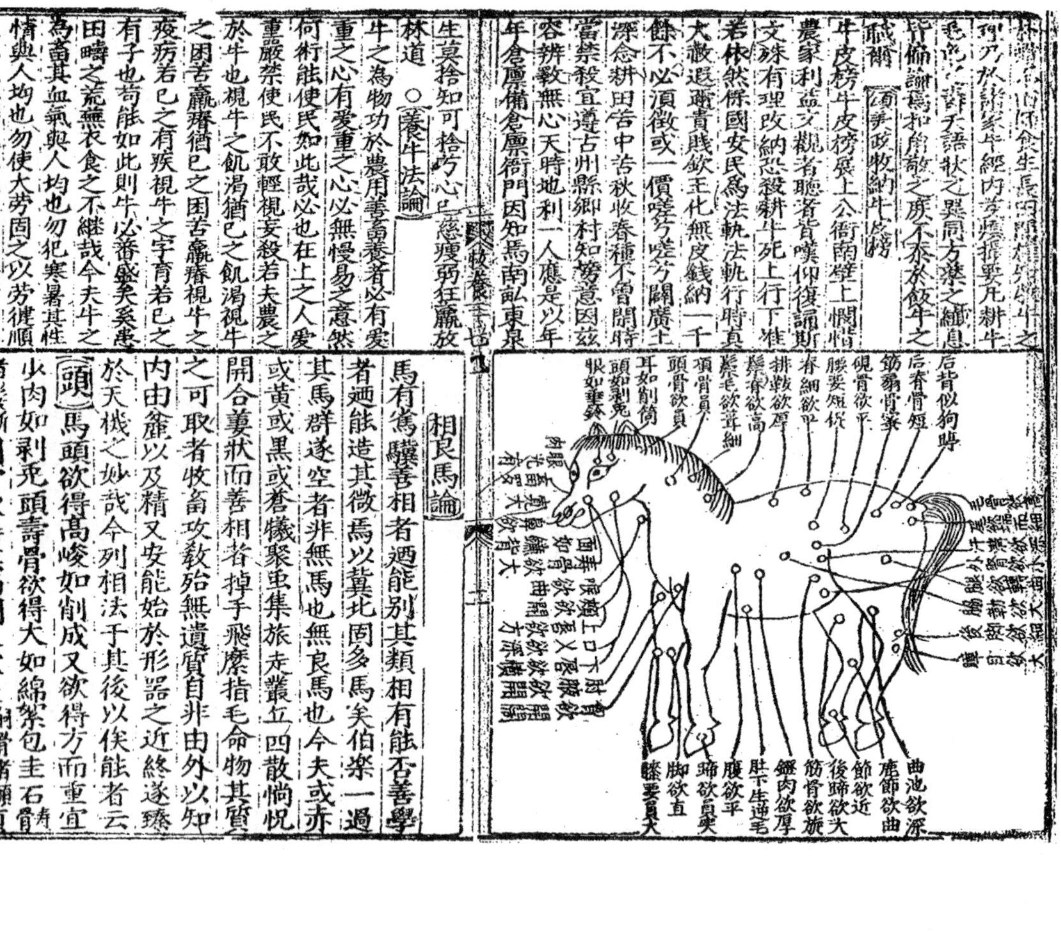

林[illegible]食生長[illegible]牛之理乃於諸家牛經內考瘵撮要凡耕牛毛色[illegible]語狀之異同方藥之細息背偏論焉相角蔽之病不泰於飯牛之職術

〔須知政牧納牛皮榜〕

牛皮榜 牛皮榜展上公衙南壁上憫惜農家利益交觀者聽者皆嘆仰復誦斯文殊有理改納恐殺耕牛死上行下准若依然保國安民為法執法執行時真大徹退遞貴賤欲王化無皮錢納一千餘不必須徵或一價嗟兮嗟兮闢廣土深念耕田苦中苦秋收春種不曾閑時當禁殺宜遵古州縣鄉村知榜意因茲容辨數無心天時地利一人應是以年年倉廩備倉廩衙門因知焉南畝東皋

生莫捨知可捨巧心已慈瘦弱狂羸放林道 ○

〔養牛法論〕

牛之為物功於農用善畜養者必有愛重之心有愛重之心必無慢易之意然何術能使民知此哉必也在上之人愛重嚴禁使民不敢輕視妄殺若夫農之於牛也視牛之飢渴猶己之飢渴視牛之困苦羸瘠猶己之困苦羸瘠視牛之疲病若己之有疾視牛之字育若己之有子也苟能如此則牛必蕃盛矣奚患田疇之荒蕪衣食之不繼哉今夫牛之為畜其血氣與人均也勿犯寒暑其性情與人均也勿使大勞固之以勞徙順之以涼燠時其飢飽以適其性情節其作息以養其氣若然則皮毛潤澤肌

〔相良馬論〕

馬有駑驥善相者迺能別其類相有能否善學者迺能造其微焉以冀北固多馬矣伯樂一過其馬群遂空者非無馬也無良馬也今夫或赤或黃或黑或蒼犧聚虫集旅走叢立四散惝悅開合萋狀而善相者掉手飛麼指毛命物其質之可取者牧畜攻教殆無遺質自非由外以知內由麤以及精又安能始於形器之近終遂臻於天機之妙哉今列相法于其後以俟能者云

〔頭〕馬頭欲得高峻如削成又欲得方而重宜少肉如剝兔頭壽骨欲得大如綿絮包圭石（壽骨者髮所生處也）嗣骨欲得廉而闊又欲長（嗣骨者頭側一骨也）額欲方而平 八肉欲大而明（八肉耳下也）易骨欲直（下[illegible]）

肥腯力有餘而勞不衰其何困苦羸瘠之有哉春之初必去牢欄中積滯蓐糞自此以後但旬日一除免穢氣蒸欝為患且浸漬蹄甲易以生疾又當以時祓除不祥淨[illegible]乃善方進草凋朽新草未生之時宜取潔淨藁草細剉之和以麥麩穀糠碎豆之屬使之歡飽[illegible]盛而飽飼之春秋草茂放牧飲水然後與草則腹不脹至冬月天氣積陰風雪嚴凜即宜處之燠暖之地煮糜粥以啖之又當預收豆稭之類舂碎而貯積之以米泔和剉草糠麩以飼之古人有卧牛衣而待旦則知牛之寒蓋有衣矣飯牛而牛肥則知牛之飯蓋啖以菽粟矣今以渴為飲以菽粟古人皆重畜如此哉以

此為衣食之本故耳此所謂時其飢飽以適性情者也每遇耕作之月除已牧放夜復飽飼至五更初乘日未出天氣涼而用之則力倍於常半日可勝一日之功日高熱喘便令休息勿竭其力以致困乏此南方晝耕之法也若夫北方陸地平遠牛皆夜耕以避晝熱夜半仍飼以芻豆以助其力至明耕畢則放去此所謂節其作息以養其血氣也且古者乃田之制必有來牧之地稱田為等差故養牧得宜而無疾苦觀宣王考牧之詩可見矣其詩曰誰謂爾無牛九十其犉（黃牛黑脣曰犉）爾牛來思其耳濕濕或降于阿或飲于池或寢或訛[illegible]而寢食適直也今夫[illegible]不足以充其

（[illegible]骨也）元中戰深[illegible]頰欲開鞅欲方

〔眼〕馬眼欲得高又欲得滿而澤大而光又欲得長大目大則心大心大則猛利不怯目睛欲得如垂鈴又欲得黃又欲光而有紫艷色箱欲小又欲得端正上欲弓曲下欲直骨欲得成三角皮欲得厚若小而多白則驚畏瞳子前後肉不滿皆惡目不四滿上瞼急下不徒食目赤睫亂眼下無肉皆傷人

〔耳〕馬耳欲得相近而前立小而厚又欲小而銳狀如削竹如削欲促耳小則肝小肝小則識人意緊短者良若根慢及闊而長者皆駑

〔鼻〕馬鼻欲得廣大而方鼻中色欲得紅鼻大則肺大肺大則能奔鼻孔欲大素中欲兼而張（素鼻孔上是）水火欲得分（水穴在鼻孔兩間）

〔口〕馬口吻欲長口中色欲得鮮明上唇欲得急下唇欲得緩上唇欲得方下唇欲得厚而多理上齒欲鉤下齒欲鋸頷下欲深喉欲曲而深唇不覆齒少食齒左右蹉不相當難御齒欲得深而密淺則不能食又欲得齊而白白則耐齒不滿不厚不能久走齶欲得有瓣而明舌欲得方而薄長而大色如朱

〔形骨〕望之大就之小筋馬也望之小就之大肉馬也至瘦欲得見其肉至肥欲得見其骨馬頸長欲得厚而強又欲得腥而長頸骨欲大而欲鬉欲得輕而厚且折季毛欲長多鬉劉肝肺無病（鬉厚且[illegible]是也）鬐欲帶中骨高三寸（鬐在[illegible]骨也）胸欲直

飲水飲不足以濟其渴喉之燥之困之役之役之勞之又從而鞭箠之則牛之老者過半矣飢欲得食渴欲得飲物之情也至於役使困乏氣喘汗流耕者急於就食或放之山或逐之水牛困得水動輒移時毛竅空疎因而乏食以致疾病生焉故之高山筋力疲乏顛蹶而僵仆者往往相藉也利其力而傷其生焉奚足為愛養之道哉牛之為病不一其用藥與人相似但大為劑以飲之無不愈者便溺有血傷於熱也以致便血之藥冷之冷結則鼻乾而不喘以發散藥投之熱結即鼻汗而喘以解利藥投之其或天行疫癘率多薰蒸相染其氣然也蒙之則當謀避地所拔除冷陰氣而救藥或可偷生傳曰養備動時則天不能使之病畜牛之家誠能節適養護如前所云則自無病然有病而治猶愈於不治若夫醫治之宜則亦有說周禮獸醫掌療獸病凡療獸病灌而行之以發其惡然後藥之其來尚矣

甯戚相牛經曰任重致遠以利天下牛為利也博哉牛口常有似鳴者當有牛黃又曰牛羊無角者謂之牝牛眼近角者及牛眼大者及眼中有白膜貫瞳子者須骨長大後腳股門並快使毛欲短密疎長者不耐寒角欲得細身欲得粗尾稍長大吉尾稍亂毛轉者亦短其牛行最快膂堂欲得闊膺堂欲得廣脊中央欲得下豐岳欲得大體尾下欲得大

而出臆欲廣兩肩不欲正肩肉欲平脆間欲開衿之如雙鳧雙鳧欲大而上雙鳧胷兩邊肉如鳧也脊下欲腐一尺已上皆欲得短而方脊欲得大而抗脊背欲得平而廣梅筋欲大梅筋脊筋也腹欲充又欲平而廣又欲大而重絡脈欲多大道筋欲大而直膁欲小膁小則脾小脾小則易養季肋欲張脇肋欲大而密從後數其脇肋過十者良腹下欲有八字腹下毛欲向前腹下陰前兩邊生逆毛入腹帶者駿三府欲齊骨欲大而長尾不欲大而強尾骨欲得高而垂脊欲得長而膝本欲起肝胑欲開膂骨欲短尤翅欲廣而長升由欲大而明股欲薄而傳虎口欲開後髀欲廣厚汗溝欲聲明互肉欲方輪鼠欲方直肚肉欲急問筋欲短而濺肌骨欲舉上曲如垂箱

【蹄】足垂薄欲厚而緩膝骨欲方而厚又欲得圓而張大如有孟豌欲結而促又欲促而大其間縱絆距骨欲大前間骨欲出前後目附蹄欲大前後目鳥頭欲高後足輔骨欲大輔肉欲大而明後腳欲曲而立蹄欲厚而大又欲厚三寸硬如石下欲聲而明其後開欲如鷄鷄頭有者軟

孟子曰鷄豚狗彘之畜無失其時此為王道之始則知牧養之道成養生之大端食用之先務況牛資之以耕馬資之以戰有國有家者尤宜珍重採取其方訣之切要者亦治生之一助也

○【王良百一歌】每相十首凡七偈

【相路】耳小根一握頭長鼻要寬能行三百里解立四

膀胱下欲得肉蹙跪又宜緣紫身促此相法之大略也口甲牛者肉重千斤唯水牛肚大尾青散為有力最牛者肉重十斤牛最小者日一穆出廣州高凉郡

尾宜長大
身欲粗大
毛宜短密
眼去角近
角宜細小
眼宜急大
白膜貫瞳
脚肪肉露
胸堂欲廣
腹門宜薄

蹄騰臆前雖閑備眼曠腹須平項長筋骨促尾骨短為精鹿耳大鮫快鐘頭第一強蹄輕腰又短伯樂亦稱良鼻上紋文字自中青監後雖然有筋骨更要汗淵深初生無毛者伯樂號龍駒七朝方始起千里也應無近看雖似小遠望都成高要知深有力腹上逆生毛蹄大腕又軟腹闊更腰長行時無步驟何以問孫陽口淺不能食眼深多咬人豬膝難任重焉堪致遠行要知有壽馬唇慢口方停好是如羊目駒良壽亦長不在如龍狀追風號古來且前毛骨駿未可比駑駘

【雜忌】騎來未得飲汗解是為強卸鞍面向北此事最招奴欲出須知此籠頭莫掛垂雖然無大患驚惧事防為面北朝朝餧形駝漸漸傷其中勿有

【相母牛法】毛白乳紅多子乳疎黑無子生時子臥面相向吉相背子踈一夜下糞三堆一年生一子一夜只一堆三年生一子

【又相牛法】青牛黑牛犂牛總有頭上一搭黃者養之主人多吉慶宜六畜招財大吉利○黃牛若胸前一搭白如手掌許大者此是上相養之主進人口大吉利也○鹿斑牛者養之主人家所作不遂田蠶不成若此者切不宜養人當戒忌○牛頭若白者名為孝頭牛養之主人家多凶禍事官災口舌大不利也○黑牛頭白尾白者名曰喪門牛養之主多招凶事田蠶俱不利○黃牛白頭者名曰牛中王養之主人富貴多有財子

患有患悔難當遠來亦忌飽出去不妨餓何水莫令驟偏傷肺與脾濁水休教飲多饒毛色焦時間雖不覺月內不生膘偏怕腥膻物仍嫌上作槽鼠穿成大穢更忌草中毛上山猶許驟下嶺不宜騎必定傷筋骨能令日漸羸近來新醫者還知此事難將鍼宜淺刺方便更須端凡鍼六脈血不在苦令多移時若不止傷損返如何有病何妨療無傷血莫鍼近多忠孝者此意未深知

【眼候】一切眼昏障皆因熱所傷莫令肝臟冷淚出轉難當黃風有亦昧白翳只侵睛須抽眼脈血救療有功能烏鳳兼肝臟忽患便育便是通神妙除非無換睛有障須多泪無令冷藥多細辛并地骨茸角决明和外障須磨點黃連最能驗

孫昌發六畜繁衍牛若得相粜有益

〇青牛頭脚俱黄角白者名白蹄犍牛養之大凶主人家所作莫不遂〇牛角間相去一尺者名曰龍門牛牛中王也養之主人家益人口宜六畜大吉利也〇牛色有黄者黑者若當背脊上有一條白者名曰萬脊牛養之主人出孝順男孝於家大吉

〇論治牛看鼻有汗否斷生死

大凡牛有病時欲知可治不可治先看牛鼻若有汗無汗不可便下藥如有汗即隨證治之如牛有生氣雖天時極凍鼻上有汗如無汗即死此醫牛之活法也

註牛鼻無津液且不到壅起立不行者牛家極病也先灌鹽湯一升細切葱白一把用好酒一升同煎三五沸灌之立瘥如不瘥更加血轉者難治

〇論角温冷驗病之輕重

大凡牛病未重其角即温雖霜寒雪凍其角亦不至冷若用藥時先須以手執其角以視其温冷温即用藥冷即死也此乃醫牛手法如醫家診脉之法獸醫不可不審悉之耳

〇看牛頭貼地否訣生死法

凡牛病先須看頭貼地與不貼地及口鼻大小便出血不出血如頭貼地四處出血並死不治如無此證方可詳證用藥〇已上三證皆治牛秘訣不可不知也

烏兼骨頗如輒莫用珎珠欲療先令煖仍須使子肝防風圓蔚好去泪得睛寬不可全憑藥膠問亦用鍼頰抽口鼻血腦熱勿令侵肝病眼睛病眼眩亦有風發來時有暈唯烙抵神功環眼難為病侵睛多即驚月中時亦懼雪内使同脊卒執付肝臟在癲也易醫柰何雙目暗得何時較也

醫候 欲要看口色春季已終青若是秋時候醫之必得寧夏病不食草口中赤色深莫將為熱療熱療病雖難秋病為中白時時喘息龕於中帯黑色肝肺恐應無冬季口中黑醫之必不痊卧蚕雖有色望退也無緣大抵怕青黑兼憂喘息龕神功也不救遲治氣全無肺病多方療心傷鵲骨抽目前雖得較已後發無休鼻内出膿血如加氣轉抽豈堪連背硬何用更開喉肺病休疑冷腥膻不可為但將涼藥撩莫使小豬脂天門還治肺地骨也醫肝心熱黄芩妙人參性不寒前面熱未退腰胯却行遲是熱須醫熱少將冷藥醫

起卧 脾寒冷肉顫胃冷吐清涎但鍼脾上穴腰胃藥為先撲尾寒疼痛卧時四蹄攢頻頻覷脿上冷熱氣相干起卧無時度將身似狗蹲腸中如韭結巴豆最為珎若作如斯候切在細推尋如逢腎脉上多應腸入陰識得尋常病使須用橘皮檳榔為第一葱酒最相宜止痛當歸妙牽牛夯藥和生姜宜剩使滑石勿令多治脾入間妙鍼脾第一功目前兼惡急氣脉當時通尿血還緣熱風虛結澁為泰凡能治療通利大黄奇先用

針牛穴法名目之圖

牽鼻穴 手金穴 開風穴 通動穴 脊堂穴 督門穴 蘇氣穴 肺甲穴 鐵喉穴 天樞穴 下門穴 血印穴 三關穴 命牙穴 龍門穴 分心穴 三空穴 湧泉穴 陰明穴 鴻水穴 八字穴 西頭穴 海門穴 陽明穴 消血穴 通筋穴 滴水穴 烏香穴 黑穴 足筋穴

火鍼治消特膿出除腫黄不用鍼塗藥妙能深消石并亭歷橘皮使蔚金驟馬緣風熱因此作妳黄塗先用駝騾切忍結成雙一切黄膃腫多緣積熱生宜用唯脉血諸毒不能成

瘡癀 竹節治膊瘡骨鑽亦能當若全無用洗欲洗使鹽湯貼瘡須用藥艾灸且令燋乾姜將内入根出始方消此瘡生眼畔泔血化為蟲即漸侵於腦和睛要作膿口内忽生涎心臟熱如然有瘡須用藥包藥使絲綿肺毒若生瘡醫之要肺涼貼藥須宜洗可用甘草湯斷咬緣風血燥蹄亦一般麝香亭力子貫衆及黄丹冷病緣草結膿多瘡口寒乳香并附子貼此始應看芥癬深秋旺爪瘡盛夏多都緣風血聚忙療莫嗟此血燥連蹄腫筋風血作膿更兼鶴風妙能殺此般垂一切被損瘡勿令口自傷潰瘡難治療客是防風須

齒歲 齒有數般名教君識不妨莫言為小事識得大賢良齒白一齊白生來識八年中間初似破十二歲無端齒如十二月駒子象四時二十四氣足伯樂定為規四齒不曾退年已只以駒但看边畔者咬得齒還殊駒子生駝齒嚼之必不匀直饒齒歲小區臼也多乎何南馬齒口對效咬山多區臼雖先破莫言齒歲過黄區將欲盡黑白以全無上下齒更展十二歲應餘牸牙初出肉俗言即五六至老或不生須平區白真牸牙摇可究騍馬不曾生若憑為端的休言此是眞右牙三十歲筋骨一依常雖然難定驗爭

〇牛病三十二證歌訣

戰馬耕牛總一般　陰陽運氣有多端
五行交宮分逆順　標本虛實細察觀
陽病須當陰藥治　陰病依方陽藥痊
有患便求高士治　莫將性命赴黄泉

〇耕熱力空驚病第一

飽困傷人肺家衙　脚項擡頭不空注
毛焦口由又糞緊　醫遲肺家總不除
久卧多時發硬氣　起呼而息口噓吹
但用補肺杏仁散　灌時切忌用微水

杏仁散 杏仁蒼朮麥門冬訶子白芷茯苓百芳桔梗百步右為末每服三兩白麩一兩共四兩麵一兩水一升煎咸下

〇困水傷五臟第二

患皆因困水傷　五臟六腑似刀傷

子部　第四冊

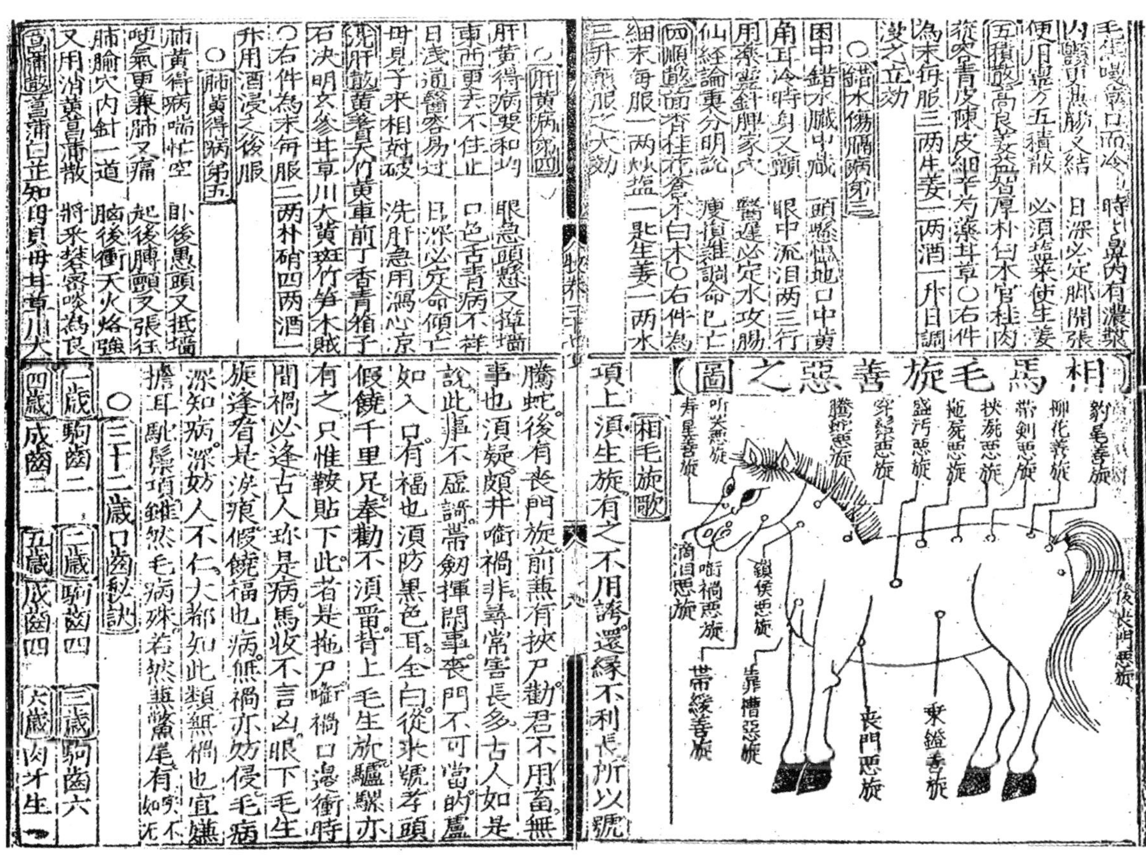

毛焦嘆氣口而冷　時時鼻內有濃漿
內腎冷熱勝之結　日深必定腳開張
便用還方五積散　必須葱薬使生姜
【五積散】高良姜　益智　厚朴　白朮　官桂　肉荳蔻　青皮　陳皮　細辛　芍藥　甘草○右件為末每服三兩生姜一兩酒一升同調灌之立效

○錯水傷腸病第三
困中錯水臟中藏　頭懸惱地口中黄
角耳冷時身又顫　眼中流淚兩三行
用藥要針脾家穴　醫遲必定水攻腸
仙經論裏分明說　瘦損難調命已亡
【四順散】茴香　桂心　蒼朮　白朮○右件為細末每服一兩炒鹽一匙生姜一兩水三升煎服之大效

○肝黄病第四
肝黄得病要和均　眼急頭懸又撞墻
東西要去不住止　口色舌青病不祥
日淺還醫容易过　日深必定命傾亡
毋見子來相剋破　洗肝急用瀉心凉
【洗肝散】黄芩　大竹　黄連　車前　丁香　青箱子　石决明　玄參　甘草　川大黄　斑竹　笋　木賊○右件為末每服二兩朴硝四兩酒一升用酒浸之後服

○肺黄得病第五
肺黄得病喘忙空　卧後患頭又抵墻
喫氣更兼肺又痛　起後膊顫又張狂
肺腧穴內針一道　腦後衝天火烙強
又用消黄菖蒲散　將來糝齊喫為良
【菖蒲散】菖蒲　白芷　知母　貝母　甘草　小大

【相毛旋歌】
項上須生旋　有之不用誇　還緣不利長　所以號騰蛇
後有喪門旋　前憔有挾尸　勸君不用畜　無事也須疑
頰井啣禍非　尋常害長多　古人如是說　此庫不虛評
帶劍揮閒事　喪門不可當　的盧如入口　有福也須防
黑色耳全白　從來號孝頭　假饒千里足　奉勸不須留
背上毛生旋　驢騾亦有之　只惟鞍貼下　此若是拖尸
啣禍口邊衝　時間禍必逢　古人称是病　馬妆不言凶
眼下毛生旋　逢者是淚痕　假饒福也病　無禍亦妨侵
毛病深知病　深妨人不仁　大都知此類　無禍也宜嫌
擔耳馳鬃項　錐然毛病殊　若然無驚尾　有……

○三十二歲口齒秘訣
一歲　駒齒二
二歲　駒齒四
三歲　駒齒六
四歲　成齒二
五歲　成齒四
六歲　肉牙生

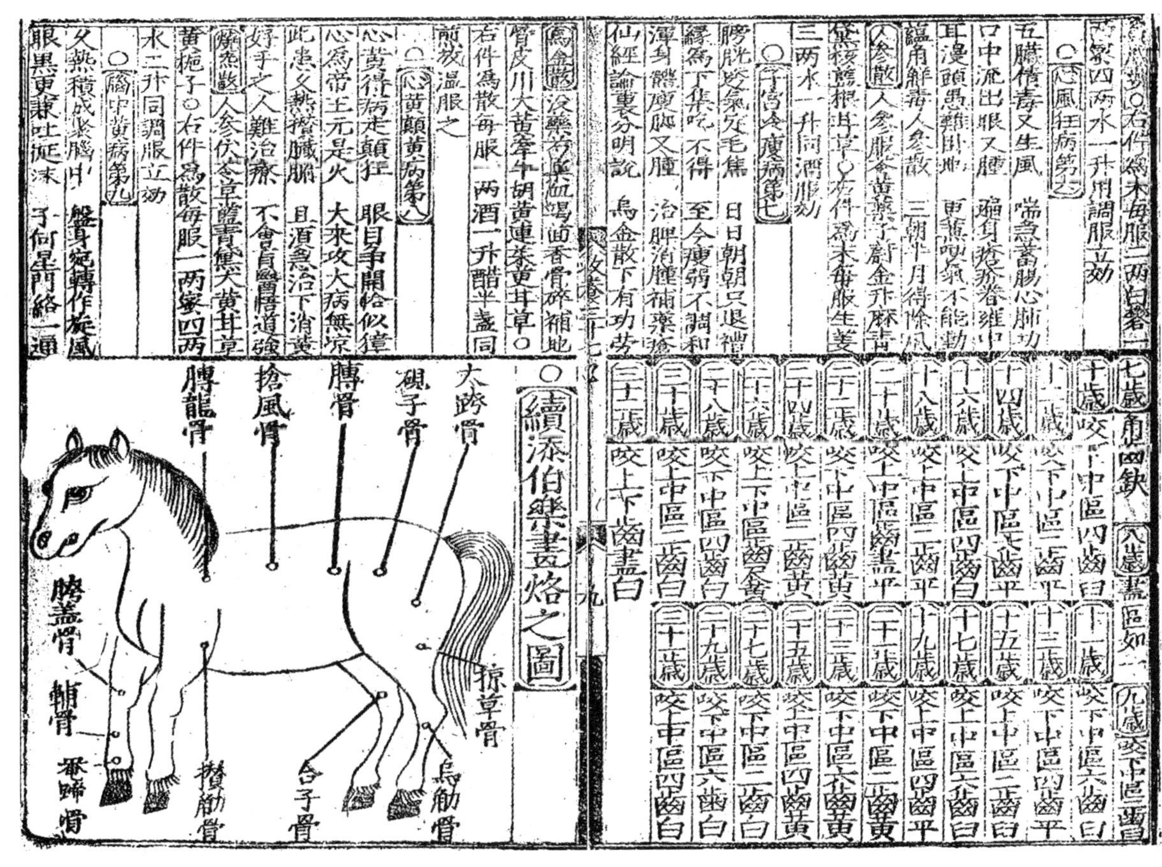

……○右件為末每服二兩白礬一
……四兩水一升同調服立效

○心風狂病第六
五臟積毒又生風　常急蓄腸心肺功
口中流出眼又腫　遍身搐掣脊難中
耳漫頭愚難則地　更兼喫氣不能動
驢角解毒人參散　三朝半月得除風
【人參散】人參　茯苓　黄芩　梔子　鬱金　升麻　白殭蠶　桔梗　甘草○右件為末每服生姜三兩水一升同調服立效

○小腸冷瘦病第七
膀胱炎氣定毛焦　日日朝朝只退膘
緣為下焦吃不得　至今瘦弱不調和
渾身體瘦腳又腫　治脾消腫補藥饒
仙經論裏分明說　烏金散下有功勞

【烏金散】沒藥　芍藥　血竭　茴香　骨碎補　地骨皮　川大黄　牽牛　胡黄連　菜黄　甘草○右件為散每服一兩酒一升醋半盞同煎放溫服之

○心黄顛黄病第八
心黄得病走顛狂　眼目爭開恰似獐
心為帝王元是火　大來攻大病無凉
此患久熱攢臟腑　且須急治下消黄
好手之人難治療　不會自醫消道強
【消黄散】人參　茯苓　甘草　藍青　黛　大黄　甘草　黄梔子○右件為散每服一兩蜜四兩水二升同調服立效

○腦中黄病第九
久熱積成歸腦中　盤身宛轉作旋風
眼黑更兼吐涎沫　子何是門絡一通

七歲　角齒缺
八歲　蓋區如一
九歲　咬下中區二齒
十歲　咬下中區內齒白
十一歲　咬下中區六齒白
十二歲　咬下中區二齒平
十三歲　咬下中區四齒平
十四歲　咬下中區六齒平
十五歲　咬上中區二齒白
十六歲　咬上中區四齒白
十七歲　咬上中區六齒白
十八歲　咬上中區二齒平
十九歲　咬上中區四齒平
二十歲　咬上中區齒盡平
二十一歲　咬下中區二齒黄
二十二歲　咬下中區四齒黄
二十三歲　咬下中區六齒黄
二十四歲　咬上中區二齒黄
二十五歲　咬上中區四齒黄
二十六歲　咬上下中區齒盡黄
二十七歲　咬下中區二齒白
二十八歲　咬下中區四齒白
二十九歲　咬下中區六齒白
三十歲　咬上中區二齒白
三十一歲　咬上中區四齒白
三十二歲　咬上下齒盡白

三五七

定風散下真奇妙　行天取氣便成功
定風散　天竹黃防風人參川芎熟地黃
天麻殭蠶麻黃白蒺藜甘草烏附○
右件為散每服半兩水一升入蜜二兩
同煎溫服立効

○草傷病第十

草傷脾胃氣不和　出氣如雷氣又多
更氣更兼心忽亂　毛焦糞結入難醫
口澁若紅脾本病　鍼脾治胃便宣腸
便下大腸穿腸散　朴硝油下寫為強
穿腸散　白大戟牽牛大黃甘遂黃芩滑
石黃蓍○右件為末每服半兩朴硝三
兩猪脂十兩水二升同調灌

○水頭風病第十一

頭腫皆因肉水傷　更因汗出發風強
頭又難急那又急　頭頭腫大恰如漳
項緊更兼懸不得　日深必定喪黃梁
火鍼更用三聖散　恁時須得乳頭香
三聖散　砒霜硼砂黃丹外用乳香妙○
右件為末用水為丸如大麥大安在項
頭瘡中必痊

○喉骨脹病第十二

喉中出氣亂聲頻　肺毒皆因熱結成
喉骨大時須用藥　更抽大血効如神
骨脹更兼不可治　白鍼鍼取有膿流
鍼開火烙須見効　白礬散下灌為平
白礬散　白礬貝母黃連白芷鬱金黃芩
大黃甘草甜亭歷○右件為末每服一
兩蜜四兩猪脂半斤瓜蔞一个同灌効

○尿血病第十三

○伯樂畫烙歌訣

膊龍骨歌
膊骨腫痛臟難移　當因打損受災危
火烙之時須用字　藥鍼敷熨是為奇

搶風骨歌
搶風骨大說根基　皆為折損是因依
用火燒鐵田字烙　自然痊差不須疑

肘骨疼歌
肘骨疼痛拖脚拖　為因閃折不調和
按其骨節三叉烙　當時輕健自消磨

硯子骨歌
硯子骨大為因何　蓋為打傷腫痛多
用火燒鐵拖子烙　免令失悞得安和

大胯骨歌
大胯腫痛拖脚行　識其此證是能明
骨穴上頭三點烙　更添十字便安寧

掠草骨歌
掠草骨痛損傷多　本因骨脹脚難拖
麻藥烙畫須平穩　塗油鍼治便消磨

膝蓋骨歌
膝勞腫痛最難任　踏空虛閃敗延生
注膝穴內須出血　火烙過圍得差寧

輔骨鉗歌
付骨垂病長於膝　行時直脚多饒失
火烙之時亦還痊　用藥塗消為第一

合子骨歌
合子骨脹說根基　皆為轉損是因依
筋分鴈爪須消散　自然痊可不須疑

烏觔骨歌
烏筋脹病怎生醫　筋轉之時受災危
火烙十字圍一道　油塗消散見為音

攢觔骨歌
攢筋骨大為何因　失節之時是其根
川字火烙物藥際　使是醫家妙手宜

卷觔骨歌
卷蹄骨脹最難醫　因傷了骨是根基
蹄門穴內難針刺　須將烙鐵烙之宜

八樂歌
甲膽乙肝丙小腸　丁心戊胃己脾章庚

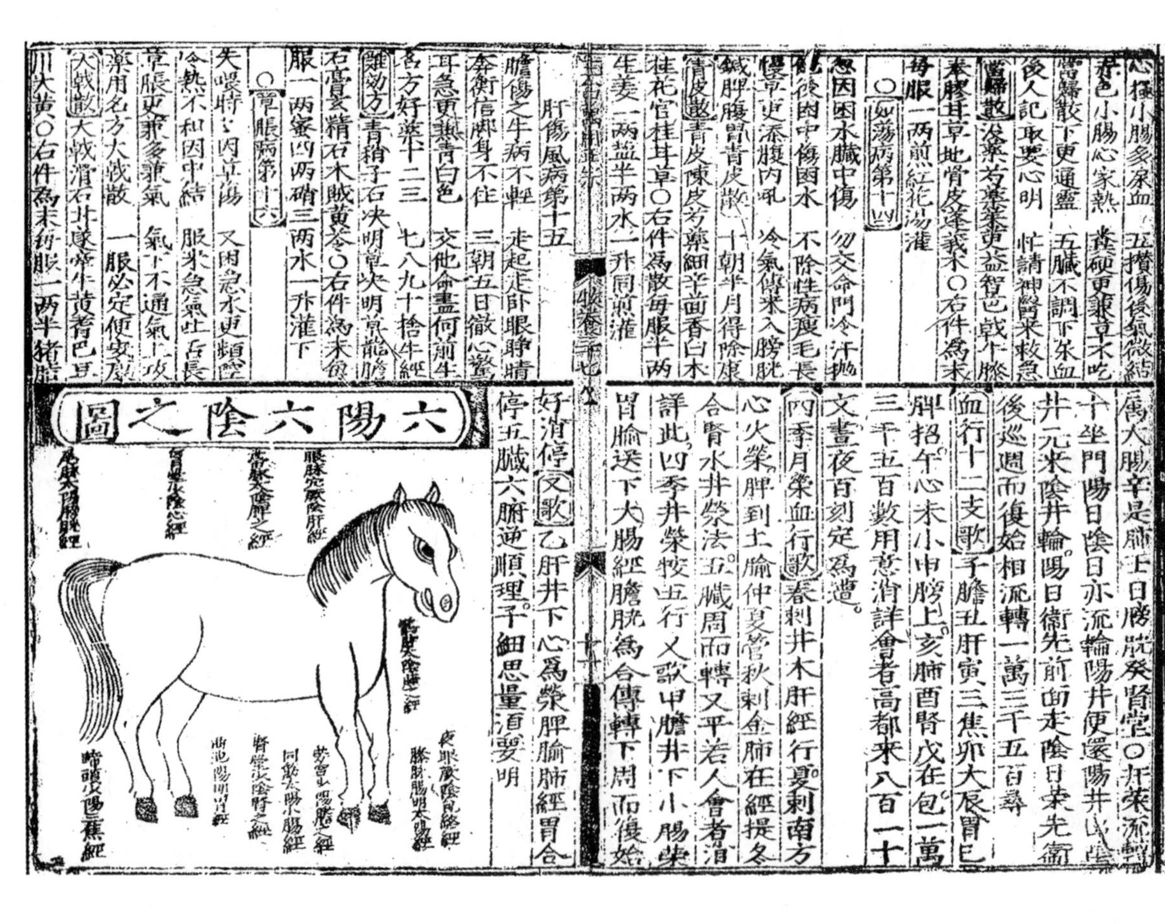

心猛小腸多尿血　五攢傷後氣微結
莖色小腸心家熱　莖硬更兼草不吃
當歸散下更通靈　五臟不調下尿血
後人記取要心明　忙請神醫來救急
當歸散　没藥芍藥黃芩益智巴戟牛膝
木膠甘草地骨皮蓬莪术○右件為末
每服一兩煎紅花湯灌

○妬腸病第十四

怎因困水臟中傷　忽交命門冷汗拋
[illegible]後肉中傷困水　不除性病瘦毛長
腰章更添腹內亂　冷氣傳來入膀胱
鍼脾腹胃青皮散　十朝半月得除康
青皮散　青皮陳皮芍藥細辛茴香白术
桂花官桂甘草○右件為散每服半兩
生姜一兩鹽半兩水二升同煎灌

屬大腸辛是肺壬日膀胱癸腎宮○井滎流轉
十坐門陽日陰日亦流輪陽井便還陽井以陰
井元來陰井輪陽日衛先前由走陰日榮先衛
後巡週而復始相流轉一萬三千五百尋

血行十二支歌　子膽丑肝寅三焦卯大辰胃巳
脾招午心未小申膀上亥肺酉腎戌在包一萬
三千五百數用意消詳會者高都來八百一十
文晝夜百刻定為遭。

四季月榮血行歌　春刺井木肝經行夏刺南方
心火榮脾到土腧仲夏管秋刺金肺在經提冬
合腎水井滎法五臟周而轉又平若人會者消
詳此四季井滎按五行又歌甲膽井下小腸滎
胃腧送下大腸經膽膀胱為合傳轉下周而復始
好消停

又歌　乙肝井下心為滎脾腧肺經胃合
停五臟六腑逆順理子細思量須要明

肝傷風病第十五

膽傷之牛病不輕　走起走卧眼睜睛
奔衝信脚身不住　三朝五日徹心驚
耳急更兼青白色　交他命盡何前生
名方好藥十二三　七八九十捨牛經
離効方　青葙子石决明草决明草龍膽
石膏玄精石木賊黃芩○右件為末每
服一兩蜜四兩硝三兩水一升灌下

○骨脹病第十六

失喉特特內草傷　又因急水更頻啌
冷熱不和因中結　脹來急氣吐舌長
章脹更兼多草氣　氣下不通氣上攻
藥用名方大戟散　一服必定便安寧
大戟散　大戟滑石甘遂牽牛黃耆巴豆
川大黃○右件為末每服一兩半猪脂

六陽六陰之圖

厚朴硝一兩水一升同調灌

○百葉乾病第十七

大水多時百葉乾　更因負重力傷疒
乜又焦光義久緊　慢草鬃驢把頸彎
名方三稜消食散　三服中効有除安

消食散　滑石牽牛地黃官桂川大黃井
逐續斷子大戟榆皮白芷○右件爲末
每服一兩半水一升猪油半斤硝蜜一
兩同煎灌之

○胞衣不下第十八

生衣不下辨淺深　冷熱不順子細看
冷後子宮閉難下　熱來必定卻生風
四蹄撥動有腰疼　用手香油四面通
又用靈方交瀉下　撥住必定更無縱

神聖散　穿山甲大戟滑石海金砂○右

肝臟歌曰

肝家受病眼睛昏　頭低耳搭少精神
閃骨生瘡多淚下　胡骨把膊病因□
針頭之時必左腳　青箱石決搗柳根
早晨臨卧鞍牙上　此病應須眼得明

脾臟歌曰

心家受病連膈痛　胃口哽氣又脣焦
多卧少草嘴搵吐　小腸尿血傷心然
麒麟沒藥紅芍藥　不限依時童子便
且藥每日兩度灌　此馬必定得安全

心臟歌曰

脾無正位號中央　雙拋兩胯連膀胱
多卧少草又哽氣　脣乾舌上口生瘡
生姜和蜜并蒙豆　砂糖四兩用硝黃
氣藥建脾鍼脾穴　此馬驗論是脾黃

肺臟歌曰

肺爲華蓋心上存　鼻連西方庚辛金
皮膚受病鬃尾落　大腸連腳左邊存
臁顋肉動腳又散　鼻中膿出病十分
醫工見者休辨認　此馬必定救無門

件爲末每服半兩水一升猪油四兩灰
汁一盞入水汁爲膏灌之

○肺毒生瘡第十九

渾身瘡疥退毛衣　肺毒皆因久熱成
皮毛外應瘡爲表　春秋不瀉熱來迎
迴頭亂咽渾身血　用藥穿腸爲最大
火血兩針先要放　有醫不會枉牽名

鬱金散　鬱金黃芩人參麻黃薄荷砂參
甘草○右件爲末每服一兩半蜜四兩
水一升同調熱喉之大効

○鬼氣抽脾第二十

噓吼多饑鬼氣傷　脾虛積冷顫搖狂
脾邪胃冷成此患　口黃鼻冷目橫張
眼急遍身頭彎頸　翻眼弄舌口噓張
卧時不起最難救　良醫急令用奇方

腎臟歌曰

腎家受病切須知　後腳難擡耳又垂
心連小腸象更海　膀胱邪氣透入脾
限叫早辰空草嗺　若練茴香青橘皮
腳重頭低陰又腫　此馬必定可憂疑

馬師皇治馬三十六證歌訣

○第一前結起卧病源歌

病中前結莫言無起卧時時喘氣麤吸臆頻上
人不識切須用藥免教殂滑石膩粉并通草灰
汁生油一合酥苔酒都將和合了灌下之自除

○第二後結起卧病源歌

後結起卧切須知迴頭覷腹甚又遲難汁生油
於穀道手取急須用藥醫灌了擇行三二里恰
似從前不患時所用滑石牽牛子朴硝末用猪脂油

○第三熱痛起卧病源歌

良馬雖然千里程忽緊緊病不惺惺以中似火
多頻卧服內如砂不轉睛朴硝甘草各壹兩漿
水相和要半升鷄子共同灌下口更須鍼鼻四蹄

○第四冷痛起卧病源歌

冷痛頻頻顛卧爰四蹄長展或難收往往雷鳴
聲在腹時時蹀腳更迴頭藥用細辛并陳皮用
水三升煎濟休　又方　皂角艾葉鹽水灌火熨湯
浴病自消

○第五小腸結起卧病源歌

□□□撮豆蔻白术當歸桂心附子
青皮蒼术甘草○右件爲末每服一兩
半生姜半兩水二升同煎入灌

○宿草不轉第二十一

便國皆因失喂遲　草傷脾胃不相宜
宿草不消脾胃病　起卧將將更揮蹄
本因肺熱脾虛怯　鼻乾脉黃氣微微
水草不食蹄又顫　除了胡公更說誰

行氣散　御獨滑石牽牛大戟黃芩黃耆
川大黃○右件爲末每服一兩猪脂半
斤朴硝水一升同煎溫灌之立効

○熱發退毛第二十二

渾身發熱氣遍轉　眼赤舌乾珠又懸
本因傷熱心肺起　更因失火委銘然
喘息更兼草又退　卧後舒腰脊蹄蹄

馬病須看向小腸不通大臟越尋常每度翻來
多仰卧不收四足鎮舒張續隨膩粉并通草蛀
女生油滑石方灌了擇行三二里自然痛可得安康

○第六水穀并起卧病源歌

第六須看水穀并汗出頭低起卧輕左右頻頻
看腹肋用藥如前灌一行　又方　還併麻子湯爲
藥疾遂消除似虎獰

○第七纏腸損起卧病源歌

損著纏腸切須知出氣頻多起卧進酥蜜半升
并白芷更添沒藥用當歸甘草麒麟骨碎補三
服必定卻乘騎

○第八腸黃起卧病源歌

第八腸黃常氣麤回頭看腹脉徐徐欲得□

猪脂油蜜五靈散　三服截住卻依原

五靈散　麻黃吳茱萸石決明石膏烏頭○
右件爲末每服半兩用猪脂半斤水二
升半拾半兩同熬共煎同調灌之立効

造父治牛三十六証歌訣

○牛患熱病第一

水牛忽患病根源　膈上關連心肺間
炎天夏月常冷病　用藥須先治療看

消黃散　黃藥子八兩　白藥子八兩　知母九兩　貝母五分　大黃九錢　黃芩一錢　甘草一兩　鬱金一兩○右件爲末每服一
兩水一大碗煎同調灌之立効

○牛患砂石淋病第二

下泵黑泥更頑十　水牛忽患砂石淋
藥用砂糖吞不下　尿臍從前細上尋

結梗蹄消木通往 其病方漸五尿淋
……者用手取一捉鍼割破竟沉吟

滑石散 滑石三兩五錢 木通五錢一分 桂心三兩四錢 縛縷子一兩半 厚朴一錢 豆蔻半三分 白朮三兩三錢 黄芩三兩 黑牽牛四兩 ○右件為末每服用四錢

○牛患前蹄第三

水牛前蹄最幽閑 此病因傷骨髓間
四蹄瘟腫難移步 早須醫療莫遲延
猪脂急取須饒燒 便令病患永除差
乳香龍骨同用信 人髮燒灰便得安

乳香散 乳香五錢 龍骨六分半 黄丹五錢半 麝香少許 信砂 人髮灰少許 ○右件為末每服用藥着瘡貼之立効

○牛患破傷風第四

四肢如緑拳似弓 兩眼白膜睛裏陷
微微似喘口難張 此證端是破傷風
風門伏兎須當烙 六脉出血急須忙
靜處暖時高中養 時時嗺吃藥加功

天麻散 天麻一兩 黄揄一兩 川芎一兩 知母九錢半 蝎梢一兩 烏蛇一兩 半夏一兩 珠砂少許 ○右件為末每服用好酒二升同煎一升灌之立効

○牛患心風狂病第五

水牛心風走似狂 作聲心熱似如湯
此病從來心臟起 與土搶肝眼赤黄

鎮心散 茯苓二兩半 遠志二錢三分 黄芩二兩四錢 知母二兩半 貝母二兩一分 梔子二兩三分 藁本三兩 四錢 蒲黄二錢 ○右件為末每服三兩 二兩朴硝四兩水二升同煎嗺之見効

常血脉大黄梔子朴硝石 又方 黄連……同散餐共猪脂灌即除

○第九黑汗起卧病源歌

第九醫家用妙方 渾身惟順汗如漿 先去尾尖十字穿 後須汁出用三方 併依家腦淋新水 穢汁衝喉人糞撘根鼻 三焦宜少許 早須醫即痊

○第十脾氣起卧病源歌

第十脾家起卧難 擺頭打尾上脣褰 顫胪有時立即倒 垂腰無力似風癱 先鍼脇上兼鍼鼻 氣藥生姜灌便安

○第十一心黄起卧病源歌

十一心黄不轉睛 安身用力痛無聲 麻黄大豆并烏子木 煎連灌便惺惺 又方 用金黄連散速將此藥下猪清

○第十二腎黄起卧病源歌

十二醫家看腎黄 搐攣時時喘便忙 踏地舒腰立即倒 八象懸上兩旁相更 抽尾下微微血 朴硝油水塗腎腸 又用解毒消黄散 便是師黄伯藥驗

○第十三氣痛起卧病源歌

馬患氣痛不調和 腹脹時時蹶卧多 口白更乾毛逆燥 肺家壅滯不奈何 白朮麴末當歸散 酒煎連灌更無病 每上灌時生薑三 服必定見消磨

○第十四腦黄起卧病源歌

馬患醫家辨腦黄 口中沫出又衝墻 汗出打尾嗡瘀塞 腦開二孔與淋漿 每朝新水頻淋腦 灌藥仍須性要寒 若於六脉鍼流血 便是神農真藥效

○牛患脾胃第六

氣功脾胃時時疾 後功毛焦口鼻冷
起卧腳稍空 驅腰頻燒拳 朝後頻頻欽欽
通脾和治胃 靈方散更功

通靈散 細辛二兩 官桂一兩一錢 青皮一兩 陳皮一兩 蒼朮一兩三錢 芍藥一兩八分 藁本一兩 當歸一兩一分 茵陳一兩一分 ○右件為末每服一兩用酒一升怱白湯同煎調嗺之立効

○牛患肺熱第七

水牛鼻熱不尋常 肺熱傳脾母受殃
子病熱時功注破 有似虫蝕號毒瘡
用火燒烙兼腦烙 貼瘡唯藥肺毒黄
此病急痛須見差 莫交欽鼻得荣昌

麝香散 麝香少許 黄丹七錢 没藥三錢 蜈蚣八三錢 信石 桔梗六錢 ○右件為末細研麝香信黄丹三味同煎每用一錢貼在瘡上立見効

○牛患肺掃病第八

水牛肺掃心臟熱 涎出長流不暫歇
此病不醫多日後 漸瘦毛焦皮肉枯

治肺散 紫蘇三兩 知母三兩一分 紫菀三兩三錢 甘草一兩五錢 黄芩三兩三錢 桔梗三兩四錢 貝母一兩一錢 白丸一兩一錢 白朮二兩四錢 大黄二兩二錢 ○右件為末每服二兩生姜五錢蜜一兩水二升同煎灌之

○牛患熱病第九

水牛瘀熱甚堪醫 口黄黑色若青泥
四脚不收屎又尿 急忙醫療教君知

白朮散 白朮一兩半 蒼朮四兩半 紫菀三兩三分 牛膝三兩 麻黄三兩 厚朴三兩 當歸三兩

○第十五胞轉起卧病源歌

胞轉蹲腰踏地 蹺時時蹶悶尾旁稍 水草不食更頻卧 要知病狀是尿勞 坐平用泄於穀道上 後牽行三五遭 左右入手須撥正 小便通下見醫高

○第十六草噎起卧病源歌

馬患草噎病堪醫 口中沫出又遲遲 便把遊韁繫後脚 急行十步莫孤疑 皂莢瓜蒂芸薹子 須切吹鼻不宜遲 又方便下順氣散 不噎時特聖手奇

○第十七內腎損起卧病源歌

馬患難醫是腎灾 膏飄着地四蹄開 後脚稍空如此病 方中無一免輪迴 盲醫不會由自強 良醫看了不堪才

○第十八腸斷起卧病源歌

馬患腸斷不堪醫 渾身肉顫攢四蹄 拋糞之時須起卧 良醫見後也心疑 饒君妙手能療治 徑教明師亦何施

○第十九腸入陰起卧病源歌

馬患難醫腸入陰 回頭看腹示醫人 腎囊一冷一邊硬 如此疑其有鬼神 後代欲除根本者 良醫妙術所當親

○第二十大肚結起卧病源歌

馬患須看大腸結 喘急肚高時時歇 不便打尾目奈何 蟯蜋通草猪油熱 緩貂鼠糞兵相和 五味將來衝斷結

○第二十一肉斷起卧病源歌

肉斷原因走不安 四蹄不舉重如山 但掛尾本

末每服二兩用

○牛患肺病肥脹第十

肺家把膊最難醫　病狀深濃注却蹄

膊炎乾殘日日添　硬地難行跳膊移

半夏散　半夏一兩　知母一兩　貝母三分一兩

蒼术五分一兩　白芷四分一兩　仙茶脾一兩　武羌一兩　細辛半兩　川芎一分一兩　胡粉一兩○

右件為末每服一兩酒一升生姜半兩

同調灌下

○牛患渾身血出病第十一

渾身血出病根源　水草如常始二般

血出眼子小未治　眼子大後治他難

鬱金散　鬱金一兩　甘草半兩　寒水石一兩

[illegible]五二兩　大黃四分一兩　白礬一分一兩　黃芩一分一兩○右

件為末每服一錢用米泔水半升同鼻

內灌之立見効

○牛患熱瘟病第十二

牛患瘟疫五六間　毛焦腹脹腳顛狂

早覺之時中治療　若還不治命須亡

人參散　人參　黃芩　貝母　知母　防風

白礬　黃連二分二兩　鬱金　山梔子　黃柏　桔梗

瓜蔞　大黃各一兩　○右件為末每服二兩

沙糖一兩生姜汁二升同煎灌之

○牛患直腳風病第十三

直腳風病風傍　水草不住又如常

行着前面一隻腳　行時拖地不移忙

追風散　烏蛇　乾蝎　蟬殼　厚朴　當歸　麻黃

川芎　烏頭　天門冬　桂心　防風　白附子○

右件為末每服一兩用酒二升放溫灌

胸堂血。須至平和不再看。更用消黃止痛散。便是周時八駿驗。

○第二十二木掠肝起卧病源歌

馬因喫水損其肝。兩眼如癡似淚漫。行動之時如醉狗。此時病狀救無緣。後代之人習此理。君還不信試醫看。

○第二十三羅膈傷起卧病源歌

馬患難醫羅膈傷。精神漸減越尋常。膈損更兼肉又顫。鼻內時流血水漿。眼目昏昏兼腹脹。血奔心時喘息忙。為報醫工休治療。大都此病必難痊。

○第二十四板腸糞不轉病源歌

板腸不轉非難治。起卧時時賺腹高。五朝七日未痊差。氣道從而奔後腰。草灰鼠糞豬冲熱續隨膩粉合為膏。五味將來同共使。直饒烙鐵是明醫。

○第二十五水噎起卧病源歌

水噎起卧少人知。縮項遵腰汗瀝蹄。口中清水涓涓滴。醫工見者亂猜疑。水急方中看藥餌。曾前棒桿不宜遲。又方更用五香散。三江出血病須瘥。

○第二十六肉鼈起卧病源歌

肉鼈起卧汗徽徽。忽覺心在左右窺。肉動渾身顫颯颯。無令醫者亂猜疑。但用鍼刀向後覓。腎堂尾本兩般名。右方鬱金并梔子。消黃治肺共扶持。

○第二十七蚛蟲咬腸起卧病源歌

咬腸起卧最幽玄。不在五臟及音篇。早料餵時依舊喫。牽下栅來袞驟眼。勞動醫人伸上覓。搖動之時必見安。後代之人習此理。免教良馬受鍼殃。

之立見効

○牛患肺[illegible]風病第十四

肺家風病最難醫　喘息氣麁脉頻移

貝母瓜蔞并甘草　枳殼豆蔻大黃奇

瓜蔞散　知母　桂心各一兩　瓜蔞　貝母　枳殼

紅皮　紅豆　山梔子　青皮　縮砂　當歸○右

為末每服一兩一錢蜜二升同調灌效

○牛患黃繡[illegible]法第十五

黃繡[illegible]去亞吹來　漸漸捷羸瘦如柴

補肺[illegible]頭并腳卧　繡出肚內必成災

貴金散　貴鹽二兩　霜天　膩粉　白礬各二兩

百步合　鳥草　皂角　草果　天仙子　苦參五

梧子○右件為末每服一兩鹽二兩水

二升同調灌立効

○牛患肺敗病第十六

肺膈敗舒肺敗傷　鼻中有膿在肺間

藿參杏仁湯水下　速灌三服自然安

杏仁散　杏仁　百合　瓜蔞　知母　白礬　貝母

山梔子　秦艽　荊芥　香附　蒼參○右為末

每服一兩蜜糖二兩水二升日二服効

患牛膽脹立頭肝第十七

患牛膽脹立頭肝　硬氣毛焦草下瘥

藥用鬱金黃連散　連進三服立時痊

鬱金散　鬱金　甘草　黃連　白礬　黃藥子　黃

柏　黃芩　蛇床　狗脊　水銀　朱砂　大黃　龍腦

麝香　木香○右件為末每服二兩漿水

二升同煎日進二服立効

○牛患水舌病第十八

水舌塞口似鍁條　肚中饑瘦如火燒

黃芩鬱金朴硝散　不過十日立時消

○第二十八燒著五攢痛起卧病源歌

燒著當時四蹄攢。為緣血脉不通連。五日七朝不醫療。腰曲頭低行步難。火急方中看藥餌。抽其六脉自然安。

○第二十九肺痛起卧病源歌

肺痛起卧喘微微。口內如綿要辨之。或即胸前多有汗。此是用藥不宜遲。砂糖乳汁并雞子。消黃治肺共扶持。哨之三上無痊差。必定拋亡[illegible]。

○第三十大肚傷起卧病源歌

馬患須看大肚傷。卧時不起汗淋浪。喘麁鼻咋兼肉顫。鼻內時流羹氣漿。嘆氣之時胃必損。便有靈方病也亡。為報醫人休治療。此時大會見無常。

○第三十一心痛起卧病源歌

心痛起卧有妖殃。口內如花脉帶洪。或即胸前多有汗。大黃柴苑麥門冬。生薑甘草并雞子。羌活茯苓肉蓯蓉。九味將來同共使。便是王良妙藥功。

○第三十二腎痛起卧病源歌

腎痛起卧慢微微。猝猝攢攢起卧遲。口鼻尾尖須出血。腎棚鍼刺更何疑。茱萸厚朴當歸藥。溫酒相和要灌之。損着腎棚難治療。應須不損[illegible]。

○第三十三冷水傷起卧病源歌

馬因喫水傷腸胃。玄妙方中看卧蚕。毛下赤時傷腸胃。卧蚕白者別觀占。芎藭白芷當歸藥。細辛陳皮共相兼。好酒同調灌入口。便是神醫用手拈。又方荳蔻并肉桂。生姜酒下聖經言。

○第三十四中結起卧病源歌

[illegible]散[illegible]牙硝甘草黃芩黃連蔚金大
黃三兩 朴硝二兩 丸各半○右件為末各用一
兩蜜猪脂四兩調水一升服之立見効
○牛患纏喉風病第十九
于喉之病人見驚　喘息加同曳鋸聲
口中不洮水草停　患須開喉便是功
消黃散 知母貝母黃芩大黃甘草荊芥
枝子瓜蔞川芎牙硝白礬朴硝蛇黃
右為末每服二兩蜜水二升同調灌効
○牛患交脚風第二十
交脚風病身体強　頭懸腰曲不如常
水草細餵眼又急　醫人撿藥且消詳
烏蛇散 烏蛇白附子乾蝎川芎木香當
歸牛膝半夏羌藥三兩 桂心二兩○右
件為末每服一兩酒一升油一兩同調
灌下立見効
○牛患脾肢瘋第二十一
脾肢瘋病似絕癱　先把前脚仔細看
多發前脚行不得　渾身不便必形殘
麻黃散 麻黃當歸桂心川芎半夏乾姜
白芷黑附子酒浸 蜈蚣乾蝎各半二條 白附
子各一兩○右件為末每服一兩酒一
升同調後温灌之立効
○牛患脫紅病第二十二
蓮花頭開撼尾本　因事傷重閃外衿
忽然前蚴燕温浹　縮砂白礬及有功
白礬散 蜜陀僧白礬三兩 川椒二兩 白
龍骨二兩 縮砂五倍子各一兩半 木鼈子兩
各一○右件為末每服一兩用温漿淨洗
用藥炮之進効

病中中結要言論。衣餵時時起卧頻。更將雙耶
跑青膁。看腹回頭意欲伸。續隨膩粉并通草。郁
李瞿麥共調勻。以酒相和藥一處。學取從前袖手人
○第三十五喫着生料起卧病源歌
穀豆全生餵駿駒。脹因生硬不舒舒。滑石膩粉
并通草。灰汁生油一合酥。六味將來同共使。當
時駞驟向長途。
○第三十六邪病起卧病源歌
忽逢邪病用心看。白汗流時兩眼翻。麝香瓜蒂
吹鼻內。上唇出血當時安
○四時調適之宜
春季放大血。則夏無熱壅之病。宜灌茵陳散。或
木通散過夜。令馬卧糞湯。每日數料各八分。卯
時騎習馳驟。辰時上槽餵罷飲新水。申時再餵
罷搖拽調習行步。令馬頭平。至夜半再餵三次 每日
茵陳散 治馬卒熱草漫口眼黃精神知慢微覺
喘麤春夏宜五七日一次常灌　山茵陳
甘草　黃連　防風○已上各等分為麤末
每用藥一兩漿水一碗細擦生姜一兩蜜二兩
同煎三五沸放冷灌之不効隔日再灌
木通散 治肺黃眼患精神短慢牽動似醉或粗喘
木通　乾山藥　山枝子　牛旁子　瓜蔞根
右各等分為麤末藥一兩生姜一分擦細沸湯
一碗調散温入童子小便半盞灌隔日再灌
夏季不得出血宜灌消黃散并茵陳散須將烟
令馬於風凉處不得着熱每日餵飼比春季加

○牛患[illegible]第二十三
[illegible]脹之牛胃因何　皆因傷重起卧坐
小便不通喉淋澁　不食水草喘又多
滑石散 滑石當歸[illegible]參膩粉木通荳花
朴硝沒藥細辛酙芥子○右件為末每
服二兩水二升同煎五六沸温灌之効
○牛患浮涼氣病第二十四
浮涼氣法頭卧地　喘息頭懸涎沫滴
水草細微兼腹脹　行如醉狗全無力
檳榔散 檳榔細辛五豆蔻芎藭乾姜甘草
當歸細砂陳皮官桂白芷○右件為末
每服一兩棗一枚水二升煎湯灌下立効
○牛患時脾病第二十五
此牛急時患双脾　點痛難行不移[illegible]
水草行通步步移　急須便用烏[illegible]散
金釵草散 蜜陀僧一兩 柯子一兩七箇 慈石三兩
二錢 萆薢二兩一分 烏鼈殼一兩九錢 當歸三兩
右為末每服一兩伍錢酒一升温服調灌効
○虫子入耳病第二十六
虫子入耳最難医　起卧頻頻身背垂地
或是耳中多汁出　蜮墻挨柱莫交離
黃蘗散 黃蘗糞細辛一兩 一分龍腦白龍皮
一兩 蛇退 蜈蚣一對○右件為末每服冷
水和丸如雞頭大洗淨調湯灌耳內立効
○牛患腎黃病第二十七
水牛忽患腎家黃　四脚難移牽似撞
此病都來因發熱　為傷二氣尿肺腸
陰陽二氣難消粒　尿血胞淋用藥方
大戟散 續隨子厚朴豆蔻木通牽牛二兩
二錢 滑石川楝子白朮二兩 茴香海金沙

料減數。寅時騎習馳驟。卯時上槽餵罷飲新水
未時上槽餵罷不飲新水。申後搖拽調習行步至
二更時餵第三次。每五日一次於河內水深處浸之
消黃散 治馬喘急汗出　黃藥子　貝母
知母　大黃　黃芩　白藥子　甘草　蔚金
已上各等分為麤末每用藥一兩新水半升[illegible]
二兩調灌隔日再灌○茵陳方在春季內
秋季宜灌理肺散白藥子散每日數料各八分
寅時騎習馳驟巳時上槽餵罷飲新水申時再
餵罷搖拽調習行步半夜餵第三次隨六月巳
後勿令人令馬於雨露處霖泥勿令久以濕地至九
月宜于[illegible]歇卧
[illegible]治[illegible]前[illegible]鼻內膿出前後脚虛腫遍身
生毒藥方　蛤蚧　知母　貝母　紫蘇子
乾山藥　百合　天門冬　馬兜苓　枇杷葉
漢防已　皂莢　山梔子　瓜蔞根　麥門冬
川升麻　秦艽　已上十六味各等分為麤
末每用藥一兩蜜二兩糯米粥一盞瓜蔞一箇
去皮細研調和陷之再加灌用蜜三兩[illegible]一
兩漿水半升用上件藥調入童子小便半盞灌
如病未退次日灌八味白藥子散
白藥子散 治馬腰背硬氣把腰背低頭不得或
服漩腹脹　白藥子　當歸　芍藥　桑白皮
瓜蔞根　香白芷　貝母　桔梗
已上八味各等分為末每用藥一兩漿水半升
葱白五莖生姜一分拍碎同煎三五沸放温入

桂心○右件爲末每服一兩酒一升由
二兩同煎溫服灌下立効
○牛患胃冷病第二十八
水牛胃冷病根深　冷熱相衝氣不清
涓瀉口中多涎沫　皆因脾胃氣相侵
徤脾穴內順針絲　不治多時月惡心
溫酒生姜來並灌　三服須効益千金
[補黃散]官桂 厚朴 茴香 青皮 五味子 甘
草 陳皮 蒼朮 背木香 白朮 兜朮灰○右
件為末每服一兩半酒一升同煎立効
○牛患瀉水病第二十九
牛患瀉水鼻如水　脾胃皆因二氣爭
宿水飲着搖臍頭　渾身肉顫不能安
[溫脾散]茴香 蒼朮 厚朴 防風 枳殼 藥二兩
陳皮 甘草 細辛 當歸 青皮 白芍藥三分

童子小便并鹽灌之然後針頂并放膏血日用灌
[交季]宜灌白藥子散茴香散十二月內七日一
次喂豬脂藥每日麩料各八分卯時騎習馳驟
巳時上槽餵飲新水未時乘騎搭拽調習行
步酉時再餵至夜上糞場歇四更時餵第三
次白藥子方在秋季用
[茴香散]治馬腰背緊硬拽胯氣把腰胯病
茴香 青皮 陳皮 當歸 芍藥 荷葉
厚朴 牽牛 木通 益智 川楝子 角䓗
已上各等分為末每用藥一兩酒半升葱一握
同煎三五沸放溫入童便表空喝灌之 日再灌
[豬脂藥]陳豬脂六兩用切 搗鹽一兩 豉七兩 葱白三兩
四味一處研和一次喂盡七八日再喂去毛焦腹緊之

右為末每一兩酒一升姜一兩煎溫灌之立効
○牛患肺勞病第三十
肺勞多服涎四脚不能提五臟衝來熱
傷他胃水得肝家以受災樂奈並白梔
[白梔散]馬兜苓 桑白皮 甘草 瓜蔞 貝母
黃芩 白梅 知母○右件爲末每服一
兩半水二升蜜同煎灌下立効
○牛傷腎撥病第三十一
腎傷之牛腰胯疼　行時点脚又頭平
後脚無力難移步　耳垂眼急病難任
[骨碎補散]白芷 陳皮 厚朴 沒藥二兩 三錢 自
然銅 斑疣 茴香 五苓脂 苦楝子 當歸○
右為末每服二兩酒一升姜三片溫灌立効
○牛患胞虛病第三十二
胞虛似冷淋胃水便侵身其中多受涎

[四時餵馬法] 貫衆 皂角 已上二味入料
內同煑熟餵飼三五日一次騎習率脚放目每煑
豆一石用皂角五挺貫衆五兩四時調習控御
行步須放頭平免損馬肺草飯火時須絆脚使
起卧穩便不得久立免傷馬觔骨
[調攝五臟]
[治心部]
[麻黃散]治馬心臟虛熱中風 天南星 乾葛
白附子 乾蝎 麻黃 乾蛇 川芎 海桐皮
白蒺藜 防風 稿木 天麻 杜心 黑附子
白姜蚕 甘草 右十五味各等分為末每服
藥一兩酒半升同調溫灌下
[天麻散]治馬心風初得心智雙眯努目奔衝信
脚自行宜服之 天竹黃 天麻 防風 桔梗

淋淋病如淋腰胃神芍藥胞門谷其針
乾姜 白龍骨 牛膝及細辛 當歸 紅芍藥
澀酒灌除根○右芍藥蒸過為末每服
一兩酒一升葱油蜜同調服立効
○牛患偏風病第三十三
偏風之病面歪斜　但更吐胃痰涎沫
水中難食四肢硬　眼似流星頭轉旋
[白花蛇散]白花蛇一兩 烏藥 天南星 半
夏 川芎 細辛 天仙子 白芷 大黃 附子
右件為末每服一兩酒一升同調溫服
灌之立見効
○牛患草噎傷病第三十四
草噎因傷胃氣腸　壓頭耳冷候難當
鼻中冷氣頻頻出　此病不知治療強
更纏後面一雙脚　牛行半里却如常

黃藥子 甘草 知母 大黃 乾地黃 黃蘗
黃芩 貝母 鬱金 黃連 牛膝
已上一十五味各等分為末每用藥一兩蜜二
兩酒一盞油二兩水一盞同灌之
[人參散]治馬心黃病多睡饒驚治之
甘草 鼠黏 大青 蔚金 黃藥子 人參
茯神○右各等分為末每藥一兩水半升生姜半
兩搽油蜜一二兩同煎三五沸放溫草後灌之
[防風散]治馬心有風氣初得時兩耳聚頭直頭
高狂走咬人　鬱金 黃耆 乾地黃 知母
沒藥 天門冬 黃藥子 沙參 防風 桔梗
[illegible] 大黃 蒺藜 人參 貝母 紫參
麥門冬○已上各等分為末每用藥一兩雞

[一捻金散]穀青草 細辛一兩 姜 瓜蒂 川芎
麝香少許 柴胡五錢 三分 葫蘆芭○右為末
每服一分更用條愿綿子用油灌之立効
○牛患肺腎黃病第三十五
出氣聲音響連頻　作雞鳴熱發喉骨脹
涎血化為膿　急須用針烙開喉
便下硼砂散　速喂有能功
[南硼砂散]南硼砂 薄荷 川芎 桔梗 白礬
黃栢 甘草 青黛 黃連 人參○右件為末
每服二兩蜜朴消水二升同調灌之立効
○牛患水草不通病第三十六
水草不通大糞乾　在地打橫不能安
便用地皮渾身吞　醫人將手後門掏
先使木通并過草　後用宗藥養五臟
山龍吹直皆為好　鉄瘟五味便能安

子四兩蔥漿水一碗調灌立効
[黃藥子散]治馬驚心汗出頭垂舌熱如火口色
白乾　黃藥子 白藥子 知母 貝母 大黃
黃連 石決明 山梔子 蔚金 黃耆 山藥
黃芩 沒藥 胡黃連 升麻 地黃
已上一十六味各等分為末每用藥一兩半蜜
四兩生地黃汁半升入水同灌之
[當歸藥散]治馬心氣傷驚多卧少草背搖上依
頭乎吐涎沫　當歸 沒藥 人參 茯苓
木通 麒麟竭○已上各等分為末每用藥一
兩蜜二兩漿水半升調藥灌之立効
[四黃散]治馬心臟熱積慢并鼻內血出
黃栢 黃連 黃芩 大黃 款冬花 白藥子

鉤眼散　逍遥山龍烏頭皮木通皮黄連皮
大黄四兩大王通草根　良姜細辛花椒
麥　五味子○右件爲末每服油葱七根
服增水灌之立効
○附經驗方　○治牛癀方
用安息香於牛欄中焚之　又方　用石南
藤和巴蕉搽自然汁五升灌之即瘥
又方　十二月内收兎閪燒灰和水五升灌之
軟脚癀方　大細辛五加皮八月瓜根槐
條七根葱白七根火炙過鷄子清紫金
皮　香茹一錢　麝香一分　葱頭茴香清
油酒嗺之効
除汗散方　升麻當歸川芎白芷甘草麻
黄芍藥肉桂人參紫苑香附子葱二根
姜三片好酒一升嗺之効

貝母　蔚金　秦芁　甘草　黄藥子　山梔子
已上十二味各等分爲末每用藥一兩半蜜一
兩計四兩水半升調灌之
○治肝劑
洗肝散　治馬眼内有青白暈并眼腫淚出肝熱
青葙子　石决明　草决明　朴硝　石膏　草龍膽
旋覆花　防風　菊花　黄連　甘草　黄芩
已上十二味各等分爲末每用藥一兩半猪膽
使汁蜜四兩白礬半兩漿水一升同調草飽嗺
隔日再嗺如未退鍼眼脉穴出血即差
凉肝散　治馬眼昏暗翳膜遮障　菊花　皂莢
防風去芦頭　羌活去芦　○已上四味各等分爲
末每藥一兩漿水半升蜜一兩同調嗺之効

瘦牛海上方　心紅硃砂海肥子四八烏
鷄一隻當歸猪油斤鹽一两忍酒嗺之効
春季藥方　大黄黄連甘草防風枝子瓜
蔞根黄藥子知母貝母
夏季藥方　黄芩黄連大黄欝金黄根黄
藥子白藥子甘草知母貝母薄荷兜苓
桔梗地黄
秋季藥方　枇杷葉知母貝母亭兜苓杏
仁地黄欵冬花瓜蔞根紫蘇麥門冬秦
芁芍藥瞿麥木通黄連黄藥子白藥子
用酒嗺之効也
冬季藥方　當歸芍藥厚朴青皮陳皮細
辛益智仁山藥牽牛木通荷水馬玄明
粉甘草青皮用酒嗺之
喉風海上方　雄黄一錢　擂木桑根絞去

蒼朮散　治馬肝積熱眼生翳膜　蒼朮　蟬殼
木賊　黄芩　甘草各一两○已上五味各等
分爲末一两冷水半碗調匀草飽灌之效
蟬殼散　治馬穀暈眼腫　蟬殼　宣黄連　菊花
地骨皮　甜亭　白朮　草龍膽已上各一两　蒼朮半两
已上八味爲末每用藥一两水半升煎三五沸
放温不計時候嗺之
瀉肝散　治馬内障眼睛先青色後变緑色
黄連　蔚金　山梔子　决明　草决明　旋覆花
青葙子　草龍膽　甘草○右各等分爲末每藥
一两五錢細切白羊肝三两拌匀草後啗之
黄連散　治馬肝黄初病自硬四脚如柱牽動生到倒
黄連　黄耆　黄芩　知母　天門冬　貝母

了涎用針舌頭下邊青脉針皮二處
牛瘡癢海上方　硫黄五錢　花椒二两　蛇床
子二两先了皮鍋焙乾搗研細末猪油
調搽極好
治牛疥癩　用蒼參燒灰淋汁牛馬同
治　又方　用藜蘆爲末水調塗甚妙
治牛噎　用皂角末吹鼻中以鞋底拍其
尾停骨下
治牛爛肩方　以舊綿絮三两燒存性麻油
調傳已水五日即瘥
治牛漏蹄方　以紫苑爲末猪脂和塡漏
蹄中燒鐵烙之
治牛咳嗽方　用鹽一两豉汁一升灌之相和
咳嗽藥方　細茶二两　蜜一两　杏子半两
清油半两　生姜半两　細切和水搗汞熱

蔚金　川大黄　山梔子　紫門冬　黄藥子　[illegible]
已上一十一味各等分爲末每用藥二两使雞
子五箇牛地黄三两細擣合和嗺之次日再嗺
補肝散　治馬虫食肝病初得時两目如睡伸頭
垂耳頻擔項似驚　桔　黄藥子　白藥子　石决明
大黄　知母　貝母　秦芁　白蕪荑　乾地黄
草龍膽　已上各兩○右十一味各等分爲末每用
藥一兩蜜四两醋一合陳漿水一椀草後嗺之
清肝散　治馬肝脹初得時先伸前二脚如虎頻
頻迴頭看前脚　蔚金　漢防巳　山梔子　甘草
青黛　草薢　細辛　大黄　玄參　紫參
人參　茯苓　沙參　草蒿　青皮
已上一十五味各等分爲末每用藥一两半蜜

又酒姜汁蒸取油潤鍋炒每早晩常服
治牛尿血方　用當歸紅花爲末酒煎灌之
治牛生風方　用當歸搗爛醋浸二夜塗之
治牛傷熱方　用胡麻葉搗汁灌之立瘥
治牛尾焦方　牛尾焦不食水草用大黄
黄連白芷各半两爲末鷄子清調灌之
治牛觸人方　牛忽肚脹狂走觸人用大
黄黄連各半两雞子清一箇酒一升和調沸之
治牛腹脹方　牛吃豬糞非時腹脹用燕
子尿一合水調灌之
治牛卒疫方　牛卒疫頭打成用巴豆去
皮搗爛入生麻油灌之仍用皂角末一
撮吹入鼻中更用鞋底於尾停骨下拍之
治牛患眼方　牛生白膜遮眼角炒鹽并
竹節燒存性細研一錢貼膜上

四两漿水一升草後嗺之
石决明散　治馬眼昏初得時如醉脚軟欲倒頭向下
石决明　大黄　黄連　蔚金　黄芩　山梔子
没藥　黄藥子　黄耆　白藥子　草决明
已上一十一味各等分爲末每用藥一两使蜜
二两鷄子二箇水一椀同嗺之
黄連膏　治馬肝熱穀暈及眼熱有泪點之
黄連　青鹽　蕤仁　楮葉　烏賊魚骨
已上五味各等分爲末乳鉢内細研如粉每用
燈草取藥點眼一日兩次
○治脾部
當歸散　治馬脾胃冷傷氣痛因成泄瀉之病
當歸　厚朴　陳皮　青皮　白[illegible]仁炒　益智

治牛患熱方 蒼朮一兩半 木通二兩 藁本各三錢 牛膝三兩 三錢 麻黃 太節 厚朴 二兩 當歸半兩 三兩 共爲末每服二兩以酒二升煎放溫草後灌之

○養羊法

羊當留臘月正月生羔爲種者第一十一月二月生者次之大率十口二羝〻無角者更佳擬供厨者宜剩之牧羊者必須大老子其心性宛順起居以時調其宜適卜式云假民何異於是惟遂水爲良二日一飲緩〻驅行勿使停息春夏早放秋冬晚出圈不厭近必須與人居相連開窗向圈架北墻爲廠圈中作臺〻下無令停水二日一除勿使糞穢圈內須貼墻豎柴栅令周匝十一千口者三四月中種大豆一頃雜穀并草留之不須鋤治八九月中刈作青茭若不種豆穀者初草實成時收刈秋青雜草薄鋪使乾勿令鬱浥既至冬寒多饒風霜或春初雨落春草未生時則須飼不宜出放此牧羊之大要其羊每歲得羔可居大群多則饑瘦及所剪毛亦作氈併得酥乳皆可供用髒易其利甚多諺云養羊不斎當止謂此也 又云 羊者火畜也其性惡濕利居高燥作棚宜高常除糞穢巳時放之未時收之若食露水則生瘡凡羊種以臘月正月生羔為種者上十一月二月生者次之大率十口二羝〻少則不孕多則亂群羊有疥者間別之不使相染不爾則合

赤芍○已上七味各等分爲末每用藥一兩水半升生姜一分擦細煎三五沸空草溫啖之

黃栢散 治馬脾黃病外腎堂上延及兩脾浮腫

黃栢　知母　貝母　蔚金　大黃　山梔子

黃芩　白芷　桔梗　山藥　瓜蔞根

已上一十一味各等分為末每用藥一兩蜜四兩水一椀生姜半兩擦細同和啖之

白藥子散 治馬脾黃初得時精神小頭垂鼻出冷氣起卧慢回頭返者

細辛　稿本　厚朴　白芷　牽牛　青皮　五味子　當歸　沒藥

芍藥　皂角子　陳皮○已上各等分為末每用一兩生姜半兩擣細酒一碗調末灌之

厚朴散 治馬脾不磨草口色黃白　陳皮　麥芽

五味子　官桂　牽牛　縮砂　厚朴　青皮

右八味各等分為末每用藥一兩酒一碗調啖効

秦艽散 治馬傷冷脾沍打顫水草慢脹痛

秦艽　當歸　馬兜苓　貝母　枇杷葉　罌粟殼

芍藥　桔梗　已上八味各等分為末每用藥一兩半漿水一升生姜一分擦細煎三五沸候溫入童子小便半盞同啖之

桂心散 治馬飲冷過多傷脾作泄瀉　桑白皮

桂心　厚朴　當歸　細辛　青皮　牽牛

陳皮　已上八味各等分為末每用藥一兩溫水半椀童子小便一盞同調啖之

○治肺部

紫蘇散 治馬鼻溫喘麁毛焦前擦胷膺痛肺一切

羊疥 死日疥以藜蘆根以泔浸致器邊常燒炙日以刺刮患处以藥汁塗之耳上即愈若病多漸〻塗之時塗則痛

棧羊法 向九月初買羖羊多則成百少則不過數十頭初來時與細切乾草少着糟水拌經五七日後漸次加踏破黑豆稠糟水拌之每當飼不可多〻則不食可惜草料又兼不得肥填勿與水吃〻水則退膘溺多可一日六七次上草不可太飽〻則有傷少則不飽〻則減膘欄圈常要潔淨一年之中慎勿餵青草〻餵之則減膘破腹則不肯食枯草

治羊夾蹄 以羖羊脂煎熟去滓取鐵篦子燒令熱將脂勻塗篦上烙之勿令水入

治羊破群 羊膿鼻及口頰生瘡如乾癬者相染遂致絕群治法取長竿豎於棧所竿頭置一小板係獼猴於竿令可上下又辟狐狸而益羊癢病

治羊疥癩 藜芦根不拘多少搥碎以米泔浸之瓶盛塞口置竈邊令煖數日味酸可用先以瓦片刮疥处令赤用溫湯洗去瘡甲拭乾以藥塗上兩次即愈若疥多宜漸塗之徧塗恐不勝痛 又方 用鍋底黑及鹽與桐油各二兩調勻塗之

治羊中水 先以水洗眼及鼻中膿汗令淨次用鹽一大撮就將沸湯研化候冷澄清汁注雞子清如許灌鼻內五日後漸愈

○養猪法 母猪取短喙無柔毛者良牝者子母不同圈牡者同圈則無嫌圈不厭穢亦須

紫蘇葉　馬兜苓　貝母　木通　漢防已　桔梗

葶藶　白牽牛　當歸　甘草

已上十味各等分為末每用藥一兩水半升生姜一分細擦蜜一兩煎三五沸放溫草後啖之

貝母散 治馬肺熱喘麁及啌　大腹子　貝母

山梔子　紫菀　桔梗　杏仁　牛蒡子　瓜蔞根

甘草　百合根○已上十味各等分為末每用藥一兩水半升煎三五沸放溫草後啖之

漢防已散 治馬肺勞傷奔走氣麁鼻內氣猛出泄不及遍促損肺鼻內出白膿　漢防已　陳皮

知母　款冬花　葶藶子　杏仁　白牽牛　桑白皮

甘草　木通○右各等分為末每藥二兩水半升生姜一分細剉蜜二兩同煎三五沸放溫飽灌之効

知母散 治馬肺搐膊常喘盍馬　知母　大黃

貝母　枳殼　茯苓　青皮　菖蒲　破故紙

鬱金　瓜蔞根　白芷　枇杷葉○右十二味各等分為末每用藥二兩以麻腐一盞同和啗之

人參散 治馬肺燥揩擦　人參　沙參　玄參

丹參　貝母　麥門冬　天門冬　知母　甘草

（已上二兩）紫蘇子　馬兜苓　苦參○右各一兩為末每用二兩半入鹽鼓一兩蜜三兩同和啗之効

硇砂散 治馬肺風發毒瘡　硇砂　砒霜　膽礬

銅綠○右各等分為末搽瘡以漿水洗淨後貼四日一換

洗肺散 治馬肺風揩擦及熱剝疥瘡等疾

人參　甜參　紫參　苦參　秦艽　砂參

何首烏○右各等分為末每藥二兩酸漿水一升蜜四兩

小兒以時雨雪春夏草生兩時放牧糟糠之屬當日別與八九十月放而不飼所有糟糠則畜待窮冬春初初產者宜煮穀飼之其子三日便掐尾六十日後犍供食豚乳下者佳簡取別飼之愛護江南水地多湖泊取萍藻及近水諸物可以飼之養猪凡占山皆用橡食或食藥苗謂之山猪其肉為上江北陸地可種馬齒約量多寡計其畝數種之易活耐旱割之比終一畝其初已茂用之鍘切以泔糟等水浸於大甕中令酸黄或拌麩糠雜飼之特為省力易得肥腯前後分別歲歲可鬻充供家費

【養猪法】母猪取短喙無柔毛者良喙長則牙多一廂三牙已上者不可養為其難得肥也牡者子母不同圈子母若同圈喜相聚而不食牝者同圈則無害

【治猪病法】割去尾尖出血即愈若瘟疫用蘿蔔或葉多拌擣葉與食之不食難救

【敎人肥猪法】土蜂窠一箇 馬蟻窠一箇 大麥芽一兩 杜仲一兩 升麻二兩 神曲二兩 共為末用糯米一斗煎末藥四兩塩一斤養猪一百斤如養七十斤猪止用糯米七升煎末藥三兩塩十二兩其方要論猪大小加減如法用藥要與他一食食盡七日之内只飲清水如瘦再加一食令肥之甚【又方】用麻子二升擣百餘杵塩一升同煮和糠三升飼之立肥

○【養犬法】

凡人家初養高脚狗破多喜上床橙養瘦脚者連益縄付者能為怪勿畜之○凡黒犬四足白者凶後二足白頭黄者吉足黄招財尾白者大吉一足白者益家白犬黄頭者吉背白者害人帶虎斑者吉黄犬前二足白者吉胸白者吉口黒者招官事内足俱白者凶青犬黄耳者吉○犬生三子俱黄四子俱白又子俱黄五子六子俱青吉

【治狗病】用水調平胃散灌之加枳殻巴豆尤妙○狗癩多者以香油遍擦立法

【治狗卒死】用葵花根擣汁灌口内可治

○【養鷄法】

知種取桑落時生者良春夏生者則不佳春夏雛二十日内無令出窠飼以燥飯雞栖宜據地為籠籠内著棧雖鳴声不朗而安穩易肥又免狐狸之患若任之樹木一遇風寒大者損瘦小者死大者育園中築小屋下懸一簀令雞宿一或於墻内作籠又以草縛窠令雞敗抱其園傍可種蜀黍取許以取蔭蔭至秋收子又可飼雞易為肥長其母春秋可得兩窠刻雛若養二千餘雞得雛與卵足供食用又可博换諸物養生之道亦其一也○作棲不得用桃李木安棲宜四極中星之處子午卯酉方為四極甲丙庚壬為中星

【養雞易肥法】以油和麵捻成指尖大塊日與十枚食之又做成硬飯同七硫黄研細每次半錢同飯拌匀餵致日即肥

【養雞不抱法】母雞下卵時日逐食内夾

兩不食者用一挺搗取汁一處調嚾隔日再嚾効

【洗肝散】治馬肺喘及非時熱喘 甜葶藶 甘草 桔梗 貝母 蔾蘆根 木猪○右各等分為末每藥一兩半蜜三兩糯米粥一盞同和啗之如不退童便一盞熱者同蜜水相和嚾之立効

【半夏散】治馬肺風熱痰吐涎沫 半夏 防風 川升麻○右各等分為末每用藥二兩酸漿水一升同煎三五沸於冷嚾之如病未退再嚾下

○【治腎部】

【茴香散】治馬腎黄病外腎腫硬水草進退神獲後腎
茴香 知母 苦練子 甘草 貝母 乾姜 秦艽 官桂 山梔子 青皮○右各等分為末每藥二兩煨葱二根酒半升同煎三五沸温嚾之

【馬葱豉湯】治馬腎傷氣拖腰胯
葱五條打碎 椒各半兩 豉一兩 朴硝二兩半
已上四味用水一升同煎沸去藥放温嚾之未退至晚再依前法嚾之慢慢牽行

【破故紙散】治馬腎冷腰胯痛 川練子 陳皮 破故紙 厚朴 葫蘆巴 茴香 肉荳蔻 青皮
已上八味各等分為末每用藥一兩水一椀煎沸候冷入童子小便半盞草前嚾之

○【附經驗方】

【治馬諸病】用白鳳仙花連根葉熬成膏抹於馬眼角上汗出即愈

【治馬諸瘡】用夜合花葉 黄丹 乾姜 枳椒 五倍子 為末先以塩漿水洗瘡後用麻油加輕粉調傅

【治馬傷料】用生蘿蔔三五個切作片子啖之一

【治馬傷水】用葱塩油相和搓作團納鼻中以手捂其鼻令氣不通食久淚出即

【治馬飲水】緣馳驟喘息未定即與水飲須臾兩耳并鼻息皆冷或流冷涕即此證也先燒人亂髮燻兩鼻後用川烏 草烏 白芷 猪牙皂角 胡椒 各等分麝香少許為細末用竹筒盛藥一字吹入鼻中立効【又方】用葱一握塩一兩同搗爛堆入兩鼻内須臾打嚏清水流出是其効也

【治馬患眼】青塩 黄連 馬牙硝 蕤仁 各等分同研為末用蜜煎入磁瓶内盛貯點時旋取多以水浸化

【治馬頰骨脹】用羊蹄根草四十九箇燒灰熨骨上冷即換之如無羊蹄根以楊柳枝如指頭大者炙熱熨之

【治馬喉腫】螺青 川芎 知母 川鬱金 牛蒡炒 薄荷 貝母 同為末每服二兩蜜二兩水煎沸温調嚾

【又方】取乾馬糞置瓶中以頭髮覆蓋燒烟燻鼻

【治馬舌硬】款冬花 瞿麥 山梔子 地黄 草 青黛 砒 朴硝 油煙墨 等分為細末每用半兩許塗舌上立瘥

【治馬胞轉】羌活 白芍 甜瓜子 當歸 沒藥 為末春夏漿水加蜜秋冬小便調療胞痛低頭難不食草

【治馬傷脾】川芎 厚朴去麄皮 為末同姜棗煎灌一應脾胃有傷不食水草寒慄似笑鼻中氣短宜速與此藥

【治馬肺毒】天門冬 知母 貝母 紫菀 朴硝 黄芩 甘草 薄荷葉 同為末飯湯入少許醋調灌療肺毒

以麻子喂之則常生卵不抱

【治雞病法】凡雞雜病以真麻油灌之皆立愈若中蜈蚣毒則研茱萸解之

【治鬥雞病】以雄黃末拌飯飼之可去其胃虫此亦性熱又可使其力健

○【養鵝鴨法】

鵝鴨取一歲再伏者為種大率鵝三雌一雄鴨五雌一雄鵝初輩生子十餘鴨生數十後輩皆漸少矣欲於廠屋之下作窠多着細草於窠中令暖先刻白木為卵形窠別着一枚以誑之生時尋即收取別着一煖處以柔細草覆藉之伏時大鵝一十子大鴨二十子小者減之数起者不任為種其貪伏不起者須五六日一與食起之令洗浴鵝鴨皆一月

熱極鼻中賁水

【治馬肺毒】朴硝黃連為末男人頭髮燒灰存性漿水調灌馮時氣冲肝眼目似睡忽眩倒此方治之

【治馬卒熱肚脹】用藍汁二升井花水二升和之灌

【治馬流沫】當歸菖蒲白术澤瀉赤石脂枳殼厚朴甘草為末每服一兩半酒一升葱白三根煎溫灌

【治馬氣喘】玄參葶藶升麻牛蒡兜苓黃耆知母貝母同為末每服二兩漿水調草後灌之

【治馬尿血】黃耆烏藥芍藥山茵陳地黃兜苓枇把葉為末漿水煎沸候冷調灌

【治馬結尿】滑石朴硝木通車前子為末每服一兩溫水調灌隔時再服結甚則加山支子赤芍藥

【治馬啌喘毛焦】用大麻子揀净一升餵之大効

雛出量雛欲出之時四五日內不用聞打鼓紡車大叱猪犬及舂聲又不用器淋灰又不用見新產婦雛既出作籠匕之先以粳米為粥糜一頓飽食之名曰填嗉然後以粟飯切苦菜蕪菁英為食以清水与之濁則有泥恐塞鼻孔小鵝泥塞鼻則死入水中不用停久尋宜驅出於籠中高處敷細草令寢處其二十五日後乃出籠鵝惟食五穀稗子及草菜不食生虫鴨靡不食矣水稗實成時尤是所便啗此足得肥充偖厨者子鵝百日以外子鴨六七十日佳過此肉硬大率鵝鴨六年以上老不復生伏矣宜去之少者恐不慣習宿者乃善伏也雛取雛[illegible]令雞雄足其[illegible]常令肥飽

【治馬結糞】皂角燒灰存性大黃枳殼麻子仁黃連厚朴為末清米泔調灌若傷冷加草菓同調

【治馬傷蹄】大黃五靈脂木鱉子去油梧桐皮甘草牛黃芸薹子白芥子為末黃米粥調藥攤帛上縛之

【治馬發黃】黃柏雄黃木鼈杏仁等分為末醋調塗瘡上紙貼之初見黃腫處便用針刺破塗藥

【治馬急起臥】取壁上多年石灰細杵為末用酒調二兩灌之立効

【治馬梁脊破】成瘡不能騎坐如未破將馬腳下濕稀泥塗上乾即再換濕者三五次自消○已破成瘡者用黃丹枯礬生薑天靈蓋燒存性各等分為末入麝香少許瘡乾用麻油調若瘡濕有膿用漿水同葱白湯洗淨用藥傅之妙

一鴨可生百卵大鵝鴨之利又倍於雞若多養之道不可闕也

【棧鵝易肥法】稻子或小麥大麥不計多熟煮先用磚蓋成小屋放鵝在內勿令轉側門以木棒簽定只令出頭喫食日餵三四次夜多與食勿令住口如此五日必肥

【養雌鴨法】每年五月五日不得放棲只乾餵不得與水則日日生卵不然或生或不生土硫黃飼之易肥

【治鵝鴨病】用古墻上螺螄殼并續隨子餵杏搗為丸每喂十丸若為鷹所傷宜取地黃研汁浸柔飼之

【治猫病法】凡猫病用烏藥磨水灌之

○若猫入竈煨火瘦瘁用硫黃少許入

【又方】初破時用新[illegible]搗爛縛之為末摻之或用貼過當藥燒存性或鍋中炒存性為末傅之尤効

【治馬中結】川山甲炒黃大黃郁李仁各一兩風化石灰一合如無灰以朴硝四兩代之共為細末作一服用麻油四兩釅醋一升調勻灌之立効如灌藥不通用猪牙皂角為細末同麻油各四兩和勻填糞門中再灌前藥一服即透

【常啖馬藥】鬱金大黃甘草貝母山梔子白藥黃藥款花黃柏黃連知母桔梗各等分為末每服二兩以油蜜和灌之若駒則隨其大小加減

【治馬眼方】青鹽黃連牙硝蕤仁各等分為細末鍊蜜煎熬磁罐收藏點用井水浸化點効

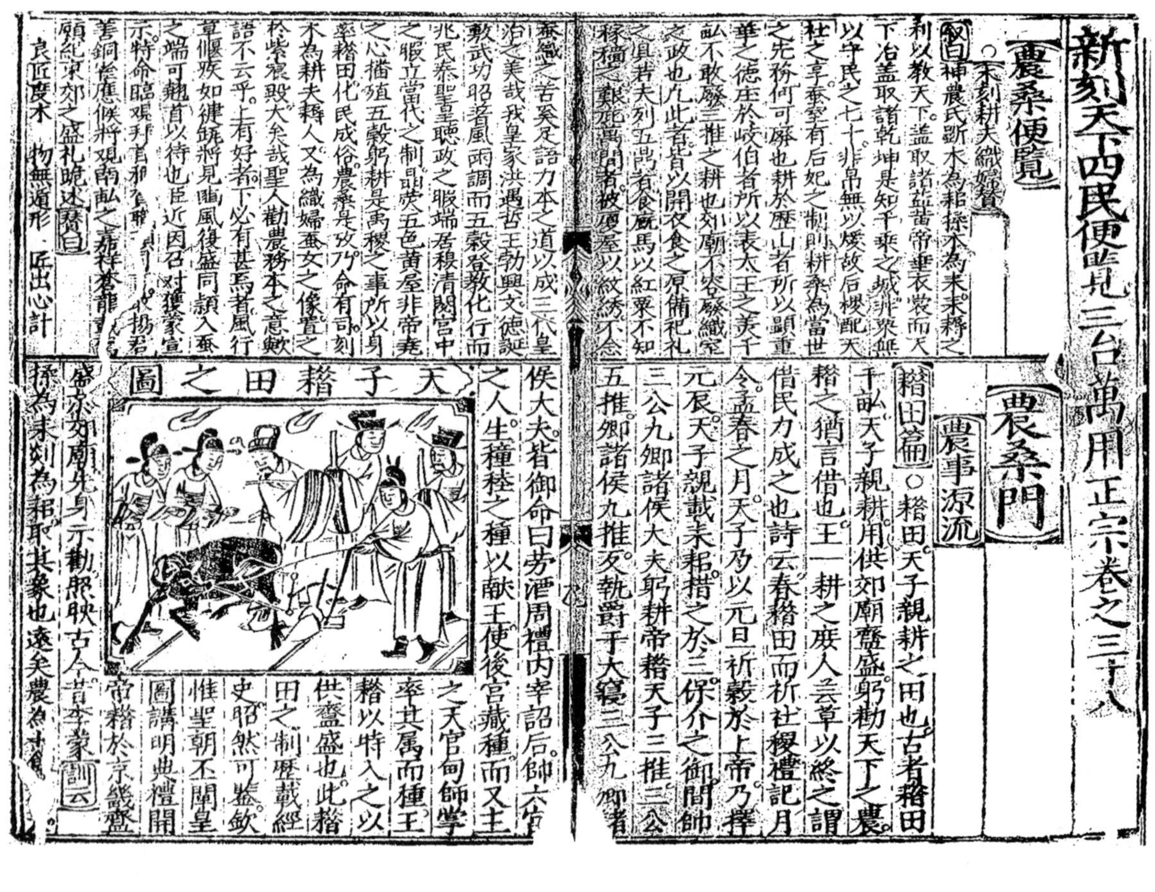

新刻天下四民便覽三台萬用正宗卷之三十八

農桑便覽

○宋刻耕夫織婦贊

叙曰神農氏斵木為耜揉木為耒耒耨之利以教天下蓋取諸益黄帝垂衣裳而天下治蓋取諸乾坤是知千乘之城非衆無以守民之七十非帛無以煖故后稷配天社之享蠶室有后妃之制則耕桑為當世之先務何可廢也耕於歷山者所以顯重華之德在於岐伯者所以表太王之美千畝不敢廢三推之耕也郊廟不容廢織室之政也凡此者皆以開衣食之原備祀礼之具若夫列五肆有食廄馬以紅粟不知稼穡之艱逸萬問者被瘦屋以紋綉不念蠶織之苦奚足語力本之道以成三代皇治之美哉我皇家洪遇哲王勃興文德誕敷武功昭著風雨調而五穀登教化行而兆民泰聖皇聽政之暇端居穆清閟宮中之暇立當代之制間茨五色黄屋非帝堯之心播殖五穀躬耕是禹稷之事所以身率耤田化民成俗農桑是務乃命有司刻木為耕夫耨人又為織婦蚕女之像寘之於紫宸殿大矣哉聖人勸農務本之意歟語不云乎上有好者下必有甚焉者風行草偃疾如建瓴將見豳風復盛同穎入蚕之端可翹首以待也臣近因召对獲蒙宣示特命臨觀拜首稽首[illegible]揚君善銅捨應候將觀南畝之嘉祥蒼龍[illegible]願紀東郊之盛礼略述贊曰

良匠度木　物無遁形　匠出心計

農桑門

農事源流

耤田篇　○耤田天子親耕之田也古者耤田千畝天子親耕用供郊廟齍盛躬勸天下之農耤之猶言借也王一耕之庶人芸草以終之謂借民力成之也詩云春耤田而祈社稷禮記月令孟春之月天子乃以元日祈穀於上帝乃擇元辰天子親載耒耜措之於三保介之御間帥三公九卿諸侯大夫躬耕帝耤天子三推三公五推卿諸侯九推反執爵于大寢三公九卿諸侯大夫皆御命曰勞酒周禮内宰詔后帥六宮之人生穜稑之種以獻王使後宮藏種而又主之天官甸師掌率其屬而種王耤以特入之以供齍盛也此耤田之制歷載經史昭然可鑑欽惟聖朝不聞皇圖講明典禮開帝耤於京畿盛盛於郊廟先身示勸熙映古今昔李蒙訓云揉為耒剡為耜取其象也遠矣農為[illegible]

天子耤田之圖

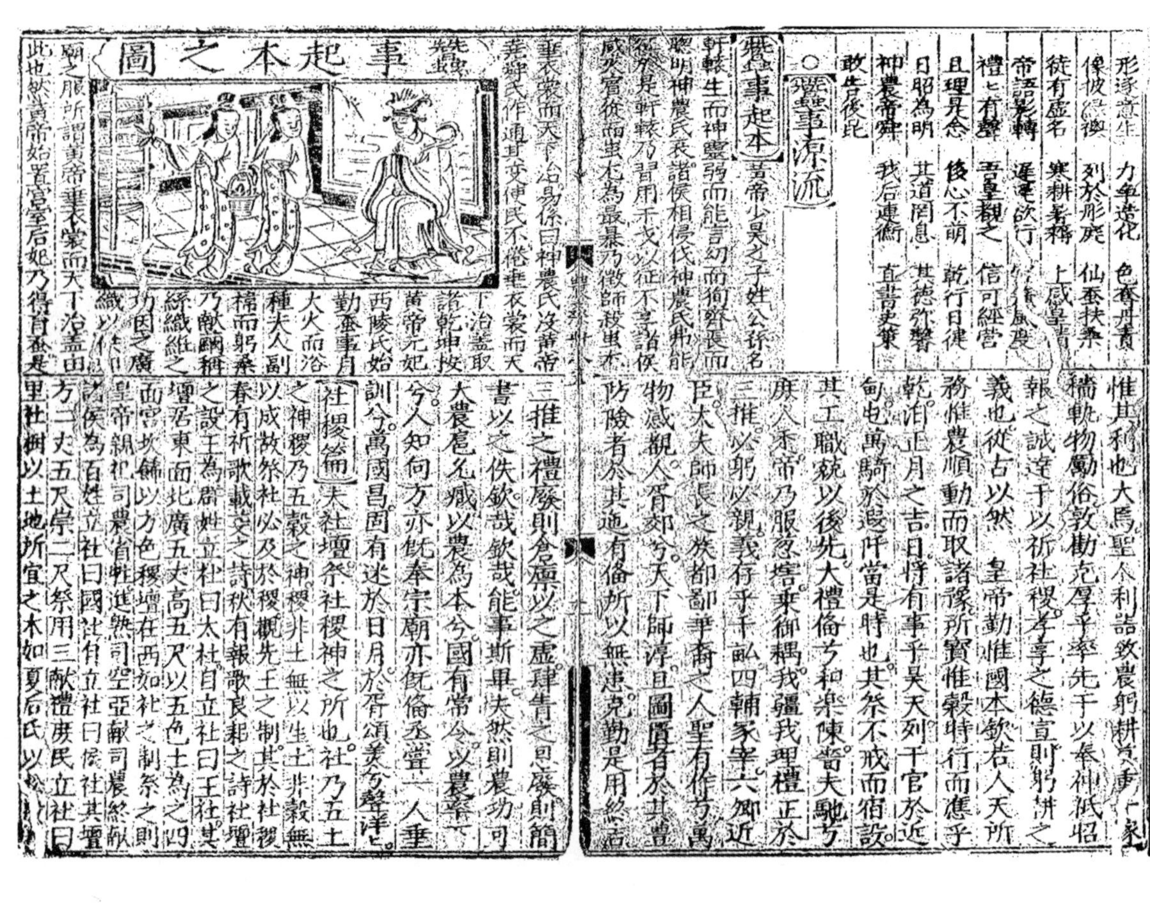

形遂意生　力寧造化　色奪丹青
像彼織婦　列於形庭　仙蚕扶桑
徒有虛名　寒耕暑耨　上感皇情
帝語影轉　遅遲欲行　[illegible]風度
禮乜有聲　吾皇親之　信可經營
且理是念　後心不萌　乾行日健
日昭為明　其道罔息　其德弥馨
神農帝舜　我后連衢　直書史策
敢告後昆

○蠶事源流

蠶事起本　昔帝少昊之子姓公孫名軒轅生而神靈弱而能言幼而狥齊長而聰明神農氏衰諸侯相侵伐神農氏弗能征於是軒轅乃習用干戈以征不享諸侯咸來賓從而蚩尤為最暴乃徵師殺蚩尤垂衣裳而天下治易係曰神農氏沒黄帝堯舜氏作通其变使民不倦垂衣裳而天下治蓋取諸乾坤按黄帝元妃西陵氏始勸蚕事月大火而浴種夫人副禕而躬桑乃獻繭稱絲織紝之功因之廣織以供郊廟之服所謂黄帝垂衣裳而天下治蓋由此也歟黄帝始置宮室后妃乃得育蚕是

蠶事起本之圖

惟其利也大為聖人利詰致農躬耕首事广象稿軌物勵俗敦勸克厚乎率先于以奉神祇昭報之誠達于以祈社稷孝享之德宣則躬耕之義也從古以然　皇帝勤恤國本欽若人天所務惟農順動而取諸豫所寶惟穀特行而進乎乾陌正月之吉日將有事乎昊天列于官於近甸也萬騎於邊阡當是時也其祭不戒而宿設其工職兢以後先大禮備兮和樂陳嘗夫馳兮庶人悉帝乃服慈嗇秉御耦我疆我理禮正於三推以躬以親義存乎千畝四輔冢宰六卿近臣太大師長之衆都鄙華裔之人聖有作兮萬物咸覩人胥郊兮天下歸淳且圖厥者於其豊防險者於其適有備所以無患克勤是用終活三推之禮廢則倉廩以之虛肆告之息廢則簡書以之佚欽哉欽哉能事斯畢夫然則農功可大農扈允臧以農為本兮國有常兮以農務下兮人知向方亦既奉宗廟亦既倫丞嘗一人垂訓兮萬國昌固有述於日月於胥頌美兮聲洋洋

社稷篇　夫社壇祭社稷神之所也社乃五土之神稷乃五穀之神稷非土無以生土非穀無以成故祭社必及於稷觀先王之制其於社稷春有祈歌載芟之詩秋有報歌良耜之詩社壇之設王為羣姓立社曰太社自立社曰王社其壇居東面北廣五丈高五尺以五色土為之四面宮坎飾以方色稷壇在西如社之制祭之則皇帝親祀司農省牲進熟司空亞獻司農終獻諸侯為百姓立社曰國社自立社曰侯社其壇方二丈五尺崇二尺祭用三獻禮庶民立社曰里社樹以土地所宜之木如夏后氏以松

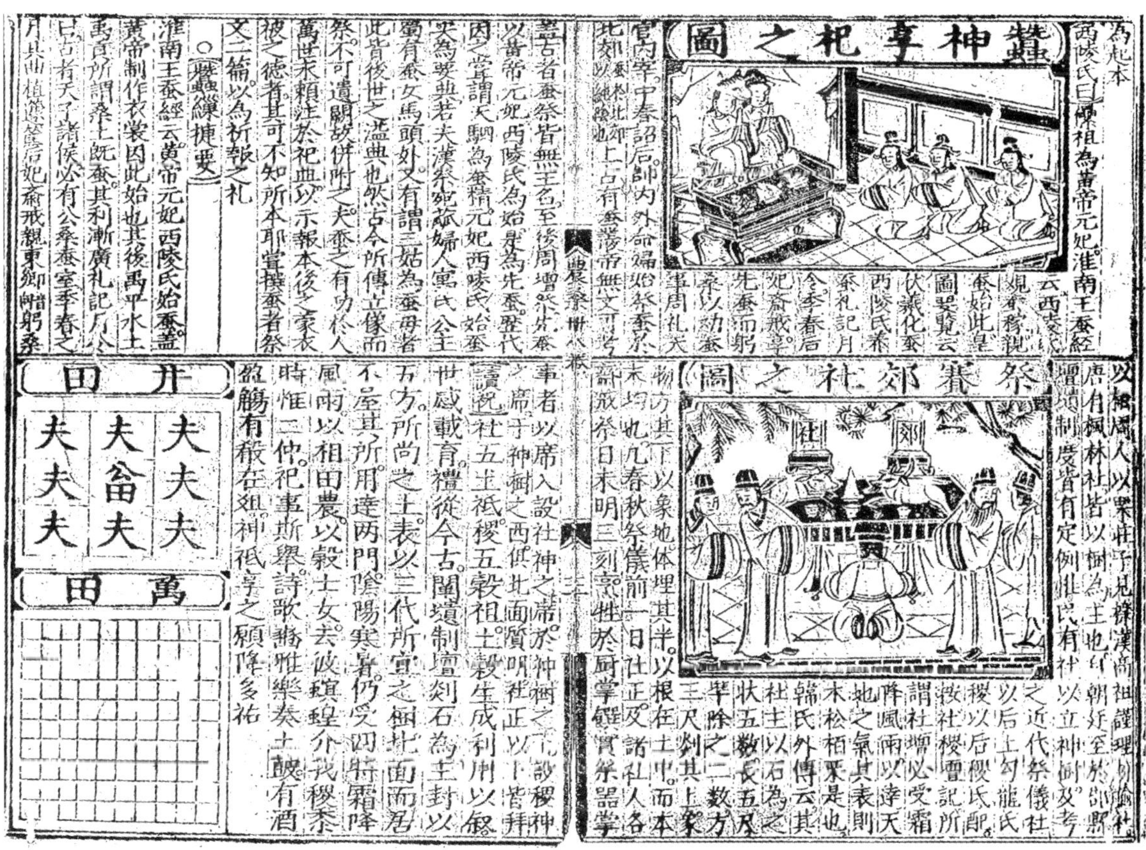
蠶神享祀之圖
祭賽郊社之圖
井田
夫夫夫
夫公夫
夫夫夫
禹田

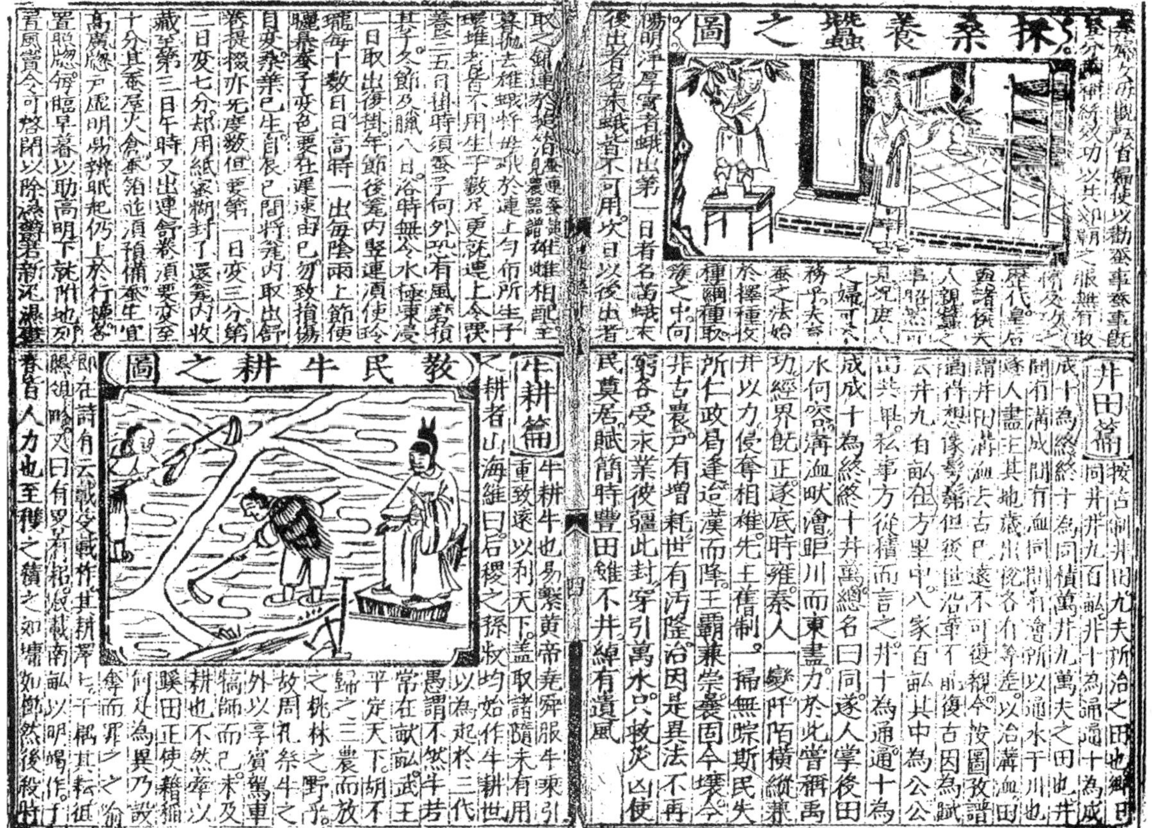
採桑養蠶之圖
井田篇
教民牛耕之圖
牛耕篇

用熱火㷭窻上用淨白紙新糊門窻各掛簾薦蚕生蟻之時勿用雞翎等物掃撥惟在詳款稀匀不至驚傷稠疊生齊取葉着樓中令嫂用利刀切極細篩於箔內蚕紙上匀薄將連合於葉上蟻聞葉香自下或过時不下速及緣上連背者並棄蚕蟻時先辟東間一間四角挫壘空龕狀如三暑以均火候謂屋小則易收火気也停眠前後則徹去擇日安槌每槌上下開鋪三箔上承塵埃下隔溫潤鋪𣑽碎稈草於上中箔以備分擡用細切搗軟稈草匀鋪為蓐又撩淨紙粘成一片鋪蓐上安蚕㓜生色黑漸〻加食三日後漸变白則向食宜少加厚变青則正食宜益加厚復变白則慢食宜少減变黄則短食宜愈減純黄則停食謂之正眠〻起自黄而白自白而黄又一眠也每眠例如此候之以加減食凡葉不可帶雨露及風日所乾或浥臭者食之令生諸病常收三日葉以備霖雨則蚕常不食溼葉且不失飢採葉歸以疎奬於室中待熱気退乃與食蚕時晝夜之間大槩亦分四時朝暮類春秋正晝如夏夜深如冬寒暄不一雖有熱火各合斟量多少不宜一例自㓜生至兩眠正要溫煖蚕母須著單衣以為体測自覺身寒則蚕必寒便添熱火自身覺熱蚕亦必熱約量去火一眠之後但天気晴明巳午之間時暫揭起窓間簾薦以通風日南風則捲北窓北風則捲南牕放入倒溜風氣則不傷蚕大眠起後飼驟三頓剪開牕紙透風日以不頓驚生病大眠之後捲簾薦去牕紙天気炎熱門口置瓮旋添新水以生凉気

犉牡有捄其角以為社稷之報若使畀之耕曾不如迎貓迎虎列於蜡祭乎蓋牛之耕起於春秋之間故孔子有犂牛之言而弟子冉耕字伯牛礼記月令呂氏月令季冬出土牛示農耕早晩前漢趙过又增其制度三犂一牛後世因之生民粒食皆其力也然知資其力而不知養其力方既竭矣曾不審寒暑之異宜疲劳之救藥有冬囓春粗蒭兊芻豆之費壯鞭老殺猶畜皮肉之貲今勸農有官牛為農本而不加勸以致生不滋盛價失蕉平田野小民歲多租賃以揭目前計其所輸已过平直是以貧者愈貧由不恤農之本故也若為民牧者當先知愛重祈報使不敢慢易絕其妄殺憫其羸瘠豊其菜牧潔其欄牢則無不字育番息扎瘥不作耕種不失足致豊盈此誠善政務本之意也其可忽諸〻柳宗元賦云若知牛乎牛之爲物魁形巨首垂耳抱角毛革疎厚牟然而鳴黄鐘滿脛抵觸隆㠯日耕百畝往來修直埴乃禾黍自種自斂服箱以走輸入官倉已不適口富窮飽餓功用不有陷泥蹷塊常在草野人不慙愧利滿天下皮角見用肩尻莫保或穿緘縢或實俎豆由是觀之物無踰者不如羸驢服逐駑馬曲意隨勢不擇處所不耕不駕藿菽自與騰踏康莊出入輕𦐋喜則齊鼻怒則奔擲當道長鳴聞者驚避善識門戸終身不惕牛雖有功于已何益命有好醜非若能力慎勿怨尤受以多福

【農器篇】夫農器者昔神農氏作耒耜以教天下後世因之故作佃田之器具其名雖多皆以耒耜為始周礼遂人凡治田野以上宜教甿稼穡而後以時器勸甿命篇之義遵所自也然耕種有水陸之分而器用無古今之間故后稷教民五穀則樹藝之方亦随以異是皆以人力器用所成也茲則較彼此之殊効參新舊以兼行使粒食之民生生永賴今以名數用陳于左

【耒耜】耒耜上句木也長三尺三寸耜齒也廣二寸神農作斵木為耜揉木為耒手耕曲木從木后稷之孫叔均始教牛耕註云用牛犂

【犂】推手也改耒耜曰犂冶金為之曰犂鑱長一

如遇風雨夜凉却當將簾薦放下其間自小至老務滋長則分之沙煩厚則擡之失分則稠擁失擡則蒸溼蚕聚糞之物不禁揉觸小而分擡人知愛護大而分擡或懶惓而不知顧惜又堆乱積遠擲而拋損傷生疾多由於此蚕自大眠後十五六頓即老得絲多少全在此數比蚕多是三眠南蚕俱是四眠日見有老者量分數減飼候十蚕九老方可入簇值雨則壞閩南方例皆屋簇北方例皆外簇然遇雨簇在屋以其蚕少易辨多則不任北方蚕多露簇率多損壓壅閼音遏南北簇法俱未得中今有善蚕者一説南北之間蚕少㪷開牕戸屋簇之則可蚕多選於院内搆長脊草厦内制蚕簇遇以木架平鋪蒿梢布蚕於上用簾泊圍護自无簇病實良策也又有夏蚕秋蚕夏蚕自蟻至老俱宜凉惟忌蠅蟲秋蚕㓜宜凉漸〻宜煖亦因天特漸凉故也簇與繅絲法同春蚕南方夏蚕不中繅絲惟堪線纊而已周礼忌原蚕為再登非不利也然王者法禁之謂其残桑也然則夏蚕最不宜多育務本新書云凡繭宜併手忙擇凉処薄攤蛾自遲出免使抽繅相逼恐有不及則有甕浥篭蒸之法士農必用云繅絲之訣惟在細圓匀緊使無褊慢節核麄悪不匀也繅絲有熱釜冷盆之異然皆必有繅車繅軖然後可用熱釜要大置於釜上接一盆甑添水至甑中八分滿甑中用一板攔断可容二人對繅也水須當熱旋〻下繭多下則繅不及鬻損此可繅麄絲單繳者双繳者亦可但不如冷盆所繅潔淨光瑩也冷盆要大先泥其外用時添

尺四寸廣六寸曰犂壁長廣皆尺微斵木為之曰犂底長四尺廣四寸曰壓鑱長二尺曰策額減壓鑱四寸廣狹與底同曰犂箭高三尺曰犂轅長九尺曰犂梢高四尺曰犂評尺有三寸曰犂建曰犂槃增評七尺共十有一事犂之終始共有丈二

【方耙】耙又作杷今作欏有兩程長五尺廣二尺五寸程上相間各鑿方竅以納木齒長六寸今人以鐵為之鐵齒

【耖】耖者疏通田泥器也高三尺許廣四尺餘上有横柄下有圓木程亦鑿方竅以納木齒今以鐵齒

【勞】无齒耙也用條木編之以擊田使隨耕隨勞務使田平而土潤與耙頗異耙有渠之義勞有盖磨之功也

【田盪】俗名田耮以木為之高三尺上有圓柄下以木板為之長六尺廣七寸半

【耰槌】兜推也槌首如木椎柄長四尺用以擊塊壞

【碌碡】又作磟碡長三四尺大小不或木或石刊木括之中受䇳軸以利旋轉

【耬犂】下種器也一云耬犂其斛兩柄上弯高三尺兩足中虛闊合一𤥨横桄四匝中置耬斗盛穀粒下通足竅傍挾兩轅可容一人一用一牛其種自下一人牽傍一人執耬且行且搖

【耕槃】架犂具也横於犂轅之前左右繫以堅乎軛也

【牛軛】服牛具也轅前木也隨牛大小制之以曲木竅其兩傍通貫耕索仍下輓板用控牛項軛乃隱順了無軒側

【钁】起土具也钁斵田器也又作鐯誅用之以誅除物之根株也鎛者古云鍬也又名鏵或謂之鍤用之以開溝渠墾斵荒梗疏水道不可闕者

【鏟】古農器也其金比犂鑱小而加鋭其柄似耒首如劍鋒則取其鍤利也

【長鑱】踏田器鑱如犂鑱頗狹制為長柄是也

【鐵搭】俗名鐵把或四齒六齒其齒鋭而微鈎似杷非杷其制圓銎以受直柄長四尺用之斸地以代耕墾

【杴】鍬車異也其前方潤柄有短拐柄鐵為首曰鐵杴宜土工剗木為首曰木杴可揚穀物又有鐵刃木杴哉割田間畿硬以鋤而潤七有深此划土以修草

竹為之者謂之竹揚杴

【鐴】俗名鏵其刃如䤾插於犂底用

【鐅】謂之鍾金鏤如鏟而小中有高脊長四寸許闊三寸插於鑱足背上兩翁以繩控犂

水入九分水宜溫煖長勻無令乍寒乍熱可繅全繳細絲中繳可繅雙繳比熱釜者有精神而又堅韌也南北蠶繅之事摘其精妙筆之於書以為必效之法業蠶者取其要訣歲歲必得若上以廣府庫之貨資下以備生民之纖帛開利之源莫此為大

○附耕犁篇

夫耕犁之事上古聖人以教耕耨三代以上皆耦耕謂二人合二耜而耕之春秋之時后稷之裔孫叔均始作牛耕至漢趙過增其制度三犁一牛則力省而功倍今之耕者易耜而為犁不問地之堅強輕弱莫不任使欲淺欲深求之犁箭一而已欲熟欲猛求之犁梢一而已耕地之法未耕曰生已耕曰熟初耕曰塲再耕曰轉生者欲深而猛熟者欲猛而廉此其略也齊民要術云凡耕高下田不問春秋必須燥溼得所為佳若水旱不調寧燥無溼春耕欲深夏耕欲淺秋耕稀青為上比至冬月青草復生其美與豆同初耕欲深轉耕欲淺耕不深則地不熟轉不淺則動生土菅茅之地宜縱牛羊踐之七月耕之汜勝之曰凡耕之本在於趣時

耕田開墾之圖

將春凍解地氣始通土一和解夏至天氣始暑陰氣始盛土復解夏至後九十日晝夜分天地氣和此時耕一而當五名曰膏澤

隈之下機出入【錢】鏄乃鋤器也其制似地二寸隨瀉種粒鍬與鋤築又曰養苗之道鋤不如耰耰不如鏟【鏟】柄長二尺刃廣三寸以剗地除草【耨】或云鋤屬除草器也其柄長六寸古云所斷一名定耨所以間稼而耘苗也【耰鉏】為鉏柄也其刃如半月此不堤削狹上有短銎以受鉏鉤上如鵝項下帶深袴以受木柄鉤長二尺五寸柄亦如之用以去薉而耕治也夫鋤法有四一次曰鐵次曰布三次曰擁四次曰復諺云鋤頭自有三寸澤【鐙鋤】割草具也形如馬鐙其踏鐵兩傍作刃甚利上有圓銎以受直柄長四尺用之以劐草也【耘盪】形如木屐而實長尺餘闊三寸底列短釘二十餘枚簨其上以貫竹柄長五尺餘耘田時執之推盪禾垅間草泥使之溺也【耘爪】水田器也用竹管隨手指大小截之長可逾寸削去一邊狀如爪甲或好堅利以鐵為之穿于指上用耘田以代指甲也【銍】穫禾穗刃也說文云穫禾短鐮也【鎌】刈禾曲刀也釋名曰鎌廉也體廉薄也俗通曰鎌刀【推鎌】斂禾刃也形如偃月用木柄長七尺首作兩股短叉架以橫木二尺兩端各穿小輪圓轉中嵌鎌刃前向仍左右加以斜杖謂之蛾眉杖以聚所刈之物如蕎麥熟時子易焦落故制此具便于收斂用時執柄就地推去手爪既斷上以蛾眉杖約之乃回手左攏成轉以離穗地也【粟鋻】截禾穎刃也其刃長寸餘上帶圓銎穿之食指刃向手內收穫用摘禾穗與銍形制不同而名亦異用則一也【鍥】而上弯如鐮而下直其背指厚刃長尺餘許而盤二握又謂之鍥又謂之彎刀以刈草禾也或斫柴條可代鐮斧也【鏺刀】兩刃器也其刃長二尺餘闊三寸橫插長木柄內牢以逆楔兩手執之遇草萊或麥禾等稼折腰展臂匝地芟之仍用掠草杖以聚所芟之物而使易收束也【劚刀】與劚同開荒刃也其制如短鐮而背則加厚開墾芦葦蒿萊荒地故于耕犁之前先用一牛引曳小犁仍置刃裂地闢及一隙然後犁鑱隨過覆墢截然省力過半也【砘車】砘石碢也以木軸架碢為輪故名砘車鑿石為圓徑可尺許穀其中以受機括兩碢用一牛四碢用兩牛力也【牛車】乘糞物禾穀器也以兩木輓之隨耬種也長一丈上用橫木如耬樣以木軸而篤木輪徑圍三尺許穀其中以机括用之以乘所糞禾稻隨用牛牽引而行者也【斧】凡將制器以斧伐木乃制之也制頗不同焉斧狹而厚鍥斧闊而薄則隨所宜而制也【鋸】解截木之具也太公農器篇云鑁車斧鋸為器農尚矣詩云百煉出冶鍛工修薄見良鐵為架

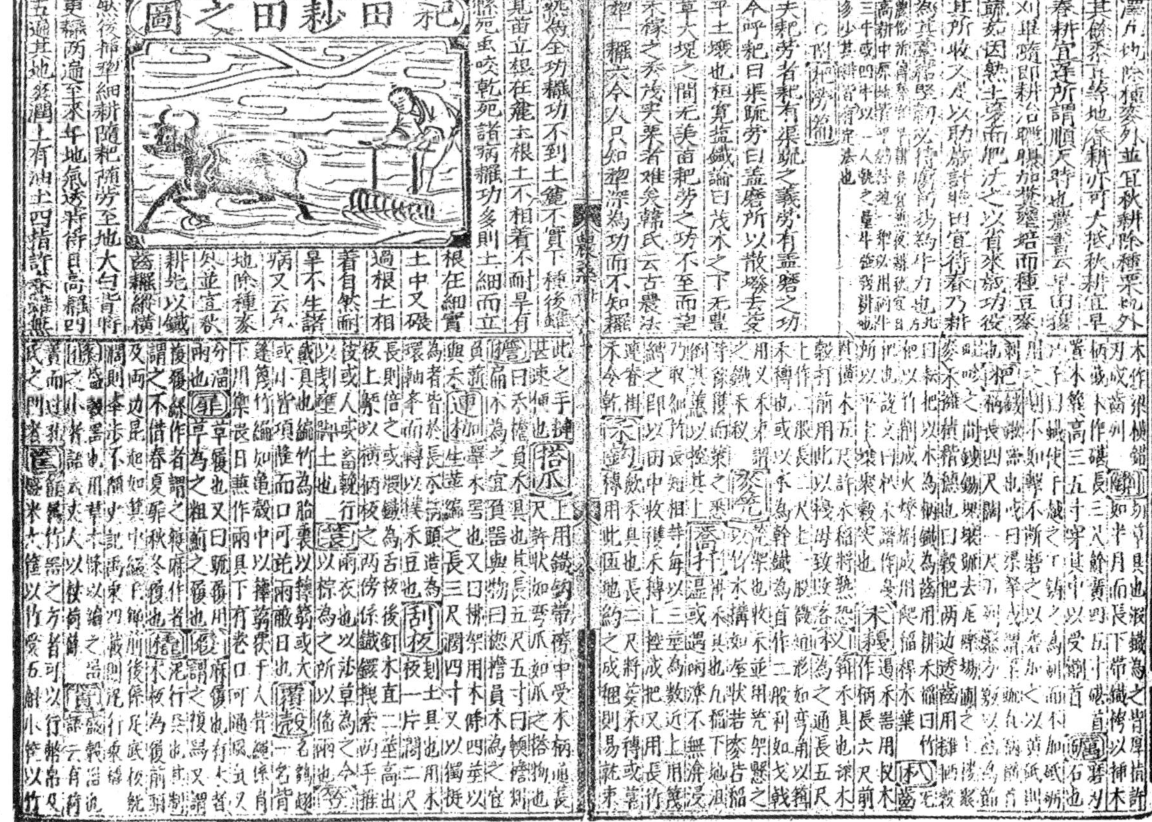

澤片功除種麥外並宜秋耕除種粟地外其餘黍豆等地春耕亦可大抵秋耕宜早春耕宜遲所謂順天時也農書云早田穫刈纔畢隨即耕治曬曝加糞壅培而種豆麥蔬茹因熟土壤而肥沃之以省來歲功役其所收又足以助歲計也宜待春乃耕為其藁秸堅韌必待腐朽易為牛力也

○附耙耢篇

夫耙耢者耙有渠疏之義耢有蓋磨之功今呼耙曰渠疏耢曰蓋磨所以散墢去芟平土壤也桓寬鹽鐵論曰茂木之下無豐草大塊之間無美苗耙耢之功不至而望禾稼之秀茂實栗者難矣韓氏云古農法犁一耙六今人只知犁深為功而不知耙細為全功耙功不到土塊不實下種後雖見苗立根在粗土根土不相着不耐旱有懸死蟲咬乾死諸病耙功多則土細而立根在細實土中又碾過根土相着自然耐旱不生諸病又云今地除種麥外並宜秋耕先以鐵齒耙縱橫

耙田耖田之圖

然後犁細耕隨耙隨耢至地大白背時更耙兩遍至來年地氣透時待日高復耙四五遍其地爽潤上有油土四指許春雖無

木作渠橫錯刃具也刃成齒列【剗】如半月而長柄或木作磔長三尺餘其置木於高三五寸穿其中之鐵使下趨之以用之則不如鋸不斷等之以耖把稱長四尺闊一尺刀此喚之間鐵鍋爪撥去麥禾雜之積稭總也曰穀耙田把以木為柄鐵為齒把也以竹削成火燎作成用所以平土壤聚穀實也其橫木五尺許亦稱將熟穀打前用此以橉盛致上作二股長二尺上一股禾轉或以木為幹鐵為用又禾未謂【覆耙】之鐵禾稻以等稼而穫其上悉倒其禾以捨其上【喬扦】乃取細竹以長短相等每以綯之即以兩中收穫禾摶淹春椎【禾鉤】斂禾具也禾今乾用此匝地長此之手搏上用鐵鉤甚速便也【搭爪】尺許狀如爪曰禾檐負禾具也其長五尺兩不為之宜負器與物【連耞】擊禾器也負薪與禾生蓮編之長三尺為者皆於長木頭造為環軸以轉以撲禾豆也長則倍之或以鐵為舌板板上繫以橫柄板之兩傍【蕢】或人或畜挽行以劐壅土也【笠】以雨衣戴具也編竹為胎裏以箬或小皆頂隆而口可庇雨逢篛竹編如龜殼中以箬下川衆農日無作兩具下分霑兩也【簑】草衣也又曰蓑草為之粗編之覆後覆絲作者謂之不借春夏秋冬及兩邊皆起如箕闊則舒步不【筠】盛穀器也之小者以秋箕而氏之門【篭】盛米以

雨至便可下種齊民要術云耕地深細不得所多看乾濕隨時蓋磨待一段總轉了稜蓋一遍每耕一遍蓋兩遍最後蓋三遍還縱橫蓋之種麥與以五月耕三遍種麻地耕五六遍倍蓋之但依此法除虫災外小小旱乾不至全損緣蓋磨數多故也又云春耕隨手勞秋耕待白背勞春多風不即勞則致地虛燥秋田濕速勞則恐致地堅又曰耕欲廉勞欲再凡已耕耙欲受種之地非勞不可諺云耕而不勞不如作暴然耙勞之功非但施于納種之前亦有用于種苗之後齊民要術穀田既出壠每一遍雨白背時蓋以鐵齒鏃鎂縱橫耙而勞之此用於種苗之後也南方水田轉畢則耙耙畢即耖故不用勞北耕種陸地犁而耙之欲其土細再犁再耙後用勞乃無遺功也

受五升【籮】可以實物而已矣【篅】竹器之圓而長者但盛穀之器或作大小有差北方用荊柳或蒿所制成圓盛南方判竹編草或竹篠空洞作圓而各用貯穀也【廒】盛穀方米曆匣也用板四片仍篠而方大小不等高下隨宜也下作底足疊數層上作頂蓋好穀于內置【窖】匠竹為之上周下方穴於下可以啓閉也置米穀器量可一斛此篛稍偏而小宜造酒米器也晉劉用之漉米亦可盛食物也飲【儋】家無儋石之儲應毅勖曰齊人名罌為儋受二斛方言曰罃是也【籃】竹器無係為筐有係為籃大如斗為量又謂之苓箸農家用採桑柘【箕】飯箕也北人謂柳南人用竹為之人說文云取疏米牛物易拏提也【帚】篲編草為之帚除室內去糠也制則謂之短謂之條帚束篠為之擁掃簸颺米竹帚又謂之旋曉一制則叢長謂之掃帚又種生【篩】竹器又作掃帚一科可作一帚謂之獨帚斷名簁或作作篩其制有疏密大小之分內方而外圓用篩穀物說文云可以除粗取精【簸】器說文漉米篩也又云漉米藪方言曰炊篩也一說【箅】曰飯器容篩謂之縮蓋今炊米日所用者【筲】竹器比篋五升今人亦呼飯箕曰箱而頗深如篚貧南方用竹比方用柳【穀扚】大而稍淺上有長係可掛稷木之後稃樸子粒旋巳貯內篩下上餘穢藁逐節棄去其下穀物

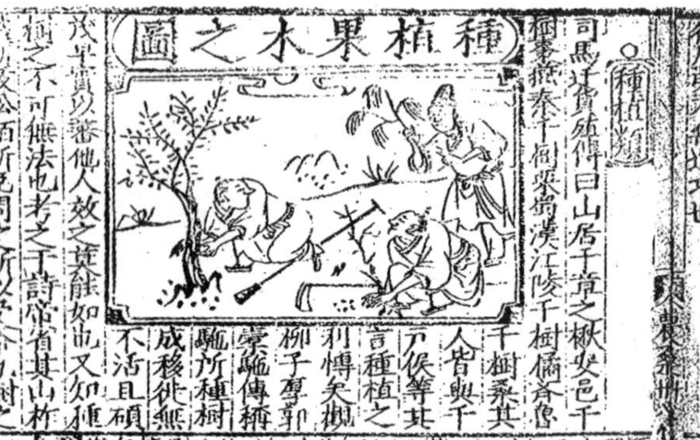

○【種植】司馬遷貨殖傳曰山居千章之楸安邑千樹棗燕秦千樹栗蜀漢江陵千樹橘齊魯千樹桑其人皆與千戶侯等其言種植之利博矣郭柳子厚郭橐駝傳稱駝所種樹成移徙無不活且碩茂早實以蕃他人效之莫能如也又如種植之不可無法也老杜詩常省其山杵栽頃後松柏斷兒周之所以受命也樹之

須付之【颺籃】形如箕而小前有木舌後有竹柄收穫之後所以颺禾稻糠秕相雜就此揀向風颺之【種簞】盛種竹器也其量可容數斗形如圓甕上有蓋口有大小之殊用貯穀種當風之處不懸穀竹器也置五尺迤致齊晴勝窖藏也【颺】微起深二寸其中平闊似圓而長下用滑竹二莖兩端俱出【攤稻簟】一推以使扛移趁日攤布穀實也撥也簞承所遺稻也然禾有早晚次第收穫用篾簟展布要禾物或石上各本稻把攅之子粒隨落積於簞上免污泥沙【杵臼】舂也黃帝堯不致耗失曬穀者名曰曬簞舜氏斷木為杵掘地為臼以利濟萬民杵臼以石為古舂之利自杵臼始也【碓】臼以木板兩片碓盤以杵木為碓稍以杌括于雙軸以利旋轉借身重以踐之而利十倍【礱】器乃穀以去穀也編竹作圍內貯泥上狀如小磨更深似竹木排為密齒破穀不致損米用物不彼穀貫各上掉軸以繩懸又謂之木礱又或可彼穀者標上繫力運肘轉之【木礱】穀或人或齊轉之後有畜力挽行大木輪軸以皮弦或繩繞輪兩周復交于磨上級輪轉則繩轉轉則磨隨轉上唐韻作磑礦也世本曰公輸班作磑又曰上【磨】磨曰蹐江磨曰眼轉磨曰幹承磨曰槃載磨門床多用畜力或借水輪或掘地架木下置鐵軸亦轉以畜力謂之旱水磨此之常磨特為省

桃李榆柳桐梓漆所以養生送死故夫以工役之富且貴猶以種樹為功況於民乎周禮太宰以九職任萬民一曰三農生九穀二曰園圃之職次於三農其為民事之重可知矣然則種植之務其可緩乎民生濟用莫先於桑也

【桑】桑種甚多所名者荊與魯也荊桑多椹魯桑少椹葉薄而尖其邊有瓣枝幹條葉堅勁者荊桑也葉圓厚而多津枝幹條葉豐腴者魯桑也荊桑根固而心實能久遠魯桑根不固心不實不能久遠宜以魯桑條接之則能久遠而又盛茂也魯為地桑而有壓條之法傳轉無窮是亦可以久遠也荊桑所飼蚕其絲堅韌中紗羅用魯桑之類宜飼大蚕荊桑宜飼小蚕齊民要術曰收椹之黑者剪去兩頭惟取中間一截蓋兩頭者其子差細種則成雞桑花桑中間一截其子堅栗則枝幹堅強而葉肥厚將種之時先以柴灰淹揉次日水淘去輕秕不實者曬令水脉方乾種乃易生仍當畦種常薅令淨慎勿採摘大如指許正月中移之十步一樹行欲小掎角不用正相當凡耕桑田不用近樹犁不着處斲土令起研去浮根以蚕矢糞之剔桑十二月為上時正月次之二月為下大抵桑多者宜苦研桑少宜省斸農桑要旨云平原淤壤土地肥虛荊桑魯桑種之俱可若地連山陵土脉赤硬止宜荊桑

【梨】謂之快果其名不一乳梨皮厚而肉實鵝梨皮薄而漿多味香消梨可療病水梨紫梨凍梨甘棠梨紫梨重六斤鹽梨皮黃薄其味如蜜香水梨其樹可種亦可

籠乃磨上皆用籥斗盛麥下之眼中則利齒以旋轉破麥作麩然後收之篩羅乃得成麵【連磨】迭轉磨地其制中置巨輪輪軸上貫架木下乘鐵臼獲于輪之周迴列迤八磨通俗曰適與各磨木齒相間一牛拽轉則八磨隨輪輻俱轉用力少而見功多也【碾】石碾設中為檯以石為圓槽周或數丈高二尺前後相向為前後轉前穿以木貫以石二尺中央作臺植以軸上穿一輪木不致相擊有用把畜力挽行槽轉輾可碾米三十餘斛隨帶積法制比槽碾之特易可加世呼曰海青前數比輾又輾之巧便者也【輥碾】其速但比常輾去圓槽就以石輥徑三尺長五尺上置拔檻隨輾餘圓轉作穀下穀不計多寡旋碾旋收易取油具也用大木各圍五尺長丈於得米【油榨】餘疊作臥枋于地其上作槽其下用厚板嵌作底槃上圓鑿小溝下通槽口以瀹油注油凡欲造油先用大鑊爨炒芝麻既熟用碓舂或輾令爛上甑蒸過理草為衣貯之圈內疊積在槽橫用枋桯相拶復竪插長楔高匠斧擊之極緊則油從槽出振橫榨謂之臥槽立木為之者謂之立槽傍用擊楔或上用壓梯得油【倉】藏穀物也今國家倚儲蓄之所氣損甚速謂之廒前有檐檻謂之明廈民間貯穀之屋規模稍下內外材木露者悉宜灰泥塗飾以辟火災木又不蠹可為永法【廩】之倉

別名所藏粟盛之穗說文曰倉黃而取之故謂之倉而或從广從禾今農家構及無壁厦屋以儲禾穗種之或作窗倉無屋者詩云曾孫種即古之庾也【庾】之庾如紙如京蓋謂庾積穀多也今貯穀糰篭泥塗其內也【囷】苫其上謂之露篅者即囷也【京】者倉之方其方而高大之義以名京大囷京有方圓之別北方高亢就地植竹編篅作故圓即囷也南方墊濕離地嵌板作篅故方即京也作室故方即京也【盛】圖徑一丈高二丈底足稍大易于監立內置撐數層方先列倉中或六使得氣升通米得堅燥免致壓盦變黃而成炮腐耗損元數也【窖】斛藏穀穴也大穴地為窖小則數十七焦燥然後以糠稭貯粟於內至數百斛先投柴棘燒令其椎栗耐陳可致遠年北地上厚皆宜作此五穀之中入地隨口實方曰窖隋云隋者似方非方似圓非圓謂狹而長今人下掘或旁穿出七十博于他屬內安以粟復以土封窖他人莫辨蓋小口而大腹實即小孔穴也【斗】下合量二斛為合十合為升十升量也誌云十升為說文云斗作斗象形【斛】十斗量也誌云十斗為斛斗者聚升之量也說文云斗作形有柄斗平多少之量也廣雅曰圓斛謂之皷方斛【概】下斛斗槩也說文云槩杚也【杚】器也謂之角斗斛平木既声杚平也

齊民要術云種法梨熟時全埋之經年至春地釋分栽之多著熟糞及水至冬葉落附地刈殺之以炭火燒頭二年即結子插者彌疾法用棠杜如臂以上者任插杜樹大者插五枝小者或二枝梨葉微動為上時將欲開莩為下時先作麻紉纏十數匝以鋸截杜令去地約五六寸竹為籤刺皮木之際令深一寸許折取其美梨枝陽中者長五六寸亦斜攕之令過心大小長短與籤等以刀微劃梨枝斜攕之際剝黑皮勿令傷青皮拔去竹籤即插梨枝至劉處木邊向木皮還近皮插訖以綿幕杜頭封熟泥於上以土培覆令梨枝僅得出頭以土壅四畔當梨上沃水水盡以土覆水勿令堅涸百不失一不宜十字破杜十不收一梨既生杜傍有葉輒去之凡遠道取梨枝者下根即燒三四寸亦可行數百里

藏梨法 初霜後即收於屋下掘深廕坑底無令潤溼收梨置中不須覆蓋便得經夏摘時勿令損傷又曰凡醋梨易水熟煮則甜美而不損人也

桃 典術曰五木之精也厭伏邪氣制百鬼衍義曰桃品亦多有山桃絳桃冬桃香桃秋赤桃褒桃句鼻桃重二斤金城桃胡桃出西域甘美可食緗核桃貊桃貊下可食綺帶桃合桃紫紋桃金桃色深黃崑崙桃肉深紫紅色二種極甘餅子桃齊民要術云種桃法桃熟時合肉全埋糞地中至春既生則移栽實地不然則實小而苦栽法以鍬合土掘移之若離本土多死又法桃熟時於牆南陽中煖處深寬為坑選取好桃數十枚擘破核即內牛糞中頭向上

三足兩耳周人烹人掌共鼎鑊以給水火之齊今農家用黃鋼鑄造釜始造釜火食之道成矣

老瓦盆 一家舊盛酒器也

瓢 剖瓠為飲器與匏同

土鼓 明堂位曰土鼓蕢桴伊耆氏之樂也

百穀名 昔謂上古之時人食鳥獸血肉以為食至神農氏作始嘗草別穀遂教民耕而種以教萬民後世粒食因之以為百穀之祖使世以食為命之所自也物理論曰百穀者三穀各二十種為六十種蔬菓各二十種共為百穀故詩注云粱者黍稷之總名稻者溉種之總名菽者眾豆之總名三穀各二十種為六十蔬菓之類所以助穀之不及也夫蔬食平時可以助食荒歲可以救飢其菓實熟則可食乾則可脯豐儉皆可充飢古人所謂木奴千無凶年非虛語也雖曰種各有二十始難枚舉今故總為編錄其陂澤之產園野之財與夫雜物品類上以助百穀之缺下以補諸物之遺條列而詳具之庶幾覽者擇取而備用焉

浸種撒穀之圖

穀屬

粟 粟之為言續也續於五行之氣而五變故乃成可食故粟積大一分穗長一尺文以七列精以五立西者金所立米者陽之精故西者合米而為粟齊民要術曰夫粟成熟有早晚苗稈有高下收實有多少質性有強弱

取好爛糞和土厚覆之令厚尺餘至春桃始動時徐徐撥去糞土皆應生芽合取核種之萬不失一其餘以熟糞糞之則益桃味桃性皮急四年以上宜以刀豎劃其皮七八年便老十年即死又法候其子細便附土所去所上生者復為小桃

桃酢法 桃爛自零者收取納之甕中以物蓋之七日後既爛漉去皮核密閉之二七日酢成香美可食

李 李有數種爾雅曰休無實李即趙李座接慮李即麥李駁赤李青皮李馬肝李牛心李饒李肥黏似糕柰李離核似柰擘李熟必擘破有黃稻李夏李冬李十一月熟春李冬花春實御黃李其重喻兩肉厚核小食之甘香而美均亭李紫色極肥大味甘如蜜齊民要術曰李性耐久樹得三十年老雖枝枯子亦不細

嫁李法 正月一日或十五日以磚石著李樹岐中令實繁又臘月中以杖微打岐間亦良桃李樹下並欲鋤去草穢而不用耕墾

作白李法 用夏李色黃便摘取於鹽中挼之鹽入汁出然後合鹽曬令萎手捻之令褊復曬極褊乃止曬乾飲酒時以湯洗之漉著蜜中可以薦酒

梅杏 二果也爾雅曰梅柟也西京雜記曰候梅同心梅紫蒂梅燕脂梅麗枝梅杏之類梅者味酢類桃者味甘廣志曰榮陽有白杏鄴中有赤杏黃杏柰杏文杏材有文彩蓬萊杏花雜五色仙人所食也黃而圓者名金杏又謂之漢帝杏圓而有黃者曰木杏味酢又赤色大而稍扁肉厚謂之肉杏又謂之金剛拳齊民要術曰栽種法與桃李同

作白梅法 梅子酸核初成

米味有美惡粒實有息耗山澤有異宜順天時量地利則用力少而成功多凡粟田菜豆小豆底為上麻黍胡麻次之蕪菁大豆為下歲使粟春種欲深夏種欲淺其種特宜後為佳遇小雨宜接濕種遇大雨待薉生小雨不接濕無以生

水稻 稻之名不一隨人所呼不必繁數稻之為言藉也稻含水德也稻太陰精含水漸洳乃能化生也然有粳秫之別粳者可以飯秫乃糯稻可釀酒凡水稻宜選上流出水處便其地稻人掌稼下地以潴畜水以防止水齊民要術云三月上旬種者為上時四月上旬為中時中旬為下時自下種上栽插秧稼當及時早則米不堅晚則零落而損敗九月霜降十月納稼工夫第不可失也

旱稻 稻之名不一而水旱之異蓋水稻宜近上流旱稻宜用下田齊民要術曰九月下田停水處燥則堅垎濕則污泥難治而易荒墝埆而殺種春耕者甚水勞不得納種候水盡地白背速耕耙勞頻翻令熟三月半種為上時四月初及半為下時漬種如法裹令開口耬耩掩種之再勞苗長三寸勞而鋤之苗高一尺則鋒天雨作耕之科大如概者五六月中霖雨時拔而栽之餘法與下田同

大小麥 詩云貽我來牟來牟即大小麥也雜陰陽書曰大麥生於杏二百日秀秀後五十日成生於亥壯於卯長於辰老於巳死於午忌於子丑小麥生於桃生忌與大麥同務本直言云麥種收時旋打旋揚與蠶沙相和碎乘傷資地力苗又耐旱齊民要術云八月中戊社前種者為上時下戊前為中時八月末九月初為下時大麥非良則不須種小麥非下田則不宜種植之日先後則所獲之子有多寡種植之地肥磽則所收之利有厚薄北方多用耧種或漫種南方多用撮種然後糞而鋤之正月二月勞而鋤之三月四月鋒而更鋤苗乃茂盛再不須鋤亦至收獲時留之法不可不明大凡曬麥必須大月掃場候地毒熱眾手薄攤取蒼耳剉碎拌曬至未時趁熱收貯三年不蛀若立秋後曬者則生蟲

青稞麥 名與大小麥同時熟收但打時稍難惟快日用碌碡碾過

黍 說文云禾入米為黍當暑而生暑盡而收其熟低小三月上旬種者為上時四月上旬為中時五月上旬為下時大率以椹赤為候前此宜粗勞鋤三遍乃止割黍宜晚早則米不成上人謂之秫子今有赤黍米黃而黏可蒸食白黍可釀酒

粱 有赤粱白粱黃粱其禾皆似粟其粒比粟差大其穗帶毛芒世謂之青粱其米圓滑如珠

大豆 有白黑黃三種廣雅曰大豆菽也崔寔曰正月可種小豆二月可種大豆三月桑椹赤亦可種四月時雨降可種大小豆

小豆 張騫外國得種及時鋤治上土使之葉蔽其根

子部　第四冊

時以鹽汁漬之晝則日曝夜作白梅十漬十曝便成矣作烏梅法梅子初成時摘取籠盛於突上熏之即成矣藏梅法取梅極大者剝皮陰乾勿令得風經一宿去鹽汁內蜜中月許更易蜜經年如新作烏梅不蠹法濃燒穰以湯沃之取汁以梅投之使澤乃出蒸之

柰林檎 柰與林檎二果相類也柰本草云木似柰實皆柰差圓亦有甘酢二種甘者早熟而味脆美酢者差晚須爛熟乃食林檎一名來禽以味甘來衆禽也似柰而小大長者為柰圓小為林檎其形相似氣味相近柰性寒林檎味溫夏熟小者味澁為梣齊民要術曰柰林檎不種但栽種之雖生其味不佳取栽如壓桑法又法於樹傍數尺許掘坑泄其根頭則生栽矣凡樹栽者皆然栽如桃李法林檎樹以正月二月中翻斧斑駮椎之則饒子

棗 棗類最多其名數種不一樂氏棗世傳樂毅從燕齊來種又有狗牙雞心牛頭羊矢獼猴細腰之名齊民要術曰旱涝之地不任耕稼者歷落種棗則任矣棗性燥故也又曰常選好味者留栽之候棗葉始生而移之欲令牛馬踐踏令淨正月一日日出時反斧斑駮椎之名曰嫁棗候大蚕入簇以杖擊其枝間振去狂花全赤即收收棗日日撼而落之為上曬棗法先治地令淨有草萊令棗臭布椽於箔上以無齒杷扒之聚而復散之一日中二十度乃佳夜仍不聚五六日別擇取紅軟者上高廚而曝之去溫爛者其未乾者曬曝如法

豌豆今世俗[illegible]赤豆白豆豌豆皆豆皆小豆類也種豆于夏至後為上時初伏為中時中伏為下時以後則晚矣泥潮之六月生布葉鋤之生五六葉又鋤之則亦不可盡鋤傷青則不種与人麥同時來歲三四月熟謂之不成豌豆蚕豆以其乘時熟也百穀之中實為之先赤荳為粒種之則易為工力收之則不登蕎麥始農時收熟故五月耕地經二十五日草爛得轉并種耕三遍立秋十日內種之蜀黍名蜀秫春月種宜下地莖高丈餘穗大如帚其粒黑如漆熟時收刈成束米可食稈可織箔夾籬供爨胡麻即芝麻張騫得其種乃胡地故曰胡麻此麻以角作八稜者為巨勝六稜者為麻為烏麻者良白者劣二三月種為上時四月上旬為中時五月上旬為下時刈為束攢之候口開打之為種不一出甚多以狀得名則有龍肝虎掌兎頭狸頭蜜筩之稱以色得名則有烏瓜黃白瓜小青大斑之別其味不出乎甘香越瓜甜瓜土之種曰陰瓜宜於陰地種之秋熟色黃如金皮稍厚藏之可歷冬春食之如新九種以二月上旬為上時三月上旬為中時四月上旬為下時種宜陽地暖則易長其法先以水淘瓜子以鹽拌之坑深可五寸口大如斗納瓜子四個大豆三個以熟糞土覆之瓜生數葉掐去之以去至瓜生蟻用羊骨置其傍引蟻之西瓜種出西域契丹破回紇得此種以牛糞覆棚而種味甘種法同前冬瓜以其冬熟故也神仙本草名水芝又名白瓜種法傍牆陽地作區圓二尺深五寸以熟糞及土相和正月晦日種二月二亦一名胡蘆農師曰頭短大腹曰瓠細而合上可瓠曰匏似匏而肥圓者曰瓠有甘苦二種甘者可食苦惟充器耳芋一名土芝齊人曰莒蜀呼為蹲鴟在在有之芋種法同種冬瓜法有紫白二種紫者其大如斗食之味甘種法宜軟白沙地近水為善區深可三尺許行欲寬之則過風芋本欲深七則根大春宜栽秋宜壅霜降後掘其葉使收液以美其實則芋愈大而愈蔓菁說文曰蕪菁爾雅曰葑葉似菘而根不肥同四時仍有春食苗夏食心謂之臺子秋可為葅冬根宜蒸食常食通中益氣令人肥健諸葛亮令軍士種之取其材甲出可生啖一也葉舒可煮食二也久居隨以滋長三也棄去不惜四也回則易尋而採之五也冬有根可斸食六也故蜀人呼為諸葛菜六月種者根大蘿蔔七月初種者根葉俱得擇地宜熟爾雅曰葖芦菔一名萊服又名雹葖在在有之四時皆可種末伏秋初種者喜如種蔓菁法北剛云蘿蔔一種而四名春曰破地錐夏曰夏生秋曰蘿蔔冬曰土酥茄子隋煬帝改名崑崙瓜一種自暹羅國來色紫黃山谷所謂紫膨脝也一種白者謂之銀茄又謂之渤海茄又

[illegible]方皆有之惟濮陽范陽生者味尤兗州宣州最勝燕山栗小而味甘有板栗佳栗皆大不花栗早栗適中茅栗似栗而細一種栗頂圓末尖謂之旋栗又曰鉤栗亦名榛齊民要術曰栗種而不栽栽者初出殼即於屋裏深埋溫土中見風不復生矣至春二月芽生出而種之既生數年不用掌近三年內每到十月常須草裹至二月乃解不裹恐凍死種榛法與栗同凡栗欲乾莫如曝欲生莫如潤藏乾栗法取穰灰淋汁漬栗取出日中曬令栗肉焦燥可後年春夏藏生栗法著器中曬細沙可燥以盆覆之至後年芽而不生蟲

柿 多種有黃柿紅柿朱柿有着蓋柿於蒂下別更一重有牛心柿蒸餅柿塔柿稗柿江南柿而青黑又有梁侯烏椑之柿者民要術云柿有小者栽之無小者取枝於樗棗根上插之如插梨法食經云以灰汁澡柿再三度乾令汁絕着器中十日可食紅柿器內盛待其紅軟其澁自去可食作柿乾法生柿擦去厚皮捻扁向日曝乾納甕中待柿霜出可食其霜收甘涼如蜜可治口瘡及咽喉積熱

荔枝 一名丹荔枝生嶺南巴蜀閩泉漳與化及兩廣其品閩為最蜀川次之嶺南為下樹形團圓如帷蓋葉如冬青花似橘朶如葡萄核如枇杷殼如紅繒膜如紫綃肉白如肪花於二三月實於五六月其根浮必須加糞土以培之性不耐寒最難培植纔經繁霜枝葉枯死遇春二三月再發新葉初種五六年冬月覆蓋之以護霜雪種之四五十年始開花結實其木堅固有

[illegible]旋春[illegible]月種九栽[illegible]拔株宜錄實不實則死薑種宜用鋤深掘為畦二月種之畦地橫作壠一尺一科以土厚三寸覆之芽出生草勤鋤之壅中漸漸上用蓆草蓋之勿令草生使蓋芽上六月用枝葉作棚以防日曝月根十月取苗母貨之俗云芒種栽二葵說文曰菜也有紫白二種食葵為百菜之主備四時之也崔寔曰正月可種葵六月以後可種冬葵芥民要術云九月子地不厭良薄惟糞之鋤不厭芥取其氣之辛辣而有剛介不一其葉似菘而有毛味極辣紫為芥文有白芥子粗大如米宜入藥七月半種成苗必芥子種同蜀芥草霜始收辛不之冬以草覆之不死春可甚張騫使西域得大蒜種今京大小之異夏月食之解暑辟瘴八月種來年尔雅曰鴻薈四五月收薤而白涼本草云者長餌之溫中通神安魂魄種与韭同法二三月種葉青便

菜也九四種蔥胡蔥漢蔥凍蔥蔥宜入藥胡蔥亦然食惟漢蔥火而香薄冬即葉枯凍蔥葉而宜種之地必雜春種甚豆五月數次用子四升韭叢生豐本葉炒穀拌和種之處白韭久也畦欲極深水糞覆之二月七月布子于園內正月上辛日掃去杷摟起下水加熟糞韭高五寸便剪一歲之中五過五剪要必用月晦日晚下種宜黑月種先曬燥欲種時以腳按老以手撒子土蓋生三寸月足霜乃收之取子者仍留根覆上得覓冬食六月種者則科大出菜非連雨不生宜納多菜微紫葉圓而長下多花缺法正二月皆可種秋社後二乾馬糞培之以備霜雪十月內以水沃之以備冬食萵苣有白色為白苣紫色為紫苣苦苣也今人家常食者白苣農桑畦下種如蒔蘿法但得生芽先于濕地上布擲置于于以盆或種者可為常食九十日收其同蒿莖去皮可糟藏謂之萵筍

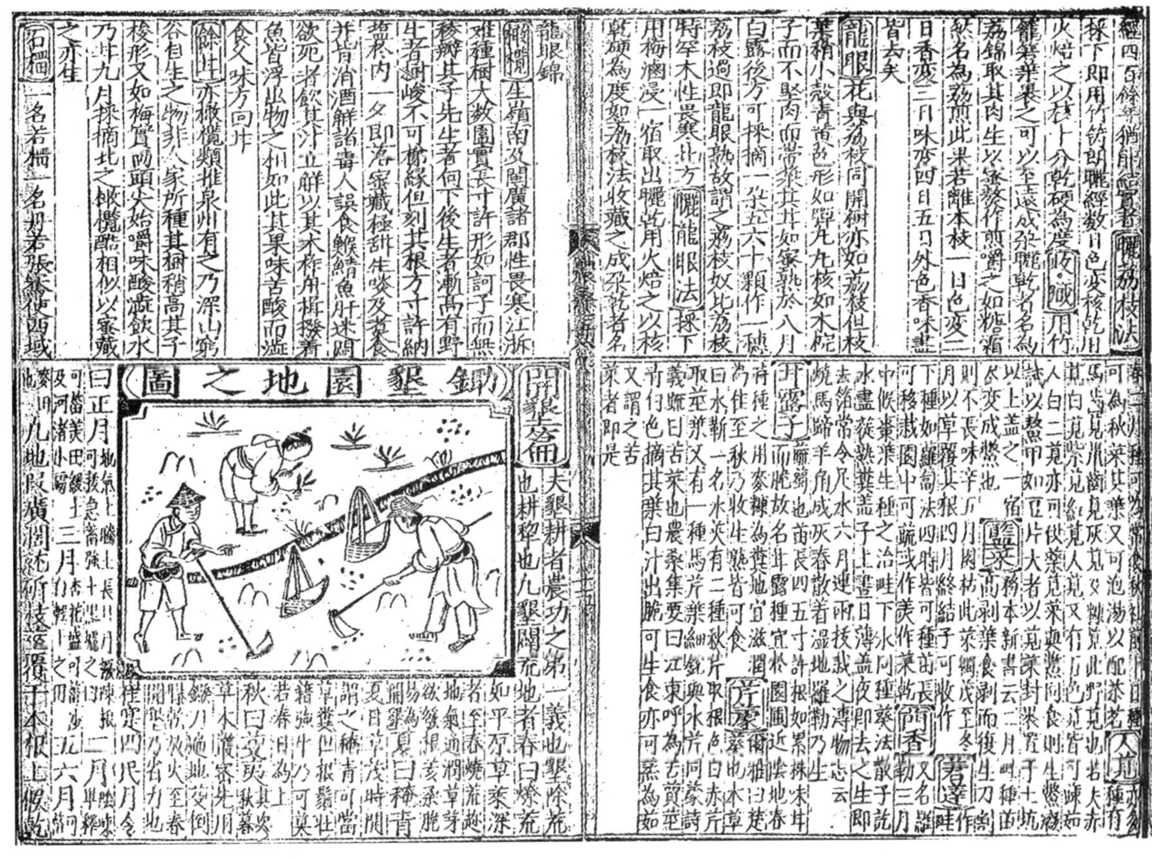

經四百餘年猶能結實者【曬荔枝法】採下即用竹籠曬經數日色變核乾用火焙之以核十分乾硬為度【收藏】用竹籠箬葉裹之可以至遠成朶曬乾者名為荔錦取其肉生以蜜浸作煎嚼之如糖霜然名為荔煎此果若離本枝一日色變二日香變三日味變四日五日外色香味盡皆去矣

【龍眼】花與荔枝同開樹亦如荔枝但枝葉稍小殼青黃色形如彈丸核如木梡子而不堅肉薄於荔枝其甘如蜜熟於八月白露後方可採摘一朶五六十顆作一穗荔枝過即龍眼熟故謂之荔枝奴比荔枝特晚木性畏寒北方【曬龍眼法】採下用梅滷浸一宿取出曬乾用火焙之以核乾硬為度如荔枝法收藏之成朶乾者名龍眼錦

【橄欖】生嶺南及閩廣諸郡性畏寒江浙難種樹大數圍實長寸許形如訶子而無稜瓣其子先生者向下後生者漸高有野生者樹峻不可梯緣但刻其根方寸許納鹽於內一夕即落實藏極甜生啖及煮食並肯消酒解諸毒人誤食鯸鮧魚肝迷悶欲死者飲其汁立解以其木作楫撥著魚皆浮出物之相畏如此其果味苦酸而澁食久味方回甘

【餘甘】亦橄欖類推泉州有之乃深山窮谷自生之物非人家所種其樹稍高其子稜形又如梅實兩頭尖始嚼味酸澁飲水乃甘九月採摘之與橄欖酷相似以蜜藏之亦佳

【石榴】一名若榴一名丹若張騫使西域

者二月可以為秋菜其葉又可泡湯以配茶茗【人莧】種有白莧紫莧紅莧人莧又有五色莧皆可練茹人白二莧亦可作藥莧菜與鼈同食則生鼈瘕試以鼈甲如豆片大者以莧菜封裹置于土坑以上蓋之一宿盡變成鼈也【藍菜】務本新書云二月畦種苗而剝葉食剝而復生乃則不長味辛三月間枯此菜綱茂至冬月以草覆其根四月終結子可收作下種如蘿蔔法四時皆可種苗長可移栽園中可蔬或作羹作菜乾【茼香】又名【蓬】勒三月中候兼淶生種之治畦下水同種葵法散子訖即水盡蒐熱糞蓋子上晝日薄蓋夜即去之生即去筋常令足水六月連雨拔栽之溥物志云燒馬蹄羊角成灰春散著濕地羅勒乃生

【甘露子】蘇蜀也苗長四五寸許根如累珠味甘而脆故名甘露種宜於園圃近陰地春村種之用麥糠為糞地宜滋潤為佳至秋乃收生熟皆可食【芹】爾雅曰楚葵本草曰水靳一名水英有二種秋芹取根白色赤芹取莖葉又有一種馬芹葉細鋭與水芹同詩義疏曰苦菜也農桑集要曰江東呼為苦蕒莖青白色摘其葉白汁出脆可生食亦可蒸為茹又謂之苦菜者即是

【開墾篇】夫墾耕者農功之第一義也墾除荒也耕犂也凡墾闢荒地者春曰燎荒如平原草萊深者至春燒荒趁地氣通潤草芽欲發根荄柔脆易為開墾夏曰稀青夏日草茂時開謂之稀青可當草糞但根鬚壯藉強牛乃可墾若春日為上秋曰芟荑其秋暮草木叢密先用鐮刀遍地芟倒暴乾放火至春開墾乃省力也按種植四代月令曰正月地氣上騰土長冒橛陳根可拔急菑強土黑壚之田二月陰凍畢釋可菑美田緩土三月杏花盛可菑沙白輕土之田五六月可菑麥田及河渚小弱也凡地除荒闊老所枝莖覆于本根上候乾

鋤墾園地之圖

得令林安石榴今稱為海榴阿陀者最佳榴實有二種其子一紅如瑪瑙一白如水晶花不出於紅黃味不出乎甘酸甘者可餐多食亦損肺道家謂之三尸酒夏則花實待秋後摘之以充盤果多則可鬻

【藏榴法】取其實有稜角者用熱湯微泡過之新瓶中久而不損若圓者則不可留也亦壞爛北人以榴子作汁加蜜為飲漿以代杯茗甘酸之味亦可取焉

【木瓜】爾雅曰楙葉似柰實如小瓜上黃似著粉酢可食宣城者佳種將種謹始實則簇紙花泊其上夜露日曝而変紅花如生故有宣州花木瓜之稱木瓜種子及栽皆得壓枝亦生栽種與桃李同法秋社前後移栽至次年率多結實勝春栽者凡食之勿誤取【和圓子】其色糅外形直似木瓜則微黃帶粗子小圓味澁微酸傷人氣不可辨但木瓜皮薄微赤黃香甘酸而不澁向裏子頭尖一面方此物入肝益筋與血病腰腎脚膝者入藥絕有功効以蜜漬之亦堪益人

【銀杏】以其實之白故名一名鴨脚取葉之似又名白果其木多歷歲年其木或至連抱可作棟梁其樹亦有雌雄雌者結果其實亦有雌雄之異種時須合種之臨池而種照影成實春分前後移栽先掘深坑水攪成稀泥然後下栽子掘取時連土封用草要或麻繩纏束則不致碎破土封其子至秋而熟初收時小兒不宜食食則昏霍淮炮煮作楪食為美以滌油甚良類如綠李積如腐之樵取其核即銀杏也

【棕櫚】在處有之樹高丈許剩生莖間夏初

然之其根即死而易於周禮薙氏掌殺草春始生而萌之夏日至而夷之秋繩而芟之冬日至而耜之大凡開荒必趁雨後又要調停犁道淺深麁細淺則務盡草根深則不至寒墢麁則貪生費力細則貪熟少功惟得中則可耕荒畢以鐵齒鎝鍭過漫種黍稷或芝麻菉豆等種有倍收至盈溢倉箱速富者如稽稻於內開耕畢便撒稻直至成熟不須耨拔緣新開地內草根既死無荒可生若諸色種子年年揀淨別無稗秀數年之間可無荒歲所收常倍于熟田蓋曠閑既久地力有餘苗稼鬯茂子粒蕃息諺云坐賈行商不如開荒言其獲利多也

【播種篇】書稱黎民阻饑汝后稷播時百穀詩言降之種秬秠稙穉菽麥奄有下國俾民蓋言天相后稷之功也後農家者流皆祖述之而辨其種稑之種周知其名與其所宜地以為法按農書九穀之種黍稷秫稻麻大麥小麥大豆小豆凡種浥鬱則不生生亦尋死雜者禾生早晚不均特宜存意揀選常歲別收好穗純色者劁刈懸之令燥種之（汜勝之曰牽馬令就穀堆食數口以馬踐過）為種無好虸等（虫也或傷溫浥鬱則生蟲也或取馬骨剉一石以水三石煮之三沸漉去滓以汁漬附子五枚三四日去附子以汁和蠶矢羊矢各等分撓令洞洞如稠粥先種二十日以溲種如麥飯狀常天旱燥時溲之立乾薄布數挑令乾明日復溲陰雨則勿溲）溲種勿令復溢至可種時以餘汁溲而種之則稼不生蟲也無馬骨亦可用雪汁雪汁者五穀之精也使稼耐旱

【麥種】宜刈熟麥耳或支暑日曝乾熱收藏以瓦器順時種之

拔秧插田之圖

開白花至冬實黃大曰柑小曰橘有數種有綠橘紅橘黃橘朱橘金橘而洞庭橘為勝種子之法種子及栽皆可以枳樹栽接或移栽猶易成但宜惟於肥地種之冬收實後須以火糞培壅則明年花實俱茂乾旱宜以米泔灌溉則實不損落惟皮與核堪入藥用皮陳最良又宜作食料其肉味甘酸食之多痰不益人以蜜煎之為煎則佳食

【柑】柑也橘之柑也樹莖葉無異於橘但無刺為異耳種植與橘同法唐鄧間而泥山者名乳柑其大倍常皮薄味珍海紅柑有衢柑雖品不同而溫台柑最良

【橙】似橘樹而有刺葉大而形圓大於橘皮其香厚而皺其瓤味酸不堪食以鹽洗滌去酸汁細切小片蜜煎亦佳以白糖煎之曬乾即成橙餅切絲白糖煎為橙絲取橙皮合湯香味殊美栽植無異於橘其香似橘

【樝子】小梨也爾雅云樝似梨而酢澀樝大而黃可進酒去痰澁斷痢樝殊比梨與木瓜雖為稍劣而以之入蜜作湯煎則香美過之亦可珍也

【竹】種宜高平之地黃白軟土為良正月二月中斸取林外向陽者西南引根并莖芟去葉於園內東北角必用兩下遇火日及有西風則不可種之令坑深二尺許作泥於坑中下竹栽之覆土厚五寸土築定勿令腳踏竹性愛向西南故於園東北角種之以乾馬糞和麥糠糞之不用水澆澆則淹死勿令六畜入園二月食淡竹筍四月食苦竹筍欲作器研經年者移竹多用

生成凡欲知歲所宜穀以布囊盛粟等諸物種平量之以冬至日埋於陰地冬至後五十日發取量之最多者歲所宜也師曠占術曰五木者五穀之先也欲知五穀但視五木擇其木盛者來年多種之萬不失一（雜陰陽書曰禾生於棗或楊大麥生於杏小麥生於桃稻生於楊或柳黍生於榆大豆生於槐小豆生於李麻生於楊或荊）農書云種蒔之事各有收敘能知時宜不違先後之序則相繼以生成相資以利用種無虛日收無虛月何匱乏之有凍餒之足憂哉（正月種麻枲二月種粟芝麻有早晚二種三月種早麻四月種豆五月中旬種晚蕎七夕以後種萊菔菘芥八月社前即可種麥麥經兩社即倍收而堅好）如此則種之有次第所謂順天時也凡五穀上旬種者全收中旬中收下旬下收又地勢有良薄水澤有異宜（故良田宜種晚薄田宜種早良田非獨宜晚早亦無害薄田種晚必不成實山田宜種強苗以避風霜澤田種弱苗以求華實也神農曰黃白土宜禾黑墳宜麥赤土宜菽汚泉宜稻）如此則別地之肥磽所謂因地之宜也南方水稻其名不一大槩為類有三（早熟而緊細者曰秈晚熟而香潤者曰粳早晚適中米白而黏者曰糯）三者布種同時每歲收種取其熟好堅栗無秕不雜穀子曬乾部藏置高爽處【浸穀法】（至清明節前後取出以盆盎別貯水浸三日漉出納草篅中晴則暴暖浥以水日三數遇陰寒則浥以溫湯候芽白齊出然後下種）【撒穀法】須要先擇美田耕治令熟泥沃而水清秧法以既芽之穀漫撒稀稠得所也秧既長小滿芒種之間分而蒔之旬日高下皆變【插秧法】比土高原本無陂澤遂一曲而田者納種如前法（既生拔而栽之）九九下雜種之法有漫種耬種瓠種區種之別【漫種】用斗穀盛種挾左腋間右手料取務要布種均則苗生稀稠得所許即耕方惟種大麥則點種其餘粟豆麻小麥之類亦南用漫種【耬種】齊民要術云凡種欲牛遲緩行種人令促步以足躡壠底欲土實種易生也今人製造砘車隨耬種子後循壠碾過使根土相着功力甚速而當【瓠種】隨行隨種務使均勻犁隨掩過覆土既深雖暴雨不至拋撻暑夏最為耐旱【區種】凡山後便於撮鋤今燕趙多用高於傾阪及近邑立城上者可區田糞種用水澆以備旱災也按食貨誌曰種穀必雜五種以備災害又曰菜茹有畦瓜瓠果蓏殖於疆埸則是五穀之外蔬

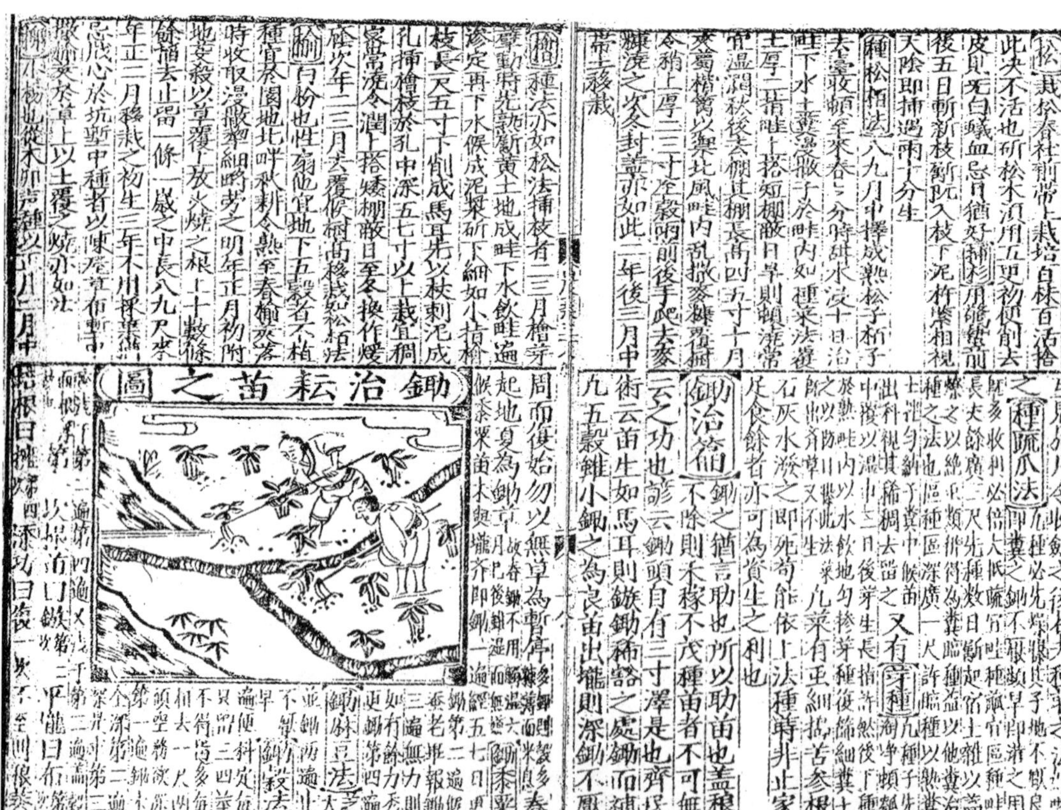

伐日及臘月餘月則不活五月十三日謂竹醉日又云竹迷日栽竹則茂盛

【松】栽松春社前帶土栽培百株百活捨此決不活也所栽松木須用五更初便削去皮見光白蟻血忌貨猶好【杉】用種鎮前後五日斬新枝斷頭入枝下泥杵緊相視天陰即插遇雨十分生

【種松柏法】八九月中擇成熟松子柏子去臺收頓至來春二分時甜水浸十日治畦下水上糞漫撒子於畦內如種菜法覆土厚一寸止畦上搭短棚蔽日旱則頻澆常令溫潤秋後去棚其棚長高四五寸十月中夾籬以禦北風畦內亂撒麥糠覆樹令稍上厚二三寸至穀雨前後手爬去麥糠澆之次冬封亦如此二年後三月中帶土移栽

【檜】種法亦如松法插枝者二三月檜芽蘖動時先熟斸黃土地成畦下水飲畦遍滲定再下水候成泥漿斫下細如小指檜枝長一尺五寸下削成馬耳先以杖刺泥成孔插檜枝於孔中深五七寸以上栽宜稠密常澆令潤上搭矮棚蔽日至冬換作煖蔭次年二三月去覆候樹高移栽如松柏法

【榆】白枌也性殉他宜地下五穀者不植種宜於園地北畔秋耕令熟至春榆莢落時收取漫撒犁細畛勞之明年正月初附地芟殺以草覆上放火燒之根上十數條然惟去止留一條一歲之中長八九尺來年正二月移栽之初生三年不用採葉忌戕心於坑塹中種者以陳莠茬布塹中撒榆莢於草上以土覆之燒亦如此

【柳】小楊也從木卯聲種以正月二月中

底亦不可缺者故穀不熟曰饑菜不熟曰饉是以烹葵食瓜乃係之豳風農桑之詩首采取蘋互見於月令收斂之後占大種蒔之法略陳之【種蔬瓜法】即糞之鋤不厭數早濟之用力（凡種必先擇良地不獻良溝既多收利必倍大抵蔬菜宜畦種宜區種瓜地長大餘廣二尺先種數日斷起宿土雜以蒿草燒之以絕蟲類併得為糞臨種益以他糞治畦種之法也區種深廣一尺許臨種以熟糞和土拌勻納子糞中候苗出科視其稀稠去留之）又有【芽種】（凡種子先用淨瓶瓢盛中覆以濕土三日後芽生長指許然後下種於熟畦內以水飲地勻摻芽種復篩細糞土覆之以防日曬齊出此法又不生凡菜有虫細搗苦參根并石灰水潑之即死苟能依上法種蒔井止家可足食餘者亦可為資生之利也）

【鋤治篇】鋤之猶言助也所以助苗也蓋稂莠不除則禾稼不茂種苗者不可無鋤云之功也諺云鋤頭自有三寸澤是也齊民要術云苗生如馬耳則鏃鋤稀豁之處鋤而補之凡五穀雖小鋤之為良苗出壠則深鋤不厭數周而復始勿以無草為暫停（鋤多則糠薄而米息多春鋤起地夏為鋤草故春鋤不用觸濕六月以後雖濕亦無嫌）【鋤黍粟法】候黍粟苗未與壠齊即鋤一遍經五七日更報鋤第二遍候未蠶老報鋤第三遍無力則止如有餘力秀後更鋤第四遍【鋤麻豆法】（大豆芝麻並鋤兩遍止亦不厭）【鋤穀法】早鋤一遍便科定每科只留三四莖更不得苗多每科相去一尺兩壠頭空務欲深細第一遍鋤未可全深第二遍惟深是可第三遍鋤第四遍以鋤治口鏃次第三平能曰布次第三次鋤第二第三遍撮鋤第四遍名曰添功曰復一次不至則根荄之

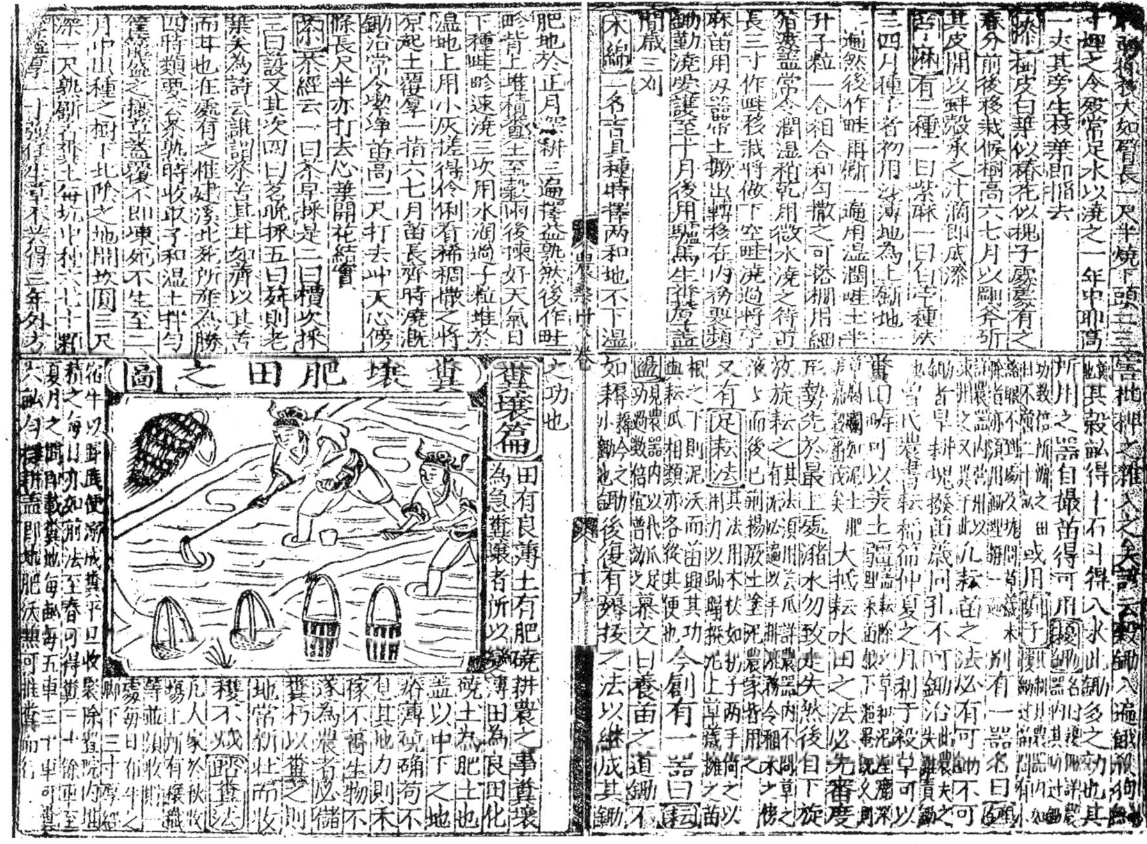

[illegible]大如臂長一尺半燒下頭二三寸埋之令殼常足水以澆之一年中即高一丈其旁生枝葉即掐去

【漆】樹皮白葉似椿花似槐子[illegible]有之春分前後移栽候樹高六七月以剛斧斫其皮開以竹殼承之汁滴即成漆

【苧麻】有二種一曰紫麻一曰白苧種法三四月種子者初用沙薄地為上新地一遍然後作畦用斸一遍用溼潤畦土半升子粒一合相合和勻撒之可搭棚用細箔遮蓋常令潤溼稍乾用微水澆之待苗長三寸作畦移栽將做下空畦澆過將苧麻苗用刃器帶土掘出轉移在內務要頻鋤勤澆冬護至十月後用驢馬生糞厚蓋間歲三刈

【木綿】一名吉貝種時擇兩和地不下溼肥地於正月間耕三遍擇益熟然後作畦畛背上堆積糞土至穀雨後揀好天氣日下種畦畛速澆三次用水潤過子粒堆於溼地上用小灰搓得伶俐看稀稠撒之將原起土覆厚一指六七月苗長齊時澆溉鋤治常令潔淨苗高二尺打去冲天心傍條長尺半亦打去心葉開花結實

【茶】茶經云一曰茶早採是二曰檟次採三曰蔎又其次四曰茗晚採五曰荈則老葉矣為詩云誰謂荼苦其甘如薺以其苦而甘也在處有之惟建溪北苑所產為勝四時類要云茶熟時收取子和溼土拌勻筐籠盛之穰草蓋覆不即凍死不生至二月中出種之樹下北陰之地開坎圓三尺深一尺熟斸著糞和土每坑中種六七十顆子蓋土厚一寸強任生草不得耘三年外方

[illegible]其穀畝得十石斗得八米此鋤多之功也其所用之器自撮苗得可用耰鋤[illegible]別有一器名曰耘盪[illegible]凡耘苗之法必有可不可[illegible]引不可鋤治[illegible]氏農書耘稻仲夏之月利于殺草可以糞田疇可以美土疆[illegible]大抵耘水田之法必先審度形勢先於最上處豬水勿致走失然後自下旋放旋耘之[illegible]又有足耘法[illegible]今創有一器曰[illegible]文曰養苗之道鋤不如[illegible]後復有薅拔之法以繼成其鋤之功也

糞壤肥田之圖

【糞壤篇】田有良薄土有肥磽耕農之事糞壤為急糞壤者所以變薄田為良田化磽土為肥土也盖以中下之地瘠薄磽确苟不息其地力則禾稼不蕃生物不遂為農者必儲糞朽以糞之則地常新壯而收穫不減

【踏糞法】凡人家於秋收場上所有穰穢等並須收貯一處每日布牛之腳下三寸厚經宿牛以蹂踐便溺成糞平旦收聚除置院內堆積之每日俱如前法至春可得糞三十餘車至夏月之間即載糞地每畝用五車三十車可糞六畝勻攤耕蓋即地肥沃兼可堆糞而行

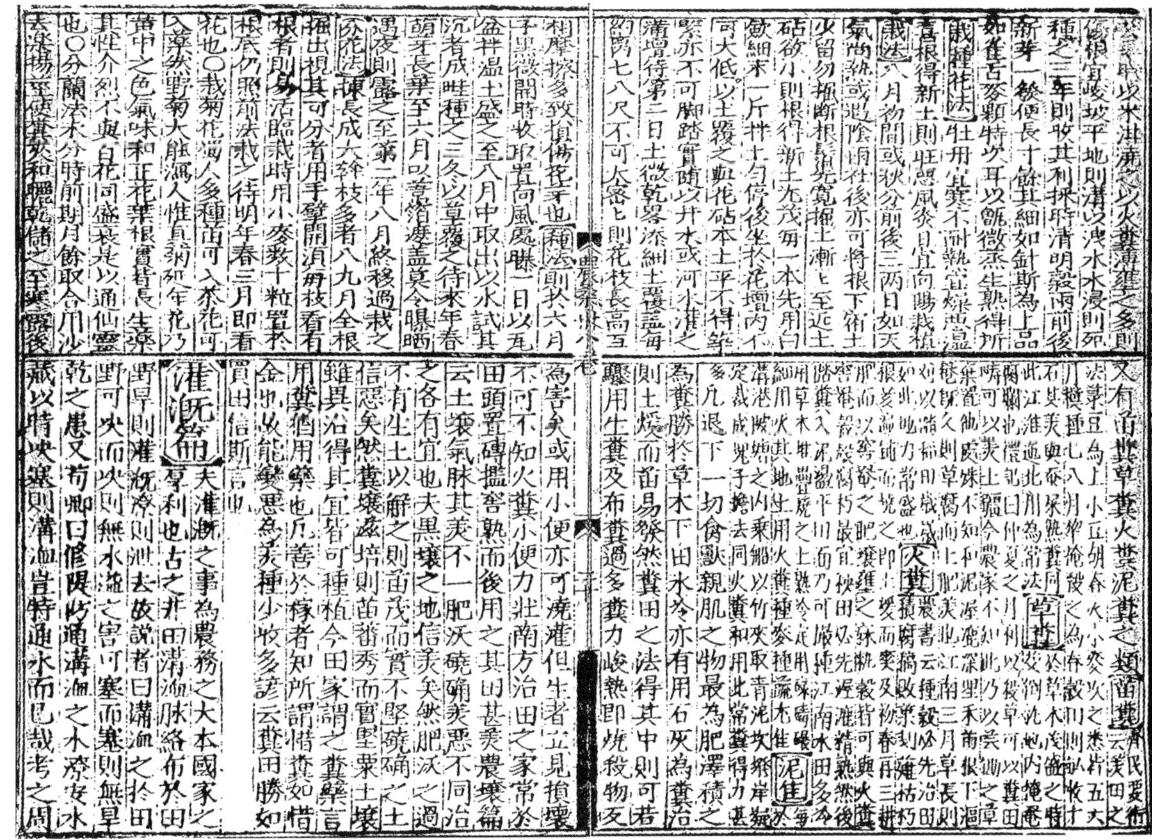

[illegible]以米泔澆之以火糞壅之多則傷根宜峻坡平地則溝以洩水水浸則死種之三年則收其利採摘清明穀雨前後新芽一發便長寸餘其細如針斯為上品如雀舌麥顆特次耳以甑微蒸生熟得所

【栽種花法】牡丹其性不耐熱宜燥惡溼喜根得新土則旺惡風炎日宜向陽栽植【栽法】八月初間或秋分前後三兩日如天氣尚熱或遇陰雨往後亦可將根下宿土少留勿掘斷根鬚先寬掘土漸漸至近土砧欲小則根得新土尤茂每一本先用白斂細末一斤拌土勻停後坐於花壇內不可太低以土覆之與花砧本土平不得築緊亦不可腳踏實隨以井水或河水灌之滿壇待第二日土微乾略添細土覆蓋每約離七八尺不可太密則花枝長高互相摩擦多致損傷花芽也【種法】則於六月子黑微開時收取置高風處晾一日以瓦盆拌溼土盛之至八月中取出以水試其沉者成畦種之三冬以草覆之待來年春萌芽長葉至六月以蓆箔遮蓋莫令曝曬遇夜則露之至第三年八月終移過栽之【分花法】揀長成大幹枝多者八九月全根掘出視其可分者用手擘開須有枝看有根者則分栽臨栽時用小麥數十粒置於根底仍照前法栽之待明年春三月即看花也○栽菊花滿人多種苗可入茶花可入藥然野菊大能瀉人惟真菊延年花乃黃中之色氣味和正花葉根實皆長生藥其性介烈不與百花同盛衰是以通仙靈也○分蘭法不分時前期月餘取合用沙去泥揚淨使糞灰和曬乾儲之至寒露後

又有苗糞草糞火糞泥糞之類【苗糞】[illegible]【草糞】[illegible]【火糞】[illegible]【泥糞】[illegible]凡退下一切禽獸親肌之物最為肥澤積之為糞勝於草木下田水冷亦有用石灰為糞治則土煖而苗易發然糞田之法得其中則可驟用生糞及布糞過多糞力峻熱即燒殺物反為害矣或用小便亦可澆灌但生者立見損壞不可不知火糞小便力壯南方治田之家常於田頭置磚檻窖熟而後用之其田甚美農壤篇云土壤氣脈其類不一肥沃磽确美惡不同治之各有宜也夫黑壤之地信美矣然肥沃之過不有生土以解之則苗茂而實不堅磽确之土信瘠惡矣然糞壤滋培則苗蕃秀而實堅栗土壤雖異治得其宜皆可種植今田家謂之糞藥言用糞猶用藥也今善於稼者知所謂惜糞如惜金也故能變惡為美種少收多諺云糞田勝如買田信斯言也

【灌溉篇】夫灌溉之事為農務之大本國家之厚利也古之井田溝洫脈絡布於田野旱則灌溉潦則泄去故說者曰溝洫之於田野可以[illegible]則無水溢之害可塞而竅則無旱乾之患又荀卿曰修隄防通溝洫之水潦安水藏以時決塞則溝洫豈特通水而已哉考之周

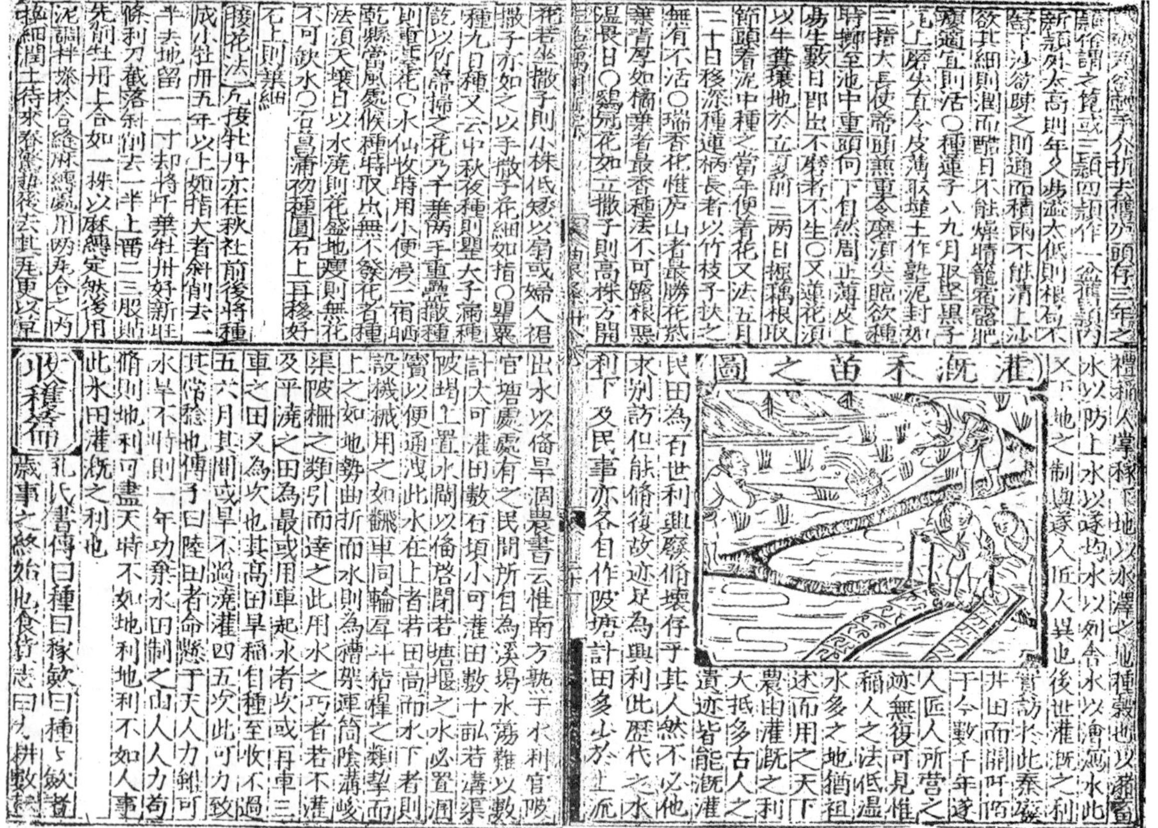

灑泥多盛手人折去穰乃頭存三年之陸俗謂之鏡或三顆四顆作一盆種則內所頭外太高則年久喚盛太低則根短不附下沙欲映之則適而積雨不能清上泥欲其細則潤而酷日不能燥晴龍宿露肥瘦適宜則活○種蓮子八九月取堅黑子瓦上磨尖頭令皮薄取墐土作熟泥封如三指大長使蒂頭平重令磨須尖臨欲種時擲至池中重頭向下自然周正薄皮上易生數日即出不磨者不生○又蓮花須以牛糞壤地於立夏前三兩日掘藕根取節頭著泥中種之當年便著花又法五月二十日移深種蓮柄長者以竹枝子扶之無有不活○瑞香花惟廬山者最勝花紫葉背厚如橘葉者最香種法不可鋤根惡濕畏日○鷄冠花如立撒子則高株方開

禮稻人掌稼下地以水澤之地種穀也以豬畜水以防上水以遂均水以列舍水以澮寫水此又下地之制與遂人匠人異也後世灌溉之利實昉於此秦廢井田而開阡陌于今數千年遂人匠人所營之迹無復可見惟稻人之法低濕水多之地猶祖述而用之天下農田灌溉之利大抵多古人之遺迹皆能溉灌民田為百世利興廢脩壞存乎其人然不必他求別訪但能脩復故迹足為興利此歷代之水利下及民事亦各自作陂塘計田多少於上流

花若坐撒子則小株低矮以扇或婦人裙撒子亦如之以手撒子花細如指○罌粟種九日種又云中秋夜種則罌大子滿種訖以竹帚掃之花乃千葉兩手重疊撒種則重臺花○水仙收時用小便浸一宿晒乾懸當風處候種時取出無不發花者種法須大壤白以水澆則花盛地瘦則無花不可缺水○石菖蒲初種圓石上再移好石上則葉細

接花法　凡接牡丹亦在秋社前後將種成小牡丹五年以上如指大者斜削去一半去地留一二寸却將千葉牡丹好新旺條利刀截落斜削去一半上留二三眼貼先削牡丹上合如一株以麻縛定然後用泥調糞塗於合縫處纏縛處用破瓦合之內極細潤土待來春芽發後去其瓦更以草

出水以備旱涸農書云惟南方熟于水利官塘處處有之民間所自為溪堨水蕩難以數計大可灌田數百頃小可灌田數十畝若溝渠陂堨上置水閘以備啓閉若塘堰之水必置澮竇以便通洩此水在上者若田高而水下者則設機械用之如翻車筒輪戽斗桔槔之類挈而上之如地勢曲折而水則為槽架連筒陰溝浚渠陂柵之類引而達之此用水之巧者若不灌及平澆之田為最或用車起水者次之或再車三車之田又為次也其高田旱稻自種至收不過五六月其間或旱不過澆灌四五次此可力致其常稔也傅子曰陸田者命懸于天人力雖可脩則地利可盡天時不如地利地利不如人事此水田灌溉之利也

收穫篇

孔氏書傳曰種曰稼斂曰穡種〻斂〻歲事之終始也食貨志曰力耕數耘

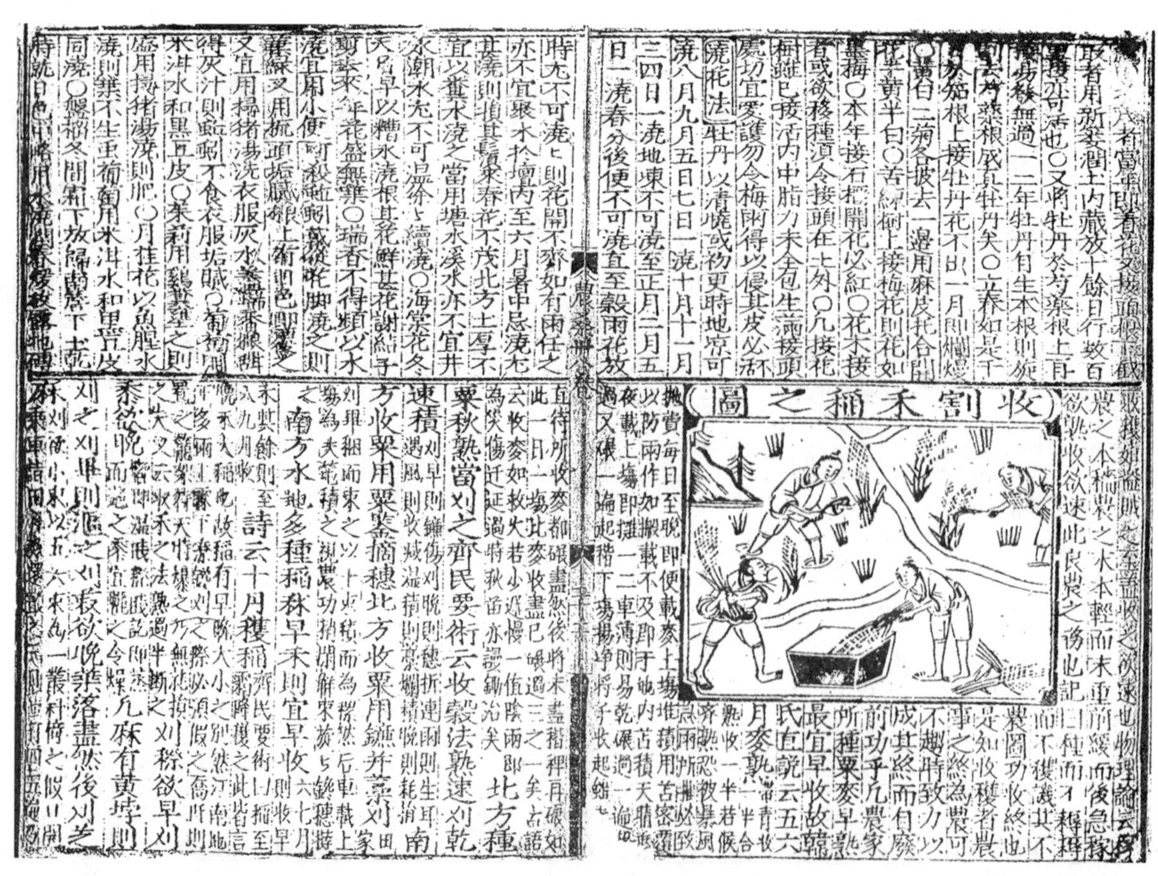

凡者當年即看花又接頭根上截取者用新瓦泥土內藏放十餘日行數百里接亦可活也○又將牡丹於芍藥根上再接易發無過一二年牡丹自生本根則旋割去芍藥根成真牡丹矣○立春如是千葉茄根上接牡丹花不出一月即爛熳○黃白二菊各披去一邊用麻皮扎合開花半黃半白○苦楝樹上接梅花則花如墨梅○本年接石榴開花必紅○花木接者或欲移種須令接頭在土外○凡接花樹雖已接活內中脂力未全包生滿接頭處切宜愛護勿令梅雨得以侵其皮必活不

澆花法　牡丹以清晨或初更時地涼可澆八月九月五日七日一澆十月十一月三四日一澆地凍不可澆至正月二月五日一澆春分後便不可澆直至穀雨花放

收穫如盜賊之至言收之欲速也物理論云稼農之本穡農之末本輕而末重前緩而後急稼欲熟收欲速此良農之務也記曰種而不耨耨而不穫其義不農圃功收終也是知收穫者農事之終為農可不趨時致力以成其終而自廢前功乎凡農家所種粟麥早熟最宜早收故韓氏直說云五六月麥熟帶青收一半合熟收一半若候齊熟恐因風雨所摧必致抛費每日至晚即便載麥上場堆積用苫密覆以防雨作如搬載不及即于地內苫積天晴乘夜載上場即攤一二車薄則易乾碾過一遍翻過又碾一遍起稭下場揚淨將子收起

時尤不可澆澆則花開不齊如有雨任之亦不宜聚水於壇內至六月暑中忌澆花其澆則損其根來春花不茂北方土厚不宜以糞水澆之當用塘水溪水亦不宜井水潮水尤不可濕濟濟續澆○海棠花冬天日早以糟水澆根其花鮮其花謝結子剪去來年花盛無葉○瑞香不得類以水澆宜用小便可殺蚯蚓蒴藋菜莖脚澆之則葉綠又用梳頭垢膩根上則肥色潤愛之又宜用撏猪湯洗衣服灰水並撏猪毛根則得灰汁則蚯蚓不食衣服垢膩○葡萄用米泔水和黑豆皮○茉莉用雞糞壅之則盛用撏猪湯澆則肥○月桂花以魚腥水澆則葉不生蟲葡萄用米泔水和黑豆皮同澆○蠟梅冬間霜下放歸屋下若乾時就日色晴照用水澆潤春發放節抛地

直待所收麥都碾盡然後將未盡稭稈再碾如此一日一場比麥收盡已碾過三二遍矣韓云收麥如救火若少遲慢一值陰雨即為災傷遷延過時秋苗亦誤鋤治矣　北方種粟秋熟當刈之齊民要術云收穀法熟速刈乾速積刈早則鎌傷刈晚則穗折遇風則收減濕積則藁爛積晚則耗損連雨則生耳　南方收粟用粟鋻摘穗北方收粟用鐮并藁刈之田家刈畢捆而束之以十束為一攢然后車載上場為大積之視農功稍閑解束旋旋鏟穗　南方水地多種稻秫早禾則宜早收六七月則收早禾其餘則至八九月收　詩云十月穫稻齊民要術曰稻至霜降穫之此皆言晚禾大稻也故稻有早晚大小之別然江南地下濕多雨上半年收刈之際必須假之喬扦則之蘢架苟天晴稼之刈之無搖損之失又云收禾之法熟過半斷之刈稌欲早刈黍欲晚而留之黍宜乘露刈之令燥凡麻有黃埻則刈之刈畢則漚之刈欲晚晚則葉落盡然後刈之麻刈欲小束以五六束為一叢科倚之候口開乘車詣田鬭藪倒豎以小杖微打之還叢之三日一打四五遍乃盡

上不長嫩葉剪去勿令高大夏間當烈日中或屋上曬尤加免近地氣長根冬有斷梨菜用曬則易着花每日早用水一盆或米泔浸花斛浸約半時久取出日曬如乾土又浸或一兩日一浸日中不必浸亦不必添肥上間用清泥水澆之無不茂只要浸曬別無他法○石菖蒲喜洗根洗則葉細而秀極怕煙人家多置之神佛供養繞被香煙薰者無不爛死○又石菖蒲用石泉及天雨水不可用井水河水若無油膩塵垢不必易水夜移露天見起日日即收之則可久也或云缸貯雨水三五日一次用杓攪江別缸去其滓滓如是三五次其水清方可頻頻換浸

【灌花法】用馬糞浸水澆之三四日內開者次日盡開○菊花蕋未開每蕋以龍眼殼罩之至欲開時以硫黃水次早去罩即開○蓮花未開將竹針十家針簽之白汁出然後插瓶中便開

【養花法】牡丹芍藥插餅中先燒枝斷處令焦鎔蠟封之乃以水浸可數日不萎○蜀葵插餅中即萎亦燒根以白沸湯浸之復活○餅中牡丹芍藥花萎者剪去下截爛處用竹釘綵於缸上盡浸枝梗一夕色鮮如故○餅養荷花先將花倒之灌水令滿急插餅中則久而不萎或先以花入餅然後注水其花亦開○冬間花餅多凍破以爐灰置餅底下則不凍用硫黃置餅內亦得

收頗晚而稻熟亦或宜早。南方稻秋出收多遲而陸禾亦或宜早。大田家作苦今獲收以時了無遺滯黍稷富倉箱之望足慰勤勞鄉社結閭里之吹通相慶勞也。

【附遺】

【培養花法】牡丹亦於八九月時隔一年一次用土培壅其根約高一二寸至穀雨時花正放必用高幕遮日則花耐久不落纔落則剪其枝勿令結子如結子至來春花必不茂剪花枝不可太長恐損花芽夏月伏中晝宜蓋箔遮日則不晒損花芽冬至靠北豎立高架縛草薦以避此培養花之法也

【醫花法】○牡丹冬至日以鍾乳粉和硫黃少許置根下土中不茂者即茂盛牡丹根甜多引土蚕蠐螬等蟲食之但於初栽時用白歛末拌土置根下蟲皆不食又有一種小蜂能蛀枝梗至秋冬亦藏枝梗中又有蛀蟲紅色能蛀木心將所蠹蛀之穴用硫黃末填之然後用杉木釘釘之而蟲斃矣又法於秋冬落葉時尋其蜂聚處須捫捉盡其蜂亦是良法也

【花木宜忌】凡種好花木其傍須種葱韭之類庶辟麝之觸也菜園中間更宜種牡丹芍藥尤盛○牡丹忌麝香桐油生漆氣忌慎用熱手摩擦拭之又勿令草長侵奪土之膏澤花壇四畔不可踏實地氣不升○牡丹芍藥不宜置木觚中不耐久更宜避風處○花中最忌麝香瓜尤忌○種蘭蕙忌用水酒○以烏賊魚骨鍼花樹花即壞○蓮花以手掐去荷葉以桐油滴桐油數點入其中蒲池俱死○菊花根最惡水不宜以水洗之於根則濕水一盞剪紙條一根濕之半纏根莖上半在盞中自然引上也○花忌孝子孕婦折摘則數年不着花

【染花法】芙蓉隔夜以靛水調紙蘸花蕋上以紙裹來日開成碧色花五色者皆可染

廿八卷終

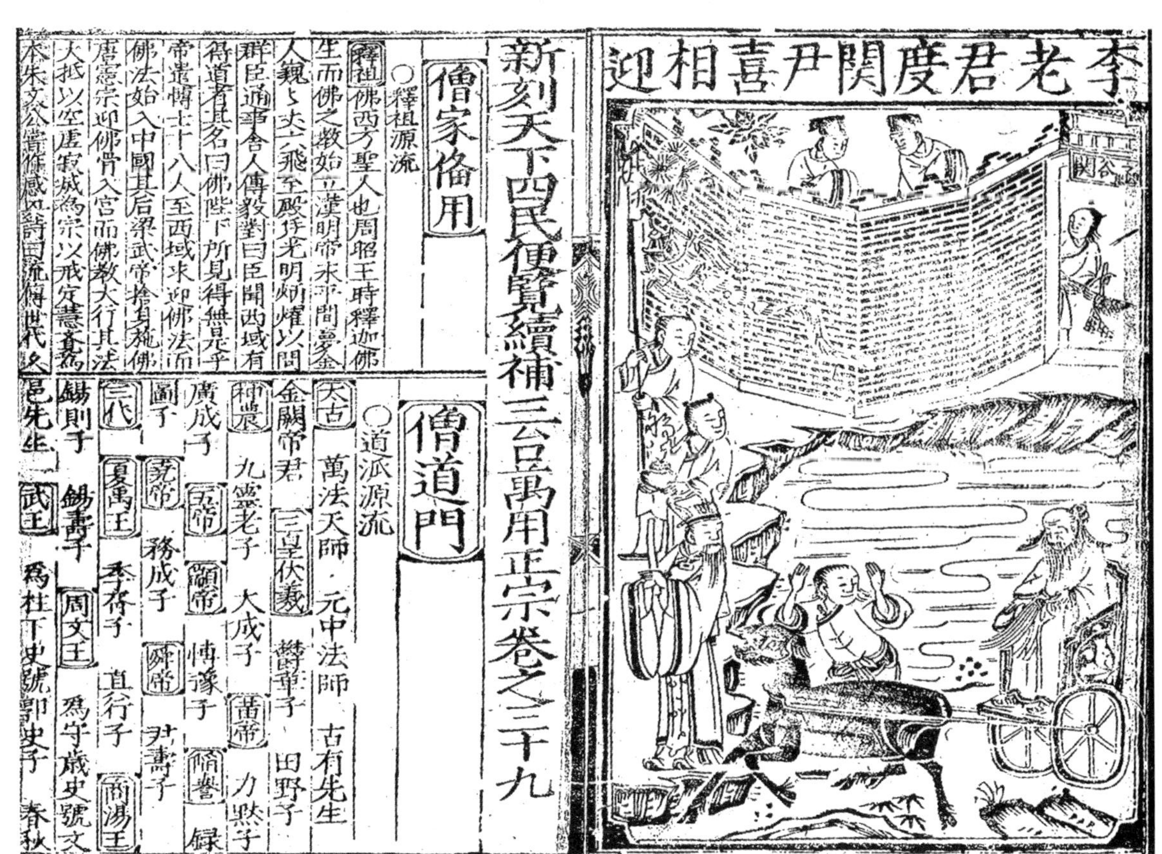
新刻天下四民便覽續補三台萬用正宗卷之二十九

僧家倫用

○釋祖源流

【釋祖】佛西方聖人也周昭王時釋迦佛生而佛之教始立漢明帝永平間夢金人魏魏丈六飛至殿庭光明炳燿以問群臣通事舍人傳毅對曰臣聞西域有得道者其名曰佛陛下所見得無是乎帝遣傅十八人至西域求迎佛法而佛法始入中國其后梁武帝捨身施佛唐憲宗迎佛骨入宮而佛教大行其法大抵以空虛寂滅為宗以戒定慧爲本朱文公嘗作感興詩曰西流傳世代久

僧道門

○道派源流

【太古】萬法天師　元中法師　古有先生　金闕帝君

【三皇伏羲】鬱華子　田野子

【神農】九靈老子　大成子

【黃帝】力默子　廣成子

【五帝】【顓帝】恃豫子

【帝嚳】録圖子

【堯帝】務成子

【舜帝】尹壽子

【三代】【夏禹王】李存子　直行子

【商湯王】錫則子　錫壽子

【周文王】爲守藏史號文邑先生

【武王】爲柱下史號郭史子　春秋

李老君度關尹喜相迎

子部　第四冊

樹接芝空虛捷徑一以開羣然世争趨
意者重有於感云
○禪苑清規
【參禪】參請問道戒律為先既非離過防
非何以成佛作祖受戒之法應備三衣
鉢具新淨衣服如無新衣洗浣令淨入
壇受戒不得借衣鉢一心專靜慎勿異
緣若無衣鉢雖登壇受戒並不得戒既
受声聞戒應受菩薩戒乃大法之漸也
【護戒】受戒之法受常應守護菩有法死
不有法生如小乘四分律四波羅夷十
三僧伽婆尸沙二不定三十尼薩耆九
十波逸提四波羅提提舍尼一百衆学
七滅諍大乗梵網經十重四十八輕並
須讀誦戒欽食財色經云持戒如護明
珠【具】將入叢林先辨道具所謂為山笠
拄杖戒刀祠部筒鉢袋鞋袋脚布枕子
衫口鞋脚腳包布之類其餘衣服器具
悉從豊儉
【文本成實論云】佛說内外中間之言遂
即入定時有五百羅漢各釋此言佛出
定後同問世尊誰當佛意佛言並非我
意又曰佛言既不當佛意將得無罪佛
言雖非我意各順正理堪為聖教
【修行節要】元城先生曰孔佛之言相為
終始孔言毋意毋必毋固毋我佛言無
我無人無衆生無寿者其言若出一人
其心亦一噗爾世人動輒詆毀佛法殊
不知毀佛之言聖人擇焉佛法亦致人
悟學者之一端豈不知翫莫之言哉

列國　范蠡號鴟夷子復號陶朱公【漢高祖】
黃石公【文帝】河上公以上歷代更易姓名變現不一其實一老
子也【史記列傳】老子者楚苦縣瀨鄉曲仁里人也
姓李名耳字伯陽謚曰聃或云其母感大流星
而娠懷八十一年乃生而白首故謂之老子或
云老子先天地而生或云天之精魂蓋神靈之
屬世莫能詳其學以自隱無名為務居周久之
見周之衰乃著書上下篇言道法之意五千餘
言而去莫知其所終又按靈寶度人經云元始
祖劫化生諸天開明三景是為天根蓋元始以
氣化生道君道君化生老君老君者即老子也葛雅
川云老子無世不出數易姓名非一聃而已

【慶賀書簡】
【賀新披戴】伏聞光被綸恩榮加簪服增重列真
之教莊嚴大道之風謹具薄儀少伸賀敬
【答】叨被國恩濫加冠褐實庇之及寧昧攸歸厚
禮拜嘉尚容展謝
【賀新住觀】光膺紫宇榮住琳宮遠揚大道之風
仍預列真之供伏惟慶幸
【答】濫居崇觀實籍洪慈方圖修謝之供先辱貺
緘之慶惟增愧耳何足道哉
【披戴道生】宗真須告傳道得人華嚴儀禮之傳
焜燿簪裳之慶諒深欣忭
【答】老境逼人無補料告慚為鶴侶寧作鷄飛伊
代奉於香燈須傳續於冠褐
【謝度師】光奉宸恩顯膺法秩增琳宮之榮望

[illegible]尚書吏部郎中直昭文館陸
彰述○孟子曰鷄鳴而起孳孳為善舜
之徒也鷄鳴而起孳孳為利蹠之徒也
人在陽則舒在陰則慘一身之中日有
善惡涉善事屬陰謂小人也別而白之
足可鑑焉○老子曰上士聞道勤而行
之苟能鑑悟自勤是習諸善屬於陽類
從微至著積而成德所謂受之以益必
增算延年德業大者出三界不受輪迴
中者入洞府為仙官下者入礼府為主
宰太易曰惡不積不足以滅身鑑之前
目當須儆戒無令沾染污而自犯是習
諸惡屬於陰從微至著類而成賊所謂
受之以損必折算而取亡罪業大者入
地獄中者墮畜生下者為方兒

俾增寶之生輝伏惟慶幸
【答】退守林泉分甘寂寞虛蒙宸恩之寵誤蒙徵
號之頒退自懷慚實由提獎
【賀作道官】望重琳宮神遊月府宜顯膺於異渥
俾曾陟於崇階非儀仰賀伏冀完存
【答】深慚褒拙術不逾人濫膺法秩之迂誤玷君
恩之賜未伸謝意先辱賀儀拜加增愧
【賀建道觀】琳宮落成羽士環集扇道風於不朽
振法席於長隆謹薄礼奉賀聊表寸忱
【答】妄興小觀實藉洪庥方圖修謝礼之先辱貽
慶緘之重益增愧赧尚俟摳衣
【賀追道藏】寶藏圓成瑯函輝耀若非有大力量
且能了此因緣深切贊美

【陽之類】三十四　焚香　誦經　齋戒
公勤　正直　孝義　仁慈　謙遜
忍辱　節儉　淳素　恬靜　好生
修煉　嗽嚥　勤恪　廉潔　喜樂
賑濟　聰快　調暢　康寧　遠声色
薄滋味
【陰之類】三十一　好殺　嗔恚　強梁
殘害　暴虐　五逆　謟佞　邪侍
貪濫　私曲　阿黨　侵欺　偷竊
驕傲　詐妄　詐偽　慳鄙　毀謗
冒瀆　狡猾　罵詈　怨恨　憂愁
噪悉　賭博　堅恪　臭穢　昏濁
懶惰　勞苦　多嗜慾　耽酒肉
【坐禪】欲坐禪時於閑淨處厚敷坐物寛
取帶令威儀然後結跏趺坐先以右足

【答】觀門半落歲宇傾頹重新一旦善功皆藉十
方檀施實出僥ゝ敢昧庇庥
【東尾式】
聊致薄儀幸祈莞鑒○薄陳芹意聊献賓厨
馳慶菲儀仰祈麾頓○不妨普賀冀鑒微儀
薄礼馳賀鑒入是祈○引賀菲忱仰祈藻鑒
【答】【東式】
辱貺多儀不勝惶愧○辱賀殊慚敬此申謝
乃蒙惠及愧謝不勝○辱塵厚貺愧謝奚堪
重蒙餽礼感愧愈深○賀言過辱足仞爱深
【請召書簡】
【披戴請人】叨月冠褐實出巨庇翌日借具菓酌
奉屈崇重光臨得蒙寵貢幸甚
【答】高蹈物外已遂冠裳趨賀未遑先蒙寵召敬
當摳兀以侍法誨

安左脾安右脾或半跏趺亦可但以左足壓右足而已次以右足安左足上左掌安右掌上次以兩手大拇指面相柱徐徐舉身前復左右搖振乃正身端坐不得左傾右側前躬後仰令腰脊頭項骨節相柱狀如浮屠又不得聳身太過令人氣急不安務要耳與肩對鼻與臍對舌柱上腭唇齒相着目須微開免致昏眠若得禪定其力最勝古有習定高僧坐常開目身相既定氣息既調然後寬放臍腹一切善惡都莫思量念起即覺覺之即失久久忘緣自成片此坐禪之要術也

〔慶賀書柬〕

〔賀作僧官〕恭喜光膺宸綍榮授冠裳自此崇僧之擢叢林之風振矣敬羨敬羨薄物馳賀聊旌謝誠矣留幸甚

〔答〕厠身緇服辱被冠裳榮出望外矣名實不稱益重慚惶何勞腆礼之勤賀爾感謝

〔賀新住持〕杖錫飛來教門煇煌自此燃香瀹茗山色溪聲若非廣長舌便是清淨身

〔答〕叨膺小刹皆出巨庇方慙一芥歉納自諒必不勝任乃蒙箋牘泉泉褒語何可承當

〔賀新披剃〕祝髮已諳宗風益振伏惟賛賀首座堂堂頂相人清淨禪自此把茎益頭不勝喜躍之至

〔答〕濫膺落髮叨獲挂身未通黃梅機因

〔住觀請人〕荷蒙洪覆承之齋筵略具一觴敬拏光降得辱肯臨幸多矣

〔答〕兹審琳宮獨掌太振玄風規矩一新烟霞改觀寵有請召敢不欽承

〔羅醮請人〕兹者醮會荷蒙維持之力幸已周備宜具一觴幸賜垂顧為感

〔答〕兹承醮士周圓深切賛喜正欲排紛以求道誨乃承寵召何感如之

〔建觀請人〕兹營觀宇實出庇庥草具三盃以為落成之告敢屈龍降為榮

〔答〕兹承琳宇一新玄風丕闡極切賛喜乃蒙不鄙特有招延敬當趁侍

〔作道官請〕兹者濫膺法秩實感提撕草具一觴奉酬雅意得沐賜降幸荷良多

〔答〕光奉宸恩進登仙秩未伸賀意返辱寵招敢不披衣仙宥以聆高論

〔請新住持〕兹承新住琳宮寵開法席托賴巨庇先具草酌少款物外之談

〔答〕某梵壇光彩正賴庇庥荷愛方殷伏蒙寵召敬當扣謁以听玄妙之談

〔餞移住持〕兹承驅龍走虎擬換道場見之莫不賛喜謹具殽蔌以代餞觴

〔答〕寵未默衆承復驅馳移東合西奚足着寵向承召命敬用趨赴併求清誨

〔餞赴商請〕伏審力負萬鈞名揚千里有兹滿滴之崇庸以茶瓜暫留鶴馭掃徑以俟

安識用攸只怕只憑檀越強作胡廬喚上禪壇知恩有自歸來山舍報德無窮

〔賀慶小師〕喜師灯上相照命續命明後半嶺頭親傳衣鉢恨不能座下一轉語以作賀耶

〔答〕行者其人欽意進檀那特為點化正賴庇休未及叙款過蒙慶語小窗何敢承當

〔賀受師號〕大師打破机関洞无罣碍榮膺法秩特出異恩區區欽喜忭之情故敢以為賀也

〔答〕偶守山門了无榮辱兹膺異渥實出緣命寵念之隆慶成踵至顧兹踏蹬深切感戢

〔賀建新寺〕宣揚佛化肖砌梵宮金璧輝煌右神護將見領袖方僧教門增重

〔答〕不揆庸拙建营小寺近方畢功皆諸檀施之賜乃蒙慶瀆文敢承當第切銘感未及參謝

〔賀建鐘樓〕竊審新建遠播鯨音洞徹人間照回濁世寂聞聲而脫苦邊塗聲表而歸來薄奉賀儀祈矣納

〔答〕把茆蓋頭不能規守鐘樓之類豈敢強一新欽羨過情何克當此謹佈此以伸謝悃

〔請召書柬〕

〔披剃請人〕濫兹落髮輒脩小供上啓四恩次謝檀越欲望訂明以為必赴之光

〔答〕兹承頂相圓成特有清齋之召感激共三頂剃即當趁赴法席[illegible]

〔答〕兹以禁宮過听之言特有請召未及辭行方以叨泰為羞何勞叙別然此中復餘容面陳不

〔委託書柬〕

〔委買度牒〕兹聞台旆有輦下之游花銀若干煩置護身符一道倘成就敢昧依歸

〔答〕度牒之諭極感不外到京即為收置抵家之日謹當具數賫呈以請所費也

〔委買法器〕近日供器損敝煩為製造如蒙分念亦一善緣也厥價就此納去

〔答〕承有供器之委敢不奉命厥價如數領訖容尋一好手製造却當具數拜呈

〔委買齋料〕山門某日會集檀信崇建善會欲置糖麵之屬專人浼瀆謹數具呈

〔答〕承諭收置齋料即同來价賫数沿市收買厥價已批於逐件之下幸乞目至

〔委買藏經〕輪藏粧彩近已畢工諸經文猶未能足厥價納上煩為如數收置

〔答〕承有藏經之委敬悉其目但卒急收置未全尚餘旦夕尋足却當具數遣納

〔委人題化〕山門堂宇尚建所費浩大長者多善知識欲浼題化庶成一段功德

〔答〕承題之事仰仍不外敢不效力當一面賛揚善士廣可樂施之人却當具報

〔委呼塑匠〕小觀幸已落成列真聖像尚闕塑礼非人精巧其精敢煩[illegible]

〔答〕[illegible]建殿[illegible]一段公事不可忽議[illegible]

請人設家當路承芝禪居儀候
餘冗非煙藏器且茶菓少叙時聽片時
答 茲承光膺使首主領名山氣象一新
不勝荷嘆忽蒙慈旨敢不皈依
賜紫請人 遙彼褒崇加章服寔自提
携累且清齋於原光臨願听先生之話
答 茲承誑膺恩渥榮服法章主正尚賛言
乃蒙戒負何感如之即當參請
堂頭請人 茲集衆會須修輒具小供披
請訂明
答 承清齋之召敢不遵依法筵以待正教
到寺請人 不自揣量任遷寺之責幸也
早工皆出巨庇少刻具章酌擬話片時
答 茲審金刹一新矩常如意召以清供
敢不臨清衆以听典座之然誠

僧道書二十九

遷藏請人 山門經藏近以員成某日啓
建大會奉三寶聊辦小供叔屈訂明
答 茲承法宝輪藏喜遂員成具蒹琅函
金璧輝煌字象叢叢敢不祇承
護筆請人 定慧不生觸事皇礙欲屈雲
馭過此指迷倘得員融頓忘超脫之力
答 神指現光非我能解吾師臺鏡无塵
何用拂拭亦當趨見為着半句
送歸請人 双脚拖泥帶水方與莫藤解
脫輙謀疏菜心集同僚願相從談笑也
答 茲承穿山訪景奠履而歸大展筆遊
逢場作戲正圖恭侍以廣見聞

邀約小東

邀赴聖節 祝寿聖節文俵由期勢須遜
戒兩敢倘家同往至日敬當相候

座之次即當仰承旦夕驅至也
委呼畫士 殿廊四壁粉飾一新擅信欲塑神像
敬求妙手丹青敢乞斎至任事
答 伏辱畫工之喻極不外即當物色其人須
得老手者旦夕薦聞以聽驅役

弔慰疏狀式

弔本師亡 某稽首慰言 俗家慰之只使答慰 勞息廢常遷
儼安故賢師知宮侍宸汲直過頒聞已驚怛不
能自已 中喪則改云某啓伏聞某師奄忽羽化 聞此驚嘆不能自已 一小喪改云壽大
不知不謂某師遷化 仙逝豈勝哀悼 伏惟 追慕 中喪改云慕念 小喪改云悶悼
何可堪勝日月不居屢經晦朔惟增哽咽不審
遊日 侍力何以敢冀 順制自節哀毀以全
孝道末由陳慰謹奉疏不宣謹疏
答人慰疏 某啓伏念罪罰所鍾侍奉無感不自
殞滅貽譴 先師奄忽辭化盡爾歸真追慕
中訓不任悲擢 中喪改云某宗哀慕 奄逝真常逝者日遠慕恋何勝
楚州〇小喪云某啓晚節衰微 劉及法同頗茲薄祐何可勝悼
伏惟 仁慈曲頒 慰問但增感咽末由趍
謝謹奉疏不次謹疏
慰人喪父 某官奄弃 榮養諒惟孝心純至哀
慕號罔何以堪處然以 丈夫眉壽享有諸福
為之子者 事養 益孝可以無憾大抵生死
晝夜之常古人謂息我以死安知生之樂不如
死之樂吉人為善當怪過福地幸時以此罪懷
好至摧毀也某事羈不果詣 慰敬課道藏經
典仰祝往生別疏并香楮微儀 敢伸家對

□□所用臨同赴 嵩祝正欲侍行忽
承來戒何幸知之至期當請上方相拉
邀同受戒 某家得参大戒同時向大幸
也壇戒將開欲拉偕往慨被承教試也
答 大戒緣同時披剃登壇受戒固願
偕行既蒙見邀整肅以防去馭之後
邀同参請 守拙空山所見如井擬拉左
右同往某處参請咸聞警策之音
答 参請之約遍荷不外即當整辦方包
以隨戒馭他日稍有寸進亦出點化之力
邀同遊山 某處名山別諸洞入欲陪杖
屨同往一遊攬霞踈空不無真樂
答 山有仙則名况孤高峭拔如煙雲之
巔正當着脚於嶮岩間也當圖侍行
邀同結夏 炎當暑熱事吾徒欲請某

僧道書二十九

剎以避其成旦夕即行速來相就
答 伏承結夏之盟亦我素志見邀意厚
容須登杖人以隨來之步也
邀赴緣會 某處某人取某日建水陸會
敢叔法馭同赴某請至期幸勿外
答 伏承寵喻有某處歸事之邀甚荷不
外至期即當隨侍以聆清誨也
邀同課誦 某人欲建道場相請課誦倍
師已請其招若得同行實所願望
答 同赴課誦敬遵來約途中又得叩問
一二以發家鈍卑情相候預以為幸

假借小東

假借法器 前日某處歸事拙身來歸法
器尚留於彼今欲赴他請付受權借
答 伏承索所借物已投來者拘拔從門

靈□□讀炎化乃感伏祈
賀經父 某 餽道上姓只伏為
某官奄謝塵雲遍歸泉壤欲酬恩德須假良緣
謹於外日告聞 金闕披閱 王文式助
神遊重趋 金闕謹具琅函開具經文逐行排
寫恭惟 某公覺不昧洞賜 昭彰遊
紫府而宴清都直超
仙境名卅塢臺而身登闕如返故家仰于大道
謹明三清印訂謹疏

慶賀諸佛降誕表文類

太上老君 仲春協序十臨月望之辰中夏睠惟
申慶日晶之瑞地祥芝章天雨寳花恭惟老君神
位金液鍊形玉兵孕秀得一二三生生之蘊顯
八十一化化之灵以本為精以物為祖其往無
涯其來無迹德而不德玄之又玄某夙逢假幸
之私獲遇真元之節俯獻蟻樽而為壽仰瞻
鳳闕以馳神伏願七百年不汗之枝枝茂蔭
億萬載難窮之劫劫常存
玉皇上帝 月喻五日又看瑤曆之更端雲殉九
霄咸慶 玉皇之降瑞諸天稽首易地歸心恭
惟 玉皇上帝道化真常神通恢漠光明廓落
達空空有妙之音清淨靈灵得寂寂無宗之蘊
建大功於億劫總元鈴於十方恭喜際誕弥獲
申稱賀塵寰聊若恨莫升虎豹之關香案魏然
但緬想龍鶴之表
玄天上帝 元氣孕先天在龍漢元年之日祥分後

□□□何以借為得召自至幸甚
〔送還法器〕所承見假法器甚濟急用自
非應權何以得此謹用歸納即無破損
切幸檢收
〔答〕法器正恐不中所用何必介意遣还
之速始已領足乞有所需即當應副
〔假借功德〕某處建某道場相召欲借益
納德若干不為法席之見回日即便送
〔答〕功德軸中諸神㬎供但有香灯處便
可展掛何彼此之拘謹用供去幸檢入
〔送人經德〕功德若干軸某荷見假增光
多矣兹以法會滿散專人送納萬乞判
入再容布謝
〔答〕伏蒙示至功德若干軸敬以收領想
之清淨身心加持法事則見神歡喜也
〔假貸經文〕欲就某剎權借某經文若
干部看誦早晚即便歸納幸乞勿阻為禱
〔答〕承索某經若干帙以應緣事敢不應
命依数供去但恐不稚為嫌
〔送还經文〕昨承見借經文披香看誦供
養不敢久留今以法會滿散敬用專人
回納目至為幸
〔答〕所假經文正恐□□□以應
需尔辱介先臨可見還之速耶謹如数
祇領訖
〔弔慰疏狀〕
〔慰尊師仁〕某和南想言（俗人只明啓慰）变故非
常伏承尊師大德祁師奄歸　真寂悶
悶惻怛伏惟追慕何以堪忍（中殁云修短不內周）
（人新照方閉啓教孔顧倒處狀閉□）两輪易返齋七屡

度正開皇上巳之辰凡屬悕緣革深忻瑞恭惟
玄天上帝躬全道德姿誕神明捨淨樂富貴之
宮入武當清虛之境參亡九返還之旨究十三
生死之因運離坎而伏龜蛇煉甲庚而降龍虎
啓天關飛地軸天地山川退陰符進陽火陰陽
在手幾年功行一片身心用道既成群魔自服
運靈旗以驅護兆姓持慧劍而鎮壓四方使衆
生皆舍妄以從真則陛下與同因而證果某幸
世沉淪而莫返故神功顯化以無窮力在皈崇
自尋解悟某屬生慶幸得奉威靈茲逢聖誕降之
朝敢後嵩呼之祝伏願三元共永豈惟変八十
二身億刧長存何止寿六百萬歲
〔康王〕銀漢浮光咸仰鵲橋之渡王英儲秀載流
虹渚之輝瑞靄雲蒸惟声雷動恭惟　康王精
誠一致忠孝两全震鰲伸破竹之威張挾妙穿
楊之手鼓祥風于天下而民被之施德雨于域
中非人能也益着萬年之績茂膺八字之封某
素蒙川至之恩得遇河清之且伏願擊瘟顯化
永攖不動之慈尊昭東孚靈克享無疆之曆筭
〔梓潼帝君〕北辰建卯方新三日之初西蜀生申
誕應五雲之瑞瑤池啓宴寶闕騰權恭惟帝君
名㒰梓潼職嚴桂籍銀鈎鐵畫盡出神入聖之
能玉句金章致泣鬼驚人之妙輔佐玄天之主
闡揚易地之靈某　仰献兕觥俯陳燕賀伏願
億千萬綿延之壽刧刧長存九十四变化之身
如如不動

下□□□□□未能擇日　法眷光服紹
□服時有節哀以全孝休（中喪云節哀全北小）
（喪云節哀）念□未由趨慰謹奉疏不宣
〔答人慰疏〕某伏念罪罰所鍾待奉無感
貽禍師長奄歸寂默於此世流追念慈
訓不殞（師伯叔父亡改云某於法門周對某人條歸孤□逝者□□）
（違追想不自勝喟口小師緦□□云某□□□□□□□□□□□□）
可知伏惟仁慈曲賜慰問弟劇悲感
謹狀伏謝恤惨（中喪小喪並改惨）
悽字云愴怛不次
〔慰人喪父〕某頓首文夫某官三翁棄
養人子之孝已盡於此可以自慰竊告
損抑哀情至無毀性泛于人生如夢幻
泡影如露如電如浮空之雲聚散無定
嘗訂透生死一理况吾宗謂之脫卻皮
榑方以此為無事入惟需家教人極哀
慕之情然其理自有中制　閣下高明
不待山野之某某未縣申　慰敬誦佛
經資助往生別疏併具不腆香奠伏乞
白靈炎献幸甚
〔資薦經疏〕某院住特僧某伏為
某官奄辞塵世遊往泉原以伏良因必
資冥福謹於清旦白　佛証盟看誦
秘典敬薦．神遊淨嚴淨土謹具經品
于后　開具經文排列　右仰
三宗証明追薦一靈脱五蘊之□空拜
摩耶而礼迦葉語大通之自在瞻
千育而面彌陀仰惟靈魂特垂昭鑒
謹疏　某年　某月　某日　某院
住持僧某疏拜

〔城隍土地〕哉魄二日即更建丁之辰雲燦五彩
喜遇生申之旦歡声載路和氣滿城恭惟城隍
王主乃武乃文作威作福呼吸須臾之雨露動
鵞俄頃之雷霆佐漢有功四百載綿延社稷與
求無極億萬年帶礪山河赫赫厥靈洋洋如在
某　素蒙恩之久幸逢震夙之初壽末悠長願
以椿齡而為壽封褒忠惠更看芝檢之增封
〔五顯靈观〕菊綻盈枝正少昊催歸之月蓂餘两
莢喜華光誕降之辰王出金輪瑞臻璇漢恭惟
五顯靈觀大帝数参天地威震華夷顯聦明正
直德之靈全仁義智信忠之美指魔赤帝發為
離火之昭彰役使飛廉鼓作巽風之披拂護覓
皇之妙法度閻浮之衆生某幸遇虹流特申燕
賀星源尚圓苑瞻東井之聚星壽址益堅願指
南山而□
〔清源真君〕孟秋行白帝之權尚遲六日中夏慶
清源之聖誕降九霄易地權呼與天長久恭惟
清源真君秀儲仙洞威震靈関破浪興妖隨顯
降龍之手含沙射影特彰斬蜃之功佐泰山生
死之司護職蹟慈悲之告恩蒙波潤且遇河清
五十四州咸仰西川之主億千萬歲永綏（東上之民）
〔東嶽〕南郊迎景尚遲二日之期東岱降靈誕應
千年之瑞祥浮碧落清溢河恭惟泰山府君
四嶽所宗萬民之主仁符震動播楊撫育之仁
德躰陽明彰著照臨之德舍作福作威之柄掌
注生注死之權某幸際昌辰得陳賀禮□□

【釋迦佛降誕表文】

【釋迦佛生辰疏】麥秀兩岐正炎帝乘離之月蓂敷八莢喜釋迦夙震之辰諸佛現形衆真稽首恭惟 釋迦文佛性便寂滅智運光明現身於刹利之宮悟意於淨居之牖遂得出家之緼竟酬嶺之國休種種門李非非想說三百五十會之妙法運四千八百座之浮圖茂彰兩國之靈普度南閻之衆某素沐慈休之庇獲逢今旦之臨聿集同盟特陳清供在周誕降但緬想不見之常星與國無疆願長被相輝之慧日

【阿彌陀佛生辰疏】月既後月又逢王魄之再生雲擁慈雲咸喜金身之誕降南贍部州紛聯霭四方勝境沸歡声恭惟 阿彌陀佛神運六通性空五緼言宣貝葉是真言而非真言相顯蓮花若有相何曾有相遊戲大光明殿巍闢開陀尼門獨稱調仰之師是謂如來之教某獲逢今旦恭罄賀誠仰巍巍萬德之尊不可思議救切切衆生之苦永賴憐幪

【觀音菩薩】二月十九日 炎官南去儺驅挾日之間淨聖西來誕降五雲之内天開華旦地薦美祥恭惟 觀音菩薩興大悲心垂正覺眼相顯蓮花之白手特楊柳之青波慈航於頭齊海中種善果於涅槃山上植立無為之舍廣開方便之門某敬誦鴻名特申燕賀伏願旃壇樹下常淨𦪷脫知見方紫竹林間普現真如微妙色

遠恨不為孔子之登壽與天齊願特誦韓公之句

【道家青詞疏語】

【請默堂】寶殿脩儀襌上穹琳琅梵句引仙風祥開首度宣金籙願保長生誕壽功

【祝香】此香福地靈根先天瑞𣯛飛烟寶界遍十極以流芬結炁瑶壇普九皇而問妙爇向爐中供養端為仲春淑候首度昌期明禋祗達以延生秘籙恭宣而叩道恭願 帝軒渙降星駕迂臨注祿增齡保六丁而暢順凝祥萃祉綏萬壽以康無

【演道】伏聞道也者先天凝妙布梵炁以運淪祖劫分真敷元光而廓落渙著森羅之象默含沕穆之神綿造經承捻出裁成之聖齋陽施陰受咸歸陶冶之靈鈞爰有命垣實司本造中虛定位荷順令以周流太上傳經合乘時而修奉昭昭教戒赫赫感孚以今初度逢辰謹披星文而藏範玄壇設禮仰皈道旨以宣文

【啓師】伏以闡教開先播宗風於浩刼垂文覺後彰妙化於真乘洞明八景以單光宣演十峰而啓秘以今初逢吉度肇奉沖科仰皈保命之恩徼表祈玄之悰所冀道迎新貺騰達虔誠仙庚轉運以常新寶甲調和而永利

【祝將】伏冀佩簡行持宣㫋九陽而闡化荷戈侍衛廓清十地以扶氣不彰丁甲之功昭贊 帝天之佑

【催班】伏以五雲推轂渙開太乙之瑶壇萬耀輝煌森御清虛之宝界既莊嚴而崇妙會尚肅䆮以覲龍頒

[illegible]日[illegible]北朔之周竟歷之四門佛降本來正德之六月隆大浮瑞蘊[illegible]恭惟 定光古佛發慈清心行菩薩道身登鳳闕親承飛鳳之音跡流花洲特顯降龍之手成無古無今之義彰白陽日月之功某素沐清休幸伸介悃喜遇誕彌之節得陳普賀之儀伏願明著 定光普照三千之世界聲聞周章永綏億萬之主靈

道家疏語 【祝聖】

【聖節啓建疏】時維九月喜逢聖誕之臨壽永萬年敢效封人之祝敬攄西惡用罄輿情伏願 皇帝陛下茂介修祺益絕縣算其長且久侔天地之無疆俾熾而昌如岡陵之愈固

【聖節滿散疏】紀瑞聖之辰秋逾望月恭祝聖人之與日已三旬雖嬋嫣報之誠莫盡禱祈之意伏願 皇帝陛下位尊北極壽等南箕八千歲之春秋茂應斯則億萬年之基泰永庇生民

【慶佛生辰疏】四月八日是惟我佛之生辰三界十方咸曰吾師之第孟文集賢唐之善士世礼華藏之靈文觀藥師琉璃光竹燈敘燃燃供上祝九重之壽下祈萬姓之安仍將妙吉祥緣普度恒渠衆五砂駼技拙着右乘會會相逢隻手指天地鹿苑人人有分

【慶祠山生辰疏】祠山降瑞所歲星木德之精瑶渚流輝應二月花朝之候既感恩於平日宜賀聖於今辰伏念某命賦

【總奏】臣 聞家帝之先五太混茫而莫測開天之後群生次第以成形陰陽判而祖氣彰行經緯四而元綱流演凡居覆載摠屬甄陶伏念 臣 受命玄穹乍生華宴念生身之有自荷界福之無疆茲星曜初度之辰正序屬仲春之候鋪筵展慶式迎甲子之新祥藏範祈恩祈叩帝真之元佑降瓊輪於法界拱宝相於高虛霞服擁筵前梵炁結五明之彩寶花飛闌蕊仙風散八會之香仰天幸沐乎覌瞻伏地由申乎誠悃

【一初捻上香】伏以紫垣薦瑞時當六甲之初黃道開祥景值二春之半妙典持嚴於對越沖誠式展於朝參恭願 上帝居歆高靈錫貺勅吉星而注照與居無氣沴之千詔福曜以加臨運限有光舉之祉

【二捻上香】伏以璇垣妙斡肇數景運之光寶篆森羅方啓元宮之度茂對昌辰而迓貺重皈法陛以延庥恭願日鑒昭垂天恩顯眷歲功七十二候弘資命位以安康道炁億千萬重不注庄根而鞏固

【三捻上香】伏以景煥四陽茂届長春之旦天旋七政重頒永壽之符仰祈駿惠於斯番屢覲龍顔於咫尺恭願 上帝洞渙帝澤溥將全精全炁全神永永保元陽之筭得壽得福得祿綿綿膺太上之階

【宣懺】臣 聞王函保命之文傳從西蜀金籙延生之訓授自東華非會命以逢生宜洗心而謝過

亟行靈穢一性塵寰映空無非常遍之誤俗務縛身亦不忘崇之志伏百足尚而奏請唱黃面老子以脩齋完義香中相四界眞符之畢會金輪徽賜誠三塗果類以偕來冏活廣大之緣成矣祈華之祝伏願聽降大地蒼民生常在於春臺福被阿沙起人趣早離於夜府

祈晴　曠民力農桑當東積陰之沴更憂

祈雨　願開黎庶之祥御燎方騰氣運祥已谿敬修頭屢以寓非忱閉陰縱陽尚有祈於終惠劄云祿豐庶無辭於前功

祈晴疏　六月之雨則書雖云志喜三日為霖既往寧不懷憂乎以見造化之難其可厭民情之責伏輒陰云解驅陽曜開晴過則為災未免會為之赫休其時㳺遍乎石燕之飛

祈雨疏　禱雪雪成預喜千倉之精讌金為宗深慶荷賞之蔭豈土澤塗而不流敷笑日慶宴多祈文益

僧家榜文

浴堂榜　住浮提界誰於苦海岩頭生清淨心這是祗園說法汝等業纏五濁身陷三途不滅不生未悟空中妙相如泡如影幸聞最上眞乘甚為希有之逢同赴無遮之會滌心波多勞灌耳海潮音本是法身於有染塵之境還至本處便如洗足之時好沐勝因忽遠蕩警

茶榜　香雪一杯別是出塵氣象清風兩腋豁除幸世昏迷務得蓬萊小鳳團與起華嚴大海聚不尋枝葉直見本根總

恭願　恩覃鳳詔消何來瀉誤之徒龍綸界方至亨嘉之既嘉同六御成迓千祥

代謝　臣聞三景流明輝眞光於上極七元幹化炤瑞彩於中垣青羅渙渥以資生王局開玄而作範赫矣照臨之德懨乎保合之恩伏念臣奉道惟虔脩玄匪懈茲逢景度正當發育之辰式展冲科少罄生辰之報香登肆設王帛交陳秉一念以上通荷萬靈而下鑒列帝諸天降駁親錫壽符十州三島偕盟重頒仙誥允沛脊綏之貺再攄稽謝之誠伏願紫府中休丹臺紀善丁明卯秀永承震以向離甲順庚調恒御乾而保泰福並東瀛之浩壽齊南極之崇春滿六宮振仙風而勃勃禧覃萬彊局聖日以融融

謝師　伏以天恩顯昇允符歸叩之誠早熙慶會實荷匡扶之應肆齋完而典就幸福益以齡增仰家眞既之酒俯達中私之謝尚冀時扶時保冊臺廓一炁之盟日熾日昌紫府洽萬年之慶速圓妙果永振眞風

祝聖聖節功德　心馳北闕仰祈天子萬年教演南華敬效封人三祝少伸涓報莫表與情伏願

○皇帝陛下福等岡陵壽齊箕翼綿生箕炎咸膽化日之遲果熟蟠桃長侍瑤池之宴

聖節放生　祥開虹電彰千載之祥符德及昆蟲躋八荒之壽域仰体好生之德均沾愛物之恩皇帝殿下天地其心雨露其澤鳶飛魚躍享周曆之無疆獸舞鳳儀嘗舜仁之博洽

經石分大悟行滿飛霞道首鄭紋枯獻懸玉匣於拳湯起吉蓮座上白毫分正係慶慈慈時向道懼懼地點頭會意佛家何異於仙家信手拈來道眼增光於法眼

放除饋榜　我佛以慈悲故大開宏濟之門痛生修方便心廣設無擬之食有請也其與享之既咸造以在庭當無諱於聽命汝等生處人間世死入餓鬼與貧富貴賤之不同鰥寡孤獨之無告作善作不善皆自取之為仁為不仁出乎爾者自於天錄難復人身精魄無依享祀何在慘慘哭声咽夜雨空空飢腹响春雷頃餓交攻悲酸可想惟尔自勸自苦夫豈無罪無辜欲求解脫之方須使慈悲之力今之夜幸逢勝會尔衆苦各宜小心務在遠者悅而遠者來不得卑踰尊而疏踰戚呼朋引類同為一飽之是求適口充腸罔使匹夫之不獲推喜事共當無所避宜須咸與惟新無或自作弗靖瞻礼慈尊懺悔出離冥府超生樂國依同声讚歎今予告汝不易為分猷念以相從其有長惡不悛罰殛尔身弗可悔故茲曉示各宜悉知

追薦文意

子薦父文意　昊天罔極難忘罔極之恩佛日長明庸下薦修之路俯陳哀悃上廣慈尊意者伏為先考某生其殁痛惟吾父艱難涉世勤儉持家不伎不求亦經營於道路有維有守晚游避於田園

道教榜文

供撈　醞九霞觴閉殺壺中日月捐一粒粟黃黐鑄內山川直須白飯呈能更學黃粱做夢金丸薦飯瑤池何處桃成玉粉炊香崆峒早自發熟況有青獸為白水相添黃鶴上揚州色色非空人人有分終朝飽食也應綺里茹芝何日重來却問赤松辟穀

茶榜　摘來蒙嶺綠綠虛芽土儀是獻借以漕溪源源法水地脉敢忘奇絕處勝過古老家風煎煎時靜定主人火色拔出我熱藥手段打透清淨機關渴睡漢子喫了惺惺鬆鬆看經高人發羅根根歷歷七碗雪滷品題何必桑苧翁兩腋風生快活便作蓬萊客

道家薦孤魂榜　知天悟死雖鐵漢心也自成灰遂影迷真縱金佛身亦難度火摄此理本來顯著奈夫人只自冥頑劫劫波波勞勞碌碌求珍入海眼光時費盡經營堆玉成山氣絕後何曾帶得貪緣銖積罪惡貫盈或居於蓊藹叢中或墮於酆都山内白骨累累髑髏之委棄黑漫漫魂魄之昏迷投河落井各自擔當塞竅填坑伊誰願借萬感之云云奚似四時之僕僕何之縹緲飛處雪翻風梅子黃時雨如霧惆悵秋光而尋尋覓覓淒凉冬夜而冷冷清清偽條總是知音青蠅常為吊客以刻為歲度日如年饑饉焦胭月生花瘦骨稜層形似不個樣愁端眞苦惱作何方便與消除至尊開解脫之門而齋主修

[illegible]於影臨何爲惡歸於泉壤之栖冲大之恨每於長夜之流愚演大乘之妙法少酬冥極之深恩日月不停修臨三七崇修佛事用薦芳魂伏以先妣勤儉一生輔助大君而立業劬勞有壯鞠育子女以成人幸南柯之一夢逝風燈之數年總仗慈悲俯循哀懇欽涓今月某日為始特為考妣名下啓建無上太齋一会經三日夜于中法事節次宣行良德之因達孝而未及既領八子之虔誠奚不憑科而宣事

〔初之日〕通清虛宇蕩滌穢氛命符使以星馳陳情悃而凝白佛天而雲集酌水献花放明灯於水面出濟魄於波心慈惠火停黎明開事

〔二之日〕宝鴨香浮金爐光現依科行道用意投誠碧落笑鶴駕虹橋之天嬌香雲馥郁牙象駁以光臨請諸鸞之微仪向諸堂而友奉頒一封之恩命開九幽之神灯更易彩太朝叅紺相

〔三之日〕九頭欣依三朝懺悔降祀祗於四時希沐澤於九天歌羅漢之雄文禮目連之法懺沒依蒲供以資冥戚内親灑甘露濡何分前後化披宣文引攝名夫丁說戒加持謝恩告散伏慈功德用助生方伏願諸佛垂慈万灵昭格受諸快樂早登兜率之天倘入輪廻重遇閻浮之世宗祖超度嗣續番昌四方安

修之路餉汝以雲廚之妙饌濟汝以露掌之漿涼汝等好好思量休休執着過究家則各相解宛同善會則大家喜歡識悔衍於三清前叩頭頂禮返兆快樂入難中脫迹輪迴

〔薦〕二十四獄門枷有死必有生乃是道循環之妙無作亦無報者斯民善惡之因信地獄只在眼前而天堂不離心上汝等慢上蒼而因涕唾爰受釘錐出下策而作穿窬遂遭劍戟嗜酒肆狂而蚖蛇吞噬葷並素而折挫拘囚破齋戒而培山喜淫邪而抱樹陷良坑善受炉炭以燎焚害物傷生織鑊湯而烹煮毁人利己粉其軀於杵臼之間肥己瘠人碎其骨於車輪之下吝於施惠者拔舌倚其強橫者分尸幸災樂禍則釘爪四肢說是談非則犁其三寸卧牀石促知毁形折像之犯壓石禁持見破卵墮胎之過惡汁灌喉因設筆毒與冰池骨為欺貧造誑紙些害汙沃以銅漿点恭敬者拷之鉄杖遺慢經典則剉躰頹落千丈則切身直啖忿辛食火之禁難免盜攀花果吞攀之苦莫逃若是業緣豈容纏数要皆在塵世千般做作故令歿重泉一已擠當百千萬劫之沉淪多多苦惱二十四司之報應歷歷分明流作孤魂散為餓鬼慘慘於荒寒之野哀哀於假冥之濱嗡得林側耳吟蛩声往恨楊園柳岸傷心啼鳥送來叫雨滋魂魄泪盈眶月照燐形前影幸今日今夜某人建孫壇之法事宜玉爻之靈文見在身心假以餬湯而滌滌本來面目賜之楮服以莊嚴便好將自己恩

[illegible]

〔[illegible]文意〕伏以天明六合覩日色之熏[illegible]實餘寸恍仰金容之穆穆不勝惶慎[illegible]特賜矜憐伏念父某享壽若干年一生勤勞食業世四十九日無路追尋恨莫覩於音容特肅陳於膈臆復念內親外戚以泊遠近孤遺不伏良因曷由托化伏望慈悲無吝憐憫有情廣垂惻隱之仁大賜提撕之力曰祖曰父聞經聽法以逍遥至戚至親入聖超凡而快樂所資功德克遂往生

〔午朝文意〕佛天廣覆宏開濟度之門爰日當中謹竭哀傷之懇仰祈濟度術冀涵容伏念父某奄棄塵寰締酬恩德上慕宗親之蔭庇下憐孤爽之沉淪爾敢薦修祈徼宜福伏望慈風大扇達道宏開削究除愆亡父早離於業海超凡入聖親姻均登於人天凡在祈禱悉希化育

〔晚朝文意〕伏以科垂萬古夙啟聖德之洪月透千窗謹竭晚朝之禮痛拧哀念上瀆慈嚴伏念父某奄棄喻時慈丁終七生身之恩罔極追思之念無窮痛惜切於衷腸恨難酬於德澤再憶高曾祖禰下逮孤爽沉魂不賴薦揚曷能超度伏望佛日昭明龍天鑒格一原藝濟方頼矜憐嚴親永不墜於輪迴眷戚早超昇於樂土次祈賜春得遂安康凡所謀為全依陶鑄

〔父薦子宜隨疏〕父母之心皆有之誰怨捨犢鷇之某夫人之系無間幽何術歆

[illegible]官報德感恩扳足離豐都之境

〔保安醮榜〕望仙伏於九霄無聲可接啓紬誠之一念有感即通敬修衝茅抵迎羽旂大丁伏惟神王驂駕願肅其儀雨師洒道風伯清塵各司其局敬陳被範竚拜靈光

〔禳薦文意〕

〔上元平安〕風燭輝煌咸慶上元之夕虎閌深邃庸殫中悃之忱冀冀祈恩兢兢謝過切念某順慈帝則秉此民彝私語妄言莫揜蓋高之聽非心邪念難欺臨下之觀善端之積二三罪貫之盈千萬靜思其故何以自文茲逢乖下之霄爰淨蝸休之室敬邀鶴侶恭拜龍章伏愿上昊司春常樂春臺之和氣天官賜福永沐天地之澳

〔中元平安〕節届中元正属地官之檢察生居下土庸于天帝以祈禳俯殫精白之誠仰徹圓清之聽切念某九龍賤質塵土幸民蚕食充盈莫報含弘之德蚊封旋折或虧賤履之真穢七善果之凋零惻惻叢花之繁盛既垂厥行速灰午躬幸昔赦罪之辰敬設保安之醮伏愿兩班星拱萬聖雲臻祖廟靈魂俱濟金橋之渡於君壽域咸斥玉簡之名

〔下元平安〕顓帝司權甫届下元之節水官考籍屬當下降之辰謹殫拱北之誠敬展朝東之禮切念某性端泥滓情實波流滔滔苦海之中淪胥已敗泛泛如淵之内汨沒而湮莫能禦之何嗟及矣爰致潢汙之薦冀沾涓滴之恩伏願特憑

蟒蛟之誠啟淵用東閭叩皋為稱切念某人賦形端厚稟性溫柔衍鄉黨以謙恭爲家庭而孝悌兄弟既鮮淑水之義全耦一畀夫婦方諧琴瑟之歡僅踰數載將謂可作御家之佳豈期遽罔謝砌之蘭三十年鞠養成公五七日逍遥弗夜猶幸有方苞之遺緣嘶幾慰凡往之英靈敬招列利之增文開宝藏之禰排空之弗科拔金山肅伏妙緣必資大造死者不復活超昇願登于菩提生者猶可祈拘送月懸於釋氏

〔夫爲妻文意〕宮闕霜寒嘆鳳鸞之失偶閨門月冷嗟琴瑟之斷鳴徒抱恨以噓天日誦傾誠而唄沸揚湯翻釐眼紅爐火滅暖如春恭肴龍團碧碗花浮清若

小春有受月祥雲之慶德業大厦無虞風凌雨之虞福擬川增澤滋河潤

〔父病不章醮〕疾痛抑搔竭力方供於子職包含徧覆誠心容負於帝切念父某以微生嬰沉綿之危疾跼蹐厚懼莫能容覆蒲臨深台幾欲墜膏肓屢亟不勝監子之命脉息截未見盧師之效謹消晒室恭啓芳筵望九重之清都奏一封之紅篆伏願高冥洞鑒卑悃潜通察愚臣之純誠脫嚴父之苦厄玉枝無汙自然挺秀於椿庭瑶樹有光更與騰芳於蘭砌

〔爲母病建醮〕母氏聖善遘然坎坷之灾帝德高明庸致虔恭之禱切念母氏某克勤克儉惟安是求近因無妄之憂遂極有生之苦未遇神農

於茲之微物申衷悃願留夕仗於齋筵伏願魂步道迎超地獄則不先不後經超上乘度天堂而以遨遊謹疏

〔妻爲夫文意〕念良人情深義重恩無以報幼子覃丁孤苦恨不可言惟陳加惘於佛前庶拔幽魂於地下摘茶峯嶺東風抽出小芽青汲水源頭宿雨添來新漲白甌烹瀹雪盃浮花遠通三界仙靈大壯六時功果伏願經翻水懺雪罪垢而拔死超生衆奏法聡離風塵而明心見性云云謹疏

〔女爲父文意〕女既有行日幸嚴親而終老魂今何在欲投諸佛以超生雖然鶴返難求尚馨香可格仁風扇暖武夷仙茶得金芽宿雨以情[illegible]

之靈藥豈逢扁鵲之良方嗟嗟六脉之沉微不堪舉手惻惻五官之憔悴實切関心靖悉委付於庸醫孰若皈依於洪造謹邀鶴侶恭奏龍章伏願膏聽孔昭愚悃名香綏我坤稱之厚德錫茲乾施之深恩疾拯傾危瑞挹北堂之化日數延悠久光聯南極之壽星

〔爲夫病建醮〕夫疾有加未有三折肱之盧婦憂無告可無九頓首之恭爰致加忱敬投洪造切念夫主某近因弱質遽染沉痾四肢百骸實切傾危之慮三魂七魄孰施陶鑄之功乃瞻臨下之威乃控由中之信仰邀玉格俯奏瑶章伏願矜憫愚情轉移定數使扁鵲勿驚於今目得拯[illegible]

爲芳春之果品表半子之誠心伏願雲集瑶池逢華佗生光彩蓮開白沼度洪慈作浴清伴此恩波証成功德云云謹疏

〔爲兄弟水陸〕○悲傷鶺原勤軫念難之義文垂象駁敢希超度之因仰叩慈悲俯申悃愊切念某兄應義重同氣情深俱忘柄鑿之謀久叶塤篪之韻荆花庭畔常沾謝砌之春棣萼樓間幾對夜床之雨俄罹鴈行之折翅遽嗟蝶夢之迷魂爰脩釋氏之緣敬闡同雖之教伏願能仁接引調御矜憐瞻紫竹月面之光掃黑暗夜臺之紫西方極樂界內此時快遇好姻緣南閻浮提國中異日重逢親眷屬

〔爲姊妹水陸〕○痛割天倫實切同氣連枝之念家投佛至敬殫齊心伏願之誠

〔女病後還醮〕願諸有至衷深琴瑟之歡禍起無門欲感塤篪之憔果蒙洪造遂清寧痊恙蒙手之憂病得向孩之善謹消良夕敬闡科暫延龍馭之尊特賁蝸廬之陋爲糟糠而請命旣荷載生爲蘋藻以陳情尚祈偕老

〔子病後還醮〕昔爲子舍以祈恩籲天有禱今望帝闇而酬德蹐地無容報謹嘶環感深銘篆切念某男頻以節宣之乖謹致茲祲沴之或侵癱收瞋眩之功忍視艱危之狀兄弟缺矣且與手足之悲父母愛之恐極膏肓之厄爰磬小心而昧死敬呼大造之好生果蒙鴻匕之恩獲脫厥厥之網謹申素志用答皇穹心虔蘋蘩之供禮愧蘋蘩之薦伏願錫敷厚福昭鑒前盟上奉鯉

抑冀鴻慈俯矜蚁悃切念亡某未離有漏遽入無常靖思手足之情豈勝萬感載念人倫之悄莫待一瞻爰命苾蒭設伊蒲供燃蘇摩燈而銀花燦爛礼菩提相而金粟輝華伏愿某人挹明明光離我我所青蓮座上得瞻般若之慈云紫竹林中常沐菩提之甘露

〔爲丈人水陸〕泰山之賴乎女婿之恩情奚忍黃泉無見由婆迦之功果可濟遠設齋薦俯伸芹獻切念亡某爲性慈和立身勤儉庇切萬間之厦潤添九里之河意謂百年可盡水清之映云何一旦遽成月墜之齋用拔有生之苦伏願得不去妙除種種起大欲海中鶯起慈航歸淨土三摩林內艤開法藏離幽途

庭樂是老萊之戲中借馮庠享茲彭祖之齡

〔爲女病建醮〕鍾情異女遘深無妄之灾請命乾元庸與有孚之惠切念某女以能庸人之婦忽驚豎子之憂藥雖餌而疾不瘳始幾束手食雖嘗而咽不下實切関心謹邀紫府之真敬設碧虚之醮伏願鑒此息求蘋之充謹察其忱蘊藻之載祈得逢扁鵲之良醫俾安閭閻庶獲乘龍之佳婿可眞門闌

〔禳星設醮〕日月星辰麗乎天豈私臨照吉凶悔吝生乎動安免祈禳謹具蟻忱上干洪造伏念某桑榆晚景蒲柳衰姿外星命躔象之逆推謂時運命途之多舛稟匕履冰之念拳拳仰斗之誠爰命不流載繙玄典少伸禳繪以冀康寧伏

乾稱偏以嵩林川得遨遊宴鳳前驅五
明宮中聽受記
〔薦大母水陸〕○執子婿之禮痛傷外舍之慈親藉婆迦之露盾闢上乘之妙教一心哀籲三寶証盟切念亡某恭爲此瑩愛崇或靈豈意天林之洞袞俄開妙魂之深迷欲殫矯客之誠須藉慈尊之力謹按阿難遺式敬修梁武齋儀化貲褚衣衣無遮之佛子薰修滿供有感之靈通伏願亡某獲此正因絕其邪見慧燈寂照出昏昏暗暗之衢善果圓成入化化生生之域
〔薦伯叔道場〕○從父淪亡未脫北鄰之苦慈尊矜憫常垂東極之光百拜瞻依一誠傾倚切念亡某賦形於蟻磨之中寄跡於蝸廬之內悲風慘慘慨憾攜樹之惆雯淚雨潸潸憂着斐之蘭之斷荊嗟爾浮生夢夢覺知乎　顧弓忍弛服服服憂苦謹延紫服之流肅召玄清之聖慈資道力用薦冥程伏願亡魂攀月窟跨星橋乃離世而獨立升雲窗入霧閣斷妙道以無窮恩深諸父敢忘矜恤之情教啓玄真虔誠薦修之力豈勝雲涕爰罄露悰切念亡某賴以微軀濾浩危疾嗟二豎之謀孔巧雖萬金之藥奚施謂之何哉竟作邯鄲之夢曷其有所徒興泉壤之思謹命黃冠特陳清供用報仁靈之德少攄從子之情伏念禮聚忙誠敬申桁簡阶酆都之鐵鎖說亦幽囚啓長樂之場開啟逍清淨

願上帝錫休列辰為吉自今以始為適之安孔鯉趨庭承副克悛之望伯鶯峯紫長歌偕老之詩
〔生辰設醮〕洪範五福以壽為先蒼天九重惟誠可格慨念臣賊僭濵萬明伏念生的太平中更多難簫然背髮振拜景之巳臨傷若冊心俱前非之莫讀嘗于大造祈你微躬茲幸際於茲辰備致酹於前願言請蝸舍延致羽流至敬無文姑寓蘋蘩之薦除茲易感與全傷髮之年恭願上帝垂仁衰眞委既修身進德倘無忝於所生教予讀書庶克昌於厥後更祈遐陰延及后雖
〔新春設醮〕女弁男弁頗冀砞累之多考室子堂聊廣先人之業落成之日徼福于天伏念臣嶺海脫身家山屏迹昔存蝸舍祖庇於兩風今若蜂房各開於戶牖即秉備之階勉闢小室之數間雖云揀時日之言良尚恐犯萬偶之禁忌離孟冬之吉卜命一息以奠居上以奉庭闈之清溫下以帥閨門之雍睦非和闔而默禱豈闔室之敢寧伏願憫此艱勤遂其安逸荷全荷合師先格之哲言乃篤乃興符古人之吉夢
〔爲祖父設醮〕我祖臨終巳盡殁終之託維孫思始敢忘敬始之謀仰望雲関俯察蟻悃少盡分耳之報冀施救苦之慈切念某　祖父賦性真淳持身勤儉幸享五疇之福方添無曩之誕豈期二豎之爲殃邃成未訣遂使諸孫之失望徒切深悲茲集羽流津崇善果少遂超升之路用開薦拔之門伏願萬聖垂靈三清賜佑罷身南死

〔薦伯叔母道場〕○先祖南閻難脫羅網之苦先親西域願修釋氏之因以殫猶子之情誠敬禮婆迦之無相切念亡某奄離塵世荒乃附閥從經典懲盡其傷心之所謂孤追相樂非泣血之声愛建道場用資冥福伏願現前有託饒光無窮香聞停留之花謊花推謝妙識諸樹之果善果圓成
〔薦僧父道場〕年入空門已得真如之理冤歸緣境濺施儼合之身欲祈托影於蓮臺敢不傾誠於所獻切念某師出家離父母與佛作兒孫打散精進之功於蓮菩提之果蜂擔密紙方知出離之因毋醫升篋怨際涅槃之若脫卻殼淪打破淨瓶悠悠劫月載歸紅修修塵煙迷丈室彈貢篆菸未明向上工夫系紅藕花香須聞現前受用姿終河沙聖衆敬修水陸道場然燈當見讖究設饌俾瞻離臨畏伏願禪心不昧道眼雖蒙無縫塔中護念光明會和不名藏內圓成請淨齋尼

乔閔南極老以優游著脚東華侍東王公遊伏樂
〔薦祖母設醮〕表以致哀聖有常訓死而求薦道設殊科自推罔極之恩輕昌善尚之禱伏念臣某祖母某氏享年八秩之永寡居成一世之嗟老矣抱孫恩深鞠育晚而失子情極參商必其遇啓之多致此聯孤之苦然且身之者耄速非天所矜令也云亡哀哉此痛用披金洞玉匣之秘典仰祈寬旌羽蓋之清光庶幾應禱於袈靈孚以赦過我而宥罪名銷黑簿俾能對於三官魂度朱陵能步升乎八景
〔薦父設醮〕無父何怙豈勝哀痛之情謂天蓋高當盡皈投之敬俯陳丹素仰叩紫清伏念臣父某　夙佩璧文字系道隆險阻艱難百千萬狀憂切泡影五十四年雖遲限之終天實罪逆之在子再三傷怛終七届臨行修靈齋無量之齋以報昊天罔極之德伏願沉忿除過求餘黑簿之名拔質度魂早薦朱陵之籍

〔道家薦母設醮〕日月其徂永動劬勞之感霜露既降難忘悽愴之心輒緣自念之辰慶啓解懸之會以酥酡之味而供十方調御以世蒲之饌而延五戒桑門禮化佛之懺儀誦貝花之秘呪香普惠於三界燈廣照於九幽崇此妙因用蒸冥福伏願悟無生之忍盡有漏之緣百生千生乃至億生咸滌性遮之障一地二地而至十地漸趨正覺之門

三十九卷終

新刻天下四民便覽三台萬用正宗卷之四十

【靈寶玄文】

○降仙箕法

先造箕以筋一托插箕之首以淨灰二升許置於托盤以箕安於盤上又立紙牌一面題曰蓬萊紫姑仙嫁插淨室置棹於其內晨夕謹事務在誠懃有祷則以托盤置於案面取箕臨之主召者遵後呪行事焚符畢令請扶者一人立賓吹主君立主次各遲手托箕夾案而立令觔刺灰仙至則箕動或書至字或書所降者仙號隨心酌獻祈以事意或求解經籍之文或求文章或和機密或求書稿或推課命或合婚姻或卜歷基風水皆能感動先代英賢如香山顏山東坡於湖之輩間有降者非言可經盡滿則録之書其字則欲去矣若初請未至一切不可怨藝但請之以屡則精神感通必不降矣若能積以歲月如以繩懸箕不用手托或奉者書之於紙觀所事何如耳仙降宜速叩之稍緩則去矣

【上香文】密念道由心合心假香傳香焚玉爐心存仙願請儒下降仙佩臨軒今人長生世為神仙所降所願感賜如言

又南呵東吸生氣布於紙筆墨硯上

【四寶呪】三木字杰兆以硃筆書此五字於木中

【呪水文】密念入　生水地六成之一六

玄教門

【神傀秘旨修靈機要】

○五鬼搬運

鴟鴉召鬼術何玄　帶骨連皮釜内煎
自與鬼神相感應　通音達信與君言

【詩曰】

至剛曰鴟鴉者乃山中之鴟鴉乃東方不仁之鳥破巢取卵鬼神最喜食其肉術人得之於郊外古墓之傍二更時分設席以茶酒之類祀之即將鴟鴉之肉斬碎逐塊入於油鍋內煎之則能感動一切神鬼聞其肉香良久之間四野之鬼相呼相聚而來顯形露影滿至三日微微作聲俱欲取所煎之物食之術即發言呼曰汝等鬼神既至勿得非為亂道有違天律則徐徐問其姓名何府何州何縣人氏間有遠言者則用筆録其姓名遂呼其名待應以酒肉賜食之餘皆發散雖是幽冥之事與人異路顯然在於目前有此感應致祝汝等鬼神食我酒肉之後不得兩離我身求為心腹我若有難汝當報之汝若有難吾當援之以其時而發汝鬼神曰然遂一與食之却起照名點數同回務要聲叫聲應回家設席書其姓名以祀之久則能知天上人間吉凶禍福未來之事皆預知之矣

【呪曰】靈鬼靈鬼同汝死生陰陽二界結為弟兄我若

既合五行所基吾今興蕩滅遂遁飛

再念金光神呪

【解穢呪】

天地自然　穢氣分散　洞中虛玄
晃朗大元　三清五勑　光應九衢
八方威神　使我自然　靈寶符命
普告九天　乾羅荅那　洞罡太玄
斬妖縛邪　殺鬼萬千　中山神呪
元始玉文　玄水洗穢　却鬼延年
按行五岳　八海知聞　魔王束首
侍衛我軒　凶穢消蕩　道炁長存
急急如律令

【金光呪】

○天地玄宗　萬氣之根
廣修萬劫　証吾神通　三界內外
惟吾獨尊　體有金光　覆映吾身
視之不見　聽之不聞　包羅天地
養育群生　受持萬遍　身有光明
三界侍衛　五帝司迎　萬神朝禮
役使雷霆　鬼妖喪膽　精怪亡形
內有霹靂　雷神隱名　唏嘇哽嚼
嗈嚬嘈　吽唦咭唎　嚧哼嘵嗶
嘶嗽哆㖿　嚐嚹啼咈　嗟嘻嗔嗳
哧嗜嚨呿　嘆囉嚀嗜　元亨嚀哧
八方帝君　陰陽混合　日月齊明
洞觀三界　變現太真　金光纏繞
萬象赤赤　洞耀交徹　五氣騰騰
金光速現　覆應[illegible]　急急如律令
元始三炁天尊　玉皇上帝勑令　如
右十分大穢再念此呪

【呪曰】

九龍將軍鎮水中　洗除穢氣蕩妖氛
吾今召汝為我位　請仙速赴撥風雲

有難須來扶陳天上地下通幽達冥汝若負我求墜北酆我若負汝身遭毒刑、日有功同超帝庭　吾奉太上老君急急如律令勑

○鬼粟隱形

鬼粟隱形不測機　嗟吁此術實玄微
幸無輕洩貪迷[illegible]　到底番成大是非

【詩曰】

至剛曰鬼粟隱形者乃人間所種之粟米也但逢春社前三日取一莖粟米將骷髏一具栽於口中待秋社前三日取之其粟一莖其實猶妙持呪二七日但遇天陰無日時可藏出門步七星罡去前便隱形並無人見如有日色上亦見影亦凡人若取世間財物飲食等類皆隨意取之不可過度恐遭天譴

【呪曰】鬼粟之神通幽達冥我今用汝日夜相親在家出外隱我形身千人不見萬人莫尋他日有功同昇帝庭　吾奉太上老君急急如律令勑

○仙茅脫體

仙茅脫體術通靈　其葉無風自動真
用花日夜親持呪　臨陣逢凶可代身

【詩曰】

至剛曰仙茅脫體者乃深山中之茅葉俗名曰白茅是也無風自動搖擺或有聲者術人尋得此茅連根帶土取回以五月五日用死人骷髏一具全者知其生死姓名日期埋入後園中鬼戶上栽此茅在其人骷髏嘴中一百日待其茅開白花取回於靜室中持呪日夜視之日久通靈　不問官府軍陣之中[illegible]

令咒可將硃筆在淨水內點九點抱作
九條龍在內縱有大穢即去
再書烏東神咒於符內
烏東上將　東岳齊天　勅命一下
法布令宣　急召太保　鐵面將軍
紫髮如雲　機察鬼神　皂袍鐵甲
努目金睛　手持鐵棒　役使吏兵
鐵定唧光　黑顯方雄　聞吾召請
速現真形　如違盟誓　上犯玄真
急急如　東岳天齊仁聖大帝勅令

開壇符

九問事要密書符內
俱用好硃秘書之密
念寫烏東咒在內後
寫諱字七個[illegible]　詞崇
再寫仰溫瓊草郎子王速至開壇請洞
府真人呂速降無停頃應報事光明正
大施行○急急如東嶽齊天仁聖大帝勅令

○太上老君　李良出筆

書符寫君字之時先念
開天門閉地戶留人門塞鬼路橫金梁
竪玉柱穿鬼心破鬼腹再點書烏東咒
幷前列諱號在內又寫　仰鶴鶴敬接
京仙雲○速至壇庭顯應報事求人共
事光明正大施行　外三位仙人切要
諱號　靈木爾　二丁家桒

正急召呂洞賓

未來用後洞賓符催問事書諱號艮出

一盞吸[illegible]可代雜往[illegible]之程不能言語形像
宛然似我皆造化所為人所不知也若遭刑受
打皆可以代之　咒曰　仙草之神靈草之英
助我道法顯聖通靈假我名字代我身形報我
吉凶替我死生近則百里遠則千程他日有功
同昇帝庭　吾奉太上老君急急如律令勅

○龍衣益媚

詩曰
龍衣益媚妙難言　辰日栽於衣領間
不問他鄉幷外國　兩人相見動歡顏

至剛曰龍衣益媚者郊外大小諸蛇蛻出粗皮
殼也以春社前三日偶遇辰日不令人知清晨
郊外荒草之中尋取其蛇皮殼務要完全者為
佳就此地念咒折開衣領將此蛻出蛇皮引入
於其領內不問在家出外求官謁貴雖是僧尼道
俗至微至賤之人使之近貴亦能招歡而面上
喜動顏色也欲求取他人財物一等所為之事
無不如願與常人相接不用此術乃修道未成
之際暫時保其身命之妙理也　咒曰　龍衣
龍衣動人情意出入經營利官近貴須汝之妙
靈護我之身體　吾奉太上老君急々如律令
勅

○鼠印招歡

詩曰
鼠印招歡世所稀　此情能有幾人知
曾令大地人歡愛　動作從心百事宜

至剛曰鼠印招歡者乃人間右寺右廟之靈鼠
也此鼠兩腎有大篆赤紋最有靈異要在子月

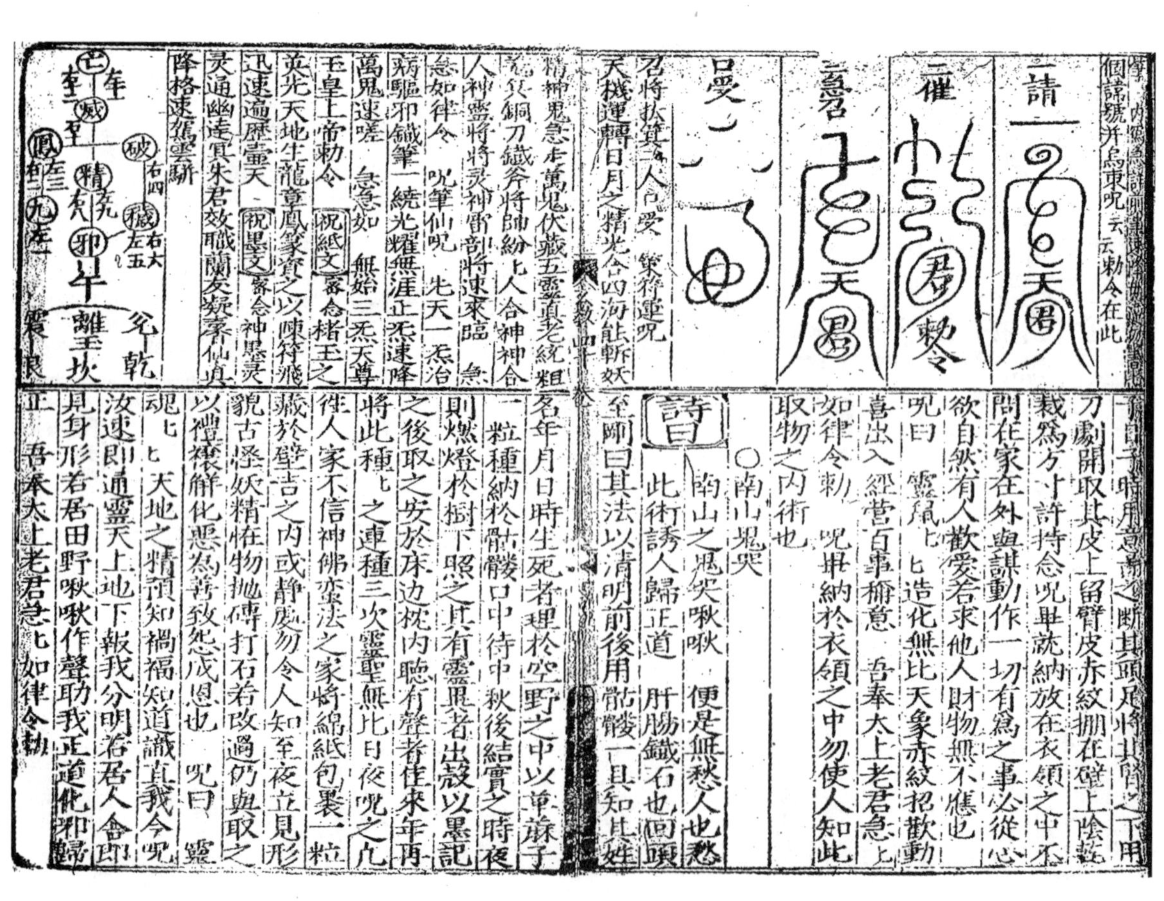
[illegible]
個諱號幷烏東咒云　云勅令在此
一請
二催
三急召
召將扶箕二人合愛　箕符運咒
天機運轉日月之精光合四海能斬妖
精神鬼急赤萬鬼伏藏五靈真老統粗
光銭銅刀鐵斧將帥紛々人合神神合
人神靈將將靈神部將速來臨　急
急如律令　咒筆仙咒　先天一炁治
病驅邪鐵筆一統光耀無涯正炁速降
萬鬼速嗟　急急如　無始三炁天尊
玉皇上帝勅令
祝紙文　露念褚玉之
英光天地生龍章鳳篆賚之以陳符飛
迅速遍歷靈天　祝墨文　露念神墨靈
靈通幽遠冥朱君效職蘭友凝案仙真
降格速駕雲騈

一[illegible]日子時用意當之斷其頭足將其骨之下用
刀劇開取其皮上留臂皮赤紋掤在壁上陰乾
裁為方寸許持念咒畢就納放在衣領之中不
問在家在外與謀動作一切有為之事必從心
欲自然有人歡愛若求他人財物無不應也
咒曰　靈鼠々々造化無比天象赤紋招歡動
喜出入經營百事稱意　吾奉太上老君急々
如律令勅　咒畢納於衣領之中勿使人知此
取物之內術也
○南山鬼哭
詩曰
南山之鬼哭啾啾　便是無愁人也愁
此術誘人歸正道　肝腸鐵石也回頭
至剛曰其法以清明前後用骷髏一具知其姓
名年月日時生死者埋於空野之中以草蔴子
一粒種納於骷髏口中待中秋後結實之時夜
則燃燈於樹下照之其有靈異者出殼以墨記
之後取之安於床邊枕內聽有聲者往來年再
將此種々之連種三次靈聖無比日夜咒之凡
往人家不信神佛蠻法之家將綿紙包裹一粒
藏於壁吉之內或靜處勿令人知至夜立見形
貌古怪妖精在物拋磚打石若改過仍與取之
以禮禳解化惡為善致怨成恩也　咒曰　靈
魂々々天地之精預知禍福知道識真我今咒
汝速即通靈天上地下報我分明若君人會聚
見身形若居田野啾啾作聲助我正道化邪歸
正　吾奉太上老君急々如律令勅

呪曰 九鳳翱翔 破穢十方 神仙引導 出入華房 身朝金闕 朝禮玉堂 兇穢消蕩 邪精殄亡

○遊仙夢

其法用龜殼一個不拘大小要黃素紙一張長一寸三分南面釘立用砂書符貼龜殼背上安置自己枕边

符式

明火 朋火 明火

呪曰 靈龜〻〻 如我意緒照見此人 天地同其道夢魂見他心 吾奉如意神 急〻如律令 呪畢書符臨睡時念呪三遍便睡着意存想如見他與之議事明後彼人言談與夢中脗合矣

○神仙戲術

白雲歸洞 ○鐵匠家磨刀槽底木不以多少取些日中曬乾安在香爐內燒烟預先討小葫盧一個開孔竅取去穰將好磁石一小塊用生漆粘在葫蘆內倒將葫蘆向其上煙如線盡入葫蘆中去

皓月入懷 ○用鏡一面旋着在袖內莫令人見燈下照之一輪皎潔如月在壁上

旱地葫蘆 ○中樣葫蘆一個開孔竅取去穰子將小鯖魚及鰍魚一條在葫蘆內用水調此椒鹽末塞葫蘆口放在地上自滚走

水上點燈 ○樟腦一兩碾為末用松油和為丸 點燈下照着放水中或用手

○牛馬鬧市

牛馬鬧市罕人知 寄生人世要靈異
化邪歸正通人性 馬鴉牛吼至如令

詩曰

至剛曰其法用死牛死馬骷髏北將草麻子種於口中同前 呪曰 牛魂英〻 馬魂靈〻 寄生人世附安背印耕種於田汗血流身念汝爲類百端辛苦今日呪汝連通人性牛作牛吼馬作馬鳴惡吟動地夜至天明若不依願天律有形 吾奉太上老君急急如律令勅

○鴉朋益壽

鴉朋益壽契天然 也要時師口訣傳
三載養成無價宝 竊來吞服便延年

詩曰

至剛曰鴉朋益壽者乃人間城廓近林中之鳥鴉也千百群中內有聖鴉壽有萬年朝夕有重鴉叢圍旋遶其羽亦白不食人間穢物術人得之向家以竹籠喂養先以肉食之後以硃砂拌肉食之日久下糞矽以水淘出硃砂搗爛拌肉食之三年其鴉遍身羽毛脫落換上白毛雙目現光射日則知其丹成矣在籠飛跳無度將大木盆盛水與鴉浴丹其鴉浴丹吐出之時霞光射空燦爛驚人若欲竊其丹以線索繫定足與水浴之其鴉吐丹於水戲時將鴉足一扯其鴉與水相離不能復吞矣即取服之鴉在籠中跳躍身跳聲叫而斃可埋於郊外僻靜之處此丹服後可延千百年昔許遜爲童子時曾竊此丹後果煉大丹得為天仙矣

盛或衣上皆不損火亦不滅

吹紙雞子 ○生雞子一個開一小孔向頭逐傾出清黃令盡用醋浸一夜去硬皮其軟白皮莫令擦破要戲耍時先放口內然後取白紙剪成雞子樣放在口內出真雞子皮吹開圓〻如雞子樣

紙蝴蝶飛 ○真正陽起石不拘多少搗爛如粉水調刷白紙上陰乾向日剪成蝴蝶片〻飛去

換蝴蝶來 ○諸般新花蕊用白馬尿浸三日晒乾碾末用蜜調塗手內當風拍掌蝴蝶自然來

暗傳書術 ○白紙以巴豆研水用乾筆一管書面紙上放乾細研鐵鍋墨放紙上擦之自聚於紙上成字

空裡點燈 ○夜合花末馬牙硝壽丹白膠香各等分細研調 燈心後用雪包在內留出些燈心頭用火點著不滅

鬼吹火 ○硝石硫黄等分細研放在紙上捲作一條點火即似人吹火樣

盆中走魚 ○樟腦末不以多少糊丸隨意撚成魚樣放水中滚走如要住額上取汗即住

手帕盛酒 ○胡粉半兩梍膠二分雞子清一個水一盃合研令勻乾淨手帕一條向日洗三五次熨開盛酒不漏

又法 五月五日壽樹上青蛛吐漿如泡者取來向日正午為末拂在手帕上盛酒一滴不漏

綵拂去字 ○頂剃子二分龍骨二分南

○蟾寶延齡

蟾寶延齡誰識磨 吐丹浴水立山河
道人竊服延長壽 莫道真鉛石異多

詩曰

至剛曰蟾寶者乃山中之三足蟾也實至陽之物有大毒人觸其氣即死其閩廣山中六月間有山蟾出穴吐氣成霧為障待日月初出跳躍吐出惡氣復採日月之精氣經十載則丹成矣能飛雲走霧取龍出入常於山源溪澗之中無人僻靜之處吐丹浴水雲霧照耀山河如虹霓之狀其蟾有丹無毒能説人言語倘人得一遇措其旁於其傍以隱身勿令他知之待其蟾來浴之時戲丹於水面上忽然走出大叫一聲其蟾驚走偶失其丹即便取服其蟾跳躍而死畧延九壽五百年矣將此蟾照原處埋之芦摷陽支厯曾取此丹服之後果得仙

○月蟾起死

月蟾起死世堪誇 海上傳來歲〻賒
蟾死後開渦一剂 立時復醒壽延加

詩曰

至剛曰月蟾者皆人間郊外大蝦蟆也又呼俗為老蛤大如碗者腹下如黃金者佳以春三月取之倒懸梁上待乾莫令諸蟲傷損其皮使遇本年七八月月蝕之時復取乾蝦蟆用溫溫水一盆盛在木內上以大盆蓋之但看月蝕之初舉家用木棍擊其盆如擂鼓樣相似替換交打以救之莫令歇手待月圓復如初却開盆視之其蝦蟆醒走跳躍最妙若手脚動而不能行

一文白章緇三分焦米半粒合研為末先點水在書字上後下此藥末掺向紙上候乾拂之字自脫也

【種菜便生】○水上小萍此小和壁土拌勻向人前撒開土在地上却取其菜子種生上用水漬于菜則如菜初生

【燈上見蛇影】○小蛇子一條生打殺取血用燈心數條染血候乾將點燈火其蛇自見燈上亦見如二條蛇相絞則用二條蛇血染燈心收作一處點燈每用將一莖合燒其一條蛇影自然相絞定也

【分杯戲術】○取癩膽塗在牟角瓷上將水一盞用瓷分開水分二面

【玉女傳書】○硇砂三粒用水研先以净筆蘸水書紙上令乾向火微炙日晒如墨書

【壁上安燈】○蝋二小兒頭髮二莖二頭粒在蝋捻切餅子放在壁上却將燈盞一個着放在頭髮上一边背往一边髮繫定任便點燈不落

【燒燈羅樹】○焰硝不拘多少研水調勻筆點書紙上候乾用草枝子燒着吹滅火焰只去寫處點有藥處燒出也

【飛符術】○以八月十五日夜掘地下窟深一尺許放蛤蟆二三個同納上用竹絲紙一塊面候月出來日早起取紙收剪用書符日色上放其符自飛去然亦雖好要月明驗也

【布線縛火】○布線一條鷄子清塗之向

走者無用却把硃砂一兩同蝌入鐵器內杵一千杵如泥丸如梧桐仁大陰乾但遇人從十二辰內死者即依死時救之即活若過時者不可救矣外要死屍用熱水浴軟其身就於盆內以兩手拆開雙閉夾脊令其口開以葱白一根拔上安丸藥一粒入於候內帶木用氣一口吹之其藥入腹如雷良久之間其人復醒甦活人如故以綿衣裹定煮清粥調之壽延一紀今西域國回回家有此術替相接救其効如神

○靈蟾变犀

詩曰

靈蟾变犀實稀奇　走霧飛雲未可知
凶壽偶然生至尾　莫於人世露天機

至剛曰靈蟾者乃人間大蝦蟆如碗大腹下有金黃色者住春二三月取之東郊得之當南家放之如西郊取之當北家放之三日去所取之地祝之復在彼東則歸東西則歸西如民可信用胡粉和調婦女月經畏養百日則能生尾其體便変成白雲相似笄紙一年神光射日三年遍身鱗甲能人言語携之則渡海登山飛雲走霧往來千里之程有此靈異神仙多有養蟾者可助道人未成道之際用之也

○土蛙起霧

詩曰

土蛙起霧此兒術　吐霧遮迷千里山
不問火燒軍陣上　可逃走命一時全

至剛曰乃廣閩羅浮五其等處之靈蛙也頭頂有角者真極妙但春月雷鳴之時是夜不討萬

日正午能縛火火燒不斷

【水中石山】○白芨不拘多少為末溫水調隨意捻作同放冷水中其硬似石

【手中雪下】○明白松糖數塊粘一文重澄清盞盛慢火内熬成膏子用此水在手以火手指及點盐指以乾捻如白雪飛下

【燒紙人起】○牛筋一條將紙包捲成人形手足却用火從脚下燒其牛筋急将即起也

【葫蘆提錢】○小葫蘆一個開小孔子將用時先着小磁石一個在葫蘆內浮銅錢一貫來把錢繩入在葫蘆口内却倒垂葫蘆貫若即來撇住錢繩末不落

【燈上龍起】○五月五日取小蛇師一條日中曬乾研爲細末以薄紙緊捲成條桐油燈盞內燒之其火焰如青紅株其中有龍見

【碗弦吹響】○光弦磁器碗一隻將水净洗莫染油膩更須净洗了手用水打濕手與碗團上揩磚自然合宮商也若乾時再用水打濕

【教鵪跳】○鵪鶉一隻燒熱地用草住却擂鼓其鵪跳地即跳不止如是久之只擂鼓其鵪寢地熱又跳也

【鬬鷄法】○用狐狸皮放鷄栖內他鷄聞狸氣皆怕又以狸膏塗鷄冠上入鷄群中其他鷄皆不敢向前鬬立走

【採花種法】○大凡草木有花者皆可採花種每直少嫩者刀割去皮二寸許以

枚兩相憶抱在洞中洏出土人知之其時夜號爭取食之其味最佳以日不知住向此蛙出洞張口吐氣成霧人取之陰乾為末但以五日埋於坤方三七日辰時持咒取其靈聖　咒曰土蛙土蛙靈聖無比吐霧遮空遍行千里上則遮天下則單地不問軍中不問家裡我若有難賴汝救濟　吾奉太上老君急急如律令勅

埋之七日取出以物盛之於身傍出路行軍火賊無所逃躲之時即以土蛙一起和水持咒望空一噀頃刻間霧起飛騰遍遮數里將而不見人形可借代霧氣遮而避之此保身之妙法也

○珠涓傳神

詩曰

珠涓傳神隱顯中　天生奇物有灵功
從教智士應難識　世上人間仙筆踪

至剛曰珠涓者乃海外小澤中之大蚌也其味最佳人多爭取食之今閩廣多有種成貨賣街市相市內有大蚌採取月華則令口胎結珠未成如涓者便是但遇立取之與京墨相和不令見風但逢人間傳神作畫用此染之如日間畫者夜間無影夜間畫者日間無影有此奇異價值千金昔有人作飲牛圖者日則衆牛攔外食草夜則欄內宿歇俗傳以爲仙筆殊不知作此畫者晝夜書描之故以顯其名若求珠涓最是難得萬中無一得者當究心於此不可輕世也

○山鵲作畫

[illegible]滲水用[illegible]生打碎抹放盞上却將細嫩黃泥塗上以白紙包自然生根撥下便是一樹

洗衣不用灰汁法 ○將筆取太陽氣寫元亨利貞七遍就水上寫濟字又取太陽氣寫流字却將水浣洗衣服自然却白淨

使鬼打門 ○天南星大者為末米醋調塗紙上粘放門扇上便打声

壁上移字 ○五倍子肉煎水寫字為壁令乾却將泥礬水洗其字便見

百步吹燈 ○撮上燈心一寸許著水硝此子燈心上約轉背行百步遠回頭吹燈其火即滅

吹燈不滅 ○焰硝二文 硫黃二文 黃丹少許 礬為末和勻將紙捲作細條子點燈末吹不滅

紙上噴花 ○白礬一塊研為末用湯泡將淨筆蘸水隨意畫花木紙上候乾揩在身上向人前展開用水噴紙其花燦然

燈引鷄子 ○鷄子一箇用針開小竅取出清黃令盡候乾捉一小蟢子入鷄子內仍舊塞了用時先就他人討鷄子來却將手中私下轉換伴如念呪放於桌上用燈火引照則鷄子隨燈袞々而走

火上炙黑字 ○硼砂末水調書紙上候乾火炙之其字便見

水中浸洗黑字 ○用白礬[illegible]

詩曰

山鵲作畫實奇哉　一見人時笑啟腮
染出百般禽與獸　孤飛狗走得人駭

至剛曰山鵲者乃海外諸國中之鵲也國人號為江御大麻鵲身為通紅時出時沒大時風寒其鵲滿國中遮天閉目國中卜之來年大旱人嘆以為不祥番鄉之人禳々作善事不知所國人以網捕之作貨於市術人得之專取其腦血拌硃砂陰乾仍丸作山水禽獸人物之類則取其血拌硃砂和墨用而畫之人物能行動其禽獸能鳴能走人見之以為仙畫靈通其價值千金其畫若展開時雲禽東枝走過西枝其獸南山走過北山誠以為奇異也

○啄腦改容

詩曰

啄腦改容成異相　任他妻子認難真
此般妙術誰能比　舉世訛傳入聖神

至剛曰啄鳥者乃深山啄木鳥是也啄鳥用大青硃砂拌肉喂養一年殺取其腦髓入雄黃五錢拌勻為丸作十枚持呪浸晨清早向東用東根水吞十丸其形立變怒則青臉獠牙喜則復舊如故 呪曰 啄鳥啄鳥顯聖通靈變化面貌人鬼之形妻兒不識朋友失驚輔我正法神崇鬼欽　吾奉太上老君急急如律令勅

○名馬生揮

詩曰

名馬生揮欲化龍　霜蹄銀尾展嘶風
道人借取霜毫用　一日能行千里中

[illegible]

浮魚法 ○滑石焰硝朴硝[illegible]為細末摻在魚身上入湯中取出於水浸之即活

聚戲蝴蝶 ○茴香麝香等分為末飯飲作丸於二三月間向風頭手掌撥碎令香隨風去其蝴蝶此至

剪燈 ○硫黃焰硝 右二味搽在剪刀上剪之即如剪燈也

懸雲 ○朴硝焰硝 右二味為末摻向湯瓶中即化雲

暑天穿襖不熱 ○蒼术四兩 川白芷四兩 切成片真正麻油浸三宿炒乾不用碾又作片子每日半夜子時喫三兩以尺為度

寒月入水不冷 ○五月五日午時採取水蝦蚣不拘多少米篩盛篩下淨水揹厭楊方得晒乾為末每服二三錢暖酒調下

燈上彈蝴蝶 ○焰硝一文 海金沙二文 碾為細末和勻將手撚些末於燈上彈之如蝴蝶樣

畫貓辟鼠 ○木刻貓兒一個以赤鼠脈調彩色畫之鼠即見走

鼠自咬鼠 ○大雄鼠一個將小刀子割去鼠外却放教去其所割鼠滿屋去咬殺老鼠甚似人家貓兒也

畫虎辟犬 ○畫虎一箇在地上却用真虎睛兩枚犬望見即走不見也

[illegible]大法 ○去人家[illegible]天時便吸氣

此馬高八九尺其耳[illegible]行千[illegible]者先半年之間其霜毫生出八九尺若行三四百里其馬揮毫時出於耳外四足不著地猶如空中行相似人多不知夜則復歸耳內成團道人得遇而取其霜毫丸逢大難或遇虎狼即取其霜毫繫兩足膝內則能奔走三四百里之程如飛不可得中原罕有之也

○蟒黃召鼠

詩曰

蟒黃召鼠一爐香　燒向人間古寺傍
千里鼠聞香信至　南山送過北山岡

至剛曰蟒黃者乃浙江之大蟒以秋月取蟒肚腹中之黃陰乾合令安息香龍涎香更以山鼠赤鼠家鼠糞為末匝入內共作數劑若鼠耗多處以此香劑一丸燃之則五里之外并鄰家群鼠欣然聚集而來聞其香氣自然造化非有法術也却以大袋一條逐一裝入於內送往隔山隔水之地放之不得損傷若傷再召不至但用鼠糞和安息香為丸

○螢火聚魚

詩曰

螢火聚魚術非小　分明說破君休笑
漁人若得此妙術　長任滄浪昏至曉

至剛曰螢火者乃郊外中腐草所變之螢蟲也五六月間極多常夜飛尾上有火光術人取之以羊尿泡一筒吹脹陰乾如欲用時將螢火蟲不俱多少入於羊泡中仍用絲線札定其口放入池塘之內以釘懸之使之沉底其池魚見光

[illegible]遇則大不[illegible]採取其[illegible]之術也

辟蛇法 ○[illegible]際及山間見蛇買
真雄黃二兩用絹袋盛貯每边腳棚上
安着一包毒蛇聞雄黃氣即走若無多
將此研爛搽腳手上亦妙
辟燕子法 ○白紙上筆書鳳凰二字粘
在燕窠上則燕子自去永不來此
除狗蚤 ○五月五採石菖蒲晒乾為末
放席下蚤即去永無
除木虱 ○鰻魚頭川山甲二件晒乾為
末床下燒烟熏之木虱俱死
辟蠓法 ○蠓子入人家無計策以辟之
只是多養竹雞四角置四籠則蠓自不
敢入人家矣
辟蚊子法 ○五月五日午時取老蛤蚌
一箇將好粗墨一塊入在蛙口內用紅
線縛住蛤蟇用羅經取正午方掘三穴
五寸深埋蛤蟇於內直至第二日午時
却去取出蛤蟆口中墨待要用時將墨
就壁上畫葫蘆一個淨水噴三口其蚊
子及人所畫葫蘆內永不去咬人却不
可打殺如欲去時次早用扇柽〻掃去
試看所畫葫蘆則此後隨鬼轉灵但取
蛤蟆墨時噴要蛤蟆活若蛤蟆已死則
不驗矣
縮鐃炒豆 ○將鷄子清塗之向日正午
時將在火上炒得豆子熟火不能燒紙
又不可久也

○龍尾開

龍尾開山甚有功　也與雲雷也生風
遣靈能助神人力　劃地成河返掌中

詩曰

至剛曰龍尾開山者乃西川蜀境青城大羅等
處諸山之中多有天龍受責降於此地周年半
載身不能動遍躰鱗甲皆被蛆虫螻蟻所攻食
其精血俱不能頷若莫當也其一身变化靈異
盡在尾尖一鱗及四來上術人得之以為至寶
其諸鱗圓而且方其尾鱗尖而又長能化石為
水劃地成河变化多端無不靈異若有道之人
欲聞揚其道法以此鱗開山破石化水招風無
不驗也

○鸑膠續骨

鸑膠續骨世應雖　產在終南萬瓜山
道若不成吞一剎　令人千載骨連環

詩曰

至剛曰鸑膠續骨者乃西北東南山中多產鸑
身羽九色百餘斤其聲一鳴有如笙簧之音最
佳好聽道人在山中枯坐久者暫聽鸑鳴則傷
情感意而起思鄉之念其味甚佳多宿於懸崖
絕谷之所術人用意圖而射之剥其皮骨於鍋
內煎煉成膠能續斷絃一接如新古之鸑膠續
斷絃者即是此也若得其鸑二兩入雄黃五錢
為丸陰乾如道不就者吞服一丸縱死經千載
其骨連環永不能斷也世俗訛傳以為仙骨其

[illegible]酒法 天仙子一两川烏两秀菊[illegible]
錢半两陳皮啞美蓉一錢官仲同錢味
黍米一升炒黃微麵四两共研成灰
和勻封固磁瓶內封三七清香滿室煉
蜜丸櫻桃似抹酥油金箔為衣滚水一
中放一枚霎時開录舟美勝國家黃封
御酒賽瑤池甘露醍醐飲一盃安意定
醉後精神却附躰仙家味人間豈有知
頃刻開花法 及時採取花子以瓦器盛
之每將一斤或半斤用硫四两共乾細
馬糞同和密封近水處立春前半月地
於地中待立春後半月取出別用乾淨
瓶盛之九種之時皆用糞乾細為糞一
大筐入在坑中上鋪肥黒土厚盖岸間
高數寸良久以井花水沃之大佳也
種瓜法 瓜子一升磁石五两和勻盛新
囊中放瓶口懸於井中离水三尺百日
取出種黃土中以水沃之須便生瓜
頃刻花法 用蓮子不拘多少到五月五
日將原種下草麻子科根下用竹刀劃
一寫將蓮子打破頭放入孔內用泥固
濟孔眼至秋將草麻揩殺之傘在閉風
處取出蓮子來若用時將熱鍋[illegible]灰土
種之又用溫水洒之花便生
吞水化骨法 凡吞伏子及化各樣骨在
喉嚨內書此符吞化
[illegible]

羽毛小有仙女毛女取織為衣可渡天河不畏
寒者

○龜泪関天

龜泪関天世罕稀　術人得此果為奇
上觀雲內神仙至　下視地下金寶銀

詩曰

至剛曰龜泪関天者乃江浙之地有龜大如斗
口背皆篆八卦足復四象衆龜三五十在前引
道名曰龜王術人得遇取之回家放天井中以
食養之其龜有靈壽有萬年預知天時風雨則
繞於天井之中舉目仰視天象上自有一團之
暈也人不知其意味養之年深月久則思岩穴
潭澤之中相與衆龜為樂各得其所累日不食
雙目垂泪如珠透明立取點於自己雙目中點
分左右七日之後見天上雲中之仙地下遠年
金寶　呪曰靈龜〻〻九泉安居今日助我不
負汝義上視九天下視九地吹呿起穴金寶出
世行之百年聲名達聖　吾奉太上老君急急
如律令

○雷鬼伏波

雷鬼伏波世罕稀　術人得此顯神灵
風波浪險難行處　持此旗招浪坦平

詩曰

至剛曰雷鬼伏波者乃閩廣諸山中有伏氣之
地雷也其形似猴能作聲土人但逢冬月潛伏
[illegible]取而食與今畫出雷形相似每逢冬
[illegible]則能飛身於高岩山
[illegible]

猪骨用[符]魚骨用[符]鷄骨用此
此字[符]此字[符]字用劍鹹
書於水碗內又用左手三指頂碗名爲
金剛鹹如頂水碗將寫之時先將劍鹹
書𠼿字踏在左足下又書𠼿字踏在右
足下然後書水碗中的書晃前字號又
書雪山童子到五字於水碗上蓋之無
不應如天伏了之時或書字號差訛快
子不化吞不下者仍將前字號依法叨
白書鷄即化無疑日後試屢有驗也

轉碗法 於碗下壓書[符]在內用蘇州酒瓶一個横交碗上將小斷齊立使二人扶住術者執香於瓶口旋動默念呪曰茶瓶王獅子王東海東邊海龍王東山大廟七聖人上聖差來與我轉茶瓶我道茶瓶轉不轉他是溫州茶瓶轉一轉若還不轉將鞭〻轉若還不轉鹹一轉若再不轉教五百四十個龍王合左轉五十四右轉五十四轉湊成一百八轉吾奉 太上老君急急令勅

之藏聰令相助誅妖滅怪伐木崩山不怕魔鬼名曰五岳雷者是也術人得消位取其心肝一具陰乾爲末拌乳香收起仍剝其皮掤起陰乾裁縫爲一小旂用五色硃書不令人知但遇江湖風濤波浪洶湧險難之處但將其旗在船頭上持呪招之仍將其乳香焚之自然百里風恬浪息而無驚怖也 呪曰雷鬼雷鬼曾受天勅我今有難賴汝之力豎旗一招風平浪息妖魅潜踪蛟魑遁跡 吾奉太上老君急急如律令勅

○蝦蟆求雨

蝦蟆求雨最通靈 大旱之年用此真
[符] 硃書火字黃紙捲 埋之三日雨淋漓

至剛曰蝦蟆求雨者乃山澤中之蝦蟆也凡遇大旱之年用大蝦蟆一個將硃砂書火字四十九箇用黃紙書捲作丸子入於蝦蟆口內向太歲天德方上埋之不必三日必雨

四卷終

新刻天下四民便覽三台萬用正宗卷之四十二

張天師法病秘書

[符] 吞一道 門上貼一道吉
得病者子癸熱頭痛惡心四大沉重有犯土地勾引瘟司五道大神香火不安騷三句引東方土地白虎入宅遠年願力全神日輕夜重作禍六七日退吉加則凶也

[符] 吞一道貼 三道吉
病者寒熱往來四肢不安拙犯南方廟神口牙咒咀五通土地枉死 死亡有願不明主四大沉重不思飲食作福保之初五六日退之吉留連重〻磔解吉

[符] 火化令病 人吞之吉
病者肚熱頭痛心腹嘔吐眼花亂言四肢沉重在路傷沖五道神冤家口惡狂死先亡初五九日退責加十二日凶

法病門

秘傳犯土書

靈香一炷書此靈符二道然後啓請所犯方向上土神土公土母土子土孫土司土府神前土家眷屬一切所犯神祇今者未久爲是興工動土所犯以致病患纏身今時特請符命錢財回送安截各方上土神仰祈保患者一身清吉疾病消除

○書符秘吉

勅紙法 北帝勅吾紙書符打邪鬼敢有不伏者押赴酆都治急〻如律令

勅水法 此水不是非凡水北方壬癸水一點在硯中雲雨須臾至病者吞之百鬼消除邪鬼看之如粉碎急〻如三奇帝君律令

勅硯法 玉帝有勅神硯四方金木水火土雷風雨電神〻硯輕磨動霹靂電光忙急〻如律令

勅墨法 玉帝有勅神墨靈靈形如雲霧上列九星神墨輕磨霹靂糾粉急〻如律令

勅筆法 吾收五雷神將電灼光華納則一身保命吐則縛鬼捕神一切死括滅道然長生急〻如律令

書符法 天圓地方律令九章吾今下筆万鬼伏藏急〻如律令

○勅符一宗

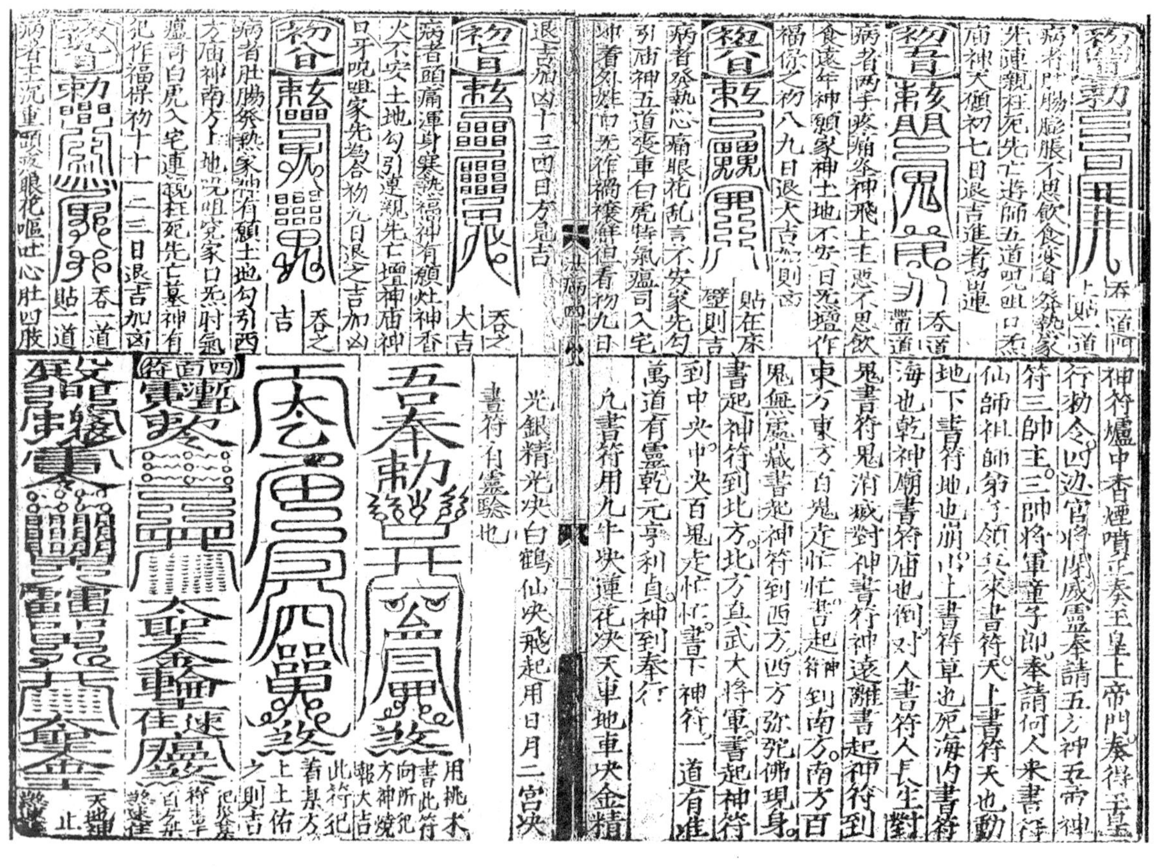

初一日 吞一道 上貼一道

病者肚腸膨脹不思飲食寒熱發熱家先遊親狂死先亡遊師五道咒咀口忌廟神大愆初七日退吉進者凶

初二日 吞一道 一貼一道

病者兩手疼痛多神飛上土遊不思飲食逐年神願家神土地不安日忌壇作福保之初八九日退大吉加則凶

初三日 貼在床壁則吉

病者發熱心痛眼花亂言不安家先勾引廟神五道喪車白虎特氣瘟司入宅神香外姓作禍禳解但看初九日

退吉加凶十三四日方見吉

初四日 吞之 大吉

病者頭痛渾身寒熱灶神有願灶神香火不安土地勾引運親先亡壇神廟神口牙咒咀家先為各初九日退之吉加凶

初五日 吉 吞之

病者肚腸發熱家神有願土地勾引西方廟神南方土地咒咀究家口忌時氣壇司白虎入宅運親狂死先亡墓神有犯作福禳初十十一二三日退吉加凶

初六日 吞一道 貼一道

病者土沉重頭疼眼花嘔吐心肚四肢

神符爐中香煙噴正奏玉皇上帝門奏符……

光銀精光央白鶴仙央飛起用日月二宮央

書符有靈驗也

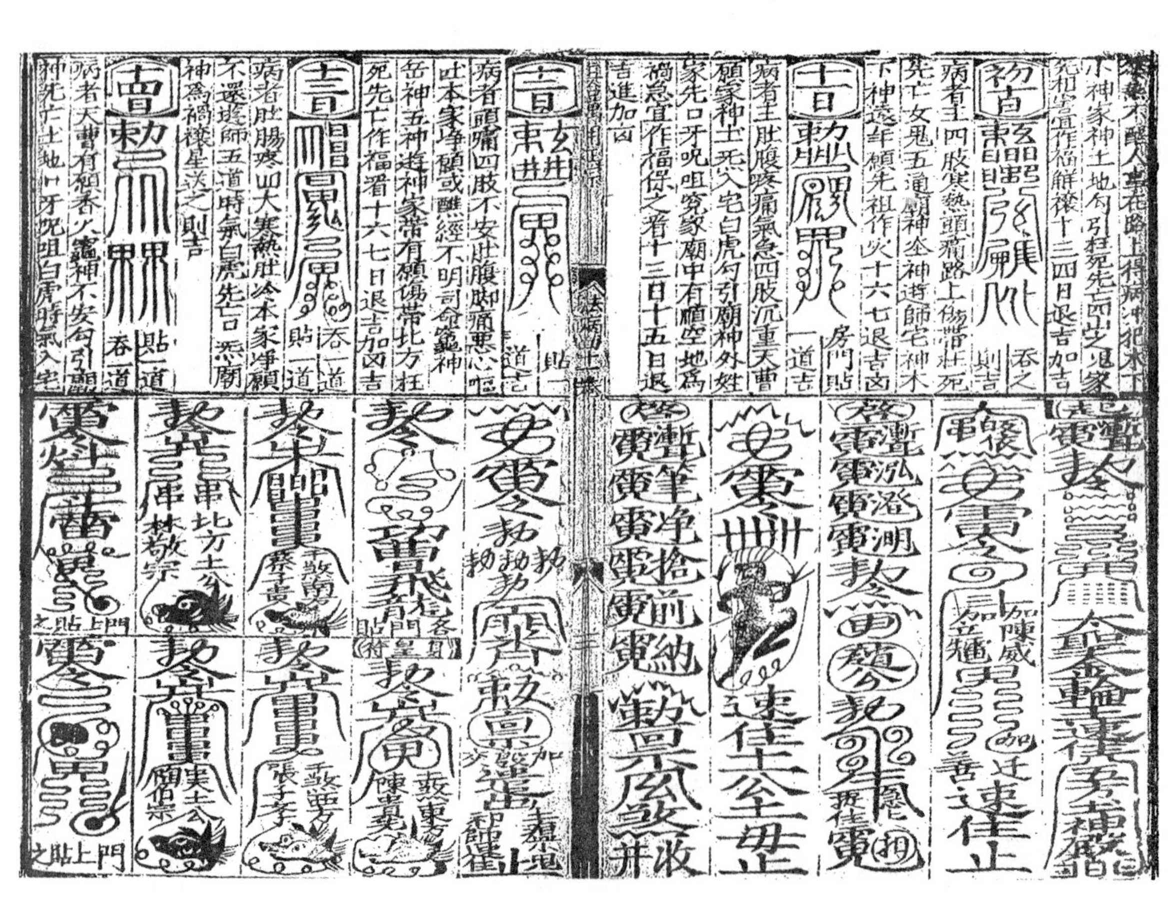

死和宜作福解禳十三四日退吉加吉

初七日 吞之 則吉

病者土四肢寒熱頭痛路上傷帶狂死先亡女鬼五道廟神各神遊師宅神木下神遂年願先祖作災十六七退吉凶

初八日 房門貼 一道吉

病者土肚腹疼痛氣急四肢沉重天曹願家神土死入宅白虎勾引廟神外姓家先口牙咒咀究家廟中有願空地爲禍急宜作福保之者十三日十五日退吉進加凶

初九日 貼一 道吉

病者頭痛四肢不安肚腹腳痛悪心嘔吐本家淨願或醮經不明司命竈神岳神五神遊神家帶有願傷帶北方狂死先亡作福者十六七日退吉加凶吉

初十日 吞一道 貼一道

病者肚腸疼四大寒熱肚冷本家淨願不還退師五道時氣白虎先亡忌廟神爲禍禳星送之則吉

十一日 吞一道 貼一道

病者天曹有願香火竈神不安勾引廟神先亡土地口牙咒咀白虎時氣入宅

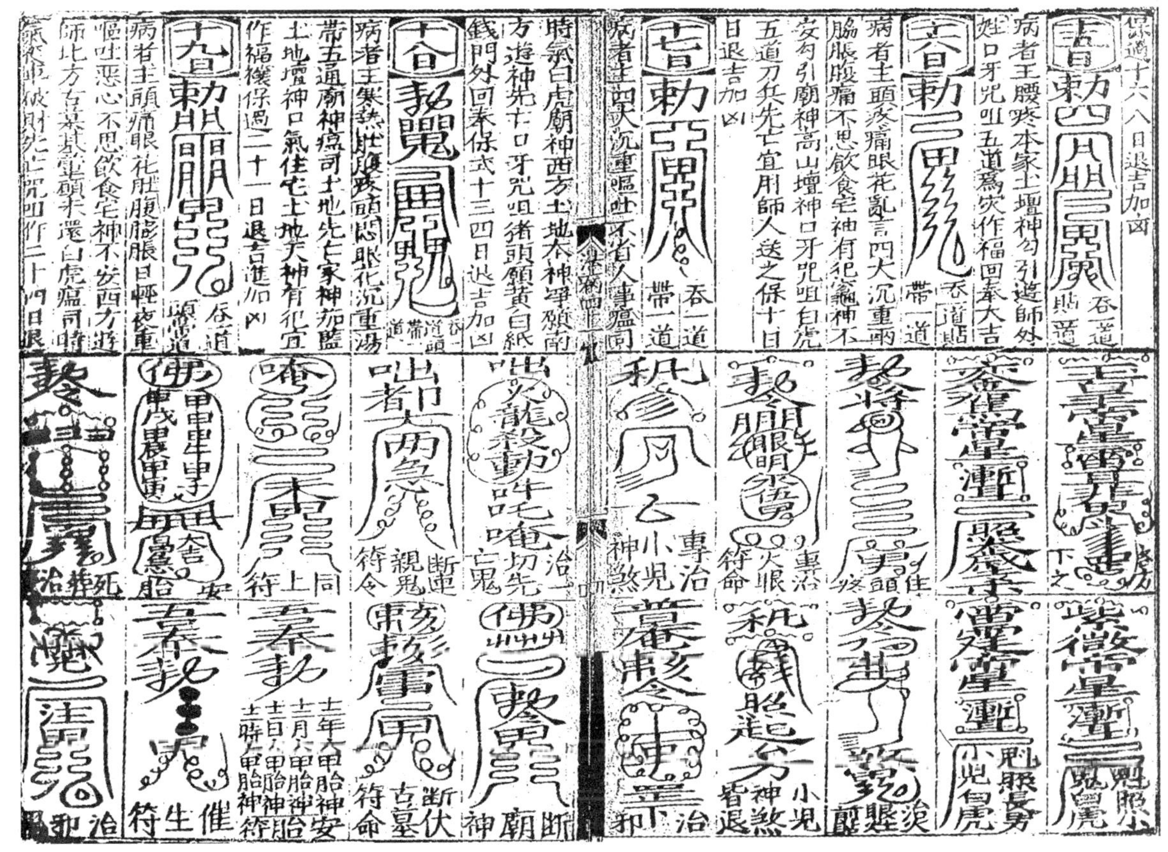

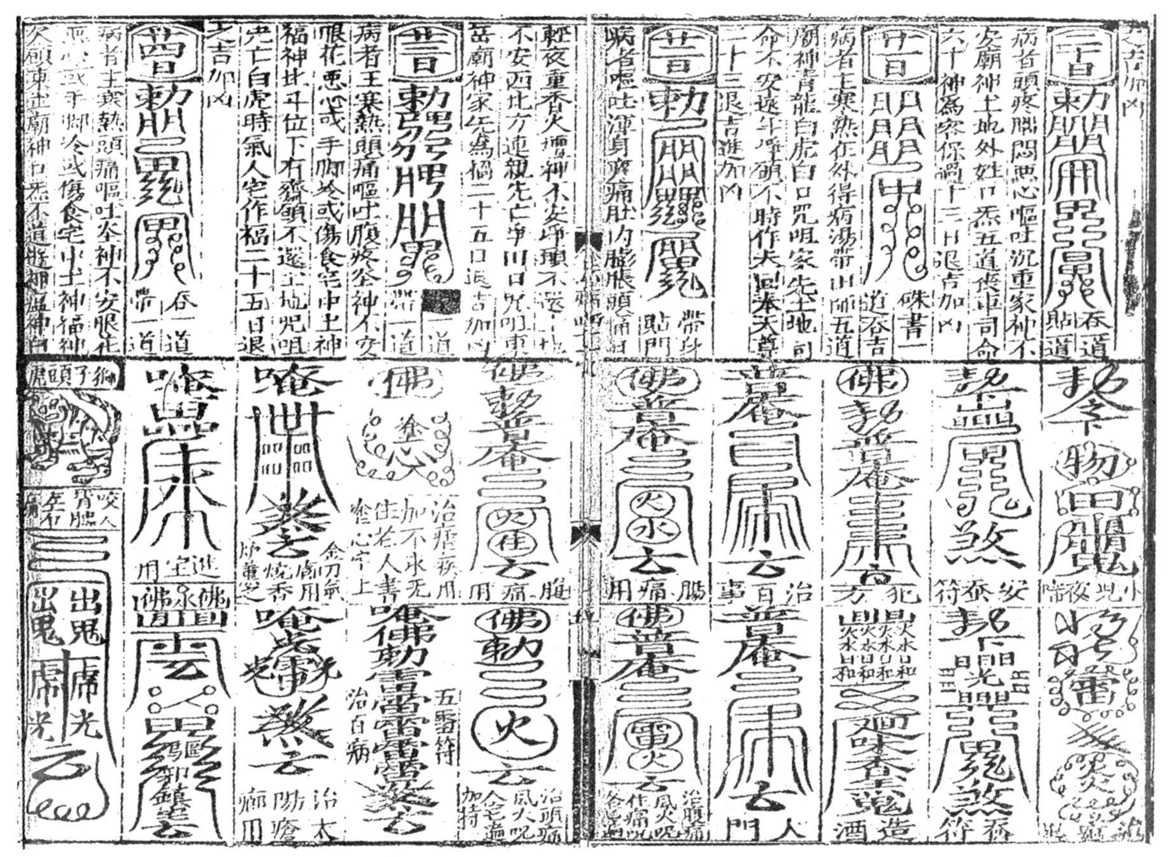

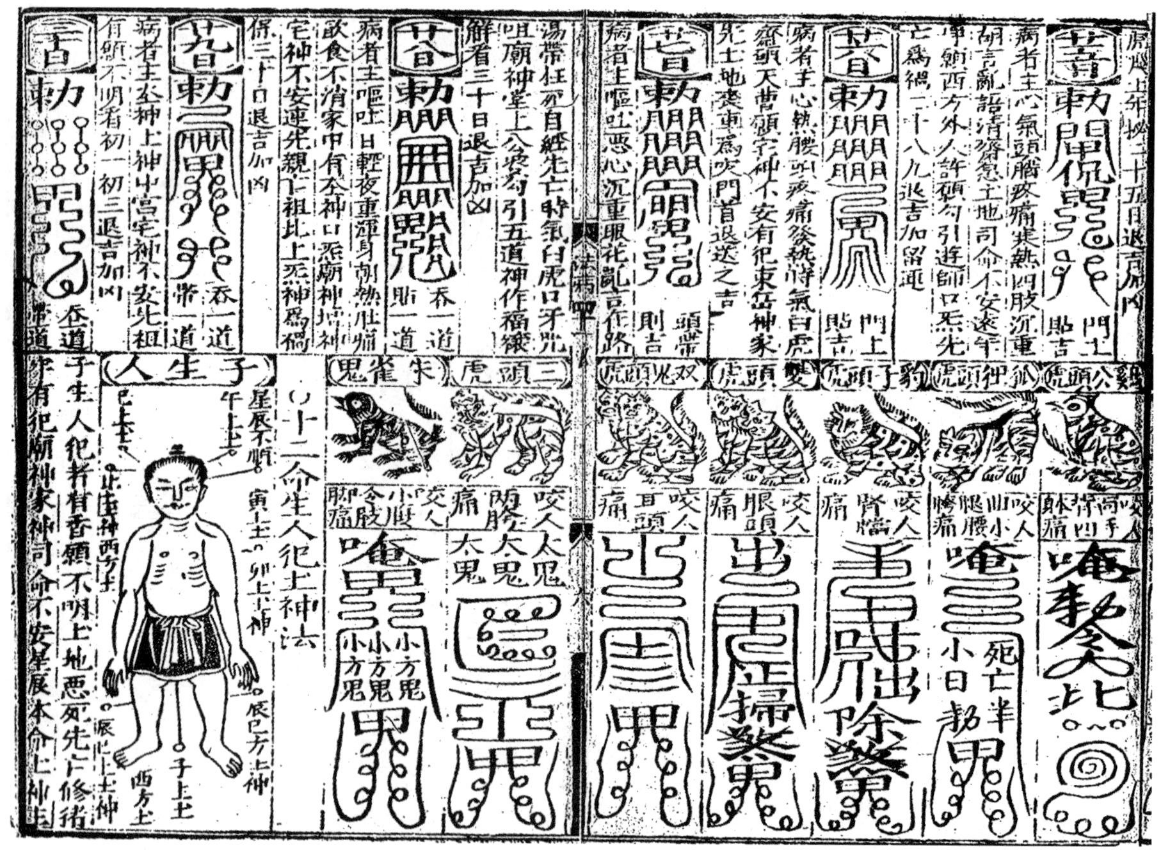

房內上弦初二十五日退吉房內

廿三 勅（符） 門上貼吉

病者主心氣頭腦疼痛寒熱四肢沉重胡言亂語清齊急土地司命不安遠年爭鎮西方外人許願勾引遊師口忌光亡爲禍二十八九退吉加留連

廿四 勅（符） 門上貼吉

病者手心熱腰頸疼痛發熱時氣白虎瘵頭天曹願完神不安有犯東岳神家先土地爽車爲灾門首退送之吉

廿五 勅（符） 頭帶則吉

病者主嘔吐惡心沉重眼花亂言作路湯帶任死自縊先亡時氣白虎口牙光咀廟神堂上公婆勾引五道神作禍解者三十日退吉加凶

廿六 勅（符） 呑一道 貼一道

病者主嘔吐日輕夜重渾身潮熱肚痛飲食不消家中有本神口忌廟神神宅神不安連先親亡祖比上忌神爲禍保三十日退吉加凶

廿七 勅（符） 呑一道 帶一道

病者主本神上神中宮宅神不安先祖有願不明看初一初三退吉加凶

三十 勅（符） 呑道 帶道

〇十二命生人犯土神法

子生人犯者有香願不明土地惡死先亡修緒宇有犯廟神家神司命不安星辰本命亡神主

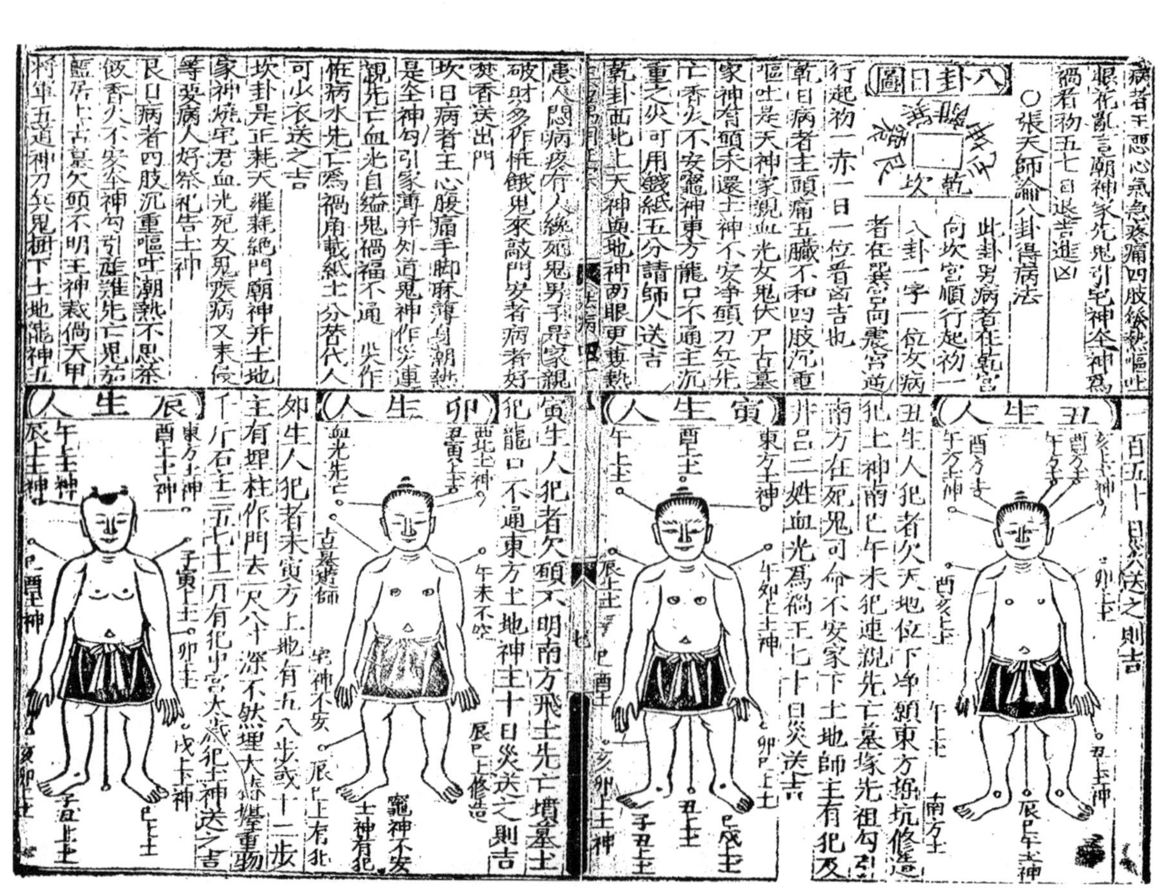

病者主惡心氣急疼痛四肢發熱嘔吐眼花亂言廟神家先鬼引宅神本神爲禍看初五七日退吉進凶

〇張天師論八卦得病法

八卦日圖

此卦男病者在乾宮向坎宮順行起初一 八卦一字一位女病者在巽宮向震宮逆行起初一赤一日一位看凶吉也

乾日病者主頭痛五臟不和四肢沉重嘔吐是天神家親血光女鬼伏尸古墓家神有願未還土神不安淨願刀兵死亡香火不安竈神東方龍口不通主沉重之灾可用錢紙五分請師人送吉

乾卦西北上天神與地神兩眼更蒸熱患人悶病疼有人縊死鬼男子是家親破財多作餓鬼來敲門發者病者好焚香送出門

坎日病者主心腹痛手脚麻痺身潮熱是本神勾引家簿并外道鬼神作灾連親先亡血光自縊鬼禍福不通 尖作低病水先亡爲禍用載紙土分替代人可以衣送之吉

坎卦是正北天羅耗絕門廟神并土地家神燒宅君血光死女鬼疾病又來侵等要病人好祭祀告土神

艮日病者四肢沉重嘔吐潮熱不思茶飯香火不安本神勾引產難先亡鬼藍居上古墓欠願不明王神栽倘天甲將軍五道神刀兵鬼樹下土地龍神五

丑生人犯者火天地位下爭願東方掘坑修造犯土神南巳午未犯連親先亡墓塚先祖勾引南方在死鬼司命不安家下土地師主有犯及井邑二姓血光爲禍主七十日災送吉 一百五十日災送之則吉

寅生人犯者欠願不明南方飛土先亡墳墓土犯龍口不通東方土地神主十日災送之則吉

卯生人犯者未寅方上地有九八步或十二步主有埋柱作門去一尺八寸深不然埋大石千斤石主三五七十二月有犯中宮太歲犯土神送之吉

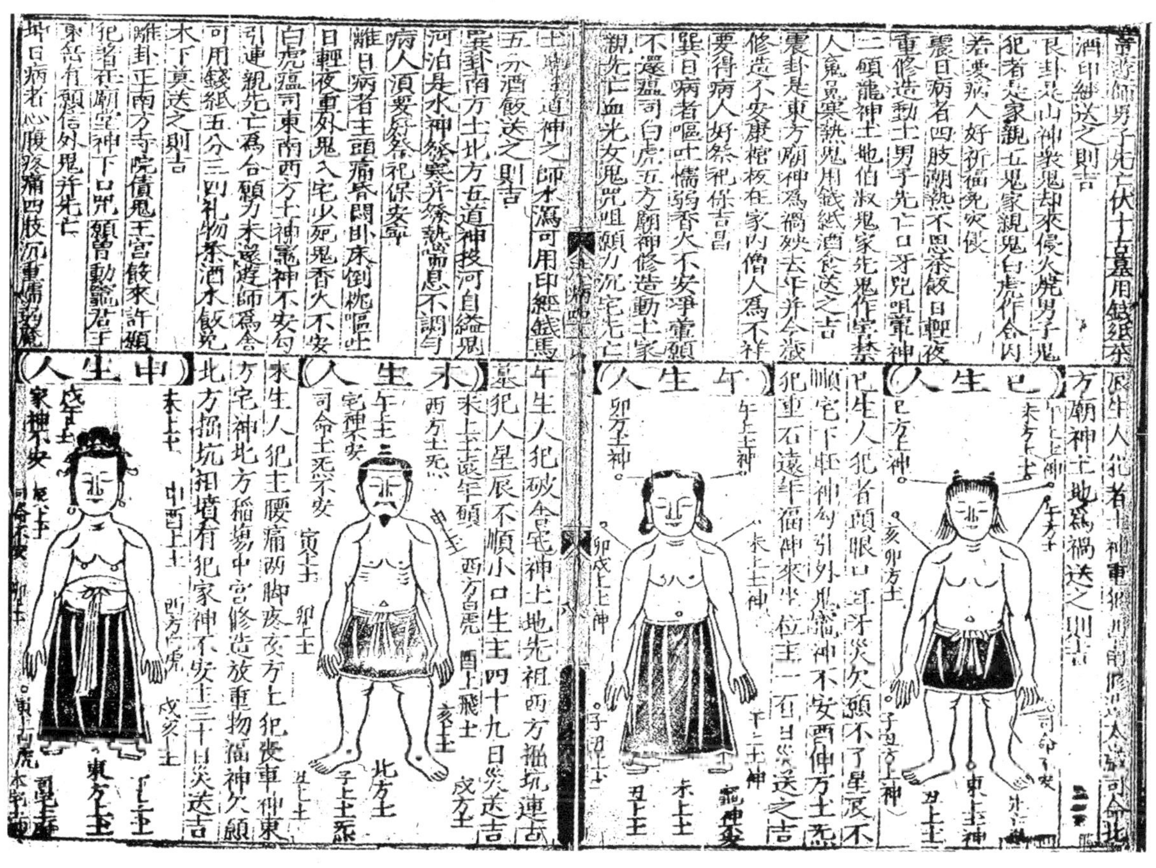

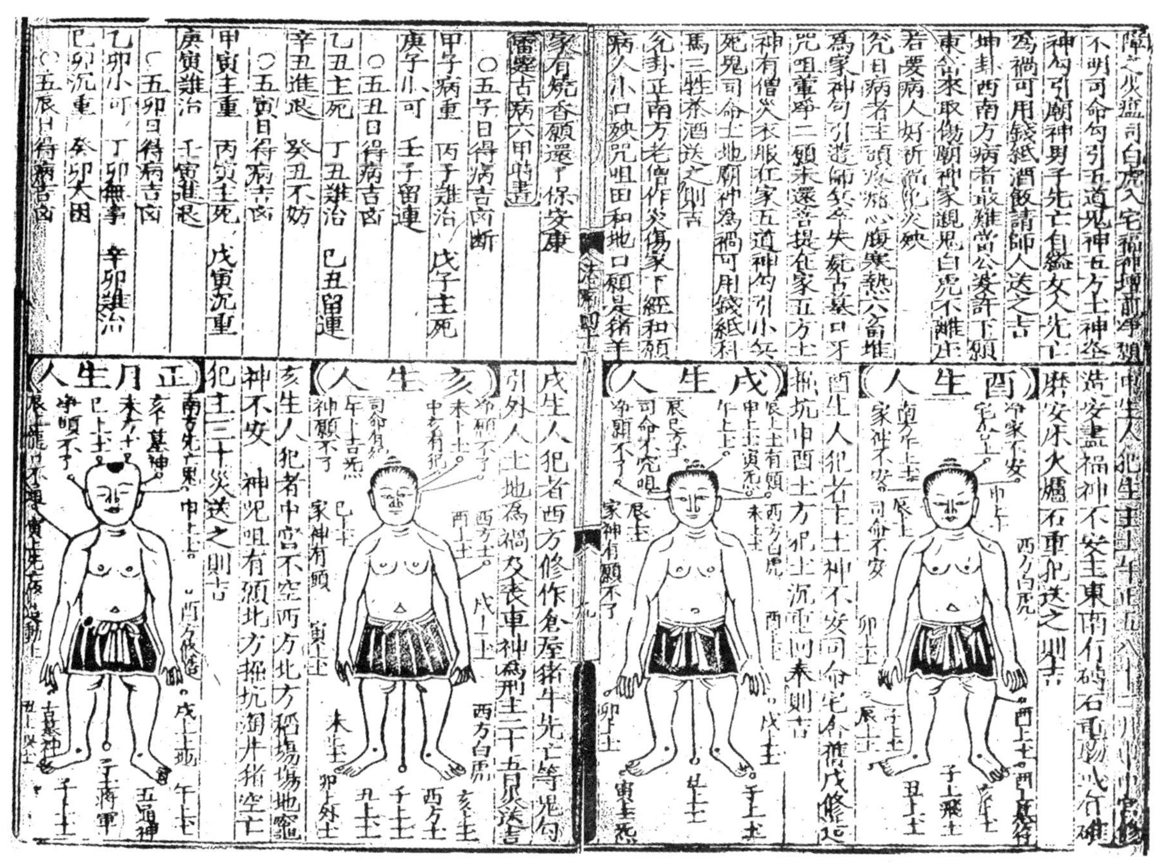

甲辰留連　丙辰小可　戊辰主死
庚辰無事　壬辰難治
○五巳日得病吉凶
乙巳大困　丁巳不妨　己巳小可
辛巳小損　癸巳主死
○五午日得病吉凶
甲午有憂　丙午難治　戊午主死
庚午無事　壬午小可
○五未日得病吉凶
丁未主死　己未難治　辛未沉重
乙未大凶　癸未無事
○五申日得病吉凶
甲申小灾　丙申困重　戊申土死
庚申小損　壬申難治
○五酉日得病吉凶
乙酉大困　己酉小灾　辛酉難治
丁酉留連　癸酉主死
○五戌日得病吉凶
甲戌小災　丙戌主憂　戊戌大困
庚戌難治　壬戌主死
○五亥日得病吉凶
乙亥小灾　丁亥無事　己亥難治
辛亥留連　癸亥主死
○逐日天干得病吉凶斷
甲乙日病者鬼姓紀名天尔令人頭疼以青錢紙呼名求之吉
丙丁日病者鬼姓田名良令人吐逆以赤錢紙呼名求之則吉
戊己日病者鬼姓馮名有言令人恍惚以黄錢紙呼名求之吉

正月犯者主修犯中宮福神墓生不安……
謝土神不安南方有六七塊磚石或有堆……
牆有犯安床火爐泥壁修造爲禍者之吉

【二月生人】

二月犯者東北方土犯鐵器爲禍欠願不明子丑方廟神送之則吉

【三月生人】

三月生人犯者是古墓廟神灶神鍋主破損不明寺院廟內之物修豬牢門户埋柱有犯本命道場七犯

【四月生人】

四月犯者是卯辰亥子方修造豬牢犯土移動床有犯香火爲禍主六月土月生命月不犯

【五月生人】

五月犯者東方土有磚石并四方飛土修造又

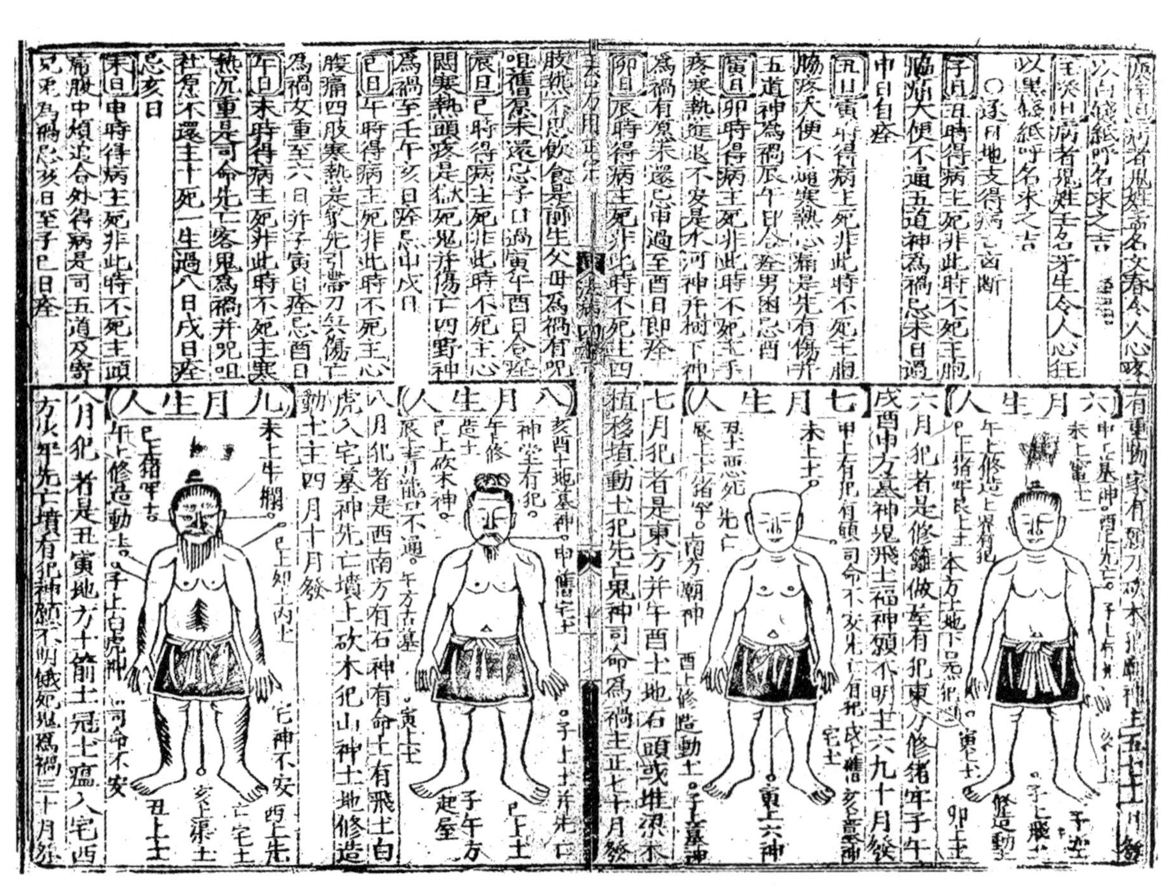

庚辛日病者鬼姓高名文春令人心咳以白錢紙呼名求之吉
壬癸日病者鬼姓壬名牙生令人心狂以黑錢紙呼名求之吉
○逐日地支得病吉凶斷
子日丑時得病主死非此時不死主胞脇疼大便不通五道神爲禍忌未日過申日自瘥
丑日寅時得病主死非此時不死主胞脇疼大便不通寒熱心痛是先有傷井五道神爲禍辰午日人瘥男困忌酉
寅日卯時得病主死非此時不死主手疼寒熱進退不安是木河神并樹下神爲禍有原未還忌申過至酉日即瘥
卯日辰時得病主死非此時不死主四肢熱不思飲食是前生父母爲禍有咒咀舊原未還忌子日過寅午酉日合瘥
辰日巳時得病主死非此時不死主心悶寒熱頭疼是獄死鬼并傷亡四野神爲禍至壬午亥日瘥忌申戌日
巳日午時得病主死非此時不死主心腹痛四肢寒熱是家先引帶刀兵傷亡爲禍女重至六日并子寅日瘥忌酉日
午日未時得病主死并此時不死主寒熱沉重是司命先亡客鬼爲禍并咒咀社原不還主十死一生過八日戌日瘥忌亥日
未日申時得病主死非此時不死主頭痛腹中煩逆合外得病是司五道及寄兒死爲禍忌亥日至子巳日瘥

【六月生人】

六月犯者是修鍋做壁有犯東方修豬牢子午戌酉申方土神鬼飛土福神願不明主六九十月發

【七月生人】

七月犯者是東方并午酉土地石頭或堆泥木植移墳動土犯先亡鬼神司命爲禍主七十月發

【八月生人】

八月犯者是西南方有石神有命土有飛土白虎入宅墓神先亡墳上砍木犯山神土地修造動土主四月十月發

【九月生人】

九月犯者是丑寅地方十箭土冠七瘟入宅西方戊年先亡墳有犯神願不明賊死鬼爲禍三十月發

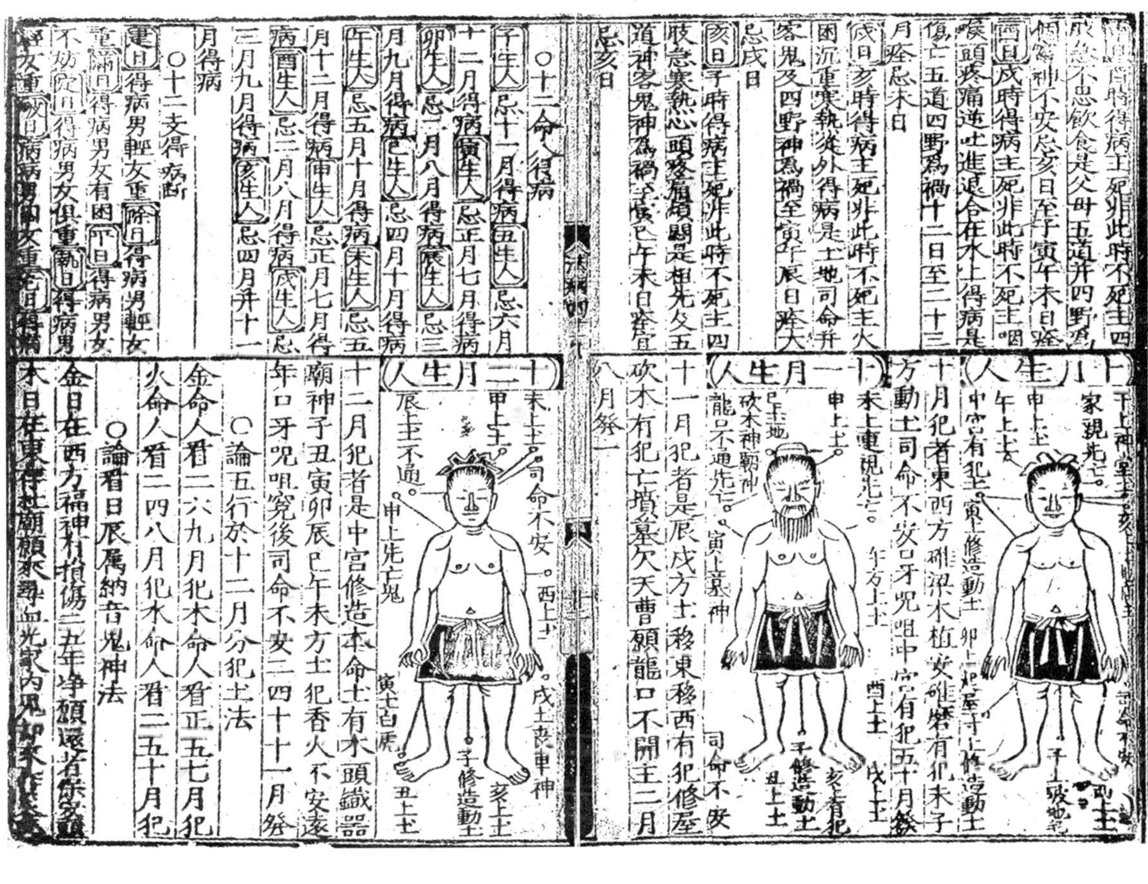

……日時得病主死非此時不死主四肢急不思飲食是父母五道并四野為禍祭神不安忌亥日至子寅午未日瘥

[酉日]戌時得病主死非此時不死主咽喉頭疼痛進退合在水上得病是傷亡五道四野為禍十二日至二十三月瘥忌未日

[戌日]亥時得病主死非此時不死主火困沉重寒熱從外得病是土地司命并客鬼及四野神為禍至寅午辰日瘥大忌戌日

[亥日]子時得病主死非此時不死主四肢急寒熱心頭疼痛煩悶是祖先父五道神客鬼神為禍子辰巳午未日瘥宜忌亥日

○十二命人得病

[子生人]忌十一月得病[丑生人]忌六月十二月得病[寅生人]忌正月七月得病[卯生人]忌二月八月得病[辰生人]忌三月九月得病[巳生人]忌四月十月得病[午生人]忌五月十月得病[未生人]忌五月十二月得病[申生人]忌正月七月得病[酉生人]忌二月八月得病[戌生人]忌三月九月得病[亥生人]忌四月并十一月得病

○十二支得病

[建日]得病男輕女重[除日]得病男輕女重[滿日]得病男女有困[平日]得病男女不妨[定日]得病男女俱重[執日]得病男輕女重[破日]病病男女重[危日]得病……

十八月生人

十月犯者東西方㭊梁木植安碓磑有犯未了方動土司命不安口牙咒咀中宮有犯五十月祭

十一月生人

十一月犯者是辰戌方土移東移西有犯修屋砍木有犯亡墳塋欠天曹願龍口不開主二月八月祭一

十二月生人

十二月犯者是中宮修造本命土有木頭鐵器廟神子丑寅卯辰巳午未方土犯香火不安遠年口牙咒咀究後司命不安二四十十一月祭

○論五行於十二月分犯土法

金命人看二六九月犯木命人看正五七月犯

火命人看二四八月犯水命人看二五十月犯

○論看日辰屬納音鬼神法

金日在西方福神相傷二五年凈願退者保安

木日在東方社廟願未每血光家内鬼神來作……

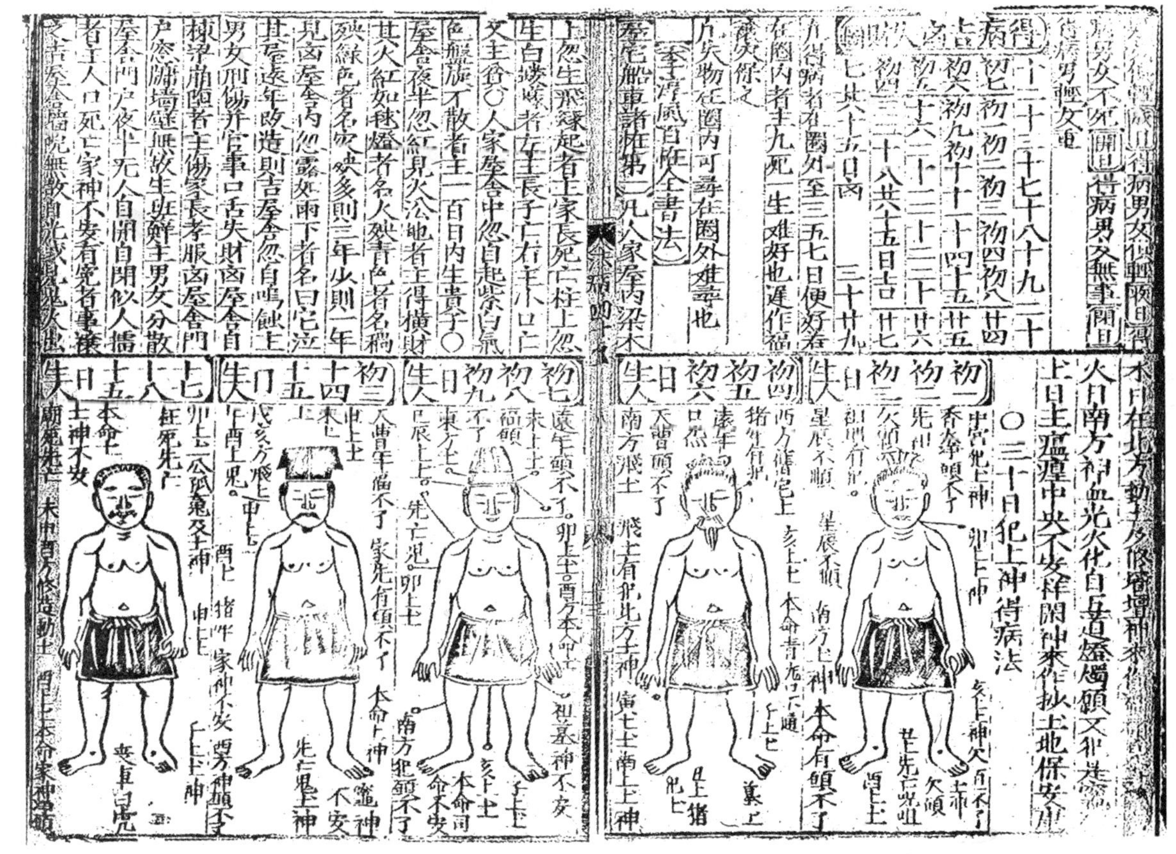

……得病男女俱輕[收日]得病男女不死[開日]得病男女無事[閉日]得病男輕女重

得病吉凶人財圖

十一十二十七十八十九二十

初七初一初二初三初四初八廿四

初六初九初十十一十四十五廿三廿五

初五十六二十一二十二二十三廿六

初四三十八共十五日吉廿七

七共十五日凶　三十廿九

凡得病者在圈外至三五七日便好看在圈内者主九死一生难好也遲作福禳災保之

凡失物在圈内可尋在圈外难尋也

李淳風百怪全書法

屋宅船車諸怪第一　凡人家屋内梁木上忽生飛緣起者主家長死亡柱上忽生白蟻嗦者左主長子亡右主小口亡又主貧○人家屋舍中忽自起紫白氣色盤旋不散者主一百日内生貴子○屋舍夜半忽紅見火光地者主得横財其火紅如毬燈者名人發青色者名禍殃綠色者名哭殃多則三年少則一年見凶屋舍内忽露如雨下者名曰宅泣其屋遠年改造則吉屋舍忽自鳴蝕主男女刑傷并官事口舌失財凶屋舍自棟梁崩陷者主傷家長孝服凶屋舍門户窗牖墻壁無故生斑鮮主男女分散屋舍門户夜半无人自開自閉似人擂者主人口死亡家神不安有冤者事……又言屋舍……無故自光或見鬼火出

木日在北方動土欠修竈增神來作……

火日南方神血光火化白虎道路傷願又犯社稷

上日主瘟瘴中央不安祥開神來作犯土地保安康

○三十日犯土神得病法

初一　初二　初三日生人

初四　初五　初六日生人

初七　初八　初九日生人

初十三　十四　十五日生人

十七　十八　十五日生人

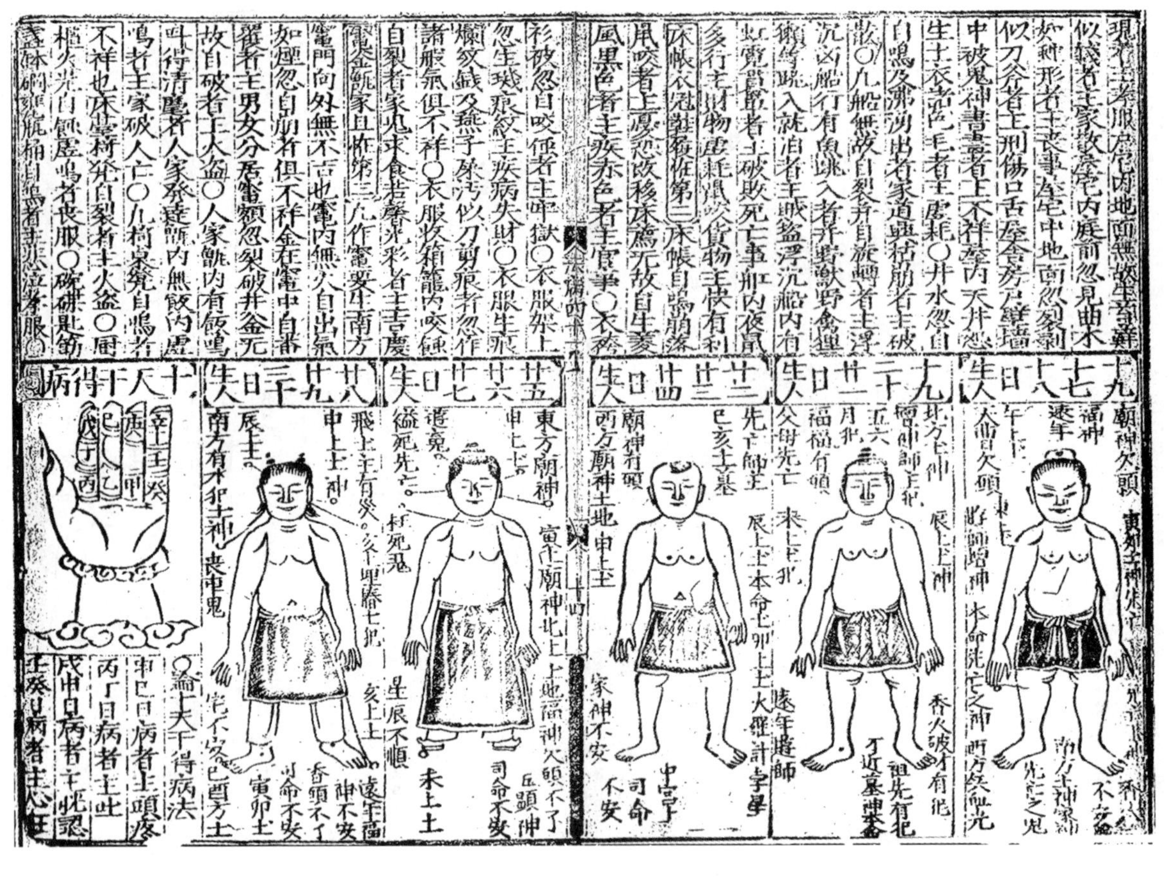

現[illegible]孝服虎宅內地面無故生毒蘚
似錢者主家敗○宅內庭前忽見曲木
如斧形者主喪事○宅中地面忽裂剝
似刀斧者主刑傷口舌○舍旁屋壁墻
中被鬼神書畫者主不祥○宅內天井忽
生土衣苔毛者主虛耗○井水忽自
自鳴及沸涌出者家道與枯竭者主破
散○凡船無故自裂并自旋轉者主浮
沉凶○船行有魚跳入者并野獸禽鳥
飛竄跳入就泊者主賊盜浮沉○船內有
虹霓貫船者主破敗死亡○事船內夜鼠
多行主財物虛耗鼠咬貨物主快有利

床帳衣冠鞋履怪第二○床帳自鳴崩落
鼠咬者主憂怨○改移床為元故自生蔓
風黑色者主疾赤色者主官事○衣冠
衫被忽自咬傷者主牢獄○衣服架上
忽生斑痕紋主疾病失財○衣服生痕
爛紋缺及蟲字蹤污似刀剪痕者忽作
諸般氣俱不祥○衣服妝箱籠內咬損
自裂者家鬼求食若春采彩者主吉慶

竈釜甑家具怪第三○凡作竈要在南方
竈門向外無不吉也○竈內無火自出氣
如煙忽自崩者俱不祥○金在竈中自響
釜者主男女分居○竈額忽裂破并釜元
故自破者主大盜○人家甑內有飯鳴
叫得清響者人家發達甑內無飯內虛
鳴者主家破人亡○凡椅桌凳自鳴者
不祥也床並椅凳自裂者主火盜○厨
櫃火光自飯歷鳴者喪服○碗碟匙筯
盞鉢瓶罐瓶桶自鳴者主悲泣孝服○

十七十八十九日生人
十九二十廿一日生人
廿二廿三廿四日生人
廿五廿六廿七日生人
廿八廿九三十日生人
十干天得病

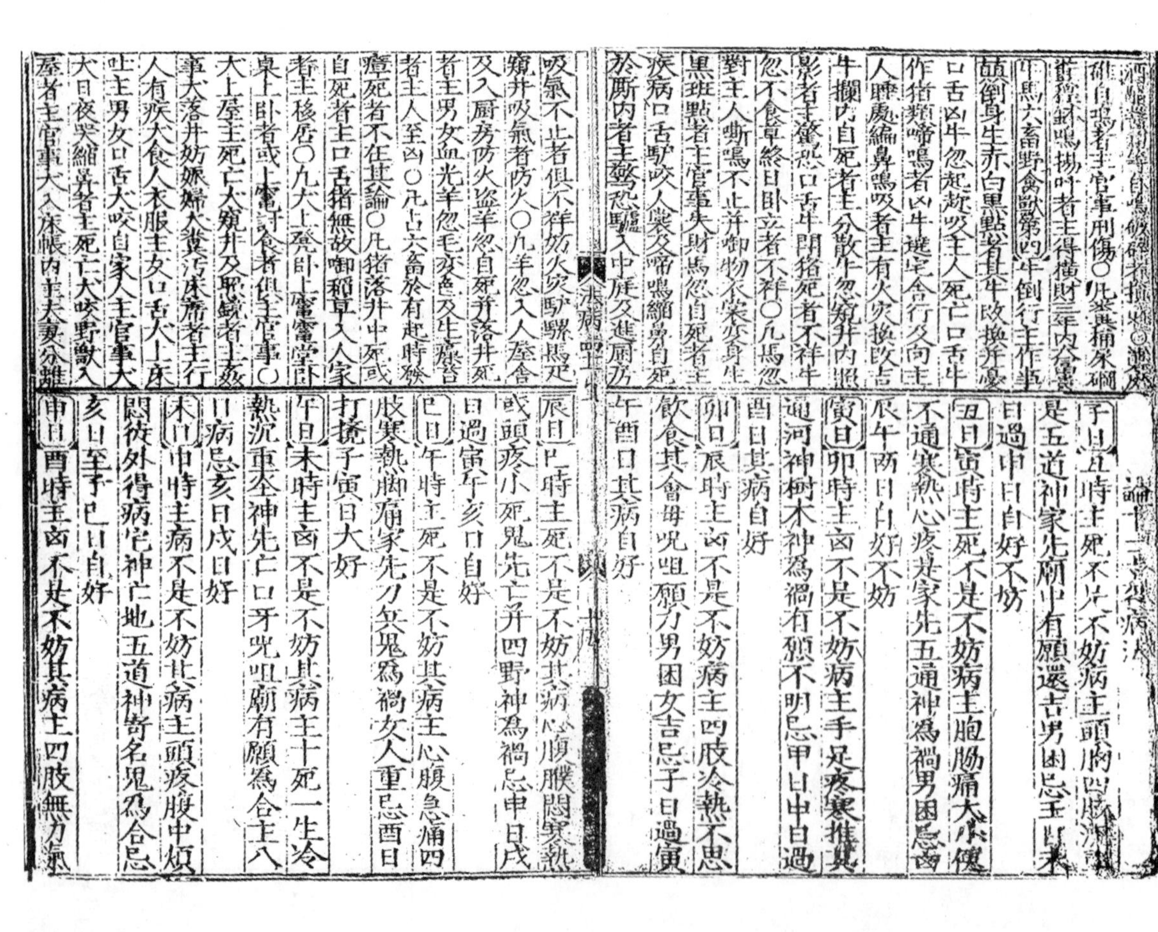

[illegible]自鳴破碎者損[illegible]○[illegible]
破自鳴者主官事刑傷○凡茶具桶盆碗
苗籮篩鳴揚叫者主得橫財三年內必[illegible]

牛馬六畜野禽獸第四○牛倒行主作事
顛倒身生赤白黑點者其牛改換并憂
口舌凶牛忽起跳吠主人死亡口舌牛
作豬類啼鳴者凶牛進宅舍行及向主
人睡處編鼻鳴吸者主有火災換改吉
牛欄內自死者主分散牛忽窺井內照
影者主驚恐口舌牛鬥豬死者不祥牛
忽不食草終日臥立者不祥○凡馬忽
對主人嘶鳴不止并御物不樂變身生
黑斑點者主官事失財馬忽自死者主
疾病口舌馬咬人裳及啼鳴縮身自死
於廁內者主驚恐驢入中庭及進廚房
吸氣不止者俱不祥妨火災驢騾馬足
窺井吸氣者防火○凡羊忽入人屋舍
及入廚房防火盜羊忽自死并落井死
者主男女血光羊忽毛變色及生癩皆
者主人至凶○凡占六畜於有起時發
癢死者不在其論○凡豬落井中死或
自死者主口舌豬無故啣稻草入人家
者主移居○凡犬上屋臥上竈堂臥
桌上臥者或上竈討食者俱主官事○
犬上屋主死亡犬窺井及聖龕者主姦
事犬落井妨娠婦犬黃污床席者主行
吐主男女口舌犬咬自家人主官事犬
人有疾犬食人衣服主女口舌犬上床
犬日夜哭縮鼻者主死亡犬咬野獸入
屋者主官事犬入床帳內主夫妻分離

論十二辰得病法

子日 丑時主死不是不妨病主頭胸四肢沉[illegible]
是五道神家先廟中有願還吉男困忌[illegible]日未
日過申日自好不妨

丑日 寅時主死不是不妨病主胸脇痛大小便
不通寒熱心疼是家先五通神為禍男困忌酉
辰午酉日自好不妨

寅日 卯時主凶不是不妨病主手足疼寒攤
過河神樹木神為禍有願不明忌甲日中日過
酉日其病自好

卯日 辰時主凶不是不妨病主四肢冷熱不思
飲食其會母咒咀願力男困女吉忌子日過寅
午酉日其病自好

辰日 巳時主死不是不妨其病心腹膨悶寒熱
或頭疼小死鬼先亡并四野神為禍忌申日戌
日過寅午亥日自好

巳日 午時主死不是不妨其病主心腹急痛四
肢寒熱脚痛家先刀兵鬼為禍女人重忌酉日
打撓子寅日大好

午日 未時主凶不是不妨其病主十死一生冷
熱沉重土神先亡口牙咒咀廟有願為合主八
日病忌亥日戌日好

未日 申時主病不是不妨其病主頭疼腹中煩
悶彼外得病宅神亡地五道神寄名鬼為合忌
亥日至子巳日自好

申日 酉時主凶不是不妨其病主四肢無力氣

子部　第四册

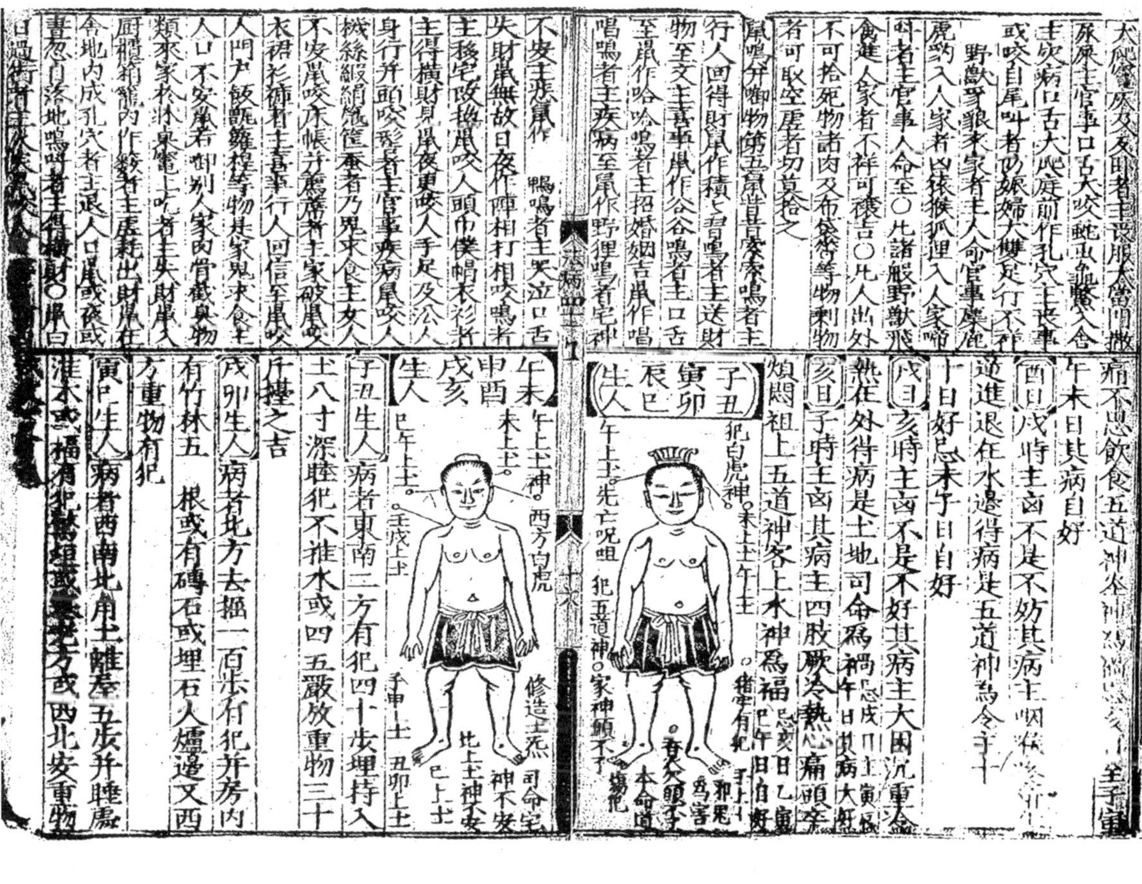

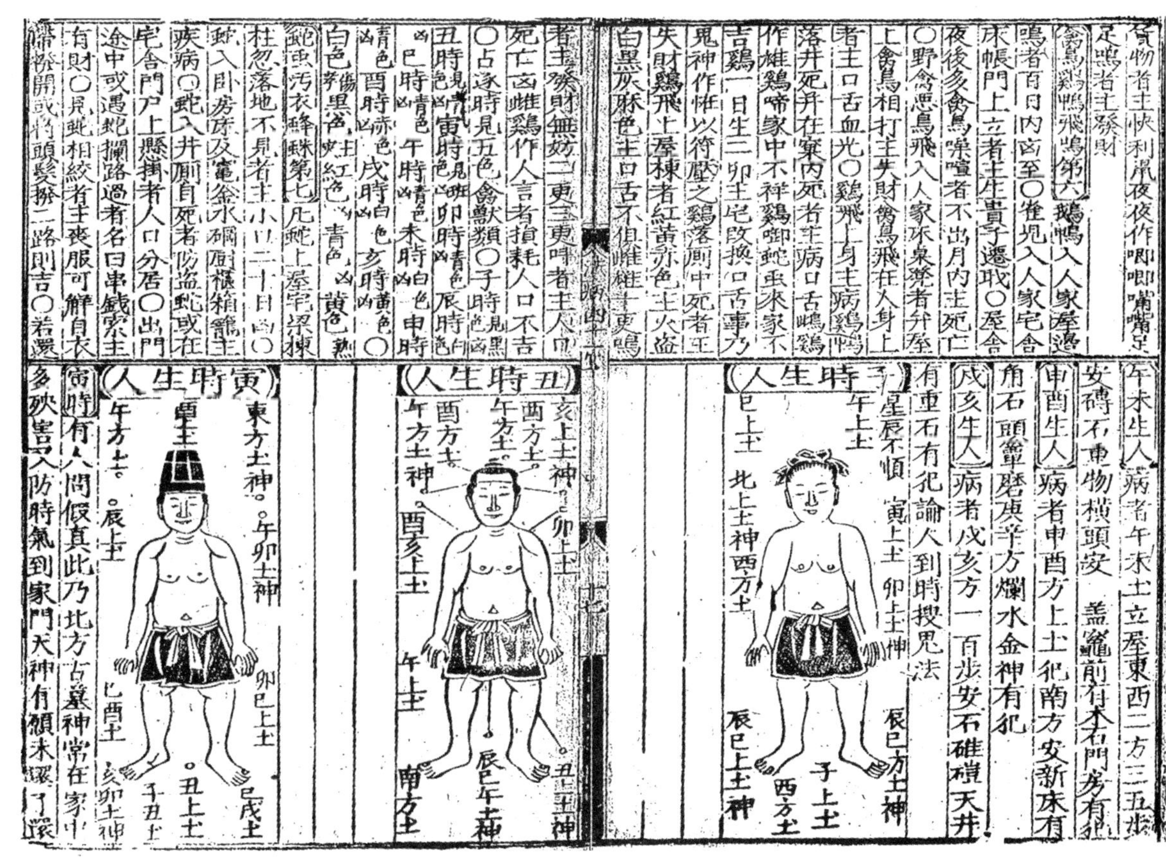

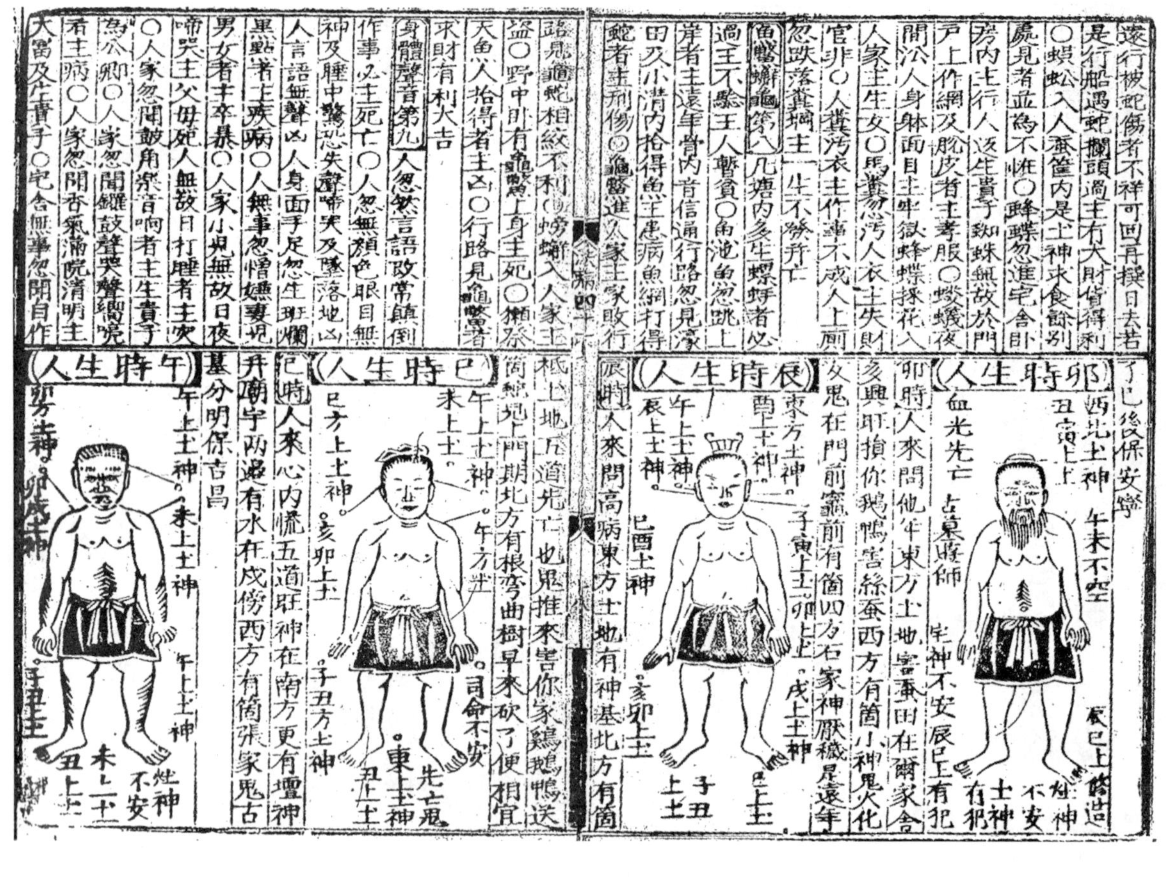

遂行被蛇傷者不祥可回再擇日去若
是行船遇蛇攔頭過主有大財皆得利
○蜈蚣入人蚕箔内是土神求食餘别
處見者並為不怪○蜂蝶忽進宅舍卧
房内主行人送生貴子蜘蛛無故於門
戶上作網及脫皮者主孝服○蚁蟻夜
間沿人身躰面目主牢獄蜂蝶採花入
人家主生女○馬糞忽污人衣主失財
官非○人糞污衣主作事不成人上厠
忽跌落糞坑主一生不發弃亡

魚鱉蝦龜第八 凡塘内多生螺蚌者必
遇王不驗王人暫貧○魚池魚忽跳上
岸者主遠年骨内音信通行路忽見濠
田及小溝内拾得魚主患病魚網打得
鮀者主刑傷○龜鱉進入家主家敗行
路見龜蛇相絞不利○螃蟹入人家主
益○野中田有龜鱉上身主死○獺祭
天魚人拾得者主凶○行路見龜鱉者
求財有利大吉

身體聲音第九 人忽然言語改常顛倒
作事必主死亡○人忽無顏色眼目無
神及腫中驚恐失聲啼哭及墜落地凶
人言語無聲凶人身面手足忽生斑爛
黑點者主疾病○人無事忽憎嫌妻兒
男女者主卒暴○人家小兒無故日夜
啼哭主父母死人無故日打噎者主灾
○人家忽聞鼓角衆音响者主生貴子
為公卿○人家忽聞鑼鼓聲哭聲鑾嚎
者主病○人家忽聞香氣滿院清明主
大富及生貴子○宅舍無事忽開自作
了已後保安寧

卯時人來問他午東方土地害蚕田在爾家舍
多興耶損你鵝鴨害絲蚕西方有箇小神鬼火化
久鬼在門前竈前有箇四方石家神厭穢是遠年

辰時人來問高病東方土地有神基北方有箇
祇土地五道先亡也鬼推來害你家鷄鵝鴨送
箇鰥兒上門期北方有根彎曲樹早來砍了便相宜

巳時人來心内慌五道旺神在南方更有壇神
井窟宇兩邊有水在戌傍西方有箇張家鬼古
墓分明保吉昌

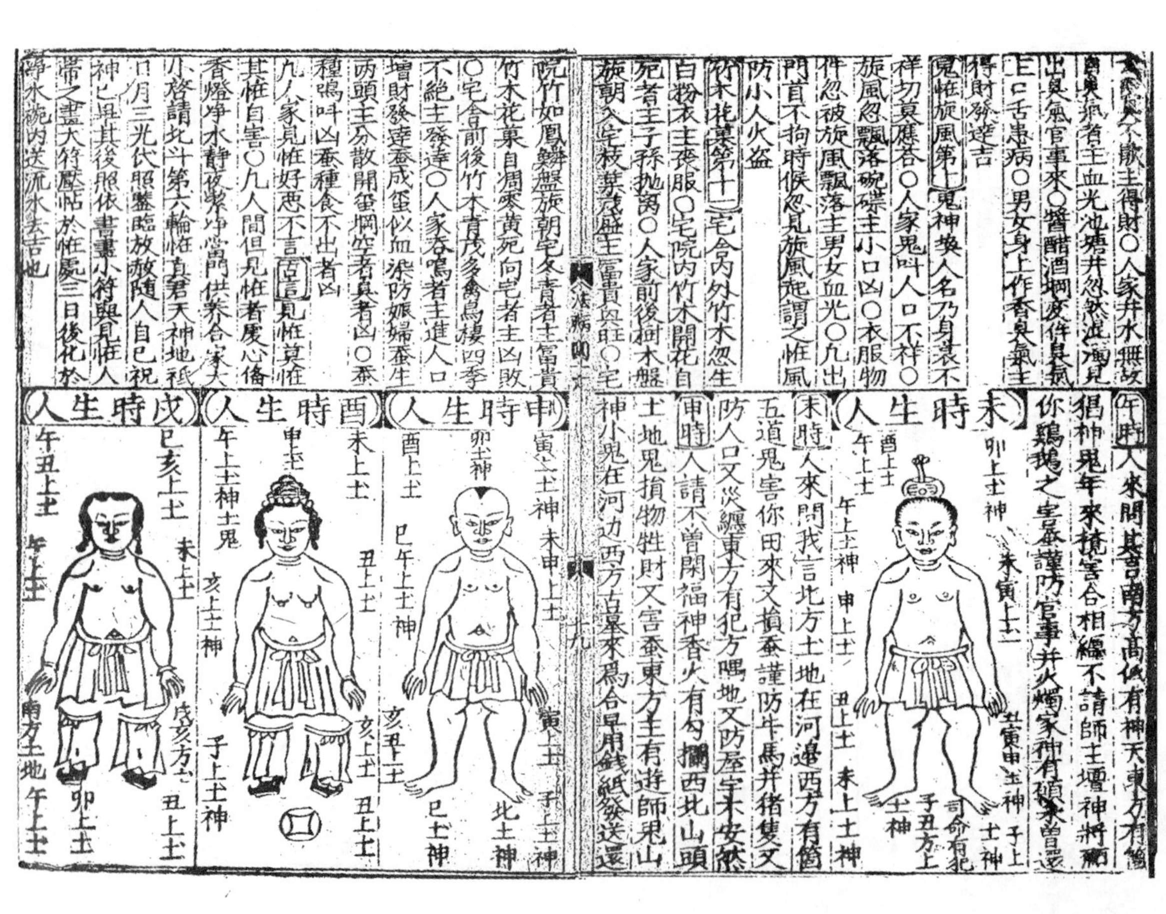

家人不歡主得財○人家井水無故
自臭濁者主血光沖殤并忽然混濁見
出臭氣官事來○醬醋酒烟変作臭氣
主口舌患病○男女身上作香臭氣主
得財發達吉

鬼怪旋風第十 鬼神換人名乃身衰不
祥切莫應答○人家鬼叫人口不祥○
旋風忽飄落碗碟主小口凶○衣服物
件忽被旋風飄落主男女血光○凡出
門首不拘時候忽見旋風起謂之怪風
防小人火盗

竹木花菓第十一 宅舍内外竹木忽生
白粉衣主喪服○宅院内竹木開花自
死者主子孫拋离○人家前後樹木盤
旋朝入宅枝葉茂盛主富貴興旺○宅
院竹如鳳鱗盤旋朝宅冬青者主富貴
竹木花菓自凋零黃死向宅者主凶敗
○宅舍前後竹木青茂多禽鳥棲四季
不絕主發達○人家春鳴者主進人口
增財發達蚕成蛋似血染防娠婦蚕生
兩頭主分散開蛋网空者莫者凶○蚕
種鳴叫凶蚕種食不出者凶
凡人家見怪好恶不言 古言 見怪莫怪
其怪自害○凡人間但見怪者廣心脩
香燈淨水静夜嚴淨當門供養合家大
小焚請北斗第六輪怪真君天神地祇
日月三光伏照鑒臨放赦隨人自己祝
神已畢其後照依書畫小符與見怪人
帶之畫大符壓帖於怪處三日後化於
淨水碗内送流水去吉地

午時人來問其宮南方高低有神天東方有箇
猖神鬼年來撓害合相纒不請師主壇神將禍
你鷄鵝之害蚕謹防官事并火燭家神有願未曾還

未時人來問我言北方土地在河邊西方有箇
五道鬼害你田來又損蚕謹防牛馬并猪隻又
防人口又災纒東方有犯方隅地又防屋宇不安然

申時人請不曾開福神香火有勾攔西北山頭
土地鬼損物牲財又害蚕東方主有遊師鬼山
神小鬼在河边西方古墓來爲合早用錢紙發送還

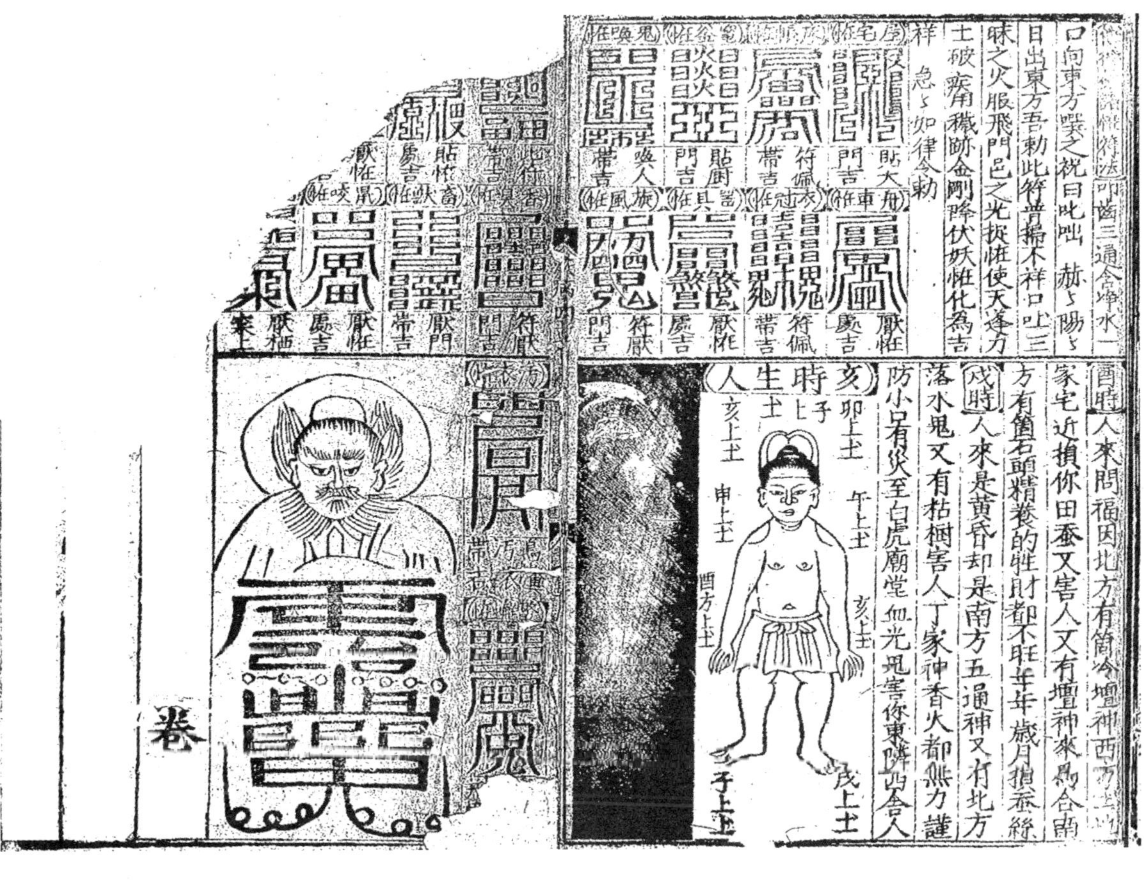

……口向東方噀之祝曰吡咄赫々陽々日出東方吾勅此符普掃不祥口吐三昧之火服飛門邑之光捉怪使天蓬力士破瘟用穢跡金剛降伏妖怪化為吉祥急々如律令勅

酉時人來問福因北方有箇冷壇神西方有……家宅近損你田蚕又害人又有壇神來爲合鬧方有箇石頭精養的牲財都不旺年年歲月損蚕絲

戌時人來是黃昏却是南方五通神又有北方落水鬼又有枯樹害人丁家神香火都無力謹防小口有災至白虎廟堂血光鬼害你東隣西舍人

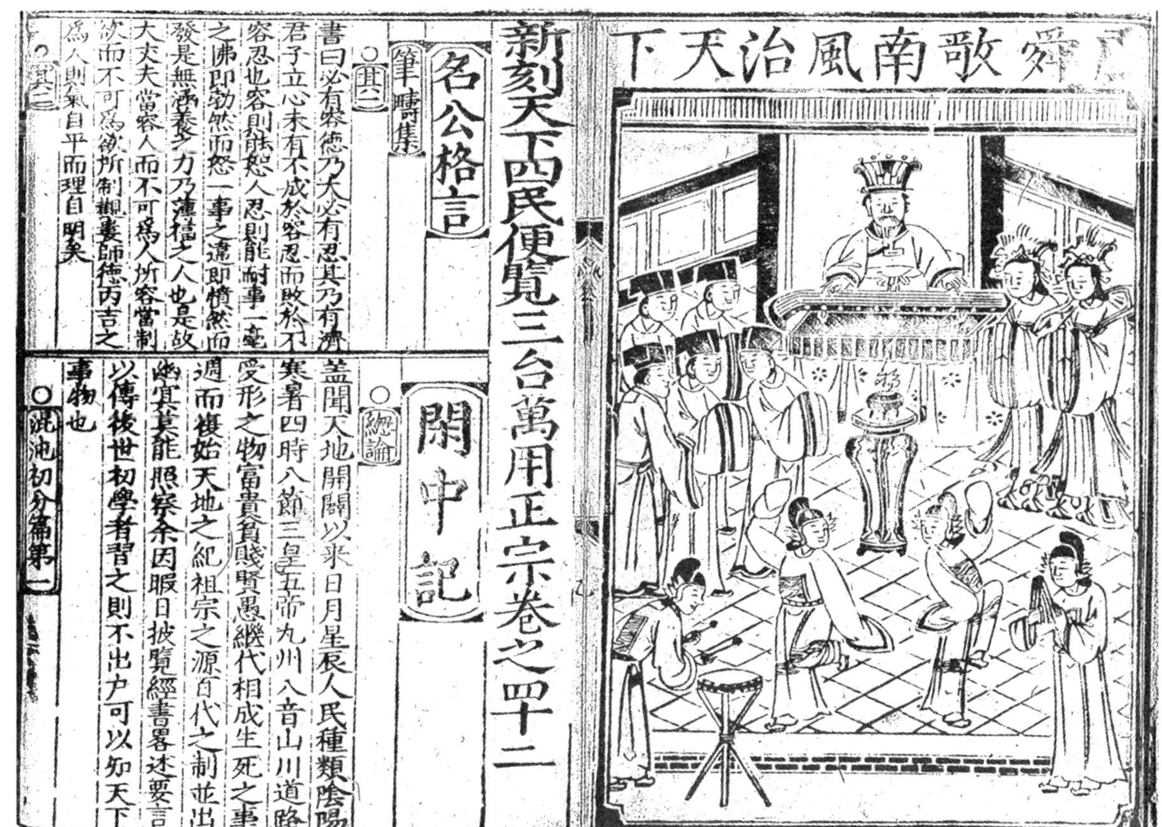

新刻天下四民便覽三台萬用正宗卷之四十二

名公格言

筆疇集

○其二

書曰必有容德乃大必有忍其乃有濟君子立心未有不成於容忍而敗於不容忍也容則能恕人忍則能耐事一毫之拂即勃然而怒一事之違即憤然而發是無涵養之力乃薄福之人也是故大丈夫當容人而不可為人所容當制欲而不可為欲所制觀婁師德丙吉之為人則氣自平而理自明矣

○其三

閑中記

○總論

蓋聞天地開闢以來日月星辰人民種類陰陽寒暑四時八節三皇五帝九州八音山川道路受形之物富貴貧賤賢愚繼代相成生死之事週而複始天地之紀祖宗之源百代之制並出幽冥莫能照察余因暇日披覽經書畧述要言以傳後世初學者習之則不出户可以知天下事物也

○混沌初分篇第一

辱之一事最所難忍自古豪傑之士多由此敗也竊意辱之來也察其人如何彼爲小人耶則直在我何怒之有彼爲君子耶則直在彼何怒之有世之人不審辱之自來而以怒應之此其所以起仇而相害也欽書曰以有忍其乃有濟意正如此

○其三

我以厚待人人以薄待我匪薄也我厚之未至也我以禮接人人以謙加我匪謙也我禮之未至也厚也禮也自我行之薄也謙也由我召之彼何罪也然則厚矣禮矣彼復薄謙者乃吾命也彼何罪也是故不怨天不尤人庶幾君子矣

○其四

妬寵而恃勢爭妍而取怜此妾婦之道也近世士大夫見權勢之人爭相趍附媚之惟恐有失後得一美言則喜溢於色稍見抑之則局蹐不自安又何異於妾婦之道耶夫壽夭窮通天之命也彼固有權勢矣亦不能外於天而壽夭窮通於我也議〻然以說之恐〻然以附之亦可愧也

○其五

不得於天則怨天不得於人則尤人此古今之同情也殊不知抑揚順逆皆非人力所能爲而皆造物使之然也造物亦非有惡我好我而爲之也彼亦不知其亦不知冥之爲而爲之耳怨於天者不知天怨於人者不知命聖人之所不

混沌之初未分天地朝元未定未有人民始有盤古之王身長一丈二尺左手執鑿右手提斧鑿開混沌分天地天地分從攝提歲是生萬物人最靈斯人之初盤古氏天皇兄弟十二頭各歲一萬八十周地皇十一頭兄弟亦各一萬八千禩人皇世号凡九頭九兄弟者分九州相承一百五十世四萬五千六百秋三皇以後有巢出構木爲巢食木實有巢氏後燧人來鑽燧改火教民食

上古三皇者代以太昊伏羲氏首畫八卦造書契女媧共工及大庭相皇中央歷陸繼驪連胥尊盧風姓相承一十五氏後有神農號炎帝始嘗百草教耒耜帝衰帝榆美姓終八世五百二十歲黃帝公孫名軒轅衣裳而治法乾坤製造南車即今羅經立宮室后擒蚩尤爲涿鹿

五帝者金天少昊是其子高陽顓頊是其孫嚳孫名嚳號高辛玄孫伊祁名放勳帝堯立于陶唐氏其年天有十日並出草木燋燋堯命羿善射落九箇日立七十年禪位于帝舜虞氏姓姚立十二州彈五絃琴治五十六年何名三王夏禹王殷湯王周文王何名六國秦國楚趙魏燕齊為六國咸秦始皇併於一統始稱王號帝也

○乾坤定位篇第二

乾爲天坤爲地乾坤者天地之位也天地謂兩儀日月謂之兩曜何名五星東方歲星木星南方熒惑火星西方太白金星北方辰星水星中央鎮星土星何名十一曜日月五星羅睺計都紫炁月孛日

取也大丈夫胸中當洒洒落落如光風霽月任其自然何有一毫之動心哉

○其六

蝸蜓不滿殼聊足以自濡升高不知疲竟者之戒矣人事之役役也計謀之敝敝也人皆以人事可以致富貴計謀可以致功名殊不知一作一輟有物宰之爲之而成者非其能也命之至也況爲之而不成者多乎造物無言也人不可以惑其聽造物無形也人不可以續其公世之人役役敝敝於百年之間無頃刻之自安者不亦深可哀耶不足以爲造物捷深足以爲造物笑

○其七

以言議人此學者之大病取禍之大端也夫君子存心皆天理也天理存則心平而氣和則人有過自能容之矣尚何用言議之哉大抵好以言議人者必其枝心之重也所以見人富貴則忌之声名則嫉之忌之嫉之之心蓄之於平日議之激之之言發之於尋常殊不知結怨也深構禍也稔身亡家敗不可已矣是故君子貴乎養心焉

○其八

稠人廣坐之中不可極口議論送已之長非惟惹妬抑亦傷人豈無有過者在其中耶議論致彼則彼不言而心憾且如對官長而言清則不清者見慕對朋友而言直則不直者見憎彼不自責其將謂我有意而爲之矣彼或有禍我能

月五星謂之七政陰陽風雨晦朔謂之六氣何名二十八宿東方角亢氐房心尾箕北方斗牛女虛危室壁西方奎婁胃昴畢觜參南方井鬼柳星張翼軫天有三光日月星是也地有五岳泰山東岳在青州華山西岳在陝州衡山南岳在衡州恒山北岳在眞州嵩山中嶽在豫州是也何名三川洛川泰川蜀川也何謂五湖太湖在蘇州鄱陽湖在饒州青草湖在岳州丹陽湖在潤州洞庭湖在鄂州何謂四海東南二海鹹西北二海淡何名三山四馬頭泰山在山東太行山在山西龍虎山在江西臨清紙馬頭杭州人馬頭荊州木馬頭樟樹藥馬頭何名九州雍州豫州冀州青州湯州梁州荊州徐州兗州何名四瀆江水出岷山河水出崑崙山淮水桐柏山濟水王屋山何名中華之國今大明是也何名蕃國東方有九夷南方八蠻西方六戎北方五狄何名五常仁義禮智信何名五音宮商角徵羽何名五穀粟穀麻豆稻何名五菓李杏棗桃梅何謂四時春夏秋冬何謂八節立春春分立夏夏至立秋秋分立冬冬至何謂天干甲乙屬木丙丁屬火戊己屬土庚辛屬金壬癸屬水何謂地支子鼠丑牛寅虎卯兎辰龍巳蛇午馬未羊申猴酉鷄戌狗亥猪何名二十四氣正月立春雨水節二月驚蟄并春分三月清明及穀雨四月立夏小滿同五月芒種并夏至六月小暑及大暑七月立秋處暑節八月白露及秋分九月寒露并霜降十月立冬小雪節十一月

子部　第四册

免乎惟有簡言語和顏色隨問即答者庶幾可耳

○其九

君子不可以己之長露人之短然天地之間長短不齊物之自然也最爾之軀豈能事事而長哉必欲炫己之長而露人之短則跬步而成仇矣何也譏笑詰乎己之短衆莫深於人之長攙其短彼況揚吾短矣而不憾者千百人一人耳然則言人之短者可謂之種禍也

○其十

人之病在乎好談其所長長於功名者動輙誇功名長於文章者動輙誇文章長於遊歷者動輙誇其所見山川之勝長於刑名者動輙誇其獄訟之情此皆露其所長而不能養其所長者也惟智者不言其所長故能保其長

○其十一

張九齡以功名忠義奮振一時可謂君子矣然或者謂其每處士大夫之有[illegible]者必致窮絶之地以故一念不仁所以無嗣人心之不可不仁如此哉夫好生惡死人之常情趨利避害世之常態置一物於死窮之地者置一事於無窮之地者君子不爲也况作好惡於其間耶九齡盛德之士也一念之差猶不免於絶嗣丁謂盧多遜之輩當何如耶

○其十二

字畫珍玩不可示之於權勢之人古今名畫不可誇之於貪汚之士一經其目

大雪并冬至十二月小寒及大寒[illegible]何名節序元日人日元宵上元春社中和花朝寒食上巳清明入梅午粧寶三伏七夕中元秋社中秋重陽小春下元冬節臘日除夜守歲立春後五戊爲社有六戊但看午時以後立春者六戊是也何謂三伏夏至後三庚爲初伏四庚爲中伏立秋後初庚爲末伏何謂六十花甲子甲子乙丑海中金丙寅丁卯爐中火戊辰己巳大林木庚午辛未路傍土壬申癸酉劍鋒金甲戌乙亥山頭火丙子丁丑澗下水戊寅己卯城頭土庚辰辛巳白蠟金壬午癸未楊柳木甲申乙酉泉中水丙戌丁亥屋上土戊子己丑霹靂火庚寅辛卯松柏木壬辰癸巳長流水甲午乙未沙中金丙申丁酉山下火戊戌己亥平地木庚子辛丑壁上土壬寅癸卯金箔金甲辰乙巳覆燈火丙午丁未天河水戊申己酉大驛土庚戌辛亥釵釧金壬子癸丑桑柘木甲寅乙卯大溪水戊午己未天上火庚申辛酉石榴木壬戌癸亥大海水何謂五行金木水火土何謂六合天地四方是爲六合又云六極是也天地人謂之三才儒釋道謂之三教冬臘歲謂之三朝君父師謂之三尊何謂四祭禴祀蒸嘗何名四窮鰥寡孤獨何謂六畜牛羊犬馬豕鷄何謂六藝六藝者禮樂射御書數三綱者君爲臣綱父爲子綱三端者文士筆端武士鋒端辯士舌端三老者上知天文下知地理中顯人倫四靈者麟鳳龜龍也

帝王總括篇第三

[illegible]其心既動其心必索之於我矣有[illegible]禍者与之可也不然由物生禍其[illegible]遠哉漢晉唐宋以來如此者衆矣可不懼耶可不懼耶不然誅而奪賄無及

○其十三

禍莫大於多慾富莫富於知足欲心勝則徇物徇物則身輕而物重矣物重則貪然無窮不喪其身不止矣是故聖人所以爲聖人者以其無欲也由其無欲故視天下猶一家一身猶衆人安於所遇不以貧賤異其心不以出處異其道淡然廓然而已爾彼徇物由不知足之故也苟知足則心安心安則事少事少則家道和家道和則人無不知矣故曰富莫富於知足

○其十四

君子之於小人未嘗不識其形狀也但君子容之而不與之校耳校人之欺子產匿者之欺悔翁君子寧肯先起心而測之哉彼小人以爲君子可欺也終其所爲昧其本心而自以爲得計殊不知君子視之猶爲一笑而已是故善鑒待物者君子之用心持鏡察照者非君子之用心也

○其十五

言之非難處之爲難士大夫安居之時見人憂患害則曰是何足以爲吾之憂見人恤貧賤則曰是何足以爲吾之恤及其親復其事則色喪膽落張張遑遑[illegible]措矣殊不知張張遑遑蓋從自若

天皇地皇人皇氏名曰三皇居上世太昊炎帝及軒轅唐虞紹之爲五帝堯年七十舜六十四百六十夏后氏六百四十四商年八百六十七周歲秦皇再世十五年四百七十劉漢繼魏四旬六吳五旬先後俱為晉所噬晉百五十有五年中原盡爲朧胡據南朝宋齊及梁陳一百六十九而已北魏一百六十三隋三十八歸唐李二百八十九年春中有光武改周紀繼世梁唐晉漢周五十二年爲五季趙宋三百二十年元馭中華九十禩自堯迄元幾春秋三千七百八十四方今天命眷

大明聖聖相承統天地天子皇帝太上皇太后太皇后皇太子皇子公主親生駙馬皇太妃貴妃淑妃昭儀修容婕妤美人才人夫人南班宗室宗女宗婦郡主儀賓縣主郡馬

三公九卿篇第四

三公者太師太傅太保九卿者太常寺宗正寺光禄寺衛尉寺太僕寺大理寺鴻臚寺司農寺太府寺寺卿是也六官者曹也即六吏天官冢宰户地官司徒禮春官宗伯兵夏官司馬刑秋官司寇工冬官司空六經者尚書毛詩周易禮記周禮春秋三傳左氏傳公羊傳穀梁傳三史者前漢後漢東觀漢是也今之初學者先讀孝經蒙求論語孟子夫以天生萬物惟人最靈人有百行孝之本昔有明王受命則璽曲木從繩則正人無信不立車無輗不行潮水有期爲人無定有水有波有佛有魔曾子[illegible]

宜造化已定之矣善乎康節之言曰能
言未是真男子善處方為大丈夫君子
之生濁世誠不可不思所以善處

○其十六

君子之處世不可有輕人之心亦不可
有上人之心懷輕人之心者類乎薄挾
上人之心者類乎任何也心實乎平而
不貴乎念有輕人上人之心則客氣當
在而心無頃刻之樂世之文士見愚人
得富貴則不惟顏色輕之而心實輕之
見君子得聲名則不特念慮妬之而動
靜亦妬之是大可笑也夫天之生物々
不能齊吾當平心以酬酢於賢愚之間
可也彼徒有輕人之心而造物者竊笑
之彼徒有上人之心而學問日損又
易若處己接物以為進德修業之基耶

○其十七

世事不可執一而觀要隨時詳審可也
彼貴則此賤彼賤則此貴循環往來恒
無定勢然古人言富貴者倘來之物也
殊不知貧賤者亦倘來之物也其來也
不可禦其去也不可止往來係於寔々
之中而非人力之所能及世之人憂貧
賤如虎狼慕富貴如蟻慕羶曲計巧心務
去此而留彼噫遑々汲々是徒然耳
[illegible]物者矣

○其十八

[illegible]君子之生於世也不可有過言過
言非吉道也何也其瑕易露也吾有么
麽之清動輙以包拯之清誇人吾有么

三者其身必慢於己小人終日不知其過隨於
罪百也

○人倫三教篇第五

四民者士農工商三教九流者一舉子二醫士
三陰陽四卜筮五冊青六相視七僧家八道家
九雜家六親父子兄弟夫婦翁婆考妣父亡曰考母亡曰妣
伯叔姆嬸姊妹姑姨男女孫姪哥嫂妻妾媳
婦妯娌丈人女婿舅妗外甥儒者進士秀才賢
良神童解元省元會元狀元榜眼探花傍尾副
榜孝廉宏辭學究上舍學正學錄學諭學典直
學々長掌書掌儀齋生集正學賓釋者僧錄鑑
義長老禪師大德戒師律師法師和尚上座比
丘苾蒭沙弥行者道者居士童行頭陀寺主院
主監院知庫知客藏主殿主化主塔主庵主茶
頭浴頭維那闍梨班首散衆師姑師尼道者道
錄道正副正管轄先生法師處士高士真人羽
客道士道衆觀主知宮知觀都監庫主表白知
磬知堂主齋文人道童女冠

○勸學篇第六

書謂荊山之玉天下以至寶也不琢不雕不能
成其器鄧林之木天下之良材也不斧不斤不
能成其用頑金雖鈍磨礪之施則能見其利曲
木雖斜繩墨之加則能成其正惟人之性萬物
之靈不能賢愚皆從師訓若不學問豈得有能
溫故而知新可以為師矣時不待人春光可惜
李長無一恨之寶錢是倘來之物學者思其明君

彦之德動輙以顏子之德許己有一微
瑕則衆人指而責之矣殊不知清者己
之職分所當為德者人之天性所當率
豈可以此而驕人往々清者為人所污
德者為人所敗職此之由也

○其十九

處事不可擬々亦不可孜々孜々則躁
軟無立擬々則粗暴惹禍和易其身心
謙恭其言語近恕而行則人無怨而躬
全矣

○其二十

慾心重者雖處富貴之地未嘗須臾之
不憂也何也位高者多無子則為無子
累其心矣才高者無位則為無位累其
心矣天地間萬物之不齊彼屈此伸彼
有此無自然之理也必求全其心之所
慾則蠶蝕乎百歲之間須臾之不憂也

○其二十一

大凡不仁之人不可與遊何也不仁之
人其心不常悅々則把杯連袂傾心覆
膽怒則持戈執戟怒氣相加矣夫與之
遊尚不可況欲與之謀大事决大疑哉
東坡言人心真不可縱放閒散既久毛
髮許事便自不堪誠哉是言也余平日
之病正坐於此自小以讀書為業除把
筆攻文外世事惛然不知縱有毛髮事
則慶々不自寧矣蓋懶惰之害也如陶
侃豪傑士也朝運百甓於齋外暮運百
甓於齋內豈無所用其心哉正以人心
一懶則百骸俱怠則心益日荒而萬事

文者思其明師山高則樹長君賢則臣良見善
言易學者最難君子相交如水淡小人相交似
蜜甜與善人交如霧露中行雖不濕其衣時々
有潤與惡人處如刀劍中坐雖不傷人時常恐
懼勤學之人必求善己則可以成人也

○敬慎篇第七

處世之難敬慎為上人無遠慮必有近憂積善
之家必有餘慶行惡之家必有餘殃人有善願
天必從之教子嬰孩教婦初來遺子千金不如
教子一經養子百計不如隨身一藝有珠不吐
誰知是寶灰着錦袍誰知裡好賤草易為長莖
出市難為白米對西施難為美貌對孔子難為
語言謂知人非珠玉談且為貴人頭員像於天
脚足方像於地手足四肢應四時身長八尺應
於八節大腸一丈二尺應一年十二月小腸二
丈四尺應一年二十四氣躰有三百六十骨節
應一年三百六十日身上有九孔二隱七孔現
像北斗十二孔隱像輔弼膽容一合主於天子心
重三兩主於三公肺容六合主於六司肝起五
兩主於五官人身包含山海最為靈故為人者
知其人身之貴當自謹慎敬矣

○養性保命篇第八

始為人者皆心持己一句十撻一撻十摩父而
之行皺少紅多莫喫卯時酒昏昏直到酉少喫申
時飯壽年九十九軟蒸飯爛煮肉少飲酒獨自
宿避色如避仇避風如避箭服藥千朝不如獨

麻矣

○其二十二

聖人不言命而曰不知命無以為君子何也蓋命者死生壽夭貧富貴賤之命也世之不知此則百計用心於其間殊不知一日計用心者徒然耳命既如此則當寧心以待之不可趨避也聖人憲世人徒費其心故曰不知命無以為君子非聖人自言命也

○其二十三

險人之前不可議人之陰私奸人之前不可論人之机巧我一時言之彼一時聽之言之者固不甚難彼聽之者著之於心而不忘矣險者貨其陰私以為訐本好者用其机巧以為利甚豈不損物害理之甚哉言雖不曾損物害理亦猶抱薪資火陷水資溺謀人之宅沒人之田者矣吁此仁者之所以深戒乎

○其二十四

蘇武牧羝北海上其節凜然固不可及矣然取胡婦生子抑又何也殊不知匈奴難之者無所不至若之者無所不周娶婦生子一以安匈奴一以全性命歸漢也不然身死其地骨瘞虜庭豈不辱哉東坡謂色慾之心雖蘇武不免不知武矣一婦奚足以汚其清風苦節耶

○其二十五

大言不慙此夸者之大病夫人雖至愚是非之心則人皆有之或乗憤以愠人或因喜而誇張殊不知人雖無言而默笑於胸中矣

○其二十六

君子立身其大要在乎懲忿窒慾忿如火不遏則燎乎原矣慾如水不遏則滔洞滔天矣何家室之不靡何災禍之不至哉惟其懲故心清而志安惟其窒故氣暢而神安

○其二十七

責人之前莫言窮彼將謂我求其薦矣富人之前莫言貧彼將謂我求其福矣是以群賢之中淡淡然付之謹默可也窮也貧也皆命也非告人而可脫者也或有不得於心寄言咏歌之間陶寫性靈而已

○其二十八

人之禍患皆自多事生來人見位高金多者未嘗不願與之交也見勢崇權重者未嘗不願與之接也而不知一交一接之間禍患由此而基焉善於安保者盍以清淨省事為本窮通有命從事紛紛夫何益哉

○其二十九

士君子不可不大其胸襟大其胸襟則一日之內奉之間役役闘捷於声利之場如之何而能樂哉盖以有限之身況以無窮之欲得之於此失之於彼強欲兩全其欲則條然有不如之憂矣望望焉求之不得悻悻焉得之無方愈憂而愈苦莫之能釋也是故以六合為一也以不治為一陶者則無往而不樂

叶一宿飲酒千觔不如飽食一粥作福不如避罪服藥不如忌口爽口味多終作疾快心事過必為殃療飢不可以求附止渴不可以求鴆從口出病從口入麁茶淡飯飽即休補綴遮寒煖即休富不儉用貧時悔見事不學用時悔醉後狂言醒時悔安不將身危時悔渴不飲盜泉之水熱不息惡木之陰從善如登從惡如崩知足常足終身不辱知止常止終身不耻樂不可極欲不可縱富貴不知止殺身飲食不知節損壽無事當貴無災當福調攝當藥蔬食當肉救寒不如重裘止謗不如自脩也

○宦官篇第九

凡居官者立身正道不會着衣看傍人例不會做官看旁州例好例子休與人壞了歹例子休與人做下進一步思退一步要一錢不值一錢得意處早回頭努力處行方便不可以無鼠而畜不捕之猫不可以無盜而畜不吠之犬且失色於堂暮傳笑於國猛則濟之以寬太猛則民殘寬則濟之以猛太寬則民弛太剛則折太柔則廢畫地為獄議不入刻木為吏期不對兩虎共闘勢不俱生鷸蚌相持漁人得利徐行不可以救弱捧溺不可以沃焦薰蕕不相齊不齊之耳秋牙不能齊不齊之口直如弦死道之曲如鉤得封侯琥珀不取腐芥磁石不受曲針好女入室醜女尤之忠臣入朝奸人仇之

○禮義篇第十

草木有生而無本禽獸有知而無義人之所以其知礼義礼義者律漢高六年蕭何制也孝者羊有跪乳之恩鴈有列行之序喪礼者父母之喪望星而哭兄弟之喪列間而哭大功之喪列門而哭小功之喪列堂而哭緦麻之喪見屍而哭父亡用竹杖母亡則用桐杖竹節在外應父礼節桐心在內應母慈心此為孝子之輕重也字者何人所制昔淮南子蒼頡鳥跡而成文字且如天字四畫按一年之四季地字八畫按八節之氣候所以土邉作也日字有五畫按金木水火土月字六畫按六合日月二曜為明也星字十畫按三台七元之尊也所以眾星而拱之人字二畫分男女二身應陰陽二氣交合始為人也孔子周靈王四年庚戌歲三月初四日午時生年七歲就入晏平仲學十一歲才過平仲遷入洙泗設教九国三千徒弟著孝經大義二十章至秦始皇無道坑殺儒生焚燒詩書后乃尼丘縣令楊雄寫得一十七章通畢加得一章湊成一十八章蓋論天下君臣父子之礼也孔子卒七十三歲至開元二十七年封為文宣王號曰儒僮菩薩勅天下州郡刻像畫形每年仲春秋二丁命官僚釋奠至宋淳熙朱子文公集註並尊先聖之師模立道德礼義之所行也

○書算篇第十一

夫筭之法先明九九正身端坐調和指手田六尺為一步二百四十為一畝三百六十步為

其三十

或有問於余曰處順境易逆境難信乎余曰兩者俱難惟智者處之則無難也順境者人易縱之時也縱之不已則天奪其魄故曰小人福薄禍过禍生逆境者動悔有悔之時也悔之痛切則天佑之故曰吊者在門慶者在閭是故處順境而知懼遇逆境而知憂則禍患不能及焉上〻之達無憂下士愚無憂〻之所鍾其在中人乎

其三十一

怒之一字固爲求人之要量之一字又爲行怒之要人有能怒而無量者也亦未有量而無當者也是故怒雖當勉量亦當奈有杯盂之量有池沼之量有江海之量有天地之量天地之量聖人也江海之量賢人也池沼之量中人也盃盂之量則小人矣易喜易怒者小人也易予易奪者小人也未湯而先盈者小人也未富而先富者小人也中人則有寬有狹賢人則多寬而少狹至於聖人則萬物不能撓其心與日月同其明與鬼神合其德蕩〻乎無〻無所不容矣然則寧量之功何先曰窮理窮理則明〻則寬〻則恕〻則仁矣

其三十二

老氏動輒要絶嗜慾男女飲食豈可絶耶但不以彼累心節之而已孟子曰其爲人也寡慾雖有不存焉者寡矣謂之曰寡則可謂之曰絶則未可

米一斗重十斤鹽一斗重十斤黄金方員一寸重一斤（秤）之所起爲一粟十粟爲一銖十銖爲一毫十毫爲一氂十氂爲一分十分爲一錢十錢爲一两十六两爲一斤十六斤爲一秤（尺）之起爲一忽十忽爲一絲十絲爲一毫十毫爲一分十分爲一寸十寸爲一尺十尺爲一丈四丈爲一疋丈爲端十丈爲一引（斛）之所起爲一黍十黍爲一絫十絫爲一圭十圭爲一撮十撮爲一抄十抄爲一勺十勺爲一合十合爲一升十升爲一斗十斗爲一石十石爲一斛十斛爲一函（錢）之所起爲一文十文爲一百十百爲一千十千爲一萬十萬爲一億十億爲一兆十兆爲一京十京爲一潤十潤爲一正十正爲一載〻者極也故曰天能盡地〻不能載天

起置篇第十二

夫天地是誰置立天下是誰生變寛海立天實嬰立天地公姓趙名列變盤古置冬燧人鑽木取火教人烹炙伏羲造耕八卦命蒼頡制字女媧煉石補天神農教人耕種嘗百草置升斗立市交易王在起倉庫軒轅起房屋造曆日置衣服般果造醋杜康造酒禹王問九州治洪水蒙恬制筆蔡倫造紙邢奚造墨子路置案硯呂契造床卓奕造蔫薦祝融造鍬鐺呂奏造匙筯梁王造五穀飯食陵律造園貿米飾彭甚造樂器水碓羅〻公勸教人養蚕陳現造筐籮造船張平造花洪巧穿池養魚和原造網許繇

雜談　總叙

甲談也談心也何月翻雲吞和樹声吞梁响高亦可低亦可繁亦可簡亦可張鶴不猜鹿豕不忌恐饒舌者語世人世人笑之耳世人不談王道樵亦能笑之

○耕堯田者有水慮耕湯田者有旱憂耕心田者無憂無慮日日豊年

壁書裝潢裂史粘牕誰不惜之士厄窮途落寬拜聞者不憐遇者不顧听其死生是賢紙上之字仇腹中之文哀哉

與邪佞人交如雪入墨池雖溶爲水其色愈汙與端方人處如炭入熏爐雖化爲灰其香不滅

小人出事剝竊入事重修是猿雞寨社攫金粧佛神佛其攘我哉

[illegible]從祿公怒如途雪着面而易溶得彼笑怒如隙風侵肌而不覺

子怨父貧兄嫌弟窮妻妾視豊儉爲悲歡奴僕視盛衰爲勤怠市道不在門外矣

殺人者死定法也酷吏殺人不死謬將殺人不死庸醫殺人不死法定

凶人祭祀吉神不饗如君子不受小人之苞苴吉人祭祀凶神不臨如小人不登君子之俎豆

聞君議論如嚼苦茗森嚴之後甘芳溢頰聞小人謟笑如嚼糖水爽美之後寒冱凝腹

或問優孟孝孫叔敖抵掌談笑歲餘兮叔敖無辨今人終身孝孔顏何百不一

人相咸管輅教人卜易李淳六甲楊與造樓豪陳現造坑側勿真造計筭秦周造寺观梁王造佛像文郷造鐘磬陸石造笛伯陵鑄錢簫鳳造草篠梁信造氈毯雞明造餅餻虞氏教人作蚀神農教人歐油許負教人種桑湯創教人種亭宣礼教人種桑東方朔教人種菓周圍四界名于四天東弗于岱西瞿耶尼南瞻部洲北鬱單越日從扶桑而上于蒙巳山而没一日一夜照曜天下日名金烏又名赤鼎月名玉兎又名蟾蜍繞轉西彌山南瞻部洲有八萬四千国土大陽炎晶飛鏡崑崙山上有一桑樹樹上有雞形高五尺身上有五色衣羽候曉而鳴振動天下凡雞知而報曉雞有五德頭戴冠者文也足搏距者武也敵在前敢鬪者勇也見食相呼者仁也司晨不失時者信鷄出光現山鵝出飛現山燕出海門山鳳出丹穴山雁出鴈門山猪出方善山羊出安祿山馬出龍場山駱駝驢騾並出隴西山牛名一頭馬名一疋南海之地天地常熱秋無白露冬無霜雪北海深番天地常寒冬月氷連水底夏月氷厚六寸惟有中華之国當天地之中故有寒暑往來陰陽之氣候也

故賢篇第十三

三仁者殷有微子箕子比干也三傑者漢有張良蕭何韓信也四君者楚国春申君黄歇魏国信陵君魏無忌齊国孟嘗君田文趙国平原君趙勝也何謂夫人昔代帝王未登時行至半道

如曰心[illegible]易耳孝子賢難畫工數筆術者片言僧道一經半呪動得千金文士刳精鉢心不轉人一笑而士也賤何獨在茲

攜魚上砧送蟹入釜無不測然及坑才爾婁惟恐不深是不忍於細而忍於大

○閻金闕王不幸甚矣而先人手澤亦卷分帙散求為不全之書是遺無窮之恭也哀哉

貴視孔鵰賤視賓客肥飼犬馬瘦役奴婢不義而富貴者之積君也衣垢不煎器缺不補對人猶有慚色行垢不煎德缺不補對天豈無愧心

古人嘆未知為人父之道而有子今人未知為人子之道而有子

忽逢一女在前里名為紡女遣王孫仲之將乃遣卿中賢士及國大太將王昂往迎之因此忌為夫人至今不絕也何謂附馬昔日晉国女嫁於秦国恐女不勝君子之意乃將馬一匹送君不會意却乘馬而帰拜省親因此號為附馬傳至此也清明寒食者昔介子推從晉文公求之不見乃放火燒山子推抱樹而死公哀之因此號寒食端午龍船者昔有三閭大夫屈原五月五日投汨羅江而死被龍魚搶他德屍托夢於楚平王王年年此日作龍船以救之此端午競渡傳至今也重陽九日酒昔有桓景一居家九口有仙人謂曰汝家有天災可登高山飲茱萸菊花酒方可免一家灾依言至夜方帰其家鷄犬一時暴死矣因此重陽飲菊花酒傳至今也斑竹者昔有湘妃憶舜洒淚而成斑竹是也

送終篇第十四

死生事何如人之一身皆禀陰陽之氣聚其生陽散氣則死故能調攝其氣者則寿命延長不能慎護其身者則多病多患生死之事始終之常理也棺木者昔上古五帝之時有孝人郭子玄父死欲葬恐被狐狸分張乃號天大哭七日七夜不絕感天起霧玉遣人造木函以助其葬後人見之因此造棺木至今傳也遮面衣者昔吳王不愛忠臣伍子胥諫之子胥亡後被越運所逼臨死之時語謂諸臣曰吾恨不受子胥之言今日死去羞見子胥面死之時汝作面衣遮

痛從誤器可他求痛婦誤衣衣可他[illegible]痛師誤子弟子弟可服[illegible]

龍有蚯之一鱗不害其為靈玉有石之一脉不害其為玉有[illegible]行一行[illegible]不害其為君子

自己之仙真仙也不求真仙而求繪鍾離呂惑矣

堯行舜趨周冠孔裳者恐未可以貌定也使其見遺金於曠寂之途遇色婦於空閑之室而一毫不動心者是堯舜孔魂周孔復肉然仁義之賊也

或問浮屠氏以身為旅伯何必殫費金朱華耀土木曰小人性貪非勞奢極侈無以起其信心

君子對青天而懼聞雷電而不驚履平地而恐涉風波而不疑

讀孔孟之書而不曾殺人者未為仁人也讀孫吳之書而不嗜殺人者仁人也

東家富爵道長接隴西家富德風雪閉門燕處文梁蟲淵離鴻棲弱草根折身

君蹟曹傳其托勳成烈就慶衍後人且增失其托義破忠殘餓先世然則刻季豪傑之文采項羽英雄之弱節也

上交之難甚矣[illegible]詔未必喜一忠刻骨怨之百巧未必録一拙終身棄之所以古人高尚其事

虎不食虎人食人虎不食子人食子哀哉

砥暗爪傷膚壞梳摘髮色為之變聚珍奉身列豔靡骨心為之疲倚富者貧倚貴者賤倚強者弱倚巧者拙倚仁義者不貧不賤不巧不拙

天不能家訓戶飭賢一人以誨衆人之愚天不能家贍戶給富一人以濟衆人之貧非以資私一身當私一家也

二 勸世文

○西江月

堪嘆光陰易過四時快樂難逢夕陽西下水流東嗟嘆人生如夢處處青山綠水年年李白桃紅一般秋月與春風天下人皆相若可惜都無管[illegible]堪嘆閻老夏公錦衣玉帶死生同官高極品何用無限王侯宰相我多富貴英雄争名奪利不皆空惟有江山不動道理不遵王法孝義合與天公勸君萬事自從容積

遊諸侯一依其言因此傳至今也五穀袋者昔有伯夷叔齊叩馬而諫武王不聽遂至於首陽山之下不食周粟恐餓而死後載屍而還本国恐靈神飢餓遂設熟食五穀袋引魂相送之礼傳至今也凡人死者各有期號天子曰崩諸侯曰薨大夫曰卒士不禄庶人曰死除夜燃燈燭者昔有彭州籛老歲除燃燈燭焚香稽顙至曉壽籛老八百歲所有流傳至今百歲蒲屋燃燈求壽筭綿長也

嘆世詩

仁者難逢思有恒　平君慎勿視無傷
争先徑路机關惡　近後語言滋味長
爽口物多偏作疾　快心事过必為殃
與其病後能為藥　莫若病前能自防

報應分明

善似青松惡似花　青松冷淡不如花
有朝一日嚴霜到　只見青松不見花
昔日螳螂去捕蟬　豈知黃雀在身邊
黃雀却被金彈打　獵人又被虎傷身
誰知一命還一命　報應分明在眼前

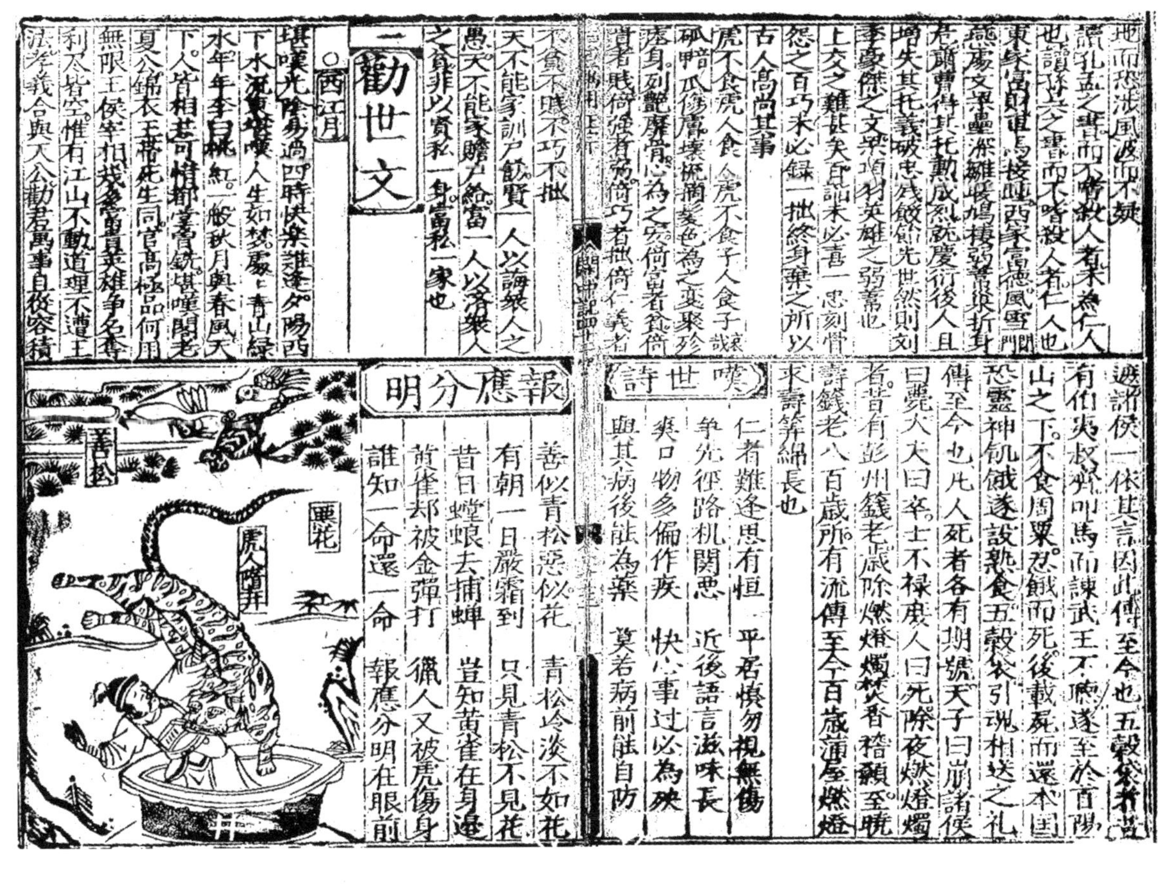

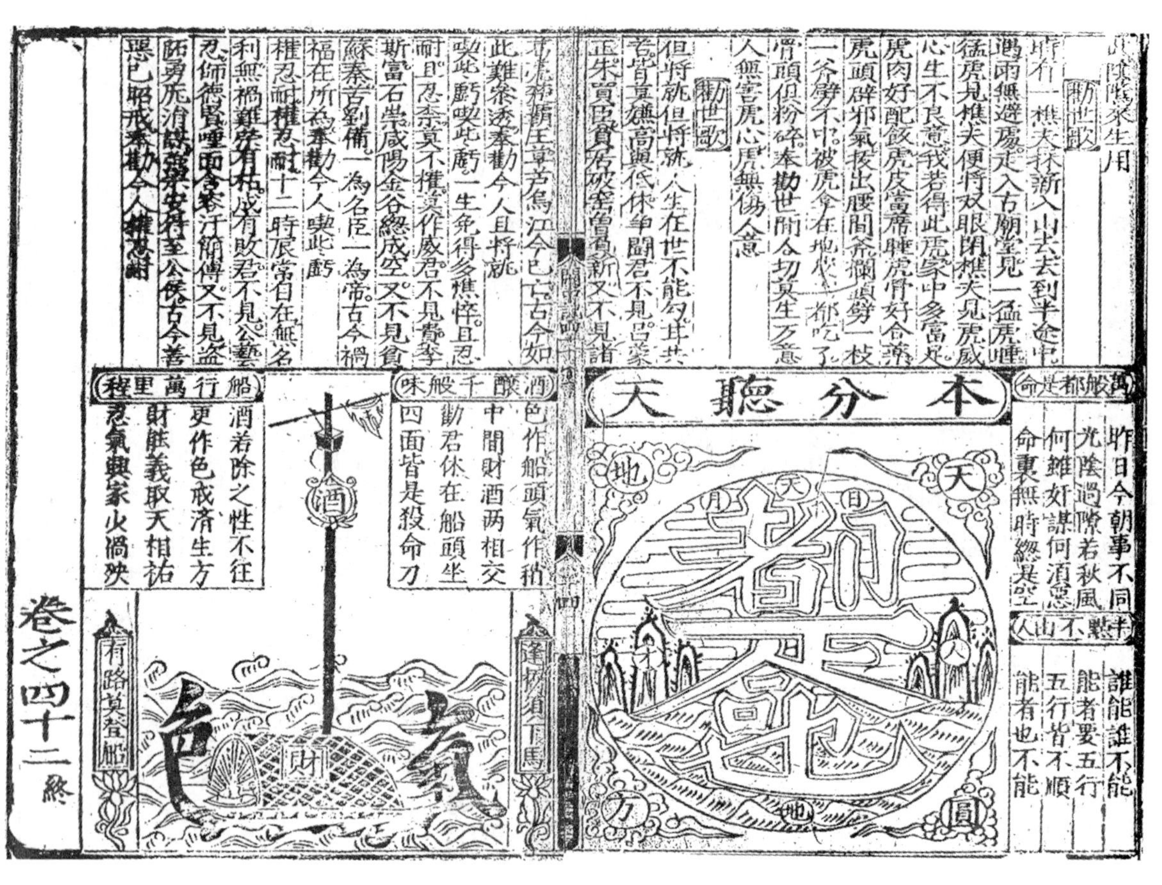

勸世歌

昨有一樵夫，林新入山去，去到半途中，遇雨無避處，走入古廟堂，見一猛虎睡。猛虎見樵夫，便將双眼閉，樵夫見虎威，心生不良意：我若得此虎，家中多富足，虎肉好配飯，虎皮當席睡，虎骨好合藥，虎頭辟邪氣。拔出腰間斧，攔頭劈一枝，一斧劈不中，被虎拿在地，皮肉都吃了，骨頭俱粉碎。奉勸世間人，切莫生歹意，人無害虎心，虎無傷人意。

勸世歌

但將就，但將就，人生在世不能勾。其共若肯莫嫌高與低，休爭鬪。君不見呂蒙正、朱買臣貧居破窑曾爲新，又不見諸……章芦烏江今已古，古今如此難參透，奉勸今人且將就。

喫些虧，喫些虧，一生免得多樵悴。且忍耐，且忍奈，莫不權，莫作威。君不見費李斯、富石崇，咸陽金谷總成空；又不見貧蘇秦、苦劉備，一爲名臣一爲帝。古今禍福在所爲，奉勸今人喫些虧。

權忍耐，權忍耐，十二時辰常自在。無名利，無禍難，勞有枯，成有敗。君不見公藝忍、師德賢，唾面含容汙簡傳；又不見盗跖勇、尨涓毒，蘇秦安得至公候。古今善惡已昭彰，奉勸今人權忍耐。

本分聽天

萬般都是命

昨日今朝事不同，光陰過隙若秋風，何雖奸謀何須恁，命裏無時終是空。

誰不由人

誰能誰不能，能者要五行，五行背不順，能者也不能。

酒釀千般味

色作船頭氣作梢，中間財酒两相交，勸君休在船頭坐，四面皆是殺命刀。

船行萬里程

酒若除之性不往，更作色戒濟生方，財能義取天相祐，忍氣與家火禍殃。

卷之四十二終

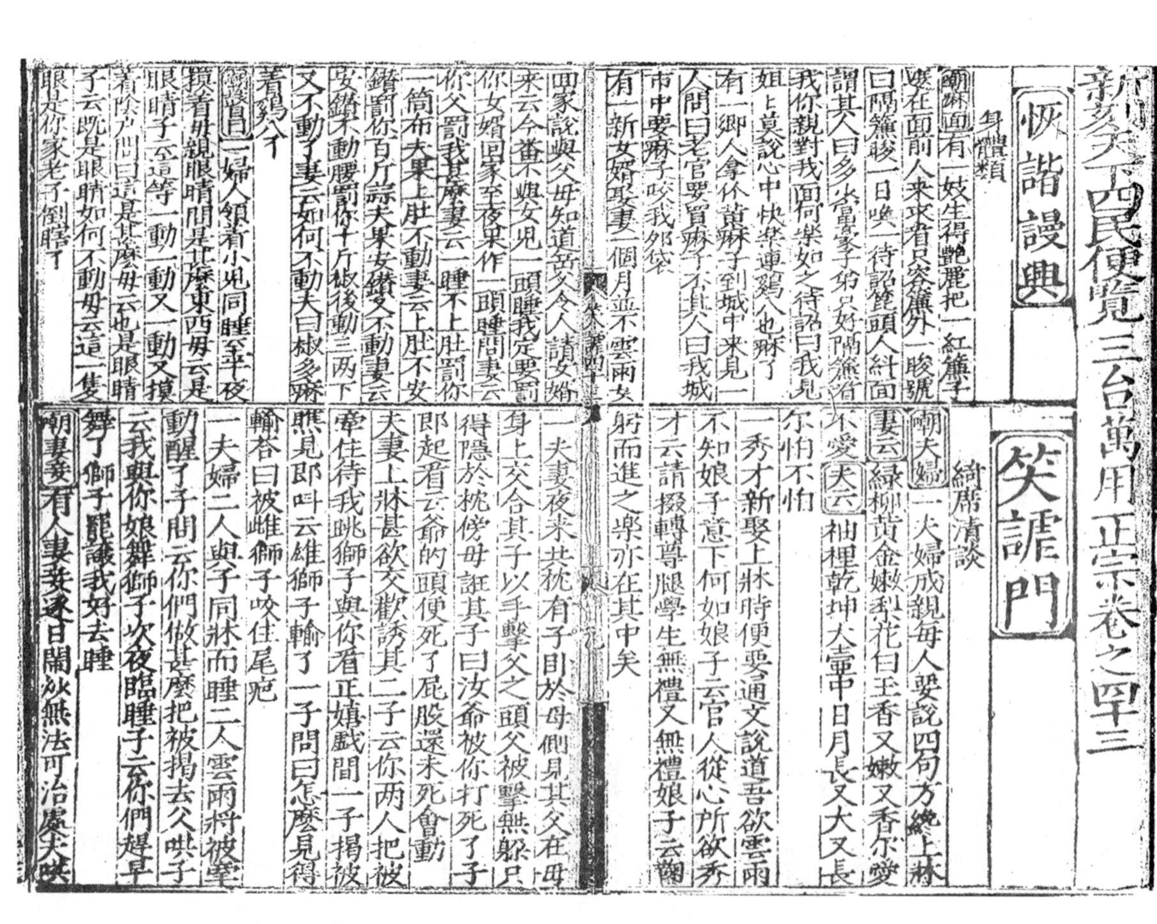

新刻天下四民便覧三台萬用正宗卷之四十三

詼諧謾興

身體類

嘲麻面　有一妓生得艷麗，把一紅簾子掛在面前，人來求者，只容簾外一睒，號曰隔簾媄。一日喚一待詔篦頭，人斜面諦其人曰：多少麻子？答曰：只好隔簾看。我你覩對我面，何樂如之？待詔曰：我見姐姐，莫說心中快樂，連鷄八也痳了。

有一鄉人拿個黃痳子到城中來，見一人問曰：老官要買痳子不？其人曰：我城市中要痳子咬我外袋。

有一新女婿娶妻一個月，雲雨女不受。四家說與父母知道，爺娘令人請女婿來云：今番不與女兒一頭睡，我定要罰你。女婿回家，至夜果作一頭睡，問妻云：你父罰我甚麽？妻云：一睡不上肚，罰你一筒布。夫果上肚不動，妻云：上肚不安鑽，罰你百斤綿。夫果安鑽又不動，妻云：安鑽不動腰，罰你十斤椒。後動三兩下又不動了，妻云：如何不動？夫曰：椒多痳著鷄八了。

嘲瞎眼　一婦人領着小兒同睡，至半夜摸着丈夫眼睛，問是甚麽東西？母云是眼睛。子云：這等一動一動又一動。又摸著陰戶，問曰：這是甚麽？母云：也是眼睛。子云：既是眼睛，如何不動？母云：這一隻眼是你家老子倒瞎了。

笑謔門

綺席清談

嘲夫婦　一夫婦成親，每人要說四句方纔上牀。妻云：綠柳黃金嫩，梨花白玉香，又嫩又香尔愛不愛？夫云：袖裡乾坤大，壺中日月長，又大又長尔怕不怕？

一秀才新娶，上牀時便要通文，說道：吾欲雲雨，不知娘子意下何如？娘子云：官人從心所欲。秀才云：請掇轉尊腿，學生無禮又無禮。娘子云：躬而進之，樂亦在其中矣。

一夫妻夜來共枕，有子睡於母側，見其父在母身上交合，其子以手擊父之頭，父被擊無躲，只得隱於枕傍。母誑其子曰：汝爺被你打死了。子即起看云：爺的頭便死了，屁股還未死，會動。

夫妻上牀，甚欲交歡，誘其二子云：你兩人把被牽住，待我跳獅子與你看。正焞戲間，一子揭被瞧見，即叫云：雄獅子輸了。一子問曰：怎麽見得輸？答曰：被雌獅子咬住尾巴。

一夫婦二人與子同牀而睡，二人雲雨，將被掌動，醒了子，問云：你們做甚麽？把被揭去。父哄子云：我與你娘舞獅子。次夜臨睡，子云：你們早舞了獅子罷，我好去睡。

嘲妻妾　有人妻妾終日鬧炒，無法可治，處夫……

域外漢籍珍本文庫

〔嘲[illegible]〕朝廷有旨不許人私自宰割司櫃巡茶校尉街上緝訪扯住一個平人要作内官拿去見公公此人云我不是我自有證見公公云你有甚麼証見此人將褲子扯開云只看我獨眼先生

〔嘲赤鼻〕有一赤鼻人立在街坊上偶然官過皂隸喝聲云快走快走老爹尊怪吃酒的赤鼻人無避處把鼻子藏在人家枚縫内去了裡頭人見之罵云這個人不達時務到同裡面撒屎

〔嘲缺齒〕有一商人販一船生姜往京貨賣因見一妓者美貌即留其家乃與妓不許多時在你家與你情厚今將歸可將你陰物與我觀之詳細然後相别其妓無奈遂即于床任從撫摩商人曰看你富門無一個牙齒如何吃了我許多生姜

〔嘲鬍鬚〕蘇東坡與佛印同飲行一令要四般物或素字或鬍鬚不許出韻東坡云美妓身象牙床琉璃盞百合香佛印云雄猪水爛瘡腿婦人陰鬍子嘴

有两隻蘇州阿娘船並頭泊着一隻上夫妻俱白一隻上夫妻俱黑其白者夫妻作詩云我白你如銀天生二白人夜來雲雨事銀筯插銀瓶其黑者夫妻亦作四句云我黑你如漆天生一對黑夜來雲雨事鬍子獨錠黑

〔嘲三牙鬚〕一人做老酒上甕以泥固封恐人竊以自己鬍鬚印記後被媳婦揭開將酒偷出仍用泥封就將陰物為印

云我去進本來出外買曆日一本回家問妻妾笑香按本妻云吉意如何說夫看曆日云正月大二月小三月大四月小妻云好明君又看五月大六月大七月大妻云好便好了這裡有些不明如何都把熱月與我

一人寵妾不與妻睡至歲夜團年共席飲酒行令云要靠天結尾妻曰我是山上一坵田年年兩水得過全乾也乾我的不死靠天妾云我是山下一坵田年年兩水得過全浸也浸我的不死靠天夫曰我是人間一頭牛耕盡山中上下田累也累我不死也靠天

〔嘲姦淫〕有人生女長成未配與人通姦有孕假托害病父母請醫胗脈醫胗是胎脉將臨盆了但不與父母說乃討水盆一個請大姐出來坐在裡面將糖鑼擊之遂盆走數次父不知其故問曰先生你何不下藥打糖鑼做甚醫云哄娃子出來買糖喫

一人赴京作詩以别妻云我去京織未得回朱門莫與别人開紅顏且向愁中理不許朝朝對鏡臺妻答夫云我是三春桃李樹逢見春來花便開有樹不愁無鳥宿烏鴉飛去鳳凰來

昔張生與鶯鶯遊花園鶯鶯見一鳥問張生是何鳥張生云是顛三鳥鶯鶯見鳥顛至八九顛問生曰你說顛三鳥緣何顛至八九顛還不住張生云見姐姐生得好多顛幾顛

〔嘲內亂〕一人有三房媳婦一日公各做啞謎要

後其人米覺被人動罵曰前日是個鬍子如今何故到変了三牙鬚

〔嘲[illegible]人〕一人貪蝦請客問曰蝦之為物那裡是頭那裡是屁孔答曰有鬚的是頭無鬚的是屁孔

〔嘲蛇媒〕一媒者專會巧言瞞詐使跎男娶跛女合婚之夕彼此嗟怨不已相背而卧至夜半其夫自思前世姻緣乃作口號以自解曰你也休煩惱我也莫埋怨兩下番身睡做個大炉圈

〔嘲矮子〕一僧身極矮短偶往城中市人環而視之有一少年將僧一手挽住一手量之僧怒云你量我做甚麼量也只是五寸不量也只是五寸

〔嘲瘌痢〕有一瘌痢人新娶其妻見其頭禿瘵惡之其晚要把帳幔用針縫住不容上床癩子哭母問何故答曰進去不得母誤以為雲雨事教其子以口涎潤之其子盡以口涎吐在帳幔上其妻怒把頭上打出血來癩子放声大哭其母走來見了血只道媳婦之喜勸其子曰不要哭不要哭到是個原先貨兒

飲食類

〔嘲客索主〕有一猫捕一鼠趕入瓶内去了猫在瓶口邊守候其出偶猫打一嚏鼠在瓶内叫大吉大吉猫云你雖奉承得我好我只是還要吃你

〔嘲人會吃人〕孫真人有神術能驅使禽獸一日遣其隨身之虎請客客來在路者虎即啖之至晚無一客至真人知其

一物两意與三媳猜之先以鉄鎖示大媳答曰此鉄樹花逢時便開翁喜飲酒次以扇示二媳答曰此是猫兒尾逢鼠便提翁喜飲酒以臂示三媳答曰此是白牌翁曰何謂白牌婦曰不是白牌　為着甚的夜夜勾得我這等紧

一屠宰五更叫子出門買猪其子未出門翁就媳雲雨翁曰我淋了一脚媳曰我淋了一腿其子大怒以錢劈面撒來我也不去你要一腿我要一脚這個猪兒也不勾分

一公上與媳通姦媽媽知道罵云他娘家要告你公公慌了答云我去後園樹上吊死遂去將陽物把繩拴吊在樹上媽媽去看罵曰你不吊頸如何吊他公云這個總是作把

〔嘲戲嫂〕一人見嫂嫂穿单絹裙夾在屁股溝中將手與嫂嫂扯出來嫂大怒罵叔叔曰你莫惱我替你依原放在裡頭

〔嘲娼妓〕鸚哥欲嫁人要四事足者方肯一要英勇無敵二要勢壓當時三要不斷葷腥四要夫婦不離鷲鷲說嫁鷹鷂鷹鷂打起無數烏雀鷄鴨於巢後要鸚哥大婦相守烏雀鷄鴨喫盡鸚哥令鷹鷂去尋打鳥雀鷄鴨回來被主人將鷹鷂粘住將毛羽盡皆撏去鸚哥不見回來尋至見而問曰何故在此閑坐鷹怒曰被你這紅觜鬼屁股上為你纏得乾净了

一人與妓交好臨别討一牙齒為記冊中時刻拿着叫曰我的肉我的心肝家不知何物一日

故府處還鷄只你原来不會請人只會吃人

江南春水滿時各邑魚逆水而上鯉鮎加等先後鯉魚云眼裡有金星封上有金鱗桃花春浪漫一跳過龍門鮎魚云頭上也沒星身上也沒鱗一張大闊口只會吃別人

【嘲人不肯請客】一人遠行歸家告其妻云前日到三山溪蚊子大如鷄昨日到黃牛峽蚊子大如鴨今日到上清河蚊子大似鵝妻曰你怎麼不帶些回與孩兒吃夫云得他不吃我儘勾了我怎敢想去吃他

一人新製椅子未經來漆一日客至問曰此椅做得如何答曰椅子雖好只是白坐不得

【嘲人無力請客】一道士每夜赤身坐卧山邊口口叫捨身專求作佛觀音大士欲試其誠偽乃化作一虎咆哮來山邊欲其捨身食之道人抽身忙走大叫曰今晚撞着這個大客教我如何做得這個東道起

有一猫請一方老鼠宴會衆鼠衆鼠齊到宴罷猫曰要到各宅相拜衆鼠私相語曰猫哥只好你請我若是你到我家來便把皮毛骨肉都收拾起来恐請你不起

【嘲好吃】一人好飲酒遊京師與人飲酒一日遇故人于道路苦口求飲故人曰吾寓所甚遠柰何其人曰踈不過二三

哄他上坡扯鑷開看乃是牙齒把米敲碎放在原處其人下船開見哭曰我的肉我的心一會不見便被人搗得稀爛了

一螃蟹與田鷄結爲弟兄各要爭長賭跳澗過的爲長至一土井邊田鷄跳過螃蟹方行遇一女子挑水看見拿住用草捆着丟在井邊田鷄見他不來轉去看見問曰你如何不過來蟹云不然也来了被那歪嘴姑纏住了我動身不得

有一叫驢趕草驢至橋邊將一娼妓撲下水中龍王見曰觀音菩薩到此夜叉云不是觀音是驢趕子入的娼妓

【妓愚客】一屠宰嫖妓臨上床睡妓者要聯詩一首方綣雲雨妓先云明月照紗牕情人伴粉郎屠宰思想半晌乃曰剔了觔肢骨盖過肝与腸

【嘲賣肉本】有一鄉人挑柴十担與妓者當做歡笑歇過三四晚一日妓穿夏布单裙露出陰物[illegible]夫大笑曰你這陰物好似座窰妓曰如何似窰樵曰不是窰如何燒了許多柴

【鵠騙錢】有一富翁宿于构欄見月暈對妓云明日有風老鴇從後聽之欲起騙局扯商衣曰此間緝事衙門正要捉妖書妖言之人送你到官商人再三哀告以五十金買免又一日老鴇見月又暈遂問曰姐夫姐夫明日是風是雨商人荅曰也不是風也不是雨是個誆騙人的大圈套子

【嘲好嫖】蝎語蚊蠅曰吾性剛勇凡相遇者無不

四里故人曰寓所甚隘柰何其人曰但得開口足矣故人曰器皿不備柰何曰辱在相知就瓶飲亦好

昔竹與蟹筋三物結朋友各稱其字號并身上病痛竹曰我是竹字青之號鑽天大王一身病痛只是有此瘤子蟹曰我是蟹字蟛蜞號橫行大王一生病痛只是有此吐痰筋曰我是筋字短棍號一掃大王一生病痛只是有此饞嘴

【嘲人使酒】一富家子弟買得一猴猻以長衣大帽朝夕教誨唱喏拜跪頗似人形一日設宴會親命猴拜舞甚是可愛諸客各賞以酒那猴猻吃得酩酊大醉脫去衣巾大帽滿地滾舞衆客笑曰那猴猻不吃酒也像個人吃了酒就不像人形了

有一官要長人里長把紙褙十人送進云官只道真個是人即賞他酒皂隷把酒灌下紙人濕了蹲倒官曰這個不是人皂隷曰這個未吃酒時還像人吃了酒一發不像人了

【嘲內厭客】一貧人請人扶鸞願祖地得藏其神批箕曰吾爲利市仙東道發心堅酒殺來祭賽屋後有銅錢罋日貧士具祭物初無酒其妻輒斧锄掘于屋後神復批箕曰一鍾酒未曾干出你老婆就在那裡掘了

一人畏寒作顫行酒者勸飲一杯熱酒煖寒畏寒者曰非我真是畏寒只是裡頭不肯熱出來

受螫何英雄如之蠅曰吾最不治生人有羞美酒我得厭飫何豈富如之蚊曰吾行藏衛於是香閨艷質常得偎倚詩曰紗厨浸月涼亭水飄得珠鈿臂上眠何樂如之蝎與蠅嘆曰看你衣服無穿原來如此風流

【嘲和尚】一婦人牽牛耕田一和尚挑擔賣鹽和尚見婦人云婦人牽牛去耕田其中甚有不堪言牛鼈向後人鼈向前婦人荅曰和尚去挑鹽亦有不堪言小和尚向下大和尚向天

一婦人住於寺側前有一驢進寺中吃了和尚的花和尚謂婦人曰你家养了驢吃我的花婦人荅曰八錢銀子買這驢倒五兩銀子買這付鞍欲要連鞍賣捨不得欲要除了這付鞍賣又没人買這禿驢

一士人與二僧各取一號師曰號月明徒曰明月以後師徒失記其號師問于徒我何號徒曰我想来師父上頭的像想我下頭的我下頭的想師父上頭的

有一和尚出外遇一大風常把帽兒吹落了和尚把帽拿在手中將頭塔一塔駡曰惡風你如今把我的外袋吹去詞

一和尚坐在樹下乘涼兩個蒼蠅飛在他頭上雌雄和尚摸一摸說道屎蛆我的頭上豈是你入鼈的處所

有一和尚從裱褙家門首經過偶然裡頭潑臭漿出來把和尚頭上一澆裱褙人心下不安走

嘲淡酒 有一人新開酒館請先生安土地先生祝云先請聖賢後請貴爲主人問曰不請神道如何請他先生答曰這兩個扁毛畜生能會下水

朝廷新開例凡二名者充軍三名者斬有茄子自覓二名躲在水中水問茄子何來茄子告以朝廷例道水云你如何躲茄子云我有二名一名茄子一名落蘇水云若是這等我該斬了一名水一名湯又有男盜女娼把我作酒賣

嘲酸酒 一長者請年幼親朋飲酒酒大酸飲不得但長者賜少者又不敢辭只得強飲數杯都折出眼淚來長者云列位何故這等悽慘衆云我們都想起先人來會做這樣酸醋故此流泪

人物類

嘲老人 一人被妻妾爭鬧夫曰至晚我們三人同寢妻居內床妾居外床夫居其中方睡到夫曰必俟陽物倒向何處若向內則與妻交若向外則與妾交妻妾各欲倒向用手去扳此物愈堅而不倒夫曰難得這等公道老人

一人父老人其子爲商在外遇一鄉人問曰我那裡如何鄉人曰六月初一日大霹靂打死十七八個爬灰老人其人驚曰老父也有分否鄉人曰令尊無事其人曰雖然無事免不得也吃這一嚇大驚唬了

嘲總甲 一人新充總甲設酒款客廚下缺少磨刀石將門前階下石代用至晚將門

出叫聲長老衝撞了師〻〻和尚把頭一搖甚曰叢搭頭

僧偷婦 僧到娼家妓女見是和尚多勒他些銀子臨去兩脚將將頭去撞妓云這個是怎麼和尚曰誰教你勒掯了我的銀子我輪轉大頭也來和你幹一幹

一和尚去施主家方纔進門施主捧出茶來施主曰撞門來吃了養了頭和尚云婆娘養幾個不曾養了頭

嘲道士 一瞽目人夫人死令買棺恐其不解寫棺木二字於手行至途中揩去木字止剩官字偶遇道士開手問曰何字道士教曰官字瞽子又問何棺道士曰此棺字與我頭上冠字聲音相同瞽者曰若是這個棺我夫人的卵子也張不進

一匠人稍知書意至道觀做生活每自稱儒匠道士曰既稱儒匠且對一聯僧出曰匠名儒匠君子儒小人儒匠對云人號道人餓鬼道畜生道

一家請僧念佛因僧不用心將他一頓撻打復請道士三朝三設俯伏在地和尚令行童去看連忙奔走回來告師傅云此人家大惡我們只打得〻〻頓如今把道士釘在地上

一僧撒尿遂拿陽物看之一道士見之戲云爾師徒兩箇商量甚麼僧云我徒弟思想無定息商量替個道冠

嘲尼姑 佛子在[illegible]有一小尼僧極俊

衆聞大聞油腥書來呀之後開門前問是何人呀門其人即應聲曰總甲衙門

嘲人母養漢 有一蚊子繼拜蜘蛛爲母每日去取血來孝贍一日被和尚撑傘过把蜘蛛連網撥去蚊子四尋母親蜘蛛不見哀哀而哭蒼蠅謂曰你不須哭了你母親被和尚駝去了

嘲人好癡 有一蚊子一蒼蠅繼拜蜘蛛爲母輪人供養先輪蒼蠅日上蒼蠅去嘀許多酒菜與母吃次輪蚊子月上蚊子要去打喫婦之血與母親吃乃飛入娼家帳內被閉了帳不得出來蜘蛛肚飢叫蒼蠅飛去尋他只見在青紗帳內須在那裡蒼蠅叫曰蚊哥蚊哥母親肚飢叫苦你到在這裡癡小娘

嘲吏專權 一官鬚髮俱白一吏鬚髮亦白吏要漆匠刷黑官問吏云鬚髮如何黑了吏云昨日叫漆匠油黑了官云也叫與我油一油吏云油得吏油不得官

嘲肯發 一婦人欲與夫雲雨奈陽物甚軟問其夫曰何爲如此夫曰他醉了其婦把陽物弄硬與其夫曰他醒剩了

嘲兄子 兩兄弟兄無子其弟子多嬸〻問嬸云你如何子多嬸云我與你叔〻行房將兩個卵子俱安在裡頭所以就有兒子嬸〻至晚與夫〻說知夫〻將卵子送進去塌出來又送進去又塌出來夫〻惱云不要送進去就叫白養出來也是滑種

嘲年老人 一家養鵝一隻生千餘蛋忽

要戲他因逃師傅戲奶不敢犯一日小尼到佛前放了一屁佛子云我說與你師傅知道你放屁觸穢了佛聖小尼慌了只得與佛子雲雨事畢各歸房中小尼思量美好又來敲門佛子云你要開門何說小尼云我又在佛前放了一屁

僧化緣施主問云上剎是何處僧曰青石山中青石洞青淨寺裡清淨僧施主布施米一石與他去後一尼也去化緣施主亦問是何庵尼云青石山中青石洞清淨寺裡清淨僧施主云清淨寺裡是男僧如何是女僧尼云他在上洞我在下洞

一和尚寺與尼姑寺隔壁尼姑豬跳在和尚竹園內把笋都搖來吃了和尚以鎗戮之尼姑云我偏要養你越戳越養和尚云我偏要掉你越養越掉

嘲教師 一教師學淺讀字多悞東道不悅乃與約言當出束脩谷五十石每誤讀一字則除谷一升及館查筭止餘谷二升矣呼童照數與之教師大呼曰一年心力止得穀二升是何言與是何言與東道曰且莫量穀連這二升也除了

有一教師東道家供膳淡薄時常發怒東道云常聞先生講書云肉雖多不使勝食氣故不敢多拿肉與先生吃教師只得含忍一日拿白菜來吃教師又惱東道云常聞先生講書云雖蔬食菜羹瓜祭此物何妨教師罵云你好不達時務假如我講糞土之牆你也拿糞來吃

一日蛇寄書文以作祭文以祭之曰惟靈老鼠眼急々嘴翹片脣極々哈橘皮脚滴々搭々嗚呼哀哉尚享其僕請擧哀主人哭曰我的做人家老茄茄

嘲人壽夭 一翁年三十不能自立衣食皆資于父時父年五十矣術士推父壽當至八十子壽當至六十二翁子哭而嘆曰我父何不年八十二若止于八十我到六十歲以後那兩年靠着誰人來養活我

嘲人無子 一家養一公雞一母雞一線雞忽一日客至欲烹公雞公雞云我能報曉我能學生有利于君何以見殺其人然之欲烹母雞母雞云我會生卵我除抱雞有利于君何以殺爲其人然之乃烹線雞線雞自度不免乃近前哀告曰望憐我無男無女着苦惱饒了我性命罷

嘲人後代不如前代 一人善能召百鳥來內有一淘鵝嘴長三尺人不識問此是何鳥其人云是淘鵝後又有老鸛來人又不識其人云這個是淘鵝兒子又有一鷺鷥來人又不識其人云這個是淘鵝孫子人罵曰這個尖嘴入娘的後來一代不如一代

嘲朋友輕義重利 一老鼠與蛇結契甚厚一日蛇謂鼠曰我欲到宅上閑耍一會鼠請蛇便行蛇到鼠穴見他羣卑豚聚米穀充盈就起吞占之意開口伸頭欲將鼠來咬死鼠覺蛇有歹意遂跳匿

一人出外教讀別了家內臨行時撞見兩雞打雄回身轉去要與娘子雲雨娘子不肯先生道曰可以人而不如鳥乎

有一先生無才強訓童蒙忽一日出對曰枇杷結子忘却枇杷二字誤寫琵琶結子學生不能對歸問其父父笑對曰木羲開花飯後往書館寫還先生見而怒曰此是何人對此學生答以家父對此先生令學生歸問父親木羲如何開花父作口號四句復先生曰這琵琶不比那枇杷音韻雖同字眼差先生琵琶能結子區々木羲會開花

有一學生姓荀名屁一日先生與師母在房中雲雨荀屁在外拱候出對先生事畢出來荀屁請對先生出曰門前風習習荀屁對曰房內日遲遲先生以爲知己所爲發怒不放回喫飯師母知乃出謂荀屁曰你且回家喫飯荀屁不回師母哀告其夫先生遂出罵曰師母放你回去爲何不去荀屁曰師母放狗屁荀屁不敢去先生放荀屁荀屁纔敢歸

教師失館 一家畜一鶴忽一日有客寄信欲來相訪謂其妻曰客至殺此鶴待之鶴聞其言即飛去無以爲欵主對客曰有鶴只好罵你無鶴罵你不起

嘲東道 有一教師專要謀人館被閻王知得差夜叉拿他教師躱在傢內了拿他不着夜叉設計哄他云你走出來有一好館在此請你教師

躲身而走回頭吟曰蛇哥蛇哥你好痴說起頭來我就知相交便要相吞占你請東行我自西

嘲奴僕 一家奴暴富去宿一娼其娼僞然罵曰臭奴才其人口道有人說了他脚色謂娼婦曰我不與你說只問誰人說與你知道

嘲人不顧伴僕 一人帶僕隣家飲酒自旦至夜餕餘並不及伴僕々求釜底黑煤塗頁口立在案前主見僕怒云看你角上甚麼模樣答曰你只管你嘴莫要管我嘴

嘲人聽妻言 劉伶嗜酒妻慮其傷生勸其誓曰伶乃痛飲拜天祝曰初八戒酒頭髮發手若要開酒直到初九妻不然其說促令改誓伶再祝曰天生劉伶以酒得名一飲一石五斗解酲忽焉而醉恍焉而醒婦人之言切不可聽

嘲人哄詒 一丐者以弄猢猻爲業一日見山洞中衆猴出入常實鮮菓置之洞口引捉小猴不意衆猴又來探定丐者走遠然後出來將菓搬進守猴半月不得一個倒手有僞者教以四面張網用烟燻進丐者如其言只見衆猴一齊跳出都陷在網內被丐者擒回罵曰畜生隨你這等乖少不得要與我弄一弄

嘲人趨附 有東西兩家各養鴿子西家養得四五隻愛惜大甚東家養得二三百旦晃給與米豆而已一日東家大鷂來風飛起鴿盡齊鳴西家四五隻也飛

走出被夜叉一把拿住教師云我也看你是鬼嘴鬼腦不是個請先生的

嘲九流

庸醫 一樵夫在鬧市上誤以柴擔撞破醫人頭巾醫人怒以拳撲之樵夫哀告曰寧可脚踢傍觀者皆曰這個呆子不要手打倒要脚踢樵夫曰這個郎中經他手一個也要死

一醫人在街上見小廝掃地塵灰飛起乃自言曰竹籬外紅塵滚滚小廝答曰藥箱內怨氣騰騰醫曰休胡說我良醫三五代小廝答曰莫瞞我你醫殺千萬人醫者大怒曰你謂我該死小廝云我不吃你藥怎麼得死

一庸醫藥死病者主家鎖繫廊下將送于官有弟哀告曰我哥我哥如何再得相見庸醫應聲曰若要相見不難只把令兄的藥渣也服一次即相見

小兒科 昔呂洞賓與白牡丹之歡牡丹執洞賓陽物問曰此名甚麼答曰仙人種洞賓摸牡丹陰物問曰此名甚麼答曰小兒窠

嘲針灸 一醫者用針深過致死病者主家遏令醫人妻子唱挽歌醫謂妻子曰你可低々唱免使我羞辱妻曰今日既要低低唱何不當初淺淺針

嘲開生藥舖 一人初開藥舖一日出外令子守舖遇人來買牛膝并雞爪黃連子愚不識藥徧尋架上不見乃割自家耕牛足斫雞子足與之

云捺在数内了主人上座招呼其鴿在空中招鴿曰我不來了這裡風旺待我跟他門飛一飛

【嘲趁拶】一人拶着一堆蚯蚓將線穿起吊在梁上傍一人云数條性命你可放了其人云莫要放他只怕他會呵人的卵脬

【嘲富人題】一人不識字至江心寺見壁間寫江心賦一篇急走出曰江心賊在此不可惹他寺僧留之曰此是賦不是賊其人搖頭曰你雖說是賦我看他終是有些賊形

春秋時麟出魯西郊野人不知為瑞乃擊殺之孔子往觀投袂而泣門人恐其过傷乃以銅錢粧一牛告夫子曰麟尚在可無傷也夫子拭目觀之嘆曰此物豈是祥瑞只是一個有錢村牛耳

有一暴富人貧士往謁求其少助富人竟無所济貧士不勝忿怒見壁間掛魁星圖把筆題曰好個魁星無物堪比三分似人七分似鬼銅錢樣一對眼睛若椎頭一箇手指鴫脚番身忘終無礼目皮睜上看着一箇斗兒面緊綳上只怕人來借米富貴雖然在身奧酸未能脫體彼哉彼哉可恥可恥

【嘲富人営求脫罪】閔翁種茄不活每以為患因問計于老圃老圃曰每茄前一株傍埋銅錢一文則活矣閔翁問何故答曰豈不聞有錢者生無錢者死

【嘲光棍】一人同妻到閻王廟燒香礼拜

父婦問竟何荣子述其故嘆曰呆子呆子倘若客人要買知毋具毋豈不連你毋親都把他撈去了

【嘲人不謝醫】有一人請醫視病病愈竟不具謝醫詒之曰尊恙雖愈仍當服藥我有一方寫奉請依方修合滋味川两頭尖夜明砂五靈脂黑速子其人云不識此藥醫曰两頭尖是麻雀屎夜明砂是老鼠屎五靈脂是寒虫屎黑速子是羊屎其人曰如何都是屎醫曰你這般沒行止不吃屎吃甚麼

【嘲相士虛譽人】一人好譽一相士知其癖造門相面曰足下天庭開豁地閣豐隆準面圓大必定財庫盈充河目海口決然食萬鍾之祿此富貴之相也主人甚喜留款數日而厚贈之以後主人日以此數句自誦一友人破之曰天庭開豁無生意也地閣豐隆不遑運也只要窮準頭須大還須閣塞河目海口必須料搜着聽相士誤殺大宰一味虛譽明是放屁

【嘲算命人】一算命先生拿二丈布與裁縫做一領衣服裁縫只做得左邊一隻袖前邊一箇襟先生問曰緣何右邊無袖後邊無幅裁縫云右邊無袖好寫字左邊有袖好袋錢前邊有襟好遮羞後邊無幅好放屁

【嘲地理】一地理先生出外數年一日歸家與妻同宿先摸其妻之面嘆曰三台五岳從夫官又摸其妻之乳嘆曰玉山高並两峰齊及摸陰處

云南無閻王妻云南無光棍言罷夫云他穿着好衣衫如何是光棍妻云有癩皮的光棍夫云他騎着好大馬妻云無行止的光棍夫云他被你說臉兒紅了妻云吃酒的光棍夫云他拿着鎗起來了妻云殺人的光棍

言語類

【嘲人言語差錯】晉魏文帝夢與皇后交感遂撒一屁明日令術士詳之奏曰此夢最吉乃是龍歸舊穴声振遙霆文帝曰我當如此解若是庶人得此夢何如術士曰若是庶人正如餘姚人說戲好了嘀放外臭屁

有一新官到任尋一丈長人外邊把一人立在一人肩上佐一領長衣服來穿了走到官府面前下邊這一人竟重叫上邊的云哥哥放我此官聽得了問曰何故中間做声上邊人曰這箇是如說在說話

一人會放屁一個錢賣一個要香極香要臭極臭有一人問云你那裡傳得的放屁人曰我本是父傳的極臭是外傳的其人云我把一個錢與你可將外的臭屁放一個

【嘲人說謊】有一婦人見男子鼻大笑曰鼻大卯亦大男子見婦人口小笑曰口小毯也小二人與動遂至交合不想男子之物倒是小的婦人云你的鼻頭不準男子道婦人陰大嘆曰你的口也不準

嘆曰用此此去無多路好穴原來在此間其母聽得乃曰你既看得好穴何不將你父親塟在裡面去

一人從師學地理一日畢姻花燭之夜將手摸着其妻鼻梁曰此是發龍之所摸着手腕曰到也龍虎俱全又摸着其妻腰下曰好個金星護穴及上妻身妻問你來何事乃云我陰地皆已做成我把羅星來堤水口其父隔房聽得遂聲言曰世上有這等好穴可將我老骨頭塟在那裡

【嘲卜筮】一術士初出外境卜筮過一茂林忽聞野鵶鳴聰之似曰合八卦乃顧其僕曰我且急急歸去近來江湖野鳥也會起卦

【嘲陰陽生】二人同在舟中見水面死屍漂流一人問曰所流者还是陰人还是陽人一人曰何以辨得是陰陽人其人荅曰覆着陽人仰者陰人一人又問曰側者是何等人荅曰陰陽生也

【嘲銀匠】一人無子終日求神拜佛得生一子一日請人算命云先生養到養得大只是有個賊星在命回家與妻說妻云我自有處待他長大送他去做銀匠

一銀匠與鉄匠做两親家一日請鉄匠整酒大豐鉄匠云親家生意不好何必如此多品銀匠云不打緊銀子也易得傾一两也尋他一錢一日鉄匠請銀匠比他愈加豐盛銀匠云親家銀子難得何須如此費用鉄匠云我的又容易用一斤鉄打一把鉄鑿晚上去人家挖壁洞一夜

假物嘲笑 一人名楊重友設詞以罵之曰我總出外見一羊攬在樹上溝中有一烏龜只管把角去撞他街上小厮都說道好笑好笑你看羊撞竟入烏龜

一道士姓詹觀前人家有幾馬巷一駒子又像馬又像驢又人欲難道士謂之曰那家好不祥教他占一龜有占道是馬養的占道是驢養的

同首戲謔 一家夫妻兩口老兒食素媽上食葷一日吃飯老兒素菜甚多媽上量菜甚少老兒見媽上吃白飯將素菜借过此在媽上葷碗裡媽上云你的閣得在我裡頭我的閣不得在你裡頭

一老人喜打聳打得烏来使炒與媳婦吃一日公公不在家喜鵲在簷前噪媳婦云你叫你叫若是我公公在家一弩就在我肚裡了

有一杭州婦人西山遊玩帰来夜深恐怕城門閉了叫擡轎人云阿哥阿哥你可闌一闌上得裡頭去你也好我也好

一字笑話 留都有不識之士昏黑進城守門内使問云你為誰答曰我也内使云聞你善恢諧說一字笑話則放入城否則不許入答曰我是公公的𡲾内使云怎麼見得答曰放也由你不放也由你

新婚歌

伏以燕爾新婚正在洞房花燭夜怡然自樂何殊金榜掛名時行樂及時逢場作戲[illegible]門下子共氏佳人半新半

或千兩或百兩發時有銀匠云這等是賊了鉄匠云你也比賊差不多

嘲裁縫 忽山水泛漲淹進城中有人云問術士術士云不必問我只問裁縫他要落一尺就落一尺他要落二尺就落二尺

吳中大水淹城官民甚恐忽一法師至能行法退水步罡念呪大呼曰急退守城者報曰不見一尺了有頃又念呪大呼曰急退守城者又報曰不見一尺了官府笑曰這不是法師却是箇裁縫眼看着又不見一尺了

嘲皮匠 一人破其家業與一妓相處数年臨別與之陰毛二莖藏在帽箱中一日忽失去遍尋不見偶然出外見一縫靴人口啣猪鬃罵而奪之曰幾年嫖妓房中走用盡錢財飲盡酒知心抽得兩根毛被你偷來啣在口

嘲木匠 一木匠去人家做生活其母在家急病死了無人看管屍骸被犬拖散了其子回家看見哭不絕聲鄰人云且莫哭將屍骸尋来鬪做一處入殮方纔見你孝思了果依言四下去尋頭手足俱尋在一處只有陰咬損左右合不来鄰人云你家娘的毴也鬪不来还教你去做木匠

嘲染匠 一人生二女姊妹相愛凡同浴各將陰物相比其時皆未出嫁俱顏色紅白後来姊先嫁月滿还家姊妹復同浴如前比姊的帯黑青色其妹驚問其故姊答曰但女子出嫁後夫妻交合自然如此顏色其妹大笑云却不知這个

賀新郎秋夜為補[illegible]為肯會宜室宜女子美秦衿面鄉如有前生已結姻緣今日方成偶合時維九月歲屬三秋不寒不煖天時成婚成姻月日唱龍迎仙客引入洞房春攔門弟子不必留連結納夫妻莫教遲緩鋪路道歸男居東而女居西念撒帳文言者煩而聽者厭飲交杯酒男一口女一口消滴莫留総同心帶紅一條綠一條左右交綰既醉宗人喜戲善謔嘮心内嬉言旋言歸日已暮矣而賀客難留月出皎兮而家人肅靜孝順從吃罷惟欣事將行放下連二枕頭鋪開合歡被面披開錦帳吹滅銀燈灯燭无光家人未睬新郎自坦率而就来下手新人假尊重而不肯上床低声屡喚不来信手一拖便去隨意與他除去頭髻小心為他解脫衣裳假意推辭雲鬢半偏尤自惜直情發見玉山自倒非人推輕七解下摟胸急七將除臂釧精赤膊无些掛碍突停當任意施為雙手信过雙乳峯兩个饅頭真可愛一雙時来新開口下一短棍哭難當瞻倉官收粮死来不納張郎中灸大痛得難禁硬如鉄者堅人下毛軟如綿者何期死底腰似蜻蜓點水用尽精脚如螻蚁撑波動搖床帳須臾個倒洞油碓不怕鏖糟頃刻立成大炙怒休嬾軟弱欲此時將與仔細評論揣動腰間渾身喜而不禁感動陰陽二物欲罷不能那時方識滋味只管大開門戶死然歡直下成當

[illegible]光腦的也會作[illegible]

嘲漂白匠并摇船人 一人漂白一人撑船二人死見閻王王判做一陽物漂匠告曰如何判做陽物王曰軟也由你硬也由你王又判撑船家曰汝當做一陰物渡者告曰如何判做陰物王曰要開也由你要攏也由你

嘲人不識皇帝 昔有一鄉人之子不識皇帝乃問父曰皇帝如何様其父亦不識胡乱答曰皇帝頭上有角忽一日挑石灰往城郭去賣遇一人牽羊擔酒往親戚家去其子因見羊頭上生有角疑為皇帝遂雙膝跪下攔路告曰皇帝往何處去其羊被人攔住其路不得過遂叫曰咩七其鄉人之子乃叩頭告曰皇帝老爺不是麵只是石灰

村人買麵 有一鄉人入城見市上麵店招客吃麵鄉人見招趍入店内連吃三大碗既店主索錢忙無所措店主大怒聲罵不絕將匾擔連打上八九下遂出歸告鄉人曰城中有好辣麵三下匾擔一碗其後鄉人入城往麵店前過主人又招吃麵鄉人答曰麵價我已知了但不知打了喫七了打

村人吃痡食 昔有鄉人往府中去偶遇一親眷相請上店吃酒食後煮一痡食相待内有胡椒湯水甚辣鄉人吃之辣得滿身汗出至次日回家行至中途撒屎彼時無紙鄉人遂以篾棄揩之屁孔忽然被辣歸家乃告父曰府中痡食真

子部　第四册

不使從其成而從其來何怕拙〻掣〻從其出而從其入如前戰〻兢〻却教打起精神至半夜要作述而之數又若合成過數則五更湊成鄉黨之篇雖然房事無窮只恐腰間有限

戒酒文

杜康沒道理巧意生狂計泄了玉塵面濫了珍味米合成大膽湯造下迷人水水又不濟飢又不如家計初飲有仁德醉後沒禮義言語多支錯叫喚無高低使了自家錢反受他人氣妻兒又憎嫌鄉里道不是朝〻去飲酒日〻無活計你道酒養神我道損精味身又不曾養到損真陽氣一務壞千家甚言是端的喫了都道酒却是涿汗水醉後待如何為事不能濟酒中有非災醉了橫事生存孝因酒死晉因賈王醉李白沉江死只為醉酗水古人因酒損今人亦不識休怪我狂言於賢有益細〻說根源未能供子細平生不沾唇到老無恨失高陽公子休空過　十個吃了窮九個縱有一個大受貧　到老却將功名隨

戒酒歌

停君金甌賞聽我戒酒歌蒙君勸我有深意我今不飲將如何細思飲酒有何益嘔吐肝腸污茵蓆昏〻如夢復如痴厭似病行無力君不見晉朝李謫仙醉來多在酒家眠采石江心捉明月當時溺死[illegible]又不見晉代有畢卓貪酒[illegible]

個好吃其父問曰如何好吃鄉人答曰昨日吃時口中也是辣的今日撒屎屁眼也是箇辣的

村人唱曲　昔東歐高達目不識字素不知音有二姨夫俱通文理詩詞歌賦無所不曉妻曰明日乃是我父壽旦你去賀壽詩不會吟曲不會唱成甚模樣達曰既然要唱曲甚易去到半途天晚投一店中安歇見黃曆一冊遂問店主曰此是曲本乎店主誑答曰是也達曰教我唱多以白金酬之店主將黃曆揭開正月初一起佐一封書唱初一日初二日初四初五初六初七逢曰我曉得了既至妻家賀壽酒未行數巡大叫曰衆姨夫聽我唱曲初一日初二日初四初五初六七丈人大罵放屁放屁丈母在內叫云衙不等他唱完丈人曰你曉得甚麼東西這樣村狗不罵他只是胡唱乱唱一直唱到月盡

嘲村人說話　有一人愚魯不曉講話妻謂之曰明日同到我家見我父母也講幾句長〻合口成何意思愚人曰曉得了不打緊我講你看次日入門坐定詢問丈人今日是初一否丈人曰正是初一少頃又曰明日是初二日否丈人曰便是初二少頃又曰後日是初三否呵丈人惱曰口閑無物好說不是初三是初幾愚人便入問其妻曰你嘗說令尊會講我畧〻講到初四五去便不通了次日又陪叔公講話便問叔公今日是甲午否叔公曰正是甲午少待又問明日是甲六否叔公大怒下廳而入叔婆問曰[illegible]

[illegible]者絹搗破數碗杯掛碗鵝打有性從今不入酒鄉去有眼從今不學糟丘鑒

○方情谷語

梢斫方樵上人琴家家主人墩臺歌住擴孫吏平天孫宮姑子兒官立地孫門子青腰兒皂隸結脚孫民皂隸五老兒民快方鬥子說話非陀頭和尚文門的人修齋經算命搬擔打卦皮家醫者爐唇仙書相面星開老先生教書卯孫小官柳孫光棍上相下御人衍孫村人終入孫忘八古孫蠢人乳搖子弟揚花孫唱曲的人牽孫理事涓天孫撥弄花斗花閨女細子婦人雄西表子三八胡賊七七小賊酸子秀才弄耍老子打斫揪拙溜子弄蛇的調吼唱曲揚花唱曲探盤子打劫盤上走強盜扯皮條弄蛇肘蹇討銀寸節討銀調皮会說鬪牙人兩說謊燒窰的鼠賊短路的打劫鑽皮郎中狛巴掌子架網飄行覓頭堅居標致好古醜土老不知方揚揚盤背不識柴孫兒方不識不曉揚得不醒王六弄人李大與弄人娶子猴者柴打眼正八多話怕人被得相家曉得結坐起身擱誇沒有端線走路滾線起身端瓢行船牽絆交姤行串卯交姤小官算芽小女雞米舂移柴火公打人家粧好作不知招子眼去招看人打食子說謊因袍帳衣服以子衿鬧竿子猪欄獅子鞋欄同襪控兒鼓餙子總頂天兒帽子羅青筷子希飯咬火焚餞饅饃張喫飯水判豆腐窮豆腐廠同盞瀝湯酒搬山喫酒德判鵝道士

官陪姪婿又進來甚的叔翁曰看酒者起仔細尋思受他閑氣若不入來便問甲午也

○劉脚虎俏話

常雜俏語　皇帝老兒補皮鞋難逢壽星老撞遇方相長短不齊大王廟裏紙錢見出不要采石江頭渡船慣經風浪軍營裏大王入門便見香船上發火因向便古廟獅子空開大口從來柳下惠無可無不可木匠擔枷自作自受壁上畫風車扯不轉急水灘頭鳥作窠無你棲身處尼寺裏胎髮是有是無蕭何制律成敗在你剎竿上風車不自轉新昌石佛硬鑿成寸釘入木拔不出波斯入閙市不辨東西蚊子上鐵牛無下口處烏龜走入市無入頭處潤州水牛拗性韓信入宮不知頭落也老鼠喫生姜不知滋味半天羅漢是非僧泥堤望月妄想生太公釣魚願者上鈎猢猻喫毛虫一窩兇洪州鞋底線路不通食店跑筋人過舌口水浸金山寺沒啞子作夢說不出唯冷水淵符一鄧道士磨墨着甚工夫閑穢絲牽泰山繫他不住羅公照鏡老不識荷花向月蓮花見昔顛蝦蟆買胭脂在耶里峽州水鵝探頭生十字街頭吹笛千人聞急水灘上打毬脚〻不停留壁上畫棋盤着不得牛入屠家自討死烏龜行地手足俱露猩〻穿草鞋貪他的嘉州大象自然天生老虎戴紙帽好笑又驚人胡人入漢關進門識得你青州人買油裏面有人波斯騎夜臺沒了暗隋煬帝開沛河敗國忘家黃蘗作騾鞭苦在後昌州海棠別樣香矮子過河沒了他湖南長老不識得杜撰兒錯畫鍾馗好在淮南使牛用不着君子可入便了曉得半夜鷄啼全不黑地穿針摸不着明修棧道兵行鬼路郭郎鼻孔不正

鷄伶俐鴨矮婆子鳴高頭劉鵝采頭鵝
擺劉魚水上見魚軟劉肉咬晉肉挫食
兇列食肉刘官紗帽豬頭吕公條猪腸
閃乾撒閃撒朶擾閃契朶婆老王希
泒朶娶蘇小便角老瓦眼飲角交朋友葫
食帽掛紅英縛人柳布打鐵錯的家去人
鑽創進屋月兒樓上吊狗閃門土即死
大竹山節山濠酒醉山脹酒狂周官人
狗刘官豬楊官牛狗子姜人宋子書

○罵娼妓俏語

莊家不識鸚鵡紅嘴閻王的夫母鬼婆
穿木衩上跳衩妓歪嘴劉孝女飄江浪蕩婆娘
謝三娘不識犯泥田抗陷人繳帛布吊在
污泥坑東西謝三娘不識鍾馗鬼精王鬼
謝三娘不識璞碌歪嘴荷包裡鬼叫妖精
謝三娘不識肥皂肥腫糞船上杳引臭貨
三簽銀子買牙梳賤骨頭一根牙簪三宜
重輕頭骨團魚頭上放毫光騷精茅斯上
檢的牙簪臭骨頭和尚撿得篦子沒用的東西
團吊十糞缸臭爛古廟裡籤筒亂抽的人
五厘銀子上鞋底賤皮兩兜船上風篷亂扯的人
秋剥石榴兩兜貪皮十字街頭轎亂扛的人十
月黃秦業誰人採你古廟裏門家亂蹲的人館驛
裡站馬雜人騎的館驛裡鋪蓋亂睡的人六月裡
火炉誰人向你杠中撿得一包針誰人數你朱八
戒的母親豬精三個月不下雨寡情下
兩出日頭假情一邊下雨一邊晴半情
紫荊包扁食黑心行路的撥草[illegible]
秤錘裏包千硬心拆破[illegible]

午後打齊鐘不時節赤口毒舌[illegible]州江口
石佛得擺不動獎志氊靴寧可剃不許剃[illegible]能
耳空手小洸洋瀾左蠡起浪不風鳥散同隊[illegible]見
磁石一引便動老鼠偷掛盤不知吉凶鄭州出曹門錯了
瀟湘夜雨暗黑老鼠搬金沒用処果州布袋不漏少進
洞庭秋月湖輝矮子泥壁一只得半水銀落地大小皆圓
筆公書龍不真不識雉鷄識山毛露波斯失策無本可啣
啞子吃蜜知味不得道抱橋柱洗水放手不得十字街頭
石碑千人看万人看猫兒吃彩鳥壯在裏十字街頭磚誰不踏你
新婦騎驢阿翁牽人事顛倒金剛腦後三斤鐵神自逞通
琉璃落地百碎矮子看戲你笑也笑我百尺竿頭五
兩垂風恬浪靜項羽過江東敗了萬里滔七水好大江
勸食其逞功只有張口鍾馗不讀書好人不識波斯讀
書佛見不得紙馬入火死見光臘月扇子無用光處光陰
莫虛度誠言隔牕看騎馬眼已過鼠人向火先燒処
布袋裏老鴉雖活似死臨江軍馬頭是做得淮南打鐵
針用不着不馬吃菜子着不得石人腰帶解不得波斯吠
胡椒茶家常飯二祖往鄷都鬼價風道士戴鐵冠執法
謝三娘不識四字非頭足你許一娘不識麻字大頭
烟市晴嵐村氣巴蛇吞象消不得不華縣茶瓶[illegible]
沒領布衫着不得半夜螢火假星乞兒布袋盡底傾着
乞丐柱杖無用処子房開計掘不得當地老鴉閉口成[illegible]
江村夕照晚情李廣陷番死中得活張良學書禮下於人
鬧市裡老鼠過走真州望長蘆[illegible]海[illegible]知貴
不賢[illegible]紅羅帳裏撒[illegible]州作
[illegible]王四老[illegible]

[illegible]上掛紗帽[illegible]
桅杆上掛燈籠有名光光棍桅杆上掛幡棍光棍光光棍
打光棍捍麵杖打光棍手王蜡釘裏光棍捍麵杖
掛在鎗頭光棍黃竹炎雞巴光棍一風火
燒竹林光棍一片水流播槌光棍眉毛上插
針光棍眼前蠟燭做簫吹油光棍新剝楊柳樹
光棍青皮兩個擂槌光棍半天飛着光棍柳樹剝
了皮光棍精光教化子敲綿杖打光棍討吃的

○罵小人俏語

網巾圈裏打拳小人精銅錢眼裏打鞦韆小
欄杆上走馬小人小人燈盞裏洗澡小人麥稈
兒吹火小氣劃細子裏點燈小通草做人
物輕人蜘蛛網上走馬輕人三厘銀子打十
二個梅花輕薄死碌兒洗臉賤兒

○罵小伺俏語

耳羅十二為丞相小官好小腳丞羅頭路好大
官蘇木柴磚街好第子弟喫了磨刀水
銹氣三星堂前遇金劉好人大肚婦人打
花娃子氣小伺背着糞箩叫賣後亭花之麻擔
黃豆蹔大水流來私娃兒亂錯鐵匠扯
風箱清火盆扯篷往北好南風謝三娘不識
硯池黑眼謝三娘不識硃砵紅花

○罵人俏語

喫飯不起頭饑頭監裏穿孝囚臧刑禁子
子因奴黃栢樹下周社公苦相謝三娘不識
綉花包草包謝三娘不識清包酒包粟米麻糍
炭在中黑黃色粟米麻糍黃黑夜回家
沒了烏龜倒掛真武在上烏龜水上浮萍[illegible]
子[illegible]不出林[illegible]鳥飛過牡丹園[illegible]
鳥三斤梅子[illegible]個麻雀[illegible]大水流來

倘曲在徐六擔板一只邊見老虎看水磨不得
石棒打人頭着實貨事論趕犬逼墻無路急処三厘銀子
買網巾希帶嫂子買花姑帶朝天門外打傘一路
神灯心作拐杖做不得主天師過江不用船自有法張
天師走了雷無法可治猢猻入布袋伎倆已盡金州路上
客折本了湘江無底船不得過鮑老送灯臺一去不回判官
手中筆生死在你謝三娘秤金且識西嶺大王隨人作福
石灰籮裏火把白着山前山後雨濛濛暗黑下山
虎遇水牛大作威和尚戴冠子假道事謝三娘不識
回七人舊癩蝦蟆請客四眼相覷關雲長賣豆腐人強貨弱
羅漢請觀音客少主人多癩蝦蟆拯脉腳硬掙鸚哥過
江飛渡紙糊灯籠有名無實硯石害相思想筆小船兒思
想過難渡荷葉當雨傘難遮蓋九人求仙難遇妝匠害
眼未數目逆金剛掃地大神有勞棋子薦酒難消老虎吞喫
石獅子不呑得消積年木匠箍桶消不[illegible]鄱陽湖裏覽
雞難雛鸕鶿石堆相當帽戴項不起落花紅滿地多謝
半夜落霜起來淋下剝毬不起頭淋下放風箏不得高
鄱陽湖裏吊鈴圈何日得還儍娃婆娘打瓦子氣八
十婆婆打瓦老賤腋下生毛老手海裏尋針難得見長
官瞎了眼不見君半夜水漲沒人見紙糊節羅難見面
日照簷前水不化難消滴啞子見娘說不得啞子喫
黃連苦在心裏三歲孩兒買棺材終久不得地上鴛真
吞[illegible]金井王欄杆[illegible]到黃栢樹下彈琴苦中取樂
謝三娘不識虫字中中的養濟院孤老下棋窮快活
爛麻繩不牢繫[illegible]夢裏交情一空灯草燒灰[illegible]

簡術人是沒底的棺材不成人老虎咬蓑
衣人不嫌狗吹鑼巴人不是形猴猻裹網巾像不
形人猴猻帶紗帽好大嘴面吹火筒兒吹火不
蟲蛸蛛蜈照鏡好不大臉抱六十日的雞蛋
死卯謝三娘不識人熊野人棺材裏爬痒不知
死日潘郎倒騎驢不見面彭祖年高八百
歲的老不死謝三娘不識麒麟有錢的驢
孫子下鍋才出瞎子上嶺不知高低瞎子下河
淺不知深瞎婆子撒尿不知背紗絹將來做布
賣好不知好牛夜吃黃瓜不知甌買乾魚放生
死不知六月戴氈帽不識時務狗咬呂洞賓不識好
好人半天下雨不知來頭兒裳腳放風箏受
氣臭床下生痱娼婦你男子穿着婦人衣
陰陽不陰陽鳥上吃猪蹄去在那不陰陽生
頭一下腳將臨江吟詩沒運牆頭上埋墳露出

半夜時教化沒討豆腐吊下來沙洲上
種菜綠老子看灯受飢餓有名無實染子青紅天又
無情戴斗篷嘴隔遠老虎頭上蝨子好大捍
笏杖兒吹火一竅不通半夜旁泄出色八十歲婆婆偷
情人倫敗壞八十歲公公行房不得了稍工燒紙為何河
矮子爬過牆背巴不高山打鼓声在外和尚跑頭沒法
瞎子吹簫莫管嘴上一根毛孤他金彈打飛鳥因小失大
還了房錢住目日蜘蛛網上掛排思鄉庄家老不識
天平這那時是寺大明律做海清非一名身定蹺上東京舊日做
了苟鷺鷥飛過養魚池眼飽肚中飢鷺鷥飛入牡丹園
鳥花繡毬拋入大江裡團圓到底不敘匠做官打前向
壁上掛棋盤一手不住留三月芥菜起心禿手人打拳
後手不着六月着空靴沒處半江中做

頭老上栽葱根腳生茅荻裏石頭又臭又硬

（一）諺說諺俗語

馬頸上帶銅鈴響嘴淨捲張雞蛋卵裏雀
兒吃麵糊塞了嘴鼻上帶斧頭砍嘴烏鴉
若上立嘴磨鸚歌咬斷鉄鍊環好硬嘴謝三
娘不識牙刷是個嘴弄麻布包針尖嘴的多嘴雀
兒喫糞蛋張口路上青草生嘴吊口棺材裏
做声鬼話壁上掛鐘嘴龜兒念經悶無常鬼說
話壁上掛草薦不是話高山嶺上談玄說天話
二仙講道情調半江中講話說病人
床上兒說鬼話半夜時琴船尾穿豆
孩兒是馬吃荳菜細馬吃苦賣濃馬吃豆
芽嘴棺材裏起烟鬼火腎子吊下杀缸清音
棺材裏說話鬼話糯米止此水急水灘

屋起怎的謝三娘不識鶏壓一派觀音堂孤妙城
隍面裏火發妙哉土地公公死了兒子絕妙張天師
下海怕鬼深山裏土堆墓多十個團魚吊一個別十
個銅錢吊一個十管筆兒吊一管如棺材頭
上踢一腳欺負死人丈二長的和尚摸不着頭腦閻羅王
取親抬轎子也是鬼鷺鷥穿草鞋身輕腳重金絲猫兒不捕
鼠一個驢兒五隻腳提一個外郎穿着布六
房點燈照五十三兩圓寶一錠一錢撐上流被單大
染匠下河擺布三年臘肉過猪母吃包衣自家
猪肝上砍一刀破費母親神前許愿保兒婆媳婦守
寡沒丈夫滿盤猪肺無肝大水入厨房洗澡團魚下鍋
爬到死大江裏撒尿去那里尋牯牛懷胎也要娶騎馬

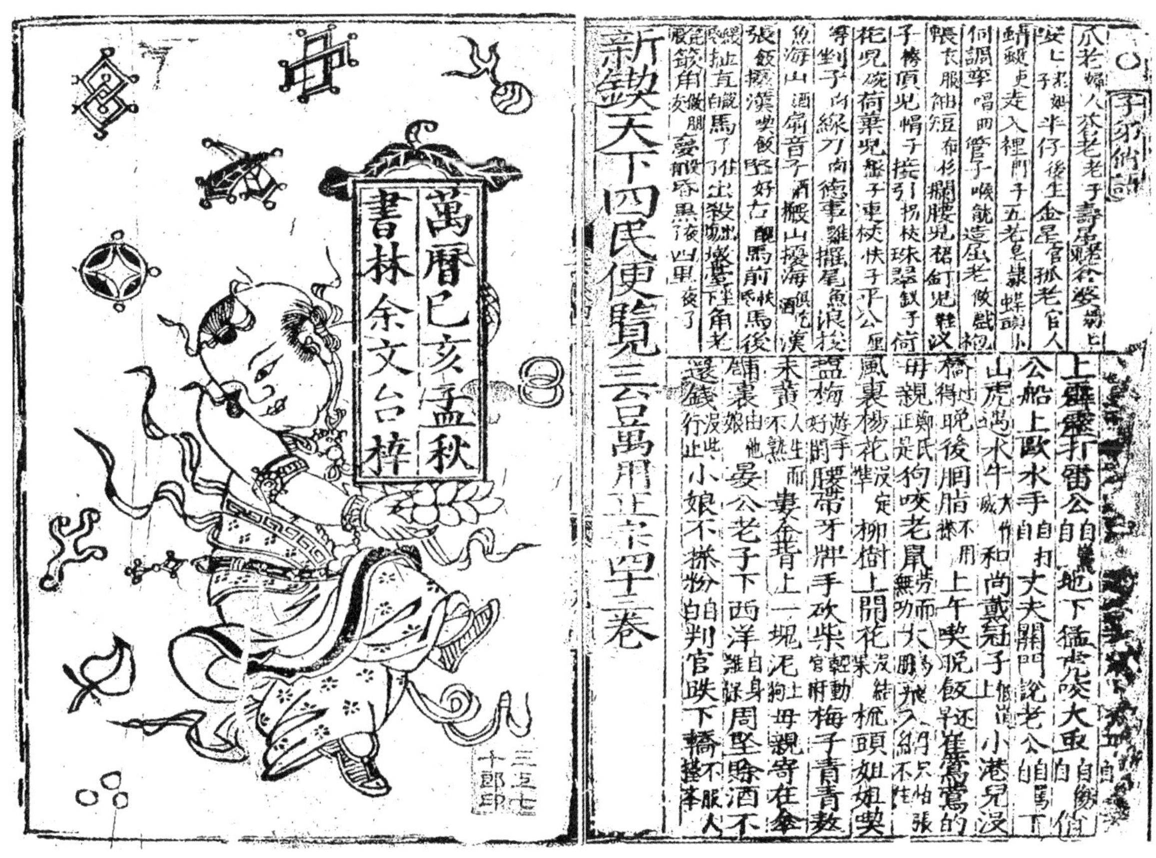

（一）子孫俗語

爪老婦人狗老子壽星老婆
安子夘半仔後生金星官孫老官人
蜻蜓吏走入裡門子五老鳥隸蟀頭
伺調孕唱曲管子喉飢遣瓜老做戲袍
帳衣服細短布衫欄腰兒裙釘兒鞋襪
子梢頂兒帽子撐引拐杖珠翠鈸子荷
花兒碗荷葉兒盤子連枝扶子平公屋
等對子向線刀向德事雞擺尾魚浪掠
魚海山酒扇音子酒搬山攪海酒吃漢
張飯擺漢喫飯賢好右醜馬前快馬後
綴扯直說馬了住出殺咸變臺下角老
戲筵角交腳做變腳番黑後四更夜了

上靈霹打雷公自鬧地下猛虎咬大蟲自
公船上歐水手自打大夫開門說老公自
山虎過水牛大作和尚戴冠子上假道小港兒沒
橋得過晚後胭脂不用上午喫晚飯早还雀鶯鷥
母親正是鄭氏狗咬老鼠勞而無功大鵬飛入網只怕張
風裏楊花沒定柳樹上開花沒結梳頭如媳要
盤梅好遊手腰帶牙牌手砍柴動官府梅子青青熟
未黃人生不熟而妻背上一塊泥上狗母親寄在傘
舖裏由他晏公老子下西洋自身難保周堅賒酒不
還錢行此止此小娘不搽粉白判官跌下橋不服人搭

新鍥天下四民便覽三台萬用正宗四十三卷

卓氏藻林

提要

《卓氏藻林》八卷，明卓明卿編，日本元禄九年（一六九六年）五月京都村上平樂寺刊本。每半葉十行二十字，小字雙行，行二十字。無魚尾，四周單邊。前有萬曆九年（一九七五年）皇甫汸序、卓氏藻林凡例、明萬曆八年（一五八〇年）卓明卿『卓氏藻林自序』，後有元禄十一年日本三雲義正新四郎跋。是書採擷類書，分門輯錄。卓明卿，字澂甫，浙江錢塘人，著有《卓氏藻林》、《卓光禄集》、《卓甫詩續集》。

元禄九季丙子中夏穀旦

卓氏藻林

銅駝坊書肆村上平樂寺

卓氏藻林序

藻林者卓君澂甫所輯也王君敬美校而傳焉君自束髮睎茂先之博物兼子雲之好奇嘗弄綈緗日操鉛槧藩溷置左生之筆緘

貯盈白傳之缶芳序十更殺青甫就移書季重屬叙士安余披帙展覽分類三十有七準宮數以餘春爲卷凡八仿易卦以成列櫺摭旣富鉤獵必玄彙北堂

之鈔存東都之畧先之以六經三史奕之以諸子百家雜記浮于淵纂碎事侈于海錄雋出漢篇摘緜左氏是書行于藝林攻對偶者等之合璧尚四六者擬之叢珠考原者資之稱始脩辭者藉以指南來喆之总筌皆君之坐範也功曷茂爲吳中楊儀曹君謙亦撰類書名曰奚囊手鏡廣采祕書人間所未覩者未

及梓行遺稾散逸至今惜之苟謂博奕爲用心黻好爲裘志淺之乎知澂甫者哉

萬曆辛巳三月上巳吳郡百泉山人皇甫汸子循譔

藻林目錄

卓氏藻林自序

夫聚鷸飾冠寧資隻羽之翠被狐成服必藉衆腋之純何者備物則取材不匱用博則觀美斯具矣夫珊章縟綵馳騁藻繢之場扇辭比事範圍述作之軌辯情文於堂奧流名字于金石者茲是故多識蓄德之謨博物洽聞之訓取所以啓矇發聵扶能助賢凡命簡之徒懷鉛之士莫不咀嚼丘索漁獵墳典王儉奇文頗煩絕韋之力蘭臺秘錄亦肆焚膏之勤伯喈獨

得于論衡子雲借書於石室通古今之學劉向參其駿聲見天下之書馬融騰其雅譽用能檃括百家貫穿六籍緝翠蔓於詞林春葩擢秀揚清瀾于學海秋水澄神披文則金碧交輝揮筆則雲霞散綵鵷鸞呈羽儀之瑞虎豹凝炳蔚之姿者矣但五采錯陳紋理必異九染並御氣味自殊物既若此文胡不然故泛涉則蹊徑不分執契則體要自別編摩寫任庸假刪述之功鉛槧既施斯免蕪累之病所以略形膚而究

神髓刊枝葉而尋本根者也繇是討源文質之流索塗雅俗之路綱領昭暢而條貫靡遺什伍嚴整而行綴不亂商彝周鼎品式具于明堂天球赤力寶藏溢於外府者矣世敎下衰衆言淆亂放逸者泛濫乎繩檢深詭者屈抑其音節體裁舛戾安希武仲之下筆不休斧藻參差謬同季緒之詆訶弗寘無惑乎至文希覯而古道難明也藻林者余束髮抱好奇之癖喜儲麗之書晴窓夜燭希踪下帷秋月春林究心穿榻

精諷厭汗牛之繁旁蒐恥祭獺之陋校藝隙暇嘗取自經史以下諸書擇其事偕文告語及故實圓融密緻之體峻潔遒勁之格可以啟臨流賦詩登高作賦者標其門戶別其區畛抽繹十年繕完茲藁凡若干卷爲若夫丹文綠牒組練成章雕鏤綺錯輻輳合節典雅則黃鐘大呂之陳綺靡則祥雲繁星之麗詼贍饒太倉武庫之積考覈折黃熊白馬之辯羽陵玉笥奧遠畢收牛鬼蛇神秘怪悉錄語駢麗則合璧連珠

譚芬芳則佩蘭紉蕙嶒峩揭業極其體勢瞱燁焜煌騁其孶觧可以翔翼文藪規範藝苑志所遂矣功亦茂焉蓋志並瓌奇則闡譎而傾聽性耽淵懿則見麗而拭目是以閨華讓美夙推王粲之精義酒問奇頗效侯芭之僻聆清廟之疏越敢謂知音闚天閑之逸足似甚索駿是編也稱物若權晰理如鑑以之研精則幾微不爽以之制器則象貌無隱酌聲而韻合革飽絢而文成黼黻亦品格前修裨益來喆爲藝黌之宏規騁詞之長駕耳王使君敬美赴秦中學憲便道訪余堂頭見茲帙三復稱善慨任校讐蓋藝林增重實藉敬美以永傳云

萬曆庚辰冬中曲河卓明卿澂甫書

卓氏藻林凡例

一　藻林所選惟取音響明亮詞華綺麗可入詩賦者錄之若古今故實自有諸類書可考茲不備

一　所選書專及此數家者以數書統會名言之粹茲又擇其粹之尤者亦可以約而該博若徒事浩瀚祇為無益

一　天下郡縣古名并九州山川形勝近有一統志略郡縣沿革類名

一　詩賦自漢魏以來至唐初而止近體惟盛唐得之學者欲效古製不當襍用後代之言故自中唐以後不錄

一　韻府近代俗書間有純雅古語出諸集不備乃十采其一非濫及也

一　此集專為初學雕繪之助非源委有本之學故多煩言碎義弗論

卓氏藻林卷之一

天文類

武林卓明卿澂甫編輯
吳郡王世懋敬美校正

【易經】資始乾元天德之大始故萬物之生皆資之以為始也雲行雨施品物流行此乾之亨也雲行雨施即氣之亨也品物流行即行之亨也資生生者形之始也至哉坤元萬物資生麗天麗附也日月麗乎天離卦保合大和大和者陰陽沖和之氣保合者謂全於已生之後也洊雷洊重也上下皆震故為洊雷震大象洊雷震君子以恐懼修省密雲不雨自我西郊陽降陰升則和而成雨陰已在上雲雖密豈能成雨乎所以不能成雨者自我西郊故也小過六五鼓之以雷霆潤之以風雨日月運行一

寒一暑言變化之成象者上係易知簡能乾以易知坤以簡能謂乾健便能始物故日以易而知坤皆從乎陽而不自作故曰以簡而能上係精氣游魂陰精陽氣聚而成物魂游鬼降散而為變鬼也上係精氣為物游魂為變成象效法成象之謂乾效法之謂坤係辭夫乾其靜也專其動也直是以大生焉夫坤其靜也翕其動也闢是以廣生焉易之所以廣大者以此係辭闔戶闢戶闔戶之謂坤闢戶之謂乾上係大極兩儀四象大極者其理也兩儀者陰陽也四象者陰陽太少也上係易有太極是生兩儀兩儀生四象也縣象著明縣象著明莫大乎日月下係貞觀觀示也天地之道貞觀者也下係貞明貞常也日月之道貞明者也下係確然隤然確健貌隤順貌夫乾確然示人易矣夫坤隤然示人簡矣下係天地絪縕萬物化醇絪縕交密之狀醇謂厚而凝也言氣化者也下係

【詩經】厭浥行露厭浥濕也行道也

嘒彼小星三五在東嘒微貌三二十五言其稀也終風終日風也終風且暴曀曀陰貌曀曀其陰殷靁殷雷聲殷其靁凱風南風長養萬物者也凱風自南習習谷風習習和舒也東風謂之谷風北風凉雨雪雱北風寒凉之風也凉寒氣也雱雪盛貌此比國家危亂將至也北風其凉雨雪其雱其喈其霏喈疾聲也霏分散狀承上靈雨零靈善時雨也零落也零露漙漙音團露多貌蝃蝀虹也蝃蝀在東朝隮隮升也虹自下而升則雨終朝而止矣朝隮于西崇朝其雨又雲氣升騰也南山朝隮三星心也昏始見于東方三星在天晢晢星明貌明星晢晢浮浮雨雪浮浮流火火大火心星也七月流火觱發風寒也一之日觱發栗烈氣寒也二之日栗烈載陽載始陽溫也春日載陽遲遲日長而暄也春日遲遲零雨零落也零雨其濛泥泥露濡貌零露泥泥瀼瀼露蕃貌繁霜繁多也正月繁霜夢夢音蒙不明也視天夢夢爗爗音燁電光貌爗爗震電

哆侈南箕哆侈微張之貌南箕四星二為踵二為舌其踵狹而舌廣則大張矣哆兮侈兮成是南箕言讒人與讒也發發疾貌飄風發發七襄日月所止舍一日當更七次跂彼織女終日七襄服箱箱車箱也睆彼牽牛不以服箱言不可服我之箱也啓明長庚二者皆金星也以其先日而出故謂啓明以其後日而入故謂之長庚東有啓明西有長庚天畢畢星也南箕噏舌北斗柄揭維南有箕載噏其舌維北有斗西柄之揭言天若助人之困甚怨之辭也淒淒凉風也秋日淒淒烈烈猶栗烈也冬日烈烈雰雰雪貌雨雪雰雰同雲雲一色也上天同雲將雪之候霢霂小雨貌優渥霑足皆雨被草木饒洽之意有渰萋萋渰雲興貌萋萋盛貌興雨祁祁祁祁徐也雲欲盛則多雨瀌瀌盛貌雨雪瀌瀌英英雲輕明之貌英英白雲雲漢天河也倬彼雲漢為章於天穹蒼天也風隧隧道也大風有隧謂大風之隧行多出於空谷之中也一日秦風蘊隆蟲

蟲蘊蓄隆盛也蟲蟲熱氣也【書經】星鳥南方朱鳥七宿春分昏之中星也星火東方蒼龍七宿夏至昏之中星也納日方没之日也寅餞納日星虛北方玄武七宿秋分昏之中星也星昴西方白虎七宿冬至昏之中星也陰隲相協隲定協合也天於冥冥之中默有以安定其民輔相保合其居止惟天陰隲下民相協厥居七政日月五星也在璿璣玉衡以齊七政舜典【左傳】六氣天有六氣陰陽風雨晦明也七紀二十八宿四七故曰七紀天有七紀【禮記】天宗日月星辰也孟冬之月天子乃祈來年於天宗煦嫗覆育天煦覆地嫗育煦嫗覆育萬物【爾雅】蒼天春為蒼天昊天夏為昊天旻天秋為旻天上天冬為上天泰風西風也焚輪暴風從上下也焚輪謂之頹扶搖暴風從下上也扶搖謂之焱挈貳蜺為挈貳霄雪雨霰為霄雪壽星角亢也數起角亢列宿之長故曰壽星天根氐也角亢下繫於氐若木之有根天駟房也龍為天馬故房四星謂之天駟

大辰房心尾也龍星明者以為時候故曰大辰漢津箕斗之間謂之漢津星紀牽牛斗者日月五星之所終始故謂之星紀析木即漢津也玄枵虛在正北北方色黑枵之言耗耗亦虛意北陸虛星之名營室營室謂之定定正也作宮室者皆以營室中為正又東壁星娵觜營室東壁星四方似口故因名之降婁降平聲奎為講讀故名之降婁奎婁也大梁西陸昴也昴西方之宿別名旄頭鶉火柳星也火屬南方明星啓明星也欃槍彗星為欃槍彴約奔星謂之彴約夕陽山西曰夕陽暮乃見日也朝陽山東曰朝陽旦乃見日也詩云鳳皇鳴矣於彼朝陽【莊子】南冥天池也鵬之徙於南冥水擊三千里羊角風之屈曲勢也摶扶搖羊角而上者九萬里爝火炬火也日月出矣而爝火不息其於光也不亦難乎天籟風吹木聲吹萬言萬物之有聲者皆造化吹之玄宮猶今之太清真境玄冥有氣之始也參寥無名之始也白雲帝鄉虛無之上也乘彼白雲至於帝

鄉又曰天下無道則厭俗上仙乘彼白雲至于帝鄉野馬塵埃也即游絲也白駒或曰日也天地之間若白駒過隙忽然而已焚槐水中有火乃焚大槐謂雷雨之時或焚樹木言槐者以槐能生火也【列子】真宅大虛之域也鬼歸也歸其真宅【楚辭】攝提星名隨斗柄以指十二辰者也攝提貞于孟陬九天謂天有九重也埃風埃塵也溘埃風余上征忽忽日忽忽其將暮飄風無常之風也閶闔天門也天津東極箕斗之間日月星斗於此往來漢津也朝發軔於天津嫋嫋長弱貌嫋嫋兮秋風天門上帝所居紫微宮門也飄風先驅凍雨灑塵飄風回風凍雨暴雨也先驅洒塵以戒道也玄雲神仙所乘天狼星名主侵掠舉長矢兮射天狼衝風衝隧也衝風起兮橫波流澌解冰也流澌紛兮將來下填填雷聲也冥冥雨晦貌颯颯風聲風颯颯兮木蕭蕭馮翼氤氳浮動之貌天地未分馮馮翼翼天極謂南北極天之樞紐也顧兎月也謂顧望之兎也夜光月也

曜靈日也角宿未旦角東方且明星也緒風緒餘也欸秋冬之緒風北風也澂霧去其昏乱之氣也憑崑崙之澂霧霰雪霰雨凍如珠將為雪者也霰雪紛其無限雲霏霏其承宇宇屋墓也秋風動容秋風起而草木變色也煙液火氣鬱而為煙煙所著又凝而為液也窺煙液之所積九陽扶木九日居下枝一日居上枝大微天庭名也重陽天有九重故曰重陽集重陽入帝宮兮旬始皇天名也清都上帝所居太儀天帝之庭也氛埃霧霾與埃塵也氛埃辟而清涼曭莽日無光也絕垠天之邊際也寒門北極之門也閒維天紘也天有六閒乘閒維以反顧列缺天隙電照也上至列缺一曰天門也泰初氣之始也與泰初而為鄰收潦水清潦雨水至秋則雨止而川水清霒曀霒雲蔽日也曀陰風也黮黮雲黑也雷淵雷公之室也虎豹九關天門九重其神虎豹司其開閉下人有欲上者則齧殺之虎豹九關啄害下人些光風轉

蕙汜崇蘭光風謂雨止日出而風草木有光也轉搖也汜猶汎汎搖動也崇高也言先風氣轉汎蕩於蘭蕙之氣朱明承夜朱明日也承續也言晝夜相續也冥凌訣行言春

氣既發則往幽持冰凍之地無不周浹而流行變冰凍也皓膠冰凍貌皎然正白回錯膠戾也顥光貌天白顥顥凝凝冰凍貌依斐雲貌雲依斐而承宇也昧昧日昧其將暮

舒芬振條皆風也九靈九天也九魁北斗九星也玄關天門也飛谷日所行道也飛泉之谷頏濛氣也貫澒濛以東揭晻晻日落貌日晻而下頹驂

脣風聲也吸吸雪動貌朏朏日月始出光明東盛爲朏朏青冥太清也又云雲也上有青冥之長太太一玉臺太一天帝所在以玉爲臺蓬龍猶轉蓬風貌飄風蓬龍

〔漢高〕顥蒼天也顥穹天也言氣浩汗也渾元天地之氣也又云渾大元氣也渾元運物堪輿天地總名也九閎九天之上也閎重也九閡門也九天之三靈

日月星垂象之歷也一曰天地人也仰協三靈三光日月星也三辰日月星也一曰從寅至辰

也泰階六符泰階三台也每台二星凡六星符之符驗也三台乃天之三階上階爲天子中階爲諸侯下階爲庶人三階平則天下太平三階不平則百姓不寧故云六符合璧連珠

日月如合璧五星如連珠言祥瑞也天清日晏晏無雲也晏溫日出清霽爲晏而溫東君日也晉臣祠東君倒景日月在下反從上照故曰倒景金波月光也奔星流星

也景星瑞星也凡赤青黃三星合爲一星歲星太歲星也一歲周天而行常宿經星也靈星龍星在角曰天田明則農祥也長星孛彗也多爲除舊布新兵革之事招搖

斗柄星主天時羽林天軍危虛南有衆星蓋虛危營室恒多姦邪故設羽林爲軍衛飛流彗孛飛流言其絶迹而去也暈適背穴抱珥皆日旁氣也適日之將食先有黑之變也

其形如背穴作鐍其形如玉鐍也抱氣向日也珥形點黑也宛虹屈曲之虹也宛虹施於楯毋

八風四方之風也有八風還嵐暴風也颸回風也風發颸搖格澤格澤之氣如炎火黃白色起地上爲長竿也膠葛上清之氣也青煒青氣之光煒也青陽之氣始升

而上以成萬物也赤煒白煒玄煒皆四時之氣也提揚眉提攝提星也揚芒角狼奮角狼星芒角則盜賊起西顥沆碭秋氣肅殺也沆碭音亢蕩白氣貌玉臺

主童所居也指象謂天不言但以指意景象告諭人也天閫地垠閫門垠限也天動地岋岋搖動貌泰元媼神泰元天也媼地神也泰元尊媼神蕃九垓八埏

九重之天八際之地也鴻濛沆茫廣大貌泥沛雲雨之貌鬱燠鬱熱氣燠熅也庶暑之鬱燠霏霏雲起貌雲霏而遠迎兮〔諸吏〕天庭龍星右角曰天庭同貫天庭中

塡星黃帝含樞紐之精乃璇璣中宿之分塡星出如瓜德星即塡星也一曰歲星也歲星所在有福故曰德星王者不敢私人則見又賢人星也陳仲弓事河鼓河鼓三星在帝中北主軍盖天

子三將軍也占明大光澤將軍有功勳搖差戾將軍失計一曰牽牛星別名天船天船有九星在大陵北一曰舟星澍雨時雨生萬物也天苑天苑十六星如環狀在畢南天子養禽獸蓋稱

暗則多死狼弧狼星弧矢星也五諸侯星名內五諸侯五星列在帝庭其星並欲光明潤澤若枯槮則各於其處受其災變若動搖則有櫝命以王主者有重事於五諸侯客星只是孛變星也

客星經帝座又客星犯天子宿嚴光又客星犯斗牛乘槎事王氣五伐用事者王王帝即天帝也王氣時異故名號有五星氣以占災祥也歲鎭二星名其所臨之國有福不可伐旱

暵旱不雨也暵日氣乾也旱暵方甚六出雪花也凡草木花皆五出獨雪花六出六天昊天上帝天皇天帝北辰耀魄寶及太微五帝是有六天〔文選〕太紫太微紫微二星也紫

宮紫微宮也取象於星鉤陳本星名衛紫微宮今離宮別衛取象象一曰主書伏顥氣清英天白氣也英潔白貌清涸陰冱寒涸竭冱閉也五緯五星也五緯如斗靈

挨塵擸也埃於中宸消霄重陽清澂皆天帝之所居究虹長髻究屈曲也髻虹貫也
瑤光北斗第七星也玉繩即王衡星也凡夜深則低玄戈招搖玄戈北斗第八
星主胡兵招搖第九星皆晝之於旗樹之以前驅也建玄戈樹招搖觀祲祲氣也觀祲上
玄天也祈福乎上玄五精五方星也天光日也登天光於扶桑天區四方上下也
閶風秋風也候閶風而西遐天垂天之四垂也陽烏日也井絡井星也岷山之
精上為井絡敲霧逢涍敲氣也逢涍煩鬱之狀宵露霮䨴霮䨴露重貌一曰繁
雲貌旭日晻暲旭日早日也晻暲昏暗貌颰颾風搖木也颭瀏颼飀風吹木也
鳴條言風鳴木條也琴筑并奏笙竽俱唱言風搖林木之聲如音樂之奏也
烏兎即日月也龍烏兎於日月颸風颲颲颸疾風也颲颲風聲也桑榆末光
日將西謝也太清天也陽靈日也陽靈停曜於其表陰祇雲雨師也陰祇濛霧於其
裏矞雲翔龍矞雲赤色雲飛龍所出也障癘即障氣癘障癘辰光日也又謂
日月星也太陰太陰前二星也凌競天門寒深之處也競平聲景炎日光也垂景炎之炘
炘炎音釁炘炘熱氣貌鬱律雷小聲也雷鬱律於巖突又煙上貌蠛蠓游氣也蠓上聲
浮蠛蠓而蔽天迴飈迴風也音標碭駭風疾過迴颷碭駭芬茀香氣也香芬茀以穹
蘦璇璣北斗也攀璇璣而下視九垠九重也漂龍淵而還九垠招搖太一星名
為兵禱則祀之天閶天門也天閶決地垠開天聲如天之聲言其大也天聲起勇士厲
旭卉幽昧之貌上夫之載杳旭卉紫貝紫電黑雲謂之紫貝駭猋驚風也歷駭猋隆
烈冬月陰氣盛也天地隆烈天弧星名主弓矢天弧發射泱泱雲貌天泱泱以垂雲皚
皚霜雪白貌颸戾風聲也吐清風之颸戾鬱蓊雲貌納歸雲之鬱蓊天漢儀景星於
天漢太虛天也自然之道也太虛遼廓而無閡遊蒙天中清氣也五蓋於遊蒙發彤雲

斐亹彤雲也斐亹文色貌彤雲斐亹以翼標皦日烱晃皦光明也烱晃亦光明貌
惠風佇芳惠和佇起芳香也惠風佇芳於陽林游氣海氣也游氣四塞開也背陬
星名主架屋上憲背陬翕習風來貌風翕習也光晷日光融泄雲動貌晨光
日影也晨光內照朱炎日也翔陽逸駭翔陽日也翔陽言出疾也翔陽逸駭於扶桑之
津霴曃昏氣也霴曃潛消戕風暴風也戕風起惡靉靆雲氣堆聚貌靉靆雲布
決帆摧橦言風疾起決破帆席摧折檣橦也橦音直檣也天霄天也霳昱電疾貌霳
昱絶電呵欻掩鬱謂雷電吞吐光色疾也靉靆海氣不明貌雲錦朝霞也雲
錦散文於河汭之際滃浡雲霧出貌胚渾即混沌之氣也胚渾之未凝梢雲瑞雲也君
德至則出若樹木梢梢然也翠霞江上青氣也翠霞天矯天矯飛騰貌霞天矯翠清
旭昭出之日也觸石雲也觸石而出膚寸而合越岱宗之觸石蘋末風起於青蘋之末
淜滂風擊物聲也熛怒風聲也耾耾雷聲也礰石伐木風也清清泠
泠風清涼之貌雄風雄駿之風此則大王之雄風也塕然風起貌塕然起於窮巷之間
堀堁揚塵堀堁言風動塵也揚塵同意堁音課勃鬱煩冤風迴旋貌動沙堁
吹死灰駭溷濁揚腐餘言風之來振動沙堁吹其死灰驚亂溷濁薄之氣揚腐臭也
堀沙堆也大明攄轡大明月也攄音鑣攄也月有御故曰太明攄轡於金樞之穴言月將夕
也靈潤河海興雲雨也攄靈潤於千里雌風早惡之風也庶人之雌風也陽景日也
陽景空曜勁風秋風勁疾也勁風戾而吹帷晃朗天氣開明也晃朗以彌高攸陽
日入貌日攸陽而浸微微陽短晷微陽冬陽也晷影也何微陽之短晷曈曨月之出貌
月曈曨以含光凄清寒露貌露凄清以微冷呈瑞表沴雪盈尺則呈瑞袤丈則表沴沴
音戾不和之氣也炎風炎風在南海外夏日則殺其過鳥滈滈浮浮漉漉來

奕（皆雪飄流往來繁密之貌）便娟縈盈（雪輕迴之貌初便娟於墀廡未縈盈於帷席）積素（雪也積素未虧）緣甍冒棟開簾入隙（皆言雪也）緣霤承隅（言雪水滴也其流滴垂氷緣霤承隅）斜漢（大漢也斜漢左界也）白露曖空素月流天（曖猶滿也）陽德（日也日以陽德）陰靈（月也月以陰靈）扶光（扶桑之光也擅扶光於東沼謂日也）若英（若木之英也嗣若英於西冥謂月也）玄兔（月也引玄兔於帝臺）素娥（月也姮娥竊藥奔月因以爲名月色白故曰素集素娥於后庭）朒朓警闕（月朔見東方日朒月晦見西方日朓視此可以警人君之闕德朒音肉朓音兆）朏魄示沖（朏月盛明魄月初生也明生得宜以示人君謙沖之德也朏音斐）增華揚彩（月也增華台室揚彩軒宮）台室（三台星三公位也齊色則君臣和增華台室）軒宮（星宮卽軒轅宮也軒轅者帝妃之舍揚彩軒宮）委照淪精（月也委淪皆落也精光也）清質澄暉（月也升清質之悠悠降澄暉之藹藹）列宿掩

縟長河韜映（縟繁彩飾也言月旣明盛則列星天河皆韜掩其光彩）雪凝水鏡霜縞冰淨（皆言月色之光彩也照地如凝雪照天如水鏡庭除皆如霜氷之潔也）圓靈（天也）聲林虛籟淪池滅波（化言風將息也謂風止林籟虛而不鳴池水波文皆滅也淪水文也聲林有聲之林淪池有文之水也）想月（想向之也想皓月而長歌）太鈞播物（造化陶民如鈞之造器也）赤霄（天至高也或夌赤霄之際）精曜（天駟星也）朔雲（朔方雲也）嚴嚴苦霧（嚴嚴慘烈貌寒霧殺物故曰苦）箕風（箕星好風故言其風箕風動天）氛昏（陰氣也氛昬夜歇）星翻漢迴（翻動迴遶也）芒熛（芒光芒也熛火飛也揚芒熛而絳天）金天（西方也）磑磑（氷厚貌行積氷之磑磑）氛旋（氛氣爲旋也氣旋溟以天旋）上都（天帝居也）罔車（畢星也）青林（天苑星也獵青林之芒芒）封狼（星名嶓冢山上爲封狼山）北落（壁壘星也觀壁壘於北落）天潢（天津之別名乘天潢之汎汎）低回劉流（星環繞也）

（劉音留求也）二紀（日月）狂電（弄狂電之）淫裔（雷電狂貌）疵鴻宕冥（皆天之過氣也）閑陽（斗中一星名也）溓溓（音斂薄冰貌冰溓溓而凝微）皇穹（天也仰皇穹兮嘆息也）代雲（海代山之間氣皆黑代中雲氣黑色也）搖風（飄風也）日沉彩（日下壁而沉彩日落）月飛光（月上軒而飛光十五夜也）泰真（太極之氣也）秋潦（音老雨水也）辰極（北斗也）昊蒼（天也）惠風（南風也）重陰（雲雨謂之重也反亢陽於重陰）亢陽（旱日也）松栫（雲盛也栫松茂盛貌言朝雲茂盛如此松之栽也其始出也嚮兮若松栫樹皆茂貌）姣姬揚袂（雲也其少進也嚮兮若姣姬揚袂鄣日而望所思嚮白也）瓠瓜（星名獨在河鼓東故曰歎瓠瓜之無匹）神霄（鬼神所居闇冥處也悵神霄而蔽光）黭黮重雲（黭黮黑貌）玄霄（玄黑霄雲也乘變玄霄）甘霤（甘雨也凡水下流日霤濛濛甘霤）中黄（日行黄道也羲和正其嚮於中黄）太圓（天也懸太圓）大儀斡運（言大道廻運使天左旋地右轉也）

皷蒸鬱冥（皷蒸雲霧氣上出也鬱冥蒙勃不明之貌）豐澤（時雨也昊天降豐澤）炎暉（日也淸雲却炎暉）玄暉峻朗翠雲崇靄（玄天暉日峻高朗明也崇高也靄鬱也）靈景（日景也）慶霄（慶雲也）愁雲（陰雲也滿海愁雲生）雲梯（仙人昇天因雲而上故曰雲梯安事登雲梯）朱羲（日也）華星（華光也華星出雲間）爽籟驚幽律哀經叩虛牝（言風之疾也清風激於幽崇之處超其音律牝赤谿谷也丘陵爲牝谿谷爲牝言風入於哀壑而叩其虛牝也）初景（初春也初景華緒風）新陽（春陽也新陽改故林）半規（日落峯外也遠峯隱半規）夕霏（夕霏日氣也雲霞收夕霏）解作（雷雨也易曰天地解而雷雨作解作竟何感）祥飈（瑞風也祥飈被彩斿）九霄（九天也訊暮九霄也）凝霜（嚴霜也凝霜被野草）河宿（星河也乘河宿爛）寒商（秋風也寒商動淸閨）穨魄（缺月也穨魄不再圓）傾羲（落日也傾羲光而且）餘暎（日將暮而猶暎餘光也山光有餘暎）生煙（牛出之煙生煙紛漠漠）

絳氣 赤霞氣也絳氣下縈薄 朱光 日也朱光馳北陸 紫氣 天氣也紫氣翹麥紫氛蒼 圓景 月也圓景光未滿 流潦 雨水也流潦浩縱橫 青霓 霓上青雲霓亦雲也 積陽 夏日熱氣也積陽頹自南 豐注 太雨也 潰潦 雨水流於地者 脩霤 高簷之滴水也 天末 天涯也佳人眇天末 苦雨 為人所患者苦雨遂成霖 二離 日月也二離即重離 衝飈 猛風也 屯雲 雲屯聚也屯雲蔽曾嶺 流雲 行雲也流雲蕩青闕 連陰 冬雨也 凉飈 颸風也輕颸扇動颸風 颸暈 日也 鳥路 煙雲之中飛鳥所往來也風雲有鳥路 微綃 天黃輕綃也散風揚微綃 末垂 月之將盡也月明送末垂 赫羲 炎盛貌隆暑方赫羲 素輝 露光也清露墜素輝 天宇 天之覆地如屋宇也昭昭天宇闊 火旻 秋天也火旻團朝露 雲日輝映 空水澄鮮 空者天也 陰風振凉野 飛雲瞀窮天 此言冬景瞀音鶩亂也窮天謂季冬日窮于次月窮于紀也 曾暉 日光也曾暉薄瀾澳 魚鱗 雲貌魚鱗夕雲起 畢景 落日也畢景逐前儔 霞錦 餘霞散成錦 泄雲 泄舒也泄雲已漫漫 奔精 流星也奔精昭夜 月御案節 星驅扶輪 言天帝降使月御為之案節星驅為之扶輪驂乘也 藻景 日光有文也清川含藻景 颸風 清風也冷冷鮮風過 經天日 日行經半天日近矣經天日 蔄露 蔄毒草其上露人觸之肉即爛南海郡有之蔄露夜沾衣 焦煙 熱氣也焦煙起石坼 胡霜 胡地之霜也旌甲被胡霜 鮮雲 鮮輕也鮮雲垂薄陰 蟾兔 月也四五蟾兔缺 渥露 渥濃也渥露沾我裳 東壁 仲冬昏中星也東壁正昏中又曰二星主文籍天下文書之府又月令日在東壁 朱火 燈也朱火青無光 霖潦 潦雨水也霖潦淹庭除 曜素 月光也廣庭發曜素 浮陽 日光也浮陽映翠林 膚寸 言雲也膚寸自成霖膚寸四指也 霡霂 雨也霡霂過二旬 纖雲 纖輕也 玉壺水 取其淨潔也清如玉壺水 頹陽 落日也 神飈 疾風也 協風旁駭 協和駭散也 天昏仰淺 天昏日也仰

淺謂無涯落薄也 圓象 天也圓象運宣 團團 露貌團團滿葉露 傾河 謂天漢將斜而曉也 青精 瑞星也青精翼紫軑 黃旗 瑞雲也黃旗映朱邸 氛雜 氛擾喧雜也園中昇氛雜 素景 白日也 落宿 殘星也落宿半遙城 黃雲 謂塵埃與雲相連而黃也邊塞之景黃雲蔽千里 初晰 日出之光石壁映初晰 曾飈 高風也長裝搏曾飈 卿靄 瑞雲也卿靄山雲倫 寒陰 寒雲也寒陰籠白日 殺氣 寒氣也殺氣起嚴雲 流霜 飛霜也西北地寒常多流霜 霄崿 雲霄之崖也旌拂霄崿 蒼埌 天畔也出蒼埌 清泠 清色也天清泠而無霞 鳴飈 迴飈九秋之鳴飈 霏霜 霏霜雪貌霜封其條 鎔造 造化所鎔鑄也 玄冰 胡地玄冰 肅穆 清風貌清風肅穆 忽荒 天上也忽荒起 翳翳 日漸落而陰貌 分次 謂星之分野 昴緯 日星也昴緯昭應 青陸 東道也月軌青陸 上靈 上天也 葱翠陰煙 葱翠青色也陰煙山中氣也 滅宿澄霞 謂天曉而無雲也宿星也 登光辨色 謂日光初上始辨曉色也 洪飈 大風也 昊穹 天也 睢睢盱盱 視不明貌 天地混沌未分也 玄萌黃芽 天地方開故玄黃異色而生萌芽也 懸象恒文 日月星也 亭毒 造化均養也生之無亭毒之心 冥兆 冥昧兆初也存亡壽夭咸定於冥兆 法星 熒惑也乃執法之星 靈暉 日也靈暉朝覲 重光發藻 重光日也藻赤光也 飛鑾西頓 日西墜也 懸景東秀 日東升而明也 冬愛 冬日也 氛祲 惡氣也 軒曜 即軒轅星 素舒 月也 六幽 天地四方也六幽允洽 穹壤 天地也 初學 九野 九天亦名九野 九陔 九天之外次曰九陔 兩曜 日月謂之兩曜 五緯 五星謂之五緯 桂枝鏡彩 月也兔滿桂枝圓輪飆鏡彩缺 七曜 日月五星謂之七曜 周髀宣夜渾天 言天體之奉者有三一曰周髀二曰宣夜三曰渾天 玉儀銅渾 以玉為渾儀故云亦以銅為之 八柱 言天有八山為柱也 榆星 古樂府詩曰天上何所有歷歷種白榆 桂月 俗傳月中

有桂樹 璧月日月星懸璧 珠露露若珠凝 紫電曹毗詩曰紫電光飛觽 文虹傳云陽春賦曰文虹竟天 洪霖洪霖弥旬月 縉雲立秋屬陰雲赤如縉 絲雨審雨如散絲 風馬四春雲為馬秋風為駟 雲車駕雲車驂白鹿 錦雲雲賦曰或繡文錦章 縠霧神女賦曰動縠霧以徐步 文露即甘露人尚文采則甘露凝市 翠雲駟素虯而馳騁兮垂翠雲而相半 紫蜺紫蜺圜曰 姮娥月羿妻姮娥竊不死之藥奔於月是為月精 少女風微風也樹上巳有少女微風 白鶴雲春分正陽雲出張如白鶴 黃雀風五月為黃雀風是時海魚變為黃雀因以名之 宿雲灊灊宿雲浮唐詩云宿雲鵬際落 晨明日拂於扶桑之上是為晨明 朏明日將明也 高舂日經於泉隅是謂高舂言尚未瞑上蒙先舂故曰高舂日所入處又山名 下舂日頰於連石是謂下舂言將欲瞑下蒙悉舂故曰下舂 懸車日暮也爰止羲和爰息六螭是謂懸車 女紀西方陰也日晡時迴于女紀 定昏日淪於蒙谷是謂定

昏 紫露水之美者三危之露也其色若紫故甘露謂之紫露 反景日西落光反照於東謂之反景 六螭六駁也羲和至此迴六螭 遲日春日遲日 愛日冬日可愛也 畏日夏日可畏也 映白日在未日映白 盱日晚日盱日 蟾蠩者羿妻竊藥奔月是為蟾蠩即太蝦蟆也蠩亦作蜍 兩珥日冠者如半暈也法當在日上有冠文有兩珥者尤吉 重輪感兔重輪六合俱照非日月能乎又日亦重輪 火精日者火精也 騏步烏飛日晝行千里夜行千里与騏驥同又日月晝夜行二万六千里与烏飛相類 曦車日也長漢轉曦車 側匿月在東方謂之朒亦謂側匿言遲遲之貌 水氣金精月者水氣之精又日金之精也 金兔瑤蟾月者陰精而成獸象兔蝦焉又曰以水精為月削青瓔為蟾兔 玉蟾月也攢柯半玉蟾 圓璧月也圓璧月鏡一曰懸璧 灰暈晝隨灰而月暈言有軍事相圍守則月暈以蘆灰環缺其一面則月暈亦缺于上 璧光月也日月雖如璧以光為形 居蠩月之為言闕也而設以蟾徐與

兔者陰陽雙居明陽之制陰陰之倚陽也 紈扇玉鈎皆指月形也裁為合歡扇團圓似明月又曰始見西南樓纖纖如玉鈎 方暉圓影日月光也方揮竟入戶圓影隙中來 瀲彩月光也瀲彩照高樓 北堂月陸机詩曰安寢北堂上明月入我牖 紫極止極者紫宮天座也 編珠冬至五星若編珠 連貝衆星纍纍如連貝 金精太白星金之精太將之象也 散錦煩星如散錦 曳練飛星若曳匹練 枉矢妖星也枉矢蛇行而秦滅 星芝星也爛爛星芝之動 油雲雲盛雨貌 翼鳳雲也翼翼鳳鳳於蒼梧 鵬翼大鵬張翼若垂天之雲 魚鱗水雲魚鱗 金枝玉葉雲也黃帝与蚩尤戰于涿鹿之野常有五色雲金枝玉葉止於帝上 觸石潤礎雲觸石而起又日山雲蒸柱礎潤 冠纓寒露正陰雲出如冠纓 膚合寸弁雲觸石而出膚寸而合又曰玄雲四合膚合寸弁 蕣華菱彩指日也蕣華發晨極菱彩翻朝鏡 細獵鱗次參差交錯皆雲貌 綺藻彩雲色也燦爛綺藻

繡文錦章彩雲也 疎葉輕鱗雲也疎葉臨秋竹輕鱗入鄭船 鳥足雲也隨風亂鳥足汎水結魚鱗 桂輪月也無令掩桂輪謂雲也 蒼梧白雲有白雲出蒼梧入于大梁 隱巖蔽堞月也枚乘月賦云隱圓巖而似鉤蔽修堞而如鏡 條風東北風也立春條風至 明庶風東風也春分明庶風至 清明風東南風也立夏清明風至 景風南風也夏至景風至 涼風西南風也立秋涼風至 閶闔風西風也秋分閶闔風至 不周風西北風也立冬不周風至 廣莫風北風也冬至廣莫風至 盲風疾風也 頹飈暴風從上下曰頹從下上曰飈 後風南風也 融風東北風也 滔風東方曰滔風 薰風南方曰薰風一曰巨風 飈風西風也 厲風西北風也 寒風北風也 獵蕙 泛蘭風也獵蕙草泛崇蘭 入鏡飄粉風也入鏡先飄粉又曰鏡前飄落粉 雷光電謂之雷光 天鼓雷天之鼓也 奮雷雷出地奮豫 梅雨梅熟而雨曰梅雨江東呼為黃

梅雨又江南三月為迎梅雨五月為送梅雨愁霖雨久曰苦雨亦曰愁霖濯枝潤葉
六月有大雨名濯枝雨又曰太平之時雨不破塊津埜潤葉而已破塊太平之時雨不破塊行
雷高棟驚行雷炎埃當夏苦炎埃封條太平之時雪不封條縈空破彩雪也
縈空懸夕照破彩謝晨霞千里雪增冰數七飛雪千里玉塵雪也若逐微風起誰言非玉塵
紺碧霜廣延国霜色紺碧甘霜嚥州霜甘也綏綏霜白貌天酒甘露一名
天酒朱露丹露玄露青露黃露皆露之異者為五色甘露五色露東方
朔得五色露以授武帝帝賜群臣老者少疾病皆愈晨降霜露晨降宵零甘露宵零潤草
露以潤草在棘被蘭湛湛露斯在彼杞棘又曰清露被蘭澤皆言露也鐘鳴駟見
皆言霜也豐山有九鐘霜降則鳴又曰駟見而霣霜駟房星也挫物休工皆言霜也霜以挫物
又曰季秋之月霜始降則百工休息封條殺木皆言霜也霖霜封其條又曰霜降以殺百木

鸊鵜畏鴻鴈飛言霜也鸊鵜常向日而飛畏霜露又曰霜降落葉而鴻鴈南飛脂凝
竅淳甘露者行澤也其凝如脂又曰甘露以降竅淳水凝鶴警蟬鳴言露也白鶴性警至
八月白露降即鳴蟬居高悲鳴飲露紫霧赤霧青霧白霧黃霧霧露皆有五色
金霧平沙千里色如金細如粉風吹黃沙起如霧曰金霧游塵即浮塵也映日似游塵言霧也
虵游豹隱霧也飛龍乘雲騰蛇游霧又曰豹隱南山玄霧七日而成文章絳氛絳氛下漢
絳虹收絳虹於漢陰霽也靈扇風吹也飛廉收靈扇鴈路雲間鴈路長飲翳雲開
也權停雲而斂翳浚風大風南風也正月啓蟄時有浚風農祥房星也主農農祥晨正立
春之日晨見南方雲滋雲興滋於秀右熾日夏日也熾九日之重光素風秋風也
蓼風葭露仲秋白露節盲風至謂蓼風為盲風又曰蒹葭蒼蒼白露為霜言秋景也榆莢
雨三月雨也凝露凉煙曳悲泉之凝露又曰凉煙兮罥江皆言秋景也風隙秋首風遠

隙傾枝露泫泫露傾枝輪光日月光也尺輪光暮玄英冬日玄英殷雲
冬雲也巖雲亂山起飛瓊雪也飛瓊集庭樹華晷照遲遲之華晷言春白也斐雲斐斐雲
與翠嶺芳飈芳飈起華薄風絲即游絲也風絲亂百條奔曦高閣映奔曦泫
泫雲愁廣隰少微一名處士星一名儲君別貳之宮一曰太夫之位晨飈金露輔晨
飈瑞景即瑞日也曲池瀲瑞景婺徽女星也瑤臺起婺徽月露月下露也披庭月露
徽叢雲叢雲蕩曉風朔吹朔風也代馬依朔吹珠雨神麾颸珠雨游煙豹尾
拂游煙紫虛天帝所居也何如入紫虛松雲墓上景也松雲方靄露挽歌也如意風
衫隨如意風却月橫却月於天漢又曰關山臨却月即半月也又有却月觀却月城天節
星名主奉使而明即使忠正霞景霞景煥餘照露氣露氣澄晚清狐冰狐多疑冰
春後每聽冰而後度煥景煥景入川梁氣祖元道本起於元首萬氣之祖也金霄金霄

鬱紫清道書太元庭天帝之庭也廻蓋太元庭玉京天帝所居也飛步透玉京圓舒
十五月也吐圓舒於東嶺丹曦落白也匿丹曦於西嶺香雲香雨負嶓山有爛石燒之
香聞數百里烟氣升天則成香雲一編則成香雨五色煙瑞煙也鶴露鶴露霞凝鴈
風鴈風朝急羲赫日色也南颸薰風也清朝起南颸旭晨仰清氣以旭晨惠飈
流惠飈於薄暮巖皚雪也積巖雪之巖皚藝文皓白白貌也靈兎明月懐靈兎
玄鳥素白玄鳥抱霄曜月也月納日影以霄曜雲駛雲行疾也雲駛影疑流扇
影月影也扇影出將圓半璧蛾眉月也上弦如半璧初兎似蛾眉使星有二使星來向
益部李部三星共色五老同遊皆瑞星之休徵也草莽山雲草莽紅蕤
金翹雲也紅蕤発々而菡萏金翹挼而含葩翠鳥雲也翠鳥斬而扶日油裔雲與貌南北油
裔升煙鬱若升煙鴻泉膏液騰鴻泉於太清灑膏液於天漢箕舌箕星似舌動則

風至烈士風總高利而叢蒙韻珠露之參差此烈士之美風長虞亮其妃斯幽人風烟霞
洞色苍黄結房此則幽人之風也羽客風搖玉樹響金扉拂九層之羽蓋轉八鳳之珠旂時捲
霏亮翠帳作動佚女輕衣此則羽客之儛風也落梅翻霙雪也落梅飛四注翻霙霙三花山嵯
峨雲電出嵯峨雲駁灑霰雨駁灑行雨神農治天下欲雨則雨五日為行雨穀雨
旬為穀雨時雨旬五日為時雨升雰升雰泱池維傾潤雨也傾潤瀉天滿天衣
雲也天衣初拂石沉雲沉雲日入昏炎氛薄暮蕩炎氛離光離光初繞電震
氣霹靂氣始乘雷鈴鈴雷霆餘声玉女投壺玉女投壺天為之笑則電美人虹
古有夫妻食菜而並俱化成青絳氣故俗名美人虹浮飈浮飈解春澌飛澤雨也飛澤洗冬
條絳河天河也青雲斷絳河漢陰河漢之影也炤炤漢陰移珠暉月光也團珠暉轉
車蓋有雲大如車蓋此陽水之氣必暑有暍者日坂日際也日坂散朱雰朱雰暑気見上

炎燭夏日也太陽為輿睦炎燭玉女披衣泙卿縣有玉女岡天気當雨水輙先涌出石開
而有五色玄黄百姓謂之玉女披衣屯煙屯煙擾風穴藻日藻白流階雲珠冷冷雲珠
落旋蓋雲也雕雲麗旋蓋苦霧岸山苦霧中雕雲慶雲也雕雲布簇前星
心之太星天皇也其前星太子也後星天皇庶子也凱南凱風自南来也當衆夏之凱風
疊雲即垂雲也疊雲凝積芳月山中上芳月雲峰夏雲似峯也雲峯入夏池雨足
雨足飛春殿朗旭枕因朗旭彰隟溜屋溜水也隟溜沾於衣服金兎月也金兎猶懸
嗁陽旭春自也交鶯變陽旭金城露詎信金城裏頻露濕沾衣木蘭露木蘭露易
飲霜旻悲夜猿於霜旻塵冥綺牕出塵冥浮景浮景弄晴川陽雲即陽臺雲
也梁有陽雲樓鶉精鶉火也于時鶉精共耀融火流火也于時融火炎南羲夏日
也南羲熾暑陽春旭春日也暫承君王請謝陽春旭酒旗酒星似旗仰酒旗之景曜

又擬酒旗於玄象陰兎月也夜之有光者孰踰於明兎靈烏日也陽之有宗莫擬於靈烏
郎將上天一星為郎將豐露滋逸采於豐露絳煙既抱紫霞亦敷絳煙瑪瑙葉
雲也雲開瑪瑙葉輪囷卿雲貌若煙非煙若雲非雲郁郁紛紛蕭索輪囷是謂卿雲膏露
即甘露也聖人之德上及太清下及太寧中及万灵則膏露下〔六朝〕白榆天上樹也詳見榆星
矓光曈曨月光也曨光照玄墀晨月曉月也晨月燭幽房月波月光似波也廣庭揚月波
衡漢即星漢也夜移衡漢落繡雲即絲雲也山繡雲没巫麗雨春雨花雨也麗雨芳
林对高閣曙烏東烏皆曉日也朝花拂曙烏東烏定未光月眉新月也青山銜月眉銀
礫雪珠也曉霰飛銀礫露彩露彩方泛艷煙彩泛艷煙彩迴泛艷泛泛而明艷也
流月月行如流也流月揺輕陰曉河河天河也曉河没高棟露團露團也上紫玉
衡露階壽玉衡露丹輪月也丹輪殊未圓石尤風打頭逆風也散作石尤風四面

斷行旅蛾影月也蛾影出溟時晻晻微光也晻晻月微光鯉魚風九月風也塵散
鯉魚風連鼓響雷也時逢連鼓響月規青山銜月規簇雲連山蓋簇雲沉
曦落日也沉曦含輝鮮飈洞幌鮮飈入紫油雲也此紫油上河獵獵風迅也獵獵風
剪樹惠氣惠気憑清夜曲景入室月光也曲景入幽堂龍蒸龍蒸起而気蒸雨候也河
井起龍蒸霜彩流連逐霜彩歸月即落月也懸崖栖帰月長男氣雷也雷舒長男
気枝搖少女風頹風暮宿犯頹風神女電燃開神女電玉馬銀韋雪也还如
驄玉馬暫似獵銀韋槐火古槐時変火麥雨麥雨交新溜積氣塞外気也関河積気
秋朔氣鼓鼙厲朔気旋頭星即攙搶也見則有邊患明妃詞曰漾宫如有憶為示旋頭
星飛月月行如飛也飛月豔新秋奔駒喻日月易過也忽念奔駒促弥欣抚燭遊晼晚
日落貌白日晼晚意西頹魚雲塞外雲也魚雲望旗聚投壺光電也詳見玉女投壺天

笑 電也雲衝天笑笑明 颸颸 託颸颸而載行 國煙 高城晏吹晴見國煙 奔月 月姮
如奔 芳暉 唯華名與芳暉兮與日月而無沫 舒雲 紫府舒雲類 標霞 赤城標霞同
星裔 星裔回變 礿蘋 風也蕙氣礿蘋 雲華 雲華明域 雲埒 雲埒思儼慕
浴鴉 日出也蔓樸蘿駁曉扶桑後浴鴉 桂鉤 月也一日桂帳鉤也鉤影桂枝開此言月也柱
陳王金被馬秦女桂爲鉤此言鉤帳 蘭月 薰風鏡蘭月一日微風動蘭月 玄清 天道也道虛無
而玄 重規 日月重規 九道 日月行有九道舒翔節於九道 白獸 即白虎也白獸
清三代 峙擬於 青龍 氐房星也青龍垂尾於氐房 玄龜 女虛星也玄龜匿首於女虛 朱
鳥 星張星也朱鳥奮翼於星張 文昌 輔臣星也輔臣正位於文昌 珠連 雁行 星貌
垣屏絡繹而珠連三台差池而雁行 老人 南極壽星也老人形而主受喜 抱暈帶珥 日變
也 蓬容 妖星也蓬容者而妖害生 天矢 瑞星也天矢黃而國吉祥 彗孛 災星也彗孛發

而世所忌 斗極 天時順斗極 蕣風 閶闔於蕣風蕣紫蕣也 靈暉 日也顯靈暉暉之促景
玄雪 玄雪黯以疑結 天晷 日影也望天晷之若𧆠 紫雰 蒸紫雲分而霞起 蓬勃 白雲
貌 望白雲之蓬勃 瀚瀚澹澹 白雲行貌 吸習 陽風吸習 皓璧 月也 流陰 月影
也 流陰稍已多 菴藹 雲貌流行菴藹 灑膏液 騰鴻泉 言雲之致雨也詳見鴻泉下
三曜 日月星也與三曜兮齊光 注潦 雨水也泊潦以盛川 皓旭 白日時其皓旭 長
雷 祭而長雷而瀉潑 丹霆 丹霆之皓發 氷澌 氷泮而流也散漫下氷澌 馳壯音激
駭響 雷也馳壯音於天上激駭響於地中 靈化 造化也信靈化之誕昭 霻象 天象也望
天象於九霄 帝座 帝座星也嘉帝座之獨標 天紀 星名 槍櫓 星名主其事櫓郎棒字也
二咸 星名二咸防姦 七公 星名七公理獄 恒星 恒星不見而周衰 東旭 東方曉日
也鴈砧遇東旭 炎陽 夏日也在炎陽之仲夏 飛雲馳霞飄風沙舞逢 謂風之所

使也 氛霓 氛霓以橫厲 玄象 日也覽玄象之瞱暈 電鞭 乘雲車電鞭 游光逸
景 光景皆指天也日俯游光逸景 玄根 天根也經赤霄兮瞰玄根 叩林 風也悲商叩林 晨
曦 悲晨曦之易多 雲根 惕曾臺兮陟雲根 風穴 生於瀾下兮越風穴 氷淋 氷淋厚丈
餘 玄雲黃煙 將雪候也玄雲合而爲凍黃煙起而成雪 振枯 冬木葉落風吹振其枯枝
也山根枯於層嶺 閑雨 閑雨紛微 氷鏡 氷鏡不安臺 傾魄 喜落月也魄屬火
窮冥 天也鵷雛翔窮冥 迅商 秋風也迅商薄清穹 衡紀 星也玉衡運也衡紀運之歲
瓊又衡紀無淹度 靈澤 時雨也昊天隆靈澤 浮霄 天也騰鱗託浮霄 游氣 露微無游
氣 曜露 曜露末霧景 天路 要佳人於天路 剛氣 近天有剛氣道家所言 虞詩
游絲 雲中游蕩之絲也游絲空胃合歡枝 乾靈 天道也乾靈龍譜之端 雲甸 雲甸也
翠𨺗於雲甸 金漢 天河也金漢餘光 漢陌 雲路也結遊情於漢陌 元氣浩蕩

太虛寥廓 布元氣於浩蕩運太虛於寥廓 天孫 織女星別名天孫於東嶼 三衡
星也正三衡而澄紫落 黃道紫落 皆天也 天標 天末也山氣斂天標 碧宙 霜凝
碧宙 梅風 梅風淺煥 崩雲 崩雲芳欅 鷹風 秋風也鷹風凋曉葉 蟬露 蟬露時露
最重故云蟬露泣秋枝 露文 露文晴宿草 煙照 煙光也烟照修平林 水煙 水烟籠翠
渚 山照 山照落丹崖 沴氣 沴氣也沴氣七重 碧落 天也碧落三乾外 日域
橫扶桑於日域 月艷 雲翻 黃花而乘月艷籠黛葉而卷雲翻秀起貌 朔霧 胡風
皆言塞北氣也 寶月 寶月兩重圓 蘿月 蘿月寡色 天樞 天樞星象正 蘋風 風起
蘋末故云蘋風入戶來應易 風影 風影轉高花 清昊 清天也峩壯清昊 輪風 瀑
生輪 風 破環碎壁 月也破環碎壁聚流盍 投積 四天 四天城中鐘鼓四天開 魚龍
氣 躍發魚龍氣 鵬霄 御氣鵬霄近 鴻雁天 秋看鴻雁天 香吹 香風也吹去塵

香吹分巖樹 連乎 積氣似連牛 胡雲 胡雲聚塞垣 朝暾 朝日也晞扶桑之朝暾
踆烏 日中三足烏也踆烏斷耀乎太陽 瑤井 北斗第七星曰瑤井日瑤井之榮 華蓋
天皇太帝上九星曰華蓋所以覆蔽太帝之座也 金魄 月光也金魄度雲來 龍火 東方蒼龍
房心心爲太火故曰龍火龍火飛太火西穨秋氣爲至也 溟涬 自然元氣也浩然與溟涬同科
白玉盤 月也小時不識月呼作白玉盤 瑤臺鏡 月也又疑瑤臺鏡飛在白雲端 陰精
月也陰精此熒惑 澹蕩 春風澹蕩 正紫煙 紫煙裊娜拂綺城 南星 即角亢氐心尾
之星皆在南方南星屬太火 天車 日也六龍轉天車 冥機 化机也冥机發太光 驕陽
夏月之日也驕陽何火赫 丹景 日也祖席照丹景 霜颸 颸是時霜颸寒 傾暉 落日也傾
暉速短炬 漂月 一見漂月 寥天 觀化寥天 入霸氣 山空霸氣減 素煙 河傍
歌素煙 白雨 白雨映寒山 銀竹 雨脚也白雨映寒山森森似銀竹 蒼昊 天也吾將

開蒼昊 邊風 入月邊風高 日車 日有六龍駕車仰看日車側 火雲 旱雲也火雲滋
垢賦 宮雲 宮雲去殿低 無心雲 雲無心而出岫 煙氛 煙氛藹皆翠 象緯 星也
天闕象緯通 中街 黃道之所經也夏日出東北凌天經中街 華月 昊天出華月 瘴雲
炎炎瘴之雲也瘴雲終不滅 玉井冰 唐制百官賜冰故云敢望宮恩玉井冰 虛嵐 草敵虛嵐
翠 奔雷 昨夜有奔雷 野月 野月庭隅 澗 靈雲 疊嶺靈雲 宿 闌風伏雨
闌珊之風沉伏之雨言其風雨之不已也闌風伏雨秋紛紛 淫雨 久雨也今秋乃淫雨 翻盆
言雨勢之長也帝城下雨翻盆 白 盪胸 盪胸生曾雲胷大山之胷也今借言雲之瀾氣盪滌人之
胷也 渴日 雖逢日暮望日如渴也渴日絕壁出 濛鴻 廣大貌東山氣濛鴻 負暄 即曝背也
負暄曝背飛閣 陰山雪 陰山有匈奴其地四時常有氷雪倏然欲下陰山雪 素練 江雲飄素
練 雲門 謂雲雜翼山門也雲門乳瀑泉 白露團 露多也王座應悲白露團 晴昊 晴天

也乱插繁花向晴昊 滯雨 久雨也天涯歇滯雨 流膠 雨澤也沫雨落流膠 洪鈞 造化陶万
物也一氣轉洪鈞 雲葉 即片雲也雨稀雲葉斷 六龍 羲和以六龍御日 卿月 洪範
卿士惟月月昇金掌 卿 河漢橋 即鵲橋也 白衣蒼狗 言雲也浮雲變態不常之物初
爲白衣変爲蒼狗譬如萬事之変不可名狀也 玉霜 玉霜凍珠顆 金吹 秋風也金吹薄羅衣
月午 月出天也錦筵紅燭月未午 雲濤 雲簇如濤也一碧雲濤堪白首 南雲 心逐南雲
逝身隨北鴈來 霜風 霜天風也霜風驚鷹 玉簾鈎 新月也仙宮雲箔捲露出玉簾鈎
霜月 霜天月也霜月夜徘徊 仙雲 日觀仙雲隨鳳輦 六出花 雪也銀樹長芳六出
花天上瑞木花亦六出 庭霰 雪珠也不知庭霰今朝落疑是林花昨夜開 却影 半月影也
臨城却影散 涼吹 涼風也涼吹肅離宮 日鏡 日光似鏡也水鏡上朝光 白雲隈 樹斷
白雲隈 雲標 雲際也雲標金闕迥 愁氛 霧結也鬢鬢愁氛換 片雨 片雨在更中 天

陣 星月開天陣 曙斗 曉星也片雲縣曙斗 蛟氷 風射蛟氷千片斷 峰霞 更取峯霞
入酒盃 烏鵲渚 天河也烏鵲已飛烏鵲渚 天孫渚 即織女河也泉巧鑿天孫渚 初
陽 立春陽氣也青郊迎氣肇初陽一日初出日也 太宇晶 晶明也霜降天宇晶 跳丸 日月
之流若跳丸也光景如跳丸 寶婺 謂婺女星也星分寶婺行 煙虹 石壁淡煙虹 雪彩
清晨發雪彩 杲曜 初日貌杲曜厲瀍上 珠斗 北斗星也月迴藏珠斗 韻府 廣寒
宮 月中有廣寒宮 水晶宮 碧霄有水晶宮 碧雲宮 洞庭君宴毅於碧雲宮 柳 花信
風 始於梅花終棟花凡二十四番 擘柳風 河朔春時疾風數日三日乃止日吹花擘柳風 一作
故人風 杜牧云清風來故人 空濛 朝雨空濛如薄霧 冥濛 孤煙落日相冥濛 飲
澗 虹生雙兩頭如乗飲澗中 貫日 荆軻刺秦王白虹貫日 風鬟 風鬟霧鬢鬆聳
寒甚霧氣凝木上可愛曰霜松霧鬆花 天杠 北極也 隆曦 日光也 三儀 天地人爲

三曦長麗長庚星麗音離春澌春水流澌也清夷乾清坤夷天維鍊石補天維
熹微日欲出貌暴光之熹微林霏日出而林霏開霏霧也煙霏空中翠煙霏雲衣
浮雲如白衣扶輿佳氣貌中洲清淑之氣也清虛月宮廣寒清虛之府冥樞造物之柄
也黃姑牽牛星也撐犁匈奴國呼天為撐犁子為孤塗青霓翠煙青霓含天街
畢昴間謂之天街中宸天地交會之際也常陳常陳七星明則用武汪氛汗上昏氣
也金盆金盆落月如銀灣天河也玄間天也茫茫遊乎玄間龍乘是茫茫藥淵
仙經曰日中有禁淵月中有蟠池斗杓斗柄所指以建時也杓音饒秦城近斗杓魁杓斗一
至四為魁五至七為杓阿香車霹靂車阿香雷神名金鴉日也金鴉既騰羲和合俄清新
天倡翼星樂庫主俳優參橫參橫月落白玉京天上白玉京十二樓五城青雲
城玉皇君青雲為城天田星即農祥也八穀星一星亡則一穀不登處士星

少微星也月犯少微謝敷死紫冥天也駕鴻凌紫冥鴻冥鸞鳥歌美鴻冥沍冥沍陰
而寒也六月水凌臺冰井六月猶堅斗南謂中國天地也狄仁傑北斗以南一人而已
迅晷有行速而影迅也上池水桑君出懷中藥與扁鵲飲以上池之水謂水未至地承取
竹木上露水也月紀月窮於紀星紀七政始終於牛斗故名之八紀天有八紀謂天以八
為變化之紀鶉尾孟秋日月會於鶉尾又楚分也牽牛渚即天河也劇雨州無怪風
劇雨舊雨今雨杜少陵云臥病長安旅次多雨尋常車馬之客舊雨來今雨不來月府
明皇遊月宮見天府榜云廣寒清虛之府修月戶月乃七寶合成每月有八萬二千戶匠修之
銀浦李賀謂天河為銀浦劍精雷煥曰寶劍之精上徹於斗牛之間緯象星辰也妙達緯
象六星兩兩三台六星兩兩而居西爽西山爽氣也鶉首秦分在未颶母
南海秋風雲物有暈如虹曰颶母必有颶風台斗尚書星也石鯨吼昆明池石鯨雷雨作

則吼劍氣斗牛間紫氣也月中桂月中有桂高五百丈一人常斫之樹創隨合其人姓吳名
剛西河人學仙有過謫伐桂又杭州靈隱山八月十五日夜常有月中桂子落寺僧嘗拾得之宿靄
雲靄集貌連氛累靄謝靈運雪賦山帶廬山天將雨白雲冠峯號山帶月暈詳前
灰暈日暈日暈五色三正天正陽氣始至地正萬物始芽人正萬物始甲雲陰有雲無蔭
四陸日行四陸春東陸夏南陸秋西陸冬北陸長安日晉元帝問明帝曰日與長安孰遠曰
長安近不見人從日邊來明日宴群臣又問曰日近帝失色對曰舉目見日不見長安帝奇之瑞靄
卿雲也雲五色為瑞三色為靄六幕猶言六合也瑞葉雪也玄液雨也致誠而玄液被
滋液其露滋液霖淳雨濕泥也雲物分至啓閉必書雲物溢露霑三春之浩露德
精德精星也德精降祉謂賢人之星聚也重玄天也

地理類

【易經】承天順承天之所施地之道也乃順承天天衢以道路大通行取空路之狀也故曰天衢大畜上九何天之衢道大行也習坎坎為水習重也謂險陷之地也坎卦習坎重險也

【詩經】中谷施于中谷即谷中也中逵逵九逵之道也施于中逵中林即林中也周行大道也后妃采卷耳而思文王之不在因嗟我懷人寘彼周行瀰瀰水盛貌新臺有泚河水瀰瀰浼浼浼音每水平貌河水浼浼濊濊深廣之貌濊濊其寘宜與娑之間也澗濱以壬采蘋于澗之濱沼沚圓曰沼方曰沚于以采蘩于沼于沚阿丘偏高曰阿陟彼阿丘農郊郭外謂之郊近郊也活活昔括字水流貌其流活活甫田大田也無田甫田維莠驕驕言田而力之不及則草盛矣沮洳沮洳者水浸下濕之地也彼汾沮洳漣漪風行水成文也河水清且漣漪此伐檀詩人刺君子不素餐之意也場疆場音易田畔也乃場乃疆樂國即有道之國也樂郊即樂國之地也樂土有道之國適彼樂土鑿鑿山石嶃巖之貌白石鑿鑿粼粼水清石見之貌白石粼粼墓門有棘墓門凶僻之地多生荊棘下泉泉下流者冽彼下泉微行即小徑也遵彼微行周道倭遲周道大路也倭遲回遠貌四牡騑騑周道倭遲中阿阿中也太陵曰阿甫草即甫田也東有甫草阪田山田嶇嶇之處山冢山頂曰冢山冢崒崩漼淵漼極深也有漼者淵崔嵬山之巔也律律山高大貌南山律律氿泉氿音軌泉側出曰氿有冽氿泉南紀紀綱紀也滔滔江漢南國之紀畇畇音旬墾辟貌畇畇原隰觱沸檻泉觱沸泉出貌檻泉正出也漸漸石高貌漸漸之石仇方讎国也詢爾仇方行潦流潦也酌彼行潦挹彼注茲崧高山大而高曰崧崧高維嶽生甫及申新畬三歲之田曰畬九有即九州也幅隕謂四方境界也九圍即九州也帝用式於九圍斯干斯此也干水涯也秩秩斯干墉壑即城池也實墉實壑膴膴地肥美貌

周原膴膴河麋水草交謂之麋居河之麋卷阿卷曲也阿大陵也有卷者阿

【書經】南交南方交趾之地也申命和叔宅南交堯典嵎夷暘谷日出之地乃命羲仲宅嵎夷曰暘谷昧谷日入之地宅西曰昧谷幽都日行至是淪於地中故云湯湯音傷水盛貌湯湯洪水方割蕩蕩懷山襄陵蕩蕩水廣貌懷包其四面也襄駕出其上也浩浩滔天浩浩水廣大貌廣斥廣漠而斥鹵也海濱廣斥江漢朝宗于海朝宗諸侯見天子之名言水道已安雖未至海而其勢已奔趨于海矣白墳墳土脉起也厥土白墳青州墳壚壚疏也厥土墳壚豫州甸服畿內之地也五百里甸服侯服侯國之服也在甸服外五百里侯服綏服漸遠王畿而取撫安之義也在侯服外五百里綏服禹貢要服去王畿已遠皆東狄之地要者取要約之義特羈縻之而已在綏服外五百里要服荒服以其荒野故去王畿益遠謂之荒服在要服外五百里荒服流放罪人之地四隩隩隈也涯內近水為隩四隩既宅謂四海之水皆可奠居也九山九州之山刊木通道已可祭告也九山刊旅九川九州滌源言九州之川濬滌泉源無壅遏也九澤九澤既陂言九州之澤已有陂障無決潰也六服侯甸男采衛并畿內也六服群辟

【左傳】山澤林鹽積石曰山鍾水曰澤竹木曰林鹹鹵曰鹽山澤林鹽國之寶也淳鹵西方埆薄鹹地也表淳鹵偃豬下濕之地規偃豬原防堤防句原隰皐水涯下濕為牧之地牧隰皐衍沃平美之地井衍沃三塗山名太行轘轅崤澠也在河南陸渾縣四岳三塗九州之險也聊攝二城名齊之西界也姑尤姑尤二水名齊之東界也

【禮記】九京即九原晉卿大夫墓地從先大夫於九京馬鬣封墳之形似馬鬣也馬鬣封之也

【周禮】家削削音肖去国三百里大夫之采地在焉地慝慝惡也地慝地磽确之地不宜稼穡斥鹵之地不宜果蔬之類土訓掌道地慝以辨地物方慝一方之瘴烟厲氣也誦訓掌道方慝以詔辟忌五湖湖揚州之浸謂彭蠡洞庭巢湖太湖鑑湖也国語太湖曰五湖越

伐呉戰於五湖也汾潞冀州之浸汾出汾陽潞出歸德【國語】具敖魯二山名中原原中姑蔑太湖別名西至於姑蔑廣運東南為廣西北為運廣運百里鼉鼂陼鼂鼉卽蝦蟇也水邊曰陼鼂之與渚同【爾雅】岐旁岐道旁出也二達謂之岐旁劇旁三達謂之劇旁康莊五達謂之康六達謂之莊卽通衢也劇驂三道交復有一道出者七達謂之劇驂崇期四道交出也四達謂之崇期冢土大社也泰遠邠國濮鈆祝栗四方極遠之國名謂之四極東至於泰遠西至於邠國南至於濮鈆北至於祝栗觚竹北戶西王母日下觚竹在北北戶在南西王母在西日下在東皆四方昏荒之國謂之四荒九夷八狄七戎六蠻九夷在東八狄在北七戎在西六蠻在南比則謂之四海丹穴南戴日為丹穴空桐北戴斗極為空桐太平東至日所出為太平太蒙西至日所入為太蒙敦丘丘一成為敦丘成重也今呼地高堆者為敦融丘再成銳上為融丘謂纖頂

者乘丘形似車乘也或云謂稻田塍埒也陼丘水中小洲為陼泥丘水潦所止為泥丘胡丘形四方者為胡丘埒丘水潦環繞為埒丘都丘澤中有丘為都丘梧丘當途者為梧丘晝丘途出其右而還之為晝丘言為道所規晝也戴丘途出其前曰戴丘昌丘途出其後曰昌丘湝丘水出其前曰湝丘沮丘水出其後曰沮丘沙丘迤邐曰沙丘又曰古莛人處施丘前高曰施丘陵丘後高曰陵丘宛丘中央隆高曰宛丘畝丘丘有壟界如田畝也重厓岸也厜㕒音崔巍山峯頭巉巖也別鮮小山別太山鮮謂不相連也沃泉從上流下也瀾淪大波為瀾小波為淪深涉濟渡處也谿谷水注川曰谿注谿曰谷【莊子】坳堂堂上坳深處也覆杯水於坳堂之上則芥為之舟後代直指水曰坳堂敫坳堂於別澈莽蒼一望之地也適莽蒼者三餐而反地籟衆竅是也尾閭卽沃焦也海水至此隨沃隨焦礨空小穴也蟻窠之類計四海之在天地也不

似礨空之在太澤乎壇陸壇音但與壇同壇陸水中沙壇之地也陵屯卽田野中高處也鬱樓糞壤也車前草生鬱樓之中屭屭山間之蹊曰屭屭之徑音生胃錙壇祭祀之地也具茨山名黃帝將見大隗於具茨之山七聖皆迷無所問塗焉煩壤糞壤也戶內之煩壤【列子】華胥國名黃帝夢遊華胥氏之國齊國中州也隈潘水盤渦處也古莽西極之南隅有國名古莽陰陽之氣所不交故寒暑無辨日月所不照故晝夜無辨其民不食不衣而多眠五旬一覺以夢中所為者實覺之所見者也阜落東極之北隅有國名阜落其民多馳步少休息常覺而不眠也終北比海之國名猶窮北也喬陟高山也周以喬陟壺領海內神山名亦方壺員嶠之類神瀵海內神山之水也有水湧出名曰神瀵五山渤海之東有五山焉一曰岱輿二曰員嶠三曰方壺四曰瀛洲五曰蓬萊歸墟渤海之東有大壑實惟無底名曰歸墟九野之水天漢之流注之而無增減焉卽尾閭也【楚辭】蘭皐椒丘澤曲曰皐其中

有蘭故曰蘭皐丘中有椒故曰椒丘皆芳香之所也步余馬於蘭皐兮馳椒丘且焉止息四荒四方絕遠之國也將往觀乎四荒縣圃神山也上通於天仙人所居也崦嵫日所入山也曼曼路遠貌路曼曼其脩遠兮吾將朝濟於白水咸池日落處也飲余馬於咸池白水出崑崙山人飲之則不死閬風山名在崑崙山神仙所居登閬風而緤馬四極四方極遠之國赤水出崑崙山遵赤水而容與極浦遠浦也望涔陽兮極浦石瀨淺淺瀨湍也淺淺疾流貌江皐皐岸涯也朝騁騖兮江皐芳洲香草所生之處也采芳洲兮杜若潺湲水流貌觀流兮潺湲也水裔水涯也空桑山名司命所處九坑坑與岡同山脊也九坑卽九州之山鎮道帝之兮九坑陽阿阿曲隅日所行也超遠甚遠也平原忽兮路超遠八柱地下有八柱互相牽制玄趾四方山名枉渚曲沚也氾濫太波貌淩陽侯之氾濫江介介間也悲江介之遺風軫石軫方也軫方石巖嵬峭岸峭峻也上高岩之峭岸

磕𥖁水石聲湍之磕𥖁洶洶風水聲聲之洶洶駭波涌湍急水見上丹丘晝夜
常明之處仙靈所居也湯谷即溫泉也潤瀁音開象水盛貌沛潤瀁而自浮六漠六合
也周流六漠白沙豫章比接鄱陽界地名白沙今闕越之京道又云內隱碑右白沙太壑
在渤海東乃無底之谷即歸墟是也崢嶸深遠貌下崢嶸而無地江潭潭水曲池
曲水也湛湛水貌湛湛江水丹水即赤水也又云出上路冢嶺山出崑崙山少原仙人
所居也原之埜太皇太皇之埜即太荒也九淵九泉之淵也龍藏於九淵嶄巖險峻
貌谿谷嶄巖兮水增波沛流疾也迅嶔岑碕礒硱磳磈硊皆山石險峻貌
碕礒音綺蟻音闕層巔危飛柱神仙所居也軫丘也下山陵靈丘神山也皇丘
美大之京沚即高洲也陽城南方炎丘也隕隹水流也龍邛水得風則
龍邛也不得順其性也灃灃波聲也滔蕩鴻溶大水波廣貌頹流即頹波也

潁流下逝九濱大海中有九曲之涯都廣野名在西南其城方三百里乃天地之中朱冥
南方之野也咸唐即咸池也羅囿天苑也油油水流長貌陸夷大阜曰陸平曰夷
也風穴風從地出之處依風穴以息聽天命也曲衍衍澤也巑岏巑岏山也漠
漠合也塵漠漠兮未晞浮石在東海中有浮石之山又云在南海體輕常浮於水面丹山炎
野南方皆在黃支南極國也沄沄水沸汲也玉巒崑崙山也瀆儔提封提舉
也封內也舉四封之內也提封萬井又云積土爲封限也提封五萬宇內天地四方爲宇內
四方之內也函夏函包容也謂天下也上方上謂北與東也陽氣所萌生故爲上下方
謂南與西也陰氣所萌生故謂之下萬區即萬國也百里之國萬區八區即八方也八紘
八方之綱維也八荒八方荒忽極遠之地六合天地四方四表四海之外八鎮四方四
四隅爲八鎮不言九者一鎮在中央天子居之輿地輿猶圖載也四方在圖意按輿地圖則載之四

遐者比邑比接近也方制制爲方域也規土畫土也都會一都之會天府天府
謂之天府財物所聚斥境斥境開地也窮里里中之極曆處也戚里長安戚里謂於上有
姻戚者皆居之故名縣道蠻夷曰道或縣或道有下縣四郊之縣郡所治者非國邑
列侯所食邑曰國皇后公主所食邑曰邑鄉聚聚小於鄉聚民會所市井市交易之處井
之所共汲比境接境也同壤土壤同接壤兩國相接要害在我爲要在敵爲害
醜地惡地也易地易平也地著謂安土也著直略反理民之道地著爲本土著
謂有城郭常居不隨畜牧移徙也其俗土著客土取他處土以增高爲客土康衢五達曰康
四達孔道猶空也穿山險而爲道也間道不公顯也投空隙而行復道上下
有道故謂之復間路微路也路陂路旁也閭巷閻巷也閻閭里中之門也
閭左秦發閭左之戍秦時居在閭門之左者一切發之未及取右而秦師已亡新秦始皇得湖

方之地乃築爲城郭徙民充之名曰新秦四方奢儉不同今俗名新富貴者爲新秦新豐漢太上皇
思東歸於是高祖改築城市街里以象豐徙豐民居之故號爲新豐揬巖排碕碕曲岸也上
領也山頭也山阯山足也山之基巖突若竈突大然也於崖底穴爲室堆埼阜也堆高
埼曲岸也林莽草平曰莽介丘介大也即太山也夷峻夷平也峻聚者曰峻山之高言平
山而築室於其上也郊藪郭外曰郊無水曰藪崇藪實澤實穴也崇聚也衍沃
原隰衍謂地之延也灌也廣平曰原下溼曰隰沃水之所渤澥海之別支名也一曰東海共稱
潢污停水也經川常流水也洪原太水原也皇波皇大也江河四瀆之水皆聚焉
故云皇波游波流也京觀高丘也京觀闕形也謂姬姓五河仙經有紫碧絳青黃五色之河
三泉三重言其深也始皇墓錮三泉跳沫水波急馳也白沫跳起也而龍土謂田之高處也
岸脊岸旁也井眉眉井邊之地若人目上有眉也商顏商山之顏也謂顏者譬人之

膏額顙也海瀕湊也水隤水下流曰隤水維水之綱維也水門石隄多張水門
以通水也金城湯池金以喻堅湯以喻沸熱不可近夷陸平地也上游湧流也王
者地方千里必居上游皐陸皐水旁地也言水之氾濫自皐及陸滔陸水滔湧也河水滔陸
陸海關中天下陸海之地言山川物產饒富是以謂之陸海謂萬物之所出也膏腴謂肥厚之
地也陵陂陵謂脊薄陂謂偏陀陂陀陂地小也陀陰固也陀隁陀狹也陂騎隁不安也
陘中山峭而夾水者曰陘徑易徑直易平也平直之地回遠回曲繞也言水道回遠
斗入斗絕也盛山人斗逆折橫流逆折舄鹵舄即斥也鹹鹵之地沈斥謂沈
居深水之下斥鹹地句廉句音鉤謂水岸曲而有廉稜也谷汲山居谷汲謂汲水於谷而飲也
亭居水冬夏不增減也桃華水仲春之月始雨水泉流猥漲集波瀾盛長故謂之桃花水
胡苑北與胡相橫之地可以畜養牧者故曰苑溢湧溢亦漏也阿水溢漏崩阤阤下也頹也

山陵崩阤距險依險阻而自因以距敵也疆外疆埸之外徼外徼猶塞也塞徼亭
隧皆邊塞遮敵之所建也亭徼徼謂以木石為界也又南曰徼西南曰徼漢武出新秦中或
千里無亭徼亭障每塞要處別築為城置人守嶺謂之候城此即障也三垂謂東北南也
邊垂邊地也草田草田未耕種者四駱猶言四夷也句吳句音鉤東俗發語聲
于越于發語聲百粵非一種猶言百蠻也月嵎古窟字月所出處也日域日初出之
所也絕國絕遠之國謂聲教之外者絕幕幕沙幕匈奴之南界屬國漢處隆者於河南因
其故俗為屬國言屬於漢也區脫土室也胡兒所作以候漢者也穹廬旃帳也匈奴父子同
穹廬而臥龍堆匈奴地形如土龍身無頭有尾高大者二三丈者東北向昆田山之下田也
池田苑中田也藉田藉借也借民力以治之以奉宗廟且以率勸天下也一曰藉者帝王典籍
之常法也與國與黨與也青社王者以五色土封四方諸侯諸侯各以其方色土歸以主社

下里死者歸蒿里葬地下故曰下里封冢身歿追封故曰封冢蓬顆顆謂土塊言土塊生
蓬耳曾不得蓬顆蔽冢而託死焉帶礪黃河如帶太山如礪帶衣帶礪砥礪石也坎坷不平
貌嶢崝崝嶸也山岳之嶢崝滈滈水白光貌矗矗崇山矗矗硿硿深通貌深
山之崿崿崿嶟嶟音遵言高山竦嶟嶟然也諸史羊腸坂名在潞州壺關縣盤曲
如羊腸亦狹小曲路之通稱也文選曰磧礫皆羊腸分土分去聲凡裂土以封諸侯其受封者各有
分也名田古由也阡陌略東西曰阡南北曰陌商鞅廢井田開阡陌四塞四面有山
關之固謂之四塞齊四塞之國伊闕洛陽山名禹所闢也息壤古地名有二一在荊州一在秦
州地中不可犯鍾持鍾者即劍也襜襤音擔藍一作臨胡名在代地林胡西胡國名在朔
川嵐州以北陰山北戎地在朔州北塞外草木茂盛高闕山名在朔方山險於長城其山
中斷兩峯嶐相對若闕督亢燕之腴地今在涿州有督亢亭回中宮名在鳳翔隴州帝巡

西北地至雞頭山過回中宮秦時所建鄒嶧二山名在兗州始皇東巡上鄒嶧山立石頌功德
秦中關中為秦中碣石門山名在永平府其山遠望穹隆以冢有石特出山頂其形如柱
始皇東巡刻碣石門五嶺廣州有五嶺大庾始安臨賀桂陽揭陽是也黔中今辰州之地
殽函殽山函谷也關中險要地輙道在西安長霸水百步有輙道亭阨塞要害之地也具
知天下阨塞三楚自淮北沛郡陳州汝南南郡此西楚也彭城以東東海吳郡廣陵此東楚也衡
山沅江江南豫章長沙此南楚也舊名江陵為
南楚吳為東楚彭城為西楚項羽為西楚霸王巴蜀
二郡名沛公王巴蜀廢丘古地名周為太丘秦為廢丘在西安府三秦雍王章邯塞王司馬
欣翟王董翳項羽三分關中地而王之故名為三秦三齊右即墨中臨淄左平陸謂之三齊田榮并
王三齊關中東有函谷關南有嶢關西有散關北有蕭關居四關之中故曰關中穀泗二水
名皆在沛郡形勝地形險固能勝人也形勝之國月氏西域國名今涼甘肅延沙等州本月

氏地樓煩白羊白羊匈奴別種與樓煩胡皆在河南河南者朔方郡之河南也並匈奴地白
登在平城東有十山即白登也今在大同府上有白登臺金隄自開封府滎陽縣東至海白千
餘里歷代築之以禦河患謂之金隄棘璧即大棘城在開封府寧陵縣五畤畤音止封土積
高之所以祭天地五帝之基址郊五畤夜郎西南夷地在瀘州南筰關西南夷地邛筰
音窮筰皆西南夷地在西蜀徼外今敘州是本名邛筰山山下有九折坂冉駹西夷二族蜀西徼外
羌也今茂州威州本冉駹之地邊關邊塞關也山童澤涸山無草木曰童水流已竭曰涸
山不童澤不涸蒸婁並西南夷名也龍城西胡皆事龍神故名大会處爲龍城朔方漢置
朔方郡即靈武之地在今寧夏縣大宛西域國名以蒲萄爲酒馬嗜苜蓿多產善馬康居
西域國名絕漠極遠之地北方之流沙也烏孫西域國名其人最異象綠睛赤眉形狀若獮猴
于窴西域國名鹽澤在武門陽關西其水潛行地下南出積石一名蒲蘭右方氏羌地名

有右方王奄蔡即闔蘇國在康居西行國謂外夷隨畜牧遷徙無常居也西域諸国與匈奴
同俗身毒西域國名一名天篤所謂浮屠胡是也即天竺國是其俗修浮屠道昆明池武帝
欲伐昆明以其國有滇池遂於長安西南穿池眾聚以習水戰昆明本西南夷国名渥洼水名在敦
皇周天馬所生狼居胥山名匈奴中瀚海在外夷大州地皆沙磧沙深五丈不育五穀沙
中生草名曰登相收之以食又北海別名安息西域國名地產好香玉門陽關二關皆在
敦皇葱嶺天竺山名鄯善車皆西域国名疏勒本西域城名後人樓城而王因
以名其國塞上大庾嶺名塞上在南安日南本秦象郡也以地在日之南界白馬郡
西南夷平置五郡以廣漢西馬爲武都郡且蘭南夷種名一曰頭蘭屬牂牁縣名越巂真国
西南有越巂今邛州是也沈黎即筰都也今黎州是蘭池在渭城縣即古蘭池也陰道
山之西北曰陰道萬里沙神祠也在東萊曲城縣一曰在華州武帝幸東萊求神仙禱萬里

沙還過祠大山浿水水出遼東塞外西南至樂浪真番即遼東郡本東國名玄菟朝鮮
郡名蒿里山名在濟南府泰安州即亭禪也山上有蒿里祠一曰薨人之地受降城武帝
遣公孫敖築塞外受降城貳師城城在大宛國其地多善馬武帝期至此地取善馬故號李廣利
爲貳師將軍郁成大宛之支國也鹽水在西域高昌縣華沙磧之地水鹹難行行人唯以人
畜影骨及駝馬糞爲標驗浚稽山名地志在朔方郡西北二千百里趙破奴爲浚稽將軍將二萬
騎期至浚稽單于大破之破奴遂沒匈奴盧朐匈奴中地名一曰山名也輪臺西域地名
在車師西北一千里渠犂西域屬國在輪臺東遮虜障武帝使路博德築之於居延縣今張
掖郡即故居延城也余吾水名在朔方郡北鮮之山鮮水出焉北流注於余吾三輔京兆馮翊
扶風是爲三輔樓蘭西域國名玄菟城昭帝築遼東玄菟城池籞池者陂池也籞者禁
苑也潢池漢池名又潢汙行潦之水池也陛下赤子盜弄陛下之兵於潢池中浩亹本河名在

臨洮府一名闔門河俗羌築城于此因浩亹城五原塞名即榆林塞也江黃二國名並嬴姓
江國在汝南安陽縣黃國在汝南弋陽縣赤谷城烏孫太昆彌治於此城溢溢水涌漫也
河名溢溢狼望匈奴中地名黃支南方遠國名在日南之南出犀牛閬中蜀地名会
保寧府是湟中蜀郡地名西羌江關荊門與其虎二山名曰江關五郡武威張掖酒泉
敦皇金城此河西五郡也保塞堡小城也白山西域有白山通歲有雪一名雪山一名天山又
曰祈連龜茲西域小國也龍堆白龍堆也在西域屯樓蘭王所居今在陝西行都司故敦
煌郡關外白龍堆沙是也哀牢南夷種名即今金齒洄注洄水逆溯而上也注謂淮沒也湯
沐邑謂以其邑之賦稅供湯沐之具王制方伯爲朝天子皆有湯沐之邑謂給齋戒自潔清之用賜
湯沐邑白狼槃木西南夷極遠之國在木牛徼外蒲類海上番水名一名鹽澤涿
邪匈奴中山名在漠北高闕塞在匈奴中闕里曲阜縣西南三里有闕里其中有孔子宅

楡谷在臨洮西羌居此致絶犬種諸種燒當西羌名燕然山去韃靼國之塞三千餘里竇憲勒石處積落山匈奴中山在燕然山南金微山名在韃靼國萬落居落也人所聚居故謂之村落也落落聚落也河梁送別處梁則橋也河橋之謂也塢堠營居曰塢司望曰堠所以望烽燧也交河在車師河水分流繞城下故河城車師王庭在焉姑墨西域胡種與烏孫接壤高陽里高陽氏有才子八人荀氏亦有八子因改其名曰高陽里候城塞上要險之處欲築為城何望烽火鴻池武帝苑名畢圭靈昆漢靈帝苑名田圃聚居人畜會歡於其中官渡城名在開封府幽土謂幽州之土地也盧龍塞名即黑水也西在今永平府北人謂黑為盧謂水為龍又塞名白狼山名在烏桓地隆中孔明家於南陽鄧縣號曰隆中也吳會今蘇州府吳地東南一都會也一曰三吳會稽也宛洛宛南陽宛縣洛洛陽地秦川關中別號南荊荊州之名梓潼蜀漢之郡名今改為潼州土豚加壬

為堆也作土豚過陵湖州也林邑南蠻國本漢曰南郡即古城也華林魏園名在河南府太淵三國時魏地名秦嶺在西安府藍田縣周回三百里箕谷在扶風郿縣子真隱處箕山是也芳林魏園名又云漢苑名東陵地名也言法度頹秦瓜在陵之衢平劍閣在蜀保寧府兩崖峻拔鑿石架閣而為棧道連山峻險故謂之劍閣二廣二州名今廣州也即零桂謂零陵郡今永州也桂陽也在今湖廣牛渚一名采石古崖渡也鳳凰池謂中書省也奢我風斗絶平地二十餘里四面斗絶而高為羊腸斗與陡同邊言如斗之峻斗絶皐沙雍秦二州名神州中國之地也為赤縣神州三臺鄴有三臺乃曹操所築前臺名銅雀中臺名冰井後臺名金虎吐谷渾胡名慕容廆之庶兄也後因號其國曰吐谷渾白蘭羌谷渾之別種秦隴二州名隴城在永平府龍山西戎藪夷所聚也長城以北蕃謂之下零中原謂中國中州猶言中原中華也軹關在懷慶府翠臺為戎藪

在豫州今澠池縣丘墟空城也百年丘墟丘空也三吳謂東吳蘇州中吳潤州西吳湖州溢口浦名三阿地名在高郵州城外天門關名在太原府城西北界江豫二州名湓口之口在九江府城西青盆山亦名盆水桑落洲在大江中今安慶府宿松縣南偃月城在撫州虎牢關名即武牢在鄭州雲代二州名今大同雁門是也許洛二州名滑臺在河南府元魏行臺黑山在大漢黑水西即肅州也濡源即肥如河在永平城東函秦秦地有函谷關秦人恃之以為險固因名函秦梁秦二州名赤城有二一在平涼府崇信縣一在萬全都司城北秦狄北狄國名統萬城名在平涼府東赫連勃勃之所築也鐵城戍在漢中城居山上極險峻白龍山胡名北魏主擊斬之碻磝戍名一曰城名在今濟南府蘭皐府今蘭州是也葭蘆城名在延安府葭州岐山一曰汧隴汧水隴山相連皆在扶風河洛二水名蕭城在沛郡蕭縣靈山劍壁

鳳陽府盱眙縣有石洞左曰靈山右曰劍壁曲折相通宛若仙界五洲在鎮江相傳山頂望見五水九泉猶言黃泉也汚豬凡弑君既誅乃汚其宮而豬焉湘中即湘州桑尾即桑落洲下尾也在大江中鵲尾渚名在廬州舒城縣桑乾河名在白登山南界三巴蜀地露田不栽樹者謂之露田雲門山名在紹興城南王獻之居此路梗道路阻塞也紫陌地名在鄴城西今彰德府是也湓城在九江府彭蠡縣紀南城名在荊州府江陵縣古郢都也巴蘄二州名蘄黃州汾潞二州名汾州屬太原潞州屬平陽樓堞城上樓櫓也堞也金河在大同府古雲內州泥色紫故名之亦曰紫河折墌城名在西安府唐薛仁杲所居墌音隻穀洛二水名在河南婆羅門西域國名在天竺西俗尚浮屠百濟東夷國名其都曰居拔城亦曰固麻城其國東極新羅西南俱限大海吐火羅西域國名其人性勁劍南成都是其地也颶海颶音具城中地名青海在吐谷渾中有一山至冬木合

域外漢籍珍本文庫

遊牝馬其上言得龍種故代稱海青驛 丏月 西域國名又突厥中有丏月城 熱海 在西域碎葉國東地大寒不凍 神都 唐武后改東都爲神都 梁鳳 二郡名俱在陝西梁即漢中郡鳳即武都郡也 關隴 謂關中隴右也 松漠 契丹之地 白亭 本海名在陝西涼州衛唐置白亭軍 碎葉 突厥城名詩熱海下 鳴沙 在靈州此地人馬行沙中有聲故名之 市里 即市中也唐中宗與韋后微行觀燈於市里 定昆池 唐安樂公主驕橫奪民田作定昆池欲以勝昆明池故名 草澤 猶言田里謂寂寞之地故歸草澤也 九曲 河西地名在吐蕃 桂嶺 地名在平樂府 關輔 關中有三輔故云 曲江 在西安府漢武帝所鑿都人遊賞於中秋節江邊菰蒲葱翠柳陰四合每錫燕近臣於亭池曲江本今揚州廣陵江也以其水曲折似之故名 幽薊 二州名 澤潞 二州名在山西 汚鄂 二州名在荊南 瀍澗 二水名在河南府 洮河 二州名 河隴 二州名 三峽 謂瞿塘巫山黃牛也 【文選】 長安 即雍州漢之西都言可長安乎邑也

函谷 秦關險處 二崤 秦地二山名有南陵北陵 褒斜 隴首 褒斜二谷名隴首山名在雍州 涇渭 雍州二水名涇清渭濁也 洪河 大河也 上腴 肥沃之地也九州之上腴謂雍州 奧區 深險之處也天地之奧區謂雍 灃灞 雍二水名 皇基 帝都也圖皇基於億載 金城 萬雉 金言其固也高一丈長三丈曰雉也 杜霸 宣帝葬杜陵文帝葬霸陵 五陵 高帝長陵惠帝安陵景帝陽陵武帝茂陵昭帝平陵皆在長安北號五陵 崇山隱天 高山蔽天也 幽林穹谷 穹深也 商洛鄠杜 皆長安邑名 九嵕 山名在谷江縣上有九峯 綺分 言交錯成文章也疆場綺分 溝塍 溝小渠塍畔界隴也溝塍刻鏤 決渠 決渠降雨渠以灌畝故比雨 上囿禁苑 即林苑也 坤靈 據坤靈之正位言宮室得地正位也 峻路 大路也臨峻路而啓扉 輦路 天子行道也 神岳 有神之山也 將將 平聲水激山右之聲 唐中 太液 漢宮内池也前唐中而後太液 酆鄗 長安邑名 潛穢 深蕪之處

河華 黃河華山也東瀆河華二 崤雍 也西陝崤雍云 皇衢 天子之衢導皇也動大軫遵衢 河源海瀆幽崖朱垠 四極之地西瀉河源東瀆海濱北動幽崖南曜朱垠濱畔也 沃土 肥土也 瘠土 瘦土也 二華 太華少華也 隴坻 天水有大坂曰隴坻 陳寶 陳倉之名陳寶雞在焉 轘轅 坂名在緱氏東南邪徑捷乎轘轅又云關名左傳 隆崛崔崒隱轔鬱律 皆山險曲貌 澶漫靡迤 皆水長貌 神臯 神美言澤畔曰臯 徑輪廣袤 東西爲徑南北爲輪廣袤量徑輪若廣袤 龍首 山名因之以制前殿疏龍首以抗殿 瀛洲方壺蓬萊 海中三仙山也漢池取象焉 坻崿 崖也 坻崿鱗眴 鱗眴 無涯也見上 棧齴巉嶮 皆高峻貌 襄岸 高岸也 夷塗 平塗也 京峙 高丘 嵯峨嶕嶢 皆高峻之貌 邐迤 一高一下一曲一直長遠之貌道邐倚以正東 遐坂 坂坡也 廣漾 寬大也彌望廣漾貌 滄池漭沆 太液池色蒼茫曰滄池漭流深大貌 林岑嵒嶭嶄巖 皆險峻不齊貌 別島 長風激於別島

重涯 岸也 玄渚 神仙所居 方軌 四軌也方軌十二 郊甸 五十里爲近郊百里爲甸郊甸之内 五都 雒陽邯鄲臨淄宛城郭市長安也王莽更名五液貨殖 鼎胡細柳 皆長安地名 黃山 扶風有黃山宮 牛首 井泉宮中有牛首山 玄沚 黒水玄沚 垠鍔 地之際畔也 阤堵 崩落也吳嶽爲之阤堵 重巘 山之上大下小謂之巘 澤瀨 小水也 廣場 遠邊也臨迥望之廣場 太谷 各地谷名 九軌 國中途經九軌 九雉 城隅九雉 參墟 河北爲參星分野 濯龍 漢宮池名 九谷八溪 漢宮養魚池也 陰池 幽流 洑流也謂從地下流通於河也 孤竹 國名出孤竹之管 八寓 八方寓宇也 女牀 女牀山在華陰產鸞鳥女牀鸞鳥 丹穴 丹穴山出鳳凰 丁令 匈奴北丁令也 越裳 南蠻卽九真邊也 豐壤 厚地也割周楚之豐壤 武關 山名在南陽 湯淯 淯水過其陽曰

謂前
崆峴音康荒山也石高貌 嶱嵑音闊活亦山石高貌 嵣嵘音蕩莽山石廣大貌
巉剌音巉臘山高相疾也 岩崒音窄額石齊也 嶔巇音欽區山嶔巇而危險之貌
屹嵑山斷絕之貌 嶜岑高峻貌谷嶜峇岑 嵒嶙山相連貌 巀嶭高峻也坂坻巀嶭
崎嶇盤行也屈曲 谷底谷之盡處 坻坂岸也 潭漫布散貌潭漫陸離 潛盧
山傍泉穴也潛盧洞出 沒滑 瀎潏皆水疾流貌 布濩 漫汗 莾沆 洋溢
皆水廣大貌 波盪搖動也河渭為之波盪 汾汃 輣軋波浪相激之聲 潏泱 減潬
汩皆水之疾流貌 鉗盧 玉池音南都 波澤水 開竇 灑流開竇孔穴也灑分也言水也
堤塍埒曰畦也 陽瀬水之陽瀬也於陽瀬 迴塘曲堤也 九土九州也九土星
分野 靈關 玉壘皆蜀山名靈關為門包玉壘而為宇 犍牂犍為牂牁二郡名皆屬益
州 觸石出雲山含精藏雲故觸石而出也 翠微山氣之輕縹也 干青霄

丹氣言山之靈秀也干青霄而丹氣秀出餘丹氣以為霞彩也 滈瀑水沸聲也 揚濤
涌波若陽谷之揚濤若濛汜之涌波 火井蜀都有火井沉熒於火井 石門蜀地 驚
浪驚浪雷奔 碧玉水石也 丙穴魚所出蜀地名嘉 褒谷蜀地名良木攢於褒谷
蘭渚蘭渚莓莓又風生浪於蘭渚 陸澤為陸地之潤澤也麗池而為陸澤 金城石
郭金石言堅也 九坂蜀有九折坂 五屼蜀有五屼山 峻岨險阻 崚嶒
峻岨崚嶒圍峙之岡也 磧礫淺水而有石者又淺水貌 玉淵水深之處玉所出也驪龍所蟠
龍川水名 嵽嵲 嶢屼 嶜崩 山高險之貌 潰渱 泮汗 滇沔
淼漫並水流廣大貌 瀰瀰 浻浻皆水流貌 磈磈 嵬嵬皆山大貌 積薄水相
激盪曰沸騰波浪涌 泂泂疾流長貌 泓澄 潫渟 溶沇 淩
噴薄起也
皆水深廣之貌 潭湉水安流貌 緜邈遠也 嶼島山 緜邈 憑隆高大貌 洲渚憑隆 峨眉

蜀山名抗峨眉之重阻 迢遞長也瞻迢遞 曾岡 重阻曾岡高山也重阻險處也 嶰
谷崑崙山北谷生美竹 青壁山之石壁色青也 琨瑤阜產琨瑤之山也琨瑤之阜玉也
銅鍇 垠皆金屬一曰白鐵銅鍇垠生銅鍇之谷也 威晨排積 幽屏隱僻之處也
碕岸長岸也 荒陬荒遠陬隅之所也 龍穴即龍湫也龍穴內蒸雲雨所儲 窮陸
高陸之地 極沉甚沉溺之處也極沉所居 泉室鮫人之室也泉室潛織而卷綃 畛畷 阡陌
中也畛畷 兩 阡陌 道也 突隆即高下也突隆地也突隆異者等 背流二水相背而流 結隅
謂城角相對也 朝夕池即潮汐池謂潮汐 溶池深池也溶之溶池 朝
青林烟色青林之故曰青林 茂苑吳有長洲茂苑佩長洲之茂苑 疊疊 減進之勢
清流 陽路向南之路夾陽路 金鄰南海國名其地出金 象郡即今南郡也有象林
郡 都輦天子所居之處 奔躍地廣大貌相與騰躍乎奔躍之野 摧擢雷良岩石

嵁巖之岸嶼險處 山石深 礔嶹幽山之處也 嶰 澗大山曰嶰夾水曰澗 山
聲也
岡岵山也 山脊 水區水中也 迴淵深淵也 剖巨 桂林吳苑
數軍實乎桂林之苑 湫阸湫阸小也而湫阸 浩漾水大貌即浩洲 豐确磽也即肥
潭淵即江湖之謂也 巒陝 東落陝落巒夷之居處 絕域絕遠之處也 華離
地形斜角不正也 湫湄小水也草交曰湄 赤縣九州赤縣也 榛曠 荒蕪 宇落
丘墟皆謂居人少也伊洛榛曠 荒蕪晦滔宇落 丘墟 幽阜幽遠也 培
塿小阜也培塿之與方壺言小大之不同也 磈磊石高貌 華清
可以滌疾 滑湯 邪而難老 崇墉高城也 潫溢 溶深 華清井水也
帶洫 宮闕繞城上女牆也 洩水 渠也 焦原高險者 山名
岡岑與岡岑而永固 回淵曲水也 姑餘海也 梁驪 千田天

之地名遊獵之所著鶩鷔谷虎澗龍山皆在魏都鄴地堀鯉淀蓋節淵皆在魏地淀昔居泉而淺者在河間淵在平原窮岫孤窮之岫泄雲時出陰雲寒谷不生五穀之地高衍衍無涯之崖也臨高衍之從嵸嶺縱貌衆多清澄清水也起紆縈之精壇漫地廣大貌平原唐其壇漫唐道也林薄草叢生曰薄新莽於林薄列駊澄騀音頗我崇丘陵之駊騀丘陵高貌嶔巖嶔巖深貌深溝嵌巖而為谷懸圃在崑崙山天帝所居帝之懸圃巖窔山之深處也窔音窅醴泊醴泉涌出也東阬東海也音坑潏瀄小水貌水之潏瀄孱弱地垠地門也天關地垠開剗嶊那遠也隆崇嶊嵬又登山中嶔崟嶙峋深無長貌崟嶙峋涯貌沃野腴膏膏壤平砥言千畝籍田肥而又廣遐阡邐陌阡陌田畔道也纖埃細塵也纖埃起於朱垠坻場天子耕籍之處也坻場華裔華夏邊裔也民無蕪裔蕪園園也窯衍地窯下貌汾陰因漆屬

后土於汾陰故曰汾陰湧泉湧出之泉也激水波水激揚也硠磕石相擊聲青丘東海國名泱漭地廣大貌泱漭之野即大荒也穹石大石也洶湧澎湃洶涌水跳起也澎湃水相突也濬汙通流貌潈泊水去疾貌泌瀄水勢相逆折水旋迴也橫流逆折也潎洌水相撇貌滂濞水聲也沆瀣水餘流也蒞蒞水聲蒞蒞下瀨奔揚滯沛皆水涌流貌批巖衝擁批擊也擁曲隈石衝突曲隈之也臨坻注壑坻水中山也瀺灂小水聲石在水中出沒之貌又言水激岸沉沉水深也砰磅訇磕皆水聲潏潏水漏出也淈淈水流貌湁潗音十集馳波跳沫言水奔流也汨㶁水湧沸貌水聲漂疾水流急也瀨水沸貌漾漾浩汗言浩渺滉漾無涯際也陂池江湖邊水也川陂也江靡江邊崒石在山高貌龍嵸峻貌巖陁巇嶮嶔崎皆山傾欹貌地音遲礧磊貌嶮嶬音枝也

摧萎崛崎皆山石險峻貌谽谺谷大空也豁閜陵谷空虛也別隔島即島也水中山也別隔別也嵔瘣峻也鬱嵂山勢高峻貌猽豸音狼水流漸平也沇溶淫鬻山川鬱貌東陸平地亭皐堤上十里置一亭曰亭皐亭皐千里西陂長安有西陂積歷地不平下也唐陂唐陂澤也起巖淵巖者言可畏之淵也蘭唐蘭生唐中也巒阬山陷出熉蟲音瓦螺蚼蚑聚落也熉蟲清林清淨之林也游覽清林以遊覽流水洞穴深穴也萬穴入洞穴淯淯聲也泉淯淯而吐溜吐溜見上瓠谷長安地名長坂義渠北地城名義渠之舊城障隧障城也隧道而進望登障赤須坂名在北地所居處登赤須之於朝那即郡名北塞莽蕩曠遠之野貌莽蕩以莽蕩谷水川水之溝曰谷水灌以揚波城皋有旋門坂甚峻皆城皋之旋門玄霸素滻湯井溫谷皆在長安各以門

水色言之枌榆社漢祖故社也在豐故後易置枌榆里金墉金城也金墉鬱其萬雉尚冠里名長安神島即仙島也蓬萊若翔於神島天區即天下也存威格乎天區海淥沼翠漱水際也華蓮爛於淥沼青蕃蔚乎翠漱通浦之通浦挾清漳臨皐隰沃流沃灕之沃流漣也脩迴路長遠也路逶迤而脩迴高衢即雲衢也假高衢而騁力玄聖遊化靈仙窟宅言天台山神秀乃神仙之所遊居靈仙之所窟宅遊居變化也玄遠也玄聖之重溟海也或倒影於重溟魑魅途山深之處經魑魅之途瀑布飛流而界道懸流千仞如曳布然謂之瀑布飛流湧散以為道路界也靈驗謂山之靈異也肖崿高峯也陟峭嶠觀靈驗而遂徂山嶠之崢嶸懸磴石橋也躋懸磴之絕冥犬之絕冥靈溪天台溪名過靈溪而一濯旋流深淵也遺塵於旋流醴泉涌溜醴泉甘泉也醴泉涌溜於陰渠陰渠山北之渠也瀰迤連貌

瀰也平原紫塞鴈門皆北地塞名秦築長城土色皆紫故云紫塞漕渠引水轉穀曰漕
渠川四會五達道路通於遠近故曰四會五達也板築城池也板築雉堞之敝深
也瓜剖豆分言割據土地如瓜之剖如豆之分也古道古道路也崢嶸古道通池池
也通池既以夷峻隅高城也峻隅又以頹黃埃黃塵也直視千里外惟見起黃埃一日早地塵
渾沸水盛貌璇淵玉池也弋林釣渚弋鳥之林釣魚之渚也磊砢石參
差不齊貌玄醴醴泉也玄醴騰涌於陰溝渟滀急流貌天下洞渟滀謂禹遭洪水也洪濤
瀾汗瀾音爛不平貌波長波涾沲涾沲延長貌八裔八方也陂潢蓄陂
名潢潦也決陂潢而相復陵巒山也瀝滴滲漉也小水涓流泱瀼涓小流泱
水也靈海言其神靈多怪異也瀲灩瀲灔皆波湧之狀貌沖瀜流瀁泬瀰
泱湧皆波深廣遠之貌噓吸潮起則百川逆流若吹之也潮落則如飲之而入也噓吸百川

漻滱波深廣貌赤城霞起以建標赤城山在天台山色皆赤狀似雲霞以建立標
幟也金樞穴月沒之處也扶桑津日出處也蕩飈風疾也飈盛起浪急飛沫起
也濤風颸水飛成沫起波濤也天輪激轉地軸爭迴言波濤之急如天輪環旋而不
絕地軸爭爲之迴復也岑嶺飛騰五嶽鼓舞言波浪如山飛騰上下其高大搖動似五
嶽鼓舞也隆頹波不平也盤盂波旋繞也盤盂激而成窪也消沖音峭湍辛起大波也泊
栢小波也潤泊栢而地賜迆颺小波也匒匌重疊波也而相䢔石硈匒匌音答合駭
水迸集駭亦驚迸集謂聞而後合也迸散也葩華波分散貌跛沺澒濘潫潸
皆波浪沸騰之貌潛逵逵道也潛逵傍通也呀呷波水相吞吐之貌澎濞水聲
巑岏山高峻貌枝岐也小浦潭淪水動搖也渤潏也波潮飛澇大波海之
也崩雲屑雨言波浪飛驚如雲之崩如雨之屑也屑分散也潈淴汩汩波騰湧急

之貌跐踔湛濼波之貌前卻沸潰渝溢波前卻躍之貌騰灈洴瀎潏北方
衆波聲也蕩雲沃日水畔生雲故蕩之光浮於中故沃之日天墟北陸也北洒天墟
經途謂里數也纓濵猶絕遠杳冥也經途纓濵纓音聆靈居三山神仙之處水府
海神所居屹崒山特立高峻貌崇島巨鼇崇島蓬萊諸山也太鼇魚負之而浮嶢峴
山高貌擘洪波指太清竭磐石棲百靈言蓬萊諸山擘洪波而出高
峻清天竭立也山下盤石如立諸仙靈棲居其中也沙汭汭涯也雲錦數文於沙汭之際洪漣
大波也窮波波淺清涯清水之畔餐玉清涯也窮溟窮髮之北有溟海者謂天
池也濫觴江水初發源乎濫觴言其水小而可浮酒觴也崌崍二山名中江北江所出源二分
於崍赤岸在廣陵輿縣濤於赤岸江水也靈潮潮有信故曰靈吐納靈潮峨嵋
玉壘二山名在蜀郡江水所經峨嵋爲泉陽之揭玉壘作東界之標磊落嵬崫皆山高大

貌協靈通氣流風蒸雷騰虹揚霄言山岫之間合神靈之變化通山川
之氣流風激鬱蒸之氣如雷聲也騰起虹蜺而飛揚上薄霄漢也沃焦東海山名水灌之而不已
壁立霞駮言絕岸萬丈如壁之立如雲霞之斑駮駮即駁字虎牙山名楚之西塞虎牙
石壁紅色間白文如牙齒狀磐礴山廣大貌圓淵水激岸右而成圓流也圓淵九迴溢
流有聲之流水也雷吼電激言水流之聲如雷吼其疾如電光之激也駭浪暴灑
驚波飛薄迅澓增澆湧湍疊躍駭驚也暴疾也灑散也飛薄飛騰也澓迴
流也迅急也澆謂急波疾湧也疊重也言波急重起也砯巖砯水激岩聲砯巖鼓作漰湃
㶊澥音崩拍岳鼐皆大波相激之聲潏湟淴泱潚潣瀋淪
鄭皆水勢相激流漫貌音月皇忽養叔閔審淪皆水流漂疾
㶖澩澕潵潰濩沵漷音愚敗瓜潰濩濯
之貌漩澴滎瀯㶟瀜湞瀵漯濊瀘湞音旋環榮營委素忿薄稷域盡隕此

皆波浪回旋噴薄衝激貌 碧沙瀢沲 江水名碧故映沙亦為之號也瀢沲乃沙石隨水而流也 硉矹 水中石轉動貌 潛演汩淈 潛演水脉行地中汩淈下流漏出貌 奔溜磢錯 磢錯謂磨錯岸石也 崖隒泐嵃 崖隒岸也泐嵃謂石散而險也 幽澗積阻 幽僻之澗巨石積阻成險也 礐硞確礭 音客落殼皆水激石声 靈湖淵 湖水深處多神故曰靈淵也 澄瀅汪洸瀇滉囦泫 皆水平漫不流深廣之貌 泓汯浻澋 水勢廻旋之貌 涒鄰㘓潾 音君鄰彎粼皆水勢漫流曲折貌 混瀚灝渙 水動清深貌 流映揚焆 謂水華激映日而有光明也 溟漭渺沔 皆水廣大無際之貌 汗汗沺沺 皆水廣大无際之貌沺音田 浹渫 連波貌長波浹渫 峻湍 峻湍崔嵬 盤渦谷轉 言水深風急盤旋作渦如谷之轉也 凌濤山頹 凌濤乃波起而上凌空者却下如山之類也 洪瀾雲廻 洪瀾旋曲為文如雲之廻也 涴演 水廻曲貌 砐硪 音業我波

高大貌陽侯砐硪 泝淪 波廻旋貌 滵瀼 波不平貌 地裂天開 言江中烈風浪起中為深穴如地之裂也波息霧消則如天之開也鐵如地裂豁若天開 崩浪 駭崩浪而若雷 呑窟 波浪之穴也波否窟以崩巖否音嗑 漰渤 水声 溢湧驚隈 溢湧波浪声驚隈謂湊驚於山之隈也 懸流 流水也鮫人搆館於懸流 勃碣 勃海郡有碣石謂之勃碣 灅隩 灅深水也隩曲也 垠隒 岸也 隩空 坎也 瀿瀷 暴溢滿水也磑之以瀿瀷發溢也 皛溔 音浩渺水深而白也 浮瀲 浅淵也 懸碕 曲岸也 中瀨 波中也或中瀨而橫旋 盤巖 廻巖委曲 洞壑 洞深也 窟宅 穴居也 土囊 大穴也風之所起盛怒於土囊之口 山川阿 阿山曲也逍遙乎山川之阿 兎園 梁孝王好宮室苑囿之樂乃築兎園 焦溪 焦泉發於天門之左南流成溪謂之焦泉焦溪澗言冬窮之東也 棵瓖 不衣臣也棵壤垂繒極言冬寒之甚也 朔漠 北方也朔漠飛沙 蘭路桂苑 有蘭之路有桂之苑也 秋坂寒

山 騰吹秋坂弥盖寒山 丘樊 丘園樊籬也長自丘樊中言生長於賤也 東沼 日出処即暘谷是也 西冥 日没處即昧谷也 山椒 山頂也菊散芳於山椒 江瀨 瀨水石之急也鴈流衰於江瀨 柰祇 地也 通都 国都大処也 崐墟宜嶽 皆仙人所居山見王母於崐壟要芷堂於宜嶽 神區 神明之道域也 芝田 仙人種芝於田朝戲於芝田言鶴也 人寰 人世之寰宇也 涼沙 寒地飛沙也涼沙振野 峻谷 深谷也 泫沄 水沸貌水泫沄而涌涛 軒轅汪氏魚龍 皆西海外国名其人皆千歳餘 白門 西方之門也驟白門而東馳 河林 憩河林之蓁蓁憩息也 穹岫 山峯也拂穹岫之驟也 谽谺 洞穴空大也 不周 山名在崑崙西大荒有山而不合故曰不周 碄碄 川深廣貌 縈河 曲河也臨縈河之洋涘 重陰 地下也 瑶溪 戲瑶溪之赤岸 太室嵩丘 皆南岳山名前臨太室傍眺嵩丘一曰太室嵩丘別名也 參雲 言山高入雲也鴈山參入雲 鴈山 在寰地太澤方百里鴈所

生在山故名曰鴈山 朱塵 朱埏之塵也鏡朱塵之聖躅 中區 中都也 蹊徑 山僻路也 淋灕 音林離水流声 橫潰 水流之縱橫潰乱也 頵砡 音君菊石頭齊平貌 兀嶁嵫嶷 音兀庐慈疑石巖嶮峻貌 嵺窌巧老 嵺窌音嶢聊山洞深空貌 嵒窨巖㟧 音坎段㲉也山下深閒窟穴也 穿汳 音牙遏也甲下処也 渟涔 止水之池也 顧淡 水揺動也 滂流 水泛溢也 爭湍 急浪也 鱗淪 相次不絶貌波深鱗淪 芊縈 水廻旋貌 濄瀑噴沫 濄音渦水流沫湧跳生沫也 澥澄澮峪 山谷深平之貌 玄嶺丹崖青壁 玄丹青各以其色言之 特秀 山孤起曰特秀 靈液 雨之潤氣上蒸而為雲蒸靈液以播雲 神淵 深泉也 顛波 驚波也顛波奔突 觸巖觝隈 言水流奔急也 鬱怒彪休 波之怒貌 蜿蟺 音蜿善水盤旋貌 咸夷 長貌臨迥江之咸夷 澹澹 水揺也水澹而盤汗 浧浧 水遠去貌洪波浧浧 傾崎 山勢峻峻貌 㟥寒 山空深貌

窈冥山深遠之貌其隴山勢也嶬其之崇而寬大也瀟莽水廣遠貌蘅皋香草之澤
也神游洛川也神女所遊故名之椒塗衡薄塗路薄林也椒衡言其香也踐椒塗之郁
烈步衡薄而流芳方輿地也漫方輿九壤九州也芒芒九壤輦轂言京城也馳心
輦轂西氾即濛氾日入處都莊野馗莊馗皆道路也都莊雲動野馗風馳迴谿谿峻
坂峻也大濫泉龍鱗泉正湧出曰濫其文如龍鱗焉激波連珠石水也激
散如連珠流潮江潮之流通津通津也頹陽照平陸平地也夕陰暖平陸青谿山名
道士所居蘭林蘭林也激楚佇山溜也石泉飛泉漱鳴玉飛泉激玉石而有聲
聲靈波言靈者美之也哀音附靈波曾曲山右幽深之處迴阡也阡迴澄瀛
也楚人名池澤中白瀛曰落泛登瀛曲氾水決復入曰氾戀樹面曲氾繁圃圃茂也惠
風蕩繁圃迴潮潮落之名陰岡陽林山北岡曰陰岡木生於山南曰陽林白雲傷陰岡丹

葩曜陽林曾阿大陵也白雲曾阿墟囿即丘園也墟囿散紅桃方儀地也悠悠方儀
廓巘巖巘巖之別名也山連嶂疊巘岏灊濡海也瀛濡海岸溟漲海也溟漲無端倪連巖
連接也連巖覓路塞大壑淙淙水聲大壑淙隈隩山曲崖也水傍隈隩陘峴連山
中斷曰陘嶺小高曰峴迢遰陘峴陽陸向陽之地也陽陸圃精氣圜縣山陵也圜縣極方望
嶠路山銳而高曰嶠側徑窈窕窈窕曲折通幽之貌環洲玲瓏玲瓏蟠屈之
中而明白溟洲海中洲也綠疇田也都野即郊野也朝淵丘水中之山高隅
可見也隅城角也廣津橋岸曰津也神坰林外為坰神尊言坰之也合沓
峯高大貌合沓鬱律山直上貌鬱律修楊夾廣津襟帶繞神坰峻嶒山重疊貌峻三
杳共隱天之蓬萊方丈瀛洲律構丹巘崚嶒山也銳意三山上金溝也御溝湛湛水平貌湛長江水頹
也重壤即重泉也重壤永幽漏廣川大川也含悽廣川連岡平山也酒

園塋墓間道也崇樹加園塋皇邑帝都也清長發皇邑表靈蘊真言山有表靈異
蘊藏真仙也表靈蘊真誰為傳物百城各郡也百城異俗華域即帝鄉也神州朔
鄙朔北方鄙也鄙多俠氣飛流風起也飛流玉水璇源凡水方折者有
玉圓折者有珠璇珠也玉水璇源載圓折隴首山頭也秋雲隴首飛流沫急水也
埃鬱塵紛埃鬱炎天方暑塵紛暑氣鬱關塵紛玉山岑玉山西王母所居見龍玉山岑秦稽
即會稽山也始皇登之以望南海故云云堳落在堳之籬落也軒蓋照堳落林趾根也
英簡林趾蘭畤小渚曰畤歸鴈映蘭畤圓波圓波將魚動脩薄谷風拂脩薄升
龍淵藏龍之淵也濯足升龍淵莊馗道路也馗音仇士女滿莊馗紅泉水自沙中流出
故色紅石磴瀉紅泉天路言山徑高險不可測度故云天路天路非衛丹
遠貌軌車跡也水國即水鄉也水國周地險瀾澳瀾水波澳水曲也曾瞻蒲
沙默軌路長眇默軌路

瀾川陸川陸即水陸也川陸殊途崩波波猶奔波也崩波不可留騰沙鬱黃霧飛
湍似霧翻浪揚白鷗浪如白鷗也經途都邑中直道也芳甸離英滿
也杳嶂重山也杳疊也江練如練澄江淨重澗重澗凝冰結長巒長巒積雪被
曾城曾城九重王母所居高會曾城河者也帶地川川流帶於地悲哉帶地川通波
連江海也飛閣跨通波四遐四方也帝功興四遐滮池滮流貌甚水灌田之池滮池灌粳稻
石圻石岸也焦烟起石圻塞垣長城也追虜窮塞垣馳道天子出行之道也重基
山也結鬱重基殯宮宮墓所也殯宮何曹長夜臺墳墓也送子長夜臺幽室墓也
幽室一以閉素波曲池揚素波天阻山高者登天阻四溟四海也雨足灑
四溟瀛海九州之外有大瀛海以繞人國焦源大國有焦原廣五十步臨百仞之淵繁林
煩林叔窈窕窈窕華叢解喬林高也鳥赴喬林雲潭山泉也泉發雲潭
陽彩

子部　第四册

封畿郡城也迢遞封畿外清泚秋水清流也寒流自清泚寒城秋水氣寒故曰寒城一以
眺寓縣謂區寓郡縣也伯功興宇縣芳塵言人之芳聲也道峻芳塵流佳城墓之
葉城也譙當九源上鬱鬱望佳城千金堰洛陽有千金堰鴈鶩陂長安有鴈鶩陂塵
冥昏塵也綺窗出塵冥遥裔遠地也遥裔起長津關源關中河源也旅宦遊關源靈境
即佳境也靈境信淹留碧障金潭皆美言之碧障長周流金潭恒澄澈乳竇鍾乳之穴
也乳竇既滴瀝瑶溪瑶玉也赤玉隱瑶溪神縣即中國也赤州神縣桂海南極也文軌薄
桂海冰天北極之地也武教燭冰天沙嶼嶼水中天也涼葉照沙嶼氷潯潯畔也武榮貝
水潯湍流急流也溯波逆流之波也太谷朔方谷名太谷崎蒼蒼南中嶺南
也南中氣候煖朱華凌白雪禹穴會稽地名禹藏圖書之所觀奇經禹穴徼墨逐獸之燒
田也墨煨色激墨廣博白鷺翔波浪起若白鷺翔也浩蜺素蜺也波濤之勢若素蜺而馳

言其長也純馳素蜺蒼岑青山也瓔巘嶒崚金岸岬嵰嶒崚岬嵰皆高險貌
變金皆言其美也風谷風所生之谷也雲谿雲所生之谿也翠阜丹谷阜小山也
登翠阜臨丹谷黄岑謂山高上浸於黄道日行處也幽叢深遠林也流荒謂窮荒之地也
白屋珠聃夷名九星九州分也九星仰止金湯以金爲城以湯爲池言堅而險也金湯非
粟而不守沙塲夷敞水涯多沙塲平坦而光明也玄朔北方也植橘柚於玄朔海
甸近海之邑也列巘攢峰列衆也攢聚也堥敦音毛頓小丘也從堥敦而度高乎太
山氿濫音軌濫小泉也懷氿濫而測深乎重淵禁林上林苑也潮源潮水之上也
巖隥隥即磴坂也閟水閟流也閟水環階姑射堯見四子於姑射之山窅然喪其天
下謂得道也又藐姑射之山有神人焉肌膚若氷雪中甸畿甸之中也蘭泉渠中生蘭也浸
蘭泉於王砌二溟南溟北溟也渟海渟深也六幽謂上下四方幽遠之處也光被

六合鬼區即鬼方蠻夷遠國也威德行乎鬼區坰牧林外曰坰郊外曰牧方州帝都也
寰區國之封域也自致乎寰區之外殊裔遐圻皆夷狄之國種也化協殊裔風行遐圻也
夷庚平路也旋皇輿於夷庚閫宇四方也征鼓震於閫宇太漠沙漠朔方之地區
落匈奴部落也龍庭單于祭天所也山園即山陵也園寢陵廟也訇隱匌
磕波濤大聲也軋盤涌裔波濤騰貌滂浡怫鬱波怒激貌闐漠感
突波濤起貌奔馬波濤之狀如奔馬也沌沌渾渾波相逐貌夫如奔馬混混
庵庵波浪之聲如雷鼓也庢峉庢音底波濤止而復合也侯波陽侯之波大波也侯波奮
振瀄汩水疾流也大荒日月所入之地玄微而隱居大荒之庭迥瀆幽堆皆遠
方之地榛藪大叢曰榛澤無水曰藪榛藪平夷巖穴隱者所居渾瀁水涌聲溟海渾
瀁涌嵝嶆山險貌嵝谷其後嵝山嵝嶆張其前奔沙流沙也飛礫灑天礫石因風而起

激拂於天太冥北方極陰故曰太冥銅陵金穴漢文帝賜鄧通銅山得鑄錢光武賜后弟
郭況金錢多號曰金穴山擅銅陵冢藏金穴博望圖梁孝武帝博望梁山立雙闕埏隧
墓道也埏隧既開樂都樂美言之也泉途葬所也泉途已宮寰甸寰內諸侯之服
朽壤墓也襲窮泉兮朽壤幽房墓中便房也丘里田里之間也從區南方蠻夷
之國名也靈源神基源即水也基墓地也靈神皆美言之東塋亦吳也帝渚湘江
也舜二女沒於此西陵魏武帝墓田所在魏武臨終遺命曰汝等登銅雀其臺常望吾西陵墓田也
初學 悲谷西南方之大壑也日至於悲谷是謂晡時連石西北山名日頓於連石是謂下
舂虞泉日薄於虞泉是謂黄昏蒙谷日淪於蒙谷是謂定昏細柳西方之野也日
終於細柳崦嵫日入於崦嵫山亦曰落棠山若華池日所入也照若華地戌井戌井
傳宵瀰備柳衢弱柳蔭脩衢冰澗凝冰結重澗積雪被曾巒暄塵暄塵是時息平

圖緯懷平闕　泰樞泰地及天下之樞也　蒙險山也險而止山也龍函險象也動靜皆蒙險故
曰山也　含澤山之為言宣也含澤布氣調五神也　崖館層崖成崇館岩向結重調　霞壁
石壁赤色如霞映也　雲峯高峯軼雲連岫蔽日　仙宮神闕皆扶山名之形勝也　員嶠
渤海之中有登其中山曰員嶠　白觀泰山東南巖極高名日觀雞一鳴館見日　泰觀泰山東南
巖名望見長安　吳觀泰山巖名望見吳會　仙閭神府泰山福地為仙人之閭鬼神之府也
雲闕天門泰山有雲闕天門　金牀玉几泰山石室中上下懸絕其中有金牀玉几
紫蓋朱陵衡山二峯名　靈臺寶洞衡山有朱陵之靈臺太虛之寶洞　峻坡
梧桐之所生在衡山之峻坡　秀壁崇巒巖嶺以雲繞聳秀壁於蒼濱　仙巖神宅名山洞府
為神仙所居也　雲竇雲竇絕探討　神岳天鎮維岳降神生甫及申又曰邈彼華岱維岳
之峻岩岩高大配天作鎮　地肺肺即肺字終南山有道士不食五穀自言太上之精所居之地名曰

地肺　閶觀泰山巖名望見蒼地　絳河絳河去日南十萬里多赤龍赤色魚上仙服之則後天而
死　清濟濁河濟水清河水濁　方流圓折水流也方流含玉潤圓折動珠光　岱
輿東海中有岱輿員嶠方壺瀛洲蓬萊五山　漲海南海之別也　珊瑚洲西南漲海中有
珊瑚洲珊瑚生其上人以鐵網取之　裨海凡四海通謂之裨海　大瀛裨海外復有大瀛海環之
鳳麟洲西海外有鳳麟洲　聚窟洲在西海外　地脉地以四海為脉　滄嶼海中
山也極目滄嶼　碧津扶桑鎮於碧津　鯷壑會稽海外有鯷壑分為二十國　鵬溟即鯤化鵬
之南溟也　窮髮窮髮之北有溟海者曰天池也　百谷王江海所以能為百谷王者以其善下之
故也　蓬瀛瞻蓬萊之秀嶼　紫石室滄海島中有紫石室九老仙都　積流踠泒水也
積流橫地紀踠泒引天潢　十洲海外有十洲皆仙人所居　京江今潤州丹徒縣是也　霜嵐
滑滑積水歷乃霜嵐　崩湍崩湍參因　涇峽涇水東流歷峽謂之涇峽　金銀塘姑蘇臺東

有丹湖內有金銀塘　珠玉泉舜捐珠玉於五湖之泉以塞邪淫之路　石蘭渚旋經義典
境頻棹石蘭渚　映巖潭映之巖也映巖究水底　激浪摶激之浪也激浪起雲邊　澄鮮秋水
正澄鮮　蛟潭深潭蛟所藏也　露井摘花露井邊又桃生露井上　桐井雙桐生空井
桃井井上種桃落井中二不祥　楚塞楚有汾陘之塞　蜀門蜀南靈關以為門　津途
津途去不迷　太室輿瞻伊洛無遠天室　帝臺在河南也鼓鐘之山帝臺之所　沙海在汴
州　石濟河有積石謂之石濟在滑州　天齊齊所以為齊者以天齊也　地鏡青城南州
地遠堂倒影如水謂之地鏡　明月峽巴郡江州有明月峽石壁有員孔如月形　石帆會稽
山名壁立臨水有似張帆一在武陵　玉笥郎石帆山也　雪壁山石雪白而壁立也　江門
江邊山挾如門也　松區墓所也區已剪　西池太子池也　丰城塵暗丰城遙　月
路月路飾還裝　星津星津動歸佩　蘭坂秋蘭被長坂　淥池朱花冒淥池　倰

巖鷹沼鷗洲鳧渚皆梁孝王兔園中景致也　胥塗即胥壞也胥塗嚴遠　青甸
即春郊也別業臨青甸　芝甸芝甸神州　衢街星街也衢街響清蹕　松門塋所也松門向
代立　露壑製荷依露壑　霜洲搴若適霜洲　亥步謂天下也黃帝使豎亥自東極步至
西極輶軒巡歷聲芳亥步　風壤風俗壤土也方域殊風壤　甿鄉胡地也迄甿鄉　金郊
秋郊也臨金郊而講師　樂野弋獵處大樂故謂之樂野　萊藪表林麓而廢萊藪　青槐
道路傍多種槐青槐夾馳道　崇城天子城曰崇城　睥睨城上垣謂之睥睨言於孔中睥睨非
常也　女牆城上垣也言其卑小比若女子之於丈夫也　却月城名在沔口水北亦城之通稱　長
雲城也真似長雲　湯塹即湯池也轆轤湯塹　金隍即金城也騎息金隍　荒堞歸
荒堞鳥棲　槐衢即青槐道　貫庸天子之墻曰貫庸大也言大墻正直也　踈杼諸侯
之墻曰踈杼踈衰也杼亦墻也言衰殺其上下不得正直也　瑠璃墻太秦國以瑠璃為墻周雕

天子都天子鄣皆廬山別名山帶廬山天將雨則有白雲或冠峯巖或亘中嶺俗謂之山帶巒巃巒巃有合沓松磴松磴上迷家瑳波瑳波逐穴開霞石霞石巘峯起朱明曜真天大天之內有洞天三十六所羅浮山之洞名曰朱明曜真之天也石樓重巖峻起若樓也羅浮山有石樓玉竇即石髓也灌玉竇巖五城十二樓在崑崙之墟鬱島滄波壯鬱島靈源秘洞皆仙人所居處鬱浪鬱浪雷沉森壁山列壁也森壁爭霞幽岫幽岫含雲射堂會稽縣有射的山遠望的如射侯謂之射的射的之西有石室壁方二丈謂之射堂羽客之所遊處也八流天下有八流水出名山渭出鳥鼠漢出嶓冢洛出熊耳潁出少室汝出燕泉泗出尾溜出月白沉出太山綿岡陟綿岡之迢遞窈谷臨窈谷之濬邃飛崿拂禁丘之飛崿高潛懸泉高潛承崖懸泉屬嶺赤泉員丘山之山上有赤泉人飲之不老英泉神宮有英泉飲之眠三百歲乃覺不知死桂潭菊岸

桂潭連菊岸菰渚菰渚明華茭高陽池山季倫飲處即習家池也明月池荊州記曰明月池南二里有七口池芙蓉池曹植詩曰逍遙芙蓉池湛淡水清貌清池曰湛淡寒谿樊山東有小谿夏時懷神俱有寒氣襲人故名寒谿菊谿酈縣有菊谿兩岸菊水飲延壽黍谷燕有谷地美而寒不生五穀鄒衍吹律而溫氣至穀即生故名黍谷梓澤即金谷園也中朝賢送所集賦詩猶存是石崇君處淪漣清波也波動映淪漣律谷即鄒衍吹律回陽黍谷也律谷羅宜玄廬墓也安玄廬赤烏生美女之地也游俠窟俠窟臨游冠蓋衢方從冠蓋衢駛流駛急也曾水令駛流春滂春水漲也漫迸濆春滂佳麗城帝城也遨遊佳麗城靈巖霞蔚石室鱗構霞蔚鱗構皆重疊貌秘丘隱士所居也棲遲秋丘宿草墓禮記曰朋友之墓有宿草而不哭焉瓊沙瓊沙碧室啓紫路帝京也心馳紫路鬱阪路阻鬱阪爽落途橫爽落朱雉江城也高闕連朱雉雉堞

墻雕畫之墻也繚垣繚繞之墻也皓壁粉白壁也瓊壁白石壁也丹青壁諸侯墻垣無丹青之彩紫壽壁省中皆以胡粉金壁紫素界之青石墻東南裔外關青山有宮以青石爲墻西方裔外四明山有宮以白石爲墻南方裔外以赤石黃金墻西北裔外太夏山有宮以黃金爲墻天苑天子囿也八達九緯皆道路也八達謂之崇期國中經塗九緯鹿蹊山間徑路也鹿兔所行處九陌長安中有八街九陌四衢道也國中金堆吳越陴遥隱以金堆樹以青松爲馳道之麗隱築也桂道蘭術飛流界桂道深林蘭術術亦道也七陌九阡東西經七陌南北越九阡九市長安有九市亦有四市三市洛陽亦有三市鶴市吳主闔閭女死化爲白鶴舞于其市吹簫舞鶴還及舊鄴野燎野火也野燎燭中川峰磴岑峯磴互拒柱絕軌車馬不通之地脊崚波之絕軌鴈塞梁州有鴈塞山有大池水鴈栖集荊州大有岩鴈棲翼哉之故名塞門度故亦名鴈塞同鴈門〔藝文〕金隥國其國

入四月便雨六月乃止少有晴日也春澌春冰解凍也浮凘解春澌習都池即習家池也南苑習都也輕瀾輕瀾耿如帶淨渠淨渠迴瀾飛虹橋自日照飛虹橋巖椒椒山頂也藻衛燎巖椒又云即山椒剝及巖椒天毒外國名最大暑熱夏草木皆乾死日入時民常入寒泉之下清野記其泉之清野靈巖赤山巖峻上多靈巖俱生仙藥仙姥巖在東陽縣不出草盡出龍鬚芙蓉渚芙蓉渚有蔓石嶺物生芙蓉色皆青白瓊瑰徐州入貢塵士妃德水秦滅六國自以獲水德之瑞更名河曰德水川界川界泳游鱗叢巖逶迤叢巖嶻嶫巘峨長楸埒北走長楸埒京輦辭京輦兮迢遞天中柱崑崙山有銅柱其高出於天所謂天柱也懸巖沓翳沓翳謂合沓而蒙翳也瓊房崑崙山一名積石瓊房閬風臺崑崙山名太室少室嵩山東謂太室西謂少室芙蓉峰衡山有三峯極秀一峯名芙蓉最爲竦桀非天氣清霽不可見又云衡山有五峯芙蓉紫蓋太柱石廩祝融也

城上小垣也新城多雉堞陽隰陽隰揲辛夷雲埒思仙墓雲埒玉泥神籥河於玉泥
虎踞龍盤之地虎踞龍盤言金陵土体貞固也却堞江清却堞帶綺陌三條綺陌
中九重城崑崙山有魯城九重不夜城在陽遷東南盖古有日夜出此城以不夜名異
之也一日日夜出於東萊故名飛壇南嶽山上有飛壇湍百仞又有曲水壇縣水激石飛水行石上
珍苑鄴千乘之珍苑繡地繡地成文聳嶨高峯也聳嶨嶨蘇月激激浦也月澄遙
激金溝王武子置地作埒編錢而地當時號金溝鶴塞鶴塞蘇庭錦市迎仙客於錦市
竈橋竈橋浮小海大菊水南陽甘谷有太菊水飲之者得上壽清瀨有自然之麗草
育靈芝之清瀨凶堆古者叛逆之國瀦其宮室以爲汙池故名凶堆滲漉滋潤也和氣致祥晴
雨滲漉又水下貌又厥田爲上皆資滲漉度索東海山名蟠桃所生一名度朔螃蟮山名去扶
桑五萬里日所不及桃樹千圍萬年一實追圻遠郊也瑠璃波水也水淨瑠璃波桑

野植桑之野也桑野多經過遊塵飛塵遊塵也山墟山墟罷寒梅闉澤闉澤潤朝暉
㵎浦孤飛出㵎浦綺井綺井白銀床巖城防禦之城巖城不可越也懸阻懸阻香浮
薄懸阻鴈鶩池萍生鴈鶩池清澪清水涯也吐綠照清澪懸淙懸泉也百丈注
懸泉瀑曳飛泉貌瀑曳瀉驍電漏穴石洞穿者漏穴吐飛風玉竇石洞也玉竇膏滴瀝
巖阻巖下險處也巖阻步繞通桃李蹊桃李無言下自成蹊細漪水面細文也映日含
風細漪歌管地邯鄲歌管地塵光細隙引塵光榛闢墓也榛闢向無窓瓊
文龍鱗石瓊文而山龍鱗而熠爛會稽松岑山高曰岑西嶽之松岑淫徑雜小路也
發先主之正路豈淫徑之可遵金波璃岸水學金波石以璃岸朱塵即紅塵也曼丹阜與
紅塵戈堞綿嶮目戈堞土肪土膏也仙藥土肪閟中經複澗複澗隱松聲淳坂
泥淳之坂也淳坂无馬嶺迸水急流之水也晨征凌迸水桂浦椒渾桂椒皆美言也鶯聆

馳桂浦息椒渾伏流洑流洄斜自邊服邊方也庸振邊服勳咽流流水有聲者咽
流喧斷岸遊沫水上浮沫也遊沫聚飛染高柳城塞外城也楊花君登高柳城妾對長秀
山秀嶨天明開塵塞塵塞連旗下倡園楊柳動春情倡園妾屢鶯又千條楊柳結不悟
倡園花雍絕斷塞其障域雍絕斷塞銅陵素氣碧磴紅泉江淹
賦曰眺銅陵之素氣灌碧磴之紅泉磧路磧路羊腸又鬱盤鬱盤屬巖上龍首堞翡翠
在霸陵東古城雲潭湯泉發雲潭分衢謂兩道也王勒動香車分衢赤埴海岱土也
青黎華梁玉色也銅梁金堂火井龍湫俱在蜀中鹽泉鐵冶俱在
蜀地埳井埳井之黃汗不足容乎吞舟渟澹卑濕也洛邑之渟澹易足以居乎萬乘康
居鹿蠡昆彌儌傂皆匈奴種落名也蠡音羅君釘鹿蠡獲昆彌虜儌傂說伏也爐其康
氏僰卭筰烏桓濊貊皆荒地捶驅氏僰寧卭苲東擲烏桓蹂轔濊貊汙除

漸洳泥濕盤涔地卑下濕淖也其土田則汙除漸洳泥濕盤涔緌耳夷國名緌耳之
玉鐻鍋鐻鍋夷國名鐻鍋之君忽漠忽漠之域窮野窮野之都鮒隅託巔項於鮒隅
瀨石瀨石上而開道合墟扶揕蔽於合墟夷髦盧巴夷名夷髦盧巴來貢來賓瀨
隈水涯也隈而增感眺瀕渟溺途渟溺而可遵陵阿一陵阿以登降崇阻仰巖岡之
崇阻寥家寬曠貌谿以寥家凌坻出谷而凌坻攀凌坻而逶跡廣衍野也道臨廣衍陰磴
隗隗山之嵯峨貌嵯峨嶵嵸崟巖嵂崒皆山高而峻也涵演水廣貌金塘涵
演崩岁石勢高危也泌流清水泌流注其前神井湜泉也泉谷神井靈
河即黃河也應德璉有靈河賦嶢嶷山高貌崇嶷兮尖出林隈林之隈角金洲者金
美言列仙岨登彼仙岨列漬潦清水也池之清潦駭華紫林秘埜玉
之也苑禁垌皆上林御圍之地絕硐遠硐也凹嶮山之曲處也嶮兮悲泗惟流水而馳

驚月峽對月峽而吟猿揚葉關北陸以楊葉爲關梅根冶南陵以梅根作冶
幽圖幽曠之地也濕幽圖以藉怨玄塋墓也朝夕見玄塋窆壇墓地也窆壇兮横燕
萊嵎把玉膏於萊嵎瀛濆擷芝英於瀛濆縣野縣遠也遺野以宅心丘園居於
林野者曰丘園城傍居在郊郭曰城傍石埭石田耕土也埭除慈反石湧石上泉也
山磯磯大石激水也山磯下而迴澤槽谿越槽谿之紆縈沉沙清瀾弑則沉沙顯迴
沉縈浥水迴沉而縈浥奔壯水勢奔壯電激雷崩如雷狀波浪驚鼓也灑瀑飛流
瀰漾基并基并俱存曲術曲路也曲術周乎前後陽崖向陽之崖也擷稽陽崖陰
標背陰高山之處也摘龍陰標連岫連山也複陛連岫複陛成其坊員巒柱渚
員巒鏡瀾水清如鏡也鏡瀾於窓前綷壁削壁也綷高出綷壁對峙砯礲高石
朗朓水逕水路也復水逕縈繞迴圓竦秀孤岸竦秀芊緜長洲芊緜朱方兮汀

鎮之地也逸陌傍逸陌之脩平白社鄉社也作窓身於白社蹊隧山路也蹊蹊隧之危
阻黑子彈丸皆言小地也黑子城惟彈丸嵔岫由風露拔嵔岫於清宏域世界
也遠想宏域長楸浦臨風長楸浦狎鷗渚細訪狎鷗渚沙澤寒草沙澤振
氷潮弱水駕氷潮靈域勝地靈域久靜隱廣液波池名也桂崦初栽桂崦鬱
黃壚即泉下黃土謂墓也葬我就黃壚城濠向夕登城濠潛池復直潛池隱蕭
林蕭索之林枯葉散蕭林也渟瀾微波渟瀾發胡封謂胡地之封疆也亢命對胡封榛
曲荒山之河也崎嶇歷榛曲素瀨朝翔素瀨四澤登城望四澤瑤林懷瑤林之珍秀
芳津芳津可嗽蘭野擷蘭野之芳香幽裔海隅幽裔龍漠即龍沙之地也威於北虜
龍漠之西狼望匈奴地名快心於狼望之北盧山即匈奴中山黑山也紅壁十里
青崿百仞汗文逾赤虹賦曰爰有九石之山乃紅壁十里青崿百仞排空亂石排空拍

岸驚濤拍岸【唐詩】長薄長林也桃花萬騎喧長薄馳馬埒鬭雞場皆唐時長安
安故事也河源崑崙山黃河發源處也關道河源路超遠榆塞北塞名安知榆塞三千里鳳
野升高鳳野開堠落斜光照堠落龍渦膽猝窺龍渦咀脩道路遠絕也毘陵怨
阻脩又門關尚阻脩鴈苑長河落鴈苑鯨池明月下鯨池天莊帝京也延曖於天莊
葱山北塞外山也葱山隱隱金河北金河北塞外河龍沙北塞外地也龍沙春草遍林
岫巷莊林岫轉地輔地道也地輔龍驂之始九域天下也馳於九域鳧洲
鶴御鶴御禁苑也萬鳧洲於細柳鼓鶴御於長楸扈岑扈岑也岑漏晨鱗洲鱗洲富仙
家梅郊英晩梅郊落柳甸初葉柳甸驚鶴岑奇經鶴岑有珠液紫泉泉池
澈珠鶴關邊關也鶴關音信斷葉嶼花潭葉嶼花潭極望平戍道戍壘之路
液也高低江每江邊也籓文沙上鳥迹也迴沙擁籓文鳥路路狹止可通鳥也鳥
尋戍道

路入山烟登灣新月照登灣窆臺墓也松露窆臺深蘋浦風生蘋浦葉竹潭苔昏
露路泣竹潭枝綺潭林也寒織珠於綺潭黃塵塞上塵也千里暗黃塵玉女泉
玉女泉黃圖帝都也黃圖四海中風泉風泉羅聲銅溝泱玄灞銅溝地紀地脉
也江河清地紀月徑路也松峰桂巒皆美言也赤嶠絕壁山銳而高日嶠黛黑
也複嶂煙迴攢谿霧錯煙迴言其長也霧錯言其衆也疊巘盤龍飛
泉掛鶴盤龍掛鶴皆狀其形勢也巖磴川崿崖也巖磴浮芥而環川崿索巖
煙墟大丘曰墟峻賞於煙墟雞秀嶺也嶺橫雞秀鳳液池也波連鳳液桂岜雲
岜崇岜音節高山也攀桂岜之峙向文步雲岜於金壇霧術術道路也耀靈軒於霧術桃水
郎桃源也塞門北塞邊衆門也金由胡地山郎金微山也水脉驚濤亂水脉峰文
驟雨暗水箭水急似箭也夜臺墓也夜臺綺城長安綺城
峰文川光擢水箭無睨箭

十二重言其華麗也巨浸八澥也隔津開巨浸地軸風煙連地軸芊路草路也迢迢芊路望芝田躍馬驚濤疑躍馬戍城雖霓斷戍城勝壤即勝地也蘭街柳市長安華麗之地也蘭街柳市芳塵斷青陸青草地也青陸芳春動竹箭流龍門竹箭流蠶叢魚鳧始開蜀之人名蠶叢及魚鳧開國何茫然高標蜀有高標山上有六龍回日之高標天梯石棧皆蜀山極高者青泥蜀有青泥嶺常有烟霧靄雪其嶺上乃入蜀之路也畏途峻嵓可畏之途也畏途巉巖不可攀仕途亦曰畏途連峰絶壁連峰去天不盈尺枯松倒掛倚絶壁喧豗飛湍瀑流爭喧豗喧豗水擊聲錦城成都郡名錦城雖云樂不如早還家鳥道蜀有鳥道言徑窄絶可通鳥而已亦通稱銀屋江中白浪如銀屋鐵關鐵門關也天鏡湖光似鏡也天鏡落湖日花源桃花源也又春人月下窺花源胡沙胡塵也為君談笑淨胡沙麥壟川光淨麥壟崑墟崑崙之墟瑶泉飡霞漱瑶泉廻崖沓障

廻崖沓障凌蒼蒼漏流漏流昔吞翕沓浪沓浪競奔注蘿徑蘿徑迷歸人青錦湍碧流環轉青錦湍秦棧飽棧道也芳樹籠秦棧華頂天台山最高峯華頂高百越錦浪夾岸桃花錦浪生層標山之高處曰標層標過遲日雲門寒峽皆秦地名雲門轉絶岸寒峽不可度壠坂川梁秦州有大坂極高川梁河橋也花石戍蜀有花石二戍在潭州空靈岑蜀有空靈岑絶崖壁正飛鳥所不能過也鵬路鵬路翱翔觀吳門吳門興杳然白帝永安有白帝城江連白帝深霜劍指山峯也疊壁排霜劍水珠奔泉濺水珠峰娟妙神女峯娟妙言巫山之佳環洲環洲納曉晡蒸池衡州有熱水者其氣如蒸也蒸池瘥疴偏天姥台州有天姥峯歸帆拂天姥荆巫荆州巫峽碧潯潯旁深也松筠起碧潯澤國猶水國也江沫江沫擁春沙花門甘州有花門山東北千里至回鶻亦回紇通稱蓮峯山似蓮花也蓮峯望或開蠶崖蜀地名邏些

吐蕃都地名和親邏此城銀海銀海鴈飛深虎狼都秦虎狼之國也宜先定關中以制其餘巴子國夔州之地也久遊巴子國蕃漢即夷夏也塘坳泥塗也下者飄轉沉塘坳竦壁竦立之壁也竦壁攢莫恥峽門夔州也峽門自此始最窄客浮槎勾漏勾漏山即洞天之一也交趾有勾漏邑出丹砂魚復蜀地名水生魚復浦雲嶂雲嶂寬江北交衢謂路相交錯要衝之所不敢長語臨交衢金井荆州有此井硯寒金井水繩橋以竹繩為橋謂之繩橋也下衝地之低下處下衝剖坤軸沙岸沙岸風吹葉雲江雲江月上軒汗鄉別恨滿江鄉黿鼉窟江光隱見黿鼉窟烏鵲橋烏鵲填河成橋而渡織女石勢參差烏鵲橋鴛鴦水鴛鴦水芍鳳皇樓滴博蓬婆皆吐蕃城名也已收滴博雲中戍欲奪蓬婆雪外城粉堞堞城垛也以堊土飾之山樓粉堞隱悲笳灘瀨終然樴灘瀨虎穴踰惡地也參差蹴虎穴北斗城長安城曰北斗城春回北斗城山河錦綉漢主

山河錦綉中夔子國夔州古夔子國也神秀山岳之神秀也造化鍾神秀曠原即曠野也曠野延冥搜雲沙雲沙靜邪然岑樾浩歌步岑樾百牢關夔州險過百牢關峽門峽門江腹擁城隅江腹見上南極南方之極遠處也即爾雅四極之謂南極青山衆荒戍荒戍密寒雲水城山寒著水城樵徑入村樵徑引巴渝蜀地名水散巴渝下五城芙蓉園在鄠城南青春波浪芙蓉園嶔竇岩泉也竹竿接嶔竇玉甃井也翠大碧李沉玉甃沅湘楚地二水名沅湘万里秋鄭谷鄭子耕於谷口故曰鄭谷自是秦樓壓鄭谷湫池同湫之水也湫池何處入雲雨池蛟龍得雲雨終非池中物也蒼名雲雨池白閣黃陂關中山水也故山迷白閣秋水憶黃陂風磴風路也不梯日磴窈窕入風磴洮岷二州山名赤縣圖中國名也金粟堆在玄宗太陵南即金粟岡也有龍蟠鳳下之勢君不見金粟堆前松柏裏金牛秦地山名蜀王命五丁將開山取金牛路終通

秦因伐蜀取其國號其田曰金牛前年遊胡過金牛 少城 小城也東南 少城花淵烟 杜陵
曲 皆長安地名 陵帝曲未央前 使君灘 在萬州西雲安亦有 之會須直過使君灘 第五
橋 皇陂 皆長安郭外送別之處 喬口橋洲 喬口橋洲乃荊衡之地名也風浪急也 紫
邏 汝州有紫邏山 雲山紫邏深 黄牛峡 白馬江 皆蜀地名黄牛峡靜灘聲轉白馬江
寒樹影稀 陸渾 山名在伊洛間歸葬陸渾山亦関名 吼沫 急湍也吼沫跳急浪 山湫 龍湫
也南有龍 在山湫 魚海 龍堆 皆胡地名洗兵魚海雲迎陣秣馬龍堆月照營 玄菟塞
白狼河 皆在胡地始終菟塞絡繞白狼河 塵影 塵影雜衣風 雕城 塞外城也候火
起雕城 桃花浪 影入桃花浪 繡林 錦野 繡林錦野春態相壓 遮虜城 堠守
眉頻絲官 築遮虜城 丹鳳池 絲言丹鳳池 洛陽社 還歸洛陽社 清江漬 水漬
隊也捕魚 清江漬 岑壑 因聲謝岑壑歲暮一攀躋 狐兎塵 墓上士也君不見楚王臺上
頴子今日皆成狐兎塵 故林 即故園也故林相識多 聞道 無定河 胡地有無定河無定
河邊數株楊支誰知無定河邊骨猶是香閨夢裏人 玉漵 玉漵花爭發金塘水亂流 古塞 山深
古塞 藥徑 藥徑深紅藓 拂雲堆 在虜地漢将新從虜地來旗半上拂雲堆 練
秋 塘 白水塘也綠蒲紅蓼練塘秋 白草城 在塞外白草城中春不入黄花戍上鴈長飛 霧
隰 碧原開霧隰 紺園 秋園也紺園澄夕霽 流文 流水之紋也流文蕩畫橋 赤燒 野火
燒草黄也平蕪赤燒生 鷺濤 鷺濤清梵徹 地營 山川列地營 官城 鶯啼官城深
鯨波 鯨波騰水府 城闉 烟景入城闉 綠雲衢 金輿且下綠雲衢 降鶴池
即太液池也漢武時有黄鶴降於池故名之降鶴池前迴步輦 流澌 水半水流也流澌瀧月下河陽
青楓江 青楓江上秋天遠江上多楓樹故云 翠巘 高山也吳岳聽光連翠巘 林巒 林巒
入分麗夕 玉泉 石髓 玉泉移酒味石髓換粳香 野燒 野燒光原盡燒去声燒草地也荻灰

石鱗 石鱗墓上石獣也石鱗埋沒藏秋草 芙蓉國 成都府名芙蓉國秋風萬里芙蓉國 薜荔
村 薜荔村暮雨千家 薤道 西夷也烟塵開薤道 薜門 墓也同心不共世空見薜門青 白
鷺湖 湖飛沫似鷺也寒声白鷺湖 白鷗洲 人家多住白鷗洲 鷺鷗沙 沙岸多鷺鷗
鷺飛 飛賓 飛賓紫霄懸 韻府 玉虹 水作玉虹流 伏龍 橋形似龍伏也 蓮花
峰 在華岳頂 九疑峰 九疑山有九峰其形相似遊者疑惑故曰九疑其峰曰朱明石城石樓娥
皇舜源女英簫韶杜榜在於在零陵蒼梧之間 落鴈峰 山在華 丈人峰 泰山有丈人峯
因呼妻父為岳丈 十二峰 巫山有十二峯 五老峰 廬山有五老峯 回鴈峰 在衡
州鴈至此不過遇春而還 妙高峰 南方有國名勝欒山號妙高峯 五茸 地名吳王獵處
螺髻 華嚴經曰五臺山五峯如佛頭青螺髻 鳳京 清晏朝鳳京 濯錦江 即浣花溪
在蜀 石矼 聚石渡水即橋也 鴻龐 后土鴻龐 濤瀧 瀧奔湍也 流淙 淙水流声
懸崖巨石飛流淙 石淙 華山有石淙 燕支 胡地山名生草可作臙脂 波斯 西域國名
去中國萬餘里 寒漪 北風卷寒漪 風漪 水含風漪 影娥池 漢武俯月臺下有影娥池
華清池 華清池春寒賜浴 青規 內禁地以青規地郎青蒲伏奏青規 湫湄 江之介湫之湄
湄 東菑 田一歲曰菑 龍鱗渠 隋煬帝築西苑其內為海十里海北有龍鱗渠 日觀
帝畿千里象日月經回故曰日畿 匡廬 匡谷先生隱於此山因號匡廬即廬山也 郊墟 新涼
入郊墟 天下樞 韓魏中國之處天下之樞 窮途 阮籍率意獨駕不由徑路車跡所窮輒慟
哭而返 桃都 桃都山有大樹曰桃都有天雞日出即鳴 白題 西北遠處有白題國又胡笠名
白牛溪 文中子謫遊處 武陵溪 漁人入桃源處 浣花溪 杜甫居成結草堂處
香水谿 吳宮有香水谿西施浴處 若耶溪 在會稽若耶溪傍採蓮女 灌畦 引水灌畦
也日暮還灌畦 月陂 唐時教坊前有月陂形如偃月 枯崖 珠生淵而崖不枯 月地雲

階清夢之處也　劫灰漢武穿昆明池悉是灰墨方士言天地太劫將盡則為灰此劫灰之餘也　灩澦堆在夔州三峽中　三源謂桃源玉源靈源池中秋三源夫人會於桃源　雷門會稽有太鼓名雷門　鹿門龐德公未嘗入城府後攜妻子登鹿門山采藥不反　老人村青城山有老人村溪多杞飲其水故延壽　上若下若吳興有上若下若村俱出好酒　梅花村羅浮山下有梅花村　杏花村牧童遙指杏花村　黃葉村家在江南黃葉村　石壕村暮投石壕村有吏夜捉人　莫愁村石城有莫愁村　洗頭盆華山有石盆名玉女洗頭盆　平皋水邊也　漢皋鄭交甫游漢皋二女解佩　龍荒朔漠之地　霄崢謂山之切雲者　馬家夏侯嬰死葬東都門外駟馬不行跑地得石槨乃葬之謂之馬家今亦通稱　神鉦洞庭山石樓下有二石扣之聲如鉦號曰神鉦　鶴汀鳧渚鶴江鳧渚島嶼之縈迴　龍湫龍藏於湫　丘壟墓也不封曰墳　寒林西域棄尸處　玄冢揚雄死弟子共起墳號曰玄冢

花市揚州人無貫貲皆喜載花有花市焉　龍尾唐殿前龍尾道曲七轉定姑龍尾詰　花塢花塢夕陽遲　辛夷塢王維輞川別墅有辛夷塢　蕙圃崑崙山第九層上有芝田蕙圃等地　畏壘莊子庚桑楚居畏壘之山畏音猥　瓊巘王母池也瓊巘嶕峻　璧沼太學曰璧沼　江表郎江左也吳諸將皆江表虎臣　龍駒島穆王養八駿處在東海　垓埏天下地理　鰲首巨鰲十五戴五山　峴首峴山也羊祜峴山以望方城　乳洞南山乳洞滴乳取而服之作飛仙狀　華陽洞在金華洞天名　百二秦地險固二萬人足當諸侯百萬也秦得百二焉　石壤與水為壤　地鏡秋雨詩云地鏡時昏曉　池星池星瀼沸地鏡水也池星淬藻屬　秋浸秋水也杜詩浩浮秋浸　天塹長江天塹　水簾飛泉似水簾洞名　雲興霞蔚顧愷之言會稽山水千岩競秀萬壑爭流草木蒙籠若雲興霞蔚　雲水窟蘇湖守云青山雲水窟此處即吾家　馬埒晉王武子買地為馬埒編錢滿地號金埒短墻也　水埒山上水流

也　負郭田季子曰吾若有負郭二頃田焉能佩六國相印　八蠻九貊五戎六狄言周之所服國數如此　青松宅墳曰松宅青　凝碧池唐太宗設宴於凝碧池　鰲極女媧斷鰲立四極　巖邑左制巖邑也　良邑駕良邑也　三越吳越閩越南越也　崙淪水深廣貌　伊吾伊吾廬匈奴地名也　昆吾西海上多昆吾石治成鐵作劍切玉如切泥也　襟帶襟三江而帶五湖　樂池穆天子葬后處　壽源謂所葬山陵也東體壽源　神皋謂都圻之內神皋載稱　曲拂邅迴水流曲折貌

藻林卷之一終

卓氏藻林卷之二

武林卓明卿澂甫編輯
吳郡王世懋敬美校正

時令類

詩經 定之方中定營室星也昏而正中夏正十月也崇朝崇終也從旦至食時爲崇朝也崇朝其雨雞棲于塒羊牛下來皆言日夕之候鑿牆而棲曰塒日夕則羊先歸而牛次之昧旦天欲旦而未辨之際秉蕳蕳蘭也鄭國之俗三月上巳之辰采蘭水上以祓除不祥也士與女方秉蕳兮獨旦獨處至旦也誰與獨旦一之日謂斗建子一陽之月変月言日者乃是月之日也下倣此二之日斗建丑二陽之月也三之日斗建寅三陽之月也四之日斗建卯四陽之月也卒歲謂完一歲之事也何以卒歲星言獨言曉也言語

辭星言夙駕蠶月治蠶之月也蠶月條桑鳴鵙鵙音決伯勞也七月鳴鵙秀葽草名四月秀葽鳴蜩蜩蟬也五月鳴蜩載績績其麻以爲布也八月載績隕蘀蘀隕墜蘀落也謂草木隕落也十月隕蘀斯螽動股莎雞振羽五月斯螽動股六月莎雞振羽斯螽莎雞皆是一物即蟋蟀也隨時變名穹窒熏鼠十月寒之將至於是室中空隙者塞之熏鼠使不得穴於其中塞向墐戶向北出牖也墐塗也十月始寒故塞向以當北風墐戶以禦寒氣也改歲十月曰改歲亨葵及菽葵菜名菽豆也七月亨葵及菽剝棗剝擊也八月剝棗穫稻穫稻以釀酒也十月穫稻食瓜七月食瓜斷壺壺瓠也八月斷壺食瓜斷壺亦去圃爲場之漸也叔苴采荼薪樗九月叔苴叔拾也苴麻子也荼苦菜樗惡木也築場圃場圃同地物生之時則耕治以爲圃物成之際則築堅以爲場也九月築場圃納禾稼十月納禾稼自田而納之於場也肅霜九月肅霜氣肅而霜降也滌場農事畢而掃滌

場地也十月滌場慆慆久也慆慆不歸明發將旦而光明開發也徂暑徂往也六月徂暑振古極古也日居月諸言日月更迭也穀旦善旦也穀旦不差嗣歲來歲也書經旁死魄二日也惟一月旁死魄哉生明三日明始生也厥四日哉生明既生魄望後日也哉生魄十六日也惟三日哉生魄昧爽天欲明未明之時也左傳五稔五年也不可以五稔穀熟曰稔五節五行之時節也序爲五節良月十月爲良月盈數焉就浹辰浹周匝也自子至亥周匝十二日也浹辰之間固陰沍寒閉沍也深山窮谷固陰沍寒冬無愆陽夏無伏陰春無凄風秋無苦雨皆藏冰所致也陽不過則冬不溫陰不伏則夏不寒春無凄風使人凄慘秋無苦雨使人患害六物歲時日月星辰也六物不同禮記剛日柔日甲丙戊庚壬爲剛乙丁己辛癸爲柔外事以剛日謂治兵也內事以柔日謂祭祀冠昏等祀也東風解凍蟄蟲始振魚

上冰獺祭魚鴻鴈來草木萌此寅月之候振動也乘鸞路駕蒼龍載青旂孟春之月祈穀孟春之月天子乃以元日祈穀于上帝元辰吉日也又云善時也蘭元辰而俶裝始雨水桃始華倉庚鳴鷹化爲鳩雷乃發聲始電蟄蟲咸動此卯月之候也開冰仲春之月也日至虛則藏冰至此開冰先薦寢廟不敢以人之餘奉祭也桐始華田鼠化爲鴽虹始見萍始生鳴鳩拂其羽戴勝降于桑此辰月之候鴽鶉鷃之屬戴勝織紝之鳥也鴽音如句出萌達季春之月生氣方盛句而屈生者畢出萌而植生者盡達遊牝季春之月乃合牛馬遊縱之使牡者就牝于牧地遊牝于牧磔攘裂牲謂之磔除禍謂之攘季春之月磔攘以畢春氣乃除厲也乘朱路駕赤騮載赤旂孟夏之月也螻蟈鳴蚯蚓出靡草死麥秋至此巳月之候靡草之枝葉靡細者麥至此皆已成熟故曰秋

螳螂生鵙始鳴反舌無聲鹿角解蜩始鳴木堇榮此午月之候螳螂一名蜥父一名天馬鵙博勞也反舌百舌鳥也解脫也溫風始至蟋蟀居壁鷹乃學習腐草爲螢土潤溽暑大雨時行此未月之候季習雛學數飛也乘戎路駕白駱載白旂此孟秋之月也涼風至白露降寒蟬鳴天地始肅此申月之氣候盲風至鴻鴈來玄鳥歸群鳥養羞蟄蟲坏戶水始涸此酉月之候盲風疾風也來自北而南也歸去也羞者所美之食藏之以備冬月之養也坏戶者坏益其蟄穴之戶使通明處稍小至寒甚乃塞之也鴻鴈來賓爵入大海爲蛤鞠有黃華霜始降草木黃落蟄蟲墐戶此戌月之候鴈以先至者爲主後至者爲賓也鞠專言黃華者秋屬金以黃爲貴也雉入大水爲蜃虹藏不見天地閉塞而成冬此亥月之

候也閉塞謂天地之氣不交也乘玄路駕鐵驪載玄旂此孟冬之月也祈年孟冬之月天子乃祈來年於天宗鶡旦不鳴芸始生荔挺出蚯蚓結麋角解水泉動此子月之候鶡旦夜鳴求旦之鳥也芸與荔挺皆香草暢月十一月也陽火屈而後伸故曰暢鴈北鄉鵲始巢雉雊雞乳征鳥厲疾水澤腹堅此丑月之候征鳥鷹隼之屬厲疾者猛厲而迅速也水上下皆水凝結故曰腹堅日窮于次月窮于紀星回于天季冬之月也數將幾終歲且更始質明質正也質明而始行事周禮變火如春取榆柳之類火各以時則民疾可救司火氏掌四時變火出火內火辰月火星始見出之以宜其氣戌月火星始伏內之以息其氣國語陽癉憤盈土氣震發立春之候癉厚憤積盈滿震動發起也農祥晨正農祥房星也立春之日晨中於午農事之候也初吉二月朔日也自今至於初吉協風至

立春融風也先時盲瞽告有協風至省風土立春之日瞽帥音官以省風土風氣和則土氣養也辰角見而雨畢天根見而水涸辰角大辰倉龍之角星也戌日朝見東方則殺氣凡盛而雨氣盡天根亢氐之間也寒露之後天根朝見水潦盡竭木見而草木節木氐也寒露之後陽氣盡而草木之枝葉皆解駟見而隕霜駟房星也戌月霜始降火見而清風戒寒霜降後清風先至所以戒人爲寒備爾雅青陽春爲青陽朱明夏爲朱明白藏秋爲白藏玄英冬爲玄英玉燭四時和洽謂之玉燭發生春爲發生長嬴夏爲長嬴收成秋爲收成安寧冬爲安寧通正四時和謂之通正閼逢太歲在甲曰閼逢旃蒙太歲在乙謂之旃蒙柔兆太歲在丙謂之柔兆彊圉太歲在丁謂之彊圉著雍太歲在戊謂之著雍屠維太歲在己謂之屠維上章太歲在庚謂之上章重光太歲在辛謂之重光玄黓黓音亦太歲在壬曰玄黓昭陽太歲在癸謂之

昭陽攝提格太歲在寅曰攝提格單閼太歲在卯曰單閼大荒落太歲在巳曰大荒落執徐太歲在辰曰執徐敦牂太歲在午曰敦牂協洽太歲在未曰協洽涒灘太歲在申曰涒灘作噩太歲在酉曰作噩閹茂太歲在戌曰閹茂大淵獻太歲在亥曰大淵獻困敦太歲在子曰困敦赤奮若太歲在丑曰赤奮若陬月正月如月二月寎月三月余月四月皋月五月且月六月相月七月壯月八月玄月九月陽月十月也嫌於無陽故名之辜月十一月爲辜月涂月十二月爲涂月畢橘脩圉厲則窒塞終極月在甲曰畢在乙曰橘在丙曰脩在丁曰圉戊曰厲在己曰則在庚曰窒在辛曰塞在壬曰終在癸曰極列子易節一年寒暑相推易節旦夕昏明之際日將入之時也猶言早暮楚辭初度謂始生之年月時也孟陬孟始陬隅也正月爲孟陬代序春往秋來以次相代也春與秋其代序遲暮遲晚也恐美人之遲

暮言恐也功業不成也而曖昧昏昧貌時曖曖其將罷歲晏謂歲晚也遂古遂者往也遂古之初冥昭即幽明也謂晝夜冥昭瞢闇明闇即晝夜之分也申旦申重也旦今日已暮明日復旦也曛黃即黃昏也與曛黃以為期發歲開春發歲兮白日出之悠悠蕭瑟秋風起貌蕭瑟兮草木搖落而變衰廩秋秋氣廩然而寒也獨悲此廩秋與廩同竊恢台廣大貌收恢台之孟夏兮夏以長物恢台長養也忽忽運行貌歲忽忽而遒盡杪秋杪末也靚杪秋之遥夜遥夜長夜也晼晚景映也白日晼晚其將入兮獻歲言歲始來進也獻歲發春青春受謝東方春位其色青玄冬謝去而青春受之謝者言之也考旦終也旦也【漢傳】五際陰陽始際會之歲此則有變故之政也異時猶往月也曩時謂昔時也日者謂向日也間者猶言中間之時也乃者猶言彼時比歲比類也比歲不登屬者謂近時也間歲隔一歲也旬歲言歲滿也若十日之為一旬也

草氏藻林卷之二　時令類　五

曠日言空廢時日也旦日明旦也移日言久而日影已移也朝日早旦欲入朝時也一曰古時五日一聽朝故曰朝日也近屬猶言甫爾也屬聞謂近聞也食頃一飯之頃也有頃一頃時也居無何謂未多時也無幾言無多時也七始天地四時人之始也七始并始四始正月旦王者歲首立春四時之始也三始正月一日為歲之朝月之朝日之朝也始猶朝也六辰謂從卯至申也三陽木數三寅在東方水位之始為三陽陽九陽九厄百六之會者也蔀首閏盡歲為蔀首盛秋秋盛九月也隆冬隆盛伏臘歲時伏臘即夏冬也舉夏冬以該一歲猶云春秋焉折膠秋氣至膠可折弓弩可用匈奴常以為候日旰旰晚也陽晶日為陽晶日出之後昒昕音忽欣昧旦也昒爽未明之時也遲門遲去声言圍城事畢然後天明故云遲門遲旦遲旦城中皆降白晝白者言不陰晦日色清明景靡言光景之徙靡也須臾猶須臾也轉旋言須臾之間也轉時

漏轉漏之間也淹遲猶遲也勝日如火勝金用丙丁日即不用庚辛也令日吉月也便時取時日之便也昭時昭明也昭時令日也靈辰善時也標季末季也當陽數之標季陽數九也窮宙往古來今日宙窮極也駒隙人生在世間如白駒之過隙也生平平生也平生即生平也晚節猶末時也又云暮年也言其晚歲也節值暮年末路即晚節也穰歲謂豐稔之歲也歲惡謂年穀不熟惡歲也民流【諸史】黎旦天將明也又黑也漏盡刻漏也則夜深矣初夜即初更也三季謂夏商周之末年也甲夜初更時也平曉即平明也代間代即世也世間也拔河戲名也以大麻絙兩頭繫十餘小繩數人執之以力挽弱者為輸又曰以麻絙巨竹分明而挽乃宮人戲也黃鍾十一月律也黃中和之色也鍾動也言陽氣動於黃泉之下而能養萬物也大呂十二月律也大亦大也呂拒也言陽氣欲出陰不許也故難之也大蔟正月律也言萬物始大湊地而出也夾鍾二月律也夾孚甲也言萬物孚甲而種類分也姑洗三月律也洗鮮也姑故也言萬物皆去故就新而莫不鮮明也仲呂四月律也言陽氣極將復故復中難之也蕤賓五月律也蕤下也賓敬也言陽氣上極陰氣始賓敬之也林鍾六月律也林衆也言萬物成熟而種類衆多也夷則七月律也夷傷也則法也言萬物始傷被刑法也南呂八月律也南任也言陽氣尚有任生薺麥也故陰拒之也無射九月律也射終也言萬物隨陽而終當復隨陰而起無有終已也應鍾十月律也鍾動也言萬物應陽而動下藏也【文選】土膏脈起正月土膏脈潤起可以耕也露往霜來即春往秋來也終古永古也晷漏日晷刻漏也晷以明晝漏以明夜明宵晝夜也夜未遽言未急明也熇暑熇高也極熱也爽曙曉明色也三時三時為農謂春夏秋也展三時之弘務玄冬從北方水色也夜參半及參也亭午亭至也和亭午也脩世長世也脩世以休命也曨曖曨色也溽暑

草氏藻林卷之二　時令類　六

鬱滯暑濕熱也鬱氣不通也淒寒炎燀即寒暑也冬不淒寒夏無炎燀俄頃有頃
之間也悽慄寒貌游氛秋氣瞑也時歲遒盡遒急也盡終也玄律冬律
十二月也人間世世間之世故擬乎人窮陰殺節季冬之月日窮於次殺氣侵盛節也
候也周年也晚歲急景季冬短日刻也澄廓即清澄也景物澄廓言清夜景升凌
東貌魚發鱗而甘變亭亭晚瀜明貌亭亭而漸明飄忽言時去之疾也時飄忽其不再四
節謂四時也節運而推移緬邈歲月長遠貌勁秋言秋氣殺物也悲落葉於勁秋閑
夜靜夜也皎之閑夜時陽春時候也時陽秋變晡夕晚夕也荏苒漸黑也日暮
曠荏苒晝分夜分晝分日中時也夜分夜半時也日月其稔稔熟也日月已
經一稔言一年也日月會於龍豗十月時也孟冬日在尾豗尾也大儺歲終逐疫
以清京室也奈歲大儺蒸暑蒸暑涼風朏魄朏月也朏魄變改謂月三日也淒

緊秋氣也風物自淒緊詰旦平旦也時竟日暮之時又云一日也時竟夕澄霽
澄清霽雨止也首夏夏首始也首夏猶清和開冬十月也秋開冬猶開春開化先
始春物化之先無年年也謂饑嘉歲豐稔歲也通晨謂報天明也代鼓早通晨也未暮
末暮後極夜極晝也夜不知極獨夜獨處之夜也獨夜無物履運運四時履運
幽貞夕陰晚景也秋岸澄夕陰頹暮頹傾也遊子值
運傷荏苒農節盛夏時也連陰成盛農節
頹暮又云傷余情之頹暮去日已去之日也曹操云去日苦多溫涼即寒溫也秋溫涼
涼溫溫春秋時日色涼心思歷涼溫逝昔昔夜也伏挑終逝昔明晨曉也暗濁
蕩暗濁闌暑謂夏末暑氣闌也述職期闌暑金素謂秋也西方金色素清暑清可以蕩
其暑陽朝朝陽明之朝也又早朝也詰朝次朝乃時借向也幽暮陰暗
氣之暮露滋月肅霜戾秋登孟秋之月天地始肅也登成也三朝謂正朝
也

歲之朝月之朝日之朝也三五二八時皆言月圓時也三五十五日也二八十六日也金
壺啓夕淪金壺之漏已盡夜漏盡矣夕淪言夕漏為淪流芳歇言春芳消歇也屢見
流芳歇駘蕩春景光色施散也春物方駘蕩氣清露華秋時候也氣清知鳳引露華識
發猿聲黃汜日初出處也時也率偏露東光西昆日所入處比五衰老之將盛也浮情及西昆
星闌謂曉候也闌稀也夜漏極星闌桃李節仲春也艷陽桃李節龍火西頹暄
氣初收仲秋之月火星西南見陽氣日衰也齊世謂齊遷代也以下年謂丁壯之
年也丁年奉使皓首而歸奕世奕重也又繼世也奕世重光百六一百六歲曰陽九之厄百六道
夜焦金流日伏內早也百重猶百代也百重之典五夜漏刻之法甲乙丙丁戊也
郎五更也飛涼秋氣漸肅人備物禦寒 初學 薄暮日將落日薄暮近春也來節
秋時也高閑閑也我徂閟寒風應來節黃竹負閟寒媚景和景韶景皆言春日氣候

良時嘉時芳時皆言春也華節芳節良節嘉節韶節淑節
皆言春也上春初春開春獻春首春首歲初歲開歲肇歲
芳歲華歲皆言正月孟春時也孟陽孟陽正月日仲陽二月仲春亦曰仲陽末
春末春二月日降燕二月社降燕降下也來鴻孟秋之月鴻雁來青逵春也青逵
升炎節夏也歊蒸暑熱也士燭以歊蒸景暑太暑也景暑方徂滯暑滯暑
越煩溽暑也流煩溽於園樂素秋素商高商秋至朗景澄景清
景秋也皆言淒辰霜辰素節商節商節之時候首秋上秋肇秋
闌秋七月皆言仲商八月也暮商九月也閑夜而懷愁閑夜嚴節冬也
窮稔窮紀皆十二月也貞歲周禮季冬貞來歲之羡惡問於龜也貞
問正日正月一日也正日端月正月也端於始提月月晦日也提
也月邊也謂是

月之幾晝也 鳳律 鳳律驚秋氣 亜歲 冬至日君受方國之朝賀其儀亜於歲朝故曰亜歲
嘉平 秦名臘曰嘉平 景節 秋也金風扇景節 灰律 春律也灰律動初陽 晨宵 即昃
晚也晨宵懷至理 寶曆 三元寶曆新 龍漏 雕宮龍漏靜 愁陰 陰雲似秋也雪露愁
陰生 龍歌 五月五日介子推作龍蛇之詞以感重耳乃抱木而燒以亦寒食事龍謂令節 蛟食
五月五日屈原以五汨羅事蛟食芳辰 醉魚 浮棗 皆三月流觴事沉遠岫浮棗漾清瀨醉魚 遂
除 前歲一日擊鼓驅疫癘之鬼謂之逐除 祓濯 上巳日臨河洗濯祓除不祥也 薰祓濯
禊 上巳除不祥事 藏鈎 季冬除夜漢武宮中戲也 菊蕊浮觴 九月高事 登 窮秋
窮秋邊馬肥 藝文 靈候 謂節候也導四氣之靈候 鷹化 春候也鷹化日夜分 嬌春
停織婚春 麥候 四月節麥候始清和 促陰 短景也促陰構隱壁 三餘 董遇好學曰當
以三餘冬者歲之餘雨者晴之餘夜者日之餘 軟節 春時也軟節暢宇宙 初正 正月也青陽兆

車氏漢韻卷之二 時令類 九

初正 元正 元正令節 啓曆 蓂莢 即蓂莢也 競渡 屈原以端午日死于汨羅人傷之並拯以
舟楫今之競渡是其遺跡 蘭沐 五月五日蓄蘭湯為沐浴 結廬採艾 皆五月五日事結廬同楚
客採艾異詩人 乞願 七月七日祈請於河鼓織女星祈乞私願 綺節 七月七日乃羅織之節也
妙會非綺節 穿針 七夕婦人結縷穿七孔針 乞巧 七夕陳果於庭中以乞巧 黲黷
黲黷玄夜陰 脩曙 脩長也 朗夕 清夜也 開歲發春 言新春也開歲發春百卉
令晏 春晨 謂清平之時也擺身春晨 雞晨 雞鳴之晨也雞晨而星發 景夕 日夕也景
夕群物清 歷稔 歷一年也歷稔其追遊 愒陰 謂老生也吾已愒陰 旻秋 何旻秋之懷悽
昌曆 即盛時也聖君際昌曆 頹曆 謂衰亂之年也復生頹曆 元巳 上巳也暮春之禊元
巳辰之 百花朝 二月十二也新雨百花朝 石鑠沙煎 暑酷時也炎隆火正石鑠沙煎
藏秋 秋為白藏也藏秋仲節 居諸 謂日月往來不息也詩云日居月諸居諸不已寒暑推移

六朝 玄陰 乃夜色也 藻景 謂華麗之時景也清川含藻景 繁節 繁華之時也清風流
繁節 華景 芳非之時也佳人愛華景 東扶景 日初出也喩人之芳年君如東扶景 西柳 昔
煙暮景也喩年老也妾如西柳煙 麗景 麗白也花庭羅景斜 蘭蕙月桃李年 言
人少年時節也 從稔 已過知非之年也數逝此從稔 耆年 即少年也曾乃耆年 炎燠
家兩消炎燠 鶗鴂鳴 謂歲暮之候也一鶗鴂鳴嚴霜被舒 豔陽 征 春也莫負豔
陽征 奔駒 徂年也忽念奔駒促 漏分 夜深也漏分不能則 宿陰 即積陰也岸中宿陰 廣
嚴陰 雪晴也嚴陰屯廣隱 窮陰 窮陰匝海 浮榮 言春色易過若浮也浮榮逐弦歎 展
物 即景物也物盡明茂 蘭夜 嗟蘭夜之難永 隆期 謂盛時也期啓而雲升 逝運
謂已去之時也逝運靡其如頹 飛駟 四數飛駟馬之過 彌日 即盡日也彌日而消 曖景 冀
晴光 促節 謂時去之速也知百年之促節 熾赫 暑氣盛也 慘冬 起慘冬之潛 蟄慘
也

車氏漢韻卷之二 時令類 十

節 秋冬時也慘節方崇 青塗 即春也青塗鬱兮春來 淪陰 莊子春朝霞秋淪陰識淪陰於
危山 露夕 風朝 露夕雲而棲陰風朝振而清氣 邊秋 邊秋胡馬肥 浮齡 令謂浮生之
年也齡之如悠浮 頹齡 謂老年也頹齡易衰 嚴月 即季冬之月也 周星 一年也天道周
星 赴節 言歲月流行漸及時節也時赴節而漸流馳 馳年 言年去如馳也 晷運 時序也晷
運無第 遐紀 長年也服食歷遐紀 夕宜 暮天也忽忽至夕宜 脩齡 長年也列仙停脩齡
徂齡 已去之年也徂齡速飛電 頹節 已去之時也頹節驚湍 徃紀 往年也依依往紀盈
初節 即初春也 飛候 四時推遷之節候也 唐詩 風候 猶言時候也蜀州風候隔秦川
邊候 邊塞時候每遲故曰邊候 銀箭 即漏箭也驛又惟愁銀箭曉相催 四運
即四時也促遥悲於四運 受節 猶言應候也北風受節南鴈翔 山漏 山居所聞更漏也猨吟山
漏曉 霜候 即霜降時候也 玄功 謂秋令也依玄功之布氣 鶯時 暮春也鶯時物色正徘徊

寒膠虜地寒膠折冬寒而弓膠堅弓折也華滋歇謂芳年已過也坐嘆華滋歇弱齡
幼年也弱齡小山志鳳齡猶言昔年郎平生也鳳齡尚遐異晴絲絲簾外晴絲捲灰管
候氣應律之管也春來秋去移灰管急節急節謂流水謂時節之去如流水之急也芬月春月
也芬月期來過農月四月也農月無閑人拂旦拂旦雞鳴仙衛陳拂曙猶言開曉也拂
曙鼓先百鳥啼謂百舌也曈旭日暮曰曛白旦曰旭吾兄行樂窮曛旭青歲猶言青春也青
歲歇芳洲淡淹郎淡湯也青光淡淹泰東亭大馬年自稱其年故從甲賤也空催大馬年
馳也旋間郎周旋間乃倏忽時也馳旋間相須而遊冷秋菰蒲也願作冬秋菰因熟甚故
願為之也休曆千春泰休曆華勝人日造華勝相遺勝裏金華不耐寒曆陰曆陰龍古
太文登頓生曆陰祓除上巳日於流水上洗濯祓除去宿垢也況乃今朝更祓除金錢會
唐制上巳節賜百官以金錢會宴癸曲江何時詔此金錢會椒盤頌花風俗記正旦拜壽上五辛

盤松柏酒椒花頌椒盤已頌花清朝清晨也淂過清朝歘吸猶倏頃也空翠晴色也絲
管咽秋空翠來空青晴景也石壁斷空青霜鐘豐山之鐘霜降至則鳴故曰霜鐘金吼霜鐘徹
弱歲弱冠之時也心從弱歲疲鳳曆古鳳鳥氏曆正也故云鳳曆鳳曆軒轅紀壽域一世
之民淪之於仁壽之域八荒開壽域菁華言芳年時也菁華歲月遷西候秋白也西候別君初
侵早清晨也天子朝侵早昭代猶明時也昭代幾番白淹晷淹留之日也生別無淹晷
王春春秋春王正月王春庚玉燭應律謂應時候也薰風行應律嵐陰朋陳嵐明陰
宮漏宮中刻漏也遙聞宮漏永歲芳淪歇秋暮之景也歲芳坐淪歇煩歊郎煩蒸也
館次敞煩歊蕭辰秋風蕭瑟之辰也蕭辰歸思結桃李月冬則伊川桃李月草木
年自謙言貧賤之年也故知世上公饒貴且養年中草木年椒瘴蜀中有椒瘴節竹筍長椒瘴起
三萬六千謂人生百年不過三萬六千日也但論三萬六千是寧知四十九年非耶仙漏

仙漏宮漏也仙漏夜沉沉玉漏盡酣那知玉漏稀清漏既聽南宮清漏長登歲
即稔年也對此欣登歲披襟弄玉絃窮律冬盡也寒隨窮律變秋箭漏箭也秋箭令秋聲人
代即人世也寧知人代重疲病得攀緣針樓謂七夕穿針樓也針樓御賞開菊莚萸房
即九日事也魏文頌菊莚漢武賜萸房又萸房頌采筍菊莚薦香醪促漏急漏也促漏遲鐘動靜聞
霜漏中禁霜漏清青鏡流年青鏡流年看髮變人勝節人日造人勝相遺故
云幸陪人勝節祓禊上巳臨水祓除不祥也空吟祓禊詩九韶春律九部開炎蒸暑也
三伏炎蒸定有無【韻府】斗柄東斗柄東指而天下春天中端午為天中節上冬
十月錢龍會長安妓樂於上巳日結錢為龍作錢龍會花期花開時也來茲茲言茲
也年也令茲美禾來茲美麥三徵元旦曰三徵月蘇朔謂之蘇也月盡更蘇也靈辰人日
也人為萬物之靈故云七日最靈辰書雲分至啓閉必書雲物迎寒中秋夜擊土鼓吹幽詩以

迎寒送寒季冬大儺出火牛以送寒歲單二月之後曰歲單言蚕之大功已畢也歲既單矣世
婦卒蚕禁煙介子推二月初一日為火所焚人哀之故禁煙橘陽十月得乙曰橘陽丁曰圉
陽己曰則陽辛曰塞陽癸曰極陽以亥月為陽絕之故也六更宮漏有六更君主得晏起開元遺事
赤靈符午日作辟兵赤靈符金石流天旱金石流土山焦九孔針唐宮中七夕夜
宮女各執九孔針五色線向月穿之過者為得巧梁時則用雙眼針浮陰高槐結浮陰艾虎
午日以艾為虎惡木陰古詩渴不飲盜泉水熱不息惡木陰屠蘇酒昔人居草庵除夕遺
里人藥一囊浸之井中元日取水置酒樽名屠蘇飲之不疫椒栢酒元日飲椒柏酒以年少者為先
十稔一稔一年也又左思作三都賦構思十稔椒花頌元日獻椒花頌以祈壽也松栢
頌正月楚人上松柏頌信次再宿為信過信為次龍忌寒食有龍忌之禁旬歲猶滿
歲也望歲閔閔然如農夫之望歲也物換滕王閣物換星移度幾秋流電時光速如流電

歲晏即歲暮也 日線晉時宮中以紅線量日影冬至後添一線又唐時宮中以女工揆日長短冬至後增一線之功 漏箭孔壺為漏浮箭為刻 大蜡夏曰清祀殷曰嘉平周曰大蜡秦曰臘日

玄夜黑夜也遺思在玄夜 白夜月明夜白夜月如弦 放夜金吾執金杖掌宮外禁戒非常惟元宵夜勅弛禁前後各一日謂之放夜 蓮漏惠遠師以廬山不知更漏乃取銅葉制器狀如蓮花

蒸溽溽暑也 暑溽土潤溽暑禮記 畢溽地氣畢濕也 嵩嶽會唐田琢御詔元和癸巳中秋夕與群仙會宴於嵩嶽 玉律殿中候氣用玉律 衆芳歇鴂於春分鳴則衆芳生秋分鳴則衆芳歇

冷節寒食呼為冷節 中和節二月朔為中和節也 填河鵲七月七白烏鵲填河成橋以渡牛女 一昔即一夕也楚為一昔之期[illegible]文帝為之一昔 推斥謂推逐也四節相推斥

歲夕九月盡十二月為歲夕 月夕月末也 漢臘漢承秦亦曰臘 膢臘獵取禽獸以祭之名 貙臘亦取禽獸以祭 移晷日日未及移晷言日景未移也

胡蝶飛謂春時也借問此何時胡蝶飛南園 日月纏迫急速也 三素雲立春清明日北望有紫綠白雲為三元君三素雲也 駒過隙胡亥曰人生猶騁六驥過決隙耳甚言其速也

君道類

易經 飛龍在天以聖人之德居聖人之位也乾之九五曰飛龍在天利見大人 龍德即君德也乾文言九二曰龍德正中言雖非君位而有君之德言盛德之至也 時乘六龍以御天言聖人大明乾道之始終時乘六陽以行天道乃聖人之元亨也 黃裳元吉黃中色裳下飾猶以中順之德而居尊位為大善之吉也坤六五曰黃裳元吉 王用三驅天子不合圍故開一面之網用三驅也比九五曰王用三驅失前禽 武人為于大君武暴之人而居於人上肆其躁率而已履六三

夬履夬剛決也人君居至尊之位任其剛決而行雖使得正亦危道也履之九五曰夬履貞厲 咸臨咸感也感君而為信所信任得行其志也臨初九曰咸臨貞吉志行正也 甘臨以自說臨人失德之甚也臨六三甘臨无攸利 知臨知去聲不自用而任人乃知之事而大君之宜也臨六五曰知臨大君之宜吉 敦臨敦厚於臨謂以厚接下也臨上六敦臨吉无咎

明兩謂太子明而重兩謂相繼也儲君之象明兩作離大人以繼明照四方蓋兩離相繼明之義也 以杞包瓜杞高木而葉大可以包物者瓜美實之在下者也喻人君居尊位而下求賢才猶以杞葉而包瓜也姤之九五 革命易世謂之革命湯武革命順乎天而應乎人也革卦 大人虎變謂希革而毛毨也以太人之道革天下之事其文炳然昭著如虎之文彩也革九五曰大人虎變 正位凝命君子觀鼎之象而正其所居之位以其命令嚴聚也鼎象曰君子以正位凝命 鴻漸于陵陵高阜也鴻之所止最高處也象君之位漸之九五 崇高崇高莫大乎富貴係辭 大寶聖人之大寶曰位下係辭 主器主器者莫若長子下係辭

詩經 出王游衍王音往衍寬縱之意也昊天曰明及爾出王昊天曰旦及爾游衍言天體物而無不在也 嗣服謂纘嗣先王之事也 訏謨訏大也謨謀也 定命定審不改易也命號令也 侯度諸侯所守之法度也謹爾侯度 國步猶言國運也國步斯頻 袞職有闕袞職王職也不

敢斥王闕故云袞職有闕惟仲山甫補之赫赫業業有嚴天子赫赫顯盛也業業大也

執競謂持其自強不息之心也執競武王任有人君自言所任之重也佛時任有綴旒綴結也旒旗之垂者也言為天子而為諸侯所係屬也為下國綴旒權輿刺康公也忘先君之舊臣與賢者有始而無終無衣秦人刺其君好攻戰亟用兵而不與民同欲焉羔裘檜君好絜其衣服逍遥遊宴而不能自強於政治故詩人憂之候人刺君遠君子而近小人者也庭燎王起視朝不安於寢而問夜之早晚也節南山刺王用尹氏以致亂也小旻大夫以幽王惑於邪謀不能斷以從善而作此詩焉桑扈天子燕諸侯之詩須禮之辭也采菽天子所以荅魚藻也角弓刺幽王不親九族而好讒佞致使宗族相怨之詩也菀柳刺幽王暴虐無親而刑罰不中諸侯皆不欲朝言王者之不可朝事也太明周公戒成王之詩陳文武之受命也思齊言文王所以聖也在閨門之內則極其和在宮廟中則極其敬雖隱居亦常若有臨之者雖無射亦若之

有所守焉東方未明刺王興居無節號令不時也甫田刺襄公志大心勞所求者非其道下武美武王能纘太王王季之緒而有天下也鳧鷖守成也太平之君子能持盈守成神祇祖考皆安樂之也假樂嘉成王也言成王之德既宜民人而受天祿矣泂酌召康公戒成王以為民父母之道也卷阿詩成王游卷阿之上召康公作以戒之言求賢用吉士也崧高美宣王也興衰之業以褒賞申伯之賢烝民美宣王也任賢使能而周室中興焉天作此祭太王之詩言天作岐山而太王始治之也昊天有成命宜祀成王之詩多道成王之德思文言后稷配天也訪落成王既朝於廟因作此詩以道延訪群臣之意小毖亦訪落之意也嗣王求賢助意閟宮僖公能修祖廟故詩歌咏其事烈祖祀成湯之詩長發言商世世有濬哲之君其受命之祥發見也久矣殷武祀高宗之詩也自盤庚沒而殷道衰楚人叛高宗撻然用武以伐其國使截然齊一上三皆高宗之功也

書經

放勳放至勳功也言堯之功大而無所不至也欽明文思安安允恭克讓光被四表格于上下欽明文思堯之德性也允恭克讓言堯之行實也至乎光被四表格于上下則放勳之極也重華協于帝濬哲言舜有光華可合於堯又有智文理而光文明溫恭允塞因言其目則深沈而有智文理而光明和粹而恭敬誠信而篤實也此言舜之德也同寅協恭言君臣當同其寅畏協其恭敬也和衷哉元首明哉股肱良哉庶事康哉君明則臣良而衆事皆安此皐陶賡歌而責難於帝舜也昧爽丕顯言湯於天未明時前大明其德也大哉王言一哉王心惟其心之一故其發於言也大亮陰天子居憂之名也王宅憂亮陰明哲作則有先知之德者實為法於天下明哲實作則惟木從繩則正后從諫則聖木從繩喻后也從正諫則聖喻聖也傅說告高宗惟天聰明惟聖時憲惟臣欽若惟民從乂人君法天之聰明則臣敬順而民亦從治矣說命天亂言天

于祖宗皆天之嗣也罔非天胤亶聰明作元后元后作民父母亶誠也實也誠聰明者則為大君於天下而元后又為民之父母也作君作師天佑下民作之君作之師惟其云云克相上帝寵綏四方左右上帝以寵安天下也若日月之照臨此言文王之德光輝也惟我文考若日月之照臨光于四方顯於西土惟辟作福惟辟作威惟辟玉食福威者上之所以御下玉食者下之所以奉上也玉衆也不宇元宇也是有不宇於天予之責於天歷服歷數也服五服也無疆大歷服遺大投艱武王自言今日之事天實以其甚大甚艱者投遺於我之身也遺大投艱於朕身不基即大業也天明畏弼我丕丕基明辟復子明辟君也恭先人君恭以接下以恭而倡後主也作周恭先周公恐成王不知無逸故作書以訓之無逸逸者人君之大戒丕顯丕承丕顯哉文王謨丕承哉武王烈不后先宅不后太君也嗣穆穆在上

明明在下（穆穆和敬之容也明明精白之容也上謂君上也下謂臣下也）左傳 納民於軌物（執法物事也君將納民於軌物者也）監國（太子守國則曰監國言代君監臨国家也）撫軍（太子從父出兵則曰撫軍言助君鎮撫士卒也）蒙塵（天子出奔謂之蒙塵天子蒙塵於外）舉玉趾（趾足也寡君聞君親舉玉趾將辱於敝邑）川澤納汙 山藪藏疾 瑾瑜匿瑕 國君含垢（汙濁之水川澤無不容納物之疾毒者山藪無不居藏美玉之質或藏匿瑕疵言国君之尊時有含垢忍耻之事川澤納汙山藪藏疾瑾瑜匿瑕国君含垢此皆言天之道也）王靈（王室寵靈也王靈不及）禮記 載青旌 載鳴鳶 載飛鴻 載虎皮 載貔貅（王行宜警備故前有變異則舉類示之青旌即青雀水鳥也鳶鴟也鴟鳴則風生風生則塵埃起鴈飛有行列與車騎相似虎有威猛亦士師之象貔貅亦威猛之獸也前有水則載青旌前有塵埃則載鳴鳶前有車騎則載飛鴻前有士師則載虎皮前有摯獸則載貔貅）帝籍（躬耕帝籍田也）

籍 涖阼（太子即位爲天子也）寓公（諸侯失国而寓居他国者謂之寓公諸侯不臣寓公）搢珽（珽大圭也天子搢珽方正於天下也）如絲如綸如綍（王言如絲其出如綸王言如綸其出如綍）周禮 匪頒（匪分頒賜也王所以賜群臣也）國語 朝日夕月（天子以春分拜日於東門之外以秋分拜月於西門之外朝日夕月以教民事君）驟諫（驟障也繼過而驟諫）楚辭 皇輿（君車也指君之行事恐皇輿之敗績）靈脩（靈神脩遠也謂神明遠見者乃君德也故以喻君夫婦人悅夫之稱）伯林（長君也即長子）漢雋 稱制（太后臨朝行天子事曰稱制）稱孤（南面稱孤天子自稱之謙詞也）陛下（王者必有執兵陳於階陛之側群臣不敢斥言故曰陛下今稱人閣下之類也）縣官（謂天子也不敢斥言之也）太上（天子稱也）鉅公（亦謂天子）天辟（天子也）行在所（天子出巡狩不可豫定故曰行在所）清塵（塵行而起塵也清者尊貴之意塵屬車之清塵）警蹕（皇帝輦動出稱警入稱蹕以止行人也）傳警（即警蹕也）

聖緒（承先帝之聖緒）帝紘（皇綱也）神器（帝王賞罰之權柄也）屬統（屬係也屬統垂業）繼成（繼已成之業也）紫色蠅聲 餘分閏位（紫間色蠅邪音也聖主之驅除云爾言王莽不得正王之命如歲月餘分爲閏也又秦本西戎餘分閏位不足繼周）清宴（願賜清宴）末光（猶餘光也依日月之末光指君之寵榮也）湛恩（湛者深也）渥惠（蒙聖皇之渥惠）閑道（閑大也唐虞之閑道）儲精（儲精垂恩）厲精（厲精爲治）穆清（穆美也天子有美德而德化清也）崛起（特起也崛起在此位）主薪（主薪臣天謂君猶積薪而用人不以次第也）太主（公主稱也）倢伃 充依（武帝制倢伃娙娥傛華皆有爵位倢言接幸於上也伃美稱也充依言充後庭而依秩序也）昭儀（元帝加昭儀之號謂昭顯其儀示隆重也）良娣（太子內宮女曰良娣）儲主（太子稱也）公主（天子女嫁於諸侯同姓者主之故曰公主）禪王（古賢禪王十餘人謂小王也猶禪將）閼氏（妻號也）諸史 單于（匈奴天子之號）月出遊衣

冠（天子備法駕出遊行之名）推轂（王者遣將跪而推轂言天子親爲推其車轂也）昭姓考瑞（昭姓謂昭顯其姓氏也古者建国必建同姓以明親親必樹異姓以明賢賢瑞玉也考瑞謂考核其瑞信即書所謂輯玉瑞也）金聲玉振（言振揚德音如金玉之聲也天子建中和之極兼揔條貫金聲而玉振之）丈人行（丈人尊者之稱行輩也匈奴單于曰漢天子我丈人行也因盡歸漢使）帷蓋之報（檀弓敝帷不棄爲埋馬也敝蓋不棄爲埋狗也夫犬馬有勞於人尚加帷蓋之報況國之功臣者哉喩君報臣功也）援近（謂援引之使得親近也宜發賜明詔援近宗實黜遠外戚）清燕之閒（願於清淨燕安閒暇之時賜召見也願賜清燕之閒）慰厚（慰勞厚醲也遣使賜金慰厚之）側席 異聞（側席謂爲敬不敢正坐也異聞前所罕聞者所以欲來規諫也）行秋稼（巡視田禾也車駕行秋稼）忠蹇直士（蹇去声思蹇猶希望也所以体貌賢良也）天家（天子之稱也乃百官小吏之所稱蓋天子無外以天下爲家也親近侍從官稱大家又云官家亦曰天官）

移仗 謂天子出行也 駐蹕 車駕所出謂之駐蹕 太行 天子新崩未有定謚故曰大行皇帝

〖文選〗龍興虎視 周以龍興秦以虎視 握乾符 闡坤珍 披皇圖 稽

帝文 皆言帝王之事 皇儀 帝容 究皇儀而展帝容 膺籙受圖 膺籙 高祖

受籙 真人革命 得天地之道曰真人言帝王之興也 陟方 王者巡狩之名也陟方之詔

長世字甿 字養甿民也 正位 居體 正位謂立於寶位居體謂居君之體 中營

天子也屯萬騎於中營 青瑣㨗之素威司鉦長離拂羽玄冥水

衡 此言天子之儀衛有瑣青龍素威白虎長離朱雀玄冥玄武也㨗堅也盖也司鉦鼓也羽旌也水衡

掌水正也 皇度 天子之量也恢恢皇度 天臨海鏡 人君以明德臨人如天鏡之照海也

開榮灑澤舒虹爍電 開發萬物之榮灑其渥澤如雲虹電飾光也言人君之德惠 皇

情 天子之情也皇情發羨 皇戚 謂皇之親戚也皇戚比彥 尚席函杖 尚席天子所尊

儒席也其地可容一丈函容也 玉載 帝王之法則也玉載有述 天儀 即天類也 宗守 周家

宗廟之所守也宗守溫失 闢皇闈 謂開君門以待賢也明明闢皇闈 芻狗 結草為狗祭則

列於地以祈福始則被以文繡之華彩既祭則行者踐樵者取爨言始用而終棄也喻人君用賢之不終

蚩尤並轂蒙公先驅 蒙公髦頭也言天子乘革車使蚩尤挾車轂髦頭為先驅也

升遐 天子崩曰升遐 宮車晚出 即晏駕也天子崩曰宮車晚出也 鳳翔 喻帝王之

興鳳翔凌楚句 遺劒璽 謂天子失位也炎靈遺劒璽 皇鑒 謂天子之鑒視也換余發皇鑒

副君 即太子也 皇明 謂天子之詔宣皇明於嚴穴也 乘籙御天握樞臨極

籙符也天子受命執之以御天下樞北斗第一星也握此以臨入極言為天子以馭世也 宸極 指君

位也宸極正宸 宸歷 謂天子曆數也宸歷御寓 御寓 御天下也寓即宇也 負扆 扆屏風也

天子所居在東西謂之負也 儲闈 即東宮也 廓帝紘恢皇綱 紘維也言開大五帝

三皇之綱紀也 宸君 即帝位也 帝暉 天子之光輝也 帝猷 紹清和於帝猷 振機創

曆 謂為天子執天下之柄而改正朔也 王表 天子之表儀也聯顯懿於王表 靈圖 天子位也

明靈 言天子之德聖明神靈也明靈惟宜 帝籙 帝王相傳之國錄也飛名帝籙 執大象

象法也言上古之人君但執淳素之太法 龜鼎 寶鼎也喻帝位也 寶祚 即帝位也 曆命 謂曆

數天命也 披懷虛己 開張其懷虛己以受納謀臣之言也 執契 契信也明君執契以任之

天聲 天子之威聲也振大漢之天聲 操斗極把鈎陳 斗極之星天下取則鈎陳星兵

衛之象也王者當執把焉 天行地止 言王者法天地之行止也 六曆 謂黃帝顓頊夏殷周

及魯曆是為六曆 下節上清 下節水也上清明也皆陰德比於后也 寶業 天子位也

家瑧寶業 儲季 皇太子弟也 宸景 帝君景日也以天子比於日宸景厭照臨 皇靈 帝威

也上宰奉皇靈 帝圖 即帝業也纘應帝圖 〖初學〗祉籙 即帝祚也麻徵符祉籙 五勝

帝王代興以五行迭相勝也 幼海 即少海也以比太子 黃離 謂太子也易曰黃離元吉離為

火土說也為土黃色火之子喻子有明觸能附麗於其父之道順成其業故也 蒼震 太子也震為長

子又曰震為蒼琅竹 天序 太子所以天序繼祭祀也 洊雷 洊雷震震為長子謂為太子也 國

貞 禮曰一人元良萬邦以貞太子之謂也 守祧 出可以守宗廟社稷而為祭祀主太子之謂也

遠廟為祧 重海 漢明帝為太子樂人作歌詩四章以贊太子之盛德其四曰重海潤 玉裕 皇太

子詩曰天姿玉裕 重輪前耀 重輪謂日重輪前耀即前星皆指太子也重輪依紫極前耀奉

丹霄 主鬯 太子也主鬯由於守器也 宸渥 帝恩也紫極流宸渥 丹蹕 君之車駕也丹蹕佇

秦川 宸襟 宸襟佇栢梁又帝心也故云宸襟洽萃蘊 宸眷 君寵也鶴蓋動宸眷 宸儀 帝輦

也夏豫穆宸儀 東耕 天子耕籍田也 纂運 纂繼也朕自承天纂運 清警 即清蹕也不臨

肅清警 皇符 皇符肇建 〖藝文〗神御天儀 神御出蹕軫天儀降藻舟 儲猷 太子

也思文婚儲敵憑玉宅海端宸御天謂為天子治安天下也以珊箱鳳彩
羽蓋鸞姿皆天子儀衛也五勝三英即五帝三王也言五勝獨道萬三英貫戚
蕃時類同姓諸侯之國也則戚蕃定其傾社稷樞電皇根月瑾國緒皆言帝王
世緒之寶冑天子之族姓也蟬聯宗冑貴重也緯天維理地軸言帝王之御天下也
上緯天維下理地軸麟趾盤石蕃封也如麟趾盤石之宗金楨玉榦同姓侯封也金
楨玉榦星儲即太子也黃樞帝胤黃樞皇綸皇言也贊皇綸把神珠
之威
握靈鏡擊天鼓撞地鐘皆所喻攬帝道也六朝雲蹕天子護衛也雲
蹕清淵穆君主淵穆其度下陳後宮妃嬪也下陳於後庭克錫玄土苴白
驛道淵穆
茅建諸侯之國則錫以玄土苴以白茅天衡帝王之威柄也竊執天衡唐詩皇慈霞
洽聖渥天浮喻天子施恩澤之盛也握瑤圖登紫壇皆言為帝王之度也

帝王略空談帝王畧玉座帝座也當宁陪玉座龍種指同姓諸王也元帥歸龍種
神行天子之行也神行羽衛宰春想天子之思慮也春想丹墀近昭容唐制昭容正二
品係九嬪戶外紫袖垂龍鳳質帝王之相也唐太宗龍鳳之姿聖圖即皇圖也聖圖
天廣瑞檢帝圖也千門瑞檢開昌籙即泰運也天子開昌籙皇劫即帝年也欲知
大千
皇劫遠物拂六銖衣宸化宸化物綱羲宸遊宸遊不為三元夜帝子帝之子也哉悲
至今悲帝子王家謂公主家也家陰洞細烟浮藻衛天子儀仗也藻衛宿天營祖龍
祖始也龍人君之象謂始皇也鳳扆帝座也鳳扆臨花嬡羽衛天子儀從也羽衛煌煌一百里
龍驂帝駕也龍驂曉入望春宮天仗天子儀衛也曉隨天仗入又西山落月臨天仗仙蹕
天子行尊也溫者亭仙蹕春藻天子文章也春藻光若穴云春藻濟詞芳執契持衡
君道也執契靜三邊持衡臨萬姓步輦行麾堯尊隨步輦舜樂繞行麾橫汾漢武帝行

幸河東與群臣飲燕歡甚乃自作秋風辭曰泛樓船兮濟汾河橫中流兮揚素波思逸橫汾唱宴鎬
周文王燕群臣於鎬京歌流宴鎬文漢武橫汾日周主宴鎬年仙仗天子儀衛也玉階仙仗引千官
鳳蹕神皋鳳蹕留玉鑾御駕也仙臺駐玉鑾堯酒御宴酒稱為堯酒醪參西掖沾堯酒
舜琴亦曰舜絃顧迷南薰解舜絃宸威皇威也四海聲宸威宸眄天子之視也宸眄俯
疑旒韻府重瞳喻君之明也百辟仰重瞳華勳重華放勳也元凱承華勳龍顏天子
相也漢高隆準龍顏所天臣以君為天故曰所天也官家五帝官天下三王家天下故稱朝廷
為官家太家漢魏以來宮中呼官家為太家義皇淵明自謂義皇上人龍光左傳寡語
之不懷寵光之不宣龍光即寵光也袞衣植遺腹朝委裘小未坐朝惟事先帝裘衣謂太子幼
戴扆君履后土而戴皇天鹵簿車駕行儀衛導謂之鹵簿中丞制史皆有鹵簿降輦
唐玄宗待李白降輦而迎法從天子乘輿從曰法從珍從禮記九十者天子就其室曰珍從去声

震器主器莫若長子故受之以震五泰即五帝也鶴駕王子喬周靈王太子也登緱氏
山乘白鶴而去故太子駕曰鶴駕宮曰白鶴宮綸綍王言如綸其出如綍王客左侵殷王略
折節折節下士中和極天子建中和之極帝範唐太宗作帝範十二篇賜太子

臣職類

易經　含章 爲臣之道當含晦其美有善則歸之於君坤六三曰含章可貞 代終 爲下之道代上以終其事而不敢有其成功備臣道代天終物而成功則主於天也坤文言曰地道無成而代有終也

納約自牖 人臣以善道結於君心必自有所明處也乃能入也牖通明之處坎六四

康侯用錫馬蕃庶晝日三接 康侯治安之侯也故多受大賜而顯被親礼也晉卦

晉如鼫鼠 鼫鼠非其位而居之貪而畏人然晉九四曰晉如鼫鼠貞厲

遇主于巷 巷者委曲之塗遇者會逢之謂也君臣當睽離之時當委曲相求期於會遇乃爲无咎睽九二

王臣蹇蹇匪躬之故 蹇蹇謂入難之深也志在濟君於蹇難之中非爲身之故也蹇六二

鼎折足覆公餗 大臣任天下之事用非其人則敗國家之事而敗天下之患其象如此餗鼎實也鼎九四

鼎黃耳金鉉 鼎之斧措在耳鼎之主也五有中德故以黃耳鉉加耳者也二有剛中之德故爲金鉉耳喻君鉉喻臣也鼎六五

玉鉉 喻大臣也鼎得玉鉉則陰陽和而鼎之功成矣鼎之上九

艮其身 大臣不能止物施於政事但能自止其身而已止身則不爲妄動不爲物遷可以无咎也艮六四

豐其蔀日中見斗 蔀障蔽也大其障蔽故日中而昏至見斗也二以至明之才而遇昏暗之主其明見蔽故其象如此豐之六二

詩經　干城 所以扞外而衛內者公侯干城

夙夜在公 公所也

王事適我政事一埤益我 王事既適我矣政事又一切以埤益我其勞如此

王事敦我政事一埤遺我 敦猶投擲也遺加也意同上文

命彼倌人 倌人主駕者也

前驅 爲王前驅辟除道也

含命不渝 含處也渝變也言處生死之際能以身居其所受之理而不可奪也

公行 主兵車之行列之官

公路 掌公之路車者卿大夫之屬

素餐 素空也餐食也謂不事而食也不素餐兮

王事靡盬 盬不堅緻也

寺人 內小臣也

候人 道路迎送賓客之官

田畯 田大夫勸農之官也田畯至喜饁

人 司命之人也

爪士 爪牙之士王之爪士

秉國之均 均平也秉國之均

膴仕 膴厚也

秉國成 成平也謂秉國成

故老 舊臣耆老也

出入風議 言親信而無容也

共人 僚友之處者也念彼共人

蓋臣 進也言忠實之臣王之蓋臣不包也

疏附先後奔奏禦侮 率下親上曰疏附相道前後曰先後喻德宣譽曰奔奏武臣折衝曰禦侮

馮翼 馮謂可依也翼謂可爲輔也有馮有翼引翼以自輔也翼前也相其左右

价人維藩 价人大德之人也藩籬也

大師維垣 大師衆也垣牆也

大邦維屏 大邦強國也屏蔽也

大宗維翰 大宗強族也翰幹也

宗子維城 宗子同姓也五者皆君之所恃以安也

彊禦 彊禦暴虐之臣也

慆德 慆慢也天降慆德

掊克 掊克聚斂之臣也曾是掊克

膚公 膚大也公功也以奏膚公

王藩于宣 屏藩四國于藩四方于宣言周之屏翰而宣其德澤于天下也

喉舌 王之喉舌

所以爲王出言者也

旬宣 旬徧也宣布也來旬來宣

臣工 群臣官也

虓虎 虓虎之自怒也進厥虎臣闞如虓虎

羔裘 羔裘美大夫也

四牡 勞使臣之詩也

皇華 天子遣使臣之詩也

天保 臣受賜者歌此詩以答其君使之獲福也

鶴鳴 陳善納誨之辭也

北山 大夫行役而作此詩

鴛鴦 諸侯答桑扈也亦須祷之詞也

魚藻 美天子燕諸侯而諸侯美天子之詩也魚在在藻

伐檀 美君子之仕不素餐也坎坎伐檀兮

書經　百揆 揆度也百揆庶政之官即冢宰也

秩宗 主序次百神之官即宗伯也舜典伯夷汝作秩宗

夙夜出納朕命惟允 命令政教必審之既允而後出也敷奏復逆必審之既允而後入也此納言之職舜典命龍

亮天功 庶官所事無非天事也欽哉惟時亮天功舜典

祗承于帝 謂陳其謨以敬承于舜也太禹謨

庶明勵翼 謂群哲勉輔也

天工 庶官所治無非天事也天工人其代之

臣哉鄰哉 鄰左右輔弼也臣哉鄰哉鄰哉臣哉

股肱耳目 臣作朕股肱耳目

左右有民

汝翼宣力四方汝爲予欲左右有民汝翼予欲宣力四方汝爲欽四隣爲敬
隣之職也汝無面從退有後言欽四隣舜命禹萬邦黎獻共爲帝臣言黎民之賢者
共起爲帝臣之願也股肱喜哉元首起哉百工熙哉言人臣樂於趨事則
人君之治爲興起而百官之功皆廣也舜作歌以責臣也阿衡商之官名言天下之所倚平也伊尹
爲商阿衡寵利居成功成功非隱利之所可居也臣罔以寵利居成功爲上爲德
爲下爲民爲上爲德左右厥辟也爲下爲民所以宅師也乃人臣之職臣爲上爲德爲下爲民
若綱在綱有條而不紊綱擧則目張喩下從上也承式奉承法令也百官承
式良弼夢帝賚予良弼高宗謂傅說若金用汝作礪若濟巨川用
汝作舟楫若歲大旱用汝作霖雨高宗托物以喩望傅說誨之切也
啓乃心沃朕心開其心而無隱沃我心而使厭飫也高宗望傅說意若藥弗瞑

眩厥疾弗瘳若跣弗視地厥足用傷喩臣之言不若口後喩我之
行無所見也高宗命傅說若作酒醴爾惟麴糵若作和羹爾惟鹽
梅作酒者麴多則太苦糵多則太甘作羹者鹽多則鹹梅多則酸喩臣當以剛柔相濟以成君德也高
宗命傅說欽承謂敬順君意也惟說式克欽承弼直輔弼之臣各盡其繩愆糾謬之職也對
揚天子之休命對者對於君揚者揚於衆也良臣惟聖良臣輔而君聖也殷
肱惟良臣惟聖逋播臣謂武庚及其群臣本逋逃播遷之臣也于伐殷逋播臣爽邦
由哲武主明大命於邦皆由明哲之士以爲之輔也作賓王家賓以客禮遇之也武主於
箕子外事有司之事也祗辟敬君也越尹人祗辟獻臣即賢臣也故殷獻臣服
休服采服休謂坐而論道之臣服采謂起而作事之臣爲惟爾事服休服采圻父薄違
圻父政官司馬也主追逐違命農父若保農父教官司徒也順保萬民宏父定辟

宏父事官司空也主廟地居民功宗功之尊顯者也記功宗篤弼厚輔王室也汝受命篤弼
孚先人臣信以事上以信而倡率後人也作周孚先康功田功康功安民之功也田功養
民之功文王卑服即康功田功保衡伊尹也即阿衡率俾臣服也丕冒海隅出日罔不率俾
篤棐篤於輔君也篤棐時二人夾介夾輔也介助也夾介乂我周王常伯常任準
人王左右之臣有牧民之長曰常伯有任事之公卿曰常任有守法之有司曰準人綴衣掌服
器者虎賁執射御者也表臣外臣也三公言太師太傅太保也茲惟三公論
也道經邦燮理陰陽三公之職也論者講明之謂經者經綸之謂燮理者調和之謂也道
以理言陰陽以氣言之也三孤謂少師少傅少保曰三孤貳公弘化寅亮天地
三孤之職也貳公謂副貳三公也弘者張而大之也寅亮者敬而明之也統百官均四海
統攝百官均齊四海也冢宰掌邦治統百官均四海敷五典擾兆民擾馴也司徒掌邦教

敷五典擾兆民治神人和上下治天神地祇人鬼之事和上下尊卑之等列宗伯掌邦禮
治神人和上下統六師平邦國統御六師平治邦國司馬掌邦政統六師平邦國詰
姦慝刑暴亂言司寇掌邦禁詰姦慝刑暴亂居四民時地利居士農工商之
四民順天時以興地利司空掌邦土居四民時地利居寵思危居寵盛則思危殆也師保
師教之保安之也言周公師保萬民嘉謀嘉猷言切於事謂之謀言合於道謂之猷爾有嘉謀
嘉猷則入告爾后于內也世篤忠貞服勞王家厥有成績紀于太
常凡有功者銘書于太常日月之旗承弼以旦夕而承弼厥辟弼亮謂輔導也弼亮四世
繩愆糾謬繩直也糾正也繩愆糾謬格其非心左傳純臣純直之臣也石碏爲純臣
世功官族世居其官而有功者則以其官爲族官有世功則以官族同恤社稷之
難社稷指本國也君命寡人同恤社稷之難肉食者謀肉食在位有祿者也言國有兵事在

位者謀之典司宗祏謂宗廟守臣也宗祏宗廟中藏主石室也命我先人典司宗祏羈旅
之臣羈寄也旅客也羈旅之臣幸若獲宥官謗官府之謗責也敢歷高位以速官謗天威
不違顏咫尺君尊如天其威嚴常在顏面之前也策名委質質形體也言人臣之
名書于王之策當委身体而君事之負羈紲羈馬絡頭紲馬韁也言供賤役臣負羈紲從君國
老卿大夫之致仕者也國老皆賢執秩主爵秩之官嚴作執秩以正其官也糾逖王慝
其有慝於王者糾逖而遠之也三覲臣未受命則三辭之已受命則三覲出入三覲信臣守信
無二之臣也寡有信臣也又云常使親信之臣也外臣稱於異國曰外臣以賜君之外臣者纍臣
謂纍囚之臣也有罪自稱不以纍臣釁鼓鷹鸇逐鳥雀見無禮於君者逐之如鷹鸇之逐鳥
雀也夾輔夾輔周室下臣臣自稱也施及下臣扞牧圉養牛曰牧養馬曰圉臣職自譏
也以從扞牧圉輿臺賤臣也卑臣輿僕臣臺翼戴翼佐也戴奉也翼戴天子謂輔佐也士弱

卓氏藻林卷之三　臣職類　二十七

懸其翼戴雲紀黃帝受命有雲瑞故以雲紀事黃帝氏以雲紀龍紀太皞氏受命有龍瑞故以
龍紀官而大皞氏以龍紀五鳩黃帝以五鳥紀官祝鳩氏司徒也鵙鳩氏司馬也鳲鳩氏司空也爽
鳩氏司寇也鶻鳩氏司事也五鳩鳩民者也鳩聚也五雉黃帝紀官名西方曰鷷雉東方曰鶅雉南
方曰翟雉北方曰鵗雉五雉為五工正利器用正度量以夷民者也九扈扈鳥名有九種黃帝以之
紀官為九農正以教民事扈正也春扈鳻鶞夏扈切玄秋扈切藍冬扈切黃棘扈切丹行扈唶唶宵扈
嘖嘖桑扈竊脂老扈鷃鷃各隨其宜以教人事故有九種也一个單使也君亦不使一个介在寡人又
秦誓曰若有一个臣上介正使也寡君莫辭上介禮記僚友同官者曰僚友士載
言言謂盟會之辭也載之欲以閱已然之事史載筆史國史也載筆將以書未然之事也史官
有犯無隱左右就養有方服勤至死君臣之義則畏威而害義故
日有犯而無隱臣之事君當各盡其職守故曰有方執羈靮謂從君以出行也羈以絡馬靮以靮

馬如皆守社稷則孰執羈靮而從也寄象鞮譯寄象鞮譯四者皆主通達遠人之言譯官也東
方曰寄南方曰象西方曰鞮北方曰譯也棘木大司寇聽獄於棘木之下此乃外朝卿位之法度也
左史書動右史書言動則左史書之言則右史書之食浮人人浮食
德薄而祿厚是謂食浮於人君子使食浮於人也寧使人浮於食乎周禮官聯職事之相連會
者也三曰官聯以會官治官常百司之常職也四曰官常以聽官治官成謂庶官之政令五曰
官成以經邦治官計平治官使之計也八曰官計以弊邦治九職大宰以九職任萬民一曰
三農二曰園圃三曰虞衡四曰藪澤五曰百工六曰商賈七曰嬪婦八曰臣妾九曰閒民六敘小宰
以六敘正群吏一曰以敘正其位二曰以敘進其治三曰以敘作其事四曰以敘制其食五曰以敘受其
言六曰以敘聽其情大屬即六卿之屬各六十也小宰以官府之六屬舉邦治專達六官之屬
太事則從其長小事則專達謂先決之而後達於王也六職小宰以官府之六職辨邦治一曰治

卓氏藻林卷之三　臣職類　二十八

職二曰教職三曰禮職四曰政職五曰刑職六曰事職六聯少宰以官府之六聯合邦治一曰祭
祀之聯事二曰賓客之聯事三曰喪荒之聯事四曰軍旅之聯事五曰力役之聯事六曰斂弛之聯事
者謂合力而後治也六計少宰以聽官府之六計弊群吏之治一曰廉善謂循良二曰廉能謂才識
三曰廉敬謂靖恭四曰廉正謂持正五曰廉法謂守法六曰廉辨謂不惑六者皆以廉為本一說廉察也
以此察吏之能否也復逆復謂反命于上也逆謂有言于上也宰夫掌諸臣之復萬民之逆也八
刑大司徒以鄉八刑糾萬民教中教和太司徒以五禮防萬民之偽而教之中以六樂防萬
民之情而教之使和以職詔王師氏掌以媺詔王善道詔從容以告也諫王惡保氏
掌諫王惡謂繩愆糾謬也稍食仕者之祿廩也委積少曰委多曰積皆國用之餘以待國之施
惠也遺人掌邦之委積行火猶用火也司爟掌行火之政令槁人槁人掌內外冗食者之食
若饗耆老孤子士庶子共其食守節使節守邦國者用玉節守都鄙者用角節凡使節山國用

虎節土國用人節澤國用龍節關門用符節貨賄用璽節道路用旌節皆有限期以反節 六節 即玉節等節也用節者將相期於無失節而已 三典 太司寇掌建邦之三典以佐王刑邦國一曰刑新國用輕典二曰刑平國用中典三曰刑亂國則用重典 夜士 守夜之士夜士以夜禁 〔國語〕鳴玉 鳴其佩玉以相視也王孫圉聘於晉定公饗之趙簡子鳴玉以相 〔楚辭〕錯輔 皇天無私覽人有德者乃置爲君而使賢才佐之錯置輔佐也覽人德焉錯輔 遷臣 郎逐臣也遠遷臣而弗恩 貞臣 謂正固之臣也 與雞鶩爭食 雞鶩喻讒夫也爭食謂爭食祿也鶩鴨也 鳧鴈 唼粱藻 喻不肖者食祿也唼鳥食貌 三圭 謂公侯伯也 重侯 謂子男也 桂蠹 喻食祿之臣桂蠹不知所淹留言食芳香居高位不建忠信亦將失其位喪其所也 虎兕 喻奸臣也虎兕爭庭 〔漢書〕君服 君服於楚謂事楚爲君而服從之 官師 官師小吏也謂一官之長 冗從 謂散職之從王者 法從 從王之官謂法當從者一曰從法駕也 左官 人道尚右

舍天子而仕諸侯故曰左遷今隆秩者亦謂之左遷 重臣 重臣之親 柄臣 執權之臣也 中朝 內朝也太司馬左右前後將軍侍中常侍散騎諸吏爲中朝丞相以下至六百石爲外朝也 從吏 吏之常相從者 故吏 吏之前爲官者 冗臣 主事之臣也 稗官 小官也 二府 丞相御史也 兩府 同上 大府 丞相御史之府也 相室 宰相也 相君 宰相也 牧相 相諸侯臣相也 守相 謂爲相而居守也 三輔 中尉及左右內史爲三輔非必京兆尹左馮翊右扶風共治長安爲三輔也 太官 主膳食者 執金吾 金吾鳥名主辟不祥天子出行職先主導以禦非常故因以名官也 率更 掌知刻漏故曰率更 水衡 主都及上林苑 輯濯 船官也濯本作櫂 馮翊 馮輔翊佐也文官名 扶風 扶助風化也亦官名 鉤盾 主近苑囿近署官也 中郎 省中郎也 輦郎 引御官也 中執法 御史中執法 中涓 涓潔也言其在中主絜清灑掃之事蓋親近左右也 涓人 郎中涓也 掌故 太常主故事之官 計

相 專主計籍故曰計相 宰士 宰相之屬官也 視日 視日時吉凶舉動之官也 尚食 主天子物曰尚掌天子之食官名 音監 主樂人也 門候 主候時而開閉官也 戶將 主戶衛也 戶者 主門官名 陛者 執兵列於陛側 九賓 公侯伯子男孤卿大夫也 主吏 功曹也蕭何爲主吏功曹 落長 邑落之長 守丞 謂郡丞之居守者 中黃門 奄人居禁中給事也 閹尹 謂宦人爲閹者主掩閉門尹正也 刑臣 閹官官故謂之刑臣 中貴 內官之貴幸者 上聞爵 官名賜上聞爵名通于天子也 爵卿 禮秩如卿不治事 餐錢奉邑 餐錢賜廚膳錢也奉邑本所食邑也 封君 謂公主及列侯之屬 疏爵 疏爵而貴之疏分也 署曹 署表也置也凡言署官表其殊位置立爲之也不習事不署曹 分曹 曹輩也分羣而出爲使也 通籍 籍者爲二尺竹牒記其年紀名字物色懸之宮門案者相應乃得入也謂有名籍於禁門也 即拜 就其家而拜以官也 延登 延入而登殿也謂承寵接 勸駕 有賢者郡守身自往勸勉令至

京師駕車遣之 計偕 計者上計部使也偕俱也今所徵之入與之計者縣次而給之食也 舉最 最課而舉當遷也 殿最 殿課居後也最課居先也課殿最以聞 壹適 諸侯貢士壹適謂之好德再適謂之賢賢三適謂之有功謂適得其人也 世家 世世有祿秩之家也 起家 謂起家於家也 甲科 歲課有甲科乙科 按職 按行其職務也 備員 不以升擢之非籍其實用之也 曠官 郎曠官也 展采錯事 展其官職錯其事業也 關策 謂計策關說天子也 旅力 旅陳也 蒙成 垂拱蒙成言端拱無爲而受職之成功也 規隨 言蕭何始作規模曹參因隨而成之 自詭 詭責也自以爲憂責也 希指 不希指苟合言希望天子之旨意也 格詔 格閣也謂棄閣不行之也 矯虔 撟與矯同記也虔固也謂妄記上命而堅固以爲邪惡也 養任 養長仕於朝言因欲養親而仕於朝也 宴見 面折宴見謂以閒宴時節又見天子 請間 間容也請容暇之頃當有所陳不欲於衆中顯論也 賜間 願復賜間 予寧 父母歿予寧三年謂處家持喪

服移病移病免歸謂移書言病也又以病移居也歸老以上大夫祿歸老於家也致仕言以年致仕也請骸骨得請骸骨賜骸骨賜骸骨歸待罪待罪承相竢罪竢罪也長少家次忠臣之所以家次而竭知也家目也待次獨有言詔獄主上秘部治獄中也北軍上章於公事有不如法者以北軍以法治之先驅導驅者也吹警先導也餘歡宮驅篤事使君為使者謂之使君君侯通呼列侯之尊稱也宗臣言為後世所尊仰者也寶臣國家雄俊之寶臣也豪吏為吏之豪長也若隸臣之稱也曹參居縣為豪吏隸臣卑賤臣也葉土臣自謙詞也糞土愚臣屠伯酷吏殺人多謂如屠者兒殺六畜也伯長也自列陳列也謂拳拳之忠不能自列逋蕩逋亡也蕩放也謂亡其所供之職而放遊也數逋蕩解嫚郎官解慢守職解嫚恐諛恐懼而為諂諛也群臣恐諛翼翼翼進也以獲封侯標末之功言小功也尺寸之效寸之效無尺寸之效簠簋不飾大臣坐汙穢者曰簠簋不飾

帷薄不修曰帷薄不修省見不被省納不得見天子言不見為所識拔也騰騰風雲柄用見柄用言之以權也攝柄攝大夫公卿之柄當軸當軸處中析圭析中分也天子書在諸侯曰藏都位都居也卿相之位登九錫登等之寵等謂升於當等也而權若圖謀權柄乘權乘權藉勢之人席寵若而買然席因也若人之坐於席也產祿輩席太后之寵頹行猶鷹行在前行故曰頹行也逆執事之頹行賤事卑賤之事若九務也謂所供之職也僭爵僭荷負也析人之爵僭爵之主僭人之爵紆青拖紫青紫謂綬色紆拖曳也狗馬之心思報效也諸史驂乘乘車之法尊者居左御者居中又一人處右以備傾側驂三也五官郎五大夫典事者也望諸君望諸澤名本齊地後樂毅自齊奔趙趙封為望諸君馬服君言服馬也趙奢封為馬服號曰馬服趙人以此號之客卿為他國游宦服戰國時官名如秦以范雎為客卿僕射秦官名僕主射也射音夜古者重武事每月必有主射督課之故名射本如字關中轉語耳

通侯秦官名言其功德上通於王室也即列侯又云漢時官名材士材官騶張之士也微材士五萬人亭長亭者停留行旅宿食處也猶今館驛漢高帝嘗為泗上亭長楚三戶楚雖三戶足以亡秦三戶猶言三大夫屈昭景也孟嘗君齊人田文為孟嘗君平原君趙君封弟勝為平原君商君秦封衛鞅為商君昌國君燕昭封樂毅為昌國君下齊七十餘城異同君有公孫龍善為堅白異同之論平原君客也武安君秦封白起為武安君信陵君魏封公子無忌安平君齊封田單為安平君春申君楚以黃歇為相封春申君蘭陵令以楚荀況為蘭陵令況本趙人應侯秦封范雎為應侯文信侯秦以呂不韋為相國封文信侯中丞相秦以趙高為中丞相廣野君沛公使酈食其說下之即號為廣野君廄將沛公得張良以為廄將滕公夏侯嬰也韓信當斬滕公奇其言壯其貌釋之廣武君李左車封為廣武君韓信出背

亞父范增也羽尊之為亞父亞父謂次於父也乘傳乘傳而行若今使者之持節耳一曰傳驛淮陰侯韓信救趙篤擒之淮陰侯也酇侯蕭何封為酇侯留侯張良封留侯戶牖侯陳平封為戶牖侯戶牖地名也什方侯雍齒封什方侯徹侯臣為徹侯剖符封功是也發蹤指示謂發其蹤跡指而示之以田獵喻蕭何之功劍履上殿劍履上殿入朝不趨漢賜蕭何故也謁者漢官名士報事章天子出則前導安平侯為安平侯吾聞進賢受上賞封鄂千秋建信侯以婁敬為建信侯高帝困平城歸赦劉敬曰吾不用公言以困平城曲逆侯陳平出秘計解白登之圍更封平為曲逆侯也奉春君婁敬勸上都長安拜為奉春君婁敬策也骨鯁臣剛毅之臣中車府令秦官名主乘輿路車趙高行符璽中車府令絳侯周勃封為絳侯平陽侯曹參封平陽侯臨光侯呂太后封女弟須為臨光侯夫婦人豈可以侯封之兵亂政之甚也朱虛侯劉章封為朱虛侯

諸呂以國者從行從去聲隨從主上出行也關內侯列侯出關就國伹爵身其累家者與
之以關內之邑食其租稅中尉掌徼循京師武帝更名執金吾著籍籍名籍也侍中郎官塲者
皆得著其名於門籍引出入天子殿門者乘大乘傳急者乘壹馬曰乘六乘傳乘六乘傳
盖欲急馳也太行典客秦官景帝改名大行令文云太行爲行人蒼鷹郅都爲中尉行法不
避權貴號曰蒼鷹言有鷹鸇搏擊之能也伏斧質伏斧質於關下白馬將匈奴有白馬將
李廣射殺之三國魏龐悳亦號白馬將軍尚席漢官名掌武帳帷幔者領謂尚席取著臨存
以尊適卑曰臨問曰存使重臣臨存所與僕隸之屬諸郎漢官名謂諸曹郎也田蚡嘗爲
諸郎待詔金馬門諸以才伎徵召之人未有正官故稱待詔於金馬門搢紳搢揷也紳
太帶也謂揷笏於紳也或曰指士者之服亦謂百官郎選選去聲銓官也平津侯公孫弘拜
平津侯丞相封侯自弘始五鼎烹謂被鼎鑊之誅嫖姚霍去病爲嫖姚校尉搏望侯

張騫封博望侯博望非地名謂騫能廣博瞻望故也冠軍侯霍去病封冠軍侯言在諸軍之上也
乳虎猛獸産乳養護其子則搏噬過當以喩酷吏寧見乳虎無値甯成之怒鷹擊以鷹爲
冶酷吏義縱也均輸大司農屬官名置均輸以通貨物也天馬使武帝得大汗血馬愛之死
名曰天馬使使者相望於道以求之五利方士欒大爲五利將軍言神仙之事戈船越有戈船
將軍越人於水中負人船置戈於船上因名曰戈船下瀨南越有下瀨將軍瀨疾流也平準
官名屬大農有令丞浞野侯武帝時將軍趙破奴擊樓蘭虜其王封浞野侯大鴻臚漢官
名鴻聲臚傳也所以傳聲贊導也一曰鴻大也臚陳也欲以大禮陳序於賓客也大司農兼郎內泊
史也京兆尹京大也天子曰京兆民故曰京兆貳師武帝期至貳師城取善馬故號李廣利爲
貳師將軍海西侯李廣利破大宛封海西侯軍正將軍之屬官名衣繡持斧直指
使者衣繡持斧繡者尊寵之也斧者得專所也富民侯武帝悔過封田千秋爲富民侯以明休息

思富養兆民也閥閱功勞閥積功也閱經歷也古者人臣功有五等明其等曰閥積其功曰閱
黃門畫武帝以霍光忠厚可任大事乃使黃門畫周公負成王之圖以賜光行縣謂至諸縣
有案察雋不疑爲京兆尹每行縣錄囚有所平反其母喜博陸侯大將軍霍光爲博陸侯休沐
言休息以洗沐也霍光每休沐出上官桀常代入決事典屬國秦官名典主歸義蠻夷也
白用謂白告於天子而任用之度遼將軍范明友拜度遼將軍擊匈奴義陽侯
傳介子斬樓蘭封義陽侯庭中稱平庭中廷尉之中也稱平者稱美其持法輕重皆適中也
發姦擿伏謂爲姦而隱匿者必爲發擿之趙廣漢發姦擿伏如神保阿保護阿倚太子
之人又云阿保之功鋒氣鋒讀如鋒言鋒銳之氣難犯也趙廣漢爲京兆尹強壯鋒氣見事風生無
所迴避也期會簿書期会猶言期限也簿書簿籍文書侵漁言掊克其民若漁獵然也
欲無侵漁百姓難矣行蝗謂巡行捕蝗也義成侯都護甘延壽矯詔斬郅支封爲義成侯

受節謂使者已受命也業已受命據重據專也重謂威重弟據重宗族盤詰富平
侯侍中張放也寵幸無比成帝微行嘗假稱之特進諸侯功德優盛朝廷所敬異者賜位特進
在三公下行部謂巡行所部郡縣也銅墨縣令長六百石以上者並銅印墨綬命卿即正
卿也奉朝請春朝曰朝秋朝曰請奉朝請本不爲官無負外宗戚諸侯名奉朝請謂奉朝會請召
而已上公謂王之三公有德者王之後亦爲上公又三公號爲上公安衡周公爲周太宰伊尹
爲商阿衡故采此號以尊之加安漢公王莽號宰衡七公謂四輔三公也畢尉中言校主北
軍壘門上書於公車有不如法者付北軍尉治之竈下養謂主給烹炊也寵下養中郎將言爵
及單賤也國師公謂稱台輔也莽時稱劉秀披荊棘披開也荊棘榛模之謂也謂畧地之
功也帝謂馮異爲吾披荊棘定關中大長秋皇后卿也或用士人中內常用宦者職掌奉宣中宮
命虎牙後漢盖延爲虎牙將軍鐫胡侯謂鐫隋昰封鐫胡侯後漢豕鑿之也伏波

將軍 馬援爲伏波將軍討交趾 督郵 乃督察屬縣事務者即催逋官 長史 秩四百石至二百石是爲長吏皆銅印墨綬 從事 大將軍屬官也從軍職參謀議 軍司馬 大將軍之屬官 越騎 漢有越騎校尉越人內附以爲騎也 就第 致仕歸家也以特進就第 議奏 漢詔諸儒會白虎觀講五經異同 蹇諤 蹇諤之節 告寧 休謁之名吉曰告凶曰寧古者名吏休假曰告寧謂處家持服也 文成 武帝時齊人少翁以方夜致鬼乃拜少翁文成將軍以客禮待之後伏誅 草茅 臣生自草茅謂貧賤居於草舍茅屋之下也 跋扈 猶言強梁也質帝目梁冀曰此跋扈將軍 上象四七 諸侯上象四七謂上法二十八宿也 符守 漢與郡太守符契以爲信故云符守 委茶蓼之苦 茶陸草蓼水草委去茶蓼之事言其勤苦也以諭國有大事柰何委棄此勞苦也 開喜侯 漢靈帝錄定策功封竇武爲開喜侯 弄金紫 董卓以侍妾懷抱中之子皆封侯弄以金紫弄謂戲弄也 七雄 七國之諸侯也 討逆 孫策封爲討逆將軍 假黃鉞

大都督本無黃鉞假與之者所以重其威也吳以陸遜爲大都督假黃鉞 朗陵相 荀淑出爲朗陵侯相政治神明稱爲神君 位遇 位職位也遇禮待也 龍驤 晉王濬爲龍驤將軍 九列 九卿之列序也 八座 漢制六部尚書并一令一僕射號爲八座 典午 避晉司馬姓因改司馬官名爲典午後遂因之稱晉 遇會處際 人臣遇風雲之會處君臣之交際也 專錄朝政 太宰專錄朝政 參輔 參輔朝政 宰輔 即宰相也 公輔 三公宰輔也以公輔期之 擁旄仗節 守帥牧伯之職事也 銓衡 銓量也衡平也所以度量人物而爲之平也乃選部之職 散地 猶言閑處也優游散地也 通塞之任 吏部銓衡之職能使人通塞者也一曰得其人則賢路通不得其人則賢路塞 資奉 資給奉祿也 清塗 要地之官也又云仕途便爾事清塗 別駕 猶長史參軍也漢制別駕一人從刺史行部別乘一駕故謂之別駕 典籤 劉宋諸王子爲方鎮皆以親近左右領典籤以出納教命使不得專其職雖長臨藩亦畏之 右民郎 漢成帝置左民郎曹

魏晉置左右民郎云左右民也 王佐 別駕從事之稱即參軍也 簿領 謂簿書及所領之事勤簿領 玄華 婦官也 玄容 俱九嬪之一也 度支 戶部屬官也掌天下租賦物產歲計所出而支調之 鈞軸 宰相秉鈞當軸 清貫 貫籍也謂清要之官籍也並列清貫 左相 唐高宗改侍中爲左相 右相 改中書爲右相 才人 女官也 匡政 高宗改僕射爲匡政 控鶴 武則天時置控鶴監率皆寵愛之人居之又參用文學之士後改爲奉宸府多選美少年爲奉宸內供奉 飛騎 唐以萬騎外官更置爲飛騎 斜封墨敕 唐安樂長寧公主上官婕妤皆依勢用事請謁受賕方降墨敕除官斜封付中書時人謂之斜封官 中使 漢桓靈時凡詔所徵者皆令西園騶密約敕除號曰中人又云內官也共迎中使望御臺 紫衣金魚 唐高祖初給隨身魚袋三品以上賜紫衣則給金魚五品以下賜緋則給銀魚 良娣 女官名也 中要 中謂中人宦官也要者謂有權勢也 觀軍容使 唐以宦官魚朝恩爲觀軍容使 博陸王 唐進宦官李輔國爲博陸王

汾陽王 唐賜郭子儀爵封汾陽王 東平王 唐賜安祿山爵東平郡王 臨淮王 唐李光弼封臨淮武穆王 西平王 唐李晟進爵西平王 北平王 唐馬燧進爵封爲北平王 巡對 唐德宗詔延英日坐自百司長官二員言闕失謂之巡對 左授 即左遷也 旄鉞 秉旄仗鉞節度使所戝也 朝集使 自外入朝與班者曰朝集使 〔文選〕論思 正道獻納於上朝夕論思 獻納 日月獻納 七相五公 七相謂田千秋黃霸王商王嘉韋賢丙吉魏相也五公謂張湯蕭望之馮奉世史丹張安世也皆遷居五陵 期門 武帝與良家子期諸殿門故曰期門掌軍之所實 傾飛[illegible] 者持 御 屬車之御也 群辟 謂王侯公卿大夫士也用朝群辟 八屯 衛尉八屯也警夜巡晝 門衛 衛尉也掌門之屯兵 清候 戒道也列卒清候 孤臣 孤陋之臣也 金虎 言小人位堅若金其惡如虎也 授鉞 凡國有難君召將必授以斧鉞也 奉引 謂引導者大駕則公卿奉引也 皇僚 百官也 清道 謂蹕止行者也

足三公鼎足之輔也 法衛侍衛也法衛門邪 毗世即輔世也毗世作禎 家陪謂公卿大夫之家臣 虎夫即虎賁勇士也虎夫戴鶡 鞮鞻掌四夷之樂官鞮鞻所掌之音 宿衛直宿也幸得宿衛十百餘年 驟衛衛青也去病為驃騎乃命驃騎將軍 鉉台即三公之職也紙謂挂於緌組 七貴漢庭有七貴並后族 末班謂自猶末僚也 以未班列署 謂百官諸曹也 寓直寓寄直宿也寓直於散騎之省 放臣言以未得罷 羽儀言士進者如鴻鳥之羽儀進有冠冕羽儀也 攝官承之言居官承其闕也 猥廁朝列亦自謙之詞也 巧宦謂巧於取官也 謂之任也 且斗筲役從斗筲之役為役也亦謙詞 自金閨諸英蘭臺群英金閨著作之庭蘭臺文雄會聚之所英莪皆美士之稱也 無留事言居官而事無留 大馬之情言恐主也太王之情 王宰王之宰輔也 莫孜諸侯於藩王宰

得祀名山大川故 寧極和鈞寧和極理鈞衡此王宰之職也 曰黃敬婁履冀敬 屏京謂封也屏京維服 塵朝簉自謙汙朝官也五塵朝簉 停史停史直詞之官也停史秉筆 和鼎此三公之職也 實猶茱也實猶茱也 祇召敬君之召也而遵命也 哲匠物之臣也萬寔 勤役謂役人也任勤役 歸頤 懈場苗言食祿也懈場苗 撫志 理筆珥執也言執筆以侍天子 也近臣侍中之 朝夯朝夯 剖竹剖竹為大守皆剖竹使符也 職珥筆華軒 海要路津先據要路津也 下車謂仕者之始也 簿領書官當任之 移書文移也 況迷簿領書 河間相張衡不樂為河間王相 載筆謂文史之職以 用載筆為職載用 羽衛者也羽衛遊從天子車前負羽侍衛 履舄舄之 也載筆為職 書也發藉籍都壇謂履舄 辨詩詩陳也辨詩以觀京國 予之籍以觀都壇之究 國之大臣也和 上刻惠須上刻 荃宰荃香草指君宰臣也使荃宰有寄 宰府相郎 風俗上刻

府也薦名宰府 勤王謂勤於王室之事也 赤廉言表功也赤廉莫曉 擁旄將帥之職也 珪符史也謂剖 伏青蒲青蒲天子內庭也諫者伏其上 食息鳥視謂如鳥之但求食息而已 無餘志也 圈牢之養物獸圈牢養之閑 臣之食祿而無所作為者也 謂臣受爵祿而無益於時亦何異圈牢之畜獸也 灰沒言忠臣於君之義重我身雖灰沒不足以報 之注心皇極結精紫閫謂注心情於天子之君也 狗馬功之微志狗馬之微功 塵露補山海螢燭增日月謂臣之效忠於君也冀以微補益山海螢燭 未光增輝日月 內史書官 天爵謙言忝竊其位也 鼎司稱三公也 造膝近謂 天子納言也 分虎虎符也出守 易農易農而仕也 微烈郎美功也沒著微烈 升 諫言也 采謂居官也采事也升采 波臣謂漂泊之臣也波臣自蕩 驕餌驕居之餌餌食也言 受無道之君之爵祿也亦淪騎餌 玉馬駿奔駿奔去也喻賢臣 還治之謂休公務之暇也

參差謂前驅僚屬以清道也 元輔宰相稱也 中鉉三公之位也中繼鉉踵乎周南 守屏謂州牧也守屏稱 書易珥彤皆史官也執彤者所以記事也珥執彤赤管筆也 書宣夜 郎美元宰於尚父 元宰比有七萃 七萃天子之壯士也七萃連鑣 提衡掌選也 貞亮跡言忠貞亮跡之節也 容易容易之輔 女史彤管皇后有女史之官用彤管以記功書過彤管者赤管筆也 中官宦官也 冀分虎冀分虎金虎符也 介紹即傳命之使也諸侯之封介紹之使也 熊虎任謂武士之職也勇士則熊虎之任 龍鳳 署文學之司也儒雅之署則以龍鳳 竊命謂謙盜國之威權者也姦臣竊命 遺老謂祖父先世之臣也 展業各守其業以供王也四民展業於天下 雞人告人明時者也取象於雞也 鳳舉使言使者也鳳舉之使 登翼謂升為三公也登翼王室輔也 鷹揚鷹揚虎士言勇也 蟈虎之士 剖符剖符謂剖竹分符猶今之 專城專城謂擅一城之校也

也。即冢宰之屬。眡祲 王視祲氛，官眡祲占祲氛之氣。衮司 三公也。其寢秉羽 史寢以修禮樂而有折衝于千里之功，其寢秉羽之績。建麾 謂作牧也。建麾作牧。負圖 謂輔少主，負託帝圖。以朝百辟也。物役 謂從王事也。戀城闕 謂不忘君也。顧瞻戀城闕。【初學】康國 步周步。照臨康。扈蹕陪鑾 言侍從車駕出也。扈蹕陪鑾渭水傍。梲位台階 三台梲三公位也。台階三台星也。元老 即三公也。為國元老。台衮 任榮台衮。樞衡 亦三公之職也。專席 司隸校尉、御史中丞并尚書令皆專席坐，號曰三獨坐，言其專重也。斗極 尚書為斗極。清望 清要之官吏部之類，遂歷清望。題才 謂銓衡之職也。長無題才之術。應宿 即官上應列宿，出宰百里。懷香握蘭 尚書郎含雞舌香奏事，故稱為懷香握蘭。膺錦含香 尚書郎給青縑白綾被，或以錦被。含香 郎含雞舌香奏事也。直建禮 漢尚書郎更代直事於建禮門。奏明光 漢尚書郎奏事於明光殿省中。躍鱗龍池 中書令也。躍鱗龍鳳池，揮翰紫宸。

紫微郎 唐開元中改中書省曰紫微省，因稱中書侍郎為紫微侍郎。螢光蚊力 自謙不能勝職任也。螢光向日，盡蚊力負山。次卿副相 御史大夫之稱。鷹隼擊 御史之糾劾也。今鷹隼始擊，以成嚴霜之威。秉驄 御史乘驄馬。天倉國泉 天倉者大司農也，又曰司農少府國之泉也。典客 秦官，名掌諸侯及歸義蠻夷，即鴻臚官也。憑熊 御守秉畫熊軾左右轓，憑熊軾。臚人 整飭朝班之官，臚人之列有章。葵藿心 葵向日也，喻臣之忠。轓翼 霜露 謂御史理陰陽之職也。輶軒使 天子使臣也。常以歲八月遣輶軒之使，採方言，奏之，藏秘室。報命 使臣復命曰報命。清詔使 冀州飢荒，以范滂為清詔使，按察之。持斧 鮑勝之為直指使者，衣繡持斧以捕盜賊。埋輪 漢安帝遣八使巡行風俗，張綱埋其輪於洛陽都亭，曰豺狼當道，安問狐狸，遂奏太將軍梁冀等十五事，京師震悚。攬轡 冀州饑荒，范滂為清詔使，登車攬轡，慨然有澄清天下之志。河源使 漢武帝使張騫窮河源，故封河源使。張旌 奉使至其國則張旌。

而語褒。關候 候關吏也。展覲 奉使展其私覿。展覲遇王孫。王程 奉使程期也。王程有限。予告 告請也。言請休謁也。予告者在官有功最法所當得者也。賜告 病滿三月，天子賜告，使得印綬將官屬歸家理疾。成帝時賜告不得歸家。休假 郎休告也。休澣 郎休沐也。休急請急 皆休假之名也。從告 從告薄遊篇。休謁 九棘之任理無休謁。握節 出使持節也。開君握節返。賜鶡尾 魏百官志，凡拜三公賜鶡尾散節十二枚。銅史 主漏刻之官銅史。【藝文】從蹕 謂天子出從也。悵從蹕之留歡。四校 御馬也。皇帝騶四校於仙館。鳳司 典曆之官鳳司律，又云鳳職是司。瀝血抽誠 披胸見款 皆言臣之攄忠於君也。犬馬戀主 犬馬戀主，既有微情。徇役 從王事也。出身以徇役。騶御 天子侍衛也。顧騶御或西東。諧臣 宰相之稱也。燮五緯 調四序 言三公之職也。登黃扉而燮五緯，贊青幃而調四序。萬里侯 萬里之侯。屯仁六大夏封。參鉉 謂入相也。吳忝參鉉鹿。

夕郎 黃門侍郎日暮入對青瑣門拜，名曰夕郎。奉常 漢惠帝改太常為奉常。建旟揚旌 言刺史之職也。建旟揚旌施懷瀣瀾旌冀部。槐棘 謂三公九卿之位也。判登槐棘。定遠侯 班超定西域五十餘國，乃封定遠侯。魏其侯 景帝時竇嬰以敗吳楚功封魏其侯。五侯 漢河平二年王譚等五人同日封侯，故世謂之五侯。精貫朝日 氣凌虹霓 言忠誠也。樞密 機務之任。竊侍兩禁樞密。濫榮秩 謙辭，言以臣也。出入惟叨濫榮秩。振鷺 喻朝班之臣也。忝振鷺之丸鹿。贊化太均 期贊化於太均。玉節使 出使外國之使也。年持玉節之使。飛將軍 漢李廣稱為飛將軍。西平侯 平公治獄，未嘗有冤，謂人曰為我高大門閭，我後世必有封侯者，令容高蓋駟馬。後果封為西平侯。陵陽侯 楚國卞和得玉以為獻，楚王以為欺，斬其一足。及後獻之荊王，又為欺，又斬其一足。復獻之乎王，果得玉，乃封和為陵陽侯。和不就而去，作退怨之歌。九棘 九棘公侯伯子男位焉。棘以為位，取赤心而外刺。忠孝侯 印文張顯。白馬

生東漢張湛爲光祿勳帝臨朝或有惰容張湛輒諫其失常乘白馬上每見湛輒言曰白馬生且復諫
矣六朝冢臣放逐之臣也展功勤盡臣職顧展功勤輸力於明君盧侯棠楚
圓之官也盧侯死公也祇役謂敬王事也余祇役京邑奉轡謂從駕也奉轡承末塗埋身
謂拚喪其身毋身守漢境沈命謂拚沒其性命也謂沈命殉胡封丹款朱誠言赤心也結丹款
數於璇璣協朱識於四亭比翼言輔佐王家也委命委命納質英輔英明之宰輔也攄
朱出謀讜也署擴署運奇入侍翠幄出齎彤管近臣之職也故云云秉柱國
執珪爵而秉柱國棟臣郎棟梁之臣也棟臣殘酷唐詩調天紀奉帝綸近臣
經綸贊化事也王者調天紀金闕奉帝綸天使言天子之使臣也錦節銜天使中樞左轄
皆丞相之位也中樞務北斗左轄正南臺調金鼎相業也調金鼎微班謹言居末僚也俯就微班
之列御史香青綾御史香金華使朝使也金華殿名偶逢金華使試劇謂當煩任

也試劇仰通才鵷鴻侶朝班也鵷鴻侶也遂官箴從容官箴獻李輕車李廣爲輕
車校尉吏家李輕車星使星使詞曹出月卿書曰卿士惟月云月卿臨幕府故青瑣
客華省郎敢恨青瑣客舞情華省郎捧檄也謂奉王命出使一朝從捧檄豐鳥鳥作
尾豐官之號豈思豐鳥香輸肝剖膽輸肝剖膽也效賢才白筆漢御史簪白筆以奏不法
宰吮事鐵冠白筆橫秋霜朝列朝臣也以茲謝朝列銘鼎鼎有銘者自名也自名以稱揚先
祖之靈而明著之於後世者也銘倘云遂扁舟方沙然諫諍姿雖之諫諍姿柱石姿
冀公柱否姿英僚同僚也英僚滿西曹省郎郎部署郎官也即京尹必俯拾省巵聖
巵從乘輿也巵聖空同日文巵聖登黃閣使塵使塵來驛道戀闕謂不忘君也戀闕勞肝肺
祠官守祠之官也祠官樹之羽衛羽衛之儀衛也所執之信王臣吾王之臣本王臣賊盜封
事以事欲其容故封之進明朝有封事掌節掌節行者掌節謂守邦節也掌節鎮非常

開濟開基濟業也朝開濟老臣心西臺郎即省郎也臺郎選才俊朝班朝臣之列也回
首想朝班宗卿正卿也太人領宗卿斧鉞賜斧鉞然後殺斧鉞下責其騎曹郎參軍也
搏擊秋天御史擊搏新回鳥擊歸朝多便道如鷹隼秋擊搏望秋天台斗輔相之位
也尚書踐台斗出守出守也刺史之職吾家姪銀章漢二千石以上皆銀印青綬銀章付
老臣朝正使元日外官皆入賀於京師不見朝正使魏闕心驛馳魏闕心使客
使客向河源青瑣郎給事黃門之職漢署香漢尚書郎口含雞舌香以奏事欲使氣息
芬芳也不去非無雜香朝參謂入朝參謁也頻倦朝參懶廣文乃數官領生徒廣文館博
士也廣文先生官獨冷謂鄭虔太奴守天廐者之名侯印謂封侯也符侯印取豈運效
鷹鸇見無禮於君者逐之如鷹鸇之逐鳥雀也戮力效鷹鸇起草唐制舍人凡詔音制勅皆
具起草起草鳴先路鴛鷺鴛鷺行謂侍從列也鴛鷺切雲閣五馬王逸少出守永嘉庭列五

馬鏞鞍金勒出郎中之五馬雋曾經小從天老指宰相也天老書道良簪筆御史簪白筆側
階而上來以比御史饕御府筆皂雕皂雕比御史寒始急也通貴唐制六品以上者謂之通貴班秩
貴扇霜威言御史風霜之任霜威假霜威促山簡皇華使萬里皇華使皇華列卿且列
卿西山將山西出將故曰請發西山將畫麒麟漢畫功臣於麒麟閣也早聞黃閣畫麒麟
麒麟漢署郎郎官也風流漢署郎書熊刺史車畫熊於軾中丞問俗畫熊頻獨座御史
中丞謂之獨座回首中丞座突將驍衛之將也突將且前驅書記參軍掌書記茂宰
英茂之宰也茂宰得才新隱吏謂隱於吏也隱吏逢梅福侍芳茵言侍於王也永懷侍芳茵
寓直寄直於省中也寓直清秋使車騎將軍竇憲爲車騎將軍錦車使逢
錦車使都護在樓蘭文錦車傳國命巡邊使巡邊使客行應早鵷行朝班也鵷行喜參隨
將門子漢家李將軍三代將門子赤豹文貍御史乘赤豹而從文貍回雲迎赤豹騶甫

鳳鳴騶騶從導行也導吏呼鳴騶也仙吏白袂青衫仙吏贈驄馬使即侍御史也
可憐驄馬使白首為誰雄江州司馬唐白居易左遷九江郡司馬夜聽琵琶底遷謫意為琵琶
行江州司馬青衫濕傲吏古人非傲吏自闕當世務又稱漆園傲吏仙鳧王喬飛鳥縣令之事
下秩一官下秩神明宰明宰兼縣令也寄書河上神明宰羨不城頭姑射山葵藿志
還當葵藿志傾棄自相依露冕行春刺史之事也露冕行春向若恥葵心葵心照頭逐
朝英朝臣也朝英物外求司僕馭天子屬從也鳥驚司僕馭鳳皇使輶軒鳳皇使
亞相霜威逐亞相褰帷刺史事欲褰帷廣視聽也俱郡守惟振鷺遷之遷官
轉也振鷺飛日遷鶯聽聞助嶽翰淚無纖塊喻淚謝未肯助嶽太官
官司膳署也太官供宿膳郎官草郎中起詔草罷起郎官草鵷鷺鵷鷺子官列也鵷鷺朝班也鵷元
台近獨坐漢太守漢家尊太守班行朝臣列次也班行爭路送萬戶侯

錦帳連封萬戶侯護羌校尉護羌校尉朝乘障破虜將軍虜將軍賈復也破
度端務正務也平明端務陪鷺列彤闈太守帷出也不知君怒彤帷出宰許國心許國
遂國不是調鼎宰相之職也未逢調鼎用郭細侯郭伋字細侯為潁川太守兒童竹馬
愛封侯迎拜章子逐客放逐之客也自憐雙鬢改府征東行東將軍征東爵也
迎郭細侯平東雷封雷封百里縣令稱雷封故上樞中樞宰相
鎮東將軍鎮東平東將軍平東上樞中樞
府之山呼漢武至中嶽聞三呼萬歲者三殊階人臣極貴之品也百里才龐
位也若呼萬歲者殊階刻也百里才統
為縣令在縣不治魯肅曰士元非百里才也又蔣
為廣州長吏事不理常諸葛亮曰公琰社稷之器
非百擊搏才清廟之器非擊搏才李臣為侍御史韋處厚曰以北朝鵰臣
里才長吏秋朝春選時謂之才也鵰臣以北方
首長侍手畏秋朝春選時中原接鵰臣詩曰中原接鵰臣柱石臣丞相王商國家
鵰臣又柱士部詩曰中原接鵰臣柱石臣
柱石三公有勳德者特加皇輪批逆鱗韓非說難云龍喉下
臣也皇輪者特加皇輪批逆鱗有逆鱗徑尺嬰之則

股人人主亦有之也廊廟珍廊廟珍楚官謂主宰也有
必以臣之進諫也安陵君楚倖臣縉楚王遊雲不入
令也重陳高敝奏也天下重陳安陵君樂而則陪之
千秋之後誰與同此樂也願以身抵黃泉曰臣入則侍
秋萬歲千秋之後願以身抵黃泉以為王得此樂而爾出
乘萬歲龍陽君泣下王曰何也與王共船而釣龍陽
之王大悅安陵君魏王曰臣所得魚也今四海之
封之安陵君龍陽君泣下王曰何也對曰臣所得魚也今四海之
甚喜後得魚也又欲棄前所得魚也今四海之
內美人亦甚多也聞臣之美者亦將褰裳趨王臣亦
所得魚也亦將棄矣王必得美人者所以有相將門有相
以是布令曰敢言美人者族將相門相門有將
人以為太則楚之端人公太子帝事也亦日侍御史
之端人也亦楚官名朝端朝端儲端也日官中丞
尹亦諫臣班朝朝班也禮曰易曰
食之美者不食也尚方主供御物者清郎尚書郎
祿位猶不食也難得者不食雖膏不食也尚書郎十年
不受升酒之唐元稹稱浪士及嚴郎翰林學士
已升酒之嚴郎有官時稱為漫郎

號曰漫郎校書郎中書官也綠衣郎元也狀元紫荷囊以荷囊
叔度亦為尚書郎
事之白馬盟漢封功臣刑白馬為盟阮步兵阮籍聞步兵廚酒
春卿以司農為春卿唐為清卿少卿號為清卿宦情
官郎出宰百里上應列宿也
情郎星郎官五帝座後十五星也鳴琴戴星孫必十賦鳴琴
而單父治巫馬期聞之亦治巫
馬期戴星出入而單父亦治太樂丞
王績求為太樂丞
太樂有府吏集善醞酒任乃求為太樂丞
非王以非大樂之謂任人者不知其
吏司以非王職不敢君子之
鄭嘆曰天下不令吾飽酒乎耶宦遊宦遊而不遇
及書才行是太樂丞為清流王融為
迷望為何不得乃曰鳳池鵰王唐
史人以才行自高為集鳳池八騶齊王融望不得為公輔嘆曰
便侯而謂無功者為白校侯武后封侯者多鑄印不給為
功臣蕭何樊噲郭仲等十八侯漢封
等十八侯四姓小侯後漢以非列侯故曰四姓小侯諸子弟立

卧彪李崇仕魏都督淮南所向摧破人號卧彪 顏彪顏延年性褊急肆直言謂之顏彪 班

心御史立處爲班心 桑雉魯恭爲中牟令隨行阡陌俱在桑中有雉過其旁有兒童親白何不

捕之兒曰雉方雛 柱下史御史爲柱下史以其在殿柱之間也 股肱心膂喻臣也臣

爲君股肱心膂 接武夔龍造羽鴛鷺唐上官儀曰御史者接武夔龍造羽鴛鷺者也

少府唐時縣尉多稱少府 民部版部皆戶部官之稱 駕部兵部之屬 水部工部

之屬亦曰起部 玉筍班朝班也又唐李宗閔知貢舉門生多清秀號玉筍班 黃散黃散之職

須人間兼美謂黃門侍郎其職之重當選得其人也 北門管左傳杞子告於秦曰鄭人使我掌其

北門之管 忠款款誠也忠款不申 白簡傅玄性急追每有奏劾或值日暮捧白簡坐以待旦

蛛蹋不寐臺閣生風 霜簡御史出持霜簡入奏天闕 花鳥使蓬萊宮中花鳥使蓋言取花鳥

之使臣也 獻納雲臺臺表 霹靂手唐裴洎爲同州司戶裁決積案名動一州

草氏藻林卷之二　臣職類　四十五

號霹靂手 二鮑後漢鮑永爲司隸鮑恢爲世祖曰貴戚且斂手以避二鮑 供奉唐翰林拾

遺供奉天子左右者 鵰鶚鷹鸇唐韋謙爲御史大夫蹇諤莊重曰耳目官當特立鵰鶚鷹鸇豈

衆禽之偶 刀筆吏蕭曹起刀筆吏 石壕吏杜甫有石壕吏詩曰暮投石壕村有吏夜捉人

急使魏以走使曰急使取其迅速也 驛使折梅逢驛使 明駝使日行五百里貴妃朝

發明駝使取瑞龍腦香以遺祿山 金箸唐宋璟爲相時值春宴帝賜金箸曰表卿直也 賈傅

賈誼爲長沙王太傅 將軍樹馮異謙退諸將論功異常獨屏樹下軍中號曰大樹將軍 蘭臺

聚梁任昉爲御史中丞後進皆宗之劉孝綽等車馬日至號曰蘭臺聚 烏鷺魏諸曹之使曰烏鴨

候望伺察者曰白鷺候取其延頸長望也 都護漢武帝時內屬者三十六國置使者校尉領護宣帝

改爲都護 風裁裁制也去声李膺獨持風裁 麒麟楦楦音絢織履中之規模也唐楊炯每

呼朝上爲麒麟楦云假弄麒麟者必修飾其形覆之以驢及去其皮還是驢耳言無德而朱紫何異此哉

分符漢竹符書其象與郡守各分其半右留京師左以與之 待詔諸以才技召未有此官者自漢

至唐有待詔金馬門 南床傲唐御史食坐之南橫設榻謂之南床列不出累月遷登南省倨傲如

焉 官謗左傳公子完曰敢辱高位以速官謗 金背鏡唐高季輔爲吏部侍郎太宗賜以金

背鏡見其清鑒 三命三命爲大夫人云一命而僂再命而傴三命而俯也 魁柄尊寵其位投以

魁柄 垂簾顧愷之爲山陰令晝日垂簾門階閑寂政簡治理 三壽魯三卿也詩三壽作朋

盪寇吳程普遷盪寇將軍江表虎臣也 仗馬李林甫曰君等不見立仗馬乎食三品芻豆一鳴則

黜之矣 勾漏令葛洪欲鍊丹聞交趾出丹砂乃求爲勾漏令 請劍朱雲請上方斬馬劍

斷佞臣頭 令僕謂中書令及僕射也 動搖山嶽唐韋思謙曰御史出使不能動搖山嶽及

震懾州縣爲不稱職 捧日魏程昱夢上泰山兩手捧日事君之象也 記室三公大將軍皆有記

室主上來章報書記大周公藏書記室 官閥閥功也仲尼之門考以四科回賜之徒不稱官閥

草氏藻林卷之二　臣職類　四十六

左轄右轄轄星傳軫兩旁主王侯左轄爲王者同姓右轄爲異姓又唐設左右丞相管轄省事

漢節蘇武使匈奴坐卧持漢節 張騫節張騫持節不屈 攀轅臥轍漢侯霸字君房

守臨淮被徵百姓攀轅臥轍以留之 持橐張安世持橐簪筆以備顧問持橐所以盛書也蘇味道詩

云盛府持青橐 垂名竹帛鄧禹願效尺寸垂功名於竹帛 治劇才漢尹賞有治劇之才

遷榮陽令 馬革馬援曰男兒要當死於邊夷中以馬革裹尸而還 狐腋周舍好諫簡子聽朝

不悅曰千羊之皮不如一狐之腋大夫徒聞唯唯不聞周舍之諤諤 柱石田延年謂霍光曰將

事爲國柱石也 樂職漢益州刺史王襄欲宣風化使王褒作中和樂職詩 補袞袞職有闕仲山

甫補之 伴食盧懷慎號伴食宰相 大棘司寇聽政棘木之下故稱大理官曰大棘 鵠立

袁紹士馬瞻望鵠立東城侍臣鵠立通明殿又 鵠立鵠每立不移動竦朝臣也 鳳鳴朝陽

后韓瑗褚遂良歿內外諱言者二十年御中李善感始上書極諫時人號鳳鳴朝陽 功橫海

齊張充與王儉書曰之人道佐蒼生功積海望 命臣 命者加爵服之名 珪符 謂刺史之符也 英宰 英傑之相也

家倫類

易經 克家 蒙初六曰包蒙吉納婦吉子克家謂克治其家也 金夫 謂以金賂女而挑之若魯秋胡之類蒙六三曰見金夫不有躬 夫妻反目 謂怒目相視而與之爭也小畜九三曰輿說輻夫妻反目 幹父之蠱 謂前人已壞之緒而子能幹之則飭治而振起矣蠱初六曰幹父之蠱有子考无咎 幹母之蠱 蠱九二曰幹母之蠱不可貞 裕蠱 寬裕以處其父事也蠱六四曰裕父之蠱 幹父用譽 子能幹父之蠱則可以為善繼而成令譽也蠱六五象曰幹父用譽承以德也 枯楊生稊 稊根也大過九二曰枯楊生稊老夫得其少妻 枯楊生華 枯楊不生根而生華安能久乎大過九五曰枯楊生華老婦得其少夫 夫子制義 夫子謂夫也以義制者也從婦則凶恒九六 人文 謂人理之倫序賁象曰觀乎人文以化成天下 利女貞 家人之道利在女正女正則家道正矣家人利女貞 嚴君 家人有嚴君焉父母之謂也

閑有家 有家之始能防閑之以法度其悔亡矣家人初九曰閑有家悔亡 中饋 婦人居中而主饋者也故云中饋家人六二在中饋貞吉 家人嗃嗃婦子嘻嘻 嗃嗃急束之意嘻嘻笑樂無節也家人九三曰家人嗃嗃未失也婦子嘻嘻失家節也 交愛 夫愛其內助婦愛其刑家家人九五曰王假有家交相愛也 歸妹 婦人嫁曰歸妹少女也卦名歸妹天地之大義也又曰人之終始也 跛能履 娣之卑下雖賢何所能為不過自善其身以承助於君而已如跛之能履也歸妹初九娣媵也 帝乙歸妹 王姬下嫁自古而然雖至貴之女不得失巽順之道而有驕貴之志也歸妹六五

詩經 好逑 言女之貞淑為君子善匹也 振振 音真子孫衆多貌宜爾子孫振振兮 繩繩 子孫不綿絕貌 蟄蟄 子孫多貌 父母孔邇 文王之德如父母然望之甚近 公姓 公孫也振振公姓 綠衣黃裏 綠間色而以為衣黃正色而以為裏嬖妾尊顯而正嫡幽微也 棘薪 棘可以薪則伐矣然非美材喻子大而無善也 采葑采菲無

以下體采葑采菲者不可以其根之惡而棄其莖之美言為夫婦者不可以其顏色之衰而棄其德音之善也黽勉同心同心而不宜至於有怒誰謂荼苦其甘如薺宴爾新昏如兄如弟言荼雖苦其甘如薺以比己之見棄其苦有甚於荼而其夫方且宴樂其新昏如兄如弟而不見恤盡婦人從一而終今雖見棄猶有望夫之情厚之至也夢熊羆生男子之祥也吉夢維何維熊維羆夢虺蛇生女子之祥維虺維蛇陰物也弄璋乃生男子載弄之璋弄之以璋尚其德也弄瓦瓦紡塼也弄之以瓦習其所有事也女也君婦主婦也君婦莫莫蔦與女蘿施于松柏蔦寄生也女蘿兎絲也蔦蘿施于木上以比兄弟親戚相為依附之意惟酒食議言婦人之職惟主中饋而已無他事也無非無儀惟酒食是議燕婉燕婉之好言夫婦也之死矢靡他此共姜自誓故無他心也矢靡慝慝邪也意同上母也天只恩如天也聖善母氏聖善中冓之言

飹閨中之事鶉之奔奔鵲之彊彊奔奔彊彊居有常匹飛則相隨之貌以刺宣姜與公子頑非匹耦而相從也則鶉鵲之不若矣諼草樹背諼萱也忘憂之草背北堂也樹植也琴瑟在御喻夫婦和樂也琴瑟在御莫不靜好好人猶太夫郎翁姑也陟岵瞻望父也山無草木曰岵陟彼岵兮瞻望父兮陟屺瞻望母也山有草木曰屺陟彼屺兮瞻望母兮陟岡瞻望兄也山脊曰岡陟彼岡兮瞻望兄兮予美婦人指其夫也言予美亡此葛生蒙楚蘞蔓于野蘞草名蔓延也言葛生則蒙於楚蘞生而蔓於野各有所依託也喻婦人之依夫也良人妻稱夫也見此良人鸛鳴于垤婦嘆于室天將陰雨則穴處者先知故蟻出垤而鸛就食之遂鳴于其上行者之妻因思其夫之勞苦而嘆息于家垤蟻塚也將父將母將養也王事靡盬不遑將父不遑將母豔妻兼色曰豔急難鶺鴒在原兄弟急難鬩牆鬩狠也言兄弟設有不幸鬩狠於內然有外侮則同心禦之矣兄弟鬩于牆外禦其侮尸饔主烹

饔食也有母之尸饔言不得奉養而使母反有勞苦之事也似續似嗣也續繼也姻亞壻之父曰姻兩壻相謂曰亞瑣瑣姻亞螟蛉有子蜾蠃負之螟蛉桑上小青虫也蜾蠃土蜂也取桑虫負之於木空中七日而化為己子也螟蛉有子蜾蠃負之教誨爾子式穀似之式穀言教誨爾子用善而似之也式用穀善也劬勞生我劬勞哀哀父母缾罄罍恥缾小罍大皆酒器也缾罍相資猶父母與子亦相依為命也故缾罄矣乃罍之恥猶父母不得其所乃子之責怙恃無父何怙無母何恃生鞠拊畜長育顧復生者本其氣也鞠畜皆養也拊循也育覆育也顧旋視也復反覆也父兮生我母兮鞠我拊我畜我長我育我顧我復我鶖在梁鶴在林鶖鶴皆以魚為食然鶖之於鶴清濁則有間矣今鶖在梁而鶴在林鶖則飽而鶴則饑也喻幽王進褒姒而黜申后本支本宗子支庶子本支百世宗公宗廟先公也惠于宗公成城傾城哲夫成城哲婦傾城言男子主位乎外為國家之主故有知則能立國婦人以無非

無儀為善無所事善者則適以覆國為梟為鴟哲婦能傾城故反為梟為鴟長舌能多言也婦有長舌維厲之階關雎言后妃之德也文王生有聖德又得聖女姒氏以為之配故作是詩葛覃后妃之本也后妃既成絺綌而賦其事節儉也卷耳后妃以君子不在而思念之也樛木后妃逮下也后妃能逮下而無嫉妬之心故衆妾樂而稱頌之螽斯后妃不妬忌而子孫衆多故群妾作此以比之桃夭后妃所致也不妬忌則男女以正昏姻以時國無鰥民麟趾言文王后妃德脩于家子孫宗族皆化於善故詩人以此興之草蟲南國被文王之化諸侯大夫行役在外其妻獨居感時物之變而思其君子也殷其靁南國被文王之化婦人以其君子行役而思念之閔其勤勞而勸以義也摽有梅南國被文王之化女子皆以貞信自守懼其嫁不及時而有強暴之辱也小星南國承后妃之化能不妬忌以惠其下故衆妾美之如此野有死麕南國被文王之化女子有貞潔自守而不為強暴所污也綠衣衛莊姜傷己也妾上僭夫人失位而

作是詩以刺之 日月 衛莊姜傷己也傷己不見答於莊公而至困窮也故呼日月以訴之 終風 莊公任蕩暴疾莊姜以比之也 凱風 衛之淫風流行雖有七子之母不能安其室故其子作此詩以自責積 雄雉 婦人以其君子從役在外而思之也 谷風 婦人為夫所棄故作此詩以敘其悲怨之情也 式微 諸侯失國而寓於衛其民勸之以歸也 泉水 衛女思歸也父母終思歸寧而不可得故作是詩以自見 新臺 刺衛宣公也其子伋娶於齊而聞其美欲自娶之乃作新臺於河上而要之國人惡之而作此詩 柏舟 衛世子共伯蚤死其妻共姜守義父母欲奪而嫁之故共姜作詩以自誓 牆有茨 宣公卒惠公幼其庶兄頑烝於宣姜故詩人作此以刺之 君子偕老 刺衛夫人也夫人淫亂失事君子之道故陳人君之德服飾之盛宜與君子偕老之也又君子夫也與之同死生也 竹竿 衛女嫁於諸侯思歸寧而不可得思以禮者也 君子于役 太夫久役于外其家室思而賦之也 中谷有蓷 凶年室家相棄婦人覽物起興而自述其悲嘆之詞也 女曰雞

鳴 賢夫婦相警戒之詞又雞既鳴矣詩乃賢妃心存警畏而不敢留於逸欲故詩人敘其事而美之也 敝笱 刺魯莊公不能防閑文姜使至於淫亂也 綢繆 國亂民貧男女有失其時而後得遂其昏姻之禮者詩敘其失語婦之詞 杕杜 無兄弟者自傷其孤特而求助於人之詞 鴇羽 民從征役而不得養其父母故作是詩 葛生 婦人以其夫久從征役而不歸故作此以自興 晨風 婦人以夫不在而思之也 渭陽 秦康公送其舅而念母不見也 棠棣 燕兄弟之樂歌 小弁 幽王太子宜臼被廢而作此詩或曰宜臼之傳所作 蓼莪 人民勞苦孝子不得終養而作此詩 頍弁 此亦燕兄弟親戚之詩 車舝 此燕樂其新昏之詩

書經

釐降 治裝下嫁也釐降二女於媯汭堯典 垂裕後昆 垂諸後世者有餘裕也湯誥 婚友 婚姻僚友也 肯堂肯構 肯播肯穫 此言人子成終之事也以作室喻之父既底定其法也其子不肯為之堂基況為之造屋乎以耕田喻之父既反土而菑矣乃其子乃不肯為之播種況肯俟其成而刈穫之乎

左傳

純孝 孝行純篤也潁考叔純孝也 義方 養子教之以義方 宗盟 同宗盟誓也周之宗盟異姓為後 嘉耦 嘉耦曰妃亦曰偶 未亡人 婦人夫死自稱曰未亡人 執巾櫛 婦人事夫也使婢子侍執巾櫛文余以巾櫛事先君 不咸 兄弟不同心也周公弔二叔之不咸 食子 食音嗣謂奉祭祀供養者也穀也食子 收子 謂葬身者也難也收子 葛藟庇本根 公族公室之枝葉也君去之則本根無所庇廕矣葛藟猶能庇其本根況國君者乎 伉儷 夫婦匹耦也已不能庇其伉儷 若而人 不敢譽亦不敢毀故但言若而人也天子求后於諸侯諸侯對曰夫婦所生若而人妾婦所生若而人 貴介弟 介大也謂貴寵太弟也寡君之貴介弟也 牀第之言 即衽席之言第簀也牀第之言不踰閾 亢宗 亢蔽其宗族謂護佑也言不能亢身焉能亢宗 衣服之有冠冕水木之有本原 喻人之有宗族然後貴重猶衣服之有冠冕也然後久長猶水木必有本原也 析薪負荷 析薪析木為薪也負荷負荷以歸其

家也其父析薪其子弗克負荷喻不能任先人之祿 裂冠毀冕拔本塞源 喻廢棄宗族也詳見左文 曠宗 謂空曠先人之宗也棄德曠宗

禮記

冬溫夏凊昏定晨省 溫以禦其寒凊以致其涼定其衽席省其安否也凡為人子者冬溫而夏凊昏定而晨省也 出告反面 凡為子者出必告反必面 遊有常習有業 凡為子者所遊必有常所習必有業謂身不他其心不他用也 不登高不臨深不苟訾不苟笑不服闇不登危 苟訾近於讒苟笑近於諂服闇者散人所不見登危者行險以徼幸是忘親也皆非孝子之事 先生 先生者父兄之稱也有齒德可為人師者猶父兄也故亦稱之 外言不入於梱內言不出於梱 梱門限也謂男不言內女不言外 負薪 問庶人之子長曰能負薪矣 典謁 典謁主賓客告請之事也問士之子長曰能典謁矣幼曰未能典謁矣 有隱無犯左右就養無方服勤至死 父子主恩犯則為責善而傷恩故有

隱而無犯子之於親事皆當理會故曰無方 **往如慕反如疑** 此孝子不忘其親之至情
其往也如慕其反也如疑 **啜菽飲水盡其歡** 孔子曰啜菽飲水以盡其歡斯之謂孝也
人義 義何謂人義父慈子孝兄良弟弟夫義婦聽長惠幼順君仁臣忠也 **雞初鳴咸盥** 盥洗手也漱
漱櫛縰笄總拂髦冠緌纓端韠紳搢笏 滌口也櫛梳也縰黑繒韜髮者笄以固髻總亦繒也束髮之本拂
髦拂去髦上塵也冠之纓下垂謂之緌端玄端服也
韠蔽膝也紳大帶也搢插也此子事父母之禮一說髦以髮作僞髻 **饘酏酒醴芼羹** 饘厚
粥酏薄粥芼羹以菜雜肉爲羹也婦事舅姑之禮唯所欲而進之也子事父母亦然 **棗栗飴蜜**
以甘之堇荁枌榆以滑之 飴餳也堇菜名荁亦似堇 **脂膏以膏之**
榆之白者名枌凝者爲脂釋者爲膏甘之滑之膏之者皆調和飲食之味也父母舅姑必嘗之而後退
婉娩 婉謂言語娩謂容貌女子十年不出姆教婉娩 **手澤** 父沒而不能讀父之書手澤存焉耳

口澤 母沒而杯圈不能飲口澤之氣存焉耳 **致愛致慤** 致愛極其愛親之心也致慤極其敬親之誠也致愛則存致慤則著 **著存** 著謂若見乎其位也存謂子不忘也 **良冶之子必學爲裘良弓之子必學爲箕** 謂子之有志於學者也 **合二姓之好** 昏禮者合二姓之好 【周禮】**婦德婦言婦容婦功** 德謂貞順言謂辭令容謂婉娩功謂絲枲九嬪掌婦學之法以教九御 【國語】**齊胄** 胄後也屬數其適裔胄而建立之 **內子** 妻曰內子 **奕世** 奕前人也奕世累世感德也 **昆裔** 昆後也紹續昆裔 【莊子】**五紀** 五常也 **六位** 三綱也君臣也父子夫婦也 【楚辭】**苗裔** 遠孫也苗胤裔末也 **皇考** 美皇稱考也父歿 **放子** 見棄逐於父母之子也放子出而不還 【漢書】**綴祀** 綴不絕其祀也 **宗英** 宗族之英俊也 **支屬** 宗族支屬也 **支庶** 子姓也流支庶 **宗家** 謂宗族之家也 **葭莩** 葭薄也親也 **耳孫** 玄孫之子謂去高曾益遠但耳聞之也 **丈人行** 尊老之稱也

太母 祖母也 **假母** 繼母也父之旁妻也一曰 **同胞** 親兄弟也 **尊章** 猶言舅姑也
先後 兄弟妻相呼爲先後即今之稱妯娌也 **丘嫂** 丘空也言兄亡空有嫂也一曰丘大也長嫂之稱
子姓 姓生也言同子生也禮若己生也 **壞子** 謂其肥盛曰壞所子以爲養弟之子也
餘子 未任役者爲餘子 **子舍** 諸子之舍若今言諸房也 **細君** 妻也 **外婦** 外婦微時
謂與旁通也 **小婦** 妾也 **息女** 言己所生之女也 **友壻** 謂同門之壻也 **無炊火**
言絕嗣也趙氏無炊火爲絕嗣也 **處妾** 宮中之童女也 **連昏** 婚家之親也 **房燕** 房之專寵也
內顧 言思妻妾也 **阿保** 保傅養也阿保之功臣 **生分** 父母在子別居薄恩禮好生分言兄弟不
同財也 **家聲** 世家之名聲也隤其家聲 **盤互** 宗族盤互結而交互也 【諸史】**屬**
籍 宗族之籍也秦法宗室無軍功不得入宗室之籍 **箕帚** 爲妾以供灑掃也故稱爲其帚之妾
所天 臣所天者君子所天者父妻所天者夫也 【文選】**未造** 後嗣之未造言無成也 顧曜

靈根 靈木之根喻祖業也周靈根 **具爾** 兄弟也然具爾謂兄弟之多也
奉嬪 謂奉行婦道也 **慶雲光覆** 喻承父母之蔭也 **葛藟樛木** 葛藟之蔓延於樛木喻婦人之託夫也 **桃李** 喻夫妻也 **南陔**
逸詩篇名孝子相戒以養親者 **白華** 逸詩名言孝子潔白之無點污也 **門子**
正室適子謂之門子 **當門** 者 **馨久勝羞晨饕** 所以孝養父母也 **秋霜節**
言烈女之節也 **椒襲** 言賢偶也 **光靈** 祖宗之靈光盛 **騑服**
驂旁之馬常相隨也契闊成騑服 **華萼** 喻兄弟也 **華萼**
言兄弟雖別顏與同相處也 **華萼** 萼相輝光 **內外姨舅**
堂室 堂謂母室謂妻也感物戀堂室 **邦族** 鄉親也邦族問 **中表** 兄弟也
猶子 兄弟之子也篤猶子之愛 **秀出** 秀出世道風秀世 **帷牆** 妻妾所居
者也率於帷牆之制 **世業** 謂上代德業也 **施衿** 女嫁母爲施衿結帨 **婉嫕** 婉順靜也言婦之

美德婉同生謂兄景胄大世族之家嬪德婦德也俾
媲共愼弟也也私儀景胄我王風姪
基嬪寧親謂嫁女歸寧壼政謂宮中之政嬪則為婦之法
德於父母也也壼政穆宜
則也臉懷袖懷袖之恩即母懷抱【初學】要盼之禮也
我嬪則也懷袖依言必也郎黃鳩
結吉兌昏札臨成施衿施鞶女嫁諸母施鞶紳同本芝
結帨結帨三命丁寧鞶佩囊也紳帶也
并穗蘭伉儷詩曰朝來同並根粒一流泉伉儷詩曰
騈穗蘭本之文騈穗蘭飢食並根
粒渴飲瓔芳蕙茂蘭發玉暉喻兄弟之賢也凡瓔芳
一流泉而蕙茂殺蘭死而王暉
慈景母年也蕣中庭奇樹比人之賢子弟棣華燕安机
慈景先逝也中庭有奇樹柎
棣華【藝文】宗哲宗族之明哲也如庙指人之世
妻或曾則宗哲慕其祀靈源系也靈源
逕裔鼎族盛族也五鴦龍喻兄弟之賢也昔四鳥悲
也鼎族陵皆鼎族我兄弟如鴦如龍
桓山有鳥生四子將分飛乃作悲蘭澤夫婦閨門房
声喻兄弟分散也遠切四鳥之悲也蘭岸之

空離燕悲去婦思故夫也欲以懸蘿附松浮萍託津
設離別意独向離燕悲
喻婦人之神緒靈枝指子姪也系神緒而芝蘭玉樹
嫁夫也作氏胤靈枝而胎胄
喻子姪之賢也謝太傅問諸子姪曰子姪何預白鳩
人事答曰譬如芝蘭玉樹欲使生於階庭耳
郎後漢徐憲在喪致哀白鳩巢戶【六朝】兎絲附女蘿
側舉為孝廉朝廷稱為白鳩郎
喻結昏也與君結棄妾謂見棄之妾也蒿砧砧也借蕩婦
新昏菟絲附女蘿言夫也
蕩子專房麗美妾也夫東扶景西柳煙喻夫離別
婦也想專房麗相隔之遠也
君如東扶景三荊喻兄弟也三瓜葛喻夫婦也與
妾似西柳煙歡荊歡同株君新為昏瓜
葛相結連文云延蔓相支西飛雀東飛雉喻夫婦之
故親屬綿遠者取此象不得相隨
也西飛雀東飛雉一心人謂良人也我遐胄洪裔
倡樓秦女年相隨有二一心人
謂人之遠金蘭好琴瑟情言夫妻之情也且結木
代子孫也金蘭好友喻琴瑟情

義謂為夫婦也【唐詩】蘭階喻子孫珠胎玉樹皆喻子
朋友亦然家庭也孫也
玉人一子玉色養謂孝也色中婦閨中婦也詎隨鴛
為人養既戲中婦鳳臺寒
鴦伴夫婦也池前白額駒喻子弟之賢者驥子鳳雛
怯對鴦鴦任吾家白額駒
喻人子賢世寶侍姑嫜姑之夫曰嫜即舅也妾紫羅
御驥之子鳳之雛身未分明何以拜姑嫜
囊晉謝玄好佩紫羅香囊叔父安患之而不欲傷其
意因戲諸賭取而焚之試紫香囊
男兒志十五男兒志怨流黃小婦怨流黃專房寵自擅專房寵掌上
珠兒生三日掌上珠蕭郎蕭史也後世女夫通稱也嫁得蕭郎愛遠遊寶胄貴臣子姪
也室胄連枝會謂兄弟也東雁行喻兄弟齒也雁
臣韓王攀喜連枝會行中斷惜離群
小阮晉阮籍姪咸稱為【韻府】九宗也九族三從婦人幼
小阮使君憐小阮
從夫夫死從子洪支猶言大族也雙珠兄弟並賢曰
無專制之理也洪落支雙珠出

蘭階之庭言子弟如芝蘭玉樹欲其生於家庭玄來玄孫之子為來孫雲耳孫仍
之子為雲孫言如雲
子為耳孫言去高曾遠但耳聞之也玄孫之朱陳徐州有村
姓世惟朱陳二
昏姻馬昆孫孫謂兄之紫單無兄弟猶言鱗蘭芽家稱
兒白眉馬氏五常白眉最良弟也弱單寡也
也賢也彌甥外孫曰彌孫弥遺金
籯漢韋賢曰遺子黃金滿籯不如教子一經赤繩韋固旅次宋城遇一老
纏何用答曰以繫夫婦之足雖仇家異域此繩繫之
不可易也因言韋妻乃北門菜店陳媼之女后果然
鳳占懿氏占之曰是謂鳳皇于飛女子子姑姊妹女子子已
是吉嫁而反此出曲礼
弓冶箕裘言能紹兄業也良弓之子橋梓南山有木曰橋上高
詳見梓卑而俯有二道也北山
有木曰梓西堂春草謝靈運於永嘉西堂思詩
而有子道也不就忽夢弟惠連即得池
塘生春草之句冢婦主婦介婦衆婦也介婦無鴛鴦偶
向人以為工冢婦也敢敵偶於冢婦

常娥玳瑁孤猶羨鴛鴦偶 **長庚夢** 李白母夢長庚星而生白 **樂孺** 詩云兄弟既具和樂且孺孺者小兒親慕之意 **冰清玉潤** 晋衛玠妻父樂廣時以為婦翁冰清女婿玉潤 **牽紅絲** 言張嘉貞五女各持一線幔後郭元振牽得紅絲乃第三女也 **白雲親舍** 狄仁傑望白雲孤飛曰吾親舍其下 **倚門倚閭** 王孫賈母曰子朝出而暮還則倚門而望朝出而不還則倚閭而望 **宅相** 晋魏舒少為外家甯氏所養甯起宅有相宅者曰當出貴甥舒曰當為外氏成此宅相後果至司徒 **家慶** 謂父母俱存也孟浩然云明朝拜家慶須着老萊衣 **充閭慶** 賈充父逵言吾後當有充閭之慶故名子曰充 **青箱學** 宋王准之字元魯自曾祖彪之而下四世並御史中丞家世相傳諳江左舊事緘之青箱世傳王氏青箱學 **華胄** 貴子孫也 **同心結** 綵縷為結喻夫婦之綢繆好也 **種玉** 雍伯作義漿於坂頭飲之三年一人就飲出石子一升與之曰種此石可生美玉當得婦後有徐氏女公求之徐氏戲之以白璧一雙來當以為婚公至所種石處得五雙白璧以贄徐氏徐

卓氏藻林二　家倫類　五十七

氏大驚遂妻之名其地為玉田 **卿卿** 妻稱夫之詞王渾妻謂渾卿曰憐卿愛卿是以卿卿 **石井水** 妾心如石井水波瀾誓不起 **門緒** 謂家亂也門緒不昌 **三星** 星心也心有夫婦之象故嫁者取以為候

交游類

【易經】**比之匪人** 此之匪人其失可知也故曰此之匪人不亦傷乎 **同人于野** 同人與人同也同人于野謂曠遠而無私也乃聖賢大公之心同人卦曰同人于野亨 **同人于宗** 宗黨也同人于宗為私狹吝同人六二曰同人于宗吝 **同人于郊** 處遠而無與人遠可以無悔同人上九曰同人于郊無悔 **勿疑朋盍簪** 言至誠不疑則朋類合而從之簪聚也聚憂也豫九四 **出門交有功** 出門謂非私暱交不以私故其隨當有功也隨初九 **龍光** 謂喜人之德也既見君子為龍為光 **麗澤** 兩澤相附麗互有滋益朋友講習其象如此兌大象曰麗澤兌君子以朋友講習 **同人于門** 出門同人則所得者廣無所偏私人之同也同人初九象曰出門同人又誰咎也 **二人同心其利斷金同心之言其臭如蘭** 斷金之如蘭言物莫能間而其言有味也係辭

【詩經】**古處** 以古道相處也 **死生契闊** 隔遠之意 **同袍** 友也與子同袍 **友生** 朋友也不求友生 **乾餱** 乾餱謂食之薄者也乾餱以愆言人失朋友之義者非必有大故或但以乾餱之薄不以分人而至於有愆也 **遐心** 遠我之心也而有遐心 **谷風** 朋友相絶之詩 **蒹葭** 懷人也

卓氏藻林二　交游類　五十八

【禮記】**執友** 同師之友其執志同故曰執友 **交遊** 遠近往來之友信交者也 **父執** 謂父同志之友也見父之執不謂之進不敢進不謂之退不敢退不問不敢對此孝子之行也 **父事兄事有隨** 年長以倍則父事之十年以長則兄事之五年以長則有隨之 **離群索居** 離朋友之群而散居也子夏曰吾離群而索居亦已久矣 **隨行雁行** 父之齒隨行謂隨其後也兄之齒雁行謂並行而稍後也 **燕朋** 燕私之朋必不能貴尊燕朋逆其師 **相觀而善** 大學之法相觀而善之謂摩 **合志同方營道同術** 方亦術也其交友有如此者

【莊子】**淡水交** 君子之交淡若水

辟金 至信辟金言不待以金寶為質也辟屏除也

【楚辭】**惜誓** 楚辭篇名惜者哀也誓者

僑也言衆與己約信而後皆之也
繫樓桂枝 謂託香木嘗同志也
飛鳥號群鹿鳴求友 飛鳥登高木志意喜樂則和鳴求其群而呼其耦鹿得美草甘其味則求其友而呼其類
【漢傳】締交 締結也
金石交 與董子爲金石交取其堅固也韓信傳
刎頸交 言託契深重雖斷頸無所顧也
一日之雅 雅素也言非宿素之交無一日之雅左右之介
雅素 謂故舊也忽忽稱素
雅遊 張耳雅遊多爲人所稱言其久遊交結英俊是以多爲人所稱譽也
雅信 謂素相任信也
傾蓋 猶駐車也傾蓋如故
曹耦 耦即汝曹等輩也
等夷 言齊等也超邁等夷
提衡 猶提携也相與提衡也
參會 三人相遇故謂之參會
借譽 借譽於左右
先游 有人先游進納之也
游揚 謂游揚於天下足下之名即揄揚
浮道 以陽道義爲交非其中心故云浮陽浮道與之
黨友 親黨及朋友也
死黨 謂盡死力於朋黨者也
【諸史】引重 相爲引重謂轉相汲引而致於尊重也
閉門掃軌 閉其門戶而掃除轍

迹示不與之交也
相標榜 相表暴也猶言稱揚更相標榜
斷客 猶絕交也
喜人惡異 喜人與己同惡人與己異也
北風思 詩北風篇曰北風其喈雨雪其霏惠而好我携手同歸
【文選】末契 托末契於後生自謙爲下交也
好仇 仇匹也要列爲好仇
同好 同志爲友故言同好
芳訊 問曰芳訊以美道相
石友 如石堅之友也寄石友又米芾拜石
投分 投分義也交友須當投分
賞心 賞心之至友也
同懷客 友也
親串 串狎也謂親狎之人也
神期 心與神明期即神交也神期恒若存
同懷子 同懷抱之人也感念同懷子
所歡 謂所敬之人也願言思所歡
良訊 訊戒也相戒以善也良訊謂良友也
代兼金
談賓 結遊 結交也
心期 謂心約之友也中道遇心期
齊契 齊等之契約也齊契在今朝
相因 因親也結友亦相因
風徽 謂朋友雅相善也綢繆結風徽
白頭如新傾蓋如故 言人不相知自少至老其猶新如情若相得傾

蓋之間有同故友也
碩交 謂朋友也碩古石字
薄援助 謂其親朋在朝之貴者而爲救助也
儕類 同輩友也
敦篤 謂敦厚也
璨沈 深也謂厚交道也
得奉名節 得謂與其交遊也亦謂
琴瑟心 謂朋友和心也心同琴瑟
膠漆道 友道也吐膠漆
草螽鳴則阜螽躍雕虎嘯而清風起 言此四物相感以喻朋友之交不可絕也
嚶鳴 鳥聲也嚶鳴相召以喻朋友好也
素交 如水之交也謂君子之朋
青松示心 言引青松以表情性也
白水旌信 喻朋友交固也元堅貞指白水以表情性也
五交 勢交賄交談交窮交量交此言朋友之交有此五者量交謂度其輕重而交也
把臂 謂死生之友也把臂之義重
【初學】良交 良友也交契金水
解帶 謂朋友初一相見也落落
披衿領契 與朋友推誠之交也孔淳之遇
萬代 ...
得意交 謂合志之友也
撫塵遊 而遊垂髮齊年

日數
神交冥契 山濤與嵇康阮籍初不識一與相遇便爲神交又曰支道林自喪法虔之後謂人曰冥契既逝發言莫賞哉
【藝文】群匹 且辭群匹衆友也
良儔 良友也
素誠 素誠深知有
結分 即投分也分去聲結分投所欽
命儔嘯侶 謂朋友會遊臨水登山命儔嘯侶
失群 失朋友也見失群
獸偏棲禽 喻朋友之離獸謂偏棲之孤禽
心論智膽 謂與金門上撫心論智膽
採葵 喻交友義也古詩云採葵莫傷根交友莫羞貧
【六朝】結大義 謂結交也既得結大義
賞愛 賞心之愛也長絕緣
善友 善友也追善友
嘉會仇 良友也
結分珍 結友也結分珍於黃金
同襟 友也即同心異神而同襟
霜栢情 謂交誼也世情於霜栢
結誼 交友也
結侶 謂挈朋也余結侶提推乃遊三山
惠義 君子篤惠義
蘭桂 喻良友也不可忘猶如蘭桂
親友 謂親戚交游也親友篤恩愛
息交 謂息交以絕游陶淵明歸去來
夫君 朋

友也夫君所歡所愛之人也〔唐詩〕金友五龍金蘭交
良自勉謂所心所愛也作友
友也蘭松契友也松振腕即携手也交友風雲契千
交求合契長年之事通脊振腕里
風雲契謂物外交二三物外契筌蹄道相合也遊蘭
游宦相思交遊友也叱契筌蹄
與朋友游也促膝相會也風青松心冬交也貞銘意
虛室羅遊蘭雲促膝難君青松心
爾我固結之意鳳麟喻伴友也結鹿呦呦鹿得草則
也銘意俱未伸交鳳與麟呦呦然鳴
而求其類以喻朋友投膠交友誼也宴朋好良友也
相招也春草鹿呦呦術顧投膠只應與
朋好風雨絕猶有言無故舊也翻雲覆雨喻好勢作
亦來過四海絕猶有威福反道
之不終也翻手蓬生麻古語蓬生麻中不扶印直喻
作雲覆手雨益友也類言託君懷尚類逢
生蘭蕙比良結交人平生一寶劍雲外侶遂結雲白
麻友也爲贈結交人外侶
首按劍白首相知同袍人今朝偶見同袍友〔韻府〕停
猶按劍卻喜家書寄八行

雲淵明詩停龍雲喻朋友也韓愈云我願身爲雞壇
雲思親友雲東野化爲龍四方上下逐
越人每相交作壇以白犬丹雞盟曰卿若乘車我戴
笠後日相逢下車揖我若步行君乘馬後日相逢馬
當平生歡舊交之好也沛公爾汝交孔融年十五禰
下勞苦而平生歡衡年二十爲爾
汝登龍門漢李膺上被容者爲登龍門金交君子不盡人之歡不
交接者爲登龍門竭人之忠以全交也
雲霞交宋謝瞻不營當世杵臼交後漢公沙穆遊太
與范泰爲雲霞交學無資糧乃變服
爲吳祐賃舂與語大忘形交陸贄張鎰莫逆交楊寧與陽
驚定交於杵臼之間爲忘形交
城爲莫忘年交韓愈與李賀勢利交文中子曰以勢
逆之交爲忘年交交者勢傾則絕
以利交者市道交廉頗免故舊盡去又復爲將客復
利盡則散至頗曰夫天下以市道交有勢則
從無勢則去此固死生情交友之厚情雞黍范式與
其理耳又何怨焉死生不二也雞黍張元伯
別暮秋爲期元伯九月十金蘭簿唐戴洪正每得密
五日殺雞爲黍待之果至友書於簡編號金

蘭青眼白眼阮籍能爲青白萍梗萍梗小友李泌年
簿眼見俗禮之士相逢七歲張
九齡呼玉昆金友梁王銓與弟錫齊空門友山水友
爲小友人號稱玉昆金友
詩友酒友唐醉吟先生與僧如滿爲空門友與韋楚
客爲山水友劉夢得爲詩友皇甫明之爲
酒隨和梅福詩求黨與素隨四友杜審言與李嶠崔
友和謂隨順與己和者融蘇味道爲文章
四三友白樂天有三友十友陳子昂等爲貧賤友孟
友詩也琴也酒也方外十友嘗
君傳富貴多尋友夢八國時張敏高惠爲友相思敏
生貧賤寡友於夢中往行至半道迷不
知綈袍戀戀范雎謂須賈曰汝得不死者千里命駕
路以綈袍戀戀有故人之情也
晉呂安與嵇康友每款曲劉文叔少時諱雞群野鶴
一相思輒千里命駕信不與人款曲
嵇紹在稠人中昂昂然連璧晉潘岳與夏侯湛並美姿
然如野鶴之在雞群行止同輿接茵京師謂之
連璧懸榻陳蕃爲豫章太守不接賓客惟龍接李膺士
徐孺子來特設一榻去則懸之被龍接

爲登絕交書嵇康與山
龍門濤絕交書

道德類

易經　大明終始言聖人大明乾道之始終也首出庶物聖人在上高出於物猶乾道之變化也首出庶物萬國咸寧體仁長人以仁爲體則無一物不在所愛之中故足以長人乾文言君子體仁足以長人嘉會合禮嘉其所在則無不合禮乾文言嘉會足以合禮利物和義使物各得其所則義無不和乾文言利物足以和義貞固幹事知正之所在而固守之則足以爲事之幹乾文言曰貞固足以幹事先天後天聖人先於天而天同之後於天而能順之者合於道而已坤文言曰先天而天弗違後天而奉天時有孚盈缶誠信充實於內者物之歸之滿於缶中也比卦曰有孚盈缶懿文德文德如威儀文詞之類君子觀小畜之象以懿美其文德言未謙厚積而遠施也謙尊而光卑而不可踰人能謙則居尊者其德愈光居卑者亦莫能過謙卦彖鳴謙謙德積於中而見於聲音顏色也謙六二鳴謙貞吉勞

謙謂有功勞而持謙德者也謙九三勞謙君子有終吉撝謙撝施布之象動息進退必施其謙不敢自安也謙六二無不利撝謙介于石不終日當豫之時獨能自守其節介如石之堅也其德安靜故思慮明審不俟終日而見凡事之幾微也豫六二介于石不終日貞吉和兌和順卑下以爲說而無所偏私者也說之正也兌初九和兌吉孚兌孚信內充雖比小人自守不失君子和而不同者也兌九二孚兌吉介疾介然守正而疾遠邪惡兌九四介疾有喜中孚卦名中虛信之本中實信之質兼此二義信及豚魚信能及於豚魚道至矣中孚彖可久可大可久賢人之德可大賢人之業上係成性存存成性本成之性存存而又存也性存存道義之門係辭觀其會通以行典禮聖人有以見天下之動觀其會通以行典禮擬議以成其變化擬之而後言議之而後動擬議以成其變化係辭形而上者謂之道形而下者謂之器上係窮神知化窮神知化德之盛也下係設位

成能天地設位聖人成能人謀鬼謀百姓與能下係幽贊神明贊猶言贊化育也昔者聖人之作易也幽贊於神明說卦

詩經　碩膚大美之德也公孫碩膚赤舄几几赤舄見服之衣舄也几几安重貌公孫碩膚赤舄几几言周公雖變而安舒自得也德音猶令聞也德音不瑕徽猷美道也君子有徽猷烈假德之光大也烈假不暇無然畔援無然歆羨誕先登于岸無然猶言不可如此也畔離畔援攀援也歆欲之動也羨愛慕也岸道之極至處也言人心溺於畔援歆羨而不能以自濟也文王則無是二者故獨能先知先覺以造道之至極顒顒卬卬尊嚴貌如圭如璋比其質者德之純粹也令聞令望善譽也威儀可望法也宣昭義問宣布昭明義問善聞也德隅隅廉角也威儀維德之隅抑言人密審於威儀者是其德必嚴正者也淇澳美衛武公之德也言有文章又能聽其規諫故作是詩以美之狼跋周公雖遭疑謗然處之不失其常故詩人美之棫樸此詩詠歌文王之德者也

旱麓亦詠歌文王之德也

書經　玄德舜有幽潛之德上聞於堯玄德升聞又曰玄妙之德也生而不有爲而不恃長而不宰是謂玄德云廣運廣者大而無外運者行之不息也帝德之堯而能盡其道也帝謂堯也惠迪惠順迪道也吉好生之德好生之德洽於民心舜典聖謨洋洋嘉言孔彰謨謂其謀言謂其訓洋洋大也孔甚也指三風十愆之訓一德純一之德也尹躬暨湯咸有一德克享天心又曰德惟一動罔不吉德無常師善無常主德無常師主善爲師王協于克一爽德失德也有爽德故遜志時敏遜于志如有所不能敏於學如有所不及惟學遜志務時敏而康而色見於外而有安和之色者也之有德志以道寧言以道接己之志以道而寧則不入於妄發人之言以道而接則不至妄受齊聖廣淵齊則無不敬聖則無不通廣言其大淵言其深也乃祖成湯克齊聖廣淵弘于天裕身心廣體胖德裕乃身弘于天若德元必居天下之上有首天下

之德也。其惟王位在德元。徽柔懿恭 文王有柔恭之德，其徽柔之懿也。而酒德 謂酒之德者，德有凶有吉也。殷王受之迷亂，酗于酒德哉。見冒 言文王之德著見于上，覆冒于下也。見冒聞于上帝。惟聖罔念作狂，惟狂克念作聖 聖而罔念則為狂矣，狂而能念則為聖矣。徽言 至美之言也。已受人之徽言。作德 作德心逸日休。容德 有容德乃大。宣重光 昔文王武王宣重光。

【左傳】達節 聖人應天順人，不拘常禮。聖達節，次守節，下失節。涼德 謂薄德也，以涼德。立德立功立言 大上立德，其次立功，其次立言，此之謂不朽也。立德以垂世範，立功以垂世則，立言以垂世教。

【禮記】圭璋特達 行聘之時，圭璋特得通達，以德也。玉碈 君子貴玉而賤碈。

【國語】國華 以德榮為國華。

【老子】觀妙 常無欲以觀其妙。眾妙門 玄之又玄，眾妙之門。象帝先 象帝之先，言其在天帝之先，乃造物之始也。芻狗 芻狗之為物，祭則用之，已祭則棄之路，其不着意而相忘耳。天

卓氏藻林卷之二　道德類　六十五

地不仁，以萬物為芻狗。守中 謂默然閉其象也。多言數窮，不如守中。谷神 谷者虛也，神也。谷神者謂虛中之神也。谷神不死，是謂玄牝。玄牝 玄遠也，而無極者也，此虛而不實者也，其形以則為虛。天地根 虛宇天地皆自虛中而出，故玄牝之門，是謂天地根。載營魄 營魂也，魄精也，神氣也。載猶車之載物也。然魄以載魂，則為聖人；營以載魄，則為眾人。抱一 聖人能合營魄為一。專氣致柔 專有開見，則其氣專也。致者至也，柔順也。能抱一矣，是則為嬰兒。嬰兒 專氣致柔能嬰兒。夷希微 觀之不見名曰夷，聽之不聞名曰希，搏之不得名曰微。惚恍 無狀之狀，無象之象，是謂惚恍。道紀 能知古始，是謂道紀。道紀猶曰上道之綱也。眾甫 以閱眾甫，眾甫眾善也。吾何以知眾甫之然哉。四大 道大，天大，地大，王亦大，域中有四大。微妙玄通 言古之善為士者，微妙玄通。榮觀燕處 雖有榮觀，燕處超然。榮觀見智中之所見極天下至美者，故曰榮觀。燕處安然在于輕平靜躁之外。沖氣 沖虛之和氣。學者當默守之也。龍營 言藏其用而不窮也，無為

身，是謂玄同。塞其兌，閉其門，挫其銳，解其紛，和其光，同其塵，是謂玄同。言至玄至妙同然而理也。被褐懷玉 聖人之道足於己而不形於外，猶被褐而懷玉，人不得見之也。

【莊子】無何有之鄉 廣莫之野 言造化自然至道之地也。吾喪我 有我則有物，喪我則無我也，無我則無物矣。不曰喪我而曰吾喪我，言人身中終有毫私心未化，則吾我之間亦有分別矣。道樞 樞要也，謂道之樞要也。天均 以是非平無彼此也，聖人和之以是非而休乎天均。天倪 天倪即所謂天理也，和之以天倪。葆光 葆藏也，謂藏其光而不使露也。物化 言萬物變化之理，此之謂物化。懸解 懸者心有繫着也，解者去也。帝之懸解，言天帝懸解。心齋 虛者心齋也。集虛 惟道集虛。虛室生白 虛中自然明生也，明白也。寢不夢覺無憂 古之真人其寢不夢，其覺無憂。踵息 真人之息以踵，蓋修養之論皆原於此，謂神定則出入之息深，皆自踵而至也。朝徹

卓氏藻林卷之二　道德類　六十六

平旦澄徹之氣也。朝徹而後能見獨。見獨 自見而人不見也。攖寧 攖擾寧定也，言雖攖擾而定也。坐忘 安排而去化，乃入於寥天一。寥天一 謂入寂寥而與天為一也。窈冥 無極之始也，至道之精，窈窈冥冥。無間 言無所不入也。玄珠 黃帝遺其玄珠，使罔象求之而得也。此有無俱忘之時，所謂吾喪我也。罔象無心，而後道可求也。恬淡寂寞無為 此言天地之中，而道德之至也。人樂 天樂 與人和者謂之人樂，與天和者謂之天樂。四虛 即太虛也。儻然立於四虛之道。純素 素精也，純粹也。能體純素，是謂真人。太方家 見笑於大方之家，太方太道也，吾長見笑於大方之家。四解 猶四達也。大通 謂歸於至道也。奔逸絕塵 奔逸飛馳也，絕塵去速而不見其塵也。以馬喻聖道之不可及。醯雞 醯甕中之蠛蠓也，其包覆於甕中，豈知甕外之大。言所見者小也。丘之於道，其猶醯雞乎。崖略 謂道之崖際粗略也，將為汝言其崖略。衛生經 言養生之道也。發天光 天光

發見節誠而明也奏天門所謂造化自然者也出
乎定者發乎天光入而無見形其謂天門乎莊
蟷蜋稊稗瓦甓東郭子問莊子曰所謂道惡乎在莊
子曰在螻蟻曰何其下邪曰在稊稗
曰何其愈下曰在瓦甓筌蹄筌者所以在魚得魚而忘筌蹄者所以在兔得兔而忘蹄言者所以在意
得意而忘言吾安得夫忘言之人而與之言哉筌蹄取魚兔具也復靈靈知覺之性也反而歸
之本原知覺之性而使可以盡人之道故曰復靈大妙極其玄也其年而大妙楚辭懷
瑾握瑜瑾瑜玉也此言賢人抱美玉之德也在袁爲懷在手爲握瑾瑜比白美妙儀謂高妙之法也
承皇考之妙儀漢書洪鬯洪大也鬯暢也洪鬯之德同昭曠昭明曠廣之道昭夏
昭明夏大之德也大謂道真道真謂道藝之真也又云何道真之純粹道腴腴肥也味道之腴
淵源師友淵源謂學業之深也軌躅躅跡也周孔之軌躅恬漠恬安靜漠真人恬漠文選
形神寂莫言無外慮也玄識玄妙之見識沕穆微沕也言深微之理難盡窮也

卓氏藻林卷之二　道德類　六十七

遺物言遺去物累也至人遺物意變齊同言至人不私曲於身意與變化齊同也
智遺形離智慮遺形骸至人也寥廓忽荒言空無也真人也縱軀委命
縱委身命與萬物同不私受也不繫舟汎汎自適言真人心無所繫若不繫之舟
深淵靜言真人之心深淵無波若深淵之靜也養空謂真人養其空虛也養空而浮
玄謀玄聖之道也志竭來從玄謀曠漾敞罔寬大幽閑也老莊之類也激
朗清厲明潔之旅也激朗清厲隨光之介也齊萬物超自得委性命任
去留自齊萬物謂心無是非也超然自得委性命任時去留也玄真太真也淑
穆善和也恬虛恬淡而虛閑也棄事遺身謂棄其俗事遺身謂忘懷也
由庚逸詩名言萬物得由其道也由庚廢則陰陽失其理夷庚夷常也夷庚道也蕩蕩
貴自我言輕物重身也輕人貴自我金昭玉粹言德如金玉之明粹柔中

淵映芳馥蘭秘言中心和明如淵之映也其道如蘭之芳香而積於身秘積也濛身
玄淵宅心道秘玄淵道秘皆道德深遠之處言沐浴其心於此也玄虛所謂在玄
虛沉冥沉深而玄默也沉冥起別理懷珠玉喻抱美德也被褐懷珠玉守樸養
素全真守其樸實養其本質以全其真性也太玄謂太道也游心太玄齊物老莊以
小是非爲一貫有齊物貞休正美之道也貞休康迪遐憑化遷保
論遠慕老莊之齊物
玄默憑運化之遷移即與時俱化也上皇心道德之心也既秉上皇之心太素玄虛皆自
然之道也流詠太素謂贊玄虛精義測神與清機發妙理精義之義若測鬼神
之深奧又清機變動入妙理也理化物理變化也理化各有準玄通微妙玄通謂志節微妙契
天通也玄漠玄然寂寞至道也至人之心恬然在玄漠濟乎馥蘭蓀美德也今之
玄天也
守穆蘭蓀道風素論謂道德之風玄妙之論也游道謂游無欲之道也君子游道瓌

卓氏藻林卷之二　道德類　六十八

意琦行瓌大也琦美也聖人瓌意琦行天符天命之性也守爾天符斧藻謂修飾也
斧藻至德道潤金璧言其道之美也含經味道含經味道之性淳至謂淳厚之至
至丹霄價青冥期皆聖人道業高遠如青天雲也丹霄之價弘以青冥之期又丹霄以
也
之鳳青冥之龍風軌謂賢人之高風軌也風軌英邈高義薄雲天薄迫也薄雲天
言其高也握金鏡金鏡喻明道也聖人握金鏡龍驤蠖屈謂聖人之道如龍屈也騰之如龍
之如蠖隨時以爲汙隆也撝挹正讓之道也固秉撝挹幽關謂道體之幽微也幽關洞門
初學上善老子曰上善若水善利萬物而不爭玄深道秘也溟身玄深玄照聖人
但盡陰陽之理則玄照之本具玄達聖人誠使耳目精明玄達無所誘謬素德玄德燭光塵
抱金蕙賢人之美德也抱金蕙之遺芳植彩言人之立德也植彩貞同金鏡道也喻明
秦失金鏡始皇呂不韋子言亂其也藝文太初氣之始也清濁未分太始形之始也清者

子部　第四冊

爲体濁太素質之始也已有道根惟虛惟無盖龐洪
者爲形太素朴素而未散也道根道之根也
龐洪盖道天元道之上玄天道也合玄暢謂妙理通
之幹也天元贅也上玄契上玄也玄暢達也蕃植
有玄暢賦萬頃德德既深於萬頃也執貞履貞言至人秉道也奇趣玄契奇趣
難均玄玄解至道也坂玄純朴含真純朴自然信玄悟悟道
契空遇玄解解以釋紛
然玄萬衡義義重萬衡寶術即至道也聖主達持盈之寶術玄象謂至理也
悟守株不道無爲知我道無爲達生謂達天生之理也達生任性不拘儒者之節
達玄象也遂固
融希微言道之妙處也思洞希微清猷即美道也俱述載列玄右靈籟即天籟也
老驚寶籥抱質懷蘊寶藏輝老子頌有道德也大朝經世
凡惜遊用
太方即經世也唐詩玄根即玄牝之門有形之類自然
無形自然之道玄根之根也參玄根以比壽又云
体也處其玄根洞玄象至人洞玄象謂至德之人洞知天數乃高舉遠引出風塵

之玄風太古玄素之風也玄風変太古達機兆至人達机兆忘筌蹄得魚忘筌
表得兎忘蹄謂得意忘言人妙蘊真蘊真道幽筌幽意妙理
契也妙取筌蹄棄故筌蹄也風義風情氣義也
也所因本微物
兄乃憑幽筌當令風義親韜府守雌老子知其雄守其雌
其雌謂執千頃波叔度汪汪若千頃波言其德量廣也光塵老子和其光同其塵
守柔道也
義根讀詩當味義根意筌象者意之筌亦曰道筌虛牝謂谿谷也蒼命
世命世名也命世亞聖華競高談莊老說空終日雖云談
子貢倦於勤告仲尼曰願息道長華競實與
願有所息焉謂欲止也道域德游觀道之域妙有即妙理也遠自然之
有妙遠節遠大之節也遠節舉物

藻林卷之二終

卓氏藻林卷三

武林卓明卿澂甫編輯
吳郡王世懋敬美校正

人物類 附人事 附修察 附賢才

易經 豕負塗 豕乃穢物而又背負泥塗見其可惡之甚也以喻小人睽上九見豕負塗
詩經 窈窕淑女 窈窕幽閑之意淑善也 之子 子猶言是也
好遊 漢有游女 游女 江漢之俗其女好遊
有女如玉 言其色如玉也 静女 静者閑雅之意静女其姝
姝 姝美色也 孌童 小兒也彼狡之 舟子 舟人主濟渡者招招舟子
可愛者也 如雲 美且衆也有女如雲 如荼 荼茅輕白
有女姆荼 伊人 猶言彼人也 佼人 美人也佼人僚兮
人也 棘人 棘急也居喪之人
人粟粟 僕夫 御夫也 徒御 徒步卒也御車御也 佌佌 音此小人貌佌佌彼有屋

蔌蔌 人窶陋貌蔌蔌方有穀 三壽 三老也三壽作朋 女士 女之有士行者釐爾女士
士女 即人民也士女 舟人 舟楫之人也舟人之子熊羆是裘
能含沙以射人影其人輒病而不見其形 鬼蜮 蜮短狐也居水
也喻反側之人爲鬼爲蜮不可得而見也 憚人 憚勞也謂
勞於彼者也 私人 私家皀隸之屬私人之子百僚是試 瞽瞍 樂師也瞍矇奏功
哀我憚人
芻蕘 采薪者也詢于芻蕘 驕驕 驕也小子驕驕
謂善言無往不在也 言不信而驕也 昏椓
昏亂椓喪之人 黃耇 老人之稱黃耇台背 射夫 射也射夫既同 填寡
也昏椓靡共
填與瘨同病 書經 冑子 自天子至於卿大夫之適子
也哀我填寡 也舜典夔命汝典樂教冑子
孔壬 大包藏凶惡之人也何畏乎巧言令色孔壬 海隅蒼生 隅角也蒼生蒼蒼然而生
也謂海隅蒼生之地帝光天之下至於海隅蒼生 渠魁 惡者也殲厥渠魁 衆慼 衆憂之人
也率籲衆慼 萬物之靈 惟天地萬物父母惟人萬物之靈 黎老 老成之人所當親近

者也播弃犂老也考翼父老敬事者也壽耇老成之臣也則無遺壽耇者孺子稚子也無遺稚
子羞嘉師良民善衆也受王嘉師監于茲祥刑左傳戎狄豺狼戎狄之性如豺狼然
戎狄豺狼不可厭也胡耇元老之稱雖及胡耇冬日之日趙衰冬日之日也言其人可愛
夏日之日趙盾夏日之日也言可畏介特單身民也收介特謂錄之使不離散也萑
苻晉允蒲盜賊所居取人於萑苻之澤又曰興徒兵以攻萑苻之盜尤物尤異之物也夫有尤
物足以移人裔夷遠夷也裔夷之俘禮記國老庶老國老有爵有德之老
庶老庶人及死事者之祖父也有虞氏養國老於上庠養庶老於下庠夏后氏養國老於東序養庶老於西序
殷人養國老於右學養庶老於左學周人養國老於東膠養庶老於虞庠三老五更三老三人五更五人
更當為叟叟言老人周禮三農山農澤農平地農也三老知三德五更知五事者也更平聲
三農生九穀又三時務農一時講武故曰三農三時春夏秋也閒民無常業者也閒卽閑字罷

民罷音疲不自強於爲善者大司寇以圜土聚教罷民國語小醜小人之類也小醜
僬僥短人也長三尺僬僥不可使舉重矇瞍有眸子而無見曰矇無眸子曰瞍矇瞍不可使
視嚚瘖口不道忠信之言爲嚚不能言者瘖瘖不可使言聾聵耳不別五聲爲聾生而聾
曰聵聾聵不可使聽僮昏僮無知也昏亂也僮昏不可使謀莊子齊諧古人名志怪者
也菑人凶人也菑人者人必反菑之散木言散棄無用之木也櫟社之木以喻人之無用
用者萌區萌芽也區別也言物生而其狀不同也萬物化作萌區有狀委蛻人世相代
如蟬蛻然委聚也孫子非汝有是天地之委蛻也流人去國流落之人也陳人謂世間
久無用之人也人而無人道是之謂陳人家公族卽之主也蓧力士勤苦用力蓧力之士
上皇乃三皇以上人也肩吾連叔論神人之事者告寓言也南郭子與子綦論
天地人之籟者瞿鵲子長梧子相與論妙道之行而遊乎塵埃之外者也南伯子

綦論處世之難甚哉以自見於世必招禍患哀駘他衛有惡人焉曰哀駘他乃形醜之人也又
云婦人請於其母曰與爲人妻寧爲夫子妾者十數而未止子桑戶子桑戶其友孟子反子琴
張鼓琴而歌之曰嗟來桑戶乎而已反其真而我猶爲人蒲衣子論上古之世者陽子居
與老聃論道學者也臧穀二人名相與牧羊而俱亡其羊者廣成子仙人也黃帝聞廣成
子在空同之山故往見之與論至道漢陰丈人抱甕灌圃者北門城與黃帝論樂者
輪扁斲輪於堂下者師金隱而譏孔子者荷蓧擊磬之流支離滑介二人名支離叔
滑介叔觀於冥伯之丘崑崙之墟論生死之理關尹與列子論道者紀渻子論養氣之者
東野稷以御與莊公論道言人自用不可過用其神無擇里人論真人之德者卽谿
工市南子論無人之野者東郭順子田子方之師其爲人也真人貌而天虛
而葆真清而容物溫伯雪子論中國之君子明乎禮義而陋於知人也伯昏無人

論至人者上闚青天下潛黃泉揮斥八極被衣齧缺問道乎被衣庚桑楚得老聃之道以
此居畏壘之山文曰庚桑子南榮趎受業於庚桑子者老聃之徒大隗古至人也乃太
道之隗也黃帝見大隗於具茨山下七聖黃帝與方明昌寓張若諧朋昆閽滑稽爲七聖至於襄城
之野七聖皆迷無所問途藏賣人古有道之人論游心於無窮者故曰論堯舜於藏賣人之前譬
猶爝火也栢矩學於老聃請之天下遊任公子任公子爲大鉤巨緇投竿東海而期年
不得魚已而得大魚許由務光善卷堯讓天下於許由由洗耳而不聽舜讓於善卷卷辭
而隱焉湯讓於務光光負石而自沈石戶農舜以天下讓其友石戶之農石戶農乃負妻攜子以
入於海終身不反中山子中山公子牟身在江湖之上心居魏闕之下朱泙漫學屠
龍之技而無所用其巧者也列子思士思幽之國有思士不妻而感思女思女不夫而
孕歸人古者謂死人爲歸人卽反真歸根之意也田更野老也東堅人名志怪者猶

莊子之齊諸也孳阜孳生也其民孳阜雍門古之善歌者雍門獨歌餘音繞梁三日尚不絕
牙期伯牙善鼓琴鍾子期善聽偃師古之善技能之人造能倡者卽木偶也甘蠅古之
善射者飛衛學射於甘蠅者而巧過於其師娥姣女稱亞美婑婧女稱亦美行人
謂生者爲行人言死人爲歸人則生者爲行人矣行而不知歸失家者也壺丘子林列子之師
夸父逐日影而死者瓠巴瓠巴鼓琴而鳥舞魚躍秦青唐謳謌者楚辭靈氛
古之明占吉凶者僉靈氛爲余占之美子言所美之人卽好者也幼艾幼少艾長也言少長
之人靈保神巫也女倡女子爲倡優也佚女佚美也嫫母醜婦也匹合
匹偶而與相合者謂君臣華容美人也二八女樂也二八侍宿謂美女十六人侍君七宴宿
妖玩鄭衛好玩好女也臧獲奴婢賤稱也釋管晏而任臧獲處婦夫在外未歸獨處之
婦也偓促拘愚之貌偓促談於廟堂譏譏譏言貌讒言譏譏佌倠醜女也佌倠倚於檻

纖阿古善御者漢雋游士游說之士也鯫生猶言小人也細士亦小
人也鼎士奔鼎之十斤力之人也丈人嚴莊之稱也親而老者皆稱焉游子出游在外
者也游子悲故鄉公子公侯貴官之子弟也言其奉動行性驕侈有似之者猶言諸郎推敬之詞
王孫言如公子也遺老宗室遺老疇人家業世世相傳爲疇人子弟分散宵人
小人也無適小人石人常存不死也家人子庶人之家子也里中子同里中之
子也下走自謙言趨走之役也下陳後庭官妾主陳列者也若曹猶汝輩也大猾
狡猾之人也惡少年謂無賴子弟也山郎出財郎給文書名曰山郎山者乃財用之所出
少從言少年爲從使也都匠大匠也賈豎商賈之人志無遠大故曰賈豎禿翁
年老無髮曰禿翁傳從傳戲之徒也白衣官府趨走賤役人也南公南方之老人也
侍兒婢也傳婢傳謂相傳其衣服衽席之事也謂近幸也衆嫭嫭好也謂供神女樂巫好

麗也女兒曹猶言兒女輩也虞侍虞與娛同擇訶以虞侍太子者蒼頭廬兒宮奴
名爲蒼頭以非純黑別於良人也殿中所居爲廬亦侍從之人也厮養厮取薪者也養養人者也
厮養卒奴虜奴虜使之厮輿厮析薪者輿主駕車厮輿之卒童騎以童奴爲騎而自從
也出從童騎酒家保保庸人謂傭作受雇者也爲酒家保巫兒襄公姊亂令国中民家長
女不得嫁名曰巫兒爲家主祠也寠人子寠貧而無礼也儒生多寠人子邑子同邑人之
子也同門謂同師也同門學師末師是末師而非往古元元善也以全天下元元之民
烝庶烝衆也衆民也黎烝黎民衆庶也品庶猶庶品也品庶安生民萌萌與
氓同無知之貌民萌何以勸勉編列謂編戶也編列之民齊民無有貴賤謂之齊民猶言平民
五民五方之民也其中具五民敖民敖謂逸心也邑無敖民末民末謂工商之業也官
富貴而末民困遐萌遠民也遐萌爲之不安白徒言素非軍旅之民猶言白十或白徒之民

流宂關東流宂者穀謂宂散失其事業也息耗息生耗虛也天下之息耗齯齒齒謂
死者之肉又曰瘠瘦也徒見齯齒老弱朝暮人言不久生也由夷許由伯夷也行若由
夷胥原子胥屈原皆水死者彭胥彭咸子胥皆賢臣自沈於水而死者湘纍凡不以罪
死曰纍屈原赴湘死故曰湘纍牙曠伯牙師曠皆善音者所聽清耳於管絃龢隋龢隋之珍
者卞和之玉隋侯之珠也龢鵲龢鵲發精於鍼石謂秦醫和扁鵲也皇英娥皇女英堯之二女
也任姒太任文王之母太姒武王之母也娵娃娵閭娵娃吳娃皆美女也七雄秦及
六國諸史搶石鄭歌者二人名家人庶人之家也謂居家之人無官職者處士
謂不官於朝而家居者鬼谷子春秋時人名王胡入雲夢山採藥得道居清溪之鬼谷蘇秦張
儀嘗問道焉鬼谷曰二子輕松喬之永壽貴一旦之浮榮惜哉樗里子秦惠王弟名疾居渭南陰
鄉其里有樗樹因號焉軹人聶政也刺客刺韓相俠累頭曼冒頓二單于名也冒頓音

墨特闕氏音焉支單于號其妻曰闕氏老上單于號也冒頓之子名稽粥賣珠兒武帝嘗置酒主家主見所幸賣珠兒董偃上使之侍飲常從遊戲休屠匈奴之屬渾邪匈奴之屬為王者之號匈奴渾邪主降昆莫烏孫王之號又漢公主嫁昆莫昆莫年老言語不通公主悲咽自為作歌天子憐之株送徒武帝時富人鬪雞走狗馬弋獵博戲亂齊民諸犯令相引者坐為徒役名曰株送徒能入錢得補郎郎選衰矣凡鬪雞應者為株送引也孤鹿姑左賢王立為狐鹿姑單于壺衍鞮單于名狐鹿姑之子谷蠡王匈奴之官有左右谷蠡王流庸謂流離庸調之人甌脫王匈奴入寇邊兵追擊之獲甌脫王昭帝元年烏桓烏桓亦匈奴國日逐王即如休屠渾耶王之稱郅支單于名尉屠耆王之名樓蘭國呼韓耶單于名溫偶駼匈奴王之號也邊萌民也酋豪酋長豪強也匈奴部領綠林銅馬皆後漢時賊名鐵脛漢時賊號青犢漢光武時賊號黑山漢賊號名白繞

奠鞬音奠音鈴匈奴官號右奠鞬日逐主也骨都匈奴有骨都侯乃異姓大姓也劍客奇才劍客也又吳王好劍客百姓多創瘢長君尊稱之詞猶言尊長也既無長君退讓之風耆生老書生也車紐南匈奴勾龍王名也檀石槐鮮卑大人名始強為邊患黃巾漢靈帝時賊張角號白波帥黃巾餘黨郭大起於西河白波谷因號白波賊白騎賊名黑山賊統白騎蹋顉西烏桓也別種名郎君古稱貴人子及身嘗事其父者謂之郎君夷猻猻音老西南夷別名白馬胡西南夷種名白面少年之人也白面少年又搢紳白面之士孤嫠孤兒寡婦也先帝託以孤嫠姆姆老女稱也姆姆僧尼纖兒猶言小兒也高車古赤狄之餘種匈奴之甥也契丹東胡種或以為鮮卑遺種居於西樓至元魏時自號契丹耆艾六十曰耆五十曰艾可汗敦北狄俗號其妻也猶言夫人延陁匈奴別種名又號薛延陁劇虜劇頰盛貌英衛唐功臣英國公李勣衛國公李靖也鐵勒匈奴別種近天山葉護

突厥大臣官名葉音攝孤賤張九齡自謂曰臣嶺海孤賤吏落河胡言壯士也安祿山養曳落河千餘人可以當百可敦吐蕃稱皇后也達干回鶻稱大臣曰達干和扁二人皆古良醫名衰野衰精力耗也野少禮節也〔文選〕豪舉諸豪俠之人自相稱舉也鄉曲豪舉遊俠謂輕死重義之人遊俠之雄也淵雲二子人名王子淵揚子雲也淵雲之所頌歎焉遊童采遊童之歌謠行夫士卒也搜女鼓楫之女洪涯三皇時伎人倡家托始也僮童衆童也妙材美女也妙材騁伎展季桑門展季柳下惠也桑門西國沙門此二人至貞潔盧附即盧醫名也巴姬漢女西蜀之美女總稱也巴姬彈絃漢女擊節水客舟子也謂水客曲士小人也齷齪而算國亦曲士之所歎也婺女之分野越婺女奇算其蠶生蠶動也萬物蠢蠢生於天地之間淵客鮫人也淵客慷慨而泣珠俞騎引路人也古有俞兒為登山之神有霸王之君登山則走馬前導俞騎騁路篙工楫師工謂所善

師謂所長謂其駕行舟之熟也雕題鏤身謂夷人也題額雕題之士鏤身之卒虓勇虓音驍勇猛也館娃吳有館娃宮貯西施者幸乎館娃之宮匪人謂夷狄之人不同類者又惡人孌麋古之醜人也孌麋之與子都言美惡之不等也更嬴古之善射者妙擬更嬴行庖主行食者幡幡言衆多也二嬴秦穆公與趙簡子同祖故謂之曰二嬴也疏糲疏麄淺也蹏糲之士夔牙伯夔伯牙也皆古善音者若夔牙之調琴般倕王爾皆古制作之巧人也前驅引導者前驅魚麗言多也萌隸百姓也青琴古神女也俳優侏儒皆樂人也獲夷古壯士也獲夷之徒旃裘旃裘之王謂單于也山潛逸士山中隱遁之士悟山潛之逸士祖龍謂始皇也征夫行役人也征夫行而未息饔人饔飧造食之人也麗人美女也南國多麗人匠石古巧匠也漁子取魚人也舟人漁子蘆人漁子採蘆捕魚之人太容黃帝時樂師涉人涉水人也涉人於是議謗幽介幽賤孤介之人

也自謙之辭。羇孤羇客孤子也。怵迫徒俗人怵惕而追利。夸者自矜夸其名者
夸者殉權。貪夫貪夫殉財曲身從物曰殉。眇眇講言眇眇之小子也。孤蒙言已孤生童蒙
微酒鄙薄也。寡人鄉人也匪黨人之敢捨。覺覺孤魂覺與神交。幽人神人也觀
幽人之影影。阿保傅母也。遷客流戍皆遷謫之人也。行子行人也行子腸斷
報士感恩報讐之士少年報士。狼戾惡性之人也。榮期綺季榮啓期鹿裘帶索鼓
琴而歌綺里季避秦入商山皆隱逸人也。耆童顓頊帝之子也隱居隗山音如鐘磬耆童於隗陽
夔襄夔與師襄皆古樂師。班倕古巧人也。女媧吹笙簧者黃帝女也女媧清歌。居子
謂未仕者彼居之子。處子處士也堂處子。超乘跳躍上車之勇士也。蜉蝣蜉蝣輩
朝生暮死喩人不能長生。去人古人也。繁華子喩人美盛如春華之繁也。玄龍煥
喩美女也。毒卉喩賊也。懷春黎女三為黎也物物懷春黎。彼姝子謂彼都美人也

上世人上世高尚之人也請從上世人。舊齒耆老也舊齒皆凋喪。遊俠兒幽并遊俠
兒。楚妃齊娥皆善謳歌人也揉心以為曲。便娟子好貌人也曜便娟子路。寒
鄉士北上士也本寒鄉士。豪右大家也。蕩子從征役於外者今為蕩子婦。師
滑古之善鼓琴者師滑欠不作誰能宜我心。仕子從官者仕子倦飄塵。輕生謂下人之賤者
幽客幽客滯江皋。輕薄兒長安輕薄兒。五陵豪五陵皆漢帝墓所後遷豪族居
之。竪儒竪小兒也竪儒牛一經。偏人謂文才偏美於人者卑賤偏人。鏡機子謂能
鏡照机微也。太和氏謂太平之民也。營匠匠人也。淵客榜人並行舟人淵客
唱淮南之曲榜人奏采菱之歌。貫宗謂外戚諸公之家。素門凡流自謙也素門氏家也
貴游勳戚家公子輩。懦品懦弱也臣實懦品。權右謂權勢用事者。頑豔堅群美惡
之人也謂頑夫與美士哀感頑豔。牛馬走此僕也自謙為掌牛馬之僕太史公牛馬走。國

士一國之人推而以為士也。談士談文史之士也。參從謂侍從之人。蒲且人名古之
善射者。便嬛人名古之善鈞者。亡命謂奔君命而外遊之徒。良樂王良伯樂皆善
御者。研桑研范蠡之師桑弘羊皆善計算者。草萊謂山野採樵之人也草萊樂業。人宗
謂為人所尊崇者也。喬松仙人王子喬與赤松子也。賈屈謂賈誼屈原同放逐者放同召貶。放
嬙嫒嬪御也。萌黎庶民也。邪孽謂閹宦之屬。稟氣懷靈謂人得正氣也
甿隷賤稱之徒也。容彭容成公與彭祖皆長壽者。萬寶寶物也萬寶以之化即是
化萬物也。惠莊莊周與惠施為友惠施歿而莊子寢發識世莫可為語者。羊左羊角哀與左伯
桃為死友。陶白程羅范蠡白圭程鄭羅褒皆富人富埒陶白貲巨程羅。巢箕叟浣
渭氏巢父隱於箕山許由洗耳於渭水巢箕之叟不躬丘園之弊浣渭之民不發傳岩之夢言隱也
巢高夷皓四隱者名謂巢父伯成子高夷齊四皓也巢高之抗行夷皓之峻節。椎埋穿

掘椎埋謂椎殺人而埋之穿掘謂發塚而取物皆凶人也椎埋穿掘之黨。徵士德高徵而不就
皆曰徵士也。姬女小女也。季豹小男也。冥漠君謝惠連改埋古塚祭之不知其名字
假號冥漠君云。初學。思婦思婦高樓。上才西園遊上才。疲客疲客心易驚
褦襶子音奈戴暑月見人為褦襶子也褦襶凉笠也言戴凉笠之人惡客。千金子冒人
也寄謝千金子安知萬里蓬。嫮嬗王單于也主嫁與嫮嬗生貴公。素流謂布素之
族也如臣素流家貧業寡。夫君郎通稱君家也綽綽夫君。妖姬淑媛皆美女也妖女淑媛
王貌花叢。河陽妓懸勝河陽妓。二仲將詡舍中開三逕惟羊仲求仲從之遊二仲皆推廉
逃名。邯鄲倡堂上羅酒遵使作邯鄲倡。破老美男謂之破老。主人晉裴楷容儀俊爽時
人謂之玉人衛玠亦號玉人又女胥玉潤。南威西子皆美女也。絳樹美女名善舞者今之
妙舞莫巧於絳樹。莫瓊樹辭夜來陳尚衣陳巧笑皆魏文帝宮人絕所

愛幸者皆日夜在側 高手 東平王蒼到國詔遣高手醫者視病 涪翁 廣漢有老父釣於涪水自號涪翁 朝市客 齊言朝市客滄浪余自安 北郭生 後漢汝南廖扶者養志衡門以斧北郭號白北郭先生

【藝文】鴻生俊儒 鴻大也 宵明燭光 舜妃生二女名宵明燭光 蘭儀玉度 婦德也誕發儀光容玉度 蘭 悴族 寒門悴族 閑都子 美女也嫣谷閑都子 風流子 記憶風流子佳情肯自私 宋容華 美女名絕世復有宋容華 嫙女 美女也嫙女之殊麗 蘭茂 美女也蘭茂而繁盛 繽紛子 郎繁華子也豈敖繽紛子良也馬驕輕輿 逢萬人 謂隱士也寧訪逢萬人 鄉耋 鄉老也被鄉耋 風遊 客子 我本遊客子 未亡人 婦人夫死自稱曰未亡人 滯客 久為滯客 臧甫海 獲 奴婢稱也 青衣 婢稱也蔡邕有青衣賦惜其以美貞居賤 金門士 貴客也謙與金門士撫心論冒聽 懷真士 屯有懷真士被褐守沖玄 許遠游 晉高士名許遠游者乃雲

宵之勝賓虛之琴客 太 幽叟 野老也契幽叟 瓠梁 古之善歌者 虞公 古之歌者發聲清哀能動梁塵 宋膺 清歌莫善於宋膺 雍門周 善鼓琴者不能窮其尊貴故論人感孟嘗君君泣下 和 古善吹笛者雖妃之聲無以加也 鮑寇 大寇也累藏鮑冠 逸樂士 政苛則無逸樂之士 三輔盜 三輔盜賊天下危亂 南山盜 盜阻南山為民災 玄通子 玄野子 雕華子 安存子 玄徵子 皆寓言也 玄虛子 寓言也玄虛子耽性沖素雍容方泊 匠冶子 越人聘造劍者 薛燭 秦客善相劍者 風胡子 吳人善識劍者 雖羊 上有雜客客有慕歸心 熊渠子 楚熊渠子夜見寢石以為伏虎射之沒金飲羽下視之其石也復射矢摧無迹濟而見其誠心則金石為之亦穿而況於人乎 姑布子卿 古之善相者 越人 扁鵲姓秦名越人 養由基 善射者去楊葉百步百發百中 祝雞公 仙人也雞陽人居尸鄉北山下養雞百餘雞皆有名呼名即至 九方皐 善相馬者

伯樂之倫 薛翁 善相馬者於趙邦得駿馬騎以入市去來人不見也 路旁兒 古語云殺君馬者路旁兒也謂長吏乗者善其言駈馳不已為觀者快遂至於死 猿鶴蟲沙 皆人死所化也周穆王南征之一軍皆化君子為猿為鶴小人為蟲為沙也 社鼠 喻在君側之小人也

【六朝】江上丈人 江文通江上神女賦曰江上丈人人衛國望燕途歷秦關出宋都 芳華士 芳年華美之士 青軒女 青軒女灼灼 佳麗人 美人也復此佳麗人含情結芳樹 賓御 也賓客 傾城艷 中有傾城艷崔景繡羅紈 麗姬妖嬙 皆美女也 孌童 美貌之童也姿童嬌麗質 佾嫣女 美女也既美佾嫣女 許飛瓊 劉碧玉 古美人名不減許飛瓊絕勝劉碧玉 佳麗子 郎繁華子也 信使 傳信之使也王闓信使斷 遊冶郎 道逢遊冶郎 遊俠子 俠子金羈遊 雲旅 謂徒衆也裴屬雲旅 洛陽兒女 洛陽女兒名莫愁十三能織綺十四採桑南陌頭十五嫁為盧郎婦十六生兒字阿侯 襄陽兒 郎歌銅鞮者服權又閑下知是襄陽兒 幽并兒 善戰者少解孫吳法家本幽并兒又曰命中幽并兒 悠悠子 多謝悠悠子骨窺良 健兒 壯卒也健兒須快馬 六轄 任俠 三河輕薄 任俠稱六輔輕薄出三河 桃李人 喻小人也 流思人 上有流思人懷白望歸客 河北妹 江南女 河北權歌之妹江南採菱之女 東方佳人 絕代而獨立者信東方之佳人 玉堂姬 石室女 皆美女也玉堂之春姬石室之素女 青琴女 青琴美女名歌昌青琴女 人林 人林所聚也冠冕賓人林 坐堂子 千金之子坐不垂堂君為坐堂子 負羈人 自謙也我乃負羈人 魏粲 趙豔 魏趙之美女也魏粲縫衣裳趙女君春歌 白屋士 自謙微賤也余白屋士 園綺 東園公綺里季也園綺隨金轡 蘭蕙客 念此蘭蕙客徒有芳菲質 木蘭 古貞女名代父從軍十二年而歸人無知其為女也後人有木蘭詞序其事樂府名 江南妓 樂府江南思云江南有妙妓時有應潛樞 秦樓女 羅敷也日出東南隅照我秦氏

樓秦氏有好女 自字爲羅敷 黃口 黃口小兒 娟娥 娟娥清唱 婉童 即孌童美少年
也挾彈 婉童爲 劉妙容 字雅華晉吳令劉惠明愛女早世遇 王敬伯於月夜鼓琴悅之出與共撫
遂作宛轉歌臨行留錦卧 具繡香囊幷佩一隻贈之 馮子都 昔有趙家奴姓馮 名子都依倚將軍
勢調笑酒家 壚謂豪俠也 蜉蝣子 言人生不久也不竟 蜉蝣子死朝何欲 城東美少
年洛陽美少年 皆樂府詞言少 年行遊之樂也 少年子 樂府名即結 客少年場
千金客 侈靡千 金客 貴遊子 聯翩貴 遊子 紫玉 吳夫差女也 作詩與韓重 秦
樓婦 羅敷也二八秦樓 婦三十侍中郎 蚑行蠕動 萬物也蚑行蠕 動方聚類分 顏
倫 義和司日 顏倫奉輿 雲客 觀雲客 之暫如 嚴春午子 三人皆古 善吹笛者 逝物
已往之人物也 感逝物而傷悲 雄傑士 即豪傑 之士也 全軀士 重吾之人也 豈爲全軀士
救吾友爭 戰場 紛綸客 謂俗士也隨彼紛 綸客汎汎若鳧鷖 上世士 太古之人 也休誠上

卓氏藻林卷三 人物類 十二

世 士 黎苗 民也育我黎苗 兮降之伊祜 狹斜子 巷居之人也寄言狹 斜子詎知隴道難
唐詩 浪人 放浪之人也 僕本放浪人 荊豔燕佳 皆指美女 也出荊燕 上皇人
太古之人也 何忝上皇人 宦遊人 出仕在 外者 郊童 樵子也郊 童樵唱晚 津叟 漁 翁
也津叟 釣歌還 江童 江童暮 理楫 山女 山女夜 調砧 幽憂子 中有幽憂 子子常寂
寘以 思禪 銅鞮 同是銅鞮雜虜冠 長城胡種名 巢居子 即巢父也鴻荒古 已類譏識巢居子 夸
毗子 便佞夸毗子 榮耀更相持 澹蕩人 猶放蕩也吾 亦澹蕩人 海客 湖海放 逃之客
也海客去已久 誰人測沉冥 天驕 強胡夫之驕子 也天驕毒威武 鴟夷子 范蠡既 雪會稽
之恥乃乘扁舟泛於江湖自號鴟 夷子云何如鴟夷子散髮棹扁舟 中貴 中朝貴人也 中貴多黃金
紫宮女 未央宮一名紫微宮由 來紫宮女共妬青娥眉 失權客 嗟嗟失 權客 胡雛
猶言胡 故也 曠士 曠達之 士也 人吏 人吏侍 施威 五侯客 出入貴戚 家者也

邏人 戍人也邏 人橫鳥道 飛蓬人 有如飛蓬之人 去逐萬里遊 兇渠 賊之 渠魁 沉淪
留滯失意之人也 拜賀明主收沉淪 佁儗人 佁儗固滯貌 知非佁儗人 滄波客 江湖 之客
也一爲 滄波客 胡羯 胡羯仍 搆患 魑魅 喻邪媚人也 魑魅嘯有風 苦節士 嗟彼 苦節
士 烏蠻 嶲州有烏白二 蠻山紫烏蠻濶 燕玉 婦人也燕趙多美人美 者顏如玉故云燕玉老
暖須 燕玉 鶡冠子 楚人隱居深山中以 鶡爲冠莫測其姓名 鹿皮翁 古之隱者 居山中著
鹿皮 爲號 因 避俗翁 陶潛避 俗翁 黃頭奚兒 胡奴也祿山所發 黃頭奚兒日向西
土著 戶口也土著 著還力農 贊普 俗語稱其君長曰贊 普似聞贊普更求親 梟鏡徒 惡
黨也梟食母之鳥破鏡 食父之獸自及梟鏡徒 箕潁客 隱者也 明箕潁客 董嬌饒 古 名
姬也佳人屢 出董嬌饒 驕虜 更催飛將 追驕虜 青衿子 青衿人子之所 服訓論青衿子
南翁 晉初南隱者自号南翁人 莫知來歷南翁已曲醉 白題 胡名西北遠邊 有白題胡入貢

卓氏藻林卷之三 人物類 十三

題額也胡 舞白題斜 驛使 秦中驛使 無消息 地主 即主人也使君 地主能相送 徵君
隱士承徵辟者所稱 也徵君已去獨松菊 遠黎 即遠民也嘉 謨及遠黎 江海人 隱淪 也時
激江 海人 比鄰 比音皮近之鄰也 莫教鷙鳴惱比鄰 詞伯 文宗 之稱 二妙 楨二 容爲
二妙也空 聞二妙歸 豪奪 豪奪吏謂太賈富家豪奪吾民 者也當今豪奪吏自此無顏色 滄浪
客 漂零已是 滄浪客 狼頭 胡虜也燕貊豪奇 相狼頭敢犯邊 俠少年 皆弁俠 少年
豺虎群 喻惡黨也麒麟息 悲鳴愁見豺虎群 紅顏子 寄言全盛紅顏子 應憐半死白頭翁
戎王 單于也萬曰 戎王書稽首 風塵士 風塵之士 深可親 善才 唐美 人名 悲歌
士 燕趙多悲 歌之士 名利客 所嗟名利客 擾擾在人間 白兎公 旧東山人 白兎公
鄭櫻桃 唐美人名也君 王試舞鄭櫻桃 千花妓 舞席千 花妓 濟南生 伏生 名勝
濟南人年九十餘漢文帝使鼂錯往 授尚書儒中年最老者獨有濟南生 玉樓人 花營玉 樓人

子部　第四册

魯諸生魯國諸生南國佳人南國佳人字莫愁西園公子西園公子
名無尚禽後漢逸民傳尚長字子平與北海禽慶字子夏二人相善安得中郎信致書與尚禽
忌姮娥羿妻女也月下嫦娥去下客即謙也芳筵下客吻曳裾客會作王門曳裾客犬
羊君羊祜虜也幽求子別後無限幽求子顏府滑稽雄楊子依隱玩世其滑
稽之雄乎國士論人爲材謂之國士九農以九官爲農正楊柳枝白樂天寵姬能唱楊
柳枝詞因以之爲名水師舟人也釣徒張志和號烟波釣徒酒徒酈食其高陽酒徒也
奚奴李賀出遊常命小奚奴背古錦囊以隨念奴力士傳呼覓念奴月下老主
姻牘赤繩繫足事者鬼妻囚奴以亡人婦爲鬼妻酒民皮日休性嗜酒居襄陽之洞庭湖自
號曰酒民白民媽諦入粟賜爵白民桃葉桃根王獻之二妾名太山小山淮南
小山作招隱士篇楚詞序云小山者淮南八公之徒分造詩賦或稱大山或稱小山如大小雅麗娟漢

漢宮人麗娟唱回風之曲云庭葉落知秋弁髦童子始冠也韓娥韓娥鬻歌假食去既二日
餘響遶梁羊何二人姓也謝靈運與弟惠連登海嶠詩汝見何羊共和之翁仲君何始皇
鑄金人十二名曰翁仲君何解語花明皇指貴妃也太液池千葉蓮
花解語耶徐娘梁元徐妃與帝左右季江通季江曰陽馬雖老猶駿徐娘雖老猶尚多情蒙
莊莊子蒙人也二王謂羲之獻之父子於書法稱大王小王江都王極善書馬者
山主謂山濤王戎也瑤芳淳于棼夢入槐安國王以女瑤芳妻之六郎張易之兄弟內寵朝
廷不名其官呼易之五郎昌宗六郎十郎安祿山謂李林甫爲十郎何郎何晏傅粉郎也
沈郎沈約清瘦也女郎女也烏衣郎江左謂王謝子弟爲烏衣郎天
潢謂王孫國家之派也鴻生鉅學鴻生孤生起自孤生致位郡守後漢張霸海翁海翁
忘機鷗乃不飛海翁易慮鷗乃飛去楚囚晉景公見鍾儀曰南冠而縶者誰耶曰鄭人所獻楚囚也使

稅之與之琴操杜彪梁杜嶷膂力絕人因號曰杜彪張孝康張緬與孝兼刻貞長不覓張孝康
舡同載詣撫軍門儇子鄉曲之儇子謂輕薄兒也君子子謂貴人之子也毛女字玉
姜在華陰山中形體生毛秦宮人秦亡入山食松柏遂不饑寒越女越女天下白紅女紅音
工國夫紅女又錦繡纂組害女紅者也東鄰女楚國之麗莫若臣里臣里之美莫若臣東家之
子相如好色賦紅樓女紅樓富家女綠窗女綠窗貧家女鮑五梁鮑正好交遊
無日不適人語曰無處不逢無處不逢鮑五張五北齊張擢爲豫章王嶷主簿與劉繪俱見
禮接未嘗呼名但呼爲劉四張五也謝五謝靈運以詩稱曰謝五如初發天容四戶思齊
侍呂文顯等四人武帝時爲中書舍人各住一省謂之四戶勢傾天下蘇小齊時錢塘名妓也春
藏蘇小小家亦曰蘇小小若解多情尋小小綠楊深處是蘇家綺皓四皓綺里季絳縣老
絳縣老人曰臣生之歲正月甲子朔四百有四十五甲子矣今盡七十三年也圯上老即黃石公

命張良取履者斲輪老輪扁行年七十而老斲輪香山老唐白居易等九人皆高年不仕
作尚齒會香山九老圖楚丘先生楚丘先生年七十見孟嘗君君曰先生老矣對曰使吾當
諸侯吾始壯也何老之有屠保謂太公爲屠伊尹爲酒家保也廝養廝役養
養馬者曰廝炊烹者曰養五柳先生陶潛宅邊有五柳號五柳先生章臺柳唐妓名
韓翃爲番將沙吒利劫去後復歸翃雲從從去声其從妃雲也賓從賓從雜沓燕雀群
與燕雀爲群鬼躁鬼幽魏管輅曰鄧颺之行步筋不束骨脈不制肉此爲鬼躁何晏精爽烟
浮容若槁木此爲鬼幽皆非遐福之相也三謝謝靈運惠連元暉也右姓名門望族謂之右姓
閨秀顏家婦自是閨房之秀銀鹿顏真卿家僮名鹿者事魯公終身名宿謂門傳
族也朱浮碎召皆州內名宿耆宿太宿望也尹賞所置皆其耆宿齒宿高年舊望也何齒宿
而意之新乎謝康樂謝靈運襲封康樂公故世稱謝康樂南郭先生齊南郭先生不

五〇三

吹竽而食饜窮生曰吾欲一一吹之南郭乃逃 北郭先生 楚聘北郭先生爲曰結駟列騎所安不過容膝遂不受聘 輕客 輕生之客也光武謚兄伯升素結輕客必舉大事 散客 僕散客也 嚴客 尊嚴之客 重客 貴重之客也沛中豪傑聞人不重客皆往賀焉 説客 遊説之客也 懸客 元次山以不飲酒爲懸客 釣鼇客 李白謁宰府板上題云海上釣鼇客李白 珠履客 趙平原君使人於春申君欲夸楚爲玳瑁簪刀劍室以珠玉飾之春申君客三千餘人上客皆躡珠履趙使大慚 江南客 鄭谷詩云座中亦有江南客莫向春風唱鷓鴣 北海客 即孔融座 空客也 座上客 孔融曰座上客常滿 越女 皆天下之女白不如越溪之女皆皆色白也 豪俠 五陵皆豪俠客 高陽酒徒 山簡等號高陽酒徒 漆園吏 莊子嘗爲漆園吏 逋客 北山移文爲君謝逋客 龔鮑 王貢才 優韓鮑 奇衺 邪同周禮官正去其奇衺之民 末士 甲來 通人 博覽古今之人以者爲通人 光妓 謂舞人也光華飾也 梟雄 梟惡鳥雄強也言如梟之強也 篁竹 越南之冠處於谿谷篁竹之中竹叢曰篁 死士 重義輕生之士也 傖父 呉人謂中國人爲傖陸機曰有傖父後作三都賦須或當覆酒甕耳 士謝 謂謝靈運謝脁九日有詩

卓氏藻林卷之三　人物類　十六

人事類

易經 括囊 晦藏其知若結囊口而不露也坤六四括囊无咎无誉 即鹿无虞 逐鹿者必有虞人以導之无導之者必陷於林中爲貪於所求妄爲取困之象也屯六三曰即鹿无虞惟入於林中 或錫之鞶帶終朝三褫之 終訟而能勝之故有錫命受服之象然以訟得之豈能長久故有終朝三褫之象訟上九 履虎尾不咥人 喩處危地而不見傷也履卦辞 包羞 小人志於傷善而未能故爲包羞之象否六三 鳴豫 小人處豫而爲上所寵其志滿極至發於聲音凶之道也豫初六 貞疾 言貞而有疾當疾而不死也豫六五曰貞疾恆不死 冥豫 當豫極之時乃耽肆於豫昏迷不知反者也豫上六爻象曰冥豫在上何可長也 貫魚 謂駢首順序也剝六五貫魚以宮人寵 碩果不食 碩大之果不見食將見復生之理以見君子之道不可亡也剝上九 剝廬 小人處剝極則无所容其身矣小人之窮也剝上九 太耋之嗟 耋与歌同日傾沒也嗟謂悲惧其有將盡之悲也離九三曰日昃之离不鼓而歌則大耋之嗟凶 滕口說 謂滕揚於口舌言說也咸上六曰咸其輔頰舌滕口說也 蒙難 明夷象曰內文明而外柔順以蒙大難文王以之蒙犯也 內難 處其国內以其難也明夷象曰內難而能正其志箕子以之 負且乘 小人宜在下以負荷而且乘車非所據必致見奪也解六三曰負且乘致寇至 羸豕孚蹢躅 羸弱之豕雖未能強猛然其中心在乎蹢躅小人雖微弱之時未嘗无害君子之心姤初六 尚口 專尚其口說也困卦曰尚口乃窮也 震來虩虩笑言啞啞 悲惧驚顧之貌啞啞言笑和適之意言人處震而不敢自安則能保其安裕矣震卦 震驚百里不喪匕鬯 震驚百里人无不惧而能自失者惟宗廟執匕鬯若誠敬而已此則不致於喪失處震之道也震卦 躋于九陵 九陵陵之高者也言震來厲懼不能安而自失故升高避之也震六二 艮其趾 趾動之先也止也之動之初則未矣於止也艮其之艮其趾艮卦 中

卓氏藻林卷之三　人事類　十七

心雖不安之勢薰爕其中心也艮九三

艮其輔 輔言之所由出也艮於輔則不妄出而有序也艮六五艮其輔言有序

敦艮 人之止難於久終能敦厚於守終止道之至善也艮上九敦艮吉

巽在牀下 恭巽之過雖非正礼可以遠耻辱絶怨咎亦吉道也牀下卑者之所興也巽九二巽在牀下吉无咎

來兌 枉己非道就以求說凶之道也兌六三來兌凶

翰音登于天 翰音雞也登于天謂虛声遠聞有言之名无信之実難之道也中孚上九

飛鳥遺之音 謂過之不遠也小過甚

濡有衣袽 濡謂滲漏也舟有罅漏而塞里衣袽慮患當如是也既濟六四

濟其首 既濟之終而小人処之其敗壞可立而待故有狐涉水而濡其首之象既濟上六

類聚群分 繫曰方以類聚物以群分謂事情所向言事物善惡各以類分也

君子之樞機榮辱之主 言行君子之樞机樞机之發榮辱之主也繫辭

辭慙辭枝辭寡辭多辭游辭屈 將叛者其辭慙中心疑者其辭枝吉人之辭寡躁人之辭多誣善之人其辭游失其守者其辭屈繫辭

詩經

懷春 有女懷春當春而有懷也

魚網鴻離 設魚網而反得鴻喩所得非所求也魚網之設鴻則离之

乘危垣望復關 垝垣毀墻也復関男子之所居淫女与人相期故乘以望之也

愆期 過期失時也匪我愆期

磬控 騁馬曰磬止馬曰控

避逅 不期而會也避逅相遇

折柳樊圃 柳柔脆圃物樊藩也圃菜園也折柳樊圃雖不足恃然狂夫見之猶驚顧而不敢越

瞿瞿 却顧之貌良士瞿瞿

蹶蹶 動而敏於事也良士蹶蹶

睘睘 无所依貌独行睘睘

高邁 穀邁往也言衆人同往也

晤歌 与之晤歌晤解也

晤語 可以晤語

晤言 可与晤言也又晤言对言也晤語不知罷

于耜舉趾 于耜往修田器也于往也舉趾舉足事耕也三之日于耜四之日舉趾

譽處 譽豫通処安処也

囂囂 声衆盛也選徒囂囂

莠言 莠醜也莠言自口

洽比 洽合也比其鄰

瀹瀹 相和也

訿訿 相詆也又云務為謗毀也

萋菲貝錦 萋菲小文之貌貝介虫有文彩似錦萋兮菲兮成是貝錦言讒人因人之小過而飾成大罪也

緝緝翩翩 緝々口舌聲翩々往來貌緝々翩々謀欲譖人

捷捷幡幡 捷々儇利貌播々反覆幡々謀欲譖言

驕人好好 驕人著行而得意者好好樂也

勞人草草 勞人遇譖而失度者草々憂也又矜此勞人

雀角穿屋鼠牙穿墉 皆言能致訟也誰謂雀無角何以穿我屋誰謂鼠無牙何以穿我墉

遑息 莫敢遑息遑暇息止

踽踽 無所親之貌獨行踽踽

宮功 宮府之役也上入執宮功

楊園之道猗於畝丘 楊園下地也畝丘高地也楊園之道而猗於畝丘以喩賤者之言或有補於君子也

睠言 睠反顧也言語助辭睠言顧之也

佻佻 輕薄不禁勞苦之貌佻佻公子

搆禍 搆合也我日搆禍

鞅掌 失容也王事鞅掌言事煩勞不暇為容儀也

罪罟 罟網也長此罪罟

戎疾 大難也如羑里之囚

勉勉 猶言不已也勉勉我王

玉女 玉寶愛之意王欲玉女

灌灌 盡其款誠以告也老夫灌灌

詭隨 不顧是非而妄隨人也無縱詭隨

救藥 藥亦救也不可救藥

夸毗 夸大也毗附也小人之於人不以大言夸之則以諛言毗之也

流言 浮浪不根之言也

投桃報李 爲德而人法之猶投桃報李之必然也

中垢 小人之心中藏汚穢也

儀圖 儀度圖謀也我儀圖之

疚棘 疚病棘急也

皐皐 頑慢之意

不造 造成也遭家不造居喪也

嬛嬛在疚 嬛音煢疚病也此君嬛嬛無所依怙之意

鶉之奔奔 刺衛宣姜也宣姜頑非匹耦衛人以爲鶉雀之不若也

桑中 刺淫奔也衛國淫亂男女相奔故作是詩

相鼠 刺無禮也

碩人 莊姜美而無子衛人爲之賦此詩也

蝃蝀 虹霓也刺淫奔之詩

采葛 淫奔者托以行

葛藟 世衰民散有去其鄉里而流離失所者作此以自嘆

丘中有麻 淫奔之詩

遵大路 淫婦為人所棄故於其去也摯其袪而留之亦

褰裳 男女相悅之詞淫女語其所私者也

子衿 亦淫奔之詩小序曰刺學校之廢也

出其東門 人見淫奔之女而作此詩

野有蔓草 男女相遇於田野草露之間故賦其所在以起

興小序曰君之澤不下流民窮於兵革男女失時思不期而會焉 溱洧 鄭國之俗三月上巳之辰采蘭水上以祓除不祥此士女淫奔者自敘之情也 蟋蟀 唐俗勤儉故其民閒終歲勞苦及其歲晚務閑乃敢相與燕飲爲樂而相戒也 采苓 刺所讒也 宛丘 國人見此人常遊蕩於宛丘之上故敍其事以刺之 墓門 刺人之無良也 月出 男女相悅而相念之詞 株林 刺靈公也淫乎夏姬朝夕不休息焉 澤陂 與月出相類亦男女相悅而相念之詞也 素冠 刺不能三年喪也冠祥則冠之禫則除之今人皆不能行三年之喪矣當時賢者庶幾見之故至於憂勞之甚也 九罭 東人喜得見周公而作也 沔水 憂亂之詩 黃鳥 民適異國不得其所故作此詩又哀三良之殉者也 巧言 大夫傷於讒無所控告而訴之於天也 小明 大夫以二月西征至於歲暮而未得歸故呼天而訴之也 青蠅 刺讒也王好所讒故以青蠅飛声比之 都人士 亂離之後人不復見昔日都邑之盛人物儀容之美而作此詩 采綠 婦人思其君子而作也屋曰刺怨曠也幽王之時多

怨曠者也 隰桑 喜見君子之詩 白華 幽王娶申女以爲后又得褒姒而黜申后故申后作此詩 緜蠻 此微賤勞苦而思有所托者爲鳥言以自比也 伐柯 此美周公也東人言以比平日欲見周公之難也

書經 靜言庸違象恭滔天 靜則能言用則違背貌若恭而內有滔天之惡也指驩兜堯典 嚚訟 嚚謂口不道忠信之言訟爭辯也言丹朱堯典 方命圮族 謂方逆上命敗壞族類指鯀也堯典 殂落 死也殂魂歸於天落魄歸於地帝乃殂落舜典 滿假 滿足也不自滿假禹 枚卜 歷卜之也禹曰枚卜功臣 昆命元龜 昆後也官占惟先蔽志昆命於元龜禹 滿招損謙受益 滿招損謙受益時乃天道 苗之有莠粟之有秕 肇我邦於有夏若苗之有莠若粟之有秕言鋤治鏟揚有必不相容之勢也 惛淫 逸樂也凡我造邦無即惛淫 三風十愆 制官刑儆于有位曰敢有恒舞於宮酣歌於室時謂巫風敢有殉于貨色恒於遊畋時謂淫風敢有侮聖言逆忠直遠耆德比頑童時謂亂風惟茲三風十愆 豫

怠 逸豫怠惰也王懋乃德視乃烈祖無時豫怠湯 小人之攸箴 小人以言而箴規於上者也無伏小人之攸箴 逸言 過言也罔有逸言 險膚 險詖膚淺之說也今汝聒聒起信險膚 聒聒 讙譊多言也見上 作勞 不絶九爲勞苦之事不暋作勞 燎原 若火之燎於原言事勢之盛也 浮言 誇言也胥動以浮言 逸口 過言也其發有逸口 貫盈 商罪貫盈貫通盈滿 顛隮 顛隮隕墜之事 玩人喪德玩物喪志 也玩人謂狎侮君子玩物謂耳目玩好也 爲山九仞功虧一簣 不矜細行終累大德爲山九仞功虧一簣 穆卜 穆者敬有和意猶言若卜也我其爲王穆卜 小腆 謂小厚之國也殷小腆 爽惟 明思也爽惟民迪吉康 瑕殄 瑕玼而弃絶也不汝瑕殄 土物愛 勤稼穡服田畝也我民迪小子惟土物愛 嗣爾股肱純其藝黍稷 純大也此武王教沬土之民 肇牽牛車遠 服賈 肇敏也肇牽牛車遠服賈用孝養厥父母 遐逖 遠居也移爾遐逖 幹止 幹事止居

也尚寧幹止 譸張 誑誕也民無或胥譸張爲幻 邁迹 超邁其迹也邁迹自身 離逖 離遠也離逖爾土 席寵 憑藉光寵也席寵惟舊 暑雨祁寒 祁大也夏暑雨小民惟曰怨咨冬祁寒小民惟曰怨咨自傷其生之艱難也 截截善諞言 截截辯給貌諞巧言也

左傳 保首領 善終也得保首領以沒 違言 以言相違恨也鄭息有違言 噬臍 以口齧臍腹不可及矣後君噬臍其及圖之乎 宴安酖毒 宴安之禍其毒如酖也宴安酖毒不可懷 輔車相依脣亡齒寒 輔頰也車牙車也言輔車相依脣亡則牙齒寒也喻也交鄰國也 蜂蠆有毒 言至微之物而能螫人不可輕視也蜂蠆有毒而况國乎 就木 而死紙諸棺也則就木焉 即聾從昧與頑用嚚 就其耳聾者從其目昧者與其心頑者用其口嚚者即聾從昧與頑用嚚姦之大者 距躍曲踊 皆勉勵而爲之者距躍距地而前超躍越物而過之曲踊跳踊也以君之靈不敢辭也距躍三百曲踊三百自猶勵也 東道主 東道

之主人也鄭在秦東故云舍鄭以為東道主 墓木拱 合手曰拱爾墓之木拱矣言必期將至也

掩義隱賊 有義之人則掩蔽而不用賊盜之人則隱庇而必用 靖譖庸回 安於讒譖用其邪回

服讒蒐慝 常行讒疾而蒐索他人隱微之慝 宣淫 宣示淫亂之事公卿宣淫

河魚腹疾 溫病也河魚腹疾柰何 貪惏 惏音婪亦貪也讒慝貪惏 雖有絲麻

無棄管蒯 雖有姜姬 無棄蕉萃 管蒯草名亦可為布姜姬大國之女蕉萃音憔悴賤陋之人言雖有絲麻精細之物而粗物亦不可棄雖有大國之女而蕉萃亦不可棄喻物當兼蓄以備不虞也逸詩

瓊瑰 魯聲伯夢與巳瓊瑰食之三年而死 不辨菽麥 言愚也周子有兄而無慧不能辨菽麥

息肩 息子駟欲避楚役猶負重者之息肩也子駟請息肩於晉 狐裘羔袖 以狐為裘至美也以羔為袖則有可惡喻事不能盡善也 區區 猶言不足道也宋國區區

存居 栖聚而居也存秩存居 生死骨肉 極言受人之恩謂已死復生白骨更生肉也所謂生死而骨肉也

疾疢藥石 常志相順從猶疾疢之為害常志相違戾猶藥石之療病臧孫曰季孫之愛我疾疢也孟孫之惡我藥石也疢疾不如惡石

松栢之下其草不殖 言草處松栢之下必不生長言物不能兩盛也 燕巢於幕 言至危也夫子之在此猶燕之巢於幕上

穮蔉 穮音標蔉音袞穮除草也蔉壅田也譬如農夫是穮是蔉雖有饑饉必有豐年 錐刀之末 喻至細微之事錐刀之末將盡爭之

末大必折尾大不掉 掉動也木末大者必折其本獸畜尾大者必不運掉 末減 末薄減輕即寬宥也不為末減 黷貨 數求貨賄無厭也黷貨無厭

糞除 糞掃除治也糞除宗祧以事君 封豕長蛇 貪暴如大豕長蛇也吳為封豕長蛇

三折肱知為良醫 三折其臂歷病痛多者然後深知為良醫療病之法 不憖遺 憖且也孔子卒公誄之曰旻天不弔不憖遺一老謂不且遺留此一老也

厲劍 謂磨厲其劍欲有報 執紼 送葬者必執紼不得助執紼也

禮記

幼學 人生十年曰幼學 弱冠 二十曰弱冠 強仕 四十曰強仕謂始命之仕也 服官政 為大夫以長人與聞邦國之大事也五十曰艾服官政艾謂髮蒼白如艾之色也

指使 不自用力惟以指意使令人也六十曰耆指使耆者稽也久之稱 悼耄 八十九十曰耄耄謂昏忘也七十曰悼悼謂憐愛之也悼與耄雖有刑法亦不加焉

期頤 百年曰期頤蓋人壽以百年為期飲食居處皆待養也 側席 有憂者側席而坐謂偏設席變於正席也

專席 有喪者專席而坐謂不與人共坐也 春不相 相者歌以助春也鄰有喪春不相

不共戴天不反兵不同國 父之讐不共戴天謂不與共生也兄弟之讐不反兵謂常以兵器自隨也交遊之讐不同國謂弗與共處也

問禁問俗 入境而問禁入國而問俗慮得罪於君也慮得罪於衆也 墓有宿草 草根陳宿是期年之外矣朋友之墓有宿草則不哭

狐死正丘首 丘者狐所窟藏也其首以向丘不忘本也死猶正首也 戎首 為兵戎之首也

加諸膝墜諸淵 今之君子進人若將加諸膝退人若將墜諸淵

敝帷埋馬敝蓋埋狗 仲尼之狗死使子貢埋之曰吾聞敝帷不棄將以埋馬也敝蓋不棄將以埋狗也

蠶則績而蟹有匡范則冠而蟬有緌 匡蟹背也范蜂也絲之績者必由乎匡之所盛然蟹之有匡非為蠶之績也為背而已首之冠者必資乎緌然蟬之有緌非為范之冠也為喙而已喻人事各有所為不為也

紕繆 紕音丕紕繆一物也

固願聞名於將命者 其必固陋也願見君子其辭之某固願聞名於將命者將命者通賓主之語

罕見 不相見也罕見曰聞名也 呻其佔畢 呻吟諷之聲也佔視畢簡出入之人其教人者但吟諷其所視之簡不能通其蘊奧

燕僻 燕遊邪僻必惑於外誘燕僻廢其學

游言 無根不定之言也大人不倡游言 毀方瓦合 圓剖而為四則方而復合之剖方圓之事其初則蓋欲其圓以為方合其方而復圓蓋於從容之中未嘗無分辨之意也儒有毀方而瓦合

規為 作為也其規為有如此者 不隕穫於貧賤不充詘於富貴 隕穫困迫失中

之親充詘者樂失節之親相詬病謂衆相詬也今衆人之命儒也妄常以儒相詬病瑕不掩瑜瑜不掩瑕瑕玉之病也瑜玉中間之美者言美惡自明不能相掩也周禮皐通皐盛也商賈皐通貨賄飭化飭致力攻治也化因形移易也百工飭化八材國語衆心成城衆口鑠金衆心所好莫之能敗其固如城也衆口所論雖金性堅剛尚為銷鑠其言讒人之言易使人惑亂也人犧人將見殺有似於犧也人犧實難閒燕清靜也昔聖王之處士也使就閒燕蝎譖蝎木蟲也譖從中起如蝎食木臚言傳言也風聽臚言於市謂采聽商旅所傳善惡之言焚穀穀人所仰以生者也而焚之是自棄也若棄而棄之是焚穀也延譽延陳也延君譽於四方文揚其聲名也歿而不朽其言立於後世可謂歿而不朽蝸蛾蜂蠆蝸蛾蜂蠆皆能害人況君相乎歸骨若將歸骨於楚老子挫銳鋒而無丰角解紛即解爭也謂處紛擾之中而秩然有條也利器謂人世便利之用也莊子掄

掄枋掄突也蜩鷽奮起而飛突至掄枋之上不過數尺之高有時猶不能至而笑鵬搏九萬里之風而南徙於天池矣以用也此謂淺見之人不知世界之許大也鷦鷯一枝偃鼠滿腹鷦鷯巢於深林不過一枝潛伏之鼠飲于河不過滿腹言其有以自足也瓠落淺而大之貌瓠落無所容蓬艾間喻物慾障蔽而不知有天也夫三子者德在乎蓬艾之間蛇蚹蜩翼蜩既化而蜩翼猶存是其蛇蛻也吾待蛇蚹蜩翼耶坐馳身雖坐於此而心馳於外也鼠肝蟲臂言至小之物也以汝為鼠肝乎為蟲臂乎茅靡茅音類茅靡拉扱也因以為茅靡波流奔蕩也即荒蕩之謂風波言為世故所役而不自定循風波然也我之謂風波之民託宿與投宿於人家也浮休其生也若浮其死也若休即死然無著之息聖人也管闚錐指用管闚天用錐指地言不足以測其高深也留骨曳尾吾聞楚有神龜死已三千歲矣王巾笥而藏之廟堂之上此龜也寧其死為留骨而貴乎寧其生而曳尾於塗中乎二大夫曰寧生而曳尾於塗中也

褚小懷大綆短汲深褚布袋也綆汲井繩也褚小者不可以懷大綆短者不可以汲深譬力小者不可以任大之意款啓小孔竅也言所見之小也載鼷車馬樂鴳鐘鼓畫鼷以車馬樂鴳以鐘鼓彼又惡能無驚乎哉喻寡聞之民吾告之以至人之德彼安得不驚疑自惑乎識當時學者所見之小而未知乎大道也土梗言得其粗不得其精也吾所學者真土梗耳委和委衆也陰陽咸和而後物生故曰委和生非法有是天地之委和也解天弢墮天袠謂人之死也弢藏之物也袠囊也愚惑之人於生歿之理猶有所包裹而不明能知覺則解其弢而墮其袠矣墮落也棄之也鍛鉤鍛鉤者老而精絕至於無毫釐之差言其巧也奔蜂化藿蠋越雞伏鵠卵奔蜂小蜂藿蠋豆中大虫也越雞小雞鵠亦大鳥也奔蜂不能化藿蠋越雞不能伏鵠卵言力量小者不能點化人也伏覆也吹劍以劍首而吹之則吷而已全無聲也謂有道之前雖說理亦無所容其聲也沉屯謂陷溺險難也轍鮒轍中有鮒魚焉乃失水將死者

魚也喻人之失所流離者鮒水魚也避席避竈所以敬之也舍者避席煬者避竈爭席不知其可敬也舍者與之爭席貧病原憲曰無財謂之貧學而不能行謂之病今憲貧也非病也上壽中壽下壽人上壽百歲中壽八十下壽六十料虎頭編虎須言蹈危也孔子見盜跖料虎頭編虎須幾不免虎口料音聊即撩也編音編即辮也屠龍朱泙漫學屠龍於支離益單千金之家三年技成而無所用其巧喻道之廣大而未遇賞所施也千里不留行臣之劍十步一人千里不留行謂十步與一人相擊輒殺之故千里不留於行也即橫行天下苞苴饋遺也小大之智不離苞苴竿牘此皆褻淺不足道之事泠汰即灑落也泠汰於物以為泠然而縣汰於物無拘礙列子頹息子貢倦於學而求所止之地也息止也正夢夢也走兆之省合也歸宿噩夢驚愕而覺者也思夢因所思而成夢也寤夢夢時見覺時夢也喜夢因所喜而夢也吟嘆也兼語貫虱紀昌學射於飛衛懸虱於牖望之三年之

後射之貫亂之心。滴滴 哀落之貌若何滴滴去此國而死。亾羊 大道以多歧亾羊學者以多方喪生。伐梧 鄭人有枯梧樹其鄰父言枯梧不祥乃伐之鄰父毋請以為薪其人乃不悅曰鄰人之欲為薪而教我伐之也言世情公私之難明也。竊鈇 人有亡鈇者意其鄰之子視其行步顏色言語皆竊鈇也俄而得其鈇他日復見其鄰子動作態度無似竊鈇者此即言疑心生暗鬼也。見金 齊人有之市攫其金而去者吏捕得之曰取金之時不見人惟見金。

【楚辭】窘步 窘急也唯捷徑以窘步。貪婪 衆皆競進以貪婪愛財曰貪愛食曰婪。冉冉 冉冉漸也老冉冉其將至。鞿羈 馬繫之具也以馬自喻言為人所繫累也。九死 九數之極甚言無一生雖九死其猶未悔。溘死 溘奄也奄然而死寧溘死以流亾。謠諑 毀譖也。延佇 長立也佇或立也又延引頸延佇乎吾將反。離尤 被禍也進不入以離尤。佻巧 輕佻巧利也余猶惡其佻巧。藑茅筳篿 藑茅靈草也筳小折竹也楚人名結草折竹以卜曰篿索藑茅以筳篿。服艾 艾白蒿非芳草也而佩服之猶親愛佞也戶服艾以盈要。

卓氏藻林卷之三　人事類　二十六

蜷局 詰屈不行貌。夷猶 猶豫也君不行兮夷猶。目成 謂睨子相視以成親好也忽與余兮目成。巧拇 言巧於貪求也穆王巧拇。僂媚 輕利氣佞之貌。九折 九折臂而成醫言更歷方藥乃成良醫也。懲羹吹齏 懲羹熱而人歠羹而太熱後見齏猶恐其熱而吹之。釋階登天 人欲登天而舍其階梯知其無由而登矣。儃佪 不進貌。橫奔失路 妄行違道之譬也。躞蹀 行貌亦謂讒佞之人進也衆躞蹀而日進。汩徂 汩行貌徂往也汩徂南土。省想 聞見所不能接但可省記而思想者也。傾寤 傾側而寤覺悟也。迫阨 悲時俗之迫阨。卜居 謂卜其居俗何所宜行也。端策拂龜 端正策蓍莖也正之拌以筮也龜底殼也拂之拌以卜也。悃悃款款 悃款苦誠貌勤。哫訾栗斯 哫訾以言求媚也栗斯詭隨也斯語辭。喔咿嚅唲 強欲笑也嚅唲音儒兒。突梯滑稽 突梯滑澾貌滑稽圓轉貌皆圓轉隨俗之意。脂韋 脂肥澤韋柔軟也如脂如

韋言滑柔以從俗也。與騏驥亢軛 騏驥與賢才齊列也抗軛舉也軛車轅前衡也。與黃鵠比翼 黃鵠喻逸士比翼並有也。瓦釜雷鳴 瓦釜無聲之物雷鳴謂為奴姓之聲喻讒人鼓誇以驚衆也。溷泥揚波 稍隨汙俗之流也。餔糟歠醨 餔糟歠醨同醉人之事也糟醨酒滓也。任攘 任邁貌世之任攘此。塊獨 塊亦獨也塊獨守此無澤。圓鑿方枘 言圓穴而方木納之必不可入也喻邪正所務不同邪佞在前忠賢何由能進也。相者舉肥 相者見肥者則舉之言不足知人也。黕點 黕垢汙沾辱也或黕點而污之。漭洋 浩蕩不遇貌漭洋而不遇。怐愗 音溝茂愚也怐愗而自苦。招魂 古者人死則使人升屋以招之荊楚之俗或以施之生人宋玉閔屈原魂魄離散故作招魂欲以復其精神延其年壽也。抱景 無耦廓然獨抱形景而立也。穢累 俗累也除穢累而反其真形又蟬蛻棄穢累。竄端匿迹 竄端謂藏其端緒不使人少見也匿迹謂隱秘其蹤迹也。發矇 謂開其矇惑之心也。縱火秋蓬 言勢不可救也制也。

卓氏藻林卷之三　人事類　二十七

委塵 委棄於塵埃也。蓼蟲 蓼蟲不知徙於葵菜言食苦惡不知徙於甘美以喻不能安志易行以求祿也。孤雛吟高構 言孤雛早失其母孤居吟於高構之上以喻已失其所恐顛仆也。塊鞠 言孤獨無耦塊然鞠訇也。逢紛遭 逢紛濁之世也。方圓殊合 方與圓其性不同。鉤繩異態 鉤曲繩直其態異而不可合也。折銳摧矜 折我精銳之志挫我矜誇之心以與俗人更相沉浮也。嫠讆 不訴之語也而妄讆讆猶譫譫言指欺於佞也。

【漢書】已事 謂已往之事也。踵故 踵猶躡也言承躡故事也。踵武 謂躡近者之遺迹也。尋繹 尋繹謂抽引而出也。醜詆 毀辱也。殊尤絕迹 尤異也。瘦死 獄囚以飢寒而死故曰瘦死瘦病也。資身 無資身之業。委命 委命下吏。角材 角較也競也角材而臣之也非親。自負 負恃也獨自負善。埋名 沒名謂身沒而名沒也。徼名 徼與要同。劇名 劇名揃劃其名也。釣名 釣名於細君

釣取也言若釣魚之謂也　照耀者以是非也明其是也　采名采取声采譽也即采名也　采榮取名也文選一曰四皓采榮於南山一曰榮草木之英以充王名采譽也　猜禍猜疑作禍害也　狂易謂病狂而變易其常也　靡薄靡散薄輕也世俗之靡薄　愁健羨貪欲也謂奮起欣慕也不見可欲使心不乱是去羨也知其雄守其雌是去健也　衒鬻行賣也　詩讟詩或乱也讟污也讟與慢同　嫈倿諂言也　詭正詭違也正非常也　白過舍昭上之白過也　孰惡孰成也季氏之惡已孰而孔子之聖方盛　自點點污也以千數　兇頼兇無也無可恃也一曰無利入於家財一曰狡很為無頼　畢節未嘗自點以發笑而下意以求食也　每生每貪也每生作　武斷武斷也恃其饒富而擅行威罰以武斷於鄉曲　圍奪圍謂禁守其人也圍奪成家者為雄傑　椎埋謂椎殺人而埋之也椎埋為姦　搏權謂搏擊權勢取人物者也　推剽剽劫之也　熱情謂不安不敢以熱

情見其逮考年其逮考也逮及也　呼暴不勝痛呼暴之声也　譸服號咷也服罪也　姍笑姍古訕字笑也　禁吟雖禁不吟而笑也　剽疾楚人剽疾　細娛玩細娛而不圖大患　主臣懷恐之臣也猶今之言惶恐也主臣服也　霽威霽止也為霽威　湯墜失遷而倒也陽醉湯墜　蠹伏中皆奄伏氣也　霧索索搜而搜也　乳臭口尚乳臭也　語次從容語次也　質語朋宴時共語也　參語三人共言曰參語　屛語屛人而私語也　訞語猶訞詈也　飛語誹謗之語無根而至者也　揚語揚謂宣揚之　耳語用耳小語也　語塞塞不行也　箝語謂箝其口不听　讙言秦言也　隊言隊猶失也　食言終為不信弁其前言如食而盡　謳言公言也　款言款空也款言不听　密言見密言之謂　奕言奕差也奕言　瞢說言不中道若瞢說無目之人也　漂說浮說也　關說謂因之以關通也

而通其詞說亦如行者之　曼辭曼美也　劇說劇疾也楊雄口吃不能劇說也　流議流末流猶言餘論也　詭辯詭違也謂違道之辯論也　專對謂見問即對無所疑　廉問廉察也　無誰語言無相知之人誰可告語　游學遊學　顓門自顓門名家學　緣飾吏事緣飾以儒術謂如衣加緣飾　左道謂邪僻不正之道以乱政者　都授大講授也　佽健佽助強健也　請寄謂以事私相託也請寄無所听　内謁猶今之通名也内謁徑入　謁歸謂請歸也　左顧謂顧社　臨況況賜也　郊迎迎於郊界之上　間使間私也使人而行也　問遺謂何使問　不聞問無善声也數年不聞問　折逆折挫抑也其人如此　謂餉饋之礼也　殭饗自愛欲其慎　殭飯即殭飯　緩急急非有益也緩亦事機也　亢禮　趨和趨和承意　同比比類也　媟黷媟狎也黷也

垢濁也　推謝推折而謝也　吐棄必畏惡吐棄我也　觖望觖怨望也謂相觖望也　睚眦睚眦舉目貲也　機陷機發也陷穽也為之机陷　排擠排擠墜也　擯轢宗室擯轢也　輕棄　抵牾不合也　枝柱不順從也　詆媿　詆挫毀折也　訾毀以言相毀　就讒　適觖謂挑發之也欲以揚我德　纏責長吏諸責也　質責質對　短惡惡也短失過也　婚媾夫婦曰婚媾　相駮謂執意不同猶如色之間雜也　乘間無事之時為空隙　引繩引繩以彈排根格之也　易與漢易與耳輕之之詞　衆讙謂諠譁也　游娟游娟富貴　刷恥刷謂拭除之以改行　追趨追逐之也　相　重累相重也　佃作方佃作治田也　農殖可以食之物　火耕水

耨 薅草下水種稻草與稻竝生因悉芟去復相與庸輓
輓犁 勤輓引也
力本 謂勤行於農桑也力本任賢
振業 振業貧民謂振起之令有業也
生產 產業也不事家人生產也
創懲 創懲艾也
跕危 跕臨也欲墜之意也
次舍 止息之処也
頓舍 頓止舍息也
休舍 休息也舍屋舍也
平行 在道無冠難也
通行 通行無所累也
留行 留止也兵不留行言無所稽留也
循行 循行遣都吏也
羸糧 羸擔糧也而景從
寖尋 寖漸也尋就也即遽遷而來也
狂趭 趭奔走也趭音醮
橫厲 厲度也
蹊路 蹊步道也蹊音係下者也
從路 從次止也又徑路也
至質 質信也謂所期也
約處也不至
涉濟 淺曰涉深曰濟又涉以人馬濟以舟楫也
夷逸 言竄於夷而
質引軍空還
道逸
卬邸 卬邸父客也
避宅 有吏事避宅謂不居其家潛居於東西也
屏居 屏隱也
介居 介隔也獨介居河北
按堵 言不遷動也民皆按堵如故
病屏居

屢薄 薄迫也冬則為風寒之所屢蹶
不諱 言死不可復諱也
請疾 請問也嘗請疾
未瘳
瘛瘲 瘛音充制反瘲音子用反小兒病也
倚廬 倚廬結以倚廬行服三年也謂無楣柱
儲胥 儲峙胥須也言有所須也以待所須也
芟牧 民芟草以牧其中也謂牧畜也
萌起 謂事之始生如草木之萌芽也
鏡考 鏡以鑒照考之考校也
丘累陵聚 所積多也
狼顧 狼性怯走喜還顧故人之多顧者稱狼顧
建瓴 居高屋之上建瓴水也言其向下之勢易為也
轉圜 言從諫若轉圜言其順易也
綴旒 君若綴旒言為下人所執隨人東西如旌旗之旒隨風動搖也
銷萌 銷遏逆亂使不得萌生也
累卵 言其危也
摶景 摶擊也摶景言不可得也摶入之陰
破碎 而破碎也危於累卵
收電 去至如奔風收電
附驥 喻言託驥之尾以涉千里
拊翼 喻言將且則鼓翼而鳴也拊翼俱起
羈鎖 羈繫名之羈鎖言如馬羈之係紲也
媒蘖 謂醖釀成其罪媒蘖其短也
羈縻 羈馬頭絡也縻牛引也以喻牽制之義也
齮齕 齮齕若齒齧也齮齕者

用事者言食害人者也
翩翔 言來去如鳥之飛任其所息也
戴盆望天 言頭戴盆何以望天望天則不得戴盆戴盆則不能望天言事不可兼施也
梟笑鳳 以鳴梟而笑鳳凰
蝘蜓嘲龍 執蝘蜓而嘲龜龍
逐麋 逐麋之狗當顧兎耶言所求者大不顧小也
轅駒 局促如轅下駒言不得舒展也
魚肉 以比魚肉而食之者也
旁午 一縱一橫為旁午猶言交橫也使者旁午
嘷譟 在大嘷譟於東星
震讋 震動讋失氣也群臣震讋
蹂躪 蹂躪謂踐轢也百姓奔走相蹂躪
崔隤 崔隤時不再
嗟嗟 群生嗟嗟豐厚之貌
蹐蹐 持整之貌
籍籍 籍籍猶紛紛也喧聒之意
卒卒 無暇促遽貌卒卒無須臾之間
喁喁 衆口向上也天下喁喁引領而歎
曄曄 盛強貌
咢咢 直言
屑屑 猶切切也凡所為屑屑
顒顒 行步安舒貌
諸吏
雞口牛後 為雞口無為牛後雞口雖小猶能進食牛後雖大乃出糞也言寧為雞口
恫疑虛喝 恫疑恐懼貌虛喝喘息亦懼貌

恫疑虛喝驕矜而不敢進又曰虛喝謂虛詞可畏也
一飯德 一飯之德必償
睚眦讐 睚眦相嗔怒而露齒也睚眦之讐必報言雖一舉目而怒者亦報之
從死 殉葬以人從死也秦法君
慓悍 慓悍疾勇也
禍賊 禍害而殘賊也謂項羽為禍賊好
枝梧 將卒皆慴服莫敢枝梧小柱為枝邪柱為梧謂諸
無行 謂無善行也韓信家貧無行也
喑噁叱咤 喑噁懷怒氣叱咤發怒声也項羽喑噁叱咤千人自廢
強劫 劫威勢劫之也
搤吭拊背 搤同扼吭音剛咽也搤天下之吭而拊其背也此亦搤天下之吭也
金注 射而賭物曰注以金為注則愛心重矜惜也
區脫 天子之越境
抗衡 衡車上橫木言兩衡相對拒不相避下也天子抗衡
面謾 欺誑也
德色 自矜為恩德也借父耰鋤慮有德色
坐不垂堂 垂堂堂邊也坐堂邊恐其有墜家累千金坐不垂堂
擁篲 擁持也篲掃帚也
迎門卻行 謂出迎於門為之掃地以衣袂擁篲而卻行恐塵之及長者所以示敬也高帝入朝太公太公擁篲

鬼所知行物故謂敬也言其同於鬼物而故也言其所服用之物皆已故耳一曰不敬
發蒙振落如發去物上之蒙振落木上之葉宜取之易也留落不偶謂遲留零落不偶
偶合諸宿將常留落不偶析秋毫析事如秋毫白物毫芒至秋皆尖細言見其細也三人言
雞卜其法用雞一狗一生祝願訖即殺雞狗煮熟又祭獨取雞兩眼骨上自有孔裂似人物形則吉
不足則凶今嶺南尚行此法也角抵魚龍曼延皆武帝所作戲名游俠立氣
威福結私交以立強於當世者謂之游俠謂輕剽重義如荊軻豫讓之流汲引猶如井中汲水
引之而升也活蟣蟣音妹郎汚穢也汚蟣宗室以內亂之惡謂淫亂之事鏡見猶鏡之鑒
察也天因行尸此天四行尸命在漏刻言人雖生猶死也偃蹇驕傲貌閒語閒就
暇時說話也落落猶疏闊也落落離合也負負猶言負罪負罪投劾投上也案罪曰劾謂
上狀自劾假息假權也猶言苟延視息假息之義故得延命假息款曲與人不周旋貌
有過也

款曲臨命臨將終命之時雄張張音帳爲大也委隨委曲隨從也遲留遲緩
淹留管見如其管穴所見謂言事者所見不遠猶以管窺天之意而荒頓
也荒蕪也頓壞也田廬取其荒頓者風角角隅也謂候四方四隅之風以占吉凶也候九宮風角
上第上等第一高者稽留謂稽留滯也伏疾任身也隱伏之疾霧露之疾
言幽於深宮如霧露之遮蔽不覩天日皇太后幽閉深宮如有霧露之疾氏鳥張如鴟梟之張言詐妄大
張人也鴟張大語爲虎傅翼傅作附著也無爲虎附翼入邑擇人而食逆見猶言
豫料落度不得志貌報讐謂報讐讐也名論名譽論議名論素輕負人今自白
也望猶言虛名也取其所先白望而後實事城狐社鼠喻小人假借威權以興事者也淺
扃扃猶戎之關扃也致遠蓋非淺扃所量恩紀言恩意記念收錄無恩紀人也星發
猶星速電赴之義星發所專[illegible]疲喝疲勞喝鳴者也清議清議鄉論收齒收采取也

齒記錄也草竊草野中竊盜也人隱謂民之憂戚人隱也勤恤跋涉草行曰跋水行曰涉
二日不由蹊遂而行曰跋涉（文選）蠢蠢蠢音春有眩耀猶惑亂也以誑衆人之所眩曜
悸誨悸悸勉誨教也悸誨之故老方軌並跡猶言齊駕也裨販買賤賣貴以自裨益
裨販夫婦寅眩謂欺惑人也擊鐘鼎食連騎蜀氏以胃脯而連騎質氏以洗削而
鼎食張里以馬醫而擊鐘鼎食吞刀吐火奇幻之術也嗟䶩節小
皆言由賤而致富貴也
也獨倚齒以齷齪末學膚受末學謂不維根本膚受謂皮膚之不經於心胸吮咶喧嘩
之聲也吮聒宇宙埒名言名聲相等也卑鄭埒名翕習威盛貌翕習過庭涉獵經過
也涉獵家廓遷引貨出曰遷貨入曰引五術貨殖既遷既引任俠以義示人人皆信之曰任
輕生重義曰俠俠之靡靡結也輕訬輕薄人也輕訬之客聊浪放蕩也行睨行視
也翹視釣鯉射鮒鯉大魚鮒小魚也言臨河而釣鯉射鮒者見射小魚於井谷必小之雖得
乎行睨

臨河而釣鯉無異射鮒於井谷喑嗚彎弓音蔭護今悲怒未發也喑嗚則彎弓棘林螢
耀尋木龍燭言小明不可與大照比也尋木長千里
螢耀而與夫龍燭也龍燭鍾山神也小大之相絕亦猶棘林懸解桎梏懸解謂縱逸性之未放者也桎梏謂械杻形之末拘者也
否泰之相背亦猶帝之懸解而與夫桎梏之疏密也睚眦睚眦怒也睚眦則挺劍音鮮豸瞋目
劍孟浪孟浪鄙野之語也辯囿言辯者多辭如苑囿之有草木繁也樵蘇樵取薪蘇取
新蘇草也樵蘇作而無忌質劑謂兩書一札而別之也又大賈曰質小賈曰劑質劑平而交易
不讐邪而豫賈物之不中於市者皆不賣於市此謂不讐邪物有定價不使乘時射利此謂不
豫賈豫誑也賈賣也英辯英俊辯榮枯聽繆次第謬言也無醇聽厚之醇言
豢入於我聽也春雷發響而驚蟄飛鏡潛龍浮天而幽泉高
鏡謂開教言而啓我心如春雷方震而蟄蟲皆動潛龍升天而光彩高照於幽泉之下也鏡照也

蘇世明悟世事也非蘇世而居政齊給也辯説抃舞莫不抃舞乎康衢校徹
謂出校隊而徹也誇詡詡大也奢麗誇詡童黃猶彷徨也彌文謂彌加文飾而不合
禮也豈或帝王之彌文哉伎儀有伎欲逞曰伎儀優渥優樂渥厚也彼何生之優渥言人樂
何厚也陋質自識也托非薄之陋質隨落墮癈也名濯以墮落連雞蘇秦之弱於諸
侯諸侯不可一猶連雞之不能俱止栖也連雞互而不栖踟蹰緩步不進之貌閑宴清閑安息
瞜睒音遲掩即眩惑於人也傲睨莊子傲睨於萬物自覚縱不正之貌擯落謂被斥擯
而飄落也擯落江山四運代序萬物廻薄言四時代為節序而萬物遞相遷迫也
出塋入歿言貪欲之人出精魄是入歿途也徜徉猶俳徊也謂盤旋不定意徜徉中庭
狥財狥名貪夫狥財烈士狥名曲身從物曰狥繫俗謂繫累於俗也愚士繫於俗蔕芥
疑蔕於物也細故蔕芥細故狹小之人也見上惑惑迫於嗜欲也衆人惑惑代越

卓氏藻林卷之三　人事類　三十四

思古古詩云代馬依北風越鳥巢南枝言懷故土也懷代越之悠思委離久也即委棄離別也靈
祀即長年也喧卑喧囂而卑陋也歸人家之喧卑遘愍遘遇愍亂近謂遇凶亂也炯戒
炯戒也又申之以炯戒孟晉即猛進二字義虛徐狐疑也承靈訓其虛徐屯邅蹇
連皆艱難也試象以喻竭力也躊躇躑躅也飛聲謂飛英声也遠近以飛声盍
明畧畧以佐時智謀也無明鄉曲譽少稱鄉曲之誉求辭謂求死也嘆嵇生之求辭
運遇領會運遇謂逢吉凶也領理也其理故會合也大暮謂人之死猶長夜也痛大暮之
同寐又大暮之不賜末迹謙已下末之踪跡也解心累於末迹伶俜單子貌少伶俜而偏孤
私艱即家艱也謂居喪響像音響形像也壽平生於響像承清塵謂接其清風也
惠渥恩惠之厚也承君子之惠渥渥厚也奇薄遭命奇薄通靈通誠於亡者也欲假靈以
通靈雄圖英雄之謀畧也雄圖既濫朝露喻人之不久存也譬如朝露脫畧猶軽易也

脫畧公卿跌宕放逸也跌宕文史齎志沒地言抱恨而死也銷落湮沉言人
滅以也綺羅畢池館盡琴瑟滅丘隴借言人死而諸繁華去也儀操美女
儀容節操也修儀操以貞脓志躋躓即升降也埒材角妙言衆歌舞者埒校材伎角冠巧
妙也埒等也摧藏自抑挫之貌矯厲矯峯厲高也削肌刻骨言有過而深自
誡也殊尤尤勝也殊尤而絕世滯瑕積滯之瑕謂平日之汚穢滯瑕難拂微冥微賤而暗
昧自譏之辭徒愧微冥投生即舍生也投生豈酬殺三命即上壽百二十中壽一百
下壽八十積痾久病也積痾謝生處聽籍聽声名也籍甚也言声名之籍甚下世言歿
也餐和飲和也亦言被君上之恩德也餐和忘微遠僶俛猶俯仰也默仙謂人死如
默默之仙昧平生言不相識也相与昧平生游俠窟京華游俠窟潛穎怨青
陽陵苕哀素秋穎若皆草木也生潛隱之處則怨春之不至生陵阜之上則哀秋之早及

卓氏藻林卷之三　人事類　三十五

言世俗人不悟求仙而恣天地之偏傷浮生之促也稚節幼年也開芳及稚節頹齡暮年也頹
齡倘館度磬折喻曲從於人也磬折似秋霜枕心希古枕辛也清路塵謂鳳
上塵也君若清路塵婦人喻夫之從征不息也歸窮泉人死曰歸窮泉窮深也儀容求
潛翳言人之死儀容潛翳不可見也積素平日之事業勅躬慙積素撤瑟君子有疾病則
撤琴瑟非君撤琴瑟輟舂哀死也謂不相杵之事輟舂哀国鈞游岱宗言死也泰山之神主
召人魂故云常恐游岱宗不復見故人接景接景而処與人同処也景光景也接景事休明
騰軌高驤騰軌即奮跡也春華喻少年也及于春華秋暉喻老成也后尔秋暉淑
問美聞也即美名淑問哉牽世嬰時網嬰纏也世網時網皆俗累也奉清塵
言得從后塵也謙詞物役俗事也獨夜无物役殉業謂營事業也殉業謝成操寢瘵瘵病
也寢瘵謝人情塵軌望人清塵之軌迹也塵軌實句林寒榮偃曝榮屋南檐也偃卧曝

灸背也寒榮共偃縣滔塵深素衣謂誘人惡已之貞潔也駿足思長坂紫
車畏危轍駿良馬思遇長坂以騁其足紫系車弱車也惟畏險路之不能行駿足喻人紫車喻己
敲石火截道風敲石之火截道之風皆暫見即滅人之去世亦猶是也歎如敲石火嘗若
截道風齊世望於世俗之富貴也齊世无高符世網世網謂事嬰纏也世嬰我身慚鳥
愧魚言卑於世事不得如魚鳥之適性也望雲慚高鳥臨水愧游魚淪躓淪躓沉傾也淪頓困微弱
拙訥拙踈拙謇訥也拙訥謝浮名形迹拘謂形迹拘言不能牽於世累也無孤頤言
无令孤我所頤之言也矯迹矯牽也矯迹入崇賢勢闊勤苦也勢闊踰三年弱齡年少
齡寄事外之時也弱飛薄即飄泊也飛薄囂塵喧俗之事也囂塵自茲隔夙齡少年也夙齡走
遠賢澤即賢塵也風雲會言草木被風雨之榮生亦喻人之際會被蒙風雲會末光
餘照也頤增壈不遇貌增吹蠱即飛蠱也江南數郡
君廣末光壈懷百憂有畜蠱主行之以殺

人吹蠱
扁行蹣齪齪畢俠貌小人自齪也傾雲送葬者哀響振雲有似傾倒流蕩故云傾雲結
流勝帶勝平声謂可勝冠帶時也勝帶官王城側聽陰溝瞰觀天井
懸古之葬者於壙內為之陰溝象江河陰溝江河也天井即天象也即東井星此言亡者之所觀也
廣宵大暮廣宵何寥廓大暮安可晨言死者長无曉期也策高足何不策高足先據要
路長暮墓中長暗也杳杳即長暮填委言事煩填積於目前也職事煩填委崇替人即
事之興廢也高墉德墉墻喻受人之恩德如高墻之
未思慮崇替閑以被我也幸蒙高墉德玄
景萌索綠賚景光借光明之難再得也欲君崇令德隨時愛景光嬰物謂係於物累也至人
不嬰物迴穴迴邪穴僻也迴穴其若茲年力頹侵言老弱也數年力頹侵採巳猶思我也
感事見事而有所感思也感事懷長林先軌先世之法則也安排酬酢世事也処順故
安排淑貺善賜也淑貺既非所臨芳風芳風彼鄉晤對晤對相對也言晤對无厭

託後於謂顧附後車乃伸於託後於良覿謂見良人也引領冀良覿結念屬
霄漢言所思念之人近於霄漢之上言其遠也屬近也霄漢達世情情遠達世事之情也遠我達
世情戰勝者子夏曰入見夫子之義則榮之出見富貴又榮之二者交戰於胸中而夫子之義勝
方同戰勝者去前並山萊令圖視人之善謀也平生例令圖牽拙謂牽率庸拙也牽拙謬東
汜浮情謂浮名情懈也浮情及西崑顧循言自顧而循揣也顧循良非薄大耋老
言大老之人謂棄所忠之累也大耋嗟落暉遺情累去去遺情累也辰事時事也辰事既難諧衰
織女無機杼大梁不架楹織女星名大梁星名言皆空號不堪杌杼喻人空
有相知之名不能相知之用也謂以信也影節影節去幽谷義分即分義也分明於霜義
為抱命守命也抱命復何怨遠想遠想出宏域高步高步超常倫恩紀恩澤也恩紀披
微結思結思想伊人也素絲質素絲隨染而變猶人性隨善惡而迁者也徒慚素絲質

篤惠義即恩義也君子篤惠義舟壑藏舟於壑人謂之固夜半有力者或能取之亦勉入
生於世何以為固四時迁運不可留止舟壑不可攀湛露惠湛露能潤澤也欲垂湛露惠眠俗
日期謂蘭言也信我欲日期外奨失非外奨即外誘也外物所能奨也得弱思事
之慮也无使弱思侵麼痿機麼足不能行痿痺也出輿入輦命固麼痿之招寒熱媒洞房
清官命曰寒熱之媒整身倦世倦世謂倦於人間之世也奮節顯義危軀成
仁君子樂奮節以顯義烈士甘危軀以成仁虎步步谷風猛也虎華說言之不實者也
正流俗之華說焉騁武轡謂武步也謂盡跡也稽伏稽首而伏罪也精貫白日
言誠明通貫白日也剛氣凌雲剛氣謂勇氣也聲華籍甚籍甚盛也龍驤虎
視龍驤謂高也虎視謂威也參軌參近軌迹也參軌伊望在三之節三謂君父師也
秉心矯迹以敦在三之節凱世凱世也先朝露填溝壑言不久番休列為

番以次鶴立鶴立不轉伸也喻獨閔凶謂父母憂也
番休也立而企望於人也凡遭閔凶
冢垢含咨垢濁也咨恨惜也承問問聞也謂奉承音問家耻謂家敗也窮徹恥於
家企竦鷩立貌鯨鯢大魚也能吞食小魚以喻強梁又喻大戮皆為鯨鯢玉立節抗
玉立言貞操也詭辭謂人問則詭過之辭也瑕隙瑕對隙間隙也元龜大龜視也為後
代之元龜筆耕以筆代耕種取給治生既筆耕為養先犬馬讓言先犬馬而死也螻
蟻自言死也蟇藉也積毀銷骨讒毀之言骨肉之親為之銷滅明珠暗投明
月之珠夜光之璧以暗投於人衆莫不按劍相眄者何則無因而至前也謗歎貽謗毀也坐
蟠木為器蟠木根柢輪囷離詭而為万乘器者何則以左右先為之容也蟠曲也輪囷離詭盤
屈高下貌伏死伏死而不顧積毀銷金積讒磨骨言毀誹之深能銷磨金石
之堅親逢且暮謂一時之幸過也醜辭謂罵言也妄律醜詫瑣瑣小器
也

光塵猶清塵也皆美輻至言犇如車輻之湊於轂也沐髮晞陽喻沾
恩澤言之旋侍光塵
之意沉頓酒困也循涯涯分也已循涯服義服其道義也崇問美德
之令聞也榮問休暢也賤事謂家之私事也末議外庭末議謂朝堂之餘論也灌園灌園
治産借翰晨風假足六駁謂假託於人也詆訶詆訶求章也即識論也掎摭
掎摭利病謂偏治人之善惡也奨慼謂勸戒也奨慼威柄鷰雀志鴻鵠翔鷰雀小志謂
淺近之見也鴻鵠翔謂高遠之志長逝謂死也掘強猶強
也棄鷰雀之小志慕鴻鵠之高志也
梁魚游沸鼎燕巢飛幕言危之甚也飛幕軍幕也英風妙譽皆美声也
也
淹寂久寂也淹寂事無寧陸梁跳躍貌鷦鷯巢葦苕鷦鷯小鳥為巢於葦苕之
上猛風一至則葦折卵破言所託之危也顧影謂顧惜其影恐時不再來也掐落落不猶遺
請偶遺行謂可遺棄之行也乃人之過失藩籬鷃尺澤鯢鷃小鳥鯢小魚喻下个
也

才淺小而不可與言大者藩籬之鷃豈能與之料天
地之高尺澤之鯢豈能與之量江海之大藩籬高尚
之搦朽磨鈍搦磨皆自激厲也朽鈍謂不材之人也言不才者亦皆自厲也浮雲志
屬
仲尼抗浮雲之志譚志譚深也耘耔謂除草也或植杖而耘耔譾秀譾諸之人如苗
之有沉冥薖軸皆疾病也沉冥之慼既缺薖軸之疾已消望衢觀海喻人企仰
其賢而不能及也望衢罕竊其術觀海莫際其瀾東陵侔西山鄭璞踰周寶
盜跖死於東陵伯夷死於西山鄭人謂玉之未理者
為璞周人謂鼠之未腊者為璞此言推譽之美一言
之褒東陵侔於西山之下眄之榮鄭璞踰於周寶赴節死節也頡頑頡頑自縱貌頑以傲世玉
摧喻賢人之死也先賢玉摧染迹謂染迹於俗也鬼信說也妖妄之放濁謂放情濁
行也行身者以放濁為通而挾節信鴻漸之翼困於鷰雀喻賢者為俗人所困侮也
依阿謂曲從於人也緣間謂緣其間隙以延攀言也飈流即風流也天閼天折閼止

也謂年命不長也閼音遏鼠憑社貴狐藉虎威鼠穴於社則人不敢掘之猶近臣在
君之側也百僚畏近臣為天子之威權猶狐假虎之威也蘧蒢戚施蘧蒢口柔也戚施面柔也
謂詐為口面和柔以求苟合於人者類考明月之珠不能無類夏后之璜不能無考類不平也草
木共彫麋鹿同死言賢人死而名滅也膏塗平原骨填川谷言人
之野梟鸞梟鸞不接翼喻善惡不同處也蒸報上淫曰蒸下淫曰報
死者戎狄以蒸報為仁義
碎結綠之鴻輝殘懸黎之夜色喻賢才之死也結綠美玉也懸黎明珠也
雌黃善惡也雌黃出其脣吻朱紫品藻也朱紫由其月旦長鶩郎長往也鶩之長驚
冀宵燭之末光霑王輦之餘瀝皆言議詞望人之恩澤也朗璞家
垢喻君子被謗也朗璞家垢不能以玷其輝方駕左並駕也方駕言與賢人同声名也又左駕曹劉不
率大籌策趑趄行不進貌中羲幼小也年中羲方覆露重陰言
過慮籌也

人之底也露滋潤也詭時詭違也說時則異其超曠遠明也言其與致也棲影猶言託迹也棲影寝斬惠問芳猷皆美譽也惠問川流芳猷淵塞題湊悄木內向也題湊既肅蘭馭風言美人之炙如蘭氣馭風遠去也響有氣兮蘭馭風遺儀徂音言炙者之音容待年女子未嫁在室時也郎穸埜也杪秋郎穸偶俗偶諧也不偶俗道末命臨謂終之言也命也收華委世言人之炙也委棄也收其華彩輿誦輿賤者之言稱誦也嵩搆頽梁陰鈌嵩高中岳也梁陰梁木也言尊貴者炙如高山之墜梁木之折也偵諜夷狄反間之言也偵諜不敢東窺方軌猶言並迹也藏舟莊子言藏舟于壑自以爲固然夜半有力者負之而走喻人性命爲造化所運忽而終焉藏舟易遠迴天倒日言力其也迴天倒日之力而不能振形骸之內促路生命窮盡也稅駕稅舍也稅駕言炙也揭來揭來即歸去也晴淹而蕩海拔山言有力也靖稅炙也蘭摧玉折喻賢才而炙也蘭藁揭來

而摧玉絶則折遺紛遺紛紛亂也積歎謂悲思積聚隕絶也[初學]釋輿馬於山椒言人炙也登譽即升名也瀝息謂瀉其心思也瀝息叶神藏也光盡言炙者之光儀神靈也光靈一超遠言泉言詞如泉之漏也重席言泉常貫常格也王獻之少而標邁不循常貫託萬鬼隣言人炙也昔居四宅今託萬鬼隣憑霄雀舜葬蒼梧之野有憑霄雀嘴土以成丘墳馬不行漢滕公炙送葬至東都門外駟馬不行掊地悲鳴攝馬蹄下得石全焉乃葬斯地謂之馬墳生榮謝言入炙也覺生榮謝駐衰曆駐衰命樂馬驟奔息駟馬鴻術鹽術也術爲奇堯之鑿咸以鴻炙灰韓安國坐法抵罪而獄吏田甲辱之安國日炙灰獨不復然然則窮之談叢談叢引泉拯年緒促既傷年緒促紛競乎田日塵事也智上隣擇美隣也非宅是卜惟隣是卜焚芝喻賢人遇害也浪紛競結芝焚之[魏文]春女悲秋士哀淮南子曰春女悲秋士哀知物化矣悠想併焚

長想也悠想聆長川避暑臥閉門避暑臥出入不相過過牖電棲草塵人生天地之間若飛電之過戶牖輕塵之棲弱草言不久也素想想終勿傾也素想風頹也流薄飄薄流離也弱冠頽流薄潛夢發於永夜消瘵瘵病也神消瘵井甚歸全謂炙也啓手得歸全劍寫求去言人炙也針鋒髮杪蚑眉蟻目皆極言其小也細言詩曰針鋒於焉止息髮杪可以翺翔蚑眉深而易阻蟻目曠而難航薦枕巫山女人淫奔也獻珠日洛浦時拾翠拾翠美女戯也爭佳麗數錢凍梨人九十歲曰凍梨薜蟌皆不久之物也喻人之老不久於世菌蟪夕陰倏歇無幾莖葬朝形飄零已及蝶翼之飛也憑衒刃懷毒附蟻蟌吐膏芳喻人言語之善惡也千金水小至願于金五湖譽思聞五湖譽遺老遺忘也謂樂而忘其老也其樂使人忘老而忘炙水襄俗忤時襄揭開也相譚之襄俗馮衍之忤時零蜿譽零蜿之譽白高波濤辯

復拆波濤辯託下而尊人也託下風掌淑顏風素掌淑顏皇鑒即太皇觀也掞發煎心謂外事攪心也朝日斜來照戶春鳥爭飛出林片光片影皆麗一声一轉煎心連城顧言美女一顧值連城再顧連城易千金聆言美女一聆值千金也金屋寵言宮人得寵之重也本無金屋寵阿嬌事千金笑美人一笑值千金也欲以買千金笑迴君流水一笑千金買玉階悲言宮人失寵之怨也長作玉階悲班姬事音塵事又含啼哭也鏡中看影當不含啼慶雲光覆謂君子之恩渥也寥絶音塵清水泥寧作清水之泆泥濁路塵不爲濁路之飛塵分餘光言欲借人之寵毛羽恩謂輕恩也恩輕毛羽綺羅義義薄如綺羅也義薄綺羅玉犢稱人之美意也喻而凱邁光之凱邁含貞風燭石火皆不能久浮生也感風燭與石火嗟民生其如寄黃務塵事也外其罝務飛芳飛芳九宵獎飾獎飾即推獎交

飾也屢空槩飾之重高塵即高躅也叔夜與士安書高塵於後離俗離弊之俗也塵垢離俗浮喧雖曰人境實少浮喧朝露年言人生不久也如朝露之促年化塗歸也化效者所塗終聊默噂喈衆口喧也豈須噂喈之口兼禪財財輕兼禪財輕噓枯吹生謂能清談高論噓枯吹生訊遠即問遠也訊遠傳望塵徽塵克亦塵徽羈紲人寰謂弊製於人世也徒羈紲人寰倚市門刺繡文不如倚市門言末業貧者之資捨玦佩鄭子産效丈夫捨玦佩婦人捨珠玉纏繳牽於纏繳即繳纏也束縛之謂手談坐隱謂着棋也支公以爲手談王生以爲坐隱百一方陶弘景肘後有百一方以療疾幻俗變幻之薄俗也皇甫矜幻俗塵勞暫使塵勞輕又云方釋塵勞事風徽即風教徽音也感風徽緬邈寶淑指塵俗喧卑也誠意寶淑緣假即人生因緣假托也岌岌緣假良造造時不遇乎良造王良造父守株宋人有耕者田中有株兎走觸而死因釋耕守株冀復得兎爲宋國人所笑俗士之守株待

兎六朝結志結志青雲上結束謂爲事拘係不得自展也何爲自結束調笑挑笑也調笑酒家胡又嘲戲也謂笑輒酬答當壚賣酒也春日獨當壚棄捐捨也棄捐勿復道逸軌往轍也表問欽逸軌幽痾幽痾病與歲積終顧盼謂不忘旧恩也倘能終顧盼丘山惠喻所受恩惠之重也被蒙丘山惠滯淫即淹留也於今久滯淫寤言夢中語也信誓誠信之明誓也信誓貫王靈結中欵謂交結中心之欵誠也隆想盛思其人也隆想弥年月結夢結夢在空牀蘭約美人佳期之約也蘭約果相違百際即百事也深心起百際分理本分道理也只言爭分理雷嘆嘆声若雷也雷嘆一声驚索寞即寂寞也蒙羞被辱也蒙羞被好紛詭紛乱也事民俗之紛詭甘寢貪睡也甘寢隨四坐又云愁至願其寢飛夢飛夢到即逸蘭期美人佳期也蕩子好蘭期銜卹銜哀也猶卹哀庭驚川逝我悼驚川逝傷人生之易往也貞魂貞魂戢墓礼金玉

照稱人之寵顧也眷言金玉照顧敵蘭蕙芳魂線言人死殆游魂如綫之細也覓魂線昧其若絶揚蕤後烈言人死而迁芳於後也百年一尺迁貴揚蕤於后烈耀影汰迹縈魂灑魄謂露其彩後其形迹縈結其魂飄灑其魄也謂宋玉好色事學冠劍謂遊行也昔我學冠劍逢君在三川逸身伎安身之術謂養生逸居處逸身伎安得坐飽內靈客英謀也上宰軫靈界逢迎車騎息逢迎唐詩愛客逢迎謂以賓礼相迎接也黃金諾一諾重於千金也空守黃金諾奉謁奉謁至江漢調鷹謂調鷹向新市彈雀彈雀雎陽狐兎塵言人死也齊我長恨意歸爲狐兎塵舟壑改喻時代迁也連連舟壑改高塗謂拘於束世塗也高塗頓遠策鬬雞東郊走馬長楸名都遊驕之事名都篇云鬬雞東郊道走馬長楸間南皮射雉洛陽遊俠之事東郊鬬雞羅南皮射雉歸火耕流種南方之地以火耕以水種數錢新酤成都酒夜數河間錢修軌古人之躅地尋修軌以增卑結蹤

即結轍也是結蹤而廻軌捐視息其視也入浦溆而捐視休精謂休息其精神也且休精於敝邑輪轉喻人之逐世也車莫隨世而輪轉流浪流行不止也世流浪而遂徂世纓謂世事牽絆也且緬絶於世纓迫脅言塵事之逼側也僣窶中之迫脅軫念軫芬也思由人而軫念長想珍重東皐而長想三端謂文士筆端勇士鋒端辯士舌端也韓詩君子避三端又先自擅於三端結隆恩結隆恩於朝日積思幽閨積思生長寢死也長寢萬事畢名利場繫累名利場雅志雅素也雅志無祈營遘閔遭遇也遘閔丁憂艱負痾謂臥病也三承睫謂後三者承睫視人眉目也太山録人死録也人死歸東嶽背轘轅謂人亾葬也今晨向郊郭猶似背轘轅裁悲裁去其悲也君裁悲且減思紲塵羈世事羈紲素抱素抱深可惜世羅即俗事也牽世羅於天網局影致其嚴敬身不敢肆故影亦拘束也局影凝嚴側身局禁赴俗趨俗好也唆涉走俗急鴻節謂大節也子幼既有此鴻節兮

【唐詩】俗紛 俗事擾亂悠然無俗紛又云紛秉穎逃俗紛 蠲痾 謂療病也非源泉不可以蠲痾 掩玉泉 傷人之歿也 季俗 未世之風俗也 談玄 談玄明毀璧 勞生 勞生負百年 樊籠累 謂牽於世事也一遣樊籠累 披迹 即撫巳也披迹尋詞源 忌途 世途多忌也忌途良可畏 胥盻 茅土非胥盻 樂資 傾城無樂資 拘攣 拘束也何拘攣而守常 畔換 強梗貌猶拔扈也掃畔換而開混茫 辟易 驚恐貌人皆辟易 落魄 行失業無次也客落魄尚如此 躡清芬 謂步其芳塵也可以躡清芬 請謁 請問也却爲交歡 區中緣 塵事也杳無區中緣 懸河 郭象語如懸河瀉水注而不竭懸河與微言 幽夢 幽夢誰與適 蹭蹬 失勢貌夫子雖蹭蹬云屯蹇也蹭蹬守南荒 骯髒 倖直高亢之貌骯髒在風塵 吐諾 海嶽尚可傾吐諾終不移 梢梢 用力貌汲井歲梢梢 喧闐 人若宜 端居 猶安居也端居滯潁時 潦倒 粗踈不切事情也又衰憊老詩貌形容真潦倒

卓氏藻林卷之三　人事類　四十四

衰謝 言老也時危思報主衰謝不能休 夢思 夢寐思想也雲雨荒臺豈夢思 省識 畫圖省識春風面 衰白 言老也生意甘衰白 鬼妾鬼馬 已殺其主則妾爲鬼妾馬謂之鬼馬鬼妾與鬼馬色悲充爾娛 遷次 移居也次謂次舍客居愧遷次 暫蹶霜蹄 稱人之落第也未爲失 凋瘵 凋半傷也瘵病也凋瘵筵初秩 衰歇 世情惡衰歇 潤龍鱗 喻攀附人而有滋潤也最覺潤龍鱗 禍胎 禍有基禍有胎高人憂禍胎 冥寞 臣已冥寞言其已死也 充斥 猶縱橫也邊塞西蕃最充斥 擁塞 謂逼迫不得舒展也卧病擁塞在峽中 崩奔 蒼黃貌衣冠南渡多崩奔 博塞 行恭也相與博塞爲歡娛 監世網 以世網爲臨窄也自吾監世網 有是非 言或是或非未可料也蜀道兵戈有是非 軟語 夜闌接軟語 剽俗 剽薄之俗也自古傳剽俗 白璧寃 青蠅一相點白璧遂成寃又白璧疑寃楚 行哭 送葬也行哭向秋原 素業 農業也先人留素業 奇剝 屯蹇也問何奇剝 榮吝 即休咎也

榮吝始都喪 坎壈 即坎坷也終日坎壈纏其身 禍樞 樞機也微事及禍樞 府議 即時論也時議歸前列 桃陰 喻人蒙覆被也桃陰想舊溪 沉綿 久病之謂也亨鯉問沉綿 夏簟冰 恩分夏簟冰蚪紋簟玉井冰以表優渥明帝賜許玩 累趼 趼音繭避難也區區奔走甘累趼 風雨枝 喻人之經事變也低向風雨枝 飛動意 飛揚轉動之意也平生飛動意 草頭露 富貴何如草頭露言不能久也 理生 即治生也理生那免俗 末眷 謂言承人眷顧也鄙人承末眷 藻鏡 猶藻鑑也藻鏡留連客 倚薄 即依倚也多病分倚薄 零丁 介獨貌史正零丁 疲薾 疲困也疲薾竟何人 罪罟 罪罟以横罥 流水生涯 流水生涯盡 浮雲世事 浮雲世事空 轉念 即反思也轉念關山長 飛兔 高談辯飛兔 雅尚 即夙好也雅尚存孤宜 休聘 即一蒙人之青目也一朝奉聘 撰念 撰念紫舊 夢想 夢想中宵勞 飛想 馳念也飛想傳岩中 曲池平 言人亡而宅廢也贈言王逸少已見曲池平

卓氏藻林卷之三　人事類　四十五

櫪馬籠禽 喻拘束於世也櫪馬苦蹉跎籠禽念遐征 買笑 自言買笑輕黃金 塵機 欲承功德水從此濯塵機 膜拜 胡人膜拜方隨膜拜入歌舞玉門中 市朝喧 久厭市朝喧 韻府姦鋒 屢折姦鋒 躡蹤 躡三皇之高蹤 五綦 綦極也目綦於色耳綦於聲口綦於味鼻綦於臭心綦於逸也 釜魚 言其不久生也假息遊釜之魚又范丹清廉歌曰釜中生魚 忘吾 今我亦忘吾豈惟主忘客 都盧 西域都盧人体輕善緣戲伎因名之 胡盧 笑也宋人得燕石以爲寶視者胡盧而笑 葛庇根 葛藟猶庇其本根 巾車恩 馬異曰小臣不敢忘巾車之恩 皐牢 猶牢籠也皐牢天下之子孫 高奢 相如盛誇雲夢以爲高奢 瘞玉 埋香 比美人之瘞也 蜚英 蜚英聲也 攖寧 莊子言與物攖而未始不寧也 三游 荀悅曰世有三游德之賊也謂游俠游說游行 直如弦曲如鉤 漢書云直如弦曲如鉤反道邊 得封侯 麈談 晉王衍談老莊每捉玉柄麈談與手同色 歲在巳 鄭玄夢孔子謂曰今年歲

在辰。明年歲在巳。既寤知命當終。果然也。
身餘幾 左傳。畏首畏尾。身其餘幾。
氷語 令狐策夢與氷下人語。後果為媒。得婚。故媒之言曰氷語。
凝佇 凝望而立待也。
北道主 光武曰。以一郡為我北道主。
參伍 三人相雜曰參。五人相雜曰伍。
市虎 龎共謂魏王曰。三人言市有虎。王信乎。曰信之矣。夫市之無虎明矣。而三人言成虎。
管窺豹 王子敬數歲。門生輩曰。此郎管中窺豹。時見其一斑。
應鼎 蕭何生應鼎宿。
鑾公社 鑾布嘗有德者厚報之。燕齊間為社。號鑾公社。
飄瓦 莊子言。雖有忮心者。不怨飄瓦。謂飄落之瓦。雖忮人不怨者。出其無情也。
唾掌 公孫瓚曰。天下兵起。謂可唾掌而決。九州。
蔗境 顧愷之倒食甘蔗。曰漸入佳境。
不窺牖 老子曰。不出戶知天下。不窺牖知天道。
談藪 裴頠善談論。謂之言談之藪。
議寢謀寢 皆息也。其議遂寢。又汲黯在朝。淮南為之寢謀。
饑渴夢 飢者多夢食。渴者多夢飲。
市義 孟嘗君遣馮驩收債於薛。驩焚券而還。君問市何物。曰市義而還。
假寐 坐而假寢。
魴餌肫餌 孔叢子曰。人無一魴之餌。

鯛過而不食。更以肫之半躰則吞之。子思曰。鯛貪以死餌。士貪以死祿。
恩遇 以報恩遇。
鶴怨 蕙帳空兮夜鶴怨。悲人之死也。
飛變 謂飛語無姓名上變者。
枉駕 徐庶謂孔明。此人不可屈致。宜枉駕顧之。
禁架 即禁術陰陽占驗符禁之術也。後漢徐登但行禁架。所療皆除。
分謗 以吾分謗也。左傳鄭克事。
息謗 息謗在無辯。
止謗 止謗莫如自修。
弭謗 左傳。宋華弱與樂善少相狎。長相優。又相謗也。
鳧脛鶴脛 莊子。鳧脛雖短。續之則憂。鶴脛雖長。斷之則悲。言物有長短。皆自然而然。不失其性命之理。人亦當順其自然。無憂也。
解劍 楚捕子胥至江。上有父老乘舟渡之。子胥解劍以謝。漁父曰。楚法得子胥者。賜粟五萬石。爵執圭。豈直百金之劍邪。辭不受。
烏屋 瞻烏爰止。於誰之屋。又愛屋及烏也。
抱璞哭 卞和抱玉。楚晝夜哭。
蹴鞠 蹴毬也。
雅俗 謝安坐鎮雅俗。
殊俗 餘風振乎殊俗。
霜露疾 公孫弘病。上書乞骸骨歸。曰不幸罹霜露之疾。
盥櫛 盥洗面。櫛梳也。虞世南與兄世基同受學於顧野王。每思不得。則累旬不盥櫛。
屠門太

嚼 曹子建曰。過屠門而大嚼。雖不得肉。貴且適意自樂。
九原可作 趙文子與叔譽觀乎九原。曰死者如可作也。吾誰與歸。
金諾 楚諺曰。得黃金百斤。不如得季布一諾。
陳迹 今日之迹。明復陳矣。
老癖 呉術斷飲。阮宣職其告曰。看老癖難遽忍。斷盃中物耶。
烏鳶食螻蟻食 莊子將死。門人欲厚葬之。莊子曰。在上為烏鳶食。在下為螻蟻所食。奪彼與此。何其所見之偏也。
伏軾 酈食其說齊。伏軾下齊七十餘城。
對臆 口不能言。請對以臆。
脫急 魯朱家以俠聞。專脫人之急。
枯魚泣 枯魚過河泣。何時還復入。作書與魴鱮。相教慎出入。
拙業 田農拙業。
劍術 荊軻惜不講刺劍之術。
蓋世 項羽力拔山。今氣蓋世。
拾芥 夏侯勝謂經術既明。取青紫如拾地芥耳。
沈痾 謂宿疾也。
遺塵 塵迹也。列聖之遺塵。
軼聲 軼過也。軼聲前代。
乘化歸盡 請乘其運會以死也。
從後塵 謙言從人之後也。
疏蕪 人物蕭蕭。居處荒蕪也。邑里何疏蕪。
鶻悍狼戾 言人之勇猛如鶻鷙之怒。目如豺狼之惡戾也。
晏寂 即寂寞也。

賢才類

易經 井渫不食爲我心惻可用汲王明並受其福　渫不停汙也井清潔而不食爲心之惻怛也猶才足以濟用可用汲而食也若上有明王則賢才見用而上下並受其福也井九三

井甃　甃砌累也才不足以廣施利物亦可自守者也故能修治其事不至於廢可也井六四井甃無咎

井冽寒泉　居尊位而其才其德盡善盡美其象如此冽甘絜也井絜之寒泉可爲人食也井九五

君子豹變　君子謂善人從化遷善也文蔚然如豹之變也革上六曰君子豹變其文蔚也

鼎有食　喻人之有才業者也鼎九二

幽人之貞　幽人抱道守正而不偶者也歸妹九二利幽人之貞

藏器待時　君子藏器于身待時而動何不利之有下係

詩經 碩人俁俁　碩大也俁俁亦大貌

百夫之特之防之禦　皆言人之賢也特特出者也防禦者當也

偕偕　偕偕強壯貌偕偕士子

髦士　俊士也峩峩髦士

鳲鳩　美君子之用心均平專一也

白駒　以賢者之去而不可留也

金錫圭璧　皆喻君子德之成就也如金如錫如圭如璧

書經 三德六德　謂九德之中有其三有其六也日宣三德夙夜浚明有家爲大夫也日嚴祗敬六德亮采有邦爲諸侯也

浚明有家亮采有邦　浚治也餘見上

先民　前輩舊德也先民時若

格人　至人也能先知吉凶格人元龜

有猷有爲有守　有謀慮有施爲有操守也凡厥庶民有猷有爲有守汝則念之

俊民　民之俊也俊民用章

三宅三俊　三宅謂居常伯常任準人之位者三俊謂有常伯常任準人之才者克用三宅三俊

左傳 世濟其美　此十六族也世濟其美謂八元八愷

善人天地之紀　紀綱紀也善人天地之紀也而君絕之不入何待

楚材　如杞梓皮革自楚往也雖楚有材晉實用之

遺愛　子產卒孔子聞之出涕曰古之遺愛也言人見愛有古人之遺風焉

禮記 秀士選士俊士造士　命鄉論秀士升之司徒曰選士司徒論選士之秀者而升之學曰俊士升於司徒者不征於鄉升於學者不征於司徒曰造士

進士　大樂正論造士之秀者以告于王而升諸司馬曰進士

席珍待聘　儒者講學於燕間以待用有席上之珍以待聘

周禮 登天府　卿大夫獻賢能之書于王王再拜而受之以登於天府天府掌藏賢能書者所以寶之也

莊子 真人　猶聖人也有真人而後有真知

畸人　畸獨也言獨異之人也畸人者畸於人而侔於天

輇才　揣量淺見之士也

楚辭 脩能　絕遠之能謂長才也

內美　天賦美質也謂內含天地之美氣也

前修　前代修德之人也謇吾法夫前修

昭質　昭明之質也惟昭質其未虧

博謇　廣博而忠直也

姱節　姱美之節也

昂昂若千里駒　才絕羣也

蟬翼　蟬翼至輕喻小人之才也

耿介　獨耿介而不隨

怦怦　忠直貌比平之怦怦兮

直贏　謂理直而才有餘者

漢雋 國士　國家之奇士也

茂士　善也廣延茂士

英士　知不遺者搜擇天士也

鴻生鉅儒　鴻鉅皆大也

醇儒　醇不雜也

人豪　人知豪傑也

承學　言傳承師說而學之盡識詞也

子大夫　子者人之稱大夫學官之稱志在優賢故曰子大夫

堅儒　言其識力無智若童豎也

腐儒　腐者爛敗言不甚在

鄙儒　鄙言不通達也

修正　修身正行者求修正之士

君淑　君順淑善也謂言行順善者也

精悍　悍勁刻也爲人精悍

精白　莫不精白以承休德也

醇謹　醇厚也

陰重　陰密也爲性寬重不泄人言也

柔毅　柔和而沈毅也柔毅敦厚

峭直　峭峻也爲人峭直刻深

激卬　激厲而抗揚也不自激中

倜儻　好倜儻大節

俶儻瑰瑋　猶非常也

踔絕　高遠也非有踔絕之能

踔詭　高遠也詭異於衆也

闊達　闊節疏達

醞藉　言其納醞藉也謂其寬博重厚也

悃愊　悃誠也愊至誠也

長雄　長師雄豪也

刻廉　刻廉剛直

彊埶　彊力而有埶志也爲人彊埶

操切　操持切刻也取勇孟能操切百姓者

佚蕩　音鉄譔緩也

游閒　閒讀曰閒言其志意寬大不在急促

骨鯁　朝無骨鯁之臣

倫魁　無比類也經學絕倫

絕世　絕世而獨

立者矯人矯勝也人以矯人驕行驕順也驕行孝謹軼材軼與逸同茂材秀郎
才也避光武諱故云德器德器過國器言其器用重大可施於国政者負俗俗謂被譏
論也士或負俗之累而立功名籍甚声名狼籍甚盛也方聞方道也有道及博聞之士
也延天下方聞之士領聞領令也領聞即令名也君子純終領聞不羈謂才識高遠不可羈
係也感槩感槩謂感慨意氣而立節槩者也鑫氣鑫與鋒同言鋒鋭之氣也委瑣委瑣豈特委瑣握齪
握齱握齱急促貌好苛礼也㕘磨磨音磨微小之稱也縮朒縮朒六切女
不在事之貌又不寛節貌兒不及數平貌日月見東方謂縮朒選耎選耎人不前儒不前之意褊陋褊陋聞學
鷙怯鷙怯陵雜鷙下以言凡馬自喻也下不知其鷙下疲駑疲駑無以輔治儻蕩
蕩蕩同無木彊少文也言其彊質如木石然也質木質木者無有如民俗質
行檢之意木不正恥很賤也不材
盜賊闒茸不肖之人騎揚揚奢後也謂能揚太過暗〓音

便短也弱也言短力弱材饕詖性貪曰饕言險曰詖
不能勤作故日夕而無也饕貪饕險詖不閑之人
饕汚不知憒眊不明狙詐狙伺也因間伺隙也業惡邪惡不正之民也今
聞業惡民清狂不狂似狂者日清狂佻俠好交佻俠跅弛跅弛廢弛不遵禮法也謂放
慓悍慓悍勇也陰賊陰賊害之意不肖言無所象類不佞
自謙不佞人如即不肖之謂猶薄伎也非材不才之人也
才也菜梲之材梁上
短柱也菜梲之材謂不勝梁棟之任綴學綴學之士被服儒術被服言常居其中也
振拔振拔汚塗冠玉飾冠以玉光外見而中无所有也智囊言其一身所
苞藏之盛物也沐猴而冠沐猴獼猴也言雖着人衣冠不知類人也楚人沐猴而冠諸史
脫穎脫突穎錐錐也言露其才脫上突然而出拳然超絕也高第謂才優而
品第高也獨行言守正而不阿附於人也有道家謂有道之士也舉有道家鶴鳴士

鶴鳴九皐声聞于天喻孝廉漢時郡察孝中人處君子小
賢者雖隱居人咸知之孝廉州舉茂才皆国之卓犖超絕
人之中者博聞強識博聞強識謂之君子貞士貞士也卓犖也一云
日亦有才辯文選卓犖觀群書徵士猶言處士也行於徵而有聞風
調調去声風調曰操也道業士肄習服勤道業之士謂所入門門第人才
也自謂入
門不居
華也蔚若文盛貌蔚若嶭若若和若平
觀之沉剽自言已才之輕薄也沉剽之單惠單惠謙已見上節概志節梗概之士也俗有節
風
也倪群俊達人大觀通達之人以理觀萬物不殊乎已烈士烈士狥名德
之逸軌逸軌高蹈
人德人無累有德之人也光儀侍君子光儀奮榮播香喻振布節行也奮餘芳而
莫見播餘莫聞孤行孤行孤介之行也何介立介強也子不孫獨立鸞
秀而莫聞孤行之茂名
文選大雅謂人有大雅之才者以此稱之大雅突然國華為国之光

鷲特喻君子之徫立也淑明稱人之賢也如何淑明髦俊才髦俊之才世所希也
丘園耿絜謂貞白之隱士聘丘園之耿絜丘園秀因時則揚丘園之秀先折高
衢步先折高衢之高選工百金言其才重也百金良士直百金百夫雄雄生為百夫雄言勇也
鸞翮鳳性喻賢者有時鸞翮鳳性雖駿也不可馭也鸞翮青雲器高大也喻其才之
鴻軒鳳舉喻人之高才軒飛也周才偏智偏智人從俗為用才以出仕為用
才周才信人偏智任諸已鋒穎謂人才德之鋒穎崇于鋒穎瑤琨德之美也喻君子才
英藥喻賢良也英藥夏落腹背羽謙已之不才如腹背之弱義也排虛翮喻入才之
能如沖天六翮之勁羽也悅彼排虛翮鴛鴦姿自謙不才也以衣清軌清修
也鳳駕玄豹姿言其文章美也雖無清軌之迹
尋清軌玄豹姿絕隱南山霧羊質服虎文燕
翼假鳳翔言人之非才如羊質而服虎皮燕翼而假鳳皇之翔翱也杞梓美材也自

顧衞杞梓侠烈謂有才用之人也侠烈良有聞瓌樹枝猶美德之人也顧見顯色不異要
櫟樹枝英奇謂賢才也采英奇於人頭輪翮喩人之才能也輶車邁在輪飛骨須六翮道風
謂妙達玄理也道風秀世管蒯絲麻管蒯草名喩已爲下材絲麻喩賢良也不棄管蒯愛同絲
麻管音奸領袖言爲人之儀則也領袖后進秘寶茂器皆言人之賢士也東序之秘寶
翔璉之茂器下風之行言美行及人如風之馳下也寫高下風之行名教謂士君子曾也
也華行能德行才能也行能無算清擧謂辟賢也遐擧遠擧之才也不得觀彼二子
之遐擧君子林可以列於君子之林矣卓躒英才卓躒絶異也衛燿顯郎
擧也燿穎之才握靈珠抱荊玉喩人懷美才也人人自謂握靈蛇之珠家家自謂抱荊山
之玉儁俗謂俗中之儁士也妙善妙善者賢達心曠度曠寬也雄節高
氣高雄節高氣蓋世奇蹤逸軌奇異英雄之蹤超絶之軌也名傑海内之名傑也

英偉天才英偉特秀謂英才超古過今也珪璋特秀玉質金相玉質金所以美君子之質
相言其形貌也英髦秀逹言美士也智昏菽麥菽麥易別而不能辨則其智極昏矣
通人謂傳古通今之人也龍翰鳳雛喩君子也蘭薫雪白喩君子之芳潔風
儀風儀與秋月齊明史曰美風儀音徽即徽音言德音也音徽與春雲等潤之善前識謂逹
人也氣蘊風雲身負日月言賢者有風雲之志智日朗之明也彌天氣高喩志
遠也〔初學〕斧藻珪璋言人之賢也斧藻仁義珪璋令範白虹良寶紫電
也雄峯喩人之賢才也雄峯此之雄世也如南金東箭比人之賢才也質南金材逾東箭拔
雲霧覩青天晉衛瓘見樂廣謂諸子言曰每見此人瑩然猶披雲霧而覩青天也標邁
丰標超邁也少而標邁凌霜質言人之清介也才華士文人玄軌擧人之高
躅也玄軌芳前躅風舉雲停言賢者英雄風飛鸞翔鳳者華執節雲停

迹鳳翔清塵鸞飛竹箭才有才稱竹箭〔藝文〕六絶雄才六絶皆冠一家之才也
五陵高選五陵豪貴客也靈珠河注智湛靈珠辯均河注俊造造士也俊造
成雜玄秀玄秀風逹松栢姿喩堅貞也松栢之姿隆冬轉茂蒲柳質喩柔脆也蒲柳
之質望秋先零瓊芳蕙茂蘭發玉暉皆喩人之賢也兄瓊芳而蕙茂弟蘭發而玉暉
千里駒劉德少有黄老術有智略武帝嘗謂之千里駒松下風喩人之賢也劉孟玉瀏瀏
如松下風美懿士懿美也植橘柚於玄朔帶華藕於脩陵表
龍章於裸壤奏韶武於聾俗皆喩賢才處非其地固難以取貴矣植根
芳苑擢秀清流喩賢才之超出衆也雕龍才雕龍之才本傳劉璉質超質
翔璉鄲雲才才逸卿雲蓬姿自謙也蓬姿霜雪來龍虎姿稱頭逹者以龍虎之姿遭
風雲之會架學飛才架學區中飛才句外人龍稱人之賢如人中之龍也以彼天爵爲

人龍玉潤水鮮山靜雲發稱人之美質也自弱齡英明播越玉潤水鮮山靜雲發
駑蹇才瓦礫質皆自謙者也以駑蹇之才不致問於千里懷瓦礫之質徒希價於十城
數材即論才也玉爲雕盤不數材於蟠木濩落器擁腫材謂無用之器不可用之材
也臣器均濩落材同擁腫乃自謙也摶風翮擊水鬐喩高才也摶風翮不覺高升擊水
揚鬐遂迷遠大蘭石質蘭石芳堅之質才彦南宮溢才彦〔六朝〕虎質龍輝
稱人之賢也虎質山肅龍輝淵蟠凝章挺秀稱人之文章標其奇秀謂聚孤韻
風邁逸氣煙翔稱人之英瀟灑也丹瑠綠蘭稱人之賢也丹瑠璧而非宝綠
蘭比而無芳黎彦黎民之彦也芬藻芬華也廣芬藻喩人之才不彰秀朗
言才美也懷賈傳之秀朗金采玉相喩人之美質也瑤葉餘暉金枝末光
喩人之德容也承瑤葉之餘暉係金枝之末光河漢才接河漢之雄才青天翼喩人之高

也負青夫面撫頲碧玉神樹紫石靈根指賢才之身也洞碧玉之神樹銷紫石之
靈根傷賢人姿也微塵英軌指賢人之迹猶言清塵芳躅也仰微塵兮美無度奉英軌兮式
如曈雲龍濟濟群彦如雲如龍龍光喻賢人光采也洵洵二三賢身遠屈龍光時哲時賢
也唯然覲時哲芳風賢人之風也芳風彼鄉耋真士真潔之士似真士之介心玄哲至道
之人也仰想玄哲秀達清秀而通達也嵇子秀達朗烈英風朗烈瓌懷瓌懷皎其如玉
被褐懷寶謂貧賤而有賢德也經國才才能經國少晞冥風弱挺秀
容言人之幼而清拔出群也英塵雜沓英塵絶出才高邁也金華之業絶出〔唐詩〕時
彦當時之美士也有美光時彦蘭襟譽言人情懷之美也龍騰豹變喻人之高談也
高談則龍騰豹變黼藻百行黼藻百行則漢家有黨錮之誅飛譽即飛声也飛譽滿司
字嶽秀泉澄譽言人之清才俊行也南畝才自謙也敢抽南畝之才通賢通達

之賢玉樹金枝龍章鳳姿指人之賢也少則玉樹金枝及其長則龍章鳳姿
西園上客東觀高才皆言文才之士卧龍才梁甫吟龍才雅範中
衿衿雅範而霜高稷冲衿而霞聳仙風道骨方朔謂有仙風道骨青雲士謂高
才顯貴者也李何青雲士棄我如塵埃鸞鳳姿喻人之賢也皎皎鸞鳳姿昂藏軒昂貌昂
藏入君門生民秀生民中之秀拔色崔公生民秀風義風概節義也風義未淪替仙標
裴公有仙標英雄姿經濟實藉英雄姿蘭摧桂折喻賢人見傷也蘭摧白露下桂
折秋風前麟角鳳觜喻賢才也麟角鳳觜世莫識焉符彩言人之光彩也符彩高無徵
瘦蘭麻湘隱居終南山不仕常有親知相見湘曰瘦蘭之人何勞親故往來存問瘦蘭煩親故國
寶賢人乃國之寶也國寶无雙傑英規鉉府誕英規龍性龍性詎能馴言豪傑不可拘繫
掞天才掞蓋也悅之掞天才文選云摛藻掞天庭太巫喻太賢才也陳琳書小巫見於太巫

神氣盡矣还來謂大巫滄海珠喻人之賢才也又謂賢而不用可謂滄海遺珠矣盈把那須滄
海珠崑山玉喻人之賢也入懷安崑山玉蓋代手可蓋覆當代也乃知蓋代手才力老
盐神赤驥喻才之俊也放情知赤驥西極馬喻人之賢也飄飄西極馬寒山桂喻才
之清也颯飄寒山桂僊骨君身自是有僊骨朱絲絃喻人正直也正直朱絲絃白雪
才高才擅白雪謝客才謝靈運小字客兒也聞道登山去偏宜謝客才謝朓詩名
謝朓讓詩名又曰歌欲謝朓詩鄴下才建安士子也狂乘還欲鄴下才作賦才自有西征
作賦才子雲才聞道甘泉能獻賦懸知獨有子雲才賈誼才吏道何勞賈誼才詎其太
過也〔韻府〕儒宗賀循爲儒宗談宗晉潘京善談論稱爲一代談宗卓蹤卓蹤即高蹤也
德冠卓蹤琪琚美人之言諦也言語願其琪琚步高衢步先哲之高衢華腴三世有三
公者曰膏粱有令儀者曰華腴四才唐擇人以四才謂身言書判也仙才李太白仙才李長吉

鬼才水鏡才諸葛樂城管輅曰君有水鏡之才所見者妙十倍才蜀主謂孔明曰君才
十倍曹丕龍膺卷霧晉韓康伯勝氣龍膺飛談卷霧鳳毛謝超宗文詞名盛殊有鳳毛稱
宗父名鳳也時髦時彦也通方士選士之通方謂之達士也龍頭華歆爲龍頭邴
原爲龍腹管寧爲龍尾也賈彪后漢賈偉節兄弟三人並有高名人曰賈氏三虎偉節爲彪言猶勝
其兄弟也后爲新息長稱賈父渾金璞山濤如渾金璞玉人皆以爲寶莫能名其器藥籠
狄仁傑謂元行冲曰君吾藥籠中物不可一日無也籠上声雅重勁正雅重清灑謝安風神
清麗秀峙秀峙辛止鼠技荀子曰鼫鼠五技能飛不能上屋能緣不能窮木能浮不能渡谷能
穴不能掩身能走不能先人翠竹碧梧鸞停鵠峙喻人之清才也凝遠風度
凝遠南州高士徐孺子號南州高士華敏古對華敏謂言語華敏捷也通達晉傳
玄曰魏文帝貴通達而天下賤守節天下選唐歐陽詹韓愈李絳聯第皆天下選甄藻林甯

懷寶識深邈瀟許劭贊郭林宗 英爽 杜如晦少英爽 俊爽 王武子俊爽恐不可屈 散朗
風情散朗 潤朗 荀淑內潤外朗 畫餅 魏明帝詔盧毓曰有名士如畫地爲餅不可啖食言有名
無實用也 屈宋才 屈原宋玉也先生有才過屈宋 國瑞 唐劉晏八歲能獻頌張說曰此国之
瑞也 希驥 希驥之馬亦驥之乘也希顔之人亦顔之徒也 清廟器 李珏爲侍御史宰相韋處
厚曰清廟器豈博學才乎 鴻鵠志 陳勝少時與人傭耕曰苟富貴無相忘傭者笑之勝曰燕雀豈
知鴻鵠之志哉 君子器 人有士君子之器 棟梁氣 齊王儉年數歲已有棟梁之氣 蒹
葭玉樹 魏明帝使毛曾與夏侯泰初並坐人謂之如蒹葭倚玉樹 風制 毘顔體之好吟味自
謂得先賢風制 風岸 謂有風稜也 相如倦 長卿故倦雖貧其人才足依也 風望 謂風
標名望也唐崔從立朝稜稜有風望 洛陽年少 賈誼洛陽人爲博士時年二十餘絳灌等毀曰
洛陽年少專欲擅權后亦疏之 風流自命 杜如晦以風流自命 孝秀 隋詔曰四海豈無孝

秀 伏鸞隱鵠 登炎號伏鸞陸雲號隱鵠 藍田玉 諸葛恪少有重名孫權見其父瑾曰
之曰藍田生玉真不虛也 鸞躅 出陸鸞躅 塵躅 企望塵躅 圭璋質 漢劉儒有圭璋之質
芝蘭室 與善人居如入芝蘭之室 池中物 孫權欲以荊州資劉備周瑜曰蛟龍得雲雨終
非池中物 風塵表物 王衍自然是風塵表物 豪傑窟 慘淡豪傑窟 奇節 蕭曹
起刀筆吏常時錄錄未有奇節 風節 矯矯風節 識時傑 識時務者爲俊傑 蹇劣蹇
薄 薄劣 皆自謙之詞也 器識 士之致遠者先器識而后文藝 前徽 允迪前徽即前人之
美也 英喆 英喆雄豪 英時俊邁 譽人之賢才也

脩潔類

【易經】嚮晦入宴息 君子晝則自強不息及嚮昏晦明入居於門宴息以安其身起居隨
時也隨卦 賁濡 賁飾之盛光彩潤澤也賁九三曰賁如濡如 白賁 尚質素而不事華僞也賁
上九白賁無咎 不遠復 謂失之不遠而復於善也復初九曰不遠復無祗悔吉 中行獨
復 謂與衆俱行而獨能從善也復六四象曰中行獨復以從道也 觀頤 謂觀其所養之道也頤卦
曰求頤自求口實 舍爾靈龜觀我朶頤 靈龜不食之物朶頤欲食之貌謂人之明
智可以不求養於外也頤舍爾之靈龜而觀我之朶頤乃迷欲而失己凶之道也頤初九 居貞 謂居
守貞固也頤六五曰居貞吉 獨立不懼 天下非之而不顧獨立不懼也大過象 虛受
人 人虛中則能受人善實則不能入矣咸象曰君子以虛受人 敦復 謂敦篤以復於善也復六五敦
復無悔 苦節 節貴適中過則苦矣豈能常也節卦苦節不可貞 安節 節以安爲善強守而

不安則不能常節六四安節亨 甘節 節在己則安行天下則說從節之甘美者也節九五 【詩經】
遵養時晦 退自循養與時皆晦也 北門 衛之賢者處亂世事暗君不得其志故因出托
門而賦此以自比也 【禮記】澡身浴德 儒有澡身而浴德 特立獨行 特立於一
身而獨行於一世也 砥礪廉隅 切磋琢磨不刻方以爲圓也 【國語】咫聞 謂近聞也
晉文公學讀書三日曰吾不能行也咫聞則多矣 木有枝葉 人之有學也猶木之有枝葉也
【老子】和光同塵 光而不露故曰和其光無塵而不自潔故曰同其塵即佛書所謂不垢不
淨也 滌除玄覽 謂蕩滌瑕垢而觀覽玄冥也 見素抱樸 見素抱樸少私寡欲 食
母 母道也食味也求食於母欲以求味於道之爲貴也 【莊子】襲氣母 氣母元氣也謂襲合
陰陽之氣而吞我也此修煉家之祖 外生 遺其身也 安排 排定也死生窮達禍福皆已定矣我
但安其所排隨造化而去也 杜德機 杜閉也德机生意閉其机而不動故有生意欲滅之狀亦

是修觀之名善者機猶言性之動處也太冲莫勝修觀之名也太中太虛也莫勝不可捉摸也吾向示以太冲莫勝衡氣機衡平也氣机之動至於衡平則是半動半靜也衡氣机亦修觀之名復朴彫琢復朴謂彫琢其聰明而復歸於淳朴也采眞謂采取眞實之理也采眞之遊蓀眞蓀養也皆媙音剪滅謂屏除物欲而全其天理也皆媙可以休老列子地文天壤太冲皆修觀之名也地文若生而不生之意天壤猶言天由非土壤之壤自然之壤太冲太虛也向吾示之以地文示之以天壤示之以太冲楚辭扈江離與辟芷扈被也江離辟芷皆香艸紐蘭紐續也蘭亦香艸佩之以自潔紐秋蘭以爲佩脩名長名或曰脩潔之名也恐脩名之不立撫壯棄穢言及此年壯之時棄去惡行也朝飲木蘭墜露夕餐秋菊落英飲露餐華言勤以香潔自潤澤也忍尤攘詬尤過攘除詬病也言或見尤於人亦當隱忍而不與之校雖所遭者或有恥辱亦當以理解遣好脩謂好

修正直之道也余獨好修以爲常歸沐窮石濯髮洧盤弱水出於窮石洧盤之水出崦嵫山舍窮石之室沐浴洧盤之水謂遁世隱居而脩清潔也浴蘭湯沐芳華取其清潔芬香將以祀神也被明月珮寶璐在背曰被明月珠名以其夜光有似明月璐美玉名言德行清白也駕青虬驂白螭虬螭神獸以爲乘駕者見志行之高遠也吸湛露之浮涼漱凝霜之雰雰湛厚也雰雰霜貌言食霜露之精以自潔也淑郵郵作尤淑善也郵絕也言淑善而絕尤也超氣埃而淑郵吸飛泉之微液含吮玄霏之肥潤也懷琬琰之華英琬琰美玉名懷之者以比完眞氣之精也搴玉英采取瓊華自修飾也歸眞執守無爲修朴素也保眞守玄默也結榮茝束艸以保信也情素潔於細帛細結束也言情志潔淨有如束帛也佩蒼龍之蚴虬帶隱虹之逶蛇曳彗星之皓旰撫朱雀與鵕鸃遊清霧之颯戾

服雲衣之披披杖玉策與朱旗垂明月與玄珠舉霓旌之墆翳建黃昏之總旄蚴虬龍貌隱大也逶蛇長貌曳引也皓旰光也朱雀鵕鸃皆神俊之鳥也颯戾清涼貌披披長貌墆翳陰翳貌總合也黃昏時天氣玄黃故曰黃昏以象旄旌之色也言已動以神物自喻行當如蒼龍能屈能伸光當如大虹能揚文彩精當如彗星能耀光明舉當若鵕鸃飛能冲天又積德不怠乃上遊清冥被服雲氣而通神明也修善爾固手乃杖執美玉之華帶明月之珠揚赤霓以爲旌雜五色以爲旗旌志行清明車服又殊也吮玉液齧芝華吮玉液以止渴齧芝之華以療飢欲仙去也居嵺廓嵺廓空濶無人也居嵺廓兮尠儔言獨行而抱影也懷蘭英把瓊若懷抱芬芳也食玉英言所養之潔登崑崙兮食玉英脩姱修潔而美好也漢書底厲言其自脩廉隅若磨礪於石者刻責痛自刻責砥節猶砥礪也彫瑑瑑刻也謂修飾其行也雖欲自彫瑑音篆檢押猶隱括也履方踐履方直之道

養名自高大以養聲名也文選噏青雲之流霞飲若木之露英噏霞飲露言取其清潔也蕩遺塵塵六入塵也色聲香味觸法也六入塵虛假而能不住故曰蕩雖遺而未能盡故曰遺今皆洗滌而去之蕩遺塵於旋流釋域中常戀捨俗中常情所戀謂遺世玩道也解纓絡纓絡喻俗事之縈纏也發五蓋五蓋者貪慾瞋恚睡眠調戲疑悔也今皆啓之中盡已除矣發五蓋於遊蒙遊蒙天中清氣也挹玄玉膏漱華池水皆神仙所飲食也害馬去莊子云爲天下者何異乎牧馬去其害馬者而已今嗜慾已除亦猶害馬者去矣害馬已去沐清源晞朝陽言既沐髮於清源而乾髮於朝陽也山東曰朝陽漱飛泉之瀝液漱盪口也液津潤也咀石菌之流英石菌石芝也英華也飲青岑之玉醴玉醴醴泉也懷霜臨雲言心志高潔也心懷懷以懷霜志形形而臨雲遯俗遺身遠越時俗遺忘其身不爲拘束不纓垢氛言不爲塵垢纓纏也

棲志浮雲言清其思慮也振衣濯足欲去世塵也振衣千仞岡濯足萬里流謝
天伐終然謝天伐近矚祛幽蘊遠視蕩諠囂矚望也幽蘊幽積之思也
諠囂俗事也邁心玄曠矯志崇邈言所行心事美大學志高遠也檢括法度
約束言律己也昔在少壯未嘗檢括衛生謂衛護其生全性命也衛生自有經雀雉化雀入
海為蛤雉入淮為蜃借無雀雉化自儁不能同也此云變化以脫俗累也耽虛耽虛好靜養眞
養眞衛茅下食琅玕實飲玉池津朝食琅玕實夕飲玉池津絕塵網世緣
事超迹絕塵網澄神定靈心無所外慕也馳思天雲之際雲際言高無物
象能傾萬物之象不可傾動於心言執情定矣游心浩然浩然大道之氣也玩
志衆妙衆妙謂大道之門也志懷霜雪言心潔白而肅物也拂衣高謝謂拂
衣高遁以謝世事也獨固固守之節也曾無獨固素尚謂清素高尚也德標素尚懷冰

心若懷冰言其清也蟬蛻囂埃隱者去塵俗之綱如蟬之脫形殼耳寒木心寒木松栢
也勁陰殺節不能凋寒木之心解體世紛結志區外言不與俗諧也翔區外
以舒翼超天衢以高峙言人之高蹈遠舉也五難養生有五難名利不滅一
難也喜怒不除此二難聲色不去此三難滋味不絕此四難神慮清散此五難也五難既洒落棲約
謂棲息於約也理尚棲約理趣也恬敏恬靜敏達也思致恬敏耽潔貞潔清白聘丘園之
耽潔【藝文】蕩累謂祛蕩物累也信足蕩累怡物挹虛恬寂坐挹虛恬朗節明潔
之節操也抱朗節以遐慕頤志即養志也皓頤志而弗傾全眞保素素眞皆言性命也
皎節羨首陽之皎節高疏疏平聲蹤跡也嘆南山之高疏甘菫荼緯蕭艾言安
守貧賤也甘菫荼於飴芷緯蕭艾其如蘭緯即約也避喧喧俗紛也避世非避喧捐時俗
捐棄也去來捐時俗辭世僞避俗也超然辭世僞守冲玄中有懷眞士被褐守冲玄解

心累解心累於世羅睎翼朝霞脫塵俗也仰朝霞而睎翼逸韻飄逸之風韻也稟逸
韻於天陶又日逸韻遐超蚪盤玉津鳳戢瓊條喻人之清高也迹絕雲氣
志負青天高士之行義也貞操孤芳謂幽人之行也貞操與日月俱懸孤芳隨山盤
共遠守明眞何患虛貧苦但當守明眞【初學】凝湛凝其湛一之眞也吾生幸凝湛塞
關內鏡謂蔽其外之聰明而內照也【六朝】據梧眠梧琴也莊子據槁而瞑又作據
梧眠委天形隱逸也委天形之外心枕石漱流隱者所事也杖短策而遂往兮乃枕
石而漱流傲物眇世傲物寧思眇世自逸靜芬響謂不露其芬芳聲響而韜晦自秘也
靜芬響於永言尸居寂然尸居山立儼爲山立暇豫樂丘園兮暇豫篤素即素行也
抱朴守靜君子之篤素眞風自眞風遠逝大僞斯興潛玉謂賢人之隱也懷正志道之士
或潛玉於當年懷瓊握蘭喻賢人抱道也雖懷瓊而握蘭徒芳潔而誰亮擁孤襟即抱

志獨居也擁孤襟以畢歲懷逸思放逸也懷逸之令姿雅志高雲貞雅志於高雲懷
虛養恬懷虛養恬照日遺蹤獨往即獨行也實有心於獨往蹈心松桂喻人之心
性堅貞也失羣離獸偏棲孤禽喻人之獨處也抗志浮雲抗余志於浮雲
養營皚玄居養白營魄玄居隱也見上絕塵想虛室絕塵想居貞抱素
心居貞而抱素高鴻志抗心則志擬高鴻神鬚雲翮美隱士也蹄涔不足以濯神鬚
翳瞀不足以翔雲翮【唐詩】披塵網脫俗累也常希披塵網釋塵昧脫去塵昏也何
當釋塵昧白雲心空佇白雲心松桂心貞心也惟餘松桂心玉壺冰清如玉壺
冰吸影駐光彩言吸日月之景以駐吾顏之光彩也沈冥沈深玄默也誰人測沈冥
雲月何用孤高比雲月含光混世含光混世貴無名達生吳中張翰稱達生謂
通達人生之理不為外物所累也藏輝至人貴藏輝冰壺心但最冰壺心無為歎衰老

天和天樂也臨豪得天和峻節峻節貫雲霄謝垢氛脫去塵事也獨朗謝垢氛息
機縱去機事也營向長生說息機解世紛志存解世紛閉玄關冥寂閉玄關冥
翳沈晦不自露也冥翳不可識清眞垂衣責清眞幽貞幽貞愧雙全富清機
事業富清機卽清心清與也萬籟清冰喩人胸次之清也烱如一段清冰出萬籟玉露
談清談玉露繁冰雪操奈何冰雪操尚與蒿萊羣滄海情不須論誓笏悠悠滄海情
泛虛舟喩虛己以遊世也對君疑是泛虛舟獨往願平生獨往願解天形守離
解天刑蘊眞謂蘊藏眞跡俗士莫之知也蘊眞愜所遇幽獨晩來幽獨恐傷神清門
清脩家之門也靜便秋風每靜便金莖露喩人之清高也朗日心心隨朗日高
秋霜志志與秋霜潔獨往客聞有獨往客拂衣損世心白雲期悠悠白雲期
麋鹿羣空與麋鹿羣白雲志平生白雲志早愛赤松遊白雲逸緬想赤松遊高

尋白雲逸塵外踪永懷塵外踪蘇門嘯晉孫登登蘇門山嘯若鸞鳳聲青岑客
永懷青岑客青冥客去時青冥客滅跡令一尉保貞素富貴安可常歸來保貞素遣
世緣投策謝歸途世緣從此遣遠心遠心尚雲宿幽素恨乖幽素洗紛垢
行得洗紛垢損俗紛予尚損俗紛養性靈此日長歌飲非關養性靈青山客
幽幽白雲裏獨往青山客夢白雲吏疑天路近夢與白雲遊青山謝脁宅宅近青山
同謝脁碧柳陶潛門門垂碧柳似陶潛息世機逍遙自息世機習靜山中
習靜觀朝槿令公香荀令君至人家色日坐席猶香亦日令君香從往至接令公香任達
越溪源客賀知章任達憐才愛酒狂白鷗羣相勸早移丹鳳闕不須常戀白鷗羣白雲招
應就白雲招閉關閉門却俗也勿復塵埃事歸來且閉關丘中綠何意久城市寂寥丘
中綠韜沈韜晦也沈潛也自言解塵事咫尺能韜沈依清曠就清閑也猶憐負羈束未暇依

清驕餐霞子遠慨餐霞子童顔且自持白玉郎稱人之美也雲路窮亦白玉郎鶴侶
鶴侶正宜芳景引【韻府】倚南牕陶潛倚南牕以寄傲臥北牕陶潛夏日高臥北牕
清風飄然自謂羲皇上人羲皇上人見上索居子夏離群索居久矣芝蘭懷清言
綮之心也鑿坏魯君聞顔闔賢欲以爲相使者往聘闔鑿後垣而去坏壁也壠雲梁高祖問
陶弘景山中何所有壠上多白雲只可自怡悅不堪持贈君志凜秋霜唐元德秀其志凜凜
君與秋霜爭嚴從白雲遊王僧達謂褚伯玉曰先生從白雲遊舊矣幽屏幽居屏去人事
遠抱抱懷也遠抱非俗襯白鹿偶晉陶琰好讀結廬山中養白鹿以自偶抱甕漢陰
老人爲圃畦抱甕而灌力多功少子貢曰有機于此其名曰桔槹老人曰有機事者必有機心吾不爲也
山水志伯牙志在高山流水清白吏楊震曰使後人稱爲清白吏子孫以此遺之不亦厚
乎弋人慕揚子鴻飛冥冥弋人何慕焉魚鳥慕齊宗測少靜退豫王辟爲參軍測曰

性同鱗羽愛止山巒眷戀松雲輕迷入路豈容課虛責有限魚鳥之慕哉玩世東方朔依隱玩世
狎世陶潛語人曰我性不狎世謝天械韓昌黎詩逸步謝天械謂爵位冠冕之屬白莧
紫茄蔡尊爲吳興守齋前自種白莧紫茄詔褒其清白吏也高蹈幽隱獨駕阮籍率意
獨駕不由徑路途窮則哭而返高尚不事王侯高尚其志雲心月性野客雲爲心高僧月
爲性孟詩魚鳥性閑適之情也三徑陶潛嘗曰聊爲隱欲以爲三徑之資可乎又三徑就
荒又蔣詡竹下開三徑惟故人求仲羊仲從之遊焉雲相逐崖上無心雲相逐水禽山
鹿唐陸龜蒙乘小舟往來不會意處竟還雖水禽山鹿之馳走不若也抱膝孔明居隆中長嘯抱
膝好爲梁甫吟高潔謝安雅情高潔志在烟波張志和自號玄眞子駕一小舟來往江湖
釣不設餌志在烟波不在魚也夷白郗蔡會清抗不與俗人交李燃曰安貧清白曰夷湼而不緇白
曰蔡休明可不謂夷白乎白雲俱潔後魏彭城王勰清規茂賞與白雲俱潔更履華

劇唐王丘更處華劇而所守清約　青霞抱白雲適　抱懷抱適趣適　甚言其清潔也　廛席　揚雄疑塵滿席淡如也　丹崖青壁　晉宋纖有遠操不與世交太守馬岌造焉拒不可見銘詩於石壁曰丹崖千丈青壁萬尋奇木蔚蔚蔚若鄧林其人如玉維國之琛

藻林卷之三終

卓氏藻林卷之四

武林卓明卿澂甫編輯
吳郡王世懋敬美校正

身體類

詩經　我心匪鑒不可以茹　茹度也言我心匪鏡不能以度物　匪石匪席　言心匪石與席也我心匪石不可轉也我心匪席不可卷也　蘧篨　竹席之名狀人之臃腫而不能俯者　戚施　狀人之不能仰者　鬒髮如雲　美女黑髮如雲之多鬒髮如雲不屑髢也　清揚　清明也揚眉上廣也子之清揚言美女之貌在眉自之間也清揚不可倭蓋言思見女人之美目而不可得也　手如柔荑膚如凝脂領如蝤蠐齒如瓠犀螓首蛾眉　荑茅之始生曰荑言柔而白也凝脂言白而潤也蝤蠐木虫之白長者瓠犀瓠中之子方正

絜白而整齊也螓如蟬而小其額廣而方正蛾蠶蛾其眉細而長也此皆言美女之容貌　膏沐　膏所以澤髮者沐滌首之垢也　顏如舜華　舜華木槿也以比美女之容貌　清揚婉兮　清揚眉自之間婉然美也　總角丱兮　丱兩角貌總角之童也　心曲　心中委曲之處亂我心曲　顏如渥丹　狀君子之美容也　涕泗滂沱　自目曰涕自鼻曰泗滂沱盛貌　欒欒　居喪之人瘠貌　婉孌　美女少好貌　匍匐　手足並行之貌　岐嶷　幼兒峻茂之狀克岐克嶷　黃髮　老人髮黃兒齒齒落更生細者亦壽徵也　首如飛蓬　蓬草名言髮之亂如蓬也　書經　番番　音波老貌番番良士　仡仡　音兀勇貌仡仡勇士　左傳　二毛　頭之黑白色者不禽二毛又云潘岳年始二毛即逢衰亂　睅目皤腹　睅出目也皤大腹也睅其目皤其腹　于思　多鬚貌于思于思　嘉容　嘉美之容儀也在戚而有嘉容是謂不度　童心　嬉戲無度猶有兒童之心也猶有童心　美秀　貌美才秀也大叔美秀而文　亢身　亢蔽也謂遮護也吉不能亢身　長

種種衰老而髮短也余髮如此種種也弁髦童子垂髫始冠必以蓋緇布冠也豕心言貪惏無厭如猪也實有豕心禮記欠伸氣乏則欠體疲則伸磬折背折也立則如磬之折垂佩山立君子之立容如山之嶷然不搖動也揚休諸為陽煦君子養氣之煦物也若陽之出也玉色玉無変色者君子之色似之國語廣心放情欲也若蔣廣其沈心即放心也有質直而無沈心莊子蓬心猶茅塞其心也槁木灰槁木者無生意也灰灰者心不起也形固可使為槁木而心固可使為灰乎魂交其寐也魂交言夜則神集於心也形開其覺也形開言晝則四躰皆動用也心鬬言平日以接內役其心如戰鬬然也䁥閒言其貌之閒暇也蘧蘧僵直之貌俄然覺則蘧蘧然周也神遇心與之會也吾以神遇而不以目視肯綮骨肉相着處也謑詬猶今嘔噦之病也謑詬病忿滀即鬱結也忿滀之氣逆之病委形委聚也四人假合而為此形故曰委形吾身非吾有

是天地之委形也勃志悖乱其志也富貴顯嚴名利六者悖志也謬心綢繆纏繫其心也容動色理氣意六者謬心也謦欬人声也跫然人足音也逃虛空者聞人足音跫然而喜蜩甲蛇蚹蜩已化而甲在蛇已化而蚹在蓋以形之動者比蜩蚹之生而以影比蚹蜩甲也涌泉盗跖心如涌泉言其氣方旺也飄風盗跖意如飄風言其虛驕輕颺之意也揺唇鼓舌謂亦說也揺唇鼓舌生是非以迷乱天下之主開口笑人年百歲除病疾喪死其中開口而笑者一月之中不過四五日而已矣蓬頭突鬢謂露其髮與鬢也劍容之餙故云咳唾謂人之言論也欲聞咳唾之音又云咳唾自成珠槁項黄馘槁項項痩而無肉也黄馘髮黄而披也皆老人之貌列子疴瘻曲背者也雪涕拭其涕也娥媌姿媚也楚辭顑頷不飽貌食不飽而面黄也長顑頷亦何傷游目觀覧也忽反顧以游目強圉多力也歔欷哀極之声也榮華謂顔色也及榮華之未落要眇好貌容與有態度也姱女

倡狂容與平脇曼膚肥澤貌贅肬肉外之餘肉也附無用之物也反離群而贅肬側身側身以避之也欲側身而無所汋約形容氣弱貌質銷鑠以汋約潺湲淚流之貌横流之涕汋潺湲便娟貌輕麗不肖軀欲賜不肖之軀而別離盛鬋鬋鬢也美女裝餙也弱顏美女嬌貌姱容修態姱好修長也言美女之容蛾眉曼睩言美女之眉如蛾也曼普萬澤也睩視貌言目視清光長發也靡顏膩理靡緻膩滑也言美女容顏脂緻肌理夷滑也遺視切視也朱顏酡美人既醉朱顏酡長髮曼鬋美人長髮工結鬋鬢滑澤其容狀也目極謂遠望也目極千里朱唇皓齒皓白也美女之容嫭姱音護誇言美女好也嫮目宜笑美女工嫮眄好白宜笑也曾頰曲眉綽態曾重也綽約也此皆美女之容也姣麗即豔麗美女也小腰秀頸美女也粉白黛黑施芳澤言美女傅脂粉而白如玉黛畫眉鬋鬢黑而光澤又施芳澤其香鬱也夭閭不入即

側側耳而聞也勃屑膝行貌不閒疾不差也身被疾而不閒燎䆗心中燎明内自竟也貌止霑衿濡袂謂淚下也監噬容媚之声骫靡面柔也骫靡成俗黴黧面垢黒黙好閒言美女之身容美好而閒暇也漢書疨痡音侈鮪以杖手毆繫人剥其皮膚擿起青色而無創瘢者律謂疨痡免乳謂產子也就館外舍產子也免身亦產子也僕遬謂短之貌僕遬不足數宵貌即肖貌宇人肖天地之貌精爽即魂魄也民之精爽不貳清矑美女目瞳子也玉女無所挑眺清眺兮反目淚悼也反目而事固屬目猶注目也戴目言常遠視有異志也戴目而視目留之不欲顧言故動目而留召公因目固留高祖目送以目睹之誇其出也圜視言驚愕也圜精正視也竝觀所見齊同也公所竝觀耳剽剽劫猶言行所也亦猶耳剽日久傾耳傾耳以待命者自駭耳聞言驚視聽也目指氣使家富勢足目指氣使盱衡盱張目也衡舉眉揚也舉眉張目也眉上曰衡盱衡廣

色。交睫睫目旁毛也交睫謂睫寐也　伸眉言無憂也可復伸眉於後　不俛眉自高
抗也俛低也將相不俛眉　信眉欲卬首論列是非也信眉　眉嫵以眉嫵媚人也　抗首抗舉
首也　抑首不敢平坐而視也侍坐殿上皆伏抑首　囬面囬邪也囬面汚行以事諂諛之人
面謾謾欺誑也　面質質者對也　反脣訊也令下有不便者不應微反脣　齰舌齰齧
也齰舌自殺　腹非不言而腹非之　珍髢髢髮也凡戎被髢髮　魋結魋音椎結音髻胡人
貌也尉佗魋結　垂白老人白髮下垂也　戴白白髮在首也　須髯在頤曰須在頰曰髯
解頤使人笑不能止也　頤指但動指揮則所欲皆如意　企望企者舉足而竦身望也
竦望竦謂引領而望　彌望彌竟也謂望之極目也　直項項外有直項之名　延頸天下
莫不延頸　絕亢亢卽喉嚨也絕亢而死　併肩併肩而事主　脅肩累足翕斂之也
累足重足也皆懼也　奮臂奮臂為天下倡始　搤掔搤掔而游談者搤音厄捉持也　交手

謂拱手也交手事之　搖足關中搖足則關西非陛下有也　託足豈不得邪而託足焉　頓
足歎也　躡足躡足行伍之間　蹻足舉足少高也蹻足而待也可　蹻足抗手抗蹻
皆舉也若不蹻足抗手請獻厥珍　旋踵今日之議不得旋踵言宜速夾也　還踵從不
还踵矣言速也不待囬旋其足也　重繭繭足下復起皮如繭重胝言遠行　股栗言懼之甚
故其股戰栗也　囬腸腸一日而九廻言思之深也　張膽瞋目張膽言勇之甚也　破膽
言懼甚也破膽寒心　析膽析分也析膽言相信也剖心析膽相信　刻心刻心秉德　洞心
洞心駭耳　忤心忤心逆耳　熏心熏氣蒸也虛羨熏心　叩心叩擊也叩心怨上　琴心
寄心於琴也以琴心挑之　心儀儀向也謂心附向之也皆心儀霍將軍　心計以心計不用籌
筭也　心謗腹誹而心謗之　竦意竦企待也竦意而覽焉　展意展申也　屬意猶言
吐意也　悉意悉盡也悉意陳朕過　抒意抒謂引而泄之也一抒愚意　還意還意郎囬意也

不意大王還意反義　耦意耦合也達耦意寔忠而耦意　寔志卽快志也　銷志寒心銷志　潭思
潭深思也　意象言惱怒之色形於外也　觸情觸情妄行言任情意所欲而行之也　情素
素謂心所向也又云素猶實也　抒素抒泄也陳愿悃而抒情素　紆體紆屈也謂屈體於衡門之下
士也　竦體謂敬而禮之也　彌躬彌躬執卑以逮公卿　挺身挺引也引身而逃難也　跳
身謂輕身走出也　羸身言空身也羸身來不受金無心為資　薄軀自謙之辭　不訾之
身言無訾量可以比身之貴重之極也　靡骨靡碎也殺身靡骨　汗背懼也慚也汗未嘗不
發背沾衣　竦神竦敬也虛已竦神　累息言懼而常息也　惕息懼而小息也息鼻出入氣
竦息吏民悚息　脅息脅斂也豪強脅息　緜力緜力薄材言其柔弱如緜也　戮力
并力也臣與將軍戮力攻秦　疾力疾急速也力強力也戰疾力　色授魂與謂彼色來
授魂往與接也　股弁東皆股弁謂股戰若弁也言無手也　隆準準鼻也隆準而龍顏　拊髀

嘆也拊髀曰嗟乎　膝席以膝跪席上也故人避席餘半膝席　箕踞申兩脚其形如箕也箕踞
罵詈言　陰拱陰拱而觀其成敗謂斂手不動擁坐觀成敗也　五倉腹中有五倉神存則不死不飢
魁梧魁大貌梧奇偉　魁岸魁大也岸者有廉峻如崖岸也　重足言懼其甚也　洿沫
言涕淚洿集覆面也　沫血言流血在面如盥額也沫古額字　飲血淚流被面以血入於口也
皸瘃音軍竹坼裂也將士寒手足　瘃墮因寒瘃而墮墮指者也　痿盲痿風痺病也如痿人
不起言人不能視也　蹩鼈足不可行也音蹩鼈古矣字　信舌信作伸頻得信其舌　究舌
究屈也固閉也說者究舌　掉舌三寸之舌掉搖也掉　杜口杜塞也結舌杜口　切齒齒根
也　緩頰緩頰徐言引譬喻也　展步着徐步行　骼胔音格恣枯骨曰骼有肉曰胔掩骼埋胔
偊旅曲躬貌行步偊旅　眇眇細末也眇之身　睮睮目媚貌　姍姍音仙行也
姍姍其來遲　狗馬之心思報效也　犬馬齒自謙其年歲也　【諸史】　睥睨不正

視也 恣睢 睢仰目貌恣睢猶恣情縱肆謂行爲醜惡也聳然行恣睢之心 任身 謂懷孕也
嘖嘖 齒作聲左右見之皆嘖嘖歎賞 躑躅 猶踟躕佳足也 躩鑠 輕健貌躩鑠哉是翁也
面首 面取其貌美者首取其髮美者亦曰姿首謂美女也選面首三十人 褭足 不遠行也杜
褭莫肯鄉秦一日遠行者必褭足墨子裂裳褁足不滿十日至 風度 謂風采度量也風度疑遠
箕坐 箕踞而坐也自得不恭貌 跌蕩 行不正貌謂無儀檢跌蕩不拘 廟貌 廟者尊嚴之名
尊先祖貌也一曰髣髴先令容貌也 文選 輕迅 僄狡 捷疾之貌 趫悍 捷也 虓豁
勇也 雎盱 仰目張視也武勇貌 拔扈 勇壯貌 嬿婉 美女好貌 妖蠱 女人豔美之貌
跐豸 嬋娟 女人姿色豔麗天秀 要紹 脩態 謂嬋娟作姿容也要紹卽嬌嬈脩爲也態
嬌媚章也 昭邈 美貌昭邈流盼 偠紹 便娟 皆美女姿容也 微眺 流睇 流睇頓
視貌也 齯齒 鮐背 皆老人壽之形狀 扼腕 抵掌 皆談說之容劇談戲論扼腕抵掌

嫋嫋 美女嫋條貌嫋嫋素女 [illegible] 貌走疾 猿臂 臂似猿也喻善射者 騈脅 壯士
身軀強貌 狂趭 音醮走也 獷狡 勇也 鷹瞵 鴞視 言壯勇之士如鷹鴞之目以視人也
跇踰 踐躒也跇踰竹栢言踐躒於竹栢之間也 [illegible]猭 音連緣亦奔走也猭杝楠言奔走於杝
楠之下也 [illegible] 騃蹩視也騃疾視也 虓虓 氣懾 虓奪也驚懼之甚也 傫佻 罕並
皆疾走貌 寸眸 寸目也入極可圍於寸眸 辮髮 東人首飾也繫髮辮髮 杼首 長首也
貌豐人杼首巷無杼首言人多弱陋也 蕞陋 言人之鄙小也貌蕞陋罯郎肖也 蘧篨
貌稟質蘧篨 形蘂 神茹 形猶曰蘂物之自奴曰茹言心奴也 垂髫 總髻 言幼長之
也人 躘踵 側肩 言人之衆多也 槃姍 勃窣 匍匐上堤貌槃姍勃窣而上乎金堤 妖
冶 嫺都 便嬛 綽約 嫵媚 纖弱 皆言美女容色之嬌也妖冶巧媚也嫺都雅飭
也便嬛輕利也綽約婉約也嫵媚和悅也纖柔弱也 漚鬱 淑都 皆美人香氣之盛也 連娟

美人眉曲細貌長眉連娟 姱姿 美姿頎也 慨息 卽歎息也撫長劍而慨息 連落 淚流貌
連落而零涕衣 游目 遨魂 遨遊魂神心目也 息足 之不足也息輿馬 長懷 遐念
皆遠思也 馳神 運思 言想慕也 心目寥朗 寥朗寬曠貌心目之寥朗 凝思
凝思幽嚴 蕙心 紈質 玉貌 絳唇 皆言美女之容也蕙質香紈齡輕細玉言其白絳言
其脣赤云 埋魂 幽石 委骨 窮塵 言人死也 [illegible]頞 睽睢 胡人鼻高目深之狀
鬖髿 音參沙髮亂貌 聯肜 遠視貌 斑鬢 素髮 斑謂黑白雜也素白也斑鬢髮以承
弁兮素髮颯以垂領 投趾 容跡 言人所行之踐履也 疢懷 病懷也悄焉疢懷 角睞
以眼角斜視也 素意 言平生之意也悉素意之不呈 姣麗 蠱媚 皆美女貌 嫮眼 好
也美人之目也嫮眼而蛾眉 訬婧 美女纖腰也訬婧之纖腰 幽情 滯思 幽情發而
成緒滯思 閼骨 猶埋骨也閼骨泉壤 吻吮 吻口吮吸也謂吹簫
叩而興端 吻吮也吻吮值夫宮商

[illegible]拔淚 擊拔皆拭也 嚴顏 謂君臣嚴整之容也嚴顏和而悅懌 流眄 邪視也
橫流 美人目橫視也目流眄而橫流也 飛髾 音消謂美人髻飾也華袿飛髾而雜纖羅 閑靡
美女閑縵而柔美也 軼態 瑰姿 美女之貌也軼輕瑰美也 吐哇咬 發皓齒 言美
人之歌也哇咬音蛙交謳豔之声也 騰清眸 言美人之視也 掐膺 吻臂 擗摽 撫心
也 箟笏 抑隱 手猶笛孔之貌 鴟視 狼顧 驚懼貌 瞠眙 直視也驚懼 雷
抃 同拊手也又抃声如雷也 僬眇 目細目開貌 睢維 目合貌 涕洟 涕洟液也涕洟鼻
流漫 摟攬 擽捋 音樓核歷捋皆手撫拂絃之貌 抃舞 兩手相撫曰抃 嗢噱 音或醵笑
聲也 仰抃 抗首 抗舉也言臨軒遠望仰抃而抗首也 瓌姿 瑋態 瓌瑋皆美也喻美人
容貌 裔裔 美女行貌 姽嫿 音鬼獲美女閑靜貌 愔嫕 愔和悅也嫕音義閑雅也美人柔貌
體貌 閑麗 靜美之貌 翠羽 白雪 束素 含貝 極狀美女之容貌也眉如翠羽

肌如白雪腰如束素齒如含貝嫣然嫣笑貌嫣然呈笑矣蓬頭攣耳齞唇歷齒攣病也齞唇謂語而露齒也歷齒謂齒稀疎也此言醜婦之貌嘔僂身曲貌即傴僂而行流聆散視也流聆乎洛川驚鴻游龍狀美女之容也翩若驚鴻言輕揚也婉若游龍言柔媚也榮曜秋菊華茂春松狀美女之容也秋菊言其光榮也春松言其英茂也輕雲蔽月流風迴雪狀美女輕妙之容嬋也髣髴兮若輕雲之蔽月飄颻兮若流風之迴雪太陽升朝霞芙蓉出淥波狀美女之光彩也皎若太陽之升朝霞灼若芙蓉出淥波穠纖言美女之肥細也穠纖得中延頸秀項延長也言美人之容雲髻言美女之髮如雲也雲髻峩峩聯娟美人眉貌脩眉聯娟柔情綽態言美女之情態也柔弱綽寬也微步輕緩步貌陵波微步言神女也婀娜言美女柔弱貌華容婀娜黃髮老人白髮生黃高聆高視也高聆貌四海朝日豔言美女之貌如花明豔伴朝日心縣邈謂心遼遠也

卓氏藻林卷之四　身體類　八

長懷慕仙類渺然心縣邈遊子顏謂客容憔悴也日落遊子顏翹跡翹高也跡高蹈也緇髮黒髮也撫鬒髮美緇髮窺聆貌廻顧容華消歇容貌憔悴也容華坐消歇怒髮衝冠怒髮上衝於冠玉趾言美人之足也白雲隨玉趾褊心褊小之心急迫之狀又自譏之辭也宿心宿昔之本心也內負宿心投心投致也投心導朝命屬耳流目屬傾也屬耳听鶯鳴流目玩鯈魚精爽魂魄也精爽若飛沉營魂營攬魂以探頤營魄營心廳間也此謂心廳魂魄營魄懷茲土華容美貌也破涕破涕為笑跬行跬舉足也跬行安步武披心胷披腸臆心胷分慮謂分其思慮即亂心之意攢念聚念也攢念攻別心素襟謂本心清氣濫素襟幽衷深心也幽衷何用慰蟬翼蟬翼輕薄以喻已微細也微身輕蟬翼撫膺撫胷而恨也撫膺解攜手絕目極目而望也絕目盡平原嗷嗷衆口讙譁也愁人徒嗷嗷五內五臟也哀傷五內靈根喻身也宴安消靈根玉澤

美女目也目擊玉澤翠翰美女眉也蛾眉象翠翰綺態沉姿言美人綺美之態沈深之姿也綺態隨顏變沈姿無之源顧步顧視步徐行也顧步成可歎勁秋心烈心厲勁秋娥娥美女貌娥娥紅粉粧盼睞邪視也盼睞以適意結髮言始成人也結髮為夫婦又結髮偲為旅涕霑翰翰衣襟如鳥之有羽翰也側身東望涕霑翰光儀即君子之容儀也濟濟陵光儀結精結束精神也結精遠遊禮心想掩淚謂遮拭其淚不欲人見也睇目極覽聯視極盡也日新志各勉日新志深衷中心也隆想思想之盛也隆想彌年目沈瀾淚流貌金石軀如金石之堅固也願保金石軀躧履步即履躧履美王孫蹀足按步也蹀足循廣除滯念感慼多滯念丹石心言思赤心既秉丹石心玉顏侔瓊蕤言姝冶之容比齊於玉花瑩情瑩徹之情也瑩情無餘滓躧步躧履也躧步陵丹梯飛步高步也飛步入秦關黃髮期願以黃髮期養生念將老

卓氏藻林卷之四　身體類　九

矯掌舉手也矯掌望烟閣四睇謂四面視也四睇亂曾岑靡曼言膚色細潤也膚色靡曼情㾁無力也手足情㾁玄眉美人之眉秀也睇聆流光睇聆皆視也睇聆生光彩也言美女之目清秀肝血赤心也泥首首歸陰者泥首而伏也局影側身皆戚懼貌扇影凝巖側身掏禁側目言惡之甚視舊側目撫臆謂論心也撫臆論報濡足謂急於救溺也實勤濡足寒心謂愧耻也亦驚恐意卬首伸眉得意貌卬首伸眉論列是非絕足駿足也屈膝拜也屈膝請和涉血渉血即蹀字殺人流血日蹀血泫然淚流貌野心言如野獸之心也北狄野心委心謂委去常俗之心也委心任去留又云委心歸帝淵角山庭言賢人之相貌也清表清心也齒危髮秀危將落也秀白也齒危髮秀之老人清襟即清心也丹府謂赤心也秋霜志崑玉心志烈秋霜心貞崑玉哆噣顑頞哆噣張口不正也顑頞鼻高貌此人形之醜者河目龜文目上下正

平日河魚交謂足有匾戈也此公侯之相龍犀日角額有龍犀入髮左角日右角月言帝王之
相蘭儀玉度皆喻美女之容儀也椎髻鬟首鬟束結髮之形髻偏側瓜切〔初學〕
靨星美人面靨若星也靨星臨夜爛眉月美女眉如新月攢眉月隱輕紗鬟髻雲鬟美人髮鬟
眼也額雲鬟橫波美人目也聯出橫波龍章鳳姿嵇康好容色土木形骸而龍
章鳳姿天質自然土木形骸見上凝脂點漆杜弘治面如凝脂眼如點漆此神仙
中人國色美女之容謂一國也墮馬髻折腰步齲齒笑皆美女妖媚之
態齲齒音區上聲齒啼粧言美女之泣淚已啼粧奇能素質美言
蠱也梁冀妻孫壽也女也奇能逸歛顧搖額秦相蔡澤醜貌也〔藝文〕瓊腰美女腰也蓮
麗素質艷光歌黛歌女眉也遠黛承歌黛遠山珠編貝齒如編貝東方朔目若懸珠
蜂腰梁冀妻髻也深家髻梁冀妻髻也秀顏美女貌秀顏若華
池華池深家髻逶迤深家髻英娥美女

貌英娥之麗女翠眉瓊質顧矑頳脣皆美女容貌也出繭眉美人之眉如新
蛾也聯爲蠶眉也仙藻露葩氷華玉儀皆喻美女姿容紅蓮鏡池綠
雲出崖蓮鏡池其少近也如綠雲出崖珊瑚同樹瓊
草共殺美女之貌也實遇珊瑚同樹價直瓊草共殺疲曳衰老貌年雖疲曳苦心
清苦之心也君子懷苦心經寸心以我經寸心從君千里外促膝謂相聚會也何時更促膝
神襟精神與胸襟也神襟愛遠別又云以清修流襟流襟動楚去情
宮腰楚宮腰九魂飛魂獨念九魂飛懷袖即心胸也詩書於懷袖綠黛
眉也鉛黛臨粧羅鉛黛謂以鉛畫眉也貞魂稱夫死者也式貞魂藻
儀美女之容也攜聆舒望也攜聆而攜聆八蓀髮蓬首也垂蓀髮於鬢
飾還斂
燕頷虎頭相者謂班超曰燕頷虎頭飛而食肉此萬里侯相也金槌玉枕伏

犀起蓋此君相之相也金槌玉枕落相望伏犀起蓋隱鱗交映暮質衰老之人身也暮質易
揭傷三聲淚巴東三峽猿鳴悲猿鳴三聲淚霑裳〔六朝〕容輝即容儀也起見容輝愛
淑靈猶淑質也美人自言倭墮髻美人頭髻名倭墮髻結中腸謂悉念
容姬結中腸不忍也雙耳連璧美女貌也雙耳似連璧清顏言美人之秀貌淑貌美貌
也淑貌惠心惠心清且開傾首無泣送行李傾首遲
耀故且鮮膚美人之膚也鮮膚一何潤阿那美女容貌阿那韶顏猶少年春色也歸雲謂仰首向上也
半蘭眉聊爲半蘭眉哀涕哀而涕下也哀涕應苦心愁黛啼紅黛眉也紅淚也
愁黛舒還斂啼紅拭復垂歌笑顏歌笑顏豈嗔容愁容也嗔容入朝鏡思淚
相思之淚也思淚點春衣妖閑妖閑逾下蔡窈態羞臉美女也窈態隨羞臉
玉筋美人之淚也玉筋衣前滴嬌玉步美人行步也翠鬢美人鬢也含睇含睇淚

也睇微盼也含睇不成歡忠心謂達其意於彼也忠心中上來丹誠赤心也丹誠君詎知鉛
臉鉛粉也輕紅淡鉛臉微睇美人目視也微睇託含辭娟眼美人目也娟眼隨羞合翠
羽眉美人眉也含翠羽眉愁橫波目美人秀目也淚滿橫波目眉語眼笑皆美
人媚容也恣疎眉語度紗輕眼笑來兩淚言淚下如雨也雨淚忽成行委心結意委心
結意丹青俠思豪思也春風淡蕩俠思多顧笑千金顧笑買芳年婐姬身弱好
火珠珮婐姬貌音果
嫿戭金闕前心也一聲一轉煎心因所感兩犀巧笑齒兩犀謂齒也
蛾美人自揚雙蛾謂眉也揚蛾也輕鬢輕鬢輕雲轉黛黑眉也歌時轉雙黛
玉啼玉啼長垂雙玉啼驪矚偏觀也驪矚盡地域霧淚霧淚下江濱清慧姿稱人
之美質也淑媚音稱人之佳音也耳存淑媚音蓬軀自謙賤身也蓬軀未
想清慧姿
極旌心心思如旌之常掛也心旌徙自懸結眉顰愁貌結眉慘成憂金碧身人

身之重也徒羨草木利不變金碧身顆顏愁苦之容也顆顏就人借松髓桂腦謂老人之
相也方瞳起松髓顏髮疑桂腦琬琰心苦心也徒懷琬琰心紅顏歎哀老也生看紅顏歎
鉛姿美人面也輕淚持鉛姿肉食資言富貴之身也無以肉食資取笑黎與藿春心
美女懷春之心也春心百媚勝楊柳千金笑相歡千金笑眼語美人目轉含語之意也眼
語送梧嬌擎手調絃手也擎手起於女里又擎手敗彈也跮踱音直鐸跮足行路也神儀
精神儀度也神儀嫵媚接膝顛接膝以交言弱志寄弱志於歸波遣情懇遣情於八遐
頹形老貌衰皮褐以頹形弱質弱質難猶撫鬢撫鬢生悲驚魂招驚魂於殆化危
形收危形於將闌褊志謂褊淺之志也伊吾人之褊志淚絲非獨淚如絲徒聯迂聯
情而徒聯魂三奪魂終朝而三奪心九摧心一夜而九摧靈素稱人之精靈與精素
也寂寥靈素魂線死者之魂如線之微聯也魂線昧其若絕冰心清忠也蘭音言美

也蘭音昧味重襟民懷慘於重襟頹泣浙南風面頹泣流歎佩流歎於馳年華思
纓華思於奔月潛志幽志也潛志去世塵藻志藻志遠存追溫念意也溫念稱人之美
終不渝寒松意朝槿心妾意在寒松君心逐朝槿雄髮雄髮指危冠壯士之髮也
草木心安得草木心不怨寒暑移蹻足蹻足也蹻足登雲閣曼聯橫波曼聯出古
懷心懷心澹然古彫容彫謝之容貌也慨彫容之日頹【唐詩】蟬鬢言美人鬢如蟬
也蟬鬢疑梳時髮欲雜永聯長望也飛永聯於霞莊啼紅頰不掩啼紅頰蘭質言美
人之江海心別有江海心遠思也遊子心寧知遊子心星鬢鬢排徊星
貌也狼心野心也狼心獨未馴雲光美人之容若雲也雲光身後落雪態言美女之
如雪也雪態掌中回遊魂死者未散之魂也豈知陌上之有遊魂乎濡首謂人將也濡首兮
將死頹顏老貌也不足駐人之頹顏壯髮衝冠髮上指也壯髮上衝冠流襟承

睫皆淚下也柳葉美人之眉也愁眉柳葉顰春容蒼顏也春容捨我去秋髮白髮也秋
髮已衰改桃李顏美女貌也松柏本孤直難為桃李顏謂美女天艷李嬌然媚人也春皇竟恣桃李顏
欸顏奉楼色也顏因侍從芙蓉姿喻人之美貌也美人出南國灼灼芙蓉姿顏醜
懷慨動風骨宮人之風采骨格也氣岸氣岸遂凌豪士前英盼雄視也翰林秉
筆回英盼又俯仰流英盼雄心撫劍夜吟笑雄心日千里黃金軀言其貴重也各勉黃金軀
又之子黃金軀方瞳仙人目也方瞳好容顏煙容煙霞之貌也煙容如在前塵顏塵俗
之貌也且得洗塵顏素心謂平生之心也素心自此得海懷海懷結滄洲霞想霞想
遊赤墀揭步即舉步也揭步滄洲畔涕闌干衆多貌相視涕闌干幽曠心
幽曠心冥心自古江湖客冥心若死灰心蘇憂釋而心蘇也心蘇七校前千金軀
王孫善保千金軀沾灑灑淚沾衣也沾灑望青霄星星言鬢之白也愁絕始星星虬髯

美人鬚如龍也虬髯十八九决背决裂目眥言所望之遠也决背入歸島龍鍾衰弱貌
世言人老如竹之枝葉搖擺也何太龍鍾極又云龍鍾摔扯闕童丱童丱居諸聯潸然流涕
貌為我一潸然紫髯美髯也余軍舊紫髯紅淚誰家紅淚客不忍過瞿塘嬌鬟嬌鬟為誰
綠蘭雲美人鬢雲也綠鬟發墮蘭雲起綠雲鬟佳人多整綠雲鬟支頤杖頰而想
望也支頤忽望碧雲裏雪頂霜髯白髮須也雪頂霜髯虎豹茵靈襟眺矚散靈襟
太古姿脩然太古姿彫朽質微臣彫朽質羞覩豫章林愁鬢三湘愁鬢逢秋色
栖心晤語方獲志栖心亦弥年躨跜蹇行貌躨跜登高峯鬢眉颯爽鬢眉颯爽瞳子
方謂蕭颯蹝爽也【韻府】青瞳黃眉翁青瞳子龍瞳鳳頸唐武后之相也三蟲
柳文三尸蟲也絳宮心為絳宮肺為玉堂宮脾為膽為紫極宮脾為中黃宮出黃庭經塵
容走抗塵容俗狀眉峯眉聳三峯秀崿峯齒神也三池膽為中池口為華池小腹

為王池故曰三池黃庭經　風姿言人之形貌也　瓌姿神女瓌姿傳態　松栢姿松栢之姿經霜愈茂　玉骨冰肌俱美人之肌也　行屍言不等者雖存如行屍也　龐眉龐蒼也老人眉也　長眉有胡僧不知幾百歲眉長數寸袁天罡見岑文本曰學堂瑩眉過目他日文章冠天下　廣眉城中好廣眉四方且半額　黃眉黃眉翁仙翁也　揚眉揚眉吐氣　遠山黛飛燕妹合德入宮為薄眉號遠山黛又卓文君眉不加黛望如遠山　玉盧黃庭經謂鼻也　內之黃庭經五臟之液名　七尺軀易足以美七尺之軀荀子勸學　眉梨老人之稱謂眉秀而面如凍梨也　玉啼言婦人啼淚如玉筯也　前身李氏子美祐前身也　後身盧真人為督衣後身　華顛白首也士亦華髮華顛而後可用　靈淵心也太玄經曰去此靈淵　楚腰楚王好細腰宮中皆餓死　唾花趙飛燕唾如杏上花　鬢飛鴉新鬢賞飛鴉　鬢霜髮白也　里耳莊子大声不入里耳　阿堵王衍生不言錢曰奉此阿堵物去又傳神寫照正在阿堵中謂

眼也　玉體顏君慎疾加食重愛玉體　魁壘狀貌魁壘之士　頭蓬葆董宣傳頭如蓬葆勤苦至矣　蒲柳質顧悅之髮早白曰蒲柳之質望秋先零　春月柳晉王恭美姿儀或目之曰濯濯如春月柳　反首髮乱下垂也左傳晉大夫反首拔舍　老醜晉阮籍詩朝為美少年夕暮成老醜　天口齊田駢好談論號天口言不可窮盡　雌黃口王衍言有未安即隨更改號為口中雌黃　忍淚王子敬過精公公須忍淚急趨直前不覺沾衣　跬步半步曰跬揚子曰不積跬步無以至千里　蓮步南齊東昏侯以金為蓮花貼地令潘妃行其上曰此步步生蓮花也　新輿髻趙飛燕妹合德新沐以香水為卷髮號新輿髻　鳳髻周文王時髻名　望仙髻始皇時髻名　迎春髻　同心髻　芙蓉髻皆隋時髻名　拋家髻唐末婦人作拋家髻　壯髮我兒額上有壯髮謂額前侵下而生者　華髮白髮也　鶴髮鶴髮雞皮老人貌也　封侯骨小吏有封侯骨　梅花額宋壽陽公主人日臥于含章簷下梅花落於額上自後有梅花散　半額眉楚王好廣眉宮中且半額　龜息睡而氣從耳出名龜息必大貴壽　貌寢王粲依劉表表以貌寢不甚礼焉謂其短小也　淚沾臆人生有情淚沾臆　戟手手如戟也勇士　遊目行覽世行遊目乎三危　靈爽即精神也協靈爽於湘娥　委懷委安也委懷在琴書　冥眴音而縣謂遠望目昏亂也目冥眴而無見

情性類

易經 鳴鶴在陰其子和之我有好爵吾與爾靡之鶴鳴於幽隱之處入不聞也而其子相應和中心之願相通也好爵我有而彼亦係慕說好爵之意同也中孚九二齎咨卽嗟嘆也涕洟謂悲泣也詩經僮僮竦敬也祁祁舒遲也忡忡懆懆憂心忡忡懆懆委蛇自得之貌隱憂言痛憂之深也殷殷憂心盛貌之善懷多憂思也女子善懷如醉如醉困急也如噎深不能喘息如噎之然憂百罹卽百憂也逢此百罹陶陶樂而自適之貌駟介陶陶閑閑往來自得之貌太康言猶過於樂也無已太康欽欽憂而不忘之貌憂心欽欽窈糾幽愁結也舒窈糾兮懮受憂深思遠矣紹紆緊之意舒夭紹兮慱慱憂勞之貌勞心慱慱蘊結憂思之不解也我心蘊結寤嘆嘆也孔疚疚病也憂心孔疚如擣惄焉如擣傷心甚也溫溫和柔貌溫溫恭人攪我心攪擾乱也潸焉涕下貌潸焉出涕奕奕憂心無所薄也憂心奕奕豈樂豈亦樂也豈樂飲酒泮奐優游皆閑暇之意燕譽燕安譽樂也書經胥感相與憂其憂也保后胥感盡傷心盡傷也民罔不盡傷心哀籲哀號乎天也哀籲天若蹈虎尾涉于春冰言憂危之甚也心之憂危若蹈云云恤恤憂患之無已貌禮記消搖寬縱自適之貌卽逍遙字孔子負手曳杖消搖於門莊子噓嗒無心之貌徐徐于于徐徐安也于于自得之貌其臥徐徐其覺于于俞俞安樂之貌俞俞者憂患不能處年壽長矣蕩蕩精神散也從然卽從容自得之意從然以天地爲春秋謂死者委順委聚順理也性命在我卽造物之理故曰委順性命非汝有是天地之委順也陳悖音陳悖怵惕不自安之意慰暋鬱悶也焚和衆人焚和謂衆人不知外物之不可必而適用其心故至焚其胸中至和之氣睢睢盱盱矜持而不自在之貌幽憂猶隱憂也楚辭長太

息長太息以掩涕長悲苦哀也掩涕收淚也浩蕩無思慮貌忳鬱憂思也侘傺失志貌嬋媛眷戀牽持之意鬱邑憂思結也猶豫猶犬子也人將犬行犬好豫在人前待人不得又來迎候故謂不決曰猶豫狐疑狐善聽河冰始合狐聽其下不聞冰聲乃敢過因謂多疑者爲狐疑寤懷寤覺懷思也言中心覺寤而懷後愁思也惟極兮寤懷心猶豫而狐疑憑怒憑盛也懣也離尤離遭也一作尤遭憂也闇瞀音茂心煩亂也紆軫紆曲軫隱也心鬱結而紆軫軫懷痛懷也出國門而軫懷絓結絓懸也心絓結而不解蹇產詰曲貌思蹇產而不釋約約好貌外承歡之約約荏弱軟弱也心意荏弱而不能自拔謂荏弱而難曲思抽拔思意也謂拔其愁恨之意者魂一夕而九逝思之切也憑心憤懣也未化不易性也守節娛憂樂志也遵江夏以娛憂愁愁憂懼貌愁愁者之愁愁兮耿耿兩儆儆不寐貌夜耿耿而不寐倘怳音尚

怳惘悵也不安貌倘怳意貌文選曰魂神遷逝恣睢放肆也又怒貌憭慄悽愴也煩憯憂也不安貌惝怳意貌懭悢皆失意貌惆悵悲哀也文選曰悲傷惆悵而哀離憯惻愴悽皆悲傷之意也煩冤心中煩悶也心煩冤之忡忡瞀亂迷惑也瞀亂而迷惑結軫軫憂也中結軫而增傷繚悷心纏繞而悲結也託志欲託志乎素罔汋失志貌抽馮馮憤滿也舒志而抽馮惘兩神罔兩而無所依據之貌紛蘊愁思蓄積也含紛蘊蛩蛩懷憂貌憺慌憂愁也求歔歔數也長曼憂曼長也究結心煩鬱也究結未舒漢書蹴𨁟龍蹴𨁟怖懼貌翼翼鸇翼動貌河陽靈夔翼燕婧燕安而婧不敢以燕婧也妾不敢以燕婧散罔失志貌鞅鞅不滿足也心常鞅鞅弼弼敬懼貌聊聊音聊幽閑也情思聊聊鰓鰓音先紀反懼貌沾沾輕薄之貌沾沾有喜忽忽神思不安樂貌翠翠音沐譁厚之意靡靡言有風采也靡靡庶幾德讓君子之遺風愔愔言居官而心意

家蔽職事不卑也 岑岑 痺悶之意我願岑岑 轡轡 即轡轡也所以轡轡顧念我者 嘿嘿 不自安也 諸史 鄙吝 猶茅塞之義鄙吝之萌復存乎心矣 伊鬱 不舒貌智士伊鬱於下 荒思 迷亂之念慮也思去聲 雅遠 謂情趣有風雅而高遠也崇有論居官不親所職者謂之雅遠 曠達 謂疎曠而通達也奉身散其廉操謂之曠達 任放 任縱意也放放誕也皆以任放為達 咄咄 驚怪聲一曰咨嗟語也 悟賞 謂情性所得未能忘言於悟賞 楚楚 苦楚不安之意朝野楚楚 欵卹 欵曲而歡卹也 緼藉 有雅量之稱也 醰粹 即醰粹也定心醰粹 文選 愕眙 驚愕而張眼貌 重慳 自吝用心 之愢 腓胅蔕芥 怨貌 悵懷 悵然思念也 徊徊徨徨 心驚恐貌 愴恨 憂愁貌心愴恨以傷懷 慨息 即歎息也撫長劍而慨息 伊鬱 憂怨也末伊鬱其誰愬 悚悚偲偲 皆恐懼貌偲音洗魂悚悚而驚形心偲偲而 慘慄 傷念之貌慘慄兮若在遠行登山臨水送將歸 耿介 胸中耿介而不寐 端

憂 端然憂愁也 清迥 即清遠之心也 求靖 方言靖思也潛服膺以求靖 煩毒 憂毒也 湛憂 湛音沉深憂也 泯泯形形 皆和樂貌 踰佚 憂思貌魂佚佚而不返 魂踰 穎思 穎懷也言懷其思慮也遂穎思而就床 兒女仁 謂兒女姑息之仁非求夫之節也 憂思成疾 疾無 解心累 謂解去心之係累也解心累於未 遂 填膺 填滿胸臆也悲來填膺 乃 膺 弔影 朝行弔其影夜寢 慚魂 其魂皆自愧傷意也 含酸茹歎 鼻酸茹歎也茹食也 此言志高也 青霞奇意 言志高也 飲恨吞聲 飲恨謂懷恨也吞聲謂欲哭而含其聲 愁意也 黯然 失色貌黯然銷魂者惟別而已 銷魂 魂將離散謂恨深也見上 跼高天蹐厚地 言人畏懼非但畏天也 法也 慄慄 黔首豈徒跼高天蹐厚地而已哉 性昧宕冥 言失性闇昧過於幽冥宕過也冥謂盲人也 酷惡 憂積貌惡音 而惡憤伊鬱而 惻惐 傷痛之意 緩肆 安緩也時放以緩肆 悄悄 憂也 憚漫 衍凱 惡

歡樂 貌 恢夐 廣大之貌言人度量 慤素 貞女之情也懷慤素 潔情 貞女情也 馳思 即游心也 獨聊慮 聊慮精心也 固護 固護堅志也 懊咿 內悲也含哀懊咿 悽唳 辛酸 悲也 解嚴顏 謂解去嚴整之顏 擢幽情 擢起幽寂之情以為歡 長想 遠思 希高慕古也 慷慨 猶激揚也乃慷慨而長肅 舒肆 即舒放也 縲緤 憂久相纏緤也 纏緤 久結之纏緤 脅息 即縮氣也脅息憚歡 高雲情 高情屬天雲 饑渴懷 喻望人之心也以副饑渴懷 游情 游情無近尋 咄嗟 嘆聲也咄嗟安可飽 生慮 浮生之慮也俗慮 欣願 喜心也欣願自此畢 玄雲志 揚志玄雲 皃藻 人喻歡悅如皃戲藻 也皃藻馳自成 放神 即游神也放神青雲外 繁慮 慮積 耽介繁 玄髮 歡 少年之樂也 各勉玄髮歡 白首歎 老年之愁也無貽白首歎 恬曠 閑暇也恬曠苦不足 撫衿 撫衿長嘆息 長感 長憂也 虛舟 喻人無係客之心也常與虛舟值 結不解 言相思而愁不解也望慕結不解 婉孌 深思貌 紆鬱 秋思繁也紆鬱遊子情 辛楚 酸痛也慷慨含辛楚 遺安寐 忘安寢有所思也明發遺安寐 隆思 隆思也隆煩 思亂心曲 沉歡 沉滯其歡不得歡也沉歡滯不起 長饑渴 言相思如饑渴之思飲食也長遠也慰安長饑渴 昭曠 昭明曠遠也懷抱既昭曠又云獨觀昭曠之情 探情 探己之情懷也 軫張 驚懼之貌 傾想 傾極也傾想遲音 吝勞 吝恨勞憂也吝與勞 崇情 崇高也崇情符遠跡 篤顧 厚念也篤顧棄浮沉 宿好 舊所好也詩書敦宿好 真想 謂無為之事真想初在衿 憤懣 怨歎之盛 蓬心 蓬非直達者心猶是不能自達也 搖搖 心不定貌旅思搖搖 清曠 清遠而曠也豈徒慰清曠 近情 近淺近之智也近情能不深 不解 惓惓 頻解顏 憂人 昌志 昌盛之志也昌志發禍機 盈盈 不得志之貌盈盈樓上女 區區 愛也一云抱區區 思情 相思之情也思情日以深 思心 相思之心也思心常依依 恨恨 恨也

悢悢不能 媞媞 夫婦歡好貌 媞媞及良時 翹思 翹猶懸也 思慕遠人 沉憂 深憂也 沉憂令人老
結綢繆 結客情也 獨有盈詩酒 與子結綢繆 想似 謂想見人之形相似也 行立增想似
情隨玄陰滯心與回飈俱 情隨玄陰閉塞不通 為懷人也 心與回飈俱飛 願遠去見人也
周章 恐懼也 重基志 重基山其高可以擬志 重基可擬志 迴淵 心 迴淵深淵也 其清可比心也 迴淵可比心
悁勞 即憂勞也 無陳心悁勞 悁悒 憂恨也
勞結 憂心之結也 未足解其勞結 悲纏 謂悲哀之情纏繞於心也 擗摽 拊心也 而悲也
情瀾 言情如波瀾之不竭也 弱情 謂疾病也 雖心摧於弱情
〔初學〕逸豫心 彌讚 逸豫心
物外志 知余物外志 虛恬 虛恬 寂坐抱 神襟 神襟 悵望悅 風雲 思 思逐風雲上
憯毒 毒亦悲甚也 山河執觴懷慘毒 念當隔 凝懷 即凝思也 凝懷累宙
滌想 洗滌其心也 滌想丹闕 江海思 海思 空守江汗 冰雪心 懷冰雪 勞心苦

〔藝文〕愁屏營 思美人兮 愁屏營 哀楚酸辛 皆悲慘也 臨觴多哀楚 悽愴懷酸辛
幽願 幽願平生積 野好 野好芳 月彌 權晤懷 未盡權晤懷 撫抱 抱也 獨撫抱而增傷
情歎 情歎感四時 寒松意 意在寒松 不變也 朝槿心 不久也 君心逐朝槿
羈思 羈思自予抱 恬逸 恬逸外安 褊志 褊性也 褊志無經世之才 吾人之 歎歎 誠真
方 幽滯心 棹彼幽滯心 〔六朝〕相於 於廣情性 放心相 綢繆也
之意也 何因送別歎 哉悲 戚思 思愁思也 裁悲且戚思 顯君 千秋恨 欲祛千秋恨
幽縕 鬱思也 近暢祛幽縕 惠志聰情 稱人情性之美也 低意 降志也 低意守空帷
華志 志公 芳年之志也 駟年 淵抱 即深懷也 命戒淵抱 留歡 二十留連歡情也
留歡限 芳願 羨情也 歲去芳願建 綿憂 長憂也 綿憂摧抑起 長歎 騷思 年之騷思憂
奔前 騷 悁憂 懸祖夜 悁憂之悁憂 頹歎 歎平聲 風而頹歎 遐緬 遠想也 遐緬 蒼愁
思

畢 鐘鼓或 愁辛 慇懷 懷從中發 憂心也 慇 禽性獸情狼風豺氣 謂人民荒野兇悍也
蘊蓄 蓄悶也 以遺心蘊蓄 逸想 縱逸之思也 逸想不可淹 沖想 沖想汾冊 顧
悲緒 悲緒覽物起 悁思 悁悁思而弗及 〔唐詩〕廷想 廷思也 想間雲涯 幽楚
即悽楚也 抽恨 歷万古以抽恨 悽斷 悽楚也 欲知悽斷意 繁憂 繁憂起万端 沖襟
即和意也 穆沖襟而震淵 雲愁海思 雲愁海思令人嗟 悲辛 悲辛坐客 論 凌兢
恐懼也 毅石橋去 凌兢 含凄 含悲也 凄向寒郊 烏啼 不舒貌 謂鳳晚來爽人類烏啼之
懷中情 於月道中情 情塵 蔬食去情塵 森爽 萧森也 古園萃森爽 幽
也 抱復 得散抱 掩噎 愁咲也 曲掩噎東山雲 忽驚雖露 結析 結析薄 柱渚 逸趣
芳晨 追象外情 象外情 忘歸 悲涼 涼愁也 悲涼見此心 九愁 憑高二九愁 望九愁
心 逸趣 真契 蕭然 真契 〔韻府〕踈慵 即踈懶也 七哀 曹子建詩有七哀詩 謂痛而哀

義而哀 見而哀 感而哀 口歎而哀 怨而哀 鼻酸而哀 耳目聞而哀 八哀 杜甫有八哀詩 哀李邕等八人
愁城 愁結如城也 愁城終不開 生憂 憂俱生 人生與憂俱生 漆室憂 魯漆室邑女 憂君老太子幼
鄰婦曰此丈夫之事也 女曰設魯有患 婦女安所避乎 杞國憂 杞國有人 憂天地崩墜
千歲憂 常懷千歲憂 人生不滿百 窮愁 虞卿非窮愁不能著書自見於後世 賫恨 賫恨
入冥 緘恨 含恨也 懶慢 嵇康曰懶與慢相成 曠放 曠放事足安心 閒放 閒適也
萬斛愁 庾信愁賦 且將一寸心能容萬斛愁 幽鬱 長吟哀歌舒散幽鬱 六鑿 即六情也
莊子 心与天遊則六鑿相讓 鑿音造 又收此 於邑 言之可為於邑 邑悲傷也 留連瀾漫
歔欷 數情 欷歔 哀歎 多也 口 哀歎貌

域外漢籍珍本文庫

飲食類

【詩經】朋酒（兩尊曰朋朋酒斯享）釃酒（泲之而去其精也所謂縮酒用茅者也）炰鼈膾鯉（燕飲之肴饌也）醓醢（醓醢之多汁者醓醢以薦）燔炙（燔用肉炙用肝或燔或炙）脾臄（豚口上肉也嘉殽脾臄）筍蒲（其蔌維何惟筍及蒲）【書經】鮮食（洪水之時民未粒食故食鳥獸魚鼈之食也盍奏庶鮮食）艱食（水土既平民尚艱食暨盆播奏庶艱食鮮食）康食（安食也不有康食謂饑饉若荐臻也）沈酗（我用沈酗於酒）沈湎（溺於酒也沈湎冒色）彝酒（常于飲酒也無彝酒）洗腆（厥父母慶自洗腆致用酒洗以致其絜腆以致其厚）崇飲（尚飲也不敢自暇自逸矧曰其敢崇飲）荒腆（荒怠厚於酒也）【左傳】昌歜白黑形鹽（菖蒲菹白黑黍鹽形象虎也此國君之饗）脯資餼牽（資糧也腥物曰餼牛羊豕曰牽唯是脯資餼牽竭矣）熊蹯（熊掌也宰夫胹熊蹯不熟）折俎（體解節折升之於俎也司馬置折俎）如淮如

坻（有酒如淮清也有肉如坻高也）如澠如陵（有酒如澠言清也有肉如陵言高也）澗溪沼沚之毛蘋蘩蘊藻之菜潢汙行潦之水（毛華也潢汙停水也行潦流水也苟有明信云云可薦於鬼神可羞於王公也）餬口（謂寄食也餬其口於四方）盤飧（以盤盛餔飯也乃饋盤飧又重耳過曹僖負羈饋盤飧）【禮記】左殽右胾（肉帶骨曰殽純骨切曰胾凡進食者左殽右胾）親饋（進饌也主人親饋則拜而食）嗟來食（齊大飢黔敖爲食於路有餓者貿貿然來黔敖曰嗟來食餓者曰予惟不食嗟來之食以至於斯終不食而死）湛熾（湛漬而滌之也熾蒸炊也湛熾必絜湛音尖）玄酒（太古無酒用水行礼謂之玄酒玄酒在室）醴醆粢醍（皆祭祀所用酒也醴醆在戶粢盛在堂）【周禮】六穀六牲六清八珎（膳夫掌王之食飲膳羞也六穀稌黍稷粱麥苽也六牲馬牛羊犬豕雞也六清水漿醴涼醫酏也八珎淳熬淳母炮豚炮牂擣珍漬熬肝膋也）鱻薨（生肉曰鱻乾肉曰薨）春行羔豚膳膏

香夏行腒鱐膳膏臊秋行犢麛膳膏腥冬行鱻羽膳膏羶（行用也膳治也羔羊子豚豕子膏香治以牛脂也腒乾雉鱐乾魚膏臊治以犬脂也犢牛子麛鹿子膏腥治以雞脂也鱻魚也羽鴈也膏羶治以羊脂也王者之養必順其節煎和之味亦各有所宜也）脩刑膴胖骨鱐（脩服脯也刑鉶羹也膴大臠無骨者胖半体而腥者骨牲体也鱐乾魚也皆所以供王者之膳）大羹鉶羹（大羹煮肉汁不加五味者鉶羹謂加味者享人祭祀皆共大羹鉶羹）五齊（齊音劑酒名一曰泛齊謂熟而滓浮泛泛然也二曰醴齊謂成而滓汁相將也三曰盎齊謂成而葱白色也四曰緹齊謂成而同紅赤色也五曰沈齊謂成而滓沈於下也惟酒正能辨此五齊之名）三酒（一曰事酒謂方事於糟漉也二曰昔酒謂久釀乃熟也三曰清酒謂澄之而可飲也酒正辨三酒之物凡五齊三酒祭祀則共奉之酒正共王者之三酒）四飲（一曰清涼醴而為之也二曰漿釀粥而為之也三曰涼漿即截漿也四曰酏即薄粥也酒正共王之四飲）形鹽（築為虎形者也賓客共其形鹽）

【國語】殽烝（即折俎也親戚宴享則有殽烝烝者升也）全烝（謂全牲体而升之也禘郊之祀則有全烝）房烝（中解牲体升之房也王公立飲則有房烝房大俎也）立飲（礼之立成者爲飫見下）觥飯（觥大也謂盛饌也觥飯不及壺飧之盛饌未具不若壺飧之救飢也）【列子】毀藜茹藿（貧者之食也）【楚辭】椒糈（椒香物所以降神糈精米所以享神）瓊靡（靡胥也精瓊靡以爲粻）糳申椒（糳精細米也糳申椒以爲糧）呉羹（謂呉人工於作羹也）胹鼈炰羔（臑熟爛也炰燒也）柘漿（柘蔗也取汁以為漿飲也）露雞臛蠵（露栖之雞最肥乃亨之羹無菜者曰臛蠵大龜也以龜肉爲羹也臛蠵音霍攜）鵠酸臇鳧煎鴻鶬（酸以酢漿烹爲羹也臇臛少汁也煎熬也鴻鴈鶬鶴也）粔籹（音巨女餹黍爲之即方言謂之餦也）餦餭（餳也）凍飲（謂夏月取酒居氷上而飲之）瓊漿（酒也）酎飲（飲酒也）楚酪（酪乳漿也）瑤漿蜜勺（瑤漿瓊色如玉者蜜通作冪以疏布蓋尊也勺孔酒器也）【漢書】精

醪糟乾飯醪汁渾酒也天食美食如玉也糲食糲粗米也擊鮮鮮新殺之肉也謂擊
殺牲辛與我食鮮也法膳大官之法膳也包羔亨小羊包羔脫粟才脫粟而已言不精鑿也
枸醬枸樹如桑取其實以爲醬人以爲珍味也出西南夷桂蠹此蟲食桂故味辛而漬之以蜜
食之出南粤美祿酒者天之美祿上尊美酒也酒有澆醇之異爲上中下尊被酒爲酒
所加也佐酒勸行酒也召故人父老子弟佐酒亾酒謂避酒而逃亾也銜盃未嘗
衘盃酒接殷勤之意蓐食未起而牀蓐中食也傳餐主駭傳餐食也治具謂治飲食也夫
妻治具諸史法酒猶言禮酌謂不飲之醉也一曰作酒令法也一曰進止有禮也粱肉
粱米之精者食必粱肉富貴之餉也五鼎食牛羊豕魚麋也貴者之食引滿舉白引滿
盃有餘白歷者舉罰之一曰白罰爵名也謂飲不盡者以此爵罰也漿酒藿肉謂富貴者輕賤
飲食視酒如漿比肉如藿也私養外親瓢飲飲不用以瓢而
奉臣賞賜大萬使奴從賓客漿酒藿肉

酒崑崙也酤酒賣酒水晶鹽白鹽崖有鹽如水晶名爲君王鹽崔浩嘗論事帝大賜御
縹醪酒及水晶鹽曰味卿言有如此鹽酒縹醪縹淥碧色酒之清者曰縹曲宴曲猶私也桑
落酒名出蒲城中西巷有桑落河出馬乳酒和葡萄壓之又名索郎蓋索郎乃桑落反語郡民劉白
墮工釀熟於桑落之特故文名白墮大酺酺布也王德布大飲酒也漢律三人已上無故群飲者罰
金四兩故賜酺得會聚飲食也酺宴郎大酺也文選九醞十旬皆酒名九醞廿醴十
旬燕清珍羞美饌受爵傳觴獻酬飲也芳鮮魚肉鮮味飲禾無禾斬禾取汁
飲之窮陸飲禾海陵紅粟吳有海陵倉紅粟謂儲久而色半赤也覩海陵之倉則紅粟流衍
饌富人之食也清酤清酒也清酤如濟濁醪醪酒也濁醪如河凍醴流澌醴酒
過寒凍澌水也温酎躍波酎美酒也躍波言其多也秬鬯香酒也豕蠡上古之特
豕蠡蚌之肉而食也蔬䱒䱒菜䱒小魚也音參䱒食惟蔬䱒言淡薄也湘吳醇酎湘吳出美

酒也中廚豐饌出中廚瑤蕊糧白水漿瑤蕊玉美也白水崑崙西百瑤蕊以爲
粮白水以爲漿酎音與酎也薄具具饌也薄具清潔之饌醇醲醲濃也良醇而有味
玉醴玉泉也味如酒仙人所飲清醇美酒俎實實謂祭物也俎實非饌者行藥既服
藥行而宜導之沆飲軟飲也膾鯉臇胎鰕炰鼈炙臇臛也胎鰕鰕腹有胎也
澄醪清酒也宜城酒名宜城出美酒也宜城醪醑杜康杜康造酒曰以名酒何以
解憂惟有杜康豕腐吞腥謂酒肉之人豕腐共吞腥蘭肴蘭香也蘭肴無御饌滌觴
清酒也忘憂物酒也忘憂物此彫俎綺肴皆美饌也中飲謂半酣也中飲
也顏昔心芳醑美酒也頒醑係芳醑中山美酒也中山不知醉温淳甘醲美飲食也
腥醲腥肉之精者醲酒之上者腥醲肥厚甘脆肥醲美飲食也熊蹯之臑熊蹯
熊掌也臑爛也勺藥和調鹹酸美味也秋黃之蘇白露之茹蘭英之

酒秋時蘇黃露下葵滑皆可食也茹菜之總名酒中漬蘭葉取其香也醍醲中酒病也醒醲酒病
之徒浮蟻鼎沸酒初開其浮蟻如鼎之沸也藜藿賤菜布衣之所食也子甘藜藿羹
山禾要山之禾美滋味鵯肉之美者燕鵯鳩鸚之鵯猩唇猩猩之唇肉之美者丹穴
雛鳳雛美味也丹穴之雛玄豹胎美味六禽珍味也鵝鶉鷃鳧雉鴈也四膳
四時所食各異其肉也海錯海味也烏程竹葉並酒名荊南烏程豫北竹葉腊
毒腊音昔厚味實腊毒言味厚者其毒久也糟肉酪漿肉爲食酪爲漿戎狄之飲食也糟肉
酪漿以充飢渴也芳旨美酒也蕙肴芳醴蕙芳皆言香也羹藜含糗糗麥飯也
羹藜含糗野人之食也不足與論太牢之滋味初學五辛盤元日進五辛盤玉俎芳鯹
羅羊俎酃淥酒也羽觴泛酃淥芳饌芳饌奇珍豐膳豐膳星陳珍肴
珍肴盈溢珍膳珍膳盈豆區又云唐十八學士更日直宿供給珍膳清桂釀花酒也

漬桂醲花之酒　緑醑盈樽浮緑醑　萱蘇主客歡萱蘇美菜也　八珍九醞八珎羊蚳九醞湛盌觴　蘭醑蘭醑申芳宴　寶餌藥也寶餌緑童年　避暑栝郎河朔飲也時傾避暑緋　玄碧縹清皆酒名安期先生與神女會圓立𨡕玄碧之香酒入花梧縹青　宜春酒名宜春縣出美酒　賛夏酒名酒則五麩賛夏　瓏液瓊蘇王母薦穆王瓏液清觴又南嶽夫人設王子喬瓊蘇緑酒　泛齊醴齊盎齊醍齊沈齊周禮酒正掌酒之政令辨五齊之名以節度作之故以齊爲名泛者成而滓浮泛泛然如今宜城醪矣醴者猶體也成而汁滓相將如今之甜酒矣盎猶翁也成而色翁翁然也如今白酒也醍者成而紅赤色如今下酒矣沈者成而滓沈如今之造清酒矣　青城酒名烏孫國有青城核得冰則成酒淳美　程鄉桂陽郡程鄉有酒官　玄鬯酒名出抱朴子　醇酎醇美酒也酎秋發　漂蟻酒也漂蟻分布　沙洛緑酃烏鄉若下皆酒名各以其所出之地言之　白薄酒名闕中白薄　凝醳酒也醲醳醇酎　椒

芳　玉液酒也瓶瀉椒芳壺開玉液　玄山禾不周粟陽山穄南海秬飯之美者玄山之禾不周之粟陽山之穄南海之秬　精鑿美飯也　羅闍粥也高昌硸土有異於華寒服冷水暑醫羅闍　殷圍夏山葉以肉爲圍紂以肉爲山　象白鷲翠皆美肉也　龍肝鷟髀皆珍味也　梅蘇羹　仙麟脯也王方平共麻姑設有麟脯而飲云是麒麟脯也　氷鼠北方有曾氷萬里厚百丈有鼠在氷下重千斤可作脯　瓊枝楚辭曰折瓊枝以爲羞羞脯也　胡餅胡麻餅也　玉膏瀛洲有玉膏如酒名玉酒飲數升輒醉令人不老　瓊膏粟也東極之野有瓊脂粟白如玉柔滑如膏食之不飢　玉粒員嶠山粟生穗高五丈其粒皎然如玉也　龍枝鳳冠東極之山有龍枝之粟又有鳳冠粟　薌萁祭宗廟之礼粱曰薌萁　鹽鑽粱也粒如蚳子魏文帝嘗以爲御粥　紅氷東極之山有麻紅色名紅氷麻寔乃有實也食之令人顏色白潔又名紅芭　桃花酒酒漬桃花而飲之能除百病好容色　松栢膏有藥松栢膏入服之可以延年

【藝文】

椒醑布椒醑薦粢加　竹酒竹酒澄芬　凉酎凉酎初酣　玄水九飛雪散皆却暑熱之妙藥也　青泥飯石髓也出於太行山　石榴酒罇中石榴酒　觴酌觴酌凌波於前　十千飲新豐美酒斗十千又未申十千之飲　清滌祭宗廟之礼水曰清滌　清酌祭宗廟之礼酒曰清酌　薌合祭宗廟礼黍曰薌合　明粢祭宗廟礼稷曰明粢　嘉蔬祭宗廟礼稻曰嘉蔬　豐本祭宗廟礼韭曰豐本　鹹鹺祭宗廟礼鹽曰鹹鹺　醁醽酒名晋穆帝正月朔朝会賜衆客醁醽酒　百羞百羞並薦　肴蔌肴蔌不能茸　香萁飯也香萁爲飯　會稽菰菰米飯也出会稽郡　太玄醑太玄醑仙藥有天酒即甘露也　玉酒即玉膏也　辟惡酒元日飲辟惡酒　簞醪皆良將用兵有饋簞醪者使投之河令士卒迎流而飲之三軍乃樂爲之效簞醪結猛將　縹蟻酒也縹蟻萍布　空桑珍味酒也空桑珍味始於无　靈和陶醞清靈和陶醞奇液特牲　飲流霞有數仙人上天

離月數里而止於月之旁其寒悽愴飢欲食輒飲我流霞一盃　亨葵亨露葵作羹也毛詩曰七月亨葵及菽流火亨葵又唐詩曰亨葵邀上客　九穀謂黍稷秫稻麻大小麥也三農生九穀　蒲萄酒大宛以蒲萄爲酒數十年不敗　石蜜甘蔗餳也

【六朝】

炊彫彫胡也即菰米可作飯炊彫留上客　貰酒貰酒也貰酒逐神仙　綺食玉盤傳綺食　露葵羹徒設露葵羹　充下廚陳思王離燆鳳賦曰甘充君之下廚　胡姬酒滿酌胡姬酒　玉饋饋食也清醥稱玉饋　浮蟻酒也浮蟻擅蒼梧　玉瀝酒也玉中有雜挂玉瀝乃共斟　湘醽酒也湘醽徒有酌意塞不能持　蝌蚪蘭肴異蝌蚪　三清酒名也竹葉三清泛　飲帳謂宴飲之帳幕也飲帳夜長舒　素蟻亦酒也緑觴素蟻流霞飲　縹玉金漿皆酒名也罇盈縹玉之酒爵獻金漿之醪　藜飧藿食也人皆稻粱我獨藜飧　彫胡飯炊彫胡之飯　蘭羞蘭羞備府珍又蘭羞薦俎

【唐詩】

霞酌酒也　碧虬饌即麒脯也碧虬王堂之饌　蔗酎香飛蔗酎芳

醪　珍餗 精珍餗　饁稼 稼逐秋場 餉饋也饁　豐饌 中廚豐饌　引饌玉 鐘鼓
饌玉不足貴　清醥 郎清酒也醥音剽 愁當置清醥　綺饌 綺饌元珍羞　藥物 多病所須唯藥物
青絲菜 菜也有青絲盤菜傳纖手送青絲　栢酒 元日服栢葉酒以祛疫 飄零還栢酒
獻壽 謂獻觴也 獻壽更稱觴　紫駝峯 駝峯八珍也 紫駝之峯出翠釜 春上有高封味最美
素鱗 水精之盤行素鱗 銀魚也　堯樽 御酒也 堯樽隨步輦　賢人酒 酒清者為聖人濁者為賢人 坐對賢人酒
醱醅 開酒也 相迎自醱醅　蓴絲 蓴絲作羹也 化尊絲熟　鱠縷 刀鳴鱠縷飛
雲子 菰米飯也 雲子本名 以比飯之白也 飯抄雲子白　夜春 夜搗粮也 鄰女夜春寒
錦帶羹 香聞錦帶羹　白小 白小魚也 白小群分命 天然二寸魚　蝦菜 忘歸蝦菜范蠡船
盤飧 盤飧市遠無兼味　行廚 行庖也 竹裏行廚洗玉盤　鮭菜 晉人以魚為鮭菜 梁受家貧愧無鮭菜 以待君子 自愧無鮭菜
松醪 山家酒也 松醪酒熟旁香醉　野庖

卓氏藻林卷之四　飲食類　二十八

野庖薦加魚　新豐酒 猶醑 新豐酒　湛芳綠 酒名也 清尊湛芳綠　樂聖 謂飲酒也 酒清者為聖 避賢樂聖且銜盃
金花酒 謂九日菊花酒也 他鄉共酌金花酒　酴醾 酴醾酒也 金花臈前御賜酒也　湛露 湛露酌 流露又酒盃浮湛露　寶饌 御食也 宰饌且 酒解酴醾
調禹食 禹食傳中使　漉酒 漉酒也 漉酒用葛巾　留樽 留樽花裏獨　千日醉
蘭 中山劉玄造酒 飲者一醉千日　石髓羹 御羹和石髓　胡麻飯 香飯進胡麻　六膳
三漿 皆御食也 仙人六膳調神鼎 玉女三漿捧帝壺　南山壽酒 酒近南山作壽盃　十
千美酒 美酒一斗價十千也 十千美酒花期隔　松花釀 何時故山裏 松花釀酒
釀酒極美　韻府　碧筩 取荷葉盛酒 以簪刺之 令通 名之名碧筩杯　黃封 御酒也　醇醲 醲酒
也以斟德化 揚 茂化於醇醲　饘酏 粥稠者曰饘 稀曰酏 婦事舅姑饘酏酒醴　松脂 服松脂可
長生仙人服也　瓊飴 仙酒 瓊飴也　酪奴 茶不如酪 號曰酪奴　苞蘆 蜀人呼魚鮓為苞蘆　紫

花梨 消心熱之藥也 唐武后 此花求而得之 道家所餌　金虀玉膾 吳郡獻松江鱸魚 煬
帝曰所謂金虀玉膾東南之佳味也　糝羹 南海所食　玉醅 金醅 皆酒名也　竹葉春
酒號也 三盃竹葉春　石凍春 酒有富平石凍春　羅浮春 一盃羅浮春　魚飧 晉
公使勇士殺趙盾 窺其方食只魚飧 勇士曰 嘻 卿而食魚飧 儉也 吾不忍殺　山飧 山人蔬飯也
桃花酸 醋也　龍鳳團 茶也　苜蓿盤 盤中何所有 苜蓿長闌干 儒官清淡所奉也
馬肝 一粒服之長年不飢 卽支國貢駕馬肝石 其國人惟餌此石 和九轉丹 漢武文成將軍食馬肝石而
死 以其石性極熱　烹羊包羔 烹羊包羔　鶴觴 京師劉白墮善釀酒 六月曝於日中 不動 餉遠可千里 故名鶴觴
酒狂 酒自勞 楊惲 蓋寬饒 酌 則酒在　蘭生 酒名蘭生 漢武帝時　五
侯鯖 鯖者煎魚肉也 漢婁護字君卿 為王氏五侯賓客 咸得其歡心 每日五侯饋餉 君卿乃合而為鯖 故名五侯鯖
粢餳 寒食為大麥粥 以粥沃之　瓊盞 瓊盞霞開　芳羞 芳羞羽觴　春饒

卓氏藻林卷之四　飲食類　廿九

酒也 春饒　餌石藥 昔庾袞值歲饑 食木食 餌石藥　穭旅 穭菜也 野生 故曰旅 飢民
末魯開 所食出天官書　紅虯脯 脯上贈同昌公主紅虯 脯貯於盤中健如蛇　山羊脯 劉阮入桃源二
仙女餉以山羊脯 其未甚佳　麟脯 王方平與麻姑至蔡經家 譏羞膳 擘麟脯飼之　六膳 食医
掌和主之 六飲六膳　白墮 亦酒名 河東劉白墮善釀酒 飲之醉而不醒 因名之　紅綾餅 唐
文喜宴傳宗賜進士紅綾餅各一枚　千里酒 梁劉杳曰 桂陽程鄉有千里酒 飲之至家而醉　桐
馬酒 漢師李給大官 桐馬酒 以馬乳為酒 揉桐乃成也 故云　河東酒 後周韋敻 志尚恬簡
徵召不屈 帝勑有司日給河東酒一斗 號云逍遙公　魯酒 薄酒也 魯酒薄而邯鄲圍　杯飲 以手
掬之也 泝　泥飲 杜甫遭田父泥飲 謂醉飲也 醉似泥　野飲 淵明家貧多與田野漁樵
樽杯飲之人　鯨飲 飲如長鯨 吸百川　長夜飲 信陵君謝病與客為長夜飲 多近婦人 病酒卒
共飲
白糝 餅也 白糝芋魁羹也　霑醉 沉醉也　蓬池膾 唐李士賜食 悉是蓬池膾　郎官

膾江南作膾名郎官膾因帳幹神名也　呉餘膾呉王行江中食膾有竹殘於水化為魚今有王餘魚是也故名　玉薤煬帝酒名　周粟夷齊恥食周粟　漢粟太倉之粟紅腐而不可食　碧藕白橘周穆王會王母於瑶池食碧藕白橘　杯中物晉阮宣以拳毆呉衍昔日忍斷盃中物耶　雲液酒名揚州酒也　淫液沉湎淫液溺於酒也　餘瀝盃酒餘瀝　鷇食鳥待哺也言仰物而食主人鶉居而鷇食　肴蔌芬藉肉曰肴菜蔬曰蔌芬香藉多也　觴醳泛浮觴醳酒也泛浮言其多也　蕙肴蘭藉桂酒椒漿藉所以藉肴也四者皆取其芬芳以饗神也出楚辭

衣飾類

易經　朱紱謂朝服也王者之服蔽膝也因之九二曰朱紱方來　詩經　狐裘蒙戎蒙戎言敝也　象服象服法度之服也象服是宜　玉瑱象揥瑱耳塞也揥所以摘髮也玉与象牙為美女飾　毳衣天子大夫之服毳衣如菼　瓊琚玉珮也珮瓊琚　縞衣綦巾女服之貧陋者　絺綌葛屨皮屨冬服葛屨夏服絺綌言寒涼之意入之儉嗇也　赤芾冕服之韠也大夫以上赤芾乘軒　授衣九月霜降始寒而授人以衣使禦寒也九月授衣　裳衣平居之服也　赤芾金舄諸侯之服　粲粲粲衣鮮盛貌衣服粲粲　鞙鞙音長貌　珮璲璲瑞也　韎韐音昧閤所謂韋弁兵事之服也　豹袪豹褎太夫以豹飾袪褎也褎音袖亦袪也　書經　日月星辰山龍華蟲宗彝藻火粉米黼黻衣裳十二章也日月星辰取其照臨也山取其鎮也龍取其變化也華蟲雉取其文

也六者繪之於衣宗彝虎蜼取其孝也藻取其潔也火取其明也粉米取其養也黼若斧形取其斷也黻為兩已相背取其辨也六者繡之於裳予欲觀古人之象日月星辰山龍華蟲作繪宗彝藻火粉米黼黻絺繡　織文之屬厥篚織文　卉服葛越木綿之屬島夷卉服謂以卉服來貢　左傳　袞冕黻珽帶裳幅舄衡紞紘綖袞衣九章也冕冠也黻蔽膝也珽玉笏也帶革帶也裳下衣也幅行縢也舄複履也衡所以維持冠者紞冠之垂者紘纓也綖冠之大覆也袞者袞冕黻珽帶裳幅舄衡紞紘綖昭其度也　苴絰帶以苴麻為絰及帶喪服也　玉纓楚子玉自為瓊弁玉纓　藍縷敝衣也篳路藍縷以啓山林言勤儉也　南冠楚冠也謂南方之冠也南冠而縶鍾儀又云楚囚南冠獨不歸　韎韋跗注韎韋赤色熟皮跗注戎服以赤皮為服也　菅屨草屨也喪者之所服　端委端冕也委弁也有黻韋之附寸平仲端委立於虎門之外也又公冠端委以治冕謂冠紳長而裳垂於地也　嘉服吉服也嘉以加服貌

衣製 製裁衣也戌子衣製 禮記 佩倚佩垂佩委 微俛則倚於身小俛則垂大俛則委於地立則磬折垂君佩倚則臣佩垂君佩垂則臣佩委 繐裳 喪服也布衣細而疎者謂之繐 委貌章甫毋追 皆緇布冠也三代易名委貌周道也章甫殷道也毋追夏后氏之道也毋追音牟堆 周弁殷冔夏收 三代所制冠名皆冠礼三加冠也 玉藻 玉冕垂旒之玉也藻絲繩也以藻穿玉以玉飾藻故曰玉藻 龍袞 畫龍於袞衣也 太白冠 太古之白布冠 逢掖 肘掖寬大之衣也孔子居魯衣逢掖之衣 章甫 緇布冠也孔子居宋冠章甫之冠尊殷也 周禮 素紗 妃后之紗裏衣也 六服 內司服掌王后之六服曰褘衣曰褕狄曰闕狄三者后之祭服也曰鞠衣曰展衣曰緣衣三者后之常服也 國語 茅蒲 簦笠衣也首戴茅蒲或作萌 襏襫 辟荔衣也身衣襏襫 簦笠 備雨器也簦笠相望於安陵 莊子 華冠 以華皮為冠貧者所服也原憲華冠縰履 縰履 曳其履也縰履杖藜 望履 望履蓋下言一見於履下而望其履也

曼胡纓 纓繞於項下者也曼胡粗魯也垂冠曼胡之纓 列子 帶索 以索為帶也榮啓期鹿裘帶索鼓琴而歌曰吾樂甚多 逢衣 儒者之服也 齊紈 齊整之絲紈也魯齊紈 阿錫 細織也衣阿錫又云阿細繒錫細布也 楚辭 昌被 衣不帶之貌言桀紂施行猖遽如衣不斂及帶也 蕙纕 纕佩帶也 初服 初始也謂未仕時清潔之服也退將復修吾初服 芰荷衣芙蓉裳 清潔之服即所謂初服也製芰荷以為衣芙蓉以為裳 陸離 美好分散之貌猶參差也長余佩之陸離 薜荔帷 罔薜荔兮為帷 披披 衣長貌靈衣兮披披 荷衣蕙帶 香潔之服 青雲衣白霓裳 日出東方入西方故用其方色以為飾也 被薜荔帶女蘿 山鬼之衣飾也 犀甲 以犀皮為鎧也 被石蘭帶杜衡 被石蘭兮帶杜衡 奇服 奇偉之服以喻高潔之行余幼好此奇服 切雲 高冠名也冠切雲之崔嵬 荷裯 即荷衣也被荷裯之晏晏 晏晏 衣盛貌見上 重介 甲鎧也 羅幬 帷幬即

帳也 翡翠珠被 被衾也言牀上之被則飾以翡翠之羽及珠璣也 翡帷翠幬 以翡翠飾帷帳也 被文服纖 文謂綺繡纖謂羅縠此美人之服也 魚鱗衣白霓裳 魚鱗衣雜五采如魚鱗文也白霓裳素練也 漢書 紫幄 紫紬之幄也帳之上四下而覆者謂之幄 武帳 謂置五兵於帳中也 甲乙帳 帳名也帳多故以甲乙第之張甲乙而襲翠被 簪裊 爵名簪裊以組帶馬曰簪裊言飾此馬也 盭綬 盭草名以艾可染綠因以為綬諸侯王金璽盭綬 元服 元首也冠者首之所著 惠文冠 漢法冠也御史服之挂惠文冠 戴縰 垂纓而談者皆簪於阿衡縰韜髮者也 飛翮纓 以鳥尾作纓如蟬翼也 褒衣 大裾也 牛衣 編亂麻為之者 綺襦紈袴 並貴戚子弟之服也 魯縞 縞素也曲阜縞之地土俗善作之 珠襦玉押 珠襦言以珠為襦王后服飾也 韋帶 以韋為帶貧賤之人布衣之士也 革舄 以生皮為履儉率也 履綦 綦履下飾也想君履綦之跡 鞶 即鞶繫也 玄甲

玄黑色之甲也 諸史 三屬甲 屬音註甲相連屬也有七屬甲 躧履 履不著跟曰躧納履未正曳之而行言其遽也暴勝之聞雋不疑賢躧履起迎 綠褠 乘輿進食者服之 氈裘 指胡人也 毀服 毀減也損也皇后自降服故自損其衣服 方山冠 其制前高七寸後高三寸長八寸以五穀采為之樂人之服也 劒佩 佩所佩之刀也單于來朝賜以玉具劒佩 交讓冠 讓賓主礼相見之冠 進賢冠 儒者之服前高七寸後高三寸長八寸以素絲為之 三綬 特加三綬謂兼三冠官累印綬而服之也漢武帝時楊僕懷銀黃垂三綬誇耀鄉里 葛巾 葛布巾也居士野人所服 赤紱 人臣勳襃之服 遠游冠 制如通天冠諸王所服也 輕裘緩帶 羊祜在軍中常輕裘緩帶身不披甲 巾衣 士人大夫冠也 貂蟬 侍中中常侍之冠也 投袂 拂袖而起也投袂赴門塗 岸幘 露額曰岸 袪服 好衣也 帳扆 幬謂之帳扆也 羃離 唐初宮人着羃離而全身障蔽 山服 居士野人之服 鳴玉曳履 朝臣之服飾也 幞頭 用全幅帛

向後襆髮謂之襆頭 襆頭紫衫唐朝臣服 豸冠 唐制御史奏事服豸冠對仗讀彈文 文選 颯纚 長袖貌羅颯纚 紅綺組 綺文繒組綬也綺組繽紛 緹衣韎韐 皆武人勇者上所服者 朱鬒鬣髽 朱鬒以絳抹額也鬣髽結束其髮成髻也 朱屣 赤屣履也 通天 天子冠名曰通天冠 巾幘 女人服也巾幘鮮明 華英 光輝也躡華英 姣服 好服也男女姣服 飛髾 美人髻飾也華袿飛髾而雜纖羅髾音消 珠履 上客也以珠飾其履動躍珠履 珠服 富貴服也 組甲 以黑索連甲也 被練 練甲衷也被練也 腸夷 甲名也披腸夷之甲 金蜩 侍中常侍冠也 介冑 介甲冑也介冑兜鍪 褕衪 美女衣長大貌 偏袭 戎衣名 襲偏髮 襲着也髮音晉 緼緒 貧賤之服也華髮與緼緒同歸 髽首 鑲耳 皆夷人之飾 冠縰 縰亦冠也岌岌冠縰 瓆甲 碎甲也弱卒披瓆甲 綃紈 薄素練也 蟬冕 侍中冠也蟬冕頻以灼灼 被褐 振裾 振整也 連袂 言人多也 纖羅 細羅也 紆徐 女人裙下垂貌

衯衯裶裶 衣整齊貌 揚袘 袘衣袖也揚袘戌削 蜚纖垂髾 纖髾皆婦人袿衣之飾髾帶也 便姍嫳屑 美女衣服婆娑貌 奮袂 謂奮袖而去也遂奮袂以北征 飛翠緌 拖鳴玉 緌玉皆朝臣所服也 毛褐 羽衣也仙人之所服被毛褐之森森 羽褐 郎羽衣也 珥蟬冕 襲紈綺 貴戚之服飾珥插也蟬冕侍中散騎冠紈綺錦繡也 襲重 袷衣 無絮之夾衣也御袷衣 金貂 侍中之冠也珥金貂之㸌㸌 巾拂 舞人所執 襞積 衣重疊也 桂徽 美女服也揚桂徽 玄黃 繒也好衣玄黃 申服 綝纚 衣盛飾貌佩綝纚以煇煌 楚組 組綬也楚人善為之 纖縠蛾飛 細縠如蛾之飛也 素蜺 舞者之袖如素蜺言明也 纓緌 衣領也纓緌流芳 羅紈綺繢 皆美人之服也 渥飾 美女之厚飾也 芳澤鉛華 皆美女之飾也芳澤香油鉛華粉也芳澤無加鉛華不御 璀璨 美女衣明淨貌披羅衣之璀璨 遠游履 踐遠游之文履 文履 美人文繡之花履也

霧綃輕裾 美人裾也霧綃之輕裾 曳端服 端服謂整服也 纓笏 謂垂纓秉笏也纓笏而序 被褐 隱者之服也被褐出閶闔 金練 金申組練也金練照海浦 膏沐 膏所以澤髮沐滌首去垢也婦人之膏沐為誰施 芳襟 美女之香襟也芳襟染色 金鐺 侍中冠加金鐺金鐺珠也金鐺綴惠文 藻幄 彩帳也 簦笠 簦以禦暑笠以禦雨也簦笠聚東菑 振纓 振整也嚴肅以侍君也振纓盡祇肅 振衣 不能寐振衣而起也振衣獨長想 齊紈素 紈素細絹出於齊國者佳天子為三宮服不獨製翦也新裂齊紈扇 金爵垂藻翹 金爵釵名頭上飾以金雀釵藻翹謂以文翠之翠 長相思 被中之綿也言綿綿之意著以長相思也又曰長思也各宮俱言長相思 合歡被 取同歡之意也裁為合歡被 結不解 緣被之綠縷言結而不解之意也緣以結不解 貂襜褕 直裾謂之襜褕也美人贈我貂襜褕 錦繡段 美人贈我錦繡段 鞶厲 鞶大帶厲帶之垂也輕劍拂鞶厲 游纓 攬衣 攬衣曳長帶 屣履 屣履下高堂謂拖履

未正曳之而行也屣履起迎敬客也屣與蹝同 狐白 裘也取狐腋之白毛以為之但知狐白溫 簪玉鳴金 簪玉出北房鳴金步南宮 纓佩 官服飾也纓佩空為忝 綠幘 籠巾冠也榮綠幘之照耀 朱紱長纓 皆侍臣之服也朱紱長纓咸髦士長纓皆俊臣 珪組 珪玉組綬也公侯所襲珪組 氈帶 氈帽也氈帶佩雙鞬 朱組瓔弁 衣冠之飾也中坐賢君聘盛朱組步櫚邃瓔弁 曼𡢃爛爍 言貴人衣裳厚𡢃也 金華舃 金華之舃以金為華而飾之也 緄佩 緄織帶也組佩綢繆 輕縠纖羅 皆美人之所服也縠紗也纖細也 華袿 婦人上服謂之袿又美人衣袖 金揺 揺釵也婦人首飾戴金揺之熠燿 翠羽雙翹 婦人首飾翠羽之雙翹 鉛華 美女粉粧也玄眉弛兮鉛華落又比素若鉛華 冕笏 猶言官之服飾也 縉紳也 躡蹻屩 草履也此不得志而游說者所着躡蹻屩 齊楚華貂 服飾也 侍臣之附蟬 冠飾以黃金 曳長裾 儒者之服也何門不可曳長裾乎 布衣韋帶 隱者之服也

阿縞齊之東阿縣縞帛所出有阿縞之衣韋韝毳幕以皮為袖以氈為幕戎夷之服也韋
韝氈幕以禦風雨解闟幽人佩闟解之將入仕也解闟轉讙纓靚妝美人咕粉之色靚妝
藻野袨服美人華麗之衣也袨服縟川荷氈被翠夷狄負氈服毛荷旄被翠者難與道
純綿之麗密銀璫左貂漢時宦官之服飾也金璫右貂宦臣服飾安帝時改兼領
卿署之職高冠長劍武夫之服飾也紆朱懷金金印也貴臣之服也冰紈霧
縠縐之潔如冰紗之輕如霧敷衽即開襟也敷衽論心珥貂珥插也貂侍中之服飾左
帶即左衽戎狄之服也綺紈衣羅綺之士也綺紈公子振冠振冠南岳衡總后之首飾
翬翟亦后服也靈衣靈筵所設之衣也纓緌紳珮纓緌之徒紳珮之士皆儒者也
犀渠甲也解佩襲犀渠[初學]躡履躡履步山楹雀鈿太子納妃有同心雀鈿
簪帶即冠帶也簪帶奉鳴球又云傳玄捧白簡整簪帶坐以待旦簪紳合宴簪紳滿綠綟

綟綬也三公綠綟納言幘尚書令僕射服納言幘金蟬即侍中金蟬冠也貂璫
中常侍之服飾法冠御史冠為法冠鉄冠御史冠也鉄柱即獬豸冠也從以鉄為柱言其
審固不撓也一云鉄柱冠繡衣漢有繡衣御史纓紳中濟濟纓紳盛綃裾曳綃裾拖瑤珮之
簪笏簪笏奉周行羽釵簪羽釵兮珥鳴璫緗綺美人衣也緗綺參差飛鉛美人
落粉也飛鉛雪落新粧新粧本絕世褸裂貧者衣壞貌褸音樓懸鶉子夏家貧衣若
懸鶉華山冠莊子曰宋新尹文為華山之冠以自表九雲夜光冠上元夫人所戴
太真晨嬰冠西王母所戴却敵冠衛士服之獬豸冠獬豸獸名性觸不直
故執法者以其角形為冠乃御史所冠也鵕鸃冠漢惠帝時郎中皆冠鵕鸃冠傅脂粉竹皮
冠高祖為亭長時乃以竹皮為冠鶡尾冠即竹皮冠也蟬翅冠冠細為蟬翅今御史
冠是也金璫珠瑱皆冠飾也侍中中常侍之冠加金璫又慕容儁賜廷尉以下冠別施珠瑱

靈飛綬西王母佩也六交帶靈飛綬臨華綬上元夫人佩鳳文臨華綬麟韋太□群臣
冠麟韋之弁綠綬諸國貴人相國綠綬赤綬諸侯王赤綬也紫綬公侯將軍紫綬青
綬二千石青綬黑綬千石六百石也黃綬四百三百二百石皆黃綬又太夫博士御史謁
者省郎皆銅印黃綬桃花綟二千石綬名桃花綟白艾綬二千石官白艾綬也青綸
佩二千石佩也青紫公侯綬也丹豹履西王母丹豹文履青鳳裘周昭王以
青鳳毛為二裘以此禦寒燠質暄肌周昭王二裘名一曰燠質二曰暄肌鶴氅謝萬與安
着白綸巾鶴氅鷫鷞裘司馬相如與卓文君還成都貧居以鷫鷞裘貰酒玄狐裘也黃帝
伐蚩尤西王母遣人被玄狐裘以符授之翠雲裘被翠雲之裘李服也一曰天子所服又尚衣方
進翠雲裘緗裙以緗綺為下裳玉鷰釵神女留二玉釵與帝帝以賜趙婕妤至昭帝時宮人
猶見此釵共謀欲碎之明旦視釵匣惟見白鷰直升天耳後宮人常作玉釵故因名玉鷰釵蒲桃文錦

也鳳皇朱雀皆錦名也飛鴻名錦鳥毛布文章如其錦因名錦鳥連煙
招仙閣繡名有連煙之繡繁繐鮮支皆縠綃也疎組綃也絲厚而組疎也大登高
小登高太明光小明光太博山小博山太茱萸小茱
萸太交龍小交龍皆織錦別名也[藝文]燕裾趙帶美女衣飾也趙帶飛
參差燕裾合復離續命縷五月午日所佩五色絲也豐貂豐貂佩兩璫黼翣翬
褕皆皇后之服也悲黼翣之稜御鴦翬褕之重婉吹綸美人衣飾紅來發吹綸也拂紅點
黛美人飾也拂紅點黛何相似金花朱履綺袂錦紳皆美女服飾也羽珮
花鈿美人飾也陸離羽珮錯雜花鈿荷巾荷巾惆悵慣縈鬟美人理粧縈鬟起照鏡
寶鑷美人首飾也寶鑷間珠花蓮葉衣隱士之服也香飄蓮葉衣蟬佩龜組三公
之服也蟬佩之暉則左右交輝龜組之華則縱橫吐耀金蟬即金蟬冠也葵珥豐貂允光金蟬

竹葉袖風吹竹葉袖雲裾仙衣也雲裾今容袴九星冠上元夫人戴九星靈芝夜光之冠皁帽管寧在家恒著皁帽百結晉董威輩以殘碎繒爲衣號曰百結赤霜袍上元夫人降武帝服赤霜袍雲彩粲爛非錦非繡不可得名也女蘿山帶解女蘿之山帶貽貧者之服也流霞羽服佩流霞之羽服鈎落鈎落者革帶也世名爲鈎落帶瑇瑁釵何以慰別離耳後瑇瑁釵鳳皇簪髮亂鳳皇簪鶡冠虎賁武騎皆鶡冠以其鬪死乃止一云鶡鷄山雞也利距善鬪一云貧賤之冠也

六朝

流黃絹也中婦織流黃褰裳擴衣以登山也朝登津梁山褰裳望所思整巾帶將出遊也晨起整巾帶跳脫婦人臂飾也鐲頻繞腕雙跳脫縱履縱步也縱履下高堂金步搖美人首飾也頭安金步搖明月璫美人耳飾也耳懸明月璫珠環翠爵皆美人頭手飾也珠環約素腕翠爵垂鬢光蟬翼美女羅衣其輕如蟬翼也羅袂飄蟬翼濃黛輕紅美人黛點花色也瑤粧美人如玉粧也

卓氏藻林卷之四　衣飾類　三十八

瑤粧映層綺紈衣垂翠皆美人衣飾也紈衣承翡翠垂翠逐鐲舒輕粧美人素淡妝也紺黛美女妝飾也紺黛羞春風芳袖香袖幸時拂褰袿將出行也相思欲褰袿可憐粧美人可愛之粧也啼粧淚臉也啼粧拭更垂蒲桃裙機上蒲萄裙翠翰美人首飾也趙女揚翠翰約黃美人鬢飾也約黃出意巧又云薄鬢約微黃約束也湘裙美人裾也曜彩接湘裙芳襟美人之襟懷也芳襟染淚痕茱萸帶美人之帶也空結茱萸帶連枝繡帶繡連枝繡蓮花帶美人腰帶也蓮花帶緩腰金縷裙徒縫金縷裙茱萸領領衣領茱萸取其香也日照茱萸領翡翠簪風搖翡翠簪蒲桃帶石榴裙皆美人服也風捲蒲萄帶日照石榴裙雪袖舞袖也歛雪袖遲輕紈重錦薄縠飛綃皆美人之衣也輕紈拂重錦薄縠間飛綃虎頭綬武臣所服也綉虎頭綬鳧盧貂武臣所插也左珥鳧盧貂裁紅點翠美人粧飾也裁紅點翠愁人心交龍錦鬪鳳紋皆美人粉衣也芙蓉帶芙蓉帶今石榴裙飄纓舞袖貌羅袖飄纓拂雕欄氷羅氷羅霧縠象牙席合歡結繡帶合歡結連理文錦衣連理文調粧拂鏡且調粧湘綺衣美女服也斜入秦家湘綺衣金釵十二行綵履五文章盧家蘭室桂爲梁中有鬱金蘇合香頭上金釵十二行足下絲履五文章玉靚美人粧也粉勝玉靚二儀冠五星佩道士服也冠法二儀立佩帶五星連雲霓褐隱者之服也彈雲霓以辭色披雲褐而延佇鉛澤粉也粉傳南陽鉛澤蔌蔌衣服寒薄貌蔌蔌清衾單錦綦女人繡鞋也戶牖絕錦綦芳脂美人唇飾也芳脂口上渝繡裲襠衣飾也陽春二三月單衫繡裲襠又白念節還自繡裲襠千里衣征衣也求縫千里衣雜佩雜佩亦銷鍊瑤裳舞瑤裳步趨明月黃潤蜀布名簡中黃潤一端數金披輕袿曳華文輕袿華文皆舞女衣服也沙衣振沙衣而出門荔裳薜荔衣也珠步搖

卓氏藻林卷之四　衣飾類　三十九

美人披珠串也翠翹椒佩美人首飾也椒佩客有結丹霞衣素霓裳披我丹霞衣襲我素霓裳此仙人衣裳也鈿黛美人眉額飾也自出點鈿黛羅紈美人衣也風過動羅紈華簪仕者之冠簪也聊用忩華簪青雲冠仕者之冠九華衾王侯之所用者白冠白冠漢大臣有罪者則服以請室

唐詩

霜縠冰綃皆言絹素之細密也金鈿鈿花也美人首飾也金帔仙人衣飾也乘月披金帔金盤膝金盤膝媚婦盤龍冶服美女之艷服也冶服看疑畫玉履悲侵玉履披薜野人之服也披薜下田家鴛鴦被鴛鴦被相思雙帶綏鶉服貧者之服也鶉服長悲碎簪裾即衣冠也簪裾明星又云簪裾奉宸慶冠相賀女蘿衣衣也郎薜荔摻袂摻摯也袂袖也摻袂何所道鐵衣鐵甲也寒風生鐵衣捫襟捫襟還自憐青毛錦元夫人服也褒披青毛錦上連環帶金帶連環束戰袍珠袍俠客之服也落日明珠袍白接羅即白纏帽也顛倒白接羅朱鉛

郎啃粉也。黄帽青鞋鞋冠芒鞋隱者所服也黄帽青鞋歸去來文黄帽濯船黄頭郎所戴謂以土勝水也。黄冠野夫黄冠草服也黄冠歸故鄉賀鑑。寶靨美人花鈿也野花留寶靨。從事衫呉起暫卸戰衣學著從事衫將軍昔著從事衫。金章金帶也坐客金章。玉衣玉衣梓宮貴人所服者之衣也。白幘幘者古之卑賤者所服白幘岸江皐。春草青袍哀江南賦青袍如草又春草映青袍。青絲複細軟青絲複。白氎巾明白氎巾氎毛布也。錦纏頭樽前遞有錦纏頭美人包首帕類也。御裌裌複衣也御裌侵寒氣。駐晨駐晨微香近。風襟襟乘氣風襟靜。香貂座客香貂滿。紗帽隱者之巾也朱袨猶紗帽。玉袖玉衣袖。業風並。歌袖白白歌袖。獸錦袍上所織獸文也獸錦奪袍新。腰帶百寶腰帶。臂韝韝臂捍也以縛左右手於事便也真珠絡臂韝舞者所服。鵕鸃冠林藪鵕鸃冠野人之服。青兒裘羌兒青兒裘也。白帽管寧不應州郡之辟常着白帽帽亦曰皂帽當念着白帽采。

薇省雲端黄衫富貴家之服黄衫年少來宜數。青螺粟帽之文也烏帽拂塵青螺粟。熨帖文展帛也美人細意熨帖平。紅粉粧嫮婷紅粉粧。翠翹美女首飾也頭上翡翠釵雙。却月梁釵形也釵除却月梁。紫貂裘豪俠之服也貂袖紫貂裘。藍粉藍粉簪粧。幽褐復如神眷然顧幽褐。犢鼻貧者之褌也阮籍七夕曬於庭中犢鼻日不能免俗聊復爾耳。昔常掛。裁雲裁雲作舞衣。凝粧春白凝粧上翠樓。漉酒巾淵明戴漉酒巾雪裏登山綠林間漉酒巾。鬱金袍御袍也日華淨動鬱金袍。越羅衣美人猶舞越羅衣。清珮珮声也要欲聞清珮。鳴珂珂珮也鳴珂奏闕庭。【韻府】解單帶名乃衮帶頭也小腰若解單只。秀領。碧金絲唐代宗時弥羅國貢碧金絲其色金碧。牙緋袍笏也。半塗隋時內官多服半塗郎令長袖。麈袪也。繡襦紅樓富家女金縷繡羅襦。麻鞵麻鞵隱士所服也麻鞵見天子。桐帽椶鞵隱者所服。五龍釵日林國貢獻龍角釵帝賜。

獨孤后後化二龍去。九鸞釵唐同昌公主有九鸞釵。白紬巾紬讀作謝玄着白紬巾。披鶴氅衣。綸巾諸葛亮綸巾羽扇指麾三軍。角巾隱者所着。折角巾郭林宗嘗遇雨巾折一角時人效為之其見慕如此。青綸漢綬也。仙裙漢成帝令左右持其裾裾縐因號留仙裙。六幅裙裙拖六幅湘水。鹿皮冠何尚之致仕着鹿皮冠。生綃畫綃也。雲霧綃美人衣也言輕爽意。龍綃美人衣也。絳綃紫綃皆美人衣也。秋雲羅秋雲羅帕是織女采玉繭織成。白鷺縗江東人取白鷺頭上翰毛為接䍦帽戴因名白鷺縗。蘇莫遮胡服之名。露華百英粉趙飛燕所傅香粉也。梅花妝宋武帝壽陽公主梅花落額上自後有梅花妝。淚妝天寶時妃嬪施粉於兩頰號淚妝識者以為不祥。蜂黃謂宮妝也。蝶粉。玉纓瓔弁玉纓。珠纓珠纓翠綾。黑貂裘季子遊秦黑貂裘敝。羊裘嚴光披羊裘釣澤中。紫綺裘李白玩月所服。集翠裘則天以此裘賜

張昌宗后令狄仁傑與賭此裘昌宗氣局蓮北公攬裘拜恩而出也。百結裘董威。玉搔頭漢武帝過李夫人就取玉簪搔頭後宮皆用玉搔頭。綵兜唐帝主將錦綵作兜羅歸寢室號曰醉興。飛雲履白樂天置飛雲履曰吾足下生雲不久當上昇矣。東郭履東郭先生履有上無下行雪中。穿角履後魏王遵業從容恬素常著穿角履好事者多效之號新樣以興之。都紵袍漢三老服都紵袍大袍冠進賢冠。綦組錦綉綦組女紅者也。銀黃三組漢楊僕為王爵都尉又為樓船將軍并懷銀黃垂三組誇鄉里。顛隨吳孫和寵鄧夫人常醉舞如意傷鄧頰得白獺髓雜玉與琥珀屑和以百金補之琥珀太多左頰赤點如痣更益其妍諸嬖人咸以丹脂點頰以要寵也。三彩綬漢官儀卿大夫三綵青地桃花綬。藻綬漢卿大夫藻火綬。藻冕天子冠也。吳縞吳郡出縞。鶴氅王恭披鶴氅裘行雪中人以為神仙。文綬漢二千石以上銀印綠綬亦曰文綬。宮錦袍李白醉着宮錦袍。雲錦裳仙人服也天孫織就。

雲錦裳　綾被錦被　漢尚書郎入直、供青綾被、白綾被、或錦被。凌波羅襪　曹植洛神賦曰、凌波微步、羅襪生塵。反袂　拭面、涕泣沾襟。銀艾　二千石以上、銀印綠綬。以艾草染之。金魚袋銀魚袋　唐自一品至六品、皆服之、以明貴賤。三品以上飾以金、五品以上飾以銀。練袍　戰袍也。綺縠　錦繡也。漢制、賈人毋得衣綺縠。草服　野夫黃服、草服而蜡。玉褐　寒者利短褐也。溷腕　長孫無忌以烏羊毛為溷腕氈帽。懸鶉　子夏貧者之衣、懸鶉結也。芒屩　草鞋也。赤幘　凡救日蝕者著赤幘、以助陽也。又武吏常赤幘、以成其威也。白帢　弁戎服者著白帢。又尚書八座乘車白帢。幬　床帳也。丹素　中衣也。懷金、褏丹素。

珍寶類

易經　資斧　謂貨財之資、器用之利也。旅九四、得其資斧。

詩經　百朋　古者貨貝、五貝為朋。錫我百朋、得重貨也。蔥珩　蔥、蒼色。珩、佩首橫玉也。有瑲蔥珩、瑲、玉聲也。小球大球　小國大國所贄之玉也。

書經　蠙珠　淮夷蠙珠暨魚。蠙珠、珠也。瑤琨　石之美者。瑤、玉者也。植璧秉珪　植、置也。圭璧所以禮神。植璧秉珪、乃告太王王季文王。

左傳　雙琥　賜公子家雙琥。

周禮　八材　珠、象、玉、石、木、金、革、羽也。百工飭化八材。疏材　如焦葛之可布、草根木實之可食者也。臣妾聚斂疏材。貨賄　金玉為貨、布帛為賄。商賈阜通貨賄也。六器　以蒼璧禮天、以黃琮禮地、以青圭禮東方、以赤璋禮南方、以白琥禮西方、以玄璜禮北方。

楚辭　球琅　美玉也。謂佩玉也。王琴瑟鏘鳴兮琳琅。曲瓊　玉鉤也。帳上。

漢書　麟趾褭蹏　漢武改黃金為麟趾褭蹏、以協瑞。武帝欲表祥瑞、故改鑄為麟趾馬蹄之形。金溢　秦黃金以溢為名。又曰二十兩為溢。

黃白　神仙黃白之術、謂黃金白銀也。黃冶　言道家冶丹砂、變化為黃金也。莢錢　鑄錢如榆莢也。赤仄　一當五錢、所謂子紺錢也。今之赤。蠶采　漢主每旦有白虹之氣、故曰蠶采。猶言夜光之璧也。蠶、古朝字。藉璧　色主也。玫瑰　火齊珠也。珠胎　珠在蚌中、若懷孕然。流離　如琉璃、如玉、極虛脆。公儲　開禁苑、散公儲。府帑　府、物所聚也。帑、藏金帛之庫。錢通　錢為財之交通也。高貲　言多財也。顧金錢　以金錢事權貴而求得其形勢、以自炫耀也。招權顧金錢。焯爍　光爍貌。言隋珠和璧焯爍其陂。

諸史　薦璧　薦、藉也。璧、瑞玉也。朝覲聘享必以皮幣薦璧、然後得行。泉貝　錢本名泉、言其流如泉。古者貨貝而寶龜。瑟瑟　碧珠也。吐蕃婦人於辮髮戴之。

文選　明月　隋侯明月珠也。火齊　火珠也。流耀含英　言珠璧流光含采。懸黎垂棘　皆夜光之璧名。碝磩綵緻　碝磩、石之次玉者。綵緻、色也。金狄　鑄銅人也。列於宮門之右。琳碧瑤琨　皆玉石也。瓊蘂　玉英也。朝飡上山采瓊蘂以

玉膏滵溢玉膏玉之脂膏也滵溢流貌玲瓏玉之声也琥珀冊青江珠
瑕英金沙銀鑠皆蜀地之珍宝瑕玉類也符采玉之横文也符采彪炳籯金
籯盛金之器也函幽育明皆謂珠玉光耀之状奇隙隙異也奇隙謂奇異之物也頳
冊冊砂也頳赤色明璣璣亦珠也縹碧素玉縹素皆以色言之潜頴言珠玉生
深潜而有光頴也頴亦光彩也泣珠鮫人泣下皆珠嘗寄人家臨去乃泣珠於盤以留遺主人淵客
慷慨而泣珠東山瓌寶之東山多宝玉如府庫也窺東山之府庫則瓌宝溢目珂珹
宝名刀布即錢與布也刀布貿而無算賨幏賨南夷税名幏布也賨幏総謂南夷之税也音
宗嫁璘瑞宝物文采也玉馬犀之璘瑞衝牙錚鎗佩玉有衝牙在中央以前後觸也錚
鎗玉声也冊青冊冊砂也青雘也雌黄白坿石英也赤玉琳瑉瑊玏
碱砆皆石之美玉者昆吾金也昆吾之山出美金的皪光明貌明月珠子的皪江靡

蜀石石次玉者黄碝黄色石也水玉即水晶也琳瑉青熒琳瑉玉名青熒玉石
光明貌眩燿青熒珊瑚碧樹珊瑚宝樹也碧樹玉樹也碧琳玉也赤瑕赤色玉色
玢豳文鱗玉之文理也駁犖玉文采也琬琰玉名璧英玉之英也瓌瑋
瓌音日瑰珍玉金異之物也天琛水怪珍奇異物沙鏡産水中似雲母星離沙鏡金礦
冊礫雲精爛銀瑦瑚璿瑰水碧潜瑉礦銅鐵璞也冊礫冊砂也雲精
雲母也入地萬年不朽爛銀有精光如燭也瑦瑚璿瑰皆玉石名水碧潜瑉赤水玉名也鳴石
石似玉者撞之声聞数十里鳴石列於陽渚浮磬石可作磬者浮磬肆乎陰濱金精玉
英精英金玉之光彩也瑱琗珠玉之文采也瓔枝玉也佩夜光與瓔枝執玉諸侯來朝
而執玉為贄也嘉群臣之執玉琛璃玉帯也玉鸞美人佩也鳴玉鸞明璫耳珠也献
江南之鳴璫木難碧色珠也珊瑚間木難英瓔琚何以報之英瓔琚金琅玕

美人贈我金琅玕龜貝王莽作亀錢古者貨用貝宝用亀貝故以錢比之榆莢軽小之錢也
隋和隋侯之珠和氏之璧喩美才也才懐清和鑛朴謂金未担和未理者精鉄蔵於鑛朴緡
絲也緡縦以貫錢[初学]昭華堯賜舜以昭華之玉延喜禹授啓延喜之玉謂受徳
天賜之佩金牛稀帯也王者土地開闢則金牛至玉馬亦瑞器也王者清明篤賢則玉馬至
仙珠仙珠照乗帰蒼玉佩御史珮也蒼玉鳴佩璁珩珮玉也嵗鏘璁珩金凫
秦始皇葬驪山以金銀為凫鶴玉匣漢帝及諸侯王葬者皆珠襦玉匣匣上鏤以蛟龍鸞鳳之象故
人謂之蛟龍玉匣玉棺鄴縣令王喬天降一玉棺於聽前喬曰天帝召我沐浴寝其中葬於城中
玉魚即佩玉也玓瓅明珠色也靈蚌神胎珠也金[illegible]之金[illegible]浮筠
玉采色也礼記作孚尹字讀為浮筠尹旁達信也荊璆魯寶玉也握中有玄璧乃自荊山璆
又曰璠璵魯之宝玉也白虹玉氣如白虹青氣玉氣也三采玉有三采昌城

菉玉也西王母云昌城玉菉長州英玉也長州一名青丘仙草靈蒺丼液玉英所以不有紫
玉光王者不藏金玉則紫玉光見於深山鮫文鴛眼錢也武帝升埋墓有三青鴨化為
三小童皆着青絹文襦握鮫文之大錢鴛眼者宋沈慶之啓私通鋳而錢大壊矣一貫長三寸謂鴛眼錢
青鳧錢也南方有虫似蟬其子著草葉如蚕種得其子以帰則母飛来就之殺其母以塗其子以其子
塗錢用錢貨市則自還矣[藝文]照車美珠也照車去趙聯城美璧也聯城辞楚命
世珍珠玉也嘉玉祭宗廟之礼玉芝曰加玉灌玉圭瓚也祭祀用之山玄玉
諸侯王朝見佩玉也結緑和璞結緑玉名周有砥宋有結緑梁有懸黎楚有和璞此四寶者天
下之名器也三珪公侯伯也楚昭延屠羊説以三珪之位五瑞五等諸侯所執玉也玉作五瑞
亦章百國[大朝]瑆琟上山抔瑆琟錢刀何處覓錢刀七彩珠隋侯七彩珠
九華玉高祖斬蛇劍上有七彩珠九華玉千金佩願解千金佩請逐大王歸宝玉

執珪也乘赤野玉紫山金各言其地空青雌黃丹石
玉朝諸帝之所產也
碧瑱皆寶也空青出蜀眉之山雌黃出嶓冢揮金
骨陰丹石發王屋之雌碧簡緹青蛉之火
揮散擲也謂輕用財也高唐詩數綠錢無論數青錢
會日揮金又揮金應物與綠錢蚨
錢也言青銅錢也寶玦玉珮也腰下寒水玉水晶也
奇錢買野竹梅寶玦青珊瑚為寒水玉
金錯囊錢囊也金魚珮也金魚冰玉水晶滑沉拖
錯囊兼鑿換酒求類亂冰玉
玉鄉玉也拖珠頭黃金林頭黃金畫蛟珮蛟珮雙
玉豈吾身壯士無顏色星影行
南金言貴重也鳴玉鳴珮也韻府玉枝漢武
悅其雙南金玉聲同軌帝得
西那國王樹賜近臣珊瑚枝忽驚明月鉤金龜珮也
年高者有病則枝活鉤出珊瑚枝賀知
賀解金復冰珠順宗時拘弼國貢復冰珠持米珠麻
乘換酒入江海可行於洪冰之上姑
能變米成珠照乘珠魏惠王有徑寸之珠招涼珠昭
又米珠新玉能照車前後十二乘燕

皇氏漢苑卷之四　珍寶類　四十六

王於夏月懷之不夜珠照人清水珠嚴生得珠
消暑招涼珠無妍醜皆美投濁水中
則九曲珠珠孔如意珠珠繫衣上從心所欲國珍單
清九曲皆如意乃神珠心也千
願奉國杖頭錢阮宣以百錢掛杖頭但至酒店雙璜
珍朝貢偃蹇酣暢家無儋石晏如也
九玉珮藍田玉也琇瑩耳墜也詩充耳琇瑩碎寒金明帝時昆
有鑿璠璵明國貢嗽
金鳥常吐金屑宮人以金飾釵謂之辟寒金相嘲曰
不得辟寒金那得主人心又香肇不凋花自發春來
空撒辟白琥白琥禮西方祭禮所用玉錢樹唐娼女
寒金云白琥也又云發兵瑞士爲號文錢樹許子和
入宮臨卒謂母曰烽火樹漢積翠樓有珊瑚赤箭赤箭
口錢樹子倒矣夜有光號烽火樹丹砂
扶荔病玉札藥名玉札丹砂玫瑰西國寶千火珠南蠻國有
之藥餌玫瑰石也火珠日中
以艾承之以艾積珠華琚華琚玉珮也琚碧玉之
輙火出華琚美人之珮也

文史類

詩經簡書策命臨遣之詞也豈金玉爾音貴重其
不懷歸畏此簡書音書也毋
金玉爾音報章報我之章也言織女追琢其章金玉其相
爾音雖則七襄不成報章
追雕也金曰雕玉曰削損質也言追琢之則所以
美其文者至矣金之玉之則所以美其質者至矣
書經金縢金匱也縢緘也所以藏秘書帝王圖籍皆
於此藏也周家凡卜筮則藏其書於匱也
而以金緘之也公歸乃太訓三皇五左傳嘉淑令詞
納冊於金縢之匱中帝之書稱讚
之也米三墳伏羲神農黃五典五帝之八索八卦之
章嘉淑帝之書也書也說也
九丘九州之志也又云三皇之書索言探
索隱微也九丘言聚九州之所有也周禮質劑
太市以質有別貝也小市以劑有契券也六詩風雅
一說長者曰質短者曰劑所買賣以質劑六詩頌賦
比興也大祝作六辭以通上下
師教六詩六辭親疏遠近一曰辭謂交接之言詞也

皇氏漢苑卷之四　文史類　四十七

二曰命王言之號令也三曰誥告諭臣民也四曰會
會同盟誓也五曰禱禱神以祈福也六曰誄哀死而
述其老子道德經老子作道德經八十一章玄玄章老子玄之又
行也經八十一章玄衆妙之門
象帝章老子道光章曰挫其銳解其紛和其光同其
塵吾不知誰之子象帝之先似也帝天帝也
芻狗章老子曰天地不仁以萬物為芻狗聖人不仁
以百姓為芻狗言天地與物相忘聖人與百
姓相谷神章老子曰谷神不死是謂玄牝乃玄德章
忘也修養功夫所自出亦謂玄牝章
老子曰生而不有為而不嬰兒章老子曰專氣致柔
恃長而不宰是謂玄德也能如嬰兒乎又曰
知其雄守其雌五色章老子曰五色令人目盲五音
復歸於嬰兒也令人耳聾馳騁田獵令人心
發夷希微章老子曰視之不見名曰夷聽之不聞名
狂曰希搏之不得名曰微亦曰道紀章能
知古始致虛章老子曰致虛極守靜篤太上章老
是謂道紀萬物並作吾以觀其復子
曰太上下知有之其次親之見素抱樸章老子曰見素
譽之其次畏之其次侮之抱朴少私寡

慾。恍惚章 老子云道之爲物惟恍惟惚。要妙章 老子曰不貴其師不愛其資雖智大迷是謂要妙也。自然章 老子曰人法地地法天天法道道法自然。玄同章 老子曰和其光同其塵是謂玄同。長生久視章 老子曰有國之母可以長久是謂深根固柢長生久視之道。無爲章 老子曰爲無爲事無事味無味也又曰我無爲人自定。三寶章 老子曰我有三寶一曰慈二曰儉三曰不敢爲天下先。

【莊子】逍遙遊 莊子篇名逍遙言優游自在也遊者言心與天遊也。姑射篇 有吾謂叔連曰藐姑射之山有神人居焉肌膚若冰雪綽約如處子不食五穀吸風飲露乘雲氣御飛龍而遨遊乎四海之外。齊物論 莊子篇名言欲合天衆論而爲一也。天籟篇 南郭子綦謂子游曰汝聞人籟而未聞地籟汝聞地籟而未聞天籟。鷇音 鷇者鳥之初出卵者也鷇之爲音未有所知前人之言無所知者也。胡蝶篇 莊周夢爲胡蝶栩栩然胡蝶也喩適志也亦曰物化篇。養生主 莊子篇名謂養其生之主此生者庖丁解牛之說故曰吾聞庖丁之言

得養生焉亦曰養生篇。人間世 莊子篇名謂既有此身而處此世豈能盡絕人事乎惟在善處之耳。螳螂篇 言螳蜋恃其才之美欲以其臂當車轍以喩人之小才自矜以當大事鮮有不敗者。櫟社篇 言櫟社樹雖大因不材之木無所用是以能盡年喩我無所用故能全其天也。德充符 莊子篇名言德足於己則隨所應而應也符應也。大宗師 莊子篇名太宗師者道也循言聖法天天法道道法自然。眞人篇 眞人即聖人也且有眞人而後有眞知又能體純素謂之眞人。渾沌篇 儵忽謂渾沌曰人皆有七竅以視聽食息此獨無有嘗試鑿之日鑿一竅七日而渾沌死喩聰明能爲身累也。駢拇 莊子篇名夫駢拇支指也在人爲病然一出於自然此所同得者則爲後矣以喩聖賢道德之多餘駢拇之病也。馬蹄篇 莊子篇名也言馬蹄可以踐霜雪此其眞性也至有伯樂連之以羈馽編之以皁棧而馬之死者十二三矣言外物能爲身累制於人而不能得其自樂至於死也。游雲篇 鴻蒙篇 雲將與鴻蒙問答論合六氣之精以育群生之理。玄珠篇 黃帝遊乎

赤水之上遺其玄珠使智索之而不得使離朱索之而不得使喫詬索之而不得乃使象罔得之象罔而求道者不在於聰明與言語也。漢陰篇 子貢過漢陰見丈人抱甕而出灌子貢曰有械於此其名爲槹丈人曰有機械者必有機事有機事者必有機心吾羞不爲也。苑風篇 淳芒與苑風問答論上古帝王之道。天樂篇 言與人和者謂之人樂與天和者謂之天樂也。斲輪篇 桓公讀書於堂上輪扁斲輪於堂下曰君之所讀者古人之糟粕也以臣之事觀之得之於手而應於心口不能言是以行年七十而老斲輪喩道不可以言傳也。刻意 莊子篇名刻意尚行離世異俗此山谷之士非世之人枯槁赴淵者之所爲也。秋水 莊子篇名言秋水時至不辨牛馬河伯自喜以爲天下之美盡在是順流而東至於北海不見水端乃望洋而嘆喩道無終窮不可自足也。濮水篇 莊子釣於濮水之上楚王使大夫往見焉曰願以境內累矣莊子曰聞楚有神龜死已三千歲矣王巾笥而藏之廟堂之上此龜者寧其死爲留骨而貴乎寧其生而曳尾於塗中乎吾將曳尾於塗中。鵷鶵篇 惠子

相梁莊子往見之惠子恐其奪己之相搜於國中三日三夜莊子曰夫鵷鶵發於南海而飛於北海非梧桐不止非練實不食非醴泉不飲於是鴟得腐鼠鵷鶵過之仰而視之曰嚇今子欲以子之梁國而嚇我耶言其不足以動我也。濠上篇 莊子與惠子遊於濠梁之上觀儵魚之出遊而論魚之樂。至樂篇 莊子篇名言不以物害己也。達生 莊子篇名言不務身外之物以達性命之情也。鬪鷄篇 紀渻子與王論鬪鷄守氣之學。雕陵篇 莊子遊乎雕陵之上覩一異鵲自南方來執彈而留之覩一蟬方得美蔭而忘其身螳螂執翳而搏之見得而忘其形異鵲從而利之見利而忘其眞莊子乃捐彈而反言物無大小有所逐者皆有所迷也。寓言 莊子篇名謂以己之言借他人之名以言之也寓言十九。卮言 卮酒器也人皆可飲之而有味故曰卮言日出。重言 謂借古人之名以自重也重言十七。說劍 莊子篇名趙文王喜劍莊子往說之謂劍有三有天子之劍有諸侯之劍有庶人之劍於是趙王罷劍客。連環辯 兩環相連雖不得解而其爲環者必各自爲圓

不可相稽則非連環矣連環可解也則天下之辯者相與樂之**卵有毛雞三足**皆莊子之辯也卵有毛雞三足言毛之在卵雖未可見而鴨不爲雞毛則卵有毛矣雞本二足必有運而行之者是爲三矣**挾筴**即執卷也挾筴讀書**緒言**微言也謂眾言而盡也**竿牘**問往來相勞者**謬悠**虛遠也謬悠之說**荒唐**曠大而無極也荒唐之言**金板六弢**即太公兵法也猶云金匱石室之書

列子

天瑞列子篇名言天理之所貴故名天瑞**說符**列子篇名言天人自相符合也**力命**列子篇名力人力命天命列子設爲力與命問答論壽夭窮達富貴貧賤一出於自然之天命而非人力所能爲者也**漫言**等閑之說也

楚辭

離騷屈原被讒憂心煩亂不知所愬乃作離騷離猶遭也騷動也言遭變而作此詞也曰九歌天問九章遠遊卜居漁父凡二十五篇一曰離別也騷愁也言己放逐離別中心愁思而託詞以諷諫君也**九歌**屈原所作楚俗信鬼而好祀原既放逐見而感之故更定其詞因彼事神之心以寄吾忠君愛國眷戀不忘之意焉**東皇太一**九歌之一也太一天之尊神祠在楚東故曰東皇此篇言其竭誠盡禮以事神而欲神之欣悅安寧以寄人臣愛君之意也

雲中君九歌之一也謂雲神也此篇言神既降而久留與人親接故既去而思之不能忘也足以見臣子慕君之深意焉**湘君**九歌之一也湘君即舜妃娥皇此篇蓋爲男主事陰神之詞故其情意曲折尤多皆以寓臣忠愛於君之意也**山鬼**九歌之一也此篇以人況君以鬼喻己而爲鬼媚人之語亦見臣愛君之意也**國殤**九歌之一也謂死於國事者無主之鬼謂之殤歌以哀之云**禮魂**九歌之一也謂以禮善終者而歌以祀之焉**天問**屈原所作也原既放彷徨山澤見楚有先王之廟及公卿祠堂圖畫天地山川神靈及古聖賢怪物行事因書其壁呵而問之以渫憤懣之氣**九章**屈原所作也原既放逐思君念國隨事感觸輒形於聲後人輯之得其九章焉又云即洪範九疇也大法九章**惜誦**九章之一也謂愛惜其言忍而不發以致極其憂愍迫切之心**涉江**九章之一也**哀郢**九章之一也屈原被放適值凶荒人民離散而原亦在行中閔其流離因以自傷而歎皇天之不純其命不能遍著遷以遭此離散之苦也**抽思**九章之一也此篇蓋寓意於君言託而思之君多忘怒刑罰不中使余心憂也**懷沙**九章之一也言懷抱沙石以自沈也**思美人**九章之一也美人指君也謂寄意於君焉**惜往日**九章之一也原既放逐痛思往日嘗見信於君也**橘頌**九章之一也原自比志節如橘不可移徙也謂楚王好草木故橘生其土**悲回風**九章之一也言秋冬已行微物周隕風雖無形而實先爲之倡世之治亂道之興廢亦猶是也**遠遊**屈原所作也屈原既放恥觀宇宙隨世俗之卑狹悼年壽之不長思欲排空御氣浮遊八極乃作此篇**卜居**屈原所作原憫當世之人習安邪佞違背正直故陽爲不知二者之是非可否而將假蓍龜以決之**漁父**屈原所作也原既放遊於江潭行吟澤畔漁父見而問之者亦設詞耳**九辯**此屈原弟子楚大夫宋玉之所作也閔惜其師忠而見逐故作九辯以述其志云耳**招魂**宋玉之所作也古者人死則使人以其上服升屋呼而招之荊楚之俗乃或施之生人故宋玉哀閔屈原

無罪放逐恐其魂魄離散而不復還遂因國俗託帝命假巫語以招之**大招**即前招魂之意前曰小招此曰大招景差所作**弔屈原**賈誼所作也誼以謫去意不自得及過湘水投書以弔之而因以自喻也**哀時命**梁孝王客莊忌之所作也**招隱士**淮南小山之所作也說者以爲話意以招屈原**神章靈篇**緯讖之文也**光明齊日月文采耀玉石**言文章之光華也**九懷**王褒所作褒讀屈原之文嘉其遭遂莫之能識故追而愍之作匡機通路危俊昭世尊嘉蓄英思忠陶壅株昭九懷**九嘆**劉向所作追念屈原忠信之節故作逢紛靈懷離世怨思遠逝惜賢憂苦愍命思古九嘆**九思**王逸所作逸嘉屈原義作賦騁詞以讚其志作逢尤怨上疾世憫上遭厄悼亂傷時哀歲守志九思

漢書

微言精微要妙之言詞也**素文**孔子作春秋素王之文也**素功**春秋即素王之功也**刺經**諸生刺六經作王制刺取之也**訓故**者李詩訓故而已故謂指趣也**質義**質問大義質正也**碎義**謂煩瑣之詞也首言[illegible]碎之義以逃

他人之故 煩言碎辭 分文析字煩言碎辭 書林 先包書林 中書 太子所藏之書也
案諜 披圖案諜諜譜也 揚搉 揚搉古今謂舉而引之陳其趣也揚舉也搉引也 六緯
五經之緯及纂緯也 綴文 謂綴文之士 屬文 言其能爲文也屬謂綴輯之也 發藻 文藻
詞也發藻儒林又發藻思新 品藻 稱述品藻謂定其差品及文質也 雋永 雋肥肉也永長也
也言其所論美而義深長也 爾雅 文章爾雅謂近正也 大對 對太問也不足以奉太對 射
策 對策也以射策甲科爲郎 骫骳 音委被屈曲也其文骫骳 書教 厚賜書教 移書 移書
顯貴之 記召 爲書記以召之下符追召人也若今 奏記 文學儒吏時有奏記 草奏
草謂創立其文詞即今起草也 置奏 謂立文奏而上陳也 抗疏 抗舉也謂上疏條其事而
言之也 視草 草謂文章之稿司馬相如等視草 削草 言文章也繕書則削壞其稿也 條
剌 謂書之於剌版也剌條謂分條之也 條對 謂之一一錄而對之也 口占 而隱度其言口授之也

草氏藻林卷之四 文史類 五十二

也口占擻文 露章 所舉奏二千石長吏必先露章 畧意 畧陳本意也敢不畧意 籍記
爲名籍以記之也 咫尺 言咫尺之書即今書尺牘也 札書 札木簡之薄小者也卿有札書
方書 方版也謂書事在板上也或曰四方文書也 牒書 書於簡牒也小簡曰牒謂 玉版
刻玉版書爲文字也明堂石室金櫃玉版 金匱玉室 以金爲匱以玉爲室重緘封之保愼之義
也丹書鐵券金匱玉室 韋編 韋所以聯次簡編也 傳檄 檄二千秦可傳而定也 羽檄 徵兵
書也 刀筆 刀所以削書也古者用簡牒故吏皆以刀筆自隨今直指吏爲刀筆 赫蹏 薄小紙也
流裔 六經流裔言如水之下流衣之末裔也 裒衷 盛貌聚安 諸史 孤憤
韓非所作書篇名孤直不容於時也 說難 韓非篇名言游說之道不易也 封藏 凡封禪當
用玉牒書藏方石用金繩以金爲泥封之玉周則以水泥和金爲泥 丹書鐵券 券符契也以鐵鑄之
制書字以封功臣令其子孫長享爵祿也 尺籍伍符 尺籍者書其斬捕之功於一尺之版伍符

者亦什任之符約也 玉牒 泰山之封白玉之牒 錢 飛文 無姓名之文不知所從來也流言飛
文詳於民間 冊免 冊王言也免黜也王言之制有七其二曰策書拜免三公宰相臨軒策命 赤
伏符 圖讖之書曰赤伏符之名漢德尚赤也 金龜玉鶴 符瑞文字刻也 綜校
錯綜而校正之 圖緯 圖圖讖也緯七緯也有經必有緯也 披圖 披閱視也 石經 漢靈帝時
命蔡邕爲古文篆隸刻於石碑立於太學 黄籍 編户之文以黄表之曰黄籍即青冊也 魚書
唐相衛府皆有木契銅魚朝廷徵發下之敕書契魚都督府參驗香合然後遣之 白麻 唐制封拜王相
用白麻爲制制用白麻紙詔用白藤紙書用黄麻紙中書制用黄白二麻爲綸命重輕之辨近者獨用黄
麻其白麻惟德音赦宥拜免將相用之 芳翰 芳翰麗藻 載書 盟辭也 文選 秘文
幽秘之文也校理秘文 六籍 六經也 鋪鴻藻信景鑠 藻文章也景大鑠美也謂
布其文章而申大美於前人也 靈篇瑞圖 皆美言也 摛藻 摛發也謂發言爲文章摛藻天下

草氏藻林卷之四 文史類 五十三

庭 鳥策 鳥謂鳥跡書也策竹簡也 篆素 篆大篆書也素謂帛也 覼縷 言之有次序也
嗟難得而覼縷 玉策 所以記帝王之跡者 石室 即金匱也秦圖籍於石室 摛翰則華
縱春葩 言發文翰則華縱如春之奇葩花也 奇絶 名標於奇絶奇書所載也 奮藻 揮
翰以發其文也取奮藻以散懷 抽秘思騁妍辭 秘深也抽秘思騁妍辭 沉
吟 沉吟高章習忠之深也 齊章陳篇 謂將作文也沉吟齊章散勤陳篇 往牒 舊即
史也考若古昔載於往牒 玉典 瑞應圖也 幽經 仙書也散幽經以驗物 玄訓 玄遠也仰先哲
之玄訓 墳素 三皇之書素王之法 長圖 爲長圖徵墳素之長圖 援翰寫心 謂操
筆以攄其心思也 墨妙筆精 言文章之華美也淵雲之墨妙嚴樂之筆精 雕龍
文章之華也辯有雕龍之聲聲譽也 故言遺辭 謂作文也遺發也 清芬 稱人詞賦之美
也誦先人之清芬 俊烈 謂後美之述作也詠世德之俊烈 麗藻 稱文章也嘉麗藻之彬彬

芳潤文章也漱六藝之芳潤言作文章乃沉辭怫悅
沉辭謂深邃之辭也怫悅難出之貌沉辭怫悅若游魚銜鉤而出乎重淵之深也浮藻聯翩
浮藻謂飛動之文也聯翩鳥飛貌浮藻聯翩若翰鳥纓繳而墜乎層雲之峻也浮天淵濯
下泉言作文者浮心思於天淵及濯下泉者務入深邃以求文意耳燥吻燥乾也吻唇也謂作
文神思馳逐皆得乾唇也虎變獸擾龍見鳥瀾言人之作文如虎之變其文炳然如
獸之馴擾隨意所命也如龍見而有光也如水鳥游於波瀾也流離謂翰書於紙貌終流離於濡翰
濡翰作文也濡染翰筆也操觚含毫觚簡也毫筆也言揮翰也尺素素帛也古人用
書也函綿邈乎尺素播芳蕤發青條粲風飛鬱雲起皆狀作文之美也
芳蕤之馥馥發青條之森森粲風飛而猋豎鬱雲起乎翰林緣情綺靡詩以言志故曰緣情
綺靡精妙之言也詩緣情而綺靡體物瀏亮賦以陳事故曰體物瀏亮者清明之稱也冗

卓氏藻林卷之四　文史類　五十四

長謂文詞煩多也藻思藻思綺飾芊眠文章有光色盛也下里白雪下里鄙辭
也白雪高調也綴下里於白雪瘁音謂託詠於鄙物也或寄辭於瘁音絃幺徽急幺小
也絃小而調急也喻文章之激切者大羹朱絃言文章專尚雅淡者亦大羹不和五味又如朱
絃之清音太羹肉汁不調以鹽菜也清廟之瑟朱絃而聲淡闕太羹之遺味同朱絃之清汎也華說
發言不能成功者謂之華說非華說之所能精尨絮瓶小器也喻作文小才思患尨絮瓶之屬
空言易瓊敷玉藻喻文章之美也敷亦華也蒙塵叩缶缶瓦器也更蒙塵之叩缶
瑤也塵則叩之而不鳴玉玉磬也喻善為文者懼蒙塵於叩缶顧取笑乎鳴玉思風
鳴喻文不工也言泉言泉也言之出如泉之湧溢目盈耳
謂才思之發如風也思風發於胸臆言泉流於唇齒
溢目文章盛也盈耳音韻清也徽徽盛貌泠泠文章音韻清也
文徽徽以溢目音泠泠而盈耳
被金石流管絃言文之美者可被之金石施之樂章也金鐘鼎石碑碣也賦歌曲作

之通稱也唫咏肆志寄言廣意謂作賦頌也肆縱也毫素紙筆也深心謂毫素
文囿謂有文斈之士前文謂古文經典也過彼前文苦調苦調義心多弄柔翰
筆也弄染翰弱冠光論筆篇也承光論末染翰筆也染墨於筆而制為文字也高藻
高文章也蔚彼高藻音翰詩筆也翰平声貽此音翰曜藻謂顯其文章也曜藻崇正墳丘
古言名容與墳丘貽我清藻芳風言人文章之美玩清藻味芳風蕙蘭喻文章之美也
蕙蘭四愁詩張衡為河間相鬱鬱不得志故為四愁詩嚶鳴兩鳥相和之声以喻人文
章賡和嚶鳴悅同響流聲馥秋蘭擷藻艷春華流其芳声香逾秋蘭發其文藻
美共春華言文章之美也國華舒文廣國華琳珪文章人之詩也清越奪琳珪文府言文
章如府庫之富也珪璋既文府瑤華音喻人之詩也問以瑤華音竹帛古人功業書於竹簡
及素帛史籍也但根功名薄竹帛無所宣高言高歌也德唱高言馳翰走筆也馳騁翰末

卓氏藻林卷之四　文史類　五十五

眼食寫情慮賦詩也末言寫情慮竹素園翰墨林竹素古人所用以書者即典籍
也翰筆也園林皆言其廣而多也遊思竹素園寄詞翰墨林冊經道書也道人讀冊經音徽
文章書信也過逝匡音徽綺譚綺文也高譚一何綺羅縷羅列縷述也文章也羅縷豈列言
闕詞羅作翫蘭藻蘭藻清詞灑蘭藻言如藻之麗如蘭之芳金雘辭義麗金雘言文章自相彫飾
也妍談美談也妍談既愉心素辭質素之言也其辭之心故少無宦情仕世多素辭點
翰翰即染筆也翰詠新賞點文擅雕龍狀其文章之彩色也油素鉛筆油素絹也
鉛筆粉筆也所以理書者人蓄油素家懷鉛筆冊書定罪之書也風什情風什篇章也詠之
蚩鄙拙速言蚩輕也鄙小也訾詩詞也鸞龍喻文章華彩也鸞龍之文典藝場
優游典籍之場篇章圃章之圃休息篇德音書札也復惠德音謂人之曼辭
美辭也琢曼辭毗一上一多猶委曲也詞不可一一鬼錄謂死亡者姓名之書振藻謂揚

其文名也公幹諷采朗諷誦也英瑋瑋美也稱靈符
振藻於海内神靈之瑞符言天命也協運靈符青簡竹簡也古無紙用以為書鶴書鶴頭書乃招辟所用
馳辯馳辯如馬辯波濤言炳丹青文雖也彫章縟采謂多文章也英辭潤
金玉言美辭可以潤澤金石也清辭麗曲言文章清麗之句也無音累氣繊
累負也此言文章之未義艶發言文章艶發之美也茂盛藻言其才盛於懐也縟旨
星稠繁文綺合星稠綺合喩文章之秀美也蘭茝言言鬱郁於蘭茝黃馬
劇談惠施有黃馬驪牛之劇談說驪黃馬之劇談碧雞雄辯王褒作碧雞頌碧雞之雄辯
金玉淵海黼黻河漢皆喩文章之美如金玉之珍淵海之深黼黻之麗河漢之廣
委藍謂藏書也靈珠崑玉喩文章之美也握靈珠擅崑玉春華海棗喩文章之不實也春華言其文麗海棗言其無實華繁玉振言文詞之美如花之繁如玉之振也楚

挽酸楚之琴心列仙傳涓子作琴心三篇挽歌也鞶帨之麗鞶帨巾帶也喩文章之華
藻又喩亂樂衣冠之美麗【初學】白馬論公孫龍持白馬論以度關瓌詞美人之文章也
吐鳳騰蛟喩人文之美也吐鳳思縟騰蛟文縟思又思也見上起草尚書
作文書起章書夜更直金石調調与金石諧賦青松根賦青松悼亾也流金石
篆壁開金石篆圖雲霧圖河浮武雲霧賦南郊郭璞奏南郊賦中宗嘉其才召為著作郎
賦濛汜晋張載作濛汜賦徵為著作郎封書以報願上封書東封禪書也太平無
中經内籍皆醫書也玉昉閣中經秘書之籍内籍横經横經講論以授業肝食願横經
筆簧鼓吹皆言文章也五典為筆簧三墳為金玉五又孫與公云三都二京五經之鼓吹也
色文章著五色之相宜四科夫文本同而末異奏議宜雅書論宜理銘誄宜實詩賦宜麗此四科
不同故能之者偏也雕玉言不文典謨不作經玉不雕璠璵不作器書揩鏤冰其質內無

而外學其文若畫臆鑑水覺日損力握蛇珠抱荊玉曹植與楊脩書曰當此之時人人自
謂握靈蛇之珠家家自謂抱荊山之玉言皆能為文章之美也騁驥騄魏文帝曰其七子者於學
無所遺於辭無所假咸自騁驥騄於千里之遠言皆善為文章也銀鈎字也布字如銀鈎又云詔
書舞舞鈎落【藝文】含毫含毫執筆思作也且成賦鴻章鴻章晨暇華篇遲爾
篇綺思即文思也綺思飛霞思駿霞飛文思如飛霞之文也即同上舒錦騁文之
也舒錦懃老麗歸昔楚辭客來歸昔上即思歸詩也富辭藻縱横富富文雅繡綸
雅結言謂屬文也結言頌言於將隨飛翰謂運筆作文也類東武之飛翰鍾鼓詞
林筆翼文苑謂著聲譽於翰墨之場也下帷閉戶投斧懸梁皆勤學之
事書淫耽書之癖號曰書淫玄晏書淫凌雲筆許劭凌雲之筆壯思文思也壯思如
泉逸藻文章也逸藻似雲翔也瓊臺秘典綠帙奇文皆秘書也碧篆字也

玉板秘文瑾匱怪牒皆秘書也賦為大夫漢書曰登高能賦可以為大夫
言感物造端材智深美可以與圖政事故可以為列大夫也墳素古書也是用周流墳素楊
柳龍鳳言草書之體也作楊柳而奮發似龍鳳之騰儀雲蟬揚字體也沈若雲蟬輕
若蟬揚龜文龍鱗亦字體也或象龜文或比龍鱗鷩鸞草書之為狀也漂若驚鸞煙
雲字勢也有若煙雲之拂蘭芝英雲氣鵲反鸞驚皆狀字之勢也芝英雲氣之巧
未損松驚鵲反鸞驚之勢不侵蒲竹鷹跱字勢也鷹跱之巧又類之於蔡邕九流外籍
雜書也九流之綴藻綴文也綴藻萬爾頌玉鈐呂尚兵書也虎之日楚之無尸惟有玉鈐六篇
在梓中鴻寶萬畢術漢淮南王安言神仙黃白之事名為鴻寶萬畢術三篇論變化之道
徵章詩篇也典陳澤之徵章【六朝】魚腸鴈足皆所以寄書也不素在魚腸寸心憑
鴈足鴈封鯉素皆書信也鴈封鯉飛斷鯉素還流絕幽人賦且曰幽人賦簿領

當官簿領也羈塵及簿領抽經抽繹經義也抽經分闡史吐薰稱人之義稱爲文詞也
含毫含毫稱人之賢才也抱采耀秋月文麗冬霞稱人文采之光明也
紫泥書詔勅也報紫泥書松銘墓碑文也迴泣松銘排紫書太帝詔書也用之以
招仙紫書時不至案牘案牘麗喧囂也寶思珠泉言文藻之思若泉也謂寶思於珠泉
文林辯囿文墨之林辯說之囿皆言其所聚之處也響詠朗詠響詠空嶺朗吟竹陌
柱下經老子道德經也養達篇莊子書也謂養達之眞篇敷詞陳詞也御寢茂而敷
詞峻調迥韻稱人詞章之高深也炤籍言觀書也遊觀賦陳思王作其畧曰靜
閑居而無事游目以自娛將懷親賦陳思王作濟陽南澤有魏先帝故塋遂造斯賦玄暢
賦陳思王作謂富者非財也貴者非寶也或有輕爵藏而重聲或有反性命而徇功名者是以孔老
異情楊墨殊義聊作賦焉名曰玄暢離思賦陳思王作感節賦陳思王作感時節之變遷

而思攜遊以游觀也幽思賦陳思王作秋思賦陳思王作娛賓賦陳思王作寶
刀賦陳思王作丘里言其丘里之舊言新詩發新詩以慰情諶訓謨去眞之諶訓
感時賦陸士衡作也悲夫冬之爲氣亦何慘懍以蕭索思親賦陸士衡作悲桑梓之慰聽
愧蒸嘗之弗營懷土賦陸士衡作余去家漸久懷土彌篤思歸賦陸士衡作兵革未息
宿願有違懷歸之思憤而成篇又云謝宣城作應嘉賦陸士衡作序曰友人有作嘉遊賦與余者
余作賦應之號曰應嘉云列仙賦陸士衡作凌霄賦陸士衡作敷文敷文勉征念
擢管枯筆也管創文章摛掞摛操翰也閭君饒綺思摛掞大爲多繁翰長篇書翰也屬
羨謝繁翰浮雲賦陸士衡作白雲賦具陸士衡所作瓊相相平聲郎玉質金相指文章也歌詠
攀瓊思泉文思如泉之不竭也思泉紛寶飾短書神中有短書願寄雙飛燕緯牒
相緯文也牒札也表神異於緯牒靈秘篇太公寶此術乃在靈秘篇朗月篇古詩篇名爲君

歌一曲當作朗月篇尺帛書所寄書信也煩君尺帛書長謡遠客與長謡丹冊冊紀功
之冊也青史類遊居賦班叔皮作夫何事於冀州託公事以遊居節遊賦前累也子建作
登臺賦陸士衡作參太府於鄴都以時事行三臺登高有感因以言崇登也然章華賦
楚靈王遊雲夢之澤息於荊臺之上騁觀終日顧謂左右曰可以遺老而忘死也遂作章華之臺篩士木
之枝設長夜之淫宴於是五舉知諫蔡之將生謀也乃作此賦以諷之嘉夢賦繆悵伯作又云
陳思王作旻雲賦賈誼所作愁霖賦陸士龍作陳思王先作愍驥賦愍憫同愍
良驥之不遇也應德璉作寒蟬賦陸士龍作夫頭上有緌則其文也含氣飲露則其清也黍稷不
食則其廉也處不巢則其儉也應候守節則其信也君子則其操可以事君立身且蟄冬木寒鳴賀秋捕不
空歎余昔僑處切有感焉故賦云爾楊柳賦謂其先生後傷炎夏多陰也孔臧作枚乘亦有梁孝
王忘憂館柳賦丹砂可學賦江文通作浮萍賦夏侯孝若作謂其隨波飄激傷士失

擿而身枉也靈丘竹江文通有靈丘竹賦蓮花賦江文通作徐有蓮花一池愛之如金
乃作此賦青苔賦傷其居幽無用也江文通所作枯樹賦殷仲文風流儒雅海內知名代
異時移出爲東陽太守常忽忽不樂顧庭槐而嘆曰此樹婆娑生意盡矣唐子西擬以作賦焉士不
遇賦董仲舒作司馬子張又有悲士不遇賦陶彭澤有感士不遇賦逐貧賦楊子雲作思
遊賦潘安仁作逸民賦陸士龍作富與貴人所欲也而古之逸民專一丘之歡擅一壑之美
天地不易其樂萬物不干其心然後可以妙有生之極享無疆之休也閑情賦陶淵明之作也
山居賦謝靈運作酬德賦謝玄暉作右衛沈侯以冠世之才養余以國士見贈五言詩云
無言不酬無德不報乃爲此賦郊居賦沈休文作知己賦江文通作陳國之華者歟于其
人也始於北府相值傾蓋無已後還舊都會君尋卒故爲此賦以寄深衷九愁賦陳思王之所作
擣素賦班婕妤作自悼賦班婕妤作清思賦阮嗣宗作歲暮賦陸士龍作

自去故郷荏苒六年惟姑與妹仍見背棄日月逝速歳之暮矣感物傷懐乃言情焉南征賦陸士
龍感物賦陸士龍作賦傳季友作以莫秋之月述職内禁清夜務財陰遊月藝茘乃有飛蛾翱翔集明燭者必
作以燃燬爲度悵然有懐感物興思遂賦之白髪賦左太沖作抗辭幽説閑意聊
指言屬文也閑言崇議閑大崇高也詠太平之清風誦上哲之高訓詠太
平之清風弦無成珠玉揮袂出風雲言入文才之盛美也豪鋒研妙則穎
奪豪鋒雄文也【唐詩】魚頭絲攣燕尾香緘皆束書之具也攣魚頭光且緘香
緘燕尾同心轉詞源翰數縦詞源於月徑披翰數於雲窗千金字遊霧千金字因烟
飛霧凝喩入之文藻也下筆則烟飛霧凝筆黄六籍筆黄六籍則秦室有坑儒之痛
振奇藻美人之作文辭也知君振奇藻鳥濤鳳彩喩人之文章也鷺濤開碧海鳳彩綴
詞林懷鉛鉛槧乃書生之事懷鉛謂有志於文墨也懷鉛槧後進發天機論以謂著高論以發

天道之機也崢嶸高論吐崢嶸之高論浩蕩奇言開浩蕩之奇言文雄文章
之豪雄也相如子雲競誇詞問歷代以爲文雄陰符蘇秦發書得太公陰符之謀文黄帝有陰符經
道士寇謙之傳又註云太公范蠡鬼谷子張良諸葛亮李淳風等註飛章飛章奏天庭鳳凰
詔漢制詔書用五色紙銜于木鳳口而頒行恭承鳳凰詔紫泥詔天子六璽皆以紫泥封之
故曰紫泥詔鳳初下紫泥詔銀蚪青晨聽銀蚪金馬疑是詔書字也探玄有奇探玄
作詞鋒劍戟森森詞鋒又詞鋒景煥獵精謂獵取其精華也獵精草太玄縹帙書帙也求
古散振綺揮筆如振綺灑筆灑筆会稽山雲錦字口銜雲錦字白雲
唱王毋與周穆王会瑤池詩名曰白雲唱黄竹篇周穆王休於回中大寒雨雪乃作詩三章
以哀之恭閨黄竹篇錦字書顧得佳人錦字書吳會吟昨夜誰爲吳會吟抽毫
揮筆也抽毫須青閣文史林三人文史林二凌雲筆許賜凌雲之筆文氣
風又云抽毫進牘

耽琢雲筆瑶華音稱人所寄書也天涯有度鳥莫惜瑶華音幽緘所寄封書也幽緘倘相傳
短書念此送短書願因雙飛鴻凌雲相如奏大人賦有凌雲之氣詞賦舊凌雲玉册文册
也登階捧玉册鳳詞龜辯鳳詞凌漢閣龜辯畢周園筆陣筆陣獨掃千人軍竹書
古竹簡之書晁背竹書散帙開書卷也今晨散帙眠忽開珊瑚鈎喩人之文采如珊瑚
鈎之明潤也文采珊瑚鈎報書報許之書郎回書也將軍有報書雨催詩片雲頭上黒應
是雨催詩驚風雨落筆驚風雨言其敏速也泣鬼神詩成泣鬼神言其能感動鬼神也
詞門文詞之門闘也豈能遂詞門健筆凌雲健筆意縱横微綃畫綃也風生微綃悲
破的詩句中理如射之破的也破的由來事青史殺青竹簡而書也青史自不泯清省
言其文清新而警省於人也陰何尚清省青竹青簡也青竹幾人發黄圖乃天子圖籍也紀宮
殿名號與京畿地里有三輔黄圖書詞場詩家也詞場継國風黄麻謂爲詔詞於黄麻紙上也

餘詳白麻下黄麻似六經紫誥謂以紫泥封誥也紫誥仍兼綰白雲篇騎空點檢白雲篇
素書呼童烹鯉魚中有尺素書尺書同上意連年絶尺書腹中書郝隆子曬腹中書
寘搜郎搜監也亦可縦其搜雄筆雄筆映千古唫蟋蟀秋興賦也莫度青秋吟蟋
蟀雙魚寄書也雙魚急足傳馳牋馳牋興姫王點染謂爲文字也功臣勿點染寶
珠惠言瓊蕙之路凾而得名碑銘誌即如寶珠之同賢之致爲徴以照之也禁臠喩入文章
之美也籍皆禁臠詞林詞林有根柢哀挽哀歌也哀挽青門去青文哀玉言
士文清如玉聲之哀逝清文動哀玉鸞書謂鸞紙爲書也宛轉結鸞書黄石經郎黄石公
素書也不覽黄石經秘書漢武清齋讀秘書青霄翰詞翰也翰懷青霄鄉書逸故鄉
家書也鄉書對君瓊章文章也瓊章定少千人賀金鳳紙御紙也起居官有事則書其上
每日請來金鳳紙殿頭無事不留書太史書山藏太史書秀句向來吟秀句清詞

子部　第四冊

雅調 聞有鴛鴦[?]清詞雅調新 五色詔 朝罷須裁五色詔 八行 却喜家書歲八行
辟書 徵召之書也辟書翻遺脱荷衣 裁詩 謝朓云裁詩月涌樓 韻府 尚同 墨子有尚同三篇
蠹書蟲 韓詩豈殊蠹書蟲少攻文字間 聲摩空 殿前作賦聲摩空 囊封 恐左右漏言詔囊封奏事
副封 漢制上書者又一本與尚書曰副封 紫泥封 璽以紫泥封之 衞青張騫受金泥之寶封
王會圖 唐太宗諸國朝貢作王會圖 金城圖 趙充國至金城圖上方畧
輞川圖 王維別墅在輞川因作圖 滾塵圖 唐寧王畫六馬滾塵圖明皇最愛玉面花驄
蛺蝶圖 滕王湛然善畫蛺蝶 雲漢圖 劉褒畫雲漢圖見者熱畫北風圖見者寒
沒骨圖 徐熙之子效黃筌畫謂之沒骨圖 金泥 漢出征及後絶國皆受金泥之璽封郎浮
坊國蘭金泥也以封函匣鬼魅不敢干後人搨書章亦云 皇墳 三皇之書也 古釵
聯屋漏痕 或問筆法懷素以古釵脚對顏魯公曰何如屋漏痕 回鸞語 語字有回鸞勢

紫誥回鸞紙 陳編 窺陳編以盜竊 竜跳虎臥 王右軍書如龍跳天門虎臥鳳闕 天
苞 謂河圖也 解嘲 楊雄作解嘲文以鷗鵶而嗤龜龍 秋濤瑞錦 皇
湜祭柳子文建意文章秋濤瑞錦 南華 莊子爲南華真人書曰南華經 天葩 韓愈文章天葩也
吐音芬 詩狂 詩狂欲上天 修文郎 顏淵子商爲地下修文郎 金石聲 孫綽作天
台賦示人曰此賦擲地當作金石聲 相鶴經 浮丘伯作 太玄經 楊雄所作 本草經
神農氏作 校讎 東觀校讎謂兩相覆校如仇讎也 畔牢愁 楊雄誦懷沙一卷名畔牢愁
離也牢愁無聊也與君相離無聊也 賦海鷗 唐崔湜爲相客附太平公主門下客敵海鷗賦以諷
之而不校 正始音 王敦謂謝鯤曰不意永嘉之末復聞正始之音正始魏年號也 書府
東井壁二星主文籍天下圖書之府 繡虎 曹植七歲成章號繡虎 筆虎 唐李陽冰上篆法極
峻力猛號筆虎 魯魚帝虎 書字之訛有寫魯爲魚帝爲虎 諫苑 隋衆廣以規諫著名錄苑

商以來諫諍事四十一卷名諫苑 藝苑 文藝之苑也 經苑學海 任永爲經苑何休爲
學海 鴻寶苑 淮南秘書言神仙使鬼物爲金之術乃道術篇名 褒袞 穀梁序一字之褒寵
踰華袞之贈 縮秋蛇 王右軍字若縮秋蛇 汗簡 取青竹火炙汗出易書謂之
青簡又謂汗簡 折簡 邀朋友之書也 梁園授簡 梁王兎園雪中授簡於司馬相如曰抽子秘思
爲寡人賦之 黄耳 陸機寄書犬名黄耳 金剪 唐司馬承禎篆書號爲金剪書 逸辯 奮
天之逸辯 琦辯 琦人帥奇也怪說琦辯 沙篆 沙上鳥跡也 青錢選 唐張鷟文詞猶青錢
錢萬選萬中號青錢學士 章草 杜操善章書帝愛之謂章草 驚蛇入草 如高峯墜石一點
縱如驚蛇入草此三折筆法 峯墜石一牽如百歲枯藤之 鳳藻 謂文章也揮爾鳳藻 嘉藻 牽
酬嘉藻謂佳文 大手筆 唐蘇廷碩燕許大手筆 發藻儒林 董仲舒傳 神品妙
品能品 張旭草書入神品篆入妙品隷入能品 該綜 群籍該綜 賢臣頌 漢王褒作

聖主得賢臣頌 酒德頌 劉伶作此一頌而已 神雀頌 著終身 河清頌 隋許善作
宋鮑照作 經笥 邊孝先五經笥 三珠樹 唐王勃與兄有文學時號三珠樹 奏賦 皆醜劇
明光奏賦入 流風迴雪落花依草 梁鍾嶸詩評曰范雲詩宛轉清便如流風迴雪
丘遲詩點綴映媚如花落依草 獻賦 揚雄獻三賦蓬萊宮 兩都賦 自光武至和帝都洛陽西
京父老有怨言班固恐帝去洛陽故作東都西都賦以諷之 兩京賦 太平日久自王侯以
下莫不踰侈張衡乃擬班固兩都意作西京東京賦以諷諫十年乃成 南都賦 張衡字平子
東京賦南都在南陽光武舊里桓帝時識欲廢之故張衡作是賦盛稱此都乃光武所起處以諷之 三都
衛作是賦左思作三都者劉備都益州號蜀孫權都建業號吳曹操都鄴號魏是時吳蜀已平見前賢文之是
賦吳蜀魏非故作新賦以辨衆惑
乃成及出競相傳寫洛陽紙價貴 甘泉賦 漢成帝爲楊雄所作
趙飛燕無子祠甘泉宮雄以制度壯麗因作此賦以諷之 子虛賦 司馬長卿遊梁時作言諸侯遊

獵之事上林賦司馬長卿作言天子遊獵之事羽獵賦楊雄作孝成帝時羽獵雄從故作以諷之長楊賦楊雄作羽獵賦之明年上將大誇胡人以多禽獸是時農民不得收斂雄從至射熊館還上長楊賦以翰林為主人子墨為客卿以諷焉射雉賦潘岳既從瑯琊其俗善射雉因賦之終以自戒也北征賦班彪避難涼州發長安至安定作北征賦東征賦曹大家子穀為陳留長大家隨至官作東征賦發洛至陳留述所經歷也西征賦潘岳為長安令作此述行歷論所經人物山川景也登樓賦時董卓作亂王仲宣避難荊州依劉表遂登江陵城樓因懷歸而有此作述其進退危懼之情遊天台山賦孫綽為永嘉太守意將解印以向幽嶽聞此山神秀可以長往因使人圖其狀遙為之賦賦成示友人友曰此賦擲地可作金石聲蕪城賦鮑照見廣陵故城荒蕪遂感為此賦魯靈光殿賦王延壽父逸欲作此賦命延壽往圖其狀延壽因韻之以簡其父父曰吾無以加也時蔡邕亦有此作十年不成見延壽此賦遂隱不出延壽字文考年

三十過漢江弱矣秋興賦潘安仁作序曰余春秋三十有二始見二毛攝官承乏猥廁朝列夙興晏寢匪遑底寧乃有江湖山藪之思故作此賦焉鵩鳥賦誼為長沙王太傅時有鵩鳥入室俗云此鳥入人家主人當死作此賦齊生死以自寛也鸚鵡賦黃祖長子射為章陵太守大會賓客人有獻鸚鵡者射請禰衡賦之衡即為賦筆不停綴文不加點鷦鷯賦張華有感而作以比鳥小而能安世也赭白馬賦宋顏延年作宋文帝為中郎將受武帝赭白馬之錫及文帝受禪其馬乃死帝因命群臣賦之舞鶴賦鮑明遠作風賦宋玉作以諷楚襄王雪賦謝惠連作月賦謝莊字希逸作幽通賦班固作是時多用不肖而賢良路塞故述古者得失神明之理以為精誠信惠是所為政也然幽通者謂與神遇也思玄賦張衡為侍中諸常侍皆惡直醜正危衡故作是賦以非時俗思玄者思玄遠之德而已歸田賦順帝時閹宦用事張衡遊京師欲歸田里故作是賦閑居賦潘岳作閑居不知世事閑靜屈生之意也長門賦孝武帝陳皇后時得

幸頗妬別在長門宮愁悶悲思奉黃金百斤令相如為文以悟主上皇后復得幸焉思舊賦嵇康既被誅向秀思故舊而作也歎逝賦陸士衡作言日月流邁人世易徂傷歎是事因而賦焉懷舊賦潘安仁作謂懷思親舊也寡婦賦潘安仁作任子咸歿序其妻孤寡之意恨賦江文通作謂古人遭時否塞有志不申故作是賦焉別賦江文通作敘別離之情也洞簫賦王子淵作長笛賦馬融字季長作琴賦嵇叔夜作高唐賦宋玉作言楚懷王夢巫山神女之事神女賦宋玉作言楚襄王夢與神女遇也洛神賦曹子建作言洛川之神宓妃也植有所感託而賦焉脩竹賦即兎園賦也枚乘為梁孝王作河東賦楊雄從上調汾陰於東郊乃作是賦雅故函雅故包古今謂包函雅訓之故也清褻詩潛夫論王符作譏當世號著夫論粲花論李白論說皆成句讀如春花麗藻粲於齒牙當時號粲花之論勞生論後周盧思道宦途淹滯故作勞生論錢神論魯褒作傷時之貪鄙故作此以譏之

綺粲清辯綺粲鴈書漢常惠教漢使詐言天子射上林得鴈繫帛書言武等在某澤中匈奴驚曰武等實在黃卷書也古人寄書用黃紙故云黃卷中方與聖賢對語五千卷崔儦大署其戶曰不讀五千卷無得入此戶五柳傳陶潛著五柳先生傳雲嶠篇徐陵醉中作白雲出諸嶠詩自以為神明杜詩云醒探雲嶠篇金花誥凡郡夫人誥用金花羅紙高軒過李賀七歲韓愈皇甫湜過其家使賦詩賀援筆立就名高軒過楚些楚辭招魂篇也寡和其曲彌高其和彌寡乃陽春白雪也牙籤錦帕秘閣圖書表以牙籤覆以錦帕五君詠顏延之出守永嘉甚怨憤作五君詠曰五薦不入朝一麾乃出守南樓詠月事庾亮草聖張旭號為草聖詩瘦崔浩愛吟詠一日病起人戲之曰子苦吟因詩瘦也金鑑張九齡千秋節上千秋金鑑錄以伸諷諭琅玕腹言入之文章滿腹也枚腹呈琅玕賦詩刻燭蕭文琰等並以文稱竟陵王夜集賦詩約四韻刻燭一寸又梁時王泰刻燭賦文不加點玄圃積玉

陸機文如玄圃積玉 縹囊緗帙 皆書也文人才子名溢於縹囊飛文染翰卷盈乎緗帙縹青白色緗淺黄色 隱帙 謂秘書也試以與論隱帙 五色筆 江淹夢人授五色筆由是文藻日富 幽蔚 晉夏侯湛曰文則作幽蔚古昂鏤刻文 京華樂 梁紀少瑜作京華樂篇王僧孺賞之 款識 鳳尾諾 諸侯箋奏皆批曰諾而草書若鳳尾形 蠹簡 蠹簡書也獨守蠹簡學組縹對偶 經 瀝液 文賦傾群言之瀝液 雞跖 善學者若齊王之食雞跖必食其跖數千而後足 席 孔子厄於陳蔡之間坐三經之席 詩癖 梁簡文帝自序云七歲有詩癖長而不倦 愛玉 癖 唐楊敬之愛士得其文章玩誦以為癖 十翼 孔子作易十翼謂上彖下彖上象下象上係下係文言說卦序卦雜卦也 雕蟲篆刻 或問揚子曰吾子少而好賦曰然童子雕蟲篆刻壯夫不為也 淵洛 淵洛吟諷也 弄月嘲風 言吟味也 茅鴟 茅鴟逸詩篇名工誦刺不敬也 陛名 紙名 封禪書 相如家成陵為書一卷未死時有使者至求遺書乃以封禪書奏之 進農書 李泌 種樹書 避世人所習 窮愁著書 太史公曰窮愁非著書無以自見又虞卿不得意乃著書八篇 大山小山 淮南小山作招隱士篇楚辭之徒公造詩賦或稱大山或稱小山猶大小雅 懸河 郭象清之言如懸河不竭 又揚雄之文如懸河 月露形風雲狀 隋李諤言文體之卑連篇累牘不出月露之形積案盈箱盡是風雲之狀 翱翔藝苑 乎藝苑 朝翱夕翔 采藍 刺怨曠之詩終朝采藍 汲冢 漢汲冢得古書 金薤 薤葉書也金薤垂琳 五雲 章陛五雲 韓謂李杜文章 封卿公五雲体 五采箋裁答 使侍妾掌署名自謂所書陛字若五雲 號郇公五雲体 金策 金策錫 用此 錫所用也 蒲編 乃為蒲編 路溫舒取澤中蒲截為牒編用寫書 柳簡 孫叔敬編楊柳簡以為經 怡寄 怡寄 怡樂也

藻林卷之四終

卓氏藻林卷之五

武林卓明卿澂甫編輯
呉郡王世懋敬美校正

宮室類

易經 上棟下宇以待風雨 上古穴居而野處後世聖人易之以宮室上棟下宇以待風雨蓋取諸大壯 下係辭 詩經 闉闍 闉曲城也闍城臺也出其闉闍 板屋 西戎以版為屋 夏屋渠渠 夏大也渠渠廣貌 衡門 橫木為門也衡門之下可以棲遲 奧陰 奧陰也 冰室 翹翹 室之危也室翹翹 伊威在室 伊威鼠婦也室不掃則有之 蠨蛸在戶 蠨蛸小蜘蛛也戶無人則結網當之此言人久在外而室廬荒廢如此 町畽鹿場 町畽舍傍隙地也無人焉故鹿以為場 熠燿宵行 熠燿明不定貌宵行謂螢也此言久在外而室廬荒廢如此 大庖 君庖也大庖不盈 如跂斯翼如矢斯棘如鳥斯革如翬斯飛 此言堂宇之美也跂竦立也翼敬也棘急也矢行緩則枉急則直也革變也翬雉也言其高大嚴正如人之竦立而恭敬也廉隅整飭如矢之急而直也棟宇峻起如鳥之警而革也簷阿華采而軒翔如翬之飛而矯其翼也 殖殖 庭平正也殖殖其庭 岸獄 宜岸宜獄岸亦獄也 百堵 牆五版為堵百堵皆興 皐門 王之郭門曰皐門 應門 王之正門曰應門 清廟 清淨之廟宗廟也於穆清廟 泮水 頖宮之水也諸侯之學鄉射之宮 土宇 土鄉也宇居也念我土宇 斯干 言築室既成而燕飲以樂之也斯干詩名也 書經 四門 四方之門也諸侯各以方至者也賓于四門舜典 左傳 嚴邑 嚴險也為邑其地制嚴邑也制之 百雉 三百丈也都城過百雉國之害也 都城 凡邑有宗廟先君之主曰都都城過百雉 清廟茅屋 宗廟也清者肅然清淨之意茅屋以茅飾屋也清廟茅屋昭其儉也 窒皇 寢門闕也屨及於窒皇

盟府藏盟書之府失守也載在盟府華門圭竇貧賤之家宗祧近親廟爲宗遠祖廟爲祧
宗祧銅鞮晉之離宮名今銅鞮之宮類里湫隘囂塵湫隘小囂聲塵土也景公欲
更晏子之宅曰子之宅近市湫隘囂塵不可以居請更諸爽塏者禮記美輪美奐謂
輪囷高大也奐衆多也晉獻文子成室張老曰美哉輪焉美哉奐焉左个右个明堂四面
旁屋謂之个孟春孟夏天子居青陽左个季春季夏天子居青陽右个瞽宗殷學名倚廬
堊室廬在中門外東壁倚木爲之故曰倚廬堊室在中門外不塗墍故曰堊皆居喪之室也大夫居
廬士居堊室大社王爲群姓立社曰大社王社王自爲立社曰王社國社諸侯爲百
姓立社曰國社侯社諸侯自爲立社曰侯社置社大夫以下成群立社曰置社周禮
象魏卽雉門兩觀也縣治政於象魏六寢路寢一以治事小寢五以燕休也宮人掌王之六寢
比閭族黨州鄉五家爲比使之相保五比爲閭使之相受四閭爲族使之相葬五族爲黨

使之相救五黨爲州使之相賙五州爲鄉使之相賓勝國亡國也十二閑天子之馬十有
二閑圜土獄城也太司寇以圜土聚罷民凡害人者卽寘之國語宗祊猶宗廟也今將
大泯其宗祊音崩章華臺楚靈王爲章華之臺章華地名築臺于此匏居臺楚莊王爲
匏居之臺爾雅落時樞達北方謂之落時莊子鶉居鶉居無定所也聖人鶉居蘧
廬卽草屋也仁義先王之蘧廬也麗譙宮樓之門也又譙樓也麗譙通四望阿門曲側門也
環堵原憲居魯環堵之室謂貧居也桑樞甕牖原憲居魯桑以爲樞甕以爲牖窮閻
阨巷貧者所居也阨隘也列子連欐欐屋之連綿也言其屋簷之長也楚辭春
宮東方青帝舍也又太子東宮亦謂之春宮壽宮供神之處也紫壇紫紫貝也壇中庭也
蓀壁紫壇兮桂棟蘭橑橑椽也桂蘭取其香素也葯房葯白芷葉也辛夷楣兮葯房兮
蕙櫋折蕙心兮爲屋櫋也魚鱗屋龍堂紫貝闕此皆水神所居龍堂以龍鱗爲

堂也都房一曰花之房一曰植花草之所紛蔚茂乎都房層屋累樹層累皆重也無木謂
之臺有木謂之榭又云屋無室曰榭網戶以木爲門刻爲方目使如網之狀也網戶朱綴又闕中罘
之戶設網以防鳥雀也網戶恩乘空突厦突深也各有突厦砥室內卧之室以砥石爲壁使
其平而滑澤也離樹脩幕離別脩長也居美女之所脩幕帷侍君之間此離榭卽離宮刻
桷桷椽也刻鏤而有文章也陂陀長陛也蘭薄木叢生曰薄蘭戶樹言蘭薄當戶而種
也瓊木籬以佳木爲籬落也伏檻伏凭倚也砂堂以丹砂朱畫其堂也曲屋
步櫚曲屋周閣也步櫚長砌也又屋櫚下行者謂之步櫚山楹山旁也鑿楹而爲室路室
郎客舍也撫檻伏楯也靈瑣神靈所居之門也欲少留此靈瑣兮漢舊行內行在
所之內猶言禁中也輦轂天子之車輿也待罪輦轂之下馳道天子所行道也三宮天子
太后皇后也又明堂辟雍靈臺亦謂之三宮也兩宮謂太后皇后也中宮皇后所居東

太后朝也椒房殿名皇后所居椒風昭儀舍名圜墻獄也請室請罪之室謂獄也徽
繫謂之室壇場齋設壇場築土爲壇除地爲場法宮正殿也巖廊室邊廡也謂巖峻之
廊也蕭墻謂門屏也蕭肅也臣至此加肅敬也又院落之墻與子隔蕭墻鳳闕闕上有銅鳳
凰東闕北闕北闕爲正門而又有東闕紫殿神光降集於紫殿內殿天子
宮也桂宮竹宮皆漢宮名齋宮天子居齋之所龍淵漢宮名其中可淬刀劍古龍淵
之劍取於水故以名宮云五柞長楊漢二宮名也皆以樹名之萯陽秦宮名漢時猶存
犬臺漢宮名上林有犬臺宮外有走狗觀繭館漢蠶繭之所叢臺本趙王故臺因連聚
非一故名漸臺漸浸也臺在太液池中爲水所浸故名曲臺漢殿名太常亦稱曲臺栢
梁漢臺名凌室藏氷之室織室主織作繒帛之處鍾室長樂鍾室謂懸鍾之室也
金門金馬門也黃門近署也端門宮之正門便門長安北面西頭門卽平門也

掖門非正門而在兩旁若人之有掖也金馬門待詔金馬門漢立金馬於魯班門因名云
東交東司馬門名入交會於內故名龍樓樓上有銅龍故名又漢太子門名井幹漢樓
名高五十丈積木而為樓若井幹之形也博望漢苑名取其廣博觀望也承明漢廬名直宿所
上曰廬赤墀以丹塗殿上也殿赤墀之塗青蒲以青規地曰青蒲非皇后不得至此公
車上書者所請也待詔公車內中謂後庭之室也省中禁中門閣有禁非侍御之臣不得妄
入省察也言入此中當察視也法坐聽朝之處猶曰法宮法駕也黼依依即扆也天子所坐
之處即屏風而倚之蜵蜎蠖濩言屋中之深廣也宮極極屋梁也流星下燕萬蓋宮極
東去銅池承霤也以銅為之僊掌承露盤也高二十丈七圍以銅為之郎署上林中直
衛之署也倉琅根宮門鋪首及銅鍰也銅色青故曰倉琅房闥闥宮中小門門曰房闥門
闈宮中太小之門也永巷永長也謂宮中之長巷闌入無符籍妄入宮曰闌清宮
天子行幸所至必先令前行清淨以虞非常白屋茅覆之屋賤人所居也恐非周公致白屋之意
官寺凡府庭所在皆謂之寺里區謁舍居處所在為區謂舍客舍也閒館閒讀
曰閒賓禮之館也軒檻欄版也闥閤內中小門也雲屋屋狀若雲也飛棖
屋椽也重轑即廊舍也凡閣文書盈於几閣譙門門上為高樓可望若曰譙逢楹
即蓬室也蓬茨蓬蓋屋也茅茨茅覆屋也鬅鬋鬅鬋茅作堂鬋與剪同隱屏細民操造
幣之勢各隱屏而鑄作壼闈宮中門謂之闈宮中巷謂之壼私府藏錢之府天子曰少府諸
侯曰私府中府掌金帛之藏也冢舍守冢之舍也【諸史】冀闕冀記也記列教令當
於此門闕也又曰人臣至此則思其所闕也即象魏又謂之兩觀衛鞅築冀闕辟舍喪服而不居正
寢也編素辟舍章臺街名在長安故城西張敞罷朝走馬即此雍門在岐州信宮秦始
皇所建又更名極廟瑯琊臺在清州府勾踐徙瑯琊起觀臺周七里以望東海始皇登斯臺樂之

黃陵廟在岳州瀟湘之尾洞庭之口前代所立以祀舜二妃者阿房阿曲也始皇作阿房
亦曰阿城亦曰宮在雍州上林苑中廣三百餘里兎臺地名在河北長樂宮高帝所作
未央宮在西安高帝所建取詩夜未央勤政之義虎圈圈獸閑也閫內閫外閫門
限也閫內謂郭內也閫以內者寡人制之閫以外者將軍制之棘門在長安秦宮門也細柳
原名也在西安昆明池之南又曰漢觀名露臺臺累上為之將以承露也便坐便坐之處即便
室也靈關漢武鑿通靈山為關在今雅州其地甚險俗呼為靈關道宣室未央前殿正室齋則
居之又召賢良之處柏梁臺漢武帝所建以香柏為殿梁香聞數十里延神君祠之承露
盤建章宮神明臺上有銅仙人掌捧銅盤玉盃以承雲表之清露亭徼亭候也望徼敵之所單
于臺武帝出長城登單于臺以回望中國宣防武帝所築宮名在開州地其義取宣導防壅也
飛廉桂觀飛廉神禽也武帝以銅鑄其象置觀上因名之觀即桂宮通天臺在甘泉宮
臺上有承露盤仙人掌以其高上通於天故名神明臺武帝所建高五十餘丈上有九室常置九
天道士百人又云漢桂宮有神明臺中廐天子馬閑也畫室謂彩畫之室也成帝生於甲館
畫室又黃門有畫室橫門橫音光長安城北出西頭第一門也單于庭即王庭也匈奴所都
處蓋穹廬前地之閣庭也麒麟閣漢宣帝畫功臣于麒麟閣寢廟園寢謂陵上寢殿園謂
山陵塋城路寢人君所居者也路大也謂前殿也朝諸侯群臣之處周曰路寢漢曰正殿又正寢也
陳寶祠在鳳翔地秦文公獲寶石於陳倉故立祠以祀之其神之來常以夜光耀若流星因命曰
陳寶兩觀天子外闕兩觀諸侯內闕一觀射熊館秦漢游獵之所在長楊宮中武帝嘗至此
獵一曰漢育獸之所穹廬單于旃帳也其形穹窿故名云八風臺王莽起八風臺以列八方
之氣蓋欲求神仙也三府謂太尉司徒司空三公之府也橋門辟雍四門外皆水圜遶以節觀
者門外皆有橋故曰橋門環橋門而觀聽蘭臺御史臺也御史中丞在殿中蘭臺掌圖籍秘書一曰

於書處也又楚有蘭臺宮楚襄王嘗遊于蘭臺之宮 擣壁 卽城墻也 外舍 外戚之家 四府 謂太傅太尉司徒司空也 泉府 掌市之征布斂布之不售泉卽錢字 用第 宅曰第甲大也列侯食邑者皆賜大第 萬金堂 漢靈帝造萬金堂引司農金錢繒帛物積堂中 牙門 牙旗名也軍行則建立牙旗於軍門 宅兆 宅墓穴也兆塋域也 高櫓 城上曰露屋名之曰櫓 銅雀臺 曹操寵妾所居在今彰德府臨彰縣 凌雲臺 魏曹丕築凌雲臺在洛陽孟津臺上樓觀極其精巧 槐棘 禮秋官外朝之法左九棘孤卿大夫位焉右九棘公侯伯子男位焉面三槐三公位焉議政於槐棘之下 鈴閣 都督閣內置鈴架以警防不虞又太守有鈴閣 九寺 九卿所居曰寺故曰九寺 比舍 卽鄰居也謂相連而居者 大府 稱幕府也 金臺 卽黃金臺也在順天府昔燕昭王招賢禮士築於易水後人慕其名亦築臺於此爲京師八景之一曰金臺夕照 精舍 佛寺也息心所棲曰精舍一云講讀之所亦曰精舍 東堂 卽射堂在鎮江城內爲士遊戲之所 闕宿 闕城

禁門也宿外開之關道也 三省 謂中書省門下省尚書省也 合殿 劉宋殿名在紫微殿北 高華 謂高門華族也 欄楯 殿上臨邊之飾以防人之墜也 丹霄 唐殿名 層觀 重屋也登之可遠觀曰觀 北門 唐分臣寺爲北司故稱北門又御史臺門北開取肅殺之氣也 南牙 唐分宰相爲南司故云 凌煙 唐閣名畫功臣於上 玉華 唐太宗所建宮名也 東臺 唐高宗改門下省爲東臺 西臺 唐高宗改中書省爲西臺 中臺 唐高宗改尚書省爲中臺 路門 路大也大寢門也天子宮有路寢故曰路門 比部 刑部之屬 坊曲 謂街坊曲巷也 鸞臺 鳳閣 唐武后改門下省爲鸞臺中書省爲鳳閣 肅政臺 武后改御史臺爲肅政臺 文昌臺 武后改尚書省爲文昌臺 南宮 禮部也 茅椒 編茅爲室性煖可以禦寒冬居茅椒殿者所居 囹圄 獄名夏曰夏臺商曰羑里周曰囹圄 金僊玉眞 唐二觀名 華清 唐玄宗建宮於驪山溫泉處名華清 飛霜九龍長生明珠 皆唐溫泉宮殿名在驪山 客省

唐代宗時四夷使者及四方奏計者置客省以處之 夾室 大廟西廂爲夾室也 五坊 唐有五坊小兒張捕鳥雀於閭里皆爲暴橫一鵰坊二鶻坊三鷂坊四鷹坊五狗坊 堊室 累土爲之不塗墍也 翠微 唐太宗宮名在西安府城南 文選 靈宮 卽甘泉宮也以祈和洽故曰靈 周墻 周匝也繚以周墻 離宮別館 謂天子出行所在 華闕 樹中天之華闕 朱堂 豐冠山之朱堂 虹梁 梁曲如虹也抗應龍之梁虹 棼橑棟桴 皆榱椽也 雕玉瑱 刻玉爲柱下石也 金璧璫 以金璧飾椽頭也 重軒 重軒三家 閨房 閨同小室 端闈 正闈也 崇臺閒館 崇臺中天臺也閒館者閑暇之館也 清涼宣溫神仙長年金華玉堂白虎麒麟 皆漢殿名 增盤 漢閣名增盤崔嵬 掖庭椒房 掖庭宮人之宮椒房后妃所居 合歡增城茝若椒風披香蘭林蕙草鴛鸞飛翔 皆漢殿名 昭陽 成帝居趙飛燕之舍昭陽特盛隆於孝成 釦砌 音叩

以玉飾階砌也 天祿石渠 皆閣名藏秘書之處 周廬 直宿曰廬言周衛以直宿也周廬千列 徼道 閣道也所以備盜賊者也 脩除 脩長除樓陛也 飛閣 卽閣道也 明光 漢殿名 墱道 亦閣道也 建章 漢宮名 壁門 漢門 觚稜 闕角也 金爵 建章宮上有銅爵鳳皇卽此上觚稜而棲金爵 別風 闕名卽折風闕也別風嶕嶢 駘盪馺娑枍詣 皆漢殿名 天梁 漢宮名 棼楣 屋棟也虹霓廻帶於棼楣 櫺檻 欄干也 甬道 飛閣復道也 飛闥 闥門也 金莖 卽銅柱也在柏梁臺上擢雙立之金莖 上蘭 上林有上蘭觀 長楊榭 臺上有木謂之榭 屬玉館 以玉飾之故名 玄墀 以漆飾之也 天邑 帝都之稱 雲龍庭 供帳置乎雲龍之庭 嶢闕 嶢高也 藻井 畫藻於棟木也 華榱 彩椽也 雕檻玉瑱繡栭雲楣 檻柱也栭斗也楣梁也皆彩畫以爲飾也 鏤檻 卽離欄 文櫳 畫簷也 青瑣丹墀 青瑣窻也丹墀階也 溫調玉臺昆德

皆臺殿之名也朱鳥龍興含章皆漢殿名九戶明堂九室室有一戶故曰九戶金
戺金砌也林光秦離宮名爽塏屋明大也迎風望仙蒲萄皆漢離宮名
鳳標標末也鳳鵞於飛標上疏寮小窻也磴閣卽山閣也磴閣連卷重欒栱也
欂櫨柱上曲木也重欒以相承飛檐飛檐欄檻長廊廊屋也連閣連閣雲蔓廣廡
廡堂下周屋也重閣幽闥闥閣中小門也閬風崑崙山名漢以名閣脩莖脩長也立
脩整之掌廛里卽邑里也甍宇卽棟宇也甍宇齊平陁陊音豸豸謂屋傾壞也武庫
天子主兵器之宮也武庫禁兵闤闠市中門也旗亭市樓也亭五重禁苑卽上林也
九市長安六市在西三市在東故云繚垣長牆也繚垣連綿豫章上林有豫章館皆豫
章木為之珍館豫章珍館複陸複道閣也複陸重閣枳落棘藩皆藩籬也雲閣
言其高連雲也又秦二世起雲閣欲與南山齊金商天子西門也抗義聲於金商雲龍神

卓氏藻林卷之五　宮室類　八

虎德陽殿東門曰雲龍西門曰神虎飛雲龍於春路屯神虎於秋方含德宣明溫餝
迎春壽安永寧皆漢殿名永安離宮名鳷鵲漢殿名在德陽殿南亭候
候候館也九龍本周時殿名漢以名門也平樂觀名也在洛城其西則有平樂都場九房
明堂九房也東除東階也射宮辟雍也寥清京室寥清言寥寥淨也飛梁卽浮橋也
延閣延長也結陽城之延閣綺窻雕畫若綺窻也觀榭飛觀榭於雲中言形勢之高也
金鋪門上飾也以金為之金鋪交映玉題椽上飾也玉題相輝連甍比屋連甍高門
納駟言門高可容駟馬也列真之宇仙人所居名山洞府玉堂石室皆仙人所
居之室也雲館高館也虹霓迴帶於雲館蘇臺吳王造姑蘇之高臺神龍吳主殿名抗神
龍之華殿臨海赤烏吳二殿名鸞崎臨硎吳闕閣名也左稱鸞崎右號臨硎雕
鏤欒欒栱也柒音節斗也言雕鏤其上丹楹朱紅柱也朱闕朱闕雙立奓麗壯麗

也纖弦也之奎麗結構瓌言宮室之華麗也以瓌為室也高閈閈宮中之
門也洞門洞通也謂通行門也洞門方軌挾棟謂棟夾人居之稠也挾棟陽路廨署棋
布言公廨宅署如棋之分布也廣墻查下吳閶閭巷名列寺寺官司也列寺七里
干鹵皆榰也蘭堂祭畢其所取其芬芳也落星吳王樓名亭平落星之樓龍
首殿屋上四角皆作龍形於椽頭涌霤簷滴水也高龍首而涌霤南端南方之正門也九南
方之正門皆謂之端延秋長春魏宮殿二門名西闕延秋東啓長春禁臺省中丞相
諸曹司也寓直者之所居板鶴魏後宮以板房為通稱有鳴鶴堂在宮前文石宮名魏后妃所
居楸梓木蘭魏二坊名皆後宮所止也壹街宮中巷道也雲雀殿角所刻鳳也
也雲雀叢甍而矯首綺寮綺窻也徼白籠光於綺寮一曰屋椽也浮煙入綺寮牟首閣道有室
者隆廈大屋也隆廈連雲起玄武魏苑名在鄴城清籞籞謂池沼草木有屋庇禽獸之

卓氏藻林卷之五　宮室類　九

處石杠飛梁皆橋也華屏屏牆門也以彩飾之廣成秦客館名廣成之傳無以
舊藁街漢待蠻夷之館名藁街之邸不能及三市日昃而市朝時而市日夕而市為三市也
郭三市而開廛白藏魏庫名秋為白藏因以為名焉清都卽帝居也述清都之閒麗部家
幽暗之處剝廬小人窮困之居也易小人剝廬泰畤畤神靈所止壇名也泰畤卽太乙之壇也
甘泉漢宮名武帝會幸其太乙祠壇成帝為趙飛燕無子復往祠焉京庾太倉也京庾之儲無
物不有雲譎波詭言太廈圖為雲氣水波之文以為詭異也軨軒卽欄檻也撫軨軒而
周流也上楶屋翼也柍振音養真宇端正也洪臺太臺也洪臺岸其獨出魏闕
魏巍峻也卽帝闕也牆藩卽藩籬也雷倏忽於牆藩熛闕赤色之闕也南方帝者居高光
甘泉宮又有高光宮覽樛流於高光西清西廂清淨之處也浮柱梁上柱也閬閬屋高
大也貌紫宮紫微宮也似紫宮之崢嶸璇室傾宮紂作璇室紂作傾宮薄櫨柱上曲枅

也玉戶以玉飾戶也玉戶而賜金鋪排陽靈漢宮名華覆卽華蓋也三巒漢之
館名廣作階也祭壇玉清壇所也祭祀之神圄祇堂皆祀神之所集乎禮神之
圄登乎頌祇之堂輦道閣道也輦道纚屬楯軒楯欄檻也宛虹拖於楯軒石闕封
巒鳷鵲龍臺四觀名武帝所建在雲陽甘泉宮外宣曲漢宮名在昆明池西顯天
漢臺名置酒乎顯天之臺御宿漢苑名卽樊川昆吾漢長安地名上有亭虎落以竹爲藩
籬也神光漢宮名儲胥藩落之類木壘槍纍以爲儲胥玄宮卽甘泉宮也登巢
上古之時登巢而居也登巢豕蠢閑敞屋爽尚愷也飲馬橋在長安灰飲馬之陽橋陽
橋謂南陽也清闕闕門限也賤宣平之清闕散逸謂無人也邑居散逸蕞芮廛陋小貌
墓內於城隅禁省卽禁中也禁省鞠爲茂草階除樓飛首也循階除而下降福庭仙人
所居也尋不欣之福庭雙闕雲埭璆臺中天朱闕玲瓏玉堂陰

映皆真官仙靈之所居雙闕雲埭以夾路璆臺中天而懸居朱闕玲瓏於林間玉堂陰映於高隅懸
居若懸之在空而居也同上高隅卽高處也同上壓閈撲地壓閈民居也撲地言民居
之多也撲盡也烽櫓設烽燧於城上却敵之樓也藻扃屋窻也秘殿秘深也岡
連嶺屬言高墻如岡之連如嶺之屬也崇墉卽高墻也皓壁驕矅以月照
言壁之白如月之照也驕矅白光也丹柱歙赩而電烻言柱之丹如電之光也歙赩赤
色也音翕忽霞駁雲蔚言宮殿光明如霞綺之班駁深邃如雲繁蔚也陰夏向北屋也
崇高高門也楚闕有崇高旋室曲室也旋室㛹娟以窈窕叫窱室遠貌洞房叫窱而出邃
飛梁虹指言飛梁曲如虹指也飛梁偃蹇以虹指層櫨重斗也層櫨磥垝以岌峩曲
枅栱也芝栭栭梁上短柱也畫芝於上杈枒梁上交木也懸棟屋下重梁也懸棟結
阿神仙棟畫神仙於棟也神仙岳岳於棟間玉女窻刻玉女形於窻上皆窺窻下視

於人玉女窺窻而下視飛觀高闕也樓飛觀高竦柱竦聳同柱汨越坻鄂猶畔
際也飛宇承霓言其高也鳥企山峙言屋宇之高峻如鳥之立山之止也陽榮屋
屋簷南也繡栭畫文彩於椽也文璫璫椽頭也以彩飾之禁楄短椽陽馬四
角引出以承短椽者承以陽馬飛昂卽快馬也飛昂鳥踊雙轅承柱木也白閒窻也皎敞
白間列錢隱也以白塗之畫爲列錢一云卽金缸也雲梁梁者如雲也雲梁承天巘櫨
曲短梁也櫼櫨各落也金楹金飾柱也金楹齊列玉舄卽玉礩也以承柱者銀鋪鋪門飾也
青瑣銀鋪雙枚屋內重撐也雙枚旣脩重桴重棟也重桴乃飾梍梠音毘呂重簷木
以承兊也建陽景福殿東門也開建陽則朱炎艷絕樂斷絕之橋也金光景福殿西
門也啓金光則清風臻碭基碭音蕩文石以爲墻根也清宴魏殿名鮫人室鮫人
譏屬人狀居水底織綃賣於市曾潭府曾重也潭謂深不可見也曾潭之府穴來風謂門

戶之穴風多從入也軒屏軒階屏壁也蟋蟀鳴於軒屏階闥謂宮城內也熠燿燦於階闥
綠苔生閣芳塵凝榭言人以荒涼之景也連觀飛榭也周除殿陛也
爓房月殿燭房灯燭之所也月殿月明所照之殿也綘闕天子宮門也清切禁
禁中也拘限清切禁濯龍內廐名濯龍之奥處以人璆宮天帝宮也覲天皇於璆宮常閭
舊居也反常閭蓬廬將迴駕乎蓬廬長門漢宮名雙表表墓基士華表也嶷巖雙表庭
廡庭長屋也步庭廡以徘徊神宇人靈室也層楹高柱也巡層楹而空掩一二云重室也
鋪首門扇鎖處也鋪首炳以焜煌逆旅卽客舍也高唐楚觀名朝雲楚巫山神
女廟名也承華太子門也振纓承華文漢有承華廐蘭池漢觀名蘭池清夏氣雲構太
也樓觀城上樓也邑社陵邑之社也結架造廬也結架山之足崇基山上寺也
羽旆臨乎崇基藩朝藩國之朝也往戲藩朝秘閣尚書郎所居又秘書省也直廬直宿

之廬也久息旋直廬綺疏牕也振風薄綺疏宰庭天子之庭也撫翼宰庭丹帷天子殿庭也並坐侍丹帷蓬華廬草菴也歸身蓬華廬閑房閑清幽也閑房有餘清林門里門也林門時晏開皇居卽天子居也皇居體環極環極如衆星之環北極也同上宮雉卽宮禁也青閣朝堂也挑露期青閣又青樓也朝與佳人期日夕望青閣彤闈宮闈也郎尚書省也日星下彤闈銅龍門太子門也一曰禁門平津邸公孫弘封平津侯開東閣待士出入衡闈衡門也何獨顧衡闈衡茅茅屋也養眞衡茅下山澤居家園也心念山澤居班生廬班固里仁之所廬終返班生廬重闈天子重門也恩甚戀重闈濬房邃深也濬房出清顏黃金臺燕昭王置千金於臺上以招賢士將起黃金臺壽堂祭礼之所也壽堂延魂階阿閣阿重也阿閣三重階房櫳房室之疏也邊亭峰火列邊亭也游極卽浮棟也重欒承浮極回軒長牕也回軒啓曲阿曲阿曲阿之閣菌閣菌香草也隨山望菌閣

金張館許史廬皆貴戚之第也朝集金張館暮宿許史廬言貴盛用車游士皆集宿其館廬也金集簾櫳櫳牕也升月照簾櫳瑣牕牕畫以瑣文也鉤隔瑣牕新月也玉雲陛天子殿陛也十載朝雲陛又朝廷也任身事雲陛一云雲陛褰朱扆旌棨貴者之門列戟也紫殿天子居也紫殿肅陰陰彤庭禁中多赤色彤庭赫弘敞承露掌承露金盤爲仙人掌以承盤也日華承露掌綺錢朱網皆宮中牕上之飾也玲瓏結綺錢深沉映朱網歌梁歌有繞梁故曰歌梁歌梁想遺轉百常觀高臺也建禮漢殿門最趍遊建禮網軒珠綴軒屋檐也以網及珠綴而飾之網軒映珠綴椒蘭室賢人所居也仍遊椒蘭室第宅王侯之宅也朱宮羅第宅氷井臺曹魏有氷井臺從容氷井臺雲屋皓旰雲屋言高若雲也皓旰光明貌彤軒紫柱文榱華梁綺井金墀玉扃皆言屋之美也温房煖室也温房則冬服絺綌清室凉室也清室則中夏含霜華閣緑雲

飛陛凌虛皆言高也綺櫳卽綺牕也雲屏欄汗璦壁青葱屏謂之樹臺之爲雲欄汗文色也璦壁以玉飾璧太青葱玉色也旋臺旋曲也旋臺九重嶢樹迎風嶢高也榭臺上屋也翠觀岑青雕閣霞連言觀青如岑閣彩如霞也秀出中天秀出特起也中天臺名長翼臨雲飛陛陵山屋檐如鳥翼之臨雲高陛如鳥飛上於山方疏牕也方疏含秀明臺天子布政之宮思政明臺勢門權勢之門也延閣藏書之府也精廬謂寺觀也蓬戶桑樞編蓬爲戶揉桑條爲戶樞微賤之所居也蓬戶桑樞之人舊蓽謂故隱居之柴門也寂寞樵蓽外庭卽朝堂也雲關以雲爲關鍵也京臺高臺也玄寺道場也闕里闕天子闕也里閭里也山扃山居之門也岫幌山牕也衡宇卽衡門也虎闈敎國子之學所也清宮天子所游宮也圄犴獄名土室編蓬窮賤者之居也窮巷窮巷之賓帝宇卽帝室也素館適子

素館素故也其入已成其館尚在故云云蕙路椒風皆后妃所居處玄丘瑶臺皆神女所居也文云夢入瑶臺寢日抽陰山庭寢日隧路抽陰言狀其日影而引其幽陰也玉墀丹掖皆宮殿之間也槐庭三公處所贊政槐庭衡館隱士之居志隆衡館文陛天子之殿陛也班荊蔭松謂山野之居班布也拓架開拓險臨之處以架屋也傍岩拓架玉房言富也美人所居陪窈窕於玉房扃禁宮闕之開也初學風觀卽迎風觀也避暑之所處氷臺卽氷井臺也藏氷之處所霜階木蕭蕭以先風階縞縞以受霜綺翼翼屋角也雲迴浮綺翼銅龍華林園中千金堤作兩銅龍相向吐水以注天泉池帷殿幃宮天子行樂所以帳設爲宮殿也雲府懸崖中似室也懸岩杳靄神明攸居宮府風雲懷呼川渠石閭石閭何晻靄明堂崟靈崇鬱臺鬱山楹以爲室臨樹疊臺纍樹臨高山綺砌招徽山於綺砌結宇結屋也結宇衡山欲使尚平之志黿梁大橋也水府汎黿梁河

厲吐谷渾於河上作橋謂之河厲**湨梁**橋也梁莫大於湨梁**跨虹浮黿**橋也跨虹連絶

岸浮黿續斷船**星橋**李冰造七橋上應七星也**蓬閣**貧家內室也蓬閣非室**青宮**樂明

山有宮用青石為墻有銀牖以青石碧錢題云天地長男之宮**北園東閣**魏文帝為太子時北

園及東閣皆講堂並賦詩命王粲等同作**銀牓銅扉**太子宮飾也又云闕銀牓而迎秋牓總也

甲觀高樓也南城通甲觀**鶴禁**太子宮為鶴禁又鶴駕乘星閣鶴禁**龍圖**閣名也国家祠

龍圖之尊**銀宮**太子妃宮也銀宮生夕宗**戚閈**國戚之里門也飛芳戚閈**忘憂觀**梁孝

王遊於忘憂觀集諸遊士各使為賦瑪一曰忘憂館**平臺**梁孝王之所築也平臺愛賓友**黃閣**

三公所居三公與天子札數相亞故黃其閣郎丞相所事閣也**天府**尚書為文昌入府下**仙臺**

尚書省在神仙門內故云仙臺起寒霧**天閣**尚書省為天閣**天臺**尚書省乃天臺之管轄也

衙巷幅巾衙巷**書省**尚書省中畫古列士**禮閣**尚書省之通稱也分宵直禮閣**紫宸**

卓氏藻林卷之五　宮室類　十四

清禁中書令所居掖翰此紫宸重又曰拘此清切禁唐有紫宸殿衣冠拜紫宸二曰清禁中也紫宸

漢之前殿**西掖右曹**皆謂中書省也**掖垣綸閣**皆指中書也隔此西掖垣又中書職

掌綸誥因謂之綸閣**紅藥堦蒼苔砌**亦指中書省也紅藥當增翻蒼苔依砌上**瑣闈**

黃門郎入對青瑣闈**黃樞**黃門省也**青閣**黃門所居也攝官青瑣闈**東寺左曹**皆黃

門省也**珠闕**相書占氣姤連珠入闕門為侍中**丹地**給事中所居也南省攜丹地又曰郎

彤庭也閣道通丹地**蘭渚**謂中書侍中所居清切之地命茲蘭渚又曰雙鸞遊蘭渚**鸞禽**御史

大夫所職宜分務於鸞禽**烏署**即御史烏臺也俾効能於烏署**石室**御史中丞有石室以藏秘

書**秘署仙室**謂秘書省也**芸臺蓬觀**芸臺香辟紙魚蠹故藏書號芸臺唐改秘

書省為芸臺亭者稱東觀為老子藏書室道家有蓬萊山故云蓬觀**東壁東觀**東壁之星主文

籍東觀漢藏書之所**蘭臺**藏秘書之處御史中丞掌秘書又有蘭臺**彩壇**桓帝祀黃老祠

為壇彩色眩曜**紫壇**祭天紫壇**蒿宮**即明堂也周德澤和洽蒿茂大以為言柱名曰蒿宮**靈**

臺王有靈臺之候乃候望之所武**鳳掖鸞墀**和声蹐鳳掖夾影步鸞墀**黃金門白**

玉堂貴者之所居也黃金為君門白玉為君堂**黃金埒**王武子移第北邙山下于時人多地

貴買地作埒編錢布地竟埒時人號之曰金溝亦曰金埒**金溝**即金埒也**圭竇**貧者之居草戶

圭齋**棘庭**抱朴子貧尤僅僕籬落頹鈇荊棘生庭**蝸廬**即蝸居也貧者卑下之居**蓬窗**

貧居也抱朴子家貧荊棘叢於庭宇蓬莠塞乎階霤**紫宙**即紫宮也朕凝懷於紫宙**寶廟**宗廟

物登**客亭**暮賓客亭**謁舍**郎使館也晨炊謁舍**綠房**仙居也寢宴顧綠房**扶荔**漢宮

名**集靈**漢武帝巡省五岳禋祀豐備故立宮其下號曰集靈**四寶**宮名也漢武為七宝牀離

宝案前宝屏風列宝帳設于桂宮時人謂之四宝宮**賀雀來**大厦成而燕雀來賀連翩賀雀來

翔鵾仰言宮殿之高也迢遞翔鵾仰**靈圃**晉宮閣名**九關**君門九閽**黃屋**天子

卓氏藻林卷五　宮室類　十五

居也**瞰虹翔鳳凌雲棲霞**皆樓名亦狀其高也**凌風榭**中有凌風榭迴望川

之陰**軒轅臺**西王母之山上有軒轅臺**鳳皇臺**蕭史同弄玉吹簫處**三臺**天子有三

臺靈臺以觀天文時臺以觀四時施化囿臺以觀鳥獸魚鱉又云尚書為中臺謁者為外臺御史為憲臺

是謂三臺**九層臺**老子曰九層之臺起於累土**望月臺**漢武帝昇望月臺有三鴨群飛

而下**柏寢匏居**皆高臺名**金鳳臺**即漸臺也**戲馬臺**在徐州本項羽戲馬處宋

武帝九月登此賦詩**鬪雞臺**在廣陽門北**一柱百梁**皆臺名江陵有百梁臺甚大惟用一

柱又漢武用百梁作臺故名之**琴臺**司馬相如宅也**清泠臺**睢陽縣有掠馬臺臺東有曲池

池東有二臺謂之清泠臺**無階**背荒階戺背遲**光碧堂**崑崙山西王母所居**九筵**天九

子之堂東西九筵南北七筵古制也**堂皇**屋敞無壁曰皇堂又曰石路接堂皇稱**九華堂**

洛陽有九華芳香琴堂**百歲堂皇**在洛陽**李中桃間**皆堂名在洛陽又有竹

間杏間等雲堂江捴有雲堂賦靈圖宮殿規制也靈圖表象歌庭歌舞之延也歌庭時
野重潤戶雲披潤戶斜寶臺宝藏之臺也珠府離珠五星為藏府也濯龍飛
兎皆漢門名雲龍風虎漢洛陽有雲龍風虎之門歌之上皆雲龍風虎之狀衝萬春
千秋皆洛陽門名華省郎省中也謬列華省國游國之離宮圓游觀處也思仙
臺淮南八公請淮南王安皆鬢眉皓素王欲少者八公皆成十五六童子門吏以白安安不及履即出
迎之以登思仙之臺雲母窗雲母窗中含花櫳招仙閣漢武帝起招仙閣於甘泉宮
西極其華麗皆飾以珠翠【藝文】珠櫳珠窗也蛾眉蔽珠龍玳瑁梁九華玳瑁梁又垂飛
玳瑁梁董賢館豪客所聚也西京董賢館懸井柱頭斗栱也輕露沾懸井錦市繚網
錦市俱務亂簷屋簷之椽似龍也亂簷掛珠落巖庭鳴鶴響八綺窗窗斜入綺
亭障蕭條亭障遠仙楹仙人所居也招隱訪仙楹考室即築室也山河西考室紫

貝壇祭壇也今承紫貝壇松龕松龕撒暮組青陽明堂總章玄堂明堂
東方曰青陽南方曰明堂西方曰總章北方曰玄堂合宮陽館皆明堂別名也黃帝曰合宮殷
人曰陽館槐市漢孝宮之北為槐市列槐樹數百行諸生朔望各持其貨物及經書樂器相与買賣
雍雍揖讓論議槐下旌門天子行在建旌為門也旌門擁玉輦璇閨育救旋閨一畝宮
儒有一畝之宮合室黃帝有合室以听政美人宮周有美人宮五百九十步化人宮
周穆王時西胡有化人來王化人騰而上天即化人之宮以金銀絡以珠玉出雲雨之上實為清都紫
微即列子所云化宮也走狗臺漢桂宮內有走狗臺水精宮大秦国中有五宮殿皆以
水精為柱黃山漢宮名也蒼龍闕玄武闕漢未央宮東有蒼龍闕北有玄武闕圓
闕即鳳闕也靈闕神闕南康縣石城高數丈遠望峨峨勝空故老謂之神闕象闕
即象魏闕也象闕連馳道瑤臺夏后啓享神於晉之虛作為璿室章華臺楚子成章華之

臺以與諸侯落之九成臺有娀氏有二佚女為九成臺飲食必以鼓重華臺衛公坐重華
華之臺侍御數百人隋珠照日羅衣從風中天臺魏王將欲築中天之臺許綰諫而罷築神
仙臺長樂宮有臨華臺神仙臺九華臺三國魏武築九華臺吹臺浚儀有師曠蒼頡城
城上有列仙吹臺又云梁王歌臺也玉臺雩都君山上有玉臺周迴畫是白石柱右覆宛屋象羽人
之館清涼殿殿在洛陽城南芙蓉殿在洛陽也清暑殿劉宋華林清暑殿有賦
鼎門河南有鼎門九鼎所定也五城十二樓黃帝為五城十二樓以候神人反宇
飛簷也伏應龍於反宇又云水中樓影詩曰萍間反宇浮飛翼樓范蠡為勾踐立飛翼之樓以象
天門九柱樓老子廟有九柱樓以書仙人為氣黃鶴樓荀瓌寓居江夏黃鶴樓上望西
南有物飄然降自雲漢乃為鶴賓也賓主歡對辭去烽火樓梁簡文帝登烽火樓有詩貸樓
高樓也登樓排樹出北顧樓梁武帝登北顧樓有詩百尺樓郭璞有登百尺樓賦又安

得元龍百尺樓臨仙走馬華光天梯相思宜春皆漢之觀名觀者於上觀
望也九觀洛陽城有九觀皆高十六七丈以雲母著窗裏日曜之煒煒有光輝十八觀洛陽
城有十八觀極奢麗鐵籠疏即細牕也景雲宮流霞堂西王母有六甲之術用之
可以遊景雲之宮登流霞之堂玉堂漢有玉堂在太液池南去地十一丈階基俱用玉又有太小玉
堂殿候館以待朝聘之官者也五畝宅世有逸民在乎田疇宅彌五畝志狹九州錦牆
錦牆列繪梅梁蕙閣桂棟蘭枌皆美言宮室之盛也九天臺漢武神明臺高
五丈上有九室入謂之九天臺松梁即橋也蟻桂勝松梁蘭房即香閨也【六朝】琉臺
板糊臺也玄除秋夜之庭也白露皎玄除含露臺迎風館宴客含露臺肅客迎風館
繡桷金蓮花桂柱玉盤龍皆言其室之華彩也歌吹臺妓者所居也東
隣歌吹臺杏梁杏梁射日照思牖相思之處牕也思牖草蟲悲水殿天淵臨水殿

風臺別島望臺風臺 曲房曲房錦帳 孀閨寡婦之居也孀閨絶綺羅 花庭花庭
麗景斜 蘭牖蘭牖輕風度 氈墻胡人之所居穹廬爲室氈爲墻 紫房仙君也紫房綵
女吞 鳳梁歌聲繞鳳梁 伏檻伏檻低欄也坐紅蓮被 百子閣輦迴百子閣
明當 碧玉堂碧玉堂裏對金鋪 綠草庭綠草庭中望明月 朝雲館 行雨宮
漢宮名也 蓮花繡閣幻蓮花於繡閣 青樓倡妓居也新臺之青樓 烽樓耿乘喬架烽
樓 蝸舍甚言其小也棲息同蝸舍 鼓吹樓各有鼓吹之樓梁陳殿庭四隅 藻殿天子儀
穆藻 陽堂即向陽之堂也遊陽堂而冬温 陰房即背陰之房也步陰房而夏凉 金虎
殿 文昌晋離宮名朝登金虎夕步文昌 虛檻憑虛檻而遠想 凌檻高檻也撫凌檻以遐思
荊臺即章華臺也 綺雲館 頳霞臺皆美臺也 梁甫館 萬里亭皆墓
所也梁甫六有館萬里六有亭 華構即華屋也華構之丘荒 閒檻幽閒閒檻 風亭臨風

卓氏藻林卷之五　宮室類　十八

亭而騈梁連屋也葺騈 孤棟孤室也棲孤 漸樹木中
鶴唳馬梁於岩麓 棟於江源 之樹
也飛漸樹 甲館築甲館於銅駝 編霜茭葺寒茅皆所以沿屋也 華堵
於中沚 編籬也
墻也同扃 織宿楚 織宿 風臺 月樹風臺累翼
墻於華堵 楚以成門 月樹重闉
結橑巖根 開櫺木末 室也以築 蓬藋即蓬門也蓬藋之荒 闢捷闢捷也
制開捷 虛檐虛檐對長 省闥即省門也思慕 唐詩 蘭闥
以擒井 之心常於省闥
蘭房蘭房也自有 邊庭塞上部置也 金閨皆闕庭衛
蘭閨數十里 邊庭羽書至 玉署省也近臣
又閨房亦謂之金閨更吹羌笛關山月無 芝館
邪金閨萬里愁漢制侍中有玉堂署 衛 之館 蘭宮
撫芝之館而星羅 星羅 霞起狀宮室之盛也見上 玉禁 金樓皆天
擢蘭宮而霞起 帝之
居 瑶牕列瑶牕 霞莊雲霞之居也飛 珉砌珉似玉石
也瑶牕而送暖永賜於霞莊 珉砌也珉砌百
枝 珠籠 綺檻 繡戶 雕牕皆言文飾華彩也 娃館仙娃之館也
然 娃館睞兮綠

草積 壁房錦殿壁房錦殿相玲瓏 芝廬 蓬闕皆指道士觀也芝廬光分野蓬闕盛
規 桂闕以桂作闕也 松扃以松為門也 瑶臺即瑶臺
模 桂闕碧壘清 丹洞肅松扃 也瑤臺
控此系 浦樓近水之樓也 津亭津亭甜 黃扉漢丞相居
光 浦樓低夕照 步遲 黃扉黑藩
蘭署御史之臺也蘭署承閒白 蓬扉蓬室也蓬扉狎遺棲 漢畤漢帝祀神之所漢畤光如
月 粧樓美女梳粧之樓也粧樓望以眷 松架即松室也松架森沉兮戶內掩 柵棘獄中
也恨兮 在丹棘 雕龍 翠甍横雕龍於翠甍 九室五闈明堂之制也九室窈窕五闈聯
綿 霞矯 雲布層甍軋其霞矯廣廈鬱以雲布 錦爛霞駁 星錯波沏皆言
狀宮室之美麗 飛楹 走栱飛楹磊砢走栱寅緣 圜狴獄也幽獄 動圜狴謂赦罪開獄門也
巖樹巖樹光媚 遊鶯署黃閣遊鶯署 鬱金堂柳暗鬱金堂又云秋夜鬱金堂
繡拂廬錦席繡拂廬 青軒春軒也青軒桃李能幾何 霜閨月入霜閨悲 紅粉

卓氏藻林卷之五　宮室類　十九

樓即粧樓也妻處 麟閣肖何造天祿閣麒麟閣以藏
樓苔生紅粉樓 秘書弃處資才子春秘麟閣
藥珠宮天上有藥珠宮 廳事所政之堂也山鳥下聽事 台庭台輔之庭也台庭有夔龍
又云三公 之家也 霜臺即御史臺也霜臺降群彥 天居天居 麟閣 雲牕雲牕得甜
眠 海樓蜃氣所結象樓臺雲生結海樓 青綺門長安霸城門曰青門何如可為別長安青
綺門 銅龍樓漢太子宮有銅龍樓 戍樓防戍之樓也飢鳥集戍樓 講殿講殿書幃
神女館 望鄉臺皆蜀中所有 山神女之館祠也即巫 官橋柳陰官橋帶 王邸
天子之行宮也夜旋王邸 掖垣禁掖之垣墻也掖垣竹埤梧十尋 竹埤埤亦墻也 禁籞
禁苑也折竹以繩連之使人不得往來謂之籞 市橋益州西南牛門曰市橋 江檻江檻似朝
晴 山雞山雞帶白雲 驛亭馬驛亭 風帆數 鈇鳳鳳殿闕上作鈇鳳鳳森幹翔 郊
扉知扉有挑計 山扉即入山扉之 燕子 風扉舟中扉掩不定窓也 風蛟 蛟館鄰

室也蛟館如鳴梓 女墻 城上小墻也樓高更女墻也 茅棟 茅屋也病枕依茅棟 華表 擂前
二十柱曰華表天寒白鶴歸華表 青龍 橋影也日落青龍見水中 臺省 臺寺卿省也六卿之位諸
公袞登臺省 水樹 秋藜登水樹 幕府 帥府也兩都開幕府 水檻 傍水欄也 素壁
郎粉壁也 天育 廐名也 錦屠蘇 屠蘇草菴也驟裏走至錦屠蘇 天廐 天子
育馬之處也入門天廐皆雲屯 粉署 即署也馨香粉署妍 行殿 天子行幸所止曰行殿憶昨趨
行殿 鴛鴦瓦 殿瓦鴛鴦折鴛鴦瓦冷霜華重 含香舍 即署也曠絕含香舍 青瑣闥
郎門也曉漏追趨金鎖闥 日華 漢朝東門也我從日華東 藥欄 芍藥花欄也 中禁 禁庭
也詔許錢中禁 三殿 蓬萊拾遺徽也詔從三殿去言李士直院者故詔從翰林經三殿而出也
拂廬 著帳名吐蕃聯毳帳以居號大小拂廬重拂廬乾元 望雲亭 在長安 南省 禮部
南省郎也多除 原廟 原重也先已有省廟今更立之謂之原廟也原廟冊青故 白玉堂 金

華省 玉堂金華皆殿名也上君曰玉堂侍帝金華省 百子殿 春生百子殿 五城樓
花發五城樓 巖房 紫翠巖房晝不開 絳宮 天帝所居帝一集絳宮 萬井 城上千井也万
井半祥烟 夕陽樓 芙蓉花外夕陽樓 五雲閣 瑞氣高浮五雲閣 公署 山月夜從
公署出 訟庭 江雲晚對訟庭還 蘭陛 殿階也陳肅蘭陛 閒房 僧房也鋒入閒房 台
翡翠樓 花紅翡翠樓 碧雲樓 百尺碧雲樓宮中之樓也 碧苔院 苔院雨後碧
紅葉樓 霜來紅葉樓 學鳳樓 秦鳳樓成帝女來 紫禁 紫禁香如霧 曲榭
曲榭迴廊繞澗幽 雲鬣 蓬萊王殿壓雲鬣詩殿角刻其形也 芙蓉樓 何況芙蓉樓上客海
門江上亦相思 巖關 巖關猶未遂此夕待長雞 白雲扉 雲扉晝掩白 天墀 帝庭也天
墀綠楊 神仙署 兩掖神仙署 白雲司 刑部署為白雲司秋官白雲司 望京樓
去鄉今已遠更上望京樓 霞窗 霞窗明月蒲 白板扉 田家之居也雞鳴白板扉 別業

別館也別業物開雲漢邊 朱門 貴臣朱門也朱門無復張公子 妝樓 舞閣 妝樓翠幌留春
住舞閣金鋪借日懸 鳳女臺 即弄玉簫史臺也羽節高臨鳳女臺 平陽館 漢武帝女平陽
公主家也帝常幸其館主家臺治勝平陽又令朝邑睥平陽館又舊試平陽佳麗地 薜荔墻 蠻雨
斜侵薜荔墻 螭頭 殿角端首物處左右史和墨濡筆立螭頭下直登宮殿螭頭上 花榭 花榭
留賓夜漏分 仲宣樓 王粲字仲宣有登樓賦春風回首仲宣樓 蓮花府 丞相府也古樂
府有相府蓮花園蓮花府 韻府 澤宮 天子習射於澤宮又擇賢之宮也 三雍 謂辟雍明
堂靈臺也物建三雍 八牕 五戶八牕明堂之制 綠牕 綠牕閨門也綠牕貧家女 琉璃牕 滿奮
坐武帝琉璃牕有寒色 雲霧牕 雲霧牕正堂雲 龍墀 帝庭也 皇闈 皇闈明明開
鼎司 三公之位 台司 位亞三公 南司 御史臺也 端闈 即端門也 棘闈 即試院也
唐制 觀臺 南至登觀臺以望 金扉 遂排金扉而北入又云引領望金扉 石闕 門內曰闕

白石為門識也 遽廬 傳舍也 青廬 北方昏禮用青布幔為屋謂之青廬男女于此交拜行禮
結廬 結廬在人境而無車馬喧 玉除 殿階也 楷除 陛也亦殿 屠蘇 孫思庵名謂屠
蘇絕思氣蘇醒人魂又云酒名元日飲之 雲臺 光武圖二十八將於雲臺上 陽臺 巫山神女
朝朝暮暮陽臺之下 楚臺 楚襄王遊於蘭臺之宮作風賦 輪臺 西域地名 烏臺 御史臺
也亦曰肅政臺 容臺 禮部太常並稱容臺 銀臺 銀臺司掌天下奏狀即今通政司也 望思
臺 漢武帝憐戾太子無辜乃築望思臺 避風臺 趙飛燕身輕不勝風製七寶避風臺 七寶
臺 即遊風臺 翻經臺 謝靈運見遠公肅然心服乃即寺翻涅槃經作翻經臺 翹材館
公孫弘製 楓宸 漢殿前多植楓 儀宸 居也 太子 三雲殿 漢成帝設雲帳雲屏雲幕於甘
泉紫殿謂之三雲殿 市門 吳市門梅福隱 屠門 陳思王云過屠門而大嚼雖不得食亦足快意
通德門 鄭玄所居號通德門 神武門 陶弘景挂冠神武門 金鑾 唐殿名德宗移文學士

院於金鑾殿故李士院號金鑾 賢關 太宰養上士之關也 漢關 邊塞關也將軍三箭定天山壯士長歌入漢關 鬼門關 在交趾多瘴癘諺云若度鬼門關十去九不還 玉門關 在絕域班超年老思歸上書云不敢望到酒泉郡但願生入玉門關 市朝 爭利者於市爭名者於朝 三朝 天子諸侯皆有三朝外朝一內朝二 虞庠 小宰也周人養庶老於虞庠 黃堂 吳郡太守堂因數失火塗以雌黃故名黃堂 鱣堂 楊震客居於堂有鸛雀銜三鱣魚飛集講堂前人曰先生自此升矣鱣者卿大夫服之象也 琴堂 子賤為單父宰鳴琴而治 西堂 謝靈運夢惠連得佳句處 綠野堂 裴晉公致政賜綠野堂 偃月堂 李林甫堂如偃月每欲排斥大臣居此堂思中傷之若喜而出即其家碎矣 錦棚 開元中長安富人於林亭中以錦為棚召名妹閒坐暢飲作避暑會也 珠庭 漢武帝祠蓬萊甚至珠庭 都亭 九城內之亭曰都亭 丘亭 空亭也息夫躬寄居丘亭 短長亭 十里一長亭五里一短亭 沉香亭 唐玄宗與貴妃賞牡丹坐沉香亭召李白為新樂章

曲檽 曲櫳也曲檽激鮮飈 靖冥館 靖冥猶深閒也集於靖冥之館 白玉樓 李賀夢人持版告曰天帝白玉樓成請君作賦遂卒 瓊樓玉宇 月中所有 紅樓 紅樓富家女也 節樓 唐節度使入境州縣以鼓角迎節樓 南樓 庾亮乘月登南樓亦曰庾公樓 花萼樓 唐玄宗起花萼相輝之樓以篤兄弟 五鳳樓 梁太祖時建此 風檐月檐 檐即屋檐也 蘭錡 分司武庫乃藏兵之處又曰受兵曰蘭受甲曰錡紘勾陳之衛耀蘭錡之兵錡音綺 鴟尾 陳制三公黃閣聽事置鴟尾即獸角也 花墅 墅由廬又郊外園墅 城南墅 崔寬城南別墅 別墅 王維別墅在輞川裴晉公有午橋莊別墅 樓櫓 城上樓也 皇邸 禮曰王太旅上帝設皇邸 圭邸 周禮四圭有邸 玉陛 即帝階也 廉陛 陛九級上則廉遠地則堂高 堂陛 人主如堂人臣如陛 文石陛 天子殿陛也梅福願一登文石之陛 層 堂高節殿陛也 牆 疊灰飾牆使其白也 六館 館太宰六館之士 縹甍 即琉璃甍 銀甍 銀闕利國以銀為甍也

粉省 尚書省皆以粉壁畫古賢烈士故曰畫省亦曰粉省 微省 即中書省紫微省也 黃門省 唐天寶改門下省曰黃門省掌出納王命 紅蘭省 校書所也 燕寢 小寢 路寢之次曰燕寢又次曰小寢 高寢 諸侯有高寢路寢燕寢也 委巷 委曲巷也 街也 是大夫諸侯皆有之 委巷之曲巷 巷即委巷也 傳置 驛舍也 驛置 驛置有便宜因以聞 龍鳳署 謂文李之司也儒雅之士則處龍鳳之署 幔亭 武夷君會賓於山頂綵幔為屋宇甚盛麗號曰幔亭 芹泮 泮宮也思樂泮水言采其芹 璜泮 璜半璧也故云 通明殿 玉帝殿名侍臣鶚立通明殿一朵紅雲奏玉皇 金屋 漢武帝金屋貯阿嬌 環堵室 子貢作環堵之室蓬戶甕牖彈琴 窟室 鄭伯有嗜酒為窟室夜飲 黃闥 禁門也 白獸闥 禁門也寢白獸闥 藩落 籬也 栢府 烏府 皆御史府也朱博府中列栢有烏數千棲其上 露積 路積於外積太倉之粟克堆也 飛驛 唐太宗代高麗命太子留鎮因請置飛驛遞表起居 嚴棘 即獄中也置嚴棘之下

陛級 陛九級上廉遠地則堂高 浩劫 釋家言無窮之世也一云宮殿大階級曰浩劫 黌舍 即宰宮也亦作橫舍 瀛洲樹 帝起瀛洲樹趙后登歌歸送遠之曲 門闕 宮門也 城闉 城曲也 清閨 靜室也 便房 便平声塚中室也便房登幽戶 檽軒 階畔勾欄也 流焱激 山樊 樊即籬也 綺室 綺帳也

器用類

〔易經〕輿衛　輿衛謂車輿與防衛也大畜之九三閑輿衛
樽盞　樽酒簋或用缶言燕享之禮不尚浮飾也坎之六四
斲木為耜揉木為耒　神農氏教民耒耜也耒耨之利以教天下蓋取諸益
刳木為舟剡木為楫　刳其木而中虛剡其木銳也舟楫之利以濟不通蓋取諸渙卦
斲木為杵掘地為臼　杵臼之利萬民以濟蓋取諸小過卦
弦木為弧剡木為矢　弧矢之利以威天下蓋取諸睽
〔詩經〕金罍　酒器也酌彼金罍
兕觥　以兕角為爵酌彼兕觥
百兩　一車兩輪為兩諸侯之子嫁於諸侯送御皆百兩也百兩御之
絲緡　也鈎綸
孑孑干旄　孑孑特出之貌
朱幩鑣鑣　朱幩鑣飾人君以朱纏之也鑣鑣盛貌
翟茀　翟車也茀蔽也夫人以翟為飾車前後設蔽也翟蔽以朝
施罛濊濊　罛魚罟也濊濊罟入水聲
檜楫松舟　檜似柏製楫所以行舟也
嘽嘽　車重而行遲之貌

執轡如組兩驂如舞　皆言善御者也
縱送　舍拔曰縱覆鐳曰送言善射者也
釋掤　釋解也掤矢蓋也謂射畢也
二矛重英　二矛者酋矛夷矛也英以朱羽為矛飾也
敝笱　敝壞也笱罟也敝笱在梁其魚魴鰥言敝笱不能制大魚也
角枕　角枕粲兮
六轡　兩服兩驂各兩轡而驂馬兩轡納之於軾故言六轡六轡在手
輶車鸞鑣　輶車輕車也鸞鈴也鑣馬御也
小戎俴收　小戎兵車也俴淺也收軫也大車則軫深兵車則淺也
游環　以皮為環所以制驂馬使不得外出也
脅驅　亦以皮為之所以驂馬使不得內入也
陰靷鋈續　靷音胤鋈音沃皆馬上飾
文茵　車中所坐虎皮
暢轂　兵車曰暢轂暢長轂受軸者也
龍盾　盾干也畫龍於干以為飾
觼軜　觼環之有舌也軜驂內轡也
厹矛　二隅矛也厹音求
蒙伐　蒙雜也伐盾之別名
虎韔　以虎皮為弓室也韔音暢
鏤膺　鏤金以飾馬當胷之帶也
交韔　交二弓於韔中也
竹閉緄縢　閉弓檠也以竹為閉而以繩約之於弛弓之裏檠弓體使正也

車僞　僞僞疾驅貌非車僞兮
九罭　魚網也九罭之魚
象弭　以象骨飾弓弰
魚服　弓鞬矢服也
鞗革沖沖　鞗轡也革轡首也沖沖垂也
彤弓　朱弓也天子以賜有功之諸侯
軒輊　輊車之覆而前也軒車之却而後也凡車從後視之曰輊從前視之曰軒
八鸞　在鑣曰鸞馬兩旁各一四馬故八也八鸞鏘鏘
焞焞　車盛也
決拾既佽　決以象骨為之著於右手大指所以鉤弦開體拾以服為之著於左臂以遂弦佽比也
庭燎　火燭也諸侯將朝則設於門內庭燎之光又晰晰又有煇
旐旟　旐郊野所建旐入以旟州里所建旐入多皆旌旗之屬
棘匕　以棘為匕所以載鼎肉而升之於俎也有捄棘匕
杼柚　杼持緯者也柚受經者也杼柚其空言民困於役而傷於財也
鞞琫　琫刀鞘也鞞琫有珌
舉醻逸逸　舉醻所奠之醻爵也逸逸往來有序也
康爵　康安也酒所以安体也酌彼康爵
路車　金車以賜同姓
紼纚　船繫也
騂騂　弓調和貌騂騂角弓
後車　副車也
虡業　虡植木以懸鐘磬者業栒上大版也

虡業維樅
賁鼓　大鼓也賁鼓維鏞
鼉鼓逢逢　以鼉皮冒鼓逢逢聲和也
豆登　祭器也木曰豆瓦曰豆于豆于登
籩豆靜嘉　靜嘉言清絜而美也
鉤援　所以鉤引上城者即雲梯也
戚揚　斧鉞也干戚揚
介圭　諸侯之封圭也錫爾介圭
綏章　染鳥羽注於旗竿之首為表章者也淑旗綏章
鏤錫　鏤刻金也馬眉上飾曰錫
金厄　以金為環纏搤轡首也
錢鎛　皆田器也庤乃錢鎛
銍艾　銍音質獲禾器也艾音刈獲禾也奄觀銍艾
〔書經〕浮磬　石略水濱若浮於水然可為磬泗濱浮磬
黃鉞白旄　王左杖黃鉞右秉白旄天子軍中之儀衛
〔左傳〕筐筥錡釜　筐筥竹器錡釜鼎屬苟有明信溪澗沼沚之毛筐筥錡釜之器可薦於鬼神可羞於王公
蝥弧　鄭之旗名潁考叔取鄭伯之旗蝥弧以先登乃大將旗
大路　越席　大路王輅天子之車越席結草為席也大路越席昭其儉也
藻率鞞鞛鞶厲游纓　藻率以葦為之所以藉玉也佩刀之削其上飾曰鞞下飾曰鞛鞶大帶也厲大帶之垂者游旗

子部　第四冊

之旒也纓馬飾也藻率鞞鞛鞶厲游纓昭其數也**韅靷鞅靽**驂馬之飾也音建引養半**篳路**柴車也篳路藍縷以啓山林言勤儉也**樓車**車上望櫓也登諸樓車**繁纓**馬飾也諸侯用之衛賞于奚孔子惜之**蜃炭**燒蛤爲灰而用之壙壁具也**畚挶**音本局畚簀籠也挶土轝也陳畚挶**綆缶**綆汲索缶汲器也具綆缶**餘皇**吳公子光所乘舟名獲其乘舟餘皇**葱靈**輜車名蓋車之行障蔽者**儀象**儀尊象尊也列于朝廷宗廟不可出於國門也儀象不出門

禮記 **武車綏旌**兵車取其威猛也故舒散其旌**德車結旌**不同兵車曰德車不尚赫突故纏結其旌於竿也**褚幕蟻結**褚覆棺之幪也畫蟻形於四隅此殷礼士葬飾也褚幕丹質蟻結於四隅**明器**送死者之器神明之道待之也**塗車**以泥爲車送死者之明器**芻靈**束草爲人形以爲死者之從衛亦明器也**豐碑桓楹**豐碑天子之制桓楹諸侯之制也皆墓上碑表之名**龍輴**天子殯車也**五戎**即五兵弓矢殳矛戈戟也習五戎**鸞刀**

刀鑾有鈴也以割牲之用割肉欲中其音節古制也割刀之用鸞刀之貴**越席**以蒲越爲席祭天所用大路素而越席越音活**莞簟**莞蒲之細可爲席也**稾鞂**鞂即秸字秸穀稈也以爲粗薦古祭祀所用莞簟之安而稾鞂之設**罍尊犧尊**罍尊畫爲山雲之形夏制也犧尊刻以牛形周制也廟堂之上罍尊在阼犧尊在西**梡嶡**音幹厥虞俎名梡夏俎名嶡**山罍**夏后氏之尊也**龍勺疏勺蒲勺**勺飲器也勺六升夏后氏以龍勺刻畫爲龍頭也殷以疏勺刻鏤疏通也周以蒲勺如蒲草之形本合而末開也三者皆言勺之柄頭也**疏越**疏通也越音活瑟底之孔也清廟之瑟朱絃而疏越**輤裧**喪車飾也**甕甒筲衡**甒音武衡音抗瓦器筲竹器衡木器皆葬器也**苴杖削杖**爲父苴杖爲母削杖苴竹削木也**枉矢哨壺**投壺之礼主人請某有枉矢哨壺請以樂賓**魯鼓薛鼓**投壺礼用之以爲節

周禮 **冰鑑**鑑盛冰之器也祭祀供冰鑑置膳羞于其中使朱不壞也**夷槃**尸之夷槃曰槃大喪共夷槃水以塞尸**六**

鼓四金六鼓以雷鼓鼓神祀以靈鼓鼓社祭以路鼓鼓鬼享以鼖鼓鼓軍事以鼛鼓鼓役晉以鼓鼓金奏四金以金錞和鼓以金鐲節鼓以金鐃止鼓以金鐸通鼓**輂輦**輂音菊駕車曰輂人挽曰輦**五路**一曰玉路郊祀上帝則用之二曰金路賓客同姓則用之三曰象路視朝及封異姓則用之四曰革路行兵事及封衛服則用之五曰木路田獵及封蕃國則用之**太常**旂畫日月如常建太常以祀**大旂**旂畫交龍爲旗建大旂以賓同姓以封**太赤**赤通帛旜也建大赤以朝異姓以封**太白**殷之旗名建大白以即戎以封四衛**大麾**夏后氏旗名建大麾以田以封蕃國**九旗**司常掌九旗之名物日月爲常交龍爲旂通帛爲旜雜帛爲物熊虎爲旗鳥隼爲旟龜蛇爲旐全羽爲旞析羽爲旌文選注曰太子建九旗**齒杖**王賜老臣之杖也伊耆氏共王之齒杖**明火明水**司烜氏掌以火遂取明火於日以鑒取明水於月以共祭祀之明燭明水火遂取火器也鑒鏡也明水玄酒也

爾雅 **不律**蜀人呼筆爲不律**造舟**天子造舟謂比船爲橋也**維舟**

諸侯維舟謂維連四船也**方舟**大夫方舟謂併兩船也**特舟**士特舟謂單船也**乘泭**音桴庶人乘桴謂併木以渡也

莊子 **人籟**笙簧之類**據梧**以梧爲几而凭之也**筐牀**竹方牀也**發硎**硎砥石也刀光新發於硎**博塞**投瓊曰博不投瓊曰塞瓊即今之骰子也塞與賽同**羈靮**即馬籠絡也羈以絡馬之頭靮以紲其足也今所謂前鞦後鞦**操拔篲**篲即掃帚也擁篲以待門庭**案劍**持劍怒貌**杖拏**拏船篙也方將杖拏而引其船

列子 **綦衛**箭之良者**柱指鉤絃**柱指安指也鉤絃調絃也**撫節**按指也撫節悲歌**燕角**弓名燕角之弧**朔蓬**箭名朔蓬之幹**含光承影宵練**皆神劍名**明瓊**即今之骰子也射朋瓊

楚辭 **弭節**按節徐步也吾令羲和弭節兮**總轡**總結也總餘轡於扶桑**玉鸞**車鈴也鳴玉鸞之啾啾兮**瑤象車**瑤玉象象牙也雜瑤象以爲車**玉軑**軑車轄也以玉飾之齊玉軑而並馳**發軔**軔車始行也朝發軔於天津兮**雲旗**以雲爲旗也載雲旗之委蛇**玉**

珥劍鐔也撫長劍兮玉珥瑤席以玉爲席而祀神也瑤席兮玉瑱玉瑱瑱所以壓神人之席也瓊芳草枝也可貴如玉巫所持以舞者盍持把兮瓊芳桂舟取其香絜也沛吾乘兮桂舟參差洞簫也吹參差兮誰思揚枹拊鼓枹鼓槌揚舉也拊擊也揚枹兮拊鼓蓀橈蘭旌橈船楫也以蓀爲楫以蘭爲旌動以芳絜自修飾也桂櫂蘭枻櫂楫也枻船旁板也桂蘭取香絜也孔蓋翠旍以孔雀尾爲車蓋以翡翠羽爲旌旗此神人之飾也龍輈輈車轅也駕龍輈兮乘雷緪瑟緪急張絃也交鼓對擊鼓也短兵刀劍也車錯轂兮短兵接玉枹援玉枹兮擊鳴鼓會鼓急疾擊鼓也成禮兮會鼓馮珧馮挾也珧弓名伐器攻伐之器干戈之屬矰弋矰繳射鳥短矢也弋繳射也罻羅掩鳥網也長鋏劍把也或云刀身劍鋒也帶長鋏之陸離舲艇船有牕牖者曰舲艇乘舲艇以上流吳戈操吳戈兮被犀甲吳榜榜櫂也即吳船擊汰汰水波也齊舉大櫂以擊水波也齊吳榜以擊汰

施黃棘之枉策以棘爲策既有芒刺而又不直則馬傷深而行速也虹旌建雄虹之采旌秦篝齊縷鄭綿絡篝落也又籠也可熏衣縷線也綿纏也絡縛也此三物乃招魂之具即禮所謂上服也鼓枻扣船舷也騑驂騑騑驂馬也摯騑驂而下節下節按節徐行輕輬輬車之輕而有牕者前輕輬之錯鎇蘭膏以蘭香鍊膏爲燭之以照蘭膏明燭羽觴飲酒之器爲生爵之形有頭尾羽翼也一曰插羽於觴上華酌酌酒升也華酌置華於酒中也陳鍾按鼓按猶擊也菎蔽象棊菎蔽玉箸也以行棊者象象牙也菎音昆六簙投六箸行棊故爲六簙簙箸也梟牟言已棊巳梟巳當成牟勝倍勝曰牟五白白簙齒也呼五白以助投勝也鏗鍾搖虡虡懸鐘也擊則動搖梓瑟以梓木爲瑟也華鐙鐙節以華采也懸火即懸燈也懸火延起趙簫趙國之簫也空桑琴瑟名瓊轂錯衡金銀爲錯也剞劂刻鏤刀也握剞劂而不用機臂弩身也總駕乘駟也威夷

紛耀也號鍾伯牙所彈之琴也破伯牙之號鍾挾人箏而彈緯言憎惡大人之言親信小人之語也又云齊桓公琴名軒輬輕車名也飛杭杭舟也踱飛杭兮越海墨陽劍名

漢雋

草駕謂天子乘車而行不敢斥言也檻車車而爲檻形以板四周圍之無所通闚囚車也節信謂者所持之節用爲信也符節符命者持之爲信也剖符剖破也與其合符而分授之也剖符以封功臣銅虎竹使皆郡守符名以代古之圭璋者關傳傳信也刻木爲符出入合之管籥謹守管籥五旗天子有五色旗靈旗畫招搖於旗以征伐故稱靈旗爲兵禱則樹太一壇上以指所伐國雲梢梢與旓同旌旗之屬流雲爲旗也曲旃大夫建旃曲謂柄上曲也捎雲捎拂也捎雲言其高也捎雲之旃羽林所立羽葆其盛若林金支羽葆以黃金爲支其首敷散若葩木之秀藥也幢棨幢麾也棨有衣之戟也豹尾屬車八十一乘皆御史乘之最後一乘懸豹尾以前皆爲省中左纛纛毛尾幢也上乘輿左黃屋左纛駕被駕車

被馬之飾皆車也交戟謂宿衛也交戟之內翠鳳天子乘車爲鳳而飾以翠羽也文選曰旗也翠鳳翔淮海陛戟執戟以衛陛下也陛戟首重共張謂供其張設也朱轓二千石至六百石朱左轓轓者車耳反出所以爲之藩屏翳塵泥也金璽諸侯王金璽銀黃金銀印也持橐簪筆持橐所以盛書簪筆插筆也罘罳屏也鴟夷盛酒之皮器也康瓠瓦盆也儋石齊人名小甖爲儋大石揚雄之無儋石之儲缿筩缿音項筩竹筩也皆受人投書之器便面所以障面者蓋扇之類也屏面役常翳雲母屏面蓋扇之類也琫珌佩刀之飾櫑具古長劍首狀也冠進賢冠帶櫑具劍比疎匈奴辮髮之飾也以金爲之軺車小車也綠車皇孫太子所乘藩車車之有屏蔽者安車坐乘之車也縣車致仕縣車蓋古法也軨獵車蘭輿輕車也漢迎曾孫時未備天子車駕故取其輕便耳小車馬皇太后所駕遊宮中輦也廣柳車喪車也蒲輪以蒲裹輪也以安車蒲輪徹枝乘一曰封禪爲

轞輪車亞備土右葦木轉轂車行也謂輦載物而移利者趣駕趣作促接軫車相連也按轡按轡徐行憑軾憑軾下齊七十餘城謂安坐乘車而游說不用衆兵卒也輜軿君毋出入則乘輜軿衣車也方軌横驚車併行也回軫還衡皆言歸也踞鞍下馬踞鞍乘堅策肥堅固好車肥壯馬也結轍冠蓋相望結轍於道車相連也檥船整船向岸曰檥擢船擢即擢字持船行也弋船置弋於船以禦蛟鼉也擊櫂水居繫櫂維楫維所以繫船楫所以刺船旌枻析羽爲旗建於船上五兵謂弓矢殳矛戈戟也教以五兵弧弓以木曰弧以角曰弓弧弓射獵夏服夏后氏之良弓名曰煩弱其矢亦良即煩弱箭服也服盛箭器也路弓乘矢路大也乘四矢也檿弧其服檿山桑也木弓曰弧服乘箭器也其細草織之以爲服也白羽羽箭爲白羽彍弩引滿曰彍遊弩遊弩件引強能引強弓弩來弓引強也強去声控弦控引也能引弓者控弦之士負蘭蘭盛弩矢

者也鋒鍉兵刃也鋒戈戟之類鍉箭鏃也雄戟建于將之雄戟三尺劍也提三尺取天下杖劍言只帶一劍更無餘物也蘭石城上擂石也渠荅鐵蒺藜也枹鼓枹擊鼓椎檣櫝小棺也轀輬喪車也本女車也後因載喪飾以櫬故遂爲喪耳轀者密閉輬者密開㮰廂轠轤車連屬貌轠轤不絕貌幓纚車飾貌諸史七首劍也尺八短輜重謂軍糧什物也車騎輜重操於王者九鼎禹所鑄以象九州之物三代傳國之寶也旗鼓大將旗鼓也几杖几老者所以凭几而坐也杖老者所以倚而行也吳主不朝賜之几杖博局猶今之棊盤也轒車轒小棺也外者以轒車送致其家輣車兵車也邛竹杖張騫奉使尋河源得高節竹植於邛山遂爲杖出雅州武剛車孫吳兵法有巾有蓋者謂之武剛車爲先驅棨戟前驅之兵器也鹵楯兵器也所以蔽身者鼙鼓騎鼓也嚴鼓急擊鼓也鷲翎箭也鷲如大鵰羽可爲箭柴車車之不裝飾者即棧車也竹木之車爲棧車即巾車士乘

稅軍藉稾藉身之所依據也稾稭也藉稾而坐以示降約衝輣衝車也輣有樓車以之櫓械軍實車徒器械芻糧之屬露橈謂露其橈於外人在船之中戰船也五毒項與手足皆加木也刑名備受五毒肌肉消爛投戈投戈講藝息馬論道充庭車故事元旦陳列車輦充實於庭車重重亦車也所以裝載者矢以車重兵器甚衆梓宮天子之棺也負笈笈書籍也秋策驢笈從師不遠千里節傳節以竹爲之以牛尾爲其傳以木爲之書符其上所以爲信推刃一往一來曰推刃借力以力不能推刃爲天下誅讐艕艫音溝鹿舟名呂蒙襲關羽晝伏其精兵於艫艦中使白衣人搖櫓以進嚴駕嚴裝治行李也其馬曰駕天云嚴駕其駕將遠行也僕夫謂關雞蹴鞠之是嚴車駕戲也鞠即毬也雞鞠胡牀繩牀也幃車車駕天子之次第羽葆天子之儀衛也今聚五采羽爲幢名曰羽葆隱几隱依也几憑也露車車上無覆蓋也露板子弟有犯父兄露板引咎已解所同以木簡爲書不封之謂露板麈尾

麈尾王謝諸人皆捉玉柄麈尾而談即蠅拂也繖扇麾幢繖蓋也扇便面也麾旌旗也幢幡也四者皆刺史之儀仗金叵羅酒卮也以金爲之叵音普更籤傳更籤即籌也大駕天子駕也天子出行大駕公卿奉引大將軍參乘太僕御車備千乘萬騎法駕半之玉麟符京師留守給手麟符美羽鷁浮景皆隋煬帝遊江都所造舟名以載后妃者頓具頓舍與俱具也鼓纛廣不門所建降乘猶言下車也鞶鞠即打毬胡人戲也彎弧彎牽也弓關矢也箜篌樂器名漢武滅南越祠太一后土令樂人侯調依琴造箜篌七音坎以工人姓侯故名坎侯後世人語訛以坎爲空金吾仗天子坐朝之儀衛也文選荷插插鍬也插可致木故生雲荷插盛綦乘茵步輦茵褥也皇后婕妤乘輦餘皆以茵或行於茵或載於輦金鉦鐙盞也金鉦御璧一曰金盞也致宅主於其中一曰酒器嚴更督行夜鼓也衛以嚴更之署罘網罘獸網也法駕天子駕也矰矯矰箭上加繳大馬而射焉酒車車載酒之車也輚輅后妃

所乘車也 龍舟鳳蓋華旗𣄴帷 皆天子所取之儀物 文竿 釣竿也以翠羽爲飾 鴻鸞 鳥網也 太輅 法駕也 鯨魚 撞鐘椎也刻爲魚象發鯨魚 華鐘 刻有文故曰華 戈鋌 矛稍 金鼙玉觴 皆酒器也 洪鐘 即大鐘也 猛虡 虡刻爲猛獸形故曰猛虡 弛柝 城尉不弛柝而內外潰通 植鍛懸獻 迎警之具鍛兵杖也獻打東木也 供帳 有司供床帳之物 欒輻 謂欒其輪以急車也 蘭錡 兵架也 方軛接軫 言車多也 彫軫 天子乃駕彫軫 翠帽 車蓋也戴翠帽 金較 車耳也 璐弁玉纓 馬飾也弁馬纓冠也 弧旌枉矢 皆星名以飾幟也 虹旃蜺旄 畫虹蜺於旃旄 華蓋 以作車蓋華蓋承辰覆北斗星名王者取象 天畢 畢網也取象於畢星天畢前驅 靁動龍趨 千乘靁動萬騎龍趨 靁鼓 八面鼓也馳靁鼓 飛罕 罕網也 流鏑 鏑即飛矢也 巾車 掌王車者巾車命駕 鷁首雲芝 皆船上畫飾也浮鷁首翳雲芝 翟葆羽

旗 飾羽爲旌旗也 驪駕 仙人車也驪駕四鹿 芝之蓋九葩 仙人蓋也以芝爲蓋有九葩之采也 蟠樽 盤樽朱旌於盤樽之間振 虎戟 虎戟交鍛 龍輅 天子車也龍輅玄旄 靈鼓 六面鼓也伐靈鼓 彤輦 下彤輦於東廂 玉璽 天子之印也佩玉璽 玉几 天子所凭也左右玉几 結飛雲 謂車駕之盛也結飛雲之袷輅 袷輅 天子之次車也 樹翠羽 樹翠羽之高蓋 辰旒 旗也畫日月星於旒建辰旒之太常 金鉦 鐃屬也獨鐃之 華轙 謂之華轙 重輪 即重轂也 輶軒 輕車也 農輿 藉田車也農輿輅木 鑾旗 皮軒 皆言車也 流蘇 五采毛雜之以爲馬飾而垂之九纓下垂爲之蘇亦有流蘇帳 雲和瑟 雲和山出美木用爲之瑟 鑾輅 有鑾和之車也 黃間 弩牙也黃間機張一曰弩名間作間 雷震風厲 言車行疾而有声也車雷震而風厲 翠華 天子旗 以容蓋也 擊節 節校也漢女擊節 促柱 急弦也音於促柱 起四 合樽 合樽也合并其促

席 促近其席也 魚文 盛器也 罻羅絡幕 罻羅鳥網也絡幕施張之貌 洞簫 長簫無底也吹洞簫 孤竹管 孤竹國出竹用爲管孤竹之管 壺博 即投壺也 扶揄 長劍也 屬鏤 劍名其王賜子胥以死者 竦劍 謂帶劍竦立而趨朝竦劍而趨 鮫函 以鮫皮飾刀也帶鮫函 鶴膝犀渠 皆楯名兵器也一曰犀渠甲也 越棘 戟類 純鈎工布 二劍名也 戎車 兵車也戎車盈於石城 指南 車也周公所造指南司方 魚須 旗名也 重光 旛畫日月故曰重光帝旛也 烏號 弓名 干將 劍名 貝胄 以貝飾兜鍪也 罠躡 罠麋網躡即兎蹏也 輶軒 輕車也天子之使也一曰 長殺 殺音觀長矛也 彀騎 張弓而行之騎 蟈螗 殳鋋 皆兵器也 勃盧 盧矛名殺勃盧之 鉦鼓 鉦鼓疊振也疊山 迴靶 靶轡迴馬也 弘舸連舳巨艦接艫 皆江湖大船也船前曰舳船後曰艫 飛雲 大船上樓名極高者飛雲蓋海一曰吳樓船之有名者也 華樓 船上樓也疊華樓而

島嶠 組帷 彩色帳也張組帷 軒幌 門帳也開軒幌 簫籟 籟亦簫類鳴簫籟 弋磻 射鳥之箭也弋磻 虞機 弩牙也虞人主田獵者機發 鈎餌 鉤也鉤餌縱橫 輕舟 結舟而競逐 砰宕 舟繫也乘流以砰宕 神鉦 石鼓也鳴則有兵 方駕比輪 言並車而行也 蹀䠞 音疊車馬多貌 轂擊 言車轂之多相擊而行也 連軫 車相連也連軫萬貫 燕弧 燕地之弓極勁硬也 躍旌 旌旗竿也言旌旗舉踴躍也 弓珧 以蛤骨飾弓曰珧 解䌋 䌋弓匣也解䌋開弓 飄英 英矛也英鋋飄英 蕭斧 也越斧 玉戚 以玉飾之斧也 鳳皇 天子車名乃登鳳皇而翳華芝 華芝 天子蓋名 郅偈 旗竿也 夫何旗旐郅偈之旖旎 星旄 流星旄以電爆 鸞旗 翠蓋咸鸞旗而 陸離 車騎馳貌 奔龍淵 寶劍名右手揮龍淵 洪頤 旗名古者爲兵禱則樹旗於太一之壇以指所伐之國洪頤靈旗 蕃弱 夏后氏良弓名 熛烝 炬火也熛烝上 玄璵 玄玉也以飾之酒器 翠幕 天子

耕籍所設翠幕默似雲布縹範絣轅黛耜皆天子耕籍所用之器縹絣黛皆青色也以春所上游車天子之從車也接游車之轔轔輕幰幰車網也微風生於車幰皇軒天子車也望草軒而震肅魚麗鱗萃言車騎之多也前驅魚麗屬車鱗萃金根安車也飾乘輿之屬金根照耀以炯爍五輅天子五路五輅鳴鸞璦鈒以玉飾鈒也璦鈒入蓋雲罕晻靄雲罕旛也晻靄盛貌洪縻牛轡也天子耕籍由所執歌鐘節歌之鐃也彫玉輿乘彫玉之輿魚鬚旃魚須竿也魚須之旃靡明月旗曳明月之珠旗鏤象象輅鏤象也乘儵胂倩浰車騎奔逐之貌玉綏以玉飾綏也綏執以登車之索纖繳纖細繳弓弦也文鷁畫鷁於船首故曰文鷁浮文鷁旌檥檥船艤也立旌於上揚旌檥鳴籟簫也吹鳴籟金鼓鉦也青龍象輿昔天子之車也青龍蚴蟉於東廂象輿婉僤於西清道游天子車名也後道游弦矢謂放箭也弦矢分濯鷁謂持櫂行舟也濯鷁牛首靈

鼉鼓也樹靈鼉之鼓朱竿旗也靡日月之朱竿九旒即旗也建九旒罕車獵車也罕車飛揚也鞮鍪首鎧也剛弨名弩矢弓旌所以招賢也弓旌於鉉合納稅駕稅者脫舍也稅駕西周息車也警策警戒櫂策馬鞭也言行險而戒飭也灑釣投網垂餌鋋叉取魚具也灑亦投也叉以刺魚鳴榔以長木扣船声網鉅鉅鈎也勉青鯉於網黏繳魚黏於網故曰黏繳黐鯉於黏繳端策拂茵策馬鞭也茵車中蓐也端拂者言整車馬而將還也法鼓鐘也法鼓聲以振響魚龍爵馬昔假爲飾以爲玩樂之物也魚龍爵馬之玩薰爐爐即香煙也熏歌爐熾微矰矢也微車微疾貌微車輕武黼帳彩飾之繡幕也參旗參三也旗上畫日月星也揭百尺維長綃挂帆席揭舉百尺帆檣也維連長綃連帆繩也帆或以席爲之故曰帆席驚鳧失侶言舟帆之疾如驚鳧失侶而求相逐也鷁如驚鳧之失侶六龍所掣言舟帆之疾如六龍之所掣曰車也掣引而縱

也鷁如六龍之所掣搦棹搦捉也舟子於是搦棹檥榜排船也涉人於是檥榜舳艫舳船傍艫船尾也舳艫相屬連檣船相屬也萬里連檣泝洄沿流泝洄逆流而上也沿流順流而下也五兩候風也覘五兩之動靜鼓帆鼓帆迅越趙漲截洞凌波皆言船涉水也趙首陌過也截直渡也凌駕也漲洞皆水濶遠處也晨霞孤征雲翼絕嶺言舟行之速如朝霞之孤征若鵬翼之絕嶺皆言其速也鵬翼若雲罾罶皆漁網名揮翰輪鈞竿也輕輦即扇也屏輕輦莞蒻蒲席也秋時所用莞蒻重幄重闈也樓重幄綺衾芳縟接綺衾今坐芳縟薰鑪香爐也燎薰鑪昵枕近枕而卧也低幃而昵枕騰吹謂車騰風吹也騰吹寒山吹去声朔管羌笛也听朔管之秋引絃桐琴也寶鉸馬裝飾也宇鉸星纓合歡扇裁爲合歡扇團圓似明月五營天子鹵簿也勤五營使拔部鐵驪轡控也轡在口曰轡在頭曰羈雲羅鳥羅也高設及雲羅玄幕綠徼幕軍帳徼

旌旗之名礮石雷駭激矢蟲飛礮石以石激物也其声如雷蟲飛言箭去如飛蟲也龍轜喪車也畫轜爲龍文飛旐引柩旛也金輿玉乘昔王者所乘朱火燭也觚爵酒器也騰觚爵之斟酌盤鼓舞節也一曰声急而將終曲者盼盤鼓絲簧琴瑟絲簧笙也縰纏繩也羌笛羌人因龍鳴水中乃作雙笛似之奮斤謂奮起斤斧以斫木也匠石奮斤皇翼鸞聲笙也笙管象鳳翼其声和如鸞皇也歌舫船歌縹瓷碧瓷之酒器也傾縹瓷以酌醴齊瑟秦琴二國善出輕輦輕輦隨風移塵物軒冕之屬高牙將軍之旗也高牙乃建飛蓋蓋也飛蓋相追隨丹轂朱飾車也圓方豆俎也嘉肴充圓方絲桐琴也行蓋行者之蓋也流雲起行蓋蘭巵酒盃也金懸謂金鼓之架也庭宿金懸揚旆揚旆九河陰行艫艫船也榜人理行艫尺牘即書板也長一尺晝言非尺牘解纜船將行也解纜及流潮鳴鏑鳴箭也邊城苦鳴鏑鑾旂車鸞旗

旗也望鹿音獨鹿小網也胡笳笳篥也起於胡人胡笳關而思逸爵猶飛稱也車輕橈
橈楫也稅鑾鑾猶稅駕也稅鑾登山旅飛奔奔即車也飛奔互流綴笳鼓軍中之樂器也
瑤軫玉車也藻舟畫船也萬軸千翼軸謂車也翼謂舟也萬軸猶雲衛千翼良
飛浮飛浮舟行貌璇蓋以玉飾蓋盧舟輕舟而進曰盧舟綵旃綵旗也旃飄拔
鮮車新車也鮮車鸞華轂珠柙漢家送葬之物也珠柙離玉体緹幕緹丹色也明月
照緹幕恩歸矢名有接恩歸素琴古樸之琴也垂綸綸釣絲也垂綸長川飛駕
高車也秦箏箏秦聲也秦箏何慷慨艫棧舟楫也廻塘隱艫棧鶩檝鶩疾也鶩檝逾
驚流珍簟竹席也珍簟清夏室傳瑞傳驛傳也瑞符節也謂軒蓋端節也傳瑞生光輝假
檝假借也假檝越江漢銅輦太子車也振策策馬鞭也振策陟崇丘安轡即按轡徐
行也安轡遵平莽頓轡頓轡駐馬也頓轡何崇岩撫枕不能寐也撫枕不能寐撫劍持也

卓氏藻林卷之五　器用類　三十六

理棹行也枉帆枉帆過舊山叩棧舟傍也叩我艤月船危柱促管琴與
笛也危促其声急而哀也殷勤訴危柱慷慨命促管振楫振楫發兵洒玉柱玉徽琴也玉柱
空權露遠駕神駕也遷與遠駕徂兩徂往兩車也肅肅戒徂兩羽旗瓔鑾玉
衡仙人之車飾皆美言之也羽旗瓔鑾玉衡壯鳴和也飛鋒鋒兵刃也飛鋒無絕影一日箭也
軿軒皆車也比渚盈軿軒筋竿筋弓竿箭也嚴秋筋竿勁竿音幹華軿車之謂刻畫載
也疊鼓送華軿凝笳其聲凝咽也凝笳翼高蓋疊鼓其聲重疊也夙駕早駕也夙駕驚
徒御結轡結連也謂馬轡相連結轡而駕也結轡頓重基靈轜喪車也靈轜進魂輿魂
也魂與寂無響旒鸖長行蓋也傾雲結旒鸖朱絲繩朱絲也直如朱絲繩龍旒旒羅
之帷也龍旒披雙玉盤玉盤美器言雙者其偶鸞觴鸞觴酌禮神
鼎非鐵也不及自清不炊自沸故名曰神鼎神鼎享魚伏枕臥也停楫停舟也行楫阻風波

青玉案君所憑倚可以致食美器也何以報之青玉案紫軑音大天子車也青精翼紫軑
征軸征行車也連絡戒征軸結軫車馬相從如結也結軫青郊路金枝殿上銅鐙以金飾之
金枝中樹塵榻賓至下塵榻象筵象筵簟也鳴玉遶象筵金轡轡馬絡頭也金轡相馳逐
鳴葭葭笛也鳴葭汎蘭渚飛鞚鞚走馬也飛鞚越平陸虎竹即發兵遣使之符也倚棹
倚棹汎涇渭巾柴車巾車衣也柴車粗車也謂整電而駕也且暮巾柴車象弧彫服
以象牙飾弓彫畫箭袋也象弧插彫服弭棹弭止也弭棹阻風雪汎瑟即撫也汎瑟卧蓬帷
宸綱天子車上珠綱也宸綱象星懸膏鑪膏燈香鑪也膏鑪絕沉燎飛軨輕車也駕飛軨
之輿又曰駕超野之駟乘追風之輿並言超野追風疾也翠檯
畫車軸也彫觴皆酒器也步光越王之劍光可照數步陸斷犀象隨波擊鴻皆言
劍之利也垂宛虹之長綏綏車上所覽者也屈曲如虹之狀也抗招搖之華

卓氏藻林卷之五　器用類　三十七

旂抗舉也畫招搖星於旗上飲羽矢中沒羽也中必飲羽揚鑾鑾車上鈴也車行則聲揚
芳餌芳餌釣食也芳餌沉水號鍾繞梁二琴名也音朗號鍾韻清繞梁三翼船也浮三
翼中流沉絲魚網也沉絲結縱棹隨風弭節乘波弭止也輕武車名
雄芒劍戟之利刃也落雄芒金機弩牙也霜刃言其利也十年磨一劍霜刃未曾試
芳烟香也陽劍劍名楚之陽劍歐冶所營若耶鋌風胡子鑄劍采若耶溪之鐵鋌鐵鍱
也赤山精風胡子鑄劍采赤山之銅精銅之尤善者神器劍也陽文陰縵干將
莫耶劍之文理也陽為龜文陰為縵理散電耀雪謂劍光如散電質如耀雪霜鍔
凝水刃露結言寶劍鋒利也豪曹巨闕並劍名也水截蛟龍陸灑
奔駟四言寶劍之用也灑錯擊也浮箭刻漏也浮箭未移影青組朱軒並一千石之車
飾二日朱軒言貴士之車朱軒翟金城瑩章印也寵章珪璋章也六飛即六天子乘

珠襦玉匣漢帝及諸侯王送死者皆珠襦玉匣几筵言居喪時盡依几筵神牀第
第皆簀帳之間也謂房幃之私乘石王所登上車之石也乘石而周公不以爲塤擁篲擁篲者
爲琴也猶發徵言彈琴發徵也七龍用之物所朱輪華轂以
今之持箒帶蕙帳山人葺蕙草以爲帳也蕙帳空兮夜鶴悲係蹄以取獸者所
舟飾之二千石所乘樓船大船上施樓號曰樓船之樓船兮濟汾河旌門門旌
係蹄在足則猛虎絕其蹯
洞延帷列帷相接也秘駕天子駕也銜組樹羽設樂器之屬也青翰
丘船名青翰侍御金駕車也天子禁軒車也天子緹帷緹齊色也天子帷帳用之緹帷所置
帟幕帟平帳也幕帷帳也帟幕帘懸展軨效駕君駕車則僕展軨效命也
徐鑾聲節鑾鈴也馬徐行以鑾聲動其節明鐘鐘曉鏡也明揚音揚葭管葭之簫
屬揚葭以鮫皮爲甲魚甲也魚甲烟聚駐罕罕獵車名迴輿駐罕蓧佾以翠羽爲
帳木

猱所以障舞人金匏樂器羽葆斑劍皆葆貴臣儀衛也鼓吹
也葆佾陳階
猶拄杖也杖鉦鼙鉦鼙於闕宇鸞蹕鸞天子所駕蹕跡也前漏漏也
策而去之撫鏡撫持也撫鏡知其形盛衰撫絃徵音撫以手接之也鼓琴備絃謂之徵音鶴蓋
蓋如飛鶴也蓋成陰素旗銘旌也翹車徒車也翹車之招雷輜兵車之象如雷
聲也雷甲玄甲耀日朱旗絳天耀日絳天言其盛也漏刻漏孔壺爲浮箭
輜蔽路
爲傳漏唱更也金筒漏壺銅史金徒渾儀制鑄金銅之人爲督徒居於壺
刻左金龜金印龜紐也漢列侯之印金柝軍中警夜刁斗金柝警夜霜鍔高鑾言霜
右其利也攢鋒言劍戟之多也攢鋒成林雉軒軿輅皆后妃所乘之車也邊簫
鸞飛也靈輴輴轜車也星軒軒轅星女主之象星軒潤飾謂有光彩也按節按
謂簫聲
遠也
也僕人歷衡鸞輅皆載天子之柩車也歷衡飾柩車輿鍐鍐以金馬飾也貞
移節

石貞堅也謂碑碣之類劍璽侍中把劍也龍駕紫蓋行車也並天子神駕
喪車鐘石鐘金也鐘石徒刑又縺帳縺帳也黃腸以柏木黃心爲椁表在棺外謂之黃
也
腸初學歌扇塵承君歌扇塵以章輪曲銅烏長安有臺高十丈上有銅渾天儀又
有相風銅烏遇千里風乃動相烏即相風銅烏也相風正平輿漁櫂漁人鼓櫂爲
乱紅䟴幌䟴幌之映前軒月帳風帷秋風攪入曲房又曰動風戾而含月也歌
晨吹帷劍彩劍光也朝霞飛劍彩華勝人日造華勝相遺也火樹
帳吹
元夕張燈也火樹銀花合玉漏玉漏銀臺且莫催翠綸鈎綸也觀翠綸之出沒玉鶴
馬飾也金鞍映玉行漏更漏也秋行漏漏藻衛天子儀仗也不閒聚藻衛
鶴亦有鸞玉鞭仙臺隱攢欲攢松兮極浦蘭鶴鶴弭蘭鶴兮汀濆星旗旗幟漢星
鵠駕鶴駕
闞樽樽聖不挹蘭青牛車君子乘青牛薄板車以皮函谷關甲帳漢武帝以天下

珍寶爲甲帳其次爲乙帳赤旌黃麾大子儀仗也鸞旌象輅並太子儀仗也丹
霞刀魏太子丕造刀三二曰含章三曰丹霞彩虹劍曹丕造百辟寶劍其二曰流彩虹
仙鑣仙駕也亦指君龍戟天子儀仗也龍枕皇太子納妃有
駕帝命鼇仙鑣龍戟尤首瞻龍極
潦龍頭鴨燈皇大子納妃有金塗蓮鑒鴨燈一對四望車太子納妃四望車羽葆鼓
支髻枕
吹各一部琉璃盌淮南王好長生讀仙經云琉璃盌作盤金鼎玉匕合神丹談柄麈尾
也折角行旃金岸引蘼蕪琴南薰之琴舜帝所鳴絃言
禪談柄行旃
也鳴鑾蘭鸞漢平帝以丞相孔光年老詔以靈壽杖入朝賀畫鹿幡車幡二公
降紫霄靈壽杖
畫鵲印後漢張顥見鵲飛翔墮地化爲石破而得金印曰忠孝侯印後顥官至太尉雞舌香
尚書郎含雞舌香伏奏事白簡執白簡御史大夫所執霜簡即白簡也筆端風起簡上霜凝
紼席紼帷紼席漢高帝華樽華樽清酌羽爵象樽象樽羽爵浮比翼

扇蛩蛩氈伉儷詩曰夏禮其翼扇冬蛩蛩獸蛩蛩合体獸也魚燈秦始皇葬驪山以人
魚膏為燈燭鏡奩奩粧具也鏡奩長不起玉儀銅渾以玉為渾儀故曰玉儀銅渾即銅作
渾天儀也欽繇欽繇導籠漢白筆御史簪白筆以彈奏不法羽籥舞者所執舞羽吹籥
[illegible]楚綺琴赤簫紫笛赤玉簫紫玉笛也碧玉鐘懸黎磬霜條
虎皆以朱玉飾也鳧鐘鑿鳧為鐘鐘徽也綠綺司馬相如琴名藍脅古琴名也焦尾
蔡邕琴名鳳皇琴趙飛燕琴落霞琴神女舞於臺上握鳳管之簫撫落霞之琴調絃
調絃清徵發徵雅琴至人善琴賜之雅琴半月金花謂琵琶之飾也半月無雙影金花有
因時又曰含花已龜腹鳳頸能據龍旋琵琶形也鷺鼓鷺者
的類月復團圓
鼓精也毛詩曰振振鷺鶴鼓吳王夫差遊於建康之宮
鷺鷥手飛鼓咽咽有雙鶴從鼓中出而飛入雲
中警鼓在遊徼朝鼓在府寺者樓鼓漢有黃門鼓
曰警鼓曰朝鼓曰朝暮鼓吹曰樓鼓

鳳翼簫大者二十三管其形參差以象鳳翼昭華管笛也貞筠貞筠者紫
鞚紫鞚連嵩林甲向年老家貧守道不仕珠劍大珠鹿盧劍青金
鏡家依園獻青金鏡照見驪山百鬼不敢隱形也紫玉壺紫木櫝壺也赤帷白蓋
大使車赤帷小使車白蓋下帷董仲舒為博士下帷講誦弟子轉相授業絳帳馬融施絳紗帳
前授生徒後列女樂弟子以次相授鮮有入其室者塤笛塤笛時聞寒笳寒笳遠聽文犀
翠羽漢末筆非文犀之楨必象齒之管又漢實跗制
天子筆以雜寶為匣厠以玉璧翠羽
皆以秋兔之毫頭音夫為跗跗金匣以黃金飾以和璧鏤管
制竹象管以象牙為筆管翠匣筆匣也以翡翠漢末筆之匣雕
筆也蔡藤角紙也漢蔡倫所造桃花紙截蒲路溫舒家貧無紙截蒲書
蒲以為書冒藤角所造桃花紙也呉律雞毫筆也呉謂筆名曰不
律漢時諸郡獻兔毫輕明以雲霞被詠
毫雞雉毫中用雲霞也金池以為池也硯也金鐵松

煙墨也墨出筑陽石亦墨也筑陽有墨山山石悉如墨精好可書也煙石墨
煙右附筆雕鶚鷹鳥黃帝與炎帝戰以雕鶚鷹鳥為旗幟蓋旗之始也九仞旗天子
之旗高九仞也牙旗將軍所建旗也九斿七斿六斿四斿皆旗名也
鳥旗七旗能旗五色牙旗皆軍中所建也飛景流彩龍旗九斿
六斿龜蛇四斿隨方色而引任
華鋒此三劍也白虹紫電辟邪流星青冥百里魏文帝有此六
劍鐵英金類劍也龍文龍藻皆寶劍光彩也寶鍔劍鋒孟勞魯
也寶鍔名也
實力鳴鴻寶力名漢武以賜東方朔百辟寶力魏太子造百辟寶
名也鳴鴻乃二日素質文作靈寶二日
含章三日素質文作靈百鍊青犢漏影漢文帝所造
陌寶力一名龍鱗也三寶力之名
脫光亦寶刀名綠沉筆也又黃洞棠溪魚腸丁令角端皆
名弓名也弓有綠者謂弓名
屋珧弓名也弓有綠者謂之弭以蜃者謂之珧楚桃青檀皆良弓也河
也屋珧之弭以蜃者謂之珧東有獨頭山

多青檀木可為良弓楊幹桑弧弓也星弓觀弧星始制弓白弓月矢救日
救月之矢謂日月食所作弓矢也之弓
周禮國中有妖鳥鳴則以夜射之麟膠月影弓也霜
勁風高月影圓電影名青莖赤羽皆箭名也羊頭謂之羊頭也金
僕姑矢名也信往矢名焦銅交廣以焦銅為鏃毒鐵鏃也
僕姑矢之名也信往名也焦銅斧毒藥於鋒中鏃即箭
函鎧甲也光鍪首鎧也鋋鍜頸鎧也鏤金鎧鎧以堅金造金銀為鋌
鏤之兕革犀皮皆可以為甲者纓縢以繩為甲不以組也綴組以綴組
也
楚鮫鄭兕楚人鮫革以為甲鄭有犀兕以為甲細鎧有金銀細鎧
甲禮祝甲名王僚被棠絲細甲白色有五色細鎧棠夷
夷之甲三重刀斧難入縹甲甲也登鞍陌頭高懸
懸纓於所當舍止之處也桂餌猶香餌也銀碧鉤翡翠綸皆鉤
餌所以釣魚也飛綸釣綸也縱飛綸石黃金餌不惜黃金餌以
釣魚也香鉤芳餌雉獸翠竹竿九芝之蓋

五雲車皆仙人儀衛也東朔九芝蓋北燭五雲車征艫征行也征艫艫蕩斬蒹葭葭笛
也路静繁葭徹魚鑰魚不瞑目取其守夜之義故謂之鑰即鎖也氣衝魚鑰九開開立春詩玉
虯漏刻以玉虯吐水也金龍亦刻漏吐水者警箭即漏箭也視警箭之登紫綃帷
孫權居昭陽宮暑乃展紫綃之帷夫人曰此不足貴妾欲窮思慮能使下綃帷而清風自入靈麻
燭也清油幕軍中所居參謀議也雲母屏以雲母飾屏也火齊屏火齊珠也以之飾屏
瑠璃屏孫亮所作金鈿屈膝屏石季龍所制也蓬箔即簾也玳瑁簾
漢武以白珠為簾箔玳瑁押之翠羽簾漢武帝以翠羽翎毫為簾玉箔珠簾秦以金玉
珠璣為箔七寶牀漢武作於桂宮白玉牀仙人以白玉石為牀石牀暑臥石牀寒
牙牀以象牙為牀也亦曰象牀珊瑚牀漢武愛西王母真形乃盛以黃金几封以白玉函以
珊瑚為牀紫錦為帷安若榴梁臺上瑇瑁牀薦蒻以瑇瑁為牀石榻仙人所臥也有心懸

石近龍鬚席大上獨坐龍鬚席茅葭席鄭敬以茅葭為席常隨杞柳之陰碧蒲
席穆王待西王母來敦碧蒲之席黃莞之薦著文席老萊子親沒隱家山之陽杞木為牀著文
為席黃莞薦鱗文席燕昭王設鱗文之席錯雜珠玉寶貝飾席為雲霧麟鳳之形也
五明扇舜廣開視聽求賢人以輔治作五明之扇漢公卿大夫皆用之雉尾扇天子儀仗
也又有雉羽扇羽扇繒扇天子夏設羽扇冬設繒扇同心扇皇太子納妃供同心之扇
鵲翅扇周昭王時獻丹鵲取翅為扇二名夕影翟羽即雉尾扇也白羽扇諸葛
武侯持白羽扇指麾三軍桃葉扇王獻之桃葉扇歌云與郎卻暄暑相憶莫相忘象簟肅肅
清風即今象簟非貴詠扇鵲尾鑪費崇先少信佛法常以鵲尾鑪置膝前鑪有柄龍鏡龍鏡
覽顏時又龍就匣中生麝火蘭煙爐薰也麝火埋珠蘭煙致薰玉鏡臺劉為玉
鏡臺溫太真得之以為下聘而娶姑女焉珊瑚鏡臺言詩云珊瑚佳鏡燭生光菱波鏡也

無波菱月動清水明月鏡也對鳳照清水乘龍挂明月詠鏡臺詩雀室船上室曰雀室
言於候望如鳥雀之警視也飛廬船行水上虛空曰飛廬艆艪音郎鄉海船也艨衝
船外狹而長曰艨衝戰艦也鳴鶴容與採蓮越女皆大液池中所有四舟名飛
雲蒼隼飛鳥皆晉水戰船名也三曜陽紫宮飛龍靈之射獵指
南皆晉夫泉池六舟名雲母無極二舟名皆在晉舍利池中翠麗麗小船也莊子曰翠
麗可以衝城吳䑽音彫即吳船也沙棠舟崑崙山有沙棠木食其實不溺為舟不沉安得
沙棠木刻以為舟船芙蓉艦盧循有芙蓉艦千餘艘翔鳳舟宋孝武吏舟鴨頭諸舊
洛制為鴨頭船太白船名也秦為太白船欲以攻楚駛馬逐龍皆船名也孫權名小船為
驅馬又昆明池有逐龍船鴻毛青翰皆船也洞冥記影娥池中有鴻毛舟又鄂君乘青翰之舟
青雀船名五樓三翼皆戰船也曹公出濡須孫權使董襲督五樓船住濡須口又為大翼

中翼小翼船率軍卒以職海䑽合木舟也輕行則乘海䑽鷁鵠舟蜀主舟名鷁鵠舟
外國朝貢越海則有大船名鶴鵠舟合木為橋黃屋天子車也金管簫笛類也珠輪珠輪
玉之光朱欄赤轂小使車之飾也皮軒車也以虎皮為軒黃金車天子所乘車也
碧玉輦周穆王取黃金碧玉之輦窮遊宇宙之內三雲車神人所乘七香車魏武
以賜楊彪浮憾浮憾動以來風青玉枝燈也漢高祖入咸陽有青玉五枝燈霞舟海人
乘霞舟百花燈樹秦時正月朔日朝賀設於三階之間龍膏海人獻龍膏於燕昭王然
以為燈火色曜百里烟色如丹豹髓白鳳膏漢武以淳蘇油和之照於神壇夜暴雨火
光亦不滅鳳腦燈周穆王行燈也葛龍燈也宋高祖清簡壁上有葛燈籠荷蓋鳳腦
燈以水荷葉蓋其上九光燈西王母遣使謂漢武帝曰七月七日我當暫來帝至日掃除宮內然
九光之燈蚖脂燈取蚖脂為燈置水中即見水中諸物羽帳流蘇羽帳芙蓉障掩芙

蒼之行廬貴燭麻燭也一云大燭九邦有大事司烜氏共貴燭同心燭皇太子納妃掛同心寳燭銅芝之金鵝燭盤也銅芝抱帶後纏燭金鵝相縈共吐荷桂燭刺取燈花持桂燭玉蛟玉巾上有蛟龍之文也玉鳩杖人年始七十者授之以玉杖八十九十禮有加賜以鳩飾杖端鳩不噎之鳥欲老人不噎食也鳥舟日暮鳥舟滿歸來度錦城言舟形似鳥也雕航畫船也携手上雕航百和香漢武十月七日焚百和香以待王母八鳳旂仙人儀仗也轉八鳳之珠旂雲母幰飽香車也節鼓鼓以節音花承節鼓旋蓋雕雲壓旋蓋熊耳杯杯形似熊耳也浮雲轝浮雲畫轝辟兵符午日作赤靈符著七寶能辟除兵禍熊席熊皮之席所以却寒者君衣狐裘坐熊席飛轅埭右蕙飛轅蘭橑桂棟鼓蘭櫂以水荷杖桂棠以出遊鷁舟浪湧鷁舟輕飛艎飛艎掛采舫池綍喪棺帷飾也辯標池等旌軨喪車也周是旌軨弓劍黃帝去遺弓劍弓劍不追七曜旗畫七曜之

韋氏藻林卷之五　器用類　四十四

旗八龍乘駕八龍之乘旂常常赤旗也銘功德於旗常綍翿喪具也綍翿成行蜃綍龍荿皆天子喪具也蜃綍而攀標拜龍荿而畫絕蜃輅龍帷天子喪車也辯明珠蜃輅於丹陛龍帷於此庭容車喪車也容車戒路翠羽障綠綃帷翠羽明珠障金薄綠綃帷百支燈燈懸百支下澤車車之下者也馬少遲謂挽日士生一世但取衣食裁足乘下澤車御款段馬守墳墓鄉里稱善人斯可矣投軌驅車也望途而投軌旆簫布簫發音於後幔城幔闌似城也離舟卷幔城帳殿天子行處帳闌作殿也別筵開帳殿朱鳶舟畫朱鳶也朱鳶別路遙白鱧舟鱧音里波撥白鱧舟蒼鷹舳快船也風舟動蒼鷹舳焚枯魚燈也酌醴焚枯魚南方有魚多脂以照紡績則暗照宴樂則明流水車言車之去速如流水也欲以千金笑廻君流水車秋水劍名也白玉鹿盧秋水劍返魂香人亦病之可返魂而生也名香不可得何見返魂時一日燃之香烟直上可見先靈白雲琴丘盜白雲琴

蘭湯蘭香煮以沐浴然後祭所謂蘭湯也竹節刀圭用藥器也盛刑須竹節量藥必刀圭鐃吹寒林鐃吹鳴負笈簦從學者所持也四璉八簋祭器名也四璉合言八簋舒笄兮玉輦天子車也五輦帶非烟雲林瑟西王母侍女上元夫人自彈雲林之瑟龍吹鳳管笛也擬金龍吹攀其前鳴笳鳳管疊其後白鹿車太守車也故事有太守行春雙白鹿隨車而行一曰仙人車也曲蓋曲柄傘也鹵簿所用青絲纜船索也向解青絲纜七星旂風轉七星旂五嶽簾簾圖五嶽寧識崇朝之雲七星劍劍鑄七星非有司天之用熊軾刺史乘熊車憑熊軾而盜賊息折俎四牢折俎盈鳳桐琴也鳳桐遐遠緹緗紙也緘以緹緗金泥漢使絕國質出征皆授金泥之璽易紀黎金泥芙蓉車仙車也某蔡車兮桂衡蓀蓋結辨蓋兮翠旗蘭橈蓎榜蕙幬苓林皆美言其器也芝駕豫告成於芝駕角節太將所持也守邊鄙而擁角節霜戈戈白如霜也霜戈臨斬且

韋氏藻林卷之五　器用類　四十五

日羽羽紅日也日羽映流紅又云分宵日羽明浮雲盖盖如浮雲也玉樽浮雲盖分景西王母所帶之劍名弓月劍霜試持弓學月聊持劍比霜銚鈚皆弓名也以金者謂之銚以玉者謂之珧鉅黍名弓丈八矛矛丈八者謂之矟丈八槊丈八尺槊左右盤舞端笏端笏奉仁明歌牀水影照歌牀鑾輅車飾也車騎品第鑾輅講其飾兜沫香名也西王母降武帝燒兜沫香共之出西域琉璃帳漢武帝以琉璃珠玉明月夜光雜錯天下珍寶爲甲帳其次爲乙帳甲以居神乙以自居紺幄帳祭天有紺幄帳蘭釭燈盞也蘭釭當夜明紈簟結花者爲紈簟紫羅薦漢武帝齋於壽真薦設紫羅薦經席孔子困於陳蔡之間居環堵之内坐三經之席霜筠杖故人有所贈稱以胃霜筠杖也銅環靈壽銀角桃杖皆杖名也蟬翼扇輕似蟬翼蔑凝秋蟬鳴鵾絃妙曲動鵾絃九華扇漢桓帝賜曹操尚方竹扇不方不圓其中結成文名曰九華子建有賦焉安眾扇武王所造方扇

也安衆左而氣散五明圓而風頻裁爲裂素裁爲謂製扇也裁爲比霧裂素輕蟬九折
扇也形五離而九折音哲百綺扇班生所製婕妤生贈傅百綺仍傳神枕神仙枕也漢武東巡
見老父頭上有白光問之對曰有道士教臣作神枕枕有三十二穴行之轉少齒生木蘭丹桂
皆舟名也可愛木蘭資可攀丹桂質玉花簟金蓮帳玉花簟上金蓮帳裏狀言其富麗也
山杯山杯秦竹根野鑪野鑪奔廚素長命杯新正飲酒也新年長命杯夜光
常滿杯周穆王時西域獻夜光常滿杯是白玉之精光明照夜以杯向天比曰水滿汁甘而香
美斯誠靈器也翠羽流霞皆酒杯名蒲竹紙也松鉛墨也馬目鴈行皆棋
勢也離離馬目連連鴈行玉壺銀臺箱井欄皆圍棋勢名也征鴻赴沼
群鵲依枝圍棋勢也引如征鴻赴沼布若群鵲依枝方四聚五花六持七
皆圍碁子法也雲合星羅魚鱗鴈時皆碁勢也五木九齒十盧九

卓氏藻林卷之五　器用類　四十六

雉皆樗蒱具也擲五木散九齒又曰十盧九雉磊落蹉跎玉笥丹經玉笥寶鐸殿角
響鈴也寶鐸邁昆吾寶鈴同上麟膠弓鶩羽箭皆弗國弓箭也麟膠角觸之弓鶩羽
射鵰之箭鬱金牀羽帳鬱金牀鷁蓋鷁蓋上中峯上遊軒車也遊軒駕車飛軒引鳳
牙璋即銅虎符也牙璋以起軍治兵黃金勒白玉鐙馬之飾也黃金作勒足度西河
白玉爲鈴方傳萬國蒲牒即編以爲書者轆轤井上轉以取水者名纖絃纖細也言琴瑟
簦笠荷擔戴笠也虞卿解相印擔簦同爲歌瑤翠幄宝帳飛華瑤翠幄金碧杯
揚分金碧杯江南管共命江南管彩旄旄以毛羽爲飾旄分脩廊廟類也鐵符
遞警信符也鐵符行警曙銀祭閉閣銀祭未繁尾躞騣皆馬飾也傘轂隨繫尾御環耿
驟騣蘇合彈太屈弓左持蘇合彈傍持大屈弓奩鏡奩鏡迷朝色翡翠釣
以翡翠飾釣竿也鯨綸翡翠釣刺浪棹舉刺浪也風生解刺浪牽荇謂船行也捕捩捕

琴琶金徽玉軫琴也奉帚宮人事掃除也奉帚長信宮雙鵲鏡顧爲双鵲
鏡翩翩照離別又云飛鵲鏡清卮含笑過清卮銀床井欄也汲銀床井素絲綆
汲井繩也瓶素絲綆銅流徽即琴也堂上撫流徽錦薦褥類也虫生錦薦吹輪舞影
輪癸吹襜軺帷車也使者所乘飛蓋動襜軺龍鍾管笛也龍鍾竹名橫吹龍鍾管薰
籠薰衣之籠也蘭帕覆薰籠搴舟挽舟也搴舟向中流騰觚飛爵行酒也金鼎
玉匕金鼎玉匕合神丹更生香西夷所產以薰死人復生雕桐箏琴類袖飄羅撫
雕桐都梁香也博山炉中百和香鬱金蘇合及都梁香炭金炉香炭變成灰香薪桂
火以桂爲薪故香薪桂火炊雕胡油壁車安乘油壁車輕車也唐詩云油壁輕車嫁蘇小
嬌絃玉手弄嬌絃即琵琶之類楊葉弓鳴弦楊葉弓甲煎香名也山如甲煎香星
艇桂棹浮星艇歌扇歌者以扇掩口也殘朱掩歌扇文戟文戟宮殿白鶴羽

卓氏藻林卷之五　器用類　四十七

扇也楚襄王會於章臺宋玉唐勒侍皆操白鶴之羽以爲扇陸士衡有賦素驂玄駟皆乘車駕
馬也素驂佇轡軒玄駟鶩飛蓋鷺翿鷺翿把翳芳促棹促棹隨水脉里鼓機車鳴里
鼓樓煩弓待制樓煩弓七輪扇搖動七輪扇雙眼針七夕針也故穿双眼
針時逢合歡扇行炬照路火也南望行炬雷轅雷轅驚戰鼓日扇遮日扇也迴身日扇
應日扇篠吹華軒異篠吹名香名香散綺幔石墨墨也陸士衡登銅雀臺得曹操
所藏石墨數甕驪珂白馬驪珂路中滿白團團扇也秋風与白團本自不相安蘭燭蘭燭
帳中飛青龍障聊李青龍障撚金鳴鉦也纜舟繫纜舟依項鶴焰灯也
鶴焰暫停輝蒲萄錦屏畫蒲萄於錦屏松心墨也墨則上黨松心玉琴珠徽
玉琴兮珠徽又云玉琴仙女名桂煙香也桂煙起而清溢結劒束劒於背而行也結劒從深影
結軒輦車而行也結軒宁京野飛鑣馳馬也飛鑣出荊路雲艫舟也雲艫掩江兕抻

琴弾琴也抽琴試抒茱萸網魚網名金轄釣輪
思又曰蜀琴抽白雲轄茱萸網也
鳴機機有声也清鞞軍中之楽也玉羽箭名也弯弓
望上下鳴機清鞞驚短簫弧王羽輕
泛鷁舟名也泛朗鼓軍中楽朗金星劍文也拔霜鞞
鷁昆明池鼓節鳴笳劍金星出
秋塞鼓也霜幽篇幽篇且蘆葉笳胡人捲蘆葉為吹
鞞旦夕驚夫調笳奏哀苦之音
揔棹揔棹金騑鑣騑驄也騑蘭臺閩中灯臺也桂月
陂清鑣歌夜鳥徒留影蘭臺空結
花連理杯合歡詩共罽帳單于所用鐇鑁劒地罟也
飲連理杯毛帳也鐇鑁株林
乗翠龍舟也乗翠飛舟浮飛舟洪艪大船名也泛雄
龍而超河之万艘洪艪于中湖
戟雄戟列長離大筆也前長蚩尤旂抗蚩尤
于廊枝離而後斉皇雄虹旌之旟旒
建雄虹旛七取鳥拂劍我拂劍於郎巨黍弩也探巨
之彩旌物也闕欲振奮也黍之嬎弩
皂轅車也皂翠電提翠電文絃聽雅曲笠轂兵車無
轅休駕之華旌於文絃蓋者也

卓氏藻林巻之五　器用類　四十八

人執笠依轂而立繁絲瑟絃也曲引抽簧羅吹也趙
君笠轂而掌兵興兮繁絲撫女抽簧而
絶声按香杵扣致砧擣素飛鑾騎馬行如飛也飛鷁船楼
練也羨飛鑾之遠御
名也閩飛珊箱大車両轂之内纖毫筆名也微朗弾
鷲之楼船曰箱珊箱鳳彩言部纖毫
弾去声弾琴玫瑰柱宝瑟玫玳瑁鞍金覊玳氍毹即
也希風朗弾瑰柱瑁鞍罽
也坐客霍納雞舌皆香名也中有霍納七綵帳七綵
欋爐都梁雞舌五味雞香芙蓉
之羽蘭觴蘭觴尊諸泛幽山駕人欲而抠帰於土輪鞅車即
蘭觴也結我幽山駕
帳馬也窮巷朗杵鳴砧朗杵和金獸符加九錫鳴鞘傘
鳴砧之符也鞭
寒輪鞅唐詩鴛鴦帳翡翠幃冰精却掛舞
拂雪揮鳴雲母開翡翠幃帳
鞘即鞭也蘭葉舩也蘭葉千葡萄玉鞍葡萄鞍
衣迴身正衣斂態調歌扇旗昭平浦王鞍
杏葉金鑾杏葉装金鑾聳蓋張蓋也聳蓋平楽迴笳迴笳出上蘭栢葉

樽蘭英觴栢葉蘭英皆酒名也折羽旌旗属折羽揺初日繁笳雑笳也繁笳思暁風
舟輪紼幰天子車旆也舟輪紼幰相經過魚牋紙也鴛杼引鴛杼兮割氷綃芸
幬香帳也下芸幬而眠枕黄花枕碧玉盃盧女黄花之枕張家碧玉之盃錦纜
牙檣錦纜翻紅雨才檣耿碧涛扣舷撃榜船边曰舷進船曰榜雲車登雲車名也
然登雲車調砧乱杵擣衣也調砧乱杵思更長歌屏歌屏将掩翠桂葉旗桂葉
暁旗蓮花劍蓮花秋劍發曲沃匏笙曲沃匏金絃玉柱金絃揮超
開瑟玉柱弄秦箏籃轝即陶淵明小兒也偶值乗籃輿軟輪車即蒲輪也降軟輪車翠
帶麾也翠帝平帳也又云翠帝當郊蔽彤幨形幨向軒開翠毦毦以毛羽為飾翠毦金覊
周旗漢幄天子儀衛也周旗黄鳥禁漢幄紫雲廻鳳琴鳳琴調上客龍鑾龍鑾
儀群桂軫琴瑟之属也風筵調桂軫星戈星弋耀日霜戟霜戟含秋流星劍
仙

卓氏藻林巻之五　器用類　四十九

明月弓赤土流星劍烏號明月弓錦節使節也錦節衡天使蓮花帳屏風宛展蓮花
帳劍匣文於劍匣藏劍者開龍香輪香車也香輪宝騎競繁華大蘭橈蘭舟也軽
舸木出行沙塞之車蘭橈蓬轄也蓬轄供行役珊弧即弓也半月上珊弧輟棹轂仙
舟滿月弓引弓圓滿状弓弯満月不虚發飛鶺鳴鏑也双鶺逆落連飛鶺弾劍謂弾
其劍而歌也弾劍徒激昂搗鐘考鼓搗鐘考鼓宮殿傾緑桐琴奏龍門之緑桐筋
簳弓箭也筋簳精堅胡馬矯倚天劍手中電製倚天劍直斬長鯨海水開虎旗熊虎為旗
将軍所建夾轂謂並車行也夾轂相借問錦障泥馬上飾也謂之障泥臨流不肯渡似連錦
借錦障泥明月環刀開明月環鳳凰柱趙瑟初停鳳凰柱鴛鴦絃蜀琴欲奏
鴛鴦絃獸炭以炭為獸形如紅麟之類狐裘獸炭酌流霞戦艦戦艦赫羅虎士楼
艦即戦船也我王楼艦軽秦漢掛席帆也揺筆揺筆望白雲赤車朱輪也赤車入蜀

道迎相如**蛇矛**丈八蛇矛出隴西**白鵠旗**斬胡血変黄河水梟首當懸白鵠旗**泱浮**劒泱浮雲気**雲彎明月**弓彎明月輝**湛盧**劒名闔閭無道湛盧之劒去之入水**無倪舟**一乘無倪舟倪端倪也**龍節**杖也痛飲龍節下**碧松煙丹砂末**皆言墨也上黨碧松烟東陵丹砂末**霜仗霓旌**霜仗懸秋月霓旌巻夜雲**蓮舟**齊景公造蓮舟令宮人彩女撑之蓮舟颭曉風又太乙真人蓮葉舟**霜絲**白絲絃也越女弾霜絲**瓊簫寶瑟**雲間吟瓊簫石上弄宝瑟**霜鐘**豊山有九鐘霜降則鳴故云為霜鐘**鉄鼓**軍中鼓也城頭鉄鼓声猶振**金鵲鏡**古有夫婦相別分鏡各持一半以為信其妻与人通鏡化為鵲飛至夫前夫乃知之後人因鋳鏡為鵲安背上日明明金鵲鏡**盤龍鏡**美人贈此盤龍之宝鏡以背後有盤龍也**雲母碓**水舂雲母碓**休駕**税駕也休駕投諸彦**柔櫓**柔櫓軋鳥外**宿槳**宿船也宿槳依農事**郵籤**即漏籌舟中所用以分時也郵籤報水程**回檣**帰舟之檣也回檣畏日斜

金爪鏑駐弓金爪鏑**鳥檣**城沙避鳥檣**雲舫**洲渚留雲舫**風幔**風幔何時巻**寒砧**寒砧昨夜声**星纏寶校金盤陀**皆馬装也**玉魚金盌**皆天子葬具也昨日玉魚蒙葬地曉時金盌出人間**翠蕤雲旓**皆旗也翠蕤雲旓相盪摩**鸊鵜**盃名也酔客沾鸊鵜**彫戈**元帥待彫戈**金鑰**即鎖也不寝所金鑰**玉珂**鳴珂也因風想玉珂**百丈**所以牽船也連竹為之百丈牽汗色**江船**獨立見江船**漁梁**捕魚梁也鸕鶿西日照曬翅満漁梁**村舂**村舂雨外急**綵筆**詞賦之筆也綵筆昔曾干気象**野航**野航恰受両三人**戍鼓**戍楼边鼓也戍鼓断人行**蒼精龍**劒名也已佩含影蒼精龍**寒杵**寒砧也落影聞寒杵**赤管**漢官儀尚書令僕丞郎月給赤管大筆一双赤管随王命**呉檣楚柁**檣柁皆船上器也呉檣楚柁牽百丈**藜牀**衰病只藜牀**佩劒**漢天子至百官无不佩劒也佩剣衝星聊暫拔**匣琴**匣琴流水自須弾**水晶盤**水晶之盤行素鱗**翠釜**紫駝之峯出翠釜**錦茵**鋪地錦褥也當軒下馬入錦茵**綵儀**儀衛也合鳳綵儀高**鳳簫**鳳簫自上鈎**樹羽**牙羽也孤城樹羽揚風急**江舸**眼前江舸何多劇**長者車**陳平雖家貧門多長者車**雲臺仗**天子儀衛也早発雲臺仗**哀柝**戍柝也睥晩登哀柝**弓弧**旗名也弓弧照夕曛**手板**笏也手板白朝朝**蠟炬**蠟燭也花催蠟炬銷**哀絲**琴瑟類哀絲千古心**柁樓**船後楼也飜疑柁楼底晩飯越中行**刺船**揮舟也刺船思郢客**金鎖甲**甲以金線縦横穿之似鎖也両袖金鎖甲**銀甲**以銀作指甲取有声也銀甲弾箏用**金琅鐺**殿角鐵鋒也風動金琅鐺**刀尺**寒衣處處催刀尺**緑沉槍**以緑飾槍稍也苔卧緑沉槍一云王羲之所用筆名也**笛牀**桓伊挼胡牀三弄故云笛牀青霄近笛牀**星辰劒**鬱鬱星辰劒**匡牀**匡牀竹火爐**劒器**所執以舞者舞劒器動四方**靈亂夕箭**刻漏之体以龍承之故曰靈亂承夕箭**扶行**即杖也扶行幾屐穿**魚笥**兒去覓魚笥**内蘂宮花**

内蘂即宮花也内蘂煩於纈宮花軟勝綿**藤輪**蒲團也小睡凭藤輪**蟠螭印**印紐有蟠螭通繒蟠螭印**玉蟾蜍**水注也宮硯玉蟾蜍**脫劒**解劒也脫劒主人贈**漾舟**放舟也漾舟千山内**土銼**瓦鍋也土銼冷疎烟**藥裹**盛藥器也即藥餌藥裹関心書總麻**玄甲**鉄甲也玄甲聚不散**威弧**剡木為弧以威四方威弧不能弦言弧不能安弦自発其威安弦者実頼於人也**形管筆**塵生形管筆即漢賜赤管筆也**霜匣**劒匣也氣纏霜匣満**金匼匝**馬絡頭也馬頭金匼匝**錦模糊**驄背以錦帕蒙之謂之模糊驄背錦模糊**錦帆**隋煬帝以錦為帆風生渕渚錦帆開**錦鞍韉**雪没錦鞍韉**蛟龍匣**劒匣也零落蛟龍匣**碑版**碑石也碑版照四裔**旅櫬**客死之柩也旅櫬網幽懸**風燈**風燈照夜欲三更**銅牙**貞觀銅牙弩**金絲箭皂尾旗**皆胡人軍器也金絲鏃箭鏃皂尾製旗竿**銅盤蠟**銅盤燭臺也蠟即燭也銅盤蠟燭光吐日**金粟尺**以金粟飾尺也越羅蜀錦金粟尺**玉花珍簟**金

縷鳳屛玉花珍簟上金縷鳳屛開 菱花影鏡光也鏡失菱花影 駝囊塞上以駝囊盛酒駝囊瀉酒酒一盃 紫霞舟 青桂檝蘭橈紫霞舟綵綵青桂楫 龍腦香名也看龍不記薰龍腦 敲金鐙走馬也閑敲金鐙遊 金船酒盃也醉把金船倒 霜鼙清冷霜鼙有時動 金犢車貴者之車也行隨金犢車 爽砧 繁杵爽砧應天律繁杵含凄風謂擣衣也 紫鸞笙伊鬱紫鸞笙 翠虬駕驅馳翠虬駕 枯桐琴也始知枯桐枝可以徽黃金 弾棋謂拂棋子也弾棋夜半燈花落 挾瑟美人挾瑟對芳樹 蛟龍筆飛書喜載蛟龍筆草書也 筆牀青苔生筆牀 登山屐閑來共蠟登山屐 鏤月鏤月成歌扇 鳴鞭便鳴鞭過酒肆 龍銜火樹 雞上蓮花皆元宵燈製也龍銜火樹千燈艶雞上蓮花万歲春 羯鼓唐宮中催花鼓也羯鼓声高衆樂停 飛星箭箭疾如星飛也野落飛星箭弦盧半月宮 玉琯律管也玉琯凉初應 仙管仙管雜風流又云仙官乃簫笛類仙管鳳皇調御樂

卓氏藻林巻之五　器用類　五十二

天杯御杯也天杯承露酌又河柳拂天杯 玉劒酬息看玉劒何處有烟塵又秋霜切玉劒 燎火庭燎也京城燎火徹明開 星軺使車也星軺計日赴岷峨 酒幔祖帳也明朝又是孤舟別愁見河橋酒幔青 宵柝巡夜木鐸也空聞虎旅鳴宵柝 曉籌更籌也無復雞人報曉籌 豹尾天子掌扇也横過甘泉豹尾中 睡鴨爐睡鴨香爐換夕熏 枯棊博奕論枯棊三百亭詩云三百枯碁突思沉 伏檻獨凭其檻也伏檻一長晩 鳳絃琴絃也弾商牽鳳絃 紫盞紫盞尚書印 水心劒鱗躍疑投水心劒 星釭燈盞也星釭滿夜輝 青雀舫客舍六離青雀舫

韻詩

玉蟲燈花也釵頭墜玉蟲 條籠畜鷹鳥之具也 晴釭郎千燈也 機舂水碓也 渠衝攻城車也 綢杠旗竿也 錦韜杠弓囊也 玉釭酒器 春釭寒酤發春釭 碧油幢軍中幕帳 匏子卮李適之飲器名 鸕鷀卮唐昭宗有比卮 玉粧奩薇露玉粧並香也流薇露以玉粧 牛車漢初將相或乘牛車 鷺車唐御史以騁 飛車奇肱国民能為飛車從風遠行 鳧車郎鳧舟也 蒲板車御老子書羽飾車 拂廬番帳名也 生芻徐孺子以之弔郭泰母生芻一束其人如玉 唾盂醉後哀歌擊唾盂 漢符漢祖封功臣剖符作誓 唐符唐高祖頒銀兎符後改貴銅符以起軍旅 伍符尺籍伍符 釵頭符五日剪綵綴艾髮名釵頭符飽辟兵符也 金鳧明皇元宵夜于長春殿宴金鳧灯又香炉名也 飛鳧競渡舟輕利謂之飛鳧也 牢盆古者名廩為牢盆者煮鹽盆也 唾壺王敦擊唾壺而歌 桃弧棘矢桃弧棘矢以共禦王事 銀兎唐改銀兎符為魚 燭奴申王以檀木刻童子執盃燭名燭奴 槁梧琴也 百寶欄楊国忠以百宝為欄 博山爐烟象海中博山故名又炉形九層象博山也 鷫鷞緝鳥羽為流鷫鷞也 輪蹄即車轍馬跡也 辟寒犀開元中交趾獻犀角煖気襲人 辟塵犀為犀簪著鬢中可去塵垢 辟暑犀唐文宗時李訓講易方盛夏賜辟暑犀 夜明犀敬宗時南昌進夜明犀光照

卓氏藻林巻之五　器用類　五十三

百步 煖玉盃唐寧王有煖玉盃酒不煖自熱 匣青鱗劒鋒匣青鱗 寶薰帳中香也 白獸樽晋元旦設白獸樽於殿庭直言者発此樽飲之 上樽漢賜丞相養年上樽 琴樽幽人之樂事也 煖玉鞍亦寧王所有冬月自煖也 蒲團僧坐禅蒲墩也 琉璃盤元載家琉璃盤一尺面闊 赤瑛盤明帝以赤瑛盤盛櫻桃賜群臣殿下視盤與桃同色 瑪瑙盤裴行儉瑪瑙盤廣二尺軍吏趨跌盤砕惶恐叩頭儉曰非故也何至失色 金蓮花炬禁中燭也 莞筵人朝覲大享射封国命諸侯王乃南向設莞筵左右玉几祀先王胙席亦如之 蒲筵諸侯祭祀席蒲筵長七丈 九筵周人明堂席列九尺之筵 玉梢節玉梢以舞歌乃歌竿也 絃匏樂記絃匏簧笙 雲翹冕而執干戚舞雲翹旄旗名也 律膏婆律国樹枝曰婆律膏為諸香之冠 鳳梭 金梭皆玉女梭也 松花墨也 辟邪香名又吳主有辟邪劒 緑洋香有三品緑洋為上 篆香以香塵為篆文也 瑞麟香漢唐公主下降乘七宝歩輦四面綴

香氣所辟邪瑞麟香 辟寒香 夷国所進 百蘊香 宮中所焚 清防 屏風也 晒清防客
紫遊韁 白馬紫遊韁以紫絲為之 幽蕢 蕢在堂内故曰幽蕢 歩光 越人奉呉歩光之劍
蓮花湯 華清池有蓮花湯貴妃所浴處 五蘊七香湯 趙飛燕所浴者 荳蔻湯
婕妤浴荳蔻湯 飛䖝箭 名光武取飛䖝箭以攻赤眉 護花鈴 唐寧王以紅絲綴金鈴繫花
上以驚鳥鵲名曰護花鈴 遞鍾 伯牙操遞鍾琴 僊槎 靈槎 浮槎 星槎 皆乗槎之以
犯天河斗牛者 雞翹 鸞旗名曰雞翹 饒燈 江南有魚多脂照紡績則暗照宴樂則明謂之饒燈
鴈足 漢宣帝上林中製鴈足燈極街 長明燈 汗寧縣有晋時長明燈隋平陳此燈猶不滅
飛輜 輕車也 犀舟 張謝傳犀舟勁楫犀堅也 牙籌 王戎好與利申國周天下自執牙籌
討策徹夜常若不足 蒯緱 馮驩彈鋏而歌蒯謂把劍之處纏繩以為緱也 夜明簾 唐張
説用雞林夜明簾進奉凡公主免禍 却寒簾 鳥骨所為 燕幕 燕之巢於幕上也 劍函

即劍匣也雷煥掘豐城獄得石函盛宝劍二枚 闕鞏甲 闕鞏国所出鎧甲也闕鞏之甲武所以克
商也 瑚璉 祭器也仲尼曰瑚簋之事則嘗学矣 土簋 堯舜飯土簋 八簋 陳饋八簋 包
匭 包暴匭結也納貢包匭 白羽 赤羽 皆旌旗也子路願得白羽若日赤羽若月 庇軫
弓長五尺謂之庇輪四尺謂之軫 雲繖 傘同繖緑綉為蓋忽有雲如繖 青縷管 梁紀少瑜
夢陸倕以一束青縷管筆授之其文日以大進 香篆 近世作香篆其文作十二辰分百刻然一晝一夜
鳳腦 穆王設鳳腦燈致王母前 凌風舸 隋處士元藏幾至海中一洲島人曰此乃滄洲也藏
幾思帰洲人製凌風舸送之旬日達東莱 天倪枕 一乗天倪舟入極縱遠枕 棹鞅 鞅馬韁也
棹之以示閒暇也楚衆伯掉鞅而还 英蕩 周礼掌節以英蕩輔之蓋為函以承節也一曰盡函
士梗 魏文侯曰吾所学者真土梗耳謂土人也遭雨則壊 龍巖 汲綆 黄圃 端溪三種
硯名 威斗 王莽作威斗若北斗状欲以厭勝衆兵三公以者賜威斗置家内以五色薬石及銅為之

斗印 周顗曰取金印如斗大繫肘後 高枕 高枕而臥言無事也 七寶枕 織女枕也崇晋
贈郭翰 琥珀枕 宋武帝將士無藥與 夜明枕 號国夫人置于堂上不假燈燭 相
思枕 為君晋下相思枕 青絲鞾 照轉青絲鞾珊瑚鞭 漢幟 韓信拔趙幟立漢赤
幟 樂句 即拍板也 下瀬船 瀬急流也子胥有下瀬船漢有下瀬将軍 鳳炭 楊国忠以
炭屑塑成雙鳳 柘弾 長安五陵人以柘木為弾真珠為丸以弾鳥鵲 蒲葵扇 謝安郷人有数
万蒲葵扇安取枕之士庶競慕價数倍 軺傳 徵辟使車也 青縑帳 漢尚書郎起居更直
給青縑帳 紫綃帳 元載得以南洞鮫綃之類冬風不能入盛暑凉自至隱隱然不知為帳見卧内
紫氣而已 金雞障 唐玄宗幃名也 照心鏡 始皇有方鏡照見心膽女子有邪心即膽張心
動乃殺之 飛劍 高陽氏有二劍四方有兵起此劍飛越指其方 楚劍 龍泉工市太阿三劍 呉
劍 干将莫耶 越劍 湛盧 梟盧雉犢 博塞有梟盧雉犢為勝負之采 萬斛舟 太册

也萬斛之舟行疾風 撃筑 漢高撃筑以歌大風又高漸離変姓名為傭保聞主人堂上客撃筑子坐
稱善 清廟瑟 清廟之瑟朱弦而疏越一唱而三嘆有遺音者矣 海鶻 兵船越人水戦有海
鶻舟又云海東青名海鶻 節鉞 元師賜節鉞 玉節 守邦国者用玉節守都鄙者用角節
君分陝 虎節 人龍節 凡邦国之使節山国用虎節士国用人節沢国用龍節皆金也門関
用符節以竹符而合之也掌貨賄者以璽節既為符又加璽于其上也道路用旌節用旌以彰其節也故
凡通達於天下者必有節 赤節 漢朝節尚純赤 蕢桴 土鼓 葦籥 伊耆氏之楽 毳
幕 胡人所居也 金柝 刁斗也 城柝 北城撃柝役欲罷又云月暗秋城柝 六鶴 古者交效
多為傳以牙節箭其数六刻一頭作鶴形節大箸也仙経云大鶴斉飛是也 蛟革 楚人以蛟革為
兕為兵甲 靈鳥 最出曙路之鳥也 玉笛 明皇典葉法師遊月宮迴過潞州城上以玉笛奏曲
旬餘潞州奏八月望夜有天楽臨城 柯亭笛 桓伊有柯亭笛王徽之泊舟清溪伊于岸上過徽之

日聞君善留試為一奏伊以貴顯素聞徽名使下車據胡牀作為三弄畢上車去主客不交一言文曰清溪曲

弾鋏　馮驩貧食孟嘗君門下出使倚弾鋏歌曰長鋏帰来乎食無魚又曰長鋏帰来乎出無車

畚鍤　除草器也

烏皮几　謝朓有烏皮隠几

繁吹　吹箏笛也

霜鏃　箭鏃似霜鏃也

鳳蠟　燭也王孫綽蠟賦蠟燭淚結為鳳皇

青藜杖　劉向校書天祿閣夜暗独坐誦書有老人黄衣植青藜杖叩閣而進吹杖端烟然與向説開闢以前而因授五行洪範之文至曙而去曰我太乙之精也天帝聞卯金之子有博學故使觀焉乃出竹牒天文地理之書授之

綉幰

珠幰　幰車張繒以珠綉飾之

輕羽　毛扇也朝遊忘輕羽

秋駕　天子法駕也御奔于秋隼

懐**松銘**　墓上碑也徘徊汝松銘

器用類畢

藻林卷之五終

卓氏藻林卷之六

武林卓明卿澂甫編輯
呉郡王世懋敬美校正

政治類 附理亂

易經

美利　乾始能以美利利天下

履霜　坤初六曰履霜堅氷至言聖人履霜則當知陰漸盛而至堅氷猶小人始雖甚微不可使長也

天造草昧　天造猶言時運草雜亂昧晦冥也屯彖曰天造草昧宜建侯而不寧

發蒙　發下民之蒙也蒙初六曰發蒙利用刑人

包蒙　蠢甚含容哀矜昏愚則能發天下之蒙蒙九二曰包蒙吉

擊蒙　治蒙過剛故為擊蒙之象如苗民之不率者當擊伐之

大君有命開國承家小人勿用　師之終功之成也正大君論功行賞之時開國封之為諸侯也承家以為卿大夫也小人雖有功不可用但優以金帛可也師上六

建萬國親諸侯　建萬國所以比民也親諸侯所以比天下也比親比地比卦曰地上有水比先王以建萬國親諸侯

顯比　人君親比天下當顯明其道也比九五

財成輔相　財成以裁其過輔相以補其不足泰象曰天地交泰后以財成天地之道輔相天地之宜以左右民

包荒用馮河不遐遺朋亡　處泰之時若無含荒穢之量則無深遠之慮而有暴撓之患大若無馮河之勇而果斷剛決則安逸因循必漸至於衰替矣事之隱微賢才之在側陋者皆進遠者當不至於遺忘朋與之私當絕去之則不牽於人情而不能行四者處泰之道也泰九二

城復于隍　壍隍土積累以成城如治道積累以成泰及泰之終將反於否如城土傾圮復反於隍也泰上九

包承　處否之時包容承順乎上乃小人之吉道若君子則以道自處守其否也其肯枉己以順人乎否六二包承小人吉

繫于苞桑　桑為安固之道苞謂叢生者其固尤甚言否既休息漸將反泰不可便為安肆當深懐遠戒曰其亡其亡繫于苞桑乃休否之道也

涖衆用晦而明　用明太過

則傷于察。君子於涖衆也，不極其明察，用晦乃所以爲明也。明夷太象　**田獲三狐**　天下小人常爲三狐，指時之小人。獲，謂能變化除去之，如田之獲狐也。解九二　**射隼高墉**　隼象爲害之小人，在高墉猶據高位也。射之，以解患也。解上六公用射隼於高墉之上。文云：隼，鷙鳥，喻凶人。墉，墻也，喻人所居。言射此鳥於高墻之上，猶除凶人於平人之間也。

民說無疆　益彖曰：損上益下，民說無疆。**有孚惠心有孚惠我德**　上有信心惠於下，則下亦有信心惠於上矣。益九五

勞民勸相　君子法井之德，以勞來其民，而勸勉以相助之也。井象：木上有水，井。君子以勞民勸相。**井收勿幕**　井收汲收，取幕覆蔽也。取而勿蔽，其利無窮，所施廣矣。體井之用，博施而有常，非大人孰能之。井上六

治歷明時　君子觀變革之象，推日月星辰之遷易，以治歷數，明四時之序也。革大象：澤中有火，革。君子以治歷明時。**小人革面**　謂革易其外，以順從君上之教令也。革上六象：小人革面，以從君也。**大亨以養聖賢**　養賢則饗食之禮當極其盛，故曰大亨。鼎卦曰：聖人大亨以養聖賢。

來章　來致其在下章美之才而用之也。豐六五：來章，有慶譽。**重巽以申命**　上順道以出命，下奉命而順從，上下皆順，重巽之象也。君子體之，以申復其命令。巽彖　**田獲三品**　三品謂一爲乾豆，一爲賓客，一爲充庖也。巽六四　**先庚三日後庚三日**　先庚三日，丁也，所以丁寧於變之前；後庚三日，癸也，所以揆度於變之後。出命更改之道，當如是也。巽九五

說以先民說以犯難　君子說服於民，故以之先民則忘其勞，率之以犯難則忘其死。兌彖　**渙汗其大號**　號令洽於民心，如人身汗浹於四體也。渙九五　**有孚攣如**　人君以至誠感通天下，使天下信之，固結如拘攣然。中孚九五　**範圍曲成**　範圍天地之化而不過，曲成萬物而不遺。係辭　**富有日新**　富有之謂大業，日新之謂盛德。係辭　**開物成務**　開物謂人所未知者開發之，成務謂人所欲爲者成全之也。上係　**與神物前民用**　神物指蓍龜。上係：明天之道，而察於民之故，是與神物前民用。**變通盡利鼓舞盡神**　神以變而通之

以盡利也，鼓之舞之以盡神也。上係　**化裁**　化而裁之存乎變。上係　**推行**　推而行之存乎通。上係　**垂衣裳而天下治**　黃帝堯舜垂衣裳而天下治，蓋取諸乾坤。下係　**重門擊柝以待暴客**　重門以禦之，擊柝以警之也。豫備之意，蓋取諸豫也。下係　**南面而聽天下嚮明而治**　聖人南面而聽天下，嚮明而治。下係　**休否**　休否，謂休息天下之否也。否之九五曰：休否，大人吉。**傾否**　否既極矣，故傾覆而變否也。否上九曰：傾否。**由豫**　由己而致天下於樂豫也。豫九四曰：由豫，大有得。**振民育德**　君子觀有事之象，以振濟其民，養育其德也。蠱大象：山下有風，蠱。君子以振民育德。**教思**　思，去聲。謂教導之意出於臨。大象曰：君子以教思無窮。**有孚顒若**　誠致其潔清而不輕自用，則有孚信在中，而顒然可仰。或曰：在下之人信而仰之也。觀其彖曰：觀盥而不薦，有孚顒若。**神道設教**　觀卦也。聖人以神道設教，天下服矣。**省方觀民**　天子巡省四方，觀視民俗也。觀象曰：先王以省方觀民設教。**明罰勅法**　明者辨別精審也。勅

者整飭嚴戒也。噬嗑象：雷電噬嗑，君子以明罰勅法。**厚下安宅**　人君觀剝之象，而厚其下以安其居也。剝象　**剝牀**　牀取身之所處也，小人消君子。剝六四：剝牀以膚，切近災也。**得輿**　亂極則當思治，衆心願戴於君子，故君子得輿也。剝九六　**至日閉關商旅不行后不省方**　安靜以養微陽也。**茂對時育萬物**　茂對天時，養育萬物，使各得其宜也。茂，盛也。無妄卦：先王以茂對時育萬物。**童牛之牿**　童犢始角，用而加之以牿，使觝觸之性不發，猶畜止上下之惡於未發之前，則太善之道也。大畜六四　**豶豕之牙**　豕爲剛躁之物，而牙爲猛利。若強制其牙，則不能止其猛；若積去其勢，則牙雖存而剛躁自止。猶天下之惡不可以力制，絕其本原而其惡自止矣。大畜六五　**設險**　王公設險以守其國，謂設爲城郭溝池也。坎卦　**重明麗正**　君臣上下皆有明德，而處守正，可以化天下成文明之俗也。坎卦曰：重明以麗乎正，乃化成天下。**繼明照四方**　大人觀離明相繼之象，以世繼其明德，照臨四方。以世襲言之。離大象　**彌綸**

理也上係獨綸天地之道 詩經 王室如燬燬焚也言時之亂 心閔伊民閔言亂心息也 虺蜴毒螫之蟲也哀今之人胡爲虺蜴言胡爲肆毒以害人也 投畀豺虎投畀有北投畀有昊投棄也北北方寒涼不毛之地也昊昊天也此言諸人者當投之如此欲其疵之之甚也投昊天使制其罪也 殿屎呻吟也民之方殿屎音店儀 牖民牖開明也 天之牖民言天答其心也 如壎如篪如璋如圭壎唱而篪和璋判而圭合言天之牖民之道如此也 疾威猶暴虐也疾威上帝 炰烋音炰哮氣健貌炰烋于中國 斂怨爲多可怨之事也 如蜩如螗如沸如羹皆亂意也蜩螗皆蟬也 典刑舊法也 遠猶猶圖也遠猶謂長久之圖也遠猶辰告 厲階厲怨也誰生厲階 宣猶宣徧猶謀也秉心宣猶謂周徧謀度也 荼毒荼苦菜能殺物故謂之荼毒民之貪亂寧爲荼毒 繹騷繹連絡也騷擾動也徐方繹騷 罪罟刑罪爲之網罟也 兎罝化行俗美賢才衆多以下詩序

芣苢化行俗美家室和平婦人無事相與采此以自樂也 漢廣文王之化及於江漢之間而有以變其淫亂之俗也 鵲巢諸侯被文王之化能正心修身以齊其家其女子亦被后妃之化有專靜之德故嫁於諸侯而家人美之也 甘棠美召伯也召伯循行南國舍甘棠之下後人思其德而不忍剪伐也 行露南國遵召伯之教服文王之化有以革其前日淫亂之俗故女子皆能以禮自守也 羔羊南國化文王之政在位者皆節儉正直如羔羊也 騶虞南國諸侯承文王之化能修身齊家以治其國而餘恩有以及於庶類也 北風刺衛將亂而愁慘也 干旄美好善也衛文公臣子多好善賢者樂告以善道也 揚之水刺平王也不撫其民而遠屯戍於母家周人作此以怨焉 兎爰閔周也周室衰微君子不樂其生焉 緇衣美武公之好賢也 狡童刺鄭忽也不能與賢人圖事權臣擅命也 葛屨魏俗儉嗇而褊急故作以刺之 汾沮洳亦刺魏俗之儉不中禮也 碩鼠刺重歛也 隰有萇楚政煩賦重人不堪其苦而歎不如草木之無知而無憂也

匪風周室衰微賢人憂嘆而作此詩思周道也 蜉蝣人有玩細娛而忘遠慮者故以蜉蝣爲比而刺之序曰此刺奢也昭公好奢而任小人將無所依焉 七月陳王業也周公以成王未知稼穡之艱難故陳后稷先公風化之所由致王業之艱難也 鴻鴈周室中衰萬民離散而宣王能勞來安集之故流民喜而作此 巷伯時有遭讒被宮刑而爲巷伯者作此以惡讒人欲其亾之甚也惡惡如巷伯 大東東國困於役而傷於財譚大夫作此以告病也 四月亦遭亂自傷之詩也 楚茨述公卿有田祿者力於農事以奉其宗廟之祭序曰刺幽王也政煩賦重民卒流亾祭祀不享故君子思古焉 大田爲農夫之詞以頌美其上也 何草不黃周室將亾人征役不息行者苦之故作此詩 行葦祭畢而燕父兄耆老之詩也序曰忠厚也周家忠厚仁及草木故能內睦九族外尊耆老以成其福焉 旣醉此父兄所以答行葦也序曰太平也醉酒飽德人有士君子之行焉 民勞刺厲王也發其憂時感事之意 雲漢此憂旱之詩也宣王承厲王之烈遇災而懼天下喜於王化復

作故作詩以美之言雲漢者夜晴則天河明此述王仰訴於天之詞 瞻卬刺幽王嬖褒姒任奄人以致亂也 召旻刺幽王任用小人以致饑饉侵削之詩也 臣工此戒農官之詩 玄鳥祭宗廟而追叙商人之所由生及其有天下之物也 天步猶言時運也天步艱難 攸墍墍息也言賢臣在位乃民之所由休息也民之攸墍 黍離閔宗周也大夫行役在外過故宗廟宮室盡爲禾黍而閔周室之顚覆也 下泉王室陵夷而小國困弊故憂而思明王賢伯也 鴟鴞周公救亂也成王未知周公之志乃爲此詩以遺王 豐芑數世之仁也 書經 平章協和平章百姓百姓昭明協和萬邦黎民於變時雍 昭明於變時雍詳同上文 欽若昊天曆象日月星辰敬授人時曆紀數之書象觀天之器人時謂農事早晚先後也乃命羲和欽若云云堯典 平秩東作平均秩序也東作謂春月歲功方興所當作起之事也堯典 南訛化謂夏月時物盛長所當變化之事也平秩南訛 西成秋月成物之時所當成就者也平秩

西成堯典朔易冬月歲事已畢除舊更新所當改易之事也平在朔易堯典允釐允信釐治也允釐百工咸熙咸廣也熙績咸熙明明揚側陋明明謂已在顯位者則明顯之揚側陋謂在微賤者則舉而揚之也堯典愼徽徽美也愼徽五典五典克從舜典在璿璣玉衡以齊七政在察也以璿飾璣所以象天體之轉運也以玉爲管所以窺璣以齊七政之運行也七政乃日月五星也舜典敷奏各陳其爲治之說也敷奏以言明試諸侯來朝明考其功績也明試以功車服以庸諸侯來朝有功者則賜車服以旌異之也舜典象以典刑象如天之垂象以示人也典常也舜典又皐陶方施象刑眚災肆赦眚謂不幸也災謂過誤如此者遂赦之也怙終賊刑怙謂有怙終謂再犯如此者則殺之也賊殺也舜典欽恤欽敬恤憂也欽哉欽哉惟刑之恤哉舜典柔遠能邇柔遠者寬而擾之也近者擾而習之也惇德允元厚有德而信仁人也次曰十有二牧柔遠能邇惇德允元舜典率服相率而服也

蠻夷率服舜典奮庸熙帝之載謂奮起事功以廣帝堯之事也舜典亮采惠疇謂明亮庶事而順成庶類也使宅百揆亮采惠疇舜典阻饑阻厄也黎民阻饑敬敷五教五教親義序別信也敬敷五教在寬舜典司徒之職猾夏猾亂夏華夏也蠻夷猾夏寇賊姦宄舜典三就謂大辟也棄之於市宮辟則下蠶室餘刑則就屏處五服三就舜典士師五服五刑以服其罪也五刑有服是上三居謂大罪居於四裔次則九州之外次則千里之外五宅三居舜典士師黜陟幽明三載考績三考黜陟幽明也謂黜其幽而陟其明也舜典文命文教也文命敷于四海大禹謨克艱后克艱厥后臣克艱厥臣謂各致其艱而克盡其道也大禹謨儆戒無虞所當儆戒之也無可虞度之時任賢勿貳去邪勿疑勿貳謂不以小人間之也勿疑謂果斷也惟修惟和惟叙惟歌水火金木土穀惟修正德利用厚生惟和九功惟叙九叙惟歌大禹謨德惟善政政在養民云云地平天成六府三

事允治萬世永賴地平天成言水土既平而萬物得以成遂也六府即水火木金土穀也三事正德利用厚生也大禹謨邁種德謂勇往力行以布其德於下也皐陶邁種德明刑弼教明於五刑以弼五教皐陶爲士師好生之德好生之德洽于民心舜典風動四方風動教化四達如風鼓動也舜贊禹誕敷文德舞干羽于兩階舞者所執也兩階賓主之階也帝乃誕敷文德舞干羽于兩階七旬有苗格帝舜也惇叙謂惇叙九族惇厚也僉受敷施言人君於有德者合而受之布而用之也撫五辰五辰四時也百工惟時撫于五辰萬幾言幾事之至多也一日二日萬幾昏墊昏瞀墊溺困于水災也下民昏墊刊木以通障蔽也隨山刊木禹懋遷有無化居懋勉其民徙有於無交易變化其所居之貨也大禹不應徯志言天下無不應徯我者徯待也惟動丕應徯志有先意志敷土敷分也謂分別土地以爲九州也禹敷土錫土姓錫之土以立國錫之姓以立宗

也聲教風聲教化也聲教訖于四海火炎崐岡玉石俱焚火炎崐岡不辨玉石之美惡而俱焚之苟爲天吏不擇人之善惡而戮之其害如此纘禹舊服謂繼禹所服行也表正萬邦纘禹舊服奭師謂昭明其衆也用奭厥師德懋懋官功懋懋賞人之懋於德則懋之以官人之懋於功者則懋之以賞湯德克寬克仁彰信兆民此言湯之德也彰著昭著也信者昭著其信也佑賢輔德顯忠遂良兼弱攻昧取亂侮亡諸侯之賢德者佑之輔之忠良者顯之遂之諸侯之弱者兼之昧者攻之亂者取之亡者侮之所以善善也所以惡惡也綏厥猷綏和猷道也克綏厥猷惟后輯寧輯和也寧爾邦家造邦諸侯之邦雖舊而更始故曰造邦尤我造邦咸若咸若鳥獸魚鼈咸若布昭聖武德威敷著也湯肇修人紀肇始也人紀三綱五常也先王肇修人紀指湯立愛惟親立敬惟長立愛敬於此而形愛敬於彼必自吾親長始也官刑制官刑儆于官府之刑也

有子惠困窮困窮之民若己子其難其慎惟和惟一言
位難者難於任用慎者慎於聽察所以防小人也和者
可否相濟一者終始如一所以任君子也此任用賢
才之道克綏先王之祿允底蒸民之生祿者先王所守之天祿也此言
天祿安民生厚一德之效驗也七世之廟可以觀德萬夫之長可以
觀政天子七廟惟有德者不祧故可以觀德天子居萬民之上必政教有以服人而後民悅故可以
觀政也矢言誓言也率衆慼出矢言生生言民蕩析離居不能相救也不能胥匡以
相以生也底綏致安也底綏四方無傲從康傲上之命從己之安也若農服
田力穡乃亦有秋勤於田畝則有秋成之望偷人不可從康也戎毒大害也汝
不畏戎毒於遠邇式敷民德永肩一心敬布為民之德永任於一心也惟口
起羞惟甲冑起戎惟衣裳在笥惟干戈省厥躬言語所以

文身輕出則有起羞之患甲冑所以衛身輕動則有
起戎之憂二者當慮其患於人也衣裳所以命有德
必謹其在笥者戒其輕予干戈所以討有罪必嚴
於省躬者戒其輕動二者當審其用於己也說命
清永清四海毒痛痡病毒痡四方樹德務滋除惡務本其植德則務滋長去
惡則務絕根本肇基王迹始得民心王業之成實基於此也太王肇基王迹誕膺天
命以撫方夏大受天命以撫安天下也文考文王誕膺天命以撫方夏大邦畏其
力小邦懷其德大邦畏其力而不敢為小邦懷其德而得自立文王大賚於四
海武惇信明義崇德報功厚其信明其義有德者尊之以官有功者報之以賞
成武成列爵惟五分土惟三五者公侯伯子男也五者公侯百里伯七十里子男五十
里也武成垂拱而天下治言武王垂衣拱手而天下自治也洪範九疇洪大
範法疇類也洛出書禹乃別為洪範九疇謂治天下之大法其類有九也敬用五事五事者

貌言視聽思五事農用八政八政一曰食二曰貨三
曰敬所以誠身也曰祀四曰司空五曰司
徒六曰司寇七曰賓八曰協用五紀五紀一曰歲二
師八政曰農所以厚生也曰月三曰日四
曰星辰五曰曆數五建用皇極皇極人君立標準於
曰紀協所以合天也上而為天下後世之
所取法者也皇極曰建所以立極也乂用三德三德者柔克剛克正直
也三德曰乂者所以治
民明用稽疑稽考也有所疑惑則考之卜
也稽疑筮也稽疑曰明所以辨惑也念用庶徵
徵驗也庶徵者雨暘燠寒風
也庶徵曰念所以省驗也嚮用五福威用六極五福
一曰壽二曰富三曰康寧四曰攸好德五曰考終命六
六極一曰凶短折二曰疾三曰憂四曰貧五曰惡六
曰弱五福曰嚮所以勸皇建其有極斂時五福用敷
也六極曰威所以懲也
錫厥庶民極之所建福之所集也人君集福非獨厚於其身而已用敷其福以與庶民使人人觀
感而
化也民無淫朋人無比德庶民無有位之人而無淫朋比德者人君建極之效

也淫朋邪黨也比德私相比附也凡厥
庶民無有淫朋人無有比德惟皇作極無虐煢獨而
畏高明煢獨庶民之至微者也高明有位之尊顯者
也民之至微者有善則當勸勉之有位之尊
顯者有不善則當懲戒之既富方穀富祿之也穀善也在官之人
則當懲戒之有祿可仰然後可責其為善
九厥正人
既富方穀王之義王之道王之路無偏無陂遵王之
之道無有作好遵王
惡遵王之路王道蕩蕩王道平平王道正直遠也平
平平易也正直不偏邪也無偏無黨王道蕩蕩廣
蕩無黨無偏王道平平無反無側王道正直
極遵義遵道遵路言其極也蕩蕩平平正直歸其極
也會者合而來歸者來而至也會其有極歸其有極會極歸
極四夷咸賓明王慎德四夷咸賓畢獻方物方物者方土所出
畢獻之物也無有遠邇
方物不寶遠物則遠人格不寶遠物所寶惟賢則邇人安所寶惟賢
迪民康造明哲以道民於安造哲迪民康敷賁謂修明其典章法度也
數寧

撫定也救寧武功崇德象賢先聖王之有德者則尊崇之其後嗣子孫有象先聖王之賢者則命之以主祀惟稽古崇德象賢庸庸祇祇威威用其所當用敬其所當敬威其所當威也文王痌瘝痌痛瘝病也視民之不安如疾痛之在己身也痌瘝乃身弘王謂廣上文王德意也乃服惟弘王應保應和也應保殷民亦惟助王宅天命作新民安定天命而作新斯民也若有疾以去疾之心去惡也若有疾惟民其畢棄咎若保赤子以保子之心保善也若保赤子惟民其康乂要囚獄詞之要者也要囚服念五六日至於旬時臬事法與事也汝陳時臬事義刑義殺刑殺宜於時者也用其義刑義殺天罔大法也民之不率教者大置之法裕民和裕其民也乃由裕民迪康導民於安康之地也爽惟民迪吉康民監人無於水監當於民監言不能見其得失人之姸醜而已當於民監則其得失可知敬寡屬婦人之寡弱者則哀敬之使不失所窮獨者則聯屬之使其有所歸也

皐氏藻林卷之六　政治類　十

引養引恬引攜斯民於生養安全之地也若稽田既勤敷菑惟其陳修為厥疆畎若作室家既勤垣墉惟其塗塈茨若作梓材既勤樸斵惟其塗丹雘武王望康叔以成終也稽治也敷菑廣去草棘也疆畔也畎通水道也塗塈泥飾也茨蓋也梓良材也雘采色之名方來庶邦享作兄弟方來民碞碞險也言小民至微而至為可畏也用顧畏於民碞迪簡啓迪簡拔賢士也迪簡在王庭惠鮮鰥寡鰥寡之人資予賙恤使之有生意也文王咸和咸和萬民惟正之供常貢之外無橫歛也以庶邦惟正之供又曰以萬民惟正之供丕時大盛之時也在讓後人於丕時冒海隅出日言文王之功業大覆冒斯民海隅出日之地言至遠也康濟康濟小民開民麗麗依也民之所依者衣食之源也不克開于民之麗靈承于旅善承其衆也叨懫日欽貪叨忿懫者則日欽崇而尊用之也慎厥麗乃勸人君之所依者仁而

已君仁則莫不仁矣慎厥麗乃勸厥民刑用勸不蠲烝不蠲潔而穢惡不烝進而怠惰也圖厥政不蠲烝克臬能事上帝也爾罔不克臬籲俊尊上帝求賢以為事天之實也大競大強之時也乃有室大競不釐上帝之耿命亦越成湯陟丕釐上帝之耿命奄甸萬姓奄有者并有其地甸者什伍其民也庶言號令也庶獄獄訟也庶慎謂国之禁戒儲備也文王罔攸兼於庶言庶獄庶慎禹迹禹服舊迹也其克詰爾戎兵以陟禹之迹覲耿光覲見也耿光德也揚大烈太烈業也以覲文王之耿光以揚武王之太烈弗庭弗來庭者四征弗庭大猷謂太道之世也若昔大猷阜成阜厚也阜成兆民至治馨香馨香者精華之上達也至治馨香感于神明莫麗陳教定民所依陳列教條也大下大治也率循大下樹屏謂植立藩屏也建侯樹屏保釐保安釐理也命畢公保釐東郊旌別淑慝表厥宅里彰善癉惡樹之風聲弗率訓典

皐氏藻林卷之六　政治類　十一

旌善別惡成周由俗之政也表異善人之居里顯其為善者而病其為不善者以樹立為善者風聲所謂旌淑也其弗率訓典者則殊異其井里疆界使畏為惡之禍而慕為善之福所謂別慝也殊厥井疆俾克畏慕申畫郊圻慎固封守郊圻之制昔固規畫矣則申明之封守昔固有守矣則嚴謹之域之險以康四海敝化敝壞風俗也敝化奢麗道治道者致治之道也政治澤潤生民式和民則則物則也弘敷五典式和民則清問虛心而問也皇帝清問下民惟敬五刑以成三德惟敬五刑之用以成剛柔正直之德也祥刑祥刑無刑也而謂之祥者刑期於無刑也有邦有土告爾祥刑兩造兩爭者皆至也兩造具備五辭麗於五刑之辭也師聽五辭五過五刑之過誤者宥之也正于五過簡孚簡核情實也簡孚有衆具嚴天威聽獄者如上帝臨汝也上下服上刑適輕下服下刑適重上服惟良折獄惟温良長者能折獄而無不中

也非佞折獄惟良折獄明清于單辭單辭者無證之辭也聽之為尤難明者無一毫之蔽
清者無一點之汚曰明曰清然後能察其情也杌隉杌隉不安也邦之杌隉曰由一人榮懷榮懷可懷
也邦之榮懷亦尚一人之慶
左傳芟夷蘊崇芟刈夷殺蘊積崇聚也為國家者見惡如農夫之務去草焉芟夷蘊崇之絕其根本
因生賜姓胙土命氏因其所生之地而賜為姓因其所封之地而命為族氏也天子建德因生以賜姓胙之土而命之氏
昭德塞違昭明有德者以閑塞違邪使逆命者止絕也君人者將昭德塞違以照臨百官
紀律紀綱法律也不敢易紀
僭並后匹嫡兩政耦國妾得寵而如后庶子得寵而如嬖臣擅國政而如二君大都勢絕而如二國此四者亂之本也
整民禮以整民展義謂宣布德意也天子非展義不巡守
內寵並后外寵二政嬖子配適大都耦國內私寵妾如二后然外嬖大夫如二君然寵愛世子如適子然大都勢絕如二國然此皆亂之本也
招攜招來攜貳之國也招攜以禮

勤遠略勤勞於經略遠方也不務德而勤遠略
怙亂恃人亂以為己利也無怙亂
王章禮所以章顯王者也國寶信者國之寶也
表裏山河外河而內山也表裏山河必無害也
藝極貢獻多少之法也陳之藝極
防利謂防患興利也教之防利禦
螭魅放諸四裔以禦螭魅堯虞四凶也
京觀戮罪人以為大觀也以為大戮於是乎有京觀以懲慝應
撫封撫有其封內之地也使諸侯撫封
敦庬敦厚而庬大也民生敦庬變
之如父母仰之如日月敬之如神明畏之如雷霆民言奉其君如此也
製錦謂治邑之才也子有美錦不使人學製焉大官大邑身之所庇而使學者製焉其為美錦不亦多乎又以製錦何階
操刀使割今吾子愛人則以政猶未能操刀而使割也子及使尹何為邑事
鑄刑鄭人鑄刑書於鼎以為國之常法
九刑周有亂政而作九刑
封略天子經略謂天子經營天下也諸侯正封謂諸侯封疆之有定分也封略之內何非君土
荒閱荒大閱蒐也有聖人當大蒐其衆周文王之法曰有正荒國所以得天下也
封殖修封疆殖五穀也言后稷封殖天下
圃生杞謂荒亂也我有圃生之杞乎
勤民勤音焦勞也謂役民也其以勤民也
王度王室之法度也思我王度也思我王重也
式如玉式如金用王法如玉之堅如金之式如玉式如金
禮記三田天子諸侯無事則歲三田一為乾豆二為賓客三為充君之庖
崇四術立四教詩書禮樂之教乃入德之路故言術也樂正崇四術立四教春秋教以禮樂冬夏教以詩書
棘寄王親視學不率教者屏之遠方西方曰棘棘急也欲其遷善之速也東方曰寄寄者寓也暫寓而終歸之也此不忍終棄之意
析言破律亂名改作執左道以亂政殺剖析言辭破壞法律所謂舞文弄法者也變亂名物更改制度或挾異端邪道以罔惑於人皆足以亂政在所當殺
作淫聲異服奇技奇器以疑衆殺行偽而堅言偽而辯學非而博順非而澤以疑衆殺

順非文過也其言滑澤無滯
執禁以齊衆立法司刑所以齊衆人之不齊也
七教父子兄弟夫婦君臣長幼朋友賓客也
掩骼埋胔骼骨之尚有肉者孟春之月掩骼埋胔
春誦夏弦春誦夏弦大師詔之
語于郊取賢斂才論辨賢才於郊學之中錄其賢而收其才焉
德進事舉言揚語于郊者或以德進或以事舉或以言揚蓋道德為先事功次之言語又次之
大同公道大行同之世
小康小小安康之世
疵國刑肅俗敝是謂疵病之國也
藏身藏安也政不正則君位危而身不安矣此聖人所以藏身之固也
聽朔聽月朔之事也聽朔於南門之外
草木茂區萌達羽翼奮角觡生蟄蟲昭蘇羽者嫗伏毛者孕鬻胎生者不殰卵生者不殈區音勾曲而生者也角之無䚡者曰觡昭蘇謂蟄蟲初出如暗而得明如死而更生也嫗伏体伏而生子也孕鬻妊孕而育子也殰者及而胎敗也殈裂也此言凡物皆得生育者皆歸于聖人禮樂參

贊之道也 **章好慎惡** 君民者章好以示民俗慎惡以御民之淫 **章志貞教** 尊志者明吾好惡之所在貞教者身率以正也

周禮 **辨方正位體國經野** 辨方謂考日景以別東西南北之方也正位謂審面勢以正祖社朝市之位也體國謂分營其國中以爲宮寢門塗也經野謂畫治其野外以爲丘甸溝洫也惟王建國辨方正位體國經野以爲民極

六典 太宰之職掌建邦之六典以佐王治邦國一曰治典二曰教典三曰禮典四曰政典五曰刑典六曰事典

八法 太宰以八法掌治官府一曰官屬二曰官職三曰官聯四曰官常五曰官成六曰官法七曰官教八曰官計也

八則 太宰以八則治都鄙一曰祭祀二曰法則三曰廢置四曰祿位五曰賦貢六曰禮俗七曰刑賞八曰田役

八柄 太宰以八柄詔王馭群臣一曰爵二曰祿三曰予四曰置五曰生六曰奪七曰廢八曰誅

八統 太宰以八統詔王馭萬民一曰親親二曰敬故三曰進賢四曰使能五曰保庸六曰尊貴七曰達吏八曰禮賓

九賦 太宰以九賦斂財賄一曰邦中之賦二曰四郊之賦三曰邦甸之賦四曰

家削之賦五曰邦縣之賦六曰邦都之賦七曰關市之賦八曰山澤之賦九曰弊餘之賦

九式 太宰以九式均節財用一曰祭祀之式二曰賓客之式三曰喪荒之式四曰羞服之式五曰工事之式六曰幣帛之式七曰芻秣之式八曰匪頒之式九曰好用之式

九貢 太宰以九貢致邦國之用一曰祀貢二曰嬪貢三曰器貢四曰幣貢五曰材貢六曰貨貢七曰服貢八曰斿貢九曰物貢

九兩 太宰以九兩繫邦國之民兩猶耦也所以協耦萬民也一曰牧二曰長三曰師四曰儒五曰宗六曰主七曰吏八曰友九曰藪

治象 以治法畫之爲象也正月之吉乃縣治象之法於象魏

廢置 無功者貶其秩是謂廢有功者還其職是謂置太宰詔王廢置

八成 小宰以官府之八成經邦國一曰聽政役以比居二曰聽師田以簡稽三曰聽閭里以版圖四曰聽稱責以傅別五曰聽祿位以禮命六曰聽取予以書契七曰聽賣買以質劑八曰聽出入以要會文云成謂辟政之成法也士師掌士之八成一曰邦汋汋作酌謂挹取機密斟酌爲姦者也二曰邦賊謂潛謀陰結將謂逆亂者也三曰邦諜謂陰爲反間刺探國事者也四曰犯邦令謂故特慠悍廢格法令者也五曰猾邦令謂詐爲王言以布於下者也六曰爲邦盜謂竊取國貨以私其家者也七曰爲邦朋謂結私黨以亂政者也八曰爲邦誣謂造詐言以惑衆者也八成事以馭王

要會 歲計曰會月計曰要官給於民民輸於官皆以計簿聽之聽出入以要會

陽禮教讓 陰禮教敬 樂禮教和 儀禮辨等 陽禮鄉飲之禮也陰禮婚姻之禮也樂禮宴享作樂之禮也儀禮車旗衣服之制也大司徒職

荒政 大司徒以荒政十有二聚萬民一曰散利二曰薄征三曰緩刑四曰弛力五曰舍禁六曰去幾七曰眚禮八曰殺哀九曰蕃樂十曰多昏十一曰索鬼神十二曰除盜賊

保息 謂保安其民使之蕃息也大司徒以保息六養萬民一曰慈幼二曰養老三曰振窮四曰恤貧五曰寬疾六曰安富

本俗 使民不忘其舊俗此爲治之要道也大司徒以本俗六安萬民一曰微宮室二曰族墳墓三曰聯兄弟四曰聯師儒五曰聯朋友六曰同衣服

三物 太司徒以鄉三物教萬民而賓興之一曰六德智仁聖義忠和二曰六行孝友睦婣任恤三曰六藝禮樂

射御書數

束矢鈞金 以兩造禁民訟入束矢然後聽之所以自明其直也以兩劑禁民獄入鈞金然後聽之所以自明其實也大司寇職

嘉石 大司寇以嘉石平罷民凡民有罪者桎梏而坐諸嘉石石文石也使罷民思其文理而成就其善也

肺石 大司寇以肺石達窮民凡有冤抑復於上者立於肺石士聽其辭以告于上肺石赤石也

五聲 八辟 三刺 小司寇以五聲聽獄訟求民情一曰辭聽二曰色聽三曰氣聽四曰耳聽五曰目聽以八辟麗邦法附刑罰一曰議親之辟二曰議故之辟三曰議賢之辟四曰議能之辟五曰議功之辟六曰議貴之辟七曰議勤之辟八曰議賓之辟以三刺斷庶民獄訟之中一曰訊群臣二曰訊群吏三曰訊萬民以五聲察其情以八辟求其生以三訊審於衆聖人好生之德也刺殺也訊詢問也聽爲主故同謂之聲辟法也八辟即入議

登中天府 合於法者謂之中一歲終會群士計獄弊訟登中於天府謂上其一歲獄訟之數于天朝也

五禁 士師掌國之五禁之法以左右刑罰一曰宮禁二曰官禁三曰國禁四曰野禁五曰軍禁

斷獄弊

訟弊亦斷也三宥三赦司刺掌三刺三宥三赦之法以詔司寇聽獄訟三刺見上謂訊諸衆人皆以爲可殺而後用刑焉三宥一宥曰不識二宥曰過失三宥曰遺忘三赦一赦曰幼弱二赦曰老耄三赦曰蠢愚宿息井樹自國及郊皆有宿息井樹夜可以寢晝可以憩井以備飲食樹以爲藩蔽所以待賓旅也此野廬氏所掌骴禁即掩骼埋骴之令也蜡氏所掌夜禁司寤氏掌夜時以詔夜士夜禁禦晨行者謂未曉而行者則禦之也禁宵行者即夜遊者夜而遨遊恐其惑衆故亦禁之

國語民隱隱謂民之所痛也勤恤民隱考中度衷考省己之中心以度人之衷心也考中度衷以恤之制義庶孚制立事宜爲衆所信而行之也制義庶孚以行之民無縣耜野無奧草無縣耜言常用也無奧草言盡闢也場功修囷倉也收而場功軌儀謂軌道儀法也度之於軌齊給齊整給治也內外齊給也山不槎櫱澤不伐夭魚禁鯤鮞獸長麑䴠鳥翼鷇卵蟲舍蚳蝝所以蕃庶物也

槎斫也以株生曰櫱草木未成曰夭鯤魚子鮞者未成魚也鹿子曰麑麇子曰䴠翼成也生哺曰鷇未孚曰卵蚳蟻子蝝復陶也舍不收也救乏振滯匡困資無救乏之振之絕者振滯拯淹滯之士匡困正窮之之人資無予無財者也茂穡勸分茂勉稼穡勸有分無也育類育長類善也正名育類刀鋸斧鉞刀鋸小人之刑也斧鉞大刑也今刀鋸日弊而斧鉞不行繭絲保障繭絲指賦稅而言保障指藩籬而言又保障蔽扞也尹鐸爲晉陽令請曰以爲繭絲乎抑爲保障乎簡子曰保障哉言鐸之意不在賦稅而在藩籬此其所以能保晉陽也疏穢鎮浮盈滌人之邪穢鎮重俗之輕浮也教之樂以馳其穢而鎮其浮聳善抑惡聳奬抑貶也聳善抑惡以戒動其心持盈定傾持盈守滿也定傾安危也國家之事有持盈有定傾國常國舊法也無忝國常

老子悶悶不作聰明其政悶悶醇醇謂自樂也其民醇醇

莊子素樸至德之世其德不離同乎無欲是謂素樸標枝野鹿標枝枯枝也但見其枝不見其葉也標枝野鹿皆是無情無欲之喻至德之世上如標枝下如野鹿縣令縣與縣同懸揭之號令猶今賞格之類河潤河潤九里以喻澤及人之廣也去害馬黄帝問小童以爲天下小童曰夫爲天下亦奚以異乎牧馬哉去其害馬者而已哉

楚辭薋菉葹以盈室三物皆惡草以比讒佞滿室者險滿朝也震愆百姓震愆言震動以罪過何百姓之震愆鳳凰在笯雞鶩翔舞笯籠落也此言賢人困厄小人在位也先威後文謂先以威武嚴民後以德化撫之也發政獻行就行謂令百官上其行治如周禮令群吏致事也舉傑壓陛謂延登俊傑使在高位以壓階陛也棄周鼎寶康瓠駕罷牛驂蹇驢驥服鹽車章甫薦屨康瓠瓦盆底也服駕也章甫冠名薦屨反在屨下也此皆喻任用讒邪遺棄忠良也察篤夭隱夭夭喪以者隱幽蔽也察篤夭隱言察夭隱者而厚之瓊珪雜於甑室隴廉與孟娵同宮甑室瓦器隴廉醜婦孟娵好女也此皆喻賢愚

之不甄別也騁騏驥於中庭置猨狖於櫺檻櫺階際欄也騁騏驥于中庭焉能極夫遠道置猨狖于櫺檻何以責其捷巧皆喻賢才小用不足以盡其能也鶉籠鶉小鳥無毛者籠蓄鳥竹器也爲鳳凰作鶉籠雖翕翅其不容喻大賢不可小用也駕蹇驢而上山駕蹇驢決不能上山喻用小才決不能濟用玉與石同櫃貫魚眼與珠璣君不辨忠佞猶玉石同處魚眼珠璣同貫而不別也服罷牛而驂驥在轅爲服外騑爲驂喻人君用人不當賢否倒置也蓬矢射革以蓬蒿之箭而射犀革必不能入猶使愚巧任政必無成功也機蓬矢而射革橘柚萎枯橘柚美木喻斥逐君子也苦李旖旎蕃言苦李喻愚重小人也枉與登慶雲枉壞惡者喻曲佞之臣陞於顯朝也鈆刀厲御鈆刀鈍刀厲御進用也喻頑嚚之徒任政職也執棠谿以刜蓬秉干將以割肉棠谿干將皆利劍也以之而斫蓬蒿割熟肉非其宜也言使賢者爲僕隸之徒亦猶是也淹芳芷於

腐井弃雞駭於筐簏 腐臭也雞駭文犀也筐簏竹器也言積瀆衆芳於泥臭之井弃文犀之角置於筐簏而不帶佩猶弃賢者於山林之中也故云 鳴鳩棲桑榆 鳩鳥輕佻巧利乃棲于桑榆茂林之上鼓翼而鳴得其所也以喻賢人而在高位 玄猨失潛林 猨最敏捷失於高深之林則怠其能也以喻賢人弃在山澤 葛藟蔓於桂樹鴟鴞集於木蘭 葛藟惡草鴟鴞貪鳥而蔓於桂樹集於木蘭以喻小人進在顯位貪餮升爲公卿也 登能亮賢 升進賢能信任仁賢也 充廬 賢者進用滿国廬也 甘棠植於枯草藜棘樹於中庭 言遠仁賢近讒賊也 箟簬雜於叢蒸 箟簬香直之細竹曰蒸言草雜於叢蒸而蔽之則不識於物也喻忠佞之不辨 黿鼉游乎華池 芳華之池也黿鼉游乎華池言小人進也 漢傳 覆露萬民 覆露蔭露育澤也 倒持太阿 太阿名劒持太阿言秦無道譬如倒持劒而以把授與人也 魁柄 又授以魁柄以斗爲喻也同上 竊鈇鉞

卓氏藻林卷之六　政治類　十八

王者以爲威用若政令不行雖有鈇鉞無所用之是謂私竊隱藏之耳 軌事 軌謂法度也 功緒 緒謂功作之端次 誕章 誕大也謂憲章之大者 彌文 加飾之文也飽虛文 草具 謂創立其事也 貫行 貫聯屬也謂上所陳衆條諸事宜次第相續而行之 疏舉 疏遠也謂遠舉廣謀 緒正 緒尋也謂本其統緒而正之 綜核 綜核名實 鉤摭 鉤摭細微 章程 章曆數之術也程者權衡丈尺斗斛之平法也程法式也 軼迹 迹王者之遐迹軼者過也 節適 謂得其節而合宜也 限列 令條列也而爲限禁 審畫 畫計議也 石畫 石言堅固如石也畫計策也 受計 受郡国所上計簿也 繩下 繩謂繩治之耳 拊循 循撫也士大夫非素不得 摘伏 發奸摘伏如神摘謂動發之也 興壞 扶微 興壞 襃留 除害 扶義 扶助也遣長者扶義而西 財察 財與裁同 扞蔽 以國爲扞蔽猶藩屛也 法比 有腹誹之法比 比則例也 令甲 令有先後故有令甲令乙 甲令 即令甲也有令篇之次也 金布令甲 金布者令

篇名也其上有府庫金錢布帛之事因以名篇 三尺法 以三尺竹簡書法律也 苛法 苛細也 骫法 骫曲也 析律 謂分破律條妄生端緒以出入人罪也 挈令 挈獄訟之要也書於讞法挈令以爲後式也 文惡 以文法傷害人也 文繫 牽於文繫謂懼於文吏之法也 畫一 言整齊法度較若畫一也 擿摭 擿摭秦法謂收拾也 畫象 唐虞畫象而民不犯謂畫其衣服象五刑也 廢格沮誹 廢格沮誹窮治之謂官有所作廢格且敗誹謗則窮治之 抵禁 愚民觸法抵禁抵觸也 具獄 謂獄案已成其文備具也 煩憯 法令煩憯謂刻害於下也 獄犴 獄犴獄訟也詩云宜岸宜獄 解嬈 除苛解嬈嬈煩嬈也 逮繫 逮及也論之所及則追捕之訟獄逮繫長安 置對 謂立爲對詞也士或不肯置對 置詞 立對獄之詞也 考立 考成也考立其殺人之罪 掠笞 掠笞服之立其罪名 奏當 當謂處其罪也 簿責 簿書責之於簿責問之也 平反 反音幡幡罪人辭使從輕也多取平反罪人 平亭 亭均也言平均

卓氏藻林卷之六　政治類　十九

疑法也 抵讕 抵距也讕評詞也即置詞也 坐率 年幼無罪坐於父兄所率率家長也 伏罪 謂舊罪陰伏未發者也 覺罪 覺猶帶也 反捺白罪 播罪之明白者反而捺之 蒙蓋 蒙蔽也百姓蒙蓋 抵冒 抵觸也亦至也無知抵冒 沈命 沈沒也敢蔽匿盜賊者沒其命也作沈命法 誅夷 夷平也謂盡平除其家室宗族也 赤族 見誅殺者必流血故云赤族 夷種 謂盡平除其種類也 殊死 殊絕也異也言其身首離絕而異處也 橫分 謂身首分離也伏質橫分 抗剄 抗卒也剄割也 城旦舂 城旦者旦起行治城舂者婦人不豫外徭但舂作米皆四歲刑也 鬼薪白粲 取薪給宗廟爲鬼薪坐擇米使正白爲白粲皆三歲刑也 薰胥 謂吏役之猾滑人如薰灼之狀也 胥靡 胥相也靡隨也謂聯繫其人使相隨而服役也 係縲 縲猶束縛之也係繼之也 縲紲 縲係也紲長繩也所以拘攣罪人者 鉗鈦 鉗在頸鈦在足皆以鐵爲之刑具也 斧質 質謂鍖也古人斬人加於鍖上而斫之也 紂黑質

鈇質 言有罪者則係於徽墨无惡者則斬以鈇質也徽墨皆繩也質鑕鈇斫刀也 **箠楚** 箠杖也楚荊木也民無箠楚之憂 **敲朴** 敲短杖也朴箠也執敲朴以鞭笞天下 **反接** 反縛兩手也受詔郎反接 **刻木削木** 刻木爲吏期不對削木爲吏議不對 **飛變** 猶言急變也上飛変告文書也 **次骨** 言用法深刻至骨也 **巧詆** 詆誣也不公平也無文巧詆 **貫赦** 貫其罪也 **索親** 言選擇賢臣取四親於古之賢人也 **澆淳** 不雜爲淳以水澆之則味離薄民俗散樸澆淳 **右賢左戚** 以賢爲上然後及親戚也 **器人** 取人器能也 **刑名** 以名責實尊君卑臣以刑名繩下出上抑下也 **貢棐** 棐與篚同竹器也所以盛方物者 **流輸** 轉粟流輸千里不絕 **方輸** 方軌而輸也 **轉道** 運糧之道也 **飛芻輓粟** 運載芻粟令其疾至故曰飛芻 **乾沒** 得利爲乾失利爲沒 **顧塞** 百夷嚮風顧塞顧叩也 **馳義** 慕義驅馳而來也單于嚮風馳義 **劭農** 劭勸也勉也 **麻沸** 江湖海澤麻沸盜賊未盡破殄言如亂麻而沸涌也 **麻起**

卓氏藻林卷之六　政治類　二十

三輔盜賊麻起言起者如亂麻也 **漁奪** 漁奪百姓言若漁獵之爲也 **鼠竄** 秦頭鼠竄以歸言其迫窘逃亡如鼠之竄也 **揚沸** 吏治若救火揚沸言酷吏 **侵漁** 侵漁百姓謂奪其利使也 **侵牟** 牟食苗根虫也侵牟食民比之蟊賊也 **貪狼** 狼性最貪故謂人之貪者曰貪狼 **陶鈞** 聖人制馭天下亦猶陶人轉鈞陶家名轉者爲鈞蓋取周回調鈞也 **盤石宗** 犬牙相制所謂盤石之宗也 **虎而冠** 如虎著冠言其殘暴之甚也 **破觚斵琱** 漢興破觚而爲圜斵琱而爲樸言去嚴刑而從簡易抑巧僞而務敦厚也觚方也琱刻鏤也 **闓懌** 皆樂也言四方幽遐皆懷和樂也闓音凱懌音亦 **滲漉** 滲漉滲漉謂潤澤下究也 **被飾** 被除也言除去舊事更飾新文 **諸史** **收孥** 孥子也謂犯罪者收錄其妻子沒爲官孥也又秦法一人有罪并其家 **發蹝** 發興蹝役也發蹝治阿房 **漕轉** 卽水運也 **風走** 言疾走如風也天下風走而響應矣 **逮捕** 逮者其人在而直追取之捕者其人亡而討捕之也 **失鹿** 秦失其鹿言秦無道遂失其國如鹿

人之失鹿也以鹿喻帝位也 **犬牙** 犬牙相制言分封子弟境土交接若犬牙不正相當而相銜入也 **雅舂** 正身舂之曰雅舂謂作杵曰碓舂於市也使雅舂於市所以罪之也 **風曉** 謂諷微加曉告也今唐家風曉南越 **土崩瓦解** 言秦國敗壞若屋宇崩頹衆瓦解散也 **重九譯** 重復傳四夷之語者曰譯重九譯謂經其詞語經九重之國乃至此也 **相灌輸** 謂以其土地之所有者轉輸於所无之地 **乾封** 天旱意乾封乎言天旱之意其欲新封之土乾燥乎漢武帝紀 **華風** 嶺南有中華之風化也始於任延爲守 **物色** 不象其人物顏色以訪求之也以物色訪之 **拯世** 濟時拯世之術 **治劇** 劇艱也猶甚也 **清平** 謂清平之政尤求猛敵不如清平 **風裁** 風者雷厲風飛之謂裁音在謂能鑑別也李膺獨持風裁 **浪駭** 如破浪之駭散也群盜浪駭 **楚辱** 箠楚恥辱也 **進賢理屈** 謂進用賢人治理枉屈也 **王軌** 執法度也必須衆資以清王軌 **杖信** 言人之可倚杖者莫如誠信推誠杖信以招豪傑 **露根** 國无三年之積則有露根之漸

卓氏藻林卷之六　政治類　二十一

露暴露也根民根也國以民爲本謂國无蓄積則民漸至於流離暴露也 **銓次** 考其才德而等第之謂之銓次 **安堵** 喻人皆安然如牆堵之不遷動也老弱安堵如故 **犯順** 言作逆也抗旌犯順 **秕政** 言其政繁如糠秕秕也朝多秕政 **板蕩** 乱也詩上帝板板上帝蕩蕩板反也謂反先王典天道也蕩謂法度廢壞也板蕩識忠臣又云天地版蕩 **清野** 謂廓清四野无盜賊之警也堅壁清野 **文選** **夷隆** 夷平也隆盛也道有夷隆 **毒螫** 蕩以秦之毒螫 **太清** 無爲之化也鑒於太清 **荒屯** 屯難也紹百王之荒屯 **重熙累洽** 光武既明而明帝繼之故曰重熙累洽 **皇風** 天子之風教也宜布皇風 **抗稜** 奉德以威之也神靈之威曰稜震四裔而抗稜 **輻湊** 萬方歸之如輻湊轂 **馨烈** 馨香之業王業也 **大號** 大發號令也 **殷昌** 言天下富盛也 **華平** 瑞木也天下平其葉則平有不平處其葉則向其方而傾植華平於春圃 **惠風** 謂仁惠之風也 **遐武** 遠迹也踵三皇之遐武 **國恤** 國憂也思國恤 **醇醲** 前政治之醇厚

猶酒之醇也著曜威靈聖武興言
国政之醇醲將曜威靈咆咻即咆哮也言放弃王命也
咻不實旨叛換叛反換易也雲徹叛換言反虔劉不殺
除與吞滅易常道之人皆如雲之去也
之也席卷虔劉又亡之蹤爵分爵以緣督緣順也督
无处留之志亦梗化報功也中也謂順
乎中道也下則揚歷試之也謂優賢才明其捜揚而歷匪蘗
緣督而自勸優賢者于揚歷
匪非蘗私也匪蘗形於親戚謂非以私玄同大同之
情而見於親戚也即不私親戚之謂化也世世
篤玄聲與風翔澤從雲遊言仁聲德澤隨風山無槎
同從雲布沾天下
枿畋不麑胎斜斫曰槎斬而復生曰枿不麑胎者言
不獲胎於卵也此言仁之至也故云云
饒衍百姓同閲澤閲大也布德號德政之號令公儲
於饒衍護閲澤也出宣德號
公家之儲蓄封豕窫窳封豕其上窫窳其民喻嬴秦
也布散公儲之暴虐封豕窫窳皆食人之
猛獸麋沸雲擾喻天下之順斗極運天關斗極即北辰
兵乱也星也又名天

關言天子順斗極以爲伏蛾蛾即蟻字蛾伏言人
政如天關星之轉運也之歸順如蛾之伏也惕
息惕息懼威也不敢弛秋霜流春澤弛廢也弛秋霜之嚴
喘息也威流春澤之渥恩言
不見禁門禁亦閉也有禁門而莫廟算謂算於廟
誅也咎謂閉關而拒諸侯也堂之上也埏
埴埏和埴土也謂和土以爲器也上操刀爲政臨人
之化下猶陶匏之埏埴謂成物也亦猶操刀
制割也制者必太素謂質朴之治也痌瘝言百姓傷
割實存操刀反人情於太素爲痌爲瘝
而病春臺熙熙喻太平之治也國美國家之美也
之也登春臺之熙熙訪國美於舊史
威稜即威嚴也國章國家之章翼翼龍門見也
四門威稜礼儀也顯猷猷道也言王
道明康世屯康安也龜暴龜勝也謂勝暴乱荆棘慶
盛也屯難也龜暴資神理玄化玄化
雲之惠慶雲蔭物不分荆棘而覆之不
別荆棘者慶雲之惠也道德之化也
旁流旰食晏寐言勤政事稜威遐厲言威稜遐振厲激
旰亦晏也也謂征伐之勝

蔺珠隨沙石蔺珠大珠也喻君子沙石喻小人則明
隨者言賢不見用與不肖同處也
分爽觀象洞玄陵風協極絕輝昭淵象也言法天之
明以分之觀象之玄以通之風教上升則法則也象玄
合於宸極光耀絕遠下照深淵洞通也惠浸萌生信
及翔沫萌生萬物也翔沫魚鳥也言恩及於魚鳥也豐施於下也豐恩施
仰閱長物謂長養萬物皆信及於魚鳥也玄澤聖恩也玄
豐施也太人長物澤旁流幽人肆嶮言
遠之人皆習吹萬言天氣吹煦生養萬物也亦嶮幽
險而來歸也喻人君之政事吹萬群方悅在宥
在察也宥寬也在宥魚鳥失飛沉言萬物失所
天下言以寬爲治也民不安也肅穆
和穆也肅群也言歸附者成群庶士傾風萬流
穆恩波被麕至而來也抱智麕至
仰鏡衆士萬人皆傾慕其澆淳樸澆薄也謂淳樸之
風仰之以爲鑒鏡也風由茲而薄也安
事澆陽澤陽春布澤也撫化撫萬物之變化也豺虎
淳朴皇心美陽澤撫者静察之意

遘患豺虎喻群盜害人行春謂視百姓春田之乾象
也遘及也患平聲耕也承令行春返
棘傾坤儀舟覆天覆如屋地載如舟采甄采擇而甄
傾覆以喻天下乱也録謂用賢
也微物盛明治世也盛氛昏喻寇盜俗訛訛僞也擾
豫采甄明蕩氛昏之亂也擾俗化訛
狐狸夾兩猿豺狼當路立皆喻貪亂之臣翔鳳嬰龍
親近執權勢也
檻駭驥見維縶皆喻賢才被拘縶高符瑞命也即君
不得施其用也之籠命希世
無尚嘉運嘉善之運也陽九王迹隤陽九隤壞也言
符在昔嘉運王道積壞由於陽數之
九九者陽數之極萬物不世羅皇綱也流化德澤
爻理之困極而天下亂矣也頓世羅之行
也流化俗屯世難也驟染時謂教化行於世昭灑謂
月滂沱觀俗屯乎也餘風足染時照
明洗滌其濁穢也言聖聖期謂聖期五百年有王者與是文
治維新聖生諒昭灑聖期缺中壞
軌書同文車同軌探隱拯沉探索民隱拯救玄化象
也文軌薄桂海斯民之沉溺也

神謂至治通於神明也郤馬糞車天下有道修於内而已故郤走馬於田車糞田也群
萌反素群萌民也反素謂反於紀素之時也樵夫耻危冠輿臺笑短服
危冠短服皆戎上之衣也耻之笑之言大用兵而人皆頗事君也輿臺賤人也玄齒巷歌黃
髮擊壤玄齒童子也黃髮壽人也此言至治之事耕夫推畔魚豎讓陸田者
讓畔漁者不爭坻此言至治之化也林無被褐山無草帶被褐草帶皆野人之所服
今皆悅王道而來無留於山林之中丹冥投烽青徼釋警丹冥南方遠處青徼東方
遠地投去烽火釋捨戍候言治平也交臂屈膝謂來降者自縛拜也齊民齊變也齊民昏
作回面遠人回面謂臣服從犯關謂犯國家之關禁也犯關于紀弘振遐風謂大
振遠風也素風即儉約純素之風也玄邈風邈遠也洗耳投淵以振玄邈之風象魏
未箴象魏天子之門也所以使百官爲箴規以懸之於上未箴者言無面言之士也三道國體
人事直言也對策者當之肺石赤石也古者致之於闕有究訟者立於其旁主司牧之肺石不究
之人棘林聽訟之所也棘林多夜哭之鬼昃食勤政而晩食也秋荼密網荼草繁
密謂刑法之酷暴亦如之網刑也夏日嚴威夏日可畏威嚴如之畫冠畫其衣冠使
異於常人之飾使其罪者服之民皆不犯新積網羅積聚也皆言求網羅之道皆由經綸
草昧經營綸理也草昧謂造物之治即國家初創也塵洗天波塵喻罪也天波喻天子恩
澤猶言罪業天宥也綴旒冕旒上墜珠下垂而危喻國危也國家之危有若綴旒洪波振
壑川無恬鱗驚風拂野林無靜柯謂暴亂之世人不能自保其無虞也
三驅三驅之法去三面之網而止留一面言寬仁也惠首領謂赦其罪而不殺也踐壤
游川喻用賢也通壅引川則潔若安任賢用能則亂者理振鷺在庭振飛也鷺白鳥也以
喻潔白之士在庭也委裘謂用賢也委裘河上風猷風教道德也存猷風猷國危雖國

也宴安於國危雅俗言古人言行可以正俗也謂雅其俗簡裁裁音在即簡在也苛慝
謂煩苛慝之政也清時清平之時也策名清時土崩魚爛皆言潰乱也土崩自下魚爛自
内王塗蕪穢言王道荒乱也虓闞猛烈也又怒盛貌七雄虓闞言七國也夷險
芟荒言剪除暴亂險者平之荒若芟之也國容謂百官上下之儀也宮隣昭泰荒
憬清夷宮居隣近憬遠夷平也言天子之道居近昭泰之治荒遠之國亦感盛德而清平也稀
鳴桴於砥路鞠茂草於圓扉鳴桴擊鼓爲盜賊也今稀鳴於平路則無盜賊
矣圜扉獄也今養茂草則無犯罪者矣皆言治世之事也耆年闕市井之遊稚齒
豐車馬之好漢孝文至治和平老人不遊於市井稚齒小子也五歲有鳩車之樂七歲有竹
馬之歡此皆言至治之事雺掌昏濁之象以喻亂世也雺音夢執掃雺霁海水群飛喻天
下之亂也金科玉律謂法令也振鷺充庭鴻鸞漸階振鷺鴻鸞皆喻賢人
也充庭漸階喻在朝廷者多也紹天闡繹闡開繹治也言帝王繼天以開治神略神略
獨斷略謀也名檢法度也談者以虚爲辯而賤名檢垢俗以時俗爲垢穢也側席
古有憂者側席而坐側席幽人謂思求得賢也徵賁徵求賁飾也謂招賢也九縣飈迴
三精霧塞九縣九州也三精日月星也飈迴謂擾動不安也霧塞謂昏暗皆言天下亂也安
瀾瀾水波也安瀾以喻太平天下安蠶食如蠶之食葉漸其於盡蠶食也國言春也春風
煦蕭艾秋霜隕芝蕙言賞罰不以貴賤易其常也春風朝煦蕭艾業其溫秋霜暮墜
芝蕙被其家鴻鈞太平之世也蜂駭群雄蜂駭清天步謂廓清帝室也歸命
即歸降也醇化醇醲之化言美政也衰陵衰微陵遅也雰濁喻穢俗也玄晏礼教
也玄晏之風遏固負阻蠻夷憑負險固也鹿駭狼顧喻賊盗警擾也欵關
謂叩門請見也欵關學市春煦煦陽氣也春煦秋陰智刀明智以理政如刀刀之利也智

刃所遊
僉龍世探亂僉龍取也亦劵也
暴以秋陽威以夏日言恩下人如秋日之和人皆愛其蟲也其威明又如夏日之盛人皆畏其猛也
舊蒲言盗賊也昔者鄭国多盗聚人於萑蒲之澤本草名萑蒲似在
惠露仁風言恩惠如露之沾物仁德如風之扇物也
寢扃謂除其闕寃北門寢扃
闢玄闈玄道也闈即門也闢玄闈以闈教謂開政道之門以闢天子之化也
赭表古者得罪之人皆著赭衣赭衣爲虜
〔初學〕
舒虹爍電喩德威之著也開發灑澤舒虹爍電
惠化惠化宣千里
教樞化紀綿上教樞繫上化紀
縟憲文郎憲也縟憲秀統
光圖光明之圖謀也光圖麗史
重雍襲熙即重熙累洽也盛乎太漢重雍襲熙
化道即治道也化道道貴時康
化曆化曆唐典
動齋昭被令將至摯室齋動獄中
人當出故其感應令籥動也
弘奬朝恩弘奬
薦白屋趙武薦白屋之士管庫者六十家白屋貧士也
揚紫庭謂薦賢於朝也使得對揚紫庭必能輔翼霜露揚崇台曜
通鳳穴

以文軌襲龍庭以冠帶謂風教之及被於海外也
〔藝文〕
鞠草圓扉鞠蕨草於圓扉言獄空也
神衢即王路也神衢芝蕩
皇塗即皇路也皇塗墜阻
兩零露皆霑德澤化與和
湛冬燠春暄之洋溢也
和氣俱宣秋霜爭肅氣俱宣政與秋霜爭肅
寶圖即皇圖也還承寶圖
寶業王業也家臻寶業
玉門罷候喩郊人之
塞沉烽邊警息也
昭奬朝廷寵命也昭奬必被
玄鏡止水明也有沂
菅蒯靡遺謂收錄賢才不遺微賤也菅蒯賤草
市墟天下亂兮市爲墟
璿政人君稽天之政即璿璣臨齊璿政
露冕褰帷刺史之事露冕欲使百姓皆見以彰有德褰帷欲遠視廣聽糾察衆惡也
分陝周公召公分地而治之事後世刺史皆通稱之咎余再分陝
叉文白玉扆時調風有臣時調
經世方世友早懷經世方
操刀傷錦
節居分陝自謙非才而治邑也
飛蝗蟬類也世亂則飛蝗滿野
金科玉條施法律也科條謂所

當如金玉珍之
秋荼凝脂秦法繁於秋荼而密於凝脂又削秋荼之法解凝脂之網
徽墨明法也即繩墨弛其徽墨
草纓艾服上古之輕刑也化澄上業草纓垂興教淸中世艾服懲刑
占雲望日四夷歸也占雲望日重譯至焉
平理請讞廷尉之職也平理請讞决嫌疑
塗德即恩德也奉明辟之渥德
飛黃服皁飛黃神馬也天下有道飛黃服皁帝時飛黃服皁
〔六朝〕
拯時淪救世之溺也宗覇拯時淪
露處寢濕喩民生之不安也民露處而寢室
匡世無亮以匡世
三光旋采謂克復舊治也
玄流玄天也謂君之流澤也欲混玄流若玄流又玄穆之化也
禎晷檮杌其民禎晷檮杌下
氛慝世亂也天下氛慝難化
苦風鼓苦風以扇遊謂善治也
道化玄澤道化周流玄澤汪濊
〔唐詩〕
雄圖英雄之謀畧也問鼎競雄圖
刑章謂法律書也
天中赦書報天中赦
露版詔類家露版詔
虹蜺虹蜺妖氣喩天下亂

盜虹蜺滅
頹綱頹廢之綱紀也而日月張頹綱
渟風沕穆上古無爲之治氣象沕穆深微貌
金雞漢制放赦日樹金雞竿於仗南金雞黃金飾首銜絳幡金雞忽赦
目送雲言爲官而息訟無事故但目送瀛洲雲而已
宣風宣布皇風也宣風豈專達
毫捍魚邑訟
凋弊凋弊皆邦本
豺搆言豺虎方搆患也喩盜賊也豺搆哀登楚
豺虎窟皆盜賊之處也豺虎窟
犬羊天入犬羊天
草竊指盜賊作亂也草竊犬羊侵
草昧言屯難之時也草昧英雄起而不齊昧
恩波涸鱗恩波起涸鱗涸水之魚也
滯務謂積滯之政也滯務盡一掃
殊渥盛恩也彩承殊渥
康濟撫俗求康濟
活國活國名公在活國愛民活國也
壯圖居然壯圖
世難時亂也世難還家未世難有期又二毛逢
公府靜公府靜草生
訟庭閑訟庭閑花落
〔韻府〕
覆盂四海安於覆盂
生恩
淪肌浹髓言教化之治民心也
五寒謂國有五寒水不與馬不能治內之類即赦恩

按堵 吏民按堵如故謂安也 兵寢 兵寢刑措寢謂息也 華胥夢 黃帝晝寢夢遊華胥氏之國既覺怡然自得天下大治如華胥之國 臥治 汲黯爲淮南陽太守閉閤臥治 五餌 賈誼欲施五餌三表策以繫單于其術固陋矣 狼顧 失時不再民且狼顧 帶礪 漢封爵誓曰常使黃河如帶泰山若礪 九里潤 後漢郭汲守潁川帝勞曰賢能太守去帝城不遠河潤九里冀京師并蒙福也 報政 伯禽封於魯三年而報政周公曰何遲也曰變其俗革其禮喪三年而後除之太公封於齊五月而報政周公曰何疾也曰吾簡其君臣禮從其俗爲也周公曰魯後世其北面事齊矣 力政 五十不從力政謂力役也 入彀 唐太宗見進士綴行而出喜曰天下英雄皆入吾彀中矣 佩犢 龔遂爲渤海太守盜起民有帶刀劍者使賣劍買牛賣刀買犢曰何爲帶刀佩犢 鹿轂 鄭弘爲太守使白鹿挾轂 化日 化國之日舒以長民閒暇而有餘力 梟磔 皆刑也梟斬首磔謂裂其支體而殺之 皇風九地匝 皇風一鼓九地匝 李法 李者法官之號總主征伐刑戮

之事故稱其書爲李法黃帝李法 關法 關法雞鳴出客 糾華綏戎 糾察華夏使不爲非安綏戎狄使其不爲亂也 夷世 夷平也夷世不可逢 廻霜收電 喻蒙采于韋宥廻收其威命也

禮樂類 附歌舞類

易經 殷薦 殷盛薦進也豫象曰先王以作樂崇德殷薦之上帝以配祖考 王假有廟 假至也言王者可以至於宗廟之中也王假有廟致孝享也萃卦 詩經 采蘩 蘩白蒿也采之以奉祭祀 采蘩 南国被文王之化其夫人能盡誠敬以奉祭祀也 結縭 婦人之褘也女行嫁母爲之施衿親結其縭也 孚侑 孚安坐也侑勸也皆礼之事也以孚以侑 苾芬 黍稷香也苾芬孝祀 尸賓 尸主及賓客也 禋祀 精意以享謂之禋 籩豆有楚 殽核維旅 楚列貌殽豆實也核籩實也旅陳也 祈年 孟春祈穀於上帝而祭也祈年孔夙文云孟冬之月天子乃祈年於天宗天宗謂日月星辰也 懷柔 懷來柔安也懷柔百神 楅衡 楅衡施於牛角所以止觸也秋而載嘗夏而楅衡言秋將嘗而夏楅衡其牛所以戒也 宜驕 驕宜示也大抵歌多出於勞苦而不知者常以爲驕也惟彼愚人謂我宜驕 驕歌 驕解也可身驕歌 清廟 祀文王也周公

既成洛邑朝諸侯率以祀文王焉 維清 亦祭文王之詩所當清明而緝熙者言文王之典也 烈文 此祭於宗廟而獻助祭諸侯之樂歌 我將 宗祀文王於明堂以配上帝之樂歌 時邁 此巡狩而朝會祭告之樂歌 振鷺 二王之後來助祭之詩 豐年 此秋冬報賽田事之樂歌 載見 諸侯助祭於武王廟之詩 有客 微子來見祖廟之詩 載芟 春籍田而祈社稷也 良耜 秋報社稷詩也 絲衣 亦祭而飲酒之詩 執籥秉翟 文舞也左手執籥右手秉翟 采蘋 大夫之妻能奉祭祀也 于苗 于往也苗狩獵之通稱 書經 肆類 肆遂類祭名類于上帝舜典 禋望 皆祭名禋于六宗望于山川舜典 徧群神 神謂徧祭於群神也舜典 輯五瑞 輯斂也五瑞五等諸侯所執也輯之謂徵諸侯以入朝也舜典 頒瑞 諸侯既知非僞則又頒還其瑞以與天下正始也舜典 柴望 柴者燔柴以祀天也望者望秩以祀山川也柴望秩于山川舜典 五玉三帛二生一死 五玉謂公桓圭侯信圭伯躬圭子穀璧男蒲璧

三帛謂諸侯世子執纁公之孤執玄附庸之君執黃二生謂卿執羔太夫執鴈一死謂士執雉天子巡狩告所執以為贄者也四朝謂四方諸侯來朝也五載一巡狩群后四朝舜典詩言志歌永言聲依永律和聲八音克諧無相奪倫心之所之必形於言故曰詩言志既形於言則必有長短之節故曰歌永言既有長短則必有高下清濁之殊故曰聲依永聲者宮商角徵羽也既有長短清濁則又以十二律和之乃能成文而不亂故曰律和聲於是被之八音而為樂則無不諧協而不相侵奪也舜典戛擊鳴球搏拊琴瑟鳴球玉磬也戛擊考擊也搏至拊循也此堂上之樂擊鳴球搏拊琴瑟以詠群后德讓簫韶九成鳳凰來儀簫韶舜樂之總名九成即九變也簫韶至於九成鳳凰亦來舞而有容儀也百獸率舞庶尹允諧夔曰於予擊石拊石百獸舞庶尹允諧言物與人咸和也駿奔走執豆籩駿速也駿奔走執豆籩以勤祭祀也邦甸侯衛駿奔走執豆籩殷禮殷盛也王肇稱殷禮謂舉

盛祭也元祀大祭也功臣皆祭而最尊顯者必首奠而先祭之曰元祀毖祀毖敬也毖祀烈祖明禋精絜祭品明禋以祀上帝恤祀恤祀謂憫功臣之絕後嗣者壤奠言執壤地之所出以為贄也取執壤奠【左傳】六羽諸侯之廟用六羽之舞初獻六羽節八音行八風樂之用舞意也天舞所以節八音行八風牲牷肥腯粢盛豐備腯亦肥也血食即享祀也社稷實不血食太羹不致粢食不鑿太羹肉汁也不致者不和五味也粢食粢盛之黍稷也不鑿不精也太羹不致粢食不鑿昭其儉也郊勞贈賄有迎來曰郊勞送去曰贈賄執膰宗廟之祀有執膰之禮祀有執膰肅使肅揖以致敬也三肅使者而退金奏擊鐘而奏曲也金奏肆夏之三又云樂以鐘鼓奏九識徵在金奏三夏樂名謂肆夏詔夏納夏也三夏天子所以享元侯也大雩夏祭所以祈甘雨也南風不競斷代楚師曠歌南風南風不競楚必無功祈農事郊祀后稷以祈農事也春秋窀穸春秋謂祭

祀窀穸謂塟埋惟是春秋窀穸之事窀穸訓長夜也寢苫枕草寢於苫卑之上以草為枕居喪者之禮也倚廬倚廬倚東墻而為之故倚廬居倚廬有喪也曰薦幣謂朝覲者薦進其幣帛也若雉薦幣委禽禽鴈也納采用鴈即聘禮也陪鼎陪加也待賓之禮加鼎所以厚殷勤致有陪門言必聞表著視不過結禬會朝之時言必聞於表著之位不過於徐也視不過於衣襘帶結之中不過於下也會朝之言必以聞於表著之位所以昭事序也視不過結襘之中所以道容貌也【禮記】異席古者席容四人若五人會則表者一人異席群居五人則長者必異席肅客肅拜也主人肅客而入拾級陟階之級也主人先登容從之拾級聚足奉席如橋衡如橋之高如衡之平乃奉席之儀也請席請衽設坐席則問面向何方設臥席則問足向何方請席何鄉請衽何趾布席函丈古者燕享席不相對相對者惟講說之客函紙也謂一丈也若非飲食之客則布席席間函丈徹席踐席主人設重席客不敢居故欲徹之主人固

辭則止客踐席將坐主人乃坐也解屨解脫也待坐於長者解屨不敢當階就屨就著也初上堂則解之令下堂而著也撫式謂相遇於塗君撫式以禮大夫則大夫下車大夫撫式以禮士則士下車一元大武剛鬣腯肥柔毛翰音羹獻疏趾明視尹祭商祭脡祭清滌清酌薌合薌萁明粢嘉蔬豐本鹹鹺嘉玉量幣凡祭宗廟之禮牛曰一元大武元頭也武足迹也牛肥則迹大豕曰剛鬣豕肥則鬣剛豚曰腯肥腯者充滿之貌羊曰柔毛肥則毛細而柔弱雞曰翰音翰長也雞肥則鳴聲長犬曰羹獻犬肥則可為羹以獻雉曰疏趾雉肥則兩足開張兔曰明視兔肥則目開而視明脯曰尹祭尹正也脯欲專割方正槀魚曰商祭商度其燥濕之宜鮮魚曰脡祭脡直也魚之鮮者則脡然而直水曰清滌水行溉濯也酒曰清酌既沛者為清也黍曰薌合黍熟則黏聚不散其氣又香也粱曰薌其穀之狼者其莖葉亦香也稷曰明粢明則足以交神也稻曰嘉蔬苗跡則茂盛嘉美也韭曰豐本其根本豐盛也鹽

曰醆鹺鹽味之厚也玉曰嘉玉無瑕之玉也幣曰量幣中廣狹長短之度也展墓展省也展墓而入

春礿夏禘秋嘗冬烝天子諸侯宗廟之祭名此蓋夏殷之制周則春曰祠夏曰礿

薦新得時新之物則薦之有薦新如朔奠

春薦韭夏薦麥秋薦黍冬薦稻此庶人之祭也

燕禮饗禮食禮凡養老有虞氏以燕禮謂一獻之禮既畢皆坐而飲酒以至於醉也夏后氏以饗禮謂体薦而不食爵盈而不飲立而不坐依尊卑為獻數畢而止殷人以食禮謂有飯有殽雖設酒而不飲以飯為主也周人則脩而兼用之

異粻宿肉貳膳常珍粻粮也周人養老之禮五十異粻謂精粗與少者異也六十宿肉謂恒隔日備之也七十貳膳謂食之善者每副貳也八十常珍謂常食皆珍味也

飲食不離寢膳飲從於遊周人養老之禮九十者寢處之所皆有庋閣之飲食隨其常適之處而為之備美善之膳水漿之飲

杖於家杖於鄉杖於國杖於朝周人養老之禮五十杖於家六十杖於鄉七十杖於國八十杖於朝

就室珍從周人養老之禮九十者天子欲有問焉則就其室以珍從之去聲

不俟朝月告存日有秩周人養老之禮七十不俟朝謂君出揖即退不俟朝而畢也八十月告存謂每月使人致膳告問存否也九十日有秩謂日使人以常膳致之也

引年畢養老之禮即行引年校年之令而恩賜其老者焉凡三王養老皆引年

六禮冠婚長祭鄉相見也

三推孟春乃擇元辰躬耕帝籍天子三推

陰厭陽厭厭取饜飫之義謂神之歆享也陰厭者在室奧陰靜之處故曰陰陽厭者設薦於西北隅得戶明白之處故曰陽皆殤與無后者之祭也

乞言行養老之禮至旅之時因乞善言之可行者是為乞言之法以相告語之禮

合語謂祭及鄉射等禮至旅酬之時皆得宜說先王之法是謂合語之禮

釋奠但奠置所祭之物而已無尸無食飲酬酢等事釋奠于其先聖先師

餕獻餕食尸之餘也獻酬也其登餕獻受爵則旅也

賵賻含襚以車馬曰賵以貨財曰賻以珠玉曰含以衣服曰襚皆所以助死之贈含去聲

大昕鼓徵天子視學之日初明之時擊鼓以徵召學士

秩節常禮也具秩節

適饌省醴養老之禮天子親至陳饌之處省視酒醴

燔黍捭豚以黍米加于燒石之上燔之使熟也捭豚擘折豚肉加於燒石之上而熟之也

汙尊抔飲汙尊掘地為坎以盛水也抔飲以手掬而飲之也

蕢桴土鼓蕢桴摶土塊為鼓椎也土鼓築土為鼓也上古簡陋如此可致其敬于鬼神

合莫莫即漠字謂祭祀之氣所以求契合于冥漠之中也

祝嘏祝為主人告神之詞嘏為尸致福于主人之詞修其祝嘏

升中于天中成也升中于天以治功平成之事告于天而鳳凰降龜龍假

七獻獻酌酒以祭也祭群小祀一獻祭社稷五祀三獻祭山川五獻祭先公之廟七獻

大饗祫祭也

大旅祀五帝也大饗之禮不足以大旅

饗帝祀天也大旅具矣不足以饗帝

血腥爓孰腥生肉也爓沉肉於湯也孰熟肉也凡郊祀太享皆有血腥爓孰三獻之禮郊血大饗腥三獻爓一獻孰

陶匏器之質者也祭天所用器用陶匏以象天地之性也

大蜡天子大蜡八蜡者歲十二月合聚萬物而索享之也

黃目黃彝也尊彝之屬用貯鬱鬯之酒有芬香之氣故云黃目鬱氣之上尊也

焫蕭焫音悅燒也蕭香草也取香草及牲脂燒之使氣旁達也焫蕭合羶薌

鬯灌酌鬯酒灌地以降神也

膟膋燔燎膟膋音律燎腸間脂也先燔燎於炉至孰薦則合蕭與黍稷燒之

明水涚齊涚音稅齊明水陰鑑所取月中之水涚清也沫滴五齊而使之清故曰涚齊夏后氏尚明水殷尚醴周人尚酒皆祭祀所用

祈報由辟凡祭祀有三祈福祥一也報獲二也由用也用此以消弭災變三也

憲老凡養老五帝憲三王謂法其德行也

惇史凡養老皆有惇史所以紀其惇厚之德也

御瞽幾聲之上下御瞽侍御之樂工也幾察也察樂聲之高下以知政令之得失

升歌升樂工於堂而歌也升歌清廟

葦籥以葦為籥未有截竹之制伊耆氏之樂也

鼓篋入學時擊鼓以召學士學士至則發篋以出其書籍入學鼓篋遜其業

操縵操弄琴瑟之縵也不學操縵不能安弦

鐘鼓管磬羽籥干戚樂之器也

屈伸俯仰綴兆舒疾

舒樂之文也綴舞者行位相連也綴兆位外之營兆也簠簋俎豆制度文章礼之
器也升降上下周還裼襲礼之文也禮樂明備天地官矣礼樂
之制作既明且備則足以裁成輔相而天地之生成各得其職矣禮酒先主因為酒禮二一獻之禮
賓主百拜終日飲酒而不醉焉極天蟠地礼樂之極乎天而蟠乎地移風易俗俗風
先主著有教焉八風從律八風八方之風也八風從律而不姦樂声之和所感也統同
辨異礼辨異樂統同獻酬酳酢有事於宗廟則有献酬酳酢之礼干戚旄狄
干楯戚斧也旄牛尾狄雉羽皆舞者所執干戚旄狄以舞之淫液声音之連延流液也咏嘆之淫
液也發揚蹈厲大武之樂初舞時即手足發揚蹈地而猛厲也饋酳武王克商食三老五
更於大學親醬而饋執爵而酳飾喜夫樂也者先主之所以飾喜也苦塊父母之喪寢苫枕塊
塊土塊也泰壇即圜丘燔柴於泰壇祭天也泰折即方丘瘞埋於泰折祭地也泰昭

卓氏藻林巻之六　礼樂類　三十四

壇名也埋少牢於泰昭祭時也坎壇祖迎於坎壇祭寒暑也往者祖送之來者迎逆之也王宮
壇名祭日也夜明祭月之坎也雩宗祭水旱也壇墠起土曰壇除地曰墠設廟祧壇
墠而祭之七祀王為群姓立七祀曰司命曰中霤曰國門曰國行曰泰厲曰戶曰竈五祀諸侯
為国立五祀曰司命曰中霤曰国門曰国行曰公厲三祀大夫立三祀曰族厲曰門曰行一祀
適士立二祀曰門曰行一祀庶人立一祀或戶或竈霜露既降必有悽愴
雨露既濡必有怵惕春禴夏嘗霜露既降君子履之必有悽愴之心非其寒之謂也
春雨露既濡君子履之必有怵惕之心如將見之饋奠喪祭也饋奠之礼所以仁死交也民
坊坊即防字夫礼者所以章疑別微以為民坊者也納采問名納吉納徵請
期納采者納鴈以為采擇之礼也問名者問女生之母名氏也納吉者得吉卜而納之也納徵者納幣
以為昏姻之證也請期者請昏姻之期日也奠鴈壻迎女再拜奠鴈取其不再偶也共牢

合卺牢牲也共牢謂同食一牲也一瓢分為兩瓢謂之卺合卺者謂婿與婦各執一片以飲酒也婦
至婿揖婦以入共牢而食合卺而酳桑弧蓬矢男子生桑弧蓬矢六以射天地四方周禮
陳玉貞歲問事之正曰貞季冬則陳玉礼神以卜來歲之豐荒書于太常祭于
大蒸常盆曰凡旗也蒸冬祭也凡有功者銘書于太常祭于大蒸蕭薌薌香草所以祭時薌
包茅所以縮酒賓興興舉也卿大夫舉其賢能而賓礼之也大司徒以鄉三物教万民而賓興之
五禮六樂五射五御六書九數五礼吉凶軍賓嘉也六樂雲門咸池大部
大夏大濩大武也五射白矢参連剡注襄尺井儀也五御鳴和鸞逐水曲過君表舞交衢逐禽左也六書
象形會意轉注處事假借諧声也九數方田粟布差分少廣商功均輸盈朒方程勾股也保氏養国子乃
教之六藝六儀保氏養国子乃教之六儀一曰祭祀之容二曰賓客之容三曰朝廷之容四曰喪紀
之容五曰軍旅之容六曰車馬之容六舞黃帝堯舜禹湯文武六代之樂舞也六同六陰律為

卓氏藻林巻之六　礼樂類　三十五

六同太師掌天律六同以合陰陽之声愷樂獻捷于廟之樂也王師大捷則令奏愷樂帗舞
羽舞皇舞旄舞干舞人舞帗舞析采繒以為飾也羽舞析重翟以為飾也皇舞
五采之羽以象鳳凰來儀也旄舞持旄以象百獸率舞也干舞執干以俯仰也人舞舉袖以為威儀也樂
師教国子行以肆夏趨以采薺肆夏采薺皆逸詩篇名也行于大寢之中則奏肆夏
以為節趨于朝廷之上則歌采薺以為節此皆樂師教国子以樂儀之詩騶虞貍首采蘋
采蘩樂師教国子凡射王以騶虞諸侯以貍首大夫以采蘋士以采蘩皆歌詩以為節也九夏
樂章名王出入奏王夏尸出入奏肆夏牲出入奏昭夏賓客來奏納夏臣有功奏章夏夫人助祭奏齊夏
族人侍燕奏族夏客醉而出奏祴夏公出入奏驁夏鐘師掌金奏凡樂事以鐘鼓奏九夏貍沉以貍
祭山林沉以祭川澤以貍沉祭山林川澤疈辜疈者肆而磔之也辜者制以疈辜祭四方
百物槱燎槱謂燔柴而不實牲也以槱燎祀司中司命風伯雨師實柴實牲于柴而燔之也

以實柴祀日月星辰。禬禮　恤禮 禬會其財貨以補其乏也恤出兵師以援其危也以禬礼哀圍敗以恤礼哀寇乱 朝宗覲遇會同問視 見大宗伯以賓礼親邦國春見曰朝夏見曰宗秋見曰覲冬見曰遇時見曰會殷見曰同時聘曰問殷頫曰視 大師大均大田大役大封 大宗伯以軍礼同邦國大師謂征伐大均謂賦之軽重大田謂四時之田大役謂築城郭修宮室等事大封謂正其封疆溝涂之固大師之礼用衆也大均之礼恤衆也大田之礼簡衆也大役之礼任衆也大封則合衆也 脤膰 胙肉也以脤膰之礼親兄弟之國也 宿眡滌濯 謂斎宿臨視洗濯祭器也 玉鬯 玉礼神之玉鬯鬱酒也盛玉鬯 玉齍 以玉飾器以薦粢盛也奉玉齍交 勞眡館將幣 諸侯来朝其未至則有勞之使其既至則有致館將幣之儀皆王者遣公卿以示誠意 六祝 大祝掌六祝之詞以事鬼神示祈福祥求永貞一曰順祝謂三才協順也二曰年祝謂五穀豐登也三曰吉祝謂歛福錫民也四曰化祝謂化被六極也五曰瑞祝謂四靈畢至也六曰筴祝

謂鎮災協從也 六祈 大祝掌六祈以同鬼神示一曰類謂依其礼而祭也二曰造謂至其所而祭也三曰禬所以禳凶裁也四曰禜音詠所以祈水旱也五曰攻所以責辭陰也六曰説謂自責以為民辭說 六號 大祝辨六號謂尊其名為美稱也一曰神號二曰鬼號三曰示號四曰牲號五曰齍號六曰幣號 九祭 謂祭食之法也太祝辨九祭一曰命祭二曰衍祭三曰炮祭四曰周祭五曰振祭六曰擩祭七曰絶祭八曰繚祭九曰共祭 九拜 古拜字大祝辨九拜一曰稽首拜頭至地也二曰頓首拜而首叩地也三曰空首拜而頭至手也四曰振動戰慄變動之拜也五曰吉拜拜而後稽顙也六曰凶拜稽顙而後拜也七曰奇拜一拜也八曰褒拜再拜也九曰肅拜俯首而肅之也 圖事比功陳謨協慮發禁施令結好除慝諭志交福贊喜補裁 大行人掌大賓之礼及大客之儀以親諸侯春朝諸侯而圖天下之事秋覲以比邦國之功夏宗以陳天下之謨冬遇以協諸侯之慮時會以發四方之禁殷同以施天下之政時聘以結諸侯之好殷頫以除邦國之慝問向以諭諸侯之志歸脤以交諸侯之福賀慶以贊諸侯之喜致禬以補諸侯之裁

〔爾雅〕燔柴 祭天曰燔柴 瘞薶 祭地曰瘞薶 庪縣 祭山曰庪縣庪居委切 浮沈 祭川曰浮沈言或浮或沈置之于水也 布磔 祭星曰布祭風曰磔布者謂布散于地也磔言磔狗以止風也 類禡 師出征伐所祭之名也 伯禱 馬祭也伯馬祖將用馬之力故先祭其祖 蒐苗獮狩 春獵為蒐謂搜不任者夏獵為苗謂苗稼除害也秋獵為獮順殺氣也冬獵為狩謂得獸取之無所擇也故云 〔列子〕遶梁 雍門鬻歌餘音遶梁 高山流水 伯牙琴操名也 霖雨崩山 伯牙鼓琴操也牙為此操鍾子期輒窮其趣 鳥舞魚躍 匏巴鼓琴而鳥舞魚躍 振林木遏行雲 秦青撫節悲歌声振林木遏行雲 〔楚辭〕緩節安歌 緩節而舞徐歌 祖祀春蘭秋菊 言春祀以蘭秋祀以菊芬香之祭不絶也 承雲 舞衣也俗舞奏承雲又云黃帝樂名 博衍 寛平之意音樂博衍 涉江採菱 並採歌曲名也 鄭舞 鄭國之美人工于舞

交竿 衽若交竿言舞者便旋衣衽回轉若交竿之状也 激楚 歌舞之名又曰激清声清楚之聲也 吳歈蔡謳 歈謳皆歌也吳蔡善為之 清商 歌曲名也 噭誂 声清暢也声激誂清和 兮要媱 舞容也 獨秀先 激楚之結獨秀先結頭髻也言鄭衛之美女歌舞之結獨秀異而先進于衆也 〔漢書〕九錫 九錫備物伯者之盛礼也 經祠 常祭也 解祠 謂祠祭以解罪求福也 臚驩 臚陳也言陳其歡慶令歡以上升于天也徧臚驩騰天歌 夕牲 未祭前一日其夕展牲視牲曰夕牲 嘗蕭 膋腸間脂也蕭香草也即燔柴之祭膋音寮 奉嘗 子孫奉嘗謂奉蒸嘗之祭也 燔瘞 燔祭天瘞祭地 禖祝 高禖求子之神也祝祭文也 蹛林 匈奴秋社八月中會祭處也蹛音帶繞林木而祭也 妙麗 妙麗草奔 〔諸史〕綿蕞 引繩為綿立表為蕞謂立竹及茅索營之習礼儀其中也為綿蕞野外習之叔孫通 束帛加璧 聘賢之礼謂下設陳帛上加以璧也 神藉 江淮之間茅三脊為神藉所以供祭祀縮酒之用 瘞玄玉

武帝祠常山瘞玄玉祭地曰瘞祭而埋玉示號于地也
柴告 燔柴祭天告至也
合射 會合其民而講鄉射之禮也
祝哽祝饐 老人每食多因故于未食祝之使毋哽也饐者食窒氣不通也于已食祝之使毋饐也此養老之禮祝哽在前祝饐在後
朝日夕月 天子春朝日秋夕月謂東向揖日西向揖月也天子始朝拜太一朝朝日夕夕月
康樂 舞曲名齊国女子八十人皆衣文衣而舞康樂孔子世家
薦璧 薦進也古者贄見之禮必有所執公侯伯子男執玉是也
雅樂 国樂以雅為舞
泥金檢玉 封禪埋書所用之禮也即玉笥金泥
散樂 四方之樂非太常所製謂之散樂有魚龍山車等戲隋煬帝徵天下散樂
七德舞 唐改破陳樂為七德舞
九功舞 唐太宗製樂名取書九功惟敘意也
娬媚娘 唐曲名太宗始名武為才人既見賜號娬媚後民皆歌娬媚娘曲
桑條韋 唐韋后時里歌有桑條韋曲
百戲 漢饗四夷作魚龍角抵之戲以觀視之以雜變不一陳之故名百戲
于蔿 唐明皇御五鳳樓酺宴令三百里內刺史各率所部音樂集于樓下較勝負魯山令元德秀惟遣樂工數人連袂歌于蔿

霓裳羽衣 樂法曲引明皇入月宮聞仙樂及歸但記其半遂于笛中寫之此仙曲名
文選
白麟赤鴈芝房寶鼎 皆漢祭郊廟之樂歌
櫂女謳 舟人歌也宮中以女行舟之
二犧五牲 祭天地宗廟之禮也
傑侏兜離 四夷樂名
鈞天廣樂 天帝之樂也
度曲 歌終更受其次謂之度曲
嚼清商 嚼吟也
袒割 天子親執刀肉袒割牲以養三老五更也
咸池韶咬 咸池之音本不與韶咬同而衆聽者乃有疑惑咸池不齊度于韶咬而衆聽者或疑
白鶴飛繭
曳緒 皆舞女之容狀
翹遙遷延蹴躋蹁躚 皆舞者之容狀
西荊折盤 西荊楚舞也折盤亦舞貌
新聲 歌曲也更為新声又云李延年善歌為新変之声新声代起
躚裔猗 皆舞貌
櫂謳 擢歌也
唱棹 鼓棹行而歌也
南音 南国之音樂也
荆豔 楚歌也亦曰舞
駕辯淥水 皆古曲名
六英 帝嚳樂名
五莖 顓頊樂名
清謳 謳歌也清謳徽吟之要妙
徽吟
韎昧任禁 四夷之樂名音適昧林金
穆羽 樂聲細者莫過羽穆然相和也
欽柴 恭歌燔柴也
宗祈 尊宗所祈也
燎薰 燒牲肉薰天以祭也燎薰望天
懿芬芬 氣盛也
吁帝閶 吁開天門以延名神也選古咸令吁帝閶
圜丘 祭天之壇也
青壇 天子耕籍所報春上青故用其青壇青壇蔚其岳立
崇基靈址 祭祀壇也
雲起雪飛 度曲未終雲起雪飛
靈壇 祭壇也
縮邑 縮地以邑神也縮邑蕭茅
葛天歌 葛天氏以三人操牛尾而歌聽葛天氏之歌
陶唐舞 舞咸池也奏陶唐氏之舞
于遮 夷歌曲名惟南于遮
婆娑 容與之貌聊須臾而婆娑又舞貌
朗詠 朗詠長川
扣舷 歌名也
黃竹 周穆王遊黃臺之丘北風雨雪乃作黃竹三章以哀人姬滿申歌於黃竹
幽蘭 琴曲名白雪之曲也楚謳以幽蘭儷曲又云雅舞播幽蘭
清懸 軒懸之樂也弛清
練響選和 練音柬擇也言擇選和音也
房露 古曲名徊房露
陽阿 古歌名惆悵陽阿亦曰舞名也

頓足起舞
抗音高歌 抗舉也
曲度 歌曲之節度也徐聽其曲度
謳謠 歌也
狡弄 狡急也勇也弄小曲也
揚激徵騁清角
贊舞操奏均曲 贊舞操謂以此清曲乃可贊揚舞之節操也均曲雅曲也
躡節鼓陳 舞人足蹈節與鼓合應也
指顧 手指目顧也指顧應聲謂舞人也
鶴鷖 舞者輕貌鶴鷖燕居
拉搭 鳥飛貌以喻舞者
跗蹋摩跌 跗蹋摩跌並足而衆也皆舞勢跗蹋足蹈也
浮騰累跪 浮騰輕舉也累跪膝至地也皆舞勢
鳥集縱弛雲轉飄忽 皆舞之勢也舞者疾速如鳥縱弛輕快如疾風之飄忽也
游龍 舞者体如游龍言其輕也
游出精列 二笛曲名
曲亂 曲長曰亂
流水飛鴻 笛聲所似也狀若流水又象飛鴻
餘絃 琴之餘響也
雜弄 弄曲也雜弄間奏
遊弄 雜曲也
南籥 文王樂也以籥舞也
韶箾 舜樂也
延露巴人 小曲名下采制於延露巴人
淋浪流離搖衍 聲貌

連而長號清角琴弄名又黃帝琴名清徵琴曲名初涉清徵安歌安意歌吟也撫絃安
歌又云安歌遶鳳梁離鵾游鴻皆曲名也鵾若離鴻鳴清池翼若游鴻翔曾崖南荊楚舞
名進南荊西秦陵陽並曲名也發西秦紹陵陽曲引引亦曲也次其曲引所宜廣陵
止息東武太山飛龍鹿鳴鵾雞游絃八者並琴曲名應瑒聽廣陵之
清散馬融譚思於止息嵇武有東武吟曹植有大山
梁甫吟東武太山皆齊之土風謠歌謳吟之曲名房
中樂有飛龍草鹿鳴者太占知賢者幽隱故彈絃以諷諫張女彈曲名其聲哀嚬張女之哀彈園
桃棗下皆古曲名詠園桃之夭夭歌柳下之篆楚妃歎古曲名白鶴飛古曲
名也雙鳳琴曲名雙鳳嘈以和鳴天先朝日古曲篇名北里紂作新淫北里之舞
節北里之奢淫徽音徽美也絃管發徽音分庭薦樂分庭謂東西廟俱作樂也觀盥
祀禮之盛也祀屬觀盥昭事祭祀之事也昭事是肅張樂設樂也洞庭張樂地方望

卓氏藻林卷之六　礼樂類　四十

謂祭四方之群神也清歌清歌製妙声歌德聲德聲謂以德之聲也不能歌德声西
城總章皆出彼樂之處西城著雅樂總章饒清彈鳴簧發丹唇朱絃繞素
腕簧笙也朱絃箏琴之類腕手也此言彼樂之美明月吹古琴曲名千里曲郎琴操千
里別鶴也高燎煬晨高燎燔柴也煬煬也晨言述於晨也苦寒奏苦寒古歌曲名二闋
苦寒奏艷歌古曲名艷歌行也再使艷歌傷九秋歌曲名丹屠含九秋七盤楚舞也妍
迹凌七盤又舞艷七盤驚鴻集鸞舞之狀也言美人歌舞之妙也赴曲迅驚鴻蹈節如集鸞
阿那舞柔弱貌俯仰縱阿那吳趨吳歌曲也聽我歌吳趨六引古曲有六引六引緩
清唱三調古曲有清平側三調三調佐煩音清唱緊音歌曲有清煩也清曲奏音
也揚清曲又當户理清曲清商曲秋聲而多悲欲奏清商曲長歌赴促節哀響
逐高徵此言歌調合琴聲也促節短韻也調急曰高梁塵飛清韻遶梁動於飛塵也再

唱梁塵飛又清歌拂梁塵延露曲名始奏延露曲哀弄弄音也哀弄信賤耳梁棟響
歌聲也簫寥梁棟響絲吹絲衣人吹簫也絲吹震沉淵飛聲激塵言善歌者飛声飄起
梁塵也激飄也嚴節琴之急節也赴嚴節綠水白雪琴曲名奏綠水吐白雪流風
歌曲名激楚迴流風結軒懸諸侯樂也調露四節不相違謂之調露之樂又曰調和致甘露
也乃盛世之樂歌東野下里之音也擊轅野人歌也擊轅之歌翹舞翹舞名也舞雲
翹縣沈祭山曰縣川浮沈蒸禋祭祀也蒸禋享祖房樂古有房中樂后夫人諷誦
以事君子者也旌帛蒲車旌以召賢帛東帛也蒲車招隱之車［初學］椒花頌元日
獻椒花頌行謳鼓吹行謳素雲留管玄鶴停絲素雲玄鶴皆曲名龍鱗
歌樂府有龍鱗歌曰鳳有翼龍有鱗君不獨興必須賢臣鳳翼歎同上朱鳳漢武獲朱
鳳作朱鳳之歌交門漢武幸神祠若有饗坐拜者作交門之歌桂奠祭以奠也疑桂奠嚴

卓氏藻林卷之六　禮樂類　四十一

蠲齊絜以將祭祀盛也飭躬奉嚴蠲酎金皇帝會諸侯酎金廟中謂之飲諸侯於廟中出金助祭所謂
助金也歌塵歌塵落衣行上薤露蒿里皆挽歌也薤露送王公貴人蒿里送士大夫及
庶人鈴唱紼歌皆挽歌也鳳樂環階鳳樂陳也雲翹漢樂名以祀天地列舞
列舞文八佾鳳歌鸞舞王子吐鳳歌鸞鳥關樂則舞來雲徃白皆曲名唱來雲徃白
之曲浮雲舞曲名浮雲成舞曲南歌坐南歌兮起鄭舞東舞齊倡發東舞登歌
升歌堂上奏樂而歌曰登歌亦曰升歌白露朝日魚麗白水白雲江
南陽春淮南皆古歌曲名南風卿雲虞舜歌曲名白日歌宋沈依之
所作亦曰落日歌歌曰白日落西山懊惱歌樂府名亦曰懊惱曲又云晉石崇爲綠珠作又改爲
相思曲子夜歌晉有女子名子夜造此歌声過哀後人更爲四時行樂詞謂之子夜四時歌
碧玉歌碧玉汝南王妾名以寵愛之甚所以歌之桃葉歌桃葉晉王子敬妾名以寵愛之

甚故作此歌文云王獻之作情人桃葉歌 丁督護歌 宋徐逵之爲魯軌所殺高祖使督護丁旿收殮之其妻至閣下自問殯送之事每問輒歎息曰丁督護其聲哀切後人因其聲廣爲曲焉 含徵吐角 言善歌也含徵吐角絶物赴曲之曰吐羽含商 遺聲游響 歌声也 振木 秦青折節悲歌聲振林木 浩唱 陳竽瑟兮浩唱 石城歌 石城有女子名莫愁善歌謠因有此歌唐詩曰鶯和石城歌 金闕歌 紂無道比干知極諫必死作秣馬金闕歌 遏雲 薛談學歌於秦青聲遏行雲 翹袖舞 折腰舞 並戚夫人所作 迴鸞舞 古舞曲也 白紵舞 吳孫皓時所作 桮柈舞 公莫舞 並晉初時伶人所作 前溪歌 舞曲也亦婦思郎意 秘舞 奏新聲理秘舞 才舞 邯鄲才舞 北里舞 北里多可舞 西城舞 西城多雜舞 清哇 清歌也咀清哇 新舞 逐節新舞 歸風送遠 琴操名 秋竹積雪 琴曲 大遊小遊 琴曲名 越裳操 琴曲也周公所作因獻白雉也 拘幽操

文王拘於羑里作此曲琴曲名 岐山操 周人爲文王所作 水僊操 伯牙所作琴曲也 雙鳳離鸞 琴曲名 翹車貴帛 皆徵賢之禮詩曰翹車乘招我以弓易曰束帛戔戔賁於丘園 弓旌蒲帛 皆招賢之禮蒲蒲輪也 藝文進璧 正月朝賀三公奉璧上殿前進璧 篠伶 舞伶也篠伶階陳也 調石裁金 作樂也調石飛延露裁金起承雲 巖穜 孝享薦巖穜 棹唱 逆湍留棹唱 清谿曲 鄱僧施清谿中泊到一曲之處輒作詩一首謝莊舞見詩笑曰清谿之曲復何窮盡 徒歌 徒歌謂之謡 九吟 李康清齋有志節不能和俗爲鄉里豪右所共宗故作遂不能忍作遊山九吟 蘭音 蘭音以清唱響人之歌也發 宗祏 秘藏宗廟之木主者曰祏 廟貌 宗廟乃先祖形貌之所在故云 閟祐 閟宮也 會舞 會舞紛禋帝 牲祈 牲祈禋祀 轉袖頓履 舞貌轉袖隨歌發頓履起紛餘 低鬟 舞貌低鬟向綺席 舉袖 舉袖拂黃花 低斂曼睇 舞貌低斂依促賞曼睇入嬌紋 鸞迴

鶴顧 舞貌鸞迴鏡欲滿鶴顧市應傾 迴履飄衫 舞貌迴履撩香散飄衫釧響傳 玄雲曲 西王母侍女安法嬰歌玄雲曲 步玄曲 西王母又上元夫人自彈雲林之璈乃歌步玄之曲 百年歌 陸機所作言人生百年之苦樂 秘弄 琴妙曲也秘弄乃開 朱鷺曲 路聞朱鷺曲笙管雜迴廊 清弄 手有清弄 越吟 越人之吟莊舄思故鄉也 椒奠 祭神也行潦承椒奠 流調 謳歌也結南之流調 鸞歌鳳舞 軒轅之丘鸞自歌鳳自舞也 牛尾歌 即葛天歌也昔葛天氏之樂三人操牛尾投足以歌八闋 奠瘞 祭天地奠其禮瘞其物也上下奠瘞又云旱而祭也詩云旱既太甚靡神不宗 奠璧 祭山川則以璧也荊璧奠高岱 六朝 促節 短歌也長歌赴促節 赴曲蹈節 謂歌之曲節也赴曲迅驚鴻蹈節如集鸞 春吹迴白日霜歌落寒鴻 皆言歌之高妙也 嬌響 楚人歌彈嬌響 歌鳳皇 甲家之歌也正月上背物欲發天馬照耀動農祥田家斗酒群相勞爲歌長安金鳳皇 雲韶 仙樂也傾耳想

雲韶 清彈 彈去声琴瑟也總章饒清彈又誰想南風彈 翚池曲 白雲翚池曲 鼓吹 軍中樂也亦設於殿庭漢有黃門鼓吹天子所以宴樂群臣也 駐浮雲 歌声遏雲也聽我吳浮雲 上之回 鼓吹曲名漢武帝十四年匈奴燒回中騎至甘泉帝乃通回中道數出遊幸焉遂北出蕭關曲皆美當時之事 戰城南 亦鼓吹曲名言戰城南而死也 巫山高 鼓吹名言江淮水深無梁可渡臨水遠望思歸而已 芳樹 鼓吹曲名言時暮衆芳歇絶也 有所思 鼓吹曲名言離別之思也一曰哀慈親之不得見也 臨高臺 鼓吹曲名言臨望傷情也 釣竿 漢鼓吹曲名伯常子避仇河濱爲漁者其妻思之而信也 雉子班 鼓吹曲名言辟世之士抗志青雲視卿相之功名猶冰炭之不相入也 遠如期 鼓吹曲名言遠別不歸之情也 將進酒 漢鼓吹曲名大略以飲酒放歌爲言 君馬黃 鼓吹曲名試聽鐃歌誰吟君馬黃 折楊柳 樂府名行客詞也又有奈華辛苦之詞 關山月 樂府名傷離別之思 洛陽道 樂府名敘洛陽繁華之盛

長安道 樂府名言長安形勝繁華之事 梅花落 笛中曲也 紫騮馬 樂府古詞從軍久戍懷歸而作也又從東歸而作也 驄馬 驄馬樂府名言關塞征役之事 雨雪曲 樂府名周穆王遊黃臺北風雨雪有凍人作詩三章以哀之曰我徂黃竹是也雨雪曲蓋取諸此後作者多敘關塞雨雪之事 劉生 樂府名劉生不知何代人齊梁以來皆稱其任俠豪放周游五陵三秦之地或云抱劍專征為符節官所未詳也 箜篌引 古樂府名即公無渡河曲也朝鮮津卒霍里子高麗玉所作也子高晨起刺船有一白首狂夫亂流而渡其妻止之不及遂溺死其妻乃援箜篌而歌曰公無渡河公竟渡河墮河而死將奈公何聲甚悽愴曲終亦投河死子高以語麗玉麗玉乃引箜篌而寫其声大暑言結交當有終始也 江南弄 樂府名即採菱採蓮歌也 江南思 樂府名言久客之懷歸也 度關山 樂府言人君當勤苦省方黜陟省刑薄賦也一云遠出征伐也 自勞歌 勞者歌以自嘆勞歌立可哀又曰勞歌豈言勞者歌 雞鳴高樹顛 樂府名雞鳴篇雞鳴高樹顛犬

吠深宮中蕩子何所之天下太平矣 城上烏 樂府名即烏生八九子言烏母子本在南山岩石間而來為秦氏彈丸所殺言人生壽命各有定分死生前後不須道也 陌上桑 樂府名秦氏女羅敷採桑為使君所邀乃盛誇其夫侍中郎拒之焉 明妃怨 樂府名言王昭君嫁匈奴事亦名昭君怨 楚妃歎 樂府名楚妃楚莊王樊姬也莊王好獵姬諫不止乃不食禽獸之肉王以為賢語虞丘子姬笑之曰虞丘子賢矣未忠也妾充后宮十一年而所進者九人虞丘子云云 長歌短歌 昔古樂府名言人壽命長短各有定分不可妄求但當及時為樂無至老大乃傷悲也一曰歌聲自有長短非言壽命也 洛生詠 謝安能作洛下書生詠有鼻疾故声濁名流愛其詠或掩鼻效之嘲為洛生詠 銅雀妓 樂府名魏武帝將危遺命諸子曰吾死葬於西陵妾與奴人皆著銅雀臺后人悲其意而為之詠也 猛虎行 樂府名言從遠役猶耿介不以艱險改節也 君子行 樂府名言君子遠嫌疑也 燕歌行 樂府名燕地名言良人從役于燕而為此曲也見時序推遷行役不歸婦人怨

嘯而無所訴也 豫章行 樂府名皆傷離別言壽短景馳容華不久也豫章郡名 董逃 樂府有董逃行董卓也言雖拔扈縱其威暴終歸逃竄至於滅族也亦有言神仙之事亦有言節物芳華可及時行樂亦有言夫婦離別之思 相逢行 樂府名亦曰相逢狹路間言世路險狹邪僻正直之士無所措其手足也一曰盛道上相逢兄弟車馬服舍之盛 塘上行 樂府名嘆以讒見棄也又言婦人衰老失寵行於塘上而為此歌也 隴西行 古樂府名言婦有容色善於主饋承賓客弱簡文帝則言隴西戰地辛苦征戰佳人怨思而作 西門行 古樂府詞始言及時為樂終言貪財惜費為後世所嗤 東門行 古樂府詞言士有貧不安居者拔劍將去妻子牽衣留之願共餔糜不求富貴若鮑照詞但傷離別而已 善哉行 樂府名嘆羨之詞言人生適意行樂之事 飲馬長城窟 樂府詞言征戍之客至於長城而飲其馬婦人思念之故作是曲也一曰傷良人遊蕩不歸一曰言秦人苦長城之役也 上留田 樂府詞上留田地名也人有父母死不字其孤弟者鄰人為其弟作

悲歌以諷之 放歌行 樂府名言朝廷方威君上好才何為臨岐相將去也 鴈門太守 樂府古詞後漢王渙為兗州刺史有惠政為立祠歌之而曰鴈門太守未詳梁簡文帝則備言邊城征戰之事 飛來雙白鵠 樂府名言雌病雄不能負之而去雖遇新相知終傷生別離也 門有車馬客 樂府詞言問訊其客或得故舊鄉里或駕京陋各敘市朝遷謝親友凋喪之意也亦作門有萬里客 蜀道難 樂府詞言銅梁玉壘之難阻亦論功名處世之難 櫂歌行 樂府詞言乘舟鼓櫂歌也 棹歌 同上 白頭吟 樂府詞疾人相知以新間舊不能至於白首故以為名一曰自傷清直芬馥而遭鑠金玷玉之謗君恩以薄也一曰良人有兩意故求與決絕本卓文君所作以怨相如者也 泰山吟 樂府詞言人死精魄歸於泰山亦薤露蒿里之屬也 梁甫吟 樂府詞梁甫山名在泰山下梁甫吟蓋言人死葬此山亦葬歌也 東武吟 樂府名蓋傷時移事異榮華徂謝也 長門怨 樂府名漢武帝為膠東王時長公主嫖有女欲與為婚帝曰若得阿嬌當以金屋貯之及

故昏焉後擅寵驕貴十餘年而無子退居長門愁悶思愁聞司馬相如工文章奉黄金百斤令爲解愁之賦相如爲作長門賦帝見而傷之復得親幸後人因其賦而爲長門怨也又有阿嬌怨同 **班婕妤** 樂府名婕妤彪之姑况之女美而能文初爲漢成帝所寵愛後爲趙飛燕姊弟所譖後宮婕妤自知見薄求供養太后於長信宮作賦及紈扇詩 **玉階怨** 即班婕妤怨以自傷悼後人傷之而爲婕妤怨也樂府詞有寄情在玉階故云 **娥眉怨** 亦婕妤怨也 **團扇郎** 樂府詞名晉中書令王珉提白團扇與嫂婢謝芳姿有愛情好甚篤嫂極提婢苦之芳姿素善歌嫂令歌一曲當赦之應聲歌曰白團扇辛苦五流連是郎眼所見珉聞之更問汝歌何遺芳姿即改云白團扇顦顇非昔容羞與郎相見後人因而歌之亦曰團扇歌 **黄鵠歌** 樂府名魯烈女陶嬰少寡養孤幼無昆弟紡績治產魯人聞其美將求焉嬰聞之恐不能免乃作歌明己不更二夫也魯人聞之不敢復求又元始元年黄鵠下太液池帝乃歌之以爲瑞 **華山畿** 樂府名華山畿地名宋少帝時南徐一士子從華山畿往雲陽見客舍有

女子悅之無因遂感心疾母問其故具以啓母母爲見女具說聞感之因脫蔽膝令母密置其席下當已少日果差忽舉席見蔽膝遂吞食而死後葬經華山比至女門牛不肯前女曰且待須臾妝點沐浴出而歌曰華山畿君既爲儂死獨活爲誰施歡若見憐時棺木爲儂開棺即應聲開女遂入棺乃合葬呼爲神女冢 **春江花月夜** 樂府名陳后主所作 **玉樹後庭花** 樂府名陳后主所作文有臨春樂等曲大抵皆美張貴妃孔貴嬪之容色 **舞席同心髻** **玉女行觴** **神僊留客** **長樂花** **十二時** 皆樂府名隋煬帝所製豔篇掩抑摧藏哀音斷絶 **黄竹子歌** **江陵女歌** 樂府名皆呉歌也 **白石郎** 樂府名即白五郎也詞曰積石如玉列松如翠郎豔獨絶世無其二 **青谿小姑** 樂府名宋元嘉中會稽趙文韶在清谿步月悵然思歸忽有青衣詣門曰女郎聞歌聲有悅人者故遣相問既邀暫過須臾女郎至年可十八九容色絶妙謂文韶曰聞君善歌能爲作一曲否文韶即爲歌草生盤石下女郎顧青衣取箜篌鼓之又令侍婢歌繁霜

以笑之將且別去以金簪遺文韶文韶亦贈以銀盌及琉璃匕明日於青谿廟中得之乃知女郎青谿神女也後人歌之爲青谿小姑曲 **石城樂** 樂府名石城地名在竟陵臧質爲竟陵郡登城眺矚見群少年歌謠通暢因作此曲 **烏夜啼** 樂府名宋臨川王義慶爲江州帝徵還宅大懼伎妾夜聞烏啼聲因作此歌一曰烏西曲 **莫愁樂** 樂府名石城有女子名莫愁善歌謠石城樂中有忘愁聲因有此歌 **襄陽樂** 樂府名一曰宋王旦之始爲襄陽郡仍爲雍州刺史夜聞諸女歌謠因而作之所以歌和中有襄陽來夜樂之語一曰劉道產爲襄陽之守有善政百姓樂業由此歌之 **襄陽蹋銅鞮** 樂府名一曰白銅蹄梁武帝所作梁武帝之在雍鎮有童謡云襄陽白銅蹄及轉揚州兒謡者言白銅蹄謂金蹄馬也白金色也及義興之師實以鐵騎揚州之士皆面縛故即位之後更造新聲 **青驄白馬** 樂府名 **白附鳩** 樂府名亦曰白浮鳩本拂舞也 **楊叛兒** 樂府名本童謡歌齊時女巫之子楊旻少隨母入内及長爲何后寵童謡云楊婆兒謡訛遂成楊叛兒送聲云叛兒教儂不復

相思 **採蓮曲** 樂府歌亦曰採蓮歸 **鳳笙曲** 樂府詞云弦歌席長袖善留客 **採菱曲** 樂府詞云菱歌女解珮戲江陽 **遊女曲** 樂府詞云當年少歌舞遊女矣相邀 **朝雲曲** 樂府名巫山神女事 **上雲樂** 樂府名梁武帝所製孔雀鳳皇文鹿胡舞登連上雲樂歌舞彼仙曲也 **鳳臺曲** 樂府名上雲樂曲也曲云上雲真樂萬春 **方諸曲** 上雲樂曲也曲云方諸上可憐歡樂長相思仙曲也 **方丈曲** 昇仙曲也 **玉龜曲** 上雲樂曲也玉龜仙山名曲云可憐遊戲來謂仙遊也 **金丹曲** 上雲樂曲也曲云金會可憐乘白雲亦仙曲也 **金陵曲** 上雲樂曲也言勾曲仙三茅真若事 **白紵** 白紵舞樂府名呉舞也又有四時白紵歌 **七盤舞** 晋舞也七盤者言舞用盤七枚也接盃盤於手上而反覆之至危也張衡有賦 **柘枝詞** 樂府舞曲也柘枝舞乃舞中雅妙者也 **霹靂引** 樂府琴操楚商梁遊於雷澤霹靂下乃援琴而作之名霹靂引 **麥秀歌** 古樂府詞微子過殷之故墟見麥秀之蔪蔪禾黍之蠅蠅志動心悲乃作此歌亦曰傷殷操

南風歌舜歌南風而天下以治文曰舜彈五弦之琴歌南風之詩
神人暢帝堯所作堯彈琴感神人見故作此弄
白雪歌師曠所作琴曲也
神鳳操周成王時鳳皇翔舞成王乃作此歌言德化之感也
採薇操武王克殷伯夷叔齊不食周粟隱於首陽山采薇而食乃作歌因傳以爲操亦曰晨遊高舉操
履霜操尹吉甫子伯奇所作也伯奇無罪爲母譖而見逐乃集芰荷以爲衣采楟花以爲食晨朝履霜自傷於是作此操曲終投河而死
龍蛇歌介子推從晉文公出亡後反國賞獨不及乃作龍蛇之歌而隱於綿上山文公求之不得一曰士失志操
雉朝飛琴操也一曰衛女傳母所作衛侯女嫁於齊太子中道聞太子死傳母曰且往當喪喪畢不肯歸終之以死傳母悔之取女所自操琴於冢上鼓之忽二雉俱出墓中忽然不見乃作此操一曰犢牧子五十無妻出薪於野見雉雌雄相隨而飛意動心悲歌以自傷因作此操一曰朝飛操
思歸引樂府古詞琴操曰衛有賢女邵王聞其賢請聘之未至而王薨太子遂留之女不聽拘於深宮思歸不得遂作此操

曲終自縊而死後石崇少有大志晚節更樂放逸因覽樂篇大抵思歸引古曲有弦無歌乃作樂詞但思歸河陽別業而已
猗蘭操琴曲名孔子自衛反魯見香蘭獨茂曰蘭當爲王者香今乃與衆草爲伍乃援琴鼓之自傷不逢時託詞於香蘭也亦曰幽蘭
將歸操琴曲也孔子將西見趙簡子至於河聞竇鳴犢舜華之見殺乃回車而作此操
龜山操季桓子受齊女樂孔子欲諫不得退而望魯龜山作此曲以喻季桓子若龜山之蔽魯也
雙燕離琴操也詞曰雙燕有雌雄照日兩差池顧得長如此無令雙燕離
處女吟琴操魯處女所作也魯處女見女貞木而作此歌亦詠之女貞木歌
貞女引琴操此魯次室女作
別鶴操商陵牧子娶妻五年而無子父兄特爲之改娶妻聞之中夜起倚戶而悲嘯牧子聞之愴然而悲作此操亦曰千里別鶴
走馬引一曰天馬引樗里牧恭爲父報怨殺人而亡匿於山之下有人馬夜降圍其室而鳴聞其聲以爲追吏奔而亡去明旦視之乃天馬迹也因悟曰豈吾所處之將危乎遂逃於沂澤中援琴鼓之爲走馬之聲
龍丘引琴操

也龍丘子高出遊三年思歸故鄉望楚長嘆而作也
大風歌漢祖既定天下終過沛置酒沛宮悉召故人父老子弟佐酒酒酣帝擊筑自歌琴操作大風起
採芝操四皓所作也四皓隱居高祖聘之不至仰天作歌一曰四皓爲秦博士遭世暗昧退而作此歌曰曄曄紫芝可以療飢唐虞遠矣吾當安歸
九弄琴操也蔡邕五弄嵇康四弄通謂之九弄
胡笳蔡琰字文姬沒於匈奴在胡十二年後歸感傷亂離追懷悲憤乃作胡笳十八拍也
踏舞胡舞也羌胡踏舞兮共謳歌
飛龍引琴曲歌詞
宛轉歌琴曲歌名一曰神女宛轉歌王敬伯夜逢美女鼓作也美女已死之鬼也
三峽流泉琴曲名晉阮咸所作
風入松琴曲名晉嵇康所作
秋風琴曲名一曰秋風引
綠竹琴曲名一曰綠竹引
鳴鴈行樂府名鴈者隨陽而處以婦人從夫故婚禮用鴈鳴鴈行蓋出於此
傷歌古詞傷日月代謝年命道盡絕離知友傷而作歌也
悲歌古詞
悲哉行樂府詞客遊感物憂思而作也
妾薄命樂府詞或恨燕私之歡不久或傷良人不返或王嬙遠聘

虞姬嫁遲也
胡姬年十五樂府歌詞胡姬年十五春日獨當壚
羽林郎樂府詞漢武帝置羽林騎又取從軍死事之子孫養羽林官教以五兵號羽林孤兒百官志曰羽林郎掌宿衛侍從選六郡良家子補之
名都篇歌詞曹植所作名都謂邯鄲臨淄之類以刺時人騎射之妙游騁之樂而無憂國之心也
美女篇歌詞喻君子有美行願得明君而事之若不遇時雖見徵求終不肯屈也
白馬篇歌詞曹植作言邊塞征戰之事
升天行樂府詞曹植作傷人世不求俗情艱險當訪求神仙翱翔六合之外
遠遊篇雜曲歌詞曹植所作傷方正之行不容于世乃思與仙人俱遊戲周歷天地無所不至焉
輕舉篇與遠遊篇同意
仙人篇歌詞曹植作言人生如寄當養羽翼徘徊九天以從鍾呂王喬於天衢也又有仙人攬六箸篇神仙皆同此意
飛龍篇曹植作言求仙者乘飛龍而昇天也
應龍篇張正見作言龍未起時乃在淵底以喻君子隱居養志以待時也有翼曰應龍
種葛篇婦人年老見棄其夫追思初昏舊愛而嘆傷之也曹植作
秋蘭

篇歌詞晉傅玄所作言婦人之託君子猶秋蘭之蔭玉池也松栢篇歌詞言松栢受命獨久人
生浮脆不如也與龜鶴篇同意皆言人命之苦閭闔篇梁武帝所作言西京朝儀之盛齊謳
行齊歌曰謳備言齊地之美亦欲使人推分直進不可妄有所營也吳趨行吳人之歌言其
地之美也會吟行雜歌也會稽也所以吟會稽之美也謝靈運曰咸共聆會吟北風吟
雜歌也北風本衛詩刺君政暴虐百姓不親也鮑照則傷北風雨雪而行人不歸與衛詩不同苦熱
行樂府詞備言流金鑠石火山炎海之艱難也若鮑照則言南方瘴癘之地盡力征伐而賞之太薄也
春日行雜歌鮑照作言遊春之樂朗月行雜歌鮑照作敘佳人對月弄清絃也明月
篇晉傅玄作對月惜流光傷容色之易衰也明月子雜歌對月思故人也結客少年
場樂府詞言輕生重義慷慨以立功名也又曰言少年時結任俠之客為游樂之場終而無成故作此
曲又曰漢長安少年殺吏受財報仇相與探丸為彈探得赤丸斫武吏探得黑丸殺文吏尹賞為長安令

盡捕之長安中為之歌曰何處求子死桓東少年場生時諒不謹枯骨復何葬輕薄篇樂府歌詞
言乘肥馬衣輕裘馳逐經過為樂也遊俠篇樂府歌戰國時魏有信陵趙有平原齊有孟嘗楚有
春申皆藉王公之勢競為游俠以取重諸侯顯名天下後世稱游俠以四豪為首焉漢興有魯朱家及劇
孟郭解皆以俠聞其後長安熾盛閭里各有豪俠皆報仇怨養刺客任也壯士篇樂府詞因荊軻
易水歌而作也亦曰壯士吟壯士行太道曲樂府歌言春郊車馬遊樂之盛謝尚為鎮西將軍著
紫羅襦據胡床在市中佛國門樓上彈琵琶作大道曲市人不知是尚公也起夜來樂府名其
詞意猶念疇昔思君之來也亦曰起夜半獨不見樂府名傷思而不得見也攜手曲樂府
名言攜手行樂恐芳時不皆君恩將歇也邯鄲行樂府名舞曲也亦有邯鄲歌大垂手
小垂手樂府名皆舞曲言舞而垂其手也夜夜曲樂府歌名傷獨處也秋夜長
樂府名言夜長不能寐有所思也夜坐吟樂府名言聽歌逐音因音託意也鮑照作寒夜

怨樂府名言雪夜之思寒窓不能寐但叙相思之意耳獨處愁樂府名思人悲獨處也同
聲歌樂府名後漢張衡作言婦人勉供婦職不離君子沒齒不忘焉以喻臣子之事君也一曰言結
交相合其義亦同也定情詩樂府詞漢繁欽作言婦人不能以禮從人而自相悅媚乃解衣服玩
好致之以結綢繆之志終而不答乃自傷悔焉又有定情篇定情樂合歡詩樂府歌晉楊方所作
言婦人與夫綢繆之情常願不離也錦石擣流黃樂府詞名隋煬帝作敘婦人思夫遠戍也
河曲遊樂府名隋盧思道作敘鄴下風流春日行遊之景也城南隅讌樂府名盧思道
作敘城南讌飲之樂喜春遊樂府歌隋煬帝作亦曰遊春樂春遊曲步虛詞樂府名道
家曲也備言衆仙縹緲輕舉之美意昔昔鹽舞曲也水調歌樂府名隋煬帝幸江都時
所製聲韻怨切王令言聞而謂人曰但有去聲而無回韻帝將不返矣後竟如其言九十一疊舞細
腰願對君王舞細腰涼州歌樂府琵琶曲也言邊塞之事東飛伯勞歌樂府

名盛言美女容色之美而作與相逢傷芳年之易度長相思樂府名長者久遠之解言行人久戍
而有所思也又有千里思同此意行路難樂府名備言世路艱難及離別悲傷之意古別
離樂府名古詩曰行行重行行與君生別離又李陵詩曰良時不可再離別在須臾故後人擬之為古
別離也後有長別離遠別離皆類此又有新別離暗別離潛別離別離曲茱萸女長安美女也樂
府有茱萸女歌謂九日采茱萸女也舞媚娘舞曲也枯魚過河泣樂府詞魚過河
偶為漁人所獲喻人君當慎出入也即白龍化魚逢豫且事同冉冉孤竹生樂府詞叙夫婦
新昏當及時同樂也棗下何纂纂樂府詞曰棗下纂纂成實離離纂棗花盛貌離裵也
言崇謝之各有時也西園遊上才樂府名取沈約詠月詩為題也薄暮動絃歌
樂府題詞羽觴飛上苑樂府題桂楫泛河中樂府題內殿賦新
詩樂府題武溪深樂府笛曲也一曰武陵深馬援南征之所作也援門客爰寄生善吹笛令

歌以和之。半路溪樂府名梁元帝作言相逢隔衢識行步也。飲酒樂樂府名詞陸機所作。思公子樂府歌取楚詞思公子兮徒離憂意。王孫遊樂府題取楚詞王孫遊兮不歸為題。漁父歌屈原既放遊于江潭漁父見之鼓枻而歌。擊壤歌帝堯之世天下大和百姓無事有八九十老人擊壤而歌。卿雲歌舜將禪禹百工相和而歌卿雲。紫玉歌樂府歌紫玉乃吳夫差女也作歌詩與韓重以寄意焉。扶風歌樂府名晉劉琨所作傷行役在外離別之久也。秋風辭樂府題漢武帝幸河東祠后土顧視帝京忻然中流與群臣燕飲歡甚乃自作秋風辭。驪駒歌樂府題客欲去歌此也。瓠子歌漢武帝時河決瓠子令群臣皆負寘決河人手悼功之不成乃作歌於是卒塞瓠子築宮其上。牢石歌樂府名漢元帝時石顯牢梁擅權諸附倚者皆得寵位而民歌之言其兼官據勢也。楊白花樂府名楊華武都人少有容貌魏胡太后逼之華懼乃率其部來降胡太后追思之不已為作楊白花歌使宮人連臂蹋足歌之聲甚悽惋華本名白花

事氏源林卷之六　禮樂類　三十二

奔梁後改名華。五侯歌樂府詞漢成帝悉封舅王鳳等五人為侯爭為奢侈百姓歌之言其奢僭。上郡歌樂府詞漢時馮野王為上郡太守其後弟馮立亦陟西河上郡其職公廉與野王相似民乃歌之。五噫歌梁鴻不遇。豫州歌晉祖逖為豫州刺史百姓悅曰吾等老人更得父母死將何恨乃作此歌其得人心如此。吳人歌晉鄧攸為吳郡守載米之官俸祿無所受及去郡百姓牽攸船不得進乃以小舟中夜發去吳人故歌之。中興歌樂府詞鮑照作。白白歌樂府詞嘆日月不能不謝也衰為盛之終盛乃衰之始也。長白山歌來整桑國讓之子也尤驍勇討擊群賊所向皆捷服諸賊歌之。東征歌樂府題文中子西遊長安見文帝奏太平十二策帝下其議於公卿不悅文中子知謀之不用故作東征之歌以歸帝聞而再徵之不至。黃澤辭樂府詞穆天子東遊於黃澤使宮樂謠云。白雲謠樂府詞穆天子觴西王母於瑤池之上西王母為穆天子謠曰白雲在天山陵自出天子答之。越謠歌古樂詞卽雞壇盟君乘車我戴笠他日相逢下

車揖云云。城中謠郎城中好高髻四方高一尺謠也言政敎移風必有其本上之所好下必甚焉。閤道謠潘岳才名冠世為衆所疾後為河陽令鬱鬱不得志時山濤領吏部王濟裴楷等並為帝所親遇岳內非之乃題閤道為謠云。山陰謠立仲平為山陰令居職甚有聲譽故百姓為之謠云。曲堤謠宋世良為清河太守才識開明尤善政術郡東南有曲堤群盜所萃世良施八條之制盜奔他境而民為此謠。獨酌謠樂府詞齊人淳于髡善為十酒陳後王效之為獨酌謠自一酌以至十酌也。羇謠羇旅歌也羇傷懷上心。箜篌謠樂府詞傷友道之不終也。康衢謠堯治天下五十年不知天下之治不治顧問左右外朝及在野皆不知也堯微服遊於康衢聞兒童謠云立我蒸民莫匪爾極不識不知順帝之則堯還宮召舜因禪以天下。下瀵泉以隋虛山泉為渭州刺史甚有惠政人致祥瑞隴下由來乏水勤一日出行馬足所踐怒飛泉湧出民為之謠號其泉為玉漿云。小麥謠漢桓帝時諸羌一時俱發大為民害命將出兵每戰常負益發甲卒麥多委棄但有

事氏源林卷之六　禮樂類　三十三

婦女刈穫之也故有此謠。城上烏謠刺桓靈之亂也。相府蓮樂府歌王儉為南齊相一時所辟皆才名之士時人以為入儉府為蓮花池如紅蓮在綠水今號蓮幕者自儉始後笛曲訛作想夫憐。孤鵠失群游龍登雲歌舞勢也從軒体以迅若孤鵠之失群托華袂以逶迤若游龍之登雲也。珍饗祭器也薦珍饗以祈仙。悟歌朋友悟歌。揚玉桴握板。糈折瓊芳皆祭神也糈祭神之米也。含蘭歌未出聲也燕妻含蘭而未吐。嬌響艷聲歌妓之音也雲間嬌響徹風末艷聲來。嗟楊柳曲名也唯聞嗟楊柳。理曲演習歌曲也若生理曲處。鐃吹鐃吹臨風響。蹀節歌舞之節也頓履隨蹀節。上聲歌之高聲也低裊逐上聲。赴曲向人歌曲也赴曲君前未忍歸。飄薄梁塵歌聲妙也遶響飄薄梁塵。鳳將雛歌曲名歌曲鳳將雛。

唐詩

金谷舞金谷歌舞所出也鳳移金谷舞。北邙行唐樂詞言人死葬北邙與太山東武吟蒿里歌相似。上陽白髮人唐樂府貴妃專寵後宮無

後進宰六宮有美色者輒置別所上陽其一也 藻薦 祭也遲明申藻薦 漁陽摻 軍鼓也禰衡作漁陽摻以辱曹操 琵琶行 唐白居易左遷九江郡司馬送客湓陽口聞舟中夜彈琵琶者問其氏本長安倡女年長色衰爲賈人婦使彈數曲憫然自叙漂泊憔悴轉徙於江湖間白因感遷謫意爲長歌以贈之 竹枝怨 桃葉傳情竹枝怨水流無限月明多 雲間歌 劉禹錫詩曰曾隨織女渡銀河記得雲間第一歌 離歌 一曲離歌兩行淚 歌塵 陽棟歌塵合 春從何處來 唐樂篇名 成歌 邊鎮成歌連日動 散髮行歌 散髮行歌自采薇 平陽歌舞 漢武帝幸平陽公主見謳者衛子夫善歌舞載回立爲后平陽歌舞新承寵又曰歌舞出平陽 龍雩 龍見而雩吸龍雩寢 渾脫舞 長孫無忌以烏羊毛爲渾脫氈帽人效之謂趙公渾脫何必公孫大娘渾脫舞 金聲玉韻 狀美人之歌也 江謳越吹 江謳越吹相思苦 野吹 野吹囀聲也 嘯歌度舞 囀歌逞合態度舞暗成行 蓮花舞 美人舞態如蓮花旋

劒歌 彈劒而歌也劒歌行路難 手語 弦將手語彈鳴箏 鐃歌 軍中樂也鐃歌列騎吹 艷舞嬌歌 艷舞全知巧嬌歌半欲羞 宮懸 樂也天樂動宮懸 入破 曲調也鄭聲入破如有神 清樂 清樂九天闋 朝儀 雙瞻御座引朝儀又叔孫通起朝儀 守祧 監廟者謂之祧守挑撥具禮 如意舞 王我好作如意舞歡極提攜如意舞 歌吉祥 安時歌吉祥 法歌 唐有梨園法曲法歌聲變轉 皓齒歌細腰舞 李賀作將進酒 明月引 琴曲名一曰明月歌 幽澗泉 琴曲名李白作 仙弄 仙曲也叢黃發仙弄 楊柳花 歌曲名小婦春來不解羞嬌歌一曲楊柳花 離別難 近代曲名 鷓鴣詞 近代思臨詞曲也 清平調 玄宗與貴妃賞芍藥命李白作樂府新詞名清平調 回波樂 唐中宗嘗內宴群臣引流泛觴皆歌回波樂曲撰辭起舞 聖明樂 隋文帝造敘聖世之盛治 千秋樂 玄宗以梁日燕百僚於花萼樓下作千秋樂曲 春鶯囀 唐高宗聞鶯聲命樂工寫之爲春鶯囀亦爲舞曲

曰虞世南作 如意娘 唐歌曲名武則天造 雨霖鈴 明皇幸蜀入斜谷屬霖雨彌旬於雨中聞鈴聲與山相應帝既悼念貴妃因採其聲爲雨霖鈴曲以寄恨焉 桂華曲 白居易所作蘇州東城古吳都城也今爲樵牧場有桂一株生于城下惜其不得地而作曲音悲切聽輒傷心 渭城曲 一曰陽關調唐王維作本送人使安西詩也後遂被於歌 竹枝 劉禹錫在沅湘以俚歌鄙陋乃依騷人九歌作竹枝新詞教里中小兒歌之本巴渝歌也 楊柳枝 白居易洛中所製白有妓樊素善歌小蠻善舞嘗爲詩曰櫻桃樊素口楊柳小蠻腰居易年既高邁而小蠻方豐豔乃作楊柳枝詞以託意焉 太平樂昇平樂 皆唐樂府曲也 金縷衣 唐時歌曲名勸君莫惜金縷衣勸君惜取少年時 憶江南 唐歌曲名一曰望江南本名謝秋娘李德裕爲亡妾謝秋娘所作 踏歌 唐樂府調 欸乃曲 唐元稹作楨逢春水行舟不進作欸乃曲令舟子唱之以取適於道路欸乃棹舡聲又欸乃一聲山水綠 青樓曲 唐歌曲也 韻府 六同 六律合陽聲六同合陰聲大司樂掌

六律六同 柘枝 舞名黃遍畢不第曰老歸舞柘枝 漢儀 漢宮威儀 歌珠 歌褰串珠 紫雲回 唐明皇遊月宮聞仙樂歸以玉笛寫之名紫雲回曲 鶡濫堆 唐明皇製玉笛聲曲 遶梁歌 韓娥之齊鬻歌假食去三日餘音遶梁 拂塵歌 魯公虞公發聲清哀歌動梁塵 陌上花 美人歌曲名 長清短清 河間琴曲名有長清短清長側短側之類 薦羞 凡祭祀供其籩豆薦羞之實薦羞皆進也 南音 晉景公見鍾儀曰南冠而繫者誰也有司曰鄭人所獻楚囚也既脫之與之琴操南音 曳屣歌 曾子曳屣而歌商頌聲滿天地 薦鮪 季春天子薦鮪於寢廟 曳杖歌 原憲施履曳杖行歌聲如金石 梨園小部 楊貴妃生日奏梨園小部 小海 國人痛伍子胥忠烈爲小海唱 人間好 武夷君於山頂奏仙樂唱人間好曲 扣缶 擊甕扣缶秦之樂也 拊缶 即扣缶也楊惲歌曰酒後耳熱仰天拊缶而呼嗚嗚 雅弄 翠柳輝彈謝安琴爲雅弄 三弄 桓伊笛作三弄 撫弄 陶潛蓄素琴每有酒輒撫弄之 蜀道易

李白爲蜀道難以斥嚴武陸暢爲蜀道易以誚韋皐

周郎顧　周瑜精音律雖三爵後有缺悞必顧語曰曲有悞周郎顧

南山粲　粲鮮好貌寗戚飯牛扣角而歌曰南山粲白石爛生不逢堯與舜禪

白石爛　同上

廣陵散　嵇康自製琴操詞絕倫康臨刑援琴彈之曰昔袁孝巳欲從吾學廣陵散吾靳之今絕傳矣

黃金散　古樂府云不惜黃金散只畏白日蹉跎

壤奠　執其地之所出者而貢奠於天子也書曰敢執壤奠

碧玉調　周琴號碧玉調

廷勞　蔡侯過鄭子產延勞於東郊之外廷者接往也

曲破　曲終煩聲名爲入破

問夜　士相見礼夜侍坐問夜謂問時數也

九奏　趙簡子夢游於鈞天廣楽九奏萬舞

青祝　朝廷祠上帝出青詞授祠官以祝之

訊馘　釋菜于學以訊馘告

命操　猶述之意也抒琴命操

軍旅類

易經

師貞丈人吉　用兵之道利於得正而任老成之人也師卦

師出以律　律法也出師之道當謹其始以律則吉師初六曰師出以律

王三錫命　在師能成功以安天下故王錫命至于三也三者極言之師九二曰在師中吉王三錫命

輿尸　謂師徒撓敗輿尸而歸也師六三曰師或輿尸凶

伏戎于莽升其高陵　不敢顯發伏藏兵戎於林莽之中以伺其隙又懷惡而內負故又畏懼時升高陵以顧望深見小人之情狀也同人九三

詩經

赳赳　武貌赳赳武夫

有趫　武貌庤士有趫

麃麃　武貌駟介麃麃

中軍　謂將在鼓下居軍之中也又殺氣傍中

行枚　行陣也枚謂御箸以止語也勿士行枚

破斧缺斨　言征役勞苦也斧斨征役所用者也

執訊獲醜　執其魁首當訊問者也醜徒衆也

武服　武事也共武之服

六師　六軍也天子六師

武人　謂將師也

戎醜　大衆也戎醜攸行

臨衝閑閑　臨衝臨陣也閑閑徐緩也

類禡　類將出師而祭上帝也禡音罵至所征之地而祭始造軍法者

徒御　徒步卒也御車御也徒御不驚

茀茀　強盛貌臨衝茀茀

駾喙　言奔突竄伏惟其喙息而已昆夷駾矣惟其喙矣

鷹揚　如鷹之飛揚而將擊言其勇也維師尚父時維鷹揚

王旅　嘽王師也

戢干戈櫜弓矢　戢聚也櫜韜也言偃武也

烈烈征師　烈烈威武貌

陳師鞠旅　陳列師衆也鞠之言告也

敦琢　選擇也敦琢其旅

矯矯　武貌矯矯虎臣

獻馘　馘所格者之左耳也古者出兵受成於學及其反也釋奠於學而以訊馘告也在泮獻馘

獻囚　囚所虜俘也意同上

獻功　功武功也同上

載旆秉鉞　以征不義也

小戎　秦襄公承天子之命而征西戎從役者誇其車甲之盛也以下詩序至常武止

東山　周公東征也周公東征三年而歸勞其士卒故作此美之

采薇　遣戍役之詩也

出車　勞還師也

六月　宣王北伐之詩

采芑　宣王南征軍行采芑而食故賦其事以見軍容之盛也

車攻　宣王復文武之境土

修車馬備器械復會諸侯於東都因田獵而選車徒焉故作此詩以美之 **祈父** 軍士怨於祈父之而告之 **漸漸之石** 將帥出征經歷險遠不堪勞苦而作此詩也 **江漢** 宣王命召穆公平淮南之夷詩人美之也 **常武** 宣王自將以伐淮北之夷而命卿士之詩 **整旅** 整其兵旅而出也爰整其旅 **烝徒** 謂衆兵也 **會朝** 會戰之旦也會朝清明

書經 **同力度德** **同德度義** 古者兵志之詞力同則有德者勝德同則會義者勝 **六步七步** 此坐作進退之法也不愆于六步七步乃止齊焉 **四伐五伐六伐七伐** 此攻殺擊刺之法也不愆于四伐五伐六伐七伐乃止齊焉 **如虎如貔如熊如羆** 欲將士如四獸之猛也尚桓桓如虎如貔如熊如羆 **桓桓** 威武貌 **偃武修文歸馬於華山之陽放牛於桃林之野** 武王既伐紂乃偃息武事修舉文教馬散之華山之陽而弗復乘牛放之桃林之野而弗復服 **虔劉** 劉殺也虔劉嚴敵 **張皇六師** 皇大也謂六師戒戎備也

左傳 **阻兵** 阻恃也阻兵而安忍 **兵猶火也弗戢將自焚也** 言用兵而不戢斂其威猶用火不戢必自焚其身 **治兵振旅飲至** 四時雖已講武猶三年而大習出曰治兵入曰振旅振整其徒旅也飲至者告於宗廟而飲酒也三年而治兵入而振旅歸而飲至 **略地** 言凡略者皆謂行邊境也吾將略地焉 **三覆** 三覆伏兵也爲三覆以待之 **告成** 遣使來告和也使來告成 **釋圍** 解兵也三國之圍 **鳩民** 聚其民也君釋三國之圍以鳩其民 **城下盟** 軍敗盟於城下乃諸侯所深耻者爲城下之盟而還 **侵軼** 侵突也不用兵各得其侵軼我也又云懼其侵軼我也 **疆埸之事** 埸音亦謂邊事也疆埸之事愼守其一 **三鼓** 又云鼓謂鳴鼓進兵也一鼓作氣再而衰三而竭 **啓戎心** 啓戎之心也疆埸無主則啓戎心 **受甲** 言受甲爲兵也國人受甲 **受脤** 出師則宜於社爲將者受脤肉受脤於社 **面縛銜璧** 降將之禮也縛手於後惟見其面不能執璧故以口銜之

輿櫬 櫬棺也軍敗載棺以降將受死也士輿櫬 **鬬士** 力戰之士也力鬬士從我征 **繕** 謂征賦治兵也征繕以輔孺子 **金鼓聲氣** 兵以鼓進以金退所以助士衆之聲氣也金鼓以聲氣 **辟三舍** 退三十里爲一舍晉楚治兵遇於中原其避君三舍矣 **左執鞭弭右屬櫜鞬** 鞭馬策也弭弓末也屬著也櫜以受箭鞬以受弓皆戰陣所用也左執鞭弭右屬櫜鞬以與君周旋 **取威定霸** 謂取威重定霸業也 **直壯曲老** 老疲也師直爲壯曲爲老 **超乘** 乘車正行時超上車而乘之所以示其勇也超乘者三百乘 **裹糧坐甲** 裹包也裹餱糧也坐甲者戰則被甲未戰則坐之於地 **禁暴戢兵保大定功安民和衆豐財** 禁止暴亂戢藏兵戈保安天下措定功業安輯民人和計衆庶豐殖財貨皆用兵所致也夫武禁暴戢兵保大定功安民和衆豐財者也 **暴骨** 謂戰以而暴尸於野也使二國暴骨 **觀兵** 耀兵以威服諸侯也觀兵以威諸侯 **挾纊** 告如挾綿以忘寒也三軍之士皆如挾纊 **鯨鯢** 大魚也喩不義之人吞食小國取其鯨鯢而封之

鞭長不及馬腹 雖鞭之長不及馬腹言非所當擊也 **行成** 行和也使人求成 **塞井夷竈** 塞其井平其竈以爲戰地也塞井夷竈陳於軍中又示不反 **輕窕** 窕亦輕也去聲楚師輕窕 **固壘** 堅壁不出也固壘而待之 **候奄** 主斥候者罕軍 **組甲** 漆甲成組也組甲三百 **被練** 被白練袍者被練三千 **遄郤不登** 登恐懼也 **駢旃之盟** 駢旃亦牛也盟不以牛雖重其盟也賜之駢旃之盟 **班馬聲** 班別也夜遁馬不相見故作離別之聲有班馬之聲齊師其遁乎 **犯門斬關** 犯門衆斬關以出 **弭兵** 止兵也 **楚氛** 氛氣也楚有襲晉之氣其惡 **秉甲** 也楚子患楚之以劫人 **尸盟** 主盟也其尸盟也 **寢戈** 兵也抗寢戈衛寢之兵 **釁鼓** 殺人以血塗鼓以釁鼓 **祓社** 將師出先有事祓禱於社也 **馬禍** 馬之災也或爲馬禍以救 **旗鼓** 犯軍令也衛車于旗鼓 **暴骨如莽** 莽草生莽莽然暴骨原野如莽 **尋盟**

尋溫也謂舊盟也寒盟寒歇也若可尋也亦可寒也鼓譟鳴鼓譟讙也鼓譟而進又云號令也秦軍鼓譟犀兕皆拔【禮記】前朱鳥後玄武左青龍右白虎招搖在上軍旅之出以四方列宿畫爲旗章招搖北斗七也四郊多壘四郊者王城之外壘中兵之壁也四郊多壘此卿大夫之辱也鍵櫜鍵填也櫜韜兵器之具武王克商不復用兵皆以鍵櫜閉藏之散軍郊射散軍郊射謂武王克商散軍伍貫射於郊學之中說劍說讀音脫脫解脫其佩劍也武王克商虎賁之士說劍也飾怒軍旅鈇鉞先王之所以飾怒也【周禮】表貉貉作禡兵祭也立表以祭之故曰表貉旬祝掌表貉之祝號六軍爲軍萬二千五百人王六軍五戎兵車有五所謂五戎三軍大國三軍次國二軍小國一軍師旅二千五百人爲師五百人爲旅卒兩伍百人爲卒二十五人爲兩五人爲伍九伐大司馬以九伐之法正邦國馮弱犯寡則眚之削其封疆之四隅也賊賢害民則伐之聲其罪以討之也暴內陵外則壇之置之空地而

更立其次賢也野荒民散則削之削其封域也負固不服則侵之潛師以侵其境也賊殺其親則正之正者定罪而誅之也放弒其君則殘之殘其黨類也犯令陵政則杜之杜之絕其人而不通也外內亂鳥獸行則滅之滅其類也皆所以待諸侯廢王度失臣禮者也又云夏官以九伐之法正邦國謂征諸侯之法有振旅茇舍治兵大閱此四時教兵之法也大司馬中春教振旅謂振而整旅也中夏教茇舍謂教以草止之法也軍有草舍之也中秋教治兵出兵曰治也中冬教大閱之法以防寇敵謂大閱兵而習戰也【國語】耀德不觀兵明尚道化不以小小而示威武也先王耀德不觀兵帶甲衿鎧也帶甲三萬毒逐毒逐秦戰也毒逐於中原挺鈹搢鐸謂鳴鐸而戰也挺拔搢振也挺鈹搢鐸以與楚昭王毒逐於中原【老子】佳兵佳兵者不祥之器用兵也佳兵不祥器器猶人也見上【莊子】鶴列猶魚麗之類兵陣之名也【楚辭】棄原壄謂戰敗骸骨棄於原野而不得葬也嚴殺嚴猶言摩戰痛殺也嚴殺盡兮棄原野鬼騎騎之

容步騎徒行爲步乘馬爲騎【漢書】特將特獨也謂獨爲將而出征者別亞將裨將也首事謂最先起兵周衛周衛言宿衛周密也卿子冠軍卿子猶言公子也時人相褒稱之詞上將曰冠軍又霍去病爲冠軍將軍外繇即戍邊也按甲按甲休兵也稅介稅音脫脫舍也介甲也搴旗搴旗謂勝敵拔取旗也又云立旗也揭竿揭竿爲旗謂竪之也抗旌抗舉也銜枚止言語讙囂欲令敵人不知其來也游兵游兵往來爲梟將梟謂最勇健也元戎謂大衆也本兵本兵柄謂執其權之本也適戍適讀曰謫謂罰而行也材官材官有材力者騎士佽飛佽飛射士取其便利輕疾若飛也佽音次蒼頭謂士卒服青帛巾以相別也蒼頭軍部署分部而置署部曲大將軍營五部部校尉一人部下有曲曲有軍候一人諸校諸部也猶言諸營隊率一隊之率也車騎材官騶發騶發謂矢之善者騶發以射也營衛營壘之府衛也尺籍伍符尺籍

所以書軍令伍符軍士五五相保之符信也莫府莫同幕以軍旅無常居止故以帳幕名之也前垣軍前以大軍自障者謂前鋒之垣也轅門軍行以車爲陳轅相向爲門故曰轅門又云君止宿險阻之處棲車以爲門也行間行伍之間也被堅執銳堅甲銳利兵也偃革息兵也謂偃武備而治文也云偃革爲軒刁斗以銅作鐎受一斗晝炊飯食夜擊持行名曰刁斗烽燧烽即烽煙也木樵樵與譙同謂爲高樵以望敵也爲壁壘木樵以校徹虎落外落也竹篾相連遮落之也拔距拔距有人連坐相把據地距以爲堅而拔取之言其有手掣之力也羽衛羽衛而大爲闌遮禽獸也校聯謂營壘相次不絕也摶戰快戰快戰爲諸挑戰挑戰也猶曰致師求戰陷堅陷堅陳常折衝有言衝突爲害者則能折而拒之衝擊衝橫擊也梟俊梟謂斬其首而懸之俊謂敵之魁率梟俊首合刃合刃謂兵交也血刃刃著血也謂殺傷人而喋血喋血殺人流血滂沱爲喋血

血本作蹀謂蹀涉之也 **掃衆** 掃者謂盡舉之如掃地之爲宜掃淮南之衆 **追北** 退敗奔走
者曰北 **折北** 折挫也 **中率** 中充率謂軍功封賞之科著在法令者也諸將多中首虜率爲
侯伯者中去聲 **汗馬** 汗馬之勞 **搚陊** 謂搚陊搚擊也 **鏖戰** 鏖者謂苦擊而殺傷衆也
創痍 創傷也痍痍未瘳 **橫草功** 謂行草中使草偃無橫草之功也 **武蝨** 武蝨精兵
武節 武節颷逝 **右武** 右尚也成上文遺亂右武亦上也 **廟勝** 謂謀於廟堂之上而能勝敵也
席勝 乘利席勝席因也若人之在席上也 **瓦合** 起瓦合之卒言如城瓦相合雜聚合而不齊
也 **標起** 飛火曰標言兵發疾起也 **烏集** 乍合乍離如烏之集 **鱗萃** 如鱗之集也
鱗集 言其相次如魚鱗集 **機驚** 如機之發如逢蠭之過 **蠭軼** 疾也蠭與鋒同軼過也言其多也
龍戰虎爭 言群雄並起爭天下也龍戰而虎爭 **虎翼** 所謂假爲虎翼者也 **賊兵** **鴻絧**
緁微 澒絧直馳貌微輕武鴻絧緁微相差貌 **吸噏** 吸噏開張 **肅率** 肅率也

欲也飛蕉雲 **驥騁騖蘊** 皆聲厲衆盛也 師吸噏瀟率馬騁驥蘊泣雷厲驥騁騖蘊 〔諸史〕 **批亢**
擣虛 批排亢拒擣擊虛空也謂敵人相亢必須批之彼兵若虛則衝擣之也 **捐甲徒裼**
捐棄衣甲徒跣袒裼也 **下甲** 秦下甲據宜陽猶言整頓兵也 **逐北** 軍敗走曰逐北 **奇兵**
兵以正合以奇勝張一正一奇以知之又云天外落奇兵 **輕兵** 人馬不帶甲爲輕兵出輕兵擊之又
銳卒也輕兵救邊急 **隆技擊** 隆高也以勇力擊斬敵者號爲技擊齊人隆技擊 **敵愾** 毛詩敵王所愾
睆宇車小敵 **贏糧** 贏負也贏糧三日糧 **安制綦節** 綦極也安制謂安於制度自不踰越
綦節謂極於中義自不爲非皆于賞蹈利之兵未有安制綦節之理荀卿論兵法 **處舍** 營壘也處
舍欲周以固 **儀刃** 儀向也儀刃者刃之 **歸命** 歸命也命者負 **潛軍** 伏兵也 **蠭**
以言起兵者衆如蠭之 **蠭起** 飛起也楚蠭起之將 **發難** 謂兵初起時也 **束馬懸車** 將上山纏
東其爲懸鉤其車也齊桓公曰西伐大夏束馬懸車上卑耳之山 **傳發** 軍中傳令使役發兵也 **傳**

餐 謂軍中衛士傳食而食也小飲曰餐 **梟騎** 最勇健者曰梟 **傷夷** 傷金創也夷亦傷也
甫起 **南北軍** 漢置南北軍於京師所以重其庸人將之則軍國大權已入呂氏掌握乃以二呂
矣焉得不危哉 **間人** 謂伏兵也 **斥候** 斥度候望也所以望烽燧者遠斥候 **逗撓** 逗撓音
法行而逗留畏者斬名逗撓 **度寡輕留** 謂度河暮輕留入而久留也 **宿兵** 宿猶屯兵也
云素習練之兵也 **胡越騎** 以胡人越人內附爲騎兵也 **三校** 校營壘者文
宿兵於無由之地之稱故謂軍之一部爲二一校 **都試** 總閱試習武備也 **枹鼓數起** 枹擊鼓數起也
言盜賊之多也 **懸首藁街** 斬郅支首懸之藁街 **中堅** 中軍將最尊居中以堅銳自輔故曰中堅
雲集 **龍鬭** 謂群雄角力也雲集龍鬭于野 **旄騎** 四旄騎秦置
作先 **客兵** 謂遠來之兵也 **殊死戰** 謂決意必死也一曰殊絕言其身首懸絕而
驕異 **要擊** 要音邀遮也 **突騎** 言其驍銳可以衝突敵人 **麾下** 大將軍之旗曰麾麾下猶

言閫下節下也 **征虜** 虜將軍孫皎拜征虜將軍 **渠率** 渠大率帥也 **曲長** 部曲之長也太將四將
營部校尉 **八陣圖** 武侯兵法有八陣圖以天地風雲爲四正以龍虎鳥蛇爲四奇所謂八陣法也
綦跱 言兵宜如綦之布立 **梟雄** 梟雄勇健也武威也 **嬰城** 嬰以城自固謂環繞也
城不下 **軍實** 謂軍徒器械糧之屬也 **按兵** 謂駐兵按兵固守不動也 **卷甲** 謂盡其兵也卷甲出
兵也卷甲甚 **重閉** 謂重以自防也勇夫重閉 **梟夷** 梟謂掛首於木上夷謂盡滅其族 **節**
下猶言麾下也 太將持節以專殺 **枕戈** 心在用兵也枕戈待旦言 **鼓行** 謂擊鼓而行無所畏
懌也鼓行而討之 **壘門** 軍門也 **解嚴** 謂解散兵嚴也 **部月** 名也 **偵候** 伺探
兵也成偵候 **騶行** 謂隱蔽而行也 **纂嚴** 纂集兵嚴也猶曰戒嚴 **建牙** 謂將帥牙門
建年 **登陴** 陴城上垣也勸兵登陴 **厲肅** 肅文也 **斧伐朝菌** 朝菌之即蕈也朝菌地生於
朝易於暮以順討逆何異厲斧伐朝菌 **俘馘** 所獲囚也俘軍所戰馘截左耳也獻俘授馘 **鹿**

角陣名。行屯謂巡視諸屯也主將行屯。提鼓揮桴大將之任也提鼓揮桴臨難決疑。千騎初唐太宗選官戶及蕃口驍勇者著虎文衣跨豹文韉從遊獵於馬前射禽獸謂之百騎則天時增為千騎後改為羽林萬騎。宿衛唐改府兵為宿衛乃禁軍也。彍騎唐又改宿衛為彍騎彍者張弩也滿張弩也。凶門將軍受命鑿凶門而出。射生唐至德中擇善騎射者千人為射生手號英武君故云。轉鬪轉鬪相戰也。格鬪兩相敵曰格鬪。角射角校也兩兩相當習射以見勝負。平安火烽火報捷之火也。文選　禁兵天子之兵也。營櫛比言軍衛相次如櫛齒相比連也。虎旅虎賁之旅也。壘壁星名取之以為軍名。行伍隊伍。鵝鸛魚麗並陣名。箕張翼舒陣之形勢。破堅摧剛挑捷陷扃言壯勇之士所能也捷拒門也扃門限也。軍容軍之容表也古者有國容軍容。拔距投石拔距謂兩人以手相挽能拔引之也投石以石投敵皆壯士所為者拔距投石之部。戎旅

卯士卒也。三接三捷言三接戰而三捷也。讀列師多曰讀以為行列也讀音會。洗兵刷馬戰勝伏兵也洗兵海島刷馬江洲。振旅軥軥兵還曰振旅軥軥衆聲也。反兵謂休兵。旆悠悠旆旗飛貌悠悠旌旗。戢戈柙刃休兵也戢斂其戈藏其刃也。歸獸放其牛馬也武人歸獸而去戰。攝麾攝其麾旌休兵也。揚旍則威發秋霜旌節為將帥則有威猛如秋霜也發猛也。軍裝軍戎之裝飾也。飛蒙茸走陸梁飛者蒙茸而乱走者陸梁而乱走之貌皆言猛士乱走之貌。霧集雲合言師衆如霧集雲合之也霧地氣也。鱗扁戰貌扁音篇。冠軍軍陣。輕武輕武徒也。狡騎狡捷之騎也。虎陣虓虎勇健貌虎之陣。炎炎拉雷駭言結陣交錯如風雷之威駭也。羽騎羽也即羽林之騎也羽騎營營。武誼即武事也武誼動於南陵。壓城斬邑下將降其言揣揮之間若克城邑下虜將帥。降旗降敵旌旗也掩交也此言克敵之捷。雲合電發焱焱

騰波流皆言兵師之急疾也。瘢耆浩夷瘢耆皆兵傷也。究鋋竦戎勸竦也出兵將以勸戎。窺兵兵視師也不窺兵於山外。整興竦戎虜也。餓鷹寒鳥氐勇者貪將有擊也餓鷹厲物寒鵰。驚沙坐飛飛將坐飛謂忽然而起也。屯方郎中營也。彀騎彀騎也彀而清路。禁營郎禁兵也。負羽負箭有羽從軍者負之於背而行。虎奮言軍士如虎之奮。素甲日曜玄幕雲起素甲光明甲也玄幕軍幕也從軍。舉燧執火夜行也前驅舉燧。神風神兵也。征旅同行之衆也肅我征旅。重圍謂賊圍我軍也重圍克。推轂古者遣將天子親推車轂也。誅後服綏前禽謂師誅後服授律綏前禽者綏捨也。羽檄徵兵之書也書檄也羽檄飛京師。雲屯魚麗言將士之多如雲之屯聚如魚之麗麗集也雲屯華將士魚麗六部兵。擁旄擁旄為漢將。緹騎緹騎騎也代。烽候烽火也其泉警烽候。麗服軍服

戎之服也。風馳電逝躡影追飛躡影捕影也追飛逐飛鳥也此皆言士卒標疾之勢。伐鼓揚旌從軍之事也伐鼓嶺表揚旌萬里外。五末德戰者德之末也末德爭先。勁虜勁強也勁虜在燕然。鴈行魚貫皆陣勢也鴈行石徑魚貫度飛梁。折衝樽俎謂折挫其前敵衝突其鋒銳在於樽俎之間。制勝兩楹謂制謀於兩楹之間制勝於兩楹之階下也皆言克敵有成算也。駭龍戰謂用干戈圖天下也當塗駭龍戰。牧組練謂罷兵而牧甲也。邊戢翔騎翔騎何。執羈謂執羈勒以從軍也。勤兵勤習。戎剛兵之剛猛者整我剛兵車。羽隊士負羽而為隊也。輕翼輕兵也兵為分兩翼。纖轡翼於中。舉戈林竦揮鋒電滅林竦言多也電滅言疾也。投烽燧言投去烽火謂敵寇平而兵不用也。戎行兵戎之行伍。投首斬獲其首若投於我也。迴戈迴兵也班師而首路。首路首向也王師首路。胡塵胡兵之塵

也胡塵骨夕起甲鱗下車尾裂言敵兵之敗其甲若摧鱗而下其車如尾之碎裂也義始謂初起士兵也協佐義始野戰功成野戰肝腦塗中原膏液潤野草

謂戰交也交綏退軍爲綏將軍交綏狡虜狡狡猾也憑陵依據也虜憑陵轉戰

轉謂相馳逐也聲援言救兵至揚聲以爲援也郡部救兵微接聲援蝟聚蟻結言卒兵之

衆也廟筭出征者必祭廟算吉凶而後行潤草塗原言爲國苦戰以血塗潤原草也膏

鼎沸謂世亂兵起如鼎之沸也軍書即羽檄徵兵之書也部落胡俗以部落爲種類酋

豪胡人之魁帥也烽舉燧燔晝舉烽夜燔燧以警候也燔燒也皆是舉火緹騎金吾

禁兵也虎門即軍門也號師失敢奮擒而奮擊指麾也擒即

麾字壘垣即軍壘也雲興之將飈起之師言軍多而勇也哮闞之群

哮闞虎之振聲也言兵衆勇猛之勢戎馬晨服謂兵每晨裝飭以備不虞命旅誓衆師也

凶渠泥首凶惡之渠泥其頭面以請降也折簡簡軍書也折簡而禽盧九偏師裨

將皆副軍也裨亦偏也瘡傷兵敗所殺傷者窮壘兵乏食也驟驟窮壘鳴控弦謂用

弓也鳴控弦於宗稷流鋒鏃流鋒鏃於象魏景燭雲火風馳羽檄雲火烽火

也羽檄徵兵書也言烽火照天下如日景之照軍書之急如風馳羽飛也初學關成關成但鳴

雞四校謂從獵之人也扈從横行出乎四校之中潤兵抱朴子曰出軍雨沾衣是潤兵也

二虞三扈皆從獵之人也乃有司巡士周禮二虞萊野三扈表禽七萃七萃之士聚也三千

驅陳銳卒七萃列林雄敵云七萃也鶴翼圍陣名將推鶴翼圍藝文雷動雲屯千乘

雷動萬騎雲也銷金龍刃言息兵也三奇六合七變五成皆布陣之法也

搴旗斬馘言勝斬首敵也戍旅既捡司於戍旅旅從九君行師從卿行旅從騎塵

馬足起塵也邊汗落騎塵又一騎紅塵妃子笑護將即都護也軍威重於護將靈鋒即兵鋒也

靈鋒電曜三邊坐牧三邊七戰非勞七戰專征薄伐專征早游邊外金鉞鈇鉞任

上將鈇鉞之任羽林才郡國士馬羽林才駟馬載鴻毛奔牛觸魯縞

甚言勝敵之易也如駟馬之載鴻毛奔牛之觸魯縞東海注螢爝崑崙壓螻蟻

亦甚言滅敵之易也譬猶東海以注螢爝崑崙而壓螻蟻射鵰騎選鵰射鵰騎驍將軍名

候騎候邊之騎軍也又候騎出甘泉六朝三門五壘三門應遁甲五壘學神兵鳶

翼鴈行皆陣勢也透迤鳶翼參差觀鴈行掩月陣名也平明掩月屯右地洗兵雨

送陣雲洗兵逢驟雨送陣出黃雲沙漠雲城言出塞之景也沙飛朝似幕雲起夜疑塵

鐵馬鐵騎也途長鎧馬疲金陣金甲兵備也挾死進金陣颷霧言兵之亂也友待颷霧晏

插羽插羽徵兵夜迴陣雲中出迴陣邊聲日暮風悲兮邊聲四起鐵陣鐵陣

與雲平妖雲暈月妖雲墜虜陣暈月遶胡營飛候烽火報速若飛也飛候至長安[illegible]

長鯨喩殺敵也遼東海北翦長鯨角難戰也戰士角難之場嚴鐎嚴鐎夜斗息燔

魚剌蛇喩藏敵也中兵即禁兵也典職中兵戎韜兵機也侍戎韜於武帳金精

動宿言兵興之兆也天則金精動宿鐵馬帶甲馬也鐵馬煩而人聳色警熛即烽火也

警熛因而爐焰熊羆旅喩猛士也亭燧即烽燧也候亭燧煙起蒐乘秣駟整備

軍馬將出征也狡寇狡寇窮蚵警寇雪中警寇入將領謂大將也外無將領之才颷

塵喩兵患也萬里神行颷塵不起戎帥即太將也禽其戎帥唐詩六羆漢制六郡材力

之士善騎射皆良家之子也鵝家本六羆河魁將二百魁將太乙軍三千太乙軍

星門軍門也星門列五戎烽堠塞上烽火斥候之所也蕭關烽堠多鳥陣鳥陣捲胡風

勤王勤王之師也皆是爲勤王銅鐎軍中刁斗也銅焦夜不鳴竈火軍中炊飯之火也竈

火通軍壁壘壁軍中營壘之垣同上烽煙烽火也烽煙上戍樓戍樓屯戍所居望樓也

龍庭 匈奴之地也龍庭但古戰 按劍 天子按劍徵餘勇力 徵選 徵兵選將也廟堂盛徵選 戎幕 戎幕生光輝 秘畧 秘畧三一鋌動 白虎鋒 白虎鋒應出 青龍障 青龍障幾成 簇甲 簇甲從軍久 陣雲 陣雲明結悔天出 黃石符 將軍黃石符 戎機 兵機也戎機習熟 戎威 赤壁暢戎威 邊愁 謂邊塞之愁思也邊愁驚落鴈 獻凱 功成獻凱見明主 虎竹 軍符也將軍分虎竹 兵氣 兵氣擁雲開 虎士 虎賁之士也戰艦森森羅虎士 龍驤 吳有龍驤將軍 龍韜 太公六韜有龍韜破胡必用龍韜策 國討 天子之討也西羲延國討 良家子 趙充國始爲騎士以六郡良家子起 豹韜 太公兵法之一也司空握豹韜 七校 中壘屯騎步兵越騎射聲虎賁也必蘇七校前 廟畧 兵謀謂之廟畧 傳箭 每起兵則傳箭爲號又守城之法更夜傳箭以警其聽青海無傳箭 掛弓 謂偃武不復用也禾山早掛弓 懸旌侗劍 言屯戍之兵也懸旌要路口侗劍短亭中 玉帳 將軍帳也玉帳分弓射虜營又有玉帳經一卷兵書也空帽玉帳術

卓氏藻林卷之六　軍旅類　六十八

龍武軍 唐諱虎故改龍虎軍爲龍武龍武新軍深駐輦 騷屑 擾亂貌兵戈正騷屑 懸軍 謂路險阻懸之使上也鄧艾伐蜀懸軍深入懸軍幕井乾 授鉞 專征爲大將則天子親授鉞持危未授鉞 劍術 劍術揃樓蘭 戎律 兵法也良籌佐戎律 鼎魚穴蟻 喻盜賊雖假息終不能逃也鼎魚猶假息穴蟻欲何逃 戰角 山河戰角悲 軍符 軍符則爲節度使軍符侯印取豈遲 牙帳 將軍之旗立於元帥帳前故曰牙帳牙旗也聞道君牙帳 防秋 秋天乃胡入寇之時中國當爲防禦故曰防秋聞道君牙帳防秋近赤霄 掃妖氛 言靖平患亂也 雲鳥陣 鳥散雲飛變化無窮者也郎八陣圖名共識總戎雲鳥陣 偏裨 諸將校也常從偏裨終日侍 先鋒 謂先師衆而行也官是先鋒得 驃騎營 天長驃騎營 羽毛書 羽檄也軍急羽毛書 羽林兒 漢取從軍死事者之子養羽林官教以五兵號羽林孤兒教練羽林兒 營幕 營幕傍臨月窗寒 都護道 陣開都護道 伏波營 劍聚

伏波營 卻月營 卻月始連營 占太白 將軍占太白 飛營 飛騎營也夜半飛營旗挽月 獵火 單于獵火照狼山又云獵火著高林 防塞 謂守塞也萬里猶防塞三年不見家 虜塵 郎胡塵也可惜紅顏隨虜塵 軍聲 軍聲振西極 戎旃 得奉戎旃 六纛 將軍樹六纛天子賜前賜六纛 角弓鳴 紛紛獵秋草相向角弓鳴 黃花戍 在安州界關道黃花戍頻年不解兵 戍客 金河戍客腸應斷 黃龍戍卒 黃龍塞外地名白馬將軍頻破敵黃龍戍卒幾時歸 氛沴鯨鯢 喻賊兵也一揮氛沴靜再拳鯨鯢滅 斬鯨 滅賊也斬鯨澄碧海 蜂蟻 喻賊黨也蜂蟻屯萊落 上將 上將宜分閫 荒戍 雞鳴荒戍曉 萬里城 喻大將軍也人當萬里城 烽戍 烽戍有時驚暫定 甲兵 甲兵何處可安居又小范胸中有數萬甲兵 防戍 防邊之戍也秋深防戍劍磨風 金壇 將壇也金壇中將禮 韻府 天前衡 孔明八陣圖有天前衡天後衡 夕鋒 抱開夕鋒 四烽 望大逼寨四烽 六烽

卓氏藻林卷之六　軍旅類　六十九

邊舉六烽乃解圍 文離 陣名也 打圍 獵也 合圍 獵也天子不合圍 先驅 負弩矢先驅 中驅 次前軍曰中驅 春蒐 春蒐曰春蒐 飛將軍 李廣號飛將軍 狼煙 狼糞燒烟直上烽火用之 鉦簫 軍中鼓吹樂也 白袍 陳慶之攻魏麾下皆著白袍所向披靡謠曰千里萬里避白袍 垂橐 楚公子圍聘于魯伍舉爲介知其有備也請垂橐而入 揮天戈 宜主奮起揮天戈 貙劉 律秋殺兵習戰陣之儀名曰貙劉儀禮志 騶騎 武士騎也 程彪 陳程文季爲將人號程彪 征南 漢馬援爲征南將軍 飛炬 軍中用之以焚橋樓即火箭也 齊斧 凡將帥出必齋戒於廟以受斧故曰齊斧 授斧 凡遣將出師親操斧持首授將軍柄曰閫以外將軍制之 開府 將軍開府如三公 祭征虜 祭遵也光武曰安得憂國奉公如祭征虜者乎 旗鼓 大將旗鼓又曰帥之耳目在吾旗鼓 鼙鼓 漁陽鼙鼓動地來驚破霓裳羽衣曲 奏凱 王師大獻奏凱樂凱風天地之怒氣奏凱者樂人之怒氣焉爾凱與愷同 平遠將軍 後魏明亮

日臣官本清令長勇武將軍其號至濁陛下方欲拓定六合請改授平遠將軍宣武曰運籌用武然後遠人始平卿但用武平之何患不得平遠乎雲擾五胡雲擾靈夔吼擊鼓也黃帝戰蚩尤於涿鹿之野以鼓為警衛故鼓曲有靈夔吼鵰鶚爭夔兕貙如龍形皮冒鼓也命中李陵力扼虎射命中百中養由基去柳葉百步射之百發百中十萬衆樊噲願將十萬衆橫行匈奴中飛騎唐選驍勇善騎射者名曰飛騎驚軍騎梁楊白花善作驚軍騎一時妙絕虎豹騎魏虎豹騎皆天下驍勇者東方騎東方千餘騎夫壻居上頭古樂府露布戰克書帛於漆竿上名露布騎將步將呂布謂曹操曰使布將騎明公將步天下不足定也銅魚唐以木契銅魚起兵將軍制闔以外將軍制之綸巾羽扇諸葛綸巾羽扇指麾三軍笳鼓競歸來笳鼓競將軍令軍中聞將軍令不聞天子詔學劒項羽學書不成去學劒軍閥明其等曰閥積其功曰閱唐郭虔瓘録軍閥遷將軍將畧謝安不閑將畧兵畧識兵

畧三畧黃石公三畧法謂上中下三計蓐食秣馬蓐食潛師夜起白虎幢軍旗之類分閫選將而任之以閫寄萬人敵項羽學萬人敵靖柝謂疆界無守備也玉關靖柝髑髏臺西夏勃勃收名臣勇士戰死者積尸而封之名曰髑髏臺駐蹕山唐太宗克遼東登此山更曰駐蹕山

藻林卷之六終

卓氏藻林卷之七

武林卓明卿澂甫編輯
吳郡王世懋敬美校正

窮達類

【易經】潛龍聖人側微若龍之潛隱未可自用乾初九潛龍勿用見龍出潛離隱澤及於物物所利見故曰見龍在田利見大人乾九二在淵淵龍之所安也或躍而起則向天矣此進退未定之時也乾九四或躍在淵大人造造作也言大人之作為聖人之事也乾曰飛龍在天大人造也樂行憂違兩見可而動知難而避也乾文言曰樂則行之憂則違之水流濕火就燥雲從龍風從虎此皆以氣類相從也乾文言九五曰水流濕火就燥雲從龍風從虎聖人作而萬物覩磐桓難進之貌屯難之世而居下位者也未能便從濟世故磐桓也屯初

九曰磐桓利居貞屯如邅如屯難邅迴不進也屯六二屯如邅如屯其膏有膏澤而不得施為也屯九五困蒙無由自發其蒙困于昏蒙者也蒙六四曰困蒙吝需于郊郊曠遠之地需于曠遠利在安守其常需初九曰需于郊利用恆需待也需于沙漸近于險難雖未至患害已小有言矣需九二曰需于沙小有言需于泥泥逼于水也進逼于險當致寇難之至也需九三曰需于泥致寇至需于血謂傷于險難也需六四曰需于血出自穴素履謂安于貧賤之素也君子安履其素則其處之必樂其進也將有為也履初九曰素履往无咎獨行願謂獨行其志願也履初九曰素履之往獨行願也履道坦坦幽人貞吉雖所履得坦易之道亦必以幽靜安恬之人處之則能貞固而吉也履九二拔茅茹以其彙君子之進必與其朋類相牽連如拔茅連茹之象茹茅之相牽連者也彙類也謂各從其類也泰初九曰拔茅茹以其彙征吉不事王侯高尚其事賢人不偶於時高潔自守不累於世務也蠱上九

觀生獨觀巳之通塞以為進退也觀六三曰觀我生進退觀國之光利用賓于王君子觀國家之治光華盛美所宜賓于王朝以効其智力也觀六四賁趾君子在無位之地惟賁飾其所行而已矣賁初九賁其趾舍車而徒賁于丘園束帛戔戔高尚隱于丘園之賢而用束帛之禮聘召之也賁六五不家食不食於家者謂居天位享天祿也大畜彖曰不家食吉養賢也遯世無悶舉世不見知而不悔遯世無悶也大過履錯然志欲上進幾於躁動故所履乖錯未能得其當也離初九遯尾尾後也遯而在後危之道也遯初六曰遯尾厲係遯遯貴速而遠有所係累者害於遯矣遯九三曰係遯有疾好遯君子雖有所好愛義苟當遯則必去而不疑遯九四曰好遯君子吉肥遯飄然遠逝無所係滯也肥者寬裕自得之意遯九五肥遯无不利羝羊觸藩羸其角羝羊剛壯喜觸之物以觸藩籬必困其角矣猶人尚剛壯必至摧困也大壯九三小人用壯君子用罔羝羊觸藩羸其角又上六曰羝羊觸藩不能退不能遂

言進則礙身退則妨角進退皆不可也睽孤遇元夫當睽離孤處之時必以氣類相求乃遇元夫元夫善士也睽九四往蹇往進而遇險難也蹇初六往蹇來譽南征前進也升卦曰南征吉允升信從而升以當任者吉道也升初九曰允升大吉冥升昏迷於升知進而不知止者也升上六冥升利不息之貞致命遂志君子當見用之時能盡其道而不得免則當推致其命以遂其志致命猶言授命太象曰澤无水困君子以致命遂志困于石據于蒺蔾石堅重難勝之物蒺藜刺不可據之物不善處困至之甚則力不能勝堅不可犯又不能自安其象如既困六三困于葛藟于臲卼處困之極為困所纏束而居最高危之地故其象如此葛藟纏束之物臲卼危動之狀困上六井泥不食舊井無禽井之不可食者以泥污也舊廢之井人既不食水不復上則禽鳥亦不復往矣喻人當濟物之時而才弱無援不能及物為時所舍也井初六井谷射鮒井上出則養人而濟物今乃如澗谷之水旁出而就下注於鮒魚而已喻

人之有善而無誘掖汲引者故上達之艱而下達之易也井九二鮒蝦蟇也雉膏不食其膏羨之物象祿位有文明之德故謂之雉有才用而不得祿位是不得雉膏以食之鼎九三鴻漸于干干水湄也鴻之行有序而進有漸初進於水涯其進可謂有漸矣若漸之初而用剛急進則失矣漸初六鴻漸于磐磐石之安平者漸遠于水進於磐而益安矣此進之安裕者也漸六二鴻漸于陸陸平原也鴻水鳥陸非所安當守正俟時安處平地則得漸之道矣漸九三鴻漸于木或得其桷鴻不木棲者或得平柯則可以安矣桷平柯也喻人進於危地或能自得安寧之道則无咎矣謂順以巽也漸六四鴻漸于逵其羽可用為儀謂雲路也超乎常事之外質達之高致也可為儀法如鴻之離所止而飛於雲空其羽毛可用以為儀飾也漸上九歸妹愆期遲歸有時女有賢明之資人所願娶故其過時未歸將以待得佳配而後行也歸妹九四進退利武人之貞卑巽之道進退不果若武人剛貞之志處之則有以

濟其所不及矣巽初六曳其輪濡其尾既濟之初而能止其進則不至於咎曳輪則車不前濡尾則狐不濟謹戒如是既濟初九尺蠖之屈龍蛇之蟄言屈信有往來之理尺蠖之屈以求信也龍蛇之蟄以存身也下係詩經考槃考成也槃槃桓之意言成其隱處之室也考槃在澗又詩篇名賢者隱處澗谷之間而自誓不忘其樂也故作此詩季女斯饑季女小女也季女不妄從人而反飢困以喻賢者守道而反貧賤也簡兮賢人不得志而事於伶官有輕世四志之心焉十畝之間政乱国危賢者不樂仕於其朝而思與其友歸於農圃也衡門隱居自樂而無所求之詞衡門之下可以棲遲左傳被苫蓋蓋音盍苫之别名被音披言被葦為衣也蒙荊棘無寸地可居所蒙冒者惟荊棘而已狐狸所居豺狼所嗥嗥音豪言其地荒僻皆狐狸所居處豺狼所嗥嘯也辱泥塗言不仕而屈辱於田畝之間使吾子辱在泥塗久矣禮記致事致還其職事於君也大夫七十而致事一畝宮宮牆垣也

儒有一畝之宮**廊廟志**山澤有廊廟之志**隕穫**隕如葉之隕而飄零也穫如禾之穫而枯槁也刈禾曰穫不隕穫於貧賤**環堵室**儒有環堵之室**篳門圭窬蓬戶甕牖**篳門以荊竹織門也圭窬穿墻為小戶也蓬戶編茅為戶也甕牖牎間圓洞如甕口也此皆窮儒之所處**易衣幷食**易衣者合家共一衣出則更換着之也幷食謂三日幷得一日之食也儒有易衣而出幷日而食**逢世**適弗逢世

國語**服寵**以賢受寵服也国君服寵以為美

莊子**去樂辭顯**去樂甘於自苦也辭顯退而就辱也**鴟目鶴脛**鴟之目用於夜而不用於晝亦隨時也鶴之立其兩脛或伸或屈亦隨時而用也**子桑歌**子輿與子桑友而霖雨十日子輿曰子桑殆病矣裹飯而往食之則鼓琴而歌曰吾思夫使我至此極者而不得也**緯蕭**河上有家貧者恃緯蕭而食謂織草為貨以易食也乃織薦也**陸沈**沈不在水而在陸者喻隱者之隱於市而壓也方且與世違而心不屑與之俱是陸沈者也**隋珠彈雀**以隋侯之珠而彈千仞之雀世必笑

之是何也則其所用者重而所要者輕也夫生者豈特隨侯之重哉言隱者終不以富貴易生以物欲累身也**身江湖心魏闕**身在江湖之上心居乎魏闕之下言未能富貴者也**休影息跡**處陰以休形處靜以息跡

楚辭**離居**即隱者也**窮處**寧窮處而守高**竄藏**隱遁之意**轗軻**不遇也轗軻而留滯**窟伏**處岩穴也**宛雛**飛鳥生雛其身煩宛而不得出在於枯楊之間居危殆也哀枯楊之宛雛

漢雋**離跡**

釋蹻跡食蹻鞋也離跡釋蹻而享膏粱言去貧賤而享富貴也**鼎貴**言方且貴矣鼎初九**生貴**言自尊高不貴寵也**家居**在里謂滯巷未出仕也**數奇**奇隻不耦也若其言命隻不耦合也**壙僚**五世壙僚言五世無官壙空也**左遷**時尊右而卑左故謂貶秩為左遷也**寡耦**寡耦少徒耦合也**抑厭**謂不伸也音壓**陷假**遭時不幸陷假離朝假升也謂被陷害而去所升之位也**拓落**不遇貌何為官之拓落**落魄**失業無次也家貧落魄**孤特**孤特寡助**奧渫**不章顯也去卑辱奧渫而升本朝

匄貸家貧匄貸無節匄乞也**乞貸**旦暮乞貸蠻夷**居約**約謂貧賤儉約時也**無俚**俚聊也賴也謂計盡無所聊賴**扳龍附鳳**扳龍鱗附鳳翼並乘天衢**風雲會**謂遭遇之得時也彼皆歸風雲之會**徒四壁立**相如家貧徒有四壁更無資產

諸史**輕世肆志**謂眇視天下放縱其志意也魯仲連曰吾與富貴而詘於人寧貧賤而輕世肆志焉**守素**即隱居也守素衡門

文選**殷賑**音隱軫謂富饒也鄉邑殷賑**躍馬**言人居貴而乘馬也躍馬疊跡**累跡**亦**疊轍**言衆多也躍馬疊跡朱輪累轍**池魚籠鳥**池魚籠鳥有江湖山藪之思狀居官之束縛也**雲漢遊騁**高材濟世如遊騁於雲漢之上也翼望雲漢以遊騁**龜祀骨**神龜既殺致骨宗廟而祀之則貴矣思反乎綠水不可得也喻貴者遇患思反於貧賤亦難矣龜祀骨於宗祧兮思反身于綠水**斂衽投綬**皆致官事而已且斂衽以歸來兮忽投綬以高厲**鴻漸**言始仕者如鴻鳥之不進也**雛虎**以喻貧賤也執雛虎**騕褭服箱**喻貧才在下位

也縶騕褭以服箱**飛遯**謂去世而逃遁也又駕言尋飛遁**閉關却掃**關即門也閉門却掃家庭之間謂不出仕也又曰懷情不發以藏閉見如閉關然也**塞門**即閉關不仕也塞門不出**騎疊跡車屯軌**言富豪之家車馬叢聚也**事巖耕**隱君鄭子真耕於巖石之下名震乎京師故事巖耕**反稅**謂去朝列而歸耕於畝反輸國稅也見上**侶白雲**青松落陰白雲誰侶**隱處**隱居之人也隱處安林薄**抗節**登箕山以抗節**游志**浮滄海以游志**高揖拂衣**皆言謝世也高揖七州外拂衣五湖裏**伸眉**言得位而憂解也伸眉路何階**雲雨會**喻進用也**凌高梯**言居尊位也濯上凌高梯**良遇**即良會也**鳳鳴朝陽**

龍翔景雲山東曰朝陽梧桐生焉景雲瑞雲也龍鳳皆瑞物也或翔于雲或鳴于梧喻賢才進用也**脫冠**歸閑也脫冠謝朝列**謝丹轍**言辭祿也**謝朝列**去朝班也**丘園道**隱君之道也彼美丘園道**抽簪**解簪纓而歸也**扳龍客**言仕進之人也**抱影**猶影

身也抱影守空塵束髮散髮凡束髮為從官散髮為罷官言不為冠冕之所拘也簪冕客謂貴盛也脱巾結綬巾處士所服者綬仕者佩之今脱巾結綬則從仕矣脱巾千里外結綬登王畿游宦子出仕者悲我游宦子淪跡埋照皆言不露其才華也身世相棄言身棄世而不仕世棄身而不任身世兩相棄籠中鳥士居窮巷猶鳥在籠中習習籠中鳥窮巷士落落窮巷士韜精謂沉其精采使不呈露也隱遯栖山林隱遯栖當塗人當仕路者策杖策持也木細枝曰杖策杖招隱士投簪聊欲投吾簪稅駕捨車曰稅駕謂辭榮祿也稅駕從所欲稅與脱字同箕潁情箕山許由所隱處潁水莊子釣處蕩箕潁情中林士即林下閑人也推分矯性隨時而行曰推分去人自若曰矯性搖分得天和矯性失至理林巢山林巢居也終以反巢林息景謂安息我形影也息景偃舊崖隱淪謂幽隱沉淪也松栢隱方學松栢隱當路子指見仕者歸軫喻老而罷官如

卓氏藻林卷之七　窮達類　六

車之歸軫也歸軫仕嶇傾發軌喻始入仕如車之發軌也寵珍即寵貴也面白寵珍蓬室士言貧賤之士也撫翼撫奮也撫翼奮翼宰庭清塗即清官之塗也齊轡群龍喻賢也謂與群賢同居官也振鱗濯翼言人才之作也振鱗南海濯翼清流龍變物外徒龍蟠屈蟄也言心迹倂倂合也心迹猶未倂言情在棲隱身尚居官也畏友朋譏已才薄不敢進用也量已畏友朋逸驥騰夷路潛龍躍洪波縱良馬於平路躍潛龍於大波喻人出仕之得宜也微尚謙言小為高尚之志也微尚不及官挹飛泉挹酌也棲岩挹飛泉託身青雲託寄也託身青雲上息陰即息影謂絕人也而幽居也息陰謝所棲空谷期欲致仕而歸也謂存空谷期屏居隱居也屏居惻物變丘園秀隱居之節也間無丘園秀金門步喻貴人之行跡也通衢喻仕路也譬通衢窮窮屈也言屈於小任也見上投策投捨策杖投策命裹旅言入仕途也遺榮忘也謂忘其榮貴也

牽絲初仕也猶言紆組綰綬意也隱淪客肥遯賢皆幽居者既得隱淪客亦栖肥遯賢獨往意輕天下細萬物而獨往不復顧世者也且申獨往意古節古人高尚之節也滄洲趣滄洲隱者所居也復協滄洲趣紆組謂從仕紆綬也我行強紆組休沐謂休假沐浴也即仕者暫罷還也借名耳水鄉士隱者也同水鄉士懷祿情懷祿情肉食資言富貴也無以肉食資取笑葵與藿嘗粱士善哉嘗粱士營生奧且博休澣即休息也澣謂洗濯神思也休澣自公謂仕者告假歸也擊鐘陳鼎貴者鼎食也必擊鐘陳鼎食金閨籍金閨館金門也籍者為竹籍記其年紀名字物色懸之宮門乃通出入總謂仕於朝者即仕籍也既通金閨籍鵠起鵠巢於城擁城壞巢折風而起故君子得時則義行失時則鵠起出莊子鵠起登呉山詠蘼蕪古詩上山采蘼蕪下山逢故夫凡失寵者相逢多賦此詩也相逢詠蘼蕪悲班扇班婕妤作團扇詩言秋至則扇見弃捐臣之失位亦猶是也離龍悲

卓氏藻林卷之七　窮達類　七

班扇晨趨喻早年從仕也晨趨游建禮晚沐喻老年歸休間也晚沐即郊園避喧即避俗事也避世作避喧投佩謂去官也投佩出甘泉潛志潛志去世塵含華隱曜謂含其華美之德潛隱其光耀也嘉遯龍盤言隱者如龍之蟠屈也玩世高蹈謂玩弄時俗以習尚高跡絕景吞響言不露聲色也絕景乎太荒之遐阻吞響乎幽山之窮奥卷道背時遺身匿跡聖人不卷道而背時智士不遺身而匿跡耀華名於玉牒勒洪伐於金冊玉牒金冊並国史也伐功也生則輝華名於玉牒歿則勒洪伐於金冊言生歿當垂名也促鱗游汀濘短羽栖翳薈汀濘淺水也促鱗小魚也短羽小鳥也翳薈蔫草也此喻人之隱居而老不得舒也風雲玄感喻君臣之際遇也雲從龍風從虎此謂深感應也玄深也隱鱗戢翼喻賢者韜明于内不露其眩姹龍鳳隱戢其鱗翼也兼晨業兩白也下貧無兼晨之業游歲貲再歲也中産關歲之貲言其貧也龍躍

天衢振翼雲漢喻賢人之任用得施其才陸沉羽陸沉之羽後與翔鴻抗翼言賢者如鳥之沉於永不能飛起也謝病謂引疾隱鱗言君子如龍之藏隱也隱鱗卜祝藏器藏器謂國之器於身也藏器居保養素養素丘園隱簾肆嚴君平卜筮成都二日裁數人得百錢則閉肆下簾臥巖石鄭子真耕於巖石之下結綬金馬之庭高議雲臺之上結綬相薦達也金馬待詔處也高議論政理也雲臺漢之宮名閉關杜門皆謂隱居不出者也子陵閉關於東越仲蔚杜門於西秦騄驥弭耳於坰牧鴻雀戢翼於汙池皆喻人之未際遇也濯鱗清流飛翼天衢喻人仕進宴游明時歷玄關排金門升玉堂伏虛檻玄北也伏憑也言登朝入仕也投印釋黻言致仕也塊然塊然獨居貌塊然獨處焚芰製裂荷衣言去隱居而出仕也芰製荷衣皆隱者之所衣逸議隱逸之議論也縛塵纓塵纓世事也解蘭縛塵纓亦言

出仕之意振拔汙塗騰風雲汙塗淺水而有泥者言去卑賤以升高位亦猶龍出於淺水以上游於風雲也紆體衡門紆猶屈也泥蟠天飛言龍始蟠於泥終則飛於天也喻人先賤而後貴意牽羈謂仕宦者猶羈縶也篳門篳門猶寒門也單門後進蟋蟀秋吟蟋蟀待秋而吟猶賢人待明君而出仕也鴻毛遇順風巨魚縱大壑喻際時得君如鴻毛遇風一舉千里大魚縱於長川得其性也薄游謂小用於世也薄游以取位東方朔跨世陵時遠蹈獨游皆言其傲世絕俗也朝隱避俗於朝廷之間謂之朝隱東方朔執笏謂兼名入仕也執笏覲朝感會風雲謂際時而仕也舉動迴山海呼吸變霜露喻貴顯之臣氣勢之盛也窮棲謂深隱也志士窮棲絕塵不反謂隱者絕塵離俗往而不反也距躍謂不行也閉門距躍即隱居也偶影獨處也惟與影為偶耳偶影之操矜附驥尾攀鴻翮蚊蝱終日經營不能越階庭附於驥尾則涉千里攀鴻翼

則翺翔四海風波險途喻仕途也企及進取言美及厚祿進而取之也企及進取士子有之常志非貴高門謂富貴也歌采苣采苣臭惡草傷君子懸疾而道不通也冉伯牛事鎩羽儀於高雲言位高而遽見貶斥猶鴻飛而高而殘折羽翼於高雲之中也摧迅翮於風穴言風起而摧折其羽亦喻賢人失位也風穴風所從出也拾青紫青紫貴服也明經拾青紫虎嘯風馳龍興雲屬謂氣類相感應喻君臣也彩組雲臺言飄綬於朝廷之上凌飆羽凌飆之羽不求反風喻賢者遇時也辭豐謂辭祿也貞臣底乃而辭豐棲遑不得志也名級策名階級也茂被名級隱約儉素也隱約就閑日隱憂約君也懸車所乘之車懸而不復乘致仕也懸車告老掩室謂斂心入靜也泌丘隱者所居棲遲泌丘寢鳴鐘謂其雖貴而息其鐘食之盛以尚其儉也寢鳴鐘以休國鱣鯨制於螻蟻鱣鯨大魚也以喻貧人螻蟻不由以喻讒佞言貧者失位為讒佞之所害

初學

抱寂謂守寂寞也無庸徒抱寂白雲情定知丘壑裏併作白雲情展驥謂居官而展其才也西京展驥彈冠結綬言朋友相薦達也王貢彈冠蕭朱結綬謂王陽貢禹蕭育朱博也鶴鳴鶴在野聞其鳴聲猶貧者雖隱居人知之素封富者無秩祿之俸爵邑之入而人比之者命曰素封枯鮒言貧者乏食猶車轍之鮒不得水也深棲性幸有深棲性幽山可以畜歸褐謂解組而反褐也歸褐西唐居草野即隱居也布行草野垂纓玉陛論道紫宮言貧者得時進用也淪落宋落不偶也生平獨淪落大隱東方朔大隱金門安知大隱情

藝文

簪髮謂束髮而仕簪髮逢嘉惠謝羈勒去官也依隱謝羈勒飛步言人之驟進也飛步遊春宮躡林臥石籟卉斑荊皆隱者之所事褫簪帶反巾褐皆去官也褫簪帶於穹城反巾褐於空谷解冠捐袂皆去官也出汀州而解冠入漵浦而捐袂叨竊時命自謙其祿仕也須提襪裂藍縷皆貧窮貌飯玉炊

桂言貧者之食貴於桂玉也飛騰閶闔振翼紫微言仕者際用也彈雲晃言避世而隱也以辭世抱玄景隱也抱玄景以獨棲栖飈霄逸岩澤言隱居也神栖飈霄之表形逸岩澤之隅鎖聲滅跡言隱者之事雲霄勝賓太虛選客辨譽隱居士也南山志稱隱居之志也知遂南山之志也衡巷隱居之處也幅巾衡巷絕呼吳擊水三千摶風九萬喩人之遠也懸輿即懸車也致仕懸輿藏身隱君鍾鼎業家傳鍾鼎之業泥龍泥蟠之龍蟄龍也泥龍不能令其逐日策彼也藏身於虛廓凌雲泥蟠凌雲言顯達者泥蟠者也言困屈者夫喩貧人隱於貧賤也杜詩日高臥豈泥蟠自謙之詞反素褐即反初服而致政也反素褐於丘園刻迹即隱居也刻迹埋名處廓言隱也將處廓兮心悄悄棲林隱谷棲林隱谷之夫亦隱士也栖志或栖志於巖嶽

六朝

結官與人同出仕謂之結官結官遊卿瑟君

蕭條之君也環華隱居也棲遁素環華戢景亦隱也戢景謝歸年守場藿幽居起々爭歸田里也選得守場藿懷窩志喩人隱居也撫白雲隱居也撫白雲問舍求田歸隱也問舍且求田野情山心野情風月山心人事空城雀梁王循晨風行曰雀亂四數空城之阿高畏鶉鳶下畏網羅喩入之處困窮也寧神以寧神龍鸞感龍鸞而匿迹謂隱居也藪鼠澤居謂野處也其民放散消亂藪鼠澤居比麋鹿簪簪入仕也昔簪簪始廓處靜居也廓處謝歡喩引身剪迹抱志幽藏謂隱居也萊桂留人小山則萊桂留人不仕也奄息即奄息也奄息極謂窮而不仕也遘辰即逢時也嘉遘辰遂祿歸耕謂不仕也彼遠人之巖棲古昔巢居穴處名曰巖棲榮素榮謂顯達也素謂隱居也權榮素其無鎩翮敗羽也鎩翮之難矯喩人遭困不能高翥也依林戢羽託水藏鱗喩人隱居也反耕

歸田也而反耕安息而安息去隱巖石志隱巖石而名動京師賁鼠身謂逃於外處也窺鼠身歸隅即乞骸骨歸也顧歸骨於山足高論雲衢英々之賢高論脩翼遠趾喩人之高飛遠去也脩翼遠趾不涉居絕塵驅超邁絕塵驅寢跡即息跡也寢跡托山阿玄跡玄跡幽人之跡也高棲隱居也未足爲高棲息駕息駕閑居鳳皇翔蓬階喩賢人不得其所也屏影弔心孤懷而怨自履其影自弔其心以自傷也告寧臣有告寧之科即居喪去位也太擴目潛巒耳山棲居之事言隱草耕木茹或草耕而木茹龍逸鳳集在野者龍逸在朝者鳳集揮翼初儀謂初而朗頭也揮翼初儀而受卿尹之寄茹藿餐蔬蔬食者之食匣龜郊犢喩人不欲仕也比於或匣之龜鑿官者於郊廟之犢拔才秀於叢陵弱根於慶雲陵扶搖而竦翮揮清瀾以

濯鱗皆喩人之有賢才而得際用於時也巖穴宜寂江湖放浪隱居適志也無巖先而宜寂無江湖而放浪冲霧翼於雲路喩顯達也漁釣一壑棲遲一丘漢班嗣也漁釣於一壑則万物不干棲遲於一丘則天下不易其樂箕潁心箕山潁水許由巢父所隱處少無宦情有箕潁之心

唐詩

栖影即獨居也栖影眉陽解纓紱謂罷官也筮仕初出仕也清溪客隱士龍鐘即潦倒也竟龍鐘於塵垢隱場藿隱者山家之場藿解褐即解褐也解褐守藜藿浮榮虛花也浮榮不足貴遵養遵養時晦文家食謂不仕時也晚由始家食解褐辭天朝沉冥沉冥者隱遁者也盛幽猿雲騰物化谷變篤遷皆狀人之自貧而顯達也仲長園仲長統隱居不仕嘗曰若得背山臨流游覽平原足樂矣山水仲長園君養君迫而樂蠶從容養於泥沙鳴香車皆言人顯仕也鳴香車於君前曳珠履於闕下曳珠履於棲神豹霧言隱居也拾紫

拾紫羨金陋懷材幽藪藏䫉重巖皆言人抱賢德而隱者也遯形即脫
遺形於斧斤之患也鱗翰龍雲鱗翰狀人之顯達也招隱地隱君之地也招隱地也豹
隱喻入有資德而隱於山林也我留安豹隱抱膝膝長吟空抱膝言隱也談風雲談風雲於
城闕躍鱗喻資才待時見用也才爲床明乘運共躍鱗群冥栖冥栖巖穴在麋鹿志
隱者之志也各守麋鹿志也藏景即息跡之謂也弄明月藏景清淮夫君何由稅歸鞅稅歸
勢致政而歸也冥居即幽栖也冥居順生理薰天言富貴之勢薰炙天地女理富薰天
瀨釣瀨耕巖耕巖突恭進歸田謂致政歸田里也峽裏歸由客蓬屋姿
顧我蓬屋勞擢秀言科舉也偶然擢秀非難耶一日擧擢英其騏驥病喻
談通金閨藉子不得時也南嶽鳳佇鳴南嶽鳳北溟鯤欲化北海鯤孤騫言飛騰無
草黃騏驥病偶然也奚之屎赤霄儀喻入之顯達也鱗鳳當一來儀歸休即歸田里
稚叢孤鶩在赤霄何

也歸休要津要路之津猶顯位休沐地歸閒之地謂
步紫苔也生涯脫要津可以休歇爲
踈沐之所也重來休真隱意于軒冕也薄劣慚真隱
涉地真作罷入君隱有真有假真隱謂絕無
幽偏謂幽隱之偏性也幽偏得自悟青鞋布襪青鞋布襪皆隱者之所服也青鞋布襪聽竹杖
難布襪從此始仙隱無才遂仙隱觀國賓策名登朝之人也剪拂以馬喻人
良馬剪拂使其長榛蕪即草莽之人也貢玉堂言羨
鳴也剪拂念途無亦足慰蓁窮也
人宜貢天王堂不宜隱於山林也焉得置之貢玉堂弔景孤處也弔影相弔而已言
挂冠即掛冠不仕也客有卓至索居蕭索而居也兵戈索居垂綸隱人隱於釣
嶔有徵君謂凡曾爲朝廷禮聘而不起者也勿云江
垂綸徵君謂之徵君徵君晚節傍風塵青雲期言貴達者
如在青雲之上鹿門期龐德公之所隱也鹿門期雲泥雲泥乘雲泥栖宿
也自咲青雲期處空有鹿門期
不同雲泥相望懸隔通貴通貴夫子欲裘馬乘肥衣輕也裘馬難爲感歎人擢桂謂
相望懸通貴

選第一者猶桂林一枝禮闈曾擢桂解龜謂解去龜印乃致仕也解龜生碧草飛長纓長纓
者冠冕之事也不苟飛長纓言不苟且出仕而在冠冕之中也幽棲客別有幽棲客
草澤賢人所隱也有詔徵草澤弄白雲弄白雲歸郎尚高山排雲翮喻入高
雲翮騁排高步高步振英声上林一枝棲李義府初召見太宗令詠烏詩成有曰上
林如許樹不借一枝棲帝曰我當全林借汝蔡囊資貧賤人也爲問蔡
賓之咲囊資何如廟堂內
滄浪客隱士也王書通客逋逃之客即避世之逋客卑棲
謂居下位也遠召滄浪客仲蔚園張仲蔚家之園蒿深三尺鳳轄
欲嘆卑棲去薄暮柴扉掩誰知仲蔚園
龍門稱貴臣也鳳轄將喻貴臣也聞有鴛鸞客情詞雅調新又鴛
鸞同拜日軍位龍門司隷家辭蘿心隱居之心也固我辭蘿心也登龍客是日登龍客
又殿名也致仕歸田也久無忌君子恩
遂初衣辭榮祿遂初衣珠樹鶴喻隱士也借問欲棲珠樹鶴何如却向帝

城白雲期謂隱居之期也逐客自憐白雲期白雲芳草隱居
飛雙髻改焚香多負白雲期
也白雲芳謝浮名謂致政也數年鍾石儲夫子太名之事
草與心違湖上謝浮名下家无鍾
石儲聘聳逢時將摩霄翰高擧也翰平声誓期軒裳客
言達也騁聳摩霄翰春之陽一振摩霄翰
擁軒裳客梅市隱梅福隱身於吳市阮家貧阮籍多
笑阮近水方同梅市隱曝衣多也
家貧韻府五窮智窮學窮文窮命窮所交窮也明農周公我其明
翼濯池垂翅迴谿五悲盧照鄰著五悲文傷不遇時也秉堅策肥富貴
所有濯池奮翼濯池也農哉致政也
事也龍蟠泥楊子龍蟠於泥以喻貧人隱於草澤也轟羽沉鱗北極有
溟有沉鱗喻人不得志也香塵石崇賫沉檀香爲塵使婢南
微召不起杜甫人羨騎之死跡者以爲体輕聘君羅羽隱士
者號聘君席門言貧也陳平初貧以席爲門然門外多長者車守錢虜馬援
多財貴能賑施否則守錢虜耳長安花言達也孟郊登第詩云一日看遍長安花一錢囊

阮孚持一皂囊遊會稽客問囊中何物曰但有一錢看囊恐其羞澁 **錢囊羞澁** 上同 **逃名** **利** 逃名而名我隨逃利而利我追 **素侯** 千金之家與王者同樂豈所謂素侯者耶 **監河侯** 莊周貸粟於監河侯国以金貸汝周曰轍中鮒魚無升斗之水而待決西江水活汝不如索我於枯魚之肆矣 **蓬累** 老子曰不得其時則蓬累而行謂不遵時者如蓬轉流移而行累轉行貌 **隱朝市** 大隱朝市 **冠蓋里** 襄陽郡峴山南其間閭里填列有卿士時皮及二千石數千人荊州刺史勅縣名爲冠蓋里 **鳴珂里** 唐張嘉貞拜中書令弟嘉祐進左金吾每朝軒騶盈巷號所居之坊曰鳴珂里 **南隣北里** 言貧富不同也北里富薰天高樓夜鳴笛馬知南隣客九月猶絺綌 **天尺五** 城南韋杜去天尺五言其貴寵近天子也 **閭伍** 田饑莒曰臣素卑賤君擢之閭伍之中 **金塢** 董卓築塢於郿號万歲塢藏金二三万斤銀八九萬斤穀爲三十年儲因號金塢 **小隱** 大隱隱朝市小隱入丘樊 **招隱** 楚辭有招隱士篇 **真隱傳** 宋何尚之著退居賦未成後撰

職袁淑録古隱士有迹無實者著真隱傳以嗤之焉 **三隱** 周續之入廬山事遠公劉遺民遁跡匡山淵明不應詔命爲尋陽三隱 **買山隱** 支道林就深公買印山而隱公曰未聞巢由買山而隱 **繡屋文牆** 富民繡屋被以文牆 **食蓼** 言人衆苦如食蓼也亦曰集蓼 **顏駟者** 漢武問駟曰叟何時爲郎何其老也答曰臣文帝時爲郎文帝好文而臣好武景帝好美而臣貌醜陛下好少而臣已老是以至老而不遇也 **風花隨** 人生如樹花同發隨風而墮茵席者陛下是也墮糞溷者下官是也南史范縝對竟陵王語 **閭左** 閭里以富強爲右貧弱爲左秦發閭左戍漁陽 **食橡** 晋摯虞流離入南山餓甚拾橡實而食杜甫客秦州負薪采橡栗而給焉 **金榜銀榜鐵榜** 唐崔佑暴卒復生云見冥間列榜書生人姓名將相金榜次銀榜州縣小官等鐵榜 **龍虎榜** 唐歐陽詹韓愈李絳等聯名登第時號龍虎榜 **花落簾幌** 同風花隨意 **負鼎** 伊尹負鼎俎以滋味干湯致於王道 **問鼎** 周宣王使王孫滿勞楚楚子問鼎之太小輕重焉欲圖周也 **隴畝** 太夫

大安能事畝乎 **喪家狗** 孔子去魯累ヒ焉如喪家之狗 **折芰** 後漢鄭敬處蛾陂中與鄭敬折芰爲坐言談彌日 **拂衣** 去也孔融聞曹操殺彪曰孔融魯國男子便當拂衣去矣 **寒素** 晉王恍出於寒素 **漫浪** 唐元結始稱浪士及有官人以爲浪者亦漫爲官乎因呼爲漫浪云亦曰漫郎又漫浪於人間 **索價** 少室山人索價高兩以諫官徵不起韓愈言李渤也 **芙蓉鏡** 唐李固遇二老姥言郎君明年芙蓉鏡下及第矣逮明年果狀元及第詩賦有人鏡芙蓉之語姥乃金天神也 **原憲貧** 子貢見原憲曰夫子豈病乎憲曰無財之謂貧學而不能有者謂之病若憲貧也非病也 **鼪鼬徑** 逃空虛者藜藿柱乎鼪鼬之徑謂荒僻之地隱者所居也 **蓬蒿徑** 張仲蔚蓬蒿滿宅惟開一行徑 **孤犢** 列子曰子見犧牛乎衣以文繡食以芻菽及牽入太廟雖欲爲孤犢豈可得乎 **維谷** 谷窮也詩進退維谷 **雄飛雌伏** 後漢趙溫爲京兆郡丞嘆曰大丈夫當去爲雄飛焉能爲雌伏遂棄官去也 **捫膝** 後魏賈景興棲遲不仕每捫膝曰吾不負故以不拜榮顯故也 **泉石**

膏肓煙霞痼疾 唐田游岩高宗幸嵩山親至其門曰先生此佳否答曰臣故謂泉石膏肓煙霞痼疾者 **操瑟** 齊王好竽有求仕者操瑟而立王之門三年不得入 **長物** 晋王恭長去声曰吾平生無長物謂無餘物也 **金穴** 後漢郭況帝賜金銀號其家爲金穴 **躡屩** 趙相虞卿躡屩擔簦來說孝成王拜爲上卿 **丘壑** 晋明帝謂謝鯤曰君方庾亮何如對曰端委廟堂使百僚準則鯤不如亮至於一丘一壑自謂過之 **齒錄** 沈佺期曰身名已蒙齒錄袍笏未賜牙緋 **隱士宅** 唐田游岩隱嵩山高宗自書其門曰隱士田游岩宅 **資身策** 韓信無資身之策 **椒壁** 石崇以椒塗壁 **肉食藿食** 晉獻公曰肉食者慮之藿食何預焉祖朝曰肉食者一日失於廟堂之上藿食者寧得無肝膽塗於地乎又曰藿食者鄙未能遠謀 **寧極** 唐盧鴻隱嵩山所居室自號曰寧極 **龍鱗鳳翼** 攀龍鱗附鳳翼言近君也 **投劾** 范滂知意不行投劾而去謂棄其劾人之疏也 **牛衣泣** 漢王章冬無被臥牛衣中涕泣後貴至京兆尹 **鴈塔** 昔有比丘見羣鴈飛翔忽鴈投

下自階乃遊鴈建塔焉唐韋肇及第偶題名於慈恩寺鴈塔後遂爲故事偃息即棲息也偃息不過茅屋茂林之下舍耒罷耕也言從仕舍耒場圃登高杖藜言貧者以蒿爲簪以藜爲杖也龍蛇楊子曰大丈夫得志則大行不得志則龍蛇矣

寄別類 附客旅

詩經 出宿行者之息也即出行於外也指途念出宿跋涉草行曰跋水行曰涉大夫跋涉仳離仳別也仳離即離別也駪駪征夫駪駪衆多疾行之貌征夫即使臣之屬也出祖行祭也于邁于往邁行也周王于邁宵征夜行也肅肅宵征悠悠遠行之意悠悠南行遲遲長遠也行道遲遲木瓜瓊琚木桃瓊瑤木李瓊玖投我以木瓜報之以瓊琚下同言有人贈我以微物我當報之以重宝也瓊琚瑤玖皆是玉名嗣音謂繼續其聲問也宰不嗣音流離飄散也流離之子廬旅廬寄寓也旅賓旅也于是廬旅伊威在室蠨蛸在戶伊威鼠婦也室不掃則有之蠨蛸小蜘蛛也戶無人則結網當之此言父在外而室廬之荒廢如此町畽鹿場熠燿宵行町畽舍傍隙地也無人焉故鹿以爲場熠燿明而不定貌宵行螢也此說久在外而室廬荒廢如此懷好音謂我顧惠以好

音以見思之甚也懷之好音楊柳依依雨雪霏霏昔我往矣楊柳依依今我來思雨雪霏霏式微黎侯失國而寓於衛其臣勸之以歸也故作此詩焉左傳 四方志謂出行也子有四方之志行李使人也行李之往來又尚在行李中贈策晉士會歸秦繞朝大夫以鞭策贈之欲其策勵也繞朝贈之以策馬首欲東欲於也歸馬首於東淹恤淹留憂恤也寡人淹恤在外險阻艱難備嘗之矣山川之險阻道路之艱難晉侯在外十九年矣而果得國險阻艱難備嘗之矣脂轄即膏車也巾車脂轄禮記 展軨車將行則僕展視其軨轄說驂孔子遇舊館人之喪解驂馬以賻之國語 寄寓羇旅客舍也國無寄寓莊子 行色車馬有行色楚辭 折瓊枝折瓊枝以繼佩折芳馨將以贈人也折芳馨兮遺所思寄言浮雲欲寄言於浮雲言欲託雲神以致詞於所思也廓落空寂也廓落兮羇旅而無友生久淫淫淹也不可以久淫折疏麻神麻也折之以贈行折疏麻之

瑾華 漢書 行矣 猶言好去也 與決 即決別也 諸史 密裝治行 謂促裝治
其行李也密秘之也 日夜裝 急治行裝也 行治 謂行迹治理也行音幸王身端行治 離
霜露 離與罹同遭也言犯嚴霜宿露之氣也 辦嚴 治行李曰辦嚴 縣客 縣讀曰懸懸寄也
即客寓也 解嚴 治行李曰解嚴戒嚴謂不果行也 行塵 望其行塵 行祖 祖者送行之祭
因享祭也 裝齎 謂整衣服以自隨也 北首 首音狩向也北首燕路 暴露 暴露于野也謂
出行在外 文選 送將歸 憀慄兮若在遠行登山臨水送將歸 慕徒 謂懷思徒侶也送歸
懷慕徒之戀 羈旅 羈寄旅客也遠行有羈旅之憤 音塵 即音信也美人邁兮音塵闕 離
憂 謂離別後之憂也離憂之躑躅不進也 別魂 儵別之精魂也意別魂之飛揚謂不安也 帳
飲 設祖供帳中飲也帳飲東都 北梁 分別之地訣北梁兮永辭 送客金谷 河內有金
谷澗送客處也 班荊 古者送別折荊布地坐而置酒可班荊兮增恨 瀝泣 刎血 言泣血為

別也刎拭也瀝泣共訣刎血相視 正策 策御也僕夫正策謂客將行也 川途志 別路之思
念也 郊餞 謂祖祭也 餞席 送行酒曰餞餞席樽俎林 黯然銷魂 黯然者惟別而
已黯然失色貌 戒車戒徒 君子戒車小人戒徒皆將行也 嚴駕解鞍 嚴整駕也解
鞍息駕也嚴駕越風寒解鞍犯霜露 去子 去客也去子惑故淹 滯淫 淫留也何為久滯淫 無
窮爾音 窮絕也 經途 謂經行途路也經途不盈旬 彌曠 彌遠也曠也即跡遠之跡
謂彌曠十餘旬 分索 即分別也分索則易 分塗 攜袂 即分別也分塗林側攜袂五里亭 長
音息 音書消息也音息曠不達 雜佩贈 雜佩玉重之物詩人所以為贈行之具此無雜佩贈
素衣淄 京路多風塵素衣化為淄言塵染衣黑也 南津北渚 言送別處也南津有絕濟
北渚無 徽音 美音信也長絕徽音 成裝 謂裝束已成將發行也成裝候良晨
河梁 趣途 即止道也 仳別 仳音婢亦別也晢兄感仳別 浮客 客也即行客 靡靡 靡靡行人貌

靡靡即長路 河陽別 曹植送應氏處 千里遊 中散千里遊 越鳥志 越鳥在北
巢亦南枝徒懷越鳥志 晨裝 且飭行裝也晨裝轉增颸 侵星 帶星早行也侵星赴早路 越
鄉憂 越遠也離也即離鄉之憂也貽此越鄉憂 征徒 即行侶也 歸鞅 鞅車也无由稅歸鞅
景絕 謂與久相別形影若絕也景絕繼以音 飛沈 言殊隔也組然若飛沈指魚鳥也 旅
逸 言為客而放逸也東方就旅逸 行暉 行旅之光暉也即行色也 遠行遊 貧賤遠行遊
祖送 祭道以相送也 胡馬依北風越鳥棲南枝 胡馬出於北越鳥來於南
故依望北風巢宿南枝皆思舊國也 往路 去路也征夫懷往路 參辰 二星名常出沒不相見故 遊客子 此類
言離別如此星也今為參與辰 胡秦 胡秦相遠去者言離別似之邈若胡與秦 黃鵠遠別 黃鵠一舉千里以喻人之遠別
遊客子捐驅遠從戎 客行士 耿耿行士
一也黃鵠一遠別 江漢流浮雲翔 皆喻客行不止也俯觀江漢流仰視浮雲翔 假裝

假始也謂始裝而行也簡元辰而假裝 孤蓬自振 孤蓬草也無根而隨風飄轉以喻客之遠
遊也 織路 路如織也往來於道 整駕 整駕而亟行 悲轉蓬 悲人之遠行如轉蓬之飄
流也 王鮪懷河岫 晨風思北林 言魚鳥各思所居而人何不思歸也 淪薄
淪漂薄迫也淪薄恒羈旅 旅宦 宦李也旅宦游關源 千里別 古曲名伊千里別豈 懷土
即思歸也 寄瓊瑤 即附音信也未響寄瓊瑤 墜雨秋蔕 墜雨離於雲秋蔕去於樹喻別
離也邈若墜雨翩似秋蔕 旅翮 即客鳥喻別意旅翮先謝 願言之懷 謂別去相思之懷也
攜手期 謂相見之日也 雨絕 喻離別也雨下於地无還雲之期 飄寄 謂飄
泊寄託在外也 星言 謂早行候星也 弱喪 言少失其故居而不知歸故鄉為弱喪遣此弱喪情
初學 上征 出行也征從獻告 分途 別路也分途指鄴城 離襟 即別思也瞻切離襟
黃鶴舟 送別之舟也悲黃鶴孤舟遠 青山路 別路也青山別路長 獨歎 凌風翰

欲見人而不能飛也故云安得凌風翰 迷塵客 久塵迷塵客 弦栝 離合豈非常譬被弦

典栝 皇雲黃鶴 皆分別之事穆天子觴西王母於瑤池之上王母歌曰白雲在天山川閒也蘇

武別贈李陵詩黃鶴一遠別千里顧徘徊 北路南津 皆別時所行也整車登北路鼓棹向南津

東津西渚 皆送別之処也 飛鵠 樂府送別有飛鵠行 離鴻 送別詩曰翔鴻高志難得離

鴻失所望 翔鳧 李陵贈別蘇武詩曰二鳧俱北飛一鳧獨南翔 歸雲征 送別詩曰來若迅風

歡逝如歸雲征 桃館 餞行送別之処 翔雲會驚風散 送別詩曰翕如翔雲會忽若驚

風散 結轍 行也結轍塵高衢 悽心結念 皆送別之若也離別信我事悽心相灑纓又曰

志古离念結 隔山河閡丘谷 送別詩曰念當隔山河又曰遼路隔脩途窈窕閡丘谷

掩歡緒 送別詩日月雲掩歡緒 北渚 分別処也鳴咽辭客親家嘆尊北渚 起別心

江山起別心 起離端 送別詩曰樂酒今晨離端起來白 衿袖隔 送別詩衿袖三春隔

萬里道 行路也含我故鄉客將適万里道又曰餞我千里道 分驂 別駒也万水分驂各背程

遠徂征 歲暮遠徂征 雲雨散東西流 昔言分別意也不言雲雨散各自東西流

離群客 上有離群客各自慕歸心 賦脩竹 餞故人也今餞故人亦賦脩竹 藝文 懸

裝 懸裝乱水道 旅薄 旅薄次山行 流波戀舊浦行雲思故山 言人

遠別思故鄉也 羈束 羈束戎行旅間 徂思 朝祖徂思往 星發 即早行也或離晨而星奔

行鑣 沉思慘行鑣 雲中翮 佳人贈我雲中翮 星飯 行者早食帶星而飯也棧右星

飯 步頓 行路暫息也向步頓憑觀川陸 因驛驚 驛驚辭南京 別筵 別筵開帳殿

勤歲暮慎容光 勉贈人也勉哉勤歲暮敬矣慎容光 離舟 離舟卷慢城 飲餞

即送別酒也飲餞飫多士 離帆 青雀離帆杳 執別 執手而別也執別灞橋西 勗光彩

勉人慎容儀也敬勗光彩 蓬逝 即蓬飄也轉加蓬逝又曰征蓬長逝 背飛鴻 背離別也持此

連枝糾暫作背飛鴻 懸渴 離思人欲見之切也千里懸渴 憂想言念 言思人也憂想言念

何日有違 嚴莊 即行李也嚴莊已辨 南皮宴 南皮朝宴餞別之処 歸魂 謂久在外而恩

歸之心急切也梁洸炯有作歸魂賦 六朝 贈金錯刀 報英瑤 美人贈我金錯

刀何以報之英瓊瑤 贈青琅玕 報雙玉盤 美人贈我青琅玕何以報之雙玉盤 贈

貂襜褕 報明月珠 美人贈我貂襜褕何以報之明月珠美人贈我錦繡段何以報之青

玉案 引邁 啓行也清晨當引邁 數離逖 即言遠別也相與數離逖 飛蓬征 喻別離也

征駕 遠行之車也征駕遠 離堂 叙別之堂也離堂華燭尽 別幌 別次之幌也別幌清

琴哀 飾驂 飾驂去關輔 念別 念別已累淚 行幰 行旆也緣幰灌駐行幰 沾羅袂

別淚沾羅衣 寄聲浮雲 寄聲浮雲往不還 山上山 言出也 大刀頭 刀頭

有環故借言還字言夫還期也歸心已遂大刀頭 瓶落井 言一去不回也真作瓶落井一去無

消息 慕歸客 已傷慕歸客復思離居者又云安知慕歸客詎憶山中情 別渚 即送別之浦也

別渚有西東 江海心 嗟跎江海心 春草碧色春水綠波 言送別之景也

春草碧色春水綠波送君南浦傷如之何 風蕭蕭雲漫漫 亦送別之景也風蕭蕭而異響

雲漫漫而奇色 春苔生秋風起 別思歸情所由感也或春苔兮始生乍秋風兮暫起 舟

凝滯車逶迤棹容與馬寒鳴掩金觴橫玉筯 皆言送別之景 物也舟凝滯於水濱車逶迤於山側棹容與而詎前馬寒鳴而不息掩金觴而誰御橫玉筯而沾軾 怨

飛蓬傷蕙草 言悵別也不怨飛蓬苦特傷蕙草衰 攀桃李 送別之事也攀桃李兮不

忽別 桂枝情 小山叢桂欲攀以贈人也望古一疑思留滯桂枝情 寄明月珠 安得明月

珠摯深寄其山 贈芰衣 芰衣如何贈姑獲瓔歌贈寧濕薜山梁瑤歌贈一點重如金 慕

群客 離客慕群也豈念慕群客容裝戀息九 脩裝 客裝也脩裝多闕絕 兼金 并羅而連

也。縈縁念 謂縈縁思念也。所相親縁念共無已。邂逅 勞舟 遠行之舟也。勞舟厭長渡。疲旆 遠行之旆也。疲旆倦行風。征念 行思也。敷文勉征念。思牖 牖下相思也。思牖草蟲悲。憂羅襦 客子憂羅襦。商人泣紈扇。寄狹斜 狹斜長安城曲巷名也。倡妓所集。因書寄寘狹斜。贈同心扇 贈子同心扇。方作異鄉人。離扇 離扇挑眉看。別衣 別後所留之衣也。開箱見別衣。洞庭歸客瀟湘故人 古樂府有江南思云：洞庭有歸客，瀟湘逢故人。聲徽 徽即音徽也。聲徽或簡。離慕 離慕依違起。別緒 別緒參差興。瀟跡 即淪跡也。念君久不歸。瀟跡江湘。流水心 謂去不返也。莫作流水心。報木蘭枝 報木蘭枝。卷衣 所歡也。卷衣贈。音耗 即音信也。信絕終日。皇君門近來音遼邈。遼邈 即遠也。清道威蹕 載輪脩祖 脩祖 昔出行之事也。息肩 暫止其行也。振錫之息肩。櫛風沐雨犯露乘星 謂出行也。歸憶行驂 顧歸憶而南回。引行驂而東馳。解驂

脫駕 駕也。馬解驂。繻傳 使者帶繻乘傳。附遠翰 思人不見而欲振遠飛。翰之翼也。挾心附遠翰。離燭 別筵之燭也。離燭有窮輝。岐言 將別臨路所語也。岐言未及申。黃金裝 謂富者之行李也。遂下黃金裝。暮草別 既傷暮草別。離群促 離群促遊將離。旅服 客衣也。旅服裝縫。唐詩 懷書抱勑 懷書將去洛。抱勑說辭秦。離緒 離別之思也。幽閨離緒切。餞途 餞途闕默。分袂 分別也。分袂忽多違。行軒 軒車也。行軒即水流。征客 謂遠行之客也。宿帆 宿帆震澤口。羈心 羈客之心也。羈心何處盡。飭裝 將行也。飭裝侵曉月。旅泊 作客於外也。旅泊城千里。征驂 去騎也。津塗 即旅泊處也。津塗臨泛塗。征塵 去客之塵也。雖忍均征塵。津樹 離舟津樹隱。征蓋 行旆也。烟霞促征蓋。飛傳 傳舍也。拂曙驛飛傳。嚴程 嚴程已飭裝。擁傳 擁傳往來看。風期 相會之期也。悵別風期阻。雲會 將乖雲會。會稽。羈危 羈危萬里身。睽攜 即睽違也。搖落睽攜。王程 秦之王程

塗也。王程剩相拘。明月河洲 思鄉之景也。明月照河洲。緘愁 寄書封愁也。此時緘愁下鳴幾。漂梗 旅泊同漂梗。行役 出行在外也。三年倦行役。梗泛蓬飄 言旅泊於外也。栖惶勞梗泛。要斷倦蓬飄。分襟 即別也。歧路分襟易。別引 別之歌曲也。別引繞繁絃。泛梗征蓬 昔言遠離別也。旅魂勞泛梗。離恨斷征蓬。窮鳥客 漢陽窮鳥客。懸旌 出行也。千里懸旌。斷腸流 見水而思愁也。清溪非隴水。翻作斷腸流。離顏 離別之容也。離顏愁芳草。贈馬鞭 欲其進取也。暫分贈馬鞭。馬蹄間 何事馬蹄間。謂立功名於道路間也。迷津 所行未適時也。迴首泣迷津。遷客 謫之客也。遷客此時徒極目。曠幽期 唾井 古人不唾井。莫忘昔纏綿。古詩有千里不唾井。況乃昔所奉。緘愁 寄書而言相思之苦謂之緘愁。空留錦字表心素。至今緘愁不忍窺。羞澁 謂羞愧而不能舒展也。囊空恐羞澁。滯客 留滯之客也。無錢從滯客。轉蓬 言晚節流離如蓬之轉風也。生涯逐轉蓬。飄轉

浮生任飄轉。雙玉瓶 送別也。酒盡雙玉瓶。旅顏 旅顏當新破。羈孤 流離羈孤苦也。臨老羈孤極。奉辭 相奉而辭別也。奉辭還策杖。道暍 暑病曰暍。道暍謂行路而病暍者。思活道暍。黃梅雨 書劒 豈知書劒浪風塵。旅魂 空山獨夜旅魂驚。周南客 太史公滯周南。回首周南客。驛樹 驛道兩岸之樹也。驛樹夾城東。傳聲 即傳言也。傳聲看驛使。征途 征途上。相閱征途上。萍蓬 萍流而蓬轉也。萍蓬無定居。解袂 即分袂也。解袂從此旋。祖帳 別筵帷帳也。祖帳東都道。行蓋 出行車蓋也。行蓋出風塵。行子 行客也。子得良[illegible]。星駕 星出之車也。即星言夙駕。星駕無安稅。起柂 謂行舟也。起柂春江流。君今雁使無。雁使寘。帆色 帆色已闌。弊裘羸馬 客途之窮也。弊裘羸馬苦難行。浮雲思 思平聲。萬里浮雲思。寄明月鏡 寄君明月鏡，偏照故人心。搖曳 舟行貌。夢魂搖曳櫓聲中。軺傳 使車驛車也。我行撫軺傳。南音 南來之音也。聞君洛陽使，因此寄南音。征輪 舍[illegible]

動征輪浪跡江湖浪跡類沙鷗贈千里心載酒登千里心甚贈君千里心怨瑤瑟
南楚有瓔枝感物傷遊寓津鼓客行鼓也日落聞津鼓歸軫發明
相思怨瑤瑟遊寓
促歸軫斷腸花可憐桃李斷腸花贈松樹枝雪中何以贈君別惟有青青松樹枝
棲泊閑君太平民棲泊靈臺側斷蓬飛前分別也今日暫同芳菊酒明朝應作斷蓬飛寄
桐花深山古路無楊柳聊取桐花寄遠人雲帆雲帆巴陵渡官情羈思官情
羈思共淒淒逆旅客舍也旅望客中登高而望也旅望因高盡斷行別凡處別也
慰此斷行別離愁邑人多離聲別雲別雲故山薇遠念故山薇紅亭送別之亭
也紅亭綠酒送君還官樹別處樹也日斜官樹闇嶧陵東征陌征陌獨愁
飛蓋白雲程尋山莫計遠白雲程瓊樹思懷美人也瓊樹相思何日到征車
獨想征車過雒陽化緇衣謂客久而白衣化黑也風塵不覺化緇衣旅鬢清露下時傷旅鬢

鄉心白雲備處寄鄉心客程凡馬客程秋草合青鳥報相思蘭亭不學
中道絕却教青鳥報相思遠適遠行也遠適惟草車進帆進帆歸楚暮車馬程猶君
程仗劍仗劍對尊酒恥為遊子顏旅候旅次之時候也祖讌祖讌
國門征鑣引征鑣頹陽不住賦歸鴻十年流落賦歸鴻支離牢落也支離東
北風開傷心樹可憐楊柳傷心樹韻府車載脂僕夫起
塵際歲歲橋邊贈別離食車載
脂夢思夢寐而思想也征騑五馬動征騑驂騑驂騑於上路糊口謂寄
糊其口於四方驛使梅范曄詩曰折梅逢驛使寄與隴頭人渴心塵井百尺渴
心歸去生塵埃鶉居聖人鶉居而鷇食如鶉鳥之居無常處也梨花雲王
諭思人之切也
黔詩曰落落莫莫路不贈青棠蠲忿則贈以青棠節合歡也寄聲
分夢中號作梨花雲
猶云問訊也渭陽情晉文公送舅氏贈玉佩處夕陽亭餞客之處星郵
寄聲雲程侶

星郵無塵致書郵殷洪喬投人所寄書於水曰沉者自沉浮者自浮殷洪喬不能為人作致書郵
千里對語寄書也千里之外猶對面語四鳥孔子聞婦人哭聲曰此非獨哀死者有生離別聲昔恒
山有鳥生四子將分飛聲類此
問之乃父死賣子以葬者馬首東晉欒黶曰吾馬首欲東旅
次旅郎客邸也流寓謂遷謫所在也風餐露宿謂出行在外也陽關謂分別之處也
草跋草行曰跋棲遲京師遼遠寶憚棲遲往來頻煩也凝佇行不止貌迴景別時
迴望光景迴景歸東山祖餞祖道神也行者祭以求道路之福贈策晉士會在秦及歸秦
大夫贈以繞朝之策曰子無謂秦無人也策馬鞭

宴游類

【易經】飲食宴樂 飲食以養其氣體，宴樂以和其心志，所謂居易以俟命也。需象也。雲上於天，需。君子以飲食宴樂。 需于酒食 酒食宴樂之具，而安以俟之，所須必得也。需九五曰：需于酒食，貞吉。 困于酒食 酒食人之所欲，若醉飽過宜，則反為所困。 素飽 漸六二：飲食衎衎，吉。象曰：飲食衎衎，不素飽也。 飲食衎衎 衎衎，和樂意。漸之六二。 飲酒濡首 飲酒至于濡首，不知節之甚也。未濟之上九。

【詩經】行國 出游於國中而寫其憂也。聊以行國。 遡洄 謂逆流而上也。遡洄從之。 遡游 順流而下也。遡游從之。 棲遲 謂游息也。衡門之下，可以棲遲。 吉蠲 吉言善也。詩曰：擇士之善，齊戒滌濯之絜。吉蠲為饎。 厭厭 安也。厭厭夜飲，不醉無歸。 式燕 燕以樂。君子式燕以衎。 賓之初筵 衛武公飲酒悔過而作此詩。言因射而飲，皆禮儀之盛。 遡風 遡，向也。如彼遡風。 鹿鳴 燕賓客之詩也。以下詩序。 魚麗 燕饗通用之樂歌。

南山有臺 亦燕饗通用之樂歌。 嘉魚 亦燕饗通用之樂也。 蓼蕭 澤及四海也。諸侯朝於天子，天子與之燕樂，以示慈惠也，故歌此詩。 湛露 天子燕諸侯之詩也。 彤弓 天子錫有功諸侯，而錫以弓矢之樂歌。 菁莪 燕飲賓客之詩，比君子容貌之盛也。序曰：樂育材也。 瓠葉 亦燕饗之詩，蓋述主人之謙詞。 有駜 此燕飲而頌禱君臣有道之樂歌也。 泮水 此飲于泮宮而頌禱之詞。 食無餘 待賢之禮寢衰，供給褻薄，至使賢者每食而無餘也。 四簋 盛禮也。待賢之每食四簋。 獻酢洗奠 進酒於客曰獻，客答之曰酢。主人又洗爵酢客，客受而奠之，不舉也。或獻或酢，洗爵奠斝。 燕胥 胥，相也。或曰語辭。豈有且侯氏燕胥。 伐木 此燕朋友故舊之詩詞也。

【左傳】班荊 布荊藉地而坐也。

【禮記】杜舉 孟名也。晉國燕享之者，盥洗而後舉也。此禮本自杜蕢，故曰杜舉。地必揚觶，揚觶也者。 合歡 酒食者所以合歡也。又會衆賓而歡飲也。唐詩云：合歡卻笑十年事。

【莊子】御六氣遊無窮 御陰陽風雨晦明之六氣，以遊於無物之始而無所窮也。 曼衍 即游衍也。和之以曼衍。 乘東維騎箕尾 傳說得之，乘東維，騎箕尾，而比於列宿。 遊方外 孔子曰：彼遊方之外者也。謂放遊於禮法之外。 入無窮之門遊無極之野 言無窮門無極野，猶言天地之外也。 遊逍遙之墟 乘氣以遊逍遙之墟。 不繫舟 汎汎若不繫之舟。 駘蕩 駘蕩，放也。

【列子】拾穗行歌 拾穗行歌。

【楚辭】駟玉虬以乘鷖 駟，四馬也。虬，龍屬；鷖，鳳屬。以上征以為樂。 紲馬 繫馬而留止也。登閬風而紲馬。 逍遙相羊 皆遊也。聊逍遙以相羊。 浮游 即浪游也。聊浮游以逍遙。 駕飛龍 乘明智之獸也。 駕八龍 駕八龍之蜿蜿兮。 容與 遊戲貌。遵赤水而容與。 揚靈 揚其光靈，猶言舒發意氣也。橫大江兮揚靈。 憺忘歸 憺，安也。謂安然而忘歸也。觀者憺兮忘歸。 騁望 縱目也。登白蘋兮騁望。 駕龍驂螭 螭，龍之無角者。駕兩龍兮驂螭。 乘白黿逐文魚 文魚，鯉也。乘白黿兮逐文魚。 高馳翔 攬騑蟜兮高馳翔。 乘赤豹從文貍 乘赤豹兮從文貍。

悵忘歸 悵，恨也。日將暮兮悵忘歸。 遊瑤圃 言遇聖帝升清朝也。吾與重華遊兮瑤之圃。 處雌蜺之標顛 標，杪也；顛，頂也。此言乘風氣遊天際也。 據青冥而攄虹 至玄冥之上。 登霞 戴營魄而登霞。 扭撟 音橋。掣舉也。意恣睢以扭撟。 汎濫游 汎濫無止極也。汎濫游兮。 氾氾若水中鳧 言遊也。 乘精氣之摶摶 精氣，日月也。摶摶與團團同。 驂白霓之習習 習習，飛動貌。 塵筵 塵，承也；筵，席也。朱塵筵。 遥望博 遠望平博無人也。 常羊 逍遙也。 騰駕步遊 駕馬騰驤以行遊也。

【諸史】衣冠出遊 衣冠所出遊也。 遊陟 謂遊山登高也。 選勝行樂 選勝，謂選擇勝槩之所在也。唐制二月初旬令百官休日選勝行樂。

【文選】風舉雲搖浮游搏覽 言遊覽如風之舉、雲之搖也。 追水豹鞭魍魎 言乘舟而追逐水豹，鞭撻魍魎。 憚夔龍怖蛟螭 是水神驚怖，水獸憚驚也。水豹蛟。

龍也魍魎水神夔龍蛟螭水獸曠瞻迴眺謂遠望也曠瞻迢遞迴眺冥家酣醧卽酣
醧音謳揚歌樂也愔愔謳謠招搖猶徘徊也徘徊招搖揚節上浮謂擧旌節而上
遊於虛空也乘虛無乘躡於虛無之所也亘望亘竟也亘望無涯登望既懲懼於登
望儻佯行遊貌旋憩旋回憩息也旋憩乎昆明之池遥覽浮觀遥遊過浮觀皆
聊浪放蕩也聊浪乎宇內遠寄冥搜寄情遐遠搜訪幽冥藉纖草藉鋪纖細也藉
萋萋之纖草踈煩想謂踈條其煩俗之想也踈煩想於心胷淪神域謂遊於神明之
域也鳥擧魚躍狀遠遊之意也遐逝遠往也遐歸雲而遐逝宣遊宣徧也將北處
而宣遊窈坐相從而坐也鄭衛之樂所以娛窈坐寫神謂舒寫精神也秘翫閑而賞
翫也曲宴華堂曲宴從倚謂遷延徙倚而立也步棲遲以徙倚藉皐蘭藉坐也言未皐
澤之蘭雜而生之也藉皐蘭之徛龐漱清泉漱蕩石也蔭脩竹蔭謂乘其陰也貞觀

貞作正以遊觀爲樂也貞觀丘壑美析波浮醴卽分水波以流盃也象筵以象牙爲席也
堂設象筵廣讌卽盛讌也展嬿婉謂舒歡樂之情也願得展嬿婉思遠託悟物思遠
詠乘墉墉城牆也乘墉揮寶劍逸翮逸輕也逸翮思拂霄駢筵卽竝筵也迅足迅疾
也迅足羨遠遊塵外軫謂出於塵外也肅此塵外軫亦曰塵外鑣勝引謂妙勝之人相引而
飲酒也逸爵紆勝引水宿卽舟中宿也水宿淹晨暮周覽卽徧觀也晨策早晨策
杖遊也晨策尋絕塵舍舟停策舍舟眺迴渚停策憩陰風企石攀林企擧踵也企石
挹飛泉攀林摘葉卷延矚長視也閑遊子輕薄遊子廣坐衆坐之中也顧
望回首而望也顧望但懷愁良遊勝遊也思念昔良遊棲薄棲止也日暮當棲薄極覽
脉目有極覽山陽卽竹林之宴也寄事外寄心於事物之外也賞心悟與賞
心之友相悟對也永絕賞心悟近尋近遊情無近尋登頓上下也山行窮登頓洄沿順逆

也水沙蓋洄沿淹薄停泊同舟無淹薄幽期幽隱之期也平生有幽期弄潺湲乘
弄潺湲潺湲水聲也息徒息徒徒侶也息徒蘭圃緣源緣尋也源徑路緣源殊未極奇趣
謂仙奇處也欲要追奇趣濯跡濯清也濯跡滄江散驚蹄言馳驚也宜散馬蹄俯遊
子吟謂游觀唱也請爲游子吟列筵四座也列筵皆寂靜玄覽玄遠也周視萬物也謂游
原游於原野也游原采蕭蘆雋遨遊寂洛雋遨遊清讌娛讌娛綢繆清馳俠
游俠也少年好馳俠乘日養養樂也豈願乘日養闌夕語謂夜話也闌闌
也繼以闌夕語美遨遊好遊也公子不世事且夕美遨遊矚曠遠視之貌也矚曠盡都甸
騖望謂馳日遠望也欵睇欵曲睇視也悟會也欵睇卽相與欵睇在何辰流覽周流覽也流
覽無窮極從樂行樂也從樂追江陰流宕卽遠游也遊躅謂游人之迹也塵游躅於蕙路
寄傲倚南牕以寄傲流憩周流而止息也經丘謂經行於丘中乃游行也舒嘯登東

皐以舒嘯初學西園遊曹植詩曰清夜遊西園飛蓋相追隨明月澄清影列宿正參差冥
適以典也陽方之冥適心期期會也心期避暑飲大夫劉松鎮北軍與袁紹子弟
三伏酣飲至於無知云以避一時之暑耳故河朔有避暑飲也感凉會傳感因於炎熱日熱甚不
過旬日而後自凉以時之凉命親友曲會作感凉賦凝睇凝望也睇白雲端游騎游人之馬
也游騎皆環李灑玄醪玄醪上巳流觴也灑醪於河中藉野藉地而坐飲也展幽尋
雲岳展幽尋據懷蕩志聊以玩而足據懷而蕩志臨泛臨水泛舟也臨泛又淮泗
逸賞睿情欣逸賞弄琪樹歌越吟弄琪樹兮玳瑁筵布象牙之席董玳瑁之筵
擷瑶芳擷瑶芳兮卽楚水終宴終宴舍房平樂宴曹植詩曰歸來宴平樂美
酒斗十千平樂觀名清夜遊卽曹植詩錦綺席卽華筵也曳長裾飛廣袖
奮長纓鄒陽曰今臣易精極慮則無國而不可固陋之心則何王之門不可曳長裾乎又曰

錦綺爲席舉袂爲幕曳裾飛廣袖奮長纓之士莫不爾而即之藉卉藉草而坐即席也藉卉懷春
景延襟襟懷也延襟情也延襟山路鶯鶯筵長筵鶯集山泉賞泉賞聊恣山
煙霞長尖披煙霞眺迥迥望遠也眺迥分異乘清宴高談清宴高宴高宴瀑前披栢
澄波轉鷁泛澄波而轉鷁長松繫馬息長松而繫馬坐石倚柳言坐石倚柳釣以遊
行其樂也游釣且游釣以自娛滯游滯游滄浪終日屐步屐步山椒觴政酒行
之法也魏文侯與大夫飲使爲觴政飲不盡者浮以大白素賞流素賞之在今比翼游言與
人同游也鴻鵠比翼游群飛戲太清藝文西園宴月夜游也凱宴樂宴也凱宴於在
藻怡行怡行游也發好怡行棲趾棲息跡也升嶠遠棲跡宜游即山中宜游尋奇託
即勝遊也默任奇託融滯謂消其固滯之心心渙焉融滯臨玩臨玩自多奇良集良辰
宴會也今茲幸良集浮深駕阻深駕阻迴道蘭西擊汰擊汰鼓楫也以

卓氏藻林卷之七　宴游類　三十

爭先結覽夕結覽於姑蘇宴酹金樽開宴酹陵高眺遠陵高縱觀近眺遠壯觀雲
繁會盛宴也絲竹常繁會河朔飲即袁紹劉松事謂避暑飲倚觀倚長也觀未嘗食曆
盃而倚觀十千杯聊舉十千杯平臺集梁孝王嘗宴客於平臺既豫平臺集歷覽
即遍觀也皇情愛歷覽文歷覽窮天步體散玄風神陶妙象謂適樂也薄遊
謂小玩也滄池聊薄遊六朝斗酒會酒會今日斗接膝坐攜手遊言視
遊思筵相思處所陳之筵也清光流思筵羅薦清羅薦綺筵也管妙會即良會也
妙會非綺飾勝緣羨事也興尋勝緣迴歇氛埃清宴無塵樓也靜聞見自然歇氛埃於茲
南皮宴梁王宴客於南皮復齒南皮宴息宴遊樓爾其嘉會之佩息宴遊樓清豫
清遊也朝心遊夕承清豫心迹并謂心與迹俱適也心迹猶未并又心迹苦未并妙賞謂高人有
奇妙之賞趣也有逸才有妙賞雅賞雅賞文章謂妙鑒也春風場風場適宿春玉筵

捲幔結幔曲筵曲筵金樽綺羅玉筵撫賞撫景而賞也撫賞悲情違宴私延之
親好爲宴私長筵長筵列佳賓五遊廣遊雜曲歌詞曹植所作五方求神仙也凌
驚飆躍浮霄謂偏遊之士也橫厲謂放舩恣行也浮清波以橫厲浮游息也游不
愈志蕩以邪遊即流宕忘返意達觀大觀也本達觀一曰觀去聲於無形分秘玩
生人之秘玩也即奇賞也盡抗魄蕩靈言遊觀之極也操執其魂魄擺蕩其靈爽漂鷺即
鴻瀨以漂鷺也驅驚遨步遨步閑暢遊聘遊聘乎陽假憇以假憇楫大昊
過巖石而披情宴語或班觴而宴語遺累欲息心而遺累良遇即良會也嘉約嘉約即
會之期結賞聚賞也結賞白雲嶠移燕移燕乃方壺陶縱謂陶情縱遊也書實
約也玄虛人四筵四筵芳醴露唐詩桂席令淮仙於桂席花筵拂花筵而修飭
悅陶縱駿賞即高賞也飛披襟懷而觀玩駐賞延之
駿賞驟賞於煙嶠披觀也披觀玉京路而賞

卓氏藻林卷之七　宴游類　三十一

玩也駐賞披襟披開也披襟乘石磴列籍謂列所以坐者也列籍俯春泉妙躅
企基趾即高步也延賞延之延賞滌煩襟滌煩襟開襟開襟歡賞也開襟未已舞席
舞席紛可就歌梁歌梁未傾抗石抗石登石也抗石臨南嶺乘沙乘沙眺北川風
筵風筵謂桂輪青巖酌巖酌一違玉山頹玉山頹不慮醉入狀也縞鳳
飛縞鳳弄花鳥弄花鳥於池臺瑤筵瑤筵夜鬧儇風儇風儇向也儇風過蝶
於瑤筵締賞相維而賞也締賞三清滿廣筵廣筵上客留中神遊八極八紘之分
神遊八方有八極極之表妙適即妙趣也妙適野人之妙適謹諳謹樂而戲諧也十斗託
宿即投宿也話宿四月襟選幽選幽開山田幽酌幽酌傾壺事招尋招尋遊
玩招邀招邀請也招邀青雲客游無垠觀化游無垠壚頭醉壚頭貰酒之處
好憇泊憇泊幽客時飛步飛步登高之步也凌亂填玳筵遂乘入玳筵居世賞

中賞故暇實 愒息勞心依憩息 泝鷁行舟也曉跡長泝鷁 無與適言無入與之共
所往也浩蕩無與適 良覿良會也道遇良覿 傳杯傳杯不放盃 步屧步屧過東籬
乘凌凌亦乘也乘變破山門 改席即移席也改南樓迥 披寫豁懷也披寫忽登臺
納涼荷靜納新涼 泥飲謂醉飲如泥也 繡筵佳人繡筵 無事 幽方也脫孫游四
幽討身事 拾瑤草採仙草以服食也相期拾瑤草 留歡南陌留歡 既 眺聽眺聽歡芳
節 促膝言相近也入則促膝窗語又夜如何其物促膝 展心晤修良會也豁達展心晤
臨眺乘閑喜臨眺 仙豫即遊仙境也仙豫覽宏規 披煙弄月披煙弄月今宵未歸
遠託謂寄興於遠也 兀然醉歸即東山兀然醉 千里目欲窮千里目更上一層樓
四總燭何當共剪西總燭却話巴山夜雨時 高眺高眺白雲中 勝託記寓也勝託在
烟霞 物外遊紫府與玄洲誰來物外遊 結遐心宴遊也古外結遐心 流覽披軒建流

賓覽 栢梁宴漢武嘗宴群臣於栢梁臺賦詩號栢梁体 北海樽孔融賓客樽也融居北海
詩曰座上客常滿樽中酒不空故云未奏東山妓先傾北海樽 芳遊從此事芳遊 魚藻味
魚藻言歡也如魚戲藻藻燕樂已深魚藻味 薦壽觴擧壽之觴也御禮行開薦壽觴 雲外賞
禪室從來雲外賞 弄珠遊向晚波搖明月動更疑神女弄珠遊 飛眺高眺也飛眺牽牛渚
激賞激賞鱗川 搜奇 竦望言觀遊也竦望山北搜奇大𧯹東 謝客遊謝靈
運小字客兒性好遊山水何獨謝客遊當為遠公輩 高秋 酌清夜絃 為高秋酌復此清
夜絃 桂筵桂美言之也桂筵羅玉桂 玄賞梁賀玄賞 豈 芳尊宴也且喜芳尊恋物華
酒壚唐詩云朝朝飲酒黃公壚 韻府 抹月批風貧家何以娛客但知抹月批風 黃公壚王戎與嵇叔夜嘗飲黃公
壚 魚鳥親人晉簡文帝曰會心處不必在遠翛然林水便有濠濮
間趣覺魚鳥便來親人爾 遊無何莊子遊無何有之鄉 觴詠一觴一詠 紀勝遊 游冶

郎岸上誰家遊冶郎 掺流猶周流也 汗漫盧敖遊
三三兩兩繫垂楊 萬斛以掺流 於大海
見一袖仙曰吾與子汗漫遊於九垓之上 醉鄉侯唐人詩云君使劉伶為酒帝亦須封我醉鄉侯
遊遨千里遊遨冠蓋相望食作貢志 醉參天橫醉後參 泛渚乘月泛渚游也 風灑
露沐郎乘嵐露沐 香山社白居易與香山九老結社 白蓮社晉遠公與十八賢同
修淨土號白蓮社以書招淵明遂造焉謝靈運求入社以心雜止之 金龜換酒賀知章見李白
呼為謫仙人以金龜換酒 心賞心賞披襟 金貂換酒晉阮孚為黃門侍郎終日酣醉
嘗以金貂換酒 賜灌投壺奉觴曰賜灌 飲文喜宴唐進士有文喜宴 清嘯劉琨為
所困乘月登樓清嘯賊聞之悽然而退 酣暢飽宜至酒店便獨酣暢 踏浪遊每踏清浪遊
雞鞠即觀雞鞠之會也 投轄陳遵宴客取客車轄投井中雖有急即不能得出也其愛留客如此
茂賞清規茂賞 佳設羊曼拜丹陽令客來早者得佳設日晏則漸罄 洛舟李膺郭林宗泛

舟於洛人望之以為神仙 登山屐謝靈運尋山陟嶺必造幽峻著木屐上山去其前齒下山去其
後齒 鄭驛漢鄭當時為太子舍人常置驛長安諸郊請客常恐不及 狂花病葉飲酒之流
謂睚眦者為狂花睡者為病葉 遊涉謝安出則遊涉輒至夜 荷鍤劉伶乘鹿車攜酒使人荷
鍤隨之曰死便埋我 賞適賞玩適趣也北齊楊休之為吏部尚書曰此官實是清華但煩劇妨吾賞
適耳 金谷酒數李白宴桃李園序曰如詩不成罰依金谷酒数 佇聆佇聆視也佇聆要遐景
宴語海量於宴語是宴語 長嘯諸葛亮居隴中抱膝長嘯 鸞鳳嘯阮籍於蘇門山遇孫登與
商略終古皆不應至半嶺聞者為鸞鳳音登之嘯也 承風嘯晉成公綏當暑承風而嘯泠然成曲

神鬼類

易經　精氣游變　陰精陽氣聚而成物魂游魄降散而爲變即鬼也上繫　詩經　旱魃　魃旱神也旱魃爲虐　左傳　神姦　鬼神姦邪情狀也使民知神姦又云神物也神姦形於九鼎　禮記　先嗇　嗇與穡同神農也蜡之祭也主先嗇　泰厲　古帝王之無後者　公厲　古諸侯之無後者　族厲　古大夫之無後者　昭明焄蒿悽愴　神鬼之露光景處是昭明其氣蒸上處是焄蒿使人悽然處是悽愴　莊子　眞宰　造物也　堪坏　山神名堪坏得之以襲崑崙　肩吾　泰山之神也肩吾得之以處泰山　禺強　北方之神也禺強得之立乎北極列子云海山神也　儵忽　南海之帝爲儵北海之帝爲忽　渾沌　中央之帝爲渾沌　履髻　履灕神名髻竈神名沈有履竈有髻沈溝泥之中也　培阿鮭蠪　屋中東北方之鬼名東北方之下者培阿鮭蠪躍之　泆陽　屋中西北方之鬼名西北方之下者泆陽處之　罔象　水中之神名也水有罔象　峷夔　丘山之神名也丘有峷山有夔　彷徨　野中之神名也野有彷徨　委蛇　澤中之神名也澤有委蛇　列子　地皋轉隣　皆火鬼也羊肝化爲地皋馬血化爲轉隣　靈響　靈怪影響皆鬼妖也鬼無靈響　龍伯　即俗言龍主也龍伯之国　操蛇神　夸娥氏　太行王屋山神名也　楚辭　望舒　月御也前望舒使先驅　飛廉　風伯也後飛廉使奔屬　帝閽　閽主門之隷也吾令帝閽開關　下女　神女之侍女也　豐隆　雲師也吾令豐隆乘雲兮　東皇太一　太一天之尊神以配東帝故曰東皇　雲中君　謂雲神也　東君　謂日神也　山鬼　鬼之媚人者託言之慕君屈原自喻也　鬼雄　衆鬼之雄杰也魂魄毅兮爲鬼雄　國殤　謂死於國事者無主之鬼曰殤　禮魂　謂以禮善終者　伯強　大厲疫之鬼也　六神　日月星水旱四時寒暑也　陽侯　陽國公侯溺死於水其神能爲大波即波神也後世即指波神爲陽侯云陵陽侯之氾濫　天閽　上帝之司門者　句芒　木神名位東方　蓐收　金正曰蓐收西

方之神也遇蓐收乎西皇　玄武　北方七宿謂龜蛇也一曰北方神獸名龜與蛇交曰玄武　湘水之神也使湘靈鼓瑟兮令海若舞馮夷　海若　海神名也　馮夷　水神河伯也　雨師　雷公　左雨師使徑待兮右雷公而爲衛　祝融　即炎帝火正南方之神也　玄冥　北方之神名也　黔嬴　造化神名　湛湛　音耽厚集貌諸神之湛湛兮　豐豐　多也集靈之豐豐兮　闐　鼓声也屬雷師之闐闐兮　衙衙　行貌通風伯之衙衙兮　巫陽　天帝之女名主巫陽　土伯　后土之侯伯也土伯九首　觺觺　角利貌土伯九約首其角觺觺　梟楊　山神也即狒狒也使梟楊先導　鉅賓　即犬歲也　靜女　神女也靜女歌兮微晨　靈玄　玄帝也　白龍　川神也　素女　仙女也使素女兮鼓簧　神光　山川之精灵然爲火者也　熲熲　即神光也　諸史　八神　山川八神封禪時所用祀　文選　山靈　即山神也　巨靈贔屓　巨灵河神也贔屓作力貌　魑魅魍魎　魑魅山神也魍魎水神也一曰木石之怪曰魍魎好效人声而迷惑人也

方良　草澤之神　猖狂　惡戾之鬼也　魊　音或蜮小兒鬼也　畢方　老鬼也一曰南方獨脚鳥形如鶴人見之主火　八靈　即八方之神也　神荼鬱壘　東海度索山二神名能除惡鬼兮桃符所畏者是也　女魃　旱神也所居不雨　耕父　神父也處豐山常遊於清泠之淵出入有光耕父揚光於清泠之淵　靈祇　天地之神也祇之所保綏　金馬碧雞　皆蜀郡之神物金馬騁光而絶影碧雞儵忽而曜靈　靈胥　水神伍子胥也又云濤之神曰靈胥狎玩靈胥　漢女　漢水神女也　明靈　振言神明也　師門　即龍師能使火師門使火以符也　夔魖　木石之怪曰夔魖耗鬼也　三神　天地人也逆釐三神　巫咸　古神巫之名　雲師　屏翳也　八鎮　八方之神也　靈若　海神也靈若翔於神島　天宗　謂天尊乃老君也肆類天宗　木魅　木魅山鬼又木怪也木魅賜睒　海童馬銜　並海中神怪也海童邀路馬銜當蹊　天吳蛧像　並海神也天吳乍見而髣髴蛧像暫視而閃屍　閃屍　妖怪見貌　冶夷　坤怪

妖媚之貌百靈即衆神之称也琴高海水神也民靈人神也氷夷即馮夷也氷夷
倚浪以傲晲又云白黿道永夷江妃神女也江妃含容顔而戯耿奇相江神也奇相得道而宅神
靈訓神灵之訓戒也鬼諏諏謀也即卜筮騰蛇似龍形北方神獸也騰蛇蚑蟺而自糾
墳羊土中之精怪也怒墳羊之深潛司命司命之神總鬼錄者箕伯即風師也屬箕伯以
丞風川后河伯也川后靜波纎阿月御也纎阿寋駏靈鼇謂神灵下鼇也山祇
山神也山祇蹕嶠路水若水神也水若警滄流湘娥即堯之二女也號屏雨師也豊隆迎
號屏太白河伯也汗漫神能游於天者古人名過汗漫之所不遊登祇登山之神有命
兒者伯主之君與則見焉蒼靈春物勾芒也玄靈神灵也光祖宗之玄灵洞靈洞通
灵神也通幽洞灵【初學】青女霜神也蒼精即勾芒春帝之神也青祇青帝也春
卯礼膏祇赤精赤精之君炎帝祝融也白精即白帝蓐收之君也玉女青女玉女俱主

霜霰之神黑精即黑帝玄冥也紫姑紫姑本人家妾為夫婦所逐五月十五感激而死故今世
作其形於厠以迎之五月十五日夕迎紫姑神以祭山都魑魅鬼物也木客廬陵有木客鳥
大如鵲千百為群不与衆相厠楓鬼山怪也生麻姑山上神諗神之審察即卜兆也問神諗以
休咎桓之上清真人姓名乃中皇時人也【藝文】阿香推雷車女子名盧君廬山記曰
匡裕周威王時人生而神灵廬於此山世稱廬君故山取號焉女夷主春夏長養之神女夷鼓歌以
司天和一日花神也脩單社神名也草堂靈隱君之神也鍾山之英草堂之灵也東羊
土神也殷之將亡見於商郊東羊在牧睒光乃之神名曲張造弓之神名也續長箭之
神名遺望嫠之神名奔娥月中姮娥也月嫛婁奔娥之象【六朝】師翁思師翁於西土
今木神也川祇川祇奉壽河宗河宗相礼黔雷神名左玄冥而右黔雷又召豐雷以先導
陵陽神也召陵陽於游激焦明神名羅焦明以承翼觜觿左青龍而左角觿輔車神也西

方宿【唐詩】靈四謂牽牛織女也即灵四於星期赤熛南方掌火之神招拒西方白帝
神也招拒司金靈威東方青帝曰灵威灵威制門紫皇即天皇太帝也戴玉女過紫皇山
精鬼魅也山精白日藏瑤姬即巫山女也瑤姬天帝女姹女神女也姹女婆娑波曰真宰
造化主宰之神也真宰意萃【韻府】木公即東皇公也又號玉皇君六宗禋于六宗書注
燭龍鍾山神名也銜火照天門帝江天山有神狀如黃囊六足四翼渾沌无面目能識歌舞名
為帝江曰鼓神也玄夷禹祭衡山夢稱玄夷蒼水使者發其金簡玉字得治水之要焉封姨
即風神也花神乃花妖也司寒玄真主北方之神也藏氷以享司寒孀娥指姮娥也古婆
府有孀娥愁蓋為中秋死月而度此曲也水僊王錢塘有水仙玉廟神花精崔元徽見青衣
女伴乃衆花之精也梅精明皇宮人江氏性好梅名梅妃上曰此梅精也太乙精劉向校書
天祿閣夜有老人植青藜杖然照之曰我太乙之精也木帝精東方朔是木帝之精律令

雷部捷鬼名与雷相疾速者令平声北山靈即鍾山之英也蚩尤神農臣始作兵甲獸身人
語能吸霧遮天与黃帝戰於涿鹿野殺之耀魄寶天神之大者曰昊天上帝即耀魄宝五正
勾芒木正祝融火正蓐收金正玄冥水正后土土正風嘷雨嘯此言宮闕荒廢之地鬼魅遊焉
常嘷嘯於風雨靈囿皇篇要神也悉灵異而求為一日鬼神所居之処也四靈四方之神也朝
四靈於九瀆

僊類 附道家

莊子 少廣(神仙之居也西王母得之坐乎少廣) 厭世上僊(解脫之意也千歲厭世去而上仙) 列子 服形(言服猶含人之服氣也) 木雞(守氣之至也望之似木雞其德全矣言神氣俱全也) 化人(有幻術之人也) 楚辭 餐六氣 飲沆瀣 漱正陽 含朝霞(皆遠棄穀食吞吸元氣神仙之事也) 羽人(飛仙也仍羽人於丹丘) 度世(謂度越塵世而仙去也) 遐舉(升仙也汎容與而遐舉兮) 蟬蛻(言解形体而仙去也) 乘戈(仙人名善謳者使素女兮鼓簧乘戈和兮謳謠) 漢傳 道引(靜居行氣也導引不食穀) 諸史 羨門子高(羨門古仙人也名子高居碣石山上紫陽真人張穀得道在蒙山乃追尋之蒙山遇羨門子高乃乞長生要訣) 形解銷化(尸解也白日解者為上夜半解者為下自晚向暮解者為地下主者一人宋毋忌羨門子高之徒稱有仙道形解銷化之術) 辟穀(不食穀也導引之術) 圖錄真經(即道家仙籍之書也)

文選 山圖赤斧(列仙名也山圖來而得道赤斧服而不朽皆煉丹砂而長生者) 餐象(言未審也斯寔神妙之餐象言仙道至微事或餐象即想象之謂也) 桂父鍊形(桂父仙人名也常服桂葉以龜腦和之顏色時黑時白時赤桂父鍊形而易色) 赤須(赤須仙人名也常食柏葉齒落復生如蟬之蛻身也) 昌容練色(昌容仙人也年二百餘歲顏色如年二十人也) 犢子眉連(犢子仙人也時壯時老時好時醜有都女者生而連眉耳細而長會犢子來過女悅之曰共牽犢耳而去犢配眉連) 玄俗(仙人也賣藥於市治百病形如无影玄俗无影) 木羽(仙人也初生時見大冠朱幘者守之曰此司命君也與母居仙年十五歲與母俱去木羽偶仙) 琴高(未仙名也琴高沉水而不濡時乘赤鯉而周旋) 征僑(古仙人名) 偓佺(仙名槐里採藥父也食松柏實能飛) 西王母(女仙祖也居于玉山) 玉女(東荒之中有靈石室東王公居之常與玉女共投壺) 宓妃(洛水神也) 靈圖(衆仙之號靈圖藏於閒館) 遺世 玩道 絕粒 茹芝(皆神仙之事也) 控鶴 沖天 飛錫 躡虛(控引也飛錫執杖也躡虛謂行於空虛也王喬控鶴以沖天應真飛錫而躡虛) 通僊(謂衆仙也爰集通仙) 象外說(象外謂道也大象無形此無象外之說也散心象外之說) 遣有涉無(言仙道也道釋六典皆以無為宗今悟有為非而遣之遣之而不盡覺無為是而涉之涉之而有間言皆滯於有也悟遣有之不盡覺涉無之有間謂昔之非今乃是也) 即有得玄(忽即有而得玄道教也有謂形也) 冥觀(渾万象以冥觀言妙悟玄宗則蕩然都遣不知已之是也不見物之為物故渾齊萬物以冥觀者也) 乘蹻(蹻音喬龍氣也乘蹻絕往謂乘龍而横行也) 餐玉(仙人飲玉漿也) 靈嬌(仙人飛也) 隱淪(神仙之流也) 列真(即列仙真者仙人變形也) 帝臺(神仙名也要帝臺於宜丘) 戴勝(西王母名也一曰西王母冠也) 素女(黃帝時方術之女也素女撫絃而餘音響) 乘猋忽馳(也) 虛無(皆空意) 騰丹竈 鍊丹之金鼎(鍊金之鼎也) 駕鶴驂鸞(駕鶴騰雲漢驂鸞上碧霄) 餐瓊蕊(骨瓊蕊以朝餐骨末也仙人所食也) 能經鳥伸(養形之術法也) 涓子(仙人隱逸者好餌朮有琴心三篇) 游女(仙女也游女飄焉而來萃) 餐霞人(仙人之流) 靈谿(仙人所居也靈谿可潛盤) 真寂士(即仙流也) 瓊蕊(飢餐瓊蕊渴飲飛泉仙人也瓊蕊挹飛泉) 駕鴻凌紫煙(鴻鳥也仙之遊也) 浮丘攀華(二仙名也) 龜鶴年(龜鶴皆千歲以喻仙壽也) 騰丹谿(丹仙也丹谿仙人所居處) 駕雲螭(赤丹仙也) 隨長煙 戲九垓(謂仙遊也丹降隨長烟飄飄戲九垓) 金銀臺(蓬萊仙所居也) 陵陽容城(二仙名也陵陽挹丹溜容城揮玉盃) 奇齡(仙人奇異之壽也奇齡邁五龍) 靈氣傑才(靈亦仙也燕昭無靈氣漢武非仙才) 鍊五石(仙家煉石為藥也安期煉五石) 五藥(草木金石穀也療流訖五藥) 三芝(石芝靈芝肉芝也碩步行三芝) 西山藥(長生藥也唐詩曰不寄西山藥何由東海期) 金膏(金丹也又仙藥也金膏感明光) 空室(言仙人之空迹也丹丘徒空室) 九仙(涓子授伯陽九

仙之法䥫徊望九仙靈旗仙旗也游仙聚靈族太容洪崖二人上古樂師後皆登仙太容
揮高絃洪崖發清歌五圖金記九篇丹經皆仙書篇藏書之器五圖發金記九篇隱
丹經風餐委松宿雲臥恣天行餐風臥雲委任風雲所或宿於松或行於天
皆仙人之事也冠霞登綵閣解玉飲椒庭冠霞冠讀從仙也解玉佩謂去任也
綵閣椒庭皆仙所君也玉飲玉醴也仙步飄颻仙步若軼埃塩言超出於塵埃之上也
崑山姿崑崙山上靈仙之姿扶搖翰仙飛也乘扶搖翰思駐精魄長生不夭也隱
論駐精魄北海術北海有道人能使人與㚟者相見我斬北海術凌風矯矯飛也卓然凌
風矯安期術仙方也永得安期術鍊玉液玉膏也方士鍊玉液摘木芝紫芝也傲
睨摘木芝采水碧仙藥碧玉也凌波采水碧煙客仙人也矯掌遨煙客排冥坐魚之
在笙猶人之在塵俗今既排而去之超在埃塵之外雲裝仙人以雲霓為衣裳也雲裝信解緻煙

駕仙人以烟為車也烟駕可辭金丹泉術紫芳心丹峦之泉飲之不㚟紫芳紫芝也此
皆從仙之道也始整丹泉術終覲紫芳心行光容斎神不滅自有光容斎自在貌行光自容斎
寶書真經也旌拂霄崿軼出蒼垠言乘空而行也服食咽氣求神
仙之術也御氣謂御行之於元氣之中也噓吸沖和吐故納新皆養形存神之
術也蟬蛻龍變弃俗登僊此言人從仙而化也如蟬之脫殼而出其身龍变謂解其
骨而騰形去也上藥上藥養命謂五石鍊形六芝延年也中藥中藥養性謂合歡蠲忿萱草忘
憂也希靜聽之不聞曰希無聲曰靜希靜之徒鴻涯仙人名也躡鴻涯之遐迹【初學】飛
仙飛仙凌虛雲霞資本多雲霞之資鉏父芝童皆太山仙人也浮丘公王子
晉李仙之師嵩山道士也九老仙都在東北海中紫氣真人之氣也此時飄紫氣應詔真人
還仙吹仙笛也仙吹響飛流董雙成西王母侍者善吹笙手瓊胎仙胎也疑神瓊胎之

府五老赤書七聖玄文皆直經也瓊笈銀題藏道書之笥也無上
道無上大道四蘂丹五光彩玄道也豈下四蘂之丹罕識五光之彩服九鼎
九鼎謂丹砂之精也懷玄抱真仙道也參同契曰惟昔聖賢懷玄抱真游天山仙館
也或以職歆游天山桂英氛仙道也或以太一桂英氛金母玉妃皆仙倡也衆聖集林
宮金母命清歌文曰太真索筆玉妃拂箋素券九道士受法位至真一及太一素券之號方可署先
生之位也赤明天道家有赤明太中道士也稷丘公太山下道士也漢武帝東巡乃擁篲
來迎帝為立祠上座道士有上中下深於道者名曰上座三景九道七遵三景稱三景弟子已
度三人得稱三景法師玉晨精上帝先生紫晨君蓋二曄之亂結玉晨之精星九靈道家
有九靈以為觀名主天地太期仙童樂作進仙童藥【藝文】玉京山道家諸聖衆所
集也靈篇即道經也十方丈聖齊詠靈篇仙藻多因學仙藻石脂仙藥也石上所流服

之合則壽同天地白石生仙也白石生煮白石為粮就曰石山君故號為白石先生月光
童子嵩山太室中有十六仙人月光童子修羊公華山仙人寶衛雲術仙境也洞
穴之寶衛海靈之雲術靈章道經也講神篇而誦靈章五靈妙天真也体煉五靈妙雲
露津吸氣也氣含雲露津十秘十仙也石戶棲十秘乘鴻孿鶴乘鴻方履漢孿鶴上
騰天九丹即九轉丹也九丹開石室真人氣紫氣也關吏見逢咸表真人之氣巖笥
仙人嘗讀書於巖洞間巖笥發仙華黃符仙也黃符若可挹長生之永昭晳松喬羨期四仙
名也謂赤松王喬羨門子安期生也駕鶴賓仙也荀环寓江夏黃鶴樓上有駕鶴賓飄然而至
咀吸寶華咀吸寶華谷神太清外珍五耀內守九精抱朴子養生之道也
三真術四明方皆神仙方術也多解三十真術俱著四明方金液方即卅方也願受
金液方片言生羽翼八公淮南王所迎仙人也赤松子神農時雨師為仙人服水玉漢張良

從之游者盧敖遠遊而得仙者陶公六安冶師也丹成朱雀止冶上曰安公安公冶與天通七月七日迎汝以赤龍九丹八石玉醴金液老子度世之法九丹八石玉醴金液治鬼化役使鬼神養性絕穀變河上公漢景帝時人結草爲菴於河湄讀老子經帝常訪之九府崑崙山有天柱其下有仙人九府陸地蓮關令尹生時其家陸地上自生蓮花龍蹻經仙經也紫陽真人傳之於羨門子者名在丹臺玉室紫陽真人乞長生要訣於羨門子羨門曰名在丹臺玉室何憂不仙神樓散即仙藥也李少君遇安期生安期以神樓散一七與服之丁令威鶴化仙也遼東城門華表柱上忽有一白鶴自言曰有鳥有鳥丁令威去家千載今來歸城郭如故人民非何不學仙冢纍纍反生香仙香也生聚窟州或名振靈丸瑤蘂仙藥也粟藥可療飢五芝六草仙藥也登岳採五芝步澗尋六草鍊石髓漱冰石仙人服食物也功疏鍊石髓赤松漱水石鍊骨封子煉骨凌仙輜軿謂仙人駕也少容采女乘輜軿

往同遊於彭祖乘六氣仙遊也乘彼六氣遊茫芋玉房仙人所居也玉房石榻何蒸祠雲娥仙女也雲娥薦變右雲軿仙車也仙人所乘雲軿不履地九芝蓋五雲車仙所乘也東明九芝之蓋北燭五雲車絳雲仙雲也南極宮生絳雲紫書仙書也玉笈紫書有文又瓊笈紫書之文龍泥仙人印色也龍泥印於玉笈空香仙香也空香萬里聞鸞履仙履也所持履成鸞又曰鸞翎宵去鳧舄晨歸九玄仙人也迎九玄於金闕三素仙老也謁三素於玉清霧光龍威二仙人也從霧光於庭桂索龍威於洞庭玉袂金裾仙人衣也表神襲於玉袂霏霏衣於金裾靈蛻謂仙化也靈蛻乘煙仙牒即仙書也虎符仙牒陰長生仙名也江淹有贊玄宗仙師祖也太少玄宗朋白兎侶青鸞啓銀函講金字謂從仙也夫朋白兎而侶青鸞啓銀函而講金字者有道存焉遊玉清排金闕謂從仙也上遊玉清高排金闕玉版經仙經也玉版之經猶編朝九皇謁群帝謂得

仙道而上升也玄根仙道之宗也悠悠太道謂見玄根芝髓仙人藥也餐餌芝之髓九靈府五英闕皆仙人所居也九靈之府神液所以降禪五英之闕英華以之昭應香雨仙降雨也香雨乘雲三轉石七飛丹皆仙丹也鍊石三轉燒丹七飛名書絳簡身遊玄闕謂成仙而上升也杜蘭香神女也嘗降張碩家風實雲子玉津金液麟膽夜白丹椹文藻紅芝之鳳腦西王母太上之藥乃有風實雲子玉津金液冥陵麟膽炎州夜白東採扶桑之丹椹俯採長河之文藻太真紅芝九色鳳腦有得食者後天而老此太上之所服非衆仙之所寶也斑龍黑胎白鳳肺蒼鸞血西王母之次藥有斑龍黑胎閬風石髓蒙山白鳳之肺靈丘蒼鸞之血人得服之後天而逝此天帝之所服非下仙之所服也九丹紫華五雲之漿玄霜絳雪此西王母又次藥若得食之白日升天此天仙之所服非地仙之所見也三珠樹崑崙山仙木也安得上崑崙覷三珠樹玉

壺白鳳肺金膏青龍胎皆仙藥也靈叢文西王母仙次藥琅菜仙之上藥有碧海之琅菜七子樏神女杜蘭香降張碩家齎瓮榼酒并七子樏樏多菓而無他味九色鳳勁西王母仙之上藥有九色鳳勁餌桂離婁公餌桂而得仙鳳麟膠鳳麟洲仙家以鳳喙麟角合煎作膠名爲集弦膠亦名連金膠能連屬刀劍弓弩弦青牛道士漢封君達少好道入鳥鼠山百餘年還鄉里常乘青牛故謂青牛道士九館地仙所居蠙珠螭龍初一珠食之與天地等壽次者延年後者充飢而已白水靈蛤西王母仙之次藥也六朝鍊氣仙籙修真術服食鍊氣請仙經雲韶仙家樂也桐柏帝仙人也桐柏真升帝青書仙籙也金書碧簡言道經也金書發幽會碧簡吐玄門齋雲衣謂升仙也十年不正傳訣一傳齋雲衣挹八玉御三雲升仙也上仙訣且聞上仙訣碧林宇仙人所居也丹繪碧林宇黃金篇仙經也綠玉黃金篇長命籙仙籙也青書長命籙翠氣仙氣

也颯翠氣而杳冥抱魂寂處凝神空居學仙道也星紈仙衣也蘿星宿之羅
紈日月組仙人衣也蘿日月之纂組怳利宮天宮也拾瑤草從仙也拾瑤草
而悠然仙靈仙人也來往盡仙靈海外學謂學仙也海外果可學慕誦仙人經珠藥
金丹也珠藥不盈簞杳冥道仙道也我學杳冥道中經仙方也士防閑中經內策修煉
仙經也水芝之籍內策寶餌命藥謂寶重其餌命合其藥也寶餌綏董年命藥駐衰曆三露
仙露也麥翟采三露五煙仙煙也攀鴻戲五煙鍊金屑玉合仙藥也鍊金宿明館屑玉止
羿淵蓬仙駕仙馭也龍駕灰蓬山事芝之髓學仙也淹留車芝髓遊太初升仙也誑
能從小隱終能遊太初赤玉靈文仙書也赤玉靈文下朱陵真氣仙氣也朱陵真
氣來九龍館仙館也中天九龍館聞四會度三災得仙道也道過聞四會倏忽度
三災浴日館仙館也布心浴日館雲墟仙人所居處行樂止雲墟瑤水鴻夫仙皆

人所遊也停駕燕瑤水歸路上鴻夫煉九氣學仙也中和煉九氣乘天梁叶帝閽
謂昇天也乘天梁而浩蕩叫帝閽而延佇桐栢真濱戲仙人也桐栢真昇帝伊洛玩遊洛濱勾
曲仙即三茅真君也勾曲仙長樂遊洞天玄羅王龜山中仙名也壽如玄羅出入遊太清西
方老胡真人有壽者上雲樂曲云西方老胡厥名文康遨遊六合傲誕三皇壽如南山志若金剛
韓終仙名也韓終與王喬要我於天衢青雲侶丹丘人青仙輩也欲許青雲侶正
遇丹丘人攜六箸六箸行棋也仙人攜六箸對博大山隅銀露壇仙壇也建丘銀露壇
風駟仙人所乘風駕駟也風駟上丹梯還精補腦修仙法也教我服食還精補腦尋真
來仙也尋真遇九仙飛客靈友仙侶也飛客結靈友玉虛道家言至妙之處玄冥上玉虛
芝房仙藥也不餚香如飯芝房脆似蓮謝三元仙家長年也甲子謝三元玄紀仙道
也要妙思玄紀善水香園道家之妙境也居心樂善水數學重香園桃核棗花仙果

也機帶看桃核壽侯開棗花乘翠鳳馭斑麟言仙境也丹丘乘翠鳳玄圃馭斑麟五
香千燈道家之妙五香芬紫府千燈照赤城龍泥玉策天火真文步虛詞曰
龍泥印玉策天火燒真文靈駕仙駕也靈駕千尋上竹節蘆刀修仙用也成丹須竹節刻
截用蘆刀二儀冠五星佩仙人冠佩也步虛曰冠法二儀立佩帶五星連玉林墟
仙人所聚也高會玉林墟圓海方諸仙人所遊之處朝遊度圓海夕宴下方諸紫府仙都
也雲軒遊紫府松屑仙人食也唱松屑以高想丹經即仙方也捧丹經而永慕貞精人畢
貴其貞精朗月冠仙人冠也戴朗月之高冠驂白獸於商風御蒼龍於
景雲白獸虎也言仙家事中黃修煉者指心為中黃丧中黃於耳目碩老仙老也訊碩老
於金蹈廓忽踏廓而麥虎却粒即辟穀也嘗文成之却粒清府術即修養之術也
碩承清府之有術鍾乳仙藥也訪鍾乳於洞府九轉七明皆修養事也幾九轉於玉漿煉七

明於神輿靈輜仙車也披靈輜而徘徊雲轡雲馬也散雲轡之絡繹玉潤金流
仙家境界玉軼金鑣仙人之車馬也仙藻靈豔金華玉儀指仙女容貌也
珊瑚同樹瓊草共枝稱仙女之美也寶過珊瑚同樹價真瓊草共枝駐髮仙術
使髮不變也亦可駐髮還實奮六翮言升仙也意欲奮六翮排霧凌紫虛神皇廬仙居
也論道神皇廬味玄妙守精味玄妙學至道也帝鄉侶仙人也永偕帝鄉侶千齡共逍
遙無為墟至道之城也逍遙無為墟度世道仙道也從學度世道神芝草仙草
也西方入華陰山求得神芝草真詞仙語也歸帙啟真詞鳳樛仙旌也飄帶亂烟道煙道
雲區丹霄神仙所往來處鳳旌亂烟道龍駕紫雲區壁門珠殿仙人所居也壁門求月舉
珠數秋金樞仙居也白雲照金樞綺樹仙家之樹也朱霞拂綺樹絳仙天不嚌乘絳
風廻仙蜺衣仙衣也蜺衣方陸離列仙岨登彼列仙岨命飛鴻升仙也從命飛鴻

駕白鹿王子喬騎白鹿雲中遊紫雲臺蓬萊山北有紫雲臺騰化術仙去無騰化術也魚鱗衣仙衣也魚鱗衣兮白霓裳天淵玉女鉅鹿神人天淵玉女鉅鹿神人唐詩二地神仙所出黃谷仙人之丹鼎也無窮門謂仙境也入無窮之門享不死之年紫都玄丘昔神仙之居也憑紫都而受曆按玄丘而命紀白兎藥月中所有長生藥也白兎錄仙錄也上元臺之藥錦書寶字錦書傳寶字瓊箱金約物約纏束之瓊箱薦金約丹房紫洞皆仙人所居也見丹房之悔知紫洞之皆上清境仙人所居之地碧虬饌龍脯之屬上仙食也瑞鳥仙樂初聞瑞鳥來霄漢轝謂升仙也益懷霄漢之翠城闕戀不能脫凡俗也何念城闕之戀青鸞碧鸞皆仙人所乘也靈對而坐也君鸞有靈對仙鸞情鳳想皆懷仙之思也鸞情極霄漢鳳想疲烟霞碧壇丹洞皆仙所玩居也玉笈金箱藏仙籙之器篋笥也三山記五嶽圖之書畫也

玉架仙書所架也金壇仙壇也金壇無跡迷瓊漿石髓皆仙食也瓊漿猶漿類乳石髓尚如泥金竈玉壇丹竈也霧濃金竈靜雲暗玉壇空福地神仙之宮觀也太羅天天帝所居也尚識大羅天芸扃石室皆蓬壺仙人所居也紫氣軒仙人紫氣軒芝朮仙藥也芝朮可療飢駕青虬乘白鹿仙所乘者若曲駕青虬兮山之兮乘白鹿紫霧裘仙人所服也青雲蓋兮紫霧裘真途即仙途也猶覺真途近芙蓉塔古墓芙蓉塔瓊仙美仙人如玉也羽君猶言羽客也金身養精言修煉之術也呼吸吐納全身養精友太素修煉成也友於太素飛騰上清無生乃不死之術也永識無生又觀世得無生塵情仙契鄙塵情於春念擬仙契於秋詩餌雲英老却餌雲英靈姿仙姿也仙都靈姿羽化之靈姿真侶仙人也盡隨真侶遨遊黜帝仙人也別有黜帝金經仙書也金經秘不開真老仙老也鴻室仙鴻大也徒思鴻室仙

紫河車仙藥也有青河車赤河車採鉛以食神丹也採鉛清溪羽駕飈車皆仙人所乘也羽駕飈車絕迴輪綠髮翁仙也中有綠髮翁寶訣仙道也長生問寶訣金光草仙草也顯金光草紫煙客仙也金華牧羊兒乃是紫煙客凌紫冥駕鴻凌紫冥凌倒景含笑凌倒景紫金經金丹之書也空聞紫金經赤玉舄安期生留赤玉舄報秦始皇曰後數年求我於蓬萊山上凌紫霞高舉凌紫霞入無倪倪際也飄飄入無倪謂登仙也靈跡仙之蹤跡也靈跡成蟲篆紫霞客安識紫霞客琴臺鳴素琴世諦世緣也空世諦情三花仙花也三花樹生一年相思為折三花樹金鵞蘂仙燈也時燦金鵞蘂古苔篇仙書也讀古苔篇屢鍊魂魄鍊魄雲棲青童老君授青童以金書仙人識青童紫玉笛胡麻紫玉笛仙人所吹也清英仙骨清英神觀空老人觀空亦空空無定空觀空天地闊入元化登仙也寄入元化青雲關仙人所居

關門也却鎖青雲關錦囊術西王母出錦囊術經授茅君隱來得錦囊術白鹿車青龍車白虎車皆升天車也仙官薄延乘白鹿車司馬生乘青龍車徐福乘白虎車共載升天步虛道家所唱言縹緲輕舉之步樂府有步虛詞留紅顏貌不衰也再食留紅顏仙藥也注玄髮髮不白也食注玄髮玉京仙山也鳥似飛玉京三鳥青鳥王母使也三鳥別王母三鳥銜書來見過玄都真仙之所也配極玄都闕鹿仙辛孟興學鹿同遊世謂之鹿仙仙伯王知遠為少室山仙伯諸翁乃仙伯金匕匕匙也仙藥器屬悵望金匕藥金節仙人以金為旌節金節羽衣飄婀娜絳節仙人所持之節也上帝高居絳節朝浩劫猶云世也浩劫因王造一云劫一級二級為一劫二劫謂之劫二級二十一劫十洲並是神仙所居人跡絕處海外有十洲笙鶴王子晉好吹笙後於緱氏山頭乘白鶴而仙人傳有笙鶴青城乾坤到十洲青城山十洞天之地也自為青城客冰雪容神仙肌膚如冰雪也九節杖仙人有九

節節杖安得仙人九節杖小有天小有清虛之天乃洞天之一也萬古仙池穴清通不有天丹
竈術本無丹竈術蔚藍天洞天之名也上有蔚藍天青龍秘以道家存想之術也
肘後符葛洪有肘後符太藥金丹也苦之太藥又無太藥駐朱顏資靈關仙關也仙
氣下靈關玉局即仙人棊局也餐玉法仙人食玉之法也未試囊中食玉法肘後方
葛洪抄金匱丹方係於肘後肘後醫方靜處看紫金丹神仙有金丸可以延年衰年欲付紫金丹
禮斗壇上月明宮殿閉向看星斗禮空虛醮星辰禁火醮星辰三洞上仙所居也迴
步遊三洞七真神仙也清心禮七真飛符道家符也飛符超羽翼長生篇仙書也元
英與挑君朗詠長生篇太上京上天尊帝所居一觀太上京方知衆天小寶雲仙雲也香
靄結寶雲明真臺仙君也或登明真臺羽景堂寫此羽景堂仙人所居也雲璈仙樂
也怡然聽雲璈碧津仙人所居碧津湛洪源又曰紫霞流碧津絳樹仙人之樹也絳樹結丹寶

超形學仙也以慈保童神嬰永用超形神金書玉簡仙人降金書道籙遍玄修道家
修煉也玄修似看情霞冠星珮仙人服也霞冠將曉月珮與星連仙卿種道家人也齊
室有仙卿玉清天天帝所居也更向玉清天紫微天一朝騎白虎直上紫微天龍驂
仙所乘車也龍驂儼欲前九真經仙經也誰逢玉妃輦應檢九真經雲行星步仙人
蹤跡也雲行疑帶雨星步欲凌風丹鳳鳥仙鳥也月邀丹鳳鳥玉經仙經也焚香讀玉經
紫鸞車仙車也鳳送紫鸞車玄洲仙洲也紫府與玄洲仙官仙也何妨五色綬次第鈐
仙官鸞鶴群仙乘也願君隨鸞鶴群靈顏仙顏也俯仰愧靈顏玉雞天雞也朝天半夜聞
玉雞道書公事常不聞道書日生塵翠鬢翁仙翁也怡顏翠鬢翁厭世氛升仙也昔
秦嬴女厭世氛祥花瑞鳥仙家之花鳥也微風一起祥花落仙樂初鳴瑞鳥來松花飯
松飯也暮食只有松花飯茹芝之鍊玉修仙也茹芝之煉玉學輕身碧玉簫洞裏神仙碧玉

[illegible]太一壇武帝祈太一壇靈蘂珠宮仙宮也靈華偏愛蘂珠宮仙壇香繞仙壇
處處閒玉宸君仙也明月在天將鳳管夜深吹向玉宸君仙氣仙氣凝三清飛塔
塔高如飛也飛塔雲霄半仙塔仙塔儼雲甚仙人籙洞有仙人籙赤龍迎黃帝
鼎湖有赤龍迎上天煮白石仙丹也白石通宵煮刀圭藥仙藥也偷賜刀圭藥還留不灸
名花宮仙梵神女道院也花宮仙梵遠微微黃芽修煉之事也定知仙骨變黃芽仙
經道書也誰同種五驗仙經鶴夢仙夢也塵夢那知鶴夢長上清仙界也天路悠悠接上清
參同訣魏伯陽作參同契言修煉之理昔有參同訣何時一探討萬天道家有萬天斯須有
萬天青華林仙林也灼灼青華林靈風仙風也靈風振瓊柯鬱落道法也鬱落制六天
流鈴道家法也流鈴威百魔蘂珠殿道家宮殿也閒開蘂珠殿金字經道經也瑯
閒金字經玉華仙紫陽仙子名玉華昧盤承露餌丹砂芙蓉顏仙顏也嬌顏千歲芙蓉花

滄洲傲吏滄洲傲吏變金丹清心回望雲之端芝童桂女草蓋芝童引神丹桂女妝
黃金竈丹竈也欲尋東海黃金竈白雲杯西王母奉白雲杯穩王於瑤池之上長承露
水白雲杯仙源桃源也尋得仙源隱淪醮壇醮壇松老鶴來稀丹井丹井泉枯苔積
入合【韻府】青童仙人青童君又青童所神黃童屏神紺瞳綠髮仙翁狀也雲蹤
流水行雲無定蹤喩仙人行也飛鴻飛鴻盧節駕鴻飛海玉卮玉卮娘子王母女也鬱儀
奔月之仙與日同居結璘奔月之仙三尸欲長生者先去三尸三尸長以月望晦朔上天白人
閒罪過鸞人舞鳥見歡享祭祀也柳子有罵三尸文樓居仙人樓居雲腴好九轉丹名雲碧
之腴又茶名也霞裾仙人衣也三姑人有三尸上尸青姑中尸白姑下尸血姑凡庚申日言人
過於天帝麻姑仙女也交梨火棗紫微王夫人謂許長史曰吾胷中荊棘掃除未盡是
以交梨火棗不生瓊姬王子高遇周瓊姬同遊芙蓉城玄滋服食玄滋飲以玉齡仙人食也

元和津服元和除五穀必獲昇天真蘇服元和謂嚥津液也**得内外丹**道家以金石爲外丹吐故納新爲内丹**雲英**仙女名也**服玄根**煉真氣也**還丹**即九轉還丹也**神丹**陰長生得太清神丹服半劑爲地仙**日丹**仙藥也**碧霞丹**亦仙藥也**絳雪丹**仙藥也服之者能再生**九華丹**仙藥也**八變丹**九轉八變丹**七返丹**從寅至申爲七返丹**伯陽丹**魏伯陽丹成飼犬犬死伯陽服之亦死弟子服之亦死伯陽即起再以丹納犬及弟子口中皆起仙去有第二弟子不服者始懊恨**鬱單**道有鬱單無量天乃北陰鬱單也**五色煙**仙氣也**東華五篇**黃庭經以金簡刻書之號曰東華五篇**塵緣**俗累也**藍橋**裴航於藍橋遇仙女雲英**銀橋**唐玄宗玩月羅公遠日陛下欲至月否取拄杖擲之化爲大橋色如銀行數十里至大城闕公遠曰此月宮也仙女數百素練寬衣舞於廣庭曰此霓裳羽衣曲也帝密記之令伶人做之**續骨膏**仙藥也呼吸吐納雖度紀之道非續骨之膏也**伐毛**

卓氏藻林卷之七　仙類　五十

洗髓言修煉仙道也黃眉翁曰吾生已三洗髓三伐毛矣**八琅璈**西王母命侍女王子登彈八琅之璈董雙成吹雲和之曲**雲林璈**上元夫人彈雲林之璈歌步虛之曲**水荷鳳腦**穆王集方上宴春宵宮設鳳腦燈又有水荷出壑中**嬰兒姹女黃婆**養生篇謂心血爲嬰兒腎精爲姹女脾中涎爲黃婆也**頃刻花**仙韓德能開頃刻花**金虎白鴉**道家之事寶鼎存金虎元田養白鴉**九霞觴**仙酒觴也**雲房**玉皇君所居也**却老方**李少君以却老方見武帝**越人方**姓秦名越人不待切脈望色聽聲言病之所在**蟾肪**仙藥也蟾肪合玉**月黃日丹**若有飢渴聽飲月黃日丹仙人藥也黃丹乃日月中氣也**青囊**郭公以有囊中書九卷以授郭璞成地仙**玉象金象**唐李德裕有道士出玉像之又出二金象與玉爲偶服之顏面愈少後南遷道士怒索二象公姿之不與二象自然飛出光焰燭天公尋卒**光碧堂**仙居**叢霄堂**仙樂也**紫鸞笙**仙人所吹**芙蓉城**仙女所居**步虛聲**衆仙

縹緲輕舉之音**黃庭經**修煉成仙書也**衛生經**修真人之書也**海屋籌**老人曰蒼海變桑田吾輒下一籌今籌已滿屋矣**玉函**仙人藏書之匣**息踵**真人之息以踵衆人之息以喉莊子**麟角鳳觜**仙家以此作膠名續弦膠**玉藥**仙花名也**雲子**漢武煉丹以赤者爲桃實白者爲雲子**若士**盧敖遊蒙谷之上見若士踞龜食蛤敖日吾比夫子猶黃鵠壤蟲也**踞龜食蛤**見上**鳴天鼓**學道者須鳴天鼓以衆神謂齒上下相叩也**芝圃**仙都有芝之圃悉種靈芝**火龍水虎**龍從火裏出虎向水中行謂坎離交媾事**尸解**死形如生足不青皮不皺目光不毀髮不脫者皆尸解也有未斂而失尸者有形在而無復骨者有衣在形去者有髮脫形生者白日去爲上尸解夜半去爲下尸解**還精補腦**道家去慾得不老方還精補腦**黃庭三景**謂內景中景外景修真之書也**橘井**蘇耽每以井水一升橘葉一枝救人疾病無不愈者**玉杵臼**唐裴航至藍橋見雲英女航日願納厚禮娶之可乎嫗乃使求玉杵臼以

卓氏藻林卷之七　仙類　五十一

女妻之皆超爲上仙**小有清虛之天**三十六洞天之一也在林屋山**窺牖兒**西王母七夕降武帝宮食桃方朔從殿牖窺之母曰此窺牖兒已三次偷吾桃食矣**逡巡酒**仙酒也韓湘造**油囊酒**麻姑至蔡經家酒盡餘杭嫗沽酒得一油囊酒五十**木公金母**先以東華至真之氣化生木公即東王公又以西方至妙之氣化生金母即西王母凡男子得道者名隸木公女子得道者名隸金母矣**游仙枕**龜茲國進瑪瑙枕枕之夢遊十洲三島**邯鄲枕**開元中呂翁經邯鄲有盧生同邸主人方炊黃粱盧共言困苦翁取囊中枕授之曰枕此當榮適如願生乃夢登第出入將相五十年榮盛無比忽悟呂翁在旁黃粱尚未熟**神仙夢**窮者夢富貴達者夢神仙**縮地**費長房遇壺公能縮地千里聚在目前**琅玕樹**丹柯碧華神仙樹也**鍊蛻**屍解本真人之鍊蛻**飛霞佩**仙佩也願乞飛霞佩**胡麻飯**仙飯也劉阮天台事**青精飯**道家飯也**仙饌**麟脯仙饌**舉手謝**王子喬於緱氏山乘白鶴舉手謝時人而仙去**龍杖**費長房傳

杖化龍去。**秋雲帕** 賈知微遇曾城夫人杜蘭香，以秋雲羅帕裹丹栗粒與之。**華勝** 西王母之首飾名。王母皓然白首，華勝而穴處。**鐵鶩入雲金龜隱霧** 本仙家事也。唐武后造明堂，上畫此八字。**仙朮** 劉商服仙朮而成道。**鳳芝之龍朮** 元和中，張惟則海上遇神仙，授皇帝金龜印，篆曰鳳芝龍朮受命無窮。**神仙窟** 蓬萊三島，神仙窟宅。**雲母屑** 衡南嶽鄧先生隱術山，辟穀，惟以澗水飲雲母。**長生訣** 周義山過羨門子，乞長生要訣。**蘇仙鶴** 蘇仙公號，乃雲而去，後有白鶴在郡城樓，言城郭是，人民非，三百甲子一來歸，吾是蘇公，彈我何爲。**李八百** 蜀有人不知其名，年八百歲，號抱朴子。**靈仙窟宅** 仙人居也。**鳧舄** 王喬之舄化鳧朝帝。**支機石** 有人尋河源，見婦人浣紗，乃與一石，歸，嚴君平曰：此織女支機石耳。**黃石** 張良得圯上老人書一編，曰：後十三年見濟北穀城山黃石，即我也。**仙笛** 仙笛有三，大者諸天之樂，次者洞府之樂，小者明帝之樂，吹三聲，波濤沆瀣，魚龍踴躍，五聲六聲，月色昏暗，鳥獸吼鳴。**胎息** 習閉

氣而吞之，名胎息。**玉虛紫館** 神仙所居。**金洞素虛館** 金母太素三元君之所居。**叢青觀** 五城十二樓，真黎於叢青之觀，衆仙居也。**明霞館** 元始天主之所居也。**琳闕** 仙宮也。蘭房琳闕。**碧琳堂** 天帝所居也。解衿碧琳堂。**瑠璃宮** 方丈山上有瑠璃宮，仙人所居。**金銀闕** 海中三山，黃金白銀爲闕。**玉女臺** 嵩山有玉女臺，漢武見三仙女，因以名之。**瑤華室** 在崑崙山，仙女居也。**琳宮** 仙宮也。衆聖集琳宮。**金巒觀** 仙洲南有金巒之觀，飾以衆寶，左懸則日刻黑玉爲烏，右懸則月削青玉爲蟾兎。**玉臺** 乃上帝所居也。**黃參臺** 郎邯鄲枕呂翁之事。**金樓** 在十洲仙居，金樓帶紫煙。**十二玉樓** 崑崙仙居。**金臺** 海中有金臺，出水百丈，結搆綺麗，窮極工巧也。

仙類終

釋類

〔諸史〕**蒲塞** 即優婆塞也，乃梵語，即今之苦行，中華翻爲近住，言受戒行堪近住也。一名善宿男，二名清信士。**桑門** 即沙門也。精于佛教之僧，号曰桑門。**五誡** 佛有五誡：一不淫，二不盜，三不殺，四不妄語，五不遣酒敗也。**耆臘** 高年之僧也。僧家不序齒而序臘，故云。亦有僧臘，謂十二月也。**浮圖** 圖與屠通也。塔也。**佛圖** 即浮屠也。**大乘** 釋氏有三乘法門，曰太乘，曰中乘，曰小乘。大乘者，言其運載無邊，得無上菩提。**比丘** 即僧也。夏言乞士，謂上于諸佛乞法資益惠命，下于施主乞食以資益其色身。**佛龕** 龕，塔也。或曰塔下之室也。**四衆** 比丘、比丘尼，此出家二種；優婆塞、優婆夷，此在家二種也。亦曰四衆輩。佛書所謂四部大衆。**達磨** 南天竺国人，得般若多羅傳正法眼藏，梁武帝詔至金陵問道，后潛回，面壁九年，端坐而逝也。**三塗** 佛家有三塗之説：一曰色慾門，上尸道，天塗界；二曰憂慾門，中尸道，地塗界；三曰貪慾門，下尸道，人塗界。**六道** 釋家更有六道輪回之説，謂天道、人道、魔道、地

獄道、餓鬼道、畜生道。**若空** 佛教也。若惟談若空。**白馬** 寺名，在河南城東。漢明帝時，摩騰、法蘭自西域以白馬馱經來中国，創立白馬寺，即此僧寺之始也。**舍利** 釋迦佛既化，其身有骨子如五色珠，光瑩堅固，名曰舍利子，因造塔以藏之。**伽藍** 梵語僧伽藍摩，猶言衆園也。園者生植之所，佛弟子君之取生植之道也。**沙彌** 僧始落髪后之稱，華言爲息慈，謂安息在慈悲之地也。**盂蘭盆** 目連以母在餓鬼中，佛令作盂蘭盆會，于七月十五日以百味五菓著盆中，供養十方大德，而后母得食也。盂蘭猶華言救倒懸也，盆則中華器也。或曰盂蘭盆，天竺国語，猶言救倒懸也。今人設盆以爲供設也。**瞿曇** 西域瞿曇氏，即佛也。〔文選〕**無生篇** 謂釋典也。得無生清忍，此則無生之篇也。暢以無生之篇。**泯空色** 釋典泯空色以合其跡。**消三幡** 三幡：色一也，色空二也，觀三也。消三無行。三幡言三幡雖殊，消令爲一，同歸于無也。**息心侶** 沙門徒也。**八解** 沙門浴池名八解。鳴禍流。**四禪** 古有四等禪之流，四禪隱岩曲。**涅槃** 佛家以爲涅槃，謂寂滅也。**此域** 佛家所謂

道也彼岸佛家所謂覺悟也四流六度佛家有四流六度謂欲流有流無明流有見流
也是謂四流布施以廣仁義也持戒以守信也忍辱以為讓也精進以施敬也禪定以守靜也智慧以通
其理也是謂之六度高謝四流俯弘六度法身涅槃界者即是如來法身圓對有感斯對而無
滯閡也法身圓對也冥立佛謂與冥昧之道相會而立也息言津佛家不言之道也周於息
言之津五衍如來乘五衍之安車拯溺逝川人為不善有如逝川之流而如來教化之
使濟也憑五衍之載拯溺逝川八正謂正見正思惟正語正業正命正精進正念正定也如來開此
八者大菩其人交喪失予道者開入正之門大庇衆喪二曰八正八仙也夲圓欣八正群有謂有
色無色有想無想其不一故曰群有以玄關幽鍵喻法藏也謂道之深遠也玄關幽鍵感而
遂通遐源濬波喻法海也遐源濬波酌而不竭不捨之檀捨正檀惠也言布施也行
不捨之檀沙界恒河所有沙數佛世界也沙數之界言其極遠塵劫猶塵世也雙樹沙羅

樹也佛衣變樹金沙拔提河一名金沙池脫穫金沙大千謂三千世界也正法象教
正法佛法也象教謂為形象以教人也正法既設象教陵夷馬鳴龍樹二比丘名善說法者
馬鳴幽讚龍樹虛求蔭法雲於真際則火宅晨涼曜慧日於康
衢則重昏夜曉言馬鳴龍樹二比丘能行正法以濟衆物如雲蔭真境火宅之難亦涼也
演說佛法萬物見的如日照道重深昏暗之処夜中亦曉也方廣佛号也方廣東被教肆
謂教人習法也教肆南移列刹即佛塔也擁錫擁執也錫杖擁錫來遊禪誦立禪誦之
堂蘿菖開林蘿艾也開梵謂始倡佛宇頭陀斗藪也言斗藪煩惱以歸正真也又寺名
澄什二高僧名佛圖澄鳩摩羅什也林遠二高僧名支道林惠遠也經象佛經與佛象也
始立方丈茅茨以庇經象九衢四照九衢草名其枝交錯相重九出也四照即若木花其花光
四照九衢之草千計四照之花萬品金姿寶相言佛之靈象也息心了義息心達本

源也覺悟也愛流成海情塵為獄愛欲至多若流水成海情想漸積若塵飛為獄
又曰愛河情塵迦衛佛生之国在天地之中祇河寶樹皆佛家也川靜波澄
龍翔雲起言佛心淨如川靜波澄應感如龍翔雲起耆山給園耆闍崛山給孤獨園
古佛所往処金粟文殊皆佛名也金粟來儀文殊戾止象正謂正法也希夷謂無
聲色之境釋網玄津並佛法也釋網更維玄津重桄禪慧靜智也禪慧似託三明
謂天眼明宿命明漏盡明佛法也氣茂三明也六入謂眼入色耳入聲鼻入香舌入味身入觸意入
法也情起六入靈宇寺也勝幡幡名也勝幡西振謂佛教來自西也靜住子佛教也
初學神燈佛火神燈佛火百輪張玉毫光佛光也空中似散玉毫光談柄
辯峯玉麈揮談柄懸落辯峯佛家之辯說也慈室佛以慈悲為室慧門佛以通慧為門
龍步鸞音皆佛號也金粟珠藏皆佛號也露山甘露山佛稱揚功德金海

火光界有金海如來寶洲南無寶洲佛金界金色境界佛日月燈三萬億日月燈
明佛解脫相離相滅相如來生住於種種之地所謂解脫相離相滅相終歸於空也
珠腋金臂佛腋下生五珠又曰佛臂長過膝如金閃金精髮珠火眉佛不以惡
事加衆生故得髮金精又曰佛眉象珠火旃檀海五百旃檀海佛宴坐佛有宴坐寂然不動
琉璃咽珊瑚舌佛咽喉如琉璃筒又曰佛舌色相如珊瑚珠澤毛金花面
佛白毛眉間生美澤猶真珠也又曰佛光如金花也三皈僧有三皈謂歸依佛歸依法界皈依僧也
冥機禪心也遍扣冥機棲林藉樹言修行出家也棲林藉樹背室違家龍華佛法
所被也或蔭龍華出四門修佛有四門謂在家男女惡門人漸悅門努力門廻向門始出四門
超九劫謂修佛成度世也終超九劫飛鉢菩薩食鉢於空中自然飛來日城河娑
婆国無日月之光宝光菩薩住之日城星劫法華經曰星宿劫也鴿王菩薩為鴿王境

率天佛生於兜率天龍潜兜率亦曰兜率宮無量花宝光菩薩手中出無量花彌天
言僧行圓滿也苾芻僧也六法如說比丘成就六法能以口風吹散雪山五門禪法要遂
精鍊五門離日坐禪入定心不錯乱即離日也鵬翥鷹俊皆高僧之稱也三輩沙門
有三半禪為上輩誦經為中輩助衆為下輩四道聖僧有四道果僧菩薩僧佛應化僧聖應化僧
花氏城馬鳴比丘於花氏城中悟道入定影輕飛入定影波羅越寺也迦葉
佛窟火石山作之有五重名為波羅越青鴛寺名也須弥山下有青鴛伽藍幽果禪證也覧
物誦附果麗跋藍拘夷国寺也此寺多尼姑葱嶺以東王侯婦女居之玄鑰禪関也至乘動
玄鑰證果金河證果安禪石室乃安禪金輪法輪也雲表金輪見靈鷲即鷲
嶺也層臺聳就鷲嶺攝心攝心前礼真覚真覚惟淨土西方佛界也化為淨土
慈燈照慈燈於廣劫鹿苑鶴林皆佛寺也鹿苑可期鶴林無遠莊嚴佛像之光彩也

卓氏藻林巻之七　釋類　五十六

青蓮佛所寶化也寶火於青蓮又佛經曰若有人聞是品能隨喜讚善者是人口中常出青蓮香
苦海言世人所居也易苦海於耳露〔藝文〕慧雨即法雨也慧雨方霊禪板禪板獨春
青蓮花佛圖澄以鉢盛水須臾鉢中生青蓮花青玉鉢銀鉢水晶鉢佛鉢
在乾陀越国青王也又陶黄送臨邑五花熟所獻銀鉢一口水晶鉢一口佛律佛鉢在大月氏国二
名佛律毗波梨樹名佛在此樹下坐金樹銀花銀樹金花七宝国王供佛
花也三苦五毒佛言三苦恒追隨五毒自燒七淨八禪佛言琴君超七淨梵住踰
八禪正趣歸依正趣果上果帰依天中天遵佛教也五道縛四生寃佛言塵世
之果也俱消五道縛共蕩四生寃三循祛愛馬六念靜心猿佛言除慾果也
八解心七花意佛言英邁入解心高超七花意又曰七花屏塵想八解濯芳襟四辯
三空佛言方知惡四辯多用語三空相輪浮圖上輪也金軀佛身也多宝玩金軀八

倒六塵佛言庶幾六法八倒冀此遺六塵大車道寶船津佛教良恩大車道方穎宇
船津八水三明佛教也入水潤焦牙三明啓群自意樹心蓮佛言意樹發空花心
蓮吐軽薩名香佈爍之香也名香曉芬郁鷲嶽香城佛國地名放光閣鷲嶽金牒秘香城
慧業冀隱慧業至寂真實佛教也若人聞至寂寄說表真實瑠璃水法水也王
樹琉璃水珊瑚地佛寺也紫杜珊瑚地神幢佛幡也神幢明月慧海佛教也慧海度
慈航慈航同上塵根世界也塵根夕未洗真符佛教之妙也端冀乃貝符言象佛教
也來現絕言象靈知妙色佛教也靈知雖隱顯妙色定無粘豁悟契佛教也即超悟豁
悟非無漸因戒習障佛言塵累也因戒遂輪飄習障從塵染大覚佛道也大覚拯蒼民
智津佛教也分流合智津梵塵梅梁落梵塵真源佛教之源也降道訪真源談空
說法也談空四泉滴法海六塵清法海仙梵仙梵入伊笙即誦經聲也銀沙城佛沙

卓氏藻林巻之七　釋類　五十七

城還接銀沙城七燈佛燈也輪断七燈暉龍橋佛橋也龍橋丹柱偃兎苑王城佛寺
也兎苑移飛蓋王城列珖贊業雲慧日佛言業雲結影慧日潜暉大乘小乘佛道
也弘慈具縛俱入大乘又曰小乘開治道七辯佛教也七辯懸流金雲銀草佛言日映
金雲風擢銀草液水蓬山佛地也液水穿流蓬山寫狀祇園佛地理憖祇園戒品
佛教也丕符戒品福田佛言善因也熏修福由心樹因芽佛教若生心樹願結因芽
天女花即天花也佛說法天女散宝花花臺佛座也宝燈夜開影遍花臺化城佛寺
也即化人城又云俄祝化城虛香城也佛寺組鉢組鉢生花入青樓而吐耀金林金林
照來出菩薩殿而相輝蓮河終度蓮河處未冠之寺羅衛佛国城也始遊羅衛便居堅固之林
閻浮佛法滿應閻浮須弥山有閻浮樹月邇樹影入月中玉池金葉佛教也塵洗玉池神
聞金葉月面佛面似月光也月面從容空中生樹火内披蓮佛教也空中生

尉豈只糶思水納五淨長如五淨永蠲三十空花象火龍佛像也披蓮衣爲多有故云如花瓣良象若火發龍法相亦佛像也雲聚雪蕊月貌金容俱佛像也寶相佛像也宇相外宜圓光佛光也光照耀妙覺謂佛法也歸識妙覺上玄佛妙道也標志曠劫佛言曠世也上玄曠劫方傳蹈火吞鈎佛言喻人蹈於情慾也初捐蹈火早去吝鈎辯才得佛道者辯才可四人龍僧象佛也是日人龍龍亦日僧象慧舟慈航也慧舟法陳早擅人龍愛河慾網佛言善度愛河能裏慾網辯河辭峯佛說法也辨河流水辭峯積石歸真息假佛言女也謂假托於世緣城慾海因緣之城皆慾之海也緣城虛假慾海漂深慧駕慧駕馳騁意業心香佛言總業室度心香天琴紺馬佛言天琴夜下紺馬朝翔言日紺馬佛所乘也清梵清梵夜聞傳百常之蓮花洞佛居處也蓮花之洞照耀增輝多寶塔地涌神奇昔成多寶之塔寶塹佛寺塹也

寶塹三重映瑞園而淨影瑞園佛園見上金池金池無底通寶塹之側七寶蓮花即佛舍蓮花也慧雲法雨慧雲匪由法雨起乎齡右悲心真諦佛至教也真諦假長三明四果佛教也明徘徊惆悵三千四果龍城鴈塔龍城悅飾鴈塔藏珍日宇月宮此佛寺也日宇奪暉月宮掩麗名象佛法也言窮名象五明內典佛書也五住四生佛言也五住次起四生無際生修佛教也悟彼生修定水佛水也定水環須彌之山智炬佛燈也智炬燃金則之際六和佛教也敬表六和現沙門之進止鵠林鴿影佛道也千疊火燈鵠林変景色四禪災起鴿影傳輝百億閻浮三千日月百億閻浮塵沙算而不盡三千日月世界數而無邊等覺佛乘佛至道也歸依等覺迴向佛乘七華妙覺三空勝地佛法妙處也靈城假色空衣滅影佛道成就者也化城火宅佛言也無色之外古爲化城非想之中猶爲火宅四大風三

災火佛喻情欲也天宮寶座猶傾四大之風魔殿崔巍終懼三災之火緣障業塵佛言人生之累也緣障未開業塵猶擁轉金輪策紺馬佛喻帝王革命弥出治也轉金輪於忍土策紺馬於閻浮經藏佛經也研精經藏法寶佛法也探求法寶燈王即佛也獅子之座高廣於燈王法筵所法之筵衆多於方丈三慧佛教也宣揚三慧祇鷲祇園鷲嶺也形在江湖心超祇鷲明真佛法也明真照假諦詮佛妙道也明二諦何詮寶業佛教也神功宰業既被無邊常樂言佛道修成也始自苦空終於常樂方便門真實相佛教也開方便門示真實相微妙臺智慧殿此言佛道之至妙也上微妙之臺升智慧之殿篋蛇藤鼠佛喻利欲之相攻也篋蛇未詳昔有人行曠野爲象所逐入一井藤井中有四毒蛇欲螫其身欲上樹有二鼠咬之此人不勝苦惱篋蛇爭赴二鼠无息也又曰篋蛇未斷藤鼠左緣六龍二鼠佛言私欲相攻害也輕捨六龍驚微祛二鼠感又曰六龍既驚彰二鼠復馳光

甘露室甘露津佛度人妙法也置甘露室道彩甘露津醫王藥樹佛喻度人之法也如彼醫王芊之藥樹寶化佛教也自妙法東法宇化西漸慧覺歸仰慧覺勝因謂修行之業也勝因長久慧因佛法也克紹慧因百億須彌三十世界百億須彌滿月面青蓮眸釋迦佛相也滿月爲面青蓮在眸玉蓮水開銀花樹落弥蛇佛像貌也花龕佛所處也永被常留花龕天界佛天也天界飾其四園毒龍佛喻慾心也毒龍之父競起旃檀佛國香木也林是旃檀更無雜樹有白旃檀以之塗身能消除一切熱惱檀林即旃檀林也僧林曰檀林支提佛寺也即支彌招提咸傾宇飾用構支提祇苑寺也寺同祇光菴林菴園皆佛寺也陳其七寶樹似菴林又曰柰園菴園重成七寶林即菴林也玉鏡金輪言佛法之妙也運光玉鏡道茂金輪優曇佛花也自優曇發華而金姿誕應娑羅佛樹也娑羅變葉而塔像代興梵王帝釋佛祖父也梵王四鶴徘徊而不帝

釋千馬嘶鬧而忘歸陽燧曨朝青蓮開夜佛家早暮之光明亦喻真覺也開燧取火
之具青螺髻佛頂頂也螺髻蓮燈也蛍髻金寶声聞■觀靈境佛地也鷲光城佛
城也披彼此髮塔喜園塔下有舍利子故云髮塔岳靈境田城国
城建斯福舍流名不上耆山
鷲苑佛地也耆山鷲苑希迹人中莊嚴妙土吉祥福地皆佛寺也慧燭
喻佛法也翔覺水佛水也覺水之寒神龕佛宇也
慧燭於昏衢覺水源於法雲之落例神龕神倉地
歸般若妙源無生真諦言佛法之妙也妙源無生之真諦亦般若菩提
李佛成道也菩提證其后業因果因緣也因果其初心玉毫即佛之玉毫玉毫朗
照出天人之表三藏義隱三藏之外玉暉金銑佛喻妙道也玉暉金
書巘牛丹粟競米銑又為拙自所豈又
白金其紫銑牟大朝梵住住依禪也梵住喻入禪塵縛侶佛言世人
也從迷青蓮果禪李之緣也誓誦尋青經臺誦經臺
塵縛侶青蓮果蓮果永入梵庭期臺號香齋

草氏叢林卷之七　釋類　六十

塔影塔影園花掛累塵情埃佛言人之世務也累塵曾積
樹佛言人之積功德當如樹之漸長積樹未能芳旨佳趣也禪有鹿野鹿野
敘鹿野貞林佛林也全堅翫芳旨
之華苑貞林周之貞林菴羅佛園希菴羅之芳園鐙王佛也燈
廣鐙王麗塔謝麗塔於郊郭三世六度佛有三世六度頌偈佛語也
之贈席
癸散花流香即天花天香也散花罪䃮流香飛越曠劫微言像法遺旨頌偈清
諸佛書之語也析曠劫之微言說像法之遺旨善趣清暢皆禪李也啓善趣
北机唐詩忍殿即佛殿也忍殿韓崖獅座即佛座也銀古龕古龕手層
幡鐙夕透心猿怖鴿佛語心猿夕去怖鴿時來吾生津梁佛喻人入道之處
加外来之放蓮座佛座也蓮座神容香界佛境也香界萦北渚寶忠
謂吾生之津梁
禪心也雲
從此思飛有漏軀無生觀試將有漏軀聊作無生觀三隱三隱釋事懷

輪王即佛也輪王族梵帝亦佛也起梵帝家忍草靈花佛家之花草也嚴行
躊忍草夜誦得靈花梵筵聖即梵筵光梵音梵音松門聽金跡佛跡太士
佛稱也大士生天竺毒龍狂象皆佛家所有事毒龍降者積所
食也出於香積之天恒沙佛教所施即世界淨業禪學也淨業
香積之天恒沙也遍諸法於恒沙淨業初中
海佛法也覺海破舟船梵輪佛鏡也花梵輪前鉢衣佛衣也鉢衣千古佛香象水
浮香象戒定慧解禪學也戒定慧解非四人朝梵夜禪朝梵林夜禪山
翡翠煙翡翠香煙合琉璃地琉璃地開黄金地白玉田皆佛
聞道黄金地仍開白玉田蓮花法藏悟花法藏心貝葉經貝葉經文
書功德水佛有八功德水願承法界佛法所施之地
功德水從此灑塵纓法界書法界而虚空
湧塔湧塔危中見金仙子佛也西方金仙子誰乃無明樓真也樓禪三空

草氏叢林卷之七　釋類　六十一

禪學祥河惠白皆佛法所施也祥河
也惠白聽覺潮惠白較重輪龍宫佛寺也
為旗禪榜彫談妙辯皆佛論也彫談與奇辯激玄津玄津佛法之妙
三車佛有羊車鹿車牛車也有時與我論三車恒河佛常對此河說法
沙復沙又云佛大地佛言世界也大地了鏡徹輪風佛言
謂不生不滅空香空香迷落花近金
世界轉旋迷明界沙界豁迷明坐覺諸天
寄輪風覺路覺路上見寶筏佛有寶筏以渡迷川
用黄金為繩以界覺路上見
人道金繩闢鳥聚龍參鳥聚疑聞法龍參若護禪振錫振錫遠孤峯小劫
佛喻世人迷悟之境紺殿寺也紺殿横江上香閣
迷悟之境
佛謂之劫道謂之塵儒謂之世也一生度小劫
謂之世也天樂龍堂佛堂也龍堂若可憩金刹搖金刹影水火珠佛珠也
也天樂
流香閣龍堂佛堂也
珠謂世人迷惑之蝍也王三夫佛有三十三天謂徹天禹餘天太
光迷方毫如可見於此照迷方

赤天也三人天接書梁金僊佛讃也經演金僊朗悟參禪也朗悟前後際佛言精字精卽
舍也真僧閑精字香雲花雨背佛家有香雲徧山起花雨從天來寂照佛經云淨極光以
通達寂照澄現此身因得通寂照浮雲身佛經云是身如浮雲須臾變滅布金佛以黃金
布於祇園求地以建叢林又長者自布金又布地有黃金大地白月喩佛性之圓明也太虛性本
玷翳白月當空虛禪龕佛所坐也禪龕只容一身如金篦經九看明達性本去
眼朦相似蕪漫喩入性地荒穢也蕪漫少耘鉏蘭若寺也松林蘭若秋風晚飛錫遊
行僧爲飛錫飛錫去年爲邑子掛錫稱安住僧爲掛錫妙香菩薩各坐香樹閒斯妙香卽獲
三昧也清聞妙香梵放佛事至梵唄必唱而誦之寺外可聞也梵放時出寺水晶域清淨
境土也心在水晶域醍醐佛經言聞正法如食醍醐醍醐養性也此直喩佛之正法也醍醐然謂其能長
發火獻花僧有戒行嚴紫者天遣如花來獻花獻花何曰許門徒世尊佛也世尊多塵埃檀

釋氏源林卷之七　釋類　六十二

施佛書信施檀越卽齋主也出家檀施開多羅樹佛家有此樹也蓮花臺卽佛座也
共命佛書有共命鳥二首一身卽迦陵頻伽鳥也蓮花交響共命鳥金榜寺額也榜雙廻三金
足鳥老宿僧之年高者謂之老宿也龍蛇窟佛塔之道屈曲也仰望龍蛇窟不住天
佛家有不住天謂天運無常以成四時也虛空不住天傳燈佛家以燈喩法能破暗也六祖相謂
傳一法故云傳燈無白日佛日佛以大悲滅一切闇昧老夫貪佛日不住心佛書有不住相
故取於無所住而生其心之義也回有不住心真如禪理也真如會法堂白牛車禪家有大
白牛以駕車喩大乘也白牛車遠近給孤園佛書有給孤園乃佛說法處又有給孤長者隨喜給
孤園諸天佛書有諸天皆言勝樂事也諸天合在藤蘿外金銀寺佛書有金界銀世界故
云金銀佛寺開逃禪言逃去而禪坐平鄭中併了愛逃禪業白卽白業也佛書以美業爲白惡
業爲黑業自出否塗禪寂性靜也身猶縛禪寂祇樹園卽給孤園也摩尼珠佛珠

也以喩法性圓明清淨不染纖汙塵垢也唯有摩尼珠可照濁水源青蓮界佛寺地也雙峯
寺名在曹溪身許雙峯寺真詮佛法也袁傳向真詮虎頭佛繼摩寶相也金粟影佛影
也佛有金粟如來虎頭金粟影塔廟梵言塔華言廟也龍宮塔廟深法侶僧稱也法侶欣相逢
白雲居青蓮宇昔佛寺也閑道白雲居窮處青蓮宇白法玄言昔禪李也白法
調狂象玄言問老龍化塔化塔屹中起化塔凌空虛又香樹寺中樹也林端陛香樹花
龕花龕瀑布側龍象侶僧流也龍象侶剛星龕星龕奕奕翠微邊禪林禪林
又臥虎溪水真乘佛妙法也夜聞藏坐聽真乘來平声蓮花偈卽佛語也禪扃禪
象馬開禪入定出定又定幾時還出定不知巢燕汚袈裟水月心禪心也水月心
方寂雲霞思禪思也雲霞思獨玄龍藏寺也碧海開龍藏空王佛傳心印故曰空王
清淨空王人王塔河界人王塔峰臺佛誦經臺也坐峰臺寶鐸佛寺殿角

釋氏源林卷之七　釋類　六十三

風鈴也寶鐸含風仙輪梵輪也仙輪日已紅趺坐僧家有趺坐嫩草承趺坐金仙佛也
投余金仙道又清淨理常願奉金仙幽梵幽梵花臺靜香林禪林也日暮香林下茶
煙僧令煮茶也客至茶煙起塵外契友僧也願爲塵外契杯渡錫飛皆高僧事海闊
杯還渡雲邊錫更飛馴鴿禪衣汚馴鴿鐘梵鐘梵聽蕭蕭鳳刹寺宇也鳳刹侵雲表
香龕鐵圍覺花齋花步展迎僧臘僧家紀歲以臘故云僧臘階前樹支
遁曇摩俱高僧名支遁愛山情漫曇摩泛海路空長色相禪心片石孤峯窺色相清
池皓月照禪心塔院塔院空松柏風閒色界佛寺也夜宿諸天色界中禪扉夜扣禪扉
謁遠公梵經梵經初向竺僧求千花塔千花成塔聚寒山蕭寺梁武帝造寺名
日蕭寺又云梁武帝建佛寺命蕭子雲大書蕭字故云蕭寺欄基對夕陰甘露卽甘露僧家妙供也
真味雜飾露不住子卽僧也精盧不住子無生鄉佛境也自有無生鄉真宇佛寺

也遮山畫刹佛寺也起石上禪即石上三生語法主
起眞宇晝書刹微也慈問石上禪
佛也駕象折蘆面壁俱達摩事蓮宮佛寺也夜蓮池西方淨土
法主歸龍賞蓮宮
境空界香風空界龍燈佛燈也龍燈月照空中曇花雲生紫氣淨因
即淨業也年來百事皆韻府覺空有覺無空是亢夫
無結帷與湯師結淨因法有空無覺是三
乘法空人空法亦六通佛法也神五通佛六通五通
法空佛語也不及六通無出無生詩云幸
遊六三宗佛書謂眼宗五宗宗傳燈錄有臨濟宗潙仰
通耳宗心宗也宗曹洞宗雲門宗法眼
宗是爲南北宗六祖得法住曹溪神秀居荊州號南北宗定慧宗達摩
五宗也五祖法居
立六宗有相宗無相宗定慧晨雞暮鐘僧問佛法大意祖曰擾擾
宗戒行宗無礙宗寂靜宗
忽忽晨瓔珞幢維摩起七寶塔以離垢幢有一菩薩
雞暮鐘瓔珞幢供養之名離垢幢
三支支譏受業於支亮支亮須彌大山也華嚴經譬
受業於支識皆高僧也如日出閻浮提光

直氏寶林卷之七　釋類　卆四

照一切須彌中優婆夷梵語優婆塞優婆夷此在家二衆也茶毘僧家圓寂以火焚曰茶毘
毘尼僧律也佛氏以修多羅爲經毘尼爲律迦維天竺迦維羅衛國天地之中也息慈
僧落髮後稱息慈謂安身在慈悲之地也甘露門佛言願開甘露門濟度群品也佛機諸
佛之機也第一機佛有第一機三衣僧家有三衣曰僧伽梨曰欝多羅曰安陀會香
積廚佛家之厨也野狐禪大智禪師一老人聽法曰曾住此山有人問大修行底人還落
因果也對曰不落因果墮在野狐身上闍黎也僧家伽黎梵化也僧迦黎衣也
招提招提菩薩皆古佛號故寺亦號招提三菩提阿耨多羅三藐三菩提是無上眞性也
須菩提稱長老也西來意僧問如何是祖師西來意答云庭前柏子樹出傳燈錄虎
溪在廬山惠遠法師所居送客過虎溪號陸修靜陶元亮相語道合不覺過溪曹溪六祖演法
處在廣州般若臺寺在廬山上人內有德智外有勝行在乎人之上曰上人蓋高僧之流也

三身六祖曰三身者清淨法身汝之性也圓滿十身
根身汝之智也千百億化身汝之行也
自身衆生身國土身業報身聲聞身
圓覺菩薩智法虛空等身爲十身丈六身西天有佛其形長丈
六尺而妄身妄身四大名離今者野狐身即野狐禪毒塵毒塵抖擻
黃金也妄身當在何處
謂擺脫世沾泥絮禪心已作沾泥絮不逐東風上下狂正因佛祖不立文字以心
傳心是也梵語
謂正因幻塵幻心滅故幻塵亦滅法塵有言之句盡偈法之塵埃慈雲慈心如雲
如彼大雲四恩佛謂父母師長國王與施主也曼陀羅佛說法時天雨曼陀羅花
法蔭世界補處生位也將來佛青螺髻佛頂髻如青螺毘耶
禪那即靜慮也禪那之宗要毘耶城
佛城名爾時毘耶城中有長者名維摩詰法華佛經名又山名也爲佛
中有長者名維摩詰大撰地得青蓮童子黎奢
也寶坊給孤長者以黃金布地故寺曰寶坊鴈堂佛堂也佛堂形如鴈字唐詩
云青雲大安和尚曰今變作个露地白牛
起鴈堂露地白牛牛常在目前又有靈山白牛白鼉

直氏寶林卷之七　釋類　卆五

曇釋迦名也毳衲毳衣禪衲三生有一省郎遊寺愛至曲右下
矣第一生玄宗時劍南安撫官第二生憲宗時西蜀
書記第三生即今生也省郎怳然方悟謂三生爲世
人白馬經漢明帝時摩騰竺法蘭以白馬
也馱經至東土中國佛經始于此無盡燈如
一燈爲始然百千燈也叢林僧聚處曰叢林雙林傳大士捨宅於松下
去來今無起無滅無去來今謂過去未來見在也優曇如是妙法諸佛說
耳又曰佛出世如優曇花之如優曇花時現
難如優曇花也苔龍木象苔龍珠龍僧坐慈悲女菩薩問維
摩居士父母妻子眷屬是誰答曰知度爲母
方便爲父法喜爲妻慈悲爲女善心爲男也香室僧
所在淨土佛地名淨土常清淨三藐
藐三菩提龍象人達摩傳曰波羅提法中龍象謂水行龍力
菩提一切離也性也阿耨多羅三藐音妙謂無上眞
方丈室唐王玄策使西域有維摩居士石室以手板量之得十笏故名曰方丈室金地僧郎

宇也　菩提樹　五祖云身是菩提樹　明鏡臺　五祖云心如明鏡臺　七寶盖　佛盖也　三昧　道之貞一歸之致一釋之三昧又佛法妙處也恒在三昧　到彼岸　梵云波羅蜜多也謂佛地之彼岸　選佛場　江西馬太師出世此處選佛場也　法座　正座也　獅子座　佛卽座也　談柄　支郎法師每談經論執松枝以為談柄又曰青松柄　秘密藏　諸菩薩聞秘密藏　正法眼藏　真實正法佛以無上微妙秘密圓明法眼藏付迦葉　碧雲語　禪談也吟聯碧雲語手把青松柄孟郊詩　五性　謂暴淫奢酷賊也上元夫人謂帝曰舍爾五性返諸善柔　緣覺　因聲教而悟者曰聲聞因聞教而悟者曰緣覺　雲門雲竇　皆禪宗也　空覺　有覺無空卽成凡夫人見是凡夫法有空無覺卽成我見是三乘法　五覺　有衆生覺聲聞覺菩薩覺緣覺佛覺也　三波羅蜜　能言到彼處也一布施二持戒三忍辱四精進五禪定六智慧此謂六波羅蜜　金剛窟　夢遊五臺山金剛窟　龍鉢　於龍藏　衣鉢　佛法相傳謂之衣鉢　香鉢　香積如來以衆香鉢

盛飯　優鉢　本優曇花鉢也　禪窟　東寺如惠禪師號禪窟　卓錫　舒州潛山麓最勝誌公與白鶴道人欲之同謀於梁武帝帝俾各以物誌其地者得之已而鶴先飛去至麓將止忽聞空中飛錫聲誌公之錫亦卓於山麓遂各以所識築室焉又寶積寺無水師卓錫於地泉湧數尺　法食　佛家午時飯為法食　貝葉　佛經多以貝葉書之　精廬　卽精舍佛寺也　五陰　卽五蘊謂色陰受陰想陰行陰識陰也　法供　佛諸供養中法供養最重　龍刹　卽佛寺也　容宇　寺也容宇清幽　紺宮　寺也寶紺交映無愧紺之宮　鐵城　寺也鐵城曉鐘

藻林卷之七終

卓氏藻林卷之八

武林卓明卿澂甫編輯
吳郡王世懋敬美校正

鳥類

【詩經】關關雎鳩　雎鳩水鳥關關雎雄相應之和聲也　黃鳥　卽黃鸝也　喈喈　鳥之和聲遠聞也　泄泄　雉飛之緩也泄泄其羽　睍睆　黃鳥清和圓轉之聲睍睆黃鳥　燕燕　鳦也曰燕燕者重言之也燕燕于飛　喈喈　膠膠　皆雞鳴也　交交　飛而往來之貌交交黃鳥　晨風　鸇鳥也鴥彼晨風　遵渚　遵陸　遵循也鴻之飛遵渚遵陸　嚶鳴　鳥聲嚶其鳴矣　嚶嚶　鳥聲之和也鳥鳴嚶嚶　桑扈　竊脂也青觜鳥交交桑扈　鳧鷖　鳧水鳥如鴨者鷖鷗也　翽翽　音諱鳳飛羽聲也翽翽其羽　雝雝喈喈　鳳皇鳴之和也　振振鷺　振振群飛貌振振鷺于飛

【書經】孳尾　乳化曰孳交接曰尾堯典鳥獸孳尾仲春之候　希革　毛希而革易也鳥獸希革仲夏　毛毨　毛落更生潤澤鮮好仲秋之候　氄毛　耎毳細溫仲冬之候

【爾雅】鶌鳩　鶻鵃　似山鵲小而多聲也音忽紆骨嘲　鳲鳩　鴶鵴　卽布穀之鳥也　鵧鷑　小黑鳥鳥自呼　舒鴈　卽鵞也　鵱鷜　野鵞也　鶬麋　卽鶬鴰鳥也　舒鳧　卽鶩也　雝渠　鶺鴒也飛則鳴行則尾搖　鵯鶋　雅鳥也小而多群腹下白卽鸒斯也　鷽鳩　卽鳴鳩也　爰居　海鳥大如馬駒　鳻鶞　春鳸也　竊玄　夏鳸也　竊藍　秋鳸也　竊黃　冬鳸也　竊脂　桑鳸也　竊丹　棘鳸也　唶唶　竹鳸也　嘖嘖　宵鳸也自鳻鶞至此皆鳸也各因毛色音聲以為名　鵖鴔　戴勝也音必溺　澤虞　洄澤鳥也似水鴞常在澤中見人輒鳴喚不去有象主守之官故呼為護田鳥　鶿鷧　卽鸕鶿也嘴曲如鉤性食魚鷧音意　鵽鳩寇雉　鵽大如鴿似雌雉鼠腳無後指岐尾群飛出北方沙漠中　老鵵　木兔也似鴟鵂而小夜飛食雞鵵音

兎山烏似小烏赤嘴穴乳出西方仙鼠蝙蝠也灰白色大如鴉名仙鼠服翼即蝙蝠也白鷹似鷹而尾上白蟁母似烏而大鳴如鴿俗說此鳥常吐蚊故名之蟁音文商庚即鶬鶊黃鸎也楚雀即倉庚之名也鷴鷳似鳥蒼白色春鉏即白鷺也鷂雉青質五色鸐雉即鸐雉也長尾走而且鳴海雉如雉而色黑在海中山上鵌鼵鳥鼠同穴其鳥爲鵌其鼠爲鼵在隴西同穴入山中音徒突莊子天閼言鵬飛背負青天而莫之天閼者以無障礙也圖南鵬自北海而謀南徙也蜩鸒蜩蟬鸒學飛之小鳩也鵬將圖南蜩與鸒鳩共笑之絕雲氣負青天鵬摶扶搖而上九萬里絕雲氣負青天垂天雲鵬翼若垂天之雲斥鴳斥澤之鷃小鳥也翱翔蓬蒿之間亦笑鵬之圖南也鷇音鷇鳥之初出卵者也鷇之爲音未有所知列子鳥舞瓠巴鼓琴而鳥舞魚躍漚鳥鷗也雛鷇即破卵初生之鳥也楚辭鷙鳥鷹鷙悍鷙之類鸞皇鸞鳳之佐也皇雌鳳也鸞皇爲余先戒蒼鳥鷹也

繁鳥萃棘墓門有棘衆鳥止之詠無人也鳥飛返故鄉思舊巢也軒翥翥舉也鸞鳥軒翥而翔飛啁哳鳥聲繁細也鶤雞啁哳而悲鳴茇茇飛揚之貌左朱雀之茇茇鶤鴻群晨晨且鳴也縹縹輕舉飛貌鳳縹縹其高逝孔鳳孔孔雀也玄鶴俊鳥也鸞鳳之類軒軒鳥飛之貌甄甄小鳥飛貌翠翹翠翡翠也翹鳥尾長毛也漢傳嬰羽易巽封爲雞羽虫也威鳳鳳之文彩似有威儀者也神爵即瑞雀也殊翁即鴻鳶也文采之殊異也社鷢小鳥也巢居鳥鵲之類也能知風穴處蟻也能知雨由久處巢穴習性所知也巢居知風寒穴處識陰雨言物類亦有靈性飛肉鳥之所以能飛翔者以羽翮扇揚之故也羽翮飛肉諸史仁鳥鸞鳳也夫鸞鶴遭皆言則仁鳥增逝文選條枝鳥條枝國名所出鳥卵如甕大也飛羽鳥類白鷺黃鵠鵁鸛鶬鴰鵜鶂皆水鳥名雲集霧散狀禽鳥之多貌騫翥鳳飛翔貌鷫鷞鴐鵝鴻鶤皆水鳥之大者

奮隼隼小鷹也歸鳧奮隼歸鳧剛蟲鷹隼類剛蟲搏擊冬候也鳴鳶鴟類其飛戾天之畫之旗以揚威遊鶻高翬鶻翬皆鳥名遊亦高飛也迅羽鷹也青骹鷹名青骹鷙於韝下弋高鴻挂白鶴聯飛龍弋射也挂聯皆羅也飛龍鳥名此言繒繳之事鶗鴄音匹吞鳥名也鴨鷗秋栖鶻鵰鳥似山鵲鶻鵰春鳴鳩類鷹鶚鷙鳥也逢秋則其勢獨橫鸝黃即黃鸝也鵜鶘水鳥名晨鳧鳧常以晨飛故云晨鳧又云秦之良馬名候鴈鴈候時之南北故云候鴈木落南翔氷泮北徂言鴈候時而南北也呼吭言鴈舉首呼其音聲也呼吭清渠雲飛水宿言鴈飛於雲而宿於水也言鳥即鷊鴂鸜鴿屬杜宇子規鳥也蜀帝所化鳥生杜宇之魄鵾雞屬玉鸐鵠鷺鴻皆水鳥之名也鶢鶋避風鶢鶋海鳥也避風於魯門鸂鶒鸕鷀鶄鸛鶖鶬鷗鷁鷉皆水鳥也彫啄蔓藻刷盪漪瀾彫啄鳥食貌刷盪整毛羽也蔓藻海藻之屬漪

瀾大波也湛淡鳥迅疾貌湛淡羽儀鸑鷟鵷鶵皆鳳之別名也鵠鷺鴻鴇鵝鶂䴈鶬鸕皆水鳥名鵜大如鴿群飛出北方沙漠孔翠孔雀翡翠也孔翠群翔蟜蛺即山雞也蟜蛺山栖鴻儔鶴侶鴻鶴皆群飛故有儔侶也鸞鷟南方五色鳥也輕禽即飛禽也渚禽水鳥也渚禽鷺鵁鶄小水鳥也精衛鳥名也常取西山木石以填東海精衛銜石而遇繳鎩翼鳥也北山以其翮殺孔鸞孔雀鸞鳥也唼喋鳥食物貌唼喋菁藻交精旋目皆鳥名也沈浮汎濫皆水鳥浮游貌游梟惡鳥也射游梟鷖鳥九疑山有五色采鳥名曰翳鳥音弓焦朋狀似鳳西方之鳥也山鷟雉鷩雉鷩雉雛於基陂言荒廢也踉蹡雉行貌綺翼繡頸衮背皆言雉之文也原禽雉性不處下濕故曰原禽澹淡鳥浮水貌隨流澹淡翽翽鸞飛貌翽翔之翽翽一本音離褷淋滲羽毛初生貌鳧雛離褷鶵子淋滲王雎即鳴鳩也皬皬音鶴鳥潔白貌

白鳥鸛雉　奇鶬鳥名也有九頭奇鶬九頭　晨鵠天雞皆鳥名也晨鵠猶晨鳧天雞毛羽五
色天雞弄和風一名莎雞　翔戾羽鳥飛動尾翅貌　離鴻失群之鴻也離鴻之晨吟　聽皐禽
鶴也聆皐禽之夕聞　仙禽鶴也偉胎化之仙禽　翻翰鶴翔飛貌　寒雞　早晨雞寒則早
鳴古云寒雞半夜啼是也　霜鴈遶漠鴈背沙漠之寒以就温暖　連軒　鳳蹌　宛轉
龍躍言鶴舞貌　驚身蓬集　矯翅雪飛言鶴之飛轉折如蓬之集如雪之飛也
颯沓鳥群飛貌　逸翮後塵　翱翥先路言鶴飛之疾塵反居後在路之先也翱翥
亦高飛貌　疊霜毛　弄影　振玉羽　臨霞言鶴也霜毛玉羽言其潔白也疊霜毛而
弄影振玉羽而臨霞　隴鴈隴山名也隴鴈少飛　思歸即子規也　思婦思婦鳥名昔有思婦登此
山絕望愁怨而死以爲名　赴曲鳥之哀鳴有同歌曲故言赴曲　雝雌無匹四鳥也雝雌恋舊侶
愁鴟　寒兔茅棟愁鴟平岡走寒兔　思鳥相思之鳥也嬰久思鳥吟　長離靈鳥名即

鳳也以喻君子婉婉長離　鎩翮音殺鳥飛殘羽也鎩翮周數仞　田鶴　沙鵠田鶴遠相叫沙
鵠忽爭飛　詠時禽禽声應時候而変故云耳悲詠時禽　振六翮鳥羽之飛者高舉振六翮
喻人登顯仕也　懷春鳥懷春謂盛春而思儔侶也上有時栖鳥懷春向我鳴又云復值懷春鳥枝
間弄好音　刷羽言鳥整刷羽毛也刷羽汎清源　求涼　違寒皆言鴈也春則向北以求涼冬
則向南以違寒求涼弱水湄違寒長沙渚弱水在北方長沙在南方　揭鳴揭雞栖也揭鳴謂雞鳴也
暮生括揭鳴括至也　鶡鴠音曷旦鳥似雞冬無毛晝夜鳴　翕翼謂鳥斂翼而不飛也　歸昌
鳳鳴之音也　驚翰鳥驚翰起　歸翮鳥倦飛而知還之意　雲巢高巢鳥也　驚禽之鳥
驚擾者也聞弦則易落驚禽易落　翔驟鳥獸也翔驟之所往還　奇幹善芳周成王時
有貢奇幹善芳者頭若雄雞佩之令人心不昧奇幹亦北狄善芳鳥名不昧不忘也　鵔羽鳥也即黃
乱婁声於鵔羽　鳴鳥其聲皆有曲度又鶴名善鳴鳥　帝江天山

之神鳥名曰帝江識歌舞之妙靡於帝江　〔初學〕雲鳳翼靈鳳於蒼梧　石鷰零陵山有石鷰
遇雨則飛雨止復化爲石又爲人實石燕　玄鳥燕也又云鶴也　倉庚即黃鸝也　玄乙鷰名
戴勝促織鵖之鳥三月戴勝降于桑　陽鳥　時鳥　陽禽　候禽皆春鳥也　桑鳸
即戴勝也　麥雉暮春之月宿水盈野野雉群雄　陽鴻悲陽鴻之赴朔　反舌即百舌也小暑
至則無声敵曰反舌　驚心鳥林有驚心鳥　警露鶴鶴之性極警至八月白露降則鳴
離禽離禽嬰嬰以晨鳴　寒禽冬鳥也　霜鶴冬詩曰恥負霜鶴　鷗彩鷗鳥之彩
色也　馴鷗馴鷗皆可狎　六像九苞鳳有六像九苞一曰頭像天二曰目像日三曰背像
月四曰翼像風五曰足像地六曰尾像緯九苞者一曰口包命二曰心合度三曰耳聽達四曰舌詘伸五
曰彩色光六曰冠矩州七曰距銳鈎八曰音激揚九曰腹文戸　雲儀雲鳳雲儀　撫　玉音神鸞
垂玉音　靈質言鳳也鳳賦曰靈質翔其高舉　五靈鳳有五德是曰五靈　金衣菊裳

言鶴也黃鶴歌曰金爲衣兮菊爲裳一曰黃鶴也其歌詞有曰誇金衣與菊裳　翔紫蓋　養青
田　戲之田　飲瑤池　翔金穴皆言鶴也衡山有三峯一名紫蓋一名澄天一名明
永時有白鶴迴翔其上永嘉有沐溪野去青田九里此中常有白鶴年年生子長大便去又舞鶴賦曰朝
戲於芝田夕飲乎瑤池又茅盈留句曲山父老歌曰白鶴翔金穴何時復來還　素羽玄睛言亦
鶴也素羽皓然又曰鶴之上相露眼玄睛　素鳥鶴屬也皓麗之素鳥　燭夜雞一名燭夜
五德雞有五德平頭戴冠者文也足搏距武也敵在前敢鬪者勇也見食相呼者仁也守夜不失時
者乃信也　芥羽雞也赤曰芥羽　花冠雞冠四開如蓮花狀　翠冠玄羽言雞也雞讚曰
翠冠縞首又雞冠賦曰玄羽黜而金距曜　金骹鐵距言雞也雞有金骹又翹之種又范尋以鐵
爲雞假距與諸將博錢　飛海外　鳴雲中洞冥記曰有遠飛雞夕則依人曉則飛於海外
南越志曰威平有巨穴重陰四晦則雞鳴雲中　鶡鴠白頭鳥也　孝鳥即慈烏反哺者　日禽

陽烏鳥也麗城烏麗城烏之所棲息處也凌晨麗城去又朝飛集麗城雅烏即楚烏也
小而腹白非反哺者亦曰楚烏鸒烏即白項群飛者倉鴰音何鴈之別名嬉玄渚濯
清泉言鴈也鴈賦曰進凌乎太清退嬉乎玄渚又曰上揮翮於丹霄下濯足於清泉晨翳鳥晨
也惜晨翳之徒喧迎秋背春鴈也鴈賦曰迎素秋而南遊背青春而北息也出高柳
度景山鴈門山鴈出其門在高柳又景山沮水所出也又名鴈浮山高三十餘里鴈北歸備經其
上因曰鴈浮山藝文田鵠即鶡雞也春三月鳴晝夜不止當麥熟鳴乃止陽鳥隨陽之鳥
鴈也陽鳥攸居陽燕陽燕南征陰鴈陰鴈北征戒露即警露也鳴鶴戒鶴至八月白露
降即高鳴相儆鵬鷃鳥之大小不倫者也晨鵾鵾雞晨鳴惆悵晨鵾鴻鸞孔鵠四鳥
也鴻鸞孔鵠哀求和鳴迎雨燕風隨迎雨燕伺潮雞鼓逐伺潮雞出塞禽
秋鴈也離離出塞禽旅浴禽坐對愁憂草池鶩旅浴禽交鶯交鶯聲詩曰交交黃鳥交鶯交

陽旭乙飛乙燕也乙飛上危巢青扈桑扈鳥也飛不礙言竹也黃口小鳥口黃也黃口得
相窺言竹也失林鳥可念無端失林鳥此夜遶風何處歸六翮鳥有六翮披六翮之勝翮
驚雌鳥也特驚復欽翼四首望驚雌雷門鼓鶴聲也昔有雙鶴入會稽雷門鼓中于是鼓鳴
寄語雷門鼓無復一雙飛又孤鳴清淚出雷門華蟲雉也春翬夏翟言雉也隨時而異名
二月春翬動又夏翟秋飛慧鳥即鸊鵜也石鴈南康平始縣有覆笥山上有湖湖中有石鴈每
至秋來即飛鳴知候時也姬壟雉也姬壟或斜飛又曰姬壟有春翬玉雞即山雞也一名石雞
晨鳴山嶺爽鳩鷹也周禮爽鳩氏司寇也愁胡鷹狀似胡人之愁者昆丘神雀西王
母仙之次藥也離黃即倉庚也吟即蠶生鸝鶹黃鳥也名不一或謂黃栗留一名黃鶯一名倉庚
一名商庚一名楚雀一名黧黃青田鶴青田之鶴晝夜俱飛逸羽疾飛鳥也之飛翼
蝙蝠別名六朝遊禽飛鳥也遊禽莫知返嗷嘈百舌鳥聲也嗷嘈繞樹上離雉鴈行

也雛離鴈度云松風翼翼鳥也庭舞松風翼感孀眠言鶴聲哀也夕唳感孀眠酸嘶
鴈聲之悲也君不見孤鴈關外發酸嘶度楊起寒鶴寒鶴羈雌飛且止征禽鴈也征禽之顏
駛翼芝由鶴來自芝由遠飛度武溪深候潮雞雞候潮而鳴枝低且候潮承露南越
獻長鳴承露雞薊茂還承露天駒澤虞秋鷺寒鵝脩鵠短鳧皆水鳥也
見沈約郊居賦風胎雨鷇言禽獸於風中孕胎雨中生雛也翋猎鳥初飛貌時嚶
時嚶起雅樂金馬碧雞皆生蜀地朔禽鴈也朔禽避寒騰翰鳥也覩騰翰之頡頏
輕鴻輕鴻戲江潭巢幕燕也巢幕無又燕巢于幕鸛鶓鸛鶓在幽草行鴈
行音杭鴈飛且鳴澤雉澤雉窮野草謂五色潤色之雉也喻文士文鶯文鶯春也喙息
言禽類氣喙息也唐詩金燕金燕銜泥試學飛吮紅藻翻碧蓮刷霧
露棲雲煙此皆言水鳥游戲之宜也乘駭浪漾澄瀾言鳧鳥也逸翰迅翮

也運逸翰以傍擊謂鵬也玄鳳青鸞也趾蒼梧之玄鳳燕鴻燕鴻始入昊雲飛別鴈
別鴈宿秋菰神鵶迎棹舞神鵶秦吉了即結遼鳥能言勝於鸚鵡布穀鳴鳩也布
穀處士催春耕禿鶖水鳥也眼徹深淵前飛香鶖後鴻鴈蒼鷹即鷹也蒼鷹飢著人鳥情
山光見鳥情又鳥情來往似留人風翮風翮九霄鵬麝香小鳥也麝香眠石竹塌翼
鳥羽委敗也林下有塌翼愁鷺近水鷺愁鷺狎鷗晴沙起狎鷗歸翼歸飛之鳥也歸
翼欲高飛俊鶻俊鶻無聲過風鴛風鴛藏近渚朱鳳山巔朱鳳声嗷嗷晨鷟
善惡異種也出六合鳥鷟分金眸玉爪言鷹也金眸玉爪不凡材喚起鳥名晨鳴之鳥
也喚起搔頭急江鸛江鸛巧當幽徑路南鴈相憶無南鴈鵯鵊催明之鳥也鵯鵊催
明星跕鳶炎海毒氣薰蒸飛鳶跕跕墮水中馬援事天炎畏跕鳶燕鴈忽聞燕鴈一聲去
洄河鵜鶘也江中洄河赫飛燕談雞宋處宗與牕雞曉談牕中云談雞長夜何時旦越雞

夢斷越鷄晨 宮鶯 宮鶯乍囀嬌 雀乳 雀交也雀乳青苔井 胡鷹 胡鷹南翔 鳧鶴
雀 洞中有鶴雀棲鶴雀今無野雀過 賀燕 新第成有賀燕來玳梁衆鄰賀燕 沙鷗 萬里沙鷗
弄夕陽又江湖浪迹一沙鷗 雲皐鶴 歲暮雲皐鶴周天更一鳴 〔韻府〕冥鴻 鴻飛冥冥
弋人何慕焉揚子 賓鴻 月令鴻鴈來賓 伏雌 母雞也 芻尼 野鵲子也如來在雪山修
道芻尼巢於頂上 金衣 黃鶯號也 倦歸 郎林鴿也 舒鳥 鳧也形似 鷛渠 鳥名似鳧
卽今水雞也 提扶 鳳鳴止曰提扶 鴈奴 鴈之成雙者宿居中令孤單為奴守圍而警捕者
飛奴 鴿也 阿蘇 鷄鳩名 檣烏 檣上刻為烏形也 屋烏 愛其人者及其屋上之烏
城烏 城上有烏齊師其遁又蓋言獨眠枕下淚託道單棲城上烏 九烏 羿射日中九烏皆死
郎都 鳳飛曰郎都 卑棲 鳴鳳卑棲 無 恬翼 恬安也木有恬翼 白鳳膏 漢武
帝得丹豹之髓白鳳之膏照於神壇大風不滅 寒皐 鶬鴰別名 規燕 鳥也 雲倡 獨鶴叱雲

倡 搏黍 鳥名 春黍 卽黃頭鳥 黍黍也 伊威 九扈 九扈氏為農正又九扈農桑九
候鳥也 丹鳥 熒火也有翼者為鳥 鳩婦 鳩鳴喚婦也 漢燕 越燕 胡燕 燕濕
為巢聲多稍小者漢燕紫胸聲輕小者越燕胸斑黑聲大者為胡燕 鵬運 大鵬海運則將徙於南溟
白燕 陳馬樞隱茅山有白燕雙巢庭樹時至几案春來秋去二十年 乾鵲 乾鵲知來而不知往
知來歲多風則巢於下枝而不知童子探其卵 雕陵 莊周遊乎雕陵之樊睹異鵲執彈而留之
蟬方得美蔭而忘其身螳螂執翳而搏之見得而忘其形異鵲從而利之見利而忘其真莊周捐彈而走
千歲鶴 千歲鶴棲於偃蓋松 弔鶴 陶侃丁母憂在墓下忽有客弔儀服鮮異禮畢遣人尋之
但見白鶴飛翔而去 六月息 大鵬以六月息言鵬之往來必歇住半年方可動也 旅鴈 旅猶
客也旅鴈逸霜雲 鷇卵 鳥子初生也 逸禽 謂高飛之鳥也落雲間之逸禽

鳥類終

獸類

〔易經〕翰如 馬行如飛翰之疾也賁六四曰白馬翰如 〔詩經〕虺隤 馬罷病也 四牡
駕車之四馬也 駟介 駟馬而被甲者駟介旁旁 碩鼠 碩大也 駟驖孔阜 駟驖四馬
皆黑色如鐵也孔甚阜肥大也 獫歇驕 皆田犬名長喙曰獫短喙曰歇驕也載獫歇驕 有狐
綏綏 綏綏獨行求配之貌 有驈有皇有驪有黃 驈音聿驪馬白跨曰驈黃白曰皇
純黑曰驪黃騂曰黃 有騅有駓有騂有騏 馬蒼白雜毛曰騅黃白雜毛曰駓赤黃曰
騂青黑曰騏騅駓音佳丕 有驒有駱有駵有雒 青驪黑驎曰驒白馬黑鬛曰駱赤身
黑鬛曰駵黑身白鬛曰雒驒音駝駵音留 有駰有騢有驔有魚 馬陰白雜毛曰駰彤
白雜毛曰騢豪骭曰驔二目白曰魚騢音遐驔音覃 騏馵 騏文騏也馵馬左足白也 騏駵騧
驪赤馬黑鬛曰駵黃馬黑喙曰騧 馬驪黑色馬騏駵是中騧驪是驂 俴駟 四馬皆以淺薄之金為甲

欲其輕便而易於旋習也俴駟孔群 乘黃 四馬也何以贈之路車乘黃又云神馬也 騑騑 行
不止之貌四牡騑騑 嘽嘽駱馬 嘽嘽衆盛之貌白馬黑鬛曰駱 麌麌 麀鹿麌麌言衆多也
騤騤 強貌四牡騤騤 儦儦俟俟 趣則儦儦行則俟俟言獸類之多也 躍躍毚兔
躍躍跳疾貌毚狡也 甡甡 音莘衆多並行之貌甡甡其鹿 呦呦 聲之和也呦呦鹿鳴食野之苹
〔列子〕亶爰獸 亶爰之山有獸如貍名曰類自為牝牡自生也 〔楚辭〕啾啾 小聲猿也
啾啾兮又夜鳴 驕驁 馬行縱恣也遠逝以驕驁 驂 邊馬 邊旁也謂兩驂也 信信 大開
口爭吠之聲信大信信而迎吠 駑駘 庸馬也策駑駘而取路踰疎賢才而親不肖也 踔跳 馬踶
也見執轡者非其人故踶跳而遠去 封狐 大狐也封狐千里 青驪結駟 四純黑為驪結連
也四馬為駟 左驂右騑 蒼龍蚴虯於左驂白虎騷環而右騑 嶔崟峨峨 獸之頭角
高貌 猣猣 獸毛潤貌 飛駏 駏驢也奮飛駏以承轂輪 獄獄 相隨貌狐貍今又云長角

貌黃鹿獄獄【漢書】先景先景之乘言馬行疾常在影前也攙龍攙駒也郎攙龍也
驤首蛟龍驤首奮翼輕足好犬也騊駼野馬也出於北海中龍秋秋秋飛貌言駕馬
騰驤秋秋然也傳馬驛馬也龍媒天馬徠龍之媒言天馬者乃神龍之類今天馬已來此龍
必至之效也籋雲籋古攝字也天馬籋浮雲羅騎從車馬羅騎齧厀良馬低頭口至厀故
曰齧厀駕騖齧厀梟鏡梟鴟梟食母破鏡獸名食父黃帝欲絕其類故使百祠皆用之祀秋秋
馬行騰驤之貌【諸史】六馬天子五輅駕六馬策肥肥肥馬也乘堅策肥鈎駒四天馬子
駕驌馬其色皆同也橐駞肉鞍中奇獸名卽駱駝也背上有肉似橐力能負重故名橐駞驅良
良良馬也乘堅驅良不知貴也鎧馬帶甲馬也【文選】九眞麟大宛馬二國所出
良馬名也黃支犀其國所出犀力能負重也毛郡獸類猨狖卽獼猴也猨狖失木窮
虎狂兕窮虎奔突狂兕觸蹶猛噬猛噬之獸師豹熊螭犀犛象羆皆猛

大之獸也騃騃群獸行騃騃之貌瞿瞿獸走貌韓盧犬名韓盧蛇於織末赤象大象
也鼻赤象謂鼻辛之也巨狿大獸狒猥獫狻獸名皆猛獑猢獑猢類陸梁
陸獸陸梁言猖獗也韡韡下番之貌象韡韡玄豻馬高七尺曰豻方玄豻之奕奕蒲梢
汗血之馬也承華之蒲梢沛艾馬疾行貌猨父猨也猨父哀吟狖鼯狖猿類飛鼠
鉤爪鋸牙言猛獸爪如鉤戟牙如鋸也駭雞犀牛腯膚言膚體肥腯也凡鳥獸皆
至秋而肥腯也蒼龍馬高八尺曰龍乘鑾輅而駕蒼龍飛兔駿馬名日行三萬里赤靈
卽赤龍也豰玃猱狿皆猿猴屬騰猨飛鼯鼯飛鼠也鹿超龍驤言馬行之
速也馬鹿超而龍驤駟飛龍駕飛龍之逸馬穴宅獸處土穴如宅梟羊麡狼猰
貐貙象於菟犀兕皆猛獸也梟羊一名狒狒如人面長脣黑身有毛反踵見人則笑麡
狼大如麋角向前貐狀如貙龍首食人貙虎屬也
或曰能化為人象生九眞日南山中大者牙長一丈

犬於菟虎名也犀狀如水牛頭似豬四足類象一角當額性好食棘口中灑血兕野牛也驫音彪
衆馬走貌飍矞音休聿衆馬驚走貌虥虪音寒叔虥白虎虪黑虎也封豨大豬也
飛生鼺也麈麖皆大鹿也麈麖神螭猛獸也猩猩言獸性好酒醉則不能
行乃啼為人所擒也猩猩啼而就擒萬萬獸名食人者見人則執手而笑乃食之人因以筒致臂而
與之則執筒而笑笑則脣上掩其目人因
抽臂綴其脣於額而殺之萬萬笑而被格狼跋狼狽郎狼
猏豵獸子也一歲曰豵三歲曰猏猏三歲曰豵也麛鷇音須濡麛鹿鷇雛子也夔似牛無角海中獸也
足入海則風發防夔於鮫人駔駿馬肥壯貌又云良馬也駔祖朗切蒼螭素虬皆馬
也駟蒼螭今六素虬蠖略蕤綏皆龍行貌亦指馬凡駟駕稱龍者皆馬也玄豹卽黑豹也
騰遠射干皆猴類善緣木蝯蜒大獸似貍長百尋貙犴皆猛獸名也貙似貍而大
行胡地野犬也駉駁四駉養也駁獸馬名駉駁之駟蛩蛩距虛二獸名見人將來必負蟨

以走遺風千里馬也游騏天上獸也射游騏貙貘犛沈牛麈麖窮
奇象犀皆南方獸名犛似牛領有肉堆旄牛也犀狀如牛而四節毛也貘白豹也犛牛黑色出西
南徼外沈牛水牛也能沈水中麈似鹿尾麖窮
大旁奇狀如牛而蝟毛音如嘷狗食人者麒麟角端
驒騱駃騠驢騾皆北方獸名麒似麟而無角驢騾似貊角在鼻上驒騱野馬屬也駃騠生
三日而超其母飛遽天上神獸也卽鹿頭龍身
爭山精也蝦蛤獸名鑿齒人者鑿
齒之徒貪暴白虎馬名也白虎狐兔狐兔窟於殿
殘忍之人也傍見荒蕪也麏麚
階閑麏麚言宮室荒蕪也伏虎伏虎野鼠城狐官闕荒蕪之也
蛩蛩距虛皆獸吐舌貌玄熊也有此物一也狴伏
狻猊狴伏蚺蜒蚺蜒以斷斷齗齗齒露貌狴伏
之蹲蹲狋狋獸音狋猊皆猛獸怒貌見騶虞白虎黑文也天子
踞也狋狋獸怒貌見騶虞有仁德之及則遠
方殊命而獻敦圉虎怒貌白虎青牛也帝耕籍
之騶虞承獻敦圉敦圉于昆崙怒特田取用之怒特

服紫駻馬　水獸也牛尾白身育　氷兕　水獸也形似牛
纁軀騂馬　角騂馬騰波以噓潔　出而有声吼如
雷則波浪起水　迅雄　雄抗也　迅雄　孤玃　玃似獼猴
兕雷咆乎陽侯　臨虛以騁　玃登危而擁
容之　驀犃子牛之也　渠黃　八駿之一也　驤首蹀足　言馬舉首疾行也　蹻迅
馬之奔　來鏡協月　神馬之相也　夔騹　超攄驅鶩　皆馬之疾
迅疾貌　來鏡兩顴協月
行貌　超攄絶夫塵轍　玄蹄雷散素支氷裂　玄蹄素支
驅鶩迅於滅沒者也　皆射帖名
雷散氷裂皆中裂之聲馬既良射者亦　紫燕綠地纖
中故云經玄蹄而雷散歷素支而氷裂
驪秀騏　皆駿馬名　騈衡衛轂　馬駕車也　睨影鳴　馬有視影高鳴者良馬也　睨視
也　飛黃　伏如狐乘之者壽三千歲飛黃服皁　月駟　四月精為馬　雲蠲　亦良馬名
揚鑣飛沫　鑣馬勒旁鐵也揚動馬口之沫也　踰埃赴轍　言良馬走騰越於塵
埃之前以赴車轍也　逸足　逸疾也　良　搶捍凌越　皆馬之疾足也　純犧
駿逸足　色純

犧牲　秣駟　四飼司秣駟馬乎芝田　饑鼯夜啼　鼯飛鼠也翔荒皁意　飛燕　良馬名飛
燕　逐遏馬　遏塞胡馬也遏馬有歸心　咆虎　咆號鳴也咆虎嚮家山　雲騎　言騎多如
雲也　廣途　亂漢南　絶景　良馬名使客於絶景　驅虛　獸名善走亦踰良馬　逐馬　善馳逐善走
馬也　雲龍飛駟　四駟疾如雲龍也駕雲龍之飛駟　天驥　天馬也天驥之騏　若滅　良馬
之行疾若滅也　稟氣靈淵受精皎月　言天驥也天淵注也月精為馬　蚪蹦
螭騰麟超龍驤　螭騰如麟超如　皆狀良馬疾行之貌　電飛雷駭　亦狀良馬之疾行也　陸毛
獸　龍驤　馬八尺以上為龍驤　流星　神駿名也　沃若　良馬行貌　蘭筋　馬之筋節剛勁
也　千里　鳴騶　騶馬也使者乘鳴騶於上路　素毳　白虎也為瑞物　龍文　魚目汗血
者之足也
之馬也　龍總駟　四謂聚其四馬將駕而行也　追風　良馬名也　齧膝　乘旦　皆良
文飾鑾
馬　麟　獱　獱大齧人　胡馬也　駝馬
名　肉角也　狙獷　乃惡犬也　駝馬不敢南牧　初學　綘

騶　御史大夫所乘　絳騶清路　縞駰　送葬駕馬也縞駰結行轍　仙驥　必者所乘也隨仙驥遠
遊聖歸和扶幼養綏　騏驎牡鳴曰遊聖牝鳴曰歸和夏鳴曰扶幼秋鳴曰養綏　五
蹄　騏驎也一角五蹄　九逸　文帝自代還有良馬九匹一名浮雲
一名赤電一名絶群一名逸驃一名
紫燕騮一名綠螭驄一名龍子一名
麟駒一名絶塵號為九逸　九龍　騰黃　神馬也亦曰飛黃又乘黃
三鬉五鶩　皆劣馬也　青龍　神馬名也青龍之足追電之乘　追風逐電　白兎
躡影飛翮銅爵晨鳧　秦始皇七名馬號也　如龍　言馬也車如流水馬如龍　歎
玉流珠　言良馬也穆天子東遊於黃澤宿於曲洛曰黃之野其馬歎沙皇人威儀黃之澤其馬歎
王皇人壽　又乘輿而賦
曰揮沐成霧流汗如珠　河精　神馬若河之精也　八龍　即穆王八駿也
絶地翻羽奔宵越影踰輝超光騰霧挾翼　穆天子八駿之名也
丹縞朱駁　言馬色也　騏駿龍消　騏駿逸駕龍消典馬之官也　養安　文角花

蹄　言年也牛賦曰乃有超群獨出騂毛文　髯貓主簿
角又元封三年太秦獻花蹄牛高六尺　皆良大
羊之備也
別名　叅電　名叅軍　烏龍青鵲白雀飛龍虎子　之別名
求友鳴麑　鹿也楚辭曰鹿鳴求其友　短　赤兎　瑞獸也王者盛
德則至又云歌曰呦呦游鹿銜草鳴麑
布馬名曰赤兎　紫　呂紫　狐名也古先之淫婦也其名為紫化而為狐故其性多淫稱
曰阿紫也　金鼠　南康山有石室號曰金室內有金鼠　藝文　合窳　剡山有獸名曰合窳見則
天下大水　晨駘　晨鶏曉吟則百領齊應　蹀躞　驪馬蹄馳逐貌　又蹀躞浮雲驄　青驪
鑣鞬馬也　欸段　瘦馬也馬少逸謂援曰士生一世但乘下澤車御款段馬使鄉里称為善人斯
可矣　霜猿　猿慘也猿於霜天噢獨哀霜猿行獨聞　玄駁　駕玄駁之駿馬　飛菟　良馬也
於樹稍　咸騤　天馬　漢武得太宛馬名曰天馬　六騶　天子駕六馬也謂
駿於飛菟　群駁籠
鄭為乘馬　的顱　良馬名劉備嘗乘之以脱檀溪之難　六朋之馬晉魏
御六騶　弭塵曳練　駿馬奔馳勢也

爲黎桐之弭塵狀呉門之曳練 緒汗朱沫 駿馬行則汗飛緒沫流朱 權奇 良馬名也漢時樂府偏愛權奇 郭椒丁櫟 善牛名也馬稱騂騮騂騮牛譬郭椒丁櫟 〔六朝〕青絲騎 青絲係馬尾也不見青絲騎 金絡騎 貴者所乘也行驅金絡騎 雲驄 驄馬如雲也飛轡櫟雲 驥踢石 天馬蹄踢石有跡言其蹄堅也踢石汗血馬 四介 戰馬也駟介飛重美 烏桓騎 校尉烏桓騎 天飛 驥名也抱天飛之神號 六麋 簡不必麗於六麋 九虎 雷無驚於九虎 騕騎 神馬也騕騎而挾窮奇 〔唐詩〕紫燕黃牛 紫燕馬名黃牛車也爭騁紫燕黃牛度 鐵騎 甲馬也鐵騎繞龍城 鐵連錢 馬色斑駁也驄馬鐵連錢 浮雲騎 玉劍浮雲騎 寶馬 以金珠飾馬具也妖童寶馬鐵連錢 桃花 馬名也桃花斷別路文桃花別路長 走練 呉楚走練言馬走如匹練也 白蹀血 即汗血馬也蹀謂履陟也 飛猱彫虎 手接飛猱搏彫虎 碧玉蹄 馬蹄也翻碧玉蹄 嗔猿 狷思一夜嗔猿啼 雲驁 良馬雲飛也伏

千氏漢韻卷之八　獸類　十四

旗雲馬生光彩 追風驃 駿馬也須公驃櫪上追風驃 垂猿 猿垂條於千仞云掉經垂猿把故 水馬 生水中善行如馬亦謂之海馬鴈兒爭水馬 野騎 春遊停野騎 窮猿 騁猿號夜雨 錦騄 騄駬子也一日錦騄鞍帕也清旭散錦騄 駹馬 駹馬由來擁國門 霜蹄 霜蹄千里 金騕褭 駿馬也細馬時鳴金騕褭 鐵驄 金鞭指鐵驄 朱蹄 以朱飾馬蹄也駿 珠汗 馬流汗如珠馬驕珠汗落 歷塊過都 指駿馬也過都越風騣若歷塊歷塊過都見曹 龍文虎脊 驊騮駿驥龍文虎脊入之有文采也龍文虎脊皆吾馭 玉花驄 明皇駿馬名天馬玉花驄 拳毛騧 太宗所乘之駿馬也 渥洼種 神馬也君看渥洼種態與駑駘異 鳳臆龍鬐 良馬之相也鳳臆龍鬐未易識 龍種 天馬徠龍種也聞說真龍種 玉腕騮 良馬也向書玉腕騮 竹批 驥馬耳似竹批也竹批双耳峻 汗血駒 天馬之馬種也喻人之賢才 驤首 騏驥逢伯樂之知驤首長鳴老驥伏櫪首驤峯也 噴玉驄 千里無爛端噴玉

驄 白鼻騧 駿馬也銀鞍白鼻騧 楚猿 愁深楚猿夜 金埒馬 草迎金埒馬 五花驄 御史驄馬也當年好躍五花驄 清猿 清猿深入楚人哀 驚鳧翔鷺矯鳳迴鸞 狀良馬行勢也驚鳧翔鷺不堪儔矯鳳迴鸞那足擬 〔韻府〕奔虹 唐良馬有流雲騁奔虹赤虹 青鳥驄 日步千里 玉面驄 唐明皇六馬奏塵圖最愛玉面花驄 游龍 馬如游龍 駏蛩 北方二獸名又有獸名蟨得其草必齧以遺二獸二獸見人來負蟨以走蟨假足於二獸 蛩 尨 犬之多毛者曰尨靈尨或夜吠 雞斯 名馬也 驤蝸 大曰驤蟡 伊尼 名鹿 介麋 介大也 童麋 童麋觸犀 九尾狐 青丘之山狐生九尾 狸奴 猫也 月題 馬額當顱如月形者 江豚 江中獸也出入水上舟人候之以占風雨 奔霄 穆王八駿馬名夜行萬里 流金騧 回紇良馬名也 錦斑騂 駿馬也 錦障泥 良馬排徊不肯渡似惜錦障泥 九花虬 唐賜郭子儀九花虬馬 驚蹇 驚蹇之乘不騁千里之途 猿獨 有獸名獨似猿而大

千氏漢韻卷之八　獸類　十五

猿性群獨性特猿鳴三獨鳴一 星鹿 漢明帝時七星鹿出江陵兩角間有道家七星 夜鳴鹿 玄都觀老鹿將有客來則夜鳴道士候之 照夜白 明皇馬名 驌霜白 回紇馬名 龍騎 馬八尺以上爲龍細草藉龍騎 玉虬 六玉虬謂駕六馬以玉飾其鑣勒也

魚類

詩經魴魚赬尾魴尾本白而今赤則勞亦甚矣鱣鮪發發發發盛貌魴鱮大魚也唯唯魚行出入之貌其魚唯唯鰷鱨鰋鯉皆祭享宗廟之魚也左傳昭光衛成公得寶龜名曰昭光莊子魚樂儵魚出游從容是魚樂也鯢鮒小魚也灌瀆守鯢鮒其於得大魚難矣列子大壑雖雖其名曰大壑黿鼉之類巨鰲戴瀛山者使巨鰲十五舉首而戴之楚辭蜿蜿龍飛騰貌虯龍無角者曰虯龍玄螭蟲象螭龍類象罔象皆海中神物也蟉虯龍蛇盤曲貌躍躍龍行貌左蟉蚴虯龍騰迴貌吞舟大魚也尋常之汙瀆豈容吞舟之魚應龍有翼曰應龍禹治水有應龍以尾畫地水泉即通也燭龍西北無日之國有龍銜燭而照之漢書震鱗易震卦為龍鱗蟲之長也靈蠵大龜也鼉獺水蟲害魚者也鱣鯨皆大魚長數里横江河之鱣鯨穴處群巢類吞鳥王

文甲玳瑁也文選窺淵魚窺淵而沉黿鼉巨鼈鱣鯉鱮鮦鮪鯢鱨魦皆鱗介之屬也魴鯉鰋鮋皆魚名也水族魚類蜃蛤蚌蠣之屬蜿蜿蝹蝹龍之行貌海鱗變而成龍蜿蜿蝹蝹白黿玄獺言其色也鱣鮪鱒魴鰤鯉鱸魚名也蜀地之躍濤戲瀨言魚之游戲也潛虯虯龍子下高鵠出驪龍龍名也龍蟠必在深淵故潛蚪驪馬曰玉淵者驪龍之所蟠也長鯨脩鯢長鯨吞航脩鯢吐浪鮫鯔鯔屬鮀王鮪鯸鮐鯽龜鱕鯖皆魚屬也烏賊即墨魚名又名海蟙劍蟹屬蟹一大一小鼊鼉鼉屬文采鯖鱷悪魚也螺蛸食虎鹿其齒嶮隅音嚴容魚在水中其利群然出口貌陵鯉其魚有四足狀如獺甚好食蟻陵鯉名也性若獸即川山甲也鸚龜鳴鼈潛龍伏蟒皆水蟲名也蟒鳴蛇四翼音如磬見則其邑大旱鱓鱣鯛鰅鱅皆魚名也鮫䱐水獸惡物巨蚌巨蚌即蚌屬也含珠

鮫鰕大鰕也鰕委蛇鮮魚小魚比目王餘比目魚也不比不行雙行者為比目隻行者為王餘半身魚也俗傳越王食鱠不盡弃之江因成其半面兩魪即比目魚也兩魚並合乃能游故曰兩魪乘鱟形似車輪雌常負雄漁者取之必得其雙故曰乘鱟徵鯨大魚者莫若鯨故曰徵鯨徵音徵強大多力也鰝鰕大魚也文鰩魚名似鯉常行西海而遊於東海夜飛而行文鰩夜飛而觸綸游鱗魚也四海失其游鱗神龜蛟鼉瑇瑁鼊鼅皆水中介屬也魱鰽漸離鰅鰫鱋魮禺禺魼鰨皆龍魚之名禺禺上魮比目揵鰭掉尾振鱗奮翼皆言魚龍跳躍之形勢也蚴蟉音幽樛龍迴轉之貌蜿蟺龍身迴轉之貌瀺灂鳥出沒於水之貌瀺灂驚波又云魚龍游水聲魚龍瀺灂蠖跜龍行動貌華魴素鱮華謂華鮮麗也華魴躍鱗素鱮揚鬐蛟鱣蟉虯龍盤屈貌蟠螭即蟠龍也江豚海豨江豚似猪豨豕頭魚身長九尺叔鮪王鱣江魚也叔鮪王皆言其

大也鯖鰊鰷鮋鯵鮭鯩鰱皆江魚也鯖如魚而鳥翼出入有光其鳴如鴛鴦噴浪大魚能噴浪而飛排流言大魚能排流逆上介鯨介大也介鯨乘濤以出入鯼鮆音宗魚名也䲚即石首魚也常以三月八月出故曰鯼鮆順時而往還潛鵠魚牛虎蛟鉤蛇皆水怪也潛鵠而大魚尾鳥嘴能搏人魚牛其狀如牛陵居蛇尾有翼其鳴如留虎蛟其狀魚身而蛇尾有翼其音如鴛鴦鉤蛇長數丈尾歧在水中鉤取岸人及牛馬啖之蛤蚌蚋蠙鯖鮪鼉鼉鼊鼉鼈屬蛤蚌鯖色潛於神泉之中能興雲雨蠙音頻狀如扇之圓也鮪似便面雌常負雄失雄則不能獨活蛹似蝦中食則滿人顏色鼊如圓盤口在腹下尾端有毒鼉龜形頭喙似鸚鵡鼊鼉即鼈與鼉鼉相似鸎海月土肉石華三蟓蜉江鸚螺蝏蝸璅蛣腹蟹水母目鰕並水蟲蚌蛤之屬也王珧似蚌海月大如鏡白色正圓常死海邊土肉如小兒臂有腹無口目有三十足石華附石生三蟓似蚌蛤蜉江似蟹而小有十二腳鸚螺狀如鸚鵡故名之蝏蝸小螺也璅蛣

腹中有蟹合共水母如沫生物無耳目紫蚢大貝
常以蝦隨之目蝦見人則驚此物亦隨之紫蚢也紫
蚢如洪蚪蚪似蛤大四五丈獨克璦蚌璦蚌聯曜石
渠洪蚪一車故曰洪蚪車璦蚌以瑩珠
蛣狀如龜腳得春雨則生花冬凋踞蠩水虫名也尾
故曰石蛣應節而揚葩蛣音怯踞蠩有數條左右
有脚狀如蠶踞龍鯉有角之
蠵森衰以黿翅玄蠣玄蠣俔蠣而俔俔龍鯉鯉魚也
三足鼈六眸龜鼈三足曰能吳四與陽羨山下有赬鼈
魚也狀如肺有珠池池中出之三足鼈又有六眼龜赬
鼈肺躍而吐璣音龍文魮文魮比魚也鳥首而翼魚尾音如
淵客鮫人皆水中所居者淵客築室鳴石鮫人搆館乎懸流鳴而生珠磬鳴而至璣
數千里鳴石似玉者撞之聲聞
列於陽渚驪蚪驪龍也在九重之淵游鯈游鯈之漱漱上玩
魚游靈龜負坻螭龍飛梁坻洲也伏於靈龜以負坻巨
行親螭龍之飛梁言皆使神物
為之蝼蝼蜿蜿龍蛇行見潛魚潛魚躍纖鱗小魚也纖
也清波鱗其浮沉潛

鰓小魚也潛鰓駭華鱗魚也出華鱗於紫淵之表靈蔡大龜也兆鱗翰魚鳥
稱之游沫魚也游沫言所揩華初學滯龍起滯龍於潢汙冰魚負冰謂近大雪至魚
也水蜃樓海傍有蜃吐氣似樓臺之狀鮫室於水中鮫人居蟠龍曰蟠龍未升天
五彩九色言龍也置舜前文西王母乘紫雲之輦駕九色之五彩負圖出
班龍北濱鯤北濱有魚其名為鯤其南海鯨黑河北極
龍大不知幾千里盡也鯨也其水濃
黑不流有鯤魚如玄衣龜之別名
鯨常飛往南海藝文靈蛟蛟母長丈迎駮蚌
駮蚌含璫騾腮龍河津一名龍門大魚俱集其下上者則為龍不得上者魚也故云騾腮龍門
井魚夏蟲井魚之不識巨海夏蟲之不
鰩能夜飛者見冬水人之識見淺近也六朝文魚文
魚夜過歷呉洲鱣鮋大魚如山也鱣鮋之吐食視黿梁大黿架梁也
梁之交積蛟色蛟龍氣色也蛟色之漫飛沫鳥飛魚沫也飛沫駢遊赤鯉青

鲂鱢鯈巨鱯皆魚名沈文藻戲浪沉浦流淵皆魚之遊戲也
鼓鰓魚也視鼓鰓之往還逸蚪潛逸之龍也唐詩魚鯐言魚值
也魚鯐逸蚪遽雲從夔如鱗
侵冰崖蜃氣海蜃吐氣能結如樓臺崖昏蜃氣跳刺魚跳躍貌白蜃蜃氣白故
云白蜃水靈白蜃蛟螭毒物也汗水䗢頭縮項鳊魚也䗢頭縮項鳊魚
聊靈白蜃蛟螭映繞蛟螭
龍氣龍氣掉尾發魚跳魚跳音桃船尾鼉鼉蛟蜃呂梁之水
鼉蛟蜃不敢游韻府乖龍乖龍若行雨多竄匿古木及簷楹內雷神擊之玄夫龜也
蟹奴魚婢言小蟹小魚也鯨鯢鯨鯢碧海中踈鱗魚無鱗也靜流
赤玉鱗魚也橫海鱗大魚龍涎大食國有伏龍吐涎浮水上水梭魚謂
之飛跳之似梭也河鲂詩經豈其食魚必河之魴鼉更鼉鳴如桴鼓其數應更吳越謂之鼉更
白洋白魚名也群游浮水上白小丁即鰷銀魚也射鮒谷射鮒蝦蟆也井水

麝天寶中漁人獲木麝香倍常其鱗者也矜鱗即矜竦也魚矜竦其鱗也點額登龍門不成者為點額
升虛凌虛奮翼擺翅奮羽馳風騁雨言龍既升於天則奮擺翅羽馳使風雨也

蟲類

【詩經】螽斯 蝗屬一生九十九子 薨薨 蟲群飛声 喓喓 草蟲 蟲声 趯趯 躍貌 阜螽 阜螽蠜也 蜉蝣 朝生暮死蟲也 蜎蜎 蜎蜎者蟲動貌 蠋桑蟲也 嘒嘒 蟬聲也鳴蜩嘒嘒 又蟬嘒嘒以寒吟 螟螣 蟊賊 皆害苗之蟲也 【國語】稻蟹 蟹食稻故曰稻蟹今吳稻蟹其遺種也 【爾雅】天螻 卽螻蛄也 蜋蜩 蜩也 螗蜩 俗呼胡蟬 馬蜩 蜩也最大者為馬蜩 寒蜩 似蟬而小 蜓蚞 螇螰 蜓蚞音挺木 皆蟪蛄名也 蜣蜋 黑甲蟲嗽糞土 蛣蝠 蠹蟲木中 齧桑 蟲形似天牛長角喜齧桑樹作孔入其中以藏其身 蟷蠰 螗蜋別名 蝍蛆 似蝗而大能食蛇腦 蝝 蝮蜪 蝗子未有翅者音緣福陶 蟿螽 卽蝗類也 螇蚸 飛翅作聲者為螇蚸飛蟲也 蠰谿 土螽也蠰音襄 螼蚓 卽寒蚓也 虰蛵 負勞 卽蜻蛉也虰蛵音丁馨 蛾羅 卽蚕蛾也 縊女 小黑蟲赤頭喜自經死故號曰縊女 蚍蜉 大螘也 蟰蛸 卽喜子名 蒲盧 卽小腰蠭果蠃也俗呼為蠮螉 魁陸 卽今蚶也 鼁鼀 音去秋似蝦蟆居陸地也 蠑螈 蜥蜴 蝘蜓 蟲名 音[illegible] [illegible]偶大眼最有毒 【莊子】蟪蛄 寒蟬也春生夏死夏生秋死不見四時之全故曰蟪蛄不知春秋 栩栩 蝶之飛貌栩栩然胡蝶也 井蛙 井蛙不可語於海者拘於虛也 夏蟲 夏蟲不可語於氷者篤於時也 商蚷 小蟲也商蚷馳河必不勝任矣 食醯 醯蟲名卽蠛蠓也 【列子】穉蜂 純雄其名為穉蜂細腰蜂也 焦螟 至小之蟲群飛而集於蚊睫栖息去來蚊弗之覺也 【楚辭】蝮蛇 大毒蛇蓁蓁聚貌 赤蟻若象 玄蜂若壺 赤蟻其大如象玄蜂大如壺乾瓠也皆西方曠野有之其蠆毒能殺人 王虺 毒蛇也其種獨胎生 【漢雋】昆蟲 昆衆也言衆蟲也 蟄 昆鳴 嘒嘒昆鳴言同鳴也 逢蠆 猶雜蜂也水旱餓冢蝗螟逢蠆 【文選】八蠶 蠶一歳八育鄉貢八蠶之綿出交州 昆蟲毒噬 昆蟲毒蟲毒噬咬人也 蓼蟲忘辛 食蓼草之蟲忘其辛苦味

蛭蜩 蟬也 儵蟰 狀如黃蛇魚翼出入有光儵蟰拂翼而鬐耀 神蜧 音神龗蛇也潛於神泉神蜧蝹以沈游 蝹蜦 音隕倫蛇行貌 蜻蛚 音精列秋蛩也立秋則鳴 蜻蛚鳴階下又聞蜻蛚吟於墓所 網蟲 蜘蛛也網蟲垂戶織 習習 數飛貌習習隨風翰 蝝 蝗蟲之食苗節者 【初學】方珠 方珠見月則吐津而為水方珠大蛤也中有珠 含風蟬 蕭瑟含風蟬 率然 常山之蛇名曰率然一身而有兩頭擊其一頭則一頭至擊其中則兩頭皆至 蛸絲 蛛絲也蛸絲當戶懸 青蜩 飲露青蜩應三伏之脩景 霜蛾 蛾也赴燈 螇螰 蛉蛄 蛥蚗 虭蟧 皆蟬別名齊謂之螇螰楚謂之蟪蛄秦謂之蛥蚗自西而東謂之虭蟧或謂蝭蟧又謂之蜓蚞 蛄音姑虭蟧音貂聊 飲露 聆風 言蟬也飲露而不食高潔也又曰聆高風而和鳴 齊女 蟬也昔齊王之后怨王而死故化為蟬也 嘒庭 翔水 言蟬也蟬登庭樹嘒唳而鳴又寒螿翔水各依所生寒螿蟬也 噪柳 鳴榆 言蟬也秋蟬噪柳燕辭楹又園中有榆其上有蟬高居悲鳴飲露不知螳蜋在其後 野蛾 風蝶 皆蛺蝶也一名野蛾一名風蝶 撻末 蛺蝶江東謂之撻末 鳳子 大蛺蝶名曰鳳子一名鳳車一名鬼車 暉暉 夜景 天丹 良丹 鳥 夜光 宵燭 六者皆螢火別名也 【藝文】草火 螢也草飛為火 蚊雷 蚊声合似雷 織緯 卽絡緯娘蟋蟀也織緯起秋声 嘶蟬 嘶蟬應序驚曰天寒蟬憂嘶 又 翁風 蟬也 飢餐晨風渴飲朝露 露緌 蟬頭上有緌是其文也露下綴恒濕又瑞綴把宵液 肉芝 亦瑞芝也 謂萬歳蟾蜍頭上有角領下有丹書八字 短狐 卽蜮能射人者生於南越地 【六朝】綵蟲 綵蟲繞秋壁 思蟲 相思鳴蟲也網戶思蟲吟 絡緯 促織也絡緯欲催織 螢彩 螢火也螢彩繞深飛 候蟲 蟋蟀也寒蕭條候蟲急 寒緯 寒蛩也感寒緯作 朗熠 螢火也明熠沿階流 戀花 蝶也翻階蝶戀花情 蠕動 言蟲值驚蟄則蠕動而發 【唐詩】蹀蝶 蝶蹀舞成行 蠛蠓 蚊之至微小者 科斗 蟲名卽蝦蟆子也科斗生古池 青牛 花葉上青蟲也

有兩角如蝸牛蟫花蠖青牛臥 鳴蛩 即蟬也鳴蛩隨泚梗 壁魚 蠹書中魚也即蠹魚散帙壁魚
乾 玄蟬 玄蟬不停號 蜜房 即蜂房也 暗蟲 促織也秋遇暗蟲通夕響 寒蛩 蛩也
昨夜寒蛩嘶又云蟬也烈烈寒蛩叫 〔韻府〕 活東 蝦蟆別名 射工 江南有射工蟲長一二尺
口有弩氣含沙射人影能殺人即蜮也 謝豹羞 謝豹蟲名見人以前腳反覆生有如羞狀一日
杜鵑自號謝豹 原蠶 再蚕也蚕龍爲龍精與馬同氣物不能兩大禁原蠶爲傷馬也 吳蠶 人
多蓄蚕 鳴蚓 蚯蚓江東人呼歌女亦曰鳴蚓 蟬翳 蟬有翳而不驚 海鏡 蚌屬 崖蜜
蜂於崖石上作蜜可入藥 鸞蜂碧蜜 唐德宗時吳明国貢鸞蜂蜜蜂聲如鸞鳳大者重十餘斤
其蜜碧色食之長壽 郭索 蟹名多足者太玄經 金玉蝶 唐禁中牡丹開有黃白蛺蝶萬數飛
集張網得之乃金玉蝶也

花木類

〔易經〕 麗土 麗附也百穀草木麗乎土離卦 〔詩經〕 萋萋 葉盛貌 灌木 叢生本也
樛木 木下曲曰樛木南有樛木 蓁蓁 葉美盛貌 喬木 上竦無枝曰喬南有喬木 翹翹
錯薪 翹翹木之秀起貌錯雜也 條枚 枝曰條幹曰枚伐其條枚 條肄 枝斬而復生者曰肄
伐其條肄 蔽芾 蔽芾甘棠盛貌 樸樕 小木也林有樸樕 芃芃 其麥盛貌芃芃又黍苗
美貌芃芃黍苗 猗猗 菉竹猗猗美盛貌 葭菼揭揭 葭菼蘆也揭揭長貌 離離 下垂
之貌彼黍離離彼稷之苗 緜緜葛藟 緜緜長而不絕之貌 杕杜 杕特也杜棠也有杕之杜
湑湑 其葉湑湑葉滋盛貌 菁菁 其葉菁菁葉美盛貌 苞栩 栩杼橡也苞叢生也 苞櫟
山有苞櫟 六駁 駁梓榆也隰有六駁 苞棣 棣棠棣也 牂牂 其葉牂牂楊葉盛貌 秬秠
秬黑黍也秠黑黍一稃二米也維秬維秠 穈芑 穈赤粱粟也芑白粱粟也維穈維芑 胏胏 猶

牂也 旨苕 旨美也邛有旨苕邛丘也 猗儺 枝柔順也猗儺其枝 萇楚 今羊桃也隰有萇楚
薈蔚 薈穢良草木盛多貌 苞稂 苞草叢生者稂莠屬害苗 苞蕭 蕭蒿也 苞蓍 蓍筮
草也 條桑 枝落之采其葉也 遠揚 桑枝揚起者也以伐遠揚 女桑 小桑 栗薪
栗樹也 卉木 卉草也 韡韡 光明貌棠棣之花鄂不韡韡音偉 豐草 茂草也 萑
葦 萑亦葦屬 荏染 柔貌荏染柔木 蓼蓼 長大貌蓼蓼者莪 百卉具腓 腓病也言
百草皆萎 楚楚 草木盛密貌楚楚者茨 與與翼翼 黍稷蕃盛之貌 彧彧 黍稷盛也
薿薿 亦黍稷茂盛貌 田穉 幼未也 穫穉斂穧遺秉滯穗 穧束秉把也滯
亦遺棄之意言收成之際彼有不及穫之穉禾此有不及斂之穧束彼有遺棄之禾把此有滯漏之禾穗
甚言豐年秋收之成熟也 蓬蓬 葉盛貌 桑薪 薪之善者也 幡幡 音翻盛貌幡幡瓠葉
方苞 方房也苞甲而未折也此言漬種也實方實苞 穎栗 實穎實栗 行葦 行道葦也

卓氏藻林卷之八　花木類　二十四

蓁蓁萋萋梧桐生之盛也栖苴水中浮草也來牟來小麥牟大麥
種襃發秀堅好種甲折襃漸長也發盡發也秀穟也堅實也好形味好也實種實襃實發
實秀實堅實好書經孤桐特生之桐其材中琴瑟之用嶧陽孤桐篠簜篠箭竹簜大竹
也篠簜既敷惟夭惟喬夭喬高也厥草惟夭厥木惟喬惟繇惟條繇茂盛條長也
厥草惟繇厥木惟條蕃廡蕃草廡豐茂也廡草蕃廡休徵之應左傳每每音梅也草盛貌
原田每每翳桑桑葉多陰翳處也禮記秀草秀草不實周禮九穀謂黍稷秫稻
梁林菽麻麥豆也三豐歲生九穀又九穀斯登爾雅王蔧王帚也似可以爲埽蔧江東人呼爲落帚
秧王蒭菉蓐也今呼爲脚莎蔄藋藜也皤蒿白蒿也蒿菣蒿無子者齧彫
蓬也薦黍蓬也鼠莞莞草屬纖細似鼠須鼠尾勁草也可以染皂色菥蓂菥蓂也析
音涓虎杖蒤也似紅草有子細刺可以染赤孟浪尾似茅今人以之覆屋瓠犀鳥瓠子也

茹藘茅蒐蒨草也皆可以染絳萑蓷益母草也虉綬音逆小草有雜色似虉綬荏
菽胡豆也雀麥即燕麥也牛蘄茭也蘆萉葖也菁屬紫花大根俗呼雹葖苬芝
芝也一歲三華瑞草也苬音因竹萌筍也莪蘿莪蒿也蔵莀蔡也接余莕也叢生
水中葉圓在莖端長短隨水江東人食之野营茅屬白華也白蘄即上山蘄謂薜蘄也葍
蔏音福宦大葉白花根如指正白可啖草名委萎藥草名也寒漿即酸漿草也薢茩
英光英明也草名莁荑蔱蘠白蕡也皆草名瓞瓝瓜也鳧茈生下田苗如龍
須根如指可食草名蒚蘦似蒲而細草名稀芺蘱草也布地生鈎芺似薊初生可食鴻
薈菜也赤苗赤粱粟也白苗白粱粟也蒿蕢茅也一種異花水臺女也鬼目
草名莖似葛而耳當赤色叢生如離南草名生江南高丈許葍芊草生水中茜也茼蘆
音魯狙即蘘苴草也藒車草名黃華生細葉紫莖可食蘧蔬草名生菰中可啖蘄茝香草

卓氏藻林卷之八　花木類　二十五

即蘱蘱也蒺藜布地蔓生細葉子有三角刺人草名蘮蒘音計如似芹可食子大如麥有毛著
人衣草名竊衣即蘮蒘也顛蕀細葉有刺蔓生草也芄蘭草名蔓生蔬藩草名生山
上葉如韭一名提母鹿藿今鹿豆也苻離即蒲也芙渠荷也別名芙蓉菡萏荷花
未開之名龍鼓俗呼紅草爲龍鼓蘋蕪草似芋葉可食菟葵似葵而葉小狀如藜
劉禹錫遊玄都觀日惟兔葵燕麥動搖春風耳赤莧今之赤莖莧也薔蘼門冬草也楚葵
即芹菜也藾蕭華也今之藾蒿山莓今之木莓也亦可食石衣水苔也一名石髮亦可食
蒛盆即覆盆也戎葵今蜀葵也盜庚旋覆花似菊者麻母苴麻也五葉草名
生江東五葉共叢一莖故名之商活脫即離南草也黃蒢草名葉似酸漿小而白中心黃
黃華草名葉似苜蓿蘩露草名蔠葵也菋荎藸五味也蔓生音只除藈姑音圭鉤也
二名王瓜土鹵杜蘅也似葵而香虺牀即蛇牀草也烏階即烏杷草也子連根狀如

杷齒可以染皂中馗菌地蕈也狀似蓋江東名爲土菌亦多馗廚陵苕苕也蔈茇苕也
黃華蔈白華茇一種異名山麻薜也似家麻生山中馬藍今大葉冬藍也玉女即女蘿別
名蘢葛草名細葉赤莖江東呼爲龍尾牡茅即白茅也杜榮草名似茅童粱莠草
也虃蘪音藻苺也的薂蓮實也薂音亦蔄蔞蔞蒿也可以蔞音閭葧茢也一名芸葽
繞棘蒬今遠志也又謂之小草蕭荻即蒿海藻即海蘿如亂髮馬舃即芣苢也
今蝦蟆綸組綸似綸組似組海草名采而理象之故名昆布草名其葉有象帛布故名
草是也生華蘪舌草名春生其葉似舌荼蔍芳皆芳荼之別名蘾華蘆也
山中蘼蕪似蘼而小卷施宿莽也拔心不死甘棠今之杜梨也虎櫐
木名纏蔓林樹而生葉纍纍者曰櫐魚毒下木名子炙鼠梓楸屬也江東多有之樠樠木楓
之屬香也即今寓木宛童也即寄生草一名蔦荊桃即櫻桃也壺棗棗大而銳者爲

瓠也要褭褭也細腰月守宮槐槐葉晝日聶合而夜炕布者名為守宮槐瘣木
音磈謂木病尫傴癭腫而無枝葉也苻婁即瘣木也魁瘣謂樹木叢生根枝節目皆盤結磈磊
山樆梨也檿桑山桑也材中作弓及車轅朻喬木下句曰朻上句曰喬曲也〔莊子〕
朝菌大芝也亦名日及生於土上暮生見日則死値知有朝暮而已故曰朝菌不知晦朔又云朝菌
者蓋朝花而暮落世謂之木槿冥靈木名也一千年方當一歲楚之南有冥靈者以五百歲為春五
百歲為秋大椿以八千歲為春八千歲為秋練實練實竹實也鳳非練實則不食鼃蠙衣
青苔調調刁刁樹木為風所搖動之形狀陵舄車前草也烏足草名車錢之草
也生於壤之中則實而為烏足烏足之葉化為胡蝶根化為蠐螬列子積蘇積草也其宮樹若累之積蘇焉
楚辭木蘭香木也朝搴阰之木蘭兮宿莽草名生不死為名曰宿莽夕攬洲之宿莽
零落草曰零木曰落申椒菌桂椒桂皆香木申美名菌薰也蕙茝香草也細

夫茝樹蕙百畮樹蒔也百步為畮留夷揭車杜衡芳芷皆香草名
種蒔眾香修行仁義以自潔也萎絕萎病絕落也草木黃落兮萎絕蕪穢枝葉蕪穢而不成又
田不治而多草也薜荔香草緣木而生貫薜荔之落蕊落蕊即落花也胡繩香草
扶桑木也日出其下總余轡乎扶桑若木木名也在崑崙西其花光照下地折若木以拂日兮
蕭艾賤草也以喻不肖何昔日之芳草兮今直為此蕭艾也白蘋草也秋生湖澤畔皆有之
似荷為所食也杜若香草名也生於洲上采芳洲兮杜若沅芷澧蘭皆其所出也沅有芷
兮澧有蘭石蘭亦香草也石蘭兮為芳幽篁叢竹也余處幽篁兮終不見天三秀芝草
也采三秀兮山間若華西北之國日未出時有若木之赤華照地曾枝曾重疊也曾枝剡棘
黃雚荒地澤中之所生者長楸大梓即所謂故國之喬木也望長楸而太息又文選曰古人種
楸於道故曰長楸走馬長楸間莽莽草木茂盛貌草苴枯草也草苴比而不芳誅鋤

草茅言鋤去荒穢以助苗也謂誅鋤草茅以力耕稼也搖落變衰言草木凋殘也離披
分散貌奄離披此梧楸梧楸梧桐楸梓皆美材也芳藹草茂盛貌菸邑葉菸邑傷壞也
而無色萎黃萎枯死也彷彿而萎黃櫹槮樹葉落而孤長貌旖旎花嬌盛貌紛旖
旎乎都房叢菅叢生也菅茅也西方極遠之地不生五穀其人但食此草叢菅是食屏風
水葵也其莖紫色紫莖屏風即荇菜樹輪相糾輪橫枝也糾繵蔓也茷骫音茂委枝葉盤
行也林木茷骫靃靡音隨草弱隨風之貌蘋草靃靡便娟竹長好貌便娟之修竹兮寄生乎
江潭貞枝木枝也正直之南榮南方冬溫草木常茂故曰南榮莽莽野草也蓴莽莽以呼
風蔌藟蔓衍蔓衍廣延之貌岳岳衆木之植也林楙兮岳岳滋蘭九
畹二十畝也〔漢書〕蓬蓧頭如蓬蓧草之叢生曰蓧草菅菅茅也殺人如艾草菅
菅蘙莽草深曰莽槎蘖斜斫木曰槎斫而復生曰蘖垂穎含秀垂穗曰穎

連抱言大木連抱非一人之所抱者不毛草木不生之地不毛也鮮支即今支子樹也
都荔都良薜荔皆有芬芳結縷蔓草如縷結縷之新雉香草也一說即辛夷其木枝葉皆芳
蹲鴟芋也即鷺鴟可食以充糧芋魁芋根也飯我豆食羹芋魁以芋根為羹也蓊薆蔽
貌衆樹之蓊薆葰盛葰盛蕪穢何以不鋤也窅窱窅窱入之也謂桂華宵出
之形窅專與言開許也專與萬物焉馮盛滿也花馮馮兮磑磑崇積也
窈然也不若美芳兮
磑磑〔諸史〕赤草朱草也德及草木則生朱草灌莽叢草也木叢生者曰灌草深曰莽
文選曰灌莽專而無際金雞樹唐武后時仗前有大樹赦日置金雞其杪賜號金雞樹
〔文選〕鋪蓁鋪布蓁盛貌桑薜鋪蓁靈草靈草冬榮神木神木叢生皆不死之藥也
摛錦布繡摛花葉之盛也狎獵花葉參差貌石菌神仙草也朱柯芝草也
嘉卉草也亦美樅栝椶楠梓棫楩楓皆良木名樅松葉柏身栝柏葉松身楓香

木灌叢叢盛貌葺茸卉木叢欝蓊薆薱橚爽皆專言木也一曰百藥灌叢之盛貌吐葩攝榮葩榮皆言花也葳蕤蘭薇蘞荔芃芮莝懷芊莽蓴蓬茸皆草名也彌皐被岡言草之蔓延茂盛也京薪京高也言積薪長莽長草也朱草枝葉皆赤色莖似珊瑚瑞草也槎枿斜斫曰槎斫而復生曰枿山無槎枿芝房菌蠢芝之房芝生成房也菌蠢芝之出貌帝女桑婦人主蠶因以為名上云宜山上有太桑赤理春華名曰帝女之桑檉松楔櫻梫栢杻橿楓柙櫨櫪皆木名也檉似柳而香楔櫻桃也梫似松栢有刺杻剌也柤似梨而細葉橿車材也柙香木也櫨棗櫨也櫪與櫟同結根竦本垂條嬋媛嬋媛枝葉相連引也菶茸下垂貌花葉菶菶玄雲重陰谷風生哀言林樹茂盛蔽雲合則重陰其陰風之起則增其哀也刺天言木之高盛上插於天也攢立叢駢言林木聚合也杳藹木太盛也風靡雲披

隨風而靡如雲之披皆言竹之動貌籦籠篔簹篠簜箹篨皆竹名也萑葦蒲莞荷蒲䔮葭皆水草之名蔣菰也藻茆水草也含蘂發榮華榮皆言花也芬葩花之香也冬稌夏穱稌稻穱麥也蓼蕺菜也藷蔗甘蔗也菥蓂皆菜屬櫻梅山柿侯桃梨栗榑棗若榴皆果名櫻櫻桃也梅梅也侯桃山桃也若榴石榴也櫰橙鄧橘櫰鄧皆地名蓀蕙香草晻曖木草盛密而暗暝也含葩吐芳言花草之馨香也華鄭重柜滍皐香秔華鄭皆地名也重柜黍名香秔稻名菴藹碧葉菴藹茂盛貌木蘭梫桂杞櫹椅桐櫻梼楔樅木蘭大樹也冬夏葉榮其花冬開實如柹其皮可食櫹亦大木也皆蜀地木名扇飛雲拂輕霄皆言樹之高也峻岐山峻岐和假道於峻岐峒野草昧言野外之草昧然飛於地也林麓黝儵黝儵盛貌交讓木名兩樹相對生一

樹枝則一枯一生如是更歲終不俱生綠葉蘼蕪皆香草也丹椒椒也敷蕤葳蕤敷布也葳蕤花蕊鮮好貌落英飄颻言花之飛揚也朱櫻櫻桃也朱櫻春熟素柰即白柰也素禁夏成菲薇扶疎皆枝葉茂密也攢蔣叢蒲皆聚盛也總莖蕢總叢貌蘂重疊也梔梔葉盛貌梔梔莖梔蒙籠草木茂盛貌即繁密處也毆蔓音毆槙言草木盛長而蔓延也卉木毆蔓萋萋草也即茂抗莖敷蘂擢枝抗莖而敷蘂幽茂玲瓏枝葉參差之意異萃蘆蘜言皆植木之多也夏暐冬蒨言草木夏榮而冬不彫也藿納豆蔻皆藥草也石帆水松皆海中草石帆生石上異草也杳茅食蒿皆草名紫絳草也東風出孔貢亦草也扶留長藤也緣木而生者枸櫞木名直而高也枇櫨音春盧二木名文櫟木名平仲木名實白如銀君遷木名子如瓠也古度木名不花而實相思大木名其實如珊瑚擢本本根也又云木身生

地也擢本成千歲壽言樹本根深下連於地千壽也垂蔭言樹木茂盛垂蔭萬畝之地也攢柯木聚其枝也挐莖言莖葉亂也高標鳥迴翼乎高標樹之高枝也重葩掩葉言花葉茂密也輪菌虯蟠言木形屈曲如龍之蟠也輪菌屈曲貌捕堀鱗接言花葉重疊如鱗之相次接也捕堀相重疊貌榮色雜糅榮色花之采色也雜糅繁密貌綢繆繁密貌五色曰繡言花有彩色繁密相雜如錦繡也篔簹林於桂箭射筒柚梧篔簩皆竹名也苞筍冬筍也苞謂筍皮抽節謂竹漸長成也森萃言竹清蔭之狀負霜停雪竹之堅也橚矗竹深長貌蓊茸竹葉茂盛亂密之貌蕭瑟風吹竹葉声也玉潤碧鮮言竹色如碧玉之鮮潤也梢雲言樹梢高也結根列挺挺樹梢也結根比景之陰列挺衡山之陽丹秀花也丹秀芳菲紫房果之紫者衡於木上君若房稻秀麥秀也菰穗菰米可食之穗眈眈青秘蔭深之狀節解落

也草木過冬而節能莓莓蘭盛貌蔚茇木之細枝也振芳輕葉振芳謂動其芳香也
雈蒻蕛葦之屬雈蒻森森也丹藕蓮也的皪蓮花映水貌丹藕蒙波而的皪綠芰即菱也
浸潭浮貌綠芰泛濫而浸潭音侵蔭翳繁盛貌李蔭翳蔡莽蘩莿蔡莽
毒草也鬱刺擿割人也井閭芰藉皆瑞草名玉樹青葱玉樹以珊瑚為枝碧玉為葉
漢武帝所植於井泉宮青葱玉樹色也桂椒香木也披桂椒移楊移棠棣也楊柳也披
椒而鬱移楊芎藭香草名也芭苴即芭蕉也葴菥苞荔薜莎青薠皆香草高
原所生藏莨蒹葭東蘠彫胡蓮藕菰蘆菴閭軒于皆草
卑濕處所生草名藏莨也牛馬所食蒹葭蘆也東蘠
實可食彫胡菰米也蓮藕荷之實其根曰藕菰蘆菴閭
也菴閭蒿也軒于猶草也陰林山北之林木也檗離皆山木檗皮可染者離山梨也朱楊
赤莖之楊也樝梨梬栗皆山木果名橘柚橘小皮薄柚大皮厚菁藻水草也[illegible]莎

莎草名也吐芳揚烈言花吐其香而動其華也郁郁菲菲花香美也晻曖咇
茀言花氣香盛也盧橘盧黑也盧橘夏熟黃甘橘屬橙楱楱小橘也楟柰楟山
梨也薁棣薁山李也棣似櫻桃煌煌扈扈花葉鮮明之貌沙棠櫟櫧皆木名櫧
葉冬不凋女貞木名葉不凋即冬青樹也夸條木枝布也欐佹果也木枝重累
錯交錯也樹枝相蟠纚花飛揚也落英蟠纚紛溶花葉繁大也萷蔘即蕭森字瀏
莅卉歙風吹木之聲鹵莽鹵中生草莽也鹵鹹地初莖草初生之根也初莖蔚其
曜新陳柯樹木故枝也陳柯以改舊翳薈蒙蘢草深茂貌勁松勁松彰於歲寒
挺蘧草抽莖貌青蕃水草也青蕃蔚乎翠渚荒榛深林也拔荒榛之蒙蘢樛木
長蘿葛藟飛莖攬樛木之長蘿樂葛藟之飛莖八桂森挺桂樹有八樹叢生八
桂森挺以凌霜五芝含秀芝有五色皆含秀而吐榮也五芝含秀而晨敷建木滅景

建木在廣都天帝所從上下處此木日中無影故曰滅景建木滅景於千尋琪樹璀璨玉樹
也璀璨光色耀也琪樹璀璨而垂珠落落松高貌蔭落落之長松昧莫林木暗暝之處昧莫
野之連卷夭矯樹木盤屈之貌新荑香草也列新荑於林薄澤葵莓苔也澤葵依
井叢薄草木交加曰叢薄紛其相黝糾林木相連繞之貌發秀吐榮秀榮
言花綠房蓮子也朱柅香木也阿那柔弱貌蘭蕙阿那於東西一曰竹葉動貌
草也芸若若香草也芸若充庭萬年木名即冬青樹宮殿前多植之菡萏即荷花水草名茄
藕鞶䩪音匣雲花葉比貌紅葩鞶䩪艷翕芙蕖色也菡萏艷翕纖縟紛敷花之
彩色也纖羅即女蘿也纖蘿不動青綸縟組二草名皆有彩色青綸縟組布貌
者映懸匏蔓生實皆下垂者故曰懸匏萍實大如斗赤如日甜如蜜
實時出葭蒲雲蔓雲蔓言多不常有之物也故曰萍
而漂泳而無際也揚䕨擢紫茸䕨白也紬茸狀

草花也芳蘺即江蘺香草汀葭靡靡江葭依依葭蘆也菼
擢出也也繁蔚芳蘺
亂也皆水草隨風貌菼音毯繁蔚隱藹草生盛貌涯灌潛薈涯灌
依依皆隨風貌菼音毯也潛薈水中茂盛草也凡草木
叢生曰灌涯灌芊蒨潛薈蔥蘢芊蒨蔥蘢皆草盛貌
游泳浮游於水故曰游泳以游泳翹莖草木之枝揚起者也花蒔蒔更別種也
之時猗萎草隨風貌冬索春敷夏茂秋落言四時草木之代謝也
音治榮悴言草木盛衰也搖落變衰搖落謂花葉隕落肥澤去也變衰謂草木衰變而枯
也皆言秋時之景蕭瑟兮草木搖落而變衰秋氣肅也風篁風吹篁也
草木搖落而變衰秋氣蕭瑟也風篁草
標之以枳句來巢音只鉤木之曲者多鳥巢木禾嘉穀也出崑崙發苗於木禾
翠翳也風篁成韻翠翳也
玉芝即白芝也王芝以療飢蘘荷菜名也依陰地而生蘘荷繁榮麗藻花色光也
春翹翹美也翹翹春翹而有思行楸楸墓上所植木也行楸成行者列於行楸無絕猶靡絕也

總蕪葛覃骨拱木飲魂謂草所蔓木也蔓延之草合拱之木蔓魏人戲兮異域骨有如藂飲艾魂魄於是中也
紅蘭受露蘭室秋色紅也見紅蘭之受露青楸離霜離罹也至青楸之離霜林蕭小竹也椅梧椅梓屬梧桐琴瑟中用者砂棠木名仙果
孫枝樹側生細枝也孤條篠小竹也孤者言於叢竹之間為孤篠也榛林栗林也二三管者為栗榛菅者曰榛榛林鬱盛糾枝枝曲下垂者繁華盛貌華草生貌鮮
榮言春花也藉春風令發蘚榮絳趺絳紅色趺花足也白華絳趺晨葩言朝花最鮮妍
蘼蕪音靡蕪芝之草曰蘼蕪蘼蕪致功珍木珍異之木也珍木鬱蒼蒼紫莖草木
茂盛貌遵陽卉即向陽之葵花也萋萋陽卉腓陽彩華叢皆花也繁枝收陽彩
容光鮮華奇草芝屬平蔚卒木也頃庭蕪蕪草也白叢言秋景落生庭蕪
蘭若蘭秀也枝被鮮明曰若蘭若丹荑凡草初生曰荑陵蘭擢丹荑女蘿松

也郎華榮槿花也飛榮落花也飛回芳風吹蘭氣兎絲蕣榮榮不終朝榮流餘花迴轉也回
芳薄秀木秀茂之甲枝脩條甲低脩長也甲枝拂蘭秀木木也翠蓋脩條摩蒼天
薄遠岩映蔚謂茂鬱隱映也蘭薄艾荷迭映蔚松菌貞脆松貞菌脆言殊質異
性升長木茂也易曰地中生木禾升皆升容升長也積素木葉既落霜封其枝也積素既森藹
瑤草玉芝也葱青木盛貌林木杳葱青飛藿藿豆葉也風吹飛藿秋莫貲盛竹
貌竹花何莫莫素質草木凋素之質言秋景也素質由商發梢梢樹枝動無梢梢葉之貌
枝嘉樹林樹林上有嘉勁樹林素葉落葉也素葉頓風起鎖落樹凋落也樹凋鎖落麻
忘歸草即萱也以忘憂故曰忘歸安得忘歸草言樹背與襟桑梓故里桑梓之樹華顛樹顛
梢也芳樹發華顛時苗時苗桃李繁英英瑟花也繁英英落萎葉枯葉也萎葉愛
樂榮條茂林餘也剪棘剪荊棘開采荗采荗葺昔字飛英直生枝也飛英

秀奮喬喬高也田田蓮葉田田貌時菊時菊秋華耀綠繁繁蒿也綠繁被廣隰容孚
竹也笑去声息陰倚窗笑松門松樹夾生若門謂名窗葉入松門又鳴鳳條翔鳳之條梧桐
也假翼鳴鳳條焜黃焜音混言秋葉黃色也焜黃華葉衰華丹丹花也崖被華丹高發藻
開花也發藻玉臺下隨氣草言草色隨氣序而生望而感懷也自感隨氣草故因幽蘭生蘭
於幽幽也幽蘭盈空谷長秀謂草木長茂者長秀被高岑轉蓬言蓬草隨風而轉故曰轉蓬轉
蓬鮮綠滋滋潤也秋本根草含綠滋芳蕤蕤草木花也芳蕤豈再馥纖枯纖細也枯槁木
也嚴風振纖枯嬋娟竹有三竹夭矯貌蔭脩竹之嬋娟月嬋娟人嬋娟也嬋娟唐詩云嬋娟碧
鮮歸華別葉歸別皆言落也歸華先委露別葉早辭風櫳纖竹美貌蔭脩竹櫳纖阡
眠遠望貌阡眠起雜樹綠錢青苔也賓皆綠錢滿彫胡草名也其實可炊作飯味美彫胡方
炊自向陽翹葵藿傾翹心向日也引領望天長譬彼向陽翹華薄華花也草木叢生曰薄清

池映幽草深草華薄幽草也冥濛葱蒨山樹之色冥濛丹嶽被葱蒨青林結摘芳摘芳
愛氣馥拾蕊拾蕊色滋蕊憐疏華疏麻之華也折以贈人疏華竟無陳松架松生曰橫
架風散麥秀漸漸漸麥芒也麥秀漸漸兮雉朝飛楚苗楚地之種稻為飯最美也楚苗
之食麗草即芳草也麗草交植尋竹竦莖長竦立也竹竦莖蔭其莖尋陽柯向陽
之枝柯也陰莖背陰之莖葉也華草錦繁花草雜色如錦陽葉陰條春葉秋條
也陽葉春青陰條秋綠神藂香草白芷也仰折神藂蘅薄蘅惠風於蘅薄松櫝墓上
所植樹也松櫝成行華藕蓮也藕華於脩陵庭柯庭前之樹也庭柯以怡顔騁叢蘭
叢蘭欲茂欣欣春色貌木欣欣以向榮穎莖禾草也乃瑞物鬱都茂盛貌鬱都於蘭渚
合昏槿也葉晨舒而暮卷昏暮捲一曰夜合花也初學柜格松大荒之中有萬山上
青松名柜格之松日月所出入傾葉葵向日也傾葉衰離光雲芝雲芝影映花盖

綴雜花以爲蓋 弱草芳卉也春草 華木華樹也春樹 葉幄葉曲如幄而爲幄
榮權仲夏木權發 霜柯霜條也秋木 勁楚楚薪也柯 寒卉冬草
素木冬木也 寒柯寒條皆冬樹也 柔荑嫩草也藝荑於柔荑禾 移芳植
秀擢榦抽莖言花葉之盛也 神護常山有草名神護置之於門上每夜叱人 蓬蔂
日谷者常山道士食蓬蔂根二千百餘歲顏色如二十許人 三花嵩山仲花也一年三花色白香美道
士所植也 反魂樹聚州有一大樹花香聞數百里名反魂樹 雞棲樹中有雞棲書省殿
樹 熒芳苡草名如麻出於盧國熒之以爲蠅有白鳳黑龍來戲 置慕苔慕苔色如金縈
叢如雞卵出於祖黎國投之水中蔓延波瀾上如火宮人有幸者以金盆賜之置漆盤中照光滿室名之曰
夜月 桴苡周文王時康居人獻桴苡食之宜子西戎國食芳苡即有身孕 芬蘘波弋國獻神精香草名芬蘘擬之一片滿宮紅照
皆香婦人帶之彌年芬馥也 海榴即石榴也池紅石榴又海榴欲餘

卓氏藻林卷之八　花木類　三十四

蘭柯蘭柯幽蘭 苣藤即胡麻也 國香蘭香也蕙國香於自然 節花菊花一名節花
靈祿即嘉禾也 更生 陰威 朱蘖皆菊花之別名 女花菊花別名 採玉英
耀金華菊花也菊花賦曰操以玉英又菊花頌曰秋耀金華 儀鳳 集鵷 星羅雲
布皆言菊花之盛也秋菊賦曰儀鳳舞鸞飛鵷雛選集似弄青音又曰翠葉雲布黃蕊星羅英散葉
金房蓮房也 珠實蓮子也 星懸電發荷花也芙蓉賦曰芬馥揚馨煙見星懸又
蓮花賦曰紅花電發 青房蓮房也青房兮規接 紫菂蓮實也紫菂兮圓羅 水華
即水渟也 宜男即萱草也佩之宜男 石髮即水苔也 水衣亦水苔也 圓蘚苔也生
室禱 素柰 紫柰柰有二色投素柰於清渠摘丘園之紫柰 露井桃桃詩曰舊桃開
垣所
露井 含桃即櫻桃也爲鳥所含故曰含桃 麥英櫻桃別名 玉東老子西遊省太真王母共
食玉文棗 千戶侯安邑千樹棗燕秦千樹栗河濟千樹梨江陵千樹橘猶此也

羊角 雞心皆棗別名也風播羊角日映雞心枝 紫藜老子西遊省太真王母共食紫梨
玄光梨太上之果有玄光梨 木奴即橘也 玉東珍果也 侯梅 朱梅
紫梅 同心梅 麗支梅出上林苑名果 玉綴珠離 冰懸電布狀
梅花形也 龍肝瓜名生水谷中 龍蹄 獸掌皆瓜名也 合歡合歡夜合花也又名 蜜筩
名宮中多植之 九彩瓜瓜賦曰九彩彩瓜雜橘 白瓠 玄骭亦有黃瓠
即瓜也 桂髓瓜名桂髓起於巫山 北里禾北里之禾下以爲盛也 西山禾昆
西山草琅竹與丹禾 鶯鴿禾有鶯鴿之名 盧山白房 陵縹李也盧山房陵所出之地
也白縹以色言 南居李南居細李四月先熟 東苑朱李東苑地名 玄丘柰玄
丘之柰 玉井柰崑崙山有柰冬月生須玉井之水洗之方可食 瓜州素瓜州出好素柰
酒泉赤酒泉郡有赤色柰 玉蘋桃南康玉山出有石桃 霜林桃漢明帝時常山

卓氏藻林卷之八　花木類　三十九

獻巨核桃霜下結花隆暑方熟帝使植於霜林園中 武陵桃即武陵源避秦之處 洛陽桃
洛陽城東路桃李生路傍 北園棗北園有二十一棗 華林栗華林園中栗一株
秦王苑 漢帝園皆栗所出也秦王五苑之栗可以活又曰漢武帝果園中太栗十五枚
一斗 華山栗華山麓中有栗枝 汝水栗汝水灣中有栗山 玄圃梨太康
中梨樹西枝其條與中枝合生於玄圃園中 青田梨青田村人家多種梨名曰官梨 建春橘
東方裔外有建春山其上多橘柚 雲山乾腊乾腊梅也雲山之上其實乾腊山海經曰洛
溪繁榮潘岳閑居賦於洛之溪梅杏郁棣之屬繁榮麗藻之飾華實照爛 青門瓜東陵
瓜近在青門外 蓋瓜西王母謂上元夫人曰其甚朱炎山陵不食靈瓜其味甚美 飛節芝松樹
三千歲者其皮中有聚脂狀如龍形名之曰飛節芝 松肪松脂別名久服延年 青牛伏龜松
松樹或百歲或千歲其精氣變化爲青牛伏龜 麈尾龍形言松也松生絶崖倪視之離離如

鹿文曰松樹其皮負鱗秀葉皆言松也流潤飛津沈中有脂狀如龍形稍幽結貞幹又曰布秀葉之若惡青偃蓋飛節松也千歲如偃蓋飛節脂翠實素髓松也松柏賦曰垂翠實之離離又松詩曰青松凝素髓天陵松天陵偃蓋之松太谷栢太谷倒生之栢鑪峯栢新栢爲鑪峯寒山桐寒山之桐出自太其玄溪桐溪有梧桐生自玄溪擎花河柳河旁亦擎小花仍吐葉河柳楊即檉也澤柳生於澤也高飛獨搖楊圓葉弱帶微風則大搖一名高飛一名獨搖又一曰白楊爲高飛水楊蒲楊也蒲移蒲柳生於水邊葉似青楊亦曰蒲移移柳即蒲柳也蒲楊楊即水楊也東門葉北郭枝皆楊柳也毛詩曰東門之楊其葉牂牂又樂府詩曰駕出北郭門仰折楊柳枝渭川千畝竹也渭川千畝竹其人與千戶侯等浮筠竹也蓬山有浮筠之竹葉青莖紫子如大珠有青鸞集其上下又曰翠實離離鸞鳳攸食緗者素筍形竿綠筒皆言竹也湘妃竹舜二妃淚下染竹即斑瀟湘斑同上貞筠顏貞筠而負醜苯蕁竹盛貌攢聞抵之苯蕁一曰草生也繡簜竹也綠繡簜含風防露竹也波泛含風影風搖防露枝又曰含風枝轉弱防露影逾濃

【藝文】寒叢寒林也又菊也日南華南華桂樹曰三秀靈芝一年三秀實獲豐年霜篠竹也霜篠生寒荻陰葦岸陰處也荻陰連水氣蘭蘇美人香帶也蘭蘇聆珮響雲豐灌茂林也隕豐灌於荒莖平楚楚正蒼然楚榛莽也平石藤石藤卷縱即叉水樹水樹繞蠟風枸風枸龍不吟也陽葩自玩陽葩鮮萋葦芽芽萋萋華芝草本枝山系華芝草服之通萬里之語嘉樹蹊嘉樹下成蹊琅玕實竹實也鳳皇食朝饗琅玕丹山際實孕貞攢蔣叢生水草也蔣平声玉沼發攢蔣護門草即神護草也風霜叢護門草避霜葉落葉也颯避霜葉宿薺闌階雜宿薺菰蒲菰蒲沃若懸矩謂禮民懸穀種而不栽植也室不得有懸矩謂人皆宜力農也九折枝竹枝也可作杖又可作扇九折翠竹之枝折作杖荊杞即荊棘也堂上生荊杞石上草即菖蒲也服之可以長生異采石上草得以駐餘顏山精木名必欲長生當服山精病草艾也療病之草也歲欲療病草先生惡草歲欲荒惡草先生惡草水藻也寒芰冬時衰草根也寒芰不可識靈茅寶靈茅之三春懷香草名嵇康有懷香賦仙人草草名四時常有謝惠連賛園有嘉草名曰仙人靈菊靈菊植幽崖九明芝神芝耀九明麗草麗之草菊類美鬱金芳草也釀之以降神又香可佩宮嬪服之禰衡迷迭西都香草出西域可佩服王粲有賦又曹植有迷迭香賦金衣橘金衣之果也柔質於玉盤又曰照耀金衣丹朱櫻櫻桃一名朱果一名麥英瓤棗仙果也安期生食巨棗大如瓠來禽即林檎也言味甘熟則來禽也繡壂綺巒鏡日繡壂熠霞綺巒謂楊梅也玉瓜崑崙山有玉瓜光明洞徹須以玉井水洗之方可食五色瓜邵平故秦東陵侯也秦滅後爲布衣種瓜長安城東瓜有五色甚美故世謂之東陵瓜又謂青門瓜青門東陵也又昔聞

東陵瓜近在青門外五色磊砢森森千丈松磊砢非一節千畝桑曜朝且籍賓四面會故云齊魯千畝桑其人與千戶侯等紫桂門河之上有紫桂成林群仙餌焉後天而老也朱樹多本赤松君子樹園有三株木名華林長生樹名漢晉殿前多有之嵇康有賦即萬年枝也麗木即木槿也日及槿花也日及者花甚鮮茂榮於仲夏訖於孟秋又日及者詩人以爲舜華宣尼以爲朝槿成公綏有賦夫移唐棣也一名薁李一名鬱梅栟櫚棕樹之別名也江淹有賦霜彩冰澌梅花也流連逐霜彩散漫下冰澌雲母竹名魚腸雲母之名脩竹賦楚潭梁池美竹所生推名楚潭美質梁池桃枝竹名玉潤桃枝之麗蒼琅亦竹名也石桂英芝名生岩穴中似桂樹而實石也七明芝九光芝皆瑞芝實石也生臨水之高山青雲芝瑞芝也生於名山青蓋三重上有雲氣狀如盤食之令人壽千歲能乘雲通天金蘭之生於冬山之陰金石之間上有水蓋飲其中水壽千歲龍仙芝狀似升龍

食之令人長生。九曲芝朱草芝有九曲，曲有三葉，葉三實。山芝韓終所食，壽通神明矣。火
芝葉上赤下莖青，赤松子所服也。月精芝秋生山陽石上，服之壽可萬歲。萬年芝食之
令人不老。夜光芝生於名山之陰，有五色淨雲覆其上。白雲芝生於名山之陰，白石上有
白雲覆之，秋采食之，令人身輕。雲母芝同上。註釋華芝生於名山之陽。五色芝聖人
休祥有五色神芝之生。燕胎芝初曲山有神芝五種，第三名燕胎芝，形如燕，相食二株，拜爲太清仙
君。六朝 華滋花葉生長而盛也，綠葉發華滋。青敷 絳葩 紫榮 素芬皆言
花也。青敷羅翠，彩絳葩象雲，紫榮合素芬。清藻疏枝垂清藻，言花葉盛也。布翹花葉散布
也，布翹芳且鮮。豐翹言花葉盛也，豐翹被長條。蒀氣即花氣也，㤿通蒀氣。篠韻竹聲
也，風聲隨篠韻。翩翩蓊葉合歡翩翩蓊葉。忩裹條萱草忩裹條。晨芳草綠最芳歸。
駁鮮駁班也，駁鮮彼長弊。蒼花蒼花照初月。奪目花多奪目花。宿莖草木

舊枝。蘅帶 桂旗水綠寧蘅帶，山青列桂旗。紫蘤 綠葹 天會 青山韭 雁齒
鹿舌 牛唇 雞肩皆陸卉名也，沈約郊居賦也。雅葉時變起雅葉。委翠草至秋委
落其翠也。山櫻山桃也，山櫻開處飛。素枝秋樹也，風鳥素枝。翠羽葉荷也，方翠羽而
結葉。碧玉莖蓮花莖也，江淹蓮花賦曰：比碧玉而爲莖。金光蓮藥也，江文通蓮花賦曰：
蘤金光而絶色。綵霞 夕照 雕雲 畫臨荷花也，見綵霞之夕照，覩雕雲之畫臨。雲
蕚荷花也。靈丘竹竹所生也，江淹有靈丘賦。春蓀春蓀未歇。紺蕙 頳蘭紺蕙
初嫩，頳蘭始滋。碧靈草讀學碧靈草，終歲自芬芳。蘭芽蘭芽隱疎葉。荻苗荻苗抽故
叢。下葉葉即落葉也，下飲似落。含星 漏月松也，含星漏月之奇。禽蹤 猿路
高松乃禽猿之所栖，處攀葉齒，禽蹤附枝通猿路，言高也。楓膠即芸香也，枯楓作路膠。炎卉
夏至草也，炎卉擢采芳。紺錢苔錢也，又云樹葉春生若錢也，奇樹舒春，花流芳入紺錢。倡園花

楊柳花也，不惜倡園花，還同大嶺雪。霜滋霜花也，菊類霜滋於九秋。綴纖柯流草葉於纖柯。
竹籟竹聲也，風生竹籟。蕉蒲水草也，蕉蒲廣澤。王者香蘭也，孔子曰：蘭當爲王者
之香，今乃與衆草爲伍，傷不逢時也。女貞樹即冬青也，比有歲寒松，南臨女貞樹。卭節竹
也，可作杖。枯菀枯菀從風，時零落之，飄兮試枯菀之必從。榛叢荒林也。葩榮草木
盛貌，草木以之葩榮。人麥既人麥之方登。靜瞋樹靜瞋而臨泉。金榮 秀翹 玉實
柔柯瓜也，發金榮於秀翹，結玉實於柔柯。綠筠 翠靈竹也，綠筠繞翠靈，綿黛色。
紺影竹也，參差黛色，陸離紺影。棠 丹氣竹也，棠米霞之丹氣。曖素景曖白日之素景。
竹也。縹芰 緗蓮芰縹芰兮出波，摯緗蓮兮映渚。澤芝荷花之也。錦罽金燈草以錦罽
非錦罽之可學。白鹿 貞松 青牛 文梓松觸鹿，梓化牛。枌權枌權尚搜。楊猗
林蘭近雪而楊猗。隱岑木之盛也，幹合抱而隱岑。擁腫 盤坳樹屈曲貌。寒芽以

葺屋晝見寨，茅宵見索綯。森沈 蒙茂灌木森沈以蒙茂。芬薰花香也，花芬薰而媚秀。
媚秀花好貌。綠葵 白薤皆菜也，綠葵春節以懷露，白薤感時而負霜。寒葱 春
藿皆菜也，寒葱標蒨以凌陰，春藿吐名以近陽。溪蓀藥草也，拔幽澗之溪蓀。庭樾樹
陰也，既取於林樾。蒺楚掬木荒也，西陵忽其蒺楚。葳蕤草木荒蕪，宿林藪之葳蕤。颯沓
花飛貌，落英爲之颯沓。英蕤花發也，百草敷英蕤。擢蒨水香送秋而擢蒨。黃蒿塞上
多蒿草，秋來則色黃。又塞上黃蒿兮枝枯葉枯。東園桃傅休奕桃賦曰：有東園之珍果。官渡
柳曹操與袁紹戰於官渡時乃植柳。唐詩 水蓋荷葉也，荷擎水蓋。山茵薜也，薜引
山茵。紺房 緗菂蓮也，折紺房與緗菂。蘿幌薜蘿似幌也，蘿幌棲蟬影。磵葉磵葉綠分
色。花光雨去花光濕。合歡枝 相思樹合歡相思皆木名，游絲空罥合歡枝，落花
自繞相思樹。葉影風搖葉影疎。峯葉峯葉度晴雲。貞芳美菊花也。雲花雲片

卓氏藻林卷之八 花木類 四十

花江上翻似花也雲 帝桑 岩枝帝桑落 龍柯 玉井龍柯 鳳葉 金堤鳳葉下疊
花浮蘂 浮蘂花開宿浪下涼颷 列樹 列樹巢維鵲又選云列樹敷丹榮 沙蓬 沙蓬逐地
塞草也萬里逐沙蓬 草帶 草帶長若帶也草帶消寒翠 寒蕪 寒蕪窮色變 金翹 黃菊英也
披蓁 披荊棘而入也披蓁似避秦 白草 胡地草色也胡鳥秋肥宜白草 蓬科 蓬草也蓬科萃
科馬鬣今已平 蒲柳 蒲柳秋霜不惜人倏忽侵蒲柳 鷰麥 鷰麥青青游子悲 珠樹 玉樹也借
問欲棲珠樹鶴 繡頰 山花如繡頰 稽葵 草也幾日相離門前生稽葵 崖蜜 櫻桃也崖
蜜亦易求 脩纖 竹長而細也脩纖無限竹 蕭纖 即蕭疏也 寒蕪 寒蕪物皇也蕭蕭聚花
當 乃花根也當去當折花當 春蕪 春蕪草也雨露洗春蕪 泥笋 泥笋物狀包 沙葺
沙葺出小蒲 草樹 草樹溦沙埋 錦苔 錦苔多皮須戴 平蕪 平蕪懷古視 苜蓿
馬所食也貳師伐宛時種苜蓿秋山苜蓿多 鳳杉 鳳杉曾 林衣 桐葉也林衣掃地輕林

於 竹名也上客露下疏通風越女試劍竹也謂坐林於 龍種 竹也龍種生南岳 仙李
老子姓李因以名仙馬仙李盤根大 叢篘 在叢篘竹也森森 楂林 龍竹 皆川中所生竹
木也楂林吹白吟風葉龍竹和烟滴露梢 蔽芽 芽紫石蘊蔽 官柳 石橋官柳細長恨見離人
幽樹 幽樹多花晚 霜蘿 霜蘿甚閩霜蘿白 津柳 津柳江閩燕 水葉 鴻選水葉開
白將 葵草也白將蔣風藏 殷檉 赤莖小楊也殷檉號夜啼 南菊 南菊人臥病兵逢病
蘂 病蘂先殘多 菊花園 府前有白菊花園蘭滿菊花園 叢萱 叢萱低砌君 水衣 萍
也清漣水衣 戎王子 名花也出月氏國萬里戎王子 花姿 花姿落也花姿穎下之貌即鷺梢
蝶 青雲蓋葉白雪避花 言雲不如花葉故青雲蓋葉白雪避花之
古君 古君生近地 燈花 近燈花也燈前細雨簷花落 霜皮 松柏也霜皮溜雨四十圍
童童 樹葉盛貌有柏生幽闇童童如車蓋 龍虎姿 指松柏也龍虎姿 行樹生

卓氏藻林卷之八 花木類 四十一

成行者塹地行樹却背村 青松白楊 墓間樹也 花障 花開密如障也碧地攢花障 金
井梧桐 金井梧桐落 蘆笋 蘆笋初生漸似笋也蘆笋欲齊 征蓬 蓬草也塞外多之
日捲征蓬 帝梧 董風繞帝梧 日槿 日槿青榭 金琅玕 言竹實也鳳遂今丹穴鳳晚食金
琅玕 北堂萱草 北堂萱草不寄來 東園桃李 東園桃李長相憶又嘉樹下成蹊東
園桃與李言其盛也 苜蓿花 天馬嘗銜苜蓿花 紅蘚 紅蘚藥徑深 宮花 宮中花也
宮花一萬樹不敢舉頭看又月上宮花靜 烟花 烟花三月下揚州烟花象外幽 柳條藤蔓
柳條藤蔓繫離情 荻花蘆葉 荻花蘆葉起秋風 漵花 漵花吐葉仍 綺梅 瓊筵
弄綺梅 薜帷 雲霞生薜帷 江蕪 江蕪連夢澤 潭菊 潭菊花秋 王孫草
聰外王孫草 三秀草 三秀草靈芝也春入萬 萬年枝 瑞趣萬年枝冬青樹也文選曰華林
園所種風動萬年枝 緗荷 盖轉緗荷岸浮緗淺黃色 飛蘿 飛蘿拂銀塘影 楸梧

墓樹也楸梧遠近千家 關樹 塞樹也萬蟬關樹古槐深 蘭蕤 蘭蕤相對映 雲蘿 即水
薄也 驚蓬 蓬草飛起若驚也驚蓬傷歲闌 宮梅 宮梅間雪祥光遍 韻府 乃東 夏枯
草名 乃東 宛童 女蘿曰宛童又曰老秃鶖 金碧叢 岸芳金碧叢 孤蓬 孤蓬轉霜根
半茸 花草生盛貌 纖茸 纖草盛徒 南枝 庾嶺梅花南枝已落北枝方開 連理
枝 交生才也為連理枝 榮萎 顧榮萎即草木榮枯也 將離 芍藥名故相別以贈 露葵 即
也蔡朗父諱純因名蓴為露葵 瓊田草 芝草也 青芝 皆仙草也赤箭青芝 石芝 有石
芝之草芝肉芝 土芝 也 木芝 荷也 菌芝 蕈也 纖穠 花葉之細茂也 宰木 冢上
也宰上之木拱矣 蓴絲 即蓴菜也 垣衣 苔在墻垣曰垣衣 龍芻 周穆王東海
龍芻養馬處草名 繁蕪 亂草也其繁蕪剪 青膚 苔也 九節蒲 長生藥也仙人服之 鼠姑 即牡
丹也 秋荼 法繁秋荼 荔枝奴 龍眼也荔枝過方熟故名 雞蘇 水蘇名也 天蘇 木白

名天蘇落蘇茄名落蘇蓬蘽幽門植蓬蘽花魁梅乃百花魁也瑞草魁茶稱
瑞草魁雲槐夏槐作雲也官梅官閣梅也何遜在揚州爲法曹官舍有梅一株日吟其下
庾嶺羅浮庾嶺植梅於大道南枝已落北枝方開羅浮山有梅花美人此二地皆梅花所出處
募金苔晉元帝時外國貢蔓金苔又名夜月苔光照一室花茵聚落花鋪坐下名曰花茵
蒼鱗松樹皮也此君竹也王子猷曰何可一日無此君柳門楊柳夾種若門也珠
玗珠玗之樹叢生林蘭梔子花別名也香欒檻之別名大夫欒凡家樹天子松諸侯
柏大夫欒即木蘭也百結花江南謂丁香也花王牡丹也水晶毬白牡丹也龍
茸草木聚貌地髓即地黃也久服輕身蓓蕾花蘂多貌紫筍茶名湖州有顧渚之紫筍
常州有義興之紫筍醒醉草興慶池有草醉者立其旁嗅之即醒聚藻藻有二種一種如雞
蘇一種如蓬蒿謂之聚藻旅葆野葆可食連錢荇漢太乙池中有楓癭嶺南多楓遇雷

雨長三五尺如人狀號楓人瘳即頭瘤也三眠柳漢苑中柳狀如人日三眠三起隋堤柳
煬帝御河畔種柳也鬼臼玉芝名可辟穀蒼髯叟晉法潜隱剡山或問勝友爲誰指松曰此
蒼髯叟也綠情紅意唐趙彥昭剪綵花詩花隨紅意發葉就綠情新紫芋紫收嶺芋眠
千章萬箇木千章竹萬箇指佞堯時有指佞草佞人入朝草即屈而指之樾蔭樹如
車蓋狀爲樾言多也帝竹頓丘帝竹一節爲船帝謂舜也平安竹北都童子寺有一竹窠每
日報竹平安竹實阮籍遊薊門山有隱者莫知姓名惟有竹實數斛臼杵而已又鳳非竹實不食
風鬟霧鬣松也南山竹古南山多竹交蔭樹木交蔭紅素杜詩云肅肅花
絮曉紛紛紅素輕紅言花素言絮也旅穀野穀旅生荒薺荒薺合行徵有基運裏竹迴
旋相運也又曰竹爲陰陽運氣衰之有溫潤之色也夭采桃花也離天采於蓼蓋

花木類終

禍福類附災祥

易經積善餘慶坤文言曰積善之家必有餘慶積不善之家必有餘殃天地閉
賢人隱天地閉隔則君臣道絕故賢者隱遯坤文言視履考祥視其所履行以考其
善惡禍福也履上九視履考祥其旋元吉或益之十朋之龜十朋之龜大寶或以此益
之而不能辭其吉可知損六五貞勝貞正也常也非吉則凶非凶則吉常相勝而不已占凶者貞勝
者也下保詩經福履履祿也福履綏之赤狐黑烏二者皆不祥之物人所惡見今
所見無非此物則國將危亂可知矣夫莫赤匪狐莫黑匪烏有兔爰爰雉離于羅
張羅本以取兔今兔狡得脫而雉性耿介反離于羅以比小人致亂而以巧計幸免君子無辜而以忠直
受禍也爰爰緩意離麗羅網也如月之恒如日之升如南山之壽如
松柏之茂恒弦升出也月上弦而就盈日始出而就明此亦言天隆福也戩穀戩盡穀善

也俾爾戩穀乃受天之祿也如山如阜如岡如陵如川之方至言天
降之福盛大而未可量也壽豈壽而且樂也令德壽豈薦瘥薦荐通瘥病也天方薦瘥謂天
降災於下民也鞠訩鞠窮訩亂也昊天不傭降此鞠訩景福景大也介此景福凶矜
遭凶禍而可憐也居以凶矜牂羊墳首牂牝羊也墳大也羊瘠則首大言飢饉之餘百物
凋耗如此駿命天之大命也駿命不易三星在罶罶中無魚而水靜但見三星之光而
已與牂羊同意純嘏嘏福也錫爾純嘏祚胤祚福祿也胤子孫也永錫祚胤板板反也
上帝板板下民卒癉言天反其常道而使民盡病也繁祉多福也介以繁祉三壽作朋
如岡如陵言願公壽與岡陵等而爲三也小宛大夫遭時之亂而兄弟相戒以免禍患之
詩也居康安寧書經吉凶影響吉凶之出於善惡猶影響之出於形聲也惠迪
吉從逆凶惟影響如天難諶諶信也天難其命靡常天毒天毒降災考終命順受

其正也五日考終命五福寶命即天命謂之寶者重其事也無墜天之降寶命弗弔也言
不為天所恤也弗弔天降割于我家紹天明謂紹介天命以定吉凶也前王遺我大寶龜紹天明
閟毖閟者否閉而不通毖者艱難之不易也天閟毖我成功所祈天永命祈天以歷年也
王其德之用祈天永命基命定命基命所以成始定命所以成終也皆言天命王如弗敢及
天基命定命降格謂天降災異以示警也則王帝降格棐忱天輔我之誠也若天棐忱
壽平格天無私壽惟至平通格於天者則壽之左傳誨禍謂轉禍為福也天其以禮
壽稱於許害於粢盛天作淫雨害於粢盛荐饑連歲荒歉也晉荐飢始禍為禍之先
也無始禍室如懸罄野無青草言居室而資糧懸盡在野又無蔬食之物如當作而
徼福求福也徼福於厲宜桓武降服乘縵徹樂出次祝幣史辭損盛
服乘墨車息八音出舍於郊命祝官陳幣帛大史修辭以謝過此皆國君遇災變之禮也國恤國家

皇氏藻林卷之八　禍福類　四十四

之憂恤也定其國恤也歲星淫於玄枵歲星當在星紀今在玄枵淫行失次當有時災歲在
星紀而淫於玄枵以有時菑時菑無冰為菑蛇乘龍龍歲星也蛇虛危之星也歲星失次
出虛危乃為蛇所乘歲在豕韋襄公三十年蔡世子般弒其君是年歲星在於豕韋之次也
周禮弛縣即徹樂也凡國之太憂令弛縣三兆三易三夢太卜掌三易三兆三
夢之占以觀國家之吉凶三兆一曰玉兆二曰瓦兆三曰原兆三易一曰連山二曰歸藏三曰周易三夢
一曰致夢二曰觭夢三曰咸陟四兆卜師掌龜之四兆一曰方兆二曰功兆三曰義兆四曰弓兆又
云太卜掌開龜之四兆六夢占夢以日月星辰占六夢之吉凶一曰正夢安靜而夢也二曰噩夢
驚愕而夢也三曰思夢覺時所思而夢也四曰寤夢覺時所道而夢也五曰喜夢喜悅而夢也六曰懼夢
謂恐懼而夢也十煇煇日旁之氣也眂祲掌十煇之法以觀妖祥辨吉凶一曰祲謂邪氣侵淫也二
曰象謂陰氣附日也三曰鐫謂黑氣如鐫也四曰監
謂抱日之氣如冠珥也五曰闇謂方晝而闇也六曰

嘗謂陰氣蒙日也七曰彌謂白虹彌天也八曰余謂
雲有次序穿日也九曰隮謂蝃蝀升氣於日旁也十曰
日想謂雜氣有形色可想像也道時雨寧風旱弭災兵時有先期而迎之故曰逆
風雨則受而安之故曰寧災天患兵人難則止之也小祝所掌國語國氛氛祲氣也望國氛
道殣謂路上餓死人也道殣相望莊子天鬻天鬻者天食乃祿之天祿福持常福
在也言常保其生而無所患害也楚辭坎壈數遭禍身困窮也漢書精祲天精
人精氣也祲陰陽相浸漸以成災祥者也天人之際精祲相蕩熙事福熙之事皆備熙與禧同蕃
釐釐福也錫美神明錫予也美饒也言饒予福祥也協氣和氣也協氣橫流逆釐
逆迎也逆釐三神福也儲祉乖恩儲祉言積祉福也禨祥總謂鬼神之事不好治宮室禨
祥糾纆言禍福相為表裏如糾纆索相為附會也霜露之疾不幸罹霜露之疾滂
洋饒廣也福滂洋汪濊饒多也澤汪濊捐瘠困以捐瘠言無相弃捐而瘦病者諸史

皇氏藻林卷之八　禍福類　四十五

災祥妖孽自外來謂之祥又曰祥變異之氣也銜橜之變銜馬銜也橜車鉤心也銜橜之
變謂馬銜或斷車心或折則致傾敗而傷人也魚鳥瑞武王周公承順天地以饗魚鳥之瑞龍
蛇孽皇極不建則有龍蛇之孽三辰不軌三辰即三光日月星也軌法度也不思
冥業不思猶言無量無邊冥業謂幽冥中功業也此言福德不可以思量太白經天太白
陰星上公大將軍之象即啓明長庚出東當伏東出西當伏西過午為經天乃不臣兵起之象求冥
福為求者於幽冥之示下求冥福果也文選休佑美福也祈禠禠福也祈禠禳災
雎剌天地之雎剌也方今醜禍亂也肸蠁濕生蚊類也肸蠁福之興有如蚊蠁之群飛景福肸蠁言大
多陽九會也世濟陽九之厄元陽用事數之厄開輿謂開洩其秘與也河洛開輿謂河圖洛書
符命帝王受位之符命也擁神休謂神佑以休嘉之祥也擁佑也福應福祥徵應也福
應尤盛黃龍穴鳳皇集麒麟囿神雀林皆祥瑞修德以感之也致黃龍

之穴鳳皇之巢臨麒麟之囿華神雀之林者也白麟赤鴈芝房寶鼎漢武帝幸
雍獲白麟幸東海獲赤鴈甘泉宮產芝之九莖又得寶鼎於后土祠旁並令樂府作歌以進郊廟白麟赤鴈
芝房寶鼎之歌薦於郊廟神爵五鳳甘露黃龍並漢武因以為年紀神爵五鳳甘露
黃龍之瑞以為年紀玉衡正泰階平玉衡斗星也泰階三階星也正平則天下太平元
符上天所錫太瑞之符命也萬將侯元符旣祐卽賜福也總神靈之旣祐世禍卒頃身平
世禍麗祺大福也蒙祺以拯民華黍毛詩篇名時和歲豐宜黍稷也橫流喩禍亂也
積流類平君子國眚災變也洪算大數也永錫洪算使長久也時屯運蒙屯蒙
皆不合塞也火辰匿曜金虎曜質火辰心星也明則天下和平闇則天下喪亂金虎白
虎之宿也見則兵亂匿曜質皆言世亂也三台摛朗三台星名齊明則君臣和洽摛舒也
朗明著也世故故災禍也世故尚未夷受釐元神釐福也元神天地也寡祲陰陽

卓氏藻林卷之八　禎福類　四六

氣浸漸以成災者也嘉祥徵顯言嘉祥之氣徵美而顯示我也國慶謂國家之福事也
氛慝氛不祥氣慝惡也皆踰盜賊天下遭氛慝苑戲九尾之禽闔捷三足
之烏九尾狐也三足烏也皆天子有至德此物乃見氛厲氛惡氣也氛厲禍昏危休氣
四塞休氣福氣也塞滿也日月休徵風雨玉燭言日月光輝相應風雨四時和
順也幷柯共穗幷柯連理木也共穗嘉禾也皆太平之瑞天瑞地符天瑞甘露地符
慶雲也澤馬器車澤馬神馬也山出器車皆瑞物也紫脫朱英皆瑞草也紫脫
華朱英秀佞枝佞枝卽屈軼也佞枝植言其瑞也歷草歷草卽蓂莢也歷草滋言瑞應也雲潤
星暉風揚月至暉明也揚風和也月至謂月行不失度也皆瑞應也江海呈象
龜龍載文皆瑞物之應也太蒂經實蒂孛星也經亘東西也實落也言彗星竟天而
散落也亂時天變神歌靈液言天歌其靈潤滋液不降福祥言時亂也玄符靈契

亦符天符也靈契謂合於時也黃瑞祥也地氣之天剖神符地合靈契天公
之符合於地之契言應鎮而王也蕃祉多福也天符卽天瑞也品物咸亨四靈畢至之類人
瑞內外與治四夷賓服之類陵夷謂頹敗也陵夷之禍星虹樞太星如虹下流華渚實生
少昊大電繞樞星實生黃帝星虹樞電昭聖德之符河海夷晏風雲律呂言不
波濤也東風入律青雲干呂皆太平之象至道之應也遘閔閔病也靈貺神靈所賜之福
祚也初學玉曆寶文皆帝王受命之圖也玉龜石馬皆瑞應之物也瑞冊
禎圖皆神瑞之書也瑞冊開珍鳳禎圖薦寶龜靈符卽符瑞也日正協靈符文鏡神
明得則文珠有光可為鏡銀甕王者宴不及醉刑罰中人則銀甕出玉甕玉甕者人之應也
不能自盈王者飲食有節則出玉羊鍾律調和則玉羊見白鹿王者承先聖法度無所遺失則
白鹿來至鳳翔紫庭瑞鳥來也鳳皇翔兮於紫庭余何德兮以感靈止帝梧集王

卓氏藻林卷之八　禎福類　四七

谷皆鳳之瑞也黃帝時鳳乃集帝梧桐又集於降王谷韓文天瑞降地符升澤
馬來器車出皆言瑞應也膏露凝枝慶雲觸石皆祥瑞也雕雲
布旗祥星結樞言祥瑞也星瀉石沴言天變也星瀉去楚石沴悲荊昇祚
暑祚休期際紫蓋黃旗王氣也紫蓋黃旗揚都之王氣長久太侵五穀不收自大侵則
君食不無食味平露瑞木名賢不肖位不正卽平露於庭九尾狐謂瑞應也九尾者九配得
其所謂子孫繁息也於尾者明後賞盛也蓮蒲孝道至則蓮蒲出矣風不鳴條雨不
破塊亦瑞應也木連理王者德化洽八方合為一家則木生連理金芝之九莖瑞應
物也白兔王者加恩耆老則白兔見赤兔瑞獸也王者大盛德則見白虎白虎文卽騶
虞也不食生物仁獸也王者仁而不害則白虎見非近代之所謂白虎也白狼王者仁德明哲則見
嬌嬌白狼有道則遊比肩獸王者德及幽隱則見比目魚王者明德則見六朝順

祇效寶瀆靈會昌時兩種祉山雲隆祥順表地道也亦皆言瑞應

徵瑞表祥徵瑞表祥災變表異貞兆吉祥之兆也乾坤之貞兆災沴也何水災

災沴無之常兮日重光月重輪星重輝海重潤天下之德光明如日貌象

如日月重輝如星重潤如海而生聖德故日重樂府有詞曲妖象災符天垂妖象地見災符表

狐玄玉朴牛文螭皆瑞應之物也素狐玄玉彰符命朴牛文螭爰定曆稅青丘

狐丹穴鳥皆瑞應也青丘之狐丹穴之鳥栖阿閣遊苑囿木禾太秀皆瑞應之物也

唐詩合璧連珠皆天瑞星重明合璧五緯連珠貞觀神所賜之福也妖祲妖祲也

也妖祲靜長揄下殿走癸叔人斗天子下殿走謂避亂也須為下殿走沴氣陰陽錯之氣

也沴氣終不滅禎符祥瑞之兆也禎符龍馬出韻府乾封黃帝乾封三年乃下詔日入星

意乾封乎商羊怪獸見則有大雨童謡曰天將大雨商羊鼓舞華平瑞木也天下平其華亦平

有不平處其華向其方傾植華平於春圃嘉生協氣嘉生白兕白兕為上瑞東風入

律青雲干宮漢武西域使云賞占東風入律十旬不孫青雲干呂連月不散意中國有聖君乎

故來貢獻昭兆兆也寶龜之九潦太禹之時十年九潦黃道太平日行上

道佰世行下道上道郎黃道也白眚黑眚言之不從則有白眚白祥聽之不聰則有黑眚黑祥

漢五行志寶露寶帝時瑞露潘觀中貢露時尚存之寶時則露滿時澆則竭謂之玉燕說引

母夢玉燕入懷有孕生龍鏡唐天寶中有老人稱姓龍名護有鑄鏡呼為玄真鑄鏡於楊子江心後

大旱葉法善祠鏡而大雨菜色飢而食菜則色病故云菜色飢有凶旱水溢民無菜色矣漦積

夏后之衰二神龍止于庭乃請漦藏之龍亡而漦在櫝夏殷周傳此器莫敢發至厲王發而觀之漦流于

庭化為玄黿後宮童妾遭之而孕棄姒四靈麟鳳龜龍謂之四靈

禍福類終

聲色類

詩經關關雎鳩相應之和聲也關關雎鳩喈喈和聲之遠聞也其鳴喈喈虺虺雷將

發而未震之聲虺虺其雷夢夢音蒙不明之貌視天夢夢晢晢星明貌星晢晢明爗爗

音曄雷閃光貌爗爗震電英英雲輕明貌英英白雲檻檻車行聲大車檻檻鄰鄰衆車

之聲有車鄰鄰淵淵鼓聲也伐鼓淵淵闐闐亦鼓聲也振旅闐闐嘽嘽音灘衆車聲衣

車嘽嘽又衆盛之貌嘽嘽駱馬欽欽鼓鐘之聲鼓鐘欽欽逢逢鼓聲利也鼉鼓逢逢薨薨

蟲群飛之聲也螽斯羽薨薨兮喓喓蟲聲喓喓草蟲嚶嚶鳥聲之和也鳥鳴嚶嚶嘒嘒

蟬聲也鳴蜩嘒嘒翽翽鳳飛羽聲鳳皇于飛翽翽其羽呦呦聲之和也呦呦鹿鳴丁丁

椓杙聲也伐木丁丁又椓之丁丁橐橐人衆聲也椓之橐橐登登築墻相應聲也築之登登

渥丹渥漬厚也顏如渥丹粲粲色鮮盛貌粲粲衣服雝雝聲之和也雝雝鳴鳳瀟瀟

風雨之聲風雨瀟瀟青青青青子衿令令犬頷下環聲盧令令鏘鏘鸞和聲也八鸞鏘鏘

將將珮玉聲也佩玉將將囂囂聲衆盛也選徒囂囂皎皎色絜白也皎皎白駒喤喤

大泣聲也其泣喤喤營營往來飛聲營營青蠅煌煌色鮮明貌檀車煌煌馮馮音憑墻堅

聲也削屢馮馮清揚清明也言美女之貌子之清揚婉孌女少好貌睍睆黃鳥清和圓轉

聲也睍睆黃鳥渥赭渥厚漬也赭赤色也顏如渥赭喈喈嘐嘐皆雞聲也雞鳴喈喈雞鳴

嘐嘐上下其音燕燕于飛上下其音左傳朱殷殷音煙血色久而赤黑也左輪朱殷

噢咻痛念之聲也民人痛疾而或噢咻之楚辭噭誂聲清揚也填填雷聲也又車馬

衆多聲也黯黮雲黑色貌磈礚雷聲熒熒火色明貌洶洶風擊水也鼓聲之洶洶颿

澧澧鼓聲啾啾小聲猿啾啾兮夜鳥啁哳鳥聲繁細也纚纚花色好貌索胡

繩之纚纚萎黃花色衰也柯彷彿而萎黃隆隆雷聲遠也漢書咲肸風動猶聲也

瀏莅音劉利林木鼓動之聲也閶鞈閶鞈聲也鏗訇匌天下匌匌喧㥦聲也磬
𥕢衆口愁聲天下愁聲文選砏磕雷聲薮薮風聲動疾之貌颯灑風吹草木之聲
淜滂風擊物聲眩聒雷聲也葱翠青色也翠陰烟蚡汃輣軋波濤相擊
之翠微山色之聲縹緲也潏瀑水浪沸聲硠硠磕磕石相擊聲滂濞水聲溢
莅莅水聲莅莅下瀨瀺灂聲也水石水平砰磅訇磕皆水聲也汨㴔水聲也澋
漷音嵩水白光也灌泋濩渭洶湧波聲鏗鎗鏜鼓雜聲玲瓏玉聲也
斒瑜寶物有文采色駮犖玉文采也青熒玉石光明貌瑱琗珠玉采也榮色
花之采色也雜糅色也縟繡五色雜曰縟繡璀璨玉樹光色也又雜采色也鮮
縟紛敷花采色也葩翕花色媚也熀黃秋葉黃色也綠滋滋潤也草
色含渥彩濃色也邑之渥彩嘈囋發五音也奏鼓之嘈囋幽轄車聲也皇

韠聲也琴羽琴之羽聲最細而淒也張琴羽兮簫鼓陳激越震動越揚也聲激越韠韠
光色明盛也流㗼㗼鏗聲鉠鉠和鈴鉠鉠奕奕光明也下玄蚼之奕
騤驤之韡韡奕文舞形萬舞奕奕芬芬花氣香也倏倏光也有餘巖巖鼓聲雷轟礚隱
訇鐘鼓之聲也驤騂駱礚軍陣中衆聲也韡韡韡韡花色光猗猗貌猗猗美貌
燁烈光燭皆明色也燦爛炳煥皆色之鮮明貌爛朗景彰皆光明也焱
焱炎炎飛揚采貌曄煜光采貌盰盰赤文色也盰盰以弘敞赫狎獵飾纍
貌豕瑪狎獵清角聲清也絃急其風歌聲也激江上之飆厲轟轟車聲出車轟
寰響石鼓音靈響聲驚於四表黮黮黑色也黮黮黑也桑柘之油油光潤色也油油
碑軯隱車騎聲也軯隱以陸離嘲哳啾嘈竹聲也簫管嘲哳以啾嘈硡隱砰
礚鼓聲也鞁鞁礚以砰礚震震車馬聲震震赭堊赭赤堊白色也其土則丹青赭堊

燁燁光貌澔澔光明盛貌㴒㴒音浩汗水瀖濩燐亂言光色亂動貌髹彤
丹漆也列祿彤之繡楯離婁顏色相分布貌丹綺離婁騷騷風聲動也祟祟雷聲大也
奮迅之祟祟雷礔砏硠鼓聲宏也硡磕雷聲也嘈呟音也閑門寥亮笛聲也寥亮風
前笛鏤錽謂離彩爲文也四溢謂樂聲四散也憀慄樂聲清爽也竅寥樂聲安靜
也嘈戩音暨戩樂聲疾也啾咇噂樂聲多也鍓鉦樂聲緩也輚輷
齊陵轟大聲也哮呷呟喚聲也亦木攪搜風振竹木之聲淨捎風振竹木亂聲也
漂撇樂聲相擊而隨於微風也錚鐼竹聲風吹營嗝音熒聲錚鐼營嗝高風吹竹啾
咋笛聲隨風大也瀏漂而清也㸑國音寶被圍曲聲下也窾約謇寶被蹇也
緩蚡縕蟠紆縷宛蜿蟺曲聲相緩也組亂也翕艷艷音閻光色也流漫長聲
遠貌翠粲衣鮮色也新衣翠粲飖譶音離沓聲言氣亂急貌按抑聲駐而不散貌摧藏

聲不散貌縹繚潎冽皆聲相糾激之貌流楚言琴流行清楚之聲也一曰楚怨聲也
翩綿飄邈聲飛而遠也鯉䲸音飾盛色貌細雲裝颯遝瀎沸皆聲之湧起也
嗷羅奔邀嗷音激聲疾也愀愴惻悽聲悲傷也汎濫氾艷汎音蓬氾音泛
聲色放縱之貌雪爆聲急疾貌寥窲衎夷靡聲大而長也㻿勇剽急聲高疾也
葺轙聲慢緩也泓宏融裔聲大而且長也哇咬嘲哳聲繁細貌訣厲悄
切聲高貌激楚清聲也楚之哀聲激姣約聲之轉也繚眺聲之長而遠也
清昶聲清也嶒硠磪隱訇磕硼嘈皆聲雜也煌煌熒熒光貌化聲
霈霈水聲響也芊芊山色青也炳煥丹青炳煥㭊㭊風吹竹木聲㭊㭊就哀林又㯳
析寒沙漲頹響泉聲如崩頹之響也又云風迴声也頹響赴而怍物曾曲阡眠原野
之色也林落杳阡眠獵獵風聲晚風獵獵遒清響歌聲也悲吐清響泠泠風聲也

札札 機杼聲 札札弄機杼 百籟群鳴 百籟謂林木孔穴激風成聲 其群鳴謂鳥獸之類 百籟群鳴聲於山 清唳 清唳聲也 追清唳 流吹 簫笳聲 栗聲也 寥戾 風聲也 虎嘯而風寥戾

初學記 霜吹 晝角聲 霜吹響哀聲 激朗 笛聲激朗 清哀 笛聲也 湊笛鳴清哀 綠沉 卽綠深色也 水龍鳴 笛聲似龍鳴於水中

藝文 惠音 琴聲也 惠音清且悲 哀響 悲聲也 哀響入雲漢 音徽 謂琴瑟聲也 扶策發音徽 竽籟 籟聲似竽也 行人不過聽竽籟 霏籟 卽風聲也 陰壑生霏籟 珊珊 珮玉聲也 時聞雜珮聲珊珊 璁瓏 玉聲也 玉色 [illegible]朧 衆樂聲 晶英 素貌色明 喧啾 百鳥聲 濃彩 露花色也 欸乃 音襖靄 棹船相應聲 欸乃一聲山水綠 紫翠 夕陽山色也 千峯橫紫翠 空翠 陰崖山行曰空翠 翠來入肌骨 流清人耳 悲壯 衛擊鼓聲節悲壯 鏗鏘 鐘聲也 瀏飂 清風之瀏飂 瓏瓏 車聲也 車轔轔 響絕 轆轤 馬聲 琴聲始覺 響音 晨風引響音

通用類

易經 瑣瑣 猶細小之狀 初六旅瑣瑣 詩經 搖搖 無所定也 中心搖搖 靡靡 猶遲遲也 行邁靡靡 展也 展誠也 展也大成 洵美 洵信也 沃沃 猶光澤 熇熇 盛熾貌 參差 長短不齊之貌 參差荇菜 悠哉 悠長也 悠哉悠哉 振振 盛貌 宜爾子孫振振兮 詵詵 和集貌 螽斯羽詵詵兮 繩繩 不絕之貌 宜爾子孫繩繩兮 揖揖 會集也 螽斯羽揖揖兮 蟄蟄 多衆也 宜爾子孫蟄蟄兮 夭夭 少好貌 桃之夭夭 灼灼 華之盛也 灼灼其華 肅肅 嚴正整飭之貌 肅肅兔罝 又肅肅謝功 翹翹 錯薪貌 翹翹錯薪 又危也 祁祁 舒遲貌 被之祁祁 又祁祁衆多也 有客祁祁 趯趯 躍貌 趯趯阜螽 耿耿 小明也 耿耿不寐 瀰言 言語辭 薄言采之 薄言 語辭 言思之 差池 不齊之貌 差池其羽 頡頏 飛而上曰頡 飛而下曰頏 燕燕于飛 頡之頏之 悠悠 長也 悠悠我思 又悠悠蒼天 云遠也 寤言 願言

曾語辭也 寤言不寐 願言則嚏 契闊 隔遠之意 契闊 展矣 展誠也 展矣君子 招招 號召之貌 招招舟子 瑣尾 瑣細尾末也 瑣兮尾兮 言邁 言邁往也 還予 駕言 語辭 駕言出遊 踟躕 猶躊躇 搔首踟躕 委委佗佗 委委雍容自得之貌 佗佗如山如河 孑孑 孑孑于旄 特出之貌 展如 展誠也 展如之人兮 鑣鑣 盛貌 朱幩鑣鑣 揭揭 長也 葭菼揭揭 孽孽 盛飾也 庶姜孽孽 蚩蚩 無知之貌 氓之蚩蚩 沃若 其葉沃若 晏晏 和柔也 言笑晏晏 旦旦 明也 信誓旦旦 陽陽 得志之貌 君子陽陽 陶陶 和樂之貌 縣縣 長而不絕之貌 緜緜葛藟 檻檻 車行聲也 大車檻檻 施施 音蛇 喜悅之意 將其來施施 旬旬 音崩 馳驅不息 翱翔 翱翔 言翱翔而往也 崔崔 高大之貌 南山崔崔 薄薄 疾驅聲 載驅薄薄 彭彭 多貌 行人彭彭 儦儦 衆貌 行人儦儦 糾糾 繚戾之意 糾糾葛屨 提提 安舒之意 好人提提 閑閑 往來自得之意 桑者閑閑

一曰徐緩也 嗚銜閑閑
泄泄 猶閑閑也 泄者灘池
坎坎 用力之聲也 坎坎伐檀兮
瞿瞿 驚顧之貌 又却顧貌 狂夫瞿瞿 良士瞿瞿
蹶蹶 動而敏於事也 良士蹶蹶
休休 安閑之貌 良士休休
皓皓 白貌 皓皓
綢繆 猶纏綿也 綢繆束薪
踽踽 行無所親之貌 獨行踽踽
嘵嘵 急也 予音嘵嘵
悄悄 久也 悄悄不歸
不瑕 瑕何古音通用 不瑕有害 言豈不害於義乎
只且 助語辭 其樂只且
百爾 百爾所思 言所處百方也
有匪 斐通 文貌 有匪君子
狂且 狂人也 且語辭 乃見狂且
言念 言念君子
夫也 夫也即此人也 夫也不良
烝也 烝發語辭 烝也無戎
寔其 寔信也 寔具然矣
相彼 相視也 相彼鳥矣
繄伊 繄伊人兮
許許 衆人共力之聲 伐木許許
駪駪 衆多疾行之貌 征夫駪駪
駸駸 音侵 驟貌 載驟駸駸
嘽嘽 敞貌 檀車嘽嘽
痯痯 罷貌 四牡痯痯
會言 會合也 會言近止
烝然 發語聲 烝然來思
厭厭 安也 厭厭夜飲
遐不 何不也 遐不眉壽
顯允 顯明 允信也 顯允君子
焞焞 盛也 嘽嘽焞焞

奕奕 連絡布散之貌 四牡奕奕
允矣 允矣君子
爰及 爰及矜人
閣閣 上下相乘之貌 約之閣閣
殖殖 平直也 殖殖其庭
噲噲 猶快快也 噲噲其正
矜矜兢兢 堅強也
赫赫 顯盛之貌 赫赫師尹
蹙蹙 縮小之貌 蹙蹙靡所騁
愈愈 益甚之意 憂心愈愈
京京 大也 憂心京京
夢夢 音蒙 不明之貌 視天夢夢
伊誰 伊誰 孔方
佌佌 小貌 佌佌彼有屋
蔌蔌 陋貌 蔌蔌方有穀
于何 于何不臧
噂沓 相對談語 背則相憎也 噂沓背憎
職競 職專 競力也 專力為此也 職競由人
孔棘 孔甚 棘急也 孔棘且后
蹴蹴 平易也 蹴蹴周道
秩秩 序也 秩秩大猷
蛇蛇 安舒也 蛇蛇碩言
嘗者 嘗者之來 即來也
靡至 無所歸也 入則靡至
瘼矣 瘼病也 亂離瘼矣
奚其 奚其適歸 言將何所適歸乎哉
傍傍 音崩 不得已也 王事傍傍
蹌蹌 容止也
踖踖 音積 敬也 執爨踖踖
不那 那多也 受福不那 言豈不多乎
壬林 壬大 林盛也 百禮既至 有壬有林

反反 音翻 慎禮也 威儀反反
幡幡 音翻 輕數貌 威儀幡幡
僊僊 輕舉之狀 屢舞僊僊
抑抑 縝密也 威儀抑抑
怭怭 音弼 媟嫚也 威儀怭怭
號呶 號呼 呶音鐃 讙也 載號載呶
僛僛 傾側之狀 屢舞僛僛
傞傞 音娑 不止也 屢舞傞傞
烈烈 威武之貌 烈烈征師
懆懆 音慥 憂貌 念子懆懆
邁邁 不顧也 視我邁邁
亹亹 強勉之貌 亹亹文王
濟濟 多貌 濟濟多士
翼翼 恭慎之貌 小心翼翼
洋洋 廣大之貌 牧野洋洋
勉勉 猶言不已也 勉勉我王
無射 射與斁同 厭也 音亦 無射亦保
無然 猶言不可如此也 無然畔援
連連 續屬貌 執訊連連
安安 不輕暴也 攸馘安安
仡仡 堅壯貌 崇墉仡仡
無拂 拂戾也 四方以無拂
永言 長言也 永言孝思
居然 猶徒然也 居然生子
旆旆 枝旗揚起也 荏菽旆旆
穟穟 苗美好貌 禾役穟穟
幪幪 茂密也 麻麥幪幪
唪唪 音蚌 多實也 瓜瓞唪唪
泥泥 委澤貌 維葉泥泥
言言 直言曰言 論難曰語 于時言言
語語 于時語語
藹藹 衆多也 藹藹王多吉士

繾綣 小人之固結其君也 以謹繾綣
管管 無所依也 靡聖管管
憲憲 欣欣自得也 天之方難 無然憲憲
囂囂 自得不肯受言之貌 聽我囂囂
謔謔 戲侮也 天之方虐 無然謔謔
咨咨 嗟也 咨女殷商
溱溱 衆也 室家溱溱
蘊隆 蘊蓄 隆盛也
曼碩 曼長 碩大也 孔曼且碩
鞫哉 鞫窮也 鞫哉庶正
疚哉 疚病也 疚哉冢宰
藐藐 深貌 寢廟既成 既成藐藐
信邁 誠歸也 申伯信邁
式遄其行 遄速也 無留行也
穆如 穆深長也 吉甫作誦 穆如清風
潰潰 亂也 潰潰四邁
猗與 歎詞 猗與漆沮
宿宿信信 一宿曰宿 再宿曰信 有客宿宿 有客信信
繹繹 不絕貌 以車繹繹
有截 截然整齊也 海外有截
濯濯 光明也 濯濯厥靈
左傳 滋蔓 滋長 蔓延也 無使滋蔓
莊子 踦跂
國語 頵然 即頵然也
隆施 隆起 施止也 與張弛同 雲者為雨乎 雨者為雲乎 孰
楚辭 緯繣 乖戾也
憑閱 虛噴也 紛
連蜷 長曲貌
紛緼

盛皃膠葛雜亂皃一曰廣遠皃東西膠葛漫衍世謂度越塵世而仙也煩拏攪亂也枝
皃煩拏而交横浴溢積漸也顏浴溢而将厲紛糅衆雜皃鉏鋙相拒皃膠加
戾戾邑邑微弱之皃蠡蠡猶歷歷行列皃叢攅羅布也容容紛亂之皃一曰飛揚
也之皃陸離分散也一云參差也儃佪運轉也同儃被離衆盛皃被離而鄣
之皃淈湪汗濊也澳浞拓濁也澳浞之流俗又云澄澳浞而爲清倥偬猶困苦也愁窄
偬於山陸崒崒拘攣之皃徃徃也遑遽也暖曃暗昧也寥廓廣遠也上而無
天泬寥蕭瑟而虛靜也泬寥兮天高而氣清寂寥虛靜皃寂寥收斂而水清浴瀆暗昧
也雄雄赫赫盛皃威勢也偃蹇高皃偃蹇又委曲皃琢瑩臺之淋漓長皃淋漓而劍
縱横漢鶱鮮扁音篇輕疾皃嬋嫣連也依違不決之意跅逖遠也紛輪
亂皃攢立聚立也攢羅列聚也軫軫盛皃殷軫軫創見初見也畢來

卓氏藻林卷之八　通用類　五十六

篤方也褎然盛服皃倸倖諧和不相當也乖剌乖戾也剌音臘追蹡
道古攸字笑皃主人道蹡而笑皃章皇匝徧也滲灑流皃滲灑潺而下降也鼻濾音鼻不止
分別皃猶言鴻濛也扈扈煌煌扈扈也阸陿阸陿也阸辭字登閬高遠也三閬皇之登閬鴻
濛沆茫廣大之皃權輿始也萬物權輿於內鴻絧鴻絧直馳皃緁獵又云相連皃
緁獵相次皃徽車輻轤連接不絶屬也輻轤不絶騷騂驂磕省聲響聲
輕武鴻絧纖徽盛皃聿皇輕疾皃武驍聿皇煒爍光皃煒爍珠煒爍嶜崟高銳皃石嶜崟鄉音
如神蒙茸飛蒙茸陸梁而陸梁嵱嵷音踊竦上下多衆皃紆譎曲折也超紆譎
登之清凌兢寒涼凜凜之處慘廪亦寒涼之處也駿騃高大狀駿騃之駿駿嵺嶙
璘音鄰文皃敦圄盛怒皃虎敦圄瓏玲明見皃峥嶒深也茶茀
杳芬茀以穹隆彌蒙風吹帷帳動皃繖繖茂皃玄鬖鬖沸淡滿也沸淡刻熾

巻垣崩巋上下皃巻垣圓匝也矍踢驚動皃坎坷不平閜砢相扶持也閜砢
鬱嵂亦不平皃崥崒坦也崝嶸崒起也陂陀之皃猓豸頹亦頹也
壇曼寬廣之皃陀靡也倏胂傍衰皃倩涌皆疾皃兗渾
音流善象輿兗渾於西清徐佪皃纏轉戲鈎音挽蟻畔屈宛折皃崛崎斗絶肸
嚮盛作也葳蕤羽飾皃布濩猶布露也又散布淺發越也布散咇
茀香氣也軋芴緜密也蔘林蔘甬也實幡纚飛揚皃英幡纚落葥
蔘即蕭蔘字紛溶葥蔘猗柅猶阿那也猗柅從風消搖即逍遙漸乎襄羊夭蟜申頓
也天蟜翩幡翩播五經蟉繞委曲皃繚繞蟉繞皃繚繞相纏結也玉綵的
技格樂光皃明月珠子的皪江靡玢豳玉文理皃玢豳衆夥物衆多也萬夥纚屬相連
屬也華倦谻谻音劇疲也窮極倦谻揚衪揚舉衪曳也戌削鮮也言或舉或

卓氏藻林卷之八　通用類　五十七

曳則戌削然見翕呷萃蔡翕呷衣張起也萃蔡衣動聲也杳眇深遠
其降殺之美也嫈嫇勃窣謂行於叢薄之間也善容止也蜲蛇委麗蝼蜴
皆行步進止得宜皃連卷也䠥便嬛綽約沛艾赳螑佁儗沛艾駊騀也起
佁儗不前也畔岸放縱之意也屦獡不齊之意踤躩輵螛蜺申頸低昂也
敢前也怵奰奔走也膠轕猶交加也踤躩互亂也輵螛部也輵
摇目吐舌之皃又雜亂皃林離也摻攡也龍茸
聚皃又研磷深嶮崴魁谷之洞出不平也嵬磊崴魁軋沕皃西望不分明
亂容皃崽崽之軋深遠嵺崍皃下嵺廓廣遠也上嵺廓而無天
沕荒忽兮峥嶸深遠崝嶸而無地峥嶸而無地
歙音諱翕走相追歙呷飲歐悅而不諦也聽歐悅而聞沸渭灑沸渭奮擊皃汾
彷彿即髣髴字碣磍盛怒也碣磍而盛怒誇詡大也誇詡象庶連娟纖弱
娟以纖弱佳俠猶佳麗也佳俠函光幼眇猶窈窕也惟幼眇之相羊相羊相音襄羊猶相

翔也 憀慄哀愴之意憀慄不言 淒淚寒涼之意也秋氣潛以淒淚兮 虛徐懷疑也承靈訓今
其虛徐兮 妙麗妙麗善舞 回穴轉旋之意回穴其若茲兮 豐林林美也年豐林
微眇眇細也其微眇 杳冥高遠也雲杳冥 放恣[illegible] 常羊猶逍遙也
滂洋饒廣也福滂洋 汪濊饒多也澤汪濊 捐瘠相究而病也國以捐瘠 奇羸殘餘
物也 奇美美有餘也 抗敵謂摧挫也百姓抗敵 跆籍相跆音臺登躡也兵相跆籍或作蹈藉
麤獷獷音楚粗界也麤得麤獷 衍溢有餘也溢衍溢 沕潏盛大之意 進越進苟
踰禮也 滲灑沉貌澤滲灑而下究 布濩遍布也 袚飾袚去舊事更飾新文 雜遝
聚積貌雜遝衆賢云衆多貌長幼雜遝 渾殽雜亂也賢不肖渾殽 蠭午猶雜遝也蠭午並起
旁午一從一橫也使者旁午 方洋方音房猶翱翔也後車方洋 營或回繞之也營或之
天予 熒惑星也熒或失道 重仍仍頻也大異重仍 鄭重頻煩也皇天所以鄭重降符命

雜襲猶雜沓也又重積也 猥大猥盛也無不猥大 希稠小大希稠 營亂猶回繞也
營亂富貴之耳 貿亂貿易也廉耻貿亂 浩穰浩大穰盛也長安中浩穰 孅嗇孅細嗇愛
恢也愉於孅嗇 匱竭空盡也天下匱竭 壹鬱猶拂鬱也 泱漭盛貌卒盡泱漭 沕穆
深微貌沕穆以閒 坱圠廣大貌無有限齊之意忽坱圠無垠 控揣控引也揣音團控摶玩弄
愛生之意 恬漠安靜也 帶芥小鯁也細故帶芥 蒲讕欺罔也蒲讕誣矣 末殺
掃滅也欲末殺災異 偏駮不周普也解偏駮之變 熏灼熏灼四方 讙譁無敢讙譁失禮
閔免即黽勉也 廣盱盱大也 煜霅光貌煜霅其間者 優繇即寬容也優繇不仕
俳佪彷徨不進之意俳佪往來 逡巡疑懼而卻退也逡巡而不敢進 逡循逡循固護 薦
數薦仍也猶數數也薦數從中 駱驛不絕也驛道路 闇闠猶崎嶇展轉也闇闠至漸
臺 嘔喻和悅貌嘔喻受之 崔隤猶蹉跎也崔隤時不再 阿邑即阿諛也 憒遡

煩悶也不得憒遡 興舍興起舍廢也因物興舍 約結約屈也 忼慨忼悲歌忼慨 縱
臾猶言勉強也又曰獎勸也 翔實翔與詳同道里遠近翔實 辟易謂開張而易其本處辟易之
數星 愊憶憤怒之貌策慮愊憶 畔換猶言跋扈也又強恣之貌 抵冒抵忤冒犯也抵冒犯
突而前 盪滅盪滅古法 奄忽奄忽如神 薄遽薄迫遽速也事薄遽 紛貟貟音紜衆
多貌 匈匈喧擾也 眇眇細末也以眇眇之身 比比猶頻頻也比比地動 聊聊音窈
幽靜也清思聊聊 稍稍稍稍增輯 馮馮滿盛也華馮馮 磑磑崇積也 [illegible]
飛流之貌又行速也 嵁嵁音艮豐厚之貌 翔翔雲舞翔翔 湞湞盛貌 沈沈音究流行
翊翊敬也 區區小也區區小國 緦緦懼貌緦常恐 陳陳久而舊也陳陳相因 盪
盪空曠之貌 察察明言之也 累累不絕之貌 纍纍重積也 澤澤光采貌星隕
澤澤 齗齗分辨之意 沈沈深邃之貌 姁姁和好貌言語姁姁 錄錄謂循常也不肯

錄錄 蹢蹢持整之貌蹢蹢廉謹 縹縹輕舉貌凰縹其高逝兮 云云猶言如此如此也
沾沾輕薄也 墨墨即默默不得意 籍籍猶紛紛也衆言籍籍 眇忽髣髴
意也又恍惚也 嬛嬛音娟柔屈貌柔撓嬛嬛 硿硿礲岩峒深通之貌 敂敂音叟和也
唯唯音委諾應之聲 否否不通辭也 懇懇至誠之意 卒卒促遽之意也 庸庸
微小劣貌 嶽嶽長貌 翯翯音沐猶蒙蒙也謹厚之意 睮睮目媚貌音踰 咢咢直言
之貌 彌彌猶稍稍也 嘿嘿不自安也 斐斐音非往來頻頻也 總總攢聚之貌
迬迬古往字言所往之處則有之也又氐言非一也迬迬離宮 炘炘光盛貌 閬閬空虛
也閬閬其寥廓兮 從從音悚前進之意從從而扶轄兮 秋秋騰驤之貌 廩廩有風采也
若若長貌 灼灼明白貌 涏涏光澤之貌 屑屑猶切切也所爲屑屑 曄曄凡
盛貌 湎湎流移也民化之湎湎紛紛 翩翩自喜之貌 浟浟音滌欲利之貌其欲浟浟 聽

褎 即袖字 半盛貌 姼姼 好貌 姼公主 徃徃 猶言處處也 【諸史】豈侔 猶言豈但
豈止也 苟遂斯道 豈伊傷政爲亂而已哉 寧馨 吳俗語猶云恁地也 何物老嫗生寧馨兒 謂王衍寧
馨也 【文選】駢羅 相布貌 夾蓬萊而駢羅 隱隱展展 相連屬貌 傾陁 傾敗陁壞
也 便旋 迴轉也 翕欻揮霍 皆超迅拂亂貌 旁魄 音蒲 傳謂混同也 旁魄而論都
邑 蟬聯 不絕也 貪緣 牽連不絕也 隱賑 多也 隔闊 即隔越也 捷獵 次列
貌 而捷獵 旃榮 檣也 暐曄 光盛貌 飾赤鳥之暐曄 譎詭 奇異也 闇譎詭 駢坒 駢闐
相次貌 工貫駢坒 蔘樓 亂貌 轄軒蔘樓 淫淫裔裔 分列貌 絡繹繽紛 往來
衆多也 熠煌 疾貌 駭熠煌 參譚 [illegible] 相隨衆貌 音颯沓 摧藏 析挫也
[illegible]費 音悖佛 依稀也 鬱軮 盛貌 踡跼 不舒也 梗槩 大略也 踳駮 乖亂也 謀
踳駮於王義 嵬嶫 高下貌 複陸 重疊貌 爌朗 光明貌 拓落 開拓寬廣貌

卓氏藻林卷之八　通用類　六十

斥斥 廣大貌 衍斥斥 淵默 沈靜也 捕攝 折折相接貌 冥蒙 不明貌 迴眺冥
蒙 蹇滻 高深屈曲貌 蹇滻溝瀆 崚峭 高峻之貌 愔愔 和悅之貌 愔愔𥇔膴 倬詭
即卓絕也 山川之倬詭 緜冪 細微也 薄戌緜冪 累卵疊棊 皆言勢之危也 殷轔
盛多貌 焱駭雲迅 言其速也 方攘 分散貌 偨傂 音柴豸 參差不整貌 魚頡
鳥䀹 頡頏也 猶 翕赩 盛貌 忽霍 疾也 被麗 分散貌 迤靡 相連屬貌 瀏
濫 清淨也 正瀏濫以弘惝 弘惝 高大也 周流 流行周徧也 輪軒而周流 據嶟嶞
峻秀貌 窕延 長曲貌 穹隆 崇盛貌 咉肸 疾散貌 咉肸以𣭘 逶迤 長曲貌 如
不周之逶迤 豐融 通暢也 又饒衍貌 纚聯 相屬貌 頒斌 分布也 士如頒斌而咸
倚靡 相隨貌 寥窲 幽深貌 膠盭 盭音戾 邪屈貌 離靡 不絕之貌 廣衍 [illegible]
岸也 縝紛 縝音真 衆盛貌 [illegible] 深邃貌 偨池 不齊之貌 即差池字 [illegible]虎 音 [illegible]

貌 互經 互相經過也 牢落 即寥落 不得意也 侵淫 漸進也 儵夐 夐音迥 倏忽也
也 駢衍 相連貌 隱隱軫軫 盛貌 營營 往來貌 洶洶旭旭 衆鼓動聲 莫
莫紛紛 風塵之貌 夷靡 頹弛也 崇墳夷靡 紆鬱 迴曲貌 峙以紆鬱 屹山 崛岉
高貌 隆崛岉乎青雲 嶒竑 深空貌 鬱[illegible]以嶒竑 緫綾 參差不齊之貌 曖翳 暗蔽之貌
爌炾爣閬 寬明之貌 磥硊岋峨 皆重危貌 岪蔚 特起貌 璀錯 衆盛貌
崎嶬 音綺蟻 危險也 鎬鎬鑠鑠 赫奕章灼 皆光顯昭明也 輪菌 多貌 張筍
虛之輪菌 蕭曼 高遠也 蹭蹬 失勢貌 披離 四散之貌 雹布星離 言衆多也
淹速 即遲速也 塵邈 塵又邈遠也 塵邈而難虧 姡嫮 即美惡不同也 姿姡嫮之難並 罔
象 即仿像也 以罔象 離離 飛貌 曳雲旗之離離 迭逿 過迭也 [illegible] 音陳纏 客而相
連 紛披 散亂貌 嘽唌 奇綏之貌 蓐縟 煩數之貌 傾奪 謂馳競也 各相傾奪 渙

卓氏藻林卷之八　通用類　六十一

衍 多溢貌 緐縟 皆煩盛貌 怫悁煩冤 皆鬱勃貌 淩縱播逸 皆分布貌 洋
洋 習習 清雅貌 紛葩 煩亂貌 奮逸 騰起貌 凌厲也 斐韡 希疎 奐
爛 皆煩盛貌 獵攦 攦音歷 不齊貌 阸僻 狹小也 狹世路之阸僻 互折 交互曲折也
忽忽 迷惑也 縰縰莘莘 衆多之貌 因依 憑依也 又互相依附也 蕭華相因依 又寒
鳥相因依 倚薄 即倚附也 疾相倚薄 商推 粗略也 商推爲此歌 流離 淚散貌 揮涕
流離 蒲伏 即匍匐也 微鮮 微妙而鮮明也 蹻捷 蹻輕也 蜿蟺 盤屈也 陵躍
躍身 超驤 騰驤也 舉 曠朗 遠明貌 野曠朗而無塵 言無人居也 一云虛寂貌 虛空曠朗
也 虛玄 寂靜貌 幽藹 深寂貌 峻挺 高貌 杳邈 遠貌 岧嶢 高貌 摧崩 危貌
嘈嘈 喧甚也 窈窕 深長貌 既窈窕以尋壑 殷賑 音隱軫 富有貌 波屬雲委
言多也 屬續委積也 又一云比署聯辭 波屬雲委 言文章多也 委鬱 飄揚貌 旌委鬱之飛飛 超忽

遠貌千里超忽言経途之遠也登降猶言上下也登降炤爛炤爛光明也見上嶕嶢
高貌耽耽深邃貌厦耽耽大楚樌特出也洪紛廣大而華采也嶕嶢言基之高
貌直嶕嶢以造天椽流高曲貌覧椽流於高光謂基也歇欻屋高也散也荒頓荒墟也靈
廟荒頹梵麗玲瓏貌盖梵麗趯趯諸品張設貌猛虞趯趯烟熅香氣貌襲青氣
之烟熅趑趄局小貌王之趑趄侠三綺錯繖道綺錯徬徨周流以徬徨不忍去也降
縈紆猶迴旋也以縈紆歩杳篠幽深也又杳篠而不見也周匝周匝列卒霣霣
爚爚光明貌百獸駭彈霣霣爚爚颮颮紛紛衆多之貌颮颮紛紛繽繽相纏澹淡
音濫淡隨風貌又云自恣貌隔閡音礙限也隔閡華戎迫脅迫窄也增九莚之迫脅赫
戲煇煌赫戲炎盛也煇煌光耀也岌嶪高壯貌峩以岌嶪嵬交紛交錯也上辯華
紛以佼瑰瑋奇好也何工巧之瑰瑋盡界桔桀嶚㞦磨磱高峻遼遠貌翶

卓氏藻林卷之八　通用類　本十二

婆駘蕩燾奡摩硲罘罳音呼摩音梟皆桀嶸岌亭亭岧岧皆孤高貌鍔鍔列列皆高
危峻峻貌巘巘偏起貌飛檐巘巘又高也四門巘巘逾延周通也重閨閩轉相逾延幽穿
篠篠深遠也望篠篠以経庭邐倚一高一下一屈一直也又曰長遠貌道邐倚以正東廣豫
寛大也前開唐中彌望廣豫聯槅旅連屬貌商聯槅緜聯緜縷聯垣泱漭無限極貌
山谷原隰泱漭無疆田駢偪側皆聚言之意摧殘靡拉皆毀折也夌靡放
也紛瑰麗以夌靡騷殺飄揚貌飛流蘇之騷殺盈溢天區盈溢叢駢賛立叢駢並也
駢言多也颼攸容裔皆從風轉落貌建辰旒之太常紛颼攸以容裔旿瞑不明也
青冥旿瞑嫵媚美好之貌齴齞小節也奇幻巧術也擅場擅專也謂人莫已若
也踢天蹐地言恐懼之甚雖天高地厚不敢不踢高天蹐厚地挺紀
挺然可廓極以功開立之也廓開極致也言幢幢樹羽之飛貌樹羽幢幢饒衍富謂

饒繁衍也百姓同於饒衍指南猶指示迷惑也見指南於吾子也莘莘蕤蕤明貌氣不
稜稜霜氣嚴寒之貌稜稜之霜雪蓬勃氣出貌浤浤露光盈満也浤浤露盈條
艷彩浮光貌露方乏艷翳翳微暗也月翳翳以隱雲朧朧暗也星朧朧而無光縹緲
翩綿雲也飄揚輕舉之貌（初學）伊余即我也伊語辭權奇昂藏貌權奇出未央寶馬
（藝文）縈薄縈迴而依薄也絳氣下縈薄烏奕華盛貌一曰長盛也旐旆烏奕乎朝
廷又曰蟬聯不絶也騷屑淒慘之貌長風騷屑正颯颯不静也紛綸即紛紜
綸發流慶烏奕乎千載
文雅（六朝）懸邈遼絶也邈遼遠懸綿眇亦遠也綿眇在王堂兼入瑰異奇
妙蔓延連屬不絶也纚長遠之意綢杳綢密而聚合之
也緬邈遠而紛挐紛亂貌觀風化之得因軋不舒展之
緬邈邈也失今猶紛挐其多違高竦之貌意寔因軋
而處崟匝周圍積沓峯兮積沓給沓也積聚羃䍥草
䟍兮崟匝也

卓氏藻林卷之八　通用類　本十三

生芽捲蘡貌谷蘡蘿羃幕羃歷掩松門（唐詩）支離猶言離也支離去二漳杜詩支離東北風塵際
冥絶即遠絶也鑿壑雖冥絶威遲即透迤也威遲哀壑底合沓相繼貌合沓歲月徂
宿留音秀溜如言等候也宿留洞庭秋搖颺即搖蕩也搖颺飛碧江搖颺水雲浮映空
賽産高大貌一云屈折也珍臺賽産轇轕參差縱横也闘戟轇轕旖旎小巧輕垂之貌
脩聳高長也深峽轉脩聳遮莫猶言儘教也遮莫隣雞下五更颯爽蕭颯疎爽也颯爽動
秋骨言聯拳頭宿相並相續之貌鷺聯拳静沙鸂鷺閴忽閴也閴傳羽檄（韻府）
鷁也蒙茸不明貌日色已蒙茸威紆長而曲折之貌盤紆山勢迴轉貌山則盤紆繚迴
廊腰繚迴輪囷屈曲盤戾之貌闌干横斜之貌月落參横北斗闌干又曰昔嘗長闌干擁
腫樗木擁腫叢具雜充墳委書積委多種也詔華詭言麗巧也亭閣華詭膠擾亂煩
也膠膠擾擾乎清迴即清高也雲霄清迴晻藹樹繁茂貌芳藹花氣襲人也幽蘭芳藹

明譪明晻也庭樹翻離合膌景互明譪　寂歷寒花疏寂歷　帝範唐太宗作帝範十二篇賜太子　騰踏飛黄騰踏去　慌罔不明貌　奄欻言變化疾速也慌罔奄欻神化象忽　險巇顛危也時之險巇　荒忽無形貌　熠爚光明貌　槷剈危貌

通用類畢

藻林卷之八終

跋卓氏藻林

李漢曰文者貫道之器也不深于斯而道有至焉者不然則文者所以載斯道而往於悠久者也卓君徵甫作藻林備於文辭之用者上從經傳下至于史及諸家韻切等書蔑悉不蒐羅爲記事提其要纂言鈎其玄可謂用心之勤矣實非學海寶筏文林良材乎學者讀之則不學于子雲而能作奇字不問于仲舒而能辨故事予謂作室者必有規矩陶器者必有模範游於藝者何獨不然矣而此書世未有刊行者書肆某將鏤諸梓就予而圖之其意酷勤遂不得辭略加檃括且作訓點以與之後之覽者爲是正焉

元祿歲次戊寅仲春穀旦

洛陽後學三雲義正新四郎謹書

古今類書纂要

提要

《古今類書纂要》十二卷，明璩崑玉編，日本寬文九年（一六六九年）山形尾印本，收入長澤規矩也編《和刻本類書集成》（第五輯）。是書以部統類，共分天文部、地理部、時令部、人道部、身體部、心體狀貌部、仕近部、仕官部、武職部、文史部、珍寶部、衣服部、顔色部、器用部、娼家部、飲食部、花木部、疾病部、死亡部、神鬼部、祭祀部、釋道部、飛禽部、走獸部、鮮介部、昆蟲部、人事部、通用部、雜録部、俗語部、營生諸業部、書目部、補遺部等三十三部。大字為正文，注釋小字雙行，有日文訓讀。

古今類書纂要叙

夫學者不能探玄扶微而句比之字櫛之非大學問也然學者譚玄扶微而叩以某文何解某事何據茫無以應非大學問也致知格物當下度出金鍼爾雅一書格物之

引一

祖郭景純稱其爲九流之津涉六藝之鈐鍵學覽者之潭奥摘翰者之華苑余謂未悉其蘊也自是而後如焦澹園所云學古貴乎博患其不精記事貴乎要患其不備古昔所傳貫綜龐駁約而成書類家始焉魏皇覽而外若徐勉劉孝標劉杳陶隱居徐堅虞世南諸人相繼而作或紀故或紀文皆以備遺忘便論討其功當不在爾雅下顧類書之爲道難矣嘗憶遷之爲史坑焚之禍方熄徃牒散亡吾以五

引二

十萬言爲詳及固承遷後向歆之徒出矣徵文獻於當時八十萬言吾則以爲畧書至於今毛擯鱗次譬如落葉難掃而古籍仍似晨星假令詳贖者未必聚狐成裘粗備者不過食葉作繭是略其略而不

能詳其詳也夫何貴於是龍丘璩君朝聘展蠧燒燈困於擧子業竟以山林老患一生所爲逗入眼根隨落腕下凡天地古今綱常倫紀鳥獸草木宮廬服食器物已稍稍提挈其綱領訓釋其文義胡容以

引三

自覆乃復更定逾年梓而公諸同好授余讀之目如干總如干卷一詳一畧易人所難語不必古而近事畢收事不必奇而有資必録眞格物書哉劉熙云名之於實各有義類百姓日稱而不知其所以吾

知免矣迺吾觀於昔爲是擧者非群朝臣開局爲之則身居秘閣家有賜書璩君以獨力纂緝且也僻居浙隅不識何以至是也其殆徐劉董後身耶或謂類書寧譎而古毋叢而今寧稗而奇毋正而典者

引四

是則璩君識矣不知貨殖家珠璣象貝日充於市而賣醬販脂亦相灌輸大醫主冊砂靑芝琇爲上品而馬渤牛溲亦備不測深之可以證道淺之可以洽聞者是編者亦不弟景純所稱而已也余且挾之

以遊以當張華之兼乘惠子之五
車
天啟改元清明後一日
古鹿城沈際飛天羽父題於芸
窓

新刊古今類書纂要目錄

卷之九

人事部

卷之十

人事部

卷之十一

人事部

卷之十二

人事部

新刊古今類書纂要目錄完

新刊古今類書纂要卷之一

龍丘璩崑玉朝聘甫纂集
同邑葉文懋汝功甫校閱
金閶錢國煥郁之甫梓行

天文部 天有日月星辰謂之文

天 說文曰天顛也至高無上從一大也

混沌 不開通貌 天地未判混元清濁之氣未分謂之混沌

元氣 元氣之輕清者上浮而為天其色玄其形穹窿天圓而動包着地天運不息晝夜輪轉又曰天以氣而依地之形地以形而附天之氣天包乎地地特天之中一氣耳

鴻濛 未有天地之時混沌如鷄子溟涬始萌鴻濛始芽自清濁既分伏者為天偃者為地

太極 易繫云太極謂天地未分之前元氣混而為一是太初太乙也老子云道生一即此太極也混元既分即有天地故曰太極

盤古分 通鑑云相傳首出御世者有盤古氏又曰渾敦氏○盤古猶言固也渾敦未明之謂也○盤古生于太荒莫知其始明天地之道達陰陽之變為三才首君於是混茫開矣

物祖 董仲舒曰天者群物之祖

蒼天 春為蒼天春萬物始生其色蒼蒼故曰蒼浩天

昊天 夏為昊天夏萬物壯盛其氣昊昊故曰昊天○昊元氣廣大貌

旻天 秋曰旻天秋萬物成熟皆有文章故曰旻天○旻文也又是愍也愍萬物之凋落也

上天 冬曰上天謂冬陰氣在上萬物伏藏故曰上天又言時無事在上臨下也

九野 呂氏春秋云天有九野中央曰鈞天東方曰蒼天東北曰旻天北方曰玄天西北曰幽天西方曰皓天西南曰朱天南方曰炎天東南曰陽天○即九天

九靈 九蒼 九乾 並九天也

九霄 九天也謂神霄青霄碧霄丹霄赤霄玉霄琅霄紫霄太霄○又曰近天之氣為霄

九垠 九天之際

九陔 陔階也九天之外次也言其階次有九也

陽精 春秋說題云天為群陽之精合為太一分為殊名

蟻磨 晉天文志曰日月本東行天西旋入于海牽之以西如蟻行磨上磨左旋蟻右行磨疾蟻遲不得不西

天宇 天覆地如屋宇

閶闔 始升天之門

倚蓋 唐楊炯渾天賦云天如倚蓋

玄關 天門

大圓 天也管子曰人能靜正乃能戴大圓而履大方

上靈 圓靈 蒼靈 蒼昊 穹蒼 顥穹 皇穹 太清 清玄 清昊 太虛 青冥 碧落 重玄 清玄 以上皆天也

上玄 天也文選云祈禰乎上玄

九閡 閡重也九天之上也

九閽 九天之門

天闕 天門

金天 西方

玉京 上都 清都 紫虛 並天帝所居也

紫極 紫宮天座

十端 春秋繁露曰天有十端天為一端地為一端陰為一端陽為一端水為一端木為一端火為一端土為一端金為一端人為一端凡十端天亦有喜怒之氣哀樂之心與人相副以類合之天人一也春喜氣故生秋怒氣故殺夏樂氣故長冬哀氣故藏四者天人同之

穹窿 天勢也

寠窶 天雨而晴雲天空虛之狀

祁連 匈奴呼天為祁連○祁連匈奴山名一名天山匈奴過此皆下馬拜

提婆 西域呼天曰提婆

撐犂 匈奴呼天曰撐犂子為孤塗陸机閡史不識撐犂二字為天

燄摩天 在三十三天之上玉皇上帝所居常有紅雲擁護

虎豹九閽 天門九重其神虎豹司其開閉下人有欲上者則齧殺之○出楚詞 **天籟** 風吹禾声 **泰初** 氣之始也

日

説文云太陽之精也常滿有節徑四百里週千三百里至地二萬五千里循黄道而行懸空運轉本不附着于天 **旭日** 初出之日 **扶桑** 日出處也 **天精** 天精為日地精為月 **火精** 日者火精也 **陽旭** 春日 **踆烏** 日中有陽烏三足曰踆烏又曰東烏烏輪靈烏烏飛以上皆日也 **耀靈** 日也又曰東君靈暉大明朱明朱光扶光丹景朱曦陽靈陽烏皆日也 **九陽** 九日也陽谷上有扶桑十日所居居水中有大木九日居下枝一日居上枝 **燭龍** 山海經云鍾山之神名燭龍現為晝暝為夜吸為冬呼為夏身長千里人面蛇身赤色又名燭陰天不足西北無陰陽消息故有龍銜火照天門 **驕陽** 夏日也又曰爍日爽燭火傘 **曙烏** 曉日 **昕日** 日初出 **羲和** 日御 **日域** 日初出処 **陽德** 日也 **輝光** 日朝旦為輝日中為光 **化日** 王符曰化国之日舒以長 **晨明** 日出于扶桑之上是謂晨明 **朏明** 日將明也 **朝陽** 山東曰朝陽謂旦乃見日 **晨光** 日影 **高舂** 日經于泉隅是謂高舂言尚未暝上蒙先舂故曰高舂日所入処又山名 **下舂** 日頓于連石是謂下舂言將欲暝下蒙悉舂故曰下舂 **頹陽** 落日也又曰丹蹶沉曦頓暉 **倒影** 日西落光返照景反在上日反在下故曰倒景 **桑榆** 日西垂景在樹端曰桑榆暮景言日光在桑榆樹上也 **日傾** **晷景** **日曛** 並日將入 **日晼** 日斜 **日昃** 日西 **小還** 日到西南謂之小還 **大還** 日西曰大還 **昧谷**

感池 **虞泉** **蒙汜** **崦嵫** 並日入処 **七襄** 詩曰跂彼織女終日七襄○日月所止舍一日當更七次 **昑朧** **浮陽** **曾暉** 並日光也 **曚曨** 日未明 **曈曚** 日未明 **逐日** 列子云夸父不量力欲追日影走至陽谷口渇北走大澤中求飲至鄧林渇甚而死骨肉化為林木廣数千里今人称鄧林之木乃良木也 **日出入十六所** 陽谷咸池扶桑曲阿曾泉桑野衡陽昆吾烏濱悲谷如繞漸隅虞淵連石悲泉蒙谷 **日入雷聲** 沙彌茶国日西沒處至晩入声若雷国王毎于城上聚千人吹角鳴鉦撃鼓混雜日声不然則小児驚死 **日蝕** 日者太陽之精人君之象君道有虧為陰所乘故蝕蝕者陽不克也 **陰蝕** 日不顯蝕 **救日** 天子救日置五麾陳五兵五鼓諸侯置三麾陳三兵三鼓大夫撃門士撃柝凡有声皆陽事也以厭陰氣也 **日不食朔** 天下太平日不食朔月不食望

月

月者太陰之精也積陰之寒氣久則為水水氣之精為月月者闕也行黄道之南懸空運轉徑四百里週千二百里至地高二萬五千里朱子曰其躰本黒受日之光而白故日近則先露一眉漸遠則光漸大 **陰宗** 月者陰之宗也是以月虚而魚脳減 **金精** 月者天地之陰金之精也 **朔** 初一日也朔蘇也月死復生蘇也 **望** 十五日也月半之夜月圓與日対望望者月滿之名也月大則十六日為望日在東月在西遙相望也 **弦** 一日上弦初七八下弦廿二三之月如弓離弦之状故 **晦** 三十日也晦灰也火死為灰月光尽似之也 **朏魄** 承大月月生二日謂之魄承小月月生三日謂之朏 **朓朒** 晦而月見西方曰朓朔而月見東方曰朒又月朝見曰朒夕見曰朓 **側**

匪月圓與日対望既望之後漸虧謂之側至晦無光謂之匪哉生明月十五日哉生魄旁死魄月二日曰旁死魄既生魄月十六日後曰既生魄月膌月所生處纖阿月御也又曰望舒玉兔月中有形如兔故月曰玉兔嫦娥羿請不死之藥于西王母羿妻嫦娥竊奔月宮遂托身于月是為蟾蜍桂月俗傳月中有桂樹玉宇月也又曰桂輪金魄玉蟾圓影兔魄兔影玉輪氷輪夜光月以宵耀故名夜光珠暉月光也又日暉素流陰月影顏魄西方麥月蚌蛤實月為群陰之本月望則蚌蛤實群陰盈月晦則蚌蛤虛群陰虧霓裳舞羅公遠中秋夜侍唐明皇翫月取杖向空擲之化為長橋其色如銀帝登之至一大城闕公遠曰此月宮也見仙女數百素練寬衣歌舞于廣庭帝問此何曲名

公遠曰此霓裳羽衣曲也廣霊堂秋分之日月宿東井之地上廣霊之堂廣寒宮月宮也冬至後月養魄于廣寒之宮清虛府唐明皇遊月宮見天府榜曰廣寒清虛之府月中斫樹月桂高五百丈有一人常伐之樹創隨合其人姓吳名剛西河人學仙有過謫令伐樹暈日月兩旁氣月行九道青道二赤道二白道二黑道一黃道二月蝕月無光借日之光以為光日一歲而一周天月二十九日而一周天歲凡十二會則月光都尽而為晦已會則月光復蘇而為朔朔後晦前各十五日日月相对則月光正滿而為望晦朔而日月之合東西同度南北同道則月掩日而日為之食望而日月相对又同度同道則月亢日而日奪其月光月反為之食是皆常度矣有擊鑑長安城中每月食士女取鑑擊之以救月食

星春秋說題云星之為言精也陽之榮也陽精為日日分為星故其字日下生為星。說文云星散也言列位布散也。星之為言精也陽之氣也本無質只是氣之精英凝聚又曰是地上木火土金水之氣上結而成浮生太虛之中其運行皆隨氣轉宿字解釋名云宿宿也言星各止住其所也說苑辨物篇曰二十八星所謂宿者日月五星之所宿也王充論衡曰二十八宿為日月舍猶地有郵亭為長吏廨矣晉天文志云四布于方各七為二十八舍觀此數公則宿止當讀如本音吳都賦云窮飛走之棲宿披重霄而高棲借韻耶未可固執宿為秀音也史記律書註正義秀音二音三台前天文志云魁下六星兩兩而比者曰三台在人為三公東壁漢志云東壁二星主文籍天下圖書之府文昌百官志曰尚書出納王命數奏萬机斯乃文昌天府紫微少微

奎壁並文昌星南極老人星太微帝座星五老文選云堯見五老入于河一老人曰河圖將來告帝四老飛于天入于昴壽星天文曰老人星常以秋分之日見于丙春分之夕沒于丁見則治平主壽昌○又辰星以二十八宿角亢為首又曰辰星德星史記曰陳仲子從諸子任造荀季和父子于時德星聚太史奏五百里内有賢人聚啓明長庚詩經○二者皆金星也以其先日而出故謂啓明以其後日而入故謂長庚東有啓明西有長庚寶婺女星太白金星王繩即玉衡星夜深則低凡珠斗北斗星也斗杓斗柄所指以建時也曙斗曉星歲星太歲星也歲星所在其国有福景星天文志曰景星者大星也状如半月生于晦朔助月為明王者不私人以官使賢者在位則見○韓文曰景星為美瑞

台斗 尚書星也
伯樂 在天為掌馬星孫陽能識馬故稱伯樂
老人 南極壽星也老人形而主壽喜
天矢 瑞星也六朝文選云天矢黃而国吉祥
恒星 列星也又曰經星恒經皆常也文選云恒星不見而周衰
金精 太白星金之精大將之象
營室 爾雅謂之定定音訂正也凡營作宮室者必樹八尺之臬以候日影之出入以正東西南北之向皆以營室中為正也○臬音業木也
北辰 北極天之中以正四時
箕星 箕星好風月臨東北入于箕則多風
畢星 畢星好雨月離西北入于畢則多雨
河鼓 爾雅云牽牛星也
天孫 織女星之別名
熒惑 火星
罰星 熒惑謂之罰星孫子曰歲為善星不禍無道火為罰星不罰有德
法星 熒惑也乃執法之星
孛星彗星 並妖星也孛星光芒短其光四出蓬蓬孛孛也彗星光芒長如掃箒竝為除舊布新火炎也
長星 凶星也有一直指或竟天或十丈五尺無常多為兵革事也
枉矢 妖星也初學記曰枉矢蛇行而秦滅
蓬容 妖星
天狼 星名主侵掠
酒旗 酒星似旗
奔星 光跡相連而去又曰奔精
招搖 斗柄星主天時
參商 兩星名又曰參辰商星居東方卯位參星居西方申位二星相背而出永不相見故朋友乖離不合者曰參商
移轉 星曰移斗曰轉
躔度 星之所歷曰躔度
北斗七星 魁魓魒魑魖魋魌為天之樞機
南斗六司 天樞天柱天梁天同司祿司命延壽之司
二十八宿 東南角亢氐房心尾箕東北斗牛女虛危室壁西北奎婁胃昴畢觜參西南井鬼柳星張翼軫
泰階 泰階三台也每台二星凡六星符六星
六符 之符驗也三台乃天之三階上階為天子中階為諸侯下階為庶人三階平則天下太平三階不平則百姓不寧故云泰階六符
隕星為石 隕墜也星墜地則石也河濟之間時有墜星
狼奮角 狼星芒角則盜賊起
貫索星 牢獄星也
兩儀 天地也太極生兩儀
乾坤 天地也又曰造化兩間皇祇
堪輿 堪天道輿地道
宇宙 上下四方曰宇往古来今曰宙
陰陽 月為太陰日為太陽
二氣 陰陽
兩曜 日月也又曰兩輪二紀
霄壤 天地
晷緯 日星
三辰 日月星也又曰三光三靈
五行 金木水火土也又曰五星五緯五部
四望 日月星海
七政 日月五星
六物 歲時日月星辰
合璧連珠 楚辭○日月如合璧五星如連珠言祥瑞也
泰元媼神 泰元天也媼神地也
一元 邵子曰自有天地至于窮盡謂之一元一元有十二會一會有一萬八千年子会生天丑会生地寅会生人至戌会則閉物而消天亥会則消天而消地至子会則又生天而循環無窮矣

雲

雲之為言運也蓋陰陽之氣運聚而成觸石而起又云山澤之氣
慶雲 史記曰若煙非煙若雲非雲郁郁紛紛蕭索輪囷是謂卿雲卿雲見喜氣也卿漢書作慶
景雲 孫氏瑞應圖曰景雲者太平之應也一曰慶雲非氣非煙氤氳五色謂之慶雲天子孝則景雲出景明也言雲氣光明也
占雲 春分秋分夏至冬至觀雲色以占歲事黃主豐青主蟲白主喪赤主兵荒黑主水
同雲 雲一色也上天同雲將雪之候○出詩經
瑞靄 董仲舒曰太平之時雲則五色而為慶三色而成矞
彤雲 彩雲
矞雲 外赤內青
卿靄 瑞雲也
慶霄 慶雲
黃旗 瑞雲
繽雲 彩雲
雲翳

論衡云初出為霓紫雲為野蔽雲暈氣五彩暎日嚴雲冬雲披雲衛瓘見樂廣神采清秀而奇之曰此人若氷壺見之瑩然若披雲霧而覩青天雲霄水氣在天為雲近天之氣為霄雲駛雲行疾也駛馬行疾也○靉靆雲盛貌天衣雲曰天衣油雲雲盛將雨貌玄雲神仙所乘漢陌雲路雲闞晉咸和元年雲聲如暴風雨遏雲秦青善歌響遏行雲瘴雲炎瘴之雲雲泉相應黃泉之埃上為黃雲青泉之埃上為青雲赤泉之埃上為赤雲白泉之埃上為白雲玄泉之埃上為玄雲○河圖始開白衣蒼狗言浮雲變態不常初為白衣變為蒼狗譬萬事之變不可名狀杜詩云天上浮雲如白衣須臾改變為蒼狗

風

埤雅云天地之氣噓而成雲噫而成風條風東北風立春條風至明庶風東風也春分明庶風至清明風東南風也立夏清明風至景風南風也夏至景風至涼風西南風也立秋涼風至閶闔風西風也秋分閶闔風至不周風西北風也立冬不周風至廣莫風北風也冬至廣莫風至以上條風起至廣莫風止為八風八風謂八節之風也少男風將雨至急風也少女風將雨初來微風也傳異記曰時大有問管公明當何時雨公明言今夜當大雨至日暮了無雲氣公明言樹上已有少女微風其雨至矣○少女即風神也黃雀風五月為黃雀風是時海魚變為黃雀因以名之石尤風打頭逆風也六朝文選云欵作石尤風四面斷行旅花信風三月花開名花信風江南自初春至初夏五日一番

風候謂之花信風梅花起楝花止二十四番花信風舶䑲風吳中梅雨初過颯然弥旬謂之舶䑲風云海外舶船禱下神而得之乘此風到浙江間也柔風春風薰風南方曰薰風一日巨風又曰南颸谷風東風凱風南風長養萬物朔風冬風也又曰朔吹商風秋風也又曰素風金風金吹秋風融風東風颷風西風厲風西北風陽風三月風泰風西風栽風惡暴風獰飈風惡風炎風在南海外夏日則殺過鳥羊角旋風洪颷大風終風終日風也涼吹涼風香吹香風飄風無常之風風伯神風也又曰風夷巽二箕伯飛廉頹颷暴風從上下曰頹從下上曰颷風毋風毋似猨見人若慙打死見風即活出九德縣颶風颶四面之風也一曰俱風常以六七

月發未至時三日雞犬不寧大者或至七日小者一二日外国以為黑風颶母南海夏秋間或雲物慘然有暈如虹長六七尺謂之颶母此候則颶風必發若忽有震雷則颶風不作鳶鳴鳶鳴則風生萬籟風吹萬物有声山揮法獄之山有獸名山揮其行如風見則天下大風鳥巢扶枝扶枝旁枝也鳥鵲知歲之多風去喬木而巢扶枝颯颯風声颼颺風搖木也勁風秋風勁疾盲風疾風翕習風聚起

雨

董仲舒曰陰陽之氣上薄為雨風其噫也雲其氣也雷其相搏之声也電其相擊之光也雨乘虛而墜風多則合速故雨大而疎風少則合遲故雨小而稀梅雨梅熟而雨曰梅雨江東呼為黃梅雨又江南三月為迎梅雨五月為送梅雨澍雨時雨生萬

物也。膏雨春雨如膏。霡霂細雨。愁霖雨久曰愁霖。涷雨夏夫暴雨。連陰久雨。淫雨小春月雨為淫雨百虫飲此雨而蔵蟄俗呼為藥水。靈澤時雨也又曰豊澤甘澍。霢霂久旱而雨謂之霢霂。靈雨瑞雨。淪雨冬雨。霖瀝過二旬雨也。洪霖踰旬月雨也。豊注大雨。魚喚喚魚口向上將雨候也。懸炭以炭與物称之輕重等懸室中天將雨則炭重晴則炭輕。礎潤礎柱礎也礎潤天將雨之兆也。龍蒸龍將起而氣蒸雨候也。月離畢昔孔子出使子路賷雨具有頃果雨子路問其故孔子曰昨暮月離畢後日月復離畢孔子出子路讀賷雨具不聽出果無雨子路又問孔子曰昔日月离其陰故雨昨暮月离其陽故不雨。蟻封穴蚁封穴戸大雨將至。石燕飛零陵山有石燕遇風雨則飛止還為石。朱鱉浮朱鱉浮于波上必大雨。乾星照晝雨夜見星明日復雨諺云星宿照爛土明日依舊雨。狸知雨有客請董仲舒談論微與仲舒疑之又云天欲雨仲舒戲之曰巢居知風穴處知雨卿非狐狸即其老鼠客化為老狸而去。商羊鼓舞齊有一足鳥飛止殿前舒翅而跳問于孔子子曰鳥名商羊昔聞童謠曰商羊鼓舞天將大雨今齊有之將有水災。雲覆北斗比斗者不欲雨若有黒雲覆之必大雨。黒猪渡河夜半天漢中有黒氣相逐謂之黒猪渡河乃雨候也。滴堦古詩云夜雨滴空堦滴ヒ空堦裡空堦滴不入滴入愁人耳。霶霈雨勢大也。霰霰雨勢。靃靃雨声。霥霥雨貌。曀霾曀陰而風也風而雨曰霾。雺霧天陰。陰曀不陽天陰闇也。霧雨淫淫小雨不止。霢

雨小雨。下潦上霧天陰雨。雨霽霽雨止也。開朗天晴明也。澄霽天清雨止。昝晝雨向午而晴也。祈晴祈求也久雨則祈晴。雲氣四除天開晴也。霍然四除雲遷散也。禜門礼記曰雩禜祭水旱也○雩祈雨之祭禜止雨之祭每禜于城門。雲場祈雨地。求雨熈寧中京師久旱令坊巷以瓮貯水揷柳枝泛蜥蜴小兒呼曰蜥蜴ヒヒ興雲吐霧降雨滂沱放汝歸去時蜥蜴不雖尽得以蝎虎代之入水即死小兒更呼曰寃苦ヒヒ我是蝎虎似怎昏沉怎得甘雨。閉陽縱陰○董仲舒曰求雨閉諸陽縱諸陰○師古曰若閉南門禁挙火及開北門水洒人之類是也。虎骨虎骨虎頭骨也未旱不雨以長縄繋虎頭骨以投有龍湫潭中入水即掣不定俄頃潭中雲雨隨降乃取出。甲子雨俚諺曰春甲子雨赤地千里夏甲子雨乘船入市秋甲子雨禾頭生耳冬甲子雨牛羊凍死鵲巣入地其年大水。鳩逐婦鵓鳩陰則屏逐其雌晴則呼而逐之語曰天將雨鳩逐婦○韋應物詩云天將陰鳴鳩逐婦鳴中林鳩婦怒啼無好音天雨止鳩呼婦去鳴且喜婦不亟還呼不已逐之使去恨不早呼不肯來固其礼喻人夫婦反目也婦鳩之雌者。五風十雨太平之世五日一風十日一雨董仲舒曰太平之時雨不破塊旬日而雨雨必以夜。

霜

陰陽之氣也陰勝則凝而為霜露結而成也霜者喪也言其氣慘毒而能喪物也未露不能成也。霜信古今詩話曰北方白鴈秋深乃來來則霜降謂之霜信。甘霜拾遺記曰瀛州霜甘。紺碧拾遺記曰廣延国霜紺碧色。拒霜芙蓉號拒霜花。

青女霜神 **附木**京房易傳曰誅不原情其霜附木不下地不教而誅其霜反在草下 **殺草**春秋曰王者政令苛則夏下霜誅伐不行則冬霜不殺草 **殺桑**漢元帝永光元年三月隕霜殺桑九月二日隕霜殺稼天下由是大飢是時石顯用事 **六月飛霜**淮南子曰鄒衍事燕惠王盡忠左右譖之繫行于獄衍仰天而哭夏六月天為之隕霜 **夏隕霜**命歷序曰桀無道夏隕霜

雪

天地積陰温則為雨寒則為雪又曰陰陽凝而為雪 **六出**韓詩外傳曰凡草木花多五出惟雪花独六出出辦也 **三白**雪也諺曰要宜麥見三白謂臘月前見三次下雪則次年豊熟 **雰雰**雪貌詩曰雨雪雰雰 **皚皚**霜雪白貌 **甛雪**拾遺記曰穆王東至大巇之谷西王母来進嵰州苷霜甛雪嵰州去玉門三千里地多寒雪霜着木石之上皆融而苷可以為菓 **青雪**拾遺記曰燕昭王時廣延国来献青雪其国去燕七萬里在扶桑東其地寒盛夏之日氷厚至文常雨青雪氷霜之色皆如紺碧 **滕六**雪神 **玉塵**雪也 **雪蛆**江隣幾雜志曰峨眉雪蛆大治内熱 **赤雪**唐五行志曰貞元二十一年正月甲戌雨赤雪于京師 **五月雪**漢女居東海養姑至孝姑女誣之被殺五月感天下雪 **霙**雪花 **雹霰**大戴礼曾子云陽之專氣為雹陰之專氣為霰霰雹者一氣之化也盛陽之氣在雨水則温煖為雨陰氣薄而脅之不相入則轉而為雹盛陰之氣在雨水則凝滞而為雪陽氣薄而脅之不相入則消散而下因水而為霰故春秋穀梁説曰雹者陰脅陽之象霰者陽脅陰之符也 **稷雪**霰圓如稷粒故曰稷雪 **庭霰**雪珠也又曰銀礫礫音力

氷

氷凍 **氷笋**簷滴凝于霤下曰氷笋○霤音溜簷下承滴水者以木為之 **庭澤**即氷笋也俗云浮澤○浮音乎 **氷凌**大氷瑰 **流澌**解氷 **氷泮**氷解化也 **氷蠶**拾遺記云東海圓嶠有氷蚕以霜而覆之然後作繭其色五彩織為文錦入水不濡入火不燎唐堯之代海人献以為黼黻 **狐氷**文選○狐多疑立春後每聽氷而後度 **淚氷**唐楊貴妃初入宮與父母別泣紅淚凍成氷 **頒氷**礼天官夏頒氷 **鼠食氷**神異記曰北方氷厚百尺有鼠在下食氷其鼠毛長尺餘可為布入火不燹 **洛澤**氷也 **清**寒冷 **沁**音侵去声冷也 **瀶**瘐凝 **洞**冷也 **凍濃**氷精 **漻沭**手足凍貌 **凛冽**寒氣嚴也 **寒凚**寒極貌又日寒病也 **涸陰** **沍寒**涸凝閉也沍寒凝也 **氷山**或勸進士張彖謁楊国忠富貴可立圖彖曰君輩倚楊右相如太山吾以為氷山耳君皎日既出得無失所恃乎遂隱居嵩山 **氷紋**長編曰景福中滄州城壍中有氷紋如畫大樹葉華芬敷時人卜其地當有兵难

露

大戴礼曰露陰陽之氣也陰氣盛則凝為霜雪陽氣盛則散為雨露 **苷露**瑞應圖曰苷露者美露也神霊之精仁瑞之澤其凝如脂其苷如飴一名天酒 **膏露**即苷露也聖人之德上及太清下及太寧中及萬霊則膏露下○出藝文 **陰液**露者陰液也釋為露結為霜 **商露**文選云商壽鼻其上靈人触之肉即爛南海郡有之 **溼露**溼濃也 **霑瀘**露潤物周徧謂之霑瀘 **丹露**洞冥記曰畢勒国人飲丹露為漿母偕者日初出有露汁如珠也 **玉杯仙掌**漢武帝作金莖擎玉杯以承雲表之露和玉屑服之以求仙又作銅柱承露盤上有仙人掌以承露也 **蟬露**蟬生

時露最重 **氣清** 曹植曰物之不朽者莫如金氣之清者莫如露 **朝露** 史記曰君之危也若朝露 **薤上露** 人命如薤上露易晞漢武帝時李延年為歌曲薤露送王公貴人蒿里送士夫及庶人薤露歌曰薤上露何易晞明朝更復落人去何時歸 **栢上露** 弘農鄧昭八月入山採藥見一童子取栢上露問之云赤松子取之明眼言終不見 **貴妃吸露** 楊貴妃宿酒初醒肺苦熱與帝遊後苑收花上露吸之以潤心肺

霧

曾子曰陰陽之氣亂則霧莊子曰騰水上溢故為霧凡重霧三日必大雨雨降霧中不可行 **霿** 地氣発而天不應曰霧天氣降而地不應曰霿 **百邪之氣** 五行志曰霧者百邪之氣為陰冒陽本于地而行于天 **冒霧** 博物志曰昔王爾張衡馬均者

俱冒霧行一人無恙一人病一人死無恙者飲酒病者食死者空腹 **黃霧** 尚書中候○桀無道地吐黃霧 **靄靄** 雲霧之氣不散 **神井** 雍丘有夏后公祠有神井能致霧 **金霧** 湘州記曰蓬萊山東有蘇夷國時有金霧 **撥霧** 孔子曰索性撥閑雪霧便覩青天著力淘泥沙便見清泉 **山巾** 包賀曰霧是山巾子船為水鞍鞋

雷

陰陽相薄感而為雷雷于天地為長子以其萬物為出入也雷二月出地百八十三日雷出則萬物出八月入地百八十三日雷入則萬物入入則除害出則興利萬物須雷而解貴雷而潤雷天之號令発天出地 **霹靂** 雷之甚者 **震霆** 疾雷為霆震與霆皆霹靂也 **律令** 雷边小鬼捷行與雷相疾速者 **雷公** 猪首手足各兩指 **雷淵** 雷公之室 **天鼓** 河圖帝通紀曰雷天之鼓也 **阿香** 雷御 **靊霳** 雷師

轟礚 **靁靐** 並雷声 **電** 雷之光也雷將震于天則発光如金蛇又陰陽分爭掣為電 **矆睒** 俗呼電也 **電鞭** 雷以電為鞭 **太公喻電** 太公曰疾雷不及掩耳卒電不及瞑目○卒音促急也 **戒容止** 雷將発声有不戒其容止者生子不備必有凶災又玄女房中經曰雷電之子必癲狂 **無停光** 公孫弘曰掣電無停光疾雷無餘声

霞

説文云與日氣相薄也河圖云崑崙山有五色水赤水之氣上蒸而為霞也 **絳氣** 赤霞氣也 **翠霞** 江上青氣 **霞錦** 文選云餘霞散成錦 **散綺** 謝眺詩云餘霞散成綺 **流霞** 石曼卿夢到天上仙人以流霞一杯飲之曰公後貴壽不可以不重也其味甘其色赤其香馥郁 **凝霞臺** 日本国東三萬里有集真島上有凝霞

臺 **日精** 杜楊編曰日者霞之實霞者日之精

虹

霓 漢天文志曰虹蜺者陰陽之精也色鮮盛者為雄雄曰虹暗者為雌雌曰蜺○又朱氏曰日與雨交倏然成質乃不當交而交天地之淫氣也○雨久而晚見于東則晴晴久而早見于西則雨 **螮蝀** 虹也詩云螮蝀在東詩詁曰螮蝀陰氣所為也陽氣下而陰氣應則為雲而雨陰氣起而陽不應則為虹故詩以淫奔喻之 **挈貳** 尔雅云蜺為挈貳蜺雌虹也挈貳其別名也 **天忌** 淮南子曰虹蜺者天之忌也 **天弓** 白虎通曰天弓虹也又謂之帝弓 **天二氣** 文子曰天二氣即成虹地二氣即洩藏人二氣即生病 **青虹** 晉定公十八年青虹見 **蜿虹** 曲屈之虹 **美人虹** 異苑曰古者有夫妻食菜而死俱化成青絳氣故俗名美人虹 **霓** 俗呼虹蜺為霓

雺 江東人呼虹為雺

氣 湯氣上積為天天地未分之前元氣混而為一一氣既分之後先有天而後有地則氣化而人生焉 太素 元氣也又曰太質太始氤氳絪縕太乙太易鴻靈鴻約渾淪傾溕 沆瀣 北方夜半之氣 遊豪 天中清氣 溟涬 自然之氣 太真 太極之氣 渾元 天地之氣也又云渾大元氣也 六氣 天有六氣陰陽風雨晦明也 胚渾 即混沌之氣也 膠葛 上清之氣 青煒 青氣之光輝也青陽之氣始升而上以成萬物又赤煒白煒玄煒皆四時之氣也 格澤 漢書○格澤之氣如炎火黃白色起地上為上竽 葱鬱 青色陰煙山中氣也 氛昏 陰氣 紫氛 天氣 氛雜 氛纖喧雜也 殺氣 寒氣 氛祲 惡氣 沴氣 不正之氣 客氣 風雲天之客氣 氛埃 霧霾與埃塵也 朱霧 暑氣 炘炘 熱氣貌 芬藹 香氣 炎歊 熱氣 炎氛 熱氣 炎蒸 熱氣 西爽 西山爽氣 江氣 江上昏氣 栗烈 氣色也 胥氣 華嚴經日斷除一切煩惱胥氣云云 暈適背穴 抱珥 皆日旁氣也適日之將食先有黑之變也其形如背字穴作鐍其形如玉鐍也抱氣向日也珥形点黑也 顥氣清英 天白氣也清英案白貌 磧氣 塞外氣也

河漢 木象在天故云河漢 銀河 天河也又曰銀漢金漢明河 銀灣 許渾謂天河為銀灣 銀浦 李白謂天河為銀浦 天漢 天河 天津 爾雅云析木謂之津箕斗之間漢津也刈炫云天漢即天河也天河在箕斗二星之間箕在東方木位斗在北方木位分析木以箕星為隔隔河須津梁以渡故謂此次為析木之津也 雲漢 天河 金之散氣 史記天官書曰漢者金之散氣其本曰水漢星多則多水少則旱 從天轉地 抱朴子曰天河從北極分為兩頭至于南極其一經南中過其一經東井過河者天之水也隨天而轉入地下過○博物志曰舊說天河與海通 天潢 天津別名 鵲橋 七月七日烏鵲填河成橋而渡織女 絳河 天河 南濱 天地也

煙 天地氤氳之氣似烟非烟似霧非霧之狀炊火之氣亦曰烟 煙液 火氣着而為烟烟所着又凝而為液也 玄雲黃煙 將雪候也六朝文選云玄雲合而為煉黃烟起而成霙

類書纂要卷之一終

新刊古今類書纂要卷之二

地理部

地 元氣之重濁者下偃而為地　**后土** 地者萬物之祖故曰后土　**太塊** 地也又曰積塊　**輿地** 輿者載之意　**京師** 京大師衆也帝王所居有先君祖宗神主之地也又曰神州上京帝都京都京華皇邑皇基帝宅方州皇都輦轂下都輦皆京師也　**上游** 游流也王者地方千里必居上游　**邦國** 小邦大國　**中華** 中国也又曰中原中土諸華中夏中州神郷華夏大夏赤縣　**天府** 財物所聚曰府言関中之地物產饒多可備贍給故號天府　**樂國** 有道之国又曰樂土　**宇內** 天地四方　**函夏** 天下　**方內** 四方中国　**天區** 天下也又曰九域　**兩都** 西都長安東都洛陽　**中區** 中都　**神都** 唐武后改東都為神都　**三都** 西都京州東都河南北都太原　**長安** 即雍州漢之西都言可長安子孫也　**四塞** 史記曰秦四塞之国言四面有山関之固也　**國邑** 列侯所食邑曰国皇后公主所食邑曰邑　**疆域** 両國之界　**接壤** 両国相接　**封內** 封疆之內　**寰區** 国之封域　**萬區** 萬周　**他方** 異国　**山川** 諸侯祭封內山川　**社稷** 社土地之主土地衆多不能徧敬故封土為社以報功非土無以生稷五穀之長五穀衆多不能徧祭故立稷神以祀之　**畿甸** 天子千里曰畿五百里曰甸　**畿服** 畿內也又曰中甸　**甸服** 畿內之地五百里甸服　**侯服** 侯国之服也在甸服外五百里侯服　**綏服** 漸遠王畿而取撫安之義也在侯服外五百里綏服　**要服** 去王畿已遠皆夷狄之地也要者取要約之義特羈縻之而已在綏服外五百里要服　**荒服** 去王畿益遠以其荒野故曰荒服在要服外五百里荒服流放罪人之地　**都野** 鄙野　**四遠** 四方　**五都** 上都京兆東都河南西都鳳翔南都江陵北都太原

城

城池 城盛也盛受国都黃帝築邑造五城又神農之教有石城十仞湯池百步城池之制肇于神農盛于軒轅天子城高九仞公侯七仞伯五仞子男三仞　**城隍** 城下無水処曰隍　**壕塹** 壕城下池塹遶城水　**郛郭** 郛城外小城城外曰郭　**闉堡** 城曲門曰闉小城曰堡　**隊** 城下道　**女墻** 城上墻也言其卑小若女子之于丈夫也　**睥睨** 城上垣也言于孔中睥睨非常即女墻也　**堂門** 城門皆築土為之累土為堂故曰堂門　**雉堞** 城長三丈高一丈曰雉城上女墻曰堞　**堵子** 上女墻一堵周圍方一丈又曰一扇　**窩鋪** 城上遮身処消音延藏也　**臺門** 城門皆累土為臺故曰臺門　**金城湯池** 金以喻堅湯以喻沸熱不可近之意　**金隍** 金城　**鐵城** 在漢中城居山上極險　**嚴城** 防禦之城　**鳳城** 金陵有鳳凰臺故因名鳳城門曰鳳凰門今南京是也　**火城** 小城　**斗城** 漢元帝初築長安城南為南斗形故名斗城　**雕城** 塞外城　**崇城** 天子城　**曾城** 曾城九重王母所居　**百雉** 城方丈曰堵三堵曰雉侯伯之城方五里徑三百雉故大都不得過百雉制也　**麗譙** 城樓也又曰譙樓　**綺城** 華麗之城　**突門** 守城之別門　**後隧** 後門　**門長** 監門之長者　**執禁** 監門守法　**城者** 築城者　**增陴** 脩城也　**陸海** 関中天下陸海之地言山川物產饒富故謂之陸海謂萬

物之所出也 要害 地形險固在我為要于敵為害 形勝 地形險固故能勝人 距險 依險以自挾而距敵 阨塞 要害之地 雉堞崩剝 城壞 百雉之內 城中 牙闔不啓 城門不開也。闔閉也啓開也

省道 十一省十三道 藩司 布政司也 臬司 按察司也 九州 冀州雝豫州荊州揚州兗州徐州幽州營州是為九州也 九有 即九州又曰九圍 郡府 郡府也秦曰郡公相之居又曰府 都會 州縣繁盛謂之都會 劇州 州繁大於

支郡 在国之四邊者 州家 餘本州也 部郡 部下州郡 比郡 比接近也 閫郡 通郡 支輔 輔郡 海甸 近海之邑 吳會 蘇州府吳地東南一都會也又曰三吳會稽 三吳 東吳蘇州中吳潤州西吳湖州 三齊 左平陸右即墨

中隱謂之三齊 三秦 雍王章邯塞王司馬欣翟王董翳項羽三分關中地而王之故名為三秦 三楚 淮北沛郡陳州河南南郡西楚也彭城以東東海吳郡廣陵東楚也衡山沅江江南豫章長沙南楚也舊名江陵為南楚吳為東楚彭城為西楚項羽為西楚霸王 比境 鄰地也又曰接比 鄰封 隣地 同壤 同土壤也 三輔 京兆馮翊扶風是為三輔 支縣 屬縣 鉅封 藩鎮 八鎮 四方四隅為八鎮不言九者一鎮在中天子居之 湯沐邑 以其賦稅供湯沐之具也漢高祖曰以沛為朕湯沐邑 巖邑 巖險也 新豐 地理志曰新豐秦曰驪邑。太上皇思東歸於是漢高祖改築城市街里以象豐徙豐民以實之故號新豐

鄉黨 鄉者向也衆所向也五百家為黨 閭閻 里中之門閭也閻里門閻里中門

閭左 秦發閭左之戍。秦時居在閭門之左者一切發之未及取右而秦師已下 村落 落居也人所聚居曰村落又曰萬落 廬落 村居 里社 里之為言止也居也古者五十家為里今以百十家為里。社祭土而主陰氣共工氏有子曰勾龍為后土神始為社 梓里 称鄉里曰梓里詩曰維桑與梓必恭敬止桑梓二木名祖父植之以遺子孫給蚕食供器用者子孫見桑梓則思祖父之遺澤而不忍剪伐之也 枌榆 同鄉里曰枌榆同契枌榆二木名用以立社漢高祖少時祭枌榆之社及移新豐故後人用枌號為鄉曲 鄉曲 鄉里 桑梓 称鄉里也 闕里 在曲阜縣西南三里有孔子宅 角里 四皓中角里先生居 綺里 四皓中綺里季先生所居 栗里 晉陶淵明所居 戚里 長安戚里謂帝王有婣戚居之故名戚里 窮里 里之極隱

處 織里 孝匡有人所居名織里刻繪曰君有何織而居織里答曰孔子有何闕而居闕里 鳴珂里 唐張嘉貞拜中書令弟嘉祐進左金吾每朝軒盖盈門時號所居坊曰鳴珂里 下里 死者歸蒿里葬地下故曰下里 蒿里 山名在濟南府泰安州山上有蒿里祠一曰葬人之地 青社 王者以五色土封四方諸侯諸侯各以其方色土歸以主社 白社 鄉社 白蓮社 遠師結白蓮社以書招淵明淵明曰弟子性嗜酒若許飲即往矣遂許之遂造焉 香山社 白居易與香山九老結香山社白居易称香山居士 鷄豚社 韓詩云願為同社人鷄豚宴春秋 比落 里門相並 比隣 比近也五家為隣 比宇 居屋相並 連墻 隣居 居立

接近 同里 相去步武 居室近也 善鄰 相勞 隣家存問也勞安慰

也
連墻 隣居
市井 邑居為市野廬為井市交易之処井共汲之所又八家為井○伯益作井○神農氏
因人民未備貨物未齊至是始教民日中為市交易而退 市廛 百歩三畝為里三畝
半為市市中房曰廛 市里 即市中 闤闠 闤者市之垣闠者市之門 舊鄽
舊市井地 花市 楊州人無貴賤皆喜戴花有花市焉 槐市 漢太學生朔望日會
槐樹下為市各持鄉物経書貨買于其間 海市 登州海上春夏時遙見水面時有城
郭市建人馬若交易状往来絡繹曰海市 都市 都下市也又曰京市 夕市 夜市
旗亭 市楼 鮑肆 魚市 買區 賣物館 華肆 鋪靡彩飾之店 刀俎
之肆 屠宰之市又曰屠臭之肆 三家之墅 小村店也 連棟接屋

市肆寄也 列隧百重 市井繁也遂市井道也 村墟亥市 市之所在
有人則満無人則虚嶺南村市満時少虚時多故曰墟俗取寅申巳亥日集市故曰亥市
火井 蜀中有火井 眢井 無水井 甘井 荘子曰直木先伐甘井先竭
浚井 俗云淘井 甃井 以石砌井 淘浚 井不潔則淘浚 綺欄 魏明帝九
龍殿前為玉井以綺為井欄 銀牀 井欄 井眉 眉井邊地若人目上之有眉也
蘇耽橘井 耽母以井水一升橘葉一枝救人疾無不愈 丹砂井 抱朴
子曰臨沅縣民多寿考井水殊赤乃試掘之得丹砂数千斛 互市 晉恵帝時貨賄
公行諸侯得志更相李蕩謂之互市
郊野 郭外為郊郊外為野 樂郊 即楽国之地 東郊 立春盛徳在木天子師公

卿迎春于東郊迎夏于南郊迎秋于西郊迎冬于北郊夏至祀地于北郊冬至祀天于南郊
金郊 秋郊 農郊 近郊也農者居之 遠郊 五百里為遠郊 鄙野 五百
家為鄙郊外為野 曠野 曠廣遠也空也
田
畝 黄帝始立歩制畝以六尺為歩百歩為畝秦孝公以二百三十歩為一畝今以二百
四十歩為一畝 井田 井田肇于黄帝成于大禹備于周壊于秦以田百畝為九段画
井字使八家共治以中為公田 畎畝 田中溝廣尺深尺曰畎 菑畬 田一
歳曰菑田三歳為畬 畦畹 田五十畝曰畦又種菜曰畦又曰區也田三十畝曰畹又
十二畝為畹又秦孝公以三千歩為畹又二十畝為畹 露田 不栽樹之田也 芝
田 仙人種芝于田 藍田 生玉之所 阪田 山田崎嶇磽确之処 桑田 麻姑

曰東海三変為桑田矣 田廬 屋在野曰廬 別墅 田廬 田庄 庄房也
阡陌 田之東西路曰阡南北路曰陌 塍埒 田中界道 畛畔 田界 坵段
田一坵一段 溝洫 田間水道也又曰溝澮溝渠澮瀆 田疇 疇畔也又曰耕
治之田 壠岸 壠田之高処崖涯也 一頃 田一百畝 一成 田十里 一
田
晥 田十二畝也詳見畦晥 一同 田百里 一圻 田千里 ⿰田亢 音岡去声
田外高土 疄 田几中疄頭也與畛塍同 爿片 上音牀平声俗謂片曰爿 高坡
平坂
膏腴 背上肥曰膏腹下肥曰腴謂肥厚之地也 沃野 沃水灌沃也言土壤廣遠有沃
灌之利也 地著 謂安土也○漢書曰理民之節地著為本 土著 謂有城郭常居

不閑畜牧移徙也○其俗土著衍沃衍平美之地沃水之灌沃潤澤也食本申子曰土者食之本也夷陸平地也夷平陸地也政本管子曰地者政之本也地不均平和調則政不可正也五土山林川澤丘陵墳衍原隰謂之五土五沃管子曰五沃之土其土宜杏雌雄張良曰中原為雄魁傑奇偉江南為雌清麗纖麗言其孕人物然也槁壤乾土也徑易徑直也易平也平直之地也平坦平地客土服虔曰取他處土以培高為客土○客土無氣為陰其莽蒼一望之地也荘子曰適莽蒼者三飡而反夢地夢書云地為陰其下冥冥也夢見地者身安寧方輿地也淮南子曰大丈夫以天為蓋則無不覆也以地為輿則無不載也柔祇地也土壤之土不成堀隙地空地磅礴地形廣被不塞

皐陸皐水旁地也言水之氾濫自皐及陸濁陰積陰為地故地者濁陰也地愿愿愿也如磽确之地不宜稼穡斥鹵之地不宜果蔬之類是也蔬音過磽确堅硬瘠薄之石地也磽陿磽磽确陿隘也刑法志曰郡國磽陿無所農桑穀畜淳鹵西方墝薄鹹地也舃鹵舃赤也鹹鹵之地也澤鹵地多沮澤而鹹鹵剛鹵剛言地至堅鹵言地至潤涗斥涗居深水之下斥鹹鹵之地斥鹵鹹鹵之地也東方曰斥西方曰鹵沮洳水浸下濕之地埤薄地卑濕也墝埆地瘠薄也地不平也又堉埆土石不平處赤地地空盡無物曰赤地原隰廣平曰原下濕曰隰隰皐水崖下濕為芻牧之地也瀆陸水中沙瀆之地湫隘囂塵湫下隘小囂声塵土也○左傳曰王子之宅湫隘囂塵不

可以居偏僻偏方僻靜幽僻幽珊偏僻窮鄉遠井遠小卑之處薄之域江南地堀窟小狹藏之處墊隘雨水泥淖淨淖泥水凝而不流淤泥水中淤泥塵埃塵行揚土也埃塵之細者塵坌塵也壒塵壒塵也塵隨風起也塵堅塵土泥垢水和土曰泥污濁曰垢泥墩土泥堆泥坡泥堤沃瘠國語曰沃土之民不材淫也瘠土之民莫不向義勞也黃埃旱地塵也纖埃細塵也纖細也瓦礫瓦屑坑穽水坑陷穽皆土陷處六一泥五月五日于韭畦面東不語取蚯蚓泥晒乾謂之六一泥救魚鯁者以泥搽喉外即愈隱黝濕地初乾滑澾泥滑也寶珠清泥唐則天時西國獻清泥珠胡人以百金買云西國多寶但黃泥深投此珠泥即成水

卑濘地氣卑濕窯冶陶瓦之處曰窯炉鑄之處曰冶丘墟四方高中央下曰丘大丘為墟平曠可居者丘園居于林野者曰丘園泥丘水潦所止為泥丘丹丘在崑崙山晝夜常明仙灵所居之處也盜丘荘子曰柳盜跖答孔子曰子僞言遊行迷惑天下不謂子為盜丘而謂我為盜跖凶墟古者叛逆之國瀦其宮室以為汙池故曰凶墟尼丘家語云徵在禱于尼丘生孔子頂象尼丘故名丘字仲尼徵在孔子母名玄丘真誥云鼻如玄山腹如玄丘皆仙相首丘狐死首丘東家丘魯人不識孔子聖人乃曰彼東家丘者吾知之園林中有亭臺池梁花果曰園平地有叢木處曰林坰林外曰坰雲林樹林有雲屯而不散謂之雲林禁林上林苑也故林即故園也幽林深林喬林

喬高也
叢林僧所聚処
梅林曹操行軍無水止渴操曰前有梅林軍士争起望之口中自生津液
苑園有垣曰苑養鳥獸有草木曰園
場圃場圃同地物生之時則耕治以為圃而種菜物成之際則築堅以為場而納禾稼
祇園給孤長者好佛欲買精舍出金請祇陀太子園為僧寺仍名曰祇園
金谷園晉石崇有金谷園在河陽界
羊踏菜園啓顔録曰昔有人常食菜一日食羊肉夢五臟神曰羊踏破菜園矣
陵谷高岸為谷深谷為陵
谿谷山中川曰谿注谿曰谷
嶰谷在崑崙山北谷生美竹
鬼谷清溪有神谷鬼谷王詡隱其間號鬼谷子孫臏龐涓蘇秦張儀從遊奉道
黍谷燕有谷地美而寒不生五穀鄒衍吹律而温氣至穀即生故名黍谷
甘谷抱朴子曰南陽有甘谷水左右生甘菊花飲此水者無不壽
悲谷西南之大壑也日至于悲谷是謂晡時晡時申時也
湯谷尔雅云即温泉也
函谷秦関險処
穹谷穹深也
峻谷深谷
太谷谷名出梨如斗盎
百谷王江海所以能為百谷王者以其善下故也
溪水注曰溪
五溪武陵有五溪雄溪朗溪西溪武溪辰溪皆蛮夷所居今辰州界
寒溪樊山東有小溪夏時懐袖寒氣襲人故名寒溪
菊溪酈縣有菊溪兩岸菊花水飲之延壽
端溪端溪之石可以作硯以口呵氣不必用水
青溪山名道士所居
虎溪惠遠法師延客不過虎溪送陶元亮陸脩靜與語道合不覺过虎溪因大咲有三笑圖
曹溪梁時有僧名智藥泛舶至韶州曹溪水口聞其香掬水嘗之曰此水

上流有勝地遂開山立名寶林乃云此去百七十年有无上法寶在此演法今六祖南華是也。出傳灯録
呉宮香水呉宮有香水溪西施浴処又呼胭脂塘至今水猶香
嶰澗太山曰嶰山夾水曰澗
烏脚溪在漳州渉者足如墨
武陵溪晉太康中武陵人王道真捕魚至一溪入逢桃花夾岸行尽水源有小口豁然開爽見黃髮垂髫者自云先世避秦至此不知幾時
鑿水通谷曰鑿
灘瀨水流急有沙曰灘水流有声曰瀨
川澤水注曰川川言深也又水之會為川又曰水通流為川水鍾処謂之澤
藪大澤有草在禾曰藪
經川常流水也
廣川太川
四川西川成都東川潼州北川利州南川夔州
川陸川水陸地即水陸也文選曰川陸殊塗
防川防民之口甚于防川
洲渚水中沙起可居曰洲水涔処沙突起曰渚
沙汀水流細石屑曰沙水邊地曰汀
金洲金者言其美也
潭淵水深処曰潭水渟深曰淵
九淵九旋之淵言至深也
靈淵湖水深処多神故曰灵淵
神淵深淵
玉淵水深処玉所出也
璇淵玉池
巖淵巖者言可畏也
廻淵深淵
回淵曲水
龍淵藏龍之淵
源泉水本曰源水源自山而出地滲自脉于井曰泉
檻泉泉正出曰檻泉
沈泉泉側出曰沈泉
妬泉并州有妬女泉婦女靚粧綵服至其地必興雲雨
温泉凡水源有石硫黄其泉則温或云神人所煖主療人疾
醴泉美泉也水之精也天下太平則醴泉湧出
赤泉文選云負丘之山上有赤泉人飲之不老
卓錫

太祥師居羅浮空積寺其徒以無水難之師卓錫于地泉湧數尺自是得井山中至今賴之

貪泉 世說云吳隠之性廉操為廣州刺史界上一水謂之貪泉父老云飲此水者皆貪隠之至飲之清而愈厲 盜泉 尸子曰孔子過盜泉渴矣而不飲 乳泉 寰宇記曰南水州天階山乳泉服之登山嶺如飛 淫泉 拾遺記曰日南有泉其數男女飲之則淫號淫泉 三泉 始皇墓錮三泉言重深也 黄泉 地中之泉 九泉 猶言黄泉 醴泉 陸士衡曰梁州有醴泉謙水 瀑布 懸流千仞飛流湧散如曳布然謂之瀑布

水

積陰之氣為水上天為雨露下地為江河。出淮南子 三有 尸子曰九水其方折者有玉其員折者有珠清者有黄金 四德 尸子曰水有四德沐浴群生通流万物仁

也揚清激濁蕩去滓穢義也柔而難犯弱而難勝勇也導疏河惡盈流謙智也 禍水 綱目曰漢帝召趙飛燕歌舞淖方成曰此禍水也滅火必矣 陽侯 博物志曰昔陽国侯溺水因為大海之神 馮夷 抱朴子曰馮夷以八月上庚日渡河溺死天帝封為河伯 靈胥 伍子胥為濤神號曰靈胥又曰神胥 河伯 水神也又曰川后 海若 海神 波臣 波神 宓妃 洛神 龍堂 河伯所居 波瀾 水生細紋曰波大波曰瀾 濤浪 風吹水湧曰浪大波曰濤 滙洑 回流水也 潺湲 水流声又水流貌 洶洶 風水声 汔汩 水咽流流水声有声 滂湃 水流声 淘淘 水浪声 砯砰 水擊石声 砰磅訇礚 皆水流鼓怒声 潎洌 水相激也 洶涌澎湃 洶涌水跳起也澎湃水相戾也 滔滔 水順流貌 汪

洋 水流動充滿意 渺茫 水長貌 徹底 澄清 水清 春澇 春水漲也 氾濫 大水貌 汎漲 大水貌 迸潰 水急流潰乱也 水隤 水下流也 潰出 水旁決曰潰上涌曰出 濺漬 濺水激洒也漬浸潤也 灒 水相汚洒 浸潤 水浸潤澤 滋滲 水浸滋潤 沾濡 水濕潤也 灌漑 水灌注 浍注 水流射灌注也 蹄涔 牛馬脚跡中水 淪没 淪水淪浸没沉也 湮没 即淪没 淪没 即湮没 洩漏 水漏洩也 滲濕 滲漏也濕水濕 玄冥 水神

池

塘 積水為池之堤岸曰塘 沼 圓曰池曲曰沼 陂池 江湖邊小水也 濬池 深地也 蒸池 衡州有發水池其氣如蒸 洑池 回洑之水 降鶴池 即太

液池也漢武時有黄鶴降于池故名之 太液池 漢武帝穿泉作建章宮太液池池中有蓬萊方丈瀛洲似海中神仙 墨池 王羲之習草書毎日池中洗硯池水俱黒號墨池 三池 黄庭経云膽為中池口為華池小腸為玉池 池籞 池中編竹籬以養魚

堰

障水也 埭 即堰 壩 堰也障水也 堨 壅也以土障水也 閘 以木板障水也 堤 堤亦作隄防也塘也 金隄 言防水之隄堅如金也 隄激 溝池志曰聚石隄激曰聚石于堤旁衝要處以激去其水也 罅隙 水漏洩處 壓斂 壅塞 壅加土封也塞填塞 堙塞 堙填也石奮曰河水滔陸弗能堙塞 填築 填實塞也築島也 阬塞 阬硎也 窒礙 窒塞阻碍 捍禦 止過水也 疏通 開浚

河道。釃渠 釃分也導河也　決水 猶放水　車屖 車水屖水

橋梁

橋為水梁　興梁 疊石架木横溪澗之上可以通車馬謂之興梁　浮梁 造舟為梁即浮橋也　虹梁 大橋也　石矼 聚石渡水即橋也　銷魂橋 長安東灞橋迎來送去皆至此故呼為銷魂橋　圯上 楚人呼橋曰圯　尾生期 尾生與婦人期于橋下水至不去遂溺死或曰即微生高也　舟梁 浮橋也

津渡

河水橋處為津艤舟濟渉為渡艤音蟻整船向岸也　杯渡 昔有神僧以杯渡河　競渡 屈原以五月五日死于汨罗江人以舟楫救之即今端午划龍舡是也　跛　人方渡 唐袁天綱渡江節中人鼻下氣皆黑不可渡俄有跛人就舟綱曰貴人在吾輩可渡江中風起幾殆跛者婁師德也　船步 嶺南謂水津為步故曰舡步即渡舡處揚州瓜步洪州覌步是也　溪步 閩中謂水涯為溪步　崖岸 崖水邊地也崖峻而水着曰岸　邊際 邊岸也際邊也　涯涘 水边　水滸 滸水涯也　畔岸 水之岸邊　隩限 隩水涯限水曲崖内為隩崖外為限　海濱 海邊　水裔 水涯　坻 小渚水中可居　瀕 水涯　滋 水涯　垠 水涯

江

江貢也諸水流入其中所出珍物可貢獻也　河 河下也隨地下處而通流也　淮 淮圍也圍繞揚州北界東至海　濟 濟濟也源出濟河而南　四瀆 江河淮濟謂之四瀆　九江 蚌江烏江烏白江嘉靡江源江畎江廩江提江箘江箘音郡　江皐 江岸　江干 江畔水際　江垂 江邊　江靡 江边　江左 江東　江表 即江左　天塹 塹遶城水也陳孔範曰長江天塹而以為限　天限 魏文帝欲伐吳

臨江覌兵見波濤不得渡嘆曰固天所以限南北也遂歸

黃河

黃河出崑崙山東北角剛山東北流千里折西而行至于蒲山南流千里至于華山大陰東流千里至于恒雍西流千里至于下津河水九曲長者九千里入于渤海又謂之靈河　瀆宗 河者四瀆之宗　九河 九河者一徒駭二太史三馬頰四覆釜五胡蘇六簡七絜八鉤盤九鬲津是為九河　千年清 丹丘千年一燒黃河千年一清黃河清而聖人出　砥柱 砥柱山禹鑿之以通河衆水分流包山而過山見水中若柱然故曰砥柱　金河 北塞外河　港 河之支派　浦 水有小口曰浦　派 水別流為派

縈河 河曲　洪河 大河　河麋 水草交處謂之麋詩曰居河之麋　無定河 胡地有無定河

湖

湖池也太陂也五湖者太湖之別名以其周行五百里故曰五湖。太湖在蘇州青草湖在巴陵洞庭湖在鄂州丹陽湖在潤州鄱陽湖即彭蠡湖在饒州鏡湖在山陰後湖在南京赤山湖在常熟湘湖在蕭山醴湖在京口西湖在杭州潁亦有西湖　蕩 湖也　陷湖 古巢縣陷為湖獨一老姥見縣前龜眼赤乃登山而免　鼎湖 地名黃帝升天處

海

海晦也主引穢濁其水黑而晦　四海 天地四方皆海水相通地在其中六蛮九夷七戎八狄形類不同通而言之謂之四海言其盡于海也　渤海 東海外有渤海故東海捈渤海　紫海 南昌國有紫海水色如爛椹可染衣其龍魚龜鱉砂石草木皆紫色　瀚海 瀚海在外夷大洲地皆沙磧汶深五尺不育五穀汶中生草名曰登相收之以

食又比海別名也　熱海　熱海在西域碎葉國東地大寒不凍　漲海　南海別名
褌海　凡四海通謂之褌海　海眼　比海縣因掘地得五銖錢取之不盡一石記云
此海眼以錢鎮之　海蛆　凡海舟必用大板護其外不然則船身必為海蛆所蝕
尾閭　東海洩水處莊子曰天下之水莫大于海萬川歸之尾閭洩之　沃焦　碧海
之東一石方圓四萬里厚四萬里海水注之無不焦盡故名沃焦即尾閭也又名歸墟又
名大壑　地紀　天以日月為綱地以四海為紀　水府　海神所居之處　潮汐
朝曰潮夕曰汐　鰌穴　鰌魚長數千里穴居海底魚入穴則潮上出則潮退故潮水有
期魚出入有節　湖漘　下音倍　十洲　巨海中有祖洲瀛洲玄洲炎洲長洲沅洲
生洲鳳麟洲聚窟洲並是人跡稀絕處乃仙境也聚窟洲出返魂香　珊瑚洲　西南

漲海中有珊瑚洲珊瑚生其上人以鐵網取之　島　海中之山有扶桑島蓬萊島崑崙島
皆仙境也　閬苑　仙境　嶼　海中有石之洲

山

山者陰陽之氣摩來蕩去漸漸凝結硬了擁起高者為山平者為地低者為江河　積
土　積土成山　崢嶸　山高貌　岧嶤　山高貌又曰巍巍　險阻　山難下曰
險難上曰阻　險峻　嶮巇　嵯峨　崔嵬　巉巖　峭
削　巃嵸　以上並山高峻貌　巑岏　小山也又高貌　聳峙　山高聳屹立也
峆岈　山深貌　嶙峋　深崖　山椒　山頂　翠微　山高秀處也凡山遠望之
則翠近之則翠漸微故山色曰翠微　巖洞　山高處曰巖山空穴曰洞　陵阜　土山
為阜太阜為陵　嶺岫　嶺山頭也岫山穴也　嶠岑　嶠山銳而高也岑山小而高也

岡　山脊　麓　山足　峯巒　山尖曰峯山狹而高曰巒　顛　山頂也又曰冢　嵐　山氣
童　山無草木曰童又曰峡　磴　山之道　嶂　山高而險　岨　石山戴土　砠　土山
戴石　巘　山上大下小　巋　山小而衆　扈　山卑而大　窈　奧曲處　窊　凹陷處窊
音謂　磊　衆石貌　窟籠　山空穴　嵒　山隈隅高也　岳　地名　礐　山多大石
磝　山多小石

石

土精為石石氣之核也氣之生石猶人筋絡之生爪牙也　琅玕　石似玉　碔砆
石似玉　嘉石　肺石　嘉石文石也肺石赤石也周禮曰大司寇以嘉石平罷民
有罪者生諸嘉石以肺石達窮民凡惸獨老幼之欲復于上而未達者立于肺石　馬
肝　元鼎中條支國貢馬肝石以和九轉丹髮白者以此石拂之應手而黑　望夫

石　昔有貞女其夫從役遠赴國難攜弱子餞送于武昌北山上立望而化為石　浮
石　東海有浮石之山又云在南海躰輕常浮于水面云　磐石　太石　攻玉　詩云
他山之石可以攻玉　石廩　臨川有石廩狀似倉廩其內可容千斛廩口開則歲儉閉
則年豐　碣石　大碣石山在右北平驪城縣西南武帝嘗登之以望巨海而勒其石
于此　磁石　可引針即吸石　雨石　魏武帝末年鄴中雨五色石　玉膏　石髓
窖石　磨物細石　玉竇　石洞　石滂　石上泉　叱羊　黃初平年十五歲家
使牧羊與道士入山中不念其家其兄初起與道士引見之問羊何在平因叱山中白石
皆起成羊數萬頭　石圻　石圻　鑽石　李老君與弟子使一木鑽一石云穿此當
得道晝夜鑽之四十七年木盡石穿遂得道升天　燕然勒石　漢竇憲與單于

戰大破之壘燕然山封山勒石 **磷㳍** 石因其脉理而鮮裂曰磷㳍 **磯** 大石激水 **硿礲** 石高朗貌 **硐磷 砊硠 礔礰 磽磬 礊** 以上並石声

五嶽

泰山 東岳也在泰安州高四十里上有秦始皇碑高十丈泰山一名岱宗王者受命易姓報功告成必于岱宗東方萬物始交之處宗長也言為群岳之長一名天孫言為天帝之孫主召人魂魄東方萬物始成故知人生命之長短上有丈人峯因呼妻父曰太山岳父 **華山** 西岳也在華州山頂有池生千葉蓮花服之羽化因曰華山○西方少陰用事萬物生華故名曰華 **衡山** 南岳也在衡州一名岣嶁衡者言宿當軫翼度應璣衡故曰衡山山有錦石斐然成章又有廻雁峰極高雁不能過遇春北歸故曰廻雁 **恒山** 北岳也在冀州有五別名一蘭臺府二列女宮三華陽臺四紫微宮五大乙宮

或曰大茂山也又名常山恒者常也萬物伏藏于北方有常也又曰陰終陽始其道長久故曰常山 **嵩山** 嵩高山者中央之岳加高字者中央居四方之中而高故曰嵩高有三十六峰東曰太室西曰少室嵩其總名也謂之室者以其各有石室焉

海上五嶽

廣乘山 天之東岳也在東海之中為五岳發生之首上有碧霞之闕瓊樹寒林紫蓋翠蔫碧藕白橘其他不能盡載 **長離山** 天之南岳也在南海之中上有朱宮絳闕赤室丹房瑤草紅芝霞青金壇其他不能盡載 **麗農山** 天之西岳也在西海之中上有白華之闕三素之城玉泉之宮璐林瑞獸其他不能盡載 **廣野山** 天之北岳也在北海弱水之中形如崑崙鄷都羅山合為陰氣之主上多瓊樓室闕金波龍芝眞可名狀云云 **崑崙山** 天之中岳也在八瀰之間上當天心

形如偃蓋上廣下狹三級而上與天齊日月黃赤二道交會其上三光行焉東曰崑崙西曰玄圃北曰滄苑南曰積石山大石山水泉山北戶山四面各一萬里有瓊華之闕光碧之堂瑤池翠水即西王母統衆仙居焉云云

街衢

街衢 通行人曰街道四達為衢 **巷陌** 街路 **街衕** 巷陌 **道路** 一達謂之道路 **康莊** 道五達為康六達為莊 **岐旁** 路旁出曰岐道二達謂之岐旁 **劇旁** 道三達謂之劇旁 **劇驂** 道七達曰劇驂三道交復有一岐出者今北海劇縣有此道 **崇期** 道八達曰崇期謂四達交出也 **逵** 道九達曰逵謂四道交出復有旁通 **莊馗** 路道 **天衢** 以道路大通行取牢路之狀故曰天衢 **周行** 大道也又曰周道 **輦路** 天子行道 **皇衢** 天子衢道 **九陌** 路也 **捷徑** 路之小而

近者 **猶路** 不正之路 **岔路** 道旁出也 **斜徑** 小路 **蹊徑** 路徑而僻曰蹊路直而小曰徑 **孔道** 穿山而為道今言穴徑也 **畏途** 途即道也頗險峻可畏故曰畏途仕途亦曰畏途 **棧道** 蜀有棧道棧者于路之嶮峻缺陷處架木為小橋以便人行曰棧道今謂之閣道 **鳥道** 蜀有鳥道言路狹窄可通鳥行而已 **羊腸** 路長曲如羊腸也仇池山高二十里羊腸盤道二十六迴 **間道** 岔路 **路梗** 道路阻塞 **窵遠** 隔遠 **遙遠** 路遠也又曰迢遞迢迢遼絕 **懸隔** 高紀曰帶河阻山懸隔千里言隔絕千里之遠也 **密邇** 相近也又曰伊邇 **附近** 相隔不遠 **咫尺** 八寸曰咫言至近也 **遐邇** 遐遠也邇近也 **子午道** 子北方也午南方也言通南北道相當故曰子午道 **經履九折之道** 行險道也 **獸**

蹄鳥跡之道山野僻路山川脩阻地隔遠也又曰山河迥遠又曰
川塗脩曠障山阻水隔遠通衢大路小徑捷至小路到遠鹿
蹊山間徑路鹿兎所行処複道上下有道故曰複道閣上重路也縁山
濱水僻路
方隅　東方寅卯木位也東方有比目魚状似牛脾細鱗紫黒色一眼兩片相合
乃得行其名曰鰈。鰈音迭西方申酉金位也西方有比肩獸與卬卬岠虚比其
名曰蟨常為卬卬岠虚齧甘草蟨即有難卬卬岠虚負而走南方巳午火位也南
方有比翼鳥不比不飛名曰鶼鶼似鳬青赤色一目一翼相得乃飛北方壬癸水位
也北方有比肩民即半躰之人各有一鼻一孔一目一脚亦猶魚鳥之相得更望備驚急

中央辰戌丑未土位也中有枳首蛇東方呼為兩頭蛇四隅四角四維
東南西南東北西北四極四方極遠之地四荒四方絶遠之国四表四海
之外六合天地四方也又曰六幕六極上下四方也又曰六區八荒
八方荒忽極遠之地八區八方八埏地之八際也東方曰河海東南方曰沅澤
南方曰丹澤西南方曰木澤西方曰泉澤西北方曰海澤北方曰寒澤東北方曰通澤
八紘八方之綱維也東北方之紘曰荒土東方之紘曰桑野東南之紘曰衆安南方
之紘曰反戸西南之紘曰炎土西方之紘曰沃野西北方之紘曰沙所北方之紘曰委羽
八極八方極遠之地也東北方荒土之山曰蒼門東方東極之山曰開明門東南方
波海之山曰陽門南方南極之山曰暑門西南編駒之山曰白門西方西極之山曰閶闔

門西北不周之山曰幽都門北方北極之山曰寒門太冥北方丹冥南方上
方上謂北與東陽氣所萌主故曰上方下方下謂南與西陰氣所萌生故謂之下方
六幽六合幽遠之地方内四方之内廣袤東西曰廣南北曰輪幅幀
幅自直方言幀自周圜言周匝周一廻也陬隅一角之地角落角頭彎
兟彎曲兟轉拘角拘抜也傍邊左右側邊這裡
那邊四圍表裏表外也裏内也壇場封土為壇除地為場處
所所在彼處他処此間此処界至交界四至犬牙相制言地
形如犬之牙交相入也滴水為界出彫不為界彫簷外彫
頭
也

墳墓穴曰墓墓上積土曰墳天子墳高三仞樹以松諸侯半之樹以栢大夫八尺樹以栗
士四尺樹以槐庶人之墳樹以柳陵寢帝王之墳佳城爺人墳曰佳城壽
藏生墳也壽棺亦曰壽藏化臺墳前以土為状曰化臺故宅墳曰故宅
又曰黄壚玄冢黄壤墦塚丘墓松區青松宅窆臺墓曰窆臺又曰幽室朽壤玄塗
窆壇壤厦壙穴宅兆務屋長窆臺殯宮墓所也潛闥墓門冢舎宇墓
之屋堠隧墓道華表墳前石柱翁仲墳前石人石麟墳前石獣泉
壤墳土神道墓前開道塋域墓穴也曰金井青塚胡地草白惟王昭君
塚上草青號曰青塚筆塚僧智永有舊筆頭數百埋之號筆塚杯土杯兩手掬
也土坟土也漢張釋之曰愚民取長陵一杯土云云九原卿大夫墓地也又曰九京

懸封墓不作延道也 義塚千人坑也 土饅頭墳如饅頭人埋中間如餡范石湖詩曰縱有千年鐵門限終須一個土饅頭 望鄉牌人客死他鄉葬于客土立牌以記之謂之望鄉牌 核廬墓也又曰冢藏 墓所墳頭也 復真堂墳也 寂居穴兆也即墓也

關隘關境上門以木横持門戸所以禁異服察異言掌出入以節傳也隘者扼咽喉行去必由此也 榷關關隘去処以木横欄水上禁止商船以取税也 抽豐關隘去処禁止商船以取税曰抽豐 關中東有函谷關南有嶢關西有散關北有蕭關居四關之中故曰關中 函秦秦地有函谷關秦人恃之以為險固故曰函秦

邊塞邊疆之地 紫塞秦築長城土色皆紫故稱紫塞漢塞亦然 鴈塞飛北縣界

山有池鴈棲集之故曰鴈塞 堡塞堡小城也 榆塞北塞名 塞垣長城也 高闕塞在匈奴中 候城塞上要險之処築為城伺望烽火 亭障即候城也 亭徼徼者以木石為界也南北曰塞西南曰徼 邊陲辺地 邊疆邊地疆界 二垂西北邊曰二垂 徼外徼猶境也塞也边也 疆外疆場之外

戍樓戍者以人負戈為戍士卒之類是也樓者边上樓也 營寨軍止宿処 壘壁軍營 烽燧边城備胡寇作高土櫓櫓上作桔槔桔槔頭置薪草于中有寇即燃之以相告曰烽多積薪寇至即燃之曰燧○一說狼糞燒烟直上晝則燃狼烟為烽夜則燃火炬為燧○櫓戰陣高巢車也又曰城上守禦望樓也一曰城上白露屋也 煙墩設烟墩以望烽火為警者又曰烽 覘邊傍窺把边境也 疆場曰駭边境

不安 羽書日聞軍前多急奏也 邊鄙不聳聳驚也謂邊境安寧也 無疋馬之蹤言邊境安寧也

匈奴其種有五一種黃毛者山鬼與黃牸牛所生種也○一種鬃項矮胖者獾猳野猪所生種也獾音脚猳屬猳音加豕也○一種黑髮白身李靖兵遺種也○一種名突厥其先乃射摩舎利海神女金角白鹿交感而生也一種蒼色狼與慘白鹿所生二十五世生帖木真是大蒙古部長僭號皇帝世居沙漠東北六千里後居山陰號韃靼地產牛羊無城池舍宅隨水草所居俗尚射獵衣皮革帖木真四世孫忽必烈僭居中國稱帝 單于匈奴天子之號 閼氏匈奴皇后之號 冒頓單于之名 夷狄東方曰夷北方曰狄 南蠻南方曰蠻 西戎西方曰戎 四貉四夷 畎夷即犬戎 鳥

夷東北之夷搏取鳥獸食其肉而衣其皮 百粵百蛮 九夷東方之夷有九種謂畎夷青夷方夷黃夷赤夷玄夷風夷陽夷是謂九夷 八蠻南方之蛮有八種謂天竺咳首僬僥跂踵穿胸儋耳狗軹旁春是為八蠻 獫狁北狄 氈鄉北狄 貴落蛮夷大族 外臣四夷也

類書纂要卷之二終

新刊古今類書纂要卷之三

時令部

春 春蠢也物蠢生乃動故為春日行東陸斗柄東指而天下知春東方之神曰太昊秉震執規司春

正月建寅 日在室立春正月節雨水正月中

孟春 正月為孟春。東風解凍。蟄虫始振。魚陟負氷。獺祭魚。候鴈北。草木萌動。此正月之六候也

泰簇 正月律也泰太也簇湊也言萬物始大湊地而出也

攝提格 即寅也太歲在寅曰攝提格爾雅云萬物承陽而起故曰攝提格格起也

端月 正月也又曰陬月上日秦始皇諱政避諱故讀正月為端月

三陽 正月也又曰孟陽孟陬寅孟首正發春獻春首歲首春初歲開歲發歲獻歲肇歲芳歲華歲

青陽 春日青陽言氣清而溫陽也。亦曰發生芳春清春陽春。風曰陽風春風暄風柔風惠風。景曰淑景和景韶景。時曰良時嘉時芳時。辰曰良辰嘉辰芳辰。節曰華節芳節良節嘉節韶節淑節

天臘 正月初一為天臘

履新 正月初一新換之年也言人至此脫舊而履新矣元旦賀人曰謹致履新之慶

履端 端者春為四時之端初一為一月之端言人已履此端矣歲旦臣下朝賀為履端之慶

元旦 正月初一謂之元旦又曰三微首作元正初正元日正日上日

元辰 正月初一也元善也謂善時也

歲朝 正月初一為歲之朝月之朝日之朝朝始也又曰三朝又曰三始

三元 元首也正月初一為歲之元時之元月之元

三朔 正月初一也夏以半明為朔殷以雞鳴為朔周以夜半為朔故曰三朔

屠蘇酒 昔一人廬草菴每歲除夕遺閭里藥一帖令囊盛浸井中至元日取水置酒尊名屠蘇酒合家飲之不病瘟疫

五辛盤 楚人元日上五辛盤食之以養五臟之氣

椒柏酒 椒是玉衡星精服之却老柏是老藥元日進椒柏酒與尊長奉觴稱壽

小年朝 正月初三

講讀律令 舊制以正月三日聚耆旧于公廨講讀律令謂之小鄉飲

天慶節 宗真宋祥符元年十一月詔以正月三日天書降為天慶節群臣休暇五日

木令日 正月初五為木令日

人日 正月初七為人日初一為雞初二為犬初三為猪初四為羊初五為牛初六為馬初七為人初八為穀各以其日之陰晴占一歲之災祥

靈辰 人日也人為萬物之靈故曰靈辰

王春 春秋云王正月

宜春 立春日剪綵為燕子戴之有宜春二字唐有宜春亭

桃符 黃帝時有神荼鬱壘兄弟二人嘗于東海度朔山頭桃樹下執鬼以飼虎今世畫神象于木版以元日置之門戶以為門神

迎春 立春前一日有司備春芒神率諸執事于郊外迎至府治或縣治之前謂之迎春

鞭春 立春之日進春牛入禁中鞭春有司置春牛于府治或縣治之前率諸執事各執綵杖鞭土牛以送寒氣謂之鞭春

上元 正月十五日曰上元元宵元夕民俗于是月十三日張綵灯于市士民競賞至五夜乃撤有司以是時設鄉飲于明倫堂以延耆德之士唐明皇以是日作傳柑宴

卜紫姑神 紫姑者李景之妾也景妻妬于正月十五日陰殺紫姑于廁中天帝憫之封為廁神故民俗于是時結草為形名坑三姑之神召問一年蚕禾之事

二月建卯 日在奎驚蟄二月節春分二月中

仲春 二月為仲春。○桃始華。

倉庚鳴。鷹化為鳩。玄鳥至。雷始發声。始電。此二月之六候也。**夾鐘**二月律也。夾者孚甲也。言萬物孚甲種類分也。**單閼**即卯也。太歲在卯曰單閼。李巡曰陽氣推萬物而起。故曰單閼。單盡閼止也。**如月**二月也。又曰令月。**四陽**二月也。又曰仲陽。**雷啓蟄**二月雷乃發声。蟄虫咸動啓戶而出。**春分**春分者晝夜五十刻。取其平分之義。**中和節**二月一日為中和節。令以二月二日因舊事也。中和者以二月居春之中而和暖也。民俗于是日侵晨摘蓬草插之。謂之滑頭青。凡田土蠶耕者並于是日開墾。謂之起業。○唐以二月朔日為中和節。其日百官進農書以示務本。**花朝**二月十五日曰花朝節。俗呼百花生日。以是日之晴雨驗其年果實之有無。雨則果熟。**社日**社無定日。以春分後戊日為春社。秋分後戊日為秋社。主社之神曰勾芒。民俗以是時祭后土之神以報歲功。名曰社會。春社燕來。秋社燕去。社神又名勾龍。**社翁雨**社翁社母不食舊水。故社日必有雨。**撲蝶**東京汴梁二月十五日為撲蝶會。**鶗鴂**鴂子規也。春分鶗鴂鳴則衆芳出。**祭丁**二月八月上旬丁日祭孔子。蓋以孔子丁丑月卒也。**踏青**二月民俗攜酒出郊遊賞。謂之踏青。**尋芳**

拾翠

繁節二月繁華之時。**華景**二月芳菲之時。**時陽**春時候也。

羯鼓催花唐明皇遇二月且殿前柳杏將吐。勅高力士取羯鼓縱擊。奏一曲名風光好。曲頃柳杏皆發。**燕嫌戊巳**按十干中有戊巳二土。能生萬物。立春後五戊日為春社。立秋後五戊日為秋社。所謂社者五土之神。祭之以報歲功也。凡修造動土切忌戊巳二日。且姬燕作巢避戊巳日。鵲作巢亦背太歲。

三月建辰日在胃。清明三月節。穀雨三月中。**季春**三月為季春。○桐始華。田鼠化為鴽。○虹始見。○萍始生。○鳴鳩拂其羽。○戴勝降于桑。○此三月之六候也。鴽音如鶉也。戴勝織紝之鳥。拂羽以羽相擊也。**姑洗**三月律也。姑故也。洗鮮也。言萬物去故就新。莫不鮮也。**執徐**即辰也。太歲在辰曰執徐。李巡云伏蟄之物皆敷舒而出。故云執徐。執蟄徐舒也。**寎月**三月也。又曰嘉月。**五陽**三月也。又曰載陽。

上巳三月上巳日祓禊飲于流水之上。以取水上盥絜之意。沈約曰但用三月三日。不復拘于巳日也。盥猶貫洗也。**祓禊**除惡祭名也。祓者除災求福也。禊潔也。于水盥絜之也。徐廣曰上巳臨水祓除不祥。**寒食**冬至後一百五日為寒食。其日有疾風甚雨。據曆合在清明前一日。亦有去冬至一百六日者。秦人呼為熟食。齊人呼為冷節。俗以介子推為火焚死。國人哀之。故為之斷火二日。謂之禁烟節。故俗以是日用紙錢標墓而祭掃。**清明**清明三月節。桐始華。民俗折柳插門以記春事。又曰催燕。又曰仲春。取榆柳之火之義。**拜掃**唐開元二十年勅士庶于寒食日上墓拜掃。**磔禳**裂牲曰磔。除禍曰禳。季春之月磔禳以畢春氣。乃除癘也。**竹秋**三月為竹秋。**蘭時**春時。**爇蘭**上巳日爇蘭以除不祥。爇燒也。**三春**正二三月共九十日。故曰九春。**鞦韆**唐時宮中寒食節打鞦韆為樂。呼為半仙戲。**蠶市**成都三月三日遠近祈于龍橋。命曰蠶市。**酴醿酒**唐宰相寒食宴用酴醿酒。**末春**三月也。又曰暮春。晚春。餘春。**鶯時**三月也。鶯黃鳥也。

夏

夏假也。假大而宜大也。夏氣赤而光明。故夏曰朱明。日行南陸。斗柄南指。而天下皆夏。

德在火，陽德用事，和氣皆陽，建巳之月也，故曰正陽。其帝炎帝，其神祝融，秉離執衡司夏。

四月建巳 日在昴，立夏四月節，小滿四月中。**孟夏** 四月為孟夏。螻蟈鳴。○蚯蚓出。○王瓜生。○苦菜秀。○靡草死。○麥秋至。○此四月之六候也。○靡草，草之枝葉靡細者。**仲呂** 四月律也。言萬物將旅而西行，陽氣將極，中充大也。**大荒落** 即巳也。太歲在巳曰大荒落。姚察云：萬物皆熾盛而大出，霍然落之，故云荒落。**余月** 四月也。又曰農月。**乏月** 四月名。穀既盡，宿麥未登，故曰乏月。**六陽** 四月。**長嬴** 夏曰長嬴。**朱明** 夏曰朱明，言氣赤而光明也。亦曰朱夏。夏天曰昊天，風曰炎風，節曰炎節。**麥秋** 四月也。百穀各以初生為春，熟為秋。四月麥熟，故曰麥秋。**龍華會** 四月初八日浴佛，以五香水灌頂，設齋作龍華會，以齋眾僧。○五香者青木香

也。**浮屠結夏** 浮屠，釋氏之號也。于四月十五日，命眾僧念經結戒，謂結未戒、結地戒、結人戒、結食飲戒、結溷恩戒，謂之五戒。後人謂之結夏，謂戒五溷暑濕之氣也。○一日四月十五日僧尼不出，謂之結夏，又謂之結制。七月十五日僧尼方出，謂之解夏，又謂之解制。

五月建午 日在參，陰氣升于天，陽氣降于下。芒種五月節，夏至五月中。**仲夏** 五月為仲夏。○螳螂生。○鵙始鳴。○反舌無聲。○鹿角解。○蟬始鳴。○半夏生。○此五月之六候也。○反舌，百舌鳥也。鵙，百勞也。螳螂，一名斫父，一名天馬。**蕤賓** 五月律也。蕤，下也；賓，敬也。言陽氣上極，陰氣始，賓敬之也。高誘曰：是月陰氣萎蕤在下，象主人；陽氣在上，象賓客也。**敦牂** 即午也。太歲在午曰敦牂。尔雅云：敦，盛也；牂，壯也。言萬物壯盛

也。**皐月** 五月也。又曰暑月。**一陰** 夏至一陰生。**地臘** 五月初五為地臘。**鳴蜩** 蜩，蟬也。詩曰：五月鳴蜩。**鶪首** 月令云：日月會于鶪首。**端午** 五月初五為端午，又曰端陽。**午節** 端午為午節，又蒲節、艾節、重午。又曰**天中節** 五月五日為天中節。**黃梅** 芒種后逢壬日立梅，謂之黃梅，蓋此時梅已熟，故曰黃梅。夏至后逢庚日出梅。**三時** 夏至后出梅，即為三時首。三日為頭時，下五日為中時，后七日為末時。過小暑則為斷時。其日有霄則多雨。**竹醉日** 五月十三為竹醉日。**分龍日** 五月二十日為分龍日。其日有雨反旱，次日雨則有淦苗雨。次日有雨主秋大旱，無則秋成熟。**射柳** 武人以端午于用武之處，為穿楊之技，尽為鬪勇之戲。**端陽解粽** 五月五日，楚屈原投汨羅江而死，楚人哀之，每至端午，以竹筒

貯米投水祭之。漢長沙歐回見人自稱三閭大夫者，曰：其祭甚善，但苦蛟龍所竊。今後以楝葉塞其上，以綵線縛之。二物蛟龍所畏也。今民俗以端午裹箬粽，蹱故事也。**艾虎** 端午以艾為虎，戴之，所以辟群邪。○又是日懸艾虎符，掛五色紙，折蒸梅、梔子枕及桃板之類，以供驅疫之神。飲菖蒲雄黃酒，以禦蛇虫之毒。○又端午有鬭百草之戲。○又結艾為人，懸門上，以禳毒氣。王沂公詩云：仙艾垂門綠，靈絲繞戶長。又曰：百靈扶繡戶，不假艾為人。○唐天保中，宮中端午造粉團角黍，以小角弓射之，中者皆食。角黍，粽也。○又端午以色絲繫臂者，辟鬼及兵，一名長命縷，一名辟兵繒。○又端午蓄蘭為沐浴。

六月建未 日在井，小暑六月節，大暑六月中。**季夏** 六月為季夏。○溫風至。○蟋蟀居壁。○鷹始摯。○腐草為螢。○土潤溽暑。○大雨時行。○此六月之六候也。**林**

鍾六月律也。林，衆也。言萬物成熟而種類衆多也。
協洽　大歲在未曰協洽。協洽言陰陽化生萬物和合，故曰協洽。
且月　六月
二陰　六月
鶉火　月令云日會于鶉火
三伏日　四季代謝，皆以相生。立秋以金代火，金畏火，故至庚日必伏。夏至后第三庚日為初伏，第四庚日為中伏，立秋后初庚日為末伏。○師古曰：伏者，謂陰氣將起，迫于殘陽，未得升也。故為之藏伏，因名曰伏日。
三庚　即三伏日也，又謂之朋日。
天貺節　宋祥符四年詔以六月六日天書再降為天貺節。
九夏　四五六三月共九十日，故曰九夏。
永夏　六月也，又曰末夏。
闌暑　夏末
積陽　仲夏以後熱曰積陽。
溽暑　溼熱
酷暑　極熱也，又曰煽暑。
燻赫　暑氣盛也
煩暑　極熱也
流金　赤日流金，言極熱也。
伏陰　夏寒
薄暑　微熱
避暑　躲避暑熱
納涼　避暑也，又曰追涼、乘涼。
逐涼　納涼
迎風觀　晉帝作迎風觀、寒露臺以避暑。
炎蒸　暑熱
歊蒸　暑熱
景暑　大暑
煩溽　暑熱
伏臘　歲時伏臘，即夏冬也。舉夏冬以該一歲，猶春秋爲
薦麥瓜　月令云初伏薦麥瓜于祖禰，所以進時食也。禰音你，祖廟也。
浮瓜沉李　魏文帝與吳質書曰：浮甘瓜于三泉，流朱李于寒水。
三伏餘炎　伏後之熱
炎涼方改　夏秋之間
石鑠沙煎　暑酷時也
三伏之脩景　伏日
惡木陰　古詩云：渴不飲盜泉水，熱不息惡木陰。
浸白龍皮　李德裕方盛暑熱，寶以金盤貯水浸，曰龍皮，都無暑氣。
避暑飲　典畧云：光祿大夫刘松北鎮袁紹，以盛夏三伏之際，與刘松飲酒，以避一時之暑，故河朔有避暑飲。
冰獸　楊国忠伏日取堅冰雕為鳥獸，

復繫以綵索金鈴，以送遺王公。
雪檻　夢華錄曰：都人三伏往風亭水榭，雪檻冰盤，浮瓜沉李，流杯曲沼，通夕而罷。

秋

秋，揫也。物揫斂乃成熟也。日行西陸，斗柄西指，而天下皆秋。盛德在金，其帝白帝少昊，太昊西帝，其神金神蓐收，秉鉞執規司秋。
七月建申　日在張，立秋，七月節，處暑，七月中。○處音杵，止也。言暑氣將于此時止息也。
孟秋　七月為孟秋。○涼風至○白露降○寒蟬鳴○鷹乃祭鳥○天地始肅○禾乃登○此七月之六候也。
夷則　七月律也。夷，傷也。則，法也。言萬物始傷被刑法也。
涒灘　即申也。太歲在申曰涒灘。爾雅云：萬物吐秀傾垂之貌。
相月　七月也，又曰涼月。
三陰　七月
道德臘　七月初七日為道德臘。
巧夕　七月初七日，婦女穿針，陳瓜果于庭為乞巧。有蟢子結網于瓜果之上，為得巧。郝隆以是日曬書。
中元節　七月十五日為中元節。僧尼道俗以是日具盆果香花供諸佛，設齋薦亡，謂之盂蘭大齋，蓋追目連哀母故事也。
大慶　七月中元，乃大慶之月。
綺節　七月七日，乃綺羅之節。
白藏　秋為白藏，言氣白而收藏也。
蘭秋　七月曰蘭秋、早秋、新秋、首秋、初秋、上秋、肇秋。
素秋　秋曰素秋，又曰素商、金素。○秋天曰旻天，風曰商飈，景曰晷景，時曰霜辰，節曰素節。
西候　秋時候也
廩秋　秋氣廩然而寒
勁秋　言秋氣殺物，故曰勁秋。
商節　秋時候也
折膠　秋氣至，膠可折，弓弩可用，匈奴常以為號。
集福世界　七月十五日，乃太上老君同元始天尊會集福世界。
一葉知秋　梧桐一葉落而天下知秋。

八月建酉 日在翼。白露八月節。秋分八月中。**仲秋** 八月為仲秋。鴻鴈來。玄鳥歸。群鳥養羞。雷始收聲。蟄虫坏戸。水始涸。此八月之六候也。玄鳥燕也。養羞者。所美之食。藏之以備冬月之養也。坏戸者。坏益其蟄穴之戸。使通明處稍小。至寒甚乃塞之也。坏音抔。**南呂** 八月律也。言陽氣之旅入藏也。**作噩** 即酉也。太歳在酉曰作噩。李巡云萬物皆芒枝起之貌也。**壯月** 八月也。又曰桂月。**四陰** 八月。**仲商** 仲秋又曰仲商。**秋分** 秋為陰中而仲秋之節為秋分。晝夜五十刻。取其平分之義。**社日** 秋分后戊日為秋社。**中秋** 八月十五為秋之半。故曰中秋。**清秋** 八月。**白露降** 八月白露降。隺即鳴而相警。**桂秋** 八月。**觀潮** 八月十八日俗謂潮王生日。其日潮甚大。有人現入于潮中戯舞。謂之弄潮江海者。**千秋節** 八月十五。**鶗鴂鳴** 秋分鶗鴂鳴。則衆芳歇。

九月建戌 日在角。寒露九月節。霜降九月中。豐山有九鐘。霜降至不扣自鳴。**季秋** 九月為季秋。鴻鴈來賓。爵入大海為蛤。菊有黄華。霜始降。草木黄落。蟄虫墐戸。此九月之六候也。雁以先至者為主。後至者為賓。菊言黄華者。秋屬金以黄為貴也。墐音近塞也。蟄虫因寒墐塞其蟄穴之戸也。**無射** 九月律也。射終也。言萬物隨陽而終。當復隨陰而起。無有終已也。**閹茂** 即戌也。太歳在戌曰閹茂。李巡云萬物皆蔽冒。故曰閹茂。閹蔽茂冒也。**玄月** 九月也。又曰菊月。九月菊花開。故曰菊月。**五陰** 九月。**季商** 九月也。又曰暮商。**盛秋** 秋盛九月。**菊節** 九月。**菊秋** 九月也。又曰暮秋。素秋。晩秋。深秋。秋末。菊時。**杪秋** 九月也。杪末也。**三秋** 七八九三月也。**九秋** 七八九三月共九十日。故曰九秋。**重陽** 九為陽數。九日與九月並應。故曰重陽。**登高** 仙人費長房謂桓景曰。九月九日汝家有災。急縫囊盛茱萸係臂。登高飲茱萸酒。禍乃消。景挙家登山。夕還。見雞犬暴死。長房曰代之矣。**落帽** 晋孟嘉為桓温參軍。九日温遊龍山。參僚畢集。風吹嘉帽落。温戒左右勿言。嘉出。令取還。命孫盛作文嘲之。嘉亦荅之。文甚美。**佩茱萸** 九月九日佩茱萸。食糕。飲菊花酒。令人長壽。**白衣送酒** 晋陶潜重陽無酒。坐久。望見白衣人至。乃王弘送酒。便飲醉而歸。王弘為太守。非白衣也。欲識淵明。無由。乃托淵明故人麗通之送酒于衆里半途以邀之。遂得通會焉。

冬

冬終也。萬物所以終成也。日行北陸。天氣上騰。地氣下降。天地不通。閉塞而成冬。盛徳在水。其帝顓頊。其神玄冥。秉玟執權而司冬。冬天曰玄天。風曰頸風。景曰寒景。木曰寒柯。

十月建亥 日在房。立冬十月節。小雪十月中。**孟冬** 十月為孟冬。水始氷。地始凍。雉入大水為蜃。虹藏不見。天氣上升。地氣下降。閉塞而成冬。此十月之六候也。閉塞天地之氣不交也。**應鍾** 十月律也。鍾動也。言萬物應陽而動下藏也。**大淵獻** 即亥也。大歳在亥曰大淵獻。孫奭云淵深也。大獻萬物于天。深于蓋藏也。**陽月** 十月純陰用事。嫌于無陽。故曰陽月。**小春** 十月天時和煖似春。故曰小春。**橘陽** 十月得乙曰橘陽。丁曰圉陽。巳曰則陽。辛曰塞陽。癸曰極陽。以亥月為陽紀之故也。**良月** 十月也。左傳曰鄭公父定叔出奔衛。使以十月入。就盈數焉。**上冬** 十月。**玄冬** 十月也。從北方水色也。**玄英** 冬為玄英。又曰安寧。**民**

歲臘 十月初一日為民歲臘。
橘時 十月。
祈年 孟冬之月，天子乃祈來年于天宗。
下元 十月十五日為下元節，有司于是時設鄉飲于明倫堂，宴齒德之士。
薦新 民俗于十月炊新秫，薦之于先塋。
煖爐會 十月朔，有司進煖炉炭，民間皆置酒作煖炉會。
水官解厄 下元日，水官解厄之辰。正一要旨云：下元三品解厄水官，主錄百司，檢較人間禍福善惡，進諸天闕上呈。

十一月建子 日在箕。陽氣長于上，陰氣盛于下。大雪十一月節，冬至十一月中。
仲冬 十一月為仲冬。○鶡且不鳴。○虎始交。○茘枝挺出。○蚯蚓結。○麋角解。○水泉動。○此十一月之六候也。○鶡且，求旦之鳥。
黃鍾 十一月律也。黃者，中和之氣也；鍾，動也。言陽氣動于黃泉之下，而鯑動養萬物也。
困敦 即子也。太歲在子曰困敦。孫炎云：困敦，混沌也。言萬物萌混沌于黃泉之下也。
辜月 十一月也。
暢月 十一月也。月令云：日暢月。大屈而後伸，故日暢。
一陽 冬至一陽生，則陽道長，以見君子道長。
冬至 冬至陽氣起，君道長，故賀；夏至陰氣起，君道衰，故不賀。
三至 斗指子為冬至。至有三：一日陰極之至，二日陽氣始至，三日日行南至，故日三至。
添線 唐宮中以女工揆日之長短，冬至後比常日增一線之功。
長至 冬至日南至，景漸長，故日長至。
小至 長至前一日也。
履長 冬至日漸長，言人已履于長矣。
一之日 詩。○謂其建子一陽之月也。
一陽換節 冬至也。

十二月建丑 日在斗。小寒十二月節，大寒十二月中。
季冬 十二月為季冬。○鴈北鄉。○鵲始巢。○雉雊。○鷄乳。○征鳥厲疾。○水澤腹堅。○此十二月之六候也。○征鳥，鷹隼之屬。厲疾，猛厲而迅速也。水上下皆氷凝，故曰腹堅。
太呂 十二月律也。太，大也；呂，拒也。陽氣欲出，陰氣不許，故難之也。
赤奮若 即丑也。太歲在丑曰赤奮若。李巡云：赤奮，陽氣奮迅也；若，順也。陽氣奮迅，萬物而起，無不若其性也。
涂月 十二月也。又曰嚴月、臘月、除月。
二陽 十二月。
王侯臘 十二月廿四日為王侯臘。
臘日 風俗通曰：臘者，獵也，獵取獸以祭先也。夏曰清祀，殷曰嘉平，周曰大蜡，秦亦名臘曰嘉平，漢承秦亦曰臘。曆家以運墓日為臘，始漢以火德王天下，火墓于戌，故以戌日為臘，大寒后戌日是也。
八蜡 礼記：○天子大蜡八。伊耆氏始為蜡。蜡也者，索也。歲十二月，合聚萬物而索享之也。○註云：八蜡者，一先嗇，二司嗇，三農，四郵表畷，五猫虎，六防，七水庸，八昆虫。
臘蜡 宝典云：臘者祭先祖，蜡者祭百神，同日而異祭也。

嚴節 冬也。
嚴冬 十二月也。又曰暮冬、窮冬、殘冬。
隆冬 隆，盛也。
烈寒 大寒。
臘八粥 十二月初八日，都城諸大寺作浴佛會，送七宝五味粥，謂之臘八粥。
除夜 十二月三十日之夜，為年尽之夜，謂之除夜。其夜祭先祖而聚飲，謂之分歲。
守歲 除夜長幼團坐達旦，謂之守歲。
除夕 除夜也。月令：日窮于次，月窮于紀，星回于天，歲且更始。
燃燈 都人至除夜灶中燃灯，謂之照虛耗。
驅儺 季冬先臘一日大儺，選中黃門弟子十歲以上十二歲以下百二十人為侲子，皆赤幘皂衣，以逐惡鬼于禁中，謂之驅儺。
餽歲 蜀中風俗，歲晚餽問，謂之餽歲。
爆竹 西方山中有人，長丈餘，人見之即病寒熱，名曰山臊。每以竹着火中，熚烞有声，則驚遁，今效之。熚烞音必剝，臊音燥。
打灰堆 除夜将晓，婢獲持杖擊糞堆致詞，以致利市，謂之打灰堆。芃至

能詞云老婦堆前再三祝只要我家長富足。出樂府詞

賣癡獃 樂府云吳人多癡獃除夕分歲罷小兒繞街呼叫賣癡獃范至能有詞其末四句云櫟翁塊坐重簾下獨要買添令問價兒云翁買不須錢奉賒癡獃三百年

三餘 冬者歲之餘夜者日之餘陰雨者時之餘也

交年 十二月廿四日為交年都人是夜送神今之送灶是也。今俗多以廿五日送神

閏月

一閏再閏 穀梁傳曰三年一閏天氣小備五年再閏天氣大備

王居閏門 礼記月令篇曰正月天子居青陽左个大寢東堂北偏也北偏者近北也四面旁室謂之个。二月天子居青陽太廟東堂當太室。三月天子居青陽右个東堂南偏。四月天子居明堂左个大寢南堂東。五月天子居明堂太廟南堂當大室也。六月天子

居明堂右个南室西偏也。七月天子居總章左个大寢西堂南偏。八月天子居總章大廟西堂當大室。九月天子居總章右个西堂北偏也。十月天子居玄堂左个北堂之西偏也。十一月天子居玄堂大廟北堂當大室也。十二月天子居玄堂右个北堂東偏也惟閏月天子無所居居于門故于文云王在門謂之閏釋詁云王門閏字也。門謂路寢門也

以閏月定四時成歲 尚書堯典篇曰三年一閏五年再閏然後四時不差而歲功得成

不告朔 春秋。文公六年閏月不告朔猶朝于廟

餘終 左傳云閏月歸餘于終閏附月之餘日者也云云

十干 亦曰十母

甲 甲者言萬物剖符甲而出也符甲猶手甲也

乙 乙者言萬物生軋軋也

丙 丙者言陽道著明故曰丙

丁 丁者言萬物之丁壯故曰丁

戊 戊者固也言陰彰露物已成固也

巳 巳者巳也止也言陰氣殺物物將收成也

庚 庚者言陰氣庚萬物故曰庚

辛 辛者言萬物辛氣方生故曰辛

壬 壬之為言任也言陽氣任養于下也

癸 癸之為言揆也言萬物可揆度也

歲值十干 即十天干

閼逢 即甲也太歲在甲曰閼逢

旃蒙 即乙也太歲在乙曰旃蒙

柔兆 即丙也太歲在丙曰柔兆

彊圉 即丁也太歲在丁曰彊圉

著雍 即戊也太歲在戊曰著雍

屠維 即巳也太歲在巳曰屠維

上章 即庚也太歲在庚曰上章

重光 即辛也太歲在辛曰重光

玄黓 即壬也太歲在壬曰玄黓

昭陽 即癸也太歲在癸曰昭陽

十二支 又名十二子

子 子者滋也言萬物滋于下也

丑 丑者紐也言陽氣在

上未降萬物厄紐未敢出也

寅 寅者言萬物始生螾然也螾音引

卯 卯之為言茂也言萬物茂也

辰 辰者言萬物之蜄也蜄音振律曆志曰萬物振美于辰

巳 巳者言陽氣之巳盡也

午 午者陰陽交而愕布故曰午

未 未者言萬物皆成有滋味也

申 申者言陰用事申賊萬物故曰申律曆志云物堅于申

酉 酉者萬物之老也故曰酉律曆志云留熟于酉

戌 戌者言萬物盡滅律曆志云畢入于戌

亥 亥者該也言陰雜陽氣藏寒為萬物作鍾故該也。其歲值十二支並列前月建下

月干 即月陽

畢 月在甲曰畢

橘 月在乙曰橘

修 月在丙曰修

圉 月在丁曰圉

厲 月在戊曰厲

則 月在巳曰則

窒 月在庚曰窒

塞 月在辛曰塞

終 月在壬曰終

極 月在癸曰極

月十二支 即月陰 陬 正月為陬月 如 二月為如月 寎 三月為寎月 余 四月為余月 皐 五月為皐月 且 六月為且月 相 七月為相月 壯 八月為壯月 玄 九月為玄月 陽 十月為陽月 辜 十一月為辜月 涂 十二月為涂月皆月之別名其事義皆所未詳故闕而不論

歲

遂也郭璞曰木星謂之歲星以其一年行一次十二次而周天故曰歲星此星行一次而四時之功畢火年謂之歲從步者躔度之行可推步也○又云自子至亥而化成一日初一至三十而化成一月至十二月而 卒歲 謂完一時成為自春至冬而成一歲 一歲之事 獻歲 獻進也言歲始來進也○獻歲發春 嗣歲 來歲 歲晏 歲晚 間歲 隔一歲也 旬歲 歲猶浹也言若十日之為一旬也 翌歲 明歲 積歲

類書纂要　卷之三　十五

多年 比歲 連年 洊歲 兩年 歲竟 歲末 歲徂 徂往也 累歲 連年 客歲 去年 歲間 年中 歲云夕矣 歲末 歲月驚遒 嘆歲月去之遽 歲時遒盡 文選○遒急也盡終也 歲事崢嶸 文選云歲崢嶸而將暮○崢嶸山高峻貌言歲將暮猶物之高也

年

年載也載之言成也載成萬物終始言之也堯舜為載夏商周為年 凋年 歲晚 丁年 謂丁壯之年也文選云丁年奉使皓首而歸 耆年 即火年也藝文云交臂乃耆 馳年 言年去如馬馳之速 犬馬年 自稱其年故從卑賤也又曰犬馬之年齒藝文云空催犬馬年 草木年 自譏言貧賤之年也唐詩云故知世上公卿貴且養山中草木年 周星 一年也藝文云天道周星 來茲 ○言來年也今茲美

禾來茲美麥○呂氏春秋 三霜 三年也 徂齡 已去之年也文選云徂齡速飛電 浮齡 謂浮生之年也藝文云悠悠浮生之如借 夙齡 猶言昔年即平生也藝文云夙齡尚遐異 暮年 下年 比年 連年 積年 多年 頹曆 謂衰亂之年也 奔駒 徂年也藝文云忽忽奔駒促○駒白駒日影也 三萬六千 謂人生百年不過三萬六千日也藝文云但論三萬六千是寧知四十九年非 十稔 十年也三都賦云構思十稔○穀一熟曰稔故十年曰十稔 歷稔 歷年也 悠稔 悠過也已過知非之年也藝文云歎逝彼悠稔 一紀 十二年為一紀 積紀 二十五年 徃紀 長年也藝文云服食歷遐紀 一章 十九年也 一終 十二年也

月

一年有十二月地皇氏以三十日為一月 蠶月 詩○條桑治蠶之月也 提月

類書纂要　卷之三　十六

月晦日也提月邊也謂是月之幾盡也 月夕 月末也 月蘇 朔謂之蘇也月盡更蘇也 徙月 改月也又曰更月越月 涉月 經月 末垂 季月也 累日為月 積久也 明月 後月也猶明日明年

日

一月有三十日一日有十二時 令日 吉日 剛日 甲庚丙壬戊日為剛日外事吉日以剛日謂治兵也 柔日 乙丁辛癸己日為柔日內事吉日以柔日謂祭祀冠婚等禮也 貫日 連日 累日 多日 去日 已去之日也曹操曰去日苦多 旦日 明日 移日 言久而日影已移也夏侯嬰傳日與高祖語未嘗不移日也 彌日 終日 翌日 明日 畸日 隻日 旬日 十日 浹甲 十日 浹旬 浹周匝也自子至亥周匝十二日也 浹辰 十二日也 白晝 晝日中也與夜半子時為界白

者言不陰晦日色清明也餉午正午時當食也又日旁午卑午亭午禺中日在
巳近午也翌午明午淹晷淹晷之日興白往日曩日往日又日曩者
向日往日也日者向日玆者今日也清旦東方起明時也吉
旦吉日穀旦即吉日穀善也詰旦明旦昧旦天欲旦未辨之際而黎
旦天將明未甚明也平旦曉時終朝旦至食時崇朝早晨為朝崇終
也從旦至食時為崇朝詰朝明朝清朝清晨清晨東方啓明時也侵
晨早晨明晨曉也夙晨早晨黎明日已明未甚明也明發將旦
而光明開發也昧爽天欲旦未甚明之時也昒爽日未明時昒昕早旦
際明微曉平明天已明也遲明候天明也日昳日在未也陽晶
日出之候晡時申時上浣初一至初十日為上浣中浣十一日至二十
日為中浣下浣廿一日至三十日為下浣○浣沐浴也古制朝臣十日一給假休沐
一月三給假為浣沐之期○浣與澣同假音架蚤蚤與早同曉也曉早也曙東方
明也

甲夜初更時也五夜漏刻之法甲乙丙丁戊五更為五夜子夜夜之初也遙
夜長夜間夜靜夜白夜月明夜也玄夜黑夜極夜極尽也文選云
極夜不知歸脩夜長夜夜分夜半夜參半夜半也參及也通昔
終夜一昔一夜也左傳曰為一昔之期遙昔夜長通夕終夜闌夕
夜深玄陰夜色昕夕昕早晨夕夜也晨宵晨早晨宵夜也初學記曰晨宵

懷至班薄暮薄逼也逼近暮也黃昏夜之初日色已昏也頹暮日西
隆也曛黃曛日暮時也刻子日曛以為期明宵明夜也魆黒昏黒晼
晚日西晏也時竟日暮尽一日也暝天昏暗時也晏日高遲也旰
日晏更漏一夜有五更漏銅壺滴漏以定時刻有量天尺漏分夜深也初學記
曰漏分不能卧時刻晝夜十二時每時八刻子午二時各十刻共一百刻漏箭
孔壺為漏浮箭為刻轉漏漢禽○轉漏之間曜靈西藏日落會日
旦入值晚也窮日盡明旦至晚也

時

時期也陰陽消長之期也四時春夏秋冬四季即四時四序即四時
四運即四時逝運已去之時四德元亨利貞也元者生物之始于時為
春亨者生物之通于時為夏利者萬物之遂于時為秋貞者生物之成于時為冬昭
代明時也隆期謂盛時也昭時昭明也○昭時令日三時春耕夏耘
秋收為三時文選云三時之務古時伏羲為上古文王為中古孔子為後古
曩時謂昔時也暫時不久也霎時目一開閒時也乃時向時也
乃者猶言彼時屬者謂近時也生平先時也又曰平素往常往時
夙昔往時疇昔往時也左傳曰疇昔之年原先往時頃刻霎時須
臾頃刻時也俄頃少時斯須一晌一合之頃侵尋俄頃頃之頃刻
間也語頃一言語時食頃一飯之時間者猶言中間時也方纔即刻
間也又適纔剛纔適間剛間皆頃刻間也晷運時序也昌曆即盛時也○聖

君起呂覽 無幾 言无多時也 居無何 謂未多時也 居有頃 謂處有一頃時也又曰居頃之 近屬 猶言甫爾 屬聞 謂近聞也

五節 五行之時節 八節 立春立夏立秋立冬春分秋分夏至冬至是為八節 四節 四時也 晚節 猶末時也又云人暮年也 頽節 已去之時 促節 謂時去之速也 急節 唐詩云急節謝流水。謂時節之去如流水之急也 受節 猶言應候也唐詩云北風受節南鴈翔

二十四氣 十二個月節氣十二個月中氣謂之二十四氣 七十二候 一月六候一候五日一年三百六十日共七十二候 飛候 四時推遷之節氣也 風候 猶言時候也唐詩云蜀川風候接秦川 四氣 天地日月

三才 天地人 三正 周以子為正月商以丑為正月夏以寅為正月今正行夏之時以寅為正月也 六辰 卯時至申時謂之六辰 六律 黃鍾泰簇姑洗蕤賓夷則無射是為陽律。洗音先射音亦 六呂 夾鍾仲呂林鍾南呂應鍾大呂是為陰呂 八卦 乾坎艮震巽離坤兌是為八卦 五運 甲己歲土運乙庚歲金運丙辛歲水運丁壬歲木運戊癸歲火運 五子 六甲之中惟甲寅無子故曰五子 六甲 甲子甲戌甲申甲午甲辰甲寅 生肖 肖似也。子屬鼠鼠無牙上曰牙。丑屬牛牛無齒下曰齒。寅屬虎虎無項。卯屬兔兔無脣。辰屬龍龍無耳聽以角。巳屬蛇蛇無足。午屬馬馬無胆。未屬羊羊無瞳。申屬猴猴無脾。酉屬鷄鷄無腸。戌屬犬犬無胃。亥屬猪猪無筋

遂古 遂者往也楚辭云遂古之初 振古 極古也 三季 謂夏商周之末年也 代間 代即世也 末路 即晚節也 露往霜来 文選。即春往秋来也

淹速 淹遲也 人代 即人世也 百重 猶百代也文選云百重之典 信次 再宿為信過信為次 迨今 迨至也 只近 近来也 慆慆 久也詩曰慆慆不歸

瞬息 目忽開忽閉言如過眼一瞬之疾也 倏忽 如犬奔之疾也 迅速 疾速 荏苒 漸盡皃文選云日歎月歎甚荏苒代謝 流電 時光速如流電 代謝 来者為代去者為謝言四時代謝也 代序 春往秋来以次相代也 推斥 謂推遷也。四節相推遷 循環 循轉運也言四時流行不息如圓環轉運無窮也 轉旋 言須

臾之間也 輪轉 言四時流行周回旋運如輪之轉也 丸跳 言日月去之疾速如丸之跳也 梭飛 言日月往来如梭飛之速又曰梭擲 箭馳 言光陰如箭離弦之速又曰箭擲 白駒過隙 白駒日影也隙孔也言光陰去速如日影之過窓隙也 白日如馳 嘆歲月之如馬馳之疾速 時駛不可稽 駛馬疾馳也言時光去速不可稽留也

豊熟 五穀皆熟 二登 三年之食足曰登再登曰平三登曰太平 豊稔 穀熟曰稔即豊熟也 穰歲 謂豊穰之歲也 嘉歲 豊稔歲也 登歲 豊熟之歲 上歲 豊年也又曰上熟稔歲有年 大有年 歲大豊也 屢豊年 連年豊熟 僅有年 歲粗熟 玉燭氣和 四時和也 清穆之世 太平時也 天

下審如 太平時也 乾清坤定 天下太平 內安外寧 太平 海晏河清 天下太平 民安物阜 時和也。阜厚也豐也 熙寧 時和也。又曰淳熙 嘉生 衆瑞也郊祀志曰神降之嘉生 貞期 太平時也 四瑞 大瑞景星慶雲白狼赤兎中瑞蒼兎赤鳥下瑞嘉禾芝草

災眚

眚 災眚者青紅黑白皆有之流于天表生災變之兆俗呼禍殃火殃之類也。又眚過也 眚祥 內曰眚外曰祥妖妍也凡吉凶之光皆曰祥又妖孽自外來謂之祥 妖孽 惟異也。妖孽者禍之萌 火災 人火為火天火為災 精祲 祲謂陰陽之氣相侵漸以成災祥也 妖氛 妖氣也 天泣 太公兵法曰軍出天無雲而雨此天泣也軍沒不還 天鳴 唐五行志云中和三年三月浙西天鳴声如轉磨 星隕 隕隆也。魯莊公七年四月辛卯夜常星不見夜中星隕如雨 亢陽 久旱不雨 愆陽 久旱不雨 乾淖 田土不得雨澤之潤也 乾涸 水竭也 白淖 水涸無以滋淪禾苗謂之白淖 井枯 歲旱 川竭 歲旱 洪水 大水 巨浸 大水 旱魃為災 詩曰旱魃為虐南方有魃長三尺見之主大旱 野無生稼 大旱 民物流還 凶年民流 歲惡不入 凶年不納稅也。歲惡年穀不熟也 荒歉 一穀不熟曰歉。四穀不熟曰荒。又果不熟曰荒 饑饉 二穀不熟曰饑。三穀不熟曰饉。又蔬不熟曰饉。凡草菜可食者通名曰蔬 大祲 五穀皆不熟曰之大祲 荐饑 連年不熟曰荐飢 無年 災傷水旱曰無年 無歲 凶年也。又曰不稔。又曰不穰

卷之三終

新刊古今類書纂要卷之四

人道部

太上皇 君父也。漢紀註曰太上極尊之稱皇君也。天子之父故號曰皇不預治國不敢言帝也 懿號 唐穆宗詔曰強我懿號不若使我為有道之君加我虛尊不若處我于無過之地 擁篲迎門 漢高祖即位五日一朝太公太公擁篲迎門上大驚遂下詔尊為太上皇 逍遥 唐高祖謂裴寂曰公為宗臣我為太上皇逍遥晚歲不亦善乎

皇太后 君毋也。蔡邕曰為天下之毋育天下之君 始謚毋后 蔡邕謚議。漢世毋后無謚至于明帝始建光烈之稱 女中堯舜 宋鑑。英宗毋皇后高氏神宗時垂簾聽政哲宗時起司馬光為宰相天下歸心高遵贊曰篤生聖后為女中堯舜天實與之也 太妃 太后之次 雲簾 帝毋垂簾

皇帝 皇大也道配天之大也帝諦也審諦于物也王天下之號也古者伏羲神農黃帝以道治故稱三皇少昊高辛顓頊唐堯虞舜以德化故稱五帝秦始皇以為德過三皇功加五帝始號曰皇帝 大寶 係辭曰聖人大寶曰位何以守位曰仁何以聚人曰財 朕 君自稱我曰朕古者上下共之至秦獨以為尊稱漢遂因之而不改 稱孤 南面稱孤天子自稱之謙辭也 寡人 君自稱我曰寡人寡少也謂寡德之人也 陛下 稱皇帝曰陛下陛者升堂之階陛王者必有執兵陳于階陛之側群臣與至尊言不敢指斥故呼在陛下者而言之因卑達尊之意 人君 君主也天子為萬民之主故曰人君

萬乘古者天子稱萬乘元后元大也后君也天子也丕后丕大也后
君也太上天子天辟天子鉅公天子也天子為天下父故曰鉅公縣
官謂天子也不敢斥言之也天家天子以天下為家故曰天家官家五帝
官天下三王家天下故稱朝廷為官家當宁門內屏外人君視朝所宁立處負
扆扆屏風也天子所居扆在後故曰負扆玉座禁座並帝座也即位
即就也天子登位也即真即就也就真天子位也龍飛帝即位也受禪
交位嗣位子繼父位踐作踐履也作階也勿作作周成王幼不能行人君之事
周公代履作階攝王位故曰踐作臨軒天子坐朝也又曰臨御曰臨朝垂拱
天子臨朝垂紳正笏而諸侯朝拱也御寓御天下也改元帝改年號稱制

天子之言一曰制書二曰詔書非皇后所得稱漢呂太后臨朝行天子事故曰稱制幸
御天子之衣服加于身飲食之入于口妃妾之接于寢器物之用于手皆曰御御之親
愛者曰幸又車駕所至為幸言幸其恩波之下及也又天子車駕所至臣民以為僥倖故
曰幸祖龍祖始也龍人君之象謂秦始皇也顓頊昌意生高陽是為顓頊顓
者專也項者正也言能專正天之道也絲綸天子詔也。記王言如絲其出如綸
言王言始出如絲之小既出則天下奉之若綸綫之大也皇綸皇言絲言寶
書並天子詔制尺一之制漢制一尺一寸之編寫天子之詔咫尺
制天子詔也八寸曰咫言天子之制或長咫或長尺也渙汗天子號令賞渙散汗
汗出不可反也詔赦天子降詔赦罪反汗天子號令如汗汗出不反也令出而

反之是反汗也象魏闕上懸治象其狀魏然高大故稱象魏鳳扆帝座涖
作太子即位為天子也天衡帝王之威柄也文選云竊執天衡神器帝王
賞罰之權柄曆數帝王相繼之次第猶歲時節氣之先後也宸曆謂天子曆
數也文選云宸曆御寓曆命謂曆數天命也天胤言天子祖宗皆天之嗣也
書曰罔非天胤訏謨訏大也謂大謀也靈圖寶業並天子位也
帝圖帝業寶祚帝位宸居帝位龜鼎坐鼎也喻帝位也宸極
指君位也文選云宸極失御聖圖即皇圖也唐詩云聖圖天廣大宸景帝居
景日也以天子比于日也文選云宸景厭照臨皇劫帝年宸儀帝範龍顏
天子相也漢高龍準龍顏天儀即天顏也帝暉天子之光暉也皇靈宸

威五帝威也皇度天子之量皇情天子之情皇鑒天子鑒視宸盻
天子之視宸渥帝恩宸眷君寵宸襟帝心也初李記曰宸襟洽薛蘿龍
光即寵光也末光漢傳。依日月之末光。末光猶餘光也指君之寵榮也寵
光左傳。宴語之不懷寵光之不宣執競謂持其自強不息之心也恭先
人君恭以接下以恭而倡後主也書曰作周恭先無逸逸者人君之太戒周公恐
成王知逸而不知無逸故作書以訓之睿想天子之思慮也睿藻天子之文
章也帝籙帝王相傳之圖籙也崛起漢傳。崛起在此位王表天子之表
儀也帝籍籍田也記曰躬耕帝籍所天臣以君為天故曰所天・太家
漢魏以來宮中呼官家為大家穆清漢傳。穆美也天子有美德而德化清也降

輦 唐玄宗待李白降輦而迎 御珽 天子珽笏 行內 禁中 行在所 天子或在京或出巡狩不可預定故曰行在所 微行 天子服微賤之衣服以私出行 燕出 天子私行 巡守 周制天子十二年一巡狩諸侯所守之土地曰巡狩 蒙塵 天子出奔 革命 易世謂之革命易曰湯武革命順乎天而應乎人 太行 天子新崩未有定謚故曰大行天子 九重 九者陽數之極故天子所居曰九重 同寅協恭 書經註曰君臣宜同其寅畏協其恭敬也 天行地止 言王者法天地之行止 執大象 象法也言上古之人君執淳素之大法 闢皇闈 謂開君門以待賢也 神行 天子之行 旰食晏寢 帝勤政也旰晏皆晚也又曰旰食宵衣 尚席函丈 尚席天子所尊儒席也函容也其地可容一丈也

車駕 凡言車駕者天子乘車而行不敢指斥也 乘輿 天子車服百物曰乘輿 輦轂 侍從天子之車輿也司馬遷傳云待罪輦轂下 轂下 薛宣傳云執愚轂下言在天子輦轂之下 法駕 天子駕也 丹蹕 君之車駕 龍驂 帝駕 皇輿 君車 玉鑾 御駕 屬車 漢制大駕車八十一乘○屬者相連屬不絕也相如傳曰犯屬車之清塵 六飛 天子五輅駕六馬其疾如飛故曰六飛○輅天車也 警蹕 警者戒肅也蹕止行人也皇帝輦動左右侍帷幄者出稱警入稱蹕止人清道也 駐蹕 車駕所出謂之駐蹕 緹帷 御帷也○緹丹黃色帷帳也 鑾輿 鑾駕 屬御 皆天子御駕也 掌扇 唐蕭嵩曰天子升降俯仰衆人皆得見之非穆肅之容也請以扇障之 儀仗 天子儀衛也 雲蹕 天子儀衛 仙蹕 天子行導

也 羽衛 天子儀仗也天子車前負羽侍衛也 仙仗 天子儀衛 天仗 天子儀衛 鹵簿 車駕行羽儀導從謂之鹵簿中丞制史書有鹵簿 移仗 謂天子出行也 婧出之具 天子私行車服 藻衛 天子之儀仗曰藻衛 皇后 天子之配曰后后者君也又曰后厚也取其厚載之義也又曰女君 內治 礼記○聽天下之內治以明章婦道故天下內和而家理 陰教 周礼○內宰治主內之政令以陰礼教六宮以陰礼教九嬪以婦職之法教九御 椒房 漢官儀制度曰皇后称椒房取椒實蕃衍之義以椒塗室取溫暖除惡氣也猶天子朱泥殿上曰丹墀 國母 皇后曰國母又曰國配 生齒 晉成帝時杜預之曾孫女少有姿色長猶無齒有求婚者輙中止及成帝拜為皇后納采之旦夜齒盡生○出晉志 蘭殿 皇后之殿

璿宮 椒屋 並皇后之宮也 瑤齋 皇后之齋 織室 皇后親繅蠶處 桑壇 后妃親桑處 蘭房 椒閣 皇后房閣 椒房之家 皇后之家 椒房之親 皇后之族 脫簪待罪 國語○周宣王夜臥晏起姜后乃脫簪珥待罪使通言于王曰君王失礼而晏起亂之興從婢子起敢請罪王曰寡人不德實自生之過非夫人之罪也遂復姜后而勤于政事 中宮 皇后所居 皇妃 皇后之次 並后 皇后之次 女門楣 唐楊貴妃寵幸時謠曰男不封侯女作妃君看女却作門楣 半面粧 南史○徐妃以元帝眇一目每知帝將至必為半面粧 宮嬪 婦官也嬪妾類 昭容 女官也唐制昭容正二品係九嬪 昭儀 女官也漢

元帝加昭儀之號。謂昭顯其儀示隆重也 嬖妾 宮中之華女也。五行志曰嬖妾遇之而孕 淑媛 宮娥 綵女 淑容 傛容 傛儀 婉容 婉儀 充儀 貴人 美人 才人 以上皆女官也 娙娥 女官也。武帝所幸邢夫人號曰娙娥 自悼 成帝寵妾好後飛燕寵冠因譖之祝詛考問之對曰妾聞脩正尚未蒙福為邪欲以何望使鬼神有知不受不臣之愬如其無知愬之何益上善其言然自是失寵稀復進見恐久見危求供養太后帝許焉乃作自悼賦紈扇詩 女尚書 魏明帝數內寵選女子知書可付託者六人以為女尚書 倢伃 官女也倢言接幸于上也伃美稱也漢武帝制倢伃倢伃華貴有爵位倢伃亦作婕妤 下陳 宮人未班列曰下陳 填委掖庭 言宮人多也 奉日月之華 言嬪

御之榮也 登宸漢 入宮被幸也 恭承禮命 嬪妃被冊 宦官 太監也 中貴 內臣之貴幸者李廣傳曰使中貴人從廣 涓人 宦官也師古曰涓絜也主絜除之人也 中涓 宦官也師古曰涓絜也言其在中主知絜清灑掃之事益親近左右也 閹尹 宮卿 司宮 刑臣 近習 貂璫 火者 閹官 中黃門 中謁者 以上並宦官也 觀軍容使 唐以宦官魚朝恩為觀軍容使

皇太子 主器 易曰主器莫若長子故受之以震○註云東方屬震謂主廟堂粢盛之器莫若承嗣長子 東宮 太子曰東宮宋延年詩曰正體育德下火陽○註云太子繼天子之體育德東宮火陽者東方也又震為長子東屬震 青宮 太子云青

宮神異經曰東明山有宮青石為墻門有銀牓以青石碧鏤題云天地長男之宮 儲主 副君 世子 東儲 冢儲 元儲 儲后 儲嫡 儲嗣 儲貳 星儲 以上並皇太子之称也 前星 天文志曰前星為太子後星為庶子 少海 太子曰少海山海經云無皐之山南望幼海○幼海即少海天子比太海即少海行其流也 守祧 遠廟為祧○出可以守宗廟社稷而為祭祀主太子之謂也 儲猷 太子文也 殿下 称太子曰殿下又曰千歲 元良 称賢太子 主鬯 太子也主鬯由然主器也 震器 太子也主器莫若長子故受之以震 嗣服 謂繼嗣先王之事 纂運 纂繼也運天運也 屬統 師古曰國之正統也 繼成 繼已成之業也武五子傳曰今陛下承明繼成 天序 太子所以承天序繼祭祀

也 監國 太子主國曰監國言代君監臨國家也 撫軍 太子從父出兵言撫軍鎮撫士卒也 金璽 太子妃印 儲季 皇太子之弟也 良娣 太子內宮女曰良娣 丕顯丕承 丕大也書曰丕顯哉文王謨丕承哉武王烈○謨謀猷也烈功烈也 監撫餘閒 太子暇預也 有古世子之風 称太子孝也 去邪蒿 北史○邪蒿為太子博士屠人進食有菜名曰邪蒿時命去之曰此菜有不正之名非殿下所食 儲禁 太子所居之宮 儲闈 即東宮也 鶴禁 太子宮也鮮見下鶴駕 銅扇 太子宮門 鸞旌象輅 太子旌輅 鶴駕 王子喬周靈王太子也登緱氏山乘白寉而去故太子駕曰寉駕宮曰寉宮 四望車 太子納妃車也 銅輦 太子車也 綠車

皇孫太子所乘車也 **黄屋** 太子儀物 **鷄戟** 太子門戟

太主 **太長公主** 並帝姑之称 **長公主** 帝姊妹也 **公主** 天子之女嫁于諸侯諸侯同姓者主之故曰公主 **貴主** **天姬** **寵主** 以上並即公主也

附馬 天子之婿也又曰駙馬又曰帝婿○附副也言非正駕也漢始拜附馬都尉長御馬 **縣公主** 後漢帝姑為縣公主

宗室 皇族 **皇戚** 皇之親戚又曰国戚 **宗子** 同宗之類 **宗老** 称宗室 **龍種** 同姓諸主 **寶胄** 天子族姓 **戚藩** 宗室作藩 **太支** 太宗後也 **天潢之派** 宗室曰天潢之派 **帝室之胄** 遠屬宗室 **天枝之英** 賢宗室也 **宗室肺附** 天子親屬也言如肺肺相附着也 **肺附枝葉之屬** 天子親屬 **宗室之雋** 賢宗室也 **無屬之臣** 服尽宗室 **姻臣** 国戚

鎮國將軍 王子 **輔國將軍** 王孫 **奉國將軍** 王之曾孫 **鎮國中尉** 王之玄孫 **輔國中尉** 王之五世孫 **奉國中尉** 王之六世孫 **近藩之尊** 近屬皇親 **犬牙相制** 漢高帝王子弟犬牙相制所謂盤石之固○犬牙言地形如犬之牙交相入也

翁主 王之女也翁父也王之女嫁人父自主婚故曰翁主 **王主** 即翁主也 **郡主** 親王之女 **縣主** 郡王之女 **縣君** 郡主曾孫女也 **鄉君** 郡主玄孫女也 **鄉亭公主** 諸主女封鄉亭公主 **儀賓** 諸王之婿

始祖 始立根基剏業之祖也剏與創同造也 **鼻祖** 始祖也人始受胎鼻先成形故

始祖曰鼻祖揚雄方言曰仲尼天下斯文鼻祖 **高祖** 曾祖之父也言最高在上也 **曾祖** 祖之父也言推上祖位轉增益也 **大父** 祖也父之父也 **大母** 祖母也 **公婆** 祖曰公祖母曰婆 **大父行** 鄭當時傳曰知友皆大父行○註言知友皆祖父同輩之人也 **宗曾子** 世說云齊宗元卿早孤為祖母所養祖母病元卿在遠輒心痛大病大痛小病小痛以此為常卿里號宗曾子 **陳情侍養** 晋李密父早亡母改嫁祖母劉氏撫養密後徵為太子洗馬以祖母年老故上表陳情

父

父母 父者矩也以矩度教子也母者慕也為嬰兒大所慕也 **爺娘** 父母也娘與孃同 **爹媽** 父母 **二親** 父母 **遺體** 祭儀曰身者父母之遺軀可不敬乎○出礼記 **嚴君** 易曰家人有嚴君焉父母之謂也 **大人** 子称父曰大人漢霍仲孺為縣吏給事平陽侯埔寿家與侍者衛少兒私通吏畢歸娶婦生霍光因絶不相聞不知少兒已生霍去病後去病為驃騎將軍擊匈奴至平陽舍迎仲孺跪曰去病不早知為大人遺軀大為買田宅奴婢而去還後帯霍光西至長安任光為郎後位至宰相○仲孺平陽人 **尊公** 称人父曰尊公又曰尊翁令尊令尊翁自称父曰家父家君家大人也 家尊家嚴老父 **萱堂** 称人母曰萱堂令堂北堂自称母曰家母老母家慈○詩曰焉得諼草言樹之背○註云諼忘也與萱同背音佩北堂也萱草合歡食之忘憂言焉得忘憂之草樹之于北堂以忘吾憂乎萱草又名宜男草婦人帯其花即生男故称母曰萱堂 **壽母** 称人之母 **聖善** 称人之母也詩曰母氏聖善 **迺翁** 迺汝也言汝父也 **迺尊** 呼人父也又曰迺父 **迺堂** 呼人母也 **迺公** 迺翁也張良傳曰迺

公自行耶

陟岵　瞻望父也詩云陟彼岵兮瞻望父兮○陟升也山無草木曰岵

陟屺　瞻望母也詩云陟彼屺兮瞻望母兮○山有草木曰屺

孟母賢被　孟宗少遊斈其母作十二幅被以招賢士共臥冀聞君子之言

慈具　母年

劬勞　詩曰哀哀父母生我劬勞

具慶　父母俱存

家慶　謂父母俱存也孟浩然云明朝拜家慶須著老萊衣

飲水盡歡　子路曰傷哉貧也生無以為養死無以為葬子曰啜菽飲水盡其歡斯謂之孝○出礼記

椿萱　稱父母曰椿萱莊子曰上古有大椿樹以八千歲為春八千歲為秋稱父為椿取有壽之義稱母為萱解見上萱堂

致愛致慤　致愛極其愛親之心也致慤極其敬親之心也○致愛則存致慤則著

將父將母　將養也詩曰王事靡盬不遑將父不遑將母○盬不堅固也心動曰不遑

賢智其母　稱其母賢智也嚴延年傳曰東海莫不賢智其母

後母逐子　殷王中宗之子孝己事親一夜五起中宗因後妻言逐之

不娶後妻　曾子出妻終身不娶其子元請曾子曰高宗以後妻殺孝己尹吉甫以後妻放伯奇吾上不及高宗下不及吉甫能免于非乎

子諫逐母　閔子騫為後母所苦冬月以芦花衣之以代絮父知之欲出後母子騫諫曰母在一子單母去三子寒遂止之

履霜操　列子○尹吉甫子伯奇事後母至孝母取蜂去毒繫衣上伯奇欲前去之母便大呼曰伯奇牽我吉甫見疑伯奇自死清朝履霜自傷無罪援琴鼓之

三父　同居繼父不同居繼父從繼母嫁父

八母　嫡母繼母養母慈母嫁母出母乳母生母

假母　繼母也一曰父之旁妻

庶母　父妾

伯父　父之兄曰伯父又曰世父

叔父　父之弟曰叔父

仲父　父之二弟曰仲父

季父　父之三弟曰季父

諸父　伯叔總曰諸父

伯母　伯父之妻曰伯母又曰世母

叔母　叔父之妻曰叔母

嬸娘　叔之妻曰嬸娘

亞父　高紀曰亞父范増○亞次也尊敬之次父猶管仲為仲父

竹林　稱人叔侄曰賢竹林自稱曰賤叔侄晉竹林七賢嵇康向秀山濤劉伶王戎阮籍與侄阮咸在會故稱叔侄曰賢竹林

子

嗣　子者嗣也息也嗣者續也言嗣續宗祧也

似續　似嗣也詩曰似續妣祖

後嗣　子繼人之後故為親之後嗣

嫡嗣　冢嗣　元嗣　元子　伯子　冢子　元胤　家督　以上皆長子之稱

次息　季子　亞子　以上並次子之稱

晚息　得遲之子

令子　稱人子曰令子又曰令嗣令郎

不凡　稱人子曰不凡○不凡言不尋常也

國器　稱人子曰國器言其子之才可為國家之用也

桂子　稱人子曰桂子○人及第謂之手攀仙桂稱賛其子亦必及第也

象賢　稱人子象先聖主之賢也

佳兒　稱人子曰佳兒

鳳毛　稱人子之克肖者曰鳳毛

麟趾　人之子孫皆賢肖曰麟趾

豚犬　自稱子曰豚犬又曰豚兒曹操見孫權軍伍整肅嘆曰生子當如孫仲謀劉景升兒子豚犬兒

賤息　自稱子曰賤息又曰小兒蠢頑頑兒小頑

庸保　自稱子曰庸保謂庸常之輩也

餘子　未任役者為餘子也

放子　見棄逐于父之子捷詞曰放子逐而不还

棘薪　詩經○棘可以薪則伐矣然非美材喻子大而無善也

壞子　謂其肥盛曰壞

負薪　礼記○問庶人之子長曰能負薪矣幼曰未能負薪也

典謁　問士之子長曰能典謁

謁矣。幼曰：朱能與謁也。與謁主言客告謁之事也。○能御矣 周大夫之子長曰能御矣。幼曰：未能御也。

攣 孿 以上並双生子

孫 双生女也

析薪負荷 析薪分木乃薪也。負荷負肩以帰其家也。左傳曰：其父析薪，其子弗克負荷。喻不能任先人之禄也。○析，分也。

家之棄子 不肖之子

三孿子 不肖子弟

有三変，一変為蝗虫，謂蠶田虫而食；二変為蠹魚，貪書而食；三変為大虫，謂貪牌而食。三食之輩何代無之。○蠹音各貴也

子舍 諸子之舍，若今之言諸房也

門子 正室適子謂之門子，言代父當門戸者

出告反面 礼記○凡為子者出必告反必面

遊有常習有業 礼記○凡為子者所遊必有常，所習必有業，謂身不他往，心不他用也

不登高不臨深不苟訾不苟笑 苟訾近於譏，苟笑近于謟

不服闇不登危 闇者欺人所不見，登危者行險以徼幸，是忘親也，皆非孝子之事

外言不入於梱内言不出於梱 梱，門限也。謂男不言内，女不言外也

有隠無犯左右就養無方服勤至死 父子主恩，犯則為責善而害恩，故有隠而無犯。子之於親，事皆當理，故曰無方

食

克家之子 称人子曰有克家之子，言能済其家也

寧馨児 称人児異于衆也○晋王衍善清談，無神骨明秀。總角時嘗造山濤，濤既山目送之曰：何物老嫗生此寧馨児。○註云：何物犹言何事，寧馨犹言恁地，又寧如此也。馨，香也。言何事老婦生妬此馨香好児也

息女 女曰息女。息，生也。言已所生之女也

元女 長女

弱息 自称女曰弱息

處子處女閨女 以上皆未出嫁之女

閨秀 称人女曰閨秀。○晋張玄妹有才質，適顧氏，玄毎称以敵王凝之妻謝道韞。済尼曰：王夫人神情散朗，故有林下風氣；顧家婦清新玉映，自是閨房之秀

詠雪之才 晋謝奕之女字道韞，聡識有才辯。叔謝安嘗内集，俄而下雪，安曰：何所似？安兄子謝朗曰：撒塩空中差可擬。道韞曰：未若柳絮因風起

愛玉 称人女曰令愛玉，又曰令愛，自称曰小女

閨愛 称人女曰閨愛

姐妹姊妹 即姐妹也。姊者咨也，長而可咨問也。妹者末也，位居末也

伯姬 姉曰伯姫，又曰伯女

女弟 妹曰女弟

夜辯絶絃 後漢蔡邕之女名琰，年六歳，邕夜弾琴絃絶，問之，琰曰第二絃。復故折一絃，曰第四絃也。邕曰偶中耳。琰曰：昔季札観風知四国興衰，師曠吹律知南風不競，由是言之，可得不知乎

班女

成史 漢班彪女名昭，兄固著漢書，其八表天文志未及竟而卒，和帝詔昭就而成之。帝数召入宮，令皇后貴人師事之，號曰大家。毎有貢献，詔作賦頌。又作女誡七篇。出列女傳

橋梓 称人父子曰賢橋梓。世説曰：周公之子伯禽與周公弟康叔同見周公，三見三笞之。商子曰：南山有橋梓二木，何不往観之？二子往観，見橋木高而仰，梓木実而俯，還告商子。商子曰：橋者父道，梓者子道也。○為子者不能卑遜如梓木実而俯，是以遭笞

是父是子 称人父子皆賢也。漢揚雄曰：石奮石建父子之美也。無是父無是子，無是子無是父。註言若無是賢父焉有是賢子，若無是賢子焉能顕此賢父。石奮父子五人皆二千石，號萬石君

藍田生玉 諸葛恪少有名，孫権見其父瑾曰：藍田生玉，真不虚

也

郎伯囝子　閩人謂父曰郎伯子曰囝子

六親　父母兄弟妻子曰六親又曰六戚

難兄難弟　稱人兄弟皆賢也漢陳元方之子陳群與季方之子陳忠爭論父功德問于祖陳寔寔曰元方難其兄季方難其弟言兄弟皆難兩皆賢也

伯仲　稱人兄弟曰賢伯仲詩曰伯氏吹壎仲氏吹箎。壎箎音喧池皆樂器也言兄弟心相親愛如吹壎箎聲相應和也

玉昆金友　昆兄也友弟也稱人兄弟若金玉之貴重也

昆玉昆仲昆季　並稱人兄弟也自稱曰賤兄弟

伯氏　兄曰伯氏

仲氏　弟曰仲氏

晜弟　晜兄也

貴介弟　介大也謂貴寵大弟也左傳伯州犂曰王子圍寡君之貴介弟也

雙珠　兄弟皆賢曰双珠出老蚌

雙璧連璧　皆稱人兄弟也。陸曄與弟恭並有時譽洛陽令稱為双璧又曰連璧

叔季　兄弟

胞弟　同胞兄弟

淑弟　呼人兄弟曰淑弟淑善也

具爾　兄弟也文選云悠具爾之多喪

陟岡　瞻望兄也詩云陟彼岡兮瞻望兄兮。山春曰闕

鴈行　礼記兄之齒雁行齒年數也年與兄相若者弟之齒也如雁序行漸退後也

哥哥　兄也

丘嫂　丘空也言兄亡空有嫂也一曰丘大也長嫂之稱也

河東三鳳　稱人兄弟也漢薛收與從兄弟元敬族兄德音齊名世稱河東三鳳

荀氏八龍　稱人兄弟也漢荀爽荀儉荀緄荀靖荀寿荀正荀修荀穀兄弟八人並有才名號八龍

不令　兄弟不和曰不令

不悌之傲　弟不順曰不悌之傲

有鬩墻之忿　兄弟爭鬪為鬩墻之忿詩云兄弟鬩于墻外禦其侮。鬩鬪很也侮音武欺侮也言兄弟有不幸鬩狼于内然有外侮則同心禦之矣

禦侮之親　兄弟親也解見上

季有兄心　兄弟和也

不咸之弟　言兄弟不和也。咸同也

兄弟尋戈　兄弟相殺也。兄弟尋戈敗亡之道

骨肉相殘　至親相殺

相駁　駁者執意不同猶如色之間其雜也陳咸傳曰兄弟相駁不可言不合也

鸞龍　藝文云昔我兄弟如鸞如龍。喻兄弟之賢也

孫

子之子曰孫孫者續也續祖之後也

曾孫　孫之子曰曾孫曾猶重也

玄孫　曾孫之子曰玄孫玄者謂親屬微昧也又曰玄懸也與高祖相懸也

來孫　玄孫之子曰来孫言有往来之親也又曰無服而意疎遠呼之乃来也

晜孫　来孫之子曰晜孫晜後也又曰晜貫也情遠而以礼貫連之也

仍孫　晜孫之子曰仍孫仍亦重也又曰以礼仍有之耳然恩意実遠也

雲孫　仍孫之子曰雲孫謂遠去如浮雲也

耳孫　言其去高祖甚遠但耳聞之也

龍孫　稱人孫聰明如龍之能變化也

孫枝　白楽天詩梧桐老去長孫枝言人既老則有子孫如梧桐之老而有孫枝也

領群孫　唐郭子儀諸孫數十人每群孫問安不尽辨惟頷之而已。頷之點頭也

有祖風　漢李廣有孫李陵為侍中善騎射愛人下士帝以為有廣之風

嫡親　嫡正也

嫡房　親房

後胤　後代子孫也。胤子孫相承繼也

苗裔　遠孫也出楚詞。苗胤也裔末也

昆裔　昆後也国語曰紹續昆裔

裔胄　胄後也国語曰厚收其連逮裔胄而建立之也

遐胄洪裔　謂人之遠代子孫也

珠胎玉樹　唐詩。皆喩子孫也

蘭堦 唐詩。喻子孫家庭也 **靈源** 藝文云靈源遙裔。指人世系也 **世系** **流裔** 皆遠代子孫也 **係嗣** 後代子孫也 **振振** 詩經。子孫衆多貌 **繩繩** 子孫不絶貌 **蟄蟄** 子孫多貌 **垂裕後昆** 書經。垂諸後世者有餘裕也。後昆後代子孫也 **種類** **繼體** 子孫繼續接紹宗枝 **承繼** 下載上曰承言子孫承接繼續其後也 **子嗣** 立兄弟之子以繼續其後 **傳於來體** 得子孫繼續其後也 **孳** 孳子也廣韻曰孳妻子也

夫

夫 夫者扶也以道扶接者也謂婦之夫也 **丈夫** 周制八尺爲丈人長八尺故曰丈夫 **藁砧** 砧砆也借言夫也 **良人** 妻称夫也詩曰見此良人 **所天** 婦以夫爲天子以父爲天臣以君爲天故妻称夫曰所天 **移天** 女子在家則父天出嫁則夫天夫死故曰移天 **永訖** 夫者天也失意一人是爲永訖。訖止也 **好內** 貪好妻妾 **懼內** 畏妻 **蕭郎** 即蕭史也後世女夫通称也唐詩云嫁得蕭郎愛遠遊 **信內** 聽妻言也 **妬癡** 李益少有痴病多猜忌防閑妻妾過甚有散灰扃户之謗時謂妬癡

妻

妻 妻者齊也以礼聘問與夫敵躰故一語之醮終身不改 **婦** 婦已嫁曰婦婦者服也執箕箒以供婦職從乎人者也故婦人無爵從夫之爵坐以夫齒 **元配** 初娶之妻 **室家** 男以女爲室故妻曰室家 **內子** 嫡妻曰內子言在閨門之內以治家也 **內相** **內助** 相助也称人妻善治家曰內相又曰內助 **邑君** **細君** **荊布** **可室** 以上皆称妻也 **寡妻** 正嫡之妻 **次配** 再娶之妻 **尊閫** 称人妻曰尊閫又曰令正令眷尊正尊閫相正 **婢家** 自称妻也 **拙荊** 自称妻曰拙荊又曰荊房荊妻山妻老妻敝房房下 **是家** 自指称其妻也 **中饋** 中內也進食尊長曰饋言婦人居內專主饋食之事 **三從** 女在家從父出嫁從夫夫死從子 **四德** 婦有四德一曰婦德惟在清貞廉潔守分整齊行己有耻動靜有法二曰婦容惟在洗浣塵垢衣服完潔一身無穢三曰婦言惟擇詞而論無説妄語時然後言四曰婦工惟專勤紡績勿好葷酒供備甘旨以奉賓客 **孺人** 七品 **安人** 六品 **宜人** 五品 **淑人** 四品 **恭人** 三品。以上皆夫貴妻受封之称 **夫人** 一品。諸侯之配曰夫人 **命婦** 大夫之配曰命婦 **太太** 四品以上貴人之妻称太太 **奶奶** 俗称貴人之妻曰奶奶 **三不去** 婦有三不去有所娶無所歸不去與更三年喪不去先貧賤後富貴不去 **三世出妻** 家語後序云孔子父叔良紇始出妻及伯魚亦出妻子思又出妻也 **和諧** 夫妻和合 **偕老** 偕同也夫妻同到老 **琴瑟調** 言夫妻和合如鼓琴瑟之和不和曰琴瑟不調 **反目** 夫妻不和曰反目謂怒目相視而與之爭也 **連理枝** 称夫婦曰連理枝。康王奪韓朋之妻朋死妻亦死遺書衣帶曰願與韓朋合葬王怒令兩塚相望經宿有梓木生二塚上根交于下枝連于上有鳥如鴛鴦棲樹上悲鳴人謂即韓朋夫婦所化 **舉案齊眉** 梁鴻娶孟光具食不敢于鴻前仰視舉案齊眉 **相敬如賓** 左傳。季曰使過冀見冀缺耨其妻饁之敬相待如賓與之歸言諸文公曰敬德之聚也能敬必有德德以治民君請用之。饁音葉送田食也 **庸奴其夫** 言不恃賴其夫視之若庸奴也

牝鷄之晨 妻奪夫權也。書曰牝鷄之晨惟家之索。牝鷄雌鷄也。雌鷄不能報曉雌鷄而報曉則陰陽反常是為妖孽而家必破敗也 長舌 謂婦人多言也。詩曰婦有長舌維厲之階乱匪降自天生自婦人。厲禍乱也階梯也以其多言為禍乱之階梯也

蒸梨出妻 曾参後母遇之無恩供養不怠其妻以蒸梨不熟因出之 去幃 妻生離也漢蘇武曰老毋終堂生妻去幃 斷帶 離妻 析釵 析分也離妻也 分鏡 陳楽昌公主配徐徳言値陳政衰徳言與公主破鏡各藏一半期貴鏡為合後知公主在楊素家徳輝寄詩曰鏡與人倶去鏡歸人未歸無復嫦娥影空留明月輝素知之召徳輝還其公主 蕩婦 蕩子婦也 填房 喪妻再娶 續絃 稱人再娶曰續絃

再醮 婦人再嫁 醮二庭 婦再嫁人 艷妻 美色曰艷 結大義 謂未婦也閑反亦然

七出 婦有七出之條不順父母出無子出窃盗出妬出淫出悪疾出多言出 放黜之婦 婦被離之婦也 以道匡夫 婦徳也 柔而正 妻徳也 聴而婉 婦徳也。婉言語柔順也 姑慈婦聴 称婦姑也

事舅姑祥順 婦徳 供饋饍之役 婦之職也。饋饍酒食也 女工絲枲之業 婦之事也。絲者養蚕繰之謂枲者績麻紡紉之謂。枲麻也

妾

大曰妻小曰妾。妾者接也。言僅得接見君子不得匹配也 如夫人 称人妾寵盛曰如夫人齊侯好内内寵如夫人者六人 盛寵 称人之妾 側室 自称妾曰側室又曰小妾 媵妾 随嫁而為妾也 嬖妾 寵幸之妾 傍妻 小婦 小妻 下妻 皆妾 輿嬖 衆妾 內嬖 寵妾

堂兄弟 同祖兄弟又曰従兄弟 再従兄弟 同曾祖 族兄弟 同高祖兄弟又曰三従兄弟 堂姉妹 同祖姉妹曰従姉妹又 再従姉妹 同曾祖姉妹 族姉妹 同高祖姉妹又曰三従姉妹 従父昆弟 兄之子弟之子相謂為従父昆弟

祖姑 祖之姉妹曰祖姑 曾祖姑 曾祖姉妹曰曾祖姑 族祖姑 祖之堂姉妹曰族祖姑 姑 父之姉妹曰姑 堂姑 父之堂姉妹曰堂姑 族姑 父之再従姉妹曰族姑

従祖祖父 父之世父叔父 従祖祖母 父之世母叔母 従祖父 父従父昆弟也 族父 父之従祖昆弟也 族昆弟 族父之子相謂為族昆弟

親同姓 族昆弟之子相謂為親同姓同姓之親無服屬 伯祖 祖兄 伯祖母 伯祖之妻 叔祖 祖弟 叔祖母 叔祖之妻

姪

兄弟之子曰姪姪者秩也言尊卑秩然有序也姪與侄同秩音直職也 猶子 姪曰猶子言親兄弟之子猶己子也 子行 姪輩曰子行言伯叔倶為父輩而姪則為子之行列也 小阮 晋阮籍姪阮咸称為小阮 南阮北阮 姪貧者曰南阮冨者曰北阮晋阮籍與姪阮咸居道南諸阮居道北北阮冨而南阮貧 千里駒 称姪曰千里駒符堅賞曰従侄符朗曰吾家千里駒也。駒二歳小馬也言朗興日有千里之志若馬有千里之能也 阿宜 姪曰阿宜唐杜牧詩曰小侄名阿宜未得三尺長。人生二歳半為一尺三尺則七歳半也 従姪 同曾祖兄弟之子也 蘭玉 称人子姪

為蘭玉。晉謝玄叔父謝安所器重。安常謂子侄冝先立志以成身。玄答曰：譬如芝蘭玉樹，使其生于庭階耳。安悅。

焚香囊　謝玄少時好佩紫罗香囊，叔父安患之，而不欲傷其意，因戲賭而焚之，於是遂止。時符堅入冠，安乃率玄為前鋒，而有淝水之捷。

媳婦　子之妻　嫡婦　冢婦　並長子之妻　兒媳　自称媳婦曰兒媳，又曰兒婦、小媳。称人媳婦曰令媳婦。庶婦　衆婦　介婦　衆婦也。〇介婦無敢敵礼子家

寡婦　孀婦　嫠婦　並夫死守節之婦　未亡人　婦人夫死，自称曰未亡人　節婦　夫死不改嫁曰節婦　貞女　女已許人未往嫁，夫死守節不還曰貞女　烈女　女已許人未往嫁，夫亡而死節謂之烈女　栢舟　衛世子共伯蚤死，其妻共

姜守義，父母欲奪而嫁之，故共姜作栢舟篇以自誓。

守符而死　烈女傳〇楚昭王夫人齊女，昭王出遊，留夫人於漸臺。江水大至，王遣使迎夫人。曰：王與宮人約，召必以符。今使者未持符，不敢行。使者返取符，未返，臺已壞，沉水而死。

美女　名姝　美色女也　美而豔　左傳〇宋孔父嘉之妻美，宋華父督見之於路，目逆而送之，曰美而豔。

西施　諸暨有苧羅山若耶溪，傍有東施家、西施家。西施姓施而在西。越王用范蠡計，獻西施于吳王。其後滅吳，蠡復取西施，乘扁舟遊五湖而不返。

移人　左傳〇叔向欲娶申公巫臣氏，其母曰：吾聞甚美必有甚惡，夫有尤物足以移人，苟非德義則必有禍。〇尤物，尤異之物，謂美女也。移人，害人也。

蓮步　齊侯有美人潘妃，名玉奴，鑿金為蓮花貼地，令玉奴步行其上，曰此步步生蓮花也。

蛾眉　拾遺記曰：煬帝宮中爭以蛾眉，司宮吏日給螺子黛五斛，出波斯国進来。

老姆　女師也。婦人五十無子，出不復嫁，以婦道教人曰姆。〇姆亦作娒。　老嫗　老婦人也　老媼　即老嫗也　穩婆　收生婆也　女儈　牙婆也　賣婆　牙婆也

覡婆　師娘也　乳母　養母　乳媼　養母　奶娘　紅女　織婦

庶　非嫡長也。甘蔗名庶草者，以其苗從側出，故以庶名。　假子　随母之子　支子　庶出之子　孽子　孽乃木之旁枝發生，故庶出之子比之曰孽子　售子　售讐字之半。言人娶吾母，乃吾父之讐也。今母在，故半讐之，且有口不能言也。　贅子　以使子出他人家為贅婿也　寵子　寵妾之子　所子　所子者，言養弟之子以為子也　庶子　庶出之子　庶孽　庶出之子　攜養　過房子也　螟蛉　乞養子也。螟蛉，桑上

小青虫也。土蜂負于空林中為窩，拖之，祝曰類我又，則肖之矣。　外弟　同母異父之弟

乞子　疎屬　養過房子　無外家　庶出之子無外家　毛孫　養子之子，謂非骨肉所生，故曰毛孫　孽孫　庶出之孫　同産子　謂養昆弟之子為子者

傍枝　庶子　匹嫡　謂庶如嫡寵也。左傳曰：並后匹嫡，亂之本也。

宗族　宗枝　家有宗族，如樹木之有枝葉　三族　父族、母族、妻族　九族　高祖、曾祖、祖、父、兄弟、子、孫、曾孫、玄孫為九族　亢宗　左傳〇大叔曰：吉不能亢身，焉能亢宗。〇亢，蔽也。　曠宗　謂空曠先人之宗也。左傳曰：棄德曠宗，以及其身，不亦害乎。

枝葉　左傳〇公室將卑，其宗族枝葉將落。國家之有宗族，如樹木之有枝葉也。　五屬　謂同宗之五服　宗家　同族曰宗家　五宗　自高祖及孫為五宗　疏屬

末屬 支親 支屬 族屬 疏屬至族屬皆遠宗 支庶 遠宗也屬緋傳曰廖流支庶 家屬 陳勝傳曰辨相家屬 累重 家屬曰累重 外屬 元后傳曰臣淺以外屬兄弟七人封為列侯 睦親 睦容也言聚屬也韋賢傳曰漢之睦親 外黨 石顯傳曰以顯久典事中人無外黨師古曰外骨肉之親無婚姻之家 肺附 謂肺府相附着至親也劉向傳曰臣幸得託肺附 本枝 本房枝派 九屬 曾孫玄孫子身父祖祖父曾祖父高祖父曰九屬 序齒 次序年齒 昭穆 宗廟之次左為昭右為穆 考妣 生曰父母死曰考妣 嚴考 子稱父曰藂考又曰先大夫又曰先府君又曰先考又曰先君又曰先父 先妣 子稱母曰先妣又曰先慈又曰先母 王父 父之考為王父加王者尊之也 王母 父之妣為王母 曾祖王父 凡王之考為曾祖王父 曾祖王母 王父之妣為曾祖王母 高祖王父 曾祖王父之考為高祖王父 高祖王母 曾祖王父之妣為高祖王母 王姑 王父之姊妹為王姑 曾祖王姑 曾祖王父之姊妹為曾祖王姑 高祖王姑 高祖王父之姊妹為高祖王姑 從祖王母 父之從父昆弟之母為從祖王母 族祖王母 父之從祖昆弟之母為族祖王母 族曾王父 父之從祖祖父為族曾王父 族曾王母 父之從祖祖母為族曾王母

妻為夫族 大公 太婆 舅姑 婦稱夫之父曰舅又曰公稱夫之母曰姑又曰婆 公姑 即舅姑 姑嫜 姑之夫曰嫜即舅也唐詩云妾身未分明何以拜姑嫜 尊章 猶言舅姑 少姑 婦謂夫之庶母 大家 婦稱姑曰大家 君舅君姑 姑舅在婦稱之則曰君舅君姑 先舅先姑 姑舅沒婦稱之則曰先舅先姑 夫氏之黨 婦稱夫之親曰夫氏之黨 伯叔 婦稱夫之兄為伯又曰兄公夫之弟為叔 女公 婦稱夫之姊為女公稱夫之女弟為女妹又稱曰姑娘 伯姆 婦稱夫之嫂曰伯姆 嬸嬸 婦稱夫之弟婦曰嬸嬸 妯娌 長婦曰妯次婦曰娌 娣姒 長婦呼次婦曰娣次婦呼長婦曰姒女弟亦曰娣與妯娌同義

母黨 母族也 外祖父 即外公 外祖母 即外婆 母舅 娘舅 妗 即舅母 母姨 母之姊妹曰姨娘 姨丈 姨夫 表兄弟 表姊妹 姨娘姑娘舅母之子女謂之表兄弟表姊妹 從舅 母之從父昆弟 從母 母之姊妹 從母昆弟 從母之子也 從母姊妹 從母之女 外王父 母之考為外王父 外王母 母之妣為外王母 外曾王父 母之王考為外曾王父 外曾王母 母之王妣為外曾王母

妻黨 外舅 妻之父為外舅 外姑 妻之母為外姑○謂我舅者吾謂之甥然則亦宜呼婿為甥孟子曰帝館甥於二室是 嶽父 嶽丈 丈人 婦翁 外父 嶽公 嶽翁 以上並稱妻父也○泰山為五岳之長其上有丈人峯故稱妻父為泰山嶽父 嶽母 稱妻母曰岳母又曰外母又曰泰水 列嶽 妻之伯叔 妻兄妻弟 阿舅也又曰妻舅 內姪 妻之姪曰內姪又曰妻姪

阿姨 稱妻之姊妹曰阿姨 婚兄弟 妻黨 外舍 妻家
親戚 戚屬 敘宗親曰有戚屬之好。戚屬藤長喻親戚綿遠也 姻家 親家
至親 至戚 並骨肉之親 血戚 血親 並骨血至親 嘉姻 好親
家 婿客 稱女婿 佳婿 稱好女婿 賢坦 稱賢婿曰賢坦 東床 稱女
婿曰東床晉郗監擇婿于王導家衆子弟各飾容儀惟王羲之坦腹食于東廂床上遂妻
以女 乘龍 女婿貴盛曰乘龍魏黃尚與李膺俱爲司徒俱娶太尉桓叔元女時人謂
叔元女俱乘龍言得婿如龍也 快婿 婿賢曰快婿。郭璞有女嘗曰吾欲覓一快婿
半子 女婿也謂當半個子也。婿與丈人書曰忝嗣半子又曰忝在半子之列 姨
夫 妻之姊妹夫曰姨夫又曰姨丈 僚姻 僚婿 友婿 並同門婿即姨

夫之稱也 聯襟 連袂 並姨夫之稱謂如衣襟之相連也 外甥 甥猶生也
以其異姓故言外 外孫 彌孫 俱外甥也 宅相 稱外甥曰宅相 婚屬
女婿之親 葭莩 敘親曰莩在葭莩之末。葭蘆也莩芀之葭裏薄皮言其輕且薄而
附着故以爲喻有薄親也。蒲育篤 懿親 懿美也言親親之美也左傳曰兄弟雖有
小忿不廢懿親 外黨 婚姻之家 有屬 與之是親曰有屬又曰有連 有子
婿禮 女婿甚恭 以常婿畜之 待女婿薄也 翁婿 稱丈人女婿曰
翁婿 氷玉 丈人曰氷清言丈人如氷之清潔女婿曰玉潤言女婿如玉之潤澤 外
宗 諸姑姊妹之夫 中外屬 是姑表曰與某中外屬 內兄弟 舅之子
外兄弟 姑之子 姨昆弟 姑之子曰與某爲姨昆弟 姻兄弟 女婿

之黨 子婿 婚屬 婚等親也 姻婭 婿父曰姻兩婿相稱曰婭
生產 生子 胞胎 胞胎衣也胎婦孕三月也 姙娠 婦人懷孕也 懷躭 婦人
有孕 孕育 婦人在孕生育育養育 分娩 生子 免身 即分娩也 免乳
生子也。宜許后傳曰婦人免乳大故十死一生 慶育 生產平善 舉子 生
子曰舉子 嘗字 婦人曾產曰嘗字字生養也 墮胎 不及足月而產 勿舉
不育也。文三王傳曰懷子使勿舉 未乳 未產也 哺兒 小兒不能食母以口
嚼食哺之 嚼兒 兒生未乳食母以食物嚼之 養育 育即養也 撫養 撫安
養育 鞠養 鞠育 並養育也 胚 婦孕一月 殰 胎敗 阿乳之恩 乳母
之恩 萬事足 蘇東坡賀子由生孫詩曰無官一身輕有子萬事足 所生麼

賤 母卑也 推燥居濕之勤 母養育之恩 萬方終無子
求嗣不得 衆採宜子之人 廣求嗣也
黃口小兒 男子始生爲黃謂幼稚黃髮也又小雀喙黃以比小兒故曰黃口小兒
齠齔 男子生八月齒生八歲換齒曰齠女子生七月齒生七歲換齒曰齔 幼小
十年以下爲幼四歲爲小 赤子 始生小兒謂之赤子 幼冲 幼稚曰冲十歲以下
小兒也 冲齔 幼曰冲齔 晥子 晥吾底切小手也 孖兒 小子曰孖兒
孩提 三歲間孩笑可提抱之小兒也 孾兒 孾孩 並小兒也男曰兒女曰孾
孺子 乳子曰孺子 稚子 小兒也幼小曰稚 在孺 在幼小之時曰在孺
又曰縢帶 豎子 昧冠曰豎子 童子 十五歲以下謂之童子 侲子 童幼

子曰假子 垂髫 小兒垂髮辮之時也 垂髫 小兒垂髮辮也 髫年 小兒垂髮辮之時也 弱齡 年齒曰齡十五六歲曰弱齡 沖齡 童幼之年曰沖齡 總角 幼時未冠束髮總以為髻曰總角 幾冠 幾近也近冠之年也 弱冠 二十歲謂之弱冠 中 十六歲為中謂上下適也 丁壯 二十歲為丁三十歲為壯丁者當也當強壯之時也 壯年 三十歲謂之壯年 強仕 四十歲謂之強仕 華齡 妙齡 弱齡 妙年 青年 並稱人少年也 六尺之孤 二歲半為一尺六尺者十五歲也 始免襁褓 言尚小也襁褓小兒衣也 年在孩乳 言尚小曰年在孩乳 漸免於孩 年稍長曰漸免于孩 始在髫齔 年幼時曰居在髫齔 方富於年 後生曰方富于年 居一日長 謂年長曰君一日長 鳩車之樂 五歲之戲曰鳩車之樂 竹馬之戲 七歲之戲曰竹馬之戲 不好戲弄 幼而識曰不好戲弄 春秋富 言年幼曰春秋富高五王傳曰皇帝春秋富 在紈綺之歲 年少時曰在紈綺之歲 從綰髮以來 自小以來曰從綰髮以來 侗 未成器之人 神童 奇童 丱角

父母奉養 供奉飲食曰養 崇養 奉親厚也 色養 奉養父母能承順其顏色謂孝也。色養既斷 溫養 養親 養志 承順父母之志而不逆也 服勞 代父母之勞也 冬溫 子之事親冬寒時則以身溫暖父母之被以禦其寒 夏清 清冷也夏熱時則清以致其涼使親無暑熱之苦如黃香扇枕是也 昏定 昏時定其衽席

以便父母寢睡 晨省 早晨問省父母安否也礼記曰凡為人子者冬溫而夏清昏定而晨省也 覲謁 侍親 供膳 供奉父母飲食 甘旨 甘脆旨美之飲食 膳養 膳食也養親也 祿養 祿仕者之俸養親 啜菽飲水 孔子曰子之事親啜菽飲水以盡其歡斯之謂孝也。啜食也菽豆之揔名 久離定省 別親久也 菽水之薄 奉養不豐也 上虧溫養 無以養親 常操拾以為養 奉養不豐 身執饋饌 自供親食 捧檄之喜 為養出仕曰毛子捧檄之喜後漢毛義以孝行稱府檄既義為安陽令義捧檄喜動顏色張奉賤之及義母亡遂不仕奉歎曰往日之喜乃為親也 家訓 庭誥 家訓也 庭訓 家訓曰庭訓 慈令 母訓也 嚴訓 父教

也 壼政 家政也 義方 教子為義方之訓謂教以禮義之方法也 姆訓 姆女師也婦人五十無子出不復嫁以婦道教訓人之閨女曰姆訓 約束 言語要結戒令檢束之也閨繞束縛也又 箝束 如鎖之管束也袁盎傳曰箝天下之口。箝亦作鉗鎖頭也 拘束 拘執也束縛也拘管約束之也 拘繫 拘束也 檢束 拘檢約束 要束 要約也即約束也。高紀曰待諸侯至而定要束 軥錄 自檢束也。荀子曰軥錄疾力 防閑 禁其出入也 防範 禁防閑也 婉娩 婉謂言語娩謂容貌。礼記曰女子十年不出姆教婉娩 式穀 詩曰教誨爾子式穀似之式用也穀善也言教誨爾子用善而似之也 和熊 稱人母教子也唐柳仲郢母善訓子常以粉苦參黃連熊膽和為丸使仲郢夜嚼助勤 教誨 陳萬年子咸數[illegible]

訕剌近臣萬年病召咸戒床下語咸睡萬年怒咸曰具曉所言大約教咸諂也 **三遷教** 孟軻之母其舍近墓孟子少嬉戲墓間之事母曰此非所以居子也乃徙舍市傍軻嬉戲爲賈人之事母曰此非所以居子也復徙舍學宮之傍軻嬉戲乃設俎豆揖讓進退母曰此真可以居子也遂居之 **教以信** 孟子少時聞東家殺猪問母何爲母曰欲啖汝既而母悔曰吾常教以割不正不食今適有知而欺之是教之不信也乃買隣猪肉以啖之。啖音但吃也 **戒妄語** 司馬光五六歲時弄胡桃女兄欲爲脫其皮不得女兄去一婢以湯脫之女兄復來問脫胡桃者光曰自脫也先公適見之曰小子何得謾語自是不復敢謾語後公以誠授李者自不妄語始 **慈而教** 父德也 **教不先** 傳曰父兄之教不先謂往日不素教也相姤 **不能馴致** 左傳。註曰不能以礼漸致教訓也 **教勑無素** 謂不素教勑也 **失爲家主之法** 不能治家也 **教其不及** 左傳。註云有不及之事則教訓之 **教子一經** 韋賢與子玄成俱以明經位至丞相故時人諺曰遺子黃金滿籯不如教子一經。籯音盈竹箱也 **詩禮之訓** 子承父教曰詩礼之訓孔子教子孔鯉曰不學詩無以言不學礼無以立云云 **教猱升木** 詩曰毋教猱升木。註云猱獼猴也性善升木不待教而能者也言小人骨肉之恩本薄又好讒佞以來之是猶教猱升木也 **戒子一屏** 房玄齡恐諸子驕侈集古人家誡書爲屏風令各取一具曰留意于此足以保躬 **誨子知讓** 唐朱仁軌常誨子弟曰終日讓路不枉百步終身讓畔不失一段。畔田界也 **不受魚鮓** 吳孟仁爲鹽池司馬捕魚作鮓寄母母還之曰

汝爲魚官而以鮓寄我非避嫌也 **不受蚶鮓** 晉陶侃爲潯陽吏嘗監魚梁以蚶鮓遺母母還而責之曰爾爲吏以官物遺我非惟不能益乃所以增吾憂矣 **備於教化** 魯季敬姜者莒女也號戴己魯大夫公文穆伯之妻文伯之母也穆伯卒敬姜守節教子義方君子謂敬姜備于教化 **戒子省刑** 漢嚴延年爲政苛酷母曰天道神明不可獨殺。鄭善果爲魯郡太守母崔氏嘗坐閤中聽善果處決有不可者輒責之。以上二人皆有賢母故爲政有声 **得錢閉坎** 唐李景讓母鄭氏治家嚴肅身訓諸子始貧之時治牆得積錢僮婢奔告母〻曰無妄而得錢我何取焉遂命閉坎 **文公訓子** 朱文公訓子曰勿妄與人接只是勤謹循之而上有無限好事吾不敢言而竊爲汝願之反之而下有無限不好事吾不敢言而未免爲汝憂之也 **康節示子** 邵康節示子曰我今行年五十五生汝方始爲人父鞠育教誨誠在我壽夭賢愚係于汝我翁壽年七十歲眼前見汝二十五歲我欲願汝成大賢謂之天意肯從否 **王昶訓子** 魏王昶名其兄子曰默曰沉名其自子曰渾曰深爲書戒之曰吾以四者爲名欲使汝曹顧名思義不敢違越天物速成則疾亡晚則善終朝華之草夕而零落松柏之茂隆冬不衰夫能屈以爲伸讓以爲得弱以爲強鮮不遂矣 **僧虔誨子** 王僧虔誨其子曰吾門中優者爲龍鳳劣者爲虎豹失蔭之後豈龍虎之議哉況吾不能爲汝蔭正應各自努力 **文定勉子** 胡文定公勉子書曰立志以明道希文自期待立心以忠信不欺爲主本行已以端莊清靜見操執臨事以明敏果斷辨是非 **使子貧仕** 崔元暐爲員外郎母盧氏戒之曰從官貧之不能自存此是好消息

貨貲充足，衣馬輕裘，此是惡消息，吾寘此言。今坐食俸祿，不能忠清，何以戴天履地，特加修絜，勿累吾此意也云云。○出職官分紀。

諸葛誨子 漢諸葛武侯遺子書曰：君子之行，靜以脩身，儉以養德，非淡泊無以明志，非寧靜無以致遠云云。

探囊慮子 李賀苦吟，時出外，其母探囊中所書詩稿多，即怒曰：是兒嘔出心乃已。

截髮與子 范逵嘗過陶侃，侃家貧，無以為待，母謂侃曰：汝但出留客，吾自為計。乃截髮為双髲，與子市之，易酒肴以待逵。至京師，称述侃，侃遂知名。

淵明責子 陶淵明責子嘆曰：白髮被兩鬢，肌膚不復實，雖有五男兒，總不好紙筆。阿舒已二八，懶惰故無匹；阿宣行志學，而不愛文術；雍端年十三，不識六與七；通子垂九齡，但覓梨與栗。天運苟如此，且尽杯中物。

伏劍置子 前漢王陵以兵屬漢，項籍取陵母致軍中，欲以招陵。陵母私送使者，曰：漢王長者，吾欲子置之，勿為妾念故持二心，妾已死矣。送使者出，遂伏劍而死。項王怒陵母，遂烹之。陵卒從漢。

義士 左傳。○武王克商，遷九鼎于雒邑，義士猶或非之。○謂伯夷之屬也。

非夫 左傳。○所不此報者，非夫也。○言非丈夫也。

三雋才 雋，絕異也。左傳曰：鄭舒有三雋才。

博物君子 左傳。○晉侯聞子產之言，曰：博物君子也。

國士 韓信傳曰：國士無雙。此即孟子所謂一國之善士也。

疇人 疇，衆也。律曆志曰：疇人子弟分散。

文人 師古曰：文人，嚴莊之称。故親而老者，皆得称焉。

聘君　徵君　逸民　仁生 以上皆称隱士。

鼎士 扛鼎之士也。鄒陽傳曰：武力鼎士。

輿人 左傳：聽輿人之誦。言從衆計也。

宿齒 前輩。

蒸庶 蒸，衆也，衆民也。武紀曰：勸元元，屬蒸庶。

元元 衆民也。元元，善意也。○文紀曰：以全天下元元之民。

黔首 秦謂之黔首，言其頭黑也。

黎元 衆民也。谷永傳曰：天下黎元咸安家樂業。○咸育賢皆也。

齊民 齊，等也。無有貴賤，謂之齊民，若今言平民也。

末民 末謂工商之業也。食貨志曰：官府實而末民困。

五民 如淳曰：遊子樂其俗，不復歸，故有五方之民也。地理志曰：臨淄海岱之間一都會也，其中具五民云。

懷民 懷德之民也。序贊曰：保此懷民。

編列 也。師古曰：編列為編之户。相如傳曰：編列之户。

民編户 編户者，言列次名籍也。相如傳曰：為編户民。

編氓 百姓也。

遐萌 遠方之民也。長楊賦曰：遐萌為之不安。

甿隸 甿，民也。○過秦論曰：甿隸之人。

裔民 邊遠之人。

愿民 謹民也。

懷生 相如傳曰：懷生之類，沾濡浸潤。

黔黎 黑首之民。

黎庶　黎民　庶民 並百姓也。

士庶 讀書為士，庶，庶民。

農民　丁口 ○**農** 闢土殖穀曰農。

田者　耘夫　耕夫 並農夫也。

力子 勤力本業曰力子。

丁夫 村人。

田畯 主農之官也。

比伍 保伍。

任衆 傜役曰任衆。

白徒 言素非軍旅之人，若今言白丁也。鄒陽傳曰：歐白徒之衆。

附藉 附託冒置名曰附藉。户

案比 定等第曰案比，又曰比要。

游户 漏落户名曰游户。

漁父　斂者 並捕魚人。

芻蕘 採薪之人也。又曰薪者，又曰樵子。

患役之民 長差役之民也。

單產孱民 小民。

生齒之徒 民數也。

牧兒蕘豎 農民也。又曰芸夫牧豎。

邑老田父 農民也。

鄉司 里長也。

户長 粮頭也。又曰田長。

里中子 同鄉人也。

孌童

奚童也又曰崽子 剔屋賣田 民窮 瘠於擾費 民貧 家為空
戸 民逃之屋也 棄其業西流 民流也 財空戸散 民貧 收
介特 伽單身民也○介特單身人也 嘸類 高紀曰攻襄城無嘸類言無復有活
而嘸食者○嘸爵也 孑遺 人無遺類曰靡有孑遺青州俗呼無子遺為無嘸類子單
也無兄弟子孫也 流穴盡復 流人歸業 無所隱賴 人丁實曰無所
隱賴

庸保 庸賣功庸也保可安信也皆庸作者也○袁云出庸保之中 賣庸 欒布傳曰
賣庸於齊 流庸 謂家貧去其本郷行為人傭作也○昭紀云流庸未盡復 庸作
匡衡傳曰家貧庸作以供資用 都養 ○倪寬傳曰養為弟子都都凡衆也養主給烹
炊者也貧無資用故供諸弟子烹炊也 僕賃 左傳曰僕賃于野言貧無資為人僕
賃也 雇工 傭工 工一件人也 媥頭工 媥短也傭作不全也 酒家保
酒家作保保庸也欒布傳曰為酒家保 長工 短趁

奴婢 奴如也如女之服事人故字從女卑女之卑者故字從卑一說男曰奴女曰婢古者
買人以為廝養也 臧獲 海岱之間罵奴曰臧罵婢曰獲○古制本無奴婢即犯事
者或原之臧者犯贓罪没入為官奴婢獲者逃亡獲得為奴婢也 廝養 析薪為廝
炊烹為養 銀鹿 唐顏真卿家僮名銀鹿○歐陽公云銀鹿鼎來○鼎來謂其使命之
來者鼎之重也 便了 有才幹之僕曰便了漢王子淵從成都楊惠寡婦買僕時戸下
有一長鬚之奴名便了百事隨人使之即能為也 蒼頭 漢名奴曰蒼頭猶言黔首

也 牧圉 養牛曰牧養馬曰圉 廝輿 主駕車者皆賤役之人也 僮僕 給事
侍從之人 盛价 稱人奴僕曰盛价又曰盛使又曰盛仟又曰盛從自稱曰小价又曰
小僮○從音訟仟音崩皆使人也 小廝 奚奴 即小廝 扈養 養馬者曰
扈炊烹者曰養 家吏 家僕 陪僕 僕從也 廝臺 奴僕也 從者 稱人
僕從 餘胥 僮僕也 牧童 看牛小廝 紀綱僕 僕曰紀綱亦曰紀綱晉文
公奔于秦穆公以女嬴氏妻文公文公迎之以歸時呂郤欲殺文公秦伯護送者三千人
實紀綱之僕○註云謂諸門戸之事皆秦僕供之為之紀綱 伴儅 俗呼奴僕曰伴
儅 左右 不斥言使者故但云其左右 騶從 稱人車馬僕從也又曰車從台
從 奴產子 家生奴也 桀黠奴 強悍狡猾之奴也食貨志曰桀黠奴人之

所惡 監奴 奴之監知家務者 守舍兒 看家人也 舍中兒 親隨人也
一介之使 呼人僕使也 平頭 奴曰平頭 有士風 奴僕應直者曰
有士風 雇倩 召募 園丁 種菜人也 廝舍 賤役人呼舍也
喚 使令 伏侍 服事 跟隨 隨從 承直 供事也 扰
抹 抆塵拭桌 拂拭 並揩潔也 搬捧 搬搬移也捧兩手奉物也 齎墊 以肩
肩頂齊其不平處也與墊同 揵傘 鞔包 提拎 手攜物也 扛擡 搬
運 負荷 肩[illegible]物也 挑擔 汲水 舀水 淘洗 澆水 兜
水 圉人 馬僕也又曰倉騎 奚童 僕也 家隸 僕也
侍兒 婢也 父傳 父之婢也 丫鬟 小女子垂鬟小婢也 奶嫁 婢也 私屬

奴婢也 僮御 奴婢也 女衙 婢也 招致妖麗 置妓妾也 增無用之口 不覔婢多也 後房多曠積之女 多妾也 皆取成於婢僕 不親事也 市寒賤可制指者 不見常婢也 典效爨 婢之職也 王薰滌 婢之職也薰香滌洗濯衣也 讀書婢 鄭玄家奴告讀書一婢作其意玄怒使人曳跪泥中一婢問曰胡為乎泥中曰薄言往愬逢彼之怒 掌箋婢 唐潞州節度使薛嵩有侍婢名紅錦嵩常使主牋表號內記室 婢兩盡忠 周大夫妻淫與隣人通主父還恐妻為毒藥使婢進之進之則殺主父告之則殺主母因僵反覆酒主父怒笞之妻恐婢泄因他過欲殺之婢就杖將死不言後主父之弟以告於其兄厚嫁其婢

蠢漢 強蠻 兇徒 嚬虎 刁徒 濁漢 村夫 頑民 婁頭光棍 獃子 不伶俐也 小廝子 歹人 浪子 癡子 顛子 呆子 矮子 短人 矬人 矬矮也 風魔漢 瘋 椿枝 短也 礶碯頭 短也 胑子 人肥朘者 癰子 癰啟癰也與痲瘢同 癩瘋子 狐臭子 狐小獸如臭鼠之狀比人 癰子 鱠臂 鱠開也 啞子 不能言也 侏儒 短人 跎子 背曲之人 癩癩頭 瘡疤頭 黝黑頭 麻臉 紫糖色 倭子 蠻子 侉子 北方人言諱不正故曰侉子 回子 韃子 僂儸 蓬雞頭 不長

身體部

玉山 身曰玉山 肉山 身肥曰肉山 不訾之身 称人身貴重之軀不訾者言無訾量可以比之貴重之極也又曰無貲也○蓋寬饒傳曰用不訾之身臨不測之險 玉體 称人身曰玉躰又曰貴躰尊軀尊躰自称曰賤躰賤軀○軀身也 挺身 五行志曰挺身獨與小人晨夜相隨○挺引也言引身而逃避也 跳身 蕭何傳曰跳身趣者數矣○言輕身走出也 紆體 曲躬也賓戲曰紆躰衡門 獻體 左傳宣紀曰百姓曰羞者獻躰改服于門下○獻體解衣也將防奸細 錯躬 愁苦癖痛錯躬○錯置也躬身也言無安身之処 展四體 謂展布四肢之力也左傳曰臣展四躰以奉舊職猶俱不給而煩刑書 解體 左傳曰四方諸侯其誰不解躰○謂有叛心也 肌膚 肌肉也膚皮也 骨格 身軀 軀即身也 身材 腔子 身子軀殼

頭首 首即頭也 腦頂 顱門 腦蓋 脖門 即顱門嬰兒頭骨未合處是也 髑髏 頭骨 顱 頭骨 泥丸 腦也又曰精根 天庭 額角 天倉 印堂 顫頭 顫頭動也 痛心疾首 惡之甚也左傳曰諸侯備聞此言斯是用痛心疾首 抗首 傳曰抗首而請○抗舉也○朱雲 撟首 舉首也出甘泉賦 鬢髮 頭髮 鬢 鬟 三並音鬢髮之稱 並髮之稱 髻 挽髮成髻屈髮 髫 小兒為垂髫 辮 總髮為辮 髢 人髮以益之 髧 髡頭 鬌 禿 無髮 剃 小兒剃髮 髡 大人剃髮曰髡 雲鬟 雲鬢 綠雲

並女髮也 箒髮 人多思箒則血枯而髮易白又曰食𧍁多耗血而髮易白 義髻
紉髻蒙于真髻之上謂非真髮挽成如義見之義 辮 箍頭 一納頭 纈
纈音纈 了髻 入声
眉 清揚 眉曰清揚又曰華蓋 蛾眉 翠羽 並美人眉也 八字 遠山
小山 涵烟 拂雲 却月 分梢 並眉也 顰蹙 皺眉
盱衡 眉上曰衡盱衡舉眉揚目也又曰揚衡○王莽傳曰盱衡厲色 俛眉 低眉
也 信眉 司馬遷傳曰迺歡仰首信眉
眼睛 烏珠 眼內黑珠 眸子 即烏珠也 瞳人 即烏珠也 司祠官 目曰
司祠官 秋波 言眼如秋水之清曰秋波 眼眶 闌干 即眼眶 眼睖

目汁凝也 眼淚 潸 淚下曰潸 拭淚 拭抹也 搵 音溫去声拭也 眶眶
目眥並親 眼睫 毛瞙 眼珠生衣 瞠瞪 瞜 並音撐直視也 睜睜 開眼
也 瞬 目忽動忽止與瞚瞬並同 瞢 目不明也 矇 有目不明 瞖 目珠上瞖 瞕
眼珠生衣 盲 目無眸子 眇 目不明也 瞎 眼目全不見也 瞽 無目 瞀 目不明也
瞍 目無眸子 睒 見物過如電疾也 瞥目 暫見 睥睨 斜視也 羞明
不能對明 近覷 短視 並近視也 瞻視 仰視 窺覘 私視 闚闞 私視
窺瞯 私視 眺遠 遠望也 睹覩 並視也 ■ 瞧睄 並音樵省也
䁙 隔壁張也 睃睹 並音梭私視也 眀 左右視也 眯 物入眼中 覷 真視 叟
眉目指示使人即領會也 瞽 閉目內思 瞘 凹眼 睚眦 懷怒視貌 冷 搯眼

搯陷也 瞟眼 目小貌 凝眸 定睛望也 銀海 目也 佇目 定睛望也
眊 目無光也 瞋 張目視也 偷覷 私視 盼睞 旁視 流睇 延視也又曰流
盼 明上 目神 英玄 目字 偏目 一目 覞覽 看也 閃明 目不能見
也 失明 瞽目曰失明 寓目 寓寄也謂得寄目也左傳曰得臣與寓目焉
指目 謂指而私目視之也陳勝傳云往往指目 屬之目 左傳○謂注目視之
也 戴目 戴目者言常遠視有異志也賈山傳曰戴目而視 目指氣使
謂動目以指物出氣以使人也出貢禹傳 圈視 圈睛正視言驚愕也賈誼傳曰天下
圈視而起
鼻 人始受胎鼻先成形 隆準 準鼻也隆高也高紀曰隆準而龍顏 頞齃 並音曷鼻

梁也 準頭 蘭臺 廷尉 並鼻也 竅 孔竅也 鼾齁 並音鼻嗅仰
起鼻孔也 齆鼻 鼻病塞曰齆 搯鼻 鼻陷也 涕洟 鼻[illegible]也 衂血
鼻紅 酒齇鼻 顣頞 鼻促也 王盧 王堆 皆鼻也 王龍 鼻神
靈堅 鼻字
耳朵 司聽官 耳也 屬耳 耳竊聽也 闚聽 耳不能聞 聆 耳聽心會 聱
耳聱聞也 耳聾 耳背 重聽 並耳聾也 聵 耳聾 空閑 耳神 幽
田 耳字
面 臉 音斂又音檢面也 腮頰 面旁 酺骨 頰骨 顴骨 頰間骨 頄 口之
兩旁 頷 腮下喉上 頦 頤下 頸 頭頸 項 頸後曰項 髭 口上為髭 鬚 口下為鬚

鬚 唇下稍短者曰鬚 額 額也 地閣 人中 人肖天地而生故上有天庭下
有地閣中有人中是謂三才也 溝洫 鼻下唇上髭間邉四着曰溝洫 靡骨
靡碎也元后傳日常殺身靡骨 大宅 面揔称曰大宅 長鬑者 謂長鬚也 面
無見膚 極多髭也 骨立 人瘦曰骨立又曰形容甚瘦 痣 黒子 痣也
鬍 胃鬚

口

嘴唇 吻 音刎口之兩旁 玉池 華池 金關 軍營 大
和官 口也以上皆 牙齒 上曰牙下曰齒 喉嚨 喉嗓 咽喉
並喉嚨也 吞吐 吞下吐出 呼吸 飲也 呷 口呷湯水 飲嚥 音宴吞也
咬 齧也 啖 音淡食也與啗同 齧 音業咬也 咀嚼 噬 咬也 啜 口吸物也

噍 音樵去声嚼也 吸 口吸物也 咂 音卒咂物入口也 吮 音順口咂物也 鍚
口取食與䶕齡並同 噬 咬也 嘗 口舌嘗味 嗜 口嗜物入 咢鋒 齒神也 羅
千 齒字也 噤 不能言不能食也 喫 食也 吃 食也又音急言不便利也 齮
齕 側咬也 津唾 口液 涎沫 口液出也 餔啜 餔申時食也啜與歠同嘗
也孟子曰徒餔歠也○言貪食也 口饞 貪好飲食 饞飼 病獨 噇 独饕
食也噇食貌 嚵 口咬骨声 喘息 氣疾息也 嘔吐 咳嗽 骨鯁 食骨
刺喉中也 齗 牙肉 噎塞 食窒氣不通也噎與饐咽並同 噲喉 氣噲喉 吭
音抗與亢同喉也 搤吭 按喉也亦作扼亢 歷齒 踈齒也 靈液 液也
又曰甘泉玄泉

舌 玉籥 出納官 並舌也 通明 舌神 正倫 舌字 舔 以舌舔物與
餂同 舐 以舌舐物 舚舑 吐舌貌 舚舕 舌出 舲舌 並音逝舌下病也亦
作噤

心

火藏也身之主神明之舍 天君 靈臺 靈府 丹府 紫府 絳
宮 玉陛 上玄 靈田 方寸地 以上並心 丹元 心神 方寸
亂矣 心憑煩也 以瓏瑛為心 称人好心也瓏瑛美玉也 內美 人心
行好曰有內美 呵胳噱 胳腋下也噱笑氣呵腋下噱然自笑 膏肓 心上膈下
曰膏肓 守靈 心字 心窩

肝

木藏也 清虛宮 肝也 青童 肝神名也又曰龍烟 含明 肝字 膽 音亶
肝之府也 龍曜 膽神 紫極宮 膽曰紫極宮 威明 膽字 脾 土藏也脾
又音排牛百葉也脾之為言裨也 黃庭 黃宮 太倉 中黃宮 皆脾
也 黃童 脾神 寬庭 脾字 肺 金藏也 華蓋 玉堂宮 皆肺
也 皓華 肺神 虛成 肺字 腎 水藏 牧宮 下玄 玄關 以上
並腎也 玄冥 腎神 育嬰 腎字 中正之官 膽也
胷膛 臆 胷臆 臍 肚臍 背脊 脊梁 膂 脊骨 肩 音堅 肐膊 股
肱 股足骨肱手臂 髈 音謗去声与膀同腰也 髀 股骨 腰脘
手 掌 拳頭 爪甲 春筍 手尖如春筍 玉纖 手纖細如玉 巨
擘 大指 大拇指 大指 食指 第二指 將指 中指 無名指 第四

指 枝手 手ノ六指也 美手 腕 手ノ絜白也 掌握 握ハ持五指也 在外為撝在
内為握 指揺 以手挨曰指 擎拳 持高也 拓也挙也 拍手 拍ハ撃也 掌也 撝
掌 曰抵掌 拍手也 又 戟手 斫手 撃也 並側手也 假手 借手也 ○太甲
嗣位伊尹作書云先王之道故天降災借手于我成湯以誅之 註曰桀不率循
先王之道故天降災借手于我成湯以誅之
籍手 假手也 龜手 掌凍裂如亀文 攅攏 簇聚也 撮合 撮ハ両指撮也
捉摸 捉ハ持也 摸ハ手摸 搓挪 手摸平也 掇揃 手破也 拱開 拱開
門鎖 拗折 断其中也 掲開 掲ハ高挙也 掀起 手高挙也 攛起 手挙
拓起 以手承物 擖開 開也 打撕 撕ハ折也○撕碎 普昔分破也 拔 拭 拭刷也
也 拔ハ拭也 摟撒 取也 摟抱 両手捧也 挑撥 挑起発開 按 按考
揩 擦也

捻 手捻也 搽 夾持也 撚 以指撚物 摵 摩也 撚也 攞 揀攞也 擧 断物 揕
撃也○右手揕其胸也 摀 以手推止 撤 除去 播 研物也 擂 打鼓也 又音 揩 手衣
也 扴 指刮也 擘 取也 撩 撩物也 手取也 拖 曳也 扯拽 扯与撦同 据拾
拾 與擣同 拾也 掇 採也 取也 拾 攣拳 手縮 摶搦 摶ハ 揑
收 收也 飲也 撮也 聚也 撏ハ持也 按也 ○記曰毋摶飯 註云取飯作摶則易得多 捅出 箭也 摶撃進
飯 搲 以拳加物 抽掣 抽ハ抜出也 掣ハ提也 飭 扯也 撫 撫也 摸 揉 手捉也 捫
捺 揗 揗ハ揗撫也 抔 両手捧物 掬 両手捧也 摑 與摶同以手圏物也 摩 揩也
五臟 心ハ通舌 肝ハ通目 肺ハ通鼻 脾ハ通口 腎ハ通耳 六腑 小腸 大腸 膀胱 胃 命門 五
心 心竅 手足 九竅 目二竅 耳二竅 鼻二竅 口一竅 大便一 小便一 五宮 心為

絳宮 守靈 丹元 肺為玉堂 白元 君 肝為清
冷宮 膽為紫極宮 脾為中宮 黄庭 腎為牧宮
四肢 手足 三關 口為天關 手為人關 足為地關 三才具矣 脉絡 脉氣也 絡
也 筋 腠理 脉絡 經絡 血脉 血脉 經絡 血脉 脉与氣往来 一身也 孔竅
精神 魂魄 陽氣為魂 陰神為魄 聲音 汗液
足
跡 跡ハ蹤跡也 脚跟 足後也 肮脥 足背也 趺 與跗同 蹠 足底也 骲
腳頭 腿中 向骨也 和 脥骨 骹 膝骨也 趾 足也 跑 跳也 蹕 跳也 蹶 也 踴
躍 跳也 踐踏 足着地 蹂踐 踏也 蹳躪 足踏 跳 躍也 行也 跏趺
屈足 坐也 站立 跨歩 足跨也 蹴 足蹴 躡 踏也 踏 蹀躞 足踏
託足 而託足為○託寄也 賈山傳曰實不得邪径 蹈足 足蹈也 踐也 過 秦論曰
賤

足行伍之間 重足 重累其足言畏甚也 汲 跂足 停足
脅肩累足 脅ハ翕也 謂斂之也 累足 重足也 並謂惧甚也 重足一迹
義縱傳曰吏民重足一迹 其言極恐惧不敢寬縱 視躁而足高 左傳
躁而足高 心在他矣 旋踵 旋轉也 踵ハ足跟也 霍光傳曰
今日之議不得旋踵○謂不
徬徨 足促 雪足 洗脚 跧踵 挙踵望也○有跧踵 謂
速決也 曳踵 車輪曳踵○謂行不絶也 繼踵 接踵 並謂足跟相
踵也 國人行脚跟不着地 接不絶也 駢
拇 足大指連也 鑿 一足行也 左傳云死于檋 林雍
斷其足鑿而乘于他車○檋音 跧 伏也 蹈 蹣 踐蹈也 相如賦云 蹣
跚人民之所蹈藉 顛 頓 跌也 踣
弗 斫 斷也 蹼 跌倒 仆倒 跌倒 蹶 顚 失足跌也 蹉 倒 跌 倒 箕踞 盤
蹼 倒 踞

坐地如箕 蹲踞 跲倒 匍匐 手足並行也 蹁躚 行貌 蹀躞 行貌 躉
趨 行失足貌 蹉跌 失足 跉跰 行不正貌 躘蹱 小兒初行貌 跛住
行而住也 腳過 過躂 音塔與蹋同失足也 蹊蹺 足高低也蹺與蹻同 趨
曲足 蹣跚 跛行貌蹣與蹣同 跛躄 跛足長短也躄與躄同跛也 蹩躠
旋行 趲 疾行 跫 人行声也莊子曰聞人足声跫然而喜 踼 腳踼 瘸 病足
膀胱 水府 腎囊 即陰囊俗云卵脬也。脬音拋 玉莖 男子陽物也又曰屘與屪
同 屌 男子陽物異名 陰戶 女人陰物也又曰陰門 屄 女人陰門 屆 女陰
名即尻也 𡲬 女人陰名 屌 男陰名 尿屁屬屎屎 並音雖小便也 屎
屎屆屎屎屎 並音矢大便也 [illegible] 音尭去声尿也 溲 音搜尿也 屁 音譬

氣下泄也 糞 穢也又掃除也 屙 上圊也亦作[illegible]

心體狀貌

肖貌 肖似也刑法也曰人肖天地之貌頭圓象天足方象地故庸妄之人謂之不肖言其
狀貌無所象似也 形狀 狀形容也 體態 身躰情態 威儀 凡人有威嚴使
人望之其容儀儼然可畏數之曰威凡人有容
儀使人見之其氣象卓然可肖象之謂之儀
風采 威風光采 資質 資材質質形也 氣質 氣声氣辞令也質形也 天
資 天所賦之材質 資稟 天資稟性 氣象 氣声氣辞令象容貌率止 儀表
呼人風貌 丰標 丰面貌豊滿也標格也 丰姿 姿姿態也唐太宗龍鳳之姿
神儀 清顏 清姿 並呼人風貌也 玉儀 玉貌 並稱人貌美如

玉也 姿色 姿態顏色 光儀 稱人盛德発見之光輝容儀也 天表 君顏也相
者謂唐太宗曰龍鳳之姿天日之表 堂堂 容貌之盛 表表 容貌偉也 標致
貌美 俊俏 秀過萬人曰俊俏端好貌 伶俐 俊俏伶俐 庸峭 人之儀容可喜
者曰庸峭庸峭本梁上小柱名取其曲折俊俏之意 庸致 俗云標致為庸致 魁
偉 魁大偉奇也身長大而卑興出倫也 魁梧 身長大也魁大貌梧讀作吾非也張
良傳曰魁梧奇偉 魁岸 身長大也岸者有廉稜如崖岸之状 軒特 身長大也
姣長 姣者長好貌 白皙 顏色潔白 濟楚 俊美鮮整貌 瓌姿 神女
賦云瓌姿偉態○瓌
大貌美盛也偉也 懷抱 胸臆 襟懷 胸中懷抱 情懷
情心之所欸也
懷心之所思也 心術 念慮 衷腸 衷方寸所蘊也心中委曲之事

衷曲 心中委曲之事 心曲 心中委曲處 風旨 謂人意思 情況 與
況悉意 辭色 言辭顏色 豊下 面方也左傳曰穀也豊下必有厚于魯国 肥
腴 身肥 脂膿 身肥也 色笑 顏色有笑容也詩云載色載笑 姿儀端
潤 美状貌也 風裁 呼人風貌也謂風力裁制也風者霜厲風飛之謂裁者謂能鑒
別善惡也 神鋒太秀 言人精神急也 天骨秀朗 美状貌也 瑶林
玉樹 稱人美風儀也 鼎角匿犀 貴相 淵角山庭 賢人之相 未
嘗攝色 莊持不笑
醜陋 貌惡鄙俗 村俗 粗俗 俚俗 粗俗 鄙萎 容貌醜陋 不颺 貌醜不颺
頭也 劣相 惡相 貌侵 貌短小也 粗体 人不精細 硌确 人不粗靜 儖

傀（形貌惡也）俍傷（身長）躿鰊（身長而不安貼）偈促（身短小也）膠膗（貌醜）婢妣（身短）貀貀（身短也）躿長（身長）躿長（長直也）癯形（貌瘦）骨立（瘦貌）幺臍（言人微小）猳喙（口高也猳猪也喙口也）醜狀駭人（言人貌醜也）耿小丈夫（人短小也）形容甚癯（瘦也）面無見膚（髭鬚多也）可使監廚（笑人大腹）長鬚者（譏人長鬚）麞頭鼠目（喻人貌醜）

姬

（師古曰姬本周之姓貴于衆國之女所以婦人美號皆稱姬。左傳曰雖有姬姜無棄蕉萃。蕉萃悴賤之人也）妖嬈（婦貌姸媚巧艷）嫋娜（婦人長弱美好）嬌媚（嬌妖嬈也媚姸媚也）國色（女貌之美蓋一國也）娉婷（美好貌）綽約（柔弱美好美容止也）

便嬛（輕麗貌身輕便也）婉嬿（柔順貌又曰嬿婉）婉娩（婉言語柔順娩容貌柔順）少艾（年少美好幼艾之女）艷冶（女貌美也艷精采動人也）婉澤（女色美好潤澤）婉孌（美好貌）瞢瞪（眼作態也）穠睇（婦人美瞻視也）含睇（婦人微視）黰黒（美髮）玄妻（左傳。有仍氏生女黰黒而甚美光可以鑑名曰玄妻）柔曼（女貌美也）嫵媚（美好）髮不加澤（髮不待膏沐也）一國之選（美色）丹唇皓齒（称婦人唇齒也丹紅也皓白也）膚如白雪（称美人肌膚如雪之白也）膚如凝脂（称美人肌膚如脂寒而凝者言白也）齒如瓠犀（称美人之齒也瓠犀瓠中之子方正潔白而比次整齊也）眉如翠羽（称美人之眉也）弱骨纖形（称婦人形躰纖細）齒如

含貝（称美人齒）腰如束素（称美人腰）肩如削成（称美人肩）延頸秀項（称美人項頸）手如柔荑（称美人手也茅之始生曰荑言柔而白也）鬒髮玄鬢（称婦人纖細美髮鬒髮黒也）嫮眼蛾眉（嫮好也蛾蚕蛾也其眉細而長称婦人眉眼也）領如蝤蠐（称美人項頸也蝤蠐木虫之白而長者）

醜惡（婦人貌醜性惡）盗悍（婦人）（婦人性）澆眍 眵（目汁凝也）蓬髮歷齒（蓬髮乱也歷齒疎也言醜婦人也）眼頁 不知道 熟視令人嘔（言婦人醜惡也）

類書纂要卷之四終

新刊古今類書纂要卷之五

仕進部

願賢　願養也。引招賢人願養之也。序贊曰：祿賜願賢。

顯賢　闡通傳曰：顯賢進能。

徵　辟　皇帝詔取賢能曰徵，郡國舉擢者曰辟。

物色　圖像其人物貌，色以訪求之曰物色。

索耦　甘泉賦云：廼搜逑索耦皐伊之徒，冠倫魁能。言選擇賢臣可匹耦于古賢皐陶伊尹之類。

勸駕　高紀云：必身勸為之駕。○謂有賢者，郡守身自往加勉，令至京師，車駕以遣之。

入泮　入學也。

茂才　舊言秀才，漢光武名秀，避諱稱茂才。

秀士　生員曰秀士，曰秀才，曰俊士，曰博士弟子。

廩膳　增廣　附學　並生員。

援例　照舊格也。

納粟　景泰元年，以邊圉事殷，令納粟上馬者許入監。

上舍　監生曰上舍。宋立太學三舍法：初入為外舍，不限員；外舍升內舍，二百員；內舍升上舍，一百員。生員各治一經。

國冑　監生曰國冑，又曰冑子，曰國子生，曰太學生。

嗜進　急進取也。

干祿　干求仕祿。

汲汲　欲速之義。揚雄傳曰：不汲汲于富貴。

歲貢　選貢　貢元　歲貢選貢皆第一。

擢貢　未及貢期而擢貢。

鄉試　子午卯酉為鄉試之年，首試也。

應舉　秀才科舉也，又曰入試赴試。

賓興　科舉年為賓興之歲，又曰大比之年，又謂之槐秋。○周禮曰：大司徒以鄉三物教萬民而賓興之。三物者，六德六行六藝是也。

棘圍　就試貢院曰鏖戰。棘闈，禮部開試之日，皆嚴設兵衛，以棘刺圍其貢院，以防假才濫入。

中式　謂文章合格中舉也。

貢舉　中舉也。又曰賓薦，題貢籍，登賢書。

解元　鄉試中頭名曰解元，又曰解首、領解、拔解。

登雲　喻士人中舉也。應舉詩云：青雲有路終須到，黃榜標名及早歸。

天府　賀中舉曰名登天府。○周禮云：地官鄉大夫三年則大比，而興賢者能者，鄉老及鄉大夫用鄉飲酒禮以禮賢能，次日獻賢能之書于王，王再拜受之，登于天府。○天府掌宗廟之寶者。

朱衣點頭　文字中選曰朱衣點頭。宋歐陽脩主試閱卷，常覺坐後一朱衣人點頭，然後文入格。及同視之，無所見。因告同列曰：文章自古無憑據，惟願朱衣暗點頭。

破天荒　謂地方絕有科名者為破天荒。

鹿鳴宴　郡邑宴新舉人為鹿鳴宴。

發解　鄉試中解元也。

鄉貢進士　請舉人稱鄉貢進士。

會試　辰戌丑未為會試之年。

上公車　舉人會試也。又曰赴春官，捧鄉書公車上書者，所請也。

討借　[illegible]有明當世之務、習先聖之術者，縣次續食，令與計借。○計者，上計簿使也。郡國每歲遣詣京師上之。借，俱也。令所徵之人與上計者俱來，而縣次給之食。即今之舉人會試是也。

南宮　赴南省曰赴南宮，即會試。

釋褐　中進士曰釋褐。謂解釋布褐之賤服而服鞶袍之貴服也。宋太宗始賜呂蒙正等釋褐，後遂為例。

首冠　中第一名。

會元　會試中第一名。

甲科　進士正榜曰甲科，又曰甲榜。

乙科　進士副榜曰乙科，又曰乙榜。

鼎甲　第一甲也。

賜進士及第　第一甲也。

賜進士出身　第二甲也。

賜同進士出身　第三甲也。今人書官銜避同字，止書進士第。

殿試　御試。

廷試　御試。

廷對　即殿試。

狀元　殿試中第一名。

榜眼　殿試

中第二名 **探花** 殿試中第三名 **狀頭** 狀元也又曰榜首 **三元** 解元會元狀元 **鼎元** 狀元也 **臚傳** 進士殿試拆榜唱名曰臚傳皇帝臨軒宰臣進三名卷子讀于御前用牙篦点讀畢宰臣拆視姓名則曰某人閤門則承之以傳于階下衛士齊声傳其名而呼之謂之傳臚 **黄甲** 黄甲者由省中降下進士之名唱名畢以此升甲之人附于卷末用黄紙書之謂之黄甲是日貢院設香案于庭下狀元引五甲内十人拜之礼部遣官賫導置黄甲于案中望闕引拜謂之拜黄甲 **瓊林宴** 朝廷賜宴進士曰瓊林宴宋太宗賜宗白等及第賜宴始就瓊林苑後遂以為定制 **鴈塔題名** 唐韋肇及第偶于慈恩寺雁塔題名後人效之遂成故事 **捷報泥金** 新及第者以泥金帖子附家書為報謂之泥金喜信 **聞喜宴** 前漢武帝造曲

江池其水西折後進士賜宴于此謂之聞喜宴○唐僖宗幸南内與慶池泛舟方食餅餤聞進士在曲江有聞喜宴上命御厨依人數以紅綾束餅餤命宦官馳以賜之 **主司座主** 唐大中十二年杜審權主試收門生盧処權有戲之曰坐主審權門生処權又唐麟符二年崔沆為座主收門生崔瀣談者称座主門生沆瀣一氣○沆瀣音抗械北方夜半之氣也 **桃李** 考官所取門生曰桃李唐武后時狄仁傑薦張東之為相又薦兵部侍郎姚崇監察御史桓彦範太平州刺史敬暉數人率為名臣或謂人傑曰天下桃李尽屬公門仁傑曰薦賢為国非為私也 **不第** 不中曰不第又曰下第 **點額** 下第曰點額又曰暴腮之困三秦記註曰鱣鯉出鞏穴三月上渡龍門得渡者化為龍否則点額暴腮而还点額暴腮傷其腮額也 **孫**

山外 解試不中曰在孫山外避斎閑覧云孫山■得解有同試者託山探得失山曰解名尽処是孫山吾兒更在孫山外 **再覩公車** 言会試両次不中也 **大才晚成** 言人料第漸滯曰大才晚成老子曰大器晚成漢馬况謂弟馬援曰汝大才當晚成 **滄海遺珠** 賢而不用謂之滄海遺珠 **曳白** 試院不能成文謂之曳白唐宋遥苗晋卿主選人以御史中丞張倚得幸于上擢其子奭為首安禄山言于上召入面試之終日不成一字時人謂之曳白

仕官部

宰相 漢陳平曰宰相者上佐天子理陰陽順四時下遂萬物之宜外鎮四夷諸侯内撫百姓使卿大夫各任其職 **丞相** 丞承也相助也謂掌承天子助理萬幾也 **沙堤** 国史補云凡拜相之后礼絶班行府縣載沙填路自私第于城東街名曰沙堤 **黄扉** 漢丞相金印紫綬黄扉黒幡所以異車服于百辟也丞相廳事閤曰黄閤 **火城** 李肇国史云毎元日冬至大朝會百官已集而宰相方至將至列燭多至數百炬謂之火城宰相火城至則衆皆藏燭以避之 **阿衡** 商伊尹官號也阿倚也衡平也取倚平之義也 **宰衡** 周公為太宰伊尹為商阿衡故漢采此號尊之加王莽為安漢公號宰衡 **元輔** 宰相称也 **元宰** 宰相称也文選云元宰比有于尚父 **宰府** 相府 **規隨**

漢蕭何為相始作規模后曹參代為相因而隨之故曰規隨 金甌覆名 唐玄宗命相皆御書其名于案上會太子入侍上李金甌覆其名曰此宰相名也汝謂誰也曰非崔琳盧從愿乎上曰然 僕射 唐時宰相為僕射 柱石 蕭元后傳曰丞相王商國家之柱石也。柱梁上之柱石承柱之礎也言大臣負國重任如屋柱之及其石也礎柱磉也 平章政事 唐李靖以疾辭位詔兩三日一至中書門下平章政事以此名官也 參知政事 官掌陪貳宰司參預朝政 伴食宰相 唐盧懷慎為相自以才能不及姚崇政事皆推而不專人譏為伴食宰相 紗籠護身 唐紀。李藩未仕時有僧曰公是紗籠中人問其故曰凡宰相冥司必立其像以紗籠護之后果至 負圖 謂輔少主負記帝圖以朝百辟也

內閣 太師 太傅 太保 俱正一品 少師 少傅 少保 俱從一品 太子少師 太子少傅 太子少保 俱正二品 太子賓客 正三品 三公 太師太傅太保為三公 台鼎 三公之稱言周之有三公如天有三台鼎有三足也 元老 即三公 鼎司 三公稱也 衮司 三公也 皂輪 三公有勲德者特加以皂輪 中鉉 三公之位 三孤 少師少傅少保謂之三孤

宗人府 左宗正 右宗正 左宗人 右宗人 俱正一品 經歷 正五品 ○司宗 宗人曰司宗又曰司族又曰掌戚又曰司戚司屬令卿太宗玉牒所

詹事府 詹事 從三品。詹給也給事于禁庭也 少詹事 從四品 寺丞 正六品 主簿 從七品 錄事 從九品 ○儲端 輔導太子詹事官也亦曰官端 端尹 謂詹事官也又曰宮尹儲寀又曰宮臣又曰宮詹東寮

春坊府 左右春坊大學士 左右庶子 俱正五品 左右諭德 從五品 左右中允 正六品 左右贊善 左右清紀 俱從六品 左右司諫 從九品

翰林院 中極殿大學士 建極殿大學士 文華殿大學士 文淵閣大學士 東閣大學士 俱正五品 侍講學士 侍讀學士 俱從五品 侍講 侍讀 俱正六品 脩撰

從六品 編脩 正七品 檢討 從七品 庶吉士 未入流 五經博士 正八品 典籍 從八品 侍書 正九品 待詔 從九品 孔目 未入流 ○八甎學士 宋李程為學士性極懶北廳前階有花磚道冬月以日影及五磚為入直之候日影每过八磚程乃至衆呼為八磚學士 內相 提翰林官曰內相又曰太史國史秘書中秘詞臣。翰林院曰史館蘭臺芸閣麟臺鸞坡芸臺策府東觀東壁秘閣秘府芸局秘署鈴閣崇文館集賢院玉堂署金馬廬

國子監 祭酒 從四品。禮云飲酒必祭示有先也故稱祭酒又曰大司成大司氏又曰國師又曰更老 司業 從六品。又曰少司成又曰右師又曰左師 監丞 正八 博士 從八品。又曰國博又曰宗師又曰經博又曰廣文又曰國子先生

助教 典簿俱從八品 學正從九品 學録從九品○又曰国録又曰分録 典籍從九品 掌饌未入流 大學国子監曰大學又曰成均司成舘辟雍鱣堂又曰槐市璧水璧池璧沼又曰虎闈澤宮

樞要揔尚書曰樞要又曰喉舌機衡司會左轄劒履太常伯○樞戸樞也居官當要路者謂之樞要 貳卿揔侍郎曰貳卿又曰亞卿少常伯文昌貳卿 都公揔郎中曰都公又曰積星又曰列宿 正郎郎中通称 副郎揔員外曰副主郎又曰散郎 政揔主事曰主政 六曹六部也

吏部天官冢宰銓曹也又曰天曹 尚書正二品○尚者主也秦置是官于殿中主書案出納王命敷奏萬机故称尚書 左右侍郎正三品 文選司 驗封司 稽勳司 考功司四清吏司郎中俱正五品 員外從五品 主事正六品 司務從九品 天卿吏部尚書也又曰太宰太冢宰大司列 少宰吏部侍郎 冢宰大夫吏部揔郎中也又曰天官大夫 司列大夫文選郎中也又曰主爵典劇 司績大夫考功郎中 司封大夫驗封郎中也又曰典封執爵 司勳大夫稽勳郎中 銓衡銓掌也衡平也所以量度人物而為之平也吏部之任也 提衡掌銓選也 衡鑑衡以称軽重鑑以別妍媸称吏部也 百揆揆度庶政之官即冢宰也

戸部地官司徒司農治粟内史 尚書正二品 左右侍郎正三品 十三司清吏郎中俱正五品 員外從五品 主事正六品 司

務從九品 照磨正八品 檢校正九品○ 地卿戸部尚書也又曰大司徒大司農祝旗氏司元太常伯 少司徒戸部侍郎也又曰少司農司元少常伯 地官大夫戸部揔郎中也又曰司徒大夫司元大夫 太府倉儲郎中曰太府又曰司儲大夫司庾大夫度支大夫司度大夫 藏長倉庫郎中也又曰司珍大夫 度支戸部属官也掌天下租賦物産歳計所出而支調之 欽闗戸部主事

禮部春官宗伯又曰儀部 尚書正二品 左右侍郎正三品 儀制司 祠祭司 主客司 精膳司四清吏司郎中俱正五品 員外從五品 主事正六品 司務從九品 韶舞從九品 司樂從九品 儒士散職○ 春卿礼部尚書也又曰宗秩太宗伯司礼太常伯 少宗伯礼部侍郎也又曰司礼少常伯 宗伯大夫礼部揔郎中也又曰春官大夫 大儀儀制司郎中也又曰司礼太夫又曰南宮舎人 中儀礼部儀制司員外也 丁儀礼部儀制司主事也 司禋大夫礼部祠祭司郎中也又曰司禋中大夫 典賓礼部主客郎中也又曰司賓大夫

兵部夏官司馬 尚書正二品 左右侍郎正三品 武選司 車駕司 職方司 武庫司四清吏司郎中俱正五品 員外從五品 主事正六品 司務從九品○ 夏卿兵部尚書也又曰圻父上樞大司馬司戎太常伯鶻鳩氏 少司馬兵部侍郎也又曰司戎亞卿司戎少常伯

夏官大夫 兵部揔郎中也又曰司馬大夫 司戎大夫 武選司郎中也 司輿大夫 車駕司郎中也 司城大夫 職方司郎中也 駕部 兵部之屬

刑部 秋官司寇 尚書 正二品 左右侍郎 正三品 十三省清吏司郎中 俱正五品 員外 從五品 主事 正六品 司務 從九品 照磨 正八品 檢校 正九品 ○秋卿 刑部尚書也又曰士師大司寇鷞鳩氏都官尚書司刑太常伯 少司寇 刑部侍郎也又曰司刑少常伯 秋官大夫 刑部揔郎中也又曰司刑大夫司寇大夫司刑大夫 簡刑 刑部郎中也又曰恤刑 比部 刑部也

工部 冬官司宮 尚書 正二品 左右侍郎 正三品 營繕司都水司 虞衡司 屯田司 四清吏司郎中俱正五品 員外 從五品 主事 正六品 司務 從九品 ○冬卿 工部尚書也又曰宏父大司空鳲鳩氏司平太常伯 少司空 工部侍郎也又曰司平少常伯 冬官大夫 工部揔郎中也又曰司空大夫司平大夫 澤虞 虞衡司郎中曰澤虞 司漕 都水司郎中曰司漕又曰水政 農正 屯田郎中曰農正又曰大農令司田大夫 川衡 督從曰川衡又曰掌權權運 掌漕 督河曰掌漕又曰轉輸漕輓漕轉 管河 工部郎中 抽分 工部主事 磚廠 工部郎中

都察院 左右都御史 正二品 左右副都御史 正三品

左右僉都御史 正四品 經歷 正六品 都事 正七品 司務 從九品 照磨 正八品 檢校 正九品 ○大中丞 都御史曰大中丞又曰大司憲中執法御史大夫副相次卿

十三道 浙江 江西 福建 河南 湖廣 陝西 山東 山西 廣東 廣西 四川 雲南 貴州 監察御史 俱正七品 ○栢府 朱博傳曰前漢御史府井舍百餘區府中列栢樹常有野鳥數千栖止又成帝時御史臺有烏集故謂之烏臺○又曰栢臺 驄馬 漢桓典為御史官者執政無所回忌常乘驄馬京師畏憚為之語曰行行且止避驄馬御史 繡衣 御史有繡衣直指出討姦猾治大獄武帝所制不常置衣以繡者尊寵之也 白簡 晉傅玄性峻急每有奏劾或值日暮捧白簡整襟坐以待旦于是貴遊懾伏臺閣生風 動搖山嶽 唐韋思謙擢監察御史常曰御史出使不能動搖山岳震懾州縣為不稱職 鐵面御史 宋趙清獻公抃召為殿中侍御史彈劾不避權倖京師擴為鐵面御史○出宋鑑 臺端 侍御史號臺端人稱之曰端公 霜威 言御史風霜之任 柱下史 御史為柱下史以其在殿柱之間也 持斧 鮑勝之為直指使者衣繡持斧以捕盜賊

欽差都察院 三邊都堂 從二品 兩廣都堂 從二品 漕運都堂 巡撫都堂 操江都堂 俱從三品

欽差察院 巡按 巡鹽 巡江 巡茶 巡城 巡關 巡

倉巡衙 清軍 刷卷 印馬 提學 俱正七品

中書科 中書舍人 從七品 ○校書郎 中書官也 右相

改中書為右相 內翰 即中書也又曰內書內史 內舍大舍中舍掌誥書麻 紫薇

郎 唐開元中改中書省曰紫薇 省因称中書侍郎為紫薇郎 西掖 中書館 曰西掖

又曰西臺內臺鳳閣鳳池西 省紫薇閣紫薇省白玉堂

行人司 司正 正七品 左司副 右司副 俱從七品 行人 正八

品 天使 行人曰天使又曰天節星 使輶軒使乘軺使上介 ○使君 為 使

者謂之 使君 握節 出使 持節 玉節使 出往外国之使也 ○年持玉節之使

使客 唐詩云使 客向河源 河源使 漢武帝使張騫窮 河源故封河源使

通政司 通政使 正三品 左通政 右通政 俱正四品 左通

議 右通議 俱正五品 經歷 正七品 知事 正八品

大理寺 正卿 正三品 左右少卿 正四品 左右寺丞 正六

品 左右寺副 從六品 左右評事 正七品 司務 從九品

○廷尉 大理卿也廷平也治 法貴平故以為號 廷正 大理寺正 也又曰議

司廷尉正司刑 王詳刑大夫 廷評 大理評事也又曰 鵜鶘棘路竹刑 大棘

司寇聽政棘木之下 故称大理官曰大棘 庭中稱平 庭中庭尉之 中也称平者

称美其待法軽 重皆適中也 棘木 凡聽五刑之訟成獄辭 史氏以獄成告于王 王

聽之王獄成告于大 司寇聽之棘木之下

太常寺 百官表云奉常更名太常太常王者旌 旗也蓋日月為王有大事則建以行礼

官奉持之故曰奉常后 改曰太常尊大之義也 正卿 正三品 少卿 正四品

寺丞 正六品 典簿 博士 俱正七品 協律郎 正八品 贊禮

郎 正九品 司樂 從九品 司禮 太常寺曰司 礼又曰奉常 亞列 少卿

曰亞列又曰小宗伯 中大夫奉常大夫 禮官 博士也又曰掌 儀礼官大夫 秩

宗 主序次百神之官即宗伯也舜典 伯夷汝作秩宗郊廟礼官也

太僕寺 正卿 從三品 少卿 正四品 寺丞 正六品 主簿 從七

品 ○同卿 司僕 同馭 以上並太僕卿 也又曰太僕正

光祿寺 正卿 從三品 少卿 正五品 寺丞 從六品 署正 從六

品 署丞 正九品 鳴贊 序班 俱從九品 光祿勳 光祿 卿也

鴻臚寺 正卿 正四品 左少卿 正五 右少卿 正五 左寺丞

正六 右寺丞 正六 主簿 從八 署丞 正九 鳴贊 從九 序班 從九

○典客 鴻臚卿也又曰主客大 行令同文卿典屬国 儐相 序班也 又曰典

謁引贊鵝 班贊謁

苑馬寺 正卿 從三品 少卿 正四品 寺丞 正六品 主簿 從七

品 ○尚寶司 正卿 正五品 少卿 從五品 司丞 正六

璽卿 尚寶卿也 又曰符卿 ○司經局 洗馬 從五品 校書 正九

品 正字 從九品 通事 從九品 舍人 從九品 ○五城兵

馬指揮司　指揮品正六　副指揮品正七　吏目未入流
○大醫院　院使品正五　院判品正六　御醫品正八　吏
目品從九
上林苑監　左右監正品正五　左右監副品正六　左右
監丞品正七　典署品正七　監丞品正八　録事品正九　典
簿品正九　○牧正上林丞也又曰虞官司籞禁籞
六科吏戶禮兵刑工　都給事品正七　左右給事中　給事中
俱從七品　○箴尹　拾遺　諫議　正言　都諫　夕郎　左
正言　右正言並給事中也

欽天監　監正品正五　監副品正六　春官正　夏官正　秋
官正　冬官正俱正六品　五官靈臺郎品從七　保章正
正八品　挈壺郎品從八　監候品正九　主簿品正八　司曆
正九品　司晨刻漏博士品從九　○鳳司典曆之官也藝文云
鳳曆是司又云鳳鳥司掌律　宣夜即掌天象者也　日官　星官　司天
玄鳥氏　伯鳥氏　青鳥氏　丹鳥氏並欽天監官　率
更掌知刻漏之官名　壺郎掌漏官也
京府　府尹品正三　府丞品正四　治中品正五　通判品正六
推官品從六　經歷品從七　知事品從八　照磨品從九　檢

校未入流　○京兆京尹也又曰長史師表明府共瞻保釐中二千石　○
京縣　知縣品正六　縣丞品正七　主簿品正八　典史未入
流
布政司　左右布政品從二　左右參政品從三　左右參
議品從四　經歷品從六　都事品從七　照磨品從八　檢校
正九品　○藩司布政司曰藩司　方伯布政曰方伯又曰岳牧藩侯又曰伯
長藩岳帥長節度四岳運率左轄右轄　大參參政也又曰參知　參憲參議
也又曰參謀參戎　少參參議也
按察司　廉使品正三　副使品正四　僉事品正五　經歷正七

品　知事品正八　照磨品正九　檢校品從九　○臬司按察
司曰臬司　總憲按察使曰總憲又曰觀察天牧臬事又曰廉察使　中憲名
兵備曰中憲外臺備使有清使督運使轉運使經略使安撫使防禦使　憲司按察司也
憲長廉使也　憲副副使也　僉憲僉事也　提學副使正四
品　提學副使品正五　文衡提學之任也
鹽運司　鹽運使品從三　運同品從四　運副品從五　運判
從六品　鹺司鹽司　○提舉司　提舉品從五　副提舉從六
品　吏目未入流　○斷事司　斷事品正六　副斷事正七
品　吏目未入流　○理門所　理問品從六　副理問從七

品 案牘未入流

王府 長史從五品 審理正正六品 審理副正七品 紀善正八品 典寶正正八品 典寶副從八品 典膳正正八品 典膳副從八品 奉祀正正八品 奉祀副從八品 工正正八品 工副從八品 良醫正正八品 良醫副從八品 典儀正正九品 典儀副從九品 典簿 典樂俱正九品 伴讀從九品 引禮舍人未入流

外府知府 又曰郡守 正四品 黃堂 吳郡太守所居之室楚春申君黃歇之子假所居殿也數為火焚塗以雌黃故曰黃堂称太守曰黃堂本此 刺史 唐武德中改太守曰刺史天宝中又改刺史為太守今又改太守為知府

五馬 禮云天子六馬左右驂三公九卿駟馬左驂漢時朝臣出使為太守增一馬故称太守為五馬 諸侯 外府太守也又曰大尹侯伯列岳刺郡專郡郡守二千石 符守 漢與郡太守符契以為信故曰符守 青符 東方刺史曰青龍符餘方準之 剖竹 文選○凡為太守皆剖竹使符也剖竹守滄海 銅虎符 史記○漢文帝初與郡守為銅虎符竹使符國家當發兵遣使者至郡合符符合乃聽受之以代古之珪璋從簡易也 邵父杜母 史記○邵信臣為河南太守躬勸耕桑出入阡陌吏人親愛號曰邵父○又杜詩為南陽太守性節儉而政清平南陽為之語曰前有邵父後有杜母 照天蠟燭 東齋記事云田元均治成都有戸民有隱悪輒摘發之蜀人謂之照天蠟燭 懸魚 漢書○羊續為廬江太守府丞饋魚受而不食挂之後復進續出前魚示之府丞慚而止

彤闈 太守帷也 畫熊 刺史車畫熊于軾

同知 正五品 府貳 郡丞 郡副 並同知也

通判 正六品 別駕 通判曰別駕漢制別駕一人從刺史行部別乘一乘故謂之別駕 上佐 通判曰上佐周禮王之倅車註云倅乃副車今以通判為倅者謂太守之副也別駕長史司馬通謂之上佐又刺史有故及闕本道使不得差攝令上佐知州事○出制讃 半刺 通判曰半刺杜牧集曰半刺上佐得與二千石參校政事經長利病者也 屏星 称通判曰丈夫屏星 當雄飛 漢趙温為京兆郡丞嘆曰丈夫當雄飛安能雌伏遂弃官去後官至三公 州治中 呼通判為州治中又曰監州

推官 正七品 郡理 司理 並推官也 節推 推官 僞印疑獄 宋趙抃為武安推官民有偽造印者吏皆以為當死公獨云造在赦前用在赦後赦前不用赦後不造法皆免死卒免死出東萊集 宰相器 胡氏録曰忠獻王琦從開封府推官理事不倦暑月汗流府尹大器重之曰此人要路在前而治民如此真宰相器也 決曹 司理曰決曹又曰司李又曰後曹又曰理官

經歷 外府經歷正八品 知事 正九品 照磨 從九品 檢校 未入流 ○幕職 幕官者經歷知事照磨檢校典史皆為之幕職幕官位曰賓位

知州 從五品 州同 從八品 州判 從七品 吏目 從九品 ○州牧 知州也又曰邦伯府君明府州將州伯又曰明使君 上賓 州同也又曰賓幄賓

府叅軍**僉判**州判也又曰佐幕判佐貳幕**功曹**吏目也又曰録事

外縣知縣正七品**令尹**知縣也又曰邑長大尹邑宰明大夫良大夫**神君**唐喬智明為隆慮令民愛之號為神君○隆慮音林閭**慈君**唐張譚為和寧令百姓愛之如父母號曰慈君**銅印黑綬**百官志曰縣令長秦官專治其縣萬戶以上為令皆銀印青綬秩比六百石以上皆銅印黑綬○綬印綬也**琴堂**稱縣治曰琴堂呂氏春秋云宓子賤治單父彈琴身不下堂而單父治○單父音善府**花縣**稱縣治曰花縣又曰花封晉潘岳為河陽令公餘植桃李花人號曰河陽一縣花**雷封**雷震百里故稱縣令曰雷封**三異**後漢魯恭為中牟令螟不入境司徒袁安遣使往察之值恭息桑陰下有雉在傍使者謂小兒何不捕之小兒曰雉將育子使

乃辭恭曰公為政有三異螟不入境一異雉依人不動二異童子有仁心不捕將雛之雉三異恭後位至司徒**健令**稱能縣令曰健令○馮勳語

縣丞正八品**長吏**史記曰縣丞長吏也百官表稱百戶以上為令皆有丞尉秩四百石至二百石為長吏**贊府**稱縣丞為贊府**佐邑**縣丞也又曰貳邑貳尹丞尉判丞**清員**唐陸景倩為扶溝丞按察使畢構薦州縣殿最唯景倩為清員**負丞**作丞自稱曰負丞其邑唐崔斯立為藍田丞始至喟然曰丞哉丞哉余不負丞而丞喪負余庭有老槐四行对樹二松日吟哦其間有問者輙对曰予方有公事子姑去○出韓文

主簿正九品**千里駒**三輔錄云韋元將為郡主簿楊彪稱曰韋主簿有長城之風昂昂千里之駒**鐵主簿**齊許淳性識敏速達于從政嘗為主簿以能判時人號曰鐵主簿**仇香**後漢仇香為亭長有陳元母告元不孝香為陳人倫元感悟卒為孝子考城令王渙聞之署香為主簿渙曰不罪陳元得無少鷹鸇之志乎香曰鷹鸇不如鸞鳳渙謝曰枳棘非鸞鳳所棲百里豈大賢之路**矮屋**唐張卓為華陰簿為縣令所抑嘆曰丈夫有凌雲之志而居于下位若立身矮屋之下使人擡頭不得乃弃而去**簿司**主簿曰簿司**折粘鳥竿**明道先生為上元簿嘗曰一命之士苟存心于利物于人必有所濟始至邑見人持竿道傍以粘飛鳥取其竿折之郷民子弟不敢蕭為**鸞司**主簿曰鸞司

典史未入流**縣尉**即典史**仙尉**漢梅福為南昌尉一朝弃妻子去九江至

今以為仙**香尉**漢雍仲進南海香拜洛陽尉號曰香尉**仙吏**謂縣尉曰仙吏六帖云一命仙吏云神仙之吏也**少府**稱縣尉曰少府按李白贈瑕丘王少府杜甫貽華陽李少府當是唐朝縣尉多稱少府也**五色棒**曹操初舉孝廉為北部尉造五色棒有犯禁者不避豪強皆棒殺之京師斂迹**鐵面少府**宋楊王休謂台州黃岩尉邑有豪民武斷一方具得奸狀白于郡黥隸他州閭里歡傳稱公為鐵面少府

儒學教授從九品**學正**　**教諭**　**訓導**俱未入流○**廣文**教官稱先生乃廣文館博士也○唐詩云廣文先生官獨冷謂鄭虔也**校官**李官也又曰學博又曰廣文博士**郡博士**府教授也又曰郡文學**州博士**州學正也**縣博士**教諭也**杏壇絃歌**莊子○孔子遊于緇帷之林休

坐予杏壇之上弟子讀書孔子絃歌鼓琴

巡檢 監押 巡檢曰監押又曰司邏 蜀中俊傑 東都事略云曹光実為黎雅都巡檢安集勞來民夷懷之召還太祖喜曰此蜀中之俊傑也 巡司 巡檢曰巡司 警邏 胡文恭制曰選當一道之衛俾遏四封之警 桑殿直 桑擇為永安巡檢群盗聞桑殿直来皆遁去

驛丞 未入流 郵官 傳吏 並驛丞也 亭長 驛丞曰亭長漢高祖嘗為泗上亭長亭者猶今之館驛也 ○司獄 從九品 ○稅課司大使 從九品 ○倉庫局大使 從九品 ○河泊所 未入流 ○遞運所 未入流 ○陰陽學正術 典術 訓術 正科 典科 訓科 俱未入流 ○醫學訓科 未入流 ○僧綱司都綱 從九品 僧正司僧正 未入流 僧會司僧會 未入流 ○道紀司都紀 從九品 道正司道正 道會司道會 俱未入流

吏員 刀筆吏 前漢蕭何曹參起身刀筆吏刀以削書古者用簡牘吏皆以刀筆隨之故吏稱刀筆之功名 三語掾 漢制曹官曰掾晉阮瞻有令望太尉王衍見而問之曰老莊與聖教同異瞻曰將無同衍善其言召為掾人號三語掾○將無同以為同而不同也 豪吏 為吏之豪長也若曹參居縣為豪吏 宿猾 老姦也 虎冠之吏 酷吏也 曹任 吏之職也 鳧鴈 諸曹走吏 文墨 吏職 小史 書手曰小吏 通吏 令史 司吏 典吏 農民 知印 承差 辦事 當該 官辦 省祭 聽事 抄案 聽缺 實祭 歷役 復役 革役 起送 曠役 久不供役 丁憂 起服 服闋 服滿曰服闋 ■擬

九卿 六部尚書都御史通政使大理卿謂之大九卿○六部侍郎太常光祿鴻臚太僕尚寶等卿副都僉都大理少卿左右通政等官謂之小九卿 六卿 六部尚書為正卿六部侍郎為亞卿 宮保 太師太傅太保少師少傅少保太子太師太子太傅太子太保太子少師太子少傅太子少保 九賓 公侯伯子男孤卿大夫士 搢紳 搢插紳大帶也謂插笏于紳也或曰搢士者之服亦謂百官 長吏 秩四百石至二百石是為

長吏皆銅印墨綬 八座 漢制六部尚書并一令一僕射號為八座 九列 九卿之列序也 夕郎 黃門侍郎日暮入對青瑣名曰夕郎 參政 下丞相一等取其參贊朝政位次宰相非今之參政也 樞密使 樞密官名長天子之機務及邊境之軍馬者 九棘 九棘公侯伯子男位焉槐棘以為位取赤心而外棘 棟臣 即棟梁之臣也六朝文選云棟臣殘酷 獨座 御史中丞謂之獨坐 水部 工部之屬亦曰起部 民部 版部 皆戶部官之稱 三司 大尉司徒司空曰三司 三獨座 尚書令司隸中丞曰三獨座 南司 中丞曰南司 左九棘 孤卿大夫曰左九棘 右九棘 公侯伯子男曰右九棘 儲吏 掌御寶官曰儲吏 司籍 主司文籍曰司籍 冢卿 大卿 介卿 次卿 水廳 閑郎也 三

法司 都察院刑部大理寺為三法司 殊階 人臣極貴之品列也 雄職 貴理官曰雄職又曰華要 薦紳 士大夫也 膴仕 膴厚也 宰士 宰相之屬官也 通籍 籍者為二尺作牒記其年紀名字物色懸之宮門案者相應乃得入也謂有名籍于禁門也 循良 循順也上順公法下順民情謂好官也 循吏 即循良也 ○百官摠名曰吏 顯要 高顯清要之官 權要 身登樞要手握兵符之官 當路 得高位知遇曰見知當路 當道 高位也 津要 當路要之官 要路 當路顯要之官也稱好官曰登要路 廉能 官清而有政事 析圭 析中分也自藏天子之貴在諸侯 儋爵 儋負荷也相如傳曰析人之圭儋人之爵 郡長 太守曰郡長 馮翊 馮輔也翊佐也文官名 扶風 扶助也風化也扶助風化也 柄

臣 執權之臣 獻臣 即賢臣也獻賢也 藎臣 藎進也言忠愛之藎進不已也 臣工 群臣為工也 三圭 謂公侯伯也 按職 按行其職也 著籍 著名籍也侍中即官謁者皆得著其名籍于門出入天子殿門者 位遇 位職位也遇禮待也 群辟 謂王侯公卿大夫士也 皇僚 百官也 巧官 善佞[illegible] 剖符專城 剖符謂剖竹分符猶今之印也專城謂擅一城之寄也即家宰之屬也 鼎臣 宰臣之稱 黃散 黃散之職須人門美美謂黃門侍郎其職之重當選得其人 委面 委質北面以事君也 柄用 言任周之授以權也 勾漏令 葛洪欲煉丹聞交趾出丹砂乃求為勾漏令 三輔 中尉及左右內史為三輔非必京兆尹左馮翊右扶風共治長安為三輔也 太官 主膳食官 尚食 主天子物

曰尚掌天子食之官名也 音監 主樂官也 故吏 吏之前為官者 左史書動右史書言 動則左史書之言則右史書之 分曺 曺輩也分輩而出為使也 群司 百官也 宮卿 內貴 要重之司 左右披垣 千里之師 稱太守也又曰一州之表又曰尊臨千里 名都之主 稱藩郡守 墨曺 司法曰墨曺 使驛係道 使者多曰使驛係道 狗監 主天子田獵犬之官也 委質 質身体也屈膝而君事之謂之委質

諫官 青瑣郎 給事黃門之職也○漢給事日暮入封青瑣門青瑣者以青塗戶中鏤中天子制也刻為瑣文故云青瑣 皂囊 漢官儀曰凡章奏皆啓封其言密事則用皂囊 封事 事欲其密故封之以進 諫道三難 諫之道有三難曰遠曰踈

曰驟遠則勢不接踈則情不通驟則理不究其言之不行也故宜○出呂伯恭師氏箴 諫諍 諫諍以道正人也教止其非也 譎諫 正其事以諫其君也 戇諫 無文飾也 降諫 卑降其躰以諫諍也 直諫 以直道而諫也 諷諫 借他事引援其諫謂依違遠罷以避害者也 比諫 比方事類而諫也 微諫 秘諫也伍被傳曰數微諫 謇諤 謇諤者謂直詞進諫臣難言君難聽故其言之不易如口之謇吃然也 獻可去否 左傳○君所謂可而有否焉臣獻其否以成其可君所謂否而有可焉臣獻其可以去其否 昧死 高紀○昧死再拜言○謂人臣上書當昧犯死罪而言也 繩愆糾謬 繩直也愆過也謂直言其過也糾正也謬差失也謂糾正其差失也 弼直 謂輔弼之臣各盡其繩愆糾謬之職也 面折廷諍 謂面

折其非朝廷而諫諍也。出王陵傳 糾逖王慝
班行 朝臣列次也 班心 御史立處為班心 鵷鷺 朝班也 鵷立 每鵷立不移動喻朝臣也 鵠立 袁紹士馬騰望鵠立又東坡詩云侍臣鵠立通明殿 玉筍班 朝班也唐李宗閔知貢舉門生多清秀號玉筍班 鵷行 朝班也 徵班 謙言居末僚也。俯就微班之列 鵷鴻侶 朝班也。唐詩云遂陪鵷鴻侶 末班 自謙猶末僚也 鴛鷺 鴛鷺行謂侍從列也唐詩云鴛鷺叨雲閣
除授 選官也正授曰除又曰除吏授職除官正授 待除 待選也 差除 差ハ擇也謂擇其賢否也拜官曰除謂除故官就新官也 調補 轉選也曰優調 又榮選 称人遷官 仕途 作官曰在仕途又曰官途仕路利場祿路又曰祿利之路名利

之場 筮仕 謂將任而揲蓍以占其吉凶也 諸仕 初入仕也 隨牒 常調授補任曰隨牒謂隨選補之恒牒不被超擢者也匡衡傳曰隨牒在遠方又曰從班隨牒 試吏 初出為官也又曰初行作吏 受任之初 初官也 授邦州之日 知州初授官也 瓜期 賀官赴任曰榮赴瓜期齊襄公于瓜熟時使連称管至父二大夫守葵丘約明年瓜熟時使人代替故謂之瓜期 到職 到任也 莅任 到官任也又曰莅職 履官 官自称到任又曰就事 下車 官初到任曰下車之初 莅政有頃 到官久之 之任 官赴任 交代 舊官與新官交接替代
秩滿當歸 舊官得新官替代也 榮莅 賀新官到任曰榮莅又曰榮任 按臨 称官到曰按臨 父任 太臣任奉其子弟也汲黯傳曰以父任為太子洗馬 兄

任 袁盎為兄噲所保任得為郎中故曰兄任 世襲 子孫世世因祖父之爵土而有其官謂之世襲 蔭補 祖父官蔭子孫也 蔭子 蔭淂官曰蔭子又曰以門庇以宗蔭又曰世及之叔又曰承家祿 遂食推遷 官無定處也 令文原之 命再任也 得北征告 受命北征 榮滿 賀官任滿也吏役滿亦然 賀
報政 官任滿考滿曰解龜報政。龜印鼻也任滿者解印曰解龜史記曰伯禽受封于魯三年然後報政 寮寀 同官為寮同地為寀 同僚 叙同官曰在同僚 僚舊 舊同官也 同寅 叙同僚曰幸恭同寅。書經云同寅協恭和衷哉。寅敬也言君臣黨同其寅畏協其恭敬也 官况 做官之情况也又曰官况官情 官箴 戒官之法曰箴 徙節 移鎮曰徙節 卧護 護謂監領諸將也張良傳云卧而護之猶

云卧而治之也 職肘腋下 官于近也
官守職業○代終 易經註云為下之道代上以終其事而不敢有其成功猶地道代天終物而成功則主于天也 巡蝗 謂巡行捕蝗也 行部 謂巡行所部郡縣也 勤王 謂勤于王室之事也 物役 謂從王事也 徇役 從王事也藝文云顧出身以徇役 報命 使臣復命也 祗召 祗敬也敬君之召而遵■也
欽承 謂敬順君意也。書曰惟說式克欽承 祗承 謂陳其謨以敬承于舜也大禹謨祗承于帝也。出舜典 馮翼 馮謂可依也翼謂可輔也言淂賢以自輔也詩曰有馮有翼 引翼 引導其前也翼相其左右 毗世 毗輔也輔世也 毗翼 言輔佐三家也 輔相 相助也輔助天子之政也 王佐 以王道輔佐天子也佐助

也

楨幹　板築之木曰楨、牆端木也。旁曰幹、兩邊障土版也。楨幹者、喻輔弼之臣也。

輔弼　左輔右弼、謂輔佐天子也。

戮力　併力也。高紀曰、臣與將軍戮力攻秦。

倚毗　大臣雖致仕、朝廷所倚其輔政也。

相翼　翼、助也。王莽傳曰、斷金相翼。

夾介　夾、輔也。介、助也。

承式　奉承法令也。書曰、百官承式。

簿領　謂簿及所領之事。

展業　各守其業、以供王也。漢傳云、四民展業于下。

干城　所以扞外而衛內者。詩云、公侯干城。

祗辟　數君也。○天子曰天辟。

攄畧　出謀謨也。六朝文選云、攄畧運奇。

無留事　言居官而決事、無留滯也。

治體　治政之躰、規模也。

政教　以法正民曰政、以道誨人曰教。

聲教　声者風声也。振奉于此而遠者聞焉、謂之声。教者教化也。執範于此而遠者致焉、謂之教。

名教　躬行礼義人倫名実之教。

政事　紀綱法度曰政、動作云為曰事。

明倫　明者明之也。倫者倫理也。明倫者、所以明乎父子君臣朋友夫婦長幼五品之倫理也。

風化　風以動之、教以化之。

教化　以道誨人曰教、躬行于上、風動于下謂之化。

風俗　上所化曰風、下所習曰俗。

師帥　教化統率之義。

振綱　綱以大繩属網也。振、挙也。挙其綱而不使之乱也。

肅紀　紀者綱之細目也。肅、謹也。謹其紀而不使之廢弛也。

激濁　濁者貪官汚吏之謂。激者懲創之謂。即今之飛錫降調之謂也。

揚清　清者廉官能吏之謂。揚者表揚之謂。使有清名者闡其美也。闡音諂、弁揚也。

承流　承朝廷恩澤之流、行使不壅閼也。閼音遏、止塞也。

宣化　宣揚朝廷之德化也。

整飭　整、脩也。法久弊、整之使不壊也。飭、脩治也。法久必乱、飭之使有方也。修理祖宗舊法也。○

保障　保以安內、

障以禦外。

撫綏　綏、安也。撫安百姓也。

安攘　安者乂安中国之謂、攘者駆除夷狄之謂。○乂治也。

旬宣　旬徧也。宣布也。宣布朝廷之德化也。○詩曰、来旬来宣。

撫字　撫恤字養百姓。

彰善癉悪　彰、顯也。癉、病也。言顯其為善者而病其不為善者。

催科　催徴科斂。

平徭　均平徭役。

簡賦　簡省賦税。

拯溺亨屯　出溺為拯、謂拯救天下没溺之民也。亨通也、屯難也。謂亨通天下之屯難也。

踏勘災傷　有司親閲百姓之災傷、水旱也。

清慎勤　作官之法有三事。一曰清、謂廉潔不汚。二曰慎、謹守礼法。三曰勤、勤于職事。

司掌金帛　司農司之職。

宗掌族　宗政之職。

榷筦之任　監酒税之職也。

一使之任　奉使也。

奉戴　戴奉事。出左傳。○

官守　以官為守。

典守　責任。

主守　主持把守。

承乏　自謙在位、言承人之空乏也。又曰代匱。

待罪　自謙在位也。又曰竢罪。○季布傳曰、待罪河東。○又石慶傳曰、待罪丞相。

備員　備員者、示以陞擢之、非以其実用也。申屠嘉傳曰、為丞相備員而已。

具官　謂備員而已。

充位　但充其位而已、無所造設也。

曠責　言居非其位、是謂曠官。故云曠責。史丹傳贊曰、曠責最久。

尸官　尸主也。安主其官也。許后傳曰、曠職尸官。

尸禄　尸主也。不憂其職、但主食禄而已。鮑宣傳曰、以拱黙尸禄為智。

烏攫肉　黄覇為頴川守、有所伺察、擇吏遣行。吏還、労之曰、甚苦、食于道旁、乃為烏所攫肉。吏大驚、称為神明。言神靈聰明也。

尸位素餐　尸主也。素空也。尸位者、不事其事、但主其位而已。素餐者、徳不称官、空食禄也。

戀劇　好治煩劇。又曰安煩。

牧民　養六畜曰牧。古者州長謂之牧。取守養之

義也涖事官臨事也視事官理事也視篆看其印也印字篆文故印曰
篆剸劇剸治煩劇之地也長於撫民善治民也能經營劇有劇風
力也贊毅贊助也助之之意也贊務持贊其事也吐奇舉善稱贊
之美也○裨音卑補也益也助也贊助也司官內貴職曰司宮又曰給事殿貴與
城臨民作太守也五政一曰興農桑以養其生二曰審好惡以正其俗三曰
宣文教以章其化四曰立武備以象其威五曰明賞罰以統其法○楊子保釐釐理
也○畢命保釐東郊屏翰屏屏風所以障內外也翰幹墻兩邊障土版也言藩衛之
詩云之屏之翰匡扶匡正也猶輔佐也肅給謹辨其職典幹治事也
簿領如山簿書煩多也又曰堆案盈几簿領紛積碎務簿書曰碎務

職事填委公冗吏事倥偬公冗也○倥偬不暇給也困苦也王
事鞅掌公冗也○鞅掌失容也言事煩不暇為容儀也公務煩猥公冗
也又曰不給於務御燈火至明夜治事也外纏內迫公私冗也
公冗公事多也職事羈纏官所拘也又曰拘守常憲持官守身
在官兢慎盤根錯節漢虞詡曰不遇盤根錯節無以別利器○註云樹根之盤
互木節之交錯言非利器不能治也輸煩劇之地非大才不能理也
權官兼官其事攝之權官也攝兼也兼管人之空乏也即掌印也假攝權官
也曰守攝攝篆掌印也署篆掌印也兼二事供兩事也假攝
去來權攝不定攝承即事以來到權官之所代庖署印曰代

庖
忠藎諡法曰危身奉上險不辭難曰忠藎進也言忠直之薦進無已也三忠太忠
周公之于成王次忠管仲之于桓公下忠子胥之于夫差忠款款誠也左傳曰忠款
不渝忠鯁忠直之臣也鯁魚骨也直言難受如骨之在喉不狥私也忠告吐忠
言也忠談直言罄忠罄尽也竭忠竭尽也秉忠秉持也持忠尽
之捐軀捐弃身軀以報自言尽忠也倡和為忠左傳○內外倡
和為忠○此倡彼和輪肝剖膽謂忠也瀝血抽誠披胷見
款皆言臣之攄忠于君也丹款朱誠言赤心也忠烈剛正曰烈謚法
云執德進業曰烈

稗官猶言小官冗官冗謂散輩也今之散官也如冗從散職之從主者寺
人內小臣也候人道路迎送賓客之官田畯田大夫勸農之官也舍人
舍人親近左右之通稱也後隨以為私屬之官號冗員官多也又曰冗職卑
職小官自謙又曰賤職末祿卑職也又曰末官末秩小官廝役之
吏冗賤官也
殿最殿後也課居後也最凡要之首也課居元也上功曰最下功曰殿殿鄙殿最
亦曰殿鄙鄙最也課最考課居上等也都試考眾課殿最謂之都試上
考賀在件宮書考曰萃賞上考○舜典曰三載考績為某州高第課最
也奏課為最課最也事第一考課第一也常為邊最

邊守課第上也。撫字心勞 宇令最課也。伯仲之間耳 人才相埒也。○埒音列，等也。銓次 考其才德而等第之曰銓次。鈞校 考校曰鈞校。考功校德 比校也。

封拜 封侯國也。大拜 拜相。即拜 就其家而拜之也。龔勝傳云即拜勝為講宰柔須。立拜 賞其立見而即拜之，言不移時也。田千秋傳曰立拜千秋為太鴻臚。榮拜 寵擢曰榮拜，又拜擢、華寵、殊寵、賞拔、擢序，皆寵擢也。超遷 不次陞官也。又超陞、超擢、殊擢，皆不次陞官也。高擢 稱人陞官也。又高遷、峻擢、峻陟、陟崇，皆陞官也。陟音隻，隮音賚，皆陞也。陟膴 陞美官也。隮膴仕 隮登也，膴仕朝廷高位也。不次 不拘常次陞官，言超陞也。袁盎傳曰擢以不次之位。舉最 以課最而被舉故遷。

為他官也。京房傳曰宰最當遷。增秩 秩品級也。朝廷賞良吏加祿數曰增秩。內補 外官內選。又曰內召。外補 京官外遷。德賞 以德陞官。欽取 天子行之。行取 吏部行之。赴調 參部註差曰赴調。兩鳳廷飛 兄弟同大用也。

爵祿 爵為鳥名，象形，為酌器，取其飲不火而有限，以寓儆戒焉。大夫以上與宴享，然後賜爵，以章有德，故因謂命秩為爵。○祿仕者之俸也。俸祿 仕者之俸粮。祿秩 祿穀也，俸也；秩職也，品級也。品級 等次也。品秩 即品級也。祿位 俸祿官位。職分 職品職也，分本等之分也。官銜 官名。俸資 俸金也。斗食 佐史之秩。肉食者 厚祿者。祿秩優潤 俸厚也。職閑廩重 事少俸多。一金之俸 俸微也。三徑之資 貧士苟以祿。穀祿 俸祿。世

祿 先世有功德，子孫世授其祿以報。守儋石之祿 守微俸也。○齊人名小甕為儋，容二斛。石斗石也。

舉劾 劾推窮罪人也。彰其釁狀 劾其事也。又曰發揚陰私。追案 死而劾其事也。案空劾 案治無罪。所劾很多 所劾太多。偏言之奏 私奏也。可奏 允所奏也。露章 何武傳。○所舉奏二千石長吏，必先露章。抗疏 抗奏也，謂上之也。疏書疏，條其事而言之也。揚雄傳曰獨可抗疏時道是非。條對 條對者一一條錄而對之也。梅福傳云條對急政。枉狀奏其 誣奏人也。表啓酸切 所呈之表情切。飛蹄走轡之奏 急奏也。奏疏 奏章也。囊封 恐左右漏言，謂封奏事。○出常詩。副封 漢制上書者又一本與尚書曰副封。先行後聞 先斷罪後奏聞。奏 七國言事于王皆稱上書。秦初定制改書曰奏。漢禮儀則有四品：一曰章，二曰奏，三曰表，四曰議。章以謝恩，奏以按劾，表以陳情，議以執異。

給假 古制朝臣十日一給假，休沐一月三給假，為浣沐之期也。初一日至初十日為上浣，十一日至二十日為中浣，廿一日至三十日為下浣。告假 請假也。休澣 即休沐也。休假 即休告也。賜告 病滿三月，天子優賜其告，使得印綬將官屬歸家理疾。成帝時賜告不得歸家。○初奉記。予告 告請也，言請休謁也。予告者，在官有功最，法所當得者也。休謁 九棘之任，理無休謁。休急請急 皆休假之名也。告寧 休謁之名，吉曰告，凶曰寧。古者名吏休假曰告寧，歸家持喪服也。○出諸史。休

沐 言休息以洗沐也漢□光□千寘□□三年
謂休沐□上官□當代人以威□□急
□□□也又 謁告 告歸 謁謂 謁急 請
□□也 □□日□□ 假休沐畢
□□也又 待□□ □□也 沐白 休沐畢
口□□ □□也
合□□也 謁歸 □□□□也○高紀曰 長休百日
□□ 日重休更 □□□□
□也
賄賂 枉法以財□□ 行賄□請求 苞苴 遺
相謝□人日□□ 時□日□□
以□□□也 □□□ 鑽刺 □□□也 行賄
求□□□□人□□也
□□ [illegible] 數從請託不識 託
不□ 肩□□□□ 公行□ 受□ 用情
道

貪婪 □向曰貪以財為□□不□之□也 蓄斂 蓄斂也蓄貴也 贓濫
貴之人 □多財○以
□□ 受賕 受賄 □財 枉法
謂人納賄 受賂 大受
日賄也 賄賂 受賂也
又曰賄受禮賂 逃賂 並行開請
試之門苞苴流行敢以賄成 身處脂膏 有在
膏求 引手直求 人自乞索 姦贓不貲 不貲無限也 避滿也
處
剝削細民 使□削小民□削肉削□也 私囊橐 言貪也○有底曰橐無底曰囊
曰 貪濫 貪汚 汚濫不職 貪則不盡已職 金虎 言小人○漢傳
義
位堅君□其
惡如□虎也
罷軟 罷疲于事 軟弱也 不知民瘼 不曉民情 自陳不職 自言官不稱

擅離官守 遂頑 不職也 遂□ 頑不□事 為下吏所欺
謬政 謬也 舊政多秕 秕政 □□ 桂蠹 □謂○喻食祿之臣 桂蠹 不知
職瀆貴言食芳香居高位不職
忠信亦猶失其位竊其所守也
暴虐 暴卒也 急斷 苛察 苛細也 苛暴 詳察 束濕
虐 殘酷不仁
暴○ 寧成傳曰操下急如束濕
濕○ 濕物易束言急之甚也 振切 切刺 羅織
羅織無辜罪 縛鼠 謂酷吏也 俞載云 來俊臣 羊仕 □
成反狀也
無辜 殘暴 殘酷 慘酷 慘毒也 董仲舒傳 酷刑
日 殘暴 暴虐 日好用慘酷之吏
毒 鉗灼 以燒鐵或鉗之或灼之也 江 炮烙 所紂
打 充傳曰以燒鐵鉗灼之 臏之
作刑也 以膏塗銅柱炮之火上令罪 剉剝
人行其上輒墮炭中笑而以為樂 剉斃 鉄

刺之又燒灼之也 箠楚 箠杖也 楚荊木
傳云刺剝其身無完者 也 韓延壽傳曰
民無箠楚之憂○ 拷掠 拷謂笞擊之也
人曰絕命于箠楚之下 榜笞 自二十至五十
曰笞自六十 夾拶 夾捉夾腳
至一百曰杖 拶手 敲朴 敲短杖也
秦論曰執敲朴 朴大杖也
以鞭笞天下 綑綁 擒縛 綳弔 倒懸 弔 三
木 頭手足械 械夾其頸及 桁楊 桎梏 木在
杻曰三木 脚脛曰桁楊 足曰
桎木在手曰梏 鉗鈦 鉗在頸鈦在足以鐵為之 係縲 係之也 謂以長繩 纍
縲 纍係也 縲繩也 扑抶 抶打也○抶撲人曰扑 屠伯 酷吏殺人
六畜也 刑罰失衷 刑罰失輕重也 五毒俱至 酷拷打也 觀
伯長也 如屠兒殺
者酸鼻 用刑酸辛也 淩虐罪囚 凌虐有罪之人 遇人如虜 治

酷也

羅鉗吉網 唐李林甫欲除不附己者以吉溫羅希奭為治獄吏深刻二人皆隨林甫之欲煆煉成獄無能自脫者時人謂之羅鉗吉網奭音失

以鷹擊毛摯為治 急政也言如鷹隼之擊奮羽毛搏取飛鳥也。出義縱傳隼音筍

鷹鷙酷裂。漢河南太守嚴延年為治鷹鷙酷裂酷裂刑罰酷裂也凡鳥之勇獸之猛者皆曰鷙

不生出獄 酷死因于獄也

造獄 造獄者謂非常刑名造殺戮之法也。刑名者謂以名責實尊君卑臣崇上抑下之法也

元元塗炭 元元百姓也元者善人也元元者非一人也言民陷于泥塗熱于炭火之中也言治民酷也

荼毒生靈 陸生曰荼水生曰蓼一物而有水陸之異味苦氣辛能殺物或用毒溪取魚故曰荼毒言為治酷烈殘害百姓如荼之殺物也

左遷 降黜也人左手足不如右故左遷者貶下也

左授 左遷也

量移 量度也移近也量度其罪之輕重而近移之也

譴貶 譴罰也降也貶抑也譴也

降調 降者降下其品級也調者癈能者則調煩劇才力不及者則調僻

黜逐 黜退趕逐

禁錮 禁止錮塞其仕進之路而不得叙用也

廢錮 既廢其官又禁錮其身也

沙汰 沙汰人才如洗沙而汰去也

罷職 去官也又曰削籍斥幽

褫職 去官也褫脫衣也奪也奪其官職也又曰褫秩

待放 俟黜逐也

遷客 被譴之官也又曰逐臣

裁革 裁遣冗官

贖免 因受賍去官

閑住 有官無職

排斥 退而斥之也又曰擯斥

罪合斥遣 自譴罪斥也又曰罪當萬坐

在見謫中 被譴也

銜罪竄土 謫在遠地

一斥不復 終廢謫也

墮官 失職也

戒飭 責戒也

以事見法 被劾罪也

無罪猥被斥廢 無罪黜責

致仕 辭官歸也

致政 致仕也礼曰大夫七十而致政

請老 謂請致仕終老于家也

掛冠 致仕也漢逢萌見王莽殺其子萌謂人曰三綱絕矣不去禍將及人乃解冠掛東門浮海而去

稅冕 致仕也又懸車解綬解簪解組歸田謝秩皆致仕也

歸老 以上大夫歸老于家也

致位 言以年老致仕也又曰引年

請骸骨 得請骸骨言致仕也

賜骸骨。賜骸骨歸致仕也

移病 告病也謂移書言病也又以病移居也漢書曰移病免歸

投劾去 自弃官也又曰去吏又曰投傳

自下乞退 自陳請退

規避仕途 歸第不欲仕也

謝病不待年 未老致仕

就第 致仕歸家也

獄訟 爭罪曰獄爭財曰訟

兩造 原被告也

兩辭 獄辭有單有兩單辭者無證之辭也

構訟 結訟也

健訟 好訟

慣訟 慣熟于訟

訐告 訐攻發人之陰私也

誑告 誣告 皆以是云非也

控訴 分剖告訴

越訴 告縣未畢又告府謂之越訴越訴笞五十

出首 有過自陳曰首

檢舉 細舉其事而告于官俗謂檢奏民情是也

條陳 陳布列其事也條者一一而記之若木條然也

條刺 條者分記其事若木條然也刺謂書之于刺版也

校舉 木再抽條曰校校舉者言一一而舉其事若木條然也

彈述 彈盡也言盡述其事也

霹空 憑空也

霹捏 霹空虛捏其事又曰駕捏

誣指 誣指平民

裝誣 以是云非

投匿 賍將他人

名字告實人也 詭名 詭捏假名 冒籍 冒別處戸籍也 飛書 匿名書也 詭
寄 詭寄粮米 飛灑 飛洒粮米 欺隱 欺隱田粮 脱漏 脱漏戸口 誆騙
誆虚謬之言也 ○ 指官誆騙 拐騙 拐騙人口 局騙 設局騙財 畧賣 畧人
畧賣 圖賴 服毒藥圖賴人 偽造 偽造假印 冒名 冒名頂替 冒度
人文引過關 越渡關津 關不由門津不由渡而于別處偷過也 私渡
庵觀 僧尼道士造庵觀也 私
勾攝 拿犯人 捉拿 拿犯人也 拘提 拘拿提問 緝獲 跟尋獲拿 跟緝
跟尋緝獲 緝捕 捕逐也捉賊盜也 搜檢 檢索也求也 尋 大索 役曰大索
擒拏 捉拿也 追趕 跟尋 尋覓 抗提 恐抗不服拘提 拒
捕 毆打公差 挨拿 挨門挨拿 露索 索搜也露形躶而搜也蕭望之傳云當露一九
者露索 勾丁 軍在衛身故勾其籍人丁以補軍位 鳴桴 擊鼓捕盜 旆
弗滿品 捕盜未足 照提 凡脫人犯未獲者照其事而再提
聽訟 聽理獄訟 鞫獄 窮理罪人曰鞫 詿誤 前官問罪已成全却碍前官不與改
問曰詿誤 平反 平其不平曰平反下及罪人辞伏從輕也本活罪人而輕出之也 讞
獄 讞平議也獄詳形也 斷 隱發 察人隱微而發覺之也 嚟問 細加審問
盤駁 即嚟問也 盤詰 盤詰奸細 究詰 嚟問到底 窮竟 有司窮治盡其
理也田延年傳曰即無事當窮竟 鉤距 多智計較也距鉤上倒鉗也吞之則須嗤
之則逆使人入其奸術之中而不能出然後鉤索其真情也 探獄 謂探安其根原

也淮南王傳曰深探其獄 錄囚 省錄之知其情狀有冤滯與否也 研審 切嚴
審問 覆審 再審 發奸摘伏 發奸者發人之陰私也摘伏謂挑出人之陰伏
情狀也 拷訊 拷打訊問 一切勿案 不治之也 累白 不得情
治獄未見實情 具獄 成案曰具獄謂案已成其文備具也 詰責 詰問也 ○賈誼
傳曰章下詰責 ○註云以其所上之章令有司詰問也 口案 唐張九齡每勘公事
取囚于前面分曲直撰案卷成伏其罪時號張公口案 案驗 案問驗實 檢覈
檢察也覈考實也 懲治 懲戒也 繩下 繩謂治之耳元紀曰以刑名繩下
鞫問 鞫察也高紀曰且鞫問 勘實 勘究真實 議擬 議計較也擬定也
審錄 審問囚徒 稽覈 稽查弊端 相驗 檢屍 重法繩之 謂束
縛之重治之也 疑獄 有碍未決 依擬 上司准依下司之所擬 批允 上司
允下司之申請則批下 竟案 結案也 結竟其罪 結案也 供招
供狀招稿 事核 核堅實也司馬遷傳曰其事核 綜核 綜總也宣紀贊云綜核名
實云 分寃理枉 分辯寃抑理正枉屈 保辜 驗傷 供明
供明無罪 寧家 訟完回家也 歸農 訟完歸家也 雪冤 雪寃也又曰白罪
干證 證左 左驗 左證左也言當時在其左右見此事者也楊惲傳曰考問左驗
明白 赤證 猶明證也 對理 對正分理 分剖 分辨 折辯 分辨也 爭
執 爭辯定 執稱 執定已言 吐稱 口道也 面質 質對也 ○王陵
傳曰面質呂須于平前 置對 置立也立辭以對也劉向傳曰請獄置對 質責

原対之也汲黯傳曰質責湯于上前置辭置立也辭対獄之辭也周勃傳曰勃恐不
知置辭辭屈無辭以対也理屈詞窮理不直無詞以対也拙口
鈍詞口訥不異対理抵飾造言飾非搪塞抵搪攀扯
干
連干証牽連株送食貨志云通缴諸犯令相引数千人名云株送徒言被牽引者
為其根株所送當徒役株連干連也又曰連染拷連坐染其事干連
得罪辭所連染訟辭干連拷一連十獄牽連人多也株訟干連
訟人多曰株訟薰胥從人得罪相坐之刑也序贊曰烏呼史遷薰胥以刑言司馬遷
因坐李陵横得罪也○胥相也薰者謂相薰蒸亦漸及之義也淪胥詩雨無正曰若
此無罪淪胥以鋪淪陥也胥相也鋪徧也言無罪之人横相牽徧得罪也跡絓某

人治獄連及也絓碍也懸也○獨不染於辭於獄事不干連也連
累延及也貽累貽連累也干礙干連阻碍關係相關干係冤枉
遭誣害也冤抑冤枉屈抑屈陷枉屈陥害不得伸說也呌冤呌抑其冤
枉也抱屈受屈也曰負屈又覆盆冤不明也無辜無罪為人覆
沒為人誣陥啣恨蒙枉囚冤也獄多冤結冤濫也强服
其辜獄有冤也
宷卷文卷案牘文卷版籍記載天下生民田土户口之数牒檄用于官府
曰牒激發人心而諭之以禍福曰檄乃尺書也露布報捷之書也每戰克欲使天下
聞知乃以板書露捷之由不封之以示明告中外也羽檄檄以尺二木板為書徵兵

之書也有急則插鷄毛言如羽飛之疾也文移自近移遠使之周知曰文移文
符如雨文移多也移書告示之曉示也以次貫行貫聯
續也詔上所陳衆條請事宜次第相續行之也出谷永傳舉行本皆也普天之下皆
行之也食貨志曰率行天下塩鉄情因下達上曰情有司執民情而由上司曰因
户帖民間供報户口事產在官家給户帖為照勘合劄付下帖關
文執照承服認狀服役執結甘結路引庫收榜文
告示張掛曉諭簽押牌票鏈批差人拿犯人不到又
出鏈批以鏈差人不肯平署官不肯簽押也批駁主司批允駁轉照
驗照詳申呈申詳申請依擬發落上司依允

下司之擬其發落也念
令
甲第一令曰令甲令有先後故有令甲令乙令丙師古曰甲乙者若今之第一第二篇
也法銓律曰法銓律例律法條也所以約束民心即大明律也例比例也
制度立法以制服人謂之制度法度礼樂制度皆是也紀綱法度也
常禁一定制也舊防舊法也又曰舊約成律憲令法令刻者儒者
謂法家曰刻者三尺法古者未有紙以三尺竹簡書法律故曰三尺法典刑
常法章程章曆数之章術也程者權衡丈尺斗斛之平法也師古曰程法式也苛
法苛細也高紀云父老苦秦苛法法則凡制度品式與夫技術可則效者皆
曰法則又曰方法科比科事條也比類例也教條提挈道所須教訓條款也

條款 凡言條者一一而號之若木條然也款行款也 條件 條目 法比 則例也 條令 法律也 秋荼 法密之比

賦稅 錢糧也 賦役 賦稅差役 國課 金銀魚塩田土等類皆有課以供國用

國賦 國之賦稅又曰國稅 租庸調 有田則有租有身則有庸庸民功也有戶則有調此唐時制度也 均徭 秋粮 夏稅 塩粮 柴薪 馬丁 塩鈔 馬價 物料 軍需 雜辦 派剩 條編 隆慶年間南京右副都御史海瑞公始奏行此法 邊儲 儲蓄錢粮以供邊用 扒平 錢粮 額徵 額派 額辦 額設 坐派 加派 洒派 財庫 墊庫 存留 支應 供應支持 榷茶 榷塩 榷酤 橫木于水陸關隘去處以抽分往來商稅謂之榷茶榷塩榷酤 催辦 催徵 催攢 催併 比較 應卯 點卯 特選 橫調 非理科徵 徵發如雨 徵發多也 徵斂無度 徵斂民之賦役皆無程度 因公科斂 因公事多斂民財 頭會箕斂 秦時吏至百姓家以頭數出穀以箕斂之 取之盡錙銖 謂斂尽也○八兩為錙十黍重為銖 墨斂 墨貪也貪于聚斂也貪以敗官為墨貪則汚穢不潔也 科派 派多 侵欺 侵麗官粮欺侮王法 尅落 截落正數 尅減 尅落減損正數 侵匿 侵尅藏匿 掊尅 掊聚也聚斂侵害也 侵漁 漁奪也謂奪其利使若漁獵然也○宣紀曰漫漁百姓 漁奪 侵奪取之也景紀曰漁奪百姓 乾沒 得利為乾失利為沒 侵牟 牟食苗虫也侵損民財比之

蟊賊也景紀曰侵牟食民○蟊音賊食禾根虫也 那移 透支 冒領 包攬 挽攬 掩欠 逋賴 逋欠也 交納 輸納 已完 優免 蠲免 蠲除也 蠲輸 免徵求也 貰免 除免也柳仲郢曰遺租癸貰免 減饒 停徵 賠敗 幇貼 津貼 裨補 益其數也 補湊 湊益其數 編攏 僉點 差解 起運 儹運 押解 餽糧 餽粮也韓信傳曰千里餽糧 齎送 齎持也持而送之也 投批 掛號 批迴 銷繳

五刑 一曰大辟死刑也二曰墨刑刺字于面也三曰劓刑去劓也四曰剕刑去足也五曰宮刑男子去勢女人幽閉剕剕音誹庛 梟首 強盜傷人者斬首懸于市曹以示衆

腰斬 極刑也秦時用之 棄市 殺之于市與衆棄之謂之棄市 絞 絞死 斬 身首異處 剮 亂割其肉而死 凌遲 俗曰碎剮凌遲 腐刑 即宮刑也丈夫割勢不能生子如腐木不生實也 車裂 以四肢及首懸于五馬驅之使走裂其尸為五也 上廐 車刑 蠶室 養蠶者欲其溫而早成故為窨室蓄火以置之而新腐刑者亦有中風之患須入密室乃得以全活命因呼為蠶室耳 瘐死 瘐病也囚徒病律名為瘐此言囚或以掠笞及飢寒及疾病而死也○史紀云瘐死獄中 赤族 誅殺者必流血故曰赤族揚雄傳云不知一跌將赤吾之族也 族夷 族謂誅及族也夷平也平除其族也田儋傳曰敢動搖者致族夷 虔劉 皆殺也左傳曰虔劉我邊陲 斧鑕 鑕謂鑕也古者斬人加人于鑕上而斫之也○項籍傳云身伏斧鑕○鑕音真

鉄鉞也　無噍類　殺太白無噍類又曰滅族。噍嚼也言無復有嚼食者也　斃
杖下　笞死　伏歐刀　就戮也戮殺也　其釁鼓　讀誅也　誅戮　殺也
支解　剔骨置肉　劓刑　重誅也　誅夷　夷平也謂盡平其家室宗族也。出
刑法志　族　謂誅及其族也高紀云誹謗者族。　狥　高紀云楊熊定斬之以狥。狥
行示也言使人斬行徇示衆士以為戒　磔　磔張其尸也漢制謂死刑皆磔于市　胥
靡　繫刑徒也胥相也靡随也聯繫使相随面服役猶今役囚徒以鎖聯綴之是也　黥
面　刺面涅墨使有墨迹不泯　刖足　斷去足也
坐率　率家長也言人如年無罪坐于父兄所率而并徙也。不奪傳曰無罪而坐率　收
孥　孥子也秦法凡一人有罪并其室家。文紀云除收孥相坐律令　家孥　家從

也被罪也。成紀云白姓象章　伏罪　謂藏罪陰伏未發者也元后傳曰莽告長秋
罪　城旦舂　城旦者旦起行治城也舂者婦人不豫外徭但舂作米皆四歲刑也
。出惠紀　鬼薪白粲　取薪給宗廟為鬼薪坐擇米使正白為白粲皆三歲刑也
許后傳曰父廣漢坐論為鬼薪　抵罪　當其罪也高紀曰傷人及盜抵罪。傷人有輕
重盜贓有多少罪名不可豫定凡言抵罪未知抵何罪也　屈服　故入入罪　無驗
之罪　無證拠之罪也　不測之罪　不測深也司馬遷傳曰今少卿抱不測之
罪　傳致其罪　互搆人罪也又曰文致其罪。傳致文致俱解見前　家事
任長　坐家長也　横入　改入人罪也又曰失入強伏事強扶服　公負　公罪
也　煩刑書　被罪曰煩刑書　有力　令贖罪如杖七十六納贖十右五斤也　稍

有力　如杖七十六則贖半納二銀一兩三錢五分之類　無力　的決即受杖也　笞
杖　自一十至五十曰笞自六十至一百曰杖杖罪以黄荊條　徒流　徒有五等一年
至三年又總徒四年雜犯死罪加徒五年流罪迁徒口外為民即充軍也　充軍
情輕者附近終身充軍情重者遠遣子孫充軍　發遣　発遣充軍衛所　發配　発配充徒
驛遞　刺字　凡竊盜初犯二犯刺竊盜二字于臂家人自盜者免刺至三犯問絞問斬
工價　計工折贖價　紙價　紙價有二原告曰告紙被告曰民紙　發驛帶
追　徒罪人犯贓多未完者丁面発配走遞帶遞贓先　抄劄　抄劄家業又曰簿錄
其家　籍沒　籍沒家產　不得以赦令除　言罪不被赦也。伯嘗譜
文深　文法深刻也趙禹傳曰禹持文法深刻不可以居大府　文致　致至也言以

文致罪也嚴延年傳曰按其獄皆文致不可得反　撓治　姦情用法　次骨　言
法深刻至骨也杜周傳曰內深次骨　文刻　文法深刻也嚴安傳曰刑嚴文刻　傳
致　謂盜其事而引致于罪狀也王尊傳曰傳致奏文　巧詆　詆誣也言不以公平也
張湯傳舞文　析律　析分也謂分破律條妄生端緒以出入人罪也宣紀云析律二
端深淺不平　覈文　覈法也又曰深文　奇請它比　奇請謂常文之外非
者別有所請以定罪也它比謂引他類以比附之稍增律條也刑法志云奇請它比日以
益滋　稽[illegible]　[illegible]事也曰按成狀　又　煩憯　憯濫也言痛害于下也。鼂錯
傳曰法令煩憯　文繁　董仲舒傳曰毋[illegible]丁文繁。謂懼于文吏之法也　舞文
法　汲黯傳曰好興事舞文法。舞弄也　枉法　受人財而不行正法　玩法　播弄

法度 因緣為市 吏弄法作過也 無餘復方 極盡酷法 慘文誚詆 酷用法也

末減 用法恕曰末減，用法不恕曰不為末減。左傳曰：三數叔魚之惡，不為末減。○末，薄也。淮南王傳曰：減輕也 寬降 寬降減等 貸死 饒死也，又曰貸死 亂法 亂曲也 淮南王傳曰：亂天下正法 下服 輕刑 持平例 用法平也 超豁 超拔除豁其罪 分豁 處分超豁其罪 超生 超救生命 輕貸 從輕饒恕 甦放 死而再生曰甦 釋放 解放 摘放 在官人犯審無干礙，即先摘放 恩宥 天恩赦宥，又曰恩貸 有棄過之目 赦文所載 開改惡之路 赦意也 會赦事 得散 詿赦無事 理出 治獄出無罪人也。○竇武語

劇賊 大盜 夙賊 舊賊 偷長 賊魁也，又曰渠率 山豪 山谷大盜 強盜 明火執杖打劫人財 竊盜 暗偷 偷兒 賊也 白撞 白日撞入人家，見物便取，謂之白撞賊 劫掠 沿村劫掠 搬搶 沿河搬搶 擄掠 乘機擄掠 搶奪 白晝搶奪 寇賊 攻劫曰寇，殺人曰賊 鑽倉 鑽入般倉，偷盜財物 椎埋 椎殺人而埋之也。溫舒傳曰：椎埋為姦 穿窬 穿，穿壁也；窬，踰墻也 撅門 撅開門也 挖壁 挖開壁也 拼壁 賊以身貼壁也 掏摸 偷摸財物 剪綹 白日剪破人衣袖，竊其財 攘鷄 偷鷄也。有因而盜曰攘 踰垣 踰跳越垣墻也 贓仗 賊贓也，又曰贓証 窩隱 窩藏賊盜，又曰保姦，保納舍藏，藏亡匿死 鼠竊狗偷 拱箱籠 拱開箱籠之鎖，偷盜財物 盤牙連歲 盜久不解 揭

斬木為兵 強盜砍木為兵器也 負柴為械 強盜以柴為器械 山棲草藏 流藏避也，又曰掘穴為家，穿鑿草石 首匿 為頭首而藏匿也 舍匿 謂容止藏匿也。淮南王傳曰：及舍匿者 亡命 命者，名也。凡言亡命，謂脫名籍而逃亡也 逋逃 逋，亡也；亡，逃也。久負官物，亡匿不還者，謂之逋 有竊疾 性好盜 收晒眼 白日偷人晒眼之衣服 來歷不明 言其人不知從何處來也 三五成群 結黨也，又曰乘隊挾夥 夜聚曉散 強盜所為 出沒無常 踪跡不定 脫迯 迯，走也，又曰迯遁逃亡 躲避 躲過 躲过也 閃過 躉過 叛過 走竄 迯牢 越獄 漏網 強盜脫逃，如魚漏網 鼠竄 言其害迫逃亡，如鼠之藏竄也

士官 獄官 牢獄 獄從言二犬，所以守也 囹圄 周獄名 均臺 夏獄名 羑里 商獄名。紂囚文王于羑里 夏臺 夏獄名 獄犴 獄也，又曰圜土，圜牆，圓扉，圄犴，幽圄，又曰圜丘 嚴棘之下 獄中 亂阱 師古曰：古者穿地為坑阱，亂者，言非其正而又多也 就吏 下獄也 詣曹 下司理罪也 以通關 被繫 以交訟下獄 收繫纖芥 禁小過也 埋骨牢檻 死于獄也 篋輿 編竹木以為輿形，以扛擡罪人也 檻車 車而為檻形，謂以板四周之，無所通也，蓋載囚車也 虎穴 地中酷處也 監禁 獄上呼囚 夜點牢也 大士 治獄官也。○出左傳 多所明舉 善錄囚徒也。○張禹語 獄已報 獄已成也。○表敞語

玉璽

璽ハ印也古者尊卑通用至秦以後專名天子之璽乃以玉為之命李斯刻其文曰受命于天既受永昌號傳國璽

天子九璽

天子有九璽。一曰奉天之寶祭天地用之。一曰制誥之寶一品至九品誥命用之。一曰皇帝之信寶詔親王大臣調兵用之。一曰皇帝之寶詔赦聖旨用之。一曰皇帝行寶立封賜勞用之。一曰天子行寶封建外夷用之。一曰天子之寶祭祀鬼神用之。一曰天子信寶詔外夷召兵用之。一曰勅命之寶六品至九品用之

金璽

漢舊儀云諸侯王金璽槖佗鈕文曰璽

虎鈕

天子之璽玉螭虎鈕

謂刻文曰某王之璽。鈕印鼻也

龜鈕

列侯印黄金亀鈕印文曰印　丞相印黄金亀鈕印文曰章

金章

紫綬

金印曰金章諸侯王丞相三公皆金章紫綬

銀章青綬

凡吏秩比二千石以上皆銀印青綬刻文曰章

銅印

六百石四百石至二百石以上皆銅印鼻鈕印文曰印其官之卑者印皆亀鈕印文曰章謂鈕但作鼻不為虫獸之形而刻文曰其官之印

關防

非朝廷須降方印曰關防

條記

非朝廷欽給方印曰條記

黄綬

丞尉ハ職卑皆黄綬

符節

符ハ謂諸侯合符以為契者也節ハ以毛為之上下相重取象竹節因以為名將命者持之以為信也

符驗

漢制以竹長六寸制符分而為兩使之相合曰符驗

銅虎符竹使符

文紀。初與郡守為銅虎符竹使符。銅虎符第一至第五國家當發兵遣使者至郡合符符合乃聽受之竹使符皆以竹箭五枚長五寸鐫刻篆書第一至第五與郡守為符者謂各分其半右留京師左以與之以代古之圭璋從簡易也

冊書

漢大封同姓及列侯有白馬之盟冊書之信

鐵券

按鐵券之形如瓦面刻誥文皆鐫免死俸禄之數字嵌以金

文官服色歌

一二仙鶴與錦雞三四孔雀雲鴈飛五品白鷴惟一様六七鷺鷥鸂鶒宜八九品官并雑職鵪鶉練雀與黄鸝風憲衙門專執法特加獬豸邁倫彝

文官職第

正一品 初授特進榮禄大夫　陞授特進光禄大夫　加授特進光禄大夫左右柱國　月支俸米八十七石

從一品 初授榮禄大夫　陞授光禄大夫　加授光禄大夫　月支俸米七十四石

正二品 初授資善大夫　陞授資政大夫　加授資徳大夫正治上卿　月支俸米六十一石

從二品 初授中奉大夫　陞授通奉大夫　加授正奉大夫正治卿　月支俸米六十一石

正三品 初授嘉議大夫　陞授通議大夫　加授正議大夫資治尹　月支俸米三十五石

從三品 初授亞中大夫 加授大中大夫資治少尹 陞授正中大夫 月支俸米三十一石

正四品 初授中順大夫 加授朝請大夫資治尹 陞授中憲大夫 月支俸米二十四石

從四品 初授朝列大夫 加授中議大夫資治尹 陞授朝議大夫 月支俸米二十石

正五品 初授奉議大夫 加授奉政大夫脩正庶尹 陞授奉政大夫 月支俸米十六石

從五品 初授奉訓大夫 陞授奉直大夫協正庶尹 月支俸米十四石

正六品 初授承直郎 陞授承德郎 月支俸米一十石

從六品 初授承務郎 陞授儒林郎儒士出身 宣德郎吏員材幹出身 月支俸米八石

正七品 初授承事郎 陞授文林郎儒士出身 宣議郎吏員材幹出身 月支俸米七石五斗

從七品 初授從事郎 陞授徵士郎 月支俸米七石

正八品 初授廸功郎 陞授修職郎 月支俸米六石五斗

從八品 初授廸功佐郎 陞授修職佐郎 月支俸米六石

正九品 初授將仕郎 陞授登仕郎 月支俸米五石五斗

從九品 初授將仕佐郎 陞授登仕佐郎 月支俸米五斗

未入流 月支俸米三石

武職部

國公侯伯俱正一品 ○五軍都督府 左右都督正一品 都督同知從一品 都督僉事正二品 經歷從五品 都事正七品 上將五軍都督曰上將又曰元戎樞密督將都尉都護 ○留守司 留守正二品 副留守從二品 經歷正六品 都事正七品 ○都司 都指揮使正二品 都指揮同知從二品 都指揮僉事正三品 經歷正六品 都事正七品 ○鎮守三邊總兵正二品 副總兵從二品 叅將遊擊 備倭俱正二品 元帥外鎮總兵曰元帥又曰總戎留守統制玉帳金

增 參戎 參將曰參戎佐戎褊裨分麾閫副都統裨將軍 ○錦衣衛
指揮使 正三品 指揮同知 從三品 指揮僉事 正四品
鎮撫 正五品 經歷 正七品 知事 正八品 正千戶 從五品
副千戶 從五品 百戶 正六品 吏目 從九品 執金吾 錦
衣衛官也金吾鳥名也主辟不祥天子出行衛主先導以禦非常故執此鳥之象因以名官
中尉 錦衣衛官也又曰衛尉典禁軍金吾將軍虎賁中郎將 千夫長 千戶
也又曰仟 百夫長 百戶也又曰佰 ○各衛 指揮使 正三品 指
揮同知 從三品 指揮僉事 正四品 鎮撫 從五品 經歷
從七品 知事 正八品 麾戎 指麾曰麾戎 ○各所 正千戶
正五品 副千戶 從五品 百戶 正六品 鎮撫 從六品 吏目
從九品 總旗 小旗 未入流 ○宣慰使司 宣慰使 從三
品 同知 正四品 副使 從四品 僉事 正五品 經歷 從七
品 都事 正八品 ○宣撫司 宣撫 從四品 同知 正五品 副
使 從五品 僉事 正六品 經歷 從八品 知事 正九品 ○安
撫司 安撫 從五品 同知 正六品 副使 從六品 僉事 正七
品 吏目 從九品 ○招討司 招討 從五品 副招討 正六
品 經歷 從七品 都事 正八品 ○長官司 長官 從六
副長官 正七品 吏目 從九品 ○蠻夷長官司 長官

正七品 副長官 從七品 吏目 從九品 ○節度 唐時官制邊郡
戎冦之地加以旌節謂之節度使 督師 大將 將種 將之子也 幕府 幕府
者以軍幕為義軍旅無常居止故以帳幕言之 幕賓 五府首領官曰幕賓幕寮參軍
參謀贊戎議軍都監 轅門 將帥之門及都堂之外門皆稱之曰轅門又謂之虎門
赳赳武夫 赳赳勇貌 兵長 兵之長帥 麾蓋所臨 將帥所至 深
曉兵要 知兵也又曰曉暢軍事 梟將 梟謂最勇健也 先鋒 鬬
外 將帥之府門外 元戎 大衆也
軍旅 萬二千五百人為軍五百人為旅 三軍 三萬七千五百人為三軍 六軍
以三軍加一倍計之 召募 招兵也以言曰召以財曰募 操練 演習 [illegible]
武藝 弓馬熟閑 閑亦習也 拔距 有人連坐相把搤地以為堅而能拔取之
言其有手制之力也 隊伍 聚衆為隊五人為伍 六師 師衆也 閱操 觀閱
也 簡師 簡閱精兵 治兵 出而治兵 振旅 入兵曰振旅 鏖戰 盡死
力以殺人曰鏖戰 廝殺 相殺 搏戰 手對戰也 批殺 以手批而殺之 畧
地 凡言畧地者皆謂行而取之用功力少也 拔之 拔者破城邑而取之言若拔樹
木並得其根本也 折衝 言有敵衝突為害者則能折挫之也 速冦 自招之也
左傳實無禮以速冦 銜枚 兵士銜枚者止言語讙囂欲掩敵人人不知其來也枚狀
如箸橫銜之 血流丹地 殺人血流 一敗塗地 謂一見破敗即當肝
腦塗地 衝突 報効 侵 凡師無鐘鼓曰侵 伐 凡師有鐘鼓曰伐

所向無前 前若無人言不敢當也 啓殿 軍前曰啓軍後曰殿 夾攻 兩旁攻殺 埋伏 襲 掩其不備 兵行詭道 佯輸 詐敗 怯敵 怯怕也 退撓 軍法行而逗遛畏懦者斬名曰退撓曲行避敵曰退撓 輜重 輜載衣車重載物車行者之資故曰輜重 搴旗 謂勝敵故取其旗也 嘹哨 聽打洊駁息 礮石 以石擊物 石碰 以石撞也 俘囚 軍中所獲之人 馘 不服者殺而馘其首 血刃 殺傷人而刃着血也 敗北 兵敗也北乃陰幽之処故謂兵退敗奔走為敗北 折北 折挫也北奔也蒯通傳曰折北不救 凱歌 得勝回軍之歌 奏凱 得勝唱凱歌而回軍也 凱旋 戰勝唱凱歌而還軍也 班師 還軍也 衷甲 甲在衣裏也 擐甲 擐貫也左傳曰擐甲執兵 鎮守 把守也

守禦 禦捍禦也 旗纛 纛者大將出軍令旗上之羽葆也令行軍必先祭纛神 巡邏 巡風 逡邏 並巡察也 巡警 巡夜 吶喊 搖旗 擂鼓 摠金 提鈴 喝號 敲梆 擊木警夜 擊柝 兩木相擊以警夜 徼道 巡道巡警也又曰警夜巡晝 刺候 刺探伺候事之輕重 周徼 巡防徧匝 司昏 守夜 周棘其處 以棘周車圍繞之 柝之以棘 圍以棘 更籌 更牌 木鐸

武官服色歌

公侯駙馬伯麒麟白澤裘一二繡獅子三四虎豹優五品熊羆俊六七定為彪八九是海馬花樣有犀牛

武官職第 月支俸米皆與文官同

正一品	初授特進榮祿大夫	陞授特進光祿大夫	加授特進光祿大夫左右柱國
從一品	初授榮祿大夫	陞授光祿大夫	加授光祿大夫柱國
正二品	初授驃騎將軍	陞授金吾將軍	加授龍虎將軍上護軍
從二品	初授鎮國將軍	陞授定國將軍	加授奉國將軍護軍
正三品	初授昭勇將軍	陞授昭毅將軍	加授昭武將軍上輕車都尉
從三品	初授懷遠將軍	陞授定遠將軍	加授安遠將軍輕車都尉
正四品	初授明威將軍	陞授宣威將軍	加授廣威將軍騎都尉
從四品	初授宣武將軍	陞授顯武將軍	加授信武將軍騎都尉
正五品	初授武德將軍	陞授武節將軍	加授驍騎尉
從五品	初授武畧將軍	陞授武毅將軍	加授飛騎尉
正六品	初授昭信校尉	陞授承信校尉	加授雲騎尉
從六品	初授忠顯校尉	陞授忠武校尉	加授武騎尉
正七品	初授忠翊校尉	陞授忠勇校尉	
從七品	初授敦武校尉	陞授脩武校尉	
正八品	初授進義校尉	陞授保義校尉	
從八品	初授進義副尉	陞授保義副尉	

卷五終

新刊古今類書纂要卷之六

文史部

五經 聖人所作之為經，即易經詩經書經春秋禮記是也。
六經 周易尚書毛詩周禮春秋禮記為六經。
九經 孝經論語孟子詩經書經易經禮記春秋周禮為九經。
三史 史記東漢西漢為三史。
四書 大學中庸論語孟子為四書。
六藝 禮樂射御書數為六藝。
書 纘而述之者也。
傳 傳者傳而信之也賢者所作之為傳也。
史鑑 記歷代帝王之統緒謂之史鑑。
文章 義理發見謂之文章。青黃黼黻經緯相承者謂之文章。○黼音府，白與黑相雜曰黼。黻音弗，黑與青相次文曰黻。
簡 **編** 古者無紙以竹簡上書質言編者編類其事實也。
典謨 道其常而作變憲曰典，陳其謀而成嘉猷曰謨。○言切于事謂之謨，言合于道謂之猷。猷音由。
二典 堯典舜典。
三謨 大禹皋陶益稷之書。
九丘 九州之圖籍也。
八索 八卦也。
九章 即洪範九疇也。
三墳 三皇之書。三皇伏羲神農黃帝也。
五典 五帝之書也。五帝者少昊高辛顓頊唐堯虞舜是也。
策論 條陳而對之曰策，言有倫而折之曰論。
冊 登而崇之曰冊。
贊 發揚美德曰贊。
序跋 緒而陳之曰序，文集後序曰跋。
說 非而著之曰說。
誓命 即眾師而申之曰誓，因官使而命之曰命。
訓誥 順其理而通之曰訓，其人而告之曰誥。
制詔 帝王之言出法度以制人曰制，絲綸之語若日月之垂照曰詔。制詔者上告下也。
教令 出于上曰教，行于下曰令。
赦勅 寬而宥之曰赦，時而戒之曰勅。
宣 以言而諭之曰宣。
議辯 度其宜而揆之曰議，別嫌疑而明之曰辯。

記紀 記者記其事，紀者紀其實。
表 述臣子之情致君父之前曰表。
誄誌 累其素履而質之鬼神曰誄，識其行藏而謹其始終曰誌。
詩賦 詩言志也，志發于言者也。吟詠性情總合而言曰詩，採摭事物敷布其義謂之賦。
古律 蘇李之上高簡古淡謂之古，沈宋以下法律精切謂之律。
風雅頌 上行下效刺美風化後而不迫謂之風，惟明政治莊語得失謂之雅，形容盛德揚厲休功曰頌。
騷 幽憂憤悱寓之比興謂之騷。
行 步驟馳騁斐然成章謂之行。
樂府 喜怒哀樂各極其情。
箴 援古刺今箴戒得失曰箴。
銘 稱事較功考實定名謂之銘，志述之辭也。
曲 聲音雜比高下短長謂之曲。
引 叙其始末詳[illegible]曰引。
碑碣 披列事功而載之金石曰碑，揭示操行而立之墓隧曰碣。
輿圖 地理圖也。
歌謠 有章曲曰歌，無章曲曰謠。又徒歌為謠，又童謠。
譜諜 布列見其事曰譜。又世系家譜。諜即譜也。
契券 契文書，券合同文書也。
圖讖 圖[illegible]也。讖符命之言，皆隱諱之言，至後應驗者。
辭 感觸事物託于文章謂之辭。
吟 呼嗟慨嘆悲憂深思謂之吟。
讖緯 徐廣曰：凡讖緯皆言將來之驗，隱諱之言，其義纖微也。緯有七緯，乃五經緯、詩緯、札緯、樂緯、孝經緯、春秋緯。蓋漢末夏賀良之徒為之，以為有經必有緯也。後漢張衡以為讖書出于哀平之世，虛偽之徒要世取資者所為也。
啓 啓者文言之而詳也。
狀 狀者言之于公上也。
經典 釋名云：經，徑也；典，常也。徑路無所不通，可常用也。

珍寶部

珍寶也，貴也，美也，重也。

玉 玉宝陽精之純，故君子比德於玉。
瑾瑜 美玉出鍾山。楚辭云：懷瑾握瑜。
璀璨

玉光

玼琰 璧玉起美色美玉也

瑄玉 璧大六寸謂之瑄

珪璋 珪ハ瑞玉半珪曰璋

璟 玉光采亦作璄

瓊瑤 瓊ハ赤玉瑤珉美玉

玉瑛 水晶謂之玉瑛

琛 重宝之称

琚 玉名

玖 石次玉黒色

玲瓏 玉声

琢 治玉

瑩 玉色又槩也

玎璫 玉声

璺 璺ハ罅也玉破也又器破而未離謂之璺○北方諺云打破砂鍋璺到底

五穀 雙玉為穀五穀ハ玉五雙也

璠璵 魯之宝玉

璩 玉名訛作璩

瑕玷 玉病也

琨珸 石次玉又劒名

璞 玉未治者曰璞

鼂采 子虛賦曰鼂采玼琰鼂ハ古朝字鼂采者美玉毎旦有白虹之氣光采上出故名鼂采猶言夜光之璧

珍珠 出海蚌中南番者好北番者易黄貝色白者為上古云一粒貝十粒錢

隋珠 隋国之侯見大蛇傷者療而愈之蛇啣明珠以報其徳故称隋珠

珠胎 珠在蚌中若懐姙然故謂之胎也

玫瑰 晋灼曰玫瑰火齊珠也師古曰火齊珠今南方之出火珠也

白玉 好玉出藍田及南陽徐善亭部界中外国于闐疏勒等処皆善有玉河在于闐城外其源出崑崙山西流一千里至于闐界牛頭山乃號為三河一曰白玉河在城東三十里二曰緑玉河在城西二十里三曰烏玉河在緑河西七里其源雖一而玉随地而変故其色不同毎歳五六月大水暴漲則玉随流而至玉之多寡由水之大小七八月水退乃可取彼人謂之撈玉故其国中服用器餙往往用玉今中国所有多取諸彼窠白如猪膏叩之鳴者是真也

和璧 春秋時卞和遊荊山得玉璞献于楚文王後秦始皇琢為玉璽命李斯篆受命于天既壽永昌于其上

流離 孟康曰流離青色如玉師古曰大秦国出赤白黒黄青緑縹紺紅紫十種流離衆澤光潤踰于衆玉其色

不恒今俗所用皆銷冶石汁加以薬灌而為之尤鬆脆不堅実非真物今琉璃灯本此

玻瓈 出南番有紫色酒色白色者與水晶相似展開有両点花者是真玻瓈也

珊瑚 出波斯獅子等国樹生海中色紅潤以鉄網沉水底経年取之乃得

碼碯 形似馬脳多出北地如纏絲者貴有紅白黒三種似人物鳥獣形者最貴

水晶 色如白氷性堅而脆出高麗国一称氷玉

碔砆 石似玉

瑊玏 美石似玉

玳瑁 状似亀而殻稍長有六足後両足無爪首尾如鸚鵡甲有文背有鱗大如扇将作器者鱗如柔皮取甲繫人臂以辟虫毒

琅玕 生海底初出水紅色久而青黒似珊瑚寂如虫蛀撃之有声如金玉然

琥珀 松脂入土千年化為琥珀生地中最深四圍俱不生草大如斛去皮始成手摩熱可拾草芥色紅而黄者謂之明班香者謂之香珀鵝黄色者謂之蠟珀此色者價軽

珉 石似玉

琮 瑞玉

雲母石

羊脂石

茅山石

捲握之物 金珠細宝

南金

和寶 宝物

藏山隠海之霊物 珠玉等宝物也

琳琅 美玉名

硨磲 石似玉

璣 砕珠曰玑

百朋 古者貨貝五貝為朋○詩曰既見君子錫我百朋○註云百朋者言既得見賢者而喜如得重貨之多也

珩 玉也

球 説文曰玉磬也又曰美玉也虞書曰戛撃鳴球亦作璆

螺鈿

黄金 金黄色故曰黄金白一両曰一金

兼金 好金

精金 美金

精錬 好金也王褒曰精錬出于鑛璞鑛音拱

鏐 紫磨金也又黄金美者

白銀

鐐 銀之美者

鏹 銀也一曰錢貫

元寶

松文

堁頭

煎餅

傾

鋌　程色　黲銅　鈞銅　鋪銅　捭錫　灌鉛　細絲

畫絲　水絲　反鏨　悶日　對衙　紙䌸　吹灰　龜

背　鼎銀　韮燒　藥盞　車轂　鑽鉛　黜茶　油

槽　絲盞　朱提銀 朱提縣名出善銀重八兩為一流。出食貨志　黃

白 黃黃金也白白銀也。淮南王傳曰言神仙黃白之術　金如粟 金多如粟

也。張渙譜　銷 銀有也　鑛鏷 鐵生金生銀生銅生金鉄生錫曰鑽曰鏷　鑣 金銀

色変也　搽花　梅白　火爍　汗山白　華光橋　神

仙餅　吹灰　攊邊　水銀　汞 即水銀也　鑠 鍊冶　鍊 金

也與煉鍊同　宕底

銅錢　青蚨 蚨銅錢曰青蚨。青蚨虫名似蟬稍大母子不離取其子母即飛來以母血塗錢八十一文子血塗錢八十一文或先用母或先用子錢皆復飛歸輪轉無已　神物 曰錢神物又曰如兄。出魯褒錢神論　孔方 錢之表字曰孔方又曰孔方兄。出錢神論　我家兄 呼錢曰我家兄。出錢神論　僞錢 私鑄之錢　造幣 鑄錢也。出錢神論　緡纏 穿錢索也　無位而尊 論錢之功也又曰錢可使鬼又曰錢無耳可闇使又曰闘難發之曰又曰解嚴毅之顏。出呂氏春秋。闇與啗同　親愛如兄 人敬錢曰親愛如兄。出呂氏春秋　贖命物 錢可買命故錢曰贖命物　面 錢有字謂之面　幕 錢漫曰幕又曰幕皮師古曰呼錢背為幕皮者謂其平而無文也　鉻 銅屑也摩錢漫面以取其屑更以鑄錢也　刀泉 食貨志曰利於刀流於泉

於泉。如淳曰名錢為刀者以其利於民也流行如泉也　鑞錫　鉛錫　青金 鉛錫

鍮鉐 銅似金　鐵 黑金也古作銕或作鐵俗作鐵鉄並誤　鏞 鐵上衣也亦作鎔鉎　鈥 音披去声　阿堵物 口不言錢也晉王衍妻郭聚斂衍疾其貪鄙故口未嘗言錢妻欲試之令婢以錢遶床使不得行衍早起見錢謂婢曰挙此阿堵物去。阿堵眼中也以錢為文之美者比眼中之物終不言錢也　青錢 青銅錢。唐張鷟文詞猶青錢萬選萬中

宮室部

殿廷 殿大堂廷朝廷　宮禁 宮室也中也言天子處于都邑之中也禁宮闈也　龍樓 門樓上有銅龍故曰龍樓　鳳闕 三輔故事云其闕上有銅鳳皇故曰鳳闕

路寢 君侯正寢曰路寢　法宮 路寢王殿　法坐 正坐也聽朝之處猶言法宮也　楓宸 天子所居北辰之宮曰宸漢宮殿之側多植楓故曰楓宸又曰楓陛又曰宸　便殿 凡言便殿便室便坐皆非正大之處所以就便安也　離宮 師古曰新宮便處之宮　西清 西猶清淨之處　紫庭 帝庭也宮寢堂奥天子所常居也　巖 階之前曰庭　掖庭 宮庭也又曰紫掖　巖廊 廊堂邊廡也廊巖峻之廊也　禁 仲舒傳云游于巖廊之上　宴昵殿 褻暑日親戚宴飲会同之殿也　黃闥 禁門　應門 王之正門　端門 宮之正門　午門 王城前門　法門 谷梁曰君侯曰法門　絳闕 還賦云天子門曰絳闕闕者門在兩旁中央缺然人臣至此思所闕也　魏闕 天子門外闕也　綃闕 以綃帛絞縛之闕也　帝闔 天子守門　掖門

殿之正門曰郭門皐門午門内至禁省為殿門外出大道之旁曰左掖門右掖門 **兩觀** 闕觀也古者帝君每門樹兩觀于前所以標表宮門登之可以遍觀故謂之觀懸法象處 **丹墀** 天子階庭也以丹漆泥塗殿上故曰丹墀又曰赤墀 **三宮** 皇太后皇后皇太子所居之宮 **省中** 即禁中也孝元皇后父名禁避之故曰省中省察也言入此中皆當察視不可妄也 **罘罳** 師古曰罘罳連闕曲閣也以覆重刻垣墉之處其形罘罳然一曰屏也○罘復也罳思也言臣將請事于此復思也 **蕭牆** 謂門屏也蕭肅也人臣至此加肅敬也 **永巷** 宮中之長巷也 **琁題** 題頭也榱椽之頭皆以玉飾言其英華相燭也又曰玉題 **金阤玉階** 宮殿前制作也阤砌也以金玉飾階也又曰玉階形庭 **逃責臺** 表云有逃責之臺服虔曰周赧王負責無以歸之主迫責急乃逃于此臺後人因以名之 **壼闈** 宮中巷謂之壼宮中門謂之闈 **内帑** 皇上藏金帛之内庫曰内帑

第宅 第者言有甲乙之次第也無品爵者不得称第宅者擇也亦曰第也言擇吉地而居也 **廳堂** 廳廳照廳散廳官廳公堂川堂屏堂 **樓臺** 樓重屋也臺持也言築土堅高能自勝持也 **衙院** 官所居曰衙又衙門周圍有牆者曰院 **天井** **明堂** **甬道** **階級** 階之層級 **階除** 除去也言去塵奧也 **廣廈** 大屋 **大廈** 称人屋也 **便坐** 謂非正寢在于旁側可以延賓者也張禹傳曰禹見之于便坐 **東箱** 正寢之東西室皆曰箱言似箱篋之形也篋音怯竹箱也 **閨閤** 特立小戸曰閨閤房之道曰閤閤與壼同 **甲第** 言第宅高大也甲為十干之首 **廊廡** 兩側屋曰廊門屋曰廡

東閤 閤小門也東向開之避當庭門而引賓客也公孫弘傳曰起客館開東閤以招賢人 **房櫳** 室在旁曰房歇宿處也櫳窓也小曰窓大曰櫳 **窓牖** 在屋曰窓在牆曰牖 **齋塾** 齋索也門側之堂曰塾 **廬舍** 賓客寄處曰廬又曰舍又在野曰廬市居曰舍 **室閭** 居處曰室里門曰閭 **代舍** 延客之舍 **廂** **廨** 東西側屋曰廂公舍曰廨 **堂** 堂謂堂堂高明貌也 **承慶** 洛陽宮殿簿曰承慶堂昌福堂緩福堂徽音堂嘉德堂 **閨閤** 内中小門相通也 **綺室** 呼人室屋 **溫房** 閣冬火 **檻軒** 階畔多欄 **臺榭** 積土為高曰臺臺上之屋曰榭 **蘭房** 即香閨也又曰蘭閨 **別業** 別館也 **孀閨** 寡婦之居 **清閨** 靜室 **門戸** 雙扇為門單扇為戸 **檻閾** 戸限也 **門牡** 牡所以下門者 **戸樞** 樞門扇所由開閉者

扊扅 即戸樞也 **院落** 庭院 **屏堂** **竈廈** 厨灶之屋又曰庖厨 **棖臬** 棖楔門兩旁木也臬門中閾礙木也 **扉** 門扇 **開闔** 闔閉也 **啓閉** 啓門也 **扃** 閉門也 **閛** 閛閉門声 **門欞** **避覰** 門不常開設此以避人觀故曰避覰 **攩衆** 官府衙門前設此以攩往衆人之行 **影頭** 屋之東西飛影 **簷霤** 簷下承霤水者以木為之天子前後左右皆有之太夫惟前後庶人惟前一面或以木為之俗云木梘 **閣漏** 即簷霤也 **陰溝** 盤地暗泄水曰陰溝 **陽溝** 明作水道以泄水曰陽溝 **飛簷發搶** 殿角飛簷士庶之家俱無之 **籓籬** **笆籬** 以竹編之 **嘲風** 此獸好險殿角上走獸是也 **鴟尾** 海上有魚虬尾似鴟噴浪則降雨今作象于宮殿之上以壓火災 **重霤** 重簷也 **窔奥** 東南

隅謂之窔室中隱暗處也西南隅謂之奥室中隱奥之處也 陰廈 北屋也 棖
闑之内 門户内也 重閨幽闥 居深室也 陽榭 高樓 欄杆 月
臺 胡梯 樞檯 户轉者曰樞窓格眼曰檯 簷楹 屋牙曰簷楹柱也
棉簷 屋簷横木 聯櫋 屋簷横木 楣枋 門上横木曰楣聯櫋亦曰楣枋木也
棟梁 一室之中以棟梁為主 甍 棟也 枓栱 柱頭短木 桁條 屋上横木
椽 桁條上直木為椽 榱桷 椽之別名也方而大者為榱桷 簷枋 屋角斜桁
枅梲 柱上梁下承木為枅梁下承上短柱為梲 雲楶 梁上短柱 游樹 相邪
掌柱之柱 桯橜 桯框檔也橜門中短木也 框檔 如泉之遶曰框檔 壁栿
壁骨 板壁 板楻 薄板迦于椽上 枅枓 亮鶴 木梘 梭枝

湖廣人呼板楻為椄板 土庫 火墻 垣墉 墻低曰垣高曰墉 都
亭 凡城内之亭曰都亭 丘亭 空亭也 幔亭 武夷君會宴于山頂結幔屋宇
甚為盛麗號曰幔亭 欄楯 殿上臨邊之飾以防人之墜也 森玉軒 竹軒 松
軒 杜詩云入窓山色客尋句一榻松風入讀書 鷄窓 宋處宗買一長鳴鷄着窓
間後鷄作人語與處宗談論極有義理後處宗因此功業大進 精舍 講讀之所也又
日佛寺也息心所樓曰精舍 芸館 書齋曰芸館又曰芸局芸香草可辟蠹魚李者
采置笥篋中則書不蛀坡詩云芸兼薰香走蠹魚芸局芸館義本此 芸籤 称人書齋
曰芸案 蕭齋 書齋也梁武帝造寺蕭子雲飛帛大書蕭字唐李約破產買歸建一
小室以玩之號曰蕭齋 倉廩 穀藏曰倉米藏曰廩 廒棧 貯米穀者 倉廥

倉也又曰敖廥 堂除 階前 合柱 夾壁也 步櫚 言其下可行即今歩廊也
子虛賦云歩櫚周流
茅茨 以茅覆屋也田蚡傳曰茅茨不剪 衡門 横一木于門上貧者所居也韋玄傳
曰使得自安衡門之下 蓬門 貧居者以蓬草蓋屋也又曰蓬室蓬户草舍茅簷茆
屋柴門 蝸廬 貧者自称居小又曰蝸居 蓬閭 貧家内室 蓬扉 貧居也又
曰蓬楹蓬茨 白屋 茅覆之屋 蘧廬 草屋 棘庭 抱朴子曰貧無僮僕籬落
頽鈌荆棘生庭 蓽門圭竇 蓽門以荆柴為門圭竇小户也穿壁為户上鋭下方
状如圭也 甕牖繩樞 以繩係户樞瓦甕為窓也 編蓬之中 貧居者編
蓬草為屋而居其中也 荆扉 槿籬 野居也編黄荆為門以槿樹作笆籬也

衡宇 即衡門也 環堵 原憲居魯環堵之室謂貧居也 山楹 山房
旅舍 客館 旅邸 古者諸侯來朝所居謂之邸 逆旅 客舍也 次舍 息止
之處 旅次 客邸也 舖行 店肆 開張賣買物所在曰店肆 居停 以第
宅假人者謂之居停主人即旅邸也
馬廐圉 馬坊 牛欄 猪圈 俗云猪欄 閑 拘猪羊之屬 鷄塒 鷄栖欄也
羊牢棚 拘羊處曰牢曰棚 檻 藏獸欄也 柙 藏獸檻也 窖坑 糞藏也
茅廁 東圊 屆廁 並糞窖俗云方便 牏木 坑中受穢之木俗云櫝木
繫馬樁
創業 創始遺也創造基業 肇造 肇始也言始造作也 築室 城臺始造曰築 韋

建（建樹也。興新再造也） 私刱（私刱菴院，謂私造也） 造作（脩造有所增益曰作）
起建（起造也） 刱造（始起造也） 召匠計之（欲創造而召匠人計料材用也） 書糇糧（料人糧食也。出左傳） 慮材用（計料用也。出左傳） 量功命日（計料也。出左傳） 廣袤各千（謂地長濶也。註云東西曰廣，南北曰袤。出前西域） 延袤各千（謂地長濶也。延長也，南北曰袤。王子淵語） 願加一力（言助其役也。出新序） 横截（横截斷也） 直削 劈弋（劈開弋片）
剾空 剜出 剜剔 煣曲（火煣竹木曲也） 虮轉 紉緊 骈
急 枯緊 箍定 攅攏 綃紉 細縛 紮縛 絞
紉 搭廠 墶起 塾高 垈直 敲長 㪷攏 毆
脊 穿插 定磉 竪樽 竪起 上梁 結構（構架也）
落成（起造完成也。宮室始成祭之曰落） 苫蓋（草苫蓋屋也） 裝折 甃
砌 墁地 斆開（上音斆，去声） 撐柱 木植 木杮 木
眉 椿栭 榍柮 㯃子 地甃 棚棚 櫊木（櫊圓也）
枅枋（造屋處所也） 縺索 蘆蔑（芦席也） 桂楮頭 木楞
屋脊 間架 稜角 同樽合柱 鳩工庀材（鳩聚也，庀治也）
軒昂 軒豁（並屋高大也） 寬廠 濶綽（並屋濶大） 高躶（屋高） 深沉（院宇深沉） 明亮 弘敞（屋高大） 高樓 飛觀（言樓觀高也） 茁壯
牢實 堅固 廣廈隩室（大居也。出列子） 連甍竟街（宅大）

（修居也。楊震語） 厦屋華屏（修居也。左思魏都。出荅） 文榱華梁（修居也。）
成此宅相（居好宅地也。魏舒居外家宅） 鼎新
狹窄（狹隘窄小） 淺促（迫促也） 小瑣（屋小也） 低洹（地形低下） 矬脅
蹲低 歪斜（不正也） 欹側（歪斜也） 崩頹（自上墜下也） 傾隤（傾隤側也，隤墜下也） 頹敗（傾頹敗壞也） 傾圮（岸毀也） 坍塌（岸崩也） 崩摧
殨（屋破之狀） 敁敲（屋敁壞之狀） 廢弛（廢大屋傾也，弛弓解也） 隳壞（毀壞也） 杌落（不穩也） 朽爛（枯朽腐爛） 皲開 拆卸 漏罅
滲漏（屋漏也） 棟折榱崩（屋壞也。出左傳。） 榱棟傾落（屋壞也。夏侯湛語） 歪趄（下音且，去声。脚斜立也）
繕（繕補也，繕葺也） 整修理（修治也） 修葺（葺補也） 葺理（補修也） 修飾（修補粧飾） 斧藻（修飾也） 翻蓋 繕完（修補也） 校計
繕修之費（計修造之費。後郎顗語） 審量力日（修造也。） 計度（何晏語） 計徒庸（計人功也。出左傳） 護作（監修也。鮑宣語） 審曲
面勢（度視修建也。出平子東京。）
設色之工（塗畫也。出考工記。） 布藻垂文（彩畫也。出琴賦。） 油
飾（油漆粉飾） 彩畫（畫以五彩之色） 丹青素堊（畫色也。丹紅色，素白也，堊白土也。呂強語。） 赬素（赬赤色，素白也。出張景陽七命） 赭（赭赤土）
彤（彤丹也） 丹矸（丹砂也） 蜃灰（蛤粉也） 青雘（空青也） 漆黝

墻粉

磚瓦石礫　文磚 花磚也。自夏后氏之世烏曹氏始作磚也　土墪 磚泥

瓴甓 磚也　甋瓦　瓪瓦 夏昆吾氏始作陶瓦又云桀所作也今俗屋之瓦多由桀始　陶 陶燒瓦器也　器不苦窳 通鑑云舜陶于河濱器不苦窳苦粗也窳缺壞也　柱礎 承柱之石曰礎　礎 柱礎曰礎　石板　硋石　碇

石磌 柱礎曰磌　甗𤭛

衣服之部

冠 釋名云冠貫也所以貫韜髮也　冕旒 天子所戴平天冠也冠上有㒹前後有旒　通天 天子冠名曰通天冠　幞頭 幞頭紫衣唐朝臣服　獬豸 御史冠名也獬豸獸名能觸不直故執憲者以其角形爲冠　鐵冠 御史冠也又曰鐵柱冠即獬豸冠也後以鐵爲柱言其審固不撓也。又曰法冠　鶡冠 鶡鳥名利距善闘闘死方止故虎賁武騎皆戴鶡冠一曰鵕鸃即山鶏也。鵕鸃音峻儀　章甫 商之冠名緇布爲之　弁 冠也以爵韋爲之謂之爵弁以鹿皮爲之謂之皮弁以韎韋爲之謂之韋弁。董巴輿服志曰爵弁一名冕廣八寸長尺二寸如爵形前小後大其上似爵頭色有收所謂夏收殷冔者也冔音許　元服 元首也冠者首之所著故冠曰元服又曰首服　貂蟬 漢侍中冠也加金璫附蟬爲文貂尾爲飾金取堅剛百鍊蟬取居高食潔貂取外勁悍而內溫潤　玉藻 玉冕旒之玉也藻絛絲繩也以藻穿玉故曰玉藻　冠銘 傅玄冠銘曰居高無忘危在上無忘敬懼則安敬則正　簪纓 簪以貫冠纓以係冠　青

雲冠 仕者之冠　金蟬 即侍中金蟬冠　笏 執以覲君備忽忘也　佩表所能 白虎通曰所以必有佩者表意見所能故脩道無窮即佩環能本道德即佩琨能決嫌疑即佩玦是以見其所佩即知其所能　象環 禮記曰孔子去魯佩象環五寸。註云謙不比德云不事也象有理者也環取可循而無窮也　進賢冠 漢輿服志曰進賢冠古緇布冠儒者之服也前高七寸後三寸長八寸公侯三梁中二千石以下至士兩梁千石以下至小吏小梁

角巾 隱者所戴　方巾　折角巾 郭林宗嘗遇雨巾折一角時人效爲之其見慕如此　綸巾 諸葛亮綸巾羽扇指麾三軍　漉酒巾 晉陶淵明戴漉酒巾。漉音六瀝下酒也　葛巾 葛布巾居士野人所服也　凌雲巾　忠靖巾

玉臺巾　進士巾　烏角巾 坡詩云三公白接羅兩郎烏角巾。接羅音梨白帢帽也　岸幘 露額爲岸幘挾髻小巾也岸幘謂頭斜其巾夵躰散自在之意

帽

釋名曰帽冒也故加于衆躰之上　紗帽 隱者之巾也今稱官帽曰紗帽　白帽 晋管寧不應州郡之辟常戴白帽亦曰皂帽　唐縠 唐初以縠爲帽以隔塵也縠縐紗也　文恭忘帽 客有訪胡文恭者具公服而忘易帽胡公與之盡禮而退　獨孤側帽 獨孤信事魏帝爲參佐有清望之名嘗走馬帽側倒京師之人多慕之皆效其所爲故側其帽也　孟嘉落帽 晉孟嘉爲桓溫參軍溫甚重之九日溫宴龍山佐吏皆着戎服有大風至吹嘉帽落嘉不之覺溫使左右勿言嘉久如厠溫令取還

羅帽 紵絲帽 氈帽 羢帽 騣帽 尾楞帽
盔頭 網巾 邊襠 頂線
帶佩 身章撮要云腰帶古之為鞶帶也刘馮事始古有腰帶之制秦二世腰帶之名始立至唐高祖詔腰帶令下插垂頭取順下之義也 犀帶 金帶 香帶 銀帶 角帶 蛮帶 牙帶 又有通天犀帶 紳帶 大韋帶 以韋韋為帶貧賤之人布衣之士也。韋牛皮生曰韋熟曰韋 束帶 係帶于腰 賭帶 唐鎬有犀帶一條鎚續有一歌妓女二人相戲日以此二物賭賽卿今雙陸也唐鎬大勝媿續慨然酌酒與姬作別唾手付之。鎬音號
袞龍袍 袍礼也加于常服之上天子着袞龍袍 黼黻 白与黒曰黼形若斧黒与青曰黻兩相戾周礼註云斧謂之黼裳綉斧形以絳帛為質白黒為文白西方之色黒北方之色西北白黒之交乾陽位剛健能断故盔斧以白黒為文

赭黄袍 赭赤色天子着赭黄袍 金袍 御袍也 蟒袍 蟒龍袍 朝服 語録曰今之朝服乃戎服蓋自煬帝数出幸因令百官以戎服従一品紫次朱次青 朱紱 謂朝服也易曰朱紱方来 象服 法度之服也詩象服是宜 毳衣 天子大夫之服也詩曰毳衣如菼 赤帯 金舃 諸侯之服也。芾冕服之韠也韠音必蔽也所以蔽前即蔽膝也。又曰大夫以上赤芾乗軒 緋袍 緋赤色也百官緋袍皂袍 緑袍 進士緑袍百官着青袍 紫袍 紫袍 藍袍 秀才着藍袍即藍衫 練袍 戦袍也
圓領
衣裳 上曰衣下曰裳 襪襪 襯襬 直襬 直裰 褶子 截

子 上絳衣分上下截 海青 深衣 上古深衣者盖有制度應規矩準縄權衡短毋見膚長毋被土 幅巾 直身 褡穫 披風 鶴氅 晋王恭雪中披鶴氅衣而行 狐裘 狐皮為裘取其軽暖以狐死守丘明君子不忘本之意也 羊裘 羊羔皮為裘羔取跪乳之意 背褡 褡脊 料膝 褂
身 袷衣 綿襖 布衫 禿袖 汗衫 褻服 私居服也 又曰 裙袴 裩 褻衣 襠 所以蔽袴也 襦 短衣 領 袖 襟裾 衣之交衽処也 袂 袖也 衿 襟 衿即襟 揚尾 裙幅 袥肩 護領 又曰護油 襁褓 小兒之衣 襴嘴 小兒涎衣音肆嗨也 肚兜 褡膊
袿肋 臂韝 臂衣結手以便作事 衣敝補衣也 貧服 陽明

衣 授衣 九月霜降始寒而授人以衣使與寒也詩曰九月授衣 一襲 衣一襲上下皆具也今人以為一副 袂 襟 衣前
嘉服 吉服 逢掖 肘掖寛大之衣也孔子不魯衣逢掖之衣 褒衣 大裾也 山服 居士野人之服 袪服 美人羅之衣 緗裙 以緗綺為下裳也緗浅黄色也 雲裾 仙衣也 褰裳 攝衣也 冶服 美女之艶服也 軽服 細好之服 游服 游戯之服 蕉葛 葛衣也 纖絺 細葛衣也纖細也絺細葛也 褫
脱衣 日譏 着故脱新 換衣也 綿纊 狐貉 冨者衣也 襲狐貉之暖 冬衣服也貉似狐善睡之獣取其皮以為衣也 便衣 李陵傳曰陵便衣獨歩出營謂着便衣 短衣小袖也 裋褐 裋者童竪所着布長襦也褐毛布之衣也貧賤

傳曰貧者裋褐不完　褪 脫衣也 脫落也　卸衣 脫衣也　綺襦紈袴 綺白之襦氷紈之袴貴戚子弟之服也○綺細綾也氷謂布帛之細其色鮮絜如氷者也紈素也即綃也　勘着 衣服耐着不破　穿著 穿著衣于身也　加穿空 著破衣也　服 着衣曰服

裁剪　成衣　開寶　刺綢　栈袖　縫 以針縫衣　紩 縫也　緶 縫衲也　補縫 補也　補綴 脩補也 聯綴也　褟 褟衣長　褟褲　紉 剪開縫合　尉盪　摺疊　幌 裁餘小塊　貼腋　挿襬　貼匾　捺弦　縫邊

被 寢衣也　衾裯 大被曰衾 單被曰裯　姜肱共被 漢處士姜肱名聞朝野陳蕃屡薦之不起兄弟三人友愛甚篤常共被而臥一日遇大盜欲殺之兄弟爭死賊義而

釋之其第二名仲海二曰季江皆有德望　彭祖異被 彭祖八百歲四十九妻五十四子未常與妻共被常曰上士異牀中士異被服藥百顆不如獨臥故得長壽　卧

單被　布衾銘 范堯夫作布衾銘曰藜藿之甘綈布之溫名教之樂德義之尊求之孔易享之常安錦繡之奢膏粱之珍權寵之盛利欲之繁各難其得危辱旋臻

帳幃 器物叢說曰幃圍也以自障圍在四旁也在上曰幕上承塵曰帟上下四旁悉周曰幄帳亦曰幬單帳曰幬床前幃曰幬○帟音亦幬音桃幮音諸平声　斗帳 小帳形如覆斗　帷幄 幕也帷与幃同　流蘇 海錄碎事云流蘇者乃盤線繪繡之毬五色錯為之同心而下垂者也　甲乙帳 漢武故事云上以琉璃珠玉明月夜光雜錯天下珍寶為甲乙帳甲以居神乙以自居　錦步障 晉石崇与貴戚王愷以奢靡相

尚愷作紫絲步障四十里崇作錦步障五十里以敵之　銷金帳 党大尉銷金帳內淺斟低唱飲羊羔酒耳　百子帳 唐人昏礼多用百子帳特貴其名與昏宜而其制度則非有子孫衆多之義　翡帷翠幬 以翡翠飾帷帳也　羅幃綉幕 李賀詩云羅幃綉幕圍春風　幨 帳上幨下也

鞋 鞋与鞵同　履鞋　鑲鞋　雲履 鑲鞋也　套鞋　靸鞋　拖靸 無跟鞋　麻鞋　蒲鞋　秧鞋　巴亭鞋　釘鞋　陳橋鞋　革鞜 皮鞋也又曰革履　履 鞋之總名　菅屨 草鞋也又曰扉屨非屨不借又曰屩音蹻　絲屨 絲鞋也　赤舄 朝鞋也周公赤舄几几　革舄 皮鞋　屣 不履跟曰屣　屣履 着鞋不上　履空 著破鞋也　文履 美人文綉之花鞋

躧履 履不着跟曰躧行言匆遽也納履未正與之而暴勝之聞雋不疑賢躧履起迎也　納履 著鞋也　牢靭可服 言靴鞋好而耐穿也　踵快 鞋跟斷曰踵快出莊子　鞾 皮鞋　屧 履中薦也　脈底　允襪　縫綻 縫補破綻　木屐　苴履 苴者履中之藉也賈誼傳曰冠雖敝不以苴履　望履 莊子曰望履幕下言一見于幕下而望其履也　楦頭 履法也　鞝 音掌縫鞋

皂靴　釘靴　油靴　暑襪　氈襪　絨襪　綾襪　皮襪　足纏 裹脚也　淩波襪 宋玉神女賦云淩波微步羅襪生塵　村媼得襪 小說云楊貴妃死之日馬嵬村媼得錦襪一雙過客一玩百錢後獲錢無數　業如折襪 韓邵仕偽蜀王氏為礼尚書琴棋書筭皆妙李台瑕

目韓八座伎藝加拆襪線無一條長護膝 鞝鞋 怮又有怮也與鞝同

王生結襪歆假重人曰為我結襪○漢之也之為廷尉有王生者善為黃老言有盛名謂釋之曰為我結襪釋之跪結之人或貴王生不應太傲王生曰廷尉方今名臣故使結襪以重之由是人皆賢王生而重廷尉

汗巾 手帕 手巾 手帨即手巾 湖帨湖州手巾曰湖帨

包頭 絲帶 絲縧 絨線 經緯織絲也縱曰經橫曰緯○縱音宗直也 綜綫同持經線也 絲縷縷文線一線一絲皆云一縷

緒絲端也 纇絲節不調絲節頭也 綿絮 綿紗 苧麻

枲麻也 徽纆索也三股為徽兩股為纆 扣線 要線 纊綿綿

錦繡說文曰錦也其功用重價如金故字從帛與金也錦織文也出于蜀者為上夫錦而成都獨多故蜀有錦官城○繡者五色備繡為質刺成故名繡綉 織錦廻文晉竇滔妻字蘭滔為益州刺史被謫徙流沙河妻思之不已乃織錦為廻文以寄夫辞甚悽惋凡八百四十字滔以是文獻于揔曾伶之得辞而歸 錦纏頭杜詩云百寶粧腰帶珍珠絡臂韝笑持花近眼舞羅錦纏頭 捺錦即織錦 刺繡杜詩云刺綉五文添弱線 挑繡即刺綉 宋錦 唐錦 素錦白地錦也

紵絲 彭段 綾 羅綺羅胡羅水緯羅 紗縐紗軟紗潞紗銀條紗 絹衢絹碾光絹三串絹羅漢絹三絣絹嘉興絹福州絹漳州絹潮州絹官絹 紬絲紬綿紬

潞州紬溫州紬開化紬 幣帛綾羅紗絹紵絲紬段總曰幣帛 綺縠綺文繒也

即今之細綾也縠縐紗也 輕綃今之輕紗 統素今之絹也 魯縞縞素也魯曲阜之地俗善作之尤為輕細故以為喩韓安国傳曰強弩之末力不能入魯縞 綾

綃生絲綺繒屬綉也 縑絲繒也 繻絲帛邊也 練黃生絲絹令熟也 生屯

絹 絨段 綈厚繒也 剪絨 補子 絲五色備曰絲 縎

細綾 縵亦繒也而無文

布

布有錦布雲布尤墩布擦尖布新改布三梭布刷經布砍石布崇德布紫花布杜梭布

夏布夏布有葛布麻布苧布綠布福生布太倉布斜白布慶布 絺綌葛也精者為絺粗者為綌 斜紋斜紋布 西洋布古西洋古里国幅廣至四五尺 火

浣布梁冀衣布有垢則燒之于火一日對客坐式誤汚其衣佯怒投布火中及火燒而色愈鮮 羊羢 褐子毛布 紅氈子紅褐 氆氌褐之厚重者

繝布 匹凡布帛四丈為一匹 端凡布帛長五丈為一端 單敁頭布單敁頭

婦人首飾

首飾 鳳冠女人戴鳳冠銀冠珠冠妙常冠 金冠 滿冠髻 鬏髻 釵女媧之女始以荊及竹為笄而貫髮至堯以銅為之雜以象牙玳瑁此釵之始也今世以金銀珠為之

笄笄簪也女媧氏始為此以貫髮女子揔髻曰笄俗云上頭也古者女子許嫁笄年至十五雖未嫁亦笄 倒插 掩鬢 挑心即桃頭也 耳

七九二

鐶 排結 瓔珞 以珠為之 手鐲 釧鐲 臂鐶 鐲子 戒指 古者后妃群妾御于君所當御者以銀鐶進之娠則以金鐶退之進者着右手退者着左手戒指即其事也 手鐶 即戒指也 鈕釦 俗曰鈕子 俏簪 穵耳 珠翠 排鐶 翠花鈿 金花飾面也唐韋固妻眉間有傷痕常以翠花鈿貼之後人皆效焉 耳墜 胸墜 華勝 漢代謂婦人首飾為華勝 戴勝 婦人首飾也大人賦云覩西王母皜然白首而戴勝兮 插戴 寶石

婦人衣服

霞帔 婦人服也秦時始有開元間令王妃以下通服之今代霞帔非恩賜不得服 長襖 襌衫 裙拖 膝褲 膝襴 袿裳 揺言婦人服也婦人上服曰袿 被文縠之華袿 婦人華麗之服 抹胸 唐楊妃與安祿山私通祿山佯狂無礼爪傷其乳故作抹胸遮之

顏色部

茜紅 茜草根可以染紅俗名過山紅 絳紅 大赤色 緋紅 絳色 桃紅 木紅 水紅 銀紅 莧紅 大紅 肉紅 淡絳 赤 南方朱色 赬 赤色 赭 赤色 彤 赤色 丹 朱色 皜素 白色 葱白 月白 魚肚白 白如魚肚 官綠 梅綠 油綠 柳綠 黑綠 沙綠 鴨綠 橋綠 豆綠 瓜皮綠 鸚哥綠 大綠 毛青 天青 石青 豆青 鴉青 粉青 藍青 皂青 玉

色 藍色 翠藍 螺螄青 竹根青 金黃 鵝黃 蜜褐 茶褐 斑駁 雜色也 藕色 玄色 黛黑 閃色 鷄冠紫 蝌殼青 茄花色 沉香色 草裏葱 象牙色 鷹背色 出爐銀 紺青 深青赤色謂青而含赤色也 縓 一染紅赤黃色又絳色 纁 淺絳色三染謂之纁 緇 緇黑緋色也今人謂黑為緇考工記云一染謂之縓再染為赬三入為纁七入為緇 烏 黑色 蒼

器用部

文具 紙 自古書契多編以竹簡或用縑帛縑貴而簡重並不便於人後漢蔡倫為尚方令有才思乃造意用樹膚為麻紙楮皮為谷紙自是莫不用焉天下咸稱蔡倫 剡溪藤 唐舒元輿作弔剡溪藤文言剡溪藤可作紙 薛濤牋 唐時蜀妓薛濤造松花牋好製小詩惜其幅大乃狹小之人以為便號薛濤牋 側理 拾遺記云南越献側理紙南人以海苔為紙其理倒側故云 楮先生 紙也○韓毛穎傳曰會稽楮先生 洛陽紙貴 左思三都賦成競相傳寫洛陽紙貴 霞牋 輕明似霞被詠牋也 魚牋 紙也 緹緗 紙也 箋紙 蒲竹 紙也 藤角 紙也蔡倫所造 蒲牒 即編以寫書者 赫蹏 薄小紙也 毛邊 太師連 荊川連 連四 改連 浣紅 三刀 羅文箋 紙劄 筆 博物志曰蒙恬造筆又刘馮事始舜造筆至蒙恬時不過更為損益耳 管城子 筆曰管城子又曰兔穎又曰毛穎○韓文公毛穎傳曰毛穎中山人秦蒙恬南伐楚

次中山逸獵圖毛氏之族拔其毛載之而歸秦皇帝賜之湯沐封諸管城號管城子曰見親隆。**中書君**筆也毛穎傳曰穎拜中書令上崇呼為中書君**毛錐子**筆也洪肇言于蘇達吉曰安朝延定禍乱直須長鎗大劍毛錐子安足用哉**不律**說文云楚謂之聿吳謂之不律燕謂之弗秦謂之筆。筆述也述書而書之也。出釋名**彤管**古今註云史官載事用彤管以記事**筆床**北戶録云梁簡文答徐摛書特設書幌作置筆床筆四管為一床也**鏤管**刻竹筆也**象管**以象牙為筆管**翠匣**筆匣也文以翡翠故名之曰翠匣

墨松烟墨也初李記曰墨出青松烟**玄霜**墨也**客卿**墨也揚雄賦云子墨為客卿**玄香太守**纂要異録云薛稷為墨封九錫拜玄香太守兼毫州諸郡平章事**石墨**墨也陸士衡登銅雀臺得曹操所藏石墨數瓮**龍香劑**陶宂餘事。唐玄宗御案墨曰龍香劑一日見墨上有道士如蝇而行上叱之即呼萬歲曰臣墨精使者也**牧以豹囊**文房四宝云養墨以豹皮囊貴乎遠濕**筑陽石**亦墨也筑陽有墨山山石悉如墨精好可寫書。出初李記**王勃夢墨**王勃夢人以丸墨遺之盈袖自是文章菲進**銀珠心紅**即銀硃靛青

墨靛青花墨

硯釋名云硯研也研墨使和濡也**端石**硯譜云端溪石有赤白黄点者謂之鴝鴿眼最貴表裏黄者謂之金線文昔人採石為硯必以牛羊祭之不尒雷電失石所在。鴝鴿音渠浴鳥名**銅雀硯**魏銅雀臺遺址人掘地得古瓦以為硯貯水数日不滲。

出硯譜**石卿侯**薛稷封硯為石卿侯。出龍鬚志。又毛穎傳云弘農陶泓皆硯也**連房洗硯**凡洗硯不得熱湯但用故紙蓮房枯炭洗為佳**蒯驁送硯**蒯驁蓄龍尾硯友人數之而不言驁亦心許友人不告而去乃徒步追及送之**馬肝**漢武帝時郢支進馬肝石以和丹砂食之則弥年不飢以拭白髪尽黒亦可作硯有光起**紅絲石**青州有紅絲石紅黄相參理黄者其絲紅理紅者其絲黄為硯甚佳

書笈書箱**笥**書箱**篋**匣也**盝**匣也亦作簏篆**筆架****筆筒****筆鼓****界尺****鎮紙**即界尺**書幌**影灯**書籤****裁刀****錐鑽****香盂****香筒****手卷****冊葉****水滴**俗名水礶又名水注又曰玉蟾蜍**糊刷****圖書匣****印色函**函ハ匣也**書櫥****卷帙**帙書衣也

筵席器具

爵盃爵鳥名象形為酌器取其飲水少而有限以寓儆戒焉大夫以上與燕享然後賜爵以章有德故因謂命秩為爵**玉巵**巵ハ酒盃也。高紀云玉巵奉上**玉斝**斝酒器受六升以玉為之**臺盞**金盞銀臺**賞鍾**大酒盃**兕觥**以兕角為爵也。詩曰酌兕觥**金罍**罍ハ酒樽也似壺容一斛。詩云酌彼金罍**金叵羅**酒巵以金為之**巨觥**巨ハ大也王逸少蘭亭之會詩不成者各罰巨觥**蝦杯**廣州人取大蝦頭為杯**暖玉盃**唐寧王有暖玉盃不暖自熱**羽化銀杯**柳公權貯銀杯一笥緘縢如故而器皆亡笑曰銀杯羽化矣。緘縢音妍置封記也**賜酒懷盃**宋宣和中士女觀灯者賜酒一盃有夫婦並遊宣傳声態

夫不得進其婦蒙賜飲間懐其盃謝詞一闋云歸来恐被見夫怪頭賜金盃作証明上賜之

羽觴　盃斝之属捴名曰觴羽觴者為生爵之形有頭尾羽翼故曰羽觴一曰挿羽于觴上　觶　實曰觴虛曰觶　有限盃　杜詩云莫思身外無窮事且尽樽前有限盃　鴟夷　盛酒之皮器也　觥籌　籌酒籌也唐人會飲酒令者以籌記罰飲酒数　套杯　觚　飲器也一升曰爵二升曰觚　巵　碗深者為巵　缶　瓦器也所以盛酒漿秦人撃之以節歌　樽　酒器也亦作罇礼作尊　榼　榼与盒通　護衣

盤　象牙筋　鑲銀快　茶匙　茶鍬　即茶匙也　玩器　骰　盆　投壺　矢箭　薄鐺　煖酒器　煖壺　壺瓶　酒鏇　注子　酒壺也　酒提　果盒　攢盒　春盤　春盛　春槃

果卓　籩豆　礼器也木豆謂之豆竹豆謂之籩　湯盤　食器　食盒　木

火爐　甕器　碗碟　漆木椀楪　坐褥　卓帷　茵席　古人席地而坐　屏風　香几　圍屏　肉屏　楊国忠冬月選妓妾肥大者圍之謂之肉屏風　簾箔　釈名云簾廉也自障蔽為廉恥也宋魏陳楚江淮之間謂之箔南楚之間謂之篷箔自関而西謂之箔通俗云戸簾為簾　遮陽　素屏風　魏太祖平柳城有素屏風持以賜毛玠曰君有古人之風故賜以古人之器　香爐

金猊　寶鴨　寶鼎　寶篆　並香炉也　博山　香炉也象海中博山下盤貯湯潤氣蒸香象海之四環也　燭臺　手照　燈檠　燈篝　俗呼善冨又曰灯掛　銀釭　打曰銀釭　燈籠　蒲堂紅　蓮炬

令狐綯為翰林承旨夜対禁中燭尽以金蓮花炬送還院吏皆驚

金蓮燭　宋蘇軾宣入対已而命撤御金蓮燭送歸翰林院　金蓮花炬　禁中燭也　燭奴　申王以檀木刻童子執画燭名燭奴　貢燭　麻燭也一曰大燭九邦有大事司烜氏供貢燭　蠟炬　燭也　庭燎　大燭也諸侯將朝則設庭燎于門内○庭燎之光　地燭　庭燎曰地燭　燭剪　書盞　書杈　燈榛　撲打杖也

家常什物　氊條　氊毯　毛席　毡也　毾毲　毡也　裀褥　即褥子也　枕席　豹枕　唐五行志曰韋后妹常為豹枕以辟邪　玄宗長枕　唐玄宗敦于友愛為長枕大衾與諸王共寝　夜明枕　虢国夫人有夜明枕置于堂上不假灯燭　温公警枕　宋司馬光少年苦学每夜深敧眠之間以圓木為枕

睡着而枕轉則夢覺即起讀書官至丞相贈封諡温国公　半月　拾遺記曰薴葉草高五丈葉色紺莖如金形如半月之勢亦曰半月草無花無実其質温柔可以為布為席

五香　陸翽鄴中記曰石季龍作席以錦褁五香雜以五采綵編蒲皮縁之以錦　越席　越席結草為席也○曰大路越席昭其儉也　書床　釈名曰床装也所以自装載也八尺曰床有獠床斗床藤床棕床拔歩床㸦床眠床　臥榻　床狹而長曰榻　篋床　竹方床也　藤簟　蘄簟　湖廣蘄州竹席　籧篨　粗竹席　棕薦　藁薦　草薦也　秋薦　桌　桌有春臺桌八仙桌案桌長桄桌桄音掉　櫈椅子　椅有太師椅醉翁椅交椅圈椅靠老椅　胡床　即交椅也　藤棚　藤床也

簀薦　床簀也　衣架　椸　衣架　牑　床上板也　火箱　鑵爐

毛席也 櫥櫃 箱籠 皮箱 帽盔 筐筥 竹箱也方曰筐圓曰筥 籠篚 貯金銀物者竹器也 鎖鐄 鎖鑰 鑰匙 衣篝
俗呼薰籠炉籠烘籃 天平 法馬 戥等 算盤 交剪 鉄
鎚 銀鏨 扛秤 盤秤 提秤 手称也 權衡 權ハ秤錘也衡秤也 斗斛 斗格 槩 即斗格也 又袋 又口 即袋 丈
竿 尺 碪杵 碪敲衣石杵敲衣槌 棒槌 竹夫人 湯婆子
浴桶 即脚桶 面盆 坐車 盤絡 酒箱 碧紗厨 即有門簾床也以碧紗為幔故名
茶盤 索盤 即茶盤 拐杖 筇 竹杖也

粧奩 嫁女装也 奩籠 装嫁女 奩具 装嫁女 鏡鑑 鑑即鏡也韓子云古之人目短于自見故以鏡觀面智短于自知故以道正己○唐魏徵薨太宗嘆曰以銅為鑑可正衣冠以古為鑑可知興替以人為鑑可明得失朕常宝此三鑑內防己過今魏徵逝一鑑亡矣○軒轅黃帝與西王母会于王屋山以青銅鑄十二鏡隨月用之又曰舜臣尹寿所鑄未知孰是 菱花 六帖云魏武帝有菱花鏡 鸞舞 異苑云罽賓国王獲一鸞懸鏡照之鸞覩影乃悲鳴而舞 方鑑 秦始皇有方鑑懸于殿上照人見其心膽知其善惡男子有奸偽女子有邪淫照之則胆顫心動人不敢欺或曰始皇有此明鑑不能照趙高之奸雄何也 金鵲鏡 古有夫婦相別分鏡各持一半以為信其妻与人通鏡化為鵲飛至夫前夫乃知之後人因鑄鏡為鵲安背上曰明明金鵲鏡 減粧

木梳 赫連氏造 牙梳 象牙為梳 刷牙 抿子 刷帚 篦
箕 箆子 消息子 搯耳物 鑷子刀 剃刀 針 綉針
引線 剪刀 鉸剪 胭脂 肥皂 鏡床 熨斗
烙鐵
厨竈動用 甑竈 陘 竈門外平安柴之処 烟囱 柴夾 都
竈 烝炊大竈 鍋子 陶鑊 大鍋 鏊甗 鍋蓋也 鍋釜 鍋也有足
曰鍋無足曰釜 鐵銚 銅鑵 木杓 木榼 即木杓 椰瓢 椰子剖而食漿殼可為瓢 盞盤 風爐 鼎罐 鐺 釜属有耳足 飯
甑 甑箅 甑心也以竹為之 淘籮 淘米竹器 湯鑵 筲箕

水醬 笊帚 鉢頭 砂鑵 水缸 醬甕 酒壜
醋罈 菜甕 酒榨 酒篘 釀具 酒榨槽甕等件曰釀具 擂
盆 研槌 笤帚 蒸籠 枯板 栝板 栲栳 曲木為之
飲食之器 茶壺 茶甌 箪 盛飯圓竹器 茶盞 竹箸 轆
轤 井上汲水木軸頭 繘綆 汲水之索 水桶 匾擔 鍋鈎 鏝簣
灶門 行灶也 火叉 火鍬 火杴 火棒 撥火
石鞴 以皮為袋鼓火鑄銅鐵者用之 扇炉 炭墼 酒遵 盛酒 笊篱
酒帘 酒望子也 菜刀 搶刀 鐵鍋 飯匙 唾壺 涎盂也
酒槽 吊桶 漱盂

農桑器物　耒耜耜者所以起土今之耜加鉄于其首耒柄也神農斵木為耒耜　犁尖　犁鏵　耖耙重耕田器也　鏵鍬平土器也　長鑱平王器鐴亦作鏟　鍤也　鍬鏟　耨薅器如鏟以刺地除草又耘也○薅音蒿拔也　耰摩田器也又耧種也　桔槔水車也　轤車轆頭也　鉄扒　牛軛　釘　耙如鉄扒小耨　鉄鎝　斫稻鐮　連耞打穀具　鐮刀　紡車　繅車繅抽絲也　播車　撥笠　紗籰　機杼杼梭也　梭篋具　篋織　蠶簇　蠶筐　蠶匾　績絲籃　箬笠　蓑衣　襏襫蓑衣也又曰龍具牛衣　笭箵已十也　笓　斗　斛籮　箄籃音白藍　簟筬　樓藪機上持績者

米囤囤小廩也　米棧　簣土籠也　穀杴　穀揰　穀印　掃帚　笤帚　箒掃帚也　麻繩　草辮　掆棒　椿　桶　糞桶　料杓糞杓也　糞箕　馬子尿桶也又曰穀桶　尿鼈　溺器即尿鼈又曰夜壺　鏃

麻器　碓臼伏羲氏斷木為杵掘地為臼　舂碓黄帝時雍父所作　水碓晉時杜預所造　石磨魯國公輸子所造　碾礳後魏崔亮教民為碾礳　磑　碢子磨　木礱木磨　穀托碓礱木　輪盤　捲軸　羅倉　米篩　風車　舂米舂去米皮　舀米舀去米皮也舀與揗市並同

匠作家伙　斧斤斤斲斧也　鋸鑿　斫刀　推鉋　墨斗　墨篗　規矩規者為員之器矩者為方之器　準繩準者為平之器繩者所以為直　角尺　柯斧柄　鑿子　剷子　千斤起重之器　釘剷　釘　盤鈕　釘鉸　鉄鏟　鐵鍱鍱亦作鍱　搭鉤

車輿　周禮曰黄帝伐木作舟車以濟不通水行用舟陸行用車自此始員象天方象地輪輻象日月○又易云坤為大輿○輿車底也　輕軒輕車也軒車之前卻而後也凡車從後視之曰軒從前視之曰輊　百兩詩註云一車兩輪曰兩諸侯之子嫁于諸侯送御皆百兩也　發軔軔車之碍行也楚詞云朝發軔於天津兮○軔碍車輪木也去軔然後輪行　軺車使者小車也○軺又音遙軺條　星軺去速曰軺使車　柴車車之不裝飾者即棧車也竹木之車為棧車棧音轡　露車上

無屋蓋也　戎車兵車也　巾車巾車衣謂整車而駕之也文選云掌王車者巾車命以駕　方轅接軫言車多也○轅車前曲木也軫車前後橫木所以收斂所載也　輶軒輶輕也輕車也　轍車輪行迹也　輪蹄即車轍馬蹄也　肩輿轎也　兜轎　輼輬車之輕而有牕者　輜軿婦人車四面俱有屏蔽故曰軿又曰衣車又曰兵車又重曰輜輕曰軿　結轍車相連也漢傳云冠蓋相望結轍于道　軾車前橫木可憑者　軷即軾也　蒲輪以蒲裹輪也以安車蒲輪徵枚乘○由漢　藩車車之有藩蔽者　輗轅端橫木以駕牛者亦作輗　軏轅端持衡者一曰橫木　輻車輻也謂輪中之直指者　轂輪軸也　軛以縛軛者　衡曲木上勾衡者謂之軛　衡曰衡　輅大車　軏車轅端橫木也　轄車軸也又

曰車軸頭鉄也亦作𨊻小民自称治下曰轄下

下澤車 車之下者也馬逸少曰凡人生一世但取衣食纔足乘下澤車御款段馬守墳墓郷里称善人斯可矣

籃轝 即陶渊明小兜也

輾 車践也

軋 車礙也

幰 音憲

幨 並車上帷幕即轎帷也

版輿 婦人所乘車也

翅車 使者之車

文軒 呼人軒車

驂乘 乘車之法尊者居左御者居中又一人処車之右以倚傾側也驂者三也蓋取三人為名義也

輢輪 輢隻也

兼兩 数車也

輶車 輶軽也

路車 諸侯之車

蓋

蓋之為言庇也

曲蓋 武王伐紂大風折蓋遂為曲蓋

翠蓋 以翠羽為蓋也。出高唐賦

華蓋 黄帝戦蚩尤于涿鹿常有五色雲氣金枝玉葉止于上因作華蓋

鶴蓋成陰 謂蓋如飛鶴成陰言其多也。出刘孝標絶交論

傘 蓋之別名

雨蓋 傘也

假子夏蓋 孔子将行雨無蓋門人曰商也有之孔子曰商之為人甚悋吾聞与人交推其長者遺其短者故能久也遂不假蓋而行

舟楫

易経云伏犠氏刳木為舟剡木為楫以済不通。刳音枯剖也剡音掩削也

船 座船站船剥船湖船

艘 船之揔名

舴艋 小舟也形如蚱蜢故名

艆艒 海船

舳艫 船後把舵処曰舳船前刺棹処曰舻

鷁首 船也。註云鷁大鳥也畫其象着船首以禦水患故船曰鷁首出淮南子

舷 船边

鼓枻 扣船舷也

理棹 行船

連檣 船相属也文選云萬里連檣檣ハ桅竿也属音竹相連續也

艨艟 戦船

飛廬 船行水上空曰飛庐

樓船 大船上施楼號曰楼船

舶 海中大船

舸 大船

艇 船小而長

舠 小船也形如刀

航 船也揚子云乗国如乗航

艦 戦船

舲 船有窓者

艘 船之別名

桴 編木為渡

筏 編竹為渡

竹箄

彩鷁 船也鮮見鷁首

槎 編木泛海

焚舟 孟明敗于殽秦伯猶用之秦伯伐晋孟明濟河焚舟取晋遂覇西戎

胡越同舟 蘇文云同舟而遇風則胡越可使相抹如左右手

輕橈 橈ハ楫也

槳 前撥船行曰槳後撥曰櫓縦曰櫓横曰槳

棹檝 在旁撥水所以進船長曰棹短曰檝棹与櫂同檝与楫同又集韻二音

畫舫 並船也舫方船也

藻舟 並船

呉艑 即呉船也

雕航 並船

海艑 合木舟也

發櫂 行舟

解纜 船将行也

征帆 行船也。征帆過舊山

驚鳧失侶 言舟帆之疾如驚鳧失侶而求相逐也。出文選

周流 舟言周流也船言循也循水而行也

同舟若仙 漢郭林宗與李膺同舟而濟衆賓望之以為若神仙之表

連舳

接艫 並船也

犀舟勁楫 好船也。犀ハ堅也勁ハ強也

翟室 大船上候屋也

桅竿 掛風帆之木也又回檣

風帆 風篷 捧索 篾纜

縄纜八披 篾纜以八股篾絞成故謂之八披

舵 船舵

跳板 扶手

官倉 夾節

船艄 船尾

厫塘 大船边可行者

駁船 夜航船 哨船

番舶 夷人進貢船

撬頭板 篙鑽 挽子

撓鈎 撓衣也

鐵猫 扉手

攬載 載舟車運物也謂船家攬客貨運載也

裝載 裝載客貨也

附搭

划船 撥船

搖櫓 把舵

刺船 撐櫓也陳平傳曰曰臝而佐刺船

扯篷 拽棒 盪槳 撐篙

駕船 撐船也

盪舟 夏之時有臣名寒浞有勇力能陸地盪舟而行。殺紂之

時有臣名奡亦有勇力能陸地行舟 囬檣 歸舟之檣也 宿棨 宿船也 艭棹 輙上也 艤舟 整船向岸曰艤 亦作檥 攏船 停泊 停舟 停楫 纜 停舟也

維楫 維所以繫船 楫所以刺船 弭棹 弭止也 停舟也 棲薄 舟止宿 檥榜 拂船進也 文選云 涉人於是檥榜 下載 交卸 交卸貨也 客

款乃 搖船相應聲 又曰舟子歌聲 船縫 造作船完而捉船其縫以防滲漏

行李 行裝 即行李也 又曰行裝 鋪蓋 鋪陳 囊橐 大而有底曰囊 小而無底曰橐 書箱 琴劍 氈包 包袱 荷包 茄袋

包裹 雨襱 雨衣 椶裙 靴套 椶套 雨具 傘子油衣等類

帽盔 紗帽匣 帶匣 順袋 拜帖匣 盔帽筒

懶收拾 黃金裝 冩者之行李也。行李物件頗多具載于前 褡褳

被囊

馬牛器具

鞍韂 鞍馬鞍 韂馬韂 鞍屉 轡頭 馬頭 韁繩 馬韁繩 鞴鞍 銜勒 銜馬銜 鐵于口謂之銜 勒馬銜外鐵也 有銜曰勒 無銜曰羈

馬鞭 馬箠 即馬鞭 挽手 馬鞭 踏鐙 後鞦 馬尾後繩也 鞦與韂鍬皆同

紲 繫馬索也 策 馬箠也 轡 馬轡 鑣 馬銜外鐵也 即嚼鐵也 鞚 馬絡也

籠絡 馬羈鞚也 繁纓 馬帶也 馬頸飾紅纓也 鞅 說文曰 頸組曰鞅 馬鞅也 亦謂之纓 又牛駕具在腹曰鞅 紖 以引軸駕牛馬之繩 在胸曰紖 羈靮

馬絆足也 亦作縶 縻 韁 桊 穿牛鼻者 牛牿 以橫木著牛角端使不得抵觸

鞓 皮帶鞓 鞭鞘 韝 韝臂也 以韋曰韝 以絲曰韝 韉馬 裝束馬也

僧道樂器

鐃鈸 鈴鉦 樂器似鐃而小 錚 似鑼 鉦 柄中上下似鈴 缽 又鑼為銅鉦

木魚 魚在水晝夜不合目 行者忘寐修道亦似魚也

盂 食器 僧家 應器 僧家數化缽盂 錫杖 僧手中所持杖也 坐禪僧曰掛錫 飛錫

蒲團 僧曰 偏衫 后魏中常作佛事見僧尼自恣偏袒右肩乃施一邊衣與之名曰偏衫 以全其兩肩也 袈裟 僧所服衣也 衲衣 僧所服百衲

緇衣 僧所服黑色衣

漁獵器用

網罟 罟魚網揔名 罾罩 罾取魚網有机者 罩竹籠取魚具 羅 鳥罟謂之羅 罝 兔網也 罝猶遮也 罛 魚網之最大者 罧 積柴養魚使得隱藏避寒因以簎或麻布帳圍取之也

罬 音媒 意同 囮 引鳥之媒 圝 引鳥之媒 籞 水中竹養魚 罨 網也 網從上掩之也 魚笱 竹器取魚

筌蹄 筌捕魚笱也 蹄兔網也 笭箵 小籠也 網籪 取魚具也 魚叉

撩搵 撩魚者 簖簾 取魚具 筌扈 簖簾之屬 筌取魚竹器 扈竹籬也 所以候魚至而取之者 釣鉤 香餌 釣魚藥也 黐竿 黐黏鳥之物 竿竹竿也

矰繳 矰矰矢也 繳弓弦也 增亦作矰

軍器

矛盾 矛長鎗也 盾短鎗也 干戈 干盾也 戈戟也 弧弓 以木曰弧 以角曰弓 刀鎗 黃帝與蚩尤戰時所製 皆伏羲所造 斧鉞 大斧曰鉞 小斧曰斧

狼筅 鋼叉 棨戟 棨戟衣也 戟平頭單枝為戈 双枝為戟 弩箭

弓彈 矢箭身 箙箭本也 橐箭袋 韜弓衣 刀鞘 虎韔以虎
皮為弓室也 鞬藏弓曰鞬 韇弓衣曰韇 機弩牙曰机 弢弓衣曰弢 室刀鞘
曰室 魚文盛箭器也 燕弧燕地之弓極勁硬者也 纖繳纖細繳弓弦也
微矰矢也 金機弩牙 電影矢名 箭鏃箭頭 鉾銳刀劍之鋒 鋒
鏑鏃也 利鈍利快也鈍不快 磨礪礪磨刀石 星弓揮弧星始制弓 檿
弧其服檿山桑也木弓曰弧服乘箭器也其鋼草織之以為服 鬭器兵器
也 引強能引強弓弩也 控弦控引也引弓者控弦之士 彤弓朱弓也天
子以賜有功之諸侯 龍泉太阿並宝劍名也豊城令雷煥掘獄得双宝劍一曰
龍泉一曰太阿以一劍與張華一自佩之華因事誅失劍所在煥卒子為州從事持劍行

經延平津劍忽躍墮水使人沒水取之不見劍但見兩龍各長者惧而返遂失其劍 越
劍越王允常聘歐冶子作劍一曰純鈎二曰湛盧三曰豪曹四曰魚腸五曰巨闕 干
将鏌鎁並宝劍名蜀志曰楚王召風胡子令之呉見歐子与歐子同師闔閭造二
劍一曰干将二曰鏌鎁 匕首短劍也其頭類匕故曰匕首用毒藥塗其上而以木
火鍊之以試劍人血出如一線而人即死 屬鏤劍名呉王賜子胥以死者 撫劍
撫手持也 昆吾列子云周穆王得昆吾劍照人如照水切玉如切泥 青萍宝劍
名 掛劍呉李札聘魯過徐國徐君好李札之劍口不敢言李札心知之為使去國
未獻還至徐徐君已死札解劍繫徐君冢樹而去曰吾以心許之豈以死倍吾心哉 彍
弩引滿曰彍吾丘壽王傳曰十賊彍弩百吏不敢前 五兵弓矢殳矛戟為五兵

鳴鏑響箭 流矢飛箭 劘鏃以繩繳把曰劘鏃 征鞞鉦鼓也 廣
車兵車 鐔劍口 珥載弩車也 蛇矛長鎗 鋏劍把 盔頭盔 鎧甲也 兜
鍪頭盔也又曰首鎧 甲冑甲鎧也冑卽頭盔也 介冑卽甲冑也 矟矛丈
八尺者謂之矟亦作槊 空拳司馬遷傳曰張空拳冒白刃○李奇曰拳弩弓也言
張弩之空弓讀者以拳為手拳大謬矣 霜刃言其利也刃刀也 金鼓金鉦
也兵以鼓進以金退為軍中之號令也 佛郎機 鐵銃 炮杖 火
藥 流星 擂木 盜者守劍王烈遺盗牛者布一後有遺劍于路一
人守之使人視之乃昔日盗牛人也 旌旗析羽于旗竿之首一曰旌旗之揔名曰旗一
曰畫熊虎于旗為之旗列子云黄帝以鵰鶡鷹鳶為旗幟蓋旌旗之始也○又旌表也

旂旄犛尾著竿頭而有鈴者曰旂旗之所以指麾也旄旛也○幢音床與幢同旗屬
也 旖旎旌旗從風貌 旛旌旗揔名 旌幢幢旛也析羽著旌頭曰旌 旐
旟畫龜蛇于旌旗曰旐畫鳥隼于旌旗曰旟 旗幟幟与幟同即旗也黄帝与蚩尤
戰所遵 牙旗将軍所建旗也 旗常常亦旗也文選云銘功德于旗常 高
牙将軍之旗也文選云高牙乃建 旗皷大将旗皷也 綵斿綵旗也○斿旌
旗之末垂者 孔蓋翠旍以孔雀尾為車蓋以青翠羽為旌旗此神人之飾也
五旗天子有五色旗 九旒即旗也○旒旌旗之垂者 殳兵器其長三尺而無
刃 戟長鎗 鋏長劍名又把也 鞭簡 衣鎧 方天戟 偃月刀
倭刀 鳥嘴銃 火礟下音抛去声 旃旗曲柄 刀靶刀柄

高招 旗首着灯籠以招營中軍人曰高招 鎗幹 戎衣 戎粧 彭

排 蔽敵器也

儀仗 頭踏 五花頭晴車馬前二对之兵器也 引導牌 錫鑞牌 虎

頭牌 藤棍 閣漏 又曰格路格音各 聳錫 鐲 即聳錫也 日

罩 傘也 涼傘

刑具 夾棍 拶子 鐐肘 脚鐐手肘 長枷 提棍 榔頭

腦箍 荊條 黄荊條也 麻繩 鐵索 鏈條 即鉄索也

新刊古今類書纂要卷之六終

新刊古今類書纂要卷之七

醫家

醫國 称頌医者曰医国晋平公有疾秦伯使医和視之晋大夫趙武曰医及国家乎対曰上医医国其次救人固医官也 國手 称医者也解見医国 醫意 唐許胤宗善医人問何不著書宗曰人之病在乎心意之巧而知変脈之深趣不可言傳 察脈

韓愈曰善医者不視人之瘠肥而察其人之病否而已 杏林 称美医士曰功満杏林昔董奉毎治人病愈令種杏五株遂成林後昇仙 橘井 晋蘇耽種橘鑿井以療人疾時疾病者食橘葉飲泉水即愈號橘井 神樓散 謝人恵薬曰屢賜神樓一七漢李少君入太山採薬遇仙人安期生少君疾困叩頭求活安期生以神楼散一七令

之服之即愈七音敝是也。 肘後方 葛洪撰金匱方百卷肘後急要方四卷

三斛火 石藏用刘寅二人善医藏用喜用熱藥刘寅喜用冷藥京師曰藏用匣中三斛火刘寅篋内一壺氷 三折肱 三折肱知為良医又曰九折臂而成医。言其歴病多而遂成医也 飲上池水 美医者曰飲長桑君上池之水。春秋時扁鵲少為駅舎之長舎客長桑君過扁鵲知其有道術待之甚厚長桑君出懐中薬方與之令其飲上池之水三十日當知物矣扁鵲如其言從此視病尽見五臟之癥結上池水竹木上之露也 盧醫 列子云季梁病盧医曰致病非由天非由人亦非由鬼稟生受形既有制之者藥其如汝何季梁曰神医也 上醫 称医人又曰良医神医 瘍醫 外科

術家

風角 候四方四隅之風以占吉凶曰風角背民翳明養風角有一生從峯韓歸翳明為食膏藥封簡書曰有急発之生至葭萌争渡吏打破從者頭生開封曰到葭萌與吏鬪破頭者以此膏藥裹之生乃後还至蜀業 錢卜 京房卜易卦以錢擲以甲子起卦 瓦卜 西京寿安縣有墨石山神祠頗灵前有兩瓦過客投之以卜休咎仰為吉俯為凶 三易 周礼曰太卜掌三易之法一曰連山二曰歸藏三曰周易。註云易揲蓍以占其卦也夏之易以艮為首謂之連山商之易以坤為首謂之歸藏周之易以乾為首謂之周易者如乾道之変易不窮也 揲蓍 數蓍草以占卦也 鳥卜 唐西域東女国以初詣山中剖鳥腹有穀者歲豐否則有災 棊卜 方術記曰十二棊卜黄石公用

之行師萬不失一又西京雜記云八月四日竹下圍棊勝者終年有福不勝者有災 響卜 聴響 灼龜 聴識卜 即響 候家 古候者曰候家 日者 卜筮人也 二問 少儀註云不二問謂謀之亀筮事雖正而兆則不吉則不可以其不吉者再問也 卜不襲吉 左傳曰事不再令卜不襲吉。襲重也謂不宜重卜也 龜焦 左傳。衞侯將加五氏卜過之亀焦謂兆不成不可以行事也 以鵲占風 東方朔風角補遺語漢武帝問之対曰殿後栢上有鵲立枝上東向而鳴視之果然問朔何以知之対曰風從東方来鵲尾長傍風則順背風則蹶必當順風而立是以知之 乗舟而來 孔子使子貢往外未来謂弟子占之遇鼎皆言無足不来顏子撿口而笑曰無足者乗舟而来賜至果乗舟而来 聖人不煩卜筮 左傳

類書纂要 卷之七

。謂不疑故不卜也 課命 課筭命 善為星 能占筭星辰曰善為星 能為星語 知星曰能為星語 曉家術 傳祖父星筭曰曉家術 賣卜自奉 卜候自給也 鑾乩 星相 陰陽 地師 陰陽先生又曰地仙 堪輿 堪天道輿地道故称地師曰堪輿 明中之士 曉星曆人 打 筴 篿 結草折竹曰篿 探札 抽籤也 發徽 噀水 噀水也 書符呪水 步罡捻訣 靈氛 卜人 星子 星士 眩人 幻術人也又曰作人。幻人背患 圖讖 圖畫隱諱之言日後應驗之事 內學 通圖識也

繪畫傳神

六法 畫有六法一曰氣韻生動二曰骨力用筆三曰應物象形四曰隨類賦彩五曰經營

置位六曰傳移摸寫 丹青 畫曰丹青 繪畫 繪五彩畫也 白描 水墨畫不施顏色曰白描 淺絳 寫真 描寫真容 傳神 即寫真也 畫工 匠畫者又曰畫即畫士 妙畫通靈 称頌畫士曰妙畫通灵世說曰顧愷之嘗以一厨畫寄桓玄玄發厨取之封題如初畫並不存玄云妙畫通灵変化而去 鄭虔三絶 称人畫山水曰得鄭虔之三絶唐鄭虔善畫山水自寫詩并畫以献玄宗大署其尾曰鄭虔三絶謂畫好詩好字好 崔白翎毛 称畫士翎毛好曰繪開妙筆得崔白之遺崔白梁人攻畫雖以敗稍兔雁得名然猶精花竹翎毛 王維山水 美畫師云徒羨王維手段廟王維字摩詰善畫名盛于開元天宝間英豪貴人皆虛左以迎○開元天宝玄宗之年號徒羨悅服也 正在阿堵中 晋顧虎頭善丹青每畫真

或數年不點目睛曰四體妍蚩本無關於妙處傳神寫照正在阿堵中○阿堵猶云這個指眼睛也

技藝

工 作巧成器曰工　國工 技藝之妙曰國工　梓人 木匠也又曰都料工師執斲郢人　圬者 泥工也　鏝人 泥土也服虔曰鏝古之善塗墍者也墍音戲又音忌仰塗也下之附上爲仰塗然師古曰鏝杇拭也故謂塗者爲鏝人　技拭 揩潔也

世工 妙技人也　烏氏 冶匠　摶埴之工 瓦匠　攻木之工 治車匠也　刮摩之工 治玉匠也又曰追師○追音堆　碾玉 琢玉也　琢磨 治玉石者既琢之而復磨之　攻玉 治玉也　鑄鏡　鞔鼓 綳鼓也　磨

鏡　釘秤　負局先生 隱于磨鏡人也　鋪犀　穿珠　打銀　銷鎔　搏打　鎚鑿　鑲銀　鍍金　嵌金　戧金　銲藥　燒梅　作罨　煮洗　煎銷　傾錠　作綵　腘子 腘猶腘也　湅水 灰水　漂白　蒸白　汰洗　曬眼　晾 置物于陰處晾令乾燥也　還覆　漿糨　碾研　繝匠　圈金　補捺　腰機　經杓 疏通經綫　筆士　墨工　裱褙　刷印　裝釘　類釘　刊刻　鐫碑 刻碑　勒石 刻碑　雕鏤 刻字也　鋟梓 刊刻也　石匠　鏨鑿　粧鑾　泥塑　粧彩　漆匠　灰布　描金　彩漆　揩光　退光　磨刮　斲磨 斲削磨光

篾作 篾匠　劈削　監門 抽拽竹絲銀絲皆過監門　扯拽　抽拔　篾桶　笏頭 笏即篾也　穿棕　版築　篦頭　結騣

香扇

香　檀香 生南海有數種黃白紫色　沉香 交州有蜜香樹欲取先斷其根經年外皮朽爛木心與節堅黑置水則沉故名沉香　鷄舌香 一名丁子香以其形似也卽丁香之大者今謂丁香母是也○日華子云治口氣故卽官奏事口含鷄舌香也○俱出葉廷珪香譜　龍涎香 出大石國其龍多蟠于洋中之大石卧而吐涎衆魚聚而潛之人見則沒而取焉然龍涎無香其氣近于臊白者如百藥而膩理黑者亞之如五靈脂而光能發衆香故人用之以和香　零陵香 出湖廣永州府零陵縣　鬱金香

芳草也其香有十二葉為百草之英生秦國二三月有花狀如紅藍四五月採花即香合而釀酒以降神　蘇合香 出西域及崑崙採紫赤色與紫真檀相似極芬芳重如石燒之灰白者好○或云胡人採蘇合先煎其汁以為香膏乃以其滓賣與諸人故不大香也○滓音咨渣也　返魂香 巨海中有聚窟洲乃仙境出返魂香人死燒之可返魂而生也　偷香 晉賈充宴集賓客其女于瑣窓窺見韓壽而悅之使人具說今夕入通焉時西域貢奇香著人經月不散韓壽燕處甚芬充計武帝惟賜己因究知女與私通充秘之遂妻焉因名韓壽香　薔薇水 周顯德五年昆明國獻薔薇水十五瓶云得自西域以灑衣衣敝而香不散　安息香 生南海波斯國其國呼為辟邪樹長三丈皮色黃黑葉有四角經寒不凋二月開花黃色花心微碧不結實刻其樹皮其膠如

脂名安息香六七月乃取燒之通神辟衆惡也 乳香 出南海波斯國松樹脂也紫赤色如核桃者乃為上也 麝香 麝如小麞人逐則自高岩峯擲爪踢出臍香就繫而猶拱兩足保其臍以自珍重 排草 出交趾國 合香 芸香 可辟蠹魚 末香

栢香 降香 速香 㷊閣香 樺香 香餅 香隧 宮串 香珠 衣香 線香 甘松 三賴 梓腦 一木四香 根曰旃檀節曰沈香花曰鷄舌膠曰薰陸

扇

五明扇 古今註云舜廣開視聽作五明扇漢公卿大夫皆用之魏晉非乘輿不得用 雉尾扇 殷高祖有雊雉之祥故有雉尾扇○出古今註○雊音垢鳴也 六角扇 王羲之在戢山見一老姥將六角竹扇羲之書其扇各為五字姥初有慍色因謂曰但言王右軍書以求百錢人競買之他日姥又持扇羲之笑而不答 齊紈 扇也

七寶扇 扇名 輕箑 扇也方言曰自關而東謂之箑自關而西謂之扇杜詩云輕箑頻相向 便面 扇曰便面張敞傳註曰所以障其面不欲見人則得其便耳又曰屏面 蒲箑 瑞草也以喻扇生于堯時王者孝德至則箑蒲生于厨其葉大如門不搖自扇于室中清凉有甚于天風以助供養故以喻扇 揚仁風 晉袁安為東陽太守謝安以一扇贈行謝曰即當奉揚仁風以慰彼黎庶 障面 晉王珉與嫂婢私通嫂鞭撻甚苦婢素善歌乃製白團扇送歌贈珉云團扇復團扇許持自障面憔悴無復理羞與郎君見 芭蕉扇 戈旗扇 蜀府扇 川扇 倭扇

擧扇自蔽 庾亮出居外鎮而執朝廷之推既挾上流擁強兵趨向者多歸之王

導內不能平常遇西風起擧扇自蔽曰元規塵汚人

雜貨

蘇木 出南海崑崙來交州愛州亦有樹菴羅葉若榆葉抽條長丈許其花開而黃子生青而熟黃也 胡椒 出摩伽陁國其苗蔓生莖極柔弱長寸半有細條與葉齊條上結子兩兩相対其葉晨開暮合合則裹其子于葉中是以不沾陰氣故甚辛辣六月採之 礬石 生河西山谷及隴西武都初生皆石也採得碎之煎煉乃成礬有五種其色多異有白礬綠礬黃礬絳礬黑礬即皂礬也 紫草 其根可以染紫苗似蘭香莖赤節青二月有花紫白色秋實白採根陰乾 紅花 冬布子于地春生苗夏乃有花其花可染真紅及作胭臙此種乃張騫所得也 硫黃 生東海牧羊山谷中及太山河西山礬石液也今惟出南海諸蕃崑崙外州或有而不甚佳以色如鵞子初出殼者為真謂之崑崙黃其色赤者名石脂色青者號冬結石半白半黑者名神驚石又有一種玉硫黃出廣南州溪澗水中流出其味辛性熱腥臭亦如鵞子黃也 砒礵 即信石也信州王山有砒井鑿坑井下取之官府封禁甚嚴坑中有濁綠水先絞水盡然後下鑿取生砒礵就置火上以器覆之令砒礵上飛着覆器遂凝然下垂如乳尖長者為勝平短者次之若中其毒用冷水研菉豆漿飲一二鍾亦可解之 驚閨 磨鏡人手中所持響鐵也 喚頭 篦頭人手中所持鐵其形如鑷鋏撚響以喚人知者 虎撐 過路医人所持鐵圈 喚嬌娘 賣雜貨者手中所搖之小鼓也 報若知 遊街医人手搖之骨牌 焇硝

釘鐵 棉花 古董 砂皮 顏料 大青 石青 銅絲 鐵

線 紫炭 魚膠 生漆 松香 瀝青 白蠟 黄占 即黄蠟 窑煤 墨煤 槐花 五棓 胡粉 紺燒鉛作粉曰胡粉又名鉛粉 韶粉 硃砂 飛丹 籐黄 金箔 花青 大青 紫梗 銅緑 錫箔 礬紅 紅麯 紫梗 蒲包 縄索 紙馬 蠟燭 藥碾 剷藥刀 乳鉢 油餅 角屑 猪毛 桴炭 炭墼 煙煤 草紙

藥草

人參 出遼東冀州河東諸州及泰山皆有之其別名曰玉精曰草神曰玉精曰人徵曰鬼蓋

檳榔 生南海向陽曰檳榔向陰曰大腹俗云南方地濕不服此無以去瘴癘其別名

曰仁檳仁頻檳門

茯苓 生大松樹下附根而生松樹赤者下有之其別名曰茯菟松腴

沒藥 樹高大如松皮厚三寸採時掘樹下為坎斧伐其皮脂流于坎旬餘方取之

硇砂 出西戎今西京及河東陝西近邊州郡亦有之

細辛 生華明山谷二八月採根曝乾

阿膠 出山東膠州府東阿縣井水用純黑驢皮熬成膏

阿魏 出波斯國其樹三月生葉形似鼠耳無花實斷其枝汁出如飴久乃堅凝或云生取其汁熬成

牛黄 凡牛有黄者皮毛光澤眼如血色時復鳴吼又好照水人以盆盛水伺其吐出乃喝迫即隕落水中又云有四種喝迫而得者名生黄殺死而在角中得者名角黄心中剥得者名心黄肝胆中得之者名肝黄皆不及喝迫得者為佳然多假者試磨手甲上以透甲黄者為真

龍骨 出晉地川谷及太山岩水岸土穴中死龍處今河東州郡多有之或云春水至時魚登龍門蛻其骨甚多人採以為藥実非死骨也然其骨有雌雄細文而廣者是雌粗文而狭者是雄凡入藥五色具者甚佳黄白色者次之黒色者下也

石蟹 出南海今嶺南近海州郡皆有之或云海蟹多年水沫相着化而為石者每遇海潮風飄出為人所得又一種入洞穴年深者亦然

空青 生益州山谷及越巂山有銅處銅精熏則生空青其腹中空破之有漿者絶難得亦有大者如鶏子小者如豆子

片腦 樹如杉木取之者必齋戒而往其脂以梅花片者為上其次有金脚速脳米脳蒼脳又一種如油名油脳

鵬沙 出于海南

雄黄 生武都山谷燉煌山之間今皆州接西戎界亦出一種水窟有水泉流處其石名青烟石白礬石雄黄出其中其塊大者如胡桃小者如粟豆上有孔竅其色得紅而微紫躰極空虚或云雄黄金之苗也故南方

之地近金坑處或有之但不及西方所来者

雌黄 生武都山谷與雄黄同山其陰山有金金精熏則生雌黄今出皆州其色如金以雲母甲錯之可析者為佳其夾石黒如鉄色者不堪或云一塊重四両者世間奇好物也

石燕 状似燕有文大者曰雌小者曰雄能療人之眼疾

石决明 生南海今嶺南州郡及莱州皆有之或以為鰒魚甲附石生如蛤惟一片無对七孔九孔者良十孔者不佳鰒音伏海魚也

陽起石 金齊城西惟一土山而出其中謂之陽起石山山惟一穴宮中常禁閉至初冬則州遣丁夫令人監視取之歲月積久其石益深得之甚難以色白肌理瑩明若狼牙者為上

自然銅 生道州山岩中出銅處于坑中及石間採得方員者定其色青黄如銅不從鑛鍊故號自然銅

五靈脂 出北地今河東州郡皆有之云是寒號蟲糞今

如[illegible][illegible]虫四足有肉翅不能遠飛

甘草 別名国老美草蜜草蕗草蜜甘

麥門冬 別名羊韭愛韭馬韭羊蓍禹薣忍冬僕壘隨脂禹餘粮

天門冬 別名顛勒

柴胡 別名地薫山菜茹草

獨活 別名羌青護羌使者胡王使者獨搖草

薏苡 別名屋菼起實解蠡簳珠

澤瀉 別名芒芋鵠瀉

遠志 別名小草棘菀葽繞細草

石斛 別名林蘭禁生杜蘭石遂

黄耆 別名戴参戴糁戴椹獨椹芰草蜀脂百本

防風 別名銅芸茴草百枝屏風蕑根百蜚

續斷 別名龍豆屬折接骨南草

當歸 別名山蘄文無

丹參 別名赤参木羊郄蟬草

茜根 別名池血茹藘茅蒐

五味子 別名會及又名玄及

旋葍 別名山薑美草金沸筋根花

沙參 別名知母苦心志取虎鬚白参識美文希

漏蘆 別名伏猪伏兔飛雉飛廉野蘭衣禾天薺

葈耳 別名地葵常思

葛根 別名鹿藿黄金黄斤鷄斉鷄齊根

苦參 別名水槐苦識地槐菟槐驕槐白莖虎麻岑莖祿白陵郎

蛇床 別名思益繩毒棗棘墻蘼蛇粟虺床

地膚子 別名地葵地麥

通草 別名附支丁翁王翁萬藤鬱囊鳥覆。藤音勝覆音覆

杜若 別名杜蘅杜連白連白芩若芝馬蹄香

百合 別名重箱摩羅強瞿又名中逢花

黄芩 別名腐腸空腸内虚黄文妬婦

石龍芮 別名地椹石能彭根天豆魯果能

知母 別名連母野蓼地参水参女雷鹿列水須韭逢

玄參 別名重臺玄臺正馬鹿陽鹿陽生

紫參 別名牡蒙衆戎童陽馬行

白芷。別名芳香白茝苻蘺澤芬。蔰音釆苻蘺音六梨

地黄 別名地髓芐芑。芐芑音户起

茅根 別名地菅地筋。菅音奸

款冬花 別名橐吾顆凍虎鬚氏冬

術 別名山薊山薑山連

蓍 別名牛藻馬藻

龍膽 別名陸游

苓 別名蒼耳卷耳草

桔梗 別名利如房圖白藥薺苨。苨音祢

甘遂 別名陵藁陵澤重澤主田

莨菪 別名横唐行唐亦作狼蓎

射干 別名鳥扇鳥蔞鳥吹草薑

白斂 別名菟核崑崙白草

貫衆 別名貫節百頭虎卷扁府伯萍蕖藻草鴟頭

草決明 別名萋蒿草蒿青葙子

仙茅 別名婆羅門

何首烏 別名野苗交藤夜合地精陳知白

太戟 別名邛鉅

夏枯草 別名乃東夕句燕面

白頭翁 別名奈何草野丈人胡王使者

藜蘆 別名蔥苒蔥菼山葱。菼音坦

商陸 別名募根夜呼。募音湯

蒲公草 別名地丁陸英蒲公英石長生搆耨

子

白芨 別名甘根連及子

鼠尾子 別名陵翹又名葝

枸杞 別名地輔地骨羊乳仙人杖西王母杖

薗茹 別名屈據離婁

杜仲 別名思仙思仲又名木綿

猢猻薑 別名骨補石菴閭

巴豆 即江子別名巴椒

桑寄生 別名寓木宛重又曰蔦。蔦音吊

南燭 別名鳥草牛筋

女青 別名雀瓢

女萎 別名地節王竹又名馬薫

秦皮 別名梣木石檀。梣音岑

烏頭 別名奚毒側子烏喙

狗脊 別名百枝強膂扶蓋扶筋

麻黄 別名卑相龍沙卑塩

防己 別名解離

山茱萸 別名蜀棗鷄足

楓脂 別名白膠香

藁本 別名鬼卿地新

石箭 別名離母鬼督郵

續斷 別名牛昬水薊

紫蘇 別名桂荏

五加皮 別名豺漆豺節

胡黄連 別名割孤又曰露澤

黄蘗 別名檀桓

穀精草 別名戴星草

山慈姑 別名金灯花

常山 別名互草

黄

連 別名上草 牛膝 別名百倍 葶藶 別名苦草丁歷萆蒿大室大適。葶音典 葶藶葉飲茶 貝母 別名空草藥實苦花商草勤母又云商。商音盲 薄荷 別名新羅蔢蔄。蔢音婆去声蔄音貨 荊芥 別名鼠蓂假蘇 黃精 別名重樓菟竹鷄格救窮鹿竹太陽草 芎藭 別名芎蘺薇蕪蘼蕪 艾 別名醫草病草冰臺 半夏 別名守田地文水玉示姑 車前草 別名芣苡馬舄陵舄當道勝舄牽牛遺蝦蟇衣。芣苡音浮以擥音覽 藿香 大黃 陳皮 枳殼 枳實

益智 益母草 三稜 紫菀 赤芍 白芍 木賊

地榆 秦艽 蒼朮 莪朮 杏仁 荳蔻 連翹 石膏 梔子 瓜蔞 猪苓 木通 甘菊 烏梅 升麻 天麻 蒲黃 香薷 前胡 山藥 薑黃 虎骨

草菓 神麯 滑石 巴戟 川烏 竹瀝 大附子

蓽澄茄 牡丹皮 吳茱萸 玄明粉 五味子 大腹皮 蜜蒙花 地骨皮 桑白皮 赤石脂 天南星 澤蘭葉 破故紙 黑牽牛 馬兜鈴 酸棗仁 兎絲子 石菖蒲 鹿角膠 鹿茸 酉月鹿角生取其茸明乾 蘆甘石 南木香 白蘚皮 旋覆花 別名艾菊 郁李仁 木鱉子 其核似鱉故云木鱉子 白蒺藜 紫

河車 夜明砂 牛蒡子 蜜陀僧 末藥 使君子

生山野中及水岸形如梔子稜瓣深而頭尖俗呼使君子者始因潘州郭使君療小兒多用此物故後來医家號為使君子

音樂部 歌舞本樂附

五音 宮商角徵羽也。徵讀作止 八音 金石絲竹匏土革木 五樂 郊祀志云備五礼五樂師古曰五樂謂春則琴瑟夏則笙竽季夏則鼓秋則鐘冬則磬也 樂府 礼樂志曰武帝定郊祀之礼立樂府至哀帝時罷之 咸池 六莖 五英

太章 招 音韶 夏 濩 音戶 武 勺 礼樂志云昔黃帝作咸池顓頊作六莖帝嚳作五英堯作大章舜作招禹作夏湯作濩武王作武周公作勺勺言能勺先祖之道也武言以功定天下也濩言救民也夏大承二帝也招繼堯也大章章之也五英英華茂也六莖及根莖也咸池備矣 嘉至 礼樂志。高祖時叔孫通因秦樂人制宗廟樂大祝迎神于廟門奏嘉至。嘉至猶古降神之樂也 永至 。礼樂志皇帝入廟奏永至以為行步之節 登歌 礼樂志。乾豆上奏登歌。登歌猶清廟之歌也 休成 礼樂志。登歌再終下奏休成之樂美神明既饗也 永安 礼樂志曰皇帝就酒東廂坐定奏永安之樂美礼已成也 安世樂 礼樂志。孝惠二年使樂府令夏侯寬備其簫管更名曰安世樂 以解嚴顏 作樂也。安仁語 以樂侑食 食而作樂也。出周礼 以悲哀為主 樂声以悲哀為主。嵇康語 節奏 樂作止高下緩急之度也 節族 樂節奏也。嚴安語 抑節 元紀曰分抑節度韋昭曰抑切也謂能分切句絕為之節制也 臚句 蘇林曰上傳語

告下為肸下傳語告上為句也
吹唱謳歌 長引其声以謌之曰歌齊歌曰謳
腔調遏雲遶梁 称獎善歌曰遏雲遶梁。昔者薛譚亊歌于秦青自謂尽之矣辞去青餞譚于郊青撫節悲歌声振林木響遏行雲譚謝不敢言帰。曹娥善歌東之齊乏粮過雍門鬻歌買食去餘音遶梁三日不絶
曼聲 長引声也。出列子
呉歈蔡謳 称譚唱曰呉歈蔡謳。歈又音頭歌也
楚舞越吟 歌舞曰楚舞越吟。出太冲呉都賦
態有遺妍 称舞状之美。鮑明遠語
案次而俟 俟曲而舞也。出傳毅舞賦
嘯 吹声曰嘯。出莊子
契神之音 称嘯也。出祖玄書
五節 左傳。先王之樂所以節百事也古有五節遲速本末以相及中声以降五降之後不容弾矣
煩手淫聲 左傳。於是乎煩手淫声言作楽者五降不息則雑声並奏非弾之正故云
諸音家 衆音律人也
琴德最優 作琴曰琴德最優。嵇康語
宜和養氣 琴之德也。出嵇康琴賦
歌兒舞女 妓楽也。元結語
材童妙妓 妓楽也。出傳玄賦
状若飛仙 称舞妓也。夏仲御別傳
出
蠱心喪志 女楽之害也。負自語
龜年善歌 唐明皇開元中楽工李亀年彭年鶴年兄弟三人彭年善舞亀年崔年善歌皆明皇寵幸其後禄山作乱明皇幸蜀三人流落江南毎遇良辰為人歌数闋聞者莫不感泣
聞聲亦幸 開元遺事云唐明皇弟寧王有妓寵姐姿色善歌李白侍酒戯曰王有寵姐善歌何吝此女子示于衆王笑令左右設七宝花障召于障後歌之白謝曰雖不許見面聞其声亦幸矣
爛熳之樂 任意取楽也。出列女傳

惉懘 音敗不和也
巴聲東鞞 俚詞也。沈亞之語俚音里鄙俗也
軼態瑰姿 舞態之美也。出傳毅舞賦。軼飄逸態躰態瑰偉也姿姿色也
巴俞都盧 西域傳。師古曰巴人巴州人也俞水名今渝州也巴俞之人勁鋭善舞従漢高祖定三秦有功高祖喜観其舞命楽人習之故有巴俞之楽李奇曰都盧躰軽善縁高者也
歌闋 闋尽也曲終為闋良傳傳曰歌数闋
徹樂 徹除去也。左傳曰山崩川竭君為之不舉降服乗縵減膳徹楽

琴

伏羲削桐為琴龍池八寸通八風鳳沼四寸合四時長三尺六寸象三百六十日廣六寸象六合前廣後狹象尊卑上圓下方法天地五絃象五行大絃君小絃臣第十一絃為宮次商角徴羽次小宮小商唐太宗増七絃。神農氏琴長三尺六寸六分上有五絃曰宮商角徴羽文武増二絃曰少宮少商。出廣雅
徽 十三徽以節琴音
軫 琴軫推絃之寛急
鴈足 **仙人背** **美女腰** **絨鈎** **岳山** **護軫**
焦尾 漢蔡邕在呉聞人爨下桐爆声知其良材因請之以治琴琴成尾有焦処因號琴曰焦尾又曰焦琴
龍吟
歌南風 舜弾五絃之琴歌南風之詩曰南風之薫兮可以解吾民之慍兮南風之詩兮可以阜吾民之財兮。出家語
四善 筆談云大抵琴材欲軽鬆脆滑謂之四善
素琴 古樸之琴
絲桐 琴也
鼓琴 弾琴曰鼓琴曰操琴曰撫琴曰操弄雍門為孟嘗鼓琴孟嘗凄然泣下
緑綺 漢司馬相如琴
伯牙聲 伯牙鼓琴鍾子期善聴之子期死伯牙破琴絶絃終身不復鼓琴以為世無知音者也
鼓琴自娯 顔淵曰鼓琴只以自娯亊夫子之道足以

自樂面不穎仕。出莊子

識琴中趣 晉陶淵明蓄素琴一張絃徽不具曰但識琴中趣何勞絃上聲

焦琴 琴曰焦琴

瑟

通曆曰伏羲作二十絃之瑟制嫁娶之礼

瓠巴鼓瑟 列子云伯牙鼓琴而遊魚出聽瓠巴鼓瑟而六馬仰秣

齊不好瑟 史記云齊王好竽不好瑟有求仕于齊操瑟立王之門三年不得入門客罵之曰王好竽而子鼓瑟瑟雖工如王不好何。太笙為竽

寶瑟 南部新書曰盧遇有宝瑟名數十有寒玉響泉之號

琵琶

風俗通曰琵琶近代樂家所作不知所起長二尺五寸法天地人與五行也四絃象四時也釋名云琵琶本胡中馬上所鼓推手前曰琵引手却曰琶因以為名

鵾弦鐵撥 唐開元中賀懷智善琵琶以石為槽以鵾雞筋作弦用鐵撥彈之

龍香撥 貴妃外傳曰貴妃琵琶以龍香板為撥

箜篌

二十五弦出自西域非華夏之音也乃師延所作其狀如琴抱于懷中兩手齊彈又名坎侯又曹毗賦云箜篌之狀龍身鳳形

箜篌引 孔衍琴操曰箜篌引者乃霍里子高妻麗玉所作也有一征夫披髮提壺涉河而渡其妻追止之不及墮河死乃號天嘑而鼓箜篌而歌曰公無渡河公竟渡河公墮河死當奈公何曲終亦投河死麗玉傷之乃援箜篌而寫其聲名曰箜篌引

箏

十三弦風俗通曰箏秦聲也或曰蒙恬所造彈者用骨爪以代指其音箏箏然

應六律 阮瑀箏賦云箏長六尺以應律數絃有十二象四時柱高三寸象三才也

秦箏 箏秦聲也故曰秦箏

放嬌聲 崔懷王贈薛瓊瓊箏詩云平生無所願願作樂中箏得近王人纖手子研羅裙上放嬌聲

仁智之器 箏也。出傅子

笙

釋名曰笙生也象物貫地而生以匏為之其中空以受簧也說文曰笙正月之音物生故為之笙有十三簧象鳳之聲尔雅云大笙為竽小笙為和

鳳鳴 列仙傳曰王子喬者周靈王太子晉也好吹笙作鳳鳴遊于伊雒之間道士浮丘公接以上嵩山乘白鶴而去

鳳翼鸞聲 笙也笙管象鳳翼甚聲和如鸞鳳

簫

風俗通曰舜作簫其形參差象鳳翼故名鳳簫簫者中呂之氣編竹為之長一尺五寸

洞簫 簫之無底者元紀贊曰吹洞簫

人籟 簫也莊子謂南郭子綦曰汝聞天籟而未聞地籟汝聞地籟而未聞人籟。又笙簧之類亦曰人籟

隨鳳 列仙傳曰蕭史秦穆公時人善吹簫能致孔雀白鶴至穆公女名弄玉亦好吹簫公以妻焉乃教弄玉作鳳鳴而作鳳臺一旦隨鳳去

笛

風俗通曰笛滌也所以滌邪穢納之于雅正也長一尺四寸七孔笛音一定諸樂皆從笛而止笛之所出有雲夢之竹衛陽之幹柯亭之竹

玉笛 唐史云明皇與葉法師遊月宮廻過潞州城上以玉笛奏曲旬餘潞州奏云八月望夜有天樂臨城

據床三弄 桓伊善音樂蓄蔡邕柯亭笛嘗自吹之王徽之泊舟清溪素不相識伊于岸上過客稱伊小字曰此桓野王也徽之便令人謂曰試為我奏伊已貴顯素聞徽之名便下車踞胡床而作三調弄畢便上車主客不交一言

角

黃帝內傳云玄女請製角二十四以驚衆

司昏曉 通礼儀纂云昔蚩尤帥魑魅為亂能作大霧軒轅黃帝與之戰吹角作龍鳴以禦魑魅霧氣皆散自是軍中置角以司昏

曉故角爲軍器也　古　畫角　戎昱塞上曲曰襟上盈角哀即知兵心苦
人慙樓用此器也
刁斗　以銅爲斗晝吹夜擊營中擊之以警夜也　鐸　軍鈴属金鐸軍法用之
木鐸文教用之

鐘

樂器也　霜鐘　豐山有九鐘霜降不扣自鳴　鏞　大鐘也　法鼓　鐘也文選云法鼓琅以振響　磬　世本曰尭臣无句作磬五經要義曰磬立秋之樂也白虎通曰磬者夷則之氣象萬物之成　簨簴　竪木以懸鐘磬其横者曰簨直者曰簴　鎛　懸鐘磬横木也　扣擊　撞鐘曰扣曰擊　吼　鐘声　禺懸　淮南子曰禺懸鐘鼓磬鐸以待四方之士曰語寡人以憂者擊磬　洪鐘　河東賦曰鳴洪鐘洪大也天子左右五鐘天子將出則撞黄鐘之鐘左五鐘皆應入則撞蕤賓之鐘右五鐘皆應

夔鼓　黄帝内傳云黄帝與蚩尤戰玄女爲帝製夔鼓以當雷霆○夔大獸似牛一足無角殺夔以皮鞔鼓　鞨鼓　戎鼓　鞞鼓　馬上之鼓　鞉　如鼓而小有柄兩耳持其柄搖之則兩耳還自擊所以節樂者也帝嚳平共工作此○嚳音谷　布鼓　越志云越之城門號雷門有大鼓越擊此鼓声聞洛陽王尊傳曰毋持布鼓過雷門謂以布鞔鼓也　笳單中之

鼓　樂器也　枹鼓　枹擊椎也椎與槌同　杖鼓　鉦鼓　鉦鐃似鈴詩云鉦人伐鼓　金鼓　鉦也　鼙　鼓腔子也　鞞鞔　鞞鞔鼓　銅鼓　播敲　音類

音號　搥　音缶　擊　音急　撾　雙水切打鼓也　竝　交鼓　楚辭○擊鼓也　對辭

韸　音蓬　鼛鼛　音旁　鼕鼕　音冬　鼘鼘　音洞鼓声也　銅

鑼　雲鑼　方響　梁有銅磬今之方響也　雲板　即方響也　鏜鏜

鑼声　鏗鏘　鐘鼓之声　鏜鞳　鐘鼓声　叮咚、叮噹　聲磬

音韻　喧闐　人闐声　洞　地下應声

月琴　晉阮咸所作名曰月琴阮　胡琴　胡人馬上彈者　箎　似琴以竹爲之十二弦或五弦以竹擊之　簫　似笛以葦爲之三孔者　管　七孔　塤箎　樂器也燒土爲塤有六孔箎大者長尺四小者長尺二八孔或七孔以竹爲之言人兄弟之和者如吹塤箎之和也　三絃　拍板　代擊即也晉魏之代有未識善擊節以拍板代之拍板自此始　搽瑟　即拍板也　樂句　即拍板也　胡笳　胡人捲蘆葉而吹名曰笳　篳篥　說文云篳篥笳管也捲芦葉爲頭截竹爲管出胡地篳篥者本亀茲樂本名悲篥以其声類笳也又云羌人所吹以驚馬也　柷　樂器状如漆桶方二尺四寸深一尺八寸中有

椎柄連底桐之令左右擊以起樂者也桐音動動也引也　敔　樂器状如伏虎背上有二十十七鉏鋙刻以木長尺櫟之以止樂者也○櫟音立　引箭　喇叭　嗩吶

梨園樂工

生

生者言此戲文由此人而起也　旦　且者將明未明曉色未分之時故以男粧爲女脂昧未分也　外　外者言此人乃事外之人而預其事也　末　末者附始而言先出開場撥名爲始謂之末者反言之也　淨　淨者对鬧而言爲淨者出塲発諢取笑本鬧而乃謂之淨者反之也　丑　丑者言其陋也本當作醜字今書從簡　貼生　貼旦　老旦　小旦　小外　以人少不能敷演其事又副此以共全之也　戲子　梨園子弟也　雜劇　雜戲也　搬演　做戲　敷演　演即搬　取笑　插科

打諢 打訙 以上取笑至打訙皆戯謔之言也 服飾 行頭 訙未 胡肖面 將就像人面 提傀儡 木偶人線牽作戯 供唱 承應 顚話 打諢之言 弄木偶 弄傀儡也崔彥曽語 ○ 子弟 脚色 俳優 供應樂戸 伶人 樂官也 樂正 樂工長也 弦工 吹樂器人 談優 說顚話人○蔡邕語 諧臣 顚官 樂人也○元結語 俳倡 俳雜戯也倡樂人也○枚乘傳曰談笑類俳倡

諸戯

圍碁 手談 群仙傳曰待詔王積薪夜宿村店聞隔壁下圍碁及明視之無碁局問之乃手談也○又曰對坐無言以手着碁爲手談 坐隱 世說云王中郎以圍碁爲

坐隱 碁局 碁盤也 木枰 楸枰 皆棋盤也 書紙局 洞覽云王積新每出必携圍碁具盃紙局與碁子道中雖遇匹夫亦與之對下單 象棋 謂以象牙飾碁也 不著高 世事如棋不著高 博奕 下棋賭也 爭道 排碁爭路數也 方罫 碁局線間方自 下鼈碁 俗云百廾子 雙陸 陳思王製雙陸局 樗蒲 双陸 呼盧 盧骰子紅点也擲骰者得紅点以為勝故賭博者但呼盧 楸局 棋盤 博簺 賭錢曰博簺○出韓文○打双陸曰博簺行碁相賽曰簺 博陸 即是雙陸 囊家 糾集賭博者于其家收貯賭博之錢故謂之囊家今俗謂之頭家 乞頭 囊家計筭賭博者一次之錢千内抽分有以千乞故曰乞頭 攤場 賭博 又曰攤戯又曰攤賭 設張博具 安排賭錢之具 五木 五箇雙陸

簺也古人用五子以木為之陳子王用兩子以骨為之 呼五白 賭錢也○出韓文○五雙骰曰五白 擲骰 擲骰子 投瓊 擲骰子○祭澤語 蒲酒 博且飲也○裴寂語 嗜酒喜蒲博 好飲博也○刘黑闥語 成盧 擲樗蒲得貴色曰成盧○刘毅語 牧猪奴戯 譏打雙陸者○陶侃語 以戯廢事 言好博廢事也○陶侃語 當無為之暇日 言奕碁者當于無事閑暇之日可也○曽攄語 蒲博通晝夜 博不止也○裴寂語 善格五 能賭錢曰善格五○出吳丘壽王傳註曰格止也碁之將邊士所至無過五處五之外即止不得行善碁者困其士不得行故謂之格五 四緋 緋紅朱也骰子飾四点以朱曰四緋唐明皇與貴妃打雙陸惟重四可以轉敗為勝明皇擲骰連呼叱之骰子轉為重四明皇

悅命高力士賜四緋今骰子純紅本于此 數負進 屢欠賭錢也○陳遵傳 猜枚 猜拳也 藏鬮 猜拳 偒拳 打拳也 踢毬子 踢毬 又曰蹴圓蹴踘踢踘步打蹴音促踘音菊又曰擊毬 放風箏 紙鷂 紙鳶 舞絙 絙大索也綳太索于空而走其上曰舞絙又曰走索又曰復索 緣竿 俗云扒鵲竿 搶鏢 走馬也 跟掛 緣高戯也又曰都盧 罥索 打鞦韆也又曰半仙戯○罥縮也掛也係取也 攉盤 手戯 白打 闘擊也 角觝 相撲也 唐梯 飛梯戯也 尋橦 竿也上竿戯也○西京賦曰都盧尋橦○都盧躰輕善緣者也 秘戯 帷幄事也 冠革爲鞠 造氣毬也 鞠場 毬場也 把勢 打拳人 攙陽法 翻筋斗 打彈 畋獵 打獵 打圍 打獵 校

獵 打獵也師古曰校謂以木自相貫穿為闌校以遮闌禽獸而獵取也。成紀曰從胡客大校獵

射箭

貫蝨 称射者曰得貫蝨之技列子曰紀昌学射于飛衛衛曰視小如大視微如著而後告我昌以野牛尾串蝨垂于窓南面而望之旬月之間漸大三年之後如車輪乃射之貫蝨之心

貫鵬 称奐射者曰貫鵬絶技。唐高騈見双鵬曰我貴當中之一発貫双鵬後果貴為侍御人號双鵬侍御。鵬鷙鳥名

百歩穿楊 称射者曰有百歩穿楊之技楚国養由基善射去柳葉百歩而射之百発百中

的 射帖曰的

抶弩 抶縱弦也

擎鷹

仆水

划泅 並人浮水面也

泳 潜行水下

打没頭攤 伏水也

伏水 人行水底

神於張矢 称人精于射也。説語。張弓矢箭也

嫐 嫐音絞 戯也

嬲 嬲音鳥男 女小官頑戯也

厮賽　逞技　賭勝　闘巧　諍強　逞場作

戯啞謎 隱語令人猜也

娼家

術衒 術衒賣也言其事行業而衒賣也

粉頭 言其以粉塗飾頭面也

娼妓 妓字十奴也其貌雖美不过可及十奴之價

私科子 言非正路術院所出乃私胥科芋之娼也

搗兒 搗乃山中之鳥有雌無雄專與別鳥交合言娼家多與外人交合正如此鳥

烏龜 言龜雄不能交雌而與蛇交又曰言其白昼不能見人而烏夜蝙也

忘八 言人入于花柳之業者其心已忘却孝弟忠信礼義廉恥之八字矣

孫老 孫老者世称丈夫曰老公娼家無夫而以他人為郎孫寡老公也

顧老 顧老若言宿娼之人但顧眼前一時之好不顧日後之老言顧者及之耳

表子 表外衣也言娼婦非内室妻子乃外邊暫同衾者

牽頭 言不務生理之人牽引人家子弟入頭于花柳中行走也

帮閑　撥賺 帮閑者乃無藉之徒扛帮浪子嫖賭閑戯戯者也撥賺衾哄騙人也

飄客 言人転身于花柳之中如物之飄流而無定也

梳攏 嫖客初嫖娼家之女謂之梳攏亦行花燭之礼

嘗湯閫 即嫖字

點卯閫

借宿閫 以上皆言其知趣即休非倒身于此者

點茶逐客 娼家嫌人坐久不動身推討頻促其行也

行奸賣俏

偎紅倚翠 恩愛不忍相離也

争鋒 子弟遇勝互相争闘之意

戳馬 即争鋒也

鑽龜 娼婦與他家龜子交合謂之鑽龜

跳槽 子弟在此娼家宿歇又往彼家宿之謂之跳槽

飲食部

茶 茶経曰南方嘉木一曰茶二曰檟三曰蔎四曰茗五曰荈早取為茶晩取為荈為茗本草云苦茶能去脂使人不睡。檟音假一曰苦茶一曰山楸蔎音交一説黄茅根煎取汁治消渇荈音喘一説茶葉老者為荈

小龍團 茶之品莫過于龍鳳團八餅重一斤慶暦間蔡君謨為福建運使始造小片龍團茶其品絶精謂之小龍團凡二十品重一斤直金二両每南郊致齋中書樞密各賜一餅宮中往往綴金其上。出郡志

雀舌 坡詩云揀芽分雀舌賜茗出龍團。謂茶芽如雀舌

鎗旗 顧渚茶記云團黄有一鎗両旗之號。謂茶芽一鎗両旗也

七碗 盧仝謝寄茶歌云一碗喉吻潤二碗破孤悶三碗捜枯腸惟有文字五千巻四碗発軽汗平生不平事尽向毛散五碗肌骨清六碗

通仙靈七碗喫不得也但覺兩腋習習清風生 春茗 茶曰春茗 啜茗 喫茶也 雪水烹 陶穀取雪水煎茶 煮茗 煎茶也又曰茗又曰烹茶

酒

飲談撫題云酒者天之美祿云云 儀酒 昔儀狄作酒而美進于大禹禹飲而甘之遂疏儀狄乃絶旨酒 魯酒 自然酒薄曰魯酒。楚宣王朝諸侯魯恭公後去而酒薄宣王怒乃發兵與齊攻魯一日與趙俱獻酒于楚王主酒吏魯薄酒易趙厚酒楚王以趙酒薄遂圍邯鄲 葡萄酒 漢大宛国造葡萄酒 九醞酒 漢制以正月旦造酒八月成名曰九醞一名醇酎音純紂 黄封酒 官酒以黄帕封故謂之黄封酒 上樽 漢賜丞相上樽。註云糯米一斗得酒一斗為上樽稷米一斗得酒一斗為中樽粟米一斗得酒一斗為下樽。出漢書 盗酒 晉惠帝時畢卓為吏部侍郎素性愛酒一夜盗飲醉舍郎之酒醉臥甕間被縛人縛之至曉乃吏部侍郎也朝官樂廣聞而笑之曰名教中自有樂地何至于此也 醴酒 詩。泲之而去其糟也所謂縮酒用茅者也。泲音濟上声 玄酒 礼記云玄酒在室。註云太古無酒用水行礼謂之玄酒 秬鬯 香酒也 清醇 美酒 澄醪 清酒也又曰清醅又曰澄觴 醇酎 重釀美酒 芳醑 美酒也又曰芳旨又曰中山 醽醁 名酒 松醪 山家酒也 雪液 揚州美酒也東坡謝黃寔送酥酒詩曰閑右土酥釀似酒揚州雪液知旭酥 玉瀝 酒也 醁醑 名酒 醱醅 開酒也唐詩云相逢自醱醅 濁醪 酒也 文選云蜀醪如河 醇醪 美酒也醇不雜也言釀也醪汁滓合之酒也 茅柴 惡酒也謂苦硬之酒如茅柴火易燗也 狂藥 酒曰狂藥 從事督郵 桓温

有主簿善別酒好者為青州從事惡者為平原督郵蓋青州有齊郡言飲好酒直至臍腹平原有鬲縣言飲惡酒至鬲上住也 清聖濁賢 鮮于輔曰醉客謂酒清者為聖人濁者為賢人。出魏略 美醞 称人好酒曰美醞又曰香醪佳釀 家釀 謝人送酒曰蒙賜家釀言其家造之酒也 浮蟻 酒也 羅浮春 唐人以酒名春又曰甕頭春竹葉春土窟春梨花春甕底春 洞庭春色 坡詩註云安定郡王以黄柑釀酒名曰洞庭春色云云 醞釀 造酒 金盤露 酒名 察林檎 酒名 麻姑酒 出江西 河清酒 出北 煮酒 焼酒 暴蒸 滄下 久而清也 瀝米 麯蘖 造酒藥 酵頭 酒藥 漿液 漿水 津液 湑汁 湑米湑水也汁肉汁羹汁也 昬麯 昬酒藥也 掃愁帚 詩家謂酒曰掃愁帚又曰釣詩鉤 糟粕 渣滓 醙 音搜白酒 清醥 即清酒 烹露葵之羹 音羹也。出諷賦。

飯食

饔飧 熟食也朝曰饔夕曰飧 脫粟 晏子春秋曰晏嬰相齊食脫粟飯。脫粟者謂纔脫粟而已不精鑿也鑿音作精細米也 糒醪 糒乾飯也醪汁滓酒也。李廣傳云持糒醪遺廣 玉食 美食如玉也。陳咸傳曰奢侈玉食 糲食 糲粗也米不精也許后傳曰妾誇布衣糲食。糲料落頰三音俱粗糲也 胡麻 漢刘晨阮肇入天台山採藥見二女絶色喚刘阮之名因邀之過家侍以胡麻飯山羊脯 蓐食 未起而牀蓐間食也韓信傳曰迺晨炊蓐食 靡衣媮食 靡輕麗也媮苟且也言為靡麗之衣苟且而食恐懼之甚不為人計也韓信傳曰衆姓莫不輟作怠惰靡

衣褕食 **攻苦食啖** 師古曰啖作淡為無味之食也言其攻擊勤苦之事而食無味之食也叔孫通傳曰呂后與陛下攻苦食啖 **廣文不足** 杜詩曰甲第紛紛厭梁肉廣文先生飯不足。廣文斈官也 **饘粥** 饘即粥也厚曰饘稀曰粥家語云顏回有負郭田五十畝可以供饘粥 **肉糜** 糜粥也晉惠帝時天下荒亂百姓餓死帝曰何不食肉糜 **口香七日** 金鑾密記曰白居易在翰林賜防風粥一甌食之口香七日 **咽哺** 咽吞也哺含在口者也匈奴傳曰父兄綏帶稚子咽哺 **絕甘** 言自絕甘而與衆人分之共同其多少也司馬遷傳曰與士大夫絕甘分少 **稻醴粱糗** 稻醴稻所為之酒粱糗粱米所為之飯也。左傳曰進稻醴粱糗服脯焉 ○服脯音段府腊肉也 **潷漉** 去湯水令漉燥也 **餅饠** 餚食也 **饜飫**

饜飽也飫食過多也 **屬厭而已** 飽而已也。出左傳 **腹猶果然** 尚飽也。出莊子 **置食之間** 。安排食次也出左傳 **及饋之畢** 食畢也。出左傳 **糲粱** 糲粗米也一斗粟七升米為糲司馬遷傳曰糲粱之食 **茹飲** 茹食也 **饁** 餉耕田人食也 **餩** 飽傷声與餲同 **饋** 進食于尊曰饋 **餉** 饁也 **晨炊夜舂** 造作飲食也出左傳 **餱糧** 乾食也 **珍饈** 饈食也美食美物曰珍饈

點心 **湯餅** 倦游錄云凡以麪為食煑之皆謂湯餅 **紅綾餅餤** 唐僖宗幸南內興慶池泛舟方食餅餤時進士在曲江有聞喜宴上命御厨依人數各賜紅綾餅餤所司以金盒盛進上命中官馳以賜之。以紅綾束餅 **胡餅成讖** 漢靈帝好

胡餅京師皆食胡餅後卒成董卓擁胡兵破京師之驗 **麻餅** 石季龍諱胡改胡餅曰麻餅 **酥餅** **薄脆** **菓餡** **都心** 以上皆餅名 **油饊糕** **乾糖饙** 餅餡也或以糖或以蜜為粿餡也 **粿館** 羹湯內加麪或粉為餡以助其清薄 **饅頭** 諸葛亮征孟獲人曰蠻地多邪術須殺人首以禱水神假水兵為助武侯因雜羊豕之肉用麪裹之以像人頭祀神因稱曰饅頭 **蒸餅** **捲蒸** 並饅頭 **駝蹄** 紅饅頭 **饝饝** **餛飩** 即匾食 **餺飥** 即餛飩 **䭔** 人呼蒸餅為䭔亦作飴 **餅錠** **餶饋** **粉糰** **䬼子** 餅屬 **餃子** **糍粑** **粽子** **角黍** 即粽子 **蕨粉** 蕨萁粉 **豆粉** 菽豆粉 **索粉** **剝劑粉** 俗云辣薺粉非 **索麪** **糨糊** 粘漿也

糖霜 **蜜餞** **氷糖** **砂糖** **餳糖** **飴糖** **白糖** **糖纏** **柿霜** **水晶糖** **桂花餅** **玫瑰餅** 以玫瑰花和糖霜作餅 **葱管糖** **佛手柑** **橙片** **橙丁** **薑絲** **細酸** **添換** **蜂蜜**

果蓏 說文曰在木曰果在地曰蓏有核曰果無核曰蓏植生曰果蔓生曰蓏木實曰果草食曰蓏 **荔枝** 荔枝生巴峽間春榮夏熟 **龍眼** 即圓眼荔枝即龍眼熟號荔枝奴 **核桃** 即胡桃木生西羌又名羌桃 **南棗** **膠棗** **叱叱** 漢武傳。時上林獻棗上以杖擊傳檻呼東方朔曰七七來來先生知此中為何物朔曰東四十九枚上問何以知之朔曰以杖之檻者兩木也兩木者東也叱叱者四十九枚也上大

笑賜帛十疋 **李子** **鼠精** 李子也好事集云王侍中掌前有鼠從地出其穴生李樹花実俱好此鼠精李也 **苦李** 世說云王戎年七歲與衆小兒遊于道旁李樹下諸小兒競取李子王戎曰樹在道傍而多子必苦李也取之信然 **嘉慶** 乾李曰嘉慶子西京記曰東都嘉慶坊有李樹其実甘鮮為京都之美故称嘉慶子 **檨子** **松子** **榧子** **蓮肉** 即蓮子 **蓮房** 即蓮蓬 **藕** 荷之根也葉曰荷花曰蓮又曰芙蕖未全開者曰菡萏。菡萏音含但 **蟠桃** 仙桃 **櫻桃** 本草云櫻桃味甘主調中益脾氣令人好顏色美志氣益精一名崖蜜一名含桃為鶯鳥所含故曰含桃又名荊桃朱桃又名麥英黃而白者曰蠟珠純而赤者曰櫻桃味皆不如蠟珠 **枇杷** 秋蕋冬花春実夏熟其花名款冬花 **橄欖** 格物論曰橄欖能解酒毒置茶

中尤佳野者子繁樹峻不可以梯取但刺根下方寸許入塩于其中一夕其子自尽落 **山栗** 左傳云女贄不過榛栗棗脩 **如拳** 地理志諸暨産如拳之栗。暨音計 **健脚弱** 本草云人有脚弱啖栗数升遂健能行。啖音但喫也 **白果** 一名銀杏一名鴨脚其葉與鴨脚相似也白炒或煨食涼 **文杏** 漢武帝上林苑有文杏 **分流帝杏** 齊南分流山杏如柑橘謂之帝杏 **麼梨** **棠梨** **消梨** **楂梨** 楂酸梨也。唐張鷟小字楂父卯小名梨帝戚曰楂何如梨鷟答曰梨乃百果之宗楂何敢比焉 **塩梅** 書。高宗命傳說曰若作和羹尔惟塩梅 **楊梅** **桃** 桃者五木之精壓伏邪氣制伏鬼崇今作桃符以此木即此意也 **石榴** 古先中国無石榴因漢張騫奉使于匕石国得其種帰 **林檎** 林檎一名来禽以其味甘

故来衆禽也 **文林果** 宋王謹為曹州刺史有得林檎献于王謹貢于高宗以朱李又名五色林檎上大重之賜王謹文林郎名謂之文林果 **萍果** 似花紅而大 **花紅** 即林檎 **柿脯** 乾柿也 **七絶** 酉陽雑俎云柿樹有七絶一壽二多陰三無鳥巣四無虫五霜葉可玩六嘉実七落葉肥大 **橙子** **天香** 橙也范李詁詩曰流落三年百事休江南珍味更悠悠君侯分我才如豆一點天香下酒壓 **橘** **柚** 小曰橘大曰柚 **柑子** **鉄一瓣** 唐明皇食柑千餘枚皆鉄一瓣問進柑使者云中途遇有道士嗅之盖羅公遠也 **木瓜** 詩曰投我以木瓜報之以瓊琚。木瓜之味酸 **西瓜** 漢書云邵平者故秦東陵侯秦破為布衣種瓜長安城東瓜美故世號東陵瓜從邵平始也東陵又名青門 **葡萄** 葡萄本出大宛漢張騫使西域所致

有白黒黄三種一名馬乳亦名黒水晶国人醸以為酒富人蔵酒至千斛十年不敗 **畨桃** 葡萄作乾 **聖僧** 楊州人呼楊梅為聖僧 **柰** 李属一蔕或七八実或十五六実惟上林苑有之 **甘蔗** 甘蔗名蔗草其苗側出喩蔗出子也其汁甘用餳煎之可成餡即砂糖糖霜米糖之類是也 **石蜜** 呉録云交趾蔗圍数寸長丈餘取汁曝之数日成餡入口即消彼人謂之石蜜 **愈痁疾** 野史云盧絳中痁疾忽夢一白衣婦人曰食蔗即愈詰朝絳買蔗数根食之至旦即愈 **漸入佳境** 晋顧愷之毎食蔗自尾至本或問之曰漸入佳境 **菱芰** 兩角曰菱四角或三角曰芰 **沙角** 菱名 **鶏頭** 格物論云芡鶏頭也南楚謂之鶏頭北燕謂之茷淮泗謂之芡本草云一名鴈頭一名鴈啄茷茷音委又音役 **芡實** 即鶏頭也 **金橘** 其皮香其鄰酸而小

蜜橘 牛奶橘 香圓 香欒 荸薺 椰子 剖而
食瓤皮可為獸 赤實果 柿也 酸棗 藥中所用 欖仁 瓜仁 細莘
糖毬 燻梅 無花果 果實皆由花而結此果生枝即實也
殽饌 凡食曰饌 飲儲 下酒之物 咹酒 下酒之物俱備鳥獸門 膏粱 肥
肉粱美穀 五味 酸苦辛甘 八珍 饈之美者曰珍謂龍肝鳳髓兎胎熊掌鴞
腦豹蹄猩唇鯉魚尾為八珍 珍饈 珍言其貴也饈有滋味也 牲腥 未殺曰牲
殺而未烹則腥氣 鯖膾 牛羊猪肉切而為鯖火燔為膾 三牲 猪首或鵞或鷄
魚謂之三牲 三犧 牛羊豕亦曰三犧 五鼎 牛羊豕魚麋也 兼饌 人
兼二人之饌 醲濃肥厚。酒食之豐也出七發 殊珍異肴 好食

也。出七命 方丈華錯 盛饌列于前方一丈也。出七命 封獸之
踏 熊掌也。出七命 翰音之跖 鷄饌也。出七命 靈淵之鱉
鱉饌也。出七命 丹穴之鷁 禽饌也。出七命 玄豹之胎 獸饌
也。出七命 昆山龍之脯 美脯也。出吳均移文 洞庭紫鱗
之魚 美魚也。出吳均移文 隴西舐背之犢 好牛肉也。出吳均
移文 抱罕赤髓之羊 好羊也。出吳均移文 五侯鯖 昔婁護遨
遊五湖間各得其歡心競致奇膳以為鯖世名五侯鯖 肉鮓 肉鬱 肉毬
子 胾 大臠也 脯 乾肉 腊 乾肉 魚鮓 鱭子 卽魚鮓 葷腥 醢
肉醬 火腿 燻蹄 卽火腿 燻肉 火肉 豚肉 猪肉 豚蹄 猪腿 羊

羔 燒鵞 炒鷄 鴨蛋 鴨子 腈肥 腈肉肥腸 夾心 肋
條 坐臀 前甲 腰子 肝腸 肚肺 乳餅 牛乳 血
臟 腦髓 雜尖 鷄肫 蹄爪 脊脷 醃蛋
燕窩 海粉 海頭 海蜇 蟶乾 蚶子 蛀蛈 蝦米
鷹爪 大蝦米 精蝋 銀魚 殼菜 蛤蜊乾 蟥蜅乾
鯗魚翅 鯗魚 燻魚子 鹹魚 紫菜 淡菜 六
角菜
香蕈 蘑菰 香芋 落花生 木耳 黃花菜 卽鹿
葱花其草名萱又名宜男其花帶之忘憂 石花菜 荳腐 淮南王名安始

磨豆為乳脯名之曰豆腐 麪筋 腐皮 豆豉 筍乾 菉筍
粉皮
香料 胡椒 川椒 卽花椒 蓽蔢 胡椒花也 硇砂 蒔蘿
茴香 良香 官桂 紫蘭 丹椒 造食料物也。出七啓 醬
醋 塩醃 豆油 菜油 麻油 香油 桕油 桐油 清
油 猪油 鹺 塩也 醯 醋也
宰殺 劖剁 刀剉也 割切 鮮肉也 剮 剗薄切也 皰剝 剝削割也 剕
剔 解骨也 剁碎 細切也 撏拔 撏毛拔毛 剺開 以刀直破開也 劐
皮 以刀直刺其皮 剉 刀斵砍 擊鮮 陸賈傳曰數擊鮮。數音翔猶屢次也鮮新殺

之肉也言屢次擊殺牲牢與我鮮肉也　刲羊 殺羊也　烹飪 水火熟食物總曰烹飪　烹調 烹飪調和飲食　白煮 湯火熟物　油煠 油煮物也　熓肉 煮肉令其爛熟曰熓　炰羔 裹燒曰炰炰毛炙肉也羊子曰羔楊惲傳曰烹羊炰羔○惲音愠　爛熝 煮物熟也　爓瀹 煮也物下湯即起也　洏 物不熟再煮也　膘 原熟物再煮也　燖 湯火熟物　拌料　摻末　熝炙 烟燻火炙　煎炒 煎熟煮也炒火乾也　烘焙 火乾物也　蒸 湯氣熟物　熯 火炙物也　煏 火炙物也　煨 煨火燔物令熟　熬 乾煎也　爊 火乾也　爟 焰火炒也猶炒也　燔 燒炙也　燋 火炙物焦也　燖毛 撏去毛也　焞 火炙乾物　溲 溲水調粉麵和也和拌和也　揉搦 揉搦揉曲直之也搦手按物也　擀開

新鮮　佳美 佳殽美味　馨香 馨者香之遠聞也　甘甜　爽口 飲食中用也又曰適口可口　菘脆 易斷也　筋韌 堅柔難斷　精絜 精細絜淨　豐盛 酒殽豐盛　滋味　篤壞 食物不鮮　烏花 食物生黑花　薟 草味辛毒　醎淡　辛辣 辛者苦辛酸辛之意辣味辛也　苦澁 食味苦滯　餿酸 餿與餕同飯壞也酸醋酸梅酸寒酸也　白醭 醋生白花　白饛 食物上白醭　白殕 食上生白毛　煤[illegible] 煤壞也[illegible]爛也　陳腐 陳舊腐爛　臊臭 牛羊臭氣　腥羶 牛羊臭氣　腌臢 臭氣　膌[illegible] 臭氣　烔烔 臭烔烔　氣息 臭氣　隔宿 過夜之食　膱[illegible] 油膩之氣　生硬 不軟熟也　粗糙 不精細也　盦黃　虫蛀

蔬菜 凡草菜可食者通名為蔬　芥菜　甜菜　莧菜　苦蕒　薺菜　菠薐菜　水芹菜　蘿蔔 又名土酥又名地酥　茄子 俗名天蘿一名落蘇　葫蘆　王瓜　冬瓜　菜瓜　香瓜　綫瓜　南瓜　甜瓜　瓜瓠　瓜瓤 瓜肉　瓜瓞 小瓜　瓜仁　生薑　羊角菜　萵苣菜　萵笋 萵苣菜心　薹心菜　蘺蒿菜　白菜　水團頭 菜名　菘菜　塩虀　茭笋 又名茭白即菰蒲中心黑者為烏鬱又名蔣又名菰子又名菰米又名茭鬱長安呼曰雕胡　蕁菜　豆芽　茨菰　山藥　薯蕷 即山藥　菌 地蕈也　莙薘 牛藻菜一云馬藻也　蕓薹 菜名　蔓菁 即蘿蔔也諸葛亮所止之地令軍士種之

號為諸葛菜　辣芥　醃菜　葫蘿蔔　馬齒莧　菖腦　韭菜　葱蒜　薤 葉似韭根似蒜俗呼蕎葝　芫荽 胡荽也葱蒜韭薤芫荽謂之五辛菜又謂之葷菜　芎藭 葉似芹今呼川芎可点茶　藜藿 藜蒿類初生可食一名落帚言其葉落可為掃帚也又可為杖藿大豆葉也　豇豆　刀鞘豆 形如刀鞘　豌豆　蒟蒻 根似芋葉似天南星而大可為醬出蜀中　芋艿

穀食　五穀 麻黍稷麥豆又曰黍稷稻麥菽　六穀 黍稷稻梁麥豆　九穀 稷麻黍稻麻大小豆大小麥　禾稻 禾嘉穀也稻秔稬之揔名　秧苗　稼穡 初出曰秧秧成曰苗苗成曰禾禾秀曰稼既收曰穡登場曰稻　秔 稻之不粘者亦秔之

總名也 糯稻黏而可為酒與稬糯並同。黏音年相着也 秫說文曰糯也 黍說文曰糯也 占米即糯米始自占城因有種故名之太宗祥符間遣使求之 稑穜禾也稑後種而先熟穜先種而後熟 稷說文曰稷五穀之長也本草曰稷米芉無毒主益氣補不足 秬黍也 稃米穀即糠也亦作粰秿稃 秈米秈稻之不粘者即杭也 粳與杭同 白粲白米也 糙米 米糏碎米也 糠粃 穗禾穎也說文曰禾成秀也亦作穟。穎音影錐鉼也 糲音利又音辣又音賴俱粗糲米不精也穀一斗舂米七升曰粺 糳音作又左傳音鑿米精細也說文曰粺米一斛舂為九斗曰糳 大麥 麰即大麥 小麥說文曰麥金也金旺而生火旺而死 䅘即小麥也 義麥以其成熟能濟人之飢故曰義麥 麻子養生要集

曰麻子味甘無毒主補中益氣服之令人肥健麻子一名麻蕡一名麻勃。蕡音焚 苣藤廣雅云苣藤胡麻也抱朴子曰胡麻一名方莖服餌不老耐風溫其葉名青蘘 裸麥赤剝麥也 雀麥野麥漉汁可調粉食漉音六滲漉瀝水下也 蕎麥即今烏麥也 芝麻古名胡麻因出胡地故名胡麻漢張騫使大宛得種歸國後因石勒諱故乃改為芝麻也 晚米 粱黍稷之總名也 乾麪 麩麬麥殼也 麥稈麥莖也。莖音行草木榦也 菽豆之總名 蠶豆其豆因蚕時熟故名蚕豆 匾豆 赤豆 菉豆 豆莢豆角曰莢 巴豆 豆萁萁豆莖也俗云豆稭 稾禾稈也亦作槀稿稾 顆粒米一顆一粒也 秒禾穗之芒 萌芽

類書纂要卷之七終

新刊古今類書纂要卷之八

花木部

花木部花木之名甚多蓋擬其知者耳 花百花之總名 牡丹錢思公曰人常謂牡丹為花中之王 姚黃魏紫西京雜記曰花之奇有姚家黃牡丹魏家紫牡丹也 一捻紅唐明皇時有獻牡丹者乃楊勉家花貴妃捻之有面脂在手印於花上詔栽于迎春館來歲花開有脂印紅迹帝名為一捻紅 芍藥格物叢話曰芍藥牡丹之亞也一名將離一名可離至其色世傳以黃色者為佳 梅花避彥林註曰江邊曰江梅在嶺曰嶺梅在野曰野梅官中所種曰官梅插膽瓶曰瓶梅 百花魁梅花開于百花之先故曰百花魁王文正公詩云雪中未論和羹事且向百花頭上開 壽陽粧宋武帝女壽陽公主臥于含章

宮簷下梅花落于額上拂之不去號為梅花粧後宮人皆效之 海棠花李贊皇集曰花木以海為名者悉從海上來海棠是也江浙間有一種柔枝長蔕顏色淺紅垂英向下謂之垂絲海棠 恨無香楚淵材曰吾平生無所恨但所恨者五事耳一恨鰣魚多骨二恨金橘多酸三恨蓴菜性冷四恨海棠無香五恨曽子能作文不能作詩 水仙花又名金盞銀臺 薝蔔即梔子花也百花皆五出惟此花與雪花皆六出結實其梔子可染黃也 蘭蕙一幹一花而香有餘者曰蘭一幹數花而香不足而或夏或秋開者曰蕙 鶯粟花 麗春花格物論曰麗春鶯粟別種也叢生柔幹多葉有刺紅紫白三種一名月月紅 瑞香花 柳花本草云柳花一名柳絮入水經宿化為萍 榴花格物叢談云榴花來自安石國故名石榴亦有從海外新

羅国者故名曰海榴葵花格物叢話云葵花之種不一黄如木槿檀心與姚黄或白
或紅或紫黄色葉相類名蜀葵花之心蓮花
者名錦葵又名茂葵俗號曰一丈紅
花中之君子芙蕖即蓮花也菡萏蓮蓝也荷花即蓮花也睡蓮
蓮花有號起朝日夜入水者名為睡蓮花似六郎唐張昌宗以資貌偉錫再
思日人言六郎似蓮花正謂蓮花似六郎耳解語花唐天宝遺事日太液池開
千葉蓮花帝與妃子賞翫花謂左右曰何似我解語花耶合歡花格物論日夜合
亦名合昏按圖經云安和五臟和心志令人
歡樂人家多植于庭除枝甚柔弱葉似皂莢
槐其花暮而合五月花開紅白葩音怕平声花也玉簪花桂花一名
木樨叢生岩嶺故名岩桂古詞云紅是芙蓉
状元黄為榜眼白探花即謂之三種

花
芙蓉之名二出于水者曰草芙蓉出于陸
者謂之木芙蓉有拒草之名又日木蓮
山茶花山茶花有數種有宝珠茶石榴茶海榴茶云云菊花其名甚多不能
載紅蓼花白蘋花鷄冠花杜鵑花又名山躑躅山
石榴映山紅望春花一名辛夷一名木筆石竹花薔薇花
格物論日薔薇一名牛勒一名牛棘一名刺
紅一名薔蘼藤身莖青多刺其花或白或紫
或資連春接夏清馥可人荼蘼花茉莉紫荊花紫
薇花其樹無皮以手爬其樹則枝摇動俗呼怕痒花粉團花百合
花木蘭花鹿葱花其草名萱又日宜男又日忘憂其花可食羊
躑躅羊見此花食之則死故謂之羊躑躅玫瑰花扳枝花可振

枸櫞碧桃花杏花梔子花蓂莢花堯時生于階随月凋
荣每月初一日至十五日生十五葉足至十
六日落一葉至月尽葉亦尽月小則餘一葉
草莽茂草也卉百草揔名蒹葭蘆也蔦蘿寄生也蒡蕙草香草
蓍草蒿属一名靈草可卜說文云生千歲一本百莖易以為數天子九尺諸侯七尺
大夫五尺士三尺芣苡一名車前草一名蝦蟇衣荏蘇其子之油可煎印色
蘇蘇荸蘇苴葈麻有子曰苴無子曰葈稂莠禾中敗草
似稷無実苜蓿今謂鶴頂草也其米可食亦可為酒種出西域稊稗即稂莠草
菖蒲本草云一寸九節者石菖蒲粗者名昌陽蘆荻大葭也莩芦筒裏薄
皮也苞香草蓷香草芸香草也說文曰芸似苜蓿葉似野蒿香美可食今謂之七

里香可辟書蠹虫蚤蝨葦大葭蘆可作簾亦作蔓藻水草也又文辟曰藻謂藻
有文而辟如之又華飾曰黼藻謂如衣裳之繡藻雜米曰藻芻草也蕢水中有此
草則無魚苔苔生水中緣色水土潤氣所生故曰水衣生于牆者曰垣衣生于石者曰
石髪俗云青苔亦作落蘚即苔也藫即海苔也莎香附米也葑菲菜名
又日松菜又名蕪菁詩曰菜葑菜菲昌本菖蒲根也蓬蒿草名茵陳即蒿
也二月発生之苗謂之茵三月謂之陳至五月即為蓬矣萍水上浮萍草也柳絮入水
經宿化為萍而無根又蘋也藻即萍也蘊草木草藤蔓藤蘊也蘊藤也
草似葛葉似艾蔓葛屬玉篇云藤生蔓延女蘿女蘿托松而生在木乃女蘿在草為
菟絲乃蘿莪也說文曰蘿莪蒿属靛青靈芝三秀霊芝一年三花

水荇 水草 蓲苢 即青苢 芭蕉 名芭苴紅者為紅蕉白者為水蕉其子名
芉露可食
竹筍 筍一名竹胎一名竹芽一名蘭 帝竹 韻府曰頓丘帝竹一節為船帝謂舜帝也
竹籟 竹声也 琅玕實 竹實也鳳凰食竹子也藝文云朝食琅玕實夕宿丹
山隠 孤篠 篠小竹也孤者言于衆竹之間為獨美也 森華 言竹清陰之状 初
篁 竹筍曰初篁 新篁 篁新竹也 筠 竹之別名 籜 筍殼也 笻 竹名可為
杖 篔簹 竹名 斑竹 舜南巡狩崩于蒼梧之野二妃娥黄女英追至洞庭之山
泪下染竹竹為之斑死為湘水神即今斑竹是也又名湘妃竹 椶竹 筆竹
金竹 笞竹 紫竹 雷竹 苗竹 笙竹 漆竹

石竹 笛簳竹 桃絲竹 鳳尾竹 箸竹 孝
順竹
樹木 萬木之總名 松栢 杞 音起 梓 木中之王底用梓木 梧桐
琴材也梧桐子可食 槐樹 槐花可作染 檜 木名栢葉松身又音括 漆樹
楸樹 楸梓屬白色有角曰梓無子為楸又謂之椅椅音衣 石楠 木之最堅 椿
樹 莊子曰上古有大椿樹以八千歳為春八千歳為秋一云日椿也椿莖可食 樗櫟
樗臭椿也葉臃処其痕如樗蒲子故名之曰樗櫟八似椿皆庸材也 香樟 樺
樹 可作香 椶櫚 亦名蒲葵可作扇 楊柳 白楊葉員青楊葉長柳葉長細
桑柘 桑椹 桑子可食 木樨 即桂樹 楓樹 杉樹 栴檀

香木 枌榆 榆即白枌也榆生莢落如小錢粊天詩云榆葉拋錢柳展眉又云閑摘榆
葉撒青錢 相思木 鐵理木 花理木 冬青樹 楮 皮可
造紙俗呼穀樹也 檟 山楸 烏桕 子為桕油笑汁為燭 柞 木名又除木曰柞除
草曰芟芟音山 女貞 即冬青樹葉不凋也 連抱 言木大連抱非一人之所抱者
灌木 叢生木也 三眠 温叟詩話曰漢苑中有柳状如人號曰人柳一日三起三
眠 楝樹 荆棘 荆似木非木似草非草也細木也棘叢刺也
枝葉 椏枝 根荄 木本曰根草根曰荄 萌芽 草木始生芽也芽通作牙
根株 株本根也入土曰根土上曰株 苞 嫩蒂也又叢生也又茂也 蕋 花也
蕚萼 蕚花蒂花之柎也柎音夫花蕚之足也 英 英蕚也榮而不實曰英曰葉

蘗 谷麦之芽 苗 草初長嫩者 瓣 花瓣也 荅 花含心而未開即花蕋也 茸
嫩芽 菁 草木之英為菁又精英曰菁華 杪 木末 梢 木尖也 標 木末木之 幹
木身也 條 為條 梗 枝梗 蓧 草盛貌 枚 枝衆 蒂蔕 根蔕草木
綴也 奚片 瓣也 蓓蕾 蕋也又花錠貌一日始華 茂盛 草木豊盛貌 芬芳
香氣 𣗳 田上柭樹木遮蔽也 濃艷 敷榮 稠密 褪殼
凋零 隕落也 隕墜 零落 草木零落 花謝 花落也 驅果
芟除 種植
疾病
卧蓐 病在牀也 寢疾 卧病也又曰 内疾 隱病 皸瘃 手足凍裂

瘵陰淫寒疾陽淫熱疾末疾四肢疾也風淫四肢疾也雨淫
腹疾注疾晦淫宴寢過度之疾明淫心煩勞成疾也病暍傷暑河
魚疾腹疾目眚目病也又曰眚眼不佳疼痛楚也瘆痍疼痛也乾
瘠枯病也骨立病瘦曰骨立又曰雞骨鶴骨羸形歪瘵也瘦損憔
悴瘦也瞶亂昏病也又曰瞶眩苦寒泄下痢也又曰脾家恙也體久
不平久不安也遺矢溲便失便溺也溲溺皆尿也便大便溺音鳥去声
月事不下婦人血滯偽廢疾詐病酒醴所及疾在腸胃霜
露之疾小病也又曰採薪之憂宿恙重恙久病也恙帶也恙○嬰恙
蟲也入人腹食人心古人草居露宿被此患故称病曰恙困篤綿綿病甚也

殆不自濟自言病極過風絶飲食下輒後之日過風又輒出不晉亦日過
風過也濈然汗出病得汗也濈汗出貌被病多病不可見寒
病不可出拜起舒遲病難于拜淹病滯疾久病也又曰積病不得遂
瘳命在呼吸病將死也又曰瀆死又曰喘息須臾間耳疾在沈濃
病甚病日惡病難也又曰病力病革危萬死法中在膏肓入骨髓痼疾或損
自傷手足耳聾之類廢疾即疾病損傷耳目不殘疾手足之類篤疾
起不能行之類傳染癃瘦也羸瘦也怯薄瘦怯缺薄瘀血積內
不散血也衄血鼻出血也咯血喉出血嗆血喉出血癆也痛瘵
霍亂吐病吐瀉上吐下泄癱疾瘌疾秘結大便不通裏

急後重瘟疫瘴癘疫氣也二三月為青艸瘴四五月為黃梅瘴六
七月為新木瘴八九月為黃茅瘴黃腫黃疸膽黃病痃塊腹內癥結
病癥青征瘕癖腹病積聚一曰食不消也感冒感冒風邪怯症虛怯病症
燥熱寒噤勞瘵勞碌病之痰胸上水病也液所以養筋血濇不行
則痰聚于鬲上而手足弱疲憊力乏困憊眩暈頭目昏花胎毒驚
癇小兒痰病餘症病人又加別病痔瘡痘疹腫毒斑
癰發背疔瘡癰疽瘰癧癬疥癩瘡天
泡瘡瘤疣肉起也俗曰肉瘤瘻喉瘡瘍頭瘡火癉疿子
痳子癬子湯泡火燒內潰熟皴皴潰散

毒氣潰散也疤靨瘡疤瘡靨瘢痕猶瘡疤也痣面上黑子[illegible]皮起也與
皺同皵起皮細起也皺起拘傷皺皮起也皴裂皮細起也皵
刺疼脹滿皺皮起也採薪之憂自称小疾
治療醫治病也攻治治病治禳治療除病也診視候脈針灸針
砭砭以石刺病也針刺病脩合丸散湯劑方藥也㕮咀飲片
痊安病安也曰痊可又瘳瘥病安也輕快病安康復病康平安
復也安穀病而能食告平安樂曰告平有起色病愈數起曰有起色
脫然愈疾安體氣和平病愈也舊病有瘳久病安也平
復反常病安灼艾灸病也曰火攻又刺治針病也曰砭疾又失

理 医説也又曰妄投湯剤
問疾 問候人疾
尊候愆和 問人疾曰伏聞尊候愆和愆過也言四時之愆和故致病
貴體違和 問人疾曰伏聞貴躰違和又曰王躰不安
起居不歡 言謂人不楽
慎疾自愛 祝人将愛
輔助醫藥以自持 祝人将愛
禁内 祝人病愈須保養曰禁内○内者妻也
調理 調和理治其病又曰調治
保攝 保養身躯
勿藥 問人疾曰勿藥有喜猶言不用藥也○出易経
無恙 恙毒虫也入人腹食人心古人草居常被此恙故問人病曰無恙称人病曰貴恙

死亡部

駕崩 天子死也自上墜下曰崩故天子死曰駕崩
晏駕 天子崩曰晏駕又曰日崩登遐賓天委裘
官車晩出 即晏駕也天子崩也
薨 諸侯死曰薨
卒 大夫死曰卒
不祿 士死曰不祿
死 庶人死曰死
不天 子以父為天故父亡曰不天又曰失怙詩曰無父何怙
失恃 母亡曰失恃詩曰無母何恃
喪偶 妻亡也又曰失偶又曰失配断絃
炊臼之憂 喪妻也又曰鼓盆之戚
喪明之憂 子死也子夏子死哭子喪其眼
墜尾之憂 女死曰墜尾之憂
傾逝 言人死如水之傾一去不復返也
物故 言人死如事物之不在也
永訣 言人死不能復生永世不得相見故臨終與骨肉言別謂之永訣
先朝露 死曰先朝露又曰捐館舍即世捐賓客云亡棄世厭世辞世作古升遐奄逝
鳳集掌上 父母斉亡
不諱 言死不可復諱也丙吉傳曰君即有不諱
外艱 父死

内艱 母死
殞滅 絶迹也
屬纊 言人臨終曰屬纊之際纊綿也人臨死以綿羃口鼻之上以候氣絶
瞑目 呉王夫差既殺伍子胥后被越兵残其国夫差将亡曰吾何面目見子胥于地下乃以幎冒羃面而死即今羃死人面帛是也
驂鸞 婦人死曰驂鸞又曰卆折蘭摧香沉玉瘞
殀折 嬰兒即死也
夭札 夭死也又曰短折促齢促筭
上殤 十九歳以下死曰上殤
中殤 十五歳以下死曰中殤
下殤 十歳以下死曰下殤
年在中身 中寿亡曰年在中身
頌死 水溺死也又曰没死渰死渰音烟
縊死 縄吊死也又曰経死雉経投繯死
不食新 左傳○言其必死不及食新麥也
齎志入冥 抱恨而死
登鬼録 人死則為鬼陰司録寫其姓名故曰登鬼録
強死 不病而死
横死 謂死不善也
自刃 自殺也左傳曰請自刃于廟
魘死 睡夢中鬼魅魘死
自經 自縊死
自刎 以刀自断其頭
鴆死 鴆鳥之羽畫酒飲之即死
道殣相望 路死多也餓死為殣謂道路之間飢死相望也○出左傳
觜骼塞塗 路死多也又曰白骨蔽野○觜骼死人骨也
餓殍 道路餓死人也
殭屍 死尸不化
骷髏 死人之頭骨
七日復甦 趙簡子死七日而復甦雖蛆食其舌鼻猶不為害○礼云三日而斂未三日而斂者有殺之之理
仙逝 称人死曰仙逝又曰仙遊
同死於犬馬 死而無名
塹而死 墮塹死也塹溝塹也
以天年下世 以寿終也
龍蛇之年 將死之年
先犬馬填溝壑 公孫弘傳曰恐先犬馬填溝壑終無以報徳塞責○言恐死而不能報徳了事也
有

持忠入地之恨 不伸且死也 暍死 傷暑死也 卒郡 郡守死曰卒郡 卒官 卒于官也又曰喪官卒于公 相桃藉 人死多也 天年不遂 早亡 夙遭閔凶 少遭親喪也李密上表云其以險釁夙遭閔凶 髫齔夙孤 幼少孤也

遺勅 遺誨 遺囑 以上皆將死父命也 治命 父將死正言也 亂命 父將死昏言也 手澤 亡父遺迹曰手澤礼記云父沒而不能讀父之書手澤存焉耳謂父生前之汗澤存于書故曰手澤 口澤 亡母之遺迹曰口澤礼記曰母沒而杯棬不能飲焉口澤之氣存焉耳謂母生前津澤之氣存于桮圈故謂之口澤 易簀之言 父臨死之言也曾子疾子曾元曾申坐曾子足边童子言曾子未為太夫不當寢太夫之簀曾子曰然斯季孫之賜我未之能易也元扶曾子起而易之反席未安而沒。簀簀也

訃音 父母死即以其状聞于親友隣人曰訃音 吊慰 親友隣里聞訃往喪家問之曰吊慰 吊唁 吊死曰吊吊生曰唁 寬中自愛 勸人勿悲傷曰寬中自愛曰寬中自愛 節哀自愛 勸人勿悲傷也 為國惜身 慰人喪曰仰與為国惜身謂為国家理政而惜其身無以死傷生也 節哀順變 慰人喪曰敢與節哀順變○聖人制礼以節其哀益順以變之也言順孝子之哀情以漸變而輕減也 匍匐 吊喪曰深愧不能匍匐○匍匐手足並行也 罔極之痛 謂親喪者曰遠罔極之痛詩曰欲報之德昊天罔極言父母恩大如天無窮不知所以報也言卒然親喪遭此無窮極之痛也罔極無窮極也罹音梨遭也

贈襚 以玩好之器物敷陳而送葬曰贈以衣被裝斂死人者曰襚 賻儀 以財物資助喪家曰賻儀一封 賵 以自乗車馬送喪家曰賵 麥舟之助 以喪事干人曰堅賻麥舟之助宋范仲淹使子堯夫至姑蘇搬麦五百斛四舟丹陽見石曼卿曰三喪未葬堯夫遂以麦舟與曼卿

小殮 初死衣尸也俗云轉床 大殮 入棺曰大殮又曰就木入木戢身 琀 死人口中所含金玉也諸侯琀以玉大夫璧士貝 闔棺 蓋棺也 靈柩 靈亡靈也尸在棺曰柩 銘旌 魂旛也又曰魂帛素旗旐旗 丹旐 即銘旌也用紅帛為之故曰丹旐 梓宮 帝棺 梓器 美棺 秘器 棺也又曰窾木永息菴○窾音款空也

旅櫬 客棺 槥 小棺 櫝 小棺 牀頭 棺之前后而堋 紼 引棺之索 槨 周棺外曰槨 壽具 俗云寿材 喪輀 喪車 轀輬車 喪車也始衣車有窓牖開之則温閉之則涼本安車也可以臥息後因載喪以柳翣故遂為喪車 孤子 父喪曰孤子 孤哀子 父母俱喪曰孤哀子 泣血 凡居父母之喪百日称某泣血拜本 承重孫 父故祖死為長孫者代父服斬衰三年謂之承重孫 寢苫枕塊 孝子居喪以草為席以石以枕 櫬 空棺 壽亭 人未死而先備之棺 追薦 超度 民俗以僧道作水陸道場追薦超度亡靈也 祭奠

哭泣 有声有淚曰哭無声有淚曰泣 飲泣 淚流被面以入于口謂之飲泣 傷悼 傷痛也悼哀也 哽咽 悲塞也 籲天 呼天 號咷 大呼太哭也 悲啼

無涙 **悲哀** 哀者悲傷之見于衣服也 **漣漣** 涙下貌詩曰泣涕漣漣 眐眐 眼涙 **涕涙** 涕鼻液也涙目液也 **悲酸** 痛泣 **流涕長潸** 潸涕涙流貌詩曰潸然出涕 **私用流涕** 傷他人事 **涕泣覆面** 泣下也 **淫淫** **承睫** 歆下涙也 **五内俱裂** 大痛也五内五臟也 **痛心入骨** 大痛也 **使人心悴** 傷之也 **何痛如之** 大痛也 **搏膺而踊** 搥手拍膺胷也踊跳也謂哭而推胸蹟足也推音垂手拍也 **言之可為酸鼻** 太痛 **枕席有涕泣處** 也 竊泣

窀穸 葬曰窀穸窀厚也穸夜也猶長夜也 **歸窆** 葬曰歸窆言下棺也 **襄事** 葬曰襄事○成 葬事曰襄 **就穴** 葬曰就穴又曰入壙棲神骸歸骨入兆歸殯歸泉下

瘞玉 葬婦人曰瘞玉又曰埋香瘞即埋也 **埋玉告襄** 殊人葬也 **殯埜** 扶柩入槨曰葬葬者藏也 **殉葬** 以人及器具隨尸棺而葬曰殉葬 **執紼** 親友送葬引棺索而進曰執紼紼与紼同 **槀葬** 權攢未入土曰槀葬 **祔葬** 與後死者合 **送車千乘** 言送葬者多也漢劇孟葬母送車五千乘 **不得助執紼** 不及送葬也 **無瘞埋之資** 無以葬也 **下崩** 葬下棺曰崩 **松** **區已莭** 已洽墳也 **廬墓** 孝子之心不忍弃捨父母守于墳墓之側 **行服** **墓次** 庐墓也又曰庐塚 **安厝**

服制 **奔喪** 子在外聞父母之凶喪即奔而回曰奔喪 **丁憂** 父母死為人子者不論大小官氏俱丁憂 **守制** 守孝也 **斬衰** 父死衰服斬衰之服 **齊衰** 母死服齊衰之服 **大功** 九個月之服 **小功** 五個月之服 **緦麻** 三個月之服 **五服** 即斬衰齊衰大功小功緦麻是也 **小祥** 周一年 **大祥** 周二年 **心喪** 師亡心喪三年 **衰絰** 衰麻衣也絰麻縧也 **頭須** 婦人以麻布被于髻曰頭須 **孝帛** **髽** 以麻繚髻 **大憂** 居喪也 **執喪** 丁憂 **緦慘** 有緦麻服 **縗杖** 太服 **苴絰** 重服 **僬毀過禮** 執喪甚也 **衰** **有嘉容** 持喪不衰 **有姻喪** 妻家有喪 **勺飲不入口幾日** 持喪不食 **袒免** 五服已絶則為袒免之服小梁冠加于髻之上 **成服** 親死之三日五服之人依式為衰服于柩前拜而服之 **稽顙** 凡居父母之喪百日外稱制其稽顙拜 **桐杖** 喪父用竹杖竹節在外應父節礼喪母用桐杖桐心在内應母慈心

禫 二十七個月服滿也 **服闋** 服滿也 **釋服** 服滿解去衰麻也 **禮竟** 脫服也又曰喪服竟 沒 **變除有期** 脫服近也 **除凶即吉** 脫服也又曰起復興堀起苫免喪釋縗除経奪情 **隙駒終喪** 嘆脫服之速也

神鬼部

神鬼 陽之精氣曰神陰之精氣曰鬼 **神祇** 天曰神地曰祇 **勾芒** 社神也又曰勾龍即今之大嶽 **神荼鬱壘** 黃帝時有神荼鬱壘兄弟二人性能執鬼黃帝以桃板畫二人形于門以禦衆鬼今之桃符板即其事也 **門神户尉** 即神荼鬱壘 **鍾馗** 唐明皇日寢見一鬼盜貴妃玉笛俄有大鬼藍袍仗劍執鬼先刳其目擘而食之帝問何人遀答曰終南山進士鍾馗也今時俗因畫像以懸之 **菀窳** 蚕神也又

日馬頭娘 郭登 厠神 祆神 胡地洋杞之神 石敢當 鎮風木神 方明
木神象也 仙木 桃符也 八仙 鍾離呂洞賓曹國舅何仙姑藍采和
鉄拐李徐神翁韓湘子 伽藍 僧寺土地 方相 開路神也又曰險道人
禖 求子之神 菩薩 菩普也薩濟也言大能普濟衆生也
妖魔 不正之鬼 厲鬼 凶鬼 攦鬼 無後祀鬼 魃 小兒為鬼 鬾 吳俗呼鬼為鬾
魍魎 鬼形甚長 魑魅 邪氣也 膧魔神 嚇夢迷惑皆由心神 魂魄
陰氣為魂陽質為魄 祟 鬼神為厲也神禍也 鬼趡 趡走也河東賦云神騰鬼趡
鬼責 陰禍曰鬼責○出莊子

祭祀部 祈禱祠堂祭器祭享儀物等類附

祠 春祭曰祠祠之言食 礿 夏祭曰礿言新菜可汋礿與禴同 嘗 秋祭曰嘗嘗新穀也
蒸 冬祭曰蒸進品物也 燔柴 祭天曰燔柴既祭積薪燒之也 瘞薶 祭地曰瘞
薶既祭埋蔵之也 庪縣 祭山曰庪縣謂或庪或縣置之於山也山海經云縣以吉
玉是也○庪庪閣所以藏食也 浮沈 祭川曰浮沈言投祭水中或浮或沈也 布
祭星曰布布散祭於地 磔 祭風曰磔今俗當大道中磔狗云以止風此其象也磔狗
殺其狗而張之于道也 禘 王者之大祭也五年一禘 釋 祭之明日又重祭名也釋
亦作繹謂尋復祭也周曰繹商曰肜夏曰復胙○肜音容 祓禊 上巳日除惡祭名祓
除也除災求福也又祓之為言拂徐廣曰三月上巳臨水祓除不祥 禫 除服之祭 檜
求福除災之祭也又音貴 貙膢 立秋之祭名貙虎屬常以立秋日祭獸王者亦以此日

出貙還祭宗廟故有貙膢之祭也 封禪 積土增山曰封為墠祭地曰禪 大雩
旱祭也 外祭 郊社曰外祭 春丁秋丁 祭先聖用丁者丁陰火也火象
文教宣明也
祈禱 請告于神以求福也 祝宗 祝謂主祭之讚詞者宗宗人主神之列位尊卑者非
宗伯及大宗也 解祠 謂祠祭以解罪求福也郊祀志曰古者天子常以春解祠 祝
延 祝禱也祝延祝之使長年也 懺悔 自陳悔也 禳祀 禳除災也祀祭也藝
文志曰禳祀天文 禳殃 禳禳也 虔誠 虔敬也如虎之形曰虔 解寃
解除寃愆尊愆尤 禱神佞佛 專禳祈也 脩齋設醮 覡巫 男曰
覡女曰巫 神士 男巫 暴巫 師巫求雨曰暴巫 瑞祝 祈雨求晴太祝曰瑞

祝 巫咸 古神巫名
家廟 宗祠也 祠房 祖禰廟也 禰廟 父廟也 世室 始廟也 祧 遠廟
為祧遠意也親盡為祧○文公家礼云易世則改題主而即祧之 宗祊 祊廟門也
廟門傍祭先祖所以傍徨求神也 宗祏 廟中藏木主石室也又宗廟主也 庭
堂 廟中路也 宗廟 廟貌也祖宗形貌所在也 房祀 私室淫祀也
祭器 籩豆 籩竹器豆木器皆礼器也 簠簋 盛黍稷之器也方曰簠圓曰簋
瑚璉 盛黍稷之器也 粢盛 黍稷曰粢粢在器曰盛 攪盤 盛猪羊之盤
爵 爵杯 罇 酒罇 俎 盛食器 祝板 祭文板也
祭享儀物 剛鬣 祭所用猪曰剛鬣 柔毛 用羊曰柔毛 腯肥

用豚曰腯肥 翰音 用鷄曰翰音 羹獻 用犬曰羹獻 疏趾 用雉曰疏
趾 明視 用兎曰明視 尹祭 用脯曰尹祭 一元大武 用牛曰一
元大武 商祭 用槀魚曰商祭 脡祭 用鮮魚曰脡祭 清滌 用水曰清滌
清酌 用酒曰清酌 薌合 用黍曰薌合 薌萁 用粱曰薌萁 嘉蔬
用稻曰嘉蔬 鹹鹺 用鹽曰鹹鹺 嘉玉 用玉曰嘉玉 量幣 用幣曰量
幣 豐本 用韭曰豐本 牷 軆完曰牷 犧 色純曰犧 夕牲 前一日晚點祭
牲曰夕牲 瘞盖 漬酒 奠亡人曰漬酒 酹酒 以酒沃地 鬱鬯 酹酒
于地也以秬黍釀酒以香草和之曰鬱鬯○礼註云鬱鬯釀黍為酒芬芳滌暢于上下
齋戒 洗心謂之齋防患謂之戒 齋肅 肅敬也 澄心清魂 齋肅也

拈香 奠帛 焚帛 歆 神享食氣 血食 凡宗廟之祭必薦毛
血故云血食出左傳 神不歆非類 謂神不歆享非族類之祭○左傳 民
不祀非族 出左傳 膰胙 祭餘肉食 餕餘 祭餘之物 致福 送胙
也又曰歸福又曰歸胙 飲福 祭饗也又曰享酸 太牢 牛也 少牢 羊也

釋道部

和尚 釋家以六和為尚戒和同修見和同解身和同住利和同均口和無諍意和同悅又
千里相聚曰和父母及拜曰尚 上人 言和尚內有智外有勝行在人之上故曰上人
飛錫 遊方僧曰飛錫○釋事要覽云昔高僧隱峰遊五臺出淮泗擲錫杖飛空而往西
天故釋子稱遊行僧曰飛錫不出僧為掛錫又謂之住錫 象教 凡舉佛曰皈心象教

謂如來既化諸大弟子想慕不已遂刻木為佛瞻敬之以形象教人也 祝髮 僧剃
髮也又曰坡剃刻草 息慈 僧落髮後曰息慈言一息在慈悲之地也又曰息惡行慈
度牒 唐明皇天宝六年五月制僧尼于礼部給牒度之 衣鉢 僧門傳家于弟
子曰傳衣鉢○語録云五祖弘忍以鉢盂錫杖付與六祖盧慧能故云傳衣鉢○弘忍姓周黃
梅縣人七歲出家師事四祖道性 傳燈 僧門傳家于弟子曰傳灯○釋書以灯譬喻
謂能破暗也 沙門 僧曰沙門○漢記云沙門息也体息欲不致忘想卯思以至無
為也 沙彌 僧曰沙弥落髮後稱沙弥華言為息慈○華中国文華之地謂安息于慈
悲之地也 苾芻 僧曰苾芻○尊勝経云苾芻乃草也有五義生不背日冬夏常青体性
柔軟香氣遠騰引蔓傍布言僧之性亦若此五義也 三歸 帰依佛帰依法帰依僧也

僧家三寶 法宝佛宝僧宝 皈依 浮屠 称佛教曰浮屠教浮屠佛也佛
者覺也以覺悟群生使自能悔過以入于道也又唐太宗造浮屠十一級以取釋迦舍利
真身之骨以藏之 五戒 不殺生不偷盗不妄語不飲酒不邪淫 十戒 不殺
生不偷盗不妄語不欺誑不淫邪不飲酒不茹葷不貪嗔不邪視不毀謗 三業 貪嗔
痴也 三世 過去未來見在曰三世又曰三生 三有 欲有色有無色有 三
乘 上乘中乘下乘又曰大乘中乘小乘 三緣 一為了自巳輪廻死生二為紹隆三
宝三為六道四生皆得解脱 三藏 經律論 三界 上中下天地水 三宗
聚宗耳宗心宗○出佛典 四恩 父母師長国王施主 四難 諸佛難值人身難得
好時難逢大善難値 四諦 苦集滅道曰四諦苦者生老病之數集者聚集骨肉財物

滅者寂滅止息道者懐道脩行**五運**生老病死苦**五賊**制冀人有五賊仁義礼智信也**五蘊**色受想行識也色謂色身受謂受苦受楽受用想謂思念行謂所行蔵識謂暁解世間事**五滅**不婬邪不浪行不殺生不妄語不飲酒**五覚**衆生覚声聞覚菩薩覚三乗覚佛覚**六賊**喜怒相見眼也聴審相續耳也愛憎香臭鼻也嘗味苦甘舌也貪嫉渋滑身也常審思量意也又日六盗六入**六觸**眼所見耳所聞鼻所嗅舌所味身所触意所思是謂六触又日六根**五通**神有五通五通不死**六通**佛有六通六通無死無生**六塵**色声香味法萬般紛紜**六如**夢幻泡影露電**僧家諱語**酒為般若湯肉為倩欄菜鶏為鑽籬菜魚為水梭菜手為麵籬菜筍為玉版師袈裟日無垢衣離塵服忍辱鎧僧迦梨消痩衣欝多羅**戒定慧**法要有三日戒定慧戒生定定生慧慧生八萬四千法門弘辯禅師日防非止悪日戒六根渉境心不随縁日定心境倶空照覧無碍日慧又諸悪不作為戒諸善奉行為慧自浄其意為定**涅槃**心経註云涅槃乃不生不死之地一切脩行之所世人誤以為死大非也**檀那**僧家称施主為檀那即檀越也**苦海**佛氏日貪愛沈溺便為苦海**禅僧**禅静也**比丘**僧也**闍黎**僧也**行者****紫衣**称僧日紫衣唐武則天賜僧法朗等紫袈裟僧之賜紫自唐則天始**法筵清衆**称呼衆僧**長老**称和尚**行童****須菩提**長老之称**騎牛覓牛**大安禅師日欲求識佛何者為是百丈日大似騎牛覓牛**積因成業**善悪有根**道不属脩**馬祖語録日僧問如何是脩道師日道不属脩若脩得脩成便壊**方**

丈和尚所居室日方丈唐王玄策使西域有維摩居士石室以手板縦横量之遂得十笏故云方丈**實坊**寺日宝坊給孫長者布黄金地為伽藍故寺號宝坊**蘭若**佛寺也又日仁祠緇廬**住持****瞿曇**佛日瞿曇**募縁**募化**布施****負寂**僧亡日負寂又日順寂**荼毘**僧亡焚化也又日闍維又日耶維**入滅**僧逝化也**一宿覺**永嘉禅師謁六祖問答相契便欲辭去祖留一夜謂之一宿覺**縁覺**因声教而悟者名声聞覚因聞而悟者名縁覚**尼姑****師姑**漢明帝聴洛陽婦女阿潘等出家此其始也**大乘**如来謂之大乗教**小乘**羅漢謂之小乗教**三塗**即三慾也一日色慾門上尸道天塗界也二日愛慾門中尸道人塗界也三日貪慾門下尸道地塗界也**六道**謂天道人道魔道地獄道餓鬼道畜生道也**慈雲**鶏跖集云如来慈心如彼大雲蔭注世界**慈航**趙鷹用般若航清涼禅師云夫般若者苦海之慈航昏衢之巨燭○註云航船也般若能度化于人使之智慧苦海中之船度人登于彼岸四達之路日衢俗云十字路是也言般若又如巨燭以照人昏暗路也○般若音撥惹**道士**道士者言人行大道自心順理惟道是従言凡事由道理而行故称道士**羽客**称道士日羽客又日羽士南唐時道士譚紫霄有道者南唐之主寵之紫霄出入金門故賜名號金門羽客**黄冠師**称道士也**煉師**道士脩煉故称煉師**脩煉**脩養煉丹**服食咽氣**道士之事**三清三境**玉清聖境元始居之上清真境道君居之太清仙境老君居之**道家三寶**老子日我有三宝一日慈二日

倹三曰不敢爲天下先

隔兩塵 俗云塵縁妹滿曰尚隔兩塵。昔韋子威師事丁約二十一日辭去約謂子威曰卿君得道尚隔兩塵。塵世也儒家謂之世釋家謂之劫道家謂之塵子威猶有兩世塵縁未滿丁約故告之

遏神散形 道家所忌

荷衣蕙帶 道衣

披戴 初為道士披鷩衣戴星冠曰披戴賀之曰崇加簪服

玄壇 稱道觀曰玄壇周穆王號樓觀隋煬帝改爲玄壇後後曰觀

崇觀 道觀曰崇觀又曰黄宅福庭真宇

金記 道書

仙風道骨 稱道骨

法師 稱道士

觀主 稱道士

道童

羽化 道士亡曰羽化

火居道士 雖爲道家法術然猶有室家居處如火之熱也

四生 人獸胎生鳥卵生魚蛙濕生蚕蛹化生

飛禽部

禽鳥 百鳥總名

雌雄 鳥飛者曰雌雄百鳥皆卵生伏卵即生曰菢鳥之翼左掩右者爲雄右掩左者爲雌○菢音抱又音哺哺音歩

鳳凰 格物論曰鳳瑞應鳥太平之世則見非梧桐不栖非竹實不食非醴泉不飲凡栖止衆禽必隨之羽虫三百六十鳳凰爲長鳳火精也雄曰鳳雌曰凰又名仁鳥又名仁智之禽

威鳳 鳳之文彩似有威儀故稱威鳳

鸑鷟 鳳雛也

青鸞 鸞赤鳳類多五色赤彩文者爲鳳青彩者爲鸞故稱之曰青鸞

鶴 相寉經曰寉陽鳥也寉之上相瘦頭朱頂露眼黒睛高鼻短喙行必依洲渚止不集林木蓋羽族之宗長仙人之騏驥也其鳴則聞于天飛則一舉千里又名仙禽又曰九皐介鳥寉頸曰圓吭寉足曰修趾寉鳴曰唳寉斜視曰角睐

五靈 鳳有五德故曰五靈

鵰鶚 大鷲也鳥翮可可爲箭

鷫鷞 五方神鳥西方曰鷫鷞東方曰發明南方曰焦明北方曰幽昌中央鳳凰

孔雀 格物論曰孔雀文禽廣益諸州所産高四五尺雌者尾短無金翠雄者五年成初春而生三四月後凋與花萼俱栄衰士人取其尾者持刀于叢篁隱處伺過急斷其尾回首一顧金翠無復光彩矣

鸚鵡 鸚鵡能言有慧性凡鳥四指三向前一向後岐鳥兩指向後行則以口啄地然後足從之一名鸚哥一名隴禽一名慧鳥一名鸚姆一名靈禽

緑衣使者 長安豪民楊崇義妻劉氏與鄰人李弇私通謀害崇義埋井中劉氏詐之官請所居架上鸚鵡忽曰殺家主者李弇也有司奏于帝封爲緑衣使者○天宝遺事

黄鶯 說文曰黄鶯一名黄鸝一名倉庚一名楚雀一名鵹黄一名商庚鳴則蚕生椹熟時來在桑樹皆應節趍時又謂黄袍

金衣 唐明皇于禁苑中見黄鶯呼爲金衣公子

燕 一名玄鳥一名鷾鴯一名乙鳥春分至秋乃歸也

鴻鴈 大曰鴻小曰鴈秋南而春北大夫執鴈爲贄取其候時而行也婚礼納綵用鴈

鵬 大鳥北溟之鯤化而爲鵬

鷦 鳥 大雀 黄雀麻雀

山鵲 喜鵲 鸒 山鵲

烏鴉 一名吉鳥

鴟梟 俗呼逐魂

鸓

鴗 俗呼擿魚鳥

鳶 似鷂

鴷 啄木鳥

鵜鶘 能沉水取魚俗呼淘鵞

鴛鴦 匹鳥也

鷸 知天將雨與蚌相持

鶼 比翼鳥一目一翼相得乃飛

鷗 水鳥似鴿而群飛

鳧鷖 野鴨

青鶄 鳥名

鷁 水鳥雌雄相視即孕雄鳴上風雌鳴下風亦孕船頭畫此彩驚水族

鸂鶒 水鳥其毛五色

海東青 鳥名

白頭公 鳥名

叭哥 鳥名

鴝鵒 其目睛和人乳研滴人目可觀烟霄外物

白鷴

水鳥 畫眉 練鸝 鶺鴒 知時之鳥也 白鷴 錦鷄 鵓 鴿 家鳥 鵕鸃 即錦鷄也自愛毛羽終日影水自視目眩則溺死 鵻鳩 一名布穀一名鳲鳩一名鶻鳩一名雎鳩一名擊穀 鷓鴣 出南越常飛南不北 鷦鷯 小鳥在葦食蟲 昆鷄 似雀黃白色 鶺鴒 飛則鳴行則搖如鳴則連身首尾相應故以此鳥比兄弟 翡翠 並鳥名出南方赤羽曰翡林栖不食魚青羽曰翠飛水上食魚 鷸鴹 一足之鳥也舞則有大雨 鬼車 俗呼九頭鳥一名逆鶬日藏夜出原有十頭因犬咬一頭餘九頭其一頭下有血滴人屋上非災則病故夜聞此鳥飛鳴則嘜犬以逐之音數使犬声 戴勝 織紝之鳥頭上花其毛成勝故曰戴勝 杜鵑 其名最多一名杜宇或謂蜀主死化為杜鵑一名蜀魄又名子規又曰催歸又曰望帝又曰謝

豹又名鶗鴂鳴則北向哀吻有血春分鳴則衆芳生秋分鳴則衆芳歇一名伯勞二月化為鳩鳩舌喻此鳥也 鶼 比翼鳥即鶼亦作鸞 鵷 鳳屬多黃色者是也 梟 食母不孝鳥也 百舌 鳥名 鸚嘴 鳥名 灼山看火 蠶時鳴吳人紫蠶故叶其音如此言灼蠶箔須看火也又云家亡扒僕言此農月家亡辛苦也或曰黃巢作乱人為之殺化為怨鳥曰黃巢殺我 鴆 食蛇毒鳥其羽畫酒飲之立死 雉 尔雅云雉有數種青質五色曰鷂雉長尾走且鳴曰鷮雉黃色自呼曰鳴雉似山鷄而小冠曰鷩雉五色備成章曰翬雉此左傳所謂五雉也祭宗廟雉曰疏趾士相見之贄各執雉取其能守介而不失節也 鸛 鳥似鶴好水將雨則鳴仰鳴則晴俯鳴則陰 鷹隼 性兇能擊逐鳥雀 鷙 猛鳥也鷹鸇之類凡鳥獸之勇猛者皆曰鷙 鸇鶻 鸇鷂屬鶻鷹屬鳥之

勇猛擊逐鳥雀者曰鶻曰鷹曰鷂曰鸇 鷂 莊子曰鷂為鸇為布穀此物變也 鶖鷲 水鳥也狀如雀性貪惡長頸赤目毛碎水毒一名扶老 鶡 鳥似雉而大青色有毛角鬭死方止故武人用其尾為冠 雛 鳥之始出自衣食者曰雛 鷇 鳥之始出須母哺食者曰鷇 鵙 伯勞也詩曰七月鳴鵙 鵩 似鴞不祥之鳥又謂飛鼠為鸓翼 鷺鷥 頭有細長毛如絲 鷄 有五德頭戴冠曰文足有距曰武見敵敢闘曰勇得食相呼曰義遇晨而鳴曰信○称鷄曰家禽德禽窓禽翰音 鵞 称鵞曰家鴈舒鴈義愛 鴨 一名水鶩一名水鳧一名舒鳧○註云舒鳧者人家所養之鴨舒而不疾故曰舒鳧野者能高飛鶩音木又音務 野鶩 野鴨也 羽翼 羽鳥毛羽也翼鳥翼也 翎毛 鳥羽 翅 鳥翼 翰 鳥羽 翮 翎之勁者勁音敬強也○翀 上

飛貌 翬 飛也 翛 飛羽声 喈喈 嚶嚶 噰 並鳥鳴之声 飛騰 鳥飛也 翱翔 鳥飛貌 頡頏 鳥飛上曰頡飛下曰頏 翽 鳥飛翽声 鶱 飛騰之貌 喛 鳥嘴理毛 啄 鳥口以掇食 栖 鳥安息 棲 鳥安息 窠巢 鳥窩也在穴曰窠在樹曰巢 牢籠 絛籠 樊籠 並鳥被人困縛之謂也 鸜鵒 黃頭 鐵鷄 喌喌 音竹 呼鷄声

走獸部

獸 走獸之總名也 牝牡 凡鳥獸飛者曰雌雄走者曰牝牡 麒麟 毛虫之長仁獸也雄曰麒雌曰麟 獅子 獅子一名狻猊一名白澤能食虎豹声吼如雷日行五百餘里外国所産○狻猊音酸尼 象 南越大獸長鼻大牙牙長一丈餘脫其牙則深藏之

削木代之可得不尓則窮其犀兕格物論曰
主得乎乃止收象人曰象奴犀状如水
牛猪頭大腹痺脚三蹄一孔一毛行于江海
水為之胃二角一在額上為兕犀一在鼻上
差小為胡蝎犀牸犀亦有二角角之貴者有
通天花文犀絶好者有百獸之形最大者為
墮罗犀亀八九斤此牸犀額角也其花多作
椒豆斑色深者堪帶腰斑散而色淺但作器
皿耳兕或以為雌犀如野熊羆熊似豕而大
牛青皮堅厚可以為甲山居能攀緣
上高樹見人則顛倒投地行數十里冬則入
穴而蔵蟄始春而出掌為珍味羆似熊黄白
色長頭高脚貔貅猛獸豹属今用獬豸神羊
猛而多力武之地名其形似牛
而一角論衡曰一角羊槖駝格物論曰槖駝
古者决獄令觸不直也大如水牯紫色
耳垂脊上有肉峯峰上有鞍性能知水脉識
泉源風將發引頸而鳴負重致遠力可千金

日行三夔大獸似牛四足甪端角在豺狼豺
百里無角皮可鞔鼓鼻上狼
似狗頭高前廣後狹狼卧狽狽無前足附狼
処多藉草蹴乱故云狼藉而行失狼則不
能行故倉皇失虎豹豹能彪有翼能貓捕鼠
措者謂之狼狽食虎飛之虎獸亦
作貙青摳獸名似狸獍不孝食玃犺似犬長
猫立秋日祭獸父之獸喙比秋
之獸○喙角鹿牡鹿有麀鹿牝鹿無猩猩能
青論口也角者角者言
之獸人面豕身出麋麛麛子貛猪貛麝腈
交趾国俗呼野人也狗貛甚
香麞似香狸即麝麂麋麈鹿之王也尾能
鹿也屬生風群鹿之行
視塵狐狸妖獸死獺食魚猿猴猿似猴猢猻
為隼則首丘之獸而大
即猴玃大毋猱猴屬食貂鼠其皮貉似狐善
猻猴虎腦煖睡之獸

刺蝟毛如銀似豪猪而小蝙蝠有翼能兔望
賈誼傳曰蝟毛而起飛之鼠月
而孕從口黄狖小獸最臭状如鼠贔屭碑頭
而出飲唇而大俗名黄鼠狼上獸
形蒲牢此獸好鳴鐘狻猊此獸好坐佛座霸
也上獸紐是也上獅子处也
下此獸好重石狴犴此獸好訟獄門獅子頭
碑坐獸是也是也○一說狴犴胡地
野獸似狗善守睚眦此獸好殺刀囚牢此獸
故獄門盈其形上龍吻是也好音
胡琴上刻嘲風此獸好險殿蚩吻此獸好吞
獸是也角走獸是也殿脊獸頭
是駮獸似馬身白尾黑一角哮声如鼓鼪鼠
也鋸牙食虎豹又馬色不純亦作駮
有螫毒之鼠○鼯鼠五技荀子曰鼫鼠五
行毒曰螫音失虫技而窮○說文
云鼫鼠能飛不能過屋能緣不能窮木能游
不能渡谷能穴不能掩身能走不能先人

駱駝麑鹿騶虞神封獸象麖大必呼猶
子獸也鹿呦声
淨猫
馬
驊騮良馬也周穆騏驥千里駿馬良馬也
王八駿之一馬駿馬之
美騄駬駿馬駿騎馬逮驌驦良烏騅馬蒼黑
称名而美馬色又日
蒼白青驄馬青驃馬牝騍馬牸草駒馬奴足
雜毛白色馬馬子
駿駟馬馬四匹款段遲慢之馬蹇驢蹇跛驢
馬曰駟曰款段馬也
騶鈍駑駘鈍馳騁馬奔走曰馳乱馳曰騁又
馬馬步曰走車馬曰馳又直騁
曰騖奔疾也又直騁騰躍也馳驟馬行騾
馳曰馳乱馳曰騖馳也疾也父
馬馵馬後騎跨騸馬劣不能騎馭使馴調馬
毋足白馬騸而上之馬使之

良也擾也又馬順曰馴又以漸而致曰馴致 秣馬 以草料飼馬也 薌粒 馬料

埜豆 馬料 齒算 馬年也 泛駕 泛覂也言馬有逸氣而不循軌度也武記曰泛駕之馬

歲老氣殫 馬老也殫尽也 且刷畫秣 馬勤也 春驕

馬 闥割牡馬之勢 騬 去畜勢也 鳴珂 珂石似玉一云螺属生海中貝大者曰珂

鑣有声故曰鳴珂又碼磁槩白如雪曰珂

牛

太牢 牛也 牯牛 牡牛 牸牛 牝牛 犢 牛子 特 牡牛 犧 純色之牛

[illegible]牛 牡牛去勢 犇 牛驚走也 膍 牛百葉 一頭 牛一頭 牴觸 牛角

牴觸 牭 四歲牛 犝 無角牛亦作犝 犋 牛二歲曰犋 犙 牛三歲又音杉參

大物 說文云牛為大物

羊 羊有跪乳之恩 少牢 羊也 山羊 胡羊 羝羊 牡羊 羖羊 牂羊

也羖與羖同 羯羊 羖羊 羚羊 夜宿則掛角于樹以防患 羔 羊子曰羔與美

同俗以美為嘉美字非也 羜 未成羊曰羜詩曰既有肥羜 羜 牝羊 羶 無角羊曰

羶 羶狼 羊也 羵羊 家語曰季桓子穿井獲土缶其中有羊使問仲尼仲尼曰丘

聞土之怪羵羊也 長髯主簿 羊也 羱羊 西方野羊大角 一羫 一羊

隻曰一羫又曰一牽一羝 柔毛 羊也

豕

猪之揔名 亥物 猪也猪属亥故曰亥物 豚 豕子也亦作豘 豵 牝猪 豝 牡猪

也又豕二歲曰豝 艾豭 牡猪 婁猪 牝猪也左傳曰衛灵公夫人與宋公子朝

通野人歌曰既定尓婁猪盍歸吾艾豭盍音合何不也 遼東豕 不足稱異曰遼

東之豕朱浮責彭寵曰汝以為功高天下往時遼東生豕白頭異而獻之行至河東羣豕皆白懷慚而退若以子之功論于朝廷則遼東之豕也 獖猪 野猪 剛鬣 猪也 湯

豚 猪殺者曰湯豚又曰湯豕 一口 猪一個曰一口 一圈 活猪一個曰剛鬣一

圈 一體二肩 凡殺猪一個曰湯豚二肩或曰湯豚一體 嘍 嘍音慮 嚧

並呼猪声 閹猪 閹割去勢

犬

狗 春秋考異曰狗三月而生陽生于三故狗各高三尺狗有懸蹄者曰犬 獒 大犬

高四尺曰獒如人可使 猝 犬暴出逐人又倉猝暴疾也 猋 犬衆疾出 吠 犬吽

声 狵 絲毛狗 猱絲狗 嚯 呼犬声 善狗 臞仙肘後經曰騎馬

官牛羯羊閹猪善狗鐵鷄净猫 胎生 獸胎生

諱云並忌刀砧飛禽受死本屬 孳

生 乳化曰孳生 尾生 交接曰尾生 六畜 牛羊犬馬豕鷄 豢養 豢圈

穀養獸也牛馬曰豢犬豕曰養又牛馬曰芻犬豕曰豢 牧 畜養牛也 芻料 芻草

也 餧飼 餧飼食也

鱗介部 鱗介濕生

龍

廣雅云有鱗曰蛟龍有翼曰應龍有角曰虬龍無角曰螭龍未升天曰蟠龍然善變化

龍鬭 左傳○鄭大水龍鬭于洧淵国人請為祟焉子産曰吾無求于龍龍亦無求于我

乃止 祟音碎 豫且射龍 呂氏春秋○白龍化為魚漁者豫且射中左目白龍

訴于上帝上帝曰使汝深守神灵彼何得犯汝為魚服為人所射固其宜也豫且何罪焉

入川 說文曰龍鱗虫之長能小能大能長能短能幽能明春分而登天秋分而入川

失水 荘子曰神龍失水而陸居為螻蟻之所制。又管子曰蛟龍水中之神也乗水則神立失水則神廃

魚

魚 鱗物之総名其種族最繁不能詳数

鯨鯢 海中大魚雄曰鯨雌曰鯢大者長数千里小者亦長数千尺眼睛為明月珠鼓浪成雷噴沫成雨

鱷魚 似蜥蜴而大水獣呑人即浮一生百卵及成形有為蛇為亀為鮫者

鼊 音覓去声海中介虫形似車輪青黒色十二足悉在腹下雌常負雄失雄則不能独活長五六尺似蟹子如麻子南人取之為醬漁者必得其双謂之乗鼊

鰜 比目魚　鰨魚　鯿魚　鯽魚 鯽魚屬土

鰕魚　鯖魚　河豚 魚名　黄鱔　鯧魚　鱸魚

鯔魚　鮎魚　鱓魚　鰱魚　白鰷 魚名　鰣魚　鱘

鰉 魚似鱘口在頷下無鱗肉黄大者二三丈其肉作魚鮓

鰟魮　鰻鱺 似鱓無鱗有雄無雌以影浸鰻而生子故謂之鰻

鯊魚 似鼈無足有尾皮有珠文可飾刀靶一名鮫

鰲 海中大魚

鱶鰷 魚名

鯤 大魚荘子曰北溟有魚其名為鯤

鯉魚 赤鱗有神能飛本草云鯉三十六鱗魚之貴者

鮒 鯽魚

魴鮃 江東呼魴為鯿一名魾赤鯿也太湖出此魚

烏賊魚 嘗自浮水上烏見以為死便往啄之乃捲取烏故謂之烏賊魚

鰍 與鰌同今泥鰍似鱓而小又海鰍大者数十里穴居海底

腹腴 魚腹下肉極肥美謂之腹腴俗謂之癡肨

螃蟹 介虫有二螯八足旁行。螯音敖蟹之兩鉗也

蟛蚏 小蟹　蟚蜞 小蟹　無腸公子 蟹也　黄甲 蟹之大者

蜃 風雨而起入海為龍

郭索 小蟹　蚌 大蛤

鰈 魚名有雄無雌

故老而無妻曰鰥

鰕 長鬚公 鰕也

鋸魚 魚背有刺

鯫 小魚又鯫生小人也

牡蠣 蚌属附石而生

螺螄　蜆子　蜆函 蜆殻也

蟹 蟹脂

蠣壳　横行介士 蟹譜曰出師忽見蟹則呼為横行介士

海螵蛸 烏賊骨曰海螵蛸螳螂子曰桑螵蛸

亀

亀 甲虫之長

筮亀 亀策傳曰常在蓍叢下潜伏

蔡 師古曰蔡出善亀故因名大亀為蔡

神物 易註云蓍亀也

霊属 周礼曰天亀也

澤属 周礼曰地亀也

神使 古今註曰亀曰神使又曰玄衣督郵又曰清江使

賁 山海経曰大苦山多三足亀名曰賁

鼈 亀属俗作鼈

脚魚 鼈也一名河清使者

守神 鼈也雑俎曰鼈無耳為守神

能 三足鼈也亦作能山海経曰今呉興郡陽羨県君山上有池池中出三足鼈又有六眼亀

黿 似鼈而大

鼉 江海水虫似蜥蜴大者有鱗采皮可以為鼓

鼇 海中大鼈也傳曰有神霊之鼇背負蓬莱之山在海中

介蟲 亀鼈之類

玄物 凡有甲殻虫曰玄物。出周礼

元緒 異苑云亀字也

擉鼈 刺取鼈也

五総 賀知章嘗號為五総亀謂亀千年五聚問無不知也

觜蠵 太亀也甲可以卜似瑇瑁而薄有文

緑毛亀 蘄州出背有緑毛浮水中則毛浮起能辟風塵置壁数年不死

蟲

昆蟲部 昆衆也言衆虫也虫蟻化生

蠶 吐絲虫陸佃曰三俯三起二十七日而老

蚁 蠶初生子

蠶蛾 蠶化飛虫

蝭 蠶二眠

出閣 蠶三眠

大眠 蠶四眠

蠠 蠶二

蝩 蠶晩生者

作蠒 作蠶

蚕繅絲蚕出繅絲殭蠶蠶死不朽而白氷蠶東海有氷蠶其繭五色為
紋緯入火不焚蜮杜預日蜮一名短狐惡虫状如鼈含沙射人影中為害詩話日諸説
蜮皆不為的柳宗元云射工含怒竊發中人形影動成瘡痏則居水中以氣射人居水旁
山村間含沙射人名沙虱所謂以鼈三足者蠻也非蜮也○蠻音乃平声痏音委守
宮師古日守宮虫名也術家云以器養之食以丹砂滿七斤擣治萬杵以点女子躰終
身不滅若有房室之事則滅矣言可以防閑淫逸故謂之守宮螟螣螟食苗心虫螣
食苗葉之虫也蠼螋多足虫蟊蠈蟊食苗根蠈食禾根虫蠹魚凡蛀
虫皆日蠹亦作蠧蠹魚蛀書虫也蟋蟀秋間砌畔鳴虫也一名促織蜻蜓
絡緯俗呼紡績娘壁蟢蜘蛛亦作鼅鼄長脛者名蟰蛸小而長脚

者名蟢子蒼蠅蜜蜂壺蜂尾有刺螫人○螫音失虫行毒也螢
季夏之月腐草及爛竹根化為螢一名夜光蟬蟬有五徳頭上有緌文也含氣飲露
清也黍稷不食廉也処不巣居儉也應候守節信也蟬有數種並見下文蟪蛄蟬屬
小而紫色四五月鳴寒螿蟬屬黑而傴僂九十月鳴其声甚悽急蛁蟟蟬屬
色青七月鳴蝏毋蟬屬似寒螿而小二月鳴蜩范蟬屬形黑而大亦五月鳴
蜀中亦有一種其脫殼頭上有角如花冠謂之蟬花飛蛾俗呼撲燈蛾蝴蝶
一名蛺蝶○蛺音劫蝗虫食苗為災即螽蟴也螽蟴即蝗也生子衆多以比人
多子孫者蚱蜢蝗屬黄蝱虫名莊子日蚊蝱噆膚莎雞即蟋蟀也蟷
螂有斧虫一名蟷蠰螵蛸螳螂生子于桑樹上又名桑螵蛸蜣螂食糞

虫終日推糞成丸故名轉丸螻蟈蝦蟇也蠐螬虫虫名蜒蚰虫名
蠖屈伸虫蚯蚓一名蛐蟮一名地龍醯鷄醋甕中小虫也蠛蠓小飛
虫生朽壤之上陰雨而生視陽而死即醯鷄也蜉蝣朝生暮死之虫馬蟻垤
蟻穴蚊蚋咬人飛虫蟫衣書中蠹虫一名壁魚一名白魚蜥蜴虫名在澤
中者日蜥蜴在土者日蝘蜓日石龍大者日守宮小者日蝎虎○蝘蜓音掩佃蝦蟇
蛤蟈蛙水虫似蝦蟆小而脚長田鷄即蛙也一名水鷄蝌蚪
水蛙之子頭大尾小色黒尾変形兩脚生蚍蜉大蟻蚳蟻子螟蛉桑上青虫
蜾蠃細腰蜂也無種啣螟蛉之子作窩以苑之生即肖其形故比乞養之子為螟蛉
子般蝥毛甲細虫服之有毒蜈蚣俗呼百脚螫虫行毒也蠆螫毒

虫也長尾為蠆蠍蠆毒虫也長尾為蠆短尾為蠍蛓虫虫有毒蜇蟖
毒虫白蟻蛀木虫螞蚤跳虫咬人蛭水虫也俗謂之馬蟥入人肉斷為數
段入水仍復皆活○蟥音黄蟣虱咬人虫壁蝨即臭蝨蛔虫人腹
中消食虫蛆腐肉中虫也蠦蜡蜂蠦蜡虫蝸牛有売蜒蚰楊剌子
牛蟯牛蝨蛇毒虫也有螣蛇赤練蛇青稍蛇蟒蛇大蛇烏稍蛇此蛇
煑酒可治瘋疾蘄蛇湖廣蘄州有白花蛇頂有方勝尾有指甲人劃破其腸則自赴
水以指甲洗去其腸蟠屈而死能愈大瘋疥毒蝮蠚蝮至毒之蛇也別蛇皆卵生惟
此蛇食毋而出一名虺一名地扁蛇蠚虫行毒猶咬也蝮蠚人手足必即割去其肉不然
則死○虺音悔扁音匾蠚又作螫

類書纂要卷之八終

新刊古今類書纂要卷之九

人事部一

媒妁 媒謀也妁酌也酌量二姓以成婚也男曰媒女曰妁 **掌判** 媒曰掌判判者半也合其半成夫婦也 **作伐** 做媒曰作伐又曰執柯詩曰伐柯如何匪斧不克娶妻如何匪媒不得云云。註云柯斧柄也克能也言柯非斧斫之則不能成柄娶妻非媒則不得自娶斫音作砍也 **月老** 称媒人也唐韋固見一老人倚囊空堦向月撿書固問何書老人荅曰天下之婚牘也 **蹇修** 古人善為媒者 **冰人** 媒曰冰人晉令孫策夢立氷上與氷下人語問于索紞紞曰在氷上與氷下人語為陽語陰媒介事也當為人作媒氷泮成婚後太守田豹使策為媒為其子求宰相張嘉徵女仲春婚成 **冰語** 媒人之言 **爲介** 宜許后傳曰廣漢重令為介謂更令人作媒而結婚姻也。**赤繩繫足** 韋固問月老囊中何物月老曰赤繩子以繫夫婦之足雖讐家異域此繩一繫終不可逭逭音患逃也

婚姻 婚者昏時行礼故曰婚姻者婦人因夫而親父母因子女而親故曰姻妻之父母曰婚婿之父母曰姻 **六禮** 儀礼云婚有六礼一曰納釆鄭玄註曰將為婚必先媒通其言乃後使人納其釆擇之礼用鴈為贄取其陰陽往来之義。二曰問名將歸卜其吉凶也。三曰納吉卜于廟得吉兆復使往告婚姻之家于是定也。四曰納徵白虎通曰納徵用玄纁不用鴈。五曰請期鄭玄註曰陽倡而陰和曰宜夫家卜得吉日乃使人往請之謂之請期。六曰親迎父親命子執鴈為贄自往以迎其妻也親迎之迎音嚮 **相攸** 為女擇婿曰相攸攸所也謂擇可嫁之所也 **射屏** 竇毅謂妻曰吾女有奇相不可妄與人因畫二孔雀于屏間請求婚者射二矢陰約中目者遂許唐高祖射之各中一目遂歸于帝 **牽絲** 定親曰得遂牽絲之喜唐宰相張嘉貞欲納郭元振為婿命五女各持一絲于幔後令元振牽之振牽一紅絲得第三女 **納聘** 下財礼也 **委禽** 即奠鴈之礼也左傳曰鄭大夫徐吾犯之妹美公孫楚聘之矣公孫黒又使強委禽焉。言欲爭娶其妹也 **論財** 文中子曰婚娶而論財夷虜之道也 **非耦** 辤成婚曰敢辤非耦。左傳曰齊侯請妻鄭太子忽忽辤人問其故忽曰人各有耦齊大非吾耦也 **朱陳** 定親曰締好朱陳樂天詩徐州古豐縣有村曰朱陳一村惟兩姓世世為婚姻 **世講** 累世婚姻之家曰世講又累世通家亦曰世講 **潘楊** 定親曰潘楊之好晉楊經

死潘岳作誄文云藉三葉世親之恩而子之子予之仇儷焉潘楊之睦有自来矣 **種玉** 定親曰永諧種玉之緣晉楊雍伯製義漿給行人一人飲畢出菜子一升与楊公曰種此得玉并得婦公種之數年果得白璧一双以聘徐氏之女後名其地為玉田義漿米粥湯也 **蒹葭倚玉** 荅定親曰自分蒹葭得遂倚玉又曰倚玉之栄。蒹葭蘆荻之属晉夏侯玄美丰姿毛曾得與侯玄並坐人謂若蒹葭之倚玉樹 **不與凡子** 侯高曰吾一女必嫁官人不與凡子 **星期** 報成婚伯曰請星期 **年庚** 八字 **奠鴈** 聘定儀物称奠鴈。礼記註曰父親醮子命子執雁為贄自往以迎其妻至妻門婿執雁入揖升堂再拜親送雁于妻之父母程子曰婚礼用雁者取其不再偶又取順陰陽往来之義也。醮者父酌子酒而無酬酢也 **嫁娶不同** 胡安定曰嫁女

必勝吾家則女之事人必欽必戒娶婦不若吾家則婦之事舅姑必執婦道故**魚軒**親迎曰敬迓魚軒。軒車也以魚皮飾車故曰魚軒。左傳註曰齊侯嫁女與衛戴公而乘魚軒

鸞降鸞沿裝也降下嫁也

訓箕帚更衮凡女将嫁以荆莒為箕帚以訓之曰事舅姑必酒掃庭内婦道也

當及事女年及嫁曰當及事。出韓文

結縭賀人嫁女曰樂遂結縭。詩註曰縭巾也結縭者女嫁時毋戒女而為之施衿結帨也

于歸女嫁人曰于歸

妻之以女嫁人曰妻之曰女之。女去声

待年先定侯年嫁曰待年。曹后語

遣送甚豐嫁女房資多也。出書集王嬙

裝送資賄嫁女物也。鮑宜妻

賣犬遣嫁唐吳隱之貧無裝奩嫁女使婢牽犬賣之此外蕭然無辦

練裳遣嫁嫁女諱言練裳竹笥以遣行。漢逸民戴良有五女練裳竹笥木屐而遣之。練麻枲之屬竹笥竹箱也

練裳布被貧家女嫁裝也。戴良語

受室男以女為室故自言娶妻曰受室

畢姻成婚也

匹配夫妻配對

伉儷匹配也賀人娶妻曰葉諧伉儷

合巹成婚交杯曰合巹賀人畢姻曰合巹礼成。昏義註云古者以一瓢分為兩瓢謂之巹婿與婦各執一片以酳酳音印畧飲也今人以酒杯交歡則訛矣

餪房賀成婚者之礼俗呼餪房

分子**撒帳**

拖幼聘後妻帶來子女言其絜小領幼小子女而嫁也

登科世称婦妻為小登科

燕爾新婚燕安也謂安樂其新婚也

百兩爛盈賀成婚得粧奩曰百兩後盈門之爛。詩註曰一車兩輪曰兩言行奩之多百乘之車所載也

葉諧鳳侶賀人畢姻

喜遂于歸賀人女嫁

子平願畢畢婚嫁謂子平願了。漢向長字子平隱居不仕為男女嫁娶畢遂遊五岳不知所終

歸寧女嫁歸父母家問安曰歸寧又曰寧親

婚媾妻父曰婚重婚曰媾

姻婭婿父曰姻兩婿相称曰婭

五不娶逆家子不娶乱家子不娶刑人之家子不娶惡疾子不娶喪父長子不娶謂之五不娶

執箕帚於其氏謂其女已嫁其人矣。班昭語

執巾櫛沓定親曰女子侍執巾櫛。左傳註云晉太子圉質于秦秦以女名懷嬴妻之圉將逃歸懷嬴曰寡君使我侍執巾櫛欲以安固子之心也縱子而歸弃君命也不敢從亦不敢言遂逃歸

秦晉秦国晉国世為婚姻

華腴構婚推美族曰締好華腴。唐柳芳曰三世有三公曰膏梁有令僕曰華腴。註曰太師太傅太保為三公令尚書令也僕尚書僕射也膏肥肉梁美穀華衣服華美腴肥也言家世富貴食肥美之食衣華美之衣故曰華腴。射音夜唐時宰相為僕射

喜慶稱賀

降誕称人生日也

華誕称人生日也又曰壽誕大壽

初度自称生日曰初度之辰又曰賤旦賤降屈原曰父觀我初度之時節

懸弧賀人生日曰懸弧令旦。礼記曰男子生桑弧蓬矢六以射天地四方天地四方男子所有事也射天地四方者期有事于遠大也

設帨賀婦人生日曰設帨令旦。礼記曰子生男子設弧于門左女子設帨于門右。註云弧弓也帨佩巾也以此二物為男女之表三日始抱子則射之君生女子則不射

夢兆熊羆賀生子曰夢兆熊羆又曰熊羆協夢。詩曰吉夢維何維熊維羆。註曰熊羆陽物在山強剛果毅男子之祥也

弄璋賀生子曰弄璋之慶。詩註曰半圭曰璋生男子弄之以璋者尚其德也。圭瑞玉

也

弄瓦 賀生女曰弄瓦之喜。詩註曰瓦紡塼也。生子乘之以瓦者習其所有事也。

充閭之慶 賀生子曰充閭之慶。又曰慶協充閭。晉賈充始生父言他日必貴顯賓客充滿門閭故名充。

掌珠 賀人生子曰榮捧掌珠。杜甫寄漢中王詩曰掌中貪見一珠新。

夢蘭 賀人生子曰協夢蘭之慶。左傳云鄭文公有賤妾燕姞夢天使與己蘭以是為汝子後果生穆公名曰蘭。

誕生麟王 賀人生子曰恭喜昌辰誕生麟王。

紱麟 賀人生日曰紱麟祥且。孔子未生之先有麟吐玉書于闕里人家云水精之子繼衰周而素王。孔子之母名徵在以繡紱係麟角。

賢郎舉子 賀人生孫曰恭喜賢郎舉子大父開顏。祖曰大父。

秀毓瑤孫 賀人生孫曰恭論秀毓瑤孫[illegible]開黑髮。祖未頭白故曰黑髮。

老蚌生珠 稱人晚年得子曰老

蚌生珠。後漢韋元將弟仲將。孔融與其父書曰元將英才懋茂雅度弘毅濟世之器也仲將文敏篤誠保家之主也不意雙珠近出老蚌。

添丁 生子自稱添丁。唐盧仝生子名添丁言生兒可以持國家之丁役故名添丁。

湯餅會 生子三朝會賓曰湯餅會。

彌月 生子滿月。

晬盤 江南風俗生子一朞為製新衣盥洗男則用弓箭紙筆女則用刀尺針線並加飲食玩好之物置之兒前觀其所取以驗愚智名曰晬盤示兒

試周 觀周歲兒設晬盤所取物曰試周。

晬且 兒周歲自試周謂之晬且又謂之晬辰。

卜志 賀人子試周曰恭喜仙郎卜志。

冠 男子加冠于首曰冠俗云上頭也。

笄 女子總髮曰笄古者女子許嫁笄年至十五雖未嫁亦笄。

燕賀 賀人成屋落曰燕賀。淮南子曰大廈成而燕雀相賀。謂大屋成而燕雀得安也。

元服三加 賀人新冠曰元服三加又曰首服榮加。礼記註曰三加者始加緇布冠再加皮弁次加爵弁既冠則必立其名字成人之道也必父母無朞功已上喪者方可行也。

榮加笄服 賀人女笄曰榮加笄服。

親營燕廈 賀人造屋曰親營燕廈茂展鴻基。燕雀處堂故堂曰燕廈。

雲觀拂霄 賀造樓曰雲觀拂霄星樓礙月。皆言其高爽不可及也。

華構凌雲 賀造屋曰華構凌雲燕雀争賀。又曰華堂高構棟宇弘開。雲言高也。

慶 **榮遷大廈** 賀人遷居也曰榮遷甲第。又

英飛泮水 賀人進斈又曰寄翼芹林又曰首捷黌宮。黌音洪儒斈也。

鶚薦 賀人中峯曰榮膺鶚薦。漢孔融薦禰衡曰鷙鳥累百不如一鶚。

賢榜高登 賀人中峯曰賢榜高登行且□雲奏現。宋韓琦臚唱時太史奏五色雲現。

高掇巍

科 賀中進士。

首奪龍標 賀中狀元曰首奪龍標。唐盧肇黃頗同奉太守餞頗明年肇狀元及第迫歸郡守延肇觀競渡肇賦詩曰向道是龍剛不信果然奪得錦標歸。

鰲頭 賀中狀元曰魁占鰲頭。列子曰龍伯之國有大人一釣而連六鰲。坡詩云高文俱合占鰲頭。

榮領銅符 賀拜令曰榮領銅符。又曰榮領銅章。銅符銅章即銅印。

文推發藻 賀縣丞曰文推發藻職領哦松。崔斯為縣丞哦于松下曰吾不負丞也。

榮膺掌簿 賀主簿曰先被宸恩榮膺掌簿。

司鐸名邦 賀教授曰榮膺龍命司鐸名邦。木鐸司教故教官曰司鐸。

龍擢榮旋 賀陞官歸曰龍擢榮旋山川增色。

銅竹分符 賀擢郡守曰恭論楓宸持命銅竹分符。

總憲榮遷 賀陞廉使曰總憲榮遷士民交慶。

寵晉臬省 賀擢

憲副省親曰寵晉臬省光耀卿邦家服舞斑天倫真樂也

寵晉名藩　賀陞布政曰寵晉名藩先生梓里

銀章寵命　賀布政榮歸曰銀章寵命萊錦歸榮

拜恩中禁　賀擢內翰曰拜恩中禁視草臺拔間世之英希遘之過也

福星再照　賀朝覲回任曰仰惟福星再照闔郡生輝

紫詔頒新　賀復官曰紫詔頒新清任復舊

誕營壽域　賀人營壽壙曰泰喜明辰誕營壽域○又曰仰瞻壽域柱石崢嶸百福所鍾有神相之○又曰惟岳降灵佳城肇造

榮加簪服　賀道士加簪而戴冠養道服而為有道之士也

頂相堂堂　賀僧剃髮着袈裟從佛教曰頂相堂堂言其剃髮露頂也

慶祝　慶賀也祝讃也

慶悃　悃實情也賀人曰聊申慶悃

華肆宏開　賀人開店曰華肆宏開

石麟　唐徐陵母夢五色雲化為鳳集左肩已而生陵時有宝誌上人摩其頂曰天上石麒麟也

美調　賀官得好差曰榮膺美調

榮膺爵命　賀人榮受朝廷爵位誥命也

深愧無功　賀生子戲言○晉元帝生子賜百官束帛殷羨謝無功受賞帝曰此事豈容卿有功乎

餽送　以礼物交相往來揔名曰餽送

貢獻　凡物可以特進奉者曰貢獻進也奉也古者致物于人尊之曰獻通行曰饋

贈遺　以物送人曰贈曰遺

重貺　厚贈曰重貺○出列子○貺賜也

贐遺　見贈曰贐遺○後吳佑語

專賜　特恩曰專賜○出左傳○上與下曰賜

獻芹　送人物曰聊表野人獻芹之意○呂氏春秋曰野人有美芹願獻之至尊○至尊皇帝也

芹曝　送人物曰聊申芹曝之私又曰聊申芹悃○列子曰宋有田夫穿麻衣冬曝于日謂其妻曰負日之暄人莫知者以獻吾君當有厚賞

○曝日曬也暄音萱暖也芹水芹草也可食

珍錫　珍重也錫賜也謂惠錢曰珍錫○出劉孝威啓

果桃萊茹之饋　微物贈也○出後杜林語

當駱驛復致　饋更獻物也○占布語　駱驛不絕貌與絡繹同

厚貺　厚賜也

其何貺如之　厚貺也出左傳

貢獻無極　言貢獻無有窮極

職貢不乏　脩職致貢無所乏絕○出左傳

玩好時至　玩好服用時來獻上○出左傳

施而不費　雖好施與而無所費損○出左傳

問遺　謂問候并送礼物也

致敬　尽乎恭敬

盡禮　竭尽礼意

慇懃　曲尽礼意

稠疊　礼物多也

雅腆　礼物厚也

醲釅　礼物厚重

優渥　厚也沾注也

嘉貺　嘉美也謝人厚贈曰蒙嘉貺

嘉惠　謝人送物曰承嘉惠○出賈誼

饋餉　送食也

賞賜　自上與下曰賞曰賜

恩賜　朝廷有所賜曰恩賜

寵錫　朝廷恩賜也

頒賜　頒布也分也

恩賚　賚予也詩序曰賚所以賜予善人也

犒勞　以酒食賞賜工作僮僕也

折乾　以銀准折礼物

勞使　以錢賞僮僕曰勞使又曰力金勞金

折犒　以錢賞承應戲子小唱

給散　給付與也散分散也

分俵　俵散也

恩典　凡朝廷有恩于臣下曰恩典君賜食賜腥賜生之類是也

盛典　大典也如今之鄉飲養老等類是也

殊典　殊異也凡朝廷須賜臣下異于常格謂之殊典

特典　朝廷有所專賜臣下謂之特典

曠典　礼久缺而驟復行之謂之曠典

缺典　礼當行而不行謂之缺典

嘉典　盛儀也

贄儀　初相見之幣帛也贄至也古者初相見必手有所執以告至也卿執羔大夫執鳫士

執雉庶人執鶩工商執雞是也鶩音木鴨也 棗栗為贄 公羊傳曰婦見舅之礼以束栗為贄 腶脩為贄 公羊傳曰婦見姑之礼以腶脩為贄。脯乾肉也腶截脯也 帕儀 以書藉蔵金銀送人曰帕儀 聘儀 財礼曰聘儀又曰聘金 幣帛 絲段綾羅紗絹謂之幣帛 束脩 從師李金又曰束金又曰脩義 席儀 待賓折席之礼 下程 送行者之礼 折程 以銀折乾下程又曰程儀 土宜 遊于外境以本土所產之物送人曰土宜 土實 土毛 土遺 土産 以上並本地所産之物也 輶儀 輶輕也 不腆 礼不厚曰不腆 輕鮮 鮮少也 涼薄 礼物薄也 輕微 輕薄微細 菲薄 菲即薄也 稱贄 無礼物見人曰愧不能稱贄

拜領 拜而受人之礼曰拜領 拜嘉 受人惠曰敢不拜嘉。左傳註曰拜謝嘉己之意也 稽首拜受 拜而受人之惠也。竇憲語 敢不欽承 受之曰敢不欽承。曹丕語 義當順承 受物也。出蘇武書 笑納 望人受礼曰伏乞笑納又曰笑晋 莞存 莞微笑也望人笑晋曰伏冀莞存又曰莞晋。冀望也 鑒存 望人受礼曰伏惟鑒存又曰鑒納揮入麾頓吒納吒晋吒而入之 撝入 望人点撿收入 收執 執手持也又曰執晋 返璧 原物返人曰返璧璧玉也晋公子重耳至曺国僖負羈饋盤飧寘璧焉公子受飧返璧。寘音致安也。飧音孫水和飯也 完璧 原物返人曰完璧秦昭王欲以十五城易趙国和氏璧藺相如奉璧入秦昭王無意償城相如詐請指示璧瑕使人持璧歸趙 返

錦 原物返人曰返錦衛人餽叔向羹與一篋錦叔向受羹而返錦 完上 璧上 全璧 並原物返人也 璧謝 原物返人而謝也 麾卻 不受也 槩卻 一槩不受 無謂 言人不當賜礼曰尊賜無謂謂與之言也事有可称曰有謂失于事宜不可明言曰無謂 不歆費人 却献送也出項羽紀 托庇 托承也庇覆陰也屋宇為庇言承人之恩如屋宇之覆盖我也又曰伏庇賴庇伏賴藉並倚靠之謂也藉音謝 帡幪 庇覆也猶遮盖也托庇曰遠庇帡幪。註曰在旁曰帡在上曰幪。揚子曰震風陵雨方知廈屋之為帡幪也 二天 謝恩曰仰頼二天之庇後漢蘇章遷冀州刺史故人為清河太守章行部按其好贓乃請太守為設酒殺陳平生之好甚歡太守喜曰人皆有一天我独有二天。註云太守意曰蘇章必能庇我

之罪又一天也 樾蔭 謝人庇获曰叨承樾蔭。樾大樹陰也蔭遮蔽也 覆露 庇覆也露猶膏澤也鼂錯傳曰覆露萬民 河潤 托庇曰仰資河潤莊子曰河潤九里澤及三族。註云人能以恩及于遠人如河水能潤兩旁九里之地三族父族母族妻族也 波潤 遠沾曰波潤文粹曰鄰斗極之光輝通天漢之波潤。註云與斗極為鄰則有光輝迩近也近于天河則沾其潤澤 寵靈 庇覆也又曰覆幬容護卯翼慈恩覆護也 擁護 庇覆也 殘膏賸馥 托庇曰実頼殘膏賸馥之沾。賸馥餘香

恩惠 恩德也 膏澤 膏油也澤水也二者皆能潤物故借為恩惠言 恩澤 恩惠也 殊恩 異常之恩 洪恩 太恩又曰弘施 鴻造 太恩 渥德 厚恩也又

日恩渥口厚濟又渥惠厚恩也封禪書曰蒙聖皇之渥惠玄造深恩湛

恩深恩也封禪書曰湛恩龎洪。湛深也龎洪皆大也謬恩謝人誤施恩于我也

澤枯澤及枯槁之謂高情恩德雅誼恩德也曰芳施又慈渥無

渥恩施厚也舊恩宿德厚恩也再造之慈再生之德又曰再造

恩之白骨更肉愛人大恩如白骨再生肉也生死而肉骨愛人

大恩如已死又生白骨再生肉也恩結于心荷人德曰恩結于心。出前外

戚

雅愛雅素也荷人素愛曰篆雅愛錯愛荷人愛曰篆錯愛鍾愛鍾聚也愛

之所鍾愛之至也溺愛極愛其人如溺于水不知出也慱愛廣愛人也。愛

博則情不厚兼愛愛無厚薄遺愛鄭子産卒孔子聞之曰古之遺愛也知

遇篆入厚待曰知遇知愛荷知遇曰厚知愛。退之語愛待荷知遇曰

辱愛待。裴楷語謬眷荷眷愛曰謬眷。夢得語推愛愛此及彼意愛

甚密相厚也舐犢之愛舐舌舐也犢牛子也。後漢楊彪之子楊修爲

曹操所殺操見彪問曰公何瘦之甚彪對曰愧無日磾先見之明猶懷老牛舐犢之愛金

日磾漢昭帝之臣見其子与官人戲乃自殺之。牛愛犢必舐之故人惜子者比老牛舐

犢曰磾音密氐偏駁之愛愛不周貴也屋烏之愛愛此及彼也。

愛人者愛其屋上之烏憎人者憎其餘胥。餘胥僮僕也意愛甚密相厚刮

目相待另眼相看待也。魯肅遇呂蒙曰士別三日即當刮目相待遇某

加于平日相待益厚于往日當自禮焉顧視其人善視之

以禮待之也。荀嵇曰善視之如自己出弟畜其人以待衆之禮待人也鍾

情鍾聚也情之所鍾言不忘也情素真情也用情施恩于人也青

眼受人厚愛曰極厚青眼相看又曰青目提携又曰青盼。看青堪看顧回頭

矜人目顧顧盼盼眼旁視也看覷即看顧也看管看顧管束其人也又

曰照管曰管顧又看待看管接待看承看管奉承倸保看顧也培

植栽培植立作養人材也

周濟以財物救濟空乏之人也周急以財物周濟窮迫之人也周旋猶委曲保

全之謂斡旋猶周旋也賙艱周濟艱難賙窮卹匱周濟窮困救卹

匱之扶持顧問周濟之也維持猶扶持也調護調和平也護保安也夾

維猶言兩相扶持也又曰夾持脫急救脫人急難也。漢魯朱家專趨人急難

甚于己私既脫季布之厄及布貴終身不見撈救沉取曰撈提攜挈帶也

攙扶側手扶人與援勢要扶持也樂施後漢尚書令符推樂施亡人墳

門常曰天下物何常今日富後日貧爾忽一日不施則不樂賑濟開倉穀以濟貧

民資助以錢助給貧之資之助給人路費幇扶幇助扶持輔助

輔佐幇助單恩信施布恩信也扶者衆史。百足之虫扶之者衆有

脚陽春所到施恩謂有脚陽春唐宋璟愛惜民物時人謂之有脚陽春言所至之

処如陽春及物也左提右挈言相扶持也張耳傳曰以兩賢左提右挈

感激 心有所恩而動曰感。激ハ觸発也。不忘恩之謂也。 感佩 感人之恩，佩服而不忘也。 感戴 感人之恩，頂戴其恩于首而不忘也。又曰頂恩，又曰戴德。 挾纊 挾懷也。纊細綿也。感人恩義如懷細綿纊之温也。 枯葉復産 感人大恩，如草木枯葉而復生也。出郊祀志。○ 貫心鏤骨 貫穿其恩于心，刻鏤其恩于骨，永記而不忘也。○出趙林武書冒 書諸紳帶 紳大帶之書者。書恩于紳帶，不忘恩也。○第五倫語 銘骨書紳 銘刻其恩于骨，書寫其恩于帶，不忘恩也。○孫樵語 銘乎心膂 銘記其恩于心膂，不忘恩也。○皇甫謐語 感赧交集 感且愧也。○赧愧而面赤也。 江上丈人 伍子胥逃至江上，父老以舟渡子胥，後每食咲祝曰江上丈人。 死且不朽 感荷君恩，言身雖死，此恩不朽腐也。○出左傳

結草 答報恩人曰當效結草之報。魏武子疾，命子魏顆嫁其嬖妾，而復命殉葬。顆嫁之。後顆與秦將杜回戰，見一老人結草以躓回。顆大捷。夜夢老人曰：余乃汝所嫁妾之父也。蒙嫁吾女，故結草以報之。 啣環 昔報答人曰當效啣環之報。漢楊保救被傷之黄雀養，啣双環以報其恩。 犬報 昔楊生愛一犬。一日生醉臥草中，野火忽起，犬號，生不醒。以身濡水湿草，得免火患。此犬報也。 馬報 唐韋皐愛一馬。皐過敵墜馬，馬回見倒地，啣韁以迎之。此馬之報也。 何敢便老 宋劉懷珍為王義恭參軍，後見之曰：別子多年，那得不老。珍答曰：公恩未報，何敢便老。 恩光報屈 恩多報少之謂。○陳亀語 永懼不報 常恐不能報恩也。○陳亀曰：生年死日，永懼不報。 慙無報効之義 慚無報也。出南匈奴傳。○ 銖兩之報 微報也。出鼂錯傳。○

十黍重曰銖，二十四銖曰兩。 狗馬之心 恩報効也。○汲黯曰：臣常有狗馬之心。 非其生死所能報塞 恩大不能報之謂也。○張奐語 投瓜得瓊 送人礼薄得厚報也。詩云：投我以木瓜，報之以瓊琚。瓊美玉也。琚佩玉名。 愧乏報瓊 受恩無可報也。詩曰：投我以木桃，報之以瓊瑤。瓊瑤美玉。 報恩効死 報恩也。黄香曰：誰無纖芥報恩効死。 以報恩施 報人恩也。○出南匈奴傳

酬謝

聒噪 呉越人相謝俗語也。又曰打攪、起動、撹擾。 兵厨 謝擾人曰重擾兵厨。晋阮籍聞歩兵厨有酒五百斛，乃求為歩兵校尉。 行厨 謝道中擾人曰重擾行厨。 拜德 拜謝也。左傳曰：吾子靖難，敢不拜德。 口腹知恩 謝人送食。○用庾語 造門謝恩 謁謝人也。○何武語 辱賜上尊 謝人送酒也。○上尊觧見飲食部。 猥垂齒召 謝人見召。曹植語 寵召 謝人見召曰蒙寵召，又曰辱寵招。 河潤匪淺 謝人庇蔭曰頼河潤匪淺。莊子曰：河潤九里，澤及三族。

緩頰

託人言事曰煩緩頰。○註云：欵其徐言，引譬喻使人歸順也。 鼎言 託人言事曰借重鼎言，謂其言如九鼎之重也。 吹噓 求人薦達曰望吹嘘。○註云：猶嘘氣吹枯木，欲其復生也。 先容 求人薦達曰為之先容，又曰謁帰。 顧指 頷使也。望人指麾曰：在公顧指耳。 指囷 借糧曰望指囷。囷，圓倉也。○周瑜求糧于魯肅，肅有兩囷米，指一囷與周瑜。 干澤 求人薦揚曰干澤，謂于求恩澤以自潤也。 乞靈 求人薦揚曰乞靈。又曰借譽、借光、徼譽、借暖、假輝、徼恵、匄貽。徼與邀同。匄音蓋，求也。 敢藉

君靈 左傳○註云敢借君之威靈也 徼福假靈 左傳○今我歆徼福假靈于成王○註云求其福佑借其威靈也 央浼 以事央求人也又曰央煩又曰拜浼相煩也 懇求 央浼也又曰懇祈懇禱拜託拜懇 干求 凡有所祈而求之者皆曰干 希求 希望干求也 干謁 干求請見也 干瀆 求干 冐瀆人又 溷瀆 以事干瀆溷亂人 塵瀆 即溷瀆也 昧死 高紀曰干冐昧死再拜言○曰昧死再拜言昧犯死罪而言也 鉛刀一割 謂求人奉薦曰以鉛刀一割○晉王永曰鉛刀亦堪一割求必無用也 干忤之愆 干忤煩瀆之過也○出晉 續冐昧干請 干求人也○後漢清河王語 冐不媒之鄙 自薦也○ 冐昧自陳 出梁元帝志 冐瀆 貢聞事也○蔡邕語 冐瀆以聞 貢聞事也

○曹植語 是以敢私言之 私懇也○出左傳 委託 以事付託人也 仗託 以事倚仗寄託人也又曰靠託 勞瀆 煩勞干瀆 叮嚀 再三告示之也 囑付 言之再三曰囑猶分付也 諄諄 詳語之貌 口達至誠 面言誠懇也 誠懇 誠懇實情也真實之言也○夢德語 口陳肝膽 面言誠懇也○ 輸寫肝膽 盡誠也○蔡邕語 空臆盡言 盡誠也○ 陳露肝膈 申所懷也○吳周魴語 宿心素志 舊所懷也 以情相歸 盡誠來也○後張奐語 也○竇融語 韋遠微語 淹語○江淹語

首肯 頷頭許人 金諾 謂人相許曰承金諾○漢曹丘生稱季布曰楚諺曰得黃金百斤不如得季布一諾又曰季諾 諺音彥俗語也 雷諾 猶云車諾也謂人相許也 俞允

謂人相許也○ 恭命 所許也傳季友語 私可 私見許也○劉文靜語 領可 許允也許也又曰頓許允答裁可 敬諾 諾也 應命 從命也又曰趨命又曰趨承 俯就 曲從也 俯順 曲從也又曰俯從 允答 許也 應答 應声也對答 唯唯 順從也 應声之速 應承 從命也 領悉 領命悉也 奉許 望人見允也○出始皇紀 三而許之 謂三強而許也 遲速惟命 或遲或速惟命是聽○出左傳 敬以待命 左傳註曰致敬以待君之命令也 惟命是聽 惟命是聽○出左傳 惟命是從 從命也出左傳 不敢失墜 不敢弃遵奉之 敢不良圖 遵奉也又曰敢不惟子是從○出左傳 失而隕墜之也○出左傳

首倡 作事曰作倡率作事也 做頭 做頭也 領袖 領袖言人作事如衣之有領袖也 作俑 作事做頭也倡端不善為作俑 主張 主宰 主也並作主 主維 主宰維持 把持 以手把執而持定也 主持 把持 擅專 自專 承當 荷負抵當 抵當 猶抵當承任其事也 承認 承當任其事也 擔當 擔代 代其事擔當其事也 仔肩 重任 肩鉅 負重任也 方命 違命不行物圓則行方則止故云方命大凡 峻拒 不與人往來拒絕之甚也 絕物 不交接人曰絕物謂其睽絕物情也 違拗 不順從也 抗拒 強抗違拗 拗撟 作事不順理也 杜宕 言人所作皆由己性也 不曾經歷事務 稟真 言人胸次不坦夷 執泥 不通也 澁滯 不通也 逞獨見以忤人也 方頭

言人不通時宜也
違悖違抗悖逆
堅執定要如此
固執堅持也
拒絶不與人交接也
推托推阻托故不從順也
固卻固執不從
膠柱鼓瑟瑟二十五絃一絃一柱所以移游上下以調声者以膠黏柱則不能調矣故以喩執不通者。柱瑟上鳳足也鼓彈也
陰拱歛手曰拱言不動搖坐觀成敗也。黥布傳曰陰拱而觀其孰勝
自適已事自謀順適已身之事不顧人之事也
事滋無成事益無成也。出左傳
破頭楔敗人作事之與
隳成事已成而敗之曰隳成
僨事僨僕敗也謂敗其事也左傳曰象有齒以僨其身
譏擠人已成之事曰打譏
稱囋稱揚人之善也荀子曰問一而告二謂之囋一曰囋即讚字謂以言強囋助之也

稱羨称人之美
稱不容口称美其徳口不能容也
合辭稱快衆口一辭而稱美也
擊節嘆賞擊器物為節以称賞其賢也
贊襃贊助也成事曰襃謂以言贊助人成事也
攛掇猶贊襃也
揄揚称薦人也揄亦揚也
游揚称薦人也即揄揚也
迭為唇齒互相称揚也
更相標榜互相称揚也
歆羨歆歆之動也羨愛慕也
喝采称美
嘖嘖口声
建羨師古曰建羨悦服是也
奬譽揚人之善
褒奬称人之美
稱頌称述人之美也
塗歌邑頌人頌声也顏延年語。
特起之士称豪傑也。仲舒語
傑然自建。称人卓立也第五倫語
民望時宗須時士也。出北齊刑子才表
雲霄中人称奬清高人也。桓玄語
內外斬斬

須人嚴整也。出莊子
文武志介称奇才曰有文武志介。皇甫嵩語
文武備足。称大賢人也。冦恂語
英武超世称人英雄武勇過絶于世人也
驍勇絶人称人驍騰武勇過絶于人也
膂力過人称人勇力過絶于人也膂脊骨也脊壯則有力
才器過人項籍身丈八尺力能扛鼎才器過人
英達夙成称人英豪特達而老成也
英畧過人称人英雄謀畧過絶于人
踔越之姿踔越超絶貌称人資貭過絶于人也
英才踔躒称人才能超絶于人也。卓躒超絶也
軍鋒之冠称人武勇為衆軍之最
特立後起。稱奇士後進也。特立孤高也
通洽古今称頌人斈問也。李義山語
懍懍有生氣頌既亡英偉人也。出郭子庾道季云
久有英稱称人久有名也。崔湜語
身傳圖象著大名也。臧洪語
常爲稱首名最高也。相如語
有嘉聞名聞于世也。出左傳
似士君子。称常人節行。王真語
神於弧失。称人精于射也弧弓矢箭也
絶才冠世称人卓絶之才高出世表也
膽畧兼人称人胆量謀畧勝于人也
才堪負重称人才能足以任重
華問称人名望曰華聞又曰芳譽芳聲又曰瓌望芳名碩望
籍甚讃頌声名者多曰籍甚。叙聞名曰聀籍甚之聲又曰名声籍甚
聲價有名声則價重
駿聲称人有名声曰駿声升騰
威望威声名望
香名知名不相識曰起敬香名李白送孟賛府曰白以弱植早飲香名
通人称大儒曰通人謂博古通今之人也
人龍称人之賢亢人中之龍也

英人 称奇才也。英彦 須文人也。才倍十人曰英，彦美士之称。時哲 称賢才曰時哲。又曰時英。超邁等夷 等夷，齊等也。称人之才幹過絶于齊等也。身沉名飛 身亡名在也。出曹植武帝誄。行能異等 称人德行才能倶過絶于衆也。與某名相甲乙 謂某與某齊名也。弗豫語。常為稱首 名最高也。相如語。為後進冠 少年有行也。陳遵語。寡二双 無双也。吳丘寿王語。以文聞 有文名也。欧陽詹語。名譽出某下 言名声不如某也。翟方進語。冰蘗聲 有清苦之名也。蘗，黄蘗，苦藥名。增榮改價 謝人称奬也。○比刘語。采名 好名也。采取也。終軍傳曰：將弁誅不加歉以采名也。徵名 徵求也。○揚雄

曰：不修廉隅以徵名當世。采榮 榮，声名也。揚雄曰：四皓采榮于南山。一曰榮，草木之英，采以充食。坐作聲價 好名也。袁紹語。釣名 好名也。若釣魚之謂也。沽名釣譽 好名也。沽，買也。釣，取也。釣采飾名 沽名也。後逸民語。矯俗干名 矯詐世俗，干求名譽也。干名采譽 好名也。干，求也。采，取也。矯情鎮物 矯飾其情，安鎮人物。舉薦 保舉薦引。薦聞 謂薦献其所聞也。左傳云：敢不薦聞。推轂 推薦人，如車轂之運轉。○轂，車軸之頭也。引重 灌夫傳曰：両賢相為引重。○相薦達也。謂轉相汲引而致于尊重也。清舉 謂辟賢也。○出文選。辟育闕郡国李推賢能曰辟。保君百口 杜兼誣奏李藩，上密詔杜佑殺之。佑素重藩，懐詔旬日不忍発，因出詔示

藩曰：吾已用百口保君矣。上詔藩為秘書郎。汲引之恵 謝人薦拔。○李翺語。門無留客 汲引速也。○皇甫嵩語。更相薦託 互相達也。薦舉不踰等 左傳註云：舉用人不可踰越等級。舉不失選 左傳註云：所舉之才皆得所選也。擇善而舉 左傳註曰：擇善人而舉用之也。不慎舉 左傳註曰：不謹于舉用人也。道側奇寶 韓愈薦樊宗師于袁滋書曰：誠不忍奇宝横弃于道側。振拔 振，挙也。拔，擢也。賓戯曰：振拔洿泥。采拔 蒙簡擢曰采拔。○出文選。采録 取用其人也。收録 收用其人也。又曰收叙。收齒 收，采取也。齒，録用也。謂收録其人也。柄用 言任用之，授之以權也。谷永傳曰：永知鳳方見柄用。提拔 提

拔擢于衆人之中而起用之也。又曰提援。甄拔 猶提拔也。甄，分別也，察也。收時望 謂收用當時有名望之人也。推擇 推進之也。韓信傳云：不能推擇為吏。稱謂 即称呼也。君侯 師古曰：君侯，列侯之尊称耳，非必丞相也。不穀 孤寡不穀，皆諸侯謙称。閤下 古者三公称閤下。閤下降殿下一等。閤居下，殿居上。座前 称長者曰座下，曰座前。又曰台座下。座前降几前一等。座居下，几居上。膝下 子称父母。執事 尊卑通称也。執事，左右之人也。古者不敢直言，故托言其御者。足下 古者前輩與大官書，多称執事與足下。臺下 尊卑通称。台下 称平交。門下 称平交也。又女婿称岳丈亦曰門下。婿自称曰門婿。又曰愚婿。文宗 称提学曰文宗之称。斯文亦曰文宗。文几 称斯文。麾下 称知已。行臺 称客過也。

左右 執事也古者不敢斥言尊長故但云其左右也 粧次 称姊人曰粧次又曰膝下 丈人 師古曰丈人嚴荘之称也故親而老者皆称焉非止称妻父為丈人也 慈範 称尊長慈愛之類範 德範 称人有德之類 道範 称人有道之類範 侍者 称和尚日侍者猶称執事也 麾下 称武官也麾大将旗也所以指麾兵卒進退也士卒之于元戎不敢指斥故称麾下 仁臺 称仁德之長上也 恩臺 称有恩及我之長上 儲封 称有子讀書者日儲封又日即封君 雙材 並呼二人日雙材 二雋 並呼二人日二雋 仁君 汝呼人也 明府 称太守縣令皆曰明府明者嚴明之称也 ○ 子甫 皆男子之美称也 君卿 同輩相呼曰君曰卿○又曰秦漢以後君呼臣為卿盖期之以卿也士大夫相呼為卿盖貴之也陏唐以来則称公儕輩以下則称卿

你我 爾汝 皆你也魏武帝謂孫晧曰聞南人好作尓汝歌卿能否晧曰昔與汝為隣今與汝為臣上汝一杯酒令汝壽萬春帝悦 傈 傈與渠同他也呉人呼他曰渠 儂 呉人呼我曰儂 咱每 北人称我 喒家 北人称我也 他們 伊家 他家也 誰何 何人也 孰 誰也 阿 民俗称人皆以阿字居首助語辞也 吾儕 謙称吾輩 等輩 一等一輩 黨類 一黨一類 若曹 若汝也曹輩也 儔匹 四人為儔二人為匹 伴侶 同伴 侪儔 同伴 隊伴 同伴也三十人為一隊 夥計 同事人日夥計 余予 並我也 俺們 北人称我曰俺們 恁 恁你也

謙稱

謭劣 自謙能薄才淺 無似 自謙無可似人 不佞 佞才也自謙不

才曰不佞 卑末 自謙卑小 下走 自謙言趨走之役也 賤子 自称 區區 自謙小也 卑鄙 自謙卑夲鄙野之人 鄙人 自謙卑鄙之人 菲才 自謙無才 孫家 孫而自謙 涼德 謙言已德之薄 不肖 自謙庸妄之人也肖似也賢不若父謂之不肖 鮿生 自謙言小人也鮿小魚也 陋宗 自謙家世也又曰宗門衰薄族姓卑微門衰祚薄 羈人 孫而自謙 孫窮 自謙孫也 疏庸 自謙言李踈才淺庸常之人也 草芥 小官與吏農謙称前程之小如草芥之賤 蟻職 小官謙称官職卑小如蟻又曰卑職 浮賤 自謙賤也 側微 自謙卑賤 微賤 自謙卑微下賤 亡陋 自謙微賤 亡如 猶言無所象似也霍光傳曰視丞相亡如也 肅娶奴散 自謙不才也○出苟修身 內愧不稱 自謙非宜也○習之

語 細度狹見 謙稱所見淺狹也○沈下賢語 功既闕如 自謙無功也又曰無尺寸功○耿弇語 才朽命剝 自謙不逢也○白居易語 樸樕 自謙言小木之不足數也○樸樕小木也 下中 言在下輩之中也李廣傳曰為人在下中 百不逮人 逮及也自謙庸材不及人也 孫微之人 自謙也○張奐語 寒門悴族 自謙孫寒也○宋江效語 出於卑微 自謙孫寒 卑門後進 自謙孫寒晚生也○任昉語 蒲柳之資 自謙資質也蒸文曰蒲柳之資望秋先零 蒭蕘之資 自謙資質也○後張晧語 名綴下士 小官自謙○潘岳語 終無絲髮之効 謙無功也 偃伏泥滓 自謙在下也○皇父湜語 耿耿之身 自謙小也文紀云以耿耿之身耿耿猶炯

末也駑蹇才尾礫質皆自謙也。藝文云以駑蹇之才不致罔于千里横
尾礫之質佇待價于千載庸衆而野自謙乏禮有不任堂構之
謙承家也。出鄙山陽公載記寒劣寒薄薄劣皆自謙之
詞也
幹蠱蠱前人已壞之緒而子能幹之則飭治而振起矣易曰幹父之蠱有子考無咎裕
蠱寬裕以處其父事也易曰裕父之蠱閫閫勤儉做家之謂又勉強以定精神亦
曰閫圖猷為謀猷作為也張横渠曰卒者舍礼義則飽食終日無所猷為與下民
一致。言會于道曰猷歷練歷經歷事務也練諳練細故也。諳音安知也記也
練精熟也振作振奮作為展施展放施為操縱操執定也縱放縱也操

持執定也撐持撐掌把也持執定也猶把持掌理其事也又曰支撐又曰支持
設施設法施為經營經定其創造之基也營正其向背之宜也調度猶經
營也佈擺佈佈置也擺排而振之也撿點撿率也支吾抗抵當也掌
管事管其事承管承受掌管料理管理其事綜理總理其事蔵事
倫事也尨事倫事也歷事經歷事務慣經慣熟經歷事務也克
肯克能也肯似也謂能賢若父也成器器者有成材之謂也長進日長日進
無限量也創守唐史云創業易守成難守成保守成業遵業遵守祖宗
舊業持盈持盈守成。盈滿也才幹才能也幹能事也條理作事條分
理折之謂折音昔分也條暢暢達也作事有條而通達也樹立猶建立也

置買買田置地營辦經營措辦營為謀為也見事風生遇事
便為也。尹翁語。風生言速急不可當理外奇舉異衆立事也無留言
事敏于決遺也。出馬融賦長於人事熟于事也動無違事言人
凡其舉動無有違理之事神無滯用精于抉事也。任昉語曠然覺
悟曉明其事也。申屠剛語念茲在茲夏書。註云念此事在此身言行事
當常念如在己身也井井有條井井作事有條理貌多多益辦多了
事也又曰多多益善漢高祖問韓信曰我能將兵幾何信曰陛下不過能將十萬上曰如
君何如信曰臣多多益辦
箕裘承祖宗所業為箕裘之業。李記曰良冶之子必李為裘良弓之子必李為箕貽

謀言貽子孫以善謀也燕翼燕安也翼成也謂能安成其子孫也繩武繩繼
也武跡也如祖父做官子孫亦能相繼曰繩武纘美纘繼續其休美也趾美趾繼
也媲美與聖賢同美也紹述紹繼也述循也述先人之志也繼憲章
近守其法也祖述遠宗其道也中庸曰仲尼祖述堯舜憲章文武流芳傳美
名于後也。晉桓溫曰男子不能流芳百世亦當遺臭萬年遹追先志遹遵
也追隨也遠遵前人之志意也遹與聿同清白相承謂世守其德以清淨素白
之風相承繼也漢楊震性廉子孫常蔬食步行或欲令開產業震曰使後世稱為清白吏
子孫以此遺之不亦厚乎
勤儉勞于從事曰勤儉節用也年計一日之計在于寅一年之計在于春一年之計

莫如樹穀十年之計莫如樹木終身之計莫如樹人 撙節 多則藏下之謂 減省 減者損其數也省者全去之也 裁減 裁剪減省也 澹泊 儉也 家常 范文正公曰常調官好做家常飯好喫 守約 固守貧賤儉約 勤勤 勤勞 勤作 勤謹 勞而不息曰勤慎以持身曰謹 量入為出 量度所入之物以為所出之費 在約思純 其處窮約則思純正而不敢萌僭濫之心 晝由夜紡 勤也 農人 ○房玄齡語 簡素寡欲 簡省清素寡少貪欲 奉身如貧 富而儉約 無香薰之飾 儉約也 克勤克儉 克能也 民生在勤 左傳註曰民生不易惟在勤力勤則不匱 以治生則不匱乏缺財用也 器二不匱 置器有二則更迭為用則不至于匱乏 ○出左傳 省靳 吝

而不與也 勞頓 勤勞困頓 勞碌 奔波 勞勩 勞力 扒僕 勞動 拮据 手口共作之貌 手胼 手皮厚起 足胝 足皮厚起 操心 操碌其心也 波吒 勞苦也 拚命 拚棄性命 拚命 努力 用力也 竭力 竭盡也 費力 着力也 力殫 殫盡也 奮力 奮用力也 發狠 也 碌碌 無能多勞之謂 役役 勞也 僕僕 煩猥貌 砣砣 勞極之貌 勩勩 勞作力不止貌 氣氣 着力也 抖擻 奮動貌 厭煩 事煩多而厭之 不憚煩 不畏勞苦 薪水之勞 晉陶潛遣一男與其子曰助汝薪水之勞 勞身焦思 勤勞其身躰焦苦其心思 困倦 力乏也 疲倦 疲力乏也

倦厭怠也 困頓 困倦勞頓 人極馬倦 人馬俱困也 ○王子淵語 車殆馬煩 奔走困也 ○出洛神賦 艱辛 艱難勞苦 辛苦 艱辛苦楚 刻苦 刻意勤苦 負苦 任事勞苦 良苦 李陵傳曰少卿良苦言勞苦也 重繭 足皮厚復起如蠶繭也 跋盭 跋者足底也盭者足底反而不可行也 ○賈誼傳曰非徒蹇也又苦跋盭 用心過苦 李廣博涉群書一日廣似聽非聽忽一人出廣身曰君用心過苦非精神所堪今辭君去因恍惚不樂遇病卒

禮儀

綿蕝 表位標準也 綿謂置綿索為習肄處蕝謂以茅翦植地為纂位尊卑之次也或曰立竹及茅索營之習禮于其中 ○漢叔孫通捨拕鼓而定一王之儀即其事也 木途 造父李札于泰豆氏立木為途僅可容足趨走往来無失乃尽其巧

亢禮 亢當也言高下相當無所卑屈分賓主行均敵之禮也 體貌 謂加禮容而敬之也 賈誼傳云體貌大臣 作揖 唱喏 即作揖 鞠躬 曲身也 打躬 小作揖 三肅 肅敬也 ○以手至地若今揖也 三肅尽 ○左傳云三肅使者而退 接武 行堂上礼曰接武堂下礼曰布武 ○出札記 端拜 端拱而拜也 ○出荀不苟 稽首 拜而頭至地也 頓首 頭磕地也 跪拜 俯伏 伏拜于地 磕頭 叩首 磕頭也 伏謁 伏地再拜 雅拜 遙呼人拜曰雅拜 ○晉石崇潘岳諂事賈充每候其出輒望塵雅拜 屈膝 跪也 長跽 久跪也 斂衽 婦人称拜曰斂衽 ○衽衣襟 和南 和尚合掌而拜曰和南拜 晉接 謝人延遇接待曰仰壓晉接 交際 以礼儀幣帛交相往来曰交際 應酬 接交

應荅賓客也
膜拜 胡人礼拜曰膜拜卽長跪也
恭敬 恭者敬之発于外者敬者恭之発于内者
欽敬 欽恭也外曰欽内曰敬
式閭 俛首致恭曰式古者過賢者之閭必式于車前横木以致敬也俛首低頭也俛音免
禮輿 敬者礼之輿
懍懍 畏敬貌
肅肅 恭敬貌
翼翼 恭敬貌
穆穆 容儀謹敬
蹙踖 恭而不安
竦神 竦敬也礼樂志曰虛己竦神
竦體 竦敬也霍光傳曰常竦體而礼之
薰沐 以香薰之水沐浴示敬也
端肅 端莊肅敬
毛骨竦然 驚敬貌
磬折而入 言人曲躬揖之若磬之形而趨入以示敬也
魚貫而進 謂人相牽引如貫穿其魚而趨進有次第而下亂以示敬也
僂傴 僂曲頭也傴曲躬也謂敬畏也

謙遜 謙者致恭不自滿也遜推讓也
揖讓 作揖推讓
撝謙 謙人卑屈曰仰挹撝謙○易經註曰撝施布之象動息進退必施其謙不敢自安也
鳴謙 謙德積于中而見于声音顏色也○出易經
勞謙 易經註謂有功勞而持謙德者也
謙尊而光卑不可踰 易經註曰人能謙則居尊者其德愈光卑者亦不能過也
卑讓德之基也 左傳註曰卑讓則自下而人高之故為德之基也
謙沖 沖和也晉姚興曰順守謙沖
謙謹 謙而謹飭
投刺 古無紙削竹木板書已姓名以謁見人曰投刺又曰齎刺又曰奏刺
参謁 下司見上司謂之参謁
造請 造至也請謁問也謁見人也張湯傳曰造請諸公
踵門 踵脚跟也謂足至人門也
躬叩 躬身也親身叩見人也
摳趨 摳提

也謂提衣趨進以謁見人也
訪問 拜訪謁問人也
輕謁 紹謁人也卽俗云輕造也又曰擅造又曰徑造
請前 請至也言來見也楊王孫傳曰未得請前
紹介 左右儐命之人也
典謁 通名曰典謁又曰內謁
掃門 求見人曰欲效掃門○魏勃欲見齊相曹參無由乃早起為曹參舍人門前掃地舍人引勃見參參以勃為舍人
趨謁 往拜謁見人又曰走謁
識荊 見未相識曰幸獲識荊又曰識韓唐韓朝宗為荊州刺史有声名李白與朝宗書曰生不願封萬戶侯但願一識韓荊州
登龍 漢李膺以声名自高士有被其容接者名曰登龍門
御李 漢荀爽謁李膺因為之御車既還喜曰今日得御李君矣盖以御車為榮也
覿顏 親見也
覿面 親見也
私覿 私礼見入也
私面 私接見也
傾盖 初相見也

親炙 猶云親近也
暱就 暱親近也言親就于我也左傳曰暱就寡人
親就 親近也
邂逅 不期而遇也
豆湊 事相邂逅曰豆湊俗云閒湊非也
塗覯 路間偶遇
卒遇 偶遇也
陡遇 忽然相遇
盍簪 盍合也簪聚也叙未會曰未筮盍簪○筮卜也
合并 相聚也
會晤 晤对也會合也
湊投 事相邂逅曰湊投吳越風俗歲除互擧炒豆交納之且喰且祝曰湊投
奇遘 遘逢也奇遇也
参會 三人相遇
聚首 相會也
促膝 相會对坐促近膝也唐詩云風雲保膝難
良晤 佳會也
良覿 佳會也叙久不相見曰久疎良覿
班荊 負遇人于途曰比獲班荊班布也布荊于地坐而共食也
遭逢 遇也
遭際 遇也
際遇 遇也
機會

枉顧 謝人訪及曰蒙枉顧。註曰必者謂長者理順長者顧必者理逆謂枉屈尊者之顧盼也

左顧 謝人訪及曰辱賜左顧之寵古之長者居右必者居左故長者顧必者曰左顧猶枉顧也

臨存 人訪及曰臨存。以尊適卑曰臨恤問曰存

照臨 謝人見訪曰仰辱德星照臨。德星景星也謂如日月德星之照臨我也

臨況 謝人過訪曰辱賜臨況

見臨 韓愈與楊子書曰李問有暇幸時見臨

寵臨 人訪及曰寵臨又曰屈顧傾駕光臨光顧光降降臨過存來況惠臨貴臨

弭蓋 人訪及曰弭蓋。弭止也

命駕 謝友過訪曰辱千里命駕。晉呂安服嵇康有高節操之致每相思輒千里命駕從之

連璧貴臨 謝二客同至曰辱連璧貴臨。晉夏侯湛與潘岳皆美姿容無出入同乘一輿共一裀褥而坐京師謂之連璧

親舉玉趾 謝人親行曰望親奉玉趾。趾足也謂足如玉之貴也

接奉清塵 相聚曰接奉清塵。清塵行而起塵也言請者尊貴之也

親數存之 屢蒙過訪也。朱亥語

時臨 玉趾欲入時訪及曰幸時臨玉趾

不待介者 不待人通報徑謁人也。高彪語

蹉跌不面 相謁不得見也。趙壹語

逢執事之不間 無隙可見也。出左傳

無緣瞻覿 不得請謁見人也。蜀杜微語

養病傲士 託病不見客也。高彪語

不肯幸臨 不肯訪及也。灌夫語

不相請謁 不往還也。出列子

比門不與交通 隣居不往還也。夏馥語

未嘗投刺權門 不謁權貴也。出王僧孺徐君集序

不得先請 不及先謁見人也。耿純語

褦襶 暑月不堪謁見人曰不堪褦襶。程曉三

伏日詩云平生三伏時道無行客車閉門頻謝客出入不相過今世褦襶子觸熱到人家云云。褦襶涼笠也言今人不曉事頭頂涼笠觸冒暑熱而到人家擾人也

交遊 禮記。遠近往來之友信交者也

朋友 同類曰朋合志曰友

父執 禮記。謂父同志之友也見父之執不謂之進不敢進不謂之退不敢退不問不敢對此孝子之行也

執友 同師之友其執志同故曰執友

父事兄事肩隨 禮記曰年長以倍則父事之十年以長則兄事之五年以長則肩隨之

隨行鴈行 父之齒隨行謂隨其後也兄之齒雁行並行而稍後也

締交 漢雋。締結也

金石交 取其堅固也韓信傳曰與漢王為金石交

刎頸交 言託契深重雖斷頭絕頭無所顧也

黨友 親黨及朋友也

死黨 謂盡死力于朋黨者也

斷金 至交曰斷金之好易曰二人同心其利斷金言二人心相同作事無不順利石雖堅而能破金雖堅而能斷也

莫逆交 兩心相契絕無悖逆曰莫逆楊寧與陽城為莫逆之交

耐久朋 魏元同與裴炎交始終不移時人呼為耐久朋

金蘭簿 唐戴洪正每得密友書于簡編號金蘭簿

市道交 廉頗免故舊去又復為將客復至頗曰夫天下以市道交有勢則從無勢則去此固其理耳又何怨乎

忘年交 韓愈与李賀為忘年交

同袍 友也詩云與子同袍

燕朋 禮記。燕私之朋必不能責善燕朋逆其師

辟金 莊子曰至性辟金言不以金宝為貴也。辟屏除也

雅素 謂故舊也。忽忘雅素

同好 同志為友故云同好。出文選

投分 交友須當投分義也

賞心 賞心之至友也

心期 謂心約之友也文選云中道遇心期

齊契 齊死生之契約也文選云齊契在今朝 **儕類** 同輩友也 **白頭如新傾蓋如故** 言人不相得自少至老其猶新知情若相得傾蓋之間有同故友也。出漢傳 **五交** 勢交賄交淡交窮交量交言朋友之交有此五者。量交謂度其輕重而交也 **良儔** 良友也藝文云良儔交其左 **剖心** 漢張奐與延叔堅書曰吾與叔堅剖心相知豈以流言相猜耶 **同生** 傅幹與張叔威書曰吾與足下分結雅素恩比同生 **面朋面友** 楊子法言曰朋而不心面朋也友而不心面友也 **群匹** 衆友也藝文云一旦辭群匹 **賞愛** 賞心之愛也文選云賞愛長絶緣 **青松心** 久交也唐詩云勗君青松心 **昕歡** 所愛之人也文選云請呼心所歡 **全交** 君子不盡人之歡不竭人之忠以全交也 **結分** 即投分也 **末契** 自謙為下交也文選云托末契于後生 **親串** 串狎也謂親狎之人也文選云聊用布親串 **石友** 如石堅之友也文選云投分寄石友又米芾拜石為友 **趣同** 淮南子曰行同趣同千里相從行不合趣不同對門不相通也 **故舊** 舊交 **借契** 兩情相合 **相善** 相好也 **相與** 朋友相處 **久要** 舊約也 **夙緣** 舊約也 **風雲契** 謂遊宦同也唐詩云千里風雲契 **平生歡** 舊交之好也。沛公勞苦若平生歡 **總角之好** 兒時相與也。總角男子未冠時也 **先交後擇** 君子先擇而後交故寡尤小人先交而後擇故多怨 **宗黨** 同姓友也 **降德忘年** 與長者相交也。出陳師知沈君集序 **進由勢合** 因勢相交也。張酬語 **狎徒** 私昵之友也。出劉向列女傳 **多長者之游** 多交賢

友也。許劭語 **舊賤之知** 貧賤時友也。馮敦語 **一揖之舊** 舊略識也。皇甫湜語 **疇昔一面** 舊略識也。陳師知序 **分非素結** 舊不熟也。荀彧語 **久挹風猷** 舊熟也。羊侃語 **與英俊並游** 結友皆英俊。枚乘語 **琴瑟心** 謂朋友和心也。漢傳曰心同琴瑟 **繾綣** 相好不分離貌 **綢繆** 不忍相離貌 **纏綿** 相好不忍分離貌 **析膽** 析分也。鄱陽傳曰剖心析膽相信 **和睦** 和氣也 **和諧** 和合也 **和協** 協合也 **雍容** 和盛貌 **雍睦** 藹雍和睦 **郁睦** 和美 **輯睦** 和睦也 **愉愉** 顏色和貌 **怡怡** 和悅貌 **和緩** 和以待人緩以處衆。緩寬慢也

類書纂要卷之九終

新刊古今類書纂要巻之十

人事部二

盟誓 涖牲曰盟約信曰誓 **歃血** 凡盟者以血塗口旁曰歃與盟者各歃之餘者埋于壇西隅天子用牛馬諸侯用犬豕大夫以下用鷄 **結盟** 相盟約曰結言 **披青** 歃血盟天披青誓地 **三物** 設盟用鷄犬豕曰三物 **盟府** 謂司盟之府也○左傳曰載在盟府 **主盟** 主諸侯之盟也左傳曰無德何以主盟 **發誓** 罰呪也又曰詛愿 **要結好命** 結好也謂要約固結和好之命也○出左傳 **有死無貳** 誓不廢命也○出左傳 **不可以盟罵也** 不可信也○出左傳 **請成** 成猶平也請與講好結成也左傳曰鄭伯請成于陳 **立矢靡他** 矢誓也靡無也誓無他志也 **陰有宰物者** 誓言也○裴延齡語 **交質** 奏質子以為信也左傳曰周鄭交質 **永矢弗諼** 矢誓也諼忘也誓永遠不忘之謂也 **渝盟** 渝變也○殖元盟曰渝盟無享国 **背成** 謂背約也○左傳曰秦伯歸而背晉成 **干盟** 左傳註曰干犯盟誓也 **畔盟** 背約也又曰寒盟 **棄好背盟** 左傳註曰弃諸侯之好背群神之盟也 **求逞志而弃信** 左傳註曰但求快志不務守信也 **攜貳** 左傳註曰変其心也 **倍德** 倍与背同倍負其德也 **背夲** 忘本也 **背恵食言** 左傳註云謂背負恩德而食前言也 **棄同即異** 謂弃同宗就異族也左傳曰棄同即異是謂離德 **貴人惡異** 喜人與已同惡人與已異也○出諸史 **閉門掃軌** 諸史○閉其門戸而掃除轍跡

誓不與之交也 **翻雲覆雨** 喻好勢作威福友道之不終也唐詩云翻手作雲覆手雨云云 **虧喪舊恩** 忘恩也○出馬武論 **青松落色** 青松之色四季不改交道喪失如松落色孟郊詩近世交道喪失青松落顏色 **交絶惡聲** 言交有可絶処則不説己長不談彼短樂毅書云古之君子交絶不出悪声 **自同越人** 越人視胥人之肥瘠無干渉故不用惓惓 **絶隨肩** 言無故舊也唐詩云四海絶隨肩 **搏沙** 李白詩曰親友如搏沙放手还自散 **凶終** 友不善終 **隙末** 友不善終 **斷客** ○猶絶交也出諸史 **吐棄** 李夫人傳曰必畏悪吐弃我 **脫屣** 屣小鞋之無眼著脫之者言易弃也○魏世家曰吾脫屣 **弁髦** 弃之也弁緇布冠也童子垂髦加冠必以弁既冠則弃之不復用也○左傳曰豈如弁髦而因以敝之 **芻狗** 言始用而終弃之喻人君用賢之不終也○芻狗者結草為狗祭則列于地以祈福始則被以文繡既祭則行者踐燕者取爨焉 **棄捐** 弃之也又曰棄置又曰委棄 **拋棄** 抛擲也又曰丟弃抛撒抛閃 **梟薄** 梟食母悪鳥喩之人之悪薄也 **薄倖** 言人輕薄僥倖 **寡情** 寡少也言人無情也 **孤負** 孤恩負義 **暴棄** 自暴害自棄捐也 **遐遺** 遐遠也遺弃也 **乾餱** 干餱食之薄者也詩云乾餱以愆言人失朋友之義非必有大故或但以乾餱之薄不以分人而至于有愆也 **恝然** 無愁貌 **遐心** 遠我之心 **維谷** 詩云進退維谷○註云谷窮也言朋友相譖不能相善上無明君下有悪俗是以進退皆窮也 **一眚掩大德** 眚過也言因一過而掩其終身之善也 **氷炭** 不合曰氷炭不同註云氷炭非等類之物豈能相合○白居易歌曰合氷炭以交戰

祇自苦乎厥心。矛盾 不合也。矛戈也。盾甲也。矛以蔽敎盾所以托身。其用相反。故事之不協者為矛盾。齟齬 不合也。齟齬齒不相对也。言凡君子之心正直小人之心鉏鋙每々相反。以此不合而難入也。聱牙 語不相聽也。聱者語不聽。牙者齒不正。與衆不合也。乖戾 不和也。乖忤 忤違也。許后傳云、必生乖忤之意。寡耦 寡少也。耦合也。相如傳曰、寡耦少徒。爭衡 車衡相抗騐。人並高也。不相能 左傳註曰、言同官而不相能下也。不相中 不相合也。有纖介 謂有細故宿嫌也。積不相能 謂從来相怨也。不協 不相和合也。失與 失所拋之人也。鄒陽傳曰、吳失與而無助。失左右手 失所親。曰如失左右手。蕭何追韓信。人言何亡。漢王大怒、如失左右手。失倚離權 失勢也。

失却張君房 祥符中、命詞臣撰日本国拜光記。當直者李不僕、常以張君房代之。傳宣甚急。張飲醉紫微。大窘。錢大年・楊希白作閑忙令。大年曰、世上何人號最閑。司諫拂衣歸華山。希白曰、世上何人號最忙。紫微失却張君房。

道根 藝文云、惟虛惟無盡道之根也。玄解 至道也。藝文云、恢玄解以釋紛。玄悟 悟道也。藝文云、趣然玄悟。寶術 即至道也。藝文云、人主達持盈之宰術。清猷 即美道也。藝文云、俱迷清猷、載利玄右。守雌 老子云、知其雄守其雌。謂執守柔道也。道樞 謂道之樞要也。出莊子。天倪 即所謂天理也。莊子曰、和之以天倪。謂以天理調和衆人之心也。奔逸絕塵 奔逸飛馳也。絕塵云速而不見塵也。以馬喩之。道之不可及也。出莊子。游道 謂無欲之道也。藝文云、君子游道。道腴

漢雋。味道之腴。腴肥也。醯鷄 醯甕中之蚊蠓也。其包罩于甕中。豈知甕外之大。所見之小也。丘之道其猶醯鷄乎。出莊子。復靈 靈知覺之性也。復歸也。反而歸之本原知覺之性、而使可以參人之道。故曰復靈。出莊子。守中 謂默然閑其象也。莊子曰、多言數窮、不如守中。葆光 葆藏也。謂藏其光而不使露也。出莊子。徽猷 美道也。詩曰、君子有徽猷。被褐懷玉 聖人之道足于已而不形于外。猶被褐而懷玉。人不得而見之也。出莊子。玩志衆妙 衆妙謂天道之門也。

玄德 書經。舜有幽潛之德、上聞于堯。玄德升聞。又云、玄妙之德也。生而不有、為而不待、長而不宰。是謂玄德云。好生之德 舜典云、好生之德洽于民心。容德 舜典云、有容德乃大。樹德 立德也。左傳曰、姑樹德以待能者。蓄德 積德也。又曰含德、種德。

德人 有德之人也。文選云、德人無累。令德 施德澤于民也。德邵 邵高也。楊子曰、年彌高德彌邵。彌愈也。福田 釋氏以種德為福田。陰騭 猶云陰德。休德 休美之德。棲遲養德 不求仕進也。棲遲避息也。懷瑾握瑜 在衣為懷、在手為握。瑾瑜皆美玉也。此言賢人抱美玉之德也。出楚辭。釋智遺形 文選。離智慮、遺形躰、至人也。棄事遺身 文選。弃事謂弃去俗事。遺身謂忘懷也。金昭玉粹 文選。言德如金玉之美。寢不夢覺無憂 莊子。古之至人、其寢不夢、其覺無憂。涼德 謂薄德也。左傳曰貌多涼德。德器 德行器宇也。杜周傳云、俱有良子、德器自過。澡身浴德 禮記。儒有澡身而浴德。酒德 酒謂之德者、德有凶有吉也。無若殷王受之迷

乱酗于酒德哉。出無逸 **塞閑內鏡** 謂蔽其外之聰明而內照也 **黼藻至德** 黼藻脩飾也謂脩德也。出藝文 **潔行** 行者行于身見于事之表者謂之行孝為百行之原潔者修省潔白其行也 **雅行** 言其行雅正也。卜式傳齊相雅行躬耕 **質行** 質重也石奮傳曰齊魯諸儒質行 **束脩至行** 謹束脩潔之行也。刘繇語 **內行脩飭** 孝友也。翟方進語 **懿德茂行** 懿茂皆美也 **履方** 踐履方直之道也。馮奉世傳曰鞠躬履方 **脩正** 謂修身正行者賈山傳曰求脩正之士 **馴行** 馴順也石奮傳曰馴行孝謹 **素履** 素所踐履也 **脩慝** 慝字從心從匿惡之慝于心也脩者治而去之也 **安排** 国語。排定也人生窮達禍福皆已定矣我但安其所排隨造

化而去也 **好脩** 謂好脩正直之道也楚詞曰余独好脩以為常 **復朴** 莊子彫琢復朴。謂彫琢其聰明而復歸于淳朴也 **葆眞** 莊子。葆養也眞真性也 **皆緘** 謂屏除物欲而全其天理也莊子曰皆緘可以休老 **撫壯棄穢** 楚詞。言及此年壯之時棄去惡行也 **歸眞** 楚詞。執守無為修朴素也 **脩姱** 楚詞。脩潔而美好也 **底厲** 楚詞。言士自脩廉隅若磨厲于石者 **刻責** 痛自刻責 **彫琢** 琢刻也謂修飾其行也楚詞曰雖欲自彫琢 **跭俗遺身** 。莊子遠越時俗遺忘其身不為拘束也 **衛生** 謂衛護其生命也。衛生自有經 **澄神定靈** 心無所懷慕也 **順志** 耳養志也藝文皓顧志而弗傾 **全眞保素** 藝文。真素皆言性命也 **避喧** 喧俗紛也藝文云避世非避喧 **性行端潔**

德性端正志行清潔 **特立獨行** 礼記。特立于一身独行于一世 **捐時俗** 捐棄也藝文云去来捐時俗 **辭世偽** 避俗也藝文云超然辭世偽 **解心累** 藝文云解心累于世網 **披塵網** 脫俗累也唐詩云常希披塵網 **釋塵昧** 脫去塵昏也唐詩云何當釋塵昧 **達生** 謂通達人生之理不為物外所累也 **藏輝** 吾人貴藏輝 **息機** 絕去机事也唐詩云會向長生說息机 **高尚** 不事王侯高尚其志 **含光混世** 含光混世貴無名 **貞操孤芳** 謂幽人之行也。藝文云貞操与日月俱懸孤芳隨山壁共遠 **黼藻百行** 黼藻脩飾也。六朝文選云黼藻百行則漢家有黨錮之誅 **高蹈** 幽隱也 **抱膝** 孔明居隆中長嘯抱膝好為梁父吟 **潛玉** 謂賢人之隱也

六朝文選云懷正志道之士或潛玉于當年 **玄居** 隱也六朝文選云玄居養晦魂 **枕石漱流** 隱者所事也 **委天形** 隱逸也六朝文選云委天形之外心 **五難** 養生有五難名利不滅一難也喜怒不除二難也声色不去三難也滋味不絕四難也神慮消散五難也 **蟬蛻囂埃** 隱者去塵俗之網如蟬之脫形殼耳 **拂衣高謝** 謂拂衣高道以謝世事也 **匿名滅影** 隱逸也 **刻跡埋身** 隱去也 **毀冠裂冕** 隱去也 **隱跡埋名** 隱去也 **節操** 所操守也諡法云好廉自尅曰節 **節槩** 操介也 **梗槩** 梗直操介 **感槩** 感意氣而立節槩也感觸經心也李布傳賢婢妾賤人感槩而自殺 **氣槩** 志氣節槩 **名節** 名實節操。節全而名播揚也 **貞節** 貞正也諡法曰清正守節曰貞

苦節 節貴適中過則苦矣豈能常也○出易經節卦 **安節** 節以安為善強守而不安則不能常○易云節六四安節亨○易 **峻節** 高節也唐詩云峻節貫雲霄 **皎節** 明絜之節操也藝文云義首陽之皎節 **獨固** 固守之節也莊子曰魯無獨固 **甘節** 易註曰在己則安行天下則說從節之甘美者也 **雄節高氣** 文選云雄節邁倫高氣蓋世 **脫落風塵** 有清節也○任昉語 **卑節** 蒯通傳云未嘗卑節下意以求仕 **砥節** 猶砥礪也 **姱節** 姱美之節 **介石** 自守之固其介如石 **耿介** 堅剛特立之意 **介立** 介獨也文選云子不群而介立 **高致** 高尚節操之風致 **清高** 清貞高尚 **操守** 操執持定也表度傳曰操守以正 **堅持** 持守堅固 **固持** 持守堅固也張思叔銘曰常德必固持 **居貞** 謂居貞固也易曰居貞吉

尚氣 好剛使氣不屈于人 **少年勵鋒氣** 尚氣也袁敞語○ **有死不能** 氣不少屈也○出左傳 **俠氣** 以權力俠輔人之意氣也 **不愜氣** 愜快也謂不息意氣也 **爭鬪氣** 東坡示參寥云桃符仰視艾人而罵曰汝何等草芥輒居我上艾人俯而應曰汝已半截入土猶爭高下乎桃符怒往復紛紛不已門神解桃符艾人曰吾輩不肖方傍人門戶何暇爭鬪氣耶○出志林

三孝 大孝尊親其次弗辱其下能養又小孝用力中孝用勞大孝不匱 **奉盈** 祭祀如奉盈 **巨孝** 稱孝子也○巨大也 **純孝** 孝行純篤也左傳曰潁考叔純孝也愛其母施及莊公 **愛日** 漢楊雄曰孝子愛日謂仁孝之子愛惜光陰惟恐親年易邁不得全養故愛日 **節貫神明** 至孝也○崔彥曾語 **躬奉天經** 行孝也○出典引 **篤孝純至** 篤厚于孝道純誠之至也 **供養甚篤** 事親孝也○翟方進語 **孝子不匱** 詩經註言孝子愛親無有窮匱也 **孝友** 兄愛其弟曰友 **仁慈** 仁者愛之理心之德也慈心柔也亦愛也 **仁孝多感** 孝且慈也○歐陽詹語

尚義 高尚其義也由仁而行得其宜曰義 **執義** 執守節義 **高義** 藝文云高義薄雲天○薄音博迫也薄雲天言其高也 **仗義** 仗義輕財 **扶義** 扶助也以義自助也高紀曰不如東遣長者扶義而西 **質義** 質正也劉歆傳云質周大義 **分災共患之義** 大義也○吳刘錄語 **率義不爽** 作事皆是也爽失也

馳義 慕義而來曰馳義○單于向風馳義○出漢紀 **不愆經義** 謂其事非也○第五倫語

賢才

脫穎 諸史○脫突也穎鋒鋩也言露其才華如錐鋒脫上突然而出也 **燿穎** 卽脫穎也文選云燿穎之才 **卓犖** 超絕也一曰有才辯也文選云卓犖冠群賢 **卓躒** 絕異也文選云禰衡英才卓躒 **儻俗** 謂俗中之儻士也 **特秀** 謂英才超古邁今也○文選云珪璋特秀 **名傑** 文選○海內之名傑 **醇儒** 醇不雜也○出楚詞 **翹楚** 才能出衆 **英雄** 人物志曰草之精秀者為英獸之特群者為雄故人之文武代興取名于此是故聰明秀出者謂之英膽力過人者謂之雄聰能謀始一見机胆能決之然後可以為英張良是也勇能行之智足斷事乃可以為雄韓

信是也云云俊髦賢才也智过萬人曰俊髦髮也士中之俊如毛中之髦也譽
髦有名譽之士也俊彦賢才也彦美士之称也又曰豪彦秀彦俊乂賢才
也智过百人曰乂黎獻賢才也又曰時彦時英時哲○獻賢也國士国家
奇士豪傑智过百人曰豪賢过万人曰傑茂士茂善也楚詞曰廣延茂士天
士知天道者楚詞曰拔擢天士人豪人知豪傑也○出楚詞鴻生鉅
儒鴻鉅皆大也○出楚詞倫魁無比類也楚詞曰經學絶倫魁脩能絶遠
之能謂長才也○出楚詞藏器待時易經○君子藏器于身待時而動何不利
之有器識士之致遠者先器識而後文藝内美楚詞○天賦美質也謂内含天
地之美氣也希驥韻府○希驥之馬亦驥之乘也希顔之人亦顔之徒也君
子器人有士君子之器國瑞唐刘晏八歲能獻頌張說曰此国瑞也蓋
代手言其才可蓋兩常代也唐珠云乃知蓋代手才力老益神掞天才掞蓋
也唐詩云崛之掞天才又文選云摘藻掞天庭玄哲至道之人也六朝文選云仰想
玄哲遐舉遠舉之材也文選云曾不得覩彼二子之遐舉杞梓美材也文選云
自顧慚杞梓高第謂才優而品第高也人門人才門第也文選云自謂入門
不後豪俠俠挾也以權力俠輔人也倜儻卓異不羈出倫也磊落莊正
貌出倫也豪邁超出凡流也卓絶高遠也楚詞云非有卓絶之能出類
出衆也言身雖処于群類之中而道則高出乎群類之上拔萃出衆也萃聚也言身
雖聚于群類之中而道則拔起乎群類之表也超群超出群類絶倫超絶倫類

無比也冠倫高出倫類拔俗出倫也又曰絶類又曰逸群高邁高出
塵表超邁等倫傑出才能出衆白眉称人獨出衆也馬良字季常眉有白毫兄
弟五人皆以常為字並有才名季常独善故時人諺曰馬氏五常白眉最良絶出
才高邁也文選云金華之業絶出不羈放逸不拘之意言才識過高不可羈係也
漢書曰司馬过火負不羈之才俠烈謂有才用之人也文選云俠烈良有聞大
巫喻大賢才也陳琳云小巫見大巫神氣尽矣通賢通達之賢也○出唐詩
國寶賢人乃国之宝也唐詩曰国士無双傑格人至人也能知吉凶書經
云格人元龜先民前輩耆德也書經云先民時若有猷有為有守
有猷有謀慮也有為有施為也有守有操守也書經曰凡厥庶民有猷有為有守汝則念
之前脩前代脩德之人也楚詞曰蹇善法夫前脩特達言人出衆衆貌
才文武全才承學言承師説而斈之蓋謙辞也出楚詞真人猶聖人也莊子
曰有真人而後有真知龍虎姿称顯達者藝文云以龍虎之姿遭風雲之會
鸞鳳姿喻人之賢也唐詩云彼鸞鳳姿青雲姿謂高才顯貴者也唐
詩云奈何青雲士弃我如塵埃握靈珠抱荊玉喻人懐美才也文選云人
人自謂握灵蛇之珠家家自謂抱荊山之玉鐵中錚錚錚金声也謂鉄之微
有剛利者喩庸人之斂者庸中佼佼佼好也言凡庸之中稍為勝者俶儻
瑰瑋猶非常也○子虚賦曰若乃俶儻瑰瑋不可方物方猶分辨也不
可以類而求○又曰不可分辨事物也達人大觀文選○通達之人以理观

之萬物不㮂于已 **不出其右** 。漢紀。無能出其右者古者以右為尊言材用無能過之者故云不出其右

國器 言其器用重大可施于國政也

人瑞 唐鄭肅字仁表以門閥文章自高時人曰天瑞有五色雲人瑞有鄭仁表

人傑 才能出衆

人英 人中英俊

人望 人中有德望者

英喆 韻府。英喆雄豪

秀時 韻府。李止秀時言李止清秀如山之聳也

秀達 清秀而通達也六朝文選云嵇子秀達

龍光 喻賢人光采也六朝文選云恂恂二三賢身遠屈龍光

昂藏 軒昂貌唐詩云昂藏入君門

蘭襟 唐詩。喻人情懷之美也

龍性 唐詩云龍性豈能馴言豪傑不可拘繫也

仙標 唐詩云裴公有仙標

青雲器 喻其才之高大也出文選

識時傑 韻府。識時務者為俊傑

英偉 人之奇者曰偉。文選云天才英偉

才學

才能 才學問也能本獸名形似熊足似鹿為物中堅而強者故人之賢才謂之能

飽學 称人多才學謂之飽學

抱負 言人多才學曰抱負猶有所懷而身擔之也

學府 富于學也。南史梁劉傳洽古今人號為學府謂所學之富如府庫之堆積也

武庫 言人聰明胸中無所不有如武庫然也

書廚 笯學曰書厨。六帖云陸澄博覽王儉自擬過之咨談遺編數百條儉皆未覩乃嘆服陸公為書廚

才藪 。多識曰才藪藪大澤也

蘊藉 寬重厚博含蓄包容育養之士也

倚馬 桓温北征鮮卑喚袁宏倚馬作露布文手不輟筆世以倚馬事為李白非也

墨莊 多文號墨莊宋刘式死其妻聚書千卷示諸子曰汝父以此為墨莊。莊者藏聚之

義

詩窖 詩人才多號詩窖。撫言高仁裕著詩萬帙號詩窖子

經濟 称人才曰經濟之才謂經邦濟世之才也

經綸 。称人才曰經綸之才蚕絲可以絡衣被謂有用之才也

才望 才施而望重

才邵 邵高也楊子曰神舒之才之邵

棟梁之材 称人抱大才當為大用

持才以意 不恃才也

學冠天人 言人之才學高于天上之人也

聰明 聰者無不聞明者無不見

睿智 睿者無不通智者無不智

敏捷 敏速也捷疾也急也

聰察如神 言人聰明睿察如神靈也

聞見甚敏 言人聰明敏捷

格物 格至也窮致事物之理也

高明 称人高亢明爽過于中也

智囊 言一身所有皆是智如囊橐之盛物然

慧 性通解也

高蹤 遺跡也楊雄賦曰躡三皇之高蹤

遺躅 躅跡也遺跡也拔詩云西嶺訪遺跡

芳躅 前賢之美跡也

前徽 。前人之美也允迪前徽

卓蹤 韻府。德冠卓蹤即高蹤也

奇蹤逸軌 軌車輪行迹也謂奇與英雄之蹤超絕之軌也。出文選

玄軌 喻人之高躅也。文選云玄軌芳前覺

先哲高衢 文選云步先哲之高衢。先哲先賢也高衢犹高跡也

風軌 謂賢人之高風鬱軌也。藝文云風軌英遂

芳塵 拾遺記。石虎起高樓四十丈以異香為屑風作則揚之名曰芳塵

眞風 六朝文選云自真風遠逝大偽斯興

高蹤 蹤蹤跡也藝文云嘆南山之高蹤

朗烈 英風也。出六朝文選

芳風 賢人之風也六朝文選云芳風被卿

一老

銳志 銳利也言一意求進若兵刃之銳利也○礼楽志曰銳志武功 彊執 旋力而有執志也楚詞云為人彊執 彌天 喩志氣高遠也○出文選 奮志 奮発志氣也 篤志 専其志念也 勵志 勉励志氣 逞志 逞快也左傳曰穆公是以不克逞志于我 懕志 懕快也○文紀云未有懕志 肆志 縱放志意 發憤 奮発精神 奮發 猶俗云発狠也 奮勵 奮発振励 激作 奮発之象 襟期 志之期待也 有志竟成 有志者事竟成竟終也言其有志終能成大事也 不掃一室 漢陳蕃室有糞不除薛勤曰孺子何不灑掃答曰丈夫當掃天下安能事一室乎 探虎穴 呂蒙年十五六隨姊夫鄧當擊賊婦告母母怒之蒙曰貧賤难可居脱誤有功富貴可致不探虎穴焉得虎子 搏翼俱起 出序贊○註云搏翼以鷄為喩言知將旦則鼓擊其翼而鳴也 鐵硯未穿 五代桑維翰讀書或令攻業維翰鑄一鐵硯以示人曰硯穿則易他業終以進士及第 激昂 激勵而抗揚也 明目張膽 激昂也○三孜語 面墻 人而不學一無所見如面向墻也 輇才 揣量淺見之士也莊子曰輇才諷說之徒○註云輇量人物也輇與銓同 豎儒 言其賤劣無智若童豎也 腐儒 腐者爛敗言不堪任也 鼠技 荀子曰鼯鼠五技能飛不能上屋能緣不能窮木能浮不能渡谷能穴不能掩身能走不能先人 陶犬瓦鷄 喩無用也○金樓子云陶犬無守夜之警瓦鷄無司晨之益 智昏菽麥 菽豆也麥大小麥也菽麥易別而不能辨智昏之極也又曰不辨菽麥不分菽麥 外強中乾 言人外雖有強

形而内実乾渇言無才也 款啓寡聞 款空也啓開也如空之開所見小也○出荘子 不學將落 左傳曰夫学植也不学将落言人不好学問如苗之不植則田業荒蕪衰落也 假儒 言非真儒衣衫整齊謂讀書之人也○出揚子 酒囊飯袋 唐末馬殷拠湖南称楚王而奢侈僭傲時人訕其不讀書但務酒食之多是為酒飯之囊袋也 行尸走肉 拾遺記任末曰人不学者雖存如死尸能行死肉能走也 不識一丁 唐張弘曰天下無事尓輩挽兩石弓不如識一丁字■兩石弓■硬可挽之■ 材良性駑 柳公綽所乗之馬踶殺圉人綽命殺馬以祭之或可惜之綽曰材良性駑何足惜也 没字碑 五代時崔協不識文字人號没字碑 濩落器擁腫材 謂無用之器不可用之材也藝文云臣器均濩落材同擁腫 蓬心蒿目 愚暗也○権文公語 聵然如醒 謂人愚暗如人之目不明酔酒不醒也○皇父湜語 纔能書計 謂人畧曉文墨也 奏部 武於聾俗 喩賢才処非其地也 駑下 駑凡馬也王陵傳曰陛下不如其駑下 疲駑 石奮傳曰疲駑無以輔治 狠戾難馴 言人狠悪乖戾难馴致也 犹难教也 愚魯 非是是非曰愚魯鈍也 愚頑 頑鈍也痴也 愚騃 騃痴也 癡呆 不慧也 憨戇 愚痴也 頑嚚 心不則徳義之經曰頑口不道忠信之言曰嚚 懵懂 懵心迷也懂心乱也 椎魯 言人樸鈍如椎也 頑鈍 性愚也 憨劣 才不足曰劣 儓癡 愚不省事 憨惰 愚不省事 粗鹵 言人粗怢如濁

且莽鹵然又粗疎不用心也 白痴 謂人不慧 儱頭 痴獃子 也痴 眊矂 張景
言人作事不明如 慣眊 慣心乱也眊ハ目不明也 拙速
人之眼目不明也
陽詩曰巧遲不足稱拙速乃無名。拙不巧也 臟臟 言人不活動也
伶俐 人快性人也 傾巧 傾亥机巧 乖覺 乖巧知覺 滑溜 有乖滑也 鏤
鏤 彫刻也人之能鋳鏤木石也 雕鎸 言人猶鋳鏤也 滑鉚 乖滑如刀
濨 杭州人以鉚令杭州人以精為鉚 鉚令 以上並出西湖一覧 岐嶷
小兒峻茂之狀容貌魁梧神采 岐嶷 穎悟絕人 稱
峻發言小兒聰俊曰此兒岐嶷 穎悟絕人 人
秀穎明悟 請曉 通得知也 慣熟 久慣精熟其事 分曉 曉明其事
過絕于人
理會 俗云曉得也 察察 過明之過也 聰筭 杜日小兒以筭竹竿于窓中

祝之曰開聰明又加蘇敬作計筭也 徹底明白 無不曉浮也 曠然覺
悟 曉明其事也 摟撇 取也
絫善 積善也婁敬傳日積德絫善十餘世 上善 老子曰上善若水利萬物而不爭
良善 良者本然之善心善者百行之原 詐善 張湛曰人詐惡我詐善不亦可乎
着相 大安和尚日着相脩善枉自劳苦 斷斷守善 善性一向善也。
出谷永傳克己反善 克去己私自改為善 以琥琰為心 稱人好心也。
琥琰美玉也 有內美 人心行好曰有內美 朴實 朴素実誠実。漢
文示朴為天下先 質朴 朴実也 忠孝 無偽 至誠 老実之極 溫柔
和孝而柔順也 軟款 溫柔也 穩重 不妄動也 持重 有所守而安靜 簡

重 厚重 莊重 端莊厚重 木彊 敦厚朴貌 恬靜 恬ハ安也 沉
靜 沉默不妄言安靜不妄動 鄭重 珍重也 懇懇 至誠也 謹慎 謹敬
也心真為慎 謹飭 謹慎嚴飭 謹厚 無偽 周密 不泄人言 縝密
謹細也 醇謹 醇厚謹慎 敦篤 誠実也 愿謹 専謹曰愿 齊栗 永谷
傳曰左右齊栗之臣。言其整齊遇事常戦栗謹敬也 陰重 周仁傳曰為人陰重
不泄。注云陰密也 雅飭 儒雅謹飭 色不失 記云
性密重不泄人言也
君子不失足于人不失色于人不失口于人 未嘗換色 莊持不變也 悃
愊無華 悃愊至誠也無華不事文采也
度量 能容之量 度外 謂不責过曰置之度外。漢光武中興惟隗囂公孫述未平

謂諸將曰且置二子于度外 包荒 荒ハ悖逆人望不較曰望包荒言包容荒穢有宰相
度量也 含蓄 含容有養積德脩仁謂之含蓄 海涵 涵ハ容也言人量寛如海之
容納細流也 涵容 之包藏 涵育 涵之如海育之如春 涵養 有涵容有養
包含 弥縫不露 相度 宰相之度量言大也 憲量 望人寛容曰觀憲量含弘
。漢黄憲字叔度郭林宗見之曰叔度汪汪若千頃波澄之不清淆之不濁言其德量之
廣也 汪度 望人寛容曰伏冀汪度優容。汪ハ泰
度量 量寛也又曰乾包坤括 宇量淵納鏡受。括ハ包也 曠 寛假 寛容也 姑息
姑ハ且也息ハ止也 姑容 姑ハ且容ハ恕也 優容 望人寛容曰與
且將就息止也 優容也
優容下借後李充語。 識量 識見度量 德量 仁德度量 器量

器宇
度量

恕察 推己為恕。察者詳審敷其實情也。矜宥 恕察也。又曰容貸、厚貸、厚恕、原察、降恕、原宥、慈昭、昭恕。禹清察 望人恕察曰禹清察。出會稽卯氏家傳。火禹 忠恕之情 望人相恕也。出荀子。寛忍以貫之 望人寛恕也。前恕王語。貫，賒也。開寛裕之懐 蒙寛恕也。王孝籍語。蒙觀過之貸 蒙寛恕也。臧洪語。恕饒 免其罪責。情恕 史。人有不及，可以情恕；非意相干，可以理遣。除解督責 恕其過也。出吳書張溫表。鑒照 相察曰鑒照。耶鄲語。降監 相察也。傳李支語。鑒察 照察也。洞察 照察也。照亮 孝信曰亮，望人照察而見信也。原情 推原其情而寛宥之也。藻

鏡 藻鏡洞開秋毫在照。孔照察也。風裁 風者雷励風飛之謂，裁者謂能監別善惡也。也 簸糠颺礫 監之也。審覈良鴑 監之也。丙照 丙光也。

忍耐 凡事容忍。含忍 容忍也。隱忍 凡事隱匿，忍于心也。容 第忍之 但只忍也。丙吉語。耐事 不煩躁也。又曰耐煩。耐辱 忍受人辱也。唐司空圖居中條山，作亭曰休休，自號耐辱居士。停嗔 停止也，嗔怒也，言息怒也。息亦止也。霽威 勸人息怒曰請霽威，又曰霽嚴。雨止曰霽，義如雨止也。請少弛威嚴 勸人弗怒也。翟方進語。弛，釋也。忍尤攘詬 楚詞。尤，過也。攘，除也。詬，病也。言或見尤于人，亦當隱忍而不與之校。雖所遺者或有恥辱，亦當以理解遣。含垢

匿瑕 謂能凡事容忍也。左傳曰：川澤納汙，山藪藏疾，瑾瑜匿瑕，國君含垢。注云：川流水也，澤止水也，雖汙濁之水皆納之焉。藪大澤也，山多木，藪多草，雖毒螫之物皆藏之焉。瑾瑜雖皆美玉，而不無瑕疵，外皆匿之焉。為國君者能達此理，則亦有含垢忍恥之時。時勢如此，乃天道之所為也。唾面 唐婁師德有度量，弟為代州太守，辭之，德毅之耐事。弟曰：人有唾面，而絜之。師德曰：絜之，是違其怒也，正使自乾耳。懲創 有所傷而知戒曰懲創。懲者戒其已往之失，創者警其將來也。懲忿 自戒忿怒。窒慾 窒塞其情慾也。警戒 警者言之戒也。防患曰戒。杜口 杜塞也。閉口不言也。杜周傳曰結舌杜口。噬臍 噬咬也。言人作事不早圖，後必悔之，如口咬臍，不可及也。左傳曰：若不早圖，後君噬臍。箝語 謂箝其口不敢妄言也。表云

箝語燒書。含鋒 言人之辭寡，若含劍刃于口，不敢言也。括囊 括，包也。言之不出，如囊之括口也。緘默 緘封也，封其口，戒不言也。斷舌相戒 戒口慎言也。孫樵語。縛舌膠脣 不敢言也。孫樵語。不敢班班顯言 有畏不言也。趙壹語。自同寒蟬 不言之譬也。杜密語。齰脣 齰咬也。咬其脣而不言也。出孝籍。箝口結舌 不言也。簡言 謹言。韋弦 韋熟皮，弦弓弦也。西門豹性急，佩韋以自緩；董安于性緩，佩弦以自急。格面 小人改順為格面，謂但改其顏面而已，其心未必改也。勉厲 警省也。悛改 改過也。自咎 自責也，過也。又曰引咎。遷善 改過為善。自礪 自砥砺也。反己 自責己失。反觀 責己也。洒濯其心 左傳註云：洗其利慾之私心也。

改行帥德 改父之惡行而帥循己之德也 懲羹吹虀 過于懲剝也唐
傳宋曰懲沸羹者吹冷虀傷乎之鳥驚曲木
○註云曾遭沸羹之害者雖冷虀菜亦吹之
吞刀刮腸 齊竿景猗以過繫獄荀伯玉曰使得自新必飲灰洗胃吞刀刮腸
除往脩來 改過也○書集朱穆 改行自新 改前非自新其行也 翻
然更新 改過也 洗心滌慮 滌亦洗也洗滌其舊染之汙謂改前非而
自新其行也○ 不如一默 萬言萬當不如一默 三自許省 自念省也
○省察也 發瘖於心 戒而悟也○出鄱陽傳 策志自厲 立志而自
勉勵以以過也 當以前人爲鏡戒 改過也○出谷永傳
定心爲善 戒人勿縱也又曰毋逸于游又曰毋舊愆又曰毋二微行出飲之過○

出谷永傳 毋淫于酒 戒人勿飲也○出谷永傳 損德傷年 酒色之禍
也○何武語 毋怙富 戒人勿恃富○怙恃也○出左傳 毋恃寵 戒得
寵人○出左傳 毋違上 戒人勿畏衆○出左傳 毋驕能 戒有能人也○
出左傳 毋保奸 左傳註曰毋得藏匿罪人 毋留慝 左傳註云毋得救惡
恐人 毋蘊年 左傳註曰毋得蘊積年穀而不分災 毋壅利 左傳註云毋得
壅塞山川之利而專于己有 憂能傷人 勸人勿憂○出會稽典錄孔融書
勿耽狂藥 戒人勿好酒也耽好也晉孫季舒與石崇酣飲漫遊過度崇欲奏免
其官職裴楷曰足下飲人狂藥責人正禮不亦乖乎崇乃止 覆車之戒 謂前
車傾陝後車警戒恐亦挾也 無爲檻羊 勸人勿拘○出光武紀 無爲

罰首 勸人勿拘也○魏志郭启傳 閑略某細微之愆 勸人容人
小過○鍾離意語 昭避 序贊曰昭避見戒○註曰昭明也避是也謂明其是者以
戒其非也 人有賤而言忠 諫勸也○表楷語○謂人雖賤而言則忠也
責善 相責以善 督過 督責過失也督謂視責也 褒善糾違 褒揚善德
糾察背理 繩違舉過 直言其過 面攻 面責人過也○面攻得失 勗之
戒之也 勉旃 旃之也 無怠於德 左傳註曰使無怠于脩德也 毋
蹈前愆 戒人改過也又曰毋踵前弊又曰勿蹈前轍又曰毋蹈覆轍又曰無遂前
非 毋墮乃力 勉人也○出左傳 早勵良規 勉人也○丘濬語
將寄視聽於誰 責人不相聽也○書籍庚異

擢髮 范雎責須賈曰擢賈之髮不足以續賈之罪○擢拔也 誚讓 以辭相責也
吹毛求疵 言人無過中求有過如吹開毛絲以求索其瑕疵也○出漢書○注
云縫音奉瑕玉之斑点也疵黑類疾也 洗垢索瘢 瘢瘡之疤痕也言人無過
中求有過如洗去身之垢膩以求索其瘢痕也 濯垢索疵 濯洗也即洗垢索疵
之謂並言人刻剝也○崔見銳語 以小文責之 責人小過 何宜久
辱盛怒 責人妄怒 在大讀大呵之域 讁責也○讀責也呵呵叱
也
敦請 特請也 郊迎 出郊迎接也又曰郊迎○漢司馬相如以詞賦得幸建節往
蜀過臨邛臨邛縣令負弩矢郊迎 虛左 凡乘車尊者居左御者居右又一人處車

之左以倫頓側座左者坐左方一位以迎之尊之也○又礼以左為大座左以待番首席以迎之也

郊次 迎人于郊曰郊次○出左傳

郊勞 出郊迎接曰郊勞○出公羊傳

倒屣 急迎客也謝人迎接曰重屋倒屣屣鞋也○蔡邕賓客填門聞王粲至慌忙倒穿鞋以迎之

肅入 延客曰肅入○肅以手至地若今揖也○出礼記

恭迎 迎客也又曰奉迎敢迎

奉邀 迎客也又曰敢邀敬邀坐邀

敬迓 迎客也又曰奉迓敢迓借迓

敢扳 迎客也又曰奉扳借扳奉屈敢屈借屈奉延

掃雪迎賓 唐王元宝每大雪令僕夫門巷掃雪為徑迎接賓客飲宴為煖寒之會

躧履起迎 雋不疑傳曰勝之躧履起迎○謂納履未正見之而行言其遽也

飛狀以迎 謂迎接之形如飛之速也○出通鑑

擁篲以迎 待迎賓客也○史曰魏文侯擁篲以迎提手歎如平生生○篲掃帚也擁篲迎朋所謂經棒望三千益者也

屬鞬負弩 以軍礼迎入也○柳公綽語○藏弓曰鞬

灑掃 汛掃 汛洒也

糞除 洒掃也○第五倫語

除館 掃除也○出左傳

篲汜 洒且掃曰篲汜○王褒語

布席 布鋪也鋪設坐席也

懸薄 垂簾也○出莊子

鋪設 洒掃館舍鋪設于地張設帷席牀榻類是也

宿置 隔夜排設了曰宿置○王元長語

熾炭千位 冬間就位設火也○出六帖

張御 謂帷帳及凡供御之具也○楚將九江王黥布叛楚歸漢漢王方踞床洗足召布入見布悔怒欲自殺及出就舍帳御食飲從官皆如漢王居則又大喜過望

朱火 灯曰朱火○出張茂先詩

蘭膏 灯油也○張茂先詩

賁燭 大燭也○出周礼

帷

宮帳殿 旅作幸處宮室也○庾信語

繡臺鏤闕 絲作臺闕也○李蔚語○繡細綾也繅亦繡也而無文

裒以藻繡 帳設備也○出班固東都賦○裒纏也藻繡文繡也

柱檻衣以錦繡 後陳叙也○董賢語

華蓐鋪幬 盛供具也○出七喻

金羊燈 華灯也後李尤銘曰金羊載燭

盛帷帳

共具 盛治具大作次第也○出史記燕世家

張坐臥 設帷席也○王莽語

治具 具酒食也○灌夫傳曰魏其夫妻治具

庀具 庀治也即治具也

修具 治具也○劉澤傳曰請張卿臨親修具○師古曰脩供具也

厚具 陸賈傳曰厚具樂飲太尉○註云厚為供具而與太尉樂飲也

為具 為酒食之具也○司馬相如傳曰今有賓客為具召之

選具 飲具甚精也

脩薄具 治具也○出長門賦

草次 簡畧治具也○隱傳註

菜具 簡畧治具也○崔爰語

具器食 猶今一盤食也○鄭當時傳曰不過具器食

戒優僎觴 演獻請客

敬滌樽罍 具酒食也○滌洗也樽罍酒器也

薄治豁毛 治具也又曰薄陳觴豆又曰薄治芹藻又曰敬索芹又曰薄設杯醪又曰聊陳樽俎又曰聊脩蔬酌又曰肅賓豆觴又曰肅饌薦豆又曰敬絜清樽又曰絜治杯茗又曰絜陳觴豆

優酌 演獻請客

下榻 謝止宿相款曰仰屢下榻○漢陳蕃為豫章太守罕所接見惟設一榻以待徐稺去則懸之

投轄 謂欲留曰重業投轄○漢陳遵每大飲賓客輒閉門取客車轄投井中雖有急不得去○轄車軸頭鐵也車無轄則不能行

館穀 館舍也穀食也居其軍之館食其軍之穀也

扳留 止晉客宿也

款待 宴款相待

款留 止晉客而

款待也 **款曲** 款誠款也款尽稔曲也 **前席** 重待人為之前席漢文帝召賈誼問鬼神之本至夜半○文帝漸促迫賈誼所坐之席以聽其言 **推食** 韓信曰漢王解衣衣我推食食我我背之不祥 **讌語從容** 款密也○馬武語○讌合飲也 **無以娱賓** 延客讌詞也 **笑語款洽** 款親也洽合也 **盃酒相向** 晉阮籍與宗人大盃盛酒圓坐相向大飲更酌 **稱觴** 擧杯把酒 **醽觴** 齊擧杯行酒 **酬酢** 主進客酒曰酬客荅主酒曰酢 **侑觴** 勸酒也 **佐酒** 助行酒也 **銜盃** 漢馬○未嘗銜盃酒援慇懃之意 **劇飲** 大飲也 **痛飲** 痛快而飲也 **鯨飲** 大飲也杜詩云飲如長鯨吸百川鯨海中大魚穴者長数千里小者亦長数千尺眼睛為明月珠鼓浪成雷噴沫成雨 **目留** 不敢與对坐者顧言故勸目而晉之也○高紀曰呂公因目固留高祖 **宵飲** 夜飲也 **杯飲** 杯以手掬之也○汙樽抔飲 **嘗酎** 左傳○註云嘗新飲酒曰嘗酎酎八重釀酒也 **野飲** 晉陶淵明家貧多與田野漁樵之人共飲 **班草** 野飲坐草也 **席地** 野飲也 **法酒** 師古曰法酒者猶言禮酌謂飲之不至醉也○叔孫通傳云置法酒 **強灌** 郭解姊之子負勢強灌人酒人怒刺殺之 **扛醵** 合錢飲酒也 **澆書** 讀書人早起飲酒曰澆書謂夜來青書未經飲食也蘇東坡以晨飲為澆書 **酒闌** 闌希也飲酒者半罷半在曰闌 **亡酒** 避酒而逃也 **觴政** 酒令也 **觥令** 酒令 **騈筵** 同宴席也又曰寄坐 **司政** 俗云監令也又曰監史又曰酒吏又曰司過吏又曰酒録事 **酒令雪** 酒令雖嚴莫嗔雪 **真率會** 温公為真率會約酒不過數行

食不過五味惟菜無限違約增數罰一會 **連枝會** 謂兄弟宴也唐詩云東棣喜赴連枝會 **引滿擧白** 謂引滿觴而飲飲訖擧盃告曰尽盃也○一曰大白罰爵之名也飲不尽者則以此爵罰之○出叙傳 **不勝桮勺** 飲不得也漢高祖與項羽會宴鴻門須臾沛公起如厠因招樊噲出間行趨霸上留張良謝羽曰沛公不勝桮勺不能辭云云勺與杓通所以把酒也間行私行也間音見 **兕觥之量** 酒量高也○觥酒器也受酒三升一説觥之爵也 **浮以大白** 歡數巨觥浮以大白○歐陽詹語 **酩醉** 言其太醉也○陳遵傳曰侯過遂醉時 **沉醉** 太醉也 **醉侯** 杜詩云死贈刘伶作醉侯○晉刘伶好酒出遊令僕携酒荷鍤相隨且曰醉死即埋我 **卧甕** 晉畢卓爲吏部侍郎性好酒盗隣舍郎酒飲之不覺醉臥甕下隣人縛之至曉視之乃畢吏部也 **被酒** 被酒者為酒所加而病也○高紀曰高祖被酒 **中酒** 飲過不醉不醒謂之中酒○樊噲傳曰既饗軍士中酒 **舌出** 醉酒多言也○出外傳 **酒失** 灌夫傳曰數以酒失過丞相言因酒有失得罪過于丞相也 **縱酒** 縱放也放意而飲酒也○田僕傳曰縱酒 **溺神** 酒過當則溺神○歐陽詹語 **郎酒** 言人酒醉而吐也盡卯爲兒諱言之也 **泥飲** 謂飲醉似泥也○杜甫遭田父泥飲 **沉湎** 溺于酒也○書曰沉湎冒色 **淫酒** 淫淫于色也湎沉于酒也 **淫液** 沉湎淫液謂溺于酒也 **酲醲** 中酒病也 **沉頓** 醉倦也 **醇醉** 飲酒淫醉曰醺 **酩酊** 醉甚 **酕醄** 醉甚 **微醺** 酒畧醉也 **頳酡** 飲酒面紅 **朝酲** 醺酒

病也。禮樂志曰柘漿析朝酲。析，音昔，解也。言柘漿可以解酒病也。

寄酒為跡 好飲酒也。○出陶集昭明序。

性樂酒德 好飲也。○出顏延之陶誄。

酗酒撒潑 酒醉使氣尋人鬬頭也。

使酒難近 季布傳註云使酒，酗酒也。言因酒霑洽使氣而難親近也。

酒場特醉 使酒也。淮南王語。

醇醴發顏 飲酒面紅也。○出養生論。

中聖人 酒醉也。○好飲酒者謂清酒曰聖人。

醉而不醒 酒不病人也。○出太沖南都賦。

於座被酒睡伏 在坐醉睡也。○劉寬語。

賓客

父客 父之賓友

子客 子之賓友也。○上官治語

私客 私與無益人往來曰私客。○出前五行志。

輕客 俠士也

俠客 俠之為言俠也，以權力俠

輔人者也。

充堂衍宇 賓客多也。

賓客填集 賓客多也。○後郗顗語

賓客奔輳 賓客多也。○馬防語

門常接轂 賓客多也。○萬章語

門無雜賓 慎交遊也。○出兵書劉基

苦身待士 極待士也。○弟五倫語

疎客 非密友也。○出潘岳笙賦。

輜軿柴轂 貴與賤客車也。○袁紹傳

罷遣常客 斥去無益客也。○桓譚語

賓客益落 客奔去也。○鄭莊語

奉祿盡於賓饗 好客也。○出華嶠書崔瑗

居停主人 以第宅假人者，謂之居停主人。

東道主人 左傳。○燭之武曰若舍鄭以為東道主，行李之往來，供其困乏。

北道主 鄧晨會光武于鉅鹿，請從擊邯鄲。光武曰：偉卿以一身從我，不如以一郡為北道主人。

食客三千列 廚有三列

上客食肉，中客食魚，下客食菜。○齊孟嘗君曰文，在薛，食客三千人，無貴賤一與文等以人自以為親己。

食客三千 魏公子無忌封信陵君，仁而下士，致食客三千人。諸侯以公子賢而多賓，不敢加兵謀魏。

開閣延賓 漢公孫弘為相，起客館，開東閣以延賢人，私自食一脫粟飯，故人賓客仰衣食，俸祿皆給之。

安穩

安穩 安也

安妥 安也

安逸 不勞也

安康 康，安樂也

安寧 安常無事

寧謐 寧，安常貌。謐，安靜也。

寧一 安寧歸一

服怙 安定也

妥貼 安妥服貼

定慹 安定

按堵 按，次第也。堵，牆堵也。言安如牆堵之不遷動也。

偷安 陸賈傳曰：引日偷安。

苟安 西巷傳曰：情存苟安。

高枕 喻安也。又曰帖席。

清吉 安常無事

迪吉 言其吉祥也

平安 安定也

康寧 安也

康泰 安康

通泰。

安便 意所便安處也。東坡詩云：每到寬處差安便。

容與 容暇而安豫也。○河東賦云：靈輿安步，周流容與。

闔懌 皆樂也。相如傳曰：昆蟲闔懌。○言四方邇遐皆懷和樂也。

恬漠 恬，安也。漠，靜也。賈誼傳曰：真人恬漠。

安於覆盂 喻安也

倚南山而坐平原 安之譬也。○朱穆語

晏如 安然也。表云：海內晏如。

攝然 攝，安也。[illegible]傳曰：天下攝然。

燕樂 私居樂也

宴樂 安樂也。又曰以宴飲為樂。

人樂 與人和者，謂之人樂。○出莊子。

天樂 與天和者，謂之天樂。○出莊子。

行窩安樂 宋邵康節所居號安樂窩。洛中有十二家，起屋以待其來，謂之行窩。康節歿，挽詩云：春風秋月嘉遊處，冷落行窩十二家。

歡娛 喜樂也

快活 喜樂也

爽利 爽快利順

快樂 稱意

散髮盤桓娛閑也為善最樂後漢東平王蒼武帝諮問處家何等最樂
王曰為善最樂。出漢書安心方坡詩曰安心是樂更無方顧公使人
不樂只顧雍不飲酒寡言笑孫權宴飲不敢肆情曰顧公在坐使人不樂樂而
不荒雖賞樂逸不至荒淫。出左傳啓期三樂榮啓期鹿裘帶索鼓琴而
歌曰天生萬物吾得為人一樂也又得為男
二樂也人生有不免襁褓者吾年九十五矣
三樂也貧者士之常死
者人之終吾何憂哉無車公不樂車胤知名于世
親友宴會每有盛坐而車
胤不在皆云無車公不樂觴詠自娛謂酌酒吟詩以
自娛樂也愜快愜適意也快稱意也適意足遂其意也稱意足快其意
也遂心足稱其心也

喜慰喜歡喜也慰心安也歡欣歡喜樂也欣喜也欣慰即喜慰也雀躍
如雀之踊躍而喜也悅懌悅喜意也懌悅服也沾沾喜貌竇嬰傳曰魏其沾沾
自喜耳翩翩自喜之貌。敘傳云魏其翩翩酣悅酣醉喜悅忭舞喜慰
也。揚雄語歡抃喜慰也竊快中心快悅也。出楚辭實獲
我心慰意也。出詩經歡喜何量喜慰也寶章語何喜如
之喜悅也。袁紹語死有餘榮大喜慰也。蔡邕語披雲之喜
文王見姜太公于渭陽若披雲見白日之喜百慮永息謂人慰快也。劉禹
錫語想甚欣然謂人慰快也。李賀語厭快衆憤快衆心也。出
後驗史序排愁破涕慰心也。周弘讓書飽饑愈疾得書或文

慰心也出韓文宿心遂矣慰心也又曰寒骨共矣。陳子昂語以洗
客念客中喜慰也。沈亞之語若飲醇醪喜見賢者也。出江表傳如
熱之有濯也慰意也出左傳內合私願如本意也。李膺語
激灩於顏間喜色滿面也。夢得歡愧交併喜入惠書也。出退
之書
空閒無事之時閒暇空閒無事之時委蛇自得之貌散誕自在無拘貌
從容自得之意舒緩之貌蕭散自在無拘揚揚自得之貌脫灑灑
落瀟灑並不拘也閒適自在安使自如自在無拘優游謂寬容也
自在無拘也舒展從容展放舒暢舒展通暢從容自得之意攄懷攄舒

也舒展其懷也倀揚從容自得夷猶自得之貌風騷超脫無拘飄逸
如風之飄然而有逸趣方寸為清心無事也劉禹錫語內無寸
事心無事也。蔡邕語從容肆體自得無拘放肆其身也幅巾衡
門閒散也。皇甫規語。衡門橫一木于門上貧人所居也棲遲偃仰閒放
也。出後漢周燮傳。棲遲遊息也舒紳緩帶優游之狀也。伯喈語門
無蹄轍門前靜也。孫樵語
遊嬉遊遨遊行也嬉戲也。莊子曰含哺而嬉鼓腹而遊賞翫遊觀也耍子
遊嬉也又曰嬉嬉白想閒嬉中無事可想故曰白想遨遊遨嬉也逍
遙翺翔自適貌遨遊嬉自得無所拘也常羊逍遙也亦作徜徉。出前礼樂志

方泙 遊遨也。吳王濞語。方又音旁 踏青 蜀人以正月八日遊嬉謂之踏青。登臨 遊山登高 遊陟 陟升也。遊山登高也 徙倚 跂徙不徙之狀 凭眺 凭倚也。眺望遠也 嘯傲 蹙口出声曰嘯。傲樂也 消遣 消散其愁排遣其悶也 排遣 消遣也 佚遊相高 放逸遊行並。相高尚也

詼諧

詼叡事情好為謔戲而相和合也 滑稽 善言好詐之入也。滑亂也。稽同也。謂辯捷之人亂異同也 囉唣 人不文物 頑耍 嘍唣也 調戲 以言相戲 戲謔 以言相調戲也 謔浪 調戲也 好昵 昵親狎也。好親狎也 嬉戲 取笑也 撩惹 舉手戲弄撩撓人也 敖弄 。玩人曰敖弄。東方朔語 鬪腕 腕手腕也。齊鬱林王何妃淫亂與侍書馬澄鬪腕較力王以為笑 數戲無度 戲無狎也。出陶酬傳 詼笑類俳倡 滑稽也。出枚皐傳。俳倡雜戲女樂也 擧手揶揄之 以指玩人也。王霸語

嬉笑

弱笑 嘲笑 以言相嘲笑也 解頤 笑曰解頤。匡衡語 哄堂 滿堂人皆笑也 莞爾 微笑也 軒渠 小兒笑也 听然 笑貌。莊子曰听然而笑 嘻嘻 笑也 嫣然 笑也 囅然 笑也 逌爾 笑貌。賓戲曰主人逌爾而笑 喔咿 強笑也 訕口 戲言也 嗤 笑也 哂 微笑 嚬 笑也 微反脣 微笑也。出食貨志 有笑疾 默笑也。陸賈語 未嘗見齒 微笑也。出礼 私咍且笑 自慰且冷笑也。劉禹錫語 掩口胡盧而笑 胡盧大笑也。應奉語 嬲之不置 見嘲不已也 冷語氷人 桑論相嘲

也 調笑嬉褻 笑戲也。陸賈語 唧然笑之 怪笑其事也。獨孤及 絶倒 大笑也

言語

自言曰言。答述曰語 新聲 言曰新聲。出揚子 褻言 謂親褻者語曰褻言。左傳鄭厲公曰寡人出伯父無褻言入又不念寡人 言甘 左傳。幣重而言甘誘我也 寬言 謂寬假之言也。左傳曰亦寬言 徵言 謂過謬不信之言也。左傳曰是讒言也 讜言 善言也。叙傳曰今日復聞讜言 墜言 墜猶失。鄒陽傳曰墜言于吳 款言 款空也。司馬遷傳曰款言不聽 藥言 商君傳曰苦言藥也甘言疾也。註云苦言諫諍之言人有過苦言諫之如以藥攻病也甘言者小人之心以甘導之則必至于恩而成疾病焉 格言 格至也。謂至言也 微言 精微要妙之言也 卮言 卮酒器也人皆可飲而有味故曰卮言 言泉 言之出如泉之湧也 浪言 虛言也 謾言 不實之言 訑言 巧言也。又曰嬾言 宣言 宣揚其言也。左傳云民之不逆命先宣言云云 聲言 。宣言也。胡誑語 詭言 亂言也 獨言 獨空之言 謗言 正評言也 儳言 少者以他事參雜長者之言曰儳言 虛謬 言語不實 荒唐 廣大無畔岸之言也 謬悠 虛遠之說也 抵言 詆評也 淫詖 不正之言也 鷇音 鷇鳥之始由卵者鷇之為音未有所知喩人之言無所知者也 嘉言 美善之言也 不輙言 不即告言也。楊敞傳曰敞不輙言故不得良 言猶在耳 謂屬託之言猶在耳。左傳曰今君雖終言猶在耳而棄之若何 寓言十九 寓寄也。以

人不信已故託他人十言而九見信也言人人殊曹參傳曰諸儒以百數言人人殊。殊異也糞土言鄙賤之言伶牙俐齒稱人善言言以賤廢不聽下言。崔寔語目動言肆目動則心不安心不安則声容失節。左傳曰使者目動而言肆懼我也視速言疾左傳。視速言疾而有異志信口隨口出言唧唶不當言而言也闒智不得言曰闒智稀調抗削人以異言為稀調。出西湖一覽宴語宴閑時共語也。趙充國傳曰武賢與卭宴語參語三人共言也。揚敞傳曰大人與延年參語諧語和韻之言也。東方朔傳曰好為諧語偶語兩人對語俚語鄙俗之語鄙諺俗語也複語重語也猶可嗟也耳語附耳小語也。韓信傳曰躡漢王足因附耳語語塞塞不行也。衮盎傳曰其後語塞踦門而語二人踦門謂開一扇開一扇一人在內一人在外曰踦。公羊傳曰相與踦閭而語詅詃語不定也呢喃語不了也又曰嗹嘍嘽聯嘖槧

類書纂要卷之十終

新刊古今類書纂要卷之十一

人事部

麈譚名苑曰鹿之大者曰麈群鹿行時皆視所往麈尾所轉為準古之談者揮焉言談語有準而不妄故曰麈談。晉王衍善玄言推談老莊每執玉柄麈尾而與手同色譚宗晉王衍善清淡號一代之談宗譚藪稱人談論不竭為談藪謂為言談之林藪也。藪大澤也譚柄與人談事曰聊資談柄者示人所言不虛而有本也健譚說不厭善言也綺譚綺文也陸士衡詩曰高談一何綺劇譚劇疾也謂疾快之言也鄉談土音不可談悉悉盡也謂語長言不盡也。鮑明遠語流議流末流猶言餘論也。東方朔傳曰歆聞流議者三年于茲矣崇論谹議師古曰崇高也谹深也。出司馬遷傳評論評品論也量也論辨論也議也又紬繹討論也。紬繹者繙閲經書尋究之也討亦尋究也論講議也月旦評公平之論曰評。漢汝南許劭許靖有高名共覈論鄉黨人物每月輒更品題故汝南俗有月旦評。覈音核考實也確論議論堅確不可破也輿論輿衆也謂衆人之議論也國是國家之公論也危言覈論正論也。鄭大語具道本根論事之本也。陳餘語落落難合議論高也耿弇街談巷議猥論也。出平子華說不實之說也。出左傳瞀說言不中道若無目之人也。谷永傳曰瞀說歟矣劇說疾言也。楊雄傳曰口吃不能劇說勦說謂擥取他人之說以為己也

訛也。摯音攬。小家珍說 自貴其異端之說也。出荀子。情話 至誠之談也。晉陶淵明曰悅親戚之情話。話靶 靶刀柄也。謂話柄也。口實 謂但有其言而已。左傳曰若不恤其患而以為口實。其無乃不堪任命。藉口 藉賴也。賴以為口實也

曼辭 曼美也。辭言辭也。司馬遷傳曰曼辭以自解。遊辭 無根之言。弄辭 玩言也。廋辭 隱言也。失辭 誤対答也。出左傳。辭令 命令言辭。移於浮辭 浮辭虛言也。鄒陽傳曰豈移於浮辭哉。謂不以浮說而移心也。讕辭 欺罔之言。張辟語。譏譏之辭 諂言也。又巧言淺薄貌。譏巧佞貌。又善言也。醲澤浮詞 謂潤澤其虛言也。厭浮語虛辭 惡偽言也。隗囂語

詭辯 詭違也。違道之辯也。趙王鼓相傳曰持詭辯以中傷人。舌辯 巧舌利辯。甚口 善言也。言甚有口辯也。出左傳。口給 利口取辯。捷給 多言取辯。利口 多言也。又曰慧口。慧口 善辯也。饒舌 多言也。喋喋 利口多言而少実。利肯。噂喈 対言不止。膠言 驗辯不依義理之言。斷斷 分辯之意也。地理志曰洙泗之間斷斷如也。競為辯囿 爭辯也。左魏都。援引紛紜 辯說多也。有口無行 善言說也。史記語。頗能弄脣吻 好辯說。無実。械洪江表傳。掉舌 遊說也。琦辯 琦即奇也。怪說。出韻府。逸辯 天之逸辯也。韻府。口吃 言語不便。猶結舌也。口訥 訥鈍口不善言也。謇澁 言語不便。又曰連謇

含胡 言語不明。心欲言口不能言也。囁嚅 言若不出口也。侏儒 言語不明。譫語 胡言。期期 言語重疊。猶今結舌也。漢高祖欲立戚夫人子如意。令周昌奉詔。傳宣昌爭之不得。怒曰臣期期不奉詔。艾艾 鄧艾口訥。常自称艾艾。喎謁 乱言遮掩。扯淡 胡說言人。稜等登 丁稜語吃。欲言稜芋。登科竟不成語而退。滿口胡柴 言語不明

慕藺 未識人曰久懷慕藺。藺相如忠義兼備。度量寬廣。漢司馬相如慕其志。亦名相如。披雲 叙未識曰未遂披雲。衛瓘見樂廣奇之。為子弟曰此人清絜若氷壺。見之瑩然若披雲霧而覩青天。夢想清塵 欽慕人也。塵謂行而起塵也。言清者尊貴之意。出任昉代人書。山斗之仰 欽慕人也。唐韓愈以六經之文為諸儒倡。愈

歿。李者仰愈之文如大山北斗。副高山之望 欽慕人也。謂古人高德者皆慕之如仰高山也。詩曰高山仰止。仰瞻望也。一坐盡傾 坐中人皆慕之。出司馬相如傳。欣服高義 欽慕人也。竇融語。杜牧語。宗服令德 欽慕人也。出孔融書。飽聞聲聞 欽慕人也。景慕 景仰也。慕思念也

附驥 叅逐人行曰附驥。公孫述曰蒼蠅之飛不過數步。附託驥尾得以絕群。得所攀附也。出選詩。附龍託驥 攀附人也。出魏書郭勁芋表。鱗附鳳翼 攀附也。出揚子。攀蚊髯附蚋翼 攀附微也。出傅𣒆。諂附貴勢 諂附人也。趨時附勢 趨奉時豪。依附貴勢也。附後塵 跟隨也

尊生 祝人將愛。出莊子。保重 祝人保養自重。珍重 祝人保養自重如珍宝也。珍攝 祝人保養珍重。垂堂 祝人自愛也。袁盎傳曰千金之子坐不垂堂富人之子則自愛也。不垂堂不坐堂外邊恐墜墮也。騎衡 祝人自愛也。袁盎傳曰百金之子不騎衡。騎跨也衡殿邊欄楯也跨欄楯恐墜墮也。楯音順。無恙 恙噬虫也入人腹食人心古人草居常被此患故問人必曰無恙。善飯 自言能食無病。趙王曰廉將軍雖老尚善飯。爲國自重 祝人將愛也又曰爲民自愛。出北許靖書。厚自珍愛 祝人將愛也。出陸景書。顧愛玉體 祝人將愛也。出周弘讓書。屢勤存問 恤問曰存謝人屢次問及也。強食慎職 祝有任人強進飲食謹慎職守也。出翟方進書。強餐自愛 祝人將愛也。強飡止思慎疾自愛。加飡寓書 別而祝也。出權文公書。慎疾自愛 祝人將愛也。前思王書。嗇神養福 祝人將愛也。出趙咨書。願保金石軀 祝人將愛也。出選。願怡神無事 祝人將愛也。李膺書。時希逮憶 祝人勿相忘也。陸景書。將氣養和 祝人將愛也。又曰嗇神養和又曰養志和神又曰慎疾加飡又曰存神養和。台福 請問起居曰恭候台福又曰恭候台福禧又曰恭候台祉。禧祉音希止皆福也。朝夕問訊 請問也。後清河王語。萬福降輯 請問也。出前郊祀志。起居百福 請問也又曰動履康勝。起居不歡 謂人不樂。出馬后。想攝養得宜 請問也。出昭明太子書。講習之暇 請問文人

出陶潜書。起居何如 問候也。出江華書。動履百福 請問起居也。頃何以自娛 請問人也。曹丕。體與神康 請問也。歐陽詹書。

富 多財曰富。素封 史。富人無封土而享有祖稅之入為之素封。素比 產業足以比封曰素比。出貨殖傳。富窟 王元宝巨富常以金銀疊為屋壁以紅泥泥之又置礼賢堂以沉香為軒檻人呼為王氏富窟。高訾 言多財也。地理志曰高訾富人。善富 貨殖傳曰任氏善富者數世。師古曰折節力田務于本業先公後私率道閭里故云善富。溫厚 張敞傳曰居皆溫厚。言皆富足也。富埒 埒等也。食貨志曰富埒。挾富 恃富。鉅富 鉅大也。富飾 富有也。富饒 富足饒多。殷實 殷盛富有。腴厚 富足也。豪贍 富足。殷充 殷盛也充滿足也。吳都賦曰物產殷充。發跡 發起發跡蹤跡。寬裕 裕饒也富足也。寬饒 富足也。充足 充滿富足。充裕 充足寬裕。溫飽 溫暖衣服飽飫飲食。金穴 漢郭况遷大鴻臚上數幸其家賜予千金京師号况家為金穴。豪姓 富強之家。錢井 風俗通曰河南平陰龐儉遭倉卒之時旋每流轉客居廬中鑿井得錢千万遂富。因滑 地癖 言人惟貪置田地曰地癖言人性偏好如人之病癖不瘳也。銅山 漢書。上使善相人相鄧通曰當貧餓死。上曰能富通在我于是賜蜀嚴道銅山得自鑄錢布天下。禍媒 不義之富曰禍媒。出晏子。財多德寡 有錢無德。出南史威王績。遺與無窮 死尚多財。出蕭王贊。多財損智

疏廣曰子孫賢而多財則損其智愚而多財則益其過 **家世豐産** 家世有錢也。刘蝴語 **食前方丈** 饌食列于前者方一丈也 **家給人足** 家給辨人冨足 **積財如山** 王隱晋書曰石崇百道營生積財如山 **猗陶** 孔叢曰猗頓大畜牛羊于猗氏之南蕃衍致冨資擬王公。定記范蠡之陶為朱公十九年間三致千金散與貧賤兄弟 **珠服玉饌** 侈服食也。出太冲吳都賦 **温衣美食** 衣食豊好。出後鄧后 **與金輦寶** 極冨也。袁紹語。輦兩人對舉車也 **囊帛櫝金** 冨蓄也。孫樵語 **與封君比入** 所入多也。桓譚 **文駟繡軒** 侈車馬也。杜牧 **昌大** 榮昌盛大 **昌阜** 盛大也。左傳曰韓氏其昌阜于晋乎 **蕃衍** 盛也 **赫奕** 盛也又曰曼衍又曰浩穰又曰曼羨又曰曄曄

奢侈 恃冨溢用 **驕奢** 驕矜奢侈 **侈富** 奢也又曰淫侈 **傲財** 奢也 **侈靡** 奢也又曰華靡 **奢華** 奢侈也 **僭越** 過分也 **僭濫** 僭過淫濫 **獸炭** 晋王琦性豪侈搗炭末用膠水和起爲泥塑成獸形洛下豪貴競效之 **紫標黃榜** 稱蓄積多者也梁武帝弟蕭宏性愛錢百萬一聚黃榜標之千萬一庫掛一紫標 **貫朽粟陳** 稱冨家也漢武帝初京師錢累鉅萬貫朽而不可查其數太倉之粟積久陳腐而不可食貫朽穿錢索朽爛也 **一食萬錢** 晋何曾性奢侈一日食近萬錢猶云無下箸處。言下箸之際猶云無適口者 **錦棚** 唐開元中長安冨人至暑伏中於林亭內以錦結為寮棚設坐具召客飲美女歌舞為避暑會 **冨貴求名** 楊子雲作法言蜀之冨貴人齎錢十萬願載于書子雲不

聽曰夫冨無仁義猶圈中之鹿欄中之羊安得安載 **暴貴** 新貴也。賈捐之語 **貴介公子** 貴人子也。出酒德頌 **官居闈處** 貴人居處。出選七發 **豐屋美服** 冨貴居服。出列子 **冨貴逼人** 周武帝謂楊素曰善自勉勿憂不冨貴素曰臣恐冨貴來逼人耳 **冨貴危機** 戰国策曰貧賤常思冨貴冨貴必履危机 **物禁太盛** 荀卿云物禁太盛。言物太盛必有衰敗之日 **肉屏風** 唐楊貴妃從兄楊国忠家冨冬月妓女圍之號肉屏風又選妾肥大者於前遮風謂之肉障又曰肉陣。障隔風也 **肉臺盤** 南唐孫晟冨而驕每食不設几案使衆奴各執一器環立而侍號肉臺盤 **錦步障** 晋石崇與晋惠帝母舅王愷以奢靡相尚愷作紫紗步障四十里崇作錦步障五十里以敵之

金蓮步 称婦人行曰金蓮步。齊廢帝東昏侯鑿金為蓮花貼地令潘妃行其上曰此步步生蓮花也 **執衡** 當權也。出選十六 **攝柄** 攝持也權攝也陳咸傳曰秉大夫攝公卿之柄 **市權** 元后傳曰莽欲虞衆以市其權。註云以遊觀之樂易其權若市買也 **乘權** 刘向傳曰秉權藉勢之人 **脅權** 恃勢也。秦誓曰脅權相滅 **魁柄** 梅福傳曰尊寵其位授以魁柄。魁大也柄權柄也 **秉寵預權** 挾勢用事曰秉寵預權 **權綱** 權柄綱紀 **炙手可熱** 權貴勢焰炙手可熱言人依附權貴若近火炙手而可熱也 **有寵** 左傳。陳桓公方有寵于王 **亢寵** 亢極也言極持其寵愛也。左傳曰先納

之可以寵嘉左傳。其自唐叔以下實寵嘉允寵之也。註云謂寵貴而嘉美之也

假寵則顯假借威寵也。以諂于諸侯。左傳曰席寵謂藉勢也。席猶因也

君人之坐于席也。劉向傳曰產祿席大后之寵要寵要求寵踰華

衮之贈。序日一字之褒寵踰華衮之贈。踰過也。衮天子服也迎合上意

以固寵上之寵幸。出史記。迎逆取合以堅固在謬曲寵揣謟也

過誤之寵許后傳曰掃除眾過誤之寵。倚後宮

猖獗勢兇狠也。强梁之貌假威藉勢也借燄藉勢狐假虎威

藉勢鼠褒猫勢藉勢也焻熾勢盛也朋奸挾勢怙

也

後怙恃也熏轑勢焰灼人也。杜欽傳曰熏轑天下

閥家名家也又稱世家世世有祿曰室

世臣大家閥閱明其等曰閥積其功曰閱有功曰

大家閥閱閥有勞曰閥門左曰閥門右曰閥

布族名家盛族稱人大家冠族盛族也鼎族盛族景胄

大姓之家也洪支猶言大族也貴臣子秀世

之家也洪支形落洪支者姓也

謂祖父以來獨其秀出者家聲世家之盤互

也文選云道風秀世名声

宗族盤互。言盤結而交互出劉向傳華胄梁何昌寓為吏部

者昌寓問是誰後曰閔子尚書有閔姓求官

騫昌寓笑曰遂過華胄宗哲也宗族之明哲

鄭廟或者則宗英宗族之英後也屬籍諸吏。婁文云

宗哲慕其祀屬籍之籍也。宗族素

法宗室無軍功不預宗右姓郭伋語也。生長

滲入宗族之籍勢家也

腊腴。貴家子孫功臣苗緒。功臣之後

家。上世曾得封侯董卓語封侯之傳

。出前酷吏傳世吏子孫祖先為吏。出趙廣漢傳

龜襲紫世襲也。出陰興清人賢胄之子弟名人之後也。

沈亞中葉葉世也。詩曰昔在累葉累世也。東

之中葉其震且業觀記曰累

葉寵累世世世也奕世日奕葉又叔末衰世也

貴累世也又日叔

葉叔季

標李

蓄積蓄聚藏也積堆疊也積僭僭聚仞積蓄積多也拘聚積僭

儲蓄儲貯積蓄營聚營辦積聚長物餘剩之物賸物多餘之物奇

贏謂有餘財而蓄積奇異之物也一說奇贏奇羡

奇殘餘物也。食貨志曰操其奇贏

殘餘物也餘剩餘多贏餘餘多羨餘賦外之餘珍襲珍寶重

裹也儲胥存待也貯蓄收藏也盛貯收藏也堆頓積疊也

也

珍藏珍重藏之韞藏也韞匱韞匱藏也秘秘私藏包裹

裹亦包也揗疊轉揗堆疊委積委蓄也凡指所聚之物

之積則積則音恣取物而積疊

音即藏囿囿即藏也筐篋之藏筐竹箱也筐蓄藏也敖庾

之藏。倉所有也李密語京庾流衍倉廩實也。出銖

積寸累也漸積日積月累又漸積京庾之儲也倉蓄

儲胥贏衍多積也蓄充物充滿也。出文選精白馬賦左思魏都賦

孔子師孔子日吾聞老聃博古知今通禮樂之原明道德之歸則吾師也遂問禮於老

子部　第四册

聃。毋羅曰項槖七歲為孔子師。莊子曰蒲衣八歲而舜師之 **孟子師** 孟子長師孔子之孫子思 **函丈** 叙別卿廂曰拜違函丈函容也凡講問廂間容一丈之地欲其解說之便足以指畫也 **絳帳** 称師席曰絳帳。馬融教授諸生常有千數坐高堂設絳紗帳前授生徒後列女樂。馬融算渾天不合召弟子鄭玄一算便決及玄業成辭歸融心忌之玄亦疑有追者乃坐橋下在水上據屐融果勒追之既而曰玄在上下水上拠木此必死矣遂罷追之 **舌耕** 賈逵通五經門徒求斈不遠千里献粟盈倉或云逵乃舌耕 **模範** 師者人之模範模範皆法也以土曰型以金曰鎔以木曰模以竹曰範為師者教人事事循其規矩而模鑄金成器也 **師表** 師範儀表 **鱣堂** 楊震字伯起嘗居于湖有雀銜三鱣集講堂前都講取魚進曰鱣者卿大夫服之象也數三者法三台也先生自此升矣後果居台輔 **師嚴** 記曰師嚴而道尊 **董帷** 叙讀書者起居曰董帷銳志。漢董仲舒好斈每日下帷講誦讀書三年而未嘗窺園遂成太儒 **師資** 善人不善人之師不善人善人之資 **易已東** 田何授易于丁寬斈成寬東歸何謂門人曰易已東矣 **吾道東** 鄭玄從斈于馬融門下三年斈成辭歸融喟然曰生今去吾道東矣 鄭 **吾道南** 楊亀山師明道先生及帰送之出門謂坐客曰吾道南矣 **稽古力** 漢明帝時桓榮為師傅以所賜車馬陳于庭謂諸生謂此稽古之力也 **坐春風** 朱光庭從斈于程明道先生帰語人曰光庭在春風中坐了一箇月 **學染丹青** 晉虞溥篤志典墳大脩庠序廣招斈徒謂斈之染人甚于丹青 **當世儒宗** 晉賀循朝庭疑滞皆諮訪之輙以経礼而対為當世

儒宗 **誘掖** 以言教引曰誘以手扶持曰掖 **奬勸** 奬者許其所已能勸者勉其所未至 **提撕** 自教諭言 **教育** 教訓養育 **詮解** 詮即解也解釋義也 **啓廸** 開發愚蒙 **導引** 教導指引 **訓誨** 順其理以教之曰訓誨教示也導引也 **訓詁** 詁訓導古今之言而明白其故也。詁又音固 **陶冶** 陶造瓦冶鑄金言夫之生人有似于此猶成就人材也。董仲舒傳曰陶冶而成之 **玉成** 玉之成器琢之磨之用力極進故成就人林謂之玉成 **陶鎔** 鎔冶金器也猶玉成也 **教誡** 訓誨也誡警也 **甄陶** 鎔冶成物曰甄陶喩教育也甄作瓦之人陶作瓦之処 **薫陶** 喩教育也 **秘傳** 秘蔵其妙訣而不傳 **秘訣** 秘蔵妙訣 **鍼砭** 斈者望人就正曰頒言大賜針砭。言斈者與人郢正猶病者與人針砭也 **提誨** 與尊長先生書云不聆提誨詩云匪面命之言提其耳謂教誨之詳切也 **指南** 謂人指教曰仰荷指南。交趾國南有越裳氏献白雉于周成王使者迷帰路周公造指南車刻水為人以手指南令望所止則知帰路今地罗金針是也 **指麾** 以手指彼斥事務也 **教督** 揚惲曰賜書教督其所不及。惲音愠 **倚席不講** 不講書也。出儒林 **夏楚** 撻而教之曰夏楚夏與榎同山楸木也楚荊也以二牧為扑以警其怠忽者使之收斂威儀也 **一字師** 唐張沫詩曰獨恨太平無一事江間閑殺老尚書蕭楚才曰恨字且改幸字沫曰子吾一字師也 **待問如撞鐘** 斈記曰善待問者如撞鐘扣之以小者則小鳴扣之以大者則大鳴 **遞相師祖** 相師傳也。出靈運 **儒宗學府** 称師斈也。出後主授江總冊文

負笈 從斈曰負笈從師。漢蘇章負笈迫尋業師不畏千里之遠。笈者書箱也

質問 質正請問于師 問難 執所疑難而問之也 矜式 敬而法之 虛襟 虛其襟懷不自滿假也 服膺 服著也。膺心胸之間也。謂捧持之而著之心胸之間也

久次 久授業曰久次。出董仲舒 攝齊受教 往請教也。出家語。攝樞也。齊衣下縫也。謂提衣趨進以受教也 白首北面 為師者面南而坐弟子北面仰師受業。年少有才則為師，年老頭白無知則就斈，不論年齒 冀承清誨 往請教也。出趨壹書 敬滌耳以聽 俟教也。滌洗也。

闇於自見 求教讓辭。出選二十二 傾聽 傾頭側耳而聽也

肄業 習斈 藏脩 自讀書言 卒業 謂終其所斈也 夙閑 謂素習也 専攻 斈業有専攻

諷讀 誦詩讀書 吟哦 吟誦之声 吾伊 書声也夷那何之類。不聰慧者口訥讀書故有此声也 亹亹 自強不息之意 黽勉 強力為之 馴致 以漸而進曰馴致 鉛槧 以鉛為刃削去板槽之誤者。喩讀書時也 四事 呂成公曰為斈自四事起。謂飲食衣服居處言語是也 博覽 書記遍也 涉獵 猶博覽也。謂反覽流觀譬如涉水獵獸不精専也 挾筴 執書也 大成 古者比年入斈七歲論斈取友謂之小成。九年智慮通達強立而不返謂之大成 討論 討尋究之也。論講議也 月眼 坡詩云讀書眼如月罅隙靡不照 磨礱 磨物令滑澤，喩勤斈也 砥礪 砥磨石也。砺磨也。喩勤斈也 漸摩 漸浸潤也。摩砥砺也。喩勤斈也。董仲舒傳曰漸民以仁摩民以義 淬礪 猶琢磨喩勤斈也

刮劘 刮去其昏垢，劘潤其光澤，謂成就其斈業也 讀書三到 眼到口到心到 學者三多 看过多講論多著述多 韋編三絕 韋熟皮也。編貫也。古者以竹簡以熟皮貫而成冊。孔子讀易，貫簡之熟皮至于三次断絕 嗜學 好學

寄身於翰墨 勤斈也。出典論 游思竹素 嗜書也。出二十五 以典籍為業 為斈也。崔駰語 畋漁於書林 嗜斈也。刘禹錫語 博極古今 謂古往今來之事皆廣識之也 咬斷菜根 勉人勵志也。汪信民曰咬得菜根斷則百事可做 書淫 耽書之癖號曰書淫 咫聞 八寸曰咫。謂近聞也。晉文公讀書曰白吾不能行也咫聞則多矣 差增於往 斈稍進也。後漢逸民語 散帙 閱書卷也

願息 子貢倦于斈告仲尼曰願有所息。息止也 不滿程限 功課不逮也。出刘祐注。逮及也 荒思廢業 荒思迷乱之謂 學業蓁蕪 斈業荒蕪也 日荒於嬉 日遊也不讀書

屬文 屬謂綴輯之也。言其能為文也。出漢傳 綴文 作文也。出漢傳 摛藻 摛発也。謂発言為文章也。文選云摛藻天庭。藻文辞也 奮藻 言揮翰以発其文也。文選云聊奮藻以散懷 綴藻 屬文也。藝文云綴藻邁弥煩 染翰 翰筆也。染墨于筆而制為文字也。出文選 馳翰 走筆也。文選云馳翰未暇食 飛翰 謂運筆作文也。藝文云類東武之飛翰 含毫 執筆思作也。藝文云含毫且成賦 抽毫 揮筆也。唐詩云抽毫頌清風。又云抽毫進牘 健筆 唐詩云凌雲健

筆意縱横　擱管 拈筆也。六朝文云擱管創文章　濡翰 作文也。濡染也。翰筆也。出文選　草創 造草藁也　潤色 加以文采也　脩飾 去太煩增太賊　著述 著作傳述　杜撰 作文無所根據也　蹈籍 有所依據不杜撰也　腹稿 謂腹成文不用紙上打草也。唐王勃有才思，毎作文酣飲而卧，及寤援筆成篇，時號腹稿　宿搆 預先擬下文字謂夜已搆成也　文氣 文以氣爲主　筆端風生 敏于文也。○獨孤及語　無一字空設 稱人文意也。○范蔚宗語　以翰墨爲勳績 集于文也。曹子建語　嫺於辭令 能爲辭命也。○屈原語　掀雷扶電 稱雄文也。出司空圖　闔合纂篇 偶同古文。○出文賦　心精辭綺 文思深妙也。○出伯喈贊　不曲筆 書事直也。○臧洪語　太手

筆 大有文也。○蘇頲語　章句 意斷處曰章，言斷處曰句　句讀 凡經書成文語絶處謂之句，語未絶而點文之以便誦味謂之讀。句絶則點于字之旁，讀分則點于字之中間是也　素文 孔子作春秋素王之文　山林口氣 歐陽修曰文章有兩等，有山林草野之文，有朝廷臺閣之文。○山林口氣謂俗儒之文也　步驟 宋長編曰陳繹之文如款段逐驟，筋力雖勞不成步驟　膚淺 喩如在皮膚不深也　工致 稱人文工巧致密也。○致亦作綴。礼記云必工綴爲上　舌妙 吳沈友善屬文熟好武事，人言筆妙舌妙刀妙　麗藻 稱文章也。○出文選　潤思乾慮 極思爲文。○出文粹　拱手而韜翰 不敢下筆。出蔡邕篆書體　挈瓶屢空 文思易竭也。○出文賦

篇什 詩十篇爲什，過十篇亦稱什，舉成數也　敲推 倩人改正詩曰顧定敲推。唐賈島作詩曰鳥宿池邊樹，僧敲月下門。始欲著推字，又欲下敲字，作敲推勢。韓愈曰敲字佳　風什 謂人詩也。○任彦升　高言 高歌也。文選云令德唱高言　嘉藻 謂人詩也。宜遠詩。○　盛藻 謂人詩也。○選靈運　末曲 自謂歌詩也。○惠連　短韻 自謂歌詩也。○出文賦　新聲秀句 稱人詩也。○選二十五　繼聲 和人詩也。劉禹錫。○　嗣響 和人詩也。○選靈運　前藻 呼入先作之詩也　題詠 題詩吟詠　賡和 和人詩也　金石聲 孫綽作天台賦示人曰此賦擲地當作金石聲　心畫 書曰心畫。○出楊子　肄書 學寫字也。○鄭虔　八法 永字八畫，學其八法

之勢，能通一切字　八體 秦燒焚先典，乃廢古文，更用八體。一曰大篆，周宜王史籀所作。二曰小篆，始皇時李斯趙高胡毋敬所作。大小篆並簡冊所用。三曰刻符，施于符傳也。四曰摹印，亦曰繆篆，施于印璽也。五曰蟲書，爲蟲鳥之形，施于幡信也。六曰署書，門題所用也。七曰殳書，銘于戈戟也。八曰隸書，秦時事繁，篆字難成，即令隸人佐書，故曰隸書　八分 隸字法去八方，謂去八分取二分。李斯小篆去二分取八分，故云八分　六體 漢王莽居攝，使甄豐刊定六體。一曰古文，二曰奇字，三曰篆書，四曰隸書，五曰繆書，六曰蟲書。當代以教學童焉　繕書 善寫字也　工書 善書也　抄謄 依式抄謄　謄錄 上真也　操觚 執筆也。○出文賦　字指 字意也。○蔡邕上思下之傾仰　楷書 真字　行書 真字帶草　藁書 半真草書。出文字志。○草

聖 晉張旭善草書飲酒大醉以髮濡墨而書既醒自謂草聖

章草 漢興有草書不知作者姓名至章帝時杜伯度善草書章帝愛之亦作草書故謂之章草

草賢 晉崔瑗善章草人謂之草賢

飛白 漢蔡邕所作

倒薤 倒薤書者小篆躰也曲支濃直若薤仙人務光所作也

脫腕 唐蘇廷碩爲中書舍人元宗平内難書詔填委廷碩之所占授輕重無差吏曰丐公徐之不然手腕脫矣

寫字三具 紙要光筆要鈍墨要好

羲之製筆 晉王獻之七歲學書羲之密從後掣其筆不得嘆曰此兒後當有大名

鍾繇畫被 晉鍾繇好書行則畫肚坐則畫被二十年不成夢人教書穿字乃得之

有鍾王之則 稱人善書也○晉鍾繇王羲之皆善書故云鍾王○出比史

應手從心 善書也○傳玄

必由意曉 字意也○晉成

字瘦有肉 山谷云肥字須有骨瘦字須有肉

遊雲驚龍 王羲之善草書人稱其筆勢飄若遊雲矯若驚龍

懸針 王愔文字志曰懸針小篆躰也字必垂畫細末纖直如懸針故謂之懸針

査考 考稽察也校也

稽査 稽考合也

校正 校考也考合以就正也

校閱 閱觀也査考觀閱以就正也

考訂 訂平議也稽査平議以就正也

考覈 考稽察也覈考實也

考究 究窮盡也推尋也

稽考 稽察考合

校讐 謂兩本相讐校如仇讐也

筆削 可者筆于書不可者削而去之

繩削 繩古也直言其非也削者去其太煩也

更改 更変改易

塗抹 乱曰塗直曰抹

點竄 改易也

刪裁 刪除削也裁截戒也

郢斲 投獻求斤削曰敢覬郢斲又曰郢正又曰政之

○莊子曰郢人堊漫其鼻端若蝿翼使匠石斲之運斤成風斲之盡堊而鼻不傷

品藻 謂定其差品及文質也○漢儁云稱述品藻

蒐輯 蒐索傳記聚集以成冊也

纂脩 編纂脩飾

編輯 彙編聚集

纂次 纂集次序

類釘 類集裝釘

手自排纂 自編纂也

殺青已就 編撰成也○劉之遴與劉孝標借類苑書

供繕寫上 錄上所校書也○盧植

摩研編削之才 能校書也○後漢蘇竟

編列 編布次第

綴于左方 編列于後也○出三王世家

表左 編列于後也○蔡邕

書右端 其詳在右曰書右端

具如狀對 後列其事也○邵鄴語

款識 古鼎鐫刻文也款刻也識記也一說文縷凸起者曰款凹下者曰識○郊祀志曰鼎大異予衆鼎文縷無款識凸音迭凹音渴

緘封 宣許后傳曰滿一篋緘封師古曰篋竹箱緘束篋也

篋緘 趙后傳解篋緘未已師古曰緘束篋之繩也

封識 識記也

籍記 爲名籍以記之也○出漢傳

敬緘 緘封也

受辛 告辭曰受辛○楊脩辨曹娥碑後字虀臼受辛受辛辭字也

攬泣告辭 辭而泣曰攬泣告辭○任昉語

稽首固辭 拜而力辭曰稽首固辭○固堅執也

餞程 親友遠行設席以待而送行也

祖餞 餞程曰祖餞行軒又曰祖道又曰祖送○昔黄帝子名纍祖好遠遊死于道後以爲行神凡遠行者祭之以保行程也

贐儀 送行者之札曰贐儀

路資 送行者札曰路資

盤纏　**路費**　**紅亭** 送別之亭也○唐詩云紅亭綠酒送君行

陽關 送別之処也王維送別詩末二句云

勸君更尽一杯酒西出陽関無故人 垂涕相送 泣而送傷別也。竇融語 目
逆而送 遠注目者人去也 供餞莫伸 送不及也。任昉書 以文
寵別 謝人以文送別也。下賢 徵文寵別 謝人索文送別也。蕭昕 民
遮道行 人留不得行。蕭何 送人以言 孔子適周見老子辭去老子曰
吾聞富貴者送人以財仁者送人以言云云 杯水奉餞 隋趙軌為齊州別駕
詔入朝百姓餞之曰公清如水以一杯水奉餞 卧轍攀轅 餞官去任曰當卧轍
攀轅漢侯霸為臨淮太守被召百姓攀轅卧轍願留朞年 截鐙留鞭 唐姚崇欲
荊州受代之日吏民泣擁馬首截鐙留鞭 贈策 策馬鞭也。晉士會在秦及帰秦大夫
繞朝贈之以策曰子無謂秦無人 抱馬脚 漢班超使西域至于闐王侯以下號
泣抱馬脚不得行乃詣趙為都護 洗塵 親友遠行帰家設席以待謂之洗塵 濯
足 即洗塵也異苑云馬周初至京師旅店中數公子飲酒不顧周周乃呼斗酒濯足衆
異之 接鋒 客初至設席以待謂之接鋒

別離

近曰離遠曰別 貧別 古詩云富別愁在顔貧別愁銷骨 生別 韻府云食
蘗不易食梅难蘗能苦兮梅能酸未如生別之為难苦在心兮酸在肝 分袂 分別
也又曰分襟分携分首分手解袂判袂分索分違解携握別睽違離析離逝乖別 睽
隔 睽違間隔 間別 間隔离別 契濶 隔遠之意 濶別 久別 久曠 久不
相見 仳離 仳別也离別也 執別 执手而別 離堂 叙別之堂 離燭 別筵
之燭也。楽府云離燭有穷輝 離夢 離別後之夢也 別魂 離別之精魂也。文

選云意別魂之飛揚。謂不安也 離襟 別恩也。怜切離襟 別雲 唐詩云離
愁慘別雲 驪駒 客別歌驪駒其詞云驪駒在門僕夫具存驪駒在路僕夫整駕 生
龜脫筒 难上久鑽龜占者皆生解其殻人之情愛难捨亦如龜之难脫其殻也
参商之濶 別離曰参商之濶商星居東方卯位参星居西方申位二星相背而
出末不相見故朋友不相見曰参商 流水心 謂去不返也楽府云莫作流水心
瓶落井 言一去不回也藝文云莫作瓶落井一去無消息 山河迥遠
隔遠也又曰川塗脩遠 山川脩阻 隔遠不得相見 迥違 久別也 四
鳥 孔子聞隣婦哭声曰此非強哀有离別声桓山有鳥生四子長則分飛于四海其哭
声類此問之乃父死賣子以葬者 良無由縁 歎見而無因由也 持醪
靡由 阻宴飲也
治任 治整理也任行李也收拾行李也 治行 脩治行裝也。漢蕭何死曹参趣治
行裝曰吾且入相果召参代何為相趣與促同 趣裝 速治行李 辦嚴 收拾行李
脂轄 叙出行者起居曰脂轄飛嚴。脂八油也轄八車軸頭也人遠行則以油塗其車軸
旋轉快也 餝裝 整行裝也。唐詩云嚴程已餝裝 嚴裝 。即行李也。藝文云
嚴裝已辦 征駕 遠行之車也。藝文云遙已征駕遠 僑裝 客裝也 征盖
行旆也 行盖 出行車盖 展軨 軨八車闌間小横木也展者車将行則僕夫展視
其車之軨轄也 征鑣 遠行之車也。唐詩云續陽不任引征鑣馬馬銜外鉄也 錦
帆 問人舟行曰錦帆欲掛 征輪 出行車馬也又曰征驂 起程 出行也又

日啓行榮行称人出行顯行自称起行遠征遠行裝齎所裝衣

物自随也袁益傳日悉以其裝齎挾糗齎糧也兼程一日行倍程徒

涉無舟而濟徒跣赤脚行也涉濟渡人馬涉渡也濟以舟揖也淺曰涉深曰

濟于邁于往也邁行也詩曰周王于邁宵濟夜渡河也寄裝治行

寄秘之也謂寄地促裝治其行李也約車治裝治行裝也負書擔囊

旅行弊車羸馬客途窮也偕行二人同行解維開船也又曰解纜發

櫂舟宵征夜行行役出行在外遠役遠出也跋涉早行曰跋

水行曰涉跋履履行也。左傳曰跋履山川踰越險阻間關難行崎嶇展轉

貌戴星早行也星未沒而出星發早行奔馳步行曰奔曰走車馬曰馳

徒步往来空走也展步穿木展行也跬步半歩也。袁益傳曰跬步

獨往彳亍小歩且行且止左歩為彳右歩為亍悠悠遠行之意驅馳奔行

奔馳奔走驅馳征客遠行之客征塵去客之塵也平行言無寇難

也李廣傳云平行至宛城絡繹行人往来不絶貌亦作駱驛織路往来下道

路如織也迤邐迤邐接連行也逶迤行貌蹩屑行不正貌迷津喩有

行迷通達也唐詩云回首泣迷津遷客迁謫之客流寓迁客所在羈旅

羈奇也旅客也。諸史云遠行有羈旅之憤趦趄行不進貌踟躕行不進貌

迍邅欲進不進之貌漂梗唐詩云旅次同漂梗旅望客中登高而望旅

候旅次之時候舟次舟中路次路中羈心羈客之意旅魂唐詩

云空山獨夜旅魂驚旅泊作客于外也唐詩云旅泊城千里揺曳舟行貌。

唐詩云夢魂揺曳櫓声中發邁在近謂人將行也晨夜兼行急行

也。鷄鳴而駕早行也。舍車即浮陸而舟也王程有限

不敢住也行色匆匆莊子曰車馬有行色。匆匆言速也走轂奔蹄

奔走忙也。禹錫語遂從塵走。奔走忙也沈亜之夜徑澤中謂夜

從行于澤中過也。出史畧攙前落後前不能行後不能棧山航海而遠

險也化緇衣謂客久而白衣黒也唐詩云風塵不覚化緇衣晨風夕雪

道途之勞餐風宿水謂旅行者餐食歇宿于風雨之中也櫛風沐雨

櫛梳髮也沐洗面也謂旅行者櫛沐于風雨之中也風餐露宿出行在外迍

邅迍邅難行不進之貌

憩息暫歇止息息肩止其行也謂去其負担之勞而歇息也弛擔弛離也謂

去其負担奔走之勞而息於此息踵息止也踵脚跟也謂止息任足不行也

説駕脱鞅息也休息休歇止息跬足止息其處頓舍頓止舍也

息也李廣傳曰就善水草頓舍休舍。高紀云欲止宮中休舍息也於殿中

也。一曰彌節少安之貌使止處也相如傳曰弭節徘徊案節

舍屋舍也節也子虚賦曰案節未舒駐節使止息也又曰停驂駐劄使止宿處榮歸

称人歸家曰榮歸又曰榮旋又曰錦旋又曰返旆又曰駕旋又反舍傳曰叔孫通

已出反舍謂還其所居返棹舟回日返棹馳歸

也。自称歸家曰反舍

以歸言速歸也 還治 守令出而歸曰還治 抵家 抵至也到家言也又曰抵舍 言
旋 言歸也 衣錦夜行 項籍傳曰富貴不歸故鄉如衣錦夜行。言無人見之不榮顯也

寤寐 睡醒曰寤睡熟曰寐 丁憃 睡熟曰丁憃憃與惷同 睡覺 睡醒也 鼾
鼻息睡声 眠鴞 睡也 困卧 睡也 瞌趨 坐而欲睡 晝寢 當午時睡
假寐 不脫冠衣而睡 交睫 睡也 黒甜 日間睡曰黒甜詩云三杯軟飽後一枕黒甜餘
攤飯 午飯即睡曰攤飯李太白以午睡為攤飯 安枕 睡安穩也
布傳曰陛下安枕而卧矣 高枕 高枕而卧言無事也 偃息 睡也 歇息 安歇
止息 信宿 凡師一宿為舍再宿為信過信為次 淹宿 經宿也 暫聽 欲睡
貌 魘魅 夢中作声 寢叱 睡醒必有声 盻睜 眼欲睡貌 打盹 坐而瞌睡也
低迷思寢 困倦欲睡也。 頹思而就寐 悶而睡也 通
且息寐 達曉不能睡也 明發不寐 發夕至明不睡也 丙夜不
能安枕 中夜不寧也 寤 睡夢中語 寱 瞑目而語 侍寢 陪睡也又曰同
榻 露次 野宿也

夢寐 神交為夢 夢熊羆 生男子之祥也詩云吉夢維何維熊維羆 夢虺蛇
生女子之祥也詩云維虺維蛇陰物也 夢如平生 夢亡人也 殷浩夢
糞 殷浩或曰將蒞官而夢棺將得財而夢糞何也浩曰官本臭腐故將官而夢棺錢本
糞土故將得錢而夢糞也 夢殊明察 夢分明也 此貴徵也 夢有吉兆

安知非吉徵也 解其夢疑
夙興 夙早也興起也 欠伸 呵欠伸腰而起 噴嚏 擤擤 以手捻鼻去涕
赤身 赤体也 赤剥 赤身 裸體 赤身 赤羸身 赤身 袒裼 露肩也
裸裎 露臂 鬔鬆 鬅鬙 鬡鬤 鬇鬡 科頭 反
首 皆髮乱也 脫巾露頂 不戴巾帽 岸幘 幘覆髻小巾也露頂曰岸謂頭
斜其巾有疎散自在之意 鬖髿 髮垂貌 鬛鬖 髮垂貌 垂鬐 髮后垂也
鬌髮 髮后垂也
櫛沐 櫛梳髮也沐潔首也 批沐 梳頭洗面 頮面 洗面也 盥手 洗手也
漱口 以水淨口 澤手 洗手 洮髮 洗髮 綰髮 屈髮綰髻 髽頭 綰髮
也 攏頭 綰髻也 沐浴 沐潔首也浴潔身也 洗澡 沐浴也 不共
湢浴 湢浴室也內則曰男女不共湢浴。謂妻不敢與夫共湢而浴也 盥櫛
漱口裹頭也。虞世南語

粧扮 梳粧打扮 粧束 粧扮也 矜持 粧飾容儀 薰濯 薰香洗濯 靚粧
婦人粧飾也粉白黛黒謂之靚粧 梔貌 飾容也 顧影自媚 自矜持也
。出梁張率繡賦 搔頭弄姿 自矜持也。李固語 鉛膏釆飾 婦人
結褁也。李毋 鉛華不御 不装飾也。出洛神賦 粧飾 粧扮粉飾 盛
飾 粧飾甚盛。左傳曰子皙盛飾入布幣而出 盛鬋 盛飾其鬋也。招魂 襐
飾 盛飾也。孝平王后傳曰令孫建世子襐飾將醫往問疾 傅粉 搽粉也 塗

腊抹黛並婦人粧飾戴勝師古曰勝婦人首飾也漢代謂之華勝。大人賦曰覩西王母皬然白首戴勝而穴處兮翠翹首飾也東坡詩云細雨斜風濕翠翹燕婧不嚴飾也。前李夫人傳曰妾不敢以燕婧見帝步搖婦人首垂珠曰步搖後鳥相金搖婦人釵曰金搖。士啓懷土思歸也宿懷舊懷也。選苦懷艱苦之懷也。選二十一相思之苦懷懷人也。劉禹錫書寤想增懷懷思之切也。出書集宋穆內顧人在外思妻子傾葵叙思慕人曰正切傾葵。葵花自朝至暮中思向日言人思人之切亦若葵花向日也傾注思慕人曰傾注之秘。謂心傾向如金注之堅也忖懷思忖憶懷馳神思慕之切神亦奔馳于彼叙朋友久不相見曰

聚首無由馳神實切掛牽懸念縈繫有事係戀于心懸懸思慕之切眷戀思戀不忍捨也惓惓不舍之意又曰卷卷拳拳戀戀思忖思念忖度思量思念思慕思念係戀思憶思念記憶積思舊懷夢思夢寐中思念人退思違念渴想思想之切如渴思飲細想細繹反復而思遐想遠念注想注目而想罣念懸念懸念思念之切沉吟深思之意也。事有所俠曰故且沉吟眷注意有所主也懸渴懸思人欲見之切也。藝文云千里懸渴牽念謝人念及日象書命縈牽有事縈繫牽掛于心也夢想言念思念人也。藝文云夢想言念何日有遠寸陰若歲隋文帝爲韓擒虎曰相思之甚寸陰若歲思子爲勞懷人也。出選子建惟日爲

歲懷人之切日如年之。出李膺書如饑如渴出曹植書。謂懷人之切如饑之思食渴之思飲也心如懸旌懷人也。選饑渴未副未愜快也。曹丕書思心成結傾向也。出後秦嘉書。謂思慕傾向之心欝結不解也夢中相尋六國張敏與高惠爲友每相思不能得見于夢中往尋之行至半途迷不知路緬然長思遠念也。出家語五儀解馳遙思於千里懷思之切也。出宋謝惠連書不可窮之於筆懷思之切也。木華神一夕而九升懷思之切也。出安仁寡婦賦渴心生塵謂懷歸之切也。韻府云轆轤無絕井百尺渴心歸云生塵埃心路咫尺懷人也地遠心近之謂也。出任昉代人書髣髴平素懷舊也。鄙吝復

萌渴欲見人也。黃憲書饑渴歷時久懷人也。杜微語鞅鞅志不滿也。韓信傳曰居常鞅鞅惆悵失志望恨也悒怏情不滿足也悶不安也憂抑鬱意不泄也傍徨驚顧不寧之貌忐忑怯惧徨也悵惘失志望恨怊悵自失之貌惘然失志貌憮然自失貌徨徨如有求而不得之意欝欝積而不舒悒悒心不安貌怏怏憂悶不樂耿耿心有所存不能忘之意悢悢悲也眷也依依眷戀不舍也徘徊傍徨不進之貌惝惘失意貌於邑短氣貌何由假翼自致恨不能往也。許靖語潛恨久之恨然也。出任昉代人書恨恨無已眷懷也。陳蕃書恨不

脅飛恨不飛往思何可支懷人也曹植書。腷臆意不泄也
引領引仰也領頸也謂伸頸而望也顒望注目而望延頸伸頸而望延結
延望之心轉結不解企望舉足聳肩而望翹跂仰頭舉足而望延跱延頸
跱立而望凝望定睛而望瞻望仰望盼望顧望彌望弥瀰也望之瀰
眼也竦望竦肩舉足而望也韓王信士卒皆山東人竦而望歸企心東
望俟久也張奐語。延望景晏俟久也李南語。
煩惱事物撓心不快憂愁悲慮忡忡憂也怲怲憂也惙惙憂也宿
憂舊憂焦心腐腸憂愁極也馮衍語。愀然疚懷憂愁極也。任
昉語憂心如酲憂悶也出詩經。憂心如熏憂甚也出詩經。

體躁心煩煩躁也蔡邕語。臨飧忘食憂之甚也出陸抗書。
繁憂總集憂悶也。出周王褒書懣然如焚憂憤也。孫撫語。
憤音糞怒也心骨沸熱躁憤也。刘禹錫語悽慘悲痛愁恨悽愴
心痛悲傷恓惶煩惱之貌慘怛慘愁恨也痛也怛悼也元紀云慘怛于心
慘慘火樂愁恨不楽惻怛惻悲痛也元紀曰惻怛不安鬱悼鬱不
通意悼悲傷也顰蹙皺眉也愁之状也憂苦
嗟嘆嗟痛惜也嘆也嘆太息也歎息俗云嘆氣也一呼一吸為息太息太声
嘆曰太息言人慨嘆則息大而長故云長大息後人作太息誤咨嗟咨嘆声也嗟痛
惜也欷歔嘆息之声嗚呼嘆辞於戲嘆辞噫嘻嘆声吁嘆声拒

胱謂抗手胱而嘆也撫髀撫手拍也股外曰髖髖上曰髀以手拍髀而嘆也
仰屋竊歎憤歎也漢書語。生不草晚歎生不辰曰某生不早晚
。出書集韓愈
汗簡呼人書簡曰汗簡。吳祐語。註云削竹為板曰簡古未有紙以竹板用火炙令汗
出取易書復不蠹謂之汗簡又曰青簡又曰汗青竿牘自称書簡曰竿牘。註云
竿竹簡也牘木板也古未有紙或削竹簡或削木板以書故曰竿牘今人以紙代書亦曰
簡尺牘古制書簡長一尺故曰尺牘又曰尺書尺素書簡曰尺素又曰素
書又曰魚書。古樂府云客從遠方來遺我双鯉魚呼童烹鯉魚中有尺素書云云榮
示呼人書簡云榮示。出李義山書手示呼人書簡也。出退之書手命

呼人書簡也。選吳質良訊呼人書簡也。陸机詩云良訊代要金。註云訊戒
也謂與朋友相戒以善也嘉訊呼人書簡也。出陶弘景書。華翰称人書簡
曰華翰。称書為簡者以羽翰為筆以書故称華翰台札称人書簡曰台札手
札称人書簡曰過象手札寵須啓劄文言而詳曰啓尺牘無封指事而陳之曰
劄牋脩諸侯之間伸容閫之儀曰牋折簡邀朋友之書也遺札遺書也。
相如來陳來論曰來陳。陶侃還示称人答書曰還示。李翱書手答
称人答書曰手答又曰手翰。陶侃為廣州刺史書翰皆手答德音道德之音謂人
之書札也。文選云復惠德音徽音美音信也。文選云長絶子徽音音塵
即音信也。文選云美人邁兮音塵絶音耗音信也。古樂府云近來音耗絶終

日望君門消息音信消耗音倩也又日信息音問音信也萬金稱人家書曰萬金家書○杜詩謂烽火連三月家書抵萬金幽緘所寄封書也唐詩云幽緘倘相傳雙魚寄書也唐詩云双魚急早傳寓書寄與人書曰寓書○般侑語家報自稱家書短札小簡也木板之薄小者與人書自稱曰僃貫短札來札稱人來書空函晉桓溫辨以毀浩為尚書令浩欣然答書恐有謬誤開閉者數十次竟達空函大怍溫由是遂絕矣寄聲朋友通音問曰寄声手跡漢馬融與竇尚書曰孟陵奴來賜書見手跡歡喜平安奉人書曰僃寄平安之問○杜甫遇安祿山之乱不得骨肉消息作詩嘆曰可憐懷抱向人盡謂問平安無使來緘愁緘封也寄書封愁也緘愁寄書言相思之苦也鯉素即尺

素損書惠書曰損書○出選十三報書稱人回書曰報書○出李翺書咫尺之書八寸曰咫言簡牘或長咫或長尺也○出會稽典錄孔融書貽書得人書曰得所貽書○比史許靖鴈書書簡曰鴈書又曰鴈素又曰鴈帛○漢使詐匈奴曰天子射上林得雁繫帛書言蘇武在其澤中匈奴驚曰武等実在鴈便雁之大者曰鴻鴻能傳書故因其便而附及之又曰羽便○喻人便也飛奴張九齡家養鴿每與親知書繫鴿足上飛往投之故名鴿為飛奴傳遞傳書遞東稍帶為人順帶書信稍寄為人帶書附書寄書也黃犬音陸机仕洛家絕音書机為書以竹筒盛之繫所愛之犬名黃耳之頸犬出馳路直至机家投其書机家亦答書繫犬頸犬馳还洛後犬死机不忍棄遣回家葬之呼為黃耳塚致書郵

晋殷洪喬投人所寄書于水曰沉者自沉浮者自浮殷洪喬不能為人作致書郵曠眷後面得書之喜也○出子建書曠眷發緣視人書也○寶融書執論欣然得人書喜也○出皇甫士安書用祛塵惑蒙人諭語也○出梁王僧孺書如對面談房玄齡為唐太宗具書高祖曰君人机識実宜委任每為吾兒陳事千里外如对面談啓函莊誦開書讀也捐辱嘉命謂人退書也還楊脩三加存問識人三致問侯也裁書叙心作書也○魏文聊布往懷作書也○出岳希範書遣書通心作書也○孔融與韋休甫書時傳尺素頻作書也周弘讓書○筆疏可以當面書比相見也○出蔡邕書清言溢目覧其書也○陸景書寶

録收藏其書也○吳陸景書永為笥篋之光收藏人書也○孔融書近屢奉箋累奉書也○繁欽再奉示問又得書也○還之書拜命之辱謝人簡也○出左傳復獲鄙書再得通中書也○出張奐書列於別紙別幅載事也○吳周魴書玉音不嗣久不得書也○周弘讓書嗣音阻濶久不得書也○出簡文書不得新命近不收書也○出陸景與兄書不蒙一字之況貴其無書也應休璉書寂無音驛久不得書也○馬援書不得的耗謂不得的確之音信也幸望慰示望人報答也○應休璉書未蒙裁下言人未答書也○李習之速賜秘報謂速寄示及○吳周魴言不宜心書不尽意也言不

不自宜書不尽意也。任昉書 意不宜展書不尽意也。應休璉書 不能宜備書不尽意也。楊脩書 金玉爾音喩貴重音書。言毋金玉爾音。詩 八行之工。能書人也。李商隱 遠辱還答謝人回書 猥惠書教謝人賜書 叙腹心之願叙懐也 臨啓慙悳作書簡愧也。任昉書 ○臨書恨然作書簡愧也。○趙景真書 其再稽首書式也。劉禹錫書 ○再拜言書式也。司馬遷 離席再拜婦與夫書式 ○觀縷詳言有次序也。無惜觀縷見報 丹款叙誠懇也。江淹語 報決稟而決事也 備陳偹細布也又曰備道又曰告其事備述又曰具述 徑啓直意言事 拜覆子奉父書曰拜啓 上覆與平交書曰上覆 手

奏通候副啓曰手奏又曰副言 伴柬遣通候人并送物曰書伴柬也又曰某物偹緘 電矚投献望采覧曰幸電矚又曰電覧又曰收目又曰賜覧○晋王戎視日不眩戎目爛爛如岩下電

五福○一曰寿人有寿然後能享諸福故寿先之二曰富謂有稟禄也○三曰康寧謂無患難也○四曰攸好徳謂楽其道也○五曰考終命謂順受其正也 洪福洪ハ大也 景福景ハ大也 介福介ハ大也 遐福遐ハ遠也之福 享福受享其福 禔福禔ハ安也相如傳曰中外禔福也 靈祉祉ハ福也正不移也 繁禧禧ハ福也所繁多也 鴻禧鴻ハ大也謂天之福也 純嘏嘏ハ福也 篤祜篤ハ厚也祜ハ福也詩云受天之祜 儲祉言預積祉福也○相如傳曰上帝垂恩儲祉 末膺萬福

膺ハ猶享也 福禄駢臻駢ハ並也臻ハ至也福禄相並而至也 春祺祺ハ福也礼楽志曰春之祺 函蒙祉福礼楽志曰函蒙祉福常若期○註言為神所饗故能包函蒙被祉福應誠而至有常期也

年紀人之年数也 壽筭筭ハ数也 壽基徳者寿之基 艾五十歳也杖于家 耆六十歳下寿也杖于卿 古稀七十歳也亦曰耆杜甫詩云人生七十古来稀 耋八十歳中寿也杖于朝○耋ハ鉄也老人皮膚変黒色如鉄也 耄九十歳也 期頤百歳上寿也 鶴筭称人寿也寉千年投于偃蓋之松寉之寿長故云寉筭 亀齢称人寿也亀千年遊于荷葉之上亀之寿長故曰亀齢 黄耇九十歳也黄者老人髪白再黄耇者老人面凍梨之色 鮐背九十歳也言老人皮

膚消瘠背如鮐魚也 眉寿九十歳也人寿則眉長 鯢齒九十歳也老人歯落再生細歯也 松寿称人寿也又曰喬年 脩齢称人長寿也脩ハ長也 遐齢遐ハ遠也長寿也 檀弓 老六十曰老甲子一周血気已衰故云老 二毛年老髪半黒半白也檀弓古者侵伐不獲二毛 華顛白頭也又曰華首崔駰皓首 鳩杖漢時民年七十者授之以杖杖頭飾以鳩鳩ハ不噎之鳥欲老人不噎也 頒白年老髪半黒半白也 星星白髪也 皤如皤ハ白也白色也○矍鑠称老人軽健貌 三老五更三老ハ老人知天地人之事者五更ハ老人知五行更代之事者名象三辰五星也又謂知三徳五事者也漢孝明皇帝行養老礼以李躬為三老桓栄為五更師古曰選三公老者為三老大夫為五更従之求善言可施行也

頽齡 頽墜下也。言老年衰敗也。潦倒 老也。龍鍾 年老行動不便曰龍鍾。龍鍾竹名。言年老之人如竹枝葉摧落不自矜持也。又曰龍老則蟠環而不能奮飛曰龍鍾。衰朽 老人自謙言衰老如木之朽朽也。又曰朽人。邁齒 老人自謙也。又曰衰齒。又曰窮年。又曰末年。暮齡 齡年齒也。老人自謙言人生至老如日之晚故曰暮齡。又曰暮年。又曰晚年。老人自謙也。晚節 猶末年也。鄒陽傳曰晚節末路。偺偺 老而健忘。歪癃 人老癃瘦曰歪癃。年力頹侵 漸老也。耄末之年 老人自謙。容貌改前 婦人老也。犬馬齒 自言老也。鷄皮鶴髮 老人之狀。桑榆暮景 日晋西景在木端不久而喻如人年老不久而亡也。顛毛種種 頭頂曰顛。種種髮短白也。言人年老髮已種種然短也。賤與老相守 自言老而不遇也。倚老邁老 恃老而傲物也。愒陰 謂年老也。棊文云吾已愒陰。愒與憩同息也。老悖 言人老耄而悖乱也。陳人 老人自謙言老而無道義為陳腐之人也。

分析 析分也謂分家也。析煙 分煙各居。生分 謂父母在兄弟不同財産曰生分。地理志曰薄恩礼好生分。分異 分財各居。另居 分家各居。分爨 分家各自炊爨。分甘 王羲之抱孫一味之甘割而分之。均分 慶人分財曰陸賈均分。漢高帝遣陸賈封南海尉趙佗為南越王。佗送賈橐中裝千金。賈歸分五男越橐各二百金令為生。瓜分 如切瓜各分之。烹分 如烹煮其肉而分之。荒頓 薛包與兄弟分財田廬取其荒頓奴婢取其老者。分門割戶 分門各居割戶另籍。

絶甘 自絶甘與衆人分之共同多少。司馬遷傳曰與士大夫絶甘分少。分撥 分開撥與。品搭 高低品搭。兼搭 兼肥搭瘦。均匀 不多不少。均平 均匀也。又曰均一。又曰適均。裒多益寡 裒聚也。取也。益增益也。寡少也。出易經。紫荊花茂 美兄弟也。昔田真田廣田慶兄弟欲分財堂前紫荊花茂盛夜議斫分為三株曉即憔悴真嘆曰樹本無知聞分斫尚如此人何不如也兄弟由是不分荊花復茂。析而不殊 析分也。殊絶也。武五子傳曰骨肉之親析而不殊。九世同居 唐張公藝九世同居高宗幸其居問本末公藝書忍字百餘以對。拈鬮 手取曰拈。義門 五代南唐九江陳氏族七百口內外和睦並未析煙有犬百餘同牢而食一犬不至諸犬為之不食世號義門。牢飼犬槽也。分鬮 分産閱書。截長補短 那東掩西 尺布斗粟 兄弟不相容者引用。前漢文帝弟淮南厲王不遵法度徙蜀不食而死民歌曰一尺布尚可縫一斗粟尚可舂兄弟二人不相容。

相似 似類也象也。相肖 肖似也。相若 一般也。厮像 肖似也。酷類 類似也相似之極曰酷類。髣髴 似有似無貌亦作方佛彷彿。依稀 髣髴也亦作優俙。一樣 一般也。雷同 同也雷之発声物無不同時而應故同曰雷同。將無同 蓋言同也。晋阮瞻有令望太尉王衍見而問之曰老莊與聖教同異瞻曰將無同衍善其言辟為掾人號三語掾。掾音院公府吏也。整齊 脗合 凡事相同者曰脗合。口唇邊曰脗。脗與吻同。合口曰脗。齊截 齊如鍘截。相

符相合也　合式與式樣合也又曰合格　中節合當然之節度　停當不輕重也正中　相應相當也　相宜相當也　厮稱相稱也　折衷不重謂之折衷言極停儲曰最為折衷

切要切實緊要　剴切剴開凱一音切也　肫切肫誠懇貌切懇到也　真切真誠懇到　處事之要董子曰正其誼不謀其利明其道不計其功是為處事之要　接物之要已所不欲勿施于人行有不得反求諸已　修身之要言忠信行篤敬懲忿室慾遷善改過是也　修身三要仁明武　治國之要官人信賞必罰是也　要害險阻之處在我為要在彼為害　萬機萬端執要之事　要領要衣要也領衣領也凡持衣者必持要與領也。張騫傳曰不能得

月氏要領。言騫不能得月氏意趣無以持歸于漢故以要領為喩　靡財靡散也。揚王孫傳曰靡財單幣　靡費散財用也　傾貲不散其貲財也　濫費好施用也　泥沙阿房宮賦曰用之如泥沙　緣手盡謂隨手用盡也。樓護傳曰所得亦緣手盡　所費不訾不訾無限也言所費之多無限量可以比之也　隨手消盡好施用也。出姜維論　儻費貨房錢也　失角之耗微損也　財用之蠹左傳。註云損財用如魚之害物也　三費子夏過曾子。曾子曰入食。子夏曰不為公費乎。曾子曰君子有三費飲食不在其中少而學老而忘一費也事君有功而輕負之二費也久交而中絕之三費也　冗費冗事多也

假借假亦借也　貰貸貰賒也貸假與也。食貨志曰貰貸賈貨　典錢以物抵錢質執也

典質質當也　假貸借債　宿債舊債　處置借辦錢鈔又曰措處措置　措辦借辦錢鈔　毋錢債本　利息俗云利錢　子錢利息也　責家俗云債主　廣放多放私債　滾軸以私債滾軸人田產　准折以私債准折人田產子女　揭借借錢曰揭借　逋貸逋亡也久負逃匿在外及借錢不還者告謂之逋　匿賴侵匿負賴　誆賴誆騙負賴　數負其課屢欠租課　子錢家放債之家

徵索取錢也　取討取債　求假不稱取債不與也。曹洪語　折券　棄責高紀云嘗折券弃責。註云古者無紙削竹簡木板為契券既不徵索故折毀之弃其所負　宜早訖竟催人早了絕事。梁商　倍稱之息取債二也

竣事終事也。國語曰已事而竣　竟事終事也　塞責胡亂了事曰塞責謂止塞罪責也　業已事已為而成曰業已。史記曰業已為之也　賠償還錢　更之更償也。平準書云悉巴蜀之費不足以更之　更費地理志曰不足以更費。更償也。言不足以償功直也　倍償加倍還錢　抵償以物抵還也　代償替人還錢

完訖訖止也謂事已完也　完畢　了畢　歸着　了決　着落　了落　下落　定奪以上並完事也　盤算　找絕　扣除　稗補　補湊　交割交付也　勾銷勾帳銷繳

判斷判分也剖也斷判絕也　武斷食貨志曰兼并豪黨之徒以武斷于鄉曲謂恃

其富豪則推行威罰也
決斷 決判絶也
決裂 判絶也
果斷 果敢判斷
剖斷 分剖決斷
斧斷 称上人判斷
憲斷 上司斷也
鈞裁 称上人裁決事也又日上裁
處分 區處分別也又處制也分所賞然也
區處 分別處置
講解 。項籍傳曰業已講解謂已講明和解矣
調停 和解兩全
息爭 和息兩爭
區別 區處分別
議擬 議計議擬定也
精覈 考事得實曰覈谷永傳曰論事極精覈
勸諭 勸勉曉諭
排難解紛 排脫人之患難解釋人之紛
裂然高斷 称人決斷也
剖決如流 称人剖判決斷務流水之無滯碍也
案驗 考實其事務也
處決 處置決斷
沮勸 左傳註云止人為惡而勉人為善也
杜絶 杜塞也絶止息也
杜患 謂預先杜塞其後患也

繆判 陸餘慶為洛州長史善論事而繆于判決人嘲之曰說事則喙長三尺判事則手重五介。喙音誨嘴也
摸稜 處事兩可曰摸稜唐蘇味道為相謂人曰決事不欲明白悞則有悔摸稜持兩端可也世號摸稜手
首鼠兩端 鼠性多疑行則一前一却出穴多所畏故持兩端者謂之首鼠兩端
三不開 五代時馬胤孫臨事不決號三不開謂不開口議論不開印行事不開門延士大夫
躊躇 不決也
依違 不決也又曰嬚婉
繞指柔 驗乏剛斷者曰繞指柔〇文選云何意百鍊剛化作繞指柔繞指柔可盤曲也
疑留不斷 多疑不斷也
猜疑 猜測度也疑惑而不定也
狐疑 狐性多疑每渡氷河且聽且渡故多疑者称狐疑
蓄疑 蓄積也書曰蓄疑敗謀
嫌疑 嫌者無分別疑者相似也
猶豫 猶獸名似鹿善登木性多疑聞有声即豫先登木久之無人乃下須臾又上如此不一故不決者称猶豫
疑似 疑似不可辨
測度 測猜也度量度料而擬之也
臆度 量度也
慤定 料定
巨測 巨不可也不可測度也
不虞 虞度也猶云不料也
不匡 猶不料也
不圖 不想也
揣度 揣量度于心也又揣摩也度忖度也
窺測 窺秘視也測測度猜料也
疑訝 訝疑怪也
猗違 不決事之言即依違也律歷志云猗違者連歲
遲疑 多惑也
狐鼠進退 疑前疑後
逆料 預料先見也又曰逆覩
詎料 詎豈也不知之詞也又云孰料又云誰料又云豈料
想是流妄 疑其非實也〇出孫策書
耦俱無猜 而無疑也
需事之賊也 論疑之害也〇出左傳

私臆處 妄斷事也
驚駭 驚馬駭也駭驚起也
驚懼 懼驚而遽視也
錯愕 驚遽貌
駭愕 驚遽也
恐懼 驚怕也
惶恐 憂惶恐懼
主臣 惶恐之辭也
聳懼 聳驚也
悚慄 悚恐懼也慄恐謹不息又竦縮也
股戰 恐懼而足震慄也
悚息 悚恐動也息喘息局縮也息出入氣也
屏營 恐懼不安
累息 懼而喘息也前漢班倢伃賦云每寤寐而累息兮
惕息 惕憂懼也息喘息也
脅息 脅歛也屏氣而息也嚴延年傳曰豪彊脅息
累氣 恐懼
怵惕 恐懼驚動貌
股栗 言懼之甚故股戰栗也杜周傳曰骨肉親屬莫不股栗
汗栗 恐懼
股弁 恐懼
夢怕 怕恐懼也坡詩云憂患已空猶夢怕
戰栗 恐懼貌
悖怖 悖心

勈也怖惶懼也震怖恐懼貌恇懼恐懼貌怔忪恐懼貌悽懍恐懼貌踧踖踧曲身也踖累足也畏怖也悚讋恐懼也重足累足其足恐懼之甚不敢寛縱也汲黯傳曰天下重足而立狼顧狼性怯走喜還顧貨志曰民且狼顧言民恐也懍懍懍危懼也虩虩驚懼恐懼不安貌一曰蠅虎常多懼故取象焉憚惶懼貌忌憚忌畏忌憚畏難也人色李廣傳曰吏士無人色言懼之甚也反目謂深懼之也袁固傳云公孫弘亦徽反目而事固以榮為憂羊叔子語戰戰兢兢兢畏也戰戰恐懼兢兢戒謹無日不惕長憂懼也出左傳五內震駭恐懼也出逆十二背芒增刺恐懼不安曰芒刺在背芒刺草端也若草端刺其背

而不安也增刺者慎之甚也鹿撞心頭畏心不寧曰心頭鹿撞梁武帝相貌威嚴侯景入見出曰為帝逼因于斯見之汗濕衣襟若小鹿見之觸吾心不寒而栗楊惲傳曰衆毀所歸不寒而栗心震面熱驚怪甚也吳諸凌語魂氣未反驚甚也蔡策語不絕如髮微也武孝語不死如髮髮竪也後驚語魂褫氣懾恐懼也出吳都賦褫奪也猶奪其魂也也懾怖也心如炎灼恐懼而心如火燒也出魏武讓九錫表言疫氣也同百舌膽若鼷鼠百舌鳥之多聲者比其利人利口而膽小也鼷鼠無膽比其畏縮言也炙冰作火馬援語汗而仰視恐懼甚也杜牧畏首畏尾恐懼曰畏首畏尾左傳曰畏首畏尾身其餘幾

一身既畏其首又畏其尾則身中不畏者所餘幾有何震讋震動讋失氣也張湯傳曰群臣震讋慚悚慚愧也不直失節曰慚悚懼也羞惡羞恥己之不善也惡者憎人之不善憎惡憎嫌惡怪也慙恧慙愧也恥也恧慙貌心愧曰恧愧怍愧與媿同慙也怍亦慙也赧顏慚而面紅汗顏慚而面紅流汗厚顏慚愧也顏甲謂顏加甲之厚也忸怩慙色醜赧慚色赧然汗下慚悚也刘禹錫語內負外愧慚悚也叔夜語謝豹得罪人云負含謝豹之羞蓋謝豹人也抱恥而死化為虫見人時以前脚交覆其首如羞狀也五情愧赧大愧也曾相語慚懅而退懅懼也後漢書曰王閎慚懅而退金錢之愧

漢孝文帝時張武受賂金錢覺帝以御府金錢賜之以愧其心几杖之辱漢吳王不朝文帝賜以几杖以辱之謂其老而不能朝故賜几杖有深愧之色愧色也追用慚息慚已為而愧也出左思魏都賦如恥面黥大愧也沈亞之語黥墨刑也謂刻其額墨實其中曰黥恨無穴可入大慚也李翱語如鞭笞官割之在躬大愧也齊語躬身也蹶然驚起之貌陸賈傳曰佗乃蹶然起坐淫奔婦人私逃與人私奔男女苟合又曰私奔苟合不正之合淫亂淫奔男女通姦淫姦淫淫亂淫濫婦人淫奔汙濫通室謂二人易妻也內亂晉郤勝與鄔臧通室祁盈將執之出左傳易內謂交易其妻也左傳曰飲酒

易汚 玷汚 玷瑕玷玉病也汚穢汚臭悪不堪也男女失節者如玉之有瑕玷身之染汚
臭穢也 汚辱 玷汚恥辱 汚蠛 汚血塗染也文三王傳曰汚蠛寐寥 汚行
無節 人有穢行 濫而不父 左傳曰其為君也濫而不父謂蔡侯為太子殺
之妻也 辱先喪家 玷辱先世敗家世也 垢身 自犯辱之人也○楊
倫語 遺臭 晉惡名也晉桓溫曰男子不能流芳百世亦當遺臭萬年 隤其家
聲 隤墜下也司馬遷傳曰李陵生隤其家声言陵家世為將有名声陵降而隤之也
蔑祖辱親 辱敗家世也○出選二十 黜世塵家 辱敗家世也○沈休
文語 有損事望 事有玷也○第五倫語 自黜 處汚也言自汚也司馬遷
傳曰適足以発矣而自黜耳 騫汚 騫損也汚辱也蠱錯傳曰広騫汚之名 帷

簿不脩 坐穢汚淫乱男女無別者也○簾簾也卿大夫以帷士以簾自蔽也 革
汙印數 玷士大夫也○數印綬也○陳遵語
讒間 誹謗離間之言 毀謗 称人之悪而損其真也 讒譖 卒言毀讒人也讒人
曰讒者譖也譖之譖物切至也 誹謗 称人之悪 蜚語 飛揚誹謗之語無根
而至也 媒蘖 媒蘖謗也李陵傳曰媒蘖其短媒酒釀也蘖麹也謂因小過而釀成大
罪也 萋斐 小文貌喩毀讒也詩云萋兮斐兮成是貝錦 流言 無根之言如水
之流自彼至此謂浸然傳譏其言也 醜詆 悪言毀辱也劉向傳曰巧文醜詆 詆
娸 詆毀也娸醜也枚乘傳云自詆娸其文 謗讟 怨謗也 蔽賢 毀謗沮塞
之謂又曰塞賢○吳王傳曰蔽忠塞賢○沮音阻 詆挫 詆毀也挫折挫蓋寬饒傳

日為文吏所詆挫 訾讆 毀訾賢者之謂訾雅譽不肖之謂讆 漂說 無根之言
黜灼 毀謗也 積毀 多謗也鄒陽傳曰衆口鑠金積毀銷骨 短惡 讒毀
之也陳平傳曰人有短悪喑者 愛讒 聽信讒言 快讒 聽讒逐人 負俗 謂被
俗訕論也武紀云士或有負俗之累而立功名 衢謡 徒歌曰謡路四通為衢謂道路
謡言也 官謗 當官不罷守其職則謗讟繁興故云官謗 獲讟 被謗也 訾
毀 毀謗也以言相毀曰訾○地理志曰好訾毀 譏誚 訕非議誚責也 投杼
信讒也甘茂過秦王曰昔者曾參處鄭人有與曾參同姓名者殺人人告其母曰曾參
殺人其母織自若也及人告之者三其母投杼踰墻而走投擲也杼梭也 離間 其交
言以離間之也 黜撥 訕笑也 嗤詆 嗤笑也詆毀也 訕上 毀謗上人 造

作蜚條 造讒也○呂驗語○蜚條飛書也 造作端末 造言興事○馮
衍語 反間 謂反其言以讒間之也漢王使陳平縱反間于楚楚使至平為太牢具奉
進楚使平佯驚曰吾以為亞父使乃項王使復持去以悪草具進楚使使歸告項王王果大
疑亞父 蔽障於讒 謂遭讒言蔽塞阻障不得見用也○出楚詞 毋信
受焉 聽讒也劉長語○ 青蠅不能穢垂棘 讒言不足畏也○垂
棘地名出晉璧玉也 隔以浮言 被讒也胥之語○ 貝錦成章
讒言也貝水中介虫有文采似錦以比讒人者因小過而飾成大罪也○北魏牧語 被
門庭之謗 家事被謗也○陸遜語 被闇昧之謗 家事被謗也○
出會稽典録謝淵 誣言飛入清聽 誣毀也○沈下賢語 飛流短

長讒毀也。沈下賢語 數見謗逮屢被謗也。出伯嗜傳。逮及也 不仁人間之被人讒間也。出左傳 盛言其枉狀辯說人之誣枉也。後彭寵語。其被讒人之名也 浮石沉木陸賈新語曰衆口所毀浮石沉木 下石彎弓揚億爲執政者所忌言事者攻之不已億謝啓曰已擠溝壑猶下石而未休方困蒺藜尚彎弓而未已 鑠金銷骨毀謗也。衆口鑠金積毀銷骨 青蠅變色讒言也。魏收語 熱官訕人附炎進官也 姍笑謗而笑也 齎吻拭舌造讒也。呂強語。齎油也 漏洩不秘其事 語洩左傳曰蓋言語漏洩則職女之由 彰揚事顯揚于外也 顯著明知也 沸搖謂人之議論如湯之沸滾而動搖也 敗露事漏洩也

出現顯露也 呈露出現也 物議衆人之議論也 訐揚訐攻發人之陰秘也。許后傳曰訐揚幽暗之過 流聞傳聞也 彰聞彰揚聞知也 週知人人知也 迹見踪跡顯見也。食貨志曰謀反迹見 贊覺聽視不清覺然也 衆口嗷嗷衆愁愁声 議論風生風生言議論速急不可當 物論囂然物論衆論也。囂喧騰之意 言人人殊人言不同也。曹參傳曰諸儒以百數言人人殊 臚言四馳人傳播其言也。播揚也 街談巷議褒論也。 隨風而靡逐衆議毀也。揚惲傳曰雖雅知惲者亦隨風而靡。惲音慍。靡散也 議論滋多謂議論愈多也 衆讙衆議也。許后傳曰以息衆讙 表暴顯言人之過惡也

癖性言人性有偏好如人之病。癖不疾癖瘕癖腹病也 詩癖梁簡文帝自序云七歲有詩癖長而不倦 愛士癖唐楊敬之愛士得其文章孜孜訊玩人以爲愛士癖 逐臭呂氏春秋曰人有大臭者其兄弟無與居自苦而居海上人有悅其臭者晝夜相隨不去喩人之共與小人爲伍也 乖僻言人性乖戾偏側 頗僻言人性偏頗邪僻 習俗下所習曰俗。俗之言續也。謂傳相習也 習貫賈誼傳曰少成若天性習貫如自然 漸染染浸也。謂相染也 浸漬浸漸也。漬染也。謂相染也 漸靡漸浸也。靡相隨也。謂相染也 同調山谷詩曰蓮生汚泥中不與泥同調。言蓮質潔白不爲汚泥相染。喩君子不爲小人化爲惡也 安服習性言人習久成性也 蒸性染身所習也。 附朱者丹相染之譬也 同流

合汙同乎流下之俗。合乎汙濁之世 隨波逐流喩隨俗也 目鼻並列君子小人同處也 玉石俱焚不分君子小人也 與衆草伍隨波逐流曰與衆草伍。孔子反魯谷中見蘭嘆曰夫蘭當爲王者香今與衆草伍乃援琴作猗蘭操 蘭芷蕭艾士節改化也。蘭芷香草比君子。蕭艾賤草比小人。君子不幸遭小人化之爲惡亦猶蘭芷變爲蕭艾也。楚詞云蘭芷變而不芳兮眞爲此蕭艾也 雲龍井蛙 沉泥干霄 翔泳異勢並貴賤異勢也。註云雲龍喩貴井蛙喩賤也沉泥喩賤也近天之氣爲霄喩貴也鳥高飛曰翔喩貴水底行曰泳喩賤也 堯桀堯聖帝也。桀昏君也 駑驥駑鈍馬也。驥良馬也 曾跖曾子大賢也。柳盜跖強盜也 鸞梟鸞鳳屬。梟食母惡鳥也 龍蚓蚓蚯

蚵||也　薰蕕　薰香草也蕕臭草也以上堯唐集起至薰蕕皆美惡並列也　芝焚　明皇曰芝焚而蕙嘆松茂而栢悦美惡之譬也○　神芝腐菌　芝灵芝也菌地蕈也

罪過

罪過　罪戾過失　過愆　愆過也　口過　以言語得罪人　獲罪　得罪于人　無狀　言人罪惡重大無可寄言也　語言薄罪　因失言得罪于人也○蕭望之　醉飽過差　因酒食有失得罪于人也　口業深重　口業口過也大集經云佛有二十四種惡口之業　酒失　因酒醉有失得罪于人　深瑕潛釁　罪惡也曹植語○　敢逃刑書　不辭罪也○　罪當萬坐　自譲罪斥也　罪戾山積　大罪也　罪惡如山　大罪也吉頊語○　莫大

之釁　大罪也出選十九○　其之罪上通於天　大罪也蘇武語○　伏罪　謂舊罪陰伏未発者也漢元后傳曰莽告長伏罪　蓋愆　掩人之過也　彌縫　補綴其缺漏喻掩人之過也　彌覆之　掩人之過也　文過　自飾其過也○論語曰小人之過也必文　飾非　自飾其非也○史曰商紂智足以拒諫言足以飾非　攟飾　撮東補西之類　嘛說　以是云非　不女　瑕疵　不以爲過言不責其過也　障塞前過　杜周傳曰欽障塞前過　蓋失數美　蓋衆其過失數言其休美猶隱惡揚善也左傳曰其蓋失數美是譖誣也　宥其罪戾　左傳註云小國有罪戾則寬宥之　赦其過失　左傳註云有過誤則赦之

忌諱　諱隱諱隱諱之事最忌人言　避諱　入其国随其俗入其家避其諱　言徵不言在　避諱也孔子之母名徵在言在不言徵言徵不言在○記曰二名不偏諱　社鼷不灌　事有所碍也鼷似鼠而大社有鼠而不以水灌者恐壊社也○出漢中山王傳　屋鼠不熏　事有所碍也薰以火灼之也屋有鼠而不薰者恐及屋也○出韓詩外傳　稷蜂不攻　事有所碍也稷穀神之廟也稷有蜂而不以火攻之者恐壊稷也○出韓詩外傳　投鼠忌器　事有所碍也賈誼策云諺云欲投鼠而忌器鼠近于器尚憚而不投況貴臣之近主乎○投擊也　避碍　荀子曰水避碍則通于海君子避碍則通于理　嘮叨　言語太多　咭聒　言語多耳边不安静　瑣諄　言語多也　諄語　諄語言瑣

諄也責讓也秦時父借耰鉏慮有德色毋取箕箒立而諄語　凌諄　好爲凌辱責罵人也　面叱　當面呵叱人也　譖白　面白人是非也　絮絮叨叨　言語太多　挺撞　以言語觸犯人　啎　音捉以言語挺撞人　呵叱　呵責也叱面白人是非也　吆呼　吆声也呼喚也　喝　喝呵也怒声也　咄　呵也　誒　可惡不足之声　唉　有所失之声也　哇　喝也　吱吱嗜嗜　吱吱声嘮叨也　噀噃　以涎噀吐人面　呸　噀噃声　啐　碎翠二音噀噃声

類書纂要卷之十一

類書纂要巻之十二

人事部四

罵詈 正作曰罵、旁及曰詈。 唾罵 唾罵人、呪詛也。 詬罵 怒而大罵。
狗彘之勇 罵人争飲食也。 行若狗彘 罵人行不端也。賈誼傳。
人頭畜鳴 罵人失言也。太史公語。 癩鬼所着 罵人狂也。北房陵王勇語。
猪狗不食其餘 罵人賤悪也。出前元后傳。〇
效顰學歩 罵人不自量也。強李人曰效顰。顰ハ蹙也。西施ハ越国之美女。常病心、捧心蹙眉于其里、而愈美。里之醜婦亦效之而愈醜。李無成曰、未得邯鄲之歩。荘子曰、壽陵餘子李行于邯鄲、未得国能、又失其故歩矣。〇国能ハ邯鄲所行之歩也。
如偶人形 罵人如春杵也。馬援語。

晩紾 罵人晩年差謬也。魏元忠語。 括囊守禄 罵庸吏也。〇崔寔語。〇官之抱名曰吏。
蘭形棘心 罵婦人心悪也。出飆性曉女典篇。〇
嚌咏 罵言相雜。 淄牙 詬人嘲我。 雜嗽 杭州人以罵爲雜嗽。〇出西湖一覧。
媟黷 〇媟ハ狎也。黷ハ垢濁也。亦作褻。枚乗傳曰、媟黷貴幸。 簡褻 簡畧褻慢。 簡慢 簡畧輕慢。
怠慢 嬾怠輕慢。 狎侮 戲狎欺侮人也。 侮弄 欺侮作弄人也。
易與 猶易處也。〇龍沮云、吾平生知韓信爲人易與耳。 疏慢 疏畧怠慢。
無復人理 謂不以理待人也。 藐視 輕視人也。 輕覷 輕視人也。 慠弄之辭 相侮玩之言也。〇蜀楊戲語。
忽畧 怠忽疎畧。 簡賢 簡ハ慢也。輕慢賢者也。
鄙薄 鄙ハ厭薄之也。鄙薄ハ輕易也。 眇鄙 眇ハ者輕視人也。鄙ハ者厭薄之也。
寥落 鄙薄笑人也。 蝇翔 鄙人所爲微小也。出司空圖。 蝸國 鄙人所處小也。出荘子。
蝇館 鄙人所處小也。出宋玉小言賦。〇 溪中弱植之徒 眇鄙之也。〇溪中ハ器小也。弱植ハ如草之軟弱植立也。
庸徒鄙賁之道 鄙之也。出前刑法志。
棄其如孫雛腐鼠耳 鄙人不足惜也。〇寶憲カ語。
視其猶雛鷇也 眇鄙之也。〇出列子。〇鳥之始生自啄食者曰雛、須母飼食者曰鷇。鄙其小之甚也。
其井底蛙耳 鄙人所見小也。 其猶糞土也 眇鄙之也。〇出杜喬論。
其言糞土也 鄙所言之賤也。〇出左傳。 非族異類 鄙罵之也。〇表譚語。
猖狂 猖ハ駛也。狂ハ癲痴也。 顛狂 躁率也。 佯狂 詐狂也。 狂惑 知善不行ハ曰狂。悪不改者曰惑。

輕窕 左傳。〇楚師輕窕。〇輕窕ハ不尊重也。 輕脱 輕狂也。
奸詐 奸ハ奸邪也。偽也。詐也。詐ハ詭譎也。偽也。欺也。 詭譎 詐也。不直言也。 懷諼 諼詐也。〇師丹傳曰、懷諼迷国。
狡猾 狡ハ狂也。猾ハ者乱也。詐也。狡也。 詐偽 詐ハ欺也。偽ハ假也。
欺誑 欺詐也。誑惑也。欺妄也。 欺紿 紿ハ誑也。 欺罔 罔ハ誣也。 哄誘 哄奪、哄人也。誘ハ引也。相勸動也。
詭謊 謊言也。 援謊 前言已失、而援救之也。 誑謊 以言恐嚇人也。
嚌嚇 以言恐追人也。 諂惑 以言惑人。 浚虚 不務實也。
囂泛 起倒不一。 脱空 不實也。 澆詭 澆ハ薄也。詭ハ詐也。〇三代以還、人漸澆詭。
姦宄 在外爲姦、在內爲宄。 內非直正 詐偽也。許劭カ語。 內不情 心詐也。張亮語。
繆爲恭敬 詐謙卞也。〇司馬相如語。 文降 非真降也。〇皇甫寔語。 營

惑 謂誑惑人也。刘向語
詭 女人衣男子服曰詭。
偽內華外 多欺罔也。杜牧語
有貌無實 謂多詐人也。出易稽覽圖
棄衡石而意量 妄料事也。後馮衍語
儇子 軽薄子也荀非相語
情貌相越 人心貌不同也
舞筆奮辭 妄議事也
觸情妄行 任情意所欲則行之也
虗幻 詭誕惑人妖術也
說事頗過其實 多妄也。
惡直醜正 左傳。註云世道衰微反以正直為醜惡也。醜亦惡也。
詭秘 詭詐也秘秘密也。蹤跡詭秘
狡獪 詐也
狙詐 狙獼猴也。黨錮傳曰狙詐萌起
慧黠 小有智而多詐也
簧鼓 以巧言譎惑人者如笙簧之鼓動惑乱人之耳目也
驕傲 驕者恃有而矜傲者慢而不恭
驕矜 自負也
矜誇 矜己有本事大言以誇人
矜衒 自誇曰矜自媒曰衒
自伐 伐如伐木之伐凡人矜誇其能是自伐其能也
高傲 自大驕傲
倨傲 倨者直而不徐
骯髒 亢直貌盤曲貌
德色 容色自矜有恩德
圭角 言人粧模作様如圭之有稜角也圭玉也
崖岸 高傲而人不敢近之意
自賢 妄自尊大
粧綴 猶云粧模作様
誇詡 大言也又云訶詡
誇誕 虗誇妄誕之言
荒唐 廣大無域畔之言也
雄張 心自後大也
鴟張 言語妄大如鴟梟惡鳥之張大也
夸言 誇言也陸贄曰夸言無驗不從用
逞能 逞矜也自誇其能也
衒能 自言賣能也
技癢 技才能也有能欲逞如癢之不可抑也
卞急 急性曰卞急。崔曾語
尊已陵物 傲忽人也
旁若無人 前秦記云王猛請桓温捫蝨而談當世之事旁若無人

驕吝 驕矜誇吝鄙嗇也
矜肆 矜夸放肆
嚴厲 嚴威重下質厲嚴正也
嚴急 威嚴性急
亢急 亢極也謂過于嚴急也
揮攉 猝遽貌搖手曰揮反手曰攉
躁暴 性急妄奔也
險躁 性疾急也
躁率 性急也
浮躁淺露 軽浮急躁淺薄鄙陋
褊衷 性急也量不廣也又曰褊狹
焦躁 心焦急躁
熱熬猢猻 楊仲嗣躁率魏光乘目為熱熬猢猻
沐猴而冠 楚人謂猴曰沐猴言獼猴不任久著衣冠以喻楚人躁暴也韓生謂項籍曰人言楚人沐猴而冠果然
狙傲 呉王登狙山狙敏給搏矢王射之死曰狙伐巧恃便以傲予至此極也
剱逐蠅 王思性急方書有蠅飛在筆端去復來思怒拔剱逐之。出呉興雜錄
夸邁 石崇思歸引序曰余少有大志夸邁流俗。註云夸與誇同邁迂遠也言與世俗不群也
鯁直 直言難受如魚骨鯁喉不獨秋也
秉直 持直道而行也
遺直 仲尼曰叔向古之遺直也言叔向之直有古人之遺風
汲直 漢汲黯為人方直故謂之汲直
陗直 陗與峭同峻也不能容人無委曲也
讜直 言公而心正直
讜議 直言
咢咢 直言也韋賢曰咢咢黄髮
率意無矯飾 率意率直也言率直之人無矯飾文僞也
秉公 持公道而行也
戇直 愚直也
訂約 約定日期
尅日 限定日期
屆期 屆至也至此月也
風期 相會之期也唐詩云悵別風期阻
預訂 預先訂約
踐言 如先所發之言謂之踐言
踐約 如先所訂之約曰踐約
如約 依期也
確期 的確之期也
鷄黍

范式與張元伯別暮秋爲期元伯九月十五日殺鷄爲黍以待之果至

的確　的實堅確

准擬　定期

趨赴　趨赴會期疾走曰趨

秋爲到期　期秋至也

迎期先到　早赴會期

不朝則夕　期之也

匪夕則且　期且夕也

詰朝請見　詰朝明早也期明早拜見

携手之期　會見之期

以日中爲期　約日中相見

尾生抱柱　尾生與女子期于梁下女子不至大水至尾生抱柱而死

愆期　愆過期也

棄言　失信也

背約　失約也

食言　失信也言出而不能復是自食其言也孟武惡郭重曰何肥也魯哀公曰食言多矣能無肥乎又曰肥言

爽約　爽失也失約也

展轉　謂移動其心也匈奴傳曰雖散展轉奈失重利向

轉移　悔前言也

反覆　言不定傾側無常也

翻覆　悔前言也

翻悔　悔前言也

侵爲然諾　侵猶犯負也張耳傳曰此因趙國立義不侵爲然諾者也

騫然諾之信　失信也

折節　屈折肢節以服事人也

卑恭如子　恭謙事人

長事其人　事長之礼凡事人也

執僕御之禮　卑事人也

從役于其人　事人也○

幸得充下館　謙稱主人

諂媚　卑屈奉承媚惑于人

阿諛　諂卑奉承人

迎合　迎知其情而逢迎以合之

足恭　恭也過恭也

側媚　諛也

伊優　傴曲僂媚貌

狐媚　老狐能變化媚惑于人故曰狐媚稱其諂諛惑者

望風承旨　諂隨其私論也

奴諂　彭孫宗爲李憲濯足曰太尉足何香也憲以足踏其頭曰奴諂不太甚乎

搖尾乞憐　狗媚于人

夸毗　屈己卑身以柔順人也夸大也毗輔也小人之態不爲大言以夸世則爲毗言以輔人也亦作䑛舭

逢迎　君之意未萌先意以導之也

面諛　當面奉承人也

憸夫　小人也小人而謂之憸夫者形容其沾沾便捷之狀也

希旨　希望天子之意旨也孔光傳曰不希旨苟合

以閱看爲精神　諂附人也閱看者私視也

急諂諛之敬　諂人事也

宵人　小人也謂非明正之徒爲宵夜之人也

奴顏婢膝　卑屈也

阿尊　劉向傳曰不能阿尊事貴

阿順　阿諛承順

阿輔　曲意附和人也

嫵媚　諂媚也

懶惰　不勤事也

懈怠　懈懶也怠倦怠不敬

怠惰　懶也

浪蕩　不務生理隨處

閑遊走也

放蕩　無檢束也

蕩佚　疎放安和縱樂之貌

不田而飽　遊手好閑

遊閑公子　懶惰放蕩之人也又曰暇豫王孫

貪不事事　不治生産之人

邋遢　作事不敏捷不謹也

傝㒌　作事懈怠

殢酒貪花　殢酒滯于酒也花好色也

不尷不尬　不進不退

不三不四　非儒釋道爲不三非士農工商爲不四

逡巡　却退貌作事遲緩也

孟浪　草率也

曠日　曠空也廢也謂空廢時日也賈山傳曰曠日十年

游食　不勤生業游乞食也

惰窳　不勤也

流蕩　無檢束好遊蕩

浪遊　浪蕩遊嬉

不入流品　言人不長進不入好人之流品也

玩日愒歲　左傳曰玩歲而愒日○玩戲弄也愒貪羨也息也

遊手好閑　言人失其本業不務生理好嫖賭閑戲也

怠

緩　怠惰寬緩
荒淫　耽酒無厭曰荒貪悦女色曰淫
五慵　慵懶也言人于仁義礼智信五事慵懶也今人傳寫人爲鳥鼠五慵
佞倹　不着事也
因循　不勇爲也
倦怠　慢于事也
盤遊淫湎　淫于色湎沈于酒
無市籍商販
作務　逸遊不務生理也
荒寧　荒廢事業只圖安樂也
不稂不莠　言人不才如禾中稂莠草也
鹵莽　粗疎不用心也莊子曰耕而鹵莽之其実亦鹵莽而報予又言人粗体如溷鹵草莽然
滅裂　輕易而分破也莊子曰耘而滅裂之其実亦滅裂而報予
不上弗　言人不長進如物之不上弗也
沒巴臂　作事無根抵也
沒雕當　作事無抵也
闒茸　下材不肖之人也闒下也茸細毛貌言非豪傑也○司馬遷傳曰在闒茸之中
不敢怠皇　左傳○註云不敢怠惰以自皇暇也
縮朒　不任事之貌○五行志曰王侯縮朒
貪婪　貪好財物
貪冒　貪財曰貪冒利曰冒左傳曰諸侯貪冒無厭
狼貪　狼性貪喩貪財者
饕餮　貪財曰饕貪食曰餮能多食曰此人饕餮
饕詖　貪甚曰饕言行險曰詖○礼樂志曰貪饕險詖不閑義礼
覬覦　覬希望也覦欲得也
希圖　指望也
希冀　希求冀望
垂涎　希望也
窺覦　窺私視覦欲得
㳄猜　希望也
奔競　不務本業于求勢利
濫叨　不當得而得之
僥倖　僥求也倖不當得而得之也
嗜利　好利也
射利　求利也
牟利　牟食苗虫也人之營利如牟虫食苗也○食貨志曰富商大賈無所牟大利
蘊利　蘊蓄也左傳曰蘊利生孼
慾壑　言利欲之心如溪壑之無厭足也
慾海　言貪利之心如海深之無厭足也

利壑　即慾壑也
規取　猶言圖謀而取之也
饞狼　喩貪也又曰蠅營狗竊
剝脂椎髓　喩貪也
思肆其罔極　謂心之所思欲縱肆其無有窮極之嗜慾
嗜慾　口嗜食心貪慾
慕羶溺醯　喩貪而喪命也醯醋也言貪財無厭如醯鷄之恋醯羶卒溺死于醯也醯鷄小飛虫也
得隴望蜀　謂兼并無厭也司馬懿言于曹操曰今克漢中益州震動進兵臨之勢必瓦解操曰人苦不知足既得隴復望蜀
實有豕心　言其心似猪貪而無耻
侵欲無厭　侵漁覬欲無有厭足
規求無度　規取貪求無有法度
不可盈厭　無盈滿無厭足
黷貨無厭　數求貨賂無有厭足
從欲厭私　謂縱肆其嗜欲足其私情
舐穅及米　舐舌取食也盖以犬爲喩言初舐穅遂至食米也○出呉王傳
覦心　覬覦求望之心也左傳曰能官人則民無覦心
剝削　侵損也
蠶食　喩貪也謂漸吞之如蠶之食葉也鮑宣傳曰豪強大姓蠶食無厭
附羶　喩衆人競利曰附羶盧垣曰今人奔尺寸之祿走絲毫之利如群蟻之附腥羶聚蛾之撲燐火取不爲醜貪不避死○燐青燐火炷之火也
啗利　啗以食餌人令其啗食言以利誘之取食爲譬也高紀曰說秦將啗以利
剋刮　侵損也
朘削　朘縮減也削侵奪也○董仲舒傳曰日朘月削浸以大窮
色欲之　意要其物
觸物見貪　見物便要
歆羨之色　見物欲得也○晋顧榮與同僚飲見行炙者有欲炙之色榮以己炙與啗之後西晋趙王倫篡位榮在難乃受炙之人救之
赤貪　家窮空盡無物曰赤貪赤紅也如赤地千里而無草木也
積貪　久貪也又曰饕

窮
窘迫 窘困也窮迫也迫逼迫也 積窘 久貧也 家弊 家貧 困窮
困苦貧窮 四窮 鰥寡孤獨謂之四窮老而無妻曰鰥老而無夫曰寡幼而無父曰孤老而無子曰獨 貧窶 貧無以為禮也 罄空 罄盡空虛 欠缺 不足也 不敷 不足也 空乏 空虛缺乏 匱乏 匱空乏也 匱竭 匱空也竭盡也 零丁 孤苦 急迫 窮困也 懸罄 懸空也罄盡也窮人室中空盡無物也 諱窮 諱隱也莊子云孔子曰我諱窮久矣而不免命也 醜窮 莊子曰君子不榮通不醜窮言君子不以通達為榮不以窮為可醜 困阨 困窮阨難 鄉隅 獨不得意也○滿堂燕笑一人鄉隅悲泣則堂皆為之不樂鄉隅一角之地也 艱難 窮困也 窮蹙 窮極逼蹙 蹭蹬 不遂志也 憁恫 不遂志也 無長貲 貧也

○長貲餘剩之物也 數奇 命運乖蹇曰數奇數命數也奇單也不偶遇也 艱窘 貧也又曰彫寠又曰無宿給又曰釜生魚又曰甑生塵 迍邅 不利也又難行不進之貌 轗軻 車行不利故人不得志謂之轗軻 乖蹇 時乖運蹇不利也 乖舛 不利 流離 漂散也 顛沛 傾跌流離之際 流落 不遂志也又曰淪落 拓落 不遂志也 煢單 無兄弟孤身也 獸窮 鳥窮則啄獸窮則攫人窮則詐 攫音甲攫取也 寠剝 不遇也又曰丁艱 患難 變故也 綿力 力薄也漢嚴助傳曰越人綿力薄材不能陸戰 諸閼 所欲俱不獲也閼與遏通 閼聰 欲聞不得聞也 閼明 欲視不得視也 閼言 欲言不得言也 閼信 欲行不得行也 濩落 不偶也 掃地 言人傾敗 餓莩 餓死人也莩與殍同 懸鶉 子夏

之衣懸結如鶉鳥之形 鷇食 鳥子初生須母飼食曰鷇自啄曰雛謂人待食于人如鷇之待哺也 落魄 失業無次 凍餒 凍冰凍寒也餒飢乏食而氣不充於躰也 孤另 單身一人 陸沈 謂平地沈沒也 面部三無 金華子曰盧相士相常侍李寬無子無宅無家 顛連無告 窮苦之極無處告訴 饑寒交至 貧甚也 赤然一身 至貧也 用不給日 貧乏 潔腹出戶 無食而出 茹菽不足 食不足也茹喫也菽豆之揔名 枵腹 飢民也枵木空虛也故以為喻 菜色 飢色也 鵠形 言飢渴者為鵠形梁蕭文帝時百姓乏食死者蔽野富室皆鳥形鵠面懷金石伏床待死 輕葛禦寒 貧而冬穿夏衣也 衣無兼副 貧無衣服也 藜菽不給 至貧也藜蒿類不給不足也

糠豆不贍 貧乏食也不贍不足也 甁無儲粟 無蓄積也 併日而食 貧而乏食也 無旬朝之資 困乏也 乏禦冬之稸 未有冬備稸積也 無多餘之贏 無餘剩也 闕游歲之資 言無二年之積蓄也 家無儋石儲 貧無蓄藏也○齊人名小甖為儋受二斛石斗石也又儋一人之所負儋也 尾石之儲 貧困所有 捃拾自資 貧而拾物度日也捃與攟同取也 困窮賣庸 貧為人役 無立錐之地 住他人屋耕他人田無地立錐之人也 土銼無煙 土銼尾鍋也蜀人呼釜為銼王褒家貧土銼經日無烟 煢煢孑立 孤立也孑單也無右臂無兄弟子孫也 為饑所驅 為貧出仕 蕪塗棘路 貧賤進途之難 井足枯

槁餓沉跡溝壑不食饕食貪士饕之食食嗟來捉衿露肘曾子居衛三十日不舉火十年不製衣捉衿而肘見納履而踵決曳履而歌商頌声滿天地出金石饔無盛饌也食貪素情不遂不如物也不相聊言無聊頼以相保養也聊耳傳曰父子不相聊也○晡西方食晡方食也滂食也晡時申時也遭懼苦難罹遭也遭逢也天豈私貧我哉貧而怨也不羸身來羸身赤身也○漢周勃言陳平受謝平曰臣羸身來不受金無以為資云云賤難為工作事用拙也從衣褐之中由賤也身也起滂汗之中○起自貧賤也滂濁也望門投止謂窮迫之中見門即投歸

而止宿求隱匿也

乞丐求乞丐者乞丐之人曰丐又曰乞兒隍頭仰面仰面求乞于人操瓢而乞乞丐也裸行草食裸行赤身行也乞丐者至貧也

羈縻羈馬絡頭也縻牛韁也言名利所絆如馬牛之受羈縻也言人為淹恤謂淹恤也左傳日君淹恤在外十二年矣韁鎖言名利如韁鎖之能拘繫人也序賛日繫名声之韁鎖韁絆馬絡首曰羈足曰絆淹晋淹久也阻晋遅滞晋遅阻滞躭擱躭快阻擱稽遅稽留遅滞牽絆羈絆牽繫擽纏也牽絆絆礙羈絆阻礙濡滞淹晋也妨碍妨害阻碍掣肘肘欲動而制之言人欲作事不能行也淹宿經宿遷延淹久也延調遷延推調

延推延調遲推牽纏不決也刀蹬刀難並作勒揹勒屑定揹遅也蹉跎遅暮也屢淹星鳥淹久也又曰時月為羈絡世老于家也為羈蹇慎難淹言興因非世網拘束拘嘆牽也又曰久留之処駆於纏墨時俗多累職事羈纏官所拘也又拘守常憲拘于法也斂復見牽忽為所縈也遑遑猶行不進貌蜷縶喩羈也

詿誤前官問罪已成今却得前官不與改問謂之詿誤差錯差失錯誤差謬謬誤差訛訛謬也差失而誤也非故意舛謬舛錯亂也糊塗不分曉明白也模糊不分明貌陶陰昔人有讀書與温

媼昔有人讀與籍者因老媼舍飴媼字唐遂改為温父此之日是不然以陶為陰乎魯魚書字之誤有寫魯為魚寫帝為虎亥豕盖魯之與魚帝之與虎相似故也昔有人讀史云三豕渡河子夏曰已亥渡河校之果然盖以已字糊塗讀為三亥字誤為豕字也○唐張鷟云亥之與豕涇渭自分羊芊別名蹲鴟江南人有讀誤本蜀都賦詳蹲鴟為羊不知為芋人餽羊肉答曰蒙惠蹲鴟識者大笑伏獵伏臘史記○蕭炅為侍郎不知書嘗與嚴挺之言称伏臘為伏獵挺之曰省中豈容伏獵侍郎乎見貶遂罷黜去春蒐春菟桓温篡位尚書誤寫春蒐為春菟自丞相以下皆被黜○春獵為蒐誤改金根金根皇后所乗車名唐韓愈子名昶性闇劣為集賢校理史傳中有金根車昶以為誤改根為銀愈怒責之鑄錯北夢瑣言日羅紹威

以魏博二州牙兵驕甚及殺之遂爲梁朱溫所制乃謂親吏曰及聚六州四十三縣之鐵鑄一錯字不成蓋嘆其誤救錯之甚也

粃謬 粟不實曰粃言不當曰謬喩不得理而爭僻也

鶻突 不明曉其事即糊塗也

瞀濁 不明也

渾殽 雜乱也○刘向傳曰賢不肖渾殽

溷雜 溷淆雜乱

紊亂 雜乱也

搶攘 乱貌賈誼傳曰国制搶攘

參差 長短不齊之貌

差池 不齊之貌○出詩經

陸離 不齊之貌

撓亂 撓撓也息夫躬傳曰撓乱国家

瞀亂 師古曰瞀眊回統也

札樂志曰乱冨貴之耳目

繽紛 師古曰交雜也

旁午 一從一横曰旁午言交横也霍光傳曰使者旁午

煩㚘 煩多雜乱○梁陶弘景遇物便了言無煩㚘

顛倒 顛之倒之

紛更 紛乱更改

紛紛 乱也多也

縒綜 乱也

憒亂 憒心乱也律歷志曰百姓憒乱

更端 更易事端

騷擾 騷動擾乱

衆夥 言多也子虛賦曰萬物衆夥

充斥 充滿也斥見也左傳曰敝邑以政刑之不脩盗賊充斥

紛員 多貌○出札樂志

汪濊 言饒多也○趙充国傳曰澤汪濊

浩穰 浩大也穰盛也言人衆而多也○張敞傳曰長安中浩穰

雲起 言其多也○食貨志曰盗鑄如雲而起

丘累陵聚 言其積多也○出校獵賦

鱗崪 崪集也如鱗之集言其多也○子虛賦曰萬端鱗崪

蠭生 言衆多也○中山王傳曰讒言之徒蠭生

雜遝 衆積貌○刘向傳曰雜遝衆賢

雜襲 師古曰雜襲猶雜遝言相雜而累積也又云重積也蒯通傳曰魚鱗雜襲

烏集 師古曰乍合乍離如烏之集也○五刑志曰烏集醉飽吏民之家

雲會 校獵賦曰車騎雲會

雲擾 言盗賊擾乱如雲而起○叙傳曰天下雲擾

雲合 四面而至也○梅福傳曰天下之士雲合歸漢

電發 長楊賦曰雲合電発

猋騰 師古曰猋疾風也騰奔也長楊賦曰猋騰波流

熛起 飛火曰熛○叙傳曰勝廣熛起

龍襄 師古曰襄奔也○叙傳曰雲起龍襄

響應 師古曰嚮讀曰響言如響之應聲也○過秦論曰天下雲合響應

輻輳 師古曰輳聚也言如車輻之聚于轂也○叔孫通傳曰四方輻輳

景從 過秦論曰羸糧而景從○羸擔也景從言如影之隨形也

瓦合 酈食其傳曰起瓦合之卒○師古曰瓦合謂如破瓦之相合也雖曰聚合而不齊同

霧集 蒯通傳曰天下之士雲合霧集

萌生 王吉傳曰詐偽萌生○師古曰詐偽言其爭出如草木之初生

鱗集 師古曰言其相次如魚鱗也○刘向傳曰鱗集于朝

鼎沸 霍光傳曰群下鼎沸

麻沸 師古曰麻沸言如乱麻而沸涌也○王莽傳曰江湖海澤麻沸盗賊未尽破殄

麻起 言起者如乱麻也○王莽傳曰三輔盗賊麻起

雷動 息夫躬傳曰邊境雷動

風起 息夫躬傳曰四野風起

風靡 靡散也○韓信傳曰燕從風而靡

氷釋 師古曰氷釋言銷散也中山王傳曰骨肉氷釋

瓦解 匈奴傳曰瓦解雲散

雲布霧散 出相如傳

收電 韓安国傳曰至如猋風去如收電

泥首 囚首也或曰以泥塗首又曰以物蒙首如刑人之状而請罪也

歸命 歸降請命也又曰歸服詔命

欵塞 欵降書也單于納降欵于塞上而歸附也

納欵 納進欵服誠実之言也

授手 左傳曰陳知其罪授手于我○言其男女自囚待命是授

手于我也賓服服從于我往來如賓客也讋服讋畏也畏懼服從也謝咎
請罪也求成結和好也降心謂降下其心也左傳曰今天誘其衷使皆降心
以相從也委心韓信傳曰委心歸誠心儀儀向也謂附向之也○許后傳曰皆
心儀漢將軍勢服恐懼服從也朱博傳曰豪強勢服宅心序贊曰西土宅
心○宅居也猶係心也言人皆居心于高祖也懷服如歸左傳註云其懷服大
國如歸衆焉毀服深謝改服請罪也降服而因去其上服自
拘因以請罪也輸服無辭輸情服罪無有別辭肉袒負荊懷慚請罪
也脱衣露肉為袒脱衣負杖示備受刑也長願臣僕夷狄歸化也○出後漢遠夷
慕德歌詩歸日出主夷狄向化來朝也○出後漢遠夷慕德歌詩改襟輸
賓蠻夷向化也○出後南蠻請以不及為罪引咎也
拾遺師古曰拾遺言其易也○梅福傳曰取楚若拾遺反覆手師古曰言其易
也○陸賈傳曰如反覆手唾掌言易也又曰唾手又曰反手又曰反掌拾地
芥夏侯勝傳曰取青紫如俛拾地芥耳○師古曰地芥謂草芥之横在地上者俛而拾
之言其易而必得也○俛低頭也發蒙振落易之譬也○註云發去物上之
蒙振落樹上之葉直取其易也○吳漢語以棒雪投沸湯易之譬也○張
宗語築河堤以障屋霤易之譬也○出韓子○屋霤屋簷水也若
順流耳易之譬也○出書集庾亮舉炎火以焚飛蓬易之譬也
又曰覆滄海而注熛炭○並袁紹語順領轉圓順易之譬也梅福傳曰從諫

闘
搏景喻難也○師古曰搏擊也搏人之陰景言不可得也○主父偃傳曰匈奴獸聚而鳥
散從之如搏景係風捕景喻難也○郊祀志曰求之盪盪如係風捕景終不可
得也以一掌壅江河難之譬也○張德語○壅塞也畫脂鏤氷
難之譬也○出鹽鐵論○畫鏤皆刻也脂油也鑄木鏤氷難之譬也○杜牧語
泣而益河之水難之譬也○出淮南詮言一簣障江河難之
譬也師古曰簣是織草為器所以盛土也丁簣之上圍不能塞江河是以其身沉没也
迎風縱棹難之譬也○皇嵩語

譬喻

如薄氷之見晝日銷鑠之譬也○出外傳如朝饑
求飧遲望之譬也○習之語○夕之熱食曰飧如覩見妖麗而不得
親遲望之譬也○習之語薰歇燼滅事尽之譬也光沉響絕
事尽之譬也○絕[illegible]語繩裁刀解剪截之譬也○裴延翰語時花美
女美之譬也○杜牧語驟雨絕絃不可尋逐之譬也○杜牧語良醫
不能救亡命分定之譬也○後蘇章語靨如黑子之著面
非切害之譬也○賈誼語蚊蚋負山不能任重之譬○劉禹錫語魚遊
釜中危之譬也又曰蹈虎尾又曰撩虎鬚又曰几上肉又曰踐薄冰以待白日以
鴟梟而笑鳳凰不自量之譬也又曰執蝘蜓而嘲龜龍○出楊雄傳運
螳螂之斧不自量之譬也○袁紹語鳥窮歸人窮迫之譬也○董卓

語
窮鳥困獸勢極之譬也。出後南匈奴傳 以湯止沸愈熾之譬也。又曰抱薪救火。仲舒語
碱砆之於美玉比方之譬也。仲舒語
蟬不知雪以不見弗信之譬也。桓寛語 金張玉弦張弓也。以金作弦以玉為弦喩無用也
止渇於鴆鴆食蝮蛇之毒鳥也。以羽畫酒飲之立死
○後漢霍諝曰月死栩以解細微譬之療飢于附子止渇于鴆毒也
戴盆望天喩事不可兼施也。言頭戴盆則不能望天望天則不能戴盆。司馬遷傳曰僕以為戴盆何以望天
禍如發矢淮南王傳曰行之有疑禍如發矢不可追已。矢者喩速也
使馬守閭任不貴之譬也。又曰鼎扛車。並出韓子
以精衛填海喩作事無成也。山海經云発鳩之山有鳥名精衛乃炎帝之女遊東海溺死隨化此鳥常啣西山之木石以填東海

張豚咋虎東方朔傳曰譬猶鼱鼩之襲狗孤豚之咋虎。孤豚特之豚也咋咬也喩危也
歆毒而刎頸反之譬也。荀強國
商蚷馳河喩不量力也。莊子曰猶令蚉負山商蚷馳河。商蚷馬蚿虫也
絫卵陽部
傳曰危於絫卵。師古曰絫卵者言其將費而破碎也
猶烏獲之與僬僥搏也力不敵之譬也。烏獲秦武王時人也力能扛鼎秦王與獲較力挙鼎折臏而卒。僬僥國在三首國東郭璞曰僬僥氏長三尺人短之至又云長一尺五寸
慳悋惜財不施
吝嗇節嗇惜財
猥獕縮頭落頭不軒昂也
幺麼言小也。王命論曰況幺麼不及數子
蓄縮謂蓄于事也。息夫躬傳曰蓄縮不可用
奊詬師古曰奊詬謂無志分也。○賈誼傳曰奊詬無節
守錢虜漢馬援曰凡殖財貴能賑施否則守錢虜耳

器小猶言量小
寒酸言人貧寒酸
魚潜鳥猬退縮之譬也。又曰蝟縮魚鰲。並杜牧語
柔弱柔服而軟弱也
怯懦怯畏懦弱
強梁縱肆也
彊禦師古曰強禦強梁而禦善者也。盖寛饒傳曰不畏強禦
倔強師古曰謂不柔服也
跋扈猶強梁也。扈者竹籬也。水边居者于水未至時作竹籬以候魚。魚入水退小魚留大魚跳跋籬扈而出故曰跋扈
跅弛師古曰跅者跅落無檢局也。弛者放廢不遵禮度也。武紀云跅弛之士
陸梁猶強梁也。嶺南人多處山陸其心強梁故曰陸梁
跳梁猶跳梁也
畔岸自縱恣之意也。出子虛賦
畔換師古曰畔換強恣之貌猶言跋扈也。序賛曰項氏畔換
懻忮懻強也。忮

堅也。地理志曰民俗懻忮
彊項言不低曲也
梟雄梟水中虫以蛇四足能害人
強獷強暴横也。獷若人之猊不可附也
強悍強亢悍勇
強暴強剛強也。暴卒遽無漸也
咆烋以傲狠作聲勢以暴奮作咸声如虎狼然也
驍驍騰
勇武勇
勇猛武勇悍猛
兇狠兇暴狠惡
剛戾自用剛戾剛愎暴戾自用自執己見
其性悍塞勇而不曉事也。烏桓語
惡愎狠惡可惡
刻剝慘毒也
殘忍殘暴不仁
酷毒慘刻也
狼心惡也
尉殼猶剝剝也
虎而冠溫舒傳曰其爪牙吏虎而冠。詩云如虎著冠言其殘暴之甚也
棄常謂棄其常道也。左傳曰妖由人興也人無釁焉妖不自作人棄常則妖興
惡而婉美而狠宋平公嬖生佐貌惡而心狠太子痤

貌美而心狼出左氏傳

性鉗忌　性手也。梁冀語

暴戾恣睢　言兇暴惡戾恣行為雖惡也。出伯夷傳

隅虎　喻惡

水鱷　喻惡也鱷海中惡魚似斷蝦而大水潛吞人即浮

長鯨　喻惡也鯨海中巨魚雄曰鯨長數十里鼓浪成雷噴沫成雨

梟獍　梟食母惡鳥獍食父獸皆喻惡人也

鬼蜮　喻惡也江南溪水中有惡虫名蜮又名短孤又名射工狀似鱉口中中有弩形含沙射人影中之者死又曰中之者□患瘟疫

鴆毒　喻惡也鴆惡鳥也食蝮蛇以其毛歷飲食則殺人也

猜忌苛察　精疑忌刻苛暓訐察

幸其不然　嫉其事也

長惡不悛　□愈加作惡而不悛改也

怙終不悛　怙謂有所恃終謂再犯也

凶險　凶惡陰險

險詐　陰險奸詐

豪宗惡少　多挑法人

放辟邪侈　放則始違于理辟則浸淫矣邪則成于惡侈則益肆也

歌頌禍殃　好雄樂禍之謂

內有不仁之性　外善內刻

蒐慝　常行譏疾而蒐索□人隱微之惡

漁食閭里　。漁者謂侵奪取之若漁獵之為也何並傳曰以氣力漁食閭里

同惡相濟　二人扛幫為惡

蠭目豺聲　其目如蜂其声如豺之声必殘人之人也。左傳曰蠭目而豺声忍人也

狼子野心　豺狼之子心野而不可馴

剛愎不仁　剛強愎狠畧无仁愛也

虎而翼　如虎添翼殘暴之甚也

作奸犯科　科條法也謂作惡犯法也

驕橫　不順理也

頑嚚　心不則德義之經曰頑口不道忠信之言曰嚚

嚬虎　喻惡人

市虎　喻市井惡人也

老奸　言人老惡

巨猾　大惡人

積蠹　積年作惡害人之人

無所還忌　無復顧忌之意也

神怒民痛　鬼神責怒民人痛疾

犯順不祥　人順理而已犯之神所不福。出左傳

犯衆興禍　犯衆人之怒尤與起禍患。出左傳

掩義隱賊　有義之人則隱之而不用賊害之人則隱庇之。出左傳

欺凌　行事之間欺慢凌侮不是毆打搏擊之事

凌虐　欺凌暴虐也

逼勒　逼迫也勒抑也以威力相恐而逼迫也

凌逼　凌虐逼勒

威逼　以威力声勢相逼勒也

迫脅　以威力相恐逼迫也

陰妻邪謀　謂藏匿其妻之邪謀也

不沾聖化　不沐聖人之德

拑制　拑束制服

挾制　制官府也

陰險　陰惡也

包藏禍心　謂包藏禍害之心也。左傳曰無乃包藏禍心圖之

效尤　效人作过事也

撟虔　撟与矯同妄托也虔固也妄托上命而堅固為邪惡也。出武帝紀

賈害　自待禍害也。行貨曰商坐肆曰賈賈者坐而待價者也言人坐而待禍之至如賈之坐而待價。左傳曰其以賈害也

招尤　自招过也

徵怨　徵召怨謗也。左傳曰俾我一人無徵怨于百姓

徵怨　招怨也左傳曰我不德而徵怨于楚

怨府　府聚也聚怨禍之處也。富者怨之府

禍胎　人之禍患由先作惡猶婦人生子由先有胎孕。禍生有基禍生有胎

禍梯　禍由此始也

禍階　怨聚處也又曰厲階

釀禍　自招其禍如醸酒也

養虺蛇於室內　喻招禍也又曰種枳棘于良田

養癰長疽　喻自貽禍也

引惹禍端　招取禍始

挻禍　挻引也

忮害　忮堅也謂酷害之心堅也。霍衛傳曰或忮害好陷人于罪

陰賊　謂陰懷賊

害之意也。郭解傳日少時陰賊感槩 意忌 謂多所忌害也。公孫弘傳曰性意忌張湯傳曰文深意忌 奸險 設詭計陷害人也 齮齕 側咬也喩中害之也。田蚡傳曰齮齕首用事者墳墓矣 嫁禍 移禍于人 排擠 擠陸也。杜甫傳曰排擠英俊。薛宣傳日排擠宗室 輘轢 輘轢謂蹦踐之也。灌夫傳曰輘轢宗室。起

大獄 陷害人者牽引人多謂之起大獄 賍蠹 受財害民之人 更相傾

軋 傾陷也軋車碾也謂以勢相傾陷也 自相魚肉 魚肉可食猶言自相吞噬青淡食也 互相吞噬 噬咬也猶相毒害也 更相排軋 排擠不用軋擠也 權勢相軋 猶相壓也 淩民膏血 淩侮剝也 頗侵之

遺取侮也 抵觸家長 觸犯家長 梟然尊長 觸犯尊長也 性刻

急隱害 性急陰害人 構陷之 結構以陷之于罪構架也 坑陷 接坑穽陷害人 排陷 排推倒也陷坑陷也 圖謀 設計取人財物 朋謀 二人共謀

害人 協謀 二人合謀 弗謀 二人同謀 陰謀 秘謀 誣害 誣抑害人 機穽 机心深險如坑穽之陷害人也 中傷 陰中傷害人 搆害 二人同謀害人

謀人人亦謀己 註云既有所謀于人他人亦必謀害己也 扛幫 二人同謀 串通 結通二人同謀 扶同 衆人扶同保結 合攻 二人合謀害人 結

黨 交結惡黨 糾黨 糾集惡黨 鈎黨 相鈎援以為黨 黨與 朋黨相與同謀之人 交通 交結不良之人也 拴黨 猶糾黨同謀害人也 挽腹 引結心腹之人同謀害人 侵佔 侵漸進也 強佔 橫佔也。橫音鬪不以理也 畧佔

尽佔也 霸佔 霸把持也 姦佔 姦淫人妻而佔之也 珥筆 教訟也珥簪也以筆為簪也諺云江西銘表吉四府之人頭上插筆專一教訟 教唆 挑撥人構訟 主唆 主張唆使人結訟 起滅 起滅詞訟寫狀也 駕害 駕證害人

旭奋 生事也 儵憩 不好也 撞事 生事 啓舋 生事也爭端為舋又瑕隙也 尋舋 生事尋人鬪頭 構舋 怨是非也 納侮 自招欺侮也 自侮 侮戲慢也欺也謂人不自重適所以召人之侮故曰自侮 觸犯 觸犯罪于人觸抵觸也 衝撞 觸犯也侵也 莽撞 浮罪于人 冒犯 浮罪于人又曰冒責

于犯 犯上 于犯在上之人 無題 浮罪于人 唐突西施 觸犯好人曰唐

突西施。唐突不遜也西施越國美女也 爭競 爭閙辯也競又爭 咬嘴 相爭也 廝閙 爭衆也 炒閙 爭閙也不靜也 譁嚷 鬧也 喧鬨 爭閙

喧驚呼也鬨鬧声也 角口 相爭 口吻相角 閧口相爭也口脣邊曰吻 爭爭 爭戾相爭 嗷鬪 嗷吵使人爭閧 無端生事 端頭緒也言無爭端而生事也 鬪毆 相爭曰鬪相打曰毆 觸怒 觸犯人怒 觸兇 觸犯兇徒 逞兇 逞縱也縱其兇狠以毆人 兇毆 逞兇毆打 羣毆 打 攢毆 衆手共打

喝兇 喝使兇黨 喝令 喝使兇黨打人 廝打 相打 捋面 打巴掌也 批頰 打巴掌也頰面旁也 捋毛 捋拔鬢毛 揪鬢 揪拔鬢髮 拔鬢 拔髮方寸 裂顱 打裂頭顱顱頭骨也 跣剝 跣剝人衣帽 狼狽 狽無前足

子部　第四册

附狼而行失狼則不能動故以為喻皇失措者比　喫虧受虧　受抑　幾

命危幾死也又曰幾死危命又曰幾死　結扭扭以手撩也　扶打扶也　拂執持　挾

相磨擊也　推挺挺推也即捽　捽說文云捽頭髮也　揪番亂打揪碎

搏手擊也　摑掌打也　撾拄加切擊也打鼓也　擊小擊也　搭打也音沓　擊

以手擊打也推至擊加也　擊同與擠　擠手推也　攙攔攔住攔阻　攔擋

遮攔阻擋　挋住攔擋也　推跌手推也推■也　搯搥搯也　碰傷頭額

磕音烹去声撞也　磕碎腦門磕撞也　杓破皮膚杓爪搯也　搯

斷鼻梁搯按也爪　皺破面皮皺以手刺擊也　剮出眼睛剮搯

甲背刮也　摳傷鼻竅摳手挖同　搗傷心胸搗推也　扼折肮

膊把也抑　剺傷額角剺音黐與剓同研破也　搟緊搽實搟音

欽去声手按緊也搽音詐手按牢實也　攤碎腎囊攤音作手把也又音腎

囊除也　割破面皮割與劃同以刀割破面皮　破開腿胯破音掐胯

音蹐　互相毆打　蜂擁擁如蜂進　攢簇簇聚集也　圍繞　兄

弟尋戈兄弟相殺也弟尋戈敗亡之道　不弟之傲言弟不順也　不

不咸之弟言弟不与兄和同也咸同也　鬩牆之忿兄弟不和也

詩云兄弟鬩于墻外禦其侮鬩狠也侮音武欺侮也言兄弟雖鬩狠于內然有外人

欺侮則又同心禦之矣　觸目觸出搐實也　嗔拳諺云嗔拳不打笑面

嗔怒也　戴假面作

怨讐讐怨　構怨構結怨　宿怨宿怨久　啣怨含怨　匿怨中心藏怨匿其怨

理怨歸怨于人　產怨房琯傳曰楊国忠產怨於天下　積怨久也

怨恨恨怨　怨懟懟怨恨也與懟同　觖望觖決也謂所望不滿而怨也

叩心叩擊也伍被傳曰叩心怨上　望深怨望深也○張耳

也臣深　讐隙怨讐之釁間隙也隙壁孔也言人相交有不合則有孔隙之間矣

讐敵怨讐相対敵也　嫌隙嫌疑成讐隙　讐憾憾恨　有隙有讐

隙漢書參與蕭何善及為相有隙　勍敵強敵也　冤家怨讐之家　隙端

開矣方結怨也　又生一秦又生一秦自增讐敵　日成千鈞之

讐成大怨也　細故芥蒂以小事相怨也　深相非望極相怨也　兮

為血讐怨之極也　不共戴天父之讐不共戴天必求殺之

俱生也凡弟之讐不反兵謂常敵殺之以兵

器自隨也交游之讐不同国謂朋友有讐不與

與同国恥與同仕而相遇也　寇讐仇讐左傳曰以魯之密邇仇讐言親近齊楚仇

讐之国也　隳黨崇讐言隳毀黨與崇獎讐人也　懷挾私讐懷恨也

死必訟女於天也兇讐

復讐報復怨讐　雪恥洗雪羞恥　刷恥報讐也刷

又曰報怨報讐也　刷恥拭除也　貨

殖傳曰刷會稽之恥　釋憾解恨也左傳曰　睚眦瞋目也

會稽之恥　釋憾請君釋憾於宋　睚眦本目相

觸忤也范睢更名張祿入秦為相　臥薪嘗膽

一飯之德必償睚眦之怨必報　臥薪嘗膽

越王思報吳讐乃臥薪嘗膽凡　越王握火越王

使人言曰汝忘會稽之恥耶

八九九

思報吳讐冬則抱氷夏則握火皆側目思報衆皆思報報怨也報東門之役報讐曰報東門之役宋殤公伐鄭圍其東門五日而還後鄭人伐宋亦圍東門以報之雪寃報仇也敵惠敵怨不在後嗣左傳註云謂有之惠干人不可責報于其子有怨干人不可復仇于其子也

愠怒愠含怒意怒恚也滞怒久怒不解含怒久怒蓄怒久怒也蓄積也赬頳怒而面赤也頳紅也頳面旁也怒嗔嗔即怒也淹恚久怒也淹久滞也積忿久怒也盛氣怒也氣盡怒也恣睢自恣意怒貌○五行志曰恣睢者衆作色怒也作動也意怒故動色元紀云宣帝作色以目皮相怒睁眼怒也瞋目張膽勇怒而張目也吠夜之犬狠随人怒

也發雷霆於其怒人也○其者人姓名也叵耐也愊億怒憤怒之貌椎胸怒而以手拍胸也拊膺膺心胸間也即胸也又曰拊膺椎拊心手拍心胸頓足怒而跌脚嗱嗱発怒声貌懊恨悔恨也理怨帰怨于人宿憾憾恨也舊恨也切齒恨之極也飲恨含恨于心賫志含恨也日賫恨又銜之銜含也含在心以為过也○義縦傳曰上怒銜之匿嫌私恨也痛心疾首謂悪之甚也左傳曰諸侯倫聞此言斯用是痛心疾首也没齒之恨大恨結恨三泉謂死亦恨觸蠆積恨如觸蠆○葛洪云蝎前曰蠆蝎後曰蠆以往事為纖芥因小事懷恨也懊懷痛恨也懊惱痛恨也幽恨朱淑真詩曰滿

懐幽恨向誰訴謂無可訴者故曰幽恨懊憹埋怨悪罵唧噥多言不懈懶也申抹面蒲假怒也經怪此事經常也常怪此事也憤恨憤怒也恨怨也

敗壞敗毀也破也肉臭壞也凡物自敗壞敗則音稗物不自敗而敗之敗則音拜壞物自毀敗也凡物自毀壞壞則音懷去声物不自敗而毀之壞則音怪狼藉狼所臥処草皆離披雜乱狼戾言粒米饒多狼藉棄捐于地也孟子曰楽歲粒米狼戾暴殄天物謂暴棄天物也殄絶也滅也胥越也輕棄瓓珊散彫也

襤褸衣破損貌離披器破損但未断而尚存人旁困者似之襶襏衣破碎也

破綻破碎綻裂毀損毀壞之損壞之斜割大者小者訓衣斜裂開迸裂迸音崩去声散也裂破裂殘齾器物残缺窳壞器不堪也甈碑物壞紕薄紬絹等類薄也單薄物不厚實窳匾物薄也監惡物不堅牢損摩擦也磕破上音渴猶擊也劃開裂開皺皴皮也輕抛不牢易断鬆脆也紇縫絲節頭也纇頭絲節頭也緇色黒色斑駁色間雜也黶黒黒之極也瑕玷玉病磥磥重也上銹鉄銅上鏽色金銀色変醜物不好也醜物不好也僱音撒不好也憨大衣黴黰衣服黴黰朽爛枯朽腐爛殭癟殭死杭州人以物不堅緻曰憨大不朽也爛枯也淟涊濁也穢惡臭悪不堪齷齪積地齷齪塵糟

俗云齷齪擸㩶不精潔也粗糙物不精細跛躃與粗糙通用猗怿罷物不精也又性不慧也彌滋甚彌ハ猶也稍稍甚也日甚歳劇益甚也愈加益甚也惑緐大過也又曰戒慎已甚過大根盤蔓滋事滋彰也踵故踵ハ循躡也言承躡故仍貫事如舊曰仍貫○下論閔子騫曰仍舊貫如之何事也○毋將隆傳曰王音踵故選置從事中郎踵武踵ハ蹈也武ハ迹也言循履近者之遺迹也○相如傳曰率迩者踵武急遽疾速也造次急遽且之時倉卒急遽也快疾疾速緊急急速也慌獐獐ハ麋屬性善驚見人急走東慌披詩曰心慌卻似失林獐

忙慌獐也偉致猶慌獐之狀忙冗忙ハ慌忙也冗ハ事多也不遑勤心遑遑日不不暇事冗曰不暇未遑未及也卒卒促迫之意○司馬遷傳曰卒卒無須臾之間薄遽薄ハ迫也遽ハ速也○嚴助傳曰事薄遽冗迫事多逼迫靡務俗事也出選十六○冗羈因俗事羈絆不得行也冗奪爲俗事奪不得行也饜事事多可厭也○陳軫語俗冗蝟集俗冗ハ俗事也蝟ハ虫名其毛如刺言俗事多如蝟毛也不給於務極冗也○蔡邕語必不遑留冗迫欲去也出束晢補亡詩饑不及餐奔迫不得食也○王褒語不及履忙迫者鞋不及也○淮南語沐垢不終湯冗迫也○沈亞之語未嘗一日蓐寢忙不得睡也○段明語急於星火

急速也○李密語冒塵雜處閙閙處也○叔夜語鮮茲暇日冗迫也○傅毅語拔冗欲人拔去俗事而從我也又曰撥冗又曰掃冗陡然忽然也驀地忽然也劻勷急遽貌試太迫切火急曰試太迫切會日迫促限迫也范滂語○速裝疾來曰速裝○李膺語督促監督催促其事董振○監督其事出左傳笞督決而催也尹翁歸語訶督督促也○李德裕語吏使相望於道遣人督促也○任延語縷行以督之分遣人督之也○杜牧語傳呼促步催人速來也○左雄語

一統萬物之統皆歸于一也一鈞三十斤爲一鈞一均王莽時官作酒二千

五百石爲一均一流朱提銀出善銀銀重八兩爲一流○朱提音殊時一盛酒一器也左傳曰旨酒一盛兮余與褐之父睨之○言我但與寒賤之人斜視此酒而不得飲也一鶚漢孔融薦禰衡曰鷙鳥累百不如一鶚一龍華歆管寧邴原三人爲友號爲一龍歆爲龍頭原爲龍身寧爲龍尾一襲衣上下皆具爲一襲又曰一套又曰一副一緉鞋一雙爲一緉一息一呼一吸爲一息一本花一種曰一本一點紅謂妓也○座上若有一點紅斗筲之器盛千鍾座上若無油木梳烹龍炮鳳都成虛○油木梳亦指妓也○出詩話一諾楚諺曰得黃金百鎰不如季布一諾一鳴驚人齊威王好淫樂不治政事諸侯並侵淳于髡說之曰有禽上王之庭不蜚不鳴王曰此禽不蜚則已一蜚沖天不鳴則已一鳴驚人一劑藥一

占曰二剃

一筐 一盒曰一簣

三者不容闕一 學問之道有三省察也克治也存養也三者不容闕一

三者不可闕一 皇極經云才力也智識也德器也三者不可闕一

一舉兩得 為學者文字虛心靜者即涵養寬柔之功一舉而得

一面 有才可托謂足當一面張良謂漢高祖曰韓信可屬大事足當一面又馬融傳曰融足當四方之一面。屬委托也

二事 持滿以禮持才以愚

二先 治身莫先于孝治國莫先于公

二老 伯夷太公

二酉 小酉大酉二山名在古辰州府城西石穴中有書千卷相傳秦人于此而學因晉焉故梁東王云訪酉陽之逸典

二君 上君下君潮州村名出美酒

二急務 守邊備塞勸農立本漢鼂錯言當世急務二事

二者切己之事 初學記曰敬立則內直義行則外方二者皆學者切己之事

詩有二要 一要力全而不苦澀一要氣足而不怒張

二妙 索靖衛瓘善書號一臺二妙

兩鳳齊飛 北齊崔陵与弟仲文同日拜相時稱兩鳳齊飛

三綱 君為臣綱父為子綱夫為妻綱

三本 天地者生之本先祖者類之本君師者治之本

三禮 事天神事地神事鬼神

三教 儒釋道

三古 伏羲為上古文王為中古孔子為下古

三類 孝行著于家門仁恕施于九族義斷行于鄉黨

三門 揚子曰由于情欲入自禽門由于禮義入自人門由于獨智入自聖門

三善 家語。孔子見人之一善而忘其百非見人有善若已有之聞善必躬親行之然後道之。又恭敬以信忠信以寬明察以斷

三德 得百姓之利者富得百姓之力者強得百姓之譽者榮荀子曰三德具而天下歸之

三端 文士之筆端武士之鋒端辯士之舌端韓子外傳君子避三端

三資 欲富貴者務廣其地欲兵強者務富其民欲王者務博其德

三務 春耕夏耘秋收三時之務也左傳曰三務成功

三農 山農澤農平地農禮曰三農生九穀

三鑑 唐太宗曰以銅為鑑可正衣冠以古為鑑可知興替以人為鑑可明得失

三怨 家語云有君不能事有臣而求其使非恕也有親不能報有子而求其孝非恕也有兄不能敬有弟而求其聽非恕也

三本 管子。德當位功當祿能當官

三命 行善得福曰受命行善得惡曰遭命行惡得惡曰隨命。出孝經援神契

三變 北夢瑣言曰不肖子弟有三變一變為蝗蟲鬻庄而食二變為蠹魚鬻書而食三變為大蟲鬻婢而食鬻音浴賣也蠹音妒

三粲 人三為衆女三為粲

谷永傳曰尊爵有三粲

三秀 靈芝一年三秀

三勿惡 貴而下賤則衆勿惡富能分貧則窮士勿惡知而教愚則童蒙勿惡

民生於三 家語曰民生于三事之如一父生之師教之君食之非父不生非食不長非教不知生之族也故一事之惟其所在則致死焉報生以死報賜以力人之道也

三達德 智仁勇也

三達尊 齒德爵俱尊也

三不幸 少年登高科恃才挾貴非遠到之器一不幸也藉父兄之勢為美官恃勢挾權而有敗亡之禍二不幸也自小有高才能文章其氣恃攝多無德以持之三不幸也

三不祥 幼不肯事長賤不肯事貴不肖不肯事賢謂之三不祥

三教貌 言人要曉儒釋道三教之事躰博而不精專不成三藝之謂故曰三教貌俗云三脚猫非也

弭盜三策 或招或捕或誘之相戕是也戕音墻殺也

三無私 天無私覆地無私載日月無私照

筆三品 金管書忠孝銀管書德行班管書文章

三緘 家語云孔子觀周廟有金人焉三緘其口而銘其背曰古之慎言人也

三昧 得於処曰得三昧国史曰長沙僧懷素自言得草聖三昧

三事 當官三事曰清慎勤是也

三茅 茅蒙隱白日昇天其子茅盈茅固茅衷俱得道號三茅君

鄉三物 周礼云大司徒以鄉三物教萬民。三物六德六行六藝是也

三通鼓 衛公兵法鼓千撾。三百三十三撾為一通。撾陟瓜切打鼓也

四維 礼義廉恥

四教 文行忠信

四益 無益之言勿聽無益之事勿為無益之文勿觀無益之友勿親

四擇 君子有四擇擇術然後學之擇交然後親之擇師然後傳之擇君然後事之

四輕 言輕則招憂行輕則招辜貌輕則招辱好輕則招婬

四重 重言有法重行有德重貌有威重好有觀。四輕四重共出揚子方言修身篇

四德 左傳曰忠則順天孝則生福勤則業進儉則心逸。又礼云孝德之始弟德之序信德之厚忠德之正

四可 可勉者行可信者言可委者命可託者天。邵康節有四可吟

四事 律己以廉撫民以政存心以仁蒞事以勤

四禮 冠婚喪祭

四持 持容持忍持默持讓

四美 良辰美景賢主嘉賓

四知 漢楊震畏四知謂天知地知子知我知

四善 筆談曰琴之材欲輕欲鬆欲脆欲滑

四無妄 耳無妄聽目無妄視口無妄言心無妄慮

事親大節目四事 養體養志致愛致敬

四好 讀好書近好人說好話行好事

四慎 官怠于宦成病加于小愈禍生于懈惰孝衰于妻子

四氣 春夜卧早起廣步于庭夏夜卧早起無厭于日秋夜卧早起與鷄俱起冬夜卧晚起必待日光。出素問四氣調神論

四惡 不教而殺曰虐不戒視成曰暴慢令致期曰賊出納之吝為之有司

四順 民惡憂勞我逸樂之民惡貧賤我富貴之民惡危墜我存安之民惡滅絕我生育之。出管子

鄉約四事 德業相勸過失相規禮俗相交患難相恤

四凶 帝鴻氏有不才子號曰渾沌即驩兜也渾沌不開通貌少昊氏有不才子號曰窮奇謂共工也其行窮其好奇故號窮奇。顓頊氏有不才子號曰檮杌謂鯀也檮杌頑凶無儔匹之貌。縉雲氏有不才子號曰饕餮貪財曰饕貪食曰餮

四行 事親孝事君忠交友信居鄉悌

四配 顔淵曾参子思孟子為四配

四皓 東園公襄邑人姓唐字宣明甪里先生河南軹人姓周名術字元道夏黄公齊人姓崔名廣字少通奇里季姓吳名実

五常 仁義礼智信

五倫 父子君臣夫婦兄弟朋友

五典 父子君臣夫婦長幼朋友

五品 父子有親君臣有義夫婦有別長幼有序朋友有信

五本 説苑云柔以仁誠以信富貴無敢以驕人恭以敬寬以靜。又信德孝弟讓為五本。王梓訓子孫曰五者立身之本

五過 交非其人遊戲怠惰動作無儀臨事不恪用度不節謂之五過

五失 一自求安逸靡其濟泊二不知儒術不悅古道三勝己者厭佞己者悅四崇好優游耽嗜麴蘖五急于名宦匿近權要

五事 貌言視聽思

五教 父義母慈兄友弟恭子孝

五逆 一逆天二逆地三逆君四逆親五逆師

五德 智信仁勇嚴孫子兵術五德

五慮 耳目鼻口心為五慮

五則 象天儀地和民順時供神国語周太子晉曰蔵弃五則

五權 無欲將而惡廢無急勝而忘敗無威内而輕[illegible]

無見利而不顧害。慮事欲熟而用材欲泰。○荀子議兵篇 **五恨** 唐人五恨鰣魚多骨金橘帶酸海棠無香蓴菜性冷曾子固不會吟詩 **五性** 仁義礼智信

六德 一曰智達于事理是非不惑二曰仁愛人利物惻怛不忍三曰聖明睿通達觸物不遍四曰義強毅果斷制事得宜五曰忠恕己之心主于誠實六曰和發而中節無所乖戾 德者實理之得于心謂之德 **六行** 一曰孝善事父母二曰友善處兄弟三曰睦親于九族四曰婣親于外戚五曰任信于朋友六曰恤周濟貧乏行者實德行于身見于事表者謂之行 **六藝** 礼樂射御書數 **六逆** 賤妨貴少陵長遠間親新間舊小加大淫破義 **六順** 君義臣直父慈子孝兄友弟恭 **六德** 為人妻者有六德曰柔順清潔不妬儉約恭謹勤勞是也 **六悔** 寇莱公六悔銘曰官行私曲失時悔富不儉用

貧時悔見事不斈用時悔醉發狂言醒時悔悔藝不少斈過時悔安不將息病時悔 **六極** 一曰凶短折二曰疾三曰憂四曰貧五曰惡六曰弱 **六本** 立身以孝為本喪祭以哀為本居国以嗣為本生財以力為本戰陳以勇為本 **六夢** 正夢惡夢思夢寤夢喜夢懼夢 **六箴** 心箴口箴耳箴目箴足箴腹箴 **六情** 喜怒哀樂愛惡 **六畏** 賢士藏匿四民失業上下相狗廉恥道喪毀譽乱真直言不聞 **六生** 公生明偏生闇端慤生通誠信生神詐偽生塞誇誕生惑 **六辭** 將叛者其辭慙中心疑者其辭枝吉人之辭寡躁人之辭多誣善之人其辭游失其守者其辭屈。出周易係辭傳下 **六謙德** 韓詩外傳曰德行寬裕而守之以恭者容土地廣大而守之以儉者安位尊禄重而守之以卑者貴人衆兵強而守之以畏者勝聰明睿智而守之以愚者哲博聞強記

而守之以淺者不溢 **六一** 歐公曰吾集古録一千巻古書一万巻有琴一張棊一局置酒一壺吾老其間為六一居士

七情 喜怒哀惧愛惡欲 **七教** 敬老尊歯樂施親賢好德惡貪廉譲家語云七教者治民之本 **七教** 父子兄弟夫婦君臣長幼朋友賓客 **七賢** 晋竹林七賢嵇康阮籍山濤劉伶阮咸王戎 **建安七子** 孔融陳琳王粲徐幹向秀阮瑀應瑒劉楨斯七子者於斈無所遺於辭無所假 **作者七人** 正蒙曰作者七人而伏羲神農黄帝堯舜禹湯制法興王之道非有述于人者也 **七國** 齊楚燕韓趙魏秦

八徵 問之以言以觀其辭窮之以辭以觀其変使逆間諜以觀其誠明白顯問以觀其德使之以財以觀其廉試之以色以觀其貞告之以難以觀其勇醉之以酒以觀其態六韜

云八徵皆得賢不肖別矣 **八觀** 通觀其所礼貴觀其所進富觀其所養聽觀其所行止觀其所好窮觀其所受習觀其所言賤觀其所為 **八仙** 唐鍾離呂洞賓李鐵拐風僧哥藍采和玄壺子曹国舅韓湘子 **八愷** 愷和也高陽氏有才子八人天下謂之八愷曰蒼舒隤敳檮戭大臨尨降庭堅仲容叔達是也舜挙之使主后土。敳音哀戭音引 **八顧** 漢郭泰范滂尹勲巴粛宗慈夏馥蔡衍羊陟為八顧。顧者言能以德行顧人者也 **八達** 三国時司馬朗司馬懿司馬孚司馬馗司馬恂司馬進司馬通司馬敏八人皆知名當世時人號為八達 **八元** 高辛氏有才子八人天下謂之八元曰伯奮仲堪叔獻季仲伯亮仲熊叔豹季貍是也舜挙之使布五教于四方。元美也

九容 足容重手容恭口容止声容静頭容正立容德氣容粛色容荘目容端 **九禮**

冠婚朝聘喪祭賓主郷飲酒軍旅此之謂九礼

九流 儒家陰陽家名家縦横家墨家道家雜家法家農家

九言 左傳子大叔語趙簡子九言曰無始乱無怙富無恃寵無違同無敖礼無驕能無復怒無謀非徳無犯非義。古者以一句為一言即一言以蔽之也是

九府圜法 外紀云太府玉府内府外府泉府天府職内府職金府職幣府皆掌財帛之官也。是謂之九府圜法謂均而通也。呂望所立

九章 筭法九章世称黄帝之書又云周公之作一曰方田二曰布粟三曰差分四曰少廣五曰商功六曰均輸七曰方程八曰盈朒九曰勾股即九数之法也

香山九老 胡杲吉旼劉真鄭據盧真張渾李元爽僧如滿白居易是為九老。杲音稿旼音民

九錫 諸侯有徳天子錫之曰輿馬曰衣服曰楽縣曰朱戸曰納陛曰虎賁曰弓矢曰鈇鉞曰秬鬯也前後所錫

雖有異同而大率不出九者之外

九鼎 禹收九牧之金鑄九鼎象九州武王克商遷九鼎于雒邑。○雒音洛

九思 視思明聴思聡色思温貌思恭言思忠事思敬疑思問忿思難見得思義

九則 九州土田上中下九等也序賛曰高下九則

十義 君仁臣直父慈子孝兄友弟恭夫言婦聴長恵幼順

十思 唐魏徵上疏言人主見可欲則思知足將營繕則思知止処高危則思謙降臨満盈則思挹損遇逸楽則思撙節在宴安則思後患防壅蔽則思延納疾讒邪則思正己行爵賞則思因喜而施刑罰則思因怒而濫

治家十事 持身以清潔處心以公平勿使婦人預政事擇師教子弟未成勿使廢科挙處庠序衣服器用皆出中制称家有無濟卹孤貧謹慶弔之礼無畜異物珍藏美女少僕接賓客以和睦待怨嫌以寛恕

十哲 顏淵閔子騫冉伯牛仲弓宰我子貢冉有季路子游子夏為十哲。又唐玄宗令両京諸州各置太公廟以張良配饗選古名將以備十哲左廡以張良為首穰苴韓信李成李靖郭子儀此左五哲也右廡以孫武子為首管仲楽毅諸葛亮李勣范蠡此右五哲也

十八學士 唐高祖以杜如晦房玄齡虞世南褚亮姚思廉李玄道蔡允恭薛元敬顏相時蘇勗于志寧蘇世長李守素陸徳明孔穎達薛收蓋文達許敬宗皆圖象著賛

二十八將 漢二十八將鄧禹馬成吳漢王良賈復陳俊耿弇杜茂寇恂傅俊岑彭堅鐔馮異王覇朱祐任光祭遵李忠景丹萬脩蓋延邳彤姚期劉植耿純臧宮馬武劉隆

謀猷 言切于事謂之謀言合于道謂之猷

伎倆 智謀也

石畫 畫計策也言計策堅固如石也。匈奴傳曰石畫之臣

畫一 謂計度整齊如畫一字也。漢曹参代何為相百姓歌曰蕭何為相較若畫一曹参代之守而勿失

秘策 密計也。封徳彛語

成算 成全之計猶云大策妙算也

上謀 上等計策也

密圖 密計也

玄策 玄妙之計策也

勝算 上等計策也又曰良籌又曰深智又曰神机妙算

揣摩 量度于心也揣猶探也探人主之情摩而近之也蘇秦得周陰符伏而讀之期年以出曰此可以説當世之君矣

遊説 以利害之言動人使之從己舌辯之士也

遊行 色取仁以合時好連黨類立虚誉以為權利者謂之遊行

遊俠 立気勢作威福之私交以立強于世如荊軻豫譲之徒謂之遊俠

任俠 相與信為任同是非為俠所謂權行州里力折公侯者也。又俠之為言挾也以權力挾輔人也

從横 以六攻一為從以一離六為横

約從 約從者約六国以相親而攻秦也

從親

以義利相合曰從親 運籌帷幄 漢高祖曰運籌帷幄之中決勝千里之外吾不如子房。運籌設謀策也帷幄帳也 六韜 韜者胸藏謀畧之謂美太公六韜謂文韜武韜龍韜取其變化虎韜豹韜取其勇也犬韜取其識進退也 三畧 黃石公上中下三畧

不如一見 趙充国曰百聞不如一見 識度清遠 智識度量清高遠大 識量過人 識見度量過絶于人 早為之所 謂是圖也。出左傳

為畫善計 與人謀事也。出楊惲傳 金石之策 長策也。馮衍語 不失銖分 決定也。出大典經。十黍之重曰銖 揆度 計料忖度也

審畫 揆度也又曰指畫商訂。李斯語 灼見 明見也 方略 方術謀略

勇畧 猛而有謀 英畧 英才謀畧 攄畧 出謀謨也文選云攄畧運奇 訏

謨 訏大也謨謀也 參酌 審擇量度也 商確 論較也 酌量 斟酌量度

區畫 區處畫策 謫量 謫度計議 計較 計議較論 斟酌 取善而行曰酌又盛酒行觴曰斟酌 陶[illegible] 研慮 慮事也。下賢語 伏自惟省 自念慮也。出魏言表

超世之識 称人之識見超絶于世人也 參謀帷幄 參贊謀議于帷幄之中也 與博覽者參之 囑人與廣見者參酌計策也。出谷永傳

計無便此者 謂善計也。張儀語

左道 邪術也人道尚右以右為尊故非正之術曰左道王商傳曰執左道以亂政 左計 東畫不適事曰左計 管見 小見也莊子曰以管窺天用錐指地不亦小乎 井見 坐井而視天所見者小也 繆慮 称已所慮差謬也。張登語 挈瓶 小智

也又曰瑣才又曰蟲識 管窺筐舉 所見小也 束手無策 手如束縛無計可施也。宋契丹至城王欽若閉門束手無策 於策不便 事不便也。出賈誼傳 未見其便 事未便也。呂蒙語 講事不令 議事差謬也。出左傳

下流之念 所念慮不高也。吳孫登語 計乃無聊 被窘無奈何也。出吳王濞語 其人議格 其人議不行也。出梁孝王 臧獲

牧豎之智 謂人小智也。習鑿齒語。奴曰臧婢曰獲牧豎牧牛小廝也 不亦左乎 左不便也。出左傳 何適而可 言不可也。出左傳

六功 周礼曰王功曰勳如周公是也国功曰功如伊尹是也民功曰庸如后稷是也事功曰勞如禹是也治功曰力如皐陶是也戰功曰多如韓信是也。陶音搖 功烈 烈猶光也

宏勳 宏大也勳業之大者 駿烈 功烈之大者 勳績 有功于朝廷 徽烈 美功也文選云沒著徽烈 功緒 緒功業之端次也谷永傳曰損十年功緒

功績 績功業也 功業 凡所攻治者皆曰業 嘉庸 美功也文選云嘉庸莫疇 功宗 功之尊顯者 素功 孔子為素王謂素主之功也。梅福傳曰擬仲尼之素功 首功 戰伐以斬首多為功故曰首功 膚功 大功詩曰以奏膚功 巡功 謂察視功役之事也左傳曰宋城華元為植巡功 大造 造成也猶言有功也左傳曰秦師克還無害是我有大造於秦也

康功田功 康功安民之功也田功養民之功也書曰文王卑服即康功田功 汗馬之勞 戰功也征戰之時馬疾馳則汗出故曰汗馬 標末之功 小功也王莽傳曰標末之功一言之勞

世功官族 世居其官而有功者則以其官為族書曰官有世功則以為族

貪天功 左傳○介之推曰天未絶晉必將有主主晉祀者非君而誰天實置之竊人之財猶謂之盜況貪天之功以為己力乎

實其堪事之効 稱其功也○出孔叢書

狗馬功 文選云志狗馬之微功

卒無尺寸之効 言無功也

放勳 放至也勳功也言堯之功大而無所不至也

賞罰 賞者褒賜酬功也罰者罷罰也

差而録之 等第賞之也出光武紀

蹈難之賞 軍中賞也出淮南兵畧○

賞勉罰偷 出外傳○註云賞其勉力者罰其偷惰者

顯効未酬 未賞也○出光武紀

不得一筭之復 無分毫賞也○出鼂錯傳

不見書列 不賞其勞也○出國記

賞罰無章 左傳○註曰賞罰不明也

扶其不勉者 左傳○註曰扶擊也有不勉力者以杖扶之也

追貶奪贈 追論前罪貶其官爵奪其封贈

封贈 生受曰封死受曰贈

旌表 夫早死而不改節者有司奏聞旌表其門閭

分茅土 王者封五色土為社則割各方色土與之使立社燾以黃土苴以白茅茅取其潔黃取其色覆被四方之義

謚號 謚者旌善懲惡以著其實行也蓋生有爵死有謚自周公始也○號稱也名也後世或因山川草木禽獸之類取以寓號者或即其行實而號者此號之始也

剪桐 天子封其弟曰桐封○周成王與弟叔虞戲削桐葉為封曰以此封若史佚命擇日王曰吾直戲耳史佚曰天子無戲言遂封叔虞于唐

二字俱非正音

咎繇 音高搖 即皐陶

可汗 音克寒 夷王名

亢倉 音庚桑 亢倉子

中蘬 音仲毀 即仲虺

日磾 音密堤 金日磾

臺駘 音胡苔地名○出礼記

夫差 音扶釵 吳主名

閼氏 音胭脂 夷后名

昆邪 音魂爺 匈奴號

龜茲 音丘慈 夷国名

摎毐 音刘藹 秦人名

梁闇 音諒安 子居喪名○

逢門 音旁滕 即逢蒙

冒頓 音默特 夷子名

食其 音異飢 酈食其

身毒 音捐竺 西方国

袒免 音但問 喪服也

款乃 音襖藹 棹船歌声

休屠 音朽除 夷王號

谷蠡 音鹿离 夷王弟

虙虒 音盧夷 縣名也

宿留 音秀溜 須待也

朱提 音殊時 縣名

浩亹 音告門 山絕水也

靁維 音雷雍 一水名

蝛螺 音傴僂 曲脊也

㳫氏 音權精 縣名

隆慮 音林閭 地名

于闐 下音電 西域国

番禺 音婆顒 南粵縣名

取慮 音趨閭 縣名

格澤 音鶴逹 妖星

盟津 上音孟 水名

枹罕 音夫讙 縣名

万俟 音木其 人姓

荼首 音祭茂 两頭鹿也

斯沾 即賜覘 二字

汁防 音什方 地名

搶攘 音撑能 乱也

惡池 即滹沱 二字

允吾 音鉛牙 縣名

寧馨 音寧亨 猶恁地也

從臾 音慫勇 勸也

平反 音病翻 理枉也

詘信 即屈伸 二字

蒲伏 即匍匐 二字

扶服 即匍匐 二字

相近 音相迎音 禳祈祭名

次且 即趑趄 二字

毋追 音牟堆 夏冠名

方佛 即彷彿 二字

部婁 音剖蔞 小阜也

俾倪 即埤堄 二字

解果 音蟹倮 陜隘也

屯亶 即迍邅 二字

班驎 即斒斕 二字

披靡 音疲米衰失也 翙翽 音犀毘帯名 僾俙 音依希彷彿也

方良 音罔兩山川精怪 踶跂 音第企用心也 汞懵 即鴻濛二字

從頌 音卯容和緩也 夫不 音巫浮禿尾鳥 戾契 音俠乞不方正

通用部

毀譽 毀ハ称人之悪而損其真也譽ハ揚人之善而過其実也 褒貶 称人之善曰褒言人之悪曰貶

黜陟 黜ハ黜退陟ハ升也 擠援 推而墜下曰擠引而升進曰援 抑揚 抑者按而下之揚者挙而高之

淑慝 淑ハ善也慝ハ悪也書曰旌別淑慝 臧否 人善曰臧人悪曰否

優劣 才有餘曰優才不足曰劣 妍媸 妍ハ美也媸ハ醜也 低昂 低ハ下昂ハ高也○物賈低昂

奇耦 奇ハ単也耦ハ雙也 吉凶 吉ハ者福之兆凶ハ者禍之萠

災祥 災ハ者禍之始祥ハ者福之端凡吉凶之兆皆曰祥 涇渭 涇ハ濁河渭ハ清河也

否泰 否ハ衰敗也泰ハ通泰也 窮通 貧窮亨通 興廢 興ハ起発廃ハ衰敗 盛衰 昌盛衰敗

隆替 隆ハ盛也替ハ廃也 亨屯 亨ハ通也屯ハ塞也 屈伸 抑而後攄也

休戚 休ハ楽戚ハ憂 榮枯 物栄以生枯則以死 得喪 喪ハ失也 勝負

成敗 輸贏 隱顯 隱居貴顯 利鈍 快利遅鈍 脩短 脩ハ長命短ハ天命

差劇 差ハ病減也劇ハ病増也 純駁 純ハ一色駁ハ雑駁 表裏 表ハ外也裏ハ内也

巨細 巨ハ大細ハ小 緩急 緩ハ慢急ハ蹙 洪纖 洪ハ大纖ハ細 賞罰 善者賞之悪者罰之

予奪 予ハ其賢奪其不肖 去就 去其凶就其吉 向背 向陽背陰 開闔 開閉也

啓閉 啓ハ開也 弛張 弛ハ弓解也張ハ施弓弦也 疾徐 疾ハ急也徐ハ緩也

音樂緩急之度也 真僞 僞ハ假也 好歹 歹ハ不好也 精粗 精細粗糙

斷續 斷ハ者両分續ハ者接續 良賤 貴賤也 始末 始ハ初末ハ後 始終 即始末

顚末 即始末也 存殁 生存殁死 疎密 稀疎細密 稀稠 稀ハ疎也稠ハ薄也

厚也又多也 脆韌 脆ハ易断韌ハ難断 軟硬 軟熟生硬 韋革

韋ハ熟皮也革ハ生皮也 沿革 自始至今相沿不動曰沿作今改之曰革謂革其舊而新制之也

作輟 作ハ動輟ハ止也 勤惰 勤勞懶惰 勞逸 勤勞安逸

枝飾 師古曰枝除也飾者言除去舊事更飾新文也○相如傳曰枝飾厥文

勞倈 師古曰勞倈謂勤勞也勞者恤其勤勞也倈者以恩招倈也

豁如 豁然開大之貌○高紀云意豁如也

盪盪 空曠之貌也○郊祀志曰求之盪盪 莖莖 火也○地

理志云豫章出黄金然堇堇 洸洸 空室深邃之貌 洞洞屬屬 洞洞敬肅也屬屬尊謹也

脛脛 脛脛直貌○揚惲傳曰脛脛者未必全也 耐可 猶言如何可也

柰何 能如之何曰柰何無如之何曰柰何又問如之何亦曰柰何 烏有 有没

隔是 言已是如此也 確是 一定也確是也 的 拂獲 獲ハ得也言不得也

未蘇 未ハ無也無因由也 拂克 克ハ能也謂不能也 不逮 逮ハ及也謂不及也

不迭 迭ハ及也不及也 不啻 不止是也又曰不但又曰豈但 奚翅 不啻也又曰不翅也

勉強 力行 牽強 觀合也非自然也 僅可 方畧可也

差可 方畧可也又日稍可 倘若 逆料之辭也又曰設或 脫 猶設或也

儻可 倘若也方不可也 頭緒 多端貌 端倪 頭緒也 底蘊 頭尽

蘊輿処也 **不肯** 不肯也不以為累也 **躭嗜** 好也 **假使** 遊科之辞也又曰假令又曰假饒

雜録部

權輿 始也造衡自權始造車自輿始○校獵賦曰萬物權輿于內○言草木萌芽始生于內也

草昧之初 草而不斉昧而不明言闢創之始也○造物之始始于冥昧

見機 識事之微曰見机○易係辞曰幾者動之微吉之先見者也君子見机而作不俟終日

機事 机微之事也○易係辞曰机事不密則害成是以君子慎而不出也

已事 已往之事也○賈誼傳曰其已事可知也

既事不咎 言既往之事不可追咎也○出車于秋傳

軌事 軌謂法度也○賈山傳曰軌事之大者也

專美 独專美好也○書曰爾尚明保予罔俾阿衡專美有商

張本 預為後地曰張本○出左傳

為地 張湯傳曰文事有可以優湯者不能為地○師古曰不為作道地也

尋繹 繹謂抽引而出也○黄覇傳曰語次尋繹

掛牙 謂不足道曰不足掛牙○謝朓好獎人才曰士子声名未立冝共獎成之無惜歯牙餘論○出宋史

不衷 衷中也言不得乎中制也

不均 不均平也○梁何遜与呉均工詩故得幸後稍失意帝曰呉均不均何遜不遜

訖息 止也○谷永傳曰災異訖息

未有攸底 左傳注曰攸所也底止也言未有所底止之地也

一何遼落 相距遠也

與古相萬 遠不及古也

逕庭 隔遠也又曰天壤又曰霄壤又曰天淵又曰雲淵

無盡藏 不竭尽也

不勝原 原本也謂言説不能尽其根本也○東方朔傳曰不可勝原

信以立志 左傳註曰於人有信乃得成立其志

大忘 家語云魯有大忘徙宅而忘其妻者

健忘 善忘事也

遺忘 失記也

嗒然 忘懷之貌出莊子

重裘 救寒不如重裘止謗不如自修

世濟其美 謂後世能承前世之美

有所底止 言有極至之時也○出左傳

名器 名爵號之名器車服之器也○左傳曰唯名與器不可以假人○言不可以借人也

所亡滋 左傳○註云所失多也

高下在心 左傳○註云事之高下在人心當随時而度其宜也

職此之由 左傳註云因其事也又曰職由此也

職女之由 左傳曰言語漏洩職女之由○言皆由女也

男女同姓其生不蕃 左傳註云古者娶妻不娶同姓買妾不知其姓則卜之也若男女同姓則是無別其子孫必不蕃盛也

沈漸剛克 克能也惟深沉不暴露之人為能剛也○出商書

高明柔克 惟高明不闇弱之人為能柔也○出商書

不忒 不差也

可覆視也 可再驗也

遷喬 自卑升高也○詩云伐木丁丁鳥鳴嚶嚶出自幽谷遷于喬木○丁育争

誰畜之 畜容也○左傳曰天下誰畜之○言誰肯容我也

誰遑其後 左傳註曰何暇遠慮以及其後也

卓行範俗 言其卓犖之行可為世俗之模範也

環復不窮 無尽也

乗間 乗猶因也間謂空隙無事之時也○鄒陽傳曰乗間而請云云

倒行逆施 前史○主父偃一歲四迁大臣賂遺千金或曰太横主父曰大丈夫生不五鼎食死即五鼎烹吾日暮窮途故倒行而逆施也

不知紀極 左傳註云謂無所紀無有窮極也

兼盡 兩全也

事集 集成也。左傳曰今日之事幸而集晉國賴之不集三軍暴骨。首事 陳勝傳曰楚首事。師古曰首事謂最先起兵也。椎少文 今俗名拙訥為椎鈍。椎謂樸鈍如椎也。周勃傳曰其椎少文如此。贅私 贅助也。言助其私意也。左傳曰單列贅私立少以間先王。倒置 莊子曰失性于俗者謂之倒置之民。自列 自陳也。司馬遷傳曰拳拳之忠不能自列。中止 將行止之曰中止。乃爾 猶言如此。沮 音阻止之也。尼 音諵止之也。尚得十半 急欲有半堅曰尚得十半。鳧藻 漢杜詩傳曰特帥和睦士卒鳧藻。註云言其懽悅如鳧戲于水藻也。藻水草也。向火乞兒 唐張九齡見朝士趨附楊国忠以求官。齡語人曰此曹皆向火乞兒。一旦火尽灰冷當凍裂肌膚暴骨溝中矣。出天宝遺事。肺石 按周礼以肺石達窮民。肺石赤石也形如肺。肺款申冤者立于肺石三日聽其辭。格虜 韓子曰慈母有敗子而嚴家無格虜。格捍也。虜奴隷也。言嚴整之家無格捍奴僕也。出史。夸者死權 言貪權勢以矜夸者至死不休。故曰死權。出史記。拘閡 止也。款款之愚 款款忠実貌。出司馬遷報任卿書。衡 渾然也。不可上矣 不加可曰不可上矣。正在阿堵中 指言只在此也。籍籍 喧聒之意也。江都易王傳曰国中口語籍籍。髣髴若夢 隱約記事也。喁喁 衆口向上也。王莽傳曰天下喁喁引領而嘆。剸刃 李奇曰東方人以物甬地為剸。剸通傳曰不敢剸忍於公之腹。秘教 真傳授也。中悃 心胸緒也。鄴架 唐李泌封鄴侯多藏書故曰鄴架。濫膺 濫冒也膺承也。亦云濫叨也。告

畢 造屋完曰工役告畢。休徵 吉兆也。摽出 拋擲于外也。甄別 甄為瓦器者喻揀賢者若為瓦者之能器別也。奮厲 奮起發也。厲動也。明媚 雨初晴景物明媚。明媚者百物遇晴皆艷麗也。不著高 毋事奕棋不著高。射覆 唐文宗以蜂置器令丁文泉射覆。文泉曰萋萋葩葩山中採花雖無官職一日兩衙。克終其世 左傳註云能終其世無有禍乱也。塊阜 淮南子曰塊阜之山無尋常之木。刀蜜 老子曰財色于人譬如刀刃有蜜有割舌之患。告 于上布于下。告則音誥。下告于上告則音谷。歡伯 酒以合歡故名歡伯。庸常 庸劣平常言非奇才也。泛常 猶言尋常。尋常 猶言庸常。

俗語部

遮莫 藝苑雌黃曰遮莫蓋俚語猶言盡教也。自唐以來有之。藞苴 藞苴泥不熟也。中州人謂蜀人放誕不遵軌轍謂之川藞苴。[illegible] 希罕之狀也。玉篇音蝸拙。囫圇 圓也。圓覩 覩圓也。突欒 杭州人以圓為突欒。出西湖一覽。窟欒 杭州人以圓為窟欒。出西湖一覽。陸續 不一次也。逐旋 不一次也。奇異 幾乎 差不多也。險些 幾乎也。將次 近也。庶幾 近也。什麼 由來也。唓嗻 今市中守門鬼東曰唓西曰嗻。折罰 彤磨 魔障 枉費 徒然 頗通 通曰頗通。頗多 多曰頗多。頗久 良久曰頗久。頗有 有曰頗有。頗恠 恨人曰頗恠。委曲 不直也。宛轉 委曲也。圓活 不拘執也。通變 不拘執也。圓融 公家之賓輪一民間謂之圓融

通融（通交）斂尾　收斂　畢竟　終濟　突落（杭州人以鏵為突落○出西湖一覽）勑闌（杭州人以盤為勑○出西湖一覽）窩陀（杭州人以窠為窩陀○出西湖一覽）常川　接續　粘連　纏屬（相連不斷也纏索也屬連也）粘貼　深奧　剳捨　可惜　忒煞

蹺蹊（奇異也又揭足曰蹺）

營生諸業部

商賈（行賣曰商坐販曰賈）商賈（言人之多積財者食貨志曰商賈游于市）良賈（魯販弄日良賈）巨商（大富商）舶商（販海商客也）經商（出外做買賣）

殖貨（做買賣）營運（做買賣）營生（做買賣）買豎（言商賈之人志無遠大營猶畫豎也張良傳曰賈豎易動以利）經營（經量度也營謀為也）營為（經營謀為）

求趁（做買賣）趕趁（急其事也）射時（貨易觀時日射時）販賣（賤買貴賣）攬販（賤買貴賣）興販（賤買貴賣）鬻販（鬻賣也販買貴賣也）衒鬻（衒行且賣也自媒曰衒）斥賣（斥棄也不用而賣之）貨賣（貨即賣也）沽市（皆買也）饒販（饒餘也）徵價（徵召也價買也物有定價則買者來也○禮記曰司市以度量成價以徵價）末利（商賈之利）刀錐（求小利曰刀錐之末○刀錐之末至細以喻細事也）覓利（求利）■錢（交易近利又曰趁錢）爭利（史記曰爭名者于朝爭利者于市）糶糴（糶穀糴米）行業（所行次第凡百者皆曰業）囤米（囤小廩以盛米）六陳（各色糧食曰六陳之六陳行）常平

漢宣帝時歲豐穀賤壽昌請增價糴米出糶　交易（炎帝神農氏教民日中為市致天下之貨交易而退各得其所）貿易（即交易也）貿遷（即交易也）兌換（以此物換彼物也又曰博換又曰搬換）經紀（營生之人）行販（買賣之人）

市鬻（皆賣也）孜孜為利（孜孜勤也心專利也）一百道營生（尽衒作活）以活家命（做營生也）怵迫之徒（趨利之人）與時逐（視時販也）各求自售（售賣也求賣也）半錢利（晉華譚曰小人爭半錢之利）外市（與外國交易）疾趮（快速）遲鈍（生意遲鈍）談習（言市人精黠也）於尺寸之間（市人之技）目語額瞬（○目語者口不言而以目動使之也瞬目忽開忽閉也）山積星繁（如山之高如星之多也）

總成（称人來買貨曰總成又曰照顧）主顧（凡來買貨之人謂之主顧）省錢勤本（耐久省費）殺本（本足）划算（收總結算）找足（找完足數）以本業之（給与本錢使營生也）無兼辰之業（旋作旋生也）旦暮之業（貧人所營）生生所資（所養生用也）

置貨（置買貨物）定製（先付錢定造貨物）揀擇（選擇貨物）較勘（較量勘驗）故敠（称量物知輕重也）剔揀（挑選貨物）稱量（称銀量米）比賬　度長絜短（度量也絜圍也量之圍束之也）故斤估兩（称量物之輕重也）贉（買物先付定錢）㩜（㩜物比深淺較多少也）銖稱寸度（枚乘傳曰銖銖而称之至石必差寸寸而度之至丈必過）

估價論物價也又曰估計又曰估值又曰計值　諸價商量物價定　評價評定物價
詢價細問人物價　兌銀上音隊　添兌添加也　求益要添
價跌擭換物已成又論價也
牙郎酌量市價之人又曰牙行　貨郎即牙郎也　牙儈会合市人酌量市價之人
即牙郎也　市儈即牙郎也　駔儈即牙儈也駔者其首率也　大駔大牙郎也
女儈牙婆也　攬攬招納客商　有市籍係行以繫量業
於市做牙郎度日也　把持行市如以手把執持定其行市之貨價不必讓
入也　駔儈之術牙郎之事
卬貴物價高貴也。食貨志曰萬物卬貴　翔貴言物貴如鳥之翔不離于貴也　食

貨志曰穀價翔貴　痛騰痛甚也物價甚騰貴也　騰躍
物價高貴也。食貨志曰物以故騰躍　物踊騰貴物大貴也　物價騰
踊貴也　穀糴騰踊米價踊長　食貴於玉食價貴如玉　柴
貴於桂柴價如桂
折閱損其所閱賣物價也。荀子云良賈不為折閱而不市　權值估物價
也　強折錢價強以小價買物也　虧折貨物損折數　折折折分
貨物損其數　虧本折本也　折耗損其數也
四人異業言士農工商各有所業也　以漁採為業小民以捕魚砍柴為業　以
業也　手鏝衣食泥作為生也　樹米架竿種牧為業　惡業博

戲為生也　小業以賣漿為生也　山伐以伐山竹木為業也　餅師賣餅人也
陶家燒窯之家　冶鑄鉄器之家也　屠伯屠宰家之頭者也　巧屠宰
家之精者

數目部

塵十埃曰塵。小數也　沙十塵曰沙　纖十沙曰纖　忽十纖曰忽　絲十忽曰絲　毫十絲
曰毫　氂十毫曰氂　分十氂曰分　錢十分曰錢　兩十錢曰兩　斤十六兩曰斤
粟粟粒也。粮數起于粟　圭六粟曰圭　撮十圭曰撮三指撮也。　抄十撮曰抄
勺十抄曰勺　合十勺曰合　升十合曰升　斗十升曰斗　石十斗曰石○釜
六斗四升曰釜　斛五斗曰斛　庾十六斗曰庾　秉十六斛曰秉　鍾六斛四斗

曰鍾
忽十微曰忽。田數起于忽長六十寸闊一寸　絲十忽曰絲　毫十絲曰毫　釐十毫曰釐
分十釐曰分　畝十分曰畝　頃百畝曰頃　步四方五尺假如田長十六畝闊十五
步長闊相乘二十四步為一畝
黍斤兩起于黍　絫十黍為絫　銖十絫為銖　分四銖為分　兩二十四銖為兩　斤
十六兩為一斤　秤十五斤為一秤　鈞三十斤為一鈞　石四鈞為一石　引二百
斤為一引　錙六銖為錙又八兩為錙　鎰二十四兩為鎰又云二十兩為鎰又云
三十兩為鎰
程十髮曰程。丈尺起于程　分十程曰分　寸十分曰寸　咫八寸曰咫　尺十寸曰尺

仭八尺 丈十尺 足四丈爲端 五丈爲尋常 六尺
曰仭曰丈曰足一足一端
曰尋倍尋 丈墨 五尺爲墨倍墨爲丈。国
尋曰常 語曰不過尋常丈墨之間

單
單 奇也單 孤名單 獨名單 個一個 枚一枚單名 件一件
孤單 枕云一個
單 隻 一隻 雙 雙並同 兩也与双 耦對 也双 兩 也双 百 十十
名 單名
佰 曰佰 一百 千 十百曰千 萬 十千曰萬 億兆 十萬曰億 十億曰兆 京垓
十兆曰京 十京曰垓 鉅萬 數未定之詞 猶云萬萬也 摩訶 無數 也 太半
三分之二爲太半 大半 三分之一爲小半 强半 也 太萬 數百萬也 匈奴齊
曰歲 十億 秭 以太萬 曰秭 忽微 孟康曰忽微若有若無細于髮者也 秋忽
劉向曰秋禾芒也 忽如蛛網細者也 秋毫 師古曰毫成之時 端極纖細喻小也 一丁

切 師古曰一切者權時之事非經常也 猶如以刀切物苟取整齊不顧長短縱横 故言一切 什四 古曰什四 成紀曰被災什四以上 謂田畝所收十損其四
大畧 揔計料度之辭也 大抵 謂傳曰大抵 言大畧也 ○ 買冠若干 師古曰若干 且設數之言也 干猶箇也 謂當如此箇數耳 又曰如干 大凡 總計之言 也
大歸 凡也 猶言大 無慮 無小思慮而大計也 師古曰無慮者大率凡之言 又云也
大要 大較 又云 大率 大都 乘除 乘起也 除下也 加減 加者益其數 減者損其數 増
添 益其數也 整頓 一一摠得物也 數數 頻數 不頻頻
猶數數 不一次也 等段 又曰 遵審 次 不一次也 幾審 俗云幾遍 屢次 不
一次也 數遍 次 不一次也 凡百 不止一事 又曰凡事 又曰
也 次 請凡 又曰 請般 又曰 一應

皆不止一事也 撒數 零碎細開之數 零星 曰零碎 細碎也 又 些須 小可
也 細微 也 小可 瑣屑 也 細碎 有奇 奇者單也 猶云有零也

補遺部

質戅 楊雄傳曰何文肆而質戅 ○ 註云 文肆者
楚辞遠遊乘龍之旨也 質戅者恨世之不
用而自沉也 矩矱 又後漢崔蒙云 求矩矱之所同 矱者度也 楚辞云 文協矩矱之正
度 勞瘵 瘵者損疾也 醫家謂五勞 五勞者五臓之勞也 酗醟 上音許 去声下
音永 又音榮 酗醟者酒在也 一曰 滛酒而狂 鉛
周自萊曰醟 ○ 漢書叙傳云 中山滛醟
槧 槧削板牘也 人臣有記奏用鉛預記
槧于板牘也 ○ 揚子雲曰 懷鉛題槧 僶俛 与
勉通用 謂力不能心 伶㑌 曰囹滯貌 ○ 相如賦
不欲而勉爲之也 曰伶以伶疑 ○ 注

曰不前也 彫勀 勀者敝也 力乏也 擿觖 挑其過惡也 黜敝 不能
又音太硋 快擿 擿者舒展也 ○ 坡詩云 幽懐
有所爲曲而随 得快擿 又曰 懐抱向誰擿 稽
入意也 閡 猶碍也 止也 澳涊 垢濁也 又云 汨没也 ○ 唐
閡与碍同 詩賛云 澳涊于隋光明于唐
唐 結轖 轖車不行也 ○ 七発云 佚惕 忧慨也
邪氣襲逆中若結轖 豪放也
倣儻 大志也 不羈也 謹諉 以言相屬累也 哤聒 讙譁也 ○ 管
慶則其 吽吹 声 賧賨 賧者蠻夷以財贖罪也 賨
哤聒 夷人歳輸布爲賦也
藁爾 小貌 懊恍 嘆息 肯綮 筋骨結会処 跫然 人行声也
閒足音跫 然而喜 土苴 糞草糟粕之類也 ○ 荘子曰 土苴以治天下 ○ 荘子曰
渣 如藥渣之類 飯 穮蔉 穮耘禾去草也 渣滓
曰粥之渣滓也 蔉壅苗也 也 廥廩

積錢為嗇藏米為廩 黄屋 天子所居之室以黄衣故云黄屋 互市 以我朝之銀幣易商夷之畧謂之互市揚椒山言其五不可張桂阻之不用 榷税 横木于渡使不浮行以抽其物也 杞人 列子云杞人有憂天之墜置身無所至忘寢食有暁之者曰天積氣耳奈何憂崩墜乎 蔓引株連 古詩云無使滋蔓蔓難圖也株連謂累及者也 孫注 宋王欽若譖寇準于帝曰陛下聞博乎博者輸錢欲不乃盡其所有出之謂之孫注陛下寇準之孫注也斯亦危矣 擺劃 擺佈剖劃也見古曲針十 帯也 女土 散氣 散物中剥相關鎖也俗呼閑者為散氣 賺 音暫不実也誤人也 揭 音触剥取也亦作猾戳戳 剹 音連軽剌物也 歊魫 不平拖也 轂韃 車轉輪也亦云轣轆今俗以喩煩聒 甦醒 酔鮮也又而浮蘇也 因 凍餒 物空

類書纂要 巻之十二 五十三

磚搖動声又水流声 夌惷 郷愚也 膏膊 雉有膊肉 葟炙 從肉為炙不從夕 婠妠 小兒肥注貌 廝守 相守也 總 跨針綫也 縺 細縫縫也 捻 音斂去声手捻物也 芟薙 除草也芟与刪同義薙与剃同義 屜 匣中隔也 觳 觳卵中也今呼蛋 殼 鰥鋪 宿不配耦之処俗呼官鋪非也 搕撻 物相觸也 娶 音少去声俗将男作女曰作娶 瀝瀝 寒山詩云買肉血瀝瀝買魚跳鱍鱍為口括累累一時圖快活此亦君子遠庖厨之意也 温暾 ○不熱不冷也白楽天詩云天池水暖温暾○又今俗語不決裂之称 隱括 亦作隱括揉曲曰隱正方曰括説苑云隱括之下多曲木 闖 音噴去声覘看室中虚実也俗呼創弄也覘秘視也 飄僄 輕薄美貌○見董穎

類書纂要巻之十二終

類書纂要 巻之十二 五十四

寛文己酉歳梓之
書肆山形屋

五行大義

提要

《五行大義》五卷，隋蕭吉撰，清光緒八年（一八八二年）佚存叢書（日本林衡輯）木活字本。此書多論陰陽五行之事，如五行與河洛，五行與納甲、納音，五行與干支等。日本天平寶字元年（七五七年）本為最早。後有元弘本、神宮本、天文本、陽明本、蔔部本、高野本、寶玲本、元祿本、佚存本等十種主要的鈔本和刊本。一九世紀，隨佚存叢書傳入中國。清嘉慶九年（一八〇四年），德清許宗彥據此翻刻《五行大義》五卷。後入『宛委別藏』、『知不足齋叢書』。蕭吉，字文休，南蘭陵人。

五行大義序

上儀同三司城陽郡開國公蕭吉撰

夫五行者蓋造化之根源人倫之資始萬品稟其變易百靈因其感通本乎陰陽散乎精像周竟天地布極幽明子午卯酉爲經緯八風六律爲綱紀故天有五度以垂象地有五材以資用人有五常以表德萬有森羅以五爲度過其五者數則變焉寔資五氣均和四序孕育百品陶鑄萬物善則五德順行三靈炳曜惡則九功不革六沴互興原始要終靡究萌兆是以聖人體於未肇故設言以筌象立象以顯事事既

懸有可以象知象則有滋滋故生數數則可紀象則可形可形可紀故其理可假而知可假而知則龜筮是也龜則爲象故以日爲五行之元筮則爲數故以辰爲五行之主若夫參辰伏見日月盈虧雷動虹出雲行雨施此天之象也二十八舍內外諸官七曜三光星分歲次此天之數也山川水陸高下平汗嶽鎮河通風迴露蒸此地之象也八極四海三江五湖九州百郡千里萬頃此地之數也禮以節事樂以和心爵表章旗用刑革善此人之象也百官以治萬人以立四教修文七德閱武此人之數也因夫象數故識

五行之始末藉斯龜筮乃辨陰陽之吉凶是以事假象知物從數立吉每尋閱墳索研窮經典自羲農以來迄于周漢莫不以五行爲政治之本以蓍龜爲善惡之先所以傳云天生五材廢一不可尚書曰商王受命狎侮五常殄棄三政故知得之者昌失之者滅爰暨中原喪亂晉氏南遷根本之書不足枝條之學斯盛虛談巧筆競功於一時碩學經邦弃之於萬古末代踵習風軌遂成雖復占候之術尚行皆從左道之說卜筮之法恒在爻象之理莫分月令靡依時制必爽失之毫髮千里必差水旱興而不辨其由妖祥作

而莫知其趣非因形像罕徵窮者觀其謬惑歎其學人皆信其末而忘本並舉其麤而漏細古人有云登山始見天高臨壑方覺地厚不聞先聖之道無以知學者之大況乃五行幽邃安可斐然今故博採經緯搜窮簡牒略談大義凡二十四段別而分之合四十段二十四者節數之氣總四十者五行之成數始自釋名終于蟲鳥凡配五行皆在茲義庶幾使斯道不墜知其始焉若能治心靜志研其微者豈直怡神養性保德全身亦可弼諧庶政利安萬有斯故至人之所達也晳人感物制經吉今因事述義異時而作共

執殊途嘆味道之不齊求利物之一致倚焉衆哲補
其闕焉

五行大義序終

五行大義總目

五行大義總目終

五行大義卷第一

上儀同三司城陽郡開國公蕭吉撰

論五行名

夫萬物自有體質聖人象類而制其名故曰名以定

體無名乃天地之始有名則萬物之母以其因功涉用故立稱謂禮云子生三月咳而名之及其未生本無名字五行爲萬物之先形用資於造化豈不先立其名然後明其體用春秋元命苞曰木者觸也觸地而生許愼云木者冒也言冒地而出字從於中下象其根也其時春禮記曰春之爲言蠢也產萬物者也位在東方尸子云東者動也震氣故動白虎通云火之爲言化也陽氣用事萬物變化也許愼曰火者炎上也其字炎而上象形者也其時夏尚書大傳云何以謂之夏夏假也假者方呼萬物而養之釋名曰夏假者寬假萬物使生長也其位南方尚書大傳云南任也物之方任也元命苞云土之爲言吐也含吐氣精以生於物許愼云土者吐生者也王肅云土者地之別號以爲五行也許愼云其字二以象地之下與地之中以一直畫象物初出地也其時季夏季老也萬物於此成就方老王於四時之季故曰老也其位處内内通也禮斗威儀云得皇極之正氣含黃中之德能苞萬物許愼云金者禁也陰氣始起萬物禁止也土生於金字從土左右注象金在土中之形也其時秋也禮記云秋之爲言愁也愁之以時察守義

者也尸子云秋肅也萬物莫不肅敬恭莊禮之主也說文曰天地反物爲秋其位西方尚書大傳云西鮮也鮮訊也訊者始入之貌也釋名廣雅白虎通皆曰水準也平準萬物元命苞曰水之爲言演也陰化淖濡流施潛行也故立字兩人交一以中出者爲水一者數之始兩人譬男女陰陽交以起一也水者五行始焉元氣之湊液也管子云水者地之血氣筋脈之通流者故曰水許愼云其字象泉並流中有微陽之氣其時冬尸子云冬終也萬物至此終藏也禮記云冬之爲言中也中者藏也其位北方尸子云北伏也

萬物至冬皆伏貴賤若一也五行之時及方位故分而釋之

論支干名

支干者因五行而立之昔軒轅之時大撓之所制也蔡邕月令章句云大撓採五行之情占斗機所建也始作甲乙以名日謂之幹作子丑以名月謂之支有事於天則用日有事於地則用辰陰陽之別故有支干名也而名有總別先論總名次言別號總名支幹者幹字乃有三種不同一作幹二作榦三作干字今解榦字者此支榦既相配成用如樹木之有枝莖

榦共爲樹體所以云榦又作幹者幹濟爲義支者支任爲義以此日辰任濟萬事故云支幹又作干字者亦是榦義如物之在竿上能豎立顯然故亦云竿也世書從易故多干也次別號者詩緯推度災云甲者押也春則開也冬則闔也鄭玄注禮記月令云甲者抽也乙者軋也春時萬物皆解孚甲自抽軋而出也丙者柄也物之生長各執其柄鄭玄云丙者柄也夏時萬物強大炳然著見也丁者亭也亭猶止也物之生長將應止也戊者貿也生長將極極則應成貿易前體也己者紀也物既始成有條紀也鄭玄云戊之言茂也己之言起也謂萬物皆枝葉茂盛其含秀者抑屈而起也庚者更也辛者新也謂萬物成代改更復新也鄭玄云謂萬物皆肅然改更秀實新成也壬者任也癸者揆也陰任於陽揆然萌牙於物也鄭玄云時維閉藏萬物懷任於下揆然萌牙也子者孳也陽氣既動萬物孳萌三禮義宗云陽氣至孳養生丑者紐也紐者繫也續萌而繫長也故曰孳萌於子紐牙於丑三禮義宗云言居終始之際故以紐結爲名寅者移也亦云引也物牙稍吐引而申之移出於地也淮南子云寅螾動生也三禮義宗云寅者引也肆

建之義也卯者冒也物生長大覆冒於地也淮南子云卯茂也茂然也三禮義宗云卯茂也陽氣至此物生滋茂辰者震也震動奮迅去其故體也三禮義宗云此月之時物盡震動而長巳者已也故體洗去於是已竟也三禮義宗云巳起也物至此時皆畢盡而起午者仵也亦云萼也仲夏之月萬物盛大枝柯萼布於午淮南子云午者忤也三禮義宗云仵長也大也明物皆長大也未者昧也陰氣已長萬物稍衰體變昧也故曰變昧於未淮南子云未味也三禮義宗云時物向成皆有氣味申者伸伸猶引也長也衰老

引長淮南子云申呻也三禮義宗云申者身也物皆身體成就也酉者老也亦云熟也萬物老極而成熟也淮南子云酉飽也三禮義宗云酉猶也猶倫之義也此時物皆縮小而成也戌者滅也殺也九月殺極物皆滅也三禮義宗云此時物衰滅也亥者核也閡也十月閉藏萬物皆入核閡三禮義宗云亥劾也言陰氣劾殺萬物也爾雅歲次云太歲在寅名攝提格淮南子注云格起也萬物承陽而起卯名單閼單盡閼止也言陽氣推萬物而起陰氣盡止也辰名執徐執蟄也徐舒也言伏蟄之物皆散舒而出也巳名大

荒落荒大也言萬物熾盛而大出落落而布散也午名敦牂淮南子云欃槍敦盛牂壯也言萬物盛壯也未名協洽淮南子云協和也洽合也言陰欲化萬物和合也申名涒灘淮南子云涒灘大修也言萬物皆修其精氣也酉名作噩淮南子云名作噩作噩零落也言萬物皆陊落也戌名閹茂掩蔽也茂冒也言萬物皆蔽冒也亥名大淵獻淵藏獻迎也言萬物終亥大小深藏窟伏以迎陽也子名困敦困混也敦沌也言陽氣混沌萬物牙蘖也丑名赤奮若奮起也若從也言陽氣奮迅萬物而起無不順其性赤陽色也春秋緯云大陰所在之名與淮南子爾雅不同此並支干別名大意終從氣解故以具釋之

第二辨體性

體者以形質爲名性者以功用爲義以五行體性資益萬物故合而辨之木居少陽之位春氣和煦溫柔弱火伏其中故木以溫柔爲體曲直爲性火居大陽之位炎熾赫烈故火以明熱爲體炎上爲性土在四時之中處季夏之末陽衰陰長居位之中總於四行積塵成實積則有間有間故含容成實故能持故土以含容持實爲體稼穡爲性金居少陰之位西方成

物之所物成則凝强少陰則清冷故金以强冷爲體從革爲性水以寒虛爲體潤下爲性洪範云木曰曲直火曰炎上土曰稼穡金曰從革水曰潤下是其性也淮南子云天地之襲精爲陰陽陰陽之專精爲四時四時之散精爲萬物積陰之寒氣反者爲水積陽之熱氣反者爲火水雖陰物陽在其內故水體內明火雖陽物陰在其內故火體內暗木爲少陽其體亦含陰氣故內空虛外有花葉敷榮可觀金爲少陰其體剛利殺性在外內亦光明可照土苞四德故其體能兼虛實洪範傳曰木曰曲直者東方易云地上之

木爲觀言春時出地之木無不曲直花葉可觀如人威儀容貌也許愼云地上之可觀者莫過於木故相字目傍木也古之王者登輿有鸞和之節降車有佩玉之度田狩有三驅之制飲餞有獻酢之禮無事不巡幸無奪民時以春農之始也無貪欲姦謀所以順木氣木氣順則如其性茂盛敷實以爲民用直者中繩曲者中鉤若人君失威儀酖酒縱恣重徭厚稅田獵無度則木失其性春不滋長不爲民用橋梁不從其繩墨故曰木不曲直也火曰炎上炎上者南方揚光輝在盛夏氣極上故曰炎上王者向明而治蓋取

其象古者明王南面聽政攬海內雄俊積之於朝以助明也退邪佞之人臣投之於野以通壅塞任得其人則天下大治垂拱無爲易以離爲火爲明重離重明則君臣俱明也明則順火氣火氣順則如其性如其性則能成熟順人士之用用之則起捨之則止若人君不明遂賢良進讒佞棄法律疎骨肉殺忠諫赦罪人廢嫡立庶以妾爲妻則火失其性不用則起隨風斜行焚宗廟宮室燎于民居故曰火不炎上土爰稼穡稼穡者種曰稼斂曰穡土爲地道萬物貫穿而生故曰稼穡土居中以主四季成四時中央爲內事

宮室夫婦親屬之象古者天子至於士人宮室寢處皆有高卑節度與其過也寧儉禹卑宮室孔子善之后夫人左右妾媵有差九族有序骨肉有恩爲百姓之所軌則則如此順中和之氣則土得其性得其性則百穀實而稼穡成如人君縱意廣宮室臺榭鏤雕五色罷盡人力親疎無別妻妾過度則土失其性土失其性則氣亂稼穡不成故五穀不登風霧爲害故曰土不稼穡金曰從革從革者革更也從範而更形革成器也西方物既成殺氣之盛故秋氣起而鷹隼擊春氣動而鷹隼化此殺生之二端是以白露爲霜

霜者殺伐之表王者教兵集戎事以誅不義禁暴亂以安百姓古之人君安不忘危以戒不虞故曰天下雖安忘戰者危國邑雖強好戰必亡殺伐必應義應義則金氣順金氣順則如其性如其性者工冶鑄作革形成器如人君樂侵凌好攻戰貪色賂輕百姓之命人民騷動則金失其性冶鑄不化凝滯渠堅不成者衆秋時萬物皆成百穀已熟若逆金氣則萬物不成故曰金不從革水曰潤下潤下者水流溼就汙下也北方至陰宗廟祭祀之象冬陽之所始陰之所終終始者綱紀時也死者魂氣上天爲神魄氣下降爲

鬼精氣散在於外而不反故爲之宗廟以收散也易曰渙亨王假有廟此之謂也夫聖人之德又何以加於孝乎故天子親耕以供粢盛王后親蠶以供祭服敬之至也敬之至則鬼神報之以介福此順水氣水氣順則如其性如其性則源泉通流以利民用若人君廢祭祀慢鬼神逆天時則水失其性水暴出漂溢沒溺壞城邑爲人之害故曰水不潤下也

論大衍數

凡萬物之始莫不始於無而後有是故易有太極是生兩儀兩儀生四序四序生之所生也有萬物滋繁

然後萬物生成也皆由陰陽二氣鼓舞陶鑄互相交感故孤陽不能獨生單陰不能獨成必須配合以鑪冶爾乃萬物化通是則天有其象精氣下流地道含化以資形始陰陽消長生殺用成則其道難明非數不可究故因數以辨之數之顯理猶筌蹄之取魚兎陽順唱始陰佐其終窮奇偶之數備相成之道極變化之源者詳於蓍策之數也七八爲靜九六爲動陰動而進變七之九象氣息也明陽道之舒以象君德唱始不休無所屈後去極一等而猶進之故九動也陰動而退變八之六象氣消也以明臣法有所屈後

唱和而已事理近君則靖息以聽命必須退讓以明其義故八靜也易曰分二以象兩掛一以象三揲之以四以象四時者餘則有四七故名七也有四八故名八也有此則靜爻之數夏殷尚質以用靜爻占之餘有四九故名九也有四六故名六也此則動爻之數周備質文故兼用動爻凡大衍極天地之數五十有五也京房以十日十二辰二十八宿合應五十其一不用者天之生氣將欲以虛求實故用四十九焉馬融以易之太極謂北辰也生兩儀兩儀生日月日月生四時四時生五行五行生十二月十二月生二

十四氣北辰居位不動其餘四十九轉運而用也鄭玄曰貞悔六爻本有五十定所用者四十有九天地之數本五十五天五與地十通天一與地六通數之者氣則有并并則宜減焉大衍減五故有五十其用減一故四十有九不并者不可減也今總其數五十者天一至地十凡五十五也此合生成之數若止言生數唯有十五從一至五也易之所象爻盡之有竊古自天地以下日月等數皆爲蓍卦所攝循環變轉萬世無窮而五十有五五本并數并數者天之與地共各有一體體各有一正應敵對今盈於五則是氣

之并數并不再用是其配義配則爲虛不當於實不當於實故事無所主所以揲蓍不用又虛其一者掛一象無無無可象故有之用極則無之功見故曰尋太極而得吉凶尋吉凶而得八卦尋八卦以得四時尋四時以至兩儀尋兩儀以至太極太極者大殺而極窮無之致也遣有以竅極減多以就少此之謂也故曰太極無所復象明其空寂非言象所詮也

論生成數

行言五者明萬物雖多數不過五故在天爲五星其神爲五帝孔子曰昔邱聞諸老聃云天有五行木金

水火土其神謂之五帝在地爲五方其鎮爲五岳物理論云鎮之以五岳在人爲五藏其候五官黄帝素問云五藏候在五官眼耳口鼻舌也五行遞相負載休王相生生成萬物運用不休故云行也春秋繁露云天地之氣列爲五行夫五行者行也易上繫曰天數五

王曰謂一三五七九也韓曰五奇也

地數五

王曰謂二四六八十也韓曰五偶也

五位相得

王曰五位金木水火土也

而各有合

王曰謂水在天爲一在地爲六六一合於北火在天爲七在地爲二二七合於南金在天爲九在地爲四四九合於西木在天爲三在地爲八三八合於東土在天爲五在地爲十五十合於中故曰五位相得而各有合謝曰陰陽相應奇偶相配各有合也韓曰天地之數各有五五數相配以合成金木水火土也

尚書洪範篇曰五行一曰水二曰火三曰木四曰金

五曰土

皆其生數

禮記月令篇云木數八火數七金數九水數六土數五

皆其成數

天以一生水於北方君子之位陽氣微動於黄泉之下始動無二天數與陽合而爲一水雖陰物陽在於內從陽之始故水數一也極陽生陰陰始於午始亦無二陰陽二氣各有其始正應言一而云二者以陽尊故尊既括始陰卑贊和配故能生而陽數偶陰在

火中火雖陽物義從陰配合陰始故從始立義故火數二也老子云天得一以清地得一以寧是知皆有一義唱和同始是以云木配陽動而左長於東方長則滋繁滋繁則數增故木數三也陰佐陽消陰道右轉而居於西在陽之後理無等義故金數四也陰陽之數始乎一周然後陽達於中總括四行苞則彌多故土數五也此竝生數皆云據始未明成數數既未成亦未能爲用頴容春秋釋例云五行生數未能變化各成其事水凝而未能流行火有形而未生炎光木精破而體剛金强而斫土鹵而斥於是天以五臨

民君化之傳曰配以五成所以用五者天之中數也於是水得於五其數六用能潤下火得於五其數七用能炎上木得於五其數八用能曲直金得於五其數九用能從革土得於五其數十用能稼穡鄭玄云數若止五則陽無匹偶陰無配義故合之而成數也奇者陽唱於始爲制爲度偶者陰之本得陽乃成故天以一始生水於北方地以其六而成之使其流潤也地以二生火於南方天以七而成之使其光曜也天以三生木於東方地以其八而成之使其舒長盛大也地以四生金於西方天以九而成之使其剛利

有文章也天以五合氣於中央生土地以十而成之以備天地之間所有之物也合之則地之六爲天一匹也天七爲地二偶也地八爲天三匹也天九爲地四偶也地十爲天五匹也陰陽各有合然後氣性相得施化行也故四時之運成於五行土總四行居時之季以成之也五行傳及白虎通皆云木非土不生根核茂榮火非土不榮得木著形金非土不成入範成名水非土不停隄防禁盈土扶微助衰應成其道故五行更互須土土王四季而居中央不以名成時故知同時俱起但託義相生傳曰五行竝起各以名

別常從數義云北方亥子水也生數一丑土也生數五一與五相得爲六故水成數六也東方寅卯木也生數三辰土也生數五三與五相得爲八故木成數八也南方巳午火也生數二未土也生數五二與五相得爲七故火成數七也西方申酉金也生數四戌土也生數五四與五相得爲九故金成數九也中央戊己土也生數五又土之位在中其數本五兩五相得爲十故土成數十也此陰陽兩氣各一周也共一周則爲生數各一周則爲成數陽以輕清上爲天陰以重濁下爲地而陽至第五而入中者其體躁疾故

共一周而入中陰至第十方入中者其體遲殿故各一周而始入耳然五行皆得中氣而後成土居中而王四季并須土以成之也洪範是上古創制之書故言生數禮記月令是時候之書所貴成就事業故言成數唯土言生數者土以能生爲貴且以成四行足簡之矣是其能生能成之義也鄭玄曰以天地相配取陰陽之理常從以支干數和合取日辰爲用兩說雖別大意還同終會易經天一至地十之義孝經援神契言以一立以二謀以三出以四孳以五合以六嬉以七變以八舒以九列以十鈞五行以一立水一

爲生數以五配一水之成數故言一立而六嬉嬉是與義二是火之生數七是火之成數故言二謀火以變化爲能故言七變謀者以其爲變之始也三木之生數八木之成數五行始於東方故云三出八而成長故曰八舒四金之生數九金之成數西方成就故言四滋品類不同故稱九列五是土之生數十是土之成數以天之五合地之十數義斯畢所以五言其合十言其均均是成備之義春秋元命苞云胎錯僻連以鈞一動合於二故陰陽受成於三故日月星序張於四故時起立於五故行動布於六故律踊分於

七故宿改萌於八故風布極於九故州吐畢於十故功成數止此并經緯共明五行生數之數不過十也

論支干數

支干數者凡有二種一通數二別數今先辯通數後論別數通數者十干十二支也干有十者應天地之大數也易繫辭言天數五地數五天地之數不過於十故以干極於十十主日十日爲一旬也支十二者禮稽命徵言布政十二尊卑有序援神契言三三參行四四相扶天有四時之氣以三月成一時故言三三參行四四相扶天地人謂之三才是爲三者物生

之常數因而各生三本三而末九所以十二元命苞言數成於三故合於三三月陽極於九故一時九十日也支象於月十二月爲一歲也此辨通數別數者支數則子數九丑八寅七卯六辰五巳四午九未八申七酉六戌五亥四太玄經云子午九者陽起於子訖於午陰起於午訖於子故子午對衝而陰陽二氣之所起也寅爲陽始申爲陰始從所起而左數至所始而定數故自子數至申數九自午數至寅亦九所以子午九也丑未爲對衝自丑數至申數八自未數至寅亦八所以丑未八也寅申爲對衝自寅數至申

數七自申數至寅亦七所以寅申七也卯酉爲對衝自卯數至申數六自酉數至寅亦六所以卯酉六也辰戌爲對衝自辰數至申數五自戌數至寅亦五所以辰戌五也巳亥爲對衝自巳數至申數四自亥數至寅亦四所以巳亥四也又云陽數極於九子午爲天地之經故取陽之極數自丑未巳下各減一從八至四理自可知干數者甲九乙八丙七丁六戊四己九庚八辛七壬六癸五太玄經云甲己九者甲起甲子從子故九己爲甲配故與甲俱九乙起乙丑從丑故八乙配於庚與庚俱八丙起丙寅從寅故七辛配

於丙與丙俱七丁起丁卯從卯故六丁配於壬與壬俱六戊起戊辰從辰故五癸配於戊與戊俱五支有十二以對衝同數故自九至四干唯有十以配合同數故自九至五又云支從地故數畢於陰以四偶也干從天故數畢於陽以五奇也五則止於五氣四則極於四時上不過九者陽之極數也五行及支干之數相則倍之王則十而倍之休則如本囚死半之以此四而孳數乃無極此并從氣增減氣盛則多氣衰則少也

論納音數

納音數者謂人本命所屬之音也音即宮商角徵羽也納者取此音以調姓所屬也樂緯云孔子曰邱吹律定姓一言得土曰宮三言得火曰徵五言得水曰羽七言得金曰商九言得木曰角此并是陽數凡五行有生數壯數老數三種木生數三壯數八老數九火生數二壯數七老數三土生數五壯數十老數一金生數四壯數九老數七水生數一壯數六老數五管輅云土老數一者土爲萬物之主一切歸之所以一也三才交而人理具火之爲德取三才之義故老數三水上應五星下同五藏故水老數五金配七曜

故金老數七木在天爲九星在地爲九州在人爲九竅故木老數九先生數次壯數後老數納音論其本命故以終數言之此釋猶爲未盡夫萬物皆稟五常之氣化合而生物生之後必至成壯成壯之後必有衰老故有三種義爲人之道自壯及老莫不本乎禮義而以立身然存禮義者靡不有初鮮克有終今既論納音人之所屬非人莫能行其禮義故以終老之數禮義明之一言得土者土以含弘德厚位高爲君君爲民主主則無二唱始之言故數一也三言得火者火既主禮孝敬爲先不敢弃所生之德故其數三

從木數也水居陰位人臣之道土能制水如君制臣縱之則行壅之則止水不自專故從土數五也金旣主義義是夫妻之道妻無自專有從夫之義火爲金夫故用火數七也木主仁孝金能剋木宗廟之象式經云金爲骸骨木爲棺槨此明金木爲鬼神之事以敬事故木從金數故數九也一示君德二順父母三表臣節四敬從夫五事鬼神此則禮義備而人事畢矣故納音用之數納音者子午屬庚震卦所直日辰也丑未屬辛巽卦所直日辰也寅申屬戊坎卦所直日辰也卯酉屬己離卦所直日辰也辰戌屬丙艮卦

所直日辰也巳亥屬丁兌卦所直日辰也一言得土者本命庚子子屬於庚數之一言便以得之是也三言得火者本命丙寅寅屬於戊從丙數至戊凡三是也五言得水者本命壬戌戌屬於丙從壬數至丙凡五是也七言得金者本命壬申申屬於戊從壬數至戊凡七是也九言得木者本命己巳巳屬於丁從己數至丁凡九是也六十甲子例皆如是支屬八卦爲納音者皆以次而取對衝如子午屬庚子午相對衝也餘例悉然夫陽施陰化故受氣定形皆資於陰陽以養成之是以人之所屬皆以陽數言也所以子午屬

庚之例者乾爲父坤爲母共有六子故曰乾將三男震坎艮坤將三女巽離兌陰陽相生故就乾索女就坤索男所以乾一索而得巽曰長女再索而得離曰中女三索而得兌曰少女坤一索而得震曰長男再索而得坎曰中男三索而得艮曰少男甲是陽干之始乾下三爻取之壬是陽干之末乾上三爻取之乙是陰干之始坤下三爻取之癸是陰干之末坤上三爻取之餘有六干陽付其男陰付其女甲乙之後次於丙丁故以丙付少男艮以丁付少女兌丙丁之後次於戊己故以戊付中男坎以己付中女離戊己之

後次於庚辛故以庚付長男震以辛付長女巽所以從少而付老自小及大從微至著故也付干旣訖次付其支震爲長子故其卦初九得乾之子九四得乾之午震干庚故子午屬庚巽爲長女子後次丑故其卦初六得坤之丑午後次未六四得坤之未巽干辛故丑未屬辛坎爲中男丑後次寅其卦初六得乾之寅未後次申六四得乾之申坎干戊故寅申屬戊離爲中女寅後次卯故其卦初九得坤之卯申後次酉九四得坤之酉離干巳故卯酉屬巳艮爲少男卯後次辰故其卦初六得乾之辰酉後次戌六四得乾之

戌艮干丙故辰戌屬丙兌爲少女辰後次巳故其卦
初九得坤之巳戌後次亥九四得坤之亥兌干丁故
巳亥屬丁六子取干則乾坤之餘取支並從乾坤而
得陽取於乾陰取於坤皆受於父母故六子併主十
二辰八之納音皆所繼焉甲乙壬癸不爲納音者以
屬乾坤故也或問曰六子用干則取父母之不用者
用支則並同於父母者何答曰干是陽也陽體奇故
正得一往分用支是陰也陰體偶故以再往用之又
復龜則用日是以正求於干故發兆分爲十分筮則
用辰正求於支是以飛伏六爻並論十二支雖復體

不兼要須相配以明義干爲尊故不得不先設而後
求支筮雖不正用干亦須干助以顯其趣猶如龜判
十二支兆體雖無支象必約而論之筮雖闕三甲三
壬三乙三癸亦約虛以求實且設于往先從父母而
爲始後及六子以甲付乾以乙付坤以丙付艮以丁
付兌以戊付坎以己付離以庚付震以辛付巽歷八
卦訖壬還到乾癸還到坤十干所在六爻乾坤位
尊取其始末理然體各得二干支既當爻正用故卦
別皆備陽卦取其陽支陰卦取其陰支四卦同陽四
卦同陰非正同於父母當伏羲畫八卦爲三爻備天

地人所以分干卦別取三乾坤居始故取甲乙後神
農重之以爲八純子有重來之理所以卦六干並同
父母無二之義故後卦取乎壬癸其甲乙壬癸各少
三者皆掛在虛用之中不全無者陰有從陽之義

論九宮數

九宮者上分於天下別於地各以九位天則二十八
宿北斗九星地則四方四維及中央分配九有謂之
宮者皆神所遊處故以名宮也鄭司農云太一行八
卦之宮每四乃入中央中央云者地神之所居故謂
之九宮易緯乾鑿度云易一陰一陽之謂道也故太

一取其數以行九宮易曰天一地二天三地四天五
地六天七地八天九地十天地之數合五十有五九
宮用者天除一地除二八除三餘四十九以當蓍策
之數又四時除四餘四十五五者五行四十者五行
之成數合之則一節之數分置五方方各九者一時
九十日之數四方成四時也三宮相對止十五者爲
一氣之數成二十四氣也尚書洪範云初一曰五行
位在北方陽氣之始萬物將萌次二曰敬用五事位
在西南方謙虛就德朝謁嘉慶次三曰農用八政位
在東方耕種百穀麻枲蠶桑次四曰協用五紀位在

東南方日月星辰雲雨並興次五日建用皇極位在中宮百官立表政化公卿次六日乂用三德位在西北抑伏強暴斷制獄訟次七日明用稽疑位在西方決定吉凶分別所疑次八日念用庶徵位在東北肅敬德方狂僭亂行次九日嚮用五福威用六極位在南方萬物盈實陰氣宣布時成歲德陰陽和調五行不忒故黃帝九宮經云戴九履一左三右七二四爲肩六八爲足五居中宮總御得失其數則坎一坤二震三巽四中宮五乾六兌七艮八離九太一行九宮從一始以少之多順其數也配算曰中央及四仲各

分九算命云木落歸本分六至亥故取震六算以置於乾水流向未分八至丑故取坎八算以置於艮金義而堅分二還未故取兌二算以置於坤火本炎盛自處其鄉故離算不動土王四季木生於巳故分中宮四算以置於巽故成戴九履一之位也又別成八卦之法命方之算先取北方九算命曰水生木縱一算置寅上一算置卯上一算置辰上又撗一算置甲上一算置乙上次取東方九算命曰木生火於南方布五位又取南方之算命曰火生土於中央一算於西北爲戊一算於西南爲己又取中央之算命曰土

生金於西方布五位又取西方之算命曰金生水於北方布五位五方布十干十二支位訖然後加陰干各一命曰陰數偶也次加陽支各一命曰支體本加其始餘算十二月之數也一算置西北命曰乾之始也二算置西南命曰坤之始也又餘算九置于中央爲易象也命曰乾主甲壬即取甲壬上算以成乾卦又命曰坤主乙癸次取乙癸上算以成坤卦父母之卦爻象既定次及六子先起長男命曰震主庚子午即取庚及子午上算以成震卦又次長女命曰巽主辛丑未次取辛及丑未上算以成巽卦又次中男命

曰坎主戊寅申次取戊及寅申上算以成坎卦又次中女命曰離主己卯酉次取己及卯酉上算以成離卦又次少男命曰艮主丙辰戌次取丙及辰戌上算以成艮卦又次少女命曰兌主丁巳亥次取丁及巳亥上算以成兌卦八卦既成問曰八卦從何而始曰因五行生又問五行因何生曰因天地生天地因何生曰因太一生太一因何生曰因易生故云易有太極是生兩儀故變易字爲太一變太一字爲天天一生地二生也變天字爲水天生水也變水字爲木水生木也變木字成火木生火也變火字成土火生土

也變土字成金土生金也變金字成八卦字八卦因五行生也變八卦字爲十二月字八卦所主月也變十二月字成地出萬物以終歸乎地也此九宮八卦創制之法備矣九宮數一起自北方始者坎一正北應天之始始無二故一北方五行之始所以五行在北方故云陽氣之始萬物將萌五事數二在西南者五事貌言視聽思也別在後篇解因五行而有五事次之故二又云坤二在西南應地之數西南林鐘之管氣之次二也五事人事之先也故曰謙虛就德朝謁嘉慶並五事所主也八政之數三在東方者八政

食貨祀司空司徒司寇賓師也既有五事次修八政故三又云震三正東應人之數三才義畢東方春農之始也食者耕種炊烹也貨者畜積儲博錢布金兵也祀者祭祀供神也司空者土地畝也司徒者民戸口大小數也司寇者禁備盜賊糾察非常也賓者注籍往來受容嘉慶也師者教訓農夫耒耜設法也故云耕種百穀麻枲蠶桑也五紀數四在東南者五紀歲日月奉化日辰曆數也八政既修非歲時日月無以數播植次之故四又云巽四東南風行四時以應四時之數東南已純乾用事乾主天巽主號令故居

東南歲者以四時有序盛衰始終也日月者照明萬物氣候遠近也奉化者即仰王化須建功貢寶也日辰者次序陰陽斷制產物也曆數者記綴度數農夫候望賦斂隨時也故曰王者惟歲税數握成以化下也卿士惟月奉化行道以立寶師允惟日陳列衆職制作於萬品歲月日時無易修務敬時以順紀也故云日月星辰雲雨並興也皇極數五在中央者皇王建萬國處中分別四方百官以治萬事畢理歲時成就職貢均等租税五穀以供王事故在其中央中央之數本五也又云土居中央應五行之數若王者動

不得中則不能建萬事故曰皇之不極是謂不建也故曰百官立表政化公卿也三德數六在西北者三德正直剛克柔克乾爲天位人君之象過五故數六又云乾在西北陰陽氣分於西北故應六律之數也西北乾之所處故人君居之正直者人德也君子方正以義無所曲私故云平康正直不疑其德剛克者天德也法度不失輕重罪服故曰沈潛剛克柔克者地德也有德秩祿安定衆職賞賜萬國故曰高明柔克故云抑伏強暴斷制獄訟也稽疑數七在西方者稽疑者建立卜筮問疑擇善占天地之象以定吉凶

著圓卦方龜筮共知可否三人占從二人之言眢者聖人慎謀重始動事作業樹本開基決嫌定疑必謀以賢知以著艾參以著龜故舉無過事慮無失計鑾夷雖無君臣之序亦有決疑之卜或以金石或以木草故知稽疑之事聖人所尙以其次乾之後故數七也又云兌正西卯酉爲天地之門卯主始酉主終故斗指卯則萬物皆出指酉則萬物皆入兌應七星之數兌爲金主悅言故在西方故云決定吉凶分別所疑也庶徵數八在東北者庶徵者衆徵也王者以及衆庶莫不內省咎過外察徵祥順徵知機則無禍患

不審其過不念庶徵則禍至不悟敗亡無日矣有機徵見者必恭事上帝用不爲過則降以福應詩云昭事上帝聿懷多福如不共御善不畏上帝羣神乃怒必有譴罰數八者次七後也又云艮八在東北艮是止義艮爲徑路萬物大出於震小出於艮震爲衆男之長艮爲衆男之少故應八卦之數艮既爲止令止惡就善也故在東北故云肅敬德方狂悖亂行五福六極數九在南方五福壽富康寧攸好德考終命壽者孝悌道德備然後修神丹延壽命富者德化所及豐穰無闕康寧者國化安寧長樂無事攸好德者論

理比類進善抑惡者考終命者順時成務可以壽命統著善德六極者凶短折疾憂惡貧弱凶短折者斬梟誅裂大罪也疾者榜笞毆擊疾臥養視也憂論作望兢朝日也惡髡髩赭剥戮辱固棄也貧償贓賦沒財產也弱離邑里徙邊地以戒後也此罪罰之理居後故數九又云離既在午以爲子衝極則還反故離最其末以爲九宮之數離爲明人君南面以聽政象離之明刑罰須明故在南方故云萬物率盈實也宮唯有九不十者八方與中央數終於九上配九天九星二十八宿下配五岳四瀆九州也九宮經言一主

恒山二主三江三主泰山四主淮五主嵩高六主河七主華山八主濟九主霍山又一爲冀州二爲荆州三爲青州四爲徐州五爲豫州六爲雍州七爲梁州八爲兗州九爲楊州九州之名互有改變禹貢九州即此配唐時名同者以堯命禹治洪水分九州因而不易故周虞有十二州加幽并營舜以青州越海分齊爲營州冀州南北太遠分衛爲并州燕以北分置幽州殷時九州有幽營無青梁周官九州有幽并無徐梁漢立十二州增交益焉冀州者釋名冀云州取地爲名有險易帝王所都大康地記曰冀近其氣相

近也其地自太行東至碣石王屋底柱禹貢云冀州旣載呂氏春秋云兩河之間爲冀州正北方荊州者釋名云荊警也南蠻數爲寇逆州道先强當警備之也其地北據荊山南及衡山之陽禹貢云荊及衡陽惟荊州爾雅云漢南曰荊州呂氏曰荊楚也青州者釋名云青在東生也太康地記曰少陽色青歲始事首即以爲名其地東北據海西距岱禹貢云海岱惟青州呂氏云東方海隅青州齊也徐州者釋名曰徐舒也土氣舒緩也其地東至海北至岱南及淮禹貢云海岱及淮惟徐州呂氏云泗上爲徐州魯也爾雅

云濟東曰徐州豫州者釋名曰豫在九州之中安豫也太康地記云稟中和之氣性理安舒其地南據荊北距河禹貢云荊河惟豫州呂氏云河漢之間爲豫州爾雅云河南曰豫州雍州者太康地記云雍居西北之位陽所不至陰氣壅閼取以爲名其地西據黑水東距西河禹貢云黑水西河惟雍州呂氏云雍州秦也爾雅云河西曰雍州梁州者太康地記云梁者剛也取西方金剛之氣剛强以爲名也其地東據華山西距黑水禹貢曰華陽黑水惟梁州兗州者釋名云取兗水爲名太康地記曰辨其履信稟貞正之意

也其地東南據濟西北距河禹貢曰濟河惟兗州揚州者釋名云揚州多水水波揚也其地北據淮東距海禹貢云淮海惟揚州呂氏曰揚州越也爾雅曰江南曰揚州今依九宮之位冀州正北在坎宮荊州西南在坤宮青州正東在震宮徐州東南在巽宮豫州中央在中宮雍州西北在乾宮梁州正西在兌宮兗州東北在艮宮揚州正南在離宮其位與此解相似太一以兗州在正北坎位青州在東北艮位徐州在正東震位揚州在東南巽位荊州在西南離位梁州在西南坤位雍州在正西兌位冀州在西北乾位此

並從五行本始之氣西北亥地故坎水居之東北寅地故震木居之東南巳地故離火居之西南申地故兌金居之乾爲金故從本金位巽爲木故從木木位坤艮俱土故取地之經居正南正北此並依周禮職方之始位離宮位微移五行氣一此九州上對九天分二十八宿屬焉淮南子云中央鈞天數五其星角亢氐韓鄭分鈞極也布極四方亦曰極天爲四行主對中宮豫州東方蒼天數三其星房心尾房心宋分尾燕分東方色青也對震宮青州東北變天數八其星箕斗牛箕燕分斗吳分牛岱分水之季陰氣盡陽

始作萬物將變對艮宮兗州北方玄天數一其星女虛危室女越分虛危齊分室衛分水色黑故云玄天對坎宮冀州西北幽天數六其星壁奎婁壁衛分奎婁魯分金之季即太陰幽闇也對乾宮雍州西方昊天數七其星胃昴畢胃魯分畢昴趙分金色白故曰昊天對兌宮梁州西南朱天數二其星觜參井觜參晉分井秦分居火之季陽色朱也對坤宮荊州南方炎天數九其星鬼柳星鬼秦分也柳星周分也火性炎上故曰炎天也對離宮楊州東南陽天數四其星張翼軫張周分翼軫楚分木之季將即太陽故曰陽

天也對巽宮徐州此九天亦屬北斗九星之數故下對九州炎天數九屬斗第一樞星應離宮對揚州變天數八屬斗第二璇星應艮宮對兗州昊天數七屬斗第三璣星應兌宮對梁州幽天數六屬斗第四權星應乾宮對雍州鈞天數五屬斗第五衡星應中宮對豫州陽天數四屬斗第六開陽星應巽宮對徐州蒼天數三屬斗第七瑤光星應震宮對青州朱天數二屬斗第八星應坤宮對荊州玄天數一屬斗第九星應坎宮對冀州屬斗第八第九二星陰而不見以其對陰宮也又郭璞易占云乾一坤二震三巽四坎五離六艮七兌八占八及物數皆準此蓋以父母男女爲坎也此九宮八卦之數故以備釋

五行大義卷第一

五行大義卷第二

上儀同三司城陽郡開國公蕭吉撰

第四論生王

相生　生死

休王

論相生

經云天生一始於北方水地生二始於南方火人生三始於東方木時生四始於西方金五行生五始於中央土又曰天始生一者因一而生天非天生一也故云一生二二生三三生萬物地生二者亦因二而生地因三生人因四生時五行皆出一而生數至於五土最在後得五而生五行也五行同出而異時者出離其親有所配偶譬如人生亦同元氣而生各出一家配爲夫妻化生子息故五行皆相須而成也五行同胎而異居有先後耳夫五行皆資陰陽氣而生故云濡氣生水温氣生火强氣生木剛氣生金和氣生土故知五行同時而起託義相生傳曰五行並起各以名別然五行既以名別而更互用事輪轉休王故相生也頴容云凡五行相生謂異類相化如男女

異姓能至繁殖若以水濟水不生嘉味河間獻王問温城薰君曰孝者天之經地之義也何謂也對曰天有五行木火土金水是也木生火火生土土生金金生水水生木木爲春春主生夏主長養秋主收冬主藏藏者冬之所成也是故父之所生其子長之父之所長其子養之父之所養其子成之不敢不致如父之意盡爲人之道也故五行者五常也白虎通云木生火者木性温暖火伏其中鑽灼而出故木生火火生土者火熱故能焚木木焚而成灰灰即土也故火生土土生金者金居石依山津潤而生聚土成山山

必生石故土生金金生水者少陰之氣潤澤流津銷金亦爲水所以山雲而從潤故金生水水生木者因水潤而能生故水生木也元命苞云陽吐陰化故水生木也春秋繁露云東方木木農之本司農五穀畜積司馬食之故木生火火本朝司馬當知天時形兆未萌照然獨見天下既寧以安君臣故火生土也土君當信因時之威武彊御以成大理司徒故土生金金尙書義邊境安寧寇賊不發邑無獄訟則安執法司寇故金生水水執法司寇尙禮君臣有位長幼有序百工維時以成歲用器械既成以給司農田官故

水生木兩說事義雖別而相生是同五行各定形唯火鑽灼方出者火是太陽之氣溫故乃生鑽木出者還寄託萬物耳如聖人無名能理萬物還以萬物爲名陽氣至神故有隱顯

論生死

五行體別生死之處不同遍有十二月十二辰而出沒木受氣於申胎於酉養於戌生於亥沐浴於子冠帶於丑臨官於寅王於卯衰於辰病於巳死於午葬於未火受氣於亥胎於子養於丑生於寅沐浴於卯冠帶於辰臨官於巳王於午衰於未病於申死於酉葬於戌金受氣於寅胎於卯養於辰生於巳沐浴於午冠帶於未臨官於申王於酉衰於戌病於亥死於子葬於丑水受氣於巳胎於午養於未生於申沐浴於酉冠帶於戌臨官於亥王於子衰於丑病於寅死於卯葬於辰土受氣於亥胎於子養於丑寄行於寅生於卯沐浴於辰冠帶於巳臨官於午王於未衰病於申死於酉葬於戌戌是火墓火是其母母子不同葬進行於丑丑是金墓金是其子義又不合欲還於未未是木墓木爲土鬼不畏敢入進休就辰辰是水墓水爲其妻於義爲合遂葬於辰昔舜葬蒼梧二妃

不從故知合葬非古然季武子云自周公以來未之有改詩云穀則異室死則同穴蓋以敦其義合骨完同歸水土共墓正取此也又以四季釋所理歸於斯高唐降以土生於未盛於戌壯於丑終於辰辰爲水土墓故辰日不哭以辰日重喪故也祖踊之哀豈待移日高唐所說蓋爲浮淺其生王意別又是一家五行書云土雖有寄王於火鄉生於巳葬於辰然土分王四季各有生死之所辰土受氣於申酉胎於戌養於亥生於子沐浴於丑冠帶於寅臨官於卯王於辰衰病於巳死於午葬於未未土受氣於亥子胎於丑

養於寅生於卯沐浴於辰冠帶於巳臨官於午王於未衰病於申死於酉葬於戌戌土受氣於寅卯胎於辰養於巳生於午沐浴於未冠帶於申臨官於酉王於戌衰病於亥死於子葬於丑丑土受氣於巳午胎於未養於申生於酉沐浴於戌冠帶於亥臨官於子王於丑衰病於寅死於卯葬於辰孝經援神契云五行土出利以給天下龜經云土木動爲辰土火動爲未土金動爲戌土水動爲丑土又云甲乙寅卯爲辰土丙丁巳午爲未土庚辛申酉爲戌土壬癸亥子爲丑土凡五行之王各七十二日土居四季季十八日

并七十二日以明有土四方生死不同此蓋卜筮所用若論定位王相及生死之處皆以季夏六月爲土王之時禮記云中央土在季夏之後此則歲之半處四時之中央天社地神人鬼又並在未坤亦在未卦主於土故云土德於未終於丑易曰西南得朋東北喪朋此則明土王定在於未墓定在辰也五行皆以父母臨官中生者取其盛壯能生養義唯金在火中生者巳中有方壯之土能生金也金非火不革其形故金在火位中生又云金生鬼中者金父土戊己寄治丙丁父不能獨養要須母也金在南方值巳火金得火方化金化則水生戊己土有化生之水則金不畏火已含水氣則金之繼母也五行皆以葬後之月而受氣者以其死還復生神氣不絕故也

論休王

休王之義凡有三種第一辨五行體休王第二論支干休王第三論八卦休王五行體休王者春則木王火相水休金囚土死夏則火王土相木休水囚金死六月則土王金相火休木囚水死秋則金王水相土休火囚木死冬則水王木相金休土囚火死支干休王者春則甲乙寅卯王丙丁巳午相壬癸亥子休庚

辛申酉囚戊己辰戌丑未死夏則丙丁巳午王戊己辰戌丑未相甲乙寅卯休壬癸亥子囚庚辛申酉死六月則戊己辰戌丑未王庚辛申酉相丙丁巳午休甲乙寅卯囚壬癸亥子死秋則庚辛申酉王壬癸亥子相戊己辰戌丑未休丙丁巳午囚甲乙寅卯死冬則壬癸亥子王甲乙寅卯相庚辛申酉休戊己辰戌丑未囚丙丁巳午死八卦休王者立春艮王震相巽胎離沒坤死兌囚乾廢坎休春分震王巽相離胎坤沒兌死乾囚坎廢艮休立夏巽王離相坤胎兌沒乾死坎囚艮廢震休夏至離王坤相兌胎乾沒坎死艮

囚震廢巽休立秋坤王兌相乾胎坎沒艮死震囚巽廢離休秋分兌王乾相坎胎艮沒震死巽囚離廢坤休立冬乾王坎相艮胎震沒巽死離囚坤廢兌休冬至坎王艮相震胎巽沒離死坤囚兌廢乾休其卦從八節之氣各四十五日凡當王之時皆以子爲相者以其子方壯能助治事也父母爲休者以其子當王氣正盛父母衰老不能治事如堯老委舜以國政也所畏爲死者以其身王能制殺之所剋者爲囚者以其子爲相能囚讎敵也柳世隆云木王時爲林園竹樹相時爲葦荻草萊休時爲椽柱船車囚時爲薪蕉

榛梗死時爲棺槨朽株火王時爲陶冶炎光相時爲燈燭休時爲煙氣囚時爲炭爐死時爲灰土王時爲國邑山岳相時爲城社邱陵休時爲田宅囚時爲牆垣死時爲糞壤金王時爲金玉寶器相時爲銀銅利刃休時爲鉛錫犁鋤囚時爲焦器釜鑊死時爲沙礫碎鐵水王時爲海瀆相時爲湖澤陂泉休時爲溝渠囚時爲酒漿死時爲枯池涸井此並王時氣盛故爲洪大之物相時氣劣其比漸小休時氣衰故復轉微之囚時於惡所以最下死時弃不用故是枯朽之類也趙怡云五行之位得其方爲盛得其所畏爲終故

木畏金甲以女弟乙妻庚庚得木氣故木胎於金鄉而生於水中盛於其方衰於火鄉火中有生金故終於水至西方而木終以金王也丙以女弟丁妻壬壬得火氣故火胎於水鄉生於木中盛於其方衰於金位至北方而終以水王也戊以女弟己妻甲甲得土氣故土胎於木鄉而生於火中盛於其位衰於水鄉至東方而終以木王也庚以女弟辛妻丙丙得金氣故金胎木鄉生火位盛於其方衰於水鄉至東方而終有生火也壬以女弟癸妻戊戊得水氣故水胎於土鄉生於金中盛於其方衰於木鄉至南方而終有

强土也更互相生相畏終始不絕之義也

論配支干

支干之義多所配合今略論方位及配所幹不獨立支不虛設要須配合以定歲月日時而用如君臣夫婦必配合以相成總而言之從甲至癸爲陽爲干爲日從寅至丑爲陰爲支爲辰別而言之干則甲丙戊庚壬爲陽乙丁己辛癸爲陰支則寅辰午申戌子爲陽卯巳未酉亥丑爲陰陽則爲剛爲君爲夫爲上爲外爲表爲動爲進爲起爲仰爲前爲左爲德爲施爲開陰則爲柔爲臣爲妻爲妾爲財爲下爲內爲裏爲

止爲退爲伏爲位爲後爲右爲荆爲藏爲開陰陽所擬例多且畧大綱如此甲乙寅卯木也位在東方丙丁巳午火也位在南方戊己辰戌丑未土也位在中央分王四季寄治丙丁庚辛申酉金也位在西方壬癸亥子水也位在北方甲爲干首子爲支初相配者太陽之氣動於黃泉之下在建子之月黃鍾之律爲氣之源在子故以子爲先萬物湊出於建寅之月皆以見形甲屬此月故以甲爲先而配子見者爲陽故從干未見者爲陰故從支所以用甲子相配爲六旬之始干既有十支有十二輪轉相配終於癸亥故有

六十日十日一旬故有六旬一旬盡一甲癸便以甲配子盡干至癸酉便盡干餘支有戌亥又起甲配戌盡干至癸未餘支有申酉又起甲配申盡至干癸巳餘支有午未又起甲配午盡干至癸卯餘支有辰巳又起甲配辰盡干至癸丑餘支有寅卯又起甲配寅盡干至癸亥十干有十二支有配周畢還從甲子起故六甲輪轉止六十日十日一旬一旬之內二支無配偶者爲之孤所對鍾者爲之虛卜筮所云空亡以支孤無故干名爲空亡亡者无也无干故亡所對者全虛故云空也算法横下十二支位於四方縱下八

干位於四方下戊己位於中央若甲子旬取甲干以配子支如此次第相配至戌辰位在中央土爲四行主不可移故取辰支巳支入中央配戊己餘悉以干就支至戌亥无干配之單故爲孤辰巳之位支干並无故名爲虛其空亡之辰從五行言之如甲子旬无戌亥水土半空亡以戌是土亥是水也不全無亥子故云半也甲戌旬無申酉爲金全空亡以金二支並无也甲申旬無午未爲火土半空亡以巳午不全无也甲午旬無辰巳亦然甲辰旬無寅卯亦云木全空亡甲寅旬無子丑亦水土半空亡並以二支不俱無

也兵書云陽生甲子不足戌亥仍爲天門陰生甲午不足辰巳仍爲地戸陽界甲申不足午未仍爲鬼門陰界甲寅不足子丑仍爲人門陽盛甲辰卯爲之隔陰興甲戌酉爲之隔此並是六甲之空支也春秋元命苞云地不足東南右動終而入虛門此明甲子孤在戌亥虛在辰巳也一干一支爲一日者以周天三百六十五度四分度之一日日行一度故正用一干一支以主一日也三旬爲一月者月日行十三度四分度之一三旬而周天也十二月爲一歲者四時時有三月生殺之功備遍十二支也一歲合三百六十

日者六六三十六六甲之數也六甲間兩月之日者以陰陽奇偶備也陽者爲奇陰者爲偶萬物庶類吉凶之理以此彰矣其支干相配歲月日時並然立歲之元起於上元甲子立月之元起甲己之歲十一月甲子立日之元六旬起自甲子立時之元冬夏二至後得甲己之日夜半起甲子四事皆以甲子爲首也其上配九星下配九州者黃帝兵決云甲子從北斗魁第一星起順數至庚午在第七罡星至辛未還從第六星逆數至丙子又從第一星順數盡六甲其下配九州者史書云甲齊乙東夷丙楚丁南夷戊魏己

韓庚秦辛西夷壬燕癸北夷漢書五行志云甲乙海外日月不治丙丁江淮海岱戊己中州河濟庚辛華山以西壬癸常山以北子周丑翟寅楚卯鄭辰邯鄲巳衞午秦未中山申齊酉魯戌越亥燕龍首經曰子齊青州丑吳越揚州寅燕幽州卯宋豫州辰晉兗州巳楚荊州午周三河未秦雍州申蜀益州酉梁州戌徐州亥衞并州若地辰之位史漢近之星次而論龍首爲當其配人身甲乙爲頭丙丁爲胸脇戊己爲心腹庚辛爲股壬癸爲手足則子爲頭丑亥爲胸臂寅戌爲手卯酉爲腰脇辰申爲尻髖巳未爲脛午爲足此皆初爲首末爲足配五藏也干以甲乙爲肝丙丁爲心戊己爲脾庚辛爲肺壬癸爲腎也支以寅卯爲肝巳午爲心辰戌丑未爲脾申酉爲肺亥子爲腎此皆從五行配之又干以甲乙爲皮毛丙丁爲爪筋戊己爲肉庚辛爲骨壬癸爲血脈也支以寅卯爲皮毛巳午爲爪筋辰戌丑未爲肉申酉爲骨亥子爲血脈也木生在地上故爲皮毛火有猛毅故爲筋爪土有持載故以爲肉金性堅剛故爲骨水本流潤故是爲血脈並支干所配故以備釋

第六論各相雜

論五行雜

五行雜　支干雜　方位雜

凡五行均布遍在萬有不可定守一途今先論五行體雜但其氣周流隨事而用若言不雜水只應一何故謂五而爲六火金木土並爾當知生數爲本成數爲雜既有雜故一行當體即有五義如木有曲直此是木也木中有火則是火也木堪爲兵仗有擊觸之能即是金也木中有潤即是水也木吐華葉子實即是土也火外陽即是火也內陰即是水也能殺即是金也能熟即是木也能生即是土也土能生即是土

也能容卽是水也能成卽是木也能防故是金也含陽卽是火也金能斷卽是金也從革卽是木也含火卽是火也有汙卽是水也能生卽是土也水外陰卽是水也內陽卽是火也含養卽是木也潤生卽是土也能殺卽是金也此皆以義釋二行通有五氣就事而論義則不爾或有或無質弱者則體相容質堅者則體不相容金中無木木中無金金水以正相害故水中無火火中無水兩法正相害故亦無金金中有水木中亦有水木中亦有火石中亦有火而水能生木則木中有水水生於金金中有水火生於木木中

有水火復從金生金中有水水能生木木中有火火剋於金那得石復有火此是火性弱故能入堅而火中無金是堅不能入弱木生於水木中含水金能生水金中含水所以水中無金木者金木在水中不得言水體有金木溼潤在木石中木石便得有水義此亦是弱能入堅堅不能入弱炎州有樹生於火中此非火能生樹是火不能燒樹亦非火在樹中乃是樹在火中而體不相雜無異金在水中而不能雜水體亦如海中陰火潛燃此水中有火但非火體雜火此稍涉靈奇亦非五行常準又木中有火火還燒木此是生火方盛故能燒木石中有火火不燒石是火至金鄉氣已衰故不能燒石其以火消金者亦取其盛故能爍金是不取衰火猶如金能剋木鉛錫不能斷此是不堅之金也土性包含無所不受故土中皆備有水金木火火非直陽氣猶如范陽地燃是陰也土火非相害雖不恆爾不得言無等是四行何故獨爾土旣構地地卽是陰火卽是太陽之氣故不得恆有也

論支干雜

支干雜者五行書云甲以女弟乙嫁庚爲妻故乙中

有雜金立春木王甲召乙還乙懷金氣來故仲春殺榆莢白也丙以女弟丁嫁壬爲妻丁中有雜水立夏火王丙召丁還丁懷水氣來故仲夏桑椹熟黑也戊以女弟己嫁甲爲妻己中有雜木季夏土王戊召己還己懷木氣來故季夏有菓實青也庚以女弟辛嫁丙爲妻辛中有雜火立秋金王庚召辛還辛懷火氣來故仲秋棗熟朱也壬以女弟癸嫁戊爲妻癸中有雜土立冬水王壬召癸還癸懷土氣來故仲冬草木皆黃也甲丙戊庚壬爲男剛强故自有德不雜乙丁己辛癸爲女柔弱不自專從夫故有雜猶出嫁之女

郎稱夫氏歸寧之日攜子而來氏族便雜五行十雜云甲爲木乙爲材丙爲火丁爲灰戊爲土己爲泥庚爲金辛爲鑛鍚壬爲水癸爲濁汙此皆雜義也寅卯爲木春懷火故卯爲純木寅爲雜木巳午爲火夏懷土故午爲純火巳爲雜火申酉爲金秋懷水故酉爲純金申爲雜金亥子爲水冬懷木故子爲純水亥爲雜水土居中央分王四氣故辰中有餘木未中有餘火戌中有餘金丑中有餘水冬十二日故四孟爲懷妊生氣之所由四仲盛壯之所立四季葬送之所在懷妊及葬皆有雜義

論方位雜

五行非直性相雜當方亦有雜義東方甲乙寅卯辰甲木也乙中有雜金寅中有生火辰土也卯中有死水南方丙丁巳午未丙火也丁中有雜水巳中有生金未土也午中有死木西方庚辛申酉戌庚金也辛中有雜火申中有生水戌土也又酉中有胎木北方壬癸亥子丑壬水也癸中有雜土亥中有生木子中有胎火丑中有死金此並方別有五行也寅午戌火之位也寅中有生火在東方午中有王火在南方戌中有死火在西方亥卯未木之位也亥中有生木在北方卯中有王木在東方未中有死木在南方申子辰水之位也申中有生水在西方子中有王水在北方辰中有死水在東方巳酉丑金之位也巳中有生金在南方酉中有王金在西方丑中有死金在北方此一行之體雜在三方也未辰丑戌土之位也未中有王土辰中有死土丑中有衰土戌中有壯土此土體雜在四方也趙怡言五行相雜如錦綺焉斯言當矣

第七論合德

德者得也有益於物各隨所欲無悔悋故謂之爲德

也五行書云若有一德能攘百災凡陰陽用事遇德爲善謂之福德爲有救助萬事皆吉災害消亡德有四德三者從支干論之一者從月氣論之支干三種者一曰干德二曰支德三曰支干合德干德者甲德自在乙德在庚丙德自在丁德在壬戊德自在己德在甲庚德自在辛德在丙壬德自在癸德在戊此十干者甲丙戊庚壬爲陽尊故德自處乙丁己辛癸爲陰卑故配德於陽有從夫之義所以不自爲德揚子云配日之道正有五日甲己爲木丙辛爲火戊癸爲土乙庚爲金丁壬爲水陰陽之理必相配偶以則君

臣夫婦之義甲爲君爲夫己爲臣爲妻君位自在臣位由君故己德在甲乙德在庚也餘四皆然陰從陽之道支德者子德在巳丑德在午寅德在未卯德在申辰德在酉巳德在戌午德在亥未德在子申德在丑酉德在寅戌德在卯亥德在辰此皆以其夫生助之所也子以巳爲德者子水也以土爲夫巳中有生土丑以午爲德者丑土也以木爲夫午中有死木寅以未爲德者寅木也以金爲夫未中有冠帶金卯以申爲德者卯木也以金爲夫申中有相金辰以酉爲德者辰土也以木爲夫酉中有胎木巳以戌爲德者

巳火也以水爲夫戌中有冠帶水午以亥爲德者午火也以水爲夫亥中有相水未以子爲德者未土也以木爲夫子中有沐浴木申以丑爲德者申金也以火爲夫丑中有養火酉以寅爲德者酉金也以火爲夫寅中有生火戌以卯爲德者戌土也以木爲夫卯中有王木亥以辰爲德者亥水也以土爲夫辰中有死土或問云從夫之義生者有德能相和養故從死者離背不能和從何以死猶爲德答曰婦無再醮一降適人便稱夫氏雖死猶從其族豈得生而稱之死便捨弃故陰之從陽生死常存支干合德者子德在

甲丑德在辛寅德在丙卯德在丁辰德在庚巳德在辛午德在戊未德在辛申德在壬酉德在癸戌德在庚亥德在乙此皆從子爲德也謂子能扶助其母有孝養之性以爲德也凡干爲陽支爲陰陽體剛强自在陰體柔順從陽婦人有三從之禮妡無自專之義夫死從子故以子爲德若有支干各自爲德皆從其夫旣今支干共爲德故離其夫位故便從子也子德在甲者水爲木母故也例皆如之一從月氣爲德者德不孤立對之以形德爲陽以從乾刑爲陰以從坤亦如人之治政刑德兩施德有慶賜爵賞所以配陽

刑有殺罰削奪所以配陰故王者日蝕則修德月蝕則修刑董仲舒春秋繁露云天道之常一陰一陽陽者天之德陰者天之刑陰陽以終歲之行以觀天之所親任可以見德刑之用矣然天之任陽不任陰好德不好刑故陽出而積於夏任德以歲事陰出而積於冬錯刑以空處也太公云人主舉事善則天應之以德惡則天應之以刑此並陰陽相對德不獨治須偶之以刑也從乾巛二卦之氣者十月坤卦用事自十一月而陽氣動陰爻變四月乾卦用事自五月而陰氣動陽爻變故黃鍾蕤賓陰陽之氣始也德刑在

爲建子之月坤初六爻變爲陽復卦用事陽氣動於黃泉之下陰氣布在蒼天之上爲德在室而刑在野建丑之月坤六二爻變爲陽臨卦用事陽氣稍出萬物萌牙陰氣將降威怒已衰爲德在堂而刑在街建寅之月坤六三爻變爲陽泰卦用事陽氣已達陰氣降入陰陽交泰萬物抽其牙櫱爲德在庭而刑在巷建卯之月坤六四爻變爲德大壯卦用事陽氣上騰乎天陰氣下入乎地陰陽氣交萬物成出德刑俱會於門建辰之月坤六五爻變爲陽夬卦用事陽卦上達陰氣衰微爲德在巷而刑在庭建巳之月坤上六

爻變爲陽純陽用事陽氣大盛陰氣消除萬物悅壯無復刑殺爲德在街而刑在堂建午之月乾初九爻變爲陰姤卦用事陰氣動於黃泉之下陽氣布于蒼天之上爲德在野而刑在室建未之月乾九二爻變爲陰遯卦用事陰氣稍昇陽氣將損萬物壯極皆以衰老爲德在街而刑在堂建申之月乾九三爻變爲陰否卦用事陽氣沈退陰氣進昇陰陽否隔殺威方盛爲德在巷而刑在庭建酉之月乾九四爻變爲陰觀卦用事陽氣內入陰氣外施陰陽合爭萬物變衰爲德在門刑復會於門建戌之月乾九五爻變爲陰剝卦用事陽氣將盡陰氣上達萬物枯悴殺害盛行爲德在庭而刑在巷建亥之月乾上九爻變爲純陰坤復位陽氣消除陰氣大盛萬物收藏未見刑犯爲德在堂而刑在街此刑德二事出人趣向皆以用之彌忘拙鑿遇德則吉逢刑則凶故於此擇

第八論配合

孔子曰乾陽也坤陰也陰陽合德五行之本受生於天則受成於地稟氣於陽定形於陰體無偏立故各有合總而言之干爲陽屬天支爲陰屬地別而言之干自有陰陽甲陽乙陰丙陽丁陰戊陽己陰庚陽辛

陰壬陽癸陰支亦自有陰陽子陽丑陰寅陽卯陰辰陽巳陰午陽未陰申陽酉陰戌陽亥陰各象天地而自相配合有夫婦之道十合者己爲甲妻故甲與己合辛爲丙妻故丙與辛合癸爲戊妻故癸與戊合乙爲庚妻故乙與庚合丁爲壬妻故壬與丁合季氏陰陰說曰木八畏庚九故以妹乙妻庚庚氣在秋和以木氣是以薺麥當秋而生所謂妻來之義火七畏壬六故以妹丁妻壬壬得火熱氣故款冬當冬而華金九畏丙七故以妹辛妻丙丙得金氣故首夏靡草薺麥死故夏至之後三庚爲伏以畏火也土五畏甲八

故以妹己妻甲十帶陰陽合以雌嫁木故能生物也
水六畏土五故以妹癸妻戊五行相和是其合也支
合者日月行次之所合也正月日月會於諏訾之次
諏訾亥也一名豕韋斗建在寅故寅與亥合二月日
月會於降婁之次降婁戌也斗建在卯故卯與戌合
三月日月會於大梁之次大梁酉也斗建在辰故辰
與酉合四月日月會於實沈之次實沈申也斗建在
巳故巳與申合五月日月會於鶉首之次鶉首未也
斗建在午故午與未合六月日月會於鶉火之次鶉
火午也斗建在未故未與午合七月日月會於鶉尾

之次鶉尾巳也斗建在申故申與巳合八月日月會
於壽星之次壽星辰也斗建在酉故酉與辰合九月
日月會於大火之次大火卯也斗建在戌故戌與卯
合十月日月會於析木之次析木寅也斗建在亥故
亥與寅合十一月日月會於星紀之次星紀丑也斗
建在子故子與丑合十二月日月會於玄枵之次玄
枵子也一名天黿斗建在丑故丑與子合玄枵者玄
黑也枵耗也陰氣盛故萬物始動猶未出生天下空
虛謂之曰耗星紀者紀統也領萬物所終始也析木
者萬物始萌分別水木也大火者東方木也心宿在

卯火出木心也壽星者萬物始達各任其命也鶉尾
者南方朱雀之宿以軫尾也鶉火者陽氣盛大火星
昏中在七星朱鳥之處也鶉首者南方之宿形其象
鳥以井爲冠以柳爲口也寔沈者陰氣沈重降寔於
物也大梁者強也白露已降萬物堅強也降婁者降
下也婁曲也陰氣上侵萬物萎曲也諏訾者陰盛陽
伏萬物愁哀也凡陰陽相配善惡理均凶不全凶吉
不獨吉終則凶凶終則吉故合不專合復有離義
就支干配日辰乃有五合五離五合者河圖云甲寅
乙卯天地合丙寅丁卯日月合戊寅己卯人民合庚

寅辛卯金石合壬寅癸卯江河合五離者甲申乙酉
天地離丙申丁酉日月離戊申己酉人民離庚申辛
酉金石離壬申癸酉江河離寅卯陽之所昇能生萬
物日出之方月滿又出東方少陽生長之處物所欣
會故以爲合申酉陰之所湊肅殺之方日月皆沒於
其所西方少陰衰老之處物之所惡故以爲離甲乙
日干之首卦屬乾坤故比天地丙丁陽光之盛故比
日月戊己居中能成萬物故類人民庚辛體自金石
壬癸居然江河凡爲萬事吉則從合凶則從離遇合
則休値離則否選日定時卜筮之用爾所用也

第九論扶抑

扶者以輔助爲義抑者以止退立名五行旣成盛衰有時尊卑代易故有相扶抑者其義相遇也母得子爲扶子遇母爲抑子有孝養順助之理所以爲扶母有尊嚴訓制之道所以爲抑相扶者木扶水水扶金金扶土土扶火火扶木此皆母得子相抑者木抑火火抑土土抑金金抑水水抑木此皆子遇母也柳世隆龜經云扶者壽抑者否扶者起抑者止扶者仰抑者俛扶者進抑者退扶者行抑者停扶者吉抑者凶就此又須消息凡父母有氣爲眞父母無氣爲宗廟

鬼神有氣爲兒子福助無氣爲財帛功德所以扶者必善抑者爲惡生王之時則爲有氣死沒之時則是無氣有氣無氣復有二種若遇合德雖抑非害若逢刑剋爲凶更重之問曰母之於子訓制之道謂之爲凶此未可解尊嚴訓制教以義方欲其成人何爲反惡答曰前解已有二種若遇一德合雖抑非害有氣爲眞父母此是欲其成人雖然當訓之時於子交不遂心亦是留礙况逢刑剋舜之至孝向大杖則逃王祥扣冰孟宗泣筍此豈是義方之教無氣爲鬼神者鬼神之來多欲爲祟禱請祈求乃可致福此否抑者何問曰解云有氣爲父母無氣爲鬼神者此亦有疑夫鬼神雖居幽微猶是有物精靈感通禍福斯應若云無者宗廟饗祀何所依憑答曰所言有無者正論生死生則形存爲有死則氣散爲無不語幽微何足疑也問曰若如此解死則爲無無何所慮而能爲抑答曰鬼神雖無形質可見而有善惡可求故能爲抑問曰若能爲抑便是有義答曰語抑則有語形則無今解無也就氣而論非是全無但無王相之氣而有死沒之氣王相氣來則吉死沒氣來則凶所言無氣者無王相氣耳

第十論相剋

五行雖爲君臣父子生王不同衝忌相剋剋者制罰爲義以其力強能制弱故木剋土土剋水水剋火火剋金金剋木白虎通云木剋土者專勝散土剋水者實勝虛水剋火者衆勝寡火剋金者精勝堅金剋木者剛勝柔春秋繁露云木者農也農人不順如叛司徒誅以率其正故金勝木火者木朝有讒邪熒惑其君法則誅之故水勝火土者君大奢侈過度失禮民叛之窮故木勝土金者司徒弱不能使衆則司馬誅之故火勝金水者執法阿黨不平則司寇誅之故土

勝水勝者爲君爲夫爲官爲吏爲鬼負者爲臣爲妻爲財君以威嚴尊高夫以德義隆重官以權能賞伐吏以刑法裁斷鬼以剋殺病喪並爲勝者也臣以畏伏其上妻以敬從其夫財以休彼制用並爲負者凡上剋下爲順下剋上爲剝喻如君有刑臣之法臣無犯君之義父有訓子之道子乃無教父之方所以上之剋下順理而行下之剋上乖理而逆故白虎通云陽爲君陰爲臣水以太陰之氣制太陽之火金以少陰之氣制少陽之木喻如失道之君若殷湯放桀周武伐紂此皆誅有罪也凡卜筮得其所剋者凶得所

受制者吉五行之道子能拯父之難故金往剋木火復其讎火既消金水雪其恥然當衰氣者反爲王者所制如鼎鑊中水爲火所煎白虎通云火熱水冷有溫水無寒火何明臣可爲君君不可爲臣火煎水爲湯者不改其形但變其名也水滅火爲炭者形名俱盡也亦如君被廢而不存臣有罪而退職也五行相剋木穿土不毀火燒金不毀者皆陽氣仁好生故也金伐木犯水滅火犯者陰氣貪好殺故也至如山崩川竭木石爲災天火下流人火上燎水旱爲并風霜爲害此並失政於人天地作譴爲五行相沴者乖沴

不和之義以其氣衝相沴不名剋也沴亦廢也於木則南宮極震於水則三川竭於火則宮室災於金則九鼎震於土則齊楚山崩木金水火土俱沴者地動分折是也故五行氣衝而有六沴大概如斯

第十一論相刑

夫刑者殺罰爲名自是刑於不義非故相刑也五行各在一方寒暑推移應時而動不失其節各不犯各無應獨受刑者但須用之不嚴而治不可弃而不用故皆還相刑如以金治金則成其器以人治人則成國政呂氏春秋云刑罰不可偃於國笞怒不可廢於

家故五刑之屬三千莫不本乎五行周書曰因五行相剋而作五刑墨劓剕宮大辟是也火能變金色故墨以變其宍金能剋木故剕以去其骨節木能剋土故劓以去其鼻土能塞水故宮以斷其淫泆水能滅火故大辟以絕其生命至于漢文去其宍刑代之以鞭笞其後梟斬流殺之徒並不越其五數尚書云流宥五刑又五流相去各五百里鞭笞之數起自於十積而至百亦依十干之數尚書刑德考云人皆象天刑罰贖之數三千應天地人日辰支干之刑亦有三種故天地人之刑其揆一也三種者一支相自刑二

支刑在干三干刑在支支自相刑者子刑在卯卯刑在子丑刑在戌戌刑在未未刑在丑寅刑在巳巳刑在申申刑在寅辰午酉亥各自刑漢書翼奉奏事云木落歸本故亥卯未木之位刑在北方亥自刑卯刑在子未刑在丑水流向末故申子辰水之位刑在東方申刑在寅子刑在卯辰自刑金剛火強各還其鄉故巳酉丑金之位刑在西方巳刑在申酉自刑丑刑在戌寅午戌火之位刑在南方寅刑在巳午自刑戌刑在未干刑支者寅刑在庚卯刑在辛辰刑在甲巳刑在癸午刑在壬未刑在乙申刑在丙酉刑在丁戌

刑在甲亥刑在己子刑在戊丑刑在乙支刑干者甲刑在申乙刑在酉丙刑在子丁刑在亥戊刑在寅己刑在卯庚刑在午辛刑在巳壬刑在辰戌癸刑在丑未此並以所勝爲刑也凡卜筮所用遇刑非善然所求之事非刑不獲史蘇龜經云當成不成視兆相刑又問云六合是吉而巳申相剋者何答曰金帶水生火中火爲金鬼水爲火鬼金共水生火中則是鬼母子身申是金位兼復懷水巳是火位復有生金還相讎故以爲刑也然刑有上下寅刑在巳者巳爲刑上寅爲刑下餘例悉爾故兵書云刑上風來坐者急起

行者急往卽此謂也云三刑者如寅刑在巳巳刑在申寅日中時巳上起風或巳上見妖謂之三刑也他亦効此別有從氣爲刑與德相對者已從前解故不重釋

第十二論相害

相害者逆行相逢於十二辰兩兩相害名爲六害戌與酉亥與申子與未丑與午寅與巳卯與辰是六害也是殺傷之義今此六害或是君臣父子或是夫妻理不應害孝經云不愛其親而愛他人者謂之悖德旣違其慈愛之性故有忿戮之理五行所惡其在破

衝今之相害以與破衝合故父失其慈子逆其孝妻不敬順夫弃和同並合讎忿理成相害至卯命待熊蹯飢探雀鷇重耳外奔申生賜晋河內則夫婦相殘塞外則君臣殺奪此豈非害乎辰卯爲害者卯與戌合戌破於辰辰土爲卯木妻戌辰同讎卯與戌合便是棄辰與酉合酉衝破卯辰爲卯妻酉爲卯讎辰與酉合酉能剋卯婦姧外夫殺本夫之象也巳與申合申衝於寅巳爲寅子申能剋寅巳與申合子有逆行丑午相害者丑與子合子衝破午午與未合未破於丑亦是父子相害義也未子相害者未與午合午衝

破子未土爲君子水爲臣午火爲子水之財君以財害臣之象也子與丑合丑破於未丑又是土子與丑合欲引外君共害其主此則臣有逃亡之象也申亥相害者亥與寅合寅衝於申申與巳合巳衝於亥亦是癸子相害義也夫相生不必相生相害不必相害猶如火能燒物遂有災洲之火而不能燒物水能潤物洪潦暴至亦使草樹芸黃此是相生反相害相害反相生者鑽木得火而雲雨掣電相因而有此是相害反相生也水本害火膏油漬炷燈火益明亦是相害反相生也陰陽五行萬物所存吉凶之應各以其類言之或吉中有凶凶中有吉凶則視其所救吉則觀其所害凶而有救不至於禍吉而有害不及於慶純凶則禍大純吉則福深如丑午相害以子衝破午子有王水此爲純凶未破於丑丑有欲相之木能制未土爲有救也未子相害午衝破於子子是王水水制午火爲凶中有吉子與丑合丑土反制子水即是吉中有凶生害之義例皆如斯

第十三論衝破

衝破者以其氣相格對也衝氣爲輕破氣爲重支干各自相對故各有衝破也干衝破者甲庚衝破乙辛衝破丙壬衝破丁癸衝破戊壬甲戊乙己亦衝破此皆對衝破亦木體相剋爾爲重也支衝破者子午衝破丑未衝破寅申衝破卯酉衝破辰戌衝破巳亥衝破此亦取相對其輕重皆以死生言之四孟有生而無死直衝而不破四季有死而無生直衝而無破四仲死生俱興故並有衝破四孟有生無死直有衝無破者寅有生火巳有生金申有生水亥有生木也四仲死生俱有者卯有王木死水午有王火死木酉有王金死火子有王水死金四季有死而無生者辰有死水未有死木戌有死火丑有死金死氣則重故能破生氣則輕故相衝又復甲往向庚爲衝庚往向甲爲破以強者制弱也其衝破皆以對位抗衝最爲不善又互向對衝之地我當在庚令敵居甲以強制弱故也問曰沴氣是相衝而爲今解衝破而不與爲沴此未可解答曰五行事沴因事變重非是常然有伐則見無災則止今之所解直是支干之位常自格對剛柔相衝非問變異寧得稱爾矣

五行大義卷第二

五行大義卷第三

上儀同三司城陽郡開國公蕭吉撰

第十四論雜配

配五色　配聲音　配氣味　配藏府
配五常　配五事　右卷第三目

論配五色

左氏傳子產曰發爲五色蔡伯喈云通眼者爲五色黃帝素問曰草性有五章爲五色者東方木爲蒼色萬物發生荑柔之色也南方火爲赤色以象盛陽炎燄之狀也中央土黃色黃者地之色也故曰天玄而地黃西方金色白秋爲殺氣白露爲霜白者素之象也北方水色黑遠望黯然陰闇之象也溟海淼邈玄闇無窮水爲太陰之物故陰闇也孝經援神契言土之精黃木之精青火之精赤金之精白水之精黑春秋考異郵云北狄之氣生幽都色黑如羣畜穹閭南夷之氣生交趾色赤聚隅如旛旗鳥類東夷之氣生桒杜色蒼搔撒布散如林木西夷之氣生沙邱色白鋒積如刀刃之浮中央土會色黃如城郭之形黃氣四塞土精舒此五者爲正色其變色亦五潁子嚴春秋釋例曰經有赤狄白狄然則東青北黑中黃皆正色也土戊畏於木故以妹己妻甲以黃入於青故東方間色綠也詩云綠兮衣兮剌間色亂正色也金庚畏於火故以妹辛妻於丙以白入於赤故南方間色紅論語鄉黨曰紅紫不以爲褻服木甲畏於金故以妹乙妻庚以青入於白故西方間色縹也火丙畏於水故以妹丁妻壬以赤入於黑故北方間色紫也孔子曰惡紫之奪朱也水壬畏於土故以妹癸妻戊以黑入於黃故中央間色驪黃五行書云甲爲青己爲綠丙爲赤辛爲紅庚爲白乙爲縹壬爲黑丁爲紫戊爲黃癸爲驪黃此皆夫爲本色妻爲雜色也柳世隆云八卦各有其色震爲青離爲赤兌爲白坎爲黑此皆當方正色乾爲紫艮爲紅巽爲綠坤爲黃此並間色也坤取未土之正色甲乙經云青如翠羽黑如烏羽赤如雞冠黃如蟹腹白如豕膏此五色爲生氣見青如草滋黑如水苔黃如枳實赤如衃血白如枯骨此五色爲死氣見相經曰青氣初來如麥生盛王之時如樹葉青欲去之時如水上苔赤氣初來如赭色盛王之時如朱丹欲去之時如乾血黃氣初來如蠶吐絲盛王之時如博基欲去之時如枯葉白氣初來之時如璽璧盛王之時如粉上光欲去之時如鮮錢

墨氣初來之時如死馬肝盛王之時如漆光欲去之時如苔垢禮記曰君子縗經則有哀色端冕則有敬色甲冑則有不可犯之色孔子曰大戴禮云君子有三色焉顯然怡樂鐘鼓之色意氣沈靜憂喪之色忿然競動兵革之色大戴禮觀人篇云人有五性喜怒欲懼憂喜氣內蓄雖欲隱其喜必見四氣皆然五氣在誠乎中發形於外人情不可隱也喜色油然以出怒色怫然以侮欲色熙然以愉懼色薄然以下憂悲之色瞿然以靜盛智必有難盡之色盛仁必有可尊之色盛勇必有難攝之色盛忠必有可親之色誠潔必有難汙之色聲眞必有可信之色其質色皓然因以安僞色蔓然亂以煩夫喜色則黃怒色則赤憂色則青喪色則白哀色則黑此皆五常之色動于五臟而見于外隨其善惡盛衰之應也君子所觀故於此釋

論配聲音

子產曰章爲五聲蔡伯喈云通於耳者爲聲青作角聲白作商聲黑作羽聲赤作徵聲黃作宮聲律曆志云角者觸也陽氣蠢動萬物觸地而生也徵者祉也萬物大盛蕃祉也宮者中也居中央暢四方唱始施生爲四聲之經商者章也物成章明也羽者宇也物藏聚萃宇覆之也樂緯云春氣和則角聲調夏氣和則徵聲調季夏氣和則宮聲調秋氣和則商聲調冬氣和則羽聲調樂記曰宮爲君故宮亂則荒其君驕商爲臣商亂則陂其臣壞徵爲事徵亂則哀其事勤羽爲物羽亂則危其賤遺角爲民角亂則憂其民怨五者不亂則天下和平無弊敗之音素問云木音角在聲爲呼火音徵在聲爲笑土音宮在聲爲欲金音商在聲爲哭水音羽在聲爲呻樂記曰樂者音之所由生其本在人心之感於物是故哀心感者其聲噍以殺樂心感者其聲嘽以緩喜心感者其聲發以散怒心感者其聲粗以厲敬心感者其聲直以廉愛心感者其聲和以柔六者非性也感於物而後動審聲以知音審音以知樂審樂以知政而治道備矣樂記又曰聲成文謂之音治世之音安以樂其政和亂世之音怨以怒其政乖亡國之音哀以思其民困大戴禮觀人篇云誠在其中必見諸外以其見占其隱以其細占其大聲象其實氣初生物物生有聲聲有剛柔清濁好惡咸發于聲故心氣嘩誕者其聲流散心氣順信者其聲順節心氣鄙戾者其聲腥醜心氣寬

柔者其聲溫和故聖人聽其聲觀其色知其善惡夫獨發者謂之聲合和者謂之音考樂記云聲成文謂之音故因五聲而有八音樂緯云物以三成以五立三與五如八故音以八八音金石絲竹土木匏革以發宮商角徵羽也金爲鐘石爲磬絲爲絃竹爲管土爲塤木爲柷敔匏爲笙革爲鼓鼓主震笙主巽柷敔主乾塤主艮管主坎絃主離磬主坤鐘主兌樂緯律圖徵篇云坎主冬至宮者君之象人有君然後萬物成氣有黃鐘之宮然後萬物調所以始正天下也能與天地同儀神明合德者則七始八終各得其宜而

天子穆穆四方取始故樂用管艮主立春陽氣始出言雷動百里聖人授民田亦不過百畝此天地之分黃鐘之度九而調八音故聖人以九頃成八家上農夫食九口中者七口下者五口是爲富者不足以奢貧者無飢餓之憂三年餘一年之蓄九年餘三年之蓄此黃鐘之所成以消息之和故樂用塤震主春分天地陰陽分均故聖王法承天以立五五均均者亦律調五聲之均也音至衆也聲不過五物至蕃也均不過五爲富者慮貧強者不侵弱智者不詐愚市無二價萬物同均四時得當公家有餘恩及天下與天地同德故樂用鼓巽主立夏言萬物長短各有差故聖王法承天以法授事焉尊卑各有等於士則義讓有禮君臣有差上下皆次治道行故樂用笙離主夏至陽始下陰又成物故聖王法承天以法授衣服制度所以明禮義顯貴賤明燭其德卒之以度則女功有差男行有禮故樂用絃坤主立秋陽氣方入陰氣用事昆蟲蟄穴欲蟄故聖王法之授宮室度量又章制有宜大小有法貴賤有老上下有順故樂用磬兌主秋分天地萬物人功皆以定故聖王法承天以定爵祿爵祿者不過其能宮爲君商爲臣商章也言臣

章明君之功德尊卑有位位有物物有宜功成者爵賞功敗者刑罰故樂用鐘乾主立冬陰陽終而復始萬物死而復蘇故聖王法承天以制刑法誅一動千殺一感萬使死者不恨生者不怨故樂用柷敔國語曰瓦絲琴瑟尚宮鐘金尚羽石尚角匏竹尚徵革木尚商呂以和樂律以平聲金石以動之絲竹以行之歌以詠之匏以宣之瓦以贊之革木以節之物得其常曰樂所奪曰擊相保曰和細大不踰曰平瓦絲皆大也故尚宮子母相應之道鐘金尚羽亦然石尚角者石金也與角爲牝牡相和之義匏土也竹木也尚

徵亦子母相應也革木俱角尙商亦以牝牡相和也宮聲和以舒其和博以柔動脾商聲散以明其和溫以虛動肺角聲防以約其和靜以清動肝徵聲敗以疾其和平以均動心羽聲疾以虛其和短以散動腎黃帝兵法云兩敵相當使人去敵營一百二十步以管注耳聽之聞隆隆如車如雷如鼓聲者宮也其將寬和有信聞金石相和轟轟攻擊如鐘磬霹靂聲者商也其將威怒好殺宜數忿之聞如奔馬炎炮掣裂聲者徵也其將猛烈勇敢難與爭鋒聞肅肅習習如動樹木如人呼愁怨聲者角也其將仁恕不可欺聞

滔滔如流水揚波激氣相笑聲者羽也其將貪冒多姧謀審此五音以知敵性候風之聲亦皆如之此並論音聲之狀故以備說

論配氣味

子產云氣爲五味鄭玄云通口者爲五味通鼻者爲五臭禮記月令云春之日其味酸其臭羶木之臭味也說文云羶者羊臭春物氣與羊相類木所以酸者象東方萬物之生酸者鑽也言萬物鑽地而出生五味得酸乃達也元命苞云酸之言端也氣始生專心自端也禮記云夏之日其味苦其臭焦火所以苦者

南方主長養也苦者所以長養之五味須苦乃以養之元命苞云苦者勤苦乃能養也方言苦快也臭焦也陽氣蒸動燎火之氣也許愼云焦者火燒物有焦燃之氣夏氣同也禮記云季夏之日其味甘其臭香土味所以甘者也中央中和也甘美也元命苞云甘者食常言安其味也甘味爲五味之主猶土之和成於四行也臭香者土之鄉氣香爲主也許愼云土得其中和之氣故香禮記云秋之日其臭腥其味辛西方殺氣腥也許愼云未熟之氣腥也西方金之氣象此味辛者物得辛乃萎殺也亦云故新之辛也故物

皆盡新物已成故云新元命苞云陰害故辛殺義故辛辣陰氣使其然也禮記云冬之日其味鹹其臭朽朽者水之氣也若有若無言氣微也亦云水而發垢濁故其臭腐朽也許愼云朽爛之氣北方氣同此味鹹者北方物鹹所以堅之也猶五味得鹹乃堅也許愼云鹹者銜也元命苞云鹹者鎌鎌清也至寒之氣故使其清而鹹鄭玄云五味醯酸酒苦蜜甘薑辛鹽鹹黃帝甲乙經言穀則米甘麻酸大豆鹹麥苦黍辛一云稻米辛菓則棗甘李酸栗鹹杏苦桃辛菜則葵甘韭酸藿鹹薤苦蔥辛畜則牛甘犬酸彘鹹羊苦雞

辛本草云石則玉甘金辛雄黃苦空青酸赤石脂鹹草則茯苓甘桂心辛天門冬苦五味子酸玄參鹹蟲則蜚蟲甘蛣蜖辛蛇蚹苦伊威酸蜥蜴鹹藥食之物例多且舉大略配五味如此皆是五行氣所生氣有偏故其味則別總而言之五穀則芒以配木散以配火房以配金莢以配水萃以配土芒大小麥之屬散穈黍之屬房胡麻之屬莢大小豆之屬萃稷粟之屬芒者取其鋒芒纖長象木生出地如鋒芒也散舒也象火氣溫煖物舒散也房方也象金裁割體方正也莢狹也象水流長而狹也萃聚也象萬物皆聚於土

乃為用也五菓則子以配木核以配火皮以配金殼以配水房以配土子梨榴之屬核桃李之屬皮柑橘之屬殼胡桃栗之屬房蒲萄之屬子取其含潤如木生光潤子實茂盛核取其在肉內不堪食如火陰在內無所堪容皮取其厚急如金氣衰老物至西方而急縮也殼取其肉在內堪食如水陽在內堪能容納也房取其結聚如土物皆聚此此則總論穀菓以配五味則略如前釋月令云春食麥與羊麥有莩甲故屬木羊火畜春氣猶寒以此安性夏食菽與雞菽有莩甲而堅合於水雞屬木畜故為熱時所食中央食

稷與牛稷是穀之長牛是土畜以其甘和故應其時秋食麻與犬麻屬金犬亦金畜故從秋也冬食黍與豕黍舒散屬火豕水畜兼其水火以為冬食此之五食義有不同春猶寒食溫夏方熱食寒此意可解食甘味和故隨時適用此亦可解秋冬兩食此應宜熱所以不熱其故何也若依蔡邕解直云食味相宜則無復疑若依鄭解則誠未盡今廣鄭言少陽太陽其氣舒散少陰太陰其氣歛閉故河上公解老子言躁氣在上陽氣伏於下所以故寒靜氣在上陰氣伏於下所以故熱人體陰陽義亦如是春夏舒散陽氣開

發宜以溫食用和陰氣秋冬閉歛陽氣在內宜用寒食以調陽氣冬兼水火又異於秋正以藏閉之時事甚於秋故均以水火也今又取甲乙以並鄭義微有乖張甲乙以羊麥俱苦苦是火味鄭玄云羊火畜同以麥屬木此是取其莩甲之形用溫還同甲乙以菽鹹雞辛鄭玄云菽合水同雞屬木異此取其將旦而鳴近寅木故又振羽翼有陽性也則是酉鳥屬金為實甲乙以麻犬俱酸鄭以麻犬俱金酸是木味用調金氣以少陽之氣味調少陰之氣理則可通金還調金恐乖和適甲乙以黍辛彘鹹鄭玄云彘合水同黍

屬火異此言黍色赤性熱故以爲火若依鄭意以如
前解若以甲乙明堂月令之意夏食合令者欲令調
炎暑鬱毒之氣冬食亦寒者去藏中伏熱春寒用溫
二意不殊秋以少陽和於少陰爲有殺氣故以生味
相補當考禮記內則一篇云凡和春多酸夏多苦秋
多辛冬多鹹調以滑甘解有兩家一云宜從時氣春
食須多酸夏食須多苦一云多者過也春食過酸宜
減其鹹味夏食過苦宜減其鹹味是以後句云調以
滑甘今依前解四時之味各隨時所當故逐時鹹苦
養體之宜土既居中總戴四時是以四時味兼須甘

味以調之又云膾膳食之所宜牛宜稌
　稌稻也
羊宜黍豕宜稷犬宜粱鳥宜麥魚宜苽
　苽彫胡也
凡君子之食恆倣焉凡藥酸養骨苦養氣甘養肉辛
養筋鹹養脈此並相扶之義內經云人食無極鹹使
腎氣盛心氣衰令人發狂喜衄吐血心神不定無極
辛使肺氣盛肝氣衰令人懦怯悲愁目盲髮白無極
甘使脾氣盛腎氣衰使人癡淫泄精腰背痛利膿血
無極苦使心氣盛肺氣衰令人果敢輕死欬逆胸滿

無極酸使肝氣盛脾氣衰令人穀不消化喑聾癥痼
此五藏相制剋之義黃帝養生經云酸入肝辛入肺
苦入心甘入脾鹹入腎病在筋無食酸病在氣無食
辛病在骨無食鹹病在血無食苦病在宍無食甘口
嗜而欲食之不可多也必自賊也故名五賊又云肝
病禁辛心病禁鹹脾病禁酸肺病禁苦腎病禁甘此
皆所惡之味故禁又云肺病宜食糯米飯牛肉棗葵
心病宜食麥羊肉杏薤腎病宜食大豆黃黍鷄肉藿
肝病宜食麻犬肉李韭脾病宜食雞肉桃黍葱此五
宜食者肝心腎三藏實故各以其本味補之脾肺虛

故以其子母相養者也春秋潛潭巴云五味生五藏
者鹹生肝酸生心苦生脾甘生肺辛生腎養生經云
肝色青宜食鹹稻米牛肉棗心色赤宜食酢犬肉李
肺色白宜食甘麥羊肉杏脾色黃宜食苦大豆豕肉
栗腎色黑宜食辛黍雞宍此五食皆以所生能養其
子也又云五味之入口也各有所走各有所病酸走
筋多食之令人癃鹹走血多食之令人渴辛走氣多
食之令人洞心苦走骨多食之令人變甘走皮多食
之令人惡心辛散酸收甘緩苦堅鹹濡五穀爲養五
菓爲助五畜爲益氣味合而服之隨四時五藏所宜

也又云八黃色宜甘青色宜酸黑色宜鹹赤色宜苦白色宜辛此皆依本體所宜家語曰食水者善游耐寒食土者無心不息食木者多力不治食草者善走而愚食桑者有緒而蛾食肉者勇毅食氣者神明而壽食穀者智巧不食者不死而神此皆氣味之類故附而述之五味所解例多不舉經語所明可解者如此

論配藏府

藏府者由五行六氣而成也藏則有五禀自五行爲五性府則有六因乎六氣是曰六情情性及氣詳於

後解今論藏府所配合義五藏者肝心脾肺腎也六府者大腸小腸膽胃三焦膀胱也肝以配木心以配火脾以配土肺以配金腎以配水膀胱爲陽小腸爲陰膽爲風大腸爲雨三焦爲晦胃爲明故杜子春秋醫和云陰淫寒疾陽淫熱疾風淫末疾

末四支也

雨淫腹疾晦淫惑疾明淫心疾藏者以其藏於形體之內故稱爲藏亦能藏受五氣故名爲藏府者以其傳流受納謂之曰府白虎通云肝之爲言扞也脾之爲言實也情動得序也心之爲言任也任於思也腎之爲言寫也以竅寫脾之爲言辨也所以精禀氣也元命苞云脾者弁也心得之而貴肝得之而興肺得之而大腎得之而化肝仁肺義心禮腎智脾信肝所以仁者何肝木之精仁者好生東方者陽也萬物始生故肝象木色青而有枝肺所以義者何肺金之精義者能斷西方殺成萬物故肺象金色白而有剛心所以禮者何心者火之精南方尊陽在上卑陰在下禮有尊卑故心象火色赤而有光腎所以智者何腎水之精智者進而不止無所疑惑水亦進而不惑故腎象水色黑而潤其象雙脾所以信者何脾土之精

土主信養萬物春夏秋冬毫無所私信之至也故脾象土色黃翼奉云肝性靜甲己主之心性躁丙辛主之脾性力戊癸主之肺性堅乙庚主之腎性敬丁壬主之許愼五經異義尚書夏候歐陽說云肝木心火脾土肺金腎水此與前同古文尚書說云脾木肺火心土肝金此四藏不同按禮記月令云春祭以脾夏祭以肺季夏祭以心秋祭以肝冬祭以腎皆五時自相得則古尚書是也鄭玄駁曰此文異事乖未察其本意月令五祭皆言先無言後者凡言先有後之辭春祀戶其祭也先脾後腎夏祀竈其祭也先肺後心

肝季夏祀中霤其祭也先心後肺秋祀門其祭也先肝後心肺冬祀行其祭也先腎後脾凡此之義以四時之位五藏之上下次之耳冬位在後而腎在下夏位在前而肺在上春位在前故祭先脾秋位在後故祭先肝肝腎脾俱在膈下肺心俱在膈上祭者必三故有先後焉此義不與行氣同也八十一問云五藏俱等心肺獨在膈上何對曰心主血肺主氣血行脈中氣行脈外相隨上下故曰營衛故令心肺在膈上也甲乙經云黃帝問岐伯曰人有五藏藏有五變肝爲牡藏其色青其時春其日甲乙心爲牡藏其色赤

其時夏其日丙丁脾爲牝藏其色黃其時季夏其日戊己肺爲牝藏其色白其時秋其日庚辛腎爲牝藏其色黑其時冬其日壬癸素問曰肝者魂之所居陽中之少陽故通春氣心者生之本神之所處爲陽中之太陽故通夏氣脾者倉廩之本其司運化能化糟粕轉味出入至陰之類故通土氣肺者氣之本魄之所處陽中之太陰故通秋氣腎者主蟄封藏之本精之所處陰中之少陰故通冬氣又云春毋食肝夏毋食心季夏毋食脾秋毋食肺冬毋食腎周禮疾醫掌養萬人之疾病者以肝爲木心爲火脾爲土肺爲金

腎爲水則疾多瘳反其術則死月令中霤之禮以陰陽進退爲次白虎通及素問醫治之書用行實爲驗故其所配是也白虎通又云木所以浮金所以沈者何子生於母義肝以沈肺以浮何有知者尊其母也一說云甲木畏金以乙妻庚受庚之化木法其本直甲故浮肝法其化直乙故沈庚金畏火以辛妻丙受丙之化金法其本直庚故沈肺法其化直辛故浮河上公注老子云肝藏魂肺藏魄心藏神腎藏精脾藏志五藏盡傷則五神去矣道經義云魂居肝魄在肺神處心精藏腎志託脾此與素問同魂爲木氣神爲

火氣志爲土氣魄爲金氣精爲水氣魂通於目神通於舌志通於口魄通於鼻精通於耳甲乙經云鼻爲肺之官目爲肝之官口唇爲脾之官舌爲心之官耳爲腎之官故肺病喘息鼻張肝病目閉色青脾病口唇黃乾心病舌卷縮顴赤腎病顴與顏黑黃耳聾此名五官相書亦名五候以鼻人中爲一官主心餘並同候者以五藏善惡色出五官可占候吉凶也鼻人中猶是口之分也孝經援神契云肝仁故目視肺義故鼻候心禮故耳司腎信故竅寫脾智故口誨元命苞曰目肝使肝氣仁而外照管子曰脾發爲鼻肝發

爲目腎發爲耳肺發爲口心發爲下竅道家太平經云肝神不在目無光明心神不在唇青白肺神不在鼻不通腎神不在耳聾脾神不在舌不知甘味又一說云目主肝耳主腎鼻主心舌主脾口主肺肝腎二藏諸經並同肝主目者肝木藏也木是陽東方顯明之地眼目亦光顯照了故通乎目道家大式經云天日洞視主目目主肝天陽也肝亦陽目精明亦陽目光顯見秋毫無爽如日陽精無缺而明也腎主耳者腎水藏水陰也北方陰暗之地耳能聽聲聲是陰徵之象故通乎耳太式經曰地曰洞聽主耳耳主腎地

陰也耳竅虛則納聲水主虛陰主虛聲之爲陰爲虛初非如月盈虛也脾心肺三藏及候各有異說甲乙以鼻應肺道家以鼻應心管子以鼻應脾甲乙應肺者鼻以空虛納氣肺亦虛而受氣故也道家鼻主心者陽也老子經云天以五行氣從鼻入藏於心鼻以空通出入息高象天故與天通而氣藏於心也管子以脾是土鼻在面之中故爲其候甲乙以脾應口道家以肺應口與管子同甲乙以脾應口者口是出納之門脾爲受盛之所口能論說脾能消化故以相通道家以肺應口者肺金也金能斷割口有牙齒亦能

決斷是金象也管子之意恐亦然也甲乙以舌應心道家以舌應脾管子以心應下竅甲乙以舌應心者凡資身養命莫過五味辨了識知莫過乎心五味之入惟舌知之萬事是非惟心鑒之心欲言限舌陳舌必言之故心應舌道家以舌應脾者以土能藏也老子云地飴人以五味從口入藏於胃舌之所納則內養藏府外充肌肉夫品味皆地所產故舌與地通也管子心應下竅者以心能分別善惡故通下竅除滓穢也五藏候在五官口舌二官共在一處餘皆不共口是脾候脾土也舌是心候心火也共處者土寄治

於火鄉也舌在口內者猶火於五行不常見也須之則有不用則隱舌在口內開口即見閉口則藏如心爲身之主貴故在內也土王四季故曰四合也甲乙素問是診候之書故從行實而辨道經管子各以一藏府爲表裏者河圖云肺合大腸大腸爲傳道之府心合小腸小腸爲受盛之府肝合膽膽爲中精之府脾合胃胃爲五穀之府腎合膀胱膀胱爲津液之府三焦孤立爲內瀆之府甲乙素問說同大腸爲傳道之府者肺通於鼻鼻出入氣大腸傳道五穀之道故稱其爲府小腸爲受盛之府者心通於舌舌進五味

小腸納之故爲受盛之府也膽爲中精府者肝通於目目是精明之物又精神之主故曰爲中精府也胃爲五穀府者脾通於口口入五穀而胃受之故亦爲府膀胱爲津液之府者腎是水藏膀胱空虛受水水清氣則爲津液濁氣則爲溲溺故亦以爲府三焦爲中瀆府者五藏各合一府三焦獨無所合故曰孤立處五藏之中通行上下氣故爲中瀆府也五藏而有六府亦如六氣因五行生也又如五性生六情也素問云皮應大腸其榮毛主心脈應小腸其榮色主腎筋應膽其榮爪主肺肉應胃其榮唇主肝腠理毫毛

應三焦膀胱其榮髮主脾皮應大腸其榮毛主心者心是身之君皮是身之城郭毛是身之羽衛大腸是氣之道路也故並相通心夫心是火藏大腸是金府故以配焉丙辛之所主也脈應小腸其榮色主腎者腎水也脈是血之溝渠通流水氣色是人之光采血氣若盛則顏色榮華血氣若衰則容顏枯悴腎爲水藏小腸既受盛而容水氣又是火府故以配之丁壬所主也筋應膽其榮爪主肺者筋是皮肉之堅質而爪是皮外之剛物肺是金藏有剛精之性又是木府故以相配乙庚所主也肉應胃其榮唇主肝者胃能

消化五穀精氣爲肉五穀從口而入故榮潤在唇肝是木之藏仁而能生胃是土府故以相配甲己所主也腠理毫毛應三焦膀胱其榮髮主脾者毫毛木藉津潤腠理原自開通脾受資味之所因資味而得津潤開通因津潤開通而生毛髮則腠理毫毛賴水土以養三焦膀胱爲水府脾爲土藏故以相配戊癸所主也脾配二府餘四藏各配一府者脾是土藏土爲君道君即陽也陽數一故藏不二也三焦膀胱並是水府水爲臣道臣即陰也陰數偶故府有二也管子曰脾生骨腎生筋肺生革心生肉肝生爪髮元命苞

云肝生筋脾生骨者脾土也土能生木骨是身之本如木立於地上能成屋室故脾生之腎生筋者筋是木之枝幹得養則榮失養則枯木必賴水以滋故腎生之肺生革者肺金也金能裁斷革亦限斷故肺生之心生肉者心火也肉是身之土地故心生之肝生爪髮者肝木也爪是骨之餘髮是血之餘皆水木之氣故肝生之元命苞云以肝生筋亦水氣之養筋有枝條象於木也河圖云仁慈惠施者肝之精悲哀過度則傷肝肝傷則令目視茫茫恭敬搏節心之精喜怒激切傷心心傷則疾衄吐逆和厚篤信者脾之精

縱逸貪嗜則傷脾脾傷則蓄積不化致痞結之疾義惠剛斷肺之精憂患憤懣則傷肺肺傷則致欬逆失音智辨謀畧腎之精勞欲恐懼則傷腎腎傷則喪精損命故古來有違五常而損年命縱六情以亡家國也卽如桀紂兩帝並貪淫而喪其邦梁竇二臣亦皆奢逸而傾其家雖彭子以色延命齊王因怒袪病彼此異轍節與縱之間耳節之則四大獲安縱之則五藏成患素問云肝者將軍之官謀慮出焉心者君主之官神明出焉脾胃者倉廩之官五味出焉肺者相傳之官治節出焉腎者作強之官伎巧出焉肝爲將

軍之官謀慮出者木性仁仁者理足勝私故能深思遠慮利安萬物將軍爲行兵之主必以謀慮爲先故兵書曰兵以義勵則無不勇往兵以仁愛則無不悅從又曰將無謀則士卒憂將無慮則士卒去故肝爲將軍謀慮出也心爲君主之官神明出者火臨照南方有人君之象神爲身之君如君南向以治易以離爲火居太陽之位爲人君之象人運動情性之發莫不由心故爲君主之官神明出也脾胃爲倉廩之官五味出者萬物生由於土死亦歸之五穀之入脾胃受之故五味之出亦由於此也肺爲相傳之官治節

出者金能裁斷相傳之任明於治道上下順教皆有禮節肺於五藏亦治節所生樂緯云商者章也臣章明君德以齊上下相傳肺所由也腎爲作強之官伎巧出者水性是智智必多能故有伎巧巧則自強不息也八十一問曰藏各有一腎獨兩者何也左者腎右者命門命門者精神之所舍也河圖云肝心出左脾肺出右腎與命門並出尺部此脈候也問曰前解云腎陰故雙今言左腎右命門得毋前後不符乎答曰命門與腎名異形同其象則左右對峙故以雙爲陰其名則左右兩別故隨各所主猶如三焦膀胱俱

是水府不妨兩號老子經及素問云心藏神者心禀虛靈而含造化具一理以應萬幾藏府百骸惟神則爲之主宰腎藏精者精爲有形之本精盛則形成腎乃水藏故精爲所藏焉脾藏思者脾屬至陰故其性靜靜則澄思渺慮觸類旁通故思藏脾肝藏魂者魂以運動爲名肝是少陽陽性運動木又性仁魂亦主善故藏於肝肺藏魄者魄以相著爲名肺爲少陰陰性恬靜金又主殺魄惡而靜故藏於肺五藏所主乃以神精思魂魄五種就魂魄論有陰陽別陽曰魂陰曰魄河上公章句云五氣清微爲神氣視聽音聲五

性其鬼曰魂魂者雄也出入於鼻與天通五味濁滒爲形骸骨宍血脈六情其鬼曰魄魄者雌也出入於口與地通䔰考家語云宰我問於孔子曰吾聞鬼神之名而不知其所謂敢問焉孔子曰人生有氣有魄氣者神之盛也衆生必死死必歸土此謂鬼魂氣歸天此謂神合鬼與神而享之教之至也骨肉斃於下化爲野土其氣發揚於上此神之著也聖人因物之情制爲之極明命鬼神以爲民之則燔燎羶薌所以報氣也薦黍稷修肺肝加以鬱鬯所以報魄也漢書五行志云人命終而形藏精神散越聖人爲之宗廟

以收魂氣春秋祭祀以修孝道尸子曰鬼歸也古者謂死人爲歸人淮南子曰人精神者天之有也骸骨者地之有也精氣入其門而骸骨反其根又云天氣爲魂地氣爲魄禮記郊特牲云魂氣歸于天形魄歸于地故殷人先求諸陽周人先求諸陰故氣之清者曰神即陽魂也氣之濁者曰鬼即陰魄也延陵季子葬其子於嬴博之間云骨宍歸乎土命也魂氣無不至越記云王問范子曰寡人聞失其魂魄者死得其魂魄者生萬物皆然何况於人范蠡對曰魄者囊也魂者生氣之源又云魂者生氣之精魄者死氣之舍

韓詩云溱洧有二水三月上巳鄭國常於此水上招魂續魄左傳昭二十五年宋公享昭子賦詩明日晏飲酒樂使昭子右坐語相泣也樂祁佐退而告人曰今玆君與叔生其皆死乎吾聞之哀樂而樂哀皆喪心也心之精爽是爲魂魄魂魄去之何以能久老子云魂藏肝魄藏肺者魂旣屬天天氣爲陽陽主善尙左居肝在東方木位魄旣屬地地氣爲陰陰主惡尙右故居肺在西方金位老子又云吉事尙左凶事尙右又云五氣藏於心五味藏於胃此論氣本是陽心藏受之心爲火藏陽氣所鍾味本是陰胃府受之胃

爲五穀之府味之所歸心主精神胃主受納不乖魂魄陰陽之理又云魂有三魄有七者陽數奇陰數偶奇數始於一一則元氣魂雖是陽初非元始一後次三故魂數三又云因天地二氣合而生人人又一氣三才各一氣故魂有三陰數二二爲陰之始魄雖是陰又非元始次二後四陰不孤立必資於陽就魂之三合而成七又一解云魂在東方取震數三魄居西方取兌數七三魂七魄合而爲十是應天五行地五行兩五合爲十共成人也五是天五氣地五味也春秋緯云人感十而生故十月方生也又云有六魂者

此乃道家三皇經以五藏神爲五魂六府神爲六魄此亦五行六氣之義也魂魄人之本既配府藏故釋之甲乙云魂屬精魄屬神

論五常

五常者仁義禮智信也行之終久恒不可闕故名爲常亦云五德以此常行能成其德故云五德而此五德配於五行鄭玄注禮記中庸篇云木神則仁金神則義火神則禮水神則信土神則智詩緯等說亦同毛公傳說及京房等說皆以土爲信水爲智漢書天文志云歲星於人五常仁也五事皃也仁虧皃失逆

春令傷木氣罰見歲星熒惑於人五常禮也五事視也禮虧視失逆夏令傷火氣罰見熒惑太白於人五常義也五事言也義虧言失逆秋令傷金氣罰見太白辰星於人五常智也五事聽也智虧聽失逆冬令傷水氣罰見辰星鎮星於人五常信也五事思也仁義禮智以信爲主皃言視聽以思爲正四事皆失鎮星乃爲之動按毛公及京房漢史皆以土爲信可謂其當所以然者夫五常之義仁者以惻隱爲體博施以爲用禮者以分別爲體踐法以爲用智者以了智爲體明叡以爲用義者以合義爲體裁斷以爲用信

者以不欺爲體附實以爲用其於五行則木有覆冒滋繁是其惻隱博施也火有滅暗昭明是其分別踐法也水有含潤流通是其了智明叡也金有堅剛利刃是其合義裁斷也土有持載含容以時生萬物是其附實不欺也鄭玄及詩緯以土爲智者以能了萬事莫過於智能生萬物莫過於土故以爲智水爲信者水之有潮依期而至故以水爲信此旁通曲喻於義殊洽其於五經則仁以配易其位東方禮以配火其位南方義以配傳其位西方智以配詩其位北方信以配尙書其位中央易配東方仁者易是創制之

書原始要終有變通之旨東爲四方之首發生長養有涵育之功曲成萬物而不遺故以配仁禮配南方者禮能齊上下之法別貴賤之差君臣父子莫不以禮節之如火能成就五味明照萬物故以南方配禮傳配西方義者春秋是魯史褒貶得失是時王道既衰諸侯力爭戰伐之事靡不書之合義者褒失德者貶如金以義斷裁制萬物故以配義詩配北方智者詩言其志以爲風刺有陰微之辭和順人情動鬼神感天地以善惡之事吟咏於聲樂使聞者有益於行作者無咎於身如水潛流無所不潤故以配智尙書

配中央信者此是上古之書傳述帝王之言信誓之事後世宗之以抵治平髣髴如土之生物四時無或爽故以信配經常也法也經爲常法萬事皆備五常之義由經而明故以配釋

論五事

五事者尚書洪範云敬用五事蓋以人事配五行也一曰貌以配木二曰言以配金三曰視以配火四曰聽以配水五曰思以配土洪範又曰貌曰恭言曰從視曰明聽曰聰思曰叡恭作肅從作乂明作哲聰作謀叡作聖貌曰恭者天子之恭曰穆穆上恭肅則下

敬矣孔子曰其行己也恭其事上也敬又曰在禮曰恭加於人施於事曰敬貌之不恭是謂不肅貌於易爲震震爲雷寓嚴厲之象詩云敬慎威儀惟民之則蓋有威可畏謂之威有儀可象謂之儀君有威儀故能長有其國臣有威儀故能長守其職君子容嚴可畏施舍可愛進退可度周旋可則容止可觀作事可法德行可象聲氣可樂動作有文言語有章以臨其下謂之威儀孔子曰不莊以涖之則民不敬故失威儀之節怠慢驕矜坦率放浪上不肅則下不敬矣夫不敬其君不從其政則陰氣勝陰氣勝則水厥罰常

雨雨則飢寒至飢寒至則上下不相信臣則姦宄民爲寇盜甚至服服妖妖無非輕悍漂泆暴慢之狀以象風氣之化也言於易爲兌兌爲口爲言語之樞人君言出令行悅以使民民忘其勞悅以犯難民忘其死其教不肅而成其政不嚴而治民心得則衆歸之衆歸之則民親其上死其長矣若失衆心不從政令獨陽自亢羣陰不附則陽氣勝陽氣勝則旱厥罰常暘常暘則飢貧飢貧則不足不足不敢正言先發歌謠之口氣逆則惡言至蝗蟲生皆口事也視曰明明以知人爲本視於易爲離離爲目目爲鑒察之官視

不明則不能辨賢姦以直言敢諫爲非阿諛曲從爲得如是則賢者不進賢者不進則不肖者不退不肖者不退則犯上者不誅無罪者横罰百職廢壞庶事滯塞政教無常厥罰常燠燠則冬氣泄冬氣泄則冬行春令疾疫起矣蝗螟亦食人之食矣此皆視不明之所致也聽在耳耳於易爲坎古者聖王有進善之旌敢諫之鼓謀於芻蕘所以採擇而廣聽也人君不好謀則下莫敢言下莫敢言則上無所聞上無所聞則政事之得失庶民之順逆無由而知厥罰常寒常寒則不生百穀不生百穀則民貧窮矣於是怨言載

道以類相感則有厲氣妖孽之類應之此皆聽不聰之爲害也思者心爲五事之主猶土之爲五行主也於易爲坤八正之氣亦起於八風風者四時之主思心得謂之容容者能容畜臣子故謂之聖也思心不得四者皆失則不能容畜臣子故曰思心不容是謂不聖過在霧亂失紀風於易爲巽在三月四月純陽而治於陽則爲陰於陰則爲陽大臣之象君既霧亂則大臣專恣大臣專恣而陰氣盛陰氣盛厥罰常風陰氣多者陰而不雨其甚也常陰晴易曰坤爲牛坤土也土氣傷則牛多死又曰土爲内事内事亂則有災孽此皆思之不當而起也五事所感其例甚多略舉如此

五行大義卷第三

五行大義卷第四

上儀同三司城陽郡開國公蕭吉撰

右卷第四目

第十五論律呂

春秋元命苞云律之爲言率也續漢書云律術也律書云呂序也序述四時之氣定十二月之位也陰陽各六合有十二陽六爲律陰六爲呂六律者黄鍾太蔟姑洗蕤賓夷則無射也六呂者林鍾南呂應鍾大呂夾鍾仲呂也史記云律曆者天所以運五行八正之氣成熟萬物也帝王世紀云黄帝使伶倫於大夏之西崑崙之陰取竹解谷其竅厚均者斷兩節間吹之以爲黄鍾之管以象鳳鳴雌雄各六以定律呂以分星次伶洲鳩曰律所以立均出度也故云紀以三平以六成以十二天之道也此六中之元古之神瞽考中聲而量之以制度律均鍾故名黄鍾所以宣養六氣二曰太蔟所以金奏乃贊陽出滯三曰姑洗所以修潔百物考神納賓四曰蕤賓所以安靜神人獻酬交酢五曰夷則所以詠歌九則平民無貳六曰無

射所以宣布哲人之令德示民軌儀爲之六間以揚
沈伏而黜散越無間大呂助宣物也二間夾鐘出四
隟之細三間中呂宣中氣也四間林鐘和展百事俾
莫不任肅純恪也五間南呂贊陽秀也六間應鐘均
利器用俾應復也律呂不易無姦物也三禮義宗云
律者法也言陽氣施生各有其法呂者助也助陽成
功一云律帥也帥導陽氣使之通達也呂者侶也以
對於陽與之爲侶亦呂距也謂陰陽之氣有時相距
明陽出則陰除陰升則陽損故有相距之意續漢書
云陽以圓爲形其性動陰以方爲節其性靜動者數

三靜者數二以陽生陰而倍之以陰生陽半之皆以
三而一陽生陰曰下生陰生陽曰上生皆參天兩地
圓蓋方覆六偶承奇之道也淮南子云數始於一一
而不能生故分爲陰陽陰陽合而生萬物故一生二二
生三三生萬物故三月爲一時所以祭有三飯喪有
三踊兵有三令皆以三爲節三三如九故黃鐘之律
九寸而宮音調因而以九之九九八十一黃鐘之數
立焉黃鐘之氣在子十一月建焉其辰在星紀下生
林鐘林鐘之數五十四氣在未六月建焉其辰鶉火
上生太蔟太蔟之數七十二氣在寅正月建焉其辰

諏訾下生南呂南呂之數四十八氣在酉八月建焉
其辰壽星上生姑洗姑洗之數六十四氣在辰三月
建焉其辰大梁下生應鐘應鐘之數四十二氣在亥
十月建焉其辰析木上生蕤賓蕤賓之數五十六氣
在午五月建焉其辰鶉首上生大呂大呂之數七十
六氣在丑十二月建焉其辰玄枵下生夷則夷則之
數五十一氣在申七月建焉其辰鶉尾上生夾鐘夾
鐘之數六十八氣在卯二月建焉其辰降婁下生無
射無射之數四十五氣在戌九月建焉其辰大火上
生仲呂仲呂之數六十氣在巳四月建焉其辰實沈

辰之與建交錯爲表裏郎其合然相生以乾坤六體
爲之黃鐘初九下生林鐘初六又上生太蔟樂緯云
黃鐘中宮數八十一以天一地二人三之數以增減
律成五音中和之氣增治上生減治下生上生者三
分益一下生者三分減一益者以四乘之以三除之
減者以二乘之以三除之三禮義宗云凡黃鐘之管
本長九寸所以九者陽數之極也數之所起起之於
三三才天地人之道合成數故曰三才是以天地人
各有三數陽得兼三故稱九陰但兼二故稱六以陽
得氣兼三故因而三之三三如九故陽數九爲極所

以管用九寸以度陽氣陽氣應時而發此自然神驗者也又上生太蔟九二又下生南呂六二又上生姑洗九三又下生應鍾六三又上生蕤賓九四又下生大呂六四又上生夷則九五又下生夾鍾六五又上生無射上九又下生仲呂上六所以同位象夫妻異位象母子所謂律娶妻而呂生子者也白虎通曰黄鍾何黄中和之氣鍾者動也言陽於黄泉之下動萬物也淮南子云黄土色鍾者氣之所動黄鍾爲君冬至得之三禮義宗云鍾應也言陽氣潛動於黄泉之下應養萬物萌牙欲出大呂大者太也呂者距也言

陽氣欲出陰距難也淮南子云呂者旅也旅而支也三禮義宗云呂助也十二月陽方生長陰氣助之生育之功其道廣大也故一云呂者侶也與陽爲侶對生萬物太蔟言萬物始大湊地而出也淮南子云萬物蔟而未出也三禮義宗云蔟者湊之義也正月之時萬物始太蔟地而出夾鍾者言萬物孚甲種類而出也淮南子云鍾始夾也三禮義宗云夾者佐也二月之中物未盡出陰佐陽氣應物而出一云夾者俠也言萬物爲孚甲所俠至此方解鍾應而出姑洗者姑者古也洗者鮮也萬物去故就新莫不鮮明也淮

南子云姑洗陳去而新來也三禮義宗云姑者枯也洗濯之義三月物生新潔洗除其枯也仲呂者萬物當中皆出也淮南子云仲宛也三禮義宗云呂者距難之義言陰欲出陽氣在於中距逃之一云呂者四月之時陽氣盛長陰助功微故云爾蕤賓者蕤下也賓敬也言陽氣下降故敬之也淮南子云蕤賓安而服也三禮義宗云蕤者垂下之義賓者微也五月陽氣下降陰氣始起其相賓敬林鍾者林衆也萬物成熟種類衆多也淮南子云林鍾引而止之也三禮義宗云林茂盛也六月之中物皆盛茂聚積於野故爲

林也夷則者夷傷也則法也言萬物始傷被刑法也淮南子云夷則易其則也三禮義宗云夷平也則法也七月萬物將成平均結實皆有法則德吉也南呂者南任也言陽氣有任生孳長也淮南子云南呂者任苞大也三禮義宗云南任也八月之中物皆含秀有懷任之象助成功之義無射者射終也言萬物隨陽而終當復隨陰而起無終已也淮南子云無射者入之無厭也三禮義宗云射厭也厭惡之義九月物皆成實無可厭惡應鍾者言萬物應時而鍾下藏也淮南子云應其所鍾三禮義宗云十月之時歲功皆

成陰氣之用應陽之功收而聚積故云鐘也亦云應者應和之義言此時將復應陽氣而動於下也樂緯云黃鐘爲宮林鐘爲徵太蔟爲商南呂爲羽姑洗爲角應鐘爲變宮蕤賓爲變徵以次配之五音備矣黃鐘下生林鐘故林鐘爲徵次黃鐘林鐘上生太蔟故太蔟爲商次林鐘太蔟下生南呂故南呂爲羽次太蔟南呂上生姑洗故姑洗爲角次南呂姑洗下生應鐘故應鐘爲變宮次姑洗應鐘上生蕤賓故蕤賓爲變徵凡有七音圖相爲宮七音者蓋以相生數七故也始黃鐘生林鐘自十二月至六月凡七月也服虔

解云七律爲七音外傳解云武王剋商歲在鶉火日在天駟鶉火去天駟凡七宿又地辰日在甲子從子至午又七天象地辰其數皆七聖人以律同其數以聲招之故以七音樂以七律配七始故以定三元四時故黃鐘以配天林鐘以配地太蔟以配人姑洗以配春蕤賓以配夏南呂以配秋應鐘以配冬凡三元者周以建子月爲天正故黃鐘之管配之殷以建丑月爲地正應以大呂之管配之但陰數偶未土王又爲天社故取其衝應地之氣以林鐘之管配之夏以建寅月爲人正故太蔟之管配之夫陽德自處故以

即位爲正陰德在地故取其衝漢書律曆志云三元者天施地化人事之紀也十一月乾之初九陽氣伏於地下始著爲一萬物萌動鍾於太陰故黃鐘爲天元律長九寸九者所以窮極中和爲萬物之元也易曰立天之道曰陰與陽是也六月坤之初六陰氣受任於太陽繼養化軟萬物生長楙之未令種剛強大故林鐘爲地元律長六寸六者所以陰承陽之施樹之於六合之內令剛柔有體也立地之道曰柔與剛是也乾知大始坤作成物正月乾之九三萬物棣通簇出於寅人奉而成之仁以養之義以行之令事物

各得其理寅木也爲仁其聲商也爲義故太蔟爲人元律長八寸八象於卦包羲氏之所以順天地通神明類萬物之情也立人之道曰仁與義是也在天成象在地成形后以裁成天地人道是爲三元律之始也感精符云十一月建子天始施之端謂之天統周正服色尚赤象物萌色赤也十二月建丑地始化之端謂之地統殷正服色尚白象物芽色白正月建寅人始化之端謂之人統夏正服色尚黑象物生色黑也此三正律者亦以五德相承以前三皇爲正謂天皇地皇人皇皆以天地人爲法周而復始其歲首所

書乃因以爲名欲體三才之道而君臨萬邦故受天命而王者必調六律而改正朔受五氣而易服色法三正之道也周以天統服色尚赤者陽道尚左故天左旋周以木德王火是其子火色赤左行用其赤色也殷以地統服色尚白者陰道尚右其行右轉殷以水德王金是其母金色白故右行用其白色夏以人統服色尚黑者人亦尚左夏以金德王水是其子水色黑故左行用其黑色又云帝王之興多從符瑞周感赤雀故尚赤殷致白狼故尚白夏錫玄圭故尚黑此皆先兆王氣之符子母相助之義如漢以火德鎮

星之精降爲黃石授子房以兵信助沛公而滅楚非五運之色相扶爲用孔子云夏正得天此謂得天道四時之氣應八節生殺之期也故云行夏之時乘殷之輅服周之冕兼三代而爲法蓋取其可久者也秦以建亥之月而爲歲首漢初因秦正朔自魏以後自用夏正至今無改以其得天氣也又遁甲太一九宮元辰皆有三元並起甲子初爲天元盡六甲次甲子爲地元又次甲子爲人元遁甲以冬夏二至後甲巳之日夜半時爲甲子元首三元各分爲三故一百八十日爲元卒陰陽兩道盡一歲之用太一以初元甲子六十年爲一紀次甲子爲第二紀滿六紀三百六十年爲一周九宮別以巳亥爲元首分爲五元初巳亥六十年爲天元次巳亥六十年爲地元次巳亥六十年爲人元次巳亥六十年爲河元次巳亥六十年爲海元九年一周四九三十六亦周六甲之大數也三元正朔並從律呂應歷定時皆配五行故同此釋

第十六論七政

夫七政者乃是玄象之端正天之度王者仰之以爲治政故謂之政七者數有七也凡有三解一云日月五星合爲七政二云北斗七星爲七政三云二十八

宿布在四方方列七宿共爲七政此三言七政皆配五行並三辰之首也日月五星爲七政者尚書考靈耀七政曰日月者時之主也五星者時之紀也故曰在璇璣玉衡以齊七政又有五政謂五行之政七政即日月五星也日者河圖汗光篇云日爲陽精始日實也元命苞云陽以一起故日日行一度陽成於三故有三足烏烏者陽精其言僂呼俗人見僂呼似烏故以名之又云火精陽氣故外熱內陰象烏也日尊故滿滿故施施故仁仁故精精在外在外故大日外暑外暑故陽精外吐天有三百六十五度四分度之

一布在四方日日一歷無差遲使四方合如一故其字四合一也白虎通云日徑千里圍三千里下於天七千里大玄經云日一南萬物死日一北萬物生物理論云夏則陽盛而陰衰故晝長而夜短冬則陰盛而陽衰故晝短而夜長行陽道長出入卯酉之北行陰道短出入卯酉之南春秋陰陽等故行中道晝夜等也考靈耀云春一日日出卯入酉昴星一度中而昏斗星十二度中而明仲夏一日日出寅入戌心星五度中而昏營室十度中而明秋一日日出卯入酉須女四度中而昏東井十一度中而明仲冬一日日

出辰入申奎星一度中而昏氐星九度中而明卯酉陰陽交會日月至此爲中道萬物盛衰出入之所故號二八之門以當二八月也故詩推度灾云卯酉之際爲改政漢書天文志云日者君之象君行急則日行疾君行緩則日行遲遲疾失其常則蝕蝕在交道也蝕者陰侵陽臣凌君之象也故日蝕修德以攘之月者春秋元命苞云月者陰精爲言闕也中有蟾蜍與兔者陰陽兩居相附託抑詘合陽結治其內光炬中氣似文耳兔善走象陽動也兔之言僖僖呼呼溫煖名也月水之精故內明而氣冷陰生不滿者詘於

君也至望而盈者氣事合也盈而缺者詘嚮尊也其氣卑卑故修表成緯陰受陽精故精在內所以金水內景內景故精陰沈執不動月爲陰精體自無光藉日照之乃明猶如臣自無威假君之勢乃成其威月初對日未正故無光而缺月半與日相對故光滿十六日以後漸缺亦漸不對日也漢書天文志云月日行十三度四分度之一立春春分東從青道立秋秋分西從白道立冬冬至北從黑道立夏夏至南從赤道季夏行中道赤青出陽道白黑出陰道晦而見西方謂之朓朔而見東方謂之朒若君舒緩臣驕慢故

日行遲而月行疾君肅急則臣恐懼故日行疾而月行遲不敢迫近君位也其行遲疾失度亦蝕蝕者當日之衝有闇虛闇虛當月則月蝕當星則星隱月蝕者陽侵陰也董仲舒云於人妃后大臣諸公之象月爲刑故月蝕修刑以攘之五星者說文云星者萬物之精或曰日分爲星故其字日下生史記云星金之散精星隕爲石此金是也春秋云隕石于宋隕星也又云星者陰精金亦陰也別而言之各配五行不獨主金歲星木之精其位東方主春蒼帝之子八主之象五星之長司農之官主福慶凡有六名一名攝提

二名重華三名應星四名纏星五名紀星六名修人星其所主國曰吳齊趙舍而前為盈退舍為縮行邪則主邪行正則主正政急則行疾政緩則行遲酷則行陰和則行陽行陽則旱行陰則水治則順度亂則逆行以其主歲故名歲星熒惑火之精其位南方主夏赤帝之子方伯之象五星之伯上承太一下司人君為天子理政伺無道出入無常為天伺察所往主兵亂賊喪飢疾凡有二名一名罰星二名執法其所主國曰荊越是太白之雄出南為熒惑居西為天理在東為縣息以其出入無常故名熒惑鎮星土之精

其位中央主四季女主之象主德為五星之王一名地候伺女主之邪正入陽則為外入陰則為內四星皆失鎮星乃為動以其鎮宿不移故名鎮星太白金之精其位西方主秋白帝之子大將之象以司兵凶日南方太白居其南日北方太白居其北曰盈日南方太白居其北日北方太白居其南曰縮未可出東方而出東方名亟華未可下東方而下東方名少歲未可出西方而出西方名太白未可下西方而下西方名白省凡有六名一名天相二名天政三名大臣四名大皓五名明星六名大囂詩云東有啟明西

有長庚其所主國曰秦晉鄭太白是歲星之雄太白主兵兵西方金色白故曰太白辰星水之精其位北方主冬黑帝之子宰相之象主刑政酷則不入政和則不出凡有六名一名安調二名細極三名熊星四名鉤歲五名伺農六名勉星其所主國曰趙代辰星主德是天之執政出入平時故曰辰星經云五車西北第一星曰太白次北一星曰辰星次東北一星曰歲星次東南一星曰鎮星次西南一星曰熒惑此乃五星分野也又云歲星變為彗星欃雲槍雲天狗熒惑變為彗星蚩尤旗格澤鎮星變為獄漢天沸旬始

虹蜺太白變為彗星郎掃辰星變為狂矢天槍天棓竝是五星氣亂為妖星也王者覩之以知得失考靈耀云歲星為規熒惑為矩鎮星為繩太白為衡辰星為權權衡規矩繩竝皆有所起周而復始故政失於春歲星滿偃不居其常政失於夏熒惑逆行政失於季夏鎮星失度政失於秋太白失度出入不當政失於冬辰星不效其鄉五政俱失五星不明春政不失五穀孳夏政不失甘雨時季夏政不失時無菑秋政不失人民昌冬政不失少疾喪五政不失日月光明此則日月五星共為七政之道亦名七曜以其星光

曜運行也北斗爲七政者北斗天樞也天有七紀斗有七星第一至第四爲魁第五至第七爲魒合有七也尚書緯云璇璣斗魁四星玉衡拘橫三星合七齊四時五威五威者五行也五威在人爲五命七星在人爲七端北斗居天之中當崑崙之上運轉所指隨二十四氣正十二辰建十二月又州國分野年命莫不正之故爲七政虞錄云北斗七星據璇璣玉衡以齊七政政者天子所治天下故王者承天行法合誠圖云北斗有七星天子有七政斗者居陰布陽故稱北斗其七星各有四名合誠圖云斗第一星名樞二

名璇三名璣四名權五名衡六名開陽七名搖光黃帝斗圖云一名貪狼子生人所屬二名巨門丑亥生人所屬三名祿存寅戌生人所屬四名文曲卯酉生人所屬五名廉貞辰申生人所屬六名武曲巳未生人所屬七名破軍午生人所屬孔子元辰經云一名陽明星二名陰精星三名眞人星四名玄冥星五名丹元星六名北極星七名天關星遁甲經云一名魁眞星二名魁元星三名䰢九極星四名魓綱星五名魒剛星六名魑紀星七名魒玄陽星第一水二水土三木土四金木五金土六火土七火所以子午各獨

屬一星其餘並兩辰共屬者子午爲天地之經斗第一及第七魁魒兩星亦是斗之經建所用指也其餘非所指者故並兩屬故六十甲子從第一起甲子以配之往還周旋盡其數矣北斗領二十八宿一星主四時魁起室魒起角以次分屬若人行年至室而五星行到此宿者隨星吉凶也合誠圖云樞星爲雍州璇星爲冀州璣星爲青兗州權星爲徐楊州衡星爲荆州開陽星爲梁州搖光星爲豫州此爲三才之道並爲斗之所政也二十八宿爲七政者以其分定邦國布官設位也運斗樞云天有將相之位佐列宿爲

衛皆據璇璣玉衡以齊七政四時布德三道正氣尚書考靈曜云二十八宿周天三百六十五度四分度之一故協時月正日度量二十八宿配五行有二別一總配二別配總配者東方蒼龍七宿角亢氐房心尾箕木也合三十二星七十五度南方朱雀七宿則有井鬼柳星張翼軫火也合六十五星一百五度西方白虎七宿奎婁胃昴畢觜參金也合五十一星八十度北方玄武七宿則斗牽牛須女虛危營室東壁水也合三十五星九十八度其屬土者東則角亢南則井鬼西則奎婁北則斗牛皆居四季爲土也脅

子云春分鳥星昏主春者中可以種稷夏至心星昏主夏者中可以種黍菽秋分虛星昏主秋者中可以種麥冬至昴星昏主冬者中山八可以伐器械家八可以收萑葦蓄積田獵王者坐視四星之中而知民之緩急急則不賦力役故曰敬授民時也此爲總配別配五行者角二星爲天門三光之路十二度於時在辰鄭分木也亢四星爲天庭尚書之曹九度於時在辰鄭分春夏爲火秋冬爲水也氐四星爲宿宮路寢所止十五度於時在卯宋分春夏爲金秋冬爲水也房六星爲明堂政教之道五度於時在卯宋分土

也心三星爲天王之位五度於時在卯宋分春夏爲木秋冬爲火也尾九星爲后宮妃嬪之府十八度於時在寅燕分水也箕四星爲王后所居進御之寢十一度於時在寅燕分木也春夏爲金秋冬爲土也斗六星爲主爵祿褒賢進士二十六度於時在丑吳分木也牽牛六星爲主橋梁七政之始八度於時在丑吳分木也須女四星爲主布帛天之內藏十二度於時在子越分春夏爲水秋冬爲火也虛二星爲廟堂主祭祀事十一度於時在子齊分春夏爲水秋冬爲金也危三星爲墳墓以安先祖十七度於時在子齊

分春夏爲水秋冬爲火也營室二星爲主軍糧以資士卒十六度於時在亥衛分春夏爲木秋冬爲土也東壁二星爲文章圖書之府九度於時在亥衛分春夏爲金秋冬爲水也奎十六星爲五兵之庫禁禦暴亂十六度於時在戌魯分春夏爲金秋冬爲火也婁三星爲苑牧主給享祠十二度於時在戌魯分春夏爲水秋冬爲火也胃三星爲倉廩五穀所聚十四度於時在酉趙分春夏爲木秋冬爲水也昴七星爲主獄事典治決斷十一度於時在酉趙分春夏爲火秋冬爲金也畢八星爲邊兵備夷狄十度於時在酉趙

分春夏爲金秋冬爲水也觜觿三星爲保藏收斂秋物二度於時在申晉分春夏爲火秋冬爲土也參伐十星爲天大將斬劉收獲九度於時在申晉分春夏爲火秋冬爲土也東井八星爲主水衡以法平時三十三度於時在未秦分春夏爲火秋冬爲水也輿鬼五星爲視明主察姦謀四度於時在未秦分春夏爲水秋冬爲火也柳八星爲上食主和滋味十五度於時在午周分春夏爲水秋冬爲火也星七星爲衣裳主護身體七度於時在午周分春夏爲火秋冬爲水也張六星爲主客賜與讌嬉十八度於時在午周分

水也翼二十二星爲天唱以主戲娛十八度於時在巳楚分春夏爲木秋冬爲金也軫四星爲死喪以主疾病十七度於時在巳楚分春夏爲木秋冬爲土也漢書天文志云角亢氐韓鄭兗州之分房心宋豫州之分尾箕燕幽州之分井鬼秦雍州之分柳張二星三河之分翼軫楚荊州之分奎婁胃魯徐州之分昴畢趙冀州之分觜參魏梁州之分斗江湖之分牽牛須女吳揚州之分虛危齊青州之分室壁衛并州之分此皆當分所主正其州國爲政之善惡也石氏天官訓解云角二星是蒼龍之首上角兩角間天之道日月五星所行故名角亢爲朝廷對揚于王夙夜謀諸四海之內故名亢氐是正寢冰解之室故名氐房是天子四時所居故名房心前一星爲太子中爲天子後一星爲庶子如人心處中爲身之主故名心尾是東方蒼龍宿之尾故名尾象形也箕近斗象播揚五穀故名箕斗量器也斟酌爵祿其形似斗故名斗牛亦象牛角七政之始故名牛女方正裁制之象婢妾之類故名女虛耗也其間空虛廟堂之象故名虛危似室屋亦如墳墓故名危營室有六星爲離宮似宮室故名室壁直立似壁孔子藏書於壁效此義也

故名壁奎爲庫主兵形象庫之周密奎乖也兵以乖違故因之以名奎婁如樓閣亦似鐘樓可養犧牲以爲名胃在藏爲五穀之府主倉廩故以爲名昴悴聚如囚之在牢獄以主獄事昴星也聚則憂故名爲昴畢邊夷毛頭之類如天子警蹕毛頭唱之畢其唱以警衆心故以名之也觜聚也爲白虎之鼻聚在虎觜鬚間故以爲名參共也雜金土之氣共行殺罰故名參井精也盛水停平精微之至此星象法度如水之平故名井鬼歸也陽歸於陰所以其內一星闇而不明鬼之象也故以爲名也柳留也春秋傳曰或食於任柳一名任也祭祀鬼神合和五味留神靈也故以名之七星數七如鳥之衣覆上故以名之張開張也爲朱鳥之嗉有容納故主賓客也翼如六翮似鳥兩翅之飛故以名翼軫似小車四馬車後橫曰軫凶事用之故以爲名其伏見邪正闘陵歴蝕散爲妖異彗孛飛流如此之類並以占候非關義釋故不悉具三種七政既配五行略說如此

第十七論八卦八風

八卦者周易云古者包羲氏之王天下也仰則觀象於天俯則觀法於地觀鳥獸之文與地之宜近取諸

身遠取諸物於是始作八卦以通神明之德以類萬物之情兼三才而兩之故六畫而成卦因八方之通八風成八節之氣故卦有八其配五行者乾兌爲金坎爲水震巽爲木離爲火坤艮爲土各以方位言之易通卦驗云艮東北主立春震東方主春分巽東南主立夏離南方主夏至坤西南主立秋兌西方主秋分乾西北主立冬坎北方主冬至坎居北方者冬至之日陽氣動於黃泉之下子雖太陰之位以陽氣動其下故其卦外陰內陽象水內明中懷陽也故居子位以配水艮在東北者其卦一陽在上象立春之時陽氣已發於地惟上下有重陰其陰氣猶厚陽氣尚微艮又爲山以其重陰在下積土甚深故卦在丑丑爲木衝故以配土震居東方者震爲長男能主幹任故居顯明之地東方春也萬物發生之候巨細昭著震爲雷雷動則萬物出春分之時天氣下降地氣上騰天地和同萬物萌動故震居卯卯木少陽之位故以配木巽居東南者其卦重陽在上象立夏之時陽氣已盛於上陰氣漸弱於下夫木之爲物入地最少出土最多巽卦二陽在上象木出地之多一陰居下象木入地之少木體是陽無不明顯故在東南以配

於木離居南方者夏至之時陰動於黃泉之下午是盛陽之位而陰氣動故其卦外陽內陰象火外明內暗懷陰氣也故在南方以配火坤居西南者坤卦純陰之象能養萬物莫過於地也陰體卑順不敢當首陰動於午至未始著故坤後午之位地體積陰坤既純陰象地體以中央土在未地卽土也故在西南以配土也兌在西方者兌卦一陰在上象秋分之時陽氣已深金爲少陰故一陰居上酉是金位故在西方以配金乾居西北者乾卦純陽之象生萬物者莫過乎天乾爲生物之首陽氣起子乾是陽氣之本故先子之位以純陽堅剛故在西北以配金易傳曰震主春分穀雨穀雨得天兌則萬物畢生兌者西方之墟是時日在昴昴西方之宿以日在西故曰天兌貌順木得則天兌爲和貌失水逆則天兌爲害而當雨爲罰兌主秋分霜降霜降得天震之動氣則天下霜萬物死東方之卦是時日在房房東方之宿以日之在東方故曰天震言順金得則天震爲和言失金逆則天震爲害而旱罰所以貌雨言旱者震陽兌陰陽旱陰雨也木之所以雨金之所以旱者其人事貌失則下怨陰盛故雨言失則失衆孤陽獨立羣陰不附故

旱春秋二時震兌相臨天地氣和所以不極寒熱也坎主冬至大寒大寒得天坎之氣則天下大寒是時日在虛虛北方之宿故曰天坎聽順水得則天坎爲和聽失水逆則天坎爲罰故常寒離主夏至大熱大熱鬱蒸復得天離之氣則天下如焚萬物盡著是時日在七星七星南方七宿故曰天離視順火得則天離爲和視失火逆則天離爲罰故常燠冬夏二時天地氣併坎離各當其方所以極寒熱也今分八卦以配方位者坎離震兌各在當方之辰四維四卦則丑寅屬艮辰巳屬巽未申屬坤戌亥屬乾八卦既通八

風八方以調八節之氣故坎生廣莫風四十五日至艮生條風四十五日至震生明庶風四十五日至巽生清明風四十五日至離生景風四十五日至坤生涼風四十五日至兌生閶闔風四十五日至乾生不周風四十五日又至坎陽氣生五極九五九四十五故左行四十五日而一變也廣莫風者廣大也莫沙漠也寒氣廣遠自沙漠而來也亦云此時陽氣在下陰莫之廣大也條風者條達也此時通達萬物也明庶風者庶衆也此時陽施和煦之氣衆物皆秀萌也清明風者天氣明淨清涼也此時清風吹萬物使盛茂鮮妍可觀也景風者景高也萬物至此極盛也又言景竟也陽道至此終竟也涼風者秋風涼也此時陰氣凄涼收成萬物也閶闔風者昌盛也此時萬物盛而收藏之也不周風者周遍也萬物備成不周者閉不通也言此時純陰無陽閉塞不通也淮南子曰東北方曰蒼門生條風東方曰開明門生明庶風東南方曰陽門生清明風南方曰暑門生景風西南方曰白門生涼風西方曰閶闔門生閶闔風西北方曰幽都門生不周風北方曰寒門生廣莫風蒼門者東北木將用事春之始故曰蒼門開明門者明陽也日

之所出故曰開明門陽門者月建在巳純陽用事故曰陽門暑門者盛衰之時故曰暑門白門者月建在申金氣之始故曰白門閶闔門者八月建在酉萬物將收閶大闔閉有舒必斂故曰閶闔門幽都門者幽暗也玄冥將始用事陰聚故幽也故曰幽都門寒門者積寒所在故曰寒門此八極之方是八風之所起也呂氏春秋云東方滔風東南動風南方巨風西南凄風西方飄風西北厲風北方寒風東北炎風此意亦同於前太公兵書云坎名大剛風乾名折風兌名小剛風艮名凶風坤名謀風巽名小弱風震名嬰兒

風離名大弱風大剛風者太陰之氣好殺故也折風者金強能摧折物也小剛風者亦金殺故也凶風者艮在鬼門凶害之所也謀風者坤爲地太陰之性多陰謀也小弱風者巽爲長女故稱弱也嬰兒風者震爲長男變之故曰兒大弱風者離爲中女又弱於長女也大剛小剛客勝大弱小弱主人勝凶有凶害之事謀有謀逆之人折爲將死嬰兒風主人強此並兵家觀客主盛衰候風所從來也陽泉云春氣臑其風溫以和喜風也夏氣盛其風凱以暢樂風也秋氣勁其風颯以清怒風也冬氣令其風凝以厲哀風也又

四維之風隨生成之氣方土異宜各隨所感而風者天之號令治政之象若君有德令則風不搖條清和調暢若政令失則氣怒凶暴飛沙折木此天地報應之理也此皆五行之氣故並釋焉

第十八論情性

左傳子產云則天之明

天有三光故曰明也

因地之性

性生也生萬物故因其所生而用之

生其六氣用其五行五行者爲五性也六氣者通六情也翼奉云五行在人爲性六律在人爲情性者仁義禮智信也情者喜怒哀樂好惡也五性處內御陽以喻五藏六情處外御陰以喻六體故情勝性則亂性勝情則治性自內出情從外來情性之交間不容髮說文曰情人之陰氣有欲嗜也性人之陽氣善者也孝經援神契云性者人之質人所稟於天情者陰之機由感而起發於五藏故性爲本情爲末性主安靜恬然守常情則主動觸境而變動靜相交故間微密也河上公章句云五性之鬼曰魂爲雄六情之鬼曰魄爲雌此明性陽情陰也六情既通六氣今先依

服注左傳云六氣者陰陽風雨晦明也陰作土陽與風作木雨作金晦作水明作火唯天陽不變陰爲土者土是陰義故陰凝爲地風作木者風動也木亦動觸地而出箕星東方之宿主風又巽爲木爲風也雨作金者雨水也水性銷釋金性亦可銷釋畢星西方之宿主雨故詩云月離于畢雨俾滂沱矣故雨作金也晦作水者晦闇也晦闇則水生闇黑爲水之色也明作火者明照於物故爲火也皆從其類言之鄭玄注禮記云木爲雨金爲陽火爲燠土爲風水爲寒震主春分春分穀雨得天兌則萬物畢生兌西方之卦

是時日在昴昴西方之宿也以日在西方故謂天兌貌順木德則天兌爲和故木爲雨詩云習習谷風以陰以雨也金爲陽者秋時日行東方房星之宿得天震之氣言順金德則天震爲和震爲陽也秋時物成所以燥物是其和也逆金氣則爲旱罰故金爲陽也土爲風者傳云政事有失厥罰常風言風者土之氣也莊子曰大塊噫氣其名曰風土者爲君君立教令故爲風土主四季故令失則風爲災也鄭以木爲雨服以木爲風服以金爲雨鄭以金爲陽鄭以土爲風服以土爲陰雨說相反各有其意今就五行而辨服

近之灸所以然者水生於金金體非陽木爲少陽不應爲雨土爲地地本是陰風自是陰陽之氣不獨生於土服以木爲風者取巽木故爲當也六氣通於六情者好爲陽惡爲陰怒爲風喜爲雨哀爲晦樂爲明好爲陽者陽氣好生是以爲好惡爲陰者陰氣好殺是以爲惡怒爲風者陽泉云風者陰陽之氣激發而起猶人之內氣因喜怒哀樂激發起也曾子曰陰陽怒而爲風喜而爲雨曾子又曰陰陽和而爲雨和潤故爲喜也哀爲晦者晦闇也愁則閉塞故闇所以爲晦樂爲明者樂則情舒故爲明也漢書禮樂志云人

含天地陰陽之氣有喜怒哀樂之情論衡曰人五藏以心爲主心發智慧而四藏從之肝爲之喜肺爲之怒腎爲之哀脾爲之樂故聖人節之恐傷性也翼奉云好則膀胱受之水性動故曰好怒則膽受之少陽始盛萬物將萌也惡則小腸受之夏長養萬物惡僞故曰惡喜則大腸受之金爲珍物故曰喜樂則胃受之土生養萬物上下皆樂哀則三焦受之陰陽之府陽昇陰終其宮室竭故曰三焦主哀悽也論衡以四時論藏翼奉以風通六情論人脾腎二藏藏府是同肝肺二藏與府不同者藏以肺有殺罰之性故怒府

以合肺金珍之用故喜肝則以春氣生故喜膽則以合火能焚燎故怒二理並通又云喜氣爲暖當春怒氣爲肅當秋樂氣爲陽當夏哀氣爲陰當冬此與論衡意合翼奉云東方性仁情怒怒行陰賊主之南方性禮情惡惡行廉貞主之下方性信情哀哀行公正主之西方性義情喜喜行寬大主之北方性智情好好行貪狼主之上方性惡情樂樂行姦邪主之貪狼主求索財物既云貪狼自然欲壑無厭其爲劫盜亦不必疑廉貞主上客遷召寅爲陽始午爲陽盛故稱上客既有廉貞之性理自召任高遷寬大主酒食慶

賀寬大多所容納故爲慶賀慶賀必置酒食奸邪主疾病淫泆欺欺由此而起邪惡邪惡必生疾病公正主執仇諍諫正故能諍公故能執仇讎也情好者水生申盛子水性觸地而行觸物而潤多所好故爲好多所好則貪無厭故爲貪狠申子主之情怒者木生亥盛卯性受水氣而生貫地而出故爲怒卯木生於子水與卯還自相刑亥又自刑是以陰氣相賊故爲陰賊亥卯主之貪狠必得陰賊而後動陰賊必得貪狠而後用二陰並行是以王者忌於子卯相刑之日也情惡者火生寅盛午火性炎猛無所容受故爲惡

其氣清明精耀以禮自整故爲廉貞寅午主之情喜者金生巳盛酉金爲寶物見之者喜又喜以利刃加於萬物故喜利刃所加無不寬廣爲器則多容受故爲寬大巳酉主之二陽並行是以王者吉於午酉之日情樂者謂北與東陽氣所萌生故爲上亦主中央辰爲水窮也木落歸本水流歸末故木刑在未水刑在辰盛衰各得其所故樂水窮則無隙不入木上出窮則旁行爲斜故爲奸邪辰未主之情哀者謂南與西陰氣所萌生故爲下戌窮火也丑爲金窮也金剛火強各歸其鄉故火刑在午金刑在酉金火之盛而

被自刑至窮無所歸故曰哀火性無私金性剛斷故曰公正戌丑主之可知五性是本六情是末情因性生性由情發情性相因亦以備釋

第十九論治政

治政何治者治也治其不法政者正也正其不邪百姓不能自治樹君以治之萬民不能自正立長以正之正使不邪治令不亂不亂故安不邪故善善則盜賊不興安則各保其業所以能勝殘去殺道路厲行蚖蛇可蹠麟龍可駕如此名政治也孔子曰爲政以德譬如北辰居其所而衆星共之大戴禮云君者治

之本無君爲治能法五行謂之合道所以寬猛喻之水火仁義取于金木順四序以教民貸五材而爲用任人任力理歸一揆春秋繁露治順五行篇云木用事其氣柔順而青七十二日火用事其氣燥陽而赤七十二日土用事其氣溫濁而黃七十二日金用事其氣堅凝而白七十二日水用事其氣清寒而黑七十二日復木之用事則行柔惠進經術之士至于立春出輕繫去稽留除桎梏開閉闔通障塞存幼孤矜寡獨此並順春之施也無伐木恩及草木則朱草此詩人所歌恩及行葦者也不伐木者不可違天陽生

長之氣也若夫人君馳騁無度沈湎荒淫重徭役奪民時厚稅斂則民疾疢瘳患足疾傷春氣故皆木病也木傷敗則龍深藏木禽懼而不見也鯨鯢出而爲禍鱗甲之蟲有金氣所以傷木也火用事則正封疆修田疇至于立夏舉賢良封有德賞有功出使四方此順火之化長養萬物也無縱火則火順人安甘露降鳳凰來黃鵠見鳳凰非朱雀之類喜故出見甘露黃鵠並子慶其母也若人君用讒佞離骨肉疎忠臣弃法令婦人爲政則民病血腫國因不靖火爲災冬鴈不來鳥爲怪火性厲故鳥有變怪人君急宜修省

土用事養長老矜寡獨重孝悌施恩澤順土寬和含養之德毋妄興土功宮室制度有差親戚之恩有序則五穀成嘉禾出賢聖來土氣順萬物無不茂盛德景大故聖賢悅之而來若人君淫樂無度侮親老困百姓則民病腹心之疾心腹主土氣不和故病賢人隱藏百穀不登裸蟲爲災土性傷故稼穡不成賢人惡之所以不見裸蟲土氣也傷故爲變金用事修城郭繕牆垣審辟禁飭甲兵警百官誅不法此並順金性威嚴肅殺之氣也無焚金石則白虎見虎是金獸喜故出也若人君貪賂好用兵則民人病欬嗽筋攣

鼻塞鼻主肺肺病故欬嗽而鼻塞金氣爲疾外又毛蟲金石爲怪金氣傷故有變怪也水用事閉閭門執當罪飭關梁亦以順水閉藏再戒無決池堰恐水氣泄溢也如此則醴泉出恩及禽蟲則靈龜見書云澤及昆蟲者也甲蟲屬水喜故見也若人君廢祭祀簡宗廟執法不順逆天氣則民病流腫水脹痿痺孔竅不通此是水氣擁結之義聖人以水居太陰之位陰闇虛空比之宗廟人死精氣散越立宗廟以收之堂宇虛寂陰暗無人故喩於水廢於祭祀則失孝道故太陰之氣感而病人爲此疾也水爲災害靈龜深藏

鬼哭介蟲爲怪介蟲屬水氣傷故爲覆藏而不見也宗廟不祀魂氣傷怨故鬼哭也孝經援神契云木氣生風火氣生蝗土氣生蟲金氣生霜水氣生雹失政於木則風來應失政於火則蝗來應失政於土則蟲來應失政於金則霜來應失政於水則雹來應毀傷致風侵蝕致蝗貪殘致蟲刻毒致霜暴虐致雹此皆隨其事而致也桓子新論曰人抱天地之體懷純粹之精有生之最靈者也是以貌動於木言信於金視明於火聽聰於水思睿於土五行之用動靜還與神通貌恭則肅肅時雨若言從則乂乂時暘若視明則

哲哲時燠若聽聰則謀謀時寒若心嚴則聖聖時風若金木水火皆載於土雨暘燠寒皆發於風貌言視聽皆生於心尸子云心者身之君天子以天下受令於心心不當則天下禍諸侯以國受令於心心不當則國亡匹夫以身受令於心心不當則身戮故人心者乃天地之精作事之宰故政之治亂由於君之心也歷來聖人受命而王莫不承天地法五行修五事而御宇宙養蒼生者也其制度法式皆五行爲本□服威儀朝廷俯仰農桑播殖施惠慶賜木也尊卑上下制度禮式封爵賞功居高視遠火也宮室臺榭夫

婦親戚布德含養祿秩赦宥土也兵戎器械蒐狩武備刑罰獄禁金也宗廟祭祀儲積封藏棺槨喪葬卜筮決疑水也因五行而致百官因百官而理萬事萬事理而四海安是政治之所由也其居處服御器用所從莫不本乎五行以通治道也禮記云春之月天子居青陽左个乘鸞輅駕蒼龍載青旂衣青衣服蒼玉夏之月居明堂左个乘朱輅駕赤騮載赤旂衣朱衣服赤玉中央土居太廟太室乘大輅駕黃騮載黃旂衣黃衣服黃玉秋之月居總章左个乘戎輅駕白駱載白旗衣白衣服白玉冬之月居玄堂左个乘玄

輅駕鐵驪載玄旂衣玄衣服玄玉考靈耀云春發令於外行仁政從天常其時衣青夏可以毀金銷銅使備火敬天之明其時衣赤中央土舉有道之人與之慮國可以殺罪不可起土功犯地之常其時衣黃秋毋毀金銅犯陰之剛用其時持兵宜殺猛獸其時衣白冬毋使物不藏毋害水道與氣相保其時衣黑家語云孟春正月東宮衣青綵鼓琴瑟其兵矛其樹柳仲春二月東宮衣綵兵如前其樹杏季春三月東宮衣綵兵如前其樹李孟夏四月南宮衣赤綵吹笙竽其樹桃其兵戟仲夏五月南宮衣赤兵如前其樹榆

季夏六月中宮衣黃綵打大鼓其樹梓其兵弓孟秋七月西宮衣白綵撞洪鐘其樹楝其兵劍仲秋八月衣綵兵如前其樹柘季秋九月衣綵兵如前其樹槐孟冬十月北宮衣黑綵擊磬其樹檀其兵楯仲冬十一月北宮衣黑兵如前其樹櫟論時令以待嗣藏之宜周官云春爲杜陳弓爲前行夏爲方陳戟爲前行六月爲圓陳矛爲前行秋爲牝陳劍爲前行冬爲伏陳楯爲前行此武備亦依五氣也籙圖云君承木而王爲人青色修頸美髮其民長身廣肩尙仁長皆象木也仁木性也善則時物豐茂嘉穀並生鳥不胎傷

木氣盛也失則木星暗昧並禾稼不登民多壓死木
生而上出於土傷則枝幹不得起故壓死承火而王
爲人赤色大目離爲目以火性明也其民尖頭長腰
敏捷尙孝長腰取兌敏捷火性離爲日日有烏烏慈
孝也善則賢人任用政頌平駿馬文狐至馬火畜以
類及狐也若失則夏霜日是火精失故變蝕陰霾以
蔽光明之象承土而王表其首首大表土也其人廣
肩大足好大笑戲僻廣大象土和故逸樂也善則甘
露降醴泉並應其善失則蟲蝗至天雨而常風霧昏
亂土氣傷故表異也承金而王爲人白色差肩耳面

方白也其民白頸長大尙義皆金氣也善則大貝明
珠出外國遠貢珠貝金之用氣剛能制遠人故來貢
獻失則火飛天鳴地坼河溢山崩邪入道蟲獸爲災
火能剋金金有失故火伐之乃飛承水而王爲人黑
色大耳坎爲耳主腎水氣靈動其民耳聰坎水孔穴
通故聰善則景雲至龜龍被文皆水氣爲祥也失則
蟾蜍去月民多溺死常雨爲害皆水之變也此並明
治政之道不越五行故以備釋

五行大義卷第四

五行大義卷第五

上儀同三司城陽郡開國公蕭吉撰

右卷第五目

第二十論諸神

諸神者靈智無方隱顯不測孔子曰陽之精氣爲神
又曰陰陽不測之謂神一解云神申也萬物皆有質
礙屈而不申神是清虛之氣無所擁滯故曰申也語
其神也名有萬徒三才之道百靈非一並從五行離
以周盡今且論所配五行辨吉凶者帝系譜曰天地
初起卽生天皇以木德王三五歷紀云天皇十三頭
帝系譜曰地皇以火德王三五歷紀云神人十一頭
號地皇春秋命歷序曰人皇九頭宋均注云兄弟九
人洞紀云人皇分治九州古語質故以頭數言之陶
華陽云此三皇治紫微宮其精爲天皇大帝世記云

天皇大帝曜魄寶地皇爲天一人皇爲太一廿公星經云天皇大帝本秉萬神圖一星在勾陳中名曜魄寶五帝之尊祖也天一太一主承神

承猶侍也

有兩星在紫微宮門外俱侍衛天皇大帝天一主戰鬬知吉凶甲戊庚壬王治玉堂宮乙己辛王治明堂宮丙丁癸王治絳宮是爲三宮太神太一主風雨水旱兵革飢疫災害復使十六神遊於九宮天一是含養萬物太一查察災殃是爲天帝之臣鄭玄注乾鑿度云太一者北辰神名居其所曰大帝行八卦日辰之間曰太一或曰天一出入無時息紫宮之外其星因以爲名天一之行猶天子巡狩方岳八君亦從而巡省每周則復太一行八卦之宮每四季乃入於中央天數大分以陽出以陰入陽起於子陰起於午是以太一下行九宮從坎始也九宮經云天一之行始於離宮太一之行始於坎宮天一主豐穰太一主水旱兵飢合十二神遊行九宮十二位從少之多六壬式經云十二神將以天一爲主甲戊庚日旦治大吉暮治小吉乙己日旦治神后暮治傳送丙丁日旦治登明暮治從魁六辛日旦治勝光暮治功曹壬癸日

旦治太乙暮治太衝此並紫微宮門外天一太一非紫微之內北辰之名大帝也鄭玄謬矣太一十六神者地主在子陽氣動於黃泉萬物孳產於地子爲陽氣之首故曰地主陽德在丑陽能生萬物至丑方生故曰陽德也和德在東北維此時陰陽氣合發生萬物故曰和德呂申在寅呂巨也申引長也萬物漸申而巨大也故曰呂申高藂在卯萬物藂而高大故曰高藂太陽在辰震動已後陽氣大盛故曰太陽太昊在東南維時陽已著昊然照明故曰太昊大神在巳萬物已熟其氣翼起故曰大神太威在午陽衰陰生形氣始動故曰大威天道在未百物皆成莫不資用故曰天道大武在西南維陰氣用事萬物皆傷故曰大武武德在申莾麥方生陰壤陽性故曰武德大族在酉陰氣大殺族類皆盡故曰大族陰主在戌陽氣下藏陰氣自在於上故曰陰主陰德在西北維乾爲天也陰氣至此而極方能生陽故曰陰德大義在亥萬物於此懷任陰無含陽故曰大義又九宮十二神者天一在離宮太一在坎宮天符在中宮攝提在坤宮軒轅在震宮招搖在巽宮青龍在乾宮咸池在兌宮太陰在艮宮太一所在詳前解餘七神皆是星宮

之名與天乙太乙行於九宮一歲一移九年復位天
乙主豐穰太乙主水寒天符主饑饉攝提主疾苦軒
轅主雷雨招搖主風雲青龍主霜雹咸池主兵賊太
陰主陰謀又別有青龍行十二辰卽太歲之名也古
者名歲曰青龍此神主福慶太陰三歲一徙右行十
二辰卽太歲之陰神也后妃之象主水雨陰私害氣
右行四孟一歲一移以其所至爲害故言害氣合爲
十二神九宮之所用也又玄女拭經云六壬所使十
二神者神后主子水神大吉主丑土神功曹主寅木
神太衝主卯木神天罡主辰土神太乙主巳火神勝

光主午火神小吉主未土神傳送主申金神從魁主
酉金神河魁主戌土神登明主亥水神子神后者子
爲黃鍾君道故稱后陽之始也陽動於內而未形故
稱神也丑大吉者萬物至丑皆萌得陽生故大吉也
寅功曹者萬物至寅其功已見曹衆也衆物功旣見
於寅也卯太衝者萬物至卯其皆太衝其心皮舒放
也辰天罡者當斗星之柄其神剛強也巳太一者純
乾川事天德在焉故太乙神后也午勝光者陽氣大
威陰氣時動惟陽在光爲勝也未小吉者萬物畢成
熟故爲小吉也申傳送者傳其成物送與冬藏也酉

從魁者從斗之魁第二星也戌河魁者當河首也當
斗魁首也亥登明者水體內明不見於外微其陽氣
至子方明也神后主婦女大吉主田農功曹主遷拜
太衝主對吏天罡主殺伐太乙主金寶勝光主神祀
小吉主婚會傳送主掩捕從魁主死喪河魁主疾病
登明主碎召又十二將者天乙土將前一螣蛇火將
前二朱雀火將前三六合木將前四勾陳土將前五
青龍木將後一天后水將後二太陰金將後三玄武
水將後四太常土將後五白虎金將後六天空土將
太乙已如前解螣蛇主驚恐朱雀主文書六合主慶

賀勾陳主拘礙青龍主福助天后猶是神后天乙之
妃太陰主陰私玄武主死病太常主賜賞白虎主鬬
訟天空主虛耗也遁甲九神者天蓬在坎一名子經
水神在斗居破軍星天芮在坤一名子成水神在斗
居破軍星天衝在震一名子翹金神在斗居破軍星
天輔在巽一名子文土神在斗居武曲星天禽在坤
一名子公火神在斗居廉貞星天心在乾一名子襄
木神在斗居文曲星天柱在兌一名子遊水神在斗
居祿存星天任在艮一名子金金神在斗居巨門星
天英在離一名子殺土神在斗居貪狼星天蓬以下

皆是星名子經者以子午爲天地之經位既在坎故名經也天芮子成者坤爲地能成萬物也天衝子翹者翹動貌翹在震動之象也天輔子文者巽爲號令有文章也天禽子公者居五土位寄在坤土爲萬物之父故言公也天心子襄者襄善也乾爲天慈施故善也天柱子蓬者兌主金金有殺伐蓬天之道故也天任子金者艮在丑丑金之本也天英子殺者離火也火有燒燃之義也遁甲經云天蓬宜安邊保固天芮宜宗道結友天衝宜出軍伏仇天輔宜修禮設教天禽宜請福除惡天心宜治病求藥天柱宜匿屯固

守天任宜慶謁通財天英宜遠行作樂九神之名上並云天下皆曰子者此神屬於北斗近於帝位也又子者美稱以此神尊美故也孔子元辰云北斗第一神字希神子第二神字貞文子第三神字祿存子第四神字世惠子第五神字衛不鄰子第六神字微惠子第七神字大景子此亦並稱子也春秋佐助期云第一星神名執陰姓頸梁第二星神名斗諒姓伊偶當第三星神名拒理姓英劉領許第五星神名防[illegible]姓雞尹堵第六星神名開寶姓蚩一名蒼兒部第[illegible]星神名招姓肥脫絡馮七星之名並是人年命之所

屬恆思誦之以求福也黃帝八神圖云乾神軒轅天承相使舍於辰星兌神時刑北斗之使舍於牛星主軒與坤神招搖天之上公使舍於角星主殺害離神昊時天之遊激使舍於翼星巽神天候天執法使舍於觜星震神雷公太陰之候使舍於七星艮神曲隆天候東明之使舍於奎星坎神咸池天雨師使舍於井星主雨此八使之神婦人產乳忌嚮向之此亦九宮之神神既清虛遊無定所故在宮間之時有不同既八卦配於五行故附此而錄諸神占候之法各有詳註不勞於此瑣碎名字之義略以言之至如日月

星辰風雨雷電山川岳瀆井竈衡門爰及人身諸神非一帝王之所崇祭百姓之所祈禱如此之例名數甚多其於五行更無別義故不備說又卜筮所用煞眚諸神正是左右歲月之間逆順季孟之際亦無俟於具述不必曲解惟前諸神占候之綱維三才之理要故以次述之

第二十一論五帝

遂古已來所論五帝凡有三說河圖云東方青帝靈威仰木帝也南方赤帝赤熛怒火帝也中央黃帝含樞紐土帝也西方白帝白招拒金帝也北方黑帝協

光紀水帝也陶華陽云有皇伯皇仲皇叔皇季皇少兄弟五人即靈威仰等此皇帝並天上神下治於世綜理神鬼次第相接治太微宮其精爲五帝之五座星隨王受氣即明堂所祭者也故云宗祀文王於明堂以配上帝禮記曰春之月其帝太皞夏之月其帝炎帝中央土其帝黃帝秋之月其帝少皞冬之月其帝顓頊東方太昊包羲氏主春蒼精之君南方炎帝神農氏主夏赤精之君中央黃帝軒轅氏主四季黃精之君西方白帝金天氏主秋白精之君北方黑帝顓頊氏主冬黑精之君易曰帝出於震此蓋人帝之

始始於伏羲五行之次以木爲先四時相易以春爲首故包羲爲五帝之先也又諸史以少昊顓頊高辛唐虞謂之五帝此蓋自舜以前五行相承爲帝也易經乃上取伏羲下至虞舜不言中間三帝者以其因修無所造作何以得言之故不論也太昊帝包羲者姓風也母華胥履大人跡而生於成紀蛇身人首以木德王天下爲百王先易曰帝出乎震震木東方主春象日之明故曰太昊因象龜文而畫八卦爲製網以田漁古者人畜相食爲害者多帝觀蜘蛛之網教民取犧牲以充庖廚故曰包犧是謂羲皇後世音謬

謂之伏犧或云宓羲一號雄皇氏孝經鉤命決云伏羲日角珠衡戴勝禮含文嘉云伏羲德洽上下天應以鳥獸文章地應以龜書伏羲則象作八卦炎帝神農氏姓姜母任姒名女登感神龍而生帝於常年人身牛首以火承木位南方主夏故曰炎帝作耒耜始教民耕種嘗別草木令人食穀以代犧牲之命故號神農一號魁隗氏是爲農皇禮含文嘉云神農作田道製耒耜天應以嘉禾地出以醴泉黃帝軒轅氏姓姬母附寶見大電光繞北斗樞星明照郊野感而生帝於壽邱以土承火位在中央故曰黃帝治五氣設

五星始垂衣裳作舟車造屋宇古者巢居穴處黃帝易之以上棟下宇以蔽風雨故號軒轅亦云居軒轅之邱因以爲號一號帝鴻氏或歸藏氏或有熊氏春秋文耀鉤云黃帝龍顏得天庭法中宿取象文昌禮含文嘉云黃帝修兵革以行德則黃龍至鳳皇來儀少昊金天氏姬姓名摯字青陽母女文節有大星如虹下流華渚夢接意感生帝以金承土故曰金天即圖讖所謂白帝朱宣也位在西方主秋金有光明居小陰位故曰少昊文耀鉤云帝嚳載于是謂清明發節移度蓋象招搖顓頊高陽氏姓姬母景僕見搖光

星貫月如虹感而生帝於若水以水承金位在北方主冬故號顓頊文耀鉤云顓頊併幹上法月參集威成紀以理陰陽此五帝旣禮所配五方者也帝嚳高辛氏姬姓生而神異自言其名曰逡以木承水五行名官故號高辛帝王世紀云高辛齮齒有聖德能順三辰帝堯陶唐氏祁姓母慶都出洛渚遇赤龍感孕十四月而生帝於丹陵名放勳以火承木其兄帝摯封之於唐故自號陶唐氏文耀鉤云堯眉八彩是謂通明歷象日月陳制考功禮含文嘉云堯廣被四表致于龜龍帝舜有虞氏姚姓母握登見大虹意感生

帝於姚墟名重華字都君目重瞳子故名重華以土承火堯封之於虞故號有虞氏設五色之服文耀鉤云舜重瞳子是謂慈涼上應攝提以統三光禮文嘉云舜損已以安百姓致鳥獸蹌蹌鳳凰來儀此三帝幷少昊顓頊其爲五帝史記以伏羲女媧神農爲三皇黃帝以下爲五帝帝王世紀以羲皇神農黃帝爲三皇少昊以下爲五帝今案禮記郊配五德自伏羲至顓頊爲五帝是其正位所以然者易稱帝出于震蓋五德之首也以次而行至顓頊則五德數終若以少昊爲首則金非五德之先若以黃帝爲首土居中

央生數最後故從水爲先伏羲爲五德之首易言是也其帝嚳以下皆行次相承也上帝有五靈威仰等姓氏事伏羲年代久遠典籍遺漏不可具釋然五德相承謂受天明命必豫符瑞以會昌明若應命之主皆承太微五帝之精以誕於世必有先徵示其萌兆也木王則蒼帝之子火王則赤帝之子土王則黃帝之子金王則白帝之子水王則黑帝之子故錄圖云東方蒼帝體爲蒼龍其人長頭面大角骨起眉背豐博順金授火南方赤帝體爲朱鳥其人頭尖圓面方頤張目小上廣下鬚髯偃胸順水授土中央黃帝體

爲軒轅其人面方廣顙兌頤緩脣背豐厚順木授金西方白帝體爲白虎其人方額直面兌口大鼻小角順火授水北方黑帝體爲玄武其人夾面兌頭深目厚耳垂腹反羽順土授木此並象五行之無依其行次以相傳授也感精符云蒼帝望之廣視之博赤帝望之炎煌煌然視之尖上黃帝望之小視之大廣厚正方白帝望之明視之茂黑帝望之巨視之楃元命苞云蒼精用事象歲星赤精用事象熒惑黃精用事象鎮星白精用事象太白黑精用事象辰星此皆五德之依五行子母相傳也非其次者必有剋代而不

終也秦以金德代周二世而亡漢以火德繼周代秦僞金故其祚長遠若是其行炎者則有符瑞也春秋元命苞云堯火精故慶都感赤龍而生周以孔子獲麟得圖書云姬周亡火曜劉起帝卯金故高祖斬白蛇而神母哭云赤帝子殺我白帝子光武感赤伏符而中興此皆火德之徵也四行所感例皆如此往代帝王符瑞非一不可具述今略論五帝配五行如此

第二十二論諸官

自三五以來紀官無定皆因符瑞名號不同或以鳥龍或以雲火莫不仰觀俯察因事而置事雖時世不

一五行無爽至于顓頊以人事紀官南正重司天以屬神北正黎司地以屬民於是神民不離高辛氏立五行名官以勾芒爲木正祝融爲火正蓐收爲金正玄冥爲水正后土爲土正分掌其職少昊氏有四子重該修熙重爲勾芒木官之神該爲蓐收金官之神修熙並爲玄冥水官之神顓頊氏子曰黎爲祝融火官之神共工氏子曰勾龍爲后土土官之神此五神生而爲上公死爲貴神別稱五祀以配五行周書云武王營洛邑未成四海之神皆會曰周王神聖當知我名若不知水旱敗之明年雨雪十餘旬深丈餘五

大夫乘車從兩騎止王門太公曰車騎無跡謂人之變乃使人持粥進之曰不知客尊卑何從騎曰先進南海御次東海御次北海御次西海御次河伯次風伯次雨師武王問太公並何名太公曰南海神名祝融東海神名勾芒北海神名玄冥西海神名蓐收禮記月令云春之月其神勾芒夏之月其神祝融中央土其神后土秋之月其神蓐收冬之月其神玄冥是也此五方之神以配五行又黃帝置三公之職以象三台星風后配上台天老配中台五聖配下台置左右二監此亦五行之謂也四司分掌四方即四時之

法也堯以羲和四子分掌四時方嶽之職謂之四嶽至太師者心腹之臣所使屏蔽是人之英故曰前疑常立於前決疑事也太史者耳目之臣所使視聽是人之後故曰後承常立於後承主之過取驗於天太傅者股肱之臣所使捍衛是人之傑故曰左輔輔人主缺事立於左拒君之難太保者羽翼之臣所使察伺是人之警故曰右弼常立於右弼人主之邪四輔既立王者安而無爲百姓濟而無害若四輔不具猶格虎無備濟河無舟若王者不知古今之務遠方之緯不謀於諸侯不達言語動作不合於制太師爭之、

不知天變星曆之運天官動靜鍾律之音山川怪異不祥災害太史陳天文以諍之發號令不應先王法度與大臣無禮枉道於民處刑不平獨信自專臨政不莊又不恤臣僕太傅諍之昇車不應和鸞揖讓不中磬珮淫誕馳騁沈冒酒色宗廟不敬輿服失度朝廷無節太保諍之此則四時之官四嶽之分職前疑主夏後承主冬左輔主春右弼主秋唐虞之時官名已百商書云自僚師師夏殷定名爲百二十以應天地陰陽之大數也故有三公九卿二十七大夫八十一元士三三相參合有百二十也帝王世紀云殷湯

問伊摯曰古者立三公九卿大夫列士者何摯曰三公以與主參王事九卿以參三公大夫以參九卿元士以參大夫故參而又參是謂事宗事宗不失內外若一又曰相去幾何摯曰三公智通於天地應變而無窮辨於萬物之情其言足以調陰陽四時而節風雨如是者舉之以爲三公故三公之事常在於道九卿者不出四時通溝渠修隄防樹種五穀通於地理能通其不利如此者舉以爲九卿故九卿之事常在於德大夫者出入與民同象去取與民同欲通於人事行不踰繩不傷於言言足法於世不害於身通關

梁實府庫如是者舉以爲大夫故大夫之事常在於仁元士者信義而不失期事功而不獨專中正强諫而無姦詐去私秉公而可立法度如是者據以爲元士故元士之事常在於義道德仁義定而天下正矣又曰三公股肱之臣九卿手足之臣大夫筋脈之臣元士肌肉之臣孔子曰三公象五岳九卿法河海二十七大夫法山陵八十一元士法谷阜三公在天爲三能九卿爲北斗少微之比爲大夫郎位之類爲元士合百二十大數存焉合誠圖云天不獨立陰陽俱動扶佐立緒合於二六以三爲舉故三能六星兩兩

而比以爲三公三三而九陽精起故北斗九星以爲九卿三九二十七故有攝提少微司空執法五諸侯其星二十七以爲大夫九九八十一故內列倍衛閣道之間臣扶天子之類八十一星以爲元士凡有百二十官下應十二月數之經緯皆五精流氣以立官表尚書曰立太師太傅太保茲惟三公論道經邦燮理陰陽官不必備惟其人淮南子曰舉天下之高以爲三公一國之高以爲九卿一縣之高以爲二十七大夫一鄉之高以爲八十一元士感精符曰三公非其人則山崩三能移九卿非其人則江河潰輔星角

大夫非其人則邱陵傴天墀少微有變元士非其人則谷皐毁扶匡失是以王者仰視象於天俯察法於地中擇賢能以任之任得其人則國昌民安任非其人則邦危民慠易曰鼎折足覆公餗此喻三公失人如鼎折足不堪容留也周官云天官冢宰地官司徒春官宗伯夏官司馬秋官司寇冬官司空冢宰主會計司徒主土地宗伯主禮樂司馬主兵戎司寇主刑罰司空主造作孔子曰冢宰之官以成道司徒之官以成德宗伯之官以成仁司馬之官以成聖司寇之官以成義司空之官以成禮以之道則國治以之德

則國安以之仁則國和以之聖則國平以之義則國定以之禮則國正故屬不理分體不明法正不一百事失紀曰亂亂則飭冢宰地宜不殖財物不蓄萬民飢寒教化不行風俗漂亂人民流散曰危危則飭司徒父子不親長幼失序君臣上下乖離異志曰不和不和則飭宗伯賢能而失官爵功勞而失賞祿士卒疾怨兵弱不用曰不平不平則飭司馬刑罰暴亂奸邪不勝曰不義不義則飭司寇度量不審舉失事理都鄙不修財物失所曰貧貧則飭司空故古之王者常以季冬考德正法以觀治亂德盛者則修法德不

盛者則飭政故法與政並行不悖淮南子天文篇云東方爲田官南方爲司馬西方爲大理北方爲司空中央爲都官春秋繁露云木司農火司馬土司空金司徒水司寇此以配五行也周官以冢宰計會司徒土地並中央之義與淮南繁露意同春官主禮樂者禮齊上下樂和人情皆是仁也故云宗伯之官以成仁仁屬木東方也淮南繁露並主農者取春是農之本也夏官主兵戎者火氣猛烈兵之象也然刑罰歸于司寇司馬以禮節齊之期於不用刑也淮南繁露意同秋官主刑罰者金之本性主殺伐也淮南大理

亦主刑也繁露爲司徒者名異事同故云因時之威以成大理司徒冬官主造作者冬時萬物收藏百工咸居其肆故造器用以供王事淮南說同繁露以爲司寇者謂執法之官須平直之人如水能平均也故云執法阿黨不平則誅之徇私不公則黜之毫無偏向者也雖五運遞興官名世革而五行用事從無變更所以禹平洪水身任司空九土納賦伯夷秩宗必備三禮契爲司徒敬敷五教皐陶士師明用刑典如此分職至周制乃備也自古以來官數起由於三極八十一者陽成於三極於九故三公而九卿九九八

十一黃鐘律之極數也故尊官取其始數卑官則取其末數所以不云一者一是元氣屬於天子故號天子爲元首以有一無二也尙書曰元首明哉臣非元一故自三而起其次則六卿以爲通六合因六合而設六府也此乃時代異制非越五行又三代命官皆止於九故士有三等下士一命中士二命上士三命大夫三等下大夫四命中大夫五命上大夫六命卿以上亦三少卿七命大卿八命公則九命三三而九亦以陽之正數也後代以命爲品亦不過九但以一爲尊官九爲卑官取意皆出自上命以爲等殺故以

多者爲重品是品其次第一既居先故以一爲貴此並方位及數配五行今次以論支干爲官者洪範五行傳云甲爲倉曹共農賦乙爲戶曹共口數丙爲辭曹共訟訴丁爲賦曹共獄捕戊爲功曹共除吏己爲田曹共畜養庚爲金曹共錢布辛爲尉曹共本使壬爲時曹共政教癸爲集曹共納輸子爲傳舍出入禁忌丑爲司空守政輔治寅爲市官平準賣買卯爲鄉官親事五教辰爲少府金銅錢布巳爲郵亭行書驛站午爲尉官馳逐追捕未爲廚官百味悉具申爲庫官兵戎器械酉爲倉官五穀畜積戌爲獄官禁訊具

備亥爲宰官閉藏完具支干配官皆從其五行本體其義已見無煩瑣述翼奉云肝之官尉曹木性仁尉曹主士卒宜施仁心之官戶曹火性陽戶曹主婚慶之禮肺之官金曹金性堅主銅鐵腎之官倉曹水性陰凝藏物倉曹冬收也先王以冬至閉關不通商旅愼陰氣也脾之官功曹土性信出稟四方功曹事君以信授教四方也尉曹以獄司空爲府主士卒牢獄逋亡與之姦則螟蟲生木性靜與百姓通使魚食於民從類故蟲戶曹以傳舍爲府主名籍傳舍主賓客與之姧則民去鄉里戶曹主民利戶口奪民利故悉

去之倉曹以廚爲府主稟廩廚主受付與之姧則賊盜起倉曹以收民租侵剋百姓則竊功曹以小府爲府與四曹計議小府亦與四府籌用故小府主出納主餉糧功曹有二府所以爲五官六府游徼亭長外部吏皆屬功曹與之姧則虎狼食人功曹職在刑罰內爲姧故虎狼盜賊殺奪於民上姧下亂也金曹以兵丁嗇夫爲府主討捕與之姧則城郭盜賊起雨浸淫金曹主市租侵奪故上下相爭故市賈不平此並從五行以五藏配六府也既以名官故於此釋

第二十三論諸人

論人合五行　論人隨遊年

論人合五行

禮記禮運篇云人者天地之德陰陽之交鬼神之會五行之秀氣也文子曰人者天地之心五行之端是以稟天地五行之氣而生爲萬物之主配二儀以爲三才然受氣之中有不同受木氣多者其性勁直而懷仁受火氣多者其性猛烈而尚禮受土氣多者其性寬和而有信受金氣多者其性剛斷而含義受水氣多者其性沈隱而多智五氣湊合以成其身氣若清明則其人而俊聰氣若昏濁則其人愚頑老子云

陰陽精氣爲人氣有厚薄得中和氣化則生賢智人得錯亂濁辱則生貪淫人祿命書云金人剛強自用木人華秀而雅水人明通智慧火人自貴性急土人忠信而直周書云人感十而生天五行地五行合爲十也天五行爲五常地五行爲五藏故易曰在天成象在地成形者也家語曰天一地二人三三三而九九九八十一一主日日數十故人十月而生文子云人受天地變化而生一月而膏二月而脈三月而胞四月而肌五月而筋六月而骨七月而成形八月而動九月而固十月而生形骸已成五藏乃具外爲表

中爲裏頭員法天足方象地天有四時五行九星三百六十日人有四肢五藏九竅三百六十節天有風雨寒暑人亦有喜怒哀樂淮南子及文子並云膽爲雲肺爲氣脾爲風腎爲雨肝爲電與天相類而心爲主耳目者日月也氣血者風雨也素問云夫人法天地故聖人上配天以養頭下象地以養足中傍人事以養五藏天氣通於肺地氣通於咽風氣通於肝雷氣通於心穀氣通於脾雨氣通於腎六經爲川腸胃爲海九竅爲水法天之紀用地之理則災禍去矣左慈相決云人頭員以法天足方以象地左目爲日右

目爲月左眉爲青龍右眉爲白虎鼻爲勾陳伏犀爲朱雀玉枕爲玄武又云前爲朱雀後爲玄武左爲青龍右爲白虎是曰四體頭爲勾陳是身之主又曰左耳後爲太山右耳後爲華山額爲衡山頂後爲恆山鼻爲嵩山觀相祕決云額爲衡山頭爲恆山鼻爲嵩山兩眉爲岱山權爲崑崙山二儀象天地三停法三才四瀆主四時五官應五行六府從六律七門配七星八節取八風九候比九州十指應十日十二德象十二月二十八節應二十八宿家語云人生三月微眴然後目能見八月生齒然後能食朞而臏然後能

行三年顱合然後能言陰窮反陽故陰以陽變陽窮反陰故陽以陰化是以男子八月生齒八歲而齔十六精通然後能化女子七月生齒七歲而齔十四而化禮男子二十而冠以成人父之端女子十五而笄而許嫁以成人母之道此皆從天地五行之大數也文子曰昔者中黃子云天有五行地有五嶽聲有五音物有五味色有五章人有五位故天地之間二十有五人上五有神人眞人道人至人聖人次五有德人賢人善人中人辨人中五有仁人禮人信人義人智人次五有士人庶人農人商人工人下五有衆人

小人駑人愚人賤人上五之與下五猶人之與牛馬也聖人者以目視以耳聽以口言以足行眞人者不視而明不聽而聰不言而信不行而從故聖人之所動天下者眞人未嘗觀焉賢人之所矯世俗者聖人未嘗觀焉所謂道人者無前無後無左無右萬物和同無非無是文子所載二十五人論止有四餘未詳言今依諸經書略解上五夫神人者孔子曰陰陽不測之謂神曾子曰陽之精氣爲神神以靈智爲用謂靈智明照如神故曰神人也孔子曰堯之智如神眞人者性合乎道有若無實若虛明澈太素玄妙潔然

無爲故曰眞人道人者孔子曰其德大乎天地莫之能究日月莫之能測有此如德量故曰道人至人者眞誠無雜守一不移善惡不能縈其慮榮辱不能動其心故曰至人聖人者家語曰德合天地變通無方窮萬事之終始協萬品之自然敷其大道遂成情性明並日月化行若神民人不知其德觀者不識其善此謂聖人也莊子曰以天爲宗以德爲本以道爲門明於變謂之聖人次五德人者德被於物使百姓各得其所欲日用而不知兼利無擇與天地合易曰大人者與天地合其德與日月合其明與鬼神合其吉

凶此謂德也賢人者智周萬物動靜合理孔子曰好惡與民同情取捨與民同統行中規矩言可法則爲匹夫而不怨居諸侯而不驕道足化於百姓而無損於身謂潮天下不貧此賢人也善人者見善如不及言滿天下無口過孔子曰躬行忠信而心不怨不置仁義德惠廣博而色不伐思慮明達而辭不爭篤行信道自強不息猶然如將可越而不可及此君子人也又謂善人中人者一心以事主進思盡忠退思補過順美匡惡犯而無隱先公後私不伐其勞此中人也辨人者智思無窮洞鑒善惡心無凝滯巧言如流

去邪從正無有隱匿此辨人也中五仁人者爲上不傷其功爲下不羞其陋仁慈惻隱物與民胞此仁人也禮人者分別尊卑廉讓謙謹爲上恭敬爲下撙節此禮人也信人者誠實不欺片言折獄違不肆意窮不易操此信人也義人者決斷明了一度當理從善屏惡事無礙滯此義人也智人者識達謀遠鑒察物情能知萌兆豫覩善惡此智人也次五仁人者孔子曰知不舉多必審其所由言不務多必審其所謂心有所定計有所守雖不能盡道術之本必有從行也雖不能遍百善之美必有所處也行既由之智既知

之言既得之則性命形骸之不易也富貴不足以益貧賤不足以損此士人也庶人者未入仕途猶居隴畝之間或始釋褐未有爵位周禮云庶人在官者始人秩也此謂庶人也農人者順天之道因地之利春耕秋收惟務稼穡此曰農人也商人者負販市廛隨時鬻貨貴賤相易以資產業此商人也亦曰賈人也工人者雕斲伎巧備諸器用造新修故以力貨財此曰工人下五衆人者凡雜云衆人豫讓曰范中行氏以衆人遇我也小人者卑鄙行惡此曰小人孔子曰桀紂雖帝王其猶小人也文子曰中繩謂之君子不

中繩謂之小人君子雖死其名不滅小人雖得勢其罪不除駑人者駑鈍也寓罪隸之意古者有罪爲奴尚書曰予則奴戮汝罪之也紂以箕子爲奴亦戮辱也馬有駑者以其鈍也愚人者闇闇無知菽麥不辨謂之愚人孔子曰其智可及其愚不可及者以其稟純一不雜之眞非學所得也亦曰庸人孔子曰心不存始終之見口不吐經傳之言又不擇賢以託身不力行以自定見小闇大而不知所趨從物如流而不知所仇此庸人也廢人者狂癡無識痼癈莫分雖能動靜塊然一物是爲廢人此二十五等人由稟五行

之氣各有優劣故有分等善惡不同今且分爲四品其神眞道至聖德賢七者受王氣而生也善惡辨仁禮信義智八者相氣而生也士庶農商工五者休氣而生也衆小駑愚廢五者囚氣而生也王氣當其盛時故最靈聖相氣微次於王故自善忠以下雖王政休氣已乘故當仕庶之例囚氣最劣故當衆小之流文子以上返下喻人比畜亦近之矣然此五氣有清有濁有正有邪有初有末若得正氣雖在卑劣亦爲大善若受卑氣雖居尊勝總與大惡至如桀覆夏宗紂亡殷族周衰幽厲漢滅桓靈此則處尊興惡者也

負鼎於殷廟垂釣於磻溪商賈南陽飼牛車下當此之時其善未見及登師輔仁聖並彰此豈非卑下而能弘敷其賢德以上氣正無邪故居最上然氣之初也齡齒綿長氣之末也命相短促此四氣又有四別若上清秀靈智愈高上而濁汙乃須修餝下而清秀劉磨方以爲器加之昏濁朽木不可復雕兼貴賤富貧好醜善惡性情年命乃有萬途並五行氣之所致今且就文子論其二十五等以爲階級自外諸人難以具辨知人則哲惟帝其難非明聖者孰能辨識祿命決云王氣中生者其人王相宜爵祿相氣中生者

其人多官死氣中生者其人多疾病短命此並論其生月當五行氣盛衰時也況其禀受氣者其人形質情性骨肉藏府皆象五行相書云木人細長直身火人小頭豐下短小土人員面大腹金人方面兌口水人面薄身偏蛇行木人青色眞有白是害氣火人赤色眞有黑是害氣土人黃色眞有青是害氣金人白色眞有赤是害氣水人黑色眞有黃是害氣配干則甲乙爲皮毛丙丁爲爪筋戊己爲肉庚辛爲骨壬癸爲血脉配卦則乾爲頭離爲目坎爲耳兌爲口爪爲腹巽爲手艮爲股膝震爲足爲藏府性情各有別解

然人居天地之內在山川之中各隨方位形性不等所以東夷之人其形細長修眉長目衣冠亦尙狹長東海勾麗之人其冠高狹加以鳥羽象於木梭長目者目主肝肝木也故細而長皆象木也南蠻之人短小輕躁高口少髮衣服亦尙短輕高口者口入中主心心火也火炎上故高炎上故少髮也西戎之人深目高鼻衣而無冠者鼻主肺肺金也故高目肝也肝爲木金之所制故深金主裁斷故髮斷無冠北狄之人高顴被髮其衣長顴主腎腎水也故高顴被髮者象水流漫也衣長亦象水行也中夏之人容貌平整

者象土地和平也其衣冠車服備五色者象土包含四行也孔子曰東僻之人曰夷精以僥南僻之人曰蠻信以朴西僻之人曰戎頑以剛北僻之人曰狄肥以戾中國之人安居和味帝王世紀云堯流共工于幽州以竄北狄遷三苗于三危以竄西戎放驩兜于崇山以竄南蠻殛鯀于羽山以竄東夷春秋文燿鈎云氣隨人形故南方至溫其人大口象氣緩舒也北方至寒其人短頸象氣急縮也東方川谷所經其人小頭銳形象木小上也西方高土日月所入其人面多毛象山多草木也中央四通雨露所施其人面大

衆土平廣也嘗見孔子家語堅土之人剛弱土之人柔墟土之人大沙土之人細息土之人美耗土之人醜南方有不死之草北方有不釋之冰東方有君子之國西方有刑殘之尸中土多聖人皆應其氣也故曰山氣多男澤氣多女水氣多瘖風氣多聾休氣多癃木氣多傴卑下溼氣多腫正氣多力險阻之氣多癭寒氣多壽熱氣多夭谷氣多痺邱氣多狂衍氣多仁陵氣多貪輕土多利足重土多遲鈍急水人輕遲水人重此並隨陰陽五行之氣故人各有別

論人隨遊年

遊年有三名而實有二別三名者一遊年二行年三年立遊年之名取其運動不住爲義以其隨歲行遊不定一所也年立卽是行年立者是住立之義以其今年立於北辰也就人而論常行不息故謂之行就歲而論今之一歲年住於此故謂之立二別者遊年從八卦而數年立從六甲而行六甲者男從丙寅左行女從壬申右轉並至其年數而止卽是行年所至立於其處也可從算以推之男以實年加一算而左數女以實年加一算而右數並從甲子旬始盡其算卽是立處也其以男從丙寅數何者日生於寅日爲陽精男從陽故取日丙爲太陽故取丙以配寅女從壬申數何者月生於申月爲陰精女從陰故取月壬爲太陰故取壬以配申陽故左行陰故右轉孔子元辰經云若甲子旬男從丙寅女從壬申甲戌旬男從丙子女從壬午甲申旬男從丙戌女從壬辰甲午旬男從丙申女從壬寅甲辰旬男從丙午女從壬子甲寅旬男從丙辰女從壬戌皆是行年此並候病之法可通常用遊年者男一歲數從離起左行八卦則二在坤三則在兌四則在乾五則在坎六則在艮七則在震八則在巽巽不受八進而就離離則是八坤則

九兌則十以次而數之若至坤坤不受一還退就離故至十數皆在政方也女年一從坎右行亦如離法艮不受八乾不受一皆歸於坎所以巽不受八坤不受一者坤巽依位並夾離宮巽是陽位有進義而無終義八是卦之終數故不受之前以付離坤是陰位陰有退而無進退則須滅不敢當其陽始之數故退讓就離乾不受一艮不受八者乾是陽也又爲天也自在其始始是一義重則數偶數偶則成陰故以付坎艮是陰也艮又爲山山卽是終遊年歷行八卦卦數於八終卽止也自有其終理不重受故付坎或問

云天乙之行以坎爲一宮離爲九宮八卦遊年乃以離爲一宮者何答曰天乙於天下九州之事故從始一而行遊年於人年命之事故以終九而起命女遊年從坎男以德包終始故九一並數起太陽之位女以陰生陽故從其創始陰位而行坎位本一登數一起其爲二陰數也遊年所至之卦因三變之一變爲禍害再變爲絕命三變爲生氣生氣則吉禍害絕命則凶吉則可就其方凶則宜避其所禍害者以其相剋害也如乾初九甲子水變成巽巽初六辛丑土是飛辰來剋伏辰也坎初六戊寅木變成兌兌初九丁

巳火是飛伏相害也絕命者以其卦體被剋制也如震變爲兌金剋木也艮變爲巽木剋土也生氣者以其相生同體也如乾變成兌體同金也震變成離木生火也禍害絕命亦有脈行以其卦所至相制者擭之如衡火以避兵火懸一栢木而擭震死此並五行相制之驗也遊年年立即是人之年命皆配五行故於此而釋之

第二十四論蟲禽

論蟲　論禽

論蟲

凡含生蠢動有知之類莫不藉五氣而成性脊陰陽以立形雖有陸處水居潛見鳴默遊翔飛走駑駿不同皆由氣之清濁中而生也考異郵云含牙戴角著距垂芒皆爲陰也陰有殺氣故因有爪牙之毒螫蠆之類也飛翔羽翮柔善之獸皆爲陽也陽有仁氣無殺性也語云齕吞者八竅而卵生咀嚼者九竅而胎生晝生似父夜生類母至陰者牝至陽者牡皆氣使然也凡是蠢動之物並爲蟲類今略分三種一曰禽二曰獸三曰蟲有羽飛者爲禽有四足走者爲獸無羽足者爲蟲至如蜉蝣之羽蟭蟟之翼飛盜百足蚑

蚋六腳此雖有羽足猶是蟲例其朝生暮死腐蠹蛭此皆因變化隨類生者亦並蟲也考異郵云蟲八日而化微故有促又鳥魚二名於此二者其號雖別鳥則飛翔即是禽也魚則潛遊蟲之屬也家語云鳥魚生於陰而屬於陽不皆卵生魚游於水鳥遊於雲然而季秋之令爵入大水爲蛤不類而類也禽名通於獸獸名不通於禽故知禽有遐地之能獸無飛空之具然此三等名例甚多不可具釋今且先論五靈次配卦及三十六禽家語云羽蟲三百六十鳳爲之長毛蟲三百六十麟爲之長甲蟲三百六十龜爲之

長鱗蟲三百六十龍爲之長倮蟲三百六十人爲之長又曰毛蟲之精曰麒麟羽蟲之精曰鳳介蟲之精曰龜鱗蟲之精曰龍倮蟲之精曰聖人毛蟲西方羽蟲南方甲蟲北方鱗蟲東方倮蟲中央悉來皆稱蟲也五靈推爲諸蟲之首今止言其四以人處中央者謂有性情之物人爲最靈故也靈者神靈之義五禽於蟲獸之中最靈故曰五靈禮記月令云春其蟲鱗鄭玄注云龍蛇之屬夏其蟲羽飛鳥之屬中央其蟲倮虎豹淺毛之屬秋其蟲毛狐狢之屬冬其蟲介龜鼈之屬又云國君行前朱雀後玄武左青龍右白虎

尙書刑德放言東方春蒼龍其智仁南方夏朱鳥好禮西方秋白虎執義北方冬玄龜主信會中央土之精禮運則不論五德止辨四靈而已鉤命決云失仁則麒麟不見失禮則鸞鳳不翔失智則黃龍不舞失義則白虎不至失信則玄龜不出禮記曰麟鳳龜龍謂之四靈左傳云麟鳳五靈王者之嘉瑞禮云麟鳳龜龍不見有虎於西方稱虎義則不足前朱雀後玄武亦然其餘三蟲並有差異元命苞云離爲鳳又言鳳火精靈龜生水玄武主北方此說同禮唯龍麟虎三者不同左青龍右白虎舊說不疑衍孔圖以麟爲

木精龍則非木大戴禮以麟爲毛蟲麟復成金麟若爲金虎則無用公羊高以麟爲木精木生於火夫子修春秋至麟而止豈知爲漢之瑞可據以爲案蔡邕月令章句言天官五獸左蒼龍大辰之貌右白虎大梁之文前朱雀鶉火之體後玄武龜蛇之質中有大角軒轅麒麟之信且龍生於水遊於木鳥生於木遊於火麟生於火遊於土虎生於土遊於金龜生於金遊於水修其母致其子五行之情也故貌恭體仁則鳳凰來儀言從和義則神龜至視明禮修則麒麟臻智能燭理則黃龍見思叡信立則白虎擾此言當矣

禮斗威儀云乘金而王麒麟在郊保乾圖又言歲星爲麟考異郵言麟者陰精此皆不同今特言木者觸也有觸冒之義麟有肉角無所抵觸龍角端無肉有抵觸義易象震爲龍是木之義扶龍天官有軒轅黃龍麒麟之信信主於土修母子應此意尙同爲漢出者漢是火德故子應也是土之義扶麟易通卦驗言立秋虎始嘯衍孔圖云虎金精大戴禮言虎七月而生應陽數考異郵亦云虎班文者陰陽之雜虎爲毛蟲亦爲金獸考異郵云叅代虎之德義王斬刈所以學門謂之虎門乃畫虎於門者以兌居秋方兌是說

說主講解而且金有殺伐之威虎有嚙噬之猛故金義扶虎問寅位在東何忽白虎居西答曰凡五行相雜無有獨在一方之義東方自是木行相次白虎居西是殺戮之威如震在東方其象爲龍乾之六爻皆是龍象震取其運動乾譬聖人自取龍有飛潛之德爲象各異故無定準也如考異郵云陰陽相雜不妨分在東方此並靈通隱顯無定豈可執一史蘇龜經云木神蒼龍歲星之精火神朱雀熒惑之精灰土之神名曰螣蛇土神勾陳鎮星之精金神白虎太白之精水神玄武辰星之精蒼龍主頭朱雀主脣頸螣蛇

主胸脇勾陳主腰腹白虎主股膝玄武主腳脛按此之六神朱雀玄武蒼龍白虎與經緯說同唯勾陳之神其語有異而天官有勾陳之星在紫微之內故爲土神此即蔡邕所云麒麟之信也螣蛇居火之末在土之初而爲灰神以蛇配龜其爲玄武無有正方故爲灰神其配頭足等以東爲首故龍配頭也以次南轉故玄武配足禽獸屬八卦者易云乾爲馬坤爲牛震爲龍巽爲雞坎爲豕離爲雉艮爲狗兌爲羊乾健也馬取其健也坤順也牛取其順震動也龍取其動巽風也雞主其號令以象風行坎陰也豕取其陰離

陽也雉取其文明艮門也狗取其守禦兌說也口也羊取其蒭豢又乾象六龍取其潛躍之義說卦云馬取其强健之德以健之故稱良馬以父故稱老馬以其乾乾不息故稱瘠馬以其有變化之用故稱駁馬然坤卦又稱牝馬之貞以取其柔順馬之爲義不獨乾坤震又爲善鳴之馬以震有雷聲故震雷之象又爲馵足馬亦曰白頭爲的顙之馬取其顯曜之義坎爲美脊之馬以有居中之闓故說卦龍馬以配者多以爲行天莫若於龍行地莫過於馬故多所象也坤稱子母牛者重其蕃息艮既爲狗亦爲鼠狗有守備

之能狗爲能止鼠爲所止並屬於艮離爲鼈蟹蠃蚌龜皆取其有甲象外陽之義也此皆五行之所配合故於此而釋也

論禽

禽蟲之類名數甚多今解三十六者蓋取六甲之數拭經所用也其十二屬配十二支支有三禽故三十有六禽所以支有三者分一日爲三時旦與晝暮也若以意求正應十二屬並居晝位不應或旦或暮今依拭經法以氣而取孟則在暮仲則在中季則在旦是十二屬當十二辰也餘二十四既是配禽以不當

支位所以孟在暮者孟是一時之首氣初則未盛向仲方而漸盛也近於盛氣所以在暮也仲則在晝者以其氣盛在中也季則在旦者以季為一時之末其氣已衰當初近仲尙有王勢故屬旦也於拭當位二俱不失王簡云子朝為燕晝為鼠暮為伏翼丑朝為牛晝為蟹暮為鼈寅朝為狸晝為豹暮為虎本生經云旦為生木又云晝為虎暮為貍卯朝為猬晝為兔暮為貉一云朝為狐本生經云暮為鶴辰朝為龍晝為蛟暮為魚巳朝為蟮晝為蚯蚓暮為魚蛇一云暮為龜本生經言旦為赤土晝為虵暮為蟬午朝為鹿

晝為馬暮為獐本生經言旦為馬晝為鹿暮為麞未朝為羊晝為鷹暮為鴈本生經云暮為老木申朝為猫晝為猨暮為猴一云旦為羊本生經言暮為死石酉朝為雉晝為雞暮為馬一云朝為雞暮為死石禽變云暮為死土本生經言暮為鳶戌朝為狗晝為狼暮為豺一云暮為死金禽變云暮為死火亥朝為豕晝為玃暮為猪一云旦為生木晝為豕暮為螔蝓一云旦為豘晝為貙一云暮為朽木雖本生經及禽變互有不同晝暮之理宜中言之子為鼠燕伏翼者色皆玄也取水之色鼠之為性晝伏夜遊象陰氣也出

於穴常見首者象陽氣萌動於子欲見又伏也燕口下有赤者象陰之懷陽其尾分者陰數二也春分而至隨陽見也秋分而蟄隨陰伏也禮記月令云仲春之月玄鳥至至日以太牢祀于高禖以祈子孫也秋分玄鳥歸也見於二月者子刑卯也易通卦驗云玄鳥陰鳥也伏翼者鼠老變之謂之仙鼠方言云自關已東謂之伏翼三者皆是陰蟲故並居子也丑為牛蟹鼈者丑為艮立春之節農事方興牛之力也又上應牛宿說題辭曰牛為陰事牽耦耜耕也故在丑蟹者立春之時卉木生根如其足也艮為山巨靈贔屭

首頂靈山負蓬萊山卽巨蟹也鼈者土之精氣而生中軟外堅象土含陰陽也其藏黃者土之色也牛亦有黃蟹中亦黃皆土精也丑在北方水位故兼主水土寅為虎豹貍者三獸形類皆相似寅為木位木主葉林寅又屬艮艮為山虎之所處集靈經云寅為少陽五色玄黃寅又有生火火主文章三獸俱斑爛有文也上應箕宿箕主風虎嘯風起易云風從虎家語云三九二十七七主星星主虎虎七月生申衝寅故虎在寅貍豹以同類相從也本生經云主木者以寅為相木正月方生也卯為兔猬貉者兔陽蟲也居月

中者陰懷陽也元命苞云兔居月中者陰懷陽也坎之氣坎在子位子刑在卯故爾屬卯老兔爲猾貉亦兔類故並居卯一云貉者狐也狐貉相類也本生經言鶴者此音同字誤也辰爲龍鮫魚者中爲水之源子爲中流辰爲水之末如百川東注皆歸于海龍能興雲致雨爲水蟲之長非海不能包容故其大而神鮫魚亦是水蟲之長者故並在辰巳爲蚰蟮蚯蚓者式經云巳爲螣蛇之將因而配之蛇陽也本在南龜陰也本在北以蛇配龜爲玄武二蟲共爲一神以陰偶故相從在北方蟮及蚯蚓皆形同也禮記云孟夏

之月蚯蚓出見愼子云螣蛇遊霧與蚯蚓同黃帝有大螟如蚯以應土德巳爲寄生之土故並配之本生經言土者以火相合生土也撿衆書蟮或爲鼉鼉字復作蟬本生經解蟬云常水藏畏羅網悲吟不言郎欲歌言其悲吟與蟬相類原其水藏與鼉相類其形狀帶土氣巳爲蚰蟮蚯蚓相類鼉與蟬並此非也又射覆經云遇蟬者水蟲也當知是蜆也午爲鹿馬麞者午爲太陽馬有員蹄象太陽也午爲天路馬有駿足涉遠之日牝牡有時故家語云八九七十二偶以承奇奇主辰辰爲月月主馬馬十二月生丑衝未未

與午合故在午鹿蹄圻者以象陰也而居陽位者象懷陰也禮記月令云仲夏之月鹿角解易緯通卦驗云鹿者獸中陽也夏至解角家語云四九三十六六主律律主鹿故鹿六月生未與午合故亦在午獐鹿同類因而配之問曰八卦配禽離不言馬禽變乃以午爲馬者何答曰坤爲牝馬之貞坤既在未未與午合故馬居午問曰乾亦稱馬震亦稱馬何不並取其合答曰行地莫過於馬坤既是地取其正用乾天震木非是地體故不取合問曰若如所解乾之六爻皆稱爲龍行天不過於龍龍德應乾何忽居辰答云未

若爲馬誠如來難馬既在午正取其合乾位居戌戌衝在辰所以龍配於辰問云坤既取合乾忽用衝此義難解答曰坤爲陰也取其柔順從陽之義故用合乾爲陽也陽體剛強故取其衝未爲羊鷹鴈者式經云未爲小吉主婚姻禮聘禮聘有羊鴈之用鄭玄婚禮謁文云鴈候陰陽待時乃舉易之以坤爲羊坤在未也禮記月令云季夏之月鷹乃學習此因候以配之本生經云老木者以未爲木墓木至六月衰老也申爲猫猨猴者秋爲殺氣萬物衰老猴猿之貌並似老八七月山菓皆熟猨猴以其儲糧之時爲王式經

云金氣盛時能老萬物猨猴應之家語云五五九四十五五爲音音主猨猨五月生午中有沐浴金殺氣未壯至申金王殺氣始强又言在火中不有音聲出火其音方成故竝在申本生經言旦爲玉者玉含温潤其音鏗鏘故取其旦暮爲死石者石是玉類亦有音聲言其氣衰故在暮曰死玉石皆金之類故皆配金位猶亦是同類故以配焉酉爲雞雉鳥者酉爲金威武之用雞有五德以武爲先見敵必鬬是其本性説題辭云雞爲積陽南方之象火陽精物炎上故陽出則雞鳴以類感也考異郵云雞火畜刃近寅寅陽有生火喜故鳴武事必有號令故在酉方巽爲雞亦爲號令辰巳竝與酉合故在酉雉是火鳥爲武之威方伎傳云太白揚光則雞鳴熒惑流燿則雉驚易通卦驗云雉者是陽雄鳴則雌應陽唱陰和之義當時則雊亦號令之義烏者陰之禽而居日中元命苞云烏在日中象陽懷陰也以其在日中得陽氣故仁而能反哺在酉者春時日臨兌酉是二八之門日所入處取其終也故竝配酉又云暮爲死石者取其金氣衰也禽變曰暮爲死土者土至金末氣衰敗也本生經云暮爲鳶者亦迅擊有武用也無五德故在暮戌爲

狗狼豺者戌爲黃昏乾爲天門戌在乾位昏闇之時以警備也京氏別對曰狗爲主行以防姧也易曰艮爲狗艮又爲門闕狗爲守防也家語云七九六十三三主斗斗主狗狗三月生辰衝戌寅戌合故在戌禮記月令云季秋之月豺乃祭獸因候配之狼形相似說文云豺狼屬也故竝居戌一曰暮死金者金至戌衰敗故也禽變云暮爲死火者戌爲火墓也亥爲豕玃豬者拭經云亥爲雜水穢濁廁溷之象豕之所居豕色玄象水色也其蹄分者陰象也五更必起不失其常如水有潮不違期也家語云六九五十四四主時時主豕豕四月生也衝巳故在亥豕豬之小者玃亦取其類而好夜行以陰性也故竝在亥一云旦爲生木者木生於亥也暮爲蝙蝠晝爲貙者亦是陰性也又云旦爲㹠㹠豕同也一云暮爲朽木者木始生數同水淹沒故腐朽也問曰禽蟲之例數多何故不取麟鳳爲屬乃取蚯蚓鼬鼠小蟲答曰取十二屬者皆以其能知時候或色或形竝應陰陽故也麟鳳已配五靈非是虛而不用又問曰麟鳳已配五靈更不取矣龍虎亦配何爲復用答曰龍動雲興虎嘯風起此是應陰陽之氣所以復取麟鳳雖靈無所作動故

不復論其十二屬竝是斗星之氣散而爲歲之紀係於北斗是故用以爲屬春秋運斗樞曰樞星散爲龍馬璇星散爲虎璣星散爲狗權星散爲蛇玉衡散爲雞兔鼠開陽散爲羊牛搖光散爲猨猴此等皆上應天星下屬年命也三十六禽各屬方位爲禽蟲之長領三百六十而倍之至三千六百竝配五行皆相貫領既非古候之用不復具釋

五行大義卷第五終

題五行大義後

五行大義五卷隋蕭吉撰按隋書本傳載其著述之目而獨不及此書魏鄭公偶求之見耳唐宋藝文志亦不著錄豈早逸於彼歟書中所論皆陰陽五行之事不過漢儒餘論然其文章醇古非復唐以下所能爲而其所援證往往有佚亡之書今不可得見者且蕭以陰陽算術著稱見其本傳則此書之出蕭手萬無一疑世之相距千有餘年而此書獨完善乎我焉其亦奇矣安得不梓而傳之乎己未竹醉日天瀑識